W0290782

Stefan Loose Travel Handbuch

Thailand

11. Auflage

Richard Doring,
Renate und Stefan Loose,
Ursula Spraul-Doring

Aktuelle Reisetipps auf 848 Seiten!

Thailand
Stefan Loose Travel Handbücher
© **September 2005**
DuMont Reiseverlag, Ostfildern

11., vollständig überarbeitete Auflage

Alle Rechte vorbehalten – insbesondere die der Vervielfältigung und Verbreitung in gedruckter Form sowie die zur elektronischen Speicherung in Datenbanken und zum Verfügbarmachen für die Öffentlichkeit zum individuellen Abruf, zur Wiedergabe auf dem Bildschirm und zum Ausdruck beim Nutzer (Online-Nutzung), auch vorab und auszugsweise.

Die in diesem Buch enthaltenen Angaben wurden von den Autoren nach bestem Wissen erstellt und vom Lektorat im Verlag mit großer Sorgfalt auf ihre Richtigkeit überprüft. Trotzdem sind, wie der Verlag nach dem Produkthaftungsrecht betonen muss, inhaltliche und sachliche Fehler nicht vollständig auszuschließen. Deshalb erfolgen alle Angaben ohne Garantie des Verlags oder der Autoren. Der Verlag und die Autoren übernehmen keinerlei Verantwortung und Haftung für inhaltliche und sachliche Fehler. Alle Landkarten und Stadtpläne in diesem Buch sind von den Autoren erstellt worden und werden ständig überarbeitet.

Gesamtredaktion und -herstellung:
Bintang Buchservice GmbH
Zossener Str. 55/2, 10961Berlin

Fotos: Bildnachweis s.S. 9
Karten: Klaus Schindler
Lektorat: Jessika Zollickhofer
Layout und Herstellung: Britta Dieterle
Farbseitengestaltung: Matthias Grimm
Umschlaggestaltung: Gritta Deutschmann und Britta Dieterle

Druck & Weiterverarbeitung:
Ebner & Spiegel, Ulm

ISBN 3-7701-6128-9

Inhalt

Bildnachweis

Umschlag vorn und innen:
Renate Loose

Farbfotos:
alle Renate Loose

s/w-Fotos:
alle Renate Loose

Vielseitiges Thailand

In grauen europäischen Wintermonaten locken Strände mit Sonnengarantie Millionen Urlauber nach Thailand. Sie träumen von weißen Sandstränden und sich im Wind wiegenden Kokospalmen, von bunten Korallenriffen im türkisblauen Meer und vom eigenen Bungalow direkt am Strand oder einem romantischen Dinner unterm Sternenhimmel. Exotische Spas in tropischen Gärten und Luxus-Villen mit privatem Pool stellen selbst anspruchsvolle Urlauber zufrieden, sofern sie über das entsprechende Budget verfügen. Doch auch für Backpacker mit begrenzter Reisekasse ist gesorgt. Neben einer großen Auswahl an preiswerten Bungalowanlagen und Gästehäusern erleichtern ein gut ausgebautes öffentliches Verkehrssystem sowie Backpackerzentren mit einem auf Budgetreisende zugeschnittenen Angebot an Bussen, Touren und Aktivitäten das Reisen im Land. Die große Bandbreite des Angebots hält für jeden das Passende bereit, für Langzeit-Traveller ebenso wie für Familien oder Hochzeitsreisende.

Auch die raffinierte Thai-Küche bietet etwas für jeden Geschmack. Aus vielen Kräutern, Pasten, Soßen und anderen frischen Zutaten zaubert sie ein geschmackliches Feuerwerk, das sich nie zu wiederholen scheint. Es wäre schade, sich auf europäische Gerichte, Fast Food oder Fried Rice zu beschränken und die kulinarische Reise durch die Straßenküchen und Restaurants des Landes zu versäumen.

In Thailand, so scheint es, lassen sich viele Urlaubsträume realisieren. Aber der verheerende Tsunami hat Besuchern wie Einheimischen mit brutaler Gewalt vor Augen geführt, dass selbst Urlaubsparadiese verwundbar sind. Mit großem Engagement sind die Schäden beseitigt und Vorkehrungen getroffen worden, eine erneute Katastrophe dieses Ausmaßes auszuschließen und die ökonomischen Folgeschäden durch ausbleibende Touristen gering zu halten. Doch wer mit offenen Augen reist, weiß, dass es keine Paradiese gibt, dass das gütige Lächeln Buddhas den Sorgen der Menschen gilt, selbst mächtige Elefanten vom Aussterben bedroht sind und auch abgelegene Strände nicht vom Zivilisationsmüll verschont bleiben.

Dieser Reiseführer enthält nicht nur alle wichtigen Sehenswürdigkeiten und Hintergrundinformationen, sondern auch zahllose Empfehlungen zum Übernachten Essen gehen und für den Transport, die Anfängern die ersten Schritte in Thailand erleichtern, Fortgeschrittene zu neuen Wegen er-mutigen und auch Kenner auf noch so manches Unbekannte hinweisen. Dieses Buch enthält nicht nur Fakten, sondern auch Informationen über Sitten und Gebräuche der Bewohner des Landes, die Besuchern die Augen für Traditionen, Probleme und Zusammenhänge öffnen und Verständnis für die Kultur Thailands wecken.

Preisangaben, Öffnungszeiten und andere praktische Informationen sind unweigerlich stetigen Veränderungen unterworfen. Da wir Tausende von Informationen nicht ständig überprüfen können, sind wir für alle Leser-Tipps und -Hinweise dankbar. Schon bevor das neue Travel Handbuch erscheint, veröffentlichen wir die wichtigsten Veränderungen im Internet unter 💻 www.stefan-loose.de.

Vor allem Preisangaben sind relativ schnell überholt, so dass die in diesem Buch angegebenen Preise nur als Richtwerte angesehen werden sollten und nicht als Ziel, das es zu erhandeln gilt. Thailand ist ein relativ preiswertes Reiseland, sofern man auf einheimischem Niveau reist. Das sollte nicht dazu verführen, seine kostbare Zeit mit langwierigem Handeln um Minimalbeträge zu vergeuden oder sich Dinge nicht zu gönnen, weil sie nur wenige Baht mehr kosten als an einem anderen Ort. Wer importierte Lebensmittel wie Wein und Käse oder westlichen Luxus genießen will, muss auch bereit sein, dafür westliche Preise zu zahlen.

Die 11. Auflage des Thailand Travel Handbuchs ist das Resultat verschiedener Autoren. Renate und Stefan Loose waren vor allem in Bangkok und der Umgebung sowie auf Phuket unterwegs, während Richard Doring und Ursula Spraul-Doring für den Norden, Nordosten, die Ostküste und den restlichen Süden verantwortlich zeichnen. Als Ko-Autoren haben die Markands Zentral-Thailand und Volker Klinkmüller Pattaya recherchiert. Natürlich ist unsere Auswahl, sind unsere Kommentare von unseren Erlebnissen und Einstellungen beeinflusst. Ein Reiseführer bietet immer nur Anhaltspunkte und Hilfestellungen, die eigenen Erfahrungen kann und will er trotz gewissenhafter Fakten-Recherche nicht ersetzen.

Wir wünschen auf alle Fälle offene Augen und Ohren, viel Einfühlungsvermögen und – nicht zu vergessen – viel Spaß beim Vorbereiten und Reisen in Thailand.

Das Autoren-Team

Reisevorbereitung

Einreiseformalitäten

Visa

Ohne Visum können Bürger aus ca. 40 Ländern, darunter Deutsche, Schweizer und Österreicher, maximal 30 Tage im Land bleiben (der Einreisetag zählt mit). In diesem Fall wird die Aufenthaltsgenehmigung bei der Einreise in den Pass gestempelt. Für einen längeren Aufenthalt wird ein **Touristenvisum** von einer thailändischen diplomatischen Vertretung im Ausland ausgestellt. Für bis zu 60 Tage kostet es 30 € (90 Tage gültig), für zwei / drei Einreisen 60 / 90 € (180 Tage gültig).

Mit Thailändern verheiratete Ehepartner und Rentner können ein **Non-Immigrant-Visum „O"** und Geschäftsreisende ein **Non-Immigrant-Visum „B"** beantragen. Sie gelten entweder für eine einmalige Einreise von 90 Tagen (50 €) oder für mehrere Einreisen innerhalb von 365 Tagen jeweils für max. 90 Tage (120 €). Die Konsulate verlangen unterschiedliche Belege.

Das für den **Visum-Antrag** erforderliche Antragsformular ist auf der Website der Botschaft (💻 www.thaiembassy.de oder 💻 www.mfa.go.th) oder des Konsulats (💻 www.thaikonsulat.de) herunterzuladen oder wird nach schriftlicher Anforderung zusammen mit einem frankierten Rückumschlag (3,49 €) vom jeweils zuständigen Konsulat oder der Botschaft zugeschickt. Für die Beantragung benötigt man ein Passbild (manchmal auch zwei), den Reisepass, der bei der Einreise noch mindestens sechs Monate gültig sein muss, und eine Reisebestätigung oder eine Kopie des Tickets. Kinder benötigen einen eigenen Reisepass oder müssen bei den Eltern eingetragen sein. Vom Ausstellungsdatum an muss innerhalb von 90 Tagen die Einreise erfolgt sein. In begründeten Fällen wird die Frist um weitere 90 Tage verlängert. Wer nicht mindestens US$500 und ein Ausreiseticket besitzt, dem kann die Einreise verweigert werden (das Personal der Airlines ist beim Einchecken verpflichtet, das Ausreiseticket zu prüfen). Auch sind allzu nachlässig gekleidete Besucher nicht gern gesehen.

Es ist möglich, das 60 Tage-Touristenvisum bei jedem Immigration Office in Thailand für ca. 2000 Baht um 30 Tage zu **verlängern**. Dabei sollte man ordentlich gekleidet sein und ggf. einen größeren Geldbetrag vorweisen können. Die 30 Tage gültige visafreie Aufenthaltsgenehmigung wird normalerweise nur im Falle von Krankheit um max. 7–10 Tage verlängert. Mit einem Double-Entry-Visum kann man in die Nachbarländer ausreisen und problemlos innerhalb von Minuten nach Thailand zurückkehren. Ohne Visum erhält man bei der Wiedereinreise beliebig oft die 30 Tage gültige visafreie Aufenthaltsgenehmigung. Wer wieder ein Visum für 60 oder 90 Tage benötigt, kann bei konsularischen Vertretungen in den Nachbarländern in wenigen Tagen ein neues beantragen.

Wer von Bangkok in ein Nachbarland fliegen möchte, kann mit einem noch nicht abgelaufenen Touristenvisum in der Abflugshalle für 500 Baht ein Re-Entry-Permit erhalten, das jedoch das 60-Tage-Touristenvisum nicht verlängert.

Wird die Aufenthaltsgenehmigung oder das Visum **überzogen** (bei Maschinen, die erst nach Mitternacht abfliegen, zählt auch der Abflugtag!), ist bei der Ausreise für den zweiten überzogenen Tag eine Geldstrafe von 400 Baht und für jeden weiteren Tag 200 Baht in einheimischer Währung fällig. Es sind vor der Abreise von einem Grenzbeamten mehrere Formulare auszufüllen, was einige Zeit dauern kann, daher rechtzeitig am Immigrationschalter erscheinen. Das Visum zu überziehen, wird nicht als Bagatelle angesehen und kann schon nach wenigen Tagen zu gravierenden Problemen führen. Bei längerem Aufenthalt ohne Visum kommt es zur Gerichtsverhandlung, und wer dann seine Strafe nicht zahlen kann, muss ins Gefängnis.

Immigration Office,
Soi Suanphlu, Sathon Tai Rd., Bangkok 10120,
📞 02-2873101-9, 📠 2871310.

One-Stop Service Center,
Krisda Plaza 207, 3rd Floor, Rachadapisek Rd., Bangkok 10310, 📞 02-6939333-9.

Zoll

Zollfrei sind neben den üblichen Gegenständen des täglichen Bedarfs 200 Zigaretten bzw. 250 g Tabak, 1 l Wein oder 1 l Spirituosen, ein Fotoapparat, eine Film- oder Video-Kamera und 5 Filme. Alle weiteren Dinge müssen bei der Einreise deklariert und verzollt werden. Für unbelichtetes Filmmaterial beträgt der selten erhobene Satz 40% des Gesamtwertes.

Verboten ist die Einfuhr von Waffen, Porno-Literatur und Drogen bzw. die Ausfuhr von Buddhastatuen und echten Antiquitäten. Der Handel mit Antiquitäten ist in Thailand verboten. Gelegenheit macht auch Drogen-Schmuggler. Es sitzen bereits viele Touristen wegen Drogenbesitz in den Gefängnissen Thailands.

Ausländische Währung darf in beliebiger Höhe ohne Deklaration ein- und ausgeführt werden. Die Ein- und Ausfuhr thailändischer Währung ist auf 50 000 Baht p.P. begrenzt. Bei der Ausreise nach Malaysia, Myanmar, Laos, Kambodscha und Vietnam können 500 000 Baht mitgenommen werden.

Wer am Flughafen von Bangkok, Chiang Mai, Phuket oder Hat Yai Waren im Wert von mindestens 5000 Baht (pro Quittung ab 2000 Baht) gekauft hat, erhält die Mehrwertsteuer von z.Zt. 7% gegen Vorlage der Quittungen in bar zurück.

Bei der **Einreise nach Deutschland** gilt für Waren eine Freigrenze von 175 E p.P.

Thailändische Botschaften und Konsulate

... in Europa

Botschaft in Deutschland:
12163 Berlin, Lepsiusstr. 64-66
✆ 030-794810, ✆ 79481511,
🖳 www.thaiembassy.de
◷ Mo–Fr 9–13 (✆ zudem 14.30–17 Uhr).
Generalkonsulat:
60596 Frankfurt, Kennedyallee 109
✆ 069-698680, Visa 069-69868207, ✆ 69868228
◷ Mo–Fr 9–12.30 (✆ zudem 15–17 Uhr).
Honorargeneralkonsulate:
45130 Essen, Christopherstraße 18-20
✆ 0201-95 97 93 34, ✆ 95 97 94 45
◷ Mo–Do 9–12, Fr 14–17 Uhr.
20099 Hamburg, An der Alster 85
✆ 040-24839118, ✆ 24839115
◷ Mo–Fr 10–12 Uhr.
80639 München, Prinzenstraße 13
✆ 089-1689788, ✆ 13071180
◷ Mo–Fr 9–12 Uhr.
Honorarkonsulate:
40474 Düsseldorf, Cecilienallee 9
✆ 0211-4912632, ✆ 4912639
◷ Mo–Do 9–12, Fr 14–17 Uhr.
70182 Stuttgart, Urbanstraße 44
✆ 0711-2264844, ✆ 2264856
◷ Fr 14–15 Uhr.
76137 Karlsruhe, Jollystraße 3
✆ 0721-2031456, ✆ 2031457
🖳 www.thaikonsulat.de
◷ Mo–Fr 10–15 Uhr.
Botschaft in der Schweiz:
3097 Bern-Liebefell, Kirchstraße 56
✆ 031-9703030-34, ✆ 9703038-39
◷ Mo–Fr 9–12 (✆ zudem 14–17 Uhr).
Generalkonsulate:
8001 Zürich, Löwenstraße 3
✆ 01-3447000, ✆ 3447001
◷ Mo–Fr 9.30–11.30 Uhr.
1211 Geneva, 16 Cours des Bastions
✆ 022-3110723, ✆ 3110049.
4010 Basel, Aeschenvorstadt 71
✆ 061-2064565, ✆ 2064546
◷ Mo–Do 9–11.30 Uhr
Botschaft in Österreich:
1180 Wien, Cottagegasse 48
✆ 01-4783335, ✆ 4782907,
🖳 www.thaivienna.at
◷ Mo–Fr 9–12 Uhr.
Konsulate:
5020 Salzburg, Koch-Sternfeld-Gasse 7
✆ 0662-8400200, ✆ 8400201,
🖳 www.thaiconsulate-salzburg.at
◷ Mo–Fr 9–12 Uhr.
6021 Innsbruck, Bozner Platz 2
✆ 0512-580461, ✆ 577250
◷ Mo–Fr 8.30–12.30 Uhr.
6850 Dornbirn, Rieggasse 44
✆ 05572-256146
◷ Mo–Fr 9–12 Uhr.

... in Asien

Generalkonsulat in Yunnan (VR China):
Kunming Hotel, 145 Dong Feng Dong Lu, Kunming, Yunnan
✆ 0871-3168916, ✆ 3166891.

Generalkonsulat in Hong Kong (VR China):
8th floor, Fairmont House, 8 Cotton Tree Drive, Central,
✆ 25216481-5, ✆ 25218629,
🖳 www.thai-consulate.org.hk/.

Botschaft in Indien:
56-N Nyaya Marg, Chanakyapuri, New Delhi 110021, ✆ 011–2611-8103, 📠 26872029, 💻 www.thaiemb.org.in /.

Konsulate:
Mumbai, Malabar View, 33 Marine Drive St., Chowpatty Sea Face
✆ 022–23631404, 📠 23632417.
Calcutta, 18-B Mandeville Gardens, Ballygunge
✆ 033-24403229, 📠 24406251.

Botschaft in Indonesien:
Jl. Imam Bonjol 74, Jakarta
✆ 021–3904052, 📠 3107469.

Botschaft in Kambodscha:
196 Preah Norodom Boulevard, Phnom Penh
✆ 023–726306, 📠 726303.

Botschaft in Laos:
Phonekheng Rd., Vientiane, P.O.Box 128
Visastelle: Lane Xang Ave
✆ 021–214581-3, 📠 214580.

Botschaft in Malaysia:
Kuala Lumpur, 206 Jl. Ampang
✆ 03–2148 8222, 📠 2148 6527
🕒 Mo–Fr 9.30–13 Uhr.
Konsulate:
Penang, 1 Jl. Ayer Rajah, Ecke Jl. Tungku Abdul Rahman
✆ 2268029, 🕒 Mo–Fr 9–12 und 14–15 Uhr.
Kota Bharu, 4426 Jl. Pengkalan Chepa
✆ 7482545, 🕒 So–Do 9–16 Uhr.

Botschaft in Myanmar (Burma):
Yangon (Rangoon), 73 Manawhari St., Dagon Township
✆ 224647, 📠 225929.

Botschaft in Nepal:
167/4 Ward No. 3, Maharajgunj-Bansbari Road, Kathmandu
✆ 01–4371410, 📠 4371408.

Botschaft in Singapore:
370 Orchard Rd.
✆ 7372158, 📠 7320778.

Botschaft in Vietnam:
Hanoi , 63-65 Hoang Dieu St.
✆ 04–8235092-4, 📠 8235088.
Konsulat:
7 Tran Quoc Thao Street, District 3, Ho Chi Minh City
✆ 9327637-8. 📠 9326002
💻 www.thaiembassy.org/hochiminhcity.

Botschaften und Konsulate in Thailand

Deutsche Botschaft
Bangkok 10120, 9 Sathon Tai Rd., U-Bahnhof Lumpini, ✆ 02-2879000, 📠 02-2871776, 💻 www.german-embassy.or.th, 24 Stunden-Notfallnummer (zumeist nur in den Dienstzeiten erreichbar), ✆ 01-8456224
🕒 Mo–Fr 8.30–11.30, Visaanträge bis 10.30 Uhr
Deutsche Konsulate in Chiang Mai (s.S. 340) und Phuket (s.S. 681).

Botschaft der Schweiz
Bangkok 10330, 35 North Wireless Rd.
✆ 02-2530156-60, 📠 2554481,
💻 www.eda.admin.ch/bangkok_emb
🕒 Mo–Fr 9–11.30 Uhr.

Botschaft von Österreich
Bangkok 10121, 14, Soi Nandha, off Soi 1, Sathorn Tai Rd.
✆ 02-3036057-59, 📠 2873925, 💻 www.bmaa.gv.at
🕒 Mo–Fr 9–12 Uhr.
Österreichische Konsulate in Chiang Mai (s.S. 340) und Phuket (s.S. 681).

Weiterreise aus Thailand

Australien

In Bangkok werden Flüge nach Australien via Singapore oder Jakarta angeboten. Für die Einreise ist ein Visum erforderlich, das normalerweise für einen Aufenthalt von 3 oder 6 Monaten von einer australischen Botschaft ausgestellt wird. Außerdem muss bei der Einreise ein Ausreiseticket vorgelegt werden. EU- und Schweizer-Bürger können im Internet ein *Visitor ETA (Electronic Travel Authority)*, z.B. auf 💻 www.immi.gov.au oder den Websites der australischen Botschaften im Ausland, beantragen. Damit kann man sich bis zu 3 Monate in Australien aufhalten.

Botschaft von Australien, 37 Sathon Tai Rd., Bangkok 10120, ✆ 02-2872680; ⏲ Mo–Fr 8–12 Uhr.

China

Es ist möglich, mit entsprechenden Visa über Land von Thailand via Laos nach Yünnan zu fahren. Zudem fliegen verschiedene Airlines von Bangkok bzw. Chiang Mai nach China und Hongkong. Für Hongkong wird kein Visum benötigt. Das für die Einreise in die VR China erforderliche Visum wird von allen Botschaften für einen Aufenthalt von 30 Tagen ausgestellt. Es kann in China verlängert werden. In Bangkok dauert es 1–2 Tage. Die Einreise muss innerhalb von 90 Tagen erfolgt sein.

Botschaft der VR China, 57 Ratchadapisek Rd., Bangkok 10310, ✆ 02-2457043; ⏲ Mo–Fr 9–11.30 Uhr.
Generalkonsulate:
111 Changlo Rd., Chiang Mai 50100, ✆ 05-3200525; ⏲ Mo–Fr 9–11.30 Uhr.
9 Sadao Rd., Songkhla 90000, ✆ 07-4322034; ⏲ Mo–Fr 9–11.30 Uhr.

Indien

Von Bangkok bestehen Flugverbindungen nach Delhi, Chennai, Bombay und Calcutta. Visa sind für die mehrfache Einreise *(multiple entry)* innerhalb von 180 Tagen gültig und kosten 2200 Baht. In Bangkok und Chiang Mai dauert die Ausstellung mindestens 5 Arbeitstage.

Botschaft von Indien, 46 Sukhumvit Rd. Soi 23 (Prasanmit), Bangkok 10110, ✆ 02-2580300-5; ⏲ Mo–Fr 9–12 Uhr.
Konsulat:
344 Charoen Rat Road, Chiang Mai 50000, ✆ 053-242491, 📠 053-247879, ⏲ Mo–Fr 9.30–12 Uhr.

Indonesien

Die kürzeste, preiswerteste Reiseroute führt nach Penang in Malaysia und weiter per Schiff nach Medan in Sumatra. Nach Java oder Bali kommt man mit dem Flugzeug evtl. günstig mit Air Asia über Kuala Lumpur. Bei der Einreise wird für deutsche und schweizer Staatsbürger an den meisten Einreiseorten ein Visum für 30 Tage für US$25 ausgestellt, das nicht verlängert werden kann.

Botschaft der Republik Indonesien, 600-602 Petchburi Rd., Bangkok 10400, ✆ 02-2523135-9; ⏲ Mo–Fr 8–12 Uhr.
Konsulat:
19 Sadao Rd., Songkhla 90000, ✆ 07-4311444, ⏲ 8.30–12 und 13.30–16 Uhr.

Kambodscha

Bei der Einreise über Land muss kein Visum mehr organisiert werden, da an allen Grenzübergängen (Ban Hat Lek, Poipet, Ko Kong, O'Smach, Chong Sa Ngam) ein *Visa upon arrival* ausgestellt wird (sicherheitshalber nachfragen). Flüge nach Phnom Penh sind oft ausgebucht. 30-Tage-Visa werden bei Einreise am Flugplatz für US$20 ausgestellt oder können von Reisebüros in Bangkok gegen eine Gebühr von 1000 Baht innerhalb eines Tages besorgt werden.

Botschaft von Kambodscha, 185 Ratchdamri Rd., Bangkok 10330, ✆ 02-2537967, ⏲ Mo–Fr 9–12 und 13.30–17 Uhr.

Laos

Es ist kein Problem mehr, über Land nach Laos einzureisen. Die wichtigsten Grenzübergänge sind Chiang Khong, Nong Khai, Nakhon Phanom, Mukdahan und Chong Mek, 50 km östlich von Ubon. Hier und an den Flughäfen von Vientiane, Pakxe und Luang Prabang werden 15-Tage-Visa bei der Ankunft ausgestellt. Sie können in Vientiane verlängert werden. Ein Überziehen um wenige Tage ist nicht teuer. Jede laotische Vertretung im Ausland erteilt zudem 30-Tage-Visa. In Bangkok werden sie in 3 Tagen ausgestellt und kosten je nach Nationalität um 1300 Baht (in 24 Std. 300 Baht mehr). Da sich die Visabestimmungen in den letzten Jahren mehrfach geändert haben, sollte man sich vor der Abreise über den aktuellen Stand informieren.

Botschaft der Volksrepublik Laos, 520/502/1-3 Soi Sahakarnpramoon, Pracha Uthit Rd., am Ende der Soi 39 Ramkhamhaeng Rd., Bangkok 10310, ✆ 02-5396679, 📠 5393827, Annahme von

Visaanträgen Mo–Fr 8–12 Uhr, Ausgabe 13–16 Uhr.
Konsulat:
Khon Kaen 40000, 171/102-103 Prachasamaonsorn, ✆ 043-242858.

Malaysia

Die Einreise nach Malaysia ist mit dem Bus, per Boot, mit der Eisenbahn oder per Flugzeug möglich (s.S. 799). Beim Grenzübertritt bekommt man für maximal drei Monate ein Visum. Sarawak gibt ein eigenes Visum aus, das meist für vier Wochen ausgestellt wird.

Botschaft von Malaysia, 33-35 Sathon Tai Rd., Bangkok 10120, ✆ 02-6792190-9, 📠 6792208, ⏲ Mo–Do 8.15–12 und 12.45–16, Fr 8.15–11.30 und 14–16 Uhr.
Konsulat:
Songkhla 90000, 4 Sukhum Rd., ✆ 074-311062.

Myanmar (Burma)

Nach Yangon und Mandalay ist die Einreise mit dem Flugzeug möglich, zudem kann über Kaw Thaung (Victoria Point) eingereist werden. Von Ranong nach Kaw Thaung (Victoria Point) und Pulu Basin Island sind zudem Tagesausflüge ohne Visum gegen Gebühr möglich. Zu Zeiten politischer und militärischer Ruhe gilt dies auch für den Three Pagoda Pass, Mae Sot / Myawaddy und Mae Sai / Tachilek. Mit gültigen Visa für Myanmar und China ist es möglich, über Mong La, 140 km nördlich von Keng Tung, oder Muse, 200 km von Lashio, nach China zu reisen.

Individualreisende erhalten in Bangkok innerhalb von 4 Arbeitstagen ein 30-Tage-Visum für 900 Baht, will man das Visum am gleichen Tag haben, kostet es 1600 Baht. Es sind 3 Passbilder erforderlich. Mindestumtausch nach der Ankunft US$200.

Bei Tagesausflügen von Ranong wird auf der Thai-Seite das Thai-Visum regulär aus dem Pass gestempelt. Der Border Pass für Myanmar kostet für Touristen mit Thai-Visum US$5 oder 300 Baht, für Touristen ohne Thai-Visum (d.h. nur mit 30-Tage-Stempel) US$15 oder 750 Baht. Bei der Rückkehr wird wieder ein Einreisevisum erteilt.

Botschaft der Union of Myanmar, 132 Sathon Nua Rd., Bangkok 10500, ✆ 02-2344789; Mo–Fr 8.30–12 und 14–16.30 Uhr.

Vietnam

Flüge mit Thai Airways und Air France nach Saigon sind häufig ausgebucht. Als Alternative bietet sich der Flug mit Vietnam Airlines oder die Anreise mit Thai Airways über Hanoi oder Danang an. Das 4 Wochen-Visum für Einzelreisende kostet in der Botschaft 2000 Baht. Die Ausstellung dauert 4 Werktage. Will man das Visum bereits am nächsten Tag abholen, kostet es 2500 Baht.

Botschaft der Volksrepublik Vietnam, 83/1 Withayu (Wireless) Rd., Bangkok 10330, ✆ 02-2515836-8, ⏲ Mo–Fr 8.30–11.30 und 13.30–16.30 Uhr.

Die meisten Botschaften nehmen Visaanträge nur vormittags an.

Informationen

Das Fremdenverkehrsamt TAT und diverse Websites können vor der Reise weitere Informationen liefern. Wir bitten insbesondere darum, sich schon vor der Reise die Warnungen des TAT und der Touristenpolizei bezüglich der Betrügereien mit wertlosen Edelsteinen einzuprägen, da vor allem Neuankömmlinge zu den häufigsten Opfern der psychologisch äußerst gewieften Gauner zählen. **Achtung: Gewisse betrügerische Reisebüros in Bangkok mit Namen T.A.T. haben absolut nichts mit dem TAT zu tun!**

Behinderte erhalten Informationen bei *Disabled Peoples' International*, 15/223 Moo 2 Tivannond 54 Rd., Thasai, Muang Nonthaburi 1100, Thailand, 📠 02-5915649, ✉ dpiapro@loxinfo.com.

Thailändisches Fremdenverkehrsbüro (TAT)
D 60311 Frankfurt, Bethmannstraße 58
✆ 069-1381390, 📠 13813950
✉ info@thailandtourismus.de
💻 www.tourismthailand.org/home.php
💻 www.thailandtourismus.de (allgemeine Infos auf Deutsch)

🖳 www.tatnews.org (News Room: u.a. aktuelle Feste)

Internet

Leider werden nicht alle Sites gepflegt, oft sind Informationen völlig veraltet oder chaotisch aufbereitet, so dass man nach stundenlangem Surfen nicht viel klüger ist als zuvor. Die folgenden Websites bieten aktuelle Reisetipps und politische Informationen über Thailand, Erfahrungsberichte von Insidern und solche, die sich dafür halten, Links, Diskussionsforen und sogar Kurse zum Erlernen der Thai-Sprache – eine bunte, unterhaltsame Sammlung, die natürlich auch auf Werbung nicht verzichten kann.

Thailand-Infos (deutsch)
🖳 www.baanthai.com
🖳 www.ramiworld.de/thailand
🖳 www.siam.de
🖳 www.siam-info.de
🖳 www.thailand-community.de
🖳 www.thailand-interaktiv.de
🖳 www.thailandtipps.de
🖳 www.thailand2000.de/dneues.htm (neue Informationen von der Recherche unserer Thailand-Autoren Ursula Spraul-Doring und Richard Doring)

Thailand-Infos (englisch)
🖳 www.amazing-thailand.com
🖳 www.bangkok.asiaxpat.com
🖳 www.khaosanrd.com
🖳 www.thailandforvisitors.com
🖳 www.travelfish.org

Thailand-Infos und Hotelbuchung (englisch)
🖳 www.asiatravel.com/thailand.html
🖳 www.hotelstravel.com/thailand.html
🖳 www.hotelthailand.com
🖳 www.passplanet.com/thailand
🖳 www.planetholiday.com/country/106.htm
🖳 www.regit.com/regitel/thailand/regitel.htm
🖳 www.sawadee.com
🖳 www.siam.net/index.html
🖳 www.sino.net/thai/hotel/thhotdir.html
🖳 www.thaisouth.com
🖳 www.welcomethai.com

Thailand-Infos und Hotelbuchung (deutsch)
🖳 www.bangkok-hotels-travel-guide.com

Weitere Adressen in den regionalen Kapiteln. Bei Hotelbuchungen über Internet sind bereits Anzahlungen verlangt, Buchungen jedoch nie getätigt worden. Deshalb ist Vorsicht angebracht.

Thai lernen
🖳 www.thaisouth.com/learn_thai.php

Klima und Reisezeiten

Niemand plant einen Badeurlaub an der Nordseeküste im Dezember, doch viele vergessen, dass auch in Thailand Regen- und Trockenzeiten berücksichtigt werden sollten, obwohl extreme klimatische Schwankungen auch zu außergewöhnlichen Regenfällen und Hitzewellen führen können. Aktuelle Wettervorhersage unter 🖳 www. thaimet.tmd.go.th/eng/default.asp

Die **Temperaturen** schwanken an der Küste im Verlauf des Tages meist zwischen 24 °C und 32 °C. Je näher der Äquator ist, um so geringer werden die Temperaturschwankungen. Hingegen klettern im kontinentaleren Klima von Nord-Thailand die Temperaturen vor der Regenzeit mittags auf über 38 °C an und können an klaren Nächten in den Bergen im November / Dezember fast bis auf den Gefrierpunkt absinken.

Besonders die Küsten haben ihre eigenen Windsysteme und **Regenzeiten**. Normalerweise treten nur im Juli, August, September und Oktober auch mehrere Regentage hintereinander auf. Dann kann an einem Tag mehr Regen fallen als in mehreren trüben europäischen Monaten.

Winde bringen Regen, wenn sie vom Meer her kommen – kommen sie vom Festland, sind sie hingegen trocken. Von Mai bis Oktober liegt Thailand im Einflussbereich des Südwest-Monsuns, der dem Land ab Mai hohe Niederschläge beschert. Von November bis Februar bringt der Nordost-Monsun der Ostküste Thailands von Prachuap Khiri Khan bis nach Malaysia Regen.

Hierdurch kommt es zu **drei Jahreszeiten**, die regional verschieden ausgeprägt sind:

Die kühle Jahreszeit (November bis Februar)

Am „kältesten" ist es im Dezember und Januar. In diesen Monaten schwankt die Temperatur in Bangkok zwischen 20 °C am Morgen und 30 °C am Nachmittag. In Nord-Thailand beträgt sie unter 10 °C frühmorgens und 28 °C nachmittags. Im Süden gibt es geringere Temperaturschwankungen. In Nord-Thailand wirkt die Landschaft ab Februar kahl und unansehnlich. Im Ko Samui-Archipel bringt der Nordostmonsun viel Regen. Von November bis in den März hinein ist Hauptsaison für Touristen aus Europa.

Die heiße Jahreszeit (März bis Mai)

Die Temperaturen steigen ab Februar ständig an. Zu den hohen Temperaturen kommt eine Wasserknappheit, die sich vor allem in Bangkok bemerkbar macht. Mittagstemperaturen von über 40 °C im Schatten sind keine Seltenheit.

Angenehm ist nur der Aufenthalt an der Küste, wo in den traditionellen Badeorten Hochkonjunktur herrscht. Insgesamt ist der höhergelegene Norden kühler. Dennoch sollte man bei Trekking-Touren in Nord-Thailand im April und Mai darauf achten, nicht durch abgeholzte Berge zu wandern, wo kaum ein Baum vor der intensiven Sonneneinstrahlung schützt.

Die Regenzeit (Mai bis Oktober)

Der einsetzende Südwestmonsun bringt vom Indischen Ozean Niederschläge, vor allem für die Westküste (Ranong, Phang Nga, Phuket, Krabi). Im Landesinneren regnet es wesentlich später und weniger, die Niederschläge nehmen bis zum September / Oktober kontinuierlich zu. Dennoch kann es im Mai bereits zu Überschwemmungen in Bangkok kommen. Im Norden setzt die Regenzeit normalerweise erst Ende Juni ein, im Nordosten ist sie Ende September bereits vorbei. Von Mai bis August kann man den Norden, Nordosten, Zentral-Thailand und die Küste Süd-Thailands am Golf von Siam (z.B. Ko Samui) besuchen – die Andamanenküste (z.B. Phuket) nur beschränkt. Im September und Oktober fallen fast überall hohe Niederschläge. Wann die Regenzeit beginnt und wie lange sie dauert, weiß niemand genau im Voraus. Es kann selbst Mitte November noch stark regnen. Unsere Angaben sind durchschnittliche Werte.

In Folge der Erderwärmung scheint sich auch der Monsun zu verschieben. In den letzten Jahren kam und endete er später. Vielen Gebieten brachte er weniger Regen, suchte jedoch den tiefen Süden mitten in der Trockenzeit mit schweren Überschwemmungen heim.

Reisezeiten

- Die **ideale Reisezeit** ist die Trockenzeit (Dezember bis März). Nur in Ko Samui und an der Ostküste regnet es im November und Dezember häufig. Am sichersten ist es, die Reise einen Monat nach dem Ende der Regenzeit zu beginnen. Erfahrene Thailand-Reisende bevorzugen die Monate Juni bis August: Nach den ersten Regenfällen strahlt das Land im Sonnenschein in sattem Grün, viele tropische Früchte werden reif.

- Wegen der **Sommerhitze** sollte man April und Mai für Touren nach Nord- und Nordost-Thailand meiden.

- Wichtig für die Planung der Reise sind auch die **Schulferien**. Während der europäischen Sommer- und Weihnachtsferien herrscht Hochsaison, doch auch während der thailändischen Universitätsferien (Mitte März–Juni) und Schulferien (Mitte Mai–Mitte Juli). Es sind kaum Zimmer frei, Fähren und Busse sind tagelang ausgebucht.

- Vor allem an **Feiertagen** wie dem Chinesischen Neujahr, dem Thai-Neujahr (*Songkran*, 13.–15. April) und den Brückentagen bis zum nächsten Wochenende, aber auch in der Zeit zwischen Weihnachten und dem 1. Januar, sind die Zimmer in Badeorten und Erholungsgebieten nicht nur ausgebucht, sondern häufig sogar überbucht. Viele Bus- und Zugtickets sind ausverkauft.

- Ungeeignet für Ausflüge in die Umgebung von Bangkok sind zudem Feiertage und **Wochenenden**, denn dann sind sehr viele Thais unterwegs – häufig in großen Gruppen, Busse und Züge sind ausgebucht, viele Hotels belegt und die Naturattraktionen überlaufen.

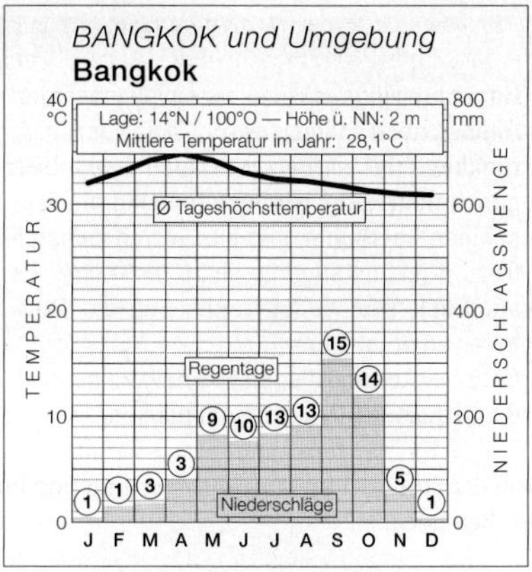
BANGKOK und Umgebung
Bangkok
Lage: 14°N / 100°O — Höhe ü. NN: 2 m
Mittlere Temperatur im Jahr: 28,1°C
Ø Tageshöchsttemperatur
Regentage
Niederschläge
1 1 3 3 9 10 13 13 15 14 5 1
TEMPERATUR °C
NIEDERSCHLAGSMENGE mm
J F M A M J J A S O N D

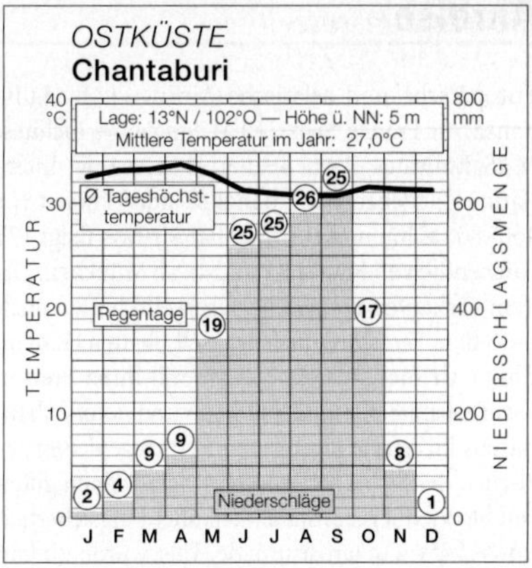
OSTKÜSTE
Chantaburi
Lage: 13°N / 102°O — Höhe ü. NN: 5 m
Mittlere Temperatur im Jahr: 27,0°C
Ø Tageshöchst-temperatur
Regentage
Niederschläge
2 4 9 9 19 25 25 26 25 17 8 1
TEMPERATUR °C
NIEDERSCHLAGSMENGE mm
J F M A M J J A S O N D

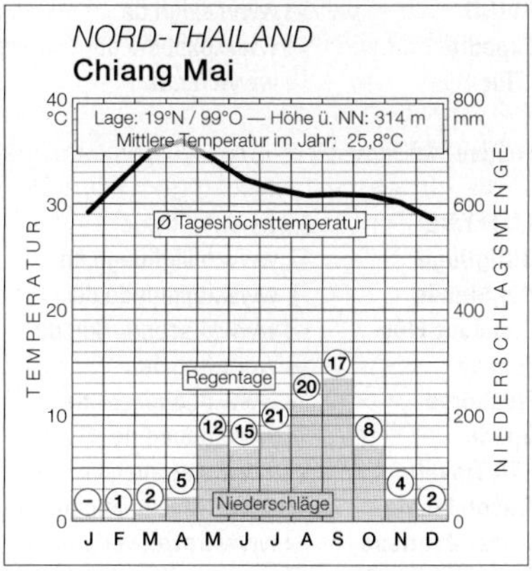
NORD-THAILAND
Chiang Mai
Lage: 19°N / 99°O — Höhe ü. NN: 314 m
Mittlere Temperatur im Jahr: 25,8°C
Ø Tageshöchsttemperatur
Regentage
Niederschläge
– 1 2 5 12 15 21 20 17 8 4 2
TEMPERATUR °C
NIEDERSCHLAGSMENGE mm
J F M A M J J A S O N D

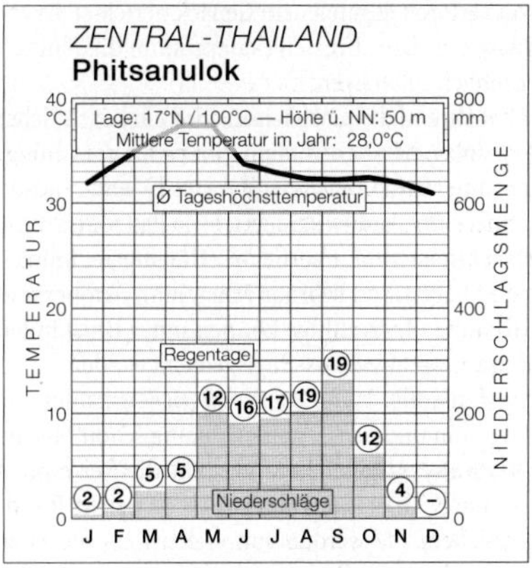
ZENTRAL-THAILAND
Phitsanulok
Lage: 17°N / 100°O — Höhe ü. NN: 50 m
Mittlere Temperatur im Jahr: 28,0°C
Ø Tageshöchsttemperatur
Regentage
Niederschläge
2 2 5 5 12 16 17 19 19 12 4 –
TEMPERATUR °C
NIEDERSCHLAGSMENGE mm
J F M A M J J A S O N D

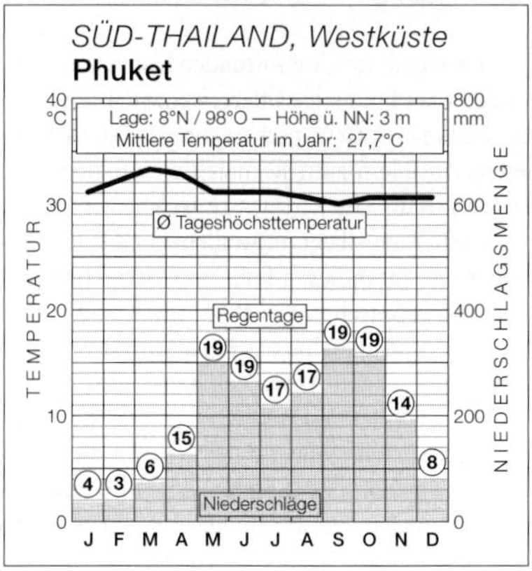
SÜD-THAILAND, Westküste
Phuket
Lage: 8°N / 98°O — Höhe ü. NN: 3 m
Mittlere Temperatur im Jahr: 27,7°C
Ø Tageshöchsttemperatur
Regentage
Niederschläge
4 3 6 15 19 19 17 17 19 19 14 8
TEMPERATUR °C
NIEDERSCHLAGSMENGE mm
J F M A M J J A S O N D

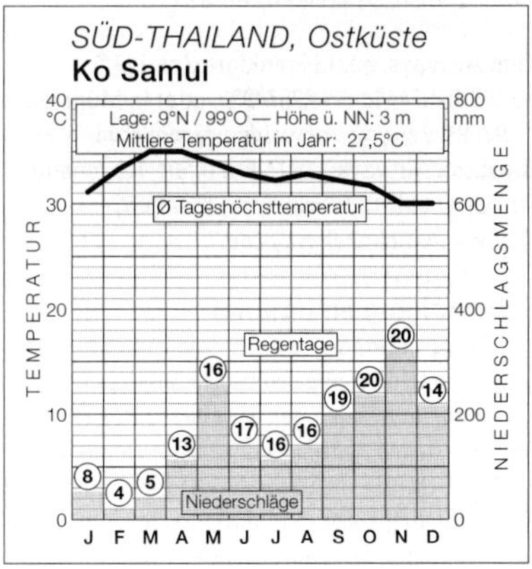
SÜD-THAILAND, Ostküste
Ko Samui
Lage: 9°N / 99°O — Höhe ü. NN: 3 m
Mittlere Temperatur im Jahr: 27,5°C
Ø Tageshöchsttemperatur
Regentage
Niederschläge
8 4 5 13 16 17 16 16 19 20 20 14
TEMPERATUR °C
NIEDERSCHLAGSMENGE mm
J F M A M J J A S O N D

Anreise

Europäische und asiatische Airlines (z.B.: Lufthansa, Air France, Swiss, KLM, Singapore Airlines, MAS, Emirates, Royal Brunei, Thai Airways International) fliegen nach Bangkok oder Phuket für 450–800 € hin und zurück. Thai Airways fliegt 12x wöchentlich ab Frankfurt und 4x ab München. Zudem verkaufen einige Chartergesellschaften auch nur Flüge. Verschiedene Fluggesellschaften (Biman, China Airlines, Aeroflot) liegen mit ihren Preisen sogar darunter. Besonders Biman und Aeroflot bzw. die aus ihr hervorgegangenen Firmen genießen bezüglich der Sicherheitsvorkehrungen keinen guten Ruf bei Vielfliegern. Statistiken über Flugsicherheit unter 💻 www.aerosecure.de. Uns wurde zudem von verloren gegangenem Gepäck berichtet. Durch Zwischen- bzw. Umsteigestopps kann die Flugzeit erheblich differieren.

Während der Hochsaison wird ein beachtlicher Aufschlag erhoben. Zudem gibt es für die Abflugtermine zum Ferienbeginn und -ende schon Monate im Voraus keinen freien Platz, und viele Maschinen sind überbucht. Günstigste Monate zum Fliegen sind Februar, März, Juni, Oktober und November. Inlandflüge können unter Umständen als günstige Anschlussflüge gebucht werden.

Man sollte keine *open date tickets* kaufen, da Flüge von und nach Thailand häufig schon Monate im Voraus ausgebucht sind. Geht die Reise nicht nur nach Thailand, lohnen sich vielleicht Rundflugtickets. Sie werden von vielen Reisebüros zu einem günstigen Preis angeboten.

Thai Airways, 60313 Frankfurt, Zeil 127, ✆ 069-92874444, 📠 92874333, oder in München ✆ 97594672/3, 💻 www.thaiairways.com.
Bangkok Airways, 60311 Frankfurt, Bethmannstr. 58, ✆ 069-13377565-6, 📠 13377567, 💻 www.bangkokairways.de.

Flugbuchung im Internet

Um Flüge online zu buchen, muss man kein Reiseexperte sein. Am besten beschränkt man sich bei der Suche auf einige der etablierten Reiseportale. Auch die Seiten der Fluggesellschaften lohnen einen Blick, da es hier oft besondere Online-Tarife gibt. Grundsätzlich sollte man darauf achten, dass Kreditkartendaten verschlüsselt übertragen werden.

Achtung

Gebuchte Flüge müssen bei einigen wenigen Airlines noch spätestens drei Tage vor Abflug **rückbestätigt** werden, was auch telefonisch geschehen kann. Nicht selten sind die Maschinen überbucht, und die Letzten kommen trotz Rückbestätigung nicht mehr mit. Es empfiehlt sich daher, rechtzeitig am Flughafen zu erscheinen.
Bitte bei Auslandsflügen ab Thailand auch an die **Airport Tax** von 500 Baht denken.

Von der Stiftung Warentest (2004) geprüft und für gut befunden:

AVIGO	💻 www.avigo.de
Expedia	💻 www.expedia.de
L'Tur	💻 www.ltur.de

Weitere Websites:

1A-FLY.DE	💻 www.1a-fly.de
Billigflüge	💻 www.billigfluege.de
Del Mundo	💻 www.delmundo.de
Discount-Flug	💻 www.discount-flug.de
Flug.de	💻 www.flug.de
Flugbörse	💻 www.flugboerse.de
Opodo	💻 www.opodo.de
STA Travel	💻 www.statravel.de
Travel Jungle	💻 www.traveljungle.de
Travel Overland	💻 www.traveloverland.de
Travel Scout 24	💻 www.travelscout24.de

In den endlosen, verwirrenden Listen hunderter Anbieter sind günstige Offerten eher sel-ten. Auch der Service lässt zu wünschen übrig, so dass sich die Seiten vor allem zum Recherchieren eignen. Wer dann weiß, welche Airlines zu welchem Preis die günstigste Route fliegt und zudem noch Plätze verfügbar hat, kann diesen Preis als Obergrenze nehmen und in Reisebüros nach günstigeren Angeboten fahnden. Zudem hat das **Reisebüro** den Vorteil, dass es dort einen Ansprechpartner gibt, der bei Problemen kontaktiert werden kann. Wer flexibel ist oder schon bald losfahren möchte, findet auch Last-Minute-Angebote oder **Sondertarife** für Flüge, Hotelzimmer oder Tickets, die teils nur im Netz von Veranstaltern, Hotels oder Airlines offeriert werden.

Gesundheit

Thailand ist kein Entwicklungsland mehr, was zwar manche Touristen bedauern, jedoch im Bereich Gesundheit und Hygiene schätzen sollten. Die gesundheitlichen Risiken sind relativ gering. Wenn man auf die Gerichte fahrender Händler, die oft in den Slums zubereitet werden, verzichtet und ungeschältes Obst und rohe bzw. nicht ausreichend gekochte oder gebratene Speisen meidet und sich weitmöglichst vor Mückenstichen schützt, braucht man keine Angst vor schweren Krankheiten zu haben – Malaria ausgenommen. Hier eine alphabetische Aufstellung der wichtigsten Krankheitsgefahren. Aber bitte keine Panik – die meisten Risiken sind durch normales, umsichtiges Verhalten minimierbar.

Aids

Noch immer gibt es Männer, die während ihres Urlaubs vom Freiheitsdrang beseelt beim Verkehr mit Prostituierten auf das Kondom verzichten, ja sogar darauf bestehen, es „ohne" machen zu wollen! Mittlerweile sind über 750 000 Menschen oder 1,2% der Gesamtbevölkerung Thailands mit dem HIV-Virus infiziert. Jährlich sterben über 60 000 Menschen an Aids. Stichproben in verschiedenen Städten Thailands ergaben, dass bis zu 90% aller Prostituierten HIV positiv waren.

Die überwiegende Mehrheit der thailändischen Männer macht ihre ersten sexuellen Erfahrungen mit Prostituierten. Deshalb wurde von der Regierung ein *National Aids Comittee* eingesetzt und die *100%-Condom Campaign* propagiert, die Prostituierte verpflichtet, Kondome zu benutzen. Es bleibt fraglich, wieweit sie das ihren alkoholisierten Kunden klarmachen können. Unvorsichtigkeit ist schon schlimm genug, aber wer auch noch an „Sauberkeitsbescheinigungen" oder -beteuerungen glaubt, ist naiv.

Allergien

Wer stark allergisch reagiert, sollte sich auch in Thailand vor einigen potenziellen Allergenen besonders in Acht nehmen: Meerestiere, Fischsoße (in jedem Essen enthalten), Geschmacksverstärker Glutamat (MSG), Quallen, verunreinigtes Meerwasser, Chlor im Swimming Pool oder Duschwasser, Massageöle, Räucherspiralen gegen Mücken, Duftstoffe der Aromatherapie, Luftverschmutzung... Dermatitis kann durch das Meerwasser sogar reduziert werden.

Cholera

Die Cholera tritt vor allem in übervölkerten Gebieten unter unhygienischen Bedingungen immer wieder auf. Der Impfschutz durch handelsüblichen Impfstoff ist umstritten, Reaktionen sind häufig. Geimpft wird deshalb nur dann, wenn eine entsprechende Einreisebestimmung besteht, was für Thailand nicht zutrifft. In diesem Fall genügt entgegen der Herstellerempfehlungen eine einmalige Injektion. Neue Impfstoffe sind in der Erprobung. Solange man auf eine saubere, hygienische Umgebung achtet und nicht geschwächt ist, wird man kaum gefährdet sein.

Denguefieber

Diese Viruskrankheit kann überall epidemieartig auftreten, am ehesten während der Regenzeit. In den letzten Jahren geschah dies auf Ko Pha Ngan und besonders auf Ko Phi Phi. Sie wird durch die Aedes aegypti-Mücke übertragen, die an ihren schwarzweiß gebänderten Beinen zu erkennen ist. Sie sticht während des ganzen Tages. Nach der Inkubationszeit von bis zu einer Woche kommt es zu plötzlichen Fieberanfällen, Kopf- und Muskelschmerzen. Nach 3–5 Tagen kann sich ein Hautausschlag über den ganzen Körper verbreiten. Bei Stufe 1 klingen nach 1–2 Wochen die Krankheitssymptome ab.

Ein zweiter Anfall (Stufe 2) kann zu Komplikationen (inneren und äußeren Blutungen) führen. Wie bei der Malaria ist ein Moskitonetz und der Schutz vor Mückenstichen der beste Weg der Vorsorge. Es gibt keine Impfung oder spezielle Behandlung. Schmerztabletten, Fieber senkende Mittel und kalte Wadenwickel lindern die Symptome. Keinesfalls sollten ASS, Aspirin oder ein anderes acetylsalicylsäurehaltiges Medikament genommen werden, da diese einen lebensgefährlichen hämorrhagischen Verlauf herausfordern.

Ein einfacher Test kann Denguefieber verifizieren: 5 Minuten den Oberarm abbinden, öffnen und in der Armbeuge nachsehen – falls rote Flecken erscheinen, ist es zu 90% Denguefieber.

Diabetes

Wer zuckerkrank ist, kann durchaus nach Thailand reisen. Insbesondere Bangkok, Pattaya, Phuket und

Ko Samui sind darauf eingestellt, und die ärztliche Versorgung ist gut. Erfahrungen haben gezeigt, dass der Zuckerspiegel nach dem Urlaub sogar niedriger sein kann.

In Phuket können sich Zuckerkranke z.B. im *Phuket International Hospital* als Insulinspritzer anmelden und im Notfall dort Insulin bekommen. Kühleis ist auch in abgelegenen Gebieten erhältlich.

Durchfallerkrankungen

Auch Asien-Reisende plagen manchmal Durchfälle (Diarrhöe), die durch Infektionen hervorgerufen werden. Verdorbene Lebensmittel, nicht kontinuierlich gekühlte Meeresfrüchte, zu kurz gegartes Rindfleisch, ungeschältes oder schon länger aufgeschnittenes Obst, Salate, kalte Getränke oder schlecht gekühlte Eiscreme sind häufig die Verursacher. Da auch Mikroorganismen im Wasser durchschlagende Wirkung zeigen können, sollte man nur abgefülltes Wasser trinken (auf den versiegelten Verschluss achten). Wer ganz sicher gehen will, verzichtet zudem auf zerstoßenes Stangeneis. Die zylinderförmigen Eiswürfel gelten dagegen als unbedenklich.

Eine Elektrolyt-Lösung (*Elotrans* bzw. für Kinder *Oralpädon*), die verlorene Flüssigkeit und Salze ergänzt, reicht bei den meist harmlosen Durchfällen aus. Man kann sich selbst eine Lösung herstellen aus 4 gehäuften Teelöffeln Zucker oder Honig, 1/2 Teelöffel Salz und 1 l Orangensaft oder abgekochtem Wasser. Zur Not, z.B. vor langen Fahrten, kann auf *Imodium*, das die Darmtätigkeit ruhig legt, zurückgegriffen werden (aber nur in geringen Dosen, da die Ausscheidung von Krankheitserregern verzögert wird!). Wer Durchfälle mit Kräutertees lindern möchte, sollte sich einen Vorrat mitnehmen. Zudem hilft eine Bananen- oder Reis-und-Tee-Diät und Cola in Maßen, denn es enthält Zucker, Spurenelemente, Elektrolyte und ersetzt das verloren gegangene Wasser. Generell sollte man viel trinken und die Zufuhr von Salz nicht vergessen. Bei länger anhaltenden Erkrankungen empfiehlt es sich, einen Arzt aufzusuchen – es könnte auch eine bakterielle oder eine Amöben-**Ruhr** (Dysenterie) sein.

Verstopfungen können durch eine große Portion geschälter Früchte, z.B. Ananas oder eine halbe Papaya (mit Kernen essen), verhindert werden.

Erkältungen

Sie kommen in den Tropen häufiger vor als man denkt. Schuld sind vor allem Ventilatoren und Klimaanlagen, die krasse Temperaturwechsel und zu viel Zugluft bescheren. Nassgeschwitzt in klimatisierte Räume zu flüchten, ist nicht ratsam, wenn man nicht etwas zum Überziehen dabei hat. Auch in klimatisierten Bussen und in den Bergen ist wärmere Kleidung wichtig.

Gelbsucht

Die schwere Lebererkrankung **Hepatitis B** wird vor allem durch sexuellen Körperkontakt und durch Blut (ungenügend sterilisierte Injektionsnadeln, Bluttransfusionen, Tätowierung, Piercen, Akupunktur) übertragen. Eine rechtzeitige vorbeugende Impfung, z.B. mit *Gen H-B-Vax*, ist sehr zu empfehlen.

Die **Hepatitis A** wird durch infiziertes Wasser und Lebensmittel oral übertragen. Vor einer Ansteckung schützt der Impfstoff *Havrix* (auch als Kombi-Impfung *Twinrix* für Hepatitis A und B erhältlich). Während in Thailand die meisten Menschen nach einer harmlosen Hepatitis A-Infektion im Kindesalter gegen diese Krankheit immun sind, trifft dieses nur auf ein Drittel aller Europäer zu. Ob die Impfung notwendig ist, zeigt ein Antikörpertest.

Hepatitis C und **D** werden auf demselben Weg übertragen wie Hepatitis B und können ebenfalls zu gefährlichen Langzeitschäden führen.

Geschlechtskrankheiten (Veneral Diseases)

Gonorrhöe und die gefährlichere **Syphilis** sind in Asien weit verbreitete Infektionskrankheiten, vor allem bei Prostituierten. Bei den ersten Anzeichen einer Erkrankung (Ausfluss / Geschwüre) unbedingt ein Krankenhaus zum Anlegen einer Kultur und zur Blutentnahme aufsuchen.

Hauterkrankungen

Bereits vom Schwitzen kann man sich unangenehm juckende Hautpilze holen. Gegen zu starkes Schwitzen hilft Körperpuder, *Ice Powder*, das angenehm kühlt und in Apotheken oder Supermärkten in Thailand erhältlich ist.

Für andere Erkrankungen sind häufig Kopf-, Kleider-, Filzläuse, Flöhe, Milben oder Wanzen verantwortlich.

Hitzepickel kann man mit *Prickly Heat Powder* behandeln. Gegen Kopfläuse hilft *Organoderm*, oder, falls man wieder in Deutschland ist, *Goldgeist forte*.

Siehe auch Sonnenbrand.

Japanische Encephalitis (Hirnhautentzündung)

Sie wird sehr selten durch Moskitos in Agrarregionen übertragen. Eine Vorbeugung empfiehlt sich nur bei einem langen Aufenthalt in Reisanbaugebieten mit Schweinezucht. In Thailand ist ein Impfstoff erhältlich.

Kinderlähmung

Selbst in Europa treten immer noch Epidemien auf. Wer während der letzten 10 Jahre die Impfungen versäumt hat, sollte sich vom Hausarzt den Impfstoff verschreiben lassen.

Malaria

Thailand gilt laut WHO zwar als C-Land, dennoch besteht für Touristen, die sich auf eingefahrenen Routen bewegen, ein sehr geringes Risiko. Bangkok und der Süden werden als weitgehend malariafrei bezeichnet. In Grenzgebieten zu Kambodscha und Myanmar in den Provinzen Trat und Tak kommt die *Malaria tropica* vor, die unbehandelt zum Tode führen kann. Von den Touristenorten gelten Ko Chang (Trat) und Ko Chang (Ranong) als malariagefährdet.

Die Mücke *Anopheles*, die den Malariaerreger *Plasmodium falciparum* übertragen kann, sticht nachts zwischen Beginn der Dämmerung und Sonnenaufgang. Die beste Vorbeugung gegen Malaria besteht darin, möglichst nicht gestochen zu werden: Am Abend schützen helle Kleidung wie lange Hosen, langärmlige Hemden, engmaschige Socken (einige Reisende schwören dagegen nach Sonnenuntergang auf dunkle Kleidung) und ein Mücken abweisendes Mittel, das auf die Haut aufgetragen wird und die Geschmacksnerven stechender Insekten lähmt (Thai: *jah tah gan juung*). Einige Apotheken bieten sanfte Mittel an, die auf Zitronella- und Nelkenöl basieren, z.B. *Zedan* (100 ml 3,95 €). Auch Autan Family ist besser als die auf DEET basierenden Mittel. In Thailand wird das teure, wenig effektive *Jaico* sowie das preiswerte, ziemlich giftige *Sketolene* verkauft. Einige Tropenerfahrene schwören auf die Einnahme von Vitamin B in hohen Dosen, bei anderen ist es wirkungslos. Bewährt hat sich der Wirkstoff *Permethrin*, mit dem Kleidung und Moskitonetz eingesprüht werden. Er geht eine Verbindung mit dem Gewebe ein, ohne zu ölen, und bleibt wochenlang wirksam.In Deutschland ist er z.B. in den Handelsmarken *Nobite* (50 ml für die Haut und 100ml für Kleidung, 20 €, 💻 www.nobite.com) und *TYRA-X* (500 ml für Moskitonetze, 12,73 €, 💻 www.tyrax.de) enthalten.

Ist der Schlafraum nicht mückensicher (lückenlose Mückengitter an Fenster und Türen), sollte man unter einem Moskitonetz schlafen. Am sichersten ist ein eigenes, mit *Permethrin* behandeltes Netz. Löcher verschließt man am besten mit Klebeband. Bei niedrigen Temperaturen in klimatisierten Räumen sind die Mücken zwar weniger aktiv, aber keineswegs ungefährlich. Notfalls verringern das Risiko auch *Coils*, grüne Räucherspiralen, die wie Räucherstäbchen abbrennen und für ca. 8 Stunden die Luft verpesten. Oft werden sie abends in offenen Restaurants unter die Tische gestellt, um die herumschwirrenden Moskitos zu vertreiben. Mückenschwärme im Badezimmer wird man am besten mit einem Insektenspray los.

Zunehmend raten Tropeninstitute von chemischer Prophylaxe bei Thailand-Reisen ab und empfehlen mechanischen Schutz. Manchmal wird noch die Einnahme von 2–3 Tabletten *Resochin* an zwei Tagen der Woche eine Woche vor Einreise ins infizierte Gebiet bis 4 Wochen nach der Rückkehr empfohlen, zumeist in Verbindung mit *Paludrine,* 2x tgl., in Thailand erhältlich. Allerdings sind immer mehr Erreger der *Malaria tropica* gegen diese Präparate resistent. Resochin allein gilt jedoch weiterhin als wirksam gegen die Erreger anderer, nicht tödlicher Formen von Malaria.

Mit *Malarone* (Wirkstoff Atovaquon/Proguanil) steht ein neues, gut verträgliches, wirksames Mittel zur Verfügung. Da es die Parasiten bereits in der Leber angreift, ist die Einnahmedauer relativ kurz: täglich eine Tablette ein bis zwei Tage vor, während und sieben Tage nach dem Aufenthalt im Malariagebiet. Mögliche Nebenwirkungen sind Übelkeit, Kopfschmerzen und Durchfall. Malarone wird nur bei Reisen in Gebiete mit hohem Malariarisiko empfohlen und sollte maximal vier Wochen eingenommen werden, da Langzeitstudien bislang fehlen. Risiken für Schwangere und Kinder können ebenfalls noch nicht eingeschätzt werden. Die Packung mit zwölf Tabletten kostet ca. 60 €.

Wer in einem gefährdeten Gebiet ohne ärztliche Versorgung reist, kann im Notfall zur Überbrückung mit einer *Standby*-Therapie mit Atovaquon/ Proguanil *(Malarone)* oder seit kurzem Artmether/ Lamefantrin *(Riamet)* beginnen. *Lariam* ist wegen seiner z.T. schwerwiegenden Nebenwirkungen (im Beipackzettel stehen nicht umsonst Hinweise auf Depressionen und Suizid) umstritten. In Deutschland gibt es den Malaria-Schnelltest *MalaQuick*, mit dem Reisende im Notfall anhand eines Blutstropfens in acht Minuten selbst feststellen können, ob ihre Symptome durch den Malariaerreger *Plasmodium falciparum* ausgelöst wurden (in Apotheken erhältlich).

Wer nach der Rückkehr an einer nicht geklärten fieberhaften Erkrankung leidet, auch wenn es sich nur um leichtes Fieber und Kopfschmerzen handelt und erst Monate später auftritt, sollte dem Arzt unbedingt über den Tropenaufenthalt berichten und auf einem Bluttest bestehen. Die ersten Symptome einer Malaria können denen eines banalen grippalen Infektes ähneln und werden daher häufig verkannt, was schon nach wenigen Tagen das Leben bedrohen kann.

Milben

Beim Elefantentrekking ist davon abzuraten, direkt auf den Tieren zu sitzen. Weniger gut gepflegte Tiere sind von einer Milbenart befallen, die ihre Eier in nackten Beinen ablegt, was zu eitrigen Entzündungen führen kann.

Pilzinfektionen

Frauen leiden im tropischen Klima häufiger unter Pilzinfektionen. Vor der Reise sollten sie sich entsprechende Medikamente verschreiben lassen. Eine Creme oder Kapseln sind besser als Zäpfchen, die bei der Hitze schmelzen. Ungepflegte Swimming Pools in den Tropen sind Brutstätten für Pilze aller Art.

Schlangen- und Skorpionbisse, giftige Meerestiere

Die weit verbreitete Angst steht in keinem Verhältnis zur realen Gefahr, denn Giftschlangen greifen nur dann an, wenn sie attackiert werden (💻 www.siam-info.de/german/schlangen.html). Gefährlich ist evtl. die Zeit nach Sonnenuntergang, vor allem bei Regen.

Einige Schlangen töten durch ein Blutgift, in diesem Fall benötigt man sofort ein Serum, andere töten durch ein Nervengift, dann ist außerdem eine künstliche Beatmung wichtig. Das Provinzkrankenhaus, in das der Betroffene schnellstens gelangen sollte, muss zudem sofort informiert werden, damit ein Arzt und das Serum beim Eintreffen bereit stehen.

Skorpionbisse sind nicht tödlich. Kräutertabletten und Ruhigstellen des Körperteils lindern den Schmerz, Wasserkontakt meiden. Normalerweise lassen die anfangs starken Schmerzen nach 1–2 Tagen nach.

Durchaus real ist die Gefahr, mit nesselnden und giftigen Meerestieren in Kontakt zu kommen. Zwei Arten von Fischen können gefährlich werden, die man schwer vom Meeresboden unterscheiden kann: **Stachelrochen**, deren Gift fürchterliche Schmerzen verursacht, und **Steinfische**, die sehr giftige Rückenstacheln besitzen.

Beim Schnorcheln führt die Berührung von **Feuerkorallen** zu stark brennenden Hautreizungen, während giftige Muränen, Rotfeuerfische und Seeschlangen kaum gefährlich werden.

Seeigel sind zwar nicht giftig, ein eingetretener Stachel ist aber sehr schmerzhaft und verursacht lang eiternde Wunden.

Wie überall auf der Welt breiten sich vermehrt **Quallen** aus, so dass Badende immer häufiger an ihren giftigen Tentakeln streifen. Gehen die schmerzhaften Bläschen nach der Behandlung mit hochprozentigem Essig, Cortisonspray oder säurehaltigem Pflanzenbrei nicht innerhalb einer Stunde zurück, muss ein Arzt aufgesucht werden. Menschen, die unter einer Allergie leiden, sind besonders gefährdet. Weitere Informationen unter 💻 www.siam-info.de/german/meerestiere.html.

Sonnenbrand und Hitzschlag

Wer anfällig ist, bekommt in den Tropen selbst im Schatten und bei bedecktem Himmel in den ersten Tagen ganz schnell einen Sonnenbrand. Viele Reisende treffen nur am Strand Vorkehrungen gegen Sonnenbrand und Hitzschlag, doch dies ist auch bei Touren durchs Hinterland notwendig. Besonders für hellhäutige Kinder empfiehlt es sich, regelmäßig Sonnenschutzmittel mit höchstem

Lichtschutzfaktor auf die Haut aufzutragen, Hut und Sonnenbrille zu tragen und tagsüber viel zu trinken.

Erschöpfungszustände bei Hitze äußern sich durch Kopfschmerzen, Übelkeit, Benommenheit und erhöhte Temperatur. Um die Symptome zu lindern, sollte man unbedingt schattige Bereiche aufsuchen und genügend Wasser zu sich nehmen. Erbrechen und Orientierungslosigkeit können auf einen Hitzschlag hinweisen, der potenziell lebensbedrohlich ist – deshalb muss man sich sofort in medizinische Behandlung begeben.

Thrombose

Bei längeren Flugreisen verringert sich durch den Bewegungsmangel der Blutfluss vor allem in den Beinen, wodurch es zur Bildung von Blutgerinnseln kommen kann, die, wenn sich sich von der Gefäßwand lösen und durch den Körper wandern, eine akute Gefahr darstellen (z.B. Lungenembolie). Gefährdet sind vor allem Personen mit Venenerkrankungen oder Übergewicht, aber auch Schwangere, Raucher oder Frauen, die die Pille nehmen. Das Risiko verhindern Bewegung, viel trinken (aber keinen Alkohol) und notfalls Stütz- oder Kompressionsstrümpfe.

Tollwut

Thailand hat eine sehr hohe Todesrate an Tollwut. Wo streunende oder auch verendete Hunde zu sehen sind, ist Vorsicht geboten. Wer von einem Hund, einer Katze oder einem Affen gekratzt oder gebissen wird, muss sich sofort impfen lassen, da eine Infektion sonst tödlich endet.

In Krankenhäusern in Bangkok und Phuket gibt es den teuren *HDC*-Impfstoff (*Human Diploid Cell*).

Eine vorbeugende Impfung ist sehr teuer und nur bei längerem Aufenthalt sinnvoll.

Typhus / Paratyphus

Typische Symptome: über 7 Tage hohes Fieber einhergehend mit einem eher langsamen Puls und Benommenheit. Empfehlenswert ist die gut verträgliche Schluckimpfung mit *Typhoral L* für alle Reisende. Drei Jahre lang schützt eine Injektion des neuen Typhus-Impfstoffs *Typhim VI*, ehe er wieder aufgefrischt werden muss.

Unfälle

Die meisten Unfälle passieren Touristen beim Motorradfahren (s.S. 55). Um nicht von lautlos herabfallenden Kokosnüssen und Palmwedeln getroffen zu werden, sollte man sich vor allem nach Regenfällen von hohen Palmen in ungepflegten Palmenhainen fern halten.

Das **Bangkok Hospital**, mit *Network Hospitals* in allen Provinzen, verfügt über einen Flugrettungs-Notdienst, der nicht nur in Thailand sondern auch in den angrenzenden Ländern hilft: Notruf ✆ 02310-3456. Es stehen Hubschrauber und Flugzeuge mit ausgebildetem Rettungspersonal zur Verfügung. In Bangkok gibt es *Motorlance* – ein Motorrad, das einen Notarzt schnell zum Unfallort bringt.

Wurmerkrankungen

Winzige oder größere Exemplare, die überall lauern können, setzen sich an den verschiedensten Körperstellen bzw. -organen fest und sind oft erst Wochen nach der Rückkehr festzustellen. Die meisten sind harmlos und durch eine einmalige Wurmkur zu vernichten, andere sind gefährlich, z.B. Hakenwürmer. Sie bahnen sich den Weg durch die Fußsohlen, deshalb sollte man auf feuchten Böden unbedingt Sandalen tragen. Nach einer Reise in abgelegene Gebiete ist es empfehlenswert, den Stuhl auf Würmer untersuchen zu lassen. Notwendig ist das, wenn man über längere Zeiträume auch nur leichte Durchfälle hat.

Wundinfektionen

Unter unhygienischen Bedingungen können sich schon aufgekratzte Moskitostiche zu beträchtlichen Infektionen auswachsen, wenn sie unbehandelt bleiben. Wichtig ist es, dass jede noch so kleine Wunde sauber gehalten, desinfiziert und evtl. mit Pflaster geschützt wird. Antibiotika-Salben unterstützen den Heilprozess. Als hilfreich hat sich die entzündungshemmende Tinktur Calmine-D erwiesen, die für 25 Baht in jedem Dorfladen erhältlich ist.

Wundstarrkrampf

Wundstarrkrampf-Erreger findet man überall auf der Erde. Verletzungen kann man nie ausschließen, und wer noch keine Tetanusimpfung hatte, sollte sich zwei Impfungen im 4-Wochen-Abstand geben

Tropeninstitute in Deutschland

Berlin	Spandauer Damm 130, Haus 10, 14050, ✆ 030-301166, 💻 www.charite.de/tropenmedizin
Dresden	Friedrichstr. 39, 01067, ✆ 0351-4803805
Düsseldorf	Moorenstr. 5, 40225, ✆ 0211-8117031
Hamburg	Bernhard-Nocht-Str. 74, 20459, ✆ 040-428180, 💻 www.bni.uni-hamburg.de
Heidelberg	Im Neuenheimer Feld 324, 69120, ✆ 06221-562905, Informationen vom Band über Asien ✆ 06221-565633
Leipzig	Delitscher Str. 141, 04129, ✆ 0341-9092619
München	Leopoldstr. 5, 80802, ✆ 089-21803517, Informationen vom Band über Asien ✆ 089-218013508. 💻 www.fitfortravel.de
Rostock	Ernst-Heydemann-Str. 6, 18057, ✆ 0381-4947511
Tübingen	Keplerstr. 15, 72074, ✆ 07071-2982365

lassen, die nach einem Jahr aufgefrischt werden müssen. Danach genügt eine Impfung alle 10 Jahre. Am besten ist die Impfung mit dem Tetanus-Diphterie-(Td-)Impfstoff für Personen über 5 Jahre, um gleichzeitig einen Schutz vor Diphtherie zu erhalten.

Vorschlag für eine Reiseapotheke

Von allen regelmäßig benötigten Medikamenten sollte man einen ausreichenden Vorrat mitnehmen. Nicht zu empfehlen sind Zäpfchen oder andere hitzeempfindliche Medikamente. In den Apotheken Thailands oder bei Boots gibt es die mit (+) gekennzeichneten Präparate billiger und ohne Rezept. Es sind jedoch schon gefälschte Medikamente in Thailand aufgetaucht.

Wer in einem Krankenhaus oder einer Privatklinik behandelt wird, erhält die Medikamente dort passend abgezählt. Preisgünstiger als in Europa sind zudem Impfungen (auf Einwegspritze bestehen).

Basisausstattung

- Verbandzeug+ (Heftpflaster, Leukoplast, Blasenpflaster *Compeed*, Mullbinden, elastische Binde, sterile Kompressen, Verbandpäckchen, Dreiecktuch, Schere, Pinzette)
- sterile Einmalspritzen und -kanülen in verschiedenen Größen
- Fieberthermometer
- Kondome +
- Lärmstopp +
- Beipackzettel

Malaria-Prophylaxe (s.S. 23)

- evtl. Standby-Therapie
- Mückenschutz

Schmerzen und Fieber

- keine acetylsalicylsäurehaltigen Mittel (Benuron, Dolormin)
- gegen krampfartige Schmerzen (Buscopan)
- gegen bakterielle Infektionen (Antibiotika* in Absprache mit dem Arzt)

Magen- und Darmerkrankungen

- gegen Durchfall, v.a. vor längeren Fahrten (Imodium akut, in Thailand: Lomotil+)
- zur Rückführung von Mineralien (Elotrans / Elektrolyt-Drinks+)
- gegen Verstopfung (Dulcolax Dragees, Laxoberal Tropfen)
- gegen Sodbrennen (Talcid, Riopan)

Erkrankungen der Haut

- Desinfektionsmittel+ (Betaisodona Lösung, Hansamed Spray, Kodan Tinktur)
- bei infektionsgefährdeten Wunden (Tyrosur Gel, Nebacetin Salbe RP)
- bei juckenden Insektenstichen oder Allergien (Soventol Gel, Azaron Stift, Fenistil Tropfen, Teldane Tabletten)
- bei starkem Juckreiz oder stärkerer Entzündung (Soventol Hydrocortison Creme, Ebenol Creme)

- gegen Hitzebläschen und Schwitzen (Prickly Heat Powder+)
- gegen Bläschenbildung nach Quallenkontakt (Cortison- und antibiotikahaltige Salbe)
- Wund- & Heilsalbe (Bepanthen)
- bei Pilzinfektionen (Fungizid ratio, Canesten)
- bei Bindehautentzündungen (Augentropfen: Berberil, Yxin)

Erkältungskrankheiten

- Nasenspray (Olynth, Nasivin)
- bei Halsschmerzen+ (Dorithricin, Dolo Dobendan)
- Hustenstiller+ (Silomat)
- zum Schleim lösen (Acc akut, Mucosolvan, Gelomyrtol)

Kreislauf

- Kreislauf anregend+ (Korodin, Effortil)

Reisekrankheit

- Superpep Kaugummis, Vomex

Sonnenschutz mit UVA- und UVB-Filter

- Ladival Milch bzw. Gel, Ilrido ultra Milch
- Sonnenschutzstift für die Lippen+
- Bei Sonnenallergie: Calamine+

Bitte bei den Medikamenten Gegenanzeigen und Wechselwirkungen beachten und sich vom Arzt oder Apotheker beraten lassen.

(rezeptpflichtig in Deutschland,*
+ günstig in Thailand erhältlich)

Tipps für einen gesunden Flug

Handgepäck: Trinkwasser (sicherheitshalber), Hustenbonbons (gegen trockenen Hals und zum Druckausgleich beim Start und der Landung lutschen), Nasenspray (falls Druckausgleich wegen verstopfter Nase nicht klappt), Chinesisches Öl (vorbeugend gegen eingeschlafene Beine), aufblasbares Nackenkissen und Augenmaske (für besseren Schlaf), Pullover, Socken, Baumwolltaschentuch oder kleines Frotteetuch, Creme für die Haut, die Augen und die Nasenschleimhäute, Zahnbürste, Unterwäsche, Medikamente (falls Gepäck nicht ankommt), Knabbereien (nicht zu süß oder zu salzig) und natürlich Reiselektüre, Schreibzeug, Pass, Tickets, Geld …

Reisekleidung: Möglichst bequeme Baumwollkleidung in Schichten tragen, v.a. bei Klimawechsel, sich evtl. am Flughafen umziehen, keine Gürtel oder andere beengende Kleidung, Schuhe, die eine halbe Nummer zu groß sind (Einlagen) und keine Ringe tragen, da der Körper aufgrund des niedrigen Luftdrucks während des Fluges anschwillt. Stützstrumpfhosen oder Thrombosestrümpfe bei entsprechender Empfindlichkeit.

Am Flughafen: Möglichst früh einchecken, um die gewünschten Sitze zu bekommen und Stress zu vermeiden. Bei der Kontrolle darum bitten, Filme, Nahrungsmittel, Medikamente und Disketten von Hand zu checken (Röntgenstrahlen möglichst meiden).

Während des Fluges: Vorführungen der Notfallmaßnahmen beachten. Bewusst atmen, um trotz der schlechten Luft im Flugzeug das Gehirn ausreichend mit Sauerstoff zu versorgen. Die Füße und Waden massieren und möglichst häufig im Gang auf und ab spazieren, denn dadurch entspannt sich der Körper und wird besser durchblutet.

Mindestens 2 l kohlensäurearmes Wasser außerhalb der Mahlzeiten trinken, um Dehydration zu vermeiden. Auf kohlensäurehaltige Soft Drinks verzichten, denn das führt zu vermehrten Blähungen und erhöht die Blutzuckerwerte.

Auch Kaffee, Tee und Alkohol sollte möglichst reduziert werden. Auf Hygiene achten und die Toiletten nur in Schuhen betreten, regelmäßig die Hände mit heißem Wasser und Seife waschen und gegen Austrocknen gut eincremen. Auch die Nasenschleimhäute einölen, damit sie nicht austrocknen.

Bei Zwischenstopps sich Bewegung und frische Luft verschaffen. Während des Schlafs Sicherheitsgurte über der Decke anlegen.

Versicherungen

Reiserücktrittskostenversicherung

Bei einer Pauschalreise ist eine Rücktrittskostenversicherung meist im Preis inbegriffen (zur Sicherheit nachfragen). Wer individuell plant, muss sich um die Absicherung dieses Risikos selbst kümmern. Reiserücktrittskostenversicherungen müssen in der Regel bis 14 Tage nach der Reisebuchung abgeschlossen werden. Bei Krankheit oder Tod eines Familienmitglieds oder Reisepartners ersetzt die Versicherung die Stornokosten der Reise. Eine Reiseunfähigkeit wegen Krankheit muss ärztlich nachgewiesen werden. Die Kosten der Versicherung liegen in der Regel bei 15–90 € pro Person. Zum Teil gibt es eine Selbstbeteiligung.

Reisegepäckversicherung

Viele Versicherungen bieten die Absicherung des Verlustes von Gepäck an, einige haben sich sogar darauf spezialisiert (z.B. Elvia, ✆ 089-624240, 💻 www.elvia.de). Die Bedingungen, unter denen das Gepäck abhanden kommen „darf", sind sehr eng gefasst. Bei vielen Versicherungen ist z.B. das Gepäck in unbewacht abgestellten Kraftfahrzeugen zu keinem Zeitpunkt versichert. Kameras oder Fotoapparate müsssen wegen möglicher Mopedräuber am Körper befestigt sein, sonst zahlt die Versicherung nicht (so Gerichtsurteile). Ohnehin sind sie meist nur bis zu einer bestimmten Höhe oder bis zu einem bestimmten Prozentsatz des Neuwertes versichert, auch Schmuck unterliegt Einschränkungen, ebenso wie Bargeld. Für eine wertvolle Fotoausrüstung kann eine Fotoversicherung abgeschlossen werden. Diese ist zwar relativ teuer, aber die Geräte sind so gegen alle möglichen Risiken versichert. Die Kosten richten sich nach dem Wert der Ausrüstung bzw. der Versicherungssumme. Bei der Victoria beläuft sich der Jahresbeitrag bei einem Neuwert von 2500 € auf 130 €.

Eine Reisegepäckversicherung sollte Weltgeltung haben, die gesamte Dauer der Reise umfassen und in ausreichender Höhe abgeschlossen sein. Tritt ein Schadensfall ein, muss der Verlust sofort bei der Polizei gemeldet werden. Eine **Checkliste**, auf der alle Gegenstände und ihr Wert eingetragen sind, ist dabei hilfreich. Ansonsten sollte alles, was nicht ausreichend versichert ist, im Handgepäck transportiert werden. Eine Reisegepäckversicherung mit einer Deckung von rund 2000 € kostet für 24 Tage ca. 30 €, als Jahresvertrag etwa 60–70 €.

Reisekrankenversicherung

Es ist ratsam, eine Reisekrankenversicherung abzuschließen. Nur wenige private Krankenkassen schließen den weltweiten Schutz im Krankheitsfall ein. Die meisten Reisebüros und Kreditkartenorganisationen bieten derartige Versicherungen an. Bei Krankheit – speziell Krankenhausaufenthalten – kann sehr schnell eine erhebliche Summe zusammenkommen, die aus eigener Tasche bezahlt werden müsste. Ist man versichert, kann man die Kosten gegen Vorlage der Rechnungen zu Hause geltend machen. Einschränkungen gibt es besonders bezüglich Zahnbehandlungen (nur Notfallbehandlung) und chronischen Krankheiten (Bedingungen durchlesen).

Die später bei der Versicherung einzureichende **Rechnung** sollte folgende Angaben enthalten:

- Name, Vorname, Geburtsdatum, Behandlungsort und -datum
- Diagnose
- erbrachte Leistungen in detaillierter Aufstellung (Beratung, Untersuchungen, Behandlungen, Medikamente, Injektionen, Laborkosten, Krankenhausaufenthalt)
- Unterschrift und Stempel des behandelnden Arztes

Wer im Ausland schwer erkrankt, wird zu Lasten der Versicherung mit Linienmaschinen oder auch mit eigens losgeschickten Ambulanzflugzeugen heimgeholt, aber nur, wenn er plausibel darlegen kann, dass am Urlaubsort keine ausreichende Versorgung gewährleistet ist. Die meisten Versicherungen haben den Passus „wenn medizinisch notwendig" in das Kleingedruckte aufgenommen. Aber gerade die medizinische Notwendigkeit ist nicht immer leicht zu beweisen. Ist der Passus „wenn medizinisch sinnvoll und vertretbar" formuliert, kann man wesentlich besser für eine Rückholung argumentieren.

Die Universa versichert Reisende auf allen Auslandsreisen, die nicht länger als zwei Monate dauern, zu einem Preis von 8 € p.P. bzw. 17,80 € ab Eintrittsalter 60 pro Jahr. Die Auslands-Krankenschutz-Versicherung des ADAC gilt ein Jahr lang für Reisen von jeweils maximal 45 Tagen und kostet für Mitglieder 11,70 €, Nicht-Mitglieder zahlen 12,80 €. Weitere Anbieter sind u.a. Debeka, Europa und HUK-Coburg. Wer länger verreisen möchte, sollte nach Langzeittarifen für bis zu 3 Jahren fragen.

Versicherungspakete

Sie schließen neben der Reisekrankenversicherung eine Gepäck-, Reiserücktrittskosten- und Reise-Notruf- (oder Rat&Tat-) Versicherung ein. Mit Letzterer erhält man über eine Notrufnummer Soforthilfe während der Reise. Krankenhauskosten werden sofort von der Versicherung beglichen, und bei ernsthaften Erkrankungen übernimmt sie den Rücktransport. Ist der Versicherte nicht transportfähig und muss länger als 10 Tage im Krankenhaus bleiben, kann eine nahe stehende Person auf Kosten der Versicherung einfliegen. Auch beim Verlust der Reisekasse erhält man über den Notruf einen Vorschuss.

Die Pakete sind jedoch auf maximal 5–8 Wochen begrenzt. Da bei längeren Reisen bis zu einem Jahr nur Einzelversicherungen möglich sind und der Versicherungsschutz teurer wird, sollte man in diesem Fall die Leistungen verschiedener Unternehmen vergleichen. Wer sich optimal absichern möchte, schließt eine separate Kranken-, Reise-Notruf- (Rat & Tat-), Unfall- und Gepäckversicherung ab. Bei häufigen Auslandsreisen können die Einzelversicherungen oder das Paket auch für ein ganzes Jahr abgeschlossen werden. Dann besteht auf allen Reisen Versicherungsschutz, sofern diese nicht länger als 6 Wochen dauern. Versicherungspakete lassen sich über Reisebüros abschließen, wobei die Kosten von der Dauer und dem Wert der Reise abhängen.

Gepäck

Die folgende Liste dient uns als Hilfe beim Packen. Sie ist keineswegs vollständig und kann nach individuellen Bedürfnissen ergänzt werden.

Kleidung

- **Feste Schuhe** (für Trekking-Touren reichen Turnschuhe meist aus)
- **Sandalen** (in die man leicht hinein und herausschlüpfen kann)
- **Gummi-*** oder **Trekkingsandalen** (unter Duschen Pilzgefahr!
- **Gummischuhe** (für Strände mit Seeigeln, Korallenschrott oder spitzen Steinen)
- **Hosen** bzw. **Röcke** aus Baumwolle, die nicht zu eng sitzen sollten.
- **Kurze Hosen** (bei Männern bis zum halben Oberschenkel, bei Frauen bis zum Knie, Shorts nur am Strand)
- **Hemden*** oder **Blusen***
- **T-Shirts* / Polo-Shirt*** mit Ärmel (mit Kragen fürs Schnorcheln)
- **Jacke** (für die An- und Abreise, kühle Nächte in den Bergen und ac-Busse)
- **Pullover**
- **Regenschirm** (keine Gummijacke wegen Wärmestau!)
- **Sonnenschutz**: Hut / Brille* (in unzerbrechlicher Box) / Sonnencreme
- **Socken** (für den Abend dichte, nicht allzu kurze Socken als Moskitoschutz)
- **Unterwäsche** (aus Baumwolle); für Frauen BH
- **Badekleidung**, für Frauen außerhalb der Touristenzentren einteiliger Badeanzug

Hygiene und Pflege

- **Zahnbürste***, **Zahnpasta*** in stabiler Tube, **Zahnseide**
- **Shampoo** / Haarpflegemittel
- **Nagelschere*** und Nagelfeile
- **Rasierer** (in abgelegenen Gebieten ist ein Nassrasierer zu bevorzugen)
- **Kosmetika** / Hautpflegemittel
- **Papiertaschentücher**
- **Feuchties** (zur Hygiene unterwegs und wo es kein Wasser gibt)
- **Tampons** (Nachschub in internationalen Hotels oder Supermärkten teuer).
- **Plastiktüten** (für schmutzige Wäsche und als Nässeschutz)
- **Nähzeug** (Zwirn / Nähseide / Nadeln / Sicherheitsnadeln)
- **Toilettenpapier*** (auf öffentlichen Toiletten oft nicht vorhanden)

Sonstiges

- **Adapter** (da manche Steckdosen Flachstecker nicht aufnehmen)
- **Taschenlampe***

- **Reisewecker** (oder Handy / Armbanduhr mit Wecker)
- **Taschenmesser** (z.B. Schweizer Messer)
- **Reiseapotheke** (s.S. 26)
- **Notizbuch*** / Stifte*
- **Reisepass** (evtl. Internationaler Studentenausweis und Personalausweis)
- **Impfpass** (oder als Kopie für den Notfall)
- **Führerschein**
- **Geld** (Bargeld / Reiseschecks / Kreditkarte)
- **Flugtickets**
- **Kopien der Dokumente** (nach der Einreise wegen Einreisestempel anfertigen)
- **Reiseführer**, **Landkarten**
- **Reiselektüre**
- **Kleine Geschenke** (Postkarten, Münzen, Fotos von Daheim, Buntstifte, Murmeln oder Haargummis statt Bonbons für Kinder ...)

Alle **wichtigen Reisedokumente** zu Hause einscannen und an die eigene Web-Mail-Adresse schicken, evtl. auch Geheimzahlen, Telefonnummern, Reiseschecknummern, Medikamentennamen, Blutgruppe etc. So können diese im Notfall unterwegs abgerufen werden.

Wer in einfachen Unterkünften wohnen wird, braucht zudem

- **Seife*** oder Waschlotion im bruchsicheren Behälter
- dünne **Handtücher***, die schnell trocknen* (in Hotels vorhanden)
- **Waschmittel** in der Tube
- **Plastikbürste*** (zum Reinigen von Wäsche und Schuhen)
- **Kordel*** (als Wäscheleine oder zum Aufspannen des Moskitonetzes)
- **Klebeband*** (um zu packen und Löcher im Moskitonetz zu verschließen)
- **kleine Nägel*** oder Reißzwecken (zum Befestigen des Moskitonetzes)
- **Vorhängeschloss*** (und kleine Schlösser* fürs Gepäck)
- **Moskitonetz***
- **Schlafsack** (Leinenschlafsack, Bettbezug oder 2 dünne Tücher) In billigen Hotels gibt es keine Decken, und Laken werden nicht häufig gewechselt.

** Diese Gegenstände sind unterwegs preiswerter zu erwerben.*

Der Wickelrock und das „gute Stück"

Das meistgetragene Kleidungsstück auf dem Land ist, neben Gummisandalen, der Wickelrock (Thai: *phasin*). Auch Touristen können ihn außer zum Baden an nicht abgeschirmten Waschplätzen als Rock im Haus oder am Strand tragen und sich damit zudecken. Als Bekleidung außerhalb der Strände ist er ungeeignet.

Während einer Reise wird man evtl. von Einheimischen eingeladen. Handelt es sich um eine Hochzeit oder ein anderes Familienfest, wird erwartet, dass Gäste sich dem Anlass entsprechend kleiden. Deshalb sollte auch ein gutes Stück im Gepäck sein, das längere Reisen unbeschadet übersteht. Bei chinesischen Festen (außer bei Begräbnissen) trägt man keine weiße, blaue oder schwarze Kleidung.

Bei der Auswahl der Kleidung empfiehlt sich eine Kombination aus lässig-bequemer und gut aussehender, „ordentlicher" Kleidung. In Thailand beurteilt man die Menschen weit mehr als in Europa nach ihrem Äußeren. Ein schmuddeliges Outfit stößt unmerklich auf Ablehnung. Auch allzu weit ausgeschnittene und eng anliegende Kleidung wird vor allem bei Frauen als obszön angesehen. Wäsche wird fast überall innerhalb von 24 Stunden für wenig Geld gewaschen und gebügelt. In vielen Traveller-Hotels gibt es zudem die Möglichkeit, selbst zu waschen.

Ausrüstung für Trekking-Touren

Für Trekking-Touren in der Regenzeit oder durch feuchte Wälder haben sich Dschungel-Boots aus Armeebeständen bewährt, die man in einigen Geschäften und auf den Märkten von Bangkok und Chiang Mai bekommt. Bei mehrtägigen Touren von Dezember bis Februar empfiehlt sich ein warmer Schlafsack. Daunen sind ungeeignet, da sie bei hoher Luftfeuchtigkeit nicht trocknen. Das Gepäck zusätzlich mit einem Zelt zu belasten, lohnt sich nur, wenn entsprechende Vorhaben geplant sind. Für laue Tropennächte reicht ein Bettbezug, Betttuch oder Jugendherbergs-Schlafsack aus.

Rucksäcke, Koffer und Taschen

Wer überwiegend mit öffentlichen Verkehrsmitteln unterwegs ist und längere Strecken zu Fuß zurücklegen will, reist am besten mit Rucksack. Beim Kauf probiert man ihn mit etwa 15 Kilo Inhalt an. Ein

Kompromiss zwischen Koffer und Rucksack stellen die Koffer-Rucksäcke dar, die von der Vorderseite bepackt werden und bei denen das Tragegestell eingepackt werden kann. Rollkoffer eignen sich für Reisen mit kurzen Fußwegen. Ein zusätzlicher Tages-Rucksack *(Daypack)* oder eine Falttasche kann unterwegs bei Tagesausflügen oder Kurztrips das Gepäck aufnehmen und auf dem Heimflug für weiteren Stauraum sorgen. Notfalls gibt es überall billige Koffer und Reisetaschen zu kaufen.

Eine Fototasche sollte möglichst nicht schon von außen auf den wertvollen Inhalt schließen lassen, aus festem Material bestehen, gut verschließbar sein und Platz für weiteres Handgepäck haben.

Wertsachen, wie Geld, Pässe, Schecks und Tickets, lassen sich am besten nah am Körper in einem breiten Hüftgurt aus Baumwollstoff aufbewahren. Unter Hosen und locker fallenden Kleidern kann man ihn um die Hüfte gebunden unauffällig tragen. Alle Papiere – auch das Geld – werden zusätzlich durch eine Plastikhülle geschützt, denn Schweiß ist zerstörerisch, und unleserliche Bankbescheinigungen oder Flugtickets machen Ärger.

Fotos von allen Gepäckstücken im Handgepäck sind eine große Hilfe bei der Verlustmeldung, wenn bei einem Flug Gepäck verloren gegangen ist.

Geld

Bargeld

Bargeld birgt das größte Risiko, da bei Diebstahl alles weg ist. Doch mit ein paar Dollar kann man schnell ein Taxi oder die Airport Tax bezahlen. Neben US$ werden zunehmend Euro-Scheine akzeptiert. 100-Dollar-Noten werden wegen zahlreicher im Umlauf befindlicher Fälschungen häufig nicht akzeptiert, gleiches gilt für beschädigte Scheine. Bargeld immer in Plastiktüten packen, vor allem wenn sie am Körper getragen werden, um Verfärbungen durch die Einwirkung von Feuchtigkeit zu vermeiden.

Reiseschecks

Sicherheit bieten Reiseschecks (Travellers Cheques), die gegen 1% Provision bei jeder Bank erhältlich sind. **Euro-Reiseschecks** werden überall in Thailand gewechselt. Wer nach Laos weiterreist, sollte Reiseschecks nur in US$ mitnehmen. Manche Banken wechseln nicht mehr als 300 € bzw. 500 €. Da die Gebühr beim Einlösen pro Scheck berechnet wird, sollte man lieber weniger Schecks mit einem höheren Wert mitnehmen. In Thailand ist der Wechselkurs für Schecks günstiger als für Bargeld. Es wird allerdings eine Provision von 23 Baht pro Scheck verlangt.

Bei Verlust oder Diebstahl werden sie im nächsten Vertragsbüro ersetzt. Wichtig ist, dass für den Nachweis die Kaufabrechnung an einer anderen Stelle aufbewahrt wird als die eigentlichen Schecks. Außerdem hilft eine Aufstellung aller bisher bereits eingelösten Schecks, denn diese werden nicht ersetzt. Unsere Leser hatten wiederholt Schwierigkeiten, gestohlene AMEXCO-Reiseschecks in Thailand ersetzt zu bekommen.

Bankkarten

Mit der Bankkarte und Geheimzahl kann man an fast allen Geldautomaten mit *Maestro*- bzw. *Cirrus*-Symbol Bargeld abheben. Umgerechnet wird zum Briefkurs, die Gebühr beträgt pro Transaktion 4,50 €. Der Maximalbetrag beläuft sich auf 20 000 Baht, knapp 400 €. Bei einigen Automaten ist der Maximalbetrag aus technischen Gründen

Geldautomaten (ATM)

Sie sind praktisch, denn man braucht weder Öffnungszeiten zu beachten noch Formulare auszufüllen, zudem gibt es kaum Warteschlangen. Allerdings haben sie auch ihre Tücken: Die Geldausgabeschlitze können manuell so blockiert werden, dass zwar die Karte, nicht aber das Geld herauskommt (dieses fummeln sich anschließend die Diebe hervor). Sofern man das Geräusch des Geldzählvorgangs vernommen und weder eine Quittung über einen abgebrochenen Vorgang noch Bargeld erhalten hat, sollte man misstrauisch sein, den Automaten nicht aus den Augen lassen und jemanden bitten, sofort die zuständige Bank zu informieren. Gleiches gilt, wenn während des Buchungsvorgangs der Strom ausfällt und die Karte im Automaten stecken bleibt. Wer auf Nummer sicher gehen will, geht während der Bank-Öffnungszeiten zu einem Automaten vor einer Bank.

geringer. Laut Angaben von Maestro Card gibt es in Thailand 7309 ATMs und etwa die gleiche Zahl von elektronischen Kassen, die die Karte akzeptieren.

Kreditkarten

Mit Kreditkarten wie *American Express, Visa, MasterCard* oder *Diner's Card* kann man im oberen Preisniveau bargeldlos bezahlen und Bargeld abheben (Inhaber der Postsparkarte mit Visa-Plus-Funktion bis zu viermal im Jahr gebührenfrei). In Thailand sind Auszahlungs- und Akzeptanzstellen sowie Geldautomaten (ATM) weit verbreitet.

Einige Reisende berichten, dass ihre Mastercard nie funktioniert hat: „Pin nicht definiert". Eventuell hilft es, nur die ersten 4 Ziffern einer längeren Pin einzutippen. Geschäfte verlangen entgegen den Vertragsvereinbarungen oft die Verkäufergebühr (3–5%) vom Kunden. In diesem Fall sollte man sich diesen Betrag auf der Rechnung extra ausweisen lassen und ihn beim Kreditkartenunternehmen zurückfordern.

Es ist ratsam, eine bestimmte Summe als Guthaben auf dem Kreditkarten-Konto zu deponieren, damit man nicht auf den vorgegebenen Kreditrahmen angewiesen ist, denn sobald dieser überzogen ist, wird die Karte gesperrt. Auf vielen Kreditkarten-Konten werden sogar Zinsen gezahlt.

Verlust oder Diebstahl sind sofort zu melden, um gegen den Missbrauch der Karte abgesichert zu sein. Bei Mietwagen oder Flügen, die mit der Karte bezahlt werden, ist in der Regel automatisch eine Unfallversicherung inklusive, bei einigen Karten eine Mietwagen-Vollkaskoversicherung.

Warnung

Die Kreditkarte darf beim Bezahlen nicht aus den Augen gelassen werden, damit kein zweiter Kaufbeleg erstellt werden kann, auf dem später die Unterschrift gefälscht wird! Sie darf auch niemals in einem Safe, der auch anderen zugänglich ist, verwahrt werden.

Schon viele Reisende mussten zu Hause den Kontoauszügen entnehmen, dass während ihrer Abwesenheit hemmungslos „eingekauft" worden war.

Postcheckkonto

Schweizer mit einem **Postcheckkonto** in der Schweiz können bei allen thailändischen Postämtern problemlos und schnell mit einem Postscheck bis zu 5000 Baht abheben. Dasselbe gilt für Holländer. Allerdings haben viele Geldschalter der Postämter nicht so lange geöffnet, wie die Briefschalter.

Überweisungen

Bei Überweisungen von Geld aus Europa schickt die Bank aus Thailand ein Fax (Fax-Nummer notieren) an die Heimatbank und fordert den entsprechenden Betrag an. Eine telegrafische Anweisung kostet etwa 30–40 €. Der überwiesene Betrag wird zum Devisenkurs umgerechnet und bar oder in Travellers Cheques gegen eine Gebühr von etwa 10 € ausgezahlt. Die Kosten lassen sich reduzieren, wenn die Gebühren für die Überweisung vom heimischen Konto, die Kosten für den Begünstigten jedoch von Thailand aus beglichen werden. Wer sich den Abwicklungsbeleg nach Thailand faxen lässt, kann bei der Bank etwas Druck machen, doch normalerweise ist das Geld nach 3 Tagen verfügbar.

Für Überweisungen eignen sich am besten die Zentralen der Banken in Bangkok, vor allem die Bangkok Bank (Korrespondenzbank der Sparkassen, Zentrale in Bangkok, 333 Silom Rd., ✆ 02-2343333, 💻 www.bbl.co.th) oder die Deutsche Bank (Zentrale in Bangkok, 208 Witthayu Rd., 🕓 Mo– Fr 8.30–15.30 Uhr). Auch über die Reisebank AG in Frankfurt, ✆ 1800-3040700, kann man sich Bargeld schicken lassen.

Etwas weniger kompliziert aber schnell erfolgt der Geldtransfer über **Moneygram** oder **Western Union**, da bei diesem Vorgang nicht zwei Unternehmen kooperieren müssen. Unmittelbar nach Einzahlung bei einer heimatlichen Zweigstelle (bei Western Union auch über Postbank-Direktservice) kann der Begünstigte das Geld in Empfang nehmen. Die Gebühren richten sich nach der überwiesenen Summe: Für 1000 € fallen etwa 40 € an, die vom Absender zu begleichen sind.

Informationen und Notrufnummern:
American Express: ✆ 069/97971000 (auch bei Verlust für Ersatzkarten zuständig), 💻 www.americanexpress.com/germany.
Maestro Card: 💻 www.maestrocard.com.
MasterCard: ✆ 0800-8191040, Karte sperren:

☏ 001-3142756690 (international gebührenfrei), 🖳 www.mastercard.com/de/. Die Vertragsbanken, *Bank of America, Bank of Ayutthaya, Siam Commercial Bank, TMB, Kasikorn Bank* zahlen alle 7 Tage bis zu US$1000 in Landeswährung aus, mindestens 2500 Baht, Gebühren bei Banken 3% und am Automaten: 2%, min. 5 €, Umrechnung zum Briefkurs vom Vortag.

Moneygram, ☏ 069-6897010, 🖳 www.moneygram.com.

Thomas Cook: Für den Verlust von Schecks s.S. 174, Bangkok: ☏ 02-6795521.

Visa: ☏ 0800-8149100, Karte sperren: 001-4105813836 (international gebührenfrei), 🖳 www.visa.de. Die Vertragsbanken *Bank of Ayutthaya, Siam Commercial Bank, Kasikorn Bank, Bangkok Bank, TMB, HSBC, Krung Thai Bank, Bank of Asia, Bangkok Metropolitan Bank* und *Citibank* zahlen innerhalb des Kreditrahmens pro Woche bis zu 40 000 Baht in bar aus, mindestens 1500 Baht. Gebühren 3,65%, mindestens 5 € zum Briefkurs vom Vortag (mit einem Konto der Allgemeinen Deutschen Direktbank kostenfrei, 🖳 www.ing-diba.de). Gleiches gilt für Geldautomaten.

Western Union, ☏ 0180/303 0330, 🖳 www.westernunion.com. Wird in Deutschland von allen Zweigstellen der Postbank angeboten.

Währung

Währungseinheit in Thailand ist der **Baht** mit 100 **Satang**. In Umlauf sind Banknoten in Höhe von 1000, 500, 100, 50 (neu mit durchsichtigem Fenster) und 20 Baht sowie Münzen zu 10 (innen golden, außen silbrig), 5, 2 (sehr selten) und 1 Baht. Nur auf der Post werden gelegentlich 50 und 25 Satang herausgegeben und angenommen. Angekündigt wurde die Ausgabe von 10 000 Baht-Scheinen. Es gibt zudem verschiedene Sondermünzen und -scheine.

Wechselkurs

Seit Mitte 1997 ist der Wechselkurs des Baht freigegeben, was eine Abwertung von ca. 50% zur Folge hatte. Sein Kurs schwankte derzeit gemäß Angebot und Nachfrage zwischen 48 und 53 Baht/€. Thailand hat es geschafft, unter der vom IWF vorgegebenen maximalen Inflationsrate von 10% zu bleiben, die 2003 1,8% betrug.

Wechselkurs

1 €	=	50,40 Baht	10 Baht	=	0,20 €
1 sFr	=	32,43 Baht	10 Baht	=	0,30 sFr
1 US$	=	42,11 Baht	10 Baht	=	0,23 US$

Aktuelle Wechselkurse unter 🖳 www.oanda.com/convert/classic

Reisekosten

Generell ist das allgemeine Preisniveau in Bangkok, Phuket und einigen Touristenzentren wesentlich höher als in der Provinz. Außerdem gibt es neben dem Stadt-Land-Preisgefälle beachtliche regionale Unterschiede. So lebt es sich im Nordosten und Norden billiger als in vielen Regionen des Südens. In Chiang Mai, Chiang Rai, Pai, auf Ko Chang (Ranong) oder Ko Pha Ngan kann man bei anspruchsloser Lebensführung mit 300–400 Baht am Tag auskommen, wenn das Zimmer geteilt wird. Darin sind allerdings Souvenirs, Trekking-Touren, Mieten von Motorrädern oder Autos und Foodtrips sowie Bier und Thai Whisky nicht enthalten.

Wenn der Urlaub etwas komfortabler sein soll, braucht man mindestens das Doppelte. In diesem Budget sind komfortable Bungalows und bessere Restaurants enthalten. Wer regelmäßig Bier trinkt, gut essen geht oder Hotels mit Swimming Pool und anderen luxuriösen Einrichtungen genießen will, braucht noch viele Baht mehr ohne Begrenzung nach oben. Da ein Zimmer für eine Person genauso viel kostet wie für zwei Personen, reist man zu zweit billiger.

Banken

Banken in **Thailand** sind an ihren hohen Schildern mit den jeweiligen Symbolen zu erkennen. **Öffnungszeiten der Banken**: Mo–Fr (außer feiertags) 8.30–15.30 Uhr. In Bangkok und in den Touristenorten haben einige Schalter (*currency exchange service*) täglich von 8.30–22 Uhr geöffnet, so dass es hier keine Probleme gibt. Nachts wechseln im Notfall die *money changer* in den Hotels, meist zu schlechten Kursen.

Vorsicht bei der Einreise nach Malaysia: In Kelantan (Ostküste), Kedah und Perlis (Westküste) sind die Banken am Do nur von 9.30–11.30 Uhr geöffnet und Fr geschlossen, am Sa und So jedoch geöffnet.

Frauen unterwegs

Wer in Nordafrika oder dem vorderen Orient als Frau unterwegs war, mag vor der Anmache der Einheimischen Angst haben. Doch in Thailand sind die Frauen weder verschleiert noch müssen sie ihre Schultern bedeckt halten. Männer sind also an den Anblick weiblicher Haut gewöhnt. Die Frauen sind rechtlich gleichgestellt, wenn es auch im praktischen Leben einige Einschränkungen gibt. Das Nirvana bleibt Frauen unzugänglich. Frauen ist der Zutritt zu dem heiligen Bereich *(Bot)* einiger buddhistischer Tempelanlagen verboten oder begrenzt. Auch dürfen Frauen keine buddhistischen Mönche berühren.

Frauen werden in Thailand weitaus weniger belästigt als in vielen anderen Länderen, doch wer das kostenlose Übernachtungsangebot eines selbst ernannten Guides annimmt, spielt überall mit dem Feuer. Wer dagegen nachts bekleidet an einsamen Stränden spaziert oder durch unbelebte Stadtviertel schlendert, muss kaum etwas befürchten. Es empfiehlt sich, einen großen Bogen um Männergruppen zu machen, die betrunken oder in ausgelassener Stimmung sind. Wenn Frauen in Thailand angemacht werden, dann häufig von betrunkenen Männern.

Thais berühren gerne die Haut von Europäern und bewundern die helle Farbe oder zupfen an den Härchen. Das ist zwar keine direkte Anmache, man sollte aber wissen, dass sich einheimische Frauen solche Berührungen von fremden Männern nicht gefallen lassen würden.

Frauen, die sich „unfraulich" verhalten, z.B. rauchen und trinken, werden toleriert. Die jungen Thailänderinnen kämpfen um Selbstbestimmung und bewundern selbstbewusste, alleinreisende Touristinnen. Trotzdem trauen sich die meisten nicht, im Badeanzug oder gar Bikini am Strand zu baden. Verständnis für hüllenloses Sonnenbaden kann man auch von aufgeschlossenen Thais nicht erwarten. Ansonsten benehmen sich thailändische Frauen in Touristengegenden sehr europäisch. Traditionelles Handeln und Denken schwindet mehr und mehr.

Asiaten auf dem Land sind in ihren Ansichten oft viel konventioneller. Frauen, die nicht dem gängigen Bild von Ehefrau oder Mutter entsprechen, verunsichern thailändische Männer. Lockere Umgangsformen und allzu luftige Kleidung können einiges dazu beitragen.

Das Schönheitsideal der meisten Thai-Männer wird durch das zierliche Mädchen von Nord-Thailand bestimmt. Die große westliche Frau gilt nicht gerade als begehrenswert. Es gibt zwar einige Männer, die einsamen Westlerinnen ihre Liebesdienste anbieten, aber nur ganz wenige stehen wirklich auf Weiße. Weitaus unkomplizierter gestaltet sich der Kontakt zu männlichen Travellern. Um sich gegen lästige Typen aus dem eigenen Kulturkreis zu wehren, hat jede Touristin ihre eigenen Tricks auf Lager. Wer sich bereits in heimischen Gefilden alleine unsicher fühlt, tut sich am besten mit einer Freundin zusammen, mit der frau auch das Zimmer teilen kann. Wird man gegen seinen Willen von Fremden angemacht, genügt meist ein: *Hau ab!, Piss off!* oder auf Thai: *Bai! Bai*!

Touristinnen, die Einheimische kennen lernen möchten, haben sicher bei Frauen mehr Glück. Da in Thailand die meisten Frauen berufstätig sind und eine aktive Rolle in der Gesellschaft spielen, fällt es nicht schwer, trotz Sprachbarriere Bekanntschaften zu schließen. Hier ist das leichte gegenseitige Berühren, vor allem am Arm, durchaus üblich.

Es besteht also keinerlei Grund, sich als Frau davon abhalten zu lassen, Thailand ohne männlichen Begleitschutz zu entdecken. Viele Frauen, die allein unterwegs waren, können bestätigen, dass eine derartige Reise sehr intensiv ist und viel Spaß macht.

Mit Kindern unterwegs

Thailand eignet sich für einen Urlaub mit Kindern jeglichen Alters. Egal ob die Kleinen noch nicht selber laufen können oder bereits eifrig ihre Umgebung erkunden, ob es die Eltern eher zu kulturellen Orten, den Stränden oder in die Berge zieht. Fast überall wird sich eine Familie wohlfühlen, denn Kinder sind sehr beliebt. Thailändische Kinder sind traditionell immer dabei, auch wenn die Eltern arbeiten. Sie krabbeln durch Läden und Restaurants, werden von Eltern, Großeltern, Geschwistern und Freunden herumgetragen, die sich auch ausländischer Kinder gerne annehmen. Nahezu immer wird sich eine hilfreiche Hand und ein Kind in der Nähe des Gästehauses als Spielgefährte finden.

Kinder genießen in Thailand vor allem die **Natur**. Es gibt tropische Blumen anzuschauen, leckere Früchte zu probieren, Muscheln in allen Farben und Größen zu sammeln und Tiere zu beobachten. Sie sind fasziniert von träge kauenden Wasserbüffeln, farbenprächtigen Vögeln, Kokosnuss erntenden Affen oder den Hühnern und Enten mitsamt ihrer kleinen Küken, von Stränden und Märkten, wo Händler, Fischer und Bauern sich ihnen zuwenden und ihnen ihre Welt zeigen. Besonders für die Älteren ist ein Besuch in den Werkstätten interessant, wo sie den Handwerkern und Künstlern bei der Arbeit zusehen können. Natürlich gibt es auch in Thailand **Zoos und Vergnügungsparks**, vor allem in Bangkok, Pattaya und Chiang Mai. Und immer wieder finden im ganzen Land **Tempelfeste** statt, auf denen es viel Plastikspielzeug zu kaufen gibt und Karussells zum Mitfahren einladen.

Bereits die Wahl der Fluglinie entscheidet, wie entspannt die reisende Familie in Thailand ankommt. Für die ganz Kleinen empfiehlt sich das von vielen Airlines angebotene schwebende Kinderbettchen (für Kinder bis etwa 10 kg). Zudem bietet der dazugehörende Platz den Erwachsenen mehr Beinfreiheit. Wenn der Nachwuchs viel Bewegung braucht, empfiehlt sich ein **Flug** mit Zwischenstopp, wo sich alle die Beine vertreten können und die Waschräume sich besser für einen Kleiderwechsel eignen als die engen Flugzeugtoiletten. Eine Nachfrage lohnt, wenn Eltern und Kind Wert auf ein Kindermenü legen, denn dieses wird vor dem der Erwachsenen ausgegeben, so dass man beim Essen helfen kann. Babynahrung gibt es fast nie, daher sollte diese ebenso ins Handgepäck gehören wie Wechselkleidung und Windeln. Es empfiehlt sich, diese Ausrüstung für eine dreitägige Reise einzupacken, um für einen unvorgesehenen Aufenthalt gewappnet zu sein.

Fast jede Airline hat Spielzeug, Bücher oder Bastelmaterial an Bord, die für Zerstreuung sorgen. Vor allem Alleinreisende mit Kind sollten sich nicht scheuen, Mitreisende oder das Flugpersonal um Hilfe zu bitten. Bewährt haben sich aufstellbare Rückentragen oder ein Maxi Cosi. Beide leisten nicht nur beim Aufenthalt im Flughafen, im Flieger selbst und beim Zu- und Aussteigen gute Dienste, sondern sind während der ganzen Reise hilfreich.

Kinder finden in Thailand schnell Anschluss

Da Kinder unter zwei Jahren zwar 10–20% der Flugkosten eines nicht reduzierten Tickets zahlen, ihnen aber kein eigener Sitzplatz zusteht, bleibt den Eltern nur die Hoffnung, dass der Flug nicht ausgebucht ist und ein Sitzplatz frei ist. Kinder zwischen 2 und 12 Jahren zahlen für einen eigenen Platz etwas mehr als die Hälfte des Flugpreises. Wer auf besondere Behandlung Wert legt, sollte eine renommierte Airline buchen, denn nur hier wird z.B. Kindern beim Zusteigen Vorrang vor allen anderen Gästen gewährt.

Die etwa 11-stündige Anreise mit dem Flugzeug, die **Zeitverschiebung** und die Klimaveränderung sind in den ersten Tagen etwas beschwerlich, doch bei ruhiger Herangehensweise gut zu meistern. Es ist empfehlenswert, sich nach der Ankunft in Bangkok oder im nahen Ayutthaya ein ruhiges Zimmer zu nehmen und die ersten Tage keine großen Anstrengungen zu planen. Es ist aufregend genug, die nähere Umgebung zu erkunden, das fremde Essen zu probieren und die Menschen kennen zu lernen.

Viele **Unterkünfte** haben Familienzimmer, in denen eine vierköpfige Familie gut schlafen kann. Zudem gibt es Doppelbungalows oder nebeneinander liegende Hotelzimmer mit Verbindungstür, die sich für Familien mit älteren Kindern eignen. Auf den Inseln werden größere Bungalows mit Terrasse, Küche, Badezimmer und 1–2 Zimmern vermietet („House for rent", z.B. auf Ko Samui und Ko Pha Ngan), die sich besonders für Familien eignen, die länger an einem Ort verweilen möchten.

Gerade in den ersten Tagen haben viele Kinder Probleme mit der **Hitze** und der feuchten Luft und neigen zu Hautausschlag, der sich in Form von roten Pusteln über den ganzen Körper ausbreitet. Wickelkinder haben besonders im Windelbereich damit zu kämpfen. Dagegen hilft das Talcum-Baby-Puder „New Born", welches es für 50 Baht in jeder Apotheke und vielen Supermärkten gibt. Das Puder hilft auch gegen vermehrtes Schwitzen. Größere und reisegewohnte Kinder kommen mit der Umstellung im Allgemeinen besser zurecht. Gegen Durst sollte in der Nacht viel zu trinken bereit stehen und in der Zeit des Jetlag vielleicht der eine oder andere Snack.

Keiner braucht sich vor Schmutz, **Krankheiten** und der fremden Sprache übermäßig zu ängstigen! Kinder haben meist gute Abwehrkräfte, finden leicht Anschluss und regeln vieles nonverbal. Meist sehen sie sehr schnell ein, dass sie sich öfter als zu Hause die Hände waschen, kein Leitungswasser trinken und kein ungeschältes Obst essen sollten. Trotzdem sollte jedes Kind vor der Reise gründlich untersucht werden und gegebenenfalls spätestens einen Monat vor der Abreise geimpft sein (einschließlich aller Kinderkrankheiten). Sollte sich das Kind einmal verletzen, muss jede offene Wunde und jeder Kratzer – sei er auch noch so klein – desinfiziert werden. Dafür eignet sich am besten alkoholfreies, farbloses Desinfektionsspray (aus der deutschen Apotheke, denn in Thailand sind sie eingefärbt, was eine Beurteilung der Wundheilung erschwert).

Gegen **Mücken** empfiehlt sich für Babys oder empfindliche Kleinkinder die in deutschen Apotheken erhältliche Bio-Lotion Zanzarin (etwa 7 €). Für die ganze Familie und Kinder ab 2 Jahren hat sich auch das in Thailand erhältliche Autan Family bewährt. Empfehlenswert ist ein Moskitonetz, vor allem in den Strandbungalows. Meist sind diese vorhanden, wenn nicht, kann man sie recht günstig erstehen. Sollte doch mal eine Mücke zugestochen haben oder auch eine Prellung schmerzen, empfehlen erfahrene Thai-Mütter kühlenden Kräuterbalsam aus der Apotheke.

Das **Reisen in Thailand** ist einfach und gut organisiert. Kinder, die keinen eigenen Sitzplatz beanspruchen, nicht älter als vier Jahre sowie unter 1 m groß sind (Zug), reisen in Bussen, Booten und Bahnen generell umsonst. Zwischen 4 und 12 Jahren bzw. bei einer Größe bis 1,50 m zahlen sie den halben Preis. Dieser Preis beinhaltet, wenn man darauf besteht, einen Sitzplatz. In Zügen ohne Sitzplatzausgabe findet sich meist Platz für die Kleinen. Sobald aber ein Backpackerbus gebucht wird oder man in Zügen mit Sitzplatzausgabe reist, ist es ratsam, dem Kind einen eigenen Platz zu bezahlen. Im Maxi Cosi sitzt das Kleinkind nicht nur entspannter, sondern auch wesentlich sicherer als auf dem Schoß der Eltern, und jedes etwas größere Kind ist sicherlich dankbar für einen eigenen Platz. Sinnvoll ist es, im Reisegepäck immer etwas Spielzeug bereit zu halten, auch ein Walkman mit Kinderkassetten hat sich auf längeren Strecken als Zeitvertreib bewährt. Auf jeder noch so kurzen Strecke sollte im Handgepäck immer etwas zu trinken, zu essen und ein Set Wechselgarderobe mitgenommen werden. Kindern verdirbt eine unfreiwillige Hungerkur oder Durststrecke oft nachhaltig die Lust aufs Reisen.

Keine Probleme gibt es normalerweise mit dem **Essen**. Besonders in chinesischen Restaurants finden Kinder viel Leckeres auf der Karte. Hingegen sind einige Thai-Gerichte scharf, werden jedoch auf Nachfrage mild gewürzt. Kindgerecht sind vor allem das vegetarische Nudelgericht Pad Thai oder eine milde Reissuppe mit Huhn. In touristisch erschlossenen Orten werden zudem in fast allen Restaurants Burger, Pommes und Spaghetti-Gerichte zubereitet. Wenn das Kind noch zu klein zum Mitessen ist, findet sich meist ein Angestellter, ein Gast oder gleich eine ganz Gruppe, die sich des Babys annimmt und es unterhält, solange die Eltern essen. Als Mahlzeit für die ganz Kleinen kann man – außer in abgelegenen Orten – Fertig-Baby-Milch und Babynahrung kaufen. Es ist ratsam, die Packung sorgfältig zu lesen, denn vielfach wird genmanipulierter Mais beigegeben. Besser eignet sich natürlich auf Reisen Muttermilch. Lecker und nahrhaft sind Babybananen, die sich leicht zerdrücken lassen. Äpfel, Birnen, Karotten und Kartoffeln sind oft gespritzt, so dass sie auf jeden Fall geschält werden sollten. Sticky Rice *(khao niau)* ist bei Kindern besonders beliebt und unterwegs gut zu essen. Viel Spaß macht ein Picknick, vor allem wenn man vorher alles gemeinsam auf dem Markt besorgt hat.

Als Getränk eignet sich frisches kühles Wasser. Für Abwechslung sorgen eine große Auswahl an 0,2-Tetra-Packungen oder kleinen Flaschen mit Tee, Milch, Kakao, Saft oder Joghurt. Meist sind die Getränke sehr süß, doch setzt sich auch in Thailand immer mehr die Erkenntnis durch, dass zu viel Zucker schlecht für Zähne und Figur ist. Vermehrt werden daher Tees, Sojagetränke und Säfte ohne Zuckerzusatz angeboten. Generell sollte man Nahrungsmittel in Plastikdosen aufbewahren, denn nur so sind sie vor Ameisen und anderen Kleinsttieren sicher.

Wegwerfwindeln gibt es fast überall, da sich die Ketten „7-Eleven", „FamilyMart" und „Tesco / Lotus" rasant über das ganze Land ausbreiten. Alle diese Läden führen Pampers, meist in sehr kleinen Packungen à 3–4 Windeln. Beobachtet man thailändische Kinder, fällt auf, dass sie recht selten Windeln tragen. Es ist selbst im Restaurant kein Problem, wenn sich eine kleine Pfütze auf dem Boden bildet (diese wird schnell mit einem Lächeln weggewischt), und eingenässte Kleidung trocknet schnell oder kann durch mitgenommene Ersatzkleidung ersetzt werden. Am Strand braucht das Kind nur dann eine Windel, wenn es wirklich einmal kühl sein sollte (vor allem Mädchen neigen bei nass-feuchtem Sand zu Blasenentzündungen).

Sehr wichtig ist die **Einbeziehung der Kinder** bei der Planung und beim Kofferpacken. Am Familientisch kann man prima Bilder von Thailand betrachten und gemeinsam überlegen, was man sich anschauen möchte.

Eine Thailandreise ist ein besonderes Erlebnis für jedes Kind, denn hier finden sich Blätter so groß wie man selbst, Elefanten, die einen schüchtern beschnuppern und stolz herumtragen, hier klingen kleine Glocken in geheimnisvollen Tempeln, und nicht nur die lustig orangefarben gekleideten Mönche lächeln milde – egal was man angestellt hat. Thailand ist das Land, das Kinder eine besonders schöne Erfahrung von Freundlichkeit und Nachsicht erleben lässt.

Nicht vergessen!

- Reisepass (Kinder jeglichen Alters brauchen für Thailand einen eigenen Reisepass oder müssen im Pass eines Elternteils eingetragen sein)
- Impfpass
- SOS-Anhänger mit allen wichtigen Daten
- Kleidung – möglichst strapazierfähige, leichte Sachen
- Babynahrung
- Fläschchen für Säuglinge
- Walkman und Kassetten
- Spiele und Bücher
- Fotos von wichtigen Daheimgebliebenen gegen Heimweh
- Kuscheltier (muss gehütet werden wie ein Augapfel, denn ein verloren gegangener Liebling kann allen den Rest der Reise verderben – reiseerprobte Kinder beugen vor, indem sie nur das zweitliebste Kuscheltier mitnehmen)
- Sonnencreme mit hohem Lichtschutzfaktor
- Kopfbedeckung

Praktische Tipps

Übernachtung

Hütten, Gästehäuser und Bungalows

Die romantischen **Hütten** am Strand von Ko Pha Ngan, Ko Tao, Ko Lanta, Ko Phayam, Ko Samet oder Ko Chang und die modernen **Gästehäuser** in Chiang Mai, Krabi oder Bangkok sind sehr einfach ausgestattet und überwiegend billiger als die preiswertesten thailändischen Hotels. Ihre Ausstattung beschränkt sich meist auf eine dünne Matratze, eine Lampe und (wichtig, aber selten!) ein Moskitonetz. Wenn der Strom von einem Generator erzeugt wird, herrscht oft schon ab 22 Uhr Dunkelheit. Um Duschen und Toiletten aufzusuchen, braucht man eine gute Taschenlampe.

Gelegentlich gibt es auch noch Kübelduschen, bei denen das Wasser mit einer Kelle oder Schale aus einer Wanne geschöpft und über den Körper gegossen wird. Dabei sollte das Wasser nie verunreinigt werden. Besonders hellhörig sind Holzhäuser mit dünnen Bretterwänden, wie sie in der Khaosan Road in Bangkok, an vielen Stränden und in vielen Orten in Nord- und Nordost-Thailand üblich sind.

Die allereinfachste Bambushütte ist auf Ko Pha Ngan schon für 100 Baht, auf Ko Samet für 120 Baht zu haben, auf Ko Chang (bei Ranong) kostet der gleiche Standard 150 Baht. In Nord-Thailand kostet die billigste Hütte mit eigener Dusche und WC zumeist ab 100–150 Baht, in Süd-Thailand je nach Lage mindestens 120–250 Baht.

Für einen **Bungalow** aus festen Materialien, mit Glasfenstern und guten Matratzen sind 250 Baht und mehr fällig. Kommen ein Ventilator (englisch *fan*, auf Thai *patlom*) und einige Möbelstücke dazu, werden es über 300 Baht. Liegt die Hütte in einem teuren Gebiet (White Sand Beach auf Ko Chang, Klong Dao Beach auf Ko Lanta) oder an Stränden, die nur am Wochenende von Thai-Touristen frequentiert werden, zahlt man für denselben Standard einige hundert Baht mehr. Ein Touristen-Bungalow mit Klimaanlage (ac) kostet ab 450 Baht (auf Ko Samui ab 800 Baht), ein ac-Bungalow für Thais ab 600 Baht.

Das Personal der Bungalowanlagen und Gästehäuser sorgt auch für das leibliche Wohl der Gäste. Tee und Kaffee gibt es fast überall, häufig auch ein Frühstück, oder es befindet sich gleich nebenan ein Restaurant mit Frühstück, Getränken und gutem Thai-Essen. Das Diebstahlrisiko, vor allem in Schlafsälen, verringert ein eigenes Vorhängeschloss oder ein abschließbarer Rucksack. Immer häufiger monieren unsere Leser den unangenehmen Geruch, der von unzulänglicher Abwasserentsorgung durch Resorts, Restaurants und ganze Touristenorte herrührt, was die Verursacher natürlich nicht gern hören. Dezente Hinweise auf preiswerte alternative Technologien, die es in Thailand durchaus gibt, können vielleicht einen Denkprozess in Gang setzen.

Ferienwohnungen und -häuser werden nur selten angeboten, z.Zt. in Pattaya, Ban Krut, Ko Samui, Phuket, Khao Lak und Sichon. Der Standard entspricht internationalem Niveau, die Preise liegen niedriger. Die voll ausgestatteten Küchen werden zumeist nur fürs Frühstück oder zur Zubereitung von Babynahrung genutzt, da das Essen außerhalb bekannt billig und schmackhaft ist.

Hotels

Internationalem Standard entsprechende **Luxushotels** gibt es u.a. in Bangkok, Pattaya, Cha-am, Hua Hin, Phuket, Chiang Mai, Chiang Rai, Ko Phi Phi und Ko Samui. Das *Oriental* in Bangkok, das zu den fünf besten Hotels der Welt gehört, verlangt Zimmerpreise von US$200–2000 für die *Author's Residence* pro Nacht.

Wer in **mittleren Hotels** (ab 400 Baht aufwärts) nach einem *discount* fragt, erhält häufig Rabatt. Wer Touristenhotels über Reisebüros bucht, kann meist mit einem spürbaren Abschlag rechnen.

In der Provinz werden Hotels mit ordentlichem Standard recht billig angeboten. Für 150 bis 250 Baht bekommt man ein meist sauberes Doppelzimmer mit Dusche und Fan, Einzelzimmer (Zimmer mit nur einem, aber großen Bett) sind etwa 30–40% billiger.

Provinz-Hotels, oft nur in Thai-Schrift gekennzeichnet, werden meist auch stundenweise vermietet. Abseits der Touristenpfade gibt es zu diesen lauten Unterkünften kaum Alternativen. Wer relativ ungestört schlafen will, besorgt sich am besten ein Zimmer nach hinten (wegen des Straßenverkehrs) und im obersten Stockwerk (wegen des anderen Verkehrs). Der Preis richtet sich nach der Art des Zimmers und nicht nach der Anzahl der Personen, die dort übernachten.

Die Sorgen der Gästehaus-Besitzer

In den letzten 12 Jahren wurden die Preise in fast allen billigen Travellerunterkünften wegen der starken Konkurrenz kaum angehoben. Darunter haben insbesondere solche Unterkünfte, die von den Betreibern nur gepachtet wurden, spürbar gelitten. Vor allem die sanitären Einrichtungen hätten vielfach eine Generalrenovierung nötig. Doch die Besitzer scheren sich nur wenig um Instandhaltung, und die Pächter können die Kosten nicht aufbringen. Manche Gästehausbesitzer warten lieber ab, bis die alten Hütten verfallen. Mit Bankkrediten bauen sie, wenn nichts mehr geht, völlig neue Bungalows aus Stein, die dann natürlich teurer vermietet werden.

Wer ein Zimmer in einem Gästehaus buchen will, kann nicht auf eine Bestätigung per Fax hoffen, sondern sollte z.B. einen 10-Dollar-Schein per Einschreiben als Anzahlung für die erste Nacht hinschicken.

Reservierung und Vorausbuchung

Normalerweise ist immer ein freies Zimmer zu bekommen. Schwierig wird es nur in den Urlaubsorten an Feiertagen, vor allem Weihnachten, zum westlichen, chinesischen und thailändischen Neujahr (Songkran). Auch während der europäischen Sommer- und Weihnachtsferien sind viele Zimmer ausgebucht. Abends kann es schwierig sein, in dem gewünschten Gästehaus noch einen Platz zu bekommen. Wer sicher gehen will, ruft am Vormittag im Zielort an und reserviert ein Zimmer. Wer während der Hochsaison anreist, kann für die ersten Nächte bereits zu Hause über Reisebüros, bei Veranstaltern oder im Internet Zimmer buchen. Die thailändische Jugend zieht es in den Universitätsferien (Mitte März – Juni) und Schulferien (Mitte Mai – Mitte Juli) vorwiegend an Strände, die bei ausländischen Touristen weniger beliebt sind. In der Nebensaison kann man ab Mitte April immer nach einem Off-Season-Discount fragen.

Spartipp: Touristenhotels mittleren und gehobenen Standards lassen sich wesentlich günstiger vor der Abreise über Reiseveranstalter buchen, die komfortable Zimmer zu Preisen um 30–50 € p.P. anbieten, nur in der Luxuskategorie (Sukhothai, Shangri-La und natürlich Oriental) sind sie teurer. Günstigere Preise erhält häufig auch, wer direkt per Internet oder vor Ort über Reisebüros bucht.

Übernachtung in Nationalparks

In 87 von 148 Nationalparks in Thailand (💻 www.dnp.go.th) werden Bungalows oder Zelte angeboten. Reservierung per Internet ist bis zu 60 Tage im Voraus möglich unter 💻 www.dnp.go.th/parkreserve/reservation.asp?lg=2, allerdings ist der Zimmerpreis innerhalb von 5 Tagen bei der Krung Thai Bank einzuzahlen. Die **Zimmer** sind zwar kahl und nur mit Matratzen bestückt, aber geräumig und relativ teuer (von 200 bis 1000 Baht), hinzu kommt der Eintritt von 200 Baht p.P. (in den Nationalparks entlang der Andamanensee bis 30.11.2005 ausgesetzt). Dafür können in einem Bungalow bis zu 10 Personen auf Matratzen übernachten – keineswegs ungewöhnlich, da Thais meist in Gruppen unterwegs sind. Allein oder zu zweit lassen sich in einigen Nationalparks für die großen Bungalows Preise von 100–200 Baht pro Person aushandeln. In seltener besuchten Parks kann das Erscheinen eines *farang* zu einem absoluten Erlebnis werden und heftige Aktivität der Angestellten auslösen. Alleinreisende männliche Traveller haben den Vorteil, für einige Baht bei den Rangern privat unterkommen zu können.

In vielen Nationalparks gibt es **Tourist Centers**, in denen eine kleine Bücherei, ein Informationsraum und eine Ausstellung über die Sehenswürdigkeiten im Park untergebracht sind (🕓 8.30–16.30 Uhr). Mindestens ein Englisch sprechender Ranger soll auch ausländischen Touristen behilflich sein können. Er ist mit Erste-Hilfe-Material und einem Notfall-Sender ausgerüstet.

Weitere Übernachtungsmöglichkeiten

Klöster bieten Männern einen einfachen Schlafplatz (gegen eine Spende in Höhe des Übernachtungspreises im Gästehaus), während sie Frauen überwiegend verschlossen bleiben. Sie sind keine Hotels, Service oder nennenswerter Komfort kann dort nicht erwartet werden.

In den Dörfern der Bergstämme (und in anderen Dörfern) leben die Bewohner höchstwahrscheinlich unter dem Existenzminimum. Man sollte sich daher mit einem Schlafplatz auf der Veranda (Männer und Frauen zumeist getrennt) begnügen.

Preise der Unterkünfte

Wir haben die Unterkünfte in acht Kategorien unterteilt, wobei die Preise jeweils für ein Doppelzimmer *(double room)* gelten:

❶	**bis**	**150 Baht**
❷	**bis**	**300 Baht**
❸	**bis**	**600 Baht**
❹	**bis**	**1200 Baht**
❺	**bis**	**2400 Baht**
❻	**bis**	**3600 Baht**
❼	**bis**	**4800 Baht**
❽	**über**	**4800 Baht**

In der gehobenen Kategorie wird auf den Zimmerpreis 10% Government Tax und 7% Service Charge aufgeschlagen.

Vor dem Betreten des Hauses zieht man die Schuhe aus. Selbstverständlich wird ein angemessener Betrag für Unterkunft und Verpflegung erwartet (zusätzlich zum Essen 50–100 Baht pro Person).

Zelten ist nicht nur in Nationalparks sehr beliebt, sondern auch bei Gästehäusern am Strand sehr gut möglich, wenn man freundlich fragt.

Essen und Trinken

Wer längere Zeit die **Thai-Küche** genossen hat, wird sie zu einer der besten der Welt rechnen. Auf den ersten Blick hat sie viele Ähnlichkeiten mit der chinesischen Küche. Nach näherem Kennenlernen entdeckt man malaiische Einflüsse, denn vieles wird mit Kokosnussmilch gekocht. Auch die Wirkung indischer Currys ist nicht zu verleugnen. Im Allgemeinen sind Thai-Gerichte kräftig gewürzt. Nicht nur Chilis bestimmen den Geschmack, sondern die ausgewogene Zusammenstellung von frischem Gemüse, Knoblauch, Zitronengras, Currygewürzen, Shrimp-Paste, Fischsoße, Tamarinde, Koriander, Kokosmilch, Palmzucker und, nicht zu vergessen, den frischen Fischen, Shrimps, Krebsen, Langusten und Muscheln.

Grundnahrungsmittel ist Reis, *kao*, der mit verschiedenen Beilagen und Soßen gegessen wird. *Khin kao* ist auch der allgemeine Begriff für „essen", was auf die Bedeutung von Reis in Thailand schließen lässt.

An Fischsoße und Glutamat wird beim Thai-Essen nicht gespart. Gute Informationen über Thai-Essen im Netz unter 💻 www.leckerbisschen.de.

THE THAI HOUSE

Die erholsame Alternative zum Großstadt-Stress nahe Bangkok.

Ruhige Unterkunft in traditionellem Thai-Haus am Klong.
Gepflegte Zimmer, moderne Badezimmer, Garten und Terrasse.
Transport zum Stadtzentrum und zurück per Boot, Bus oder Auto.
Ein- bis viertägige Kochkurse mit und ohne Unterkunft.

Informationen und Buchungen:
32/4 Moo 8, Tambol Bang Muang, Bang Yai, Nonthaburi 11140, Thailand,
E-mail: pip_thaihouse@hotmail.com,
Telefon: (00 66 2) 903 96 11, 997 51 61, Telefax: (00 66 2) 903 93 54

Wie essen?

Normalerweise wird in Thailand mit **Löffel** (rechts) und **Gabel** (links) gegessen, wobei man mit der Gabel, entsprechend unserem Messer, die Speisen auf den Löffel schiebt, mit dem man isst. Besonders in ländlichen Regionen benutzt man dafür die rechte Hand. Die linke gilt als unrein und sollte nie das Essen berühren. Zu Nudelsuppen, die man hauptsächlich mittags isst, werden **Stäbchen** *(chop sticks)* und ein kurzer Suppenlöffel gereicht. Man befördert die Nudeln mit Hilfe der Stäbchen auf den Löffel. Nur in chinesischen Restaurants werden auch Reisgerichte mit Stäbchen gegessen, für Touristen werden aber immer Gabel und Löffel gebracht.

Da die meisten Frauen berufstätig sind, ist es üblich, dass die ganze Familie außer Haus isst. Vom Morgen bis zum frühen Abend nimmt man leichte Suppen und kleine Snacks zu sich. Erst nach Sonnenuntergang gibt es eine Hauptmahlzeit, die aus mehreren Gängen besteht, die zumeist auf dem **Abendessenmarkt** zusammengestellt werden.

Um richtig Thai zu essen, geht man am besten mit mehreren Freunden in ein Restaurant und stellt verschiedene Gerichte zusammen. Es ist üblich, dass alle Gerichte gleichzeitig serviert werden und sich jeder nach Belieben in kleinen Happen bedient. Suppen isst man zum Hauptgericht und nicht vorher.

Wo essen?

Es ist selten ein Problem, zu jeder Tages- oder Nachtzeit irgendwo etwas Essbares zu bekommen. In vielen Orten werden **Essenstände** auf Straßen, großen Plätzen oder Märkten attraktiv aufgebaut. Dort sind die Gerichte am billigsten. Für wenige Baht gibt es eine klare Suppe mit Sojasprossen, Kräutern, Gemüse und Fleisch- oder Fischbällcheneinlage. Meist werden die Gerichte vor aller Augen frisch zubereitet. Andere Stände verkaufen Getränke oder frische Fruchtsäfte.

Restaurants außerhalb der Touristenzentren

Sie haben meist keine englische Speisekarte. In einem typischen **Straßenrestaurant** empfiehlt es sich, einen Thai-Grundwortschatz (s.S. 45 und im Kapitel Anhang) bereit zu haben. Die rohen Zutaten wie Fleisch, Fisch und Gemüse liegen in einer Vitrine oder im Kühlschrank. Man braucht also nur darauf zu deuten und das Wort für gebraten oder gekocht zu sagen. Häufig stehen verschiedene fertige Currys in großen Töpfen am Eingang, so dass man nur den Deckel zu lüften braucht, um eine Auswahl zu treffen. Nach dem Preis sollte man vor dem Essen fragen. Fast immer sind die Gerichte stark gewürzt, und die vielen kleinen Chilis sind der Grund, dass das Essen nicht schlecht wird. Wer nicht scharf essen kann oder will, deutet auf die Gerichte und fragt: *pät mai?* (ist's scharf?). Ist die Antwort *mai pät* (nicht scharf), kann nicht viel passieren. Lautet die Antwort allerdings *pät pät*, sollte man sich auf eine sehr scharfe Mahlzeit einstellen. Wer auf seine Gesundheit bedacht ist, vergewissert sich, ob die Küche einen sauberen Eindruck macht. Die Gesundheitsämter verleihen das Logo „Clean Food – Good Taste“ an Restaurants, deren Küchen einen Test auf Bazillen bestanden haben – der Geschmack des Essens wird nicht geprüft.

Restaurants in Touristenzentren und großen Städten

Sie offerieren eine englische Speisekarte (*menu*) und sind, je nach Ausstattung, Lage und Qualität, manchmal etwas teurer. Zu Traveller-Unterkünften gehören meistens **einfache Restaurants**, in denen es europäisches Frühstück, gebratenen Reis, Traveller-Food und Softdrinks gibt. Bestellt man mehrere Gerichte oder geht mit einer Gruppe essen, kann es passieren, dass die Rechnung höher ausfällt als die Summe der Einzelgerichte. Wem es nichts ausmacht, in den Augen des Wirtes als geizig zu gelten, der kann versuchen, die Rechnung zu beanstanden.

Im Gegensatz zu den Hotels und **Restaurants der gehobenen Preisklasse**, wo zum Rechnungsbetrag 10% Bedienung addiert wird, enthält die Rechnung in kleineren Restaurants kein Trinkgeld. Bei gutem Service sind einige Baht immer angebracht. In Traveller-Restaurants ist das jedoch nicht üblich.

Wem eine gewisse Kantinen-Atmosphäre nichts ausmacht, kann sich in den **Food Centers** großer Kaufhäuser (meist im Ober- oder Untergeschoss) an vielen sauberen Essenständen ein billiges, mehrgängiges Menü zusammenstellen – bezahlt wird mit Coupons oder Chip-Karte.

Coffeeshops

Wer glaubt, hier ein gemütliches Café mit leckerem Kuchen gefunden zu haben, liegt völlig falsch.

Kaffee und Kuchen bekommt man höchstens in einer Bakery oder in den großen Hotels, vor allem zum *high tea*.

Der **Coffeeshop** hingegen, ein großer klimatisierter Raum, der manchmal Erinnerungen an sozialistische Massenabfütterungs-Restaurants aufkommen lässt, dient unterschiedlichsten Bedürfnissen, ist Frühstücksraum, Restaurant und Bar zugleich, wobei in den so genannten „Junggesellenhotels" Letzteres überwiegt. Die dort herumsitzenden jungen Mädchen sind in den seltensten Fällen Hotelgäste, sondern auf der Suche nach Kundschaft. In einigen Kaufhäusern und Einkaufszentren haben in den letzten Jahren **Kaffee-Theken** und Filialen internationaler Kaffeehaus-Ketten aufgemacht, die mehrere Dutzend verschiedene Sorten Kaffee aus allen Kontinenten anbieten und frisch aufbrühen. In Touristenorten gibt es bereits Bäckereien, die auch feinen Kuchen und Torten anbieten, dazu Kaffee in vielen Variationen.

Was essen?

Entlang der ausgetretenen Pfade zwischen Chiang Rai und Krabi finden sich immer Restaurants, die ihre Küche dem europäischen Gaumen angepasst haben. In den Touristenzentren Chiang Mai, Chiang Rai, Phuket oder Hua Hin braucht man selbst auf Pizza, Steaks oder Kartoffelsalat nicht zu verzichten. Auch wer die thailändische Küche schätzen gelernt hat, kann sich also immer mal wieder eine Abwechslung gönnen.

Der gängige Preis für ein **Thai-Gericht** liegt bei 40–60 Baht, in besseren Restaurants bei 70–80 Baht. Dafür gibt es in den meisten Fällen ausgezeichnete Gerichte und einen Super-Service. An den Straßen-Restaurants kann man sich schon für 20 Baht satt essen. Gebratener Reis mit Ei, Huhn, Schweinefleisch oder Krabben kostet in Traveller-Restaurants um 25–40 Baht.

Da das Meer, außer im Nordosten und Norden, nirgendwo weit entfernt ist, gibt es überall fantastischen **Fisch** und anderes **Seafood**. Die Palette der Zubereitung reicht von schärfsten Fisch-Curries bis zu frischen Garnelen oder delikat zubereiteten Krebsen in den Seafood-Restaurants an den Stränden. Vor allem frische Fische werden nach Gewicht bezahlt. Die einheimischen Gäste kennen die Preise. Wer sich noch nicht auskennt, fragt vorher nach dem Preis (meist pro 100 g). Auch in Thailand sind solch erlesene Köstlichkeiten wie Hummer relativ teuer. Während man einen etwa 40 cm langen Fisch bereits für 120 Baht bekommt, zahlt man für etwa 10 cm lange Langusten mindestens 15 Baht pro Stück und für einen mittelgroßen Hummer mindestens 400 Baht. Wer Fisch und Seafood mag, wird in Thailand bestimmt auf seine Kosten kommen.

Gewürze

Thais würzen ihre Speisen nach der Zubereitung selbst nach, und zwar aus den Plastikbehältern, die auf dem Tisch stehen und Zucker, zerstoßene, getrocknete, rote Chilis, Chilis in Essig und manchmal zerstoßene Erdnüsse enthalten. Frisch serviert wird **prik nam plah** – eine salzige Fischsoße mit Knoblauch, Limonensaft, Palmzucker, Sojasoße und vielen klein geschnittenen grünen oder roten Chilis. Übrigens: je kleiner die Chilis, desto schärfer sind sie.

Snacks

An Straßenständen werden viele leckere Zwischenmahlzeiten gebraten, gekocht oder gegrillt, z.B. gefüllte süße oder salzige Kuchen, **gluei tord** (gebratene Bananen) oder **kanom dschiäb** (ausgebackene Teigtaschen mit Fleisch- oder Krabbenfüllung). Nach dem Preis sollte man allerdings vorher fragen.

Jede Region hat ihre eigenen Snacks. Eine Spezialität, die ursprünglich aus dem Nordosten stammt, ist **som tam** – ein scharfer Salat aus unreifen, grob geriebenen Papayas und getrockneten Shrimps.

Reis und Nudeln

Das Grundnahrungsmittel aller Thais, der Reis, wird in unterschiedlichen Formen serviert:

kao plao gekochter, körniger Reis (Englisch: *plain rice)* kommt als Beilage zu den meisten Gerichten

kao nieo Klebreis (Englisch: *sticky rice)* ist vor allem im Norden auf dem Land verbreitet und wird auch zu som tam oder im Süden als Dessert, z.B. zu frischen Mangoscheiben, gegessen.

Preiswert ist das Standard-Gericht vieler Traveller:

kao phat gebratener Reis (gesprochen *kao padd*, auf Englisch *fried rice*)

Es gibt Traveller, die während ihres Aufenthaltes in Thailand nichts anderes essen – und damit viel verpassen. Dieses Gericht gibt es in den verschiedensten Ausführungen, z.B. als **kao phat gung** (mit Krabben), als **kao phat gai** (mit Huhn) oder als *American Fried Rice* (mit gebratenem Ei). In einfacher Form wird z.B. **kao muh daeng** – mit kleinen Streifen Schweinefleisch, Zwiebeln und etwas Ei gebraten.

Als Beilagen werden Gurken und die sauerscharfe Sauce mit Chilis (**prik nam plah**) serviert. In vielen Touristen-Restaurants ist diese nur auf speziellen Wunsch zu erhalten – stattdessen steht Ketchup auf dem Tisch.

Nudeln gibt es in mehreren Arten:

gueh tiao	(gespr. *göi tiao*) – weiße, ganz dünne oder breite Reisnudeln, werden hauptsächlich in die leckeren, süßsauren Suppen gegeben, die mittags an vielen Essenständen zubereitet werden.
bah mie	gelbliche Weizenmehl-Nudeln, gibt es in verschiedensten Varianten.
phat thai	(gespr. *padd tai*), ein sehr beliebtes, leckeres Gericht aus gebratenen Reisnudeln mit Tofu, Gemüse, Ei und Erdnüssen.
khanom chin	auf einem Esstisch an Straßenständen stehen verschiedene Beilagen wie Trockenfischchen, Gurken, Pickles, rohe und eingelegte Sojasprossen, von denen sich die Gäste nach Belieben bedienen, um die Nudeln auf ihrem Teller zu garnieren. Nur ein gekochtes Ei als Beilage ist extra zu bezahlen. Besonders im Süden sehr beliebt.

Fleisch oder Fisch

Sie gehören neben Gemüse zu jeder kompletten Mahlzeit, so dass es Vegetarier, die auch keinen Fisch essen, schwer haben:

gai	Hühnerfleisch
nüa	Rindfleisch
gung	Garnelen, Krabben
ped	Entenfleisch
gung tale	Hummer
plah	Fisch
muh	Schweinefleisch
puh	Krebse

Thai-Curries

Sie gibt es in verschiedenen Schärfegraden:

gäng garih	ein mildes, indisches Curry.
gäng masaman	die einheimische Variante mit Knoblauch, Ingwer, Zitronengras, Koriander, Kardamom, Muskatnuss, Muskatblüte, Zimt, Nelken, Tamarinde, Limonen, Zucker, Kokosmilch und Chilis.
gäng pät	sehr scharfes Curry *(gaeng phet gai* = Hühnchencurry; *gaeng ped* ist hingegen ein mildes Entengericht).
gäng khiau wahn	extrem scharf, ein grünes Curry, das zusätzlich Shrimp-Paste *(blachan)* und viele Chilis enthält.

Suppen

kao tom	ist eine Reissuppe mit Fleischeinlage, die zum Frühstück gegessen wird, beispielsweise mit Hühnchen = *kao tom gai.*
tom yam	besonders würzig, Thai-Suppe mit Zitronengras, Zitronenblättern, Chilis, Tamarinde und anderen Zutaten sauer-scharf gewürzt. Beliebt als *tom yam gai* (mit Hühnchen) oder *tom yam gung* (mit Krabben).

Salate

Aus gesundheitlichen Erwägungen sind Blattsalate in Thailand leider nicht zu empfehlen.

Wir können allerdings auf eine unserer Lieblingsspeisen, **yam nüa** – Rindfleisch-Salat – nicht verzichten. Dieses kalte Gericht aus eingelegtem Rindfleisch, verschiedenen Salaten, Korianderblättern, Minze, Knoblauch, Chilis und einer sauren Sauce ist so scharf, dass hoffentlich keine Bakterien darin überleben.

Kleines Wörterbuch

Restaurant	*rahn ahahn*	ร้านอาหาร
essen	*gin / tahn*	กิน / ทาน
trinken	*dühm*	ดื่ม
essen gehen	*pai tahn ahahn*	ไปทานอาหาร
hungrig	*hiju*	หิว
durstig sein	*hiju nam*	หิวน
Das Essen schmeckt gut!	*ahahn a-roi*	อาหารอร่อย
Dasselbe noch einmal	*ao ik*	เอาอีก
Ich mag ...	*pom / tschan tschoob*	ผม/ฉันชอบ
Die Rechnung, bitte!	*tschek bin khrap*	เช็คบิล
heiß	*rohn*	ร้อน
kalt	*jen*	เย็น
süß	*wahn*	หวาน
süß-sauer	*prio-wahn*	เปรี้ยวหวาน
scharf	*pät*	เผ็ด
gebraten	*tord*	ทอด
gekocht	*tom*	ต้ม
gegrillt	*yang*	ย่าง
getoastet	*ping*	ป%ง
Fisch	*plah*	ปลา
Fischküchlein	*tord man plah*	ทอดมานปลา
Garnele, Krabben	*gung*	กุ้ง
Hummer	*gung gam gram*	กุ้งก้ามกราม
Krebse	*puh*	ปู
Tintenfisch	*plahmük*	ปลาหมึก
Schweinefleisch	*muh*	หมู
Rindfleisch	*nüa*	เนื้อ
Hühnerfleisch	*gai*	ไก่
Entenfleisch	*ped*	เป็ด
Gemüse	*phak*	ผัก
gelbe Nudeln	*bah mie*	บะหมี่
weiße Nudeln	*göi tiao*	ก่วยเต%ยว
Reis	*kao*	ข้าว
weißer Reis	*kao plao*	ข้าวเปล่า
gebratener Reis	*kao phat*	ข้าวผัด
Ei	*khai*	ไข่
Omelett	*khai dschiao*	ไข่เจียว
Wasser	*nam*	น
Tee	*tschah*	ชา
Kaffee	*gafä*	กาแฟแฟ
Alkohol, Brandy	*lao*	เหล้าา
vegetarisch	*mangsawirat*	มัง สาวิรัต
vegetarisches Restaurant	*rahn ahahn mangsawirat*	ร้านอาหารมัง สาวิรัต
vegetarische Kost	*ahahn jä*	อาหารแจ
kein Seafood	*mai gin ahahn thale*	ไม่กินอาหารทะเล
kein Fleisch	*mai sai nua*	ไม่ใส่เนื้อ
Pfannengemüse	*phat phak*	ผัดผัก
Verwenden Sie kein Glutamat	*mai sai phong churot*	ไม่ใส่ผอง ชูรด

Eier

Sie heißen khai (nicht zu verwechseln mit dem Eier legenden Huhn = gai).

khai tord	gebratene Eier.
khai luak	weich gekochte Eier.
khai tom	hart gekochte Eier, die sich am Ende kaum voneinander unterscheiden, da es sich hierbei um eine typisch europäische Zubereitungsart handelt.
khai yad sai	schmackhaftes Omelett mit Fleisch- oder Gemüsefüllung.

Vegetarisch

Vegetarier haben es nicht einfach, denn die meisten Thais essen zu jedem Gericht etwas Fleisch oder Seafood. Nur an buddhistischen Feiertagen verzichten manche auf ihre geliebten Proteine. Trotzdem gibt es eine wachsende Zahl vegetarischer Restaurants (rahn ahahn mangsawirat), die sehr preisgünstig sind (10–15 Baht je Gericht). Sie haben aber meistens nur bis Mittag geöffnet. Neuere vegetarische Restaurants, die sich den Wünschen der Traveller angepasst haben, verlangen auch weit höhere Preise. Überall wo Wok-Gerichte angeboten werden, kann man sich problemlos eine reine Gemüsepfanne, **phat pak**, zubereiten lassen.

Europäische und andere Gerichte

In Touristenzentren und Großstädten findet, wer sich nicht dauerhaft mit der Thai-Küche anfreunden kann, eine breite Auswahl bekannter Gerichte – von Hamburger und Pizza in Filialen internationaler Fast food-Ketten bis zum Steak und Eisbein wie bei Muttern. Allerdings werden auch europäische Preise verlangt, denn viele Zutaten, wie Käse oder Wein, müssen importiert werden, was die Kosten erheblich in die Höhe treibt.

Getränke

Wasser und Säfte

Nam	Wasser, sollte nicht aus der Leitung getrunken werden.
nam dühm	Trinkwasser in recyclebaren Plastikflaschen oder in Behältern in öffentlichen Gebäuden. Beim Kauf sollte man unbedingt auf einen versiegelten Verschluss achten. Vor allem bei Kleinanbietern kann das Wasser dennoch bakterienverseucht sein. Wem dieses Wasser zu wenig Mineralstoffe enthält, kann Elektrolytpulver darin auflösen (Champa für 6 Baht).
nam räh	Mineralwasser
nam yen	kaltes Wasser
nam manau	Zitronen- oder Limonensaft, manchmal auch Limonade.
nam som	Orangensaft, ebenso wie Zitronensaft, wird oft mit Salz gewürzt, was zwar dem Körper gut tut, doch vielen europäischen Gaumen nicht schmeckt. Wer die Säfte pur möchte, bestellt: *mai glüa* – ohne Salz.
nam käng	Eis zum Kühlen von Getränken. Die zerschlagenen Eisbrocken sind nicht immer hygienisch einwandfrei, bedenkenlos sind die glatten Eiszylinder.

Tee

Tschah	der überall im Orient verstandene Name für Tee. Er ist in Thailand jedoch fast nur in Touristenzentren erhältlich als:
tschah ron	heißer, schwarzer Tee, mit Milch und Zucker serviert.
tschah dam	Tee nur mit Zucker, ohne Milch
tschah dam yen	kalter Tee mit Zucker
tschah manau	Tee mit Zitrone (*manau* = Zitrone)
nam tschah	sehr dünner Tee, der in chinesischen Lokalen überall kostenlos bereitsteht.

Kaffee

Gafä	Kaffee ist das am weitesten verbreitete Getränk, mit süßer Kondensmilch und Pulverkaffee angerührt, keine Ähnlichkeit mit unserem Kaffee.
gafä dam ron	Kaffee ohne Milch
gafä yen	Kaffee mit Eis, gibt es überall
oh liang	der schwarze, süße Eiskaffee, erfrischend.

Weitere alkoholfreie Getränke

An kalten, alkoholfreien Getränken wird eine große Auswahl angeboten. Am beliebtesten und mit ca. 7–10 Baht recht billig sind die internationalen **Softdrinks** (an Stränden häufig 10–15 Baht). Zum Mitnehmen werden sie leider in Plastiktüten umgefüllt. Daneben gibt es Sodawasser und

nam maprao	die klare Kokosmilch junger, grüner oder orangefarbener Kokosnüsse, die am besten gekühlt schmeckt und sehr erfrischt. Nicht bekömmlich ist dagegen das Wasser der reifen, braunen Kokosnuss
Vitamilk	eine süße Sojabohnen-Milch
nohm sot	H-Milch, die häufig gesüßt oder mit Aromastoffen (z.B. Erdbeergeschmack) angereichert ist, in 0,2-l-Päckchen abgepackt.

Bier und Whisky

Singha-Bier (*bia*) gibt es überall in Flaschen, es ist jedoch verhältnismäßig teuer. Den Markt erobert hat das nach Laos-Bier schmeckende preiswerte **Chang.** Seltener erhält man das herbe **Amarit** sowie die neueren **Ice**-Biere. Bei Ausländern beliebt ist **Carlsberg**, das auch vom Fass gezapft wird, sowie **Heineken** und **Kloster**. Zunehmend drängen weitere europäische Marken auf den Markt, wie **Amstel, Hartmannsdorfer, Phuket Lager** oder **Mittweidaer**.

Die lokale Alkoholdroge Nr. 1 ist **Mekhong**, der Thai-Whisky, der zu allen Gelegenheiten aufgetischt wird und wie akzeptabler Weinbrand schmeckt. Die Thais fordern gerne andere Gäste zum Mittrinken auf. Wir empfehlen, ihn lieber mit Wasser oder Cola zu verdünnen.

Früchte

Wie alle tropischen Länder hat Thailand ein gewaltiges, preiswertes Angebot an uns fremden tropischen Früchten. Auf jeden Fall probieren sollte man:

A-ngun – Weintrauben, die auch in den Tropen, v.a. in den Provinzen westlich von Bangkok wachsen, werden von April bis September angeboten.

Äppen – unser Apfel wird das ganze Jahr über importiert: 10–14 Baht pro Stück.

Chom-phu – der Rosenapfel, eine glockenförmige, säuerliche Frucht mit grünlicher bis roter Schale ist nur kurzzeitig von April bis Juni zu bekommen.

Durian – die Zibetfrucht, auch Stachelfrucht genannt, gilt als Königin der Früchte. Diese grüne, stachlige Frucht ist auch für Uneingeweihte nicht zu verwechseln, da sie penetrant riecht. Am besten lässt man sich von einem Kenner eine Frucht aussuchen. Auch während der Saison von April bis August sind Durian teuer. Beim Bauern kostet eine kleine etwa 10 Baht.

Farang – Guaven, die „Fremden", die ursprünglich aus Spanien kamen, erfreuen sich großer Beliebtheit. Die grüne, apfelähnliche Frucht kann reif als Obst oder grün mit Salz und Zucker gegessen werden.

Gluei – Bananen gibt es das ganze Jahr über auf den Märkten in 20 verschiedenen Größen und Geschmacksrichtungen. Auf Straßen und Busbahnhöfen werden gebackene Bananen verkauft.

Kanun – Jackbaumfrucht, riesige, grünlich-gelbe Früchte mit runden Stacheln, die 30–90 cm lang und 25–50 cm breit werden. Die festen, gelben, herausgelösten Fruchtsegmente werden portionsweise auf den Straßenmärkten verkauft. Saison ist von Januar bis Mai.

Lakmut (Sawo) – der Breiapfel, eine ovale, kartoffelfarbige Frucht, die ähnlich wie Birne schmeckt, wird von Februar bis April angeboten.

Lamut – Sapodilla, kleine, ovale Frucht, süß-saurer Geschmack, von Juli bis September.

Lamyai – Longan (besonders gut in Chiang Mai!), eine dünne, feste, bräunliche Schale umgibt das weiße, leicht säuerlich-saftige Fruchtfleisch. Die kleinen, runden Früchte werden ebenfalls büschelweise verkauft. Saison ist von Juni bis August.

Langsat – Lansat, die murmelgroßen, süß-säuerlichen Früchte mit hellbrauner Schale und bitterem Kern werden büschelweise von Mai bis Juli verkauft.

Linchi – Litschipflaumen (Lychee) sind vor allem bei Chinesen als Desserts aus der Konserve beliebt. Frisch gibt es sie von April bis Juni.

Makham wan – süße Tamarinde des Nordostens, von Dezember bis Februar.

Malakor – Papaya, die 7–60 cm langen, grünen bis orange-roten Früchte enthalten viel Vitamin A und Calcium. Sie schmecken besonders gut mit frischen Limonen zum Frühstück. Zudem sind sie – zusammen mit Bananen, Ananas und Wassermelonen – ein wesentlicher Bestandteil des Obstsalates. Grüne Papaya, in dünne Streifen geschnitten und mit Chilis, getrockneten Krabben und Knoblauch gemischt, wird als *som tam* vor allem im Nordosten gegessen. Sie reifen das ganze Jahr über.
Mamuang – Mango, länglich-ovale Früchte. In unreifem Zustand sehen sie grün aus, man isst das säuerliche, feste Fruchtfleisch als Gemüse mit einer scharfen Sauce. Reif sehen sie rötlich-gelb aus, das Fruchtfleisch ist gelb, saftig und süß. Saison von März bis Juni.
Mangkut – Mangostanenfrucht, die 6–7 cm großen, violett-roten Früchte mit weicher, dicker Schale enthalten 5–8 weiße, leicht säuerliche Frucht-Segmente (Vorsicht – sie färben stark). Von Mai bis Oktober werden sie im Süden des Landes geerntet.
Maprao – Kokosnüsse, das ganze Jahr über.
Ngoh – Rambutan, auch Zwilligspflaume genannt, etwa 5 cm große, runde, rote Früchte, deren haariges Aussehen ihnen den Namen gegeben hat. Unter der weichen Schale liegt das weiße Fruchtfleisch um einen großen Kern. Sie werden büschelweise verkauft und sind oft von Ameisen bevölkert. Saison von März bis September.
Noina – Netzanone, gibt es von Juni bis Sep.
Phutsa – Jujube, die kleine, runde Frucht aus dem Osten des Landes findet man von August bis Februar auf den Märkten. Sie ist süß und wird normalerweise ungeschält gegessen.
Sapparot – Ananas, gibt es von April bis Juli und im Dezember/Januar für wenige Baht geschält auf der Straße. Die Gegend um Hua Hin in Süd-Thailand mit seinen sandigen Böden ist eines der größten Ananas-Anbaugebiete.
Som-tra – Süßorange, eine Mischung zwischen den uns bekannten Orangen und Mandarinen, schlecht zu schälen, aber gut für Säfte. Es gibt sie das ganze Jahr über, v.a. zwischen September und November, der Kilopreis richtet sich nach der Größe.
Som-o – Pomelos, riesige Grapefruits, deren Fruchtfleisch etwas trocken und manchmal recht sauer ist. Es gibt sie vor allem von August bis November.
Strawberry – Erdbeeren, aus dem Norden von Dezember bis März.
Taeng-mo – Wassermelone, sollte nur frisch aufgeschnitten verzehrt werden, da die Schnittflächen in kürzester Zeit hochgradig von Bakterien verseucht werden.

Verkehrsmittel

Thailand ist ein verkehrstechnisch gut erschlossenes Land. Die Flugrouten und das Eisenbahnnetz sind auf den Knotenpunkt Bangkok ausgerichtet. Das **Straßennetz** im Großraum Bangkok ist autobahnmäßig ausgebaut, die Metropole selbst wird von mehreren mautpflichtigen Stadtautobahnen durchzogen. Die wichtigsten Fernstraßen, die fast durchweg vier- bis sechsspurig ausgebaut wurden, sind:

H1 (Paholyothin) Bangkok – Nakhon Sawan – Tak – Lampang – Chiang Rai – Mae Sai.
H2 (Friendship Highway) Bangkok – Korat – Nong Khai.
H3 (Sukhumvit Highway) Bangkok – Pattaya – Rayong – Trat.
H4 (Petchkasem) Bangkok – Hua Hin – Takua Pa – Hat Yai – Malaysia.

War früher auch das Straßennetz auf die Hauptstadt ausgerichtet, so existieren heute gut ausgebaute Querverbindungen zwischen den Regionen. An den Grenzen zu den unruhigen Nachbarn Kambodscha, Laos und Myanmar wurden aus strategischen Gründen Allwetterstraßen angelegt.

Flüge

Das Inlandsflugnetz der **Thai Airways** (TG), 💻 www.thaiair.com, ist zentral auf Bangkok ausgerichtet. Es werden 13 Ziele angeflogen, u.a. Chiang Mai, Chiang Rai, Surat Thani (für Ko Samui), Phuket, Krabi und Trang. Internationale Flüge in der Region führen nach Yangon, Vientiane, Hanoi, Saigon, Phnom Penh, Singapore, Penang, Langkawi und Kunming. Auf allen Flügen gilt Rauchverbot. Ticket-Änderungen kosten eine geringe Gebühr. Bei verspäteter Ankunft in Bangkok kann man problemlos auf einen anderen als den gebuchten Flug wechseln. An vielen Provinzflughäfen besteht ein Zubringerservice im Auftrag von Thai Airways zwischen Airport und Stadt-Büro (meist 40–80 Baht, nicht in Bangkok), so dass man nicht auf teure Taxen angewiesen ist. Die Buchung eines Inlandsflugs übers Internet ist möglich, das e-Ticket druckt man selbst aus.

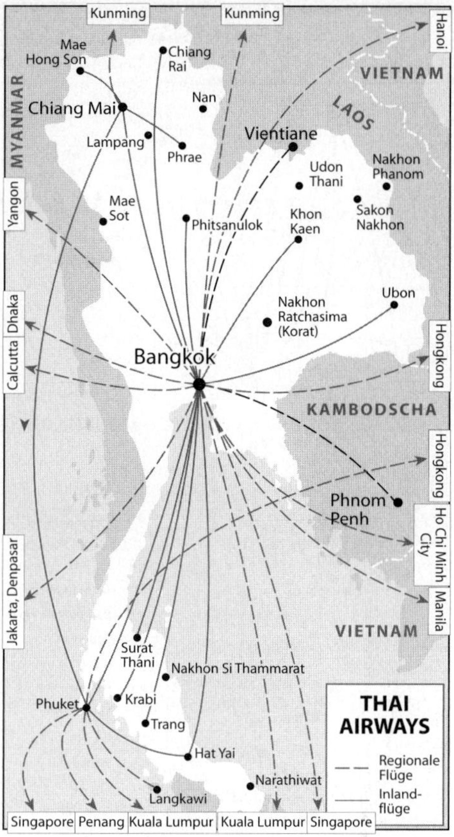

Bangkok Airways (PG), 💻 www.bangkokair. com (mit Online-Buchung), fliegt mit Boeing 717 von Bangkok u.a. nach Trat, Hua Hin, Ko Samui und Sukhothai sowie nach Siem Reap und Phnom Penh in Kambodscha und nach Luang Prabang in Laos, zudem von Ko Samui nach Phuket, Hua Hin und Singapore. Zeitweise werden auch direkte Flüge von Chiang Mai nach Ko Samui und von Ko Samui nach Krabi angeboten. Zum neuen Drehkreuz wird der Flughafen von Sukhothai ausgebaut, wo Flüge nach Chiang Mai und Luang Prabang (Laos) starten; Mandalay und Pagan (Myanmar), Kunming (China) und Siem Reap (Kambodscha) werden hinzukommen. Von Chiang Mai wurde der Flugbetrieb nach China aufgenommen, zurzeit nach Jing Hong (Xishuangbanna) und Xian. In der Nebensaison von April bis Oktober wird mit *Special Fares* geworben, die einen relativ geringen Abschlag gewähren. Bangkok Airways bietet einen *Discovery Airpass* an, bei dem man 3 bis 6 Coupons für Inlandsflüge zu je US$50 und für Auslandsflüge zu je US$80 kaufen kann (2 Monate gültig). Auskunft vom Büro in Frankfurt, ✆ 069-13377565, ✉ bkkair. fra@t-online.de.

PB Air (9Q), 💻 www.pbair.com, fliegt mit 80-sitzigen Fokker-Jets von Bangkok nach Lampang, Nan, Trang, Nakhon Si Thammarat und in einige Städte im Nordosten. Reservierung in Bangkok, ✆ 02-2610221-5.

Phuket Airlines (9R), 💻 www.phuketairlines. com, fliegt mit B737-200 von Bangkok nach Phuket, Ranong, Krabi, Buriram, Mae Sot und Yangon. Reservierung in Bangkok, ✆ 02-6798999.

Die folgenden neuen Billigflieger werben mit variablen Discount-Preisen. Es kommen noch Gebühren hinzu (s.u.). Buchungen übers Internet sind problemlos möglich, das e-Ticket druckt man selbst aus.

Air Asia (FD), 💻 www.airasia.com, fliegt mehrmals täglich von Bangkok nach Chiang Mai, Chiang Rai, Phuket, Hat Yai, Narathiwat und in einige Städte im Nordosten.

Orient Thai (OX), 💻 www.onetwo-go.com, fliegt mehrmals täglich von Bangkok nach Chiang Mai, Chiang Rai, Phuket und Hat Yai.

Nok Air (DD), 💻 www.nokair.co.th, die billige Tochtergesellschaft von Thai Airways, fliegt mehrmals täglich von Bangkok nach Chiang Mai, Phitsanulok, Udon Thani, Phuket und Hat Yai.

Bei Inlandsflügen kommt eine Versicherung von derzeit 50 Baht hinzu und es wird eine *Airport*

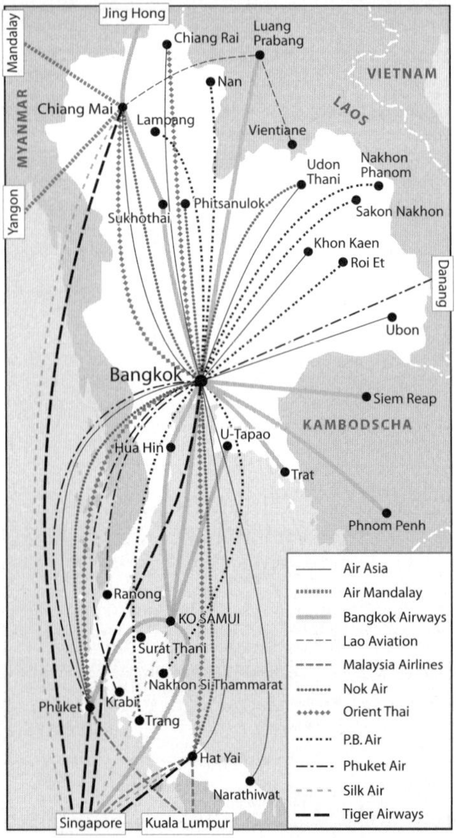

Tax von 50 Baht (Ko Samui 400 Baht, Sukhothai und Trat 200 Baht) erhoben, bei Auslandsflügen 500 Baht, sowie ein Sicherheits- und Treibstoffzuschlag von 200 Baht. Inland-Tickets sind 90 Tage gültig. Flugpreise sind bei den Abflugsorten angegeben.

Eisenbahn

Die thailändische Eisenbahn ist ein zuverlässiges und sicheres Verkehrsmittel, das sich gerade auf längeren Strecken lohnt. Das einspurige Streckennetz der *State Railway of Thailand (SRT)* umfasst 4487 km. Sämtliche Eisenbahnlinien gehen sternförmig von Bangkok aus Richtung Norden, Nordosten, Osten, Süden und Westen bis in die äußersten Landesteile. Die Züge unterscheiden sich nach Komfort und Geschwindigkeit.

Express Diesel Railcar (EXP. DRC., auch *Sprinter*): Teurer und schneller als alle anderen Züge. Sie verkehren tags und nachts Richtung Süden zwischen Bangkok und Surat Thani (1x pro Tag, 9 Std.) sowie Yala (1x pro Tag, 15 Std.), Richtung Norden nach Chiang Mai (2x pro Tag, ca. 12 Std.), Udon Thani (2x pro Tag, 10 Std.), Surin (2x pro Tag, ca. 8 Std) und Ubon (1x pro Tag, 9 Std). In den klimatisierten Großraumwaggons können die bequemen Sitze wie im Flugzeug zurückgeklappt werden. Die Stewardess verteilt zu Mittag Fertiggerichte in Pappschachteln und Wasser mit Eis, am Nachmittag Kaffee und Gebäck. Die Züge sind oft ausgebucht, Reservierung empfehlenswert.

Special Express Trains (EXP. SP.): Schnellzüge. Zwei Züge verkehren einmal täglich in beiden Richtungen von Bangkok nach Sungai Golok an der Grenze zu Malaysia (ca. 21 Std.) bzw. bis zur Grenze in Padang Besar (ca. 17 Std.), von wo ein Anschlusszug nach Butterworth (ca. 3 Std.) weiterfährt (dieser Zug heißt auch **International Express**). Richtung Norden fahren zwei luxuriöse, neue Züge in beiden Richtungen zwischen Bangkok und Chiang Mai (ca. 13 Std.). Sie haben klimatisierte und nicht klimatisierte 1. Klasse- und 2. Klasse-Abteile mit Schlafwagen, deren Sitze bzw. untere Liegen intakt sind. Der Zug nach Sungai Golok verfügt zudem über eine 3. Klasse.

Express Trains (EXP.): Schnellzüge. Je ein Zug fährt täglich in beiden Richtungen von Bangkok nach Trang (ca. 14 Std.) und Nakhon Si Thammarat (ca. 15 Std). In den Nordosten verkehrt ein Zug täglich in beiden Richtungen nach Ubon (ca. 11 Std.) und Nong Khai (ca. 12 Std.). Sie haben Sitze in der 2. und 3. Klasse, Schlafwagen mit etwas durchgesessenen Sitzen in der zweiten Klasse (Zuschläge s.u.) und sind in einem Teil der 2. Klasse klimatisiert.

Rapid Trains (RAP.): Eilzüge. Recht betagte Züge mit 2. und 3. Klasse-Waggons, die mehrmals täglich in den Süden und zurück fahren. Mit Ausnahme der Züge in den Nordosten haben sie in der

2. Klasse Schlafwagen, einige wenige sind sogar klimatisiert. Die Sitze sind durchgesessen, das Essen ist billiger.

Ordinary Trains (ORD.): Bummelzüge, die an jeder Haltestelle anhalten. Sie haben nur 3. Klasse-Waggons z.T. mit Holzbänken und sind zur Hauptverkehrszeit meist überfüllt. Auf dem englischsprachigen Fahrplan sind sie nicht aufgeführt. Verspätungen sind relativ häufig, da sie anderen Zügen Platz machen müssen.

Diesel Railcars (DRC.): Diese langsamen Triebwagen (nur 3. Klasse mit Holzbänken) verkehren in Richtung Kanchanaburi und Nam Tok (River Kwae) sowie nach Aranyaprathet an der Grenze zu Kambodscha und auf kürzeren Strecken im Nordosten.

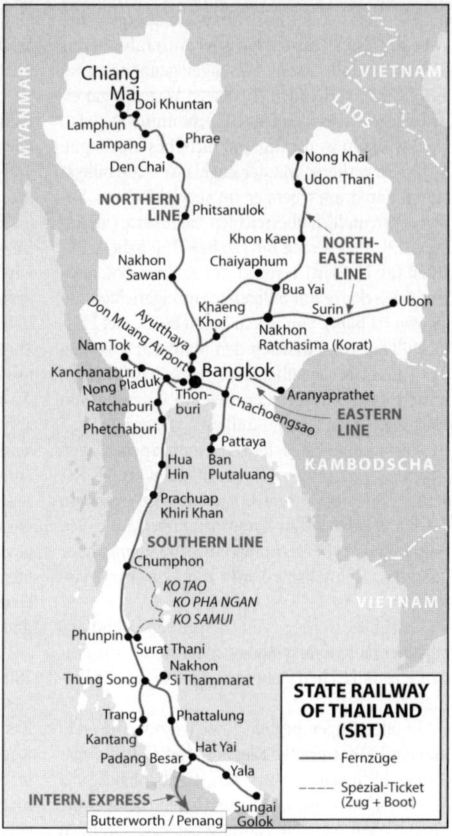

Zuschläge: Die in den regionalen Kapiteln angegebenen Fahrpreise erhöhen sich für:

- Special Express um 80 Baht (von Februar–Mai von Fr–So um 100 Baht)
- Special Express 1,2,13,14,35,36,37,38 um 100 Baht (120 Baht)
- Express um 60 Baht (80 Baht)
- Rapid um 40 Baht (60 Baht)
- Rapid 175,176 um 20 Baht (40 Baht)
- Ac in der 2. / 3. Klasse um 50–80 Baht
- Schlafwagenzuschläge pro Bett oben / unten im Special Express 2. Klasse 130–150 / 200–240 Baht
- Rapid 2. Klasse 100 / 150 Baht
- Ac in der 2. Klasse mit Stewardess plus 100–130 Baht
- Ac in der 2. Klasse Sleeper plus 120–140 Baht
- 1. Klasse ac pro Kabine für 2 Pers. 400 Baht, für 1 Pers. 300 Baht

Achtung

Aufgrund der um 20% erhöhten Diesel-Preise ist zu erwarten, dass die Preise der Eisenbahn um ca. 7% angehoben werden.

In der ersten (nur in Express-Zügen) und zweiten Klasse entsprechen die Nachtzüge einem rollenden Hotel. Das 2-Personen-Abteil der 1.Kl. ist etwas schmaler als die 6er-Abteile in deutschen Zügen und besteht aus einer Sitzbank, die in ein oberes und ein unteres Bett umgewandelt wird, und einem Mini-Handwaschbecken. Bettwäsche und ac sind vorhanden, das Fenster ist nicht zu öffnen. Morgens kommen Kellner/-innen und verkaufen Kaffee.

In der 2. Kl. werden ab 20 Uhr die **Betten** heruntergeklappt (ca. 1,85 m lang in Fahrtrichtung), mit sauberer, weißer Bettwäsche bezogen und mit Vorhängen abgeteilt. In Express-Zügen sind die teureren unteren Betten 75 cm breit (oben nur 60 cm), bieten volle Sitzhöhe, und es rotiert kein Fan neben dem Kopf. Da in den älteren Rapid-Zügen die Sitze durchgesessen sind, kann unten keine ebene Fläche entstehen – oben schläft es sich besser. Die Sitze der 2. Klasse ohne Schlafwagen sind zwar gepolstert, ansonsten aber miserabel – nur für den Notfall ratsam. Waschgelegenheiten sind ausreichend vorhanden, in einigen Wagen sogar eine Dusche, sie werden jedoch nicht immer geputzt.

Das **Essen** ist dürftig und nicht besonders gut, die Preise variieren mit der Zugklasse – am billigsten im Rapid, am teuersten im Special Express. Neben der freundlich überreichten Menükarte (im Express z.B. Abendessen für 120 bzw. 150 Baht, Frühstück für 75 Baht) verbirgt der Kellner evtl. auch eine Speisekarte mit billigeren Einzelgerichten (ab 25 bzw. 60 Baht). Von jedem Menü bleibt viel Plastikmüll zurück. Zwischen den Mahlzeiten werden die Fahrgäste tagsüber von zwei Stewardessen mittels kleiner Wägelchen (wie im Flugzeug) am Platz mit Getränken und Imbissen versorgt.

Nur wenige Züge führen einen Speisewagen (rechtzeitig reservieren!), ansonsten wird das Essen am Sitzplatz serviert. Hierfür wird extra ein Tisch aufgeklappt. Zur Essenszeit bieten auf vielen Bahnhöfen Verkäuferinnen einfache Currys oder gebratene Hähnchenteile mit Klebreis sehr preiswert an.

Getränke werden von fliegenden Händlern tagsüber laufend angeboten. Trinkwasser aus großen Plastikflaschen steht in vielen Wagen zur Verfügung.

In allen Zügen besteht Rauchverbot. Die erste und ein Teil der zweiten Klasse ist mit dichten Fenstern und Klimaanlage versehen, die aber häufig viel zu kalt ist. In Waggons mit Fan stehen tagsüber die Fenster offen, was dem Fahrgast bei vielen Stunden Fahrt zu einer dicken Staubschicht verhilft.

Leider ist die Bahn nicht sehr schnell, was bei nächtlichen Langstreckenfahrten aber kaum ins Gewicht fällt. Ihr großer Vorteil ist wie überall: Sie ist bequemer und sicherer. Motorradtransport ist möglich, z.B. Chiang Mai – Bangkok für 600–800 Baht.

Für ausländische Touristen wird für 1500 Baht (ohne Zuschläge) bzw. 3000 Baht (inkl. Zuschläge) ein 20 Tage gültiger *Thailand Rail Pass* angeboten, der sich allerdings nur lohnt, wenn man mindestens 6 Langstrecken befahren will. Infos gibt es im Bahnhof von Bangkok, ✆ 02-2237010, 2237020.

Die aktuellen englischsprachigen **Eisenbahnfahrpläne** für die wichtigsten Züge erhält man umsonst an vielen Bahnhofsschaltern oder gegen eine geringe Gebühr vom Fahrplancenter, S. Rachdi, Tellstr. 45, CH-8400 Winterthur, ✆/📠 0041-52-2131220, 💻 www.fahrplancenter.com

Unter 💻 www.railway.co.th/Eng/ kann man die Fahrpläne herunterladen und ausdrucken. Unter 💻 www.thailand2000.de/kursbuch werden die für Traveller interessanten Fahrpläne von unserem Autor regelmäßig überarbeitet.

Es ist ratsam, Tickets für längere Strecken Tage im Voraus zu buchen, denn die Nachtzüge sind häufig voll. Mit dem **Computerreservierungssystem** geht das ganz einfach: An jedem größeren Bahnhof werden alle Tickets bis zu 60 Tagen im Voraus verkauft. Allerdings wird bei Stornierungen nur der halbe Fahrpreis erstattet.

Windige Reisebüros haben schon Sitzplätze reserviert, die es im Zug gar nicht gab (berüchtigt sind vor allem Reisebüros auf Ko Samui und Ko Lanta). Wer sichergehen will, sollte deshalb rechtzeitig an einem Bahnhof reservieren. Es ist besser, das Gepäck (vor allem Handgepäck) immer im Auge zu behalten, da es schon zu Diebstählen gekommen ist. Mit einem einfachen Fahrrad-Ringschloss lässt sich das Gepäck leicht an den Metallleitern und Gepäcknetzen festschließen.

Wer bereit ist, mindestens 1400 Euro für die 2000 km lange Fahrt von Bangkok nach Singapore auszugeben, kann einen Platz im nostalgischen Eastern & Oriental Express buchen, der einmal wöchentlich 130 betuchten Gästen eine Luxusreise im Stil von Somerset Maugham ermöglicht. Informationen und Buchungen über 💻 www.orient-express. com/web/eoe/eoe_c1a_home.jsp

Busse

Das System der **öffentlichen Verkehrsmittel** auf der Straße ist in Thailand hervorragend ausgebaut. Vom Luxusbus mit 24 Sitzen bis zum Motorradtaxi greifen alle Transportmittel nahtlos ineinander über. Selbst wer mitten in der Nacht auf dem Busbahnhof einer Provinzstadt aussteigt, kann darauf vertrauen, dass ihn eine Rikscha zu einem freien Hotelzimmer bringt, wenn auch nicht unbedingt zum gewünschten. Einen Anschlussbus in die nächste Stadt bekommt man allerdings schon ab dem späten Nachmittag nur noch selten.

In den meisten Städten sind die Busbahnhöfe zentral gelegen. Immer häufiger werden sie an den Stadtrand verlegt und man muss ein relativ teures lokales Transportmittel nehmen, um ins Zentrum zu gelangen.

Non-ac-Busse (Normal-Busse, no-air, Thammada oder Standard 3): Zumeist rote Staatsbusse der *Transport Co.* und Busse privater Konzessionäre fahren zum Festpreis von ca. 0,32 Baht/km (kürzere Strecken bis 0,35 Baht/km) nahezu jede Stadt des Landes an. Zu festen Zeiten fahren sie in unterschiedlicher Anzahl von den Bus Terminals ab, werden jedoch immer häufiger durch 2. Klasse ac-Busse ersetzt. Für Personen über 1,70 m sind sie meist ein Gräuel, weil die Beine nicht zwischen die Sitze passen, die nur einen Abstand von 60 cm haben. Die hinterste Sitzbank sollte man meiden.

Ac-Busse (Klimatisierte Busse, Aircon-Busse, Air 1, Bus air oder Standard 1B): Vorwiegend blaue, klimatisierte Busse mit Toilette und etwa 48 Sitzen. Sie sind mit ca. 0,56–0,61 Baht/km nicht ganz doppelt so teuer wie non-ac Busse und verkehren auf längeren Strecken. Die Preise können aufgrund unterschiedlicher Serviceleistungen, Routen und der Konkurrenzsituation um 10–20% variieren. Für Unterhaltung mit Videos ist während der Fahrt gesorgt. Getränke und kleinere Mahlzeiten sind häufig im Preis inbegriffen. Die ac-Busse fahren entweder von den Büros der privaten Bus-Companies oder den Bus Terminals ab. Manchmal werden die Passagiere sogar vom Hotel abgeholt.

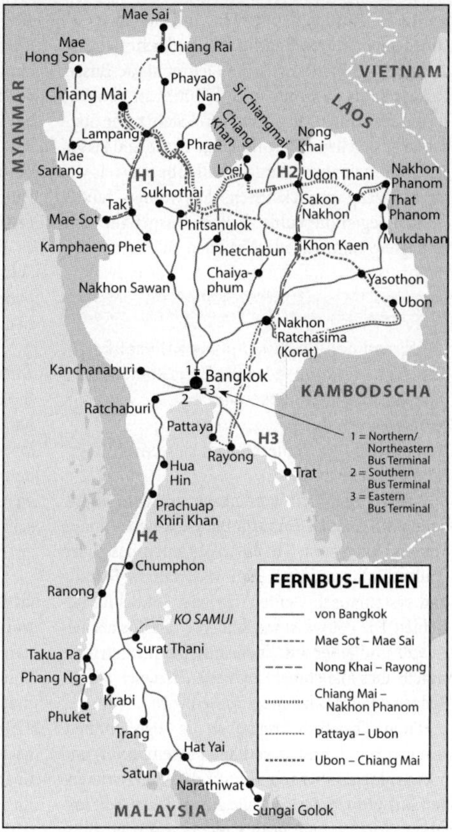

Nachtbusse haben den Nachteil, dass man wenig sieht, leicht einschläft und es daher vermehrt zu Diebstählen kommt, Wachsamkeit ist also angebracht! Bei der ständig laufenden Klimaanlage wird es v.a. nachts sehr kalt. Nur wenige Busse haben Decken, und viele ac-Düsen lassen sich nicht abstellen. Da hilft viel Klopapier oder ein breites Klebeband und warme Kleidung, sonst droht trotz Tropen und Sonne eine Erkältung.

Die orangen **2. Klasse ac-Busse** (2.Kl. ac-Bus, Air 2, second class ac-Bus oder Standard 2) ohne Toilette und Essen sind mit ca. 0,44 Baht/km billiger als die blauen Varianten. Sie besitzen mehr und engere Sitze und werden immer häufiger anstelle von non-ac-Bussen eingesetzt.

VIP-Busse (gesprochen: wie-ei-pie; VIP-32, Bus air, Standard 1): Vorwiegend blaue, neuere ac-Busse mit 32, manchmal 40, bequemen Sitzen. Sie sind mit ca. 0,66 Baht/km etwas teurer als ac-Busse, können bei den privaten Busgesellschaften und in den jeweiligen Busbahnhöfen gebucht werden und fahren zu festen Zeiten ab. Die Toiletten im Bus funktionieren, eine Stewardess reicht Getränke und Snacks, ein Essengutschein ist im Preis enthalten. Die etwas übertriebene Bezeichnung VIP führt häufig zu (gewollten!) Verwechslungen mit den echten VIP-24 Bussen.

Die ausschließlich staatlichen **VIP-24 Busse** (999-Busse, VIP-24, Standard 1A) mit 24 Sitzen (8 Reihen à 3 Sitze) fahren von Bangkok in viele

Städte im Norden, Nordosten und Süden in 7–16 Std., überwiegend nachts. Sie sind sehr bequem und mit 0,88 Baht/km ca. 50% teurer als ac-Busse. Tickets kann man nur in den Büros an den Bus Terminals kaufen, ab 3 Tage vor Abfahrt. Die Sitze haben ausreichend Platz für lange Beine und lassen sich, mit Ausnahme der letzten Reihe, so weit wie im Flugzeug zurückstellen. Es werden häufig Decken gegen die kühle ac-Brise ausgeteilt. Viele Passagiere kommen ausgeschlafen an.

Achtung

Aufgrund der um 20% erhöhten Diesel-Preise ist zu erwarten, dass die Preise der Busse um ca. 10% angehoben werden.

Nun noch einige Anmerkungen zu weniger angenehmen Themen:

Vielfach gewarnt wurden wir vor dem so genannten **Khaosan-Bus** von Bangkok nach Chiang Mai und nach Surat Thani, wo Verteilerbusse nach Phuket, Krabi und Ko Samui weiterfahren. Ständig und systematisch werden Traveller im Schlaf bestohlen. Die Polizei ist machtlos, da der Bus als illegal gilt und jeder auf eigenes Risiko mitfährt. Sie verteilt aber manchmal Flugblätter, in denen auf die Risiken bei der Fahrt hingewiesen wird.

Einige Thai-Busfahrer haben die Angewohnheit, sich wie Rennfahrer zu verhalten – Tempo 120 und minutenlange Überholmanöver der konkurrierenden Bus Companies (die alle zur gleichen Zeit losfahren) sind gerade nachts nichts Außergewöhnliches. Trotzdem passieren relativ selten Unfälle. Aber wenn etwas passiert, sieht es meist schlimm aus. Die einzige Methode bei betrunkenen oder schläfrigen Busfahrern heißt AUSSTEIGEN! Es ist zwecklos, andere einheimische Mitfahrer von der drohenden Gefahr überzeugen zu wollen.

Und noch eine Warnung: Unterwegs auf keinen Fall Essen oder Getränke von Fremden annehmen! Es ist schon passiert, dass Touristen am Ende der Busreise aus tiefem Schlaf erwachten und ohne Gepäck dastanden. Ansonsten ist das Busreisen ziemlich unproblematisch und obendrein noch preiswert.

Minibusse

In verschiedenen Provinzhauptstädten haben Privatunternehmer einen Liniendienst mit klimatisierten, 16-sitzigen Minibussen (auch: *Microbus*, *Minivan* oder *Microvan*) aufgezogen. Sie fahren alle ein bis zwei Stunden, zumeist zur vollen Stunde, von bestimmten Stellen in der Stadt zu benachbarten Provinzhauptstädten und anderen festen Zielen. Tickets gibt es an einem Tisch am Straßenrand, nur wenig teurer als für ac-Busse. Sind alle Fahrgäste da, wird auch früher abgefahren. Der Fahrstil der Fahrer ist dem Verkehr angemessen.

Für Traveller interessante Routen sind z.B. Sukhothai – Mae Sot, Chumphon – Ranong, Chumphon – Surat Thani, Trang – Ko Lanta, Krabi – Ko Lanta, Hat Yai – Pakbara.

Sammeltaxi

In Süd-Thailand sind die Sammeltaxen eine Alternative zum Bus. Die alten Benz-Limousinen fahren los, sobald 6 Passagiere (2 vorn, 4 hinten) zum selben Ziel wollen. Sie sind etwa 50% teurer als die weit langsameren Busse und haben für unterschiedliche Richtungen verschiedene Startplätze am Straßenrand.

Boote

Nur wenige Flussboote fahren in Thailand den Menam Chao Phraya (auch: Mae Nam Chao Phraya) hinauf. Für Touristen ist die Bootstour nach Ayutthaya und Bang Pa In interessant (s.S. 182 und S. 229). Regelmäßig verkehren vom Festland Boote nach Ko Samui, Ko Pha Ngan, Ko Tao, Ko Samet, Ko Chang, Ko Mak, Ko Bulon Lae, Ko Lipe, Ko Lanta, Ko Phi Phi und auf die Pattaya, Phuket und Krabi vorgelagerten Inseln.

Longtail-Boote – 5–10 m lange, offene Boote, die von einem beweglich gelagerten Motor angetrieben werden, dessen Schraube weit nach hinten übers Boot hinausragt. Das Standard-Boot in Thailand: sehr schnell, sehr nass, sehr laut. Touristen benutzen sie auf den Klongs und dem Chao Phraya in Bangkok, dem Mae Kok River, auf dem Stausee im Khao Sok National Park sowie zwischen vielen Inseln.

Passagierboote – umgebaute Fischkutter mit Sitzbänken und Sonnendach. Bedienen zu festen Zeiten an wenigen Tagen der Woche die größeren Dörfer auf Inseln, um den Bewohnern die Fahrt zum Markt zu ermöglichen, und transportieren vor allem Waren. Zudem werden sie von Tauchbasen verwandt und an Touristen für Ausflüge auf die vorgelagerten Inseln vermietet.

Nachtboote – mehrstöckige, langsame Schiffe, die nachts zwischen Surat Thani und Ko Samui, Surat Thani und Ko Pha Ngan sowie Surat Thani und Ko Tao verkehren. Sie sind bei Travellern als „schwimmende Jugendherberge" sehr beliebt, hatten aber schon mehrere schwere Zusammenstöße mit dem Gegenboot. Keine Unfälle hatte dagegen das Nachtboot von Chumphon nach Ko Tao, das nur manchmal umdreht, wenn dem Kapitän die Wellen vor der Flussmündung zu hoch erscheinen.

Expressboote – schnelle Passagierboote, die zwischen Surat Thani, Ko Samui, Ko Pha Ngan, Ko Tao und Chumphon eingesetzt werden. Sie sind bei normalen Witterungsverhältnissen recht sicher, aber nicht absolut pünktlich. Das Ko Samui-Boot wird häufig gnadenlos überladen. Das Ko Tao-Boot bringt bei Wellengang von über 2 m die Fahrgäste, die nicht auf die Fahrt verzichten wollen, in echte Lebensgefahr. Zum zweiten bedienen mehrere Gesellschaften in hartem Wettbewerb die Routen zwischen Krabi, Phuket, Ko Phi Phi und Ko Lanta. Auch Tagesausflüge zu den Similan-Inseln werden mit Expressbooten durchgeführt.

Speedboote – große, schnelle Außenborderboote, die Gäste von teuren Inselhotels nach Bedarf befördern oder von Tauchschulen zu entfernteren Tauchgebieten eingesetzt werden. Einige verkehren auch regelmäßig zwischen Chumphon und Ko Tao bzw. von Ko Samui über Ko Pha Ngan nach Ko Tao. Schon bei geringem Wellengang sind sie eine Tortur für die Fahrgäste und ihre Bandscheiben, bei kräftigem Wind wird die Fahrt echt gefährlich.

Autofähren – transportieren Fahrzeuge und Passagiere zwischen Ko Samui bzw. Ko Pha Ngan und Don Sak sowie zwischen dem Festland und Ko Chang (Trat). Sie sind sehr sicher und zuverlässig.

Motorräder und Mopeds

Humpelt in Phuket, Chiang Mai oder auf Ko Samui ein braun gebrannter *farang* mit dem Arm in der Schlinge über die Straße, dann handelt es sich meist um ein Motorrad-Unfallopfer – leider kein seltener Fall. Allein in Pattaya verunglückt während der Hochsaison fast täglich ein Motorradfahrer tödlich.

In fast allen Touristenorten und vielen Provinzstädten gibt es **Motorräder** (ab 250 Baht) und **Mopeds** (ab 180 Baht) zu mieten. Die kleinen Hondas sind zwar für Tagesausflüge bestens geeignet, aber keinesfalls für lange Strecken, zu zweit oder mit Gepäck. Die Verkehrssicherheit vieler Leihmotorräder lässt zu wünschen übrig. Es besteht **Helmpflicht**, und Helme sind in vielen Verleihstellen auch zu haben, denn das Fehlen des Sturzhelms wird inzwischen fast überall mit 500 Baht Geldstrafe geahndet und strikt kontrolliert. Da aber Handschuhe und Brille nicht gebräuchlich sind, und sich so mancher (wegen der Bräune) gern nur mit Shorts und Gummisandalen bekleidet in den Sattel schwingt, kommt es selbst bei leichten Stürzen zu bösen Hautabschürfungen. Gelegentlich wird der Internationale Führerschein und häufig die Hinterlegung des **Passes** verlangt, wovon in Ko Samui abzuraten ist, da so mancher Verleiher schon beim kleinsten Kratzer den Pass nicht mehr herausrückt. Besser ist es dort, nur den **Personalausweis** abzugeben.

Wer vorhat, öfter Motorräder zu leihen, sollte auch den Jethelm von zu Hause mitbringen, da die geliehenen häufig nicht passen. Mit eingeschaltetem Scheinwerfer wird man nicht so leicht übersehen. Vor allem in Kurven gilt es, so weit wie möglich links zu fahren. Die Tasche oder der Tagesrucksack im Korb sollte immer befestigt werden, da es einige motorisierte Langfinger gibt.

Haftpflichtversicherungen für Leihmotorräder decken in Thailand nur Personenschäden bis max. 50 000 Baht ab, jedoch keine Sachschäden. Auch als Motorradfahrer sind Ausländer bei einem Unfall zur Zahlung einer Entschädigung verpflichtet. Der Unfallgegner wird praktisch niemals zahlen können (s.u.). An jedem vierten Verkehrsunfall in Thailand ist ein Motorrad beteiligt.

Wer sein **eigenes Bike** nach Thailand mitnehmen will, sollte sich bei *Lufthansa* nach den speziellen Motorradbedingungen erkundigen. Das Bike kann voll beladen auf eine Palette gefahren werden. Am Flughafen in Bangkok kommt es mit derselben Maschine an und kann sofort benutzt werden.

Wer 6 Wochen Zeit mitbringt, kann von Ubon im fernen Osten immer an der thailändischen Grenze entlang bis Mae Sai im Norden und Umphang im Westen fahren und dabei herrliche Erfahrungen mit dem ländlichen Thailand machen. Überall gibt es Unterkünfte oder zumindest Nationalparks, in denen man sein Zelt aufschlagen kann.

Motorradtouren bietet Harry Clusen von *Off-Road Tours*, Rosenhagen 19, D-33104 Paderborn,

☏/℻ 05254-7860 🖳 www.off-roadtours.de. Er veranstaltet Rundreisen ab Chiang Mai. Überaus hilfreich für den Motorradneuling in Nord-Thailand ist die *General Touring Information* von David Unkovich in Chiang Mai.

Fahrräder

In vielen Tourismuszentren kann man **Fahrräder** mieten, die meist jedoch nicht verkehrssicher und wenig komfortabel sind. Auch **Mountainbikes** vergammeln beim Vermieten schnell. Wer vorhat, nicht nur am Strand entlang oder durch die Ruinenstädte zu radeln, sollte sich besser ein Rad mitbringen oder kaufen. Mit einer guten Karte und unseren Kurzbeschreibungen können engagierte Biker vorwiegend auf verkehrsarmen Routen von Bangkok in den Norden, Nordosten und Süden fahren. Unsere Kartenskizzen verdeutlichen die empfohlenen Bikerouten, i.b. die Nebenstraßen von Kanchanaburi nach Ratchaburi, von Phetchaburi über Cha-am und Hua Hin nach Kuiburi, von Ban Krut über Bang Saphan bis Chumphon sowie von Lang Suan nach Surat Thani oder über die Berge an die Andamanensee nach Takua Pa. Weitere Anregungen sind im Kapitel Reiseziele unter Bootsfahrten und Biketouren zu finden (s.S. 117f.). Detailliert beschreiben wir Routen für Biker im Loose-Führer „Thailand – Der Süden". Im Internet stehen Fahrradinfos zu Thailand unter 🖳 www.radfahren.mynetcologne.de/rad_thai.htm

Man kann für kürzere Strecken ein Pickup chartern oder das Bike im Gepäckwagen eines Zuges abgeben (nicht in *Express* und *Special Express*). Auch einige Busse nehmen unverpackte Bikes im Gepäckraum oder auf dem Dach mit, sofern ausreichend Platz ist. Notfalls müssen sie zerlegt werden.

Nur die ärmeren Thais auf dem Land fahren Rad. Wer es sich leisten kann, kauft sich ein Motorrad oder gar ein Auto. Ein Rad fahrender Tourist wird entsprechend geringschätzig betrachtet und ohne weiteres von einem heranbrausenden LKW rücksichtslos von der Fahrbahn gedrängt.

Generell eignen sich die Großstädte, besonders Bangkok, nicht zum Rad fahren, da die Straßen gefährlich und die Bürgersteige belebt und voller Fallstricke sind. Am meisten Spaß macht eine Tour während der kühlen Jahreszeit (November–Februar) abseits der Hauptstraßen, z.B am Mekong entlang von Chiang Khan über Nong Khai, Bung Kan, Nakhon Phanom und Mukdahan nach Ubon Ratchathani. In vielen Gästehäusern wird zum Leihfahrrad auch eine Routenskizze für schöne Tagestouren mitgeliefert. Brauchbare **Mountainbikes** gibt es in Pai und Chiang Khong zu mieten. Vorgeplante **Touren** werden in Chiang Mai und Nong Khai angeboten. In einigen Provinzen (z.B. Phang Nga) gibt es sehr aktive Radsportler, die exzellente Rundstrecken empfehlen können. In Chiang Khong startet jedes Jahr in der 3. Oktoberwoche die ***Mekong Challenge Tour***, sie führt in zwei Wochen nach China, Laos und Kambodscha.

Mietwagen

Um ein Auto in **Thailand** zu mieten, benötigt man nur den internationalen Führerschein und etwas Geld. Es ist aber nicht ratsam, die ersten Erfahrungen im asiatischen Straßenverkehr in Bangkok zu machen.

Außer dem obligatorischen Linksverkehr gibt es noch andere **Verkehrsregeln**, die aber nicht sehr ernst genommen werden. Das Chaos von Bangkok ist nur der Anfang. Auf dem Land haben große Fahrzeuge wie Busse und Lastwagen immer Vorfahrt, auch Wasserbüffel, Schweine, Hühner und Enten genießen ein besonderes Recht, und man muss immer bereit sein, das Fehlverhalten anderer zu akzeptieren. Der Seitenstreifen wird von langsamen Verkehrsteilnehmern und zum Ausweichen bei entgegenkommenden überholenden Fahrzeugen genutzt. Die Geschwindigkeit ist auf den Highways auf 90 km/h begrenzt, auf den Autobahnen darf bis zu 120 km/h gefahren werden. Thais, die von der Polizei bei einem Verkehrsvergehen erwischt werden, kommen oft mit einer gemeinsamen Runde Mekhong in der nächsten Kneipe davon. Auch der Papierkrieg kann häufig durch kleinere Zuwendungen beschleunigt werden.

Wenn Verkehrspolizisten behaupten, das Radar hätte eine überhöhte Geschwindigkeit gemessen, sollte man die geforderte Strafe bezahlen. Normalerweise sind es bei Geschwindigkeitsübertretungen 200 Baht. Eine Quittung erhält man natürlich nicht.

Eine hilfreiche Ausschilderung der Highways und Hauptstraßen mit lateinischen Buchstaben ist in abgelegenen Regionen nicht vorhanden. Dann hilft eine **Straßenkarte**, auf der die Orte in Thai- und lateinischen Buchstaben bezeichnet sind.

Brauchbar fanden wir die *Thailand Highway Map A to Z Atlas*, ein Atlas mit zweisprachigen Karten im Maßstab 1 : 1,1 Mio. und zahlreichen Stadtplänen. Für Nord-Thailand ist die von David Unkovich und Richard Doring recherchierte Straßenkarte *Chiang Mai & Thailand North* im Maßstab 1 : 750 000 von Berndtson & Berndtson absolute Spitze, leider wird sie nicht mehr neu aufgelegt.

Normalbenzin kostet an großen Tankstellen ca. 21 Baht pro Liter. Bis zu 25 Baht verlangen kleine Tankstellen, wo das Benzin aus Fässern gepumpt wird.

Mietwagen der Mittelklasse sind landesweit für ca. 1500–2200 Baht pro Tag zu haben, ab 7 Tagen Mietdauer für 1300–1900 Baht. Die preiswerten lokalen Autovermietungen in Chiang Mai und Phuket verlangen nur 1000–1500 Baht. In den Touristenzentren werden auch Jeeps (ca. 1000 Baht pro Tag) und Pickups (800 Baht, gut für Kleingruppen bis 10 Personen) vermietet. Zumeist kann bei längerer Mietdauer um den Preis gehandelt werden. Von der Kreditkarte wird häufig ein Blankobeleg als Sicherheit hinterlegt, was bei renommierten Firmen kein Problem darstellt. Seinen Pass zu hinterlegen gilt jedoch als grob fahrlässig. Avis (🖳 www.avisthailand.com) und Hertz bieten *one way rental service* zwischen Phuket, Ko Samui, Bangkok, Pattaya und Chiang Mai an, Budget (✆ 1800-283438 (gebührenfrei), 🖳 www.budget.co.th, Sonderpreis für Loose-Leser, s.S. 173) zwischen allen Niederlassungen ab sieben Tagen Mietdauer ohne Aufpreis. Adressen der Autovermietungen im lokalen Teil unter „Sonstiges".

Eine Probefahrt empfiehlt sich auf alle Fälle, keinesfalls sollte man den gesamten Preis im Voraus bezahlen, sondern lieber eine Sicherheit hinterlegen. Falls das Fahrzeug unterwegs zusammenbricht, hat man so eine günstigere Ausgangsposition. Eine Haftpflichtversicherung ist gesetzlich vorgeschrieben. Internationale Versicherungsunternehmen bieten auch Touristen die Möglichkeit, Autos mit einer geringen Selbstkostenbeteiligung zu versichern. Nach thailändischem Recht müssen Unfallverursacher bei Personenschäden an die Betroffenen Entschädigungen von 10 000–200 000 Baht bezahlen, je nach Schwere der Verletzungen. Ein Ausländer muss immer damit rechnen, bei einem Unfall als der allein Schuldige zu gelten. Wird eine Rechtsberatung benötigt, kann man sich an den von der Deutschen Botschaft empfohlenen Rechtsanwalt wenden: *Mr. Bhuttree Kuwanon*, ✆ 02-2368790-1, Sataporn Building Suite 304, 70 Pan Rd. Silom; eine Beratungsstunde (auf Englisch) kostet 1500 Baht.

Leider kann man bisher nicht mit einem Mietwagen die Grenze nach Malaysia, Laos oder Kambodscha überschreiten. Das Gleiche gilt auch in umgekehrter Richtung.

Nahverkehrsmittel

Das Verkehrswesen zeichnet sich durch eine Vielzahl billiger, konkurrierender Nahverkehrsmittel aus. Nach 18 Uhr ist es praktisch unmöglich, aus kleinen Orten wegzukommen. Dann muss man teuer chartern. Wer passend zahlt, umgeht Probleme mit dem Wechselgeld.

Samlor – ein dreirädriges Fahrrad-Taxi (auch: Fahrradrikscha) mit überdachter Sitzbank für 2 Personen für kurze Strecken. Der Fahrpreis muss vorher ausgehandelt werden.

Tuk Tuk – ein dreirädriger Motorroller (Vespa) mit überdachter Sitzbank, manchmal auch *samlor* genannt. Mit mehr als 2 Personen oder mit Gepäck wird es in dem kleinen Aufbau recht eng. Tuk Tuks fahren nicht auf langen Strecken. Der Fahrpreis muss vorher ausgehandelt werden (3 Finger ausgestreckt = 30 Baht, 4 Finger = 40 Baht, etc.). Eingesetzt in Bangkok, Chiang Mai, Trang (eine besonders umweltfeindliche Version) und in vielen weiteren Städten, in Phuket abgelöst durch einen viersitzigen, umweltfreundlichen Viertakter.

Motorradtaxi – normales Motorrad oder Moped, das bis zu 2 Fahrgäste zu beliebigen Zielen mitnimmt. Der Fahrpreis ist recht niedrig, muss aber vorher ausgehandelt werden. Sieht im Stadtverkehr äußerst gefährlich aus, besonders wenn Damen freihändig und quer auf dem Sozius sitzen. Eingesetzt in vielen Städten, auf Inseln ohne PKWs und in ländlichen Gegenden.

Taxi – klimatisierter PKW, in Bangkok überwiegend mit, ansonsten ohne Taxameter. Der Fahrpreis beträgt bei Taxameter-Taxen für die ersten beiden Kilometer 35 Baht, ansonsten muss er vorher ausgehandelt werden. Ein unbedarfter Tourist bezahlt für ein Flughafen-Taxi häufig überhöhte Preise. Taxifahrer sprechen meist kein Englisch. Sie erhalten normalerweise kein Trinkgeld, außer für besondere Gefälligkeiten.

Songthaew (gesprochen: *song-täo)* – ein privat betriebener Kleinlaster (manchmal sogar ein großer LKW, der auch Minibus heißt) mit zwei niedrigen Sitzbänken, auf denen sich die Passagiere gegenübersitzen. Das Dach ist nicht ganz heruntergezogen, so dass es vor allem bei schneller Fahrt stark zieht. Sie haben feste Preise, für Sitz- wie für Stehplätze dieselben. Nach Sonnenuntergang kann man das Fahrzeug in der Regel nur für mehrere hundert Baht chartern. **Songthaews fahren nach unterschiedlichen Prinzipien:**

- In größeren Städten bedienen sie relativ feste Routen zu einem Einheitstarif (5–20 Baht), bringen jedoch in der Zielgegend die Passagiere bis vor die Tür. Für *farang,* die kein Thai sprechen, ist es schwierig, ihren Zielort zu erfahren. Anzutreffen in Bangkok und Chiang Mai (auch vom Flughafen zur Unterkunft).
- In mittleren Städten kurven sie ständig durch die Stadt auf der Suche nach Fahrgästen. Man nennt das Ziel und erhält ein Handzeichen, einzusteigen oder zu warten. Wer viel Zeit hat und ganz hinten sitzt, kann so die halbe Stadt kennen lernen. Fahrpreis meist 5–7 Baht.
- In vielen Städten fahren Songthaews in regelmäßigen Abständen zu bestimmten Orten in der Umgebung. Sie haben einen festen Startplatz am Straßenrand. Der Tarif richtet sich nach der Entfernung und ist auch für Touristen fest. In Ko Samui und Phuket sind die Strände angeschrieben.
- Zweigt von einer großen Straße eine kleinere ab, die nicht von großen Bussen bedient wird, übernehmen Songthaews die Verteilung der Fahrgäste in die kleinen Orte. Dasselbe gilt für Bahnhöfe auf dem Land. Die Preise sind fest.

Pickup – ein Songthaew, der überall Passagiere mitnimmt.

Minibus – (auch: Microbus oder Microvan) eine komfortablere Einrichtung auf dem Lande anstelle der halboffenen Songthaews. In Bangkok werden sie zusätzlich zu den festen Buslinien eingesetzt und bedienen einige Busstrecken in der Nacht. In manchen Städten werden auch ganz normale Songthaews modisch Minibus genannt.

Stadtbus – normaler, farblich gekennzeichneter Bus mit Nummer, der eine bestimmte Route befährt. Eine beliebige Strecke kostet je nach Stadt 2–5 Baht. In Korat gibt es etwa 10 Routen, in Bangkok über 170.

Nur in der Metropole gibt es klimatisierte Busse (6–16 Baht) und Microbusse (20 Baht).

Personenfähren, **Klongboote** und **Expressboote** übernehmen speziell in Bangkok auf dem Menam Chao Phraya einen Teil des öffentlichen Nahverkehrs.

Feste und Feiertage

Viele Feste in Thailand sind buddhistischen Ursprungs und richten sich nach dem religiösen Kalender. Da sich diese Zeitrechnung am Mondzyklus orientiert, schwankt der exakte Termin der Feiertage innerhalb von 29 Tagen. Das Jahr 2005 ist das Jahr 2548 nach Buddha, 2006 = 2549 und 2007 = 2550.

Die Vollmondtage (sie können um einen Tag abweichen)

2005:	18.10.	15.11.	16.12.			
2006:	14.1.	13.2.	14.3.	13.4.	13.5.	11.6.
	11.7.	9.8.	7.9.	7.10.	5.11.	5.12.
2007:	3.1.	2.2.	3.3.	2.4.	2.5.	1.6.
	30.6.	30.7.	28.8.	26.9.	26.10.	24.11.
	24.12.					

Der erste Mondmonat beginnt am Tag nach dem Neumond vor der Wintersonnenwende (also zwischen dem 23. November und dem 22. Dezember). Etwa alle 3 Jahre wird ein zusätzlicher Monat eingeschoben (das nächste Mal wieder 2007). Für staatliche Feste gilt der westliche Kalender.

Fällt ein gesetzlicher Feiertag auf ein Wochenende, wird am darauf folgenden Montag ein *Bank Holiday* gefeiert. Die Büros von Privatfirmen sind meist geschlossen und Behörden spärlich besetzt. Dadurch gibt es in Thailand etwa ein Dutzend lange Wochenenden pro Jahr. Die angegebenen Termine können sich um 1 bis 2 Tage verschieben.

Eine schöne Website zu Thailands Festen: 💻 www.asien-feste.de

1. Januar – Neujahr: Langes Wochenende, das zumeist auf die folgende Woche ausgedehnt wird, wo viele Geschäfte geschlossen bleiben.

Neumondtag zwischen 21. Januar und 19. Februar – Chinesisches Neujahr (29.1.2006, 17.2.2007):

Das chinesische Neujahrsfest findet im Familienkreis statt. Das Fest beginnt am ersten Tag des zunehmenden Mondes im zweiten Mondmonat nach der Wintersonnenwende, dauert drei Tage und wird zu mehrtägigen Familienausflügen genutzt.

Im Rhythmus von 12 Jahren wird das Jahr jeweils nach einem Tier benannt, dem bestimmte Eigenheiten zugeschrieben werden. So ist 2006 das Jahr des Hundes, dann folgen die Tiere Schwein, Ratte, Büffel, Tiger, Hase (Katze), Drachen, Schlange, Pferd, Ziege, Affe und Hahn. Schon Tage zuvor scheint sich das ganze Land in einem Kaufrausch zu befinden. Eine Woche vor Beginn des neuen Jahres werden die Wohnungen geputzt, denn der Küchengott wird im Himmel über jede Familie berichten. Ein besonders süßer, klebriger Kuchen aus Melasse wird gekocht, damit dem Gott nur Süßes über die Lippen kommt. Andere meinen, dass ihm durch die Kuchen der Mund so verklebt wird, dass er nichts mehr sagen kann.

Am Abend des letzten Tages des alten Jahres versammelt sich die Großfamilie zu einem Festessen. Den Kindern werden kleine, rote Umschläge mit Geldbeträgen überreicht. Bei der Größe einer durchschnittlichen chinesischen Familie können die Neujahrsfeierlichkeiten teuer werden, so dass das 13., 14. oder gar 15. Monatsgehalt, das zu diesem Zeitpunkt ausgezahlt wird, gelegen kommt. Um die Zeit des chinesischen Neujahrsfestes begrüßen auch verschiedene Bergvölker in Nord-Thailand das neue Jahr mit Tänzen, Musik und anderen Vergnügen.

Vollmondtag im März – Makha Bucha (14.3.2006, 3.3.2007): Es finden Lichterprozessionen um die Tempel statt, die an Buddhas Predigt vor 1250 Zuhörern erinnern.

Mit Blumen und Kerzen in gefalteten Händen umrunden die Gläubigen dreimal das Gebäude, im Tempel predigen Mönche die Lehre Buddhas. Große Feierlichkeiten im Marmortempel von Bangkok.

6. April – Chakri-Tag: Inthronisation des ersten Chakri-Königs und Begründers der Königsstadt Bangkok, Feier im Wat Phra Keo.

13.–15. April – Thai-Neujahr: Es ist besser bekannt unter dem Namen *songkran*. Wenn das ganze Land über die Hitze klagt und auf den einsetzenden Monsun wartet, beginnt für die Bauern auf dem Land das Erntejahr. Schon einige Tage vor Songkran bespritzen sich die Menschen auf den Straßen mit Wasser. Eine angenehme Erfrischung, sofern man darauf vorbereitet ist und sich nicht in Bangkok befindet, wo man ab und an mit einer Dusche Klong-Wasser rechnen muss. Zu Hause badet man die Buddha-Figuren, hält Hausputz und erweist den älteren Familienmitgliedern durch eine zeremonielle Handwaschung und kleine Geschenke seine Hochachtung. Alles pilgert nach Chiang Mai, wo das Fest vom 13. bis 15. April mit Veranstaltungen besonders prunkvoll und pudelnass begangen wird. Etwa eine Woche nach Songkran feiern die Mon in Phra Pra Daeng, südlich von Bangkok, das Fest (s.S. 255). Es finden Umzüge statt mit der Wahl einer Schönheitskönigin und mit jungen Mädchen, die Fische in Behältern zum Fluss tragen, um ihnen dort die Freiheit zurückzugeben.

Ein besonders langes Wochenende wird vom 6.–17.4. gefeiert.

1. Mai – Tag der Arbeit: Nur Banken sind geschlossen.

5. Mai – Krönungstag: Der jetzige König Rama IX. wurde am 5.5.1950 zum König gekrönt, obwohl er bereits 1946 die Regentschaft übernommen hatte. Langes Wochenende.

Vollmondtag im Mai – Visakha Bucha (13.5.2006, 2.5.2007): Heiligstes buddhistisches Fest. Am Abend oder Vorabend finden zur Feier der Geburt, der Erleuchtung Buddhas und seines endgültigen Eintretens ins Nirvana in allen Tempeln Lichterprozessionen um den Bot statt. Zentrale Feiern im Wat Phra Keo.

Mitte Mai – Die Königliche Zeremonie des Pflügens: Ein Stellvertreter des Königs, heute meist der Landwirtschaftsminister, führt eine symbolische Aussaat auf dem Sanam Luang aus, zu der viele Bauern aus dem ganzen Land anreisen. Für sie ist es das Zeichen, mit der Feldarbeit zu beginnen. Ein Reiskorn von der Zeremonie, das der eigenen Saat untergemischt wird, soll eine gute Ernte gewährleisten.

Vollmondtag im Juli – Asanha Bucha, Khao Phansa (11./12.7.2006, 30./31.7.2007): Fest im Juli, das an die erste Predigt Buddhas in der Öffentlichkeit erinnert. Prozessionen mit Blumen und Kerzen um den Bot. Die Fastenzeit Khao Phansa beginnt am Tag nach Asanha Bucha und dauert drei Monate bis zum Ende der Regenzeit. Während dieser Zeit dürfen die Mönche das Kloster nachts nicht verlassen und unterliegen strengeren Regeln. Im Allgemeinen ist dieses die Zeit, während der junge Männer ins Kloster gehen. Entsprechend finden zu Beginn des Fastenmonats überall Ordinationsfeierlichkeiten statt.

12. August – Geburtstag der Königin: Königin Sirikit ist seit 1950 First Lady in Thailand. Langes Wochenende.

Oktober – Thot Kathin, Ok Phansa (6./7.10.2006, 25./26.10.2007): Nach dem Ende der Fastenzeit reisen während der folgenden Wochen die Menschen aus allen Landesteilen in ihren Heimat-Tempel, um den Mönchen neue Roben und Opfergaben zu überbringen.

23. Oktober – Chulalongkorn-Tag: Todestag von König Rama V. (Chulalongkorn). Er gilt als der Herrscher, der das Land westlichen Einflüssen öffnete. Langes Wochenende.

Vollmondtag im November – Loy Krathong (15./16.11.2005, 5.11.2006, 24.11.2007): Im November, am Ende der Regenzeit, wird das große Lichterfest gefeiert. Kleine Boote, traditionell aus Bananenstrünken gefertigt und mit brennenden Kerzen, Räucherstäbchen und Blumen geschmückt, treiben auf den Flüssen, Seen und Klongs – eine Opfergabe an die Göttin des Wassers, *Mae Khingkhe*.

5. Dezember – Geburtstag des Königs: Nationalfeiertag. Paraden und Feiern in Bangkok und auf dem Land. Langes Wochenende.

10. Dezember – Verfassungstag: Langes Wochenende.

31. Dezember – Silvester: Langes Wochenende.

Regionale Feste und Festivals

Bei jedem Tempel in Thailand wird einmal im Jahr ein großes, **religiöses Fest** veranstaltet, das von den Einheimischen begangen wird. Einige davon haben wegen der Berühmtheit des Tempels überregionale Bedeutung erlangt.

Tausende von Pilgern versammeln sich mehrere Tage lang, um gemeinsam zu feiern. Religiöse Zeremonien, farbenprächtige Prozessionen, Bootsrennen oder andere Veranstaltungen begleiten die Feierlichkeiten.

In jeder Provinzhauptstadt wird einmal im Jahr eine *fair* veranstaltet, eine Art **Volksfest** und Jahrmarkt, wo lokale handwerkliche oder landwirtschaftliche Erzeugnisse vorgestellt werden.

Weitere **Festivals** wurden erst in den letzten Jahren von der *Tourist Authority* ins Leben gerufen, um eine Region touristisch zu fördern. Für zwei oder drei Tage im Jahr überschwemmen vor allem einheimische Touristen ansonsten ruhige Provinzstädte.

Die Termine der religiösen Feste variieren nach dem Mondkalender (s.o.), die anderen Feste und Festivals werden meist auf ein bestimmtes Wochenende in einem bestimmten Monat gelegt.

Die genauen Termine der Festtage sind in der Werbebroschüre *Major Events and Festivals* aufgelistet, die es in jedem *Tourist Office* gibt. Im Internet sind unter 💻 www.tatnews.org einige aktuelle Feste beschrieben.

Januar

Bo Sang:	*Umbrella Fair* (Touristenfest, Mitte des Monats)
Ayutthaya:	*Elephant Round-up* (Elefantenfest, Touristenspektakel)
Mukdahan:	Fest der Minoritäten (Volksfest)
Mae Hong Son:	*Misty City Fair* („Stadt des Nebels"-Fest, Volksfest)

Februar

Phetchaburi:	*Phra Nakhon Khiri Fair* (Volksfest mit Light & Sound Show, 1. Woche)
Thung Kwian (Lampang):	*Elephant Kantoke Fair* (Touristen-Spektakel, Elefanten-Prozession)

Chiang Mai: *Flower Festival* (Blumen-Fest, Umzug für Touristen, 2. Wochenende)
Nakhon Sawan: *Dragon and Lion Parade* (Drachen- und Löwen-Parade, religiöses Fest)
Phitsanulok: *Phra Buddha Chinarat Fair* (Tempelfest, Volksfest, Mitte Februar)
That Phanom: *Phra That Phanom Fair* (Tempelfest, um Vollmond)
Kamphaeng Phet: *Nop Phra Len Phleng* (Touristenfest, Prozession, ca. 3. Woche)
Pattani: *Chao Mae Lim Kor Nieo* (religiöses Fest, Prozession, Mitte Februar)
Nakhon Si Thammarat: *Hae Pha Khun That* (religiöses Fest, Prozession, um Vollmond)

März

Yala: *Asian Barred Ground Dove Festival* (Turteltauben-Singwettbewerb)
Trat: *Memorial Day* (Gedächtnis-Tag, 23.3.)
Korat: *Thao Suranari Fair* (Volksfest, Ende März)
Chiang Saen: *Songkran Boat Races* (Bootsrennen, Volksfest)

April

Mae Hong Son: *Poi Sang Long* (religiöse Zeremonie, Prozession, Anfang April)
Phanom Rung: *Phanom Rung Fair* (Tempelfest, Volksfest, 1. Wochenende)
Khon Kaen: *Dok Khun-Siang Khaen Festival* (Tempelfest, Volksfest, 12.–15.4.)
Chiang Mai: *Chiang Mai Songkran* (Neujahrsfest, 13.–15.4.)
Chom Thong: *Mai Kharm Bho Procession Festival* (religiöses Fest, 13.–15.4.)
Pattaya: *Pattaya Festival* (Touristenfest, ca. 16.–18.4.)
Samut Prakan: *Phra Pra Daeng Songkran* (Neujahrsfest der Mon, ca. 18.–20.4.)
Si Racha: *Ancestral Spirits Ceremony* (rel. Familienfest, Volksfest, ca. 19.–21.4.)
Phattalung: *Southern Thailand Shadow Play Contest* (Schattenspiel-Wettbewerbe)
Phrae: Wat Phra That Choe Hae (Tempelfest)

Mai

Rayong: *Rayong Fruits Fair* (Fest der reifen Früchte, Volksfest, 1. und 2. Woche)
Chantaburi: *Chantaburi Fruit Fair* (Volksfest, Mai oder Juni)
Yasothon: *Bun Bang Fai* (Raketen-Festival, traditionelles Bauernfest, 2. Wochenende)
Chiang Rai: *Lychee Fair* (Volksfest, 3. oder 4. Wochenende)
Trat: *Rakam Fair* (Fest der Rakam-Früchte, Volksfest, Ende Mai/Anfang Juni)

Juni

Dan Sai (Loei): *Phi Ta Khon Festival* (religiöses Fest mit Prozession, Mitte Juni)
Ban Chiang: *5000 Years Ban Chiang Civilisation* (Touristen-Fest, Mitte Juni)
Ban Kram (Rayong): *Sunthorn Phu Day* (kulturelles Fest zu Ehren des Poeten, 26. Juni)
Phattalung: *Manohra Dance Contest* (Wettbewerb der Manohra-Tänzer)
Yala: *Chao Pho Lak Muang* (Stadtfest, letzte Woche)

Juli

Ubon Ratchathani: *Candle Festival* (Kerzen-Fest, religiöse Prozession, um Vollmond)
Saraburi: *Tak Bat Dok Mai* (Mönchs-Prozession, am Tag nach Vollmond)
Pattaya: *Pattaya Marathon* (Sportveranstaltung, Mitte Juli)

August

Surat Thani: *Rambutan Fair* (Fest der Rambutan-Früchte, Volksfest, Anfang August)

Lamphun: *Longan Fair* (Fest der Longan-Früchte, Volksfest, Anfang August)

September

Phichit: *Boat Races* (Bootsrennen, Volksfest, 1. Wochenende)

Nakhon Si Thammarat: *Prapheni Duan Sip* (Fest des zehnten Monats, religiös)

Songkhla: *Chinese Lunar Festival* (religiöses Fest, Volksfest, nach Vollmond)

Phitsanulok: *Boat Races* (Bootsrennen, Volksfest, 3. Wochenende)

Narathiwat: *Kor Lae Boat Races* (Bootsrennen, Volksfest, 3. Wochenende)

Kamphaeng Phet: *Kluai Khai Festival* (Bananenfest, Volksfest)

Phuket, Trang, Krabi: *Vegetarian Festival* (Vegetarier-Fest, religiöses Fest, nach Neumond Ende September / Anfang Oktober)

Oktober

Nan: *Lanna Boat Races* (Bootsrennen, relig. Fest, Volksfest, ab 2. Samstag)

Nakhon Phanom: *Illuminated Boat Procession* (Bootsprozession, um Vollmond)

Sakon Nakhon: *Wax Castle Festival* (Wachstempel-Fest, religiöses Fest, an Vollmond)

Surat Thani: *Chak Phra Festival* (religiöse Prozessionen, an Vollmond)

Uthai Thani: *Tak Bat Devo* (religiöses Fest, 1 Tag nach Vollmond)

Chonburi: *Chonburi Buffalo Races* (Büffelrennen, Bauernfest, Volksfest)

Phattalung: *Drum Contest* (Trommel-Wettbewerb, zweite Monatshälfte)

Ko Samui: *Samui Festival* (Touristenspektakel)

Nong Khai: *Boat Races* (Bootsrennen, Volksfest, Ende Oktober)

November

Buriram: *Long Boat Races* (Bootsrennen, Volksfest, 1. Wochenende)

Sukhothai: *Loy Krathong & Candle Festival* (Touristenspektakel, vor Vollmond)

Chiang Mai: *Yi Peng Loy Krathong* (religiöses Freudenfest, um Vollmond)

Ayutthaya: *Bang Sai Loy Krathong* (religiöses Freudenfest, 1 Tag nach Vollmond)

Phimai: *Phimai Boat Races* (Bootsrennen, Volksfest, 2. Wochenende)

Bang Sai: *International Boat and Long Boat Races* (Monatsende)

Surin: *Elephant Round-up* (Elefantenfest, Touristenspektakel, Mitte November)

Samut Prakan: *Wat Chedi Klang Nam Festival* (religiös, Bootsrennen)

Kanchanaburi: *River Kwai Bridge Week* (Sound & Light Show, letzte Woche)

Nakhon Pathom: *Phra Pathom Chedi Fair* (Tempelfest, Volksfest)

Khon Kaen: *Silk Fair* (Seidenfest, Jahrmarkt und Volksfest, Ende November / Anfang Dezember)

Dezember

Phuket: *Phuket King's Cup Regatta* (Yachtrennen, 1. und 2. Woche)

Buriram: *Isan Kite Fair* (Drachenwettbewerb, Volksfest, 2. Wochenende)

Ayutthaya: *World Heritage Site Celebrations* (Touristen-Fest, Mitte Dezember)

Einkaufen

Bangkok, Pattaya, Phuket und Chiang Mai sind **Shopping-Paradiese**. An Straßenständen, auf Märkten und Nachtmärkten wird alles verkauft, was ein Touristenherz höher schlagen lässt: Textilien, Silberschmuck, vermeintliche und „echte" Antiquitäten, Holzschnitzereien, Lackarbeiten und Keramik, Puppen und Masken, Bilder, Lederarbeiten und – nicht zu vergessen – Kopien von Markenwaren wie Lacoste-Shirts und Rolex-Uhren.

Bei Artikeln, die nur für Touristen hergestellt werden, sollte man sich und dem Verkäufer das Vergnügen des Feilschens gönnen. Als guter Startpreis gilt etwa die Hälfte des zuerst geforderten Preises. Auch die Provinz hat gute Orte zum Einkaufen: In der Bergregion Nord-Thailands wird Kunstgewerbe der Hilltribes verkauft, an der Küste Muschelschmuck und im Nordosten *Mat Mie*-Seide und Baumwollstoffe. Zudem bieten Schneider, Drucker, Friseure, Masseure und Fotografen ihre Dienste an.

Vor allem in Bangkok, aber auch in Chiang Mai, lassen sich Touristen von Schleppern in Läden zum **Kauf von Edelsteinen** überreden. Das funktioniert häufig so: Seriös aussehende, hilfsbereite Thais sprechen Touristen auf dem Weg zu einer Sehenswürdigkeit an. Nachdem sie erfahren haben, wohin man will, erklären sie, dass der Tempel aus irgendeinem Grund heute ausnahmsweise geschlossen sei und bieten als Alternative eine Tour zu einem Juwelier an, in dem ausgerechnet heute ein besonders günstiges Angebot gemacht wird. Zudem kann man die Steine in Deutschland zum vielfachen Preis verkaufen, manchmal soll sogar der dort studierende Neffe der Abnehmer sein, der sich damit sein Studium finanziert ...

Nichts davon stimmt! Am Ende hat man für einen weit überhöhten Preis **minderwertige Edelsteine** gekauft, die in Europa kein Juwelier anfasst, und es ist sehr schwierig, das Geld zurückzubekommen, da es sich ja um echte Steine und keine Fälschungen handelt.

Gesprächigen Tuk Tuk- und Taxifahrern, die einen super-günstigen Preis akzeptieren und unterwegs schnell noch an einem interessanten Juwelier- oder Seidenladen vorbeisehen wollen, sollte man ebenso misstrauen. Sie wollen allerdings häufig nur eine Provision kassieren.

Ein Gang über den **Markt** ist immer empfehlenswert. Hier werden die Waren des täglichen Bedarfs gehandelt, und man erhält einen Überblick über Angebot und Preise. Nebenbei kann man sich mit frischem Obst eindecken oder einen kleinen Snack zu sich nehmen.

Handel mit Antiquitäten

Wir raten davon ab, Antiquitäten und Produkte aus geschützten Tieren zu kaufen, denn: Kultstätten werden nur geplündert, seltene Tiere nur gejagt und alte Erbstücke nur verkauft, wenn sich dafür Käufer finden.
Jeder Kauf trägt dazu bei, dass Südostasien schon bald seiner wichtigsten Kultur- und Naturschätze beraubt ist. Zudem ist der Handel mit Antiquitäten in Thailand verboten.
Der Zoll beschlagnahmt alle Stücke, für die keine Exportgenehmigungen vorliegen oder die unter das Washingtoner Artenschutzabkommen fallen (s.S. 12f. und 85). Dazu gehören auch Schlangenhäute und alle Produkte aus Krokodilleder.

Einkaufszentren verkaufen westliche und lokale Waren zu Festpreisen. In diesen klimatisierten Konsumtempeln haben sich preiswerte Essenmärkte, Fast Food und andere Restaurants, die von jungem Publikum bevorzugt werden, etabliert.

Prinzipiell werden **europäische Waren** in allen Touristenzentren verkauft. Wer Wegwerfwindeln, einen guten Käse, neue Schuhe oder ein Ersatzteil für den Walkman benötigt, der schaut sich am besten dort um. Selbst englisch- oder gar deutschsprachige Zeitschriften und Bücher gibt es hier.

Löhne und Preise

Der staatlich festgelegte Mindestlohn eines Industriearbeiters beträgt seit 2004 im **Großraum Bangkok** 175 Baht pro Tag, in anderen Landesteilen noch weniger – und das bei einer offiziellen 48–54-Stunden-Woche! Bauarbeiter können hier über 200 Baht verdienen. Insgesamt sind die Einkommen in der Hauptstadt wesentlich höher als in den Provinzen.

Laut der Tageszeitung *Bangkok Post* zahlt man hier im Durchschnitt neunmal so viel Lohn wie im Nordosten, wo viele Bauern gerade einmal 40 Baht am Tag verdienen.

Die Mindestlöhne gelten nur für gewerbliche Arbeitnehmer und werden von der Industrie häufig unterlaufen. Vor allem Frauen und Kinder beschäftigt man gleichermaßen zu Hungerlöhnen.

Zum Vergleich: Pro Tag gibt ein Durchschnittstourist fast 4000 Baht aus.

Trotz steigender Konsumgüterpreise sind aus Angst vor Arbeitslosigkeit Forderungen nach Lohnerhöhungen nur selten zu vernehmen. Stattdessen vertraut man aufs Glück, was der Lotteriegesellschaft stattliche Gewinne beschert und den Staatshaushalt erheblich aufbessert.

Post

Nach unseren Erfahrungen ist die Post zwischen Thailand und Europa recht zuverlässig.

Für längere Mitteilungen nach Europa sind **Aerogramme** preisgünstiger als Briefe. Urlaubsgrüße auf **Postkarten** erreichen den Empfänger in 5–10 Tagen, wenn sie mit Luftpost verschickt und dem entsprechenden Sticker versehen werden.

Wichtige Post sollte man per **Einschreiben** (*registered mail*) oder mit dem Kurierdienst der Post **EMS** versenden. Auch innerhalb von Thailand oder Malaysia ist ein Brief mit EMS kaum länger als 2–3 Tage unterwegs.

Soll ein Brief nach Europa schnell ankommen, lohnt es sich nicht, ihn **„Express"** zu senden, da er erst im Ankunftsland bevorzugt behandelt wird. Solche Briefe sollten immer in Bangkok oder einer anderen größeren Stadt am Hauptpostamt aufgegeben und per EMS versandt werden.

Von den Postämtern und vielen Hotels aus kann man auch **faxen**, wobei nachts die Leitungen nach Europa am wenigsten belastet sind. Die Postämter haben entsprechende Vordrucke, Preise s.u.

Kurierdienste: Nicht billig, aber schnell und zuverlässig ist der Versand per Kurierdienst. Der private Kurierdienst *DHL* verlangt z.B. für ein bis zu 250 g schweres Päckchen nach Deutschland 1200 Baht. Er lohnt sich also nur bei ebenso wichtigen wie leichtgewichtigen Dingen.

Päckchen, Pakete, Fracht

Thailand ist ein Einkaufsparadies, und so dauert es nicht lange, bis Rucksäcke und Koffer aus allen Nähten platzen und beim Heimflug die Freigepäckgrenze überschritten ist. Kauft man größere Gegenstände ein, übernimmt das Geschäft häufig den Versand nach Europa. Was aber tun mit all den Souvenirs und Kleinigkeiten, die man gern mit nach Hause nehmen möchte, für die im Gepäck aber kein Platz ist?

Viele große Postämter, vor allem in Bangkok und Chiang Mai, bieten einen Packservice an. Entsprechend der zu versendenden Gegenstände erhält man am Schalter für 5–35 Baht einen Karton, in den hilfsbereite Postbeamte gegen eine geringe Gebühr alles fachmännisch verpacken. Nur die Zollerklärung (s.u.) muss man selbst ausfüllen. Was Zeit hat, kann auf dem Land-/Seeweg gemächlich nach Hause schippern, wobei die Pakete aus Bangkok am schnellsten ankommen, während sie aus der Provinz häufig 4 Wochen länger unterwegs sind und bis zu 16 Wochen brauchen.

Porto nach Europa

Postkarten (Luftpost)	12 Baht
große Postkarten	15 Baht
Aerogramme	15 Baht
Briefe bis 10 g Luftpost)	24 Baht
EMS bis 250 g (Minimum)	950 Baht
bis 500 g	1050 Baht
bis 1 kg	1250 Baht
Fax (A4-Seite) erste Seite	118 Baht
jede weitere Seite	80 Baht
Int. **Telegramme** pro Wort (mindestens 10 Worte)	10–14 Baht

EMS-Gebühren innerhalb von Thailand

bis 20 g	15 Baht
bis 100 g	17 Baht
bis 250 g	20 Baht
bis 500 g	30 Baht

Paketgebühren nach Deutschland in Baht

	Land-/ Seeweg	SAL	Luft-post	EMS (Paket)
Dauer	8–12 Wo.	3–4 Wo.	1–2 Wo.	3–5 Tg.
1 kg	850	900	1100	1250
2 kg	970	1180	1450	1650
5 kg	1330	2020	2500	2850
10 kg	1930	3420	4250	4850
20 kg	3130	6220	7750	8850
30 kg	4330	9020	11250	——

Soll ein Paket möglichst schnell und sicher nach Europa gelangen, lohnt es sich, auf den Kurierdienst EMS der Post zurückzugreifen. Die Paketgebühren nach Österreich und in die Schweiz sind zum Teil etwas niedriger.

Bei schwereren Gegenständen benötigt man eine teure **Spedition**, falls sich nicht schon der Händler darum kümmert (in diesem Fall immer auf einer exakten Quittung bestehen). Die Speditionskosten schlüsseln sich nach Seefracht (bis zum jeweiligen Hafen) und Landfracht (Hafen – Heimatort) auf, wobei letzteres ein Vielfaches der Seefracht betragen kann. Ab Chiang Mai kostet z.B. 1 m^3 6300 Baht und 3 m^3 17400 Baht. Es gilt ein reiner Volumentarif ohne Gewichtseinschränkungen.

Eine übergewichtige Kiste kann auch bei der **Luftfracht** als *unaccompanied baggage* aufgegeben werden. In diesem Fall schickt die Fluggesellschaft, bei der das Ticket gebucht ist, sie mit der nächsten, unausgebuchten Maschine nach. *Pattaya Cargo*, 179/86 Naklua Road, Pattaya, verlangt beispielsweise dafür eine Grundgebühr von 1500 Baht plus 90 Baht pro Kilo. Die Fracht muss mindestens 4 Tage vor dem Abflug aufgegeben werden.

Post empfangen

Falls man keine feste, zuverlässige Adresse hat, kann man die Post **postlagernd** an ein Postamt schicken lassen. Ein Brief müsste folgendermaßen adressiert sein:

Name (hervorgehoben!), Vorname
(ohne Herr/Frau/Mr./Mrs.)
General Post Office (G.P.O.)
Poste Restante
Stadt
Thailand

Unter Vorlage des Passes werden an den **Poste-Restante-Schaltern** die Briefe ausgegeben, wofür manchmal eine geringe Gebühr zu zahlen ist. Wichtig ist, dass die Postbeamten auch unter dem Vornamen nachsehen. Das Gleiche gilt für Doppelnamen. Viele Postämter heben Briefe drei Monate auf und schicken sie erst danach an den Absender zurück. Telegramme werden schon nach vier Wochen wieder zurückgesandt. Zudem sind sie in einigen Postämtern an anderen Schaltern abzuholen (Bangkok).

Wer Post erwartet, aber schon weiterreisen will, kann kostenlos einen **Nachsendeantrag** stellen. Das klappt allerdings nur mäßig – die Post bleibt entweder liegen oder reist im Acht-Wochen-Abstand von Stadt zu Stadt hinterher. Grundsätzlich kann man auch die Post an die jeweilige **Botschaft** schicken lassen, was die Beamten jedoch nicht sonderlich mögen, denn sie sind mit anderer Arbeit gut ausgelastet. Der Brief muss in diesem Fall hinter dem Namen mit dem Zusatz: c/o Embassy of … versehen sein.

Wer eine **American Express** Karte oder zumindest AE-Schecks besitzt, kann das Büro in Bangkok als Anlaufadresse nehmen. In diesem Fall lautet der Zusatz: c/o American Express.

Thailand hat ein fünfstelliges **Postleitzahlen-System**.

Kommunikation

Orts- und Ferngespräche

Obwohl das Telefonnetz in Thailand gut ausgebaut ist, kann es zu Überlastungen kommen. Von öffentlichen Fernsprechern aus kostet ein 3 Minuten-Ortsgespräch 1–5 Baht, von öffentlichen Telefonen in Hotelhallen aus mehr, von privaten Apparaten aus kann unbegrenzt für 3 Baht telefoniert werden.

Von roten Telefonen sind nur Ortsgespräche möglich, während von blauen, die 1 und 5 Baht-Münzen akzeptieren, auch nationale Gespräche geführt werden können. Zudem können von grünen Kartentelefonzellen Inlandsgespräche und von gelben Auslandsgespräche geführt werden. Vor allem die grünen Telefonzellen sind häufig kaputt, so dass man sich vor dem Kauf einer **Telefonkarte** vergewissern sollte, ob ein funktionierendes Telefon in der Nähe ist. Einige Leser haben mit den Karten schlechte Erfahrungen gemacht. Ferngespräche kosten je nach Entfernung 5–20 Baht pro Minute. Bei Münztelefonen muss, wenn sich der Teilnehmer meldet, ein Knopf gedrückt werden, um das Gespräch freizuschalten.

Internationale Gespräche

Man kann von Fernsprechämtern *(Telecommunication Centers)*, mit internationalen Telefonkarten oder mit der Thaicard internationale Ferngespräche führen. Zudem bieten private *oversea telephones* und Hotels ihre Dienste an. Am billigsten sind Gespräche übers Internet, wenn es auf die Qualität nicht ankommt.

Bei den Fernsprechämtern, den Telefonkarten und der Thaicard wird im **internationalen Selbstwähldienst** im Block zu 6 Sekunden abgerechnet, bei Telefonkarten in Blocks zu 25 Baht. In die meisten europäischen Länder kosten 6 Sekunden 4,5 Baht. Auf diesen Preis gewähren die Fernsprechämter nachts einen Abschlag: So kosten 6 Sekunden von 21–24 Uhr und 5–7 Uhr nur 80% (3,6 Baht) sowie von 0–5 Uhr 70% (3,2 Baht).

Die PhoneNet Card (nur in Bangkok) und die **Thaicard** für 300, 500 oder 1000 Baht sind an Postämtern und einigen Kiosken erhältlich. Sie ist ein Jahr gültig und kann auch für Gespräche aus dem Ausland nach Thailand verwendet werden. Auf der Rückseite der Karte findet sich eine genaue Gebrauchsanweisung. Nach dem Wählen einer Zugangsnummer wird die Geheimnummer eingegeben, die auf der Karte nach dem Abrubbeln einer aufgeprägten Schicht sichtbar wird, und dann die Telefonnummer. Die Kommunikationssprache ist Thai oder Englisch. Bei privaten Telefonanschlüssen berechnet die thailändische *Telecom* bereits nach dem zweiten Rufzeichen eine Einheit, selbst wenn nicht abgehoben wird. Es ist also keine Schikane von Gästehausbesitzern, wenn sie für nicht zustande gekommene Gespräche eine Gebühr verlangen.

Eine Seite nach Mitteleuropa zu faxen, kostet bei der *Telecom* etwa 118 Baht, bei privaten Anbietern auch das Doppelte.

Wer unbedingt mit einer bestimmten Person sprechen will, kann beim Fernsprechamt ein **person to person-Gespräch** führen, was für 3 Minuten 216 Baht kostet. Für ein *Collect call* (**R-Gespräch** = der Gesprächspartner bezahlt) nach Deutschland wählt man ✆ 001-999-49-1000 und erreicht eine Telefonvermittlung in Frankfurt, die das Gespräch weitervermittelt. Für diesen Service kassiert die Deutsche Telekom eine heftige Zusatzgebühr. In vielen Unterkünften ist dieser *Home Direct Service* nicht zugelassen, da er das Telefon blockiert, ohne den Besitzern etwas einzubringen.

Die privaten **oversea telephones** in vielen Touristenorten haben völlig unterschiedliche Preise.

> **Achtung**
>
> In Thailand muss die **Vorwahl** immer mitgewählt werden, also auch bei Ortsgesprächen. Wir geben die Vorwahl bei jeder Telefonnummer mit an, was das lästige Blättern erspart.

Einige verlangen zusätzlich eine nicht unerhebliche *service charge* (Preise vorher schriftlich geben lassen). Andere nutzen das Internet (ab 15 Baht, manchmal schlechte Verbindungen) oder preiswerte Anbieter. Ab und an wird falsch abgerechnet oder auf die nächste volle Minute aufgerundet.

Wer von seinem **Hotelzimmer** aus telefonieren möchte, muss diesen Luxus teuer bezahlen, denn die Hotels berechnen pro Minute 100 Baht und mehr, wobei sie häufig eine Mindestgesprächsdauer zugrunde legen, die auch dann bezahlt werden muss, wenn kürzer telefoniert wird.

Mobiltelefone

In Thailand kann man mit dem eigenen Handy telefonieren. Alle modernen Handys sind dafür geeignet. *D1*, *D2*, *E-Plus* und O_2 kooperieren mit zahlreichen Netzbetreibern in der ganzen Welt. Wer sein Mobiltelefon mitnehmen möchte, sollte sich vor der Reise bei seiner Telefongesellschaft erkundigen, ob der Handy-Vertrag „International Roaming" einschließt und über welches Netz das Mobiltelefon vor Ort betrieben werden kann. Für Handys mit Prepaid-Karten gelten Sonderregelungen.

Beim „**Roaming**" fallen auch bei eingehenden Anrufen aus Europa sehr hohe Gebühren für den Handy-Besitzer an, daher kauft man sich besser eine geeignete SIM-Card von DTAC (Happy) oder 1-2-call für ca. 200 Baht in einem der vielen Telefon-Shops. Das Installieren und Anmelden ist eine selbstverständliche Service-Leistung. Nutzt man die günstigen Sondervorwahlen, z.B. 009, kann man schon für unter 9 Baht pro Min. (ca. 18 Cent) nach Europa telefonieren. Innerhalb von Thailand kostet eine Minute je nach Prepaid-Tarif 1,5 bis 5 Baht pro Minute. Weitere Prepaid-Karten zum Auffüllen bekommt man überall, z.B. bei 7eleven, die Verkäufer aktivieren die neue Karte gern.

Durch die interessanten Tarife der konkurrierenden Telefongesellschaften in Deutschland kann es für Anrufe in die Heimat unter Umständen am preiswertesten sein, sich zurückrufen zu lassen.

Internationale Vorwahl

Deutschland	00149
Indonesien	00162
Malaysia	09
Niederlande	00131
Österreich	00143
Schweiz	00141

Von D, A und CH ist die Vorwahl nach Thailand 0066 + Ortsvorwahl ohne 0, z.B. Bangkok: 0066 2.

Da die Tarife ständig wechseln, informiert man sich am besten vor der Abreise über den derzeit günstigsten Anbieter, z.B. über 💻 www.teltarif.de. Zurzeit kann man mit 01066 schon für 8,39 Cent pro Minute ein Handy in Thailand anrufen.

Wichtige Telefonnummern in Thailand

Vor allem in Bangkok gültig:

Notruf (Polizei)	191
Notruf (Feuerwehr)	199
Tourist Service Line	1155
Touristenpolizei (landeseinheitlich)	1699
Vermittelte Ferngespräche innerhalb Thailands	101
Vermittelte Ferngespräche (Ausland)	100
Informationen national	183
Informationen international	100
Internationaler Selbstwähldienst	001
Zeitansage	181

Internet

Da in Thailand lokale Telefongespräche (noch!) keinem Zeittakt unterliegen, hat sich die Nutzung von E-Mail und Internet rasant entwickelt. Superschnelle Verbindungen ermöglichen Studenten, Forschern und Geschäftsleuten, bisher nur schwer zugängliche Informationen aus der ganzen Welt in Sekundenschnelle abzufragen. Mit einer gewissen Euphorie blicken modern denkende Thais der Globalisierung und ihren wirtschaftlichen Chancen entgegen. In den nächsten Jahren wird fast jedes Touristenhotel eine Homepage einrichten, die meist über eine gute Suchmaschine gefunden werden kann.

Internet-Cafés und Gästehäuser, in denen auch Traveller E-Mail abfragen und versenden können, gibt es bereits in allen Städten und Touristenzentren. Vielerorts stehen für Laptops geeignete Anschlüsse zur Verfügung. Preise in Orten und auf Inseln, die ans Festnetz angeschlossen sind, betragen meist 1 bis 2 Baht pro Minute, aber auch weniger. Selbst auf abgelegenen Inseln ist es teilweise möglich, E-Mails per Satellitentelefon zu checken, was jedoch seinen Preis hat.

CS-Loxinfo, Inet Easy u.a. verkaufen Karten mit PIN-Code für einige 100 Baht, mit denen man für ca. 10 Baht pro Stunde im Internet surfen kann, selbst mit Handy und Notebook. Der Zugangscode 1222 von TOT-Online gilt landesweit.

Wer bis jetzt noch keine eigene **E-Mail-Adresse** hat, kann sich eine bei 💻 www.gmx.de, 💻 web.de, 💻 www.rocketmail.com, 💻 www.yahoo.com oder 💻 www.juno.com vor der Abreise zulegen. Das sollte jedoch rechtzeitig vor der Reise geschehen, da man sein Account bei einigen Anbietern mit einem Code aktivieren muss, der erst ein bis zwei Wochen nach der Anmeldung versandt wird.

Auf der Webseite 💻 www.kropla.com findet man nützliche Infos über den Zugang ins Internet mit einem Laptop, eine weltumfassende Auflistung der Landesvorwahlen sowie Angaben über elektrische Systeme in verschiedenen Ländern.

Zeitverschiebung

Die Zeitverschiebung zur Mitteleuropäischen Zeit (MEZ) beträgt +6 Std., zur Sommerzeit 5 Std.

MEZ	Sommerzeit	Thailand
17	18	23
20	21	02
23	24	05
02	03	08
05	06	11
08	09	14
11	12	17
14	15	20

Medizinische Hilfe

Das Gesundheitswesen in **Thailand** ist gut entwickelt. Generell findet man in den Provinzhauptstädten Krankenhäuser, in vielen kleineren Orten und Dörfern Erste-Hilfe-Stationen oder Gesundheitszentren, an denen natürlich nicht in drei 8-Stunden-Schichten gearbeitet wird. Meist sind in Gesundheitszentren auch keine ausgebildeten Ärzte tätig. Selbst in Provinzstädten sind die Krankenhäuser sauber, gut ausgestattet und die Mitarbeiter hilfsbereit. Liegen schwierige Probleme vor oder steht eine Operation an, ist es besser, nach Bangkok zu fahren. Hier gibt es gut eingerichtete **Krankenhäuser** und Englisch oder Deutsch sprechende, privat praktizierende Ärzte. Empfehlenswert sind die privaten Krankenhäuser, in denen der Patient die recht niedrigen Kosten selbst tragen muss.

Die Krankenbehandlung an staatlichen Krankenhäusern ist, bis auf eine geringe Aufnahmegebühr, frei. Die Medikamente müssen selbst bezahlt werden. In Touristenzentren sind viele private *clinics* mehr am Geld als an der Gesundheit interessiert. Es empfiehlt sich, bei ernsten Krankheiten ortsansässige Ausländer oder die Botschaft zu Rate zu ziehen. In Thailand haben deutsche und Schweizer **Zahntechniker**-Labors nach europäischem Qualitätsstandard aufgemacht. *German-Dental*, 162/197 Moo 10, Thapaya Rd., Pattaya, ✆ 00-66-38-251289, ✆ 00-66-38-251232, genießt z.B. einen guten Ruf und ist sehr preiswert. Kostenvoranschläge und Termine können per Fax erfragt werden. Adressen der Krankenhäuser stehen bei den jeweiligen Orten. (Weitere Informationen zum Thema Gesundheit s.S. 21ff.).

Kriminalität

Thailand kann insgesamt als sicheres Land angesehen werden. Es wurden nur sehr wenige Überfälle auf Touristen bekannt, diese Fälle behandelte die Presse dann immer sehr ausführlich.

Tricks und Betrügereien

Nur noch ganz selten passiert es, dass Touristen im Zug oder Bus durch freundlich angebotene **Kekse** eingeschläfert und ausgeraubt werden. Häufiger hört man über Betrügereien mit Kreditkarten, die während Ausflügen in Gästehäusern zurückgelassen werden. Auch ist Thailand dafür bekannt, dass in Restaurants und Geschäften zusätzliche **Belege für Kreditkarten** erstellt werden (s.S. 32).

Besonders oft werden in Bangkok (vor allem in der Nähe des Königspalastes) und in Chiang Mai Touristen mit angeblich einmalig günstigen Angeboten von **Edelsteinen** zum „Geschäft ihres Lebens" verführt, was nach wie vor, trotz überall publizierter Warnungen, funktioniert (s.S. 63). Unter 💻 www.geocities.com/thaigemscamgroup/DE/Intro/Introde.html versucht eine Selbsthilfegruppe, aufzuklären und Opfern zu helfen – **bitte vor einem „Kauf" lesen**!

Auch mit folgender Methode zocken **Trickbetrüger** erfolgreich ab: Ein freundlicher, junger Mann spricht Touristen auf der Straße an, erkundigt sich nach deren Herkunft und vermeldet erfreut, dass seine Schwester (...) in Deutschland lebt. Bei einem Drink in einem Café kommt man sich näher, wobei der junge Mann geschickt die finanziellen Verhältnisse des Touristen auskundschaftet und ihn zu einem Spielchen überredet, das der Fremde zunächst natürlich gewinnt. Anschließend wird in einem Privathaus mit höheren Einsätzen **Black Jack** gespielt, und plötzlich ist es aus mit der Glückssträhne, und es besteht keine Möglichkeit, auszusteigen.

Selbst Farang versuchen mit Betrügereien andere Touristen abzuzocken.

Einbruch und Diebstahl

Vor allem in Schlafsälen und billigen Gästehäusern kommt es hin und wieder zu Diebstählen, zumeist durch Mitreisende. Manchmal wird das Gepäck auch von unehrlichen Mitarbeitern durchwühlt oder Geld aus dem Safe gestohlen.

Außerhalb der Hotels besteht eine gewisse Gefahr in überfüllten Bussen sowie auf Schiffen, die regelmäßig von Touristen genutzt werden, an Stränden und in den Traveller-Zentren. Auch aus Ablagekörben von Mofas wurde während der Fahrt von überholenden Mofafahrern das Handgepäck mit allen Wertsachen entwendet.

Gepäck sollte immer beaufsichtigt werden, was in der Praxis für allein Reisende schlichtweg unmöglich ist. Die **Gepäckaufbewahrung** an Bahnhöfen ist eine billige und sichere Möglichkeit, dies gilt leider nicht für den Hauptbahnhof in Bangkok. Auch das Reisebüro, bei dem man sein Ticket kauft, verwahrt das große Gepäck bis zur Abfahrt. Ein leichtes Fahrradschloss reduziert das Risiko gegen Null.

Gegenüber Reisebekanntschaften ist eine natürliche Skepsis angebracht, besonders im Fall der

„*I want to practise my English*"-Freunde. Manche nette Typen sind plötzlich samt der „gut" bewachten Sachen verschwunden.

Wertsachen gehören auf Reisen ausschließlich ins Handgepäck. Rucksäcke und Reisetaschen sollten mit kleinen Vorhängeschlössern verschlossen sein. Nette Nachbarn im Bus oder Zug verringern das Diebstahl-Risiko.

Nach der Ankunft im Hotel können Wertgegenstände im **Hotelsafe** verschlossen oder gegen Quittung deponiert werden (Schecks einzeln mit Nummern auflisten und quittieren lassen und niemals Kreditkarten abgeben!). Bei der Rücknahme sollten alle Reiseschecks einzeln gezählt und kontrolliert werden.

Manchmal sind Türschlösser oder vorhandene Vorhängeschlösser schon mit den einfachsten Werkzeugen oder Zweitschlüsseln zu öffnen. Dann ist ein eigenes, starkes **Vorhängeschloss** als zusätzliche Sicherung von Nutzen. In Schlafsälen sollte der Rucksack mit einem leichten Fahrradschloss gesichert werden, sofern keine abschließbaren Schränke vorhanden sind.

Nächtliche, einsame Spaziergänge mit einer sichtbar umgehängten, teuren **Kamera** sind nirgends zu empfehlen. Sie gehört zumindest in eine Plastiktüte. Sicherer ist es zu zweit oder in kleinen Gruppen. Auch der Einfluss von Drogen (dazu gehört auch Alkohol!) bedeutet ein erhöhtes Risiko.

Es ist nicht ratsam, wertvollen **Schmuck** zu tragen oder mit großen Geldbeträgen zu prahlen. Schon US$500 sind für viele Menschen, denen man in Thailand begegnet, mehr als ein Jahreseinkommen.

In Handtaschen oder Portemonnaies gehört nur Kleingeld. Scheine sind besser in innen eingenähten, tiefen, vorderen Hosentaschen oder in doppelt gesicherten Brusttaschen aufgehoben. Besonders gefährdet sind dicke Bauch- oder Nierentaschen.

Die Schecks wurden gestohlen: Die Abrechnung über die Reiseschecks und die Schecks selbst sollten ohnehin stets getrennt aufbewahrt werden. Nur wer die Abrechnung bei Verlust oder Diebstahl vorzeigen kann, bekommt die Schecks ersetzt.

Außerdem hilft eine Aufstellung aller bisher bereits eingelösten Schecks, denn diese werden natürlich nicht ersetzt. Soforthilfe gibt es bei AMEXCO (American Express, s.S. 32 und 174) – Leser hatten wiederholt Schwierigkeiten, gestohlene American-Express-Reiseschecks in Thailand ersetzt zu bekommen, da in manchen Orten zu viele Schecks auf dem Schwarzmarkt verkauft werden. Reiseschecks von Thomas Cook werden in ihrer Vertretung in Bangkok ersetzt, s.S. 174).

Der Pass ist weg: Von allen wichtigen Papieren sollten schon vor der Reise Fotokopien gemacht werden oder die wichtigsten Seiten eingescannt und an die eigene E-Mail-Adrese geschickt werden, nach der Einreise auch von der Passseite mit dem Einreisestempel.

Den Reisepass muss man in Thailand nicht überallhin mitnehmen, so genügt bei Treks oder nassen Bootsfahrten durchaus eine gute Fotokopie. Zudem kann man den Personalausweis mitnehmen und ihn an einer anderen Stelle aufbewahren. Es ist damit viel leichter, im Notfall in der Botschaft die Identität zu belegen (Adressen s.S. 14). In jedem Fall kostet der Verlust dieser Papiere viel Zeit und Rennerei (Polizei (Verlustmeldung) – Botschaft (2 Passbilder + Identitätsnachweis) – Immigration). Da man Reiseschecks nur mit Pass einlösen kann, ist es ratsam, immer etwas Bargeld dabeizuhaben.

Wenn etwas passiert ist, muss auf jeden Fall die Polizei verständigt werden. Eine Reisegepäckversicherung zahlt nur, wenn ein Polizeiprotokoll vorliegt. In allen Touristenzentren gibt es eine Englisch sprechende Touristenpolizei, meist in der Nähe der *Tourist Information*, die im Notfall helfen sollte.

Die landeseinheitliche Nummer der **Touristenpolizei** lautet 1699.

Drogen

Unter Abhängigen von harten Drogen herrscht in aller Welt eine hohe Beschaffungskriminalität, und Drogen sind in vielen Regionen Thailands ohne größere Probleme zu beschaffen, sie werden Touristen manchmal von Händlern geradezu aufgedrängt. Zudem ist die Polizei darauf aus, Erfolge in der Drogenszene nachzuweisen. Dabei werden nicht selten Taxifahrer angeheuert, um ahnungslosen Touristen Drogen anzubieten. Bei der Übergabe schnappt die Falle zu.

Die ausgelassene Urlaubsstimmung bewirkt vielfach ein geradezu naives Verhältnis zu Drogen, was nicht selten mit einem bösen Erwachen in Polizeihaft endet. Nach Full Moon Partys auf Ko Pha Ngan war schon manch einer gezwungen, durch finanzielle Zuwendungen für die Erstellung des Polizeiberichts und eine hohe Kaution seine Freilassung aus einem der nicht gerade gastlichen thailändischen Gefängnisse zu erwirken. Dann will auch noch der Rechtsanwalt bezahlt werden, und so sind im günstigen Fall einige Tausend Euro fällig, bevor man vom *Immigration Detention Center* in Bangkok abgeschoben wird. Weniger Zahlungskräftige dürfen ihre Strafe absitzen.

Thailand besser verstehen

Natürlich kann man sich während einer Reise durch Thailand damit begnügen, am Strand zu liegen, Landschaften und Bauwerke zu bestaunen, und die Menschen, die hier leben, nur am Rande als Kellner, Dienstmädchen, Schalterbeamte oder Hotelpersonal wahrzunehmen. Wer immer noch glaubt, dies sei nur das typische Verhalten des Pauschaltouristen, der irrt. Gerade die Traveller-Szene neigt dazu, sich in abgeschlossenen Refugien aufzuhalten, in denen die Annehmlichkeiten Asiens und die gewohnten Zutaten westlicher Kultur zu künstlichen Urlaubs-Welten zusammengeschmolzen sind. Sie ähneln sich alle, diese Szenarien, ob sie nun in Chiang Mai, Mae Hong Son, auf Ko Pha Ngan oder in der Khaosan Road von Bangkok liegen. Und die Massen strömen von einem dieser Punkte zum nächsten auf mehr oder weniger ausgetretenen Pfaden, ohne einen Blick nach rechts oder links zu werfen.

Wer sich lange und häufig an solchen Orten aufgehalten hat, fragt sich vielleicht eines schönen Morgens, ob der Banana Pancake hier wirklich besser schmeckt als 1000 Kilometer weiter westlich, ob das Meer hier wirklich blauer und die Hütten billiger sind – und das könnte der Beginn einer unvergesslichen Asienreise werden.

Nein, nichts gegen den legitimen Wunsch, endlich mal unter Palmen in der Sonne zu liegen und das Leben zu genießen. Aber die bleibenden Eindrücke, die unser Leben bereichert und unseren Horizont erweitert haben, sind in der Rückschau oft ganz andere gewesen. Das Erlebnis der Natur, die Erfahrung extremer Lebensumstände, die Konfrontation mit fremder Sprache und unbekannten Religionen spielen darin häufig eine wichtige Rolle. Meistens aber sind es Begegnungen, Situationen mit anderen Menschen, mit neuen, ungewohnten, unbekannten, vielleicht auch extremen Verhaltensweisen, an die wir uns am besten erinnern und von denen wir am liebsten erzählen.

Beobachten und zuhören, weniger Ratschläge erteilen, andere Spielregeln akzeptieren, sichere Wertvorstellungen in Frage stellen, sich Zeit nehmen und neue Eindrücke verarbeiten – all das kann eine Reise zu einem besonderen Erlebnis machen. Und obendrein macht es Spaß! Der Reiz am Reisen liegt doch gerade darin, dass anderswo alles ganz anders ist als bei uns. Und wenn dieses Andere nicht so ist, wie wir es erwartet oder erwünscht haben, sondern eben „anders" – welch eine wunderbare Chance für unseren auf bekannte Daten und alte Gewohnheiten fixierten Denkapparat!

Ein paar allgemeine Hintergrundinformationen

Der **Familienverband** bietet jedem Sicherheit und Geborgenheit und ist die Grundlage der Gesellschaft. Die jüngeren Mitglieder werden angehalten, die ältere Generation zu verehren und zu unterstützen. Wer gegen ihre traditionellen Regeln verstößt, schließt sich aus der Gemeinschaft aus und verliert damit jede soziale Absicherung. Der Bau von Bewässerungssystemen, Straßen und Tempeln ist, wie die Wahrnehmung anderer übergeordneter Interessen, Aufgabe der ganzen Dorfgemeinschaft. Das zumeist auch räumlich enge Familienzusammenleben lässt – völlig im Gegensatz zur westlichen Gesellschaft – keinen Platz für **individuelle Bedürfnisse**, Absonderung und Ruhe.

Körperkontakt ist normal und selbstverständlich, und selbst fremden Besuchern gegenüber scheut man davor nicht zurück. Es ist ein Zeichen enger Freundschaft, wenn Männer oder Frauen Hand in Hand durch die Straßen bummeln. **Körperkontakte zwischen Männern und Frauen** allerdings sind für die Öffentlichkeit tabu. Strenge Verhaltensmuster regeln das Verhältnis der Geschlechter untereinander und es gilt als äußerst unschicklich, Gefühle zwischen Mann und Frau in der Öffentlichkeit zu zeigen.

Kinder werden einerseits besonders liebevoll umsorgt, andererseits zu Pflicht und Gehorsam den Eltern gegenüber angehalten. Sie sind bei unzureichender Renten- und Krankenversorgung die einzige Absicherung und Stütze im Alter. Ebenso wie die Eltern genießen auch Lehrer, religiöse und politische Oberhäupter, oft auch Vorgesetzte in Betrieben, unumstößliche Autorität. Kinder aus ärmlichen und zumeist kinderreichen Familien sind oft schon in jungen Jahren gezwungen, die Schule zu verlassen und für ihre Familie zu sorgen. Gerade auch wegen dieser billigen Arbeitskräfte sind Waren und Dienstleistungen in Thailand und in den Ländern der Dritten Welt so preisgünstig sind.

Wo viele Menschen auf engem Raum aufeinander angewiesen sind, ist das Streben nach **Harmonie** eine mehr oder weniger zentrale Grundlage des Gesellschaftssystems. Konflikte werden, so weit es geht, vermieden. Wer Auseinandersetzungen in der Öffentlichkeit austrägt, gilt als rüde und verliert Gesicht. Das gilt auch für Touristen, die allzu leicht ihren Ärger zeigen oder ihre Gastgeber kritisieren. Direkte Ablehnung zu vermeiden ist eine Höflichkeitsgeste, die Europäer oft falsch deuten.

Wer Thai um etwas bittet, wird zum Beispiel selten eine Absage bekommen, selbst wenn es nicht möglich ist, der Bitte zu entsprechen. Statt „nein" sagt man aus **Höflichkeit** lieber „vielleicht" und zeigt durch zögerndes Verhalten seine Ablehnung. Auch die Frage nach dem Weg wird eher falsch als gar nicht beantwortet, was zu einer Odyssee oder völliger Ratlosigkeit führen kann. Ein Lächeln hilft, manche problematische oder unsichere Situation zu überstehen, ebenso wie die häufig verwandte Formel *mai pen rai* – was so viel heißt wie „das macht nichts!".

Ein anderes Phänomen, das Reisenden vor allem in ländlichen Regionen deutlich wird, ist, dass die Menschen mit einem völlig anderen **Zeitbegriff** arbeiten. Planung und Vorausdenken sind nicht so wichtig, wie in der Gegenwart zu leben. Es spielt keine Rolle, ob ein Bus in fünf Minuten oder später abfährt. Geduld ist eine der wichtigsten Tugenden. Was sich hier und jetzt abspielt, ist von größerer Bedeutung – selbst wenn es nur das Warten am Busbahnhof ist – als ein imaginäres Ziel in der Zukunft. Die Zukunft ist genauso wenig real wie die Vergangenheit, also schenkt man beiden wenig Aufmerksamkeit.

Um so unverständlicher erscheint es uns lärmgeplagten Europäern, dass für den Thai auch noch so großer **Lärm** nicht als unangenehm empfunden wird. Schon um 5 Uhr morgens dröhnen die Dorflautsprecher und senden bis 7 Uhr Nachrichten und Musik. Bei Festen und Feierlichkeiten wird das gesamte Dorf bis tief in die Nacht beschallt, ohne dass sich ein Thai darüber beschwert. Im Gegenteil: Ruhe und Dunkelheit gelten als unheimlich und werden vermieden. Viele Fischer glauben, dass die laut knatternden Motoren der Longtail-Boote die bösen Geister des Meeres vertreiben, je lauter je wirkungsvoller.

Gäste in einem fremden Land

Schon seit Jahrhunderten sind Weiße in Thailand bekannt. In der Königsstadt Ayutthaya lebten Europäer, Chinesen und Japaner im 17. und 18. Jh. in eigenen Stadtvierteln. Europäische Missionare, Händler, Politiker und Ingenieure dienten den Königen Thailands als Berater und Geschäftspartner. Die Könige Rama IV. und V. waren westlichen Einflüssen gegenüber aufgeschlossen. Da Thailand niemals unter Kolonialherrschaft geriet, lernten die Thai Europäer nur als Gäste in ihrem Land kennen. Es ist daher nicht erstaunlich, dass auch Touristen weitgehend als **Gäste** des Landes betrachtet werden.

Vor allem außerhalb der Touristenzentren tritt man ihnen offen und mit besonderer Höflichkeit entgegen, wenn sie sich sichtlich bemühen, ihre Verhaltensweise den lokalen Sitten anzupassen. Wer den Menschen gegenüber überheblich und intolerant auftritt, wird jedoch nicht selten auf Ablehnung stoßen.

Die **Religion** spielt im täglichen Leben der Menschen eine bedeutende Rolle – so der Buddhismus bei den Thais und Chinesen und der Islam bei den Malaien im Süden von Thailand. Daneben sind bei den Bergvölker Naturreligionen weit verbreitet, und selbst bei den Anhängern der „Hochreligionen" ist der Glaube an Geister, Hexen und Magie immer noch lebendig. Näheres s.S. 101.

In den **Städten** haben sich die Traditionen vermischt und sind von westlichen Einflüssen überlagert worden, während sie auf dem Lande noch weitgehend ihre Eigenheiten bewahren konnten. In den Großstädten prallen die Kontraste zwischen westlicher und östlicher Kultur, aber auch zwischen Armut und Reichtum aufeinander. Leicht lässt man sich von den modernen Fassaden der Einkaufsstraßen täuschen, hinter denen sich eine andere Realität verbirgt.

Wie verhält sich ein Gast, der beispielsweise in eine Familie eingeladen wird? Wie wir im umgekehrten Fall, erwarten die Menschen von ihren Gästen, dass sie sich den einheimischen **Sitten** entsprechend verhalten. Natürlich kann ein Tourist nicht alle sozialen Verhaltensweisen und religiösen Sitten der Einheimischen praktizieren, und das wird auch nicht erwartet. Aber schon das Bemühen und das Interesse, das traditionelle Leben der Menschen zu verstehen, wird freundlich aufgenommen und honoriert.

Eine Hilfestellung zum richtigen Verhalten kann der Band *Land und Leute, Thailand,* von Polyglott sein.

Sitten und Gebräuche in Thailand

Der Kopf gilt als heilig und sollte nie, auch nicht in europäisch-freundschaftlicher Geste, berührt werden. Der Fuß ist der unedelste Körperteil und darf deshalb nie einem anderen Menschen oder gar einer Buddhastatue entgegengestreckt werden, was bei der asiatischen Sitzweise manchem Europäer Schwierigkeiten bereitet.

Die linke Hand gilt als unrein; deshalb benutzt man die rechte Hand, um zu essen, etwas zu geben oder in Empfang zu nehmen. Große Achtung und so manches strahlende Lächeln erwirbt sich ein Ausländer, der beim Geben oder Überreichen die typische „Gebe-Geste" der Thai anwendet: Während die rechte Hand den Gegenstand übergibt, berührt die linke Hand leicht den rechten Unterarm, um anzudeuten, dass man mit ganzem Herzen gibt.

Thais **begrüßen** sich normalerweise nicht per Handschlag, sondern mit einer Geste, bei der die (eigenen) Handinnenflächen gegeneinander gelegt werden: dem *wai*. Doch ist ein *wai* nicht nur eine Begrüßung, sondern auch ein Zeichen des Respekts, das zuerst dem höher gestellten Menschen dargeboten wird, der es zurückgibt. Ausländer können sich durchaus mit einem Kopfnicken aus der Affaire ziehen oder zumindest darauf achten, dass sie kein falsches *wai* benutzen. Es existieren bestimmte Regeln, wie ein *wai* anzuwenden ist: Mönche: gefaltete Hände vor der Stirn, – Ältere: Hände vor der Nase, – eindeutig niedriger gestellte Person (Kinder, Hausangestellte, Kellner usw.): Hände vor der Brust, – Höhergestellte: Hände vor dem Mund.

Wenn Thais jemanden **heranwinken**, wird das von Europäern oft gegenteilig verstanden, denn das Winken mit der abgewinkelten Handfläche ähnelt stark unserer „Hau ab"-Geste.

Wenn ein Thai im Haus oder Tempel zwischen stehenden oder hockenden Menschen hindurchgehen muss, beugt er leicht den Oberkörper nach vorn und hält den rechten Arm schräg nach unten gestreckt, als ob er die Verbindung zwischen den anderen durchschneiden wolle. Wendet ein Ausländer diese respektvolle Geste an, so erntet er viele freundliche Blicke.

Man beurteilt Fremde weitgehend nach der **Kleidung** – sehr lässige Kleidung oder gar Badekleidung wird außerhalb der Strände nicht geschätzt. Das gilt vor allem für den Besuch von religiösen Stätten. Vor dem Betreten eines Hauses zieht man die Schuhe aus ebenso wie in buddhistischen Tempeln. Besonders während religiöser Zeremonien sollte man sich zurückhaltend verhalten und um Erlaubnis fragen, ehe man fotografiert.

Es gilt als unhöflich, vor betenden Gläubigen herumzulaufen, sich über ihre Köpfe zu erheben oder die religiösen Statuen und Anlagen zu erklimmen.

Vom Umgang mit Geld

In Touristenläden und an Souvenirständen gehört zum Einkaufen auch das **Handeln**. Wer größere Mengen kauft, kann am ehesten mit Preisnachlässen rechnen. Vor allem in Bangkok und Phuket werden häufig höhere Touristenpreise verlangt. Nicht gehandelt wird in Kaufhäusern (hier ist evtl. ein *discount* möglich), Hotels, Restaurants und in öffentlichen Verkehrsmitteln mit festen Preisen. Unsinnig ist es etwa, den Preis eines Essens vorher herunterzuhandeln – es kann dadurch viel schlechter werden. Wer Obst gar zu billig einkauft, findet schnell ein paar weniger gute oder unreife Stücke in seinem Einkauf.

Jeder Tourist gilt als reich. Wie sonst könnte er sich diese weite Reise leisten? Dennoch sieht man es nicht gern, wenn die westlichen Besucher allzu freigebig ihr Geld verteilen, denn nur gezielte, langfristige Hilfen, und nicht einige Münzen in einer ausgestreckten Hand, können die Lebenssituation der Menschen verändern.

Betteln sollte nicht gefördert werden. Eine Ausnahme sind körperbehinderte Bettler und alte

Menschen. Wenn an den Tempeltoren um eine Spende gebeten wird oder in buddhistischen Ländern morgens die Mönche durch die Straßen ziehen, um die Gaben der Gläubigen entgegenzunehmen, sollte man das nicht mit Betteln gleichsetzen. Denn es ist für die Gläubigen eine besondere Gunst, sich durch die freiwillige Gabe einen Verdienst erwerben zu können, wofür sie sich bei den Mönchen bedanken.

Hilfreicher ist es, durch Spenden Projekte in Thailand zu unterstützen. *Terre des hommes* unterstützt z.B. Kindergärten in burmesischen Flüchtlingslagern, politische Flüchtlinge in Chiang Mai sowie Schulen für Shan-Kinder. Zudem erhalten verschiedene Organisationen finanzielle Hilfe. Im Norden versucht *Econorth* der Zerstörung der Lebensgrundlagen in den Dörfern und der Landflucht entgegenzuwirken und betreut eine Vielzahl von Projekten im ländlichen Raum, z.B. Ausbildungsprojekte für Mädchen als Vorbeugung gegen die Prostitution oder Bauernkooperativen für ökologischen Landbau. In Bangkok kümmert sich die „Stiftung für menschenwürdiges Wohnen" um die Verbesserung der Lebensbedingungen der Slumbewohner und die „Stiftung für ein besseres Leben von Kindern" um Straßenkinder. SOS-Kinderdörfer befinden sich in Bangkok, Hat Yai und Nong Khai.

Menschen fotografieren

Dass man die Kamera wie eine Waffe handhaben kann und sie auch wie eine solche empfunden werden kann, wissen wir nicht erst seitdem der Tourismus die Dritte Welt entdeckt hat.

Gerade das Fotografieren von Menschen erfordert Respekt und Sensibilität. Oft genügt es schon, sich vorzustellen, wie das ist, eine Kamera auf sich gerichtet zu fühlen, noch dazu bei so privaten Tätigkeiten wie essen, schlafen, beten oder Feste feiern. Sich wegen eines guten Schnappschusses dazwischenzudrängen, ist mehr als grob und unhöflich.

Die elementaren Regeln der Gastfreundschaft sollten auch hier eingehalten werden, sich diskret im Hintergrund zu halten, ist nur eine davon.

Mit Geld oder Geschenken Bilder zu erkaufen, ist eine entwürdigende Instrumentalisierung und wird auch so empfunden. Wenn man schon meint, unbedingt ganz nah herangehen zu müssen, so ist es das mindeste, sein Gegenüber um Erlaubnis zu fragen. Und auch hier bewahrheitet sich die asiatische Regel, dass ein Lächeln und ein paar freundliche Worte die Situation enorm entspannen und viele Hindernisse aus dem Weg räumen.

Sonstiges

Deutsche Sender

Mit einem guten Weltempfänger ist die **Deutsche Welle** über Kurzwelle auf verschiedenen Frequenzen zu empfangen. Die aktuellen Frequenzen sind erhältlich von der Deutschen Welle, 53113 Bonn, ✆ 0228-4290, 📠 4293000, 💻 dw-world.de.

Die Deutsche Welle strahlt ihr 24-stündiges Fernsehprogramm **DW TV** in Deutsch, Englisch und Spanisch sowie verschiedene Hörfunkprogramme über den Satelliten AsiaSat 2 aus. Einige Hotels speisen das Programm in das hoteleigene Netz ein. Zu jeder vollen Stunde wird ein halbstündiges Nachrichtenjournal à la CNN ausgestrahlt, zur geraden Weltzeit-Stunde in Englisch, zur ungeraden in Deutsch, außer um 21 und 2 Uhr, wo es in Spanisch läuft. Es folgen halbstündige Features mit deutschlandbezogenen Themen in der jeweiligen Sprache.

Öffnungszeiten

Geschäfte sind normalerweise tgl. von 8 bis gegen 21 Uhr geöffnet, Kaufhäuser erst ab 10 Uhr. Manche Läden öffnen sonntags etwas später. Auf den meisten Märkten herrscht kurz nach Sonnenaufgang Hochbetrieb, denn dann ist das Obst und Gemüse noch taufrisch. Gegen 10 Uhr befinden sich die meisten Marktfrauen bereits auf dem Heimweg.

Ämter und Behörden öffnen Mo–Fr von 8.30–12 und 13–16.30 Uhr. Die Mittagspause kann allerdings variieren. Deshalb empfiehlt es sich, möglichst nicht zwischen 11.30 und 13 Uhr hinzugehen. Auch kurz vor Büroschluss ist möglicherweise niemand mehr ansprechbar.

Banken sind Mo–Fr (außer feiertags) von 8.30–15.30 Uhr geöffnet. In Bangkok und den wichtigsten Touristenorten gibt es einen *currency exchange service* täglich von 8.30 bis ca. 22 Uhr.

Steuern und Trinkgelder

In Hotels der mittleren und gehobenen Preisklasse wird auf den Zimmerpreis 10% **Government Tax** aufgeschlagen. Manchmal verlangen auch Gästehäuser und billige Hotels völlig unberechtigt von Ahnungslosen diesen Steuerzuschlag.

In Thailand wird eine **Mehrwertsteuer** von 7% auf alle Waren und Dienstleistungen erhoben. Sie gilt jedoch nicht für Hotelpreise und wird auch nicht von Taxifahrern auf den ausgehandelten Fahrpreis aufgeschlagen.

Die **Mehrwertsteuererstattung** *(VAT Refund for Tourists)* lohnt nur bei größeren Beträgen ab 20 000 Baht, da die Mehrwertsteuer 7% beträgt und die Bearbeitungsgebühren sowie die Bankgebühren abgezogen werden. Zudem müssen bei der Einreise Einkäufe in dieser Höhe beim Zoll wieder deklariert werden, wobei eine deutsche MwSt. von 16% fällig wird.

Normalerweise wird kein **Trinkgeld** erwartet. In Hotels und besseren Restaurants addiert man auf den Rechnungsbetrag ein Trinkgeld von 10%. Ansonsten gibt man ein Trinkgeld, dessen Höhe vom Rechnungsbetrag und dem Standard des Restaurants abhängen sollte. In einfachen Restaurants braucht man nichts zu geben oder lässt einige Münzen vom Wechselgeld liegen, während in besseren Häusern mindestens 10 Baht gegeben werden sollten.

Taxifahrer und Hotelpersonal sollten für besondere Dienstleistungen entlohnt werden, z.B. mit 10 Baht pro getragenem Gepäckstück.

Thailand und seine Bewohner

Land und Geografie

Beim Anflug auf Bangkok erblickte man einst ein Mosaik aus Reisfeldern, das je nach Jahreszeit in hellem Grün, sattem Gelb oder lehmigem Braun leuchtete. Die Ebene, durchzogen von einem schimmernden Netz von Kanälen und Flüssen, an deren Ufern wie Perlen an einer Schnur die Dörfer lagen, ist mittlerweile mit endlos scheinenden Reihenhaussiedlungen für die neue Mittelschicht und riesigen Fabrikhallen bebaut. Rings um Bangkok, vor allem im Norden und Südosten, hat sich der weitaus größte Teil der verarbeitenden Industrie angesiedelt. Bei einer Reise in den Norden oder Süden zeigt sich das Land von einer ganz anderen Seite.

Thailand, mit 514 000 km^2 um 43% größer als Deutschland, liegt südlich des nördlichen Wendekreises, zwischen 6° und 20° nördlicher Breite und 97° und 106° östlicher Länge. Vom Norden bis in den südlichen „Rüssel" des so genannten „Elefantenkopfes" beträgt die Entfernung über 1800 km, was der Entfernung Kopenhagen – Rom entspricht, von Westen nach Osten sind es 800 km, fast so weit wie von Paris nach Berlin. Hingegen ist das Land an seiner schmalsten Stelle nur 15 km breit.

Das gesamte Flussnetz von Thailand ist 3 Millionen Kilometer lang. Davon sind etwa 10 000 km schiffbar. Durch Wasserkraft wird mehr als ein Drittel des Energiebedarfs gedeckt.

Die Zentralregion

Die weite, ebene Landschaft ist vom Menam Chao Phraya, dem mit 365 km größten Fluss des Landes, seinen Nebenflüssen und dem weiten Delta geprägt. Der *Menam* (= Mutter des Wassers / Fluss) *Chao Phraya* (= hoher Adelstitel) windet sich durch ein Tiefland, das weniger als 80 m über dem Meeresspiegel liegt. Sand, Kies und andere verwitterte Materialien wurden von den Wassermassen im Laufe der Jahrmillionen in der Ebene Schicht für Schicht abgelagert. Jahr für Jahr werden weitere Mengen an Sedimentgestein und fruchtbaren Mineralstoffen aus den Bergen des Nordens in Richtung Meer transportiert. Mit dem Einsetzen der Regenzeit steigen die Wassermassen der Flüsse bis auf das Hundertfache an und überfluten weite Landstriche.

Viele Staudämme haben die Flüsse im Oberlauf gebändigt. Doch noch immer stehen monatelang weite Gebiete des Kernlandes unter Wasser. Diese fruchtbare alluviale Ebene, die – sofern nicht bebaut – intensiv für den Reisanbau genutzt wird, geht in ihren Randbereichen in eine hügelige Landschaft über, die zum Teil aus älteren Gesteinsablagerungen besteht.

Die Nordregion

Die in Nord-Süd-Richtung verlaufenden Höhenketten sind Ausläufer des Himalaya. Der große Gebirgszug erstreckt sich von Indien über Burma, China und Thailand weiter Richtung Süden entlang der Westgrenze des Landes bis zur Malaiischen Halbinsel. Nur selten erreicht das Gebirge in Thailand Höhen über 2000 m. Mit 2565 m ist der Doi Inthanon, 60 km südwestlich von Chiang Mai, der höchste Berg des Landes.

Zwischen den durch Faltung und Hebung entstandenen Gebirgszügen haben die Flüsse tiefe Täler gegraben. Außer den Nebenflüssen des Mekong im Osten (z.B. der Mae Kok, an dem Chiang Rai liegt) und des Salween im Westen (z.B. Menam Pai – bei Mae Hong Son) fließen vor allem die Quellflüsse des Menam Chao Phraya durch die breiten Täler des Nordens: im Westen der Ping (Chiang Mai), der sich nördlich von Tak mit dem Wang (Lampang) vereinigt, im Osten der Yom (Phrae, Sukhothai), der flussabwärts in den Nan (Nan, Phitsanulok) mündet. Bei Nakhon Sawan entsteht am Zusammenfluss dieser Ströme der Menam Chao Phraya. Die alluvialen Flusstäler werden landwirtschaftlich intensiv genutzt und waren bereits besiedelt, als die Thai aus Yünnan kommend hier eintrafen.

Die Nordostregion

Das Zentrum bildet eine 100–300 m über dem Meeresspiegel sich schalenförmig erhebende, leicht hügelige Ebene, das so genannte Korat-Plateau, das von Höhenzügen und Flüssen begrenzt wird: die bis zu 1700 m hohe Petchabun-Kette im Westen, die Phanom Dongrak-Kette im Süden, der Mekong im Osten und Norden. Im Erdmittelalter (Mesozoikum) lagerten sich hier Sedimente eines urzeitlichen Meeres ab, die später gehoben und gefaltet wurden. Die nährstoffarmen Böden können Wasser nur schlecht speichern, so dass sie landwirtschaftlich nicht intensiv genutzt werden können. Während der Regenzeit, wenn der Menam Mun

Thailands Regionen – Provinzen (Changwats), Bevölkerung, Fläche

Region	Fläche in km²	Bevölkerung in Millionen (2004)	Bevölkerungsdichte in Einw./ km²
Metropole Bangkok	1 565	7	4472
Zentralregion (ohne Bangkok)	102 334	15	146
Nordregion	169 644	12	71
Nordostregion	168 854	21	124
Südregion	70 715	9	127
Gesamt-Thailand	*513 115	64	125
zum Vergleich: Deutschland	356 978	81,5	228

*Differenz durch Abrundung

Zentralregion: Bangkok Metropolis, Ang Thong, Ayutthaya, Chachoengsao, Chai Nat, Chantaburi, Chonburi, Kanchanaburi, Lopburi, Nakhon Nayok, Nakhon Pathom, Nonthaburi, Pathum Thani, Phetchaburi, Prachinburi, Prachuap Khiri Khan, Ratchaburi, Rayong, Sa Kaeo, Samut Prakan, Samut Sakhon, Samut Songkhram, Saraburi, Singburi, Suphanburi, Trat, Uthai Thani.

Nordregion: Chiang Mai, Chiang Rai, Kamphaeng Phet, Lampang, Lamphun, Mae Hong Son, Nakhon Sawan, Nan, Phayao, Phichit, Phitsanulok, Phetchabun, Phrae, Sukhothai, Tak, Uttaradit.

Nordostregion: Amnat Charoen, Buri Ram, Chaiyaphum, Kalasin, Khon Kaen, Loei, Maha Sarakham, Nakhon Phanom, Nakhon Ratchasima (Korat), Nong Bua Lamphu, Nong Khai, Roi-Et, Sakhon Nakhon, Si Saket, Surin, Ubon Ratchathani, Udon Thani, Yasothon.

Südregion: Chumphon, Surat Thani, Phuket, Phang Nga, Ranong, Krabi, Nakhon Si Thammarat, Phattalung, Trang, Satun, Songkhla, Pattani, Yala, Narathiwat.

mit seinen Nebenflüssen die Wassermassen kaum fassen kann, kommt es zu großen Überflutungen. Nur wenige Monate später leidet das Land unter Trockenheit und Dürre.

Die Südregion

Thailand besitzt eine über 2600 km lange Küste, überwiegend am Golf von Thailand und zu einem geringeren Teil am Indischen Ozean (Andamanensee). Im Südosten erstrecken sich die Ausläufer der Bilauktaung-Bergkette bis zum Meer. In der frühen Erdneuzeit (Tertiär) hatte sich hier Sandstein abgelagert, den später basaltische Laven, die aus dem Erdinneren nach oben drangen, überlagerten.

Auf der Malaiischen Halbinsel im Süden trennen staffelförmig versetzte Bergketten (Tenasserim-, Phuket-, Nakhon- und Kalakiri-Kette) die West- und Ostküste. Während an der Westküste die schroffen Karstfelsen steil ins Meer abfallen und Inselgruppen aus bizarren Kalkformationen (Bucht von Phang Nga) bilden, läuft das Gebirge im Osten in eine weite Küstenebene aus.

Natur

Elefanten und Teakwälder, die beiden typischsten Vertreter der thailändischen Fauna und Flora, werden die meisten Besucher des Landes kaum noch in ihrem natürlichen Umfeld sehen können. Das Bild des Landes prägen stattdessen Felder, Gärten und domestizierte Tiere.

Flora

Während im Süden immergrüne Wälder einen Teil des Landes bedecken, muss sich die Pflanzenwelt weiter im Norden an eine deutlich zunehmende Trockenperiode und stärkere Temperaturschwankungen anpassen. In den Bergregionen, wo Temperaturen bis in die Nähe des Gefrierpunktes absinken können, findet man eine völlig andere, kälteren Temperaturen angepasste Pflanzenwelt.

Immergrüne Regenwälder

Immergrüne Regenwälder findet man in Thailand nur im Süden (etwa ab Chumphon) vor, wobei Primärwälder nur noch etwa 3% der Landesfläche bedecken. In bis zu 70 m Höhe erstreckt sich das dichte Blätterdach ihrer höchsten Bäume, das die anderen Pflanzen vor direktem Sonnenlicht, Temperaturschwankungen und Änderungen der Luftfeuchtigkeit schützt. Andererseits müssen sich die niedrigeren Bäume, in der Konkurrenz um das Licht, dem Himmel entgegenstrecken. Im Dämmerlicht zwischen den breiten Brettwurzeln und herabhängenden Lianen wachsen verschiedene Büsche und Sträucher, die eine hohe Luftfeuchtigkeit benötigen, aber mit wenig Licht auskommen. Das Laub und andere organische Stoffe werden am Boden von Kleinstlebewesen zersetzt und in Humus umgewandelt. Er bildet auf dem zumeist unfruchtbaren, tropischen Lehmboden eine dünne Auflage und ist die überwiegende Nährstoffquelle der Pflanzen.

In Bodennähe wird das Grün der Wälder nur selten von farbigen Blumen unterbrochen. Viele Orchideenarten sind Epiphyten und leben wie Schmarotzerpflanzen auf anderen Pflanzen in den oberen Stockwerken des Waldes. An einer Lichtung, wo die Sonne bis auf den Boden vordringen kann, ändert sich die Vegetation. Lianen, Sträucher und andere Pflanzen wachsen im Überfluss und bilden ein undurchdringliches Dickicht.

Sobald dieser Wald abgeholzt wird, fehlt es an organischen Stoffen für den natürlichen Kreislauf von Pflanzenwachstum und Humusproduktion. Zudem ist der lockere Humusboden durch das Wurzelwerk der Pflanzen nicht mehr geschützt und rasch ausgewaschen. Wird das Land nicht bebaut, entwickelt sich nach langer Zeit ein Sekundärwald, der weitaus weniger Artenfülle aufweist und aus niedrigen Bäumen, Büschen und Lianen besteht.

Monsunwälder

Ausgeprägte Trockenzeiten bestimmen den Pflanzenwuchs in den meisten Landesteilen. Wie in unserem Winter werfen die Bäume in der regenarmen Zeit ihre Blätter ab. Bereits im Dezember und Januar leuchten die Blätter in herbstlichen Farben. Bis zum Einsetzen der Regenzeit im Mai sind sie unbelaubt mit Ausnahme einiger Bäume, die gerade jetzt in kräftigen Farben blühen.

Da während der heißen Jahreszeit kein Schatten spendendes Blätterdach die untere Bodenregion der Wälder vor direkter Sonneneinstrahlung schützt, überleben dort nur Pflanzen, die sich dem jahreszeitlichen Klimawechsel angepasst haben. Mit dem Einsetzen der Regenzeit entwickelt sich dann wieder eine üppige Belaubung. Im Gegensatz zu vielen Bäumen werfen die niedrigen Büsche und Pflanzen ihre Blätter nicht ab, da diese durch eine verdunstungshindernde Schicht vor zu starkem Austrocknen geschützt sind.

Die Artenvielfalt der Monsunwälder ist wesentlich geringer und der Bestand ist lichter als im immergrünen Regenwald. In trockenen Monsunwäldern überwiegen die *Dipterocarpaceen,* lichte Bäume mit immergrünen, ledrigen Blättern, deren Blüten und Harz einen aromatischen Duft verbreiten.

Ein typischer Vertreter der Laub abwerfenden Wälder ist der **Teakbaum** *(Tectona grandis),* dessen hartes, haltbares Edelholz bereits seit Jahrhunderten geschätzt wird. Er zeichnet sich sogar unter tropischen Bedingungen durch extreme Langlebigkeit aus. Auf wasserdurchlässigen Böden in den unteren Bergwäldern (bis zu 900 m Höhe) von Indien bis Thailand beheimatet, gedeiht er am besten bei einer mittleren Jahrestemperatur von 24–27 °C und einer jährlichen Niederschlagsmenge um 1500 mm. In Plantagen werden die spärlich Samen tragenden Bäume mit den bis zu einem halben Meter großen Blättern kultiviert. Dabei erreichen unter optimalen Bedingungen die geraden, hohen Stämme bereits in 15 Jahren eine Höhe von nahezu 20 Metern, während sie unter natürlichen Bedingungen hierfür bis zu 200 Jahre benötigen.

Bambuswälder

In einigen Flusstälern Nord-Thailands stehen Bambuswälder von unterschiedlicher Dichte und Höhe. Die den Gräsern zugehörigen bis zu baumhohen

Pflanzen wachsen extrem schnell und sind universell nutzbar. Wie kaum eine andere Pflanze werden sie in allen Ländern Ost- und Südostasiens sowohl als Nahrungsmittel als auch für den Hausbau und die Herstellung verschiedenster Gegenstände im praktischen wie ästhetischen und religiösen Bereich genutzt.

Mangrovenwälder

An den flachen Küsten im tropischen Süden bilden Mangrovenwälder manchmal einen kilometerlangen, nur schwer durchdringlichen, schmalen Saum.

Die unterschiedlichen Baumarten dieser bis zu 20 m hohen Wälder haben sich an das Leben im Salzwasser angepasst und finden mit ihren Stelzwurzeln Halt im Schlick und Schlamm der Gezeitenzone. Häufig bilden sich vor den Mangroven Sandbänke im Meer, wodurch die Sümpfe verlanden. Vor allem dort, wo Mangroven abgeholzt wurden, wachsen in ausgedehnten, sumpfigen Deltagebieten Nipapalmen (*Nypa fruticans*), deren große Palmwedel zum Dach decken und für Matten verwendet werden und aus deren Früchten eine Art Bier für den Eigenbedarf gebraut wird.

In einem halben Jahrhundert ist bereits die Hälfte aller Mangrovenwälder verschwunden. Immer noch werden Mangroven zu Holzkohle verarbeitet. Zudem belastet die zunehmende Zersiedlung aber vor allem die Anlage von Shrimp-Farmen das Ökosystem der Küste (s.S. 86). Das Gleichgewicht wird dadurch nachhaltig gestört, und der Ufersaum ist schutzlos der Meeresbrandung ausgesetzt, so dass das Land vom Meer überspült wird.

Wasserhyazinthen

Viele Flüsse und Klongs sind mit großen Inseln dickblättriger, tiefgrüner Wasserpflanzen bedeckt, die den Schiffsverkehr behindern. Erst 1901 wurden die Wasserhyazinthen aus Java nach Thailand eingeführt, wo sie sich rasant vermehrten.

Nach vergeblichen Versuchen, die Ausbreitung der zählebigen Pflanze zu verhindern, hat man ihre Vorteile erkannt. Die Wasserhyazinthe kann nicht nur – wie eine natürliche Kläranlage – das Wasser sauber halten, sondern auf Grund ihres hohen Proteingehalts auch als Futter, Dünger und auf andere Art wirtschaftlich genutzt werden. Sogar Möbel werden mittlerweile aus ihren Fasern hergestellt.

Kautschukplantage

Der Gummibaum (Hevea brasiliensis)

Er war ursprünglich am Amazonas beheimatet und hatte den Kautschukbaronen der brasilianischen Urwaldstadt Manaus einen beispiellosen Boom beschert. Um das Monopol zu schützen, war die Ausfuhr der wild wachsenden Pflanze bei Todesstrafe verboten. Dennoch kamen 70 000 Samen 1876 auf dunklem Wege nach London, wo sie im Kew Garden Früchte trugen, die den Grundstein von Malaysias Kautschukindustrie bildeten. Henry Nicholas Ridley, Leiter der Forstverwaltung des Straits Settlements und des Botanischen Gartens in Singapore, führte viele Experimente durch, entwickelte eine neue Zapfmethode und propagierte den Plantagenanbau des Gummibaums unter den britischen Pflanzern. Bereits 1896 entstanden die ersten Kautschukplantagen, und schon bald hatte der billigere Malaya-Kautschuk den brasilianischen vom Weltmarkt verdrängt.

Vor allem Dunlops Erfindung des pneumatischen Fahrradreifens und die Einführung der Fließbandproduktion bei Automobilen durch Henry Ford ließen den Bedarf an Naturkautschuk in die Höhe schnellen, so dass in Gebieten mit entsprechenden Klima- und Bodenverhältnissen immer mehr Plantagen entstanden (s.S. 766, Trang). Fast 40% der Weltproduktion an Kautschuk wird mittlerweile in Thailand erzeugt.

Ein Gummibaum muss fünf bis sechs Jahre alt sein, um zum erstenmal angezapft werden zu können. Dabei wird mit einem besonderen Messer ein spiralförmig nach unten laufender Schnitt in die Baumrinde geritzt. In einer Schale wird der milchige Kautschuksaft aufgefangen und später vom Zapfer in einen Sammelbehälter gegossen. Unter Zusatz von Chemikalien wird der frisch gezapfte Latex zu dünnen Fladen verarbeitet, anschließend mit einer Handmangel zu Fußabstreifern ähnelnden Lappen ausgewalzt, getrocknet und in größeren Betrieben verarbeitet.

Fauna

Im Übergangsbereich zwischen China und der malaiischen Halbinsel verfügt Thailand über eine besonders artenreiche Fauna. Durch den Menschen sind aber 37 Säugetierarten von der Ausrottung bedroht. Obwohl seit 1961 zum Schutz der Tiere immer mehr Naturparks eingerichtet werden, sind vor allem die Großsäugetiere der tropischen Wälder stark gefährdet – so das Sumatra-Nashorn (das nur noch im Umphang Distrikt in der Provinz Tak vorkommen soll), Tapir, Leopard und Tiger.

Raubtiere oder anderes Großwild bekommt man in den seltensten Fällen tatsächlich zu Gesicht. Neben der Jagd und dem illegalen Tierfang wurde durch das Abholzen der Wälder der Lebensraum der Tiere eingeengt. Auch die Meeresfauna ist durch die gnadenlose Überfischung massiv gefährdet.

Die Welt-Artenschutz-Konferenz CITS, die im Oktober 2004 in Bangkok stattfand, hat in Thailand die Wahrnehmung des Naturschutz-Gedankens gestärkt.

Andere Säugetiere

Kleinere Tiere, die noch relativ häufig auftreten, sind die Wildrinder Banteng und Kating. Die Monsunwälder sind der Lebensraum der Hirsche, des **Sambar** (*Cervus unicolor*), ein dunkelbraunes, verhältnismäßig großes Tier, und des **Schweinshirsches**.

Oft sind auch Affen zu hören und zu sehen, vor allem **Gibbons** und **Makaken**. Von einer rotbraunen Makakenart mit kurzem Schwanz, die überwiegend auf dem Dschungelboden lebt, werden junge, männliche Tiere gefangen, gezähmt und in den Dörfern bei der Kokosnuss-Ernte (z.B. auf Ko Samui) eingesetzt.

Im immergrünen Regenwald sind relativ häufig so genannte Gleiter zu sehen. Das größte unter ihnen, das **Riesenflughörnchen**, erreicht voll ausgestreckt eine Länge von beinahe einem Meter, wobei der Rumpf etwa 50 cm lang ist. Daneben gibt es **Flattermakis** (*flying lemur*), die zur Familie der Halbaffen gehören und etwa die Größe einer Hauskatze erreichen.

In vielen dunklen Höhlen leben Schwärme von bis zu mehreren Millionen **Fledermäusen**, die abends fast gleichzeitig aufbrechen, um auf Insektenfang zu gehen oder sich an reifen Früchten gütlich zu tun. Die 1,5 bis 2 g schwere Hummel-Fledermaus (*Craseonycteris thonglongyai*), die erst 1973 entdeckt wurde, gilt als das kleinste Säugetier der Welt.

Amphibien und Reptilien

Thailands Gewässer sind nicht nur die Heimat zahlloser **Fische** und **Frösche**, sondern auch die von **Schildkröten** und **Krokodilen**. Das größte Reptil, das bis zu 10 m lange Leistenkrokodil, ist jedoch ebenso wie das weniger seltene, kleine Siamesische Krokodil zumeist nur in Krokodilfarmen zu sehen.

Unter den über 100 Schlangenarten Thailands gibt es sechzehn giftige, aber nur sechs, deren Biss tödlich sein kann – die **Königskobra** (*Naja hannah*), **Kobra** (*Naja naja*), **Russel's Viper** (*Vipera russelli*), die **Gestreifte Krait** (*Bungarus fasciatus*), die **Malaiische Viper** (*Ancistrodon rhodostoma*) und die **Grüne Pit Viper** (*Trimeresurus popeorum*) sowie einige Arten von **Seeschlangen**. Während die Kobra beim Biss ein Nervengift überträgt, wirkt das Gift der Vipern auf Blut und Blutgefäße.

Auch die längste Schlange Asiens, der **Netz-Python**, kommt in Thailand vor. Pythons können bis zu 10 m lang werden und bei dieser Länge etwa 140 kg wiegen. Sie umschlingen und erdrücken ihre Beute, die aus kleineren Säugetieren, Affen oder Vögeln besteht. Mitunter verirren sich Pythons sogar in Städte.

Zu den besonders exotischen Reptilienarten gehören **Flugdrachen** *(flying lizard)* und **Flugfrösche**, die eine enorme Gleitfähigkeit entwickelt haben, die es ihnen erlaubt, sich im Blätterdach des Dschungels schnell fortzubewegen.

Weitere Wassertiere

In den Mangrovensümpfen leben **Schlammspringer**, etwa 15 cm lange Knochenfische, die auch auf dem Land leben können. Sie stellen die Atmung auf

Elefanten

Sogar der von den Thais seit Jahrhunderten verehrte und wegen seiner Kraft geschätzte Elefant ist gefährdet. Man nimmt an, dass wilde Elefanten, sofern man sie nicht stärker schützt, in 30–40 Jahren ebenfalls ausgerottet sein werden. In ganz Thailand leben laut WWF etwa 1500–1800 wilde Elefanten, überwiegend im Tenasserim-Gebirge entlang der burmesischen Grenze. Zudem wurden etwa 3000 gezähmte Elefanten für den Abtransport der Bäume aus dem Dschungel, gehalten (1955 waren es noch über 13 000). Mit dem 1989 ausgesprochenen Verbot, für kommerzielle Zwecke Bäume zu fällen, wurden viele Elefanten in Thailand arbeitslos. Einige arbeiten jetzt in Myanmar und Laos, unterhalten Touristen oder ziehen bettelnd durch Bangkok und die Touristenzentren. Doch die Tage der Dickhäuter sind gezählt, da auch Bambus und andere einheimische Pflanzen, von denen sie sich ernähren, mehr und mehr von Eukalyptusplantagen verdrängt werden. Wer einen Eindruck von der Arbeitsleistung dieser Tiere erhalten möchte, kann ein Trainingscamp für junge Elefanten besuchen oder sogar in Lampang eine Kurzausbildung zum Mahout machen. Mit den Stoßzähnen hebt ein ausgewachsenes, kräftiges Tier von 16–40 Jahren bis zu 400 kg und zieht bis zu 1 1/2 Tonnen. Die Stoßzähne des asiatischen Elefanten sind zwar kleiner als die des afrikanischen, dennoch werden ein Paar der bis zu 80 cm langen und 24 cm starken Zähne für 20 000 Baht und mehr verkauft. Seit dem weltweiten Verbot des Elfenbeinhandels ist der Markt weitgehend zusammengebrochen. Ein ausgewachsener Arbeitselefant, der ein 6-jähriges Training hinter sich hat, wird mit 200 000 Baht gehandelt.

Verschiedene Organisationen in Thailand engagieren sich für Elefanten, z.B.:

Friends of the Asian Elephant,
www.elephant.tnet.co.th

Wild Elephant Research and Rescue Center,
www.thaielephant.org

Hautatmung um und benutzen ihre Brustflossen, die wie Arme ausgebildet sind, um sich durch den Schlamm zu bewegen.

In den Gewässern zwischen Chumphon und Ko Tao und in der Andamanensee treffen Taucher häufig den größten Fisch der Erde, den **Walhai**, an. Er kann bis zu 18 m lang werden und über 10 Tonnen wiegen. Der Fisch gehört zur Familie der Haie und ernährt sich hauptsächlich von Plankton. (Wale sind bekanntlich Säugetiere.)

Die sehr seltenen **Seekühe**, Dugong genannt, sind walzenförmige Säugetiere, die das Wasser nie verlassen. Sie können bis zu 4 m lang und 400 kg schwer werden. Schätzungen gehen von einer Population von etwa 40–60 Exemplaren aus, die zwischen den Inseln vor Trang leben.

Insekten

Unüberschaubar ist die Vielfalt an Insekten – Grillen, Grashüpfer und Gottesanbeterinnen gibt es ebenso wie die weniger angenehmen oder sogar gefährlichen Ameisen, Anopheles-Mücken, Wespen, Hornissen, Hundertfüßler und Tausendfüßler. Allein von den **Schmetterlingen** kommen in Thailand 500 verschiedene Arten in allen Größen und Farben vor.

Beeindruckend ist der **Nashornkäfer**, der bis zu 5 cm lang werden kann. Unter der Vielzahl an Käferarten existieren auch winzige Käfer, die mit Ameisen in ihren Nestern zusammenleben und mit ihnen eine Symbiose eingegangen sind. Die **Riesenameise**, der man häufig auf Dschungelpfaden begegnet, wird über 2,5 cm lang. Die **Rote Baumameise** baut Nester aus Blättern oder Blattstücken, die durch ein fadenähnliches Sekret zusammengefügt werden. Wenn man durch Zufall an eines ihrer Nester stößt, reagiert diese Ameisenart äußerst aggressiv.

Vögel

In Thailand wurden über tausend Vogelarten gezählt, Zugvögel eingeschlossen. Während man an den Stränden vergebens nach Seevögeln Ausschau hält, kann man an den flachen Binnenseen Süd-Thailands viele asiatische Wasservögel beobachten. Auch auf wenig besiedelten Inseln oder an Dschungelflüssen und -lichtungen kommt der Vogelfreund auf seine Kosten. Im Urlaub kann so mancher Birdwatcher mehr als hundert Vögel abhaken.

Vögel, die sich vor allem in den oberen Baumkronen der Wälder aufhalten, sind am ehesten frühmorgens in der Nähe Früchte tragender Bäume zu beobachten. Schon von weitem ist das laut klatschende Fluggeräusch der **Nashornvögel** zu hören, deren Flügel Spannweiten bis zu drei Metern erreichen.

An den Flussläufen huschen die grünblau schillernden **Eisvögel** auf ihrer Jagd nach Insekten und kleinen Fischen entlang, während die weißen **Reiher** auf dem Rücken der Wasserbüffel und in den Reisfeldern ihre Nahrung suchen. Auch **Kraniche** und **Störche** leben in dieser offenen, überschaubaren Landschaft. Vogelparadiese sind vor allem die Feuchtgebiete, die mit über 250 000 km² knapp 5% der Landesfläche bedecken, wie z.B. das Vogelschutzgebiet Thale Noi.

Leben im Korallenriff

Die Riffe sind ein wichtiges Ökotop der tropischen Meere, der Lebensraum mit der größten Artenvielfalt an Meeresfauna und -flora. Die Grundlage dieser Tierstöcke wird vor allem von **Steinkorallen** gebildet. Ein einzelnes dieser Kleinstlebewesen, das sich auf einem Felsen oder Stein festsetzt und langsam heranwächst, liefert die Grundlage für das Entstehen einer Kolonie. An der Unterseite des zylindrischen Körpers produziert das Tier mit seinen Ausscheidungen eine Kalkplatte, durch die es auf der Unterlage haftet. Dann werden von weiteren Kalkausscheidungen strahlenförmig auf der Platte stehende Leisten ausgebildet, deren Außenwände wiederum miteinander verbunden sind.

Durch fortgesetztes Knospen und Ausscheiden des Kalks entsteht im Laufe der Jahrhunderte ein **Korallenriff**, das etwa 0,5–2,8 cm pro Jahr wächst und zu kilometerlangen „Gärten" zusammenwachsen kann. Die lebenden Korallen nehmen, im Gegensatz zu dem weißen, abgestorbenen Skelett, die verschiedensten Farben an. Im Riff finden zahllose Korallenfische, Muscheltiere, Krebse, Quallen, Seeanemonen, Seesterne und Kleinstlebewesen ihren Lebensraum. Korallen und Algen leben nicht in dunklen Meerestiefen, sondern nur in einer Tiefe von etwa 3–50 m.

Haustiere

Neben dem Wasserbüffel, dem Rückgrat der südostasiatischen Landwirtschaft, werden in dem überwiegend buddhistischen Land viele Tiere für die Fleischproduktion gehalten. Traditionell leben unter den auf Stelzen errichteten Häusern und in den umliegenden Gärten Schweine, Enten und Hühner. Vereinzelt grasen auf den Weiden höher gelegener, kühlerer Regionen große Rinderherden. Um den Fleischbedarf zu decken, ist auch in Thailand Massentierhaltung erforderlich. In den Tempeln finden Dutzende herrenloser Hunde und Katzen Zuflucht, die durchaus wohlgenährt sind, aber überall, auch am Strand, als gefährliche Überträger von Tollwut, Hakenwürmern und anderen z.T. lebensgefährlichen Krankheiten gelten. Ganz ungefährlich hingegen sind die Geckos, kleine Eidechsen, die mit Vorliebe abends an den Zimmerdecken rings um die Lampen Insekten auflauern, um sie zu verspeisen.

Landschaften

In den abwechslungsreichen Landschaften Thailands zeigen und verbergen sich überaus viele Naturschönheiten, wie überwucherte Kalksteinfelsen, herrliche Tropfsteinhöhlen und vielfältige Wasserfälle.

Kalksteinfelsen

Vor allem in Süd-Thailand ragen die subtropischen **Kegelkarstfelsen** aus der Ebene auf. Diese Landschaftsform kommt ansonsten nur noch in Malaysia, Vietnam und Südchina vor.

Sie entstanden während einer regenreichen Kaltzeit (Pluvialzeit) durch Lösungsverwitterung (Korrosion) einer ehemals zusammenhängenden Kalktafel. An der Grenze von Kalkgestein zu undurchlässigem Nebengestein blieben diese steilwandigen Türme als Reste der ehemals höhergelegenen Landoberfläche erhalten. Im Meeresnationalpark von Phang Nga und in der Gegend von Krabi sind die bizarren, von wild wuchernder Strauchvegetation und einzelnen Schirmbäumen überzogenen Felsen am leichtesten zugänglich.

Höhlen

Durch Auswaschung wurde das Kalkgestein durchlöchert und bildete Höhlen, in denen stetig tropfendes Wasser Stalagmiten (von unten) und Stalaktiten (von oben) formt. Manche dieser Höhlen besitzen mehrere Ausgänge, einige werden von Bächen oder sogar Flüssen durchflossen. Viele Höhlen im ganzen Land enthalten buddhistische Heiligtümer oder dienen als Meditationsklausen.

Wasserfälle

Die Thais lieben Wasserfälle, ob sie steile Felswände herunterrauschen, hundertfache **Kaskaden** bilden oder **Sinterterrassen** herunterrieseln. Fast immer gibt es Badeplätze oder sogar Swimming Pools, in denen sich die Einheimischen vor allem am Wochenende vergnügen.

Das Wasser ist meistens völlig klar und rein, da es aus unbewohnten Wäldern stammt. Nur in der Regenzeit nimmt es eine erdbraune Farbe an. Die freie Fallhöhe der Wasserfälle beträgt nur selten mehr als 20 m. Doch die Thais messen die Höhe einschließlich aller Zwischenstufen, dadurch kursieren gewaltige Werte. So mancher Tourist ist deshalb enttäuscht von den Wasserfällen und übersieht ihre Reize.

In vielen Restaurants hängen Poster der schönsten Wasserfälle, die ihr Aussehen zumeist bizarren Kalktuffen verdanken. Sie entstehen durch Kalkablagerung auf feinen Pflanzenhaaren der im kalkhaltigen Wasser wachsenden Algen, Moose und Blütenpflanzen. Durch das Entweichen der Kohlensäure bilden sich poröse **Kalktuffe**, die nachträglich durch Kalksubstanz ausgefüllt werden. Die festen Kalknasen werden vom Moos überwuchert und bilden Barrieren, auf denen weiterer Kalk abgelagert wird und so kleine, poröse Terrassen ausbildet, die pro Jahr 2–3 cm wachsen können.

Strände

Thailand ist berühmt für seine wunderschönen Sandstrände. Entlang der 2600 km langen Küste und auf Hunderten von Inseln wurden in Jahrtausenden Muschelkalk, Korallengestein oder Sandstein zerrieben. So entstanden mannigfaltige Strände, die einheimische und westliche Touristen anziehen.

Thais lieben vor allem sehr flache, feste Strände, an denen sie bis über die Knöchel im Wasser flanieren können. Sie sammeln Muscheln, Krebse, Seesterne und anderes Meeresgetier, rasten unter den Schatten spendenden Kasuarinen (*Casuarina equisetifolia*) und vertilgen große Mengen von Mekhong Whisky zu scharfen Snacks. Westliche Touristen ziehen rasch abfallende Badestrände vor, über die sich Kokospalmen neigen. So kommt man sich nur selten ins Gehege.

Ein seltsames Phänomen stellen die **Gezeiten** im Golf von Thailand dar. Sie verlaufen völlig anders als etwa an der Nordsee, vor allem scheint es nur einmal am Tag eine Flut zu geben. Es kann viel Spaß bereiten, sich die jeweiligen lokalen Erklärungen anzuhören.

Umwelt

Die Vernichtung der Wälder

Mit der Ausweitung der landwirtschaftlichen Anbaufläche seit Beginn der 60er Jahre von knapp 8 Millionen Hektar auf über 20 Mill. Hektar nahm die **Waldfläche** Thailands von nahezu 30 Mill. Hektar auf etwas mehr als 10 Mill. Hektar ab. Jährlich wurden 2 Mill. m^3 Holz geschlagen. Hierdurch verlor das Land seine wasserspeichernden und klimatisch ausgleichend wirkenden Wälder – die Folgen sind überall zu erkennen. Das unkontrollierte Abholzen von Bergregionen im Süden des Landes führte 1988 zu Erdrutschen, bei denen über 700 Menschen starben.

Ein königliches Dekret stoppte daraufhin 1989 alle kommerziellen Holzfällerarbeiten. Seither wird mehr als zuvor Holz aus Laos und Myanmar importiert. Dennoch geht die **Waldvernichtung** weiter, illegal und mit höheren Kosten, aber fast unvermindert. Durch das Fehlen der natürlichen Wasserspeicher kommt es zu Beginn der Trockenzeit zu ungewöhnlich frühem **Wassermangel**, die künstlichen Wasserspeicher füllen sich nur noch selten, und die Bevölkerung ist gezwungen, verstärkt Grundwasser anzuzapfen. Zudem hat der Boden durch das fehlende Wurzelwerk der Bäume keinen Halt mehr und wird von den Wassermassen während der Regenzeit weggespült. **Bodenerosion**, Überschwemmungen und lange Dürreperioden sind das Ergebnis, denn Lalang-Gräser und Nutzpflanzen können weitaus weniger Wasser speichern als der Wald und den Boden kaum vor Erosion schützen.

Die Folgen der Industrialisierung

Mit zunehmender Industrialisierung und steigendem Lebensstandard nehmen die **Umweltproble-**

me dramatisch zu. Die so genannten Schwellenländer weisen bereits Züge unserer Wegwerfgesellschaft auf. Man entledigt sich des Mülls auf die bequemste Weise – Bahndämme, Strände, Picknickplätze, Nationalparks und Wanderwege zeugen davon. Aus Wohnhäusern, Fabriken und Hotels werden bedenkenlos Abfälle ungeklärt in die Flüsse und ins Meer gekippt – in Bangkok werden die Klongs zu Kloaken und verschwinden unter Straßen.

Organische Abfallstoffe brauchen den Sauerstoff des Wassers auf, der Fluss kippt um, und die Fische verenden im faulig stinkenden Wasser. Besonders die Lebensmittel-Industrie belastet bei der Verarbeitung von Tapioka und Zuckerrohr die Gewässer, ebenso die petrochemische, Leder- und Papierindustrie. Der zunehmende Einsatz von Pestiziden und Düngemitteln fördert diese Entwicklung. Hinzu kommt die Belastung mit Schwermetallen, vor allem im relativ flachen Golf von Thailand.

Beispiel: Shrimp-Farmen

Im vergangenen Jahrzehnt setzte eine Art Wettlauf um das große Geld ein, ohne Rücksicht auf die Umwelt, auf gewachsene Sozialstrukturen und die technischen Voraussetzungen. So wurden im Süden Tausende von Hektar Land zu Shrimp-Farmen umgewandelt, die kurzfristig zwar Gewinne abwarfen, aber nach wenigen Jahren vergiftet waren. Die Reisfelder in der weiteren Umgebung können nicht mehr genutzt werden, das Grundwasser ist mit Pestiziden belastet und das abgepumpte Wasser aus den Teichen schädigt die Ökologie der Uferzonen und verunreinigt Badestrände. Der Schlamm in den Teichen ist hochgradig verseuchter Sondermüll, der von niemandem entsorgt werden kann.

Kein Thai fühlt sich für die Beseitigung der Schäden zuständig oder gar verantwortlich – und schon kommen ausländische Entwicklungshilfeorganisationen, die an einigen Symptomen herumkurieren wollen. Die Verursacher dieser Katastrophen legen derweil weitere Shrimp-Farmen in bisher intakten Gebieten an, z.B. in unmittelbarer Nähe von Badestränden, in den gefährdeten Mangrovenwäldern oder gar in Nationalparks, die eigentlich unter besonderem Schutz internationaler Verbände stehen.

Weitere Informationen zum Thema unter 💻 www.heureka.clara.net/gaia/shrimps.htm.

Umweltbewusstsein

Doch auch ein gegenläufiger Trend ist zu erkennen. Während der letzten Jahre ist das Umweltbewusstsein in verschiedenen Kreisen der Bevölkerung gestiegen. Mittlerweile sind 13% der Landesfläche unter **Naturschutz** gestellt worden. Man beginnt, sich gegen die Zerstörung der Natur durch die zunehmende Industrialisierung ohne umweltschützende Auflagen zu wehren. Es entstehen Netzwerke, die gemeinsam gegen industrielle Großprojekte und Staudämme aufbegehren wie jüngst die Bewegung gegen den Pak Moon-Damm. Auch die Umweltschäden durch Staudammprojekte und Sprengungen von Stromschnellen im Oberlauf des Mekong in China sowie in Laos und Thailand werden nicht mehr unwidersprochen hingenommen. Beispiele hierfür finden sich im Inernet, z.B. Foundation for Ecological Recovery, 💻 www.terraper.org, Southeast Asia Rivers Network, 💻 www.searin.org oder Mekong Info, 💻 www.mekonginfo.org.

Bereits 1986 stürmten in Phuket aufgebrachte **Demonstranten** die erste Tantalum-Fabrikationsstätte und brannten sie nieder. Tantalum wird u.a. aus Rückständen der Zinn-Produktion gewonnen und bei der Herstellung von Kondensatoren, im Maschinenbau, in der Chemie und bei der Reaktor-Herstellung benötigt.

In den Jahren 1988/89 verhinderten engagierte **Studenten** den Bau eines weiteren Staudammes nördlich von Kanchanaburi. Auch das einzigartige Gesetz zum **Schutz der Wälder** wurde durch den massiven Protest der Bevölkerung erstritten. 1990 gründete Phoruthep Phorupapha (Siam Motors) das Projekt *Think Earth*, das ein Bewusstsein für die Erhaltung der natürlichen Ressourcen fördern und entsprechende Projekte unterstützen möchte, um der kommenden Generation eine grüne Welt zu hinterlassen. Bisher wurden über eine halbe Million Bäume gepflanzt, Schildkröten gerettet und die Dugongs vor Trang vor dem Aussterben bewahrt.

Auch im touristischen Bereich haben einige Hotelbesitzer damit begonnen, Abwässer umweltschonend mit biologischen Kläranlagen zu reinigen und in den natürlichen Kreislauf zurückzuführen (s.S. 88), Müll getrennt zu entsorgen und Zimmer durch bessere Dämmung und standortangepasste Solararchitektur mit geringerem Energiebedarf zu kühlen. Die Basis für mehr Umweltschutz hat die Regierung mit entsprechenden

Gesetzen geschaffen. Es mangelt allerdings vielfach noch an der Umsetzung.

Um die Zunahme von **Ödland** zu stoppen, fördert die thailändische Regierung, und vor allem der König, **Aufforstungsprogramme**. Die regenerierten Waldflächen sind allerdings wesentlich kleiner als die gerodeten Flächen, doch neue Gesetze beschleunigen diese Projekte, um einen großen Teil der verlorenen Wälder in den nächsten Jahren zurückzugewinnen. So verschenken die lokalen Forstbehörden Stecklinge von Bäumen, Gebüsch und Leguminosen. Gleichzeitig hat man den Bergvölkern andere Anbaumethoden nähergebracht und den auf Brandrodungsfeldbau basierenden Mohnanbau durch das Anpflanzen von Blumen, Gemüse und anderen Nahrungsmitteln abgelöst.

Einige schwere **Niederlagen** mussten Umweltschützer allerdings hinnehmen. Beim Bau der 700 km langen **Gasleitung** von der Küste Myanmars bis nach Ratchaburi wurde in den ursprünglichen Waldgebieten in der Provinz Kanchanaburi auf fast 300 km Länge eine breite Schneise gerodet. Trotz aktiver Proteste mehrerer Umweltschutzgruppen wurde damit der Wald für Wilderer und illegale Holzfirmen geöffnet. Weitere Proteste konnten auch den Bau der neuen Gas-Pipeline nach Malaysia nicht stoppen.

Einige **Staudammprojekte** im Nordosten endeten trotz jahrelanger Proteste in sozialen, finanziellen und ökologischen Katastrophen, alles gut dokumentiert – aber von den Verursachern rundweg abgestritten.

Auch wir als Besucher des Landes können einen kleinen Beitrag zur Erhaltung der Umwelt leisten

- Generell gilt im Dschungel wie am Strand der Grundsatz: *take nothing but pictures, leave nothing but footprints* – und in dieser Hinsicht können Touristen Vorbilder sein. Dass die Thais selbst sich häufig nicht an diese Devise halten, ist keine Entschuldigung. Guides und Bootsleute kann man durchaus darum bitten, nicht kompostierbaren Müll von einer Tour mit zurückzunehmen.
- Für manche Völker ist die Jagd lebensnotwendig – für uns ist sie ein unnützes Vergnügen, das nur Schaden anrichtet.
- Souvenirs von bedrohten Pflanzen und Tieren (z.B. Schildkröten, Krokodile) werden nur hergestellt, wenn sich dafür auch Abnehmer finden. Der Import nach Europa ist auf Grund des Washingtoner Artenschutzabkommens ohnehin verboten!
- Taucher, die sich auf Korallen stellen oder sie gar abbrechen, haben bereits ganze Riffe zerstört. Auch für Schmuck und andere Souvenirs wurden viele Korallenbänke abgetragen, wodurch der Lebensraum zahlloser Fische, Krebse und anderer Weichtiere zerstört wurde.
- Wer bei Touren in entlegene Gebiete feststellen muss, dass noch irgendwo Holz geschlagen wird, sollte dieses Wissen nicht für sich behalten, sondern Forstbehörden, Zeitungen oder engagierte Umweltschutzgruppen darüber informieren.
- Soft Drinks und Wasser gibt es auch in Pfandflaschen, Restaurantbesitzer kann man gezielt danach fragen. Auf Plastiktüten und überflüssige Verpackungen kann man verzichten. Auch unterwegs sollte man darauf achten, dass Müll nicht achtlos in die Landschaft geworfen wird.
- Touristen gelten in den Tropen als die größten Wasserverschwender. Da der Wassermangel in Thailands Touristenzentren von Jahr zu Jahr dramatischer wird, sollte sich jeder bemühen, sorgsam mit dem kostbaren Nass umzugehen.
- Wer mit der Entsorgung von Abwasser nicht einverstanden ist, kann die Besitzer und Betreiber von Resorts und Restaurants darauf ansprechen: *Steter Tropfen höhlt den Stein.*

Beispiel: Abwasser

Besonders in der **Tourismusindustrie** liegt das Umweltbewusstsein im Argen, vor allem bei Hoteliers und Restaurantbesitzern. Nur ganz wenige Hotels, Resorts und Bungalowanlagen entsorgen ihre Abwässer ökologisch unbedenklich. An einem der attraktivsten Strände werden z.B. Abwässer ohne ausreichende Klärung in die dahinter liegende Lagune geleitet, von wo sie über einen Klong wieder am Strand verteilt werden. Der zeitweilig unerträgliche Gestank wird von den Anrainern hilflos hingenommen.

Restaurants am Strand werden meistens auf kurzzeitig gepachtetem Land gebaut, fast immer unter unzulänglichen sanitären und ökologischen Bedingungen, da sich der Bau von Kläranlagen und Filtern angeblich nicht rechne. Gesetze, die strikte Auflagen verlangen, gelten bisher nur für große Unternehmen, werden häufig umgangen und berücksichtigen nur unzureichend neue Technologien.

Bevölkerung

Bevölkerungsstruktur

In Thailand leben etwa 64 Millionen Menschen. Waren 1970 noch 16,5% der Bevölkerung jünger als 5 Jahre, sind es mittlerweile weniger als 9%. Die Lebenserwartung liegt in Thailand bei 69 Jahren (1960: 52 Jahre, in Westeuropa heute etwa 76 Jahre).

Vor allem in den ländlichen Räumen lebt etwa ein Drittel der Bevölkerung unter dem Existenzminimum. Entgegen der populären staatlichen Familienplanungspolitik sind die **Bergvölker** noch immer in traditionellem Denken verhaftet. Man wünscht sich viele Kinder, denn sie steigern das soziale Ansehen und sind die einzige Alterssicherung. Hingegen praktizieren die meisten Thai-Familien auch auf dem Land Geburtenplanung. Noch leben 69% der Bevölkerung auf dem Land. Dennoch ist die **Verstädterung**, wie überall auf der Welt, nicht zu übersehen. Die Bevölkerung der Metropole Bangkok hat sich während der letzten 20 Jahre mehr als verdoppelt. Die Stadt wirkt wie ein Magnet auf die junge, arbeitslose Landbevölkerung. Die Träume von einem besseren Leben enden nicht selten in menschenunwürdigen Fabriken oder Massagesalons.

Die Bevölkerungsdichte der städtischen Region Bangkok liegt bei 4472 Einwohnern pro km^2, was über dem Wert entsprechender europäischer Großstädte liegt. Im Gegensatz zu den westeuropäischen Städten leben die meisten Menschen in Bangkok allerdings in ein- bis zweistöckigen Häusern – ähnlich wie in den Kleinstädten. Neben der Hauptstadt Bangkok (inkl. Umland je nach Schätzungen 9–12 Millionen Einwohner) gibt es keine weiteren Millionenstädte.

Die Thai

81% der Gesamtbevölkerung Thailands sind Thai, so dass das Land relativ homogen ist. Über Jahrhunderte wanderte das Volk der Thai aus Yünnan Richtung Süden. Während die „großen Thai", die heutigen Shan, ins östliche Burma zogen, ließen sich die „kleinen Thai" im Gebiet des heutigen Nord-Thailands nieder.

Von den alten Hochkulturen der Mon und Khmer übernahm man die Grundzüge für eine eigene Schrift, aus dem ceylonesischen Raum brachten Mönche den Theravada-Buddhismus und aus China kamen Handwerker und Künstler ins Land. Da die Thai niemals kolonisiert wurden, haben sie ihre eigene kulturelle Identität bis heute weitgehend bewahrt.

Während der Ayutthaya-Periode festigte sich die Rolle des Königs als Staatsoberhaupt. Obwohl Thailand 1932 in eine konstitutionelle Monarchie umgewandelt wurde, kommt dem vom ganzen Volk verehrten König noch immer eine große Bedeutung zu. Ebenso wie die prunkvollen Tempel das Bild der Städte und Dörfer bestimmen, prägt der Buddhismus das gesellschaftliche Leben der Thai. Wenn auch staatliche Schulen mittlerweile die meisten Kinder ausbilden, so gehen doch viele männliche Thai mindestens einmal in ihrem Leben als Mönch ins Kloster. Neben buddhistischen Traditionen haben zahllose Riten und Bräuche hinduistischen oder animistischen Ursprungs einen festen Platz im Leben der Menschen.

Ethnische Minderheiten

Vor allem in den südlichen und nördlichen Provinzen leben ethnische Minderheiten. Die Südprovinzen an der Grenze zu Malaysia (Pattani, Yala, Narathiwat und Satun) werden von **islamischen Malaien** bewohnt, die dort bis zu 80% der Bevölkerung ausmachen. Aber auch in den anderen südlichen Provinzen bis hinauf nach Ranong stellen Moslems eine beachtliche Minderheit dar, allein 30% in der Provinz Phuket.

In den Nordprovinzen leben als weitere ethnische Minderheit des Landes etwa 550 000 **Angehörige der Bergvölker**. Ihre Zahl nimmt zu, da einerseits die Lebenserwartung steigt und andererseits viele Menschen über die Grenze aus Myanmar nach Thailand kommen. Die sieben größten Völker sind die sino-tibetischen Karen, Hmong, Yao, Lahu, Lisu und Akha sowie die zur Mon-Khmer Gruppe gehörenden Lawa. Während die Lawa bereits im 11. und 12. Jh. von den einwandernden Thai in die Berge gedrängt wurden, sind die Karen wahrscheinlich im 17. und 18. Jh. aus Nord-China über das südöstliche Burma in ihr heutiges Siedlungsgebiet gezogen (s.S. 318).

Andere Völker folgten verstärkt seit der Mitte des 19. Jhs. Innenpolitische Wirren in Süd-China waren einer der Gründe für die Wanderungsbewegungen in Richtung Süden. 1880 gelangten die ersten Akha-Stämme in das heutige thailändische Staatsgebiet, 1920 waren Hmong bereits bis in die Provinz Tak vorgedrungen. Nach dem Ende des 2. Weltkriegs verstärkte sich die Einwanderung. Jetzt kamen Truppenreste der geschlagenen Kuomintang aus Süd-China. Man schätzt ihre Zahl heute auf etwa 10 000. Ein ähnlicher Schub erfolgte nach 1975 aus Laos, als vor allem Yao und Hmong das Land verließen.

Die alteingesessenen Völker (Lawa, Karen) siedeln weitgehend in den Tälern, wo sie sich in festen Dorfverbänden organisiert haben und überwiegend vom Nassreis-Anbau leben. Hingegen sind die Berghänge in 800–1200 m Höhe der Lebensraum später zugewanderter Völker, die Brandrodungsfeldbau betreiben und vom Bergreis- wie Opiumanbau leben. Eine staatliche Politik gegenüber den Bergvölkern wurde erst in den 50er Jahren in Bangkok formuliert. Heute geht es um den Ersatz von Opium durch *cash crops* (Kaffee, Blumen, Gemüse, Obst), die Verfeinerung der Anbaumethoden von Bergreis, Mais usw. sowie um die Verhinderung der Bodenerosion. Der von den Bergvölkern und zugewanderten Thais bevorzugte Brandrodungsfeldbau hat unermessliche Schäden angerichtet.

Zudem leben in Thailand hunderttausende illegaler **Immigranten** aus Myanmar und Indochina. Während seit Mitte der 70er Jahre vor allem billige Arbeitskräfte aus Myanmar in den Süden des Landes strömen, haben sich viele Vietnamesen im Osten und Nordosten niedergelassen. Die illegalen Arbeitskräfte waren die ersten, die aufgrund der Wirtschaftskrise ihren Job verloren und ausgewiesen wurden.

Eine andere, wirtschaftlich einflussreiche Minderheit sind die ca. 6 Mill. **Chinesischstämmigen** in Thailand. Obwohl die wirtschaftlichen Beziehungen zwischen Thailand und China bis ins 13. und 14. Jh. zurückreichen, sind die meisten Chinesen erst in jüngerer Zeit eingewandert. Zwischen dem Beginn des 19. Jhs. und 1950 flüchteten etwa 4 Mill. Chinesen aus ihrer krisengeschüttelten Heimat nach Thailand, wo ihre Arbeitskraft geschätzt wurde und sie in Handel und Wirtschaft zu Wohlstand gelangten. Eine Untersuchung der Thammasat-Universität stellte fest, dass 63 der 100 größten Industriebetriebe von Chinesen kontrolliert werden. Zudem sind 23 der 25 einflussreichsten Männer der Wirtschaft chinesischstämmige Thais.

Die muslimische Minderheit

Seit dem 13. Jh., als die Herrscher Sukhothais die malaiischen Sultanate im Süden der Halbinsel zu Vasallenstaaten erklärten, war diese Region zwar unter der formalen Oberhoheit Siams, aber praktisch blieb sie sich selbst überlassen. Mit der Ausbreitung des Islam im indonesischen Raum wurde auch die malaiische Bevölkerung der Halbinsel bis hinauf nach Chumphon islamisiert.

1909 mussten unter britischem Druck die Sultanate Kedah, Perlis, Kelantan und Terengganu abgetreten werden. In den verbleibenden malaiischen Gebieten Süd-Thailands begann eine radikale Assimilierungspolitik, die von Unverständnis, Vorurteilen und kulturellem Chauvinismus gekennzeichnet war und die bis zum heutigen Tag die Beziehungen zwischen dem Staatsvolk der Thai und den Thai Moslems, wie sie von Bangkok euphemistisch genannt werden, bestimmt.

Von den über 3 Mill. Moslems des Landes leben drei Viertel im Süden des Landes, vor allem in den Provinzen Yala, Narathiwat, Pattani und Satun. Immer wieder gibt es Auseinandersetzungen zwischen Moslems und den von Bangkok eingesetzten Verwaltungsbeamten um eine regionale Autonomie.

In Bangkok hat man nicht vergessen, dass über Jahrzehnte kommunistische und separatistische Guerilla (neben ganz gewöhnlichen Banditen) den Süden mit Überfällen, Entführungen und Morden terrorisierten. Leekpai, der aus Trang stammt und mit der Situation im Süden vertraut ist, hatte während seiner Regierungszeit wichtige und mutige Schritte in allen politischen Bereichen unternommen oder zumindest in die Wege geleitet, um die politische, kulturelle und wirtschaftliche Situation der malaiischen Minderheit zu verbessern. Hingegen war in der ersten Amtszeit seines Nachfolgers Thaksin die Situation in den südlichen Provinzen von Untätigkeit, Thai-Chauvinismus und militärischen Lösungsversuchen geprägt. Man verhängte in den Provinzen Yala, Narathiwat und Pattani das Kriegsrecht, verlagerte starke Militärverbände in den Süden und regierte mit harter Hand. Kurz vor Thaksins Wiederwahl wurden alle Ortschaften in drei Kategorien eingeteilt, wobei den roten „regierungsfeindlichen" Dörfern alle staatlichen Zuschüsse entzogen werden sollten. Diese Politik bewirkte nur eine weitere Radikalisierung der muslimischen Minderheit, so dass Bombenanschläge, Überfälle auf Polizei- oder Militärposten und Mordanschläge auf einflussreiche buddhistische Thai heute in den Südprovinzen fast schon an der Tagesordnung sind. Andererseits versichern Einheimische, dass es sich vorwiegend um kriminelle Aktionen ohne politische Motive handelt. Schließlich habe noch keine der vielen politischen Gruppierungen die Verantwortung dafür übernommen. Die Medien übertreiben die Vorfälle und konstruieren zu jedem persönlichen Racheakt gleich einen politischen Hintergrund.

Weitere Informationen über die Entstehung und den Verlauf der Unruhen im Süden unter 💻 www.saag.org/%5Cpapers14% 5Cpaper1320.html oder www.globalsecurity.org/military/world/war/thailand2.htm.

Geschichte

Im Gegensatz zu allen anderen Staaten Südostasiens kam Thailand **nie unter direkte koloniale Herrschaft**. Zwischen den Einflussgebieten Großbritanniens im Westen und Süden (Britisch-Indien, Burma, Malaya) und den französischen Kolonien im Osten (Laos, Kambodscha, Vietnam) gelegen, musste Thailand einer vorsichtigen **Balance-Politik** zwischen den Großmächten folgen, und vor allem im 19. Jh. große Gebiete abtreten.

1896 garantierten beide rivalisierenden Großmächte die immer währende Neutralität des zentralen Teils Siams, wie die damalige offizielle Staatsbezeichnung lautete, ohne dabei zu vergessen, sich gegenseitig wirtschaftliche und strategische Einfluss- und Interessensphären zuzuschanzen. Militärisch aber wurde das Land nie unterworfen.

Bis zum 13. Jahrhundert: Frühgeschichte

Archäologische Keramik- und Waffenfunde in Ban Chiang und in der Nähe von Kanchanaburi weisen eine **Besiedlung** des Landes vor über 7000 Jahren nach. Nach neueren Funden in Grotten bei Krabi lebten sogar schon vor 43 000 Jahren viele Menschen als Sammler und Jäger im Süden Thailands.

Die eigentliche Herkunft der Thai-Völker ist wissenschaftlich umstritten. Historisch nachweisbar sind ihre **Wanderungsbewegungen** seit Beginn unserer Zeitrechnung. Im 8.–11. Jh. waren die Thai-Siedler bereits aus dem heutigen Süd-China in ein Gebiet vorgedrungen, das sich von Assam im äußersten Westen bis nach Vietnam erstreckt. Häufig traten sie dabei in Kontakt mit bereits hinduisierten Bevölkerungsgruppen. Andererseits besaßen sie genügend sozialen Zusammenhalt und politische Ordnung, um kleine Fürstentümer zu gründen. Weiter im Süden erstreckte sich das Khmer-Reich von Angkor (Kambodscha) vom 10.–13. Jh. bis weit in das heutige Thai-Staatsgebiet hinein.

Die ersten **Reiche der Thai** entstanden in Chiang Mai und Chiang Rai, aber auch in Nord-Burma und Yünnan. Im 13. Jh. wuchs die Bedeutung mehrerer dieser Staaten, da sie als Vasallen der Mongolen an deren Siegen über Burma und dem Reich Champa (in Vietnam) teilhatten.

13. / 14. Jahrhundert: Unter der Herrschaft von Sukhothai

Im Zentrum der indochinesischen Halbinsel waren zwei Völker vom Einfluss Indiens geprägt. Die Khmer im Mekong-Delta und die Mon in Zentral-Thailand und Nieder-Burma hatten mächtige Reiche und hoch entwickelte Kulturen geschaffen.

Der Einfluss beider Völker war jedoch im 13. Jh. stark zurückgegangen. In diesem Macht-Vakuum gelang es den Thai, den Mon-Staat Haripunchai (Lamphun) zu besiegen und 1296 Chiang Mai zu gründen. Nachdem schon 1220 die Khmer aus der zentralen Ebene verdrängt worden waren, wurde 1228 Sukhothai gegründet.

Beide Thai-Fürstentümer übernahmen viele Kulturelemente der Mon und Khmer. Die wichtigsten waren die Annahme des Theravada Buddhismus aus Ceylon, in den viele Elemente des Hinduismus und des alten animistischen Glaubens eingingen, und die Übernahme der Schrift.

Sukhothai gelangte zum Ende des 13. Jhs. unter König Ramkhamhaeng zu kultureller Blüte. Er verband die Fähigkeit einer effizienten Herrschaft mit militärischer Stärke und trat gleichzeitig als Befürworter des Buddhismus und der Künste auf. Heute wird er als „Vater Thailands" betrachtet.

15.–18. Jahrhundert: Unter der Herrschaft von Ayutthaya

Der Nachfolgestaat Sukhothais war das um 1350 entstandene Königreich Ayutthaya im Zentrum der fruchtbaren Chao Phraya-Ebene. Zum Beginn des 15. Jhs. wurde Sukhothai unterworfen und das Khmer-Reich besiegt bzw. zum Vasallen degradiert. Gegen die nördlichen Kleinstaaten Laos und Chiang Mai führten König Trailoks Truppen zahlreiche Kriege. Um die militärische Position gegenüber dem nördlichen Nachbarn zu verbessern, wurde vorübergehend die Hauptstadt nach Phitsanulok verlegt. Chiang Mai konnte jedoch nicht unterworfen werden, da es sich zeitweise mit dem Königreich Burma verbündete, das zum Erzrivalen des Ayutthaya-Reiches wurde. Erst zum Ende des 18. Jhs. gelang die Eroberung Chiang Mais.

Waren die Sukhothai-Könige noch volksverbunden, so wurden jetzt am Hof Zeremonien eingeführt, die dem Herrscher göttliche Eigenschaften zusprachen. Damit war die absolute Monarchie geboren. Am weitesten gingen die Veränderungen in der Administration des Reiches. Mitglieder der königlichen Familie, die bisher die verschiedenen Landesteile als quasi eigene Ländereien verwalteten, wurden durch ernannte Adlige ersetzt. Eine Rangordnung der Mitglieder des Königshauses und des Adels wurde festgelegt und die gesellschaftliche Funktion jedes Einzelnen definiert. An der Spitze der Hierarchie stand der König. Die Masse der Menschen, die Bauern, waren in zwei Klassen unterteilt: Freie und Sklaven. Freie hatten das Recht, Land bis zu einer Größe von 25 rai (1 rai = 1600 m^2) zu bestellen. Durch ein hierarchisches Abgabenrecht bekam jeder Bürger Ayutthayas eine „soziale Wertigkeit" (*sakdi na*), die durch den Landbesitz definiert war. Die des Königs war unendlich, die eines durchschnittlichen freien Bauern war 25 *sakdi na*, die des Thronfolgers 100 000 usw.

Stärkster Rivale Ayutthayas war das benachbarte Königreich Burma. 1569 wurden die Thai besiegt, burmesische Garnisonen eingerichtet und ein neuer König ernannt, der die Oberhoheit Burmas anerkannte. 15 Jahre war Ayutthaya ein Vasall Burmas, bis es dem Prinzen Naresuan in fünf Kriegszügen zwischen 1584 und 1592 gelang, die burmesische Herrschaft abzuschütteln. Die Außenbeziehungen Ayutthayas mit den meisten anderen asiatischen Staaten waren durch intensiven Handel geprägt. Handelsschiffe segelten nach Malacca, zu Häfen in Indien, China und Java. Besondere Beziehungen bestanden mit China, das als „älterer Bruder" angesehen wurde.

Bedeutsam waren die Kontakte Ayutthayas mit den europäischen Großmächten. Seit im Jahr 1511 das Sultanat Malacca von Portugal erobert worden war, kamen portugiesische Händler, Missionare und Diplomaten auch nach Ayutthaya, portugiesische Söldner dienten im Heer. Im 17. Jh. trafen Holländer und Engländer ein, die Handelsstützpunkte nahe der Hauptstadt und in den Häfen des Südens einrichteten. 1664 erzwang Holland unter der Androhung militärischer Gewalt den Abschluss eines Vertrags, der ihm ein Monopol in den wichtigsten Bereichen des Außenhandels einräumte. Um den holländischen Einfluss zu vermindern, wurden zwischen 1665 und 1690 diplomatische Kontakte zwischen Ayutthaya und Frankreich aufgenommen. 1687 traf eine französische Gesandtschaft mit mehr als 600 gut ausgerüsteten Soldaten ein. König Narai, beraten durch den griechischen Abenteurer Konstantin Phaulkon, geriet in den Augen des Thai-Adels und der königlichen Familie mehr und mehr unter europäischen Einfluss. 1688 gelang eine Palast-Revolte, Phaulkon wurde geköpft und die französischen Soldaten wurden vertrieben. Damit begann für 150 Jahre eine Politik der Abschottung gegenüber den westlichen Großmächten.

Mitte des 18. bis Mitte des 19. Jh.: Der Beginn der Chakri-Dynastie

Nachdem 1767 Ayutthaya vom Erzfeind des Reiches, Burma, völlig niedergebrannt und dem Erdboden gleichgemacht worden war, versank das Land im Chaos. Wie bei damaligen Kriegen üblich, wurden alle qualifizierten Handwerker, die noch am Leben gebliebene königliche Familie und weitere 106 000 Bewohner Ayutthayas nach Burma verschleppt. Der Provinz-Gouverneur Taksin sammelte die verbliebenen Soldaten und versuchte, das Land politisch wiederzuvereinigen, da sich Provinzen und Vasallenstaaten nach der Invasion Burmas losgesagt hatten. 1768 wurde er in der neuen Hauptstadt Thonburi zum König ausgerufen. Im Zeitraum von 14 Jahren gelang es ihm in zahlreichen Kriegen, das Land wieder zusammenzufügen. Wichtigster Heerführer wurde General Chakri, der Taksin entmachtete und sich zum König Rama I. krönen ließ. Damit war er der erste König der noch heute herrschenden Dynastie.

Die Chakri-Könige verfolgten bis zur Mitte des 19. Jhs. eine Politik der Restauration. Der vergangene Glanz Ayutthayas sollte wieder hergestellt werden. Für die neuen Tempel und Paläste in Bangkok verwendete man sogar Ziegelsteine aus den Ruinen der alten Hauptstadt. Veränderungen sozialer und wirtschaftlicher Natur wurden unumgänglich, als sich die Handelsbeziehungen zu China ausweiteten und die europäischen Großmächte neues Interesse an Ostasien zeigten. Chinesische Einwanderer, meist Händler oder Unternehmer, siedelten sich vor allem in Bangkok an. Mitte des 19. Jhs. waren mehr als die Hälfte der 400 000 Einwohner der Stadt Chinesen.

Ende des 19. Jh.: Reformen unter Mongkut und Chulalongkorn

König Mongkut wird als Erneuerer und Reformer des Reiches angesehen. Seine Außenpolitik war von der Vormachtstellung der westlichen Großmächte bestimmt. Deshalb wurden England, den Vereinigten Staaten, Frankreich und anderen Ländern Handels-Privilegien eingeräumt und Territorien abgetreten. Das Schicksal Burmas – nach drei Kriegen vollständig Britisch-Indien einverleibt – war für Siam eine traumatische Erfahrung.

Sein Sohn Chulalongkorn führte diese Politik fort. Französische Kanonenboote auf dem Menam Chao Phraya ließen Chulalongkorn keine andere Möglichkeit, als territoriale Konzessionen an Frankreich und Großbritannien zu machen. Alle laotischen Vasallenstaaten und große Gebiete in Kambodscha fielen an Frankreich. Diese Beschwichtigungspolitik wurde ergänzt durch ein innenpolitisches Reformprogramm, dessen Durchsetzung auf große Schwierigkeiten stieß, da es alte Privilegien des Adels und der königlichen Familie beschnitt. 1909 mussten die nordmalaiischen Sultanate Perlis, Kedah, Terengganu und Kelantan an das britische Kolonialreich abgegetreten werden.

Die Verwaltung wurde zentralisiert. An der Spitze standen Ministerien nach europäischem Vorbild. Steuergesetze ersetzten die alte hierarchische Abgabenstruktur, und mit der entscheidenden Verbesserung der Infrastruktur entstanden die Eisenbahnlinien nach Malaya und Chiang Mai. Im Rahmen der Umgestaltung des Erziehungssystems wurden Universitäten nach westlichem Vorbild gegründet.

Unter Chulalongkorn wurde ein Dekret erlassen, dass niemand mehr als Sklave geboren werden könne, was die Abschaffung der Sklaverei einleitete. Der König öffnete das Land europäischen Nationen und beschäftigte in seiner zivilen und militärischen Verwaltung Briten, Belgier und Italiener. Deutsche projektierten die Eisenbahnlinie nach Norden.

Zweck aller Reformen war es, Thailand innen zu stärken, um der westlichen Herausforderung standzuhalten. Chulalongkorn veränderte die althergebrachte Gesellschaftsordnung, hielt aber gleichzeitig an bestimmten Traditionen fest und gilt dadurch als Begründer des modernen Siam.

Die 30er und 40er Jahre: Konstitutionelle Monarchie

1932 wurde Siam, wie die offizielle Staatsbezeichnung bis dahin lautete, durch einen unblutigen Staatsstreich eine konstitutionelle Monarchie. Westlich ausgebildete Intellektuelle und große Teile des Bürgertums waren mit der Herrschaft König Prajadhipoks unzufrieden, da er, im Gegensatz zu seinem Großvater Chulalongkorn, kaum Interesse an der Erneuerung des Landes zeigte und sich Vettern- und Misswirtschaft ausbreitete. Pridi Phanomyong, ein in Frankreich ausgebildeter Rechts-

Die wichtigsten Könige Thailands	
? –1317	Mengrai (Lanna)
1275–1317	Ramkhamhaeng
1350–1369	U-Thong
1388–1395	Ramesuan
1590–1605	Naresuan
1630–1656	Prasat Thong
1657–1688	Narai
1767–1782	Taksin
1782–1809	Rama I. (General Chakri)
1809–1824	Rama II. (Phra Phutthalaetla Naphalai)
1824–1851	Rama III. (Phra Nangklao)
1851–1868	Rama IV. (Mongkut)
1868–1910	Rama V. (Chulalongkorn)
1910–1925	Rama VI. (Vichiravudh)
1925–1935	Rama VII. (Prajadhipok)
1935–1946	Rama VIII. (Anand Mahidol)
seit 1946	Rama IX. (Bhumipol)

anwalt, war der politische Kopf der radikaldemokratischen Bewegung, die, zusammen mit den mehr konservativen Militärs, den Coup durchführte. Pibul Songgram, Führer des konservativen Flügels, wurde bald zum stärksten Mann der Nation, die nun Thailand hieß.

1940 war das Land Alliierter der Achsenmächte Nazi-Deutschland, Japan und Italien. Mit japanischer Unterstützung annektierte Thailand Teile von Laos, Kambodscha und Malaya. 1944 wurde Pibul Songgram gestürzt, und Thailand verbündete sich mit seinen ehemaligen Gegnern. Pridi Phanomyong, der Führer der antijapanischen Bewegung während des Krieges, arbeitete mit seinen Freunden eine neue Verfassung aus. Er wurde 1947 durch einen Militärputsch unter der Führung von Songgram gestürzt und ging ins Exil. Später wurde er Sprecher der Bewegung Freies Thailand in der Volksrepublik China.

Die 50er und 60er Jahre: Diktatur

Unter der Führung Songgrams wurde das Land streng antikommunistisch und Mitglied in der SEATO (South East Asia Treaty Organization), dem asiatischen Gegenstück zur NATO. 1957 stürzten Militärs unter Marschall Sarit die Einmann-Diktatur. Sarit, eine umstrittene Figur der neueren Geschichte, war beim Volk beliebt, während viele Landeskenner ihn als korrupten Diktator einstufen. Feldmarschall Thanom Kittikachorn wurde neuer Premier und führte Thailand noch enger in die Arme der USA. Während des Vietnam-Krieges war das Land von einem Netz von US-Militärstützpunkten überzogen. Von Udon Thani, Ubon Ratchathani oder U-Tapao aus wurden viele verheerende B52-Bombereinsätze in Vietnam und Laos geflogen. Nach den Wahlen von 1969 wurde zwar ein Parlament gebildet, doch die Macht lag weiterhin in den Händen von Kittikachorn und seinen Generälen.

Die 70er Jahre: Demokratische Erneuerung

Die fortwährenden Auseinandersetzungen zwischen Parlament und den Militärs führten im November 1971 zur Auflösung der Nationalversammlung, Aufhebung der Verfassung und Erklärung des Kriegsrechts. Fast zwei Jahre lag die eigentliche Macht in den Händen der Armee- und Polizeioffiziere, die sich durch Korruption auszeichneten.

Im Oktober 1973 protestierten Hunderttausende gegen die Verhaftung oppositioneller Studentenführer. 71 Menschen wurden wahllos erschossen und mehrere Hundert verletzt; erbitterte Straßenkämpfe folgten. Das Ende der herrschenden Militärclique war gekommen, als Kittikachorn, Prapas und Narong ins Ausland flohen. König Bhumipol verkündete den Rücktritt des Militärregimes und die Einsetzung des Rektors der Thammasat-Universität, Sanya Dharmasakti, als neuen Premier, was man als Sieg der Studentenbewegung verstand.

Sanya hatte die undankbare Aufgabe, das dem Ruin zustrebende Land zu regieren. Streiks, Kriminalität, Inflation und die sich zuspitzenden Auseinandersetzungen mit kommunistischen Guerillas im Norden und Nordosten sowie die militante Bewegung der Moslem-Minderheit im Süden waren nur einige Probleme.

In der folgenden Zeit wechselten sich die Parteien mit der Bildung von Regierungen ab, bis im Oktober 1976 das Militär wiederum die Macht übernahm. Ab 1977 war General Kriangsak Premier, der sich durch eine Reformpolitik nach innen und eine realistische Ausgleichspolitik von seinen Vorgängern unterschied.

Die 80er Jahre: Wirtschaftsboom

Im Frühjahr 1980 wurde Kriangsak gestürzt, und das Parlament bestimmte General Prem Tinsulanond zu seinem Nachfolger, der das Land mit einer demokratisch legitimierten Mehrparteienkoalition regierte. Thailand wurde wiederum streng antikommunistisch, die Auseinandersetzungen an der Grenze zu Kambodscha waren Anlass für verstärkte Waffenlieferungen und gemeinsame Manöver mit den USA. Viele innenpolitischen Reformen verliefen im Sande. Die muslimische Separatistenbewegung im Süden verlor 1987 durch die Kapitulation von 650 Guerillas stark an Einfluss.

1988 ging die Chart Thai Partei aus allgemeinen Parlamentswahlen als Sieger hervor. Ihr Vorsitzender, Chatichai Choonhavan, führte als Ministerpräsident eine 7-Parteien-Koalition. Daneben hatte die Armee großen Einfluss. Durch populäre Anordnungen (z.B. Amnestie für politische Gefangene, Erhöhung der Gehälter der Staatsangestellten und des Reispreises für die Bauern) und den wirtschaftlichen Boom konnte die Regierung die anfängliche Skepsis in der Bevölkerung überwinden. Doch schon bald kam es durch den Anstieg der Verbraucherpreise, die ungleiche Einkommensentwicklung, Bodenspekulation und Korruption zu Spannungen, die vor allem im Militär zu Unmutsäußerungen führten.

Die 90er Jahre: Politisierung der Massen

Es überraschte nicht, als im Februar 1991 die Armee in einem unblutigen Putsch Chatichai Choonhavan absetzte. Ein *National Peace Keeping Council* (NPKC) übernahm die Macht und beauftragte Zivilisten unter der Leitung von Premierminister Anand Panyarachun mit der Ausarbeitung einer neuen Verfassung.

Im März 1992 wurden wiederum Wahlen abgehalten, bei denen die den Militärs nahe stehenden Parteien vor allem im ländlichen Raum die Mehrheit der Stimmen erhielten oder kauften. Als im Mai der Anführer des Putsches, General Suchinda Kraprayoon, der nicht dem Parlament angehörte, zum Ministerpräsidenten ernannt wurde, kam es zu Massendemonstrationen. Sie gipfelten in gewalttätigen Auseinandersetzungen mit zahlreichen Toten und der Verhaftung des charismatischen Leiters der *Palang Dharma Partei*, Chamlong Srimuang, sowie 4000 seiner Anhänger. Nach der Intervention des Königs wurden die Gefangenen freigelassen, und General Suchinda („Big Su“) musste zurücktreten.

Unter dem Druck der Straße kam es im September 1992 zu Neuwahlen, aus der eine 5-Parteien-Koalition unter dem demokratischen Premierminister Chuan Leekpai hervorging. Viele gut gemeinte Reformversuche der Regierung scheiterten am Widerstand der Opposition und einiger Mitglieder aus den eigenen Reihen. Auch die *Palang Dharma Partei* verlor 1994 durch innerparteilichen Streit an Ansehen. Auf der anderen Seite hatten die Mai-Unruhen zu einem verstärkten demokratischen Bewusstsein geführt, so dass außerparlamentarische Gruppen die Politiker unter Druck setzten, die Reformen fortzuführen und vor allem die Lebensbedingungen auf dem Land zu verbessern.

Aufgrund von Korruptionsvorwürfen im Zusammenhang mit einer Landreform zerbrach die 5-Parteien-Koalition im Mai 1995, Premierminister Chuan Leekpai verlor die Neuwahlen, bei denen viel über Stimmenkäufe in den ländlichen Regionen gemunkelt wurde. Der Führer der Chart Thai-Partei, Banharn Silpa-archa, wurde zum 21. Premierminister Thailands ernannt. Aber auch diese 7-Parteien-Koalition ging schnell in die Brüche, so dass bereits Ende 1996 wieder Neuwahlen anstanden, aus denen Chavalit Yongchaiyudh, ein ehemaliger General, als Sieger hervorging. Die überwältigende Mehrheit der Wähler in Bangkok stimmte jedoch für die Opposition. Die wankelmütige *Palang Dharma Partei* wurde nahezu aufgerieben.

Zu dieser Zeit kündigte sich bereits mit dem Verfall der Immobilienpreise und dem Zusammenbruch einiger Grundstücksgesellschaften die Wirtschaftskrise an. In der ersten Jahreshälfte 1997 begann sie sich auch in anderen Bereichen bemerkbar zu machen. Die Regierung, die sich bislang mehr um die Verteilung persönlicher Pfründe als um eine solide Wirtschaftspolitik gekümmert hatte, reagierte anfangs panisch mit Steuererhöhungen, die kurz darauf jedoch wieder zurückgenommen werden mussten. Der Rücktritt zweier Finanzminister, ein rapider Währungsverfall und der Vertrauensverlust beim IWF wie bei der Bevölkerung zwangen Chavalit schließlich, im November 1997 sein Amt niederzulegen.

In dieser schwierigen Situation wurde der ehemalige demokratische Ministerpräsident Chuan Leekpai vom König mit der Bildung einer neuen Koalition beauftragt, die mit einer dünnen Mehrheit wichtige Reformen durchsetzen musste. Im Zentrum der Politik des Premiers stand dic Bekämpfung von Pleiten, Arbeitslosigkeit und sozialen Problemen. Im Gegensatz zur boomenden Exportwirtschaft konnte sich in den folgenden Jahren die Binnennachfrage auf Grund des niedrigen Lohnniveaus nicht erholen. Unter diesen Bedingungen fand Thaksin von der neu gegründeten Partei Thai Rak Thai (*Thais lieben Thais*) mit seinen großzügigen finanziellen Versprechungen und offener Polemik gegen westliche Ausländer und Minderheiten Gehör und gewann am 6.1.2001 mit einer überwältigenden Mehrheit die Wahlen. Thaksin bildete eine Drei-Parteien-Koalition, um mit einer 2/3-Mehrheit Gesetze schnell verabschieden zu können, und berief in sein Kabinett viele alte Gesichter aus mehreren gescheiterten Regierungen. Als eine der ersten, vom Wahlvolk kaum wahrgenommenen Maßnahmen, wurden Firmen mit ausländischer Beteiligung unter die Lupe genommen und die Arbeitsgenehmigungen von tausenden von Ausländern, die zum Großteil im Tourismusgewerbe arbeiten, nicht oder nur unter verschärften Bedingungen erneuert.

Die populistische, polarisierende Politik der neuen Thaksin-Regierung sowie die gegen Ausländer gerichteten Maßnahmen wurden Ende 2002 selbst vom König in seiner jährlichen Geburtstagsansprache kritisiert.

Im Februar 2005 gelang es Thaksin dennoch, mit einer absoluten Mehrheit wiederum die Regierung zu bilden. *Thais lieben Thais* scheint bei fast 2/3 der Bevölkerung immer noch gut anzukommen.

Regierung

Die Verfassung

Nach der Revolution von 1932 wurde die erste Verfassung des Landes in Kraft gesetzt. Danach liegt die oberste Gewalt in der Hand des Volkes. Der Monarch, die Nationalversammlung, der Staatsrat und die Gerichte üben die **Staatsgewalt** im Namen des Volkes aus. War damit die Souveränität des Volkes gegeben, so wurden außerdem die Gleichheit vor dem Gesetz wie auch die allgemeinen Grundfreiheiten westlicher Verfassungen garantiert. Seit 1932 sind zwar 16 neue Verfassungen erstellt worden, die aber alle diese Grundsätze beibehielten. In der ersten Jahreshälfte 1997 arbeitete eine **verfassunggebende Versammlung** (*CDA = Constitution Drafting Assembly*) aus 99 indirekt gewählten Persönlichkeiten wieder einmal eine neue Verfassung für Thailand aus, die aber erst unter massivem Druck der Öffentlichkeit und des Militärs im September 1997 vom Parlament gebilligt wurde. Sie soll das politische Leben reformieren, Machtmissbrauch des Staates verhindern und die Korruption in der Politik und Verwaltung eindämmen.

Die Königsfamilie

Obwohl die Revolution von 1932 das Ende der absoluten Monarchie bedeutete, verehrt die Bevölkerung in hohem Maße die Königsfamilie und sieht in ihr ein die Nation einigendes Element.

Der König ist Staatsoberhaupt, Oberbefehlshaber der Streitkräfte und religiöses Oberhaupt zugleich. Die Intensität der Verehrung der königlichen Familie ist für Europäer kaum nachvollziehbar. Das Portrait von **König Bhumipol** und der Königin findet sich in jedem Haus, in jedem Laden, selbst in den einfachsten Hütten armer Bauern, in den Büros der Staatsangestellten ebenso wie in Restaurants oder Coffeeshops. Der König steht über dem politischen Tagesgeschehen, und so hat Bhumipol seit seinem Amtsantritt 1946 insgesamt 19 Militärputsche oder gewaltsame Regierungswechsel erlebt. Das Königshaus wirkte in all den Wirren immer als stabilisierende Kraft. Entsprechend prunkvoll wurden sein 50-jähriges Thronjubiläum und alle Geburtstage der Königsfamilie gefeiert.

König Bhumipol und Königin Sirikit haben einen Sohn, **Kronprinz Maha Vajrakingkorn**, und drei Töchter, Prinzessin Chulabhorn, Prinzessin Sirindhorn und Ubol Ratana, die bis 1998 mit einem Amerikaner verheiratet war und keine repräsentativen Funktionen mehr wahrnimmt.

Vor allem Prinzessin **Sirindhorn**, die bei der Bevölkerung große Beliebtheit genießt, unterstützt unermüdlich die Arbeit ihres Vaters, wofür sie den neuen Titel Maha Chakri erhielt. Zudem wurde 1974 zum erstenmal in der Geschichte des Landes die Thronfolge dahingehend geändert, dass unter bestimmten Bedingungen auch königliche Töchter die Nachfolge übernehmen können.

Die Königsfamilie gibt sich volksverbunden und besucht selbst abgelegene Provinzen. In vielen königlich initiierten und unterstützten **Projekten** werden vor allem in der Land- und Forstwirtschaft neue Maßstäbe gesetzt. Auf dem Gelände des Chitralada Palastes, in dem die königliche Familie residiert, wurde eine Experimentier-Milchfarm errichtet, in der bestimmte, klimageeignete Rinderarten für die Milchproduktion gezüchtet werden. Ebenfalls bekannt ist die Fischzuchtstation. Die sich schnell vermehrenden Tilapia-Fische ernähren sich von Unkraut und Insektenlarven und können in den Reisfeldern zu einer Verringerung des Einsatzes von Chemikalien beitragen. Gleichzeitig wird der Landbevölkerung dadurch proteinhaltige Nahrung zur Verfügung gestellt.

Die in den Gebirgen des Nordens ansässigen Bergvölker sind ein besonderes Ziel königlicher Entwicklungshilfe. Beispiel dafür ist z.B. die Ersetzung des bisher traditionellen Mohnanbaus im Hmong-Dorf auf dem Doi Inthanon durch so genannte *cash crops* wie Blumen, Pfirsiche, Äpfel, Kaffee oder Erdbeeren.

Die ausgeprägte Verehrung des Königs kommt zum Beispiel im täglichen Abspielen der Königshymne zum Ausdruck. Morgens um 8 Uhr steht die Nation still, wenn aus öffentlichen Lautsprechern die Königshymne erklingt. Ähnliches geschieht im Kino – vor dem Beginn der Vorstellung erscheint die Fahne und der König auf der Leinwand, die Hymne wird abgespielt und alle Kinobesucher erheben sich von ihren Stühlen.

Die Innenpolitik

Der größte Teil der Bevölkerung lebt auf dem Land, allerdings drängen immer mehr, wie überall auf der Welt, in die Städte. Die Einwohnerzahl der Metropole Bangkok hat sich seit Beginn der 60er Jahre mehr als verdoppelt. Die Stadt wirkt wie ein Magnet auf die Landbevölkerung. In früheren Jahrzehnten suchten die Bauern nur während der Regenzeit zusätzliche Verdienstmöglichkeiten in den Städten. Seit den 90er Jahren siedeln sich immer mehr Arbeitskräfte vom Land dauerhaft im Großraum Bangkok und den angrenzenden Industriezentren an, die während des wirtschaftlichen Aufschwungs entstanden sind. In vielen Dörfern des Nordostens und den nicht-touristischen Gebieten des Südens, wo die Armut landesweit am größten ist, haben sich die Lebensbedingungen kaum geändert. Insbesondere im Nordosten vergreisen die Dörfer. Um der Abwanderung entgegenzuwirken, sind rings um einige Provinzhauptstädte wie Korat oder Khon Kaen neue Fabrikanlagen v.a. der Lebensmittel verarbeitenden Industrie entstanden, die das Arbeitskräftepotenzial des Nordostens nutzen. Im Süden hat die Umorientierung auf den Tourismus zumindest einigen Regionen einen beachtlichen Wohlstand, aber auch nicht zu übersehende Probleme beschert.

Mitte der 80er Jahre kam es durch den Preisverfall bei traditionellen Agrarprodukten, wie Tapioka, Kautschuk, Kopra und Schweinefleisch, und gleichzeitigen Misserfolgen bei der Einführung neuer Erzeugnisse wie Cashewnüsse und Maulbeerbäume zu Einkommensverlusten, was zu Unruhen unter den Bauern führte. Als dann noch die Lebensmittelpreise stiegen und große Staudammprojekte die Existenz ganzer Dörfer bedrohten, kam es 1993/94 zu massiven Protestaktionen.

Seither wehrt sich die ländliche Bevölkerung gegen Ungerechtigkeiten bei der Landreform oder beim Bau von Staudämmen, wenn das überspülte fruchtbare Ackerland durch minderwertige Böden kompensiert werden soll. Während die Auseinandersetzungen um die neue Verfassung noch breite Bevölkerungsschichten mobilisierten, kommen unter Thaksin die basisdemokratischen Bewegungen fast zum Erliegen. Er führt den Kampf um die Moral des Landes mit harten Bandagen. So starben 2001/02 während des 10-monatigen Kriegszugs gegen Drogen über 2000 Menschen, was ausländische Regierungen wie Menschenrechtsorganisationen zu Protesten veranlasste. Im Land wird es kritischen Stimmen in den Medien zunehmend schwer gemacht, zu Wort zu kommen, und die einst freie Presse wird von der internationalen Organisation *Freedom House* nur noch als „teilweise frei" eingestuft.

Nach jahrelanger Arbeit zeigt seit den 90er Jahren die staatlich propagierte **Familienplanung** Erfolge und kann anderen asiatischen Ländern als Vorbild dienen, denn das Bevölkerungswachstum von einstmals über 3% ist mittlerweile bei nur 1% angelangt. Aufklärungskampagnen und Maßnahmen gegen Aids (Meldepflicht, Verpflichtung der Prostituierten zum Gebrauch von Kondomen) sind zwar im Vergleich zu anderen Ländern Asiens vorbildlich, wurden allerdings zu spät initiiert und können das rasant wachsende Problem nicht an der Wurzel packen.

Die Außenpolitik

In der Außenpolitik war Thailand seit dem Ende des 2. Weltkriegs bis in die 70er Jahre auf streng antikommunistischem Kurs und mit den USA militärisch verbündet. Thai-Soldaten kämpften in Korea und Vietnam. Unter Kriangsak begann eine vorsichtige Annäherung an die Nachbarn im Osten: Vietnam, Laos und Kambodscha. Damit wurde dem traditionellen Ziel der Außenpolitik Thailands, die Unabhängigkeit durch realistische Beziehungen zu den drei wichtigen Großmächten Sowjetunion, China und den USA zu bewahren, Rechnung getragen.

Zudem ist Thailand Mitglied in der Bewegung der Blockfreien Staaten und im südostasiatischen Staatenverband ASEAN. Die Auflösung des Ostblocks erleichterte in den 90er Jahren den Ausbau der Wirtschaftsbeziehungen zu den ehemals sozialistischen Nachbarstaaten. 1994 konnte die erste Mekong-Brücke zwischen Thailand und Laos eröffnet werden. Zudem wurden in den vergangenen Jahren die Beziehungen zu China ausgebaut.

Wirtschaft

Spätestens während der Wirtschaftskrise 1997/98 wurde vielen Menschen in Thailand die Bedeutung der internationalen finanziellen Verflechtungen deutlich. Die hohe **Auslandsverschuldung** von 1999 noch 86 Milliarden US$, strikte Auflagen des IWF und zahlreiche Pleiten machten sich auch im Alltag bemerkbar. Nicht nur zahlungsunfähige Reiche mussten ihre Mercedes-Karossen und Landhäuser abstoßen, auch die weniger Begüterten schnallten den Gürtel enger. Viele Restaurants blieben leer, und Luxusboutiquen schlossen ihre Pforten.

Die Auslöser für die Wirtschaftskrise 1997 waren bereits 1996 zu erkennen, als einige Immobiliengesellschaften auf Grund fallender Preise und unverkäuflicher Bauprojekte Konkurs anmelden mussten. Durch ausstehende fällige Kredite und die Flucht von ausländischem Kapital kam es zu finanziellen Engpässen bei Banken und Finanzierungsgesellschaften. Kreditzinsen und Auslandsverschuldung stiegen so rapide an wie die Börsenkurse fielen, so dass im August 1997 der IWF mit Kreditzusagen in Höhe von 17,2 Milliarden US$ und strikten Auflagen eingreifen musste. Zum Jahresende wurden von der Regierung 56 Finanzierungsgesellschaften geschlossen. Anderen Forderungen des IWF stand die Regierung kritisch gegenüber, war aber generell bemüht, sie zu erfüllen.

Um die Kassen der Banken und Firmen zu füllen, offerierte man einerseits finanzkräftigen internationalen Unternehmen Beteiligungen, wollte aber andererseits die Kontrolle und Entscheidungsgewalt behalten. Die Folge waren Pleiten, zunehmende Arbeitslosigkeit und höhere Preise. Ein Großteil der Menschen, die ihre Arbeitsplätze in der Industrie verloren hatten und aus den armen ländlichen Regionen stammen, kehrte in die Dörfer zurück, wo ein Fleckchen Land auch eine größere Familie wenigstens notdürftig ernähren kann.

2002 kam die Wirtschaft wieder in Schwung und erreichte schnell imposante Zuwachsraten – 2003 stieg das Bruttoinlandsprodukt bereits um 6,7%, und auch im folgenden Jahr kam es zu weiteren Zuwächsen. Dies ist einem verstärkten Binnenkonsum, öffentlichen und privaten Investitionen sowie einem starken Anwachsen der Exporte zu verdanken.

Hingegen gingen im **Tourismus**, einer der wichtigsten Devisenquellen, 2003 die Einnahmen um 7% zurück. Maßgebliche Ursachen hierfür waren der Irak-Krieg, Warnungen vor Anschlägen und SARS. 2004 ging es wieder um mehr als 18% nach oben, um 2005 wieder abzufallen. Der Tsunami mit seinen Folgen hatte in der Hauptsaison viele potenzielle Besucher von einer Thailandreise abgehalten. Weitere Gründe waren Unruhen in den überwiegend muslimischen Südprovinzen und die Hühnergrippe.

Knapp die Hälfte der thailändischen Bevölkerung lebt von der **Landwirtschaft**. Neue Arbeitsplätze werden seit Jahren aber nur von der Industrie geschaffen, in der etwa 15% arbeiten. Mittlerweile liegt der Anteil der industriellen Produktion am Bruttoinlandsprodukt bei 44%. Während das Bruttoinlandsprodukt 1990 bei US$2000 pro Person lag, betrug es 2003 bereits US$7400 (zum Vergleich: Indien US$2900, Deutschland US$27 600) – ein Resultat des durchschnittlichen jährlichen Wirtschaftswachstums von 8% zwischen 1990 und 1996. Nach dem Rückgang bzw. Nullwachstum Ende der neunziger Jahre stieg es danach wieder um 4–6% an.

In der Landwirtschaft werden nur 9,8% des Bruttoinlandsproduktes erwirtschaftet. Landwirtschaft heißt in Thailand hauptsächlich Feldbau. Fleischproduktion wird nur in relativ kleinem Umfang betrieben. Andererseits ist die Zahl kommerziell betriebener Tierzuchtbetriebe im letzten Jahrzehnt enorm gestiegen. Noch bis in die 50er Jahre wurde in erster Linie Nassreis angebaut, das Haupt-Nahrungsmittel in Thailand. Um die rasch anwachsende Bevölkerung zu ernähren, wurden nach dem 2. Weltkrieg Berghänge und schlechte Böden kultiviert, die sich nicht für den Reisanbau eignen. Hier pflanzte man neue Kulturpflanzen mit geringeren Ansprüchen an Bodenqualität an wie Zuckerrohr, Mais, Cassava, Tapioka und Kenaf. In der Umgebung der Städte stieg die Produktion von Obst und Gemüse. Vor allem im Süden erstrecken sich riesige Ananas- und Gummibaumplantagen. Mittlerweile ist Thailand der weltgrößte Kautschukproduzent.

Zwischen 1985 und 1994 verdoppelte sich das durchschnittliche Einkommen der Thai auf 2321 Baht pro Haushalt im Monat – in den Boomjahren zunächst bei der städtischen Bevölkerung auf 4809 Baht, doch dann vor allem bei der ländlichen Bevölkerung auf 1563 Baht. Dank der Maßnahmen der von den Demokraten geführten Regierung von 1992–94, die den Wohlstand aus dem Zentrum aufs Land verteilen sollten, halbierte sich von 1988–94 der Anteil der unter der Armutsgrenze lebenden Menschen. Dennoch gibt es vor allem auf dem Land noch Menschen, die sich nicht ausreichend ernähren können.

Über die Hälfte der **industriellen Produktionsstätten** konzentriert sich im Großraum Bangkok, einer Region, deren Ausläufer bis Ayutthaya und Pattaya reichen und die den neuen Tiefseehafen Laem Chabang an der Ostküste umfasst. Die bedeutendsten Zweige stellen die Computer- und Halbleiterindustrie, die arbeitsintensive Textilindustrie sowie die Verarbeitung von Nahrungsmitteln und anderer agrarischer Erzeugnisse dar.

Reis

Der Reisanbau bildete seit der Einwanderung der Thai-Stämme die Grundlage der Gesellschaft. Im Laufe der Jahrhunderte wurden die Flussniederungen kultiviert, die durch die alljährlich über die Ufer tretenden Flüsse neue Nährstoffe erhielten. Mitte des 19. Jhs. begann Siam Reis zu exportieren, was zu einer Umstrukturierung der auf Selbstversorgung orientierten Landwirtschaft führte. Anbau, Transport und Verarbeitung von Reis bestimmte das wirtschaftliche Geschehen der 20er und 30er Jahre. Der Handel ließ in Bangkok einige Reisbarone chinesischen Ursprungs zu Wohlstand gelangen. Obwohl sich das Land rasch zu einem der größten Reisexporteure der Welt entwickelte, behielt man die überlieferten landwirtschaftlichen Anbaumethoden bei. Investitionen in die Intensivierung der Landwirtschaft hielten sich in Grenzen, so dass die Hektarerträge gleich blieben oder gar sanken, was zwangsläufig zu einer Ausdehnung der Anbauflächen führte. Vor allem im Nordosten, wo durch fehlende Niederschläge das Land zunehmend versteppt, gingen die Hektarerträge zurück. Bauern, die durch den Einsatz von Düngemitteln und Pestiziden diese Entwicklung aufzuhalten versuchten, verschuldeten sich zunehmend.

So erreichte Thailand innerhalb weniger Jahre die Weltspitze als Exporteur von Schalentieren. Relativ neu ist die Zement- und Automobilindustrie, die hauptsächlich im Ausland gefertigte Teile montiert.

Die zunehmende Industrialisierung lässt den **Energiebedarf** des Landes ansteigen. Nur ein Viertel des Bedarfs kann das Land aus eigenen Öl- und Gasvorkommen im Golf von Thailand und dem Indischen Ozean decken. Der Vertrag mit dem Regime in Yangon über die Lieferung von Gas aus den Vorkommen bei Yetagun ist bei Menschenrechtlern und Umweltschützern auf Kritik gestoßen. Durch eine 700 km lange Pipeline, davon 346 km in Thailand, die über das Tenasserim-Gebirge und Kanchanaburi nach Ratchaburi verlegt wurde, soll Thailand 30 Jahre lang mit Gas aus dem Nachbarland versorgt werden.

Exporte spielen für die thailändische Wirtschaft eine große Rolle. Weit mehr als die Hälfte Bruttosozialproduktes wird ausgeführt, wobei ein Wandel von Rohstoffen und Nahrungsmitteln zu Fertigwaren und Industrieprodukten festzustellen ist. 1980 kam noch der überwiegende Teil aller Exporte aus dem agrarischen Bereich, hingegen produziert seit Mitte der 90er Jahre der industrielle Sektor die Mehrheit aller ausgeführten Güter. Reis, bis 1986 auf Platz eins, ist mittlerweile weit zurückgefallen und von Computerteilen (mit dem stärksten Wachstum), Textilien, Edelsteinen, integrierten Schaltkreisen, Schuhen, Elektroartikeln, Konserven und Garnelen überrundet worden.

Tourismus

Fast 12 Millionen Touristen kamen 2004 nach Thailand. Da etwa 56% der Touristen auf eigene Faust reisen (bei den Deutschen sind es sogar 73%), fließt nur ein geringer Teil der Einnahmen ins Ausland zurück. Der größte Teil der Einnahmen von ca. 9 Milliarden € bleibt als Devisenreserve im Land und macht den Tourismus zur größten Deviseneinnahmequelle. Mit diesem Geld wird der Import vieler Güter finanziert, die für die wirtschaftliche Stabilisierung des Landes benötigt werden, vor allem elektronische Bauteile, Maschinen, Chemikalien, Stahl und Öl.

Ein internationaler Tourismus im größeren Maßstab begann während des Vietnamkriegs, als viele US-Soldaten ihren R&R (*rest and recuperation*) Urlaub in Thailand verbrachten. Bisheriges Ziel der thailändischen Tourismuspolitik war es, neue Gebiete zu erschließen und mit touristischer Infrastruktur auszustatten. Ein Vorteil für jeden Besucher, der nicht wie ein Thai leben will oder kann. Mittlerweile gibt es viele Reiseziele, deren Hotels und Restaurants sich auf die Bedürfnisse der fremden Gäste eingestellt haben.

Priorität hat seit 1994 die Bewahrung der Umwelt und der Ausbau der Infrastruktur von touristischen Zielen, die vor allem durch den Massentourismus an ihre Grenzen gestoßen sind. Im Kampf um den Touristen-Dollar hat Thailand den anderen Mitbewerbern im asiatischen Raum den Rang abgelaufen. Da auch zunehmend Umweltkriterien bei der Auswahl des Reiseziels eine Rolle spielen, verabschiedete der Innenminister bereits 1989 eine strenge Regelung für Gebäude an den Stränden. So dürfen Neubauten, die bis zu 75 m vom Strand entfernt liegen, nur noch 6 m hoch sein. Bis zu 200 m vom Strand beträgt die maximale Höhe 12 m, also niedriger als die Kokospalmen. Von der Lücke, die zwischen Gesetz und Realität klafft, kann sich jeder Tourist selbst überzeugen.

Zudem sieht sich Thailand als ideale Drehscheibe für Touristen, die Indochina, Südchina oder Myanmar besuchen wollen. Es gilt allerdings noch, das schlechte Image aufzupolieren, das durch Schlagzeilen über Kinderprostitution, Kriminalität oder Aids im Ausland entstanden ist. Dabei kann Thailand auf ein großes Plus verweisen: Dank der ausreichenden Kapazitäten bietet es Hotels und andere touristische Dienstleistungen zu einem äußerst guten Preis-Leistungs-Verhältnis an. Für Anspruchsvolle lässt der Service jedoch in manchen Bereichen durch einen Mangel an qualifizierten Arbeitskräften zu wünschen übrig.

Während der Wirtschaftskrise lockte der günstige Wechselkurs v.a. europäische Urlauber an. Der Aufwärtstrend von 2003 zu 2004 von 16% verteilt sich recht gleichmäßig auf alle Länder. Da allerdings Reisende nach Laos, Kambodscha und Myanmar doppelt und dreifach gezählt werden, verfälschen sie die Statistik.

Der Anteil von Touristinnen liegt bei 42% und ist damit am höchsten von allen Reisezielen in Asien. Etwa die Hälfte aller Besucher kam nicht zum ersten Mal nach Thailand.

Religion

Buddhismus

Thailand gehört neben Myanmar, Sri Lanka, Kambodscha und Laos zu den buddhistischen Ländern der Theravada-Richtung, die der ursprünglichen, manchmal abwertend „kleines Fahrzeug" genannten Lehre zugehören. Während der Mahayana-Buddhismus (das „große Fahrzeug") der nördlichen Länder China, Japan, Korea und Vietnam viele Wege zur Erlösung akzeptiert, orientieren sich die Lehren des Theravada-Buddhismus streng an den überlieferten Pali-Schriften.

Obwohl in Thailand die Freiheit der Religionsausübung garantiert wird, ist der Buddhismus eine Art Staatsreligion. In Thailand bekennen sich 85% der Bevölkerung zum Buddhismus, darunter eine konfuzianistische, chinesische Minderheit. Vor allem im Süden konzentriert sich die muslimische Minderheit, während Christen und Animisten überwiegend bei den Bergvölkern im Norden zu finden sind.

Buddha

Um 563 vor unserer Zeitrechnung wurde in Lumbini (heute Süd-Nepal), am Fuße des Himalaya, ein Prinz geboren – Siddhartha Gautama. Seine Mutter Mahamaya, die sieben Tage nach der Geburt starb, hatte während ihrer Schwangerschaft einen Traum, dass ein silber-weißer Elefant seitlich in ihren Körper eingedrungen war. Hindu-Priester interpretierten ihn als Hinweis auf die Geburt eines großen Herrschers oder Buddhas. Sein Vater erzog ihn zu seinem Nachfolger und umgab ihn mit allem Luxus.

Im Alter von 16 Jahren heiratete er seine Cousine, eine hübsche Prinzessin, die einen Sohn bekam. Dennoch blieb ihm das menschliche Leid nicht verborgen. Die Legende berichtet, dass er nach dem Anblick eines alten, eines kranken und eines toten Mannes an seinem 29. Geburtstag beschloss, den irdischen Genüssen zu entsagen und als Bettelmönch durch Nord-Indien zu ziehen. Nach sechs Jahren der Meditation und Selbstkasteiungen erlangte er während einer Vollmondnacht 528 v. Chr. während einer Meditation unter einem Bodhi-Baum *(Ficus religiosa)* in dem heutigen Bodh Gaya die Erleuchtung, das Erwachen *(bodhi)*.

Er begann, im Hirschpark Isipatana nahe Varanasi, den ersten fünf Jüngern seine Erkenntnis von den **Vier Edlen Wahrheiten**: vom Leiden *(dhukha)*, seiner Ursache *(samudaya)*, der Aufhebung des Leidens *(nirodha)* und dem Weg dorthin darzulegen.

Seine Lehre

Die Überwindung des menschlichen Leidens erreicht man weder durch Selbstkasteiung noch durch ein ausschweifendes Leben, sondern auf dem „Mittleren Weg". Da sich die Welt in ständiger Veränderung befindet, kann nichts von Dauer sein. Entsprechend gibt es keine unveränderlichen Dinge – aus Altem entspringt ständig etwas Neues, das durch das Vorangegangene bedingt ist. Die menschliche Wirklichkeit beginnt schon mit der Geburt als ein schmerzhaftes Dasein – und Leiden bestimmt das weitere Leben bis zum Tod. Selbst in glücklichen Situationen wird man von Verlustängsten geplagt. Mit dem Tod ergibt sich die Möglichkeit einer neuen Geburt, die wiederum einen neuen Leidenszyklus einleitet. Nur die Erkenntnis vom Ursprung des Leidens und den Möglichkeiten seiner Veränderung ermöglicht es dem Menschen, sich aus dem Daseinskreislauf *(samsara)* zu befreien.

Der Ursprung allen Leidens liegt in der Begierde nach weltlichen Genüssen und der Unzulänglichkeit, Egoismus und Stolz, die Schwächen seines eigenen Ich, zu beherrschen. Wer ausschließlich nach weltlichen Genüssen strebt, wird die zerstörerischen Kräfte von Hass, Gier, Begehren und Verblendung erfahren. Menschen sind ein Produkt ihrer Umwelt. Da sie durch individuelle Erfahrungen und Handlungen geprägt sind, sollten sie die Entwicklung der eigenen Persönlichkeit nicht dem Zufall überlassen, sondern selbst in die Hand neh-

Buddhismus im Alltag

Kurz nach Sonnenaufgang ziehen die in safrangelben Roben gekleideten Mönche durch die Straßen, um Opfergaben von den Gläubigen – meist in Form von Lebensmitteln – entgegenzunehmen. Mit ihren Spenden erwerben sich die Geber Verdienste für ihr zukünftiges Leben, so dass sie sich ehrfürchtig und wortlos bei den Mönchen für die erwiesene Gunst bedanken.
Ist ein Haus fertig gestellt oder wird ein Geschäft eröffnet, lädt man eine Gruppe von Mönchen ein, die durch ihre Anwesenheit und Gebete Glück bringen sollen. Für die Ausstattung der Tempel ist die Bevölkerung bereit, große finanzielle Opfer zu bringen. Zumindest für einige Monate nehmen die meisten Männer, einschließlich des Königs, und einige Frauen freiwillig das entbehrungsreiche, strenge Klosterleben auf sich. Auch außerhalb der Klostermauern prägt der Buddhismus das Leben.

men. Das Ziel des geistigen Reifeprozesses liegt im **Nirvana**, in dem man sich von allen Voreingenommenheiten befreit hat. Mit der Loslösung von weltlichen Genüssen und egoistischen Bedürfnissen und dem Bemühen, geduldig, liebevoll, wohltätig, mitfühlend und gütig zu sein, wird man zufrieden und erreicht einen emotional positiven Zustand. Damit ist jeder Mensch in der Lage, zu einem höheren Wissen über den Zustand der Welt zu gelangen und sein Karma zu verbessern.

Dem Ziel nähert man sich durch ständiges Einüben der acht Regeln vom **Edlen Achtfältigen Pfad**: **Richtige Erkenntnis** – indem man seine geistigen Fähigkeiten nutzt, um die wahren Probleme der menschlichen Existenz zu verstehen. **Rechtes Denken** – ohne Hass, Zorn, Begierde, Grausamkeit und Stolz. **Rechte Rede** – bei der man Lügen und eitle Selbstdarstellung meidet. **Rechte Tat** – Mönche unterliegen strengeren Verhaltensregeln als Laien, die nicht töten, lügen und stehlen sowie Drogen und sexuelle Ausschweifungen meiden sollten. **Rechter Lebenserwerb** – man soll sein Geld verdienen ohne anderen Menschen zu schaden. **Rechte Anstrengung** – um mit seinem Willen und seiner Selbstbeherrschung eine unheilvolle geistige Verfassung zu überwinden. **Rechte Achtsamkeit** – um durch Vertiefung und Meditation Selbsterkenntnis zu erlangen. **Rechte Konzentration** – damit man lernt, sich in Gedanken zu vertiefen ohne abzuschweifen.

Nur so nähert man sich dem Nirvana, dem vollendeten Zustand der Ruhe und des Glücks im Leersein jenseits der erfahrbaren räumlichen wie zeitlichen Realität. Die Legende berichtet, dass Buddha 500 Lebenszyklen benötigte, um als **Shakyamuni Buddha** das Nirvana, die letzte Realität, zu erreichen. Diese Lehre von der Wahrheit (*dharma*) gab Buddha, der Erleuchtete, an seine Mönchsgemeinde (*sangha*) weiter, was im Buddhismus als die **Drei Kostbarkeiten** bezeichnet wird. Er verbreitete zusammen mit seinen Jüngern in vielen Städten des Ganges-Tales seine Erkenntnis, bis er im Alter von 80 Jahren starb.

Buddhismus in Thailand

256 Jahre nach Buddhas Tod nahm der über den indischen Kontinent herrschende, mächtige Kaiser Ashoka die Lehre an. Er sorgte für ihre Verbreitung weit über Indien hinaus. Die mündlich überlieferten Regeln wurden erst 400 Jahre nach Buddhas Tod schriftlich auf Palmblätter in der Pali-Schrift festgehalten. Diese Aufzeichnungen sind als *Tripitaka*, Dreikorb, bekannt, da sie in drei Körben aufbewahrt wurden. Bereits während der ersten 300 Jahre nach Verkündung der Lehre spaltete sich der Buddhismus in die so genannten 18 Schulen. Als Überlieferer der alten Schule gilt der **Theravada-Buddhismus**.

Buddhistische Mönche verbreiteten ihre Lehre des Mahayana-Buddhismus bei den Mon, deren Reiche sich von Süd-Burma bis in die Gegend von Nakhon Pathom erstreckten. Im 8. Jh. entstand in Lamphun das buddhistische Mon-Königreich Haripunchai, weitere große Zentren befanden sich in Thaton und Pegu.

In Thailand erlangte der Buddhismus erst Bedeutung, unter König Ramkhamhaeng. Der König ließ Mönche aus Ceylon kommen, um die reine buddhistische Lehre der Theravada-Richtung zu verbreiten. Während der folgenden Jahrhunderte waren die Könige bedeutende Förderer des Buddhismus, und noch heute bestehen enge Verbindungen zwischen dem Staat und der Sangha. Der thailändische König ernennt das religiöse Oberhaupt des Landes, wobei der Patriarch allerdings zuvor von Vertretern der beiden buddhistischen Sekten des Landes, Mahanikaya und Dhammayuttika-Nikaya, gewählt wird. Auch bei den großen religiösen Festen kommt dem König eine wichtige Rolle zu.

Geisterglaube

Neben der streng an den Pali-Schriften orientierten Lehre wurden vom Volksglauben Geister, mystische Einflüsse, Erzählungen und Legenden aus vorbuddhistischer Zeit mit übernommen, was besonders in der religiösen Kunst und Literatur zum Ausdruck kommt. Nats, die als Verkörperung unheilverbreitender Seelen von Verstorbenen gelten, findet man in vielen Tempeln. Neben jedem Haus wird für die Schutzgeister ein eigenes kleines „Geisterhäuschen" errichtet. Sogar in buddhistischen Tempeln haben Amulett-Verkäufer und Handleser ihren festen Platz.

Das Klosterleben

Doch noch immer stellt die Gemeinschaft der Mönche *(sangha)* die Verkörperung der reinen Lehre dar. Viele männliche Thai treten mindestens einmal in ihrem Leben ins Kloster ein. Mit Beginn der Regenzeit bereiten sich die jungen Männer, die im Idealfall das 20. Lebensjahr vollendet haben, auf das Klosterleben vor. Für sie ist die mit der Ordination beginnende dreimonatige Zeit als Mönch der symbolische Übergang in die Welt der Erwachsenen. In 40 000 Tempeln leben über 240 000 Mönche und 100 000 Novizen (junge, noch nicht volljährige Mönche) und unterwerfen sich den 227 strengen buddhistischen Regeln. Sie verzichten unter anderem auf jedes Eigentum, dürfen weder Menschen noch Tiere verletzen, nicht in bequemen Betten schlafen, singen oder tanzen, kein Parfüm benutzen und müssen ein striktes Zölibat befolgen.

Ihre Mahlzeiten, die sie nur vor 12 Uhr mittags einnehmen dürfen, erhalten sie am frühen Morgen von den Gläubigen. Mönche sollen sich von allen irdischen Verlockungen lösen, so durften sie ursprünglich nicht einmal mit einer Frau sprechen.

Dorfklöster sind nicht nur religiöse Zentren, sondern auch kostenlose Herbergen für die Alten, Waisen und Reisenden. Zudem stellen sie eine Alternative zum öffentlichen Schulsystem dar. Viele Bauernsöhne werden Novizen, um neben der 4–6-jährigen Grundschulzeit eine weiterführende Bildung zu erhalten. Gerade im 20. Jh. ist es zu einer zunehmenden Verschulung des Mönchsordens gekommen. Die Sangha unterhält in Bangkok zwei buddhistische Universitäten, wo auch weltliche Studienkurse angeboten werden, so weit sie mit dem Leben der Mönche in irgendeinem Zusammenhang stehen. So macht man zum Beispiel die Mönche mit den sozialen Problemen der ländlichen Entwicklung vertraut.

Mit der Ordination zum Mönch wird jeder Thai zu einer respektierten Persönlichkeit, und es entspricht selbst der Würde des Königs, einem Bauernsohn als Mönch Respekt zu bezeugen. Das beruht auf der Tatsache, dass der Mönch nicht als Individuum, sondern als Vertreter des buddhistischen Ideals angesehen wird. Um ihre individuellen Züge zu verbergen, halten Mönche bei bestimmten Ritualen fächerartige Schirme vor ihr Gesicht.

Das Klosterleben steht Frauen nur eingeschränkt offen. Buddhistische Nonnen gehören weder einem Orden an noch können sie Rechte und Privilegien beanspruchen. Während es im ursprünglichen Buddhismus dafür keinerlei Rechtfertigung gibt, ist zu späteren Zeiten versucht worden, die Lehre entsprechend zu interpretieren.

Buddhismus und Tourismus

- Prinzipiell sollte jeder die Religion seines Gastlandes respektieren, egal welche Meinung man selbst darüber hat. Es sollte selbstverständlich sein, dass man einen Tempel nur ordentlich bekleidet betritt und die Schuhe auszieht.
- Buddha ist immer heilig, und es gilt als äußerst unschicklich, eine Buddhastatue an einem ihr nicht angemessenen Ort zu platzieren.
- Im Tempel darf man keine Buddhastatuen berühren und schon gar nicht für Erinnerungsfotos darauf posieren.
- Es ist üblich, dass Besucher eines Tempels eine Spende für den Erhalt der Anlage hinterlassen.
- Mönche werden verehrt. Man grüßt sie mit einem besonders höflichen, tiefen *wai,* lässt ihnen den Vortritt, bietet ihnen im voll besetzten Bus seinen Sitzplatz an und geht nicht neben, sondern einen Schritt hinter ihnen.
- Frauen sollten Mönchen gegenüber zurückhaltend sein, ihnen nichts direkt überreichen, sie nicht berühren, sich nicht neben sie setzen oder mit ihnen fotografieren lassen.
- Während morgens zur Zeit des Sonnenaufgangs die Mönche durch die Straßen ziehen, um Opfergaben einzusammeln, sollte man sie nicht stören.
- Gibt man einem Kloster oder einem Mönch eine Spende, sollte man sie mit beiden Händen geben. Einen Dank darf man nicht erwarten. Normalerweise danken die Gläubigen für die Annahme der Spende, da ihnen so eine gute Tat ermöglicht wurde.
- Für Buddhisten ist der Kopf (im Gegensatz zum Fuß) ein heiliger Körperteil. Deshalb sollte man nie einem erwachsenen Thai an den Kopf fassen, ihm die Füße entgegenstrecken, die Füße aufs Armaturenbrett im Bus legen oder Gepäckstücke ins Gepäcknetz über die Köpfe der Mitreisenden wuchten, ohne sie vorher zu fragen.

Buddhismus im modernen Thailand

In der modernen großstädtischen Gesellschaft spielt Religion eine immer geringere Rolle. Wenige Jugendliche lassen sich ordinieren. Man schätzt die philosophische Komponente des Buddhismus, die Meditation als geistige Erneuerung, die den Alltagsstress leben hilft, und charismatische Mönche für ihre geistige Macht. In der schnelllebigen Gesellschaft bleibt wenig Zeit für Tempelbesuche, man verlässt sich lieber auf religiöse Amulette, die neben Buddha oder berühmten Mönchen auch König Chulalongkorn – den westlich orientierten Reformer – darstellen. Die Verbesserung des Karmas tritt dabei häufig hinter der Aufstockung des Bankkontos zurück.

Tempel für Ausländer

Die folgenden Klöster in Thailand nehmen Ausländer auf. Jeder der Tempel hat unterschiedliche Unterkünfte, Essensauswahl und verschiedene Restriktionen im Tagesablauf – alle besitzen ein Vipassana-Meditationszentrum. Weitere Informationen enthält das Buch von Joe Cummings: *The Meditation Temples of Thailand: A Guide* (Wayfarer Books 1990).

Wat Mahathat: Bangkok (Sanam Luang)
Wat Dharma Mongkol, Wat Vajira Dharma Sathit: Bangkok (Sukhumvit Soi 101)
Wat Bovonives (Wat Bovorn): Bangkok (Banglampoo)
Wat Pak Nam Phasi Charoen: Thonburi (Therdai Rd.)
Wat Pleng Vipassana: Thonburi (Charoen Sahitwong Rd.)
Wat Sanghathan: Thonburi (💻 www.vimokkha.com)
Wat Cholaphratan Rangsarit: Pak Kret, Provinz Nonthaburi
Wat Asokaram: Samut Prakan
Wat Vivekasrom: Chonburi
Wat Bunkanjanaram: Pattaya
Wat Asokaram: Samut Prakan
Wat Trai Ngaam: Don Masang, Suphanburi
Wat Muang Mang, Wat Umong, Wat Ram Poeng: Chiang Mai
Wat Pah Ban Tart: Ban Tart in der Nähe von Udon Thani
Wat Paa Nanachat, Wat Nong Pa Pong u.a.: Warin, in der Nähe von Ubon
Wat Suan Moke: bei Chaiya
Wat Sukontawas: Nasan, in der Nähe von Surat Thani
Wat Khao Tham: Ban Tai auf Ko Pha Ngan

Zudem werden Meditationskurse in verschiedenen Zentren angeboten, s.S. 166f. Bangkok. Detaillierte Infos: 💻 www.retreat-infos.de

Kunst und Kultur

Kunstepochen

Die traditionelle Kunst und Kultur Thailands ist vom Buddhismus geprägt. Daneben haben animistische und hinduistische Überlieferungen aus früherer Zeit ebenso die Entwicklung der Künstler beeinflusst wie die alten chinesischen und indischen Kulturreiche. Künstler waren in erster Linie für die Ausschmückung der Tempel zuständig. Entsprechend bestehen die Sammlungen der Museen aus religiösen Gegenständen. Vieles ist im Laufe der Geschichte dem zersetzenden tropischen Klima, Bränden oder Kriegen zum Opfer gefallen, vor allem Holzschnitzereien, Textilien und Holzgebäude, während steinerne Tempel und aus Metall gefertigte Buddha-Figuren überlebt haben.

Daneben wurden zu allen Zeiten alte Bauwerke und Skulpturen wieder bearbeitet und dem Zeitgeschmack angepasst oder verblichene Wandmalereien übermalt. Nicht selten wurden mehrere Chedis übereinander errichtet, denn mit der Produktion von Neuem erwarb man sich einen größeren Verdienst als mit dem Restaurieren verfallener Werke. Dennoch zeugen zahlreiche Skulpturen und Tempelruinen von dem ästhetischen Empfinden der Menschen vergangener Jahrhunderte und beeindrucken die Betrachter durch ihre hohe künstlerische Qualität und Ausdruckskraft.

Kunstepochen in Thailand

1.–6. Jh.	Indische Einflüsse
6.–11. Jh.	Dvaravati / Mon
8.–13. Jh.	Srivijaya
8.–13. Jh.	Srivijaya (Süden)
8.–14. Jh.	Lopburi / Khmer (8.–10. Jh. früh; 11.–13. Jh. mittel; 13.–14. Jh. spät)
13.–15. Jh.	Sukhothai (13.–14. Jh. früh, 14.–15. Jh. spät)
? –14. Jh.	Haripunchai (Norden)
? –13. Jh.	Lanna (Norden)
14.–16. Jh.	Chiang Saen (Norden)
14.–15. Jh.	U Thong (A: Lopburi-Stil, B: verfeinerter Lopburi-Stil, C: Sukhothai-Einfluss)
14.–18. Jh.	Ayutthaya
18.–20. Jh.	Bangkok / Ratanakosin

Vor der Gründung des Thai-Reiches

Früheste **steinzeitliche Funde,** die bis zu 1 Million Jahre alt sind, wurden in der Provinz Kanchanaburi gemacht. Nahe dem Dorf Ban Chiang im Nordosten Thailands entdeckte man bis zu 7000 Jahre alte Tonscherben, Waffen, Schmuck und andere Hinterlassenschaften einer der ältesten Siedlungen Südostasiens. Bereits vor 4500 Jahren, früher als in China und Indien, stellte man hier Werkzeuge und Waffen aus Bronze her.

Im ersten Jahrtausend unserer Zeitrechnung hatten sich bereits kulturell hoch stehende Reiche entwickelt. Der Süden Thailands stand im 8. Jh. unter dem Einfluss des **Srivijaya**-Reiches von Palembang (Süd-Sumatra), eines der ersten buddhistischen Reiche, dessen Kunst stark von indischen Einflüssen geprägt war. Bereits früher hatten sich in Zentral-Thailand (Nakhon Pathom, Lopburi, U Thong), im Irrawaddy-Delta und Tenasserim-Gebirge zahlreiche Mon-Fürstentümer zu einem lockeren Verband im **Dvaravati**-Reich zusammengeschlossen. Die Skulpturen und Bauwerke aus jener Zeit sind durch eine klare Linienführung sowie symmetrische, stark stilisierte Muster gekennzeichnet. Die Buddhastatuen, überwiegend in stehender Haltung, wirken recht massiv und breitflächig. Typisch sind die spiralenförmigen, großen Locken der Köpfe sowie die zusammenlaufenden, wellenförmig geschwungenen Augenbrauen.

Die erstarkenden Khmer in Kambodscha begannen im 9. Jh. ihren Machtbereich zu festigen und nach Westen hin auszudehnen. Sie verdrängten die Mon und beherrschten die Flussebene des Menam Chao Phraya, bis sie im 13. Jh. von den Thai zurückgedrängt wurden. In Phimai, Lopburi, Sukhothai und an anderen Orten sind Zeugnisse der vom Mahayana-Buddhismus beeinflussten Khmer-Architektur erhalten geblieben, die als **Lopburi**-Stil bezeichnet wird. Typisch sind reich dekorierte, phallusförmige Tempeltürme, die Prangs, die auf einem rechteckigen Unterbau sitzen und in deren Nischen Buddha-Figuren stehen. Türstürze und Fenster sind mit figürlichen Darstellungen reich dekoriert. Die Buddha-Bildnisse aus jener Epoche weisen, ebenso wie die Bildnisse anderer Gottheiten, stark individuelle Züge auf. Häufig tragen sie Hals- und Armketten sowie einen kegelförmigen Kopfschmuck, dessen Abschluss am Haaransatz parallel zu den fast geraden Augenbrauen verläuft. Die wulstigen, großen Lippen und flachen, breiten Nasen geben dem rechteckig geformten Gesicht einen strengen Ausdruck.

Parallel dazu entwickelte sich im nördlichen **Lanna**-Reich ein eigener Kunststil. Bereits vor der Gründung von Sukhothai hatten die Thai in der Gegend von **Chiang Saen** unter dem Einfluss der benachbarten Burmesen und des Mon-Reiches **Haripunchai** einen indisch beeinflussten Stil entwickelt.

Sukhothai-Periode

Mit der Gründung von Sukhothai durch den Thai-König Ramkhamhaeng war die Grundlage für die Entwicklung einer eigenen Thai-Kultur geschaffen. Typisch für die Tempelarchitektur der Sukhothai-Zeit ist der Lotosknospen-Turm. Die Buddha-Skulpturen vollziehen einen deutlichen Wandel, wobei der Khmer-Stil fast völlig umgekehrt wird. Die Gesichter erhalten einen fast weiblichen, verklärten Gesichtsausdruck. Die spiralförmigen Haarlocken türmen sich über dem ovalen Gesicht in Form einer Stupa und enden in einer stilisierten Flamme. Über einer langen, spitzen Nase vereinigen sich die hochgeschwungenen Augenbrauen, die Lider sind halb geschlossen, während die Mundwinkel leicht nach oben gezogen sind. Die harmonisch fließenden Linien zwischen Kopf und Körper werden durch die langen, nach außen geformten Ohrläppchen unterstützt.

U-Thong- und Ayutthaya-Periode

Nach dem Zerfall von Sukhothai übernahm vom 14.–18. Jh. das Königreich Ayutthaya im zentralen und südlichen Thailand auch in der Kunst die führende Rolle. In der frühen Ayutthaya-Periode bis zum 15. Jh., auch U-Thong-Periode genannt, nahm man Elemente des Khmer- und Sukhothai-Stils wieder auf, die aber mit dem Erstarken der Großmacht in den Hintergrund traten. Deutlich wirkte sich der Einfluss des Königshofs auf die buddhistische Kunst in einem prunkvollen Stil aus. Zudem griff man europäische Einflüsse auf. Tempel wurden mit überdimensionalen Wandmalereien ausgestattet. Ornamente, Gold und Edelsteine schmückten die Buddha-Skulpturen, die im 18. Jh. sogar in kopierte Königsgewänder gekleidet wurden. Sie veränderten ihren Ausdruck von der religiösen Entrücktheit der Sukhothai-Periode zu einer majestätischen, erhabenen Distanz. Allerdings wurden

Kunstwerke vielfach bereits in großen Mengen hergestellt und verloren an künstlerischer Ausdruckskraft.

Bangkok-Periode

Nach der Zerstörung von Ayutthaya durch die Burmesen 1767 wurden nicht nur viele Kunstwerke und Schätze, sondern auch Handwerker und Künstler nach Burma verschleppt, die dem Land zu einer erneuten Blüte verhalfen. Die Chakri-Dynastie in Siam begann damit, der neuen Hauptstadt Bangkok wieder etwas Pracht der zerstörten Königsstadt zu verleihen. 1785 begann man mit dem Bau des Königstempels, Wat Phra Keo. Chinesische und europäische Einflüsse werden seit der Mitte des 19. Jhs. aufgenommen und wie selbstverständlich integriert. Gutes Beispiel ist der Königspalast von Bangkok – ein Bauwerk in neoklassizistischer Bauweise mit einem gestaffelten Dach im typischen Ratanakosin-Stil, dem Bangkok-Stil der vergangenen 200 Jahre.

Buddhistische Tempel

Der buddhistische Tempel hat verschiedene Funktionen zu erfüllen: Er dient den Gläubigen als Ort für Meditationen, religiöse Zeremonien, Feierlichkeiten und Gebete, den Mönchen als Wohnbereich und Bibliothek, der Dorfbevölkerung als Versammlungsort, Wanderern als Ruhestätte und Übernachtungsmöglichkeit. Die Anlage steht Frauen und Männern, Gläubigen wie Ungläubigen offen, sofern sie die religiöse Stätte respektieren.

Entsprechend der vielfältigen Funktion besteht normalerweise eine Tempelanlage, in Thailand **Wat** genannt, aus mehreren Gebäuden, die von einer Mauer umschlossen sind: Schon von weitem erkennt man einen Tempel an dem glockenförmigen, spitz zulaufenden Turm, dem **Chedi** (Thailand) – je nach Region und Kultur-Epoche auch **Pagode** (Burma), **Dagoba** (Sri Lanka), **Stupa** (Indien, Nepal) oder **Prang** (Khmer) genannt. Er geht auf hinduistische Ursprünge zurück und beherbergt häufig eine Reliquie Buddhas. Man umschreitet ihn immer im Uhrzeigersinn. Manche Tempeltürme sind begehbar, wobei Frauen in bestimmten Bereichen oft nicht zugelassen sind.

Das religiöse Zentrum bildet die Gebetshalle **Bot**. Der weite Innenraum ist mit vielen, kleineren Skulpturen dekoriert, und die Wände schmücken häufig Wandmalereien oder Ornamente. Im Mittelpunkt dieses heiligen Bezirkes steht eine große Buddhastatue. Im Bot werden religiöse Zeremonien abgehalten. Die Gläubigen sitzen dabei auf dem Boden, die Füße weisen respektvoll nach hinten. In Nord-Thailand gilt ein Bot manchmal als so heilig, dass er von Frauen nicht betreten werden darf. Daneben gibt es eine oder mehrere Seitenkapellen, **Viharn**, in denen sich Mönche versammeln und die Gläubigen beten sowie ein kleines Bibliotheksgebäude, **Mondhop** genannt, das zum Schutz häufig auf einem hohen Unterbau steht und **Sala**, offene Pavillons, die Tempelbesuchern einen schattigen Rastplatz und Schutz vor Regen bieten. Der Klosterbezirk, in dem die Mönche leben, ist von diesen Gebäuden abgetrennt oder grenzt an sie an.

Während man in Myanmar bereits die Schuhe auszieht, wenn man eine Tempelanlage betritt, wird das in Thailand erst notwendig, wenn man in ein Tempelgebäude geht.

Buddhastatuen

Jahrhundertelang wurden Buddhastatuen in Stein gemeißelt, aus Holz geschnitzt, aus Ziegelstein gefertigt und mit Gips überzogen, aus Bronze, Kupfer oder Gold gegossen. Daneben wurden auch hinduistische Götter und animistische Geister in Plastiken und Reliefs dargestellt, blieben jedoch zweitrangig.

Obwohl sich die künstlerischen Stilrichtungen und technischen Möglichkeiten im Laufe der Jahrhunderte gewandelt haben, ist die Darstellung von Buddha, dem Erleuchteten, an strengen Prinzipien aus der überlieferten indischen Kunst orientiert. Mit den Buddha-Bildnissen will man, entsprechend der Theravada-Lehre, nicht die Person darstellen, sondern an die Lehre erinnern.

Von besonderer Bedeutung ist hierbei **Asana**, die Körperhaltung, und **Mudra**, die Handhaltung, als Ausdruck bestimmter Ereignisse und Lebenssituationen Buddhas.

Traditionell werden vier Körperhaltungen dargestellt: sitzend, liegend, stehend und schreitend, wobei die erste am weitesten verbreitet ist und in verschiedenen Variationen vorkommt.

Die symbolischen Handhaltungen haben unterschiedliche Bedeutungen.

Mudra – Handhaltungen Buddhas

Dhyana: Der in Meditation versunkene Buddha. Im Schoß ineinander verschränkte Hände mit nach oben weisenden Handflächen.
Abhaya: Der furchtlose, segen- und Schutz spendende Buddha. Die rechte in Schulterhöhe erhobene offene Hand mit der nach außen gekehrten Handfläche.
Bhumisparsa: Der die Erdgöttin als Zeugin anrufende Buddha. Die offene herabhängende Hand bei nach innen gekehrter Handfläche.
Vara: Der segengewährende, barmherzige Buddha. Die gleiche Handhaltung wie bei bei Bhumisparsa mit nach außen gekehrter Handfläche.
Vitarka: Die erklärende, argumentierende Handhaltung. Die Handfläche zeigt nach außen, die Finger sind leicht gebeugt, wobei sich der Daumen und Zeigefinger berühren und einen Kreis bilden.
Dharmacakra: Buddha dreht das Rad der Lehre, des endlosen kosmischen Zyklus, womit an seine erste Predigt im Hirschpark von Isipatana erinnert wird. Beide Hände sind in ähnlicher Haltung wie bei Vitarka vor der Brust mit nach innen gekehrten Handflächen ineinander verschränkt.

Mythologische Figuren

In einigen Plastiken wird der meditierende Buddha auf einer siebenköpfigen Schlange sitzend dargestellt, die ihn mit ihren fächerartig angereihten Köpfen vor einem Unwetter schützt. Die buddhistische Lehre erscheint häufig im Gewand der hinduistischen Mythologie.

Naga, Diener Buddhas, sind halbgöttliche Schlangenwesen, die eine Zwischenwelt bewohnen, ein prächtiges, unterirdisches Königreich. Sie können sich mit ihren magischen Kräften in Menschen verwandeln und mit ihnen Kinder zeugen, die stark und mächtig werden. Schlangen, manchmal auch Krokodile (das Naga-Symbol der Mon), schmücken Treppenaufgänge und Tempeldächer.

Manchmal werden sie in den Klauen ihres erbitterten Erbfeindes, des **Garuda**, abgebildet. Die in Südostasien und Indien verbreitete Darstellung des Königs der Vögel hat die Flügel, Klauen und den Kopf eines Raubvogels, aber den Körper eines Menschen. Er ist das Reittier des Gottes Vishnu und daher auch das königliche Wappentier, denn die thailändischen Könige gelten als Inkarnation Vishnus auf Erden. Entsprechend findet man den Garuda auf Geldscheinen und im thailändischen Wappen.

Ein weiteres königliches Tier ist **Erawan**, der dreiköpfige Elefant, Reittier von Gott Indra und gleichzeitig der hinduistische Gott der Künste und Wissenschaft. Am siamesischen Hof wurden weiße Elefanten als Symbole der königlichen Macht gehalten. Auch der jetzige König besitzt elf weiße Elefanten, die sich überwiegend in Lampang aufhalten. Aus Teakholz geschnitzte Elefanten werden an Schreinen und in Tempeln als Opfergaben dargebracht.

Weitere mythologische Figuren dienen als Tempelwächter, so die **Yaksha**, riesige Figuren mit grimmigen Gesichtern, **Kinnara** und **Kinnari,** himmlische Vogelmenschen, oder **Singha,** die zähnefletschenden, burmesischen Löwen, die vor allem in Nord-Thailand die Tempeleingänge bewachen.

Geisterhäuschen

Außerhalb der Tempelbezirke huldigt die thailändische Bevölkerung Schutzgeistern, den Nats. So besitzt jede Stadt einen eigenen Tempel, den **Lak Muang,** in dem der Schutzgeist des Ortes verehrt wird. Jedes Haus hat sein eigenes **Chao Thi,** ein Geisterhäuschen, in dem der Hausgeist wohnen kann. Es wird nach bestimmten Riten errichtet, so darf es beispielsweise niemals im Schatten des zu beschützenden Hauses stehen. Auf einem kleinen Vorbau werden regelmäßig Opfergaben niedergelegt. Je nach Wohlstand und Schutzbedürfnis der Hausbesitzer kann das Geisterhäuschen beachtliche Formen annehmen. So ist der Haustempel des Erawan Hotels in Bangkok (s.S. 138) zu einer Wallfahrtsstätte für die gesamte Bevölkerung geworden. Zudem werden für die Ahnen kleine Tempel erbaut.

Kunsthandwerk

Viele künstlerischen Fähigkeiten wurden von Generation zu Generation weitergegeben. Während alte Lackarbeiten, Seidenstoffe oder Seladonporzellan kaum erhalten blieben, hat sich die Methode ihrer Fertigung in einer ungebrochenen Tradition bis heute bewahrt. Von den Einheimischen werden diese handgefertigten Einzelstücke keineswegs ausschließlich als Souvenirs gekauft, sondern finden noch immer bei Festen und im Alltag Verwendung. Die meisten Formen des Kunsthandwerks, die ursprünglich nicht in Süd-Thailand verbreitet waren, wurden von der Tourismusindustrie dorthin importiert. In einigen Touristenzentren können Besucher die Handwerker bei ihrer Arbeit beobachten.

Seidenweberei

Vor allem in den ärmeren ländlichen Regionen des Nordens und Nordostens weben die Frauen in den Dörfern auf einfachen Webstühlen Seidenstoffe, die für besondere Festgewänder oder als Geschenke der Ehrerbietung verwendet werden.

Die Seidenraupen werden mit Blättern von Maulbeerbäumen gefüttert, bis sie sich in Kokons einspinnen. Nachdem die Reisernte eingebracht ist, beginnt die Zeit zum Weben, und in einigen Dörfern ist dann noch immer das monotone Schlagen der Webstühle zu hören. Die Frauen sitzen im Schatten ihrer Häuser und spinnen die feinen Seidenfäden, die anschließend bunt eingefärbt werden. Jim Thompson, ein Amerikaner (s.S. 138), begann mit der industriellen Seidenproduktion und der weltweiten Vermarktung.

Naturfarben werden nur noch selten benutzt, das Blau der Indigo-Pflanze, Rot aus dem Sekret eines Insektes und Gelb aus einer Wurzel. Besonders kostbar ist die thailändische „Mut-Mee“-Seide, deren Muster entstehen, indem man die Fäden spannt, abbindet und mehrfach einfärbt, bevor sie gewoben werden.

Silberarbeiten

Burmesische Handwerker, die bereits seit dem 13. Jh. Silber bearbeiteten, brachten diese Kunst auch nach Nord-Thailand, wo neben Schmuck und modernen Gegenständen noch immer die traditionellen Schalen und Gefäße für den religiösen Gebrauch hergestellt werden. Das Silber schmilzt man zusammen mit alten, überwiegend indischen Münzen ein. Die ausgekühlten, dünnen Silberplatten werden anschließend mit Meißeln verschiedenster Größe bearbeitet, bis die entsprechende Form und Dicke erreicht ist. Die feinen Reliefs und Ornamente der Schalen und Gefäße werden anschließend in wochenlanger Arbeit mit feinen Meißeln über einer hölzernen Form herausgearbeitet.

Holzschnitzereien

Schon vor Jahrhunderten wurden die Fassaden und das Innere der Tempel und Wohnhäuser mit plastischen Holzschnitzereien verziert. Besonders schöne Arbeiten findet man an den Giebeln, Türen und Fenstern der Tempel. Monatelang arbeiten Frauen und Männer aus einzelnen Holzstämmen tiefe Reliefs heraus, unter ihren Händen entstehen dreidimensionale Bilder, die von Buddhas Leben oder alten Heldenepen berichten. Für wertvolle Dekorationen, wie die berühmten Elefanten, und für Möbel wird das harte Teak-Holz verwendet, das einige Jahre ablagern muss, bevor es bearbeitet werden kann.

Sawankhalok-Keramik

Die Technik des unter hohen Temperaturen gebrannten Steinguts war in Nord-China bereits vor 2000 Jahren bekannt. König Ramkhamhaeng von Sukhothai brachte 1294 von einem Besuch in China dreihundert chinesische Töpfer mit. Sie produzierten in den Brennöfen von Sukhothai Sawankhalok-Keramik, die bis in den Vorderen Orient exportiert wurde. Mit dem Untergang von Sukhothai ging auch die Herstellung der Keramik zurück. Nach einem Krieg zwischen Ayutthaya und Lanna wurden alle Künstler aus Sukhothai, einschließlich der Töpfer, nach Chiang Mai gebracht, wo sich noch heute das Zentrum der Keramik-Produktion befindet. Noch immer verwendet man für die Keramik mit der grünlich schimmernden, eisenhaltigen Glasur keine chemischen Zusätze, sondern nur Material aus der Erde und dem Dschungel.

Lackarbeiten

Die Yun oder Kern aus den nördlichen Bergen Myanmars sollen diese Kunst auch nach Nord-Thailand (Chiang Mai) gebracht haben, wo sie noch heute praktiziert wird. Die Herstellung von Schalen, Dosen und anderen Gegenständen erfolgt in einem langwierigen Prozess. Zuerst wird eine Grundform hergestellt, die entweder aus Holz oder bei qualitativ hochwertigeren Gegenständen aus geflochtenem Bambus besteht. Diese wird mit einem Lack bestrichen, der aus Asche, Kalk und dem Saft des so genannten Schwarzen-Lack-Baumes *(Melanorrhoea usitatissima)* besteht. Nachdem er getrocknet und glatt geschliffen ist, werden weitere Lackschichten aufgetragen, wobei sich dieser Vorgang bis zu fünfzehnmal wiederholen kann. Einige Lackarbeiten werden mit Goldfarbe dekoriert, andere Arbeiten sind mehrfarbig verziert, wobei die Muster durch das Anbringen farbiger Lackschichten oder -ornamente entstehen, die anschließend graviert oder abgeschliffen werden.

Tanz, Theater und Musik

Tanz und Theater

Die Heldenepen Ramayana (in Thailand Ramakien) und Mahabharata liefern den Stoff für zahllose klassische Tanz- und Theateraufführungen.

Dem thailändischen Maskentanz der Götter und Dämonen, **Khon,** liegt das Ramakien zu Grunde. Bei den regelmäßig stattfindenden Aufführungen zeigen die farbenprächtig kostümierten und maskierten Tänzer nur einzelne Episoden aus dem großen Heldenepos, einer dramatischen Liebesgeschichte zwischen dem tapferen Prinzen Rama, seiner anmutigen Frau Sita und dem ewigen Kampf gegen den heimtückischen Widersacher Ravana. Besonders beim Khon sind Theater, Tanz und Musik auf das Engste miteinander verbunden, denn die klassischen Vorlagen erfordern ein gutes Zusammenspiel von Orchester, Tänzern und Rezitatoren.

Während der Maskentanz in früheren Zeiten nur am Königshof aufgeführt wurde, unterhielt man mit weniger stilisierten, humorvollen und lebensnahen **Lakon-Nok**-Aufführungen im Freien bei Dorf- und Tempelfesten die gesamte Bevölkerung. Aus dem Lakon Nok entwickelte sich im 18. Jh. der **Lakon Nai,** ein höfisches Tanztheater, das von den Frauen des Königs in graziösen, anmutigen, Bewegungen getanzt wurde. Sie wurden von Orchestern, Sängern und Rezitatoren begleitet, die in getragener Form romantische Epen vortrugen. Das beliebteste Motiv war das von Rama II. geschaffene, 20 000 Verse umfassende Epos Inao.

Die älteste Form des Tanztheaters, **Lakon Jatri**, entstammt aus dem Süden Thailands und wurde ursprünglich nur von Männern getanzt. Beliebtestes Motiv ist die Geschichte der liebreizenden Vogelprinzessin Manohra, in die sich Prinzen Suton verliebt, und der sie mit Hilfe des Schlangenkönigs an den Hof des Königs Atityawong entführt.

Traditionelle Musik

Schon immer gab es vielfältige Anlässe, um Menschen mit Musik und Tanz zu unterhalten – zu religiösen Feierlichkeiten gehört eine musikalische Umrahmung ebenso wie zu Staatszeremonien, Dorf- und Familienfesten. Die ersten bekannten Musikinstrumente aus frühester Zeit sind Bronze-Gongs, die sowohl in Thailand als auch in Indonesien und Vietnam ausgegraben wurden. Bronze-Gongs gehören neben Trommeln, Becken, Oboe, Bambus-Flöte und Bambus-Xylophon zu den wichtigsten Musikinstrumenten in Thailand.

Man unterscheidet drei Orchester-Typen: Am Königshof wird bei Zeremonien und Theateraufführungen das **pi phat** gespielt, das aus Gongs, Xylofonen, Metallophonen und Oboe oder Flöte besteht. In Süd-Thailand kann man es heute auch häufig bei Tempelfesten hören und sehen. Im **Mahori-Orchester,** das Solo- und Chorgesänge begleitet, kommen Laute, Zither und andere Saiteninstrumente hinzu. Das ***kruang sai*** hingegen, das ländliche Orchester, verwendet ausschließlich Saiten- und Blasinstrumente.

Populäre Musik

Da fast jeder Haushalt einen Kassettenrecorder besitzt, sind die populären Songs der Hitparade im ganzen Land bekannt. Viele Texte bringen das Lebensgefühl der jungen Generation zum Ausdruck, das noch in den 80er Jahren stark von den ländlichen Wurzeln und der Musik des Nordostens bestimmt war. Die berühmteste Band Carabao griff 1985 mit ihrem Lied „Made in Thailand“ die Situation der Jugendlichen vom Lande auf, die, mit den Werten der Großstadt konfrontiert, auf der Suche nach ihrer eigenen Identität sind.

In den 90er Jahren wandelte sich das Bild, und die neue Generation der Stars unterscheidet sich kaum von ihren Kollegen in Hong Kong oder den USA. Besonders erfolgreich sind bei der urbanen Jugend Musiker mit europäischen Zügen, deren Lieder von individuellen Problemen der städtischen Jugend handeln, die sich kaum noch von denen anderer Jugendlicher im Westen unterscheiden.

Medien

Mit dem zunehmenden Ausbau der Infrasttuktur haben sich die Medien selbst die abgelegenen Bergregionen erschlossen. Der Fernseher gehört als Statussymbol zur selbstverständlichen Einrichtung fast jedes Haushalts.

Zudem wuchs mit dem Anstieg der Alphabetisierungsquote (Anteil der Erwachsenen über 14 Jahre mit Lese- und Schreibkenntnissen auf über 90%) der mögliche Leserkreis für gedruckte Medien beachtlich an. Die Konzentration auf den Großraum Bangkok ist auch in der Presse festzustellen. Fast alle Tageszeitungen werden in der Hauptstadt produziert.

Presse

Der überwiegende Teil aller Presseorgane erscheint in Thai, daneben gibt es eine chinesische Morgen- und Abendzeitung mit einer Auflage von je 60 000 Exemplaren.

Zwei englischsprachige Tageszeitungen, **The Nation** und die **Bangkok Post** (je 20 Baht), haben eine tägliche Auflage von zusammen über 80 000 Exemplaren. Sie zeichneten sich bis vor einigen Jahren durch eine kritische Berichterstattung aus. Unter Thaksin haben aber regierungskritische Journalisten der Bangkok Post ihren Job verloren. Bei der Nation-Verlagsgruppe kann man nur hoffen, dass nichts Ähnliches geschieht. Leser dieser Presseorgane sind neben den zahlreichen in Thailand lebenden Ausländern vor allem Angehörige der westlich gebildeten Oberschicht, wie Intellektuelle oder Geschäftsleute. 💻 www.nationmultimedia.com und 💻 www.bangkokpost.net/.

Thai Rath und **Daily News** sind die beiden größten thaisprachigen Tageszeitungen mit Boulevardcharakter. Ereignisse der höheren Gesellschaft, Verbrechen oder andere ungewöhnliche Geschehnisse werden mit viel Werbung und großen Fotos verkauft. Thai Rath hat eine Auflagenhöhe von etwa 1,8 Mio., Daily News von etwa 500 000. **Siam Rath** ist eine kritische Wochenzeitung, die sich an einen gebildeten Leserkreis richtet.

Neben den Tageszeitungen gibt es in Thailand ein breites Angebot an nationalen und internationalen Magazinen (z.T. in Englisch). Das überregionale Magazin **Far Eastern Economic Review** berichtet wöchentlich über das politische, wirtschaftliche und kulturelle Geschehen in Asien.

In deutscher Sprache erscheinen wöchentlich bzw. monatlich

Der Farang (30 Baht), 💻 www.der-farang.com
Südostasien-Zeitung (50 Baht),
💻 www.suedostasien-zeitung.com/
Pattaya Blatt, 💻 www.pattayablatt.com/
Reisen in Thailand (gratis)
Tip – Zeitung für Thailand (gratis),
💻 www.thailand-tip.de
Bangkok aktuell und **Phuket aktuell**,
💻 www.thaiaktuell.com.

Fernsehen

1955 wurde in Thailand als erstem asiatischem Land das Fernsehen eingeführt. Heute senden landesweit fünf kommerzielle Gesellschaften, Kanal 3 und iTV (privat, Thaksin-Netzwerk), Kanal 5 und 7 (Militär) und Kanal 9 (staatlich), mit viel Werbung durchsetzt japanische Zeichentrickfilme, Talk- und Spielshows sowie Serien, in denen die Probleme der modernen thailändischen Gesellschaft thematisiert werden. Aber ähnlich wie bei den Presseorganen mussten einige TV-Journalisten und Talk-Show-Moderatoren bereits ihren Hut nehmen.

Alle ausländischen Filme und Serien werden in Thai synchronisiert, der Originalton ist auf UKW Radios zu empfangen: Kanal 3: 105,5 MHz; Kanal 7: 103,75 MHz; Kanal 9: 107 MHz. Das in Hongkong beheimatete StarTV und viele andere asiatische Satellitenprogramme können auch in Thailand gesehen werden. Daneben sind durch den Satelliten ASEA Sat 2 weitere internationale Fernsehprogramme zu empfangen, darunter das Programm der Deutschen Welle in Deutsch und Englisch.

Radio

480 Stationen senden landesweit, wobei lokale und internationale Nachrichtensendungen vom staatlichen Sender Radio Thailand übernommen werden müssen. Außer Radio Thailand und dem Sender des Bildungsministeriums sind es sämtlich kommerzielle Sender. Die Websites und Frequenzen findet man unter 💻 www.ithailand.com/media/radio/

In Bangkok senden einige Radiostationen ein englisches Programm. Zudem sind die deutschen und englischen Sendungen der Deutschen Welle zu empfangen (s.S. 73). Das aktuelle Radio- und Fernsehprogramm ist der Bangkok Post oder Nation zu entnehmen.

Video und DVD

Wie in anderen asiatischen Ländern sind auch in Thailand Filme aus der Konserve „in“. Nach der Abfahrt wird in allen großen, klimatisierten Überlandbussen sofort ein amerikanischer B-Film, chinesischer Action-Thriller, ein Thai-Melodram oder eine indische Musik-Schnulze eingelegt. In den Gästehäusern und Restaurants der Touristenzentren wird an einem Anschlag das tägliche Film-Programm angekündigt. Durch Video und DVD, vielfach illegal kopiert, wird jede Altersgruppe erreicht, und kein Jugendschutzgesetz schreitet ein, wenn die Kinder die brutalsten Szenen auf dem Bildschirm verfolgen.

Sprache

Die **Thai-Sprache** gehört zur sino-tibetischen Sprachfamilie. Wie Chinesisch ist Thai eine einsilbige Tonsprache. In diesem für uns Europäer völlig fremden Sprachmodell liegt auch die größte Schwierigkeit.

In Thai kann theoretisch das gleiche Wort fünf verschiedene Bedeutungen haben, je nachdem, in welchem Ton es ausgesprochen wird. In der Thai-Hochsprache unterscheidet man fünf **Tonhöhen** (Tonlagen): steigend, fallend, hoch, mittel und niedrig. In Nord-Thai (Lanna) existieren 7 verschiedene Tonhöhen, und das *r* wird wie *l* ausgesprochen. In Zentral-Thailand haben viele Khmer- und Pali-Worte Eingang in die Sprache gefunden. Nur wenige Touristen schaffen es, sie einigermaßen korrekt auszusprechen. In der Praxis erkennen Thais ein falsch betontes Wort meist aus dem Sinnzusammenhang. Sie machen sich allerdings oft einen Riesenspaß daraus, einem falsch ausgesprochenen Satz einen witzigen, meist sexuellen Sinn unterzuschieben.

Die Kompliziertheit liegt aber nicht nur in der Aussprache, sondern auch in der **Schrift.** Seit dem 13. Jh. benutzen die Thai die schwungvolle Dewanagari-Schrift, die aus dem Mon entwickelt wurde, das wiederum auf der südindischen Pali-Schrift basiert. Ein kleines Wörterbuch findet sich am Ende dieses Buches (s.S. 814ff.).

Viel Spaß macht ein Flash-Kurs im Internet, der Grundlagen und die wichtigsten Worte vermittelt, unter 🖳 www.thaisouth.com/English/LearnThai. Einzelne Lektionen eines umfangreichen Trainingskurses kann man herunterladen unter 🖳 www.siam-info.de

Sprachkurse

In Bangkok, Hua Hin, Chiang Mai, Nong Khai, Ko Samui und anderen Städten werden Thai-Sprachkurse für Ausländer angeboten. Da sie bei einigen Instituten zu bestimmten Zeiten beginnen, sollte man vorher eine der folgenden Adressen anschreiben:

American University Alumni Association (AUA)
179 Ratchdamri Rd., Bangkok, ✆ 02-2527067, 2528170, bietet Intensivkurse an.
Baan Pasa
Soi Bintabat, Poonsuk Rd., Hua Hin, ✆ 032-511770.
Berlitz
Silom Bldg., 5th floor, 197/1 Silom Rd., Bangkok, ✆ 02-2330417.
Nisa Thai Language School
27 Sathon Tai Rd., Bangkok, ✆ 02-2814003, 2869323.
The Language Lounge
3034 Indra Shopping Arcade, Bangkok, ✆ 02-2511111 ext. 734.
Weitere Infos und Adressen unter 🖳 www.learningthai.com/schools/.

Im Süden Thailands werden verschiedene malaiische Dialekte gesprochen.

Wer nur in die Umgangssprache des Nordens und in die Thai-Schrift einsteigen will, um sich beim Reisen leichter verständigen zu können, ist vielleicht mit einem effizienten Privatkurs bei unserem Nord-Thailand-Experten Uwe Löwel in Mae Sai besser dran: 11/2 Moo 9, Ban Pong Ngam, 🖂 banpong2001@yahoo.com

Reiseziele

Strände und Inseln

Die meisten Touristen kommen wegen der herrlichen Strände nach Thailand. Preiswerte, strandnahe Unterkünfte, hervorragendes Essen, freundliche Leute, eine entspannte Atmosphäre und herrliches Wasser halten die ausländischen Touristen durchschnittlich fast 14 Tage lang auf **Ko Samui**, der Insel mit den unbestritten schönsten Stränden. Kein Wunder, dass sich Ko Samui zu einer Urlaubsinsel für Mittelklasse- und Jet-Set-Touristen gewandelt hat. Obwohl Chaweng und Lamai von Bungalow-Siedlungen überzuquellen scheinen, wirken diese Super-Strände selbst in der Saison nicht überlaufen. An den „zweitbesten" Stränden von Mae Nam und Bo Phut fühlen sich Traveller immer noch wohl. Wer jedoch das einfache, weniger „zivilisierte" Leben sucht, zieht die Nachbarinsel **Ko Pha Ngan** vor. Zu einem angenehmen Reiseziel für Tauchschüler hat sich **Ko Tao** entwickelt, schließlich laden das klare Wasser und die leicht erreichbaren Korallenriffe neun Monate im Jahr zum Tauchen und Schnorcheln ein.

Herrliche Strände erstrecken sich auf der Westseite der Insel **Phuket**. Hier wurde ein Resort und Hotel nach dem anderen hochgezogen. Für Strandurlauber, die per Charter eingeflogen werden, ist Phuket von November bis Mai eines der angenehmsten, wenn auch nicht billigsten Pauschalreiseziele in Asien.

Die natürliche Schönheit der Insel **Ko Phi Phi** hatte bereits vor dem Tsunami auf der zentralen Landbrücke ein unkontrollierter Bauboom zerstört, andere Strandabschnitte waren hingegen kaum betroffen. Das besonders bei Mittel- und Nordeuropäern beliebte Urlaubsziel **Krabi** bietet neben wunderschöner Landschaft einige traumhafte Strände, die nur mit Booten erreicht werden können.

Die Traveller-Szene zieht es auf weniger bekannte Inseln entlang der Westküste, z.B. **Ko Siboya**, **Ko Jum**, **Ko Kradan**, **Ko Bulon Lae**, **Ko Lipe**, **Ko Phayam** oder das „andere„ **Ko Chang**. Sie sind zumeist nur mühsam zu erreichen, bieten aber außerhalb der Hauptsaison absolute Einsamkeit.

Massentourismus hat **Pattaya**, den Ferienort an der Ostküste der Bucht von Thailand, geprägt. Pattaya ist eine moderne Stadt mit allen Vor- und Nachteilen, in der ein reges Nachtleben noch vor den Stränden für viele die Hauptattraktion darstellt. Ruhe suchende Urlauber finden in weitläufigen tropischen Gartenanlagen rings um die Swimming Pools der Luxus-Hotels Erholung. Am Wochenende und an Feiertagen fallen Heerscharen von Thais aus Bangkok auf **Ko Samet** ein. Es gibt nur noch ganz wenige Unterkünfte, deren Besitzer sich über Traveller freuen.

Östlich von **Rayong** liegen entlang der Küste auch viele Strandhotels und Bungalowanlagen, die vorwiegend für einheimische Touristen mit gut gefüllter Reisekasse gebaut wurden. Einen rasanten Aufschwung erlebte **Ko Chang** ganz im Osten. An den schönsten Stränden der Insel überwiegen nicht mehr die einfachen Hütten für Traveller. Es werden immer mehr luxuriöse Boutique-Hotels und teure Resorts für Thais aus Bangkok gebaut. Als Renner gelten die abgeschiedenen Inseln **Ko Mak** und **Ko Wai**, die dennoch ihren friedlichen Charakter bewahrt haben. Der Jet Set bleibt auf ganz kleinen Privatinseln mit isolierten Luxusanlagen unter sich. Nahezu „unentdeckt" blieben die Strände im südöstlichen Zipfel entlang der Grenze zu Kambodscha, wo allerdings keine Infrastruktur anzutreffen ist.

Der traditionelle Badeort **Hua Hin** südlich von Bangkok hat sich auch zu einem Urlaubsziel für westliche Touristen, vor allem für schwedische Familien, entwickelt. Im benachbarten **Cha-am** machen in Massen vor allem Thai-Familien Urlaub. In der Umgebung entstanden luxuriöse Strandhotels für westliche Pauschaltouristen und Hochhäuser mit Eigentumswohnungen für betuchte Bangkoker und Ausländer.

Entlang der 2600 km langen Küste ziehen sich viele wunderschöne Sandstrände, die derzeit fast nur von Thais am Wochenende aufgesucht werden. Wer sich nach wirklicher Einsamkeit ohne jeden Rummel sehnt, findet unter der Woche in der Nähe von **Prachuap Khiri Khan**, **Thap Sakae**, **Ban Krut**, **Bang Saphan** und **Chumphon** hübsche Bungalows zu nicht ganz günstigen Preisen. Nur wenige ausländische Touristen halten diese ersehnte Ruhe mehr als zwei oder drei Tage lang aus, denn hier ist absolut nichts los. Zu einem neuen, nicht gerade billigen Urlaubsziel hatte sich der 12 km lange Strand von **Khao Lak** an der Andamanensee entwickelt. Vor allem Paare und Familien aus Deutschland und Schweden fühlten sich in den schön angelegten Bungalowanlagen und Ferienhäusern direkt am Strand wohl. Die Flutwelle vom 26. Dezember 2004 hat die Entwicklung vorerst gebremst, auch wenn die meisten Resorts bereits wieder die ersten Bungalows gebaut haben.

Der Thai-Badeort **Songkhla** und die endlosen Sandstrände weiter südlich eignen sich kaum für einen Strandurlaub. Die meisten Touristinnen fühlen sich hier nicht wohl, da in diesem muslimischen Gebiet Westler in Badekleidung noch eine gar zu große Attraktion für die Einheimischen darstellen.

Thais lieben die zahllosen Badeplätze am Fuße klarer, kalter **Wasserfälle** und bevölkern sie vor allem an Wochenenden. Badefreudige Touristen, die die Mühsal der Anreise auf sich nehmen und gar im Zelt übernachten, können sich in natürlichen Badepools morgens und abends wahren Wonnen hingeben.

Ein Badevergnügen besonderer Art bieten viele **heiße Quellen**. Sehr einfach gefasste Quellen werden z.B. bei **Pai**, **Ranong** oder **Phattalung** von den Einheimischen zur Körperpflege aufgesucht. Schöne Badehütten laden im **Jae Sorn National Park** zu einem Sitzbad im körperwarmen Wasser ein. Ein Komforthotel mit hauseigenem Thermalbad gibt es in **Ranong**, Bungalowanlagen mit Warmwasserbecken auch in **Pai**.

Kunst und Kultur

Bangkok allein wäre schon eine längere Reise wert, sind doch hier auf engem Raum einige der schönsten Tempel Asiens zu bewundern. Allen voran der Königstempel **Wat Phra Keo** mit der unverwechselbaren Silhouette seiner so unterschiedlichen Bauwerke. Wer sich ein wenig für die buddhistische Religion Thailands interessiert, sollte unbedingt das **Wat Pho** mit seinen vielen Kunstwerken besuchen. Wer auch noch den wunderschönen Prang des **Wat Arun** auf der westlichen Flussseite besteigt, um die Aussicht über den Chao Phraya zu genießen, wird wohl die anderen herrlichen Tempel von Bangkok zunächst links liegen lassen.

Der **Königspalast** mit seiner luftig leichten Bauweise zieht jeden Besucher in seinen Bann. Nicht entgehen lassen sollte man sich eine Vorstellung traditioneller **Tänze**, ob in einem Restaurant, im Theater oder an einem der berühmten Schreine. Wer diese kulturellen Höhepunkte allerdings gleich zu Beginn seiner Thailand-Reise ansteuert, wird vielleicht anderen Tempeln des Landes, die kaum weniger schön sind, nicht mehr so viel abgewinnen können. Also besser erst am Ende der Reise auf Kultur-Trip durch Bangkok gehen!

An einem Tag lässt sich von Bangkok aus per Boot, Bahn oder Bus die einstige Königsstadt **Ayutthaya** mit ihren geschichtsträchtigen Ruinen besuchen. Im Rahmen eines Tagesausflugs kann man in **Nakhon Pathom** einen der größten Chedis des Landes bestaunen und außerdem die ruhige Stadt **Phetchaburi** besichtigen, in der es einige schöne Tempel gibt. Auf dem Weg liegt auch der „Schwimmende Markt" von **Damnoen Saduak**, der allerdings schon sehr touristisch ist. Wer etwas mehr für

Altertümer übrig hat, sollte auf dem Weg in den Norden in **Sukhothai** einen Zwischenstopp einlegen. In einem gepflegten Park liegen viele eindrucksvoll restaurierte Ruinen von Klöstern, Tempeln und Chedis. Auch die seltener besuchten Außenbezirke sind lohnenswert. Als Alternative bietet **Si Satchanalai** Ruinen in einer natürlich wirkenden Umgebung. Hier stehen zerfallene Tempel und Paläste, überragt von malerischen Chedis auf grünen Hügeln. Auf dem Weg durch **Phitsanulok** kann man im Wat Phra Si Ratana Mahathat einen Blick auf die schönste Buddha-Statue von Thailand werfen. Die Ruinen von **Kamphaeng Phet** werden nur von wenigen Touristen besucht, obwohl sie an einer Hauptroute in den Norden liegen.

Viele Städte im Norden glänzen durch ihre Tempel und Chedis. Allen voran **Chiang Mai** mit seinen über 70 Wats. In Chiang Mai blüht das Kunsthandwerk, auf dem Nachtmarkt gibt es so manches herrliche Stück zu erwerben. Die „Antiquitäten" sind freilich garantiert nicht sehr alt.

Schöne Tempel und Chedis, die allerdings nur für Spezialisten wirklich interessant sind, finden sich in **Lamphun, Lampang, Phrae** und **Nan**. Hier bietet sich auch die Möglichkeit, einmal das Leben in einer angenehmen, völlig untouristischen Stadt kennen zu lernen. In dem Marktflecken **Chiang Saen**, einer der ältesten Thai-Gründungen auf dem heutigen Staatsgebiet, mit seinen vielen unbedeutenden Ruinen geht das Leben einen gemächlichen Gang.

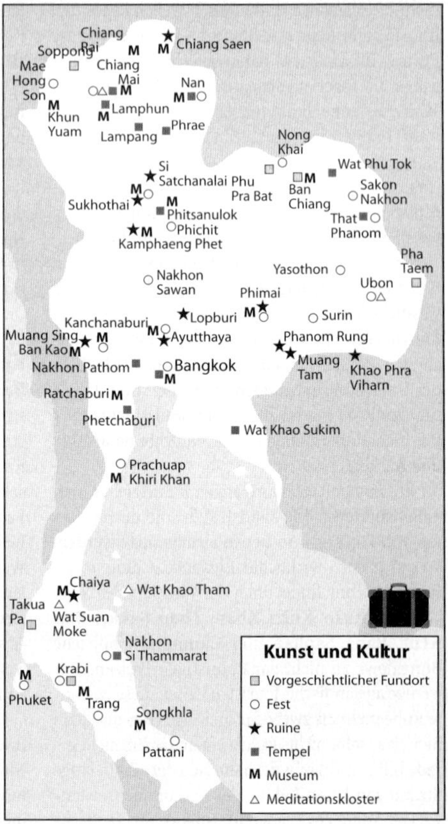

Im äußersten Nordwesten wurden bei **Soppong** archäologisch hochinteressante Reste von Holzsärgen entdeckt, die auf 2000 Jahre alte, bisher unbekannte Völker hinweisen.

In Thailands Nordosten steckt der Tourismus noch in den Kinderschuhen. Eine wirkliche Attraktion sind die restaurierten Khmer-Ruinen in der Kleinstadt **Phimai**. Noch eindrucksvoller wirkt der auf einem Hügel errichtete Khmer-Tempel von **Phanom Rung**. Schöne Spaziergänge kann man im **Phu Pra Bat** Historical Park in hügeliger Landschaft zwischen 2000 bis 4000 Jahre alten Felszeichnungen unternehmen. In **Ban Chiang** weisen Ausgrabungen auf eine der ältesten Kulturen der Menschheit hin. Der abgeschiedene Waldtempel **Wat Phu Tok** auf einem majestätischen Sandsteinfelsen begeistert jeden der wenigen westlichen Besucher. Im fernen Osten sind die Felszeichnungen von **Pha Taem** zu bewundern, die vor über 3000 Jahren hoch über dem Mekong an glatte Kliffs gemalt wurden. Nachdem sich die politische Lage beruhigt hat, kann von Ubon Ratchathani aus der Khmer-Tempel **Khao Phra Viharn**, der sich in Kambodscha befindet, besichtigt werden.

In Süd-Thailand sind in **Chaiya** einige 1200 Jahre alte Ruinenreste aus der Sri Vijaya-Kultur erhalten. Aus noch früherer Zeit stammen die indischen Statuen der Stadt **Takua Pa**. Das Wat Mahathat, ein hochverehrtes Kloster mit einem imposanten Chedi, steht in **Nakhon Si Thammarat**.

Geschichtsträchtige Tempelanlagen kann man auch in **Phuket** besichtigen, vor allem das Wat Chalong und Wat Phra Thong. Eindrucksvoll sind sicherlich auch die chinesischen Tempel in vielen Städten des Südens, in denen jeden Tag Gläubige ihre Zeremonien vollziehen.

Den besten Überblick über die Kunstschätze des Landes vermittelt das Nationalmuseum von Bangkok. Doch auch in der Provinz gibt es einige lohnenswerte **Museen**. Hier sind die Schätze ausgestellt, die bei Ausgrabungsarbeiten gefunden wurden (von Ban Chiang über Ayutthaya, Ratchaburi und Chaiya bis Songkhla). Auch vielen Tempeln ist ein kleines Museum angegliedert, so lagern viele Kunstschätze im **Wat Khao Sukim** bei Chantaburi und über 5000 Jahre alte Ausgrabungsstücke im **Wat Klong Thom** bei Krabi. Über Geschichte, Architektur, Kunst und Kunsthandwerk von Süd-Thailand informiert das Folklore Museum in **Songkhla**. Ein interessantes Museum in **Chiang Rai** ist den Kulturen und Traditionen der Bergstämme gewidmet.

Über das ganze Land verstreut trifft man in Dorftempeln häufig auf plastische Darstellungen der **Volkskunst**. So sollen lebensgroße Gipsfiguren den leseunkundigen Dorfbewohnern die buddhistischen Legenden nahe bringen, grausige Höllenszenen die Gläubigen vom Sündigen abhalten oder groteske Tierfiguren die menschlichen Laster anprangern.

Ein kulturelles Erlebnis sind auch die traditionellen **Feste**, wie z.B. die Drachen- und Löwenparade in **Nakhon Sawan**, das Raketenfestival in **Yasothon**, das Kerzenfest in **Ubon Ratchathani** oder das Wachstempelfest in **Sakon Nakhon**, der Manohra Dance Contest in **Phattalung** oder die Kor Lae-Bootsrennen in **Narathiwat**. Bei allen religiösen Festen sind Touristen, die sich respektvoll verhalten, gern gesehene Gäste, so z.B. beim großen Tempelfest in **That Phanom**, beim Fest des zehnten Monats in **Nakhon Si Thammarat** oder beim Vegetarierfest in **Phuket** und **Trang**. Speziell für Touristen, einheimische wie westliche, werden einige eindrucksvolle Feste ausgerichtet, z.B. das Elephant Round-up in **Surin** und die Loy Krathong-Feier in **Sukhothai**. Wer tiefer in das Wesen der buddhistischen Religion eindringen will, kann **Meditationskurse** in Klöstern besuchen, die speziell auf die Vorkenntnisse und Bedürfnisse von Westlern eingehen. Mehrwöchige Kurse werden von vielen Wats in Bangkok und Chiang Mai, vom Wat Khao Tham auf Ko Pha Ngan, vom Wat Suan Moke in Süd-Thailand und von Wats in der Nähe von Ubon Ratchathani angeboten (Näheres s.S. 101).

Natur und Nationalparks

Thailand besitzt einige wahrlich spektakuläre Naturschönheiten und viele landschaftlich schöne Anziehungspunkte, die Naturfreunde voll auf ihre Kosten kommen lassen.

Wer das tropische Thailand besucht, will meist auch richtigen **Dschungel** erleben. Großflächige Regenwälder gibt es zwar nicht mehr, doch die verbliebenen Reste werden in über 100 Nationalparks, 35 Wildschutzgebieten, 46 Nichtjagdgebieten und 35 Waldparks geschützt. Sie bedecken stolze 12,8% der Landesfläche Thailands, können aber nur auf Dauer erhalten bleiben, wenn sie „Geld einbringen", also von Touristen besucht werden. Gute Beschreibungen von zehn wichtigen Nationalparks und vier National Marine Parks gibt es im Web unter 💻 www.mygreenearth.com.

In allen Nationalparks sind begrenzte Gebiete als Ausflugsziele für Thais erschlossen. An Wochenenden werden die Wanderwege, Picknicktische, Ruhebänke, Erfrischungsstände und Bungalows rege genutzt. Am Montag wird meistens der Abfall zusammengekehrt (Styropor-Verpackung darf nicht in Nationalparks gebracht werden!), und dann beginnt die Zeit, in der Touristen in Ruhe die Natur genießen können.

Es ist kaum wahrscheinlich, dass ein Parkangestellter Englisch spricht oder dass ein Ausländer die Informationen im *Visitor Center* entziffern kann, aber ein aufgeschlossener Naturfreund wird immer zurechtkommen.

Am besten erschlossen ist der **Khao Yai** National Park, etwa 200 km nordöstlich von Bangkok. Wanderwege durchziehen den relativ lichten Dschungel. Mit etwas Glück lassen sich Rotwild, Affen und Nashornvögel, vielleicht sogar Elefanten beobachten. Doch bereits für die Durchfahrt auf der Hauptstraße werden Ausländer zur Kasse gebeten.

Ebenfalls ideal zum Wandern ist der **Phu Kradung** National Park in Nordost-Thailand, der

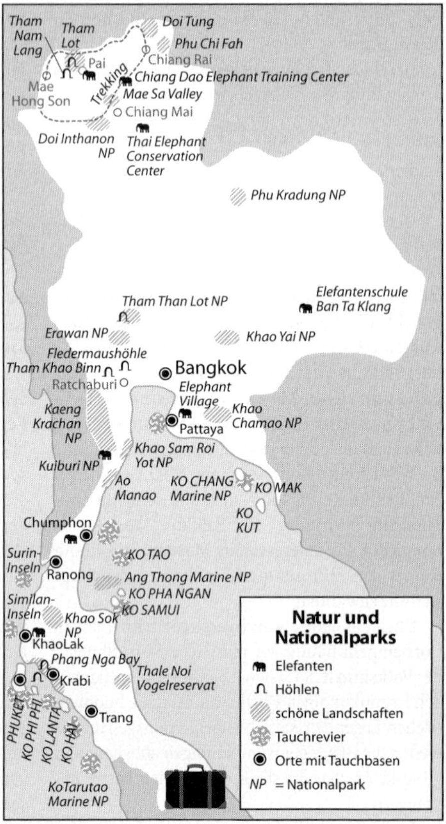

auf 1500 m Höhe in einem kühleren Klima eine herrlich vielfältige Vegetation bietet.

Wer unbedingt für mehrere Tage durch den Dschungel marschieren will, kann im **Kaeng Krachan** National Park, dem mit nahezu 3000 km^2 größten von Thailand, eventuell einen Englisch sprechenden Führer auftreiben. Aber eine Warnung sei angebracht: In der fast weglosen Wildnis ist Trekking ein schweißtreibendes Abenteuer, das eine exzellente Kondition voraussetzt.

Ein äußerst beliebtes Ausflugsziel für stressgeplagte Bangkoker ist der **Erawan** National Park bei Kanchanaburi. In einer tropischen Dschungellandschaft rieseln malerische Wasserfälle die siebenstufigen Sinterterrassen herunter.

Im ganzen Land verstreut gibt es in unzerstörter Natur viele schöne, aber nicht gerade gewaltige Wasserfälle, die häufig zum Baden einladen. Diese Plätze sind selten ans öffentliche Verkehrsnetz angeschlossen. Ohne eigenes Fahrzeug können sie nur mühsam und zeitaufwändig oder aber kostenintensiv erreicht werden.

Das wahre Naturerlebnis findet man an Wochentagen mit etwas Spürsinn durchaus. Besonders schön sind die herrlichen Badepools des **Karom-Wasserfalls** bei Nakhon Si Thammarat.

Höhlenfreaks entdecken in ganz Thailand Tropfsteinhöhlen. Viele werden zwar religiös genutzt, aber die meisten sind kaum für Touristen erschlossen. In Nord-Thailand kann man zum Beispiel zwischen Mae Hong Son und Pai einige eindrucksvolle Höhlen außerhalb von Nationalparks erkunden, darunter die Tunnelhöhle **Tham Lot** und die gigantische **Tham Nam Lang**, die zweitgrößte Höhle auf dem asiatischen Festland.

Bei Ratchaburi liegt eine der schönsten Höhlen Thailands, die **Tham Khao Binn**, die besonders leicht und billig zugänglich und vollständig beleuchtet ist. Ein fantastisches Naturschauspiel kann man jeden Abend bei der nahe gelegenen **Fledermaushöhle** miterleben, wenn Abermillionen der kleinen Flattertiere in einer gigantischen, sich windenden Schlange zu ihren Futterplätzen ausfliegen. Ähnlich spektakulär spielt sich der Ausflug bei der Fledermaushöhle am Khao Yai National Park ab. Nördlich von Kanchanaburi lädt der **Tham Than Lot** National Park zu einer abwechslungsreichen Wanderung durch eine Höhle und schönen Wald zu einer eindrucksvollen Naturbrücke ein.

Der mit 2565 m höchste Berg, der **Doi Inthanon**, liegt im Norden in einem Nationalpark. Eine Autostraße führt hoch zu den bemoosten Rhododendron-Hainen in der kühlen, ansonsten wenig spektakulären Gipfelregion. Faszinierende Berglandschaften erstrecken sich im äußersten Norden um den **Doi Tung** und weiter östlich um den **Phu Chi Fah** herum. Wer für Blumen und blühende Pflanzen schwärmt, sollte die Orchideen-Farmen und die schön angelegten Gärten der Resorts im **Mae Sa Valley** besuchen.

Eintritt oder nicht?

Leider hatte der Leiter der Forstbehörde Thailands, Herr Plodprasob Suraswadee, der auch für die Nationalparks zuständig ist, Mitte 2000 die Idee, für sämtliche Ausländer den Eintritt in allen, selbst unattraktivsten Nationalparks von Thailand von 20 Baht auf überzogene 200 Baht zu erhöhen. Massive Proteste und Boykottaufrufe waren die Folge (z.B. 💻 www.geocities.com/donutlink/boycott/). Wie die meisten Touristen können auch wir diese Entscheidung des Herrn Plodprasob unter dem Deckmantel des nationalen Interesses nicht unterstützen, sondern raten vom Besuch der vielen dritt- und viertklassigen Nationalparks ab, die diesen Eintrittspreis nicht wert sind. Die meisten Tourunternehmen arrangierten sich zähneknirschend, andere jedoch begannen, Naturattraktionen außerhalb von Nationalparks zu suchen und zugänglich zu machen. Diesen aktiven Thais gilt unsere Sympathie. Wir bitten unsere Leser, ihr Naturerlebnis möglichst außerhalb von Nationalparks zu suchen, wo sie nicht diskriminiert werden. Es gibt wahrlich genug Natur in Thailand. Die Meeresnationalparks entlang der Andamanensee kann man bis auf weiteres bei freiem Eintritt besuchen, eine Maßnahme zur Wiederbelebung des Tourismus in den vom Tsunami betroffenen Gebieten.

Die wahre Schönheit der nördlichen Landschaft lässt sich am besten zu Fuß entdecken. Trekking-Agenturen in **Chiang Mai**, **Chiang Rai**, **Pai** und vielen weiteren Orten bieten Wanderungen durch die Dörfer der Bergstämme an, häufig verbunden mit Floßfahrten und Elefanten-Safaris. Wer die Dickhäuter beim Training erleben möchte, kann im Norden das **National Elephant Institute** bei Thung Kwian oder das **Chiang Dao Elephant Training Center** besuchen. Im Nordosten werden im Dorf **Ban Ta Klang** bei Surin die Elefanten für das *Elephant Round-up* geschult. Selbst bei Pattaya wurde ein **Elephant Village** eröffnet, und auf Phuket, Ko Samui oder bei Khao Lak verdienen Elefanten ihren relativ teuren Lebensunterhalt, indem sie Touristen durch die Wälder schaukeln. Seit dem Verbot des Holzeinschlags wären sie sonst arbeitslos.

Auf dem Weg in den Süden liegt der **Khao Sam Roi Yot** National Park, dessen Marschland vollständig zugunsten von Krabben-Farmen zerstört wurde. Wilde Elefanten sind die Attraktion im neuen **Kuiburi National Park**, jeden Abend sollen sie an einer natürlichen Tränke zu sehen sein. Reizvoll ist die **Rab Ro-Höhle** bei Chumphon, spektakulär gar die **Khao Khriap-Höhle** weiter südlich oder die **Phra Kayang-Höhle** weiter westlich – alle liegen außerhalb von Nationalparks und können auf eigene Faust oder im Rahmen preiswerter Touren besucht werden. Im unberührten Dschungel im Hinterland von **Chumphon** können Naturfreunde trekken, mit Flößen einen Bach hinabgleiten, wilde Elefanten oder andere Tiere beobachten.

In Süd-Thailand wurden bisher sieben Nationalparks zum Schutz des tropischen Regen- und Monsunwalds eingerichtet. Leicht zugänglich ist der **Khao Sok National Park**, in dem junge, einheimische Führer erlebnisreiche Wanderungen und Dschungeltouren durchführen sowie außerhalb des Parks fröhliches Tubing und Paddeln auf dem Sok River veranstalten. Mit etwas Glück kann vielleicht ein Exemplar der Rafflesia, der größten Einzelblüte der Welt, bestaunt werden. Auf dem Stausee des **Rajjaprabha-Damms** bietet der Park weitere Attraktionen – Bootsfahrten an turmhohen Felswänden entlang und Übernachtungen in schwimmenden Bungalows.

Die pittoreske, tropische Felsenlandschaft zwischen **Krabi** und **Phang Nga** besteht aus verwitterten Kegelkarsten und ist von vielen hundert Höhlen durchlöchert, von denen einige nur per Boot zu erkunden sind. Im Vogelreservat **Thale Noi** halten sich von Januar bis April, wenn die Monsunwinde abgeebbt sind, viele große und kleine Wasservögel auf.

Wer zum ersten Mal in die Tropen kommt, wird begeistert sein von den intensiven **Farben**, z.B. vom lieblichen Grün junger Reispflanzen. Vor allem zu Beginn der Regenzeit sind riesige Anbauflächen in faszinierende Farben getaucht.

Um die unzähligen Inseln und die Korallenriffe vor zügelloser Ausbeutung zu schützen, wurden 18 **Marine National Parks** eingerichtet. Boote verkehren regelmäßig entlang der Westküste zu den Nationalparks von **Ko Tarutao**, **Ko Phi Phi**, **Phang Nga Bay**, **Similan Islands** und **Ko Surin**, die allesamt aus wunderschönen Inseln bestehen. Wirklich

Tipps zum Schnorcheln

Da die Sonne unbarmherzig auf die Waden, den Rücken und den Nacken brennt, empfiehlt es sich, beim Schnorcheln ein Polohemd mit Kragen sowie eine dünne, lange Hose zu tragen, mit der man sich auch nicht so schnell an den scharfkantigen Korallen verletzt. Nur zwei Arten von Fischen können gefährlich werden, zum einen **Steinfische**, die sehr giftige Rückenstacheln besitzen und die man nur schwer vom Meeresboden unterscheiden kann, zum anderen **Rochen**, ebenfalls mit giftigen Stacheln. Giftige Muränen, Rotfeuerfische und Seeschlangen werden seltener gefährlich. Seeigel sind zwar nicht giftig, ein eingetretener Stachel verursacht aber lang eiternde Wunden. Die Berührung von Quallen und Feuerkorallen führt zu stark brennenden Hautreizungen.

Korallenriffe gehören zu den komplexesten und empfindsamsten Ökosystemen der Erde. Fische, Krustentiere und viele Weichtiere sind auf diese Nahrungsquelle und den Schutzraum angewiesen. Steinkorallen wachsen nur sehr langsam und sind leicht zerbrechlich. Dass man Korallen niemals abbrechen oder auf ihnen stehen sollte, versteht sich von selbst.

Literatur: Neue **Tauchreiseführer** auf Deutsch und Englisch sind Tauchern sehr zu empfehlen und im Anhang beschrieben (s.S. 809).

spektakulär sind die *Hongs* (Wasserhöhlen und Lagunen) in den Karstfelsen der **Phang Nga Bay**. Im Golf von Thailand wird der **Ang Thong** Marine National Park täglich von Ausflugsbooten ab Ko Samui angelaufen. Auch die vielfältige Inselwelt des **Ko Chang** Marine National Parks ist nun mit regulären Booten erreichbar.

Zu den weltbesten Tauchrevieren zählen die **Similan Islands**, die von Phuket und Khao Lak angefahren werden, und die Supertauchplätze bei den Unterwasserfelsen **Hin Daeng** und **Hin Muang**, zu denen von Ko Lanta und von Phuket Tauchboote ausfahren. Sie wurden vom Tsunami kaum beschädigt. Die übrigen Tauchgebiete können einem Taucher zumindest eine fantastische Bereicherung seines Thailand-Urlaubs bieten.

Schnorchel- und Tauchfahrten

Unsere Leserbriefschreiber empfehlen, die folgenden Fragen **vor** dem Buchen von Schnorchel- und Tauchfahrten zu klären (was natürlich weltweit zu beherzigen ist:

- Welche Entschädigung wird gewährt, wenn man zum Tauchausflug nicht abgeholt wird?
- Ist man damit einverstanden, bei einem anderen Veranstalter mitzufahren?
- Was wird bei Stornierung von allen oder einzelnen Tauchgängen zurückerstattet (z.B. bei Erkrankung oder wegen mangelhafter Ausrüstung)?
- Was wird erstattet, wenn einzelne Tauchgebiete nicht angefahren werden?
- Garantiert der Veranstalter schriftlich, dass ein Erste-Hilfe-Koffer an Bord ist?
- Gelten die Rechte des Kunden auch bei ermäßigten Preisen?

+ All diese eigentlich selbstverständlichen Abmachungen sollten schriftlich mit Unterschrift und Stempel auf der Rechnung festgehalten und fotokopiert werden.
+ Wer mit Kreditkarte bezahlt, kann nichts dagegen machen, dass der volle Betrag abgebucht wird, auch wenn der Tauchausflug oder ein Teil davon storniert wird.
+ Eine Originalrechnung sollte höchstens gegen Quittung mit Unterschrift weggegeben werden (ein hübscher Sticker ist keine Quittung), ggf. auf der Fotokopie quittieren lassen.
+ Bei Unstimmigkeiten braucht sich niemand mit leeren Drohungen vor der Touristenpolizei einschüchtern zu lassen.

Die meisten Tauchschulen in Thailand arbeiten korrekt. Ihre Geschäftsbedingungen sind klar formuliert und gut lesbar geschrieben. Bei Problemen reagieren sie kulant.

Mit Geräten kann man ab **Pattaya, Ko Chang, Ko Mak, Ranong, Khao Lak, Phuket, Ko Phi Phi, Krabi, Ko Lanta, Ko Hai, Ko Lipe, Ko Samui, Ko Pha Ngan,** Ko **Tao, Chumphon** und **Hua Hin** auf Tauch-Tour gehen. Hier gibt es Tauchbasen und internationale Tauchlehrer.

Da viele Riffe nur wenige Meter von der Küste entfernt liegen, lassen sich auch ohne teure Tauch-

Die besten Tauchgründe			
Ort	**Saison**	**Tiefe**	**Attraktionen**
Similan Islands	Dez–April (v.a. Feb–März)	12–40 m	Weltklasse, Korallengärten, Riffe, Felsen, riesige Artenvielfalt, Fächerkorallen, Fassschwämme, Haie, Rochen, Mantas
Ko Tachai,	dito	18–40 m	Vielfältiges Meeresleben, tolle Landschaft
Surin Islands	dito	6–26 m	Weichkorallen, Steinkorallen, Haie, weniger große Tropenfische
Richelieu Rock		6–32 m	Steilabfall, Stein- und Weichkorallen, Fassschwämme, viele große Fische
Burma Banks	dito	17–46 m	Felsen unter Wasser mitten im Ozean, makellose Korallen, Drifttauchen, Ozean- und Rifffische, große Haie
Phuket	dito	6–29 m	Korallen, Rifffische, Leopardenhaie
Ko Phi Phi	ganzjährig (v.a. Jan–März)	9–24 m	Weich- und Steinkorallen, Rifffische, Muränen, Wand- und Höhlentauchen
Krabi	ganzjährig (v.a. Nov–April)	5–20 m	Stein- und Weichkorallen, Riffhaie, Leopardenhaie, Höhlen
Trang	Nov–April (v.a. Feb–März)	10–35 m	Stein- und Weichkorallen, Rifffische, Wracks, Höhlen, unberührte Riffe
Hin Muang, Hin Daeng	dito	6–50 m	absolute Spitzenklasse, Großfische, Weichkorallenfelder, Walhaie, Mantas
Ko Tao	Feb–Okt	6–32 m	Korallengärten, Riffe, Felsen, über 100 Korallenarten, Fische, Schildkröten, Walhaie (ca. Mai/Juni)
Chumphon	Feb–Okt	6–23 m	Sehr viele Fische, Felsen
Pattaya	Dez–Mai	18–27 m	Korallen, tropische Fische, Wracks, Inseln
Ko Chang, Ko Mak	Dez–April	10–25 m	Korallengärten, Anemonenfische, Stachelrochen, Ammenhaie

ausrüstung, nur mit Schnorchel, Maske und Flossen, schöne Eindrücke von der herrlichen Unterwasserwelt sammeln. Gute Schnorchelgebiete gibt es bei fast allen Touristen-Inseln, z.B. bei **Ko Samet**, **Ko Samui** (Ko Mat Sum), **Ko Tao** (Ko Nang Yuan), **Ko Phi Phi** (Bamboo Islands) oder **Ko Lanta** (Ko Ha), außerdem im **Ko Tarutao** Marine National Park (Ko Adang, Ko Hin Ngam und Ko Lipe), vor der Küste von **Trang** (Ko Rok und Ko Kradan), beim **Ko Chang** Marine National Park (Ko Mak und Ko Rang) und in den Marine National Parks der **Similan** und **Surin Islands**.

In den Gewässern zwischen **Chumphon** und **Ko Tao** kann man im Mai/Juni mit etwas Glück den bis zu 18 Tonnen schweren und 10 m langen **Walhai**, den größten Fisch der Erde, antreffen. Es werden Tauchausflüge zu diesen harmlosen Fischen organisiert, die zur Familie der Haie gehören, sich aber in erster Linie von Plankton ernähren. Auch in der Andamanensee ist der Walhai während der Tauchsaison an einigen kleinen Inseln anzutreffen, besonders regelmäßig am **Richelieu Rock** und bei den Felsen **Hin Muang** und **Hin Daeng**.

Bootsfahrten und Biketouren

Wer sich ein wenig abenteuerlich betätigen möchte, kann mit dem Motorrad oder Fahrrad, aber auch per Floß oder Boot dem Lande näher kommen. In **Bangkok** rasen Klong-Boote durch einige stinkende Kanäle, aber schöner ist eine Bootsfahrt in **Thonburi**, wo man von Bangkok aus schon nach wenigen Minuten völlig ländlich wirkende Gegenden erreicht. Bei **Kanchanaburi** laden Hausboote dazu ein, beschaulich den Kwae River hinabzutreiben. Aufregender wird es, mit Bambus-Flößen auf einem Nebenfluss des Kwae durch den Dschungel zu gleiten.

Im Nordosten kann eine Fahrt am Mekong entlang sehr reizvoll sein, vor allem die Strecke von **Si Chiangmai** nach **Chiang Khan**. Im Norden sehr beliebt und immer noch abenteuerlich ist eine Fahrt mit dem Longtail-Boot oder einem Floß auf dem Mae Kok River von **Thaton** nach **Chiang Rai**. Sehr einfach bis extrem gestaltet sich eine Fahrt mit dem Kanu, dem Floß oder dem Schlauchboot auf dem **Pai** River. Beim Trekking bieten viele Agenturen Floßfahrten auf Dschungel-Flüssen sowie mehrstündige Elefanten-Safaris an. Die eindrucksvollste Floßfahrt in Thailand kann man ab **Umphang** auf dem Mae Klong unternehmen. Buchen kann man diese Tour auch bereits in **Mae Sot** und **Bangkok**.

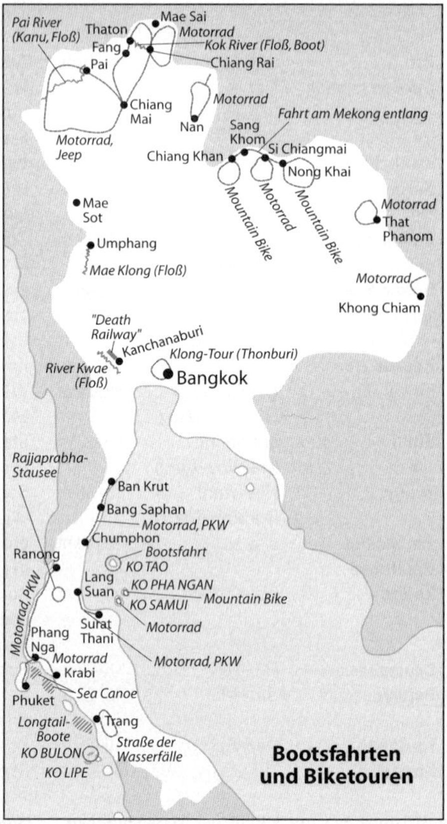

Motorradfahrer finden in diesem Buch ideale Rundstrecken ab **Chiang Mai** und **Chiang Rai** beschrieben. Ganz individuell geführte Touren bieten hervorragende Landeskenner in **Chiang Mai, Fang** und **Mae Sai** an. Möglich sind Enduro-Fahrten für Anfänger und Experten ab **Pai**. Leichte Motorräder werden in vielen Orten im Norden vermietet. Im Nordosten lassen sich schöne Motorradfahrten über die Dörfer machen, spezielle Informationen dazu liefern z.B. die Gästehäuser in **Nong Khai** und **That Phanom**. Auch im Süden gibt es herrliche Motorradrouten. Wir beschreiben detailliert eine Rundfahrt auf **Ko Samui** sowie die faszinierende Rundstrecke von **Krabi** nach **Phang Nga** und auf einer neuen Route zurück. Bei der „Kleinen Rundfahrt" ab **Phang Nga** kann man an einem Tag die „Leckerbissen" der Karstlandschaft genießen. Leichte Bikes und Mopeds werden in allen Touristenorten im Süden vermietet. Auch mit Mountainbikes lassen sich von Dezember bis Mai herrliche Rundfahrten durchführen. Ein Bike mieten und auf eigene Faust losziehen kann man z.B. in **Pai**, **Thaton**, **Sang Khom**, **Khao Lak** sowie auf **Ko Pha Ngan** und **Ko Samui**.

Auf dem Weg in den Süden können sich Abenteuerlustige auf Schotter- und Asphaltstraßen in Meeresnähe von **Ban Krut** über **Pathiu** nach **Chumphon** durchschlagen. Mit etwas Vorsicht sind die Nebenstraßen von **Lang Suan** nach **Surat Thani** problemlos zu bewältigen. Einfach zu befahren ist die Straße der Wasserfälle bei **Trang**. Die Hauptstraße von **Phuket** nach **Ranong** führt durch eine schöne Landschaft; wirklich genießen kann sie nur, wer einige der zahllosen Abstecher macht.

Zu empfehlen sind die teuren, fantastischen Fahrten ab **Phuket** mit dem Sea Canoe in die Wasserhöhlen und Lagunen der Karstfelsen in der Bucht von Phang Nga – ein atemberaubendes Erlebnis, sofern man nicht in der Hochsaison mit hunderten anderer Kanuten unterwegs ist. Kanufahrten in den Mangrovenwäldern von **Krabi** können viel zum Verständnis dieser fragilen Ökosysteme beitragen.

Eindrucksvolle Kanutouren führen auch den **Khao Sok**-Fluss hinunter. Immer beliebter werden die Bootstouren auf dem Stausee hinter dem **Rajjaprabha-Damm** an turmhohen Kalkfelsen entlang. Vor **Krabi** und **Trang** können Traveller, die etwas Thai sprechen, Longtail-Boote chartern oder auf Versorgungsbooten mitfahren, um zu kaum besuchten Inseln zu gelangen. Ein herrliches Abenteuer bieten die Bootstouren bei den kleinen Inseln **Ko Bulon** und **Ko Lipe** – vier Tage tolles Schnorcheln und Zelten an einsamen Stränden. Ein schöner Tagesausflug ist die Umrundung von **Ko Tao** mit dem Longtail-Boot, wobei mehrere Schnorchelstopps eingelegt werden.

Die beschriebenen Fahrten und Touren sollen vor allem Anregungen für **eigene Aktivitäten** liefern. Selbstverständlich lässt sich noch sehr viel mehr an vielen weiteren Orten unternehmen, einiges davon steht auf den folgenden Seiten, anderes entwickelt sich aus dem Bedarf der Besucher und durch die Findigkeit der Thais von Tag zu Tag neu. In einer Gruppe von 4–8 Personen lässt sich für fast jede Tour ein Boot chartern – und das zu einem erschwinglichen Preis.

Fahrten mit Booten können freilich auch mal in ein unfreiwilliges **Abenteuer** ausarten. So erlebten wir in den letzten neunzehn Jahren einen Schiffbruch auf einem Riff, das Kentern eines Touristenbootes am Pier, vier Mal Motorschaden auf hoher See, plötzlichen Wassereinbruch durch eine geborstene Planke, zwei Zwangspausen wegen eines unerwarteten Sturms und eine Kenterung mit einem Longtail-Boot in den Brandungswellen. Jedes Jahr erhalten wir Briefe von Lesern, die auf unverantwortlichen Fahrten bei schwerer See Todesängste ausstanden oder gar um ihr Leben kämpften, um ein leckes Boot leer zu pumpen.

Eine ausgefallene Reiseroute

Wir könnten sie zwar beschreiben, aber welchen Sinn hätte das? Dabei fällt es gar nicht schwer, sie auch ohne die konkreten Hinweise eines Reiseführers zu finden. Das Rezept ist ganz einfach: **Mut fassen!** Mit Mut meinen wir nicht Leichtsinn, sondern die Bereitschaft, einmal anders zu reisen als gewohnt, sich von vertrauten Einstellungen zu lösen, von der geläufigen Sprache oder den einschätzbaren Umgangsformen anderer Touristen zum Beispiel.

Natürlich ist es einfacher, dem bekannten Traveller-Talk zu lauschen, als sich mit einem Thai über sein Leben zu unterhalten. Über das **Gespräch mit den Menschen** öffnen sich allerdings neue Wege zu einmaligen Erlebnissen. Viele Einheimische zögern, denn auch sie haben Vorurteile (z.B. über die lockere Moral der Touristen).

Den Touristenmassen entkommt man sicherlich an Orten, die in diesem Buch nur nebenbei oder gar nicht erwähnt werden. Oft hinterlassen nicht die großen Kulturdenkmäler in unserer Erinnerung den nachhaltigsten Eindruck, sondern die Konfrontation mit ungewohnten Situationen: Die Übernachtung in einem Dorf, als wir wegen der vielen fremden Geräusche nicht einschlafen konnten, das Reis-Frühstück am nächsten Morgen; die Begegnung mit Akha-Frauen, die trotz ihrer schweren Last laut lachend den Berg erklommen; die Erfahrung der Unfähigkeit, Kokosnüsse zu ernten oder sich im Dschungel zu orientieren; das Leben ohne Autos, Elektrizität, Dosenbier und andere Errungenschaften der Zivilisation.

Wer auf diese Art reisen mag, wird unser Buch nicht ständig zu Rate ziehen. Das kann für eine Weile sehr hilfreich sein, denn ein Reiseführer beschreibt nun einmal vor allem ausgetretene, bekannte Pfade. Eine hilfreiche Voraussetzung bei derartigen Unternehmungen besteht darin, sich über Land und Menschen zu informieren, denn vieles sieht man erst, wenn man die Hintergründe kennt. In unserer Bücherliste finden sich einige nützliche Hinweise. Und etwas Thai zu lernen, nützt auf jeden Fall, selbst wenn selten mehr dabei herauskommt, als die gute Absicht kundzutun.

Bangkok

- Die Schätze des **Wat Phra Keo** und des **Nationalmuseums** bewundern
- Bei klarem Wetter vom **Baiyoke II Tower** das Häusermeer der Millionenstadt überblicken
- Mit einem Longtail-Boot die schmalen Kanäle von **Thonburi** erkunden
- Auf einem **Restaurant-Boot** dinieren und dabei durch die erleuchtete Stadt schippern
- Die gigantischen **Einkaufszentren** und **Märkte** des modernen Bangkok besichtigen
- Sich durch das Gewühl der schmalen Gassen der **Chinatown** treiben lassen

Bangkok กรุงเทพฯ

Erst 220 Jahre alt ist diese lebendige 7-Millionen-Stadt, deren Ballungsgebiet über 10,8 Mill. Menschen umfasst. In kaum einer anderen Stadt treten die Gegensätze, die sich im Spannungsfeld zwischen einer traditionellen asiatischen und modernen westlichen Gesellschaft aufbauen, deutlicher hervor. Dicht beieinander liegen Armut und Reichtum, Hektik und Ruhe, Glanz und Elend. In den Straßen pulsiert das Leben: Mitten im Verkehrsgewimmel wird gekauft und verkauft, Bürgersteige werden zu Märkten, Menschenmassen strömen zu den Bussen und in die Geschäfte, während in den schmalen Gassen nebenan Kinder unbehelligt Drachen steigen lassen. Nur noch gedämpft dringt der Verkehrslärm in die von Mauern umgrenzten Tempelanlagen, deren prunkvoll dekorierte Bauten im Schatten weit ausladender Bäume Oasen der Ruhe sind, sofern ihre Freiflächen nicht als Parkplätze vermietet werden.

Die Stadt scheint endlos, es gibt viele Zentren; hier das Touristenviertel (Sukhumvit Road), dort das historische Zentrum (Sanam Luang), in einem ganz anderen Gebiet die Einkaufs- und Verwaltungszentren. Eine unübersichtliche Stadt, in der die meisten Ziele nicht zu Fuß zu erreichen sind. Entsprechend wälzt sich ein Strom laut hupender Taxis, qualmender Busse, knatternder Tuk Tuks und Motorräder sowie anderer Fahrzeuge durch die Stadt und verleiht der Luft von Bangkok das typische „Aroma".

Bangkok ist das Zentrum, aber auch der Wasserkopf Thailands. Über diese Stadt läuft 90% des Außenhandels; hier wird die Hälfte des Bruttosozialproduktes des Landes erwirtschaftet; hier konzentrieren sich Industrie, Administration und die Hoffnungen vieler Thais auf ein besseres Leben. Mittlerweile lebt bereits jeder achte Thai in der Metropole. Daneben gibt es das andere Bangkok, das kulturelle und religiöse Zentrum. Nirgendwo sonst sprechen so viele Thais Englisch, erhält man so viele Informationen über die Geschichte und Kultur der Nation. Allein 400 Tempel gibt es in der Stadt, viele Märkte und ein interessantes Nationalmuseum. Die Restaurants sind international, und nach Sonnenuntergang wird sich niemand langweilen – selbst wenn man keine Hostessen sucht –, denn die Musikkneipen, Discos, Kinos und Biergärten haben durchaus Weltstadt-Niveau, was von der Theaterszene nicht behauptet werden kann.

Orientierung

Bangkok hat sich entlang der 4–6-spurigen, stark befahrenen Ausfallstraßen weit ins Land hinaus ausgedehnt. Die wichtigsten Verkehrsadern verlaufen in Nord-Süd-Richtung, u.a. der Menam Chao Phraya, die Eisenbahn und zwei Expressways.

Im Zentrum werden diese Trassen von breiten, in West-Ost-Richtung verlaufenden Straßen und Expressways gekreuzt. Zwischen Bangkok und der Schwesterstadt **Thonburi** im Westen stellt der breite Menam Chao Phraya eine natürliche Barriere dar. Die sieben Brücken sind während der Rushhour ständig verstopft. Ein Großteil des Personenverkehrs wird von Fähren und Booten bewältigt.

Einen Kontrast zur modernen Stadt mit ihren Hochhäusern und Baustellen bildet die **Altstadt** mit dem Königspalast am großen, ovalen Platz Sanam Luang. Nördlich davon liegt das Traveller-Zentrum **Banglampoo**. Im **indischen Viertel** und der **Chinatown** bietet die Charoen Krung Road, die ehemalige New Road, die parallel zum Fluss verläuft, eine Orientierungshilfe. Die modernen Geschäftszentren mit internationalen Hotels, Restaurants und Geschäften konzentrieren sich rings um die **Silom Road** im Südosten und um die **Ploenchit** und **Sukhumvit Road** im Osten.

Namensvielfalt Bangkok

„Dorf der wilden Pflaumen" ist die internationale Bezeichnung für diese Stadt, die von Thais „Stadt der Engel" – Krung Thep – genannt wird. Doch auch dies ist nur eine Abkürzung ihres richtigen Namens, den sie vom ersten König, der hier residierte, 1782 erhielt. Dieser lautet in der Übersetzung: „Erhabene Hauptstadt wie im himmlischen Königreich, wo der Jadebuddha beheimatet ist, uneinnehmbarer, glorreicher, unsterblicher Ort, überaus mächtig, altehrwürdig, neunfach mit heiligen Juwelen geschmückte himmlische Stadt mit zahllosen Palästen, der Platz, an dem Könige residieren, auf Befehl des großen Indra errichtet von Vishnu", und dies ist, laut Guiness Buch der Rekorde, der längste Ortsname der Welt.

Von den Hauptstraßen zweigt ein verwirrendes Netz von schmalen Wegen ab, die so genannten **Sois**, zum großen Teil Sackgassen, die vielfach nur von Fußgängern genutzt werden können. Sie sind meist nach der Hauptstraße, von der sie abgehen, benannt und durchnummeriert. Bei Adressen wie 236/1–5 Soi 29 Sukhumvit Rd. sorgen neben der Nummer der Soi (29) zudem Blocknummern (236) und Hausnummern (1–5) für Verwirrung.

Königspalast und Wat Phra Keo

Wer für Bangkok nicht viel Zeit hat, wird direkt zum Sanam Luang fahren, dem kulturellen Zentrum der Stadt. Der Bereich südlich des Platzes bis zum Fluss beherbergt die Bauten des Königspalastes und des Königstempels Wat Phra Keo, die von hohen, weißen Mauern umgeben sind. Eine ungeheure, märchenhafte Prachtentfaltung erwartet den Besucher. Schon allein deswegen gilt das Palastgelände für jeden Thailandreisenden als Muss, denn etwas Vergleichbares gibt es im ganzen Land nicht noch einmal.

Als 1782 der Königspalast nach Bangkok verlegt wurde, wählte man dafür das am höchsten gelegene Gebiet, da es vor Überschwemmungen sicher war. Die hier siedelnden chinesischen Händler mussten in die heutige Chinatown weichen. Der Palast wurde mehrfach erweitert und mit Bauten in verschiedenen Stilrichtungen ergänzt. Selbst europäische Stilelemente fanden unter König Rama IV., der westlichen Einflüssen gegenüber aufgeschlossen war, Eingang. Nur der nördliche Bereich des Palastes und das königliche Wat Phra Keo können besichtigt werden. Während offizieller Staatsempfänge bleibt der gesamte Palastbereich geschlossen.

Das bewachte Eingangstor zum Palast, der von einer hohen Mauer umgeben ist, befindet sich am südlichen Ende des Sanam Luang. ⏲ tgl. 8.30–15.30 Uhr; Führung in Englisch um 10, 10.30, 11, 13, 13.30 und 14 Uhr, 200 Baht inkl. Informationsbroschüre in Deutsch oder Englisch sowie Eintritt zum Vimanmek Teakwood Mansion (s.S. 140), zum Tempelmuseum sowie zu den Königlichen Münzsammlungen und Dekorationen. Ein Audio-Guide kostet für 2 Std. 100 Baht. Die Wachen am Eingang lassen Besucher in Hosen, die nicht knöchellang sind, kurzen Röcken, schulterfreier Kleidung, hinten offenen Sandalen (!) u.Ä. nicht hinein bzw. verpassen ihnen gegen Hinterlegung des Passes oder einer Leihgebühr angemessene Kleidung – und ein Rundgang in geliehenen Schuhen wird zur Qual.

Die Geschichte des Smaragd-Buddhas

Um den Smaragd-Buddha, oft auch Jadebuddha genannt, ranken sich zahlreiche Legenden. Man vermutet, dass er aus Indien stammt. 1434 schlug ein Blitz in den Chedi eines Tempels in Chiang Rai ein. Dabei kam unter einer Hülle aus Gips die grüne Figur zum Vorschein. Da Chiang Rai damals von Chiang Mai aus regiert wurde, wollte man die von der Bevölkerung verehrte Statue dem König übergeben. Doch der Elefant, der die Statue in die Hauptstadt bringen sollte, lief nach Lampang. Als sich dies mehrfach wiederholte, beließ man den Smaragd-Buddha 32 Jahre lang dort. Erst 1468 wurde er nach Chiang Mai gebracht und in der östlichen Nische des Chedi Luang aufgestellt. 1551 nahm ihn der befreundete König von Laos mit nach Luang Prabang, und als die Hauptstadt unter dem Druck der angreifenden burmesischen Truppen nach Vientiane verlegt wurde, transportierte man die Buddhastatue dorthin. 1778 brachten die Thais den Jadebuddha als Kriegsbeute nach Thonburi und sechs Jahre später an ihren jetzigen Platz im Wat Phra Keo.

In den ersten Gebäuden hinter der Kasse sind die **Königlichen Münzsammlungen und Dekorationen** untergebracht – juwelenbesetzte Orden, Fahnen, Münzen vom 11. Jh. bis heute, Wappen u.a. – etwas für Besucher mit speziellen Interessen. Interessant sind die prächtigen Gewänder aus Gold und Edelsteinen für den Jadebuddha, die zum Beginn der Regenzeit, der heißen und der kalten Jahreszeit gewechselt werden. ⏲ Mo–Fr 8.30–16.30 Uhr.

Wat Phra Keo

Hinter diesem Gebäude liegt das herrliche Wat Phra Keo. Durch die Eingangstore, die von riesigen Dämonen, den *Yaks*, bewacht werden, gelangt man in den Tempelbezirk. Er ist von einem überdachten **Wandelgang** umgeben, der mit besonders schönen

Wandmalereien geschmückt ist, die auf 178 Bildern Szenen aus dem thailändischen Ramayana-Epos, dem Ramakien, darstellen. Die in Thai durchnummerierte Bildgeschichte beginnt hinter dem Viharn Yot.

Im Zentrum der Anlage erhebt sich der über und über dekorierte **Bot** des Jadebuddhas. Ordner sorgen dafür, dass man die Schuhe vor dem Eingang abstellt und sich im Inneren des Bot (Fotografieren verboten!) auf den kühlen Boden setzt, wobei die Füße nach hinten zeigen sollten.

Die Wandmalereien, die den gesamten Innenraum bedecken, stellen das Leben Buddhas dar. Auf einem mehrstufigen Altar thront die mit einem goldenen Gewand bekleidete, 66 cm hohe Buddhastatue aus Nephrit, einer Jadeart. Sie gilt als Beschützerin des Landes und der Dynastie.

Gegenüber dem Haupteingang zum Bot stehen auf einer hohen Marmor-Plattform verschiedene Gebäude. In wohl keinem Bildband fehlt das von zwei vergoldeten Chedis umgebene Königliche Pantheon, dessen mehrfach gestaffeltes Dach von einem Prang gekrönt wird. Goldene Kinaras, mythische Wesen, halb Vogel, halb Mensch, bewachen das Gebäude. Daneben ragt die Bibliothek für die Heiligen Schriften des Therawada-Buddhismus (Triptaka) mit pyramidenförmigem Mondhop-Dach empor.

Der große, goldene **Chedi** hinter der Bibliothek enthält eine Reliquie Buddhas. Das steinerne **Modell des Tempels von Angkor Wat** nördlich der Bibliothek entstand zu einer Zeit, als Kambodscha ein Vasallenstaat Siams war.

Dahinter, auf der unteren Ebene, steht die mit glasierten Ton-Blumen verzierte Gebetshalle **Viharn Yot**. In der **Viharn Phra Nak**, im Nordwesten, wird die Asche der verstorbenen Angehörigen der Chakri-Dynastie aufbewahrt. Das Gebäude **Ho Monthien Dhamma**, in der nordöstlichen Ecke der Anlage, diente zur Aufbewahrung heiliger Schriften.

Die Palastbauten

Zum Königspalast, der bereits um 15 Uhr schließt, gelangt man durch das südwestliche Tor hinter dem Bot. Das erste Gebäude im Thai-Stil, den **Amarinda Vinichai-Palast**, ließ Rama I. als Gerichtshalle erbauen, später wurde er für Krönungsfeierlichkeiten und Empfänge genutzt. In einer feierlich wirkenden rotgoldenen Halle steht ein Thron mit dem neunstufigen, weißen Schirm des Herrschers sowie ein Thron mit einem mehrfach gestaffelten Dach, in dem noch heute Buddhastatuen bei religiösen Zeremonien ausgestellt werden. Beide sind reich dekorierte Herrschaftssymbole und wurden von König Rama I. genutzt.

Am großen Platz erhebt sich der **Chakri Maha Prasad-Palast**, dessen Fassade im Renaissance-Stil so gar nicht zu den siamesischen Spitzdächern und Türmen passt. Die großen Empfangshallen im ersten Stock und die zentralen Räume, in denen die Urnen der letzten Könige verwahrt werden, sind ebenso wie alle anderen Räume nicht zugänglich.

Der kleine, graziöse **Umkleidepavillon** nebenan gilt als typisches Exempel thailändischer Architektur. Dahinter steht der von Rama I. als Krönungshalle geplante **Dusit Maha Prasad-Palast**, der seit dem Tod dieses Königs nur für Totenfeiern genutzt wird.

Im westlichen Bereich wird im **Tempelmuseum** eine interessante Ausstellung über die Restaurierungsarbeiten Anfang der 80er Jahre gezeigt. Im 1. Stock sind steinerne Buddhastatuen aus Java und andere Votivgaben, ein großer, gelackter Wandschirm und der Manangasila-Thron zu sehen.

Das Königshaus

Obwohl 1932 die absolute Monarchie abgeschafft wurde, genießt König Bhumipol immer noch hohes politisches Ansehen. Er erfüllt nicht nur repräsentative Funktionen, sondern ist auch das religiöse Oberhaupt des Landes. Der König wird hoch verehrt, und überall hängen Bilder der königlichen Familie, deren Geburtstage von der gesamten Nation gefeiert werden. Wenn täglich um 8 und 18 Uhr die Königshymne auf öffentlichen Plätzen, im Radio und Fernsehen ertönt, halten die Menschen inne. Man erwartet von Touristen, dass sie respektvoll über die Königsfamilie reden und ihre Bilder ehren.

Nationalmuseum

Ein Rundgang durch das größte Museum Thailands vermittelt einen guten Überblick über die Geschichte des Landes – von prähistorischen Funden bis zur jüngeren Bangkok-Periode. Ursprünglich stand hier der Palast des „Zweiten Königs", der eine Art Stellvertreterfunktion hatte. Teile dieser Anlage, zu der auch der Tempel am Eingang gehört, sind erhalten geblieben.

◷ Mi–So außer feiertags 9–16 Uhr, 40 Baht, ✆ 02-2241333. Fotografieren verboten. Am Eingang ist eine Broschüre erhältlich, die durch die Ausstellung leitet. Kostenlose einstündige Führung am Do (Thai-Kunst und -Kultur) um 9.30 Uhr in Deutsch. Englischsprachige Führungen am Mi (Thai-Kunst) und Do (Buddhismus) um 9.30 Uhr. Die Termine können sich ändern. Ein kleines, angenehm ruhig gelegenes Restaurant mit preiswerten Getränken und leckeren Gerichten befindet sich hinter dem Haus Nr. 17 mit den Wagen für Verbrennungszeremonien; eine Gepäckaufbewahrung und ein kleiner Laden, der Bücher und Souvenirs verkauft, links vom Eingang hinter dem Informationsschalter.

Die **Buddhaisawan-Kapelle** (3), rechts vom Eingang, wurde für eine der am meisten verehrten Buddhastatuen, Phra Buddha Singh, errichtet. Die über 200 Jahre alten restaurierten Wandmalereien stellen 28 Szenen aus Buddhas Leben dar. Im hinteren Tempelbereich stehen einige schöne, alte Bücherschränke.

In der ehemaligen **Audienzhalle** (1) links von der Kapelle führen Bilder in die Thai-Geschichte ein. Dahinter enthält die **prähistorische Sammlung** (2) unter anderem ein neolithisches Grab, das bei Kanchanaburi gefunden wurde, und schöne Exemplare der Ban Chiang-Keramik.

In dem so genannten **Roten Haus** (22) links von der Kapelle lebten mehrere Prinzessinnen und Konkubinen. Das gut erhaltene Gebäude im traditionellen Thai-Stil ist mit Gegenständen aus der frühen Bangkok-Periode eingerichtet.

Der zentrale Bau des Museums, das **alte Palastgebäude** des 2. Königs, beherbergt die unterschiedlichsten Gegenstände aus der jüngeren Bangkok-Periode. Der ehemalige Thronsaal des jüngeren Bruders von Rama I. (4) bietet Platz für wechselnde Ausstellungen und (5) Gegenstände aus der königlichen Sammlung. Dahinter (6) sind prunkvoll dekorierte Sänften und Elefantensättel (Howdah) ausgestellt. Von hier ist der 1. Stock (11) mit den königlichen Insignien zu erreichen. Im Erdgeschoss nach links gelangt man zu (7) Khon-

Die Buddhaisawan-Kapelle im Nationalmuseum

Masken, Puppen und Spielen; dahinter enthalten drei kleinere Räume Keramik und Silber aus Thailand, Japan und China (8a), Porzellan, Sawankhalok-Keramik (8b), Muscheln und Modelle (8c).

Von dem im Erdgeschoss angrenzenden Waffensaal (10) geht es links zum Perlmuttraum (9), geradeaus (13) zu den Holzschnitzereien, u.a. einer Tür aus dem Wat Suthat und Wat Phra Keo, und rechts (12) zu Steininschriften. Saal 14a vermittelt einen guten Überblick über die thailändischen Textilien (Brokat, Ikat, Chintz, Stickereien) und die Entwicklung der Mode. Im 1. Stock (14b) sind buddhistische Objekte ausgestellt. Im Erdgeschoss gelangt man weiter (15) zum Saal mit Musikinstrumenten.

Der alte Bereich wird von neuen Museumsgebäuden umrahmt. Der Rundgang beginnt im südlichen Flügel links vom Eingang. Die buddhistischen und hinduistischen Kunstgegenstände in beiden Stockwerken stammen aus der Zeit vor der Einwanderung der Thais in diese Region: Lopburi- / Khmer-Kunst aus dem 10.–13. Jahrhundert (S3 und S5); frühe Hindu-Skulpturen aus dem thailändischen Gebiet (S4); Dvaravati- / Mon-Kunst (S6 und S7), u.a. das große, steinerne „Rad der Lehre"; javanische hinduistische Skulpturen aus dem 7.–11. Jahrhundert (S8), darunter ein schöner Ganesha (der Elefantengott); brahmanische und buddhistische Kunst des Srivijaya-Reiches aus Chaiya, im Süden Thailands, 13. Jahrhundert (S9).

In den Sälen im Erdgeschoss des nördlichen Flügels (N1–4) sind u.a. Skulpturen, Keramik, Textilien und Münzen der Bangkok-Periode untergebracht. Im 1. Stock gelangt man zuerst (N6) zu hinduistischen Kunstobjekten aus Sukhothai. Der nächste Saal (N7) beherbergt Kunst aus Chiang Saen und Chiang Mai. Dahinter (N8) sind Skulpturen und Sawankhalok-Keramiken aus der Sukhothai-Periode zu sehen sowie (N9 und N10) Kunstobjekte aus der Ayutthaya-Periode und der vorangegangenen U-Thong (Mon-)Periode, u.a. Lackarbeiten und mit Schnitzereien verzierte Bücherschränke. Wer nach diesem Rundgang noch aufnahmefähig ist, kann sich im 1. Stock des benachbarten Gebäudes (16) einige königliche Gemächer – von der Bibliothek bis zum Schlafzimmer – ansehen. Sehenswert sind auch (17) die prunkvollen Sänften und Trauerkutschen für Verbrennungsfeierlichkeiten und einige hübsche Pavillons.

Weitere Gebäude rings um den Sanam Luang

Auf dem ovalen Phra Mane-Platz vor dem Königspalast, bekannt als Sanam Luang (= Königswiese), finden in der Trockenzeit **Drachenwettkämpfe** und an großen Feiertagen zentrale Veranstaltungen statt.

Vorsicht!

Besonders am Sanam Luang wird man von Tuk-Tuk-Fahrern, seriös aussehenden Einheimischen und sogar von Europäern zum Kauf von Edelsteinen überredet. Da bereits seit Jahren viele Touristen auf diesen Trick hereinfallen und große Mengen Geld verlieren, möchten wir noch einmal eindringlich vor solchen Schleppern warnen (s.S. 63). Es ist kein Fehler, resolut aufzutreten und mit der Polizei zu drohen.

Nationaltheater und Nationalgalerie

Im Nationaltheater werden **klassische Tänze** gepflegt, aber auch populäre Khon-Dramen aufgeführt. Programminformationen Mo–Fr 8.30–16.30 Uhr unter ✆ 02-2241342. Von November bis Mai finden Sa und So ab 16.30 Uhr im Garten des Nationalmuseums Aufführungen statt, Eintritt 40 Baht.

Die **Nationalgalerie** *(National Gallery of Art)*, 4 Chao Fa Road, stellt Werke moderner Künstler aus und beherbergt das nationale Filmarchiv. ◷ Mi–So 9–16 Uhr, 30 Baht, ✆ 02-2822639-40.

Silpakorn-Universität

In den alten Universitätsgebäuden neben dem Palast wird u.a. Kunst unterrichtet und ausgestellt. Besuchern zugänglich sind das **Silpakorn Art Centre** ◷ Mo–Fr 9–19, Sa 9–16.30, ✆ 02-2213 841, sowie die **Art Gallery** in der Faculty of Painting, ◷ Di–So 9.30–16.30 Uhr, die **Gallery of Art and Design** in der Faculty of Decorative Arts, ◷ Mo–Sa 10–18 Uhr, und die **Phrapromphijit Gallery** in der Faculty of Architecture, ◷ Mo–Sa 9–17 Uhr.

Thammasat-Universität

Die Thammasat-Universität, ✆ 02-6133333, eine der größten Universitäten der Stadt, wurde 1976 als Zentrum des politischen Widerstands von Polizei und Militär mit Waffengewalt gestürmt. Auf dem Campus kann man Englisch sprechende Studenten kennen lernen. In regionalen Fachbereichen für den Norden und Nordosten wird von Studenten unter anderem die Kultur dieser Regionen (z.B. die Musik auf traditionellen Instrumenten) gepflegt. Die meisten Studenten werden auf dem neuen Campus weit außerhalb, nahe dem Airport, unterrichtet.

Wat Mahathat

In der schmalen Seitenstraße hinter der Nationalbibliothek, gegenüber der Universität, liegt Wat Mahathat, die buddhistische **Mahachulalongkorn University**, ◷ tgl. 8–17 Uhr. An dieser Stelle stand bereits vor der Gründung von Bangkok ein Tempel, der von Rama I. ausgebaut und zu einem der wichtigsten religiösen Zentren umgestaltet wurde. Das Wat, eines der größten von Thailand, ist das Zentrum für Studien der Pali-Schriften und alter religiöser Überlieferungen. Es beherbergt in seinem abgegrenzten Klosterbereich zwischen 300 und 400 Mönche. Im Wandelgang, der das Heiligtum umgrenzt, stehen zahlreiche Buddhastatuen. In die dahinter liegenden Wände sind die Urnen Verstorbener eingelassen.

Das schwer zu findende **Meditationszentrum** (Section 5) im südwestlichen Tempelbereich steht auch ohne Voranmeldung Ausländern und Ausländerinnen (!) offen. Täglich um 16 Uhr findet eine kostenlose Einführung in Englisch statt, zudem beginnen um 7, 13 und 18 Uhr zwei- bis dreistündige Meditationsübungen. Eine Bibliothek enthält auch buddhistische Schriften in Englisch.

In den Läden in der Phra Chan Road und in einem überdachten Markt in der Mahatat Rd. hinter dem Tempel werden Heilkräuter, Schutz- und Glücksamulette sowie andere Dinge für religiöse Zeremonien, wie Buddhastatuen, Götterbilder aus dem hinduistischen Pantheon sowie Fotos der beliebten Könige verkauft (Handeln nicht üblich). Vom Phra Chan Pier hinter dem Wat fahren Fähren zum Bahnhof in Thonburi ab. Vom Chang Pier, noch weiter im Süden, legen neben den Expressbooten (nördlicher Pier) auch Klongboote nach Thonburi (südlicher Pier) ab (s.S. 180ff.).

Lak Muang

Nordöstlich vom Wat Phra Keo, jenseits des Verteidigungsministeriums (mit Kanonen im Garten), wurde am 21.4.1782 um 6.54 Uhr, dem astronomisch berechneten „Geburtstermin" der neuen Königsstadt, der Grundstein Bangkoks gesetzt. Er markiert nicht nur das Zentrum des Landes, von dem aus alle Entfernungen gemessen werden, sondern ist auch Sitz des Schutzgeistes der Stadt. Den phallusförmigen, aus Holz geschnitzten Grund„stein" schützt ein neues Gebäude, dessen Dach von einem Prang gekrönt wird. Auch der Lak Muang von Thonburi hat hier seit dem Zusammenschluss der beiden Städte seinen Platz gefunden.

Besucher bekleben Repliken des Grundsteins mit Goldplättchen, umwickeln sie mit bunten Tüchern und stellen Kerzen und Blumen auf. Zu Ehren des Schutzgottes werden Opfergaben dargebracht und zum Dank für erfüllte Wünsche auf einer kleinen Bühne **traditionelle Tänze** aufgeführt. Besonders Lotteriespieler und kinderlose Paare bitten um das große Glück, dem zudem mit der Freilassung von Vögeln und Schildkröten, die auf der Straße verkauft werden, nachgeholfen werden kann.

Weniger interessant ist der **Thorani-Brunnen** im Nordosten des Platzes. Die indische Göttin der Erde wringt ihr Haar aus, so dass das Wasser herausfließt. Sie soll, nach einer Legende, durch die Wasserfluten, die sich aus ihrem Haar ergossen, Buddhas Feinde vertrieben haben.

Banglampoo

Wer genug von Kultur und Tempeln hat, kann vom Thorani-Brunnen aus die Chakraphong Road hinauflaufen und in Banglampoo, einem traditionellen Einkaufsbezirk Bangkoks, stöbern gehen. Da diese Gegend um die Khaosan Road das Traveller-Zentrum Bangkoks ist, haben sich die Läden mit ihrem Angebot darauf eingestellt.

Wat Bovonives

In diesem berühmten Tempel wurde von Kronprinz Mongkut 1827 das Zentrum der strengen Regeln folgenden Dhammayuti-Sekte gegründet. Der Kronprinz lebte 14 Jahre hier, bevor er 1851 nach dem Tod seines Bruders König wurde. Auch Rama VI. und Rama VII. sowie der heutige König verbrachten vor ihrer Krönung einige Zeit als Mönche in diesem Kloster, dessen Wohnquartiere inmitten von viel Grün an kleinen Kanälen liegen. Im Tempel befindet sich nämlich das Studienzentrum für Heilkräuter sowie die Pali-Schule, die Mahamonkut Buddhist University. ⏲ tgl. 8–17 Uhr. Im Bot, nur ⏲ tgl. 8–8.40 Uhr, steht eine berühmte, 4 m hohe bronzene Buddhafigur aus der Sukhothai-Periode. Die Wandmalereien berichten von den Verfehlungen der Menschen, ihrer zunehmend besser werdenden Lebensführung unter dem Einfluss des Buddhismus, bis sie am Ende die gelbe Robe tragen. Es ist interessant, dass hier die europäischen Einflüsse positiv dargestellt werden – westliche Gebäude, Pferderennen, Schiffe mit Missionaren, ja sogar Kirchgänger in westlicher Kleidung. Die beiden Viharn und der Bot sind nur an besonderen Festtagen geöffnet.

Wat Indraviharn

Ein Abstecher zum Thewet-Markt, nördlich von Banglampoo (s.S. 172), lässt sich mit einem Besuch von Wat Indraviharn verbinden. Eingang über die Wisut Kasat Road oder von der Samsen Road über Soi 10 Trok Wat In. Durch diese schmale Gasse gelangt man nach etwa 100 m auf einen kleinen, freien Platz mit einem restaurierten Tempel, der von einer 32 m hohen, stehenden Buddhastatue überragt wird. ⏲ tgl. 8.30–17 Uhr, ✆ 02-2811406. Im Inneren der Statue, die Tausende geplättete Opferschalen bedecken, führt eine Treppe hinauf, allerdings ist der Zugang meistens geschlossen. Doch auch die großen Füße, auf denen Gläubige Blumen niederlegen, sind ein beliebtes Fotomotiv.

Khaosan Road

Zu Beginn des Filmes *The Beach* streift Richard alias Leonardo di Caprio durch die quirlige Khaosan Road und macht sie damit weltberühmt. Zwar wird man hier das Guesthouse aus dem Film vergeblich suchen, denn es handelt sich um das On On Hotel in Phuket Town, aber die voll gepackten Straßenstände, Zöpfchenflechter, Straßencafés und exotisch-bunt gekleideten Traveller aus dem Film wiedererkennen. Während sich noch vor wenigen Jahren nur selten Touristen und Urlauber hier sehen ließen und die internationale Rucksacktouristen-Szene unter sich blieb, hat sich dies nun geändert. Die Khaosan Road ist eine Sehenswürdigkeit. Dabei unterschied sich bis 1980 diese recht belebte Gegend mit vielen Stoffgeschäften noch in keiner Weise von den anderen Straßen in der Altstadt. Dann eröffneten die ersten beiden Gästehäuser in den schmalen Seitengassen, und schon bald kamen weitere hinzu. Es folgten Musikshops, Reisebüros, Banken, Restaurants mit internationalem Traveller-Food und Video sowie andere Läden, die den Bedürfnissen der Traveller Rechnung trugen. Auch Marihuana und andere Drogen gehören – wenngleich etwas versteckt – zum Angebot, deshalb ist der Hinweis der Polizei durchaus angebracht, dass der Genuss dieser Drogen in Thailand illegal ist.

Ab 17 Uhr wird die Khaosan Road für den Durchgangsverkehr gesperrt und zu einer Flaniermeile. Sie ist mittlerweile auch ein beliebtes Ziel einheimischer Jugendlicher, die am Wochenende durch die Straße bummeln und die bunte, exotische Traveller-Welt bestaunen. Mutige lassen sich sogar Zöpfchen oder eine bunte Strähne ins Haar flechten. Das einst verrufene Backpacker-Quartier lockt mit immer schickeren Restaurants und *Buddy's,* dem ersten international orientierten Einkaufszentrum in der Altstadt. Edel präsentiert sich auch die kleine Seitengasse Sunset Street mit einigen chromglänzenden Bars und Cafés. An ihrem Ende sind in der **Kraichitti Art Gallery**, im 1. Stock einer alten, renovierten Villa, wechselnde Ausstellungen zu sehen. ⌚ tgl. 13–23 Uhr.
Nicht weniger gut besucht sind die Gassen rings um das Wat Chana-Songkhram. Entlang der Tempelmauer werden abends Essenstände aufgebaut, Restaurants stellen Stühle und Tische auf die Straße, und kleine Gartenrestaurants haben bis spät nachts geöffnet. Weitere Infos über die Khaosan Road auf der empfehlenswerten Website 💻 www.khaosanroad.com.

An der Einmündung des Klong Banglampoo in den Menam Chao Phraya stehen Reste der Stadtmauer und das achteckige **Phra Sumen Fort**. Rama I. ließ die neue Stadt mit einer Mauer, 14 Forts und Kanonen befestigen. Bis auf zwei Forts wurden die Mauern unter Rama V. geschleift und an ihrer Stelle Straßen errichtet. Rings um das Fort lädt ein kleiner **Park** mit Bänken, Sitzterrassen und dem kleinen **Santichaiprakarn Pavillon** zum Ausruhen ein. Über die neue Fußgängerpromenade gelangt man am Flussufer entlang zur Phrapinklao-Brücke.

Wat Pho

Südlich vom Königspalast gelangt man über die Sanam Chai Road zum Wat Pho oder Wat Phra Chetuphon, dem Tempel mit dem liegenden Buddha, einer der wichtigsten Tempel des Landes, der zum Pflichtprogramm jedes Thailand-Reisenden gehört. Bereits 1789 begann man unter Rama I. mit dem Bau dieses Tempels auf dem Areal eines Wats, das aus dem 16. Jahrhundert stammen soll. Rama III. ließ die Anlage renovieren und für die schreibunkundige Bevölkerung das Allgemeinwissen jener Zeit an den Tempelwänden bildhaft darstellen.

In den weitläufigen östlichen Tempelbezirk mit dem Bot gelangt man durch den Eingang in der Chetuphon Road. Die meisten Touristen, die nur den Viharn mit dem ruhenden Buddha sehen wollen, werden vor den nordwestlichen Eingang in der Thai Wang Road gefahren. ⏲ tgl. 9–17 Uhr, 20 Baht, ✆ 02-2220933.

Der Viharn mit dem **ruhenden Buddha** nimmt den nordwestlichen Bezirk ein. Die vergoldete, 45 m lange, liegende Statue symbolisiert Buddha bei seinem Eingang ins Nirwana. An den Fußsohlen stellen 108 Tafeln aus Perlmutt-Einlegearbeiten die Tugenden eines wahrhaften Buddhisten dar. Es bringt Glück, in jede der 108 Almosenschalen vor der Statue 25 Satang zu werfen (Schalen mit Kleingeld werden angeboten).

Südlich des Viharn, hinter dem chinesischen Pavillon, steht die Bibliothek, an die ein Teich mit einem kleinen Aussichtsberg angrenzt. Östlich davon umschließt ein Wandelgang mit zahlreichen Buddhastatuen die vier großen, mit farbigen Kacheln bedeckten **Chedis** in Grün, Orange, Gelb und Blau. Durch zwei von Tempelwächtern bewachte Tore erreicht man den westlichen Tempelbezirk.

Gleich dahinter stehen zwei kleine **Pavillons**. Die Innenwände des nördlichen Gebäudes sind mit medizinischen Motiven bemalt. Hier bieten Frauen, die fälschlicherweise behaupten, dass die **Massageschule** (s.u.) geschlossen sei, Hotelmassagen an. Während der Regentschaft von Rama III. wurde im Wat Pho die Medizinschule gegründet, in der bereits vor 150 Jahren die ersten Studenten unterrichtet wurden. Noch heute werden in zwei Pavillons beiderseits des Eingangs von der Sanam Chai Rd. die traditionellen Methoden gelehrt (10-tägige Kurse mit 5 Std. Unterricht 6000 Baht, ✆ 02-2254771, 2212874) und Massagen durchgeführt (120 Baht für 30 Minuten, 200 Baht für 1 Std., mit Kräutern 300 Baht, man bekommt nach der Anmeldung eine Nummer und wird dann aufgerufen). Etwa 20 steinerne Figuren im Hof zeigen Positionen dieser von indischen „Rischi" verbreiteten Massageart.

Vor dem Zugang zum Bot wird ein großer Phallus, der etwas versteckt unter einem Baum steht, als Zeichen der Fruchtbarkeit vor allem von jungen Frauen mit Kinderwunsch verehrt. In den Galerien, die an den Kardinalpunkten von vier **Viharn** unterbrochen werden, sind etwa 400 Buddhafiguren aus unterschiedlichen Epochen untergebracht. Im nördlichen Viharn öffnet sonntags um 13 Uhr die **Meditationsschule**. Die Eingänge zum zentralen **Bot** werden von Bronzelöwen bewacht. Die 152 Marmor-Reliefs auf dem Sockel und die mit Intarsienarbeiten verzierten Eingangstore stellen detailliert Episoden aus dem Ramayana dar. Szenen aus dem Leben Buddhas zieren die Innenwände.

Das südlich der Chetuphon Road an die Sakralbauten angrenzende Kloster ist mit über 300 Mönchen das größte von Bangkok.

Thonburi

Die Schwesterstadt westlich des Flusses wurde 1767 nach der Zerstörung von Ayutthaya die erste Zufluchtsstätte der zersprengten Armee unter König Taksin, bis Rama I. 1782 nach Bangkok übersiedelte. Seither konzentriert sich nicht nur das politische Leben, sondern auch Handel und Industrie am östlichen Flussufer. Auch wenn heute die beiden Millionenstädte zu einem dicht besiedelten Großraum mit gemeinsamer Verwaltung zusammengewachsen sind, scheint die Verstädterung in Thonburi noch nicht so weit fortgeschritten zu sein wie in Bangkok. Obwohl mittlerweile einige ständig verstopfte Schnellstraßen die Stadt durchziehen, bewegt sich ein großer Teil des Verkehrs immer noch auf Wasserwegen, den **Klongs**.

Dieses Thonburi kann man nur vom Boot aus erleben. Empfehlenswert ist die Tour mit dem Linienboot vom Chang Pier hinter dem Königspalast nach **Bang Yai**. Man darf sich von den hartnäckigen Bootsleuten allerdings nicht auf ein Charterboot verfrachten lassen (s.S. 183f.). Die Fahrt geht über den Menam Chao Phraya den breiten Klong Bangkok Noi hinauf, dem ursprünglichen Flussbett des Chao Phraya, vorbei am Bahnhof von Thonburi und den Königlichen Barken. Hinter dem Chao Phraya Hospital passiert man mehrere Autobahnbrücken sowie eine Eisenbahnbrücke und verlässt kurz darauf das Gebiet der Metropole Bangkok. Beide Ufer des Klongs sind von Holzhäusern gesäumt, zwischen denen vereinzelt Tempel stehen.

Der erste Ort in der Provinz Nonthaburi ist **Bang Kruai**. Linienboote fahren bis zum Wat an der Gabelung des Klong Bangkok Noi und Klong Bang Kruai.

Entlang der weiteren Strecke wird die Bebauung immer aufgelockerter und die Atmosphäre ländlicher. Einige recht schöne Tempel stehen am Ufer. Nach 14 km ist nach einer knappen Stunde die Endstation in Bang Yai erreicht, hier kann man etwas essen und von den Brücken herab das Treiben auf dem Klong beobachten. Wer möchte, kann ein Taxiboot für eine Fahrt durch die schmalen Kanäle des Ortes mieten.

Die Königlichen Barken

Am Klong Bangkok Noi sind vor der Arun-Amarin-Brücke in einer Bootshalle am Nordufer die Königlichen Barken untergebracht, 51 Boote, die mit Holzschnitzereien und Lackarbeiten kunstvoll verziert sind. Allerdings können nur einige der prunkvollsten besichtigt werden. Aus einem einzigen Teak-Baum ist die 46 m lange, graziöse königliche Barke *Suwana Hongsa* gearbeitet, deren Bug der kampfbereit aufgerichtete Kopf des *Hamsa* (mythischer Vogel, Transportmittel des Gottes Brahma) ziert und die in einem hoch aufgerichteten Schwanz endet. Die zweite königliche Barke ist die 45 m lange *Ananta Nagaraj* mit dem siebenfachen Schlangenkopf, dem Symbol des Wassers. In ihr befand sich während der letzten Prozessionen eine heilige Buddhastatue. Das älteste dritte Boot

Die Klongs

Schnellboote transportieren am späten Nachmittag adrett gekleidete Büroangestellte und Schulkinder nach Hause, auf breiten Lastkähnen werden Zement und Holzkohle selbst durch die schmalsten Kanäle manövriert, und der schwimmende Supermarkt versorgt die Daheimgebliebenen mit dem Notwendigsten. Alles orientiert sich zum Wasser hin, sogar Geschäfte, die ihre Waren am Ufer feilbieten. Jedes Haus hat seine eigene Anlegestelle, die gleichzeitig der ganzen Familie als Bade- und Waschplatz dient. Die Toilette befindet sich hingegen an Land. Dennoch graut es manchem europäischen Besucher beim Anblick der fröhlich badenden Kinder im trüben, träge fließenden Wasser. In der Nähe des Menam Chao Phraya und entlang der großen Kanäle ist Bauland ebenso knapp wie in anderen Innenstädten, so dass die überwiegend aus Holz errichteten Häuser dicht aneinander gedrängt bis ins Wasser hineingebaut sind. In den Außenbezirken wird die Bebauung lichter, Bäume überschatten die Kanäle, und kleine, intensiv genutzte Gärten geben der Stadt ein ländliches Gepräge.

Im Gegensatz zu den erholsamen Fahrten auf den Klongs von Thonburi ist man während einer Tour auf den Abwässerkanälen von Bangkok ständig besorgt, möglichst nicht mit dem Wasser in Berührung zu kommen oder gar zu kentern, was bei den hohen Wellen der entgegenkommenden Boote durchaus passieren kann. Die Fahrt auf den stinkenden Kanälen durch die Hinterhöfe der Stadt lohnt nicht als Sightseeing-Tour, sondern nur, um während der Rushhour schneller voranzukommen. Auf einigen Routen wird der Verkehr während der Regenzeit eingestellt, wenn das Wasser so hoch ist, dass die Boote die Brücken nicht passieren können. Zudem werden immer mehr Klongs mit Schnellstraßen oder der Hochbahn überbaut.

Anekajati Bhujonga, das aus der Zeit von König Rama V. stammt, ist mit filigranen Nagaschlangen verziert. Diese großen Boote werden von zahlreichen kleineren Barken eskortiert, die mit Hanumanfiguren, grimmigen Wächtern, Tigerköpfen, gehörnten Drachen und anderen mythischen Fabelwesen geschmückt sind. Einige transportieren das Orchester, andere sind mit Kanonen bestückt.

Zu den Königlichen Barken gelangt man auf zwei verschiedenen Wegen: zum einen über einen schmalen Weg nach der Brücke hinter dem Bahnhof in Thonburi (leicht zu übersehender Wegweiser), zum anderen vom Wat Dusitaram hinter der Phrapinklao-Brücke aus. Beide sind mit Hinweisschildern markiert. Von der Endstation des ac-Busses 3 ist es nicht weit zu den Königlichen Barken (Royal Barges). An der Brücke hält auch der non-ac-Bus 19 ab Sanam Luang. Zudem fährt ein Shuttleboot vom Phra Athit Pier von 10–16 Uhr für 20 Baht, hin und zurück 40 Baht. ◷ tgl. 9–16.30 Uhr, 30 Baht, Fotoerlaubnis 100 Baht, Videoerlaubnis 200 Baht, ✆ 02-4240004.

Bootsprozessionen

Diese Tradition geht bis ins 14. Jh. zurück, als Flüsse die einzigen Transportwege und Kriegsschiffe die wichtigsten Waffen waren. Kunstvoll ausgestaltete Boote wurden während religiöser und königlicher Zeremonien sowie bei Reisen des Königs eingesetzt. Während der Ayutthaya-Herrschaft soll es, laut Überlieferung, 200 000 Boote gegeben haben, und es fanden königliche Prozessionen mit 300–400 Booten und bis zu 14 000 Mann Besatzung statt. Seit zur 200-Jahr-Feier Bangkoks 1982 die königlichen Barken restauriert und erstmals wieder eingesetzt wurden, werden zu allen großen Feierlichkeiten wieder Bootsprozessionen abgehalten. Anlässe sind seither die wichtigen Geburtstage des Königs und der Königin sowie das 50-jährige Thronjubiläum des Königs im November 1996 gewesen. An den heutigen Prozessionen sind immer noch über 2000 Mann Besatzung beteiligt. Eine kleine Ausstellung in der Halle vermittelt allen, die nicht dabei sein konnten, einen kleinen Eindruck von der prunkvollen Prozession.

Rings um den Bahnhof

An der Mündung des Klong Bangkok Noi in den Menam Chao Phraya ist der alte **Bahnhof von Thonburi** ab dem Phra Chan Pier zu erreichen.

Das **Siriraj Hospital** südlich vom Bahnhof, das über 100 Jahre alte, erste westliche Krankenhaus des Landes, besitzt eine etwas makabre Ausstellung. Im **Gerichtsmedizinischen Institut** im 2. Stock des Adulayadejvikrom Building sind im *Forensic Medicine Museum* Skelette, konservierte Organe und Körper von Mördern und deren Opfern einschließlich der Mordwerkzeuge zur Besichtigung freigegeben. Zudem sind in weiteren Museen interessante Präparate, Parasiten und im Anatomy Building weiter südlich eine anatomische und prähistorische Sammlung zu sehen. Weniger interessant ist die Abteilung über die Geschichte der Thai-Medizin, da die Modelle nur auf Thai beschriftet sind. ◷ Mo–Fr 9–16 Uhr, Eintritt frei, ✆ 02-4197000.

Wat Arun

Vom Thien Pier fahren Fähren für 2 Baht zum Wat Arun, dem Tempel der Morgenröte. Die aufgehende Sonne lässt die mit chinesischem Porzellan bedeckten Prangs in vielen Farben erstrahlen. Die verschieden hohen Türme symbolisieren das buddhistische Universum, in der Mitte der heilige Berg Meru, den die Weltmeere umgeben. Innerhalb der Tempelmauern stehen steinerne Figuren – unter anderem ein europäischer Kapitän –, die als Schiffsballast aus China nach Thailand gelangten. Sie sind auch in anderen Tempeln zu finden. Immer steiler werdende Treppen führen den höchsten Prang (86 m) hinauf. Die oberen Plattformen sind Touristen nicht mehr zugänglich.

Auch der Bot lohnt einen Besuch. Ist der Zugang vom Tempel aus geschlossen, gelangt man über einen weiteren Eingang von der Gasse nördlich des Tempels in den Hof. Hier sind steinerne chinesische Statuen ähnlicher Art in großer Zahl aufgereiht. Der Wandelgang ist mit bunten Blumenmotiven bemalt, und auch das Innere des Bot ist mit Wandmalereien bedeckt. Rings um den Tempel lauern Fotografen und Souvenirhändler auf Touristen. Zudem verschrecken die seit Jahren andauernden Bauarbeiten viele Besucher. Eintritt 20 Baht, ✆ 02-8911149, ◷ 8.30–17.30 Uhr.

Das südliche Thonburi

Das riesige **Wat Kanlayanimit** steht 2,5 km südlich vom Wat Arun, am Ende der Soi Wat Kanlaya, zu erreichen über die Israphap und Thetsaban Sai 1 Road. Von Bangkok fahren einige Fähren ab Rachini Pier hierher – vom selben Pier verkehren auch Fähren zur Santa Cruz-Kirche (s.u.). Im Glockenturm im Hof hängt die größte Bronzeglocke Thailands. Weit beeindruckender ist die riesige sitzende Buddhafigur im höchsten Viharn der Stadt, vor der die überwiegend chinesischen Besucher winzig wirken. Die verblichenen Wandgemälde weisen starke chinesische Einflüsse auf. Nur wenige Touristen kommen hierher, und alles macht einen etwas verwahrlosten Eindruck. ⌚ tgl. 6–18 Uhr.

800 m weiter im Süden (zurück zur Thetsaban Sai 1 Road und nach links zur Soi Kuti Cheen) erreicht man die **Santa Cruz-Kirche** (Wat Kuti Cheen) inmitten des ehemaligen portugiesischen Viertels, des ersten europäischen Geschäftszentrums, von dem kaum noch etwas zu sehen ist. Seit dem 16. Jh. lebten portugiesische Diplomaten, Händler und Missionare im Land. Nach der Zerstörung von Ayutthaya ließen sie sich hier nieder und errichteten eine kleine Kirche, die 1913 durch das heutige Bauwerk ersetzt wurde, ⌚ tgl. 6–20 Uhr. In der Kirche finden tgl. um 6 und 19 Uhr Gottesdienste statt. Die Grotte neben der Kirche wird von Gläubigen mit Jasminkränzen geschmückt. Von der Anlegestelle, wenige Meter östlich der Kirche, legen die Fähren zum Rachini Pier ab.

In Richtung Memorial-Brücke erreicht man nach 400 m einen weiteren Tempel aus der Zeit von Rama III., **Wat Prayun Wong Sawat**. Im östlichen Bereich, nahe der Memorial-Brücke, erhebt sich eine bizarre, künstliche Felseninsel, die mit Miniaturhäusern, -tempeln und -pagoden bebaut ist. Sogar eine Grotte mit Buddhastatue und der Nachbau einer gotischen Kirche finden sich darunter. Die Gebäude wurden zum Gedenken an zahlreiche Verstorbene errichtet, deren Namen auf Plaketten verewigt sind. In dem Teich leben viele Schildkröten – Symbol für ein langes Leben –, die von Besuchern mit Früchten und anderen Leckereien gefüttert werden. ⌚ tgl. 6–18 Uhr.

Am jenseitigen Bangkok-Ufer erstreckt sich die Halle des Lebensmittel- und Blumen-Großmarktes **Pak Klong Talaat**, in dem früh am Morgen am meisten los ist.

Der ehemalige große **Schwimmende Markt** nahe Wat Sai hat so sehr unter den anstürmenden Touristenmassen gelitten, dass mittlerweile die angeblichen Marktfrauen mit 30 Booten nur für die Kameras der Touristen ihr Gemüse auf und ab paddeln. Abfahrt der Touristenboote jederzeit ab Oriental Hotel Pier.

Die Bootstouren, die gegen 7 Uhr beginnen und 350 Baht kosten, halten auch an der **Thonburi Snake and Crocodile Farm**. Besuchern wird eine Schlangenshow geboten, außerdem befindet sich auf dem Gelände ein kleiner Zoo mit traurigen Tieren, ⌚ tgl. 8.30–17 Uhr, 100 Baht.

Lohnenswerter ist die Fahrt zum Schwimmenden Markt nach Damnoen Saduak.

Rings um den Golden Mount
Ratchdamnoen Road

Zu Beginn dieses Jahrhunderts wurde die Ratchdamnoen Klang und Ratchdamnoen Nok Road angelegt, ein prunkvoller, breiter Boulevard vom Sanam Luang zur ehemaligen Thronhalle (s.S. 140), der von Regierungs- und Verwaltungsgebäuden gesäumt ist. Inmitten eines Kreisverkehrs erhebt sich das **Demokratie-Denkmal**, das an den Staatsstreich im Jahre 1932 und das Ende der absoluten Monarchie erinnert. Wer die Reliefs aus der Nähe bewundern möchte, muss jedoch erst durch den dichten Verkehr kommen, was fast unmöglich ist.

Einstmals umgrenzte eine **Stadtmauer** entlang des Klong Banglampoo und Klong Ong Ang das Stadtgebiet. Ein Teil davon ist an der Brücke restauriert worden. Vom dahinter liegenden Phanfa Pier legen Boote ab, die durch den Klong Saen Saeb in die östlichen Vororte fahren.

Die von Queen Sirikit geförderte **Queen's Gallery**, 101 Ratchdamnoen Klang Rd., stellt in ihren hellen, klimatisierten Räumen moderne Gemälde und Skulpturen zeitgenössischer einheimischer Künstler aus. Ihr ist ein kleiner Shop und ein Café angeschlossen. ⌚ tgl. außer Mi 10–19 Uhr, 20 Baht, ✆ 02-2815360-1, 💻 www.queengallery.org.

Jenseits der Mahachai Road wurde ein kleiner Park mit einer **Gedenkstätte für König Rama III.** und einem Pavillon errichtet. Dahinter erheben sich mehrere Tempel.

Loha Prasat und Wat Ratchanatda

Hinter dem Park erhebt sich 36 m hoch der eigentümliche Metallpalast **Loha Prasat**, der eher an indische Tempelbauten erinnert. Viele kleine Türmchen sind auf drei quadratischen Ebenen pyramidenförmig angeordnet. ⏲ tgl. 9–17 Uhr. Manchmal ist es möglich, über die zentrale Wendeltreppe zur obersten Plattform hinaufzusteigen.

Hinter der Gedenkstätte für Rama III. steht **Wat Ratchanatda**. ⏲ tgl. 9–17 Uhr, ✆ 02-2248807. Sein Viharn ist allerdings nur gegen 16 Uhr zum Gebet geöffnet. Die Anlage wurde für eine Nichte Ramas III. errichtet. Im Viharn befindet sich eine Statue des Königs. Im angrenzenden Astrologiezentrum lassen sich Besucher aus der Hand lesen. Im südlichen Vorhof sowie in der Gasse jenseits des überbauten Klongs vor Wat Theptidaram (s.u.) werden an zahlreichen Ständen eines **Amulettmarktes** religiöse Statuen und Glücksbringer sowie Aphrodisiaka verkauft. Vor einem zerfallenen, überwucherten Mondhop neben dem Markt bringt man Opfergaben dar.

Südlich des Klongs steht ein weiterer großer, aber einfacher Tempel, **Wat Theptidaram**. Der Bot und die Prangs sind mit Mosaiken geschmückt. Im Hof stehen Figuren, die als Schiffsballast aus China hierherkamen. Inmitten der Mönchsquartiere kann das Wohnhaus des berühmten thailändischen Dichters **Sunthon Phu** besichtigt werden. Es ist weitaus angenehmer, die ruhige Gasse zwischen den Mönchsquartieren hindurch nach Süden zu laufen als auf der belebten Mahachai Road entlang der Stadtmauer.

Golden Mount

Den Zusammenfluss der drei Klongs überragt der 79 m hohe, von 1782–1800 künstlich aufgeschüttete **Golden Mount** mit dem goldglänzenden Chedi von **Wat Saket**. Der Chedi enthält eine Reliquie Buddhas, die hoch verehrt wird – vor allem während des Tempelfestes im November. Zum Golden Mount gelangt man durch den Eingang an der südlichen Borpat Road, östlich des Klongs, sowie an der Chakraphadipong Road durch eine schmale Palmenallee zwischen einer kleinen Schule und dem Wat Saket. Vor dem Aufgang zur oberen Plattform des Chedi, von der sich eine schöne Aussicht bietet, sind 10 Baht Eintritt zu zahlen. ⏲ tgl. 7.30–17.30 Uhr, ✆ 02-2334561.

Wat Suthat und Umgebung

Anschließend geht es auf der Bamrung Muang Road Richtung Westen. In mehreren Geschäften wird eine faszinierende Sammlung von vergoldeten Buddhastatuen, Almosenschalen und anderem Tempelzubehör verkauft. In einem Kreisverkehr auf der verkehrsreichen Straße steht eine etwa 25 m hohe **Riesenschaukel** *(giant swing)*. Bei einem hinduistisch-brahmanischen Fest wurden lebensgefährliche Schaukel-Wettkämpfe ausgetragen, bis sie unter Rama VII. 1933 verboten wurden.

Südlich der Schaukel erhebt sich **Wat Suthat**. Dieser Tempel, dessen besonders schöne **Wandmalereien** zu den bedeutendsten Zeugnissen thailändischer Kunst gehören, entstand vor etwa 150 Jahren. Bronzepferde, Pagoden und steinerne Figuren im chinesischen Stil umgeben den großen Viharn, auf dessen wunderschönen, mit Schnitzereien verzierten Teakholztüren Themen aus dem Ramayana dargestellt sind. Die Innenwände sind bemalt mit Szenen aus den Leben der legendären 28 Buddhas, während die Motive auf den acht Säulen der hinduistisch-buddhistischen Kosmologie entnommen sind. Sie wurden vor einigen Jahren aufwändig restauriert, sind aber bereits wieder dabei zu bröckeln. Im Zentrum des Raumes steht die große **Buddhastatue Sri Sakyamuni** aus der Sukhothai-Periode. Den Viharn umgrenzt ein Wandelgang mit 156 Buddhastatuen. Auch der **Bot**, weiter südlich, beeindruckt durch seine Größe und hübsche Wandmalereien. König Rama VIII., dessen **Bronzestatue** im Vorhof steht, wurde im Tempel beigesetzt. Ihm zu Ehren findet alljährlich am 9. Juni eine königliche Zeremonie statt. ⏲ tgl. 9–21 Uhr, 20 Baht.

Östlich vom Tempel auf dem Mittelstreifen der Unakan Road steht der kleine **Hinduschrein Vishnu Mandir** unter Schatten spendenden Bäumen, die mit Glöckchen behängt sind. Der Gottheit Vishnu opfern Gläubige Teller mit Opfergaben und Blumenkränze. Zudem steht nordwestlich von Wat Suthat etwas versteckt in der Dinsor Road der **brahmanische Bot Phram**. Zu den mit gelben Blumenkränzen geschmückten Schreinen der Gottheiten Vishnu vor dem Tempel, Shiva, der schwarzen Statue im Tempel, Ganesha (Elefantengott) und Skanda (Kriegsgott, kleiner Schrein links vom Eingang) kommen Thai-Brahmanen, um zu beten. Die ursprünglich aus Südindien stammenden Mitglieder der obersten Hindukaste sind für die Durchführung von überlieferten brahmanischen Riten am Königshof zuständig.

Wat Ratchabophit

Die Bamrung Muang Road führt weiter im Westen durch einen alten, fast unzerstörten Stadtteil. Auf der Atsadang Road geht es am Klong Lod entlang zum Sanam Luang zurück, vorbei an vielen Läden, die Musikinstrumente und Outdoor-Ausrüstung verkaufen. Zuvor sollte man sich einen Abstecher zum hübschen Wat Ratchabophit am Ostufer des Klong Lod nicht entgehen lassen. Er wird von einem 43 m hohen, mit goldfarbenen Keramikkacheln bedeckten Chedi überragt. Von ihm aus gehen in nördliche Richtung der Bot und in südliche der Viharn ab, deren Außenwände mit farbigem chinesischem Porzellan geschmückt sind. Ein Wandelgang, der nicht immer zugänglich ist (Sa oder So probieren!), führt rund um den Stupa. Die Eingangstore sind mit geschnitzten Soldaten unterschiedlicher Einheiten verziert. ◷ tgl. 5–18 Uhr.

In der südöstlichen Ecke des Tempelareals befindet sich das Grab der Frau Ramas V. und im Tempelbereich an der Atsadang Road, der meist nur von der Straße aus zu besichtigen ist, die Gräber der königlichen Familie, die zum Teil gotischen Kirchen nachempfunden sind.

Westlich des Tempels, jenseits der Fußgängerbrücke über den Klong, steht ein **Schwein-Denkmal**. Das vergoldete Tier wurde zur Erinnerung an die im Jahr des Schweins geborene Ehefrau Ramas V. errichtet.

Chinatown

Die endlos lange Straße vom Wat Pho Richtung Osten, die New Road oder **Charoen Krung Road**, wurde als erste Straße der Stadt unter Rama IV. 1851–1868 entlang eines ehemaligen Elefantenpfades gebaut. Zu dieser Zeit wurde in Bangkok noch alles auf dem Wasser transportiert. Europäische Händler, die ihre Lagerhallen am Fluss hatten, forderten vom König eine Straße, um einen besseren Warentransport zu gewährleisten. Europäischer Einfluss ist im zentralen Bereich rings um das Hauptpostamt noch immer zu spüren.

Im Block, der von der Charoen Krung Road, Pahurat, Tripet und Burapha Road umgrenzt wird, wurde der ehemalige Ming Muang-Markt zum **Old Siam Plaza** umgebaut, einem neuen, fünfstöckigen Einkaufszentrum. Viele Geschäfte, die v.a. Textilien, Porzellan, Waffen und Schmuck anbieten, sind rings um drei überglaste Innenhöfe angeordnet. In einem der Höfe lockt ein stilvoller Foodmarket mit einheimischen Spezialitäten. Das Angebot reicht von einem gemütlichen Kaffee bis zu Fastfood-Restaurants. Da nur einige Geschäfte und Restaurants klimatisiert sind und viele Keramiken mit traditionellem Design sowie Bleiglasfenster verwendet wurden, erhält alles ein angenehmes historisches Flair. Sala Chalerm Krung an der Tripet Rd., Ecke Charoen Krung Rd., war in den 30er Jahren das größte und modernste Kino des Landes. Es ist nun zum **Königlichen Khon-Theater** umgebaut worden, das Gastspielen traditioneller und moderner Künstler einen gediegenen Rahmen bietet.

Entlang der Pahurat Road und in den schmalen Gängen zwischen den alten Holzhäusern werden auf dem Pahurat-Markt Textilien, von Saris bis zu Brokatstoffen für Tempeltänzer, Schmuck, Kurzwaren in ungekannter Vielfalt und vieles mehr angeboten – günstig, aber ohne viel Exotik. Dazwischen verkaufen Essenstände indische Currys und Snacks.

Die Wohn- und Geschäftshäuser hinter dem indischen Markt überragt die goldene Kuppel des Gurdwara Siri Guru Singh Sabha **Sikh-Tempels**. Besucher, die sich in dem modernen, etwas kühl wirkenden Gebäude umsehen wollen und um Erlaubnis fragen, sind normalerweise willkommen. In den schmalen Gassen rings um den Tempel konzentrieren sich kleine Teestände und Läden, die u.a. Tempelzubehör, Betelnüsse und Schmuck verkaufen.

Östlich von Pahurat erstreckt sich die quirlige Chinatown. Etwa 6 Millionen Chinesen leben in Thailand, zum Teil schon seit mehreren Generationen. Weitaus stärker als in anderen Ländern haben sie sich in die Thai-Gesellschaft integriert oder wurden assimiliert. Besonders interessant ist die Chinatown während großer chinesischer Feste (Fest der hungrigen Geister im 7. Monat des chinesischen Jahres, Mondkuchenfest Mitte des 8. Monats) und der Neujahrsfeierlichkeiten. Dann wandelt sich die Yaowarat Road zu einer riesigen Festmeile mit Verkaufs- und Essenständen, Küchenchefs zeigen ihre Künste, und es finden

Umzüge mit Löwentänzen, Chinesische Opernaufführungen und andere kulturelle Veranstaltungen statt.

Von der Pahurat Road Richtung Osten gelangt man in die 1 km lange und nur 4–5 m breite **Sampeng Lane** (Soi Wanit 1), aus der große Fahrzeuge verbannt sind, denn hier passen nur Lastkarren, Motorräder und Einkäufer hindurch. In dem einstigen verruchten Hafenviertel voller Opiumhöhlen, Spielsalons und Bordelle wird nun eine Vielfalt von Waren angeboten, von Knöpfen und Modeschmuck bis zu Textilien und Snacks. Da die Häuser eng zusammenstehen und zum Teil durch helle Tücher vor der Sonne abgeschirmt sind, ist es selbst mittags relativ kühl.

Auf der Chakrawat Road lohnt ein Abstecher zum etwas von der Straße zurückversetzten **Wat Chakrawat**, dessen ergrauter Prang den Tempel überragt. Hinter dem Bot leben bereits ein halbes Jahrhundert Krokodile in einem kleinen Becken, seit eines, das einen Menschen attackiert hatte, im Fluss gefangen wurde. Heute blickt dieses gigantische Leistenkrokodil ausgestopft auf seinen letzten Nachkommen herab. Im entgegengesetzten Bereich des Wat, wo auf einem Hügel die Asche Verstorbener beigesetzt ist, soll in der darunter liegenden Grotte Buddha seinen Schatten an der Wand hinterlassen haben. Weniger interessant als sein viel versprechender Name „Diebesmarkt" ist der Block **Nakhon Kasem** südlich der Charoen Krung Road, zwischen Chakrawat und Boriphat Road, denn hier haben sich keine Hehler, sondern vor allem Maschinenhändler angesiedelt.

In den parallel verlaufenden Hauptstraßen, der **Yaowarat** und **Charoen Krung Road**, wo sich ein Geschäft an das nächste reiht, bauen fliegende Händler auf den schmalen Bürgersteigen ihre Stände auf und verkaufen Kleinkram, wie Süßigkeiten, Batterien und Scheren. Welch ein Kontrast zu den dahinter liegenden, mit Gold und Jade voll gepackten Schmuckläden und den großzügigen, klimatisierten Verkaufsräumen für aphrodisische Antilopengeweihe und wertvolle Schwalbennester! Allein in der Yaowarat Rd. konzentrieren sich auf 1430 m Länge 132 lizenzierte Goldgeschäfte. Exotische Düfte weisen den Weg zu traditionellen chinesischen Apotheken, die jedem Kunden die passende Medizin aus ungewöhnlichen Bestandteilen zusammenmixen. Auf den Bürgersteigen östlich vom großen **Wat Chaichana Songkhram** hat sich der Elektro- und Elektronikmarkt ausgebreitet, auf dem sowohl Uhren, Taschenrechner und Batterien als auch Musik- und Videokassetten feilgeboten werden.

Man kann sich in eine ruhige Ecke zurückziehen und das bunte Treiben auf engstem Raum betrachten. Allerdings wälzt sich ein lauter, stinkender Verkehrsstrom durch die heißen, schmalen Straßen der Chinatown und trübt das Einkaufs- und Sightseeing-Vergnügen.

Erholsamer ist ein Spaziergang durch die parallel zum Fluss verlaufende **Songwat Road**, vorbei an kleinen Tempeln und den mit Reis, Nelken, Pfeffer und anderen Produkten voll gepackten alten Lagerhäusern der Großhändler. Von Frachtkähnen werden die Waren auf Lkw verladen. Am **Ratchawong Pier** legen die Expressboote an.

Auf dem chinesischen Markt in der **Soi Itsara Nuphap**, zwischen Charoen Krung und Yaowarat Rd., werden exotische Zutaten für die chinesische Küche verkauft, von denen Hühnerfüße und Seegurken noch die harmloseren zu sein scheinen. Südlich der Yaowarat Road wird u.a. mit Krabbenchips und Gewürzen gehandelt. Durch die schmale Gasse, die weit weniger touristisch als die Sampeng Lane ist, zwängen sich Last- und Essenskarren.

Ein besonders schöner chinesischer Mahayana-Tempel, der **Leng Noi Yee** (Thai-Name: Wat Mangkon Kamalawat), steht an der Charoen Krung Road zwischen Mangkon und Phlapphla Chai Road. Durch ein hohes, prächtiges Tor betritt man einen ausgedehnten Hof, der von der 1871 erbauten Tempelanlage begrenzt wird. Hinter dem aufwändig dekorierten Haupttempel liegen mehrere kleinere Räume, in denen auch Wahrsager und Heilkräuterverkäufer ihren Geschäften nachgehen.

Der massiv goldene Buddha im **Wat Traimit** wiegt beinahe 6 Tonnen, so dass allein das Gold einen Wert von ca. 13 Mill. Euro darstellt. Die aus dem 14. Jahrhundert stammende eindrucksvolle Statue wurde erst 1955 durch Zufall entdeckt: Als ein vermeintlicher „Stuck"-Buddha aus einer Tempelruine in diesen neuen Tempel gebracht werden sollte, fiel er zu Boden, und unter den Rissen kam die verdeckte Statue zum Vorschein. Ein Teil der Verkleidung ist im Tempel ausgestellt. Unter dem Schatten eines Banyan-Baumes im Vorhof wird dem hinduistischen Gott Brahma geopfert. Dieser

> **Luftverschmutzung**
>
> Eine dicke Wolke aus Abgasen liegt permanent über Bangkok. Umweltgruppen haben festgestellt, dass in den Hauptverkehrsstraßen die Luftverschmutzung bereits gesundheitsschädliche Werte erreicht hat. Seit dem Bau der Hochhäuser ist die Ventilation der Straßen nicht mehr gewährleistet, so dass die Konzentration der Giftstoffe dramatisch ansteigt. Über Bronchitis, Asthma oder Erschöpfung klagt bereits jeder siebte Bewohner. Besonders Belastete, wie Tuk-Tuk-Fahrer, Verkehrspolizisten und Straßenhändler, tragen Atemschutzmasken.

Tempel steht auf dem Programm der meisten Veranstalter. ⌚ tgl. 8–17 Uhr, 20 Baht, ✆ 02-6231279.

Die chinesische Gemeinde hat 1999 zu Ehren von König Bhumipol zu seinem 72. Geburtstag am südlichen Ende der Yaowarat Road ein gigantisches **China Gate**, ein Eingangstor zur Chinatown, errichtet. Es ist im nordchinesischen Stil mit traditionellen Drachenmotiven und anderen glücksbringenden Symbolen sowie Thai- und chinesischen Schriftzeichen geschmückt und soll ein günstiges Feng Shui bewirken.

Im Osten endet die Chinatown am **Bahnhof Hua Lamphong**, der 1890 nach dem Vorbild von Manchester errichtet wurde. In der großen, überdachten Halle herrscht immer ein buntes Gewimmel von Reisenden, Händlern und Taschendieben. Auf zwei Stockwerken beiderseits der Wartehalle bieten mehrere Restaurants Reisenden Stärkung, darunter ein Food Court. Zudem umwerben Läden und Reisebüros die Wartenden, teils als Tourist Information getarnt, deren hilfreiche Angestellte im Prinzip nur ihre Touren und Unterkünfte verkaufen wollen. Dennoch ist die Atmosphäre recht angenehm. Ein Hauch von Luxus breitet sich aus, wenn vom linken Gleis der Eastern & Oriental Express abfährt, dessen Passagiere in einem separaten Wartesaal abgefertigt werden.

Rings um die Silom Road

Über die Charoen Krung Road (New Road) gelangt man weiter im Süden in das älteste Banken- und Geschäftsviertel der Stadt. Wer sich nicht dem Lärm und den Abgasschwaden des dichten Verkehrs aussetzen möchte, kann mit dem Expressboot bis zum Central oder Oriental Pier fahren (s.S. 180).

Kaum zu übersehen sind das beliebte **River City-Einkaufszentrum** und das angrenzende **Royal Orchid Sheraton**, eines der größten Hotels der Stadt, am Flussufer nördlich vom Central Pier. Von hier starten viele Restaurant- und Ausflugsboote.

Inmitten dieser modernen Bauten wirkt die **Portugiesische Botschaft** südlich des Piers wie ein Relikt aus der Vergangenheit. Leider umgibt sie eine hohe Mauer, so dass das schöne Gebäude und der Garten nur vom Fluss aus zu sehen sind.

Nördlich des Piers erheben sich die Türme der **Rosenkranz-Kirche**, auch Wat Galawan genannt. Bereits nach der Zerstörung von Ayutthaya errichteten Portugiesen hier eine katholische Kirche. Das heutige Gebäude mit schönen Bleiglasfenstern stammt allerdings aus dem Jahre 1897. ⌚ tgl. 6–21 Uhr.

Das **Rare Stone Museum**, 1048-1054 Charoen Krung Rd., südlich der Brücke zwischen Soi 26 und 28, ✆ 02-2365666, 💻 www.rarestonemuseum.com, stellt über 10 000 Stücke aus, von denen einzelne tonnenschwer sind. Auch das Ashtray Museum im 3. Stock enthält einige interessante Objekte. ⌚ tgl. 10–17.30 Uhr, Eintritt 100 Baht.

Vom Fluss her nicht zugänglich ist das große **Hauptpostamt** an der Charoen Krung Road. König Rama V., dessen Denkmal vor dem Hauptgebäude steht, führte 1883 das Postsystem in Thailand ein und wenig später auch das Telefon.

Vom Oriental nach Süden

Das traditionelle **Oriental Hotel** zählt zu den Hotel-Legenden Asiens und hat nach wie vor seinen Platz unter den Weltbesten. Wer einen Blick in den alten Flügel (Garden Wing) werfen möchte, sollte sich ordentlich anziehen und den Nebeneingang über die Einkaufspassage oder durch den Garten benutzen, denn die Portiers wimmeln Gäste, die nicht im Hotel wohnen, normalerweise ab. Im Hotel ist fast alles noch so wie zur Zeit, als Joseph Conrad, Somerset Maugham oder Noel Coward hier abstiegen. Bei einem *Sundowner* auf der Terrasse hat man einen herrlichen Blick auf den Sonnenuntergang über dem Fluss.

Vorbei am kolonialen Gebäude der **East Asiatic Company**, das zur Jahrhundertwende von einem dänischen Geschäftsmann errichtet wurde, gelangt man zu einem freien Platz, der von den Schulgebäuden des Assumption College und einer der größten Kirchen der Stadt, der katholischen **Assumption Cathedral** (Mariae Himmelfahrts-Kathedrale) im englischen Kolonialstil umgeben ist. Durch bunte Bleiglasfenster wird das in Ockertönen gehaltene Innere der Kirche erleuchtet. Der Altar ist aus französischem Marmor. Sonntags um 10 Uhr findet ein englischsprachiger Gottesdienst statt. Das kirchliche College gilt als eines der besten des Landes.

Weiter im Süden bietet sich von der Lobby des **Shangri-La Hotels**, eines hellen, großzügigen Luxushotels, ein schöner Ausblick auf den Fluss. Hinter der Taksin-Brücke steht der eigenartige Tempel **Wat Yannawa**. Zwischen den beiden Chedis liegt ein 43 m langes und 17 m hohes, massives Zementboot, Sinnbild des Lebens, das ebenso wie das Boot Höhen und Tiefen überwinden muss. ⌚ tgl. 5–23 Uhr. Auf dem **Fischmarkt**, noch weiter südlich, in der Soi 58, herrscht gegen 2 Uhr morgens am meisten Betrieb.

Silom Road

Mehrere Straßen verlaufen von der Charoen Krung Road unter dem neuen Highway hindurch Richtung Osten. Die interessanteste ist die belebte Silom Road, die Hauptgeschäftsstraße. Hier findet sich ein Heiligtum ganz besonderer Art, der **Sri Mariamman-Tempel**, ein Hindutempel der Shakti-Sekte, der 1879 von südindischen Tamilen erbaut wurde (Fotografierverbot). Neben der Urmutter Uma Devi, Krishna, Kali, Rasmi, Khandakumara, einem Shiva-Lingam, Ganesha und anderen hinduistischen Gottheiten hat auch Buddha hier seinen Platz. Während des größten Hindufestes Thaipusam Ende Januar / Anfang Februar steht der Tempel im Mittelpunkt des Geschehens. Gäste sind gern gesehen. Vom Souvenir-Einkaufszentrum Silom Village ist es nicht weit zur **Masjid Mirasuddeen**, einer der 84 Moscheen der Stadt im orientalischen Baustil, die sich hinter der Markthalle (viele Essenstände) erhebt. ⌚ tgl. 6–20 Uhr, ✆ 02-2384007.

Am östlichen Ende der Silom Road liegt eine der berühmt-berüchtigten Amüsiermeilen, die **Patpong Road**. Auf den ersten Blick wirkt sie mit ihrem touristischen Straßenmarkt ab 17 Uhr fast wie eine Flaniermeile. Die Go-go-Bars im Erdgeschoss werden sogar von Reisegruppen angesteuert, denn Patpong gehört zu den „Sehenswürdigkeiten" der Stadt (s.S. 166).

Die über 100 Jahre alte, kleine anglikanische **Christ Church** in der Convent Road, Ecke Sathorn Nua Road, liegt in einem großen Garten mit altem Baumbestand.

Lumpini-Park

Am Ende der Silom Road erstreckt sich eine der wenigen Grünflächen der Stadt, der Lumpini-Park, der vor allem am Sonntag ein beliebtes Familien-Ausflugsziel ist. Vor dem Park steht das Denkmal von König Rama IV. Drachenverkäufer bieten, vor allem während der windigen Jahreszeit, bunte Papierdrachen an. Im Schatten der Bäume halten Angestellte aus den benachbarten Büros ihr Mittagsschläfchen, und am frühen Morgen (5.30–7.30 Uhr) praktiziert man Schattenboxen, Tai Chi. Während die alten Leute im Food Center plauschen, zieht es Jüngere ins Fitness Center. An einigen Ständen wird frisches Schlangenblut verkauft, das anregend und kräftigend wirken soll, andere halten knusprig frittierte Grillen, Skorpione und Wasserkäfer bereit. Während der Trockenzeit finden sonntags klassische Konzerte statt. Nach Einbruch der Dunkelheit sind viele zwielichtige Gestalten unterwegs, und es ist besser, den Park zu meiden.

Östlich vom Park laden die 3700 Verkaufsstände des **Suan Lum Night Bazaar**, Rama IV, Ecke Witthayu Rd., von 15 Uhr bis Mitternacht zu einem entspannten Einkaufsbummel ein. In der Trockenzeit spielen nach Sonnenuntergang auf den Bühnen der großen Biergärten einheimische Rock-Bands. In den Abwasserrohren des umlaufenden Kanals verstecken sich Warane.

Lohnend ist ein Besuch des **Joe Louis-Puppentheaters**, in dem traditionelles thailändisches Puppenspiel aufgeführt wird (s.S. 169), und eines Thai-Boxkampfes im großen **Lumpini-Boxstadion** (s.S. 168). U-Bahn Lumpini.

Schlangenfarm

Das Königin Saorapha Memorial Institute an der Rama IV, Ecke Henri Dunant Road, beherbergt die Schlangenfarm. Das Institut wurde 1922 gegrün-

Moderne Architektur

In dieser Stadt ist nichts unmöglich. Bereits 1877 ließ König Chulalongkorn den Chakri Maha Prasad-Palast im italienischen Renaissance-Stil errichten und krönte ihn mit einem traditionellen Tempeldach – obwohl Tempel und Königspaläste üblicherweise in einem nur diesen vorbehaltenen, repräsentativen Thai-Stil mit mehrfach gestaffelten, mit Naga-Schlangen geschmückten Dächern und symbolträchtigen Dekors gebaut wurden.

Ende der 60er Jahre war das Narai Hotel in der Silom Road das einzige Hochhaus der Stadt. 1970 folgte das 23-stöckige, 82 m hohe Dusit Thani Hotel am östlichen Ende der Silom Road, das 1973 vom Indra Regent Hotel übertroffen wurde. Im Vergleich zur jüngeren Hochhausgeneration, die 1983 das 134 m hohe Bangkok Bank Building in der Silom Road nahe Soi Phipat einleitete, wirken sie alle recht schmächtig.

Der Höhenrekord wurde Ende der 80er Jahre vom 44-stöckigen und 140 m hohen bunten Baiyoke I Tower in der Ratchaprarop Road gehalten, und in den 90er Jahren vom 97-stöckigen Baiyoke II Tower (s.S. 139) mit 304 m Höhe erheblich überboten. Während des Baubooms Ende der 90er Jahre veränderte Bangkok sein Gesicht und zählt derzeit über 850 Hochhäuser.

Vor allem in der Sathorn und unteren Silom Road konzentrieren sich die neuen Giganten, wie der 2001 fertig gestellte 247 m hohe State Tower, das zweithöchste Gebäude der Stadt. Auf dem schlammigen Untergrund müssen die Hochhäuser extrem tief verankert werden. Das führt zu einer zunehmenden Verdichtung der Böden und einer Verkleinerung der Absorptionsfläche, wodurch die Absenkung des Landes und die Überschwemmungsgefahr erhöht wird.

Die traditionellen, auf Stelzen errichteten Wohnhäuser aus Teakholz konnten nicht als Vorbilder für moderne, repräsentative Gebäude dienen. So suchte man nach einer Alternative und fand sie im Ausland. Ionische und dorische Säulen werden in moderne Hochhaus-Fassaden integriert, dazwischen stehen chinesische Geschäftshäuser, viktorianische Landhäuser und Apartmenthäuser im pseudospanischen Stil.

Die jüngeren Bauwerke scheinen manchmal Fantasy-Filmen entsprungen zu sein. Dr. Sumet Jumsai, einer der zeitgenössischen, eigenwilligen Architekten, entwarf beispielsweise das „Robotergebäude" der Bank of Asia in der Sathorn Tai Road und das „Legohaus" westlich vom Expressway, hinter der Abzweigung der Suthisarn Road, in Richtung Weekend Market.

Doch auch die Anhänger der traditionellen Architektur finden immer mehr Zuspruch. Wer es sich leisten kann, bewohnt heutzutage ein Teak-Haus im traditionellen Stil à la Jim Thompson (s.S. 138).

Das moderne Gesicht der Metropole Bangkok

det, um die Tollwut-Epidemien zu bekämpfen. In den Räumen ist eine kleine Ausstellung über Schlangen aufgebaut. Angeboten werden Impfungen und Informationen über Tropenkrankheiten (s.S. 21ff.). Außerdem kann man sich ansehen, wie verschiedenen Arten südostasiatischer Schlangen Gift entnommen wird, um daraus Serum herzustellen. Vorführung tgl. um 10.30 und 14 Uhr, Sa und So nur vormittags, außerdem anschließend ein informativer Diavortrag. ⏲ Mo–Fr 8.30–16, Sa, So und feiertags 8.30–12 Uhr. 70 Baht, dafür gibt es ein Faltblatt mit wissenswerten Details, ✆ 02-2520161-4.

Siam Square, Sukhumvit Road und Umgebung

Riesige Shopping Centers, Hotel- und Bürokomplexe haben sich in den ehedem so beschaulichen Wohngegenden östlich des alten Stadtkerns ausgebreitet. Aber hier und da finden sich auch noch einige Reste aus der Vergangenheit.

Zwischen **Siam Square** und **Siam Center**, einem traditionellen Einkaufszentrum der Büroangestellten und Jugendlichen, verläuft über der Rama I Road die Hochbahn, die sich vor dem Erawan-Schrein verzweigt. Eine Linie führt nach Süden Richtung Silom Road, die andere nach Osten über der **Ploenchit** und **Sukhumvit Road**, eine der Hauptverkehrsadern der Stadt.

Jim Thompson

Kurz vor dem Ende des Zweiten Weltkriegs setzte der amerikanische Geheimdienst Jim Thompson als Verbindungsmann zur „Bewegung der freien Thai" ein. Er blieb nach dem Krieg in Bangkok, managte das Oriental Hotel und gründete 1948 die Thai Silk Company. Damit erweckte er die vom Aussterben bedrohte Seidenweberei in Thailand zu neuem Leben.

In den 50er Jahren ließ er sechs alte Teak-Häuser nach Bangkok bringen und baute sie gegenüber dem Weberdorf an ihrem jetzigen Standort wieder auf.

Ostern 1967 verschwand er spurlos im Dschungel der Cameron Highlands (Malaysia).

Jim Thompson-Haus

Das **Jim Thompson-Haus** (fast schon ein Dorf) liegt etwas versteckt am Ende der Soi Kasemsan 2, ab Rama I Road, non-ac-Bus 47 ab Wat Pho oder Sanam Luang. BTS-Station National Stadium. In mehreren großartigen traditionellen Thai-Häusern hat Jim Thompson südostasiatische Kunstschätze zusammengetragen. ⏲ tgl. 9–17 Uhr, letzter Einlass um 16.30 Uhr, die freundlichen, englischsprachigen Führungen beginnen alle 10 Min., 100 Baht, Studenten bis 25 Jahre 50 Baht, ✆ 02-2167368, 6328100.

Erawan-Schrein

An der Ecke Ratchadamri Road steht vor dem Grand Hyatt Erawan Hotel umrahmt von massigen Skytrain-Trassen der kleine Erawan-Schrein, der sich großer Beliebtheit erfreut. Er ist einer von vielen Haustempeln der Stadt. Gott Brahma mit den vier Gesichtern ist vor allem nach Geschäftsschluss das Ziel vieler Verehrer. Sie opfern Räucherstäbchen, Früchte und Kerzen, behängen die Statue mit Blumenkränzen und erbitten den Segen der Götter, oder sie engagieren Tänzerinnen, die klassische Tänze rund um den Schrein vorführen und dabei von Musikanten begleitet werden. Ist ein Wunsch in Erfüllung gegangen, opfert man einen Teakholz-Elefanten – den herumstehenden Tieren nach zu urteilen, müssen es einige wahrhaft große Wünsche gewesen sein.

Schräg gegenüber dem Erawan-Schrein erhebt sich der massive Block des **Central World Plaza**, ein modernes, voll klimatisiertes Einkaufszentrum mit dem Zen Department Store, das vor allem die Bedürfnisse der wohlhabenden jungen Generation befriedigt. Während der Trockenzeit ist es an einigen Wochenenden von einem riesigen Biergarten umringt. Inmitten all der modernen Einkaufszentren wirkt die **Britische Botschaft** in ihrem weitläufigen Park wie ein Relikt aus jener Zeit, als die östlichen Vororte aus einstöckigen Holzhäusern und Villen bestanden. Nur wenig weiter nimmt als gigantisches Zukunftsprojekt der **Millenium Complex** Form an.

Beiderseits der Phetchburi Road

Im kleinen **Nai Lert Park** hinter dem Hilton Hotel, Witthayu Road, nahe der Phetchburi Road am Klong, stehen viele mit bunten Tüchern umwickelte Phallen, die als Fruchtbarkeitssymbole für den erwünschten Kindersegen sorgen sollen. Interessierten wird der Park auf Anfrage geöffnet.

Im quirligen Stadtviertel **Pratunam** rings um das Amari Watergate und Indra Regent Hotel wird ein Großteil des Textilhandels abgewickelt. Entlang der Bürgersteige, in den überdachten Markthallen und schmalen Sois drängen sich die Verkaufsstände. Auch in vielen Geschäften und selbst im Untergeschoss des Baiyoke II Tower stapeln sich bunte Kleidungsstücke. Inmitten der T-Shirts, Jeans, Tücher und Kleider werden Kleidungsstücke nach Maß gefertigt und Pailettenkleider aufwändig bestickt.

Der **Baiyoke II Tower** ist mit 309 m Gebäudehöhe plus 34 weiteren Antennenmetern zurzeit das höchste Gebäude des Landes. Zudem schmückt es sich mit dem Superlativ, das höchste Hotel der Welt zu sein. Für das 84-stöckige Hochhaus mussten Pfeiler 65 m tief in die Erde gerammt werden. Etwa tausend Besucher pro Tag fahren von 10–22 Uhr zur Aussichtsplattform im 77. Stock hinauf. Theoretisch ist diese auch über 2060 Treppenstufen nach einem über einstündigen Aufstieg zu erreichen. Eintritt 120 Baht, ✆ 02-6563000, 💻 www.baiyokehotel.com. Wer ein Buffet in einem der Restaurants auf den beiden oberen Etagen genießen möchte, zahlt mittags 700 Baht und abends 900 Baht inkl. Aufzugfahrt. Zudem kann man sich bei einem Drink an der Bar den Eintrittspreis anrechnen lassen. Ein weiterer Aufzug fährt aufs Dach hinauf. Bei guten Wetterverhältnissen liegt einem Bangkok zu Füßen – im Westen die von Tempeltürmen überragte Altstadt (bestes Licht vormittags) und im Osten und Süden die modernen Hochhäuser der Geschäftsviertel (bestes Licht nachmittags). Ein Gewirr von Straßen und Expressways durchzieht das Häusermeer, breite Ausfallstraßen verlieren sich Richtung Norden am Horizont. Das rapide Wachstum Bangkoks verdeutlicht eine kleine Ausstellung anhand von Statistiken und Reproduktionen historischer Stadtansichten.

Suan Pakkard-Palast

Der Suan Pakkard-Palast in der Sri Ayutthaya Road, BTS Phayathai, enthält die private Kunstsammlung einer Prinzessin, u.a. Ban Chiang-Keramik, Schmuck, Khmer-Statuen und alte Drucke. Einige Ausstellungsstücke sind in traditionellen Thai-Häusern untergebracht, die 1952 aus Chiang Mai hierher transportiert wurden. Zudem steht hier ein Lackpavillon aus der Ayutthaya-Periode, dessen Innenwände mit Szenen aus dem Ramakien-Epos und Buddhas Leben geschmückt sind. Der hohe Eintritt wäre allerdings nicht gerechtfertigt, gäbe es hier nicht einen schönen subtropischen Garten. ◷ tgl. 9–16 Uhr, ✆ 02-2454934, 80 Baht, Studenten 50 Baht, Fotografierverbot. Die angrenzende **Marsi Gallery** wartet mit wechselnden archäologischen und Kunstausstellungen auf, ◷ tgl. 9–16 Uhr, ✆ 02-2461775-6.

Die besten Aussichtspunkte

- Baiyoke II Tower
- Golden Mount
- Dachterrasse des Grand China Princess Hotel (Yaowarat Rd., Chinatown)
- Skytrain
- Food Center im Emporium und Central World Plaza
- Shangri-La, Oriental Hotel oder River View (Blick auf Fluss),
- State Tower nahe Oriental Pier (ab 18 Uhr umsonst zur Aussichtsplattform mit Restaurant, Skybar im 63. Stock).
- Tiara Restaurant im Dusit Hotel, Bai Yun Restaurant im Westin Banyan Tree
- Diverse Hotels in der Sukhumvit und Silom Road (Hampton Inn, Rembrandt, Tower Inn ...)

Sukhumvit Road

Nach Osten geht die Ploenchit Road in die Sukhumvit Road über. Souvenirhändler säumen die schmalen Bürgersteige. Dahinter erheben sich moderne Einkaufszentren, kleine Geschäfte, Wechselstuben und Restaurants. Die meisten Hotels liegen in den abgehenden Sois. Eine breite Schneise in dieses enge Gewirr schlägt die ausgebaute Soi Asoke (Soi 21), die von modernen Hochhäusern gesäumt wird.

Wie eine kleine Oase zwischen den Zweckbauten aus Glas und Beton wirkt der subtropische Garten der **Siam Society**, 131 Soi Asoke, mit einem alten, aus Teakholz erbauten Bauernhaus aus dem Norden, **Ban Khamthieng**. Eine ethnologische Ausstellung innerhalb des Hauses zeigt Werkzeuge und Arbeitsgeräte der nordthailändischen Bauern und Fischer sowie Textilien aus dem Norden und Nordosten. In dem hinzu gekommenen **Ban Sangaroon** ist Kunstgewerbe ausgestellt, das von einem Architekten gesammelt wurde. ⌚ Di–Sa 9–17 Uhr, 100 Baht, 💻 www.siam-society.org, ✆ 02-6616470-7.

Inmitten des Großstadtgetümmels lädt der **Queen's Park**, auch Benjasiri Park, zwischen Soi 22 und 24, mit seinen künstlichen Seen, Schatten spendenden Bäumen, modernen Skulpturen und Blumenrabatten zu einer Ruhepause ein. Kinder vergnügen sich auf der Rollerskate-Bahn oder dem Basketballplatz. Im Süden grenzt an den Park das Gebäude der **World Fellowship of Buddhists** und im Osten das große Einkaufszentrum **Emporium**.

Das **Planetarium** zwischen Soi 40 und dem Ekamai-Busbahnhof und das **Science-Museum** werden von einer weitläufigen Gartenanlage umgeben, die neben dem lauten, geschäftigen Busbahnhof eine Oase der Ruhe ist. Zum Komplex gehören naturwissenschaftliche Ausstellungen, ein Aquarium und Planetarium. ⌚ tgl. außer Mo und feiertags 8.30–16.30 Uhr, 40 Baht, ✆ 02-3925951-9.

Im **Wat Thammamongkhon**, Punnawitthi 20, Soi 101 Sukhumvit Road, steht Bangkoks größter, fast 100 m hoher Chedi. Seine Spitze wird von einem Schirm gekrönt, der mit 17 kg Gold und 1063 Diamanten geschmückt ist. Ein Aufzug fährt 10 der 14 Stockwerke hinauf – der Ausblick ist herrlich. Der Jadebuddha im Inneren des Tempels gilt mit einer Länge von 2,20 m, einer Breite von 1,70 m und einem Gewicht von 15 t als weltweit größter seiner Art. ⌚ tgl. 8–18 Uhr. Zu erreichen mit einem der Busse, der die Sukhumvit Road hinauffährt (non-ac-Bus 25 ab Hauptbahnhof, 48 ab Wat Pho), an der Soi 101/1 aussteigen. Von hier sind es 500 m zum Wachiratham Sathit durch die Gasse gegenüber dem elektrischen Transformator.

Nördlich des Zentrums

Ratchdamnoen Nok Road

König Chulalongkorn (Rama V.) und sein Vater König Mongkut waren die ersten Herrscher, die europäischen Einflüssen offen gegenüberstanden. Nach einer Europareise ließ sich der König von westlichen Architekten Straßen, Brücken und Paläste errichten. Als Verlängerung der Ratchdamnoen Klang Road in nordostlicher Richtung entstand so die Ratchdamnoen Nok Road, eine breite Prachtstraße, die der König 1904 jeden Nachmittag mit einem der ersten Automobile Südostasiens entlangtuckerte. Hier finden am Nationalfeiertag und zum Geburtstag des Königs die großen Paraden statt.

Nördlich der Kreuzung mit der Wisut Kasat Road liegt das **Ratchdamnoen-Stadion**. Hier und im Lumpini-Stadion finden Thai-Boxkämpfe statt, bei denen nicht nur mit den Fäusten gekämpft wird (s.S. 168).

Anantasamakhom-Thronhalle

Im Auftrag von König Rama V. wurde von italienischen Architekten ein Kuppelbau im neo-venezianischen Renaissance-Stil als Thronhalle entworfen. Das Deckengemälde im Inneren des Doms stellt historische Ereignisse dar. Als 1932 die absolute Monarchie abgeschafft wurde, zog in das neue Gebäude das Parlament ein. Mittlerweile ist hinter der ehemaligen Thronhalle ein neues Parlamentsgebäude errichtet worden. ⌚ tgl. 9.30–16 Uhr, 100 Baht, ✆ 02-6286300, ext. 5276. Auf dem Platz vor dem Gebäude erhebt sich ein **Denkmal von König Rama V.** Der ac-Bus 3 fährt vom Sanam Luang Richtung Airport hier vorbei.

Vimanmek Teakwood Mansion

König Rama V. residierte 1901–7 in diesem luftigen, sehenswerten Teakholzpalast, der ursprünglich auf Ko Si Chang vor Si Racha stand. In den 30er Jahren wurden er nur kurzzeitig von einer der Nebenfrauen des Königs bewohnt und aus Anlass der 200-Jahr-Feier Bangkoks 1982 wieder hergerichtet. Der Rundgang durch einige der 31 Zimmer und Galerien, in denen alte Fotos hängen, vermittelt einen guten Eindruck von den Lebensverhältnissen am königlichen Hof. Der kleine Pavillon wurde in einer Bauzeit von nur 7 Monaten errichtet, wobei nur für den Fußboden Nägel verwendet wurden. Er ist von einem hübschen Park mit Seen und kleinen Museen umgeben, in denen u.a. Fahrzeuge, die Seidensammlung der Königin und Fotos des Königs, eines leidenschaftlichen Hobbyfotografen, zu sehen sind. In der Aphisek Dusit Thronhalle sind kunsthandwerkliche Produkte ausgestellt, darunter Mut Mee-Seide, Niellowaren und fein geflochtene Körbe.

⌚ tgl. 9.30–15.15 Uhr, ca. 90-minütige Touren in Englisch jede 30 Min. bis 15 Uhr. Im Park werden um 10.30 und 14 Uhr Thai-Tänze aufgeführt. Die Eintrittskarte zum Königspalast und Wat Phra Keo berechtigt auch zum Besuch des Vimanmek Teakwood Mansion und bleibt einen Monat lang gültig, ✆ 02-6236300-9; wer nur das Mansion sehen will, zahlt 100 Baht. Die Karte des Parks gibt es auch auf Deutsch. Es gelten die gleichen strengen Kleidungsvorschriften wie für den Königspalast (s.S. 122). Taxi ab BTS-Station Victory Monument ca. 40 Baht. Eingänge gegenüber dem westlichen Zoo-Eingang und von der Ratchawithi Road. Hier müssen alle Taschen (auch Kameras) in Schließfächern verstaut werden. Empfehlenswert ist das Kuchenbuffet des Restaurants hinter dem Palast.

Das **Royal Elephant National Museum** liegt westlich des Mansion im Dusit Park. Die unter Rama V. errichteten ehemaligen Ställe für königliche weiße Elefanten, die nun in Lampang untergebracht sind, beherbergen eine Ausstellung. Gezeigt werden Bilder, Modelle, Elfenbeinschnitzereien und andere Gegenstände, die einen Bezug zu Elefanten haben. Für den Eintritt gilt das Gleiche wie beim Vimanmek Mansion, 🕒 tgl. 9.30–16 Uhr.

Verbindungen vom östlichen Sanam Luang mit non-ac-Bus 3, 30–33 oder 64 bis Ratchawithi Road. Dort umsteigen in den non-ac-Bus 18 oder 28 Richtung Victory Monument.

Marmortempel

Südlich des Zoos steht Wat Benchamabopitr, allgemein als Marmortempel bekannt, da er unter König Chulalongkorn weitgehend aus weißem Carrara-Marmor erbaut wurde. Er liegt in einem hübschen Park mit einem Kanal, in dem zahlreiche Schildkröten leben. Der Haupteingang zum Bot, der von zwei weißen Marmorlöwen bewacht wird, ist nur an Festtagen geöffnet. Ansonsten gelangt man durch einen Seiteneingang in den Innenraum, in dem eine große Buddhastatue steht, die nach dem Vorbild des im 13. Jahrhundert in Phitsanulok gegossenen Phra Buddha Chinaraj erstellt wurde. Der mit Marmorplatten gepflasterte Innenhof ist von einer Galerie umgeben, in der 52 lebensgroße Buddhastatuen stehen, die man zu den schönsten des Landes zählt. Vor dem östlichen Tempeleingang reihen sich morgens ab 6 Uhr Mönche mit Opferschalen auf, um die Spenden der Gläubigen entgegen zu nehmen. Am Abend des Makha Bucha-Festes im Februar kommen viele Gläubige mit Kerzen, Blumen und Räucherstäbchen in diesen Tempel, um das Wat betend zu umrunden. 🕒 tgl. 8–17 Uhr, 20 Baht, ✆ 02-2813277.

Dusit-Zoo

Der nördlich der Altstadt angelegte Zoo wird gerade umgestaltet und wartet nicht gerade mit großen Sensationen auf. Am späten Nachmittag bummeln junge Thais durch die Parkanlage und genießen einen der wenigen ruhigen, erholsamen Gärten der Stadt. Im Restaurant am See werden in einer angenehm ruhigen Umgebung zu akzeptablen Preisen Seafood- und andere Thai-Gerichte serviert. 🕒 tgl. 8–18 Uhr, 30 Baht, ✆ 02-2811039. Für Tierliebhaber lohnt zudem ein Besuch von Safari World, s.S. 142.

Östlich des Zoos lebt die Königsfamilie im weitläufigen, von einer Mauer umgrenzten **Chitralada-Palast**, der nicht besichtigt werden kann.

Suan Chatuchak Weekend Market (auch Jatujak oder JJ Maket)

Vor allem am Samstag oder Sonntag zwischen 7 und 18 Uhr sollte man sich den Besuch des quirligen Wochenendmarktes am Suan Chatuchak, nördlich des Zentrums, keinesfalls entgehen lassen, aber auch an anderen Wochentagen sind viele Stände geöffnet. So findet am Mi und Do im hinteren Bereich ein Pflanzenmarkt statt. Wer sich auf dem 18 ha großen, L-förmigen Platz mit 15 000 Ständen zurechtfinden möchte, orientiert sich anhand der Karte, die es manchmal beim Tourist Office (S27) nahe dem Eingang 1 gibt, oder der Market Map von Nancy Chandler. Der Platz ist zur besseren Orientierung in 27 Sektionen (S1–S27) aufgeteilt. Eingang 1 ist an der Kamphaengphet 2 Rd., nahe der U-Bahn-Station Kamphaeng Phet, Eingang 2 im Norden an der Kamphaengphet 3 Rd. und Eingang 3 am Busstopp und nahe der BTS-Station Mo Chit an der Paholyothin Rd. Vorsicht vor Taschendieben! Anreise mit dem Skytrain oder der U-Bahn (s.S. 178), ✆ 02-2724440-1.

Durch die Eingänge gelangt man auf den Platz, der von Ständen mit Büchern und Amuletten (S1), Pflanzen, Blumen, Gartenutensilien (S3+4), dekorativen Haushaltsgegenständen (S2+7+8), Schmuck und Textilien (S5+6) umrahmt wird. Der zentrale Bereich scheint überzuquellen von Textilien und Taschen (S10–21+23), Vögeln, Fischen (Do großer

Zierfischmarkt), Hunden, Küken und anderen Tieren (S9–15). Lädt dieser Teil des Marktes mehr zum Schauen und Fotografieren ein, so fällt es im südwestlichen Bereich nicht schwer, Geld auszugeben. Kunstgewerbe aus allen Landesteilen stapelt sich neben Stickereien aus Myanmar (Burma), Sarongs aus Indonesien, Lackarbeiten, Holzschnitzereien, Keramiken und T-Shirts mit ausgefallenen Motiven (S22–25) sowie Antiquitäten (S26). Selbst sperrige Möbel oder schwere Keramiken (S17+19) können gleich vor Ort Speditionen übergeben werden, die ebenfalls auf dem Platz vertreten sind. Zudem kann man sich mit frischen Früchten oder an zahllosen Essenständen (v.a. S17+19) stärken und an den Geldautomaten (S27) mit Nachschub versorgen. Auch die Tourist Police (S27) hat hier Sa und So von 9–17 Uhr einen Stand besetzt.

Nach dem Einkaufen bietet sich der angrenzende **Queen Sirikit Park** für eine Rast an. Im **Children's Museum** können Kinder die Bereiche Natur und Umwelt, Wissen und Technik, Kultur und Gesellschaft sowie Körper erkunden und dabei vieles anfassen und selbst ausprobieren. ⌚ Di–So 9.30–17.30 Uhr, 70 Baht, Kinder 50 Baht, ☎ 02-6186509.

Kuan-Im-Palast (Chao Mae Kuan Im)

Dieser fantastische chinesische Tempel mit einer 12-stöckigen Pagode wurde für über 500 Mill. Baht zu Ehren der Göttin der Barmherzigkeit errichtet. Er ist mit zahllosen farbigen Buddhastatuen geschmückt, von denen eine sogar das Dach ziert. Daneben finden sich Schreine im chinesischen und thailändischen Stil, hohe, mit bunten Schnitzereien verzierte Säulen, Verbrennungsöfen, Ruhepavillons, ein Souvenirladen und mehr. ⌚ tgl. 7–21 Uhr. Während der chinesischen Neujahrsfeiern und des Vegetarierfestes kommen viele Besucher hierher. Von der Endstation des Skytrain Mo Chit oder der U-Bahn mit dem Taxi Richtung Norden, nach 1,5 km rechts in die Latphrao Rd. abbiegen, nach 4,5 km links in die Soi 53 und nach weiteren 2 km links in die Soi Suk San 7.

Safari World

In Minburi, 99 Ram Indra 1 Rd., etwa 15 km östlich vom Airport, nördlich vom KM 9, ca. 1 Std. Fahrt mit dem Taxi vom Zentrum, erstreckt sich dieser Vergnügungspark mit einem großen **Freigehege**, in dem Tiger, Nashörner, Büffel, Bären und andere Tiere aus aller Welt leben. Zahlreiche Vogelarten können in mehreren Vogelfreifluggeländen aus der Nähe betrachtet werden. Im **Marine Park**, dem zentralen Teil der Anlage, führen stündlich Delphine, Seelöwen, Elefanten, Affen oder Vögel in wechselnden, teils lustigen Shows ihre Kunststücke vor. Als Kontrastprogramm gibt es Bootstouren durch eine künstliche Dschungelwelt, Wasserski-Darbietungen, eine Adventure Show und eine Stunt Show in Wild West-Umgebung. ⌚ tgl. 9–16.30 Uhr, 700 Baht, ☎ 02-5181 000-19, 💻 www.safariworld.com.

Ko Kret Ban und Bua Thong

Nördlich der Stadt wurde vor über 200 Jahren eine Flussschleife des Menam Chao Phraya durch den Bau eines Kanals begradigt. Auf der kleinen Insel, die dadurch entstand, siedelten sich in mehreren Dörfern Mon an. Viele von ihnen nutzten die feine Tonerde der Insel für die Produktion von Wasserkrügen und anderen Töpferwaren. Getöpfert wird hier noch immer, allerdings wird der Ton mittlerweile aus anderen Gegenden hierher gebracht. Wegen ihrer ländlichen Atmosphäre, die sie sich bis heute bewahrt hat, ist die Insel ein beliebtes Ausflugsziel. Nahe dem Pier steht der größte Tempel der Insel, **Wat Paramai Yikawat**. Das kleine **Töpfereimuseum** in einem Holzhaus 150 m weiter westlich ist nur auf Thai ausgeschildert, ⌚ tgl. bis gegen 15 Uhr. Expressboote fahren bis Pak Kret. Südlich der dortigen Anlegestelle fahren vom Pier am Wat Sanam Nuea Fähren für 2 Baht auf die Insel.

Weiter westlich am Klong werden in **Bang Bua Thong** morgens zwischen 9 und 10 Uhr traditionelle Süßigkeiten für den Verkauf auf dem Großmarkt hergestellt. In das Dorf gelangt man mit einem gecharterten Boot ab Pak Kret.

Übernachtung

Bei der Wahl der Bleibe sollte in erster Linie die Lage entscheiden, denn jedes Viertel hat seine eigene Atmosphäre. Zudem ist man bei den großen Entfernungen und dem zähen Verkehr lange unterwegs. Mittelklasse- und Luxushotels können wesentlich günstiger übers Internet oder über Reisebüros in Europa und Bangkok gebucht werden (Preise vergleichen, da einige Reisebüros in Bangkok überhöhte Preise verlangen). Die Websites einiger großer Hotels sind über 💻 www.bangkok-maps.com direkt erreichbar.

BANGLAMPOO – Rings um die Khaosan Rd. konzentrieren sich Gästehäuser und ein breites Angebot an Restaurants, Reisebüros, Banken, Wäschereien, Internet-Terminals (um 1 Baht pro Min.) und anderen Versorgungseinrichtungen. Die Einkaufsmöglichkeiten von Souvenirs sind überwältigend und die Hauptsehenswürdigkeiten leicht zu Fuß zu erreichen. Expressboote auf dem Menam Chao Phraya bieten eine Alternative zu den verstopften Straßen.
Der Weg Richtung Airport oder zum Ekamai (Eastern) Bus Terminal erfordert tagsüber viel Geduld. Traveller-Busse fahren zum Airport und zu anderen Zielen in Thailand (s.S. 184). Eine Übersicht über die Unterkünfte mit Adresse und Telefonnummer bietet die Karte. Nur einige sind hier beschrieben. Weitere Infos unter 💻 www.khaosanroad.com.
Gästehäuser: In der Umgebung der Khaosan Rd. wurden viele Wohn- und Geschäftshäuser zu Gästehäusern umgewandelt, wobei neuere Häuser Hotelstandard aufweisen und wesentlich teurer sind als die alten. In der Khaosan Road sind einige zwielichtige Gestalten auf der Suche nach leichtgläubigen Touristen unterwegs und bieten sich als Geldwechsler, Visabeschaffer oder „Retter in der Not" an, um ihre Kunden um die Reisekasse zu erleichtern.
In den Gassen **rings um Wat Chanasongkhram** ist es etwas weniger turbulent. Der Durchgang durch das Wat wird abends geschlossen. Hier liegen:
New Siam 2 ⑦①, 50 Trok Rongmai, ✆ 02-2822795, 💻 www.newsiamguesthouse.com, Geschäftiges Kleinhotel mit Aufzug und Pool. Saubere, funktional gestaltete Zimmer mit ac oder Fan, gefliesten Böden und kleinem Balkon, TV, Safe und Telefon. Restaurant mit großen Sandwiches. ❸–❹
New Siam 1 ⑥⑥, 21 Soi Chana Songkhram, in der nächsten Seitengasse etwas weiter nördlich, ✆ 02-2824554, 📠 2817461, helle Zi auf drei Stockwerken mit und ohne Du/WC, die Fan-Zi können sehr heiß sein, zudem ac, nach vorn laut. Im offenen Restaurant im Erdgeschoss gutes Essen, 🕓 ab 6 Uhr. ❷–❸
Gecko ⑥⑥, 25/3 Soi Chana Songkhram, ✆ 02-2816888, 9 sehr saubere Zi mit Gemeinschafts-Du/WC, entspannte Atmosphäre, nettes Management. ❷
Baan Athit ⑥⑥, 25 Soi Chana Songkhram, ✆ 02-6293909, ✉ baanathit@hotmail.com. 10 saubere Zi mit Fan und Gemeinschafts-Du/WC in ruhiger Lage, billiges Restaurant. ❸
T.P. House ⑥⑥, 17 Soi Chana Songkhram, ✆ 02-3565726, 9 einfache Zi mit Fan und Gemeinschafts-Du/WC, ruhig und gut bewacht. ❷
Merry V. ⑥⑦, 33 Soi Chana Songkhram, ✆ 02-2829267, ✉ merryV@loxinfo.co.th. 20 neue Zi mit ac und Du/WC und etwas laute, enge, ältere DZ und 3-Bett-Zi mit Etagen-Du/WC. Beliebtes Restaurant, Schließfächer, Airport Transport Service. ❷–❸
My House ⑥⑦, 37 Soi Chana Songkhram, ✆ 02-2829263-4, schmuddelig, manchmal sehr überfüllt und das Personal unfreundlich. Zimmer mit Du/WC und Fan oder ac sowie mit Fan und Gemeinschafts-Du/WC, mit Hinterhofblick ruhiger. Gemütliches Restaurant mit Liegen, manchmal etwas laut eingestellter Fernseher, leckere Currys, Wäscherei, Airport-Shuttle für 80 Baht. ❷–❸
Wild Orchid Villa ⑥⑨, 8 Soi Chana Songkhram, ✆ 02-6294378, ✉ wild_orchid_villa@hotmail.com, helle, freundliche Zi mit Fan oder ac, Du/WC auf kleinem Balkon, geflieste Böden. Große, gemütliche, rund um die Uhr geöffnete Lobby, großzügiges, akzeptables Restaurant, Gepäckaufbewahrung, Airport Transport Service. ❸–❹
Bella Bella House ⑥⑨, 74 Soi Chana Songkhram, ✆ 02-6293090-1, 5-stöckiges Haus, günstige Zi mit Fan, teurer mit ac und Du/WC, freundlich und sauber, dürftiges Frühstück. Blick auf den Tempel. ❷–❸
Four Son's Village ⑥⑨, 54/1 Soi Chana Songkhram, ✆ 02-6291477, 40 ac-Zi mit Warmwasser-Du/WC, zur Straße hin mit Balkon, nach hinten ruhig. Die billigen Zi lohnen nicht. Hotelatmosphäre. ❸–❹
Roofgarden ⑥⑨, 62 Soi Rambuttri, ✆ 02-6290626, 📠 2824724, 30 saubere, neue Zi mit ac oder Fan und Du/WC, freundliches Personal. ❷–❸
Mango Lagoon Place ⑥⑨, 30 Soi Rambuttri, ✆ 02-281-4783 📠 2814783, 4-stöckiges Haus mit Hotelstandard, alle Zimmer mit ac, Du/WC und Balkon, gutes Restaurant. ❹

Sawasdee Krungthep Inn ⑦1, 30 Soi Rongmai, ✆/℻ 6290072, 💻 www.sawasdee-hotels.com, Zi mit Fan oder ac und winziger Du/WC, auch Familienzimmer. Frühstück inkl. Es gab Beschwerden über Service und Sauberkeit. ❸

Sawasdee Smile Inn ⑦2, 35 Soi Rongmai, ✆/℻ 02-6292340, 💻 www.sawasdee-hotels.com, Massenquartier mit kleinen, teils muffigen Zimmern unterschiedlicher Kategorie mit Fan oder ac, z.T. mit Du/WC und TV, großes Restaurant. ❸

Baan Sabai ⑦2, 12 Soi Rongmai, ✆ 02-6291599, ℻ 6291595, angenehmes Guesthouse mit einem netten Pub im chinesischen Kolonialstil. Ordentliche, saubere Zimmer mit Fan oder ac und Du/WC, manche etwas hellhörig. Hübscher Innenhof mit Sitzgelegenheiten. ❷–❸

Welcome Sawasdee Inn ⑦3, 5-7 Soi Rongmai, ✆/℻ 6292321, 💻 www.sawasdee-hotels.com, Gästehaus der Sawasdee-Kette. Über 100 kleine, ruhige, teils etwas stickige Zi unterschiedlicher Kategorie mit Fan und Gemeinschafts-Du/WC oder ac, Du/WC und TV in einem Neubau. Reservierungen klappen nicht immer. ❷–❸

Sukpasath Hotel ⑦3, Soi Rongmai, ✆ 02-2816926, wird vor allem stundenweise von Einheimischen genutzt. ❸

U.T.C. Gh. ⑦4, 45 Soi Rambuttri, ✉ il_connection@hotmail.com, ✆ 02-2826858, 32 Zi mit Fan und Gemeinschafts-Du/WC oder ac und Du/WC. ❷–❸

Sitdhi ⑦4, 3 Soi Rambuttri, ✆ 02-6293087, einfache Zi mit Fan und Du/WC in ruhiger Lage.

Sawasdee House ⑥5, 147 Soi Rambuttri, ✆ 02-2818138, ✉ sawasdee_house@hotmail.com, kleine, stickige Zi mit Fan oder ac und Du/WC, z.T. mit Balkon, in einem vierstöckigen Haus, dem eine Renovierung gut täte. Internationaler Telefonservice, großes, gemütliches Restaurant mit netter Terrasse zur Straße hin, gut zum Ausruhen und Lesen, Verkauf von Secondhand-Büchern. ❷–❸

Thai Thai House ⑥4, 5 Soi Rambuttri, ✆ 02-2807435, ✉ thaithaihouse@yahoo.com, etwas abseits gelegenes, ruhiges, kleines Holzhaus, 14 saubere Zi mit Gemeinschafts-Du/WC und Fan. ❷

Rambuttri Village Inn ⑥3, 95 Soi Rambuttri, ✆ 02-2829162-3, im neuen Einkaufszentrum. Saubere Zi mit Du/WC, z.T. mit Fan oder mit ac, TV und Warmwasser, einige mit Balkon. Pool auf dem Dach. ❸–❹

An der verkehrsreichen **Phra Athit Road** liegen:

Four Son's House ⑥2, 100 Phra Athit Rd., ✆ 02-2805910, 💻 www.foursonshouse.com, rund um die Uhr geöffnetes Haus, kleine, teils dunkle, aber saubere Zi mit Fan, Warmwasser-Du/WC, Satelliten-TV und Telefon. ❸

Phra Athit Mansion ⑦0, 22 Phra Athit Rd., ✆ 02-2800744-8, ✉ praarthit@hotmail.com. Recht ruhig gelegene ac-Zi mit großem Bad, TV und Kühlschrank. ❹

New Merry V. ⑦0, 18-20 Phra Athit Rd., ✆ 02-2803315, 6290462. Saubere, kleine Zi in unterschiedlicher Ausstattung, teure mit ac, TV und Warmwasser-Du/WC, günstige mit Fan und Etagen-Du/WC, hellhörig und vorn viel Straßenlärm, aber gutes Preis-Leistungs-Verhältnis. Preiswertes, offenes Restaurant nahe der stark befahrenen Straße. ❶–❸

Peachy ⑦0, 10 Phra Athit Rd., ✆ 02-2816471, abgewohnte Zi, Schlafsaalbetten 90 Baht, unkooperatives Management, mäßiges Gartenrestaurant. ❷–❸

Östlich der Chakraphong Rd. in der nördlichen Parallelstraße zur Khaosan Rd. liegen:

Au-Thong ⑦7, 78 Soi Rambuttri, ✆ 02-6292172, ✉ au_thong@hotmail.com. Im etwas zurückversetzten kleinen, renovierten Holzhaus über dem netten, gepflegten Restaurant mit preiswertem, authentischem Thai-Essen werden auch Zi mit Gemeinschafts-Du/WC vermietet. ❷

Tuptim Bed & Breakfast ⑦7, 82 Soi Rambuttri, ✆ 02-6291535, 💻 www.tuptimb-b.com, kleines Haus mit 24 sauberen, sehr ruhigen ac-Zi und Gemeinschafts-Du/WC. Frühstück im kleinen Restaurant im Erdgeschoss inkl. ❹

Orchid ⑦5, 323/3 Soi Rambuttri, ✆ 02-2802691-2, neueres Haus, saubere Zi mit großem Bett, Balkon, Du/WC, Fan oder ac, nur die teuren mit Fenster. ❸

Four Son's Inn ⑦5, 327/2-4 Soi Rambuttri, ✆ 02-6295812, 💻 www.foursonsinn.com. Alle Zi mit ac, Warmwasser-Du/WC und Satelliten-TV, nur die teureren mit Fenster. ❸–❹

Pannee (P.) Gh. ⑦6, 150 Soi Rambuttri, ✆ 02-2825576, 4-stöckiges Haus nahe dem Platz. Zi mit Fan und Gemeinschafts-Du/WC, Restaurant. ❷

Thai Cozy House (68), Tani Rd., 02-6295870, www.thaicozyhouse.com, Zi mit ac, TV, Warmwasser-Du/WC, Frühstück inkl., Dachgarten, im Erdgeschoss vegetarisches Restaurant. ❸

In der **Khaosan Road**, im Zentrum des Geschehens:

Khaosan Palace Hotel (82), 139 Khaosan Rd., 02-2813272. Kleine, helle Zi mit Fan oder ac, TV und Warmwasser-Du/WC, sauber, plastiküberzogene Matratzen, wegen der angrenzenden Kneipen laut, Neubau, winziger Pool, Schließfach. ❸–❺

New Nith Charoen (82), 183 Khaosan Rd., 02-2819872, altes vierstöckiges Haus in zweiter Reihe mit etwas komfortableren Zimmern mit Fan oder ac und Du/WC. Abends werden die Gitter geschlossen, und es wird auch sonst Wert auf Sicherheit gelegt. ❸–❹

Marco Polo (83), 108/10 Khaosan Rd., 02-2811 715, über dem Pub, dessen laute Musik bis 2 Uhr überall zu hören ist, Zi mit ac oder Fan und Du/WC, z.T. Warmwasser. ❷–❸

Classic Inn (84), 259 Khaosan Rd., 02-2817129, sauberes Kleinhotel, kleine Zi mit Du/WC, Fan oder ac an der lauten Hauptstraße. ❷–❸

D&D Inn (90), 68-70 Khaosan Rd., 02-6290526-8, www.khaosanby.com, etwas kühles Hotel, in 3 Gebäuden 150 Zi mit plastiküberzogenen, harten Matratzen, Du/WC, ac, TV, Telefon, aber ohne Fenster, zur Straße hin sehr laut. Auf dem Dach kleiner Pool mit Bar und Liegeflächen, guter Ausblick. Der Service könnte aufmerksamer sein. ❺

Kawin Place (91), 86 Khaosan Rd., 02-2817512, kawinplace@yahoo.com, anonymes Kleinhotel zurückversetzt in einer Gasse, ruhige, saubere Zi mit Fan oder ac. ❸

Chart Gh. (89), 62 Khaosan Rd., 02-2820171, cartguesthouse@yahoo.com, hinter den Bars und Shops eingezwängter Neubau. ❷–❸

Sawasdee Bangkok Inn (92), 162/2 Khaosan Rd., 02-28012, www.sawasdee-hotels.com, mehrstöckiges Haus in einer schmalen Gasse südlich der Khaosan Rd., fast alle Zi mit Du/WC und Fan oder ac und Safe gehen von umlaufenden Innenbalkons im Südstaatenstil ab. Im Innenhof Restaurant mit Fernseher, der gut in den Zimmern zu hören ist. ❸–❹

Top Guest House (92), 126/1 Khaosan Rd., 02-2819954, alle 39 Zi mit Du/WC, Fan oder ac, z.T. sogar mit einem kleinen Balkon. ❸

Sawasdee Banglumpoo Inn (92), 162 Khaosan Rd., 02-6292526, www.sawasdee-hotels. com, Kleinhotel mit Biergarten und Restaurant. Alle Zi mit ac, TV und Warmwasser-Du/WC. ❸–❹

Nana Plaza Inn (94), 202 Khaosan Rd., 02-2805663, 2816814, akzeptables Kleinhotel, Zi mit ac, Du/WC, TV und Telefon. Im EG Bierbar und das empfehlenswerte japanische Restaurant *Taketei*. Eingang auch von der Trokmayom Chakraphong. ❹

Harn Gh. (84), 140/1 Khaosan Rd., / 2802129, am östlichen Ende der Khaosan Rd. in der ersten Gasse Richtung Norden. Sehr saubere, renovierte und ruhige Zi mit Fan und Du/WC, freundliches, hilfsbereites Personal, gutes Preis-Leistungs-Verhältnis. ❷

Shambara Boutique Hostel (84), 138 Khaosan Rd., 02-2827968, www.shambarabangkok.com. Mit etwas historischem Flair eingerichtetes Gh. mit kleinem Restaurant im Vorhof. 9 Zi mit Fan oder ac. ❸

VS (84), 136 Khaosan Rd., 02-2812078,einfaches, kleines Gh. in einem alten Haus, familiäre Atmosphäre. ❷

A (84), 102 Khaosan Rd., 02-2808335, einfach, nur Schlafsaalbetten für 100 Baht.

In der schmalen Gasse **Trokmayom Chakraphong**, die im Süden parallel zur Khaosan Rd. verläuft, liegen die Gästehäuser:

Barn Thai (96), 27 Trokmayom Chakraphong, 02-2819041, Holzhaus mit Innenhof inmitten alter Thai-Häuser in einer schmalen Seitengasse. Einfache, kleine, saubere Zi mit Gemeinschafts-Du/WC. ❷–❸

New Joe Gh. (97), 81 Trokmayom Chakraphong, 02-2812948, www.newjoe.com, Kleinhotel, teils renovierte Zi mit Fan oder ac und Du/WC, einige mit Warmwasser, Gartenrestaurant und Bar. ❸

Sawasdee Khaosan Inn (98), 18 Chakraphong Rd., 02-6294798-9, www.sawasdee-hotels.com, Ecke Ratchdamnoen Klang Rd. 70 große ac-Zi mit TV und Kühlschrank, teils ohne Fenster oder laut, Restaurant. ❸–❹

In einer Gasse **östlich der Tanao Rd.** liegen ebenfalls einige einfache Gästehäuser, in einigen warten Mädchen auf Kunden; von der nahen Moschee wird man morgens geweckt.

First Guest House (85), 149-151 Tanao Rd., ✆ 02-6293201, sauberes Haus, Zimmer mit Gemeinschafts-Du/WC und ac. ❷–❸

Sweety (86), 49 Ratchdamnoen Klang Rd., ✆ 02-2802191, Eingang auch von der Ratchdamnoen Rd. Einfache Zi mit Fan oder ac, z.T. mit Du/WC, Dachgarten. ❶–❷

CH II (86), 85-87 Soi Damnoen Klang Nua (Soi Post Office), ✆ 02-2821596, Zi mit und ohne Du/WC, großes Haus, Schließfächer; Vorsicht vor Diebstählen. ❷

Nat II (86), 91-95 Soi Damnoen Klang Nua (Soi Post Office), ✆ 02-2820211, saubere Zi mit Fan oder ac, einige mit Du/WC, die preiswerteren ohne Fenster, Schließfächer. Im Erdgeschoss Restaurant mit Bar. ❶–❷

Weitere Gästehäuser nahe dem Fluss **nördlich vom Klong Banglampoo**, 10–20 Fußminuten von der Khaosan Rd.

Twin (60), 20/2 Soi 1 Samsen Rd., ✆ 02-2815757, ✉ twinguesthouse@thaimail.com, 14 saubere, kleine, hellhörige Zimmer mit Fan in ruhiger Umgebung, Gemeinschafts-Du/WC, familiäre Atmosphäre, geleitet von den Schwestern Usanee und Emon. ❷

Bamboo Gh. (60), 67 Soi 1 Samsen Rd., ✆ 02-2823412, nettes Haus mit weniger freundlichen Besitzern, Zi mit Fan und Gemeinschafts-Du/WC, großer Aufenthaltsraum. ❷

In der Nähe: ***Villa Gh., Blue Gh.*** und 3 Häuser weiter das ***Three O Gh*** (60).

The River Gh. (60), 18/1-2 Soi 3 Samsen Rd., ✆ 02-2800876, preiswertes, kleines Haus.

Nebenan: ***Clean & Calm Gh.*** (60), ✆ 02-2822093, sowie ***Home & Garden Gh.*** (60) ❶–❷

Baan Phiman Resort, 123 Soi 5 Samsen, ✆ 02-2825594, ✉ baanphiman@hotmail.com, am Fluss hinter Wat Samphraya in völlig untouristischer Umgebung. Zi mit Gemeinschafts-Du/WC und einfache A-frame-Hütten am Fluss, Hängematten, etwas laut wegen Flussverkehr und der nahen Brücke und hochwassergefährdet. ❷

Hotels: In der Khaosan Rd. entstehen zunehmend teurere Unterkünfte:

Buddy Lodge (84), 265 Khaosan Rd., ✆ 02-6294 477, 💻 www.buddylodge.com. Das große Hotel in der Einkaufspassage, die einen großen Teil der nordöstlichen Khaosan Rd. einnimmt, wirkt wie absoluter Luxus. Alles entspricht dem Hotelstandard, von der Lobby bis zu den 76 Zi mit ac, Bad, Minibar und Safe, z.T. mit Balkon. Pool, gutes Frühstück inkl. In der Passage McDonald's, Restaurants und eine riesige Bar im Kolonialstil. Einen Blickfang am Eingang bilden mehrere alte Triumph-Motorräder, Oldtimer oder ein neuer BMW, die aus der Sammlung des Besitzers Taifah, des „Königs der Khaosan Rd.", stammen. ❺

Viengtai Hotel (75), 42 Tani Rd., ✆ 02-2805434-5, 💻 www.viengtai.co.th, älteres Mittelklassehotel mitten in Banglampoo, 200 renovierte Zi, Frühstücksbuffet inklusive. Einfacher, sauberer Pool im Innenhof im 3. Stock. ❺

Royal Hotel (99), 2 Ratchdamnoen Rd., ✆ 02-2229111, 📠 2242083. Sein größtes Plus ist die zentrale Lage am Sanam Luang, 140 renovierungsbedürftige, zweckmäßig eingerichtete Zi, Pool, mehrere Restaurants, angenehme, belebte Lobby, Rabatt bei längerem Aufenthalt. ❹–❺

THEWET – Dieses Viertel weiter nördlich zwischen Banglampoo und Ratchawithi Rd. bietet den Vorteil, dass man in einer ruhigen, zentralen Wohngegend nahe dem Fluss mit viel Lokalkolorit wohnt. Außer einigen billigen Gästehäusern locken vor allem die farbenprächtigen Märkte. Der Sanam Luang ist mit Bussen und Expressbooten gut zu erreichen, die Anfahrt zu den Busbahnhöfen ist hingegen eher mühsam. Ab Airport ac-Bus Nr. 10.

Gästehäuser: Mehrere nette Gästehäuser liegen in einem Wohngebiet hinter der Nationalbibliothek.

Tavee Gh. (5), 83 Soi 14 Sri Ayutthaya Rd., ✆ 02-2801447, saubere Zi, Gemeinschafts-Du/WC, geräumiges Haus mit gutem Restau-rant. ❷

Back-Packers Lodge (5), 85 Soi 14 Sri Ayutthaya Rd., ✆ 02-2823231, am Ende der Soi, Haus mit 12 Zimmern, Gemeinschafts-Du/WC, nette familiäre Atmosphäre. ❷

Sawatdee (5), 71 Sri Ayutthaya Rd., ✆ 02-2810 757, dunkle Zi mit Fan oder ac, mit und ohne Du/WC, kleiner Vorhof. ❷

Shanti Lodge (5), 37 Sri Ayutthaya Rd., ✆ 02-2812497, saubere, stilvoll und nett eingerichtete

Zi in allen Kategorien, vom Schlafsaalbett für 100 Baht über kleine Zi mit Fan bis zu größeren mit ac, mit kleinem Garten, viele Stammgäste. Angenehmer Aufenthaltsraum im Erdgeschoss. Im Restaurant gibt es gutes Essen, auch vegetarisch. Freundliches, kompetentes Management. ❷–❹

Taewez Gh. ⑤, 23/12 Sri Ayutthaya Rd., ✆ 02-2808856, in einem einfachen Wohnhaus Zi mit Fan oder ac, Etagen-Du/WC, Bett im Schlafsaal 150 Baht. ❷

Sri-Ayutthaya ⑤, 23/11 Sri Ayutthaya Rd., ✆ 02-2825942, Zimmer mit Fan und einige mit ac, Restaurant im Erdgeschoss. ❸

Bangkok Youth Hostel (BYH) ⑦, 25/2 Phitsanulok Rd., ✆ 02-2820950, Ermäßigung mit Jugendherbergsausweis, Schlafsaalbetten 120 Baht (+50 Baht für Nicht-Mitglieder), sterile, ungemütliche Zi mit Du/WC und ac, die sich nicht ausstellen lässt, nach vorn hin ziemlich laut. Dafür sicher, freundliches Management. Tastebud-Restaurant an der Hauptstraße. ❷–❸

Hotels: Vor allem in dieser Gegend gibt es einige *Curtain-Hotels*, die stundenweise von einheimischen Männern besucht werden – zu erkennen an den Autoparkplätzen mit Vorhang (um die Nummernschilder vor den Blicken Neugieriger zu verbergen) sowie dem Namen (meist eine Nummer).

Trang ⑦, 99/1 Wisut Kasat Rd., ✆ 02-2811402-3, ✆ 2803610, günstig übers Internet. Ein älteres, einfaches, aber ordentliches Hotel in einer ruhigen Sackgasse. Zi mit Du/WC, ac, Telefon, TV, teilweise Kühlschrank, guter Zimmerservice. Großes chinesisches Restaurant mit Terrasse, Frühstücksbuffet, Pool im Innenhof. ❹–❺

Thai Hotel ⑥①, 78 Prachathipathai Rd., ✆ 02-2822831-3, ✆ 2801299, ordentliches Mittelklassehotel aus den 60er Jahren, 100 ac-Zi mit TV und Minibar, Frühstück inkl., Pool an der Straße. ❹–❺

Royal Princess Hotel ①, 269 Larn Luang Rd., ✆ 02-2813088, 🖳 www.royalprincess.com, das beste zur Dusit-Gruppe gehörige 4-Sterne-Hotel im historischen Stadtkern mit stilvollen Zimmern liegt etwas versteckt abseits der lauten Straße. Gutes Restaurant, Pool. ❻

SUKHUMVIT ROAD UND UMGEBUNG – In dieser Gegend sind die meisten Europäer zu Hause – Touristen wie Geschäftsleute. Entsprechend groß ist die Auswahl an Hotels der mittleren und gehobenen Kategorie. Hier braucht man auf nichts zu verzichten, internationale Restaurants und vielfältige Einkaufsmöglichkeiten machen das Geldausgeben zum Vergnügen. Während der Hauptverkehrszeit wird die Sukhumvit Rd. zu einem kilometerlangen Parkplatz, über den man mit dem Skytrain problemlos hinübergleitet. Über den Expressway sind die Verkehrsanbindungen zum Flugplatz im Norden recht gut, und auch der Ekamai (Eastern) Bus Terminal liegt vor der Tür. In der Preisklasse bis 800 Baht ist das Angebot mäßig. Hingegen werden in der Soi 9 sowie in den Sois 11 und 13 von vielen Kleinhotels für 800–1000 Baht zweckmäßig eingerichtete Zi mit ac, Du/WC, TV und Kühlschrank offeriert. Teure Hotels sind günstiger über Internet, Reisebüros und Veranstalter zu buchen.

Kleinhotels und Gästehäuser: ***Thai House Inn*** ㊱, 1/1 Soi 7 Sukhumvit Rd., ✆ 02-2554698, ✆ 2531780. In einem alten Haus 24 saubere Zi mit Du/WC, Kühlschrank und Teppichböden. ❹

Stable Lodge ㊼, 39 Soi 8 Sukhumvit Rd., ✆ 02-6530017-9, 🖳 www.stablelodge.com, nettes Kleinhotel unter dänischer Leitung. Relativ kleine Zi mit ac, Du/WC, z.T. mit Balkon, Pool in kleinem Garten. Restaurant mit abendlichem Bar-B-Q. In der Saison steigen die Preise. ❹–❺

World Inn ㊱, 131/5-7 Soi 9 Sukhumvit Rd., ✆ 02-2535391-2, ✆ 2537728, etwas ältere, abgewohnte Zi mit ac, Bad/WC, TV und Kühlschrank. ❹

Star Inn Hotel ㊱, 131/40-41 Soi 9 Sukhumvit Rd., ✆ 02-6510760, 🖳 www.starinnhotel.com, über dem Havanna Club Room, einem Zigarrenclub. 33 ruhige,neue Zi mit Bad, Satelliten-TV, DVD-Player, gefliesten Böden und viel Holz, unter belgischer Leitung. ❺

Maxim's Inn ㊱, 131/21-23 Soi 9 Sukhumvit Rd., ✆ 02-2529911-2, ✉ maximinn@loxinfo.co.th, Zi mit Du/WC und ac, inkl. Frühstück, zweckmäßige Ausstattung, ruhig gelegen, von einigen Zimmern blickt man neidisch auf den Pool des benachbarten Luxushotels. ❹

City Lodge ㊲, 137/1-3 Soi 9 Sukhumvit Rd., ✆ 02-2537705, 🖳 www.amari.com, 28 saubere Zi mit ac, Bad/WC, Telefon, TV und Kühlschrank an der Sukhumvit (Schallschutzfenster). Weitere 35 Zimmer in der etwas ruhigeren Soi 19, ✆ 02-2544783, ℻ 2557340. Dort auch das italienische Restaurant La Gritta mit Mittagsbuffet. ❺

Suk 11 Hostel ㊲, 1/33 Soi 11 Sukhumvit Rd., ✆ 02-2535927, ✉ suk11@suk11.com, 🖳 www.suk11.com, nur mit kleinen Schildern versehen, aber am Restaurant und Souvenirshop im Holzhaus zu erkennen. Familiäres Gästehaus für Nichtraucher in zwei im traditionellen Stil restaurierten Geschäftshäusern. In einem Block ac-Zi mit Gemeinschafts-Du/WC sowie Dorm-Betten für 250 Baht, im anderen Haus ac-Zi mit Du/WC, hübsch gestalteter Innenhof, Dachterrasse und Aufenthaltsräume, Wäscheservice, Gepäckaufbewahrung, Internet, Frühstück inkl. ❹

Bangkok Inn ㊴, 155/12-13 Soi 11 Sukhumvit Rd., ✆ 02-2544834-7, 🖳 www.bangkok-inn.com, 18 saubere Zi mit ac, Du/WC, Safe, Satelliten-TV, Kühlschrank, unter Leitung von Franziska aus Deutschland, aufmerksamer Service, ruhig. ❹

President Inn ㊴, 155/14-16 Soi 11 Sukhumvit Rd., ✆ 02-2554230-4, 🖳 www.cv100.com, ruhig und relativ preiswert, indisches Management. ❹

Comfort Lodge ㊴, 153/11-14 Soi 11 Sukhumvit Rd., ✆ 02-2543559-61, ℻ 2543562, in die Jahre gekommenes Kleinhotel, Zi mit ac, TV und Kühlschrank. ❹

Sam's Lodge ㊶, 28-28/1 Soi 19 Sukhumvit Rd., ✆ 02-22532993, 🖳 www.samslodge.com, neue Zi mit Fan und dicken Matratzen, Gemeinschafts-Du/WC, Dachterasse. ❹

Drop Inn ㊷, 392/28-31 Soi 20 Sukhumvit Rd., ✆ 02-2580071-4, 🖳 www.dropinnbangkok.com. Kleines, freundliches Haus in guter Lage, saubere, gut eingerichtete Zi mit ac und Du/WC, Frühstück inkl. ❹–❺

Einfache Hotels: *Nana Inn* ㉟, 13/9 Soi 3 Sukhumvit Rd., ✆ 02-2554404-5, ℻ 2544317, Kleinhotel, alle Zi mit ac, Du/WC und TV. Die niedrige Decke in der Lobby wirkt auf große Europäer etwas beklemmend. ❹

Nana Hotel ㊹, Soi 4 Sukhumvit Rd., ✆ 02-2552525, 🖳 www.nanahotel.co.th, älterer Hotelblock mitten im Trubel, dessen 334 Zimmer mit ac, Bad, TV und Kühlschrank von vielen Stammgästen gebucht werden, Pool, 24-Std.-Bar vor dem Hotel. ❹

Dynasty Inn ㊹, 5/4-5 Soi 4 Sukhumvit Rd., ✆ 02-2524522, 🖳 www.dynastyinn.com, etwas älteres, sauberes Hotel, komplett ausgestattete Zimmer, einige an der lauten Straße im Zentrum des Nachtlebens, 24-Std.-Coffeeshop mit vielen Mädchen. ❹

Premier Travelodge ㊻, 170-170/1 Soi 8 Sukhumvit Rd., ✆ 02-2513031, ✉ premierlodge@yahoo.com, einfache Zi mit Du/WC, ac, TV und Kühlschrank nahe der Sukhumvit Rd., daher etwas laut. ❹

The Promenade ㊼, 18 Soi 8 Sukhumvit Rd., ✆ 02-2534116, 🖳 www.psi-promenade.com, etwas sterile Atmosphäre, Pool auf dem Dach mit Aussicht, Sauna. ❹

Royal Asia Lodge ㊽, 91 Soi 8 Sukhumvit Rd., ✆ 02-2515514-6, 🖳 www.royalasialodge.com, fast am Ende der Soi, rund um die Uhr kostenloser, hoteleigener Tuk-Tuk-Transport zur Sukhumvit Rd., angenehmes Hotel unter hilfsbereiter indischer Leitung, saubere Zi mit Du/WC und ac, kleiner Pool auf dem Dach. Günstiger übers Internet zu buchen. ❹

Federal Hotel ㊳, 27 Soi 11 Sukhumvit Rd., ✆ 02-2530175-6, ✉ federalhotel@hotmail.com, etwas abseits der Hauptstraße, ruhig gelegenes, älteres Hotel mit Pool, gepflegte Zimmer mit ac, Bad/WC, Satellitenfernsehen, Minibar. Gutes Preis-Leistungs-Verhältnis. Günstiges Restaurant mit langsamem Service. Vorbuchung empfehlenswert. ❹

Hotels mit gehobenem Standard: *Zenith* ㉟, 29/117 Soi 3 Sukhumvit Rd., ✆ 02-6554999, 🖳 www. zenith-hotel.com, Hotel in den oberen Stockwerken eines Neubaus mit Executive Floor für Geschäftsleute. 160 kleine, nett eingerichtete Zimmer, freundlicher Service, Pool auf dem Dach mit toller Aussicht, Frühstück inkl. ❺–❻

The Park Hotel ㊱, 6 Soi 7 Sukhumvit Rd., ✆ 02-2554300, ℻ 2554309, Mittelklassehotel, das von außen mehr verspricht als die Zimmer halten können. Frühstück inkl., Pool. ❺

Grand Business Inn ㊲, 2/4 Soi 11 Sukhumvit Rd., ✆ 02-2547981-4, 🖳 www.awgroup.com, neues Mittelklasse-Hotel mit zweckmäßiger Ausstattung inkl. TV, Kühlschrank und Wasserkocher. ❺

Grand President ㊳, 14, 16 Soi 11 Sukhumvit Rd., ✆ 02-6511750, 🖳 www.grandpresident.com. In den 3 Hochhäusern mit jeweils eigenem Pool und Fitness Center können 437 Studios und Suiten gemietet werden, die sich vor allem für Familien lohnen, die länger bleiben wollen. Auch Suiten mit 2 Zimmern, Kochecke und Wohnzimmer. ❺–❼

Swiss Park Hotel ㊴, 155/23 Soi 11 Sukhumvit Rd., ✆ 02-2540228-9, ✉ swisshot@asiaaccess.net.th. 18-stöckiges Business-Hotel mit über 100 etwas abgenutzten, aber sauberen Zimmern der Mittelklasse. Pool im 7. Stock. Freundlicher Service. Frühstück inkl. ❻

Manhattan ㊵, 13 Soi 15 Sukhumvit Rd., ✆ 02-2550166, 🖳 www.hotelmanhattan.com, etwas älteres Hotel mit japanischem Restaurant und Urlaubern wie Langzeitgästen, Pool. ❺

The Somerset ㊵, 10 Soi 15 Sukhumvit Rd., ✆ 02-2548500-24, ✉ somerinn@asianet.co.th, englisch gestyltes, etwas plüschiges, neues Mittelklassehotel, Pool im Gebäude. ❺

Rembrandt ㊷, Soi 18 Sukhumvit Rd., ✆ 02-2617100, 🖳 www.rembrandtbkk.com. 4-Sterne-Hotel mit über 400 Zimmern und Suiten auf 26 Stockwerken. Aufmerksamer Service. Pool im 4. Stock, Frühstücksbuffet, sonntags indischer Brunch. Das indische Restaurant unterm Dach ist das beste Thailands. ❻–❼

Windsor Suites ㊷, Soi 20, Sukhumvit Rd., ✆ 02-2621234, über Veranstalter buchbar, Minisuiten auf 32 Stockwerken, sehr guter Service, mäßiges Frühstück, netter Pool. ❺–❻

Landmark ㊺, 138 Sukhumvit Rd, ✆ 02-2540404, 🖳 www.landmarkbangkok.com, 31-stöckiges Luxushotel, 415 elegant eingerichtete Zimmer und Suiten mit allem Komfort, Pool, Jacuzzi, Sauna und Massage, großes Frühstücksbuffet inkl., 5 Restaurants und zahlreiche Geschäfte. ❽

SIAM SQUARE UND UMGEBUNG – In diesem Gebiet gibt es einige günstige **Kleinhotels** etwas abseits vom Trubel und dennoch absolut verkehrsgünstig am Skytrain und in der Nähe vieler Restaurants und guter Einkaufsmöglichkeiten.

Kleinhotels: *Muangphol Mansion* ㊹, 931/9 Rama I Rd., ✆ 02-2194445, ✉ mpm@loxinfo.co.th, einfaches Hotel über einem Restaurant, Zi mit ac, Warmwasser-Du/WC und Kühlschrank. ❸

Pranee Bldg. Accommodation ㊹, 931/12 Soi Kasemsan 1, Ecke Rama I Rd., ✆ 02-2163181, 📠 2150364, einfache Zi mit Du/WC und ac, zur Hauptstraße hin laut. ❸

White Lodge ㊹, 36/8 Soi Kasemsan 1, ✆ 02-2168867, 📠 2168228, kleine Zi mit Warmwasser-Du/WC und ac. Die Zimmer im Erdgeschoss können wegen der angrenzenden Waschküche sehr laut sein. Im Vorhof ein kleines Restaurant. ❸

A-One Inn ㊹, 25/13-15 Soi Kasemsan 1, ✆ 02-2153029, 📠 2164771, ältere Zi mit ac, Du/WC, TV und Telefon. ❸

Wendy House ㊹, 36/2 Soi Kasemsan 1, ✆ 02-2141149-50, 🖳 www.wendyguesthouse.com, die ac-Zi mit Du/WC, TV und Kühlschrank werden auch langfristig vermietet. Im Erdgeschoss Café. ❹

The Bed & Breakfast ㊹, 36/42-43 Soi Kasemsan 1, ✆ 02-2153004, 📠 2152493, kleine Zi mit einem oder 2 Betten, ac und Warmwasser-Du/WC, inklusive Frühstück. ❸

Hotels: *Reno Hotel* ㊹, 40 Soi Kasemsan 1, ✆ 02-2150026-7, ✉ renohotel@clickta.com, renovierte Zi mit ac, Pool mit kleiner Sonnenterrasse, Restaurant. Vor dem Hotel gute Essenstände. ❹

Samran Place ㊸, 302 Phetchburi Rd., ✆ 02-6111245-54, 🖳 www.samran.com, sehr saubere Zi mit ac, gutes Essen, freundlicher Service. ❹

Prince Hotel ㉛, 1537/1 New Phetchburi Rd., ✆ 02-2516171-6, ✉ princehtl@asianet.co.th, Zi mit ac, gutes Preis-Leistungs-Verhältnis, Pool. ❹–❺

Eastin Bangkok ㊿, 1091/343 New Phetchburi Rd., ✆ 02-6517600, 🖳 www.eastinbangkokhotel.com, günstig über Reisebüros zu buchendes, etwas abseits gelegenes Mittelklasse-Hotel nahe Pratunam-Markt, schöner Pool, Restaurant mit mäßigem Essen. ❹

Morakot Hotel ⑨, 2802 New Phetchburi Rd., ✆ 02-3140761-3, 📠 3191461, etwas außerhalb gelegen, kleines Hotel mit gutem Preis-Leistungs-Verhältnis, Zi mit ac, Swimming Pool, Disco. ❹–❺

Amari Atrium ⑧, 1880 New Phetchburi Rd., ✆ 02-7182000, 🖳 www.amari.com, großes Hotel, das manchmal mit attraktiven Sonderangeboten aufwartet. ❺

Hilton International, 2 Witthayu Rd., ✆ 02-2530123, ✉ bkkhitw@hilton.com. Großes, zentral gelegenes 5-Sterne-Hotel in großem Park mit Pool. Über Veranstalter buchbar. ❼–❽

Baiyoke Sky Hotel ㊾, im Baiyoke II Tower, 222 Ratchaprarop Rd., ✆ 02-6563000, 💻 www.baiyokehotel.com, 673 großzügige, saubere Zi vom 22.–74.Stock in einem der höchsten Hotels der Welt, übertroffen vom Burj Al Arab, dem Super-Luxushotel in Dubai. Die Preise steigen mit der Geschosszahl. Frühstücksbuffet im 78.Stock, auch abends gutes Buffet. Weitere Zi im ***Baiyoke Suite Hotel*** ㊾ im älteren Baiyoke I Tower, Ratchaprarop Rd., ✆ 02-2557755. ❻–❼

Asia ㊿, 296 Phayathai Rd., ✆ 02-2150808, 💻 www.asiahotel.co.th, 3-Sterne-Hotel, einige Zi sind muffig und feucht. Pool auf dem Dach, 3 Restaurants, Frühstücksbuffet inkl., Fitness Center, günstig über Veranstalter buchbar. Direkter Zugang zum Skytrain. ❺

CHINATOWN – Neben den Billighotels im „Bahnhofsviertel" rings um den Hauptbahnhof Hua Lamphong gibt es einige gute chinesische Mittelklassehotels in der Yaowarat Rd. Touristen sind zumeist froh, das Viertel, in dem die Konzentration von Lärm und Luft verpestenden Verkehrsmitteln ein unerträgliches Ausmaß angenommen hat, schnell wieder zu verlassen. Die Nähe zum Hauptbahnhof, der U-Bahn und Menam Chao Phraya sind allerdings Gründe, hier zu wohnen.

Gästehäuser: *Baan Hua Lampong Gh.* ㊿, 336/20, 21 Soi Chalong Krung, Rama IV Rd., in einer Gasse gegenüber vom Bahnhof nahe Expressway, ✆ 02-6398054, 💻 www.baanhualampong.com. Saubere, nette Zi mit Fan, schöne Gemeinschafts-Du/WC, Aufenthaltsraum mit TV, Gemeinschaftsküche, Waschmaschinen, Dachterrasse, freundliches, aber kaum Englisch sprechendes Personal. ❸

F.F. Guesthouse ㊿, 340/1 Trok La-O, Rama IV Rd., ✆ 02-2334168. 10 ruhig gelegene, preiswerte Zi mit Gemeinschafts-Du/WC in einem kleinen Haus am Ende der Soi, lockere, familiäre Atmosphäre. ❷

River View ㊿, 768 Soi Panunrangsi Songwat Rd., südwestlich vom Wat Traimit, 8 Min. vom Harbour Department Pier, ✆ 02-2345429, ✉ riverview_bkk@hotmail.com, Eingang auch über die Soi Duang Rawang weiter südlich. Schöne Zi mit Telefon, TV, Fan und kleinem Balkon mit Flussblick, aber ohne Du/WC, oder auf der Rückseite mit ac und Du/WC, Zi am lauten Aufzug meiden – bei der Buchung auf die richtige Zimmerkategorie achten. Das Dachrestaurant im 8. Stock wartet von 7–22 Uhr mit mäßigem Essen aber einem schönen Ausblick auf den Fluss und einer kühlen Brise auf. ❸–❹

Hotels: *Krung Kasem Srikrung Hotel* ㊿, 1860 Krung Kasem Rd., ✆ 02-2250132, 📠 2254705. Der größte Vorteil dieses Hotels ist seine Lage gegenüber dem Bahnhof. Etwas vergilbte, aber akzeptable Zi mit ac, Du/WC, Coffeeshop. ❸

White Orchid Hotel ㊿, 409-421 Yaowarat Rd., ✆ 02-2260026, 📠 2256403, im 1. Stock renovierte, saubere ac-Zimmer, Frühstück inkl. ❹–❺

Chinatown Hotel, 526 Yaowarat Rd., ✆ 02-2250204-26, 💻 www.chinatownhotel.co.th, mitten in Chinatown liegt dieses chinesisch gestaltete Mittelklassehotel. Billige Zi ohne Fenster, bessere im 5. Stock, Frühstück inkl. Freundlicher Service. ❹

Bangkok Centre Hotel ㊿, 328 Rama IV Rd., ✆ 02-2384848-57, 💻 www.bangkokcentrehotel.com, großes, von der Straße zurückversetztes Hotel, große, saubere Zi, Preis inkl. Frühstücksbuffet, langsamer Service. Nichtraucher-Etage, aus den oberen Stockwerken Blick über die Chinatown. Überwiegend asiatische Reisegruppen, Pool. ❹–❺

Grand China Princess Hotel ㊿, 215 Yaowarat Rd., ✆ 02-2249977, 💻 www.royalprincess.com, gutes, 25-stöckiges 4-Sterne-Hotel der Dusit-Gruppe, 155 Zi im modernen chinesischen Stil, traumhafter Ausblick von der Dachterrasse mit einem kleinen Pool, die ab 19 Uhr geschlossen ist. ❻–❽

RINGS UM DAS HAUPTPOSTAMT – Am Ufer des Menam Chao Phraya erheben sich einige der teuersten Hotels der Stadt. Die Mittelklassehotels in der unteren Silom und Surawong Rd. werden von asiatischen Geschäftsleuten, Kurzzeitkunden und Reisegruppen bevorzugt. Die Lage in der Nähe des Hauptpostamtes und einiger Botschaften sind das größte Plus. Vor allem in der schmalen Charoen Krung Rd. stauen sich Lärm und Abgase, aber auch Spaziergänge durch die Surawong und Silom Rd. stellen eine

gesundheitliche Belastung dar.
T.T. Gh. ⑭, 516-518 Soi Sawang, Si Phraya Rd., 10 Min. südlich vom Bahnhof, ✆ 02-2362946, 📠 236 3054, etwas versteckt in einer Nebenstraße. 30 kleine, saubere Zi mit Fan, Etagen-Du/WC. Das Restaurant serviert Traveller-Food. Viele Bücher, Gepäckaufbewahrung, familiäre Atmosphäre. Ab Mitternacht geschlossen. ❷

Hotels: *Manohra* ⑯, 412 Surawong Rd., ✆ 02-2345070-88, 📠 2377662, renoviertes 60er-Jahre-Hotel mit winzigem Pool neben der Lobby. Überwiegend einheimische Geschäftsleute. Dachterrasse, Bäckerei und Restaurant, Frühstück inkl. ❺
New Road.Gh. ⑰, 1216/1 Soi Charoen Krung, ✆ 02-2371094, 📠 2371102, dreistöckiges, relativ ruhig gelegenes Haus, Zi mit ac, Telefon und TV, nachträglich eingebaute Du/WC hinter einer Falttür, Restaurant, skandinavisches Reisebüro. ❹
Silom Village Inn ㉑, 286/1 Silom Rd., im Silom Village, ✆ 02-6356810-6, 📠 6356817, 💻 www.silomvillage.co.th, 34 kleine Zi mit Kühlschrank, moderner ac, Safe und Bad/WC, nett eingerichtet, was für den wenig begeisternden Ausblick entschädigt. Mittelklasse, Rabatt möglich. Restaurant im 2. und Weinbar im 3. Stock. ❺
Tower Inn ㉒, 533 Silom Rd., ✆ 02-2378300-4, 💻 www.towerinnbangkok.com. In dem gepflegten Hochhaus werden im 7.–11. Stock komfortable Mittelklasse-Zimmer und im 12.–18. Stock Luxusapartments angeboten. Alle Gäste können das Fitness Center, die Sauna und den Pool auf dem Dach (gute Sicht!) nutzen. Guter Service. ❻
La Residence ㉓, 173/8-9 Surawong Rd., ✆ 02-2333301, 💻 www.laresidencebangkok.com. Neues, in farbenfrohen Tönen gestaltetes Hotel, dessen 23 großzügige, gepflegte Zimmer sich vor allem für Langzeitaufenthalte anbieten. Im Erdgeschoss ein Thai-Curry-Restaurant. ❻

Hotels mit gehobenem Standard: Zu ihnen gehört natürlich auch eines der besten der Welt, das ***Oriental*** ⑱, 48 Oriental Ave., ✆ 02-6599000, 💻 www.mandarinoriental.com. Hotel der Luxusklasse mit allem Komfort und aufmerksamem, etwas elitärem Service, Gartenterrasse mit 2 Pools und Blick auf den Fluss. Zimmer im River Wing mit Flussblick, sehr teure Zi im historischen Garden Wing im Kolonialstil. Auf der anderen Flussseite kann man sich in einem der besten Spas verwöhnen lassen. Shuttleboot zum River City. ❽
Shangri-La ⑲, 89 Soi Wat Suan Plu, Charoen Krung Rd., ✆ 02-2367777, 💻www.shangri-la.com. Großes 5-Sterne-Luxushotel am Fluss, das in seinen besseren Zi selbst verwöhnte Gäste zufrieden stellt. Sehr gutes Essen, abends Thai-Tänze, Shuttleboot zum River City. ❽
The Peninsula ⑩, 333 Charoennakorn Rd., auf der Thonburi-Seite, ✆ 02-8612888, 💻 www.peninsula.com, 39-stöckiges Luxushotel in erstaunlich ruhiger Lage mit ausgezeichnetem, unaufdringlichem Service. Sehr gut eingerichtete Zimmer und Flussblick, großer Pool und Spa. Restaurants, traditioneller Afternoon Tea, Shuttle-Boote zur Skytrain, River City und Oriental Pier. Günstiger über Veranstalter buchbar. ❽
Royal Orchid Sheraton ⑮, 2 Captain Bush Lane, Si Phraya Rd., ✆ 02-2660123, 💻 www.royalorchidsheraton.com. 4-Sterne-Hotel am Fluss, 780 Zi mit Flussblick, besonders empfehlenswert die luxuriösen, teureren Zi im Tower Wing, 2 Pools in einer Gartenanlage am Fluss, abends klassische Thai-Tänze. Günstiger über Veranstalter. ❽
Narai ㉒, 222 Silom Rd., ✆ 02-2370100, 💻 www.narai.com, günstig über Veranstalter oder Internet zu buchen; etwas ungepflegte Zimmer, Pizzeria im EG und rotierendes französisches Restaurant unter dem Dach, Pool im Innenhof. ❻
Triple Two Silom Hotel ㉒, 222 Silom Rd., ✆ 02-6272222, 💻 www.tripletwosilom.com , schickes Boutique-Hotel neben dem Narai unter gleichem Management, zuvorkommender Service, DVD-thek, empfehlenswertes Dhara-Spa. ❻–❼
Holiday Inn ⑳, 981 Silom Rd., ✆ 02-2384300, 💻 www.holidayinn.bangkok.ichotelsgroup.com, 726 komfortable Zi im Plaza und neueren Crowne Tower, am besten nicht zur Schnellstraße hin wohnen. Mehrere Restaurants, großes Frühstücksbuffet. Überdachter Pool. ❻
Sofitel Silom ㉒, 188 Silom Rd., ✆ 02-2381991, 💻 www.accorhotels.com. Das gläserne Hochhaus des modern und kühl gestalteten 5-Sterne-Hotels bietet vor allem Geschäftsleuten jeglichen Service. Hervorragendes Frühstücks-

buffet, kleiner Pool, Fitness Center. Günstiger über Reisebüros. ❻

Montien Hotel ㉕, 54 Surawong Rd., ✆ 02-2337060-9, 💻 www.montien.com, 475 Zi gegenüber der Patpong. Pool im 3. Stock, u.a. ein chinesisches Restaurant und Bäckerei. Schwesterhotel im Süden am Fluss, mit dem Shuttleboot ab River City zu erreichen. Günstig über Veranstalter buchbar. ❼

Mandarin Hotel ⑬, 662 Rama IV Rd., nahe Einmündung Si Phraya Rd., ✆ 02-2380230, 💻 www. mandarin-bkk.com, komfortables Hotel, gutes Frühstücksbuffet. Über Reisebüros günstiger. ❺–❻

BANGKOK

SÜDLICH DES LUMPINI PARKS – Vor allem Stammkunden und Langzeitgäste bewohnen seit den 70er Jahren die meisten Gästehäuser in der Soi Sri Bamphen rings um das Malaysia Hotel. Sie scheinen sich an den mittlerweile heruntergekommenen Räumlichkeiten nur wenig zu stören, solange Drogen und Prostituierte zu haben sind. Aufgrund der Drogenszene ist mit häufigen Razzien zu rechnen. Welch ein Kontrast zu den luxuriösen Hotels und christlich geführten Gästehäusern in der Nähe! Rings um die Patpong konzentrieren sich nicht nur Go-go-Bars und andere Nachtclubs, sondern auch gute Restaurants und Einkaufsmöglichkeiten. Der Airport ist über den Highway schnell zu erreichen, und zum Bahnhof geht es mit der U-Bahn.

Gästehäuser: *Honey House* ㉛, 35/1-4 Soi Ngam Duphli, ✆ 02-6798112-3, 📠 2872035, 5 kleinere Zi mit Fan und 43 etwas teurere, größere mit Du/WC, Fan oder ac, Preisnachlass bei längerer Mietdauer. ❸

T.T.O. ㉞, 2/35 Soi Sri Bamphen, ✆ 02-2866783, am Ende der Soi hinter dem gleichnamigen Reisebüro. 8 Zi mit Du/WC, ac oder Fan und Kühlschrank. ❷–❸

Tukh ㉞, 34/3 Soi Sri Bamphen, ✆ 02-2864228, 📠 2871669, Zi mit Fan, Gemeinschafts-Du/WC, im Erdgeschoss ein moslemisches Restaurant. ❷

Kenny ㉞, 34/28 Soi Sri Bamphen, ✆ 02-2871658, 8 einfache Zi über einem offenen Restaurant. ❷

Lee I ㉝, 23/28 Soi Sri Bamphen, ✆ 02-2865624, Zi mit Fan, Gemeinschafts-Du/WC. ❷

Ruhiger in einer Seitengasse liegen:

Vorsicht

Wer von angeblichen Zivilpolizisten angehalten und auf Drogen kontrolliert werden soll, muss aufpassen, denn das ist ein neuer Trick einer Diebesbande.

Lee 3 ㉝, 13 Soi Sapankoo, ✆ 02-6797045, einfach. ❷

Lee 4 ㉝, 9 Soi Sapankoo, ✆ 02-2867874, ordentliche Zi mit Gemeinschafts-Du/WC und Fan. ❷

Madam ㉝, 11 Soi Sapankoo, ✆ 02-2869289, 📠 2132087, 10 einfache Zi mit Fan, z.T. mit Du/WC, netter Vorhof, Internet-Service. ❶–❷

Sala Thai ㉝, 15 Soi Sri Bamphen, ✆ 02-2871436, von einer netten Familie werden 18 sehr ruhige, saubere Zimmer mit Gemeinschafts-Du/WC und Fan v.a. an Dauergäste vermietet, auch Familienzimmer. ❷

Bangkok Christian ㉘, 123 Saladaeng Soi 2, nahe Convent Rd., ✆ 02-2332206, ✉ reservations@bcgh.org, zweckmäßig eingerichtete, saubere, überteuerte Zi mit ac und Du/WC. Wer sich an der christlich geprägten Umgebung nicht stört, kann sich im ruhigen Idyll mit großem grünen Garten, einem Relikt aus dem alten Bangkok, wohl fühlen. Frühstück inkl., zudem wird mittags und abends ein europäisches, relativ geschmackloses Essen gekocht, das von Lesern aber auch gelobt wurde. ❺

YWCA ㉚, 13 Sathorn Tai Rd., ✆ 02-2861936, 💻 www.ywcabangkok.com, auf seinem einstigen großen Grundstück steht nun das Hochhaus einer Versicherungsgesellschaft, in dem sich das YWCA-Restaurant befindet. Zudem erhielt das alte Gebäude eine neue Fassade. Die Zimmer sind allerdings noch so einfach und klein wie zuvor. ❹–❺

Hotels: *Malaysia* ㉛, 54 Soi Ngam Duphli, ✆ 02-6797127-36, 💻 www.malaysiahotelbkk.com, traditionelles Travellerhotel, das seine Popularität der Nostalgie ehemaliger Gäste und zahlreichen leichten Jungen und Mädchen verdankt, die auch den 24-Std.-Coffeeshop bevölkern. Wen das nicht stört, der bekommt saubere Zimmer mit einem guten Preis-Leistungs-Verhältnis. Außerdem 4 Restaurants. Der Pool kann von Nichtgästen gegen eine Gebühr genutzt werden. ❹

Pinnacle ㉜, 17 Soi Ngam Duphli, ✆ 02-2870111-31, 💻 www.pinnaclehotels.com, anonymes Mittelklassehotel mit 170 komfortablen ac-Zimmern mit Kühlschrank und TV. Günstige Preise über Reisebüros. Reichhaltiges Frühstücksbuffet inklusive, Jacuzzi. ❹–❺

The Swiss Lodge ㉘, 3 Convent Rd., ✆ 02-233 5345, 💻 www.swisslodge.com, geschmackvoll eingerichtetes kleines First-Class-Hotel, das umweltbewusst ausgestattet, aber auch recht teuer ist. Rabatt bei Buchungen über Reisebüros. ❼

Trinity Silom Hotel ㉙, 150 Soi Phipat 2, ✆ 02-2315333, 💻 www.trinitycorp.com, neues, angenehmes 100-Zimmer-Hotel der gehobenen Mittelklasse in einer ruhigen Seitengasse mit einem guten Preis-Leistungs-Verhältnis. Mit Pool und Restaurant. ❺

Tawana Ramada ㉔, 80 Surawong Rd., ✆ 02-2360361, 💻 www.tawanahotel.com, 4-Sterne Hotel, günstig über Veranstalter buchbar, guter Service, saubere Zi, kleiner Pool, sehr gutes Frühstücksbuffet. ❺–❼

Dusit Thani ㉗, 946 Rama IV Rd., ✆ 02-2360450-9, 💻 www.dusit.com, das gepflegte Hotel der Luxusklasse war noch in den 70er Jahren das höchste Haus der Stadt. Nun wirkt es in seiner Nachbarschaft winzig. ❼–❽

The Banyan Tree ㉚, 21/100 Sathorn Tai Rd., ✆ 02-6791200, 💻 www.banyantree.com, modernes Luxushotel mit Suiten in einem schmalen, zerbrechlich wirkenden 64-stöckigen Hochhaus, im 60. Stock das noble chinesische Bai Yun Restaurant und im 61. Stock eine Open-Air-Bar mit guten Cocktails. Über mehrere Stockwerke erstreckt sich eines der größten Wellness Center mit europäischen und asiatischen Massagen, Themenbädern und Saunen. ❽

Sukhothai ㉚, 13/3 Sathorn Tai Rd., ✆ 02-2870 222, 💻 www.sukhothai.com, gleich daneben. Im Gegensatz zu dem angrenzenden kühlen Riesen besitzt dieses modern und sachlich gestylte Hotel asiatisches Flair. Das Luxushotel ist eine der exklusivsten Unterkünfte der Stadt. ❽

IN DEN AUSSENBEZIRKEN – In **Thonburi** sind Hotelzimmer der gehobenen Preisklasse häufig günstiger als in Bangkok zu bekommen. Einige liegen sogar verkehrsgünstig nahe dem Fluss oder einer Brücke, z.B.:

The Artists' Place, 61-63 Soi Tiem Boon Yang, ab Soi Krung Thonburi 1, Krung Thonburi Rd., westlich der Taksin-Brücke, ✆ 02-8620056, ✉ artistsplace@hotmail.com. Von Charlee gemanagtes kleines Haus. ❷–❸

Royal River Hotel ③, 219 Charan Santiwong Rd., jenseits der Krung Thon-Brücke, ✆ 02-4330300, 📠 4335880, 💻 www.royalriverhotel.com. Zi mit Flussblick, günstiger übers Internet, hilfsbereites Personal. 2 gute Restaurants am Fluss. Durch das Expressboot sehr gut zu erreichen, Shuttleboot zum River City. ❺

Menam Riverside Hotel ⑪, 2074 Charoen Krung Rd., ✆ 02-6881000, 💻 www.menamriverside-hotel.com, großes, etwas vernachlässigtes 711-Zimmer-Hotel am Fluss, das günstig in Katalogen angeboten wird. Alle Zi mit Flussblick, opulentes Frühstücksbuffet, mehrere Restaurants, Pool, nahe dem Expressboot-Pier 2 Stationen südlich der Taksin-Brücke, Shuttleboot zum River City. ❺

Marriott Resort & Spa ⑫, 257 Charoen Nakhorn Rd., ✆ 02-4760022, 💻 www.Marriott.com/BKKTH, bei Buchungen über Veranstalter noch bezahlbarer 5-Sterne-Luxus am Fluss in einer großzügigen Gartenanlage mit Pool unter Palmen, abends Thai-Tanzshow zum Buffet, sehr gutes Essen, alle 15 Min. kostenloser Shuttle zum Skytrain an der Taksin-Brücke. ❽

The Thai House, siehe Umgebungsplan, 32/4 Moo 8, Tambol Bang Muang, Bang Yai, Nonthaburi, ✆ 02-9039611, 9975161, 📠 9039354, ✉ pip_thaihouse@hotmail.com. Übernachtung bei einer liebenswerten Familie in einem wunderschönen, traditionellen Teak-Haus, in dem man sich schnell wie zu Hause fühlt. Zi im Thai-Stil mit moderner Gemeinschafts-Du/WC, Frühstück und Transport inkl. Das Haus am Klong ist von Bangkok aus sowohl mit dem Boot (ca. 1 1/2 Std.) als auch mit dem ac-Bus 516 zu erreichen. Letzterer fährt alle 15 Min. ab Sanam Luang für 15 Baht bis Bang Buatong, hinter dem Mitsubishi-Gebäude und der Brücke aussteigen und 10 Min. laufen oder ein Motorradtaxi für 10 Baht nehmen. Wer möchte, kann bei Pip die Geheimnisse der Thai-Küche erkunden (Kochkurse 2800 Baht inkl. Transport). Rechtzeitige Buchung empfehlenswert. Der ideale Ort zum Ankommen, Relaxen und um das Leben auf dem Land kennen zu lernen. ❺

***Reflections* – rooms in Bangkok** ④, 81 Soi Ari, Paholyothin Rd., ✆ 02-2703344, 🖳 www.reflections-thai.com, westlich der BTS-Station Ari, zwischen Soi 2 und 3. Im Internet kann man sich eines der von Designern fantasievoll gestalteten Zi aussuchen und buchen. Alle 28 Zi mit ac, Du/WC, Satelliten-TV, DVD, Minibar, außerdem Spa, Pool und Restaurant mit einheimischen und japanischen Gerichten. ❺

Asha Gh. ②, 4 Soi Intamara 3, Suthisarn Rd., südlich vom Chatuchak Weekend Market, 5 Min. von der BTS-Station Saphan Khwai, ✆ 02-2711417, 2714811, 🖳 www.ashaguesthouse.com. Gepflegtes, nettes Guesthouse in ruhiger Seitenstraße, große Zi mit Fan oder ac und Gemeinschafts-Du/WC, kleiner Pool und Garten, DVD, Büchertausch, Waschmaschinen, Internet, Fitnessraum, Parkplätze, Airport Pick-up, gutes, nicht ganz billiges Restaurant, europäisches Management. ❸

KT Gh. ②, Sutthisan Rd., ✆ 02-2763462. 🖳 www. ktguesthouse.com, nahe Suan Chatuchak Weekend-Markt und Mo Chit (Northern Bus) Terminal. Geräumige, saubere Zi mit Fan oder ac und Du/WC. Freundliches Personal, gutes, preiswertes Essen. ❸

Essen

Aus kulinarischer Sicht ist Bangkok eine wahrhaft kosmopolitische Stadt. Neben den asiatischen Küchen von Japan bis zum Vorderen Orient gibt es deutsche, französische, italienische und spanische Restaurants. Essen zu gehen kostet kein Vermögen. An Essenständen gibt es schon ab 20 Baht eine kräftige Suppe, aber auch in guten Restaurants zahlt man für ein Thai-Gericht nicht über 80 Baht, nur in Hotels und Touristenvierteln mehr als 150 Baht. Westliche Gerichte können wesentlich teurer sein. Nicht vergessen: Seit November 2002 darf generell in ac-Restaurants nicht geraucht werden.

Ein Einkaufsbummel ist eine gute Gelegenheit, Snacks zu probieren, die es an zahlreichen Straßenständen, auf Märkten und in Supermärkten gibt. Da hier niemand Englisch spricht, kann man einfach in die Töpfe sehen oder das bestellen, was am Nachbartisch so lecker duftet. Auch süße Kuchen und scharfe Snacks werden an vielen Ständen frisch zubereitet.

BANGLAMPOO UND THEWET – Viele Traveller-Restaurants in der Khaosan Rd. und ihrer Umgebung bieten fade Varianten von Thai-Gerichten. Die Spezialitäten-Restaurants können hingegen richtig gut sein. Allerdings ändert sich die Szene schnell. Weitere Restaurant- und Pubtips unter 🖳 www.khaosanroad.com.

Fast Food und Essenstände: Den Traveller-Bedürfnissen tragen mehrere Fastfood-Restaurants in der Khaosan Road und ihrer Umgebung Rechnung. An den Garküchen am Chang Pier beim Königspalast sitzt man ruhig unter Bäumen. Mehrere Garküchen in der Soi Rambuttri, nahe Chakraphong Rd. Beliebt ist der Nachtmarkt am östlichen Ende der Tani Rd.

Tim, ein witziger, freundlicher Thai, grillt auf dem Bürgersteig in der Tani Rd. von 18–24 Uhr sehr guten gesalzenen Fisch für 80–100 Baht und Shrimps für 10 Baht pro Stück. Auch eiskaltes Bier.

Tuk hinter dem Wat Chana Songkhram bieten ebenfalls die Möglichkeit, draußen zu sitzen. Gutes Frühstück mit leckeren Baguettes, Joghurt und große, leckere Milchshakes.

Buffet Lunch: Große Hotels bieten Buffet Lunch um 500 Baht an, bei dem man so viel essen kann wie man will. Häufig gibt es nicht nur Thai-Gerichte, sondern auch europäische, chinesische oder japanische Spezialitäten. Spitzenqualität bei entsprechenden Preisen bietet in stilvoller Atmosphäre das ***Royal Princess Hotel***, 269 Larn Luang Rd., ✆ 02-2813088, das beste Hotel der Gegend mit einem empfehlenswerten Mittagsbuffet.

Cafés: *Ricky's Coffeeshop*, Phra Athit Rd., unter dem Pra Athit Mansion, ein winziges Café mit sehr gutem Kaffee und einer großen Auswahl an Käse-Sandwiches sowie Baguettes. Die geschmackvolle Gestaltung im chinesischen Kolonialstil verdankt es dem Holländer Roil.

Saffron, Phra Athit Rd., kleines Café mit leckeren westlichen Kuchen und gutem Kaffee. ⏲ tgl. 8–21 Uhr.

Coffee & More, Phra Athit Rd., etwas weiter südlich, großes Café im Seitenflügel des alten, von Mauern und Wächtern abgeschirmten Gebäudes.

Coffee World in der Buddy Lodge, 265 Khaosan Rd. Im modernen amerikanischen Stil eingerichtetes Café mit klassischer, entspannender Hintergrundmusik. Espresso-, verschiedene Kaffee- und Teesorten, zudem leckere Kuchen, Torten, Pasta und Salate. Internet-Terminals. Ein Ableger der internationalen Kette. ⌚ tgl. 7.30–2 Uhr.

Starbuck's ist ebenfalls mit einer Filiale in der Sunset Street in die Gegend vorgedrungen.

Chinesisch: *Poon Sin*, 460 Prachathipathai Rd., ✆ 02-2822728, einfaches, etwas steriles Restaurant gegenüber dem *Thai Hotel*, berühmt für leckere chinesische geröstete Enten- und Schweinefleisch-Gerichte, die traditionell kalt serviert werden, aber auch aufgewärmt zu bekommen sind.

Italienisch: *Café Primavera*, Phra Sumen Rd., nettes, zweistöckiges italienisches Restaurant unter österreichischer Leitung, das zu Jazzmusik, Pizza und eine große Auswahl an Nudelgerichten sowie italienisches Eis und leckeren Apfelstrudel serviert. ⌚ tgl. 9–23 Uhr.

Ranee's Restaurant, Trokmayom Chakraphong, in einem teils überdachten, ruhigen Innenhof werden hausgemachte Nudeln in leckeren Soßen, Pizza und Thai-Gerichte ohne Glutamat zubereitet, auch Vegetarisches, Baguette aus der eigenen Bäckerei sowie guter Kaffee.

La Casa, 210 Khaosan Rd., qualitativ recht gute Gerichte zu einem günstigen Preis. ⌚ tgl. 12–24 Uhr.

Japanisch: Wer japanisches Essen liebt, kommt in Bangkok ganz bestimmt auf seine Kosten. Frische Zutaten aus dem nahen Meer machen die Tempura, Sushi und Sashimi besonders schmackhaft. Zudem sind sie verhältnismäßig preiswert.

Taketei, leckeres, preiswertes japanisches Restaurant im 1. Stock des Nana Plaza Inn, 202 Khaosan Rd., ⌚ tgl. 11.30–24 Uhr.

Krai Si, 214 Phra Sumen Rd., bietet Nudelsuppen und anderes japanisches Essen zu akzeptablen Preisen. Es schließt allerdings bereits gegen 20 Uhr.

Thai: Im ***Pannee Gh.*** wird lecker gekocht. Abends sind die Plätze im Freien hoch begehrt.

Baan Pla Sod, 114 Phra Athit Rd., ✆ 02-6293339, hier stehen Fisch- und Pilzgerichte sowie Kräutergetränke auf der Karte. ⌚ tgl. 11–14 und 17–23 Uhr.

Center Khaosan Restaurant, im Zentrum der Khaosan Road, eignet sich bestens, um sich inmitten des Trubels auszuruhen und das Treiben zu beobachten.

Angenehme Restaurants, die v.a. von einheimischen Studenten besucht werden, haben sich in kleinen Geschäftshäusern rings um das Phra Sumen Fort niedergelassen. Viele sind nur abends geöffnet.

Hemlock, 56 Phra Athit Rd., ✆ 02-2827507, mit winzigem Schild, 10 m nördlich vom Phra Athit Mansion, Treffpunkt von Intellektuellen und Künstlern, fast 200 z.T. traditionelle Thai-Gerichte – wahre geschmackliche Abenteuer – zu günstigen Preisen in gepflegter Atmosphäre, französische und kalifornische Weine, klassische Musik. ⌚ Mo–Fr 16–24, Sa ab 17 Uhr.

Vijit Restaurant, 77/2 Ratchdamnoen Klang Rd., am Demokratie-Denkmal, ✆ 02-2816472, sei Mutigen empfohlen. Großes, beliebtes, lautes Restaurant mit Thai-Live-Musik. Bebilderte Karte mit vielen Gerichten von 80–250 Baht, die alle superscharf sind.

Jokpochana, Talad Nana, Ecke Samsen Soi 2, Restaurant, das Seafood und preiswertes Bier verkauft. ⌚ 18–6 Uhr.

Unterhaltsam ist ein Essen **am Ufer des Menam Chao Phraya** oder in einem schwimmenden Restaurant:

Ton Pho, 43 Phra Athit Rd., ✆ 02-2800452, ⌚ bis 22 Uhr. Restaurant mit Blick auf den Fluss.

Khimlom-Chom-Sa-Phan, 11/6 Samsen Soi 3, ✆ 02-6288382-3, am Fluss hinter Wat Samphraya, neues, großes, beliebtes Szene-Restaurant mit einer großen Auswahl an Seafood-Gerichten um 200 Baht, kein Glutamat, englische Karte, aber noch wenige Touristen. Kleine Bäckerei mit leckeren Kuchen.

Kaloang, in Thewet, am Flussufer zwischen Bootsschuppen am absoluten Ende der Sri Ayutthaya Rd., ✆ 02-2819228, Seafood, überwiegend Einheimische, ruhige Atmosphäre. ⌚ tgl. 11–23 Uhr.

Kanab Nam, ✆ 02-4336611, weiter nördlich auf der Thonburi-Seite, an der Krung Thong-Brücke. Von 20–22.30 Uhr tuckern Restaurantboote den Fluss hinauf, wofür 70 Baht Zuschlag berechnet

wird. Gutes Essen zu günstigen Preisen, die Kellner sprechen kaum Englisch, sind aber sehr aufmerksam.
Auf der Thonburi-Seite direkt am Fluss:
Ban Rim Nam, 723 Charoen Nakhon Rd., ✆ 02-8604500, die Auswahl an Thai-Gerichten ist so groß, dass die Speisekarte so dick wie ein Kochbuch ist. ⌚ tgl. 10.30–24 Uhr.
Supatra River House, 226 Soi Wat Rakhang, Arun Amarin Rd., ✆ 02-4110305, stilvoll restauriertes Thai-Haus mit Garten und Bühne. Im angrenzenden Theater sind Fr–So abends klassische Tänze, Theaterstücke oder Musikaufführungen zu sehen. Es ist von einem Kulturzentrum mit dem Patravadi Theatre umgeben. Gehobenes Preisniveau, ordentliche Kleidung erwünscht, keine Sandalen. Kostenlose hauseigene Fähren ab Maharaj Pier.
Vegetarisch: Im ***Sor Nor Banglumpoo,*** 179-181 Soi Rambuttri, werden auch günstige vegetarische Gerichte aufgetischt, preiswerter Internetzugang.
Pornsawan, 80 Samsen Rd., neben Soi 4, kleines, nettes Restaurant, das preiswerte Gerichte mit braunem Bergreis serviert. ⌚ tgl. 7–18.30 Uhr.
May Kaidee Vegetarian Restaurant, Tani Rd., im Thai Cozy House, ✆ 02-6295870, 💻 www.maykaidee.com. Gesunde, schmackhafte vegetarische Kost, lecker der schwarze Klebreis, preiswerte vegetarische Sandwiches und andere Snacks, bebilderte Speisekarte, Kochkurse. ⌚ tgl. 9–21 Uhr.

SIAM SQUARE UND UMGEBUNG – Fast Food und Essenstände: Ketten sind nahezu komplett am Siam Square, im Mah Boon Krong Shopping Center, Discovery Center und Siam Center vereint, auch Ableger der Kaffeehaus-Ketten ***Black Canyon*** und ***Starbucks***, der Pizza-Kette ***Pizza Company*** sowie ***Sizzler's***.
Wer sich am Siam Square doch lieber für etwas anderes entscheidet, findet weitere Alternativen, z.B. ein Steakhouse, mehrere gute japanische, vietnamesische und italienische Restaurants.
Mah Boon Krong Shopping Center, Phayathai Rd., Ecke Rama I Rd., östlich vom Siam Square, ⌚ tgl. bis 22 Uhr. Das Food Center im 6. Stock (Couponsystem) offeriert eine breite und preiswerte Auswahl an asiatischen Gerichten. Außerdem Filialen mehrerer internationaler Ketten sowie Restaurants, z.B. ***Fuji***, ein gutes japanisches Restaurant im 7. Stock.
Central World Plaza, Ratchadamri, Ecke Rama I Rd., Food Center und Restaurants im 6. Stock, darunter das vegetarische ***Vegetarian Cottage***, lohnender Ausblick auf die Stadt, u.a. eine Filiale von ***Sizzler's*** mit einem fantastischen Salatbuffet und viele japanische Restaurants in unterschiedlichen Preislagen.
Chinesisch: *Coca Suki Restaurant,* 416/3-8 Henri Dunant Rd. am Siam Square, ✆ 02-2516337, ⌚ tgl. 11–22 Uhr. Relativ preiswertes, beliebtes chinesisches Restaurant. Spezialität Steamboat: Alle Zutaten werden separat bestellt und in einer kochenden Brühe am Tisch gegart.
Indonesisch: *Bali,* 15/3 Soi Ruam Rudee, ✆ 02-2500711, im netten, kleinen Haus gegenüber dem Ruam Rudee Village wird sehr gut indonesisch gekocht. Leckere Saté oder Fisch in Bananenblättern gegrillt. Gutes Preis-Leistungs-Verhältnis. ⌚ Mo–Sa 11–22, So ab 17 Uhr.
Thai u.a.: *Curries & More by Baan Khanitha,* 63/3 Soi Ruam Rudee, ✆ 02-253 54 08-9, ✉ curriesandmore@hotmail.com. In einem Designerlokal mit schönem Garten, bewässertem Glasdach und Brunnen werden viele leckere Curry-Gerichte und einige Kreationen der Fusion-Küche angeboten, mittlere Preisklasse, sehr netter Service.
Janis Place, 334 Soi Thamasarot, nahe Phayathai Rd., nördlich vom Klong Saen Saeb, ✆ 02-6111122, ⌚ tgl. 11–23 Uhr. In geschmackvoller Umgebung sitzt man vor dem alten viktorianischen Haus im verglasten Pavillon oder am Seerosenteich. Die Auswahl einheimischer und westlicher Gerichte umfasst auch ungewöhnliche Angebote sowie Kuchen.
Jao Khun Ou-Gallery Restaurant *(Once upon a time),* 32 Soi 17, Petchaburi Rd., ✆ 02-2528629, 💻 www.onceuponatimeinthailand.com, in der Soi gegenüber dem Pantip Plaza; ein gutes Thai-Restaurant, das auch vietnamesische Gerichte anbietet. In drei hübsch gestalteten alten Häusern, eines mit ac und dunklen Holzmöbeln, ein anderes mit historischen Fotos, kann man ebenso wie im tropischen Garten und auf der Terrasse auf niedrigen Kissen sitzend ein fantastisches Dinner genießen, Mückenmittel mitnehmen. ⌚ tgl. 11–23, Mo ab 17 Uhr.

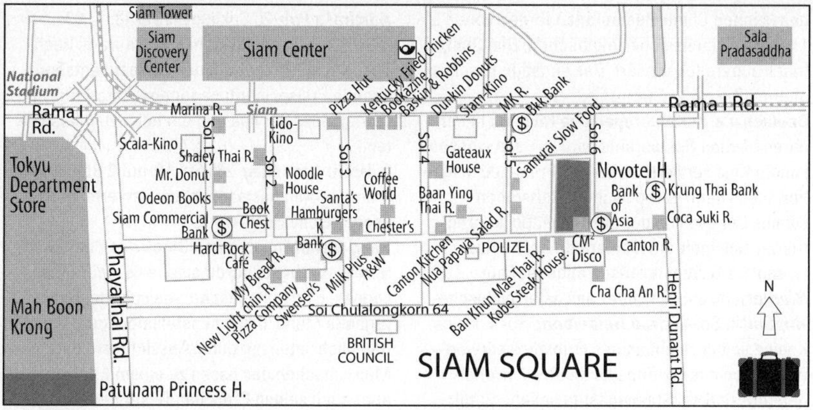

SUKHUMVIT ROAD – Viele internationale Restaurants haben sich sowohl auf Touristen als auch auf die hier lebenden Europäer eingestellt. In den meisten werden für kleine Portionen hohe Preise verlangt, und der Service in der billigen Kategorie zeugt vom Stress des Personals. Ein Abendessen in einem Restaurant kann 80 Baht, aber auch 1800 Baht kosten, wobei in den Hotels und Restaurants der gehobenen Preisklasse noch Steuer und Bedienung aufgeschlagen werden. Dafür bieten sie neben einem einmaligen Ambiente auch eine hervorragende Küche. Einige Spitzenköche großer Hotels haben sich von der europäischen und thailändischen Küche anregen lassen und neue, überraschend schmackhafte Gerichte kreiert. Die Umgebung der Sukhumvit Rd. eignet sich zudem hervorragend für eine Reise durch die Küchen der asiatischen Nachbarländer.

Fast Food und Essenstände: Am preiswertesten sind die Essensmärkte, von den viele in die Einkaufszentren verlagert wurden. In der Soi 7 locken überdachte Essenstände mit frischem Seafood und bebilderten Speisekarten v.a. Touristen an.

Robinson Department Store, Sukhumvit Rd., zwischen Soi 19 und 21. Der Food Court im Untergeschoss findet guten Zuspruch. Zahlreiche Stände verkaufen Nudelsuppen, Enten- und andere Thai-Gerichte, außerdem Steamboat, japanisches, vietnamesisches und westliches Essen sowie Kuchen und Eiscreme. ⏲ tgl. 11–24 Uhr.

Foodland, an der Soi 5 Sukhumvit Rd., im Nai Lert Bldg., serviert Snacks und kleine Gerichte.

Im ***Emporium***, 622 Sukhumvit Rd., am (Benjasiri) Queen's Park, wartet tgl. von 10–22 Uhr die Food Hall im 5. Stock mit einem fantastischen Angebot und einer guten Sicht auf die City auf.

Cafés: *Kuppa*, Soi 16 Sukhumvit Rd., die von der Ratchadaphisek Rd. abgeht, ✆ 02-6630450-1, ⏲ Di– Sa 10.30–22.30 Uhr, Café im Holz-Metall-Dekor mit fantastischen Sandwiches, Kuchen und amerikanischen Gerichten.

Coffee World, Sukhumvit Rd., nahe Soi 9, Filiale der Kette, die im modernen amerikanischen Stil verschiedene Kaffee- und Teesorten, Kuchen und Salate anbietet. ⏲ tgl. 7.30–2 Uhr.

Chinesisch: *Yong Lee*, eine Institution in der Sukhumvit Rd., Ecke Soi 15, und das bereits seit Jahrzehnten. Allerdings sollte man keine hohen Ansprüche an die Sauberkeit stellen, keine Preise auf der Speisekarte, aber die meisten Gerichte um 70 Baht.

Xian Restaurant, 10/3 Soi 40, Sukhumvit Rd., ✆ 02-7135288, die chinesischen Spezialitäten sind nicht teuer, der Service ist freundlich, ⏲ tgl. 11–14 und 16–22 Uhr.

Coca Suki Restaurant, 246 Sukhumvit Rd., zwischen Soi 12 und 14, im Untergeschoss des Times Square. Günstige chinesische Restaurant-Kette. Steamboat u.a. asiatische Spezialitäten, ⏲ tgl. 11.30–14 und 17–20 Uhr.

Im ***Tongkee*** an der Abzweigung der Soi 14 von der Sukhumvit Rd., ✆ 02-2294420, einem alteingesessenen China-Restaurant, werden von 11–14 Uhr chinesische Teigtaschen, Dim Sum, frisch zubereitet serviert. Das sonstige Essen ist eher mäßig.

Deutsch u.a. mitteleuropäische Küchen: In den europäischen Restaurants wird zumeist wohl bekannte Kost serviert, wobei das Preis-Leistungs-Verhältnis nach europäischen Maßstäben stimmt. Vor allem in der Sukhumvit Rd. konzentrieren sich mehrere kleinere deutsche Restaurants, z.B.: die bayerisch angehauchte ***Bierkutsche*** in Soi 15 oder das österreichische ***Big Bull*** in Soi 4 sowie ***Heidelberg***, Soi 4, kleine Kneipe, in der reichhaltiges Frühstück serviert wird. Auch das Fondue und die Bratkartoffelgerichte sind bei Stammgästen beliebt. ⌚ tgl. 8–24 Uhr.

Tilac, 38 Soi 1 Sukhumvit Rd., ☎ 02-2556881, gepflegtes, freundliches, klimatisiertes Restaurant mit deutschen und einheimischen Gerichten. Die Auswahl reicht von der Schweinshaxe bis zu belegten Broten. Bei Kaffee und Kuchen kann man in aktuellen deutschen Zeitschriften schmökern. ⌚ tgl. 8–24 Uhr.

Old German Beer House, Soi 11 Sukhumvit Rd., modernes, offenes Restaurant mit einem großen zentralen Tresen, verschiedenen Biersorten und deutschen Gerichten.

Bei Otto, 1 Soi 20 Sukhumvit Rd., ☎ 02-2620892, 📠 2581496, eine Institution in Bangkok. Neben dem Restaurant Schwarzwaldstube mit deutschen Gerichten (⌚ tgl. 11–24 Uhr) und einer großzügigen Gaststätte mit Bier vom Fass verkauft ein Brot- und Wurstladen deutsche Spezialitäten und Graubrot aus einem deutschen Backofen.

William Tell, 19/1 Soi 20 Sukhumvit Rd., 50 m weiter, ☎ 02-2581516, 📠 6634482, Schweizer und einheimische Gerichte, die Spezialität sind Fondues. Man kann drinnen oder auf der Terrasse sitzen. ⌚ tgl. 11.30–23.30 Uhr.

Chesa Swiss Restaurant, 5 Soi 20 Sukhumvit Rd., ☎ 02-2616650, 📠 6634376, 💻 www.chesa-swiss.com, in der Küche dieses Schweizer Restaurants steht der ehemalige Küchenchef des Rembrandt Thomas Nowak.

Schnurrbart, 128/46 Soi 23 Sukhumvit Rd., am Rong Phak rechts abbiegen. In der Seitengasse wird österreichisch gekocht.

Admiral's Pub, 20 Sukhumvit Soi 18, ☎ 02-6634396-7, skandinavisches Restaurant, auch Thai-Küche von gehobenem Niveau, entsprechende Preise, maritime Innenausstattung, hervorragender Service und ein toller Bambusgarten.

Indisch: ***Dosa King***, 265 Soi 18, auf 2 Stockwerke erstreckt sich das saubere, preiswerte indisch-vegetarische Restaurant.

Rang Mahal, im obersten Stock des Rembrandt Hotels, das beste nordindische Restaurant des Landes. Eine fantastische Speisekarte, hervorragende Menüzusammenstellungen, prachtvolle Räumlichkeiten mit guter Aussicht und die Live-Musik machen das Essen zu einem Erlebnis, das aber auch seinen Preis hat. Reservierung empfohlen, ☎ 02-2617100, ⌚ tgl. 11.30–14.30 und 18.30–22.30 Uhr.

Mexikanisch: ***Señor Pico*** im hinteren Flügel des Rembrandt Hotels, 19 Soi 18 Sukhumvit Rd, ☎ 02-2617100, gilt derzeit zu Recht als der beste Mexikaner Bangkoks. Selbst Mitglieder des Königshauses waren hier zu Gast, Reservierung erforderlich, ⌚ tgl. 17–1 Uhr.

Seafood: Teuer ist der Fisch im ***Seafood Palace*** an der Sukhumvit, Ecke New Ratchadaphisek Rd., ☎ 02-6531145-8, dafür darf man in palastähnlichen Räumen mit Kristalllüstern dinieren.

Seafood Market, 89 Soi 24 Sukhumvit Rd., etwa 1 km südlich der Sukhumvit, von dort mit dem Motorradtaxi oder Tuk Tuk, ☎ 02-2612071-4, ⌚ tgl. ab 11 Uhr. Ein einmaliges Einkaufs- und Essenserlebnis, sofern man bereit ist, gehobene Touristenpreise zu bezahlen. Nachdem die Zutaten, vor allem frischer Fisch und anderes Seafood, aber auch Gemüse und Getränke, in einer Art Supermarkt eingekauft und bezahlt sind, werden sie nach individuellen Wünschen in einer riesigen, von außen einsehbaren Küche zubereitet.

Thai u.a.: ***Suda***, 6 Soi 14, nahe der Sukhumvit Rd., ☎ 02-2294664, in dem einfachen, offenen Thai-Restaurant werden große Portionen zu günstigen Preisen serviert, leckeres Hühnchen in Palmblättern, viele Touristen. ⌚ zum Mittag- und Abendessen, So erst ab 16 Uhr.

Cabbages & Condoms, in der Soi 12, 200 m von der Sukhumvit Rd., ☎ 02-2294611-28. Mit viel Humor hat Meechai Virayaidya Methoden zur Geburtenkontrolle im ganzen Land populär gemacht. Hier eröffnete er ein Restaurant mit dschungelartigem Biergarten, aber weniger attraktivem Innenbereich, das kreative einheimische und westliche Gerichte zu hohen Preisen serviert. Dem Namen entsprechend werden an der Kasse statt Bonbons Kondome kostenlos ausgegeben, und im Andenkenladen finden sich einige kuriose Souvenirs. ⏲ tgl. 11–22 Uhr.

Vietnamesisch: ***Le Dalat Indochine***, 14 Soi 23 Sukhumvit Rd., ✆ 02-6617967-8, das geschmackvoll eingerichtete Holzhaus in einem tropischen Garten, die französische Musik und gepflegte Atmosphäre machen das Essen zum Vergnügen. Englische Speisekarte mit Fotos von allen Gerichten, leckere Rippchen in Zitronengras, Hauptgerichte 100–200 Baht. ⏲ tgl. 11.30–14.30 und 18–22 Uhr.

Le Dalat, 47/1 Soi 23 Sukhumvit Rd., ✆ 02-2584 192, auf der gegenüberliegenden Seite 300 m weiter die Soi hinein, das ältere und größere Schwester-Restaurant.

Steaks u.a.: ***Bourbon Street***, 29/4-6 Soi 22 Sukhumvit Rd., am Ende des Washington Square, ✆ 02-2590328, 💻 www.bourbonstbkk.com, Cajun-Küche mittlerer Preisklasse, von einer sättigenden Gumbo für 150 Baht bis zu leckeren Pecan Pies, in Südstaaten-Atmosphäre mit entsprechender Musik und Sportprogramm auf den Bildschirmen. Das als bestes amerikanisches Restaurant der Stadt ausgezeichnete Lokal bietet Hungrigen dienstags einen Cajun Brunch mit unbegrenztem Nachschlag. ⏲ tgl. 7–1 Uhr. Manchmal ist die Bedienung allerdings überfordert.

Stable Lodge, Soi 8 Sukhumvit Rd., bietet von 18–22 Uhr ein Barbecue am Pool des Hotels mit viel Fleisch, bei dem man so viel essen kann, wie man will. Es ist aber ziemlich teuer. Auch gutes Frühstück und ein breites Angebot an belegten Broten sowie anderen Gerichten, die im Garten oder Restaurant serviert werden.

RINGS UM DIE SILOM RD. – Vor allem in der Silom Rd. dürfte es kein Problem sein, ein Restaurant zu finden. Viele sind auf das flanierende Touristenpublikum eingestellt und entsprechend teuer.

Fast Food und Essenstände: In den Nebenstraßen finden sich noch einige Essenstände, z.B. östlich der Moschee, zwischen der Silom und Anuman Raichon Rd., neben dem Bangkok Bank Building und vom Fluss kommend in den ersten Gassen links der Silom Rd. Es gibt Suppen für 20–25 Baht, gegrillten Fisch, Meeresfrüchte u.a. Auch die westliche Küche ist vor allem mit Fastfood-Ketten in der oberen Silom Rd. und rings um die Patpong Rd. vertreten, v.a. im Untergeschoss des Silom Complex und im CP Tower. Neben zahlreichen Hamburger-Läden hat sich hier die amerikanische Kette ***Sizzler's*** mit einer fantastischen Salatbar und gutem Blick auf das Treiben in der Patpong Rd. niedergelassen.

Chinesisch: ***Charuvan Duck Shop***, offenes Restaurant in der Silom Rd., nahe Patpong Rd., das preiswerte, einfache Entengerichte anbietet.

Hai Tien Lao, Pan Pacific Hotel, 22. Stock, 952 Rama IV Rd., ✆ 02-6329021, gutes und teures kantonesisches Essen, mittags Dim Sum. ⏲ tgl. 11.30–14.30 und 18.30–22.30 Uhr.

Coca Suriwongse, Soi Tantawan, Surawong Rd., ✆ 02-2369323, das größte Restaurant und die Zentrale der Kette. Relativ preiswertes, beliebtes Steamboat und andere chinesische Gerichte.

Deutsch u.a.: ***Ratsstube*** im Goethe-Institut, Soi Goethe, ✆ 02-2864258, das nett eingerichtete, beliebte Restaurant hält ein breites Angebot an europäischen und einheimischen Gerichten bereit. ⏲ tgl. 10–22 Uhr.

Cherry's Weissbräu, German Restaurant + Beer House, am Tawana Ramada Hotel, 80 Surawong Rd.

Zürich, Lang Suan Rd., modern eingerichtetes, nur abends geöffnetes neues Schweizer Restaurant.

Französisch: ***Le Café Siam***, 4 Soi Sri Akson, ✆ 02-6710030-1, in der originalgetreu restaurierten, alten Villa werden in stilvoller Atmosphäre einheimische und französische Gerichte serviert und Antiquitäten zum Verkauf angeboten, ⏲ tgl. 18–2 Uhr.

Italienisch: ***Maria Pizzeria & Restaurant***, 907 Silom Rd., gegenüber dem Manohra Hotel, großes Pizza- und Weinangebot, Internet-Zugang.

Mexikanisch: ***La Fiesta***, Silom Rd, Ecke Patpong, ✆ 02-6327898-9, mexikanisches Restaurant im modernen Design, Tortillas, Steaks, Enchiladas und mehr, Gerichte 200–400 Baht, abends Live-Musik, ⏲ tgl. 11–2 Uhr.

Thai: ***Bussaracum***, 135 Pan Rd., zwischen Silom Rd. und Sathorn Nua Rd., ✆ 02-2666312-8. Erstklassiges Thai-Restaurant, vornehm und teuer. ⌚ tgl. 11–14 und 17–22 Uhr.

Ta-Ling Pling, 60 Pan Rd., ✆ 02-2344872, authentische Thai-Küche, die meisten Gerichte um 100 Baht, geschmackvolle, moderne Einrichtung. ⌚ tgl. 11–22 Uhr.

Blue Elephant, 233 Sathorn Tai Rd., ✆ 02-673 9353, 💻 www.blueelephant.com, schönes, stilvoll eingerichtetes Haus einer internationalen Kette mit viel Atmosphäre. Hervorragende, mehrfach ausgezeichnete, moderne königliche Thai-Küche, aufmerksamer Service. Vorspeisen um 200 Baht, Hauptgerichte um 500 Baht. Auch Kochschule. ⌚ tgl. 11.30–14.30 und 18.30– 20.30 Uhr.

Chaii Karr, 312/3 Silom Rd., gegenüber dem Holiday Inn. Mit viel Holz eingerichtet und gemütlich, günstige Mittagsmenüs unter 100 Baht. ⌚ tgl. 10–22 Uhr.

Harmonique, 22 Soi 34 Charoen Krung Rd., Richtung Wat Muang Kae Pier, ✆ 02-2378175, Lokal in einem alten, geschmackvoll und gemütlich eingerichteten Haus, eine Oase der Ruhe. Im schmalen Innenhof und drinnen gibt es Mo–Sa von 11–22 Uhr Thai-Gerichte. Bebilderte Karte, Menüs 200–450 Baht. Außerdem werden Antiquitäten verkauft.

All Gaengs, im La Residence Hotel, 173/8-9 Surawong Rd., wie der Name verspricht, werden im kleinen, mit schwarzen und weißen Kacheln gefliesten Restaurant nur *Gaeng*, Thai-Currys, serviert, ⌚ tgl. abends, Mo–Fr auch mittags.

Ban Chiang, Si Wang Rd., ✆ 02-23670445, in einem alten Thai-Haus kann man in ungezwungener Atmosphäre preiswert essen.

Hotel-Buffets: Das abendliche Buffet auf der Flussterrasse des ***Oriental Hotels*** ist ein besonderes Erlebnis.

Marriott Resort & Spa, Sunday Jazzy Brunch, 257 Charoen Nakhorn Rd., ✆ 02-4760022, etwas weiter im Süden am Fluss in einer großen Gartenanlage. In gepflegter, entspannter Atmosphäre kann man für 1000 Baht vom Buffet mit europäischen und asiatischen Gerichten so viel essen, wie man kann.

Thai-Dinner mit Tänzen: In der endlosen Liste der Thai-Restaurants gibt es weitere, in denen klassische Thai-Tänze bei traditionellem Dinner vorgeführt werden. Sie sind allerdings recht teuer, aber auch entsprechend stilvoll, wie z.B.:

Thai Pavilion im Holiday Inn, Silom Rd., ✆ 02-2384300. Sehr gute Thai-Gerichte in großer Auswahl, ab 20 Uhr Khon-Tänze. Eine preiswerte Alternative ist das fast ausschließlich von Touristen besuchte Gartenrestaurant im

The Mango Tree, 37 Soi Tantawan, Surawong Rd., ✆ 02-2362820, das ruhig gelegene Restaurant in einem alten Haus ist wegen seines angenehmen Gartens (reservieren!) beliebt, v.a. wenn Mi–Sa ab 20 Uhr traditionelle Tänze aufgeführt werden. Gerichte um 200 Baht. ⌚ tgl. 11–23.30 Uhr.

Silom Village, 286 Silom Rd., ✆ 02-2339447, 💻 www.silomvillage.co.th, ⌚ tgl. 10–23 Uhr, die meisten Gerichte 100–200 Baht, gute Auswahl, leckere Speisen und professioneller Service. Abends zwischen 19.30 und 20.30 Uhr (Anfangszeiten schwanken etwas) werden im Garten kostenlos etwa 1 Std. klassische Thai-Tänze mit Musik vorgeführt. Danach treten die Tänzer im Restaurant ***Ruen Thep*** im 1. Stock des gleichen Komplexes für Gruppen auf, Dinner ab 19 Uhr, Show von 20.30–21.30 Uhr. Die Restaurants sind von einem Einkaufskomplex umgeben.

Chao Phraya Cultural Centre, 94 Soi Charoen Nakorn 21, Charoen Nakorn Rd., ✆ 02-4393477, das zur Yok Yor-Gruppe gehört, offeriert abends ein Menü, das von klassischen Thai-Tänzen begleitet wird.

Vegetarisch: ***Whole Earth Restaurant***, 93/3 Soi Lang Suan, Ploenchit Rd., ✆ 02-2525574, ⌚ tgl. 11.30–14 und 17.30–23 Uhr, ist das größte, nicht ausschließlich vegetarische Restaurant. In verschiedenen Räumen werden Thai-, indische und vegetarische Gerichte serviert, Di–Sa 19.30–22.30 Uhr bei klassischer Gitarrenmusik. Angenehme Atmosphäre, am Eingang ist es nicht so kalt wie hinten.

Vietnamesisch: ***Thang Long***, 82/5 Soi Lang Suan, ✆ 02-2513504, nördlich vom Lumpini Park, ein angesagtes vietnamesisches Restaurant im Stil des modernen Minimalismus, gutes Essen und angenehme Musik. ⌚ tgl. 11–14 und 17–23 Uhr.

Restaurantboote: Mehrere starten abends ab River City Pier, z.B. ***Chao Phraya Chartered***, ✆ 02-6390704, ***Chao Phraya Princess***, ✆ 02-4379667, ***Pearl of Siam***, ✆ 02-2924649-52.

A
WAT ARUN
Menam Chao Phraya
SUPATRA RIVER HOUSE
PATRAVADI THEATRE
SIRIRAJ-KRANKENHAUS
THONBURI RAILWAY STATION
KÖNIGL. BARKEN
Fähre
THIEN PIER
Expressboote
CHANG PIER
PRANNOCK PIER
Klongboote
MAHARAJ PIER
Fähre
PHRA CHAN PIER
N
0 100 200 300 m
Mahathat Rd.
WAT PHO
Chetuphon Rd.
Thai Wang Rd.
KÖNIGS-PALAST
WAT PHRA KEO
Na Phra Lan Rd.
SILPAKORN-UNIVERSITÄT
WAT MAHATHAT
NATIONAL-BIBLIOTHEK
Phra Chan Rd.
THAMMASAT-UNIVERSITÄT
NATIONAL-MUSEUM
Bangkok Tourist Bureau
NATIONAL-THEATER
Na Phra That Rd.
Sanam Luang
Sanam Chai Rd.
Rachini Rd.
Phrapinklao Rd.
Chao Fa Rd.
Phra Athit Rd.
WAT RATCHA-PRADIT
Saran Rom Rd.
Kalayana Mitri Rd.
VERTEIDIGS.-MINISTERIUM
LAK MUANG-SCHREIN
Ratchdamnoen Nai Rd.
NATIONAL-GALERIE
WAT CHAI CHANA SONGKHRAM
Rachini Rd.
Atsadang Rd.
Charoen Krung Rd.
SCHWEIN-DENKMAL
Klong Lod
THORANI-BRUNNEN
Chakra-phong Rd.
Rachini Rd.
Banmo Rd.
WAT RATCHABOPHIT
Atsadang Rd.
s. Detailplan F Chinatown
s. Detailplan B Golden Mount
s. Detailplan G Banglampoo

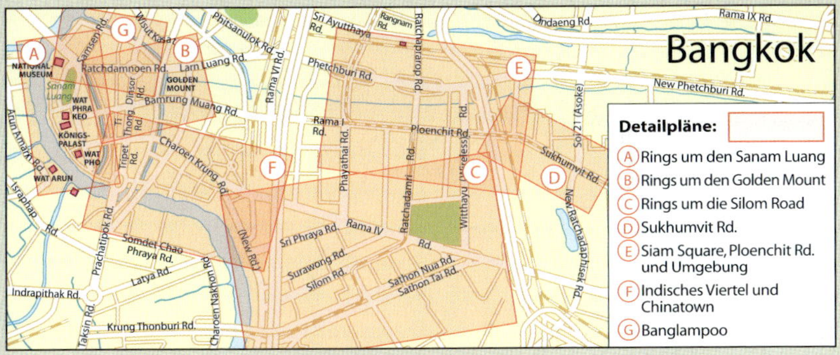
Bangkok
A
G
B
E
F
C
D
NATIONAL-MUSEUM
Sanam Luang
WAT PHRA KEO
KÖNIGS-PALAST
WAT PHO
WAT ARUN
Samsen Rd.
Wisut Kasat
Phitsanulok Rd.
Ratchdamnoen Rd.
Lam Luang Rd.
GOLDEN MOUNT
Bamrung Muang Rd.
Dinsor Rd.
Tri Thong Rd.
Triper Rd.
Charoen Krung Rd.
Arun Amarin Rd.
Isaraphap Rd.
Prachatipok Rd.
Somdet Chao Phraya Rd.
Latya Rd.
Indrapithak Rd.
Taksin Rd.
Krung Thonburi Rd.
Charoen Nakhon Rd.
(New Rd.)
Rama VI Rd.
Sri Ayutthaya Rd.
Rangnam Rd.
Ratchaprarop Rd.
Dindaeng Rd.
Rama IX Rd.
Phetchburi Rd.
New Phetchburi Rd.
Rama I Rd.
Ploenchit Rd.
Phayathai Rd.
Ratchadamri Rd.
Wireless Rd.
Witthayu Rd.
Soi 21 (Asoke)
Sukhumvit Rd.
New Ratchadaphisek Rd.
Rama IV Rd.
Si Phraya Rd.
Surawong Rd.
Silom Rd.
Sathon Nua Rd.
Sathon Tai Rd.
Detailpläne:
A Rings um den Sanam Luang
B Rings um den Golden Mount
C Rings um die Silom Road
D Sukhumvit Rd.
E Siam Square, Ploenchit Rd. und Umgebung
F Indisches Viertel und Chinatown
G Banglampoo

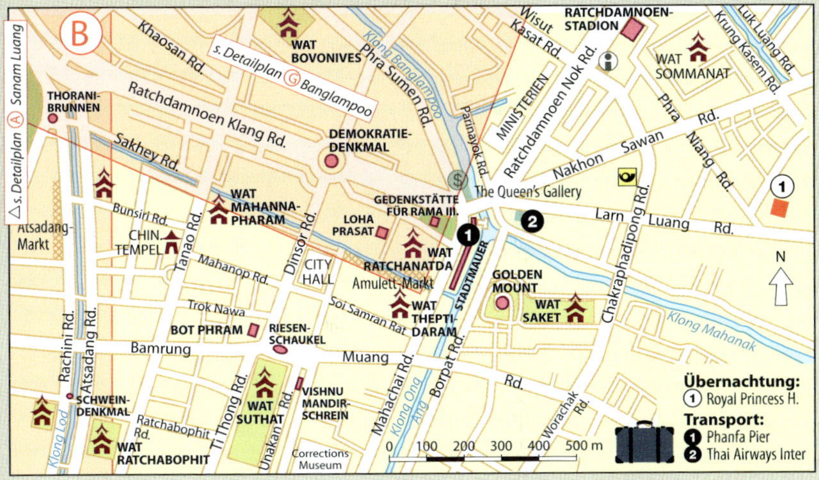
B
s. Detailplan A Sanam Luang
WAT BOVONIVES
s. Detailplan G Banglampoo
Khaosan Rd.
Phra Sumen Rd.
Klong Banglampoo
Wisut Kasat Rd.
RATCHDAMNOEN-STADION
Krung Kasem Rd.
Luk Luang Rd.
WAT SOMMANAT
THORANI-BRUNNEN
Ratchdamnoen Klang Rd.
DEMOKRATIE-DENKMAL
MINISTERIEN
Ratchdamnoen Nok Rd.
Phra Niang Rd.
Nakhon Sawan Rd.
Sakhey Rd.
Paripatyok Rd.
The Queen's Gallery
WAT MAHANNA-PHARAM
GEDENKSTÄTTE FÜR RAMA III.
Larn Luang Rd.
Bunsiri Rd.
LOHA PRASAT
Atsadang-Markt
CHIN. TEMPEL
Tanao Rd.
Dinsor Rd.
WAT RATCHANATDA
Mahanop Rd.
CITY HALL
Amulett-Markt
STADTMAUER
GOLDEN MOUNT
WAT SAKET
Chakraphadipong Rd.
N
Trok Nawa
Soi Samran Rat
WAT THEPTI-DARAM
Klong Mahanak
BOT PHRAM
RIESEN-SCHAUKEL
Bamrung Muang Rd.
Rachini Rd.
Atsadang Rd.
WAT SUTHAT
VISHNU MANDIR-SCHREIN
Mahachai Rd.
Klong Ong Ang
Borpat Rd.
Worachak Rd.
SCHWEIN-DENKMAL
Ratchabophit Rd.
Ti Thong Rd.
Unakan Rd.
Klong Lod
WAT RATCHABOPHIT
Corrections Museum
0 100 200 300 400 500 m
Übernachtung:
1 Royal Princess H.
Transport:
1 Phanfa Pier
2 Thai Airways Inter

Übernachtung:
2 KT Gh., Asha Gh.
3 Royal River Hotel
4 Reflections rooms in Bangkok
5 Tavee, Back-Packers Lodge, Sawatdee, Shanti Lodge, Taewez Gh., Sri-Ayutthaya
6 Baan Phiman Resort
7 Bangkok Youth Hostel, Trang Hotel
8 Amari Atrium
9 Morakot Hotel
10 The Peninsula
11 Menam Riverside Hotel
12 Marriott Resort & Spa
Läden, Restaurants etc.:
1 Royal Forestry Department
2 Kanab Nam R.
3 Kaloang R.
4 Central Pinklao Department Store
5 Saxophone
6 Phoebus Amphitheatre Complex
7 Thailand Cultural Centre
8 RCA
9 Nasa Spacedrome
10 Khimlom-Chom-Sa-Phan R.
11 Patravadi Theatre, Supatra River House
12 Willy's Music Café und R.
13 Elite Books, Villa Market
14 Washington Square, Chesa Swiss R.
15 Seafood Market
16 Mambo Cabaret
17 Xian R.
18 Queen Sirikit Convention Centre
19 Le Café Siam
20 Ban Rim Nam
21 Chao Phraya Cultural Centre
22 Tawandaeng Brewery
306
Nonthaburi
Pracha Rat Rd.
Pracha Rat Sai Rd.
BANG SU STATION
Pradipat Rd.
Samsen Rd.
Rama V Rd.
Sawankhalok Rd
Rama VI Rd.
Menam Chao Phraya
BANG BAMRU STATION
Bang Yai
338
Charan Santiwong Rd.
Krung Thon Brücke
Nakhon Chaisri Rd.
SAMSEN STATION
PARLAMENTS-GEBÄUDE
Ratchawithi
VIMANMEK MANSION
Dusit Zoo
ANANTASAMAKHORN-THRONHALLE
CHITRALADA-PALAST
Klong Bangkok Noi
Somdet Phra Pinklao Rd.
Rama VIII Br.
WAT INDRAVIHARN
Sri Ayutthaya
MARMOR-TEMPEL
Royal Turf Club
Phitsanulok Rd.
Wisut Kasat Rd.
Victory Monument
KÖNIGLICHE BARKEN
NATIONAL-MUSEUM
THONBURI STATION
BKK. ADVENTIST HOSPITAL
Phaya Thai
Samsen Rd.
Ratchdamnoen Rd.
Larn Luang Rd.
Phetchburi Rd.
Sanam Luang
GOLDEN MOUNT
JIM THOMPSON HAUS
Siam Centre
Prannock Rd.
Arun Amarin Rd.
WAT PHRA KEO
Dinsor Rd.
Bamrung Muang Rd.
Rama VI Rd.
National Stadium
Rama I Rd.
KÖNIGS-PALAST
Ti Thong Rd.
SIAM SQUARE
Charan Sanitwong Rd.
Israphap Rd.
WAT PHO
Tripet Rd.
Charoen Krung Rd.
Phayathai Rd.
WAT ARUN
HUA LAMPHONG STATION
WAT KANLAYANIMIT
SCHLANGEN-FARM
Hua Lamphong
Klong Bang Waek
Klong Bangkok Yai
Prachatipok Rd.
Somdet Chao Phraya Rd.
(New Rd.)
Si Phraya Rd.
Sam Yan
Rama IV
Surawong Rd.
Chong Nonsi
Latya Rd.
GPO
Silom Rd.
Indrapithak Rd.
WONGWIAN STATION
Sathorn
Petchkasem Rd.
Krung Thonburi Rd.
Saphan Taksin
Surasak
4
Taksin Rd.
Thonburi
Charoen Nakhon Rd.
Fish Market
Charoen Krung Rd.
3242
Schwimmender Markt
303

Bangkok Übersicht
Transport:
3 Bangkok International Airport
4 Northern und Northeastern Bus Terminal
5 Southern Bus Terminal
6 Bahnhof Thonburi
7 Hauptbahnhof Hua Lamphong
8 Eastern Bus Terminal
0 1 2 3 km
Queen Sirikit Park
Children's Museum
Chatuchak Weekend Market
Phahon Yothin
Lat Phrao
Lat Phrao Rd.
Ratchadaphisek Rd.
Kuan-In-Palast
Mo Chit
Chatuchak Park
Kamphaeng Phet
Kamphaeng Phet Rd.
Ratchadaphisek
Lad Phrao Rd.
Soi 71
Saphan Khwai
Suthisarn Rd.
Winit Chai Rd.
Sutthisan
Kasemsuk Rd.
Prachasuk Rd.
Paholyothin Rd.
Sena Ruam
Ari
Sanam Pao
Wiphawadi Rangsit Rd.
Expressway
Huai Khwang
Pracha U Thit Rd.
Soi 94
Soi 39
Thailand Cultural Centre
Pracha Rd.
Victory Monument
Dindaeng Rd.
Rangnam Rd.
Ratchaprarop Rd.
Rama 9
Rama IX Rd.
Rama Kamhaeng Rd.
Klong Samsen
Makkasan Station
Suan Pakkard-Palast
Phetchaburi
HQ Tourist Office
New Phetchburi Rd.
Klong Saen Saeb
Chit Lom
Ploenchit
Ploenchit Rd.
Nana
Witthayu (Wireless) Rd.
Soi 21 (Asoke)
Asoke
Samitivej Hospital
Soi 63 (Ekamai)
Soi 71
Ratchadamri Rd.
Sukhumvit
New Ratchadaphisek Rd.
Queens Park
Phrom Phong
Sukhumvit Rd.
Lumpini Park
Silom
Suan Lum Night Bazaar
Thong Lo
Sala Daeng
Lumpini
Queen Sirikit National Convention Centre
Planetarium
Ekkamai
Sathon Nua Rd.
Sathon Tai Rd.
Khlong Toei
Rama IV Rd.
Thang Rotfai Rd.
Phra Khanong
Menam Chao Phraya
On Nut
N

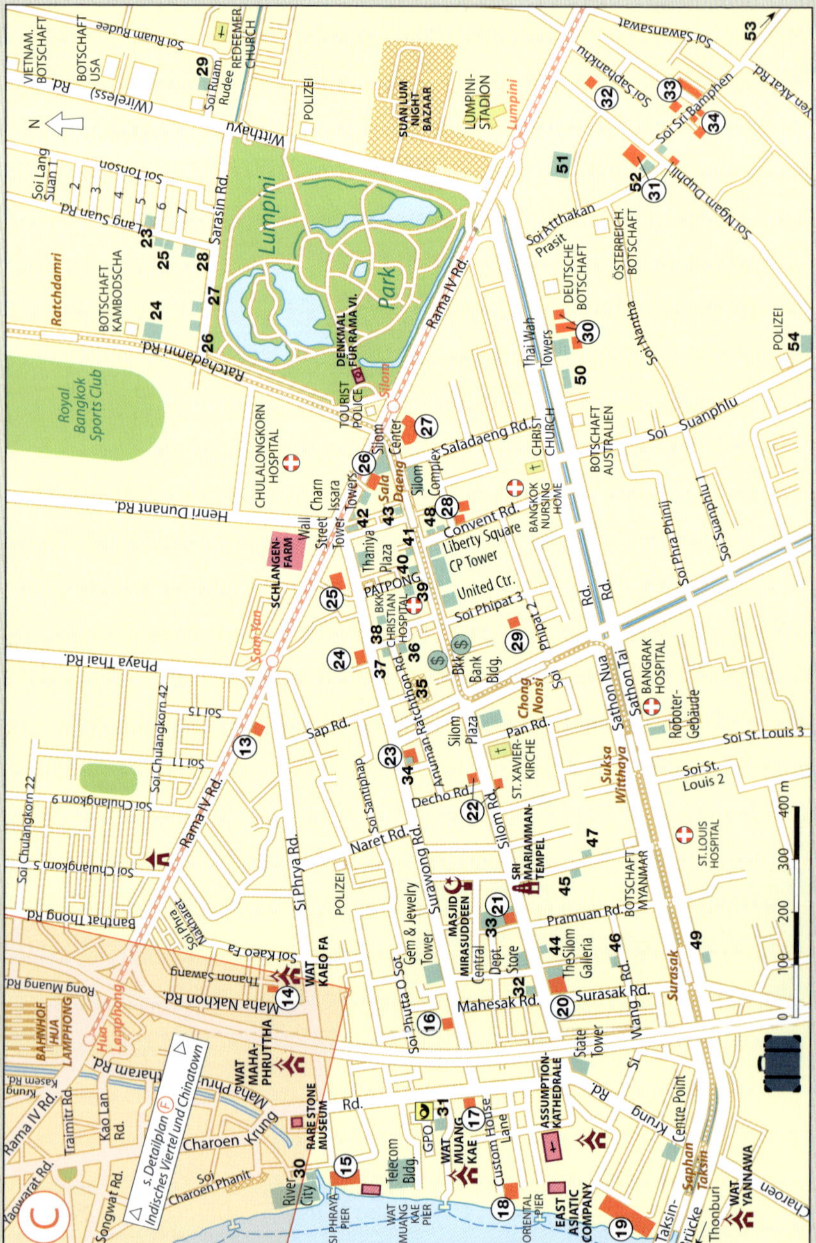

IV Rings um die Silom Road

Bangkok - Rings um die Silom Rd.

Übernachtung:
- (13) Mandarin H.
- (14) T.T. Gh.
- (15) Royal Orchid Sheraton
- (16) Manohra
- (17) New Road Gh.
- (18) Oriental
- (19) Shangri-La
- (20) Holiday Inn
- (21) Silom Village Inn
- (22) Narai, Triple Two Silom H., Sofitel Silom, Tower Inn
- (23) La Residence
- (24) Tawana Ramada H.
- (25) Montien Hotel
- (26) Pan Pacific H.
- (27) Dusit Thani
- (28) Bangkok Christian, The Swiss Lodge
- (29) Trinity Silom Hotel
- (30) Sukhothai, Banyan Tree, YWCA
- (31) Honey House, Malaysia
- (32) Pinnacle
- (33) Lee 3, Lee 4, Madam, Sala Thai, Lee I
- (34) Kenny, T.T.O., Tukh

Läden, Restaurants etc.:
- 23 Whole Earth Restaurant
- 24 AUA Language Center
- 25 Thang Long R., Metal Zone
- 26 Probike Shop
- 27 Brown Sugar
- 28 Zürich R.
- 29 Neil's Tavern
- 30 Sala Thai
- 31 Harmonique
- 32 Chaii Karr R.
- 33 Silom Village
- 34 All Gaengs
- 35 Großer Essensmarkt
- 36 The Mango Tree
- 37 Coca R.
- 38 Utopia
- 39 Radio City
- 40 La Fiesta R.
- 41 Charuvan Duck Shop
- 42 Jim Thompson Shop
- 43 O'Reilly's Irish Pub
- 44 Maria Pizzeria & R.
- 45 Ta-Ling-Pling R.
- 46 Ban Chiang
- 47 Bussaracum
- 48 Starbucks Coffee House, Irish Xchange
- 49 Blue Elephant R.
- 50 Alliance Française
- 51 Goethe-Institut, Ratsstube
- 52 Just One
- 53 Le Café Siam
- 54 Immigration

Bangkok - Sukhumvit Rd.

Übernachtung:
- (35) Zenith, Nana Inn
- (36) Thai House Inn, The Park H., Maxim's Inn, Star Inn H., World Inn
- (37) Suk 11 Gh., City Lodge, Grand Business Inn
- (38) Federal H., Grand President
- (39) Ambassador, Bangkok Inn, Comfort Lodge, President Inn, Swiss Park H.
- (40) Manhattan, The Somerset
- (41) Sam's Lodge, City Lodge, The Westin Grand
- (42) Rembrandt H., Dropp Inn, Windsor Suites
- (43) Sheraton Grande H.
- (44) Nana H., Marriott H., Dynasty Inn
- (45) Landmark
- (46) Premier Travelodge
- (47) Stable Lodge, The Promenade
- (48) Royal Asia Lodge

Läden, Restaurants etc.:
- 55 Singha Beer House
- 56 Le Dalat R.
- 57 Old German Beer House
- 58 Gulliver's Traveller's Tavern
- 59 Tilac
- 60 Pizza Hut & KFC
- 61 Akbar R.
- 62 Biergarten
- 63 Essenstände
- 64 Coffee World, Subways
- 65 Bierkutsche
- 66 Yong Lee
- 67 Asia Books
- 68 Dosa King R.
- 69 Le Dalat Indochine
- 70 Heidelberg
- 71 Big Bull
- 72 Coca Suki R.
- 73 Cabbages & Condoms
- 74 Tongkee R.
- 75 Suda
- 76 Seafood Palace
- 77 Admiral's Pub & R.
- 78 Bei Otto, William Tell
- 79 Kuppa

0 100 200 300 400 500 m

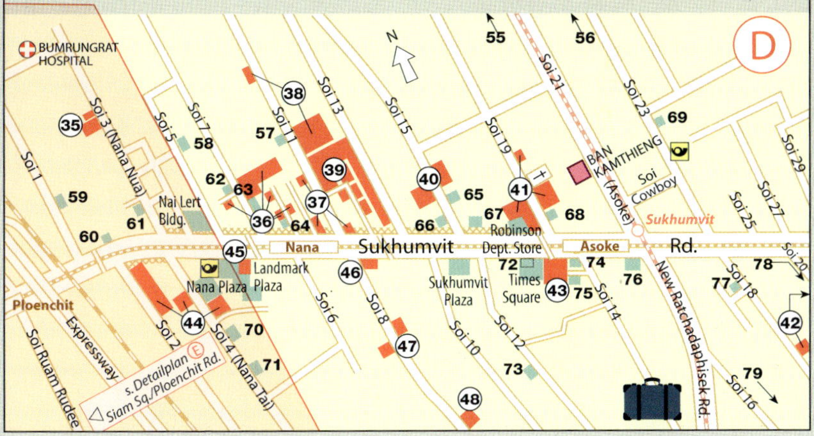

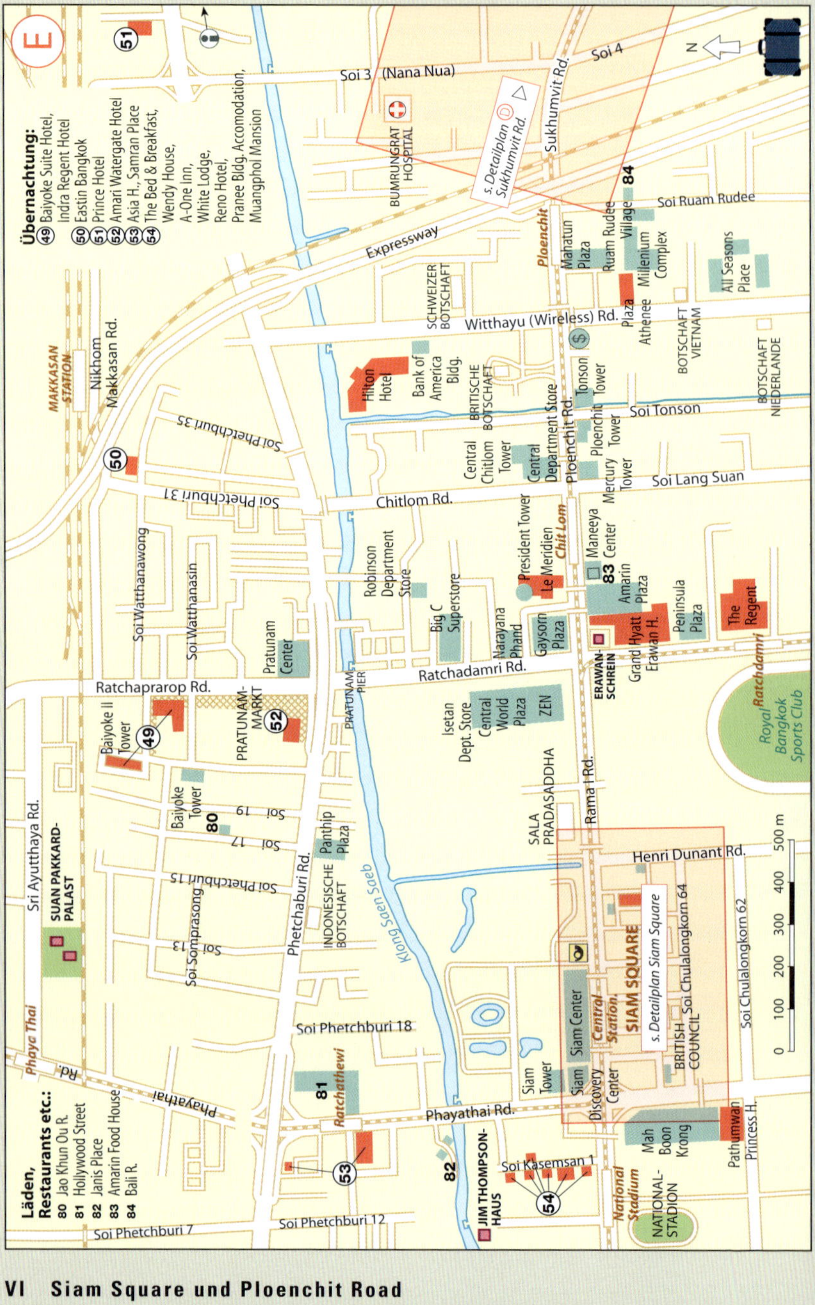

VI **Siam Square und Ploenchit Road**

Übernachtung:
55 Grand China Princess Hotel
56 White Orchid Hotel, Chinatown Hotel
57 Krung Kasem Srikrung Hotel
58 Bangkok Centre Hotel, F.F. Guesthouse, Baan Hua Lampong Gh.
59 River View
Läden, Restaurants etc.:
85 Royal India R.
86 The Canton House R.
87 Wan Fah River Barge
88 Yok Yor R.
0 100 200 300 400 500 m
Menam Chao Phraya
s. Detailplan C Rings um die Silom Rd.
Bahnhof Hua Lamphong
Hua Lamphong
China Gate
Chinatown
Wat Traimit
Wat Maha-Phruttha
Rare Stone Museum
River City
Kalwar Church
Si Phraya Pier
Harbour Department Pier
Wat Pathum Khongka
Ratchavongse Pier
Leng Noi Yee
Cathay Department Store
Wat Chaichana Songkhram
Nakhon Kasem
Wat Chakrawat
Sikh-Tempel
Pahurat-Markt
Merry Kings Dept. Store
Old Siam Plaza
Sala Chalerm Krung
Wat Ratchaburana
Pak Klong Talaat
Memorial Bridge Pier
Wat Prayun Wong Sawat
Santa Cruz-Kirche
Wat Suthat
Corrections Museum
Wat Ratchabophit
Fähre
Phra Pokklao Brücke
Memorial Br.
Rama VI Rd.
Rama IV Rd.
Krung Kasem Rd.
Mitraphan Rd.
Maitri Chit Road
Charoen Krung Rd.
Yaowarat Rd.
Songsawat Rd.
Songwat Rd.
Ratchawong Rd.
Chakrawat Rd.
Mahachai Rd.
Boriphat Rd.
Luang Rd.
Chak Phet Rd.
Tripet Rd.
Ti Thong Rd.
Burapha Rd.
Unakan Rd.
Pahurat Rd.
Phra Phitak Rd.
Ban Mo Rd.
Atsadang Rd.
Rachini Rd.
Sanam Chai Rd.
Mahathat Rd.
Saphan Phut Rd.
Prachatipok Rd.
Phaya Mai Rd.
Somdet Chao Pray Rd.
Thetsaban Sai 1 Rd.
Maha Phrutharam Rd.
Mahanakhon Rd.
Si Phraya Rd.
Yotha Rd.
Khao Lam Rd.
Traimitr Rd.
Rong Muang Rd.
Charoen Muang Rd.
Sampeng Lane
Mangkon Rd.
Plaeng Nam Rd.
Phlapphla Chai Rd.
Yommarat Sukhum Rd.
Chao Kamrop Rd.
Soi Panurangsi
Soi Klong Tom
O Sathahon Rd.
Soi Somdet Chao Phraya 3
F

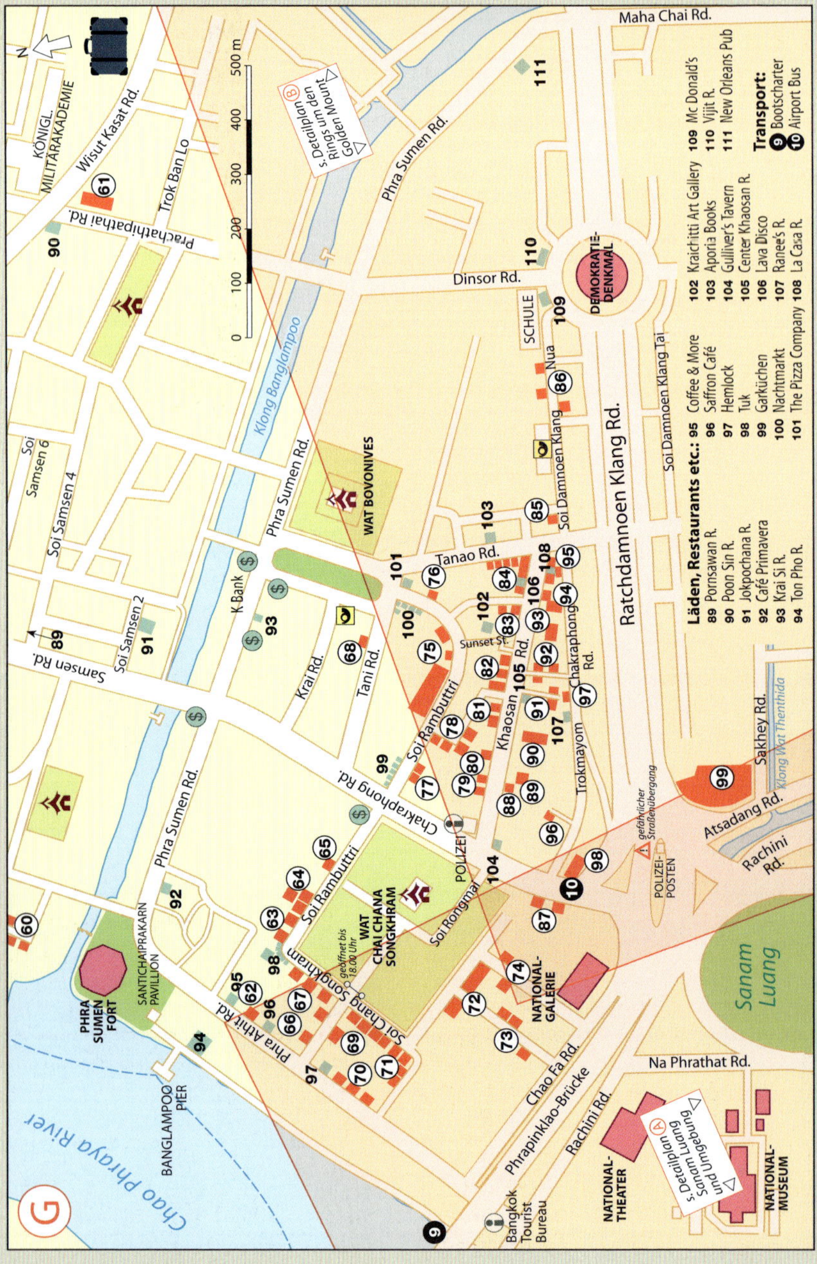
G
Chao Phraya River
BANGLAMPOO PIER
PHRA SUMEN FORT
SANTICHAIPRAKARN PAVILLION
Phra Athit Rd.
Phra Sumen Rd.
Soi Chang Songkhram
Soi Rambuttri
WAT CHAI CHANA SONGKHRAM
geöffnet bis 18.00 Uhr
Soi Rongmai
POLIZEI
Chakraphong Rd.
Samsen Rd.
Soi Samsen 2
Soi Samsen 4
Soi Samsen 6
Krai Rd.
Tani Rd.
K Bank
Klong Banglampoo
WAT BOVONIVES
Sunset St.
Khaosan Rd.
Trokmayom
Chakraphong Rd.
Tanao Rd.
Soi Damnoen Klang Nua
Ratchdamnoen Klang Rd.
Soi Damnoen Klang Tai
SCHULE
Dinsor Rd.
DEMOKRATIE-DENKMAL
Phra Sumen Rd.
Maha Chai Rd.
Prachathipathai Rd.
Trok Ban Lo
Wisut Kasat Rd.
KÖNIGL. MILITÄRAKADEMIE
N
0 100 200 300 400 500 m
s. Detailplan B Rings um den Golden Mount
NATIONAL-GALERIE
POLIZEI-POSTEN
gefährlicher Straßenübergang
Atsadang Rd.
Rachini Rd.
Sakhey Rd.
Klong Wat Thenthida
Sanam Luang
Na Phrathat Rd.
Chao Fa Rd.
Phrapinklao-Brücke
Rachini Rd.
NATIONAL-THEATER
NATIONAL-MUSEUM
s. Detailplan A Sanam Luang und Umgebung
Bangkok Tourist Bureau
Läden, Restaurants etc.:
89 Pornsawan R.
90 Poon Sin R.
91 Jokpochana R.
92 Café Primavera
93 Krai Si R.
94 Ton Pho R.
95 Coffee & More
96 Saffron Café
97 Hemlock
98 Tuk
99 Garküchen
100 Nachtmarkt
101 The Pizza Company
102 Kraichitti Art Gallery
103 Aporia Books
104 Gulliver's Tavern
105 Center Khaosan R.
106 Lava Disco
107 Ranee's R.
108 La Casa R.
109 Mc Donald's
110 Vijit R.
111 New Orleans Pub
Transport:
9 Bootscharter
10 Airport Bus

(60)	Twin, Three O, Blue, Bamboo, Villa, The River, Clean & Calm, Home & Garden Gh.			
(61)	Thai Hotel	❺	78 Prachathipathai Rd.	✆ 02-2822831
(62)	Four Son's House	❸	100 Phra Athit Rd.	✆ 02-2805910
(63)	Popiang House	❷	43 Soi Rambuttri	✆ 02-2822628
(63)	Rambuttri Village Inn	❸	95 Soi Rambuttri	✆ 02-2829162-3
(63)	Banglumpoo	❷	37 Soi Rambuttri	✆ 02-2820636
(64)	Thai Thai (Tuk)	❷	5 Soi Rambuttri	✆ 02-2807435
(64)	Lamphu House	❸	Soi Rambuttri	✆ 02-6295861
(65)	Sawasdee House	❷–❸	147 Soi Rambuttri	✆ 02-2818138
(66)	New Siam 1	❷–❸	21 Soi Chana Songkhram	✆ 02-2824554
(66)	Gecko	❷	25/3 Soi Chana Songkhram	✆ 02-2816888
(66)	Baan Athit	❸	25 Soi Chana Songkhram	✆ 02-6293909
(66)	T.P. House u.a.	❷	17 Soi Chana Songkhram	✆ 02-3565726
(67)	Green	❷	27 Soi Chana Songkhram	✆ 02-6293025
(67)	Merry V.	❷–❸	33 Soi Chana Songkhram	✆ 02-2829267
(67)	My House	❷–❸	37 Soi Chana Songkhram	✆ 02-2829263-4
(68)	Thai Cozy House	❸	Tani Rd.	✆ 02-6295870
(69)	Roofgarden	❷–❸	62 Soi Rambuttri	✆ 02-6290626
(69)	Mango Lagoon Place	❹	30 Soi Rambuttri	✆ 02-2814783
(69)	Four Sons Village	❸–❹	54/1 Soi Chana Songkhram	✆ 02-6291477
(69)	Bella Bella House	❷–❸	74 Soi Chana Songkhram	✆ 02-6293090-1
(69)	Wild Orchid Villa	❸–❹	8 Soi Chana Songkhram	✆ 02-6294378
(70)	Phra Athit Mansion	❹	22 Phra Athit Rd.	✆ 02-2800744-8
(70)	New Merry V	❶–❸	18–20 Phra Athit Rd.	✆ 02-2803315
(70)	Peachy	❷–❸	10 Phra Athit Rd.	✆ 02-2816471
(71)	New Siam 2	❸–❹	50 Trok Rongmai	✆ 02-2822795
(71)	Ngampit	❶	28/2 Trok Rongmai	✆ 02-2821114
(71)	Sawasd. Krungthep Inn	❸	30 Soi Rongmai	✆ 02-6290072
(72)	Baan Sabai	❷–❸	12 Soi Rongmai	✆ 02-6291599
(72)	Sawasdee Smile Inn	❸	35 Soi Rongmai	✆ 02-6292340
(73)	Sukpasath Hotel	❸	Soi Rongmai	✆ 02-2816926
(73)	Welcome Sawasd. Inn	❷–❸	5–7 Soi Rongmai	✆ 02-6292321
(73)	Chai's House	❷	49/4–8 Soi Rongmai	✆ 02-2814901-2
(74)	U.T.C. Gh.	❷–❸	45 Soi Rambuttri	✆ 02-2826858
(74)	Sitdhi	❷	3 Soi Rambuttri	✆ 02-6293087
(75)	Viengtai Hotel	❺	42 Tani Rd.	✆ 02-2805434
(75)	Orchid	❸	323/2–3 Soi Rambuttri	✆ 02-2802691-2
(75)	Four Son's Inn	❸–❹	327/2–4 Soi Rambuttri	✆ 02-6295812
(76)	Pannee	❷	150 Soi Rambuttri	✆ 02-2825576
(77)	Au–Thong	❷	78 Soi Rambuttri	✆ 02-6292172
(77)	Tuptim Bed & Breakfast	❹	82 Soi Rambuttri	✆ 02-6291535

(78)	Pang Rum u.a.	❷	90 Soi Rambuttri	(wechseln oft Namen)
(78)	Green House	❷–❸	88/1 Soi Rambuttri	✆ 02-2819572
(79)	Euro Inn	❷	Khaosan Rd.	
(80)	Hello	❷–❸	63–65 Khaosan Rd.	✆ 02-2818579
(81)	Lek	❷	125–127 Khaosan Rd.	✆ 02-2818441
(82)	Khaosan Palace H.	❸–❺	139 Khaosan Rd.	✆ 02-2813272
(82)	Grand	❷	179 Khaosan Rd.	✆ 02-2825711
(82)	New Nith Charoen	❸–❹	183 Khaosan Rd.	✆ 02-2819872
(82)	Wally House	❷	189/1–2 Khaosan Rd.	✆ 02-2827067
(83)	Nat	❷	217–219 Khaosan Rd.	✆ 02-2826401
(83)	Marco Polo	❷–❸	108/7–10 Soi Rambuttri	✆ 02-2811715
(84)	Classic Inn	❷–❸	259 Khaosan Rd.	✆ 02-2817129
(84)	Buddy Lodge	❺	265 Khaosan Rd.	✆ 02-6294477
(84)	A	-	102 Khaosan Rd.	✆ 02-2808335
(84)	VS	❷	136 Khaosan Rd.	✆ 02-2812078
(84)	Shambara B. Hostel	❸	138 Khaosan Rd.	✆ 02-2827968
(84)	Harn	❷	140/1 Khaosan Rd.	✆ 02-2802129
(85)	First	❷–❸	149–151 Tanao Road	✆ 02-6293201
(86)	Sweety	❶–❷	49 Ratchdamnoen Klang Rd.	✆ 02-2802191
(86)	CH II	❷	85–87 Soi Damnoen Klang Nua	✆ 02-2806284
(86)	Nat II	❶–❷	91–95 Soi Damnoen Klang Nua	✆ 02-2820211
(87)	Sbai	❷–❸	41–43 Chakraphong Rd.	✆ 02-2819181
(87)	Sugar	❷	45 Chakraphong Rd.	✆ 02-6293902
(88)	Prankorp's	❷	52 Khaosan Rd.	✆ 02-6290714
(89)	Chart	❷–❸	62 Khaosan Rd.	✆ 02-2820171
(90)	D&D Inn	❺	68–70 Khaosan Rd.	✆ 02-6290526-8
(91)	Kawin Place	❸	86 Khaosan Rd.	✆ 02-2817512
(91)	Mom Gh.	❸	98 Khaosan Rd.	✆ 02-2827191
(92)	Sawasd. Bangkok Inn	❸–❹	126/2 Khaosan Rd.	✆ 02-2801251
(92)	Top	❸	126/1 Khaosan Rd.	✆ 02-2819954
(92)	Sawasd. Banglump. Inn	❸–❹	162 Khaosan Rd.	✆ 02-6292526
(93)	Siam Oriental Inn	❸–❹	190 Khaosan Rd.	✆ 02-6290312-3
(94)	Nana Plaza Inn	❹	202 Khaosan Rd.	✆ 02-28164 02
(95)	C.H. 1	❷	216 Khaosan Rd.	✆ 02-2825619
(95)	7 Holder	❷	216/2–3 Khaosan Rd.	✆ 02-2813682-3
(95)	Chada Friendly	❷	216/6 Khaosan Rd.	
(96)	Barn Thai	❷–❸	27 Trokmayom Chakraph. Rd.	✆ 02-2819041
(97)	New Joe	❸	81 Trokmayom Chakraph. Rd.	✆ 02-2812948
(98)	Sawasdee Khaosan Inn	❸–❹	18 Chakraphong Rd.	✆ 02-6294798-9
(99)	Royal Hotel	❹–❺	2 Ratchdamnoen Rd.	✆ 02-2229111

Manohra, 🖳 www.manohracruises.com, ✆ 02-4760770, ab dem Marriott Resort & Spa fährt diese umgebaute Reisbarke, auf der um 18 Uhr einstündige Cocktail Cruises für 640 Baht und von 19.30–22 Uhr Dinner Cruises für 1500 Baht möglich sind. Zusteigen am Taksin und Oriental Pier möglich.
Yok Yor, 885 Somdej Chao Phraya 17 Rd., ab der Marina auf der Thonburi-Seite, schräg gegenüber dem River City, 🖳 www.yokyor.co.th, ✆ 02-863 0565, ist bekannt für scharfes Essen. Das Restaurantboot legt um 20 Uhr ab und kostet 800 Baht inkl. Seafood-Dinner. Die Filiale im Chao Phraya Cultural Centre liegt noch weiter im Süden, zu erreichen mit dem Shuttleboot ab River City.
Wan Fah, ✆ 02-6227657-61, 🖳 www.wanfah.com, tgl. von 19–21 Uhr, Menü auf einer umgebauten Reisbarke für 1200 Baht inkl. Thai-Tänze, Getränke extra. Restaurant am Ratchavongse Pier.

CHINATOWN – Chinesisch: *The Canton House*, 526 Yaowarat Rd., neben dem Chinatown Hotel, großes, modernes Dim Sum-Restaurant. ⌚ tgl. 11–23 Uhr.
Indisch: In der Gegend um das GPO gibt es einige einfache indische Restaurants. Außerdem:
Royal India, 392/1 Chak Phet Rd., ✆ 02-2216565, Restaurant im Hinterhaus etwas versteckt am indischen Markt Pahurat, echt indisches Essen, vegetarische und nicht-vegetarische Thali, viele Süßigkeiten.

KOCHKURSE – Wer das vorzügliche Thai-Essen nicht nur gern konsumiert, sondern auch selbst einmal kochen möchte, dem bieten zahlreiche Hotels, Restaurants und andere Organisationen Kochkurse an, u.a.:
The Thai House, ✆ 02-9039611, 9975161, ℻ 9039354, ✉ pip_thaihouse@hotmail.com, Unterkunft inklusive Kochkurs. Man sollte sich vorher anmelden und mindestens 3 Tage Zeit haben, s.S. 41. Pip, die Chefin, bringt ihren Schülern auf liebenswerte Art die lokale Küche nahe.
Weit teurer, aber gut sind die Kurse im ***Oriental Hotel***, ✆ 02-6599000, im Benjarong Restaurant des ***Dusit Thani***, ✆ 02-2369999, ***The Westin Grand Sukhumvit***, ✆ 02-6511000, ***Shangri-La***, ✆ 02-2367777, und anderen Hotels.

Buffets in Hotels

Zahlreiche große Hotel-Restaurants veranstalten Aktionswochen mit Brunch-, Lunch- und Dinner-Buffets, die in den Tageszeitungen und einigen Magazinen angekündigt werden. Auch wenn sie nicht gerade billig sind, lohnen sie wegen der exquisiten Speisen, großen Auswahl in schier endlosen Mengen und der einmaligen Atmosphäre. Die Gerichte sind überwiegend Thai, aber auch europäisch, chinesisch, indisch und japanisch. Zudem werden in Hotelgärten oder auf Terrassen stilvolle Dinner mit Barbecue (z.B. im Oriental) veranstaltet. Wer kann schon zu Hause bei einem lauen Wind am Pool unter Palmen tafeln? Mit entsprechendem Outfit und der Bereitschaft, gern auch etwas mehr zu zahlen, wird solch ein Abend zu einem unvergesslichen Erlebnis.

Zudem Kurse im ***Modern Women Institute*** (Mae Baan Tan Samai), nahe dem Samsen-Bahnhof, ✆ 02-2792831-4, 9-tägige Kurse, und ***UFM Baking & Cooking School***, Soi 33 Sukhumvit Rd., ✆ 02-2590620, jeden zweiten Monat 10-tägige Kurse.

Unterhaltung und Nachtleben

Am Abend gibt es mittlerweile außerhalb der internationalen Hotels weit interessantere Ziele als die Etablissements, die einheimischen und ausländischen Männern das Geld aus der Tasche ziehen. Neben den schummrigen Tanzbars mit und ohne Go-go-Tänzerinnen, finsteren, unterkühlten Thai-Nachtclubs und Massagesalons findet sich in Bangkok eine große Auswahl an Kneipen, Veranstaltungsorten mit Live-Musik, Bars, Biergärten, Kinos und Discotheken, die einen Vergleich mit Europa nicht zu scheuen brauchen. Jedes Stadtviertel hat abends seinen völlig eigenen Charakter. So verbringt man in Banglampoo den Abend in den Restaurants bei aktuellen Videos oder Hits der letzten Jahre, plaudert mit anderen Travellern, surft im Internet oder schreibt Postkarten und beobachtet das Treiben. Auch viele junge Thais kommen hierher, um Farangs zu beobachten und sich zu vergnügen, denn auch bei Einheimischen ist die Khaosan Rd. angesagt. Hingegen zieht in der Silom Rd.-Gegend die Patpong Nachtschwärmer magisch an, während man in der Sukhumvit Rd. bis zum späten Abend die guten Einkaufsmöglichkeiten nutzt. Aktuelle Veranstaltungen sind in den englischen Tageszeitungen und im Stadtmagazin *Metro*, 💻 www.bkkmetro.com, gelistet, das allerdings nicht überall verkauft wird. Am besten in den Zeitungsläden der großen Hotels nachfragen. Aktuelle Infos über Konzerte, sportliche Veranstaltungen, das Kinoprogramm und mehr unter 💻 www.thaiticketmaster.com.

BARS – ein weitläufiger Begriff in einer Stadt, die für ihr Nachtleben berühmt ist. Allerdings wird seit 2002 strikt darauf geachtet, dass alle Bars und Restaurants spätestens um 2 Uhr schließen und nur Gäste, die älter als 20 Jahre sind, eingelassen werden. Da Ausweispflicht besteht, sollte man zumindest immer eine Passkopie dabeihaben.

Wer nicht in irgendwelchen zwielichtigen Spelunken landen möchte, kann die Bars der internationalen Hotels aufsuchen, was vor allem für allein reisende Frauen die beste Alternative ist. Allerdings sind dort Drinks kaum unter 150 Baht zu bekommen, zudem werden 17% *tax* und *service charge* aufgeschlagen. Günstige Getränke während der Happy Hour, meist zwischen 17 und 20 Uhr.

Bamboo Bar, Oriental Hotel, 48 Oriental Avenue. Das Image, eines der besten Hotels der Welt zu sein, pflegt man mit hohen Preisen, gute Live-Musik Mi–So 17.30–1 Uhr, Fr ab 21.30 Uhr.

Lobby Lounge, Shangri-La Hotel, 89 Soi Wat Suan Plu. Der ideale Platz für einen Drink zum Sonnenuntergang mit Blick auf den Menam Chao Phraya. Wer etwas früher ankommt, kann sich auch zum *high tea buffet* in der Lobby Lounge einfinden, deren hohe Fenster ebenfalls einen wunderbaren Ausblick auf den Fluss ermöglichen.

Huntsman Pub, Landmark Plaza, 138 Sukhumvit Rd., gutes Essen bei angenehmer Musik in einer gemütlichen Kneipe. In der Piano Bar im 31. Stock des Hotels gute Cocktails und ein noch besserer Ausblick. 🕓 11.30–2 Uhr, Musik ab 21 Uhr.

Bobby's Arms, über dem Parkhaus in Patpong 2, ☎ 02-2336828, englisches Pub mit typischen Gerichten wie Fish 'n' Chips oder diverse Pies und Biersorten von der Insel. Billardtische, keine Anmache, überwiegend Stammpublikum.

Irish Xchange, Sivadon Bldg., 1 Convent Rd., ☎ 02-2667160, angesagter irischer Pub, kommunikationsfreundlicher Treffpunkt der Expats in Schlips und weißem Hemd, mittags Buffet, Happy Hour 16–19.30 Uhr, Live-Musik ab 21.30 Uhr, 🕓 tgl. 11.30–2 Uhr.

O'Reilly's Irish Pub, 62 Silom Rd., ☎ 02-6327515, irisches Pub, Gerichte 150–350 Baht, All-you-can-eat-BBQ und diverse Biersorten, Happy Hour von 16–21 Uhr, ab und an Live-Musik, 🕓 11–2 Uhr.

Neil's Tavern, 58/4 Soi Ruam Rudee, zwischen Ploenchit und Witthayu Rd., ☎ 02-2566875, BTS Ploenchit. Im englischen Landhausstil eingerichtet, 🕓 tgl. 11.30–14 und 17.30–22 Uhr. Neben dem Pub auch ein Restaurant gehobener Preisklasse und eine Bäckerei.

In der ***Royal City Avenue***, kurz RCA, einer gewundenen Straße zwischen Rama IX und Phetchburi Rd. (U-Bahn Rama IX), ist das Angebot an Pubs und Discos breiter gestreut. In den zahlreichen Bars trifft man v.a. junge Thai.

Pranakorn Bar & Art Gallery, 58/2 Soi Ratchdamnoen Klang Tai, in der ersten Gasse westlich der Tanao Rd. Im 1. Stock des klimatisierten Gebäudes Poster und Musik der 50er und 60er Jahre, im 2. Stock monatlich wechselnde Ausstellungen, im 3. Stock Billard und Darts, zudem Techno-Musik, Jazz und eine gute Aussicht vom Dach.

Skybar im 63. Stock des State Towers, 1055 Silom Rd., als Sirocco Bar ausgewiesen, ist angeblich die höchste Freiluftbar der Welt. Spektakulärer Ausblick, Cocktails ab ca. 250 Baht. Im gleichen Stock eine weitere, weniger interessante Außenbar. Im 64. Stock die ***Distil***, 💻 www.thedomebkk.com, dieser Jetsetter-Treff wurde 2004 als die beste neue Bar Bangkoks ausgezeichnet. Etwas für Liebhaber von Austern, Havanas und Single Malt Whiskey.

Auch im ***Banyan Tree Hotel***, 21/100 Sathorn Tai Rd., gibt es im 61. Stock eine Freiluftbar mit leckeren Cocktails.

PUBS MIT MUSIK – In Bangkok gibt es auch mehrere Pubs, in denen man (und auch Frau)

Patpong

Ein Patpong-Besuch gehört mittlerweile zum Programm der meisten Reisegruppen. Seit hier abends einer der größten Touristenmärkte aufgebaut wird, scheint die Gasse nicht nur für Männer attraktiv. Die verspiegelten, dunklen Go-go-Bars mit bis zu 100 Tänzerinnen werden von Ständen mit Seidentüchern und -krawatten, Musikkassetten, Designertaschen und -sonnenbrillen in den Hintergrund gedrängt. Nicht zu ignorieren sind hingegen die Schlepper, die Touristen mit Sex-Shows in die oberen Stockwerke locken. Dort werden viele Gäste übervorteilt und mit saftigen Getränkerechnungen konfrontiert. Vor allem die Transvestiten-Szene ist bekannt dafür zu übervorteilen. Die Touristenpolizei rät, auf einer Quittung zu bestehen und sie anschließend zu benachrichtigen. Abends steht ein Bus der Touristenpolizei an der Einmündung der Patpong 1 in die Silom Rd. Neben den Go-go-Bars und Sexclubs hat die Patpong auch einige akzeptable Restaurants und Pubs aufzuweisen.

Die **Soi Cowboy** parallel zur Sukhumvit Rd., zwischen Soi 21 und 23, ist ebenso voll gepackt mit Go-go-Bars wie die Patpong, aber weniger touristisch und origineller. Auch im **Nana Plaza**, Soi 4, konzentrieren sich die Bars, wobei Letztere alle Vorurteile zu bestätigen scheint, die gegen dieses Gewerbe bestehen. Bevor Mann sich ins Vergnügen stürzt, sollte er bitte s.S. 21 lesen.

einen Drink nehmen und Musik hören kann. Da meist kein Eintritt verlangt wird, sind die Getränkepreise mit beispielsweise 100–150 Baht pro Bier höher als in den normalen Kneipen.

Banglampoo und Thewet: In der Khaosan Rd. und ihren schmalen Gassen finden sich diverse preiswerte Pubs, die vor allem von Travellern besucht werden und sich auf deren Musikgeschmack eingestellt haben. Allerdings ändert sich diese Szene recht schnell.

Gulliver's Traveller's Tavern, 2/2 Khaosan Rd., gegenüber der Polizei; große, funky dekorierte ac-Kneipe mit Musikbox und Großbildschirmen für Fußballübertragungen; serviert auch westliches und einheimisches Essen, besonders günstig zur Happy Hour von 15–21 Uhr. Filiale in der Soi 5, Sukhumvit Rd., großes Pub mit Terrasse, englischen und einheimischen Gerichten, ⌚ tgl. 11–1 Uhr.

New Orleans Pub, 522 Phra Sumen Rd., großes Haus im Südstaaten-Stil. Das Essen und die Musik sind allerdings Thai. ⌚ tgl. 11–2 Uhr.

Siam Square, Sukhumvit Rd.: Kneipen und Biergärten für Männer aller Nationen finden sich entlang der Sois der Sukhumvit Rd. Bundesliga-Ergebnisse, Blasmusik, Bratwurst und (Boulevard-)Zeitung – hier gibt es alles, was Mann so braucht, inklusive Thai-Mädels, versteht sich. Alternativen dazu sind:

Hard Rock Cafe, 424/3-6 Soi 11, Siam Square, ✆ 02-2540830-1, 💻 www.hardrockcafe.co.th. Eine amerikanische Idee, die begeistert angenommen wird, 3 Stockwerke voller Musik-Memorabilien, ab 22 Uhr Live-Bands, zumeist Popmusik, am Wochenende sogar 2 Bands. Teure Tagesgerichte und Snacks, wie wäre es mit Elvis Presley's Apple Pie oder Madonna's Shake? ⌚ tgl. 11–2 Uhr.

The Living Room, im Sheraton Grande, 250 Sukhumvit Rd., gegenüber Soi 19, ✆ 02-6530333. Gute Adresse für Jazz-Fans. Live-Musik ab 21 Uhr.

Rund um den Lumpini Park, Patpong: *Brown Sugar*, 231/19-20 Sarasin Rd., ✆ 02-2500103, der Klassiker nördlich vom Lumpini Park. Jazz, Country oder Rhythm & Blues, Live-Bands ab 21.30 Uhr, nette, gemütliche Musikkneipe, kein Eintritt, dafür sind die Getränke etwas teurer. In der Straße und um die Ecke gibt es weitere Musikkneipen und Pubs, deren Namen und Besitzer häufig wechseln.

Metal Zone, Lang Suan Rd., ✆ 02-2551913, hier wird zu Heavy Metal getanzt. ⌚ Mo–Sa 21–2 Uhr.

Radio City, 76/1-6 Patpong, kleine, im 60er-Jahre-Stil eingerichtete Musikkneipe mit Oldies live, der abendliche Höhepunkt ist der Auftritt einer Elvis- oder Tom Jones-Kopie. ⌚ tgl. 18–2 Uhr.

Im Norden: *Saxophone*, 3/8 Victory Monument, Phayathai Rd., ✆ 02-2465472, ein gemütlich mit viel Holz und Ziegeln eingerichtetes Pub mit großer Bar südöstlich vom Victory Monument. ⌚ tgl. 18–3 Uhr, ab 21 Uhr treten hier jede Nacht einige der besten Jazz-, Rock- und Bluesmusiker auf. Gute Atmosphäre.

Rock Pub, 93/26-28 Hollywood St., einer etwas verwitterten Passage neben dem Kino gegenüber dem Asia Hotel, ist eine Adresse für Hard Rock- und Heavy Metal-Fans, aber auch Disco und Billard. ⏲ tgl. 19–3 Uhr.

DISCOS – gibt es in jedem größeren Hotel. Vor 23 Uhr ist meist nicht viel los. Voll wird es Fr und Sa nachts. Neben westlichen Hits wird auch Thai-Pop zum Mitsingen gespielt. Meist ist kein Eintritt zu zahlen, dafür sind die Getränke relativ teuer.

Lava, 249 Khaosan Rd., im 1. Stock des Bayon-Gebäudes ist derzeit House und Hip Hop angesagt. Die alte Farang-Bar wechselt allerdings öfter ihren Namen. Vielleicht liegt es daran, dass die Traveller lieber in den Straßenrestaurants sitzen. ⏲ tgl. 20–2 Uhr.

Bed Supperclub, 26 Soi 11 Sukhumvit Rd., ✆ 02-6513537, 🖳 www.bedsupperclub.com, atmosphärische, architektonisch interessante Lounge-Bar wie in einem Stanley Kubrick-Film, Events mit internationalen DJ's, Restaurant. Eintritt, keine kurzen Hosen, ⏲ abends.

Concept CM2, im Novotel, Soi 6 Siam Square, ✆ 02-2556888, 🖳 www.cm2bkk.com, ⏲ tgl. 19–2 Uhr, neben Live-Musik auch Karaoke, Themenbars, viele Prostituierte, ordentliche Kleidung erforderlich (Schuhe, Hemd ...). Eintritt 200 Baht, am Wochenende 300 Baht.

La Lunar, Soi 26, Sukhumvit Rd., ✆ 02-2613991-4, in diesem Komplex ist neben einem Pub und Thai-Restaurant auch eine Disco untergebracht, teure Drinks, ⏲ ab 18 Uhr.

Ministry of Sound, 4 Soi 12 Sukhumvit Rd., derzeit eine der besten Discos der Stadt, auf 2 großen Tanzflächen drängen sich am Wochenenden bis zu 2000 Gäste, trotz 500 Baht Eintritt. Geboten wird Trance-, Progressive- und House-Sound.

SCHWULE UND LESBEN – Neben der Prostitutionsszene finden sich in der Stadt auch einige Clubs und Bars, die bei toleranten Menschen keinen Anstoß erregen, und einige schwulenfreundliche Restaurants und Unterkünfte. Informationen über ganz Thailand erteilt

Utopia, Tarntawan Place Hotel, 119/5-10 Surawong Rd, ✆ 02-2383227, 🖳 www.utopia-tours.com. ⏲ tgl. 10–18 Uhr.

Anjaree Group, die lesbische Organisation ist zu erreichen über ✆/📠 4771776, 🖳 www.utopia-asia.com/womthai.htm.

TRAVESTIESHOWS – ***Calypso Cabaret***, im Asia Hotel, 294/1 Phayathai Rd., zwischen 9 und 18 Uhr an der Theaterkasse oder Reservierungen unter ✆ 02-6533960-2, danach unter ✆ 02-2168937, für die Shows um 20.15 oder 21.45 Uhr, 🖳 www.calypsocabaret.com. Travestie-Revue der gehobenen Klasse für 1000 Baht inklusive eines Drinks (außerhalb der Saison günstiger, Rabattcoupons in Zeitungen). In diesem Theater, das kleiner ist als die Bühnen in Pattaya, treten u.a. verblüffende Kopien berühmter Stars auf.

Mambo im Washington Theatre, Washington Square, ✆ 02-2595128, 2595715, Travestieshow um 20.30 und 22 Uhr für 600 und 800 Baht.

BIERGÄRTEN UND BRAUHÄUSER – Rings um das ***Central World Plaza*** an der Ratchdamri, Ecke Ploenchit Rd., und auf dem Suan Lum Night Bazaar werden während der Trockenzeit von Januar bis April an einigen Wochenenden Hunderte von Tischen und Stühlen aufgestellt, die sich bereits nachmittags füllen. Am frühen Abend ist kaum noch ein Platz zu bekommen, denn das frisch gezapfte Bier (der Krug zu 150–200 Baht) erfreut sich großer Beliebtheit. An Essenständen werden Snacks, Würstchen vom Grill, halbe Hähnchen, Spanferkel und Thai-Gerichte verkauft.

Singha Beer House, Soi 21 Sukhumvit Rd., in dem Biergarten zwischen den Höchhäusern wird das lokale Bier von Thais im Dirndl v.a. an Angestellte aus den umliegenden Büros ausgeschenkt.

Just One, Soi Ngam Duphli, Ecke Soi Atthakan Prasit, einfaches Gartenrestaurant und Musikpub, Essenstände und Tische unter Schatten spendenden Bäumen.

Tawandaeng Brewery, 462/61 Rama III Rd., ✆ 02-6781114-6. Trotz der 1600 Sitzplätze kann das Brauhaus am Wochenende nach 21 Uhr so voll werden, dass sich draußen eine Schlange bildet. Gute Live-Musik sowie leckere einheimische und deutsche Gerichte ziehen ein überwiegend einheimisches Publikum an, was vielleicht an der Lage abseits der Touristenmeilen liegt. ◷ tgl. 11–2 Uhr.

KINOS – Amerikanische Importe, chinesische Action-Filme aus Hongkong und einheimische Produktionen stehen auf dem Programm. Viele Filmimporte sind in Thai synchronisiert, einige mit englischen Untertiteln versehen. Das aktuelle Programm ist in der *Bangkok Post* und in der *Nation* abgedruckt. Generell sind Kinos stark gekühlt, so dass ein Pullover nicht schaden kann.
Lido Multiplex, Siam und ***Scala*** am Siam Square oder die Kinos im ***Central World Plaza*** (Vorführungen nur tagsüber) und in anderen großen Einkaufszentren zeigen häufig englischsprachige Filme.
Im ***EGV Kino*** im Siam Discovery Centre werden viele aktuelle englischsprachige Filme gezeigt. Zudem warten die großen, kühlen Säle der *gold class* mit einem wahrhaft luxuriösen Kinoerlebnis auf. Für 500–600 Baht kann man es sich in den paarweise aufgestellten Liegesitzen mit Decken, Kissen und Socken bequem machen und zuvor in der Lounge einen teuren Drink oder Snack einnehmen oder sogar etwas ordern, das vor dem Film am Platz serviert wird.
Auch in den Sälen des ***Major Cineplex***, z.B. im Central World Plaza oder in der Sukhumvit Rd., BTS-Station Ekkamai (Exit 1), ✆ 02-5115555, 💻 www.majorcineplex.com, wartet man mit komfortablen Sitzen auf.
Ansonsten liegen die Eintrittspreise zwischen 50 Baht (in alten Häusern) und 100 Baht (in Multiplex-Kinos). Vor dem Film ertönt die Königshymne. Es wird erwartet, dass alle Zuschauer als Zeichen des Respekts aufstehen. Deutsche Filme zeigt einmal wöchentlich das Goethe-Institut, englische das British Council und französische die Alliance Française (s.u.).
Krung Thep IMAX-Theater mit 600 Sitzplätzen, Großleinwand und 3D-Technologie im 6. Stock des Major Cineplex, Ratchayothin Rd., nahe dem Mo Chit (Northern Bus) Terminal, ✆ 02-5115810, 💻 www.imaxthai.com, für Touristen 300 Baht inkl. Popcorn und Drink, ◷ tgl. 11–22 Uhr.

THAI-BOXEN – Kampf-Atmosphäre mit Begeisterung und viel Wetten, ein thailändisches Männervergnügen. Hinten auf der Tribüne ist am meisten los. Freundliche Ticketverkäufer lassen Touristen schon mal reingehen, um die Plätze in Augenschein zu nehmen. Ausländern werden in den Touristenflügel verwiesen, wo sie angeblich vor möglichen Schlägereien sicher sind, die Sicht auf den Ring und die Wetten abschließenden Thai aber nicht gut ist.
Die Anfangszeiten sind tgl. der *Bangkok Post* zu entnehmen:
Ratchdamnoen Stadium, Ratchdamnoen Nok Rd., ✆ 02-2814205. Kämpfe So, Mo, Mi 18, Do 17 und 21 Uhr, Eintritt 500 / 1000 Baht, am Ring 1500 Baht, So günstiger.
Lumpini Stadium, östlich des Lumpini Parks, ✆ 02-2514303. Kämpfe Di, Fr 18.30, Sa 14 und 18.30 Uhr, Eintritt 800 Baht im Touristenflügel und am Ring 1500 Baht, bei berühmten Boxern noch mehr. Ac-Loge im 3. Stock. Die besten Kämpfer treten erst gegen 21 Uhr auf.
Wer selbst Thai-Boxen erlernen möchte, wendet sich an: ***Muay Thai Institute***, 336/932 Paholyothin Rd., Thanyaburi, Pathum Thani 12130, nördlich vom Don Muang Airport, ✆ 02-9920096-9, 💻 www. muaythai-institute.net. 15-tägige Kurse für US$120–160.

VERGNÜGUNGSZENTREN – Fast jedes Einkaufszentrum beherbergt unter seinem Dach einen Vergnügungspark, eine Mischung aus Spielsalon und Rummelplatz.
Dream World, ✆ 02-5331152, liegt noch weiter außerhalb, nördlich des Airports an der Nakhon Nayok Rd., dem H305, zwischen H1 und Outer Ring Road. Riesige Wasserrutsche und vieles mehr. Auf dem Klong schwimmen zahlreiche Restaurantboote. ◷ tgl. 10–17 Uhr, 450 Baht, ✆ 02-5331152, 💻 www.dreamworld-th.com.

Kunst und Kultur

BUDDHISTISCHE MEDITATION – Informationen über buddhistische Zentren in Thailand sowie aktuelle Infos über Retreats und Unterweisungen hat die:
World Fellowship of Buddhists, 616 Benjasiri (Queen's) Park, Soi 24 Sukhumvit Rd., ✆ 02-6611284-9, 💻 www.wfb-hq.org, an. Infos über den Buddhismus, Einführung in die Meditation

und Meditation jeden ersten So im Monat von 13–16 Uhr.

Das ***International Buddhist Meditation Center***, House of Dhamma, Wat Mahathat, ✆ 02-6236 326, offeriert neben Vipassana-Meditationen auch Seminare zum Buddhismus in Englisch. Im selben Tempel werden in der Section 5, den blauen Schildern folgen, tgl. um 7, 13 und 18 Uhr 3-stündige Vipassana-Meditationen und um 20 Uhr 2-stündige Unterweisungen angeboten (s.S. 125), Retreats sind möglich. Im Mahachula Bldg. Zi 105 finden an jedem 2. und 4. Sa im Monat buddhistische Unterweisungen statt. Die Englisch sprechende Nonne Tipsuda ist zu erreichen unter ✆ 02-6235685. Weitere Infos unter ✉ piyobhaso@hotmail.com, 💻 www.mcu.ac.th/IBMC.

Mehr über buddhistische Meditationen s.S. 100f.

KULTURINSTITUTE – ***Goethe-Institut*** (German Cultural Institute), 18/1 Soi Goethe, Sathorn Tai Rd., nahe dem Malaysia Hotel, ✆ 02-2870942-4, 📠 2871829, 💻 www.goethe.de/bangkok, U-Bahn Lumpini. Bibliothek mit deutschsprachigen Büchern (auch Kinderbücher), aktuellen Zeitungen *(Süddeutsche, FAZ, Die Zeit)* und diversen Magazinen *(Spiegel, Stern, Brigitte)*, 🕓 Di, Mi 9.30–18, Do 9.30–17, Fr 9.30–13, Sa, So 8–13 Uhr. Außerdem ein Restaurant, eine Cafeteria und die Clubräume der Thai-Deutschen Gesellschaft. Hier kann man auch deutsch sprechende Thais kennen lernen. Einmal wöchentlich werden deutsche Filme gezeigt und andere kulturelle Veranstaltungen angeboten. In der 6x jährlich veröffentlichten Broschüre sind alle Veranstaltungen aufgelistet.

Alliance Française, 29 Sathorn Tai Rd., ✆ 02-6704200, 💻 www.alliance-francaise.or.th, 🕓 Mo–Fr 8–18.30, Sa 8.30–17, So 8.30–12.30 Uhr.

British Council, 254 Chula Soi 64, hinterer Siam Square, gegenüber ECC, ✆ 02-2526136, 💻 www.britishcouncil.or.th/en/.

KUNSTAUSSTELLUNGEN – Aktuelle Informationen und Adressen von Galerien in den Tageszeitungen und in Bangkok's Cultural Map.

THAILAND CULTURAL CENTRE – Ratchadaphisek Rd., ✆ 02-2470028, 💻 www.thaiculturalcenter.com, von der gleichnamigen U-Bahn-Station 1 km entfernt. Das moderne Kulturzentrum umfasst ein Theater mit 2000 Plätzen, eine Freilichtbühne für 1000 Zuschauer, eine Bücherei und ein Sprachlabor. Hier finden Theater- und Tanzaufführungen, Konzerte, Festivals, Ausstellungen und Seminare statt. Aktuelle Infos in den Tageszeitungen.

THEATER UND TANZ – Im ***Nationaltheater***, Na Phratat Rd., am Sanam Luang, werden moderne Stücke und die bei Touristen beliebten klassischen Shows gezeigt, Reservierungen unter ✆ 02-2241342.

Weitere Theater- und Tanzaufführungen im ***Thailand Cultural Centre*** (s.o.) und im Winter im ***Salachalermkrung***, Old Siam Plaza, 66 Charoen Krung Rd., ✆ 02-2258757-8.

Im neu erbauten ***Joe Louis Theatre (Lakhon Khon Lek)***, auf dem Gelände des Suan Lum Night Bazaar, 1875 Rama IV Rd., ✆ 02-2529683-4, 📠 2529685, 💻 www.joelouis-theater.com. U-Bahn Lumpini, wird das Ramayana-Epos als thailändisches Puppenspiel aufgeführt. Vor der Aufführung werden die traditionellen Figuren vorgestellt. Drei Künstler agieren mit bunten, aufwändig bestickten Stabpuppen, die vom Familienoberhaupt Sakorn Yanghiawsod (Joe Louis) seit 50 Jahren angefertigt werden. Der Ausstellungsraum neben der Kasse in der Lobby ist immer zugänglich. Shows tgl. um 19.30 und 21.30 Uhr. Eintritt für Nicht-Thais 600 Baht.

Patravadi Theatre, auf der Open-Air-Bühne neben dem Supatra River House, 69/1 Soi Wat Rakhang, Arun Amarin Rd., ✆ 02-4127287-8, 💻 www.patravaditheatre.com, wird in der Trockenzeit ab 19 Uhr ein interessantes Kulturprogramm geboten, Eintritt je nach Show 200–500 Baht. Vor der Bühne werden an den Ständen des Lan Hin Tak-Theaterrestaurants preiswerte Snacks verkauft. Auch Kunstausstellungen.

Siam Niramit, Ratchada Theatre, 19 Tiam Ruammit Rd, ✆ 02-5331152, 💻 www.siamniramit.com. In dem 2000 Zuschauer fassenden Theater wird von 120 Darstellern auf einer 65 m breiten Panorama-Bühne ein Spektakel dargeboten, das die Geschichte Thailands, seine Mythologie und Feste thematisiert. U-Bahnhof Thailand Cultural Centre.

In verschiedenen Restaurants werden klassische Thai-Tänze zu einem festen Menü (s.S. 160) aufgeführt.
Kostenlos sind die Vorführungen am Lak Muang-Schrein am Sanam Luang (s.S. 126) sowie am Erawan-Schrein an der Ratchadamri, Ecke Ploenchit Rd. (s.S. 138). Auch im Vimanmek Mansion (s.S. 140) werden traditionelle Tänze aufgeführt.

Einkaufen

Beim Einkaufen braucht man Zeit, um die Preise zu vergleichen. Besonders Straßenhändler vor teuren Hotels, in der Patpong, Khaosan und vor einigen Einkaufszentren, die Touristen gefälschte Markenwaren, Kunsthandwerk und andere Souvenirs offerieren, verlangen häufig total überhöhte Preise. Hingegen sind die meisten Preise in der Sukhumvit Rd., auf dem Pratunam-Markt und außerhalb der Touristenhochburgen realistischer. Während man hier um das Handeln nicht herumkommt, ist es in den Geschäften, in denen Thais einkaufen, kaum üblich zu feilschen. Wer freundlich nach einem *discount* fragt, wird schon bald die Unterschiede erkennen. Der Skytrain und eine Tageskarte für 100 Baht erleichtern die schnelle Einkaufstour. Die Fahrt lohnt auch nach außerhalb. Nahe der Endstation On Nut ein großer Carrefour-Supermarkt und nahe Mo Chit der riesige Wochenendmarkt.

SHOPPING CENTER – Wahre Konsumtempel konzentrieren sich in der unteren Sukhumvit Rd., der Ploenchit Rd. und Silom Rd. In ihnen sind Boutiquen, Dienstleistungsunternehmen, Büros, Restaurants, Kinos, Inernet-Terminals, Supermärkte und Kaufhäuser untergebracht. Weitere Einkaufspaläste, die zu den größten der Welt zählen, liegen an den Ausfallstraßen außerhalb, z.B. ***Seacon Square*** und ***Seri Center*** in der Srinakarin Rd. östlich des Zentrums, 💻 www.seaconsquare.com.
Future Park in Rangsit, ca. 2 km nördlich des Don Muang Airports.
Zentral liegen in der Chinatown:
Old Siam Plaza, 66 Charoen Krung Rd., eine restaurierte Markthalle, die noch viel historisches Flair ausstrahlt, was sie vor allem ihren überglasten Höfen, den im traditionellen Design gefliesten Böden und dem sparsamen Einsatz von Klimaanlagen verdankt. Eine Augenweide ist der Food Market in einem der Höfe. Daneben haben sich Restaurants, Fastfood-Ketten sowie Porzellan-, Waffen- und Textilgeschäfte hier niedergelassen.
River City am Menam Chao Phraya, neben dem Royal Orchid Sheraton Hotel, 💻 www.rivercity.co.th. Rings um eine weite Halle, in der offene Stände Kunsthandwerk anbieten, reihen sich kleine Läden, u.a. viele Kunsthandwerk- und Seidengeschäfte. In der Halle finden monatlich wechselnde Ausstellungen statt. Zudem ist die Qualität der in den Läden angebotenen Waren so hoch, dass man sich in ein Museum versetzt fühlt. Ein Shuttleboot verkehrt zum Oriental Hotel.
Nahe Siam Square: *Mah Boon Krong Center*, Rama I Rd., Ecke Phayathai Rd. Großer Block, viele kleine Läden bieten eine breite Palette von Waren zu günstigen Preisen an, außerdem der Tokyu Department Store und im Obergeschoss ein Food Center mit Coupon-System, Internet im 4. und 7. Stock, ein Postamt im 2. Stock und Wechselschalter mehrerer Banken. 🕓 tgl. 10–20 Uhr.
Siam Square, hier gehen vor allem Jugendliche aus den benachbarten Sprachenschulen und junge Frauen aus den nahe gelegenen Büros und Hotels einkaufen. Am Wochenende treffen sich in den verkehrsberuhigten Straßen, den Läden, Restaurants und Cafés Oberschüler und Studenten zum Plausch. Entsprechend besteht das Angebot aus preiswertem Modeschmuck, Taschen und anderen Accessoires sowie Textilien in kleinen Größen und Kopien von Markenwaren.
Siam Center, traditionelles Shopping Center für Jugendliche mit vielen Modeboutiquen, 3 Kinos, dem British Council, einer Wechselstube der Siam Commercial Bank, 🕓 tgl. 10–21 Uhr, einigen Restaurants und Essenständen.
Siam Discovery, der angrenzende neuere Komplex ist durch eine überdachte Brücke mit dem Siam Center verbunden. Im 4. Stock *Asia Books*. Runde Formen und der Einsatz von Chrom und Glas geben dem Gebäude eine futuristische Note und den Geschäften internationaler Möbeldesigner einen eleganten Rahmen. Zudem mehrere Kinos. Dahinter erhebt sich der ***Siam Tower***.

Central World Plaza, Ratchadamri, Ecke Rama I Rd., ein neuer, mondäner Gebäudekomplex mit dem Zen und Isetan Department Store, zahlreichen Geschäften, u.a. einem Duty-Free-Shop, Tower Records, einem Vergnügungspark, Multiplex-Kinos, einem Food Center und Restaurants im 6. und 7. Stock, Tennisplätzen, Veranstaltungsräumen, einer Eisbahn im 8. Stock (🕓 tgl. 10–14.45 und 16–21 Uhr, auch Unterricht, 📞 02-255 9500) usw. Gegenüber weitere Einkaufszentren:
Gaysorn Plaza, mit Edelboutiquen internationaler Designer, vielen interessanten Geschäften mit Kunsthandwerk im 3. Stock.
Narayana Phand, das große Handicraft Center mit einer großen Auswahl, im Untergeschoss ein Souvenirmarkt für alle, die nicht gern an den Straßenmärkten handeln, und
Amarin Plaza, Ploenchit Rd., beherbergt viele Seidengeschäfte und im 3. Stock den Sogo Department Store.
Peninsula Plaza, Ratchdamri Rd., viele Luxusboutiquen. Hier gibt es die originalen Gucci-, Louis Vuitton-, Lacoste- oder Ellesse-Markenwaren, außerdem *Asia Books*.

Sukhumvit Rd.:
Nai Lert Bldg., Sukhumvit Rd. zwischen Soi 3 und 5, u.a. mehrere Restaurants und ein *Foodland*.
Times Square, 246 Sukhumvit Rd., zwischen Soi 12 und 14, beherbergt zahlreiche Boutiquen, ein kleines Postamt, Restaurants sowie *Asia Books*.
Emporium, 622 Sukhumvit Rd., am Queen's (Benjasiri) Park, elegantes Einkaufszentrum mit Designer-Boutiquen, dem Emporium Department Store, dem lohnenden Kinokuniya Bookshop, Internet-Terminals und einer Food Hall im 5. Stock mit tollem Ausblick über den Park auf die Silhouette der Stadt.
Lotus Super Center, an der BTS On-Nut, der Endstation des Skytrain in der Sukhumvit Rd., die landesweite Kette hat viele günstige Waren, aber keine Edelmarken-Artikel im Angebot.

Nahe Silom Rd.:
Silom Complex, nahe Dusit Thani Hotel, wird überwiegend vom Central Department Store eingenommen. Im Tiefgeschoss einige Fastfood-Restaurants.
Silom Centre, gegenüber, am nördlichen Ende der Silom Rd., beherbergt den *Robinson Department Store*, eine weitere Filiale in der Sukhumvit Rd. im The Westin Grand Sukhumvit Hotel, zwischen Soi 17 und 19.
Thaniya Plaza, nahe Patpong, zwischen Silom und Surawong Rd., kleiner Komplex mit mehreren Kunsthandwerksläden, *Asia Books*, einer Filiale des Silom Village und einem Kaffeehaus.
CP Tower, beherbergt neben den Filialen von Sizzler's und McDonald's auch ein Bookazine.
Silom Village, kleines Einkaufszentrum mit Restaurant, Hotel und einem guten Angebot an Kunsthandwerk.
Central Department Store, das älteste Kaufhaus Bangkoks in der Ploenchit Rd. Filialen u.a. im Silom Plaza und der unteren Silom Rd.

Im Norden:
Panthip Plaza, Phetchburi Rd., gigantischer Einkaufskomplex für Computerfans; Hardware und legale wie kopierte Software (immer erst mit einem aktuellen Virusprogramm checken!).
Suan Chatuchak Weekend Market, s.u.

Im Westen:
Central Pinklao Department Store, nahe dem Southern Bus Terminal, mit einem *Tops Supermarket*, vielen guten, preiswerten japanischen und einem Steamboat-Restaurant sowie einigen Friseuren.

MÄRKTE – In der Millionenstadt Bangkok haben einige Märkte mit ländlichem Charakter überlebt, auf denen frisches Obst und Gemüse, Fisch und Fleisch angeboten wird. Die legendären schwimmenden Märkte gibt es allerdings nur noch außerhalb der Metropole. Auf den meisten Märkten Bangkoks werden vor allem Textilien und Drogerieartikel verkauft, aber auch Pflanzen und – natürlich – Souvenirs für die zahlreichen Touristen.
Weekend Market, Suan Chatuchak. Jeden Sa und So von 7–18 Uhr lockt der große, interessante Markt über 200 000 Besucher und auch einige Diebe an. An 15 000 Ständen gibt es Textilien (kreative T-Shirts), Souvenirs und Kunsthandwerk aus allen Landesteilen, Schmuck, Porzellan, Haushaltswaren, Lebensmittel, Tiere, Musik, Bücher (auch in Englisch), Elektroartikel, Pflanzen und sogar Wechselstuben, Geldautomaten und einen Stand der Tourist Police, wo es manchmal einen Plan vom Markt gibt. Mi und Do werden überwiegend Pflanzen verkauft. Eine Karte vom Markt im Netz unter 💻 www.

guidetothailand. com/thailand-shopping/ shopping_chatuchak_map.htm.

Suan Lum Night Bazaar, östlich vom Lumpini Park, wenn alle bezogen sind, machen 3500 Souvenirläden mit interessanten Angeboten von Kunsthandwerk und attraktiven Preisen sowie Essenstände und Biergärten mit gelegentlichen Pop-Live-Konzerten das abendliche Einkaufen zum Vergnügen. ⏲ tgl. 15–24 Uhr.

Thewet-Blumenmarkt, am nördlichen Ende der Luk Luang Rd., an der Mündung des Klong Phadung Krung Kasem. Hier werden täglich Blumen und Pflanzen in allen Variationen, darunter Orchideen und Palmen, sowie Fische, Frösche und Schildkröten verkauft. Auf der anderen Seite des Klong erstreckt sich ein Obst- und Gemüsemarkt, der sich in der Samsen Rd. fortsetzt. Textilien und Essenstände gibt es auf der gegenüber liegenden Straßenseite. An der Expressboot-Anlegestelle wird Fischfutter verkauft, mit dem man die zahllosen Welse im Fluss anlocken kann.

Pak Klong Talaat, nahe der Memorial-Brücke findet täglich am frühen Morgen in der großen Halle am Fluss ein sehenswerter Großmarkt statt, auf dem mit Obst und Gemüse, Fisch und Fleisch gehandelt wird. Hier kann man das Ausladen der Transportboote beobachten. Begrenzter Verkauf auch an Endverbraucher.

Sampeng Lane, von der Pahurat Rd. über den Klong Richtung Südosten und in den Seitengassen. In der schmalen Gasse wird in zahllosen offenen Geschäften eine Vielfalt von Waren angeboten.

Pahurat-Markt, südlich der Pahurat Rd. Dieser überdachte Markt, auf dem vor allem Textilien angeboten werden, weist einen deutlich spürbaren indischen Einfluss auf. Hier findet man alles, von Saris bis zu Brokatstoffen für Tempeltänzer, Schmuck, Betelnüsse, Kurzwaren, Schreibwaren u.a. Feilschende Touristen sind nicht gern gesehen.

Pratunam-Markt, entlang der Ratchaprarop Rd sowie im und um den Baiyoke II Tower. Unzählige Stände vor allem mit Textilien, aber auch Souvenirs zu absolut günstigen Preisen. Die Verkäufer lassen mit sich handeln.

Amulettmarkt, neben dem Wat Ratchanatda, westlich vom Golden Mount, Schutz- und Glücksamulette und religiöse buddhistische und hinduistische Statuen sowie Abbildungen der Könige werden hier verkauft. Ein weiterer rings um das Wat Mahathat in der Phra Chan und Mahatat Rd. (Handeln nicht üblich).

Soi Bank Market, hinter der Bangkok Bank in der Silom Rd. werden Mo–Fr mittags auf dem quirligen Markt Blumen, Textilien und andere Alltagsgegenstände verkauft. Vorsicht, die Soi hat auch den Beinamen „Gasse, die das Geld hinwegschmelzen lässt".

ANTIQUITÄTEN – Der Handel mit echten Antiquitäten ist in Thailand seit 1989 **verboten**. Deshalb lebt eine ganze Branche von der Produktion täuschend echter Antiquitäten. Informationen erteilt das *Fine Arts Department* unter ✆ 02-2241370.

AUSRÜSTUNG – Auf dem **Atsadang-Markt** am Klong Lod in Banglampoo werden Hängematten und andere brauchbare Armeewaren verkauft.

Moskitonetze sind für eine Reise an die Ostküs-te (Ko Samet, Ko Chang) und in den Westen (Sangkhlaburi) erforderlich. Baumwollnetze sind schwerer und weniger luftdurchlässig, aber haltbarer. Sie werden für Einzel- und Doppelbetten neben dem New Siam Guesthouse, im Laden weiter links Richtung Tempel sowie in Textilgeschäften in der Tani Rd. angeboten.

BUDDHAS – Nachdem Thailänder feststellen mussten, dass Buddhastatuen im Ausland auch als Lampenständer u.a. missbraucht wurden, ist es verboten, heilige Figuren und Buddhabildnisse auszuführen, auch wenn sich kaum jemand danach zu richten scheint. Ausnahmen gibt es nur, wenn man die Zugehörigkeit zu einer buddhistischen Religion belegen kann.

BÜCHER UND LANDKARTEN – Eine große Auswahl hat ***Kinokuniya***, 💻 www.kinokuniya.com, die große japanische Kette hat auch 2 Filialen in Bangkok, eine im Isetan Department Store, Central World Plaza, ✆ 02-2559834, die andere im Emporium Shopping Complex, 622 Sukhumvit Rd, ✆ 02-6648554. Beide halten ein überraschend breites Sortiment an englischsprachigen Büchern bereit. Hier findet man fast alles!

Aporia Books, 131 Tanao Rd., ✆ 02-6292919, der kleine Laden in Banglampoo überrascht mit einer guten Auswahl an englischsprachigen Reiseführern, Kunstbänden und Romanen.
Asia Books, 🖳 www.asiabooks.co.th, 221 Sukhumvit Rd., außer dem Mutterhaus zwischen Soi 15 und 17 Filialen u.a. im 1. und 3. Stock des Landmark Plaza zwischen Soi 4 und 6 Sukhumvit Rd., im Times Square, zwischen Soi 12 und 14, im Peninsula Plaza, Ratchadamri Rd., Central World Plaza, im Siam Discovery Center und vielen anderen Einkaufszentren. Alle sind bis 20 Uhr, das Central World Plaza sogar bis 21 Uhr geöffnet.
Bei Otto, Soi 20, ein kleiner Buchladen mit vielen deutschsprachigen Titeln, auch An- und Verkauf von Secondhandbüchern.
Bookazine, Siam Square, der kleine zweistöckige Laden hat eine gute Auswahl an Reiseführern und Karten. Filialen im Sogo Department Store im 3. Stock, Ploenchit Rd.; Silom Complex im 2. Stock; CP Tower im 1. Stock, nahe Patpong und All Seasons Place, Witthayu Rd.
Book Chest, Soi 2, Siam Square, und Thaniya Plaza, ist klein, hat aber gute Karten und viele Computer-Bücher.
White Lotus, 🖳 thailine.com/lotus, hat sich auf Bücher über Thailand und Südostasien in Englisch und Deutsch spezialisiert und verschickt Kataloge.
In Secondhand-Buchläden in der Khaosan Rd. und Umgebung, z.B. im ***Shaman Bookstore***, 71 Khaosan Rd., oder ***Moonlight Bookshop***, 46/1 Khaosan Rd., werden neben englischsprachigen Romanen auch viele gebrauchte Reiseführer verkauft.

COMPUTER SOFTWARE – Im ***Panthip Plaza***, Phetchburi Rd. , auf 5 Stockwerken zahllose Läden mit Hard- und Software, legalen wie kopierten Programmen, Musik-CDs und Film-DVDs zu günstigen Preisen. An Computern kann gecheckt werden, ob es sich um lizenzierte Software handelt.

EDELSTEINE – Bangkok ist das weltweite Zentrum für die Aufarbeitung minderwertiger und die Herstellung synthetischer Steine. Relativ gering sind die im eigenen Land geförderten Saphire und Rubine, das meiste wird importiert.

Vorsicht!

Besonders beim Kauf von Edelsteinen werden viele Ausländer übers Ohr gehauen – so geschickt, dass man es kaum glaubt! Die meisten Betroffenen werden auf der Straße von Tuk Tuk-Fahrern, selbst ernannten Guides, angeblichen Polizisten, uniformierten Frauen oder netten Studenten und seit kurzem auch von weißen Travellern angesprochen, mit fadenscheinigen Gründen (besonderer Feiertag, Sehenswürdigkeiten geschlossen, nur begrenzte Einkaufsmöglichkeit) zu einer Edelsteinschleiferei gelockt und mit dem Versprechen, die Steine zum Vielfachen des Einkaufspreises zu Hause wieder verkaufen zu können, zum Kauf überredet (die falschen Adressen werden sogar mitgeliefert).
Wir erhalten trotz dieser Warnung immer noch jedes Jahr Briefe von Betroffenen, die zum Teil mehrere tausend Dollar verloren haben.

Potenzielle Käufer sollten bedenken, dass zurzeit auf dem Weltmarkt eine Saphirschwemme herrscht, die angebotene Ware zumeist nur von minderer Qualität ist und man fast jeden Stein künstlich herstellen kann. Der Verkauf von Ramsch ist schließlich nicht verboten. Wer kein Experte ist, lässt besser die Finger von lukrativ erscheinenden Geschäften. Ansonsten sollten Schmuckstücke immer mit einer Echtheitsbescheinigung versehen sein, mit der Angabe von Größe, Gewicht und Preis sowie einer Rückgabegarantie innerhalb von 30 Tagen ohne Einschränkungen und einer Quittung. 45 führende Juwelenhändler, die sich im *Jewel Fest Club* zusammengeschlossen haben, verpflichten sich, alle Waren zu einem reellen Preis zu verkaufen. Ihre Adressen sind im Tourist Office, ✆ 02-2353039, oder unter 🖳 www.thailandtourismus.de/einkaufen/ einkauftipps.html, erhältlich.
Die ***Thai Gem & Jewellery Traders' Association***, 942/152 Chan Issara Tower, Rama IV Rd., ✆ 02-2353039, schätzt gegen eine Gebühr Schmuckstücke und Edelsteine.
Wer Betrügern auf den Leim gegangen ist, wendet sich an die *Tourist Police*.
Weitere Tipps für Geschädigte enthält ein Merkblatt der Deutschen Botschaft.

Die Verarbeitung der Steine ist kostenlos in einigen *Gem Cutting Factories* zu beobachten.

KAMERAS / FILME – sind teurer als in Deutschland. Offiziell dürfen nur 5 Filme importiert werden, was nicht kontrolliert wird. Papierabzüge kann man an jeder Straßenecke machen lassen. Allerdings lässt die Qualität oft zu wünschen übrig. Diafilme sind selten. Kamerareparaturen bei ***VIMON***, 835 Sukhumvit Rd., zwischen Soi 45 und 47, ✆ 02-2587402.

KOPIEN VON MARKENARTIKELN – Beliebte Souvenirs sind Hemden, Socken, Uhren, Lederwaren und viele weitere Markenartikel, die eines gemeinsam haben – sie sind gefälscht, nicht immer von guter Qualität, aber billig. Obwohl der Verkauf illegal ist, interessiert sich die Polizei kaum dafür. Allerdings ist es verboten, Raubkopien nach Deutschland einzuführen. Zwischen 17 und 23 Uhr bauen fliegende Händler ihre Stände in der Patpong Rd. und der angrenzenden Silom Rd. sowie in der unteren Sukhumvit Rd. auf. Weniger Stände befinden sich am Indra Regent Hotel, Siam Square und River City Einkaufszentrum. Relativ günstige Preise bieten die Händler an Straßenständen in der Khaosan Road. Die Atmosphäre in den Geschäften und an den Ständen ist allerdings manchmal ziemlich aggressiv.

KUNSTHANDWERK – In Bangkok günstig angeboten werden Silber- und Niellowaren, Puppen und Masken, Holzschnitzereien, Abreibungen von Tempelreliefs auf dünnem Reispapier, Bronze-Artikel, Baumwoll-Textilien, Sonnenschirme, Fächer und vieles mehr. Arbeiten der Bergstämme kauft man besser in Nord-Thailand. Ansonsten kann man sich auf dem Chatuchak Weekend Market und dem Suan Lum Night Bazaar umschauen.
Ein breites Angebot hält der große staatliche Verkaufsraum ***Narayana Phand***, Ratchadamri Rd., 🖳 www.naraiphand.com, gegenüber dem Central World Plaza, bereit. ◷ tgl. 10–21 Uhr.
Der ***Thai Craft Museum Shop*** im 2. und 3. Stock des Gaysorn Plaza offeriert in einer ansprechenden Umgebung hübsches Kunsthandwerk aus allen Landesteilen, handgewebte Textilien aus dem Norden ebenso wie Celadon aus Sukhothai, Seide aus dem Isarn und Schattenspielfiguren aus dem Süden. ◷ tgl. 10–21 Uhr.
Qualitativ hochwertige und entsprechend teure Produkte aus den von der Königin geförderten Handwerksbetrieben werden in den ***Chitralada Handicraft Shops*** am Airport und im Königspalast hinter der Kasse verkauft.

MEDIKAMENTE – In Bangkok kosten westliche Medikamente einen Bruchteil des deutschen Preises. Untersuchungen haben ergeben, dass es sich bei einigen Präparaten um Fälschungen handelt. Wer in einem Krankenhaus oder einer Privatklinik behandelt wird, erhält die Medikamente dort passend abgezählt.

MUSIK – Vor allem CDs, DVDs und Videos aus internationaler und einheimischer Produktion werden in den großen Musikläden und in der Khaosan Rd. angeboten. Die größten sind die Filialen von ***Tower Records*** im Central World Plaza und Emporium.

SCHMUCK –Moderner Silber-Modeschmuck in großer Auswahl in Banglampoo in der östlichen Trokmayom Chakraphong, der Gasse südlich der Khaosan Rd. Siehe auch „Edelsteine".

SCHNEIDER – Schneider, die alle Englisch, wenn nicht sogar Deutsch sprechen, nähen nach Vorlage (Katalogbilder reichen aus, die eigene Lieblingshose ist aber besser!) Hemden, Kleider oder gar Anzüge. Selbst wenn die Kleidung innerhalb von 24 Stunden fertig sein könnte, lohnt es sich, 3 Tage und mehrere Anproben zu investieren, Details genau abzusprechen, nicht auf superschnelle, superbillige Sonderangebote hereinzufallen, Änderungen zu verlangen und dafür genügend Zeit einzuplanen. Einige Leser haben sich über Betrügereien beschwert (falsche Stoffe, schlechte Verarbeitung, Drohungen bei Änderungswünschen), andere empfahlen:
Arena's Fashion, 292/3 Silom Rd., nahe Silom Village, ✆ 02-2681112, 🖂 arena_007@yahoo.com.
Aria Fashion, Shop 3 Khaosan Rd., ✆ 02-28173700, wo man auch Deutsch spricht.
Esquire, 1 Soi 11 Sukhumvit Rd., ✆ 02-2534648.
Handsome, 312 Silom Rd., alteingesessener Herrenschneider.

Jackie's, 137 Sukhumvit Rd, Ecke Soi 9, ✉ jacktailor@yahoo.com.
Pierre Boutique, Viengtai Hotel, 42 Tani Rd., ☏ 02-6291516, 💻 www.pierreboutique.com.
President Tailor, 147 Sukhumvit Rd., nahe Soi 11, 💻 www.presidenttailor.com.
Sunny Fashion, 70 Khaosan Rd., ☏ 02-6292585, 📠 6290137, ✉ sunnyfashions@hotmail.com.
Toms Fashion, 19 Soi 8 Sukhumvit Rd., ☏ 02-22533301, 💻 **www.tomsfashion.com**, alteingesessener, auch Deutsch sprechender Schneider. Auch hier ist Handeln angebracht. Je nach verarbeitetem Material variieren die Kosten. Als Anhaltspunkt könnten folgende Preise dienen: 3-teiliger Nadelstreifenanzug inkl. maßgeschneidertem Hemd oder Hosenanzug plus Rock und Bluse 5000–9000 Baht.

SEIDE – wird in vielen Geschäften in verschiedenen Qualitäten und Farben angeboten – als Kissen, Krawatten, Kleider usw. oder am laufenden Yard (1 Yard = 91,44 cm) in einer Breite von meist 1 m. Jim Thompson, 💻 www.jimthompson.com, ist das führende Geschäft in der 9 Surawong Rd., nahe Rama IV Rd., 🕒 tgl. 9–21 Uhr, Filiale u.a. im Isetan-Kaufhaus im Central World Plaza, 🕒 tgl. 10–21 Uhr, im Emporium und in vielen Luxushotels.

Vorsicht

Es wird viel Kunstseide oder Mischungen mit hohem Kunstfaseranteil als angeblich echte Seide angeboten. Zur Not hilft die Feuerprobe: Seide verbrennt fast ohne Asche, während Kunstfaser schmilzt und stinkt. Waschseide ist selten zu bekommen und nicht preiswerter als in Europa.

TEXTILIEN – vor allem T-Shirts, gibt es nicht nur auf dem Chatuchak Weekend Market, sondern auch auf Straßenmärkten. Eine große Auswahl in der Sukhumvit Rd., in Patpong und in Banglampoo, dem traditionellen Textilzentrum der Stadt.

TIERE – In Geschäften und auf Märkten, v.a. auf dem Weekend Market, werden Tiere und tierische Produkte angeboten, die unter das Washingtoner Artenschutzabkommen fallen. Auch in Thailand ist der Handel mit geschützten Tieren verboten, und wer dennoch meint, unbedingt eines dieser abartigen Souvenirs erwerben zu müssen, macht sich strafbar und wird spätestens bei der Heimreise große Schwierigkeiten bekommen.

Sonstiges

AUTOVERMIETUNGEN – Es ist kein Vergnügen, einen Wagen durch Bangkok zu steuern. Neben der großen Verkehrsdichte und dem ungewohnten Linksverkehr fordert ein verwirrendes System von Einbahnstraßen und Busspuren, die zu unterschiedlichen Zeiten in Betrieb sind, die ganze Aufmerksamkeit des Fahrers. So lange der Don Muang Airport noch in Berieb ist kann man sich Richtung Norden das Auto zum Amarin Airport Hotel bringen lassen und ist gleich auf der richtigen Straßenseite. Für die Rückkehr aus dem Norden empfiehlt sich der Don Muang Airport als Treffpunkt. Auch sind Sonntage gut zum Fahren, da v.a. vormittags wenig los ist. Informationen über Mietwagen s.S. 56. Expressways in Bangkok kosten pro Abschnitt 30–40 Baht Gebühren. In der günstigen Preisklasse kosten Autos je nach Firma und Mietdauer 1000–2000 Baht pro Tag:
Avis, 22 Witthayu Rd., ☏ 02-2555300-4, 📠 2546 718-9, 💻 avisthailand.com. Filialen u.a. im Dusit Thani und Grand Hyatt Erawan Hotel sowie außerhalb von Bangkok in Chiang Mai, Chiang Rai, Udon Thani, Khonb Kaen, Phitsanuloke, Hua Hin, Pattaya, Phuket, Ko Samui und Hat Yai.
Budget, 19/23 New Phetchburi Rd., ☏ 02-2030250 📠 2030249, 💻 www.budget.co.th. Filialen in Chiang Mai, Hua Hin, Phuket, Ko Samui, Krabi, Phitsanulok, Chiang Rai und anderen. Nach speziellen Tarifen für one-way-rental aus den Provinzstädten nach Bangkok fragen. Bei Vorlage unseres Buchs bekommt man Rabatt.
Grand Car Rent, Asoke Din Daeng, ☏ 02-2482991.
Hertz, Thai Tower, 87 Witthayu Rd., ☏ 02-6541 105, 📠 6541110, Büros in Chiang Mai, Pattaya, Ko Samui und Phuket.
Klong Toey Car Rent, 1921 Rama IV Rd., ☏ 02-2519856.
Lumpini Car Rental, 167/4 Witthayu Rd., am Lumpini Park, ☏ 02-2551966-8.
National, 727 Srinakarin Rd., ☏ 02-7228487, 📠 7228492, 💻 www.smtrentacar.com.

BOTSCHAFTEN – Adressen und Öffnungszeiten ausländischer Botschaften in Bangkok im Praktischen Teil, s.S. 13f. Visa für Laos, Vietnam, Myanmar und Kambodscha sind manchmal in Bangkok preiswerter und schneller zu bekommen als in Europa. Sie können, sofern erforderlich, über Reisebüros organisiert werden. Der dafür zu zahlende Zuschlag von 100–200 Baht erspart 2 Fahrten durch die Stadt und längere Wartezeiten.

FAHRRÄDER – Für Bangkok ist ein eigenes Rad auf keinen Fall zu empfehlen.
Bike & Travel, 802/756 River Park, Moo 12, Kookot, Lamlookka, Pratumthani, ✆ 02-9900274, 📠 9900900, 💻 www.cyclingthailand.com. 1–10-tägige Fahrradtouren ab 2 Teilnehmern in ländlichen Regionen Thailands, die unterschiedliche Anforderungen an die Fitness der Teilnehmer stellen.
Pro Bike, Sarasin Rd., ✆ 02-2533384, 💻 www.probike.co.th, großer Fahrradladen mit Werkstatt. 🕒 Mo–Fr 10–19, Sa 8.30–19, So 8.30–17 Uhr. Informationen für Biker s.S. 56.

FESTE UND FESTIVALS – Staatliche Feiertage und große religiöse Feste werden in Bangkok besonders prunkvoll begangen: Zum Geburtstag der Königin oder des Königs finden Paraden und Umzüge in den geschmückten Straßen statt. Bei großen Festen werden sogar die Königlichen Barken zu Wasser gelassen. Auch das chinesische Neujahrsfest ist Anlass zu 3-tägigen Feierlichkeiten in der Chinatown (s.S. 133).
Visakha Bucha, das größte buddhistische Fest, wird im Wat Phra Keo und auf dem Sanam Luang begangen. Bereits ab 8 Uhr ziehen 30–40 liebevoll dekorierte Wagen mit Statuen, die Szenen aus dem Leben Buddhas darstellen, durch die Ratchdamnoen Rd. zum Königspalast.
Während der kühlen Jahreszeit von Mitte Februar bis Ende März finden auf dem Sanam Luang **Drachenwettkämpfe** statt.
Zur **Pflugzeremonie** auf dem Sanam Luang Mitte Mai strömen Bauern aus dem ganzen Land nach Bangkok.
Während der **Songkran**-Feiern werden in Bangkoks Straßen wahre Wasserschlachten ausgetragen, wobei Touristen ein beliebtes Ziel darstellen. Gepäck oder eine Kamera sollten deshalb immer wasserdicht verpackt sein, und wer nicht ständig bis auf die Haut nass werden und mit schmierigem Wasser übergossen werden möchte, sollte die Stadt während dieser Zeit meiden. Zudem führen zahlreiche Absperrungen zum Verkehrschaos, vor allem in der Altstadt; hingegen ist es in der Chinatown ruhig.

FRISÖRE – Ein Besuch beim Frisör ist wegen der entspannenden Kopf- und Nackenmassage äußerst angenehm. Beim Haareschneiden müssen vor allem Männer darauf achten, dass ihnen der Barbier nicht den Thai-Einheitsschnitt verpasst. Auf komplizierte Schnitte, Dauerwellen, Färben und Tönen sollte man aufgrund der unterschiedlichen Haarstruktur verzichten. Generell werden die Haare im Liegen mit kaltem Wasser gewaschen.

GELD – Der Nachschub an Bargeld ist durch zahlreiche Geldautomaten und Wechselstuben in den Touristenvierteln gesichert.
Kreditkartenorganisationen: ***American Express***, 388 Paholyothin Rd., ✆ 02-2735544, 🕒 Mo–Fr 8.30–17 Uhr, Vertretung: *Sea Tours*, Suite 88-92 Phayathai Plaza, 128 Phayathai Rd., ✆ 02-2165 934, 2165783, 🕒 Mo–Fr 8.30–17, Sa 8.30–12 Uhr, kein Einlösen von Schecks.
Visa, Bank of America Building, 2/2 Witthayu Rd., ✆ 02-2737448-9, 🕒 Mo–Fr 8.30–12.30 Uhr. Außerdem bei Filialen der Kasikorn Bank, der Siam Commercial Bank und der Bank of America.
Master, bei den Filialen der Bank of Ayutthaya, Bank of America, Siam Commercial Bank, Thai Military Bank und Kasikorn Bank.
Diners Club, 191 Silom Rd., während der Bürozeiten Mo–Fr 8–17 Uhr ✆ 02-2383660, ansonsten ✆ 02-2335775-6, bei Verlust ✆ 02-2313500.
Thomas Cook, 12.Stock, Sathorn City Tower, 175 Sathorn Tai Rd., ✆ 02-6795521.

IMMIGRATION – 507 Soi Suanphlu, Sathorn Tai Rd., ✆ 02-2873101-10, 🕒 Mo–Fr 8.30–16 Uhr, am Airport ✆ 02-5351322. Das 60-Tage-Visum kann für 500 Baht um 14 Tage verlängert werden (es wird ein Foto benötigt), die Aufenthaltsgenehmigung für 30 Tage jedoch nur in Ausnahmefällen. Wird das Visum überzogen, müssen bei der Ausreise ab dem zweiten Tag 200 Baht pro Tag bar bezahlt werden. In diesem Fall rechtzeitig am Airport erscheinen! Besucher mit einem gültigen, aber noch nicht abgelaufenen Visum können am Airport eine Wiedereinreise-Genehmingung erhalten, die allerdings die Visadauer nicht verlängert oder verkürzt. Für eine Reise sind 500 Baht, für mehrere 1000 Baht zu zahlen, zudem ist der *boarding pass* des internationalen Fluges vorzulegen. Die meisten Ausländer, die sich über längere Zeit in Thailand aufhalten, bevorzugen den so genannten ***visa run***, der sogar von Reisebüros organisiert wird: Von Bangkok fährt man meist nach Aranyaprathet, dort kurz über die Grenze nach Kambodscha und mit einem neuen Visum gleich wieder zurück nach Bangkok.

INFORMATIONEN – Vorsicht: Reisebüros ködern Kunden mit der falschen Behauptung, Lizenzunternehmen des staatlichen Fremdenverkehrsamtes zu sein.
Tourist Authority of Thailand (TAT), nahe dem Demokratie-Denkmal, 4 Ratchdamnoen Nok Avenue, ✆ 02-2829773-6, ⏲ tgl. 8.30–16.30 Uhr. Am Informationsschalter gibt es einen Stadtplan und aktuelle Publikationen. Weitere Informationen geben die Angestellten auf Anfrage heraus.
Die Zentrale befindet sich in der New Phetchburi Rd., ✆ 02-2505500, ✆ 2505511, ✉ center@tat.or.th, 🖳 www.tourismthailand.org, ⏲ Mo–Fr 8.30–16.30 Uhr.
Auch am Airport, vor der Polizeistation am westlichen Ende der Khaosan Rd., vor dem Ambassador Hotel, Soi 11, Sukhumvit Rd., alle ⏲ tgl. 8–24 Uhr, und am Chatuchak Weekend Market, ⏲ Sa, So 9–17 Uhr, verteilen TAT-Filialen Infomaterial.
Bangkok Tourist Bureau, 17/1 Phra Athit Rd., 🖳 www.bangkoktourist.com, ✆ 02-2257612-5, ✆ 2257616, nordwestlich vom Sanam Luang, am Treppenaufgang zur Phrapinklao-Brücke, informiert nur über Bangkok, ⏲ tgl. 9–19 Uhr. Falls vorhanden, gibt es am Counter gute Straßen-, Bus- und Klongkarten. Das Büro organisiert Veranstaltungen und Aktivitäten, wie geführte Bootstouren (30 Pers.) und Fahrradfahrten (4–5 Pers.) durch die Altstadt.
Vor dem Robinson Department Store in der Silom Rd., nahe Rama IV, zudem kleine Stände, die ein paar allgemeine Broschüren verteilen. Einige Touristeninformationen im Flughafen und Hauptbahnhof werden privat betrieben und verdienen sich eine Provision durch die Vermittlung von Hotels und Touren im Zielgebiet.
Tourist Service Line, touristische Informationen und Hilfe in Englisch, ✆ 1672.
Im Internet: 🖳 www.bangkok.com, 🖳 www.bangkokmag.infothai.com.

INTERNET – Zahlreiche Internet-Cafés in den Gästehäusern in Banglampoo und viele weitere kleine Läden in den Nebenstraßen bieten für 30–60 Baht pro Std. (min. 10 Baht) an überwiegend recht schnellen Rechnern die günstigste Möglichkeit, eine Mail zu versenden oder zu surfen. In einigen können Bilder versendet werden, z.B. bei ***Terranet***, Chakraphong Rd., Ecke Soi Rambuttri, in Banglampoo. Auch bei der Post im GPO und am Airport stehen Terminals. In anderen Stadtvierteln gibt es in Restaurants, Cafés und Einkaufszentren ebenfalls zahlreiche Anbieter. Sie sind aber oft etwa doppelt so teuer.

MASSAGEN – Traditionelle Thai-Massage für 200 Baht pro Stunde im Wat Pho (s.S. 128). Hier finden auch Massage-Kurse statt, die 10 Tage dauern und 6000 Baht kosten. Wer die Thai-Massage als zu kräftig und schmerzhaft empfindet, kann sich eine schwedische Massage geben lassen und sagen, dass es kräftig sein soll.
Viele internationale Hotels verfügen über Spas mit einem breiten Angebot an Massagen und Behandlungen, z.B. das Dusit, Grand Hyatt Erawan, Imperial Queen's Park, The Peninsula, The Regent, JW Marriott, Le Royal Meridien, Peninsula Plaza, Royal Orchid Sheraton, Oriental oder die Windsor Suites.
Auch in der Khaosan Rd. und ihren Seitengassen, v.a. in der Soi Rambuttri und rings um das Viengtai Hotel, bieten viele traditionelle Masseure ihre Dienste an *(Green House, Friendly Gh.* u.a.). 1 Std. kostet hier etwa 200 Baht. Die meisten Massage-Salons bieten allerdings mehr sexuelle Vergnügungen mit (möglicherweise) weniger gesunden Nachwirkungen.
Cha Ba Foot & Body Massage, 18 Chakraphong Rd., neben dem Sawasdee Khaosan Inn, ✆ 02-014267588, kleiner, gepflegter Massage- und

Wellness-Salon, entspannte Atmosphäre, 2-Std.-Verwöhnprogramm um 1000 Baht.
The Sense of Spa, 323 United Center Bldg., 1. Stock, Silom Rd., Ecke Soi Pipat 3, ✆ 02-6355488-9. Blitzsauberes, gut eingerichtetes Spa, exzellente Massagen und Kosmetikbehandlungen, gutes Preis-Leistungs-Verhältnis.

MEDIZINISCHE HILFE – Ein großes Krankenhaus ist das ***Bangkok Christian Hospital***, 124 Silom Rd., ✆ 02-2336981-9, Dr. Yuthana Budsayavith spricht Deutsch.
Auf europäische Patienten eingestellt sind das ***Samitivej Hospital***, 133 Soi 49 Sukhumvit Rd., ✆ 02-3920010-9, und
BNH Hospital, 9 Convent Rd., zwischen Silom und Sathorn Nua Rd., ✆ 02-2332610-9, neues Gebäude; zuverlässiges, freundliches, Englisch sprechendes Personal.
Bangkok Adventist Hospital, 430 Phitsanulok Rd., ✆ 02-2811422, ist gut, aber relativ teuer. Wird von Missionaren geleitet. Im 4. Stock ein vegetarisches Restaurant.
St. Louis Hospital, 215 Sathorn Tai Rd., ✆ 02-2120033-48, ein katholisches Krankenhaus.
Bumrungrat Hospital, 33 Soi 3 Sukhumvit Rd., ✆ 02-2667-1000, 💻 www.bumrungrad.com, kurzfristig auch Terminvereinbarung unter -1234 (internationale Patienten) oder -1555 (ambulant). In Asiens größtem und modernstem Krankenhaus werden jährlich etwa 300 000 Ausländer behandelt. Seine teuren Zimmer können mit guten Hotels konkurrieren. Einge der 700 Ärzte sprechen auch Deutsch, z.B. die Frauenärztin Dr. Cleopandhi Soorapanthu, der Internist Dr. Visit und die Zahnärztin Dr. Ingbun Tiensiri, Sprechstunde nach Voranmeldung Mi 17–20 Uhr und So 9–12 Uhr. Der größte Teil der über 1500 Angestellten spricht Englisch. Medikamente werden aus der Krankenhausapotheke mit englischsprachiger Einnahmevorschrift mitgegeben.
Saorapha Memorial Institute, besser bekannt als Schlangenfarm, Rama IV, Ecke Henri Dunant Rd., informiert über Tropenkrankheiten und Impfungen.
In allen Krankenhäusern praktizieren auch **Zahnärzte**, die mit ihren Patienten wesentlich sanfter umgehen, als diese es von zu Hause gewohnt sind.

Man behandelt Patienten nur, wenn sie genügend Bargeld haben oder die Kreditkartennummer hinterlassen. Notfalls wird der Pass als Pfand einbehalten!

MÜLL – Die Sauberkeit der Stadt ist hart erkämpft worden, so dass Schilder, die für die Verunreinigung der Straßen drastische Strafen von bis zu US$100 androhen, durchaus ernst zu nehmen sind. Schon viele Touristen hatten für eine weggeworfene Zigarettenkippe 200 oder gar 500 Baht zu zahlen.

NATIONALPARKS – ***Royal Forestry Department***, 61 Paholyothin Rd., in der Straße Richtung Airport, ✆ 02-5791151/60. Hier ist auch die *National Parks Division* untergebracht, die unter ✆ 02-5620760, zu erreichen ist. Sie erteilt Informationen über die Parks und nimmt Reservierungen für Übernachtungsmöglichkeiten vor. Infos unter 💻 www.dnp.go.th.

POST – ***General Post Office*** (GPO) in der 1160 Charoen Krung Rd. (New Rd.), ✆ 02-2331050-9, 🕒 Mo–Fr 8–20, Sa, So und feiertags bis 13 Uhr. *Packing service* im Hauptpostamt, 🕒 Mo–Fr 8–16.30 und Sa 9–12 Uhr. Im Telecom Bldg. langsamer Internet-Service für 1 Baht pro Min. von 7–22 Uhr.
Andere Postämter 🕒 Mo–Fr 8.30–16.30, Sa 9–12 Uhr.
In den Touristenzentren befinden sie sich:

- in Banglampoo am großen Platz nördlich der Tani Rd. und in der Soi Damnoen Klang Nua, schräg gegenüber dem Sweety Gh., *Packing service* Mo–Fr 8.30–16.30, Sa 9–12 Uhr.
- am Hauptbahnhof links vom Haupteingang,
- versteckt im östlichem Siam Center am Parkhaus, im Mah Boon Krong Center, 2.Stock,
- in der Sukhumvit Rd. nahe Soi 4, 🕒 Mo–Fr 8.30–17.30, Sa 9–12 Uhr,
- in den Abflughallen des National und International Airports (mit Telefon- und Internet-Service).

Außer dem Express-Postservice EMS gibt es folgende Kurierdienste:
DHL, Grand Amarin Tower, 1550 New Phetchburi Rd., ✆ 02-2070636;
TNT, 599 Chong Non Si Rd., ✆ 02-2490242-6.

PLZ des Hauptpostamtes 10500.

RADIO – Eine englischsprachige Radiostation sendet auf der Frequenz 95,5 FM überwiegend Popmusik und informiert über aktuelle Veranstaltungen. Die aktuellen Frequenzen anderer englischsprachiger Sender (u.a. BBC, Voice of America, Radio Australia) und der Deutschen Welle sind der *Nation* zu entnehmen.

RAUCHEN – Seit 2002 werden Verstöße gegen das Rauchverbot mit einem Bußgeld von 2000 Baht geahndet. Es gilt für alle ac-Restaurants, ac-Wartehallen, ac-Geschäfte und ac-Einkaufszentren, öffentlichen Verkehrsmittel (Busse, Taxis, ac-Eisenbahnwagen, Fähren, Flugzeuge), Tempel, Aufzüge, öffentliche Toiletten und Fähranlegestellen und mit wenigen Ausnahmen (z.B.: Raucherzellen am Don Muang Airport) auch für alle öffentlichen Gebäude, Banken und Flughäfen.

TELEFONIEREN – **Auslandsgespräche** sind möglich von Telefonzellen, die mit Telefonkarten betrieben werden (nicht immer zuverlässig), Münzfernsprechern und privaten Telefonbüros in den Touristenzentren (den Preis vorher schriftlich geben lassen).
Telefonkarten gibt es in allen 7 Eleven und anderen Läden. Die *Thai Card* wird für 100, 300, 500, 1000 und 3000 Baht angeboten. Gespräche kosten in alle Länder 7 Baht pro Min. Mit der Phonenet Card, die es für 300 und 500 Baht gibt, nach Deutschland 6 Baht pro Min. Auch in Thailand ändern sich die Tarife permanent, am besten auf der Website 💻 www.calls.in.th nachchecken.
In der Khaosan Rd. werden günstig Auslandsgespräche übers Internet angeboten.
Man kann auch mit seinem Handy und einer Thai-SIM-Card von Happy für 199 Baht inkl. 50 Baht Startguthaben in Thailand günstig telefonieren. Die Ansage zum Aktivieren der SIM-Card ist auch auf Englisch. Ein Handy mit Prepaid-Karte funktioniert oft erst nach einigen Umbauten, die die Mitarbeiter in den Telefon-Shops vornehmen können.

TOURISTENPOLIZEI – ***Tourist Police***, Hotline ✆ 1155, Zentrale im 23. Stock des TPI Tower, 26/56 Chan Tat Mai Rd., ✆ 02-6786800, 📠 6786 869. Eine Außenstelle befindet sich an der Rama IV Rd., Ecke Ratchadamri Rd., am Lumpini Park, ✆ 02-2539560, neben dem Tourist Office nahe dem Demokratiedenkmal und am Airport, ✆ 02-5351641. Zudem steht abends ein Auto an der Patpong.

WÄSCHE – wird in nahezu allen Hotels und Guesthouses innerhalb von 24 Stunden kalt gewaschen. In den Wäschereien der Gästehäuser wird sie allerdings nur selten gebügelt. Der Preis beginnt bei 25 Baht pro Kilo und steht in direktem Verhältnis zum Zimmerpreis.

ZEITUNGEN – Tgl. erscheinen 3 englischsprachige Zeitungen, die *Bangkok Post* und die empfehlenswerte *The Nation*, beide 20 Baht, sowie eine thailändische Ausgabe der *Herald Tribune*. Aktuelle Szene-Infos stehen in der *Bangkok Metro*, einem englischsprachigen monatlichen Stadtmagazin. Touristeninfos sind Anzeigenblättern wie dem *Guide of Bangkok* zu entnehmen.

Nahverkehrsmittel

Das Verkehrschaos während der Rushhour (6–9 und 16–20 Uhr) ist bekannt. In den siebziger Jahren haben europäische Stadtplaner versucht, das Übel mit modernen Brückenkonstruktionen zu beseitigen – vergeblich. In den achtziger Jahren wurde ein umfangreiches Einbahnstraßensystem eingerichtet. Busse erhielten während der Rushhour eine eigene Busspur, wo sie auch in Einbahnstraßen in beide Richtungen fahren können. Nun sollen der Skytrain und die U-Bahn Abhilfe schaffen.

SKYTRAIN (BTS) – Die Hochbahn ist schnell, sauber und zuverlässig. Beide Linien kreuzen sich am Umsteigebahnhof Central Station am Siam Square, Umsteigemöglichkeit in die U-Bahn in Mo Chit / Chatuchak Park, Asoke / Sukhumvit und Sala Daeng / Silom. Die 6,5 km lange **Silom Line** führt vom National Stadium über den Siam Square, die Ratchdamri Rd., obere Silom Rd. und untere Sathorn Rd. bis Saphan Taksin (= Taksin-Brücke nach Thonburi), die **Sukhumvit Line** 17 km von der Endstation Mo

Chit am Weekend Market über die Paholyothin Rd., am Victory Monument vorbei, über Phayathai Rd., Ploenchit und Sukhumvit Rd. bis zur Endstation On Nut an der Soi 77. Der weitere Ausbau zum Flughafen und über den Fluss hinüber nach Thonburi ist geplant.
Tickets müssen vor dem Passieren der Sperre am Automaten gekauft werden. Sie gelten für eine Fahrt und kosten, je nach Anzahl der Stopps, 10–50 Baht, der Tourist Pass für 1 Tag 100 Baht, der für 3 Tage 280 Baht. Die Züge fahren tgl. von 6–24 Uhr, Ansagen in den klimatisierten Wagen erfolgen in Thai und Englisch. In einigen Gegenden verkehren kostenlose Zubringerbusse, ✆ 02-6177141-2, deren Routen auf der BTS Map eingezeichnet sind. Hierfür werden kostenlose Coupons benötigt, die an den Schaltern der Stationen zu bekommen sind.

U-BAHN (MRT) – Neben dem Skytrain wird ein eigenständiges U-Bahnsystem ausgebaut. Fertig gestellt ist seit Juli 2004 die 20 km lange Strecke vom Hauptbahnhof Hua Lamphong nach Norden über die Ratchadaphisek Rd. bis Bang Sue. Tickets kosten je nach Entfernung 14–36 Baht. Die insgesamt 19 von Siemens gebauten Züge verkehren alle 2–6 Min. von 5–24 Uhr und halten an 18 Bahnhöfen. Umsteigemöglichkeit in den Skytrain an den Stationen Silom (Exit 2 + Fußweg), Sukhumvit (direkt) und Mo Chit (Exit 4 + Fußweg).

STADTBUSSE – Das öffentliche Nahverkehrssystem wird überwiegend von Stadtbussen bewältigt, die je nach Komfort unterschiedlich teuer sind. Sie sind zunehmend mit Automaten ausgestattet, also Fahrgeld passend bereithalten!

Fahrpreise für Stadtbusse:

non-ac-Busse	3,50–5 Baht
ac-Busse je nach Entfernung	10–20 Baht
Micro-Busse mit Sitzplatzgarantie	20 Baht

Einen **Stadtplan** mit Buslinien, den *Latest Tour Guide to Bangkok and Thailand*, erhält man für 50 Baht am Bahnhof, in einigen Reisebüros, Buchhandlungen, Gästehäusern und Hotels. Da die Zielorte nur in Thai auf den Stadtbussen stehen, orientiert man sich an den Nummern. Dabei ist zu beachten, dass man nicht in die falsche Richtung fährt. Weitere Infos unter 🖳 www.bmta.co.th.

Non-ac-Stadtbusse haben blaue Schilder. Stadtbusse mit rotem Schild weichen von der normalen Route ab. Die wichtigsten non-ac-Busse (+ Busse verkehren rund um die Uhr.):

2: Ekamai (Eastern) Bus Terminal – Ratchdamnoen Klang Rd. +
3: Bangkampoo (Phra Athit Rd.) – Mo Chit (Northern Bus) Terminal
25: Samut Prakan – Sukhumvit Rd. – Hauptbahnhof – Sanam Luang +
30: Nonthaburi – Banglampoo – Sanam Luang – Southern Bus Terminal (–21.30 Uhr)
40: Ekamai (Eastern) Bus Terminal – Hauptbahnhof – Thonburi (–22.45 Uhr)
53: Hauptbahnhof – Khaosan Road.
136: Mo Chit (Northern Bus) Terminal – Soi 21 Sukhumvit Rd. (Soi Asoke) Klong Toei

Ac-Stadtbusse haben geschlossene Türen und Fenster sowie zwei Buchstaben vor der Busnummer. Die wichtigsten ac-Busse (bis gegen 20 Uhr):

501: Ekamai (Eastern) Bus Terminal – Hauptbahnhof – Chinatown
503: Mo Chit (Northern Bus) Terminal – Suan Chatuchak (Weekend Market) – Banglampoo Phra Athit Rd.) – Southern Bus Terminal
507: Rama IV Rd. – Hauptbahnhof – Sanam Luang – Southern Bus Terminal
508: Samut Prakan – Ekamai (Eastern) Bus Terminal – Chinatown – Sanam Luang
510: Airport – Suan Chatuchak (Weekend Market) – Ratchawithi Rd. – Thonburi
511: Samut Prakan – Sukhumvit Rd. – Banglampoo – Southern Bus Terminal
513: Airport – Mo Chit (Northern Bus) Terminal – Sukhumvit Rd. – Ekamai (Eastern) Bus Terminal
529: Airport – Siam Square – Hauptbahnhof

Mercedes-Micro-Busse sind vor allem für Pendler gedacht und verkehren von 5–22 Uhr zwischen den Vororten und dem Zentrum. Die wichtigsten Micro-Busse (Route nicht auf Busplänen verzeichnet):

1: Nonthaburi – Ratchdamnoen Rd. – Siam Square – Silom Rd.

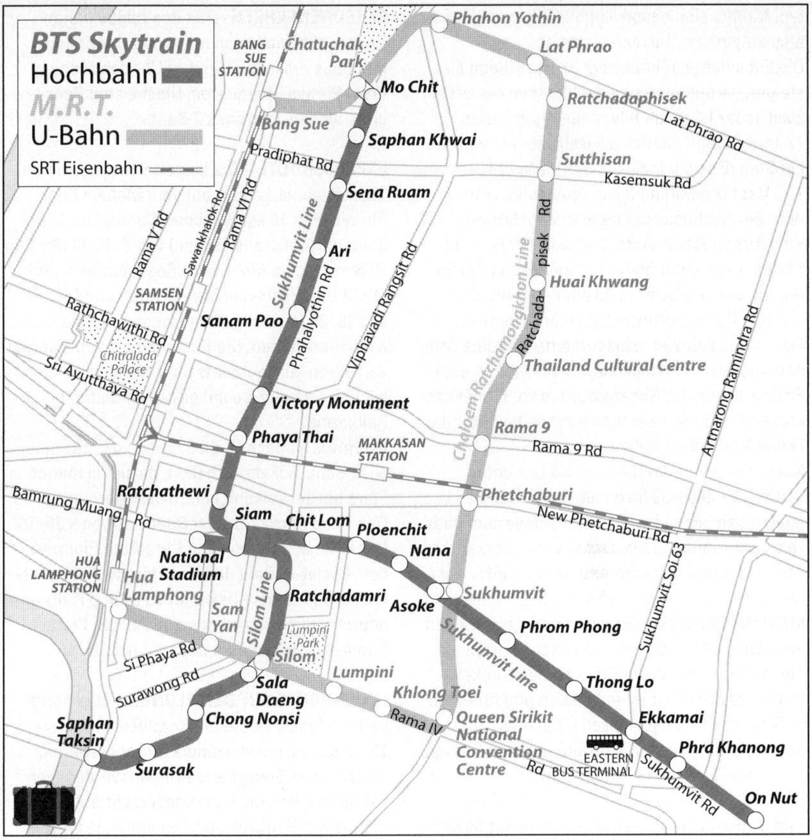

2: Paholyothin Rd. – Suan Chatuchak (Weekend Market) – Silom Rd. – Siam Park – Rama IV Rd. – Royal Orchid Sheraton

4: Southern Bus Terminal – Krung Thon Brücke – Zoo – Rama IX Rd.

5: Petchkasem Rd (Thonburi) – Hauptbahnhof – Phayathai Rd. – Victory Monument – Mo Chit (Northern Bus) Terminal

6: Pak Nam – Ekamai (Eastern) Bus Terminal – Phayathai Rd. – Siam Square – River City

8: Taling Chan – Southern Bus Terminal – Ratchdamnoen Rd. – Khaosan Rd. – Victory Monument – Suan Chatuchak (Weekend Market)

9: Taksin Rd. – Krung Thep Brücke – Silom Rd. – Victory Monument – Ratchadaphisek Rd.

10: Khaosan Rd. – Rama Khamhaeng Rd.

TAXIS – Durch Bangkok fahren viele Taxis auf der Suche nach Fahrgästen. Sie sind mit Taxameter ausgestattet. Das bedeutet aber noch lange nicht, dass man auch jederzeit ein Taxi findet, das bereit ist, mit eingeschalteter Uhr zu fahren. Vor allem in Vergnügungsvierteln und am Bahnhof oder Busbahnhof verlangen Taxifahrer häufig überhöhte Festpreise. Man sollte darauf bestehen, dass das Taxameter eingeschaltet wird, oder ein anderes Taxi nehmen. Manchmal wird auch kurz vor dem Ende der Fahrt das Taxameter ausgeschaltet und ein überhöhter Preis verlangt. Für derartige Fälle Kleingeld passend bereithal-

ten. Nachts sind einige illegale Fahrer im Einsatz, also aufpassen, wo man einsteigt.
Die Einschaltgebühr beträgt 35 Baht (beim Einsteigen darauf achten) einschließlich der ersten 2 km, jeder folgende Kilometer kostet bis zu 12 km 4,5 Baht, danach 5,5 Baht, zudem werden bei Stau (Geschwindigkeit unter 6 km/h) 1,25 Baht pro Minute fällig. Am besten während der Rushhour gar nicht erst losfahren.
Vom Airport ist ein Aufschlag von 100 Baht zu zahlen. Die Gebühren für die Benutzung der Expressways, pro Strecke 30 oder 40 Baht, sind von den Passagieren zu bezahlen. Wenn ein Fahrer das Fahrziel nicht versteht, hilft eine Straßenkarte mit thailändischer Beschriftung, eine Postkarte von der Sehenswürdigkeit, die Visitenkarte des Hotels, oder man lässt sich vorher das Ziel in Thai aufschreiben.
Radio Taxis können rund um die Uhr unter ✆ 1681, 02-8800888 für zusätzliche 20 Baht telefonisch bestellt werden. Beschwerden über Taxis unter Angabe des Datums, der Uhrzeit und der Registrierungsnummer unter ✆ 1661.

MOTORRADTAXIS – Die Fahrer, an den farbigen Westen mit Nummern zu erkennen, warten an den Abzweigungen der Sois. Kurze Strecken kosten 20 Baht. Auf Hauptstraßen und für längere Strecken sind sie nicht zu empfehlen, da sie sehr gefährlich sind. Sie dürfen nur eine Person befördern. Es besteht Helmpflicht.

TUK TUKS – Die offenen Motorroller mit Sitzbank verlangen mindestens 30 Baht, sind meist teurer als Taxis und im dichten Verkehr ein Gesundheitsrisiko. Zudem sind viele Fahrer nicht mehr bereit, Touristen zu einem fairen Preis zu befördern, oder versuchen, mit falschen Behauptungen ihre Passagiere zu „Einkaufstouren" zu überreden, um eine entsprechende Provision in Form von Benzingutscheinen zu kassieren, so dass Touren für 10 Baht unter Garantie den Besuch von Geschäften mit einschließen. Auch an Betrügereien mit Edelsteinen (s.o.) sind einige Tuk-Tuk-Fahrer beteiligt. Sprechen die Fahrer kein Englisch, sollte man sich vergewissern, dass sie das Fahrtziel richtig verstanden haben. Aufgrund zahlreicher Beschwerden raten wir, besser ein Taxi zu nehmen.

PERSONENFÄHREN – Mit den relativ hohen Booten mit Dach kann man von zahlreichen Piers aus zwischen 8 und 17 Uhr den Menam Chao Phraya überqueren. Die meisten Passagiere stehen. Fahrpreis 2 Baht.

EXPRESSBOOTE – Die langen Boote mit vielen Sitzplätzen verkehren auf dem Menam Chao Phraya über 18 km zwischen Nonthaburi (Norden) und Rajburana (Süden) von 6–18.40 Uhr alle 20 Min., zudem Mo–Sa zur Rushhour (6–9 und 15–19 Uhr) Expressboote mit roten und Mo–Fr alle 10–20 Min mit gelben Flaggen, die nicht an allen Piers halten. Die Boote mit grünen Flaggen verkehren flussaufwärts über Nonthaburi hinaus bis Pak Kret und die mit gelber im Süden bis Rajburana.
Fahrpreis, je nach Bootsflagge und Entfernung, 6–15 Baht. Tickets aufheben, da sie an manchen Piers bei der Ankunft kontrolliert werden.
Das ***Chao Phraya Tourist Boat***, das von 9.30–15 Uhr zwischen Sathon und Phra Athit Pier pendelt, kostet 15 Baht und ist dafür etwas komfortabler. Das Tourist-Ticket für 75 Baht p.P. für unbegrenzte Fahrten lohnt nicht. An den Piers informieren Schautafeln über die Boote.

LINIENBOOTE AUF DEN KLONGS – *Rua hang yao* – schmale Boote mit Sitzplätzen für etwa 15 Personen, die von einem Außenborder an einer langen Stange angetrieben werden, verkehren regelmäßig im Linienverkehr auf einigen Klongs von Bangkok und Thonburi. Sie werden vor allem von Pendlern genutzt, um in die Vororte zu gelangen. Bei Ausflugsfahrten lohnt es sich, erst nach 9 Uhr loszufahren, wenn die Rushhour vorüber ist. Vor Spritzwasser schützt eine Plane oder ein Schirm.
In Thonburi: Die Boote fahren in Bangkok von separaten Anlegestellen neben den Expressboot-Stopps meist dann ab, wenn sie voll sind. Touristen werden hartnäckig auf Charterboote verwiesen und müssen manchmal nachdrücklich auf einem Platz im Linienboot bestehen. In diesem Fall hilft es, die entsprechende Endstation in den Vororten zu nennen. Während der Fahrt setzen die Boote die Passagiere einzeln an privaten Bootsstegen ab, auf die diese zuvor gewiesen haben. Touristen, die nicht in das Haus eines

Die wichtigsten Piers von Norden nach Süden
B = Bangkok-Seite, T = Thonburi-Seite
[g] Haltestelle von gelben, [r] von roten Booten.

(N30-B [g])	**Nonthaburi (Phibul 3)**: non-ac-Bus 30–33 und 64 ab Sanam Luang
(N29-B)	**Phibul 2**
(N28-T)	**Wat Kien**
(N27-T)	**Wat Tuek**
(N26-B)	**Wat Khema**
(N25-B)	**Phibul 1**
(N24-T [g, r])	**Rama VII Bridge**
(N23-B)	**Wat Soi Thong**
(N22-B [g, r])	**Bang Po**, neben Thai Ammarit-Brauerei
(N21-B [r])	**Kiak Kai**, Khieo Khaika Rd.
(N20-B [r])	**Kheaw Khai Ka**
(N19-B [r])	**Irrigation Department**
(N18-B [r])	**Payap**, Klong Samsen, Endstation non-ac-Bus 9 ab Sanam Luang
(N17-T)	**Wat Thepnahree**
(N16-T [r])	**Krung Thon Bridge**
(N15-B [g, r])	**Thewet**, Krung Kasem Rd., non-ac-Bus 3, 9, 30–33, 64 ab Samsen Rd.
(N14-B [r])	**Rama VIII Bridge / Wisut Kasat**
(N13-B)	**Banglampoo / Phra Athit**, Gästehäuser Khaosan Rd.
(N12-T [g, r])	**Phra Pin Klao Bridge** (N12)
(N11-T)	**Railway Station**, Klong Bangkok Noi
(N10-T [g, r])	**Wang Lang**, Siriraj Hospital, Prannock Rd.
(N9-B [r])	**Tha Chang**, hinter Wat Phra Keo, Klongboote
(N8-B)	**Tha Thien**, hinter Wat Pho, Fähren zum Wat Arun
(N7-B)	**Rajinee**, am Ende der Rachini Rd.
(N6-B [r])	**Memorial Bridge** (Saphan Phut), Klongboote (N6)
(N5-B [g, r])	**Rachavongse**, Ratchawong Rd., Chinatown
(N4-B)	**Harbour Department** (Krom Chao ; Eingang durch Verwaltungsgebäude des Harbour Department)
(N3-B)	**Si Phraya**, River City Shopping Center
(N2-B)	**Wat Muang Kae**, hinter GPO
(N1-B [g, r])	**Oriental**, am gleichnamigen Hotel
(B [g, r])	**Central Pier / Sathorn** (Taksin-Brücke), BTS-Endstation
(S1-T)	**Wat Sawetachat**
(S2-B [r])	**Wat Chanyawas**, nahe Menam Hotel
(S3-B [r])	**Wat Rajsingkorn**, fast am Ende der Charoen Krung Rd., non-ac-Bus 1 ab Wat Pho, non-ac-Bus 15 ab Siam Square, non-ac-Bus 22 ab Lumpini Park und non-ac-Bus 75 ab Hauptbahnhof
(S4-T [g])	**Ratburana** (Big C, nur gelbe Boote)

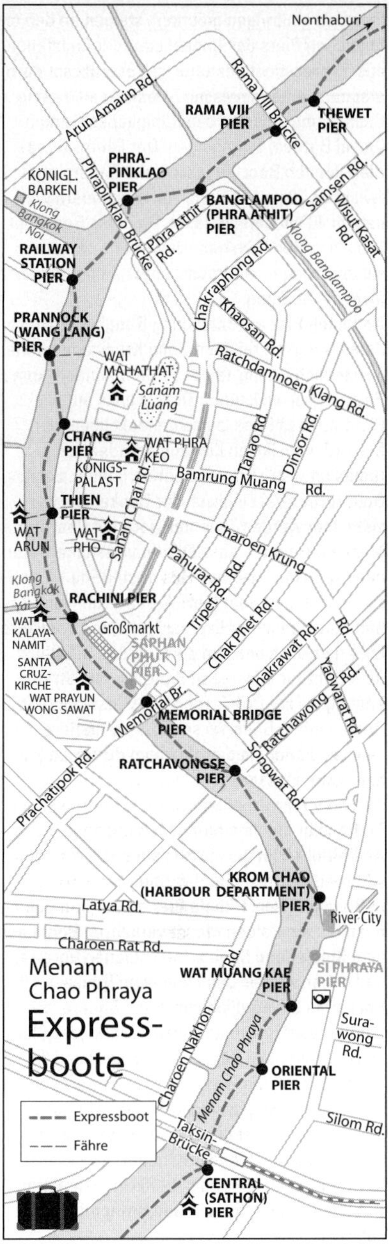

Fremden eindringen möchten, steigen an den öffentlichen Piers der Tempel oder der Endstation aus. Expressboote halten nicht überall, sondern erst nach einer gewissen Strecke – also keine Chance, mit ihnen zu den Königlichen Barken (Royal Barges) zu gelangen. Der Fahrpreis variiert je nach Boot, Tageszeit und Entfernung zwischen 20 und 40 Baht, von Ausländern werden oft 40–60 Baht verlangt. Da diese Boote vor allem von Pendlern genutzt werden, verkehren sie überwiegend morgens, spät nachmittags und nicht am Sonntag.

Ab **Chang Pier** auf dem Klong Bangkok Noi und Klong Bangkok Yai nach Bang Kruay oder weiter ins ländliche Bang Yai für 30 Baht einfach, keine Rückfahrkarten kaufen. Tickets links auf der Plattform des Piers (zum versteckt liegenden Schalter vom linken Eingang geradeaus und rechts um den Tourstand herum gehen). Letztes Boot zurück bei Einbruch der Dunkelheit. Vorsicht, hier werden Touristen gern auf Charterboote verfrachtet, die 900 Baht verlangen! Alternativ kann man mit dem Bus nach Bang Yai und zurück mit dem Boot fahren. Dann von Nonthaburi (Endstation der Expressboote) mit der Fähre über den Fluss und von dort mit dem Stadtbus für 4 Baht zur Endstation Bang Yai. Die Straße entlang bis zur Brücke und der Endstation der Boote laufen. Bang Yai selbst ist ohne Reiz, man kann sich aber mit dem Taxiboot durch die Kanäle fahren lassen.

Ab **Thien Pier** vor allem während der Rushhour für Pendler auf dem Klong Mon entlang.

Ab **Phibul 1 Pier** bis abends auf dem Klong Om, während der Rushhour bis Bang Yai.

In Bangkok: Vom **Phanfa Pier** an der Ratchdamnoen Rd. am Golden Mount verkehren Boote auf dem **Klong Saen Saeb** in die östlichen Vororte und halten z.B. am Jim Thompson House, an der Phayathai Rd. nördlich vom Siam Square, der Ratchadamri Rd. am Pratunam-Markt, der Chitlom und Witthayu Rd. und in der Soi 3 und 23 Sukhumvit Rd. Sie kosten je nach Entfernung 10–30 Baht. Mit glitschigen Stegen, Gedränge und wegen des dreckigen Spritzwassers seitlich hochgezogenen Planen rechnen.

Ein Shuttleboot fährt von 10–16 Uhr vom Phra Athit Pier zu den **Königlichen Barken** für 20 Baht einfach.

CHARTERBOOTE – *Rua hang yao*, die großen Klongboote, in denen 6–10 Personen Platz haben, können ab 500 Baht für die erste Stunde und 400 Baht für jede weitere, kleine Boote bereits ab 300 Baht pro Stunde bzw. mindestens 500 Baht pro Tour (Expressboote ab 800 Baht), an verschiedenen Piers gemietet werden, unter anderem an der Phrapinklao-Brücke (Bangkok-Seite), Tha Chang (hinter dem National Museum, große Auswahl), Tha Thien (hinter Wat Pho), Central Pier (River City Pier, am Royal Orchid Sheraton, teure Charterboote), Oriental Pier (viele Touristen und Schlepper, Touren zur Snake and Crocodile Farm in Thonburi und zum Schwimmenden Touristenmarkt am Wat Sai) und Central Pier (Shangri-La). Allerdings versuchen auch Bootsfahrer, Touristen während der Tour zu Restaurantbesuchen, Einkaufstouren und anderen Fahrtpausen zu überreden.

An der Endstation der Linienboote auf den Klongs können kleine Taxiboote für bis zu 5 Personen gechartert werden.

Touren

BUSTOUREN – In vielen Gästehäusern, Hotels und Reisebüros werden Tagesfahrten mit dem Bus angeboten, eine Tour geht nach Bang Pa In und Ayutthaya und eine andere zum Floating Market in Damnoen Saduak, nach Nakhon Pathom und Kanchanaburi. Bei diesen Touren erhält man nur einen flüchtigen Eindruck, denn die Fahrt selbst dauert recht lange, so dass wenig Zeit für Sehenswertes bleibt. Zudem hält der Fahrer auf dem Rückweg meist vor einer Orchideenfarm, einem Juwelenladen oder einer „Fabrik", um mit der Provision sein Gehalt aufzubessern. Von den preiswerten Touren der Reisebüros in der Khaosan Rd. sollte man nicht viel erwarten.

BOOTSTOUREN – ***Chao Phraya Express Boat Service***, 78/24-29 Maharat Rd., ✆ 02-2225330, 6236001, fährt So um 8 Uhr ab Mahathat Pier (8.05 Uhr ab Phra Athit Pier) auf dem Menam Chao Phraya zum Royal Folk Arts & Crafts Center in Bang Sai, nach Bang Pa In und zum Wat Phailom für 390 Baht, Rückkehr gegen 18 Uhr.

So um 9 Uhr fährt ein anderes Boot ab Maharaj Pier nach Ko Kred, zu zwei Tempeln mit schönen

Wandmalereien, dem Wat Poramaiyikawas aus der Ayutthaya-Periode und dem jüngeren Wat Chalermprakiet, einer Töpferei in einem Mon-Dorf und zum Ban Khanom (Süßigkeitenhaus) für 220 Baht.

Tgl. um 8 Uhr fahren folgende Luxusschiffe zu einer Tagestour nach Ayutthaya und Bang Pa In ab. Im relativ hohen Preis um 2000 Baht ist ein kaltes Buffet auf dem Schiff enthalten.

River Sun Cruise, ✆ 02-2669316, ab River City Shopping Complex.

New Horizon Cruise, ✆ 02-2369952, ab Shangri-La Hotel.

Weitere Möglichkeiten für Flusstouren bieten die Restaurant- und großen Ausflugsboote, die meist auf dem Menam Chao Phraya flussaufwärts fahren.

A Chao Phraya Chartered Co., 2 Ratchawong Rd., ✆ 02-6227657-61, 🖳 www.wanfah.com, veranstaltet tgl. von 14.30–16.30 Uhr für 450 Baht Touren ab River City mit dem Speedboat zu einer Reisbarke, auf der Früchte und Drinks serviert werden.

Mekhala, ✆ 02-6519101, 📠 6519766, 🖳 www.ewsiam.com, Fahrt auf einer der umgebauten Reisbarken der *Mekhala*-Flotte für max. 42 Passagiere inkl. einer Übernachtung auf dem Schiff und Essen ab 5680 Baht.

TOUREN MIT DER EISENBAHN – Die ***State Railway of Thailand*** bietet Touren mit der Bahn an. Buchungen im ***Advance Booking Office*** im Hauptbahnhof Hua Lamphong, ✆ 02-2233762, ⏲ tgl. 8.30–16 Uhr. Tagesfahrten von 6.30–19.35 Uhr werden über Kanchanaburi nach Nam Tok angeboten sowie nach Cha-am Beach und Hua Hin, auch Wochenendtouren inkl. Übernachtung.

Transport – Anreise

BUSSE UND EISENBAHN – Nähere Infos am jeweiligen Abfahrtsort sowie im Kapitel Weiterreise.

FLÜGE – (Weiterreise s.S. 184) Bis Anfang 2006 landen alle Maschinen noch am (Don Muang) Bangkok International Airport, 22 km (via Expressway) nördlich der City, ✆ 02-5351111 (Information ✆ 02-5351254), 🖳 www.airportthai.co.th. Der Domestic Terminal liegt 500 m stadteinwärts von den beiden Internationalen Terminals 1 und 2, ✆ 02-5351253. Ein kostenloser Bus pendelt alle 15 Min. von 5.20–23 Uhr zwischen beiden Abfertigungshallen. In Stoßzeiten kann er sehr voll sein, dann nimmt man besser den Fußweg über die überdachte Überführung.

In allen Flughafengebäuden gibt es Wechselstuben – z.B. die ***Thai Military Bank*** und ***Krung Thai Bank*** (⏲ tgl. 6.30–24 Uhr, reelle Kurse), Wechselautomaten für Bargeld (bei der Gepäckausgabe), ein Postamt (in den Abflughallen, ⏲ 24 Stunden, in der Ankunftshalle ⏲ 9–17 Uhr, hier können am Kartentelefon oder über die Vermittlung internationale Ferngespräche geführt werden) –, außerdem die Gepäckaufbewahrung, ✆ 02-5351250 (⏲ rund um die Uhr, pro Gepäckstück und 24 Std. 70 Baht, max. 3 Monate), die Zimmervermittlung (Ankunftshalle, nur wenige preiswertere Hotels und teilweise schlechte, überteuerte Angebote), ein Tourist Office (✆ 02-5238972, Ankunftshalle Terminal 1 und 2, nur Broschüren, ⏲ tgl. 8–24 Uhr) und den Airport Transport Service. Schon vor der Immigration gibt es Telefone, die mit Kreditkarten bedient werden (z.B. Visa, Amex), aber teuer sind. Vorsicht ist vor Schleppern geboten, die Neulingen überteuerte Touren und Transportmittel in die Stadt und andere Orte aufschwatzen wollen.

Transport nach Bangkok: Im nationalen und internationalen Airport werden am Schalter des Airport Transport Service nahe dem Ausgang **Taxis** vermittelt, die 50 Baht Aufschlag verlangen. Ankommende Taxis, die vor dem Departure-Eingang (Ebene 3) Fahrgäste absetzen, dürfen offiziell keine Gäste aufnehmen. Sie kosten ohne Aufschlag 250–300 Baht. Immer darauf achten, dass das Taxameter eingeschaltet ist, da die Fahrer ansonsten horrende Preise verlangen.

Busse des **Airport Bus**-Service, ✆ 02-9951252-4, fahren für 100 Baht etwa von 5 Uhr bis Mitternacht alle 20–60 Min. am ausgeschilderten Stand vor dem nationalen und den beiden internationalen Terminals ab, wo englischsprachige Hostessen behilflich sind. Nr. 1 fährt über die Ratchadamri Rd. zur Silom Rd., Nr. 2 zur Khaosan Rd. und zum Sanam Luang, Nr. 3 die Sukhumvit Rd. hinauf bis Ekamai (Eastern Bus Terminal) und Charn Issara Tower II und Nr. 4 über den Siam Square zum Hauptbahnhof.

Der neue **Suvarnabhumi Airport**, 💻 www.suvarnabhumiairport.org, soll im Frühjahr 2006 seinen Betrieb aufnehmen. Er liegt 30 km außerhalb, östlich der Outer Ring Road zwischen Buraphawithi Expressway (H34 nach Chonburi) und dem Motorway H7 in der Provinz Samut Prakan. Das US$3,7 Milliarden teure Großprojekt ist für 45 Mill. Passagiere pro Jahr und 112 Flüge pro Stunde ausgelegt. Auch das Großraumflugzeug A380 wird hier landen können.
Die geplante 28 km lange Skytrain-Verbindung nach Bangkok wird voraussichtlich noch bis 2008 auf sich warten lassen. Dann wird der Airport Express non-stop in 14 Min. zum Makkasan Terminal, östlich der jetzigen Skytrain-Station Phaya Thai, fahren, wo für die Weiterreise auch das Gepäck eingecheckt werden kann. Zudem wird ein langsamerer Zug der City Line an 8 Stationen entlang der Strecke halten. Vor dem Terminal wird ein großes Airport Hotel gebaut.

Stadtbusse sind die billigste und langsamste Möglichkeit, nehmen aber niemanden mit viel Reisegepäck mit. Vor allem von 6.30–10 und 15.30–20 Uhr sind sie nicht zu empfehlen. Von der Bushaltestelle an der Hauptstraße (ca. 400 m links vom Hauptausgang der Internationalen Ankunftshalle) fahren sie für 7 Baht (non-ac) bzw. 20 Baht (ac) in 1 1/2–2 1/2 Std. in die Innenstadt. Am späten Abend fahren statt der Busse Minibusse. Nr. 29 fährt zum Hauptbahnhof, Nr. 59 zum Sanam Luang, ac-Bus Nr. 4 zur Silom Rd. und Nr. 13 zum Eastern Bus Terminal.
Bequemer und preiswert ist die **Eisenbahn** ab dem Don Muang-Bahnhof gegenüber dem Internationalen Airport (ab Ebene 2 über die Überführung Richtung Amari Airport Hotel laufen). Sie braucht ca. 45 Min. über Bang Sue (Anschluss an die U-Bahn) und Samsen zum Hauptbahnhof. Lokale Züge fahren etwa 20x tgl. v.a. während der Rushhour und kosten 5–10 Baht, der Rapid um 2.08, 3.07, 4.50, 11.33, 14.45, 16.33, 17.58 , 18.33 und 20.20 Uhr mit Aufschlag 45 Baht und der Express um 5 und 6.29 Uhr 65 Baht – Tickets im Zug 10 Baht Aufschlag. Vom Hauptbahnhof zur Phra Athit Rd. (Khaosan) mit Bus Nr. 53, zur Haltestelle nach links und gleich wieder links gehen. Zur Sukhumvit Rd. und der Gegend südlich des Lumpini Parks mit der U-Bahn.

In andere Städte: Nach **Pattaya** fahren Busse von Thai Airways für 250 Baht um 9, 12 und 19 Uhr, eine Limousine für 1500 Baht.
Nach **Ayutthaya** mit der Eisenbahn in ca. 1 Std. für 15 Baht (Rapid 55, Express 75 Baht); Abfahrt etwa 50 Min. später als am Hauptbahnhof (siehe Weiterreise).
Nach **Norden** Richtung Chiang Mai: Tickets für die Nachtzüge gibt es im Station Office von Don Muang, falls noch freie Plätze vorhanden sind. Auch einige Busse in den Norden und Nordosten halten am Airport.

Transport – Weiterreise

BACKPACKER-BUSSE – Viele Reisebüros verkaufen Bustickets zu beliebten Touristenzielen. Einige Traveller fühlten sich bei diesen Touren abgezockt, da ihnen z.B. am Zielort eine Unterkunft oder eine Tour aufgedrängt wurde. Andere fanden es sehr bequem, abgeholt zu werden und sich damit die Fahrt zum Busbahnhof zu ersparen sowie das auf Touristen abgestellte Videoprogramm statt der ansonsten üblichen Horrorstreifen zu genießen. Die Busse über Surat Thani auf die Inseln haben oft „Verspätung", damit die Traveller das erste Boot verpassen und im Coffeeshop des Veranstalters erst mal kräftig frühstücken. Zudem sind sie wegen Diebstahlgefahr nicht zu empfehlen. In einigen Hotels werden überteuerte VIP-Bustickets verkauft, die den Mehrpreis nicht lohnen.
Folgende Preise schwanken sehr stark und können nur als Anhaltspunkt dienen.
CHIANG MAI 350 Baht
HUA HIN 300 Baht
KANCHANABURI 100–150 Baht
KO CHANG 300–350 Baht
KO LANTA 680–800 Baht
KO SAMET 300 Baht
KO SAMUI 450–680 Baht
KO PHA NGAN 500–600 Baht
KO TAO 650–900 Baht
KRABI 400–600 Baht
PHUKET 550–700 Baht
SUKHOTHAI 250–400 Baht

Minibusse in die Nachbarländer:
KUALA LUMPUR 1400 Baht
PENANG (Butterworth) 730–1000 Baht
SINGAPORE 1500 Baht
VIENTIANE (Laos) um 7 Uhr ab Khaosan Rd. für 450 Baht in 14 Std.
SIEM REAP (Angkor, Kambodscha) um 6.30 Uhr ab Khaosan Rd. für 550–700 Baht über Aranyaprathet in 10–12 Std., Billigangebote über Kap Choeng/O'Smach in 12–17 Std. Vor der Buchung sollte man sich über die Art des Busses, die im Preis inbegriffenen Mahlzeiten informieren und die Preise vergleichen. Auf der thailändischen Seite werden zumeist recht komfortable Busse eingesetzt. In Kambodscha sind allerdings bisher nur wenige richtige Busse im Einsatz, so dass die Strecke auf der Pritsche eines überfüllten Pickups zurückgelegt wird. Es scheint, dass vielfach unerfahrene Busfahrer eingesetzt werden. In jedem Fall ist mit langen Wartezeiten und einer unbequemen Reise zu rechnen (s.S. 253, Aranyaprathet). Visa können bereits in Bangkok organisiert oder zum gleichen Preis an der Grenze beantragt werden.

BUSSE – Mit Ausnahme einiger ac- und Minibusse fahren die meisten von 3 Busbahnhöfen ab. Bereits 30 Min. vor Abfahrt dort sein, da Busse, die voll sind, auch früher losfahren.

Richtung Ostküste: Ekamai (Eastern) Bus Terminal, Sukhumvit Rd., gegenüber Soi Ekamai, ✆ 02-3912504, 3918097. Gepäckaufbewahrung: 35 Baht pro Gepäckstück, ⌚ So–Fr 8–20 Uhr, Sa bis 18 Uhr. Anreise mit dem Skytrain oder Stadtbussen, s.S. 177f.
1.Kl. ac-Busse / 2.Kl. ac-Busse / non-ac-Busse nach: BAN PHE, 189 km, Fährhafen für Ko Samet, etwa stündlich bis 19 Uhr für 124 Baht / – / – in 3 1/2 Std.
CHANTABURI, 239 km, alle 30 Min. bis 24 Uhr für 148 Baht / 8x tgl. für 144 Baht / – in 4 Std.
PATTAYA, 136 km, alle 40 Min. von 5–23 Uhr für 90 Baht / alle 15 Min. bis 21 Uhr für 73 Baht / – in 2 3/4 Std. Weitere ac-Busse ab Mo Chit (Northern Bus) Terminal, ab Airport und den großen Hotels.
TRAT, 317 km, 9x tgl. für 189 Baht / 8x tgl. bis 17.30 und um 24 Uhr für 147 Baht / um 5.30, 8 und 14.30 Uhr für 126 Baht sowie um 7 Uhr für 105 Baht, VIP-32 6x tgl. für 221 Baht in 5 Std.

Richtung Norden und Nordosten: Mo Chit (Northern Bus) Terminal, Kamphaengphet 2 Rd., westlich der Straße zum Airport, ✆ 02-9362841-8. BTS Mo Chit (Exit 4), U-Bahn Kamphaeng Phet oder Stadtbus bis Suan Chatuchak (Weekend Market) und weiter mit dem Taxi oder Motorradtaxi zum Mo Chit für unter 50 Baht. Busse zum Terminal s.S. 178f.
Am Busbahnhof Restaurants, eine Information, die ihren Namen nicht verdient, und eine Gepäckaufbewahrung (20 Baht pro Stück und Tag).
1.Kl. ac-Busse / 2.Kl. ac-Busse / non-ac-Busse nach:
ARANYAPRATHET (Grenzübergang nach Kambodscha), 269 km, alle 30–60 Min. bis 17.30 Uhr für 164 Baht sowie 7x tgl. bis 18 Uhr für 180 Baht / 8x tgl. bis 17.30 Uhr für 140 Baht sowie um 7, 10.30 und 13 Uhr für 167 Baht / – in 4 Std.
AYUTTHAYA, 76 km, alle 20 Min. bis 20.30 Uhr für 52 Baht / alle 30–90 Min. bis 18 Uhr über Bang Pa. In für 52 Baht sowie direkt alle 15 Min. bis 19.20 Uhr für 41 Baht in 2 Std.
CHIANG KHONG (Grenzübergang nach Laos), 875 km, um 19 und 19.15 Uhr für 491 Baht / um 9, 18.50, 19.40, 20 und 20.10 Uhr für 382 Baht / um 18 und 19 Uhr für 273 Baht; VIP-24 um 19.30 Uhr für 760 Baht; VIP-32 um 7 und 19 Uhr für 573 Baht in 13 Std.
CHIANG MAI, 713 km, alle 15–60 Min. von 6.30–10.40 und 13–22.20 Uhr für 403 Baht / 15x tgl. für 314 Baht / um 9.10, 13.25, 19 und 22 Uhr für 224 Baht; VIP-24 um 9 Uhr und 7x zwischen 19.30 und 21.30 Uhr für 625 Baht; VIP-32 um 6.45 und 9.15 sowie 10x von 19.30–21 Uhr für 470 Baht in 10 Std.
CHIANG RAI, 844 km, um 7 und 18.50 Uhr für 475 Baht und 8x von 17.30–20.15 Uhr für 452 Baht / um 7, 16 und 19 Uhr für 370 Baht und um 7, 16, 17, 19.10 und 21.30 Uhr für 351 Baht / um 8.30 und 7x von 15.30–20.30 Uhr je nach Strecke für 251/264 Baht; VIP-24 4x von 19.15–20.30 Uhr für 700 Baht in 11 Std.
KHON KAEN, 444 km, viele von 8–23.30 Uhr für 212/259 Baht / um 14.30, 15.30, 19.30, 21 und 22.30 Uhr für 202 Baht / um 8.40, 20.40 und 21.45 Uhr für 144 Baht; VIP-24 um 20.15 Uhr für 545 Baht, VIP-32 häufig von 8–11 und 20.30–23.30 sowie um 14 und 16 Uhr für 302 Baht in 6 1/2 Std.

KORAT, Nakhon Ratchasima, 256 km, laufend bis 24 Uhr für 157 Baht / alle 30 Min. für 122 Baht / etwa stündlich bis 17.30 Uhr für 87 Baht in 3 1/2 Std.
LAMPANG, 610 km, 5x von 8–11.30 und 6x von 19.50–21.10 Uhr für 347 Baht / um 18.50, 19 und 21.40 Uhr für 270 Baht / um 6.25, 13.05, 20 und 22.05 Uhr für 193 Baht; VIP-24 um 19, 20 und 21.30 Uhr für 540 Baht; VIP-32 um 20.30 und 21 Uhr für 405 Baht in 8 Std.
LOPBURI, 153 km, alle 20 Min. bis 20.30 Uhr für 101 Baht / alle 20 Min. bis 20.30 Uhr für 78 Baht / – in 3 Std.
MAE HONG SON, 928 km, um 18 Uhr für 569 Baht / um 20.50 Uhr für 342 Baht / um 14.30 Uhr für 316 Baht in 16 Std.
MAE SAI, 887 km, um 8, 19.30, 19.45, 19.55 und 20 Uhr für 481 Baht / um 18.05 und 20.30 Uhr für 374 Baht / um 16.20 Uhr für 267 Baht / –; VIP-24 um 7.30, 19, 19.40 und 20 Uhr für 745 Baht; VIP-32 um 19 Uhr für 561 Baht in 11–12 Std.
MAE SOT, 520 km, um 9, 21, 22.15 und 22.20 Uhr für 299 Baht / um 8, 19.15, 20.50, 22 und 22.20 Uhr für 241 Baht / um 20.20 und 21 Uhr für 172 Baht; VIP-24 um 21.30, 22, 22.30 und 22.40 Uhr für 465 Baht in 8 Std.
NAKHON PHANOM (Grenzübergang nach Laos), 727 km, um 8.30 und 19 Uhr für 410 Baht, von 18.15–20.15 Uhr über Udon für 459 Baht / um 6, 16.30, 17.30, 19 und 20.30 Uhr für 319 Baht, um 21.30 Uhr über Udon für 357 Baht / um 18, 21 und 22.30 Uhr für 228 Baht; VIP-24 um 19, 19.40 und 20.15 Uhr für 635 Baht; VIP-32 um 19.15 und 20.15 Uhr für 479 Baht in 11 Std.
NAKHON SAWAN, 237 km, alle 60–90 Min. von 5.30–18 Uhr für 146 Baht / um 10.10 und 15 Uhr für 113 Baht / alle 30–90 Min. bis 22 Uhr für 81 Baht in 3 1/2 Std.
NAN, 677 km, um 8.30 und zwischen 20 und 21 Uhr für 383/425 Baht / um 7.40, 18.20 und 20.20 Uhr für 301/330 Baht / um 7.40, 15.30, 16.40, 18, 18.40 und 21.30 Uhr für 215/234 Baht; VIP-24 um 19, 20 und 20.40 Uhr für 595 Baht in 8 1/2 Std.
NONG KHAI (Grenzübergang nach Laos), 614 km, um 8.30, 20.30, 21 und 21.15 Uhr für 351 Baht / um 7.50, 9.30, 19.45 und 20.40 Uhr für 251/273 Baht / um 7.05, 8, 11.05, 17.35, 21 und 21.30 Uhr für 195 Baht; VIP-24 um 20.15, 20.30 und 21 Uhr 545 Baht in 9–10 Std.
PATTAYA, 141 km, alle 2 Std. von 9.30–16.30 und um 18 Uhr für 97 Baht / um 6, 6.20, 16.40 und 18.20 Uhr für 76 Baht / – in 2 Std., günstig für den Transit aus dem Norden zur Ostküste, weitere Busse ab Ekamai (Eastern) Bus Terminal.
PHITSANULOK, 368 km, 18x tgl. bis 23.30 Uhr für 218 Baht / um 8.10, 12.30, 14 und 22.50 Uhr für 169 Baht / 4x tgl. bis 12 Uhr für 121 Baht; verschiedene VIP-24 Richtung Norden (Chiang Rai, Phrae, Nan…) für 335 Baht in 5 1/2 Std.).
SUKHOTHAI, 440 km, um 10, 22.10 und 22.20 Uhr für 256 Baht / um 9.20, 12, 14, 21 und 22 Uhr für 199 Baht / um 7.55 und 13.25 Uhr für 142 Baht in 7 Std.
Direkt nach Alt-Sukhothai zum gleichen Preis um 9.45, 10, 12.30, 14 und 20 Uhr / – / 8.15, 21 und 21.10 Uhr.
SURIN, 428 km, 7x tgl. bis 23 Uhr für 250 Baht / 9x von 7–14 und 10x von 17–23.50 Uhr für 204 Baht / –; VIP-24 um 22 Uhr für 385 Baht in 6–7 Std.
THREE PAGODA PASS (via Sangkhlaburi und Thong Pha Phum), um 6 und 8 Uhr für 220 Baht / um 5 und 9.30 Uhr für 171 Baht / – in 6–7 Std.
UBON, 614/675 km, um 8.30, 9.30, sowie häufig zwischen 19.45 und 22 Uhr je nach Route für 356/369/385 Baht / etwa stündlich außer mittags bis 23.40 Uhr für 297/300 Baht / –; VIP-24 um 21 Uhr für 570 Baht, um 8.30 und 20 Uhr für 535 Baht; VIP-32 um 8.15 und 9.30 und oft von 19.30–21.30 Uhr für 431 Baht, in 9 Std.
UDON THANI, 561 km, etwa stündlich außer gegen 19 Uhr bis 23 Uhr für 322 Baht / um 18.10 und 22.30 Uhr für 251/254 Baht / 7x tgl. bis 23.50 Uhr für 179 Baht; VIP-24 um 21.30 und 22 Uhr für 500 Baht in 8 Std.

Richtung Süden und Westen: Southern Bus Terminal südlich vom Hwy 338, an der Auffahrt der Borom Ratcha Chonni Rd., ✆ 02-4351200.
Anreise mit dem Stadtbus s.S. 178f. – 1.Kl. ac-Busse / 2.Kl. ac-Busse / non-ac-Busse nach:
CHUMPHON, 468 km, um 14, 21.30, 21.40 und 22 Uhr für 272 Baht / um 4, 5, 6 und 21 Uhr für 211 Baht / – in 7 Std.
DAMNOEN SADUAK, 97 km, alle 15 Min. von 6–21.10 Uhr für 65 Baht / – / – in 2 Std.
HAT YAI, 954 km, von 7–7.40 und 15.30–20.30 Uhr für 535/567 Baht / um 7, 17 und 21.45 Uhr für 416 Baht / –; VIP-24 um 16.30 und 18 Uhr für

830 Baht; VIP-32 um 20.20 Uhr für 624 Baht in 14–15 Std.
HUA HIN, 201 km, alle 20 Min. bis 22.20 Uhr für 128 Baht / alle 30 Min. bis 17.30 Uhr für 99 Baht / um 7 Uhr für 71 Baht in 3 1/2 Std.
KANCHANABURI, 129 km, alle 20 Min. bis 22 Uhr für 79 Baht / alle 20 Min. bis 21.30 Uhr für 62 Baht / – in 2 1/2–3 Std.
KO SAMUI, 779 km, über Surat Thani (s.u.) oder direkt um 19.30 und 20 Uhr für 430 Baht / um 19.30 und 20.30 Uhr für 337 Baht / –; VIP-24 um 7, 19.30 und 20.20 Uhr für 660 Baht in 13–14 Std.
KRABI, 867 km, um 7.30, 19, 19.30 und 20 Uhr für 459 Baht / um 7.30, 19, 19.30 und 20 Uhr für 357 Baht / um 19.30 und 21 Uhr für 255 Baht; VIP-24 um 18 und 18.30 Uhr für 710 Baht in 12 Std.
NAKHON PATHOM, 46 km, alle 10 Min. bis 22.30 Uhr für 40 Baht / alle 20 Min. bis 21.30 Uhr für 20 Baht / – in 1 1/2 Std.
NAKHON SI THAMMARAT, 805 km, um 9 Uhr und alle 30 Min. von 18–20.30 Uhr für 454 Baht / um 6.40, 16.30, 18, 20 und 22 Uhr für 353 Baht / um 23 Uhr für 252 Baht; VIP-24 um 17.15 und 19 Uhr für 705 Baht in 12 Std.
PHANG NGA, 815 km, um 19 und 19.30 Uhr für 441/459 Baht / um 6.30 und 19 Uhr für 389 Baht / –; VIP-24 um 18.30 Uhr für 685 Baht in 12 Std.
PHETCHABURI, 135 km, bis 21 Uhr alle 30 Min. für 90 Baht / alle 20 Min. bis 18 Uhr für 70/ 80 Baht / – in 2 Std.
PHUKET, 891 km, 9x tgl. von 17.30–20 Uhr für 486/500 Baht / um 7, 9.30, 14, 16, 17, 20 und 22.30 Uhr für 389 Baht / um 5 Uhr für 278 Baht; VIP-24 um 7.30, 17.30, 18 und 18.30 Uhr für 755 Baht; VIP-32 um 19.45 Uhr für 567 Baht in 13 Std.
PRACHUAP KHIRI KHAN, 292 km, von 8–13 Uhr alle 20 Min. und 6x zwischen 14.30 und 22.30 Uhr für 176 Baht / bis 20 Uhr alle 20 Min. für 137 Baht/ stündlich bis 20 Uhr für 98 Baht in 5 Std.
RANONG, 583 km, um 9, 9.10, 20.20, 20.30 und 21 Uhr für 333 Baht / um 8.50, 13.50, 17.30 und 19.30 Uhr für 259 Baht / um 20.50 Uhr für 185 Baht; VIP-24 um 20 Uhr für 515 Baht in 10 Std.
RATCHABURI, 96 km, alle 15 Min. bis 22.30 Uhr für 74 Baht / alle 15 Min. bis 21 Uhr für 52/ 57 Baht / stündlich für 41 Baht in 1 1/2 Std.
SUNGAI GOLOK (malaysische Grenze), 1266 km, um 18 Uhr für 702 Baht / um 21 Uhr für 546 Baht / –; VIP-24 um 17.15 Uhr für 1090 Baht in 17 Std.
SURAT THANI, 668 km, von 9–9.30 und 20–20.30 Uhr für 380 Baht / um 9.30, 10.50 und 20.45 Uhr für 295 Baht / um 9.20 und 23 Uhr für 211 Baht; VIP-24 um 19 und 19.30 Uhr für 590 Baht in 10 Std.
TAKUA PA (umsteigen nach Khao Lak oder Khao Sok), 757 km, um 18.50 und 19 Uhr für 427 Baht / – / –; VIP-32 um 18.30 Uhr für 498 Baht.
TRANG, 862 km, um 7, 19, 19.50 und 20 Uhr für 484 Baht / um 7.30, 17 und 19 Uhr für 377 Baht / –; VIP-24 um 19 und 19.30 Uhr für 750 Baht in 12–13 Std.

EISENBAHN – Von **Hua Lamphong**, dem Hauptbahnhof, ✆ 02-2237010, fahren die meisten Züge Richtung Norden, Nordosten, Osten und Süden. Verbindungen mit der U-Bahn sowie Stadtbussen s.S. 178f. Richtung Kanchanaburi / River Kwae sowie langsame Züge in den Süden ab Bahnhof in **Bangkok Noi**. Dort starten die Züge von der New Station, 2 km westlich vom alten Bahnhofsgebäude, zu der ein kostenloser Shuttle in 5 Min. fährt. Frühzeitig da sein, denn in Thonburi können Tickets nur am Abfahrtstag gekauft werden.
Tickets erhält man bis zu 60 Tage vor der Abreise im ***Advance Booking Office*** im Hauptbahnhof Hua Lamphong, ✆ 02-2220175, 2204272, 2204268, ⌚ tgl. 8.30–16 Uhr, danach sind Buchungen an den Schaltern 2–11 möglich. Kreditkarten werden akzeptiert. Tickets gibt es auch in jedem anderen thailändischen Bahnhof mit Computer-Reservierungssystem. Für zurückgegebene, nicht genutzte Tickets werden 50% und ab dem 5. Tag nur 20% des Fahrpreises zurückerstattet, Umbuchungen kosten 100 Baht. Wer vorhat, viele Langstrecken mit der Bahn zurückzulegen, kann sich den Thailand Rail Pass besorgen (s.S. 52). Reservierungen sind vor allem für den Zug nach Butterworth zu empfehlen und aus dem Ausland per Brief mit Bankscheck möglich. Sitzplätze werden nur bis zur Grenze reserviert. Adresse: ***Passenger Division,*** Bangkok Railway Station, Bangkok 10330, Thailand.
Im Informationsbüro im Bahnhof neben dem Food Court sind, falls vorhanden, Fahrpläne erhältlich, Fahrplanauskunft rund um die Uhr ✆ 02-2204334 und unter 💻 www.railway.co.th/Eng/. Die englischsprachigen Anzeigetafeln in der Haupthalle erleichtern die Orientierung.

Die Touristenpolizei von Bangkok warnt:

1. Nie Wertsachen unbeaufsichtigt lassen.
2. Das Personal darf nur zu zweit sein.
3. Bus-Nummer notieren, vom Ticket eine Fotokopie behalten.
4. Beim Schlafen die Wertsachen sicher verwahren (selbst ein Bauchgurt ist nicht immer sicher!).
5. Kein Essen oder Getränk von Unbekannten annehmen.
6. Im Falle eines Diebstahls die Touristenpolizei unter ✆ 1699 benachrichtigen.

Mehrere Restaurants sorgen für das leibliche Wohl. Weiterhin gibt es im Bahnhof eine Gepäckaufbewahrung, ⌚ tgl. 4–23 Uhr, pro Gepäckstück und Tag 20/30 Baht (keine Wertsachen im Gepäck lassen), und ein Postamt, ⌚ tgl. 7–19 Uhr. Kalte Duschen können für 10 Baht in der Bahnhofshalle hinter der Information genutzt werden. Außer den folgenden Zügen fahren langsame Personenzüge (ORD.), die auch in kleineren Orten halten, aber auf englischsprachigen Fahrplänen nicht aufgelistet werden. Informationen über die Abkürzungen, Ausstattung, Zuschläge und Art der Züge s.S. 50.
Die neueste Preiserhöhung konnte nicht mehr berücksichtigt werden.

Richtung Norden: Fahrzeit und Fahrpreis ohne Zuschläge in der 1. / 2. / 3. Klasse:
AYUTTHAYA (kein Sprinter), etwa 1 1/2 Std., 66 / 35 / 15 Baht.
BANG PA IN, ca. 1 1/4 Std., 54 / 28 / 12 Baht.
CHIANG MAI, 11–14 1/2 Std., 593 / 281 / 121 Baht.
DEN CHAI, 7–11 Std., 431 / 207 / 90 Baht.
DON MUANG AIRPORT, etwa 45 Min., – / 11 / 5 Baht.
LAMPANG, 9–12 Std., 512 / 244 / 106 Baht.
LAMPHUN, 11–13 1/2 Std., 575 / 273 / 118 Baht.
LOPBURI, 2–3 Std., 123 / 64 / 28 Baht.
NAKHON SAWAN, 3 1/2–5 Std., 218 / 110 / 48 Baht.
PHICHIT, 4 1/2–8 Std., 294 / 145 / 63 Baht.
PHITSANULOK, 5–9 Std., 324 / 159 / 69 Baht.
UTTARADIT, 6–9 1/2 Std., 394 / 190 / 82 Baht.
Abfahrtszeiten der Züge bis:
Chiang Mai um 6 (RAP.), 8.30 (EXP.SP.DRC.), 14.30 (RAP.), 18 (EXP.SP.), 19.25 (EXP.SP.), 19.40 (EXP.SP.), und 21.30 Uhr (EXP.).
Sawankhalok um 9.30 Uhr (EXP.SP.DRC.).
Phitsanulok um 9.32 Uhr (ORD. ab Don Muang).
Uttaradit um 19.05 Uhr (RAP.).
Den Chai, bei Phrae, um 7 (RAP.) und 19.40 Uhr (RAP.).
Zudem fahren weitere langsame Personenzüge (ORD).

Richtung Nordosten: Fahrzeit und Fahrpreis ohne Zuschläge in der 1. / 2. / 3. Klasse:
KHON KAEN, ca. 8 Std., 368 / 179 / 77 Baht.
KORAT (Nakhon Ratchasima), 5–6 Std., 230 / 115 / 50 Baht.
NONG KHAI, 10 1/2–11 1/2 Std., 497 / 238 / 103 Baht.
PAK CHONG (kein EXP. DRC. und SPC. DRC.), 3 1/2–4 1/2 Std., 161 / 82 / 36 Baht.
SURIN (z.T. keine EXP. DRC.), 6–9 1/2 Std., 346 / 169 / 73 Baht.
UBON, 10–13 Std., 460 / 221 / 95 Baht.
UDON, 8–10 1/2 Std., 457 / 219 / 95 Baht.
Die Züge Richtung Nordosten fahren auf 2 verschiedenen Linien: Die Ubon-Linie führt über Pak Chong, Korat und Surin, die Nong Khai-Linie über Khon Kaen und Udon. Nur die Sprinter Richtung Nong Khai fahren über Korat. Beide Linien halten in Ayutthaya und Saraburi.
Abfahrtszeiten der Züge bis:
Ubon um 5.45 (ESP.SP.DRC.), 6.40 (RAP.), 15.20 (RAP.), 18.45 (RAP.), 21 (EXP.), 22.40 (RAP.) und 23.40 Uhr (RAP.).
Nong Khai um 5.50 (RAP.), 18.30 (RAP.), 20 (EXP.DRC.) und 20.45 Uhr (EXP.).
Udon um 8.20 Uhr (EXP.DRC.).
Surin um 12.32 ab Don Muang (DRC.)
Sikhoraphum via Surin um 21.50 Uhr (EXP.DRC.)
Außerdem mehrere Personenzüge (Ord.).
Richtung Osten: Fahrzeit und Fahrpreis nur 3. Klasse:
ARANYAPRATHET, ca. 5 1/2 Std., 48 Baht.
CHACHOENGSAO, ca. 1 1/2 Std., 13 Baht.
KABINBURI, 3 1/2–5 Std., 33 Baht.
PATTAYA, ca. 3 Std., 31 Baht.
PRACHINBURI, 2 1/2–3 Std., 26 Baht.
Abfahrtszeiten der Züge (nur DRC.) bis:
Pattaya und Ban Plutaluang um 6.55 Uhr.
Prachinburi um 17.40 Uhr.

Vorsicht

Im und um den Bahnhof gibt es neben den mit Namensschildern versehenen hilfsbereiten Hostessen auch selbst ernannte Tourist Guides privater Reisebüros, die vorgeben, Lizenznehmer der staatlichen Tourist Information zu sein. Mit der Begründung, die Züge seien ausgebucht, verkaufen sie überteuerte Bustickets, Trekkingtouren und Zimmer. Zudem hat es in einem Reisebüro gegenüber dem Bahnhof Betrügereien mit Kreditkarten gegeben, und ein anderes Büro in der Rong Muang Rd. hat völlig überhöhte Preise für Zimmerbuchungen verlangt. Bei Problemen wendet man sich an die Tourist Police, die im Wartesaal patrouilliert.

Kabinburi um 8 und 15.20 Uhr, ab Makkasan Station um 11.50 Uhr.
Aranyaprathet um 5.55 und 13.05 Uhr.

Richtung Westen: Fahrzeit und Fahrpreis nur 3. Klasse: KANCHANABURI, 2 1/2–4 Std., 28 Baht.
NAM TOK, 4 1/2 Std., 41 Baht, Touristenzug Nr. 257 für 100 Baht.
Abfahrtszeiten der Züge nach Nam Tok (River Kwae) über Nakhon Pathom und Kanchanaburi um 7.45 und 13.50 Uhr vom Bahnhof in Thonburi. Da alle Züge Richtung Süden auch in Nakhon Pathom halten, kann man dort umsteigen, ohne nach Bangkok fahren zu müssen.
Richtung Süden: Fahrzeit und Fahrpreis ohne Zuschläge in der 1. / 2. / 3. Klasse:
BANG SAPHAN YAI, 6 1/2 Std., 327 / 160 / 69 Baht.
CHUMPHON, 7–8 Std., 394 / 190 / 82 Baht.
HAT YAI, 16 Std., 734 / 345 / 149 Baht.
HUA HIN, 3–4 Std., 202 / 102 / 44 Baht.
KANTANG (keine EXP.), 16 Std., 678 / 320 / 138 Baht.
NAKHON PATHOM, ca. 1 Std., 60 / 31 / 14 Baht.
NAKHON SI THAMMARAT, 15 Std., 652 / 308 / 133 Baht.
PADANG BESAR, 17 Std., 767 / 360 / 156 Baht.
PHETCHABURI, 3 Std., 153 / 78 / 34 Baht.
PRACHUAP KHIRI KHAN, 4 1/2–5 1/2 Std., 272 / 135 / 58 Baht.
SUNGAI GOLOK, 20 Std., 893 / 417 / 180 Baht.
SURAT THANI, 9–11 Std., 519 / 248 / 107 Baht.
TRANG (z.T. keine EXP.), 15 Std., 660 / 311 / 135 Baht.
YALA, 18 Std., 815 / 382 / 165 Baht.
Von Thung Song führt eine Stichlinie über Trang nach Kantang, südwestlich von Trang. Eine weitere Stichlinie zweigt in Hat Yai ab und führt über Yala zur malaysischen Grenze (Sungai Golok). Die Hauptlinie verläuft von Hat Yai über Padang Besar (Grenzort) nach Butterworth.
Die Abfahrtszeiten der Züge von Hua Lamphong nach:
Butterworth (= Penang in Malaysia) um 14.45 Uhr (internationaler Express),
Sungai Golok (malaysische Grenze) um 13 (RAP.) und 15.15 Uhr (EXP.SP.),
Yala um 15.50 Uhr (RAP.) und 22.50 Uhr (EXP.SP.DRC.),
Kantang um 18.20 Uhr (RAP.),
Trang um 17.05 Uhr (EXP.),
Nakhon Si Thammarat um 17.35 (RAP.) und 19.15 Uhr (EXP.),
Surat Thani um 7.45 (Sprinter) und 22.50 Uhr (EXP.SP.DRC.).
Zudem fahren weitere Personenzüge (ORD.) .
Nach Ko Samui, Ko Pha Ngan und Ko Tao bis Surat Thani. Hier warten am Bahnhof auch Anschlussbusse nach Krabi. Nach Ko Tao mit den Zügen um 19.15 und 22.50 Uhr bis Chumphon.
Der Luxuszug **Eastern & Oriental Express** verkehrt mehrmals monatlich zwischen Bangkok, Singapore, Nam Tok (Brücke am Kwai) und Chiang Mai. Informationen in Bangkok ✆ 02-2168661, in Deutschland unter ✆ 02-0221-3380300, 💻 www.orient-express.com. Er kostet nach Chiang Mai mindestens 900 € und nach Kuala Lumpur 1000 €.

FLÜGE – Alle folgenden Angaben gelten noch für den Bangkok International Airport in Don Muang: Auskunft allgemein ✆ 02-5351111; Auskunft internationale Flüge: Abflug ✆ 02-5351254, 535 1386, Ankunft ✆ 02-5351301, 5351310, verlorenes Gepäck ✆ 02-5352811-2; Auskunft nationale Flüge: Abflug ✆ 02-5351192, 5351277, Ankunft ✆ 02-5351253, 5351305, verlorenes Gepäck ✆ 02-5353810.
Transport zum Airport: Ein **Taxi** aus der Innenstadt kostet etwa 250 Baht. Es empfiehlt sich, auch außerhalb der Rushhour etwa 1 1/2 Std. für die Anfahrt einzukalkulieren. Über den Expressway (Passagiere zahlen je nach Strecke die Ge-

bühr von 30 bzw. 70 Baht) kann man bereits nach 30 Min. am Airport sein. Wer nahe dem Skytrain oder der U-Bahn wohnt, kann bis Mo Chit bzw. Kamphaeng Phet fahren und dort für knapp 100 Baht ein Taxi nehmen.

Von der Khaosan Rd. fahren für 80–100 Baht private **Minibusse** verschiedener Companies in 1 1/2 Std. sowie für 100 Baht etwa halbstündlich von 6.30–1 Uhr der **Airport Bus** Nr. 2. Ab Oriental und Silom Rd. mit Airport Bus Nr. 1, ab Sukhumvit Rd. mit Nr. 3 und ab Hauptbahnhof und Siam Square mit Nr. 4 zum nationalen und internationalen Terminal.

Züge fahren Richtung Norden oder Nordosten in 45 Min. zum Hauptbahnhof Don Muang (leicht an den großen Beschriftungen der Gebäude zu erkennen; in Fahrtrichtung rechts). Über die überdachte Fußgängerbrücke ist es ein Katzensprung zu den Abflughallen. Lokale Züge für 5–10 Baht fahren etwa 20x tgl. v.a. während der Rushhour. Der Rapid um 5.50, 6, 6.40, 7, 14.30, 15.20, 18.30, 18.45, 19.05, 20.10, 22.40 und 23.40 Uhr kostet 45 Baht und der Express um 20.45, 21 und 21.30 Uhr 65 Baht.

Wer längere Zeit am Flugplatz **warten** muss, kann die Zeit angenehm im Amari Airport Hotel (💻 www.amari.com) verbringen und dort den Friseur, die Sauna oder andere Hoteleinrichtungen nutzen. Auch Tageszimmer für bis zu 3 Std. US$25, 12 Std. US$75. Oder man läuft zum Bahnhof, wo man ebenfalls essen und einkaufen kann. Der Flughafen selbst bietet Wartenden Restaurants in beiden Terminals. Zudem werden tgl. von 8–21 Uhr im Selbstbedienungsrestaurant im 2. Stock des Parkhauses, das über den Fußgängerüberweg vom nationalen zum internationalen Airport zu erreichen ist, gegen Coupons Thai-Gerichte serviert. Nebenan ein kleiner Family-Supermarkt, 🕓 rund um die Uhr, und eine Apotheke. Das Telecom Centre in der Abflughalle, am Ende von Terminal 2, bietet die Möglichkeit, für 100 Baht bis zu 90 Min. im Internet zu surfen. Die transportfertig verpackten Orchideen im Terminal 2 sind wesentlich billiger als im Duty-Free-Bereich. Gepäck kann nur am gleichen Tag eingecheckt werden.

Inlandsflüge: Man kann schon mehrere Wochen im Voraus Flüge reservieren lassen und später die Tickets in jedem Reisebüro kaufen. Am Stand-By-Schalter im Domestic Terminal des Airports werden freie Plätze auf den nächsten Maschinen verkauft. Private Reisebüros versuchen Hotels und Touren am jeweiligen Zielort zu vermitteln – ignorieren!

Wichtig

Die bei Abflug an Automaten zu entrichtende **Airport-Tax** beträgt bei internationalen Flügen 500 Baht, bei nationalen 30 Baht, Bangkok Airways 60 Baht. Es ist ratsam, rechtzeitig am Flughafen zu sein, da oft Chaos herrscht und manche Flüge überbucht werden. Die Rückbestätigung der Flüge ist bei Bangkok Airlines erforderlich, bei Thai und den meisten anderen Airlines hingegen nicht mehr.

Thai Airways fliegt häufig nach: CHIANG MAI 2170 Baht, CHIANG RAI 2540 Baht, HAT YAI 2990 Baht, KHON KAEN 1500 Baht, KRABI 2560 Baht, NAKHON SI THAMMARAT 2420 Baht, PHITSANULOK 1380 Baht, PHUKET 2560 Baht, SURAT THANI 2340 Baht, TRANG 2560 Baht, UBON 1895 Baht, UDON 1785 Baht.

Die private Fluggesellschaft **Bangkok Airways**, in deren Wartehalle am Airport ein kostenloser Internet-Terminal zur Verfügung steht, fliegt nach: CHIANG MAI 1–3x tgl. 2320 Baht, teils über Sukhothai, KO SAMUI 10–17x tgl. 3720 Baht (rechtzeitig buchen, da häufig voll), KRABI 2x tgl. 2750 Baht, PHUKET 3–5x tgl. 2815 Baht, SUKHOTHAI 1–2x tgl. 2170 Baht, TRAT 2x tgl. 2150 Baht.

P.B. Air fliegt nach: LAMPANG 2–3x tgl. 1950 Baht, NAN 4–5x wöchentlich 2450 Baht, NAKHON PHANOM 2195 Baht, SAKON NAKHON 2035 Baht, NAKHON SI THAMMARAT 2x tgl. 2420 Baht und TRANG 3x wöchentlich 2750 Baht.

Phuket Air fliegt nach: KRABI 3x wöchentlich 2665 Baht, RANONG 1x tgl. 2525 Baht, PHUKET 1x tgl. 2730 Baht, BURIRAM 1x tgl. 1755 Baht und MAE SOT 1x tgl. 2355 Baht.

Orient Thai Airlines fliegt nach: CHIANG MAI Mo–Fr 2x tgl., Sa, So 1x tgl., CHIANG RAI 1x tgl., PHUKET 3–5x wöchentlich 1500 Baht, HAT YAI 1x tgl. 1800 Baht.

Air Asia fliegt nach: Chiang Mai, Chiang Rai, Khon Kaen, Ubon, Udon, Hat Yai, Narathiwat und Phuket zu unterschiedlichen Preisen. Frühzeitig buchen, da nur eine begrenzte Zahl von günstigen Plätzen angeboten wird. Ähnliches gilt für

Nok Air, die mehrmals tgl. nach Chiang Mai, Udon, Phitsanulok, Phuket und Hat Yai fliegt.

SGA, ✆ 02-5043302-5, fliegt mit einer Cessna 208B mit 12 Sitzplätzen nach UMPHANG für 5500 Baht.

Flüge in die Nachbarländer: Besucher mit einem gültigen, aber noch nicht abgelaufenen Visum erhalten am Schalter Re-Entry-Permit eine Wiedereinreise-Genehmigung.

Die von Billig-Büros reservierten Plätze sollte man bei den Airlines selbst noch einmal checken, da manche Reisebüros in Bangkok Tickets für ausgebuchte Flüge mit Bestätigung (OK) verkaufen.

Vietnam: Thai Airways, Air France, PB Air und Vietnam Airlines fliegen nach Ho Chi Minh City, Danang (ca. 9000 Baht) und Hanoi. Die Flüge sind häufig auf lange Zeit ausgebucht.

Myanmar (Burma): Es bestehen Verbindungen mit Thai Airways, Myanmar Airways International und Biman Bangladesh nach Yangon für 5000–5600 Baht.

Kambodscha: Cambodia Airlines, Thai Airways und Bangkok Airways fliegen mehrmals tgl. nach Phnom Penh für 5000–6100 Baht, Bangkok Airways bietet 6x tgl. Flüge nach Siem Reap für 6445 Baht an.

Laos: Lao Airlines und Thai International fliegen von und nach Vientiane, Bangkok Airways auch nach Luang Prabang, 1x tgl. über Sukhothai und Mi, Di sowie Do–Sa direkt für 6355 Baht.

China: Nach KUNMING tgl. mit Thai Airways oder China Southern, nach JINGHONG für 6760 Baht und XI'AN für 14 940 Baht mit Bangkok Airways via Chiang Mai, direkt nach GUILIN für 8565 Baht, weitere Flüge mit Yunnan Airlines. Zudem direkte Verbindungen nach Peking, Shanghai und Guangzhou (Kanton). Nach Hong Kong fliegen verschiedene Fluglinien.

Malaysia / Singapore: Zu verschiedenen Zielen werden von Air Asia im Internet günstige Tickets angeboten. Zudem fliegen Billigairlines nach SINGAPORE ab 1000 Baht, z.B. Jetstar, 💻 www.jetstarasia.com, und Tiger Airways, ✆ 001-800-656752, 💻 www.tigerairways.com.

Europa: Wer kein Rückflugticket hat, kann in Reisebüros, die sich in den Touristenzentren konzentrieren, und im Internet die Preise vergleichen. Von Phuket oder Chiang Mai kommend fliegt Thai Airways mindestens 1x tgl. direkt über Bangkok nach Frankfurt.

Reisebüros werben in Touristenbroschüren. Viele befinden sich in der Khaosan Rd. und in der Soi 4 Sukhumvit Rd. Unter den Reisebüros, v.a. in der Khaosan Rd., gibt es auch schwarze Schafe, die Anzahlungen kassieren, das Büro schließen und anschließend unter anderem Namen wieder eröffnen.

Fluggesellschaften in Bangkok: Hier können auch Flüge rückbestätigt werden.

Aeroflot, Regent House, 183 Ratchadamri Rd., ✆ 02-22541180-2, 💻 www.aeroflotbkk.com

Air Asia, ✆ 02-5159999, 💻 www.airasia.com

Air France, 849 Silom Rd., ✆ 02-6351191, 💻 www.airfrance.co.th

Air India, 1 Pacific Place, 140 Sukhumvit Rd., ✆ 02-2350557-8, 💻 www.airindia.com

Austrian Airlines, 33/90 Wall Street Tower, Surawong Rd., ✆ 02-2670873-9, 💻 www.aua.com

Bangkok Airways, 99 Moo 14, Wiphawadi Rangsit Rd., ✆ 02-2293456, 💻 www.bangkokair.com

Biman Bangladesh, 56 Surawong Rd., ✆ 02-2357643-4, 💻 www.bimanair.com

British Airways, Abdulrahim Place, 990 Rama IV Rd., ✆ 02-6361747, 💻 www.britishairways.com

Cathay Pacific, Ploenchit Tower, 898 Ploenchit Rd., ✆ 02-2630606, 💻 www.cathaypacific.com

China Airlines, Peninsula Plaza, 153 Ratchadamri Rd., ✆ 02-2534242-3, 💻 www.china-airlines.com

China Southern Airlines, Silom Plaza, 491/35-37 Silom Rd., ✆ 02-2665688, 💻 www.cs-air.com/en/

Egypt Air, CP Tower, 313 Silom Rd., ✆ 02-2310 504-8, 💻 www.egyptair.com.eg

Emirates, Bangkok Bank Building, 54 Soi Asoke, Sukhumvit Rd., ✆ 02-6641040, 💻 www.emirates.com

EVA Airways, Green Tower, 3656/4-5 Rama IV Rd., ✆ 02-2400890, 💻 www.evaair.com

Garuda, Lumpini Tower, 1168 Rama IV Rd., ✆ 02-2856470-3, 💻 www.garuda-indonesia.com

Gulf Air, Maneeya Center, 518/5 Ploenchit Rd., ✆ 02-2547931-4, 💻 www.gulfairco.com

Indian Airlines, S.S. Bldg., 10/12-13 Convent Rd., ✆ 02-2355534-5, 💻 indian-airlines.nic.in

Kampuchea Airlines, Jewellry Centre, 138/70 Neres Rd., ✆ 02-2673210-3.

KLM, Thai Wah Tower, 133-4 Sathorn Tai Rd., ✆ 02-6791100-11, 💻 www.klm.com
Kuwait Airways, M. Thai Tower, All Seasons Place, 87 Witthayu Rd., ✆ 02-6412864-7, 💻 www.kuwait-airways.com
Lao Airlines, 491/17 Silom Plaza, Silom Rd., ✆ 02-2369822-3, 💻 www.laoairlines.com
LTU, Bangkok Gem and Jewellery Towers, Surawong Rd., ✆ 02-671235-7, 💻 www.ltu.de
Lufthansa, Q-House Asoke Bldg., 66 Soi 21 Sukhumvit Rd., ✆ 02-2642400, 💻 www.lufthansa.com
Malaysia Airlines, Ploenchit Tower, 898 Ploenchit Rd., ✆ 02-2630565-71, 💻 malaysia-airlines.com.my
Myanmar Airways, 8th floor, BB Building, 54 Asoke Rd., ✆ 02-2615060, 💻 www.maiair.com
Nok Air, ✆ 1318, 💻 www.nokair.co.th
Orient Thai Airline, ✆ 1126, 💻 www.orient-thai.com
Pakistan Airlines, 4th floor, Charn Issara Towers 1, 942/128 Rama IV Rd., ✆ 02-2342961-5, 💻 www. piac.com.pk
P.B. Air, UBC II Bldg., 591 Sukhumvit Rd., ✆ 02-2610220-5, 💻 www.pbair.com
Phuket Air, Lumpini Tower, 1168/102 Rama IV Rd., ✆ 02-6798999, 💻 www.phuketairlines.com
Qatar Airways, P.S. Tower, 36/74 Soi Asoke (21), Sukhumvit Rd., ✆ 02-259 2701-5, 💻 www.qatarairways.com
Quantas Airways, Charn Issara Towers 1, 942/160–163 Rama IV Rd., ✆ 02-6361747, 💻 www.qantas.com
Royal Brunei, U Chu Liang Bldg., 968 Rama IV Rd., ✆ 02-6375151, 💻 www.bruneiair.com
Royal Khmer Airlines, c/o Leya Travel Co., APG Building 568 (Mezzanine Floor) Asoke-Dindaeng Road, ✆ 02-2486951-2 , 💻 www.royalkhmerairlines.com/
Royal Jordanian, C.P. Tower, 313 Silom Rd., ✆ 02-6382960, 💻 www.rja.com.jo
Royal Phnom Penh Airways, Two Pacific Place, 142 Sukhumvit Rd., ✆ 02-9305461-4, 💻 royalpnhair.com
SAS (Scandinavian Airlines), Glas Haus Bldg., 1 Soi 25 Sukhumvit Rd., ✆ 02-6458200, 💻 www.scandinavian.net
SIA (Singapore Airlines), Silom Center Bldg., 2 Silom Rd., ✆ 02-3536000, 💻 www.singaporeair.com
Sri Lankan Airlines, Charn Issara Tower, 942/34-35 Rama IV Rd., ✆ 02-2369292, 💻 www.srilankan.lk
Swiss International Airlines, Abdulrahim Place, 990 Rama IV Rd., ✆ 02-636215, 💻 www.swiss.com
Thai Airways Head Office, 89 Wiphawadi Rangsit Rd., ✆ 02-5130121, Reservierungen unter ✆ 02-1566 (in Bangkok ohne 02 wählen), 💻 www.thaiair.com
Weitere Büros: 485 Silom Rd., ✆ 02-2343100-19, 6 Larn Luang Rd., ✆ 02-2800070 (für Rückbestätigung in Engl.).
Turkish Airlines, CP Tower, 313 Silom Rd., ✆ 02-2310300-7, 💻 www.thy.com
Turkmenistan Airlines, Nailert Plaza, 644/3 Phetchburi Rd., ✆ 02-6565805-6.
Uzbekistan Airways, United Bldg., Silom Rd., ✆ 02-6355400-2, 💻 www.uzairways.com
Vietnam Airlines (Hang Khong Vietnam), Wave Place Bldg., 55 Witthayu Rd., ✆ 02-6554137-40, 💻 www.vietnamairlines.com

Die Umgebung von Bangkok

- Im **Erawan National Park** die Sinterterrassen entlang wandern
- Die Tempel der **Ruinenstadt Ayutthaya** mit dem Fahrrad oder vom Boot aus erkunden
- Auf dem **Schwimmenden Markt** in Damnoen Saduak ein zweites Frühstück einnehmen
- Von der geruhsamen Stadt **Kanchanaburi** aus die Umgebung erkunden
- Bei **Ratchaburi** die gigantische Schlange der Fledermäuse am Abendhimmel bestaunen
- Durch den **Khao Yai National Park** entlang der Elefantenpfade trekken

Viele in diesem Kapitel beschriebenen Ziele eignen sich für einen Tagesausflug. Da es aber nicht selten zwei Stunden dauert, aus Bangkok heraus oder wieder hinein zu kommen, lohnt es sich, eine oder zwei Übernachtungen außerhalb Bangkoks einzuplanen. Wer mehr Zeit hat, kann in Kanchanaburi, Ayutthaya, im Khao Yai oder in Pattaya mehrere angenehme Tage verbringen. Am Wochenende und an Feiertagen ist ein großer Teil der Bevölkerung von Bangkok auf der Suche nach Grün und frischer Luft, so dass dann die meisten guten Hotels ausgebucht sind. Im folgenden Kapitel fehlen „Sehenswürdigkeiten", die auf einheimische Touristen ausgerichtet sind.

Richtung Westen

Eine schöne Tagestour führt am frühen Morgen zum schwimmenden Markt von Damnoen Saduak, von wo es weiter nach Nakhon Pathom und Kanchanaburi geht. Viele Reisebüros in Bangkok bieten Tagestouren in diese drei Orte an. Es lohnt sich jedoch, in Kanchanaburi zu übernachten und von dort aus einige Touren zu unternehmen.

Nach dem morgendlichen Besuch des schwimmenden Marktes kann man nach Ratchaburi weiterfahren, die eindrucksvollen Höhlen besichtigen und am Abend den Flug der Fledermäuse beobachten. Am nächsten Morgen geht es problemlos mit dem Bus oder Zug weiter nach Kanchanaburi.

Die Region westlich von Thonburi, die zahlreiche Klongs durchziehen, gilt trotz zunehmender Industrialisierung als der „Garten Thailands"; ein großes Obst- und Gemüseanbaugebiet, das die städtische Bevölkerung mit frischen Nahrungsmitteln versorgt. Entlang der Klongs erstrecken sich an wenigen Stellen noch wahrhaft idyllische Plätze, die in starkem Kontrast zu den dicht bebauten Ausfallstraßen stehen. Während einer Tour mit einem

Paddelboot erlebt man etwas von der Ruhe und Abgeschiedenheit dieser grünen Gärten und kühlen, von Obstbäumen und Palmen überwachsenen Kanäle.

Damnoen Saduak ดำเนินสะดวก

Der unattraktive Ort Damnoen Saduak in der Provinz Ratchaburi ist vor allem wegen seiner **schwimmenden Märkte** bekannt. Bereits ab 7 Uhr werden zahllose Reisegruppen durch die Kanäle und über die Brücken des Marktes von **Tonkem** geschleust. Die Besucher kaufen nicht das Obst und Gemüse der Frauen, sondern die Souvenirs der Händler am Ufer, ein Hit sind Hüte, die vor der prallen Sonne schützen. Zum Schutz der „Händlerinnen" wurden Brücken und Fußwege erbaut, von denen aus sich das Treiben am besten beobachten lässt. Vor allem Tourgruppen können sich Souvenirhändlern und „Fotografen" mit Schlangen kaum erwehren. Weitere schwimmende Märkte in der von Kanälen durchzogenen Ebene zwischen Damnoen Saduak und Samut Songkhram mit ihren Obst- und Kokospalmenplantagen versuchen Tonkem mit „Floating Market"-Schildern an den Straßenrändern Konkurrenz zu machen. Schön ist am So von 6–10 Uhr der schwimmende Markt in Samut Songkhram.

Damit das frische Obst und Gemüse die Verbraucher möglichst früh erreicht, brechen die Frauen schon bei Dunkelheit auf – sofern sie keine Boote mit Außenborder haben.

Übernachtung und Essen

Little Bird Hotel (Nok Noi), ✆ 032-254382, in einer ruhigen Seitengasse, 100 m von der Hauptstraße, große Zi mit Du/WC und Fan oder lauter ac, viele Kurzzeitgäste. Essenstände und einfache Restaurants an der Hauptstraße. ❷–❸

Sonstiges

FESTIVAL – Der Distrikt ist berühmt für seine „exotischen" Trauben Malaga-an. Das **Fest der süßen Trauben**, zu dem u.a. Bootsrennen und Kochwettbewerbe veranstaltet werden, findet jedes Jahr Ende März / Anfang April statt.

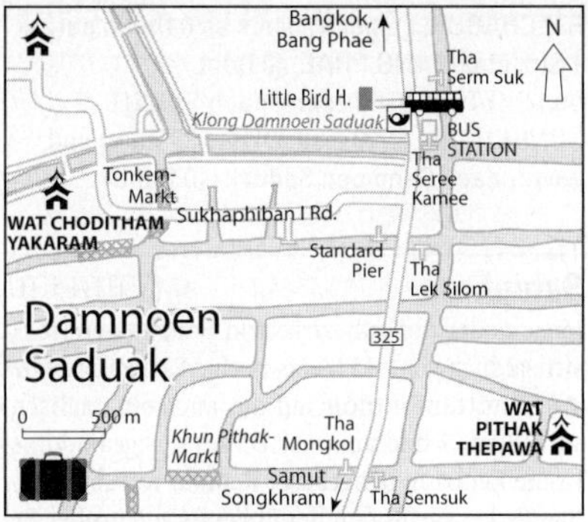

REISEZEIT – Die beste Zeit, den Markt zu besuchen, ist zwischen 7 und 9 Uhr, bevor die Touristenmassen ankommen. Die meisten Händlerinnen verlassen den Klong gegen 13 Uhr.

Nahverkehrsmittel

Vom Busterminal zum 1,8 km entfernten schwimmenden Markt von Tonkem fahren nach Bedarf Songthaew für 5 Baht und von der Anlegestelle hinter dem Terminal jenseits der Straßenbrücke große Boote mit Dieselmotoren alle 20 Min. für 20 Baht. Kleinere Boote können für ca. 300 Baht gechartert werden. Es soll auch Boote geben, die bis Bangkok fahren.

Transport

Talat Nam, der schwimmende Markt von Damnoen Saduak, liegt 97 km westlich von Bangkok. Wer mit einem eigenen Fahrzeug unterwegs ist, kann den gut ausgeschilderten, 18 km langen Weg von Samut Songkhram aus zum Markt nicht verfehlen.

Von BANGKOK, Southern Bus Terminal, ac-Busse von 6–21 Uhr alle 15 Min. für 65 Baht in 2 Std., zurück bis 18 Uhr. Es werden organisierte Touren ab 300 Baht angeboten.

Von KANCHANABURI zuerst nach BANG PHAE mit gelbem Bus Nr. 461 alle 15 Min. für 25 Baht in 90 Min. Weiter nach Damnoen Saduak mit Bus 78 oder Minibus Nr. 1733 für 20 Baht in 20 Min.

NAKHON PATHOM mit ac-Bus 78 ab 6 Uhr alle 20 Min. für 25 Baht in 1 Std.

RATCHABURI gelber Minibus ab 6 Uhr in gut 1 Std. über BANG PHAE, 40 Baht.
Von PHETCHABURI zuerst nach SAMUT SONGKHRAM (2. Klasse ac-Bus 30 Baht) und weiter nach Damnoen Saduak (10 Baht).

Samphran สามพราน

Jenseits der Außenbezirke von Bangkok erstreckt sich südlich vom H338 das riesige Parkgelände des **Wat Phuttamonthon**, auf das auch ein englischsprachiges Schild hinweist. Dieses riesige buddhistische Zentrum beherbergt Replika verschiedener Bauwerke, die für den Buddhismus von großer Bedeutung sind, ein kleines Museum, eine Sammlung von Pali-Schriften, Meditationshallen sowie eine über 15 m hohe Buddhastatue aus Bronze. Während wichtiger buddhistischer Feiertage finden sich hier Tausende von Gläubigen zum Gebet ein.

38 km westlich von Bangkok, am H4 nach Nakhon Pathom, liegt vor der Brücke über den Mae Nam Nakhon Chai Si der **Rose Garden**, eines der touristischen Ausflugsziele, das auf dem Programm vieler Pauschalurlauber steht, die hier in einer Stunde Thailand in Instant-Form erleben können. Inmitten eines Parks mit künstlichen Seen, Restaurants u.a. steht das so genannte *Thai Village*. Hier werden traditionelle Handwerkskünste demonstriert. Um 14.45 Uhr beginnt die einstündige Show (300 Baht): Thai-Boxen, traditionelle Hochzeit, Ordination eines Mönches… Zudem werden Elefanten vorgeführt, die einen Baumstamm durch die Gegend rollen. ⌚ tgl. 8–18 Uhr, ✆ 034-322588-93. Den Park, Eintritt 10 Baht, kann man mit gemieteten Fahrrädern erkunden. Auf der anderen Seite des Highways erstreckt sich der **Rose Garden-Golfplatz** mit 18 Löchern, der als einer der schönsten Plätze der Welt gilt.

Etwa 1 km vor dem Rose Garden werden im **Samphran Elephant Ground & Zoo** um 12.45 und 14.20 Uhr eine Krokodil-Show, um 13.15 und 15 Uhr eine Zaubershow und um 13.45 und 15.30 Uhr eine Elefanten-Show gezeigt (außerhalb der Saison seltener, am Wochenende und feiertags zusätzliche Shows). Als Sensation wartet die Farm mit einem Albino-Krokodil auf. Zudem ein Orchideengarten und Restaurant. ⌚ tgl. 8.30–17.30 Uhr, 400 Baht, ✆ 02-2952938, 💻 www.elephantshow.com.

Vom Markt in **Samphran** werden verschiedene Bootstouren auf dem Jeen-Fluss angeboten. *Don Waai Travel*, ✆ 01-446856, fährt zu verschiedenen Tempeln, *Wat Klang Bang Kaew Cruises*, ✆ 01-4821107, zu einem Museum und *Sri Sawat Yan Yook Tours*, ✆ 01-6595805, 034-393637, mit einer ehemaligen Reisbarke zu Tempeln und zum Rose Garden. Die 1 1/2–2-stündigen Touren kosten 80 Baht.

Übernachtung

The Rose Garden Aprime Resort, 21 Moo 2, Phetchkasem Rd., ✆ 034-322588-93, 💻 www.rose-garden.com. ❻

Transport

Am Wat Phuttamonthon halten alle Busse von BANGKOK nach Nakhon Pathom. Der ac-Bus 84 fährt von Bangkok, gegenüber dem Peninsula Hotel, für 20 Baht in 40 Min. nach Samphran. Der Rose Garden und Samphran Elephant Ground & Zoo am H4, 37 bzw. 38 km westlich von Bangkok, werden überwiegend im Rahmen von organisierten Touren besucht.

Nakhon Pathom นครปฐม

Vor über 2000 Jahren zogen Mönche aus dem buddhistischen Ceylon nach Osten und errichteten den ersten buddhistischen Tempel dieser Region an der Stelle, wo heute **Phra Pathom Chedi**, eine der größten Pagoden des Landes, steht. Wegen der beeindruckenden Konstruktion der frühen Bauten nimmt man an, dass Mönche aus Ceylon hier das erste Zentrum des Theravada-Buddhismus auf thailändischem Boden gründeten. Archäologen entdeckten unter der heutigen Pagode einen 39 m hohen Chedi aus dem 4. Jh. im Mon-Stil. Im 11. Jh. errichteten die Khmer über diesem Heiligtum einen Prang, der wiederum vor über 100 Jahren mit einem prunkvollen, über 127 m hohen Chedi überbaut wurde. Er gilt als eines der höchsten buddhistischen Bauwerke der Welt.

König Mongkut unternahm während seiner Zeit als Prinz mehrere Pilgerfahrten zu der Tempelruine im Dschungel. Nachdem er zum König gekrönt worden war, beschloss er, einen mächtigen Chedi über der Ruine errichten zu lassen. Als die

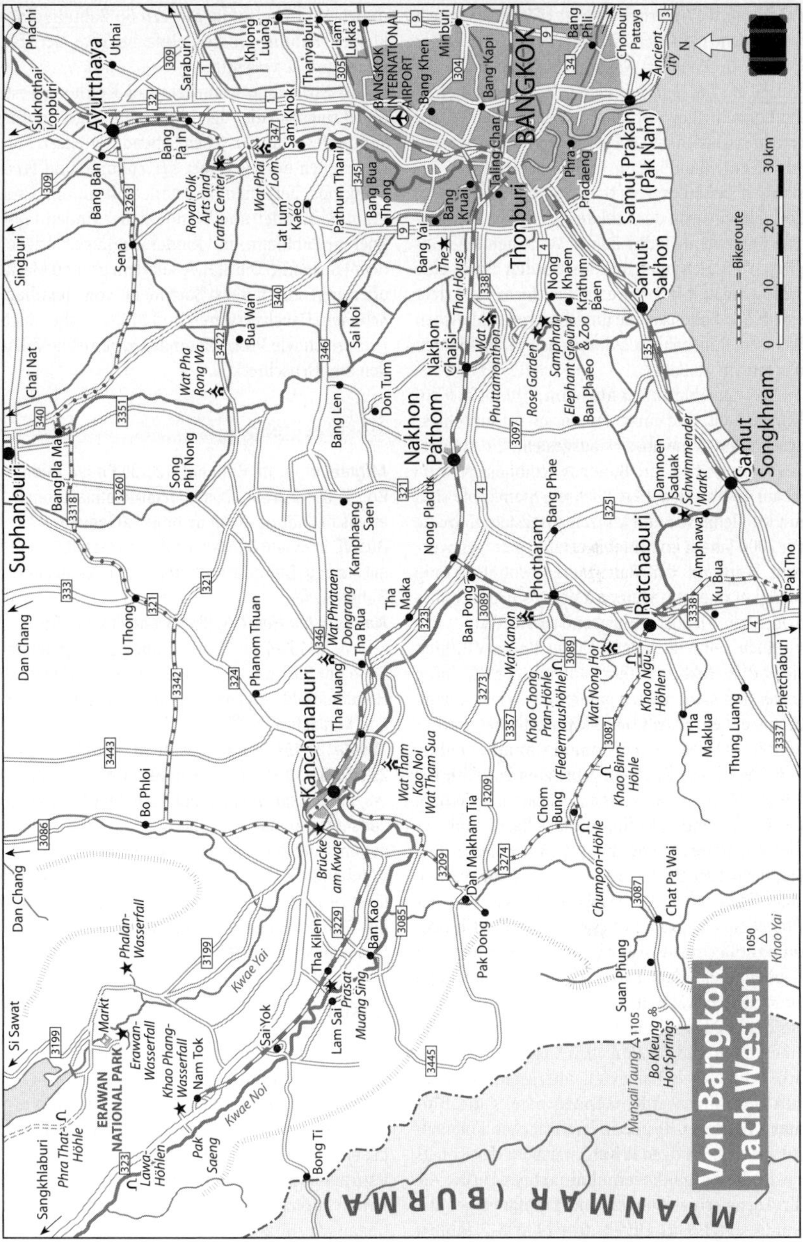

Von Bangkok nach Westen
BANGKOK
Thonburi
Ayutthaya
Suphanburi
Kanchanaburi
Nakhon Pathom
Ratchaburi
Samut Prakan (Pak Nam)
Samut Sakhon
Samut Songkhram
MYANMAR (BURMA)
BANGKOK INTERNATIONAL AIRPORT
Bang Khen
Bang Kapi
Minburi
Bang Phli
Chonburi
Pattaya
Ancient City
Phra Pradaeng
Taling Chan
Bang Kruai
Bang Yai
The Thai House
Nakhon Chaisi
Wat Phuttamonthon
Sampran
Rose Garden
Elephant Ground & Zoo
Nong Khaem
Krathum Baen
Ban Phaeo
Pathum Thani
Bang Bua Thong
Lat Lum Kaeo
Sam Khok
Wat Phai Lom
Royal Folk Arts and Crafts Center
Bang Pa In
Bang Ban
Sena
Saraburi
Uthai
Phachi
Khlong Luang
Thanyaburi
Lam Lukka
Sukhothai
Lopburi
Singburi
Chai Nat
Bua Wan
Sai Noi
Don Tum
Bang Len
Wat Pha Rong Wa
Bang Pla Ma
Song Phi Nong
Kamphaeng Saen
Nong Pladuk
Tha Maka
Bang Phae
Photharam
Damnoen Saduak
Schwimmender Markt
Amphawa
Ku Bua
Pak Tho
Phetchaburi
Ban Pong
Wat Kanon
Khao Chong Pran-Höhle (Fledermaushöhle)
Wat Nong Hoi
Khao Ngu-Höhlen
Khao Binn-Höhle
Tha Maklua
Thung Luang
Chom Bung
Chumpon-Höhle
Chat Pa Wai
Suan Phung
Khao Yai
Bo Kleung Hot Springs
Munsali Taung
Dan Makham Tia
Pak Dong
Wat Tham Kao Noi
Wat Tham Sua
Tha Muang
Tha Rua
Wat Phratan Dongrang
Phanom Thuan
U Thong
Dan Chang
Bo Phloi
Brücke am Kwae
Ban Kao
Tha Kilen
Prasat Muang Sing
Lam Sai
Sai Yok
Kwae Yai
Kwae Noi
Phalan-Wasserfall
Erawan-Wasserfall
Markt
ERAWAN NATIONAL PARK
Khao Phang-Wasserfall
Nam Tok
Pak Saeng
Lawa-Höhlen
Phra That-Höhle
Sangkhlaburi
Si Sawat
Bong Ti
N
= Bikeroute
0 10 20 30 km

Pagode nach 17-jähriger Bauzeit 1870 fertig gestellt war, siedelte man Menschen aus dem 20 km weiter östlich gelegenen Ort Nakhon Chaisi rings um die Anlage an. Um den zentralen Chedi sind auf einer Plattform in allen vier Himmelsrichtungen Viharn errichtet worden, die neben anderen Kunstwerken jeweils eine Buddhafigur in unterschiedlichen Positionen beherbergen (N: stehender Buddha, S: Buddha wird von der Schlange geschützt, O: Buddha unter dem Bodhi-Baum, W: ruhender Buddha). Vom Haupteingang im Norden führt eine Treppe hinauf bis zur zweiten Plattform. Hier steht eine große Buddhastatue umgeben von zahlreichen Pflanzen, Ruhebänken, chinesischen Tempelfiguren u.a. Eintritt 20 Baht.

Im angeschlossenen **Museum**, ⌚ Mi–So 9–16 Uhr, 30 Baht, sind einige Funde von Ausgrabungsarbeiten im Tempelbezirk ausgestellt. Ein steinernes Rad, das die Lehre Buddhas symbolisiert, wurde auf 150 v.Chr. datiert. Mehrere Steinköpfe sind mit Knollennasen und Mützen ausgestattet, wie sie vor 2000 Jahren im Mittelmeerraum getragen wurden. Während der Bauarbeiten wohnte König Mongkut in einem kleinen Palast östlich des Chedi, der heute jedoch weitgehend zerstört ist.

Auch sein Nachfolger, König Rama VI., hielt sich oft in Nakhon Pathom auf, um dem Training seiner hier stationierten paramilitärischen Einheit beizuwohnen. Er ließ sich 2 km westlich der Pagode 1902–11 den kleinen **Sanam Chandra-Palast** erbauen. Er liegt in einem gepflegten Park mit Pavillons, Teichen und kleinen Brücken sowie dem Denkmal seines Lieblingshundes Yalae und des Elefantengottes Ganesha aus dem hinduistischen Pantheon. Erst 2003 wurde die Anlage auf Wunsch einer Tochter von Rama VI. restauriert und der Öffentlichkeit zugänglich gemacht. In der **Chaleemongkolasana-Residenz**, einem zweistöckigen Gebäude nahe dem Kreisverkehr, das wie ein zu klein geratenes Märchenschloss wirkt und vor dem das Denkmal des Hundes steht, ist ein Museum mit Fotografien und persönlichen Gegenständen aus dem Besitz König Ramas VI. untergebracht. Ebenfalls besichtigt werden können bereits die **Bhimarn Prathom-Residenz** im westlichen Kolonialstil mit den einstigen Privatgemächern des Königs sowie die **Samakkeeemukamartaya-Halle**, die für Theatervorstellungen und Empfänge genutzt wurde. ⌚ tgl. 9–16 Uhr, ✆ 034-244236-7. Eintritt in den Park frei, in die Museen 50 Baht. In einer kleinen Kantine werden einfache Thai-Gerichte und Getränke verkauft.

Im November, nach dem Loi Krathong-Fest, findet rings um die Pagode ein zehntägiges, großes **Tempelfest** statt. An jedem Abend wetteifern Musikgruppen um die Gunst der Zuhörer, und Freilichtkinos beginnen lautstark mit ihrem Programm. Händler und Wunderheiler finden tagsüber ihr Publikum, und Kinder vergnügen sich auf dem Jahrmarkt. Die Stände auf dem großen Markt offerieren ein buntes Sortiment von Textilien, Schuhen, Haushaltswaren und Möbeln, aber auch Leckereien wie Pizza, Hamburger, geröstete Zikaden und Heuschrecken.

Übernachtung

Mitpaisal ①, am Bahnhof, 120-30 Phaya Phan Rd., ✆ 034-255444, ✉ mitpaisal@hotmail.com, etwas hellhörige Zi mit ac oder Fan sowie Du/WC in einem älteren, größeren Hotelblock mit Aufzug. Der größte Vorteil ist die Nähe zum Bahnhof. ❷

Nakhorn Inn Hotel ③, 55 Ratchavithi Rd. Soi 3, ✆ 034-251152-4, 📠 254998, nahe der Pagode am Ende der Sackgasse. In einem zurückversetzten Hotelblock 70 nicht mehr ganz neue Zi mit ac, TV und Kühlschrank. ❸

Whale ②, 151/79 Ratchavithi Rd. Soi 19, ✆ 034-253855-63, 📠 253864, das größte Hotel des Ortes, etwa 1 km westlich der Pagode, etwas abseits der Hauptstraße, aber von dort leicht zu sehen. Gute Zi mit Fan und ac, Nightclub, am Wochenende Disco. Das chinesische Restaurant lässt zu wünschen übrig. Von Kanchanaburi an der Thai Bank und ab Bangkok vor der Siam Bank aussteigen. ❸

Essen

Auf dem tollen Markt zwischen Bahnhof und Chedi gibt es leckeren *kao larm,* Klebreis, der mit Kokos und Palmzucker gesüßt in Bambus gebacken wird. Vor allem abends laden viele Essenstände zum Schlemmen ein.

Vertrauteres Essen gibt es bei der ***Pizza Company*** und ***Swensen's*** nordwestlich vom Chedi.

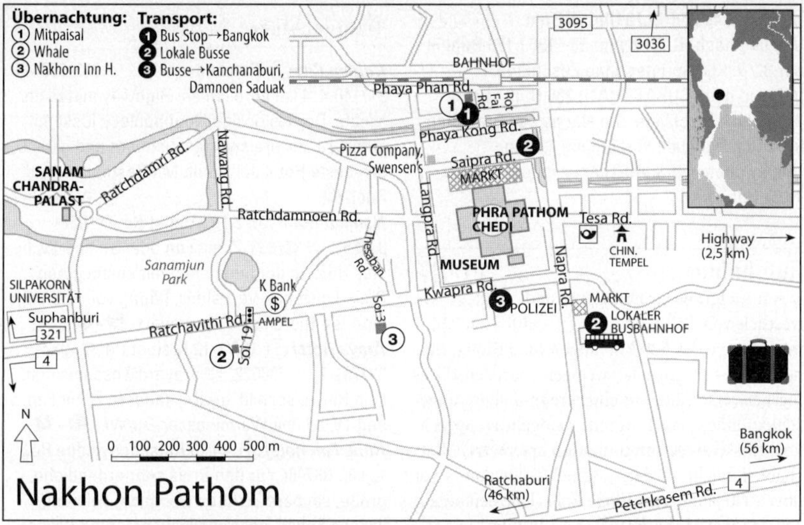

Sonstiges

GELD – Zahlreiche Banken mit Geldautomaten in der Napra Rd., nordöstlich vom großen Chedi.

GEPÄCKAUFBEWAHRUNG – Im Bahnhofsgebäude hinter dem Ticketschalter für 10 Baht pro Gepäckstück und Tag.

PLZ – 73 000.

Transport

Als Tagestour ab Bangkok empfiehlt es sich, Nakhon Pathom im Anschluss an die Fahrt zum schwimmenden Markt zu besuchen.

BUSSE – Alle Busse fahren auf dem Weg zu den außerhalb gelegenen Busbahnhöfen durchs Zentrum und lassen Touristen an der Pagode ein- oder aussteigen. Überlandbusse halten südlich des Zentrums am Highway, lokale Busse, z.B. nach Damnoen Saduak, an der Bus Station im Süden der Stadt oder in einer der Straßen rings um die Pagode. Ortsunkundige sollten sich bei Einheimischen nach den Bus Stops im Zentrum erkundigen, da diese nicht ausgezeichnet sind.

Von BANGKOK, 56 km, ab Southern Bus Terminal, von 6–22.30 Uhr alle 20 Min. für 40 Baht, zurück bis gegen 21 Uhr. Minibusse ab der Straße vor der Silpakorn Universität nach Bangkok (Phrapinklao Brücke nahe Banglampoo) für 30 Baht.
Ab der Polizeistation südlich des Chedi nach KANCHANABURI ac-Bus Nr. 81 alle 30 Min. für 40 Baht in 1 1/2–2 Std. und
DAMNOEN SADUAK (Talat Nam) ac-Bus 78 ab 6.30 Uhr alle 30 Min. für 25 Baht in 1 Std.
PHETCHABURI für 50 Baht in 1 1/2 Std.
RATCHABURI Bus Nr. 76 für 25 Baht in 45 Min.

EISENBAHN – Der Bahnhof liegt 500 m nördlich des Chedi.
Hier halten alle Züge von Bangkok nach Phetchaburi – Hua Hin – Surat Thani. Deshalb eignet sich die Stadt zum Umsteigen, wenn man aus dem Süden nach Kanchanaburi will oder umgekehrt.
Von BANGKOK fahren ein Dutzend Züge in 1–1 1/2 Std. für 14 Baht, ab Hua Lamphong um 13 Uhr und fast halbstündig zwischen 14.45 und 19.15 Uhr (einige mit Zuschlag), ab Thonburi um 7.45 und 13.45 Uhr.
Von KANCHANABURI *Diesel Railcar* (nur 3. Kl.) um 7.26 Uhr und ein lokaler Zug um 14.50 Uhr, zu-

rück um 8.49 und 15.12 Uhr, 15 Baht.
Von und nach HUA HIN für 33 / 136 / 176 Baht in der 3. / 2. Kl. / Sprinter ohne Zuschläge.
Von und nach SURAT THANI 286 Baht in der 2. Kl. ohne Zuschläge. Die Nachtzüge brauchen 9–10 Std. Optimale Verbindung zu den frühen Booten in Surat Thani mit dem Zug um 19.07 Uhr.

Ratchaburi ราชบุรี

Die mittelgroße Provinzhauptstadt liegt 96 km westlich von Bangkok in der fruchtbaren Mündungsebene des 520 km langen Mae Klong. Einheimische begegnen den wenigen Touristen, die es hierher verschlägt, mit einer freundlichen Aufgeschlossenheit, auch wenn mangelnde Sprachkenntnisse die Kommunikation erschweren. Ratchaburi spielte in der Geschichte Thailands vor über 1000 Jahren eine große Rolle. Jene Zeit bezeugen das **Wat Mahathat** (Wat Na Phratat) mit seinem hohen Prang, der mit Stuckornamenten verziert ist, und die Dvaravati-Stadt **Ku Bua**, von der nur noch Fundamente innerhalb eines Wallgrabens zu sehen sind.

Das **National Museum** bietet in zwölf ebenerdigen Räumen des ehemaligen Rathauses mit englischen Schrifttafeln einen angenehm kurz gefassten Abriss der thailändischen Geschichte. Das königliche Schwert, ein wahres Prachtstück, wurde der Stadt 1913 von Rama VI. übergeben. ⏲ Mi–So außer feiertags 9–16 Uhr, 30 Baht. Der zu einem Tempel umgewidmete ehemalige Königspalast **Khao Wang**, auf einem Hügel 3 km südwestlich des Zentrums, wurde 1871 für Rama V. gebaut und ist noch gut erhalten; ⏲ tgl. 5.30–18 Uhr. Pickup ab Polizeistation 5 Baht.

Im **Wat Khanon**, ✆ 032-233386, wird einmal monatlich und zu besonderen Anlässen ein Schattenspiel aufgeführt. Ansonsten können die prächtigsten Figuren im Tempel besichtigt werden. Ein Faltblatt informiert über die Tradition des Schattenspiels und die Herstellung der Figuren.

Im ganzen Land ist Ratchaburi für die riesigen irdenen **Wassertöpfe** mit Drachenmotiven bekannt, die in Handarbeit in vielen Manufakturen hergestellt werden, z.B. am H3087 Richtung Chom Bung. Interessierte können den Handwerkern zuschauen.

Übernachtung

Golden City ①, Petchkasem Rd., ✆ 032-338444, 317140-4, 4 km nördlich am Highway mitten im Nichts. Der 7-stöckige Neubaublock lockt mit guten, relativ preiswerten Zimmern und gilt als das beste Hotel der Stadt. Mit Restaurant und Pool. ❹
Namsin Hotel ②, 2-16 Kraipet Rd., ✆ 032-337551, 📠 337633, Zi mit Fan oder ac und TV, bestes Hotel in der Innenstadt mit einem guten Preis-Leistungs-Verhältnis, häufig voll. Die angebotenen Touren sind überteuert. ❷–❸
Araya Hotel ③, 187/1-12 Kraipet Rd., ✆ 032-337781-2, 📠 338022, ✉ arayard@cscoms.com, kein Hinweisschild, große, saubere Zi mit Fan, ac und TV, z.T. mit Warmwasser-Du/WC. ❷–❸
Hong Fah Hotel ④, 89/13 Ratsadonyindee Rd., ✆ 032-337484, für den Preis sehr ordentliche, große, saubere Zi. Altes Gebäude, kein englisches Schild, aber englischsprachige Rezeption, günstiger Internet-Zugang nebenan. ❷

Essen

Das große **Food Center** neben dem Uhrturm betört die Sinne mit einer fantastischen Auswahl an Gemüse, Obst, Snacks, Süßspeisen und anderen Leckereien; ⏲ 24 Std. Vor allem spät nachmittags und am frühen Abend herrscht hier ein dichtes Gedränge. Die leckeren Nudeln am **Stand Nr. 100** sollte sich niemand entgehen lassen. Allein schon die Zubereitung ist sehenswert.
Auch auf dem Essensmarkt kann man gut und üppig essen.
Im Café der ***Nice Bakery*** in der Ratsadonyindee Rd. wird ab 9 Uhr Kuchen verkauft, ebenso im ***Ban Kanom***, 187/27-28 Kraipet Rd., ✆ 032-322923, von 7–21 Uhr.

Sonstiges

FESTE – Das 10-tägige **Vegetarian Festival** begeht man im Oktober im Bergtempel Wat Nong Hoi, 12 km nordwestlich der Stadt an der Straße H3089 zum Fledermaustempel. Drei Tage und Nächte wird das **Songkran-Fest** der Mon-Volksgruppe beim Wat Ban Muong im Ban Pong Distrikt gefeiert. Es finden Geisterbeschwörun-

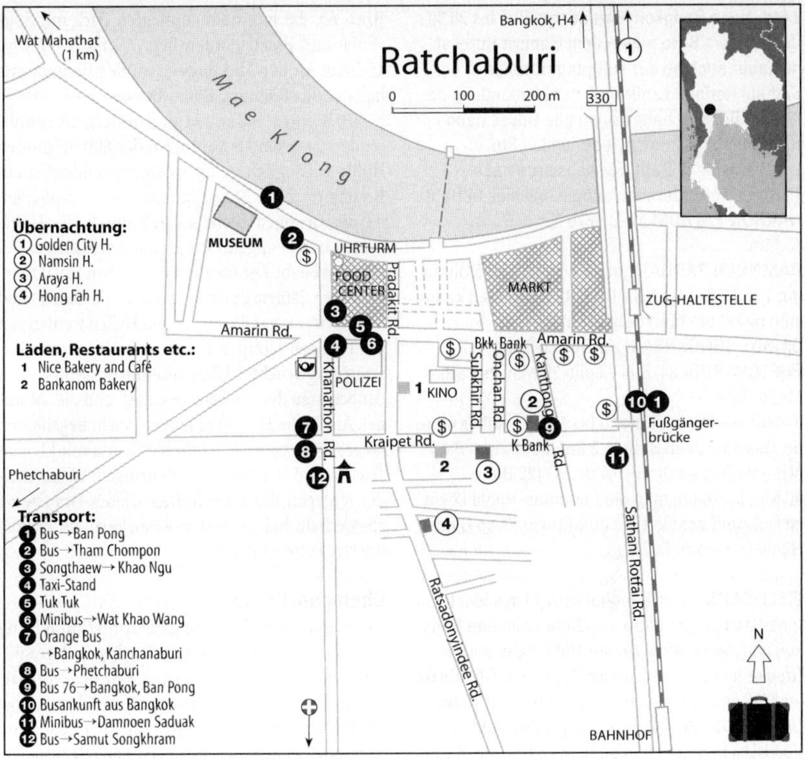

gen und viele Spiele statt; Touristen sind willkommen.

GELD – Einige Banken haben Filialen mit Geldautomaten, u.a. die ***K Bank*** an der Kraipet Rd.

POST / TELEFON – Im Zentrum neben dem Food Center. Hier können von 7–22 Uhr Auslandsgespräche geführt werden. **PLZ**: 70 000.

Nahverkehrsmittel und Touren

Rikschas und Motorradtaxis verkehren in der Stadt für wenige Baht, **Tuk Tuks** für 30 Baht. **Busse**, **Minibusse**, **Tuk Tuks** oder **Songthaews** fahren zu allen Sehenswürdigkeiten in der Umgebung. Ihre Abfahrtsstellen sind auf dem Ortsplan verzeichnet.

Autofahrer bieten zudem ihre Privatwagen für Rundfahrten an (z.B. 700 Baht für eine 4-stündige Rundfahrt zu den Höhlen). In den Hotels werden abendliche Touren zur Fledermaushöhle für 500–700 Baht angeboten. Wer sich ein Tuk Tuk chartert, zahlt je nach Anzahl der Passagiere 200–400 Baht.

P.Y. Travel, ✆ 01-7948511, offeriert Rundfahrten zu vielen Attraktionen in der Umgebung für 1000 Baht.

Transport

BUSSE – Die Abfahrtsstellen sind auf dem Ortsplan eingezeichnet.

Von BANGKOK (Southern Bus Terminal) ac-Bus von 7–22.30 Uhr alle 20 Min, 74 Baht, 2 Kl. ac-Bus von 9.50–16.20 Uhr alle 30–60 Min., 70 Baht, in

2 Std. Nach Bangkok fährt der ac-Bus bis 20.30 Uhr vor dem Büro neben dem Namsin Hotel ab, hält aber auch an der Fußgängerbrücke in der Sathani Rotfai Rd., nördlich der Einmündung der Kraipet Rd. Hier halten auch alle Busse nach BAN PONG, Abfahrt zu jeder vollen Std. in 1 1/2 Std. für 16 Baht. Sie passieren nach 45 Min. den Fledermaustempel (bis hier 14 Baht).
NAKHON PATHOM ac-Bus 76 für 25 Baht in 45 Min.
DAMNOEN SADUAK gelber Minibus ab 6 Uhr in gut 1 Std. über BANG PHAE, 40 Baht. Man kann sich direkt am Markt absetzen lassen.
SAMUT SONGKHRAM ac-Bus 30 Baht.
PHETCHABURI ac-Bus 73 alle 20 Min. in 1 Std. für 30 Baht.
KANCHANABURI laufend bis 18 Uhr gelber non-ac-Bus 461 für 36 Baht in 2 Std. ab Kraipet Rd.
Mit dem Bus nach CHOM BUNG (25 Baht, 40 Min.) erreicht man die Chompon-Höhle (2 km zu Fuß) und passiert die Zufahrt zur Khao Binn-Höhle (1,7 km zu Fuß).

EISENBAHN – Der Bahnhof liegt 1 km südlich der Innenstadt. Hier halten alle Züge zwischen Bangkok und dem Süden. An der Haltestelle bei der Brücke halten zudem lokale Züge. Von BANGKOK um 9.25 oder 13 Uhr, zurück um 7.01 oder 15.58 Uhr für 57/25 Baht (2./3. Kl.) in 2 1/2–3 Std.
Von HUA HIN um 14.15 oder 16.38 Uhr für 24 Baht in 1 3/4 Std.
Wer nach SURAT THANI um 20 Uhr abfährt, ist nach knapp 9 Std. rechtzeitig zu den ersten Booten in Surat Thani.

Die Umgebung von Ratchaburi

Am einfachsten sind die Höhlen im Westen der Stadt und der Fledermaustempel bei einer Rundfahrt mit einem gecharterten Minibus, Tuk Tuk oder Taxi zu besuchen. Man sollte jedoch nicht nach 14 Uhr starten, um rechtzeitig an der Kang Khao-Höhle anzukommen. Billig, aber mit langen Fußwegen und Wartezeiten verbunden sind Touren mit lokalen Bussen.

Khao Binn-Höhle

Am KM 20 des H3087 zweigt die 1,7 km lange Zufahrtstraße zur besonders schönen **Tham Khao Binn** ab, die in einem gepflegten Park mit Souvenir- und Essenständen liegt, ⏲ tgl. 9–17 Uhr, 10 Baht. An der Abzweigung an der Hauptstraße hält der Bus Richtung Chom Bung.

Über einen 300 m tief in den Berg hineinführenden Gang sind 8 Kammern der 800 m² großen Höhle zugänglich. Auch an Wochenenden ist ein Besuch trotz des Massenansturms zu empfehlen, da die Gruppen recht schnell durch die Höhle hasten und genügend Ruhe zum genüsslichen Betrachten bleibt. Die kleinen und großen Stalaktiten, eleganten Säulen, durchbrochenen „Gardinen" und Tropfsteinwasserfälle in riesigen Hallen werden von z.T. farbigen Lampen dezent, zuweilen etwas kitschig ausgeleuchtet. Überaus eindrucksvoll wirken der Schatten der „fliegenden Gans" und die „Muräne". Am Ende des 300 m langen, leicht begehbaren Weges wartet eine feuchtheiße Grotte mit kleinen Teichen und ewigem, deshalb heiligem Wasser. Leider schlagen Touristen immer wieder Tropfsteine ab, weshalb bei suspekten Besuchern ein uniformierter Führer mitgeht.

Chompon-Höhle

2 km hinter dem Verwaltungszentrum **Chom Bung** liegt 400 m rechts hinter dem Teacher College südlich vom überdimensionierten H3087 die Parkanlage mit der Höhle **Tham Chompon**. Mit dem Bus bis Chom Bung, 28 km, in ca. 40 Min. für 15 Baht und dann etwa 2 km laufen. Ein Taxi oder Tuk Tuk sollte um 200 Baht kosten und eine halbe Stunde warten.

Unter schattigen Bäumen und zwischen schönen Bonsais laden Suppen-, Snack- und Früchtestände zu einem Imbiss ein. Viele, normalerweise nicht aggressive Affen baden in kleinen Teichen und warten auf ein paar Leckerbissen, sollten aber nicht gefüttert werden. In der Höhle ist Essen, Trinken und Rauchen nicht gestattet. Über 57 Stufen erreicht man durch einen schmalen Eingang die 240 m lange, bis 25 m hohe und 30 m breite Halle. Den Abschluss bildet ein Dom mit einem Loch, durch das malerisch das Mittagslicht fällt. Ein ruhender Buddha und der bärtige Heilige Phra Russi mit seinem seltsamen Hut sind die am meisten verehrten Statuen. Geringer Eintritt, ⏲ 8.30–16.30 Uhr.

Khao Ngu-Höhlen und Steingarten

Nette Plätzchen fürs Mittagessen bietet der **Steingarten** in den Khao Ngu-Bergen (Schlangen-Bergen) mit seinen Angelseen und Salas. Er ist ein schönes Beispiel für die gelungene Rekultivierung eines riesigen Steinbruchs. Von der Stadt geht es 7 km auf dem H3087 Richtung Westen und dann auf dem H3089 1 km Richtung Nordosten, Songthaew 10 Baht, das letzte fährt um 18 Uhr zurück.

In der Nähe liegen die vier Khao Ngu-Höhlen **Ta Tho**, **Chin**, **Cham** und die Eremitenhöhle **Tham Russi**, die allerdings manchmal geschlossen ist. Beim Eintreten sollte man auf keinen Fall die Schuhe stehen lassen, da die Affen schlimme Räuber sind. Die zentrale Figur, ein auf europäische Art sitzender Buddha als Basrelief, stammt aus der Dvaravati-Periode (10. Jh.) und weist Einflüsse aus dem indischen Gupta-Reich (5. Jh.) auf. Die Buddhastatue wird hoch verehrt und von vielen Pilgern aufgesucht. In der Nähe liegen weitere Höhlen und ein Fußabdruck des Buddha. Nach dem Lichterfest Loi Krathong findet ein großes Tempelfest statt.

Wat Nong Hoi

Auf einem Hügel, weitere 4,4 km auf dem H3089 Richtung Norden, steht dieser Tempel, der der chinesischen Gottheit Kuan Yin (auch Kuan Im) geweiht ist. Auf dem folgenden Hügel erhebt sich eine überdimensionale Buddhastatue. Hier oben bietet sich eine herrliche Aussicht über die Reisfelder bis zu den Bergen im Westen.

Kang Khao-Höhle

Aus der Haupthöhle am Fledermaustempel **Wat Khao Chong Pran**, die mit anderen durch Gänge verbunden ist, quillt jeden Abend, sobald die Sonne untergeht, ein endloses, dunkles Band heraus, zieht sich in die Breite und verwirbelt sich. Schon bald bedecken den dunklen Abendhimmel in etwa 50 m Höhe flatternde Punkte, ein hohes Zirpen liegt in der Luft, und man glaubt, sie riechen zu können: etwa 600 Millionen kleiner Fledermäuse, die sich auf den Weg zu den Obstbäumen im „Garten Thailands“ an der Küste machen. Das Schauspiel soll zwei bis drei Stunden bis tief in die Dunkelheit andauern. Diese Zeit nutzen in der Höhe kreisende Raubvögel für einen Festschmaus. Noch vor dem Morgengrauen kehren die Flattertiere ab etwa 4 Uhr wieder in die Höhle zurück. Der Fledermauskot (Guano) wird von lizenzierten Arbeitern herausgeschafft und jeden Samstag im Tempelgelände als Dünger verkauft. Links vom Tempel führen Stufen auf den Berg hinauf. Nach einem 20-minütigen Aufstieg bietet sich ein schöner Ausblick. Es ist auch möglich, in die Höhle hinein zu gehen, sofern es einem nicht den Atem verschlägt.

Die Höhle liegt 24 km nordwestlich von Ratchaburi am H3089 Richtung Bang Phae hinter der Abzweigung des H3357 und ist mit dem Ban Pong-Bus zu erreichen. Man sollte den Beginn des Schauspiels zwischen 17 und 18 Uhr (bei dunklem Himmel eher früher) nicht versäumen und sich am besten vor dem großen Parkplatz postieren, an dem Essenstände und Restaurants die auf das Spektakel wartenden Touristen bedienen.

Zurück nach Ratchaburi gelangt man nur mit etwas Glück mit dem letzten Bus gegen 18.15 Uhr, am So bereits um 17.20 Uhr. Danach fahren weder Taxis noch Tuk Tuks zurück. Wer Glück hat, ein Fahrzeug zu finden, zahlt etwa 400 Baht.

Ku Bua

Die für Amateurarchäologen interessante Ruinenstadt **Muang Boran Ku Bua**, etwa 8 km südlich, ist am besten mit dem Tuk Tuk (ca. 25 Baht) zu erreichen. Die ausgegrabenen Figuren aus der späten Dvaravati-Periode (10.–11. Jh.) sind im National Museum in Bangkok und Ratchaburi zu bewundern. Zu besichtigen sind die bis zu 2 m hohen Grundmauern von Stupen und Tempelmauern des Wat Klong und Wat Ku Bua.

Kanchanaburi กาญจนบุรี

Nicht nur die weltberühmte Brücke am Kwai, die Vorlage zu Pierre Boulles Roman und dem gleichnamigen Film, zieht einheimische wie ausländische Touristen in diese Provinzhauptstadt, die häufig nur Kan oder Kanburi genannt wird. Japanische und alliierte Kriegsveteranen kommen wegen der Kriegsmuseen, Soldatenfriedhöfe und anderen Spuren, die der 2. Weltkrieg hinterlassen hat. Thailändische Familien flüchten am Wochenende aus der Metropole, um in den luxuriösen Resorts flussaufwärts von Kanchanaburi aufzutanken oder sich auf den schwimmenden Discobooten zu amüsieren. Traveller schließlich finden hier ausgesprochen preiswerte Gästehäuser und Restaurants sowie vielfältige Möglichkeiten für Touren, die weit günstiger sind als ähnliche Angebote in Touristenhochburgen.

Die Stadt hat viele Gesichter: Rings um den Busbahnhof liegt das planmäßig angelegte neue Geschäftszentrum. Es wird von der vierspurigen Fernstraße, die als Schneise mitten durch die Stadt verläuft, vom alten, chinesisch geprägten, quirligen Kern getrennt.

Am Fluss konzentrieren sich die Touristen, südlich der neuen Brücke frequentieren asiatische Reisegruppen die Discoboote und schwimmenden Karaoke-Restaurants, während sich die Farangs in den Gästehäusern weiter nördlich in der ruhigeren, ländlichen Umgebung wohl fühlen. Dazwischen liegen weit verstreut die Sehenswürdigkeiten – die Friedhöfe, die wenig beeindruckende Brücke und die Museen.

Die berühmte **Brücke am Kwae**, besser bekannt als „River Kwai Bridge" bzw. „Brücke am Kwai", liegt 4 km nordwestlich des Busbahnhofs. Gegen 6.18, 11.08 und 16.42 Uhr überqueren Züge auf der Brücke den Kwae Yai und fahren durch das Tal des Kwae Noi bis zur heutigen Endstation Nam Tok, zurück gegen 7.18, 14.43 und 17.43 Uhr. Sie machen durch lautes Pfeifen auf sich aufmerksam, so dass sich Passanten rechtzeitig in Sicherheit bringen können. Die Bahnlinie über die 1943 errichtete Brücke am Kwae stellte für die Japaner eine strategisch wichtige Verbindung nach Burma dar und wurde deshalb im Juni 1945, am Ende des Krieges, von amerikanischen Bomben teilweise zerstört, nach dem Krieg jedoch wieder repariert. Die schlichte Stahlträgerkonstruktion sieht ganz und gar nicht so aus wie im Film und Roman beschrieben. Dennoch wird sie von zahllosen Touristen fotografiert. Auf dem von Souvenirständen umgebenen Platz vor der Brücke stehen neben einer Informationstafel eine alte Draisine und zwei historische Lokomotiven.

Von dem privaten **World War II Museum** südlich der Brücke, ✆ 034-512596, ⏲ tgl. 8–18 Uhr, 30 Baht, sollte man keine historische Aufarbeitung der Kriegsereignisse erwarten. Seine Sammlung in mehreren Gebäuden reicht von prähistorischen Faustkeilen und knalligen Bildern ihrer Benutzer bis zu Gebrauchsgegenständen aus jüngster Vergangenheit. Neben einer Galerie der Helden Thailands („Unsere Grenzen werden von den Gebeinen Gefallener geschützt.") haben auch die des 2. Weltkriegs, von Stalin bis Einstein, ihren Platz – kurzum: bizarr und mit vielen Fehlern!

Die Eisenbahn des Todes

415 km war die Strecke lang, die die Japaner während des Krieges zur Sicherung des Nachschubs als Verbindung zwischen dem thailändischen und burmesischen Eisenbahnnetz durch die Wildnis treiben ließen. Innerhalb von 17 Monaten, von Juni 1942 bis Oktober 1943, hatten 200 000 asiatische Zwangsarbeiter und 62 000 Kriegsgefangene unter großen Opfern die Trasse durch den Dschungel, die noch immer lakonisch Death Railway genannt wird, fertig gestellt. Zwangsarbeiter aus Thailand, Burma, China, Indonesien und Malaysia sowie alliierte Kriegsgefangene lebten und arbeiteten unter unmenschlichen Bedingungen im Dschungel. Allein von den Kriegsgefangenen starben über 12 000 durch Unfälle, Unterernährung und Krankheiten, bei den Zwangsarbeitern waren es sogar über 80 000. Die meisten fielen der noch heute weit verbreiteten Malaria zum Opfer. Die Gleise führten am River Kwae entlang, über den Three Pagodas Pass (Chedi Sam Ong) bis nach Thanbyuzayat in Burma und wurden 21 Monate bis zum Juni 1945 benutzt. Die Briten demontierten später einen Teil der Bahnlinie in Burma und entlang der Grenze. Die restliche Strecke hinter Nam Tok wurde nach dem Krieg von der Eisenbahnbehörde stillgelegt. Heute ist die Grenze nach Burma geschlossen, und der Dschungel hat die Trasse ab Nam Tok überwuchert. Eine neue Eisenbahnlinie nach Myanmar ist jedoch in Planung.

Wesentlich kleiner, aber angenehmer ist das **JEATH-Kriegsmuseum** (JEATH = die in den Krieg verwickelten Länder: Japan, England, Australien, Amerika, Thailand und Holland) im Wat Chai Chumphon am Mae Klong-Fluss, das Ende der 70er Jahre vom damaligen Abt in der rekonstruierten Unterkunftsbaracke eines Kriegsgefangenenlagers eingerichtet wurde. Anhand von Fundstücken, Fotos und anderen Dokumenten vermittelt es einen Eindruck vom Leben der Gefangenen und der asiatischen Zwangsarbeiter, die 1942/43 am Bau der Eisenbahnlinie beteiligt waren. ⏲ tgl. 8.30–17.30 Uhr, 30 Baht, Fotografierverbot.

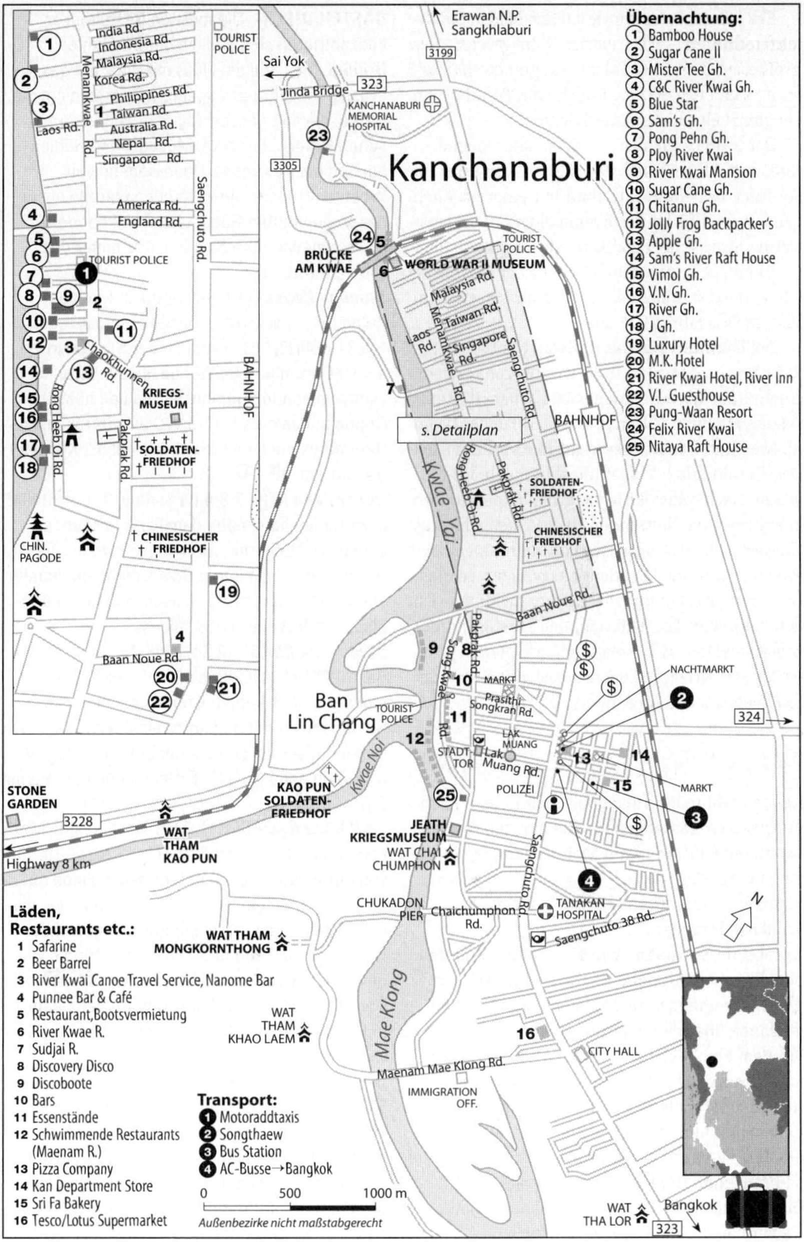

DIE UMGEBUNG VON BANGKOK

Ein Teil der Toten wurde auf den beiden **Soldatenfriedhöfen** *(war cemetery)* beigesetzt. Der größte, auf dem 6982 Soldaten begraben sind, befindet sich etwa 300 m südlich vom Bahnhof. An ihn grenzt ein chinesischer Friedhof.

Der zweite, auf dem 1750 Soldaten begraben sind, liegt 2 km südlich der Stadt in **Kao Pun**, am Westufer des Kwae Noi, inmitten einer schönen Landschaft. Dies ist der Beginn einer empfehlenswerten Strecke für eine Fahrrad- oder Bootstour.

Wer an einer guten Aufarbeitung der Geschichte interessiert ist, sollte unbedingt zum Museum am Hellfire Pass fahren (s.S. 219).

Im **Thailand Burma Railway Centre,** ⌚ tgl. 9–17 Uhr, ✆ 034-510067, 🖳 www.tbrconline.com, einem informativen, mit ausländischer Hilfe aufwändig erbauten Museum, wird der Bau der Death Railway und der Kriegsverlauf in Asien in vielen Details und durch Videofilme dargestellt. Im Erdgeschoss wird aus der japanischen Expansion im 2. Weltkrieg die Notwendigkeit des Eisenbahnbaus abgeleitet und den Besuchern die mühsamen Bauarbeiten und das Lagerleben vor Augen geführt. Die Ausstellungen im Obergeschoss widmen sich den Angriffen der Aliierten, der Zerstörung der Brücke und der nach Kriegsende erfolgten Repatriierung der Kriegsgefangenen sowie dem Bau der Friedhöfe. Eintritt 60 Baht.

Übernachtung

Kanchanaburi überrascht mit zahlreichen guten, preiswerten Gästehäusern. Die meisten Besitzer vermieten Fahrräder und Motorräder und bieten einen Wäscheservice.

Kleine Restaurants sorgen für das leibliche Wohl der Traveller.

Samlorfahrer erhalten von einigen Unterkünften eine Provision für neue Gäste, so dass sie nur diese Gästehäuser anfahren und falsche Informationen über die anderen erteilen.

Vor dem Einchecken sollte man in den Häusern am Fluss sicher gehen, dass das Wasser im Badezimmer nicht aus dem Fluss gepumpt wird. Zudem machen nahe gelegene Restaurants und auf dem Fluss vor allem am Wochenende vorbeibrausende Ausflugsboote und zahlreiche Discoboote viel Lärm, so dass in hellhörigen Häusern an Schlaf kaum zu denken ist.

GÄSTEHÄUSER – Die meisten Gästehäuser konzentrieren sich südlich der berühmten **Brücke**: Die Lage am Fluss mit Blick auf das Wasser ist sehr beruhigend, wären da nicht die Boote, die den ganzen Tag über Touristen zwischen Brücke, Friedhof, Museum und Höhlen hin und her befördern. Überwiegend von Prostituierten und ihren Kunden werden einige der so genannten Gästehäuser auf der dem Fluss abgewandten Straßenseite hinter den Bars genutzt.

Bamboo House ①, 5 Soi Vietnam, Maenam Kwae Rd., 🖳 www.bambooguesthouse. com, ✆ 034-624470, 300 m südlich der Brücke, in einem Garten drei hellhörige, einsehbare, „schwimmende" Bambushütten und hübsche Doppelbungalows mit Du/WC und Terrasse, im Haupthaus auch einige Zimmer mit ac. Kleines Restaurant. ❷–❸

Sugar Cane II ②, 7 Soi Cambodia, ✆ 034-514988, Zi im Reihenhaus nahe dem Fluss mit Fan, ac-Zimmer in steinernen Bungalows und geräumige Hütten mit ac, die leider etwas dicht aneinander stehen. Restaurant am Fluss mit schönem Ausblick und Traveller-Food. ❷–❸

Mister Tee Gh. ③, 12 Soi Laos, Maenam Kwae Rd., ✆ 034-624074, 1 km südlich der Brücke. Auf einem ziemlich kahlen Grundstück einstöckige Reihenhäuser mit ac und zweistöckige Bambusreihenhäuser am Fluss, Zi im Erdgeschoss mit und oben ohne Du/WC. Einfaches Restaurant mit Raft. ❷–❸

C&C River Kwai Gh. ④, 265/2 Soi England, Maenam Kwae Rd., ✆ 034-624547, 📠 624548, 100 m von der Straße stehen unter Kokospalmen auf einem weitläufigen Grundstück mit Teichen, vielen Fröschen und Mücken etwas abgewohnte Häuschen mit Fan und Moskitonetz, für die viel geworben wird. Restaurant, Touren. ❶–❷

Der in Ufernähe von Wasserhyazinthen bedeckte Fluss bietet im folgenden Abschnitt einen wunderschönen Anblick.

Blue Star ⑤, 241 Mae Nam Kwae Rd., ✆ 034-512161, ✉ bluestar_guesthouse@yahoo.com, ältere, einfache Doppelbungalows und Reihenhaus beiderseits eines kleinen Gartens. Zi mit Fan oder ac und Du/WC, urige, teils 2-stöckige Bungalows mit Veranda auf Stelzen im Fluss. Traveller-Restaurant auf einer Bambusplattform mit Blick in den Garten. Freundliche, hilfsbereite Familie, entspannte Atmosphäre. ❷–❸

Sam's Gh. ⑥, 14/2 Moo 1, Maenam Kwae Rd., 💻 www.samsguesthouse.com, ✆ 034-515956, 📠 512023, in einem Garten mit vielen Pflanzen und Steinfiguren gruppieren sich einstöckige Reihenhäuser rings um das Restaurant. Einfache Zi mit Fan und Du/WC sowie am Fluss komfortable Holzhäuser auf Stelzen mit ac und Du/WC. ❶–❸

Pong Pehn (P.P.) Gh. ⑦, 7 Soi Bangklated, ✆ 034-512981, ✉ pongphen@hotmail.com, L-förmig angeordnete Reihenhäuser auf einer betonierten Terrasse hoch über dem Fluss. Nur von vorn blickt man auf eine Flussinsel. Kleine, hellhörige, saubere Zi mit Fan oder ac und Terrasse, die teuren mit ac und Warmwasser, günstige mit Gemeinschafts-Du/WC. Restaurant, freundliches Personal. ❷–❸

Ploy River Kwai ⑧, ✆ 034-515804, 💻 www.ploygh. com, geschmackvolle, kleine Anlage. Im modernen Thai-Stil gestaltete ac-Zi mit kleinen, privaten Gärten und nicht einsehbarer Warmwasser-Du/WC im Freien, im 1. Stock etwas preiswerter ohne Garten. Frühstück im Restaurant am Fluss inkl. ❹

River Kwai Mansion ⑨, 77 River Kwai Rd., ✆ 034-625335-6, ✉ riverkwaimansion@yahoo.com, 📠 625313, 6-stöckiger Betonklotz am Fluss, auf den der Ausblick zudem durch einen großen betonierten Parkplatz verschandelt ist. Einfache, saubere Zi mit Fan oder ac, TV und winziger, über den Balkon zu erreichender Du/WC. ❸

Sugar Cane Gh. ⑩, 22 Soi Pakistan, Maenam Kwae Rd., ✆ 034-624520, nette, saubere Anlage, größere und kleine Bungalows mit Du/WC, 2 große Rafts mit großen ac-Zimmern und Warmwasser-Du/WC, Sonnenterrasse mit schönem Blick. Gutes Essen, vom Restaurant Blick auf den Fluss. ❷–❸

Chitanun Gh. ⑪, 47/3 Menam Kwae Rd., ✆ 034-624785, von der Straße zurückversetzte große, solide Doppelbungalows mit ac und Warmwasser-Du/WC, sowie Reihenhäuser mit kleineren Zi mit Fan und Du/WC, kleine Terrassen und wenig Schatten. Restaurant an der Straße. ❷–❸

Jolly Frog Backpacker's ⑫, 28 Soi China, Mae Nam Kwae Rd., ✆ 034-514579, größere, beliebte Backpacker-Unterkunft, 50 einfache, gemütliche Zi mit Fan oder ac mit und ohne Du/WC, die billigsten auf Rafts, andere in zweistöckigen Häusern in einem netten Garten. Liegewiese mit Liegestühlen und Hängematte, hübscher Flussblick und Badeplattform. Günstige Tagestouren. Das Abrechnungssystem im Restaurant ist etwas chaotisch, gutes Frühstück und billiges Bier, ansonsten finden das Essen und der Service ein geteiltes Echo. ❶–❷

Apple Gh. ⑬, 52 Rong Heeb Oil Rd., ✆ 034-512017, ✉ applesguesthouse@hotmail.com, an der Einmündung der Patthana Rd., auf einem großen, ruhigen Gelände hinter dem Tempel. 15 saubere Zi mit Du/WC, Fan oder ac, dicken Matratzen und Veranda in Reihenhäusern, die durch eine Liegewiese von dem davor liegenden fantastischen Restaurant und dem Reisebüro getrennt sind. Freundlicher Service. ❶–❷

Sam's River Raft House ⑭, 48/1 Rong Heeb Oil Rd., ✆ 034-624231, 💻 www.samsguesthouse.com, einfache Bambushütten auf der Landseite und 2 Rafthäuser auf dem Fluss, Zi mit Fan oder ac und Warmwasser-Du/WC. Schlepper locken mit falschen Versprechungen; Rechnungen im Restaurant überprüfen. ❶–❸

Vimol Gh. ⑮, 48/5 Rong Heeb Oil Rd., ✆ 034-514831, muffige Bambusbungalows in 1–2 Reihen am Fluss mit Hochbett, Du/WC und Fan, neue, solide ac-Häuser am Ufer. Großes Restaurant nahe dem Fluss mit schönem Ausblick, Touren. ❶–❸

V.N. Gh. ⑯, 44 Rong Heeb Oil Rd., ✆ 034-514082, ✉ vnguesthouse@yahoo.com, schmuddelige Zi mit und ohne Du/WC und Fan oder ac in Reihenhäusern oder auf der Raft. ❶–❷

Folgende Gästehäuser liegen in einer kleinen Bucht, in die der Unrat aus dem Fluss gespült wird.

River Gh. ⑰, 42 Rong Heeb Oil Rd., ✆ 034-511637, Steinhäuser auf Stelzen im Fluss mit Du/WC. ❷

J Gh. ⑱, schwimmende, einfache Reihenhäuser. ❷

Aus dem **Stadtzentrum** sind seit dem Bau der neuen Straßenbrücke fast alle Gästehäuser verschwunden. Neben dem Straßenverkehr machen hier vor allem am Freitag- und Samstagabend bis tief in die Nacht zahlreiche Discoboote Lärm.

V.L. Gh. ㉒, 277/45 Saengchuto Rd., ✆ 034-513546, beliebtes, 3-stöckiges Kleinhotel gegenüber dem River Kwai Hotel, Zi mit ac, sehr sauber, nach hinten ruhig. Restaurant an der Straße, gutes Essen, ⌚ bis 22 Uhr. ❸

Nitaya Raft House ㉕, 27/1 Pakprak Rd., ✆ 034-514521, südlich des Zentrums umgeben von Discobooten, 4 Pfahlhäuser auf dem trüben Fluss, Zi mit Moskitonetz und Du/WC, preiswertes Essen in gemütlichem Restaurant, abends Video. ❷

HOTELS – Entlang der Hauptstraße gibt es einige billige Hotels, die vor allem von Einheimischen frequentiert werden.

Luxury Hotel ⑲, 284/1 Saengchuto Rd., ✆ 034-511168, 512494, kleines Hotel in einem etwas von der Straße zurückversetzten Neubau. Sehr saubere Zi mit Fan oder ac und TV. ❸–❹

M.K. Hotel ⑳, 277/41 Saengchuto Rd., ✆ 034-621143, 📠 513233, mehrstöckiger Neubau, preiswerte Zi mit ac und Du/WC, im Erdgeschoss Restaurant mit Karaoke. ❸

River Kwai Hotel ㉑, 284/3-16 Saengchuto Rd., ✆ 034-511565, 💻 www.riverkwai.co.th, großes, renoviertes Mittelklassehotel in einem Block im Zentrum, guter Service, häufig Sonderangebote mit Frühstück inkl.; abends öffnet die Glitzy Disco, Pool. ❹

Das günstige ***River Inn*** nebenan ist ein Stundenhotel.

Nördlich der Brücke am Kwai vermieten einige Resorts Bungalows an einheimische Touristen. Einzelreisende ohne Auto werden sich hier nicht wohl fühlen. Wer Komfort sucht, findet hier zwei schöne, große Hotelanlagen, die am günstigsten über Hotelanbieter im Internet gebucht werden können:

Felix River Kwai ㉔, 91/1 Moo 3, Thamakham, ✆ 034-515061, 💻 www.felixriverkwai.co.th, große Resortanlage in Sichtweite der Brücke am jenseitigen Flussufer mit zwei Pools. 220 komfortable, große Zimmer. Restaurants und alles weitere, was man von dieser Hotelkategorie erwartet. Der Service lässt allerdings zu wünschen übrig. Vor allem Gruppenreisende, aber auch einige motorisierte Individualtouristen übernachten hier. ❺–❻

Pung-Waan Resort ㉓, 72/1 Moo 2, Thamakham Rd., 💻 www.pungwaanriverkwai.com, ✆ 034-625270-7, 📠 515830. Das Resort liegt 2 km nördlich der Brücke in einem weitläufigen Park östlich des Flusses. 110 großzügige Zimmer mit allem Komfort, Landschaftspool, Sauna und Spa mit Aromatherapie-Anwendungen. Schwesterresort am Kwae Noi bei Nam Tok. ❺–❻

Essen

Den meisten Gästehäusern ist ein kleines Restaurant angegliedert, in dem es Frühstück und Traveller-Food gibt. An der Song Kwae Rd. werden abends **Essenstände** aufgebaut, die ein gutes Angebot bereithalten. Hier kann man preiswert essen, z.B. gegrillte Hähnchenschenkel oder die leckere Reissuppe *Choke*.

In zahlreichen **schwimmenden Restaurants** im Zentrum und beiderseits der Brücke kann man abends in der Gesellschaft der Reisegruppen essen und bei Sonnenuntergang die tolle Atmosphäre genießen. Die **Essenstände** an der Song Kwae Rd. werden vor allem von Thais besucht.

Maenam Restaurant, eines der schwimmenden Restaurants im Zentrum, hat gutes Thai-Essen.

Apple's Restaurant, 52 Rong Heeb Oil Rd., serviert bis Mitternacht ordentliche Portionen sehr schmackhafter einheimischer und europäischer Gerichte, großes vegetarisches Angebot, leckere Masaman Currys, freundlicher Service. Man sitzt in einem gemütlichen Gartenrestaurant mit einem kleinen, interessanten Souvenirshop. Wer mehr über Apples Kochkünste erfahren möchte, kann an einem eintägigen Kochkurs teilnehmen.

Jolly Frog Backpacker's, 28 Mae Nam Kwae Rd., großes, gut besuchtes Traveller-Food-Restaurant mit Video. Preiswerte, leckere Thai- und europäische Gerichte.

Sudjai Restaurant, jenseits der Brücke, serviert gutes Essen und wird vor allem am Wochenende von Thais besucht.

Rings um den **Busbahnhof** bestehen mehrere Möglichkeiten zu essen:

Sri Fa Bakery, die große, sehr gute Bäckerei verkauft sogar richtige Baguettes.

Am preiswertesten sind die Essenstände und Nudelläden südlich und westlich des Busbahnhofs – auf Sauberkeit achten! Nördlich und östlich bieten mehrere klimatisierte Restaurants und Karaoke Lounges Fast Food bzw. einheimische und westliche Gerichte zu lauter Musik. Zwei internationale Fastfood-Restaurants befinden sich im ***Kan Department Store***. Außerdem die ***Pizza Company***.

Unterhaltung

In der Nähe der Gästehäuser werden immer mehr Bierbars von leichten Mädchen zur Kontaktaufnahme genutzt.
Beer Barrel, ein großer Biergarten mit hohen Bäumen in der Menamkwae Rd., ist abends geöffnet und beliebt. Im turbulenten Zentrum am Fluss öffnet abends die ***Discovery Disco*** ihre Tore.
Vor allem am Wochenende schwimmen auf dem Fluss bis zu 200 **Discoboote**, die versuchen, sich gegenseitig zu übertönen. Viel Müll von den Booten landet im Wasser. Nördlich des Zentrums dürfen sie wegen des Lärms nicht mehr fahren.

Sonstiges

Die Uferstraße in der Nähe der Gästehäuser säumen Wäschereien, Internet-Cafés, Motorrad- und Fahrradvermietungen, Büros der Tourveranstalter, Massage-Angebote und Bars.

AUTOVERMIETUNGEN – ***Wisut***, Menam Kwae Rd., ✆ 09-8009225.

EINKAUFEN – Ein ***Tesco / Lotus Supermarkt*** erstreckt sich unübersehbar 2,1 km südlich vom Tourist Office. Im hiesigen kleinen ***Bookshop*** mit einer Kaffeebar ist die Auswahl nicht besonders groß, aber manchmal findet sich etwas Interessantes. Second-Hand-Bücher kauft und tauscht die ***Noname Bar*** nahe Jolly Frog und die ***Punnee Bar & Cafe***, Baan Noue Rd.
In der riesigen Spielzeugburg nördlich der Stadt verbirgt sich keinesfalls ein Mini-Disneyland, sondern ein nüchternes Allerwelts-Einkaufszentrum, der ***Castle Hill Plaza Department Store***.

FAHRRÄDER – werden von Gästehäusern und an anderen Stellen, z.B. gegenüber Jolly Frog, für ca. 20 Baht pro Tag vermietet, Mountainbikes 80 Baht. Auf der Fähre werden sie kostenlos befördert.

FESTE – Ende November / Anfang Dezember findet das einwöchige **River Kwai Bridge Festival** statt. Höhepunkt ist die bombastische Sound-and-Light-Show über die Geschichte der Brücke, die trotz der vielen Darsteller und dem Feuerwerk wenig fasziniert. Tickets für 100–600 Baht über 🖳 www.thaiticketmaster.com. Zu dieser Zeit fährt sogar der legendäre *Eastern & Orient Express* nach Kanchanaburi.

GELD – ***Bangkok Bank*** an der Saengchuto, Ecke U-Thong Rd., nördlich vom Markt, ✆ 034-511111. ***K Bank*** an der Haltestelle der Busse nach Bangkok. ***Siam Commercial Bank*** südlich des River Kwae Hotels, alle mit Geldautomaten.

IMMIGRATION – 100/22 Mae Klong Rd., ✆ 034-513325, in Pak Praek, 3,5 km Richtung Bangkok, an der City Hall (bis dorthin mit dem Stadtbus) 800 m nach rechts, neues Haus links. Eine Visumverlängerung geht schnell. ⏲ Mo–Fr 8.30–16.30 Uhr.

INFORMATIONEN – ***Tourist Office***, ✆ 034-623 691, 512500, 📠 511200, ✉ tatkan@tat.or.th, 🖳 www.tatkan.co.th, Saengchuto Rd., ⏲ tgl. 8.30–16.30 Uhr. Die deutsche Website 🖳 www.kanchanaburi-info.com/de von Edgar König informiert über Sehenswertes in der Stadt und die angrenzenden Provinzen. Ebenso die englischsprachige Site 🖳 www.kanchanaburiguide.com.

INTERNET – In Kanchanaburi bieten zahlreiche Internet-Cafés für 30–50 Baht pro Std. die Möglichkeit, Mails zu verschicken und zu surfen.

KOCHEN – Vergnügliche Tageskurse für 700 Baht von 10.30–16.30 Uhr im ***Apple's Restaurant*** (s.o.), ✉ applescooking@yahoo.com, bei denen alle gemeinsam einkaufen, kochen und essen.

MASSAGEN – Mehrere Läden in der Maenam Kwae Rd., 200 Baht pro Behandlung. ***Banthai Massage***, 92 Bangladesh Rd., ✆ 01-8566390, gute Massagen bei einem freundlichen Ehepaar. ***Suan Nanachaat***, ✆ 034-633356, 01-6999052 (Ms. Helen), 🖳 www.suan-nanachaat.com, etwas teurer, aber ein wunderbarer Luxus. Massagen mit einheimischen Produkten in einem schönen

Thai-Haus etwas außerhalb. Abholung inklusive. ⌚ Mo–Fr 10–20, Sa, So 8–20 Uhr.

MEDIZINISCHE HILFE – ***Kanchanaburi Memorial Hospital,*** am H323, der Hauptstraße, im Norden der Stadt, ✆ 034-624184-93, Songthaew 40 Baht, sehr sauber und freundlich. Englisch sprechende Ärzte, trotzdem sehr preiswert. ***Tanakan Hospital*** an der Straße nach Bangkok ist ebenfalls gut.

MOTORRÄDER – In mehreren Gästehäusern und vielen Läden in der Gästehaus-Gegend werden kleinere Maschinen für 150–300 Baht vermietet.

POST – Hauptpostamt 1 km südlich vom Tourist Office Richtung Bangkok. **PLZ**: 71 000

SCHWIMMEN – Im Felix River Kwai Hotel können auch Nichtgäste für 300 Baht den Pool benutzen.

POLIZEI – Ein Stand der ***Tourist Police*** an der Uferstraße zwischen Pong Pehn und Sam's House und in der Song Kwae Road in der Nähe der Discoboote, Büro nördlich des Zentrums in der Saengchuto Rd., nahe dem Isuzu Building, ✆ 034-512795, ⌚ rund um die Uhr. ***Polizeizentrale*** an der zentralen Kreuzung nahe dem Tourist Office.

Nahverkehrsmittel

Da es weder Taxis noch Tuk Tuks gibt, ist man bei größeren Entfernungen oder bei schwerem Gepäck auf eines der folgenden Transportmittel angewiesen:

SAMLOR – Die Fahrrad-Rikschas kosten für kurze Strecken bei 1 Person ab 20 Baht, bei 2 Personen mindestens 30 Baht, zu den zentralen Gästehäusern 30/40 Baht, zur Brücke 60/80 Baht. Zum Felix besser mit einem Songthaew, ansonsten 150/200 Baht.

STADTBUSSE – Entlang der Hauptstraße verkehren zwischen 6 und 19 Uhr alle 15 Min. orangefarbene Stadtbusse für 6 Baht, die an festen Haltestellen stoppen, z.B. gegenüber der Einmündung der U-Thong Rd. Bus Nr. 2 fährt an der Brücke vorbei. Zu den Gästehäusern bis zum Friedhof mitfahren und dann laufen.

SONGTHAEW – Innerhalb des Stadtgebietes kostet eine Strecke 50 Baht. Eine Kleingruppe kann mit einem Songthaew für 100 Baht zur Brücke fahren.

MOTORRADTAXIS – Im Stadtgebiet maximal 30 Baht, vom Tourist Office zur Brücke 60 Baht. Sie warten u.a. vor der Tourist Police in der Maenam Kwae Rd.

FÄHREN – Trotz der neuen Brücke ist die Personenfähre im Süden der Stadt weiterhin in Betrieb; sie bietet Radfahrern eine weitere gute Anreisemöglichkeit zu den Tempeln im Süden und kostet 5 Baht, Fahrräder und Motorräder werden kostenlos befördert.

Touren

Etwa 20 Veranstalter unterbieten sich mit preiswerten Tagestouren zur Brücke, den Höhlen und in die nähere Umgebung. Zudem werden Bahn- und Bootsausflüge, Trekkingtouren mit Elefantenreiten und Bambus-Rafting-Trips angeboten, teilweise alles an einem Tag, so dass zwischen den Fahrten kaum Zeit bleibt, die schöne Natur zu erleben. Nach der Erhöhung der Eintrittspreise für die Nationalparks wurden einige Ziele wie der Tham Than Lot National Park und die Saphirminen kaum noch angeboten. Einfache Tagestouren kosten 600–900 Baht, 2-Tages-Touren mit Elefanten und Rafting um 2000 Baht.

A.S. Mixed Travel neben Apple's Gh., ✆ 034-512017, 📠 514958, ✉ a_s_mixed-travel@hotmail.com, Tagestouren mit guter Betreuung.

R.S.P. Jumbo Travel Center, 3/13 Chaokhunnen Rd., ✆ 034-514906, 512280, 📠 514771; bis zu 3-tägige Trekkingtour mit Elefantenritt, Bootsfahrt, Rafting, Schwimmen, Jeepfahrten, Besuch einer Höhle und von Wasserfällen.

Good Times Travel, 63/1 Mae Nam Kwae Rd., ✆ 034-624441, günstige Preise und gute Betreuung.

Toi's Tours, 45/3 Rong Heeb Oil Rd., ✆ 034-514209, Touren in Englisch und Französisch.

Yanee Tours, 50 m südlich vom Blue Star Gh., vermietet Motorräder und vermittelt individuelle Tagestouren mit einem Auto und Herrn Tawee Pothong, einem pensionierten Lehrer.

Der **Nationalpark-Eintritt** von 200 Baht ist für die 7 Parks in der Kanchanaburi-Region beim Besuch mehrerer Parks nur einmal täglich zu entrichten.

BOOTSTOUREN – Hinter den schwimmenden Restaurants und an der Eisenbahnbrücke werden Boote vermietet. Sie lohnen sich für eine Stadtrundfahrt auf dem Kwae Noi, dem Kwae Yai und flussabwärts auf dem Mae Klong (= Zusammenfluss von Kwae Yai und Kwae Noi). Eine zweistündige Tour ab der Brücke zur Höhle, dem Friedhof und Museum kostet etwa 500 Baht pro Boot und eine einstündige Rundfahrt 400 Baht.

KANUTOUREN – Folgende Veranstalter organisieren Tagestouren auf dem Kwae Yai und Kwae Noi in Stadtnähe inkl. Ausrüstung, Boote, Mittagessen, Guides und Transfer.
Safarine, 4 Taiwan Rd., ✆ 034-624140, 🖳 www.safarine.com, ◷ Mo–Sa 8–17 Uhr.
River Kwai Canoe Travel Services, 57 Chaokhunnen Rd., ✆ 034-624544, ✉ riverkwaicanoe @yahoo.com, ein ehemaliger Mitarbeiter von Safarine organisiert ähnliche Touren.
Die kürzesten Touren gehen in 1 Std. von der Jinda zur River Kwae Bridge und kosten 250 Baht p.P., 3 Std. ab Nongbua Bridge 350 Baht, Tagestouren ab 1000 Baht. Safarine offeriert auch 2-Tagestouren in der Sayok-Region inkl. Elefantenreiten im Wang Po Camp, Essen, Übernachtung im Sayok River View Resort und Transport für 2700 Baht p.P. (bei 2 Pers.), davon 4 Std. paddeln zur Kraisae Cave und Lum Sum Bridge. Zurück mit dem Zug ab Namtok.

RAFTING – Das Rafting mit großen Bambusflößen auf dem Mae Klong hat an Beliebtheit eingebüßt. Vor allem durch die Staudämme hat sich die Wasserqualität erheblich verschlechtert, so dass ein Bad im Fluss nicht immer empfehlenswert ist. Wer nicht nass werden möchte und Moskitos scheut, sollte keine Rafting-Touren auf kleinen Flößen unternehmen.

Touren zum Tigertempel Wat Pa Luang Tabua

Seit Bilder des Abtes Phra Acharn Phoosit Khanthidaro und seiner Mönche mit ihren Tigern auch in der europäischen Presse zu sehen waren, ist der Tempel ein begehrtes Ziel. Viele Veranstalter bieten Ausflüge für 100–120 Baht plus „Spende" von 200 Baht p.P. für den Tempel an sowie Kombi-Touren in Verbindung mit dem Besuch des Sai Yok National Parks. Von der Straße zum Park, 40 km von Kanchanaburi, weist rechts ein Schild auf die 3 km lange unbefestigte Abzweigung zum Tempel hin. Das Feedback ist allerdings extrem widersprüchlich und reicht von totaler Begeisterung bis Ablehnung. Alle Besucher müssen eine Haftungsausschlusserklärung unterschreiben, so dass sie bei einem Unfall keine Ansprüche an den Tempel geltend machen können. Die Tiger, die im Tempel in Käfigen untergebracht sind, werden zwischen 15 und 17 Uhr von Mönchen in eine Schlucht geführt, in der sie herumtoben. Dabei werden sie manchmal von bis zu hundert Besuchern ganz aus der Nähe fotografiert. ◷ tgl. 9–16.30 Uhr.

Transport

Ankommende Touristen werden von Samlor-Fahrern abgepasst, die nachher von den Gästehäusern eine Provision verlangen und daher nicht jedes gewünschte Gästehaus gern anfahren.

BUSSE – In Kanchanaburi halten die Busse an der Bus Station nördlich vom Tourist Office. Ac-Busse nach Bangkok fahren von der Seitenstraße zwischen der Bus Station und dem Tourist Office ab.
Von BANGKOK (Southern Bus Terminal), 129 km, 2.-Kl.-ac-Bus 81 alle 20 Min. von 5–21.30 Uhr für 62 Baht in 3 Std., ac-Bus alle 15 Min. von 5.30–22.30 Uhr für 81 Baht in 2 1/2 Std., zurück bis gegen 19 Uhr. Zudem 3x tgl. Minibusse für 150 Baht. Die Minibusse der Gästehäuser in der Khaosan Rd. für 100–150 Baht fahren in Kanchanaburi gegen 13 Uhr ab. Sie sind nicht immer zuverlässig, daher sollten alle, die pünktlich in Bangkok sein

müssen, den großen blauen ac-Bus nehmen. In den Gästehäusern werden auch Tickets für die Weiterfahrt nach Süd-Thailand und Malaysia angeboten. Allerdings muss man immer in Bangkok umsteigen.
NAKHON PATHOM mit dem Bangkok-Bus für 40 Baht. Von dort weiter nach DAMNOEN SADUAK (Floating Market). Schneller über BANG PHAE, gelber Bus 461 alle 15 Min. für 28 Baht.
RATCHABURI non-ac-Bus 461 von 5–18 Uhr alle 15 Min. für 36 Baht in 2 Std. Von dort weiter nach Süden.
AYUTTHAYA Backpackerbus um 10.30 und 13.30 Uhr für 240 Baht. Mit dem großen non-ac-Bus zuerst bis SUPHANBURI alle 20 Min. von 5–17.45 Uhr für 34 Baht in 2 Std. Dann stündlich mit dem gelben Bus 703 in 1 1/2 Std. nach Ayutthaya für 40 Baht (offiziell 26 Baht, aber Ausländern werden generell 14 Baht extra für „Gepäck" abverlangt, selbst wenn sie keines haben). Für die gesamte Strecke ist mit 6 Std. Fahrtzeit zu rechnen, so dass sie nicht schneller ist als der Umweg über Bangkok.
In die Umgebung, z.B. nach
BO PHLOI, 50 km, Bus 325 alle 25 Min. bis 18.30 Uhr in 1 Std. für 20 Baht, weiter zum THAM THAN LOT NATIONAL PARK für 28 Baht in 2 Std.
ERAWAN NATIONAL PARK, 65 km, Bus 8170 alle 50 Min. bis 17 Uhr (zurück bis 16 Uhr) in 1 1/2 Std. für 26 Baht.
SAI YOK YAI, 104 km, Bus 8203 alle 30 Min. bis 18.30 Uhr (zurück bis 16.30 Uhr) in 2 Std. für 38 Baht. Weiter nach THONG PHA PHUM, 147 km, in 3 Std. für 54 Baht.
SANGKHLABURI, 220 km, von der Haltestelle hinter der Bus Station non-ac Bus um 6, 8.40, 10.20 und 12 Uhr in 5 Std. für 90 Baht, zurück um 6.45, 8.15, 9 und 12.45 Uhr. Ac-Minibus um 7.30, 11.30 und 16.30 Uhr in 3 1/2 Std. für 118 Baht; zurück um 6.30, 7.30, 11.30, 13 und 15.30 Uhr. VIP-24-Bus um 9.30, 13.30 und 15.30 Uhr, zurück um 8.30 und 14.30 Uhr für 151 Baht.
Busse Richtung Norden stoppen auf Wunsch auch an der Hauptstraße zur Brücke.

EISENBAHN – Beliebt ist die gemächliche Fahrt mit dem Zug vom Bahnhof in THONBURI über Nakhon Pathom, 14 Baht, und Kanchanaburi, 28 Baht, nach NAM TOK, 39 Baht; ab Kanchanaburi 17 Baht, Zug Nr. 257 und 258 für 100 Baht. Allerdings dauert der interessanteste Teil der Fahrt über das Wang Po-Viadukt kurz vor Nam Tok nur wenige Minuten, die restliche Zeit geht es durch eine eher eintönige Landschaft. Zug Nr. 257 und 259 ab Thonburi um 7.45 / 13.45 Uhr, ab Kanchanaburi um 10.30 / 16.37 Uhr, an der Brücke kurzer Stopp, Ankunft in Nam Tok um 12.20 / 18.40 Uhr. Ab Nam Tok Zug Nr. 258 / 260 um 13 / 5.25 Uhr, an Kanchanaburi um 14.47 / 7.25 Uhr, Ankunft in Thonburi um 17.40 / 10.25 Uhr. Ein gemischter Güter- und Passagierzug verkehrt tgl. außer feiertags nur zwischen Kanchanaburi (Abf.: 6.11 Uhr) und Nam Tok (Abf.: 15.15 Uhr) in ca. 2 1/2 Std. In der Hochsaison ist der Touristenzug manchmal so überfüllt, dass man nichts sieht. Manchmal werden für Reisegruppen und andere Touristen zum gleichen Preis lediglich Wagen an den Regelzug angehängt. Weitere Infos unter ✆ 02-620699-700 oder am Bahnhof in Kanchanaburi, ✆ 034-511285. Richtung Süden steigt man am besten in NAKHON PATHOM (25 Baht) um und kann sich bei dieser Gelegenheit den großen Chedi ansehen. Plätze im Schlafwagen frühzeitig reservieren.

Die Umgebung von Kanchanaburi

Folgende Touren verlaufen überwiegend auf Straßen mit befestigten Seitenstreifen und sind gut mit dem Zweirad zu fahren. Mit Fahrrädern sind die Touren zwar machbar, aber wegen der Hitze sehr anstrengend. Besser eignen sich Motorräder. Die Strecke auf dem H3228 nördlich des Kwae Noi: Kanchanaburi – Kao Pun (Friedhof) – Wat Tham Kao Pun – Stone Garden und zurück beträgt ca. 22 km, die Tour zwischen Kwae Noi und Mae Klong: Kanchanaburi – Wat Tham Mongkorn Thong – Wat Ban Tham – Kao Noi – Tham Sua – Kanchanaburi ist ca. 38 km lang. Frauen sollten aus Gründen der Sicherheit nicht alleine fahren. Während der Zuckerrohrernte im Dezember / Januar können voll beladene Lkw vor allem Radfahrern gefährlich werden.

Wat Tham Kao Pun

Die große Tempelanlage am KM 55,8 des wenig befahrenen H3228 etwa 4 km südwestlich von Kanchanaburi hinter dem Friedhof ist leicht mit dem

Fahrrad zu erreichen. Man fährt über die Brücke im Stadtzentrum und weiter auf der Straße bis 600 m hinter den Gleisen. In der **Kao Pun-Höhle** versammelt sich ein Kaleidoskop von brahmanischen, chinesischen und buddhistischen Gottheiten, Heiligen und Buddha-Statuen sowie viele Rinder, Hirsche und anderes Viehzeug. Trotz elektrischer Beleuchtung ist eine Taschenlampe empfehlenswert. Von einem der Hügel schaut ein riesiger Buddha auf den Fluss und die dahinter liegende Bergwelt herab. Man erreicht ihn, wenn man gegenüber vom Höhleneingang am kleinen chinesischen Pavillon vorbei eine kleine Anhöhe hinaufgeht.

Stone Garden (Somdechphrasrinaka)

Der Steingarten am KM 51,1 des H3228 ist kaum mehr als ein netter Picknickstopp auf einer Fahrradtour, etwa 9 km südwestlich von Kanchanaburi. 3 km vom Eingangstor des Parks kommt man hinten links zu einem sehr lichten Hain mit Tausenden urig geformter Steine, zwischen die Pflanzen gesetzt wurden.

Wat Tham Mongkorn Thong und Wat Ban Tham

Diese Tempelanlage liegt 9 km außerhalb der Stadt an einem Kalkfelsen. 3,4 km südlich des Tourist Office zweigt man vom H323 Richtung Bangkok hinter der großen Klinik nach rechts auf eine breite Straße ab und überquert nach 1 km auf einer Brücke den Fluss. Links geht es zum Wat Tham Kao Noi und Wat Tham Sua (s.u.). Weiter geradeaus liegt nach 2 km 500 m links der Straße der kleine, ruhige Höhlentempel **Khao Laem**. Fährt man weiter geradeaus, taucht links hinter einer Schule das weiße Eingangstor zum **Wat Tham Mongkorn Thong** auf. Hier zeigt eine Nachfolgerin der bekannten, verstorbenen *floating nun* gegen eine Spende von 200 Baht ihre Fähigkeit, meditierend auf dem Wasser zu schweben.

700 m hinter diesem Tor erhebt sich die Tempelanlage zum Teil auf einem Berg. Eine dreigeteilte, steile Treppe mit 100 Stufen führt zum Höhlentempel hinauf, von dessen Eingang aus sich ein schöner Ausblick bietet. Gegen eine Spende wird der Stromgenerator zu einer kleinen, niedrigen Höhlenpassage eingeschaltet. Am Ende führt eine Leiter ins Freie und zu einem weiteren kleinen Heiligtum hinter der Haupthöhle. Zurück geht es dann auf dem einfacheren Weg, der vor dem Eingang zum Höhlentempel rechts abzweigt.

Die Straße verläuft weiter am Fluss entlang an mehreren Ausflugsrestaurants vorbei zum H3209, der nicht nach Kanchanaburi führt. Vom Wat Tham Mongkorn Thong geht es daher zurück bis zur großen Brücke. Dort zweigt eine schmale, teilweise von Schlaglöchern übersäte Straße Richtung Südosten ab und führt 5,5 km parallel zum Fluss an Steinbrüchen, chinesischen Friedhöfen (nach 3 km) und mehreren Tempeln vorbei.

Bemerkenswert ist der Höhlentempel **Wat Ban Tham**. Hundert Stufen führen hinauf zum Eingang durch das 10–15 m hohe Maul eines riesigen Drachen, der sich den Berg hinabzuschlängeln scheint. Dahinter erstreckt sich eine halb offene, natürlich erleuchtete Haupthöhle mit einer großen Buddhastatue und der Statue einer Frau, die als Mrs. Bua Khlee bekannt ist und als wundertätig angesehen wird. Nebenan ein Fußabdruck Buddhas. Steigt man die Wendeltreppe am Höhleneingang hinauf, gelangt man durch einen Bambushain zu einer hübschen Tropfsteinhöhle und nach einer halbstündigen Wanderung zum Gipfel. In der Gegend gibt es weitere Höhlen und Höhlentempel, die allerdings nicht alle sicher sind und von deren Besuch das Tourist Office abrät.

Wat Tham Kao Noi / Wat Tham Sua

Nach 1 km weiter auf der Uferstraße geht es links über die Brücke. Nun ist bereits der eine der beiden Tempel zu erkennen: Schon von weitem leuchten die roten und goldenen, mehrfach gestaffelten Tempeldächer des Bot im modernen, dekorativen Thai-Stil in der Sonne; eine überdimensionale Buddhafigur blickt auf das Land hinab. Nach weiteren 3,5 km zum Teil am Fluss entlang und dann durch das Dorf ist schließlich der große Parkplatz am Fuß der beiden Tempel **Wat Tham Kao Noi** und **Wat Tham Sua** erreicht.

Diese großen buddhistischen Tempel liegen auf zwei Hügeln und sind nur separat zugänglich. Da es keine Verbindungswege gibt, muss man also die Treppen wieder hinab und erneut mit dem Aufstieg beginnen oder für 10 Baht die kleine Seilbahn in Betrieb setzen lassen. Auf halber Höhe befindet sich rechts der Treppe ein kleiner Höhlentempel, dessen Eingang jedoch meist verschlossen ist.

Von den kleinen Tempeln am Fuße des Berges führt eine steile Treppe über 170 Stufen schnurgerade hinauf. Von oben eröffnet sich ein fantastischer Ausblick über die Reisfelder und die Flusslandschaft. Neben dem Bot und gigantischen Buddha des Thai-Tempels erhebt sich ein riesiger, brauner Chedi, in dessen Spitze ein Aufzug, der oft nicht funktioniert, oder 180 Stufen hinaufführen. In den Fensternischen stehen zahlreiche Buddhastatuen. Der südliche Tempel ist ganz im chinesischen Stil gehalten. Steinerne Löwen bewachen die mit chinesischen Schriftzeichen verzierten Eingangstore, die Dächer sind mit rot glänzenden Ziegeln gedeckt und die Wände mit bunten Mosaiken geschmückt. Treppenaufgänge führen durch die Anlage hinauf zur runden, siebenstöckigen Pagode, deren Innenwände mit Hunderten von Votivtafeln bedeckt sind.

Von Kanchanaburi nach Nam Tok

Mit einem eigenen Fahrzeug bieten sich mehrere Möglichkeiten für interessante Abstecher vom breit ausgebauten H323. Mehrere Abzweigungen, die von öffentlichen Verkehrsmitteln nicht befahren werden, führen nach Süden Richtung Kwae Noi-Fluss. Die Resorts am Flussufer werden vor allem von Thai-Familien bewohnt. Am H3305, der am KM 2 hinter der Brücke links zum H3305 hinab führt, liegen verschiedene Resorts.

Ban Kao

Auf dem H3229, 18 km von Kanchanaburi am KM 0 nach links, erreicht man Ban Kao. Hinter der Bahnlinie biegt man rechts auf den H3228 ab und fährt an der Ausschilderung 1 km nach links zum Fluss hinab zum lohnenswerten **Ban Kao National Museum**, in das sich nur selten ein Tourist verirrt. Ein holländischer Archäologe hatte als Kriegsgefangener einige bedeutsame Funde gemacht, die er allerdings bis zum Ende des Krieges geheim hielt. Weitere Ausgrabungen förderten menschliche Skelette, Tonscherben und andere Gegenstände zu Tage, die beweisen, dass dieses Gebiet schon vor über 5000 Jahren besiedelt war. Das Museum zeigt Ausgrabungen von 44 menschlichen Skeletten, Waffen, Werkzeugen, Schmuck, Keramiken und vielen Grabbeigaben, den Fundorten in der Nähe und in entfernteren Höhlen, die u.a. den Jägern und Sammlern der steinzeitlichen Hoabinhian-Kultur (1000–400 v.Chr.) als Wohnung dienten. Interessant sind auch der Kopf einer Brahma-Statue und andere Funde aus Muang Sing, die nur auf Thai beschriftet sind. ◷ tgl. außer feiertags 9–16 Uhr, 30 Baht.

Muang Sing

6,5 km weiter auf dem H3228 am Fluss entlang Richtung Nordwesten zweigt 500 m hinter dem Bahnhof Tha Kilen der Weg zu den verwitterten **Khmer-Ruinen** der „Löwenstadt“ Muang Sing ab. In einer Flussschleife ließ im 13. Jh. laut einer Steininschrift ein Nachfahre des Khmer-Königs Yayavaraman VII. zu Ehren seines Vaters in dieser rechteckigen Befestigungsanlage, einem westlichen Vorposten des Khmer-Reiches, eine bedeutende Bodhisattva-Statue aufstellen. Der Wassergraben und die 880 m langen Befestigungsmauern sind noch deutlich zu erkennen. Mit riesigen Steinen gepflasterte Wege führen durch vier hohe Eingangstore zum zentralen Prang, der ebenso wie die anderen Gebäude aus Lateritgestein errichtet wurde und wahrscheinlich die Bodhisattva-Statue enthielt. Bei Ausgrabungsarbeiten in den 80er Jahren wurden Buddha- und Bodhisattva-Skulpturen, Keramiken und andere Kunstwerke im Lopburi-Stil sowie prähistorische Gräber mit Beigaben freigelegt, die teilweise in einem kleinen Museum rechts des Prangs ausgestellt sind, allerdings meist als Kopien. Schilder weisen den Weg zur prähistorischen Ausgrabungsstätte am Flussufer, einem Begräbnisplatz mit freigelegten Skeletten.

◷ tgl. 8–17 Uhr, Eintritt zu dieser gepflegten, unspektakulären Anlage pro Person 40 Baht, ✆/℻ 034-585052. Wer fit ist, kann das über 100 ha große Gelände auch ablaufen, ansonsten kostet der Eintritt für Autos 50 Baht, Motorräder 20 Baht und Fahrräder 10 Baht. Vom H3228 gelangt man über den nördlich der Ruinenstadt rechts abzweigenden H3455 nach 6 km zurück zur Hauptstraße am KM 15,6. Zur Tempelanlage fahren auch Züge bis zur Bahnstation Ban Tha Kilen. Von dort sind es 1,4 km zu Fuß bis zum Eingang. Am günstigsten ist der Zug um 10.51 Uhr ab Kanchanaburi, Ankunft um 11.49 Uhr, zurück um 16.31 Uhr.

Sai Yok

Hier verläuft die Hauptstraße weit oberhalb des Flusses, so dass es am KM 29,2 erst einmal auf einer kurvenreichen Strecke 5 km steil in den Ort hinab geht. 1 km südlich des winzigen Bahnhofs geht es hinter dem Verwaltungsgebäude rechts über eine Brücke und 1 km weiter zum **Sai Yok Elephant Park** am Fluss, in dem 20 Elefanten leben, auf denen Besucher reiten können. Eine halbstündige Tour durch den Wald und zurück durch den Fluss kostet 500 Baht p.P. ⏲ tgl. 8–16.30 Uhr, ☎ 034-591255, 01-8789979.

Ban Bong Ti

Über den Bong Ti und Three Pagoda Pass im schwer zugänglichen Tenasserim-Gebirge zogen in der Ayutthaya-Periode die Heere der miteinander verfeindeten Nachbarländer Burma und Siam in den Kampf. Noch ist der Grenzübergang geschlossen, doch die 28 km lange Fahrt von Sai Yok in den Grenzort Bong Ti lohnt. Sie führt durch eine abwechslungsreiche Landschaft, durch Bambuswälder, Obstplantagen, Gemüsefelder und vereinzelte Karen-Dörfer. Das **Karen Cultural Centre** in Bong Ti leidet sichtlich unter Besuchermangel. Oberhalb der Straße werden handgewebte Baumwollstoffe und Holzarbeiten aus Myanmar verkauft.

Wang Po-Viadukt (Tham Krasae)

Kurz vor Nam Tok (= Wasserfall), der Endstation, 77 Bahn- und 58 Straßenkilometer von Kanchanaburi, führt die *Death Railway* auf einer zum Teil abenteuerlichen Strecke von 500 m zwischen steilen Felsen und dem Fluss entlang. Höhepunkt der Eisenbahnfahrt ist die Überquerung des Wang Po-Viadukts, einer Holzbrücke, die sich eng an die steilen Felswände schmiegt und über die noch heute die Bahn im Schritttempo fährt. Kaum vorstellbar, unter welchen unsäglichen Anstrengungen dieser Streckenabschnitt von den Kriegsgefangenen mit einfachsten Werkzeugen erbaut wurde. Am gegenüberliegenden Ufer schwimmen die Floßbungalows des *River Kwai Jungle House*. Wer am Viadukt an der Haltestelle Tham Krasae aussteigt, kann über die Holzbrücke laufen und die tolle Aussicht genießen, die sich vor allem von der kleinen **Krasae-Höhle** in der Felswand bietet, in der ein großer Buddha steht. In den Restaurants kann man sich bis zur Ankunft des Zuges stärken. Am besten plant man einen Zwischenstopp in Tham Krasae auf dem Rückweg ein, fährt mit dem 13-Uhr-Zug in 37 Min. von Nam Tok bis Wang Po und von dort mit dem Nachmittagszug um 16.13 Uhr wieder zurück nach Kanchanaburi. Mit dem eigenen Fahrzeug geht es von Sai Yok über die Brücke und dann nach links.

Nam Tok

Die Endstation der Eisenbahnlinie hat bis auf den Markt und einige kleine Läden, wo sich die Bevölkerung des Hinterlandes mit Waren eindeckt, nur wenig zu bieten. Der kleine verschlafene Ort erwacht nur zum Leben, wenn der Touristenzug einfährt und Guides, Händler, Busse, Taxis und Elefanten mit ihren Mahouts zum Bahnhof strömen.

Von Nam Tok führt ein beliebter Ausflug zum **Sai Yok Noi-Wasserfall**, 1 km westlich der großen Kreuzung Richtung Norden, der am Wochenende ein gut besuchter Picknickplatz ist – schön nur während der Regenzeit (Juni–Oktober). Wer von hier aus der Ausschilderung zu den Natural Springs folgt, kommt zu einem Felsen, aus dem kristallklares, 37 °C warmes Wasser sprudelt. In den Strudellöchern kann man schön baden. Am Parkplatz verkaufen mehrere Stände gesalzene Tamarinde, die hier besonders gut sein soll. Oberhalb des Wasserfalls führt ein 2,5 km langer ausgeschilderter Weg durch ein kleines Tal zur großen **Badan Cave** (auch *Wang Ba Dahl)*. Eine starke Lampe ist erforderlich, denn im Dunkeln ist der Weg zu gefährlich. An steilen Stellen sind Bambusleitern angebracht, die sehr schlüpfrig sind, an anderen Stellen muss man sich durch enge Passagen zwängen. Vor allem während der Regenzeit sind die Wände sehr feucht. Auf alle Fälle sind feste Schuhe mit gutem Profil und alte Kleidung angeraten.

Vom **Pak Saeng Pier**, 2 km südwestlich vom Bahnhof, am KM 44,5, werden Boote zu den größten Tropfsteinhöhlen in dieser Gegend, den **Lawa-Höhlen** (ca. 2 Std.) für 700 Baht hin und zurück vermietet. Sie sind auch auf der Straße zu erreichen. Eintritt wegen ihrer Lage im Nationalpark 200 Baht. Trotzdem eine lohnende Tour, vor allem am frühen Morgen, wenn noch keine Reisegruppen unterwegs sind. Getränke mitnehmen! Der Weg über die ca. 12 km lange Straße jenseits des Flusses ist schwer zu finden.

Übernachtung

In keinem der Hotels in Nam Tok spricht man Englisch. Es lohnt sich kaum, hier zu übernachten.

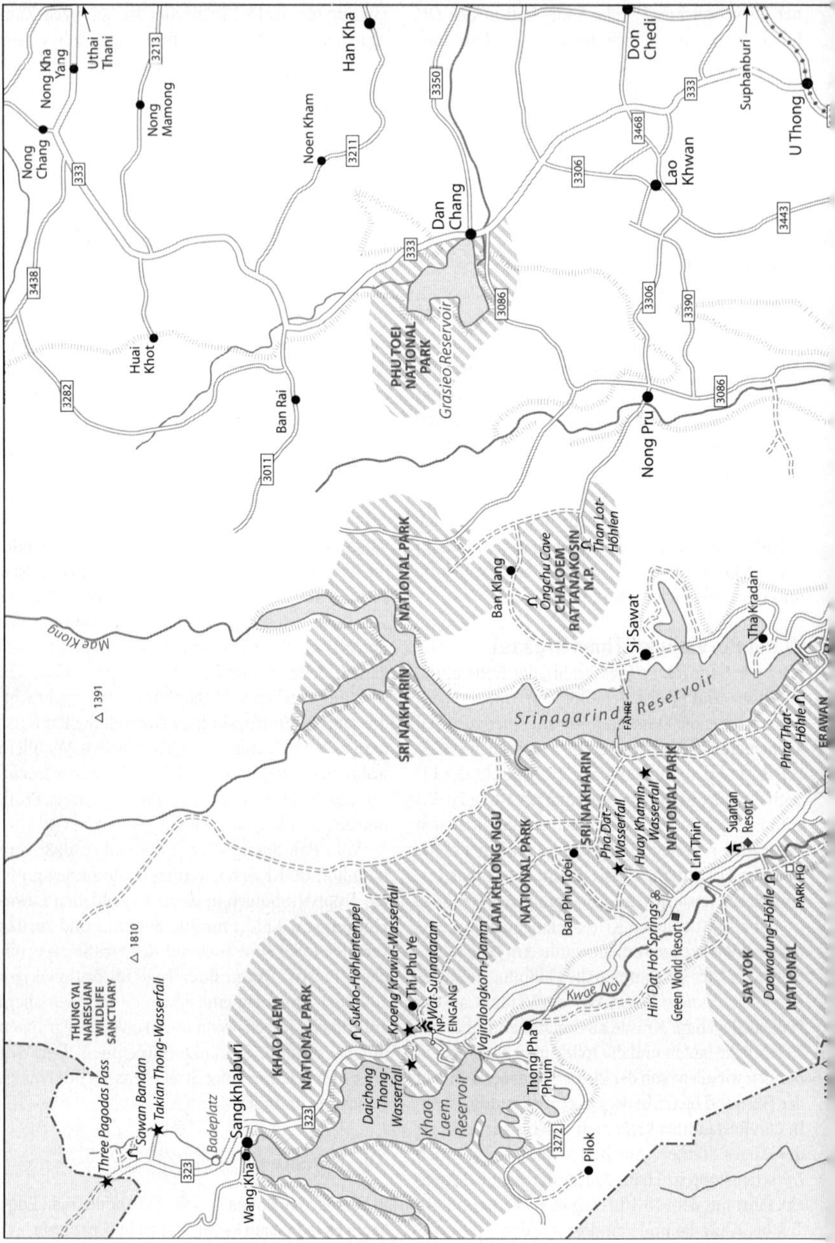
Uthai Thani
Nong Kha Yang
Nong Chang
Nong Mamong
3213
333
3438
3282
Huai Khot
Noen Kham
3211
Han Kha
Ban Rai
3011
3350
Dan Chang
333
PHU TOEI NATIONAL PARK
Grasieo Reservoir
3086
Don Chedi
Suphanburi
U Thong
333
3468
3306
Lao Khwan
3443
3306
3390
3086
Nong Pru
Mae Klong
△ 1391
SRI NAKHARIN NATIONAL PARK
Ban Klang
Ongchu Cave
CHALOEM RATTANAKOSIN N.P.
Than Lot-Höhlen
Si Sawat
Tha Kradan
Srinagarind Reservoir
FÄHRE
Phra That-Höhle
ERAWAN
SRI NAKHARIN NATIONAL PARK
Huay Khamin-Wasserfall
Pha Dat-Wasserfall
Suantan Resort
Lin Thin
PARK HQ
Daowadung-Höhle
SAI YOK NATIONAL
Green World Resort
Hin Dat Hot Springs
Ban Phu Toei
LAM KHLONG NGU NATIONAL PARK
Vajiralongkorn-Damm
Kwae Noi
Thong Pha Phum
△ 1810
THUNG YAI NARESUAN WILDLIFE SANCTUARY
Sukho-Höhlentempel
Kroeng Krawia-Wasserfall
Thi Phu Ye
Wat Sunnataram
NP-EINGANG
KHAO LAEM NATIONAL PARK
Daichong Thong-Wasserfall
Khao Laem Reservoir
3272
Pilok
Three Pagodas Pass
Sawan Bandan
Takian Thong-Wasserfall
Badeplatz
323
Sangkhlaburi
Wang Kha
323

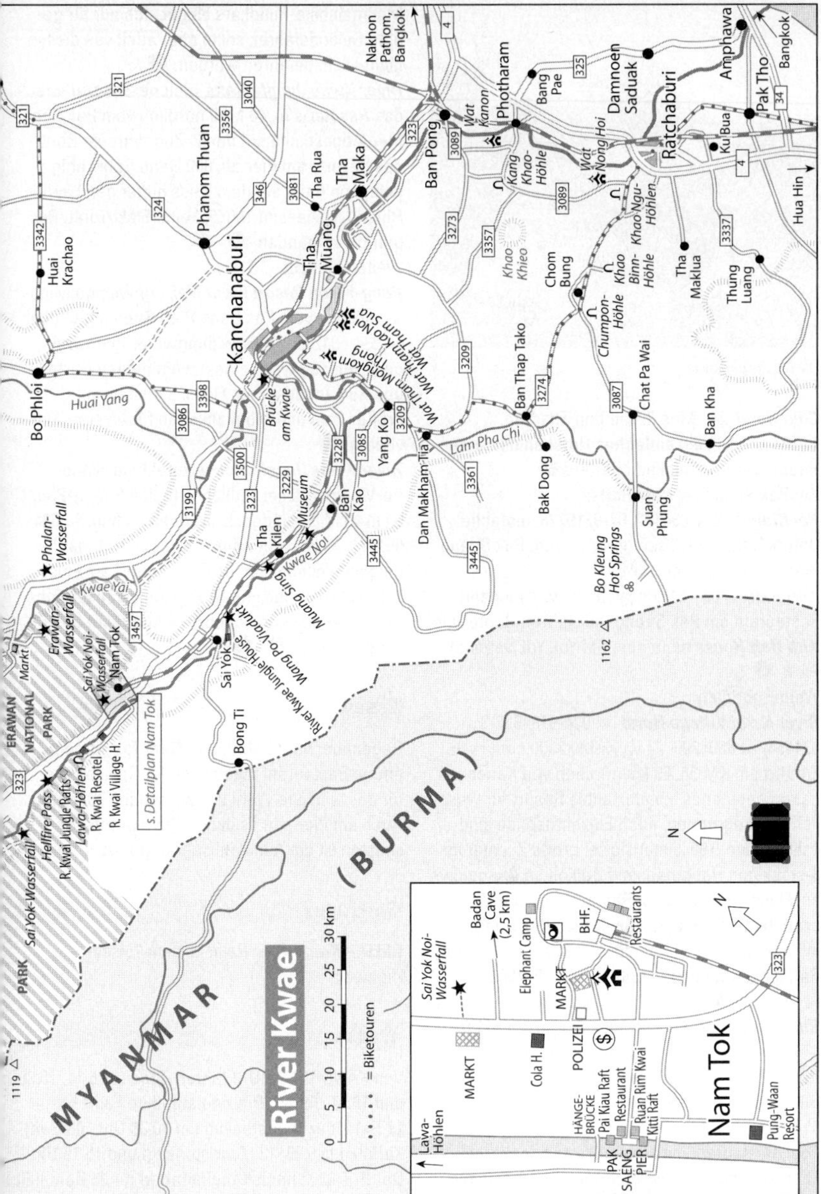
River Kwae
0 5 10 15 20 25 30 km
• • • • • = Biketouren
MYANMAR
(BURMA)
Kanchanaburi
Brücke am Kwae
Wat Tham Mongkorn Thong
Wat Tham Kao Noi
Wat Tham Sua
Bo Phloi
Huai Yang
Huai Krachao
Phanom Thuan
Tha Rua
Tha Maka
Tha Muang
Ban Pong
Nakhon Pathom, Bangkok
Photharam
Wat Kanon
Bang Pae
Damnoen Saduak
Amphawa
Bangkok
Ratchaburi
Wat Nong Hoi
Kang Khao-Höhle
Khao Ngu-Höhlen
Khao Bin-Höhle
Chumpon-Höhle
Khao Khieo
Chom Bung
Ku Bua
Pak Tho
Tha Maklua
Thung Luang
Hua Hin
Ban Thap Tako
Chat Pa Wai
Ban Kha
Lam Pha Chi
Bak Dong
Suan Phung
Bo Kleung Hot Springs
1162
Dan Makham Tia
Yang Ko
Ban Kao
Museum
Tha Kilen
Kwae Noi
Muang Sing
Kwae Yai
Phalan-Wasserfall
Erawan-Wasserfall
Markt
ERAWAN NATIONAL PARK
Sai Yok Noi-Wasserfall
Nam Tok
s. Detailplan Nam Tok
Wang Po-Viadukt
River Kwae Jungle House
Sai Yok
Bong Ti
Hellfire Pass
R. Kwai Jungle Rafts
Lawa-Höhlen
R. Kwai Resotel
R. Kwai Village H.
Sai Yok-Wasserfall
PARK
1119
321
3342
324
346
3356
3040
3081
323
3089
4
325
3273
3357
3337
34
3086
3398
3500
3199
3229
3228
3085
3209
3274
3087
3361
3445
3457
Nam Tok
Lawa-Höhlen
HÄNGE-BRÜCKE
Pai Kiau Raft
Restaurant
Ruan Rim Kwai
Kitti Raft
PAK SAENG PIER
MARKT
Cola H.
POLIZEI
$
MARKT
Elephant Camp
Sai Yok Noi-Wasserfall
Badan Cave (2,5 km)
BHF.
Restaurants
Pung-Waan Resort
N

Die Brücke am Kwae

Cola Hotel, 241 Moo 3, Tambon Tha Sao, ✆ 034-634380, ein einfaches Hotel an der lauten Hauptstraße. Zi mit Fan oder ac. ❷

Am Pak Seng Pier zwei Rafts:

Pai Kiau, ✆ 034-634172, 07-9219228, einfache Unterkünfte auf Flößen nördlich vom Pak Saeng Pier mit Fan oder ac. ❸

Kitti Raft, ✆ 034-516130, vom schwimmenden Restaurant am Pak Saeng Pier fahren Boote zum ***Kitti Raft House*** nahe dem Sai Yok Yai National Park. ❸

Weiter nördlich:

River Kwai Village Hotel, ✆ 034-9184562-3, 634454, 📠 8805206, 💻 www.bkk2000.com/rkvh, Zufahrt am KM 54. 69 km nördlich von Kanchanaburi gelegenes, komfortables Resort für westliche Reisegruppen, auch Einzelreisende sind willkommen. 190 klimatisierte, große Zimmer im 3-stöckigen Haupthaus mit Balkon, in Bungalows am Fluss und auf Rafts. Restaurant, Pool. Zu erreichen über die Straße und ab Pak Seng Pier mit dem Boot in 30 Min. für 650 Baht. Touren ab Bangkok, Buchungen unter ✆ 02-2517552, 📠 2552350. ❺

River Kwai Resotel, in Bangkok ✆ 02-6425497, 💻 www.riverkwaifloatel.com, kurz vor den Lawa-Höhlen am Hang, 20 Min. vom Pak Seng Pier, Boot 550 Baht. Einzel- und Doppel-Bungalows, 81 Zi mit ac, TV, Du und separatem WC. Hübscher Pool, Restaurant mit abgemilderten, leckeren Thai-Gerichten. Es werden Boots- und Kanutouren zum Schwesterresort *River Kwae Jungle Raft* durchgeführt. Der ausgeschilderte 20 km lange Mountainbike-Rundkurs eignet sich nur für geübte Geländefahrer, sollte aber auch von diesen nicht allein befahren werden. ❺

River Kwae Jungle Rafts, gleiche Besitzer wie das *Resotel*. s.o., 40 Min. nördlich vom Pak Seng Pier. Abgestimmt auf den 2. Zug fährt ein Boot des Resorts am Pier ab, 800 Baht. Sehr ruhig gelegene Rafts auf dem Fluss hinter den Lawa-Höhlen, insgesamt 100 Zi, keine Elektrizität, Restaurant vorhanden. ❹–❺

Weiter südlich:

Pung-Waan Resort Kwai Noi, nur wenige Minuten südlich vom Pak Seng Pier, Buchungen über ✆ 034-634295, 💻 www.pungwaan-riverkwai.com. Bungalows in einem weitläufigen Garten und Reihenhäuser am Fluss, 3 Restaurants, großer Pool und Möglichkeiten für diverse Aktivitäten. ❺

River Kwae Jungle House, direkt am Wang Po-Viadukt, 20 km südlich vom Pak Saeng-Pier, ist in 40 Min. mit dem Boot zu erreichen. ✆ 034-591071, 💻 www.banrimkwae.com. Übernachtung mit Vollpension. Die Bungalows am Fluss sind auf einheimische Großgruppen ausgerichtet. Einzelreisende fühlen sich hier nicht besonders wohl. ❸–❺

Essen

Gegenüber vom Bahnhof in Nam Tok sorgen offene Restaurant mit englischer Speisekarte für das leibliche Wohl der wartenden Touristen. Auch am Pier gibt es einige Restaurants. Ansonsten ist die Auswahl sehr begrenzt.

Sonstiges

GELD – ***Krung Thai Bank*** in Nam Tok am Highway.

Transport

Von KANCHANABURI fahren Züge um 6.11, 10.30 und 16.37 Uhr ab. Die zweistündige Fahrt kostet 17 Baht, der Touristenzug um 10.30 Uhr 100 Baht. Zurück um 5.25, 13 (Touristenzug) und 15.15 Uhr. Der Bus 8203 nach Kanchanaburi für 25 Baht hält jede halbe Stunde bis 18 Uhr an der Polizeistation an der Hauptstraße.

Hellfire Pass

Aufgrund einer Initiative ehemaliger australischer Kriegsgefangener wurde Mitte der 80er Jahre der Grundstein für diese Gedenkstätte gelegt. Sie befindet sich am KM 64,8, westlich des H323 an der ehemaligen Bahnstrecke. Der Parkplatz vor dem Museum ist über die gut ausgeschilderte Zufahrt zur National Security Command Livestock Farm nach 500 m zu erreichen. Allein schon das informative **Museum** lohnt die Fahrt, 🕓 tgl. 9–16 Uhr, Spende. Ein informatives Buch wird im Museum für 200 Baht verkauft. Es stellt anhand von Fotos, Skizzen, Funden und ausführlichen englischen Beschreibungen die Geschichte der Zwangsarbeiter dar. Berichte Überlebender und historische Aufnahmen sind in einem siebenminütigen Video zusammengefasst. Am Modell des Hellfire Passes lässt sich der Verlauf der Schneise gut nachvollziehen. An dieser Stelle mussten etwa 1000 Kriegsgefangene für die Bahnlinie unter großem Zeitdruck selbst nachts bei Holzfeuerbeleuchtung eine 10 m tiefe Schneise in einen Hügel schlagen, was etwa 400 Menschen das Leben kostete.

Beim halbstündigen Rundweg durch Bambuswälder mit schönen Ausblicken, der u.a. zur 500 m entfernten Schneise **Konyu Cutting** führt, kann man erahnen, unter welch schwierigen Lebensbedingungen die Zwangsarbeiter mit einfachsten Geräten ihrer Arbeit nachgingen. Der Fußweg führt weiter zu anderen Schneisen, Bombenkratern, ehemaligen Camps und temporären Brücken. Wer den 4 km langen Weg auf dem Schotterbett bis Hintok laufen will, sollte für den Rückweg ein Fahrzeug an der Hintok Road organisieren. Zwischen KM 61 und 65 bieten mehrere Stände entlang der Straße Orchideen, Obst und Tamarinde an.

Weiter zum Three Pagoda Pass

Sai Yok National Park

Dieser 958 km² große Nationalpark erstreckt sich im Grenzgebiet zu Myanmar und ist über die 3 km lange Zufahrt, die am KM 80,8 abzweigt, zu erreichen. An der Kontrollstelle nach 700 m sind 200 Baht Eintritt zu entrichten, 🕓 tgl. 6–18 Uhr, 📞 034-516163. Neben dem Headquarter informiert eine Ausstellung im Visitor Center über die Topografie, die Höhlen und ihre Bewohner sowie den Bau der Eisenbahn.

Die Attraktion des Parks ist der 10 m hohe **Sai Yok Yai-Wasserfall**, der durch die Einmündung eines Nebenflusses in den Kwae Noi entsteht. Durch die Ableitung des Nebenflusses wurde ein zweiter Wasserfall künstlich geschaffen, der **Sai Yok Lek-Wasserfall**. Während der Trockenzeit entfalten beide ihre ganze Schönheit, denn dann ist der Wasserspiegel des Kwae Noi wesentlich niedriger als während der Regenzeit. Von der **Hängebrücke**, die 300 m hinter dem Headquarter zum Westufer führt, hat man den besten Blick. Am Westufer lädt ein Pool zum Baden ein.

Auf dem Parkgelände wurden **prähistorische Ausgrabungen** gemacht, unter anderem fand man das Skelett einer Frau aus dem Neolithikum. In jüngerer Vergangenheit befand sich in einem mittlerweile vom immergrünen tropischen Dschungel überwucherten Areal nahe dem Wasserfall 400 m vom Headquarter ein japanisches Militärcamp, das an der Bahnlinie stand und von dem noch die Feuerstellen zu sehen sind. Dort abzweigende Wanderwege, die teils als Waldlehrpfad ausgebaut sind, enden an verschiedenen Höhlen. Der insgesamt 2 km lange Hauptweg führt zur **Fledermaushöhle** *(Bat Cave)*, in der das kleinste Säugetier der Welt lebt – die Hummel-Fledermaus *(Craseonycteris thonglongyai)*. Sie ist 2,5–3 cm lang, wiegt nur 1,5–2 g und wurde erst 1973 entdeckt, nachzulesen auf einigen Schautafeln. Im Headquarter werden Fahrräder für 30 Baht pro Std. für den Besuch der **Daowadung-Höhle** vermietet, die 10 km nördlich vom Headquarter über die Hauptstraße zu erreichen ist. In ihren 8 Räumen beeindrucken die Stalaktiten und Stalagmiten.

Der Nationalpark ist kaum besiedelt und nur schwer zugänglich. In dem zum Tenasserim-Gebirge gehörenden Gebiet mit bis zu 1327 m hohen Bergen, ca. 30 km westlich vom Headquarter hinter dem **Checkpoint Nr. 5**, leben noch Tiger und wilde Elefanten. Bis zum 15 km entfernten Checkpoint gelangt man auf einer Straße. Von dort aus muss man in Begleitung eines Rangers weitere 10 km auf einer Straße und 5 km zu Fuß zurücklegen.

In den Läden am Parkplatz werden **Rafts** angeboten, mit denen man kürzere und längere Touren inkl. Übernachtung unternehmen kann. Sie bieten etwa 10 Personen Platz und kosten 300 Baht pro Std. bzw. 1200–2000 Baht pro Nacht.

Übernachtung und Essen

Bungalows von unterschiedlicher Größe kurz hinter dem Parkeingang, 1 km abseits des Headquarters in Flussnähe, können in Bangkok bei der *National Park Division*, ✆ 02-5620 760, vorgebucht werden, Mo–Fr außerhalb der Feiertage bei freiem Platz auch direkt. Außer Bungalows unterschiedlicher Größe mit Fan und Du/WC stehen Zelte und Schlafsäcke zur Verfügung. Mit dem Zelt kann man auch bei den 9 Checkpoints im Dschungel übernachten. ❷–❹
Zudem werden flussaufwärts des großen Wasserfalls verschiedene Rafts als Gruppenunterkünfte genutzt ❹–❺
Mehrere einfache Restaurants liegen am Ende der Straße beim Visitor Center.

Transport

Mit dem Bus 8203 bis zur Abzweigung an der Hauptstraße, 38 Baht.

Auf dem Weg nach Sangkhlaburi

Direkt neben der Straße und dem nahen Fluss erhebt sich am KM 90,6 ein buddhistisch-hinduistischer **Tempel** mit einer großen Ganesha-Figur. Die Abzweigung am KM 103,4 führt nach 12 km zum **Pha Dat-Wasserfall.** Am KM 105,6 liegen 400 m rechts der Straße die **Hin Dat Hot Springs**, zwei Wasserbecken mit warmem Wasser. Auch das *Green World Resort* am KM 106,1 jenseits der Straße speist seine Bäder aus heißen Quellen. Tagesbesucher zahlen für die Nutzung der gepflegten Bäder 100 Baht.

An der Abzweigung jenseits der Brücke am KM 125 nach **Thong Pha Phum** erhebt sich auf einem steilen Kalkfelsen über dem Fluss ein hübscher kleiner Thai-Tempel. Im Ort lohnt der große, bunte Markt und der beeindruckende, riesige **Buddha** vor dem Tempel oberhalb des Ortes, der vor der Kulisse der bizarren Felsformationen thront.

7 km nördlich staut seit 1984 der 1019 m lange, 92 m hohe **Vajiralongkorn-Damm** den riesigen See. Er ist über den H3272 zu erreichen. Der Damm und das Kraftwerk sind von einer weitläufigen Parkanlage und einem Golfplatz umgeben – ein beliebtes Wochenendausflugsziel. Das Gebiet rings um den Stausee wurde 1991 zum Nationalpark erklärt, was Wohlhabende aus Bangkok allerdings nicht daran hindert, hier ihr Wochenenddomizil zu errichten oder in den Resorts zu übernachten. Die gut ausgebaute Straße endet nach 63 km in nahezu 1000 m Höhe nahe der Grenze an der stillgelegten **Pilok Mine**, in der einst Wolfram und Zinn gefördert wurden.

Die schmale, kurvenreiche Straße nach Sangkhlaburi führt durch eine schöne Landschaft östlich des Reservoirs. Am KM 28 passiert man die Zufahrtstraße zum **Lam Khlong Ngu National Park**, die nach ca. 130 km am Erawan National Park endet und nur in der Trockenzeit von erfahrenen Fahrern mit Geländewagen befahren werden sollte. Die ersten 12 km bis **Thi Phu Ye** sind asphaltiert. Dann geht es auf Pisten über **Ban Huay Suea** (15 km), **Ban Phu Toei** (25 km) und vorbei an der Abzweigung zur Fähre nach Si Sawat (30 km) zum Erawan National Park (45 km). Abzweigungen führen zum siebenstufigen **Pha Sawan-** (22 km) und **Huay Khamin-Wasserfall** nahe dem Si Nakharin-Stausee, 200 Baht Eintritt.

Auf dem H323 passiert man am KM 32,5 das Waldkloster **Sunnataram.** 200 m weiter fällt rechts der Straße der **Kroeng Krawia-Wasserfall** malerisch über kleine Lehmterrassen. Einige Essenstände laden zu einer Pause ein. Gegenüber zweigt eine 600 m lange, unbefestigte Straße zum Parkplatz ab, wo der 600 m lange Fußweg am Bach entlang zum hübschen, 25 m hohen **Daichong Thong-Wasserfall** beginnt. Während der Woche ist es hier recht einsam, und Autoknacker treiben ihr Unwesen!

Auf der folgenden Strecke eröffnen sich ab dem KM 34 immer wieder schöne Ausblicke auf seichte Buchten, Inseln und schwimmende Dörfer. Vom Eingang zum **Khao Laem National Park** am KM 39,3 führt die Straße durch schönen Dschungel zu einigen unspektakulären Wasserfällen ohne Badepool. Der Park soll seit 1987 die dichten Wälder rings um den Stausee schützen. An ihn schließt im Süden der Lam Khlong Ngu National Park und weiter westlich der **Thong Pha Phum National Park** an, der die Bergregion bis zum Sai Yok National Park und zur Grenze nach Myanmar umfasst und wild lebenden Tieren wie Elefanten oder Tigern, die große Bewegungsräume benötigen, das

Überleben sichert. Auch nach Norden hin ist zumindest offiziell die Natur geschützt durch das ebenfalls gebührenpflichtige **Thung Yai Naresuan Wildlife Sanctuary**.

Der buddhistische **Sukho-Höhlentempel** liegt am KM 42,2 direkt neben der Straße. Hinter der Brücke über den Runtee-Fluss zweigt rechts eine 26 km lange Straße in das Karen-Dorf **Kong Mong Tha** ab. Zu dem kleinen Karen-Dorf **Ban Sane Pong** führt 6 km vor Sangkhlaburi eine 9 km lange unbefestigte Straße, die wegen einiger starker Steigungen und einer Flussdurchquerung nur mit Geländewagen in der Trockenzeit befahrbar ist.

Sangkhlaburi

Das Khao Laem Reservoir prägt das Gesicht des neuen Sangkhlaburi, das sich am nördlichen Seeufer erstreckt. Die ursprüngliche Stadt weiter im Südosten wurde durch den Stausee 1984 überflutet und an ihrer jetzigen Stelle neu errichtet. Nur die Reste einer alten Pagode sind noch im See zu erkennen. Einer der besten Ausblicke eröffnet sich von dem überdimensionierten Aussichtspunkt jenseits der großen Straßenbrücke. Von der ethnischen Vielfalt zeugen an der Hauptstraße vor der Brücke ein chinesischer Tempel, ein Wat mit neun vergoldeten Buddhas und eine Moschee.

In dem geruhsamen Ort in wunderschöner Lage leben Thai und Karen, die für ihr geflutetes Land entschädigt wurden. Hingegen waren die ohne Landtitel hier siedelnden Mon-Flüchtlinge plötzlich heimatlos; sie fanden auf den Ländereien des Mon-Klosters weiter im Westen eine neue Bleibe. Heute erstreckt sich zu Füßen der großen Klosteranlage das Dorf **Wang Kha** am Ufer des Sees rings um den großen **Obst- und Gemüsemarkt**, in dem etwa tausend Mon-Familien leben. Die Wände zahlreicher Häuser sind noch aus Bambusmatten und die Dächer mit Stroh gedeckt. Eine 400 m lange, für den Verkehr gesperrte **Holzbrücke** verbindet das Dorf mit Sangkhlaburi. Die ursprüngliche Brücke wurde 1992 von einer starken Strömung davongespült und später erneuert. Die Holzplanken der zweiten, 2002 mit Betonpfeilern errichteten Brücke weiter östlich sind bereits so verrottet, dass einige Fußgänger eingebrochen sind.

Oberhalb der Siedlung erhebt sich auf einem Hügel das Mon-Kloster **Wat Wang Wiwekaram**, das vom hoch verehrten Abt Luang Pho Uttama entworfen wurde. Der greise Abt lebt seit den 1990er Jahren überwiegend im Wat Phuttamonthon bei Bangkok, vollzieht hier aber immer noch die wichtigsten Zeremonien. Die relativ neue, große Anlage vereint unterschiedliche Baustile. Die Buddhastatue aus Marmor wird von allen ethnischen Gruppen hoch verehrt. In der letzten Februarwoche findet ein großes Fest zum Geburtstag des Abtes statt. 700 m unterhalb der Klosteranlagen steht die vergoldete, eckige **Pagode** im Stil von Bodh Gaya (Indien) und eine große Buddhastatue. Auf dem **Markt** im langen Gang, der die Pagode begrenzt, werden bis 18 Uhr Kunstgewerbe, Souvenirs, Textilien und Waren aus Myanmar, Indien und China verkauft.

Von den Karen-Dörfern in der Umgebung lässt sich am einfachsten das 17 km entfernte **Huay Malai** besuchen, zu dem Busse ab der Bus Station alle 40 Minunten für 30 Baht fahren. Zu Fuß gelangt man vorbei am Christian Mission Hospital und der Kirche zum 6 km entfernten Karen-Dorf **Ban Wia Kadi**.

Three Pagoda Pass

In Sangkhlaburi fahren Pickups von 6–18 Uhr alle 40 Min. vom Busbahnhof für 30 Baht auf einer 22 km langen Straße in 35 Min. zur Grenze (von Thais *Ban Chedi* genannt).

An der Brücke am KM 5,4 liegt ein hübscher überschatteter **Badeplatz**. Gummireifen werden als Schwimmhilfen für 20 Baht verliehen, man kann überdachte Plattformen für ein Picknick mieten oder gegenüber im *Songgariana Riverside Restaurant* essen. Hinter dem Militär-Kontrollposten zweigt am KM 12,4 eine Straße zum Thung Yai Wildlife Sanctuary und dem **Takian Thong-Wasserfall** (9 km) ab. Der Eintritt von 200 Baht ist manchmal verhandelbar.

Am KM 16 geht es nach rechts 700 m auf der Straße und dann durch eine Gummiplantage zur sehr schönen Höhle **Sawan Bandan**. Zur eigenen Sicherheit sollte man nicht alleine gehen, sondern sich von einem Mönch mit einer Lampe begleiten lassen, wofür eine Spende von mindestens 50 Baht angebracht ist.

Auf den letzten Kilometern verläuft die Grenze nur wenige dutzend Meter neben der Straße. Der Hügel, an dessen Hang sich das überwiegend leer stehende *Three Pagodas Resort* am KM 17,2 erstreckt, ermöglicht einen guten Überblick.

Die Straße endet am Kreisverkehr, in dem die drei kleinen, weißen **Stupas** (daher Drei-Pagoden-Pass) stehen, die daran erinnern, dass während der Ayutthaya-Periode die feindliche burmesische Armee bevorzugt über diesen Pass nach Siam einfiel. Sie sind von einem kleinen Restaurant und Souvenirständen umgeben. Viele Thais kaufen auf dem Markt günstig Stoffe, Möbel aus Teakholz und andere Gegenstände. Neben den Geschäften oberhalb der Pagode sind noch Reste der einstigen Bahnlinie zu erkennen, neben denen ein kleiner **Border Peace Tempel** erbaut wurde.

Es ist möglich, über die Grenze nach Myanmar zu gelangen. Man benötigt eine Kopie vom Pass und ein Passfoto auf der Thai-Seite, zahlt an der Myanmar-Grenze US$10 für den Grenzübertritt und kann von 8–18 Uhr am neuen, großen **Tempel** vorbei 1,5 km in das kleine Dorf **Payathonzu** auf der burmesischen Seite laufen, wo auf einem **Markt** Holzschnitzereien, Lackarbeiten und andere Waren aus Myanmar, China und Indien verkauft werden. Allerdings lohnen der Markt und Tempel den Aufwand nicht.

Der Besuch des Wasserfalls **Kroeng Tho**, 12 km weiter, ist aus Sicherheitsgründen derzeit nicht möglich.

Übernachtung und Essen

SÜDLICH VON THONG PHA PHUM – ***Suantan Resort***, KM 88, ✆ 01-9080042, an einem Bach in einem gepflegten Garten stehen eine Reihe klimatisierter Bungalows, ruhig, aber viele Mücken. ❸

Green World Resort, am KM 106,1, ✆ 034-531382-3, großer Block abseits der Straße mit über hundert ac-Zi, Golfplatz, Pool, Fitnesscenter, Sauna und von heißen Quellen gespeisten Bädern, die nach Geschlechtern getrennt und für 100 Baht auch von Tagesbesuchern genutzt werden können. Von So–Do nur wenige Gäste und Sonderpreise. ❹

THONG PHA PHUM – Übernachtungsmöglichkeit mitten im Ort neben der Schule im

So Boonyong Hotel, oberhalb des Busbahnhofs, schräg gegenüber der Krung Thai Bank, ✆ 034-599441, neue Zimmer im Haupthaus über dem Restaurant mit ac oder Fan und Du/WC. ❷–❸

Viele Resorts für einheimische Touristen am Ufer des Stausees sind über die gut ausgebaute Straße nach Pilok zu erreichen.

SANGKHLABURI – Die meisten Resorts liegen 1–2 km vom Busbahnhof entfernt oberhalb des Sees mit Blick auf die Mon-Siedlung und die Holzbrücke, Motorradtaxi 10 Baht, Pickup 50 Baht. Von allen Unterkünften werden fast ausschließlich die ersten beiden von Ausländern aufgesucht, da diese auf Einzelreisende eingestellt sind und auch Englisch gesprochen wird.

P. Gh., 82/1 Nong Lu, ✆ 034-595061, 📠 595139, 💻 www.pguesthouse.com, Ban Nong Lu. Kleine, solide Doppelbungalows mit Fan, geräumige Häuser mit ac nahe dem See und Zelte, schöner Blick auf das Mon-Dorf. Nettes, großes Restaurant mit weniger gutem Essen. Mountain Bikes, Motorrad und Boote zu vermieten. Großes Tourenangebot, u.a. Tagestouren mit Elefantenreiten, Rafting und Bootsfahrten für 850 Baht. ❶–❹

Burmese Inn, 52/3 Moo 3, Nong Lu, ✆/📠 034-595146, ✉ burmeseinn@yahoo.com, 💻 www.sangkhlaburi.com, 1,2 km vom Zentrum entfernt in ruhiger Lage nahe dem See, 18 Zi im Reihenhaus oder in Doppelbungalows mit ac oder Fan und Du/WC oder Gemeinschafts-Du/WC. Die freundlichen Besitzer, Armin aus dem österreichischen Knittelfeld und Meo aus Kanchanaburi, geben Tipps für Touren in die umliegenden Karen-Dörfer, organisieren Bootsfahrten und halten gutes Informationsmaterial bereit. ❶–❹

Forget Me Not House, 80 Moo 1, Nong Lu, ✆ 034-595015-6, in Bangkok ✆ 02-4571448, 📠 02-4571739, zweistöckiges Haus und Bungalows mit ac oberhalb des Sees in einem schattigen Garten mit vielen Vögeln, Restaurant. ❸

Ponnatee Resort, 84 Moo 1, Nong Lu, nebenan, ✆ 034-595134, 📠 595270, 15 ac-Zimmer am Hang, von den Terrassen Blick auf den See, Zi mit ac und Warmwasser-Du/WC für Gruppen. Restaurant. ❹

Sam Pra Sob Resort, 122 Moo 3 Ban Nong Lu, ✆ 034-595050, 💻 www.samprasob.com, 900 m unterhalb der Hauptstraße an der alten Brücke, nur in Thai ausgeschildert. Kleine Bungalows mit Fan oder ac, schöner Ausblick. ❷–❹

Songkalia River Hut and Resort, 34/1 Moo 3 Ban Nong Lu, ✆ 034-595024, links vor der neuen

Brücke. Von Mon geleitete, große, nette Anlage, Bungalows mit Fan oder ac und TV, die für denselben Preis bis 5 Pers. fassen. Auch Rafts. Großes Restaurant, Autovermietung, Elefantenausritte. ❷–❹

Die benachbarten Resorts ***Prayot*** und ***Rainshine*** werden ebenso wie das ***Sangkaria Inn*** an der Hauptstraße von einheimischen Urlaubern frequentiert.

Phornphailin Hotel, ☏ 034-595088, 📠 595026, 300 m von der Bus Station, neben einfachen Zi mit Fan und Du/WC auch einige mit ac sowie mit TV und Warmwasser, gutes Restaurant. ❷–❹

Phornphailin Riverside Resort, 60/3 Moo 3 Ban Nong Lu, ☏ 034-595355, 💻 www.ppailin.com, neues, riesiges Resort etwas außerhalb des Ortes am See. Ac-Zi im Haupthaus und Zi unterschiedlicher Größe mit Fan und Du/WC auf 5 Rafts. ❹–❺

Rings um den Markt und gegenüber der Bus Station konzentrieren sich die wenigen Restaurants und Garküchen. Die meisten Touristen essen jedoch im Resort.

Sonstiges

BOOTSFAHRTEN – In den Gästehäusern, an der Pagode und an der Brücke können Boote für eine 1 1/2-stündige Rundfahrt über den See gemietet werden. Sie kosten für 1–2 Pers. 300–400 Baht, größere Boote für bis zu 5 Pers. 500 Baht. Ab 4 Pers. werden auch Raftingtrips für 500 Baht p.P. angeboten, bei mehr Teilnehmern 400 Baht.

GELD – In Sangkhlaburi befindet sich nahe dem Markt eine ***Siam Commercial Bank*** und in Thong Pha Phum eine ***Krung Thai Bank*** mit Geldautomaten.

INTERNET – Kleiner Laden am Markt.

MEDIZINISCHE HILFE – Hospital von Sangkhlaburi, gegenüber dem Phornphailin Hotel.

POST / TELEFON – In Sangkhlaburi 200 m neben dem Hospital.

TOUREN – Das ***P. Gh.*** (s.o.) veranstaltet von 8.30–16.30 Uhr Touren, die eine Bootsfahrt, den Besuch des Mon-Dorfes, Elefantenreiten und Rafting einschließen. Sie kosten inkl. einer Übernachtung 850 Baht und werden ab 2 Personen durchgeführt.

Karen Tour, ☏ 034-595061, am besten zu kontaktieren über das Burmese Inn. Der ehemalige Lehrer, ein Karen, der etwas Englisch spricht, organisiert Trekking- und Rafting-Touren. Tagestouren mit Rafting kosten 650 Baht, 2 Tage 1400 Baht und 3 Tage 2100 Baht inklusive Unterkunft im Zelt im Dschungel, in der Regenzeit im Dorf.

Für Selbstfahrer hat Armin vom Burmese Inn tolle Karten gezeichnet.

Transport

Von BANGKOK zum Three Pagoda Pass via Thong Pha Phum und Sangkhlaburi 2. Kl. ac-Bus um 5 und 9.30 Uhr für 171 Baht, zurück um 7 und 13 Uhr in 7 Std., ac-Bus um 6 und 8 Uhr für 220 Baht in 6 Std., zurück um 8 und 15 Uhr.

Von KANCHANABURI fährt auf dem H323 der non-ac-Bus 8203 zwischen 6 und 18.30 Uhr alle 30 Min. nach THONG PHA PHUM, 147 km, 54 Baht, zurück bis 16 Uhr. Nur 4 non-ac-Busse (der letzte um 12 Uhr) verkehren bis SANGKHLABURI, 220 km, 90 Baht, 5 Std., zurück um 6.45, 8.15, 9 und 12.45 Uhr. VIP-24-Bus um 9.30, 13.30 und 15.30 Uhr bis SANGKHLABURI für 151 Baht, zurück um 8.30 und 14.30 Uhr.

Ac-Minibusse um 7.30, 11.30 und 16.30 Uhr in 3 1/2 Std. für 118 Baht; zurück ab 6.30 Uhr etwa stündlich bis 13.30 und um 15.30 Uhr. Sie halten auch in Thong Pha Phum (gleicher Preis). Für ein kleines Aufgeld werden Passagiere bis vor die Tür gefahren.

Von Kanchanaburi zum Tham Than Lot Park

Bo Phloi

Wer sich für Edelsteine interessiert, kann bei Bo Phloi, 48 km nördlich von Bangkok, **Saphirminen** besichtigen. Rings um den Ort lagern in einer Tiefe von 10–15 m Saphire und Halbedelsteine wie Onyx. Früher gruben hier Bauern tiefe, enge Brunnen, um in mühsamer Arbeit Korb für Korb des steinigen Materials heraufzubefördern und auszuwaschen. Mittlerweile fördern acht Minengesellschaften die Edelsteine im industriellen Stil mit riesigen Baggern und Waschanlagen rings um den Ort. Im Jewellery Handicraft Centre an der Hauptstraße kann man sich zeigen lassen, wie die Steine vorbereitet, geschnitten und poliert werden. Eine interessante kleine Ausstellung informiert u.a. über die traditionellen Förder- und Bearbeitungsmethoden, Qualitätsmerkmale und die geologischen Bedingungen.

Ein schöner **Safaripark** am KM 21 hinter **Ban Nong Krathum** mit vielen Tieren, darunter Giraffen, Kamele, Tiger, Strauße, Zebras und Papageien, lockt einheimische Besucher an, lohnt aber auch für Selbstfahrer einen Abstecher. In einem gepflegten Botanischen Garten können Schmetterlinge bewundert werden, zudem wird eine Elefanten- und Krokodil-Show geboten. Wer keinen eigenen Wagen hat, kann sich mit einem Bus herumfahren lassen. ⌚ tgl. 9–18 Uhr, ✆ 034-628270-1, Eintritt 120 Baht.

Tham Than Lot National Park

Dieser wunderschöne, 59 km² große Nationalpark heißt auch *Chaloem Rattanakosin National Park* und liegt 97 km nördlich von Kanchanaburi, 50 km von Bo Phloi entfernt, Eintritt 200 Baht. Für die Tour sind feste Schuhe erforderlich, in der Regenzeit sind zudem viele Furten zu überqueren, so dass sich die Mitnahme von Gummisandalen empfiehlt.

Vom Eingang aus erreicht man in 10 Minuten die eindrucksvolle, 400 m lange Tropfsteinhöhle **Tham Than Lot Noi**, die tgl. von 8–16 Uhr beleuchtet wird. Ein flacher Bach durchfließt die geräumige Höhle, die wuchtige, weiße Tropfsteinüberhänge enthält. Am anderen Ende führt ein Weg von 1 1/2 Stunden am Bach entlang durch eine schöne Dschungellandschaft mit Baumriesen, Brettwurzelbäumen, Dschungelpalmen, Luftwurzeln, Lianen, Schlingpflanzen und vielen Schmetterlingen. Weiter geht es an drei bis zu 20 m hohen Wasserfällen vorbei (interessant bei Hochwasser, Bademöglichkeit). Nach dem ersten Wasserfall (1,5 km) wird der Pfad schwieriger und vor allem in der Regenzeit gefährlich. Er führt z.T. über rutschige, ungesicherte Leitern den steilen Hang hinauf und eignet sich nur für schwindelfreie Kletterer. Am Ende des Tales (2,5 km) erhebt sich majestätisch die riesige Naturbrücke **Tham Than Lot Yai**, die etwa 60 m lang und 50 m hoch ist. Ausruhen kann man auf Bambusliegen unter kleinen Buddhastatuen. Nur 10 Minuten weiter liegt ein von Mönchen bewohnter Waldtempel. Die Wege sind gut gekennzeichnet. Wer durch die vordere Höhle bei Licht zurückkehren will, sollte um 15.30 Uhr am Ausgang sein.

Übernachtung und Essen

Bungalows der Nationalparkverwaltung, sehr einfache Unterkünfte für bis zu 4 Pers., zu buchen bei der *National Park Division* in Bangkok, ✆ 02-5620760, zudem mehrere kleine Restaurants. ❸

Transport

Der Bus Nr. 325 fährt von 6.15–18.30 Uhr alle 20 Min. auf dem H3086 von Kanchanaburi über BO PHLOI, 1 Std., 20 Baht, nach NONG PRU, 2 Std., 28 Baht. Von Nong Pru geht es die restlichen 20 km zum Tham Than Lot Park nur noch mit dem Pickup weiter. In Kanchanaburi werden 2-Tagestouren zu den Höhlen und den Karen-Dörfern inkl. Elefantenreiten angeboten.

Von Kanchanaburi nach Nordwesten

Erawan National Park

Dieser attraktive, bereits 1975 gegründete Nationalpark erstreckt sich entlang eines schmalen, bewaldeten Tals beiderseits eines Nebenflusses des Kwae Yai 65 km nordwestlich von Kanchanaburi. Er bildet eine Reihe von sieben sehr schönen **Wasserfällen** mit Sinterterrassen, an denen man weit hinauflaufen kann. Am schönsten sind die zweite, dritte und fünfte Stufe, die dritte eignet sich am besten zum Baden. Nach einem 1 1/2-stündigen, schweißtreibenden Aufstieg bis zur 7. Stufe, die nur Trittfesten zu empfehlen ist, kehren alle Wanderer um. Es scheint nicht mehr möglich zu sein, weiter hinauf zum kleinen Pool mit Wasserfall zu klettern. Mehrere interessante Naturlehrpfade verlaufen beiderseits des Wasserfalls.

Lebensmittel dürfen nur bis zur ersten Stufe mitgenommen werden, wo sich auch Toiletten und

Umkleidekabinen befinden. Der Morgen ist die beste Zeit, um gleich ganz hinaufzuklettern und dann langsam hinabzuwandern. Am Wochenende wird es sehr voll, Eintritt 200 Baht. Ab 16 Uhr sind die Wasserfälle oberhalb der zweiten Stufe und ab 17 Uhr auch die unteren geschlossen. In dem kleinen Informationspavillon hinter dem Eingang wird bei mindestens 15 Interessenten um 14 Uhr eine halbstündige Diashow gezeigt.

Die **Phra That-Höhle** ist vom Park über eine 11 km lange Schotterstraße nur mit einem eigenen Fahrzeug oder einem gecharterten Bus zu erreichen. Eintritt 20 Baht. Wer sich verständlich machen kann, bekommt evtl. einen Guide. Ansonsten braucht man eine starke Taschenlampe und etwas Vorsicht, um die Gänge in der Höhle zu erkunden. Am Parkplatz steht ein kleiner Schrein, in dem die Statue eines weißen Einsiedlers verehrt wird.

Sri Nakharin National Park (Srinagarind National Park)

Oberhalb des Erawan National Parks erhebt sich der riesige Staudamm des **Srinagarind Reservoirs**, der im Nationalpark liegt und daher ebenfalls 200 Baht Eintritt kostet. Das Park Headquarter, ✆ 034-574222, befindet sich am Westufer des Stausees. Es kann bei Trockenheit über eine 40 km lange Erdstraße mit dem Motorrad oder Geländewagen erreicht werden, ansonsten muss man ein Boot bei *Khun Thongchai Hommali* in Tha Kradan mieten. Die einstündige Fahrt mit Booten für max. 12 Personen ab Tha Kradan-Pier, 24 km nordöstlich vom Damm, kostet mindestens 1000 Baht. Zudem verkehrt einmal tgl. eine Fähre über den See.

Eine etwa 140 km lange, kaum beschilderte, sehr schlechte Straße, für die man mit Stopps 7 Std. Fahrtzeit einrechnen sollte, führt am schönen **Huay Khamin-Wasserfall** vorbei durch das **Thung Yai Wildlife Sanctuary**, einen immergrünen Regenwald mit einzelnen Savannen, und endet am H32 nach Sangkhlaburi. Hier sollen noch Tapire leben. Für die Fahrt durch das Sanctuary ist ein Permit des Forestry Departments notwendig, und man sollte mindestens eine Übernachtung im Zelt einplanen. Zuerst geht es geradeaus bis zum Headquarter, dann muss man sich an der folgenden Kreuzung links halten und an der nächsten geradeaus weiterfahren. Sobald man an die Schranke kommt, biegt man links ab und orientiert sich auf der letzten Strecke zum H32 an den Strommasten.

Übernachtung und Essen

Im Erawan National Park bieten die hübschen ***Bungalows*** mit 2 sauberen Zi und 4 Betten 4–6 Pers. Platz, Buchungen über die *National Park Division* in Bangkok, ✆ 02-5620760. Das Restaurant im Park bietet sehr gute Thai-Küche und hat bis 21 Uhr geöffnet. ❸
Erawan Resort, 140 Moo 4, 5 km vor dem Park, ✆ 034-574098, 01-8387360, kleine Bungalows am Hang in einem Dorf mit Du/WC, Fan oder ac. Nebenan ein Restaurant. ❷–❹
Phoo Ngoen Resort, 114 Moo 4, ✆ 02-574029, Bungalows und teure Rafts. ❸–❹
Bungalows auch im Sri Nakharin National Park neben dem Headquarter, ✆ 034-516667-8, das nach ca. 50 km auf der schlechten Straße erreicht wird. 3 Bungalows für 4–6 Pers. und 3 Rafts, Buchungen in Bangkok, s.o., Restaurant vorhanden. ❺
Auf dem Stausee kann man auf Flößen herumfahren und übernachten.Die meisten liegen in Tha Kradan. ❸–❺

Transport

Durch die Verbindungsstraße zwischen dem H323 und H3199 ist es möglich, von Nam Tok direkt zum Erawan National Park zu fahren, allerdings verkehren keine Busse.
Von KANCHANABURI Bus 8170 von 8–17.20 Uhr alle 50 Min. für 26 Baht in 1 1/2 Std. bis zum Markt im Dorf vor dem Erawan National Park und weiter zum Wasserfall. Der letzte Bus zurück fährt gegen 16 Uhr vom Parkplatz vor dem Eingang zum Erawan National Park ab. Am besten früh losfahren, so dass man spätestens gegen 12 Uhr hier ist.
Einige Gästehäuser in Kanchanaburi organisieren Tagestouren zum Park.

Suphanburi

Wer auf dem Weg zwischen Kanchanaburi und Ayutthaya einen Zwischenstopp in Suphanburi einlegt, kann sich bei einem Spaziergang durch den **Chalermphatara Ratchinee Park** erholen.

Eintritt 10 Baht, ⌚ Di–Fr 10–19, Sa, So 10–20.30 Uhr. Zwischen den in Tierformen getrimmten Büschen, Springbrunnen und einem künstlichen Wasserfall erhebt sich der 123 m hohe Banharn Tower, von dem sich eine gute Aussicht bietet. ⌚ Di–Fr 15–18, Sa, So ab 10 Uhr, Lift 30 Baht.

Im **Wat Sai Ngam Tammaram** können auch Ausländer an Vipassana-Meditationskursen teilnehmen. Am H340 Richtung Norden wurde nahe dem großen, neuen Verwaltungsgebäude auch ein **National Museum** errichtet.

Übernachtung und Sonstiges

Khum Suphan Hotel, 28/2 Muenharn Rd., ✆ 035-522283, liegt in der Nähe des Busbahnhofs. ❹
Songphanburi, ✆ 035-522555-7, ❸, und
Si Suphan, ✆ 035-511122, ❷, (Minibus 5 Baht) sind etwas weiter entfernt.

INFORMATIONEN – in der City Hall, 3. Stock, ✆ 035-536030.

Transport

Nach AYUTTHAYA gelber non-ac-Bus 703 für 40 Baht (eigentlich 26 Baht + 14 Baht Gepäckzulage für Touristen) in 1 1/2 Std.
KANCHANABURI non-ac-Bus 411 für 34 Baht, 2 Std.
NAKHON SAWAN non-ac-Bus 487 für 60 Baht in 3 Std. Von dort nach SUKHOTHAI mit non-ac-Bus 99 für 87 Baht in 3 Std. Allerdings kann die lange Fahrt in den nicht klimatisierten Bussen recht anstrengend sein.

Bung Chawak

Weiter nördlich, nahe dem H340 Richtung Chainat, liegt an den Ufern eines großen Sees der neue, weitgehend unbekannte Bung Chawak, ein **Zoo**, dessen interessantester Teile das riesige Aquarium mit über 50 Becken sowie die Sumpflandschaft mit Krokodilen sind. Zudem ein Vogelfreifluggelände, ein Tiger- und Löwenpark und ein Garten mit einheimischen Gemüsesorten. Er ist vor allem für Kinder interessant, aber am Wochenende wegen zahlreicher Tagesausflügler nicht zu empfehlen. ✆ 035-439208-9, ⌚ Mo–Fr 10–17, Sa, So 9–18 Uhr, Eintritt 30 Baht. Von Suphanburi mit dem Bus bis Duembang Nangbuat, 50 km nördlich, weitere 12 km mit dem Motorradtaxi für 100 Baht. Autofahrer folgen der Ausschilderung vom H340 am KM151, am Ende der Straße nach rechts und kurz darauf wieder nach links abbiegen.

Richtung Norden

Vier- bis achtspurige Highways durchqueren nördlich der Metropole die fruchtbare Menam-Ebene, die „Reiskammer" des Landes. Allerdings fallen immer mehr Felder brach oder werden mit Industrieanlagen und neuen Wohngebieten bebaut, vor allem in der unmittelbaren Umgebung von Bangkok. In den verbliebenen ländlichen Regionen durchziehen Dämme und baumgesäumte Kanäle die Ebene. Zahlreiche Wasservögel finden reichlich Nahrung.

Vom 10. bis 13. Jh. wanderte das Volk der Thai von Norden in dieses Gebiet, das bereits von den Mon und Khmer besiedelt war. Vor allem für Kulturinteressierte lohnt sich ein Besuch der Ruinenstädte Ayutthaya, Lopburi und der weiter im Norden liegenden Städte Sukhothai, Si Satchanalai und Kamphaeng Phet.

Von Bangkok aus gibt es verschiedene Möglichkeiten, Tagestouren nach Ayutthaya und Bang Pa In zu machen, unter anderem mit Passagierschiffen auf dem Menam Chao Phraya.

Wat Phailom วัดไผ่ล้อม

Die Attraktion dieses Klosters am Ostufer des Menam Chao Phraya in der Nähe von Phatum Thani ist eine riesige **Klaffschnabel-Storchkolonie**, die in einem zum Tempel gehörenden Wald lebt. Alljährlich kommen im November / Dezember etwa 30 000–40 000 Störche aus Pakistan hierher, um während der Wintermonate zu brüten und pro Paar etwa drei Junge aufzuziehen. Tagsüber sind die Vögel bis hinauf nach Ang Thong auf Futtersuche. Sie ernähren sich von den Apfelschnecken aus den Reisfeldern. Am späten Nachmittag kehren sie zu ihren Nistplätzen zurück. Wenn die Jungen geschlüpft sind, wacht ein Elterntier beim Nest. Nach 6–8 Wochen sind die Jungtiere flugfähig und kehren im April / Mai vor dem Einsetzen des Monsuns

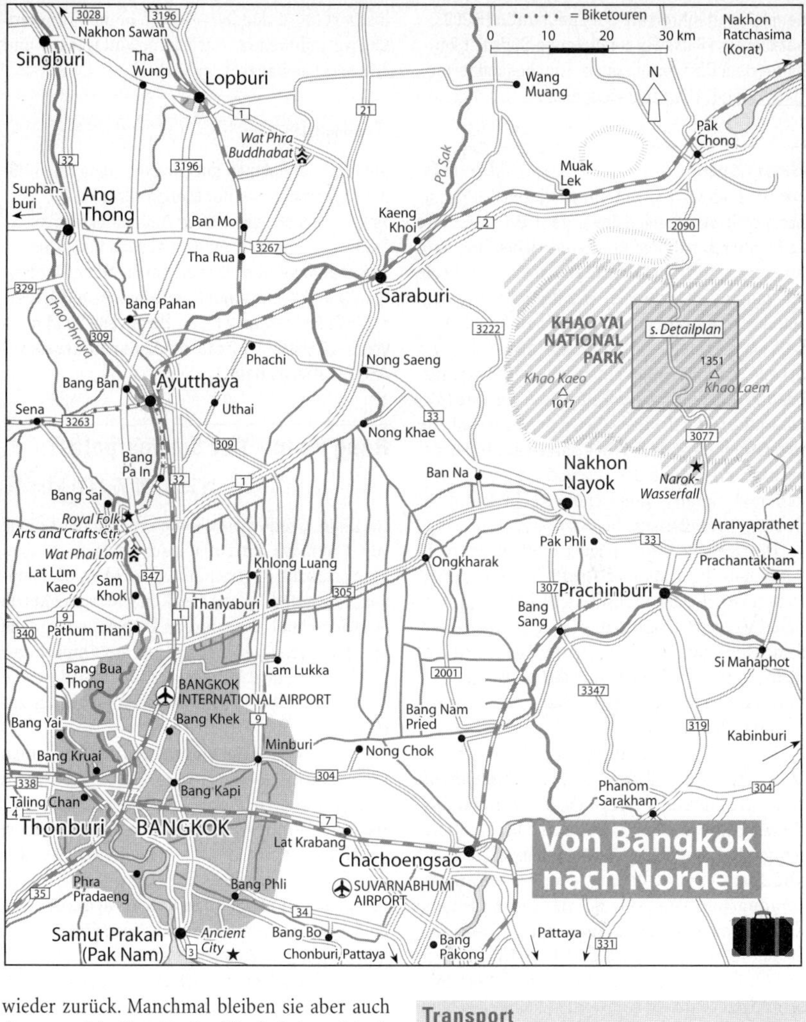

wieder zurück. Manchmal bleiben sie aber auch das ganze Jahr über. Zu den Vögeln haben sich einige tausend Flughunde gesellt, die nach Sonnenuntergang in großen Schwärmen auf Nahrungssuche gehen.

Am Fluss gibt es einen Aussichtsturm, von dem man das Geschehen in den Baumkronen beobachten kann. Angestellte des Forestry Departments überwachen die Kolonie, da die Eier als begehrte Delikatesse gehandelt werden.

Transport

Ab BANGKOK werden Touren angeboten, z.B. mit dem *Chao Phraya Express Boat Service,* s.S. 182, oder man chartert ein Taxi. Mit öffentlichen Verkehrsmitteln dauert die Fahrt sehr lange und ist nicht zu empfehlen.

Selbstfahrer nehmen auf der Outer Ring Road H9 die Abfahrt kurz vor der Menam-Brücke, ca. 14 km westlich vom großen Autobahnkreuz mit dem H1, und fahren auf der Landstraße H3309 parallel zum Fluss 6,3 km Richtung Süden. 1 km hinter dem Dorf zweigt ein in Thai beschilderter 500 m langer Weg zum Tempel ab.

Bang Sai บางไทร

Das Ausbildungszentrum für traditionelles Kunsthandwerk bei Bang Sai wurde 1984 unter der Schirmherrschaft der Königin errichtet, um vom Aussterben bedrohte Künste zu retten. Junge Leute aus ländlichen Regionen werden hier in einem Handwerk unterrichtet, dessen traditionelle Formen sie entsprechend den Bedürfnissen des modernen Marktes weiter entwickeln. Nach der Ausbildung gehen die jungen Leute zurück in ihre Dörfer und eröffnen kleine Betriebe. Das Zentrum unterstützt die Handwerker finanziell bei der Betriebsgründung und der Anschaffung von Maschinen und Geräten und schult sie in kaufmännischem Grundwissen.

Die Gebäude liegen in einer weitläufigen Parklandschaft. Im **Arts and Crafts Village**, dessen Häuser verschiedene Baustile des Landes repräsentieren, werden Glasarbeiten, Möbel, Flechtarbeiten, Seidenstoffe und Textilien gefertigt. Die besten Produkte werden in den *Chitralada Handicraft Shops* (z.B. am Airport oder im Königspalast hinter der Kasse) verkauft.

Für die Königsfamilie wurden einige Gebäude im traditionellen Stil, darunter ein **Elefantenhaus**, errichtet. Zur Anlage gehören u.a. ein buddhistisches Zentrum, eine Krankenstation, der **Bananengarten** mit 300 verschiedenen Sorten, der **Vogelpark** (Eintritt 10 Baht), das große **Süßwasseraquarium Wang-Pla** mit riesigen Welsen und anderen einheimischen Fischen (🕓 Di–Fr 10–16.30, Sa, So und feiertags 10–18 Uhr, Eintritt 20 Baht), ein Restaurant und natürlich Souvenirshops. Von 17.30–20 Uhr werden kulturelle Shows dargeboten mit traditioneller Musik, Schwertkämpfen und anderen Wettbewerben.

Im November starten auf dem Menam Chao Phraya die Boote zu den **International Boat and Long Boat Races**. Zum westlichen, chinesischen und Thai-Neujahr, zu Loi Krathong und an anderen Feiertagen finden Veranstaltungen statt.

🕓 tgl. 8–16.30 Uhr, Mo keine Vorführungen, 📞 035-366091-2, ✉ bangsai@wnet.net.th, Eintritt ins Dorf für Ausländer 100 Baht. Kombi-Ticket inklusive Kulturshow, Aquarium, Mittagessen und Transport ab Bangkok 950 Baht.

Transport

Selbstfahrer nehmen auf der Outer Ring Road H9 die Abfahrt kurz vor der Menam-Brücke, ca. 14 km westlich vom großen Autobahnkreuz mit dem H1, und fahren auf dem ausgeschilderten H3309 parallel zum Fluss 5,4 km Richtung Norden. Vom Mo Chit (Northern Bus) Terminal in BANGKOK (78 km) fahren 2.Kl. ac-Busse alle 20 Min. von 5–20 Uhr in 1 1/2 Std. für 42 Baht. Busse ab AYUTTHAYA 30 Baht.

Bang Pa In – Der Sommerpalast

พระราชวัง บาง ปะอิน

Im 17. Jh. wurde dieser Sommerpalast der Könige von Ayutthaya auf einer Insel im Menam Chao Phraya erbaut. Er geriet in Vergessenheit, als Bangkok Königsstadt wurde. Erst König Mongkut nutzte ihn wieder und baute ihn aus. Damals entstand die Mischung verschiedener Baustile aus China, Europa und Siam. Im 2.Weltkrieg erfuhr der Palast eine dritte Blüte, als sich die Königsfamilie hierher zurückzog.

Durch den Haupteingang betritt man einen weitläufigen Park. Rechts am Flussufer steht ein kleiner Schrein in Form eines Khmer-Prangs, der **Ho Hem Monthian Thewat**. Er enthält die Statue des Königs Prasat Thong von Ayutthaya, des „Königs des Goldenen Palastes". Am gegenüberliegenden Ufer steht **Saphakhan Ratchprayun**, das eine textlastige Ausstellung über die Geschichte des Palastes enthält. 🕓 8.30–15.30 Uhr.

In zahlreichen Prospekten abgebildet ist der Wasserpavillon **Aisawan Thippa-at**, eine Holzkonstruktion aus dem Jahr 1876 inmitten eines Teiches. Besonders fotogen ist das dem Umkleidepavillon im Königspalast von Bangkok nachempfundene Gebäude in der Nachmittagssonne, wenn es sich im Wasser spiegelt und der im Inneren als Bronzestatue verewigte König Chulalongkorn in die Kamera blickt.

In der Thronhalle **Warophat Phiman**, links vom Pavillon, finden noch immer königliche Zeremonien statt. Die Halle des neoklassischen Gebäudes, die mit Wandmalereien geschmückt ist, die Szenen aus der thailändischen Geschichte und Literatur darstellen (Ramakien, I-nau u.a.), ist nur in angemessener Kleidung zugänglich. Fotografieren ist verboten. Einige der Zimmer werden vom König bei dessen Besuchen genutzt und sind nicht geöffnet. Eine überdachte Brücke führt zum **Thewarat Khanlai**, dem Tor zum Inneren Palast.

In der Gartenanlage des Inneren Palastes stehen verschiedene Bauwerke. Am interessantesten ist das von Chinesen gestiftete zweistöckige Gebäude **Wehat Chamrun**, das 1889 im Stil einer ihrer Herrscherresidenzen errichtet wurde. Es ist mit Möbeln mit Perlmutt-Einlegearbeiten und Holzschnitzereien ausgestattet, u.a. dem Bett von König Chulalongkorn.

Auf einer kleinen Insel steht der Aussichtsturm **Ho Withun Thatsana**, den Chulalongkorn 1881 errichten ließ. Von oben bietet sich ein schöner Blick über die Gartenanlage.

◷ tgl. 8–17 Uhr, Einlass bis 16 Uhr, 100 Baht (inkl. kostenloser Infobroschüre). ✆ 035-261044. Hinter dem Eingang werden für 200 Baht kleine Golfwagen für eine Rundfahrt angeboten. Im gesamten Palastbereich herrscht eine strikte Kleiderordnung: Frauen müssen ihre Schultern und Knie bedecken, im Thronsaal dürfen sie keine Hosen tragen. Bei Männern sind kurze Hosen nicht angebracht. Am Eingang steht ein Wächter, der für 100 Baht Pfand pro geliehenes Kleidungsstück ein angemessenes Outfit stellt.

Transport

AUTO – Mit einem eigenen Fahrzeug fährt man von Bangkok aus (61 km) auf dem H32 Richtung Norden und biegt 22 km südlich von Ayutthaya nach links ab. Vom Bahnhof in Bang Pa In führt eine schmale Straße zwischen Fluss und Eisenbahn zum Palast. Ein Taxi von Ayutthaya kostet 500 Baht, ein Tuk Tuk 200 Baht.
Tagesausflüge (7–18 Uhr) von Bangkok aus, die neben Ayutthaya auch Bang Pa In einschließen, kosten 550 Baht.

BUSSE – Vom Mo Chit (Northern Bus) Terminal in BANGKOK fahren 2.Kl. ac-Busse alle 20 Min. bis 20 Uhr für 42 Baht in 2 Std., zurück bis 19.30 Uhr. Von AYUTTHAYA fahren Songthaew und 2.Kl. ac-Busse bis gegen 18.30 Uhr alle 20 Min. für 25 Baht in 30 Min.

EISENBAHN – Alle lokalen Züge halten am kleinen Bahnhof, 1,7 km nördlich des Palastes. Mit dem Motorrad-Samlor weiter für 20 Baht, mit dem Songthaew für 30 Baht. Ab BANGKOK kostet die Fahrt in der 2. / 3. Kl. 26 / 12 Baht, ab AYUTTHAYA 5 / 3 Baht.

BOOTE – In AYUTTHAYA werden Boote ab der Bootsanlegestelle am Hua Ra Market für 800 Baht angeboten.
Chao Phraya Express Boat Service, 78/24-29 Maharat Rd., ✆ 02-2225330, 6236001-3, fährt So um 8 Uhr ab Mahathat-Pier und um 8.05 Uhr ab Banglampoo-Pier in BANGKOK zum Royal Folk Arts & Crafts Center in Bang Sai, nach Bang Pa In und zum Wat Phai Lom für 330 Baht, Rückkehr gegen 17.30 Uhr. Weitere Boote, die auch Ayutthaya im Programm haben, s.S. 182.

Ayutthaya อยุธยา

417 Jahre hindurch war Ayutthaya die Königsstadt des siamesischen Reiches, bis sie 1767 von burmesischen Truppen zerstört wurde. Hier regierten 33 Könige. Auf dem Höhepunkt ihrer Macht hatten die absoluten Monarchen im 17. Jh. eine Stadt errichten lassen, die es mit allen europäischen Metropolen ihrer Zeit aufnehmen konnte. 375 prunkvolle Tempel, 29 Festungen und 94 Tore zählte man auf dem riesigen Areal, dessen Ausmaße sich heute zwischen Wohnhäusern, Feldern und Gärten nur noch erahnen lassen. Ein umfangreicher Beamtenapparat, geschützt von einer einflussreichen Militärmacht, verwaltete die im Reich eingetriebenen Steuern und pflegte regen internationalen Handel. Schiffe aus aller Welt segelten den Menam Chao Phraya hinauf, und Europäer, Chinesen und Japaner siedelten in eigenen Stadtvierteln. Die Pracht bei Hofe und die Ausstattung der Heiligtümer war legendär – was davon heute noch zu sehen ist, sind nur kümmerliche Überreste.

Die Zerstörung Ayutthayas haben die Thais den Burmesen bis heute nicht verziehen. Das Gold von Ayutthaya, so heißt es, bedeckt seitdem die Shwedagon-Pagode in Yangon. Was von den Bauten nicht zerstört wurde, verfiel und wurde vom Dschungel überwuchert. Die Könige kehrten nicht an den Ort der Niederlage zurück – die neue Hauptstadt hieß Bangkok.

Die historische Stadt Ayutthaya (gesprochen: *Ayut-tha-ja)*, mit vollem Namen *Phra Nakhon Si Ayutthaya*, erstreckt sich über ein weites Areal innerhalb und außerhalb der heutigen Stadt, die durch den Zusammenfluss dreier Flüsse umgrenzt wird. Die Ruinen wurden ausgegraben und die meisten von ihnen restauriert. Viele haben dabei an Charakter eingebüßt, vor allem die großen Tempel mit ihren gepflegten Rasenflächen und asphaltierten Parkplätzen. Fast alle Tempelruinen ⌚ 8–18.30 Uhr, Einlass bis 18 Uhr, Eintritt jeweils 30 Baht.

Ayutthaya eignet sich gut als erstes Reiseziel einer Thailandreise, denn hier ist es weitaus ruhiger als im chaotischen Bangkok. Im Schatten der Ruinen und im weitläufigen Rama Park kann man sich entspannt akklimatisieren.

Ayutthaya Historical Study Center

Zu Beginn einer Rundfahrt durch die historische Stadt sei ein Besuch im Ayutthaya Historical Study Center empfohlen. Das moderne Gebäude, das von japanischen und thailändischen Architekten entworfen wurde, dient dem Studium der Ayutthaya-Periode und beherbergt ein lohnenswertes Museum sowie eine Bibliothek. Im Museum wird die Vergangenheit mit Hilfe von Modellen, Schautafeln und Dioramen zum Leben erweckt. Vier Themenschwerpunkte zeigen Ayutthaya als Hauptstadt, als Handelszentrum, als zentralistischen Staat sowie das traditionelle Dorfleben. Der fünfte Bereich, der die Beziehungen Ayutthayas zum Ausland darstellt, ist in einer Außenstelle in der japanischen Siedlung zu sehen (s.u.). ✆ 035-245123, ⌚ tgl. 9–16.30 Uhr, 100 Baht, Studenten 50 Baht.

Chao Sam Phya National Museum

Das traditionell gestaltete Chao Sam Phya National Museum ist in mehreren Gebäuden in einem kleinen Park untergebracht; der Eingang befindet sich in der Rotchana Rd.

Im Erdgeschoss werden Funde aus verschiedenen Epochen gezeigt, die in den 50er Jahren ausgegraben wurden. Beeindruckend sind die Goldschätze aus dem Wat Ratburana im 1. Stock, darunter goldene Amulette, Statuen, Schmuck und ein königliches Schwert. Ein weiterer Raum enthält Votivgaben aus dem Wat Mahathat. Im zweiten Gebäude sind Funde aus verschiedenen Regionen und Epochen zu sehen. In den Thaihäusern werden Alltagskunst und Gebrauchsgegenstände ausgestellt. ⌚ Mi–So 9–16 Uhr, ✆ 035-241587, 30 Baht.

Tourist Information Center

Eine weitere interessante und modern gestaltete Ausstellung im Obergeschoss des Tourist Information Center (TIC) informiert über Ayutthayas Geschichte, seine Architektur und das Alltagsleben der früheren Bewohner. Eine Modelllandschaft vermittelt einen Überblick über die Highlights, die per Knopfdruck aufleuchten. Praktische Informationen können an Computern abgefragt werden. Lohnend ist das Einführungsvideo, das auf Anfrage am Informationsschalter gestartet wird. ⌚ tgl. außer Mi, Eintritt frei.

Rings um den Rama Park

Der Rama Park mit seinem kühlenden See, über den sich steile Brücken spannen, stellt die ihn umgebenden Tempel in einen ansprechenden Rahmen. Der Park wurde jüngst weiter ausgebaut und um einen schwimmenden Markt erweitert.

Südwestlich des Parks erhebt sich der hohe Prang des **Wat Phra Ram**, das 1369 unter dem zweiten König Ramesuan als Begräbnisstätte für dessen Vater, U-Thong, den Gründer von Ayutthaya, erbaut wurde.

Östlich des Parks erstreckt sich die weitläufige Anlage von **Wat Mahathat**, einem 1374 gegründeten und mehrfach erweiterten Tempel. Aus der frühen Zeit sind Grundmauern erhalten. Die Ruine des zentralen Prangs, der 250 Jahre später erbaut wurde und 44 m hoch war, lässt seine ursprüngliche Größe nur noch erahnen. An seinem Fuß sitzt ein großer, steinerner Buddha. Unter dem ausgebrannten Tempel fand man wertvolle Buddha-Figuren, die vergraben worden waren, um sie vor plündernden Burmesen zu retten.

Gegenüber überragt ein stark restaurierter Prang das **Wat Ratburana** (auch Ratchaburana). 1424 ließ der 7. König von Ayutthaya diesen Tempel als Begräbnisstätte für seine beiden älteren Brüder bauen, die den Kampf um die Thronfolge verloren hatten. In den Krypten unter dem Prang wurde einer der größten Goldschätze der Stadt entdeckt – ausgestellt im Obergeschoss des Museums.

Diese drei Wats werden zwischen 19 und 21 Uhr angestrahlt und bei einer Nachttour angefahren.

Nördlich des Rama Parks an der Ostseite des Palastes befindet sich **Wat Thammikarat**. Die erhaltenen Löwenskulpturen deuten darauf hin, dass dieses Wat in der frühen Ayutthaya-Periode entstanden ist. Auch die hier gefundene Bronzestatue, die heute im Phraya National Museum ausgestellt ist, wird dem U-Thong Stil zugeordnet. 🕓 tgl. 6–18 Uhr.

Der Palastbereich

Nordwestlich des **U-Thong Memorials** mit einer Statue des ersten Königs von Ayutthaya sind auf einem weitläufigen, baumbestandenen Gelände die Mauerreste seines ehemaligen Palastes zu besichtigen. Er war 1350 erbaut worden, wurde aber bereits 100 Jahre später vom 8. König aufgegeben, als dieser seine Residenz weiter nach Norden verlegte. Die zweistöckige **Suriyat Amarin-Halle** nutzte König Narai zur Beobachtung der Prozession königlicher Barken auf dem Fluss. Die angrenzende **San Phet Prasat-Halle**, von der nur die Fundamente erhalten sind, wurde 1448 als Empfangsgebäude für Staatsgäste erbaut. Eine nach alten Plänen gestaltete Kopie kann in Muang Boran / Ancient City (s.S. 256) besichtigt werden. Unter dem 24. König von Ayutthaya entstand Anfang des 17. Jahhunderts die Zeremonienhalle **Viharn Somdet** und die **Chakravatphaichayon-Halle** am östlichen Ende des Palastes, von der aus der König Paraden und Umzüge abnahm. Der offene, hölzerne **Trimuk Pavillon**, westlich der San Phet Prasat-Halle, wurde erst 1907 unter König Chulalongkorn errichtet.

Im Süden erstreckt sich **Wat Phra Si San Phet**. Mit dem Bau der prunkvollen Tempelanlage wurde 1448 begonnen. Sie wurde mehrfach erweitert, bis die burmesischen Eroberer sie 1767 niederbrannten. Der 16 m hohe vergoldete Bronzebuddha Phra Sri San Phet, der im Viharn stand, wurde dabei zerstört. Die Anlage mit ihren vielen halb verfallenen Tempeltürmen wird von drei großen, restaurierten Chedis dominiert, die die Asche verstorbener Könige und eine Reliquie Buddhas enthalten. Rechts davon ragen die Säulen des früheren Viharn in den Himmel. 🕓 tgl. 7–18.30 Uhr, Einlass bis 18 Uhr.

Der Innenraum des rekonstruierten **Viharn Phra Mongkol Bophit** wird von einem der größten Bronzebuddhas Thailands ausgefüllt – die Rekonstruktion einer Statue aus dem 15. Jh. Der Viharn wurde 1956 originalgetreu nachgebaut, die Figur 1991/92 anlässlich des 60. Geburtstags der Königin vergoldet. 🕓 Mo-Fr 8.30–16.30, Sa, So bis 17.30 Uhr, Eintritt frei. Am Wochenende ist hier viel los. Um den Tempel herum warten zahlreiche Souvenir- und Getränkehändler auf Kunden.

Im Westen der Stadt

Etwas versteckt liegt **Wat Lokayasutha**. Hier blieb eine der größten liegenden Buddha-Figuren aus Stuck erhalten, die nun, nachdem das Kloster abgebrannt ist, unter freiem Himmel ruht.

Im Südwesten steht am anderen Flussufer **Wat Chai Wattanaram**, eine große Anlage im Khmer-Stil mit einem zentralen Prang, der von acht kleineren umgeben ist. Es wurde als zeitweilige Residenz von König Prasat Thong bereits um 1690 erbaut und gehört heute zum UNESCO-Weltkulturerbe. Der Tempel wird von 19–21 Uhr angeleuchtet.

Chandra Kasem-Palast und Wat Senatsanaram

Im Nordosten der Insel befindet sich der rekonstruierte Palast des Kronprinzen Naresuan aus dem Jahre 1577. Den zerstörten Palast ließ König Mongkut neu erbauen, um zeitweise hinter den hohen Mauern zu leben. Den großen Platz umgeben mehrere Gebäude; das erste Gebäude links vom Eingang, der **Chantura Mukh Pavillon**, enthält das kleine **Chandra Kasem-Nationalmuseum**, u.a. mit Keramiken, Buddhafiguren und Holzschnitzereien aus dem Besitz von König Mongkut. Im dahinter liegenden **Piman Rajaja Pavillon**, der ehemaligen königlichen Residenz, sind weitere Buddhastatuen und andere Gegenstände ausgestellt. Den **Pisai Salak-Turm** hinter der Residenz ließ sich Mongkut für seine astronomischen Studien erbauen. 🕓 Mi–So außer feiertags 9–16 Uhr, 📞 035-251586, 30 Baht.

Im Südosten

Wat Yai Chai Mongkol liegt außerhalb des historischen Stadtkerns. Bereits König U-Thong hatte hier 1357 den ersten Tempel der Stadt gegründet, der Mönchen gewidmet war, die von ihren Studien in Ceylon nach Siam zurückkehrten. Der Tempel in seiner heutigen Form mit einem 62 m hohen Chedi, den zahlreichen Buddha-Statuen und der gepflegten Gartenanlage wurde unter Naresuan zur Erinnerung an den historischen Sieg über seinen burmesischen Widersacher umgestaltet. Naresuan hatte 1592 bei Nong Sarai (Provinz Saraburi) in einem Zweikampf auf dem Rücken von Kriegselefanten eigenhändig den burmesischen Herrscher Phra Maha Uparacha besiegt. Ein riesiges Wandgemälde von dieser Schlacht schmückt den Bot. ⌚ tgl. 8–18.30 Uhr, Einlass bis 17 Uhr, 20 Baht.

Weiter im Südwesten erstreckt sich zwischen Fluss und Straße das weitläufige **Wat Phanan Choeng**, das in früheren Jahren als Exerzierplatz diente. Möglicherweise gab es den Tempel bereits vor der Gründung von Ayutthaya, denn die 20 m hohe Buddha-Statue Phra Chao Phananchoeng (Luang Po To) im hinteren hohen Viharn soll bereits 1325 gefertigt worden sein. Sie gilt als Beschützerin der Seeleute und wird vor allem von Chinesen verehrt. Auf der gegenüberliegenden Straßenseite befindet sich ein chinesischer Friedhof.

Aus der frühen Ayutthaya-Periode stammt die Statue im Sukhothai-Stil, die im Bot zwischen zwei Statuen aus der Ayutthaya-Periode steht. Sie wurde 1357 angefertigt, aber erst 1965 unter Stuck, der sie vor Plünderungen schützen sollte, entdeckt. Die Wandmalereien im Inneren des Bot wurden aufwändig restauriert. Das Wat wird von zahlreichen Gläubigen besucht; es herrscht ein reges Treiben. ⌚ tgl. 8–17 Uhr, 20 Baht. Von der Bootsanlegestelle hinter dem Wat verkehren Fähren über den Fluss. Zudem können Boote gemietet werden.

Am anderen Ufer, im **Wat Suwandararam** (früher: Wat Thong), ist ein kleiner Teil der Wandmalereien, die unter anderem den 1592 stattgefundenen Kampf zwischen den beiden verfeindeten Herrschern darstellen, 1931 unter König Rama VII. restauriert worden. Die Tore zum Bot und Viharn sind allerdings meist verschlossen, evtl. hat man während der Gebetszeit gegen 16 Uhr die Gelegenheit, einen Blick hineinzuwerfen.

An der Einmündung des Klong in den Menam Chao Phraya, etwas weiter westlich, wurden 1959 Teile der bereits unter U-Thong errichteten alten **Stadtbefestigung** rekonstruiert. Die Ziegel der ursprünglichen Anlage waren auf Frachtkähne verladen und beim Aufbau der neuen Hauptstadt Bangkok verwendet worden.

Weiter außerhalb

Nördlich des ehemaligen Königspalastes erhebt sich jenseits des Klong Sabua **Wat Na Phra Meru** (auch: Wat Narh Pramain) eine wahrscheinlich bereits 1504 gegründete Tempelanlage. Dieser Tempel diente den angreifenden Burmesen als Basislager und verdankt diesem Umstand, dass er nicht zerstört wurde. Der mit schönen Holzschnitzereien geschmückte, imposante Bot mit dem mehrfach gestaffelten Dach wurde restauriert. Er enthält einen 6 m hohen, vergoldeten Bronzebuddha, der im Stil eines Ayutthaya-Herrschers gekleidet ist. Das Innere des daneben liegenden kleinen Viharn, dessen Wände mit verblichenen Wandmalereien bedeckt sind, wird von einem aus schwarzem Stein gehauenen Buddha im Dvaravati-Stil dominiert. Wahrscheinlich stammt die im europäischen Stil sitzende Statue ursprünglich aus Nakhon Pathom.

Übernachtung:
1 The Old Palace Resort
2 U-Thong H.
3 Amporn Floatel
4 PS Gh.
5 Baan Lotus Gh.
6 Ayutthaya Gh.
7 Chantana Gh.
8 Old B.J. Gh.
9 Ubonpon Inn
10 T.M.T. Gh.
11 Tony's Place
12 Sunrise Place Gh.
13 Tongchai Gh.
14 New B.J. Gh.
15 Ayothaya H.
16 NOP Gh., P&P House
17 Ayothaya Riverside H.
18 Bann Kun Pra
19 Suan Luang H.
20 Sherwood House
21 Wiang Fa H.
22 Krung Si River H.
23 U-Thong Inn, Ayutthaya Grand H.
24 Prae Si Thong Gh.
25 River View Palace H.

Transport:
1 Bootsanlegestellen
2 Fähren
3 Boote→Rundfahrt
4 Busse→Bangkok (Northern Bus Terminal)
5 Minibusse→Bangkok (Southern Bus Terminal und Victory Monument)
6 Busstopp Stadtbus 5 und 6
7 Busse und Songthaew→Umgebung
8 Bus Terminal

ALTER PALAST:
A TRIMUK-PAVILLON
B SURIYAT AMARIN-HALLE
C SAN PHET PRASAT-HALLE
D VIHARN SOMDET
E CHAKRAVATPHAICHAYON-HALLE
F WAT PHRA SI SAN PHET

Läden, Restaurants etc.:
1 Nachtmarkt
2 Chainam R.
3 Steak 29 R.
4 Malakor R.
5 Gun-T
6 Amporn Dept. Store
7 Moon Café
8 Essenstände
9 Elephant Camp
10 Restaurants
11 Garküchen
12 Ruenpae R.
13 Sai Thong River R.
14 Pae Krung Kao R.

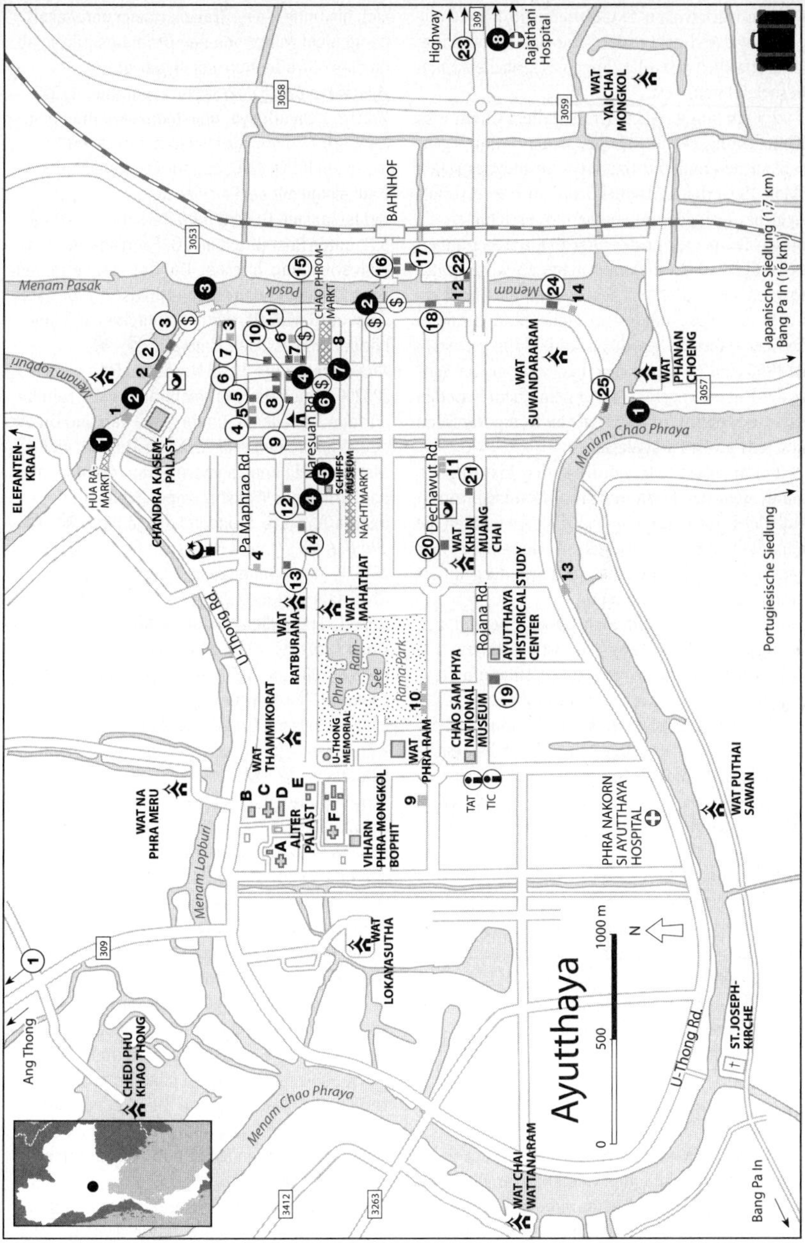
Ayutthaya
Menam Pasak
Menam Lopburi
Menam Chao Phraya
BAHNHOF
Highway
Rajathani Hospital
WAT YAI CHAI MONGKOL
Japanische Siedlung (1,7 km)
Bang Pa In (16 km)
WAT PHANAN CHOENG
WAT SUWANDARARAM
Portugiesische Siedlung
ELEFANTEN-KRAAL
HUA RA-MARKT
CHANDRA KASEM-PALAST
Pa Maphrao Rd.
U-Thong Rd.
Naresuan Rd.
CHAO PHROM-MARKT
SCHIFFS-MUSEUM
NACHTMARKT
Dechawut Rd.
WAT KHUN MUANG CHAI
Rojana Rd.
AYUTTHAYA HISTORICAL STUDY CENTER
WAT RATBURANA
WAT MAHATHAT
Phra Ram-See
Rama-Park
U-THONG MEMORIAL
WAT THAMMIKORAT
CHAO SAM PHYA NATIONAL MUSEUM
WAT PHRA RAM
TAT
TIC
WAT NA PHRA MERU
ALTER PALAST
VIHARN PHRA-MONGKOL BOPHIT
PHRA NAKORN SI AYUTTHAYA HOSPITAL
WAT PUTHAI SAWAN
WAT LOKAYASUTHA
Ang Thong
CHEDI PHU KHAO THONG
ST. JOSEPH-KIRCHE
WAT CHAI WATTANARAM
Bang Pa In
0
500
1000 m
N
309
3053
3058
3059
3057
3412
3263

Die eindrucksvollen Skulpturen, die prunkvolle Ayutthaya-Architektur der Tempelanlage und ihre landschaftlich reizvolle Umgebung machen einen Besuch lohnenswert.

2,5 km nordwestlich der Stadt liegt **Chedi Phu Khao Thong**. Der 80 m hohe Chedi ist – im Gegensatz zu den anderen Bauten – im burmesischen (Mon-)Stil erbaut. Als die Burmesen 1569 erstmals Ayutthaya eingenommen hatten, errichteten sie diesen Tempel zur Erinnerung an ihren Sieg auf einer bereits 1387 erbauten Anlage. 15 Jahre später wurden sie wieder vertrieben, und der Chedi erhielt ein neues Äußeres im Thai-Stil. Aus Anlass des 2500-jährigen Bestehens des Buddhismus wurde 1956 eine 2,5 kg schwere Goldkugel auf der Spitze der Pagode angebracht. Vor dem Chedi befinden sich ein **Monument** zu Ehren von König Naresuan und eine große Parkanlage.

6 km außerhalb, nördlich der historischen Stadt, steht der **Elefantenkraal** (Paniad). Innerhalb der Umzäunung aus Teak-Pfosten wurden die königlichen Elefanten gezähmt. Heute sind hier wieder 30–40 Elefanten untergebracht, die gefüttert und geritten werden können.

Südlich von Wat Phanan Choeng befand sich die **japanische Siedlung**. Hier ist die Außenstelle des Ayutthaya Historical Study Center untergebracht; die Eintrittskarte gilt auch hier.

Die ehemalige **portugiesische Siedlung**, in der die ersten Europäer lebten, kann ebenfalls besichtigt werden. Bis auf die Reste der Sankt Petrus-Kirche, einige Skelette, Münzen und chinesisches Porzellan ist kaum etwas erhalten.

Schiffsmuseum

Einen weiteren Blick in die Geschichte erlaubt dieses private Museum, das das Herz jedes Modellbauers höher schlagen lässt. Äußerst aufwändig gestaltete Modelle mittelalterlicher Königsbarken und vieler anderer traditioneller Schiffe sind in einem stilvollen Thaihaus untergebracht. 🕓 9–16 Uhr, es wird eine Spende erwartet. ✆ 035-241195.

Übernachtung

GÄSTEHÄUSER – In der Naresuan Rd. konzentrieren sich die einfachen Gästehäuser. Daneben haben Intercafés und Restaurants eröffnet, die abends ihre Tische auf die Straße stellen. Ob sich hier eine kleine Travellermeile entwickelt, hängt nicht zuletzt von den Ordnungskräften ab, da diese Straßennutzung illegal ist.

Ayutthaya Gh. ⑥, 12/34 Naresuan Rd., ✆ 035-232658, ✉ayutthaya_guesthouse@yahoo.com. Saubere Zi, nach vorn hin laut. Ältere mit Gemeinschafts-Du/WC, neuere Zi mit teils offenem Bad, einige mit ac. Familienzimmer. Großer Schlafsaal mit Du/WC für 8 Personen, 80 Baht p.P.; gutes Restaurant im EG, Fahrrad- und Mopedvermietung. Internet. Die Besitzer vermieten auch Zimmer in den Nachbarhäusern, vormals ***Toto*** und ***T.M.T. Gh.*** ⑩, mit einfachen, z.T. hellhörigen und dunklen Zimmern. ❷–❸

Chantana Gh. ⑦, 12/22 Naresuan Rd., ✆ 035-323200, neues Haus für nichtrauchende ruhebedürftige Traveller. Saubere Zi mit Fan und Du/WC oder 3 mit ac und Warmwasser-Du/WC, dicke Matratzen. In den Zimmern hinten rechts stört der Lärm einer Wasserpumpe. Große, überdachte Terrasse. Frühstücken möglich. ❷–❸

Old B.J. Gh. ⑦, 16/7 Naresuan Rd., ✆ 035-251526, in der Seitengasse links des Ayuthhaya Gh. 8 sehr einfache Zi mit Gemeinschafts-Du/WC. Freundliche Besitzer. ❶

Baan Lotus ⑤, 20 Pa-Maphrao Rd., ✆ 09-5311680, 035-251988, in restauriertem, großzügigem Thai-Holzhaus zwei 3-Bett-Zi und 7 DZ mit Fan, teils mit Du/WC, teils eine Du/WC für 2 Zi. Veranda und großer Garten mit Palmen und Lotosteich. ❷–❸

Tony's Place ⑪, 12/18 Naresuan Rd., ✆ 035-252578, 01-6418646, große Zimmer mit Gemeinschafts-Du/WC, andere mit Du/WC und Fan oder ac, Schlafsaal mit 3–4 Betten für 80 Baht p.P. Das teils überdachte Restaurant mit Bar und einer großen Auswahl an Traveller- und vegetarischen Gerichten ist ein beliebter Treffpunkt. ❷–❸

Ubonpon Inn Gh (ehemals P.U. Gh.) ⑨, 20/1 Moo 4, ✆ 035-251213, komplett erneuertes Gästehaus. 22 Zi mit Du/WC und Fan oder ac, Familienzimmer, klimatisiertes Restaurant mit thailändischer und japanischer Küche, Schließfächer, Fahrradvermietung, Waschservice. Geleitet von der freundlichen und geschäftigen Ubonpon, die viele Informationen bereit hält und Touren anbietet. ❷–❸

Amporn ③, Floating House, 76 U-Thong Rd., ✆ 035-251570, ✉ amporn_floatel@yahoo.com, das Floatel besteht aus vier einfach möblierten, sauberen Zimmern auf einem Hausboot, 2 DZ und 2 EZ Gemeinschaftsbad, Terrasse mit Blick auf den Fluss (Moskitoschutz nicht vergessen). ❷–❸

PS Gh. ④, 23/1 Juggrapat Rd., nahe Rama Park, ✆ 035-242394, ✉ P.S._93@hotmail.com, altes Haus mit großem Garten; einfache, saubere Zi mit Fan, eins mit ac, Gemeinschafts-Du/WC. Das Frühstück wird im Garten serviert. Die Besitzerin, eine Englisch- und Geschichts-Lehrerin, bietet interessante Bootstouren an und vermietet weitere Bungalows in der Nähe des 29 Steak Restaurants. ❶

Tongchai Gh. ⑬, 9/6 Maharaj Rd., ✆ 035-245210, einfache Zimmer in Reihenhäusern und schmuddlige Bungalows mit Fan oder ac und Du/WC in einem kleinen Garten. ❷

New B.J. Gh. ⑭, 19/29 Naresuan Rd., ✆ 035-246046, 243980, 19 einfache Zi mit Gemeinschafts-Du/WC und Fan an der lauten Straße, gutes Essen. Tempel-Touren. Fahrradverleih. ❷

NOP Gh. ⑯, 29/1 Moo 10, Kamung Rd., nahe dem Bahnhof in der Gasse zur Fähre, ✆ 035-322029, 01-4816137, ✉ nopguest@yahoo.com, einfache, hellhörige Zi mit Gemeinschafts-Du/WC, Duschen auch für Nichtgäste 30 Baht. Nebenan über dem Restaurant das ähnliche ***P&P House,*** spartanische Zi und billige Betten im Schlafsaal, und ***Mint Gh.***, alle ❶

Sun Rise Place ⑫, 6/3 Naresuan Rd., ✆ 035-244325, ✉ sunrise_ayutthaya@yahoo.com, 15 Zi, Fan oder ac, Internetzugang, angegliedertes Restaurant zur Straße mit Thai- und Traveller-Food. ❸

Bann Kun Pra ⑱, 48/2 U-Thong Rd., ✆ 035-241978, ehemaliges Youth Hostel in traditionellem Thai-Haus mit Garten am Fluss, 3 Zi und Schlafsaal für 100 Baht p.P., Gemeinschafts-Du/WC, Restaurant. ❷

Sherwood House ⑳, 21/25 Dechawut Rd., ✆ 035-6660813, ✉ sherwoodmm@yahoo.com, Stadthaus unter englischer Leitung mit 3 sauberen, freundlich eingerichteten Zi mit ac, 2 nach hinten mit Fan, Du/WC außerhalb. Kleines Restaurant mit mäßigem Essen bis 20 Uhr und Bar; sauberer Swimming Pool, der von 9–20 Uhr auch von Nicht-Gästen gegen Entgelt genutzt werden kann. Motorräder und Fahrräder zu vermieten. ❷–❸

Wat Si San Phet

Prae Si Thong Gh. ㉔, 8/1 U-Thong Rd., ✆ 035-246010, kleines, etwas abseits am Fluss gelegenes Haus, 10 Zi mit Du/WC und ac, Terrasse am Fluss. ❸

The Old Palace Resort ①, 1/25 Moo 5, Klong Srabua Tavasukree, ✆ 035-252534, nördlich der Altstadt, östlich vom Wat Na Phra Meru, von drei hilfsbereiten Schwestern geleitete neue Anlage, ac-Bungalows und Zi mit Fan, Restaurant. ❷–❸

HOTELS – ***Ayothaya Hotel*** ⑮, 12/4 Tessabarn Sai 2 Rd., ✆ 035-232855, 📠 251018, Hotel in zentraler Lage. 100 kleine Standard- und größere Deluxe-Zi mit ac, Frühstück inkl. Großzügige Lobby, Restaurant und Bar mit Karaoke und Sängerinnen. ❹–❻

U-Thong Inn ㉓, 210 Rojana Rd., ✆ 035-242236, 📠 242235, 💻 www.uthonginn.com, 1 1/2 km östlich vom Fluss links der Straße zum Highway, großes Mittelklasse-Hotel mit 200 guten ac-Zimmern, Blick auf Wat Ratburana. Viele Reisegruppen. Gutes Essen im Malakor-Restaurant. ❹–❺

Ayutthaya Grand Hotel ㉓, 55/5 Rojana Rd., ✆ 035-335483, 📠 335492, der Betonklotz des

Mittelklassehotels hinter dem Busbahnhof, 4 km östlich der Stadt, lohnt nicht die hohen Zimmerpreise. Der Pool kann von Nicht-Gästen für 50 Baht genutzt werden. ❹–❺

Ayothaya Riverside Hotel ⑰, Ex-Tevaraj Tanrin, 91 Moo 10, Wat Pako Rd., ✆ 035-234873-7, 📠 244139, ✉ ayu_riverside@maildozy.com, nahe dem Bahnhof. ac-Zi z.T. mit schönem Blick auf den Fluss. Buisness-Center, Konferenzräume, gutes Restaurant mit Flussblick, freundlicher Service. Auch im angegliederten Nachtclub gutes Essen. ❹–❻

Suan Luang ⑲, gegenüber dem Ayutthaya Historical Study Center, ✆ 035-245537, 📠 245537, da das Hotel in einem gesichtslosen Block zu einem Job Training Center gehört, ist der Service sehr freundlich, aber nicht immer perfekt. DZ mit ac, 6-Bett-Zi mit ac oder Fan. ❸

Wiang Fa Hotel ㉑, 1/8 Rojana Rd., ✆ 035-241353, 📠 321572, ✉ wiangfa@hotmail.com, ac-Zimmer in 2-stöckigem Haus mit Innenhof. Zi mit Du/WC und TV, einige mit Kühlschrank und Warmwasser, sauber und recht ruhig, aber meist ist niemand da, der Englisch spricht. ❸

Krung Si River Hotel ㉒, 27/2 Moo 11, Rojana Rd., ✆ 035-244333, 📠 243777, westlich der Brücke am Fluss, angenehmes, gepflegtes Hotel mit Sauna, Pub, Restaurant und Pool. Frühstücksbuffet inkl. ❺–❼

River View Palace Hotel ㉕, 35/5 U-Thong Rd., ✆ 035-241729, 📠 241110, spartanisch eingerichtete Apartments und Zi mit Balkon, z.T. Blick auf Fluss und Tempel, vorwiegend asiatische Reisegruppen und einheimische Tagungsteilnehmer. Mäßiges Restaurant mit angenehmer Flussterrasse, wo man bei einem Drink den Sonnenuntergang genießen kann. Kleiner Pool. ❺–❻

Essen

Wer in Ayutthaya übernachtet, sollte sich den abendlichen Bummel über den **Nachtmarkt Hua Ra** am Fluss oder den abendlichen **Straßenmarkt** östlich vom Rama Park nicht entgehen lassen. An zahlreichen Ständen wird von 18–23 Uhr gekocht und gebraten. Frische Zutaten stehen bereit, die nach Wunsch zubereitet werden – zum Mitnehmen oder an Tischen serviert.

Weitere Essenstände vor dem **Bahnhof** und dem **Amporn Department Store**. In diesem Einkaufszentrum haben sich mehrere Fastfood-Ketten und ein Supermarkt niedergelassen, u.a. ***M.B. Suki***, ein relativ günstiges Sukiyaki-Restaurant, in dem Fleisch, Gemüse und andere Zutaten einzeln bestellt und am Tisch in einer brodelnden Brühe gegart werden. Den Abschluss bildet die Suppe mit eingeschlagenem Ei.

Im **Rama Park** laden offene Restaurants mittags zu einer Pause ein. Die Preise sind moderat. Nette Atmosphäre inmitten von Blumen und Palmen, hinter denen die Tempeltürme hervorschauen.

Malakor Restaurant, nordöstlich vom Wat Ratburana, mit Thai- und europäischen Gerichten; hübsches Ambiente, alle Speisen auf Wunsch mit Tofu statt Fleisch.

Einige der Restaurants am Flussufer sind überteuert, bieten jedoch abends eine schöne Atmosphäre. Allerdings sind zu manchen Jahreszeiten Moskitos eine Plage.

Sai Thong River Restaurant, 45 Moo 1, U-Thong Rd., ✆ 035-241449, auf dieses große, hervorragende Restaurant weist eine Leuchtreklame nur in Thai-Schrift hin. Die englische Speisekarte listet eine große Auswahl leckerer, teils ungewöhnlicher Thai- und Isarn-Gerichte. Einige Tische im Freien am Fluss. Von hier legt tgl. um 13.30 und 19 Uhr die umgebaute Reisbarke *Siam Thanee* ab (s.u.).

Pae Krung Kao Restaurant, südlich der Brücke, ist z.T. klimatisiert. Schöner ist es draußen auf der Terrasse oder dem schwimmenden Restaurant. Englische, etwas schwer verständlich geschriebene Speisekarte.

Ruenpae, 36/1 U-Thong Rd., schwimmendes Restaurant neben der Brücke; viele Reisegruppen, unfreundlicher Service. Vor der Bestellung nach dem Preis fragen.

Chainam, 36/2 U-Thong Rd., am Fluss, chinesisches Essen zu moderaten Preisen, freundliche Leute. Viele Traveller.

Steak 29, Pa Maphrao Rd., leckere Thai-Gerichte und Steaks in allen Variationen, aber nichts für Vegetarier. Angenehme Atmosphäre, viele thailändische Gäste, freundlicher Service und reelle Preise.

Muepiset, etwas weiter außerhalb, auf der anderen Flussseite nahe dem Wat Yai Chai Mongkol, ✆ 035-212757, im westlichen Ambiente gehaltenes Restaurant, in demThais, die es sich leisten können, T-Bone-Steaks, Straußenfleisch und andere gute, relativ teure Gerichte genießen. Karte bisher nur auf Thai.

All-you-can-eat-Korean BBQ, direkt daneben und nur in Thai beschriftet. Jeder zahlt 69 Baht, aber jede nicht gegessene Zutat wird mit 5 Baht extra berechnet. Tolle Atmosphäre. Mit dem Tuk Tuk 50 Baht.

Rund um den Busbahnhof Richtung Norden gibt es zahlreiche Isarn-Restaurants.

Unterhaltung

Gun–T, 22 Pa Maphrao Rd., neben dem Gästehaus Baan Lotus, ✆ 09-227-9913, saubere Open-Air-Bar mit freundlichem englischsprachigem Personal. Frische Shakes und Cocktails werden stilvoll in einem kleinen Urwald serviert.

Moon Café, Naresuan Rd., hier sorgt Chai für gute Musik, der Alkoholkonsum ist erheblich. Weitere Pubs in einer Seitenstraße der Rojana Rd., gegenüber dem Ayutthaya Grand Hotel, z.T. mit Live-Musik. In derselben Straße Essenstände, die rund um die Uhr geöffnet sind. Am Wochenende findet hier ein Straßenmarkt statt. Die größten Diskotheken und Bars der Stadt glitzern in der Nähe des Bus Terminals Richtung Norden.

D.N.A., neben dem All-you-can-eat-Korean BBQ-Restaurant. In der kleinen Diskothek gibt es günstigen Whisky und teures Bier. Wer mit jungen Thais feiern will, sollte hier am Wochenende vorbeischauen.

Sonstiges

AUTOVERMIETUNGEN – In Ayutthaya selbst gibt es bisher keine Autovermietung. Eine Fahrt von Bangkok hierher bietet sich als erste Etappe an. In Ayutthaya sind die Straßen neu ausgebaut, und es herrscht viel weniger Verkehr als in Bangkok.

EINKAUFEN – Auf dem **Chao Phrom-Markt** werden Lebensmittel und Haushaltswaren verkauft. Der ***Amporn Department Store***, ein Warenhaus gegenüber dem Markt, erhielt durch ein riesiges Einkaufszentrum östlich der Stadt an der Umgehungsstraße Konkurrenz. Der große ***Ayutthaya Park***, 126 Moo 3, Asia Rd., ✆ 035-229234, am H32, südlich der Abzweigung des H309 nahe dem Wat Chai Mongkol, beherbergt einen künstlich angelegten schwimmenden Markt, einen Tesco / Lotus, Kinos und viele Restaurants. Busse Nr. 5 und 6 für 5 Baht fahren gegenüber dem Ayothaya Hotel ab.

ELEFANTEN – Elefanten mit kostümierten Mahouts stehen im ***Elephant Camp***, ✆ 035-211001, im ausgebauten östlichen Bereich des Rama Parks, um vor allem japanische Touristen zum alten Palast und Wat Phra Ram zu bringen. Eine Besichtigung der zentralen Tempel auf dem Elefantenrücken mag zwar sehr romantisch sein und hilft den Mahouts, ihre Tiere zu ernähren, aber man kommt nicht weit. 20 Min. kosten 300 Baht.

FAHRRÄDER – Fahrräder kann man u.a. in Gästehäusern für 30–50 Baht und bei der Touristenpolizei für 50 Baht pro Tag mieten. Eine schöne Radtour führt von der Altstadt Richtung Westen und dann nach Süden zum Wat Chai Wattanaram, einer großen Ruinenanlage mit Prangs im Khmer-Stil. Weiter am Fluss entlang geht es dann nach Südosten, wo man kurz vor dem Wat Phanan Choeng mit der Fähre übersetzen kann. Vorsicht: Diebe stehlen Taschen aus Fahrradkörben und es empfiehlt sich, die weiter außerhalb gelegenen Tempel nur in Gruppen zu besuchen. Es wird von Überfällen und Betrügereien berichtet, in denen Touristen Geld verloren haben.

FESTE UND FEIERTAGE – Am **chinesischen Neujahrstag** findet am Wat Phanan Choeng im Süden der Stadt ein großer Jahrmarkt mit Musik und Tanz statt.

Songkran (13. April) wird mit einem Umzug in der Nähe des Haupt-Wats gefeiert.

Ayutthaya – World Heritage Site Celebrations, 10.–25. Dezember, Markt und verschiedene Veranstaltungen, darunter eine empfehlenswerte Light & Sound Show über die Geschichte der Stadt. Während der Festtage kostenloser Eintritt zu allen Tempeln. Die Veranstaltung, die sich hauptsächlich an Thais richtet, kann auch mit

englischer Übersetzung angesehen werden. Eintritt 200 Baht.
Loi Krathong, im November, wird besonders prächtig im und um den Rama Park begangen.

GELD – ***K Bank***, Naresuan Rd., nahe beim Busbahnhof. Hier auch die ***Thai Military*** und ***Siam Commercial Bank***. ***Bangkok Bank*** in der Nähe vom Cathay Hotel. Überall in der Stadt befinden sich mittlerweile Geldautomaten. Nicht jeder bietet jedoch eine englische Benutzerführung.

INFORMATIONEN – ***TAT-Tourist Office***, ✆ 035-322350, im TIC (Tourist Information Center), ✆035-3227301, ⌚ 8.30–16.30 Uhr. In der restaurierten ehemaligen Stadthalle gibt es rechts vom Eingang einen Infoschalter mit aktuellen Broschüren und einem Stadtplan. Die Englischkenntnisse der Angestellten lassen Wünsche offen, alle sind jedoch bemüht, auch dem nichtthailändischen Touristen weiter zu helfen. Geplant sind eine Bank mit Geldautomat, Gepäckaufbewahrung und ein Postamt.
Kostenlose Ausstellung über Ayutthayas Geschichte (s.o.).

MEDIZINISCHE HILFE – ***Phra Nakorn Si Ayutthaya Hospital***, großer Neubau im Süden in der U-Thong Rd., ✆ 035-242987, 241027.
Rajathani Hospital, Rojana Rd., östlich des Zentrums, ✆ 035-355555-61.

MOTORRÄDER – gibt es ab 300 Baht pro Tag in einigen Gästehäusern zu mieten, z.B. im Sherwood House oder im Ayutthaya Gh. Auch am Bahnhof oder bei ***Zin Pol Suzuki***, 90/1-3 U-Thong Rd., ✆ 035-252678, 252505.

POST – In der U-Thong Rd. nahe dem Chandra Kasem Palast und in der Dechawut Rd. nahe dem Sherwood House. **PLZ** 13 000

SCHWIMMEN – Der Pool im ***Sherwood House*** kann auch von Nichtgästen besucht werden, ⌚ tgl. 9–20 Uhr, Eintritt 45 Baht, Kinder 30 Baht. Der ***Krungsri Wasser Park***, ein Spaßbad mit zwei großen Rutschen, künstlichen Wasserfällen, Kinderbecken und großem Schwimmbecken befindet sich nordöstlich von Ayutthaya. ✆ 035-252171, ⌚ Mo–Fr 12.30–19 Uhr, Sa,So und in Ferien 10.30–19 Uhr, Eintritt auch für Kinder 85 Baht.

TOUREN – Die Gästehäuser organisieren **abendliche Rundfahrten** durch die von 19–21 Uhr ausgeleuchteten Ruinen. Die um 18.30 Uhr beginnede Fahrt dauert 2 1/2 Std. und kostet 100–150 Baht. Obwohl die Tempel nur von außen zu sehen sind, lohnt sich die Tour. Meist können die Fahrer allerdings nichts über die Tempel erzählen, da es sich nicht um Guides handelt. Insektenschutz nicht vergessen! **Bootstouren** zu sechs Tempeln am Fluss von 16–18 Uhr ausgehend vom Wat Na Phra Meru um die Insel herum. Die Reise endet am Nachtmarkt und kostet 150–200 Baht. Zudem Touren nach Lopburi, den umliegenden Sonnenblumenfeldern und Wat Phra Buddhabat (s.S. 244). 600 Baht p.P., min. 4 Pers., Abfahrt um 7 Uhr, zurück gegen 18 Uhr.

TOURIST POLICE – auf dem Gelände des ehemaligen Königspalastes und neben dem Tourist Information Center, ✆ 035-241446, 035-242352.

Nahverkehrsmittel

TUK TUK – Innerhalb des Stadtgebietes kostet eine Kurzstrecke 30 Baht, vom Bus Terminal am Highway in die Stadt 50 Baht, vom Zugbahnhof zu den Gästehäusern 40 Baht.
Für ein Besichtigungsprogramm des weitläufigen historischen Ayutthaya benötigt man mit einem Tuk Tuk etwa einen Tag. Touren kosten 150-200 Baht pro Stunde. Fahrer, die am Zug- oder den Busbahnhöfen Touristen als Kunden zu gewinnen suchen, haben meist wenige Informationen. Besser lässt man sich vom Gästehaus einen Fahrer empfehlen.

STADTBUSSE – Der ac-Stadtbus Nr. 5 pendelt für 5 Baht zwischen der Bus Station und dem Zentrum und hält ebenso wie Bus Nr. 6 am Markt. Letzterer fährt von der City Hall und dem Tourist Office zum Hua Ro-Markt und Chandra Kasem-Palast.

FÄHREN – Vom Bahnhof kann man mit der Fähre für 1 bzw. 2 Baht (spät abends 3 Baht) in die

Stadt übersetzen. Eine der beiden Fähren führt zum Chao Phrom Markt nahe den Gästehäusern. Zudem verkehren Fähren gegenüber dem Chandra Kasem-Palast zum gegenüberliegenden Tempel und über den Fluss zum Wat Phanan Choeng.

BOOTE – An der Bootsanlegestelle hinter dem Wat Phanan Choeng werden Boote für 6–10 Pers. für Rundfahrten vermietet; 2–3 Std. kosten 400–600 Baht. Nur die kleinen können den flachen Menam Lopburi befahren.
Vom Sai Thong River Restaurant legt tgl. um 13.30 und 19 Uhr die umgebaute Reisbarke ***Siam Thanee*** zu einer einstündigen Rundfahrt ab, 100 Baht p.P.; sie kann auch gechartert werden.

Transport

BUSSE – Expressbusse halten am **Bus Terminal** westlich vom Highway, an der Einmündung der Rojana Rd., ca. 4 km östlich der Stadt, ✆ 035-355304. Plätze für die Weiterfahrt sollten in 1.-Kl. ac- und VIP-Bussen mindestens 1 Tag im Voraus gebucht werden. Von hier aus fahren Stadtbusse etwa alle 15 Min. für 5 Baht ins Zentrum. Busse Richtung Norden sind häufig bereits voll, wenn sie aus Bangkok kommen. Einfacher geht es mit dem Zug.
Ab BANGKOK, 76 km, Mo Chit (Northern Bus) Terminal 2.Kl. ac-Bus über Bang Pa In alle 20–40 Min. bis 18 Uhr für 52 Baht in 1 1/2 Std., 1.Kl. ac-Bus direkt alle 20 Min. bis 20.30 Uhr für 52 Baht. Bei dichtem Verkehr dauern die Fahrten wesentlich länger. Zurück ab **Bus Stop nahe New B.J. Gh.** bis gegen 18.30 / 20.30 Uhr.
Schräg gegenüber starten Minibusse von 5.30–17.30 Uhr etwa stündlich zum Southern Bus Terminal für 45 Baht in gut 1 Std. Von dort weiter nach Kanchanaburi oder über Suphanburi. Weitere Minibusse etwa alle 20 Min. zum Victory Monument für 45 Baht, von wo man mit dem Skytrain schneller im Zentrum ist als vom Mo Chit.
Vom Bus Terminal nach SUKHOTHAI (keine Vorbuchung möglich) 9x tgl. von 7–20.30 Uhr mit 2.-Kl. ac-Bus für 169 Baht in 5 1/2 Std. Alternative: bis Kamphaeng Phet fahren und dort in einen lokalen Bus umsteigen.
PHITSANULOK 2.-Kl. ac-Bus 7x tgl. von 7–19 Uhr für 140 Baht in 5 Std.
NAN 2.-Kl. ac-Bus um 7, 8.30 und 19.20 Uhr für 267 Baht, 1.-Kl. ac-Bus um 9.30 und 21 Uhr für 387 Baht, VIP-24 um 20.30 Uhr für 600 Baht in 8 Std.
CHIANG MAI 2. Kl. ac-Bus 7x tgl. von 6.30–20.50 Uhr für 283 Baht, 1.Kl. ac-Bus um 21.30 Uhr für 398 Baht, VIP-24 um 9, 20.30 und 21.30 Uhr für 625 Baht in 9 Std. Einige Busse halten auch in Phitsanulok. Gästehäuser verkaufen Tickets für Touristenbusse für 250–300 Baht.
TAK 11x tgl. von 6.30–18 Uhr für 161 Baht in 5 Std.
Ab **Bus-Stop am Chao Phrom-Markt** in der Naresuan Rd. non-ac-Busse ständig nach BANG SAI für 30 Baht und BANG PA IN für 25 Baht.
SUPHANBURI, gelber non-ac-Bus 703 für 40 Baht (eigentlich 26 Baht + 14 Baht Gepäckzulage für Touristen) in 1 1/2 Std. SARABURI, blau-roter Bus 358 alle 30 Min. bis 17 Uhr für 30 Baht. LOPBURI, grüner Bus 607, Abfahrt rechts hinter den Songthaew alle 30 Min. bis 17 Uhr in 2 1/2 Std. für 38 Baht. Auf der Landstraße H3057 nach Bang Pa In, die 16 km am Fluss entlangführt, verkehren auch Songthaew. Ein Taxi kostet für diese Strecke 500 Baht, ein Tuk Tuk 200 Baht.
Nach KANCHANABURI am schnellsten mit dem Minibus zum Southern Bus Terminal in Bangkok und von dort mit dem ac-Bus. Eine Alternative ist die Route über SUPHANBURI mit dem gelben Bus 703 in 1 1/2 Std., 40 Baht (eigentlich 26 Baht + 14 Baht Gepäckzulage für Touristen; 5.30–15.30 Uhr, alle 30 Min.), von dort weiter mit dem roten Bus 411 nach Kanchanaburi, 34 Baht, 2 1/2 Std. Für die gesamte Strecke ist mit 4–6 Std. Fahrtzeit zu rechnen.
Richtung Nordosten zuerst mit dem roten Bus 1001 vom Markt bis zur Kreuzung in WANG NOI, alle 30 Min., 20 km, 9 Baht.

EISENBAHN – Ab dem Bahnhof, ✆ 035-241521, fahren Songthaew zu den Ruinen. Für Tagesbesucher Gepäckaufbewahrung am Bahnhof 10 Baht. Von BANGKOK etwa 20 Züge ab Hauptbahnhof Hua Lamphong für 35 / 20 Baht in der 2. / 3. Kl. in 90 Min. Bis BANG PA IN 3 Baht. Wegen der hohen Zuschläge ist der SP EXP 21 um 5.45 Uhr ab Bangkok bzw. 22 um 21.47 Uhr zurück für 235 Baht nicht zu empfehlen.

Nach CHIANG MAI Tagzug um 7.44 Uhr in über 13 Std. Von den Nachtzügen eignen sich am besten der Express um 21.11 Uhr für 296 / 151 Baht in der 2./3. Kl. ohne Zuschläge. Zurück mit dem Tagzug um 6.55 Uhr oder über Nacht um 21.50 Uhr.
In PHITSANULOK, 175/98 Baht in der 2./3. Kl., hält der Tagzug um 12.57 Uhr und in LOPBURI, 13 Baht in der 3. Kl., um 8.55 Uhr.
Da Züge Richtung Nordosten ebenfalls in Ayutthaya halten, kommt man gut nach PAK CHONG (Khao Yai National Park) in 2–3 Std. für 93/63 Baht in der 2./3. Kl., und KORAT für 129/79 Baht in der 2./3.Kl., am besten um 8.27, 12.23 und 13.15 Uhr.

BOOTE – Von BANGKOK bieten verschiedene Gesellschaften Tagestouren mit dem Boot nach Bang Pa In und weiter mit dem Bus nach Ayutthaya an (s.S. 182).

Lopburi ลพบุรี

Lopburi gibt sich selbst den Beinamen „Affenstadt" – und das zu Recht, denn eine Horde von über 300 Makaken bevölkert das alte Zentrum am Ufer des Lopburi-Flusses. Von hier aus erstreckt sich die Stadt entlang der Ausfallstraßen weit ins Land hinein. Zahlreiche Kasernen und Militärakademien in den Außenbezirken lassen auf die strategische Bedeutung der Stadt schließen.

Weite Teile des Menam-Gebietes standen vom 10. Jh. an unter dem Einfluss des östlichen Khmer-Reiches. Dessen Kultur wurde z.T. von den Thai übernommen, als sie im 13. Jh. von Norden her in dieses Gebiet vordrangen. Lopburi war bereits im 7. Jh. ein bedeutendes religiöses und politisches Zentrum eines unabhängigen Mon-Reiches. Während der Khmer-Zeit regierte hier der Vizekönig. Danach verlor Lopburi an Bedeutung, bis König Narai von Ayutthaya im 17. Jh. in Lopburi eine zweite Hauptstadt errichtete. Sein Denkmal steht inmitten eines Kreisverkehrs 3 km östlich des Stadtkerns.

Eine der ersten Beschreibungen der Stadt stammt von einem Repräsentanten Ludwigs XIV. Demnach muss es eine prunkvolle Residenz gewesen sein. Heute sind die Ruinen eingebettet in ein provinzielles Stadtbild, das immer mehr Touristen als Ziel für einen Tagestrip entdecken.

Der viel besuchte **Sarn Phra Karn-Schrein** am Bahnübergang auf den verfallenen Ruinen eines Khmer-Heiligtums enthält eine Steinskulptur von Vishnu mit einem Buddhakopf. Seit Menschengedenken leben Affen in den heiligen Banyan-Bäumen am Schrein: Eine Attraktion für Besucher, die staunend dabeistehen, wenn ganze Affen-Großfamilien mal hektisch, mal seelenruhig die viel befahrene Straße zum nahe gelegenen **Prang Sam Yod** überqueren. Dessen drei Laterit-Prangs ragen jenseits der Bahnlinie empor: Die Khmer-Anlage im Bayon-Stil stammt aus dem 11. Jh. und ist das Wahrzeichen der Stadt. König Narai ließ an die ursprünglich den Hindu-Gottheiten Brahma, Vishnu und Shiva gewidmeten Prangs einen Viharn anbauen, der eine Buddhastatue aus der Ayutthaya-Periode beherbergt. ⏲ tgl. 8–18 Uhr, 30 Baht.

Gegenüber dem Bahnhof liegt das mehrfach umgebaute und restaurierte **Wat Mahathat**, eine große buddhistische Tempelanlage, die von einem Prang im Lopburi-Stil überragt wird. Bereits vor dem Erscheinen der Khmer befand sich hier ein Heiligtum. Die meisten Gebäude, die zu sehen sind, stammen aus der Zeit von König Narai. ⏲ Mi–So 7–17 Uhr, 30 Baht.

Wat Thong Thong, am Fluss, stammt aus der Ayutthaya-Zeit. Es wurde damals bereits in westlichem Stil erbaut und diente europäischen Gesandten als Gotteshaus. Heute sieht es aus wie viele andere Tempel. Ein Europäer, der Grieche Konstantin Phaulkon, den es als Abenteurer an den königlichen Hof verschlug, hatte großen Einfluss auf König Narai. Ein Areal, in dessen Zentrum die **katholische Kirche** und die Wohnräume der Jesuiten stehen, kann besichtigt werden. Flankiert wird die Kirche links von der ehemaligen **Residenz von Phaulkon** und rechts von der **Empfangshalle und Residenz des ersten französischen Gesandten**, die 1685 unter Narai erbaut wurde. Allerdings lassen die Ruinen nur noch erahnen, wie es einmal ausgesehen haben könnte. ⏲ tgl. 8.30–16.30 Uhr, 30 Baht.

Der **Prang Khaek**, gleich südlich von hier, stammt etwa aus dem 10. Jh. und weist die typischen Merkmale der Khmer-Architektur auf. König Narai ließ eine Versammlungshalle anbauen.

Narai Raja Niwet-Palast

Der Palast am Menam Lopburi im Zentrum der Stadt, dessen Gebäude zwischen dem 17. und 19.

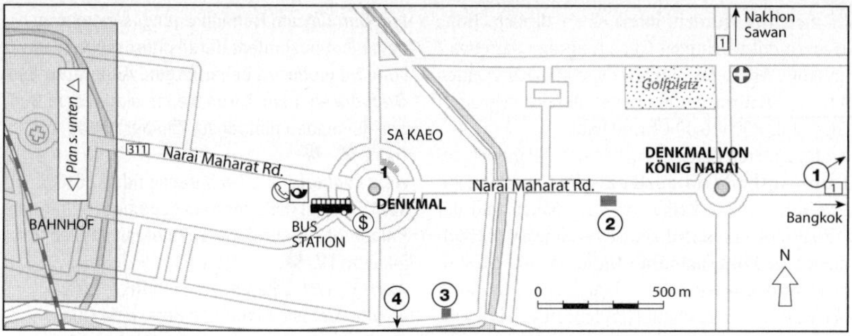

Nakhon
Sawan
1
Golfplatz
SA KAEO
311
Narai Maharat Rd.
1
DENKMAL VON
KÖNIG NARAI
1
1
Narai Maharat Rd.
DENKMAL
BAHNHOF
BUS
STATION
$
2
Bangkok
N
Plan s. unten
4
3
0
500 m

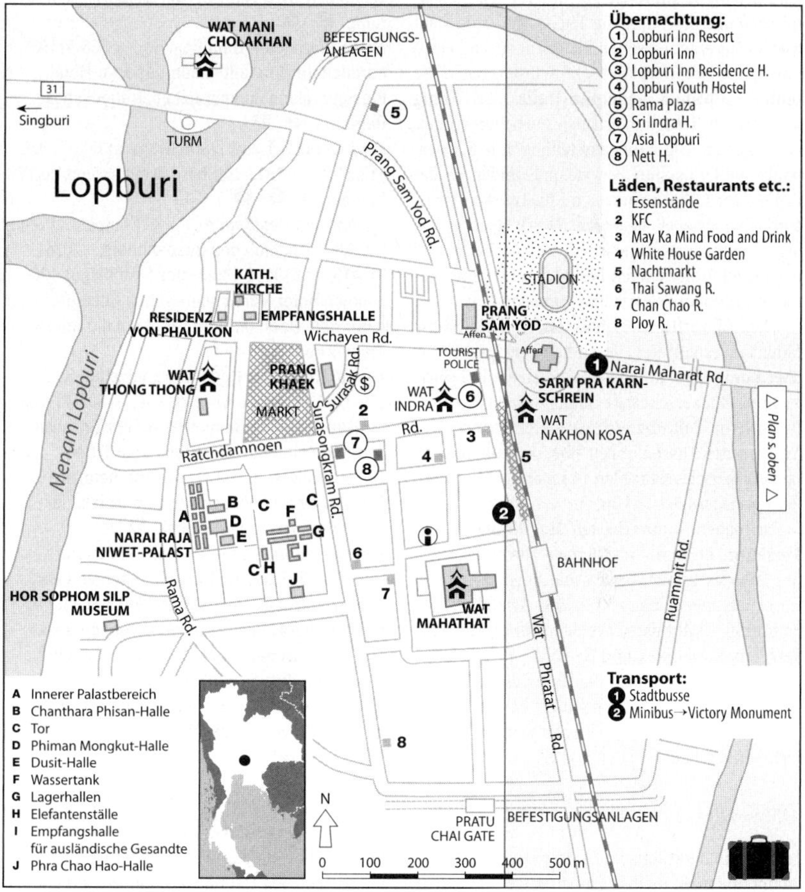

WAT MANI
CHOLAKHAN
BEFESTIGUNGS-
ANLAGEN
31
Singburi
TURM
5
Lopburi
Prang Sam Yod Rd.
Übernachtung:
1 Lopburi Inn Resort
2 Lopburi Inn
3 Lopburi Inn Residence H.
4 Lopburi Youth Hostel
5 Rama Plaza
6 Sri Indra H.
7 Asia Lopburi
8 Nett H.
Läden, Restaurants etc.:
1 Essenstände
2 KFC
3 May Ka Mind Food and Drink
4 White House Garden
5 Nachtmarkt
6 Thai Sawang R.
7 Chan Chao R.
8 Ploy R.
STADION
KATH.
KIRCHE
RESIDENZ
VON PHAULKON
EMPFANGSHALLE
PRANG
SAM YOD
Affen
Wichayen Rd.
TOURIST
POLICE
Affen
Narai Maharat Rd.
WAT
THONG THONG
PRANG
KHAEK
Surasak Rd.
$
WAT
INDRA
6
SARN PRA KARN-
SCHREIN
WAT
NAKHON KOSA
MARKT
2
Rd.
3
Menam Lopburi
Ratchdamnoen
7
8
4
5
Surasongkram Rd.
Plan s. oben
A
B
C
F
C
D
E
G
2
NARAI RAJA
NIWET-PALAST
I
6
C
H
J
7
BAHNHOF
HOR SOPHOM SILP
MUSEUM
Rama Rd.
WAT
MAHATHAT
Wat Phratat Rd.
Ruammit Rd.
A Innerer Palastbereich
B Chanthara Phisan-Halle
C Tor
D Phiman Mongkut-Halle
E Dusit-Halle
F Wassertank
G Lagerhallen
H Elefantenställe
I Empfangshalle
für ausländische Gesandte
J Phra Chao Hao-Halle
Transport:
1 Stadtbusse
2 Minibus→Victory Monument
8
N
PRATU
CHAI GATE
BEFESTIGUNGSANLAGEN
0
100
200
300
400
500 m

Jh. errichtet wurden, lohnt einen Besuch. Hohe Mauern mit wuchtigen Toren umgeben das etwa 7 ha große Areal, das durch weitere Mauern in einen äußeren, zentralen und inneren Bereich gegliedert ist. ⌚ tgl. 8.30–16.30 Uhr, 30 Baht.

Im äußeren Bereich erheben sich die Ruinen der **Empfangshalle für ausländische Gesandte**, vor denen noch eine Reihe von Lagerhallen und der Wassertank erkennbar sind. Die Ruine an der Südmauer, die **Phra Chao Hao-Halle**, war wahrscheinlich einmal ein Tempel. Vor dem zweiten Tor, das in den zentralen Bereich führt, befanden sich links die Elefantenställe.Hinter dem Tor stehen links die Ruinen der **Dusit-Halle**, deren vorderer Teil im islamischen und deren hinterer Teil im Thai-Stil erbaut wurde. Auf einer erhöhten Plattform sitzend empfing König Narai ausländische Würdenträger. Die zentrale **Phiman Mongkut-Halle** ließ König Mongkut als Refugium erbauen. Sie beherbergt eine umfangreiche Kunstausstellung mit Schwerpunkt auf der Lopburi-Periode und Funden aus der Region. Im 1. Stock sind auch Kunstwerke aus anderen Landesteilen ausgestellt. Der 3. Stock ist König Mongkut gewidmet und enthält Fotos und Gegenstände aus seinem Besitz, darunter eine Statue von Königin Victoria und Napoleon I.

Die **Chanthara Phisan-Halle** ließ König Mongkut restaurieren. Sie enthält eine Ausstellung über König Narai und die Gesandten am Hof sowie mehrere Bücherschränke und alte Handschriften. Im inneren Palastbereich sind kleinere, weniger interessante Ausstellungen über Kunsthandwerk und chinesisches Porzellan zu sehen. ⌚ Mi–So außer feiertags, 8.30–16 Uhr.

Im neuen, klimatisierten **Hor Sophom Silp Museum,** das zum Wat Choeng-Tha südwestlich des Palastes gehört, finden Buddhismus-Interessierte auf zwei Etagen religiöse Artefakte, eine Sammlung buddhistischer Schriften, historische Textilien, Keramiken und Gemälde; englische Beschriftungen vorhanden. ✆ 036-618388 ⌚ 8.30-16.30 Uhr. Falls der Eingang nicht besetzt ist, findet sich im angrenzenden Kloster jemand, der das Licht einschaltet.

Übernachtung

Leider sind die Hotels im Zentrum zumeist abgewohnt und nicht sauber. Einige, wie etwa das *Lop Buri City* am Bahnübergang, scheinen zudem nicht besonders daran interessiert, westliche Besucher zu beherbergen. Andere, so das ***Sri Indra*** ein paar Türen weiter, bieten dem Budget-Reisenden einfachste Zimmer für wenig Geld. ❶–❷

Asia Lopburi ⑦, 1/7-8 Surasak Rd., ✆ 036-427419, 📠 411892, zentrale Lage gegenüber dem Palast, 100 unattraktive Zimmer mit Fan, ac und lokalem TV. ❷

Nett ⑧, 17/1-2 Ratchdamnoen Rd., ✆ 036-411738, kleines, einfaches Hotel eine Querstraße hinter dem *Asia Hotel*. Recht saubere, kleine Zi mit Du/WC, ac, Fan, einigermaßen ruhig. ❷–❸

Rama Plaza ⑤, 4 Bam Pom Rd., ✆ 036-411065, nördlich der Altstadt, modernes Thai-Hotel. Riesige, ruhige Zimmer mit ac, freundliches Personal. ❷–❸

Lopburi Inn ②, 28/9 Narai Maharat Rd., ✆ 036-412300, 📠 411917. Saubere Zi mit ac und Du/WC, Minibar, TV. ❸–❹

Lopburi Inn Residence ③, 180 Cholpatan Cannel Rd., 500 m südlich des Busbahnhofs, ✆ 036-613410, 📠 613404. Modernes 5-stöckiges 130-Zimmer-Hotel. Vom chinesischen Restaurant unter dem Dach gute Aussicht auf die Stadt. Kleiner Pool. ❹

Lopburi Inn Resort ①, 114 Paholyothin Rd., 500 m nördlich der Hauptstraße, ✆ 036-411265, 📠 412010. Solide Reihenhäuser mit Terrasse umgeben einen großen Pool. Überdimensioniertes Restaurant. Weit außerhalb, ansonsten sehr schön, sofern man sich in der fast leeren Anlage wohl fühlt. ❹

Lopburi Youth Hostel ④, (Ban Wimon Rat), 5/19 Moo 3, Soi Rong Riau, Phanitchayakan, ✆/📠 036-613390, abgelegen 1 km südlich des Busbahnhofs in einer ruhigen Wohngegend, Tuk Tuk ab Busbahnhof 10 Baht, ab Bahnhof 30 Baht. In dem 3-stöckigen, neueren Gebäude werden preiswerte Zi mit Fan sowie Zi mit ac und Du/WC vermietet. ❶–❸

Essen

Tagsüber gibt es am Markt und in den Gassen gegenüber viele gute **Essenstände**. Abends öffnet entlang des Bahndamms ein **Nachtmarkt** mit vielen Essenständen, z.B. gebratene Ente auf Reis für 20 Baht. Gegenüber ein sehr beliebtes chinesisches Restaurat, gut und günstig, englische Speisekarte. Weitere Essenstände am Busbahnhof.

White House Garden, ein Restaurant nahe Wat Indra mit z.T. überdachter Gartenanlage, in der zahlreiche Fernseher mit unterschiedlichen Programmen die Gäste unterhalten, serviert Thai-Seafood. Englische Speisekarte, Gerichte um 100 Baht.

Thai Sawang an der südöstlichen Ecke des Palastes ist ein preiswertes, sauberes vietnamesisches ac-Restaurant mit englischer Speisekarte.

May Ka Mind Food & Drink, tagsüber gibt es Snacks und Getränke. Gut für einen Eiskaffee zwischendurch.

Chan Chao, nur auf Thai beschriftet, lockt von 10–22 Uhr mit thai-chinesischem Essen, Fischgerichten bis 120 Baht und Bier vom Fass.

Abends öffnen einige bei Einheimischen beliebte Restaurants wie das an der Holzvertäfelung zu erkennende ***Ploy*** (Thai-Gerichte, Whiskey).

Sonstiges

GELD – Mehrere Banken konzentrieren sich rings um die Bus Station sowie beim Prang Khaek.

FESTE – Jedes Jahr wird Mitte Februar in großem Stil das **Fest zu Ehren von König Narai** mit Umzügen in historischen Kostümen, Lopburi-Tänzen u.a. begangen. Während des 3-tägigen Festes sind alle Hotels ausgebucht, daher empfiehlt sich eine rechtzeitige Reservierung.

Am letzten Sonntag im November wird für die Makaken am Phra Karn-Schrein ein üppiges, aufwändig dekoriertes **Chinesisches Buffet** angerichtet – ein Riesen-Fest nicht nur für die Affenhorde.

INFORMATIONEN – ***Tourist Office,*** ✆ 036-422 768-9, 📠 424089, hinter dem Wat Mahathat. Broschüren und ein Stadtplan sind erhältlich. 🕓 tgl. 8.30–16.30 Uhr.

POST – Hauptpostamt in der Narai Maharat Rd., westlich des zweiten Kreisverkehrs. **PLZ**: 15 000.

Nahverkehrsmittel

Im lang gezogenen Stadtgebiet kosten Stadtbusse und Songthaew 5 Baht. In der Altstadt fahren sie nördlich vom Palast ab, u.a. zum Busbahnhof.

Transport

BUSSE – Der Busbahnhof liegt am Kreisverkehr, 30 Fußminuten außerhalb des Zentrums. Die Plattformen sind nur auf Thai ausgeschildert.

Von BANGKOK, Mo Chit (Northern Bus) Terminal, 153 km, 2.-Kl. ac-Busse alle 20 Min. bis 20.30 Uhr für 78 Baht, ac-Busse alle 20 Min. für 101 Baht in 2 1/2 Std. Zurück ebenfalls bis 20.30 Uhr.

Minibusse zum Victory Monument ab dem Büro nördlich vom Wat Mahathat bis 22 Uhr alle 30–60 Min. für 80 Baht.

Nach SARABURI, 45 km, alle 30 Min. bis 19 Uhr für 25 Baht. Hier steigt man in den Bus nach PAK CHONG (Khao Yai National Park) um oder nimmt den Bus nach KORAT, 212 km, alle 30 Min. bis 15 Uhr für 95 Baht.

Nach AYUTTHAYA alle 30 Min. von 5.40–14.15 Uhr in 2 1/2 Std. für 38 Baht.

Nach PHITSANULOK 95 Baht in 4–4 1/2 Std.

EISENBAHN – Der Bahnhof, ✆ 036-411022, liegt im Zentrum der Stadt.

Mit Ausnahme des *Special Express* und der *Express Diesel Railcars* (EXP. SP. und EXP. SP. DRC.) halten alle Züge zwischen Bangkok und dem Norden in Lopburi.

Die Fahrt von BANGKOK dauert 2–3 Std. und kostet in der 2. / 3. Kl. 64 / 28 Baht, PHITSANULOK 113 / 49 Baht und CHIANG MAI 236 / 162 Baht. Nach AYUTTHAYA für 30 / 13 Baht bis 18.15 Uhr. In den lokalen Zügen steigen auf dieser Strecke Händler mit sehr guten lokalen Snacks zu.

Die Umgebung von Ayutthaya und Lopburi

Sonnenblumenfelder

Ende November bis Anfang Januar blühen östlich und nördlich von Lopburi Sonnenblumen. Sie locken einheimische Touristen an, die unter schützenden Sonnenschirmen auf den Feldern spazieren gehen, sie in kleinen Bähnchen befahren oder auf dem Rücken eines Elefanten durchqueren. Am Straßenrand, z.B. am H21, werden Essen- und Souvenirstände aufgebaut.

Von Ayutthaya aus werden Tagestouren zu den Feldern, nach Lopburi und zum Wat Phra Buddhabat für 600 Baht p.P. (min. 6 Personen) angeboten.

Wat Phra Buddhabat

Der Legende zufolge wurde hier, 17 km südöstlich von Lopburi, 1606 ein Fußabdruck Buddhas entdeckt, woraufhin der König einen Tempel erbauen ließ. Die Anlage auf einem Hügel ist Heimstatt einiger Affenfamilien und das Ziel vieler Touristen und Pilger, vor allem zum Tempelfest im Februar / März. Sie werfen Geld als Opfergaben in die Vertiefung des Fußabdrucks im Mondhop (Bibliotheksgebäude), kleben Goldblättchen darauf und läuten die 93 Glocken, die über der Marmorplattform hängen. Es heißt, dass man so alt wird wie die Anzahl der Schläge, die man richtig gezählt hat. Mehrere chinesische Tempel umgeben den Schrein.

Am Fuße des Hügels sind zahlreiche Essenstände aufgebaut. Händler verkaufen Vögel, die zur Verbesserung des persönlichen Karmas freigelassen werden können. Zahlreiche Mönche leben in Höhlen in der Umgebung des Tempels. Wer mit dem eigenen Fahrzeug unterwegs ist oder eine Fahrtunterbrechung auf dem Weg nach Saraburi in Kauf nimmt, findet Wat Phra Buddhabat etwa 1 km südlich des H1 Richtung Saraburi (28 km) am H310.

Wat Nong Tao

18 km nördlich von Lopburi, nahe der Bahnstation Ban Nong Tao, steht ein Wat, dessen Gebetshalle auf dem Rücken einer gigantischen, aus Zement gefertigten Schildkröte steht. In einem verglasten Pavillon ist neben der Haupthalle bereits seit über 10 Jahren die einbalsamierte und vergoldete Mumie des ehemaligen Abtes aufgebahrt. Der Tempel in dem abgelegenen Dorf mit seinen Schatten spendenden Bäumen ist ein Ort der Ruhe.

Zum Wat Nong Tao geht es mit dem eigenen Fahrzeug vom H3196, der nach Ban Mee an einem Entwässerungskanal entlang führt, am KM 54 links ab.

Richtung Osten

Die Metropole Bangkok hat sich vor allem in Richtung Osten bis weit über den neuen Tiefseehafen Laem Chabang hinaus, aber auch ins Mündungsgebiet des Menam Chao Phraya ausgedehnt. Kilometerlang bestimmen Fabrikanlagen und Vorstädte das Bild beiderseits der Highways. Die zunehmende Zersiedlung und Industrialisierung fordert ihren Tribut und verdrängt traditionelle Fischerdörfer, Obst- und Gemüsegärten. Immer mehr Arbeitskräfte siedeln sich rings um die Industrieparks an, wodurch Chonburi und der älteste internationale Badeort Pattaya zu Großstädten herangewachsen sind und selbst traditionelle Badeorte wie Bang Saen ihr Gesicht verändern. Auch der neue Airport östlich von Bangkok fördert die Industrialisierung dieser Region. Lohnenswert ist eine Tour in den ältesten Nationalpark Thailands, den Khao Yai.

Von Saraburi nach Pak Chong

Vom mehrspurigen Highway 1 nach Norden zweigt am Ortseingang von Saraburi der etwas reparaturbedürftige so genannte „Friendship-Highway" H2 nach Osten ab, eine vor allem von LKW stark befahrene, 6–8-spurige Straße. Hinter KM 133 am großen, weißen sitzenden Buddha von Klang Dong, an gigantischen Zementwerken und Chemiefabriken vorbei, beginnt der Aufstieg auf das Plateau. Restaurants und Resorts inmitten großer Gärten mit allerlei skurrilen Skulpturen sollen vor allem Wochenendausflügler aus Bangkok anlocken. Weiter geht es vorbei an Rinderzuchtstationen (inklusive Steak-Restaurant), Gärtnereien sowie Obstplantagen und Gemüsefarmen, deren Produkte an der Straße verkauft werden. Der angebotene Wein, der ebenfalls hier angebaut und verkauft wird, ist durchaus trinkbar.

Eine Abzweigung am KM 142 führt zum kleinen **Muak Lek-Wasserfall**, eine weitere kurz darauf vom H2 durch den gleichnamigen Ort, in dem Restaurants um die Gunst der Besucher buhlen. Auf dem **Markt** am KM 150 decken sich viele Passanten mit frischem Obst und Gemüse ein. Nun ist das Plateau erreicht.

10 km vor Pak Chong befindet sich südlich der Straße ein buddhistischer **Meditationstempel** in einer Tropfsteinhöhle, der im Rahmen von Tagestouren ab Khao Yai besucht wird.

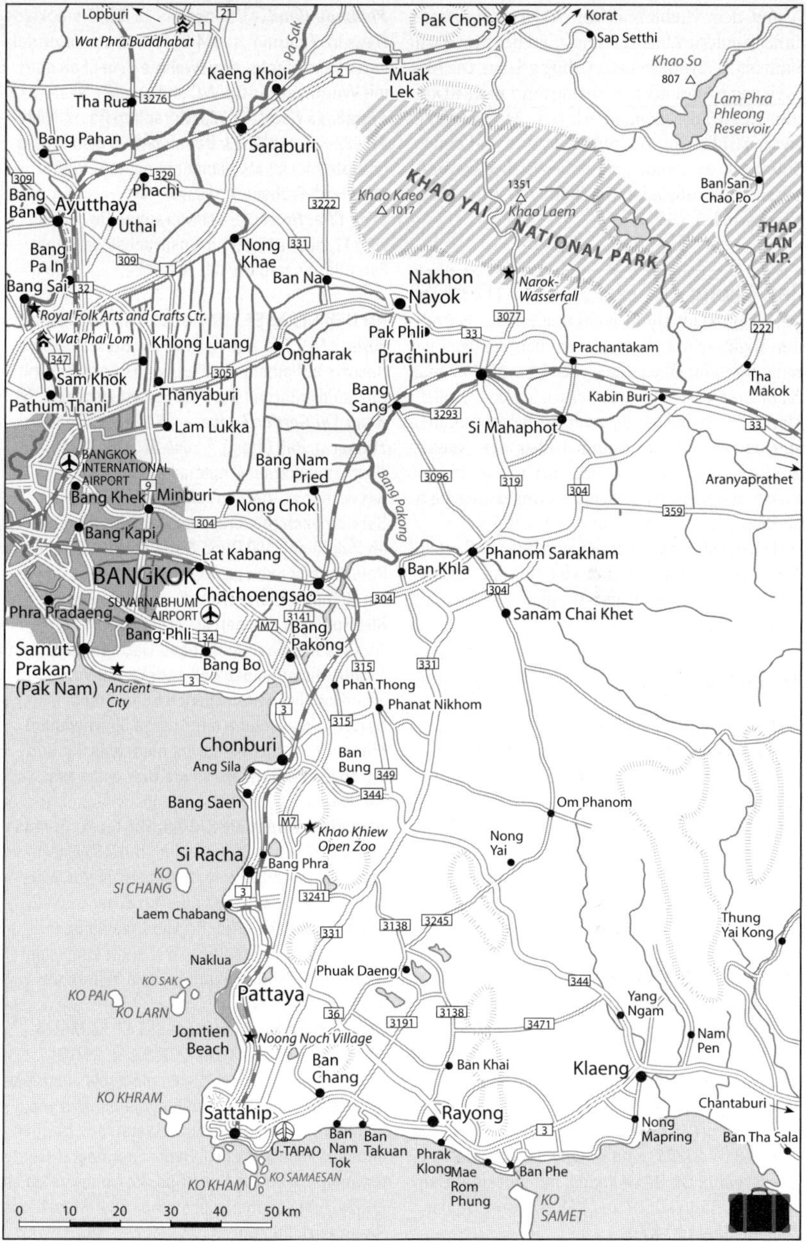
Lopburi
Wat Phra Buddhabat
Pak Chong
Korat
Sap Setthi
Khao So
807
Lam Phra
Phleong
Reservoir
Pa Sak
Kaeng Khoi
Muak
Lek
Tha Rua
Bang Pahan
Saraburi
Phachi
Bang
Ban
Ayutthaya
Uthai
KHAO YAI
NATIONAL PARK
Khao Kaeo
1017
1351
Khao Laem
Ban San
Chao Po
THAP
LAN
N.P.
Bang
Pa In
Nong
Khae
Bang Sai
Ban Na
Nakhon
Nayok
Narok-
Wasserfall
Royal Folk Arts and Crafts Ctr.
Wat Phai Lom
Pak Phli
Khlong Luang
Ongharak
Prachinburi
Prachantakam
Sam Khok
Thanyaburi
Bang
Sang
Tha
Makok
Kabin Buri
Pathum Thani
Si Mahaphot
Lam Lukka
BANGKOK
INTERNATIONAL
AIRPORT
Bang Nam
Pried
Bang Pakong
Aranyaprathet
Bang Khek
Minburi
Nong Chok
Bang Kapi
Lat Kabang
Phanom Sarakham
BANGKOK
Ban Khla
Chachoengsao
Phra Pradaeng
SUVARNABHUMI
AIRPORT
Sanam Chai Khet
Bang Phli
Bang
Pakong
Samut
Prakan
(Pak Nam)
Bang Bo
Ancient
City
Phan Thong
Phanat Nikhom
Chonburi
Ang Sila
Ban
Bung
Bang Saen
Om Phanom
Khao Khiew
Open Zoo
Nong
Yai
Si Racha
Bang Phra
KO
SI CHANG
Laem Chabang
Thung
Yai Kong
Naklua
Phuak Daeng
KO SAK
KO PAI
KO LARN
Pattaya
Yang
Ngam
Jomtien
Beach
Noong Noch Village
Nam
Pen
Ban
Chang
Ban Khai
Klaeng
KO KHRAM
Chantaburi
Sattahip
Rayong
U-TAPAO
Ban
Nam
Tok
Ban
Takuan
Nong
Mapring
Ban Tha Sala
Phrak
Klong
Mae
Rom
Phung
Ban Phe
KO KHAM
KO SAMAESAN
KO
SAMET
0
10
20
30
40
50 km
21
1
3276
2
329
309
3222
331
32
3077
33
222
347
305
3293
3096
319
304
359
9
304
M7
3141
34
3
315
331
349
344
M7
3241
3
331
3138
3245
344
36
3191
3138
3471
3

Auf dem Highway ist am KM 165 die überdimensionierte Abfahrt erreicht, auf der man nach 5 km ins Zentrum von Pak Chong gelangt. Die Abzweigung in die andere Richtung führt nach 40 km zum Khao Yai National Park (s.S. 249). Entlang dieser Straße sind zahlreiche Resorts und einige Golfplätze entstanden, in denen sich die wohlhabenden Großstädter im kühleren Hochlandklima erholen.

Pak Chong ปากช่อง

Die Provinzstadt nördlich des ausgebauten Friendship Highway mit einem kleinen Bahnhof ist Ausgangspunkt für einen Besuch des Khao Yai National Parks. Lohnenswert ist ein Besuch auf dem großen **Markt**, der in und um die zentrale Halle stattfindet, und ein abendlicher Bummel über den **Nachtmarkt**, dessen Markt- und Essenstände ab 16 Uhr an der Hauptstraße östlich der Ampel aufgebaut werden.

Die meisten Ausländer übernachten außerhalb des Ortes an der Straße zum Khao Yai, die von Farmen, Obstplantagen und Golfplätzen gesäumt wird.

Übernachtung

Fast alle Hotels erhöhen am Fr und Sa ihre Preise. Dann kommen viele Gäste aus Bangkok herauf und füllen die Zimmer der teuren Resorts.
Einige holen Gäste von Bangkok oder Pattaya ab, allerdings nicht kostenlos. Die Garden Lodge bietet sogar einen Transport Service zum neuen Grenzübergang nach Kambodscha in Chong Chom an.

IN PAK CHONG – ***Pakchong Landmark Hotel*** ①, 151/1 Mitraphap Rd., am KM 168, 2 km vor Pak Chong, 💻 www.northeast-hotel.com, ✆ 044-280047-54. Das beste Hotel im Ort hat 140 komfortable Zimmer, Frühstück inkl., mit Pool und Karaoke Lounge. ❹
Rim Tarn Inn ②, 430 Mitraphap Rd., ✆ 044-313364-8, 📠 312933, von Bangkok kommend gleich rechts am Ortseingang, fünfstöckiger Bau, alle Zi mit Bad/WC, TV und Kühlschrank, kleiner Pool, Restaurant. ❹
Phubade Hotel ④, 9 Tesaban 15 Rd., 5-stöckiges Haus im Zentrum, ✆ 044-314964-5, etwas zurückversetzt, einfache, abgewohnte Zi mit Fan oder mit Warmwasser-Du/WC und ac. ❷–❸
Phuphaya Hotel ⑤, 733 Mitraphap Rd., ✆ 044-313489-98, 📠 312623. Der moderne, mehrstöckige Hotelblock hat Zimmer mit ac und Du/WC oder Bad, Frühstück inkl. ❸–❹
Wan Chai Hotel ③, 434 Mitraphap Rd., ✆ 044-280141, neues Hotel für Anspruchslose, Zi mit Fan oder ac und Du/WC. ❶–❷

AN DER STRASSE ZUM KHAO YAI – ***His Grace Farm***, KM 6,8, ✆ 01-4448990, die Bungalows des Resorts auf einem weitläufigen Grundstück mit Spa sind während der Woche fast verwaist. ❺
Khao Yai Garden Lodge, am KM 7, 135 Thanon Thanarat, Pak Chong, ✆ 044-365178, 📠 365179, ✉ khaoyaigarden@hotmail.com, 💻 www. www.khaoyai-garden-lodge.com; Pickup-Service nach telefonischer Anmeldung, Taxi ab Pak Chong 100 Baht, Bus 10 Baht. 50 Zi, die Palette reicht von preiswerten, etwas lauten Zi mit Gemeinschafts-Du/WC und Fan nahe der Straße bis zu riesigen ac-Zi im Thai-Stil mit Terasse in einer weitläufigen Gartenanlage. Tanida, die auch deutsch spricht, hat von ihrem kürzlich verstorbenen Vater Klaus Derwanz die Leitung der Anlage übernommen. Kleiner Pool. Im Restaurant einheimische und europäische Gerichte sowie Bier vom Fass. ❷–❺
Greenleaf Travel, am KM 7,5, 52 Moo 6, Thanon Thanarat, ✆ 044-365073 oder 09-4248809 (Mr. Nine), 💻 www.greenleaftour.com. Nette Unterkunft in 14 einfachen, sauberen Zi mit Du/WC, familiäre Atmosphäre. Preiswertes einheimisches Essen. Kostenloser Transport vom / zum Bahnhof oder Busbahnhof, wenn Touren gebucht werden. ❷
Juldi's Khao Yai Resort, am KM 17, 54 Moo 4, Thanon Thanarat, ✆ 044-297297, 📠 297291, 💻 www.khaoyai.com, die komfortable, luxuriöse Anlage mit Zimmern und Bungalows wird vor allem am Wochenende von Gästen aus Bangkok besucht. Frühstück inkl. Pool in gepflegter Gartenanlage, Massage und Spa. Im Country Pub im englischen Landhausstil abends Live-Musik. Reitunterricht möglich. ❹–❻

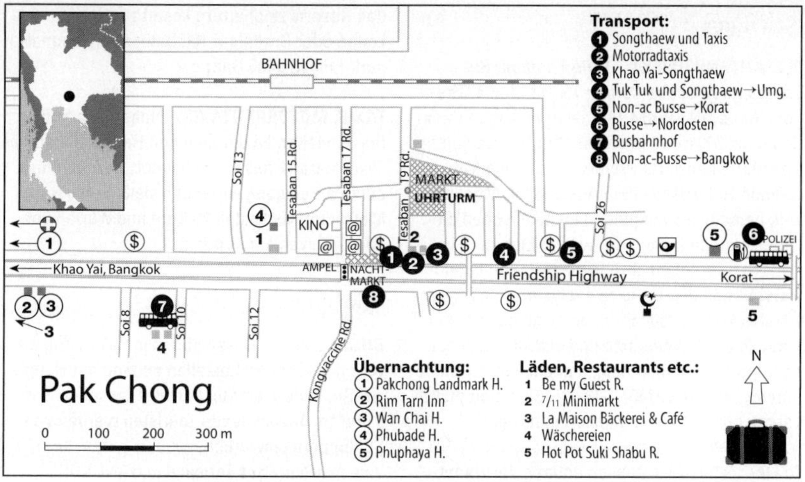

The Jungle House, am KM 19,5, 215 Moo 5, Thanon Thanarat, ✆ 044-297183, 📠 044-297183, Reihenhäuser, Baumhaus, 2-stöckige Bungalows und Holzhäuser in unterschiedlicher Ausstattung und Lage für 2–6 Pers., kleiner Zoo, Restaurants. Elefanten werden für Ausritte den Berg hinauf und zurück durch das Flussbett vermietet. Am Straßenrand oder an der Rezeption können sie manchmal gefüttert werden. Ausritte 300 Baht p.P. für 30 Min. ❸–❹

Gardenhome Resort, am KM 20,7, 199 Moo 5, Thanon Thanarat, ✆ 044-297100, 📠 297099. Überwiegend von einheimischen Touristen besuchte Luxusanlage. Wer Ruhe und Natur liebt, kann sich außerhalb der Saison in den landschaftlich reizvoll gelegenen Bungalows einquartieren und von dort den Flug der Fledermäuse beobachten. ❺

Khao Yai Purin Resort, am KM 21,8, ✆ 044-297394-5, 📠 297395, Bungalows mit ac, TV, Kühlschrank, großem Bad und Terrasse, die während der Woche meist leer stehen. Garten mit kleinem Restaurant, Frühstück inkl. ❸–❹

Wan Ree Resort, am KM 22,8, ✆ 044-297388-9, halbkreisförmig angeordnete, solide ac-Doppelbungalows. Nahe der Straße großes Restaurant, überwiegend einheimische Gäste. ❹

Essen

Ein Abendessen auf dem großen **Nachtmarkt** östlich der Ampel ist nicht nur preiswert, sondern wegen der vielen ungewöhnlichen Gerichte auch eine interessante Erfahrung.

Be my Guest, an der Hauptstraße, modern eingerichtetes, kleines ac-Café. Auf der englischen Karte stehen Frühstück und günstige Thai- sowie westliche Gerichte .

Hot Pot Suki Shabu Restaurant, östlich vom Zentrum, gegenüber der Shell-Tankstelle. Hier kann man sich das Essen am Tisch in einer brodelnden Brühe selbst garen.

La Maison, 334 Mitraphap Rd., ✆ 044-312109, westlich der Stadt, etwas zurückversetzt. Eine Mischung aus Bäckerei, Café, Restaurant und Bar, in der Steaks, Pizza und Thai-Gerichte auf der Karte stehen. Abends und am Wochenende Live-Musik.

Zwischen KM 4 und 5 an der Straße zum Khao Yai liegen mehrere Thai-Restaurants und Essenstände. Die meisten verkaufen Grillhähnchen.

Im ***Save Mart***, KM 19,2, schräg gegenüber vom Jungle House, und einigen weiteren Minimärkten entlang der Straße können sich Wanderer mit Verpflegung eindecken. Aber auch im Park selbst gibt es Essenstände.

Sonstiges

ELEFANTENPROJEKT – ***Wild Elephant Research and Rescue Center***, 159/43 Moo 4, Thanon Thanarat, am KM 18,7, im ehemaligen Casa Complex, 300 m westlich der Straße. Das von Spenden finanzierte Projekt bietet auch freiwilligen Helfern aus dem Ausland die Möglichkeit, gemeinsam mit jungen Einheimischen die Lebensgewohnheiten der wilden Elefanten im Park zu erforschen, ihre Futterplätze zu katalogisieren und den Dung zu analysieren. 2 Tage / 1 Nacht kosten 2500 Baht inkl. Transport, Unterkunft im Dschungelcamp und Eintritt in den Nationalpark. Voranmeldung in englischer Sprache unter ✆/✆ 044-297657, 078-145138, ✉ elept20@yahoo. com, 💻 www.thaielephant.org.

GELD – Zahlreiche Banken entlang der Hauptstraße wechseln Traveller's Cheques und haben Geldautomaten.

INTERNET – Einige Anbieter in der Gasse gegenüber dem Kino und an der Hauptstraße nahebei.

POST – ***Postamt*** neben der Shell-Tankstelle. **PLZ**: 30130.

WÄSCHEREIEN – neben dem Busbahnhof.

Nahverkehrsmittel

Pickups, Taxis und Songthaew in den Khao Yai müssen abends den Platz für den Nachtmarkt räumen.

SONGTHAEW, TUK TUKS – Sie fahren von der Haltestelle östlich der Ampel ab. Zum Eingang des KHAO YAI NATIONAL PARK fährt Songthaew Nr. 1317 für 10 Baht von 6–17 Uhr alle 30 Min. von der Haltestelle vor dem Telefon-Büro ab, zurück bis 16 Uhr. Preiswerteste Möglichkeit, zu den Resorts zu gelangen, aber nicht geeignet zum Besuch des Parks, da die interessantesten Landschaften noch 10 km weiter im Süden liegen. Ein Tuk Tuk oder Songthaew zu den Resorts zu chartern kostet zur Garden Lodge oder Greenleaf 100 Baht, zum Nationalpark-Eingang 400 Baht.

TAXIS, MOTORRADTAXIS – Neben den Songthaew stehen an der gleichen Haltestelle auch Taxis, deren Preis ausgehandelt werden muss. Zum Parkeingang verlangen sie 300–400 Baht. Motorradtaxis kosten 40 Baht und warten vor dem 7/Eleven auf Kunden.

Transport

BUSSE – Einige Busse halten in Pak Chong an verschiedenen Haltestellen entlang der Hauptstraße, andere am Busbahnhof zwischen Soi 8 und 10. Ankommende Touristen werden von Schleppern umworben.
Vom Northern Bus Terminal in BANGKOK 1. Kl.-ac-Bus alle 30 Min., nachts bis 24 Uhr und ab 3 Uhr stündlich, für 110 Baht, 2. Kl. 85 Baht. Ac-Busse halten tagsüber am Busbahnhof, nachts ab 18.20 Uhr an der Hauptstraße gegenüber der Abfahrtstelle der Khao Yai-Busse.
In den Nordosten über KORAT, 1.Kl.-ac-Bus 59 Baht alle 30 Min., nachts stündlich, 2.Kl. 46 Baht ab Busbahnhof.
PHITSANULOK, non-ac-Bus ab Busbahnhof um 12.30 Uhr für 122 Baht in 6 Std.
In alle anderen Orte im Norden mit dem Zug über Ayutthaya oder non-ac-Bus über SARABURI ab Busbahnhof alle 15 Min. für 35 Baht. Von dort weiter nach Kanchanaburi, Ayutthaya, Aranyaprathet oder Chantaburi.
Busse von Bangkok in den Nordosten legen neben der Shell-Tankstelle einen Essenstopp ein. Wenn Sitzplätze frei sind, kann man zusteigen.

EISENBAHN – Ab dem Bahnhof Hua Lamphong in BANGKOK am schnellsten mit dem Zug um 11.05 Uhr für 82/36 Baht in der 2./3. Kl. ohne Zuschläge, Ankunft 14.22 Uhr. Zurück u.a. mit dem Eilzug um 11.31 Uhr (Ankunft 15.05 Uhr).
Nach KORAT mit dem Zug Richtung Ubon um 10.49 oder 15.49 Uhr in 1 3/4 Std. für 18 Baht in der 3. Kl.

Khao Yai National Park

วนอุทยานเขาใหญ่

205 km nordöstlich von Bangkok wurde bereits 1962 der erste und mit 2168,75 km^2 drittgrößte Nationalpark des Landes in der gebirgigen Region der Dongrak-Bergkette eingerichtet. Das Gebiet ist leicht zu erreichen und wird Jahr für Jahr von über 500 000 Menschen besucht – vor allem am Wochenende. Die Landschaft auf dem 600–1000 m hohen Plateau wechselt zwischen immergrünem Regenwald und grasbewachsener Steppe mit kleinen Seen. Allerdings gibt es nur noch sehr wenige ursprüngliche Dschungelgebiete. Höchste Erhebung ist mit 1328 m der Khao Laem.

Über die Fauna und Flora des Parks und die Möglichkeit, Tiere zu beobachten, informiert das **Visitor's Center** in einer kleinen Ausstellung. Tagsüber sieht man kaum Tiere, höchstens die bettelnden Kurzschwanzmakaken (z.B. am KM 31), einige Vögel und die mehr oder weniger angenehme Insektenwelt des Waldes. Nachts an den Salzstellen (z.B. KM 30,3, 36,2 und 35) und im offenen Grasland ist vor allem Rotwild zu beobachten. Mit geschultem Blick und etwas Glück sichtet man auch Wildschweine, Stachelschweine, Wildochsen, Zwergrehe, Mungos oder Zibetkatzen. Selten sind Tiger, Bären und Elefanten. Insgesamt leben noch über 200 Elefanten in mehreren Herden rings um das Headquarter.

Schön sind die Ausflüge zu verschiedenen Wasserfällen. Da die Flüsse im Park die meiste Zeit des Jahres kaum mehr als seichte Rinnsale sind, können sie ohne größere Schwierigkeiten überquert werden. Ein kurzer Spazierweg führt vom Visitor's Center über eine Hängebrücke zum **Kong Kaeo-Wasserfall**. Es lohnt sich, den markierten **Kong Kaeo Nature Trail** zu begehen, ein 1 km langer, etwa einstündiger Rundweg durch den immergrünen Regenwald. Zur Vogelbeobachtung eignet sich am frühen Morgen der blau markierte **Pfad 10**, der 1,3 km am Nordufer des Flusses entlang bis zur gesperrten Straße verläuft. Nach Regenfällen kann er allerdings teils überschwemmt sein.

Der 8 km lange, mit roten Markierungen gekennzeichnete **Pfad 1** führt in 3–4 Std. vom Kong Kaeo Richtung Osten zum Parkplatz am Haew Suwat-Wasserfall. Der nach ca. 3 km abzweigende gelbe **Pfad 2** Richtung Süden endet nach weiteren 3 km am Pha Kluai Mai Camp. Nach insgesamt 5,2 km auf dem roten Pfad 1 gelangt man auf einer weiteren Abzweigung nach links zum **Haew Prathun-Wasserfall**. Pfad 1 führt an zwei weiteren Wasserfällen vorbei, dem **Haew Sai-Wasserfall** und knapp 1 km weiter dem **Haew Suwat-Wasserfall**, an dem einzelne Szenen der Filmversion des Traveller-Romans *Der Strand* gedreht wurden. Beide Wasserfälle eignen sich gut für ein erfrischendes Bad mit fantastischer Dusche. Pfad 1 endet an der nordöstlichen Stichstraße. Der Weg von dort zurück auf der Straße ist landschaftlich recht schön, aber weit. Am besten organisiert man sich am Parkplatz am Ende der Straße eine Mitfahrgelegenheit. Am landschaftlich reizvoll gelegenen Parkplatz mit Picknickstellen verkauft ein Laden Snacks und Getränke an müde Wanderer.

Der Haew Sai-Wasserfall und der Haew Suwat-Wasserfall lassen sich von hier aus auch gut in umgekehrter Richtung erwandern. Unterhalb des Parkplatzes beginnt am Hinweisschild der kurze Fußweg zum Haew Suwat-Wasserfall.

Der leicht begehbare, rot markierte **Pfad 3** führt vom Parkplatz 3,1 km am Bach entlang in knapp 2 Std. zum Pha Kluai Mai Camp. Am Flussbett wimmelt es in der Trockenzeit von Schmetterlingen in allen Formen und Farben. Etwa auf halbem Weg passiert man den **Pha Kluai Mai-Wasserfall** (Orchideen-Wasserfall). Seinen Namen verdankt er den wilden Orchideen, die auf einem Baum wachsen, der den Bach überschattet. Der weitere Weg am Bach entlang ist sehr schön, doch der Wasserfall selbst ist während der Trockenzeit kaum mehr als ein Rinnsal.

Mehrere Wanderwege führen durch den Wald westlich vom Headquarter. Der rot markierte, 4,5 km lange **Pfad 5** beginnt südlich des Verwaltungsgebäudes und endet nach ca. 3 Std. am Beobachtungsturm Nong Pak Chi. Weiter oben im Wald kreuzt er andere Wanderwege: Nach 1,7 km führt der gelb markierte **Pfad 7** Richtung Süden 2,7 km durch ein savannenartiges Grasland zum **Mor Sing To-Reservoir** hinab, so dass man nach 1 1/2 Std. die Straße erreicht. Der kleine See dient als Trinkwasser-Reservoir und Feuerlöschteich, weshalb man nicht darin baden kann.

Nach weiteren 350 m auf Pfad 5 ist der rosa markierte **Pfad 8** Richtung Südwesten erreicht, auf dem man nach 6,8 km in 4 Std. zur Straßengabelung an einem anderen Reservoir gelangt. Vorsicht, nicht auf den schwierigen, blauen Pfad 15 abbiegen! Pfad 5 läuft hingegen weiter Richtung Norden. An einer kleinen Lichtung beginnt nach 500 m rechts der blaue **Pfad 6**, auf dem man nach 4,4 km in 2–3 Stunden die Hauptstraße beim KM 36 erreicht, 1 km vom Visitor's Center entfernt. Pfad 5 endet nach einer abenteuerlichen Flussdurchquerung am Beobachtungsturm **Nong Pak Chi** an einer Salzstelle hinter dem See in einem weiten, gut überschaubaren Grasland. Allerdings ist der hohe, solide Turm nachts gesperrt. Auf einem Feldweg kommt man nach einem weiteren Kilometer durch das Grasland zurück zur Straße, 2 km nördlich vom Headquarter.

Die Pfade zu den Aussichtstürmen Klong Ethao und Bung Phai sind gesperrt, weil sich hier Touristen verlaufen haben. Der 3,4 km lange, blau markierte **Pfad 9** von Nong Pak Chi Richtung Norden zum KM 33 durch eine abwechslungsreiche Landschaft ist hingegen auch ohne Guide in knapp 2 Std. begehbar. Es geht jenseits des Beobachtungsturms hinter dem Bach nach rechts und an der Salzstelle vorbei etwa 30 Min. durch hohes Gras und dann in den Wald hinein. Auf der zweiten Hälfte der Wanderung durch den Wald kommt man an einigen schönen Würgefeigen und hohen, alten Bäumen vorbei.

Südlich der Stichstraße zu den Wasserfällen (KM 41) führt eine schmale, steile Asphaltstraße, der H3182, den Berg hinauf zu einer Radarstation und **Aussichtspunkten**. Da es sich um militärisches Gelände handelt, sind nur 10 km der Straße bis zum Schlagbaum befahrbar. 4 km hinter der Abzweigung steht ein kleiner Schrein. Hier halten sich immer viele Motten und Schmetterlinge auf.

Touristen, die mit einem eigenen Fahrzeug von Süden anreisen, können am KM 18,4 einen Aussichtspunkt oberhalb der Straße besuchen und einen Stopp am schönen **Haew Narok-Wasserfall** bei KM 21,8 einlegen. Vom großen Parkplatz neben dem Restaurant führt ein asphaltierter Fußweg zum Fluss hinab. Nach der Überquerung des Flusses Huai Samor Pun (KM 22,5) eignet sich am KM 25,8 (**Dong Rong**) der kleine Parkplatz mit einer Infotafel über Tropenbäume (Dipterocarpaceen) und einem Aussichtspunkt für einen weiteren Stopp.

Dschungeltouren

Markierte Wege mit unterschiedlichen Schwierigkeitsgraden bieten die Möglichkeit, im Khao Yai zu wandern. Die Trails sind ca. alle 25 m farbig markiert. Neben kurzen Ausflügen sind auch Touren mit Guide möglich (s.u.).

Die Wege sind nicht immer gut gekennzeichnet, so dass man sich vorher im Headquarter über die Strecke erkundigen sollte. Da sich verschiedene Besucher verlaufen haben und völlig unvorbereitet im Dschungel übernachten mussten, sind schwierige Pfade gesperrt worden.

Wichtig ist es, genügend Wasser und – bei längeren Wegen – Essen mitzunehmen und außerhalb der ausgetretenen Pfade nicht allein zu gehen – selbst erfahrene Trekker können sich ein Bein brechen.

Die meisten Dschungel-Trails sind ausgetretene Elefantenpfade; umgestürzte Baumstämme oder kreuzende Tierpfade erschweren die Orientierung. Zudem bahnen sich die großen Tiere auch neue Wege, und es ist daher nicht leicht, sich im Dschungel zu orientieren.

Fledermaushöhlen

2 km vor dem nördlichen Parkeingang kann man abends ein beeindruckendes Naturereignis beobachten. Eine große Höhle in einem senkrecht abfallenden Kalkfelsen wird von Hunderttausenden kleiner Fledermäuse, den Hufeisennasen-Fledermäusen, bewohnt. Zum Sonnenuntergang verlassen die Tiere in einem nicht enden wollenden Schwarm die Höhle und gehen auf Nahrungssuche. Sie fressen nicht nur die lästigen Insekten, sondern bestäuben zahlreiche seltene Dschungelpflanzen. Zudem sorgen sie für die Verbreitung der Samen von bis zu 95% der Pflanzen des tropischen Regenwaldes, so dass es ohne diese Tiere wohl kaum noch einen Wald gäbe.

Am KM 20,8 vor der Einfahrt zum National Park biegt man kurz vor dem Wat rechts in einen Feldweg ab. An der nächsten Gabelung hält man sich rechts und erreicht am Ende des insgesamt 2,5 km langen Weges, der nur mit einem Geländewagen befahrbar ist, eine Hütte und die Talsta-

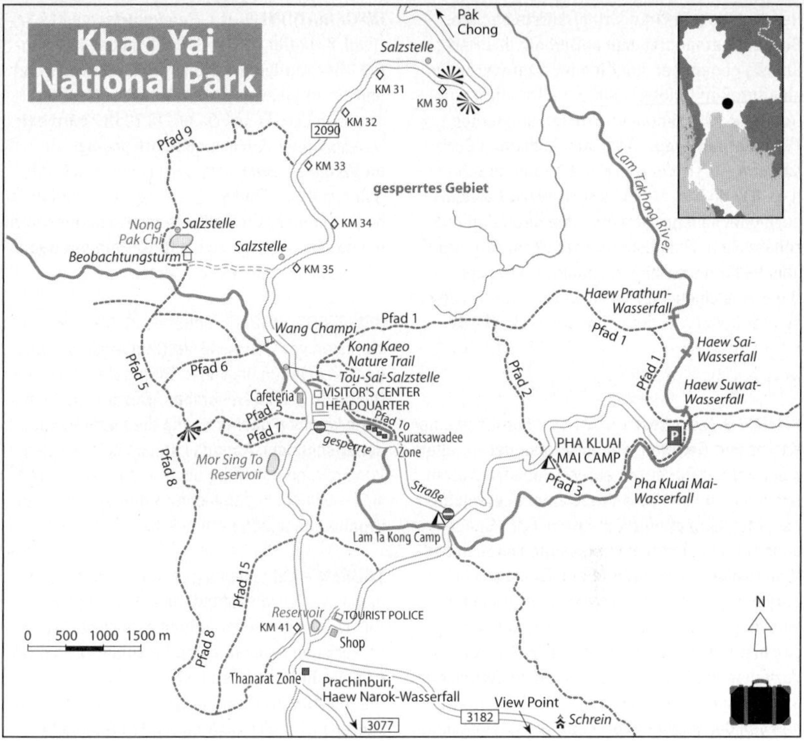

tion einer primitiven Seilbahn, mit der Guano aus der Höhle transportiert wird. Ab und an bauen Arbeiter den stinkenden Guano ab. Für Klettertouren sind feste Schuhe erforderlich, allerdings sollte man die Höhle selbst nicht betreten, um die Tiere nicht zu stören.

Eine weitere Beobachtungsmöglichkeit bietet die Hornbill Lodge hinter dem Gardenhome Resort. Von ihrem Parkplatz bietet sich eine gute Aussicht auf die Felswand, hinter der die Tiere meist hervorkommen. Weit beeindruckender ist es jedoch, die Fledermäuse aus der Nähe zu hören und zu sehen.

Wer kein eigenes Fahrzeug hat oder einen anderen, besseren Schauplatz besuchen will, sollte sich einer Tour anschließen. Sie führt zu einer anderen Höhle westlich der Hauptstraße, aus der ebenfalls viele Fledermäuse fliegen, die aber auf eigene Faust nur schwer zu erreichen ist.

Übernachtung und Essen

Innerhalb des Nationalparks gibt es Übernachtungsmöglichkeiten in Bungalows. Die großen, teuren stehen direkt hinter dem Headquarter. Günstiger sind die Häuser für 2–10 Personen in der ***Suratsawadee-*** (Zone 3) und ***Thanarat-Zone*** (Zone 4). ❹

Zudem Massenquartiere auf den Campingplätzen ***Lam Ta Kong Camp*** und ***Pha Kluai Mai Camp*** an der Straße zum Haew Suwat-Wasserfall, die v.a. von Gruppen belegt werden und Einzelreisenden möglicherweise schlaflose Nächte bereiten. Sie kosten 30–60 Baht p.P. Für 100 Baht können Laken, Schlafsack und Kissen gemietet werden. Zu buchen in Bangkok bei der *National Park Division*, ✆ 02-5620760, Mo–Fr 8.30–16.30 Uhr. Während dieser Öffnungszeiten kann man auch über die Angestellten im

Headquarter vor Ort die Unterkünfte buchen. Besser übernachtet man außerhalb des Parks. Schräg gegenüber vom Headquarter werden in einer großen Cafeteria einfache Gerichte und Getränke zu akzeptablen Preisen angeboten.

Palm Garden Lodge, 6 km vom südlichen Parkeingang entfernt in Ban Kon Khuang, Prachinburi, ✆ 037-403391, ℻ 403 390, 💻 www.palmgalo.de, eignet sich gut für Leute, die nach Kambodscha wollen. Zi mit Fan und etwas teurere Bungalows für bis zu 4 Pers. Familiäre Atmosphäre. Die Busse 60 und 921 von Bangkok nach Aranyaprathet halten vor der Lodge am H33. ❸–❹

Sonstiges

BLUTEGEL (Leeches) – sind recht harmlose, aber aggressive Tierchen, die im Dschungel vor allem während der Regenzeit auf Warmblüter warten und auch menschliche Wesen nicht verschmähen. Meist kriechen sie in Stiefel oder Schuhe, aber auch die Beine hinauf, saugen sich an der Haut fest und nehmen Blut auf. Dabei wird ein Enzym abgegeben, das die Blutgerinnung für eine längere Zeit stoppt. Erst wenn sie sich vollgesaugt haben, fallen sie von selbst wieder ab. Vorbeugende Maßnahmen: *leech socks* (dichte Stulpen, die keine Egel eindringen lassen, werden von den meisten Veranstaltern gestellt) oder Hosen in die Stiefel schnüren und die Stiefel mit Insektenschutzmittel einsprühen. Auch ein schnelleres Marschtempo reduziert das Risiko erheblich. Solange die Blutegel sich noch nicht festgesaugt haben, kann man sie einfach wegschnipsen. Ansonsten sollten sie durch die Berührung mit einer glimmenden Zigarette oder ätherischen Ölen abgelöst und die blutenden Einstiche gut desinfiziert werden.

EINTRITT – Für den Nationalpark 200 Baht pro Ausländer plus 50 Baht pro Ausländer-PKW pro Tag (s.S. 113f., Reiseziele). Die Gebühren werden selbst dann fällig, wenn man den Park nur durchfahren will. Der Park ist von 21–6 Uhr für den Durchgangsverkehr gesperrt.

FAHRRÄDER – Im Headquarter werden Mountainbikes von 8–16 Uhr für 50 Baht pro Std. bzw. 200 Baht pro Tag vermietet.

INFORMATIONEN – Im ***Headquarter*** am KM 37, ⌚ tgl. 8–18 Uhr, ✆ 037-319002, gibt es kaum Infos. Hier werden die Parkunterkünfte verwaltet und Mountainbikes sowie Autos für Nachtfahrten vermittelt. Fr und Sa um 18.30 Uhr wird eine Diashow über den Nationalpark gezeigt.

Im ***Visitor's Center*** wird das informative Buch „Mammals of Khao Yai National Park" verkauft, dem auch eine exakte Karte mit Routenbeschreibungen beiliegt, die sich gut für Wanderungen auf eigene Faust eignet.

REISEZEIT – Im Park regnet es ab Mai, am stärksten von Juli bis Mitte Oktober. In der Regenzeit machen die vielen Blutegel zu schaffen. Die beste Zeit ist November / Dezember, denn dann kommen nachts häufig die Elefanten aus dem Dschungel. Abends kann es kühl werden. Von Freitagnachmittag bis Sonntagvormittag sind die leicht zugänglichen Wanderrouten von Wochenendausflüglern überlaufen.

TOUREN – Mit einem eigenen Fahrzeug kann man viele Touren auf eigene Faust organisieren. Am Wochenende vergnügen sich viele Städter im Park und machen einen Riesenlärm, so dass sich die Tiere zurückziehen.

Die meisten Veranstalter offerieren 1 1/2-tägige Touren mit Englisch sprechenden Guides für 1150 Baht inkl. Eintritt (kurze Wanderung, Besuch eines Höhlentempels und der Fledermaushöhle, am 2. Tag nach dem Stopp am Headquarter Dschungeltrekking) sowie Tagestouren für 850 Baht inkl. Eintritt. Diese beginnen mit der Fahrt zum Headquarter, dann 3 Std. Dschungeltrekking, Mittagessen am Haew Suwat-Wasserfall mit der Möglichkeit zu baden und zum Haew Sai-Wasserfall zu klettern, anschließend mit dem Auto zum Aussichtspunkt. Halbtägige Touren zum Höhlentempel und zur Fledermaushöhle sowie die Nachttour durch den Park kosten 350 Baht ohne Eintritt.

Khao Yai Garden Lodge, ✆ 044-365178, 💻 www.khaoyai-garden-lodge.com,, bietet gute 1 1/2-tägige Touren mit einigen ausgezeichneten Guides, wie Djip. Sehr unterhaltsam und informativ sind Touren mit dem deutschen Biologen und Archäologen Peter Boy, dem Schmetterlings- und Mottenspezalisten. Nach ihm sind 35 Insektenarten benannt, die er im Park entdeckt hat. Wer fit ist und sich für die Dschungelwelt interessiert, kann eine 11–16 km lange Trekkingtour mit ihm buchen. Sie kostet alles inkl. bei 2 Pers. 1300 Baht p.P.

Greenleaf Travel, 🖳 www.greenleaftour.com, ✆ 01-6575454, von Lesern wurden die guten Kenntnisse, das große Engagement und die zuvorkommende Art des Guides „bird man" gelobt.

Wildlife Safari, 39 Pakchong Subsanun Rd., ✆ 044-312922, 01-6009246, 🖂 wildlifesafari@bigfoot. com, von Mark und Noy Read gegründet. Das ***Headquarter*** vermietet ab 19 Uhr Fahrzeuge für einstündige Rundfahrten mit Suchscheinwerfern, die aber uninteressante Massenveranstaltungen sind. Sie kosten für bis zu 8 Pers. 300 Baht pro Fahrzeug, für 20 Pers. 500 Baht und 40 Pers. 800 Baht.

Auch Veranstalter haben diese Nachtsafari in ihrem Programm. Bei diesen routinierten, ohne großes Engagement durchgeführten Touren sind außer Rotwild nur wenige Tiere zu sehen. Anmeldung und Bezahlung zuvor im Headquarter.

Transport

Anreise von Norden über PAK CHONG (s.S. 246). Vom H2 sind es 40 km bis zum Eingang. Songthaew von Pak Chong bis zum Gate 10 Baht, letzter Bus zurück um 16 Uhr. In den Nationalpark selbst fahren keine öffentlichen Verkehrsmittel, daher sollte man sich einer Tour anschließen oder ein Auto mieten. Mit einem eigenen Fahrzeug kann man auch von Süden über den H3077 zum Nationalpark fahren. Die ausgeschilderte Abzweigung vom H33 liegt wenige Kilometer nordöstlich von Prachinburi.

Aranyaprathet อรัญประเทศ

Seit der Öffnung der kambodschanischen Grenze kommen immer mehr Traveller und Langzeittouristen hierher, die über Land von Thailand nach Kambodscha reisen oder jenseits der Grenze ihr Touristenvisum erneuern wollen. Denen, die aus dem Westen kommen, erscheint die Stadt wie eines der vielen langweiligen Provinznester, denen aus dem Osten hingegen wie ein quirliger Konsumtempel voller Motorräder, Essenstände, von Waren überquellender Geschäfte und Märkte. Im Süden der Stadt stehen dicht beieinander ein hübscher zweistöckiger **chinesischer Tempel** und ein **Thai-Tempel**, vor dem abends ein Nachtmarkt aufgebaut wird.

Die größte Attraktion ist der **Khiong-Luk-Grenzmarkt**. Auf einem riesigen Areal nördlich des Grenzübergangs treffen Händler und Schieber, reiche Thais, Kriegskrüppel und bettelnde Kinder aus dem Nachbarland aufeinander. Angeboten werden vor allem Secondhand-Kleidung, Billigwaren aus Thailand und China sowie land- und forstwirtschaftliche Produkte aus Kambodscha.

Die Grenze teilt zwei Lebenswelten, die kaum verschiedener sein könnten – ein Resultat der Machtpolitik der vergangenen Jahrzehnte. Dennoch vereint die Menschen im Grenzgebiet eine gemeinsame Kultur, die bis auf die großen Khmer-Könige zurückgeht, die auf beiden Seiten der heutigen Grenze Tempelanlagen (Phrae auf Khmer, Prasat auf Thai) errichten ließen. Das einst prunkvolle Khmer-Reich ist tausend Jahre später zu einem Armenhaus der Welt geworden, in dem es noch großer Anstrengungen bedarf, um die Straßen zu asphaltieren, feste Häuser zu bauen und Menschen mit mehr als dem Notwendigsten auszustatten. An der Trennlinie zwischen dieser armen und der wohlhabenden Welt Thailands konzentrieren sich Geldgier und Leid, Korruption und Neid. Riesige Handkarren und voll beladene LKW schieben sich über den chaotischen Grenzübergang, und die Besucher der prunkvollen Kasinos bilden einen deutlichen Kontrast zu den Müllbergen der Wohlstandsgesellschaft, die hinter der Grenze auf die Weiterverwertung warten.

Übernachtung

Wer erst spät hier ankommt, sollte besser auf der Thai-Seite der Grenze übernachten, sofern er in Poipet nicht im ***Princess Hotel***, das einem der beiden Kasinos angeschlossen ist, bleiben möchte. Oder man kann in Kambodscha versuchen, bis Sisophon zu kommen, denn die billigen Unterkünfte in Poipet sind nicht zu empfehlen. Nur wenige Durchreisende verbringen mehr als eine Nacht in Aranyaprathet.

Die billigen Hotels finden sich im alten Zentrum:
Arau Garden 1 Hotel, 59/1-7 Rat Uthit Rd., östlich vom chinesischen Tempel, ✆ 037-231105, Zi mit Fan und Gemeinschafts-Du/WC. ❶–❷
Inter Hotel, 108/7 Chataning Rd., südlich vom alten Zentrum, ✆ 037-232352, gute Zi mit ac und Warmwasser-Du/WC. ❸
Arau Mermaid Hotel, 33 Tanavitee Rd., ✆ 037-223655, großes, modernes Hotel mit allen Annehmlichkeiten, nahe dem Busbahnhof. ❹–❺

Essen

Auf zwei Märkten am Busbahnhof und in der östlichen Altstadt kann man preiswert Obst kaufen und eine Kleinigkeit essen.
Abends öffnet ein großer Essenmarkt im alten Zentrum in der zweiten Straße südöstlich des Kreisverkehrs, auf dem außer Suppen, Seafood und Crêpes auch Maden und Käfer-Snacks probiert werden können.
Auch nördlich der Krung Thai Bank werden abends an Tischen auf dem Bürgersteig leckere Thai-Gerichte und eisgekühlte Getränke serviert. Es gibt sogar eine englische Speisekarte.
Phat Thai, großes Restaurant am Highway nördlich vom Zentrum; auf der Karte stehen thailändische, vietnamesische und chinesische Gerichte.
Khrua Pla, gegenüber Arau Garden 2 Hotel, von älteren Damen geführtes Restaurant, ruhige Atmosphäre.

Sonstiges

GELD – ***Siam City Bank*** an der Bus Station, ohne Geldautomat. Im alten Zentrum die ***Krung Thai Bank*** mit Automat, die ***K Bank*** und ***Bangkok Bank***.

GRENZÜBERGANG – Der Grenzübergang, 6 km östlich der Stadt, ist von 7–19 Uhr geöffnet. Es empfiehlt sich, spätestens um 16 Uhr dort zu sein. Visa für Kambodscha werden an einem separaten Schalter an der Grenze für 1000 Baht / US$20 ausgestellt, ein Passbild ist erforderlich. Die Abfertigung dauert in der Regel 30 Min. Anfahrt mit einem Tuk Tuk oder Motorradtaxi von der Bus Station nahe dem Markt im Neubauviertel für 40–50 bzw. 20 Baht. Weiter nach Poipet s.u.

Transport

BUSSE – Die Bus Station befindet sich 500 m westlich des alten Zentrums in einem Neubauviertel. Richtung BANGKOK, 299 km, 1.-Kl.-ac-Busse alle 1–2 Std. zwischen 4 und 12 sowie um 17 Uhr für 180 Baht in 4 Std., 2.-Kl.-ac-Busse: stündlich von 5.30–8.30 sowie um 11.30, 13, 14.30 und 15.30 Uhr für 140 Baht.
Von und nach PATTAYA oder an die Ostküste mit dem Bangkok-Bus bis KABINBURI fahren und dort in einen der Busse umsteigen, die aus Korat, Nong Khai oder anderen Orten im Nordosten kommend nach Pattaya fahren.
Richtung Norden und Nordosten über SARABURI, ac-Bus 5x tgl. für 162 Baht in 3 1/4 Std.

EISENBAHN – Der Bahnhof liegt 1 km nördlich vom alten Zentrum. Hier enden die Züge. Auf der kambodschanischen Seite ist Sisophon, 35 km entfernt, der nächste Bahnhof. Die beiden Züge, die um 6.40 und 13.40 Uhr für 48 Baht in über 5 Std. nach BANGKOK zuckeln, sind unbequemer und langsamer als die Busse und nicht zu empfehlen.

NACH KAMBODSCHA – Im Ort werden Bustickets von POIPET nach SIEM REAP für 300 Baht angeboten. Die Straße von Poipet nach Siem Reap, und vor allem die Brücken, sind nicht im besten Zustand. Von der Bushaltestelle am Kreisverkehr, ca. 500 m hinter der Grenze, starten die offenen Pickups und klapprigen Busse, die für 150–300 Baht in 5 Std. bis Siem Reap fahren, sofern sie nicht unterwegs liegen bleiben oder in Sisophon einen stundenlangen Zwischenstopp einlegen. Für eine Gruppe von 4 Personen sind die weißen Toyota-Camry-Taxis, die hinter der Grenze warten, eine gute Alternative. Sie brauchen in der Trockenzeit nur 4 Std. und lassen sich auf US$20–30 herunterhandeln. Leser waren mit den Minibussen von *Sara Tour* zufrieden, die 150 Baht kosten und im Büro in Poipet, links auf der Hauptstraße, 500 m von der Grenze entfernt, gebucht werden können. Die meisten Minibusse starten gegen 14 Uhr.

Auf der Sukhumvit Road nach Südosten

Von Bangkok Richtung Südosten scheint die Stadt kein Ende zu nehmen. Bis Pattaya gehen die Küstenstädte Chonburi, Angsila und Si Racha fast nahtlos ineinander über. Auf dem alten H3 gelangt man in das Mündungsgebiet des Menam Chao Phraya, das sich immer weiter nach Süden verschiebt. An der Flussmündung hatten sich lange vor den Thais bereits die Mon niedergelassen. Heute liegt ihre ehemalige Siedlung Samut Prakan weit im Landesinneren.

Der gebührenpflichtige Motorway M7 und der Buraphawithi Expressway (H34 / H3), eine kreuzungsfreie Hochstraße von Bang Na nach Chonburi, verkürzen die Fahrtzeit an die Ostküste erheblich. Zwischen ihnen erstreckt sich 30 km vom Zentrum von Bangkok entfernt, östlich der Outer Ring Road, der neue Suvarnabhumi Airport. Dahinter verläuft der Motorway M7 durch das dünn besiedelte Hinterland vorbei an gigantischen neuen Industrieparks. Etwas überdimensioniert wirkt der Rastplatz mit zahlreichen Restaurants und Läden hinter der großen Brücke zwischen KM 49 und 50.

Samut Prakan (Pak Nam)

สมุทรปราการ

Um 1600 lag Samut Prakan direkt am Meer und war von großer strategischer Bedeutung. Seit dem frühen 17. Jh. ließen die Könige von Ayutthaya von den Befestigungsanlagen der Stadt aus den Schiffsverkehr auf dem Menam Chao Phraya kontrollieren. 1767 wurde die Stadt von den Burmesen zerstört. Als Bangkok die neue Hauptstadt wurde, ließen die Chakri-Könige die Flussmündung durch mehrere **Forts** befestigen. Durch die Öffnung des Landes und neue Verkehrsmittel wurden die Anlagen überflüssig und zerfielen.

Wat Chedi Klang Nam (Phra Samut Chedi), das eine hoch verehrte Reliquie Buddhas enthält, war 1826 von König Rama II. auf einer Insel mitten im Fluss errichtet worden. Der Tempel sollte die eintreffenden Schiffe auf die Bedeutung des Buddhismus in Siam hinweisen. Mittlerweile liegt er am Westufer in **Phra Pra Daeng** und ist über die Suksawat Road von Thonburi aus zugänglich. Von der Bootsanlegestelle nahe dem Markt in Samut Prakan verkehrt eine Fähre zu dem Tempel, der von seiner Architektur her allerdings eher uninteressant ist.

Im Oktober / November feiert man mit einem großen Jahrmarkt, Prozessionen und Bootsrennen das berühmte **Tempelfest** des Wat Chedi Klang Nam. In Phra Pra Daeng wird von den Mon im April das **Songkran-Fest** besonders feierlich u.a. mit Umzügen begangen.

Erawan Museum

Im Ort hat der Erbauer von Muang Boran (s.u.) Khun Lek Viriyapant als neueste Touristenattraktion das Elefanten-Museum erbauen lassen, das die riesige Statue des dreiköpfigen Elefanten Airavata, Reittier des hinduistischen Gottes Indra, krönt. Auch das Innere des ungewöhnlichen Gebäudes ist aufwändig ausgeschmückt mit mythologischen Figuren und voller Symbolik. Nach dem Willen des im Jahr 2000 im Alter von 86 Jahren verstorbenen thai-chinesischen Geschäftsmanns soll es der Kultur und den Kulturschätzen des Landes einen würdigen Rahmen bieten. Derzeit ist vor allem chinesische Keramik zu sehen. Eine Treppe führt hinauf in den Elefantenkörper, von dem aus man die Aussicht genießen kann. 🕓 tgl. 8–18 Uhr, Eintritt (so lange es noch nicht fertig ist) 150 Baht, ✆ 02-3713135-6.

Krokodilfarm – Farm Chorakae

Von Samut Prakan geht es weiter nach Süden. Beim KM 28 führt eine Abzweigung rechts zur Farm der 60 000 Reptilien. Von der Endstation der Busse in Samut Prakan gehen regelmäßig Minibusse zur Farm, Taxi oder Tuk Tuk 30 Baht.

Eigentlich werden die einheimischen und importierten Tiere wegen ihres Leders gezüchtet. Doch auch lebendig bringen sie eine Menge Geld, wie man an den vorbeiströmenden Besuchermassen erkennen kann. Neben Krokodilen werden viele andere Tiere in einem weitläufigen Areal gehalten und gezüchtet. Auf das Foto „Ich und der kleine Puma“ kann man sicherlich verzichten, ebenso auf den Erwerb von Krokodilleder in jeglicher Form. Die Einfuhr dieser Produkte in die EU ist grundsätzlich verboten, ob sie nun aus Zuchtbetrieben kommen oder nicht. 🕓 tgl. 8–18 Uhr, ✆ 02-7035144-8, Eintritt 300 Baht, Thais 50 Baht, Fütterung zwischen 16.30 und 17.30 Uhr. Show, die

Europäer meist nicht sonderlich begeistert, Mo–Fr stündlich zwischen 9 und 11 sowie 13 und 16 Uhr, zudem Sa und So um 12 und 17 Uhr. Eine halbe Stunde später gibt es eine Elefantenshow.

Die Eintrittskarte gilt auch für das **Dinosaurier-Museum**, in dem Skelette und lebensgroße Modelle zu besichtigen sind. Eine Diashow informiert über ausgestorbene Lebewesen. Nur Museum Eintritt 60 Baht.

Muang Boran (Ancient City)

Etwa 6 km weiter südlich liegt das über 100 Hektar große, lohnende Freilichtmuseum Ancient City, ein Thailand in Miniaturausgabe, das sogar die Form des Landes hat und wie ein „geschrumpftes Thailand" wirkt. In dem weitläufigen Gelände, das zu Fuß kaum zu erwandern ist, sind 116 große Modelle zu besichtigen. Sie repräsentieren typische Baustile, Szenen aus der Literatur sowie berühmte oder typische Gebäude, die originalgetreu verkleinert oder sogar im Original an ihrem entsprechenden Platz in der Anlage aufgebaut wurden. In einem kleinen Museum sind Kunstgegenstände ausgestellt und ein Garten der Götter informiert über die verschiedenen Religionen.

In diesem ungewöhnlich schönen und keineswegs überlaufenen Areal kann man inmitten von viel Grün, an kleinen Wasserfällen und Seen vorbei, all die Sehenswürdigkeiten erkunden, die man während einer Thailand-Reise verpasst hat.

Die meisten Besucher fahren mit einem Tourbus oder dem eigenen Wagen durch den Park. Fahrräder können am Eingang gemietet werden. Damit sich die Besucher in den „Bergen Nord-Thailands" oder an der „Südküste" nicht verlaufen, gibt es am Eingang, an der „thailändisch-malaysischen Grenze", eine „Landkarte". Zudem wird manchmal eine informative Broschüre verkauft, in der Details nachzulesen sind. ⏲ tgl. 8–17 Uhr, Ausländer zahlen inkl. Fahrrad oder Bahnfahrkarte und Thai-Guide 300 Baht (englischsprechender Guide + 75 Baht), wer mit dem Auto herumfahren will, zahlt dafür 50 Baht und muss einen eigenen Guide für 1200 Baht engagieren.

Informationen und Touren

Die ***Ancient City Company*** am Demokratie-Denkmal, Ratchdamnoen Avenue, ✆ 02-2261936-7, oder in Samut Prakan, 💻 www.ancientcity.com, ✆ 02-7091644 bietet Mo–Sa um 9 und 12.30 Uhr Touren ab Bangkok für 450 Baht an. Am besten 2–3 Tage im Voraus anmelden.

Transport

NACH SAMUT PRAKAN (Pak Nam) – Von BANGKOK ac-Bus 511 ab Southern Bus Terminal über die Ratchdamnoen Avenue und Sukhumvit Rd. bis Pak Nam.

NACH PHRA PRA DAENG – Von BANGKOK mit dem Stadtbus 82 ab Banglampoo über die Memorial Brücke und die Suk Sawat Rd. hinab bis zur Abzweigung, die links zu dem Ort in der Flussschleife führt. Vom Northern Bus Terminal fährt der Stadtbus 138 über den Expressway.

NACH MUANG BORAN (Ancient City) – Von SAMUT PRAKAN, der Endstation des ac-Busses 511, fährt der Minibus 36 für 10 Baht (Charter ist wesentlich teurer!). Der Bus hält nach Bedarf, deshalb muss man klingeln, wenn links der Straße die Holzbrücke mit dem Torbogen, auf dem *Ancient City* steht, erscheint.
Mit dem eigenen Fahrzeug verlässt man an der Ausfahrt Samut Prakan den Ostküsten-Highway und fährt auf der alten Sukhumvit Road Richtung Bang Pu bis zum KM 33.

Chonburi ชลบุรี

Diese boomende, laute Industriestadt an der Küste mit ihren verkehrsreichen Straßen wartet mit keinerlei touristischen Attraktionen auf. Im unattraktiven Stadtzentrum erhebt sich **Wat Yai Intraram**, das König Taksin erbauen ließ. Sein Denkmal steht am Eingang des Tempels. Im Inneren sind schöne Wandmalereien zu sehen. Zum Tempel neben einer Schule biegt man vom Highway 3 auf der Thanon Sai Chana Richtung Westen ab und dann in die nächste Straße links ein.

Im **Vivek Ashram Vipassana Meditation Centre**, ✆ 038-283766, sind auch westliche Gäste, die ein ernsthaftes Interesse an Vipassana-Meditation haben, nach Voranmeldung willkommen.

Transport

Bus Terminal am H315, ca. 300 m vom Sukhumvit Highway. Vom Eastern Bus Terminal in BANGKOK, 80 km, ac-Bus alle 30 Min. bis 21 Uhr, 56 Baht in 1 1/2 Std. Zurück bis 20.30 Uhr. 2.Kl. ac-Bus alle 30 Min. bis 20.30 Uhr für 43 Baht. Lokale Busse fahren vom Postamt nach Ang Sila, Bang Saen und Pattaya.

Ang Sila อ่าง ศิลา

Hinter Chonburi führen verschiedene Straßen zur Küste hinab, z.B. beim KM 100, wo der H3134 nach Ang Sila abzweigt. Der traditionelle Fischerort westlich der Hauptstraße, auch Zentrum der Baumwollweberei, bietet ideale Voraussetzungen für die Austern- und Muschelzucht, denn das Meer ist ruhig.

Entlang der 4 km langen Straße von der Sukhumvit Road zur Küste kann man Steinmetzen beim Meißeln von Skulpturen und Mörsern, die in Thai-Küchen zum Zerstampfen von Gewürzen benötigt werden, zusehen. An der Küstenstraße werden ebenfalls an mehreren Ständen Mörser und Trockenfisch verkauft. Kleinere Steinmörser kosten 100 Baht, größere 300 Baht.

An der Hauptstraße Richtung Bang Saen erhebt sich auf einer Hügelkuppe ein riesiger **chinesischer Tempel**, der mit vielen bunten Drachen verziert ist.

Von der Küstenstraße führt südlich von Ang Sila im Dorf **Khao Sammuk** auf der felsigen Halbinsel eine schmale Abzweigung links über einen Hügel mit einem Schrein der Göttin Samuk. Hier leben zahlreiche Makaken, die von Touristen, die heraufkommen, um die Aussicht auf die Austern- und Muschelfarmen in der Bucht zu genießen, mit Früchten gefüttert werden und entsprechend anhänglich sind. Mehrere Händler, die Bananen und andere Snacks verkaufen, sorgen für Nachschub.

Über eine Treppe gelangt man zu einem Thai-Tempel hinab. Nur wenige Meter weiter an der Küstenstraße Richtung Bang Saen zieren rechts der Straße bizarre, bunt angemalte Skulpturen mit Himmel- und Höllendarstellungen verschiedener östlicher Religionen, Buddhastatuen und Beton-Krokodile den Park von **Wat Saensuk**. Zahlreiche Seafood-Restaurants im Dorf sind beliebte Ausflugsziele einheimischer Urlauber. Jenseits der Restaurants am Hang erhebt sich das Kloster **Rua Samphao**. Es wurde zum Andenken an ein mit vielen Passagieren gesunkenes Schiff in der Form eines Schiffsrumpfes gebaut. Seit der Erbauer, ein hoch verehrter Abt, nicht mehr lebt, wohnen nur noch wenige Mönche und 300 Nonnen in der großen Anlage.

Bang Saen บาง แสน

Schon seit Jahrzehnten verbringen Familien aus Bangkok, die es sich leisten können, die Wochenenden am kilometerlangen Strand oder an dem 10 km landeinwärts liegenden Golfplatz und genießen das Essen in den zahlreichen Fischrestaurants. Die freundliche Atmosphäre lockt auch einige wenige westliche Urlauber an.

Die alten Bungalows auf einem großen Gelände im Zentrum von Bang Saen entsprechen nicht mehr den heutigen Anforderungen und stehen überwiegend leer. Da auch der ehemalige Wasser-Vergnügungspark dem Verfall preisgegeben ist, wirkt das Zentrum trotz seiner attraktiven Lage an der Küste und der Strandpromenade vernachlässigt. Ein Bummel entlang der befestigten, gepflegten Strandpromenade ermöglicht einen Einblick in thailändisches Urlaubsvergnügen. Am Sandstrand stehen Liegestühle und Tische für ein Picknick unter Palmen bereit. Das Wassersportangebot beschränkt sich auf Autoreifen als Schwimmhilfe und Bananenboote. Kinder vergnügen sich im seichten Wasser, das die meiste Zeit des Jahres überraschend sauber ist. Im Sommer nimmt allerdings das Meer aufgrund des starken Algenwachstums periodisch eine bräunliche Farbe an und stinkt zum Himmel.

Vor der felsigen Küste der nördlichen Stadt wird Austernzucht betrieben. Fischer kommen mit ihren Booten von den **Austernfarmen** herein und entladen die voll gepackten Körbe aus ihren Booten. Aufgrund der Umweltbelastung durch die chemische Industrie ist Seafood aus diesen Gewässern allerdings erheblich mit Schwermetallen und Giften belastet.

In der südlichen Stadt liegt etwa 1 km landeinwärts auf dem Campus der Universität im Institute of Marine Science ein **Aquarium**. Vom Sukhumvit Highway fährt man 41 km nördlich von Pattaya die südliche Zufahrt 1,2 km Richtung Küste. Das Aquarium mit einem großen und vielen kleinen Becken beherbergt tropische Nutzfische, Korallenfische, Seeigel, Schildkröten, Krebse, Langusten, Schildkröten und einige seltene sowie kuriose Meeresbewohner. Ihm ist ein **Marine Museum** angeschlossen. ⏲ Di–So 8.30–16.30 Uhr, ✆ 038-391671-3, 20 Baht.

Übernachtung und Essen

Einige Zimmervermietungen in den Sois, die von der Beach Rd. abgehen, z.B.:

S.S. Bangsaen Beach Hotel, 68 Bangsaen Rd., ✆ 038-381670, 📠 381963, gepflegtes zweistöckiges Hotel nördlich vom Zentrum an der Küstenstraße. Alle Zi mit ac, Du/WC, TV und Kühlschrank. Restaurant und Pub, aber kein Pool. ❹

Bangsaen Beach Resort, 4-4/48 Bangsaen Rd., ✆ 038-381675-7, 📠 383239, abgewohnte Bungalows mit Fan oder ac und Hotelzimmer mit ac auf einem riesigen Gelände, Pool. ❸–❹

An der Strandpromenade verkaufen viele Stände Fisch vom Grill und Som Tam. Weitere Essenstände und kleine Restaurants an der Strandstraße, v.a. zwischen Soi 1 und 2.

Bangsaen Resort, 325 Bangsaen Rd., ✆ 038-383221, ✆/📠 038-381772, neues, ruhig gelegenes Hotel hinter dem Kreisverkehr am Strand mit Restaurant und Pool. Zi mit ac, Bad, TV und Kühlschrank, etwas teurere mit Seeblick, auch einige Bungalows. ❹–❺

Sonstiges

EINKAUFEN – Am Sukhumvit Highway verkaufen viele Läden und Stände Fischprodukte: Fischpaste, Fischsauce, Trockenfisch und Krabbenchips.

GELD – Ein Geldautomat an der Strandstraße nahe Soi 1 und 500 m östlich vom Bangsaen Resort. Banken und ein großes Einkaufszentrum an der Zufahrtsstraße vom Sukhumvit Highway zur Universität.

INFORMATIONEN – ***Tourist Office*** an der Küstenstraße zwischen Soi 2 und 3. In dem wunderbaren, modernen Gebäude ist leider nur eine allgemeine Broschüre erhältlich, und das Personal spricht kaum Englisch.

Transport

Vom Eastern Bus Terminal in BANGKOK, 97 km, ac-Bus alle 30 Min. bis 21 Uhr für 67 Baht in 2 Std. bis zur Abzweigung vom H3 nach Bang Saen, 10 km hinter Chonburi. Von hier sind es 3 km bis zur Küste.

Khao Khiew Open Zoo

18 km östlich des Highway erstreckt sich am südwestlichen Hang des gleichnamigen Berges der Khao Khiew Open Zoo, der 1974 als Ableger des Zoos von Bangkok gegründet wurde. Er ist flächenmäßig mit 8 km^2 zwar der größte Zoo Asiens, aber nicht der mit den meisten Tieren. Wer einen Safari Park erwartet, wird enttäuscht sein. Im zentralen Bereich sind Gehege mit insgesamt 8000 Tieren aus allen Kontinenten zu sehen (Bisons, Antilopen, Gibbons, Bären, Flusspferde, Hirsche, Wasserbüffel, Tapire), die aus dem zu engen Dusit Zoo von Bangkok umziehen mussten. Sechs Bengalische Tiger wurden zur Paarung aus den USA hierher gebracht, und auch Nebelparder werden unter gemeinsamer wissenschaftlicher Aufsicht gezüchtet.

Am interessantesten ist das große Gehege mit etwa 6800 asiatischen Vögeln und für Kinder der Streichelzoo, über dem sich eine Ausstellung mit ausgestopften Tieren befindet. Zwei Drittel des Parks dienen einheimischen wilden Tieren als Refugium zum Zweck der Fortpflanzung und sind nicht zugänglich. Mit etwas Glück taucht am Waldrand plötzlich ein wilder Elefant auf. Dem Zoo ist ein großes Tier-Krankenhaus angegliedert. ⏲ tgl. 8–18 Uhr, 💻 www.khaokheowopenzoo.com (in Thai), ✆ 038-338390, pro Person 50 Baht, für ein Auto weitere 50 Baht, Nachtsafari 100 Baht. Fahrräder können gemietet werden. Zudem fährt ein Shuttlebus über das Gelände. Während der Nachtsafaris können viele nachtaktive Tiere beobachtet werden.

Übernachtung

Übernachtungsmöglichkeiten in Bungalows im Zoo für 4 Pers. mit Du/WC, in Zelten für bis zu 10

Pers. oder für 4 Pers. Reservierung unter ✆ 038-321525, 311561. ❷

Transport

Es gibt keine öffentlichen Transportmittel hierher. Mit einem eigenen Fahrzeug fährt man vom Highway 3 in Bang Phra, 35 km nördlich von Pattaya, Richtung Bang Phra Golf Club. Am nördlichen Ufer des Reservoirs entlang erreicht man nach 18 km den Zoo. Ab Pattaya werden Halbtagstouren für etwa 500 Baht angeboten.

Si Racha ศรีราชา

Die ehemals ruhige Handelsstadt 24 km südlich von Chonburi hat sich im Sog des neuen Tiefseehafens und Industriezentrums **Laem Chabang** am KM 128, auf einer Landzunge südlich des Ortes, zu einem modernen Versorgungszentrum mit einem großen Krankenhaus, Apartmenthäusern und Banken entwickelt. Der neue Tiefseehafen, der den viel zu kleinen Hafen von Bangkok, Klong Toey, entlastet, ist eines der ehrgeizigsten Industrialisierungsprojekte des Landes. Neben den Hafenanlagen und der Werft war der Ausbau einer gigantischen Infrastruktur notwendig. Zudem sind um den Hafen zahlreiche Großbetriebe, v.a. der chemischen Industrie, angesiedelt worden.

Im alten Ortskern unten am Meer (Abzweigung Thanon Surasak 3 gegenüber der Jet-Tankstelle), wo viele Geschäfte nur mit chinesischen Zeichen beschriftet sind, wird vor dem ehemaligen Kino ein **Straßenmarkt** abgehalten. Weitere Angebote finden sich etwas weiter rechts vom Uhrturm in der großen **Markthalle**. Am Ende der Soi 14 ist nach 500 m der malerische **alte Hafen** erreicht, vom Busbahnhof oder Bahnhof mit dem Tuk Tuk für 20–30 Baht zu erreichen. Am langen Pier, wo farbenprächtige Fischerboote ihren Fang entladen, herrscht ein buntes Treiben. Tuk Tuks und Pickups werden beladen, Fischernetze geflickt und Boote frisch gestrichen. Dazwischen bereiten Frauen an Essenständen und in kleinen Restaurants frische Snacks zu.

Jede gerade Std. zwischen 8 und 18 Uhr fährt eine Fähre vom Pier auf die Insel **Si Chang** für 20 Baht einfach, letztes Boot zurück um 16 Uhr. Auf der gebirgigen Insel 12 km vor der Küste liegen ein Fischerdorf und ein Resort. Rama V. ließ hier eine kleine Villa für seinen kranken Sohn errichten, der in der frischen Luft wieder genesen sollte. Auf einem Felsen im Norden erhebt sich ein kleiner Tempel mit einer schönen Aussicht über die Insel. Das Ziel einheimischer Touristen ist ein kleiner Höhlentempel.

Ca. 2 km weiter westlich endet die ausgeschilderte Abzweigung von der Sukhumvit Rd. zum Krankenhaus an der Uferpromenade und dem Park, vor dem eine Marina angelegt wird. Von hier eröffnet sich ein schöner Blick auf die Felseninsel **Ko Loy** mit dem **Wat Sri Maharaja** und einem kleinen chinesischen Tempel, zu der ein Damm hinaus führt. Der Felsen diente früher Mönchen als Meditationsinsel. Eine der Frauen von König Chulalongkorn, die von ihrem Anwesen am Strand auf dem Festland die Mönche mit aller Regelmäßigkeit hinüber- und herüberpaddeln sah, beschloss, den Damm anzulegen und einen Tempel zu errichten. Von oben bietet sich eine schöne Aussicht auf Bang Saen im Norden, Si Racha und die gebirgige Insel Si Chang. Unterhalb des Tempels liegen bunte Fischerboote vor Anker.

Im **Si Racha Tiger Zoo**, einer privaten Forschungs- und Aufzuchtstation, wurden über 440 Tiger gehalten, bis über 80 von ihnen im Herbst 2004 durch infiziertes Geflügel an Vogelgrippe erkrankten und getötet werden mussten. Von den vom Aussterben bedrohten Tieren haben nur noch etwa 150 Exemplare in Thailands Wildnis überlebt. Sie wurden wegen des Fells und ihrer in der chinesischen Medizin begehrten Knochen und Penisse gnadenlos gejagt. So sind im Khao Yai bisher nur ganze zwei Tiger gesichtet worden. Neben den Raubkatzen leben im Zoo zahlreiche Krokodile und weitere exotische Tiere wie Kamele, Kängurus, Strauße und andere Vögel. Zum Zoo, 341 Moo 3, Nongkham, Si Racha, ✉ tigerzoo@bkk.loxinfo.co.th, ✆ 038-296556-8, vom Hwy 36 am KM 21 auf den H3241 Richtung Norden abbiegen. ⌚ tgl. 9–18 Uhr, Eintritt 250 Baht, Thais 80 Baht.

Transport

Vom Eastern Bus Terminal in BANGKOK, 104 km, mit ac-Bussen ständig bis 21 Uhr bis zur Abzweigung am Sukhumvit Highway für 70 Baht, 2.Kl. ac-Bus bis 19.50 Uhr 55 Baht. Zurück bis 20 Uhr.

Pattaya พัทยา

Entlang der Bucht von Pattaya und der angrenzenden Strände erstreckt sich eines der größten Urlaubszentren Thailands. Die internationale Schlemmer-, Shopping-, Spaß- und Sport-Metropole lockt mehr als 3 Mill. einheimische und ausländische Touristen pro Jahr an. Trotzdem scheiden sich an dieser Stadt die Geister: Aufgrund unzähliger Schmuddelberichte, ihres Rufs als Sex-Paradies und Verbrecher-Fluchtburg bleibt sie für viele Touristen eine No-Go-Area. Andere machen Pattaya-Urlaub, ohne daheim davon zu erzählen. Doch immer mehr Deutsche, Österreicher und Schweizer (auch Ehepaare) kehren jedes Jahr zum Überwintern in das über 300 000 Einwohner zählende Seebad zurück.

Das Image mag strittig bleiben, der Boom ist es nicht: Mit atemberaubender Geschwindigkeit verdichtet sich das Zentrum mit neuen Hotels (auch renommierte Ketten), Apartment-Häusern, Restaurants, Geschäften und Einkaufszentren, während sich die Vororte immer weiter ins Hinterland ausdehnen. Unmengen an Geld sind in Infrastrukturmaßnahmen und die Verschönerung des Stadtbildes geflossen: Eine Großkläranlage hat das Meer wesentlich sauberer werden lassen und eine Vielzahl neuer Straßen den Verkehrsfluss verbessert. Eine gediegene Strand-Promenade mit Sitzbänken erfreut das Auge genauso wie bunt gepflasterte Bürgersteige, der umgestaltete Busbahnhof, ein Kreisel mit Delfin-Brunnen und Wasserspiel, Torbögen im Zuckerbäckerstil, Blumenrabatten oder auch die nagelneue, 200 m lange **Bali Hai Marina** mit dem schicken Passagier-Terminal im Thai-Stil.

Zu den neuesten Attraktionen zählt das spektakuläre **Sanctuary of the Truth** (Heiligtum der Wahrheit) als Schmelztiegel asiatischer Kulturen. Das größte aus Holz errichtete Bauwerk Thailands liegt malerisch auf einer Landzunge im Stadtteil Naklua. Über zwei Jahrzehnte haben mehr als 250 Handwerker an dem gigantischen, über 100 m hohen Pavillon gebaut und ihn mit vielen Schnitzereien, religiösen und weltlichen Motiven sowie riesigen Skulpturen versehen. Das viele Jahre abgelagerte, wertvolle Tropenholz wird ständig bewässert. ⏲ tgl. 8–17 Uhr, Eintritt 500 Baht, Kinder 250 Baht. An der Sukhumvit Rd. hat die Underwater World eröffnet, in der über 4500 Meereslebewesen aus gläsernen Unterwasser-Tunneln zu beobachten sind. ✆ 038-756879, ⏲ tgl. 9–18 Uhr, Eintritt 360 Baht, Kinder die Hälfte. Das geht neuerdings auch in freier Natur: Bei der vorgelagerten Insel Ko Sak kann man mit einem 45-sitzigen U-Boot in die Tiefen des Meeres hinabtauchen, ✆ 038-415234, 💻 www.vimantaitalay.com.

Am Südende der Stadt führt eine Serpentinenstraße auf den Berg **Phra Tamnak** hinauf, der Pattaya vom Stadteil Jomtien trennt. Am Hang erstreckt sich der bei Joggern beliebte **Rama IX Memorial Park**. Von einem Tempel auf der Spitze eröffnet sich ein eindrucksvoller Panoramablick auf das einstige Fischerdorf, dessen Name sich mit „Südwestwind" übersetzen lässt. Vom **Wat Phra Yai** auf dem benachbarten Hügel blickt ein riesiger, sitzender Buddha auf das Treiben von Pattaya hinab. Der Weg dorthin führt an einem **Skulpturengarten** mit Kuan Yin, der Göttin der Barmherzigkeit, und dem Philosophen Lao-tze vorbei.

Den besten Ausblick bietet jedoch der 240 m hohe **Pattaya Park Tower**, ✆ 038-364110-20, 💻 www.pattayapark.com, mit seinen beiden Dreh-Restaurants, ⏲ 17–22 Uhr, in der 52. und 53. Etage. Für 200 Baht (inkl. Dinner-Buffet 550 Baht) kann man mit dem Lift nach oben gelangen und dann ohne Aufpreis über Seilzüge mit dem Sky Shuttle (8 Personen), dem Space Shuttle (2 Personen) oder dem Tower Jump (allein am Flaschenzug) wieder nach unten gelangen.

Ein Ableger der amerikanischen Museumskette **Ripleys „Believe it or not"** findet sich im Einkaufszentrum Royal Garden Plaza: mit 250 unterhaltsamen Kuriositäten, einer Dinosaurier- und Hai-Galerie, faszinierenden optischen Täuschungen und einer dekorativ platzierten DC 3 aus Zeiten des Vietnamkriegs, 380 Baht, Kinder 280 Baht. Dazu gehören auch die angrenzenden, von 11–23 Uhr geöffneten, avantgardistischen Erlebniswelten **Moving Theater** (4-D-Filme mit sensationellen Spezialeffekten), **Infinity Maze** (bizarre Spiegelwelten) und **Haunted Adventure** (atemberaubendes Gruselkabinett) Alle Attraktionen kosten zusammen 580 Baht, Kinder 480 Baht. Auch im Pattaya Bazar am Delphin-Kreisel hat mit der Magic-Show „Open Eyes" eine imaginäre Touristen-Attraktion eröffnet.

Natürlich kann Pattaya auch alle Vorurteile bestätigen: Wenn das südliche Ende der **Beach Road** zwischen 19 und 24 Uhr zur Fußgängerzone, „Walking Street", „Strip" oder „Goldenen Meile" wird, stürzen sich betagte Männer mit jungen Prostituierten in ein Nachtleben, das ihre Kräfte zu übersteigen scheint, und machen der Stadt als Vergnügungshochburg für allein reisende Männer alle (zweifelhafte) Ehre. Nicht einmal die von der Regierung vorverlegte Sperrstunde auf 1 Uhr – ruinös besonders für die Diskotheken – hat es geschafft, der berühmt-berüchtigten Nacht-Metropole den Garaus zu machen. Ständig eröffnen neue Freiluft-Barcenter, aber auch stilvolle Szene-Pubs mit Live-Musik, die dem Nachtleben mehr Vielfalt und Niveau verleihen.

Trotz häufiger Klagen über das Geschäft mit dem Sex, wilde Müllkippen auf unbebauten Grundstücken, angeschwemmten Dreck, Fäkaliengeruch oder aggressive Anmache von Mopedtaxi- und Baht-Bus-Fahrern können sich die fast 40 000 Hotelzimmer einer relativ guten Auslastung erfreuen. Das ist nicht zuletzt auch neuen Urlauberscharen aus den Ländern der ehemaligen Sowjetunion zu verdanken. Sie landen mit Chartermaschinen auf dem Flughafen U-Tapao, von dem amerikanische B-52-Bomber einst zu Kampfeinsätzen nach Vietnam starteten und mit dem die Geschichte des Seebads als „Rest & Recreation Center" begann.

In den entlegenen Sois des Stadtteils **Naklua**, wo sogar einige alte Holzhäuser überlebt haben, geht es noch etwas ruhiger zu. Der schöne **Wongamat Beach** mit vielen kleinen Seafood-Restaurants, wenigen Scootern und relativ sauberem Wasser ist fest in der Hand deutschsprachiger Urlauber. Südlich von Pattaya lädt der lang gestreckte **Jomtien Beach** (Chomtien-Strand) zum Bräunen oder Windsurfen ein. Hier finden sich weniger Bierbars und Massagesalons, doch Südseeträume kommen angesichts der Hochhäuser nicht gerade auf.

Übernachtung

Derzeit gibt es in Pattaya über 300 Hotels, davon rund 10% First-Class-Hotels, mit rund 40 000 Zimmern. Die starke Konkurrenz drückt so sehr auf die Preise, dass komfortable Unterkünfte bereits ab 250 Baht zu haben sind (Monatsmieten schon ab 5000 Baht).

HOTELS – Im Norden: *BJ Gh.* ④, Beach Rd., am Nordende, ✆ 038-421153, 📠, 421148. 8 ordentliche Zi., einige mit Meeresblick. ❷–❸

In der benachbarten Soi 3 haben die Besitzer mit der ***BJ Holiday Lodge*** ⑥ einen ansehnlichen Ableger errichtet. 50 sehr schön eingerichtete Zimmer, viele mit Meeresblick. ❹–❺

Romeo Palace ⑭, 300/21-22 Moo 5, Naklua Rd., ✆ 038-421865-7, 📠 426101, in der Soi Wongamat, die zum Strand führt. 96 Zimmer mit ac inkl. Frühstück, unter langjähriger Leitung des Deutschen Mr. Tom, Pool. ❸

Siam City Park Hotel ⑫, 119/102 Naklua Rd., ✆ 038-421678, 429859, 📠 426304, kurz hinter der Fußgängerbrücke rechts, hell und sauber, gutes Preis-Leistungs-Verhältnis. ❸

Prima Villa ⑬, 157/22-23 Soi Wongamat, ✆ 038-429398, 📠 370285, gemütliche, ruhige Anlage in Strandnähe. ❹–❺

The Beach Garden Resort ⑮, 164/9 Moo 5, Soi Naklua 20, 💻 www.thebeachgarden.com, ✆ 038-371200-4, 📠 371205. Nette, ruhige und empfehlenswerte Anlage mit 80 Zimmern, Pool, nettes Restaurant und freundlichem Personal. ❹–❺

Thai Garden Resort ⑯, 179/168 Moo 5, North Rd., 💻 www.thaigarden.com, ✆ 038-370614-8, 426 009, 📠 426198, komfortable, saubere Bungalows und Zimmer mit allen Annehmlichkeiten in weitläufiger, hübscher Gartenanlage mit 2 Pools. ❺

Im Zentrum: *Radi Mansion I und II* ⑰, 10/50 Moo 9, ✆ 038-424608, 📠 038-716386, 33 recht komfortable, geräumige und saubere Zimmer in ruhiger Lage und mit schönem Pool. Chef Radi entpuppt sich als agiler Deutsch-Jugoslawe. ❷–❸

Sawasdee Mansion ⑧, 502/1 Moo 10, Soi Honey Inn, ✆ 038-425360, 720561, gutes Preis-Leistungs-Verhältnis wie auch bei den anderen 4 Unterkünften der Sawasdee-Gruppe im Innenstadtbereich. ❷–❸

Palm Garden Hotel ②, 204/1 Moo 9, Second Rd., ✆/📠 038-429188, 115 Zimmer, Pool, hier quartieren sich viele deutsche Gäste ein. ❸–❹

Apex Hotel ⑨, 216/1 Moo 10, Second Rd., nahe Soi 11, ✆ 038-428281-2, 429233, 📠 421184, alter und neuer Hotelflügel mit insgesamt 109 mitunter etwas abgewohnten Zimmern. Kleiner Pool. Überaus üppiges Frühstücksbuffet für 95 Baht, die Dinner-Variante kostet 160 Baht (ähnliches Angebot im Lek Hotel). ❸

Flipper Lodge ⑦, 520/1 Soi 8, Beach Rd., ✆ 038-411655-6, 📠 426403, 💻 www.flippergroup.com, mitten im Vergnügungsviertel, alter und neuer Flügel, zwei Pools, gute Zimmer, viele Stammgäste. ❸–❺

Im Süden: *N&P Apartment* ㉑, 193/141-143 South Pattaya Rd./Soi Rungland, ✆ 038/420116, 426621. Mrs. Nid bietet renovierte, komfortable und preisgünstige Zimmer in zentraler Lage. ❷

Zum Nürnberger ㉔, 75/99 Moo 12, Soi 7, Jomtien, 💻 www.zumnuernberger.com, ✆ 038-231741, 233324, 📠 756679, gepflegte, komfortable Zimmer in ruhiger Lage, gemanagt vom deutschsprachigen Ehepaar Peter und Ouy, gutes Restaurant. ❷–❸

Koenig Mansion ⑳, 568/18 Moo 10, Soi Yensabai, ✆ 038-713636, 📠 713637, 💻 www.hotelkoenig.com. 24 saubere, geräumige Komfort-Zimmer. Der deutsche Besitzer Eddy überlässt nichts dem Zufall. ❸–❹

Sea Breeze ㉕, 347/12 Moo 12, Jomtien Beach Rd., ✆ 038-231056, 📠 231059, 112 gute Zimmer, kleiner Pool, doch gleich auf der anderen Straßenseite liegt der zum Teil sehr schmale Strand. ❹–❺

Cabbages & Condoms ⑲, am Asia-Beach, ✆ 038-250035, 📠 250034. Das kinderfreundliche, ruhige Hotel mit 55 komfortablen Zimmern liegt an einer schönen Bucht mit tropische Garten. Die Anlage des früheren Ministers Meechai Viravaidya (Spitzname: „Mr. Condom") ist umweltfreundlich konzipiert; Gewinne kommen teilweise Hilfsprojekten zugute. ❹–❺

LUXUS – Resorts mit schönen Gartenanlagen und allem Komfort sind häufig über das Internet und Agenturen erheblich günstiger zu buchen als vor Ort:

Royal Cliff Beach Resort ⑱, 353 Moo 12, Cliff Rd., ✆ 038-250421-30, 📠 250511. Das größte Resort mit 1129 Zimmern in 4 Komplexen (Grand, Beach, Main, Royal Wing), 9 Restaurants, 6 Tennisplätzen, 4 Pools und etwa 1500 Angestellten wurde mehrfach zum besten Beach-Resort der Welt gewählt. ❼–❽

Dusit Resort ①, 240/2 Beach Rd., ✆ 038-425-611-7, 📠 428239, 450 Zimmer mit einem wunderschönen, riesigen Tropengarten im Innenhof. ❼–❽

Übernachtung:
① Dusit Resort
② Palm Garden H.
③ Amari Orchid Resort
④ B.J. Gh.
⑤ The Cottage
⑥ BJ Holiday Lodge
⑦ Flipper Lodge
⑧ Sawasdee Mansion
⑨ Apex H.
⑩ Marina Inn
⑪ Crystal Palace
⑫ Siam City Park H.
⑬ Prima Villa
⑭ Romeo Palace H.
⑮ The Beach Garden Resort
⑯ Thai Garden Resort
⑰ Radi Mansion I und II
⑱ Royal Cliff Beach H.
⑲ Cabbages & Condoms
⑳ Koenig Mansion
㉑ N&P Appartement
㉒ Jomtien Bayview
㉓ Rabbit Resort
㉔ Zum Nürnberger
㉕ Sea Breeze H.

Transport:
❶ ac Busterminal
❷ Busse→Nordosten
❸ 407 Pattana Terminal
❹ Nakornchai Air Terminal
❺ Bor Kor Sor Bus Station

Läden, Restaurants etc.:
1 H2O
2 Best Supermarkt
3 Tiffany
4 BarKuba
5 Cottage
6 Green Tree Pub
7 Mum-aroi
8 Blue Chilli Pub
9 P.I.C. Kitchen
10 Alcazar
11 Tourist Police
12 Leng Kee
13 Immigration
14 Paradise Scuba Divers
15 Hopf Brew House
16 Lee Tours + Farang Service Center
17 Ruen Thai R.
18 Shenanigans
19 Ice Café Berlin
20 Lucifer Disco
21 Marine Disco
22 Blues Factory
23 Tony's Entertainment Complex
24 Alt Düsseldorf
25 Forever
26 Star Dice Pub & Disco Lounge, Semmy's Reisebüro
27 The Bon Café
28 Wäschereien
29 Thai House
30 Foodland
31 Xzyte Disco
32 Friendship Supermarkt
33 Tony's Gym
34 Expat Car, Icon Showbar
35 Le Saigon Bayview
36 Captain's Corner
37 Bar Non
38 Star Teff
39 Mermaid's Dive School

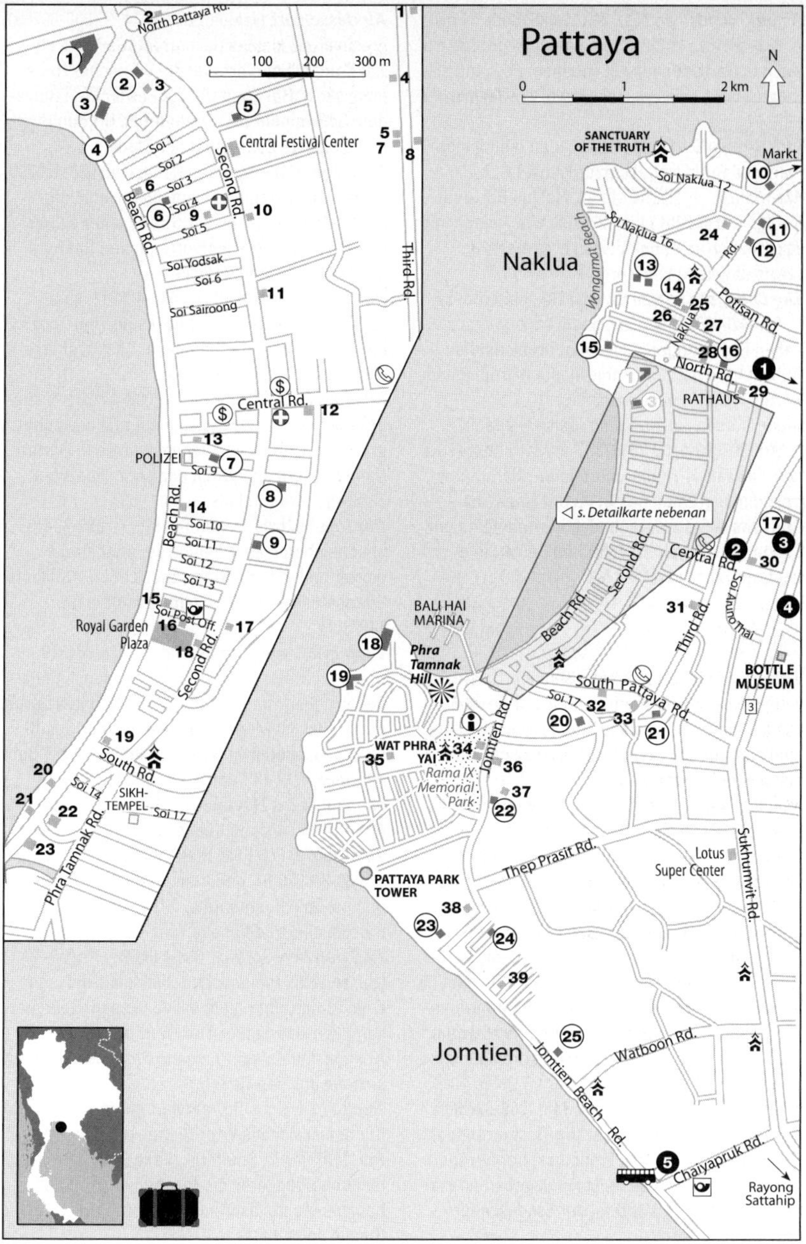
Pattaya
0 1 2 km
N
0 100 200 300 m
North Pattaya Rd.
Central Festival Center
Soi 1
Soi 2
Soi 3
Soi 4
Soi 5
Soi Yodsak
Soi 6
Soi Sairoong
Beach Rd.
Second Rd.
Third Rd.
Central Rd.
POLIZEI
Soi 9
Soi 10
Soi 11
Soi 12
Soi 13
Soi Post Off.
Royal Garden Plaza
South Rd.
Soi 14
SIKH-TEMPEL
Soi 17
Phra Tamnak Rd.
SANCTUARY OF THE TRUTH
Markt
Soi Naklua 12
Soi Naklua 16
Naklua
Wongamat Beach
Naklua Rd.
Potisan Rd.
North Rd.
RATHAUS
s. Detailkarte nebenan
Central Rd.
Soi Aruno Thai
BOTTLE MUSEUM
BALI HAI MARINA
Phra Tamnak Hill
South Pattaya Rd.
Jomtien Rd.
WAT PHRA YAI
Rama IX Memorial Park
Thep Prasit Rd.
Lotus Super Center
Sukhumvit Rd.
PATTAYA PARK TOWER
Jomtien
Jomtien Beach Rd.
Watboon Rd.
Chaiyapruk Rd.
Rayong Sattahip

Amari Orchid Resort ③, 240 Moo 5, Beach Rd., ✆ 038-428161, ℻ 428165, in einer 4 ha großen tropischen Gartenanlage mit schönem Pool und stilvollem Foyer, eine Oase der Ruhe. 232 Zimmer. ❼

BUNGALOWS – Bungalowanlagen bieten mehr Platz und Ruhe, vor allem für Familien.
Marina Inn ⑩, 284/54 Moo 5, Naklua Rd., nahe Soi 12, ✆ 038-225134, ℻ 225135, alte Anlage mit 20 preiswerten Bungalows in Meeresnähe, etwas abgelegen im Norden. ❷–❸
The Cottage ⑤, 78/36 Second Rd., nahe Soi 2, ✆ 038-425660, ℻ 425650, beste Lage gleich neben Big C. Angenehme, anachronistische Atmosphäre mit zwei Pools in altem, tropischem Garten, viele Stammgäste. ❸
Rabbit Resort ㉓, Dongtan/Jomtien-Beach, ✆ 038-303303-4, ℻ 251628 💻 www.rabbitresort.com, ✉ sales@rabbitresort.com., charmantes, tropisch begrüntes Resort im Stil eines Thai-Dorfes mit 45 durchdacht dekorierten Villen und Suiten, stilvoll geführt von Khun Paisan und Ehefrau Deborah. ❻–❼

Essen

Beim Bummel durch die Straßen überrascht das vielfältige Angebot der über tausend Restaurants. Chinesisch, indisch oder japanisch kann man hier ebenso essen wie französisch, italienisch, libanesisch, mexikanisch und vor allem: deutsch! Ob in gediegenen Gourmet-Tempeln, typischen Filialen internationaler Fast-Food-Ketten, weitläufigen Food-Courts der Einkaufszentren und Aussteiger-Restaurants mit heimatlicher Hausmannskost oder an einfachen Straßengrills und Garküchen: Das Angebot ist so üppig und günstig, das wirklich jeder fündig wird. Am Imbiss im ***Foodland*** in der Central Rd. gibt es bis 8.30 Uhr ein besonders günstiges American Breakfast sowie rund um die Uhr eine Vielzahl frisch zubereiteter, sehr guter und preisgünstiger Speisen.
Bei Gerhard, Naklua Rd., Soi 33 ✆ 038-370 698, das wohl erfolgreichste Farang-Restaurant der Stadt. Gutes, günstiges Frühstück, hervorragende, preiswerte deutsche, schwäbische und thailändische Küche, während der Essenszeiten häufig voll besetzt.
Alt Düsseldorf, Naklua Rd., Soi 14, ✆ 038-367031, preiswertes, kleines Restaurant (Gerichte 90–120 Baht) mit hervorragender deutscher Hausmannskost. Bei Khun Dao gibt es leckere Rouladen, Schweinebraten, Entenbrust, Cordon Bleu und die beste Currywurst der Stadt.
Leng Kee, 341/3-6 Central Road, (Tel) 038-426290-1, mit nicht besonders heimeliger Neonlicht-Atmosphäre direkt an der Straße, aber schon lange wegen seiner hervorragenden Seafood- und Enten-Gerichte etabliert.
Ruen Thai, Second Rd., ✆ 038-425911, von 19.30–23 Uhr klassische Musik und Thai-Tanz in einer tropischen Gartenanlage. Spektakuläres Flambieren.
Mum-aroi, 15/14 Third Rd., ✆ 038-414801-2, ausgezeichnete, relativ preisgünstige Thai-Küche in einer romantischen, landestypischen Garten-Oase oder auf dem Dach des angegliederten „Cottage"-Nachtclubs.
Bar Non, 162/204 Thappraya Rd., ✆ 038-364136, unscheinbarer, aber hervorragender, preiswerter Italiener. Spartanisches Laden-Ambiente. Spaghetti 80 Baht, exzellente Lasagne für 140 Baht.
Captain's Corner, Jomtien Rd., ✆ 038-364318, ⏲ tgl. 12–24 Uhr, stilvolles Restaurant mit gediegener, netter Atmosphäre. 18–23 Uhr tolles Barbecue-Buffet mit Meeresfrüchten, Steaks, Spießchen und Salaten im texanischen Stil für 295 Baht.
Ali Baba, 1/13-14 Central Rd, ✆ 038-429262, gegenüber der Nova-Lodge, hervorragende, preiswerte indische Küche.
Thai House, 171/1 North Rd., neben der City Hall, ✆ 038-370579-81, gehört mit rund 800 Plätzen zu den größten Restaurants, ⏲ tgl. 19–24 Uhr eindrucksvolle, traditionelle Tanz-Darbietungen.
P.I.C. Kitchen, Soi 5, ✆ 038-428374, ⏲ tgl. 8–24 Uhr, stilvolle, romantische Oase mit tropischem Grün. Gutes, aber nicht billiges Essen. Gelegentlich auch klassischer Thai-Tanz oder Jazz-Abende. Ein Ableger namens ***Sugar Hut*** befindet sich am Jomtien Beach.
Bon Café, Naklua Rd., serviert guten Kaffee und Kuchen in klimatisierter Bistro-Atmosphäre.
Ice Cafe Berlin, South Rd., Ecke Beach Rd., deutsche Bäckerei, die frischen Kuchen und hausgemachte Eiscreme verkauft. Es gibt auch Steaks und Salate.

Le Saigon Bayview, im 23. Stock des Pattaya Hill Resorts, Pratamnak Rd., Ecke Soi 2, ✆ 038-250329, wunderbarer, mit dezenter Musik untermalter Rundblick über Jomtien, die Stadtkulisse, vorgelagerte Inseln und das Hinterland. Kostenloser Abholservice.

Unterhaltung

BARS – Besonders typisch für Pattaya sind die vielen offenen, nur durch eine Überdachung geschützten, für Pattaya typischen Bierbar-Center, wo käufliche Mädchen auf Kundschaft warten. Die Getränke sind relativ preiswert, da die Konkurrenz groß ist. Auch wer sich nur umschauen oder unterhalten möchte, wird meist freundlich behandelt.

DISKOTHEKEN – In den meisten Tanzschuppen geht es erst ab Mitternacht richtig los.
Hollywood, Day & Night Areal an der South Rd., lautstarker Treffpunkt der einheimischen Jugend.
Xzyte, Third Rd., moderne Mega-Diskothek mit Live-Konzerten bekannter Stars, Shows und Video-Wänden.
Star Dice und ***Star Dice Disco Lounge*** am Pattaya Garden Hotel, Naklua Rd., typisches, lautstarkes Programm aus Live-Musik, Show-Einlagen und Disco.
Marine Disco, Walking Street, hat wegen der ausgelassenen Tanz-Stimmung (ab 1 Uhr nachts garantiert) und dem lasziv bis bizarren Publikum schon seit Jahrzehnten einen legendären Ruf.
Tony's, am Ende der Walking Street, etablierter, oft seine Aufmachung wechselnder Tanzschuppen, in dem die penetrante Kommerzialisierung schon fast Kult ist. Gehört dem agilen Thai-Amerikaner Tony.
Lucifer, Walking Street, beliebtester und daher auch bestbesuchter Szene-Treff. Urig als Höhle durchgestylter Tanzschuppen mit Live-Musik. Eine weitere Band spielt im Eingangsbereich.

KINOS – Im obersten Stockwerk des ***Pattaya Festival Centers*** an der nördlichen Second Rd., ✆ 038-361500-1, finden sich vier Kinosäle der Superlative, (tgl. 5–7 Vorstellungen, 90 Baht).

Im ***Royal Garden Plaza*** an der südlichen Second Rd. werden in zwei Kinosälen ebenfalls aktuelle, internationale Streifen gezeigt (70 Baht).

LIVE-MUSIK – ***The Blues Factory*** in der Soi Lucky Star, gegenüber der Marine Bar, zwei Bands bieten beste Unterhaltung für Blues-, Oldie- und Rockmusik-Fans, häufige Auftritte von Thailands Rock-Legende Lam Morrison, ⌚ tgl. außer Mo ab 21 Uhr.
Moon River Pub, am Thai Garden Resort, North Rd., spielen Bands Country-Musik, internationale Hits, Evergreens und populäre Thai-Musik. Gelegentlich treten legendäre Thai-Musiker wie Lek und Ed Carabao auf. Stilechtes Western-Ambiente. Deftige Gerichte und Weissbier vom Fass. ⌚ tgl ab 18 Uhr.
Green Tree Pub, nördliche Beach Rd., bunte Mischung aus Thai-Songs, Jazz und Rock. Gute Stimmung in romantischem Garten mit Bühne, Meeresblick und Grill.
Green Bottle Pub, südliche Second Rd., bietet seit vielen Jahren eine gediegene Atmosphäre und ein gutes, gekühltes Ambiente.
Gumbun, Soi 2, Szene-Pub im typisch thailändischen Musikkneipen-Stil, gutes Essen und fetzige Band.
Henry J. Beans and Grill, am Amari Orchid Resort, Beach Rd., stilvoller, gediegener Pub, Meeresblick, Live-Musik und gehobene Preise, ⌚ tgl. ab 17 Uhr.
Forever, 157/84-5 Moo 5, Naklua Rd., ⌚ 14–2 Uhr. Zu vorgerückter Stunde werden nicht selten Jahrzehnte alte deutsche Stimmungs-Hits gespielt, die die gesamte Musik-Kneipe in Schwingung versetzen.
Hopf Brew House, Beach Rd., Ecke Soi Yamato, seit 1997 die erste Mikrobrauerei Pattayas mit exzellentem Bier, deftigen Gerichten und sehr guter Musik und Auftritten eines beliebten italienischen Tenors.
Shenanigans, Second Rd. stilechter, irischer Pub mit Dunkelbieren am Mariott Hotel, ⌚ ab 11 Uhr.
Neue Szene: An der Third Rd., zwischen der North Pattaya Rd. und Central Rd. eröffnen immer mehr stark frequentierte Trend-Schuppen mit Bangkok-Stil und guten Bands – wie das ***H_2O,*** der ***Blue Chilli Pub,*** das ***Cottage*** oder die ***BarKuba.***

TRAVESTIESHOWS – Selbst Thai-Familien mit Kind und Kegel besuchen die Travestieshows, die nicht billig sind, aber auch ein relativ hohes Niveau haben. Vor allem am Wochenende und während der Feiertage sind die sehenswerten, farbenprächtigen Vorstellungen oft schon früh ausgebucht:

Alcazar Show, Second Rd., ✆ 038-410225-7, ✆ 424939, tgl. 18.30, 20 und 21.30, Sa auch um 23 Uhr, 500 und 600 Baht (für reservierte Plätze).

Tiffany Show, Second Rd., ✆ 038-421700-5, ✆ 421711, tgl. 18, 19.30 und 21 Uhr, 400–600 Baht.

Star-Treff im Jomtien-Komplex an der Thappraya Rd., weniger gigantisch, keine Reisegruppen, gemütliche Atmosphäre. Ab 21.45 Uhr Travestie-Cabaret-Show (Erstgetränk 190 Baht, jedes weitere 70 Baht).

Malibu Bar, Second Rd., Ecke Soi Post Office, kleinere, weniger durchorganisierte Travestieshows – wie sie auch auf Bühnen in so manchem Bar-Center dargeboten werden.

Sport

Der Urlaubsort bietet vielfältige, preisgünstige Sport-Möglichkeiten wie Tauchen, Segeln, Bungy Jumping, Sky Diving, Go-Kart-Rennen, Fallschirmsegeln, Windsurfen, Bowling, Schießen usw.

BUNGY JUMPING – am Jomtien Fishing Park, ✆ 06-3783880, 🖳 www.thaibungy.com, ⏲ tgl. 9–18 Uhr, von Neuseeländern betrieben, Sprunghöhe 50 m.

FITNESS – Gut ausgestattet sind die Fitness-Clubs in den Hotels Dusit, Montien, Royal Garden oder Hard Rock. Neueste Geräte, ein großes Schwimmbad und Box-Training bietet ***Tony's Gym*** an der Third Rd., ✆ 038-414058-9, 🖳 www.tonydisco.com.

REITEN – ***Horseshoe Point Resort & Country Club***, 100 Moo 9, Tambon Pong, in der Nähe von Pattaya, ✆ 038-735050, ✆ 735051, 🖳 www.thehorseshoepoint.com, ein Reiterhof von Weltklasse. Unterricht, Dressur-Wettbewerbe, Springen, Polo und Military sowie Shows, Reitausflüge, Kutschfahrten und Pony-Reiten.

SCHWIMMEN – Wem die Strände von Pattaya zum Baden zu schmutzig sind, der kann sich im ***Pattaya Park***, einem Wasserpark mit Riesenrutsche und Strömungsbecken, vergnügen, 100 Baht. Beliebt sind zudem Tagesausflüge auf die vorgelagerte Insel Ko Larn und einige kleinere Nachbar-Eilande oder auch nach Ko Samet, das rund 2 Std. entfernt ist.

SEGELN – Die Inselwelt vor der Ostküste lockt jeden Segler zur Erkundung. Entlang des Jomtien Beach werden Laser, Hobie Cats oder Optimists für 300–800 Baht pro Std. angeboten. Interessenten sollten zumindest für einen Drink im legendären, 1957 gegründeten ***Royal Varuna Yacht Club*** vorbeischauen, ✆ 038-306290, ✆ 250115, oder im gediegenen ***Ocean Marina Yacht Club***, 15 km östlich der Stadt, ✆ 038-247310. Entlang der Strände werden kleinere Boote und Katamarane, z.B. der Laser, ein Einhand-Dinghy aus Fiberglas oder Hobie Cats und Prindles angeboten. Beim ***Pattaya Sailing Center*** am Jomtien Beach kann man Boote chartern.

TAUCHEN – Mehrere Tauchbasen bieten Kurse und Touren nach Ko Larn, Ko Sak und Ko Khrok an. Sehr schön ist das in 27 m Tiefe gelegene, mit Korallen bewachsene Wrack *Harddeep* mit vielen Fischen. Gute Sicht. Viertägiger Open-Water-Kurs mit Zertifikat ab 10 000 Baht. Für zwei Tauchgänge mit Ausrüstung, Boot und Guide zahlt man um 2500 Baht.

Paradise Scuba Divers, Siam Bayview Hotel, 310/2 Soi 10, Second Rd., ✆ 038-710567, ✆ 423 879, etablierte Tauchschule des Deutschen Leander Salinski, deutsche und englische Ausbilder. Filiale am Jomtien Beach, Thappraya Rd., ✆ 038-303333, 🖳 www.tauchenthailand.de, aber auch auf Koh Chang.

Mermaid's Dive School, Mermaid Beach Resort, 75/102 Moo 12, Jomtien Beach Rd., Ecke Soi White House Resort, ✆ 038-232219-20, ✆ 232218, 🖳 www.mermaiddive.com, unter dänischer Leitung.

THAI-BOXEN – ***Sitpholek Muaythai Sportcenter***, 217/10 Moo 6 Sukhumvit Rd., ✆ 038-5610838, 09-9345001, ⏲ tgl. 9–24 Uhr, für Anfänger und Fortgeschrittene. Oder im

Yodthong Senanan Thai Boxing Camp, Nongprue, ✆ 038-249018.

WASSERSPORT – Pattaya ist nach Phuket das größte Wassersportzentrum Thailands. Viele internationale Wettbewerbe und ideale Bedingungen zum Windsurfen, Parasailing oder Wasserskifahren gibt es am Jomtien Beach, wo höchstens mal zwischen November und Januar mit stärkeren Winden und hohen Wellen zu rechnen ist. Unterricht und Ausrüstung u.a. im Wassersport-Center von Thailands Surf-Legende Amara Wichithong am ***Pattaya Park Beach Hotel***, ✆ 01-8629958, ✆/℻ 038-233276, oder im ***Blue Lagoon Watersports Club*** in Richtung Sattahip, ✆ 038-255115-6, ℻ 225227, 🖳 www.bluelagoon.biz. Am Strand werden aber auch ziemlich nervtötende Waterscooter- und Jetski-Aktivitäten zu oft überhöhten Preisen angeboten.

Sonstiges

Da Pattaya bei deutschsprachigen (Langzeit)-Touristen, Aussteigern und Rentnern beliebt ist, reicht das Angebot deutschsprachiger Dienstleistungen von Zahnbehandlungen und Brillen-Anfertigungen über Schneider, Zeitungen und Videotheken bis hin zu Anwaltskanzleien und sogar ganzen Wohnanlagen.

AUTOVERMIETUNGEN – Vor allem an der Beach Road werden offene und geschlossene Jeeps ab 600 Baht pro Tag vermietet. Diese haben aber manchmal nur eine Zulassung für den Betrieb in der Stadt bzw. in der Provinz Chonburi. Wagen mit ausreichendem Versicherungsschutz (thailändischer oder internationaler Führerschein nötig) gibt es ab rund 1000 Baht.
Avis, im Dusit Resort, ✆/℻ 038-361627-8, 🖳 www.avisthailand.com.
Budget, im Tipp Plaza, Beach Rd., große Auswahl an Neuwagen mit Bring- und Abholservice, ✆ 038-710717.
Expat Car, 191/3 Moo.10, Thappraya Rd., ✆/℻ 038-364461, fast 50 Fahrzeuge inkl. Pickups und Jeeps mit First-Class-Insurance, ca. 900–1200 Baht pro Tag.
Der Farang, 189/14 Moo 11, Thepprasit Rd., ✆ 038-300174, 01-8359923, ✉ farang@loxinfo.co.th. Die Herausgeber des deutschsprachigen Magazins vermieten preisgünstig ältere, aber gepflegte Limousinen pro Woche ab 4500 Baht oder pro Monat ab 10 800 Baht.

GELD – Wechselstuben der Banken vor allem an der Beach Rd. ⏲ meist bis 22 Uhr. Für kompliziertere Transaktionen empfehlen sich die Zentralen:
Bangkok Bank, Second Rd. und Naklua Rd.,
Kasikorn Bank, South Rd. und Central Rd.,
Siam Commercial Bank, Second Rd.

EINKAUFEN – Die meisten Läden haben tgl. von 11–23 Uhr geöffnet. Überall bieten Schneider und Porträtmaler ihre Dienste an. Souvenirstände und fliegende Händler versuchen vor allem an der Beach Rd., ihr üppiges Angebot – von Sonnenbrillen bis zu Film- und Musik-CDs – an den Kunden zu bringen. Zudem entstehen immer mehr große Einkaufszentren mit schicken Boutiquen und Fastfood-Läden, wie:
Royal Garden Plaza, zwischen Beach und Second Rd., edelstes Einkaufszentrum mit vielen Boutiquen.
Central Festival Center (Big C), an der nördlichen Second Rd., mit großem Supermarkt, Kino, vielen netten Geschäften und Restaurants. Eine weitere Big C-Filiale an der Sukhumvit Rd.
Lotus Supercenter, Sukhumvit Rd. und North Rd.
Carrefour Center, Central Rd., Ecke Soi Solakpet. Riesig, gehört zu den größten Thailands.
Best Supermarket am Kreisel, North Rd., ⏲ bis 24 Uhr nachts, gutes Sortiment, beliebt bei Ausländern.
Foodland, Central Rd., ⏲ rund um die Uhr mit gutem, preiswertem Bistro-Restaurant.
Friendship, South Rd., ⏲ tgl. 7.30–2.30 Uhr, u.a. ein erstaunliches Sortiment an Importwaren.
Sonntags findet ein **Markt** in Naklua (Nähe Postamt) statt. Genauso bunt und lebendig ist der am Di und Fr stattfindende Markt in der South Rd. / Ecke Soi Bokao oder der große Wochenendmarkt an der Thepprasit Rd.

FESTE – Zu den wichtigsten, offiziell organisierten zählt der **International Marathon** im Juli oder das noch junge **Pattaya International Music Festival** im März.

IMMIGRATION – Soi 8, ✆ 038-429409, die Verlängerung des 60-Tage-Visums kostet 1900 Baht. Ausländer, die sich über längere Zeit in Thailand aufhalten, machen den *Visa-run* (meist über Aranyaprathet), der von den Reisebüros in Pattaya für 2000–2500 Baht inkl. Gebühren recht komfortabel organisiert wird.

INFORMATIONEN – Die besten Infos gibt es in den vielfältigen örtlichen Publikationen. Das ***TAT Office*** versteckt sich mit seinen freundlichen, aber etwas ahnungslosen Praktikanten in einem abgelegenen Haus am Rama IX Memorial Park, 609 Moo 10, Pratamnak Rd., ✆ 038-427667, ✆/℡ 038-429113, ✉ tatpty@chonburi.ksc.co.th, ◷ Mo–Fr 8.30–16.30 Uhr.

INTERNET – Die Stadt ist fast flächendeckend mit Internet-Cafés gut ausgestattet. Die Preise liegen bei 0,50–2 Baht pro Minute.

MEDIZINISCHE HILFE – Im ***Bangkok Pattaya Hospital***, Sukhumvit Rd., Richtung Bangkok, ✆ 038-427.777, Notfall-Nr. 038-259911, 🖳 www.pattayahospital.com, moderne Klinik mit 210 Betten, allen Fachrichtungen und 24-stündigem Übersetzungsdienst. Weitere große Krankenhäuser: ***Pattaya Memorial***, ✆ 038-429422-4, und ***Pattaya International Clinic***, ✆ 038-428374. Deutschsprachig ist unter anderem die Praxis des Schweizers Dr. Olivier Meyer, 20/23-4 Moo 10, South Rd., gegenüber dem Day-Night Hotel, ✆ 038-723521, Notfall: 377463 ℡ 723522. Gut, günstig und freundlich ist der Zahnarzt Dr. Warin Leekpai mit seinem „Dental Care Center" in der Central Rd., ✆ 038-720079. Der deutsche Zahnarzt Dr. Ramin arbeitet monatsweise auch als Implantologe und Zahntechnikermeister, ✆ 038-966811, 09-4444405.

Überhaupt hat sich Pattaya zum preisgünstigen Zentrum für chiropraktische Behandlungen und Schönheitsoperationen entwickelt. Mehrere Betriebe, viele unter deutscher Leitung, haben sich zudem auf Zahnpflege und Zahnersatz oder Brillen spezialisiert:

German Dental Co, Thappraya Rd., ✆ 038-251289, ℡ 251232.

Pattaya Dental Clinic, Filiale Süd, ✆ 038-429206, Filiale Nord, ✆ 038-370213.

Central Optic, Central Rd., ✆ 038-421822.

Euro Optic, gegenüber dem Royal Garden Plaza, ✆ 038-426275.

MOTORRÄDER – In Pattaya werden 100er Hondas oder Suzukis bereits ab 120 Baht pro Tag oder 3000 Baht pro Monat vermietet. Keiner fragt nach einem Motorrad-Führerschein, obwohl er offiziell erforderlich ist. Die Fahrzeuge sind nur haftpflichtversichert. Tödliche Motorrad-Unfälle gehören leider zum Alltag. Die Anbieter stehen vor allem entlang der Beach Rd. Ein privater Anbieter im ***Radi Mansion***, ✆ 038-424608, 716386.

POLIZEI – Polizeiwache in der Beach Rd., Ecke Soi 9, ✆ 038-420802, 424186, Notruf ✆ 191. Die ***Tourist Police*** befindet sich an der Second Rd., nahe Soi 6, ✆ 038-425937, 429371, **Notruf**: 1155. Bei Problemen hilft eine kompetente Hilfstruppe aus 15 freiwilligen westlichen „Volonteers".

POST – Hauptpost in der Soi Post Office, ✆ 038-429340. Weniger überlaufene Filialen in Naklua nahe dem Markt, und am Jomtien Beach, Chaiyapruk Rd. **PLZ**: 20 260 bzw. 20 150 (für Pattaya Naklua).

REISEBÜROS – Achtung – die billigsten sind nicht immer die besten! Als zuverlässig bewährt haben sich:

Lee Tours, 183/40 Soi Post Office, ✆ 038-423253, 429738, ℡ 410014. Reisebüro mit Erfahrung und Einsatzfreude, Mrs. Su spricht gutes Deutsch, der freundliche Khun Boon Englisch.

Sea-Air-Land-Tours, 183/3 Soi Post Office, ✆ 038-710829-30, ℡ 710831, ✉ saltour@loxinfo.co.th, 🖳 www.sal-thailand-tours.de, hat sich als Spezialist für Abstecher nach Kambodscha und Myanmar etabliert. Der Deutsche Joe Hoffmann bietet kompetente Beratung.

Arare Tavel, 437/37 Moo 9, Soi 6, ✆/℡ 038-361696, 01-9305469, ✉ araretra@loxinfo.co.th, Mrs. Siriluck (Khun Muu) ist engagiert, zuverlässig und spricht gutes Englisch. Tickets, Touren und komfortable Charter-Taxis für Flughafen-Transfers.

REISEZEIT – Als Hochsaison für Pattaya gelten November bis Februar. Im Juni dreht der Wind

Richtung Südwesten und bringt Regen. Wegen der vielen überdachten Einkaufsmöglichkeiten, des umfangreichen Freizeit- und Unterhaltungsangebots lässt sich die Stadt selbst zur Regenzeit bereisen.

TELEFON – Vereinzelt gibt es gelbe Kartentelefone für Überseegespräche. Günstigere Möglichkeiten eröffnen sich oft bei Tour-Anbietern, aber vor allem auch in den Internet-Cafés oder an mobilen Straßenständen.

WÄSCHEREIEN – Mehrere in der Soi Post Office und östlich vom Kreisel in der Naklua Rd.

ZEITUNGEN – Pattaya hat sich zum wichtigsten Produktionszentrum deutschsprachiger Thailand-Publikationen entwickelt. Hier erscheinen: *Pattaya Blatt* jeden Di, 💻 www.pattayablatt.com, *Südostasien Zeitung* jeden Di, *Der Farang* alle zwei Wochen, 💻 www.der-farang.com, *Pattaya Focus* und *Hallo monatlich*, 💻 www.hallo-das-magazin.de.

Nahverkehrsmittel

TAXIS – Rund 700 blaue **Baht-Busse** verstopfen die Straßen von Pattaya. Die offenen Sammeltaxis mit zwei durchgehenden Bänken auf der Ladefläche kosten 5–20 Baht, wenn sie auf ihrer festen Route entlang der Hauptstraßen fahren oder bis zu 100 Baht, wenn sie im Stadtgebiet individuell gechartert werden. Es gibt häufig Beschwerden über Wucherpreise und unfreundliche Fahrer.
Motorrad-Taxis im Stadtgebiet kosten 20–50 Baht. Für Ende 2005 ist die Einrichtung eines Linienbus-Verkehrs geplant, den die Taxi-Mafia seit Jahren verhindert hat.

BOOTE – Vom South Pattaya-Pier fahren Boote nach **Ko Larn** und zurück bis gegen 18 Uhr alle 2 Std. für 20 Baht. Pickup- oder Moped-Taxis vom Anleger über den Hügel zum Ha Tien Beach kosten 30–50 Baht. Schnellboote lassen sich ab 2000 Baht chartern. Ein Platz auf größeren Charterbooten, die unterwegs Insel-stopps zum Baden, Schnorcheln oder Angeln einlegen, gibt es ab 400 Baht. Die Anbieter warten an der Beach Rd., doch bieten auch viele Gastronomie-Betriebe – wie die ***Wondercat Bar***, ✆ 429837, oder das ***Lek Inn***, ✆ 713179, – regelmäßig Ausflüge an.

Transport

Über den Bang Na–Trat Motorway und Bangkok–Chonburi Motorway ist Bangkok in rund 1 1/2 Std. erreichbar.

BUSSE – Busse aus Bangkok (ca. 140 km) halten am ac-Bus-Terminal in der North Rd., nahe Sukhumvit Rd. Da die wartenden Fahrer meist überhöhte Preise verlangen, hält man am besten außer Sichtweite einen vorbeikommenden Baht-Bus an.
Richtung Bangkok: Non-ac-Busse ab Bor-Kor-Sor-Bus Station an der Jomtien Rd., Ecke Chaiyapruk Rd., alle 25 Min. zum Eastern Bus Terminal für 64 Baht. Sie halten auch am Markt in der South Rd., an den grün bedachten Wartehäuschen entlang der Sukhumvit Rd. und in CHONBURI. Zwischen SI RACHA und SATTAHIP verkehren weiß-hellblaue Baht-Busse, die als preisgünstige Sammeltaxis überall angehalten werden können.
Ac-Busse vom Terminal der Firma ***Roong Reuang Coach*** in der North Rd., ✆ 038-429877, zum Eastern Bus Terminal zwischen 5.20 und 21 Uhr, zum Northern Bus Terminal zwischen 5.20 und 20 Uhr alle 20–30 Min. in rund 2 Std. für 100 Baht und – meist mit Umsteigen in Bangkok – zum Don Muang Airport um 9, 13 und 17 Uhr für 250 Baht (Ticket-Büro im rückwärtigen Bereich, ✆ 038-370055-6). Wer in Chonburi, 50 Baht, aussteigen will, muss es vorher anmelden, da die Busse sonst die Autobahn benutzen.
Die vielerorts buchbaren Charter-Taxis zum Flughafen in Bangkok kosten inkl. Autobahn-Gebühren zwischen 900 (meist zurückfahrende Meter-Taxis) und 1300 Baht (neuere, bequeme Limousinen).
Entlang der Ostküste: Nach BAN PHE, dem Fährhafen für KO SAMET, mit dem Minibus von ***Malibu Travel***, 216/25 Moo 9, Soi Diana Inn, ✆ 038-423180, 📠 426229, Filiale in der Naklua Rd, ✆ 038-370259, um 7.30, 11.30 und 15.30 Uhr für 150 Baht (Fähre 60 Baht extra), zurück um 10, 13.30 und 17 Uhr. Beliebt sind Tagestouren, für

längere Pauschaltouren werden rund fünf verschiedene Hotels angeboten.

Nach LAEM NGOP, dem Fährhafen für KO CHANG, mit dem Minibus von ***Koh Chang Travel***, 183/72 Soi Post Office, ✆ 038-710145-8, 📠 421 343, um 7.30 Uhr für 400 Baht, Fähre 100 Baht extra, zurück um 13 Uhr.

Nach RAYONG über SATTAHIP zwischen 3.30 und 10 Uhr non-ac-Bus für 35 Baht, ac-Bus für 60 Baht und VIP-Bus für 70 Baht ab dem Unterstand mit dem grünen Dach, 50 m vom Nakhonchai Air-Terminal, s.u. Einige Busse fahren bis nach Chantaburi oder Trat.

Richtung Norden und Nordosten: Ab Nakhonchai Air-Terminal, Sukhumvit Rd., Richtung Rayong, kurz hinter der Einmündung Central Rd., ✆ 038-424871:

Nach CHIANG MAI über Phitsanulok, Uttaradit und Lampang non-ac-Bus um 6.15 und 16 Uhr für 315 Baht, ac-Bus um 14.45 und 18.15 Uhr für 570 Baht oder VIP-Bus um 14.30, 17.25, 18.30 und 19 Uhr für 615 Baht.

Nach MAE SAI über Uttaradit, Phrae, Phayao und Chiang Rai non-ac-Bus um 12.15 Uhr für 360 Baht, ac-Bus um 15.15 Uhr für 645 Baht oder VIP-Bus um 15 und 17 Uhr für 705 Baht.

Nach UBON RATCHATHANI über Korat, Buriram, Surin und Si Saket non-ac-Bus um 16.45, 18 und 19.45 Uhr für 240 Baht, ac-Bus um 7.45 und 17.45 Uhr für 425 Baht oder VIP-Bus um 17.15, 18.35, 20.15, 20.30 und 20.45 Uhr für 500 Baht.

Ab ***Q-8-Tankstelle***, Sukhumvit Rd., Richtung Bangkok, kurz hinter der Einmündung der Central Rd., ✆ 038-421535:

Nach NONG KHAI über Korat, Khon Kaen und Udon Thani non-ac-Bus um 17.30 und 20 Uhr für 160–240 Baht oder ac-Bus um 8.30, 17.15, 18.30, 19, 19.45, 20.20, 20.30, 20.45, 21 und 21.30 Uhr für 330–430 Baht.

Neu ist die Verbindung mit ***Roong Reuang Coach*** (s.o.) nach MUKDAHAN zur laotischen Grenze um 7, 17.30 und 18.30 Uhr für 506 Baht.

EISENBAHN – Von BANGKOK nach Pattaya Mo–Fr um 6.55 Uhr. Zurück um 14.20 Uhr in rund 3 1/2 Std. für 31 Baht. Der winzige Bahnhof von Pattaya ist sogar mit einem Computer ausgestattet und kann Bahntickets landesweit ausstellen, ⏲ tgl. 8–16 Uhr, ✆ 038-429285.

FLÜGE – Der ehemalige Militär-Flugplatz U-Tapao, rund 40 km südlich von Pattaya, wird vorwiegend für Flüge nach Koh Samui und Phuket sowie gelegentlich für internationale Charter- und Linienflüge nach Phnom Penh, Moskau oder Taiwan genutzt.

Bangkok Airways, 75/8 Second Rd., gegenüber Montien-Hotel, ✆ 038-412382, 📠 411965, ⏲ tgl. 8–17.30 Uhr. 1x tgl. Flug nach KO SAMUI in 1 Std. für 2750 Baht. Zum gleichen Preis 4x wöchentlich nach Phuket. Minibus-Transfer mit Pick-up-Service zum/vom Flughafen U-Tapao, ✆ 038-722290, 150 Baht.

Thai Airways International im Dusit Resort, am Beginn der Beach Rd., Nord Pattaya, ⏲ Mo– Sa 9–17, feiertags 9–16 Uhr, ✆ 038-420995-7, 📠 420998.

Die Umgebung von Pattaya

Nicht weit vom Stadtzentrum finden sich jenseits des Sukhumvit Highway etliche Touristen-Attraktionen wie das **Bottle Museum** des Holländers Pieter mit mehr als 300 originellen Miniaturen in Flaschen, ✆ 038-422957, ⏲ tgl. 9–20 Uhr, Eintritt 150 Baht; das **Monkey Trainings Center**, ✆ 756 367, mit 5 Shows zwischen 8 und 17 Uhr, Eintritt nur mit Monkey-Show 250 Baht, Sammel-Ticket für alles 650 Baht; die **Schlangenfarm**, ✆ 038-731586, ⏲ tgl. 8–18 Uhr, mit ständigen Vorführungen, Eintritt 200 Baht; und **Mini Siam**, ✆ 038-421628, mit seinen Parkanlagen und Miniaturen thailändischer und internationaler Sehenswürdigkeiten, ⏲ tgl. 7–22 Uhr, Eintritt 250 Baht.

Elephant Village

Da mit dem Holzeinschlagverbot die meisten Arbeitselefanten arbeitslos wurden, kommen Mahouts mit ihnen aus anderen Landesteilen für einige Monate hierher, um bereits seit 1973 bei diesem Touristen-Spektakel ihre ausgebildeten Tiere vorzuführen.

Zudem werden zweistündige Ausritte auf Elefanten für 700 Baht und Touren mit Trekking, Rafting und eine Fahrt im Ochsenkarren für 1300 Baht angeboten. Die Show von 14.30–16 Uhr kostet 400 Baht. Elephant Village, 54/1 Moo 2 Tambon Nong Prue, 7 km außerhalb, Abholservice, ✆ 038-249818, 361868, 💻 elephant-village-pattaya.com.

The Million Years Stone Park & Crocodile Farm

Die weitläufige 40 ha große Parkanlage lohnt einen Besuch. Zwischen hübschen, weißen Felsformationen leben in Gehegen Tiere, die in Südostasien fast ausgestorben sind, u.a. Elefanten, Tiger, Bären, der große Mekong-Fisch Pla Buk sowie Tausende Krokodile in allen Größen. Krokodil-Shows um 9, 10, 11.20, 13, 14.20, 15.30 und 17 Uhr, in der Hochsaison gibt es mitunter auch spannende Magic- oder Monkey-Shows.

🕓 tgl. 8–18.30 Uhr, Eintritt 300 Baht, ✆ 038-249347-9.

Wat Yansangwararam

Kurz vor dem Noong Noch Village, ca. 11 km südlich von Pattaya, zweigt vom Highway eine ausgeschilderte Straße nach Osten ab, auf der man nach 4 km die Anlage erreicht. Auf einem riesigen Gelände wurden – und werden noch immer – buddhistische Tempelanlagen zu Ehren von König Bumiphol errichtet. In einem See spiegeln sich einige Wasserpavillons im Stil der jeweiligen Stifterländer Indien, Korea, Japan, China und der Schweiz (eine Art Bergkirche). Die chinesische Gemeinde hat eine riesige Palastanlage gestiftet. Auf einem Hügel erhebt sich eine buddhistische Pagode im modernen Stil, die Buddhas Fußabdruck enthält. Von hier öffnet sich ein weiter Blick bis zum Meer. Spektakulär ist das 130 m hohe Buddhabildnis, das mithilfe von Lasertechnik an einer Felswand entstand.

Noong Noch Village

Das Nong Noch Village lohnt sich allein schon wegen seines wunderschönen Parks. Im gezähmten Dschungel kann man Affen, Wild und Pfaue beobachten und sich mit ruhig gestellten Raubtieren fotografieren lassen, was oft kritisiert wird. Außerdem gibt es eine beeindruckende Orchideenzucht und eine der größten Kakteen- und Palmensammlungen Asiens. Die Kulturshow um 9.45, 10.30, 15 und 15.45 Uhr, in der Nebensaison nur zwei Aufführungen, ist extrem touristisch. Die anschließende Elefantenshow zeigt dressierte Elefanten beim Fußballspielen, Rad fahren oder Tauziehen. Auf dem Sukhumvit Highway sind es 14 km nach Süden, dann am KM 163 auf einer Abzweigung nach links weitere 3,5 km. 🕓 tgl. 8–18 Uhr, ✆ 038-422958, 429321. Eintritt 100 Baht, Kinder unter 12 50 Baht, inkl. Show 300 Baht. Infos im Pattaya-Büro / Hotel Nova Lodge, ✆ 038-429321, 422958, Touren ab Pattaya um 8.30 und 13.15 Uhr 450 Baht.

Alangkarn

Diese atemberaubende Extravaganza-Show zählt mit ihrer 70 m langen Bühne und vielfachen hochtechnisierten Spezialeffekten (darunter ein simulierter Vulkan-Ausbruch und monumentale Prozessionen) zu den neuesten, imposantesten Attraktionen. Das große Gala-Dinner wird von 18–20 Uhr angeboten, die Show dauert von 20.45–22.30 Uhr (in Kombination 1200 Baht). Das Entertainment-Zentrum, zu dem auch diverse Geschäfte und Handwerksbetriebe gehören, liegt an der Sukhumvit Rd. kurz vor dem Ambassador Hotel, ✆ 038-256000, 💻 www.alangkarnthailand.com, Abholservice 100 Baht.

Die vorgelagerten Inseln

Von vielen Veranstaltern werden rund 400 Baht teure Ausflugstouren nach Koh Larn und zu kleinen, unbewohnten Inseln wie Ko Pai oder Ko Sak angeboten. Die meisten unterstehen dem Militär und dürfen daher nur tagsüber von Ausflugsbooten besucht werden. Die besten Tauchgebiete liegen vor Ko Krok.

Vor **Ko Larn** (Coral Island) ist das Wasser dank der Meeresströmung weitaus klarer als in der Bucht von Pattaya. Wer jedoch ein Tropenparadies erwartet, wird – zumindest in der Hochsaison – vom Lärm der zahllosen Jetski und Boote sowie den saftigen Preisen in den Strandrestaurants enttäuscht. Am schönsten ist der weiße **Ha Tien Beach** an der Westküste, wo das Meer besonders türkisblau schimmert. Am nördlichen, von asiatischen Reisegruppen überlaufenen **Tha Waen Beach** befinden sich ein Info-Stand der TAT, die Tourist Police und ein Rettungsdienst.

Ruhiger ist die Atmosphäre auf **Ko Pai** – einer unter Naturschutz stehenden Insel mit einem hohen Kalkfelsen, etwa 1,5 Stunden vor der Küste. In der Umgebung liegen weitere, kleine Eilande mit Korallenriffen, die aber meist militärisches Sperrgebiet sind. 2003 wurde östlich von Ko Pai das 1945 von der US-Navy gebaute, 60 m lange Landungsschiff HTMS *Kram* versenkt, um Taucher anzulocken.

Zentral-Thailand

- Den vergoldeten Buddha von **Phitsanulok** bestaunen, wenn er nachmittags vom Sonnenlicht angestrahlt wird
- Den **H12** abseits der ausgetretenen Pfade erkunden
- In einem Gästehaus der Kleinstadt **Sukhothai** echte Traveller-Atmosphäre schnuppern
- An einem kühlen Tag durch die Ruinenstadt von **Si Satchanalai** radeln
- Von Umphang mit dem Floß auf dem **Mae Klong** durch urwüchsige Natur treiben

Der Weg nach Norden führt durch die weite Ebene des Menam Chao Phraya und seiner Nebenflüsse. Wer selber fährt, kann auf schmalen Straßen entlang der Kanäle und Flüsse zahllose Dörfer inmitten endloser Reisfelder erkunden.

Auf einigen steilen Felsen, die aus der Ebene emporragen, stehen kleine Tempel. Die größten Attraktionen aber sind die Ruinenstädte Sukhothai und Si Satchanalai. Wer sich für Thai-Kultur und Geschichte interessiert, sollte zudem Kamphaeng Phet besuchen.

Nakhon Sawan นครสวรรค์

Zu Beginn des vergangenen Jahrhunderts wurden riesige Wälder in Zentral- und Nord-Thailand abgeholzt und die Baumstämme über die Flüsse zum Meer geflößt. Am Zusammenfluss des Ping und Nan River zum Menam Chao Phraya entstand 240 km nördlich von Bangkok eine große Verladestation. Hier ließen sich zahlreiche chinesische Händler nieder, die bis heute die weitläufige Industrie- und Handelsstadt prägen.

Im Zentrum erstreckt sich rings um den großen See mit einer kleinen Insel der 50 ha große **Uthayan Sawan-Park**, der nach Feierabend ein beliebter Picknickplatz ist.

Auf dem Berg **Khao Kop** im Norden der Stadt steht neben der Fernsehstation das **Wat Woranat Banphot**, das bereits während der Sukhothai-Periode entstanden sein soll. Im Viharn wird die Kopie von einem Fußabdruck Buddhas verehrt. Eine riesige Buddhastatue scheint die Aussicht über die Stadt und die grüne, von Kanälen und Flüssen durchzogene Umgebung zu genießen.

Eine fantastische Aussicht über die Stadt bietet sich vom **Wat Chom Kiri Nakphrot** auf einem anderen Hügel. Bemerkenswert ist die große sitzende Buddhastatue in dem von Burmesen erbauten Tempel.

Ein großer **chinesischer Tempel** erhebt sich unterhalb des Zusammenflusses am südöstlichen Ufer des Chao Phraya. Er ist mit einer Fähre zu erreichen, die am Ende der Chulamanee Rd. ablegt. Am nördlichen Flussufer bietet täglich ein **Markt** eine große Auswahl an frischem Obst und Gemüse.

Am Chinesischen Neujahrstag zieht ab 18 Uhr eine große *Dragon and Lion Parade* mit riesigen Drachen und Löwen durch die Straßen. Die meisten Läden bleiben über die Feiertage geschlossen, dafür wird auf der Hauptstraße ein großer Markt aufgebaut.

Übernachtung

Piman, 605/244 Asia Rd., ✆ 056-222097, 📠 221 253, am Busbahnhof, 300 ac-Zimmer mit Du/WC, im 1. Stock nicht zu empfehlen wegen der darunter gelegenen Disco; Swimming Pool. ❹

Anodard, 479 Kosi Rd., ✆ 056-221844-8, chinesisches Hotel mit schwarzer Glasfassade ohne lateinisches Werbeschild neben dem 7 Eleven. Freundlich, saubere Fan-Zi im oberen Stockwerk mit TV. ❷

Baan Suan Resort, 1016/164 Moo 9, Nakhon Sawan Tok, etwas außerhalb, ✆ 056-333400-3, 📠 333399, saubere einstöckige Bungalows inmitten von viel Grün. Gutes Restaurant. ❸–❹

Country Lake, 2 Soi Choke Chai, 4 Lard Prao 53 Rd., Wangtonglang, etwa 30 km südlich von Nakhon Sawan Richtung Uthai Thani, ✆ 02-9330577, 📠 02-9330579, ✉ mkt.bkk@countrylake.net. Kleine Lodge in einer Flussschleife am Westufer des Chao Phraya. Angeboten werden Trekking und Vogelbeobachtung in den Flussauen, Bootsfahrten, Meditation, Yoga und Kochkurse. Familiäre Atmosphäre. Zimmerpreise inkl. Frühstück. ❹

Essen

Hervorragende, preiswerte Gerichte werden im Food Center im ***Fairyland Department Store*** (4. Stock) angeboten; große Auswahl. Auch das Restaurant im Baan Suan Resort (s.o.) ist empfehlenswert. Rings um den See bieten mehrere Restaurants Thai-BBQ an.

Transport

BUSSE – Busbahnhof draußen am H1 neben dem Nakhon Sawan Shopping Center (aus der Innenstadt mit dem Songthaew, 10 Baht).
Von / nach BANGKOK (237 km) mit dem non-ac-Bus alle 30 Min. für 81 Baht, ac-Busse jede Std. bis 18 Uhr für 146 Baht in knapp 4 Std.
PHITSANULOK etwa stdl. bis 16 Uhr non-ac-Bus für 50 Baht, ac-Bus für 70 Baht, etwa 2 1/2 Std.

Von dort weiter nach Sukhothai und Kamphaeng Phet.
SUKHOTHAI 6x tgl. non-ac-Bus von *Cherdchai Tour* für 71 Baht, ac 99 Baht.

EISENBAHN – Alle Züge von Bangkok nach Norden halten am Bahnhof, 6 km südlich der Stadt. Mit dem roten Songthaew ins Zentrum, 10 Baht. Die Fahrt in der 2. / 3. Kl. kostet ohne Zuschläge 110 / 48 Baht (4–5 Std.), nach PHITSANULOK 68 / 30 Baht (2–3 1/2 Std.).

Die Umgebung von Nakhon Sawan

Bung Boraphet

Ein Teil des 200 km² großen Sumpfgebietes Bung Boraphet im Osten von Nakhon Sawan, des größten natürlichen Süßwassersees des Landes, wurde zum **Vogelschutzgebiet** erklärt. Am Ufer des seichten Sees nisten mehr als 34 Vogelarten. Tausende von Wildenten überwintern hier. In den Gewässern leben zahlreiche Fischarten, darunter der *Sua*, der als lokale Delikatesse gilt. Südlich von Nakhon Sawan ist die Stichstraße vom H1 ausgeschildert.

Khao Nor, Khao Kaeo

Knapp 30 km nördlich von Nakhon Sawan ragen östlich des H1 Kalksteinmassive steil aus der Ebene empor. Die Abzweigung ist am KM 278 ausgeschildert. In den bewaldeten, zerklüfteten Bergen leben zahlreiche Affen und in den Höhlen Millionen Fledermäuse und Fliegende Hunde, die während der Dämmerung ausschwärmen und in den Obstplantagen auf Futtersuche gehen.

Phitsanulok พิษณุโลก

Phitsanulok (gesprochen Pi-sanu-loh oder kurz Piloh) ist ein wichtiges Handelszentrum zwischen dem Norden und der Hauptstadt. Während der Herrschaft der Ayutthaya-Könige befand sich an diesem Ort ein Militärcamp. Zeitweise lebte der König hier. Die meisten historischen Bauten und viele Wohnhäuser wurden in den 50er Jahren bei einem großen Brand zerstört.

Erhalten blieb **Wat Phra Si Rattana Mahathat**, auch Wat Yai genannt, mit seinem goldglänzenden Prang. Im Haupttempel, dessen Innenwände mit Wandmalereien geschmückt sind, steht der hochverehrte vergoldete Bronze-Buddha *Phra Chinnarat* aus dem 14. Jh. Er gilt als eine der wichtigsten Buddha-Darstellungen Thailands und beispielhaft für den ausgereiften Sukhothai-Stil. Eine Kopie steht im Marmortempel von Bangkok, eine weitere im Thai-Tempel in Bodh Gaya (Indien). Am Eingangstor sind feine Perlmutt-Einlegearbeiten aus dem 18. Jh. zu sehen. Im Tempel sind lange Hosen erforderlich (Verleih am Eingang). Links vom Wat steht ein kleines Museum, in dem Votivgaben ausgestellt sind. Souvenirstände bieten günstig Handarbeiten an. Ebenfalls auf dem Gelände lädt das **Monk Chat Centre** Englisch sprechende Besucher Mo–Fr 9–17 Uhr zum Smalltalk wie zu religiösen Gesprächen ein.

Etwas weiter stadteinwärts erhebt sich südlich der Brücke **Wat Ratcha Burana**, dessen Chedi aus der Ayutthaya-Periode teilweise zerstört ist. Im Bot sind Wandmalereien mit Szenen aus dem Ramakien zu sehen.

Zwei weitere Tempel stehen nordöstlich der Stadt. Restauriert wurde **Wat Chedi Yot Thong** in der Soi 4. Sein Chedi aus Ziegelstein mit der typischen Lotosknospen-Spitze stammt aus dem 15. Jh.

Die Straße endet nach einem Kilometer am **Wat Aranyik**, dem Waldkloster, das von einem Wassergraben umgeben ist. Der singhalesische Chedi ist allerdings stark zerstört.

Auf dem Nan-Fluss und in den angrenzenden Sumpfgebieten leben Menschen auf **Hausbooten** (Ruan Phae). Damit haben sie sich optimal dem stark schwankenden Wasserspiegel angepasst. Da die Ufer zur Erosionsbekämpfung befestigt wurden, wird der Lebensraum der Hausboot-Bewohner immer enger. Noch liegen einige Boote unterhalb der Uferpromenade.

Zwei Attraktionen liegen im Süden der Stadt an der Wisutkasat Road. Das **Folk-Museum** in einem Komplex von Thaihäusern vermittelt mit seiner Sammlung von über 10 000 Gebrauchsgegenständen aus dem thailändischen Alltag einen Einblick in das Leben der Landbevölkerung während der vergangenen Jahrzehnte. Englische Erklärungen. 🕒 Di–So 8.30–16.30 Uhr, Eintritt 50 Baht.

Schräg gegenüber werden hinter dem grünen Tor Nr. 26/43 in der **Buddha Casting Factory** Buddhastatuen im Sukhothai-Stil in verschiedenen

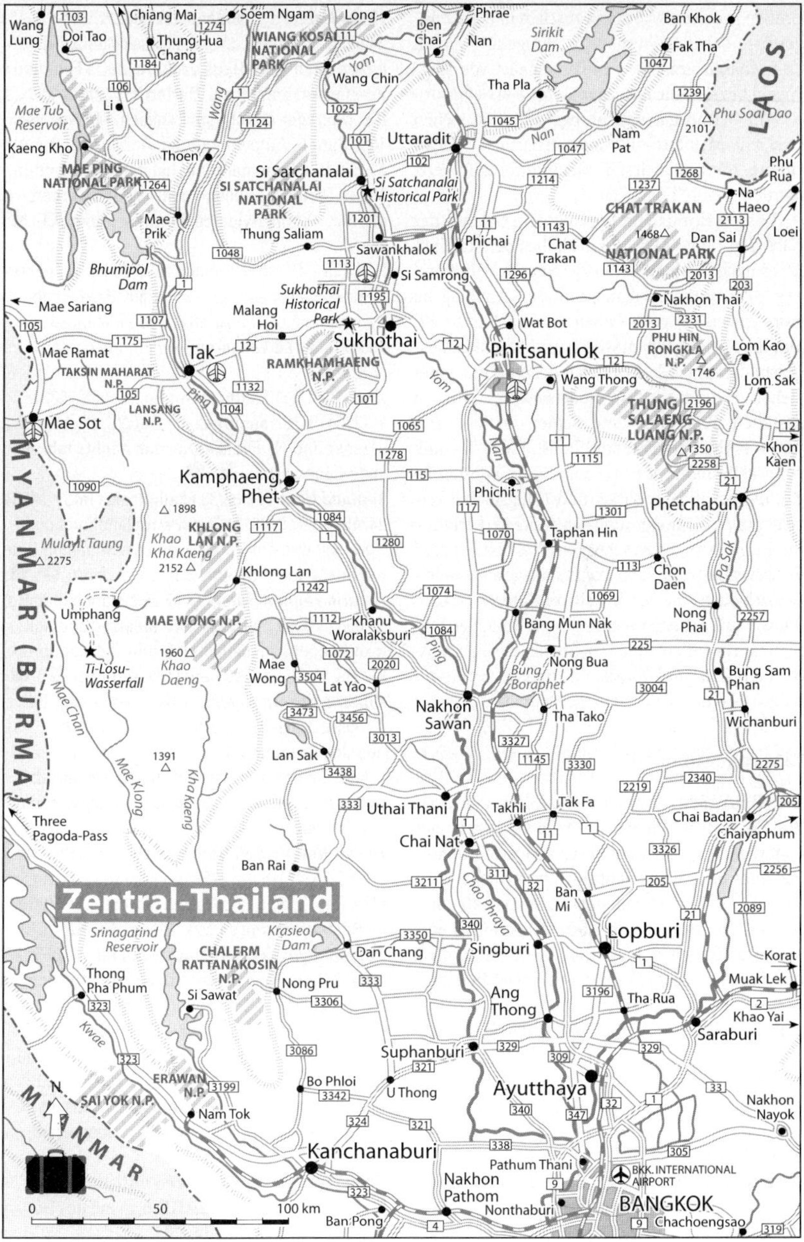

ZENTRAL-THAILAND

Größen gegossen. Man kann zusehen und ganz ungestört herumstöbern. Am Eingang werden Kampfhähne gezüchtet, und ein Spalier von Singvögeln begrüßt die Besucher. ⌚ tgl. 8–17 Uhr.

Am Ortsausgang Richtung Sukhothai stehen zwei rekonstruierte, mit Kanonen bestückte **Wachtürme**, denen skurrile Metallhüte aufgesetzt wurden.

Das **Textilmuseum** liegt auf dem Gelände der Naresuan Universität, 12 km südlich der Stadt am H117 nach Nakhon Sawan zwischen KM 118 und 119, 💻 www.thaitextilemuseum.com. Am Eingang zum Universitätsgelände hält der Stadtbus Nr. 12. Von dort sind es 900 m geradeaus bis zu dem ausgeschilderten modernen Gebäude. Im Mittelpunkt stehen traditionelle und moderne von Studenten gestaltete Baumwoll- und Seiden-Textilien. Ein Raum enthält gewebte und in Mud Mee-Technik hergestellte Stoffe der aus Laos eingewanderten Tai Khrang, ein anderer Wickelröcke (Pha Sin) aus verschiedenen Regionen und ein weiterer Kleidung der Königin. Im Erdgeschoss werden Textilien und Stoffe verkauft. Auf dem Universitätsgelände befindet sich auch eine **Art & Culture Galerie**, ✆ 055-302109 mit Arbeiten thailändischer Künstler. Studienzwecken dient eine Datenbank, die über klassischen Tanz und Musik informiert. ⌚ Mo–Fr 8.30–18 Uhr.

Übernachtung

GÄSTEHÄUSER – ***Lithai Gh.*** ⑨, 73/1-5, Phaya Lithai Rd., ✆ 055-219626, ✉ lithaiphs@yahoo.com; zentrale Lage, ruhig. Saubere, möblierte Zi mit Fan oder ac und Kühlschrank, Warmwasser-Du/WC, TV, Teppichboden. Im 3. Stock einfache, kleine Zi mit einfachsten Matratzen, aber TV und sauberen Gemeinschafts-Du/WC. Die teureren Zi inkl. Frühstück mit All-you-can-drink-Kaffee im Steak-Cottage. ❷–❸

Bon Bon Gh. ⑩, ✆ 055-219058, 01-9623739, wenige Meter neben dem Lithai Building in der Payalithai Rd., kleines Haus, nach hinten versetzt, ruhig und sauber. Zi mit Fan oder ac, Du/WC und TV, billigere mit Gemeinschafts-Du/WC. ❶–❸

London Hotel ⑦, Soi 1 Buddha Bucha Rd., einfaches, bunt bemaltes Holzhaus, 8 kleine Zi für Traveller mit Fan und Gemeinschafts-Du/WC. ❶

Youth Hostel ⑬, 38 Sanambin Rd., ✆ 055-242060, 📠 210864, ✉ phitsanulok@tyha.org. In einem alten Teak-Haus saubere, nette Fan- und ac-Zimmer, Schlafsaal, Garten, Frühstück inkl. Der Manager spricht gut Englisch. Mit Ausweis 10% Rabatt. Autovermietung. Anfahrt mit Bus Nr. 4, vom Bus Terminal zunächst mit Bus 1, 8 oder 10 bis Technical College oder mit dem Airport-shuttle. Abholservice bei Voranmeldung. ❶–❸

HOTELS – Die meisten der etwa 20 Hotels liegen in einer Preisklasse von unter 800 Baht. Einige neue Hotels bieten komfortable Zimmer ab 1000 Baht. Die billigeren sind nur in Thai beschriftet.

Asia ⑧, 176/1 Ekathotsarot Rd., ✆ 055-258378, 📠 230419, 13 saubere Zi mit Du/WC, z.T. Warmwasser und TV, Familienzimmer, nachts fahren viele Züge vorbei. ❷–❸

Topland Hotel ①, 68/33 Ekathotsarot Rd., ✆ 055-247800-9, 📠 247815, 💻 www.toplandhotel.com. Hotel mit direkter Verbindung zum Shopping Center. Kostenloser Shuttle-Bus zum Airport. ❹–❺

Amarin Lagoon Hotel ②, 52/299 Praongkhao Rd., ✆ 055-220999, 📠 220944, ✉ amarin@phunlok.loxinfo.co.th, am östlichen Stadtrand, komfortable DZ, Pool, Fitness Center, Restaurant. ❹–❽

Amarin Nakorn Hotel ⑤, 3/1 Chao Phraya Rd., ✆ 055-219069-78, 📠 219500, ✉ amarin@phunlok.loxinfo.co.th., im Zentrum, saubere Zi mit ac, TV und Kühlschrank, teils stört der Straßenlärm; schöne ac-Lobby; freundliches Personal. ❸–❺

Pailyn Hotel ③, 38 Boromtra Lokkanat Rd., ✆ 055-252411-5, 📠 225237, saubere Zi mit ac, Minibar, TV, Bad und Balkon, Frühstücks-Buffet, im Restaurant gibt's Pizza. Disco. ❹–❺

Petchpailyn ④ 4/8 Athitayawong Rd., ✆ 055-219433-4, das günstigere Schwesterhotel liegt um die Ecke; große, saubere Zi mit ac, Thai- oder Continental-Frühstück. ❷–❸

Grand Riverside ⑥, 59 Praraung Rd., ✉ grand_riverside@asiavoyage24.com, ✆ 055-216420, 📠 232789, neues Hotel westlich des Flusses, 81 komfortable Zi, Frühstück inkl., Restaurant, Pool. ❹–❼

Thep Nakorn Hotel ⑪, 43/1 Sri Thamtraipidok Rd., ✆ 055-244070-4, 📠 241075, Zi mit ac, TV, Kühlschrank. Nachtclub. ❸

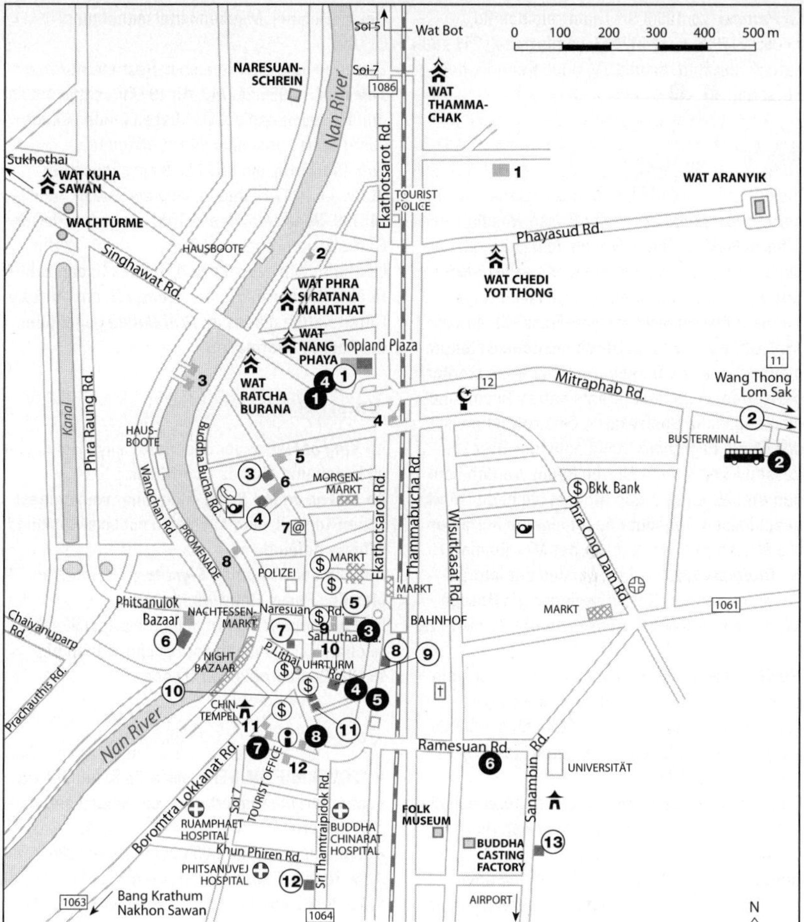

Phitsanulok

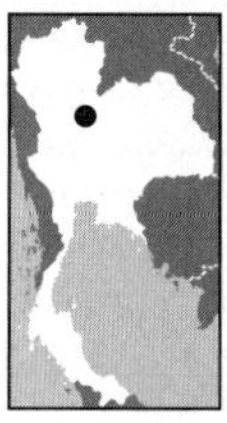

Übernachtung:

1. Topland H.
2. Amarin Lagoon H.
3. Pailyn H.
4. Petchpailyn H.
5. Amarin Nakkorn H.
6. Grand Riverside H.
7. London H.
8. Asia H.
9. Lithai Gh.
10. Bon Bon Gh.
11. Thep Nakorn H.
12. La Paloma H.
13. Youth Hostel

Läden, Restaurants etc.:

1. The Bamboo Grove
2. Riverside Pub & Kantine
3. Hausboot-Restaurants
4. Pastime R.
5. King of Fun
6. Sor Lert Ros R.
7. Apinet
8. Massagen
9. Nudelsuppenstände
10. Bäckerei
11. So Fun on the Rock
12. Arai Coffee

Transport:

1. Bus→Sukhothai
2. Bus Terminal
3. ac-Busse (Cherdchai Tour)
4. Haltestelle Stadtbus Nr.1
5. Ac-Busse (Yan Yon Tour)
6. Ac-Busse (Win Tour)
7. Thai Airways
8. Autovermietung

La Paloma ⑫, 103/8 Sri Thamtraipidok Rd., ✆ 055-217930-6, 📠 217937, komfortabel, 249 saubere Zi. mit Bad, ac und TV. Pool, freundliches Personal. ❹–❻

Essen

Viele Straßenstände bieten das regionale Nudelgericht *mie sueh*, z.B. in der Gasse westlich vom Amarin Nakhon Hotel. Neben dem Lithai Gh und gegenüber des Bon Bon Gh gibt es ***Curry-Restaurants***. Auch gebratener Fisch ist im Angebot. Auf dem ***Nachtmarkt*** am Nan-Fluss gibt es von 18–3 Uhr gutes Essen. Durch die neue Betonpromenade ist er zwar sauberer, aber auch steriler geworden. Viele Restaurants haben Tische und eine englische Speisekarte. Eine Attraktion ist der *Flying Vegetable*-Stand nahe der Brücke, dessen Künste ab 21 Uhr bestaunt werden können. Am 25. eines jeden Monats bleibt der Markt geschlossen. Tagsüber findet hier ein normaler Markt statt und von 4–7 Uhr der Morgenmarkt.
Im ***Topland Plaza*** sind die Filialen der internationalen Fastfood-Ketten zu finden, im Obergeschoss ein preiswerter Essensmarkt. 🕓 bis 21.30 Uhr.
Steak Cottage, im Erdgeschoss des Lithai-Komplexes, ac-Restaurant mit englischer Speisekarte. Thai- und Continental-Frühstück, abends auch Schweinefleisch mit Sauerkraut. 🕓 7–14 Uhr und 17–21 Uhr.
Das ***Mangklar***, zum Pailyn Hotel gehörend, hat ein Open Air-Restaurant und eine Bar. Hier gibt es zum BBQ frisch gezapftes Bier.
Sor Lert Ros, an der Ecke neben dem Pailyn Hotel, nur in Thai ausgeschildert, serviert gutes thai-chinesisches Essen (leckere Hähnchen). Der erste Stock ist klimatisiert. Viele Gerichte sind nicht auf der englischen Speisekarte gelistet – auf den Nachbartischen umsehen.
Im Norden der Stadt am Flussufer ist am Abend das ***Riverside Pub*** eine gute Adresse für einen Drink. Mittags kann man die angrenzende ***Kantine*** besuchen, wo sich Angestellte aus der Umgebung auf dem Boden sitzend und die Beine im Freien baumelnd ihre *mie sueh* schmecken lassen.
Song Kwae, das Hausboot-Restaurant, ✆ 055-242167, ist am Ufer vertäut. Hier speist man unter freiem Himmel. Mückenmittel mitnehmen! 🕓 11–23 Uhr.
Daneben liegt das Hausboot-Restaurant ***Phae Fah Thai***, ✆ 055-242743. Ab 19 Uhr schwimmt es den Fluss auf und ab. Das Essen fanden einige Leser etwas geschmacklos und teuer.
Fah Thai Farm, am KM 121, 9 km südlich der Stadt am H117 Richtung Nakhon Sawan, ✆ 055-245199. Spezialität des in Thai ausgeschilderten Gartenrestaurants sind Prawns, 🕓 10–22 Uhr.
Liebhaber von Kuchen und Gebäck finden zahlreiche ***Bäckereien*** in der Stadt, z.B. am Uhrturm. Guten Kaffee gibt es im ***Arai Coffee*** gegenüber der Tourist Information.

Unterhaltung

Im ***King of Fun***, gegenüber dem Pailyn Hotel, gibt es Essen und abends Live-Musik.
Im ***So Fun on the Rock***, gegenüber vom chinesischen Tempel, wird ausgiebig mit Live-Rock und Whisky gefeiert.
Auch in der Diskothek ***Signature*** im Hotelkomplex des Pailyn Hotel wird getanzt.
Im ***Phitsanulok Bazaar***, einem Viertel mit zahlreichen Bars jenseits der Brücke, öffnen ab 19 Uhr Restaurants und Discos.

Sonstiges

AUTOVERMIETUNGEN – ***Avis***, 38 Sanambin Rd., neben der Jugendherberge, ein Stück vom Airport entfernt, ✆ 055-242060, 📠 210864.
Budget, im Airport, ✆ 055-258556, 01-8208644.
Able Tour & Travel, 55/45 Boromtra Lokkanat Rd., nahe dem Tourist Office, ✆ 055-246438, 📠 242 206, vermietet PKW und Minibusse.
Chumphorn Car for Rent, 35/7-5 Ekathotsarot Rd., ✆ 055-214720.

GELD – ***K Bank*** südlich vom Kreisverkehr mit dem Uhrturm in der Boromtra Lokkanat Rd., am Kreisverkehr eine ***Siam Commercial Bank*** mit Automat.

EINKAUFEN – Lohnend ist ein Bummel über den großen Markt nördlich vom Uhrturm oder durch die Läden in der Ekathotsarot Rd. Beliebt und interessant ist der ***Night Bazaar*** beim Fluss,

🕓 bis 22 Uhr. Im ***Topland Plaza*** gibt es Markenwaren. Das ***Big C***, am H12 etwa 2 km nach Osten, 🕓 bis 24 Uhr, ***Lotus Super Center***, etwas weiter, 🕓 bis 23 Uhr.

FESTE – Am 6. Tag des zunehmenden Mondes im 3. Mondmonat (meist Ende Februar) findet **The Phra Buddha Chinarat Fair** statt. Zu Ehren der verehrten Buddhastatue im Wat Mahathat gibt es Theater, Tänze und einen Jahrmarkt.
Am dritten Septemberwochenende werden auf dem Nan River **Bootsrennen** veranstaltet.

INFORMATIONEN – Hilfreiche Informationen bietet das ***Tourist Office***, 209/7-8 Boromtra Lokkanat Rd., ✆ 055-252742–3, 📠 231063, ✉ tatphs @loxinfo.co.th oder ✉ tatphlok@ tat.or.th; 🕓 tgl. 8.30–16.30 Uhr. Auch zuständig für Sukhothai. Stadtplan, Infoheft, lokaler Busfahrplan und eine Karte vom H12 (s.u.) sind erhältlich.

INTERNET – Einige Internet-Cafés gibt es im Vergnügungsviertel auf der anderen Flussseite (s.u.). Das ***Apinet*** befindet sich in der Nähe des Pailyn Hotels, ein weiteres neben dem Topland Plaza.

MASSAGEN – gut und günstig für 100 Baht pro Stunde unter freiem Himmel bei den Pavillons am Flussufer, etwas südlich der Post.

MEDIZINISCHE HILFE – ***Buddha Chinarat Hospital*** an der Sri Thamtraipidok Rd. (H1064), ✆ 055-219844–52.
Phitsanuvej Hospital, Khun Phiren Rd., ✆ 055-219941-50.
Ruamphaet Hospital, Boromtra Lokkanat Rd., ✆ 055-219307-16.

MOTORRÄDER – ***PN Motor Shop***, 834/271 Mitrapab Rd., ✆ 055-242424, 211880, 06-5919159 (engl.), am Busterminal. 🕓 tgl. außer So 8.30–20 Uhr.

POST – Das Hauptpostamt liegt an der Uferstraße. Internationale Telefongespräche kann man vom ***Telephone Office*** nebenan führen. **PLZ**: 65 000.

TOURIST POLICE – Hilfsbereite Polizisten im Stand am Busbahnhof. Büro in der Ekathotsarot Rd., ✆ 055-245357-8, Notruf ✆ 1699.

WÄSCHEREIEN – Günstig an der Boromtra Lokkanat Rd., Ecke Prasongprasart Rd.

Nahverkehrsmittel

In der Stadt sind Fahrradrikschas noch weit verbreitet; oft von Frauen gefahren. Zudem fahren 3-Rad- und 4-Rad-Tuk Tuks. Viele stehen am Pailyn Hotel und am Bahnhof.

SAMLOR – 45-minütige Touren durch die Stadt für 300 Baht (2 Pers.) werden an den Hotels angeboten. Ansonsten zahlt man für mittlere Strecken 30 Baht, handeln erforderlich. Ein Tuk Tuk kostet auf der Strecke zwischen Busbahnhof und Stadt 50 Baht.

STADTBUSSE – In der Stadt 5 Baht (ac 8 Baht). Bus Nr. 1 fährt zum Busbahnhof, Bahnhof und Topland Plaza, Nr. 8 außerdem zur Buddha Casting Factory und dem Folk-Museum, Nr. 12 vom Busbahnhof zum Textilmuseum.

STADTRUNDFAHRTEN – mit der ***Phitsanulok Tour Tramway*** für 20 Baht von 9–15 Uhr etwa alle 30 Minuten ab Wat Mahathat (Wat Yai).

Transport

BUSSE – Vom Busbahnhof im Nordosten der Stadt fährt der Stadtbus Nr. 1 für 5 Baht zum Bahnhof und in die City. Viele Überlandbusse halten am Bahnhofsvorplatz, dem zentralen Bus Stop der lokalen Busse.
Private ac-Busse von und nach Bangkok, Chiang Mai und Chiang Rai halten an den Büros der Bus-Companies südlich vom Bahnhof, ***Yan Yon Tour***, Thammabucha Rd., ✆ 055-258647, 258941, ***Win Tour***, Ramesuan Rd., ✆ 055-243222, 252617 und ***Cherdchai Tour***, Ekathotsarot Rd.
Nach Bangkok: Von 6.30–9.30 Uhr non-ac-Bus 121 Baht, 2.Kl. ac-Bus jede 1–1/1/2 Std. für 169/176 Baht, ac-Bus etwa stdl. von 7.30–15 Uhr sowie um 20, 22, 23 und 22.30 Uhr für 218 Baht in 5 1/2–6 Std. Sind Plätze frei, kann man in

ZENTRAL-THAILAND

VIP-24-Busse aus dem Norden für 335 Baht zusteigen.
Richtung Norden über Tak oder auf der kürzeren Route über den H11: Nach CHIANG MAI laufend mit non-ac-Bus für 120/140 Baht, 2. Kl. ac-Bus 168 Baht, ac-Bus 216/275 Baht in 5/6 Std. VIP-Bus um 1.30 Uhr über Tak 350 Baht oder um 5.45 Uhr direkt 252 Baht.
Nach CHIANG RAI non-ac-Bus von 6.15–15.30 Uhr für 139/153 Baht, ac-Bus um 7.30 Uhr und abends für 195/275 Baht in 6 bzw. 7 Std.
Richtung Nordosten: Auf dieser Strecke kommen viele altersschwache Busse zum Einsatz. Man sollte sich daher mit Zeit und Geduld wappnen.
Nach KORAT non-ac / ac / VIP-Bus für 137 / 247 / 288 Baht, 7 Std.
Nach LOEI non-ac-Bus um 9, 12, 13.30 und 21 Uhr für 79 Baht in 4 Std. (weiter nach UDON THANI für 122 Baht in 7 Std.); ac-Bus 3x um Mitternacht für 111 Baht (Udon 171 Baht).
Nach KHON KAEN non-ac-Bus für 137 Baht, ac-Bus 247 Baht in 7 Std.
In Zentral-Thailand: Wer sicher einen Sitzplatz möchte, steigt am Busbahnhof ein. Ansonsten Zustieg auch am Topland Plaza möglich.
Nach SUKHOTHAI non-ac-Bus stündlich für 26 Baht, ac-Bus 32 Baht in 1 Std.
Nach TAK non-ac-Bus stündlich für 57 Baht; ac-Bus für 71 Baht.
Nach MAE SOT Minibus 8x tgl. (über Sukhothai) für 122 Baht in 5 Std.
Nach KAMPHAENG PHET non-ac-Bus stündlich für 43 Baht (2.Kl. ac-Bus für 60 Baht) in 2 1/2 Std.
Nach UBON RATCHATHANI zwischen 18 und 24 Uhr 6 x tgl. für bis zu 475 Baht (Special VIP) von Nakhonchai Air.
Weitere Busse nach NAKHON SAWAN für 50 Baht, PHRAE für 66 Baht und in andere Orte.

EISENBAHN – Der Bahnhof, ✆ 055-258005, ist eines der wenigen Gebäude, das den Brand von 1959 unbeschadet überstanden hat. Gepäckaufbewahrung 10 Baht.
Ab BANGKOK mit dem Rapid um 6 und 7 Uhr in 7 Std. oder dem Sprinter um 8.30 und 9.30 Uhr in 6 Std.
Zurück mit dem Rapid um 9.03 und 10.05 Uhr oder dem Sprinter um 14.49 und 18.28 Uhr. Zudem einige Nachtzüge und langsame lokale Züge.
Ab CHIANG MAI sind der Rapid um 6.55 Uhr in 8 Std. und der Sprinter um 8.30 und 16 Uhr in 6–7 Std. geeignet. Zurück mit dem Rapid um 12.59 Uhr oder dem Sprinter um 13.55 Uhr.
Fahrpreis in der 2. / 3. Kl. ohne Zuschläge nach BANGKOK 159 / 69 Baht, CHIANG MAI 150 / 65 Baht, LOPBURI 113 / 49 Baht, AYUTTHAYA 135 / 58 Baht.

FLÜGE – Busse Nr. 4 und 12 fahren von der lokalen Bus Station zum Airport. Tuk Tuks und Shuttlebus, ✆ 055-252258, kosten 50 Baht. Der Bus fährt um 6 und 18.15 Uhr, Fr–Mo auch 12.45 Uhr, Richtung Flughafen. Haltestellen: Buddha Chinarat Hospital, Bahnhof, Busterminal und Youth Hostel. Vom Flughafen in die Stadt tgl. um 7.15 und 19.45 Uhr, Fr–Mo auch um 13.55 Uhr.
Thai Airways fliegt tgl. nach BANGKOK für 1380 Baht, **Nok Air** tgl. um 7.35 und 18 Uhr für ca. 1000 Baht.

Auf dem Highway H12 nach Osten

Eine schöne Route führt von Phitsanulok auf dem gut ausgebauten H12 nach Osten. Mit einem eigenen Fahrzeug lassen sich viele Naturattraktionen aufsuchen. Auch mit Überlandbussen oder mit Touren ab Phitsanulok kann man einige Orte erreichen. Die Wasserfälle sind während und kurz nach der Regenzeit am spektakulärsten.

Die Straße führt durch ein Tal mit mehreren Wasserfällen, z.B. am KM 33 im Sakunothayan Botanischen Garten der **Wang Nok Aen**-Wasserfall und der **Kaeng Song-Wasserfall** am KM 45. Camper und Picknickfreunde finden am KM 49 auf dem Markt von **Bang Sap Prahai Wan** Lebensmittel.

Beim KM 59,8 führt rechts eine 2 km lange Straße bis zum **Poi-Wasserfall**, einem beliebten Picknick- und Autowaschplatz. Bei Niedrigwasser kann man auf die andere Seite des Flusses waten.

Beim KM 68 zweigt die Straße H2013 Richtung Norden nach Nakhon Thai ab (29 km, Busse ca. jede Stunde, Tagestouren ab Phitsanulok 1000 Baht). An der Abzweigung liegen Restaurants und ein einfaches Homestay. Nach 24 km auf dem H2013 führt die asphaltierte Straße H2331 zum **Phu Hin Rongkla National Park** (31 km, Songthaew 30 Baht). Vor dem Eingang zum Nationalpark liegen einige

Hmong-Dörfer, deren Bewohner entlang der Straße Stickereien verkaufen. Auf dem Hochplateau konnten sich in den 70er Jahren lange Zeit kommunistische Kämpfer halten. Heute durchwandern Thai-Familien auf einem Rundweg die Schützengräben und Stellungen zur nationalen Erbauung. Von malerischen Felsen blickt man weit über die Ebene. Der **Rom Klao Paradon-Wasserfall** liegt 600 m von der Hin Nam-Höhle entfernt. Der 32-stufige **Man Daeng-Wasserfall** ist schwieriger zu erreichen. Dort wachsen wilde Orchideen und Ahornbäume, die sich im November und Dezember rot und gelb färben.

Vom H12 führt beim KM 71 eine 2,4 km lange Straße zum **Kaeng Sopha-Wasserfall**, dem größten Wasserfall des Flusses. Hinter den Essenständen am Parkplatz geht ein Fußweg 200 m hinab zum dreistufigen Fall. Beim KM 79,4 liegt das Headquarter des **Thung Salaeng Luang National Park**, ✆ 055-268019, in dem eine nur in Thai beschriftete Ausstellung über Fauna und Flora informiert. Im Park vor dem Headquarter stehen ein Elefanten-Skelett, ein alter Mercedes-LKW und ein langer Einbaum. Ein 3,7 km langes Sträßchen führt durch den lichten Hochlandwald zu einem Picknickplatz am Fluss. Vom Eingang aus zweimal rechts und dann an der Gabelung nach links. Andere Bereiche des 1262 km^2 großen Parks sind mit Grasland, Kiefern und Bambus bewachsen. Hier leben Tiger und wilde Elefanten.

Der H12 führt weiter über brandgerodete Berge Richtung Osten nach Lom Sak. Bei KM 100,5 zweigt der H2196 Richtung Süden nach **Khao Kho** ab. Dort gibt es ein Kriegsmuseum und einen kleinen Wasserfall (21 km). Etwas weiter steht der **Khao Kho Palace** (34 km), eine der königlichen Residenzen auf dem Land, die nicht besichtigt werden kann.

Beim KM 104 am H12 verbringen Einheimische in gigantischen Resorts ihr Wochenende. Danach geht es steil hinab. Einige letzte Aussichtspunkte mit Obst-, Gemüse- und Blumenmärkten gibt es bis zum KM 108.

Nun bieten sich drei Möglichkeiten: den H12 weiter in den Nordosten, in einer Schleife durch das Verwaltungszentrum **Phetchabun** und über den H113 zurück oder auf dem H21 durch eine agrarisch geprägte, völlig untouristische Region nach Lopburi zu fahren.

Übernachtung

Das kühle Hochlandklima, die Wälder und Wasserfälle wirken wie ein Magnet auf einheimische Urlauber. Ausländer verirren sich selten hierher, so dass in den Anlagen nur selten Englisch gesprochen wird.

Rain Forest Resort, beim KM 42, Mittaphap Rd., ✆ 055-293085-6, 💻www.rainforestthailand.com, sehr schön gestaltete Bungalows mit Naturstein und viel Holz, gutes Restaurant mit Thai- und chinesischer Küche, auch Reisegruppen. Rafting-Touren auf dem Khek River. ❹–❺

Wang Nam Yen Resort, beim KM 46,1, ✆ 055-293411-4, 📠 293415. Das Resort liegt in einem großen Park, Eintritt.

Sappraiwan Grand Hotel & Resort, beim KM 53, ✆ 055-293293, 📠 293339, komfortable Bungalows in einer weitläufigen Parkanlage. ❺

Nationalpark Bungalows im Phu Hin Rongkla National Park am Headquarter, etwa 500 m unterhalb des kommunistischen Camps, mit Restaurant. ❸

Weitere Bungalows rings um das Headquarter des Thung Salaeng Luang National Parks am KM 79,4. Sie bieten 5–12 Personen Platz und sind z.T. mit TV und Kühlschrank ausgestattet. Am Wochenende und in den Ferien meist ausgebucht. Alle Nationalpark-Bungalows sind in Bangkok bei der *National Park Division* zu buchen, ✆ 02-5620760. ❹–❺

Campingmöglichkeiten hinter dem Headquarter des Thung Salaeng Luang National Parks, am Kaeng Song- und Poi-Wasserfall.

Phichit พิจิตร

Die kleine Stadt (gesprochen Pi-tschit) liegt 344 km nördlich von Bangkok und 40 km südlich von Phitsanulok, inmitten von Reisfeldern. Sie wurde 1058 von Phraya Khot Thabong gegründet. Thais besuchen gern das **Wat Tha Luang** mit seiner hochverehrten Buddhastatue aus der Chiang Saen-Periode.

Im **Bung Sifai**, einem sumpfigen See 1 km westlich der Stadt, werden Lotos-Blumen und Fische gezüchtet. Am beliebten Picknickplatz gibt es ein Auditorium in Form eines Krokodils, in dessen ac-Bauch 30 Personen Platz finden. Die Sümpfe um

Phichit waren einst Tummelplatz der großen Reptilien, die heute in Farmen gehalten werden. In dem sternförmigen Haus befindet sich ein Aquarium. ⏲ tgl. 10–18 Uhr.

Am ersten Wochenende im September finden **Bootsrennen** auf dem Nan-Fluss vor dem Wat Tha Luang statt. Mannschaften aus dem ganzen Land beteiligen sich. Zwei Bootstypen mit 40 bzw. 55 Mann Besatzung kämpfen um den Sieg.

Acht Kilometer außerhalb am H1068 liegt der **Old City Park**. Vor 900 Jahren verlassen, zeugen Ruinen von Tempeln und Klöstern von dem sagenumwobenen Ort, an dem eine bekannte Thai-Legende (*Kraithong*) ihren Ursprung hat.

Übernachtung

Während des Bootsrennens sind die Hotels oft ausgebucht.

Phichit Plaza, 9 Sra Luang Rd., ✆ 056-613502-9, 📠 613501, komfortable ac-Zimmer. ❺–❽

Oka Nakhon Hotel, 2/91 Si Mala Rd., ✆ 056-611206, 611321, 📠 611694, großes Hotel in der Nähe des Busbahnhofs, Zi mit ac. ❹–❻

Si Mala, 19/29 Si Mala Rd., ✆ 056-611322, 12 Zi mit Fan. ❶–❷

Chit Wilai Hotel, 514-516 Bussaba Rd., ✆ 056-611398, beim Wat Tha Luang, 13 Zi mit Fan. ❷

Transport

Nach BANGKOK non-ac-Bus um 6.30, 8.30 und 9.30 Uhr für 112 Baht, ac-Bus um 12, 14.30 und 21.30 Uhr für 202 Baht, 2. Kl. ac-Bus um 7.40, 8.10, 9, 9.30 und 21.30 Uhr für 162 Baht.

Nach PHITSANULOK alle 30 Min. für 25 Baht.

Nach KAMPHAENG PHET non-ac-Bus 34 Baht.

Der Bahnhof von Phichit liegt auf der anderen Seite des Flusses, mit der Fähre zu erreichen. Von BANGKOK kostet die Fahrt in der 2. / 3. Kl. ohne Zuschläge 145 / 63 Baht (6–8 Std.), von PHITSANULOK 18 / 9 Baht.

Sukhothai สุโขทัย

Sukhothai gilt als die Wiege Thailands. Als die Thai aus dem Norden einwanderten, eroberten sie im Jahre 1238 auch das Gebiet um die Khmer-Siedlung, aus der das spätere Sukhothai entstand. Mit Hilfe einer schlagkräftigen Armee und geschickter Diplomatie brachten sie weite Landstriche unter ihren Einfluss. Der „Vater Thailands", König Ramkhamhaeng (1275–1317), entwickelte hier aus der Mon-Schrift das erste Thai-Alphabet. Ceylonesische Mönche, die der König ins Land holen ließ, sorgten für die Verbreitung der buddhistischen Lehre (Theravada-Buddhismus) und verdrängten die kulturellen Einflüsse der Khmer. Die im typischen Khmer-Stil errichteten religiösen Heiligtümer wurden umgebaut und dem Geschmack der Zeit angepasst.

Ramkhamhaeng verstand es geschickt, aus vielfältigen kulturellen Einflüssen ein einheitliches Staatsgebilde zu formen. Sukhothai wurde zum ersten großen Machtzentrum der Thai – eine prächtige, schwer befestigte Stadt mit zahlreichen Tempeln und einer imposanten Palastanlage. Doch der mächtige Stadtstaat zerfiel unter Ramkhamhaengs Nachfolgern und unterlag Mitte des 14. Jhs. dem aufstrebenden Ayutthaya.

Die kleine Stadt Neu-Sukhothai eignet sich hervorragend für eine Verschnaufpause, während Alt-Sukhothai und seine Umgebung Kulturinteressierte über mehrere Tage hinweg fesseln kann. Wer in Alt-Sukhothai wohnt, kann die Tempel in den kühlen Morgen- und Abendstunden besuchen, wenn kaum Touristen unterwegs sind und der Eintritt frei ist.

Alt-Sukhothai

Wer Interesse an der Geschichte Thailands hat, sollte sich Alt-Sukhothai nicht entgehen lassen. Hierher kommen längst nicht so viele Touristen wie nach Ayutthaya. Die Ruinenstadt wird heute *Old Sukhothai Historical Park* genannt, ⏲ tgl. bis 16.30 Uhr. Die Anlage ist in vier Gebiete eingeteilt. In jedem äußeren kostet der Eintritt für Ausländer 30 Baht, im Zentrum 40 Baht. Fahrräder, in diesem weitläufigen Gelände sehr zu empfehlen, und Mopeds kosten extra (inkl. Fahrer 50 Baht). Ein lohnendes Kombi-Ticket für 150 Baht schließt den Eintritt in Si Satchanalai mit ein.

Im Zentrum

Eine **Stadtmauer** mit einem Graben im Rechteck von 1810 x 1400 m umgibt das Stadtgebiet, in dem die Relikte von 16 Tempeln und 4 Hinduschreinen stehen. Hinzu kommen etwa 70 weitere Ruinen außerhalb der Stadtmauer.

Die Ausstellungsstücke im Erdgeschoss des **Ramkhamhaeng National Museum** vermitteln einen guten Überblick über die Kunst der Sukhothai-Periode (s.S. 104). Im Zentrum des Hauptgebäudes ist ein für den Sukhothai-Stil typischer **schreitender Buddha** ausgestellt. Im ersten Stock sind Kunstwerke aus anderen Epochen zu sehen. Noch immer entdeckt man bei Ausgrabungsarbeiten Skulpturen und andere Kunstschätze. An einem Modell der Ruinenstadt lässt sich der Rundweg planen. ⏲ tgl. 8.30–16 Uhr, Eintritt 30 Baht.

Im Zentrum der Stadt liegt **Wat Mahathat**, der königliche Tempel. Er war seinerzeit das größte religiöse Heiligtum des Landes. Auf einer Fläche von 240 x 280 m wurden seit 1953 neben dem zentralen Chedi, dem Unterbau der Ordinationshalle und dem Viharn noch 209 kleine Chedis und viele andere Gebäude ausgegraben. Im Mittelpunkt erhebt sich auf einem hohen, quadratischen Sockel der **zentrale Chedi**, der von 4 kleineren Stupas und Vorhallen umgeben ist. Viele der kleineren Bauwerke weisen Merkmale des Khmer-Stils auf, z.B. tanzende Frauen, Fragmente kambodschanischer Apsaras, die auch die Tempel von Angkor schmücken.

Der Hauptchedi ist jedoch bereits ein typisches Beispiel für den **Sukhothai-Stil**. Der runde, untere Teil des Chedi wird von einer Lotosknospen-Spitze gekrönt. Der Sockel ist mit Reliefs geschmückt – die andächtig schreitenden Figuren stellen Buddhas Jünger dar. Richtung Osten schließt der große Bot an, dessen sechs Säulenreihen früher einmal das hölzerne Dach trugen. Die Buddhafiguren sind restauriert und an ihrem alten Platz aufgestellt worden.

Weiter im Süden erheben sich die drei Laterit-Prasat von **Wat Sri Sawai**. Sie waren im 13. Jh. als ein brahmanischer Schrein im Khmer-Stil erbaut worden. Später wurde das hinduistische Heiligtum in einen buddhistischen Tempel umgewandelt. Bei Ausgrabungsarbeiten fand man neben Buddha-Figuren auch Shiva-Statuen. Die Stuckdekorationen wurden während der jüngsten Restaurierungsphase nicht immer sehr gelungen restauriert.

Nördlich des königlichen Tempels liegt **Wat Sra Si** auf einer Insel in einem See. Der Stupa im ceylonesischen Stil ist gut erhalten, während vom Bot nur Ruinen übrig geblieben sind. Hier wird alljährlich im November das große Lichterfest Loi Krathong gefeiert. Das **Denkmal** in der Nähe stellt König Ramkhamhaeng dar, dem das Land u.a. die Thai-Schrift verdankt. Einheimische Besucher drücken ihre Verehrung mit zahlreichen Blumengaben aus. Vom **Wat Trakuan** blieb nur der große Chedi in Glockenform übrig.

Im Norden

Zu den Ruinen im Norden nimmt man am besten den nordwestlichen Ausgang. Knapp 1 km entfernt erhebt sich **Wat Sri Chum** mit dem riesigen sitzenden Buddha Phra Atchana aus dem 14. Jahrhundert. Der quadratische, nach oben offene **Mondop** mit einer Seitenlänge von 30 m, einer Höhe von über 11 m und einer Wandstärke von 3 m war ursprünglich von einem Wassergraben umgeben. Das Innere wird fast vollständig von der imposanten **Buddhafigur** eingenommen. Leider ist der schmale Gang innerhalb der Mauer auf den Tempel hinauf gesperrt.

700 m weiter im Nordosten liegt **Wat Phra Phai Luang**, das bereits zu Khmer-Zeiten im 12. Jahrhundert ein bedeutendes hinduistisches Heiligtum, wenn nicht gar das Zentrum der Khmer-Hauptstadt, gewesen sein soll. Nur der nördliche der drei Türme ist erhalten geblieben. Die Reste der gesamten Anlage mit dem quadratischen **Stupa**, mehreren Klostergebäuden, dem Mondop und einer Kapelle, die einen ruhenden Buddha beherbergt, wurden vollständig restauriert. Bei diesen Arbeiten fand man in den zugemauerten Nischen des Chedi zahlreiche Buddhafiguren.

Nördlich davon liegen verstreut unter Schutthügeln verfallene und restaurierte **Kilns** *(Tao Turiang)*, ca. 6 m lange und 3 m breite Brennöfen aus Ziegelstein, in denen die berühmte Sawankhalok-Keramik *(= Seladon)* hergestellt wurde. Ende des 13. Jahrhunderts wurde diese feine Keramik hier bereits von chinesischen Handwerkern produziert und in den gesamten südostasiatischen Raum exportiert (s.S. 106). Anfangs wurden vier verschiedene Seladon-Arten produziert: creme-farbige Keramik ohne Design und solche mit Sonnen-, Fisch- und Blumen-Motiven. Viele kleine Stücke von Tellern und Töpfen, die bereits beim Brennen zusammengebacken und zerbrochen waren, liegen herum. Einige Scherben zeigen noch hübsche Zeichnungen.

Im Westen

Wem die Ruinenanlage innerhalb der Stadtmauer zu stark restauriert vorkommt, der sollte sich die **Westlichen Ruinen** nicht entgehen lassen. Am besten kann man sie mit dem Fahrrad oder Motorrad erkunden, denn sie liegen auf einem weitläufigen Areal verstreut.

Die ersten Ruinen hinter dem ehemaligen Westtor, dem Pratu Oa, mitten in den Feldern sind stark zerfallen. Besser erhalten ist **Wat Mangkon** mit einem **Chedi** im ceylonesischen Stil. Die Ruinen am Berghang erfordern Schweiß treibende Aufstiege. Besonders lohnenswert ist das **Wat Sapan Hin** mit einer 12,5 m großen, stehenden **Buddhastatue** auf dem 50 m hohen Hügel.

Am verschmutzten Stausee vorbei lässt sich auf Fahrwegen Richtung Osten zu den südlichen Ruinen die Rundfahrt komplettieren.

Im Süden

Durch das südliche Stadttor, Pratu Namo, kommt man nach etwa 2,5 km zum **Wat Chetuphon**. Am wuchtigen **Mondop** war ursprünglich auf jeder Seite jeweils eine Buddhafigur in stehender, schreitender, sitzender und ruhender Haltung angebracht, allerdings sind nur die beiden ersten Figuren erhalten.

New Sukhothai

Die heutige Stadt Sukhothai mit ihren 23 000 Einwohnern liegt 12 km von den Ruinen von Old Sukhothai entfernt. In Neu-Sukhothai halten die meisten Busse an und hier befindet sich die Mehrzahl der Gästehäuser. Ein ruhiger, netter Ort – viele Reisende bleiben wegen der guten Atmosphäre länger als geplant. Ein königliches Dekret verbietet die Ansiedlung von Industrie im Umkreis von 12 km um die Ruinen, daher wird Sukhothai seinen ländlichen Charakter hoffentlich bewahren. Inwieweit der Ausbau der Straßen das Flair der Stadt verändern wird, bleibt abzuwarten.

Der große **Lebensmittelmarkt** mit einem breiten Angebot eignet sich gut zum Bummeln. Er dient zudem als Großmarkt, auf dem bis in die späten Abendstunden LKW-Ladungen voller Tabak, Obst und Gemüse, die von den Feldern in der Umgebung stammen, umgeschlagen werden. Viele Verkäufer leben zwischen Bergen von Melonen, Frühlingszwiebeln und Kohlköpfen. Im Hintergrund läuft ein Fernseher, Babys werden gefüttert und abends die Pritschen zum Schlafen aufgebaut.

Eine Keramikausstellung im **Sangkhalok Museum** lohnt einen Besuch. Das große, klimatisierte Gebäude steht in Neu-Sukhothai, 1,5 km außerhalb des Zentrums, nahe der Kreuzung der Singhawat Rd. und der Umgehungsstraße, Tuk Tuk 40 Baht. Auf zwei Stockwerken ist eine umfangreiche Ausstellung zu sehen, die einen hervorragenden Überblick über die Geschichte der Sawankhalok-Keramik, die Fundgebiete, ihre Verwendung und Verbreitung vermittelt. ✆/℡ 055-6143334, ⌚ Mo–Fr 8–17 Uhr, Eintritt 100 Baht.

Wat Thawet

An der Straße zum Airport, dem H1195, steht 10 km nordwestlich der Stadt, rechts hinter der Schule das Wat Thawet, das seit dem Tod des Erbauers 1995 leider nicht mehr gut gepflegt wird. Abt Long Po Som Rong hat im Garten lebensgroße Figuren aus Beton formen und bunt anmalen lassen, die leseunkundigen Dorfbewohnern die buddhistischen Legenden nahebringen sollen. Für Touristen steht eine Mappe mit Erläuterungen in Englisch zur Verfügung.

Hinter dem Tempel ist ein Einbaum aufgestellt, der aus dem Fluss geborgen wurde. Dorfbewohner versuchen, in den Maserungen Glückszahlen für die Lotterie zu entdecken.

Hinter dem Tempel führt eine lange Hängebrücke über den Yom-Fluss. Das Wat lässt sich in einem schönen Halbtagesausflug per Fahrrad besuchen. Es geht direkt am Fluss entlang auf Feldwegen durch kleine Dörfer. Tuk Tuk ab New Sukhothai 150 Baht hin und zurück.

Übernachtung

Sowohl im alten als auch im neuen Sukhothai gibt es viele nette Gästehäuser. Das Angebot ist so groß, dass selbst in der Saison (Juli / August und Winter) immer irgendwo ein Zimmer frei ist. Viele Gästehäuser schicken Schlepper an den Busbahnhof und holen nach telefonischer Anmeldung Gäste kostenlos ab.
Die Hotels kann man in beiden Orten links liegen lassen, denn sie sind nicht nur unpersönlich, sondern oft schmuddelig und ohne guten Service.

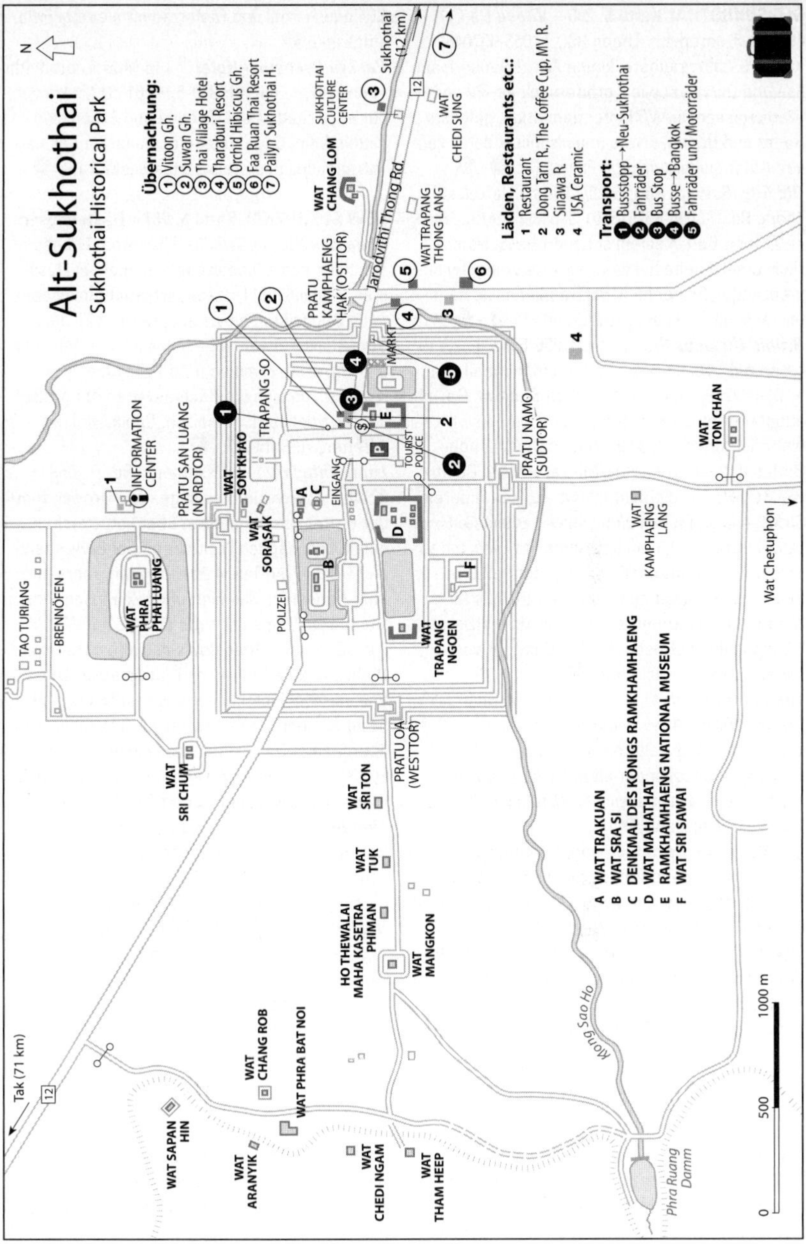
Alt-Sukhothai
Sukhothai Historical Park
Übernachtung:
1 Vitoon Gh.
2 Suwan Gh.
3 Thai Village Hotel
4 Tharaburi Resort
5 Orchid Hibiscus Gh.
6 Faa Ruan Thai Resort
7 Pailyn Sukhothai H.
Läden, Restaurants etc.:
1 Restaurant
2 Dong Tarn R., The Coffee Cup, MV R.
3 Sinawa R.
4 USA Ceramic
Transport:
1 Busstopp→Neu-Sukhothai
2 Fahrräder
3 Bus Stop
4 Busse→Bangkok
5 Fahrräder und Motorräder
A WAT TRAKUAN
B WAT SRA SI
C DENKMAL DES KÖNIGS RAMKHAMHAENG
D WAT MAHATHAT
E RAMKHAMHAENG NATIONAL MUSEUM
F WAT SRI SAWAI
N
Sukhothai (12 km)
Tak (71 km)
Wat Chetuphon
SUKHOTHAI CULTURE CENTER
WAT CHEDI SUNG
WAT CHANG LOM
Jarodvithi Thong Rd.
WAT TRAPANG THONG LANG
PRATU KAMPHAENG HAK (OSTTOR)
MARKT
TRAPANG SO
INFORMATION CENTER
PRATU SAN LUANG (NORDTOR)
WAT SON KHAO
WAT SORASAK
TOURIST POLICE
EINGANG
POLIZEI
PRATU NAMO (SÜDTOR)
WAT TON CHAN
WAT KAMPHAENG LANG
WAT TRAPANG NGOEN
WAT PHRA PHAI LUANG
TAO TURIANG
- BRENNÖFEN -
WAT SRI CHUM
WAT SRI TON
PRATU OA (WESTTOR)
WAT TUK
HO THEWALAI MAHA KASETRA PHIMAN
WAT MANGKON
WAT CHANG ROB
WAT PHRA BAT NOI
WAT SAPAN HIN
WAT ARANYIK
WAT CHEDI NGAM
WAT THAM HEEP
Klong Sao Ho
Phra Ruang Damm
0
500
1000 m
12

OLD SUKHOTHAI, Karte S. 285 – ***Vitoon Gh.*** ①, 49 Moo 3, Jarodvithi Thong Rd., ✆ 055-697045, ℻ 055-633397, saubere, kleine Zi in 2 Häusern mit Fan und Du/WC sowie 8 größere mit ac, TV und Warmwasser-Du/WC hinter dem Shop, geflieste Bäder und Böden. Etwas unpersönlich, da es keinen Aufenthaltsraum gibt. Fahrräder. ❷–❸

Old City (Suwan) Gh. ②, 28/7 Moo 3, Jarodvithi Thong Rd., ✆ 055-697515, 01-8864886, nette, kleine Zi ohne Bad in einem schönen Haus, 50 m zurückversetzt nahe der zentralen Kreuzung. Im angrenzenden Reihenhaus mit traditionell gestalteter Fassade Zi mit ac, Du/WC und TV. ❶–❸

Orchid Hibiscus Gh. ⑤, ✆/℻ 055-633284, ✉ orchid_hibiscus_guest_house@hotmail.com, ✆ 01-9627698, vor dem östlichen Stadttor. Gepflegte Gartenanlage. Solide, geschmackvoll eingerichtete ac-Bungalows mit Du/WC, hohe Betten mit harten Karpok-Matratzen und Baumwollnetzen. Familienbungalows auf der anderen Straßenseite. Frühstück inklusive, ansonsten kein Restaurant. Paolo und seine Frau Pin Ton sorgen für eine freundliche Atmosphäre. Den Swimming Pool können auch Nicht-Gäste für 80 Baht nutzen. Der in einem Pavillon platzierte Whirlpool bleibt Gästen für 150 Baht p.P. vorbehalten. Fahrradvermietung. ❹

Tharaburi Resort ④, 11/3 Srisomboon Rd., ✆ 01-6920330, 💻 www.tharaburi.com, neue Zi im traditionell gestalteten Holzhaus oder in Bungalows kurz vor der alten Stadt. Alle Zi mit ac, einige mit TV. Inklusive Frühstück im hauseigenen Restaurant. ❹

Faa Ruan Thai Resort ⑥, Jarodviteethong Rd., ✆ 055 633469, neue Anlage mit mehreren Bungalows ebenfalls vor den Toren Old Sukkhothais, ein Swimming Pool ist geplant. ❹

Thai Village Hotel ③, 214 Jarodvithi Thong Rd., 💻 www.thaivillagehotel.com, ✆ 055-697249, ℻ 697583, im Sukhothai Culture Center, 1 km vor der alten Stadt. Etwas vernachlässigte, große Holz-Bungalows im traditionellen Stil mit ac und Badewanne, Moskitogaze und Kühlschrank. Die Rezeption befindet sich hinter der Brücke. ❸–❹

Mountain View Gh., 23/3 Moo 8, Maung Kao, ✆ 01-7404449, in der Nähe von Alt-Sukhothai vermieten ein Engländer und seine thailändische Frau 4 liebevoll eingerichtete Zi mit ac oder Fan, Swimming Pool und Motorradvermietung. Frühstück inkl. ❹

Pai Lyn Sukhothai Hotel ⑦, 10 Moo 1 Jarodvithi Thong Rd., ✆ 055-613310-5, ℻ 613317, 2 km vor der alten Stadt. Pool. Service und Essen sind mittelmäßig. Gegenüber gibt es ein kleines hervorragendes und preiswertes Restaurant. ❹

NEW SUKHOTHAI, Karte S. 287 – Gästehäuser:
Phuaroon Gh. ①, 81/5 Soi Phuaroon, Thanee Rd., nahe dem chinesischen Tempel am Flussufer, ✆ 055-620911, ✉ phuaroon@hotmail.com, neue Doppelbungalows mit jeweils 2 Zi, die sich Du/WC mit Kübeldusche teilen, kleiner Vorraum und Terrasse. Zi mit ac (und TV) sind empfehlenswert, da sich die Räume wegen der großen Fensterfront stark aufheizen. Schlafsaal mit 4 Betten, 70 Baht. ❷–❸

Lotus Village ②, 170 Rajthanee Rd., ✆ 055-621484, 💻 www.lotus-village.com. Großer, ruhiger Garten mit Bungalows über Lotusteichen; geleitet vom agilen Franzosen Michel Hermann und seiner Frau Tan. 4 über hundert Jahre alte Thai-Häuser mit 3–4 einfachen Zi, z.T. mit Moskitonetzen, Gemeinschafts-Du/WC mit Warmwasser. 6 neue Bungalows aus altem Holz mit Du/WC und Fan, einer mit Warmwasser-Du/WC und ac, zwei 2-stöckige Häuser mit 5 ac- und 5 Fan-Zimmern. Aufenthaltsraum mit Bibliothek, überdachter Garten, Internet-Zugang. Gutes Frühstück mit echtem Kaffee, ansonsten kein Essen. Transport zum Airport 100 Baht. ❹–❺

Thai Gh. ③, 25/4 Rajuthit Rd., ✆ 055-612853, Holzhaus mit 4 sehr einfachen Zi mit Gemeinschafts-Du/WC. Die Besitzerin bietet auch Thai-Massage für 100 Baht die Stunde an. ❶

Sukhothai Gh. ④, 68 Vichien Chamnong Rd., ✆ 055-610453, ✉ sukhogh@yahoo.com, 💻 www.thai.net/sukhothaiguesthouse, 12 saubere Zi in dicht stehenden Bungalows, jeder mit eigener kleiner Terrasse, Zi mit Fan oder ac, Warmwasser-Du/WC. Leckeres Essen im Restaurant. Thai-Massage, Internet-Zugang, Wäscheservice, Fahrrad und Mopedvermietung. Mietwagen für 800–1500 Baht pro Tag. Touren werden angeboten, Tickets organisiert und Gäste zum Bus gebracht. ❸–❹

No. 4 Gh. ⑤, 140/4 Soi Klong Mae Lampan, Jarodvithi Thong Rd., ✆ 055-610165, 300 m nördlich

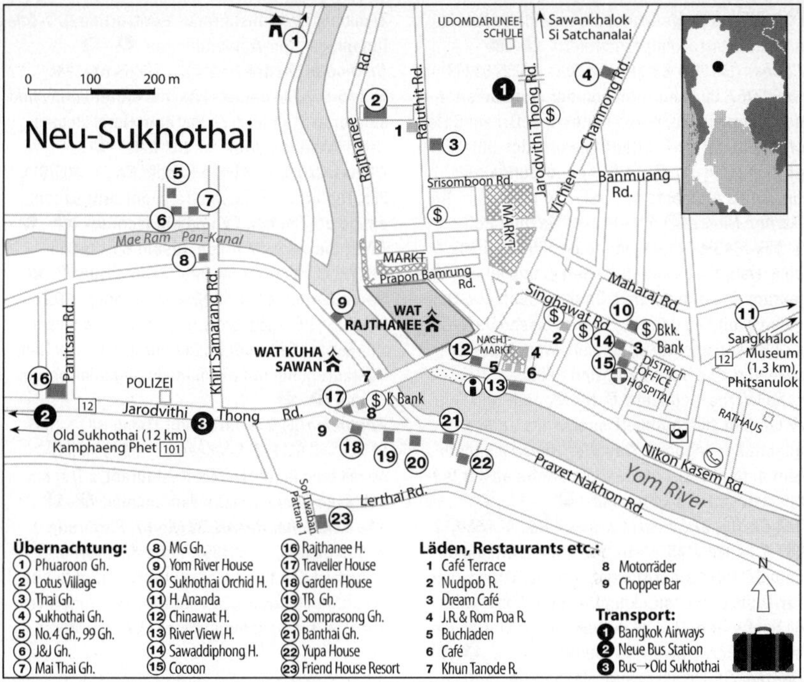

des Bus Stops inmitten der Felder. Um einen kleinen subtropischen Garten mit Blumen und Mücken stehen 8 einfache Hütten mit löchrigen Moskitonetzen, aber sauberen Du/WC, auf der Terrasse Ruheliegen. Im Bambuslanghaus 3 einfache EZ mit Du/WC. Gemütliches Restaurant mit überwiegend vegetarischen Gerichten, empfehlenswert die *family meals*. Die herzliche Leiterin Sud vermietet zudem 2 Zi im nahen ***Ninety Nine Gh.*** ⑤, das von ihrer Schwester Na geführt wird. 2-tägiger Kochkurs und Fahrrad-Touren. ❷

J & J Gh. ⑥, 122/1 Soi Mae Lampan Rd., ✆ 055-620095, ✉ jjguest@hotmail.com, ruhig gelegene Bungalows zwischen Kanal und Feldern. 2 Bungalows mit TV und ac, 2 Doppelbungalows mit ac, 4 mit Fan. Zwei der Doppelbungalows haben eine Verbindungstür. Das kleine Restaurant im Eingangsbereich lockt mit guter thailändischer und europäischer Küche. Frisches selbstgebackenes Baguette, empfehlenswerte Joghurt-Shakes und leckeres Müsli. Jin, ihr belgischer Mann Jaques und deren Sohn James sorgen für gute Laune und eine freundliche Atmosphäre. Touren. ❷–❸

Yom River House ⑨, 7 Kuhasuwan Rd., ✆ 055-613382, ✉ yomriverhouse@thaimail.com, am Westufer des Flusses, traditionelles sauberes Thai-Holzhaus auf Pfählen. Zi mit Fan und eins mit ac, Gemeinschafts-Du/WC und Restaurant. ❶–❸

MG Gh. ⑧, 295/16 Sirisamarang Rd., ✆ 055-620707, geräumige Bungalows mit warmer Du/WC und ac um einen großzügigen Garten gereiht. 4 Bungalows sind dank einer Verbindungstür besonders für Familien geeignet. Restaurant und freundliches Personal. ❸

Mai Thai Gh. ⑦, 121/1 Moo 1, Sirisamarang Rd., ✆ 055-616169, ✉ maithaiguesthouse@hotmail.com, großes 2-stöckiges Thaihaus mit 10 einfachen Zi, einige mit Gemeinschaftsdu/WC und Fan, andere mit ac/WC. Essen auf Anfrage.

Freundliche junge Leute, die abends gerne mal auf der Gitarre klimpernd feiern. ❶–❸

Cocoon ⑮, 86/1 Singhawat Rd., ✆ 055-612081, ✆ 622157, 50 m entfernt von der dicht befahrenen Hauptstraße, direkt hinter dem Dream Café eröffnet sich ein Ort der Stille und des Stils. Einige Zi mit Fan und Du/WC, 2 neue Bungalows, rustikales Ambiente mit vielen Antiquitäten. ❸

Garden House ⑱, 11/1 Pravet Nakhon Rd., ✆ 055-611395, ✉ gardenhouse135@hotmail.com, Haupthaus mit günstigen Zi und einem Restaurant im Erdgeschoss. Dahinter einfache Bungalows mit Fan oder ac, Warmwasser-Du/WC und Balkon in einer schmalen, langen Gartenzeile. Die Bambuswände sind hellhörig. Deutsche Werbe-Schilder z.B. für Moped- und Fahrradverleih, hilfsbereite Besitzer, die auch das gegenüber liegende ***Traveller House*** managen. Hier einfache Zi, von denen manche an der lauten Hauptstraße liegen. ❶–❸

T.R. Gh. ⑲, 27/5 Pravet Nakhon Rd., ✆ 055-611 663-4, 04-0499445, ✉ tr_guesthouse@thaimail.com, 20 saubere Zi mit Fan oder ac, Warmwasser-Du/WC. Frühstück und leckere Thai- und chinesische Gerichte, Wäscheservice, Mopedverleih und Parkplatz. Gute Mountainbikes. ❶–❷

Banthai Gh. ㉑, 38 Pravet Nakhon Rd., ✆ 055-610163, ✉ guesthouse_banthai@yahoo.com, 💻 www.geocities.com/guesthouse_banthai, sauberes Haupthaus mit einfachen Zi mit Fan und Gemeinschafts-Du/WC, 8 gemütliche, saubere Holzhütten unterschiedlichen Jahrgangs, einige mit Fan und Du/WC, andere mit ac und Warmwasser. Im Vorgarten Tische mit Bänken; offenes Restaurant mit leckeren Gerichten und Shakes. Guter Service, angenehme Atmosphäre, Ronny kann viele Tipps geben. ❶–❷

Friend House Resort ㉓, 52/7 Nissan Lerthai Rd., ✆ 055-610172, ✉ atanawan02@hotmail.com, 💻 www.friendhouseresort.com, U-förmig angeordnete Bungalows mit ac und Warmwasser-Du/WC rings um einen großen, begrünten Garten mit kleinem Wasserfall, Open-Air-Bar mit BBQ und Restaurant. Einfache Zi mit Fan, Du/WC, einige mit 3 Betten im daneben liegenden Reihenhaus. ❷–❸

Hotels: *Ananda* ⑪, 10 Moo 4, ✆ 055-614334, 💻 www.ananda-hotel.com, 34 gut ausgestattete Zi mit ac, TV, Kühlschrank, Minibar und IDD-Telefonanlage. Spa-Anwendungen. ❹–❽

Sukhothai Orchid Hotel ⑩, ✆ 055-6111934, ✆ 055-612038, neues Hotel mit netter Lobby und sauberen Standard-Zi. Vor dem Hotel kleines Open-Air-Restaurant mit BBQ. ❸–❹

Chinawat ⑫, 1-3 Nikon Kasem Rd., ✆ 055-611 385, Hinterhof-Atmosphäre, nicht sehr sauber, einige ac-Zimmer, TV und Kühlschrank. ❶–❸

River View ⑬, 92 Nikon Kasem Rd., ✆ 055-611656, Zi mit großem Bett, ac und Du/WC. ❸

Sawaddiphong ⑭, 56 Singhawat Rd., ✆ 055-611567, ✆ 612268, große, schmuddlige Einzelzimmer mit Fan oder ac, die für 2 Pers. reichen, Restaurant mit nahezu nahezu ungenießbarem Essen. ❷–❸

Rajthanee ⑯, 229 Jarodvithi Thong Rd., ✆ 055-611031, ✆ 612878, 5-stöckiges, modernes Gebäude mit bunt leuchtendem Restaurant, z.T. schmuddelige ac-Zimmer, teure Fan-Zimmer. ❸–❹

The Sukhothai Resort, 99 Moo 7, Sarmruen, ✆ 055-681696, ✆ 681697, nahe dem Airport, zwischen KM 19 und 20 am großen Buddha nach Westen abbiegen. 80 Zi am Ufer des Yom River. Wenige Gäste, schleppender Service. ❺

Essen

OLD SUKHOTHAI – Ein paar kleine Restaurants haben sich gegenüber dem Museum beim Bus Stop, wenige Meter vor dem Eingang in den Historical Park, angesiedelt.

Im ***Dong Tarn Restaurant*** gibt es Shakes und mäßiges Essen.

The Coffee Cup, direkt daneben, offeriert Shakes und eine große Auswahl an Thai- und europäischen Gerichten. Die Portionen sind recht klein, aber schmackhaft. Zum Bier gibt es gesalzene Erdnüsse.

M.V. Restaurant, nur wenige Schritte weiter, bietet eine ähnliche Auswahl.

Einige Garküchen haben englische Speisekarten und preiswertes, ordentliches Essen. Abendessen auf dem **Nachtmarkt**.

Das ***Sinawa Restaurant***, kurz vor Old-Sukhothai, wird oft von Gästen der nahe gelegenen Gästehäuser und Resorts besucht, die nicht mehr in die Stadt fahren wollen. Das Thai-Restaurant bietet viel Platz und eine recht gute Küche.

NEW SUKHOTHAI – Zu den meisten **Gästehäusern** gehört ein meist gutes Restaurant mit thailändischen Gerichten und Traveller-Food. Auf dem unspektakulären, überdachten **Nachtmarkt** gibt es neben Kleidung, Haushaltswaren und Spielzeug auch Stände mit gutem, günstigem Essen.
Die offenen, sauberen Restaurants ***Rom Poa*** und ***J.R.*** am nördlichen Ende des Nachtmarkts locken mit englisch- und sogar deutschsprachigen Speisekarten.
Nudpob, 4/5 Ramkumhaeng Rd., ✆ 055-612507, das teils klimatisierte Restaurant mit einigen Tischen auf dem abgeschirmten Bürgersteig eignet sich prima für eine kleine Rast während eines Stadtbummels.
Die ***Chopper Bar***, Jarodvithi Ecke Pravet Nakhon Rd., bietet *Hot Pot* und andere leckere Gerichte auf der Dachterrasse.
Khun Tanode Restaurant, hinter der Brücke direkt am Fluss. Akzeptables Essen in kleinem Holzhaus bei schummriger Beleuchtung und ständig laufendem Fernseher.
Café Terrace, vor dem Lotus Village, der Service und die Qualität des Essens schwanken sehr stark. Erst ab nachmittags geöffnet.
Dream Cafe, 86/1 Singhawat Rd., ✆ 055-612081, ⏲ 10.30–23 Uhr. Gemütliche Atmosphäre inmitten antiker Kostbarkeiten. Ac-Restaurant, trotz relativ hoher Preise empfehlenswerte Thai-chinesische Gerichte. Große Auswahl an Eisbechern und Milchshakes. Rechnung kontrollieren.
Gegenüber dem River View Hotel gibt es in einem kleinen ***Café*** frischen Kaffee in allen Variationen.

Einkaufen

Die Geschäfte rings um den Lebensmittelmarkt haben sich u.a. auf Textilien, Devotionalien, Dekorationsartikel und Anglerbedarf spezialisiert. Die Anglerläden verkaufen auch Outdoor-Ausrüstung und Moskitonetze.
In allen historischen Parks werden an Ständen Souvenirs verkauft, die in Sukhothai und Umgebung gefertigt werden, u.a. Holzschnitzereien, Bronzefiguren, Keramik und Textilien.
USA Sungkalok, 357/1 Moo 3, in Alt-Sukhothai, an der östlichen Stadtmauer, ✆ 055-633058, 01-9537604. In der großen Keramikwerkstatt wird

Tempel in Old Sukhothai

sowohl grüne Keramik im Sawankhalok-Stil als auch blau-graue im chinesischen Stil in Auftragsarbeit produziert. Ausgemusterte Teile werden günstig verkauft.
Im ***Buchladen*** gegenüber dem River View Hotel gibt es eine Auswahl englischsprachiger Bücher über Thailand, Wörterbücher Deutsch-Thai und Straßenkarten.

Sonstiges

FAHRRÄDER – An der Zufahrtsstraße nach Old Sukhothai (erster Bus Stop) und schräg gegenüber dem Haupteingang (zweiter Bus Stop, hier das beste Angebot) vermieten Läden Fahrräder für 20 Baht – ein ideales Transportmittel für eine Rundfahrt durch die Ruinen, wenn es nicht zu heiß ist. Auch Kinderräder werden vermietet. Einige Anbieter sind recht aggressiv, doch man sollte sich Zeit nehmen und die Räder ausprobieren. In New Sukhothai werden Räder von den Gästehäusern ab 50 Baht vermietet. Schön ist von hier aus die Tour am Fluss entlang zum Wat Thawet. Im Banthai Gh. werden von 16–18 Uhr geführte Radtouren mit Ronny durch die Umgebung für 120 Baht angeboten. Zudem gibt es hier gute Karten von der Umgebung, womit sich eine eigene Tour planen lässt. Abzuraten ist von Fahrten auf dem Highway, z.B. zum Stausee.

FESTE – **Loi Krathong**, das große Lichterfest im November, soll seinen Ursprung in Sukhothai haben. Es wird in Old Sukhothai drei Tage lang besonders prächtig begangen. Mit farbiger Beleuchtung, allabendlichem Feuerwerk, Umzügen, Theater, Disco und Freiluftkinos auf einem riesigen Jahrmarkt zwischen den Ruinen und einer Light-and-Sound-Show am Wat Si Sawai (300 Baht) werden die Menschenmassen erfreut.

GELD – In der Singhawat Rd. gibt es mehrere Banken, u.a. die ***Bangkok Bank*** hinter dem Northern Palace Hotel. ***K Bank.***, Jarodvithi Thong Rd., direkt an der Brücke. Jede Bank hat mittlerweile einen Geldautomaten (ATM). In Alt-Sukhothai können Sa und So nur an einem Wechselschalter Travellers Cheques eingelöst werden.

INFORMATIONEN – Im ***Information Center*** nördlich der Stadtmauer von Old Sukhothai gibt es nichts Lohnenswertes. Geboten werden ein Relief des *Historical Parks*, ein schlecht bestückter Buchladen, teure Souvenirstände und ein Restaurant.
Vom ***Tourism Service Center*** an der Brücke in Neu-Sukothai steht nur noch das Gebäude. Zuständig ist das Tourist Office in Phitsanulok.

INTERNET – In Old-Sukhothai Internet-Zugang im ***The Coffee Cup***. In Neu-Sukhothai bietet der ***Cool Net Club***, Jarodvithi Thong Rd. nahe der Brücke, einen schnellen und günstigen Zugang.

MASSAGEN – Im Wat Rajthanee in Neu-Sukhothai von 8–16 Uhr in einem offenen Pavillon Massagen für 100 Baht pro Std.

MOTORRÄDER – Viele Gästehäuser vermieten Motorräder. Ein Tag kostet 150 Baht, 24 Std. 200 Baht. In Old Sukhothai werden ebenfalls Motorräder angeboten – gut für Touren zu den außerhalb der Stadtmauer gelegenen Tempeln.

PLZ – Neu-Sukhothai 64000,
Alt-Sukhothai 64210.

SWIMMING POOL – Der ***Government Swimming Pool*** im *Rural Development Center* an der nordwestlichen Umgehungsstraße neben dem Betonwerk südlich der Bus Station hat ein großes Becken und ein Freizeitzentrum. Nachmittags viele Kinder, Eintritt 20 Baht. Nichtgäste können für 100 Baht den Pool im ***Pailyn Hotel*** oder für 80 Baht den im ***Orchid Hibiscus*** benutzen.

TOUREN – Einige Gästehäuser, wie Lotus Village und J.& J. Gh., vermitteln Guides und Fahrzeuge für Ausflüge in die Umgebung. Neben Old Sukhothai stehen u.a. Si Satchanalai und Sawankhalok auf dem Programm. Ein Guide kostet 500 Baht pro Tour, ein Auto mit Fahrer 1500 Baht plus Benzin. ***Sukhothai Travel Service***, ✆ 055-613075, 01-3384640, bietet geführte Touren ab 800 Baht p.P. (Historical Park), 990 Baht (Si Satchanalai) und 1650 Baht für beide Ziele. J.& J. Gh. offeriert Tagestouren zu einem See, der Tham Khang Khao-Höhle (Heimstatt vieler Fledermäuse) und einem Wasserfall, inkl. Verpflegung für 900 Baht. Die 2-Tagestour für 2000 Baht p.P. beinhaltet eine Übernachtung in Bungalows auf einer Insel im See. No. 4 und Ninety Nine Gh. veranstalten informative Radtouren mit Englisch sprechender Leitung, Halbtagstour ab 2 Personen für 500 Baht plus Fahrradmiete.
Auch mit dem Motorrad kann man die Umgebung erkunden. Die Fahrt nach Si Satchanalai dauert etwa 1 1/2 Stunden. Geführte Touren sind auf Anfrage in manchen Gästehäusern möglich.

Nahverkehrsmittel

Nach Old Sukhothai fährt alle 20 Min. von 6–18 Uhr in 20 Min. ein Songthaew für 10 Baht vom Bus Stop an der Hauptstraße, 300 m östlich der Brücke. Touristen zahlen häufig 20 Baht. Zurück bis spätestens 18 Uhr. Manche Busfahrer drängen Touristen früh zum Aussteigen, obwohl der Bus bis zum Eingang des Parks fährt.

MOTORRADRIKSCHAS – Die Fahrer der *samlor daeng* sind relativ unaufdringlich, Kurzstrecke ab 20 Baht bzw. eine Std. 100 Baht. Die Fahrt zum Historical Park kostet 100 Baht.

TUK TUKS, TAXIS – Fahrten im Stadtgebiet max. 100 Baht. Eine 4-stündige Rundfahrt mit dem Taxi oder Tuk Tuk etwa 400 Baht.

Transport

BUSSE – Die Bus Station liegt an der Bypass Road, 1,5 km nördlich der Abzweigung nach Old-Sukhothai. Einige Reisende berichten von aufdringlichen Schleppern, Taxifahrern und Gästehaus-Besitzern. Sie bieten kostenlosen Transport an und spekulieren auf Provision. Wer sie umgehen will, nimmt ein Tuk Tuk oder eine Motorrad-Rikscha für 30 Baht. Pink-violette Minibusse fahren ab Plattform 1 für 4 Baht bis 18 Uhr ins Zentrum. Sie halten entlang der Hauptstraße und bringen zu später Stunde die Ankommenden zum Gästehaus ihrer Wahl. Zurück am besten an der Brücke zusteigen.

Von Bangkok: Viele staatliche und private Busse befahren diese Strecke. Ab Mo Chit (Northern Bus) Terminal in BANGKOK (440 km) non-ac-Busse um 7.55 Uhr für 122 Baht, 2. Kl. ac 12x tgl. für 199 Baht, ac-Bus 20x tgl. für 256 Baht in 7–8 Std. Nach Alt-Sukhothai mit den ac-Bussen um 9.45, 10, 12.30 und 14 Uhr.

Zudem verkehren Touristenbusse ab Khaosan Road für 250–330 Baht.

Nach Bangkok: Non-ac-Bus um 20.30 Uhr für 142 Baht, 2. Kl. ac-Busse 12x tgl. von 7.30–23 Uhr für 199 Baht, ac-Bus 20x tgl. von 7.30–22.30 Uhr für 256 Baht. Ab Alt-Sukhothai, ✆ 055-697200, etwas seltener in 7 Std.

Nach AYUTTHAYA mit Bangkok-ac-Bus für 169 Baht.

Richtung Norden: Nach CHIANG MAI non-ac-Bus um 12 Uhr für 122 Baht, 2. Kl. ac-Bus 18x tgl. von 7.15–2.30 Uhr für 171 Baht, 1. Kl. ac-Bus um 2.30 Uhr 220 Baht in 5 Std.

Nach CHIANG RAI ac-Bus um 6.40, 9 und 11.30 Uhr für 190 Baht in 7 Std.

Nach NAN mit Chiang Rai-Bus über PHRAE (53 bzw. 74 Baht) oder direkt mit dem 2. Kl. ac-Bus um 14.30, 15.30 und 22.30 Uhr für 104/146 Baht in 5 Std.

In Zentral-Thailand: Nach PHITSANULOK (58 km) mit non-ac-Bus alle 30 Min. zwischen 6 und 18 Uhr für 23 Baht in 1 Std., ac-Bus für 38 Baht.

Nach SI SATCHANALAI zum KM 17,6 (53,3 km von Sukhothai) mit dem Bus Richtung Chiang Rai, Phrae, Nan und Uttaradit stündlich für 27, ac 31 Baht in 80 Min. Letzter Bus zurück um 16.30 Uhr.

Nach MAE SOT mit dem Minibus etwa stündlich von 8.30–17.30 Uhr für 100 Baht in 4 Std. Besser über TAK, etwa stündlich von 8–18.20 Uhr für 40 Baht, und dort in den großen Bus umsteigen.

Nach NAKHON SAWAN non-ac Bus 6x tgl. von 6.10-13 Uhr für 71 Baht, ac-Bus 99 Baht in 3 Std. Von dort bis 14 Uhr nach Suphanburi in 2 1/2 Std. und weiter nach Kanchanaburi.

Weitere non-ac Busse u.a. nach SAWANKHALOK 16 Baht, KAMPHAENG PHET jede Std. 32 Baht, UTTARADIT alle 30–60 Min. bis 16.20 Uhr für 40 Baht, LAMPANG ac 91/127 Baht, KHON KAEN um 9.30 für 131 Baht in 6 1/2 Std. (2. Kl. ac-Bus 5x tgl. 183 Baht, ac-Bus um 0.45 Uhr für 236 Baht). Weitere Busse in den Nordosten und Norden ab Phitsanulok.

EISENBAHN – Der nächste Bahnhof ist in Phitsanulok. Wer einen späten Zug nimmt, kann den Abend hier auf dem Nachtmarkt verbringen. Morgens und nachmittags dauert die Fahrt von Sukhothai nach Phitsanulok etwas länger als eine Stunde, da viele Schulkinder zu- und aussteigen.

FLÜGE – Der preisgekrönte Flughafen, 99 Moo 4, Klongkrajong, Sawankhalok, 20 km nördlich, ✆ 055-647225, 📠 647226, mit seiner luftigen, offenen Abfertigungshalle, ist sehenswert. In der weitläufigen Parkanlage kann man die private Keramik-Kollektion des Airline-Besitzers, ein Modell von Angkor Wat, einen Garten mit über 30 000 Orchideen sowie einen nachgebauten Brennofen besichtigen und an Essenständen oder im Café zwischen Lotusteichen und Blumenbeeten eine leckere Nudelsuppe verzehren. Die Abfertigung erinnert an die Rezeption in einem 5-Sterne-Hotel. Einziger Nachteil: Man kann beim Money Changer keine Reiseschecks wechseln. Deshalb sollten aus Laos kommende Passagiere einige Baht vorher tauschen.

Bangkok Airways, 💻 www.bangkokair.com, 10 Moo 1, Jarodvithi Thong Rd, ✆ 055-613075, 📠 610908. BANGKOK tgl. für 2170 Baht, CHIANG MAI tgl. für 1040 Baht und nach LUANG PRABANG Di, Do und Sa, zurück am Di, Do und Fr für 4635 Baht. Airportbus 90 Baht p.P., Motorradrikschas 250 Baht. Airporttax 200 Baht.

Weitere Flüge ab Phitsanulok (Taxi von Sukhothai etwa 700 Baht).

Sawankhalok สวรรคโลก

Trotz des Namens stammt die Sawankhalok-Keramik nicht aus diesem Ort, sondern aus Si Satchanalai. In der an sich uninteressanten Stadt kann das **Sawan Waranayok National Museum** besichtigt werden. Das eigenwillige Gebäude enthält Buddhastatuen aus verschiedenen Epochen, Porzellan und Sawankhalok-Keramik aus der Sukhothai-Periode. Vom Muang Inn (s.u.) geht man 800 m die Kasemrat Rd. hinab, an der Post vorbei, über den Fluss und am Ende der Straße nach rechts. Nach weiteren 700 m liegt das Museum auf der linken Seite. 🕒 Mi–So außer feiertags 9–16 Uhr, Eintritt 30 Baht.

22 km nördlich von Sukhothai erinnert westlich der Straße kurz hinter dem Airport eine große **Buddhastatue** im Sukhothai-Stil an die kulturelle Blütezeit dieser Region.

Übernachtung

Allen Unterkünften fehlt Flair, und sie eignen sich höchstens als Notquartier.

Muang Inn, 21 Kasemrat Rd., ✆ 053-641722, 600 m südlich vom Bahnhof am H101 an der Abzweigung zum Museum. Betonbau mit Restaurant. ❷–❸

Suphalai Palace Hotel, 31/2 Moo 4, Naimuang, ✆ 053-641627, 📠 641772, neueres Hotel am Ortsausgang Richtung Sukhothai, 1 km südlich der Abzweigung zum Museum. ❸

Sangsin, 2 Thetsaban Damri Rd., ✆ 053-641818, 📠 641828, Zi mit Fan oder ac. ❷

Transport

Nach BANGKOK non-ac-Bus für 139 Baht, 2.Kl. ac-Bus um 9 Uhr sowie zwischen 19.30 und 21.30 Uhr für 216 Baht und ac-Bus um 8.30, 9.30 und 21.30 Uhr für 277 Baht.

Nach SUKHOTHAI, 36 km, für 15 Baht, SI SATCHANALAI für 7 Baht.

Von PHITSANULOK fährt täglich auf einer Stichlinie ein Bummelzug um 15 Uhr in 1 1/2 Std. für 43 bzw. 21 Baht in der 2. / 3. Kl., zurück um 16.50 Uhr.

Si Satchanalai ศรีสัชนาลัย

Sukhothai ist ein guter Ausgangspunkt für den Besuch einer landschaftlich wunderschön gelegenen historischen Stätte: Si Satchanalai, etwa 55 km weiter nördlich, war vom 14. bis zum 16. Jh. eine Art Zwillingsstadt von Sukhothai. Zeitweilig residierte der König hier. Als die Hauptstadt des Thai-Reiches nach Ayutthaya verlegt wurde, verlor auch Si Satchanalai, das dann Sawankhalok genannt wurde, an Bedeutung. Während der Burmesischen Kriege wurde die Stadt so stark zerstört, dass ihre Bewohner unter Rama I. weiter nach Süden in das heutige Sawankhalok umsiedeln mussten. 1990 wurden die Ruinenfelder zum vierten „Historischen Park" Thailands ernannt.

Der Rundgang beginnt südlich der Ruinenstadt. Wer mit dem Bus kommt, kann am rosafarbigen Eingangstor am KM 16,4 des H101 aussteigen und über die Brücke laufen, ansonsten geht es am KM 17,6 nach links und an der Kreuzung hinter der Brücke 800 m nach Süden.

Wat Phra Si Ratana Mahathat und Wat Chom Chuen

In einer Schleife des Yom-Flusses liegt das Wat Mahathat (Wat Phra Si Ratana Mahathat Chaliang). Die Mauer aus riesigen Laterit-Blöcken ließ König Ramkhamhaeng rings um den Tempelbezirk errichten. Durch den eigenwillig gestalteten Osteingang fällt der Blick auf die Säulen des ehemaligen Viharn. Im Hintergrund erhebt sich der zentrale **Prang** aus dem 15. Jh., vor dem eine große **Buddhafigur** im Sukhothai-Stil sitzt. An der Südwand befindet sich das Original des **Schreitenden Buddhas**, dessen Kopie im Museum von Sukhothai ausgestellt ist.

Etwa 300 m weiter nördlich steht **Wat Chom Choen**, eine im Khmer-Stil erbaute und im Sri Lanka-Stil umgestaltete Tempelanlage, unter der ein **archäologisches Museum** errichtet wurde. In verschiedenen Tiefen sind teils am originalen Platz prähistorische Skelette und Keramikfunde zu sehen, die bis ins 4. Jh. zurückgehen. Interessant ist zudem die Fotoausstellung über die archäologischen Arbeiten.

Alt-Satchanalai

Etwa 1,5 km weiter nördlich erstreckt sich der weitläufige **Historical Park** von Alt-Satchanalai, für

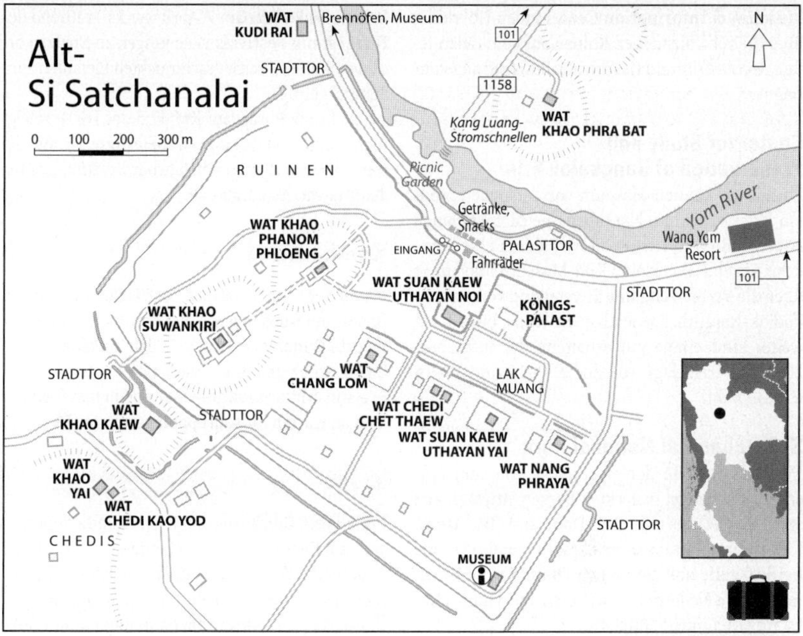

den ein eigenes Fahrzeug von Nutzen ist. Eintritt für die Tempel innerhalb der Stadtmauer 40 Baht, Auto 50 Baht, Fahrrad 10 Baht, Kombi-Ticket, das 30 Tage lang für alle Sehenswürdigkeiten in Sukhothai und Si Satchanalai gültig ist, 150 Baht. ◷ tgl. 8–17 Uhr. Im Park kann es sehr heiß werden; Wasser mitnehmen.

Die Stadtgründung aus der ersten Hälfte des 13. Jhs. war durch den Yom-Fluss im Nordosten sowie durch 7 m hohe und 1,5 m breite Mauern aus Lateritstein geschützt. Mehrere große Wälle und Gräben verstärkten die Befestigung. Sie sind nur bruchstückhaft erhalten. Bei Restaurierungsarbeiten wurden 39 Monumente innerhalb und 75 weitere außerhalb der Stadtmauer freigelegt.

Links der **Königspalast**, von dem noch die Tempelruinen stehen. Dahinter die restaurierten, zentralen Tempel.

Eine Mauer, durch die vier Tore führen, umgibt den Tempel **Wat Chang Lom**. Im Mittelpunkt steht der runde, im singhalesischen Stil errichtete Chedi, der sich auf einem hohen, quadratischen Sockel erhebt. In den Sockelnischen stehen im oberen Bereich Buddhafiguren und unten Elefanten, denen meist die Köpfe fehlen. Sechs Jahre benötigte man für den Bau des Chedi über einer Reliquie Buddhas, der von König Ramkhamhaeng selbst veranlasst worden sein soll. Davor stand der Viharn, von dem die steinernen Säulen erhalten sind.

Wat Chedi Chet Thaew, der Hauptchedi mit der Lotosknospen-Spitze im Sukhothai-Stil, ist die Begräbnisstätte von Sukhothai-Prinzen, die in Si Satchanalai regierten. Daneben stehen auf dem Tempelgelände zahlreiche kleinere Chedis in unterschiedlichsten Baustilen. Im westlichen Bereich sind die Reste der ehemaligen Ordinationshalle zu erkennen.

Ein schöner Blick eröffnet sich von den beiden Hügeln im Norden. Eine breite Treppe führt hinauf zum **Wat Khao Phanom Phloeng** mit seinem großen Stupa, der bereits Stilelemente der nördlichen Lanna-Kunst aufweist. Über den Grat kommt man von hier aus zu den Ruinen von **Wat Khao Suwankiri**.

In der südwestlichen Ecke gegenüber Wat Tung Setthi vermittelt eine kleine Ausstellung im kleinen

Museum & Information Center einen Überblick über die verschiendenen Ruinen auf dem Gelände, ihre Architektur und Geschichte. Beschriftungen in Englisch.

Center for Study and Preservation of Sangkalok Kiln

Zu diesem kleinen Museum vor der neuen Stadt am Fluss in Ban Ko Noi führt eine ca. 5 km lange Landstraße vom Historical Park durch eine ländliche Gegend. Das kleine Kiln-Museum informiert über die Verbreitung und Herstellung von Sawankhalok-Keramik sowie über die Kilns. Etwa 1 km weiter sind einige gut erhaltene der insgesamt 200 Kilns freigelegt worden. ⌚ 9–12 und 13–16 Uhr, 30 Baht.

Si Satchanalai National Park

Der Park liegt in den westlichen, von subtropischem Dschungel bedeckten Bergen. Attraktionen sind die Wasserfälle **Tat Dao** und **Tat Duan** (500 m bzw. 3 km vom Headquarter entfernt), eine **heiße Quelle** und die Höhlen **Tham Khang Khao**, in der viele Fledermäuse wohnen, und **Tham Thara Wasan**. Eintritt 200 Baht.

Unterkunft in 4 Bungalows für 3–11 Personen, 250–1000 Baht. Vom H1201 am KM 11,5 (5 km südlich vom Si Satchanalai Historical Park) nach Westen auf die Straße abbiegen, oder 51 km auf der Straße fahren, die nördlich der Kilns nach Westen führt. Einige Gästehäuser und Veranstalter in Sukhothai bieten geführte ein- oder zweitägige Touren in den Park an (s.S. 290).

Ban Hat Sung ซ็ฟกหรฟนอรสลฟเ๋ๅ

Der Ort erstreckt sich nördlich von Si Satchanalai am H10. Gegenüber vom Polizeiposten am KM 30 können im **Gold Textile Museum**, 477/2 Hartsaew Sisatchanalai, ☎ 055-671143, handgewebte Textilien aus allen Landesteilen, mit Gold- oder Silberfäden durchwirkte Stoffe für religiöse Zeremonien ebenso wie Ikat-Arbeiten aus dem Nordosten und bis zu 200 Jahre alte, feine Baumwollwebereien bewundert werden. Noch immer werden im Ort auf Handwebstühlen Baumwoll- und Seidenstoffe nach überlieferten Mustern gefertigt und im *Saathon Shop* vor dem Museum verkauft. Neben edlen Stoffen, die mindestens 2000 Baht kosten, sind Jacken, Hosen und Röcke aus handgewebten Stoffen erhältlich. Jedes Jahr am 7. April werden während des **Buat Chang Festivals** viele Jungen zu Novizen ordiniert und von reich geschmückten Elefanten zum Tempel getragen.

Richtung Phrae, am KM 47,5 des H101, zweigt rechts eine 720 m lange, unbefestigte Straße, die nur mit Geländewagen befahrbar ist, zum größten **Teakbaum** des Landes ab.

Übernachtung

Wang Yom, ☎ 055-631380, 📠 631380, 78/2 Moo 6, Resort am Fluss in der Nähe der Ruinen, überteuerte Bungalows in einer Gartenanlage, großes, 2-stöckiges Restaurant mit gehobenen Preisen. Mittags werden hier und in den Pavillons im Garten Reisegruppen verpflegt. ❺

Essen

Preiswerte Getränke- und Essenstände finden sich am Parkplatz vor dem Eingang zum Park und neben dem Wat Mahathat. Zudem kann man im teuren Wang Yom (s. Übernachtung) und im Biergarten des ***Kang Sak***, gegenüber vom Wat Kok Singka Ram, essen.
Das große Restaurant, in dem ebenfalls Reisegruppen mittags essen, erhebt sich schön über dem Fluss.

Sonstiges

FAHRRÄDER – An den Abzweigungen vom H101 und am Parkplatz vor dem Eingang zum Historical Park werden Räder für 20–30 Baht pro Tag vermietet.

KERAMIKEN – In einigen Manufakturen in der Gegend wird nach traditionellen Methoden Keramik im Sawankhalok-Stil gebrannt, die in kleinen Souvenirläden an der Straße und an Ständen vor Wat Mahathat verkauft wird.

Transport

Nach BANGKOK (293 km) ac-Bus um 8 und 20.20 Uhr für 293 Baht.
Von SUKHOTHAI, 53 km, blauer non-ac-Bus stündlich für 16 Baht in 2 Std. (evtl. umsteigen in

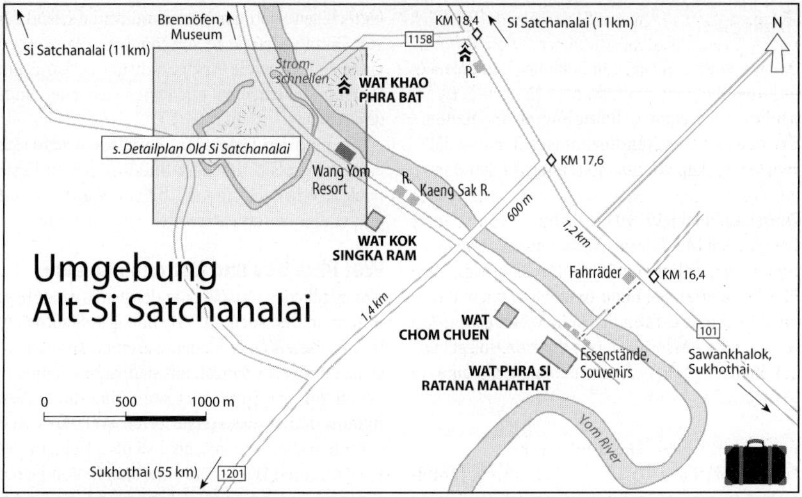

Sawankhalok). Aussteigen an der Abzweigung zum Historical Park am KM 17,6.
Zurück spätestens um 16.30 Uhr. Man kann auch einen der Busse nehmen, die für 25 Baht stündlich zwischen Uttaradit und Sukhothai verkehren, und unterwegs aussteigen. Nach Chiang Mai in Uttaradit umsteigen.
Sinnvoller ist es, Si Satchanalai auf einem Tagesausflug von Sukhothai aus zu besuchen. Einige Gästehäuser bieten geführte Touren an. Eine Alternative ist die Fahrt mit dem Motorrad oder dem Auto. Auf dem H1195 (besser als der stark befahrene H101) und anschließend auf dem H1201 lässt es sich geruhsam durch die landwirtschaftlich intensiv genutzte Ebene fahren.

Ramkhamhaeng National Park

วนอุทยานรามคำแหง

Südlich der Ruinenfelder von Old Sukhothai erhebt sich ein Gebirgszug, der zwischen dem H12 nach Tak und dem H101 nach Kamphaeng Phet zum Nationalpark erklärt worden ist, Eintritt (noch) 20 Baht. Seinen höchsten Berg, den **Khao Luang** (1185 m), kann man besteigen. Vom Park Hauptquartier am Osthang führen steile Fußwege durch den immergrünen Regenwald zum Gipfel. Man benötigt etwa 2 1/2 Stunden für den mühsamen Aufstieg und sollte daher früh aufbrechen. Die Wege sind markiert, aber in der Regenzeit sehr schlüpfrig. Von der spärlich bewaldeten Gipfelregion aus bietet sich ein fantastischer Blick über die Ebene von Sukhothai. Da es oben recht windig und kühl ist, braucht man zum Übernachten ein Zelt, das nach Voranmeldung von den Rangern aufgebaut wird. Vorsicht vor Denguefieber übertragenden Mücken!

Eine weitere, selten besuchte Attraktion des Parks ist der **Sai Rung-Wasserfall**, der mit seinen vier Fällen in der Regenzeit eindrucksvoll wirkt. Nach ca. 90 Minuten Aufstieg wird man an einem herrlichen Wasserfall mit einer tollen Dusche und schöner Aussicht belohnt. In der Trockenzeit lohnt der weite Weg zum westlichen Berghang kaum.

Übernachtung

Am Park-Hauptquartier werden Bungalows für bis zu 3 Personen vermietet, Reservierungen über die *National Park Division* in Bangkok, ✆ 02-5620760. ❸
Zudem kann man auf dem Gipfel in Zelten übernachten.

Transport

Um in den Park, 35 km von Sukhothai, zu gelangen, benötigt man ein Auto oder Motorrad. Es werden nur wenige geführte Touren angeboten. Das J. & J. Gh. in Neu-Sukhothai z.B. bietet die Fahrt im Pickup bei zwei Personen für 400 Baht p.P. an.
Zuerst auf dem H101 20 km Richtung Kamphaeng Phet bis Kili Mat fahren, wo rechts an der Abzweigung zum Park ein Hinweisschild steht.
Zum Wasserfall Sai Rung zweigt 37,7 km hinter Sukhothai eine Straße ab (kleines blaues Hinweisschild), nach 9,8 km (am dunklen Holzschild auf Englisch) geht es nach rechts auf die gute Staubstraße (4 km).

Kamphaeng Phet กำแพงเพชร

Auch Kamphaeng Phet (gesprochen Kamm-päng Pätt, „Diamantenwand") war einst eine Hauptstadt des Sukhothai-Reiches. Die Stadt liegt 82 km südwestlich von Sukhothai am Ping-Fluss, wenige Kilometer abseits des H1, der von Bangkok nach Chiang Mai führt. Die Stadt wurde 1347 gegründet und war über Jahrhunderte eine Garnisonsstadt der Könige von Sukhothai und Ayutthaya.

Kamphaeng Phet Historical Park, Aranyik

Der Kamphaeng Phet Historical Park wird von Touristen wenig besucht und ist vielleicht gerade deshalb lohnenswert. Der Haupteingang zum Bereich der Waldtempel (Aranyik) liegt 1,8 km nördlich der Stadtmauer am H101. ⏲ tgl. 8–17 Uhr. Eintritt 40 Baht, Fahrzeug 50 Baht.

Auf befestigten Wegen kommt man durch ein mit Büschen bewachsenes Areal zum **Wat Chang Rop**. Von dem ehemaligen Tempel ist bis auf den Unterbau des Chedi kaum etwas erhalten. Er ist rings herum mit 68 halben Elefantenstatuen dekoriert. Die etwa 1,50 m hohen Figuren wurden aus Laterit gemauert und mit Stuck verkleidet. Etwa ein Dutzend Tiere kann man samt ihrem Schmuck noch bewundern, die anderen sind unvollständig.

Auf dem Weg nach Süden erreicht man **Wat Singh** mit einem großen, sitzenden Buddha.

Im **Wat Phra Si Iriyabot** stand auf dem Unterbau aus Laterit früher ein großer Viharn. An dem viereckigen Bau im Hintergrund waren einstmals vier Buddhastatuen in verschiedenen Positionen aufgestellt. Wer die Anlage umrundet, kann am hinteren Teil einen gut erhaltenen stehenden Buddha sehen.

Im nächsten Tempel **Wat Phra Non** befand sich einst ein großer, ruhender Buddha, dessen Reste noch zu erkennen sind. Auch beim **Wat Pa Meud** gibt es eine einsame, verwitterte Buddhafigur.

Wat Phra Keo und Nationalmuseum

Am nördlichen Ortseingang der neuen Stadt liegt innerhalb der noch gut erkennbaren Stadtbefestigung, die aus einer Mauer und einem Graben besteht, ein zweiter Bereich mit städtischen Tempeln. Schon von der Straße aus kann man die großen Buddhastatuen des restaurierten **Wat Phra Keo** erkennen. Der hintere Chedi steht auf einem mit Löwenfiguren verzierten Unterbau. In den leeren Nischen standen einmal kleine Buddha-Skulpturen. Ein Teil der Chedis ist in jüngster Zeit rekonstruiert worden. In diesem Wat soll früher der Smaragd-Buddha aufbewahrt worden sein, der heute im Wat Phra Keo von Bangkok zu sehen ist. Eintritt 40 Baht.

Vorbei am Wat Phra Tat geht es zum **Nationalmuseum**. Außen stehen zwei schöne originale Stuckelefanten vom Wat Chang Rob. Im ersten Stock befinden sich viele Funde aus Kamphaeng Phet, im Erdgeschoss sind Kunstwerke aus anderen Epochen ausgestellt, vor allem Werke der Mon. ⏲ Mi–So außer feiertags 9–16 Uhr, 40 Baht. Nebenan informiert das **Provincial Museum** über Geschichte, Traditionen und Kultur, ⏲ tgl. 8–16 Uhr. Vom nahe gelegenen **Tourist Information Center** sollte man nicht allzu viel erwarten, aber nebenan am Kartenschalter gibt's eine Info-Broschüre für 3 Baht.

Das Stadtzentrum und Nakhon Chum

Südwestlich der Museumsanlage konzentrieren sich am zentralen Kreisverkehr zahlreiche Geschäfte und Restaurants. Weiter südlich erstreckt sich parallel zum Fluss die neue, weitläufige Stadt mit einem großen **Markt**.

Der großen Buddhastatue aus der U-Thong-Zeit im **Wat Thep Molee** an der Ratchadamnoen Rd. werden magische Kräfte zugesprochen. Viele Einheimische sind überzeugt, sie könne z.B. dem Regen Einhalt gebieten. In einem kleinen Schrein links vom Eingang wird ein lokaler Heiliger verehrt. Im Westen führt eine große Brücke über den Ping-Fluss nach Nakhon Chum. In der Gegend rings um das **Wat Phra Boromathat**, das hinter der Schule und den Mönchsquartieren verborgen liegt, gab es bereits vor der Gründung von Kamphaeng Phet eine Befestigungsanlage.

Übernachtung

Three J. Gh. ③, 79 Ratchavitee Rd., ✆ 055-713129, 📠 720383, ✉ threejguest@hotmail.com, in einem alten Holzhaus mit Garten. Zi mit Fan oder ac sowie Du/WC. Restaurant. Motorrad- und Autovermietung, Touren in die nahe gelegenen Nationalparks. ❷

Teak Tree Gh. ①, Chakungrao Rd., Soi 1, ✆ 055-714137, ✉ teakkpp@hotmail.com, einfaches Holzhaus mit 3 Gästezimmern in einem Garten in ruhiger Lage. Meist ist niemand zu Hause: vorher anmelden. ❷

Korchokchai ④, 19-43 Soi 8 Ratchdamnoen Rd., ✆ 055-711247, große, saubere Zi mit Warmwasser-Du/WC, die freundlichen Empfangsdamen können kein Englisch. ❷

Ratchdamnoen ②, 114 Ratchdamnoen Rd., ✆ 055-711029, 60 einfache, saubere Zi mit Gemeinschafts-Du/WC, einige mit ac, Nachtclub. ❷–❸

Navarat ⑥, 2 Soi 15, Tesa 1 Rd., ✆ 055-711106, 📠 711961, ✉ navarathotel@kpp.inet.co.th, keine englische Beschriftung am 5-stöckigen Haus nahe dem Fluss im Süden der Stadt, ac, TV, ruhig, karg eingerichtet. ❸

Phet ⑤, 189 Bumrungrat Rd., ✆ 055-712810-5, 📠 712 927, ✉ phethtl@phethotel.com, das größte Hotel der Stadt; Taxis und Tuk Tuks bringen einen ungefragt hierher. 220 saubere Zi mit Du/WC, ac und TV, gutes Restaurant, Pool, Nachtclub. ❸–❹

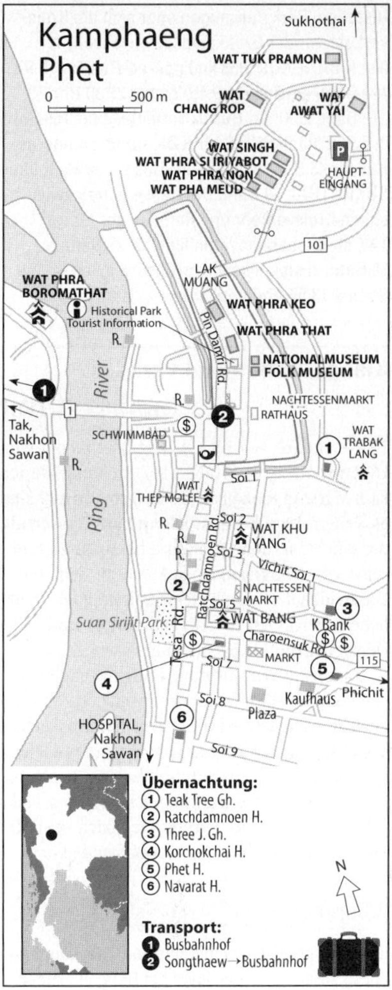

Essen

Die regionale Spezialität sind kleine, ovale Bananen (*gluai khai*, „Eierbanane"). Ihnen zu Ehren findet Ende Sep / Anfang Okt ein großes Volksfest statt, bei dem auch eine „Miss Egg Banana" gewählt wird. 15 km südlich von Kamphaeng Phet liegt am H1 ein großer Bananenmarkt, auf dem es ganze Bündel für wenige Baht gibt. Am Kreisverkehr einige billige Restaurants. Zahlreiche Essenstände und Restaurants in der Marktgegend südlich des Suan Sirijit-Parks, z.B. ***Raan Kin Pla***; sehr gutes Essen, z.B. Fisch in Salzkruste.

Transport

Der Busbahnhof liegt 2 km westlich der Stadt. Songthaew pendeln zum Kreisverkehr. Wer von Sukhothai kommt, kann bereits am Eingang zum

Historical Park aussteigen oder sich am Kreisverkehr vor der Brücke absetzen lassen.
Nach BANGKOK (358 km) non-ac-Bus 4x tgl. für 118 Baht, ac-Bus um 9.45, 23 und 23.30 Uhr für 212 Baht, 2. Kl. ac-Bus 3x vormittags für 165 Baht in 6 Std. Nach PHITSANULOK stündlich non-ac-Bus für 43 Baht und 2.Kl. ac-Bus für 60 Baht über SUKHOTHAI, 29 Baht. Die Busse fahren zwischen Kreisverkehr und Rathaus ab.
TAK ab Busbahnhof stündlich für 29 Baht, ac 35 Baht, zusteigen zum ac-Bus Bangkok – Mae Sot um 13.55 Uhr möglich.

Klong Lan National Park

วนอุทยานคลอง ลาน

12 km südlich von Kamphaeng Phet zweigt vom Highway Nr. 1 die Straße 1117 Richtung Westen zum Markt in Klong Lan (58 km) ab. Von hier sind es weitere 4 km bis zum **Klong Lan-Wasserfall**, der eine 95 m hohe Steilwand herabstürzt. Links führt ein anstrengender Fußpfad an den steilen Felsen hinauf zu einem kleinen, tiefen Pool – herrliche Aussicht! In der Gegend gibt es zahlreiche Dörfer der Hmong, Yao und Karen.

13 km entfernt Richtung Kamphaeng Phet liegen **Pang Kwai**, ein Wasserreservoir, und 7 km von der Kreuzung der **Klong Narm Lai-Wasserfall**, auch Pang Kwai-Wasserfall genannt. In neun Stufen bildet er z.T. tiefe Pools mit sauberem Wasser. Die dritte Stufe eignet sich am besten zum Baden. Links geht ein steiler, aber leichter Weg nach oben. Im Park leben Wildschweine und Weißhandgibbons.

Übernachtung

Beim *Office*, 200 m vom Klong Lan-Fall, können bis zu 3 Pers. in Bungalows am Hang übernachten, Essen- und Getränkestände sind vorhanden. Camping am Fluss in einer Dschungelidylle. Buchungen über die *National Park Division* in Bangkok, ✆ 02-5620760. ❷
Ähnliches Angebot am Narm Lai-Fall.

Transport

Minibusse fahren von KAMPHAENG PHET für 25 Baht zum 58 km entfernten Markt in Klong Lan.

Tak ตาก

Als das Ayutthaya-Reich seine weiteste Ausdehnung hatte, war Tak (gesprochen Taag) eine der nördlichen Grenzstädte zu dem unter burmesischer Herrschaft stehenden Lanna Thai. Hier, an den flachen Ufern des Ping-Flusses, wurde 1734 Taksin geboren, der nach der Zerstörung des Ayutthaya-Reiches eine neue Thai-Hauptstadt in Thonburi gründete und zum König gekrönt wurde.

Ihrem berühmten Helden hat seine Heimatstadt ein Denkmal errichtet, das **Sala Taksin Maharat**. Vor seiner vergoldeten Statue in einem Schrein auf einem Marmorsockel bitten die Menschen den König um Beistand. Vorbeifahrende Autofahrer erweisen ihm durch Hupen ihre Hochachtung. Aus Dankbarkeit werden dem im chinesischen Jahr des Pferdes geborenen König Statuen seines Geburtstieres in allen Größen geopfert, die wie eine wilde Mustangherde den Schrein umrunden. Nur wenig weiter westlich steht das **Wat Bot Mani Sibunruang**, das 1859 ganz aus Teak erbaut wurde und dessen Bot mit Wandmalereien geschmückt ist. Hinter der Pagode im Mon-Stil steht im Viharn ein hochgeachteter Bronze-Buddha aus dem 13. Jh. Ansonsten hat die Stadt nicht viel zu bieten. Aus der Zeit, als die Stadt Zentrum der Teak-Industrie war, stehen noch einige schöne Holzhäuser, so an der Taksin und Mahathai Bamrung Rd. Malerische Ausblicke erlauben die Uferpromenade und die Straße auf der anderen Flussseite flussaufwärts bis Ban Tak, die weiter bis Sam Ngao und zum Bhumipol-Staudamm führt.

Kurz vor der Abzweigung des H1175 nach Mae Ramat steht am Westufer des Ping River **Wat Phra Borommathat**, ein prunkvoller Tempel aus dem 12. Jh. im Stil der Shwedagon-Pagode in Yangon (Myanmar). Der Tempel ist einer der bedeutsamsten der Region, denn er beherbergt eine berühmte, wundertätige Buddhastatue in meditierender Haltung. Die Giebel, Fenster und Türen des Viharn sind mit aufwändigen Holzschnitzereien geschmückt. Während des Songkran-Festes im April finden sich viele Gläubige zum Gebet ein.

Übernachtung

The Viang Tak 1 ②, 25/3 Mahat Thai Bamrung Rd., ✆ 055-511910, 📠 540846, großes, angenehmes Hotel, 105 komfortable Zi mit ac, einige mit

Ausblick auf den Fluss; Pool, Restaurants, gutes Frühstück, Biergarten und Nachtclub. ❹–❺

The Viang Tak 2 ⑤, 236 Chomphol Rd., ✆ 055-512 507-8, ℻ 512168, mit Blick über den Fluss. 150 Zi, etwas teurer als das Schwesterhotel. ❹–❺

Sanguan Thai Hotel ③, 619 Taksin Rd., ✆ 055-511153, altes Teak-Haus mit neuem Anbau, in dem die Zimmer recht komfortabel sind. Essen gibt es am nahe gelegenen Markt. ❷

Mae Ping Hotel ④, 231/2-3 Mahat Thai Bamrung Rd., ✆ 055-511807, gegenüber vom Obstmarkt, günstige, aber sehr schmutzige Zi. ❶

Rachavilla Resort ⑥, 307/1 Phaholyothin Rd., ✆ 055-512361-2, ℻ 513051, im Süden der Stadt am Highway, 59 gute Zi mit Fan und ac. ❷

Mai Ngam Resort ①, 37/11 Phaholyothin Rd., ✆ 055-513326, 2 km nördlich der Stadt gegenüber dem Institut für Technologie, 15 Zi. ❸

Essen

Auf dem sauberen, schönen Nachtmarkt an der Uferpromenade wird preiswertes und gutes Essen angeboten. Südlich der Fußgängerbrücke wetteifern die Restaurants um die Gunst der Esser. Empfehlenswert das Korean BBQ.

Sonstiges

FESTE – An Vollmond im November werden an **Tak Loi Krathong Sai** die Krathongs, kleine schwimmende Blumengestecke, in einer Lichterkette auf dem Fluss ausgesetzt. Zwischen dem 28. Dezember und 1. Januar finden Feierlichkeiten zu Ehren von König Taksin statt.

INFORMATIONEN – Das TAT-Büro in Tak, ✆ 055-514341-3, ✉ tattak@north.shane.net, ist für Tak, Kamphaeng Phet und Phichit zuständig. Außer Stadtplänen wenig Material. ⏲ tgl. 8.30–16.30 Uhr.

KLIMA – Tak gilt als heißeste Provinz in Thailand. Von März bis Mai können die Temperaturen auf 41–43 °C steigen. Die kühlsten Monate sind November bis Januar.

Transport

Überlandbusse kommen am Busbahnhof an der

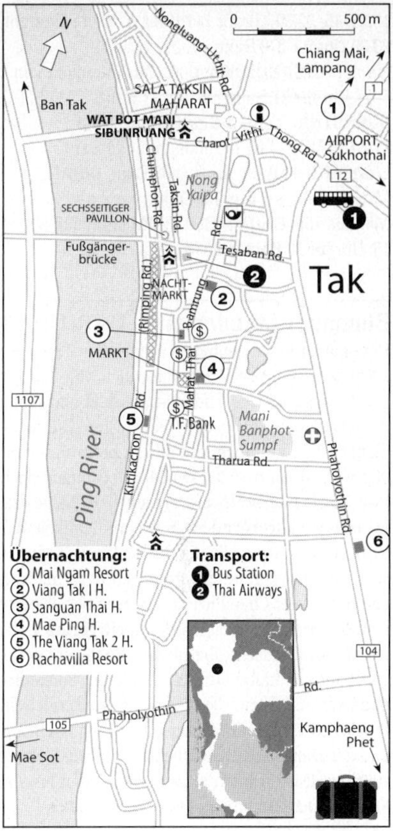

Straße nach Sukhothai an, ins Zentrum fahren Minibusse für 10 Baht. Busse aus der Umgebung halten in der Stadt.

Nach BANGKOK (426 km) non-ac-Bus um 7, 8 und 9 Uhr für 140 Baht, 2. Kl. ac-Bus um 9.20 und 22 Uhr für 190 Baht, ac-Bus um 22 und 23 Uhr für 245 Baht in 6 1/2 Std., VIP-Bus um 9.30 Uhr für 345 Baht. Die ac-Busse von Bangkok nach CHIANG MAI stoppen ebenfalls in Tak. Zusteigen von 8.30–18.30 und um 21.30 Uhr für 137 Baht. Nach CHIANG RAI Nachtfahrt um 22 Uhr.

Nach MAE SOT ac-Bus um 16 und 17 Uhr für 44 bzw. 62 Baht in 2 Std., Minibus von 6.30–19 Uhr jede halbe Stunde für 44 Baht.

Nach KHON KAEN 2. Kl. ac-Bus um 9.40, 12,

13.15, 15, 22.30 Uhr für 217 Baht, 1. Kl. ac-Bus um 23.30 Uhr für 279 Baht.
Nach PHITSANULOK non-ac-Bus stündlich von 6–17 Uhr für 51 Baht, ac-Bus 71 Baht, SUKHOTHAI, non-ac-Bus 43 Baht, 1 Std. KAMPHAENG PHET stündlich für 29 Baht, LAMPANG 48 Baht, ac-Bus 68 Baht, CHIANG MAI 98 Baht, ac-Bus 137 Baht.
Minibus zum BHUMIPOL-DAMM stündlich bis 15 Uhr für 30 Baht in 90 Min.

Bhumipol-Staudamm เขื่อนภูมิพล

Der Staudamm ist ein hauptsächlich von Thais besuchtes Ausflugsziel 45 km nördlich von Tak. Er wurde zwischen 1961 und 1964 errichtet und zählte damals zu den größten in Südostasien. Die Staumauer ist 154 m hoch und 486 m breit und staut den Menam Ping auf 207 km Länge bis hinauf nach Hot. Ein Wasserkraftwerk erzeugt 535 Megawatt Energie, vor allem für den Großraum Bangkok. Zudem ist der Damm wichtig für die Wasserregulierung, damit während der Regenzeit der Ping und damit auch der Chao Phraya seltener über die Ufer tritt. Vom Damm aus lässt sich nur ein geringer Teil der Wasseroberfläche überblicken. Boote gibt es für 200 Baht pro halbe Stunde zu mieten. Souvenir- und Essenstände am Ufer verkaufen Trockenfleisch. Eine **Foto-Dokumentation** informiert über den Bau des Damms, die Geschichte der Thai-Elektrizitätsgesellschaft und die im See lebenden Fische. Kanus und Mountainbikes werden vermietet.

Übernachtung

Das ***EGAT Gh.*** liegt 5 km hinter Sam Ngao und 5 km vor der Dammkrone sehr schön am Fluss. Buchungen in Bangkok über die Elektrizitätsgesellschaft, ✆ 02-4363272 oder in Sam Ngao, ✆ 055-549509. ❸–❺

Transport

Wer mit dem Bus kommt, steigt am besten am Highway H1 an der Abzweigung nach Sam Ngao aus. Von dort fahren Busse bis zum Ort (13 km) für 10 Baht, die letzten 10 km zur Dammkrone Songthaews für 10 Baht. Ab TAK fährt jede Stunde bis 15 Uhr ein Bus für 30 Baht.

Lansang National Park

วนอุทยานลานสาง

Der Lansang National Park liegt 20 km westlich von Tak am H105 nach Mae Sot. Am KM 7 informiert in der Schule Sueksa Songkhro Tak ein kleines Folk Art Museum über die sechs Bergvölker in der Umgebung. Am KM 12 zweigt der Weg zum Lansang National Park ab.

Vom *Visitor Center*, ✆ 055-519278-9, aus führt ein Weg in 10 Min. zum **Lansang-Wasserfall** und zum **Pha Phung-Wasserfall**, die sich zum Baden, aber nicht zum Schwimmen eignen.

Der Pfad zum **Phathe-Wasserfall** (1400 m entfernt) ist völlig überwachsen. Westlich vom Park leben Bergvölker, überwiegend Lahu, Lisu und Hmong. Auf dem Straßenmarkt am KM 29,3 des H105 verkaufen sie Obst, Gemüse und Souvenirs.

Taksin Maharat National Park

วนอุทยานตากสินมหาราช

Die Hauptattraktion des Taksin Maharat National Parks, 33 km von Tak, kurz hinter dem Doi Mu-soe Pass, 2 km rechts des H105, ist der größte Krabak-Baum Thailands, der über 700 Jahre alt sein soll. Er steht unscheinbar am Grunde eines Tales inmitten des Dschungels und ist nach einem äußerst steilen Abstieg von 400 m zu erreichen. Der **Baumriese** der Spezies Anisoptera wirkt mit 16 m Umfang und 50 m Höhe durchaus eindrucksvoll. Wie beim neuseeländischen Kauri-Baum steigt der Stamm 35 m glatt nach oben und verzweigt sich dann mit mächtigen Ästen.

Zu einigen Wasserfällen im Park verlaufen Wanderwege, die auf einer Karte eingezeichnet sind, die im Headquarter erhältlich ist. Für längere Touren stehen Guides und Fahrzeuge zur Verfügung.

Mae Sot แม่สอด

Die aufstrebende Stadt auf 200 m Höhe im Grenzgebiet zu Myanmar lebt vor allem vom Handel und Schmuggel. Nur 5 km westlich der Stadt überquert der Asia Highway, der zur Hauptverkehrsachse zwischen Moulmein (Myanmar) und Danang (Vietnam) ausgebaut werden soll, über die 1998 errichtete **Thai-Burmese Friendship Bridge** den Mae

Nam Moei. Bislang ist die Trennlinie zwischen beiden Ländern noch für den internationalen Verkehr gesperrt.

Der 4-spurige Highway umgeht im Norden die geruhsame Stadt. Auf ihren Märkten und in Läden treffen sich Menschen unterschiedlicher Herkunft – Karen von beiderseits der Grenze, Birmanen, Thais, Inder und Chinesen. Viele Westler arbeiten in den Flüchtlingslagern der Umgebung. Lukrativ scheint der Edelsteinhandel in den Läden nahe dem Siam Hotel.

Der goldene Chedi im **Wat Chumphon Khiri** wurde im Jahre 1993 im Stil der Shwedagon-Pagode in Yangon erbaut. Eine Sehenswürdigkeit besonderer Art ist das **Khao-Mao Khao-Fang Restaurant** am KM 2 des H1085 nach Norden. Die Dekoration mit vielen Dschungelpflanzen, Teichen und kleinen Wasserfällen ist selbst für Thailand etwas Ungewöhnliches.

An der Grenze zu Myanmar (Burma)

Dunkelblaue Pickups fahren von der Haltestelle schräg gegenüber vom Internet-Café für 10 Baht die letzten 5 km zur Grenze nach Rim Moei, ⏲ tgl. 6–18 Uhr.

Entlang der Straße beiderseits der Brücke und auf dem großen überdachten Markt am Westufer des Moei haben Thais wie Burmesen viele Stände errichtet, in denen u.a. Teakholzmöbel, Halbedelsteine und Textilien aus Myanmar, Mopeds und Kosmetika aus Thailand, indonesische Batikstoffe sowie Elektroartikel und Lebensmittel aus China verkauft werden. Unter der Brücke sind Schmuggel-Zigaretten der Renner. Die Kontrollen werden sehr lässig gehandhabt.

Es herrscht ein reger Grenzverkehr. Nicht-Thais können die Grenze für einen Tagesausflug nach **Myawaddy** gegen eine Gebühr von 500 Baht oder US$10 überqueren, Pass und 1 Passbild erforderlich, Thais zahlen 10 Baht. Im ärmlich wirkenden Myawaddy gibt es außer einem Stupa nicht viel zu sehen. Die burmesischen Waren sind kaum billiger als auf dem Markt auf der Thai-Seite.

Übernachtung

GÄSTEHÄUSER – Viele Backpacker genießen die geruhsame Atmosphäre des Ortes. In Rim Moei gibt es keine Unterkünfte.

Pin Gh. ②, 102 Asia Rd., ✆ 04-8128796, 01-4509 189, 15 große Zi mit ac, Warmwasser-Du/WC, TV und Kühlschrank in einem neuen Haus an der Umgehungsstraße. Kleines Frühstück im Vorgarten inkl. Leider gibt es zur Straße hin keinen Sicht- und Lärmschutz. ❸

Baan Mai ③, 59/11 Asia Rd., ✆ 055-533091, solides Teakhaus, 12 kleine, sehr schöne Zimmer mit Fan, guten Betten und Warmwasser-Du/WC, größere ac-Zimmer. Terrasse mit Blumen, Frühstücksrestaurant, Parkplatz. ❸

Ban Thai Gh. ⑨, 740/1 Intharakiri Rd., einfache Zi mit und ohne Du/WC sowie kleine Bungalows etwas zurückversetzt von der Straße. ❶

Fortune Gh. ⑧, Intharakiri Rd., kleines Haus, Zi mit Gemeinschafts-Du/WC. ❶

No. 4 Gh. ⑥, 736 Intarakiri Rd., ✆ 055-544976, 01-7852095, ✉ no4guesthouse@yahoo.com, 💻 www.geocities.com/no4guesthouse/, das erste Gh. in einem alten, zurückversetzten Teakhaus, saubere Zi, Schlafsaal 50 Baht, Warmwasser-Du/WC, Aufenthaltsraum mit TV, viele Infos. ❶

Bai Fern Gh. ⑦, 660/2 Intarakiri Rd., ✆ 055-533343, ✉ rungrapee@hotmail.com, 13 einfache Zi mit Gemeinschafts-Du/WC. Nettes, preiswertes Restaurant. ❷

Mate's Place ⑤, hinter dem Salak Thai Steak House, ✆ 055-531016, in einem Holzhaus im 1. Stock 4 einfache Zi, Du/WC im etwas chaotischen EG, wo auch die Gastgeber wohnen. ❶

Mae Sot Gh. ⑪, 208/4 Intarakiri Rd., ✆ 055-542634, vernachlässigte Anlage, 6 Zi mit ac und Du/WC im Steinreihenhaus; 6 Reihenbungalows aus Bambusmatten, mit Fan und Matratzen auf dem Boden, Du/WC außen. ❷

HOTELS – ***Central Mae Sot Hill*** ①, 100 Asia Rd., ✆ 055-532601-8, 📠 532600 an der Umgehungsstraße, luxuriöses Hotel; beheizter Swimming Pool; Disco und Nachtclub. Frühstück inkl. ❺

First Hotel ④, 444 Intarakiri Rd., ✆ 055-531233, 📠 531340, ist im Prozess einer Luxusrenovierung steckengeblieben. Die teils mit aufwändigen Holzschnitzereien verzierten Decken und Möbel stehen in starkem Kontrast zu abgenutzten Fußmatten, Glühbirnen ohne Lampenschirm und durchgelegenen Matratzen. Alle Zi mit ac, Warmwasser-Du/WC und TV. ❸

D.K. Hotel ⑩, 298 Intarakiri Rd., ✆ 055-531699, neueres riesiges Gebäude in Billigbauweise, sehr saubere, große Zimmer mit Fan oder ac und Warmwasser-Du/WC, Steinboden. Rezeption über der Buchhandlung im 1. Stock. Gutes Preis-Leistungs-Verhältnis. ❷–❸
Siam ⑫, 185 Prasavithi Rd., ✆ 055-531176, 4-stöckiges Hotel, überteuerte Zimmer. Frühstücksrestaurant. ❷–❸
Porn Thep ⑬, 25/4 Soi Srivieng, ✆ 055-532590, sehr saubere, komfortable ac-Zimmer, gute Matratzen. Frühstück inkl. ❹
Tawee Chai Land, ✆ 055-532337, Bungalowanlage 10 km östlich von Mae Sot am H105 (KM 71). Hinter dem Eingangstor, das einer Burg ähnelt, stehen 23 hübsche, sehr gut eingerichtete Holzbungalows in einem herrlichen Park. ❷–❹

Essen

Eine riesige Auswahl an Lebensmitteln der Region wird auf dem ***Food Market*** vor den Käufern aufgetürmt. Ab 17.30 Uhr werden Stände in einer Seitenstraße der Prasavithi Rd. aufgebaut – gutes, billiges Essen.
Viele gute Restaurants, Pubs und laute Karaoke-Bars an der Intarakiri Rd.
Bai Fern Restaurant, Intharakiri Rd. Das bei Travellern beliebte große Restaurant bietet Kaffee, Kuchen, westliche, thailändische, burmesische und vegetarische Gerichte sowie Pizza.
Im ***Buddy Restaurant*** nebenan wird abends Musik gemacht. Hier wie im nahe gelegenen ***Crocodile Tear Pub*** genießen die meisten Gäste das Bier.
Fah Fah Bakery & Restaurant, Thai-Fast Food und westliche Gerichte.
T.K.Suki, Prasavithi Rd., im Zentrum, hier werden die frischen Zutaten in einem Topf kochender Brühe direkt am Tisch gegart.
Quangtung in der Straße hinter der Moschee serviert gute, nicht ganz billige chinesische Gerichte.
Khao-Mao Khao-Fang (auch *Boa Pla* genannt), am KM 2 des H1085 Richtung Norden, ✆ 055-532483. Das fantastisch dekorierte Restaurant mit malerischen Baumpilzen, Waben von wilden Bienen und Wespen, gewundenen Baumstämmen, einem Gerüst von Würgefeigen und natürlich anmutenden Wasserfällen ist eine wahre Sehenswürdigkeit. Für das Gebotene sind Speisen und Getränke gar nicht teuer!

Sonstiges

GELD – ***K Bank*** und ***Bangkok Bank*** an der Prasavithi Rd., ***Bank of Ayutthaya*** und ***Krung Thai Bank*** in der Hauptstraße, alle mit Geldautomaten.

INTERNET – In einem Geschäft gegenüber der Abfahrtstelle der Songthaew zur Grenze.

MOTORRÄDER U.A. – vermietet ein Laden an der Prasavithi Rd., neben der Bangkok Bank, für 160 Baht pro Tag. Vorsicht: Viele Schrottmühlen! Im Bai Fern Gh. kosten Fahrräder 50 Baht, Motorräder 150 Baht, PKWs 1200 Baht und Geländewagen 1500 Baht.

POST – an der Intarakiri Rd. **PLZ**: 63 110.

Touren

Reisebüros offerieren Tagestouren in die Umgebung (um 2000 Baht) sowie lohnende mehrtägige Trips zu den Naturattraktionen bei Umphang inkl. Floß- und Kanufahrten, z.B. 3 Tage / 2 Nächte 4500–6000 Baht p.P. Darauf achten, ob nach Umphang in einem unbequemen öffentlichen Songthaew oder dem eigenen Fahrzeug gefahren wird, die Rafting-Tour mit Schlauchbooten oder langsameren Bambusflößen erfolgt, ausreichend Zeit am Wasserfall eingeplant ist, zusätzliche Leistungen wie Elefantenreiten inbegriffen ist und wo übernachtet wird. Da sich die Preise zudem nach der Gruppengröße richten, lohnt es, sich vor der Buchung nach Gleichgesinnten umzusehen.
Mae Sot Travel Centre & Restaurant, 14/21 Asia Road, ✆ 055-531409, 📠 561065.
Filiale vom ***Umphang Hill Resort***, 296/2 Intarakiri Rd., neben D.K. Hotel, ✆ 055-542942, 📠 543142, 💻 www.umphanghill.com.
Jungle Queen Tour, 55 Prasavithi Rd., ✆ 055-531071, 01-8872672.
Mae Sot Conservation Tour, 415/17 Tang Kim Chiang Rd., ✆/📠 055-532818, ✉ maesotco@

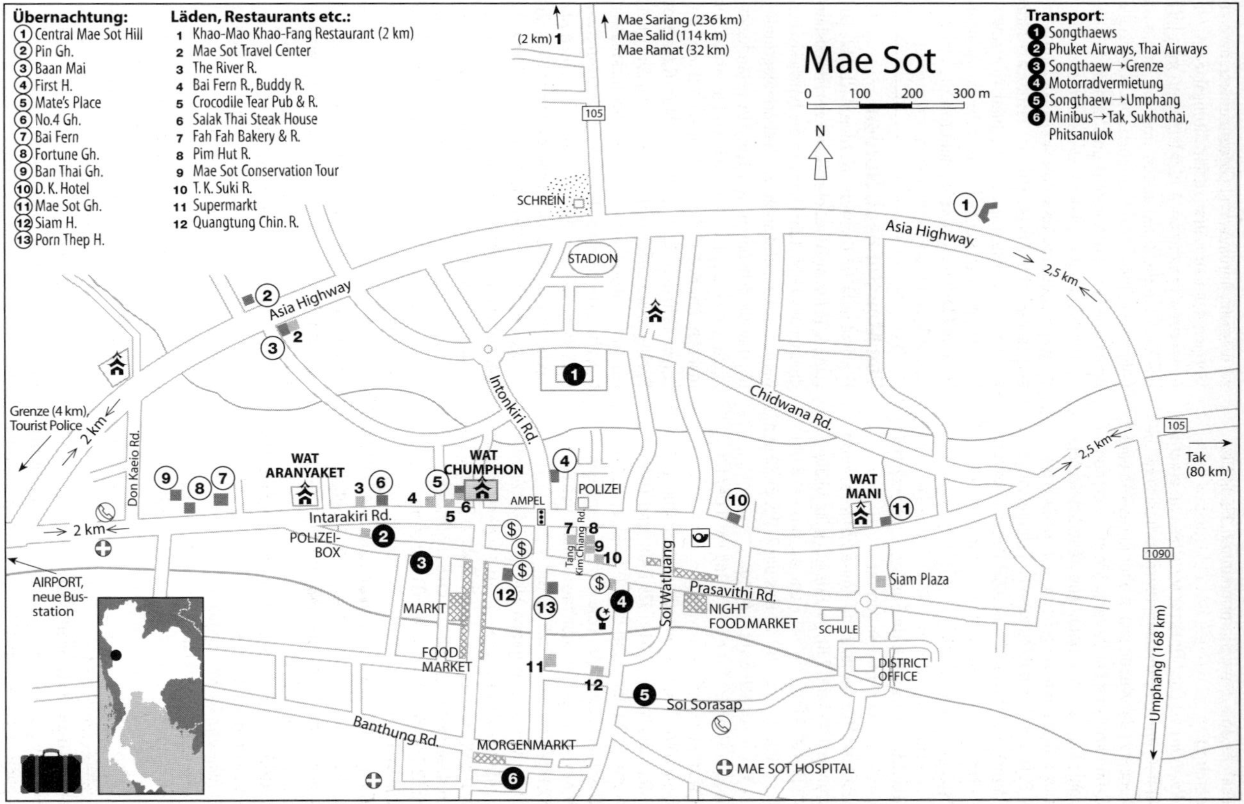
Mae Sot
0 100 200 300 m
N
Übernachtung:
1 Central Mae Sot Hill
2 Pin Gh.
3 Baan Mai
4 First H.
5 Mate's Place
6 No.4 Gh.
7 Bai Fern
8 Fortune Gh.
9 Ban Thai Gh.
10 D. K. Hotel
11 Mae Sot Gh.
12 Siam H.
13 Porn Thep H.
Läden, Restaurants etc.:
1 Khao-Mao Khao-Fang Restaurant (2 km)
2 Mae Sot Travel Center
3 The River R.
4 Bai Fern R., Buddy R.
5 Crocodile Tear Pub & R.
6 Salak Thai Steak House
7 Fah Fah Bakery & R.
8 Pim Hut R.
9 Mae Sot Conservation Tour
10 T. K. Suki R.
11 Supermarkt
12 Quangtung Chin. R.
Transport:
1 Songthaews
2 Phuket Airways, Thai Airways
3 Songthaew→Grenze
4 Motorradvermietung
5 Songthaew→Umphang
6 Minibus→Tak, Sukhothai, Phitsanulok
(2 km) 1
Mae Sariang (236 km)
Mae Salid (114 km)
Mae Ramat (32 km)
105
SCHREIN
STADION
Asia Highway
2,5 km
Chidwana Rd.
Intonkiri Rd.
2,5 km
105
Tak (80 km)
1090
Umphang (168 km)
Grenze (4 km), Tourist Police
2 km
Don Kaeio Rd.
2 km
AIRPORT, neue Bus-station
WAT ARANYAKET
WAT CHUMPHON
WAT MANI
Intarakiri Rd.
POLIZEI-BOX
POLIZEI
AMPEL
Tang Kim Chiang Rd.
Soi Watluang
Prasavithi Rd.
NIGHT FOOD MARKET
Siam Plaza
SCHULE
DISTRICT OFFICE
MARKT
FOOD MARKET
MORGENMARKT
Banthung Rd.
Soi Sorasap
MAE SOT HOSPITAL

cscoms.com, wenig Informationen, keine Broschüren.
No. 4 Gh., s.o., der Besitzer Mr. Oom war einer der Ersten, der gute Trekking-Touren organisierte, bekommt in der Nebensaison aber nur selten eine Gruppe zusammen. Daher sollte man ihn rechtzeitig kontaktieren. Recht abenteuerlich ist Mr. Ooms Tour nach Sangkhlaburi für US$400 bei 4 Pers. mit Übernachtungen im Zelt und langen Tagestreks. Weitere Touren für Vogelliebhaber.

Transport

BUSSE – Neue zentrale Bus Station westlich des Zentrums kurz vor dem Airport.
Nach BANGKOK (520 km) non-ac Bus um 19.30 Uhr für 172 Baht, 2.Kl. ac-Bus um 8.30, 10.30, 19 und 20.30 Uhr für 241 Baht, ac-Bus um 8 Uhr für 310 Baht, und VIP-24 Bus um 21.15, 21.30 und 21.45 Uhr für 480 Baht in 8 Std.
Nach CHIANG MAI non-ac-Bus um 6 Uhr für 134 Baht.
Nach MAE SALIT Songthaew für 80 Baht in 3 Std. über MAE RAMAT (20 Baht) und THA SONG YANG (50 Baht).
Nach MAE SARIANG (236 km) mit dem Songthaew von der Bus Station stündlich von 6–12 Uhr für 160 Baht in 5 1/2 Std.
Nach TAK ac-Bus gegen Mittag für 44 bzw. 62 Baht in 2 Std.
Nach PHITSANULOK für 122 Baht in 5 Std., Minibusse halbstündlich von 6–12 Uhr über TAK (2 Std., 44 Baht) und SUKHOTHAI (4 Std., 100 Baht).
Nach UMPHANG (167 km) Songthaew von 6–14 Uhr etwa stündlich für 100 Baht in 5 Std., bisher noch ab Bus Stop in der Soi Sorasap.

FLÜGE – Der Flugplatz liegt 1 km außerhalb des Ortes Richtung Grenze.
Phuket Air, 💻 www.phuketairlines.com, ✆ 055-531440, auch zuständig für Thai, fliegt am Mo, Mi, Fr und So von und nach CHIANG MAI für 1105 Baht und tgl. nach BANGKOK für 2355 Baht.

Ausflüge von Mae Sot

Die Gästehäuser und Reisebüros bieten Informationen und Ausflüge zu Wasserfällen und Höhlen, zu Tempeln, Juwelen- und Grenzmärkten sowie zu Dörfern der Karen und zu Flüchtlingslagern von karen aus Myanmar an. Außerdem kann man hier trekken, auf Elefanten reiten und mit Bambusflößen den Fluss heruntertreiben. Die Wasserfälle Parcharoen (37 km südlich) und Tararak (27 km südlich) sind nur nach der Regenzeit interessant.

Wer mit einem Auto unterwegs ist, kann den ausgeschilderten **Magic Hill** am H105 ca. 12 km Richtung Tak testen. Laut Berichten von zuverlässigen Augenzeugen sollen hier Autos mit abgestelltem Motor scheinbar bergauf rollen.

Von Mae Sot nach Norden

Die Straße H105 Richtung Norden nach Mae Sariang (236 km, in Mae Sot volltanken!) ist vollständig asphaltiert. Sie führt nahe an der burmesischen Grenze entlang und sollte aus Sicherheitsgründen nur tagsüber befahren werden. Mit geländegängigen Fahrzeugen lassen sich einige Abstecher machen. Am KM 12,5 zweigt ein schlechter 7 km langer Fahrweg nach rechts zur **Mae Kasa Hot Spring**, 2 km außerhalb des Dorfes, ab. Die Quellen sind von Essenständen und Picknickplätzen umgeben. Der Marmor-Buddha im **Wat Don Keao** am KM 31, kurz vor **Mae Ramat**, lohnt einen Abstecher. Die am KM 35,5 nach rechts nach Tak abzweigende Straße H1175 befindet sich in schlechtem Zustand.

Tausende von Hütten stehen dicht an dicht zwischen KM 55 und 62 entlang der Straße, das Flüchtlingscamp **Mae La**. Vom Betreten ist abzuraten. Etwa 60 000 Flüchtlinge vegetieren hier unter bedrückenden Bedingungen dahin. Es wird streng bewacht, auch durchfahrende Touristen werden sowohl am Eingang als auch am Ausgang gründlich kontrolliert.

Dann steigt die Straße in schönes Bergland an. Beim KM 82 geht es nach links in den Ort **Tha Song Yang**, wo der Moei-Fluss eine große Schleife nach Nordosten macht. Am KM 94,2 biegt nach links ein sehr schlechter Fahrweg ab, der durch ein Karen-Dorf zu einem Forest Park mit Picknicktischen führt. Er gehört zum **Mae Moei National Park.** Dort fließt ein Fluss in die große Durchbruchshöhle **Tham Mae Usu** und verschwindet in zwei Felsspalten. Die mit Stalaktiten und Stalagmiten dekorierte Höhle ist etwa 150 m lang und endet an einem Aussichtshang. Der mittlere der drei Ausgänge führt durch herrliche Tropfsteine hinunter zur Austrittsöffnung des Flusses. Am Fluss entlang und über die Baumstammbrücke kann man nach links um den Berg herum in etwa 20 Min. zum Ausgangspunkt zurückwandern. Es ist hilfreich, am Eingang für einige Baht einen Führer mit guter Taschenlampe zu engagieren.

Bei **Mae Salit** (KM 114), einem Marktort, zweigt die schlechte Asphaltstraße H1267 nach Osten ab Richtung Mae Ramoeng (32 km), einem 200 Jahre alten Dorf, in dem etwa 1000 Sgaw-Karen leben, und zum Mae Moei National Park. Hohe Berge mit schönen Ausblicken! Die Straße führt nicht nach Om Koi weiter, obwohl es so ausgeschildert ist.

Nach der schönen Fahrt am tiefgrünen Moei River entlang steigt die Straße hinter dem Dorf **Ban Tha Song Yang** beim KM 138 in kaum berührtes immergrünes Dschungelbergland an. Nach dem *Pa Pa Valley Resort* (s.u.) sind nur noch wenige Häuseransammlungen zu sehen. Einige Wege zweigen zu Karen-Dörfern ab. Am KM 190 zweigt eine unbefestigte Straße zu einem Aussichtspunkt im Mae Ngao National Park ab. 34 km vor Mae Sariang (KM 202) fällt die schmale, aber wenig befahrene Straße ins fruchtbare Tal des Mae Yuam ab.

Übernachtung

MAE SALIT – ***Mae Salit Gh.***, ✆ 055-546121-4, Teakhaus in einer ruhigen Seitenstraße 150 m bergauf; Verschläge mit schlechten Matratzen und WC, einfaches Essen. ❶

Guesthouse, braunes Schild *„Welcome“*, trotz schöner Lage am Fluss nur eine Notunterkunft. ❷

Die Geschäfte und die 2 kleinen Restaurants im Ort schließen bereits um 18 Uhr.

Am H1267 bietet nach 10 km rechts das Mae Moei National Park-Büro billige Übernachtungsmöglichkeiten.

15 km östlich von Mae Salit liegt in eindrucksvoller Berglandschaft das ***Chao Doi House*** (Kontaktadresse: Mr. Narong Chamchand, 44/13 Sawanwithi Rd., Mae Sot, ✆ 055-531782). Einfache Bambus- und Teakblatthütten. Im Preis von 250 Baht p.P. sind alle Mahlzeiten, Transport und einige interessante Ausflüge eingeschlossen. Wer sich bei der Police Box in Mae Salit meldet, wird abgeholt. ❷

Gepflegter wirkt 1 km weiter die Gartenanlage des ***Monkrating Resort***, 600 Baht p.P. inkl. Essen (Abholung extra). Große Bungalows und Schlafsaal. Schöne Aussicht vom Sunrise Point (10 km). Unbedingt anmelden unter ✆ 02-5737942. ❹

B.P. Resort, ✆ 055-589098, 30 km südlich von Mae Salit am H105, Holzbungalows in schönem Garten, offenes Restaurant. ❸

BAN THA SONG YANG – ***Pa-Pa Valley Resort***, 37 Moo 1, ✆ 055-519040, ✉ singkeng2000@hotmail.com, am KM 143 des H105 (5 km hinter Ban Tha Song Yang) in immergrünem Bergwald, an der Brücke links. In einem tollen Garten am Fluss 7 große Holzbungalows im Teich auf Pfählen, mit Möbeln, Matratzen für 4 Pers., Fan, Warmwasser-Du/WC und Terrasse, Restaurant, Camping 50 Baht p.P., guter Rundumservice. Unter Leitung eines Rentners und seiner Tochter, die gut Englisch sprechen. ❷–❸

Von Mae Sot nach Umphang

Von Mae Sot führt der H1090 zunächst 50 km nach Süden durchs landwirtschaftlich genutztes Flachland. Dann wird er schmäler und auf den nächsten 117 km bis Umphang sind 1100 steile Kurven zu packen. Nur wer nicht seekrank wird, kann die Berg- und Talfahrt durch eine sehr schöne Landschaft mit über 1800 m hohen Bergen genießen. An den großteils vom Dschungel gerodeten Hängen werden Wiederaufforstungsprojekte durchgeführt. Selbstfahrer sollten vorher volltanken, denn zwischen KM 47 und dem Karen-Dorf Mae Kaphong (KM 140) gibt es keine Tankstelle, und in Umphang selbst ist Benzin teurer. 36 km hinter Mae Sot laden der Phacharoen-Wasserfall, 700 m abseits der Straße, und das Kulap Doi Restaurant zu einer Rast ein. Nach dem Überqueren der ersten Bergkette legen Busfahrer hinter dem Hmong-Dorf Ban Rom Kao am Rastplatz eine Pause ein. Kurz darauf erstreckt sich neben der Straße ein großes Flüchtlingslager, in dem viele Karen aus Myanmar bereits seit Jahren leben müssen. Hinter Ban Mae Klong Noi windet sich die Straße bis zum Pass in 1111 m Höhe hinauf (KM 127) und dann hinab ins Tal, das von ausgewaschenen Kalksteinformationen übersät zu sein scheint, nach Mae Klong Kee (KM 132).

Umphang อุ้มผาง

Das freundliche Dorf Umphang (gesprochen: Umpaang) wartet mit kleinen Märkten, vielen Läden und kleinen Touristenrestaurants auf. Im Ort leben Thai, während die Dörfer im Tal von Karen besiedelt sind, die Tabak, Zitrusfrüchte, Gemüse, Mais und Reis anbauen. Die ursprüngliche Umgebung mit zahlreichen Naturschönheiten zieht seit Jahren einheimische Naturfreunde in Scharen an. Abertausende bevölkern vor allem von Oktober bis Dezember, über Weihnachten und Neujahr sowie während des Chinesischen Neujahrsfestes und an allen langen Wochenenden die Wege, Trekking-Pfade, Flüsse und Wasserfälle in weitem Umkreis. Für ausländische Touristen, die weniger Wert auf feuchtfröhlichen *Sanuk* legen, ist daher die Zeit außerhalb der Feiertage besser geeignet, um in Ruhe die herrliche Natur zu genießen. Ab März blühen viele weiße und gelbe Orchideen aus der Gattung *Dendrobium*.

Die **Takobi-Höhle** 7 km vor den Toren der Stadt in Ban Mae Klong Mai sollen die längsten Höhlen des Landes sein. Einige Gänge und eine hohe Kammer stehen Besuchern offen. Am Eingang ein Parkplatz mit Essenständen. Hier bieten Jungen mit Lampen für 10 Baht ihre Dienste als Guides an. Nördlich von Umphang biegt man von der Straße nach Mae Sot auf den H1167 ab und folgt nach 3,5 km der Ausschilderung links 300 m auf einer unbefestigten Abzweigung.

Übernachtung

Einige Resorts nehmen nur thailändische Pauschalgruppen auf und müssen vorausgebucht werden.

Gift House ①, 503 Moo 1, ✆ 055-561026, 3 km vor Umphang (KM 2) rechts an einem kleinen Fluss. Große Holzbungalows und nette Hütten am Fluss mit Du/WC, schöner, schattiger Garten, großes Restaurant im Country-Stil, freundliches Lehrerehepaar. Informationen im Gift Shop, ✆ 055-561181, in Umphang. ❷

Country Huts ②, 141 Moo 1, ✆ 055-561079, 2 km vor Umphang rechts (Einfahrt am Buddha), 800 m von der Straße, ruhige Blockhütten in 2 Etagen am Flusshang, die obere Etage ist nicht muffig und die Mehrausgabe wert; großes Restaurant. Die Anlage soll abgerissen werden. ❷–❸

The Trekker Hill ③, ✆ 055-561090, sehr einfache, saubere, kleine Hütten und größere Bungalows, schöner, kleiner Garten, preiswertes Restaurant; beliebt bei Travellern. ❷

Phudoi Camp Site ④, 637 Ban Phudoi, ✆ 055-561049, ✆ 561279, 💻 www.phudoi.com, schöne Anlage am Hang, sehr saubere Holzbungalows mit Warmwasser-Du/WC, Camping, Touren, Minibus nach Bangkok, Geländewagen und Campingausrüstung zu mieten. Gutes Restaurant. ❷

Umphang House ⑤, 443 Moo 1, ✆ 055-561073, große Zimmer für 4 Pers. mit Du/WC und Fan im Stein-Reihenhaus, teurere Holzbungalows mit Fan, TV und Warmwasser-Du/WC, Restaurant, weitläufiger Garten; Touren. ❷

Garden Huts ⑥, ✆ 055-561093; in einer gepflegten Gartenanlage am Fluss direkt vor der Brücke. Ruhig gelegene, saubere Holzbungalows mit Du/WC und TV. Einfache Zi in einem Doppelbungalow mit Gemeinschafts-Du/WC und in einem großen Haus. Das offene Restaurant öffnet, wenn Gruppen kommen. Die geschäftige Besitzerin offeriert Touren mit dem Schlauchboot 3 Tage / 2 Nächte für 3500 Baht p.P., alles inklusive. ❷–❸

Umphang Hill Resort ⑦, 53 Moo 6, ✆ 055-561063-4, ✆ 561065, 💻 www.umphanghill.com. Schöne, große Anlage südlich der Brücke beidseits der Straße, 54 Zimmer in verschiedenen Größen mit Warmwasser, TV, Kühlschrank, Fan, sehr gutes Essen im Restaurant. Chef ist der legendäre Captain Daeng (Sombat Panarong). Falls nicht genügend Ausländer für eine Tour zusammenkommen, findet Captain Daeng zumeist eine Thai-Gruppe, der man sich anschließen kann. ❷–❹

Aing Doi Resort ⑧, ✆ 055-561176, jenseits der Brücke, etwas von der Straße zurückversetzt, Holzbungalows mit Du/WC und Reihenhaus mit Schlafsälen. Ungepflegtes Massenquartier mit Matratzen auf dem Boden. Niemand spricht Englisch. ❶–❷

Tu Ka Su Cottage ⑨, 40 Moo 6, ✆ 055-561295, 01-8258238, 💻 www.tukasu.com, jenseits der Brücke. Unterschiedlich große, hübsche, sehr saubere Bungalows aus Naturmaterialien mit Fan, TV, großen Betten, hübscher Du/WC und Terrasse in einem weitläufigen Garten mit Feuerstelle. Sie sind mit viel Liebe zum Detail gestaltet und

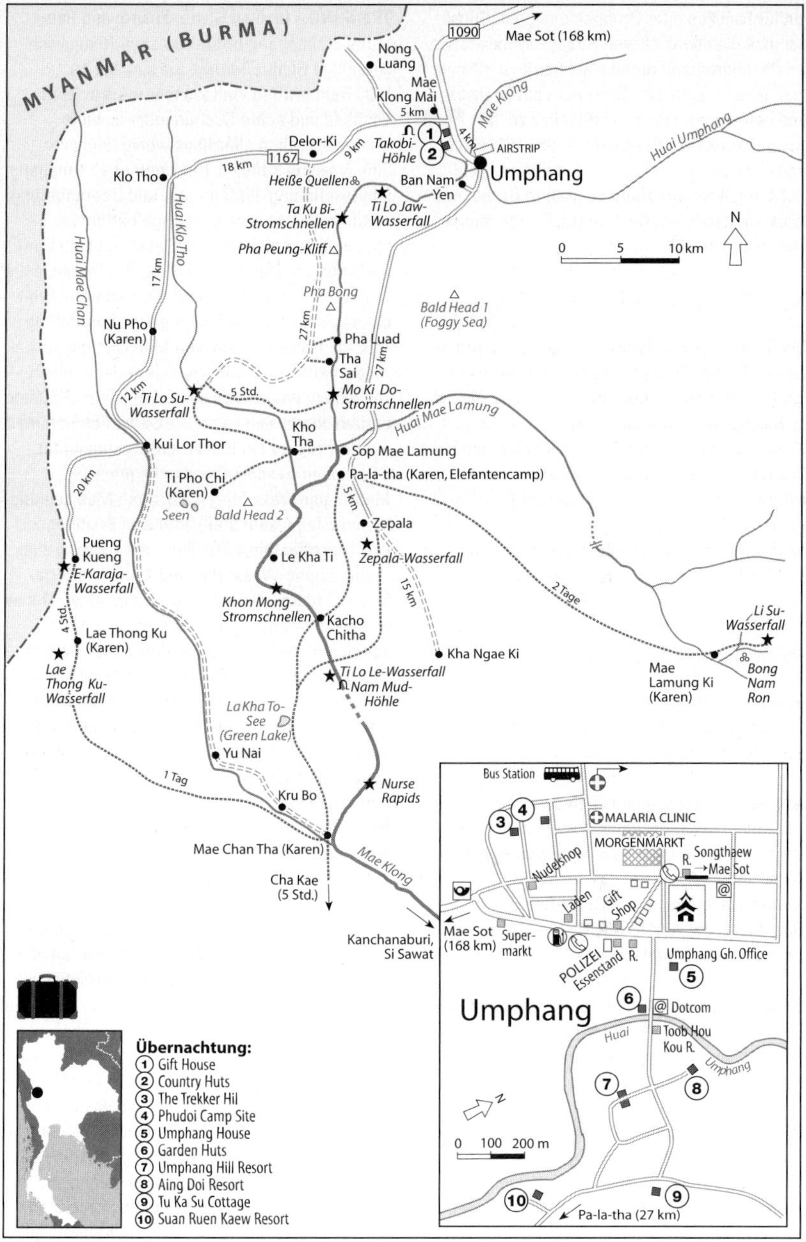

MYANMAR (BURMA)
1090
Mae Sot (168 km)
Nong Luang
Mae Klong Mai
5 km
Mae Klong
Huai Umphang
Delor-Ki
9 km
Takobi-Höhle
4 km
AIRSTRIP
1167
18 km
Umphang
Klo Tho
Heiße Quellen
Ban Nam Yen
Ti Lo Jaw-Wasserfall
Ta Ku Bi-Stromschnellen
Huai Klo Tho
Huai Mae Chan
Pha Peung-Kliff
0 5 10 km
N
17 km
Pha Bong
Bald Head 1 (Foggy Sea)
27 km
Nu Pho (Karen)
Pha Luad
Tha Sai
27 km
12 km
Ti Lo Su-Wasserfall
5 Std.
Mo Ki Do-Stromschnellen
Huai Mae Lamung
Kho Tha
Kui Lor Thor
Sop Mae Lamung
Pa-la-tha (Karen, Elefantencamp)
20 km
Ti Pho Chi (Karen)
Seen
Bald Head 2
5 km
Zepala
Pueng Kueng
E-Karaja-Wasserfall
Zepala-Wasserfall
Le Kha Ti
15 km
2 Tage
Li Su-Wasserfall
Khon Mong-Stromschnellen
Kacho Chitha
4 Std.
Lae Thong Ku (Karen)
Kha Ngae Ki
Mae Lamung Ki (Karen)
Bong Nam Ron
Lae Thong Ku-Wasserfall
Ti Lo Le-Wasserfall
Nam Mud-Höhle
La Kha To-See (Green Lake)
Yu Nai
1 Tag
Nurse Rapids
Kru Bo
Mae Chan Tha (Karen)
Mae Klong
Cha Kae (5 Std.)
Kanchanaburi, Si Sawat
Bus Station
MALARIA CLINIC
MORGENMARKT
Nudelshop
R.
Songthaew → Mae Sot
Laden
Gift Shop
@
Mae Sot (168 km)
Super-markt
POLIZEI
Essenstand
R.
Umphang Gh. Office
Umphang
Dotcom
Huai Umphang
Toob Hou Kou R.
N
0 100 200 m
Pa-la-tha (27 km)
Übernachtung:
1 Gift House
2 Country Huts
3 The Trekker Hil
4 Phudoi Camp Site
5 Umphang House
6 Garden Huts
7 Umphang Hill Resort
8 Aing Doi Resort
9 Tu Ka Su Cottage
10 Suan Ruen Kaew Resort

In Richtung Südwesten fahren morgens von der Bus Station 6 Busse für 100 Baht auf der Asphaltstraße 81 km bis PUENG KUENG. Die weitere Piste nach Sangkhlaburi ist definitiv für Ausländer gesperrt, da sie vorwiegend durch burmesisches Gebiet verläuft und von der Armee kontrolliert wird.
Richtung Süden führt eine 32 km lange Asphaltstraße über PA-LA-THA (Bungalows 50 Baht p.P.) nach ZEPALA und geht als Staubpiste bis KHA NGAE KI weiter. Beide Strecken werden regelmäßig von Songthaews befahren.
Die auf vielen Karten eingezeichnete Straße von Kamphaeng Phet nach Umphang existiert nicht.

FLÜGE – ***SGA***, ✆ 02-5043302-5 (Bangkok) oder ✆ 055-561611 (Umphang) offeriert Charterflüge mit 12-sitzigen Chessna 208B vom kleinen Airstrip nach BANGKOK für 5500 Baht hin und zurück – ein abenteuerlicher Flug über die Bergwelt. Weitere Infos bei Captain Daeng im Umphang Hill Resort.

Die Umgebung von Umphang

Die meisten landschaftlichen Attraktionen in den unberührten Wäldern südlich von Umphang lassen sich auf eigene Faust nur schwer erkunden. Die Gästehäuser in Mae Sot und Umphang sowie zahlreiche Tourveranstalter bieten Ausflüge, Trekkingtouren, Floßfahrten und Schlauchbootfahrten in der Umgebung von Umphang an.

Ti Lo Su-Wasserfall

Dieser etwa 100 m hohe Wasserfall südwestlich von Umphang gilt auch nach dem Bergsturz während der Regenzeit 1996 noch als einer der schönsten Thailands. Die Schlammlawine hat sich verfestigt und ist mit üppigem Grün überzogen kaum noch wahrnehmbar. Je nach Jahreszeit fallen die Wassermassen 40–170 m breit in bis zu 90 Rinnen aufgefächert über 4 Stufen herunter und bieten selbst in der Trockenzeit ein beeindruckendes Schauspiel. Der Wasserfall wird jedes Jahr von Tausenden von Thais besucht und ist die lange Anreise wert.

Ein Pickup für eine Tagestour ab Umphang kostet ca. 1500 Baht pro Wagen. Zunächst geht es 15 km auf einer guten Straße und weitere 27 km auf einem sehr schlechten Weg (insgesamt 1 1/2 Std.). Diese Strecke ist während der Regenzeit zwischen Juni und November häufig gesperrt. Dann muss man die letzten 12 km von Pha Luad in 3 Std. laufen. Die Straße endet am Parkplatz vor einem großen Campingplatz, der auf max. 300 Besucher limitiert ist, und wo der Eintritt von 200 Baht zu entrichten ist. Da der Kiosk nur Snacks verkauft, sollten Camper ausreichend Essen mitbringen. Zum Wasserfall, ◷ tgl. 6–17 Uhr, dürfen allerdings weder Lebensmittel noch Plastikflaschen oder Taschenmesser mitgenommen werden. Der 20-minütige schöne Waldlehrpfad durch den Ti Lo Su National Park zum Fuß des Wasserfalls ist einfach und endet 10 m über dem ersten Pool. Entlang der Strecke weisen informative Hinweistafeln in Thai und Englisch auf Naturschönheiten hin, wie den hohen Bambuswald, Würgefeigen und *Dipterocarpaceen*. Auf einer Tafel wird der Ti Lo Su-Wasserfall mit 300 m Breite und bis zu 400 m Höhe als der sechstgrößte der Welt angepriesen – wer's glaubt! In allen Becken kann man im sauberen, erfrischenden Wasser schwimmen. Zum Fotografieren eignet sich am besten der Vormittag.

Floßfahrt auf dem Mae Klong

Der Mae Klong ist zweifellos der schönste Fluss Thailands. Er entspringt im Distrikt Umphang, fließt durch unberührte Landschaftsschutzgebiete in das Srinagarind Reservoir, legt als Kwae Yai ein kurzes Stück bis Kanchanaburi zurück und mündet wieder als Mae Klong nach 520 km bei Samut Songkhram in den Golf von Thailand.

Der wunderschöne, etwa 50 km lange Abschnitt zwischen Umphang und der Höhle Nam Mud, in der er für ein paar Kilometer verschwindet, lässt sich am besten bei einer mehrtägigen Floßfahrt entdecken. Tagestouren gehen in der Regenzeit normalerweise bis Tha Sai, in der Trockenzeit in 3 Std. bis Pha Luad. Das Forestry Department gestattet es nur, den Fluss bis Mae Chan Tha zu befahren. Unterwegs laden heiße Quellen mit lauwarmem Wasser zu einer vergnüglichen Badepause ein.

Eine der besten Wildwasserstrecken des Landes, die über 40 km weiter flussabwärts von dem Karendorf Pa-la-tha mit Elefantencamp über einige Stromschnellen zum Thi Lo Le-Wasserfall führt, kann in einer Tagestour befahren werden. Bambusflöße sind nur in der Trockenzeit einsetzbar und langsamer als die Gummiboote.

Nord-Thailand

- Durch die Dörfer der **Bergvölker** trekken
- Auf einem **Elefanten** durch die Wälder reiten
- In einer **heißen Quelle** baden
- Mit dem Longtail-Boot den **Kok River** hinunterdüsen
- Mit einem Motorrad entlegene **Bergstrecken** erkunden
- Auf dem Sonntagsmarkt von **Chiang Mai** um Souvenirs feilschen
- Eine Tropfsteinhöhle bei **Soppong** begehen
- Sich in der angenehmen Atmosphäre von **Pai** erholen
- Durch die Rhododendron-Haine am **Doi Inthanon** wandern

Die Nordprovinzen gehören zu den faszinierendsten Regionen des Landes. Hier gibt es eine abwechslungsreiche Landschaft, die höchsten Berge (Doi Inthanon, 2565 m) und breite, fruchtbare Täler. Doch die größte Faszination geht von den vielen Völkern aus, die z.T. erst seit wenigen Jahrzehnten in den Bergen leben. Das Grenzgebiet zu Burma ist unsicher. Noch heute ziehen Schmuggel-Karawanen über die Grenze. Noch immer bauen einige Bergvölker Opium an, und Opium bedeutet Geld, was besonders zur Erntezeit Banditen und die thailändische Armee auf den Plan ruft. Es gibt also viele Gründe, ein Gewehr zu tragen, von der vorsintflutlichen Steinschlossflinte bis zur modernen M16.

Chiang Mai, zweitgrößte Stadt Thailands, ist das Zentrum der Region und touristischer Schwerpunkt mit einer entsprechenden Infrastruktur. Touristische Entwicklung hat außerdem in Chiang Rai im „Hohen Norden" und in Mae Hong Son im „Wilden Westen" eingesetzt. Auch auf dem Land sind Resort Hotels und Gästehäuser entstanden. Vor allem der Trekking-Tourismus hat gewaltige Dimensionen angenommen, immer neue Gebiete werden für organisierte Touren entdeckt. Durch den Bau von Straßen und die Verbesserung der Sicherheit ziehen auch viel mehr Traveller auf eigene Faust los, zu Fuß, mit Bussen und Pickups oder mit dem gemieteten Motorrad oder Jeep.

Die Vermarktung der Bergvölker ist in vollem Gange. Wer jedoch meint, dass hier auch die Ursachen für die unübersehbaren Veränderungen in den Dörfern der Bergvölker liegen, überschätzt seinen Einfluss gewaltig: es ist die systematische Thaiisierung der Bergbauern und die Zerstörung ihrer wirtschaftlichen Grundlagen, die diese schwer wiegenden Umwälzungen bewirken. Wer sich Zeit nimmt und mit offenen Augen durch die immer noch schöne Landschaft wandert, kann vielfältige Einblicke in das Leben der Bergvölker gewinnen und viel darüber erfahren, vor welche Probleme die Landbevölkerung in der Dritten Welt gestellt ist.

Bergvölker

Die **sechs Gruppen** der zurzeit in Nord-Thailand lebenden Minoritäten der Hmong, Yao, Lahu, Lisu, Akha und Karen werden von der Thai-Regierung als *chao thai phu khao* oder kürzer *chao khao* (wörtlich: Bergvölker) bezeichnet. In der Umgangssprache nennt man sie *hilltribes* oder Bergstämme. Tatsächlich lebten jedoch viele von ihnen ursprünglich in fruchtbaren Tälern. Erst durch andere stärkere Völker wurden sie in die unwirtlichen Gebirge verdrängt. All diese Stämme kennen weder eine Stammesorganisation mit einem Stammesführer noch soziale Klassen. Nur die Dorfgemeinschaft mit dem Dorfoberhaupt spielt eine Rolle.

Ethnologisch gehören alle Bergvölker zur sinotibetischen Sprachfamilie, genauso wie die Thai. Wesensmerkmal dieser Sprachen ist die Einsilbigkeit der Worte, deren Bedeutung durch die Tonhöhe und durch die Stellung im Satz bestimmt wird. Dennoch sind die Unterschiede zwischen den Sprachen der Bergvölker größer als etwa zwischen Englisch und Russisch.

Die meisten Bergvölker betreiben traditionell **Brandrodungsfeldbau**, wie übrigens auch noch sehr viele Thai-Bauern. Ein Stück Dschungel, heute zumeist nur Sekundärbusch, wird grob gerodet, der Rest wird abgebrannt. Von Februar bis April sind ganze Landstriche in Rauch gehüllt. Viele kahle Berghänge in Nord-Thailand zeugen von dieser verschwenderischen Anbaumethode. Das neu gewonnene Feld wird solange bestellt, bis es ausgelaugt ist, denn Düngung des Bodens ist bei den Hilltribes unbekannt. Einige Bergvölker lassen das Feld nur einige Jahre ruhen, damit es sich ein wenig regenerieren kann. Brach liegende Felder werden jedoch zunehmend von der Regierung zur Aufforstung konfisziert.

Die Bergvölker kamen als **Flüchtlinge** nach Thailand. Über 80% sind bereits in Thailand geboren, doch nicht einmal 20% besitzen die thailändische Staatsbürgerschaft, die übrigen gelten als illegale Einwanderer. Die Thai-Regierung bemüht sich seit 1953 um die Hilltribes. Sie erlaubt ihnen, in den Bergen zu siedeln und richtet Hilfsprogramme auf den Sektoren Gesundheit, Landwirtschaft und Unterricht ein. Den Bergvölkern wird das Recht auf eigene Sprache und Kultur zugestanden. Doch in der Praxis muss die Thai-Regierung nationale und internationale Interessen vorziehen. Sie kann natürlich nicht dulden, dass diese Bergvölker auch noch den letzten Rest der Wälder abbrennen, auch wenn der Brandrodungsfeldbau einen wesentlichen Teil der Stammes-Kultur ausmacht. Dass auch die Thai-Bauern in den letzten Jahren an die Berghänge ausweichen müssen, dort ebenfalls Wald abbrennen, um Felder anzulegen, und dass noch immer viele Bäume im Auftrag von Händlern illegal gefällt werden, sei an dieser Stelle nur nebenbei erwähnt. Ebenso muss die Regierung auf internationalen Druck hin und wegen des zunehmenden Drogenproblems im eigenen Land den Anbau von Mohn untersagen.

Bei den **Hilfsprogrammen** geht es also darum, den Bergvölkern die traditionellen Techniken ihrer Landwirtschaft abzugewöhnen und durch andere zu ersetzen. Verschiedene ausländische Organisationen unterstützen mehr oder weniger die Ziele der Regierung. Ihr Hauptanliegen besteht neben der Aufforstung angeblich darin, den Stämmen eine Alternative zum Mohnanbau zu geben. Als so genannte *cash crops* (verkaufbare Produkte) werden Kaffee, Gummi, Nüsse, Obst und Gemüse angeboten. Aber keines dieser Produkte kann mit Opium konkurrieren, denn der Mohn gedeiht relativ unproblematisch, das Rohopium bringt für wenig Volumen viel Geld, wird von den Händlern direkt beim Erzeuger abgeholt und kann ohne Einbuße transportiert werden. Mit den neu eingeführten *cash crops* haben die Hilltribes nur Ärger. Sobald ein Projekt ausgelaufen ist, sind sie mit ihrem Produkt sich selbst überlassen: der Transport klappt nicht mehr, die Zwischenhändler bieten nur Spottpreise, die Bauern im Tiefland steigen auf dasselbe Produkt ein und verkaufen es billiger.

Viele Bergvölker fühlen sich in ihrer Existenz bedroht und sind keineswegs dankbar, dass sie entwickelt werden. Ihre Bergreis-Felder, von denen sie sich gerade noch ernähren konnten, werden durch Aufforstung und Gesetze gravierend beschnitten, und ihre Bargeldeinnahmen nehmen drastisch ab. Ihre ökonomische Basis ist also mehr oder weniger zerstört, Fehlernährung greift dramatisch um sich.

Dörfer, in denen sich die Königsfamilie um die Bergvölker kümmert, sehen dagegen schmuck und sauber aus – ein Haus gleicht dem anderen. Die Bewohner wirken gut ernährt, die Kinder werden in der Schule zu ordentlichen Thais erzogen und die Erwachsenen kleiden sich wie Thai-Bauern.

Ein dramatisches Übel hat **Aids** über die Bergvölker gebracht. Wenn die Bauern in die Täler fahren, um ihre Feldfrüchte zu verkaufen, infizieren sie sich bei Prostituierten mit dem HIV-Virus, der dann im Dorf grassiert.

Für uns **Touristen** stellen die Bergvölker eine große Attraktion dar. Von Reiseorganisationen und Trekking-Unternehmen werden sie mit oft übertriebenen Adjektiven belegt: faszinierend, malerisch, farbenfroh, unberührt von der Zivilisation, ursprünglich, unverdorben, nur schwer zugänglich, fast unbekannt, neu entdeckt oder gar halb-primitiv. Wir sollten uns davor hüten, sie als Primitive zu betrachten, ihren Geisterglauben zu belächeln und uns überlegen zu fühlen. Tatsächlich besitzen diese Völker eine hoch entwickelte, wenn auch völlig andersartige und z.T. noch nicht erforschte Kultur. In manchen Bereichen haben sie uns einiges voraus. So haben sie ihre Ängste beispielsweise als Geister personifiziert, und wissen mit ihnen bestens umzugehen.

Begegnung mit Bergvölkern: Wer sich für die Hilltribes interessiert, sollte zunächst versuchen, die einzelnen Stämme rein äußerlich unterscheiden zu lernen. Am einfachsten ist es, sich in Chiang Mai entsprechende Postkarten zu kaufen und sich Kleidung, Kopfbedeckung und Schmuck der Hilltribe-Frauen einzuprägen. Zwar laufen die Leute in den Dörfern nicht immer in Festtagsgewändern herum wie auf den Fotos, aber auch ihre Alltagskleidung weist noch häufig die gleichen Merkmale auf. Die Männer der einzelnen Bergvölker unterscheiden sich dagegen nicht gravierend. Die meisten tragen zu weiten, schwarzen Hosen eine dunkle Jacke oder ein Hemd vom Markt.

Ist traditionelle Frauenkleidung zum Trocknen ausgelegt, weiß man meist genau, mit welchem Stamm man es zu tun hat, auch wenn sich zunächst niemand blicken lässt. Wer die Bewohner in ihrer Stammessprache begrüßen kann, hat schon den Grundstein für eine positive Beziehung gelegt.

Wir wollen bei der Beschreibung der einzelnen Bergvölker vor allem auf die Dinge eingehen, die man als sporadischer Besucher beobachten kann. Auf viele interessante Themen wie Geburt, Tod, Heirat, Krankenheilung müssen wir in diesem Rahmen verzichten und auf Sachbücher und wissenschaftliche Abhandlungen verweisen (Bücherliste s.S. 804).

Hmong (Meo)

Die Hmong („freie Menschen") werden von Thais häufig Meo (aus dem Chinesischen: „Barbaren") genannt. Es wird angenommen, dass sie vor einigen tausend Jahren von Tibet über Sibirien und die Mongolei nach China einwanderten. Noch heute lebt der größte Teil dieses Volkes in Süd-China, aber auch in Vietnam, Laos und Burma findet man ihre Dörfer. Ende des 19. Jhs. wurden ihre ersten Siedlungen in Thailand gegründet. Heute bilden die Hmong mit ca. 118 000 Menschen nach den Karen die zweitgrößte Gruppe der Bergvölker. Ihre Dörfer sind weit verstreut über mindestens 13 Provinzen in Nord- und Zentral-Thailand.

Nach der Kleidung der Frauen unterscheidet man die Blauen und die Weißen Hmong. Als „Rote Meo" kamen sie in Thailand in Verruf, weil viele in den 60er und 70er Jahren gemeinsam mit den Kommunisten gegen die Thai-Armee kämpften.

Kleidung und Schmuck: Mit Indigo-Farbe gebatikte kurze Plissee-Röcke, reichlich mit Kreuzstichen bestickt, kennzeichnen die Frauen der Blauen Hmong. Oben tragen sie eine schwarze Bluse, oft aus Samt und ebenfalls bestickt. Ihr Haar wird in einem großen Knoten auf dem Kopf drapiert. Der schwere Silberschmuck und die kunstvoll bestickte Schürze gehören nicht überall zur Alltagskleidung. Die Frauen der Weißen Hmong tragen einen blau-schwarzen Turban, dunkle Hosen und eine schmale, bestickte Schürze in leuchtenden Farben.

Familie, Haus und Dorf: Die Hmong wohnen in Großfamilien in ebenerdigen Häusern, von denen jedes über einen großen Aufenthaltsraum und verschiedene Schlafabteile verfügt. Nur Angehörige einer Sippe leben in einem Dorf zusammen. Eine eingeheiratete Frau wird in die Sippe des Mannes aufgenommen. Vorzugsweise errichten die Hmong ihre Dörfer in einer Höhe von 1000–1200 m im Schutz der Berge. Zur Selbstversorgung bauen sie Reis und Mais und zum Verkauf Opium an. Sie halten Schweine, Hühner und Ponys in separaten Ställen mit einigem Abstand zu den Häusern.

Religion: Die Religion der Hmong ist eine Kombination aus Pantheismus und Schamanismus mit Schwergewicht auf Ahnenverehrung. Der chinesische Einfluss auf ihre religiösen Praktiken ist unübersehbar. Jedes Haus hat zumindest einen Altar gegenüber vom Eingang, auf dem z.B. am Neujahrstag ein Huhn geopfert wird. Das zu Girlanden gestanzte Geistergeld spielt eine wichtige Rolle bei jeder Zeremonie. Es wird auf dem Boden in einer bestimmten Form ausgelegt und später in den Ecken des Hauses verbrannt. Das wichtigste Fest der Hmong ist das Neujahrsfest, das in den Dezember oder Januar fällt.

Konfrontation mit der Gegenwart: Die Hmong haben schon immer die Sprachen ihrer unmittelbaren Nachbarn und Handelspartner beherrscht. So ist es nicht verwunderlich, dass einige neben Thai auch ein leicht verständliches Englisch sprechen. Viele Hmong geben dem Druck der Thai nach, siedeln weiter unten im Tal an und bestellen Nassreisfelder. Traditionelle Opiumbauern stellen sich auf Kaffee, Soyabohnen oder Obst als *cash crops* um.

Nicht wenigen gelingt es, sich den technischen Errungenschaften unserer Zivilisation zu bedienen. Die Frauen nähen ihre Kleider auf Nähmaschinen, und manche Männer betreiben ein florierendes Transportunternehmen mit eigenem Pickup. Die Hmong legen Wert darauf, dass ihre Kinder in Thai-Schulen unterrichtet werden. Trotzdem scheinen sie es zu schaffen, ihrer alten Kultur weitgehend treu zu bleiben und mit Stolz *Hmongs* zu sein.

Touristen in Hmong-Dörfern: Die Hmong lassen sich von den Fremden wenig beeinflussen. Sie beobachten sie kurz und gehen dann wieder ihrer Beschäftigung nach. Sie sind sehr gastfreundlich, aber nicht geldgierig. Es verstößt gegen die guten Sitten, wenn Fremde ein Hmong-Haus unaufgefordert betreten. Am besten ist es, sich von außen bemerkbar zu machen und die Einladung eines männlichen Hausbewohners abzuwarten. Wenn nur Frauen zu Hause sind, kann man eintreten.

Einige Wörter in der Hmong-Sprache

hallo	*no-dschong*
Wohin des Wegs?	*mo-dagih*
danke	*what-dschauh*
bitte	*tor*

Yao

Die Yao nennen sich selbst *Mien*. Die ersten Yao kamen Mitte des 19. Jhs. aus Laos, sie stammen wahrscheinlich aus Süd-China. Heute leben Yao in Süd-China, Vietnam, Laos, Burma und ca. 42 000 in Nord-Thailand. Hier siedeln sie hauptsächlich in den Provinzen Chiang Rai, Phayao und Nan.

Viele Wörter ihrer Sprache haben die Yao aus dem Chinesischen übernommen. Sie sind auch das einzige Bergvolk Thailands, das sich einer Schrift bedient, und zwar der chinesischen. Sie haben damit ihre Lieder, Legenden, Geschichten und die Namen ihrer Vorfahren festgehalten. Entweder bringen die Väter ihren Söhnen das Schreiben bei, oder das Dorf engagiert einen chinesischen Lehrer. Nicht nur die Schrift, auch viele chinesische Bräuche wurden von den Yao übernommen.

Kleidung und Schmuck: Die traditionelle Kleidung der Yao-Frauen besteht aus einem schwarzen Turban, einer weiten, überreich bestickten Hose und einem blau-schwarzen Mantel. Am meisten fällt jedoch ihre aus dunkelroter Wolle geknüpfte Schärpe auf, die sie wie einen Pelzkragen um den Halsausschnitt tragen. Kleine, schwere Silberohrringe und silberne Armreifen gehören zum Alltagsschmuck der Yao-Frauen.

Familie: Die Yao leben in Großfamilien zusammen. Die polygame Ehe ist möglich. Der junge Yao muss sich seine Braut außerhalb der Sippe suchen. Nach der Hochzeit, die eine zentrale Rolle im Leben der Yao spielt, zieht das junge Paar ins elterliche Haus des Mannes. Voreheliche Kinder der Frau werden automatisch adoptiert. Falls der junge Mann arm, oder das Mädchen die einzige Tochter ist, kann der Mann entscheiden, ob er vorübergehend oder für immer in die Familie der Frau ziehen will.

Religion: Die Yao werden als Pantheisten und Ahnenverehrer betrachtet und sind stark vom Taoismus, der alten chinesischen Hochreligion des Laotse, beeinflusst. Ihr Neujahrsfest findet am gleichen Tag wie das chinesische Neujahr statt, also im Januar / Februar.

Konfrontation mit der Gegenwart: Es ist für die Yao ein großes Anliegen, den Forderungen der Regierung nachzukommen und im Einklang mit ihrer sozialen Umgebung zu leben. Die alten Männer machen sich Sorgen um das Fortleben ihrer Kultur, da die Jungen mehr Thai als Chinesisch lernen.

Touristen in Yao-Dörfern: Auf Touristen wirkt die anerzogene Höflichkeit der Yao eher abweisend. Wer Kinder fotografieren will, sollte immer vorher fragen, da man sie auf keinen Fall erschrecken darf.

Einige Wörter in der Yao-Sprache

danke	*lang-dsching*
Wohin des Wegs?	*ming hai*

Die Legende von der Entstehung der Yao

Die Yao haben eine lange, von Legenden umwobene Geschichte. Ein chinesischer Kaiser hatte demjenigen seine Tochter versprochen, der seinen ärgsten Widersacher besiegen würde. Ein Hund, Pan Kou genannt, war der Held, der den Kopf des Feindes dem Kaiser vorlegte. Nun, der Kaiser war ein ehrenwerter Mann und löste sein gegebenes Versprechen ein. Pan Kou und die Prinzessin wurden ein Paar. Aus der erfolgreichen Ehe entstammten die ersten Yao. Die vollständige Legende wird in einem Epos der Yao besungen.

Lahu

Die Thai und Shan nennen diese Stammesgruppe *Musur* oder *Musoe*. Man glaubt, dass die Lahu aus dem südwestlichen China, eventuell aus Tibet stammen und über Jahrhunderte südwärts nach Burma, Laos und Thailand gezogen sind. Seit 1891 wird von Lahu-Dörfern in Thailand berichtet. Heute leben ca. 84 000 Lahu vorwiegend in der Provinz Chiang Rai sowie im Norden der Provinzen Chiang Mai und Mae Hong Son. Bei den Lahu unterscheidet man verschiedene Untergruppen, wovon sich in Thailand hauptsächlich vier angesiedelt haben: Lahu Na (schwarz), Lahu Nyi (rot), Lahu She Leh und Lahu Shi (gelb).

Kleidung und Schmuck: Viele Lahu kleiden sich wie gewöhnliche Thai-Bauern, nur manche Lahu Na und viele Lahu She Leh tragen noch täglich ihre eigene Tracht. Alle anderen kann man nur noch an Festtagen traditionell gekleidet sehen. Alle Gruppen verzieren ihre Kleidung mit Borten. Die Lahu She Leh zum Beispiel tragen schwarze Mäntel mit weißen Rändern und bunten Ärmeln aus applizierten Stoffstreifen. Kurze Hosen und bunte Wadenstrümpfe vervollständigen die Kleidung. Der Alltagsschmuck bei Frauen wie Männern besteht aus grob bearbeiteten Silberarmspangen und geflochtenen Armreifen aus acht Grashalmen.

Familie, Haus und Dorf: Die Lahu leben in Kleinfamilien zusammen. Nur für eine gewisse Zeit nach der Hochzeit zieht der Schwiegersohn mit Frau ins Haus der Schwiegereltern, um den Brautpreis abzuarbeiten. Die relativ kleinen Häuser der meisten Lahu stehen auf Pfählen. Auf einem eingekerbten Baumstamm balanciert man zur teilweise überdachten Terrasse hinauf, auf der Gäste empfangen und allerlei Hausarbeiten verrichtet werden. Wände und Böden des Hauses bestehen aus flachgeklopftem Bambus wie bei den meisten Bergvölkern. Die Lücken im Boden sind so weit, dass man durchspucken kann. Das ist wichtig, denn die Lahu-Frauen sind unentwegte Betelkauer. Unter dem Haus leben die Schweine, die den Abfall, der durch die Lücken fällt, gleich verwerten. Ponys und Hühner haben einen eigenen Stall. Das Wasser wird aus nahe liegenden Quellen über Bambusrohre ins Dorf geleitet. Traditionell lebten Lahu in einer Höhe über 1000 Meter. Doch mit Ausnahme der She Leh sind sie in niedere Lagen gezogen. Die Lahu pflanzen Trockenreis und Mais für ihre tägliche Nahrung an sowie Melonen, Chilies, Hirse, Bohnen und Gemüse zum Verkauf. Opiumanbau stellt in manchen Dörfern eine wichtige Erwerbsquelle dar.

Religion: Die Religion der Lahu wird als theistischer Animismus bezeichnet. Sie beten einen höchsten Gott *Guisha* an, glauben aber auch an gute und böse Geister sowie an Seelenwanderung. Die Lahu Nyi halten 14-tägig eine Zeremonie im Dorftempel ab, der an hohen Bambusstangen mit ausgebleichten Fahnen zu erkennen ist. Die Lahu She Leh haben einen eingezäunten Platz für rituelle Tänze. Viele Lahu Shi und Lahu Na wurden zu Christen bekehrt. Das Neujahrsfest ist das wichtigste Ereignis für traditionelle Lahu. Es findet zwischen Januar und März statt, wird aber nicht von allen Dörfern zur gleichen Zeit gefeiert.

Konfrontation mit der Gegenwart: Die Lahu pflegen viele Kontakte mit der Thai Bevölkerung in den Tälern, treiben regen Handel, und einige Dörfer haben einen von der Regierung ernannten Führer als Kontaktmann zur Distriktverwaltung. In manchen Lahu Siedlungen entstehen buddhistische Klöster, die jungen Männer können als Novizen eintreten und eine Ausbildung erhalten. Die Jugend saugt die Thai-Kultur gierig auf.

Einige Wörter in der Lahu-Sprache

hallo	*abudadscha* (auch *okupüwai)*
tschüß	*atscha*
mag nicht	*mähe-i*
danke	*dailo dawiiyo* (auch *abodschi-jah*)
gut	*luup*
essen	*odscha*
müde	*zztga*
schlafen	*zzmkyo*
Haus	*luu*
Tee	*tscha*
Bus	*lu*
wohin?	*hok kai lee?*
nach	*kai lö*
ich weiß nicht	*naa maa sö*

Lisu

Die Lisu werden von den Thai *Lisaw* genannt. Linguistisch gehören sie zum tibeto-burmanischen Zweig der sino-tibetischen Sprachfamilie. Viele Wörter (bis zu 30%) sind aus dem Yunnanesischen übernommen. Die ursprüngliche Herkunft der Lisu wird in Süd-China vermutet. 1921 wanderten die ersten nach Thailand ein, über Burma, wie alle nachfolgenden auch. Heute leben ca. 31 000 Lisu in Thailand. Sie haben ihre Dörfer in 9 verschiedenen Provinzen, die meisten leben in den Provinzen Chiang Mai, Chiang Rai und in der Gegend von Pai.

Kleidung und Schmuck: Die Lisu ziehen sich gern bunt an und statten ihre Kleidung mit vielen modischen Accessoires aus. Heutzutage sind grelle Nylonstoffe in Grün und Blau besonders begehrt. Diese werden zu Jacken verarbeitet, vorne knie-, hinten wadenlang und seitlich bis zur Hüfte geschlitzt. Oberärmel, Halsausschnitt und Schulterteil sind dicht mit schmalen, bunten Borten besetzt. Ein schwarzes Band wird eng um die Taille geschlungen. Von den Hüften bis zu den Kniekehlen hängen zwei Bündel aufwändig gefertigter Kordeln, am Ende mit kleinen Wollbällchen verziert. Der Turban, der zu festlichen Gelegenheiten getragen wird, ist einfach unbeschreiblich. Er wird von den jungen Mädchen mit Plastikblumen und Geschenkbändern verziert, alles was glitzert ist erlaubt, der Fantasie scheinen keine Grenzen gesetzt. Auch viele Männer tragen gern weite Hosen aus grünem oder blauem Nylonstoff.

Familie, Haus, Dorf: In der patriarchalischen Lisu-Familie gebührt dem Vater absoluter Gehorsam. Konflikte innerhalb der Familie und zwischen Familien werden offen ausgetragen und enden oft gewalttätig. Für die sozialen Beziehungen spielen die Sippen eine große Rolle. Die meist recht großen

Häuser der Lisu sind ebenerdig oder stehen auf Pfählen. Immer sind sie am Hang gebaut. Der Ahnenaltar ist an der Hangseite platziert, genau gegenüber der Tür. Die Lisu siedeln vorzugsweise im gebirgigen, schwer zugänglichen Hinterland auf einer Höhe von ca. 1000 m, gern haben sie zwecks Sicherheit und Unterhaltung andere Lisu-Dörfer in der Nähe. Ein Dorf liegt meist auf einer Seite eines Bergkammes, auf dessen anderer Seite ein Bach fließt. Das Wasser wird in meisterhaften Bambus-Aquädukten um den Berg herum in ihr Dorf geleitet. Die Lisu betreiben Wechselfeldbau und pflanzen Reis, Mais und Gemüse für den Eigenverbrauch an. Sie verrichten nicht alle anfallenden Arbeiten selbst, sondern stellen Karen oder Lahu als billige Arbeitskräfte ein. Schweine und Rinder werden zum Verkauf gezüchtet, doch ihr Haupteinkommen beziehen die Lisu durch Opiumanbau. Chinesische Händler kaufen das Opium auf und heiraten auch gern Lisu-Frauen. Lisu-Dörfer mit einer Mehrheit von chinesischen Männern sind keine Seltenheit. Aus sozialen, ökonomischen und politischen Gründen siedeln Lisu ihre Dörfer oft um.

Religion: Die Lisu sind hauptsächlich Animisten und Ahnenverehrer, glauben aber auch an ein höchstes Wesen, *Wu Sa.* Jedes Dorf hat einen Schrein für den Schutzgeist *Apa Mu,* der oberhalb des Dorfes unter einem Laubbaum steht. Das wichtigste Fest ist das Neujahrsfest. Es wird ungefähr zur gleichen Zeit wie das chinesische Neujahr gefeiert, also im Januar / Februar.

Konfrontation mit der Gegenwart: Die meisten Lisu integrieren alle nützlich erscheinenden Produkte der modernen Welt begeistert in ihren Alltag. Dennoch lassen sie sich von den Thai nicht so leicht unterbuttern. Selbst beim Opiumanbau gelingt es ihnen immer wieder, sich mit den lokalen Beamten zu arrangieren.

Touristen in Lisu-Dörfern: Gäste werden im Hauptraum des Hauses empfangen und sollten niemals das Schlafgemach betreten. Auf der Türschwelle darf man nicht sitzen oder stehen. Der Ahnenaltar ist für Fremde tabu, die Füße dürfen niemals in seine Richtung deuten, er darf nicht fotografiert werden. Niemand sollte mit dem Kopf Richtung Feuer schlafen, das heilig ist. Männer und Frauen sollten in Lisu-Dörfern keine Zuneigung zeigen und getrennt schlafen. Auch der Schrein für den Schutzgeist des Dorfes ist tabu. Manche Lisu haben etwas dagegen, fotografiert zu werden.

Einige Wörter in der Lisu-Sprache

hallo	*a kö cha; ho chwa*
wohin?	*a la dschi-ya*
danke	*a kö boo moo*
tschüss	*ho chwa gii*
bitte	*die-ou-nie*
ja	*mm*
nein	*ma nga*
Ein gutes neues Jahr!	*tin tyan yu ie*

Akha

Die Thai nennen sie *Kor* oder *I-gor*, was die Akha nicht gerne hören. Wahrscheinlich stammen die Akha aus dem tibetischen Hochland und wanderten im Laufe der Jahrhunderte über Yunnan, wo noch heute die meisten leben, über Nord-Burma und Laos in den Norden Thailands.

Um 1900 sollen sich hier die ersten Akha (die Ulo-Akha) angesiedelt haben. Heute leben ca. 36 000 Akha in Thailand, auf sechs Provinzen verteilt. Die meisten Dörfer stehen in der Provinz Chiang Rai und im Norden der Provinz Chiang Mai.

Kleidung und Schmuck: Akha-Frauen sind mit ihrem faszinierenden Kopfputz und Silberschmuck unverkennbar. Ihren Kopfputz tragen sie immer, zumindest in reduzierter Form oder von einer Kapuze bedeckt. Er besteht aus Silberknöpfen, Silberkugeln, Münzen, gefärbten Hühnerfedern und Affenhaar, aus bunten Perlen und roten Wollquasten und Wollbommeln. Er umrahmt das ganze Gesicht, hängt oft bis auf die Brust und wird bei den Loimi von einer silbernen, ca. 20 cm hohen Platte am Hinterkopf gekrönt. Bei den Ulo türmt sich der Kopfschmuck kegelförmig nach oben. Die typischen schwarzblauen Miniröckchen werden unterhalb des Bauchansatzes getragen und reichen nur bis knapp übers Knie. Setzt sich die Frau hin, bedeckt eine Schärpe, mit Knöpfen, Münzen und Perlen bestickt, züchtig ihren Schritt. Die aus bunten Stoffen applizierten Beinstulpen sieht man noch häufig, während das traditionelle Oberteil oft durch ein T-Shirt ersetzt wird. Die Bambuspfeife, mit oder ohne Tabak, ist bei Jung und Alt beliebt. Viele Akha-Frauen spinnen ihr

Garn selbst und verweben es auf komfortablen Tretwebstühlen.

Familie, Haus, Dorf: Die Häuser der Akha sind meistens auf Pfählen gebaut. Unterm Haus leben die Tiere, außerdem wird dieser Raum zum Lagern von Holz genutzt. Die Häuser sind mit weit heruntergezogenen Dächern aus Gras bedeckt und besitzen keine Fenster. Männer und Frauen schlafen in separaten Räumen innerhalb des Hauses. Nur in den ersten Jahren nach der Heirat schläft das junge Paar gemeinsam in einem Häuschen auf dem Grundstück seines Vaters. Die Akha errichten ihre Dörfer vorzugsweise auf luftigen Bergkämmen in 1000 m Höhe. Sie pflanzen auf wechselnden Feldern Trockenreis, Mais, Hirse, Chilies, Knoblauch, Sesam und verschiedene Gemüse an. Oft ist es zu wenig, um alle richtig zu ernähren. Schweine, Wasserbüffel, Rinder und Geflügel werden für Feste, Opfer und zum Verkauf gehalten. Die Wasserquelle befindet sich unterhalb des Dorfes, und die Frauen tragen das Wasser in Bambusgefäßen zu ihren Häusern. Sie waschen sich selbst und ihre Kinder zweimal täglich.

Ein Akha-Dorf besitzt am oberen und unteren Ende je ein Tor aus massiven Baumstämmen. Die Tore sind offen und nicht mit einem Zaun verbunden. Sie bilden eine symbolische Grenze gegen alles Böse und Zerstörerische, ob Krankheit, Räuber, Vampire oder wilde Tiere. Auf dem Querbalken sitzen geschnitzte Vögel, sie sollen verhindern, dass zu viele Küken von Falken erjagt werden. Vor jedem Tor stehen dicht beieinander zwei grob geschnitzte Figuren aus Holz, ein Mann und eine Frau mit betonten Geschlechtsmerkmalen. Es ist nicht ganz klar, ob diese Figuren Fruchtbarkeitssymbole darstellen oder gefährliche Eindringlinge erschrecken sollen. Jedes Jahr werden neue Tore und Figuren aufgestellt. Besucher müssen diese Tore nicht benützen, sie sollen nicht berührt werden.

Zu jedem Dorf gehört ein ebener Platz, an dem sich allabendlich die Jugend trifft. Die Mädchen singen und tanzen, die Burschen schauen zu und machen später auch mit. In absoluter Dunkelheit ziehen sich die Jugendlichen, oft paarweise, zurück.

Religion: Der Glaube der Akha basiert auf alten chinesischen Philosophien. Ihre Religion ist im weitesten Sinn zu sehen, sie umfasst das ganze Leben und wird als *Akhazang* (die Lebensweise der Akha) bezeichnet. Die Texte des *Akhazang* werden von Generation zu Generation mündlich weitergegeben. Der *Akhazang* beschreibt alle religiösen Rituale, Zeremonien und Feste, aber er regelt auch die Beziehung zwischen den Menschen, mit den Tieren, der Natur und ihren Kräften. Er bestimmt, wie ein Haus gebaut oder der Wald gerodet werden muss. Wenn alles auf die richtige Art, zur rechten Zeit und am richtigen Platz ausgeführt wird, bleibt die Harmonie mit der Natur des Universums ungestört, bleibt die Balance erhalten. Die Ahnen der väterlichen Linie werden verehrt, und die Akha können ihre Namen bis zu 64 Generationen zurück aufsagen. In jedem Haus steht ein Ahnenaltar. Zwischen August und September halten die Akha ein fröhliches Fest ab, das Schaukelfest. Das Datum ihres Neujahrs variiert von Dorf zu Dorf, gewöhnlich findet es im Dezember statt.

Konfrontation mit der Gegenwart: Vor allem in Dörfern im Einflussbereich staatlicher Instanzen verarmen die Akha sichtbar, insbesondere nördlich des Kok-Flusses. Über viele Jahrhunderte hinweg, auf der Wanderung durch unwirtliche Länder und bei der Begegnung mit übermächtigen Völkern, bot ihnen der *Akhazang* Schutz und Halt. Heute wirkt der *Akhazang* eher wie eine Fessel, die sie daran hindert, die vielschichtigen Probleme zu bewältigen. Immer mehr Akha greifen in der hoffnungslosen Situation zum Opium, obwohl sie traditionell keine Opiumraucher sind. Für die Thai-Behörden gelten die Akha als das primitivste Bergvolk, das stur an seiner Tradition klebt und am schwierigsten zu entwickeln ist. Den Entwicklungsbeamten ist es fast unmöglich, die hochentwickelte Kultur des *Akhazang* und seine Interpretationsmöglichkeiten zu verstehen. Die Akha sind in großer Gefahr, ihre traditionellen Werte zu verlieren und unter dem Druck von außen unterzugehen. Immer mehr Akha nehmen begierig die christliche Religion an, da sie am leichtesten zu praktizieren ist. Einige Akhas haben die verkaufsfördernde Wirkung ihrer Tracht erkannt und betätigen sich nicht nur in ihren Dörfern erfolgreich als Souvenirverkäufer, sondern auch auf den Nachtmärkten von Chiang Mai und Chiang Rai und bei touristischen Attraktionen.

Touristen in Akha-Dörfern: Akha halten grundsätzlich nichts von Fremden. Daher imitieren sie auch Touristen nicht so ohne weiteres, sie benützen sie nur gern als Entschuldigungsgrund für eigenes Fehlverhalten, z.B. Opium rauchen. Wer sich in einem Akha-Dorf ausgenommen vorkommt, kann sich damit trösten, dass dies schon dem Völkerkundler Bernatzik vor 60 Jahren so erging, also nicht unbedingt eine tourismusbedingte Neuerscheinung ist. Beim Durchqueren eines Akha-Dorfes sollte man stets bereit sein, der von der Sitte diktierten Einladung in ein Haus zu folgen (Männer niemals unaufgefordert ins Frauenabteil). Dort muss man mindestens einen Schluck des angebotenen Wassers oder Tees annehmen. Wer keine Zeit oder keine Lust hat, sich an diese Regel zu halten, nimmt lieber den Weg ums Dorf herum.

Einige Wörter in der Akha-Sprache

(anstatt: hallo) wohin des Wegs, jüngerer Bruder?	*aga itee a-dschö-o?*
wohin des Wegs, älterer Bruder?	*aga itee a-nii-o?*
hallo	*galah-guma*
danke	*galah-guma-dee* (auch *gö-lo-höö*)
tschüss	*roi ma-dee*
Mann	*ali*
Frau	*abu*
Vater	*ada*
Mutter	*ama*

Karen

Die Karen, von den Thai *Kariang* oder *Yang* genannt, stellen mit 352 000 Menschen (48%) die größte Stammesgruppe in Thailand. Ihr Ursprung ist unklar. Viele Jahrhunderte lebten sie in Burma, und schon im 18. Jh. übersiedelten einige nach Thailand.

Heute leben hauptsächlich Weiße Karen in Thailand, konzentriert entlang der burmesischen Grenze von Mae Hong Son bis Kanchanaburi, aber auch verstreut in weiteren Provinzen von Nord- und Zentral-Thailand. Jenseits der Grenze befinden sich die Karen schon seit Jahrzehnten in einem Guerillakrieg gegen die burmesische Zentralregierung, der jedes Jahr in der Trockenzeit wieder aufflammt. Man unterteilt die Weißen Karen in Skaw Karen und Pwo Karen, die fälschlich auch Rote Karen genannt werden.

Kleidung: Die Karen-Frauen sind als gute Weber bekannt. Auf einfachen Webstühlen mit Rückenband weben sie, auf dem Boden sitzend, schmale Streifen, die mit buntem Faden zu Gewändern zusammengenäht werden. Die jungen, unverheirateten Mädchen tragen ein langes, ursprünglich weißes Gewand. Ansonsten hat jede Untergruppe ihren eigenen Stil.

Familie, Haus, Dorf: Als einziges der Bergvölker Thailands haben die Karen eine mutterrechtlich orientierte Gesellschaft. Sie leben in Kleinfamilien, und die Familie bildet die wichtigste ökonomische Einheit in allen häuslichen Angelegenheiten. Die Karen siedeln sowohl in den Bergen als auch in den Ebenen, ziehen jedoch niedere Lagen von ca. 500 m vor. Wird ein Dorf zu groß, spaltet sich ein Satellitendorf ab, das aber weiterhin enge Beziehungen zum Mutterdorf unterhält. Die traditionellen Karen-Häuser stehen auf Pfählen. Der große Innenraum ist nicht in Zimmer unterteilt, nur manchmal wird für die heranwachsende Tochter ein Eckchen abgetrennt. Das Leben spielt sich tagsüber auf der geräumigen, überdachten Veranda ab, auf der auch Gäste übernachten können.

Die Karen sind äußerst seßhaft, was man an ihren Gärten erkennen kann, in denen Jackfrucht-, Zitrus- und Mangobäume wachsen. Ihre Dörfer sind eingezäunt und sauber angelegt. Ein ausgeklügeltes System des Wechselfeldbaus ermöglichte ihnen immer gute Ernten und verhinderte Erosion auf den brachliegenden Feldern. Heute können sie diese Praxis nicht mehr anwenden. Hauptsächlich bauen sie Reis und Gemüse an, nur ganz gelegentlich Opium. Die Karen züchten Hühner, Schweine, Wasserbüffel, Rinder und Elefanten. Sie verkaufen ihre überschüssigen Produkte und verdienen Geld durch Lohnarbeit. Die Karen, die in der Ebene leben, haben sich ihren Thai-Nachbarn mehr oder weniger angepasst.

Religion: Die Karen verehren einen „Herrn von Land und Wasser“ und verschiedenste Geister. Sie haben weder einen Altar im Haus noch einen bestimmten Zeremonienplatz im Dorf. Einige Karen sind Christen, andere, vor allem im Tiefland, Buddhisten. Ihr traditionelles Neujahrsfest findet im Februar statt.

Konfrontation mit der Gegenwart: Die Karen leiden sozial und ökonomisch unter dem Bevölkerungsdruck und den Gesetzen der Thai-Regierung, wodurch ihnen ihr Wechselfeldbau und das Bilden von Satellitendörfern nicht mehr möglich ist. Sie verlieren ihre traditionellen Werte und passen sich immer mehr den Thai an. Wohlhabende und ausgebildete Karen, die in den Städten leben, beeinflussen die Wertvorstellungen und Zukunftshoffnungen des gesamten Stammes nicht unwesentlich.

Touristen in Karen-Dörfern: Besucher werden von den Karen ausschließlich auf der Veranda empfangen. Auch übernachten dürfen Gäste in traditionellen Karen-Häusern nur dort, und zwar nach Männern und Frauen getrennt.

Lawa

Die *Lua*, wie die Nord-Thailänder sie nennen, werden offiziell nicht unter die Bergvölker gerechnet. Sie gehören zur Urbevölkerung des Landes und siedelten seit dem 7. Jh., wesentlich früher als die Thai, im Flusstal des Ping. Sie sind austro-asiatischen Ursprungs und gehören zur Mon-Khmer-Gruppe. Die meisten wurden von der Thai-Gesellschaft absorbiert.

Etwa 17 000 Personen, die ihre Stammesidentität bewahrt haben, leben auf dem Bo Luang Plateau zwischen Hot und Mae Sariang sowie in den Bergen südöstlich von Mae Hong Son. Im Gegensatz zu anderen Stämmen zerstören sie weniger Bergwald, da sie mit viel Geschick Reisterrassen anlegen und in einem rotierenden System dieselben Felder immer wieder bebauen. Die Lawa sind Animisten und Ahnenverehrer. Wie die Thai verbinden sie ihren traditionellen Glauben mit dem Buddhismus.

Thins

Die Thins gehören zu den weniger bekannten Stämmen und werden von der Regierung nicht als „Bergvolk“ bezeichnet. Man trifft sie in der Nan-Provinz bei Pua und am Doi Phukha.

Familie, Haus, Dorf: Nach der Heirat zieht der Ehemann in die Familie seiner Frau. Gewöhnlich leben drei Generationen zusammen, im Durchschnitt sieben Personen in einem Haushalt. Die Thins wohnen auf Hügeln oder in Tälern, möglichst ohne Kontakt zu anderen Menschen. Ihre Häuser bauen sie aus Naturmaterial, wie Holz, Bambus, Gras und Rattan. Metall für den Hausbau zu benutzen, würde gegen ein Tabu verstoßen. Durch Jagen, Sammeln und den Anbau von Klebereis erwerben sie ihren kärglichen Lebensunterhalt. Einige können Salz aus unterirdischem Wasser gewinnen. Viele verdingen sich temporär als Lohnarbeiter.

Religion: Die Thins werden als Animisten bezeichnet. Sie bitten Geister um ihre Hilfe. Ihr Glaube spielt eine wichtige Rolle beim Zusammenleben, vor allem übt er die Funktion sozialer Kontrolle aus.

Mabri

Die Mabris kommen ursprünglich aus Laos, wo heute noch die meisten von ihnen leben. Im letzten Jahrhundert wanderten einige von ihnen nach Nordost-Thailand aus. Heute leben nur noch wenige Gruppen von ihnen in den Wäldern von Phrae und Nan. Sie werden auch *Yambri* oder *Malabri* genannt. Die Thai bezeichnen sie als *Phi-Thong-Luang*, Gelbe-Bananenblätter-Menschen.

Familie, Haus, Dorf: Die Mabris leben in Großfamilien von bis zu zwanzig Personen zusammen. Nur noch wenige leben traditionell, bleiben nur so lange an einem Platz, bis die Blätter ihres Schutzdaches gelb werden, ernähren sich vom Jagen und Sammeln und tauschen Waldprodukte wie wilden Honig gegen Reis, Salz und Stoffe ein. Von den Hmong haben sie das Weben, Schmieden und Korbflechten gelernt. Heute arbeiten sie vorwiegend als Wanderfeldarbeiter auf den Feldern der Hmong. Für Touristen wird häufig eine Show abgezogen. Anschließend ziehen sie wieder T-Shirts und Jeans an.

Trekking zu den Bergvölkern

Die meisten Besucher Nord-Thailands wollen einige Dörfer der dort lebenden Bergvölker besuchen und einen Hauch von dem Abenteuer spüren, das sie umweht. Vielen macht es Spaß, aus den Städten herauszukommen und sich in der freien Natur zu bewegen. Weitaus die meisten Treks werden von Chiang Mai aus veranstaltet. Wer die touristische Vermarktung der Bergvölker ablehnt, sollte auf Trekking-Touren verzichten oder weiter im Süden trekken gehen.

Wann kann man trekken?

Von **November bis Januar** ist es tagsüber angenehm warm, nachts kühl, in den Bergen kalt, es regnet fast nie – dies ist die beste Trekking-Zeit und Saison. Ab Februar führen viele Flüsse kaum noch Wasser, die Luft erscheint wegen vieler Feuer sehr dunstig.

Im **März und April** wird es heiß (mittags 32 °C bis 35 °C), nachts kühlt es um ca. 12 °C ab, es ist trocken und staubig – trekken macht keinen Spaß.

Von **Mai bis Oktober** regnet es an 15 bis 25 Tagen im Monat, häufig jedoch nur am Abend und in der Nacht, die Landschaft strahlt in frischem Grün – Trekking-Touren arten oft in Schlammschlachten aus und müssen manchmal abgebrochen werden. Regenzeit-Treks können aber auch viel Spaß machen.

Von wo aus kann man trekken?

Weitaus die meisten Treks werden von Chiang Mai aus veranstaltet. Hier gibt es weit über 100 Trekking-Agenturen. Außerdem organisieren fast alle Gästehäuser Treks. Die Treks führen hauptsächlich in die Gebiete um den Chiang Dao und zum Mae Taeng Fluss. Auch Richtung Mae Hong Son und Mae Sariang werden viele Treks angeboten. Die An- und Rückfahrt dauert meist mehrere Stunden. Auch in Chiang Rai, Mae Hong Son und Pai gibt es gute Trekking-Organisationen, in Nan ein kleines Trekking-Office. In Mae Sariang, Soppong, Fang und Thaton werden individuellere Treks in kleineren Gruppen von Gästehäusern organisiert. Dabei liegt der Ausgangspunkt näher an den Trekking-Gebieten.

Besichtigungstour (1/2–1 Tag)

Besichtigungstouren werden hauptsächlich von Reisebüros in Chiang Mai und Chiang Rai angeboten. Bei solchen Touren werden Touristen zu Dörfern gefahren, die ganz auf den Sightseeing-Tourismus eingestellt sind, und deren Bewohner auch davon leben. Die Frauen sind immer schön gekleidet, verkaufen Handarbeiten und sind gewohnt, fotografiert zu werden. Wenn sie erwarten, dass ein Tourist für ein Foto eine kleine Gebühr bezahlt oder etwas abkauft, ist das ihr gutes Recht. Wer unbedingt Portrait-Aufnahmen schießen möchte, ist in diesen Dörfern wesentlich besser aufgehoben als in den so genannten „unverdorbenen“, in denen die Einwohner durch Fremde verunsichert werden. Ein typisches „Touristendorf“ nahe Chiang Mai ist das abstoßende Doi Pui (Hmong); nördlich von Chiang Rai sind es Phadua (Yao) und Sam Yaek (Akha).

Exkursion (2–3 Tage)

Exkursionen laufen die Dörfer auf Standardrouten an, die jeden Tag von vielen Gruppen begangen werden. Auch Pauschaltouristen wird ein solcher Ausflug angeboten. Man darf also keine „unberührten Hilltribes“ erwarten. Gewöhnlich muss man nicht länger als ein bis zwei Stunden pro Tag wandern, meist sind eine Bootsfahrt und ein kurzer Elefantenritt („Safari“!) im Preis inbegriffen.

Die ab Chiang Mai am häufigsten angebotene Exkursion von 3 Tagen (die „Rennstrecke“) geht etwa so: 4 Std. mit Bus (nach Thaton), 3 1/2 Std. mit Boot (auf dem Mae Kok) zu einem Karen-Dorf (Ruam Mitr), Übernachtung; 2 1/2 Std. Elefantenritt zum Yao-Dorf (Huai Mae Sai), 1 Std. Wanderung zum Wasserfall und 1 1/2 Std. zum Akha-Dorf (Aboo), Übernachtung; 1 1/2 Std. Wanderung zum Shan-Dorf (Huai Khom), Rückfahrt nach Chiang Mai 4 Std.; das Ganze (inkl. 7 Mahlzeiten) für ca. 1700 Baht pro Person. Ab Chiang Rai wird die gleiche Route in zwei Tagen begangen, für einen entsprechend niedrigeren Preis.

Trekking-Tour (3–4 Tage)

Wer sich in Chiang Mai oder einem anderen Ort für einen Trek eingeschrieben hat, muss eine Kopie seines Passes abgeben, damit der Guide die Tour bei der Polizei anmelden kann. Meistens kann der Trek schon am nächsten oder übernächsten Tag losgehen. Der Veranstalter stellt einen kleinen, meist miserablen Rucksack, eine Wasserflasche und eine Decke.

Man startet zwischen 9 und 13 Uhr und fährt mit einem Pickup 1–4 Stunden, je nach Ausgangsort. Ob das erste Mittagessen im Preis inbegriffen ist, sollte man schon vorher erfragen. Am ersten Tag wird 2 bis 4 Stunden gewandert.

Gegen Abend läuft man ein Hilltribe-Dorf an und wird in einer Hütte der Einheimischen oder einer separaten Touristenhütte untergebracht. Die Gebühr bezahlt der Guide. Im Allgemeinen kocht der Guide ein schmackhaftes Essen aus den mitgebrachten Vorräten, nur Reis wird manchmal vom Dorf bezogen. Man schläft auf dem Boden der

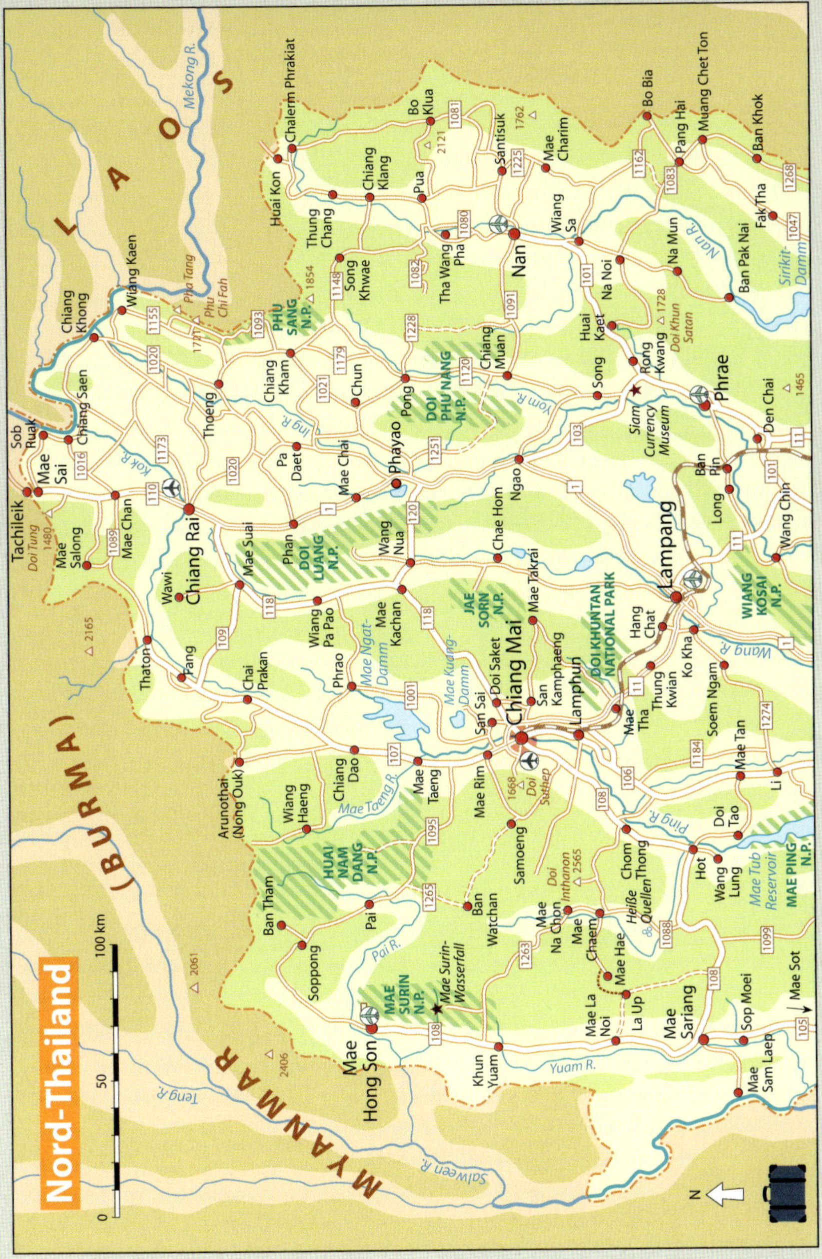

Nord-Thailand
0
50
100 km
N
LAOS
MYANMAR (BURMA)
Mekong R.
Salween R.
Teng R.
Yuam R.
Pai R.
Mae Taeng R.
Ping R.
Wang R.
Yom R.
Nan R.
Ing R.
Kok R.
Tachileik
Doi Tung 1480
Mae Sai
Sob Ruak
Chiang Saen
Chiang Khong
Wiang Kaen
Pha Tang
Phu Chi Fah
1717
Mae Salong
Mae Chan
Chiang Rai
Wawi
Thoeng
Chiang Kham
PHU SANG N.P.
1854
Huai Kon
Chalerm Phrakiat
Thung Chang
Chiang Klang
Pua
Bo Klua
2121
Santisuk
1762
Mae Charim
Song Khwae
Tha Wang Pha
Nan
Wiang Sa
Chiang Muan
Chun
Pong
DOI PHU NANG N.P.
Pa Daet
Mae Chai
Phayao
Phan
DOI LUANG N.P.
Mae Suai
Wiang Pa Pao
Wang Nua
Chae Hom
Ngao
Song
Huai Kaet
Na Noi
Rong Kwang
1728
Doi Khun Satan
Na Mun
Ban Pak Nai
Fak Tha
Bo Bia
Pang Hai
Muang Chet Ton
Ban Khok
Sirikit-Damm
Phrae
Siam Currency Museum
Den Chai
1465
Ban Pin
Long
Wang Chin
WIANG KOSAI N.P.
Lampang
Hang Chat
Ko Kha
DOI KHUNTAN NATIONAL PARK
Mae Takrai
JAE SORN N.P.
Mae Kachan
Phrao
Mae Ngat-Damm
Mae Kuang-Damm
Thaton
2165
Fang
Chai Prakan
Arunothai (Nong Ouk)
Wiang Haeng
Chiang Dao
Mae Taeng
San Sai
Doi Saket
Chiang Mai
San Kamphaeng
Lamphun
Mae Tha
Thung Kwian
Soem Ngam
Mae Tan
Li
Mae Rim
Doi Suthep 1668
Samoeng
HUAI NAM DANG N.P.
Ban Tham
Soppong
Pai
Ban Watchan
Doi Inthanon 2565
Mae Na Chon
Mae Chaem
Chom Thong
Heiße Quellen
Hot
Doi Tao
Wang Lung
Mae Tub Reservoir
MAE PING N.P.
Mae Hae
La Up
Mae La Noi
Mae Sariang
Sop Moei
Mae Sot
Mae Sam Laep
Khun Yuam
Mae Hong Son
MAE SURIN N.P.
Mae Surin-Wasserfall
2061
2406
1016
1173
1155
1020
1093
1148
1082
1080
1081
1225
1091
1228
1179
1021
1120
1251
1089
110
1
120
118
109
103
101
1162
1083
1268
1047
11
1001
107
1095
1265
1263
1088
108
106
1184
1274
1099
105

Mae Rim,
Thaton,
Pai
LANNA
HOSPITAL
NATIONAL-
MUSEUM
CM DENTAL
HOSPITAL
THAI-LANNA
KIRCHE
WAT
JED YOD
Chang Puak R.
Super-Highway
MARKT
Iyara H.
Tarin H.
Zoo,
Universität,
Doi Suthep,
Amity Green Hills H.
CM CHILDREN'S
HOSPITAL
Simon
Chiang Mai
Novotel
WAT KU TAO
HI-Suan Doi
House
Hillside Plaza
Hong Tauw
Inn R.
ITM
Massage
Chotana Rd.
CHANG
PUAK
BUS STATION
Amari
Rincome H.
Huai Kaeo Rd.
Lao
Aviation
YMCA
SCHWIMM-
BAD
Orn Hs.
C&C
Bkk. Bank
CHANG PUAK
HOSPLTAL
Rattanakosin Rd.
Angus Steak House
Kad Suan Kaeo
Center
Global Doctor
Lotus P.S.K. Hotel
AVIS
Computer
Plaza
Dept. Store
Chiang Mai
Orchid H.
CHANG
PUAK
GATE
Mani Noparat Rd.
Sri Phum Rd.
Nimmanhamin Rd.
Sri Mangalachan Rd.
Sri Tokyo H.
RAM HOSPITAL
Red Hibiscus
Gh.
WAT CHIANG MAN
Wichay
Ratcha-
Wiang Kaeo Rd.
Soi 3
Japan. R.
Singharat Rd.
Phra Pokklao Rd.
Ratchaphakinai Rd.
Chaiyaphum Rd.
Sithiwong Rd.
MALARIA
CENTER
Sticky
Rice
Kitchen
Jhaban Rd.
Ratcha-withi Rd.
Wat Umong
Cake Khun Ju
Arak Rd.
Chang
Ban Dim Sum R.
Muang Rd.
Vegetar. R.
Suthep Rd.
SUAN DOK
GATE
WAT
PHRA SING
Chiang
Come H.
Phra Sing Rd.
Ratchdamnoen Rd.
TAPAE
GATE
WAT
CHEDI LUANG
Moon
Wanasit Gh.
WAT
SUAN DOK
Bunruangrit Rd.
Rd
BP City H.
Ratchamanka Rd.
WAT
MAHA-
RAM
Samlan
s. Detailplan Altstadt
Kotchasan Rd.
Loi Khroa
Mengrai Kilns
Suan Buak
Had Park
Come-on
Place
SUAN PRUNG
GATE
Bamrungburi Rd.
Changlo Rd.
CHIANG MAI
GATE
Thai
Vegetarian
Center
SUAN PRUNG
HOSPITAL
CHIN.
KONSULAT
SIAM PAKDI
HOSPITAL
Friend
House
Wualai Rd.
Ban
Yen
CM Gate H.
Thipanet Rd.
Mahidol Rd.
Suriyawongse Rd.
NATIONAL-
THEATER
Suriwong Rd.
Nantharam Rd.
MOUNTAIN PEOPLE
CULTURAL PROJECT
BLUMEN-
MARKT
Japan.
Konsulat
IMMIGRATION
CHIANG MAI
CULTURAL CENTER
AIRPORT
108
Airport Plaza
Chom
Thong

Chiang Mai

Chiang Mai
0 500 1000 m
Mae Cho, Phrao
1001
Doi Saket Chiang Rai
Super-Highway
Tesco Lotus
CM RAM2 HOSPITAL
Isarn R.
KAMTIENG-BLUMENMARKT
118
WAT FAHAM
Khao Soi R.
IND. KONSULAT
Acha Riverside House
Wang Singkham Rd.
Muang Samut Rd.
Westside Pub
Maeping Seafood R.
Doi Saket Khao Rd.
Sunshine Gh.
ARCADE BUS STN.
Super-Highway
Dim Sum & Ente-R.
CM Suwannakit H.
MUANGMAI-MARKT
The rePlace
Kaeo Nawarat Rd.
McCORMICK HOSPITAL
R.
PAXAP UNIVERSITY
Thai Tribal Crafts
dalaabaa R.
s. Detailplan Zentrum
Carrefour
SARA SCHWIMMBAD
Bamrungrat Rd.
Thung Hotel Rd.
Dim Sum R.
Tai Wang Rd.
Charoen Rat Rd.
Ping River
Moi Rd.
WAT SAEN FANG
Tapae Rd.
C&C Teak Hs.
Montri Rd.
MINIBUS →San Kamphaeng
San Pa Koy Rd.
Charoen Muang Rd.
Kampangdin Rd.
NACHT-MARKT
Charoen Prathet Rd.
Chang Klan Rd.
Ben Gh.
Khong Sai Rd.
Good Will Gh.
BOX-STADION
DR. WONG HOSPITAL
Bossotel Inn
Essenmarkt
BAHNHOF
Highway H.
1006
KBank
Rimping Dept. Store
Naipol Rd.
San Kamphaeng Bo Sang
Linda Gh.
Super-Highway
ALLIANCE FRANCAISE
Pracha-samphan Rd.
Chang Klan Rd.
Empress H.
Ratuthit Rd.
Paradise Gh.
Lamphun Rd.
N
Kao Soi Shop
Chiang Mai Holiday Resort
Youth Hostel
River Ping Palace H.
Lamphun

Chiang Mai Altstadt

0 100 200 300 400 500 m

N

Übernachtung:

Nr.	Name		Adresse	Telefon
1	P. P. Gh.	1	42/2 Mani Noparat Rd. Soi Insoun	053-219615
2	Duang Dee Hs.	2-3	14/23 Mani Noparat Rd. Soi Insoun	053-219361
3	S. House	3	Sri Phum Rd. Soi 6	053-219956-7
4	Mountain View Gh.	2-3	105 Sri Phum Rd.	053-212866
5	Western Hs. Hotel	3	7 Sri Phum Rd. Soi 5	053-215961
6	Supreme House	1-2	44/1 Moon Muang Rd. Soi 9	053-222480
7	OK Gh.	1-2	10/2 Moon Muang Rd. Soi 9	053-219587
8	S.K. House	3	30 Moon Muang Rd. Soi 9	053-210690
9	Libra Gh.	2	28 Moon Muang Rd. Soi 9	053-210687
10	Future Hs.	2-3	17/3 Moon Muang Rd. Soi 9	053-213787
11	Vista Hotel	4	252/19 Phra Pokklao Rd.	053-210663-4
12	Grace Hs.	2-3	27/5 Moon Muang Rd. Soi 9	053-418161
13	Moonlight Gh.	1-3	2/3-4 Moon Muang Rd. Soi 8	053-418111
14	Lamchang Hs.	1	24 Moon Muang Rd. Soi 7	053-210586
15	Sri Pat Gh.	4	16 Moon Muang Rd. Soi 7	053-218716-7
15	Northlands Hs. Hotel	3	2 Moon Muang Rd. Soi 7	053-218860
16	S.P. Hotel	4	7 Moon Muang Rd. Soi 7	053-214522
17	Aree Center Place Gh.	1	Ratchawithi Rd. Soi 2	053-224648
18	Fam. Tribal Trekking Gh.	2	9 Moon Muang Rd. Soi 7	053-210620
19	Sumit H.	3	198 Ratchaphakinai Rd.	053-211033
20	Jo Nadda Gh.	2	23/1 Ratchawithi Rd. Soi 2	053-227281
20	Your House 2	2	19 Ratchawithi Rd. Soi 2	053-217492
21	Your House	2-3	8 Ratchawithi Rd. Soi 2	053-217492
22	Eagle House 2	2	26 Ratchawithi Rd. Soi 2	053-210620
23	Rama Gh.	2-3	8 Moon Muang Rd. Soi 5	053-216354
24	CM Kristi	2	14/2 Ratchdamnoen Rd. Soi 5	053-418165
24	The White House	2-3	12 Ratchdamnoen Rd. Soi 5	053-357130
25	Kavil House	2-3	10/1 Ratchdamnoen Rd. Soi 5	053-224740
25	Ampawan Hs.	2	Ratchdamnoen Rd. Soi 5	053-210584
26	Rendezvous Gh.	2-3	3/1 Ratchdamnoen Rd. Soi 5	053-213763
27	Five Stars House	1-2	7/3 Ratchdamnoen Rd. Soi 1	053-213329
28	Awanasleep Gh.	3	7 Ratchdamnoen Rd. Soi 1	053-419005
29	D.N. Hs.	2	2 Ratchdamnoen Rd. Soi 1	053-213153
30	Moon Muang G. Court	2	95 Moon Muang Rd.	053-212779
31	Montri H.	3	2-6 Ratchdamnoen Rd.	053-211069
32	Gap's House	3	3 Ratchdamnoen Rd. Soi 4	053-278140
33	Top North H.	3-4	41 Tapae Rd.	053-279632-5
34	New Sai Tum Gh.	1	21 Moon Muang Rd.	053-211575
35	CM Garden Gh.	2-3	82 Ratchamanka Rd.	053-815069
36	Somwang Gh.	2	2 Ratchamanka Rd. Soi 2	053-278505
37	Smile House	2-3	5 Ratchamanka Rd. Soi 2	053-208661-2
38	Seven Suns Gh.	4	155 Ratchamanka Rd.	053-814325
39	Rose Gh.	1	87 Ratchamanka Rd.	053-273869
40	Nat Hs.	1	7 Phra Pokklao Rd. Soi 6	053-277878
41	Kent Gh.	1	5 Ratchamanka Rd. Soi 1	053-278578
42	Rainbow Gh.	2	22 Moon Muang Soi 2	01-7062117
42	Coconut Gh.	2	22 Moon Muang Soi 2	053-278344
42	Pathara Hs.	3	24 Moon Muang Soi 2	053-206542
43	Julie Gh.	1	7/1 Phra Pokklao Rd. Soi 5	053-274355
44	Thapae Gate Lodge	2	38/7 Moon Muang Soi 2	053-207134
45	Top North Gh.	3	15 Moon Muang Soi 2	053-278900
46	Backpackers Gh.	1	7/18 Moon Muang	
47	Elles	1-2	31 Phra Pokklao Rd. Soi 3	053-278455
48	North Star House	2	38 Moon Muang Soi 2	053-278190
49	You Sabuy Home	1-2	56 Moon Muang Soi 2	053-274033
50	Thailand Gh.	2	38/1 Moon Muang Soi 2	053-274592
50	Welcome Gh.	2	48/4 Moon Muang Soi 2	
51	Phathai Gh.	3	48/1 Ratchaphakinai Rd.	053-278013
52	Banana Gh.	1	4/9 Ratchaphakinai Rd.	053-206285

Läden, Restaurants etc.:

1 Mithai Armeeladen
2 Lanna Corner R.
3 Thai Kitchen Cookery
4 Indian Vegetar. R.
5 Blue Diamond Bakery & R.
6 The Amazing Sandwich
7 Ban Rai Steak Hs.
8 Nice Kitchen
9 Crusty Loaf Bakery, Irish Pub
10 Denchai Photo
11 Kafé
12 Si Pen R.
13 Baan Thai Cookery School
14 Kanjana R.
15 The Food R.
16 Mint Coffee Hs.
17 La Villa R.
18 AUA
19 Lek Chaiya Massage
20 CM Thai Cookery School, AUM R.
21 Smoonprai
22 Bierstube
23 Mint House R.
24 Huen Phen R.
25 Oasis Pub & R.
26 The Wok R.
27 The Lost Bookshop, Beerhouse
28 Nice Sweet Place, Panda, The Corner R.
29 Il Forno R.
30 Self Serve Laundry
31 Trattoria Pum Pui
32 Hemp Cafe
33 Pooh Eco-Trekk
34 Blue Moon Night Club
35 Terracotta-Manufaktur
36 Chiang Saen Art

Transport:

1 Minibus → Doi Suthep
2 Thai Airways
3 Pornchai Motor Bike
4 North Wheels
5 Jaguar
6 Mr. Beer Motorcycle
7 Mr. Mechanic
8 Mechanic Motorcycle
9 Lung Gaew Mountain Bike
10 Boss Car Rent
11 A Rent a Car
12 T.N.T. Motorbike for Rent
13 Auan Motorcycle
14 Queen Bee
15 Bus → Chom Thong

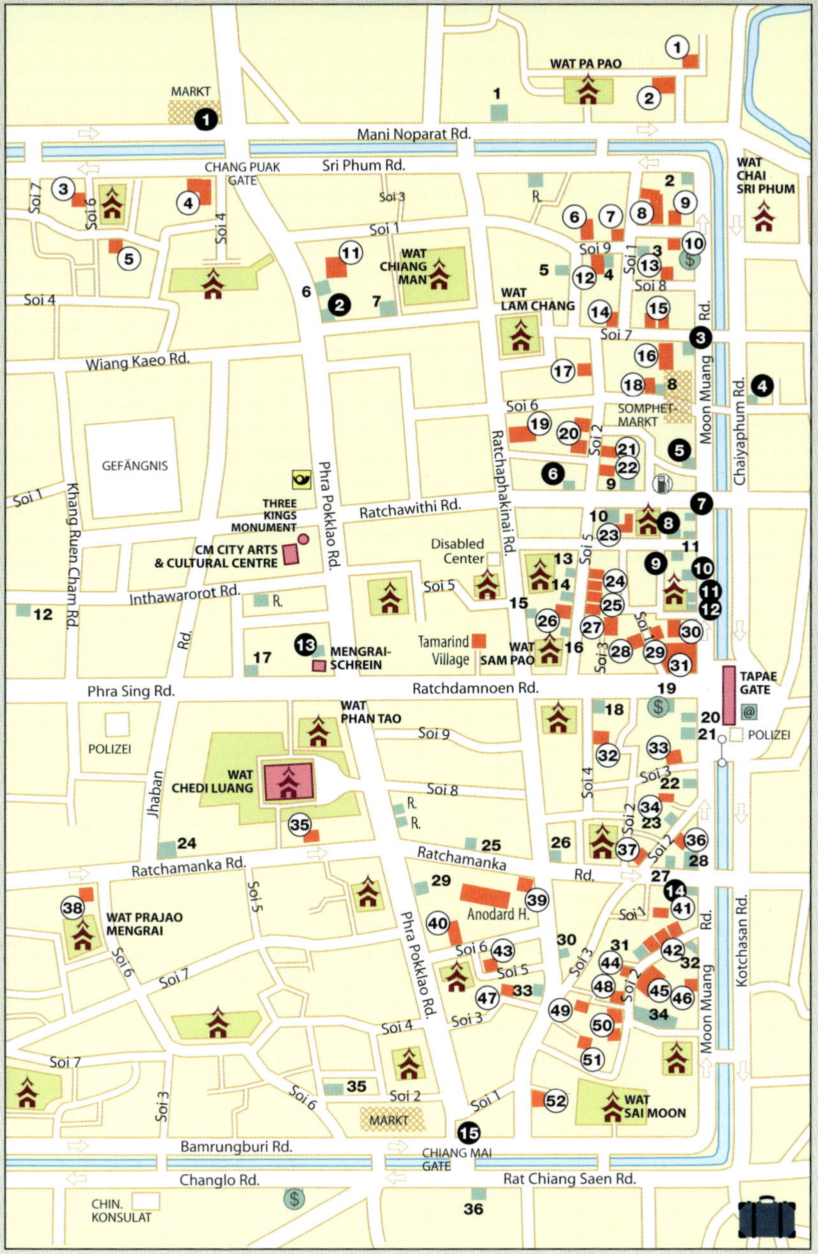
MARKT
WAT PA PAO
Mani Noparat Rd.
CHANG PUAK GATE
Sri Phum Rd.
WAT CHAI SRI PHUM
Soi 7
Soi 6
Soi 4
Soi 3
Soi 1
WAT CHIANG MAN
WAT LAM CHANG
Soi 9
Soi 8
Soi 7
Moon Muang Rd.
Wiang Kaeo Rd.
Soi 6
SOMPHET-MARKT
Chaiyaphum Rd.
GEFÄNGNIS
Phra Pokklao Rd.
Ratchaphakinai Rd.
Soi 2
Soi 1
Khang Ruen Cham Rd.
THREE KINGS MONUMENT
Ratchawithi Rd.
CM CITY ARTS & CULTURAL CENTRE
Disabled Center
Inthawarorot Rd.
Soi 5
R.
Rd.
MENGRAI-SCHREIN
Tamarind Village
WAT SAM PAO
Phra Sing Rd.
Ratchdamnoen Rd.
TAPAE GATE
POLIZEI
WAT PHAN TAO
Soi 9
WAT CHEDI LUANG
Jhaban
Soi 8
Soi 4
Soi 3
Ratchamanka Rd.
Ratchamanka Rd.
WAT PRAJAO MENGRAI
Anodard H.
Soi 6
Soi 5
Soi 3
Kotchasan Rd.
Soi 7
Soi 4
Soi 2
Soi 6
Soi 1
WAT SAI MOON
MARKT
Bamrungburi Rd.
CHIANG MAI GATE
Changlo Rd.
Rat Chiang Saen Rd.
CHIN. KONSULAT

Chiang Mai Zentrum

0 100 200 300 400 500 m

Übernachtung:

Nr.	Name	Kat.	Adresse	Telefon
53	Je T'aime Gh.	❷	247/9 Charoen Rat Rd.	053-241912
54	Cowboy Gh.	❷	233 Charoen Rat Rd.	053-241314
55	Marlboro House	❷-❸	138 Sithiwong Rd.	053-232598
56	Good Day Gh.	❷	106 Chaiyaphum Rd.	053-235877
57	Prince H.	❹	3 Tai Wang Rd.	053-252025
58	Eagle House 1	❶-❷	16 Chang Moi Kao Rd. Soi 3	053-874126
59	Chiangmai Inn	❷-❸	15/1 Chaiyaphum Rd. Soi 2	053-251400
60	Paocome Gh.	❶	9 Chang Moi Rd. Soi 3	053-252377
61	Lek Hs.	❶	22 Chaiyaphum Rd.	053-252686
62	Amora Rydges H.	❺	22 Chaiyaphum Rd.	053-251351
63	V.K. Gh.	❶	22/2 Chang Moi Kao Rd.	053-252559
64	Happy House	❸	11/1 Chang Moi Kao Rd.	053-252619
65	Daret's Gh.	❶-❷	4/5 Chaiyaphum Rd.	053-235440
66	Roong Ruang H.	❸	398 Tapae Rd.	053-234746
67	CM International Gh.	❷	2/10 Kotchasan Rd.	053-282448
68	Orchid House	❷	4 Tapae Rd. Soi 5	053-275370
69	Tapae Gh.	❷	2/2 Tapae Rd. Soi 4	053-271591
70	Midtown House	❷	7 Tapae Rd. Soi 4	053-273191
71	Born	❷	2/2 Tapae Rd. Soi 6	053-276011
72	Home Place	❷-❸	9 Tapae Rd. Soi 6	053-276468
73	Tawan Gh.	❷	4 Tapae Rd. Soi 6	01-6811335
74	Fang Gh.	❷	46-48 Kampangdin Rd. Soi 1	053-282940
75	Galare Gh.	❹	7/1 Charoen Prathet Rd.	053-821011
76	River View Lodge	❻	25 Charoen Prathet Rd.	053-271110
77	Thana Gh.	❶	27/8 Tapae Rd. Soi 4	053-279794
78	Boonmee Mansion	❷-❸	9 Tapae Rd. Soi 6	053-208200
79	Inter Inn	❶-❷	17 Tapae Rd. Soi 5	053-272512
80	Baan Jong Come Gh.	❸	47 Tapae Rd. Soi 4	053-274823
81	Namkhong Gh.	❶-❷	55 Tapae Rd. Soi 3	053-275556
82	Sri Prakat H.	❷	33 Chiang Mai–Lamphun Rd.	
83	Sarah Gh.	❷-❸	20 Tapae Rd. Soi 4	053-208271
84	Nice Place Inn	❷	77/1 Kampaengdin Rd. Soi 1	053-272919
85	Little Home Gh.	❷-❸	1/1 Kotchasan Rd. Soi 3	053-206939
86	Night Bazaar Inn	❸-❹	9 Charoen Prathet Rd. Soi 6	053-818096
87	Riverside House	❸	101 CM-Lamphun Rd.	053-302121
88	Green Lodge	❸	60 Charoen Prathet Rd.	053-279188
88	Kim House	❸	62 Charoen Prathet Rd.	053-282441
89	Oriental House	❷-❸	69 Loi Khroa Rd.	053-276742
90	Traveller Inn H.	❸	40 Loi Khroa Rd.	053-208484
98	Chiang Mai Gh.	❷	1 Loi Khroa Rd. Soi 2	053-208158
91	HI Center Place Gh.	❷-❸	17/2 Loi Khroa Rd. Soi 1	053-271169
92	Phucome Inn H.	❹	64/2 Loi Khroa Rd.	053-281324
93	Downtown Inn	❹	172/1 Loi Khroa Rd.	053-270662
94	Lannathai Gh.	❷-❸	41/8 Loi Khroa Rd. Soi 6	053-275563
95	The Royal Gh.	❷-❸	5 Kotchasan Rd. Soi 4	053-282460
96	Souvenir Gh.	❷	118 Charoen Prathet Rd.	053-282335
97	Park Inn Tana H.	❹	Charoen Prathet Rd. Soi 8	053-270191
97	People Place Lodging	❸	9 Charoen Prathet Rd. Soi 8	053-282487
98	Lai Thai Gh.	❸	111/4 Kotchasan Rd.	053-271725
99	Baan Kaew Gh.	❸	142 Charoen Prathet Rd.	053-271606

N

Läden, Restaurants etc.:

37 Thai Orchid R.
38 Escape R.
39 Neramit Tailor
40 Brasserie R.
41 The Gallery R.
42 The Good View Bar & R.
43 Laundromat
44 Nuan Rat Massage
45 Bicycle Club
46 The Riverside R.+ Bar
47 Backstreet Books, Gecko Books
48 Daret's R.
49 Da Stefano R.
50 Namkhong Travel, Thapae Samoonprai Massage, Travel Shoppe
51 JJ Bakery
52 Bookzone
53 Tea House Siam Celadon
54 K&K Business Center
55 Art Café
56 Shaman Bookshop
57 Cottage Decor R.
58 Aroon Rai R.
59 TMT College
60 Sunset Pub
61 JJ Bakery
62 Honey BBQ Chicken R.
63 Galare Food Ctr.
64 Beer Garden
65 Antique House R., Royal India R.
66 The White Orchid R.
67 Ba Ba Bo Bo Bar
68 CM B.I.S. Travel
69 Loi Khroh Bazaar
70 D.K. Book House
71 Hard Rock Cafè
72 General Phone Office
73 Gia Tong Heng R.
74 Suriwong Book Center, Crazy Cakes R.
75 Whole Earth R.

Transport:

16 Lek Big Bike
17 North Wheels
18 Joe's Bike Team
19 CM Green Tour
20 Bus→Lampang, Elephant Ctr.
21 Minibus→Wiang Kumkam
22 C&P Service
23 Mau Tour Service
24 C.V.A. Suzuki
25 Avis
26 Silk Air, Malaysia Airline
27 Ac-Bus→Bangkok
28 Air Mandalay
29 Hertz
30 River Cruise

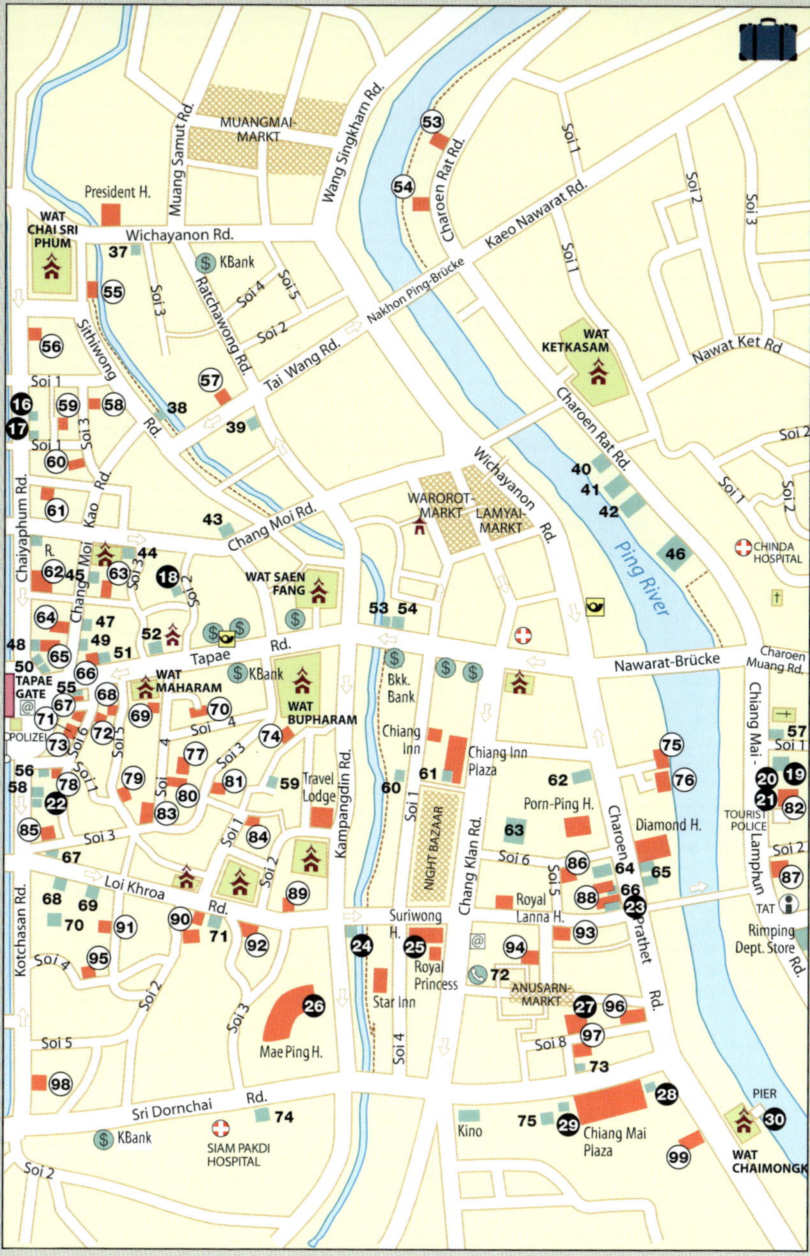
MUANGMAI-MARKT
Muang Samut Rd.
Wang Singkharn Rd.
Charoen Rat Rd.
Kaeo Nawarat Rd.
Soi 1
Soi 2
Soi 3
President H.
WAT CHAI SRI PHUM
Wichayanon Rd.
KBank
Ratchawong Rd.
Soi 4
Soi 5
Nakhon Ping-Brücke
Tai Wang Rd.
Sithiwong
WAT KETKASAM
Nawat Ket Rd
Charoen Rat Rd.
Chaiyaphum Rd.
Kao Rd.
Chang Moi Rd.
WARORAT-MARKT
LAMYAI-MARKT
Wichayanon Rd.
Ping River
CHINDA HOSPITAL
WAT SAEN FANG
Tapae Rd.
TAPAE GATE
WAT MAHARAM
KBank
WAT BUPHARAM
Bkk. Bank
Nawarat-Brücke
Charoen Muang Rd.
POLIZEI
Chiang Inn
Chiang Inn Plaza
Travel Lodge
Kampangdin Rd.
NIGHT BAZAAR
Chang Klan Rd.
Porn-Ping H.
Diamond H.
Charoen Prathet Rd.
TOURIST POLICE
Chiang Mai - Lamphun Rd.
Loi Khroa Rd.
Kotchasan Rd.
Suriwong H.
Royal Lanna H.
Royal Princess
Star Inn
ANUSARN-MARKT
TAT
Rimping Dept. Store
Mae Ping H.
Sri Dornchai Rd.
KBank
SIAM PAKDI HOSPITAL
Kino
Chiang Mai Plaza
PIER
WAT CHAIMONGK

Umgebung Chiang Mai
Chiang Mai
Mae Rim
Doi Saket
San Kamphaeng
Bo Sang
San Sai
Mae Yuak
Mae Jo
Don Chai
Pa Lan
Hang Nong Bua
Bo Hin
Saraphi
Hang Dong
San Pa Tong
Lamphun
Pa Sang
Ko Saliam
Ban Thi
Muang Kwak
Pa Sao
Pa Haeo
Pak Muang
Ban Tawai
Han Kaeo
Pa Hiang
Muang Kung
Mae Hia Nai
Doi Pui (Meo)
Suan Rintr
Pang Ka
Pang Hai
Tad Mok-Wasserfall
Schlangenfarm
Buffalo Camp
The Four Seasons Chiang Mai Resort
Mae Rim Lagoon YHA
Orchideenfarmen
Monkey Show, Bungy Jump
Butterfly Farm
Mae Sa-Wasserfall
Elephant Camp
Botanical Garden
Rintr Garden Resort
Mae Sa Valley Craft Village
Huai Tung Tao Reservoir
MAE CHO UNIVERSITY
Mae Kuang-Damm
Wang Tarn Resort
Chiang Rai
Chiang Dao, Pai, Fang
Phrao
Samoeng (36 km), Hang Dong (69 km)
Wasserbüffel-Markt
GandM Metzgerei und R.
700 JAHRE-STADION
CITY HALL
Tribal Museum
Museum
Joy's House
Doi Pui 1690
Doi Suthep 1668
Wat Doi Suthep
Phu Ping-Palast
Palaad Tawanron R.
Zoo
Wat Jet Yod
Universität
Puppen-Theater
Wat Umong
Wat Rampoeng
Buddha
AIR-PORT
Thanam Gh.
Westin CM H.
Baan Suan R.
Kunsthandwerk
Bo Sang Bazaar
Go-Kart
Heiße Quellen (11 km)
Mae Takrai (30 km)
Super-Highway
Allee
MARKT
Mae Rim (69 km) Samoeng (43 km)
Automuseum
San Kham Lanna Terrace R.
DEUTSCHES KONSULAT
Lanna Resort
WIANG KUM KAM
McKEAN REHABILITATION INSTITUTE
DEUTSCHE SCHULE
KIRCHE
SPEEDWAY
Wat Pa Lan
Markt (samstags)
Wat Ku Kut
Mae Ping
Suan Kaeo Bungalows
Wat Phra Buddhapat, Tak Pha (8 km)
Bangkok
Mae Sariang
Lampang, Bangkok
KM 4
KM 6
KM 11
KM 8,7
KM 10,4
KM 22,7
KM 25
1096
1260
107
1001
118
1014
1006
1317
108
1269
H121
106
1015
1030
1147
1013
114
11
13 km
18 km
14 km
10 km
2 km
16 km
0 2 4 6 8 10 km
N

Hütte, meist auf Matten. Toiletten dürfen Trekker hier nicht erwarten und sich nicht genieren, Hof oder Garten als solche zu benutzen. Die Schweine sorgen für Sauberkeit, meist schneller als manchem lieb ist.

An den nächsten Tagen wird 2–8 Stunden marschiert, einige Hilltribe-Dörfer werden passiert, eine Floßfahrt oder ein Elefantenritt durchgeführt (falls gebucht). Die Floßfahrt ist nichts für Wasserscheue, denn auf den einfachen Bambusflößen steht oder sitzt man die meiste Zeit im Wasser. In der zweiten Nacht haben die Teilnehmer schon etwas mehr Erfahrung und können vielleicht etwas besser schlafen. Am letzten Tag wird nur noch wenige Stunden bis zu einer Straße gewandert, und mit Pickup oder Bus geht es zum Ausgangspunkt zurück. Für die meisten Trekker ist eine solche Tour ein großes Erlebnis. Manche werden sich bewusst, wie privilegiert sie sind und kehren dankbar in ihre Heimat zurück.

Ob sich Trekker in einem Hilltribe-Dorf wie in einem Zoo fühlen, hängt von ihrer Einstellung ab. Bei einigen scheint das koloniale Gedankengut noch tief im Unterbewusstsein verankert zu sein, und sie plagt ein schlechtes Gewissen, wenn sie Menschen, die unter einfacheren Bedingungen naturnah leben, nicht als gleichwertig, sondern als so etwas wie Tiere im Zoo sehen. Naturromantiker möchten die Angehörigen der Bergvölker so bewahren, wie sie noch vor einigen Jahrzehnten waren. Sie gestehen ihnen keine Entwicklung zu und wollen nicht wahrhaben, dass in einem eng begrenzten Staatsgebiet wie Thailand Subsistenzwirtschaft und Wanderfeldbau nicht mehr möglich sind.

Die Bergvölker benötigen heutzutage Geld, und was sie durch die Übernachtung von Trekkinggruppen (10–50 Baht / Person) oder durch den Verkauf von Handarbeiten (5–10 Baht pro Armband) verdienen, trägt zu ihrem Lebensunterhalt und der schulischen Ausbildung ihrer Kinder wesentlich bei.

Längere Trekking-Touren

5- bis 10-Tage-Touren werden nur selten angeboten, aber wer einige Tage warten kann oder schon in einer kleinen Gruppe reist, kann eine solche Tour bei jeder Organisation arrangieren lassen. Die Chancen, in abgelegene Gebiete zu kommen und ursprüngliche Dörfer kennen zu lernen, sind wesentlich größer als bei kurzen Touren.

Kosten einer Trekking-Tour

Für eine 3-tägige Tour (2 Nächte) mit Elefantenritt muss man mit 1700 bis 2200 Baht rechnen. *„Only walking"* kostet um 300 Baht pro Person und Tag, in kleinen Orten eher weniger, in großen Orten mehr. Wer nicht will, dass sein Guide oder die besuchten Hilltribes ausgebeutet werden, muss auch bereit sein, einen angemessenen Betrag für seine Trekking-Tour zu bezahlen.

Ratschläge zum organisierten Trekken

Auswahl des Veranstalters: Man sollte sich keinesfalls in eine Trekking-Tour pressen lassen oder unüberlegt in eine Liste einschreiben, sobald man mit dem billigen Khaosan-Bus in Chiang Mai angekommen ist (Gute Ausrede: „Ich will 10 Tage trekken gehen!"). Der Zeitaufwand für die Auswahl der Trekking-Agentur lohnt sich. Die Erfahrungen anderer Traveller mit Veranstaltern und bestimmten Guides, deren Namen man sich merken sollte, können die Entscheidung erleichtern. Am einfachsten geht das in den Gästehäusern. Wenn die Besitzer einen verantwortungsvollen Eindruck machen und sich um das Wohl ihrer Gäste kümmern, sind sie im Normalfall auch an einem guten Trek mit ordentlichen Guides interessiert. Dafür bezahlen sie ihre Guides meist auch besser als reine Trekking-Agenturen.

Die Gruppe sollte keinesfalls mehr als 8–10 Teilnehmer umfassen, was man sich evtl. auf der Quittung bestätigen lassen sollte. Alle Trekking-Agenturen müssen bei TAT (Touristenbüro) registriert sein, eine Unfallversicherung bieten und eine Garantiesumme von 50 000 Baht hinterlegt haben.

Gestellte Ausrüstung und Verpflegung: Man sollte unbedingt versuchen, auf Ausrüstung und Essensvorräte Einfluss zu nehmen. In kleinen Orten wie Pai oder Soppong geht das leichter als in Chiang Mai. Im Winter müssen Teilnehmer einer Tour auf 2–3 Decken bestehen. Die Kälte (häufig knapp über dem Gefrierpunkt) wird von den Veranstaltern und den Guides immer heruntergespielt, und die Decken in den Dörfern brauchen die Einheimischen selbst, wenn es richtig kalt wird. In der Regenzeit ist es wichtig, nur bei solchen Agenturen eine Floßfahrt zu buchen, die auch Schwimmwesten zur Verfügung stellen. Kentern kann bei Hochwasser ansonsten lebensgefährlich werden. Der Umwelt zuliebe sollte man sich versichern lassen, dass kein Wegwerfgeschirr (z.B. Styroporschachteln) verwendet wird. Wichtig ist auch, welche Nahrungsmittel mitgenommen werden. Die Vorbildwirkung in den Dörfern darf nicht unterschätzt werden. (Manche Mütter gaben ihren Kindern schon Weißbrot, weil sie es bei den Trekkern sahen und dachten, davon bekommt man weiße Haut.) Wer bestimmte Dinge nicht essen kann (z.B. Vegetarier), sollte das dem Guide rechtzeitig mitteilen.

Private Ausrüstung: Feste Schuhe und Sandalen, möglichst eigener Rucksack (nicht den der Trekking-Agentur), Kleidung einmal zum Wechseln, Sonnenhut, Wasserflasche, Wasserentkeimungstabletten, Mückenmittel und Sonnenschutzgel, Toilettenpapier, Taschenlampe und Streichhölzer, persönliche Toilettenartikel und Medizin, Ohrenstöpsel und etwas Kleingeld. November bis Februar/März: zusätzliche warme Kleidung (für etwa 5 °C), warmer Schlafsack und Isoliermatte. Wer keinen Schlafsack hat, sollte **unbedingt** darauf bestehen, dass die Organisation eine zweite Decke stellt. Viele Trekker kommen mit einer Erkältung zurück. Mai bis Mitte November: Regenschutz und hohe Schuhe.

Kondition: Jeder Teilnehmer muss im Voraus abschätzen, wie viele Stunden er pro Tag marschieren kann. Dabei ist zu bedenken, dass es oft steil bergauf und bergab geht, und zumeist ohne jeden Schatten (der Dschungel ist ja abgebrannt). Man sollte sich zuvor die Tour genau erklären lassen: besuchte Bergvölker, Anreise (womit, wie lange), Wanderzeit, Gelände, zu erwartendes Wetter, Übernachtungsplätze, maximale Teilnehmerzahl, Mahlzeiten, gestellte Ausrüstung, was muss jeder Teilnehmer tragen …

Geschenke: Bei einer organisierten Tour ist es nicht notwendig, Geschenke zu bringen. Das Dorf (zumindest der *village headman*) wird vom Guide bezahlt. Wer den Bergbewohnern trotzdem eine kleine Freude machen möchte, kann Zigaretten, Salz, Verbandszeug, Wundpflaster oder Nähzeug mitnehmen. Die Guides raten häufig zu Bonbons für die Kinder. Sinnvoller ist es, eine Spende für das Dorf oder die Schule zu hinterlassen. Mit Luftballons und Seifenblasen bringt man Spaß und Freude ins Dorf.

Wertsachen: Schecks, Bargeld, Reisepapiere (Kopie vom Pass mitnehmen) gehören gegen genaue Quittung in den Safe der Unterkunft. Kreditkarten darf man nicht in der Unterkunft lassen. Missbrauch ist möglich und gar nicht selten, und der Geprellte merkt es erst viel zu spät! Gute Gästehäuser geben sich viel Mühe, Wertsachen missbrauchsicher zu verpacken.

Opium rauchen: Oft wird Ausländern von den Bewohnern der Bergdörfer oder von einem schlechten Guide Opium angeboten, weil sie wissen, dass das Rauchen für viele Trekker die Hauptattraktion ist. Da die meisten Trekker die Wirkung von Opium wahrscheinlich noch nicht am eigenen Leib ausprobiert haben, ist Maß und Vorsicht geboten: Opium ist eine suchterzeugende Droge. Schon nach einer Woche regelmäßigen Genusses können beim Absetzen schwere Entzugserscheinungen auftreten. Niemals Opium nach Alkohol oder gleichzeitig nehmen! Wer versucht, Drogen aus den Bergen mit nach Chiang Mai oder gar nach Europa zu nehmen, geht ein sehr hohes Risiko ein. In Thailand ist Opium rauchen illegal und es stehen 1–10 Jahre Gefängnis drauf. Traditionell wurde Opium nur von Alten und Kranken geraucht, um die Beschwerden erträglicher zu machen. Erst in jüngerer Zeit verfielen auch jüngere Bergbewohner dem Opium und als Folge sogar dem Heroin.

Trekking Guide

Ob Trekker von ihrer Tour begeistert sind oder nicht, hängt von der Gruppe, hauptsächlich aber vom Guide ab. Die schlechtesten Erfahrungen machen Trekker mit einem rauschgiftabhängigen Guide. Er will nur in die Berge, um an Stoff zu kommen, die ihm anvertrauten Trekker sind ihm egal. Außerdem versucht dieser Guide, die Trekker zum Opium rauchen zu animieren, ja, das Rauchen als Pflicht des Gastes hinzustellen. Schließlich verdient er an jeder Pfeife 10 Baht. Wer am Wandern, an Natur und Bergvölkern interessiert und nicht aufs Opium rauchen aus ist, sollte versuchen, einen rauschgiftfreien Trek zu buchen. Man kann fragen, oder die Fotoalben der Trekking-Organisation anschauen.

Der Informationsgehalt einer Tour hängt nicht zuletzt davon ab, ob das Englisch des Guides verständlich ist. Erfahrene Guides sprechen ein brauchbares Englisch und mehrere Sprachen der

Hilltribes. Alle Guides müssen eine Lizenz vorweisen können, die sie nach erfolgreichem Absolvieren eines Kurses erhalten haben. Es ist durchaus vernünftig, sich die Lizenz zeigen zu lassen und das Foto zu vergleichen, da schon häufig unlizenzierte Guides mit „ausgeliehenen" Lizenzen einen Trek abbrechen mussten.

Die Guides müssen während der Treks selbstständig wirtschaften und organisieren. Der Überschuss stellt ihren Lohn dar. Wer mit den Leistungen nicht zufrieden ist, sollte sich nicht scheuen, es der Agentur zu melden. Am leichtesten geht alles natürlich mit dem Guide eines Gästehauses.

Trekken mit Privat-Führer

Einen sprachkundigen Guide zu engagieren, der eine Tour nach den eigenen Wünschen ausarbeitet und führt, ist kein Problem. Wahrscheinlich kann man so die Menschen der Bergvölker am besten kennen lernen und Einblick in ihr Leben bekommen. Außerdem ist die Gefahr des Verirrens und Fehlverhaltens geringer. Der Preis ist natürlich höher als bei einer Gruppentour, ca. 800 Baht pro Tag in Chiang Mai. In anderen Orten bekommt man einen Guide auch für weniger, in Pai z.B. für 700 Baht. Zu erfragen in den Gästehäusern.

Trekken auf eigene Faust

Die Touristenorganisation von Thailand (TAT) empfiehlt Touristen nicht, das Hilltribe-Gebiet selbst zu erforschen, denn es handelt sich um weites, raues Bergland, und für die Sicherheit kann nicht garantiert werden. Trotzdem zieht es immer mehr Trekker, die glauben, sie könnten sich mit einigen Worten Thai in einem Akha- oder Lisu-Dorf verständigen, alleine in die Berge.

Auf **Standardrouten** (s.S. 320) geht keiner so leicht verloren. Es ist kaum mit Schwierigkeiten zu rechnen, vor allem bei eigenen Essensvorräten. Unterkunft zu finden ist leicht, die Menschen sind an Touristen gewöhnt und haben sich bestimmte Umgangsformen angeeignet. Ob man sich in diesen Dörfern wohl fühlt und z.B. das Betteln der Kinder erträgt, ist eine andere Sache.

In **abgelegene Gebiete** auf eigene Faust zu trekken, erfordert gute Vorbereitung, Ausrüstung und möglichst auch einige Erfahrung. Wer Pech hat, findet nicht ein einziges Dorf auf seiner Tour, wer Glück hat, kommt voller intensiver Erlebnisse zurück. Zunächst ist es wichtig, bei Englisch sprechenden Einheimischen in Erfahrung zu bringen, wie gefährlich die Gegend zurzeit ist.

Eine Gefahr besteht darin, aus Versehen die burmesische Grenze zu überqueren und am Ende von dort nicht mehr zurückzukommen. Übernachten kann man in Schulen (falls vorhanden), oder in der Hütte des Dorfchefs, zumindest auf der Veranda.

Eine Übernachtung sollte bezahlt werden (ca. 50 bis 100 Baht), ebenso das Essen (ca. 30 Baht). Besser bringt man Lebensmittel für die ganze Familie mit, z.B. Sardinen in der Dose, Schweinefleisch, Gemüse und Reis. Leider nutzen immer wieder Freaks die Gastfreundschaft aus und erbringen keine Gegenleistung. Wer Probleme mit dem Essen vermeiden will, nimmt nur gekochten Reis und abgekochtes Wasser an. Ein Gastgeschenk für das Familienoberhaupt ist angebracht (z.B. Tabak, Zucker, Tee, Salz), ansonsten sollte man seine Gaben aber nicht wahllos verteilen.

Wir empfehlen, unsere Hinweise für Touristen besonders gründlich zu lesen. Gestik und Mimik der Gastgeber verraten oft von selbst, wo die Grenzen liegen. Schließlich sind Fremde nicht überall willkommen. Wer sich jedoch freundlich und rücksichtsvoll verhält, wird auch bei den Bergvölkern auf viel Entgegenkommen treffen. Ein paar Worte in der jeweiligen Sprache zu lernen, schafft Sympathie. Die Einheimischen haben oft viel Geduld, den Gästen etwas beizubringen, und riesigen Spaß dabei.

Pfade und Wege in den Bergen sind nur selten gekennzeichnet. Exakte Karten existieren nicht. In Chiang Mai gibt es noch einige Exemplare der veralteten topografischen Karten im Maßstab 1 : 250 000 und Trekking-Karten über das Gebiet südlich von Fang und am Mae Kok River.

Warnung: Mehrfach verschwanden einzelne Trekker an der burmesischen Grenze! Also niemals allein in die Berge gehen!

Motorrad-Trekking

Das Motorrad bietet die Möglichkeit, in einem weiten Umkreis landschaftliche Schönheiten und Hilltribe-Dörfer in relativ kurzer Zeit kennen zu lernen.

Abseits der Hauptstraßen gibt es viele befahrbare Wege, die aber voraussetzen, dass man seine Maschine beherrscht. Oft sind sie ausgewaschen oder sehr eng und im Regen teilweise nicht befahrbar. Wer will, kann Motorräder mit Fahrern mieten oder auch selbst fahren und einen Guide mitnehmen. Selbstfahrer bekommen zwar meist ein selbstgemaltes Landkärtchen vom Vermieter mit, besser ist aber die Berndtson & Berndtson-Karte „Chiang Mai & Thailand North" (s.S. 810).

Gebiete, die als gefährlich bezeichnet werden, sind unbedingt zu meiden. Es kam im Grenzgebiet schon vor, dass einzelne Motorradfahrer abgeschossen wurden. Also auch niemals allein in die Berge fahren! Motorräder oder Mopeds mieten kann man in Chiang Mai, Chiang Rai, Mae Hong Son, Pai, Mae Sai und Chiang Saen für 120 bis 200 Baht pro Tag.

Ausflüge von Gästehäusern in den Bergen

Sogar inmitten von Tribalgebieten wurden Gästehäuser eröffnet. Sie bieten die Möglichkeit, sich in den Bergen zu erholen, Spaziergänge und Wanderungen zu unternehmen, sich lange Zeit in einem Tribal-Dorf aufzuhalten und sich intensiv mit den Problemen der Bergvölker zu befassen. Die Gästehausbesitzer oder die Boys können in der Regel gute Informationen geben und Führer vermitteln.

Zurzeit gibt es folgende Gästehäuser in den Bergen: Zwischen Chiang Mai und Pai: Mae Sae Gh. und Air Hill Gh. (s.S. 381). – Zwischen Pai und Mae Hong Son: Lisu Adventures Gh. und Lisu Lodge (s.S. 372), Cave Lodge (s.S. 370), Wilderness Lodge (s.S. 368). – Zwischen Chiang Mai und Thaton: Malee's Nature Lovers Bungalows und Chiang Dao Nest (s.S. 382/84), Fang Garden Gh. (s.S. 386). – Zwischen Thaton und Chiang Rai: Reinato's Bamboo House Gh. (s.S. 390) und My Dream Gh. (s.S. 399). – Zwischen Chiang Mai und Chiang Rai: Trekker Lodge (s.S. 391). – Bei Chiang Rai: The Akha Hill House (s.S. 394). – Zwischen Chiang Rai und Mae Sai: Guido & Ladda Gh. (s.S. 400), Namchong Garden Home Stay (s.S. 399), Uwe + Bom Homestay (s.S. 405).

Auch von Mae Sariang, Soppong, Pai, Fang, Thaton, Mae Salong, Mae Sai und Chiang Khong kann man Tageswanderungen in die Dörfer der Bergvölker unternehmen.

Verhalten in einem Dorf der Bergvölker

Bei den Hilltribes sehen sich Besucher mit einer Kultur und Gesellschaftsform konfrontiert, die den Horizont eines Mitteleuropäers sprengt. Deshalb werden an Anpassungsbereitschaft und Toleranzfähigkeit große Anforderungen gestellt.

Schild an einem Akha-Dorf:

VISITORS
Please do not give money or candy
to the children.
They skip school to beg.
The Donation Box is for better benefit of all
village children. Thank you, the parents

Fremde sind in erster Linie Gäste in dem betreffenden Dorf und sollten sich vorher über dort herrschende Sitten und Tabus informieren. Die Höflichkeit gebietet, dass man nicht überall herumschnüffelt, sondern sich auf das beschränkt, was die Dorfbewohner zeigen wollen. Das Beobachten der Menschen erfordert Takt und darf nicht in Belästigung ausarten. Fotos zu schießen, ohne vorher die Erlaubnis eingeholt zu haben, ist mehr als ein grober Verstoß gegen die guten Sitten.

Manchmal erweisen sich Begegnungen als aufschlussreicher, wenn man die Kamera in der Tasche lässt und statt dessen mehr zuhört und beobachtet. Unangemessenes Verhalten schadet vor allem den nachfolgenden Gästen. Das kann so weit führen, dass ausländische Besucher in einem Dorf der Bergvölker nicht mehr willkommen sind. Da jetzt viele Kinder Englisch lernen, haben sie gern Ausländer im Dorf, um die Fremdsprache zu praktizieren.

Bringen wir Touristen ungewollt negative Einflüsse in die Dörfer der Bergvölker? Tragen wir gar dazu bei, den Untergang ihrer Traditionen zu beschleunigen? Augenfällig ist, dass Hilltribe-Dörfer, die regelmäßig von verantwortungsvollen Trekking-Organisationen besucht und unterstützt werden, eher ihre Traditionen beibehalten als solche, die sich selbst überlassen sind oder von einer Entwicklungsorganisation betreut werden.

Auch der Ethnologe Dr. Alting von Geusau, der das Leben der Akha studierte, stellte fest: „Die ausländischen Touristen, die durch die Hilltribe-Dörfer trekken, spielen nur eine ganz untergeordnete Rolle bei der Degenerierung der Bergvölker, sie verursachen höchstens 2 bis 5 % des in den letzten Jahren angerichteten Schadens. Sie nehmen, im Gegensatz zu den Thai, den Tribes wenigstens nichts weg. Und diese haben es durch die Jahrhunderte gelernt, mit Räuberbanden, Militär und Plünderern zu überleben, dagegen sind die Touristen liebe Menschen. Sie bringen gelegentlich ein wenig Geld und Unterhaltungsstoff in die Dörfer. Nun ja, manche von ihnen benehmen sich nicht gut, fahren z.B. mit nacktem Oberkörper auf dem Pickup durch ein Dorf. Das schadet aber den Tribals nicht, die entsetzen und mokieren sich nur darüber. Probleme bereiten die Touristen, die zum Opium rauchen in die Akha-Dörfer kommen. Sie verringern die Hemmschwelle bei vielen verzweifelten Akha, die sich dies bisher nicht getraut haben."

Chiang Mai und Umgebung

Chiang Mai เชียงใหม่

Chiang Mai liegt in einem breiten, fruchtbaren Tal etwa 300 m über dem Meer, im Westen und Osten umgeben von bis zu 2000 m hohen Bergen. Sie wurde 1296 von König Mengrai als Hauptstadt des Reiches Lanna Thai („Königreich der Millionen Reisfelder") gegründet. Mengrai war ein Thai-Lao-Prinz aus Chiang Saen. Es gelang ihm, mehrere Thai-Stämme zu einigen und seinen Einfluss über den gesamten Norden Thailands auszudehnen. 1262 gründete er Chiang Rai, und nachdem er das Mon-Reich Haripunchai (heute Lamphun) unterworfen hatte, machte er Chiang Mai zur Hauptstadt.

Das 15. Jh. war das Goldene Zeitalter von Lanna Thai. 1478 wurde das 8. Buddhistische Weltkonzil in Chiang Mai abgehalten. Nur die Beziehungen mit dem aufstrebenden Ayutthaya waren für fast 100 Jahre von Konkurrenz und kriegerischen Auseinandersetzungen geprägt. 1515 wurde Lampang von den Heeren Ayutthayas eingenommen. 1556 wurde Lanna Thai zum Vasallen des mächtigen burmesischen Königs Bayinnaung.

In den folgenden 220 Jahren war Chiang Mai, abgesehen von kurzen Zeitspannen der Unabhängigkeit, unter burmesischer Vorherrschaft. Erst 1775 gelang es General Taksin, die nördlichen Gebiete dem neuen Thai-Reich einzuverleiben. Bis 1938 regierte im Norden ein halbautonomer Prinz aus dem Fürstengeschlecht von Lampang, danach erst wurde Chiang Mai zur Provinzhauptstadt.

Die „Rose des Nordens", wie man Chiang Mai auch nennt, hat sich mittlerweile zu einer modernen Großstadt mit 172 000 Einwohnern und allen Attributen westlicher Zivilisation entwickelt: Hochhäuser, Autobahnen, Verkehrsstaus, Luftverpestung, Abfallprobleme, Lärm, Bettelei und professionelle Kriminalität. Von der ländlichen Ruhe und Beschaulichkeit der 70er Jahre künden fast nur noch die vielen friedlichen, uralten Tempelanlagen.

Die Altstadt

Von den 79 Tempeln Chiang Mais liegen 33 im alten Teil der Stadt. Sie sind am besten zu Fuß oder mit dem Fahrrad zu erkunden. Der Grundriss der eigentlichen Altstadt ist ein Quadrat von ca. 1500 m Seitenlänge. Teile der im frühen 19. Jh. erbauten **Stadtmauer** und des **Wassergrabens** sind noch erhalten. Das östliche Stadttor Tapae Gate wurde erst 1986 errichtet und wirkt mehr wie eine Filmkulisse. Ansonsten erinnert kaum noch etwas an eine Altstadt: zwischen dreigeschossigen Betonbauten ducken sich einige niedrige Holzhäuser, die von Gärten umgeben und nur über schmale Gassen zu erreichen sind. Mehr als einen Besuch lohnt der Park **Suan Buak Had** im Südwesten der Altstadt. Man kann in der friedlichen Atmosphäre herrlich ausruhen und picknicken.

Unter den vielen Wats mit ihrer typisch nordthailändischen Architektur verdient das aus dem 14. Jh. stammende **Wat Phra Sing** besondere Beachtung. Das religiöse Zentrum in der westlichen Altstadt wirkt recht belebt. Schöne Holzschnitzereien zieren den Giebel und Wandmalereien das Innere des Tempels. Die reizvolle Lai Khan Kapelle beherbergt eine sehr verehrte Buddha-Statue im Sukhothai-Stil. Gegen 18 Uhr kommen die Novizen zum Abendgebet. Vor dem Wat werden Touristen von psychologisch ungemein geschickten Schleppern angemacht, um schließlich (manchmal erst nach vielen Stunden) in einem Schneidergeschäft zu landen, in dem qualitativ minderwertige Stoffe verarbeitet werden. Also keiner Geschichte Glauben schenken!

Am ältesten ist das **Wat Chiang Man** im Nordosten der Altstadt. Nach einer Legende soll König Mengrai um 1300 hier residiert haben, während die Stadt aufgebaut wurde. Auf dem Gelände findet man zwei Viharn, wobei sich im rechten zwei der berühmtesten Buddha-Figuren Chiang Mais befinden, die allerdings wohl verwahrt werden. Die Marmor-Figur im Flach-Relief soll aus dem 8. Jh.

stammen und aus Indien kommen. Die andere, *Phra Sai Tang Kamani*, wurde vor über 1000 Jahren aus Bergkristall geschnitten, sie besitzt goldene Haare und gehörte einer Königin des Haripunchai Reiches. Beide werden bei der Bevölkerung als Regenspender verehrt und bei den Songkran Festlichkeiten Mitte April in einer Prozession durch die Stadt getragen. Die Gebäude öffnen evtl. nur an Sonntagen und buddhistischen Feiertagen von 9–17 Uhr.

Am **Schrein für König Mengrai** werden Blumen niedergelegt. Ein Wandfries berichtet von seinen Taten.

Wat Chedi Luang soll 1454 einen 90 m hohen Chedi besessen haben, der allerdings 1545 bei einem Erdbeben zerstört wurde. Erhalten blieb die 60 m hohe Ruine. In der östlichen Nische stand 84 Jahre lang der Smaragd-Buddha (s.S. 122), der aus Lampang hierher gebracht und später nach Vientiane verschleppt wurde. Zu einer vergoldeten Buddhastatue führt eine zerfallene Treppe hinauf. Im Januar 1993 wurden die jahrelangen Restaurierungsarbeiten durch das *Fine Arts Department* abgeschlossen. Das Ergebnis ist allerdings umstritten, da neue Elemente aus dem zentralen Thailand stammen sollen, i.b. der Glockenturm. Links vom Haupteingang steht der Schrein des Schutzgeistes der Stadt (Lak Muang).

Nebenan zeigt das **Stadtmuseum** Chiang Mai City Arts & Cultural Centre auf 2 Etagen in 15 Sälen Artefakte und Modelle zur Geschichte der Stadt und Region. ◷ Di–So außer feiertags 8.30–17 Uhr, ✆ 053-217793.

Die City

Der City-Bereich der heutigen Stadt liegt etwa zwischen Tapae Gate im Westen und Ping River im Osten. Entlang der Tapae Road gibt es einige interessante Tempel, z.B. das **Wat Saen Fang** oder das **Wat Maharam**. Das **Wat Bupharam** (der östliche Tempel) wurde vor 500 Jahren erbaut. Es enthält unter anderem den angeblich größten aus Teak geschnitzten Buddha, über 100 Jahre alte Wandmalereien und schöne geschnitzte Holztüren.

Im Westen

Die Sehenswürdigkeiten außerhalb der Altstadt lassen sich am besten per Fahrrad, Motorrad oder Fahrrad-Rikscha aufsuchen.

Im Westen in der Suthep Road liegt 1 km westlich des gleichnamigen Tors **Wat Suan Dok**. Die zahlreichen kleinen, weißen Chedis sind Begräbnisstätten früherer Herrscher von Chiang Mai. Schön wirkt die Anlage nur bei Sonnenuntergang.

Fährt man auf der Straße etwa 1,2 km weiter nach Westen und biegt dann nach links ab, erreicht man nach 1,2 km **Wat Umong**, einen Waldtempel. Dieses nach der Legende von König Mengrai um 1300 gegründete Kloster ist allerdings weitgehend zerstört. Die Wandgemälde in den Grüften sind kaum noch zu erkennen. An den Bäumen sind Tafeln mit Inschriften angebracht, z.B.: *„Today is better than two tomorrows"* oder *„Do good tomorrow, says the fool – the wise man did good yesterday"*. Ein friedlicher Ort, um sich zu erholen und den Vogelstimmen zu lauschen. Jeden So ab 15 Uhr sowie Mo, Mi, Fr ab 13 Uhr leitet ein Mönch im Chinesischen Pavillon ein Informationsgespräch, in dem auch Probleme erörtert werden.

Universität und Zoo

Auf der Huai Kaeo Road 5 km nach Nordwesten kommt man zur Universität, wo es auch eine deutsche Abteilung gibt. Gegenüber vom Eingang liegt ein superbilliges Internet-Café.

Nach weiteren 600 m gelangt man zum **Zoo**. Die ungewöhnlich weitläufige, schöne Anlage an einem Hang ist ideal zum Entspannen. Die meisten Tiere werden artgerecht gehalten, so leben etwa die Gibbons auf einer eigenen Insel. Eine Besonderheit sind die weißen Tiger, absolute Stars die Pandas, eine Leihgabe von China. Kinder können sich auf dem Spielplatz und im Kinderzoo vergnügen oder auf einem Elefanten reiten. ◷ tgl. 8–18 Uhr, 💻 www.chiangmaizoo.com, Eintritt 30 BahtPanda-Show 100 Baht, . Der Twilight Zoo öffnet am Abend von 18.30–21 Uhr. Um 19, 19.30 und 20 Uhr Fahrt mit dem Minibus zu einigen nachtaktiven Tieren, mit anschließendem Dinner 300 Baht, ohne 200 Baht.

Nördlich der Altstadt

300 m hinter der Chang Puak Bus Station in einer rechten Seitenstraße, steht der ungewöhnliche Chedi des **Wat Ku Tao**, der an übereinandergestapelte Bettelschalen erinnert. Weiter nördlich, am Superhighway, liegt inmitten frisch ausgegrabener Tempelruinen das **Wat Jed Yod**, eine schöne Anlage. Es wurde 1455 nach dem Vorbild des nordindischen Maha-

bodhi-Tempels in Bodh Gaya (dem Ort der Erleuchtung Buddhas) in kleinerem Maßstab errichtet.

300 m nordöstlich davon am Superhighway befindet sich das **National Museum.** In den beiden Stockwerken sind überwiegend religiöse Kunstwerke verschiedener Epochen und Kunsthandwerk aus jüngerer Zeit zu sehen. Im Vorhof hat man Kilns aufgebaut, Brennöfen, in denen das berühmte Thai-Seladon hergestellt wurde. ⌚ Mi–So außer feiertags 9–16 Uhr, Eintritt 10 Baht.

Das **Tribal Museum,** ✆ 053-210872, 💻 www.chmai.com/tribal, befindet sich 2 km nördlich des Super Highways im Ratchamangkla Park an der Chotana Road neben der Pferderennbahn. Im dreigeschossigen Rundpavillon auf einer kleinen Insel stellt eine umfangreiche Sammlung die Kultur und die sich wandelnde Lebensweise der Bergvölker dar. Trekking-Touren werden nicht vermittelt. ⌚ Mo–Fr 9–16 Uhr (außer feiertags), Eintritt frei; sehenswert die Videoshow (1 Std. für 50 Baht) und die Diashow (15 Min. für 20 Baht), Shop. Wer sich ernsthaft für die Bergvölker interessiert, sollte die kleine, aber gute Bibliothek aufsuchen. Empfehlenswerte Bücher in der Bücherliste, s.S. 804.

Im Süden

Einen weiteren Rundgang lohnt das Stadtviertel südlich vom Chiang Mai Gate. Hier gibt es in den Seitensträßchen noch einige Handwerksbetriebe, die nach traditioneller Methode Silberschmuck, Holzschnitzereien, Keramik und Lackarbeiten herstellen. Die Produktion der schwarzen Lack-Dosen, -Flaschen und -Schachteln ist besonders interessant. Grundlage ist ein Geflecht aus Bambusfasern, auf die der schwarze Lack in mehreren Schichten aufgetragen wird. Jede einzelne Schicht wird mit einer Mischung aus Tonerde und Asche poliert.

Vor einigen Jahren wurde 5 km südlich von Chiang Mai neben einer Mönchsschule mit pompösen Wats eine Ruinenstadt ausgegraben. Archäologen meinen, dass **Wiang Kum Kam** vor 700 Jahren von König Mengrai gegründet und vor ca. 450 Jahren nach einer meterhohen Flut unter Schlamm begraben wurde. Erst danach wurde Chiang Mai an der heutigen Stelle erbaut. In einem weitläufigen Park mit riesigen Bäumen sind über 30 Fundamente und Chedis aus Backsteinen zu sehen. Ein Minibus fährt vom Bus Stop nördlich vom Tourist Office für 10 Baht hin.

Übernachtung

GÄSTEHÄUSER – In Chiang Mai gibt es über 150 Gästehäuser in allen Preisklassen mit insgesamt 5000 Zimmern. Die Gästehäuser werden von Familien, von jungen Männern oder jungen Frauen geleitet, die (fast!) alle als sehr freundlich, nett und hilfsbereit gelten.
Die meisten Gästehäuser führen gleichzeitig ein Trekking-Unternehmen (viele leben hauptsächlich von diesem) oder können Trekking-Touren vermitteln. Sie besorgen Tickets aller Art für alle Reiseziele. Manche verleihen Fahrräder, einige sogar kostenlos. Wer in der Saison (Dez–Feb und Juli–Aug) am Nachmittag auf Anhieb kein Zimmer findet, ruft am besten von einem Gästehaus reihum an. Bei Anruf holt einen fast jedes Gästehaus vom Bahnhof, Busbahnhof oder Flughafen ab. Außerhalb der Saison kann man die Preise manchmal herunterhandeln.
Das Zentrum der Traveller-Szene befindet sich links und rechts des östlichen Wallgrabens. Im Umkreis von 800 m um das Tapae Gate kann man unter etwa 80 Gästehäusern mit Zimmern unter 300 Baht wählen.
Neben den ausführlicher beschriebenen Gästehäusern sind weitere bei den Stadtplänen aufgelistet.

Altstadt, südliches Viertel: In diesem Viertel liegt das Preisniveau bei 100–300 Baht.

New Sai Tum Gh. ㉞, 21 Moon Muang Rd., ✆ 053-211575; flache Holzhäuser auf Pfählen, dazwischen Rasen; ordentliche Zi; nette Leitung. ❶

Somwang Gh. ㊱, 2 Ratchamanka Rd. Soi 2, ✆ 053-278505; 3-stöckiges Reihenhaus mit sauberen Zi mit Warmwasser-Du/WC, betonierter Hof. ❷

Smile House ㊲, 5 Ratchamanka Rd. Soi 2, ✆ 053-208661, Hof und Garten mit Reihenhaus und großem Haus mit nettem Ess- und Aufenthaltsraum, saubere Zi, z.T. mit Warmwasser-Du/WC; super Frühstücksbuffet für 60 Baht von 8–11 Uhr; Kochkurs 800 Baht/Tag, Motorrad 150 Baht, Fahrrad 30 Baht. ❷, ac ❸

Rainbow Gh. ㊷, 25 Moon Muang Rd. Soi 2, ✆ 01-7062117, ✉ rainbow-garden50@hotmail.com, gemütlich eingerichtete und sichere Zi mit Du/WC, geleitet von Frau Matsea, die für alle Gäste wie eine Mutter ist und das absolute Organisationstalent sein soll.

NORD-THAILAND

Der Kampf um das Geld der Traveller

Der scharfe Konkurrenzkampf unter den Gästehäusern hat zu seltsamen Auswüchsen geführt – hier ein paar Beispiele: Gästehäuser chartern jeden Tag ac- oder VIP-Busse, deren Tickets in der Khaosan Rd. in Bangkok für Spottpreise (30–100 Baht) an Traveller verkauft werden. Bei der Ankunft in Chiang Mai am Morgen, weit außerhalb, wird man per Pickup in die „Khaosan-Bus-Gästehäuser" verfrachtet, die für jeden „Gast" mehrere 100 Baht an die Organisation bezahlen. Mit der Aussicht auf eine Gratis-Übernachtung unterschreiben übermüdete Traveller dann für einen relativ überteuerten Trek. Damit kommen die vorfinanzierten Kosten für das Gästehaus mit einem satten Gewinn wieder herein. Wer nicht unterschreibt, findet sich schnell auf der Straße wieder.

Die „Bahnhofs-Gästehäuser" haben sich das Recht erkauft, die mit dem Zug ankommenden Traveller innerhalb der Absperrung in Uniform anwerben zu dürfen. Selbst Traveller, die telefonisch den Abholer eines anderen Gästehauses vorbestellt haben, lassen sich umgarnen und abwerben.

Andere Gästehäuser, i.b. Lai Thai und Galare, bezahlen an die Tuk Tuk- und Taxifahrer Prämien von bis zu 400 Baht, um an die restlichen Traveller von Bahnhof, Busbahnhof und Airport zu gelangen. Dass ein geköderter Fahrer ein als Ziel genanntes Gästehaus kurzerhand für voll, abgebrannt oder diebstahlgefährdet erklärt, ist leicht verständlich. Es hilft, zu behaupten, man habe bereits gebucht.

Eine weitere Gruppe von Gästehäusern arbeitet mit unseriösen Reisebüros im und beim Bahnhof von Bangkok zusammen, die sich als TAT-Reisebüro ausgeben und überteuerte Zimmer und Treks gegen Vorkasse buchen.

Viele Besitzer von Gästehäusern bemühen sich aber, durch tollen Service, ordentliche Zimmer und verantwortungsvoll organisierte Treks bei der Mund-Propaganda gut abzuschneiden. Dazu gehören fast alle von Ausländern geleiteten Gästehäuser. Da hier kein Tuk Tuk-Fahrer absahnen kann, werden gerade diese guten Gästehäuser übel diffamiert.

Pathara House ㊷, 24 Moon Muang Rd. Soi 2, ✆ 053-206542, saubere Zi mit Fan oder ac und Warmwasser-Du/WC, täglicher Zimmerservice, kleiner Balkon mit Sicht über die Altstadt (bester Blick von Zi 404); schönes Restaurant, Kochkurse, hilfsbereite Besitzer. ❸

Top North Gh. ㊺, 15 Moon Muang Rd. Soi 2, ✆ 053-278900, ✉ topnorth@hotmail.com; eine beliebte Unterkunft, 4-stöckiger Betonbau mit 91 großen Zi, im neuen Flügel mit ac recht gut; Restaurant, kleiner Pool (für Nicht-Gäste 100 Baht). ❸

North Star House ㊽, 38 Moon Muang Rd. Soi 2, ✆ 053-278190, beliebt, 34 saubere Zi mit Fenstern zum Gang. ❷

You Sabuy Home ㊾, 56 Ratchaphakinai Rd., ✆ 053-274033; in der Seitengasse hinten links, 5 einfache Sperrholz-Zi, Bad außen, sehr preiswertes Restaurant, freundliche, junge Besitzer Joe und Tay. ❶–❷

Backpackers Gh. ㊻, 7/18 Moon Muang Rd., 3-stöckiges Gebäude im Hinterhof zwischen Soi 1 und Soi 2, saubere Verschläge „for ladies and couples". ❶

Banana Gh. 52, 4/9 Ratchaphakinai Rd., ✆ 053-206285; einfache, große, saubere, hellhörige Zi und Schlafsaal (60 Baht), Du/WC außen; besonders beliebt bei Japanern; *Sombat* veranstaltet 3-tägige Treks, bei denen das Wandern nicht zu kurz kommt. ❶

Phathai 51, 48/1 Ratchaphakinai Rd., ✆ 053-278013; eine Oase am Ende einer ruhigen Gasse, solides Gebäude, unten hellhörig, 14 saubere Zi mit Warmwasser-Du/WC; freundlicher Service. ❸

Elles ㊼, 31 Phra Pokklao Rd. Soi 3, ✆ 053-278455; ein Khaosan-Bus-Gh., das Treks mit sehr großen Gruppen (bis 30 Pers.) durchzieht; geräumige, spartanische, schmuddelige Zi, ganztags Video, nettes Personal. ❶–❷

Julie Gh. ㊸, 7/1 Phra Pokklao Rd. Soi 5, ✆ 053-274355, 🖳 www.julieguesthouse.com, ruhig, 3 Häuser mit 42 sauberen, gemütlich eingerichteten Zi mit Fan, vorwiegend mit Warmwasser-Du/WC, Schlafsaal; üppig grüner Hof zum Relaxen, gutes, günstiges Essen, kompetentes Reisebüro, Gepäckaufbewahrung; kumpelhafte Atmosphäre. Unter engagierter Thai-Schweizer Leitung von Sai und Steffen. ❶–❷

Kent Gh. ㊶, 5 Ratchamanka Rd. Soi 1, ✆ 053-278578, Steinhaus, kleiner Garten, Dachterrasse, ekelhafte Hunde, Taubenplage, viele Hähne wecken pünktlich um 5 Uhr. Etwas heruntergekommen. ❶

Chiang Mai Garden Gh. ㉟, 82 Ratchamanka Rd., ✆ 053-815069, 278881. Komplett renoviertes Gästehaus, 14 saubere Zi mit Fan oder ac und Du/WC, 3 Familienräume. Pissamorn, die freundliche, engagierte Besitzerin, spricht u.a. Deutsch und bucht fachmännisch Tickets aller Art. Ihre kompetenten Guides (i.b. Mr. Chan oder Piroon) leiten verantwortungsvoll sehr individuelle, viel gelobte 3-Tage-Treks für 1700 Baht. Zi werden für die Tage nach der Tour reserviert. Telefonische Reservierung empfehlenswert. Tuk Tuk- und Taxi-Fahrer tricksen fantasievoll, um potenzielle Gäste woanders hinzubringen. ❷, ac ❸

Seven Suns ㊳, 155 Ratchamanka Rd., ✆ 053-814325, 💻 www.sevensuns.net; Stadthaus, 12 schöne, saubere Zi mit ac, Minibar, kleine Warmwasser-Du/WC; nette Dachterrasse, Restaurant, Bar, Outdoor -Café. Hier fühlen sich auch Schwule und Lesben wohl. Thai-australische Leitung. ❹

Come-On Place, 15/7 Bamrungburi Rd., ✆ 053-278936, beim Suan Buak Had Park. Modernes, ruhiges Gästehaus, saubere, ihren Preis werte ac-Zi mit TV, Mini-Bar, Telefon und Du/WC; Restaurant und Internet-Zugang. ❹

Gap's House ㉜, 3 Ratchdamnoen Soi 4, ✆/📠 053-278140, ✉ gap_house@hotmail.com; schöne, Teak- und Steinhäuschen in einem grünen Garten voller Antiquitäten, eine Oase der Ruhe, einige der komfortabel ausgestatteten Zi mit ac, Fan und heißer Du/WC sind groß, die vorderen klein und laut; Frühstück inklusive; Kochkurse; gewöhnungsbedürftige Managerin. ❸

Altstadt, nordöstliches Viertel: In diesem Viertel liegen Gästehäuser mit Zimmerpreisen von 120–250 Baht.

Awanasleep & Swim Gh. ㉘, 7 Ratchdamnoen Rd. Soi 1, ✆ 053-419005, 💻 www.awanasleep.com; neues 3-stöckiges Stadthaus mit Dachterrasse, ruhig gelegen, 16 saubere Zi mit Fan oder ac, Telefon, TV, Kühlschrank, Warmwasser-Du/WC, kleiner Balkon; Matratze auf dem Panoramadach 120 Baht p.P.; Swimming Pool am Eingang, Restaurant, Internet, für Rollis geeignet. Thai-holländ. Leitung. ❸

Moon Muang Golden Court ㉚, 95 Moon Muang Rd., ✆ 053-212779, etwas zurückversetztes Kleinhotel, sehr saubere Zi mit Fan oder ac und Warmwasser; freundlicher Manager. ❷

Rendezvous Gh. ㉖, 3/1 Ratchdamnoen Rd. Soi 5, ✆ 053-213763, ruhig gelegen, 22 saubere Zi mit Telefon, TV, Kühlschrank, Warmwasser-Du/WC, Fenster z.T. zum Restaurant; täglich Video auf Großschirm; guter Service. ❷, ac ❸

CM Kristi ㉔, 14/2 Ratchdamnoen Rd. Soi 5, ✆ 053-418165, 4-stöckiges Stadthaus, gute Zi mit Du/WC, beliebt bei Italienern; nette Besitzerin. Gäste werden vom Bahnhof hergebracht. ❷

Kavil House ㉕, 10/1 Ratchdamnoen Rd. Soi 5, ✆ 053-224740, sehr sauber und ruhig, kleiner, gemütlicher, mit Pflanzen umrankter Restaurant-Bereich. ❷–❸

Rama House ㉓, 8 Moon Muang Rd. Soi 5, ✆ 053-216354, Restaurant an der lauten Ratchawithi Rd., 18 saubere Zi im 3-stöckigen Stadthaus am ruhigen Garten; Trekking. ❷, ac ❸

Eagle House No. 2 ㉒, 26 Ratchawithi Rd. Soi 2, ✆ 053-210620, ✉ mail@eaglehouse.com, 3-stöckiges Stadthaus, 21 große, ordentliche Zi, z.T. mit Warmwasser-Du/WC, Fan oder ac, Schlafsaal; Restaurant. Sehr beliebtes Gästehaus, Abholservice. Viel gelobter Kochkurs im *Chilli Club*. Ähnliche Angebote wie im *Eagle House No. 1* ㊿8. ❷

Your House ㉑, 8 Ratchawithi Rd. Soi 2, ✆ 053-217492, älteres Teakhaus in ruhiger Gasse, 9 große Zi, einige mit Du/WC, fast immer voll; gutes Essen; die freundliche, rührige Besitzerin spricht gut Englisch und Französisch, angenehme, fröhliche Atmosphäre. ❷

Lamchang House ⑭, 24 Moon Muang Rd. Soi 7, ✆ 053-210586, Thaihaus mit etwas düsteren, gemütlichen Bambusmattenzimmern im Erdgeschoss, nach hinten recht ruhig, einfache Du/WC außen, Restaurant im Garten. ❶

Sri Pat Gh. ⑮, 16 Moon Muang Rd. Soi 7, ✆ 053-218716, 💻 www.sri-patguesthouse.com; schönes Kleinhotel, gepflegte, komfortable Zi mit ac, Kühlschrank, Warmwasser-Du/WC. ❹

Libra Gh. ⑨, 28 Moon Muang Rd. Soi 9, Kleinhotel, freundliches Personal. ❷

S.K. House ⑧, 30 Moon Muang Rd. Soi 9, ✆ 053-210690, ✉ skhouses@hotmail.com;

NORD-THAILAND

schöne, große Gebäude, netter Innenhof, Sitzgruppen, 57 saubere Zi mit Fan oder ac, Warmwasser-Du/WC, sauberes Restaurant, Pool, Internet, Reisebüro. ❸–❹
Supreme House ⑥, 44/1 Moon Muang Rd. Soi 9, ✆ 053-222480, 📠 218545, saubere Zi mit Warmwasser-Du/WC, nach hinten ruhiger, Familienzimmer mit 3 und 4 Betten, Dachterrasse; Bücherei mit vielen deutschen Büchern, An-, Verkauf, Tausch, Leihe; sehr freundlicher, hilfsbereiter deutscher Manager Peter. Wer ein Bus- oder Zugticket besitzt, kann bis abends im Zi bleiben. Zu empfehlen. ❶–❷

Neustadt, nördlich der Tapae Rd.: Hier liegen einige der beliebtesten billigen Gästehäuser. In den älteren gibt es noch Zimmer um 100 Baht.
Daret's Gh. ㊿65, 4/5 Chaiyaphum Rd., ✆ 053-235440, mit großem Freiluft-Restaurant. Saubere Zi, meist voll, sehr laut, nettes Personal, Trekking mit sehr großen Gruppen; Motorräder schlecht gewartet. ❶–❷
V.K. Gh. (63), 22/2 Chang Moi Kao Rd., ✆ 053-252559, ruhig gelegen, genießt einen sehr guten Ruf, daher in der Saison fast immer voll. ❶
Lek House (61), 22 Chaiyaphum Rd., ✆ 053-252686, alte Gebäude mit 21 Zi, grünes Gartenrestaurant; Lärm aus der Nachbarschaft. ❶
Paocome Gh. (60), 9 Chang Moi Rd. Soi 3, ✆ 053-252377, ruhiges Apartmenthaus, saubere Zi, miserable Bäder, freundliche Besitzerin. ❶
Eagle House No. 1 (58), 16 Chang Moi Kao Rd. Soi 3, ✆ 053-874126, 💻 www.eaglehouse.com; bescheidenes, älteres, schwer sauber zu haltendes Gästehaus mit gemütlichem, preiswertem Gartenrestaurant in untouristischer Nachbarschaft, 22 einfache, billige Zi mit Du/WC, z.T. ohne Fenster, mit Fan oder ac; sehr angenehme, friedliche Stimmung. Unaufdringlich geleitet von Pon und seiner irischen Frau Annette, die u.a. perfekt Deutsch spricht. *Pon & Annette Trekking* organisieren empfohlene 4-Tage-Treks, bei denen sie ein Konzept des „bewussten Trekkings" realisieren. Sie sind nur hier oder im *Eagle House No. 2* zu buchen, eigener Rucksack ist zu empfehlen. Sehr gute Informationen, gute Touren, Mopeds, Jeeps, Abholservice. Nicht jeder Traveller kommt mit Annettes offener, engagierter Art klar. ❶–❷

Marlboro Gh. ㊿55, 138 Sithiwong Rd., ✆ 053-232598, saubere Zi mit Fan und Du/WC, bessere ac-Zi mit Telefon, Minibar, TV und Du/WC; offener Essraum Richtung Kanal, Liegemöbel im 2. Stock; Abholservice. ❶ www.infothai.com/mgh/index.html. ❷, ac ❸
Duang Dee House ②, 14/23 Mani Noparat Rd. Soi Insoun, ✆ 01-6025624, ✆/📠 219361, ✉ duangdee@iname.com; 4-stöckiges Stadthaus, außerhalb der nordöstlichen Ecke der Altstadt; 20 große, saubere Zi mit Du/WC und Fan (ac auf Wunsch); gutes Restaurant (🕒 bis 20 Uhr), beliebte Bar, Hilltribe-Kaffee; großartig geführt von Uwe Bellmann, der sich für seine Gäste einsetzt, aber auch zugeknöpft wirken kann; er kennt auch ausgefallene Motorradtouren durch den Norden und kann seine Gäste ihrem Können gemäß beraten; gute Infos auch über private Gästehäuser bei Phrao, kein Trekking. Ein Haus zum Wohlfühlen mit hervorragendem Preis-Leistungs-Verhältnis, viele begeisterte Leserbriefe, ein negativer. ❷–❸
P.P. Gh. ①, 42/2 Mani Noparat Rd. Soi Insoun, ✆ 053-219615, Stadthaus; preiswerte, einfache Zi, oben besser. Sehr freundliche, familiäre Atmosphäre. ❶

Neustadt, südlich der Tapae Rd.: Die Kleinhotels in diesem Viertel sind neuer. Die meisten Zimmer kosten ab 150 Baht aufwärts. Das dörflich anmutende Leben beginnt hier ziemlich geräuschvoll schon am frühen Morgen.
Home Place Hotel (72), 9 Tapae Rd. Soi 6, ✆ 053-276468, Kleinhotel, nette, etwas düstere Zi mit Warmwasser-Du/WC, Balkon zum Sonnenbaden im 3. Stock, etwas überteuert. ❷, ac ❸
Tawan House (73), 4 Tapae Rd. Soi 6, ✆ 01-6811 335, schönes, einfaches Gästehaus, 12 Zi, Du/WC meist außen, sehr hübscher Garten mit Kochkursen (ab 400 Baht für 1/2 Tag), viele Sitzgruppen, gutes Essen, sympathische Leute. ❷
Boonmee Mansion (78), 9 Tapae Rd. Soi 6, ✆ 053-208200, Kleinhotel im Stadthaus und Teakhaus, 30 saubere Zi mit Fan oder ac, z.T. Warmwasser, Frühstücksrestaurant, Bäckerei. ❷–❸
Orchid House (68), Tapae Rd. Soi 5, ✆ 053-275370, ein gutes Khaosan-Bus-Gh., saubere Zi mit Warmwasser-Du/WC, relativ ruhig, freundliche Leitung, Essen ab 30 Baht. ❷

Little Home Gh. ⑧⑤, 1/1 Kotchasan Rd. Soi 3, ✆ 053-206939, schönes, neueres Gebäude im Thaistil; 12 saubere Zi mit Fan und Du/WC, kein Moskitonetz. ❷–❸

The Royal Gh. ⑨⑤, 5 Kotchasan Rd. Soi 4, ✆ 053-282460, 6-stöckiges Khaosan-Bus-Gästehaus, 70 saubere Zi mit Fan oder ac, Bar, Restaurant, kleiner Pool. ❷–❸

Lai Thai Gh. ⑨⑧, 111/4 Kotchasan Rd., ✆ 053-271725, 🖳 www.laithai.com; ein großes Haus im Nord-Thailand-Stil, mit vielen Glühlämpchen illuminiert, 120 schöne, geräumige Zi mit modernem Bad (Warmwasser von Solaranlage), TV mit Deutscher Welle, z.T. ohne Fenster, im hinteren Seitenflügel recht ruhig; gutes, lautes Restaurant, Pool; Schließfächer zu mieten. Bezahlt hohe Provision an Schlepper. ❸

Midtown House ⑦⓪, 7 Tapae Rd. Soi 4, ✆/📠 273191, Kleinhotel, ac-Zi mit warmer Du/WC, Restaurant, Coffeeshop; Motorrad 150 Baht. ❷

Baan Jong Come Gh. ⑧⓪, 47 Tapae Rd. Soi 4, ✆ 053-274823, 28 sehr schöne, saubere, komfortable Zi mit warmer Du/WC, z.T. mit ac, sauberes Restaurant, gepflegte Anlage, freundliche Leute. ❸

Fang Gh. ②④, 46-48 Kampangdin Rd. Soi 1, ✆ 053-282940; renoviertes Kleinhotel, ordentliche Zi mit Fan oder ac, freundliches Personal. ❷

Oriental House ⑧⑨, 69 Loi Khroa Rd., ✆ 053-276742; 6 große, saubere Zi mit Du/WC, mit und ohne ac und TV; hübscher Garten, nette Leute; Restaurant, Bar, Antiquitätenladen. ❷, ac ❸

HI-Center Place Gh. ⑨①, 17/2 Loi Khroa Rd. Soi 1, ✆ 053-271169, 🖳 www.centerplace-chiangmai.com; neue Jugendherberge, saubere, einfache Zi mit Warmwasser-Du/WC, Schlafsaal 80 Baht p.P., Gepäckaufbewahrung; viele Infos, freundliche Familie. ❷, ac ❸

Nähe Nachtmarkt: Die Gästehäuser zwischen dem Nachtmarkt und dem Ping Fluss haben durchweg ein gehobenes Niveau. Komfort-Traveller finden Zimmer mit Fan für 250–300 Baht und mit ac für 350–400 Baht. Da auch nachts starker Verkehrslärm zu hören ist, haben wir einige ruhigere ausgewählt.

Lannathai Gh. ⑨④, 41/8 Loi Khroa Rd. Soi 6, ✆ 053-275563, 2-stöckiges Reihenhaus im modernen Thai-Stil in einer ruhigen Seitenstraße, 28 saubere Zi mit Fan oder ac; freundlich und hilfsbereit. ❷–❸

Galare Gh. ⑦⑤ (gesprochen *Galäh*), 7/1 Charoen Prathet Rd., ✆ 053-821011, 📠 279088, direkt am Fluss. Gebäude im Thai-Stil mit 35 komfortablen, relativ teuren Zi, z.T. ac; in der Saison immer voll. ❹

Souvenir Gh. ⑨⑥, 118 Charoen Prathet Rd., ✆ 053-818786, 🖳 www.souvenir-guesthouse.com; saubere Zi mit und ohne Du/WC, tropischer Garten. ❷–❸

Baan Kaew Gh. ⑨⑨, 142 Charoen Prathet Rd., ✆ 053-271606, 📠 273436, sehr ruhig, 20 gute, große Zi, z.T. mit ac, Warmwasser mit Sonnenkollektoren; schöner Garten; freundliche Besitzer. ❸

Am Fluss: An der östlichen Seite des Ping liegen noch mehrere Gästehäuser im alten Stil mit familiärer Atmosphäre, die Zimmerpreise liegen bei 80–200 Baht.

Acha Gh., 381 Charoen Rat Rd., ✆ 053-244550; Backstein-Bungalows mit bequemen Betten im großen, herrlich ungepflegten Garten mit hohen Bäumen; freundliche Familie; ruhig. ❶

Ben Gh., 4/4 CM-Lamphun Rd. Soi 2, ✆ 053-244103; großes, 2-stöckiges Steinhaus in ruhiger Lage hinter der Tourist Information, einbruchsgesichert, saubere Zi mit Warmwasser-Du/WC; Restaurant; sehr freundlich; Motorrad, Fahrrad. Ein Bahnhof-Gästehaus. ❷

Good Will Gh., 8/2 CM–Lamphun Rd. Soi 2, ✆ 053-242323; neben *Ben Gh.*, ruhige Lage, sicheres Haus, saubere Zi mit Warmwasser-Du/WC; Frühstück auf der Dachterrasse. Sehr freundliches, hilfsbereites Personal. ❷

Riverside House ⑧⑦, 101 CM-Lamphun Rd., ✆ 053-302121, 🖳 www.riversidehousechiangmai.com; neben TAT, Bed & Breakfast, Stadthaus, 12 saubere ac-Zimmer mit Warmwasser-Du/WC, schöner Garten. Die Besitzer sprechen Englisch und Deutsch. ❸

Beim Bahnhof: Sehr gelobt wird das ***Linda Gh.,*** 454/67 Soi Banditpatana, Charoen Muang Rd., ✆ 053-246915, 🖳 www.lindaguesthouse.com; geleitet von einer deutsch-thailändischen Familie. Es liegt sehr ruhig etwa 400 m östlich vom Bahnhof in einer Seitengasse. Saubere Zi mit Warmwasser-Du/WC; sehr gutes Preis-Leistungs-Verhältnis; Thedda kümmert sich liebevoll um ihre Gäste und freut sich über deutsche Zeitungen. Sie veranstaltet gute Treks ohne zu drängen. Abholservice unter ✆ 01-7645475 ratsam. ❶–❷

C.C Teak House, 39 Bamrung Rat Rd., ✆ 053-246966; zwischen Brücke und Bahnhof (1300 m). Gemütliches, sauberes Haus, z.T. sehr enge Zi, atmosphärischer Innenhof, leckeres Essen, Thai-franz. Management; viele Franzosen. ❷

Im Süden: ***Paradise Gh.,*** 146/1 Chang Klan Rd., ✆ 053-270413; 1,5 km südlich vom Nachtmarkt, Hotel mit recht guten Zi, Pool, Biergarten, Liegewiese. Ableger des berüchtigten *Nice Place Inn.* Beliebt bei Travellern aus Israel. Ein Khaosan-Bus-Gästehaus. ❷–❸

Youth Hostel, 21/8 Chang Klan Rd., ✆ 053-276737; 2 km südlich vom Nachtmarkt, sehr ruhig. Modernes Gebäude, 16 Zi mit Warmwasser-Du/WC und Fan oder ac, Schlafsaal; großer Innenhof. Ermäßigung mit Jugendherbergs- oder Studentenausweis. An den 4-tägigen, verantwortungsvoll durchgeführten Treks nehmen Thais und Touristen teil. ❷

NORD-THAILAND

Weniger empfehlenswerte Gästehäuser: Die meisten Gästehäuser, die dem **Khaosan-Bus-Unternehmen** angeschlossen sind, eignen sich weniger für einen gemütlichen Aufenthalt, da die meisten Gäste nur eine Nacht bleiben können. Ansonsten sind einige dieser Gästehäuser durchaus gute Unterkünfte.

Zu den **Khaosan-Bus-Gästehäusern** gehörten Anfang 2005 u.a.: *Chiang Mai Holiday Tour Gh., CM Kristi, Family Gh., Jakawan Gh., Lanna Gh., Midtown Gh., Nat Gh., Nice Place Inn 1 + 2, Paradise Gh., Ratchada Gh., Rose Gh., S.K. House, Thana Gh., The Royal Gh., Visaj House, Welcome Gh., Wiriya Gh.*

Zu den **Bahnhof-Gästehäusern** gehörten Anfang 2005 u.a.: *Ben Gh., Chiang Mai Gh., Family Gh., Jakawan Gh., Mawin Gh., S.K. House* und *Travelodge.*

Dringende Warnung: Zum *Nice Place Inn 1 + 2* liegen uns polizeiliche Anzeigen vor: Zum einen setzten der Besitzer und das Personal eine englische Touristin unter Drogen, um sie zu vergewaltigen (er bezahlte zwar den Krankenhausaufenthalt, läuft aber frei herum); zum zweiten wurde ein Trek extrem unverantwortlich durchgeführt; zum dritten wurde von *Nice Place Tour* kein Geld zurückerstattet, als der gebuchte Bus voll war.

GANZ BESONDERE GÄSTEHÄUSER – Wer etwas Ausgefallenes sucht, sollte sich einmal die folgenden Anlagen anschauen.

Tha-Nam Gh. (auch ***Riverfront),*** 43/3 Chang Klan Rd., ✆/℡ 053-275125; großes, klassisches Thai-Teak-Haus am Ping Fluss, 1,5 km südlich des Stadtzentrums. 10 Zi z.T. mit ac und Heißwasser, aber fensterlos; Fenster besitzt das schöne, aber laute Zi Nr. 1 ❹. Unter Einheimischen sehr beliebtes Restaurant; Garten mit üppigem Pflanzenwuchs, Brunnen und vielen Antiquitäten. Die Band in einer Bar nebenan spielt laut bis 2 Uhr nachts. ❸

The Red Hibiscus Gh., 1 Arak Rd. Soi 2, ✆ 053-416074, 💻 www.sino.net/redhibiscus; 3-stöckiges, einfaches Haus, 10 saubere modern eingerichtete ac-Zi mit Warmwasser-Du/WC, eine Mini-Suite; Frühstücksterrasse; Ausflüge und Treks; Schweizer Besitzer. Reservierung empfehlenswert. ❹

River Ping Palace, 385/2 Charoen Prathet Rd., ✆ 053-274932, ℡ 271647; schönes Teakhouse (**kein** Palast) am Ufer des Ping Flusses, 1 km südlich des Stadtzentrums. Die 12 traditionell möblierten Räume bewahren trotz moderner Ausstattung (ac, Bad mit Heißwasser) ihren romantischen Charme, besonders schön die Zi im 2. Stock. Restaurant mit Thai-Essen in vielen Variationen. ❹–❻

Baan Song Thai Farang, 23/1 Moo 4, Namprae, Hang Dong, ✆ 07-1921965, ℡ 441798; parkähnliches Grundstück mit mehreren Holzhäusern im traditionellen Thaistil für max. 8 Pers., große Terrassen; reichhaltige Bibliothek; der Übernachtungspreis von 50 Euro für 2 Pers. umfasst Vollpension; geleitet von einem ehemaligen deutschen Anwalt und seiner thailändischen Ehefrau. Anmeldung erforderlich, kostenlose Abholung von Bus, Bahn, Flughafen. ❹

Joy's House, 114 Moo 9, Sanpreesrue Village, ✆ 053-854213, ℡ 248960, 💻 www.joyshouse.net; dieses kleine Gästehaus in den nördlichen Außenbezirken versucht, eine ganz persönliche

Beziehung zwischen den Gästen und Gastgebern aufzubauen, daher ist ein Aufenthalt nur nach persönlicher Voranmeldung möglich. 9 Zi (besser die teuren buchen), Essen extra, Koch- und Tanzkurse, Massage, Transportservice, Fahrräder und Ausflüge zu befreundeten Karen in den Bergen. ❺–❻

HOTELS – In Chiang Mai gibt es etwa hundert Hotels aller Kategorien mit über tausend Zimmern.

Untere Mittelklasse: Ein gutes Preis-Leistungs-Verhältnis bieten:

Anodard Hotel, 57 Ratchamanka Rd., ✆ 053-270755, 📠 270759; Betonklotz ohne Charme mit großen, sehr preiswerten Zimmern. Öffentlicher Swimming Pool, ⏲ 9–21 Uhr, 80 Baht. ❷, ac ❸

Sumit Hotel ⑲, 198 Ratchaphakinai Rd., ✆/📠 214014, die besseren Zi im oberen Stockwerk (Fahrstuhl) mit Minibalkon sind geräumig und gut, nicht jedoch die billigen Zi. ❷–❸

Roong Ruang Hotel ⑯, 398 Tapae Rd., ✆ 053-234746, 📠 252409, am Tapae Gate, preiswerte, saubere Zi mit Fan und Du/WC, bessere ac-Zi mit TV, Telefon und Warmwasser-Du/WC, nach hinten ruhig. ❸

Top North Hotel ㉝, 41 Tapae Rd., ✆ 053-279632-5, ✉ topnorth@hotmail.com, preisgünstiges, ordentliches Hotel mit Pool. ❸–❹

Montri ㉛, 2-6 Ratchdamnoen Rd., ✆ 053-211070, ✉ montri_hotel@hotmail.com, Familienhotel am Tapae Gate, mit Aufzug, vollkommen rollstuhlgerecht, geräumige ac-Zi mit TV, Kühlschrank und Warmwasser-Du/WC, hinten ruhiger. Restaurant und Bäckerei. Gepäckaufbewahrung 20 Baht pro Stück und Tag. ❸–❹

Obere Mittelklasse: Diese Hotels können es durchaus mit den Luxushotels aufnehmen, zu einem weitaus günstigeren Preis.

Vista ⑪, 252/19 Phra Pokklao Rd., ✆ 053-210663-4, 📠 214563, am Nordrand der Altstadt ruhig gelegen, luxuriöse ac-Zi, vornehmes Ambiente, Restaurant nicht besonders. ❹

Prince H. ㊼, 3 Tai Wang Rd., ✆ 053-252026, gutes Hotel, guter Service, Pool. ❹

Park Inn Tana ㊲, 10 Charoen Prathet Rd. Soi 8, ✆ 053-270191, 📠 270193; gutes Hotel, freundliches Personal. ❹

Pornping Tower, 46-48 Charoen Prathet Rd., ✆ 053-270099, 📠 270119; Nähe Nachtmarkt, die Single-Zi in diesem Hochhaus sind durchaus ihr Geld wert. ❺

BP Chiang Mai City Hotel, 154 Ratchamanka Rd., ✆ 053-270710, 📠 270709; sauberes Hotel in der Altstadt, 134 komfortable ac-Zi, Pool. ❹

River View Lodge ㊶, 25 Charoen Prathet Rd., ✆ 053-271109, 📠 279019; schönes Hotel am Fluss, sauber und geschmackvoll. ❻

Amora Rydges Hotel ㊷, 22 Chaiyaphum Rd., ✆ 053-251351, 💻 www.rydges-chiangmai.com; Hochhaus mit toller Sicht über die Stadt, im Innern großzügig und elegant ausgestattet. ❺

The Empress, 199 Chang Klan Rd., ✆ 053-270240, 📠 272467, sehr schönes Hotel, günstig über Veranstalter im Voraus zu buchen. In der Nebensaison 50% Rabatt. ❻

Luxushotels: Chiang Mai verfügt über 20 Hotels mit etwa 5000 Zimmern mit internationalem Standard. Sie werden zu 75% von Thais sowie von Pauschaltouristen belegt. Alle verfügen über ac, Telefon, TV, Restaurants und einen Pool. Doppelzimmer kosten 2000–5000 Baht, eine Suite bis 28 000 Baht.

Tamarind Village, 50/1 Ratchdamnoen Rd., 💻 www.tamarindvillage.com, ✆ 053-418896-9, 📠 418900, schöne, ruhige Oase im Designer-Thai-Stil mitten in der Altstadt, 40 geschmackvoll eingerichtete, kleine Zi, gute Küche, Pool. ❽

Essen

Chiang Mai ist, wie auch Bangkok, ein wahres Essens-Paradies. Restaurants für Touristen bereiten neben Thai-Gerichten auch Speisen aus aller Herren Länder zu. Zu jeder Tages- und Nachtzeit kann man hervorragende, billige Mahlzeiten oder Snacks bekommen. Die wenigsten Gästehäuser in der Altstadt haben richtige, eigene Restaurants. Man isst daher meistens außerhalb in einem der zahllosen festen oder temporären Restaurants oder an den Essenständen, die zu unterschiedlichen Tageszeiten Suppen, Currys oder Pfannengerichte anbieten und nach eigenen Wünschen variieren. Die Angebote der teuren Spezialitäten- und Hotel-Restaurants kann man bei Bedarf in den Touristenbroschüren nachlesen.

TRAVELLER FOOD – Die Traveller-Szene in Chiang Mai isst z.Zt. vegetarisch (s.u.).

Das hat der Beliebtheit von ***Daret's House*** in der Chaiyaphum Rd. keinen Abbruch getan. In diesem preiswerten Open-Air-Restaurant ist es, trotz unfreundlicher, lahmer Bedienung, immer voll.

Art Café, gegenüber vom Tapae Gate, im Obergeschoss mit ac und verglast, daher nicht so laut. Gutes Essen von 10–22 Uhr, u.a. Pizza, mexikanisches Essen und Kuchen. Sehr freundlich. Zwei Häuser weiter hat ***Art 2*** aufgemacht.

THAI – Fantastisches, super-billiges Thai-Essen kann man sich nach eigenen Wünschen selbst zusammenstellen, wenn man zwischen 16 und 17 Uhr auf einem der **Märkte** (z.B. am Chiang Mai Gate) mehrere kleine Portionen bei den Hausfrauen kauft. Vorsicht bei den roten Gerichten, die sind meist sehr scharf! Man fragt einfach immer: *„Pät mai?"* und wartet auf die Antwort: *„Mai pät!"* = („Nicht scharf!")

Essenstände gibt es z.B. auf dem Chang Puak Market oder auf dem Anusarn Market in einer Seitenstraße südöstlich vom Nachtmarkt, wo man Seafood, thailändische und chinesische Gerichte essen kann.

Im ***Galare Food Centre*** (auch *Kalare*) gegenüber vom Night Bazaar ist das Essen nicht gerade berühmt; man kann aber im Freien im Schatten oder überdacht sitzen; von 21–23 Uhr Vorführung von Thai- und Hilltribe-Tänzen.

The Riverside, 9-11 Charoen Rat Rd., ✆ 053-243239, 200 m nördlich der Nawarat-Brücke, serviert auf zwei Flussterrassen neben europäischem auch Thai-Essen; die Speisekarte umfasst hunderte von Gerichten und Getränken zu relativ gehobenen Preisen; am frühen Abend lässt sich schön am Fluss bei Live-Pianomusik dinieren, ab 21.30 Uhr unterhalten 3 Bands mit Rock und Pop aus aller Welt; ⏲ 10–1.30 Uhr; in der Saison abends immer voll, sehr atmosphärisch. Das beliebte *Dinner Boat* fährt von 20–21.15 Uhr (70 Baht extra).

The Gallery, ✆ 053-248601, 200 m weiter nördlich. Etwas besonders Edles, wo man auf der Flussterrasse eines alten Teak-Hauses stimmungsvoll und sehr gut speisen kann; ⏲ 12–1 Uhr. Im Vorderhaus eine sehenswerte Kunstgalerie lokaler Künstler.

Brasserie, 37 Charoen Rat Rd., ✆ 053-241665, daneben, gutes Essen; ⏲ 11–3 Uhr.

The Wok, 44 Ratchamanka Rd., ✆ 053-208287, Thai-Gerichte, dem westlichen Geschmack angepasst, werden im Garten eines alten Holzhauses serviert, einzeln zubereitet von Köchen der *Chiang Mai Thai Cookery School,* ⏲ 15–22 Uhr.

Kanjana Thaifood, 7/2 Ratchdamnoen Rd. Soi 5, echtes, gutes Thai-Essen zu sehr günstigen Preisen bei freundlichem Service.

Honey Barbeque Chicken , neben dem Porn Ping Hotel, Charoen Prathet Rd., leckere, billige Hähnchen *(Grilled Chicken with Honey).*

Antique House, 71 Charoen Prathet Rd., ✆ 053-276810, schönes Teakhaus mit antiken Möbeln und Statuen, gemütliches Gartenrestaurant mit gutem, relativ günstigem Thai-Essen (z.B. Kantoke für den Riesenhunger: 180 Baht), große Auswahl, serviert von nettem Personal, ⏲ 11–24 Uhr; von 18–23 Uhr dezente Live-Musik: Gitarre oder Klassischer Thai-Stil.

The White Orchid Restaurant, schräg gegenüber, Leser loben das exzellente Essen und die freundliche Bedienung.

Gia Tong Heng, 3-stöckiges, sehr beliebtes chinesisches Restaurant, auch engl. Speisekarte.

Sticky Rice Kitchen, Singharat Rd. Soi 3, Nähe Wat Phra Sing, reizendes Restaurant mit traditionellen Gerichten aus dem Isarn. Probieren sollte man *Tom Saep,* eine Variante der klassischen Tom Yam-Suppe.

Hong Tauw Inn, 95/17 Nimmanhamin Rd., ✆ 053-218333, schräg gegenüber dem *Amari Rincome Hotel,* mit alten europäischen Stilmöbeln ausgestattet. Das Publikum aus allen Nationen speist hervorragend bei moderaten Preisen.

Palaad Tawanron Restaurant, oberhalb von Chiang Mai gelegenes, riesiges Lokal oberhalb des Zoos, mit Sitzplätzen auf verschiedenen Etagen, an einem See, am Palaad-Wasserfall oder mit Blick auf die Stadt und die Berge, umweltfreundlich gebaut und in die Natur integriert. Hier werden erlesene Gerichte serviert, die nicht nur hochrangigen Thais munden. Reservierung empfehlenswert, ✉ info@palaadtawanron, ✆ 053-216039. Erreichbar über die Suthep Rd., hinter der Chiang Mai University an der letzten Kreuzung rechts abbiegen, und über die Huai Kaeo Rd. durch den Zoo.

Empfohlen wurden die beiden **Thai-Restaurants** westlich vom McCormick Hospital wegen des authentischen, preiswerten Essens. Es kann vorn in den Töpfen begutachtet und auf Wunsch gekostet werden. Im linken Restaurant ist das *Radna Taleh* für 25 Baht sehr gut, im anderen die gegrillte rote Ente.
Besonders gut und relativ frisch ist ***Seafood*** auf dem Anusarn Market; die Preise sind dort in allen Lokalen identisch.

NORDTHAILÄNDISCH – Nicht verpassen sollte man die Nudelsuppe *Kao Soi* (15–30 Baht), die mit Huhn, Rindfleisch oder vegetarisch *(jay)* serviert wird. In ***Faham*** jenseits des Flusses, 150 m nördlich vom indischen Konsulat, schmeckt sie ganz ausgezeichnet.
Huen Phen Restaurant, an der Ratchamanka Rd., Ecke Jhaban Rd.; tagsüber einfaches Open-air-Lokal mit gehobenem Thai-Publikum. Am Abend (17–22 Uhr) gestaltet sich das Speisen im eindrucksvoll dekorierten Holzhaus dahinter zu einem Erlebnis. Spezialität: Grilled pickled pork (erinnert an Sülze). Relativ kleine Portionen. Engl. Speisekarte.
Saen Kham Lanna Terrace, ✆ 053-838990, über dem Deutschen Konsulat, schöner Blick über Reisfelder. Ausgezeichnetes Essen zu sehr günstigen Preisen.
Khum Khantoke, ✆ 053-304121-3, das traditionelle nordthailändische Khantoke-Dinner inklusive Tanzvorführung ist empfehlenswert. Die Anlage ist schick und teuer gebaut, man sitzt recht bequem auf einer Plattform mit vertieftem Fußraum, die Musik klingt angenehm, die Tänzer sind vom *College of Dramatic Arts* und das Essen ist von typischer Lanna-Art. Besonders schön ist der Tanz von Hanuman aus dem Ramakien. Die Tänze dauern von ca. 19–21.20 Uhr, anschließend gibt es ein Feuerwerk und *Kom Loy*, nordthailändische Luftballons. Alles kostet 290 Baht p.P., einschließlich Transport.
Old Chiang Mai Cultural Center, 185/3 Wualai Rd., 🖳 www.oldchiangmai.com, Aufführungen tgl. 19–21.30 Uhr für 280 Baht, ✆ 053-202993-5.

ANDERE ASIATISCHE KÜCHEN – ***Royal India Restaurant***, neben dem *Diamond Hotel*, Charoen Prathet Rd., bietet eine reiche Auswahl an vegetarischen und nicht-vegetarischen preiswerten Speisen. Gut und reichlich ist das *Maharaja Special Thali*.

EUROPÄISCH – Die ***Bierstube*** in der südlichen Moon Muang Rd. hat gutes Bier vom Fass, gutes deutsches und Thai-Essen, sowie im Winter leckeres Eis mit Erdbeeren. Bikertreff.
Chiang Mai German Brewery, am Superhighway, große Auswahl an billigen Bieren, nicht gerade schmackhafte, überteuerte deutsche Gerichte, gute Live-Band; vorwiegend Thai-Besucher.
German Hofbräuhaus, 115/1 Loi Kroa Rd., ✆ 053-276989, neben deutscher Küche werden auch italienische, spanische und thailändische Gerichte serviert. Bayerische Thai-Bedienung.
Irish Pub, 24/1 Ratchawithi Rd., schattiges Gartenrestaurant, Satelliten-TV.
Pizza findet man in vielen Restaurants. Besonders gut gelingt sie im ***Art Café*** gegenüber vom Tapae Gate, und im Holzofen von ***La Villa*** im Zentrum der Altstadt; sehr gemütlich.
Pizza Slice, auch zum Mitnehmen, gibt es an der Ecke Ratchdamnoen Rd./ Phra Pokklao Rd.
Da Stefano, Chang Moi Kao Rd., hat preiswertes italienisches Essen.
Das ***Il Forno***, 142 Phra Pokklao Rd., serviert ganz dünne, leckere Pizza. Teuer, aber freundlich.
Trattoria Pum Pui, Moon Muang Rd. Soi 2, schönes Gartenrestaurant mit wirklich gutem italienischen Essen.

BACKWAREN – In Chiang Mai gibt es sehr viele gute Bäckereien, z.B. ***Crusty Loaf Bakery***, 24/1 Ratchawithi Rd., ✆/📠 053-214554.
Cake Khun Ju, 22/9 Arak Soi 5, nordwestlich vom Wat Phra Sing; die Besitzerin, die mehrere Jahre in Deutschland war, verkauft guten Kuchen und Kekse.
Pie Sabai, ✆ 053-283166, 50 m östlich vom Wat Umong, Café und Frühstück, So geschlossen.

FRÜHSTÜCK – ***Nice Sweet Place*** in der südlichen Moon Muang Rd. ist ein freundlicher Thai-Laden mit gutem Frühstück, Thai-Gebäck und leckerem Traveller-Food, 🕓 6.30–20 Uhr.
The Corner, gleich nebenan, Restaurant mit gutem, preiswertem Frühstück und sehr gutem Service, zum drinnen und draußen Sitzen.

Das ***Kafé*** an der belebten Moon Muang Rd. ist recht ruhig, es gibt Frühstück, Eiscreme und eine Bar.

Im ***Blue Diamond,*** 35/1 Moon Muang Rd. Soi 7A, ✆ 053-217120, gibt es sehr gutes Frühstück mit Hilltribe-Kaffee, frischen, selbstgemachten Vollkornbrötchen und süßen Stückchen, große Auswahl. Es sind einige Fan-Zi, ❶–❷, zu mieten, Du/WC außen.

The Amazing Sandwich, 252/3 Phra Pokklao Rd., nettes ac-Restaurant mit Frühstück, Sandwiches, Baguettes und Subs, 40–60 Baht.

Nice Kitchen, hinterm Somphet Market, bei Nid und Hom, sehr gutes Frühstück, Joghurt, Croissants, Baguettes, große Portionen, gute Tees.

Mint Coffee House, Ratchdamnoen Rd. Soi 5, gutes Frühstück mit Mehrkornbrot, sehr nette Leute mit guten Englischkenntnissen.

VEGETARISCH / BIODYNAMISCH – Vegetarisch ist „in". Weit über 100 vegetarische Restaurants machten in den letzten Jahren an fast jeder Ecke auf. Zudem bietet beinahe jedes Restaurant vegetarische Gerichte an. Die Qualität der Speisen in diesen Mode-Restaurants kann in keiner Weise mit den alteingesessenen vegetarischen Restaurants mithalten, die zumeist nur zum Mittagessen geöffnet sind.

Zu den traditionell **guten** Restaurants gehören:

Thai Orchid, Wichayanon Rd., 300 m östlich vom Wat Chai Sri Phum, sehr gutes Essen, das um 13 Uhr ausverkauft ist.

Mangsavirat, Khang Ruen Cham Rd., im Zentrum der Altstadt, ist billiger: um 15 Baht pro Mahlzeit, aber nicht sehr einladend, große Auswahl.

Thai Vegetarian Center, Mahidol Rd., südwestlich der Altstadt, ⏲ Di–Sa bis 14 Uhr; für ein Ticket von 30 Baht kann man sich satt essen.

Raan Mangsavirat, Suthep Rd., im Westen beim Wat Suan Mok. ist gut und preiswert.

Nicht so toll ist das elegante ***Whole Earth Restaurant,*** Sri Dornchai Rd., ✆ 053-282463, ⏲ 11–22 Uhr, wo es indische und Thai-Gerichte gibt; man geht vor allem wegen der Atmosphäre hin.

Unterhaltung

BARS – ***The Riverside*** am Fluss (s.o.) hat eine angenehme Bar mit Live-Musik (Piano, Folk, Country, Blues), z.T. zwei Bands gleichzeitig in verschiedenen Räumen. Unter holländischer Leitung; ⏲ bis 2 Uhr.

Am „Chiang Mai Strip" entlang der südlichen Moon Muang Rd. liegen einige Bars, die bis nach Mitternacht geöffnet haben. Ein Rotlichtviertel hat sich in der Loi Khroa Rd. etabliert.

Ba Ba Bo Bo Bar / Music Pub, 1 Loi Khroa Rd., ✆ 053-209121, 📠 275556, ⏲ 14–24 Uhr; sauberer, gemütlicher Musiktreff, günstige Preise; geführt von Ralf Herzog.

Im Biergarten vom ***Rydges*** gibt es tgl. frisch gezapftes Bier, bis 15 Uhr 40 Baht, danach 70 Baht, und typische Thai-Naschereien für 40 Baht. **Studentenkneipen** liegen entlang der Straße zur Uni.

KULTUR – In Chiang Mai werden laufend Konzerte, Theateraufführungen und Ausstellungen veranstaltet. Infos aus den Touristen-Broschüren, vom TAT, von Anschlägen und in guten Gästehäusern.

LIVE-MUSIK – Von 23–2 Uhr spielt der Wahnsinns-Gitarrist Tuk in der ***Brasserie,*** 37 Charoen Rat Rd., ✆ 053-241665, 250 m hinter dem *Riverside* am Fluss, Rock und Western Music ; gutes Essen, gehobene Getränkepreise. ⏲ 16.30–2 Uhr.

DISCOS – gibt es in vielen Luxushotels (Anzeigen in den Touristenbroschüren).

KLASSISCHE TÄNZE – und Tribal-Tänze werden jeden Abend im ***Galare Food Center*** gegenüber vom Night Bazaar aufgeführt.

Einkaufen

Hier weisen wir noch einmal auf die „Tipps zum Einkaufen" im allgemeinen Teil (s.S. 63) und auf die Warnungen vor Edelsteinverkäufern im Bangkok-Kapitel (s.S. 125) hin.

BÜCHER – In Nord-Thailand sind nur die Buchhandlungen in Chiang Mai gut sortiert.

Suriwong Book Center, 54 Sri Dornchai Rd., hat auch viele Titel aus unserer Bücherliste vorrätig. ⏲ 9–19 Uhr, So 8–12.30 Uhr,

D.K. Book House, Kotchasan Rd., große Auswahl, ⏲ bis 21 Uhr.

Bookzone, Tapae Rd., tolle Buchhandlung, ⌚ bis 22 Uhr.
Bookazine, unten im *Chiang Inn Plaza*, hat viele internationale Titel, ⌚ bis 22 Uhr.
The Lost Bookshop, 34/3 Ratchamanka Rd., „gute" gebrauchte und neue Bücher zum Leihen, u.a. deutsche Bücher und Gedichtbände, ⌚ 9–14 und 17–20 Uhr.
Shaman Bookshop, 2 Kotchasan Lane 1, große Auswahl an gebrauchten Büchern.
Eine gut sortierte **deutschsprachige** Bücherei in Chiang Mai verwaltet Peter im ***Supreme House***: An- und Verkauf, Tausch, Ausleihe (20 Baht).

DSCHUNGEL-BOOTS – aus Armeebeständen sowie Rucksäcke, Wasserflaschen bei Läden, die Armeezeug verkaufen, z.B. bei ***Mithai***, Mani Noparat Rd., ein Stück östlich des Chang Puak Gate.

EDELSTEINE – Die betrügerischen Verkäufe von wertlosen Edelsteinen sind in Chiang Mai zurückgegangen. Dafür blüht jetzt das Geschäft mit drittklassigen Schneidereien.

EINKAUFSZENTREN – Im ***Kad Suan Kaeo Center*** am Beginn der Huai Kaeo Rd. gehen vorwiegend Thais shoppen, riesige Auswahl, ⌚ 11–22 Uhr. Das riesige Einkaufszentrum ***Carrefour*** liegt am Superhighway im Osten, ***Tesco Lotus*** im Norden und Richtung Hang Dong beim ***Airport Plaza***.

EXPORT – Als zuverlässiger Spediteur hat sich die ***Star Ship Export Agency***, 34/7 Soi Kai Kaew, Huai Kaeo Road, ✆ 053-281608, erwiesen.

HOLZARBEITEN – Im ***Banyen***, 500 m südlich des Stadttores, werden in mehreren alten Holzhäusern Holzschnitzereien verkauft und produziert. Viele Läden verkaufen kitschig bemalte und lackierte Holzarbeiten. Sehr schöne, unbehandelte Stücke lagern oft in hinteren Räumen oder in verstaubten Lagerhallen.
Das größte Angebot halten zahlreiche Läden in Ban Tawai bereit.

Warnung: Das Möbelgeschäft in der Vila Cini, 30 Charoenrat Rd., lieferte bei Bestellungen minderwertige Ware.

KERAMIK – Ausgezeichnetes Thai-Seladon findet man bei ***Mengrai-Kilns***, 79/2 Araks Rd., Soi Samlarn 6, am Suan Buak Had-Park im Südwesten der Altstadt.
Thai Celadon Kilns, 62 Chotana Rd., jenseits des Superhighways an der Ausfallstraße nach Norden, ⌚ 8–17 Uhr.
Ban Phor Liang Muen, 36 Phra Pokklao Rd. Soi 2, beim Chiang Mai Gate, Terracotta-Manufaktur, Ausstellung und Verkauf.

KUNSTHANDWERK – Die meisten Läden gibt es in der Tapae Rd. und in der unteren Loi Khroa Rd. Wie auch auf dem Markt, muss man hier unbedingt handeln. Da die Stadt nicht so weitläufig ist, kann man sich dafür mehrere Tage Zeit nehmen, auf seinen Rundgängen immer mal wieder vorbeischauen und nach einem günstigeren Preis fragen. Chiang Mai ist ein Shopping-Paradies für Liebhaber von Kunstgewerbe aus Nord-Thailand und China.
Hilltribe Products Foundation, 21/17 Suthep Rd., links vor Wat Suan Dok, ⌚ tgl. 9–17 Uhr, steht unter der Schirmherrschaft des Königs. Man kann schöne Sachen kaufen, deren Erlös direkt den Hilltribes zugute kommt.
Chiang Saen Antiques, gegenüber vom Chiang Mai Gate, hat sehr schöne, fast echte Antiquitäten zu angemessenen Preisen.

LANDKARTEN – Bei weitem am besten sind die B&B-Straßenkarten *Thailand North Road Map* (1:750.000) und *Chiang Mai* (1:13.000), die aber leider nicht mehr gedruckt werden.
Für die „Entdeckungsreise in den Westen" ist David Unkovichs Karte *The Mae Hong Son Loop* (1 : 375 000) für 175 Baht ideal. Die aktualisierte Karte *Chiang Mai* von Nancy Chandler mit vielen Spezialtipps für das Stadtgebiet ist empfehlenswert. Die übrigen in Cellophan verpackten, einheimischen Karten sind ihr Geld nicht wert.

METZGEREIEN– In der Nähe von Doi Saket betreibt der Deutsche Günther die Metzgerei ***G and M***, ✆ 053-840531; viele leckere Wurstsorten.

PFANDLEIHEN – gibt es gleich westlich neben *Mithai*. Hier findet man vielleicht seine verlorengegangenen Habseligkeiten wieder (teure Kameras aber nur in Bangkok).

SCHNEIDER – ***Neramit***, 91/2 Ratchawong Road, ✆ 053-234353, wurde uns mehrfach empfohlen. Auch ***Empress Collection***, 189/11 Changklan Road, gilt als seriös. Mit den Schneidern auf dem Nachtmarkt haben einige Leser schlechte Erfahrungen gemacht, i.b. mit ***Soni Fashion*** und ***Chiangmai Tailor***, aber auch mit anderen.

SILBERARBEITEN – In der Wualai Rd. verkaufen viele Händler Silberarbeiten, die Silberläden an der Straße nach San Kamphaeng sind überteuert.

TEXTILIEN – Sehr preiswerte Gebrauchstextilien und Stoffe aus den Dörfern gibt es im Warorot-Markt und den westlichen Gassen.
Der Laden ***Yang Phing Phing*** im Anusarn Market verkauft tolle Textilien aus Thailand, China, Laos und Indonesien. Die Besitzerin ist eine Akha-Thai Frau, die auch Englisch spricht.

Märkte

Nördlich der Tapae Rd. an der Wichayanon Rd. befinden sich der **Warorot** und der **Lamyai Market.** Es kaufen vor allem Thais Lebensmittel, Haushaltswaren und Textilien ein.
Auf dem **Somphet Market** entlang der nördlichen Moon Muang Rd. gibt es ab dem frühen Morgen Obst, Gemüse, Fleisch und Fisch.

NACHTMARKT – Ein großer *Night Bazaar* ohne orientalische Atmosphäre findet tgl. zwischen 18 und 23 Uhr (zum Teil auch tagsüber) in mehreren eigens hierfür errichteten, großen Gebäuden in der Chang Klan Rd. und auf den Straßen davor statt. Sehr gut kauft man Textilien, T-Shirts, Hosen, Batik-Wickelröcke, Taschen, Fächer, Parfüm, Schmuck, Hilltribe-Kunstgewerbe, „neue" Antiquitäten und Kassetten. Auch Lackarbeiten, Holzschnitzereien, Holzspiele, Holzspielzeug, Seide und Sa-Papier sind günstig zu haben. Vielen Besuchern kommt der Nachtmarkt wie ein touristischer Rummelplatz vor.

SONNTAGSMARKT – Viele Leser finden den Sonntagsmarkt auf der Ratchdamnoen Rd. schöner und interessanter, es gibt u.a. Kleider, Schuhe, Schmuck, Bilder, Holzschnitzereien, Seidenkissen, Souvenirs, Essen, billige Massagen; vom Nachmittag bis in die Nacht recht betriebsam.

Sonstiges

AUTOVERMIETUNGEN – Zu viert lohnt sich ein Mietwagen oder Jeep, der am Tag ab ca. 800 Baht zu haben ist. Man sollte sich dabei den Wagen vorher genau ansehen und checken. Viele kleinere Firmen wollen absolute Schrott-Autos vermieten. Ist der Wagen überprüft, beginnt der Handel. 10–25% sind möglich. ***Avis, Budget*** und ***Hertz***. bieten einen *One Way Rental Service*, bei dem das Auto ohne Aufpreis bei jeder anderen Agentur im Land abgegeben werden kann, sofern es mindestens 5 Tage gemietet wurde. Kreditkarten werden akzeptiert.
Avis, 112 Chang Klan Rd., im *Royal Princess Hotel*, ✆ 053-281033-6, 💻 www.avisthailand.com, jeweils 🕓 tgl. 8–20 Uhr, und am Flughafen.
Budget, Flughafen, ✆ 053-202871, 01-9808723, 💻 www.budget.co.th, s.S. 57.
Hertz, 90 Sri Dornchai Rd., ✆ 053-279474, 📠 270184, und 100 Chang Klan Rd., im *Chiang Inn Hotel*, ✆ 053-270070, 💻 www.hertz.com.
Jaguar, 131 Moon Muang Rd., Mr. Chair vermietet Jeeps absolut korrekt.
North Wheels, 70/4-8 Chaiyaphum Rd., ✆ 01-9526160, ✆/📠 874478, ✉ nwcarent@loxinfo.co.th, 💻 www.northwheels.com; vermietet sehr preiswert Jeeps und PKWs ab 1000 Baht/Tag, in der Nebensaison billiger, an PKWs z.B. 4-türiger *Toyota Soluna* für 1300 Baht/Tag. Herr Kajohnwit, der freundliche Besitzer, bietet die beste Versicherung, hat 24 Std. Straßendienst, beschäftigt einen eigenen Mechaniker, tauscht im Falle von Unfall oder Panne schnell aus. Auf Wunsch wird das Auto kostenlos zur Unterkunft gebracht (gegen Aufpreis sogar nach Mae Hong Son!) und dort abgeholt. Abholservice vom Flughafen in Bangkok 2500 Baht auf Anfrage.

BERGVÖLKER – Das **Tribal Museum** befindet sich 2 km nördlich des Superhighways.
Wer an den Bergvölkern und ihrem schwierigen Weg in die moderne Welt interessiert ist, kann ***The Mountain People Culture & Development***

Educational Project besuchen und in der ausgezeichneten Bibliothek schmökern. Es wird Original-Kleidung verschiedener Bergvölker verkauft, aber keine Trekking-Tour oder persönliche Beratung geboten. Adresse: 137/1 Nantharam Rd., im Süden der Stadt, ✆ 053-236194.

ESOTERIK – In Chiang Mai hat sich eine Szene mit Yoga, Massage, Meditation, Healing, Tai Chi etc. etabliert. Infos mit neuesten Terminen für Kurse hängen bei jedem Gästehaus aus.

FAHRRÄDER – Einige Gästehäuser und die Läden an der Moon Muang Rd. haben Fahrräder ab etwa 40 Baht pro Tag zu vermieten. Da der Verkehr in der Stadt auf Autofahrer ausgelegt ist, sollten sich Fahrradfahrer besonders angepasst verhalten.
Mountainbikes gibt es an vielen Stellen zu mieten (60 Baht).

FESTE UND FEIERTAGE – Auch in Nord-Thailand wird kaum eine Gelegenheit ausgelassen, mit Jahrmärkten, Umzügen und der Wahl von Schönheitsköniginnen irgendein Fest zu feiern. Man muss schon ein besonderes Faible für solche Dinge besitzen, um dem etwas abzugewinnen.
Aber wichtig ist: Zu diesen Gelegenheiten ist es oft schwieriger, ein Zimmer in den überfüllten Hotels und Gästehäusern zu finden. Daher hier die Termine:
Winter-Messe (ca. 30.12.–8.1.; besonders voll an Silvester und Neujahr);
Flower Festival (wechselnde Februar-Wochenenden);
Songkran Festival (12.–17.4.; ein herrliches Volksfest in den Straßen der Stadt mit einer wilden, durchaus nicht ungefährlichen Wasserspritzerei);
Yi Peng Loy Krathong (zu Vollmond im November, farbenprächtige Heißluftballons steigen in den Himmel auf) findet um den 15.11.2005, 5.11.2006 und 24.11.2007 statt.

FLIEGEN – mit Ultralight, Ballon und am Bungy-Seil: Infos in den Werbebroschüren.

FOTO UND FILM – Ein Laden, der auch fachgerecht Kameras repariert, befindet sich am Anfang der Ratchawithi Rd. Digitalfotos entwickelt am besten ***Photobug***, 42 Chaiyaphum Rd., ✆ 053-232458.

FREIWILLIGE ARBEIT – Wer ernsthaft daran interessiert ist, in sozialen Projekten mitzuarbeiten, sollte Englisch sprechen. Er/sie kann sich z.B. bei Annette im ***Eagle House 1*** erkundigen. Bisher vermittelte sie Freiwillige jeden Alters u.a. an das *Vieng Ping Childrens Home*, an *WEAVE*, ans *Burmese Relief Centre*, ins *Agape Aids Home* und im Nonnenprojekt. Auch Spenden jeder Art für bedürftige Projekte werden gern angenommen und zuverlässig weitergeleitet.
Im ***Disabled Center***, 133/1 Ratchaphakinai Rd., ✆ 053-213941, können sich Interessierte melden, die min. 3 Monate als Freiwillige arbeiten möchten.

GELD – Der Exchange Service der ***Siam City Bank*** nördlich vom Nachtmarkt, ⌚ tgl. von 8–20 Uhr, vermietet auch Schließfächer. Andere Banken haben für Geldwechsel ebenfalls länger geöffnet.

IMMIGRATION – Sanambin Rd., an der Straße zum Airport, ✆ 053-277510. ⌚ Mo–Fr 8.30–12 und 13–16 Uhr. Visumverlängerung ist (bei dezentem Auftreten) in 1 Std. möglich: 1 Monat für das Touristen-Visum, 15 Tage für das Non-Immigrant Visum. Man braucht je 1 Kopie von der Namensseite und der Visumseite im Pass, 1 Passfoto, die weiße Einreisekarte und 1900 Baht.

INFORMATIONEN – ***Tourist Office***, 105/1 Chiang Mai – Lamphun Rd., ✆ 053-248604, 248607, 📠 248605, ✉ tatcnx@samart.co.th; östlich der Nawarat-Brücke 500 m nach rechts, ⌚ 8.30–16.30 Uhr. Hier gibt es manchmal Listen der Verkehrsmittel, der legalen Reisebüros, der Hotels und Gästehäuser. Informationen (auf Englisch) z.B. unter 💻 www.chiangmai-online.com.
Recht brauchbare Informationsquellen sind die Touristenbroschüren, i.b. das monatlich erscheinende, 100-seitige Heft *Welcome to Chiang Mai & Chiang Rai* (englisch), das auch gut illustrierte Karten enthält, und *„Guidelines"*. An vielen Stellen in der Stadt liegen kostenlose Stadtpläne mit Anzeigen aus, die einander ergänzend gar nicht so schlecht sind.

INTERNET – Einige Dutzend Internet Shops sind nicht zu übersehen.

KINO – mit englischsprachigen Filmen im obersten Stockwerk des *Central Department Store* in der Huai Kaeo Rd., 2 Kinos gegenüber im *12 Huai Kaeo* (kalte Klimaanlage, Pullover nötig) und im *Airport Plaza*.

KLETTERN – mit ***Rock Climbing Adventures,*** 36 km außerhalb, 💻 www.thailandclimbing.com; an echten Felsen über 70 gesicherte Routen.

KOCHKURSE – sind der große Renner. Viele Leser berichteten uns über ihre durchweg positiven Erfahrungen mit fast allen Kochschulen. Wir brauchen nicht alle einzeln zu beschreiben, da sich alle an der hohen Qualität der erfahrensten Kochschule von Chiang Mai orientieren.

Die ***Chiang Mai Thai Cookery School,*** 1-3 Moon Muang Rd., ✆ 053-206388, ✉ nabnian@loxinfo.co.th, 💻 www.thaicookeryschool.com, begann 1993. Inzwischen wurde ein Standard erreicht, der auch im internationalen Vergleich überzeugt. Jeder Kurs führt von 10–16 Uhr ins Thai-Kochen ein, in gutem Englisch wird die Zubereitung der Speisen demonstriert, an individuellen Kochplätzen Schritt für Schritt geübt und in gemütlicher Runde gegessen, in kleinen und großen Gruppen. Die 5 unterschiedlichen Programme mit je 6 Gerichten kosten jeweils 900 Baht p.P., einschließlich einem erstklassigen Rezeptbuch. Einige Empfehlungen unserer Leser (ab 700 Baht/Tag):

The Chilli Club, im *Eagle House* (s.o. ㉒ und ㊿8), ✆ 053-874126: jeder Kochschüler bereitet selbst gewählte Gerichte zu und bekommt ein eigenes Kochbuch auf Deutsch.

Baan Thai Cookery School, 11 Ratchdamnoen Rd. Soi 5, ✆ 053-357339, 💻 www.cookinthai.com, mit Foto auf der Homepage und Rezeptbuch.

Gap's Thai Culinary Art School, in *Gap's House* (s.o. ㉜), 💻 www.thai-culinary-art.infothai.com.

KONSULATE – ***Indisches Konsulat,*** 344 Charoen Rat Road, ✆ 053-243066, 242491, ⏲ Mo–Fr 9.30–12 Uhr; zum Visaantrag müssen Deutsche, Österreicher und Holländer ein Unbedenklichkeitsattest von der jeweiligen Botschaft in Bangkok vorlegen; die Bearbeitung geht meist zügiger als in Bangkok.

Chinesisches Generalkonsulat, 111 Changlo Rd., ✆ 053-276125, 📠 274614; ⏲ für Visa Mo–Fr 9–11.30 Uhr, das 1-Monat-Visum kostet 1100 Baht und wird in 4 Tagen ausgestellt.

Deutsches Honorar-Konsulat, Mr. Hagen Dirksen, 199/63 Moo 3, Ban Nai Fun, Klong Chon Prathan Rd. (Richtung Hang Dong, in der Nähe des Automuseums direkt am Kanal), ✆/📠 053-838735, ⏲ Mo–Fr 9–11.30 Uhr.

Österreichisches Konsulat, 15 Moo 1 Huai Kaeo Rd., ✆ 053-400231.

LAOS-VISUM – bei vielen Reisebüros: 15 Tage für 800 Baht (dauert 3 Tage), 30 Tage 1700 Baht.

MEDITATION – ***International Buddhism Center,*** Wat Doi Suthep, 💻 www.chedi5000.com, doisuthep.sirimangalo.org, ✆ 053-295012, bis zu 21-tägige Vipassana-Meditationskurse, tgl. Infos und Kurzmeditationen.

Northern Insight Meditation Center, im Wat Rampoeng, westlich vom Flughafen, ✆ 053-278620, macht 26-tägige Meditationskurse; min. 10 Tage vorher anmelden. Im Winter zu kalt.

Sri Chinmoy Meditation Centre, 62/2 Soi Wat Umong, nahe Wat Umong, Di, Do und Fr um 17.30 Uhr gratis Yoga- und Meditationsklassen.

MEDIZINISCHE HILFE – Die meisten Krankenhäuser sind modern ausgestattet, verwenden z.B. frische Nadeln, und haben Englisch sprechende Ärzte.

Lanna Hospital, am Superhighway, ✆ 053-357 234, ein privates Krankenhaus mit 24-Std.-Service.

Chang Puak Hospital, 1/7 Chang Puak Rd. Soi 2, ✆ 053-220022, ist nicht zu teuer. Sehr zu empfehlen.

McCormick Hospital, Kaeo Navarat Rd., ✆ 053-241311, ein christliches Krankenhaus. Außerdem gelten unter ortsansässigen Europäern als sehr gut:

Chiangmai Ram Hospital, 8 Boonruangrit Rd., ✆ 053-224861, 💻 www.chiangmairam.com, entspricht gehobenem europäischem Standard.

Chiang Mai Children's Hospital (Dr. Torpong ist ein Deutsch sprechender Arzt).

In schwierigen Fällen sollte man die entsprechenden Universitätskliniken aufsuchen, i.b. das ***Suan Dok Hospital*** an der Suthep Rd.
Informationen zu **Malaria** gibt es auf einem Merkblatt vom ***Malaria Center,*** 18 Boonruangrit Rd., ✆ 053-221529 (hinter dem Westtor 300 m nach rechts, dann links).
Bei schweren Unfällen kann der 24-stündige **Notdienst** des Bangkok Hospitals, ✆ 053-02310-3456, gerufen werden. Hier stehen Hubschrauber und Flugzeuge mit ausgebildetem Rettungspersonal zur Verfügung.

MOTORRÄDER – sind im Norden ein herrliches Fortbewegungsmittel: gute Straßen, befahrbare Wald- und Feldwege, außerhalb der Städte geringer Verkehr, gutes Klima. Beste Infos zum Motorradfahren in Nord-Thailand bietet David Unkovich im Web unter 🖳 www.gt-rider.com und im Message Board unter 🖳 http://board.gt-rider.com. Die Top-Biker von Chiang Mai treffen sich im *Kafe*, in der *Bierstube* und in *Rudi's Jazz Sax Pub*.
Hondas von 125–750 ccm werden in den Läden an der Moon Muang Rd., in den Gästehäusern und in vielen anderen Läden in der Stadt vermietet. Die Maschinen sind (außer bei Daret) meist gut in Schuss, sollten aber gründlich gecheckt werden (Reifenprofil, Bremsen). Auch ein gut befestigtes Nummernschild und einen funktionierenden Kilometerzähler sollten sie haben. Kleine Maschinen sind pro Tag für 100–200 Baht, 250–400 ccm-Motorräder für 400–600 Baht und Enduros für 550–700 Baht zu haben. Bei längerer Miete gibt es Ermäßigung. In der Saison (Weihnachten usw.) sind alle größeren Bikes meistens ausgebucht. Der **Pass** muss hinterlegt werden (bisher keine Probleme). Der Internationale **Führerschein** wird bei seriösen Vermietern verlangt, die Polizei kontrolliert gelegentlich.
Haftpflichtversicherungen für Mietmotorräder decken nur Personenschäden bis 50 000 Baht ab. Die „Insurance", die einige clevere Vermieter teuer verkaufen, beinhaltet eigentlich nur selbstverständliche Service-Leistungen, hat aber nichts mit einer Versicherung zu tun. Bei einem Unfall ist der Mieter zunächst immer selbst schuld! Evtl. kann die Tourist Police vermitteln. Am besten defensiv fahren! Wenn die Maschine mit Normal-Benzin nicht richtig läuft, Super probieren.
Warnung: Motorrad-Fahren in Thailand ist gefährlich! Unbedingt einen Sturzhelm und entsprechende Kleidung tragen. Viele Zweiradfahrer landen im Krankenhaus – die meisten, weil sie auf Kies oder Matsch ins Schleudern geraten sind. Viele MTX brechen zusammen, weil sie inzwischen zu alt werden. Am besten bewährt hat sich auf den Pisten in Nord-Thailand die Honda XR250 Baja. Die folgenden Läden wurden seit Jahren von den Motorradexperten David Unkovich, Uwe Bellmann und Harry Clusen getestet:
Joe's Bike Team, 26/1 Chiang Moi Rd., Soi 2, ✆ 053-251186, gut gewartete Hondas, große Enduros werden gut repariert, exzellenter Service, Integralhelme, ⏲ Mo–Sa 8–17 Uhr. Die Nummer 1 in Chiang Mai.
C&P Service, 51 Kotchasan Rd., ✆ 053-273161, gute *Honda Dream* und *Honda Baja*, faire Preise, freundlicher Service, die Frau spricht gut Englisch.
Mr. Mechanic, Moon Muang Rd., ✆ 053-214708, in der Soi südlich von *Northwheels*, wurde uns mehrfach empfohlen.
Jaguar Motorcycle Hire, 131 Moon Muang Rd., ✆ 053-214694, *Honda Dream* für 150 Baht, *Honda MTX 125* und *Honda Baja 250,* ganz in Ordnung.
C.V.A. Suzuki, 85/1 Kampangdin Rd., ✆ 053-273515, Mopeds und Mountainbikes.
AUAN, 113 Phra Pokklao Rd., ✆ 053-210964. Seit der beste Mechaniker, Mr. Zell, weg ist, werden die Maschinen nicht mehr ordentlich gewartet. Bei ***Marble*** und ***Queen Bee*** muss die Maschine zuvor besonders gut gecheckt werden.
Pop arbeitet u.a. mit dem Trick, bereits zuvor vorhandene, z.T. verdeckte Schäden bei der Rückkehr in Rechnung zu stellen.
Uwe vom ***Duang Dee Gh.*** ② berät seine Gäste und empfiehlt Routen, die zu ihnen passen.
Ralf Herzog von der ***Ba Ba Bo Bo Bar*** (s.o.) kennt sich auch gut mit Motorradtouren im Norden aus.
Bereits in Deutschland buchen kann man hervorragend organisierte Off-Road-Touren bei Harry Clusen von ***Off-Road Tours,*** ✆/📠 05254-7860 (s.S. 55f.).
Siam Bike Travel (Walter Fenske), ✉ info@siambike.com, 🖳 www.siambike.com, macht

pauschale Enduro-Touren ab Chiang Mai, ab US$995 für 6 Tage.

Gebrauchte Motorräder zu **kaufen** gibt es u.a. bei ***Zell-Moto***, 84 Moo 2, Chom Thong, im Zentrum am H108, gegenüber dem großen Wat; leider spricht Mr. Zell kaum Englisch.

Neuere Modelle gibt es bei *Lek Big Bike* und *Joe's Bike Team* (s.o.).

Die beliebtesten **Rundfahrten** ab Chiang Mai:

Schöne Tagestour zum Eingewöhnen: Hang Dong – Samoeng – Mae Sa Valley – Chiang Mai (110 km, 4 Std.)

Nordwesten: Mae Malai – Pai (Ü) – Mae Hong Son (Ü) – Khun Yuam – Mae Chaem (Ü) – Doi Inthanon – Chiang Mai (530 km, mind. 4 Tage)

Norden: Chiang Mai – Mae Kachan – Wang Nua – Phayao – Chun – Chiang Kham – Phu Chi Fah – Chiang Khong – Chiang Saen – Mae Sai – Mae Salong – Thaton – Chiang Mai (mind. 5 Tage)

Harte Tagestour auf Asphalt mit großen Maschinen (über 150 ccm): Hot – Mae Chaem (Ü möglich) – Doi Inthanon – Chom Thong – Chiang Mai (300 km, mind. 7 Std.).

Wer eine Motorradtour im Norden vor hat, sollte sich die **Straßenkarte** „Thailand North Road Map" von B&B besorgen (wird nicht mehr gedruckt). David Unkovichs Büchlein „A Motorcycle Guide to the Golden Triangle" (395 Baht) sowie die Karten „The Mae Hong Son Loop (1 : 375 000)" und „The Samoeng Loop" (je 175 Baht) sind sehr zu empfehlen.

POST – **Hauptpostamt** an der Charoen Muang Rd., kurz vor dem Bahnhof. Postlagernde Sendungen (*Poste Restante*) werden hier in einem Buch registriert. Vor dem Postamt verpackt ein *„Packing Service"* fachmännisch Pakete (25–120 Baht).

Auch zum **Phra Sing Post Office**, Samlan Rd., kann man *Poste Restante* schicken lassen (PLZ 50200).

Weitere Postämter in der Altstadt an der Phra Pokklao Rd. (mit Packing Service), an der Wichayanon Rd. und am Flughafen sowie einige Lizenzunternehmen.

Postämter ⏲ Mo–Fr 8.30–12 und 13–16.30, Sa, So und feiertags 9–12 Uhr.

PLZ: 50 000 östlich vom Fluss, 50100 südlich der Tapae Rd., 50200 in der Altstadt und südlich der Huai Kaeo Rd., 50300 nördlich der Tapae Rd. und Huai Kaeo Rd.

RECHTSBEISTAND – Annette im *Eagle House*, ✆ 053-235387, besorgt im Notfall einen guten Anwalt. In schwerwiegenden Fällen hilft auch der deutsche Konsul (s.o.).

REISEBÜROS – Flugtickets weltweit bieten:

K&K Business Center, 168 Tapae Rd., ✆ 053-252388, 01-9921384, Mr. Kanit, und

Travel Shoppe, 2/2 Chaiyaphum Rd., Tapae Gate, ✆ 053-874091, ✉ trvshop@loxinfo.co.th.

Chiang Mai B.I.S. Travel, 12/1 Loi Khroa Rd., ✆ 053-206738, der Inhaber Boni ist auf Reisen in die Nachbarländer spezialisiert.

REISEZEIT – Die **kühle Jahreszeit** dauert von Ende Oktober bis Februar. Die Temperatur beträgt 10–28 °C, durchschnittlich 21 °C (nachts empfindet man es als sehr kalt). Am kältesten ist es im Dezember und Januar.

Die **heiße und trockene Jahreszeit** dauert von März bis Mai. Die Temperaturen betragen 25–40 °C, durchschnittlich 30 °C. Am heißesten ist es im April. Die Luft ist staubig und dunstig.

Die **Regenzeit** geht von Juni bis Oktober. Am meisten Regen fällt im September (zumeist mit Tropengewittern von 1/2–2 Std. Dauer). Im Juli und August regnet es meist nachts (es kann aber auch ein oder zweimal mehrere Regentage hintereinander geben). Die Temperaturen betragen 20–35 °C, durchschnittlich 25 °C. Viele Bewohner von Chiang Mai halten die Regenzeit für die schönste Zeit.

Hochsaison ist von November bis März und im Juli / August. Wer in dieser Zeit erst abends ankommt, wird im Zentrum nur schwer ein Zimmer finden.

SCHWIMMEN – Einen sauberen öffentlichen Swimming Pool gibt es in der Altstadt im ***Anodard Hotel***, 57 Ratchamanka Rd., ✆ 053-211055, (80 Baht, ⏲ 9–18 Uhr), und einen schönen Pool im ***Amari Rincome Hotel*** an der Ecke Huai Kaeo Rd./Nimmanhamin Rd. (100 Baht, Tischtennis gratis, ⏲ 9–18 Uhr). Ein gutes Bad liegt 1 km westlich vom Youth Hostel, ein weiteres nördlich der Altstadt, 200 m nördlich der Singharat Rd. (20 Baht, ⌚ 8.30–19.30 Uhr). Ein drittes, ***Sara Health Club,*** 109 Boonruangrit Rd., ✆ 053-244371, liegt hinter der Nawarat-Brücke ca. 300 m nach Osten, dann 500 m auf der Bamrung Rat Rd. nach Norden; es ist sehr groß, gepflegt, sehr sauber, leer, aber wegen einer Schule nebenan laut (50 Baht, ⌚ tgl. außer Mo 8–19 Uhr). Im ***700 Jahre Stadion*** Richtung Mae Rim gibt es einen 50 -m-Pool (50 Baht, ⌚ tgl. außer Mo 9–12 und 14–20 Uhr).

TELEFON – In einigen Internet Shops kann man billig internationale Gespräche führen für 20 Baht/Min., manchmal sogar 10 Baht/Min. Teuer sind dagegen die *Oversea Telephone*-Kabinen für IODC-Service und die gelben Lenso-Telefone für Karten.

TOURIST POLICE – 2/4 Srijandorn Rd., an der südlichen Chang Klan Rd., gegenüber vom Hinterausgang des *Lanna Palace Hotels*, zu erreichen unter ✆ 053-278559, ✆ 278564, tgl. von 6–24 Uhr. Büro ⌚ 8.30–12 und 13–16.30 Uhr. Außenstellen: Arcade Bus Station, ✆ 053-242660, Airport und Night Bazaar (19–24 Uhr). Diebstähle sollten der Polizei möglichst sofort gemeldet werden. Auch wenn die Chance gering ist, etwas zurückzubekommen, so muss die Polizei doch für die Versicherung ein Protokoll anfertigen. Alleinreisende Frauen sollten besser in Begleitung zur Tourist Police gehen.

TRADITIONELLE MASSAGEN – ***Rinkaew Phovech*** in der Wualai Rd. hinter dem Chiang Mai Cultural Center, ist chiropraktisch orientiert. Hier werden in separaten Räumen Männer und Frauen in zur Verfügung gestellten Anzügen von ausgebildetem Personal behandelt. ⌚ 8–2 Uhr, Kosten pro Stunde 200 Baht.
Mr. Suan Samoonprai, 8 Wang Singkham Rd.; 1 Std. Massage 100 Baht.
Chiang Mai Anatomy Thai Massage & Beauty Salon, 1 Chang Moi Kao Rd., ✆ 053-251407, 1 Std. traditionelle Massage 200 Baht, Ölmassage 200 Baht, Gesichtsreinigung 80 Baht; sehr sauber und richtig zum Wohlfühlen. Nicht alle Masseusen sind qualifiziert, nur ausländische Kunden.
T. T. T. C. Massagesalon, 63/3 Loi Khroa Rd., ✆ 053-274681, recht groß, sauber, kompetentes Personal. Geleitet von einem Holländer.
Disabled Center, 133/1 Ratchaphakinai Rd., ✆ 053-213941, 🖳 www.disabled.infothai.com; erstklassige Thai-Massage für 150 Baht/Std., Öl-Massage 300 Baht/Std., Fußmassage 200 Baht/Std. Zudem Internet für 20 Baht/Std. (bei 1 Std. Massage ist 1 Std. Internet gratis). Fahrradverleih, Wäscherei (20 Baht/kg), Thai-Sprachkurse und Coffeebar. Sehr zu empfehlen.
Karevek (mit Spa), Nimmanhamin Rd., ✆ 053-894552, 100 m südlich vom *Amari Rincome Hotel*, 200 Baht/2 Std.
Unterricht in traditioneller Thai-Massage (Standard-Preis 3000 Baht/Woche p.P.):
Chiang Mai Center For Traditional Thai-Massage, 33/30 Sirimungklajan Rd., ✆ 053-221122 ext. 5422. Mr. Sombat Tapanya, M.S., bietet 6 Lektionen Einzelunterricht sowie 2 Tage à 7 Std. Gruppenunterricht am Wochenende; leider total überlaufen.
Lek Chaiya, 25 Ratchdamnoen Rd., ✉ tanavid@loxinfo.co.th, 🖳 www.nervetouch.com, ✆ 053-278325; 3- bis 5-tägiger Kurs (5–6 Std. tgl.) in Jap Sen Massage bei Mama Lek, die 40 Jahre Erfahrung hat. Der Kurs kostet 4000 Baht, macht viel Spaß und endet mit Prüfung und Zertifikat.
ITM (Institute of Thai Massage), 17/7 Morakot Rd., Hah Yaek Santitham, ✆ 053-218632; 4 Kurse à 5 Tage à 6 Std.; der Leiter John spricht gut Englisch und ist ein guter Lehrer, kann sich bei den Massen aber nicht jedem widmen, daher unterrichten z.T. ausländische Kursabsolventen.
Fundierte Kurse verschiedener Länge und zu unterschiedlichen Themen führen ***Asokananda*** (Harald Brust) und seine Partnerin Ser Jamoo 80 km außerhalb von Chiang Mai in einem kleinen Lahu-Dorf durch: 🖳 www.infothai.com/thaiyogamassage.
Sunshine House, 24 Soi 4 Kaeo Nawarat Rd., ✆ 053-242310, 🖳 www.sunshinehouse.cjb.net; Holzhaus im Thai-Stil. Mo–Sa 6-tägige Intensivkurse à 5 Std. für 4000 Baht bei Pradith und der Italienerin Cristina inkl. einfache Unterkunft. Auch Anfängerkurs in Vipassana Meditation und Yoga. Verbessert haben sich die Massage-Kurse im ***Old Medicine Hospital,*** 78/1 Soi Moh Shivagakomarpaj (beim Chiang Mai Cultural Center).

TREKKING – Weit über 100 Trekking-Agenturen in Chiang Mai vermarkten Treks zu den Bergvölkern mit reißerischer Werbung. Auch viele Gästehäuser versuchen, ihre Gäste mehr oder weniger sanft zu Trekking-Touren zu überreden. Viele Traveller sind davon so abgestoßen, dass sie ganz auf einen Trek verzichten. Es gibt jedoch durchaus Anbieter, die sich bemühen, sozial verträgliche Treks unter aktiver Einbeziehung der Bergvölker durchzuführen. Eine Liste über registrierte Trekking-Agenturen sowie ein informatives Faltblatt über „Hilltribe-Trekking in Northern Thailand" gibt es beim TAT Tourist Office. Individuelle Touren sind eher in den kleinen Orten möglich (Trekking, s.S. 319ff.). Einige Gästehäuser spiegeln ihren Gästen vor, sie nähmen an den bekannt „guten" Treks anderer Gästehäuser teil. Wer den Betrug erst bei der Abfahrt merkt, bekommt kaum sein Geld zurück.
Immer wieder empfehlen uns engagierte Leser die 4-Tage-Treks des ***Eagle House***, z.B. Herr Malik Assmann, der im WWF (World Wide Fund for Nature) aktiv tätig ist: „Ihr Konzept des bewussten Trekking hebt sie weit über das Niveau anderer Trekkingveranstalter hinaus". Ungeeigent, wenn man nur Spaß oder Abenteuer sucht.
Wer an echtem Öko-Trekking interessiert ist, sollte die Homepage 💻 www.geocities.com/pooheco ansehen und bei ***Pooh Eco Trekking***, 59 Ratchaphakinai Rd., ✆ 053-208538, vorbeischauen, auch wenn die Preise wesentlich höher sind als bei Standard-Touren. Nicht auf ähnlich klingendes, aber rein kommerzielles „Eco-Trekking" hereinfallen!
Massive Beschwerden (inkl. Polizeibericht) schickten uns Leser zu ***Panda Tour***.

WÄSCHEREIEN – Gibt es in fast jeder Straße mit Traveller-Unterkünften. Einige berechnen den Preis nach Kilo (ab 20 Baht/kg), andere für Einzelteile (5–30 Baht pro Teil inkl. Bügeln).
Der Münzwaschsalon ***Jiaranai Laundromat***, 178 Chang Moi Rd., wäscht und trocknet in 1 Std.

Nahverkehrsmittel

FAHRRAD-RIKSCHAS – Die Samlor-Fahrer verlangen gern Fantasiepreise, der normale Preis liegt bei 40 Baht für mittlere Strecken.

TUK TUKS – (Motor-Samlor) kosten 40–60 Baht pro Fahrzeug (zum Flugplatz 100 Baht), aber die Fahrer verlangen oft überhöhte Preise. Bei einer Einkaufstour mit dem Tuk Tuk kann es aber sein, dass die Fahrt fast nichts kostet, denn die Fahrer erhalten von den Verkäufern eine ordentliche Provision. Unter gar keinen Umständen sollte man sich mit ihnen auf Drogen-Deals einlassen! Viele Käufer sitzen heute im Knast. Auch durch sie vermittelte Edelsteinkäufe sind absolut suspekt.

SIELOR (Kleinbusse) – Die roten Vierrad-Songthaew kosten im Zentrum 12–20 Baht p.P. Man nennt am besten ein Hotel, Gästehaus oder Wat in der Nähe des Zieles (das ist besser als der Namen einer kleinen Straße), und wird, evtl. auf Umwegen, hingebracht, wenn sie ungefähr in dieses Gebiet fahren. Ab 30 Baht kann man für kürzere Strecken auch ein leeres Fahrzeug chartern, längere kosten ca. 100 Baht. Auf Anfrage machen sie auch günstige Tagestouren (ab 400 Baht/halber Tag, 700 Baht/Tag).

BUSSE – Der rosa Bus Nr.10 kostet 10 Baht.

STADTRUNDFAHRTEN – mit Fahrrad-Rikscha oder Tuk Tuk werden überall von freischaffenden Fahrern angeboten, eine zufällige Auswahl von Tempeln und mindestens eine „Fabrik" (=Souvenirladen) gehören dazu.

TAXIS – Airport-Taxi 100 Baht pro Auto.

Transport – Anreise

BUSSE – Vom Northern Bus Terminal in BANGKOK (713 km) fahren viele ac-Busse von 6.30–22 Uhr für 322–470 Baht, VIP-24-Busse um 9 und von 19.30–21.30 Uhr fuer 625 Baht. Zudem fahren viele private ac-Busse. Traveller benutzen vorwiegend die berüchtigten Khaosan-Busse (s.S. 54), denn sie sind bequemer zu erreichen und erscheinen zunächst billiger. Wer mit einem solchen Bus weit außerhalb der Stadt an einer Tankstelle ankommt, sollte unbedingt seine Wertsachen überprüfen, dann den im Preis enthaltenen Transport in die Stadt in Anspruch nehmen. In der Hochsaison ist es von Bangkok aus empfehlenswert, einen Nachtbus zu nehmen, um am Morgen leichter eine Bleibe zu finden.

EISENBAHN – Die Nachtzüge aus BANGKOK, die zwischen 14.55 und 22 Uhr starten, sind sehr zu empfehlen. Sie kommen nach 13–15 Std. an. Bei der Ankunft Vorsicht vor unlauteren Schleppern, viele sogar in Uniform oder mit Ausweis!

FLÜGE – ***Thai Airways*** fliegt direkt von Bangkok und Mae Hong Son.
Bangkok Airways fliegt von Bangkok über Sukhothai.
LTU fliegt im Winter direkt aus Düsseldorf.
Lao Airlines fliegt Di und Fr um 10 Uhr, So um 13 Uhr ab Vientiane für US$80, über Luang Prabang für US$60.
Vom Airport zur Stadt gibt es **Sammeltaxis** (Limousinen) für 60 Baht p.P. zu jedem gewünschten Ziel in der Stadt (in der Ankunftshalle bei Thai Airways buchen, deren Auskünften über Gästehäuser leider nicht zu trauen ist).
Viele Fahrer versuchen, ihre Passagiere trickreich in ein anderes Hotel zu schleusen, das ihnen eine hohe Kopfprämie bezahlt.
Die **Tuk Tuks** vor der Halle sind nicht billiger und zudem weniger zuverlässig. Wer auf die Straße vor geht und dann nach rechts, kann ein reguläres Tuk Tuk besteigen.
Ein **Taxi** kostet 100 Baht; nur wer massiv auftritt, landet im gewünschten Gästehaus.
Alle ankommenden roten **Sielors** dürfen eigentlich keine Passagiere zur Stadt mitnehmen, fahren aber auf jeden Fall bis zur nächsten Ampelkreuzung, wo man ggf. recht leicht umsteigen kann.
Per Bus kostet es 10 Baht zur Stadt.
Gute Auskünfte gibt es am TAT-Schalter.

Transport – Weiterreise

BUSSE – Der Busbahnhof **Arcade Station** für alle Orte außerhalb der Provinz und nach Chiang Rai, Mae Hong Son, Mae Sariang, Pai, Lampang und Nan befindet sich am Superhighway an der Kaeo Nawarat Rd., ✆ 053-242664 (Tuk Tuk ab Altstadt ca. 40 Baht, ab Busbahnhof Chang Puak 20 Baht). Die aktuellen Abfahrtszeiten sind im Terminal auf eine große Wand gepinselt und anhand der Busnummer leicht zu verifizieren.
Richtung Bangkok: 2.Kl. ac-Bus (blau, 40 Sitze) von 6.30–13 Uhr und 16–21 Uhr für 314 Baht in 10 Std., ac-Bus 18 alle 30–60 Min. von 7–21 Uhr für 403 Baht, VIP-32-Bus alle 30 Min. von 19–21.30 Uhr für 470 Baht. Der staatliche VIP-24 Bus 999 (blau) fährt um 9 und von 19–21 Uhr für 625 Baht (Reservierung unter ✆ 053-241449, Tickets in der Ladenzeile gegenüber). Private VIP-30 Busse abends für 480 Baht (Reservierung auch bei den jeweiligen Büros und am Anusarn Markt, wo sie etwas früher abfahren).
In vielen Gästehäusern und Reisebüros erhält man für 180–700 Baht Tickets für den Khaosan-Bus. Gegen 18 Uhr wird man am Gästehaus abgeholt. Die Busse fahren manchmal erst 3–4 Std. später von einer Tankstelle ab. Von diesen Bussen raten wir ab.
Nach Zentral-Thailand: SUKHOTHAI non-ac-Bus 155 (orange) um 5, 6, 7, 9, 11 und 15 Uhr für 122 Baht in 5 Std., 2.Kl. ac-Bus um 8, 10.15, 12, 13.30 und 18 Uhr für 171 Baht (über TAK für 85 / 122 Baht in 4 Std.). Ac-Bus weiter nach PHITSANULOK für 196 Baht in 6 Std.
PHITSANULOK (389 km) über Uttaradit Bus 132 (orange) um 6.30 und 10.30 Uhr für 132 Baht in 6 Std., weitere 13 Busse von *Nakhon Chai* am Nachmittag, non-ac 120 Baht, ac 216 Baht, VIP 252 Baht.
MAE SOT (393 km) über Tak Bus 672 (grün) um 11 Uhr für 151 Baht, 6 Std.; ac-Bus um 13.10 Uhr für 241 Baht.
In den Nordosten: KORAT (Nakhon Ratchasima, 762 km) Bus 635 (blau) um 3.30 und 6.30 Uhr für 243 Baht in 12 Std.; ac-Bus um 8, 9.45, 17.30 und 20 Uhr für 437 Baht; VIP-32-Bus um 18.45 und 20.30 Uhr für 510 Baht.
KHON KAEN (683 km) non-ac-Bus 175 (orange) und 633 (orange) 7x tgl. von 5–17.10 Uhr für 247 bzw. 219 Baht in 12 Std.; ac-Bus um 20 und 21 Uhr für 437 bzw. 394 Baht.
UDON THANI (712 km) Bus 636 (orange) um 7.30, 12.20 und 19 Uhr für 228 Baht, 12 Std.; VIP-40-Bus 636 (blau) um 20.30 Uhr für 410 Baht.
UBON RATCHATHANI (1055 km) Bus 587 6x tgl. am Nachmittag in 17 Std., non-ac-Bus um 14.30 Uhr für 325 Baht, ac-Bus um 13 Uhr für 590 Baht, VIP-40-Bus 4x tgl. am Nachmittag für 685 Baht.

Zur Ostküste: RAYONG (990 km) Bus 659 (blau): non-ac-Bus um 5 und 14.45 Uhr für 310 Baht; ac-Bus um 13.30 Uhr für 560 Baht, VIP-Bus um 13.15, 16.10, 17.45 und 18.30 Uhr für 655 Baht in 17 Std. (über PATTAYA für 280 / 520 / 605 Baht in 16 Std.).
Nach Süd-Thailand: Reisebüros bieten auch kombinierte Tickets in den Süden Thailands an, z.B. Ko Samui 1300 Baht, Ko Tao 1550 Baht. Da man sowieso in Bangkok umsteigen muss und z.T. über 12 Std. Aufenthalt hat, kann man die Anschlusstickets auch erst dort kaufen, was meist billiger kommt.
Im Norden: MAE HONG SON (355 km) über MAE SARIANG (78 Baht, 4 Std.) Bus 170 (orange) um 8, 20 und 21 Uhr für 145 Baht in 8 1/2 Std. (der Bus um 13 Uhr fährt nur bis Khun Yuam, um 15 Uhr nur bis Mae Sariang, 78 Baht); ac-Bus um 6.30, 11 und 21 Uhr für 261 Baht in 8 1/2 Std. (bis Mae Sariang 140 Baht). Die Nachtbusse sind nicht zu empfehlen.
PAI Bus 612 (orange) um 7, 9, 10.30, 12.30 und 16 Uhr für 84 Baht in 4 Std. (mit Stehplatz kann die spektakuläre Fahrt zu einem Horror-Trip ausarten!); ac-Minibus um 8 und 10 Uhr für 195 Baht in 2 1/2 Std. Die Busse von 7–12.30 Uhr fahren über SOPPONG weiter nach MAE HONG SON für 145 Baht in 8 Std.; ebenso der ac-Minibus um 8 Uhr.
CHIANG RAI (194 km) Bus 166 (grün) laufend von 6–17.30 Uhr in 3 Std., non-ac-Bus für 77 Baht, VIP-40-Bus 139 Baht, ein VIP-Bus 218 Baht.
LAMPANG Bus 152 von 5.40–17.30 Uhr alle 20–30 Min. für 50 Baht; bis THUNG KWIAN (Elephant Institute) braucht der Bus etwa 100 Min., 34 Baht. Die Busse 148 und 152 halten zum Zusteigen auch an der Nawarat-Brücke vor dem Sri Prakat Hotel.
MAE SAI (256 km) non-ac-Bus 619 (grün) um 6 und 10.30 Uhr für 95 Baht; VIP-40-Bus um 7.45, 9.15, 11.30, 15.30 und 17 Uhr für 177 Baht in 5 Std.
GOLDEN TRIANGLE (256 km) um 12 Uhr für 95 Baht, ac-Bus um 12.15 Uhr für 171 Baht in 4 Std.
CHIANG KHONG (337 km) Bus 671tgl. 8x von 6.15–13.30 Uhr in 7 Std., non-ac-Bus für 121 Baht, 2.Kl. ac-Bus 169 Baht, VIP-40-Bus 218 Baht; jeweils über Phayao. Privater Minibus von Namkhong Travel, 6 Chaiyaphum Rd., ✆ 053-874321, neben Darets, für 190 Baht.
PHAYAO (160 km) Bus 198 (grün) 12x tgl. von 6–17.30 Uhr in 3 Std., non-ac-Bus für 67 Baht, 2.Kl. ac-Bus 94 Baht, ac-Bus um 8 Uhr 121 Baht.
NAN (348 km) über Phayao Bus 113 um 9 und 10 Uhr für 117 Baht in 6 Std., 2.Kl. ac-Bus um 13.30 Uhr für 179 Baht. Auf der *Old Route* über Phrae (338 km) mit Bus 169 (grün) um 6.30 und 9.30 Uhr für 117 Baht in 6 Std., 2.Kl. ac-Bus um 10.15, 12.30, 17 und 22 Uhr für 164 Baht, ac-Bus um 7.30, 10.30 und 14.30 Uhr für 211 Baht, VIP-Bus um 8.30, 15.30 und 22.30 Uhr für 328 Baht. Die Busse halten auch in PHRAE (216 km) für 79 / 111 / 142 Baht, 4 Std.
Vom **Busbahnhof Chang Puak** in der Chotana Rd. (500 m nördlich des Altstadtgrabens), ✆ 053-211586, kommt man nach Thaton, Fang, Wiang Haeng, Lamphun und Chom Thong.
LAMPHUN Bus 181 (blau, 35 Sitze) und 182 (weiß) alle 10 Min. zwischen 6 und 18 Uhr für 12 Baht, 60 Min. Weiter nach PA SANG, 15 Baht, 90 Min. Die Busse 181 und 182 halten zum Zusteigen an der Nawarat Brücke vor dem Sri Prakat Hotel.
CHOM THONG (für den Doi Inthanon) Bus 1232 (blau-weiß) alle 20 Min. von 6–18 Uhr für 23 Baht in 1 Std. Die Busse 1232 halten zum Zusteigen am Chiang Mai Gate, dem südlichen Tor.
THATON über Chiang Dao non-ac-Bus 1231 (orange, 56–70 Sitze) um 6, 7.20, 9, 11.30, 13.30 und 15.30 Uhr für 70 Baht, 4 Std. (mit den ersten beiden erreicht man noch die Boote auf dem Kok-Fluss nach Chiang Rai).
FANG non-ac-Bus 1231 (orange, 56–70 Sitze) alle 20 Min. von 5.30–17.30 Uhr für 56 Baht (bis Chiang Dao 29 Baht), ac-Bus stdl. von 7.30–16.30 Uhr für 100 Baht; mit ac-Minibus alle halbe Std. von 7.30–16.30 Uhr für 61 Baht in 3 1/2 Std. (Reservierung unter ✆ 053-211577). In Fang besteht Anschluss nach THATON mit dem Minibus in 40 Min.

EISENBAHN – Der Bahnhof liegt im Osten der Stadt in der Charoen Muang Rd., ✆ 053-242094, 244795; Gepäckaufbewahrung tgl. 6–22 Uhr, 10 Baht pro Stück (ab 6. Tag 15 Baht pro Stück). Hier kann man von 5–21 Uhr links beim *Advance Booking* Züge reservieren und beliebige Tickets kaufen (beim Eintreten eine Nummer ziehen!). Die Computerreservierung klappt hervorragend. Tgl. fahren 7 durchgehende Züge nach BANG-

KOK. Der *Special Express* um 16.45, der *Nakorn Ping Special Express* um 17.50 Uhr (Ank. 6.25 und 7 Uhr), der *Express* 52 um 16 Uhr (Ank. 6.05 Uhr) und 2 *Rapid* (nur 2. und 3. Kl.) um 6.55 und 21.50 Uhr (Ank. 21.20 und 12.30 Uhr). Außerdem zwei *Sprinter* um 20.30 Uhr (Ank. 8.25 Uhr) und 8.30 Uhr (Ank. 20.20 Uhr).

Alle Züge halten in PHITSANULOK (ca. 7 Std., außer *Special Express* Nr.2), in AYUTTHAYA (12–13 Std., außer *Sprinter)* und am DON MUANG AIRPORT (11–14 Std.).

Ein *Ordinary Train* fährt um 7.30 Uhr über den DOI KHUNTAN NATIONAL PARK (8.45 Uhr) und PHITSANULOK (16.05 Uhr) bis NAKHON SAWAN (19 Uhr).

Fahrpreise nach BANGKOK in der 1. / 2. / 3. Kl.: 593 / 281 / 121 Baht. Mit Zuschlägen (s.S. 51) ergibt dies z.B. für 1.Kl. Sleeper 1253 Baht, 2. Kl. Sleeper 441–781 Baht, *Sprinter:* nur 2. Kl. ac Sitz 511 Baht, 3.Kl. Sitz 181–201 Baht.

FLÜGE – Der Airport im Südwesten ist mit einem Sielor für 25 Baht p.P. bzw. 60 Baht pro Fahrzeug zu erreichen, mit dem Tuk Tuk für 60 Baht, dem Taxi für 90–100 Baht.

Manchmal bekommt man in der Stadt billigere Transportmittel.

Postamt im Flughafen ◷ 8.30–20 Uhr.

Thai Airways, 240 Phra Pokklao Rd., ✆ 053-210210 (Inland), 270222-34 (International), Reservierung ✆ 053-221044-6, 211044, ◷ tgl. 8–17 Uhr. Nach BANGKOK 11x tgl. für 2170 Baht, 5x tgl. nach MAE HONG SON für 765 Baht, tgl. um 11.15 Uhr direkt nach PHUKET für 4535 Baht (2 Std., Fensterplatz links ist super), Mo, Di, Do und Sa um 12.20 Uhr direkt nach KRABI für 4535 Baht (zurück kein Direktflug!). Die Airport Tax beträgt 50 Baht.

Über Weihnachten sind die Flüge nach Süd-Thailand absolut überbucht, rechtzeitig einchecken!

Thai Airways fliegt am Do und So Nachmittag nach KUNMING in Yunnan (China) für 3750 Baht (45 Tage Holiday Excursion 5500 Baht), ein beliebter Ausflug. Visa gibt es in 24 Std. im chinesischen Konsulat.

Bangkok Airways, ✆ 053-281519-20, fliegt 2x tgl. nach SUKHOTHAI (940 Baht), 1–3x tgl. nach BANGKOK (2320 Baht), sowie Di, Do und Sa nach JING HONG (China). Es werden auch Tickets bis KO SAMUI verkauft.

Orient Thai fliegt Mo–Fr 2x tgl., Sa und So 1x tgl. nach BANGKOK für 1500 Baht.

Air Asia fliegt zu unterschiedlich günstigen Preisen nach BANGKOK, geringe Kontingente.

Nok Air fliegt 3x tgl. nach BANGKOK für 1529–1929 Baht.

Silk Air, 153 Sri Dornchai Rd. (im Mae Ping Hotel), ✆ 053-276459, 💻 www.silkair.com, fliegt Di, Fr und So nach SINGAPORE für ca. 5500 Baht.

Tiger Airways, 💻 www.tigerairways.com, fliegt Mo, Mi, Fr, So nach SINGAPORE für ca. 3065 Baht.

Air Mandalay, 148 Charoen Prathet Rd., ✆ 053-818049, 📠 818051, 💻 www.airmandalay.com; fliegt mit ATR72-210s zurzeit am Mi, Fr und So um 15.35 Uhr nach YANGON für 3200 Baht und am Di, Do und So um 16.30 Uhr nach MANDALAY für 3700 Baht. Es gibt auch ein Rundflug-Ticket Chiang Mai – Yangon – Mandalay – Chiang Mai für 9900 Baht.

Lao Airlines, 2/107 Ratchapruek Rd., ✆ 053-223400, 📠 223401, 💻 www.laoairlines.com, fliegt Di, Fr um 12.50 Uhr, am So um 15.40 Uhr über LUANG PRABANG (2950 Baht) nach VIENTIANE (Laos) für 3400 Baht; rechtzeitig buchen.

LTU, 16/3 Huai Kaeo Rd., ✆ 053-218715-20, 📠 222013.

Die Umgebung von Chiang Mai

Bo Sang und San Kamphaeng

An der Straße nach Bo Sang haben sich Dutzende Manufakturen und Läden für **Kunsthandwerk** angesiedelt: Lackarbeiten, Silberwaren, Holzschnitzereien, Seide, Keramik und Halbedelsteine. Sie werden von vielen Lesern als überteuert bezeichnet. Es kann jedoch sehr interessant sein, die Arbeiter und Arbeiterinnen bei der mühevollen Arbeit zu beobachten. Die meisten schließen gegen 16 Uhr.

In den Betrieben von Bo Sang werden in Handarbeit **Schirme** aus Papier und Seide hergestellt und bemalt. Aus einem Katalog kann man ein spezielles Muster auswählen. Die fertigen Schirme können nach Hause geschickt werden, für einen geringen Aufschlag auf die Post-Tarife (Pakete nach Europa dürfen bis 20 kg wiegen). Ein farbenfrohes, lohnenswertes „Schirm-Fest“ findet im Januar statt.

In San Kamphaeng werden **Baumwoll- und Seidenstoffe**, zum Teil noch auf traditionellen Webstühlen, hergestellt. Bei *Piankusol* lässt sich der traditionelle Produktionsprozess verfolgen. Eine Weberin verdient etwa 24 Baht pro Meter und schafft bis zu 5 m am Tag. Typische geometrische Muster und kräftige Farben kennzeichnen die Seidenstoffe, die neben den Baumwollstoffen hier (überteuert!) und in den Läden entlang der Hauptstraße verkauft werden. Bekannt ist der Ort für seine heißen Quellen, in der Nähe ist auch eine Tropfsteinhöhle.

Weiße Songthaews nach San Kamphaeng, 13 km östlich der Stadt, fahren regelmäßig am Warorot-Markt und im Osten der Stadt an der Charoen Muang Road, Ecke Bamrung Rat Road ab und kosten 10 Baht. Tuk-Tuks fahren zu einem symbolischen Preis von 20 Baht diese Einkaufsstraße entlang, denn die Fahrer erhalten überall Provision, auch wenn die Gäste nichts kaufen. Wer ohne Kaufzwang stöbern will, bucht den Ausflug am besten im Gästehaus (ca. 100 Baht).

Wat Doi Suthep

Das **Kloster** auf dem Berg, der Chiang Mai überragt, ist das Wahrzeichen der Stadt und unbedingt sehenswert. Wat Doi Suthep, 1080 m hoch, liegt 16 km nordwestlich. Sein goldener Chedi aus dem 16. Jh. enthält Buddha-Reliquien. Nach einer alten Legende wurde der Tempel 1383 unter König Guena erbaut. Der König hatte den ceylonesischen Mönch Sumana eingeladen, damit er seine Lehre des Buddhismus (Theravada) im Königreich Lanna verbreite. Als Gastgeschenk brachte Sumana eine Reliquie mit. Als diese im Wat Suan Dok einen Platz erhalten sollte, spaltete sie sich in zwei Teile. Um einen angemessenen heiligen Platz für die zweite Hälfte der Reliquie zu finden, befestigte man sie auf dem Rücken eines weißen Elefanten. Freigelassen, marschierte das Tier in die Berge hinauf bis an die heutige Stelle des Doi Suthep, wo daraufhin die Tempelanlage errichtet wurde.

Rote Minibusse fahren von 6 bis 15.30 Uhr laufend (ab 4 Fahrgästen) ab Chang Puak Gate an der Mani Noparat Road und ab dem Zoo für 40 Baht die kurvenreiche Bergstrecke hinauf und für 30 Baht hinunter. Taxis kosten ca. 200 Baht hin und zurück und warten ca. 1 Stunde. Eine 290 Stufen hohe Treppe führt nach oben. Die Zahnradbahn fährt für 20 Baht p.P. nach oben. Der Tempel kostet 30 Baht Eintritt (nur Ausländer) und wird gegen 16.30 Uhr geschlossen. Am Wochenende ist der Besuch nicht ratsam. Die Preise auf dem Souvenir-Markt sind viel zu hoch, es geht zu wie auf einem Jahrmarkt.

Doi Pui

5 km weiter oberhalb vom Wat Doi Suthep befindet sich der **Phu Ping-Palast**, eine Winterresidenz des Königs, mit einer schönen Gartenanlage. ⌚ Fr–So 8.30–16.30 Uhr, Eintritt 50 Baht, falls niemand von der königlichen Familie anwesend ist. Der Doi Pui, an dessen Hängen der Palast und das Wat liegen, ist 1690 m hoch und könnte bestiegen werden, wenn der National Park-Eintritt von 200 Baht nicht wäre. Die Entfernungen in der Karte sind viel zu kurz dargestellt. Ein Minibus fährt vom Wat für ca. 20 Baht. Den Besuch des extrem touristischen **Hmong-Dorfes** Doi Pui kann man sich schenken.

McKean Rehabilitation Institute

Der amerikanische Arzt Dr. McKean (gesprochen: Mäk Kehn) von der Presbyterianischen Mission gründete 1897 auf der Insel Ko Klang am Ping-Fluss das McKean Rehabilitation Institute für Leprakranke, das noch heute als Modelleinrichtung einen guten Ruf genießt. Die Insel Ko Klang liegt etwa 7 km südlich von Chiang Mai. Die Fahrt geht von der Nawarat-Brücke die Lamphun Road 2,7 km nach Süden, am Nong Hoi Markt schräg nach rechts in den H1008 und 4,4 km immer geradeaus – vorbei an den Ruinen von **Wiang Kum Kam** (1 km links, s.S. 327) und am schönen Chedi des **Wat Chedi Si Liam**.

Besucher sind am Institut willkommen und können in einem Laden handgemachte Souvenirs kaufen. Ein Faltblatt (im *Administration Office* erhältlich) und ein interessantes Video (15 Min., englisch) verschafft einen Einblick in die Arbeit. Außerdem darf man die Klinik besichtigen und sehen, wie die Patienten mit Physiotherapie und Arbeitstherapie wieder auf ein selbständiges Leben vorbereitet werden. Da die Lepra in Thailand weitgehend besiegt ist, werden vor allem Patienten aus Myanmar, Laos und Kambodscha sowie einheimische Unfallopfer und Drogenabhängige behandelt.

Ein Minibus fährt stündlich vom Bus Stop vor dem Markt nördlich der Nawarat-Brücke (Westufer). ⌚ Mo–Fr 8–12 und 13–16 Uhr, ✆ 053-241190. Mittagessen gibt es gegen einen Unkostenbeitrag. Eine 3 km lange Ringstraße führt um die Insel.

Wasserbüffel-Markt

Am Freitag findet früh morgens bis max. 10 Uhr im Dorf Sansai (östlich vom H1001, 15 km nach Nordosten) ein Markt für **Wasserbüffel** und **Zeburinder** statt. Anfahrt per Pickup für 10 Baht.

Mae Wang-Tal

Der Ausflug in dieses Tal lohnt besonders für früh aufstehende Selbstfahrer. Ab dem späten Vormittag übernehmen organisierte Tagestouren mit allerlei Action die Szene.

Zu erreichen auf dem H108 bis San Pa Tong. Im Ortszentrum rechts auf den H1013 nach Mae Wang abbiegen. Hinter Mae Wang steigt die Straße in schönen Kurven an und führt vorbei an dschungelbewachsenen Bergen, durch Reisterrassen oder Zwiebelfelder. Der Fluss lädt an manchen Stellen zum Baden oder Schlauchtreiben ein. Am KM 25,8, im Dorf Mae Win, geht es links runter zur Abfahrtsstelle der **Bamboo Rafts**. Die Flöße treiben auf einem malerischen Fluss und passieren Stromschnellen, bei denen, zumindest bei gutem Wasserstand, keiner trocken bleibt. Ein Elephant Camp liegt direkt an der Straße am KM 30. Für 300 Baht kann man 1 Std. reiten. Nach weiteren 4 km führt ein Abzweig zum **Maesapok-Wasserfall**, den man nach 2 km auf der Straße und 200 m Fußweg erreicht. Er stürzt in mehreren Fällen in die Tiefe und wird gerne zum Duschen und Massieren genutzt. Auf dem Weg passiert man nach 1 km das **Mae Wang Elephant Camp**.

Lamphun

Lamphun (gesprochen: *Lam-puhn*) ist eine der ältesten Städte in Thailand. Sie wurde im Jahre 660 als **Hauptstadt** des **Haripunchai**-Königreichs gegründet. Erste Regentin war die auch heute noch hochverehrte Königin Chama Devi. Erst König Mengrai unterwarf 1281 die Dynastie von Chama Devi und gliederte Lamphun in das Königreich **Lannathai** ein.

Busse in das 26 km südlich von Chiang Mai liegende Lamphun (häufig auch: *Lampoon*) fahren alle 10 Minuten für 12 Baht an der Chang Puak Bus Station ab, zusteigen ist in der Nähe der Nawarat Brücke möglich. Halbtagstouren kosten um 300 Baht p.P.

Die erste Strecke passiert eine Allee mit schönen, alten Bäumen. Da der Superhighway Richtung Süden um die Stadt herumführt, hat Lamphun viel von seinem Charme bewahren können. Das alte Zentrum ist von einem Stadtgraben umgeben.

Sehenswert ist das **Wat Phra That Haripunchai** mit seinem 46 m hohen, vergoldeten Chedi, der eine heilige Reliquie enthält. Mit dem Bau dieses Chedi wurde im Jahr 897 begonnen, das Wat stammt aus dem Jahr 1157. In einem kleinen Gebäude rechts am Eingang sollte man sich nicht die hervorragenden Wandmalereien entgehen lassen, die Szenen aus Himmel und Hölle darstellen. Bemerkenswert sind auch der riesige Bronze-Gong und in der Nordwestecke der baufällige Suwana Chedi im Dvaravati Stil. Das Innere der Gebäude ist nur an Werktagen zugänglich. Eintritt 20 Baht.

Gegenüber steht ein kleines, lohnenswertes **National Museum**. ⌚ Mi–So außer feiertags 9–12 und 13–16 Uhr, Eintritt 30 Baht. Hervorragendes Essen gibt es auf dem **Markt** ab 16 Uhr (Sa ab 17.30 Uhr): Dutzende von Hausfrauen bieten in Schüsseln ihre besten Gerichte an. Am ersten Wochenende im August findet das Fest der Lamyai-Früchte (engl. Longans) statt. Etwa 1 km außerhalb der Stadt Richtung Westen liegt das **Wat Ku Kut**, manchmal auch Wat Chama Devi genannt. In den Nischen eines pyramidenförmigen Chedi stehen zahlreiche Buddhafiguren.

Wat Phra Buddhapat Tak Pha

Die große Anlage beherbergt sehr viele Mönchsquartiere und wird von einem schönen **Chedi** auf dem Hügel dahinter gekrönt. Den Tempel erreicht man von Pa Sang, wenn man auf dem H106 nach Süden fährt und nach 7 km in die schnurgerade Straße nach Osten (1 km) einbiegt.

Übernachtung

Im Zentrum von Lamphun kann man auch übernachten, und zwar in ***Tu's Gh.,*** ❶.

Supamitre Holiday Inn, Jammathevi Rd., ✆ 053-534865. ❷–❸

Der letzte Bus nach CHIANG MAI (12 Baht) fährt bereits um 18 Uhr.

NORD-THAILAND

Mae Sa Valley แม่สาวัลเล่ย์

Das landschaftlich reizvolle Mae Sa Valley wurde zu einem Erholungsgebiet für die Bangkoker Oberschicht ausgebaut. Alles, was die thailändische Seele an den Garten Eden erinnert, wurde hier angesiedelt, angelegt, erschlossen oder marktgerecht betont: angenehmes Klima, schöne Parks, seltene Orchideen, duftende Rosen, plätschernde Wasserfälle, Fische zum Angeln, Elefanten zum Reiten, malerische Hilltribe-Dörfer, teure Restaurants und gepflegte Resorts.

Auf dem teilweise zur Autobahn ausgebauten Highway 107 zweigt hinter Mae Rim die Samoeng-Straße (H1096) ins Mae Sa Valley ab. (Alternativ kann man bereits hinter der Polizeistation auf die unbeschilderte Nebenstraße *Old Road* abbiegen.) Nach 1,5 km zweigt die *Old Road* nach links ab, auf der man nach 600 m zur großen **Sainamphung Orchid Farm**, ✆ 053-298771-2, mit wunderschönen Exemplaren kommt, gut zum Fotografieren geeignet. Hier werden Orchideen auch präpariert und als Schmuck vergoldet. ⌚ tgl. 7.30–17 Uhr, Eintritt 20 Baht.

Vom Besuch der **Schlangenfarm** am KM 3 bleibt fast nur ein schaler Nachgeschmack übrig, Eintritt 200 Baht. Gleiches gilt für die **Monkey Show,** schräg gegenüber, an der Abzweigung zum Bungy Jump.

Nach 4,3 km biegt rechts eine Straße zu den **Wasserfällen** Tad Mok (9 km) und Wang Hung (12 km) ab. Die **Mae Rim Orchid & Butterfly Farm** am KM 5,8 besser links liegen lassen. Beim KM 6 führt eine Straße nach links zum **Mae Sa-Wasserfall** (Eintritt 10 Baht), der aus verschiedenen kleinen Kaskaden und Pools besteht, die durch Wege erschlossen sind. Empfehlenswert sind feste Schuhe. Am Parkplatz haben Essenverkäufer ihre Buden aufgebaut, also ist alles vorhanden für ein bequemes Picknick. Ein Tourist Center informiert über die Sehenswürdigkeiten in der Umgebung, ⌚ 8.30–16.30 Uhr.

Am KM 10,5 liegt das **Elephant Camp**, ✆ 053-206247, 💻 www.elephantcamps.com, von das von vielen Tourbussen angesteuert wird. Täglich zwischen 8 und 9.40 Uhr demonstrieren zwei Dutzend Elefanten und drei Babys für 45 Min. ihr Können vor einem Massenpublikum, Eintritt 120 Baht (zusätzliche Show von Nov bis Juli um 13.30 Uhr). Für 500 Baht können zwei Personen eine Stunde auf einem der über 50 Elefanten in Straßennähe am Fluss entlang reiten, 30 Min. kosten pro Elefant (max. 2 Pers.) 600 Baht, 1 Std. 1000 Baht. 700 m dahinter erstrecken sich die bunten Blumenbeete und ausgedehnten Gewächshäuser des **Queen Sirikit Botanical Gardens** über eine große Fläche (fast zu groß für Wanderungen); ✆ 053-298171, 💻 www.qsbg.thaigov.net; ⌚ tgl. 8.30–17 Uhr; Eintritt 20 Baht. Naturliebhaber können hier auf schönen Pfaden durch Themenabschnitte (Arboretum, Schlingpflanzen usw.) wandern. Auf der Bergkuppe sind nochmals riesige Gewächshäuser thematisch geordnet (Dschungel, Kakteen usw.).

Ein weiteres **Elephant Camp** wurde beim Dorf Pongyang (KM 18,4) eingerichtet. Während das untere Tal noch ein ähnliches Klima wie Chiang Mai hat, wird es hier schon deutlich frischer. Der Pass mit etwa 1100 m Höhe ist beim KM 24 erreicht. Hier oben wird es am Abend richtig kalt.

Samoeng

Kaum zu glauben, dass nur 12 km weiter auf 530 m einer der heißesten Orte Nord-Thailands liegt. In Samoeng beträgt die durchschnittliche Höchsttemperatur im April 42 °C. In den freundlichen Restaurants *Supanee* und *Samerng Garden* gibt es recht gutes und billiges Essen. Ansonsten ist der Ort eine Oase der Ruhe ohne besondere Infrastruktur. Von hier aus kann man in verschiedene Hilltribe-Dörfer fahren, aber ohne Führer oder zumindest den genauen Namen in Thai-Schrift sind sie kaum zu finden. 3 km nördlich befindet sich bei einem Kloster eine tolle **Tropfsteinhöhle** mit Fledermäusen. Schlecht ist der Weg zu den schönen **Mae Khan-Stromschnellen** (7 km südlich), die sich selbst während der Trockenzeit zum Schwimmen eignen. Die **Hot Springs Pongkwao** (23 km, schlechte Straße, rosa Hinweisschilder) bieten zwei große Thermalwasserbecken und viele kleine, lauschige 2er-Becken, Handtücher und witzige Badebekleidung werden gestellt. ⌚ 9–18 Uhr, Eintritt 150 Baht.

Mit eigenem Fahrzeug kann man bei Trockenheit die staubige, in Steilstellen schwierige Erd-, Schotter- und Klinkerstraße nach Westen zum Karen-Dorf **Ban Watchan** fahren (93 km, 3 Std.). Im Januar werden im großen Dorf **Borkaew** (nach 27 km) leckere Erdbeeren verkauft. Weiter bis Pai (insgesamt ermüdende 148 km) ist die steinige Schotterstraße H1265 (43 km, 2 Std.) zu packen. Alternativ können gute Enduro-Fahrer die breite, steile und teilweise sehr schwierige Piste von Ban Watchan nach Westen (85 km, 5 Std.) testen. Sie ist teilweise im Bau und führt durch ein von schönem Wald bedecktes Bergland und fünf Dörfer. 5 km südlich von Mae Hong Son trifft sie am KM 260,3 auf den H108. Wer sich diese Off-Road-Piste zumuten will, erkundigt sich am besten vorher in Chiang Mai bei David Unkovich oder Uwe (s.S. 341).

Fährt man jedoch von Samoeng die asphaltierte Ringstraße um den Doi Pui weiter, sie heißt nun H1269 und beginnt mit KM 0, sind nur wenige steile Strecken zu überwinden. Hinter dem Krisda Doi Pass liegt rechts unterhalb eines kleinen Wasserfalls das **Krisda Doi Resort** (Eintritt 20 Baht), ein großes Teakhaus in einem herrlichen Garten. Nach 14 km erreicht man wieder die Hauptstraße H108 (KM 38) und nach weiteren 12 km Chiang Mai (insgesamt ca. 110 km).

Übernachtung

MAE SA VALLEY – In diesem Tal liegen nur Resorts in schön angelegten Parks. Sie bieten relativ einfach ausgestattete Bungalows für zumeist 4–20 Pers. Gute Restaurants und Lagerfeuerromantik inkl. Einige Resorts verlangen Eintritt. Die Schreibweise der Namen variiert bei einigen Anlagen sehr. An der *Old Road* (Taxi ab Chiang Mai 300 Baht) liegen ***The Four Seasons,*** ✆ 053-298181, ℻ 298 190, 🖳 www.fourseasons.com/chiangmai/, luxuriöse Suiten, kreativ gestaltete Gebäude, herrliche Landschaftsarchitektur. ❽

Mae Rim Lagoon YHA, ✆ 053-2827254, 🖳 www.maerimlagoon. com, das ehemalige Hotel versucht ein junges Publikum anzusprechen, Zi mit ac. ❹–❺

Die folgenden Kilometerangaben beziehen sich auf den **H1096**: KM 3,5: ***Mae Sa Resort,*** ✆ 053-298095, ordentliche, kleine Bungalows im Wald, preiswert; 9-Loch Golfplatz. ❸–❺

KM 9: ***Rintr Garden Resort,*** nicht zu empfehlen. ❸–❹

KM 12: ***Mae Sa Valley Craft Village,*** ✆ 053-290051-2, 36 Cottages mit Fan, 10 mit ac, Restaurant, Koch-, Batik- und andere Kurse, freundlicher Manager, Transport nach Chiang Mai 300 Baht. ❺–❻

KM 14: ***Pong Yang Garden Resort,*** ✆ 053-879151, schöne Anlage im engen Tal, kleines Haus. ❺

KM 18,5: ***Kangsadarn Resort,*** ✆ 053-879163, romantische Anlage am sehr steilen Hang, Restaurant, Camping ❷. ❺

Am **H1269:** KM 19: ***Belle Villa,*** ✆ 053-365318, 🖳 www.bellevillaresort.com; bei Europäern sehr beliebte Anlage mit schöner Aussicht. ❻

KM 22: ***Suan Bua Hotel & Resort,*** ✆ 053-365270, 120 Luxus-Zimmer und Thai-Häuser. ❺–❻

KM 24: ***Baan Klang Doi Hotel Resort & Spa,*** ✆ 053-365306, sehr schöne Anlage im Thai-Stil mit einigen echten Thai-Häusern. Preise relativ günstig: ab 1700 Baht; empfehlenswert. ❺

KM 24,7: ***Krisda Doi Resort,*** ✆ 053-248419, Gartenanlage mit vielen Blumen, Bungalows und große Häuser für Thai-Gruppen. ❻

SAMOENG – ***Samoeng Gh.,*** ✆ 053-487052, 600 m westlich an der Straße Richtung Ban Watchan, neben dem Wat; Garten mit schönen Bungalows aus Backstein mit Du/WC. ❷

Samoeng Resort, ✆ 053-487074, ℻ 487075, 2 km westlich des Ortes, gute Anlage mit hübschen Häuschen im irischen Stil in großem Garten; 10 Zelte für 150 Baht auf schönem Campingplatz; Restaurant ⏲ 8–20 Uhr, wenige Gerichte; nette, hilfsbereite Leute, wenig Gäste. ❹

BORKAEW – einfaches Guesthouse. ❷

Transport

Viele organisierte Tagestouren führen ins Mae Sa Valley, auch einige Treks beginnen oder enden hier. Schon ab 350 / 500 Baht kann man in Chiang Mai einen Sielor für einen halben bzw. ganzen Tag mieten und neben dem Mae Sa Valley z.B. auch den Doi Suthep besuchen.

Die gut ausgebaute Straße eignet sich für den ersten Motorradausflug. Mit öffentlichen Verkehrsmitteln ist das Mae Sa Valley nur schwer zu erkunden. Mit dem Bus 1231 oder Minibus kommt man von der Chang Puak Bus Station in Chiang Mai für 10 Baht (ac 14 Baht) nach Mae Rim.

Von dort aus kann man nur noch laufen (nach der Polizeistation die erste Abzweigung in die *Old Road* rein), trampen oder auf einen der seltenen Minibusse warten, die zum Wasserfall fahren (16 Baht). Von SAMOENG startet der letzte Pickup nach CHIANG MAI um 16 Uhr.

Doi Inthanon ดอยอินทนนท์

Der mit 2565 m höchste Berg Thailands liegt südwestlich von Chiang Mai. Ein Gebiet von etwa 1000 km^2 ist hier zum National Park erklärt worden – eine unspektakuläre, verhältnismäßig offene, wenig bewaldete Landschaft, in der Bergvölker der Hmong und Karen leben. Landschaftliche Attraktionen sind die zahlreichen Wasserfälle, die verkrüppelten, bemoosten Rhododendron-Bäume und die Wälder der kühlen Gipfelregion. Jagd und Abholzung haben den Lebensraum für Großwild stark eingeschränkt. Tiger, Elefant und Gaur sind ausgestorben, Nebelparder und Schwarzbär sind nur noch in kleinen Populationen vorhanden.

1 km vor Chom Thong zweigt die Straße H1009 zum Doi Inthanon (46 km) und nach Mae Chaem (59 km) ab. Nach 8 km führt links eine Straße zu den viel besuchten **Mae Klang-Wasserfällen** (500 m); Eintritt 200 Baht p.P. Rechts kommt gleich der Eingang zum National Park. Hier zahlen auch Durchreisende den Nationalparkeintritt von 200 Baht und eine Maut (Auto 30 Baht, Motorrad 20 Baht, Pickup 50 Baht). Das **Visitor Center** am KM 9,1 informiert über die Attraktionen im Park und verkauft ein sehr informatives Faltblatt mit Lageplan. ⌚ 8.30–16.30 Uhr. Hier beginnt ein Plankenweg durch den Wald.

Bereits am KM 8,5 kann man nach rechts 3 km zur großen **Borichinda-Höhle** wandern (feste Schuhe sind ratsam). Zunächst geht man 20 Min. auf einem holprigen Weg, dann über ein Flüsschen und auf einer anspruchsvollen Bergstrecke hoch zur Höhle. Die große, hohe Haupthalle ist angenehm kühl und enthält schöne Stalaktiten und einige Lichtlöcher. Um den Eingang schwirren viele Stechmücken. Sehr angenehm sind bei ausreichendem Wasser im Flüsschen auch die felsigen Badestellen, die leicht zu finden sind.

Einen Stopp am KM 20,5 lohnt der **Vachirathan-Wasserfall** (500 m). Mit dem Geländemotorrad kann man am KM 23,1 nach rechts auf die *Karen Village Circuit Road*, einen schmalen, in der Trockenzeit gut befahrbaren Erdweg, abbiegen. Man fährt durch mehrere **Karen-Dörfer** und mündet nach 13 km auf eine breite Erdstraße. Nach rechts geht es zum eindrucksvollen Zwillings-Wasserfall **Siriphum**. Links einbiegend erreicht man nach weiteren 2 km das **Hmong-Dorf** Ban Khun Klang. Die Hmong haben durch ein königliches Entwicklungsprojekt gelernt, erfolgreich Blumen, Kohl und anderes Gemüse anzubauen. Die dafür benötigten Mengen an Wasser fehlen jetzt den Reisbauern im Tal, was zu Auseinandersetzungen geführt hat. Zwischen Dezember und Februar ist hier Erdbeerernte. Am Ortsausgang stößt man (nach 15 km Umweg) beim KM 30,4 wieder auf den H1009. Nach rechts, vorbei am *Park Headquarter* (KM 30,8), geht's weiter zum Doi Inthanon.

Am KM 37,4 zweigt direkt hinter einem Checkpoint der Air Force auf 1740 m Höhe der H1192 nach Mae Chaem (22 km) ab. Die folgenden Kilometer zieht sich der H1009 steil den Berg hoch, ohne eine Möglichkeit zu parken. Die Fahrt geht nun durch die unterschiedlichsten Vegetationszonen. Ab etwa 1800 m beginnt der feuchte immergrüne Nebelwald, der tatsächlich den größten Teil des Jahres in Nebel gehüllt ist. Die niedrigen Bäume sind mit Orchideen, Moos und anderen Epiphyten bedeckt.

Erst am KM 41,5 kann man bei den beiden neuen **Chedis** anhalten und die herrliche Aussicht genießen. Auch die ausdrucksstarken Flachreliefs aus Tonkacheln sind einen Rundgang wert. Am KM 42,0 beginnt der schöne Wanderweg *Gew Mae Pan Trail*, der leicht bergauf durch immergrünen Bergwald führt und nach etwa 45 Min. ins Grasland mit Aussicht austritt. Ohne Permit vom Headquarter und Führer für 200 Baht ohne Englischkenntnisse darf der Pfad nicht begangen werden.

Auf dem Gipfel ohne Aussicht ragt eine riesige Radarstation der Luftwaffe in den Himmel. Nicht fotografieren, da es sich hier um militärisches Sperrgebiet handelt. Gleich neben dem Parkplatz befindet sich das Grab des letzten Königs von Chiang Mai, Inthawichayanon, dessen letzter Wunsch es war, hier oben begraben zu werden. Die einfache Grabstätte wird im Jahr von Tausenden besucht. Die tiefste jemals gemessene Temperatur auf dem Berg betrug –8 °C. Selbst gegen Mittag ist es recht kühl.

Etwa 400 m vor dem Gipfel weist ein Hinweisschild in Thai zu einem wildromantischen Rhododendron-Hain und einem kleinen Hochmoor. Ornithologen können hier viele Vogelarten beobachten, die sonst kaum in Thailand zu finden sind. Auf dem schönen H1192 Richtung Mae Chaem gibt es nach 6,5 km eine Abzweigung zum **Mae Pan-Wasserfall** (2,8 km), der eiskalte Pools bildet. Eine Rundwanderung ist mit und ohne Führer möglich.

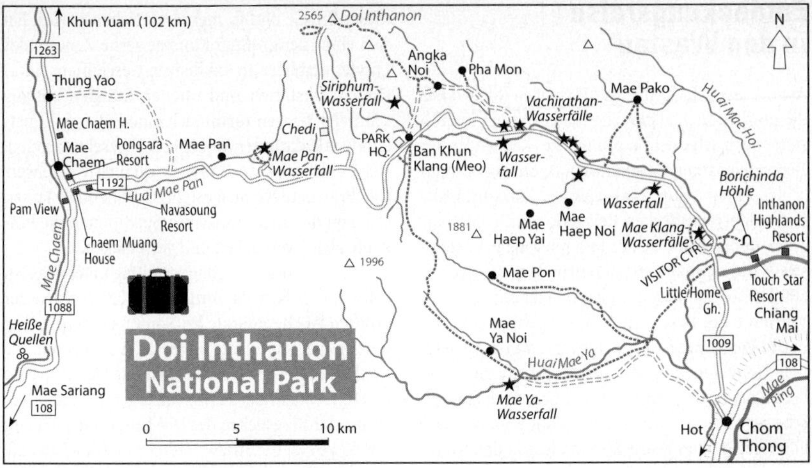

Übernachtung

KM 6,8: ***Little Home,*** ✆ 01-2243446, kurz vor dem Parkeingang, Steinhäuschen. ❷, ac ❸
KM 7,3: ***Touch Star Resort,*** ✆ 01-9938743, 💻 www.touchstarresort.com, 1 km die Stichstraße hinein, idyllisches Resort mitten in der Natur, komfortable Zi. ❹
Am Parkausgang vor Mae Chaem liegen am H1192 mehrere empfehlenswerte Resorts (s.S. 355).
Im Park beim *Headquarter*: ca. 12 kleine **Bungalows** ❸–❹ für bis zu 4 Pers., 3 km entfernt Zelte für 70 Baht (Steppdecken 40 Baht/Nacht, Wolldecken 20 Baht/Nacht). Campen darf man auch bei der Parkstation am Mae Pan Fall. Zu buchen bei der *National Parks Division,* 61 Paholyothin Rd., Bangkok, ✆ 02-5797223, 5795934.
Im ganz linken Restaurant beim Headquarter ist das Essen wirklich gut.

Saison

Die beste Zeit zum Besichtigen der Wasserfälle ist in der Regenzeit von Mai bis November. Die Blumen und Blüten, insbesondere der in Thailand seltene Rote und Weiße Rhododendron, sind am schönsten von Dezember bis Februar. Vögel lassen sich am besten von Februar bis April beobachten, wenn die meisten Arten brüten.

Transport

Ab CHIANG MAI nach CHOM THONG mit Bus 1232 (blau-weiß) alle 20 Min. von 6–18 Uhr für 23 Baht in 1 Std. Zusteigen ist am Chiang Mai Gate, dem südlichen Tor der Altstadt, möglich.
Gelbe Pickups befahren die direkte Straße H1009 nach MAE CHAEM (50 Baht), unterwegs kann man aber nur an einer Attraktion aussteigen. Wie dann weiter?
Neben dem Tempel in Chom Thong werden Pickups für ca. 600 Baht für eine Fahrt auf den Gipfel vermietet – es gibt dorthin keine öffentlichen Verkehrsverbindungen.
Alternative dazu ist ein in Chiang Mai für einen Tag gemieteter PKW (ab 1000 Baht) oder ein starkes Motorrad (über 150 ccm). Damit kann man auch die Bergstraße hinunter nach Mae Chaem (s.S. 354ff.) fahren. Kurz vor dem Ort zweigt der gut ausgebaute H1088 in Richtung Süden zum H108 ab.
Über Hot erreicht man nach einer Rundfahrt von 292 km wieder Chiang Mai.
Organisierte Touren werden in Chiang Mai für 800–900 Baht p.P. angeboten.

Entdeckungsreise in den Westen

Auf der landschaftlich eindrucksvollen Route durch die nordwestliche Ecke Thailands können Interessierte noch sehr viel Ursprüngliches kennen lernen. Neben einsamer Berglandschaft, Savanne, unerschlossenem Sekundärdschungel, Teak- und Kiefernwäldern entdecken Reisende auch fruchtbare Täler, üppig grüne Felder und reizvolle Reisterrassen. Wirklich genießen kann man diese Strecke von 600 km jedoch nur mit einem eigenen Fahrzeug: Wie auf einer Berg- und Talbahn geht es zunächst nach Mae Sariang, durch Hunderte von Kurven bis Mae Hong Son, dann auf der Bergstraße mit herrlichen Ausblicken nach Pai und über eine fantastische Bergstrecke zurück nach Chiang Mai. Wer nach einer geeigneten Route für eine Jeep- oder Motorradreise sucht – das könnte sie sein. Dafür möglichst David Unkovichs Karte mitnehmen.

Von den vielen möglichen Abstechern haben wir einige besonders lohnenswerte herausgesucht und genauer beschrieben. Aber auch mit dem Bus lassen sich die Etappenziele erreichen und von dort herrliche Ausflüge unternehmen: zu den Dörfern von Karen, Hmong, Lahu und Lisu, zu heißen Quellen und zu Tempeln auf Berggipfeln oder durch wunderschöne Höhlen hindurch. Auch Floß- und Bootsfahrten, Elefantenritte oder Jeep-Touren sind möglich.

Motorräder, Jeeps und PKWs werden in Chiang Mai vermietet, Mopeds für Ausflüge aber auch in Mae Hong Son und Pai. Drei Busse fahren tagsüber nach Mae Sariang und weiter nach Mae Hong Son. Die Nachtbusse sind für diese kurvenreiche Strecke nicht geeignet. Drei Busse und ein ac-Minibus fahren von Mae Hong Son über Pai nach Chiang Mai zurück. Wer wenig Zeit hat, kann eine Strecke zwischen Chiang Mai und Mae Hong Son fliegen, das dauert nur 40 Minuten und ist relativ preiswert.

Von Chiang Mai nach Mae Sariang

Von Chiang Mai geht es nach Südwesten auf dem stark befahrenen, mehrspurigen H108, der ab KM 14 für 16 km durch sehr lange Straßendörfer führt. Von **Hang Dong** nach **Ban Tawai**, dem einstigen Holzschnitzerdorf, geht es am KM 15,5 nach links ab, nach 3 km weitere 2 km nach rechts. Beiderseits dieser Straße und in mehreren Nebenstraßen hat sich eines der größten Kunstgewerbe-Zentren des Landes etabliert. In exklusiven Geschäften, einfachen Werkstätten und offenen Ständen entlang schmaler Gassen türmt sich eine Fülle an Kunsthandwerk, darunter Möbel und Holzschnitzereien. Neben Massenware sind viele qualitativ hochwertige Prachtstücke ausgestellt. Großhändler lassen sich von den hier ansässigen Speditionen die Einkäufe gleich verpacken und verschicken.

Wer an einem Samstagvormittag unterwegs ist, sollte hinter **San Pa Tong** am KM 25,5 einen der größten Wochenmärkte im Norden besuchen. Hier werden u.a. gebrauchte Motorräder angeboten. Die fruchtbare Ebene ist bedeckt von Reisfeldern. Bald taucht rechts in der Ferne, nicht gerade beeindruckend, der Bergrücken des **Doi Inthanon** auf. Beim KM 57 zweigt die Straße H1009 zum Gipfel ab (s.S. 352). Für Traveller mit genügend Zeit ist dies eine interessante, aber nicht berauschende Alternative.

Abkürzung über Mae Chaem nach Khun Yuam

Über den Doi Inthanon führen der H1009 und H1192 in sehr steilen, engen Kurven nach **Mae Chaem** (59 km). In der Umgebung des geruhsamen Ortes können engagierte Off-Road-Fans herrliche Naturstraßen befahren, z.B. die 46 km nach **Mae Hae**. Einige hundert Meter vor Mae Hae zweigt eine Straße nach links zum kleinen Karen-Dorf Se Do Sa (48 km) ab. Der Motorrad-Trail führt weiter nach La Ang (51 km), Du La Poe (59 km) und am großen, hoch in den Bergen liegenden Lawa-Dorf La Up (68 km) vorbei ins Tal hinunter nach Mae La Noi (86 km). Von dort sind es auf dem H108 Richtung Süden noch 31 km Asphalt bis Mae Sariang.

Von Mae Chaem Richtung Norden erreicht man zunächst Mae Na Chon (am KM 77,6 liegt das *Hot Coffee,* ein kleines Gästehaus, ❷, mit Restaurant mit schöner Sicht, Karen-Besitzer). 5 km weiter geht es nach Westen auf dem neuen, herrlichen H1263 über steile, tolle Bergpässe (Viewpoint am KM 55) zum H108 bei Khun Yuam (102 km). Von dort sind es nur noch 66 km bis Mae Hong Son. Wird es hier bereits dunkel, sollte man sich die Gruselstunde dorthin besser schenken, lieber 1 km nach Süden abbiegen und in Khun Yuam übernachten (s.S. 358).

Übernachtung und Essen

MAE CHAEM – In diesem abgelegenen Ort fanden wir die Unterkünfte mit dem besten Preis-Leistungs-Verhältnis von ganz Nordthailand. Ob das lange so bleiben wird?

Mae Chaem Gh., 500 m nördlich vom Markt, 20 m von der Straße im Hinterhof, 4 Zi im Reihenhaus aus Stein und Bambusmatten mit Bad/Thai-WC, Restaurant. ❷

Mae Chaem Hotel, ✆ 053-828025, 400 m nördlich vom Markt. Ordentliche Zi mit Du/WC im Hotel, dahinter am Reisfeld 7 putzige Bungalows, schöne Zi mit TV, Minibar, sauberem Bad, Warmwasser, die ac-Bungalows haben 2 große Betten; großer Pool mit separatem großem Kinderbecken, Restaurant, Shop, Massageraum, Fitnessraum, Dampfkabine. ❷, ac ❸

Pongsara Resort, ✆ 053-485011, ℻ 485067, 1,6 km vom Ort, kleine Bungalowanlage mit auffallend blauen Dächern, perfekt ausgestattete Steinbungalows mit Fan, Minibar, Telefon, Kühlschrank, Terrasse, 4 Zi in schönen Holzbungalows; gepflegter Garten, guter Kaffee. Sehr preiswert. ❸

Chaem Muang House, ✆ 053-828397, ℻ 485058, 2,5 km vom Ort an der Abzweigung zum Doi Inthanon, 4 besonders schöne Zimmer in Holz-Stein-Bungalows mit ac, Himmelbetten, schönem Bad, sehr gepflegter Garten. ❹

Pam View, schöne Anlage an der Straße. ❸

Navasoung Resort, ✆ 053-828477, 3,7 km vom Ort, von Blumen überwucherte Anlage rechts am H1192 in Richtung Doi Inthanon, 14 kleine, saubere Bungalows mit Fan und Du/WC; Frühstücksrestaurant mit guter Küche und gehobenen Preisen, schöner Blick ins Tal; freundliche Thai-finnische Leitung. ❸

Essen gibt es an Nudelständen und am Markt, auf dem einige Verkäufer Englisch sprechen.

Ein kleines Gh. an der Hauptstraße (Schild „Tourist Information“) hat gutes Essen und einige Informationen.

Chom Thong

In Chom Thong fährt man direkt auf den Chedi des **Wat Phra That Si Chom Thong** zu. Er datiert aus dem Jahr 1451. Ein Viharn aus dem 16. Jh. mit einer sehr schönen Fassade enthält einen reich verzierten Mondop (einem Altar ähnlich) sowie Buddha-Statuen aus Holz und schön geschnitztes Elfenbein. Die Stützen unter den Ästen des Bodhi-Baums im Hof haben Gläubige gestiftet, um sich Verdienste zu erwerben. Gegenüber vom Tempel liegt die hervorragende Motorradwerkstatt *Zell Moto*, 84 Moo 2. Mr. Zell verkauft auch gebrauchte Maschinen, spricht aber kaum Englisch.

Zum **Mae Klang-Wasserfall** fährt alle 20 Min. ein Minibus für 17 Baht. Wer in Chom Thong an der Kreuzung vor dem Wat (KM 58,1) nach rechts abbiegt, gelangt zu den **Mae Ya-Wasserfällen** (13 km, Pickup kostet ca. 500 Baht pro Trip). Etwa 250 m stürzt das Wasser in der Regenzeit fächerartig in vielen Stufen die Felsen herunter – ein beliebtes Fotomotiv. Schwimmen ist möglich.

Hot

Ab dem KM 64 fließt links der Ping River. An seinem Ufer sind Resorts für Wochenendausflügler entstanden. Nach 87 km erreicht man die kleine Stadt Hot. Sie lag ursprünglich 15 km weiter südlich am Ping River. Nach dem Bau des Bhumipol-Damms wurde sie hier neu errichtet, völlig unattraktiv.

Übernachtung und Essen

Vatchara Hotel, am Straßenknick beim Uhrturm, relativ teure, einfache Zi mit Du/WC und Fan, nach hinten weniger laut. ❷

Gut essen kann man abends an den Essenständen, die gegenüber vom Hotel aufgebaut werden.

Hod Resort, ✆ 053-461070, beim KM 4 Richtung Westen, gepflegte Anlage, 16 Bungalows und Zi, Restaurant. ❸–❹

Transport

Bus 1232 fährt von CHIANG MAI alle 20 Min. nach CHOM THONG für 23 Baht in 1 1/2 Std., nach HOT für 38 Baht in 3 Std.

Abstecher zum Mae Ping-See

Der H1012 führt 16 km nach Süden, vorbei an den Ruinen der Chedis des alten Hot, nach **Wang Lung**, das eigentlich ein Fischerdorf am Stausee sein sollte, der jedoch erst viele km weiter südlich anfängt. Eine Piste führt 5 km weiter zu dem großen Karendorf **Ban Huai Fang** mit etwa 600 Einwohnern, die hier in etwa 100 Pfahlhäusern wohnen.

Ob Luang Canyon

Hinter Hot schwenkt der H108 scharf nach Westen, die Kilometerzählung beginnt wieder bei KM 0. Nach 500 m steht links ein Wat mit martialischen Höllengemälden.

Vom KM 11 folgt die Straße 5 km einem herrlichen Flussbett mit schönen, ausgewaschenen Felsen. Dann beginnt die Schlucht des **Ob Luang Canyon**, wo eine Felsbarriere von 40 m Höhe vom Chaem-Fluss durchschnitten wird (ein beliebtes Ausflugsziel am Wochenende).

Am KM 16,9 (Schild: *Land of Prehistoric Human*) kann man zur Brücke hinuntersteigen und sich die hübsche Szenerie zu Gemüte führen. Jenseits der Brücke weisen Schilder zu einem Aussichtspunkt und einem prähistorischen Grab. Einige landschaftlich schöne Pfade laden zu Spaziergängen ein, vor dem Schwimmen wird gewarnt. Am KM 17,2 passiert man einen Campingplatz. Man kann Zelte mieten (100 Baht) oder ein eigenes Zelt aufstellen (10 Baht); Erfrischungsstände.

Auf dem H1088 kann man am KM 21,8 einen Abstecher zu den heißen Quellen von **Thep Phranom** machen, die nach 8,8 km erreicht sind. Kochend heißes Wasser läuft dampfend in einen Bach, der weiter unten zum Baden einlädt. Die Badehäuschen sind verwahrlost. Der schön geschwungene H1088 verläuft weiter nach Norden durch trostloses, karges Neusiedlerland bis Mae Chaem (47 km).

Beim KM 39 zweigt der H1099 nach **Om Koi** ab (41 km). Auf dem weiteren Weg nach **Mae La Noi** liegt das *Om Koi Resort,* ❸, an einem klaren Fluss und etwas weiter ein schönes Meo-Dorf.

Auf dem Hochplateau

Der H108 steigt mit vielen Kurven langsam auf ein hügeliges Hochplateau an, sehr schöne Aussicht auf die Berge. Einst hatten die Lawa und die Karen die Hügel entwaldet, um Bergreis anzubauen. Seit einigen Jahren versucht die Forstverwaltung, mit dem Anpflanzen von Kiefern den Humus vor den Regengüssen zu schützen – im ständigen Kampf mit den Karen, die nicht einsehen können, dass ihre Brachfelder für die Aufforstung konfisziert werden. Wie sollen sie denn überleben, wenn sie keine neuen Felder für ihren Bergreis anlegen dürfen? Wer sich für diese Problematik interessiert: am KM 51 befindet sich rechts das **Thai Danish Pine Improvement Project**. Mit etwas Glück ist vielleicht jemand da, der einiges auf Englisch erklären kann.

Ab KM 73 fällt die hervorragend ausgebaute Straße über einige Haarnadelkurven ins Tal hinunter, sehr schöne Ausblicke, u.a. auf schmale Terrassenfelder, die mit Reis und Gemüse bestellt sind. Beim KM 84 zweigt ein Weg zum **Tribal Development and Assistance Center** auf dem Doi Mae Ho ab; hier werden Blumen angebaut. Wilde Sonnenblumen blühen ungefähr am KM 85–86 von November bis Dezember. Unterhalb des Wat Chom Thong Hügels knickt der H108 nach Norden ab. Geradeaus führt die Wiang Mai Road in den Ortskern von Mae Sariang (198 km von Chiang Mai).

Mae Sariang แม่สะเรียง

Eine kleine, saubere, ruhige Marktstadt, geprägt von den schönen alten und neuen Holzhäusern und mehreren Tempeln im burmesischen Stil: im Zentrum **Wat Utthayan Rom** und **Wat Sri Bunruang**. 1 km südlich schaut von einem Hügel **Wat Chom Chaeng** herab. Im **Wat Kittiwong** im Zentrum der Stadt werden alte Manuskripte aufbewahrt, in denen die historischen Beziehungen zwischen dem Lanna-Königreich und Burma dokumentiert sind.

Bis 1965, als die Straße 108 eröffnet wurde, war der abgelegene Ort nur schwierig zu erreichen. Über den Yuam River hinweg zeigen sich über den Bergen von Burma häufig romantische Sonnenuntergänge. Mitte November wird das **Blooming Flower Festival** gefeiert, ein Volksfest aus Anlass der Sonnenblumenblüte.

Übernachtung

Ruangtara Gh. ①, 147 Laeng Phanit Rd., ✆ 053-681107, 14 große, sehr saubere Zi mit großen Betten, ordentlichen Möbeln und Du/WC im 2-stöckigen Reihenhaus, ruhig, kein Service. ❷
Die folgenden 3 Gästehäuser gehören demselben Besitzer: ***Riverside Gh.*** ②, 85/1 Laeng Phanit Rd., ✆ 053-681188, hellhöriges Teak-Haus mit großer Terrasse, Aussicht über den Yuam River; 9 z.T. riesige Zi, Du/WC außerhalb, einige neue, kleine Zi mit Warmwasser-Du/WC, ac oder Fan, Kühlschrank, eigene Terrasse, Restaurant, Fahrrad 50 Baht, Infos. ❷–❸

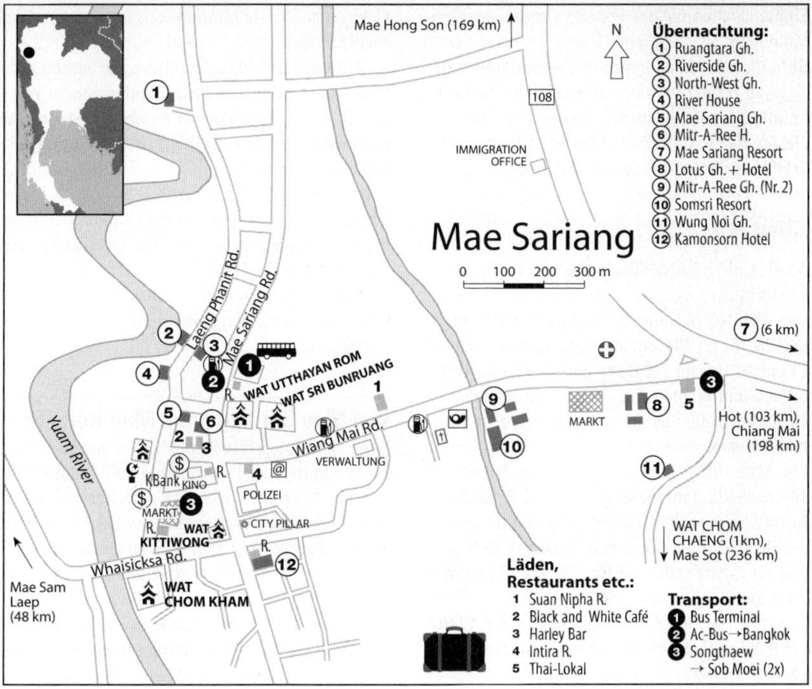

NORD-THAILAND

North-West Gh. ③, schräg gegenüber, Holzhaus auf Pfählen, 8 saubere Zi mit Fan und Gemeinschafts-Du/WC. Ab 6 Uhr wird es sehr laut. ❷

River House Hotel ④, 77 Laeng Phanit Rd., ✆ 053-621201, schönes Holzhaus mit Veranda und Flussblick auf engem Grundstück. Sehr saubere Zi mit Fan oder ac und Du/WC, ruhig und freundlich, gutes Restaurant. ❸–❹

Mitr-A-Ree Hotel (auch Mitaree) ⑥, 158 Mae Sariang Rd., ✆ 053-681110, 📠 681280, im Zentrum, unterschiedliche Zi im Haupt- und Nebengebäude mit Fan oder ac, freundliches Personal. ❷–❸

Mitr-A-Ree 2 Gh. ⑨, 34 Wiang Mai Rd., ✆ 053-681109, großes Hotel und 2 Reihenhäuser, 100 saubere Zi mit Fan oder ac und Warmwasser-Du/WC; gut zum Frühstücken. ❷–❸

Somsri Resort ⑩, 34 Wiang Mai Rd., ✆/📠 053-681280, gehört demselben freundlichen Besitzer. 12 große Doppelbungalows im Thai-Stil, gepflegter Garten. Komfortable ac-Zi. ❹

Mae Sariang Resort ⑦, 107 Ban Mai Wang Yao, ✆ 053-681279, beim KM 98 des H108 zum Resort abbiegen (1 km); 10 große, einfache Matten-Bungalows am Ufer des Mae Sariang-Flusses, kein Restaurant. Schöner Blick auf Reisfelder. ❸

Kamonsorn Hotel ⑫, Mae Sariang Rd., ✆ 053-681623, 24 gute Zi mit Fan oder ac und Warmwasser-Du/WC; netter Besitzer. ❸

NAM NGAO – ***Baan Nam Ngao***, 46 km südlich am H105, romantische Holzhäuser am Fluss, Trekking-Stützpunkt des *Riverside Gh.*, dort bei Interesse anfragen.

Essen

Mehrere Restaurants mit ordentlichem, günstigem Essen liegen nahe an der zentralen Kreuzung.

Preiswerter Nachtessenmarkt am Bus Terminal. Das Gartenrestaurant ***Suan Nipha*** ist abends bei

Einheimischen beliebt, Fremde werden anscheinend nicht gern bedient.
Sehr gute nordthailändische Spezialitäten wie *Lab* und *Gaeng Om* bietet das Lokal am Ortsanfang. Nur einheimische Gäste und Preise.
Harley Bar an der Wiang Mai Rd., gemütlicher Treff. Der Chef spielt abends Gitarre.

Transport

Ac-Bus nach BANGKOK um 16 und 19 Uhr für 448 Baht.
Von CHIANG MAI non-ac-Bus um 8, 13.30, 15 und 20 Uhr für 78 Baht in 4 Std., ac-Bus um 6.30, 11 und 21 Uhr für 140 Baht. Zurück non-ac-Bus um 7, 9 und 12.30 Uhr, ac-Bus um 10.30 und 15.30 Uhr, zudem einige nicht empfehlenswerte Nachtbusse.
Von MAE HONG SON non-ac-Bus um 8 und 14 Uhr für 78 Baht, ac-Bus um 6 und 10.30 Uhr für 140 Baht in 4 Std. Zurück non-ac-Bus um 7 und 12.30 Uhr, ac-Bus um 10.30 und 15.30 Uhr. Nur bis KHUN YUAM um 17.30 Uhr für 43 Baht in 2 1/2 Std.
Von MAE SOT mit dem Pickup stdl. von 6–12 Uhr für 150 Baht in 5 Std. Zurück stdl. von 7.30–12.30 Uhr.

Die Umgebung von Mae Sariang

Wer eine Floßfahrt auf dem Yuam oder geführte Trekking-Touren zu den Dörfern der Lawa (z.B. Ban La Up) oder Karen (z.B. Ban Huai Hom oder Ban Mae Sakua) unternehmen möchte, fragt am besten im Gästehaus nach.

An den Salween

Über die Brücke im Westen des Ortes führt die Straße H1194 an den Salween-Fluss zum Schmugglerdorf **Mae Sam Laep** (48 km), das durch seine mannigfachen Kulturen begeistert. Allerdings sind die Häuser auf Stelzen abgebrannt, und die Uferstraße ist betoniert. Achtung: Mit eigenem Fahrzeug muss man kurz vor Erreichen des Dorfes rechts abzweigen. Eine zweite Abzweigung führt hinunter zum Salween, von wo das Dorf in wenigen Minuten Fußmarsch erreicht werden kann. Die gut ausgebaute Straße endet oberhalb des Dorfes auf der anderen Talseite. Mehrmals täglich fahren Pickups für 50 Baht hin, am Nachmittag bis 16 Uhr wieder zurück.

Auf dem Grenzfluss zu Myanmar lassen sich tolle Bootsausflüge zu Sandstränden, einem Wasserfall, der am Westufer ins Wasser stürzt, und zu bemoosten Klippen machen. In der Trockenzeit von Dezember bis April sind sie sehr zu empfehlen, 300 Baht pro Boot für 1 Std. Beliebt sind die Floßfahrten auf dem Salween bis zum Zufluss des Moei River. Interessant ist auch der Grenzverkehr sowie das buddhistische Kloster.

Warnung: Wegen der immer wieder gefährlichen Grenzsituation sollte man in Mae Sariang nachfragen.

Von Mae Sariang nach Mae Hong Son

Der 166 km lange H108 von Mae Sariang nach Mae Hong Son ist ausgebaut und eine tolle Motorradstrecke, weist aber auch Schlaglöcher auf. Beim KM 121 liegt das gepflegte Karen-Dorf **Ban Mae Tia.** Die Bauern verstehen sich auf den Anbau von Nassreis. Am KM 152 kommt das Dorf **Mae La Luang** mit einigen Essenständen.

Beim KM 174 liegen viele Terrassenfelder unten im Tal, dahinter ein Dorf in hübscher Lage. In der fruchtbaren Talebene von **Muang Pon** (KM 186) grüßen einige Wats mit schönen Chedis.

Khun Yuam

Im langgestreckten Shan-Dorf Khun Yuam (KM 198–200) steht an der Straße ein großer heiliger Banyan-Baum. Am KM 199,5 fallen die hübschen, schlanken Chedis des **Wat Muai Tho** ins Auge, eine große Holzhalle lädt zum Verweilen ein.

Etwas weiter wurde ein interessantes **Heimatmuseum** eingerichtet, in dem japanische Werkzeuge und Waffen aus dem 2. Weltkrieg sowie alte Gerätschaften zu sehen sind. Die Beschriftung der Fundstücke ist nur auf Thai. Mehrere Souvenirläden warten auf Kundschaft. Im zumeist nicht besetzten Informationsstand hängt eine gute Karte der Umgebung mit einem 40 km langen Rundweg aus.

Übernachtung

Mitr Khun Yuam Hotel, 115 Ratburana Rd., ✆ 053-691057, im Ortszentrum, einfache Zi mit und ohne Du/WC, schöne, saubere Bungalows mit 2 oder

3 Betten, z.T. Warmwasser, 2 ac-Zi. Die freundliche Besitzerin spricht sehr gut Englisch. ❶–❸
Ban Farang Gh., ✆ 053-622086, am Ortsende links (KM 199,9), vollständig renoviert, saubere Zi mit großen Betten, Fan und Warmwasser-Du/WC im Reihenhaus und in Doppelbungalows, schöne, neue ac-Zimmer; vorzügliches Essen. Nette Leute. ❸, ac ❹
Zur Zeit der Sonnenblumenblüte im November sind alle Zimmer im Ort und in der Umgebung von einheimischen Touristen überbelegt.

Sonstiges

FESTE – Im November veranstaltet Khun Yuam das bei Thais beliebte 10-tägige **Festival der Bua Tong-Blüte** (eine Sonnenblumenart) mit einem großen Markt.

GELD – Die einzige Bank im Ort wechselt weder Geld noch Reiseschecks.

Transport

Die Bus Station liegt am Ortsende am KM 200,2.
Nach MAE HONG SON mit dem non-ac-Bus um 9.30 und 14.30 Uhr in 2 Std. für 35 Baht.; ac-Bus um 13 und 17.30 Uhr für 75 Baht. Zudem zwei Nachtbusse.
Nach CHIANG MAI um 6.30, 8, 10 und 12.30 Uhr in 6 1/2 Std.

Abstecher zum Mae Surin-Wasserfall

Beim KM 201,5 zweigt die Straße H1263 nach rechts zu mehreren Wasserfällen ab. Zum Mae Surin Fall kann man in Khun Yuam auch ein Pickup chartern (ca. 1200 Baht). Man passiert nach 10 km das Waisenhaus „Buddhakaset", in dem Kinder der Bergstämme aufgenommen werden, finanziert vom Wat Chedi Luang in Chiang Mai.

Nach 12,2 km muss man nach links auf die Betonstraße abbiegen. Ca. 2 km weiter lockt ein Abstecher (zu Fuß 900 m) zum schönen, aber vermüllten **Kaskadenwasserfall Mae Yuam Luang** mit Badepools (nur bis Dezember). Weiter geht es zu einem landwirtschaftlichen Entwicklungsprojekt und nach 13 km zum Hmong-Dorf **Mae Aukhore**, in dem Souvenirs (Silber, Stickereien, etc.) verkauft werden. Nur im November, wenn auf den Hügeln in der Umgebung zwei Wochen lang die wilden *Bua Tong* blühen, werden auch Essenstände aufgestellt. Die erst kürzlich erkannte Insekten abweisende Eigenschaft dieser Sonnenblumen hat sie vor der Ausrottung bewahrt.

Nach insgesamt 36 km ist das Ziel erreicht: ein hübscher Rastplatz unter Bäumen. Von dort führen Pfade zum Aussichtspunkt und hinunter auf halbe Höhe. Der **Mae Surin-Wasserfall** ist mit etwa 200 m Fallhöhe, davon ca. 60 m freier Fall, einer der höchsten in Thailand, wirkt aber irgendwie langweilig. Zum Fuß des Wasserfalls kann man nicht hinabsteigen. Weitere Wasserfälle in der Umgebung lohnen einen längeren Aufenthalt für Naturfreunde, da das gesamte Gebiet noch sehr schön ist. So empfiehlt ein Leser eine angenehme, einfach zu erreichende Wanderung um den Stausee herum. Naturgenießer werden viele Schönheiten im Detail erkennen.

Die Straße H1263 führt noch 90 km über viele Berge nach Mae Chaem.

Von Khun Yuam nach Mae Hong Son

Wer sich in Khun Yuam mit einem Imbiss eingedeckt hat, kann ihn beim KM 206 am **Mae Surin Arboretum** bei einem kleinen Stausee einnehmen. Ein Abstecher am KM 234,9 zum *Meo Microwave* hinauf (einem Sendemast bei einem Meo-Dorf) lohnt nicht. Beim KM 249,1 kommt rechts eine *Scenic Area* mit wirklich schöner Aussicht über das Tal des Mae Ra Mat-Flusses mit dem Pha Bong-Damm. Gleich darauf schwingt sich die Straße in engen Kurven in die Ebene von Mae Hong Son hinab.

Hinter dem Dorf Pha Bong (KM 256) liegen links die **Pha Bong Hot Springs**, die sich nicht lohnen. Nach den Abzweigungen zu den Resorts beim KM 258,3, KM 260,3 (85 km Allradpiste nach Ban Watchan) und KM 265,2 erreicht man Mae Hong Son beim KM 267.

Mae Hong Son แม่ฮ่องสอน

Zu welchem Zeitpunkt die abgelegene Provinzhauptstadt tatsächlich gegründet wurde, ist schwer festzustellen. Ursprünglich war der Ort eine traditionelle burmesische Siedlung. Erst 1832 wurde eine Expedition des Prinzen von Chiang Mai in das abgelegene Tal geschickt, um wilde Elefanten einzufangen. Vor allem Shan und einige Lawa lebten hier, aber auch Hmong und Karen kamen damals auf ihren Wanderungen in die unzugängliche Grenzregion. Wahrscheinlich wurde das Hauptlager der Expedition, das zuerst beim heutigen Pang Moo lag, später weiter nach Süden verlegt. Aus dem Lager wurde ein kleines Dorf, fast ausschließlich von Shan bewohnt. 1874 erklärte der Herrscher von Chiang Mai die Ansiedlung zur Stadt, und Mae Hong Son war geboren.

Etwa die Hälfte der Bewohner der Provinz sind Angehörige der Bergstämme, die andere Hälfte Shan, und nur in der Stadt Mae Hong Son gibt es 2% Thais. Bis in die 50er Jahre lag die Provinz noch in friedlichem Tiefschlaf. Einzige Verbindung zur Außenwelt waren Elefantenpfade, und eine Reise nach Chiang Mai auf dem Rücken der Dickhäuter konnte mehrere Wochen dauern. Dann kam das Flugfeld und 1968 die Allwetterstraße über Mae Sariang. Seit 1991 ist auch die Nordroute über Pai asphaltiert. Die Zahl der Fluggäste stieg seit 1989 kontinuierlich. Der Verkehr hat stark zugenommen. Inzwischen wirkt die Stadt etwas wie ein romantischer europäischer Kurort: vorwiegend ältere Touristen flanieren auf der zentralen Khunlum Prapas Road an vielen Souvenirläden und Restaurants entlang. Auch Reisebüros, Trekkingveranstalter und Vermieter von Mopeds und Jeeps bieten hier ihre Dienste an.

Der Reiz der Stadt liegt zum einen in der Anreise, zum anderen in ihrer Abgeschiedenheit inmitten einer ursprünglichen, bewaldeten Berglandschaft. Dazu kommt die prickelnde Nähe zu Myanmar, zu dem zwar kein offizieller Grenzübergang besteht, aber viele Schmuggelpfade hinüberführen.

Mae Hong Son hat den Beinamen *Muang Sam Mork* (Stadt des Nebels der drei Jahreszeiten), und immerhin ist es durchschnittlich an 104 Tagen neblig. Die Stadt liegt auf 330 m Höhe, doch im Dezember und Januar wird es in den Nächten empfindlich kühl. Im November / Dezember kommen Thais in Scharen, um in der Umgebung von Mae Hong Son die Hänge mit blühenden Sonnenblumen zu bewundern – ein herrlicher Anblick. Wer wilde Orchideen blühen sehen will, muss im März / April kommen.

Zwischen der Bus Station und dem Markt, im unscheinbar wirkenden **Wat Hua Wiang**, befindet sich eine hoch verehrte, bronzene Buddhastatue, die in Burma gegossen und über Gebirgspfade und -flüsse hierher transportiert wurde. Sie ist einem Buddha in Mandalay nachempfunden.

Die Ufer des kleinen Sees mitten in der Stadt wurden schön angelegt: Mini-Park, Fitness-Parcours, Ruhebänke und ein Spazierweg. Im Wasser spiegeln sich Palmen und zwei im burmesischen Stil errichtete Chedis, die des **Wat Chong Kham** und des **Wat Chong Klang**. Im letzteren werden in einem Raum hinten links über 30 interessante hölzerne Statuen ausgestellt, die Figuren aus dem Vessantara Jataka (Buddhas frühere Existenzen) darstellen. Sie wurden vor 130 Jahren aus Burma herübergebracht.

Das Wat Chong Kham wurde 1827 als erster Tempel der Stadt gebaut, der Viharn im Thai-Stil in den Jahren 1932–36. Es ist Ziel der **Poy Sang Long-Prozession**. Jedes Jahr Ende März / Anfang April werden in ganz Thailand 10- bis 16-jährige Knaben zu Novizen geweiht. In Mae Hong Son wird diese traditionelle buddhistische Ordinierungsfeier besonders farbenfroh im Shan-Stil begangen: Unter Musikbegleitung reiten die kahlgeschorenen Knaben auf den Schultern eines Verwandten zum Tempel, wo sie das Mönchsgewand empfangen und ihr erstes Gelübde ablegen.

Schön ist ein Spaziergang zum **Wat Doi Kong Moo**, dessen Chedis die Stadt überragen. Erbaut wurde die Anlage 1874 vom ersten Gouverneur, Phraya Singhanat Racha. Der steile Aufstieg wird durch die herrliche Aussicht über das Tal, über die von dichten Wäldern bedeckten grünen Berge im Westen und über die Stadt belohnt, manchmal sogar durch einen tollen Sonnenuntergang. Störend kann das Geschäftsgebaren der Mönche wirken.

Übernachtung

GÄSTEHÄUSER –Viele Gästehäuser sind noch sehr einfach, haben nur Matratzen auf dem Boden und sanitäre Gemeinschaftseinrichtungen. Doch immer mehr schaffen sich einen Durchlauferhitzer für eine warme Dusche an oder bauen Zimmer mit Bad, viele bieten einen Tisch-Fan. Fast alle Gästehäuser organisieren Trekking-Touren. Morgens wird man vom Krähen vieler Hähne aus dem Bett geworfen.
Die Gästehäuser **um den See herum** sind besonders beliebt. Ab Mitternacht schallt allerdings oft die Musik der am See feiernden Thais

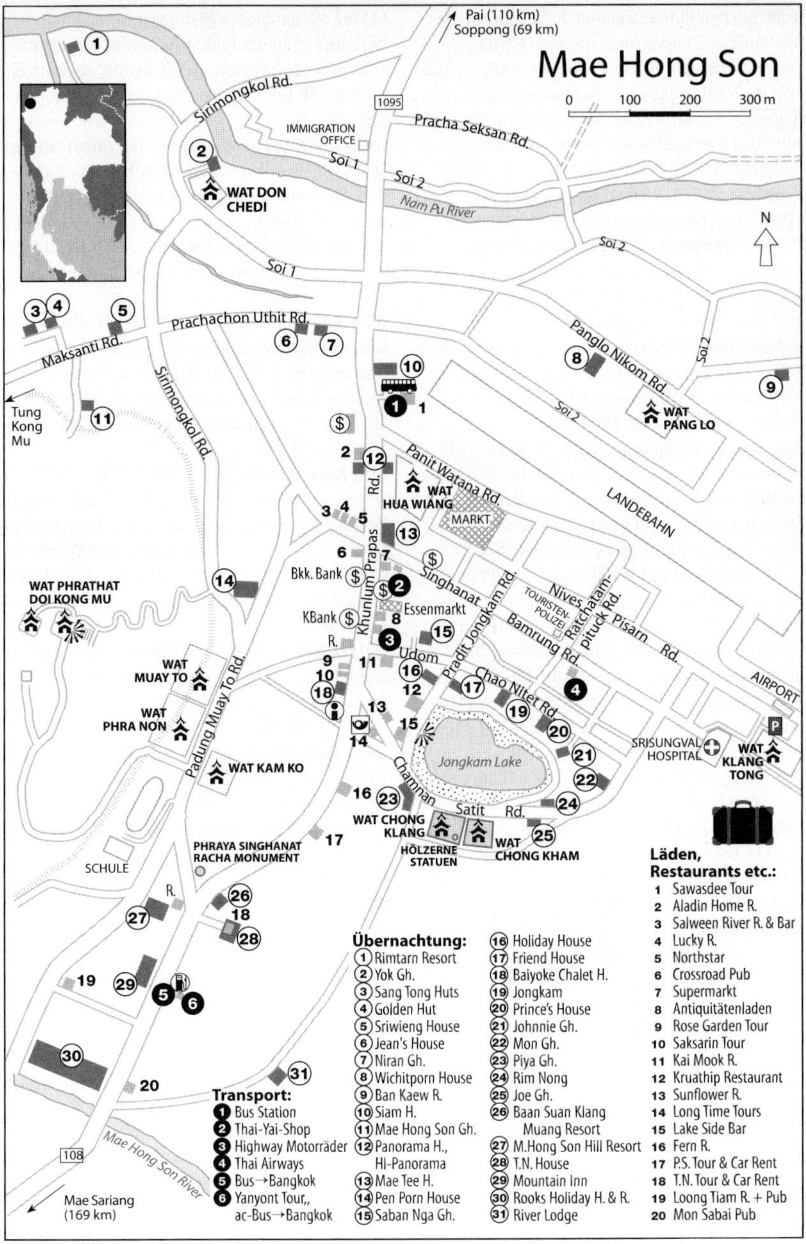
Mae Hong Son
0 100 200 300 m
N
Pai (110 km)
Soppong (69 km)
1095
Sirimongkol Rd.
IMMIGRATION OFFICE
Pracha Seksan Rd.
Soi 1
Soi 2
Nam Pu River
WAT DON CHEDI
Prachachon Uthit Rd.
Maksanti Rd.
Tung Kong Mu
Panglo Nikom Rd.
WAT PANG LO
Panit Watana Rd.
WAT HUA WIANG
MARKT
LANDEBAHN
Khunlum Prapas Rd.
Bkk. Bank
KBank
Essenmarkt
Singhanat Bamrung Rd.
Nives Pisarn Rd.
Pradit Jongkam Rd.
TOURISTEN-POLIZEI
Ratchatampituck Rd.
Udom
Chao Nitet Rd.
AIRPORT
WAT PHRATHAT DOI KONG MU
WAT MUAY TO
WAT PHRA NON
WAT KAM KO
Padung Muay To Rd.
Jongkam Lake
SRISUNGVAL HOSPITAL
WAT KLANG TONG
Chamnan
Satit Rd.
WAT CHONG KLANG
WAT CHONG KHAM
HÖLZERNE STATUEN
PHRAYA SINGHANAT RACHA MONUMENT
SCHULE
R.
108
Mae Hong Son River
Mae Sariang (169 km)
Übernachtung:
1 Rimtarn Resort
2 Yok Gh.
3 Sang Tong Huts
4 Golden Hut
5 Sriwieng House
6 Jean's House
7 Niran Gh.
8 Wichitporn House
9 Ban Kaew R.
10 Siam H.
11 Mae Hong Son Gh.
12 Panorama H., Hl-Panorama
13 Mae Tee H.
14 Pen Porn House
15 Saban Nga Gh.
16 Holiday House
17 Friend House
18 Baiyoke Chalet H.
19 Jongkam
20 Prince's House
21 Johnnie Gh.
22 Mon Gh.
23 Piya Gh.
24 Rim Nong
25 Joe Gh.
26 Baan Suan Klang Muang Resort
27 M.Hong Son Hill Resort
28 T.N. House
29 Mountain Inn
30 Rooks Holiday H. & R.
31 River Lodge
Transport:
1 Bus Station
2 Thai-Yai-Shop
3 Highway Motorräder
4 Thai Airways
5 Bus→Bangkok
6 Yanyont Tour,, ac-Bus→Bangkok
Läden, Restaurants etc.:
1 Sawasdee Tour
2 Aladin Home R.
3 Salween River R. & Bar
4 Lucky R.
5 Northstar
6 Crossroad Pub
7 Supermarkt
8 Antiquitätenladen
9 Rose Garden Tour
10 Saksarin Tour
11 Kai Mook R.
12 Kruathip Restaurant
13 Sunflower R.
14 Long Time Tours
15 Lake Side Bar
16 Fern R.
17 P.S. Tour & Car Rent
18 T.N. Tour & Car Rent
19 Loong Tiam R. + Pub
20 Mon Sabai Pub

bis in die hellhörigen Zimmer. In der Saison ist telefonische Zimmerreservierung ratsam.
Friend House ⑰, 20 Pradit Jongkam Rd., ✆ 053-620119, 2-stöckiges Haus in einem ruhigen Hinterhof, saubere Zi mit Matratzen, die teuren sind für 4 Pers. geeignet; nettes, freundliches Personal. ❶–❷
Jongkam Gh. ⑲, 7 Udom Chao Nitet Rd., ✆ 053-611420, heruntergekommen, unfreundlich. ❶
Prince's House ⑳, 38 Udom Chao Nitet Rd., ✆ 053-611136, großes Holzhaus mit 12 Zimmern mit Fan, z.T. mit Du/WC, Gemeinschafts-Du/WC mit Warmwasser, Seeblick. ❷
Johnnie Gh. ㉑, 5/2 Udom Chao Nitet Rd., ✆ 053-611667, zurückversetzt in einer Gasse, Holzhaus mit 8 kleinen, einfachen Zi, z.T. mit Warmwasser-Du/WC, kein Seeblick. ❶–❷
Mon Gh. ㉒, Chamnan Satit Rd., ✆ 053-612483, Holzhaus direkt an der Straße, 4 ordentliche, saubere Zi mit Fan und Gemeinschafts-Du/WC, kein Service, Besitzer sind nette, ältere Leute. ❶
Piya Gh. ㉓, 1/1 Khunlum Prapas Rd., Soi 3, ✆ 053-611260, 14 gut eingerichtete, schöne ac-Bungalows in einem großen, grünen Garten, Frühstücksterrasse mit Blick auf den See. Studenten bekommen 20% Rabatt. Fahrrad 50 Baht. In der Nebensaison geschlossen. ❸–❹
Rim Nong ㉔, 4/1 Chamnan Satit Rd., etwas heruntergekommene Bretterverschläge auf engem Grundstück, Seeblick, Restaurant. ❶
Joe Gh. ㉕, 3 Chamnan Satit Rd., 7 saubere Reihenzimmer, z.T. mit Warmwasser-Du/WC. ❶–❷
Saban Nga ⑮, 14/3 Udom Chao Nitet Rd., ✆ 053-612280, ruhiges Mattenreihenhaus mit kleinem Vorgarten und tristen Zimmern, Du/WC im Hof. ❶–❷
Palm House, 22/1 Chamnan Satit Rd., ✆ 053-614022, neues Gästehaus in Seenähe, saubere Zi mit Du/WC. Wurde uns empfohlen. ❷

In der Nähe des Busbahnhofs liegen:
Jean's House ⑥, 6 Prachachon Uthit Rd., ✆ 053-611662, ✉ jeanshouse@yahoo.com, Reihenhäuser mit 10 Zi mit Warmwasser-Du/WC; Frühstücksrestaurant, beliebt bei Bikern. Engagierter Besitzer. ❷–❸
Niran Gh. ⑦, 30/1 Khunlum Prapas Rd., ✆/📠 053-611227, einfache Unterkunft. ❶
HI-Panorama ⑫, 51 Khunlum Prapas Rd., ✆ 053-611757, ✉ panorama@tyha.org, neue Jugendherberge in einem Teakhaus, etwas zurückversetzt von der Hauptstraße, 20 kleine, saubere Zi mit Fan. ❶ Gehört zum *Panorama Hotel* gegenüber.

Im Nordwesten haben sich an der unbefestigten Maksanti Rd. einige nette Gästehäuser angesiedelt. Sie bieten ruhige, ländliche Atmosphäre, sind in 15–20 Min. zu Fuß vom Zentrum aus zu erreichen oder mit dem Tuk Tuk für 30 Baht. Der nächtliche Heimweg kann wegen streunenden Hunden unangenehm werden.
Sriwieng House ⑤, Nr. 44, ✆ 053-612425, großes, ebenes Grundstück, 4 kleine, einfache Zi mit Gemeinschafts-Du/WC, 3 größere, etwas verwohnte Zi mit Warmwasser-Du/WC; Motorrad 150 Baht, Thai-Massage 150 Baht, Camping 100 Baht. ❶–❷
Mae Hong Son Gh. ⑪, Nr. 295, ✆ 053-612510, schöner, großer Blumengarten am Hang, nach hinten Wald, Reihenhaus und Bungalows mit Fan, Moskitonetz und Du/WC, gemeinsame Warmwasser-Du, offener Aufenthaltsraum, kein Restaurant; freundliche Leute, die gut Englisch sprechen. ❷
Golden Hut ④, Nr. 253, ✆ 053-611544, schlechte, einfache Zimmer und teure, geschmackvolle Steinbungalows, unter schattigen Laubbäumen am Hang. ❸–❺
Sang Tong Huts ③, ✆ 053-620680, 💻 www.sangtonghuts.com; idyllische Anlage mit Garten, 8 luftdurchlässige Bambusbungalows, eine große, sehr schöne Hütte, gute Küche. Bei Anruf wird man abgeholt. ❸–❺

Etwas außerhalb:
Rimtarn Resort ①, 18/4 Pangmoo, ✆ 01-6712248, schöne, ruhige Anlage nördlich des H108, unterschiedliche Bambushütten, Bungalows und Reihenhäuser mit Fan oder ac und Warmwasser-Du/WC, Frühstücksrestaurant; gut für Traveller mit Fahrzeug. ❷–❹
Yok Gh. ②, 14 Sirimongkol Rd., ✆ 053-611532, Reihenhaus hinter dem Wat, ruhig am Bach gelegen, saubere Zi mit Fan/ac und Du/WC, z.T. Warmwasser, Restaurant mit einfachen Gerichten; freundliche, hilfsbereite Besitzerinnen, keine Trekking-Anmache. ❷–❸
Wichitporn House ⑧, 54 Panglo Nikom Rd., ✆ 053-612163, großer Garten mit Reihenhaus,

10 saubere Zi mit bequemen Matratzen, Fan und Warmwasser-Du/WC; Aufenthaltsraum, großes Restaurant für Thai-Essen, westliches Frühstück, Brot und Gebäck aus eigener Herstellung; freundlicher Besitzer. ❸

Ban Kaew Resort ⑨, 14/1 Panglo Nikom Rd., ☏ 053-613007, 🖳 www.maehongsontravel.com/bkresort; ruhige Anlage mit 5 Teakholzbungalows im alten Stil, sehr saubere, schöne Zi mit Fan oder ac und Warmwasser-Du/WC, z.T. gut möbliert, Preise inkl. Frühstück. ❸–❹

Pen Porn House ⑭, ☏ 053-611577, Reihenhaus am westlichen Hang an lauter Straße, saubere Zi mit Du/WC, Heißwasser, ordentliche Einrichtung. ❷

Mae Hong Son Hill Resort ㉙, 106/2 Khunlum Prapas Rd., ☏ 053-612475, 📠 611420, ein Dutzend Doppelbungalows aus Holz mit 22 sauberen, großen Zimmern, z.T. ac; gepflegter Garten; dahinter verläuft die neue Umgehungsstraße; davor steht das *Nori Restaurant*. ❸

Baan Suan Klang Muang Resort ㉚, ☏ 053-612 477, 4 neuere Bungalows in großem Garten. ❸

T.N. House ㉚, 107/18 Khunlum Prapas Rd., ☏ 053-613454, am südlichen Ende der Stadt, Reihenhaus in schön angelegtem Garten, Sicht über die Reisfelder, 10 große, saubere Zi mit guten Matratzen, Fan oder ac, urige, große Bäder; Autovermietung mit Fahrer über *T.N. Tour* (s.u.), guter Service, freundliche Leute. ❸–❹

Baan Thai House, 196 Moo 8 Sob Pong Rd., ☏ 053-611833; 2,5 km südlich der Stadt, traditionelles Thai-Haus inmitten vieler Pflanzen; 4 urig eingerichtete, große Zi mit Fan oder ac und Du/WC; nebenan unterm Wohnhaus beliebtes, angenehm kühles Restaurant, gutes, sehr preiswertes Essen; freundliche Besitzerin. ❸

HOTELS – An der Hauptstraße Khunlum Prapas liegen von Nord nach Süd u.a. folgende Hotels:

Siam Hotel ⑩, Nr. 23, ☏ 053-612148; Stadthotel, i.b. für Thais, saubere Zi mit Du/WC, die riesigen Betten des *Single Room* reichen für 2 Pers. ❷, ac ❸

Baiyoke Chalet Hotel ⑱, Nr. 90, ☏ 053-611536, 🖂 baiyoke1864@yahoo.com; Zi mit ac, Minibar; kompetentes Personal; unten im Haus das *Chalet Cafe*, Musik und Tanz von 21–2 Uhr, Live-Bands. Gutes Trekking. ❹

Mountain Inn ⑲, Nr. 122, ☏ 053-611309, modernes Hotel mit geschmackvoll eingerichteten Zi mit ac, Kühlschrank; freundliches Personal; schöner Garten im Innenhof, unten Thai-Restaurant mit Cabaret. ❹

Rooks Holiday Hotel & Resort ⑳, Nr. 114/5, ☏ 053-612324, 📠 611524, Luxushotel in üblicher Ausstattung, Pool (50 Baht für Nicht-Gäste). 35 schöne Doppelbungalows aus Stein und mit Bambus verkleidet in einem tropischen Garten um einen See. Gut sortierter Bücherladen und günstige Bäckerei. Do–So abends Disco. ❻

Imperial Tara Hotel, Nr. 149, ☏ 053-611021, 📠 611252, gepflegtes Luxushotel mit Pool. ❻

RESORTS – In der Nähe von Mae Hong Son gibt es einige Resorts, die hauptsächlich von Thais in den Ferien und an Wochenenden frequentiert werden. Alle bieten kostenlosen Transfer vom Airport und relativ teure Ausflüge an. Transport zur Stadt erfolgt z.T. mit eigenen Bussen oder Tuk Tuk Charter (ca. 100 Baht). Am KM 265,2 zweigt der H1250 ab, der zu einigen Resorts im Süden führt.

Rim Nam Glang Doi Resort, 108 Ban Huai Dua, ☏ 053-612142, 📠 611086; 6 km südwestlich, Häuser und Bungalows in verschiedenen Größen und Qualitäten mit Fan oder ac in schöner, weitläufiger Anlage am Fluss; Feuerstellen, Camping, Schlafsaal, hervorragendes Restaurant; während der Saison am Wochenende und in den Ferien fast immer voll. ❸–❹

Elephantlodge, 73 Moo 3 Huai Dua, ☏ 053-614304, 🖂 nongrat@web.de, 🖳 www.elephantlodge.com; 8,7 km südwestlich, deutsches Gästehaus, 10 modern eingerichtete Zi im Bungalowstil, DW-TV, Terrassenrestaurant mit Thai und deutscher Küche, gute Informationen, kostenloser Transfer-Service, Ausflüge mit Minibus oder Pickup, Elefantenreiten ab der Lodge; freundlich geleitet von einem deutschen Arzt und seiner Thai-Frau. ❹

Fern Resort, 64 Ban Hua Nam Mae Sakut, ☏ 053-686110, 8 km südöstlich am KM 260,3 auf die Piste nach Ban Watchan abbiegen. Schön angelegter Garten mit 22 kleinen und großen Holzbungalows im Shan-Stil, Pool. Ein Naturpfad durch den Mae Surin National Park zu einem Wasserfall beginnt gleich hinter dem Resort. Ein Juwel inmitten der Natur. ❹

Golden Pai Suite Resort, 285 Moo 1 Pongmu, ✆ 053-612265, 6,4 km nördlich, 1,5 km vom H1095 entfernt, sehr ruhig am Pai-Fluss gelegen, hübsche, klimatisierte Komfort-Bungalows, großer Pool (für Nichtgäste 30 Baht); Tuk Tuk ab Markt 90 Baht. Spa und kosmetischen Behandlungen, Pferdereiten. ❹
The Dai, ✆ 053-613964, 4 km nördlich. Geräumige Holz-Bambus-Bungalows in einem grünen Garten am Hang, mit Fan oder ac, harte Betten, Warmwasser-Du/WC, Terrasse. Die freundliche Besitzerin spricht gut Englisch. ❸

Essen

Viele Restaurants mit westlichem Essen, kleine, einfache Thai-Restaurants, Suppenküchen und gemütliche Bars gibt es entlang der Khunlum Prapas Rd. Sehr populär ist das Thai-Fondue *Mukata*.
Am Markt in der Panit Wattana Rd. wird am Abend Essen aus Töpfen zu Reis verkauft, preiswert und gut sind gegrillte Fische und Hähnchen.
Aladin Home Restaurant, schmackhafte, preiswerte Gerichte für 20–30 Baht, auch vegetarische Kost, reichliche Auswahl, flotter Service.
Lucky Restaurant, gute Curries und Yam Nüa, nette Leute, preiswert.
Kai Mook Restaurant, ✆ 053-612092, nettes Ambiente, mittelmäßiges, teures Essen.
Im ***Foodstall-Center*** an der Hauptstraße ist das Essen gut aber überteuert mit Dauer-TV.
Am Abend werden vor der Bangkok Bank an einem Stand mittelmäßige Pancakes gebacken.
Kruathip Restaurant, ✆ 053-620337, großes Thai-Restaurant auf 2 Etagen am See, Speisekarte mit über 200 Gerichten für 50–80 Baht, besonders beliebt bei Thai-Gruppen, ⌚ bis 22 Uhr.
Sunflower Restaurant, westliche, Thai- und vegetarische Gerichte, Pizza, Müsli, frisches Vollkornbrot, Filterkaffee und guter Kuchen, Rotwein; nicht ganz billig.
Lake Side Bar, Restaurant / Bar in einem Wohnhaus und Garten, direkt an der Straße, jedoch mit schönem Blick auf den See. Super Thai-Fondue 59 Baht, Bier vom Fass 89 Baht/Liter, häufig Live-Musik, ⌚ bis 1 Uhr.
Fern Restaurant, ✆ 053-611374, wer meint, schon alle Thai-Gerichte durchprobiert zu haben, sollte einmal hier speisen (nicht billig). Aber Vorsicht: Es wird z.T. extrem scharf gewürzt! Wenn Gruppen kommen, kann der Abend lang werden.

Sonstiges

ANTIQUITÄTEN – kann man im Laden gegenüber der Bangkok Bank bestaunen.

AUTOVERMIETUNGEN – ***P.S. Tour,*** ✆ 053-611831, Toyota Caribian für 1300 Baht/Tag.
Highway, u.a. Jeeps um 1200 Baht/Tag.
T.N. Tour, 107/17 Khunlum Prapas Rd., ✆ 053-620059, Jeeps und Pickups in sehr gutem Zustand mit Fahrer.

BOTANISCHE WANDERUNGEN – und *Nature Walks* für kleine Gruppen führt der lizenzierte Guide Chakaphan Prawinchaikul (Jon) für 900 Baht p.P durch. Er spricht sehr gut Englisch. Voranmeldung: ✆ 053-611040, 09-5526899, ✉ natural_walks@hotmail.com, 💻 www.maehongsontravel.com/nature_walks.

FESTE – Neben der **Poi Sang Long-Prozession** Anfang April finden im Januar oder Februar noch die Winterfestspiele **Misty City Fair** statt (Eintritt 20 Baht). Zum **Ok Phansa** im Oktober wird das einzigartige **Shan Candle Festival** veranstaltet, bei dem riesige Lampen und Kerzen aus Pinienholz durch die Straßen getragen werden. In Mae Hong Son steigen an **Loy Krathong** mehrere Nächte lang die kleinen Krathongs an Luftballons in den Himmel auf.

GELD – Wechselschalter bei der ***Bangkok Bank,*** ⌚ tgl. 8.30–19 Uhr.

INFORMATIONEN – TAT Office an der Khunlum Prapas Rd., neben *Baiyoke*.

INTERNET – Viele Internet-Shops, 60 Baht/Std., schlechte Telefonleitung.

IMMIGRATION – am nördlichen Ortsausgang, ✆ 053-612106, ⌚ 8.30–16.30 Uhr.

MARKT – Im Stadtzentrum wird Obst, Gemüse und spottbilliges, gutes Essen angeboten. Morgens kaufen Hmong oder Karen gelegentlich in ihrer Tracht ein. ◷ 6–18 Uhr.

MEDIZINISCHE HILFE – ***Srisungval Hospital,*** ✆ 053-611378, am östlichen Stadtrand, kompetentes Personal. Vor allem während der Regenzeit tritt Malaria (auch die tödliche Malaria tropica) in der Umgebung gehäuft auf.
Einige kleine Privatkliniken sind in der Nähe des Busbahnhofs, ◷ ab 17 Uhr.

MOPEDTAXIS – innerhalb der Stadt 20 Baht.

MOTORRÄDER – 125er-Maschinen gibt es an mehreren Stellen entlang der Hauptstraße für 130–300 Baht pro Tag. ***Highway*** vermietet gute *Honda Dream* (130 bzw. 180 Baht); rechtzeitig vorbuchen.

POSTAMT – am südlichen Ende der Hauptstraße, ◷ Mo–Fr 8.30–16.30, Sa 9–12 Uhr. Auch telefonieren und faxen kann man hier von 7–23 Uhr. **PLZ**: 58 000.

SCHWIMMEN – im ***Golden Pai Resort***, 8 km nördlich, schöner, großer Pool, Eintritt für Nichtgäste 30 Baht.

TOUREN – Viele Agenturen an den Hauptstraßen, vor allem in der Nähe der Post, bieten **Tagesausflüge** an (auch *Adventure Tour* genannt) zu Dörfern der Bergvölker (vor allem zu den Longneck Villages) sowie Elefantenreiten, Floßfahrten und Bootsfahrten an die Grenze. Die Programme unterscheiden sich wenig, die Preise sind gehoben.
Als seriös empfanden wir:
T.N. Tour, 107/17 Khunlum Prapas Rd., ✆ 053-620059, ✉ tntour@hotmail.com, 💻 www.maehongsontravel.com/tn; mehrtägige Ausflüge mit individuellem Programm, Englisch sprechende Guides mit TAT-Lizenz, alle mit Funk ausgerüstet, sehr flexibel.

TOURIST POLICE – Singhanat Bamrung Rd., ✆ 053-611812; hilfsbereite Leute.

TREKKING – Im Gebiet von Mae Hong Son leben nur wenige Bergvölker in leicht erreichbaren Dörfern. Deshalb gehen Treks fast nur in Dörfer von Karen. Auch Dörfer der Shan (auch Thai Yai genannt) und der Kuomintang (auch KMT) werden aufgesucht, die natürlich nicht zu den Bergvölkern gehören.
Bei mehrtägigen Treks kehrt die Gruppe am Abend zumeist nach Mae Hong Son zurück.
Treks von 3 Tagen Dauer kosten zumeist 500–600 Baht p.P. pro Tag (bei 4 Pers.). Der 7-tägige Trek nach Chiang Mai ist nicht zu empfehlen, da er auf und in der Nähe von Pisten verläuft.
Empfohlen wurde uns ***Long Time Tours,*** ✆ 09-8386865, ✉ long-time-tours@myway.com, dessen Inhaber Long es versteht, sein Wissen zu vermitteln; gut geführte Touren mit gutem Preis-Leistungs-Verhältnis.

Transport

BUSSE – Neben der Shell-Tankstelle, 200 m südlich vom Monument, fahren die Busse nach Bangkok ab. Tuk Tuks ins Zentrum 40 Baht.
Alle anderen Busse halten an der zentralen Bus Station.
Nach BANGKOK (928 km) über Mae Sariang, Hot, Tak ac-Bus um 15 Uhr für 569 Baht, 2.Kl. ac-Bus um 16 Uhr für 342 Baht in 12 Std., non-ac-Bus um 11.30 Uhr für 316 Baht in 14 Std. (Buchung bei *Yanyont Tour*, ◷ 9–15 Uhr, ✆ 053-611514. Zurück 4x tgl.
Von CHIANG MAI (Arcade Bus Station) nehmen Busse die **Südroute** (362 km) über Mae Sariang um 6.30, 8 und 11 Uhr in 8 1/2 Std. und die **Nordroute** (242 km) über Pai um 7, 9, 10.30 und 12.30 Uhr in 7 Std. Von Nachtbussen ist abzuraten.
Nach CHIANG MAI über Khun Yuam (35 Baht) und Mae Sariang (78 Baht) non-ac-Bus um 8, 14, 20 und 21 Uhr für 145 Baht, ac-Bus um 6, 10.30 und 21 Uhr für 261 Baht in 8 1/2 Std.
Nach PAI über SOPPONG (33 Baht) non-ac-Bus um 7, 8.30, 10.30, 12 und 16 Uhr für 53 Baht in 3 1/2 Std. (Busse bis 12 Uhr fahren weiter nach Chiang Mai für 105 Baht in 7 Std.), ac-Minibus um 8 und 9 Uhr für 100 Baht in 3 Std. (Chiang Mai für 200 Baht in 6 Std.).
Von PAI (110 km) mit non-ac-Bus 5x tgl. von 7–16 Uhr, ac-Minibus um 10.30 Uhr.
Von MAE SOT fahren Pickups bis Mae Sariang, wo man um 12.30 und 15.30 Uhr in den Bus

nach Mae Hong Son umsteigen kann. Nach MAE AW fahren keine öffentlichen Pickups.

FLÜGE – Von / nach CHIANG MAI 3–5x tgl. nachmittags für 765 Baht in 40 Min.
Thai Airways Office, 71 Singhanat Bamrung Rd., ✆ 053-612220, am Airport ✆ 053-611367, ⌚ 8.30–16.30 Uhr; frühzeitig buchen, da die Flüge oft voll sind. Zudem werden jeweils 28 Tickets erst 30 Min. vor Abflug an Standby-Passagiere verkauft.

Die Umgebung von Mae Hong Son

Von Mae Hong Son gibt es mehrere Möglichkeiten für 1- oder 2-Tages-Ausflüge auf eigene Faust, mit Guides der Gästehäuser oder mit den Trekking-Agenturen.

Pha Sua-Wasserfall, Pang Tong, Napapaek, Mae Aw

Ein schöner Trip führt nach Nordwesten bis zur Grenze in das Hmong-Dorf Napapaek. Von der Straße Richtung Pai kann man bereits am KM 199 oder erst am KM 192,1 abbiegen. Die Betonstraße führt über Mok Cham Pae (gutes Restaurant *Sweet Corn*, einige Bungalows gegenüber) nach Huai Khan (15 bzw. 7 km). Zum **Huai Khan-Wasserfall** geht es ca. 1 km hinter dem Ort links hoch (schwer zu finden), dann den blauen Wasserleitungen nach rechts zum oberen Teil eines netten Wasserfalls folgen. Nach weiteren 6 km auf Asphalt mit einem sehr steilen Anstieg ist der malerische **Pha Sua-Wasserfall**, ein siebenstufiger Katarakt, erreicht. Hier schwirren viele Arten von Libellen und Schmetterlingen umher. Links vom Fall wurde ein neuer, herrlicher Rundweg flussabwärts angelegt, der mehrfach den Fluss kreuzt und an tollen Felsen vorbei zu einem noch tiefer hinabstürzenden Wasserfall führt. In der Nähe liegt das Karen-Dorf Huai Mak. Nach dem Wasserfall (rechts halten) kommen wieder ein paar steile Steigungen, wo Mopeds häufig schlapp machen. Vom Parkplatz des Hilltribe Center führt ein 500 m langer Fußweg zum **Pang Tong-Königspalast**. Am Eingang passiert man einen Checkpoint (Eintritt 20 Baht p.P.) und geht dann ca. 1 km durch den gepflegten Park zum Palast. Nett ist die Aufzuchtstation für Rehe und Hirsche.

Nach 38 km ab Mae Hong Son ist **Napapaek** erreicht. Hier zweigt die breite Straße nach **Mae Aw** ab, einem Dorf der **Kuomintang** (KMT), das auch **Lak Thai** genannt wird. Es liegt an einem schönen See, umgeben von Teeplantagen. In einer Hütte am Ende des Sees kann man den Tee verkosten und kaufen. Zudem ein einfaches, aber gutes Restaurant. Von Napapaek geht die Straße nach Westen weiter nach **Roum Thai**, einem schmucken Musterdorf von ehemaligen burmesischen Flüchtlingen. Im ersten Haus links kann selbst gerösteter Kaffee verkostet werden, der Besitzer spricht Englisch. In seiner Bungalowanlage (ohne Strom) kann man übernachten. Am Ende eines Stausees liegt eine gepflegte königliche Forststation.

Von Mae Hong Son nach Soppong

Die Straße H1095 führt über sechs Pässe mit vielen Aussichtspunkten nach Soppong (69 km), eine nicht zu steile Superstrecke für Biker. Am KM 192 liegt links in einem gepflegten, kleinen Park die Grotte **Tham Pla** (*Fish Cave*) mit halbzahmen Fischen. Ein unterirdischer Bach fließt in den kleinen Pool. Futter für die Fische gibt es am Parkplatz. Thais kommen gerne hierher zum Picknick, ausländische Touristen finden diesen Platz dagegen nicht besonders interessant.

Gleich darauf liegt links das große Dorf **Huai Pha** (KM 191–190). Letzte Hütten und Felder, dann geht es durch schöne Waldlandschaft aufwärts zum zweiten Pass (769 m) und recht steil durch Terrassenfelder und Einzelgehöfte wieder 300 m tiefer zum Dorf **Mae Suya** (KM 171).

Tham Wua Sunnata Forest Monastery

Beim KM 169,5 kann man einen Abstecher nach links machen zum Tham Wua Sunnata Forest Monastery (1,5 km). In sehr schöner Felsenlandschaft steht in einem bewaldeten Tal ein **Tempel** mit freundlichen Mönchen, einigen Meditationshütten mit Laufstegen sowie mehreren Höhlen und Grotten mit Buddha-Statuen.

Ausflüge von der Wilderness Lodge

Wer am KM 165,4 nach links abbiegt oder hier aus dem Bus aussteigt, erreicht nach 1,5 km auf schlechter Staubpiste (in der Dunkelheit für Biker gefährlich!) die Wilderness Lodge. Hier können Traveller, denen nichts an Komfort liegt, ausgezeichnet entspannen oder herrliche Tagesausflüge

Langhals-Frauen

Frauen des Padaung-Stammes wurden aus Myanmar in drei Dörfern im Gebiet von Mae Hong Son angesiedelt. Sie sind bekannt für ihren mit Hilfe von Messingringen künstlich verlängerten Hals und werden total touristisch vermarktet. Das südliche *Longneck Village* jenseits von Ban Nam Phiang Din erreicht man nur per Boot mit einer geführten Gruppe. Das nördliche Dorf kann man mit Motorrad oder Jeep auf eigene Faust erreichen, auch Songthaew fahren hin. Selbstverständlich wird es auch im Allround-Programm von Reiseveranstaltern und Trekking-Agenturen angeboten. In beiden Dörfern wird 300 Baht Eintritt verlangt. Die Hälfte des Geldes geht an die Karenni -Armee, die die Frauen hierher gebracht hat, die andere Hälfte an thailändische Geschäftsleute, auf deren Land die Dörfer errichtet wurden. Die Langhals-Frauen werden wie Gefangene gehalten und nur mit dem Lebensnotwendigsten versorgt. Eine menschenunwürdige Touristenattraktion, bei der die deformierten Frauen wie Tiere im Zoo begafft werden. Doch Tausende von Touristen kommen her, um diesen Zirkus mitzumachen.

unternehmen, z.B. zur Nam Lang Cave (2 Std. hin) oder zu den Susa Falls & Cave (3 Std. hin).

Die Ausflüge sind im Restaurant genau beschrieben, trotzdem sind die Susa Falls nicht leicht zu finden. Bei den Zeitangaben sollte man etwa 50% Zugabe machen, wenn niemand dabei ist, der den Weg genau kennt. Die **Nam Lang Cave** soll eine der größten Höhlen Asiens sein. Ihre Eingangshalle ist über 100 m hoch. Nur mit Gaslampen sind ihre Dimensionen zu erfassen. Selbst die besten Taschenlampen reichen allenfalls aus, um sich in der Höhle zu bewegen. Nach 300 m und 1400 m trifft man auf spektakuläre **Kristallwasserfälle**. Von November bis Mai ist die Höhle 9 km weit begehbar, häufig bis zur Brust im Wasser. In anderen Ländern wäre sie wohl eine absolute Touristenattraktion. Hier in Thailand ist sie noch ganz den Travellern und wenigen Höhlenforschern überlassen. Sie ist schwer erreichbar und wegen Gefährlichkeit manchmal gesperrt.

Übernachtung

Wilderness Lodge, auf einer großen Lichtung oberhalb des Flusses stehen ein Haupthaus mit Restaurant, offener Feuerstelle und offener Schlafsaal sowie einige einfache Bungalows. Das Essen muss bis 18 Uhr vorbestellt sein, morgens gibt es leckere Vollkornbrötchen, Getränke sind teuer. Für die Höhlen kann man Batterien kaufen und Taschenlampen mieten. ❶

Nam Khong

Am KM 165 überquert der H1095 den Nam Khong. Von dieser Brücke beginnen zweitägige Fahrten mit dem Bambusfloß oder dem Schlauchboot bis nach Mae Hong Son (Infos bei *Thai Adventure Rafting* in Pai). Nun steigt die Straße kontinuierlich auf 990 m an. Beim KM 158 kann man einen kurzen Blick nach rechts in ein Tal mit Dorf und steilen Bergen dahinter werfen. Vom Aussichtspunkt beim sechsten Pass am KM 157,4 bieten sich herrliche Ausblicke über markante Berge bis nach Myanmar! Lisu-Frauen haben hier Verkaufsstände aufgebaut. Beim KM 156 zweigt ein 5 km langer Weg nach rechts ab Richtung Lu Kao Lamm zum **Spirit Well** (*Nam Bo Pi*), einem tiefen Loch, zu dem man zu Fuß gehen kann. Der Aufstieg ist teilweise recht anstrengend, der Anblick aber sensationell. Nach Sonnenuntergang wird der Weg gefährlich.

Abstecher ins Tal von Mae Lana

Am KM 152,2 ist die Mae Lana Junction erreicht, der halbe Weg nach Pai. Hier zweigt der H1226 ab, eine Schotterstraße, die mit einigen steilen Passagen bis fast an die Grenze zu Myanmar führt. Wer nach Mae Lana will, muss an der Mae Lana Junction aus dem Bus steigen und 5,5 km steil bergauf und bergab gehen oder ca. 30 Min. warten, bis ein Pickup vorbeikommt (15 Baht). Nach 3 km passiert man das Dorf **Ban Jabo** (schwarze Lahu), das malerisch zwischen steilen Felsen liegt. Nach 4,5 km führt rechts eine Straße ins weite Tal von **Mae Lana**. Weite Reisfelder werden von einem Fluss durchschnitten, der geradewegs gegen eine Felswand fließt – und in einer Höhle verschwindet. In 1 1/2 Stunden kann man diese 12 km lange **Mae Lana Cave** (oder auch *Diamond Cave)* erreichen, aber nur wenig auf eigene Faust entdecken. Guides stehen nicht zur Verfügung. Der Dorf-Chef von Mae Lana betreibt das *Top Hill Gh.* ❶. Im Homestay *Mae Lana Garden Home* gibt es Shan-Essen, ✆ 053-619028, 01-7066021, ❶. Hinter Mae Lana wird der Weg sehr schlecht, einige Baumstamm-Brücken und große Steigungen sind zu überwinden. Dann ist **Yapanae** erreicht, ein Dorf der Roten Lahu. Von hier sind es 11 km bis zum hinteren Ausgang der Tham Lot (s.u.), doch nur befahrbar für Jeeps und geländegängige Motorräder (in der Trockenzeit schaffen es Könner auch mit normalen Motorrädern). Bei Gabelungen rechts halten. Wer nicht gar zu viel Gepäck hat, kann auf diesem Weg auch zur Cave Lodge wandern (16 km).

Der H1226 zieht sich weitere 22 km auf einem Bergkamm mit fantastischen Ausblicken hin, vorbei am Lahu-Dorf Ban Mai Hung bis **Ban Papuek**, wo man eine Höhle besichtigen kann. Anschließend wird die Straße wegen der nahen Grenze zu gefährlich – besser umkehren. 4 km vor dem Endpunkt **Ban Pangkam** muss man einen Kontrollposten passieren, der die Durchfahrt manchmal verwehrt.

Weiter nach Soppong

Kurz hinter der Mae Lana Junction geht es 6 km ins Tal von Soppong. Am KM 144,6 führt nach links ein dünner Fußpfad in den lichten Wald hoch (Straßenpfahl *„Coffin Caves"*). Wer ein wenig in der durchlöcherten Steilwand herumklettert, wird in vielen Grotten seltsam behauene Holzbalken auf Stützpfosten entdecken. Das waren einmal **Särge** (s.S. 370). Diese sind als einzige in der Gegend geschützt.

Soppong สบป่อง

Die Busse von Pai und Mae Hong Son machen in Soppong 15 Minuten Zwischenstopp. Das neue Dorf am KM 142 ist Hauptort und Versorgungszentrum des Distrikts Pangmapa. Soppong hat sich zu einem angenehmen Ausgangspunkt für Ausflüge in die Umgebung entwickelt, so dass ein paar Tage Aufenthalt lohnen. Zum Markt am Dienstag von 7–12 Uhr bei der Post kommen viele Bergbewohner. Der bisherige Ort Soppong heißt jetzt Old Village (*Ban Khao*). Auf Wanderungen kann man Dörfer der Lisu, Lahu und Karen besuchen. Wer den wenig befahrenen Fahrwegen folgt, wird sich kaum verlaufen können. Es ist ratsam, sich zuvor im jeweiligen Gästehaus zu erkundigen, ob es Probleme geben könnte.

Schützt die Wälder in Thailand

Wer auf Treks in den Wäldern zerstörten Wald entdeckt, sollte nicht nur schimpfen. Umweltschutzgruppen benötigen Fotos mit genauer Lagebeschreibung, damit sie etwas unternehmen können. In Pai nimmt Guy von *Thai Adventure Rafting* Informationen entgegen. Der Einfluss von Touristen ist nicht zu unterschätzen!

Übernachtung

Wo es durch die Ritzen zieht, kann es nachts sehr kalt werden.

Lemon Hill Gh., ✆ 01-2242366, schräg gegenüber vom Bus Stop; 9 nette Hütten z.T. mit einfacher Du/WC und Veranda; toll ist der 4-Pers.-Bungalow mit Matratzen über dem steilen Flussufer. Günstiger Transport zur Tham Lot. ❷–❸

Jungle House, ✆ 053-617099, 300 m westlich vom Bus Stop, von der Straße zurückversetzt hinter einem kleinen Bach; Stein-Holzhütten am Hang in weitläufiger Anlage und Schlafsaal; Restaurant mit Feuerstelle und bequemen Stühlen; Nuai, die Besitzerin, kocht ausgezeichnet und backt sogar Vollkornbrot; ist sie abwesend, wird der Service mies. ❷

Soppong River Inn, ✆ 053-617107, 🖳 www.soppong.com; 600 m westlich vom Bus Stop, sehr schöne Anlage aus Naturmaterialien am Lang River, tolle Terrasse gegenüber von eindrucksvollen Uferfelsen, 2 neue, sehr gemütliche Bungalows im Garten mit großem Bad, 3 gemütliche, saubere Zi im Haus mit Moskitonetz und Du/WC, z.T. außen, ein offenes Zi im Bali-Stil mit Moskitonetz und offener Du/WC, Betten mit besten Matratzen; Frühstücksrestaurant, Internet-Zugang, Thai-westliche Leitung. Vermittelt Treks und Ausflüge mit dem Guide Sunny (s.u.). Minibus-Transfer von / nach Mae Hong Son. ❸–❹

Little Eden, 🖳 www.littleeden-guesthouse.com, ✆ 053-617054; gepflegte Gartenanlage am östlichen Ortsende; 8 kuschelige, saubere A-frame-Bungalows mit Warmwasser-Du/WC, Haus am Fluss (1200 Baht) mit Wohn- und 2 Schlafzi, Küche und Terrasse, schöner Pool, Terrasse mit Flussblick; gutes Essen, Bar, Kaminfeuer, Internet, Massage. Die freundliche, gut Deutsch sprechende Phen ist Trekking-Führerin mit Lizenz. Transport und Privattouren aller Art. ❸

Northern Hill Gh., ✆ 053-617136, am östl. Ortsende, 5 Bungalows aus Stein mit schönem Blick von der Terrasse übers Tal und Reisfelder. ❷

Baan Cafe Resort, ✆ 053-617081, am KM 143, kleine, überraschend schöne Bambus- und Holzbungalows mit Warmwasser-Du/WC und Terrasse überm Lang River, Matratzen auf dem Boden. Sehr gutes Restaurant mit gutem Kaffee. ❷–❹

Essen

Alle Gästehäuser bieten sehr gute Gerichte. Essenstände entlang der Straße und Restaurants beim Bus Stop servieren einfaches Essen, u.a. bereitet die Frauengruppe des Dorfes *Mae Baan* originale Shan-Gerichte zu. In ***Sunny's Kao Soi Shop*** schmeckt die *Egg Noodle Soup with Coconut and Chicken* besonders lecker.

Suchit's Sala, neben *River Inn*, hat leckere, einfache Thai-Gerichte, englische Speisekarte.

Sonstiges

INFORMATIONEN – über die Umgebung von Soppong erhält man im *Jungle House* und bei *Sunny* (s.o.), der alle interessanten Plätze in der Gegend kennt. Kontakt 🖂 info@soppong.com.

MEDIZINISCHE HILFE – gutes, kompetentes Hospital, ✆ 053-617153-4, 2 km westlich.

MOPEDS – gegenüber vom *Little Eden* für 200 Baht/24 Std.

PLZ – 58150

TREKKING – Der viel gelobte, humorvolle Sunny (s.o.) organisiert Tagesausflüge (z.B. zum Spirit Well, 6–7 Std., 500 Baht), individuelle 3-tägige Treks sowie Elefantenausritte (2 Std., 500 Baht). Im Little Eden 1100 Baht/Tag inkl. Tham Lot und Elefantenritt.

Transport

Werden die Busse in Pai oder Mae Hong Son nicht voll, warten sie oft bis zum nächsten Ab-

fahrtstermin. Nach PAI 5x tgl. von 9–18 Uhr in 1 1/2 Std. für 30 Baht, Busse bis 14 Uhr fahren weiter nach CHIANG MAI in ca. 6 Std.
Nach MAE HONG SON 5x tgl. von 9–18 Uhr in 2 Std. für 33 Baht.
Zur THAM LOT Motorradtaxi ab Bus Stop 60 Baht (mit schwerem Rucksack nicht ratsam), Jeep-Charter 350 Baht (4–5 Pers.) von *Jungle House*, billiger bei *Lemon Hill*. Pickup 400 Baht (*Little Eden*).
Wer mit dem Bus von Chiang Mai kommt und zur Tham Lot wandern will, steigt am besten beim alten Dorf am KM 141 aus.
Abholung vom Airport Mae Hong Son 800 Baht.

Tham Lot-Tropfsteinhöhle ถ้ำลอด

Am Ende des Shan-Dorfes Ban Tham (auch: *Tumlord*). befindet sich der Eingang zur **Tham Lot Nature Education Station,** ⌚ tgl. 9–18 Uhr. In den Essenständen am Parkplatz gibt es Suppen, Reisgerichte und Getränke. An der Schranke erhält jede Besuchergruppe für 100 Baht einen der 80 Guides mit hell leuchtender Gaslampe zugeteilt (dem Guide bleiben max. 50 Baht). Eine zusätzliche starke Taschenlampe ist nützlich. Um Gas zu sparen, zeigen manche Guides nur einen kleinen Teil der schönen Höhle. Um dem armen Dorf eine (wenn auch geringe) Einnahmequelle zu schaffen, wurde die Höhle touristisch voll erschlossen. Während der Ferien kommen sehr viele Thais, um die Höhle auf ihre Art zu genießen.

Zum Eingang der Tham Lot sind es noch 500 m durch schönen Wald. Der Nam Lang fließt von Nordost nach Südwest ca. 400 m durch die große, sehenswerte Höhle. Einen Teil der Strecke geht es nur per Floß weiter (100 Baht pro Floß). In der Regenzeit ist der Fluss häufig unpassierbar. Hauptattraktionen sind die eindrucksvolle **Big Column Cave** (nach 50 m rechts), die schöne **Doll Cave** (nach 100 m links) und hoch oben die **Coffin Chamber** (50 m vor dem Ausgang links). Die Überreste von alten Särgen mit Deckeln wurden vor einigen Jahren entdeckt und mit der C-14-Methode auf 1200 bzw. 1600 Jahre datiert. Sie sind 4,30 m lang, 60 cm breit und erinnern an Einbäume. Ähnliche, bis 2200 Jahre alte und bis zu 9 m lange **Särge** auf Holzgerüsten befinden sich in etwa 50 weiteren Höhlen in der Umgebung.

Nicht zu verfehlen ist am Höhlenausgang der Dung, den Millionen **Mauersegler** hier hinterlassen. Am späten Nachmittag (ca. 17.30–18.30 Uhr) bieten sie bei der Rückkehr von ihren mehrere hundert Kilometer entfernten Futterplätzen ein fantastisches Schauspiel. Wenn es ganz dunkel geworden ist, verlassen Abertausende von **Fledermäusen** die Höhle. Eine Taschenlampe für den Rückweg nicht vergessen!

Vom Ausgang führt ein Pfad in 20 Minuten über die Höhle hinweg zum Parkeingang zurück. Vom Höhlenausgang lassen sich flussabwärts schöne Wanderungen unternehmen, bei denen man mehrfach den Nam Lang durchwaten muss. Nach etwa 15 km verschwindet der Fluss in einer weiteren Höhle und tritt später in der Tham Nam Lang wieder ans Tageslicht.

Erst in jüngster Zeit konnte das Interesse von Archäologen an dieser Gegend geweckt werden. Dabei ergab sich, dass die Tham Lot schon vor 12 000 Jahren von Jägern und Sammlern benutzt wurde. Sie brachten bereits vor 9000 Jahren Wildreis hierher. In der Umgebung wurden nun viele weitere archäologische Fundstellen entdeckt, die 400 bis 11 500 Jahre alt sind. An etwa 26 Plätzen haben vor ca. 13000 Jahren Jäger und Sammler gelebt. Die Särge sind dagegen nur 1200–2200 Jahre alt, die meisten 1600–1700 Jahre. Unter Leitung von John Spies fanden Forscher in der Umgebung weitere höchst interessante archäologische Stätten.

Übernachtung

Cave Lodge, ✆ 053-617203, 💻 www.cavelodge.com; liegt 700 m vom Eingang zur Tham Lot entfernt. Sie wird von dem Höhlenforscher John Spies (Australier) und seiner Frau geführt. Ein großes, nach vorn offenes Haus mit Feuerstelle und Matratzenlager und mehrere einfache, renovierungsbedürftige Bambushütten stehen über dem Steilhang des Nam Lang-Flusses, auch einige bessere und Deluxe-Bungalows mit Du/WC und ein Haus für 4–5 Pers.; offenes Restaurant. John bietet eine tolle eintägige Höhlentour an (350 Baht). Guides für schwierigere Ausflüge stehen zur Verfügung. Die Wildwasser-Kajak-Tour auf dem Nam Lang ist besonders in der Regenzeit interessant (6 km, 2 Std., 450 Baht). Wegen der täglichen Tourgruppen laut und un-

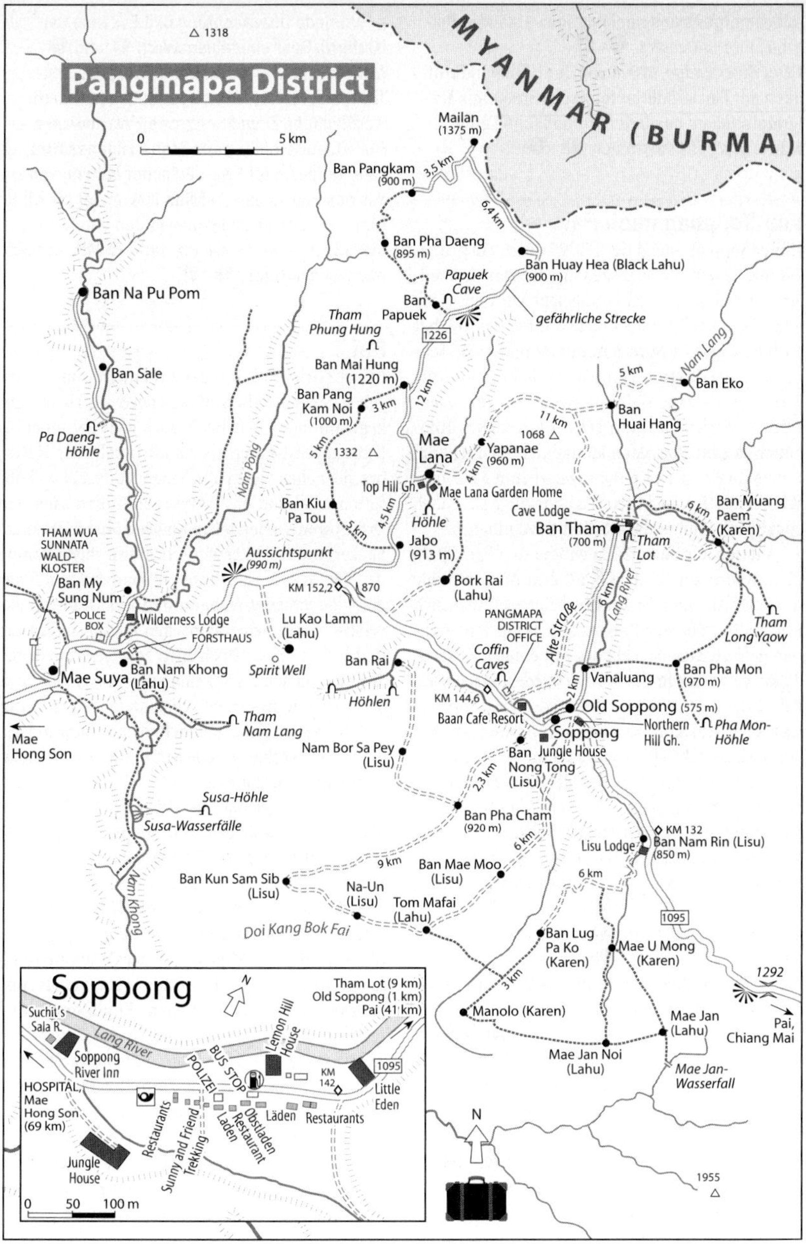
Pangmapa District
MYANMAR (BURMA)
0
5 km
1318
Mailan
(1375 m)
Ban Pangkam
(900 m)
3,5 km
6,4 km
Ban Pha Daeng
(895 m)
Ban Huay Hea (Black Lahu)
(900 m)
Papuek
Cave
Ban
Papuek
gefährliche Strecke
Ban Na Pu Pom
Tham
Phung Hung
1226
Ban Mai Hung
(1220 m)
Ban Sale
Ban Pang
Kam Noi
(1000 m)
3 km
12 km
Nam Lang
5 km
Ban Eko
Ban
Huai Hang
11 km
1068
Pa Daeng-
Höhle
5 km
1332
Mae
Lana
Yapanae
(960 m)
4 km
Nam Pong
Top Hill Gh.
Mae Lana Garden Home
Ban Kiu
Pa Tou
4,5 km
Höhle
Cave Lodge
6 km
Ban Muang
Paem
(Karen)
Ban Tham
(700 m)
Tham
Lot
THAM WUA
SUNNATA
WALD-
KLOSTER
5 km
Jabo
(913 m)
Aussichtspunkt
(990 m)
Ban My
Sung Num
KM 152,2
870
Bork Rai
(Lahu)
6 km
Lang River
Tham
Long Yaow
POLICE
BOX
Wilderness Lodge
Lu Kao Lamm
(Lahu)
PANGMAPA
DISTRICT
OFFICE
Alte Straße
FORSTHAUS
Coffin
Caves
Mae Suya
Ban Nam Khong
(Lahu)
Spirit Well
Ban Rai
Vanaluang
Ban Pha Mon
(970 m)
2 km
Höhlen
KM 144,6
Old Soppong (575 m)
Baan Cafe Resort
Soppong
Northern
Hill Gh.
Pha Mon-
Höhle
Tham
Nam Lang
Mae
Hong Son
Nam Bor Sa Pey
(Lisu)
Ban
Nong Tong
(Lisu)
Jungle House
2,3 km
Susa-Höhle
Susa-Wasserfälle
Ban Pha Cham
(920 m)
KM 132
Ban Nam Rin (Lisu)
(850 m)
Lisu Lodge
6 km
Nam Khong
9 km
Ban Mae Moo
(Lisu)
Ban Kun Sam Sib
(Lisu)
6 km
Na-Un
(Lisu)
Tom Mafai
(Lahu)
1095
Doi Kang Bok Fai
Ban Lug
Pa Ko
(Karen)
Mae U Mong
(Karen)
3 km
1292
Manolo (Karen)
Mae Jan
(Lahu)
Pai,
Chiang Mai
Mae Jan Noi
(Lahu)
Mae Jan-
Wasserfall
N
1955
Soppong
N
Tham Lot (9 km)
Old Soppong (1 km)
Pai (41 km)
Suchit's
Sala R.
Lang River
Lemon Hill
House
Soppong
River Inn
BUS STOP
POLIZEI
KM
142
1095
HOSPITAL,
Mae
Hong Son
(69 km)
Little
Eden
Restaurants
Sunny and Friend
Trekking
Laden
Obstladen
Restaurant
Läden
Restaurants
Jungle
House
0
50
100 m

ruhig, morgens und nachmittags verkaufen Hilltribes ihre Souvenirs. ❶–❹

Lang River Lodge, 400 m von der Höhle entfernt, nach der Flut wieder aufgebaut, Hütten aus Naturmaterialien, besonders freundliche Leute, wurde uns sehr empfohlen. ❶–❷

Von Soppong nach Pai

Hinter Soppong steigt der H1095 durch ein grünes Tal mit vielen Reisterrassen an, die von Neusiedlern und durch Projekte angelegt wurden. Nach 8 km (am KM 132) liegt rechts unten das viel besuchte Lisu-Dorf **Nam Rin** mit dem kleinen, sehr guten Lisu-Museum (Eintritt 30 Baht, Souvenirverkauf, Rundgang 15 Min.). Es gibt ein gutes, sensibel geschriebenes und sehr informatives Infoheftchen zum Dorf. Man kann einen Ausflug zum Karen-Dorf Lug Pa Ko (6 km) und zum **Mae Yan-Wasserfall** unternehmen. Tagesausflüge sind auch zum **Spirit Well** und zur **Spirit Cave** möglich.

Auf den folgenden 8 km windet sich der H1095 über 400 m zum Pass auf 1292 m hoch. Schöne Aussicht! An einer überdachten Karte können sich Selbstfahrer über die Provinz Mae Hong Son orientieren. Nach 8 km Steilabstieg mit einigen Haarnadelkurven erreicht der H1095 wieder das Tal des Pai-Flusses, das er kurz hinter Mae Hong Son verlassen hat. Am KM 113,8 liegt rechts oben am steilen Hang das Lisu-Dorf **Pang Paek** (950 m hoch).

Am KM 109,5 weist auf der linken Seite ein Schild auf das uninteressante *„Lum Nam Pai Wildlife Sanctuary"* hin. Durch Hügel, Reisterrassen und landwirtschaftlich genutzte, weite Täler führt die Straße weiter nach Pai, 41 km von Soppong entfernt.

Übernachtung

Lisu Lodge, in Nam Rin, ✆ 09-9534243, 7 A-frame-Bungalows mit Moskitonetz, Mini-Balkon und schöner Sicht, Warmwasser-Du/WC außerhalb, Holz-Stein-Bungalow mit Bad. Das Lisu-Dinner (45 Baht) wechselt täglich. Geleitet von Amee und dem freundlichen Deutschen Rudi, der verwaiste Affenbabys großzieht. Rudi gibt seinen Gästen gern Informationen und vermittelt ein- bis viertägige individuelle Treks mit Lisu-Führern (300 Baht/Tag für den Guide, 100 Baht p.P. für jede Übernachtung und Essen in den Dörfern). Sehr empfehlenswert. ❶ und ❸

Lisu Adventures Gh., in Pang Paek, das erste Teakhaus rechts, ist eine saubere Unterkunft, 3 ordentliche Zi und Schlafsaal, Warmwasser-Du/WC außerhalb, gutes Essen, eigenes Brot, Filterkaffee; unter Lisu-dänischer Leitung von Yosinaa und Tomas, ⏲ Mitte November bis Mitte März. Am besten im lokalen Laden unter ✆ 053-619118 nach Tomas fragen, dann 10 Min. später nochmals anrufen. ❶–❷

Pai ปาย

Lange Zeit war Pai von der Außenwelt isoliert, umgeben von hohen Bergen mit engen Tälern. Der Ort liegt zwar nur 560 m hoch, doch von November bis Februar wird es nachts ziemlich kalt. Der H1095 brachte neben vielen nützlichen Dingen den Zivilisationsmüll und die Traveller in diesen sauberen Ort. Obwohl in den letzten Jahren über 110 Gästehäuser und viele Restaurants aufmachten, konnte der Ort seinen geruhsamen Eindruck und das günstige Preisniveau bewahren. Die Opiumfreaks verabschieden sich und machen Rucksacktouristen und Hippies Platz. Doch auch Touristen mit höheren Ansprüchen finden eine geeignete Unterkunft. Viele Thai-Touristen kommen an langen Wochenenden, um den Nebel in den Bergen zu bewundern, die kühlen Nächte zu genießen und die Sonnenblumenblüte zu bestaunen.

Die Bevölkerung besteht zum Großteil aus Shan, auch *Thai Yai* genannt. Sie sprechen einen eigenen Dialekt, und ihre Tempel unterscheiden sich von den anderen in Thailand. Auffallend viele Moslems gehören zum Stadtbild. **Wat Klang** (im Zentrum) und **Wat Luang** lohnen eine Stippvisite. Auch die hübsche **Moschee** in der Ortsmitte ist einen Besuch wert. Pai ist bestens geeignet als Ausgangsbasis für Wanderungen, Floßfahrten und mehrtägige Ausflüge zu Dörfern der Bergvölker. Aber auch im Ort selbst kann man oft Karen, Lahu und vor allem Lisu treffen, die hier in ihrem Sonntagsstaat Einkäufe erledigen, Gemüse oder Handarbeiten verkaufen, den Arzt oder Fotografen aufsuchen. Wer ursprüngliches Thai-Leben erwartet, ist im falschen Ort, denn es drängen sich schon mehr Ausländer auf den Straßen als Einheimische.

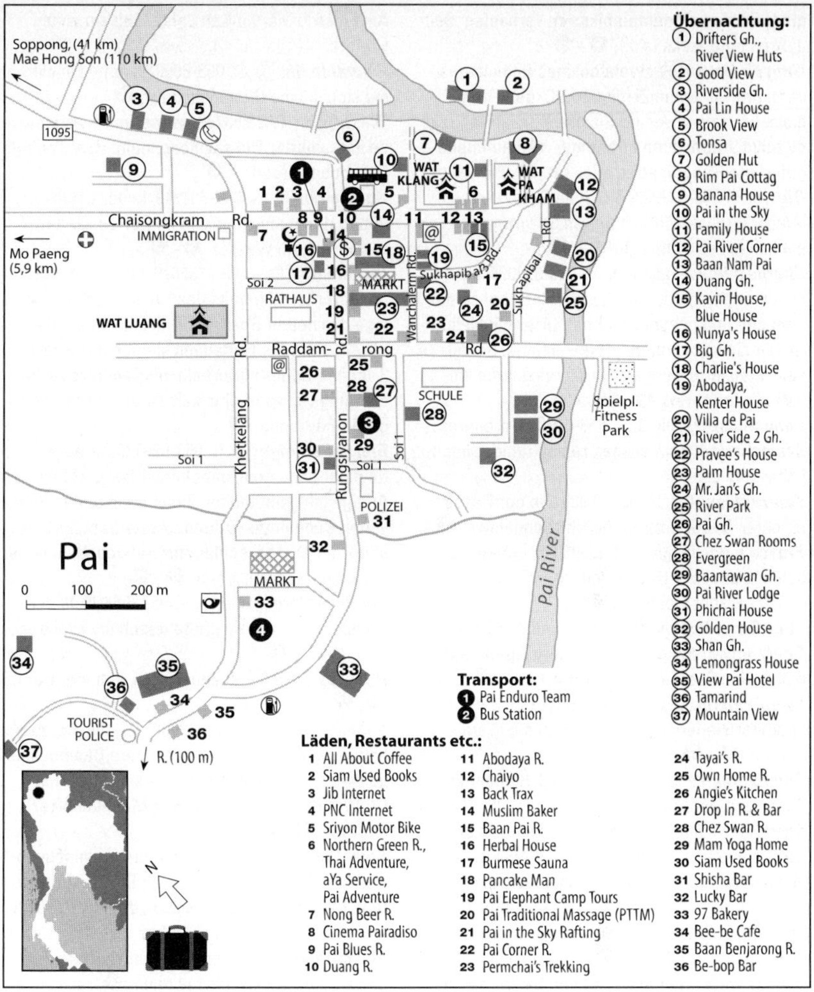

Übernachtung

IM ZENTRUM – Neben den einfachen Unterkünften in den Hinterhöfen des Ortskerns sind auch etwas komfortablere entstanden.

Pai in the Sky Gh. ⑩, ✆ 053-698145, hinter der Bus Station, 7 DZ und 3 Dreibett-Zi im Reihenhaus, Restaurant, unter erfahrener Leitung von Mr. Vinai. ❷

Blue House ⑮, zweistöckiges Reihenhaus, 10 saubere Zi mit Du/WC. ❷

An der Hauptstraße Rungsiyanon Rd.:

Duang ⑭, Nr. 5, ✆ 053-699101, gegenüber der Bus Station, kleines Grundstück, voll gepackt mit verschiedensten Haustypen, der Komfort reicht vom einfachen Schlafsaalbett bis zu gut möblierten Zimmern mit Du/WC und Kühlschrank, warme Dusche außerhalb; gute Betten, guter Service; Mountainbikes zu vermieten. Seit Jahren gute Treks (s.u.). ❶–❸

Nunya's House ⑯, zweistöckiges Reihenhaus im Hinterhof, unten Zi mit Du/WC, oben ohne, dicke Matratzen, kleine Sitzgruppen im Hof, relativ ruhig, freundliches Personal. Verkauft handgefertigte Hängematten aller Art. ❶–❷

Big ⑰, ✆ 053-699938, einfache Beton-Reihenhäuser im Hinterhof mit netten Sitzgruppen, Zi mit Fan mit und ohne Du/WC. ❶

Charlie's House ⑱, Nr. 9, ✆ 053-699039; im schön angelegten, aber lauten Hinterhof stehen einfache und bessere Reihenhäuser mit kleinen, tristen Zimmern, renoviert und sauber. Schlafsaal, möblierte Bungalows mit westlicher Toilette. Gute Touren. ❶–❷

Palm House ㉓, Nr. 3, ✆ 053-699074; properes Reihenhaus, Warmwasser, relativ ruhig, freundlicher Besitzer. ❷

Kenter House ⑲, ✆ 053-699362, in der Gasse dahinter, 6 saubere, ruhige Holzbungalows. ❷

Pravee's House ㉒, ✆ 053-699368, daneben, schöne, saubere Häuser mit Du/WC, kleine Terrasse, sehr viel Grün. ❷

Chez Swan Rooms ㉗, Nr. 13, ✆ 053-699274, 4 geräumige, ruhige, sehr saubere Apartments hinter dem Restaurant, sehr preiswert. ❷

Evergreen Gh., ㉘, ✆ 053-699882, eng beieinander stehende Holzhäuschen mit Warmwasser. ❶–❷

Phichai House, ㉛, ✆ 053-699388, Reihenhaus hinter dem Massageladen. ❷

Shan ㉝, Nr. 86, ✆ 053-699162, 100 m von der Straße entfernt, schöne Bungalowanlage zum Wohlfühlen, verschiedene Bungalows mit Du/WC (3 komfortable mit Kühlschrank und 2 Betten), um einen runden See gruppiert, in dessen Mitte malerisch die Bar auf einer Insel steht. Schöne Sicht auf Reisfelder und Berge. ❶–❷

AUSSERHALB – Alle Bungalowanlagen sind nett und ruhig gelegen, z.T. mit guter Aussicht. Die meisten Bungalows sind fast identisch: sehr einfache Bambusmattenhütten auf Pfählen mit kleiner Terrasse, zumeist mit Blätterdach, Warmwasser-Du/WC außen in einem Steinhäuschen, in einige Bungalows integriert. Alle haben ein offenes Restaurant mit einfachen Sitzmöbeln und preiswertem Essen.

Am Fluss (in der heißen Jahreszeit ein wenig kühler):

Riverside Gh. ③, ✆ 053-699929, nette Familie, die sich um die Gäste kümmert. ❶

Tonsa ⑥, ✆ 053-698229, sauberes Gästehaus an versumpfter Flussschleife, nahe Busbahnhof, beliebt bei Israelis. ❷

Golden Hut ⑦, ✆ 053-699949, schöne Holzhütten direkt am Fluss und im Garten. Gartenrestaurant am Wasser. ❷–❸

Drifters Gh. ①, ✆ 09-5165670, hinter der Fußgängerbrücke jenseits des Flusses, schöne Anlage des netten Besitzers Oak mit vielen Pflanzen. 10 einfache Hütten mit kleiner Terrasse, 3 schöne Bäder außerhalb mit Bambusdusche, allerdings ist es nachts kalt. Gutes Essen und große Portionen. ❶

Rim Pai Cottage ⑧, ✆ 053-699133, 💻 www.rimpaicottage.com; gehobene Klasse. Hübsche Anlage mit gemütlichen Zimmern in unterschiedlichen Bungalows. Offenes Restaurant für Frühstück und Drinks, schlechter Service. Beliebt bei Thais und Reisegruppen. ❸–❹

Pai River Corner Gh. ⑫, ✆ 053-699049, in der Flussbiegung, relativ große geschmackvolle Bungalows. ❹

Baan Nam Pai ⑬, kleine Hütten, schöner Garten. ❶

Villa de Pai ⑳, ✆ 053-699109, ✉ villa_de_pai@hotmail.com; einfache und bessere Bambusbungalows und 2 Doppelbungalows aus Holz mit Du/WC, Restaurant, Café/Bar, Mountainbikes, Internet. ❶–❷

River Side 2 Gh. ㉑, 12 einfache Bambusbungalows und 2 Steinbungalows mit Du/WC, Restaurant, Feuerstelle. Der Besitzer „Johnny Possible" macht seinem Namen alle Ehre. ❶–❷

Mr. Jan's Gh. ㉔, schöner Bambusgarten. *Burmese Sauna* und Massage (s.u.). ❶

River Park Gh. ㉕, einfache Bambusmattenhütten im alten Stil und Holzbungalows liegen U-förmig um eine große Wiese am Pai River, Doppelmatratzen am Boden, Moskitonetz, Du/WC, Hängematten auf der Terrasse, freundliche Leitung von Annie. ❶–❷

Baantawan Gh. ㉙, ✆ 053-698117, ✉ baantawan@yahoo.com; direkt am Fluss, 7 Holzbungalows mit Moskitonetz und Fan, Warmwasser-Du/WC, 8 Zimmer mit Gemeinschafts-Du/WC; abends trifft man sich am Lagerfeuer und grillt; Mofas 130 Baht; sehr nette, hilfsbereite Besitzer. Tip macht Off-Road-Touren mit Enduro. ❷

Pai River Lodge ㉚, schönes, großes Grundstück am Fluss, A-frame-Hütten und ein großes Haus am Fluss, kein Essen, Fahrradvermietung. ❶

Im Osten hinter der Brücke:

Rainbow House, ✆ 01-2898409, schöne Anlage, 9 Bungalows aus Stein und Bambus, kein Restaurant, Abholdienst. ❶–❷

Pai Highlands Resort, ✆ 053-699316, 🖳 www.paihighlands.com, saubere Anlage, kleine Holzbungalows mit Fan, große mit ac, TV, Warmwasser, 7 geräumige Zi im Reihenhaus mit Du/WC, schöner Blick auf die Berge. ❸, ac ❹

Farmer Home, ✆ 09-9533617, schöne Bambushütten in grünem Garten, gutes Essen; Camping gratis; organischer Anbau. ❶–❷

Eden Gh., ✆ 053-699112, ✉ atchariya_deenoi@yahoo.com, lauschiger Garten, 5 Hütten aus Bambusmatten, Du/WC halb offen. ❷

The Nature Home, am Rand von Mae Yen ruhig gelegen, sehr einfache Bambushütten, gutes Essen, nette Besitzer. ❶

Mae Yen House, am Rand von Mae Yen, einige solide, komfortable Holzhäuser mit Terrasse und schönem Blick über Reisfelder, nette, hilfsbereite Besitzerin. ❶–❷

Am Weg nach Wiang Nua:

Pai River Hill, Bambusmattenhütten am Hang, Restaurant mit schöner Sicht übers Tal. ❶–❷

Pai Radise Gh., 🖳 www.pairadise.com, ✆ 09-8387521; sehr schöne, weitläufige Anlage auf einem Hügel. 11 sehr saubere, geschmackvoll eingerichtete Bungalows aus Teak und Stein, schönes Bad; gutes Frühstück. Gut geeignet für Familien, Naturschwimmbad mit durchlaufendem Bergwasser, Thai-deutsche Leitung. ❸

Suan Doi Resort, ✆ 053-699031, sehr kleine Hüttchen und große Familienbungalows. ❶–❷

Im Westen hinter dem Krankenhaus:

Fruit Garden, 1,4 km von der Bus Station, 200 m vom Sträßchen, Felsen- und Obstgarten an zwei Hängen, dazwischen plätschert ein Bach, 6 einfache Mattenhütten, 5x tgl. fährt ein Taxi zum Ort, im *Own Home Restaurant* anfragen. ❶

Im Süden am Pai River:

Gasalong River Lodge, ✆ 09-9991235, 3 km südlich von Pai am Fluss, 15 einfache, kleine, saubere Bambushütten mit Du/WC, Hängematten; Restaurant, Fahrräder; Thai-englische Leitung. ❷

Michel Bungalow, ✆ 06-1186999, 7 km südlich von Pai am Fluss, großer, schön angelegter Garten, 6 geschmackvolle Zi in gut ausgestatteten Steinbungalows, deutsche Bücher, einige Schweizer Gerichte; sehr sauberer Pool (40 Baht für Nichtgäste), 6 Kajaks für Touren (1–2 Tage). ❷–❸

Thapai Spa Camping, ✆ 053-218583, auf der östlichen Flussseite, 7 km von Pai; sehr großer, gepflegter Garten mit mehreren Teichen, nette Badelandschaft mit warmem, mineralhaltigen Wasser (Eintritt 50 Baht), kleine Holzbungalows, Gruppenräume, Restaurant. Angeboten werden Wechselbäder, Kräutersauna und *Herbal Inhalation Therapy*. Camping 300 Baht/2 Pers. ❹

Spa Exotic Home, ✆ 053-698088, direkt hinter *Thom's Elephant Camp*; großer, gepflegter Garten, unterschiedliche kleine Bungalows aus Naturmaterialien, Bad mit warmem, mineralhaltigen Wasser; Restaurant mit authentischer Thai-Küche. Camping 250 Baht/2 Pers. ❸–❹

Cafe del Doi, ✆ 09-8519621, 🖳 www.cafedeldoi.com; 9 km von Pai, 500 m vom H1095; schön im Grünen, tief unten 5 Holzbungalows mit Bad, großer Wanne und Wasser von den heißen Quellen, Restaurant oben mit fantastischem Blick über den Fluss und Reisfelder, schöner Sonnenuntergang; unter Thai-holländischer Leitung, veranstaltet musikalische Events. ❸–❹

Im Norden von Pai sind Unterkünfte entstanden, die sich für einen Erholungsaufenthalt eignen:

The Little House, 1,5 km von Pai, rechts in einer Seitenstraße, einfache Holz-Bambus-Bungalows mit sauberer Gemeinschafts-Du/WC, freundliche Familie. ❶

Belle Villa Resort, ✆ 053-698226-7, 🖳 www.bellevillaresort.com; 400 m vom H1095 an der Brücke nach Wiang Nua, ungewöhnlich schöne Anlage in Reisfeldern, viele Papyruspflanzen, 24 schöne Teakbungalows mit großem Bett, ac, Fan, Minibar, großes originelles Bad; Restaurant, Internet, Pool. ❻

Sipsongpanna Resthouse *(Artist Home Stay),* ✆ 01-7351786, 2 km nördlich von Pai am Rand eines Tai Yai-Dorfes, am Fluss in herrlicher Lage, 4 große, einfache, relativ teure Hütten, sehr dünne Matratzen, schön angelegter Garten mit

Feuerstelle und vielen Ruheplätzchen, vegetarisches, relativ teures Restaurant. ❷–❸

Yoo Nan Cottages, 3 km von Pai, am Ortsrand von Wiang Nua, 8 sehr einfache, luftige Bambushütten, z.T. mit Du/WC. ❶–❷

Pai Valley Resort, 3 km von Pai, auf der Straße Richtung Mae Hong Son am KM 100,8. Luftiges Reihenhaus aus Holz, einfache Zi mit Du/WC. Nette Besitzerin. ❸

Pai Cabana, 4 km Richtung Mae Hong Son und am KM 101,3 etwa 500 m nach rechts fahren. Kleines Resort, bequem eingerichtetes Reihenhaus mit westlicher Toilette und Doppel-Bungalows ohne Du/WC in ruhiger Lage am Hang, familiäres Restaurant. ❸

Skandia Resort, ✆ 053-699189, 4,3 km Richtung Mae Hong Son am KM 102,3. Gepflegte Anlage am Hang, 10 Bungalows mit Fan und sehr schöne Doppel-Bungalows mit Kühlschrank, TV und ac, Restaurant an der Straße. ❷–❹

Hut Ing Pai, ✆ 053-699781, 4 km von Pai in Ban Mae Na Toeng Richtung Süden, schöne, kleine Häuschen in einer Gartenanlage am Hang mit See; saubere Zi mit Du/WC, freundliche Leute, Frühstück inkl.; viele Reisegruppen. ❹

Pai Mountain Lodge, ✆ 053-699995, 8 km Richtung Mae Hong Son am KM 102,8 nach links abbiegen, nach 3,6 km liegt die Lodge hinter dem Shan-Dorf. Zu Fuß eignet sich der 6,5 km lange Weg über Nam Hu besser. Auf dem großen Gelände mit kleinem Teich stehen große, gemauerte Schweden-Häuser mit 1–2 Schlafzimmern, kleinem Bad und offenem Kamin sowie ein großes Haus. Tagsüber kehren im Restaurant Touristen auf dem Weg zum Mo Paeng-Wasserfall ein, abends ist man mit den Verwaltern allein. ❷

Muang Pai Resort, ✆ 053-699988, 8 km von Pai beim Shan-Dorf Mo Paeng, große Bungalows im Thai-Stil in gepflegtem Garten, komfortable Zi mit Warmwasser-Du/WC und Terrasse. ❹

Essen

Es ist kaum zu glauben, dass man in diesem abgelegenen Ort die Qual der Wahl hat. Neben den Restaurants einiger Gästehäuser und einfachen bis exklusiven Thai-Restaurants haben sich einige Köche auf die Bedürfnisse der Traveller eingestellt. Selbst an Brötchen, Vollkornbrot und Kuchen ist kein Mangel. Die Restaurants ziehen häufig um und schließen schon früh.

Nong Beer, einfaches Thai-Restaurant. Die Chefin kocht ausgezeichnet und serviert große Portionen. Man kann problemlos zeigen, welche Zutaten man haben will. Gut ist z.B. *Tom Kha Gai* und gebratenes Schweinefleisch mit Pilzen.

Baan Benjarong Restaurant, hervorragendes, preiswertes Thai-Essen, schöne Sicht über die Reisfelder, freundlicher Besitzer.

Krazy Kitchen, preiswertes Essen, nette Atmosphäre.

Northern Green Restaurant , nicht schön, bietet aber leckeres, preiswertes Essen.

All about Coffee, gutes Frühstück, hausgemachtes Brot, Cappuccino und Kuchen; Kunstgalerie, nur tagsüber geöffnet.

Pai Blues, lokale Shan und westliche Küche, sehr beliebt, unter Thai-schwedischer Leitung.

Baan Pai, viel gelobtes Restaurant.

Muslim Bakery bietet Kaffee mit Ziegenmilch.

Pancake Heaven, von Sonnenuntergang bis spät in die Nacht backt Mr. Mozib, bekannt als „Pancake Man", leckere, sehr preiswerte Pfannkuchen mit Bananen oder Ei in über 20 Variationen. Er steht vor dem alten Markt, hat immer Betrieb und sorgt für Unterhaltung, manchmal lässt er sich von seiner Frau vertreten.

Sonstiges

BARS – Die eindrucksvolle, klimatisierte, aber verrauchte ***Be-bop Bar*** am südlichen Ortsende ist ein guter Treff mit alternativer Atmosphäre, guten Drinks, Live-Musik (Blues) von Mojo und Chart ab 22.30 Uhr.

Nummer 2 ist die ***Lucky Bar***, Nr. 3 die ***Shim Bar***, Nr.4 die ***Pai River Bar*** (ganz dunkel).

In der ***Shisha Bar*** in der Hauptstraße kann man Wasserpfeifen mit ägyptischem Tabak rauchen.

BÜCHER – ***Siam Used Books*** führt auch deutsche Bücher und Reiseführer.

EINKAUFEN – Wer für die kühlen Winterabende nicht richtig ausgestattet ist, kann sich in verschiedenen Läden mit warmer Kleidung eindecken. Interessante Artikel findet man in der Galerie ***Elite***.

FAHRRÄDER – an verschiedenen Stellen für 50 Baht pro Tag, in der Saison reservieren; gute, für große Menschen viel zu kleine Mountainbikes 80–100 Baht/24 Std. Bikes kontrollieren! Touren macht ***Pai Mountain Bike on Tour,*** ✆ 053-699384.

FESTE – Zur Zeit des Chinesischen Neujahrs feiern auch die **Lisu** ihr 3-tägiges **Neujahrsfest**. Mit einem kundigen Guide sind Gäste in den meisten Dörfern durchaus willkommen, vor allem, wenn sie ihren finanziellen Beitrag leisten. Die Anweisungen des Begleiters sollten aber befolgt werden, um kein Tabu zu brechen, das Unheil bringen könnte. Im Lisu-Dorf Nam Hu, 6 km westlich von Pai oder in Ban Pang Paek, 15 km Richtung Soppong, kann man die Tänze sehen. Im Januar oder Februar feiern auch die **Lahu** in der Umgebung ihr **Neujahrsfest**. Fremde sind meist, z.B. in Ban Payang, gern gesehen, sollten aber Gastgeschenke mitbringen. Infos bei den Trekking-Agenturen.
Zu **Songkran** sind viele Geschäfte, Restaurants etc. geschlossen.

GELD – ***Krung Thai Bank*** an der Hauptstraße, ◷ Mo–Fr 8.30–15.30 Uhr. ATM vor *Duang*, gegenüber der Bus Station.

IMMIGRATION – gegenüber *Nong Beer Restaurant,* ◷ Do 9.30–15 Uhr

INTERNET – Viele Internet Shops, 1 Baht/Min.

KARTE – Tauglich ist die „Tourist Map" (20 Baht), die alle 3 Jahre erscheint und nur zahlende Kunden aufnimmt.

KINO – ***Cinema Pairadiso*** bietet in 5 Räumen für 1–7 Pers. Filme zum Aussuchen. 1 Pers. zahlt 150 Baht, 3–4 Pers. 250 Baht. Sehr beliebt, besonders in der Regenzeit.

KOCHKURSE – werden häufig angeboten, z.B. bei ***Thai Cookery in Pai***.

MASSAGEN – Das ***Herbal House,*** ✆ 053-699964, ✉ tiger_healing@hotmail.com, 2 km außerhalb des Ortes, bietet u.a. traditionelle Massage und Fußmassage sowie einen Meditationsretreat. Die einwöchigen Massagekurse werden hauptsächlich von Thais gebucht. Geleitet von Lek und Tiger. Burmesische Sauna und Massage (150 Baht) bei ***Mr. Jan*** ist sehr beliebt, er fungiert quasi als lokales Hospital.
PTTM, ✆ 053-699121, Kräutersauna und traditionelle Massage bei ausgebildeten Masseuren, 150 Baht/Std. Auch 3-tägige Kurse.
Dam Thai Massage macht u.a. Akupressur mit *Steam Herbs Medicine,* 150 Baht für 90 Min.

MEDIZINISCHE HILFE – 300 m im Westen liegt das saubere Hospital, ✆ 053-699031, der Chefarzt leitet abends die private Klinik im Ort (günstige Preise).
In den letzten Jahren trat die tödliche *Malaria tropica* anscheinend in Pai nicht mehr auf, aber in den Bergen häufig unter den Einheimischen. Bei sofortiger Behandlung kann ein Infizierter völlig geheilt werden.
Der ständige Rauch von Waldbränden von Februar bis April im Talkessel von Pai kann bei anfälligen Menschen zu Atemproblemen führen.

MOTORRÄDER – Viele Shops vermieten 100cc *Honda Dreams* für 80–150 Baht, unbedingt auf Fahrtüchtigkeit überprüfen, da die Maschinen hart gefordert werden. Enduros gibt es nicht.
Sriyon Motorbike, neben der Bus Station, vermietet 40 Maschinen für 80–100 Baht pro Tag.
Pai Enduro Team, ✉ paienduro@hotmail.com, ✆/℻ 053-699395; 2- und 6-tägige Kurse im Motorrad-Geländefahren, gut gepflegte Motorräder, eigene Werkstatt; keine Vermietung.

POST, TELEFON – am südlichen Ende der Hauptstraße beim neuen Markt, ◷ Mo–Fr 8.30–15, Sa 8.30–11.45 Uhr. **PLZ**: 58 130.

REISEBÜROS – ***aYa Service,*** ✆ 053-699940, bietet neben Mopeds und Motorrädern (80–100 Baht) auch Tickets für VIP-Busse, Züge und Inlandsflüge sowie Visa-Service für die Nachbarländer.

SCHWIMMEN – im Pool von ***Michel Bungalow*** (40 Baht), bei ***Thapai Spa*** (50 Baht) oder in der Klamm beim **Phaem Bok-Wasserfall** (gratis, aber oft schmutzig).

VISA-RUN – nach Mae Sai macht ***Chaiyo*** von 5–20 Uhr.

WÄSCHEREIEN – ab 20 Baht/Kilo.

YOGA – ***Mam Yoga Home,*** ✆ 09-9544981, eine ältere Hindu-Lady unterrichtet Hatha Yoga in Kleingruppen.

Touren

ALLRADTOUREN – ***Thai Adventure Rafting*** (s.u.) macht Tagesfahrten mit dem Landrover zu einem Karendorf. Auch ***Pai Elephant Camp Tours*** bietet Tagesausflüge zu Wasserfällen, Höhlen u.a. an.

ELEFANTEN – ***Pai Elephant Camp Tours,*** ✆/📠 053-699286, 💻 www.geocities.com/pai-tours/; wird von der netten Thom geleitet. Sie bietet u.a. einen tollen Tagestrip an: Schlauchbootfahren auf dem Pai River, Mittagessen und gemütliches Elefantenreiten auf gepflegten Tieren für 1000 Baht p.P. Auch die Halbtagsfahrt mit dem (wiederverwendbaren!) Bambusfloß für 500 Baht p.P. wird gelobt. Elefantenreiten kann im Office (Transport 50 Baht) oder direkt in ***Thom's Elephant Camp*** gebucht werden: 1 Std. 600 Baht, 90 Min. 700 Baht, 3 Std. 1100 Baht (jeweils für 2 Pers.), auf Wunsch auch ohne Sitz. Größte Attraktion ist das Baden und Schwimmen mit diesen verspielten Elefanten und dem Elefantenbaby Joy, einzigartig in Thailand.
Mindestens 3 weitere Unternehmer an derselben Straße bieten Ausritte auf Elefanten an.

FLOSSFAHRTEN – Gästehäuser, Trekking-Agenturen und das *Pai Elephant Camp* organisieren Fahrten mit einem einfachen Bambus-Raft auf dem Pai River, der allerdings sehr vermüllt ist.

SCHLAUCHBOOTE – ***Thai Adventure Rafting,*** 13 Moo 4 Rangsiyanun Rd., ✆/📠 053-699111, ✉ rafting@activethailand.com, 💻 www.activethailand.com/rafting; organisiert Schlauchbootfahrten vom 1. Juli bis 31. Januar. Eine anstrengende Fahrt dauert 2 Tage und kostet 2000 Baht p.P. (alles inkl.). Befahren wird der mittlere Pai River auf 70 km bis Mae Hong Son, insgesamt 40 Stromschnellen bis Kategorie 4. Guys Befahrung des Pai-Flusses bei gefährlichem Hochwasser fürs Fernsehen hat ihn in ganz Thailand bekannt gemacht.
Maehongson Adventure Rafting bietet 1–2-tägige Schlauchbootfahrten auf dem Khong- und Pai-Fluss. Büro gegenüber der Bus Station. Weitere 4 Rafting-Veranstalter, u.a ***Pai Adventure*** und ***Pai in the Sky Rafting,*** behaupten, dieselben Sicherheitsvorkehrungen und denselben Standard wie Guy zu bieten.

TREKKING – Jedes Gästehaus und viele kleine Agenturen bieten Trekking an. Pai ist als Ausgangspunkt sehr angenehm, da lange Anfahrtswege entfallen. Es geht noch recht persönlich zu. Man kann in kleinen Gruppen oder zu zweit trekken und die gewünschte Wanderzeit und die Ziele mit dem Guide besprechen. Auf Wunsch wird ein Rasttag in einem Hilltribe-Dorf eingelegt. Treks kosten pro Tag und Person etwa 600 Baht, bei nur 2 Pers. etwas mehr. Guides verharmlosen die beißende Kälte in den Wintermonaten, ein guter Schlafsack oder mehrere Decken und warme Kleidung sind dringend anzuraten. Beim Elefantentrekking ist davon abzuraten, direkt auf den Tieren zu sitzen. Weniger gut gepflegte Tiere sind von einer Milbenart befallen, die ihre Eier in nackten Beinen ablegt, was zu eitrigen Entzündungen führen kann. Empfehlen können wir ***Permchai's Trekking*** (sehr individuell) und die Treks vom ***Duang Gh.*** (Gruppen ab 5 Pers. auf Standardrouten), mit Bambus-Rafting plus 250 Baht.
Wer negative Erfahrungen mit einem unverantwortlichen Guide gemacht hat, sollte dies der Touristenpolizei oder TAT melden. Dann kann einzelnen drogenabhängigen Guides vielleicht die Lizenz entzogen werden.

Transport

Von CHIANG MAI (Arcade Bus Station) non-ac-Bus um 7, 9, 10.30, 12.30 und 16 Uhr für 84 Baht in 3 1/2 Std., ac-Minibus um 8 und 10 Uhr für 195 Baht in 2 1/2 Std. Gecharterte Sielor für 800 Baht/ 4 Pers. Zurück non-ac-Bus um 7, 8.30, 10.30, 12, 14 und 16 Uhr, ac-Minibus um 11 und 12 Uhr.
Von MAE HONG SON um 7, 8.30, 10.30, 12.30 und 16 Uhr für 53 Baht in 3 1/2 Std., ac-Minibus um

Umgebung Pai
Mae Hong Son (110 km), Soppong (41 km)
1095
Huay Chang Tao (Lisu, 10 km) Muang Noi (Karen, 20 km), Wiang Haeng
Tan Jed Don
Pana Resort
Payang (Lahu)
Muang Soi (Shan)
Hut Ing Pai
Na Toeng (Shan)
Na Toeng Nok
Na Charong (Shan)
1 km
2 km
BUS STOP
Skandia Resort
Pai Cabana
Mo Paeng Wasserfall
Muang Pai Resort
1,5 km
SCHULE
Yapo (Lahu)
Pai Mountain Lodge
Mo Paeng (Shan)
1,7 km
Pai Valley Resort
Ngum River
Yoo Nan Cottage
Sipsongpanna Resthouse
Wiang Nua (Shan)
Mae Yen W. F. (4 Std.)
Ban Nam Hu (Lisu)
LANDE-BAHN
Kuomintang Village
1,2 km
Ban Nam Hu (Shan)
3 km
The Little House
Baan Krating
Belle Villa
Tree House
View Point Gh.
Pai River Hill
Suan Doi Resort
Pai Radise Gh.
Neues Resort
Farmer Home
The Nature Home
Shangrila
Wat Mae Yen
Mae Yen (Shan)
Fruit Garden
s. Detailplan Pai
Pai
The Mountain View Gh.
KM 97
Rainbow House
Sun Hut
Yod Tong
Eden
Pai Highlands Resort
Mae Yen House
Wonderland
Huai Mae Hi
Mae Hi (Shan)
Pitaleew Gh.
0
1
2
3 km
Doi Pha Sua
5,5 km
Ban Kung Kang
Gasalong River Lodge
Pai River
Phaem Bok-Wasserfall
Ban Phaem Klang
4,5 km
KM 93,3
Ban Phaem Bok
KM 92
Thapai Spa Camping
Elephant Riding
Ban Pong Ron (Shan)
Wat Jom Jang
Thom's Elephant Camp
Spa Exotic Home
Michel Bung.
Elephant Riding
2 km
Thapai Hot Springs
3 km
Pai Canyon
Sop Phaem (Shan)
Cafe del Doi
Thapai (Shan)
BUS STOP
KM 88
Muang Paeng (35 km)
Mae Ping (Karen)
1095
Chiang Mai (131 km)
N
Pai River
1265
Ban Watchan (43 km), Samoeng (136 km)

8 und 9 Uhr für 100 Baht (3 Std.). Zurück um 7, 8.30, 11, 13.30 und 16 Uhr (oft voll besetzt), ac-Minibus um 11.30 Uhr.
Nach THATON per Bus in Mae Malai in Bus 1231 (orange) umsteigen, 47 Baht bis FANG.
Minivans (vom Duang Gh.) fahren nach CHIANG MAI um 9 und 15 Uhr für 150 Baht, nach CHIANG KHONG um 9 Uhr für 480 Baht in 8 Std.
Minivans (von *aYa Service*) fahren um 9.30, 10.30, 14.30 und 15.30 Uhr nach THATON für 300 Baht, CHIANG RAI 350 Baht, MAE SAI 450 Baht.

Ausflüge von Pai

Es macht Spaß, in der Gegend von Pai zu wandern oder Rad zu fahren, auch wenn die Ziele nicht spektakulär sind. Nach Westen und Norden kann man Dörfer der Lisu, Shan, Red Lahu und Kuomintang-Chinesen besuchen, ohne sich zu verlaufen. Beliebte Ziele sind die **Wasserfälle** (ca. 10 km) am Ende schlechter Wege. Der **Mo Paeng-Wasserfall** ist vermüllt und die Anfahrt durch das Dorf Yapo unangenehm.

Schöner ist der **Phaem Bok-Wasserfall**, zu dem es am KM 93,3 abgeht – zunächst auf eine gute Betonstraße bis Ban Phaem Klang (1,5 km), dahinter in einen ausgewaschenen Feldweg (3 km). Vom Sala am Parkplatz führt ein 200 m langer, recht abenteuerlicher Pfad an der Felswand entlang zu einer klammähnlichen Schlucht. Man gelangt in einen 20 m hohen Kessel, wo der Hauptfall in mehreren Stufen herabstürzt und sich viele Schmetterlinge tummeln. Unterhalb locken einige nicht geradere saubere Bade- und Schwimmbecken, darunter ein 8 m langes Strömungsbecken, zum Abkühlen im kalten Wasser. Einige Felsüberhänge und glatte Felsen laden zum Rasten ein. Bei geringem Wasserstand lohnt der Ausflug weniger. Achtung: Die Pai-Karte zeigt den Wasserfall zu nah am H1095.

Ein netter Ausflug führt vom KM 89,9 (ausgeschildert) zum **Pai Canyon**. Vom Hügel überblickt man eine rötliche Hügelkette. Über den mittleren Bergkamm und durch ein trockenes Bachbett schlängelt sich ein Wanderpfad zu einem Dorf, wo man am besten umkehrt.

Im Osten thront **Wat Mae Yen** auf einem Hügel (3 km) mit schöner Aussicht.

Sehr schön und sauber ist der **Mae Yen-Wasserfall**, den man zu Fuß in einem tollen Tagesausflug (4 Std. pro Weg) erreicht: Nach 3 Std. Wanderung, vielfach durchs Wasser, geht es vor dem Fluss links hoch (30 Min.). Das Wasser fließt ganzjährig ca. 12 m über 3 Stufen herunter in einen knietiefen Pool. Prächtige Bäume, viele Vögel und Schmetterlinge sorgen für einen angenehmen Aufenthalt. Schön ist auch der Rückweg am Nachmittag.

In den **Thapai Hot Springs** (8 km) kann man Eier kochen. Wer baden will, sollte es weiter unterhalb versuchen, wo es nicht mehr so heiß ist. Angenehm plätschern kann man am Abend in den runden Becken des *Thapai Spa Camping* (s.o.). Im Süden lohnt sich eine Fahrt durch die Dörfer am Pai-Fluss entlang. An der P.T.-Tankstelle (KM 96,2) beginnt die 3,3 km lange Asphaltstraße mit malerischen Fluss- und Dorfszenen. Danach geht sie in eine holprige Schotterstraße über. Ein beliebter Tagesausflug mit dem Motorrad führt über den 1292 m hohen Pass nach Soppong und zur Tham Lot.

Eine anspruchsvolle, tolle Strecke für erfahrene Off-Road-Biker verläuft über das Karen-Dorf **Sala Muang Noi** (an der Telefonzelle im Wald rechts auf die extrem harte Piste abbiegen) nach **Kong Lom** (s.S. 384) und in den Norden.

Von Pai nach Chiang Mai

Diese Berg- und Talstrecke von 131 km gehört zu den schönsten Landschaften Thailands. Interessante Abstecher sorgen zusätzlich für Abwechslung. 9 km südlich von Pai, hinter der Brücke, zweigt nach links der Fahrweg (2 km) zu den **Thapai Hot Springs** ab (s.o.).

Knapp 3 km weiter, am KM 85, zweigt nach rechts die staubige Schotterstraße H1265 zum Karen-Dorf **Ban Watchan** ab (44 km). Auf weiteren 97 km können Off-Road-Fahrer nach Samoeng fahren (s.S. 350), min. 4 Std. Der H1095 steigt auf den nächsten 9 km kontinuierlich von 600 m auf über 1100 m an. Vor allem im Januar schmückt leuchtende Herbstfärbung die Hänge. Eine Kammstraße erlaubt schöne Ausblicke nach beiden Seiten. Am zweiten Pass (1250 m) beim KM 65,5 bietet sich ein Abstecher zum **Huai Nam Dang National Park** (6 km) an, lohnt aber bei 200 Baht Eintritt nicht.

Mae Sae

Vom KM 60 bis zum KM 54 fällt der H1095 steil ab bis zum Dorf Mae Sae, wo der Bus eine Pause macht und die Fahrgäste sich in einem der Restaurants stärken. In diesem kleinen Ort kann man zur Not im nicht gerade sauberen *Mae Sae Gh.*, ❷–❸, übernachten, einem großen Haus mit einfachen Zimmern mit und ohne Du/WC. Ebenso ungepflegt und laut ist die bei Radlern beliebte Unterkunft über dem Restaurant am Bus Stop (200 Baht p.P.) und das *Air Hill Gh.*, ❷.

Am östlichen Dorfende führt ein Weg links etwa 4 km weit zu den heißen Quellen (s.u.). Mae Sae eignet sich auch als Startpunkt für Mountainbiker, die nach Pai hinüberradeln, aber die strapaziöse Anfahrt lieber mit dem Bus machen wollen. Nach dem nächsten Pass windet sich die Straße vom KM 49,5 bis zum KM 45 mit vier haarsträubenden Spitzkehren 350 m den steilen Berg hinunter.

Pong Duet Hot Springs

Am KM 42 zweigt nach links eine 6,6 km lange Straße zu den schönen **Pong Duet Hot Springs** ab, die zum Huai Nam Dang National Park gehören. Sie sind jedoch keine 200 Baht Eintritt wert.

Weiter nach Chiang Mai

Ein 1 km langer Fußweg führt vom KM 36 bergauf durch schönen, grünen Wald zum kostenlosen **New-Waterfall**. Die zwei kleinen Fälle sind ganz nett, erlauben aber kein Schwimmen. Eine herrliche Straße von 10,8 km Länge zweigt am KM 33,2 nach rechts ab und steigt steil zum Fernsehturm hoch. Tolle Aussicht! Über mehrere kleine Pässe mit folgenden Steilabfahrten erreicht man das Ende des bewaldeten Berglands. Ab dem KM 19 führt die Straße durch dicht besiedeltes Hügelland mit vielen Gärten, Feldern und Resorts.

Lohnend ist der Abstecher zum **Mokfa-Wasserfall** (auch Mork Fah) nur, wenn ein schon zuvor bezahltes Ticket auch hier gilt. Am KM 18,6 nach rechts abbiegen (1,5 km). Vom Parkplatz sind es 600 m auf einem sehr schönen Fußweg am Bach entlang unter einem Bambusblätterdach hindurch. Ein Arm des Wasserfalls stürzt aus etwa 30 m Höhe in freiem Fall in einen Kessel. Ein netter Platz für ein Picknick. Für Fotos am besten am Vormittag.

Am KM 3,5 zweigt vom H1095 die 12 km lange Straße ins Lisu-Dorf **Ton Lung** ab. Hier kann man komfortabel in der angenehmen, sauberen *Lisu Lodge*, 6 DZ mit Fan, Moskitonetz und Warmwasser-Du/WC ❺, oder dem einfacheren, etwas abseits gelegenen *Lahu Outpost* in 1600 m Höhe mit fantastischer Sicht übernachten. Beide Unterkünfte können über *East-West Siam*, Down Town Inn Hotel, 172/1-11 Loi Khroa Rd., Chiang Mai, ✆ 053-281789, 🖳 www.lisulodge.com, gebucht werden.

Nach 102 km ist im Marktflecken **Mae Malai** auf einem unscheinbaren Sträßchen direkt neben dem Markt der H107 erreicht (KM 36,9). Am KM 36,8 gibt es im Restaurant mit der Hausnummer 197 exzellente Dim Sum, Sala Pao, Nudelsuppe etc. Auf dem H107 geht es bis zur Kreuzung mit dem Super Highway flott voran (Bus 1231 für 13 Baht nach Chiang Mai, für 47 Baht nach Fang).

Entdeckungsreise in den Norden

Zwei gut ausgebaute Straßen führen von Chiang Mai nach Norden. Bis Thaton sind es auf dem H107 ohne Abstecher 179 km. Über Thaton hinaus kann man mit eigenem Fahrzeug und öffentlichen Verkehrsmitteln auf der Straße H1089 über Mae Chan oder auf dem herrlichen H1234 über Mae Salong nach Chiang Rai weiterfahren. Der weniger interessante H118 verbindet Chiang Mai direkt mit Chiang Rai (182 km) und wird jede halbe Stunde von einem öffentlichen Bus befahren.

Für engagierte Motorrad- oder Jeepfahrer lohnt es sich, einige Seitenstraßen oder die Straßen entlang der Burma-Grenze zu testen. Dabei ist das Buch „Around Lan-Na" aus unserer Bücherliste ein hervorragender Begleiter. Beide Routen können zu einer schönen, mehrtägigen Rundtour kombiniert werden.

Von Chiang Mai nach Thaton

Der H107 verläuft vorwiegend in flachem Gelände, aber dort, wo er an zwei der höchsten Berge Thailands vorbeiführt, wird die Landschaft streckenweise spektakulär. Zu fantastischen Abstechern laden die neuen, unwahrscheinlich steilen Straßen zur burmesischen Grenze ein. Unterwegs kann man bei einer Elefanten-Show zusehen, buddhistische Höhlen besichtigen, Dorfentwicklungsprojekte anschauen und Dörfer der Bergvölker besuchen. Traveller fahren meistens mit dem Bus nach Thaton (s.S. 387) und setzen ihre Route problemlos mit einem Boot oder Floß auf dem Mae Kok River bis Chiang Rai fort.

Die Reise beginnt am Nordtor Chang Puak in Chiang Mai. Bis Mae Rim ist der H107 vierspurig ausgebaut. Nach 13,4 km zweigt am Ortsende von Mae Rim der H1096 zum Mae Sa Valley ab (s.S. 350) und nach 36,9 km im Marktflecken Mae Malai der H1095 nach Pai und Mae Hong Son (s.o.).

Am KM 41 kann man nach rechts abbiegen, um nach 2,7 km am **Mae Faek-Stausee** in einem hübsch angelegten Park einen Snack einzunehmen.

Eine Alternative nach Norden bietet die schmale, kurvige Straße H1001 durch Palmen und Reisfelder am östlichen Ufer des Ping entlang, sie erfordert jedoch mehr Zeit. Wer nicht „rechtzeitig" eine Verbindungsstraße nach links zum H107 erwischt, macht über den H1001 nach Phrao (108 km) und auf dem H1150 nach Ping Khong (32 km) einen – durchaus lohnenden – Umweg von 57 km (2 Std.).

Abstecher zum Mae Ngad-Stausee

Am KM 41,3 weist ein großer Wegweiser aus Beton nach rechts zum Mae Ngad Staudamm (14 km) und einem kleinen Hafen (weitere 1,3 km). Zahlreiche Bambus-Restaurants bieten Snacks und Übernachtungsmöglichkeiten, ❶, an. Gelegentlich wird auf diesem langgestreckten Stausee ein Resort auf Bambusflößen errichtet, aber auch bald wieder zugemacht. Wenn eines existiert, kann man hier angeln, windsurfen, Boot fahren und im Wald wandern.

Young Elephants Training Center

Nach 49 km verlässt die Straße die fruchtbare Ebene und kurvt durch bewaldete Berge hinunter in die Schlucht des Ping Flusses, wo am KM 53,7 das **Mae Ping Elephant Village** liegt.

Am KM 56 (Bus 1231 von Chiang Mai für 23 Baht, 1 1/2 Std.) befindet sich rechts am Ping-Fluss das **Chiang Dao Elephant Training Center**, in dem junge Elefanten trainiert werden, mit Ausnahme der heißen Monate März bis Mai. Busse voller Touristen erscheinen zu den 30-minütigen Shows um 9 und 10 Uhr (Eintritt 60 Baht). Dennoch recht interessant und amüsant, besonders wenn ganz junge Elefantenkinder dabei sind.

Im Anschluss an die Show reiten Touristen auf dem Rücken eines Elefanten in den Wald. Weitere Elefanten-Shows finden im Mae Sa Valley und westlich von Lampang statt.

Abstecher in die Chiang Dao-Berge

Beim KM 61,1 biegt eine Straße nach links ab und windet sich 8 km hoch zum **Hilltribe Development and Welfare Center**. Es ist zuständig für die zahlreichen Dörfer an den Hängen des Doi Chiang Dao und in den umliegenden Bergen. Hier wird versucht, neue Produkte in der Landwirtschaft einzuführen, die medizinische Versorgung zu verbessern und insgesamt den Lebensstandard zu erhöhen. In einer landwirtschaftlichen Versuchsstation wird vor allem mit Tee- und Kaffeepflanzen experimentiert. Etwa 1 km entfernt liegt ein Lahu-Dorf. Öffentliche Verkehrsmittel fahren nicht hinauf. Ab und zu kommt ein Motorrad oder ein LKW vorbei, die u.U. jemanden mitnehmen. Am besten geht's natürlich mit einem guten Motorrad. Die Straße ist für PKW nicht geeignet.

Chiang Dao und seine Höhlen

Das große Dorf Chiang Dao am eindrucksvollen Doi Chiang Dao, mit 2175 m der dritthöchste Berg Thailands, ist Ausgangspunkt für den Ausflug zu den Höhlen. Dienstags findet ein Markt statt, bei dem auch viele Hilltribes anzutreffen sind. Busse ab Chiang Mai (6x tgl.) kosten 28 Baht und brauchen 1 1/2 Stunden für die 72 km.

Am nördlichen Ende des Dorfs Chiang Dao führt am KM 72,5 eine Straße zu den **Chiang Dao-Höhlen** (6 km, mit Motorradtaxi 20 Baht). Von den 4 Höhlen lohnt sich allenfalls die 735 m lange Tham Ma (Hot Cave). Wer schon andere Höhlen gesehen hat, findet die Tropfsteine nicht besonders beeindruckend. In dieser Höhle entspringt nach der Legende der Mae Nam Ping (die Mutter des Wassers). Eintritt 10 Baht, Führer mit Lampe (100 Baht) bieten sich an – lohnt aber kaum. Vorsicht, man kann sich leicht die Füße verstauchen! Sehenswert sind dagegen die riesigen Goldfische in einem Teich vor der Höhle sowie der große **Markt** mit Heilkräutern und Blumensamen. 1300 m weiter liegen die beiden Bungalowanlagen.

Übernachtung

Chiang Dao Inn, ✆ 053-455132, ac-Hotel am Ortsende links, 40 Zi. ❹

Malee's Nature Lovers Bungalows, ✆ 01-961 8387, ✉ maleenature@hotmail.com, 💻 www.maleenature.com; 1,3 km hinter den Höhlen links

Von Chiang Mai nach Thaton
MYANMAR (BURMA)
Salween River
0 10 20 30 km
Doi Larng
Mae Salong
Santisuk
Mae Chan
Huai Khum Resort
Louta (Lisu)
Muang Ngam
Pha Tai
Mae Kok River
Makaeng
Tha
Thaton
Ban Mai
Mae Salak
Cha Ku
Kok Noi
Kok Noi Bon
Pa Lang
Laulee Resort
Wawi
Mae Ai
Khai Nai
Doi Pha Hom Pok
Heiße Quellen
Suan Cha (Mae Fang NP)
Nor Lae
Nong Yao
Ban Khum
Fang
Doi Angkhang
Fang Garden Gh.
Pang Klang
Khun Kon-Wasserfall
Huai Nam Un-Wasserfall
Huai Khrai
Doi Liam
Chiang Rai
Doi Chang
Suai River
Fang River
Arunothai (Nong Ouk)
Sinchai
Thung Phrao
Tham Mae Suai
Charin Garden Resort
Mae Suai
Muang Na
Chai Prakan
Mai Nong Bua
Piang Luang
Kae Noi
Na Wai
Tubtao-Höhlen
Doi Khun Huai Fang
Huai Sai
Huai Sam
Lao River
DOI LUANG NATIONAL PARK
Kong Lom
Pai
Wiang Haeng
Mae Cha
Lao Wu
Chiang Dao Hill Resort
Huay Luk (Meo)
Mae Cha Muang Ngai
Ping Khong
Suanthip Vana Resort
Rimdoy Resort
Wat Doi Nang Lae
Gh.
HUAI NAM DANG N.P.
Ban Tham
Bungalows
Doi Chiang Dao
Chiang Dao
Höhle
Phrao
Wiang Pa Pao
Doi Prae Muang
Huai Tat (Lahu)
Ping River
Lisu-Dorf
C&C Cottage
Elephants Training Ctr.
Royal Ping Resort
Wat Doi Mae Pang
Ngad River
Mae Khajan
Taeng River
Mae Sae
Pong Duet Hot Springs
Sop Kai
Mae Ta Man
Khun Jae-Wasserfall
Mae Sae Gh.
KM 42
Muang Kut
Mae Ngad-Stausee
Long Kord
Lisu Lodge
Mae Taeng
Phayao
Lampang
Pa Pae
Heiße Quellen
Mae Malai
Sop Poeng
Mae Kuang-Stausee
Trekker Lodge
Pang Khum
Mok Fa-Wasserfall
Doi Mae Tho
Wangtarn Resort
Yang Moen
Pang Klang
Mae Chaem
Mae Sa Valley Resort
Kangsadan Resort
Heiße Quellen
Mae Rim
Om Long
Mae Cho
Yupin Hut
Ban Watchan (97 km)
San Sai
Don Kaeo
Doi Saket
San Kamphaeng Hot Springs
JAE SORN NATIONAL PARK
Mae Khao
Doi Pui
Doi Suthep
Samoeng Resort
Samoeng Gh.
Samoeng
Chiang Mai
Bo Sang
San Kamphaeng
NORD-THAILAND

halten. Schöner Garten unterhalb des Chiang Dao-Massivs in ländlich-klösterlicher Nachbarschaft; 8 große Bungalows mit Du/WC, warme Dusche außen und z.T. innen; Schlafsaal 100 Baht p.P.; Haupthaus mit Essterrasse (gemeinsames Abendessen), Lagerfeuer, Zelte 50 Baht p.P. Die freundliche, geschäftstüchtige Malee, eine Ex-Travellerin, organisiert und leitet eindrucksvolle Ausflüge (i.b. für Vogelkundler). Auch bestens geeignet für Familien mit Kindern. Längerfristig wird ein großes Familienhaus mit Küche vermietet. Anfahrt mit *Yellow Taxi* für 80 Baht. ❸–❹

Chiang Dao Nest 1 + 2, ✆ 053-456242, ✉ nest@chiangdao.com, 💻 www.chiangdao.com; Nr. 1 direkt hinter *Malee*. 6 einfache, saubere Bungalows, schöne Aussicht von der Terrasse, Warmwasser-Du/WC außerhalb. Restaurant; angenehme Atmosphäre, Thai-englische Familie. Nr. 2 im Tal mit weiter Sicht, sehr einfach eingerichtete Bungalows mit Warmwasser-Du/WC; Restaurant mit Thai-Essen. ❸

Abstecher zur Grenze

6 km nördlich von Chiang Dao (KM 78,5) zweigt der von der Armee angelegte H1178 nach links Richtung Norden ab. Links herum gelangen erfahrene Off-Road-Spezialisten über Wiang Haeng bis Pai, rechts herum können auch weniger erfahrene Biker eine tolle Biketour auf guter Straße über den Doi Angkhang machen. Nach 1,6 km kommt links das *Rimdoy Resort,* ❷–❸, ✆ 053-261459, vorn Karaoke Bar und Restaurant, hinten Bungalows und Zimmer mit Du/WC, einige mit ac, schöne Anlage, keiner spricht Englisch. Etwa 5 km sind es bis zu dem kleinen Dorf **Ban Muang Ngai**. Um das Jahr 1594 hatte hier König Naresuan ein großes Heerlager errichten lassen, um einen Kriegszug gegen Burma vorzubereiten. Um an den großen König zu erinnern, wurden hier ein hölzernes Fort von etwa 35 x 35 m und *The Memorial Stupa of King Naresuan the Great* gebaut.

5 km weiter biegt am KM 9,8 der H1322 ins fruchtbare Tal des Nam Mae Taeng ab. Über bis zu 1200 m hohe Berge mit herrlicher Aussicht gelangt man auf dieser fantastischen Straße nach **Wiang Haeng** (55 km) und 18 km weiter zum Schmugglerdorf **Piang Luang**, wo tgl. um 18 Uhr ein Markt stattfindet (Gästehaus mit 16 Zimmern, ❷).

Ab Busbahnhof Chang Puak fährt ein Bus für 80 Baht hin. Erfahrene Off-Road-Biker können (natürlich mindestens zu zweit) bei **Kong Lom** auf eine sehr schöne, aber extrem harte Naturstraße zum Karen-Dorf **Sala Muang Noi** (28 km) abbiegen – so mancher wollte das Bike hier schon wegwerfen. Die Lisu-Dörfer unterwegs nimmt kaum jemand wahr. Auf weniger kraftraubender Piste geht es weiter bis Pai (27 km).

Geradeaus führt der asphaltierte H1178 zum großen Dorf **Muang Na** (KM 44), durch das man auf einer herrlichen, teils asphaltierten Bergstrecke nach weiteren 64 km ebenfalls nach Wiang Haeng gelangt. Hält man sich 7 km hinter Na Wai rechts, erreicht man nach 7 km das große, authentische KMT-Dorf **Ban Arunothai** (Nong Ouk), 6 km vor Myanmar. Am Minikreisel im Dorf, einen Stopp wert, zweigt die Asphaltstraße H1340 nach rechts ab. Sie wurde vom Militär parallel zur Grenze in gewagter Streckenführung gebaut und weist keinerlei Beschilderung auf.

Nach 14 km muss man in **Sinchai** links halten (rechts könnte man über das Chinesendorf **Ban Mai Nong Bua** zum H107 zurückfahren). Besser fährt man auf der fantastischen, einsamen Militärstraße mit herrlichen Ausblicken und ohne extreme Steigungen durch die KMT-Dörfer **Tam Ngop** und **Ban Luang** 28 km weiter, bis man die direkte Straße H1249 zum Doi Angkhang (s.S. 385) erreicht, auf der man auch wieder zum H107 (24 km) fahren kann.

Abstecher nach Phrao

Am KM 83,1 zweigt vom H107 die Straße H1150 ab und kurvt 32 km durch eine bizarre Felsenlandschaft nach **Phrao** (Bus ab Chiang Dao 20 Baht). In gerader Linie durchquert sie das fruchtbare Tal, in dem Jasminreis, Soja, Kartoffeln und anderes Gemüse (Frühlingszwiebeln, Bohnen, Tomaten …) sowie Gewürze (Knoblauch, Ingwer, Chili …) und Mais angebaut wird, während an den trockeneren Hängen Erdnüsse gedeihen. Die atemberaubende Straße H1150 nach **Wiang Pa Pao** (Pickup 40 Baht) führt in vielen Kurven immer an den Hängen entlang über eine von dichtem Wald bedeckte Bergkette und passiert zwei Lisu-Dörfer sowie einige Hinweisschilder, die zu Dörfern in 2–3 km Entfernung weisen. Nach 53 km trifft sie auf den H118, der Chiang Mai mit Chiang Rai verbindet. 💻 www.

nordthailand.de/phrao informiert auf Deutsch sehr gut und aktuell über diese kaum bekannte Gegend.

Übernachtung

Ein Hotel, ❷, im Ort. Am östlichen Ortsrand lebt Werner, der einige Bungalows vermietet (Infos und Anmeldung über *Duang Dee Gh.* in Chiang Mai).
Doi Farang Bungalow Resort, ✆ 474392, 💻 www.doifarangbungalow.com; 5 km nördlich des Ortes am Fuß einer Hügelkette. Geräumige Steinhäuser und urig umgebaute Reisspeicher, Restaurant und Pool. Eine Oase in freier Natur zum Erholen und eine in vielfacher Hinsicht erstaunliche Anlage. ❸
Lanna Farm, ✆ 053-281789, 💻 www.east-west.com, südlich von Phrao, zu buchen über *East West Siam*; Rachet Wapeetha hat in einem großen Teakhaus in ländlicher Umgebung 4 komfortable DZ mit Warmwasser-Du/WC gebaut. Viele Infos über die Landwirtschaft im Tal, Fahrradverleih, Touren u.a. zur *Lisu Lodge* (s.S. 381).

Von Ping Khong nach Norden

Am KM 87 lohnt das Seeufer-Restaurant einen Stopp. Malerische Felsenhügel säumen ab dem KM 90 den H107. Am KM 95,2 kommt ein weiteres Restaurant mit Seeterrasse. Nebenan werden an Verkaufsständen landwirtschaftliche Produkte aus den Royal Projects angeboten. Obwohl das Hmong-Dorf **Huay Luk** (am KM 95,5) direkt an der Straße liegt, hat es sich erstaunlich viel von seiner Identität bewahrt.

Das *Chiang Dao Hill Resort* am KM 100,5 ist ein Musterbeispiel für die Resort-Hotels in Nord-Thailand; Eintritt 10 Baht. Bis zum KM 109 steigt die Straße an. Hier verläuft die Wasserscheide zwischen den Einzugsgebieten von Mae Nam Chao Phraya und Mekong.

Der große Beton-Buddha am KM 109,6 schaut auf die fruchtbare Ebene von Fang herab. Hier wird während der Regenzeit Nassreis angebaut, anschließend vor allem Zwiebeln und Knoblauch.

Übernachtung

Chiang Dao Hill Resort, ✆ 053-236995, 📠 251 372, 27 km nördlich von Chiang Dao am KM 100,5. Herrliche Anlage, die vor allem Familien aus Bangkok Erholung in der Natur ermöglicht. Ab ❹

Abstecher zu den Tubtao-Höhlen und nach Ban Mai Nong Bua

Am Ende der Gefällstrecke (beim KM 117,7) biegt links vor der Tankstelle eine Straße zu den Tubtao-Höhlen ab (3 km). In der *Light Cave* fallen Sonnenstrahlen durch das Höhlendach auf eine große Statue des liegenden Buddha (nur der Legende nach 1000 Jahre alt) und auf Buddha-Statuen, die echte Volkskunst repräsentieren. Die rechte *Dark Cave* ist verwahrlost.

Fährt man 8 km weiter nach Norden und biegt an der Kreuzung nach links ab, so erreicht man **Ban Mai Nong Bua**. In diesem 2 km langen Dorf fühlt man sich wie nach China versetzt: Hua-Chinesen, die vor über 100 Jahren aus der chinesischen Südwest-Provinz Yünnan vertrieben wurden, haben sich hier niedergelassen und ihre Kultur bewahrt. Ihr Fleiß lässt sich an den ungewöhnlich gepflegten Feldern erkennen.

Ziel könnte das **Thermalbad** *(Nam Rae)* am Ortsende sein. Für ein paar Baht darf man das öffentliche Badehaus benutzen. Auf dem Hügel daneben steht ein chinesischer **Tempel** mit einem lachenden Buddha, dem historischen Buddha Sakyamuni und der Goddess of Mercy, alles in grellen Farben.

Die Straße kurvt weiter durch die Berge und erreicht bei **Sinchai** die fantastische Bergstrecke entlang der Grenze, die nicht gar so steil zum Doi Angkhang hinauf führt (s.u.).

Abstecher zum Doi Angkhang

Beim KM 137 biegt der H1249 nach Westen zum Doi Angkhang (1935 m) ab. Wir empfehlen Selbstfahrern, diese Straße besser in Gegenrichtung zu befahren, vorausgesetzt das Fahrzeug hat gute Bremsen. Pickup-Taxis lassen sich für die 26 km für 500 Baht chartern. Zunächst passiert man einige langgezogene Dörfer und ausgedehnte Obstplantagen. Nach 9 km beginnt der Aufstieg auf der steilsten Straße des Nordens, der nur schwer mit einem normalen PKW zu schaffen ist. Eine mit zwei Personen besetzte MTX 125 wird sicher überhitzen.

An betonierten Hängen folgen mehrere Haarnadelkurven. Kurz vor dem Pass kontrolliert die Polizei Pässe und Führerschein, erste Souvenirstände bieten den üblichen Kram an. Nach 24 km zweigt die weniger steile Militärstraße nach links hinten Richtung Sinchai (28 km) ab – unsere Empfehlung für die Anreise mit weniger steigungsfreudigen Fahrzeugen (s.o.). Geradeaus sind es noch 2 km nach **Ban Khum**.

In dem engen, vom **Doi Angkhang** überragten Hochtal liegt ein vom König gegründetes landwirtschaftliches Entwicklungszentrum. Hier werden vor allem Gemüse und Früchte aus temperierten Klimazonen auf ihre Verwendbarkeit in Nord-Thailand untersucht. Viele Blumen, Erdbeerfelder, Lamyai-, Apfel-, Birnen- und Pfirsichbäume fallen ins Auge. Ein Schmuckstück ist der Bonsai-Garten. Im Januar sinkt die Temperatur häufig bis auf den Gefrierpunkt.

In Ban Khum wohnen vorwiegend Hua-Chinesen, an den Hängen verstreut Lahu, Akha und Tai (bzw. Shan) aus Burma. Viele Resorts und einige Gästehäuser warten auf Pauschalreisende. In drei Läden mit Restaurant gibt es einfache Mahlzeiten. Getrocknete und eingelegte Früchte werden von Thais gekauft, die mit Minibussen kommen, um die kalte Luft zu genießen. Dagegen finden Traveller den Ort nicht besonders attraktiv.

Wer nach der anstrengenden Fahrt noch Energie verspürt, das Palaung-Dorf **Nor Lae** (7 km) zu besuchen, fährt auf dem H1249 etwa 1 km zurück und biegt nach links auf die gute Straße ab, von der sich herrliche Ausblicke ins Tal von Fang bieten. Hinter Nor Lae fällt die Straße, auf der man in 30 Minuten Fang erreicht, über 4 km unglaublich steil ins Tal ab.

Übernachtung

Sehr einfache Bungalows, ❶, am Hang, viele neue Gästehäuser, ❸, Gruppen zelten auf dem Sportplatz. Sein eigenes Zelt kann man kurz vor Ban Khum auf einem schönen Campingplatz unter Kiefern aufschlagen (20 Baht p.P.).

Angkhang Nature Resort, ✆ 053-453515-9, ✉ angkhang@amari.com, 💻 www.amari.com; am Eingang zum Entwicklungszentrum, 72 Zi und Luxus-Bungalows. ❻

Weiter Richtung Fang

Schier endlos erstrecken sich die Siedlungen entlang der Hauptstraße. Am KM 143,4 liegt im Dorf Nong Yao links in einer Gasse das *Fang Garden Gh.* (s.u.). Auf gut ausgebauten Schotterstraßen kann man von hier durch intensiv genutztes Ackerland zu den heißen Quellen und weiter nach Fang fahren.

Am KM 144 zweigt nach rechts die Straße H109 nach Mae Suai (67 km) ab. Von hier fahren Pickup hin (jede Std. von 7.30–16.30 Uhr, 40 Baht).

Fang ฝาง

Die Nähe zu Myanmar und der damit verbundene Opium- und Waffenschmuggel charakterisieren den Ort. Bei unserem ersten Besuch in Fang im Jahr 1973 liefen noch die meisten männlichen Bewohner mit Gewehren oder Colts durch die Straßen. Taxifahrer hatten eine geladene Pistole neben sich liegen. Heute sind die Zeiten ruhiger geworden, und die Thai Border Police hat die Situation unter Kontrolle.

Die schwefelhaltigen **heißen Quellen** (gut 90 °C) von Bo Nam Ron im **Mae Fang National Park** (10 km westlich) lohnen sich nicht. Der gefasste Geysir wurde zugunsten eines Dampfbades abgestellt. Motorrad-Taxis kosten von Fang 60 Baht (hin und zurück mit 30 Min. Wartezeit 100 Baht).

Übernachtung

Fang Garden Gh., 562/249 Soi 4 (N), Ban Nong Yao, ✆ 053-453220, 9 km südlich von Fang am KM 143,6 (Schild), 500 m vom H107, hinter dem verwahrlosten Haus am Eingang. Großes Gartengrundstück, 3 hübsche, große, saubere Bungalows aus Holz und Ziegeln mit Fan, großem Bad und überdachter Terrasse, gutes, preiswertes Essen (ein billiges Restaurant 100 m entfernt); bestes Preis-Leistungs-Verhältnis; hervorragend zum Ausspannen geeignet. Amara, die freundliche, engagierte Besitzerin, spricht gut Englisch. Als *Crocodile Dundee Trek & Tour Service* (mit Lizenz) veranstaltet Amara individuelle, empfehlenswerte, hochgelobte Treks (500 Baht p.P. und Tag) zu vielen Bergvölkern (z.T. mit Rafting). Auf Wunsch führt sie Motorrad- und Jeepfahrer auf schwierigen Pisten durch die Wälder. Von Fang mit dem gelben Songthaew (ab Buchladen) für 6 Baht, von Chiang Mai kommend kann man direkt in Ban Nong Yao, Soi 4, am KM 143,6 aussteigen. ❶

Chok Thani, 425 Chotana Rd., ✆ 053-451353-4, unübersehbarer kastenförmiger Bau nahe der

Bus Station. Etwas spartanisch, aber sauber und gut. ❸

Wiengfang Hotel, links nach dem Straßenknick, für Liebhaber von Holzhotels im alten Thai-Stil; mit Restaurant. ❶

D.J., ✆ 053-451281, 150 m weiter an der Hauptstraße, 3-stöckiges Betongebäude. ❷, ac ❷

Nai Phun Hotel, ✆ 053-451121, Motelstil, 1 km nördlich am H1089 auf der linken Seite. Saubere Zi mit großen Betten. ❶–❷

Essen

Non-Tree, Chotana Road, 100 m nördlich vom Chotana Hotel und Uhrturm, 30 m zurückversetzt, schöner Blick auf Reisfelder und Berge, Familienrestaurant mit gutem, preiswertem Essen, billige, leckere Eisbecher, dezente Hintergrundmusik.

Koo Charoen Chai, Chotana Road, 200 m vor dem Straßenknick rechts, Thai und chinesische Küche.

Ritzy, ac-Restaurant mit gutem Essen, abends Live-Folkmusik.

Sonstiges

PLZ – 50110

SILBERSCHMUCK – Ein relativ teurer Laden mit *Hilltribe Silver* und Souvenirs liegt gegenüber vom *D.J. Hotel.*

Transport

Die Bus Station liegt am Ortsanfang links.

Nach CHIANG MAI (Chang Puak Bus Station) mit non-ac-Bus 1231 alle 20 Min. bis 17.30 Uhr für 56 Baht in 3 1/2 Std., ac-Bus stdl. für 100 Baht, ac-Minibus alle 30 Min. von 9–16 Uhr für 61 Baht.

Nach CHIANG DAO für 32 Baht in 2 Std.

Nach THATON mit dem gelben Minibus alle 10 Min. für 20 Baht in 40 Min., doch beim Aufsammeln der Fahrgäste vergeht viel Zeit.

Nach MAE SAI mit non-ac-Bus über Thaton und Mae Chan um 14.30 Uhr (49 Baht). Zurück um 7 Uhr.

Nach MAE SUAI mit dem Pickup ab dem Markt (neben *Chok Thani Hotel*) jede Std. bis 16.30 Uhr für 40 Baht.

Weiter Richtung Thaton

Der H1089 verlässt Fang Richtung Norden. Beim KM 12,4 biegt nach links eine Straße zum zweithöchsten Berg Thailands ab, dem **Doi Pha Hom Pok** (2285 m). Auf ihr erreicht man nach 14 km ein landwirtschaftliches Entwicklungszentrum, das auch Bungalows vermieten soll. Beim KM 12,8 führt ein Sträßchen noch 18 km Richtung Gipfel, dann ein harter Pfad von ca. 8 km auf den Gipfel des Berges. Gegenüber von der Schule im Dorf Mae Ai (KM 16) zweigt ein hervorragendes Bergsträßchen Richtung Doi Larng ab, das bei klarem Wetter herrliche Ausblicke über das Tal, die Berge und den Mae Kok River bietet. Vor der Schranke nach 5,4 km muss man nach rechts abbiegen. Sehr steil fällt sie ins Tal ab. Bis man in Thaton wieder die Hauptstraße erreicht, sind 13,6 tolle Kilometer zurückgelegt.

Thaton ท่าตอน

Der ruhige, kleine Ort Thaton liegt am Mae Kok River und ist Ausgangspunkt für eine Bootstour – eine der schönsten Flussfahrten, die Thailand zu bieten hat. Und mit dem Floß kann sie geradezu romantisch abenteuerlich werden. Es lohnt sich, bereits am Tag vor der Flussfahrt in den Ort zu reisen.

Thaton wird überragt von der Monumentalstatue einer gewaltigen goldenen Buddha-Statue, die von einer Naga vor dem Regen geschützt wird. Weiter unterhalb ragt der Kopf eines weißen, sitzenden Buddhas im Chiang Saen-Stil und die Statue der Göttin der Barmherzigkeit heraus. Das **Wat Thaton** zieht sich mit seinen hübschen Mönchshäusern weit den Hügel hinauf bis zur Residenz des höchsten Mönchs von Nord-Thailand; 🕔 5–21 Uhr, Eintritt 20 Baht p.P. Auf dem Hügel dahinter steht ein riesiger Chedi, nebenan ein Hotel. Das Bergsträßchen steigt weiter an zu einem kleinen Tempel und endet bei einem vergoldeten stehenden Buddha mit Opferschale (2,6 km). Hier ist die Aussicht über das Mae Kok-Tal nach Osten und in die Schlucht Richtung Burma einfach grandios. Im Bot stehen schöne bronzene Buddhas im Sukhothai- und Chiang Saen-Stil. Ein tatkräftiger Abt lässt diese Tempelanlage von vielen jungen Mönchen zu einem Schmuckstück ausbauen. Vom weißen Buddha hat man eine herrliche Aussicht über die Ebene und den Fluss bis hin zu den Bergen. Besonders stimmungsvoll ist es am frühen Morgen, wenn die Nebelschleier nach und nach das Land ins Licht entlassen.

Hinter der Brücke nach links darf man nur noch 2–3 km gehen (nicht besonders interessant). Danach umkehren, denn es wird zu gefährlich! Die Grenze zu Myanmar ist sehr nahe.

Übernachtung

Kwan's Gh. ⑥, ✆/℻ 053-459312. Billige, saubere Zi mit Du/WC, gute Atmosphäre; Restaurant, gutes Frühstück, Touren. Thai-deutsche Leitung. ❷

Apple Gh. ⑦, ✆ 053-373144, ordentliche Zi im OG des Restaurants am Fluss. ❸

Chankasem Gh. ⑧, ✆ 053-499313, Bungalows und Reihenhaus, unterschiedliche einfache Zi, z.T. mit Fan, Bad und Warmwasser, die Tore werden Punkt 22 Uhr abgesperrt; großes Restaurant direkt am Fluss, in den der Abfall entsorgt wird. ❶–❷

Naam Waan Gh. ⑨, ✆ 053-459403, Reihenhaus an der hinteren Straße, 10 saubere Zimmerchen mit Du/WC. ❷

Maekok River Village Resort ⑩, ✆ 053-459355, ℻ 459329, 💻 www.maekok-river-village-resort.com, ruhige Komfortanlage aus Naturmaterialien in schönem Garten, 29 geräumige Bungalows und Zi mit ac, auch für Familien, Pool, Restaurant am Fluss, Freiluft-Bar, *Track of the Tiger Tours.* ❻–❼

Thaton Garden Riverside ④, ✆ 053-459286, ℻ 373154, direkt am Fluss, Einzel- und Doppelbungalows, saubere Zi mit Bad/WC, romantischer Garten, Restaurant am Fluss; organisiert Bootsfahrten. Wegen naher Brücke relativ laut. ❸

Garden Home Nature Resort ③, ✆ 053-373015, ℻ 459325, am Fluss, außergewöhnlich schöne, ruhige Anlage in einem Obstgarten, 10 große Bambusmatten- und Steinbungalows mit Bad und Warmwasser stehen weit verteilt, 3 Bungalows liegen herrlich am Fluss, 4 kleine Zi mit Du/WC im Reihenhaus. Restaurant. ❷–❹

Baan Suan Riverside Resort ②, ✆ 053-373214, ℻ 373215, gepflegte, relativ teure Anlage in der Flussschleife, schön angelegter Garten, hübsche, dicht stehende Holz-Bambusbungalows mit ac und Warmwasser-Du/WC, schlichte, saubere Zi im Reihenhaus, Restaurant mit großer Terrasse am Fluss. ❹

Thaton River View ①, ✆ 053-459289, ℻ 459288, 400 m flussaufwärts sehr ruhig gelegen; große, gediegene Anlage, schöner, gepflegter Garten, tolle Aussicht, 33 große ac-Bungalows mit Warmwasser-Du/WC und Balkon; große Restaurantterrasse direkt am Fluss, sehr gutes, relativ preiswertes Essen; Kräutersauna, Feuerstelle; Auto mit Fahrer zu mieten.

Khum Phu Kham Gh. ⑪, kleine Hütten an den Reisfeldern, 1 km südlich des Ortes zweigt die Zufahrtstraße nach Osten ab. ❷

Huai Khum Resort, Ban Huai Khum (20 km), ✆ 053-918254, 💻 www.huaikhum.idv.tw; 40 Min. flussabwärts per Boot (100 Baht p.P.), traumhaft romantisches Resort in einem stillen Tal in reiner Natur, großer tropischer Garten am Fluss, 20 luxuriöse Bungalows aus Bambus am Hang mit schöner Sicht; gutes Restaurant, großer Pool, ab 22 Uhr nur Kerzenlicht; guter Ausgangspunkt für Trekkingtouren; umweltbewusstes Management, bei Anruf aus Thaton Abholung durch den Besitzer, Mr. Chia Lin. ❺

Essen

Die ***Thaton Kitchen*** bietet billiges, gutes Essen, auch vegetarische Gerichte; hier sind Auslandsgespräche möglich.

Das ***Apple Restaurant*** hat Blick zum Fluss, die Besitzerinnen bereiten leckere Gerichte.

Im ***Frühstücks-Restaurant*** spielen abends zwei Burschen auf Gitarren und sorgen für Stimmung.

Sonstiges

MOTORRÄDER – werden neben dem Bootshaus von ***Thaton Tour*** für 200 Baht/24 Std. vermietet. Häufig Ärger wegen der Auslegung der Zeit! Besser in Chiang Rai mieten. Auch die Burschen im ***Frühstücks-Restaurant*** vermieten ihre Motorräder.

PLZ – 50280

TOURIST POLICE – an der Hauptstraße, ✆ 053-459033, kann ein wenig helfen, wenn Schwierig-

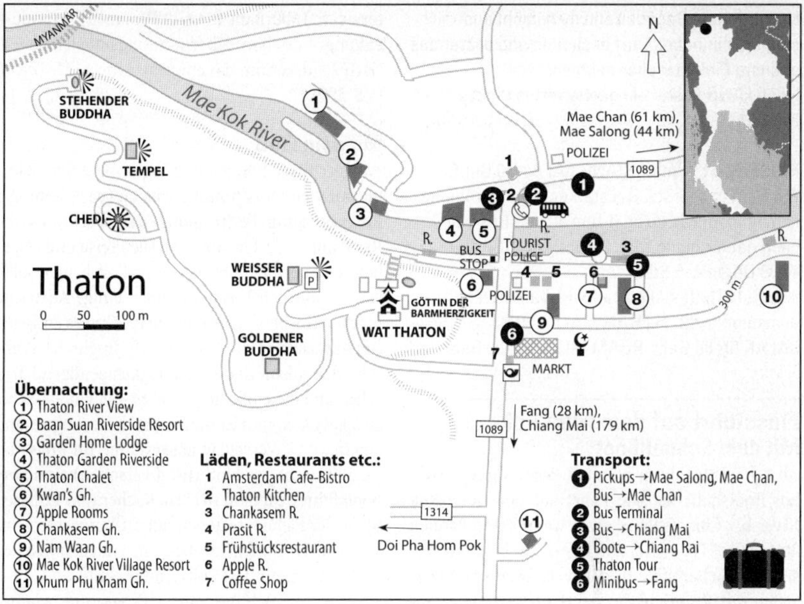

keiten mit Veranstaltern der Floßtouren auftreten. Bei Problemen während der Floßtour muss man leider zur *Tourist Police* nach Thaton zurück und hier eine schriftliche Beschwerde einreichen.

TOUREN – In jedem Gästehaus werden Trekking-Touren in die Umgebung von Thaton angeboten, z.B. eine Tagestour mit 6 Std. Wandern, die ungefähr jede Stunde an einem Dorf der Karen, Lahu oder Akha vorbeikommt.
Chankasem (Thaton Tour), 209 Moo 3, ✆ 053-459313, organisiert eine 2–3-tägige Boots- und Floßfahrt (1500–2500 Baht p.P. ab 4 Pers.). Als Guides werden junge Männer aus der Umgebung eingesetzt. Alle Abmachungen sollten schriftlich festgehalten, Stopps in der Flusskarte eingetragen werden.

Transport

BUSSE – Von CHIANG MAI (Chang Puak Bus Station) mit dem Direktbus 1231 um 6, 7.20 (reicht gerade noch fürs Boot), 9, 11.30, 13.30 und 15.30 Uhr für 70 Baht in knapp 4 Std. oder mit dem halbstündlich verkehrenden Bus 1231 nach FANG für 56 Baht in 3 1/2 Std. und von dort mit dem Pickup alle 10 Min. bis 17.30 Uhr für 20 Baht in 1 Std. nach Thaton.
Nach CHIANG MAI Direktbus alle 90 Min. von 6.25–14.25 Uhr.
Nach FANG Bus um 9, 12.30, 15 und 17.30 Uhr.
Nach MAE SAI und CHIANG RAI über Mae Chan um 15 Uhr für 27+13 Baht oder per Pickup um 6, 8, 10 und 12 Uhr in 3 Etappen über Kai Sadai und Mae Chan für 25+25+13 Baht in 3 Std.
Direkt nach BANGKOK ac-Bus um 6, 16.30 und 17 Uhr für 499 bzw. 582 Baht in 12 Std., 2.Kl. ac-Bus um 16.30 Uhr für 388 Baht; von Bangkok zu ähnlichen Zeiten.

PICKUP – Nach MAE SALONG mit gelben Pickups für 50 Baht (evtl. 25 + 25 Baht) in 2 Std. auf der Bergstraße mit herrlicher Aussicht. Sie fahren von der Haltestelle jenseits der Brücke alle 30 Min. ab, auch in die östlichen Dörfer, z.B. nach BAN MUANG NGAM für 15 Baht.
Meistens fahren Thai, Chinesen, Akha, Karen, Lahu, Lisu und Yao mit.

Mit geringem Gepäck kann man leicht aussteigen, ein nahes Dorf besuchen und später das nächste Pickup weiter nehmen.
Nach FANG kostet ein gechartertes Pickup 200 Baht.

FLUSSBOOT – Von CHIANG RAI um 10 Uhr für 250 Baht in 3–6 Std. Bei starker Gegenströmung kommt man evtl. zu spät zum letzten Bus von Fang nach Chiang Mai. Zurück um 10.30 und 12.30 Uhr in 4–5 Std.
An ca. 12 Haltestellen kann man unterwegs aussteigen, z.B. bis BAN MAI für 70 Baht, MAE SALAK für 80 Baht, RUAM MITR für 200 Baht.

Flussfahrt auf dem Mae Kok

Mit dem Schnellboot

Ab 9–10 Uhr fahren Longtail-Boote (ohne Sitze!) am Bootshaus ab. Die Fahrt auf dem Mae Kok River bis Chiang Rai dauert, wenn keine Pannen auftreten, 3 1/2–4 Std. und kostet 250 Baht pro Person. Zur Sicherheit fahren streckenweise 1–3 Polizisten mit. Während der Fahrt sitzt man quer zur Fahrtrichtung auf Kunstlederkissen auf dem Boden des Bootes und kann halb entspannt liegen. Unterwegs kommt man nicht an sein Gepäck, deshalb sollte man rechtzeitig für weitere Polsterung sorgen. Plastikbeutel für Fotoapparat (häufig kommt Wasser über), Sonnenhut und Sonnenbrille (gegen den Fahrtwind) nicht vergessen. Leider rast das Boot zu schnell und zu laut durch schöne Landschaft: zuerst fruchtbare Ebenen und malerische Ortschaften, nach jeder Kurve ein neuer Ausblick auf den alles überragenden Buddha von Thaton, später hohe Berge mit dichtem Wald, Bambuswildnis und vielen jungen Teakbäumen, ab und zu ein Hilltribe-Dorf (Akha, Lahu, Lisu) und aufregende Stromschnellen. Wenn keine Fahrgäste unterwegs zu- oder aussteigen wollen, hält das Boot nur zur Registrierung der Passagiere (Pass oder Kopie mit Visa-Nummer wird benötigt) und ca. 15 Min. in Ruam Mitr. Hilltribe-Frauen biedern sich zum Fotografieren an.

Zu etwa 10 anderen Anlegestellen kann man Fahrkarten lösen und von dort am Fluss entlang oder in Dörfer wandern. Das Boot legt am nächsten Tag wieder an, wenn man sich entsprechend bemerkbar macht. Wer unabhängiger sein und nach Belieben anhalten will, muss ein eigenes Boot chartern (ca. 1600 Baht für 6–8 Personen). Am Fluss entlang bestehen Übernachtungsmöglichkeiten. Nach 2 Std. kommt das empfehlenswerte *My Dream* (s.S. 399).

Mit dem Floß

Weniger Eilige können in 2 Tagen mit einem Bambusfloß den Fluss hinuntertreiben (nach Ende der Regenzeit kann die Strömung so stark sein, dass die Reise nur 1 1/2 Tage dauert). Die Preise und Angebote sind bei allen Veranstaltern ähnlich, man sollte jedoch von den Versprechungen einige Abstriche machen (insbesondere können die Guides entgegen der Abmachung zumeist fast kein Englisch). Während der Saison finden sich täglich genügend Traveller, und die Floße liegen bereit. Ein Floß fasst bis zu 6 Personen und ist mit einem Hüttenaufbau und einem „WC"-Verschlag ausgestattet. Im Preis von ca. 6000 Baht pro Floß (für 4 Personen) sind zwei Bootsführer, Matten, Decken, Kocher und 4x Essen sowie der Elefantenritt enthalten. Übernachtet wird auf dem Floß oder am Ufer im Freien (Moskito-Netz oder zumindest Coils sind wichtig).

Es kann auch ein ganzes Programm, wie der Besuch von Akha- oder Lisu-Dörfern und eine Wanderung zu heißen Quellen, mitgebucht werden (ca. 2000 Baht p.P., 1 Tag zusätzlich). Handelt man den Preis zu sehr herunter, so dass die Guides nicht auf ihre Kosten kommen, lassen sie einfach einen Teil des Programms ausfallen.

Wegen einiger tragischer Unfälle ist es nicht mehr erlaubt, sich ein ganzes Floß zu kaufen und alleine zu steuern. Die Polizei von Thaton verlangt, dass pro Floß zwei erfahrene Floßführer mitfahren. Besonders gefährlich kann es am 2. Tag bei den Stromschnellen in der Höhe vom *Forest Development Center* werden! Viele Flöße kenterten hier.

Auf der Bergstraße nach Mae Salong

Auf dem H1089 verlässt man Thaton (KM 23,6) Richtung Nordosten. Die Straße führt zunächst 19 km durch das weite Tal des Mae Kok bis zum Karen-Dorf **Muang Ngam** (KM 38,7). In ***Reinato's Bamboo House Gh.*** ✆ 07-1856172, ❶, 800 m vom H1089, kann man in einem echten, urigen Bambushaus in einfachen Zi mit Matratze auf dem Boden übernachten; schöner Blick vom kleinen Sala über den Bach auf die Reisfelder; der liebenswürdige Besitzer veranstaltet Touren zu Bergdörfern (Akha, Lahu, Shan, Karen, Yao), bietet *Jungle Trekking* und *Bamboo Cooking*. Weiter geht es durch schönes Hügelland mit intensiv bebauten Feldern, vorbei an Dörfern der Bergvölker sowie der KMT, Wa und Shan. Am KM 40 liegt das „Three Hilltribe Village" von Karen, Yao und Long Necks, 10 Min. zu Fuß, 250 Baht Eintritt.

Im Dorf **Li Ching** (Santisuk) am KM 51 leben viele christliche Wa. Gut 3 km weiter steht rechts eine traditionelle Akha-Schaukel. Dort errichteten die Dorfbewohner als Gemeinschaftsprojekt das **Ban Lorcha Living Museum**, in dem man für 40 Baht Eintritt traditionelle Aktivitäten sehen kann. Damit unterstützt man ein vorbildliches Dorfentwicklungsprojekt und trägt zur Bewahrung der Akha-Kultur bei. Beim Checkpoint am KM 54,8 gabelt sich die Straße: nach rechts führt der H1089 weiter durch das Tal des Chan nach Mae Chan (30 km), nach links geht es auf dem H1234 nach Mae Salong (13 km). Die herrliche Straße, ein „Leckerbissen" für Motorradfahrer und Liebhaber schöner Landschaften, führt über zwei haarige Pässe hoch in die steilen Berge. An den Berghängen bauen die Bergvölker in mühevoller Handarbeit Feldfrüchte an. Bei klarem Wetter ist die Aussicht fantastisch. Nach 6 km geht es nach links 1,1 km zum Lisu-Dorf Heko ab (Unterkunft ❶). Nach etwa 2 Std. Fahrt ist Mae Salong (s.S. 402) erreicht. Von dort geht es auf einer weiteren herrlichen Bergstrecke noch 67 km bis Chiang Rai.

Von Chiang Mai nach Chiang Rai

Auf der direkten Straße H118 benötigt man für die Strecke von Chiang Mai nach Chiang Rai (182 km) nur 3 1/2 Stunden mit dem Auto oder Motorrad, knappe 4 Stunden mit dem Bus. Unterwegs laden einige hübsche Rest Areas zu einem Picknick ein, abenteuerliche Nebenstraßen führen tief in die Wälder, und man kann in einem einfachen Gästehaus in den Bergen übernachten. Entlang der von üppigem Grün gesäumten Straße entstanden auch einige bessere Resort Hotels, die häufig nur in Thai beschriftet sind.

Wenn man die Ausläufer der Stadt hinter sich gelassen hat, dehnen sich Reisfelder auf beiden Seiten der Straße. Am KM 17 auf der Abzweigung nach links 7 km zum *Wangtarn Resort*, ❹, 35/1 Ruang Nua, ✆ 01-5100197, nahe am Mae Kuang Damm; 62 Zi ab 600 Baht, Camping, Pool. Anschließend geht es auf einer kurvenreichen Straße vorbei an einigen privaten Resorts durch Hügelland und Wälder. An einer kaum erkennbaren Abzweigung am KM 42 biegt der H1252, der für Motorräder und Jeeps befahrbar ist, nach rechts zum Jae Sorn National Park ab (54 km, s.S. 425). Hinter dem Pass beim KM 53 („Khunchae National Park") beginnt die überaus fruchtbare Provinz Chiang Rai, die nördlichste in Thailand.

Abstecher zur Trekker Lodge

Am KM 63,5 weist ein Schild nach rechts. Dann geht's 7 km auf einem ordentlichen Fahrweg bergauf (selten Pickups) und durch ein Dorf der Lahu Sheh Leh. Hinter dem Thai-Dorf **Ban Muang Noy** liegt rechts am Hang die *Trekker Lodge*, ✆ 09-5539795, ❷, Lehm- und Holzhäuser mit einfachen Räumen, abends Lagerfeuer; einfaches Essen. Trekking Guides bieten sich an. In unmittelbarer Umgebung liegen zwei Dörfer der Lahu Sheh Leh. Dörfer der Lisu, KMT (Kuomintang), Hmong, Yao und Weißen Karen können auf 1- bis 3-tägigen Wanderungen erreicht werden.

Weiter nach Norden

Am KM 64,7 werden an den Essenständen und unzähligen Souvenirläden Körbchen mit Wachtel- und Hühnereiern für 10 Baht verkauft, die man in den über 90°C heißen **Hot Springs** kochen kann. Gegenüber gibt es vier Bungalows für 200 Baht (beim Restaurant fragen). In **Ban Pang Ai** (KM 71) kann man sich mit Besen aus Naturborsten und mit Korbwaren eindecken und im langgestreckten Dorf **Mae Kachan** (= Mae Khajan) billig übernachten.

Am Ortsende biegt am KM 78,4 der H120 nach rechts ab. Er führt über eine schöne Bergstrecke durch dichte Wälder und vorbei am eindrucksvollen Wasserfall **Nam Tok Tarn Thong** (32 km) bis in die Ebene von Phayao (68 km).

Am KM 91 biegt in der Ebene von **Wiang Pa Pao** der kurvenreiche H1150 nach links ab Richtung Phrao und Chiang Dao.

Übernachtung

Thaiyakorn Hotel, KM 77,6, befindet sich gegenüber vom Wat, ✆ 053-789113, einfache Zi mit

Warmwasser-Du/WC in Reihenbungalows im Hinterhof. ❷

Cabbages & Condoms Inn & Restaurant, KM 84,5, ✆ 053-952312, empfehlenswert. ❸

Chai Warit, KM 95, Wiang Pa Pao, ❶, und ***Pimpa*** am KM 94 in einer Seitenstraße, ❶–❷, sind nur Notunterkünfte.

Suan Thip Vana Resort, KM 107, 49 Ban Pa Hieng, Moo 14, ✆ 01-2246984-5, 01-2139821, www.suanthipresort.com; 36 Luxus-Zi; Restaurant, Café, großer Pool, Sauna. Leser: „Ein idealer Ort, um mitten im tropischen Urwald Nord-Thailands auszuspannen." ❽

Mae Suai

Nach einer weiteren Hügelstrecke mit hübschen Rastplätzen fällt der H118 in die weite Ebene von Chiang Rai ab. Das Dorf Mae Suai wird überragt von einem Hügel, auf dem ein Tempel steht. Von oben bietet sich eine schöne Aussicht auf die Umgebung.

Von Mae Suai kann man durch schöne Wälder auf dem H109 nach Fang (76 km) fahren. Pickups fahren stündlich in ca. 90 Min. und kosten 40 Baht. Nach Chiang Rai stündlich Pickups für 20 Baht.

Übernachtung

Charin Garden Resort (= *Suan Jarin Resort)*, 83 Moo 1 Phaholyothin Rd., 8 km nördlich am H118 Richtung Chiang Rai, ✆ 053-717272, 10 nette Bungalows jenseits des Flusses in schön angelegtem Garten, Coffeeshop mit frischem Kaffee, leckeren Pies und schöner Sicht über den Fluss. ❹

Wawi-Distrikt

2 km hinter Mae Suai zweigt in der weit geschwungenen Straßenkurve eine gute Straße in den Wawi-Distrikt ab (zwischendurch 24 km Schotter), in dem sich viele Lisu, Lahu, Karen und Akha angesiedelt haben. Einige neue Pisten zweigen von der Straße ab.

Die Ortschaft **Wawi** (KM 50) liegt malerisch am Hang in den Bergen und wird überwiegend von moslemischen Chinesen bewohnt. Hier befindet sich die größte Teeplantage Thailands mit Teefabriken, in denen man chinesischen Tee testen kann. Zum Morgenmarkt kommen die Angehörigen verschiedener Bergvölker. Pickups fahren ab Mae Suai von 7–17 Uhr für 50 Baht, zurück 6.30–15.20 Uhr alle 50 Min., nach Fang nur um 6.30 Uhr für 50 Baht. Noch kein öffentlicher Transport nach Mae Salak.

Weitere 17 km Piste ziehen sich durch prachtvolle Berglandschaft bis **Mae Salak** am Kok River. Eine kurze Sackgasse führt zu einem Restaurant über dem Fluss: schöne Ausblicke! Danach sind es noch 5 km Piste, bis der H1089 am KM 34,1 erreicht ist.

Übernachtung

Wawi Gh., 2-stöckiges Steinhaus in exponierter Lage 200 m über dem Markt, direkt unterhalb der chinesischen Schule; wenig einladende, überteuerte Zi ohne Aussicht. ❷

Laulee Resort, ✆ 053-609150, 5 km nördlich vom Dorf Wawi an der Piste nach Salak, hoch über dem Tal an einem Hang, 18 z.T. grasgedeckte Bungalows mit warmer Dusche, Restaurant mit herrlicher Sicht über Teeterrassen, schön angelegter Garten mit vielen Blumen. ❹

Huai Khum Resort, ✆ 053-918254, am Mae Kok River bei Mae Salak. ❺

Weiter nach Chiang Rai

Nach 24 km trifft der H109 am KM 806,4 auf den Highway H1. In Sichtweite der Abzweigung ist es auch möglich, kurz vorher nach links auf den guten, wenig befahrenen H1211 abzubiegen und Chiang Rai von Westen her anzufahren.

Am KM 816 lädt nochmals eine Abzweigung nach links („*Nam Tok Khun Kon 20 km*") zu einem Abstecher zu einem schönen Wasserfall ein. Der H1 erreicht Chiang Rai am KM 829.

Chiang Rai เชียงราย

Die nördlichste Provinz Thailands hat fast 1 Million Einwohner, und obwohl nur ein knappes Drittel ihrer Fläche landwirtschaftlich genutzt wird, hat sie in der Reisproduktion die höchsten Erträge aller Provinzen. Es herrscht eine durchschnittliche Jahrestemperatur von 25 °C, im Winter 13 °C, in der heißen Jahreszeit (März bis Mai) 35 °C. Am meisten regnet es im August und September. Die Stadt Chiang Rai wurde bereits 1262 von König Mengrai als Zentrum seines Reiches gegründet.

Chiang Mai folgte erst 34 Jahre später. Dennoch gibt es hier keine historischen Bauten oder Ruinen, die als Attraktion dienen könnten. In den letzten Jahren erlebte die Stadt einen Bauboom, der immer noch anhält.

Viele Traveller nutzen die Stadt Chiang Rai (43 000 Einwohner) als Basis für längere Trips in den Norden. Der Großraum Chiang Rai wird zu einem zweiten touristischen und industriellen Zentrum im Norden Thailands ausgebaut. Die ruhige, entspannte Atmosphäre verliert sich, zumindest im Zentrum, immer mehr. Ein Dutzend Ampeln mit roter Welle auf dem Superhighway sorgen für weltstädtische Staus.

Im Chedi des **Wat Phra Kaeo** wurde 1436 der berühmte Smaragd-Buddha entdeckt. Nach einer Legende soll ein Blitz den Chedi beschädigt, und so die Statue freigelegt haben, die aber damals noch unter einer Gipsschicht verborgen war. Später sprang der Gips ab, und der grüne Buddha kam zum Vorschein. Das tatsächliche Material ist übrigens Jaspis.

Lohnenswert ist ein Besuch des zentral gelegenen **Wat Klang Wiang**, Rattanaket Rd., das 1992 komplett restauriert wurde. Hier steht, von Yaksha bewacht, der neue Grundstein der Stadt. Der alte liegt verborgen unter dem Chedi, der mit Elefanten und anderen mythologischen Tieren geschmückt ist. Der angrenzende kleine Bot und große Viharn im Lanna-Stil ist reich mit Nagaschlangen und vergoldeten Holzschnitzereien verziert, die unter anderem die 12 Tierzeichen des chinesischen Kalenders darstellen. Im kleinen, hübschen Garten wurden Tafeln mit kurzen Zitaten und Statuen aufgestellt, die den Mönchen des angrenzenden Klosters Anregungen bei ihren Meditationen geben sollen.

Sehr gute Informationen über Bergvölker erhält man im **Hilltribe Museum**, Tanalai Rd., ✆ 740088, ✉ crpda@hotmail.com. Es bietet Einblick in die Tradition der Hilltribes durch eine nette Ausstellung, die Dia-Show (50 Baht) bringt nicht viel. ⏲ tgl. 9–12 und 13–20 Uhr, Sa/So ab 10 Uhr, Eintritt 20 Baht. Es werden auch 1- und 2-Tages-Touren sowie Treks durchgeführt, deren Erlös direkt für die Hilltribes verwendet werden soll. Mit Restaurant, ⏲ 11–24 Uhr.

Besonders sehenswert ist in Chiang Rai der schöne, angenehme **Night Bazaar**. In der Stadt herrscht sonntags Ruhe.

Übernachtung

GÄSTEHÄUSER – Fast alle Gästehäuser bieten Fan und Duschen mit Warmwasser, die meisten allerdings nur als Gemeinschaftseinrichtung. Alle betreiben eine Trekking-Organisation oder vermitteln Trekking-Touren. Fahrrad- (50 Baht) und Mopedverleih (150–250 Baht), Motorräder und Jeeps (800 Baht) werden vermittelt.

In Flussnähe: ***Chat House*** ⑪, 3/2 Sang Kaew Rd. Soi 1, ✆ 053-711481; ruhige Seitengasse, altes, renovierungsbedürftiges Haus, angenehme Atmosphäre; hübsches Restaurant mit gutem Essen. ❶–❷

Kae's B and B ⑨, 1/9 Thanon Trairat, ✆ 053-602169, kaesinternetcafe@yahoo.com; 4 saubere Fan-Zi über dem Internet-Café (30 Baht/Std.), ac 150 Baht extra, Gemeinschafts-Du/WC; reichhaltiges Frühstück, guter Kaffee. ❷

Maekok Villa ⑩, 445 Singhakai Rd., ✆ 053-711786, alte Villa auf einem kleinen, gepflegten Grundstück, riesige Schlafsäle, dahinter ruhige Bungalows und Reihenhäuser mit komfortablen Zi. ❷

Lotus Gh. ⑦, 247 Singhakai Rd., ✆ 053-716662, an einer Sackgasse, ordentliche Zi. ❷

Mae Hong Son Gh. ⑧, 126 Singhakai Rd., ✆ 053-715367, am Ende der ruhigen Sackgasse, schönes, altes Teakhaus in einem urigen, kleinen Garten, 9 verwahrloste Zi mit und ohne Du/WC. ❶–❷

Pintamorn Gh. 1 ⑤, 199/1 Singhakai Rd., ✆ 053-714161, auf der Insel; Reihenhaus mit 18 sauberen Zimmern. ❶–❷, ac ❷

Chian House ④, 172 Sibunruang Rd., ✆ 053-713388, ✉ chianguesthouse@hotmail.com, 💻 www.chiangraiprovince.com/htl/chian; auf der Insel in ruhiger Lage; 12 saubere, große Zi im Reihenhaus mit Du/WC, einige große Bungalows mit Warmwasser-Du/WC, Hof mit sauberem Pool; gutes, preiswertes Essen, große Portionen; nettes, junges Personal, gute Atmosphäre; Fahrräder 50 Baht / 24 Std. Der Guide *Simon* macht gute 5-tägige Treks mit Übernachtung im Wald. ❶–❷, ac ❸

Im Westen (Chiang Mai Gate): ***Lek House*** ⑲, 95 Tanalai Rd., ✆ 053-713337; an belebter Straße, Haus mit Zi mit und ohne Du/WC, 4 A-frame-Hütten mit Du/WC, schattige Sitzgruppen, alles dicht gedrängt. ❶–❷

Pa-Tim House ⑳, 166/5 Banphaprakan Rd., ✆ 053-713368; 2-stöckiges Stadthaus in ruhiger Gasse, große, kahle Zi mit guten, großen Betten und Du/WC, originelle Bar unterm Wassertank im Betonhof; freundliche, erfahrene Trekking Guides. ❷

Ben Gh. ㉚, 350/10 Sankhongnoi Rd. Soi 4, ✆ 053-716775; beliebte Anlage in einer ruhigen Wohngegend; gehört dem Englisch und etwas Deutsch sprechenden, freundlichen Thai Patrick; im hellhörigen Teak-Haus verwohnte Zi mit und ohne Du/WC und Warmwasser (z.T. für 3 Pers.); neueres, schönes Thaistil-Haus mit guten, großen Zimmern (3 Betten) mit Warmwasser-Du/WC; Essecke, viele Infos, angenehme Atmosphäre. Abholservice von Boot und Bus, gute Treks, Motorräder, Jeeps. Gutes Preis-Leistungs-Verhältnis. ❶–❷, ac ❸

Im Zentrum: *Pintamorn Gh. 2* ⑮, 509/1 Rattanaket Rd., ✆ 053-715427, Stadthaus an einer lauten Hauptstraße, 40 große, saubere Zi mit Fan oder ac und Warmwasser-Du/WC; Restaurant (wenige Gerichte), umfassender Service; Mountainbikes (100 Baht), Mopeds, Jeeps (800 Baht) und PKWs (1000 Baht). ❷

Baan Bua Gh. ㉗, 879/2 Jet Yod Rd., ✆ 053-718880, ruhiges Reihenhaus in schönem, schattigem Garten, große, saubere Zi, etwas hotelmäßig, gut zum Entspannen vom City-Stress; rücksichtsvolle Thai-englische Leitung. ❷

Tip House ㉖, 1017/2 Jet Yod Rd., ✆ 053-716672, im Zentrum zwischen Bars und Restaurants; 5 einfache Zi mit Warmwasser-Du/WC im Reihenhaus hinter der *Cat-Bar.* ❷

Tourist Inn ㉛, 1004/4 Jet Yod Rd., ✆ 053-714682, kleiner, guter Familienbetrieb, saubere, große Zi, ruhig. ❷–❸

Golden Triangle Inn ⑰, 590 Phaholyothin Rd., ✆ 053-711339, hinter dem zugehörigen Café und Reisebüro; Reihenhäuser in einer hübschen Anlage; geschmackvolle ac-Zi für gehobene Ansprüche, sehr gute sanitäre Anlagen. ❸–❹

Prima House ⑯, 697/4 Phaholyothin Rd., ✆ 053-716306, ℻ 714663, ruhiges Hotel in einer Seitenstraße, saubere ac-Zi, nur der Manager spricht Englisch. ❹

Außerhalb: *HI-Sabun Nga* ㉝, 226/50 Sankhongnoi Rd., ✆ 053-712290, ✉ chiangrai@tyha.org; neue Jugendherberge, saubere Zi mit Fan oder ac, freundliche Leute; Fahrräder, Restaurant, Pub. ❷

Paenklet Villa (auch Buffalo Hill Gh.) ㉟, 481 Moo 4, Doi Kaokwai, ✆ 053-717552; am Büffelhügel im Südwesten, schöne, ruhige Anlage mit schindelgedeckten Holzbungalows unter schattigen Bäumen, günstiges Restaurant; gutes Preis-Leistungs-Verhältnis; zum Erholen bestens geeignet. ❷–❹

Maleena Ville ⑱, 863 Wat Pranorn Rd., ✆ 053-712931, östlich des Highways, solide gebaute Bungalows, z.T. mit ac, Warmwasser-Du/WC. ❸

The White House ⑬, 789 Phaholyothin Rd., ✆ 053-713427, ✉ white7890@hotmail.com, 💻 www.chiangraiprovince.com/htl/whitehouse; an der belebten Ausfallstraße, Stadthaus mit sauberen Zi mit Kühlschrank, Du/WC; Restaurant, Café im Freien, Internet, Pool mit Jacuzzi; sehr freundliche Besitzer, die viel über den Norden wissen. ❷–❹

Außerhalb im Westen:

Akha Hill House, 97/7 Doi Hang (Apae's Akha Village), ✆ 01-4607450, ✉ apaehouse@hotmail.com, 💻 www.akhahill.com, 26 km westlich in der Nähe des Huai Kaeo Wasserfalls auf 1500 m Höhe; traditionelles Akha-Haus am Ende des Dorfes, einfache Zi, saubere Du/WC sowie Bambusbungalows mit Warmwasser-Du/WC, Essen; schöne Sicht übers Tal, Wanderwege zu Hilltribe Dörfern, Tages- und Zweitags-Treks (400 bzw. 1000 Baht). Der Besitzer Apae ist *Village Chief* und Trekking Guide. Freier Transport um 16.30 Uhr vom *Akha Hill Tour Office* beim Wat Prasing. ❶–❷

HOTELS – Die billigen Hotels sind kaum ihr Geld wert.

Mittelklasse: *Suknirand Hotel* ㉒, 424/1 Banphaprakan Rd., ✆ 053-711955, ℻ 714701, ordentliches Stadthotel. ❸

Saen Phu Hotel ㉑, 390 Banphaprakan Rd., ✆ 053-717300-9, 7-stöckiges Gebäude, sehr gute, große Zi mit Minibar, TV, ac, Bad; lohnt den Preis. ❸

Chiang Rai Inn ⑭, 661 Utarakit Rd., ✆ 053-717700-3, ℻ 711483; gutes Hotel mit Restaurant (mit Sing-Sing) und Coffeeshop. ❹

Wang Come Hotel ㉕, 869 Pemawibhata Rd., ✆ 053-711800, ℻ 712972, gutes Hotel, Restaurant, Coffeeshop, Pool. ❺

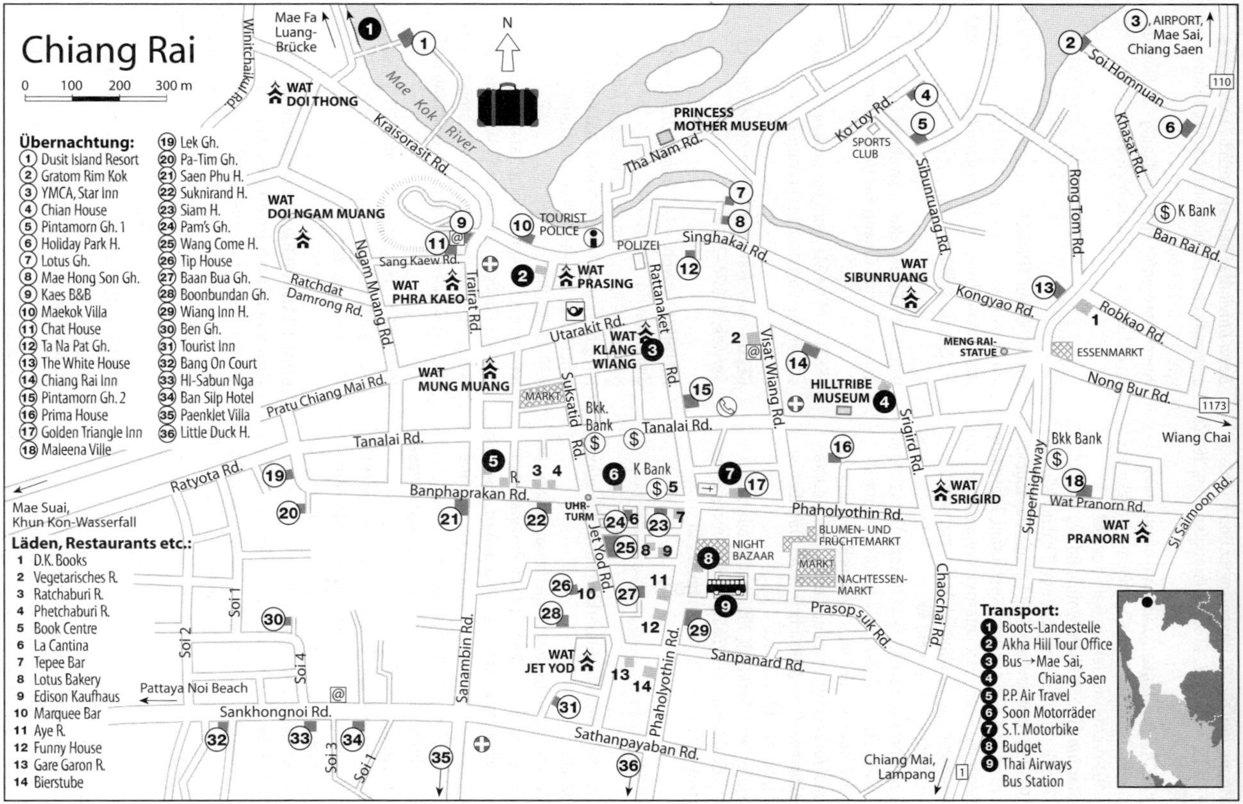
Chiang Rai
0 100 200 300 m
Übernachtung:
1 Dusit Island Resort
2 Gratom Rim Kok
3 YMCA, Star Inn
4 Chian House
5 Pintamorn Gh. 1
6 Holiday Park H.
7 Lotus Gh.
8 Mae Hong Son Gh.
9 Kaes B&B
10 Maekok Villa
11 Chat House
12 Ta Na Pat Gh.
13 The White House
14 Chiang Rai Inn
15 Pintamorn Gh. 2
16 Prima House
17 Golden Triangle Inn
18 Maleena Ville
19 Lek Gh.
20 Pa-Tim Gh.
21 Saen Phu H.
22 Suknirand H.
23 Siam H.
24 Pam's Gh.
25 Wang Come H.
26 Tip House
27 Baan Bua Gh.
28 Boonbundan Gh.
29 Wiang Inn H.
30 Ben Gh.
31 Tourist Inn
32 Bang On Court
33 HI-Sabun Nga
34 Ban Silp Hotel
35 Paenklet Villa
36 Little Duck H.
Läden, Restaurants etc.:
1 D.K. Books
2 Vegetarisches R.
3 Ratchaburi R.
4 Phetchaburi R.
5 Book Centre
6 La Cantina
7 Tepee Bar
8 Lotus Bakery
9 Edison Kaufhaus
10 Marquee Bar
11 Aye R.
12 Funny House
13 Gare Garon R.
14 Bierstube
Transport:
1 Boots-Landestelle
2 Akha Hill Tour Office
3 4 Bus→Mae Sai, Chiang Saen
5 P.P. Air Travel
6 Soon Motorräder
7 S.T. Motorbike
8 Budget
9 Thai Airways Bus Station
Mae Fa Luang-Brücke
AIRPORT, Mae Sai, Chiang Saen
Mae Suai, Khun Kon-Wasserfall
Pattaya Noi Beach
Chiang Mai, Lampang
Wiang Chai
Mae Kok River
WAT DOI THONG
WAT DOI NGAM MUANG
WAT PHRA KAEO
WAT PRASING
WAT MUNG MUANG
WAT KLANG WIANG
WAT SIBUNRUANG
WAT SRIGIRD
WAT PRANORN
WAT JET YOD
PRINCESS MOTHER MUSEUM
HILLTRIBE MUSEUM
TOURIST POLICE
POLIZEI
SPORTS CLUB
MENG RAI-STATUE
ESSENMARKT
MARKT
NIGHT BAZAAR
BLUMEN- UND FRÜCHTEMARKT
NACHTESSEN-MARKT
UHR-TURM
K Bank
Bkk. Bank
Bkk Bank
Winitchaikul Rd.
Kraisorasit Rd.
Tha Nam Rd.
Ko Loy Rd.
Soi Homnuan
Khasat Rd.
Rong Tom Rd.
Ban Rai Rd.
Sibunruang Rd.
Singhakai Rd.
Kongyao Rd.
Robkao Rd.
Nong Bur Rd.
Sang Kaew Rd.
Ngam Muang Rd.
Trairat Rd.
Ratchdat Damrong Rd.
Utarakit Rd.
Rattanaket Rd.
Visat Wiang Rd.
Pratu Chiang Mai Rd.
Suksatid Rd.
Tanalai Rd.
Srigird Rd.
Superhighway
Wat Pranorn Rd.
Si Saimoon Rd.
Ratyota Rd.
Banphaprakan Rd.
Phaholyothin Rd.
Jet Yod Rd.
Prasopsuk Rd.
Chaochai Rd.
Sanpanard Rd.
Sanambin Rd.
Sankhongnoi Rd.
Sathanpayaban Rd.
Soi 1
Soi 2
Soi 3
Soi 4
110
1173
1

Wiang Inn ㉙, 893 Phaholyothin Rd., ✆ 053-711533, 📠 711877, 💻 www.wianginn.com, 260 Zi. ❺

YMCA Inter House ③, 70 Phaholyothin Rd., ✆ 053-713785-6; 4 km nördlich der Brücke am H101 rechts, modernes Gebäude. ❸

Star Inn ③, 585 Phaholyothin Rd., ✆ 053-705443, ✉ achara2000@hotmail.com; 5 km nördlich der Brücke, Hotel im Lanna-Stil, 22 große, saubere Zi mit ac und Kühlschrank; Restaurant, Biergarten, Ausflüge, Transport, Internet, Wellness; in Familienbesitz, die Tochter ist Ärztin, man spricht Deutsch und Englisch. ❸

Luxushotels: ***Dusit Island Resort*** ①, 1129 Kraisorasit Rd., ✆ 053-715777-9, ✉ chiangrai@dusit.com, auf der Insel im Kok River, wirkt wie das Verwaltungsgebäude eines Chemieunternehmens. Gute Aussicht von der Dachbar im 11. Stock. ❺

Little Duck Hotel ㉟, 199 Phaholyothin Rd., ✆ 053-715620, 📠 715639, im Süden, mit Shopping- und Vergnügungskomplex. ❻

Essen und Unterhaltung

Auf mehreren **Nachtmärkten** kann man günstig essen.

Westlich vom Uhrturm liegen zwei äußerst beliebte, nur in Thai beschriftete **Restaurants**, das ***Phetchaburi*** und das ***Ratchaburi***. Auch die fertigen Gerichte sehen sehr lecker aus und schmecken ganz hervorragend.

Empfohlen wurde das 3-stöckige ***Ratanakosin Restaurant*** am Night Bazaar.

Cafe Funny House, ✆ 053-752900, in einem kleinen, fotogenen Gebäude, tolles Cordon Bleu, Currywurst und anderes deutsches Essen, deutschsprachige Magazine.

Bierstube, ✆ 053-714195. Gut bürgerliche Küche (z.B. Steak und selbstgebackenes Graubrot), Bier vom Fass, Frühstück mit frischen Brötchen und Thai-Essen, ⏲ 9–24 Uhr.

Teepee Bar, am Knick der Phaholyothin Road, urige Kneipe und Shop mit selbst produzierten Lederwaren; westliche Rockmusik, gute Atmosphäre.

Surapee Vegetarian Restaurant, 621/6 Visat Wiang Rd., hat sehr gutes vegetarisches Essen in freundlicher Atmosphäre.

Baan Chivit Mai Bakery, ✆ 053-712357, unter schwedischer Leitung, bietet große Kuchenauswahl, ⏲ 8–22 Uhr.

Flussrestaurants liegen beidseitig des Flusses an der Brücke Richtung Mae Sai.

Sonstiges

AUTOVERMIETUNGEN – Jeeps werden von vielen Reisebüros für ca. 800–1200 Baht vermietet. ***Avis*** hat ein Büro im *Dusit Island Resort,* ✆ 053-715779, 📠 715801.

BÜCHER – Eine große Auswahl an Büchern und Karten hat das ***Chiang Rai Book Centre***.

FESTE – Mitte Mai wird die **Lychee Fair** veranstaltet, ein Volksfest zur Lychee-Ernte.

GELD – Viele Banken haben einen *Exchange Service,* ⏲ 8.30–21 Uhr.

INFORMATIONEN – ***TAT Tourist Office,*** 448/16 Singhakai Rd., ✆ 053-744674-5, 📠 717434, ✉ tatcei@loxinfo.co.th, von einigen Angestellten gibt es gute Informationen und Karten über Chiang Rai, Phayao, Phrae und Nan. ⏲ tgl. 8.30–16.30 Uhr.

Im Internet findet man Informationen zu Chiang Rai (auf Englisch) z.B. unter 💻 www.chiangmai-online.com. Recht brauchbare Informationen im Heft „Welcome to Chiang Mai & Chiang Rai".

INTERNET – ***Happytime Internet,*** 621/5 Visat Wiang Rd., hat Superspeed Connection für 15 Baht/Std., gute Screens.

KUNSTHANDWERK – 4 km nördlich am H110 im ***Handicraft Center*** (zu erkennen am riesigen Schöpflöffel vor dem Eingang); sehr große Auswahl im Verkaufsraum mit angeschlossenem Restaurant. Die Werkstätten können tgl. 8–20.30 Uhr besichtigt werden.

MEDIZINISCHE HILFE – ***Overbrook Hospital,*** Singhakai Rd., ✆ 053-711366.

Im ***Sri Burin Hospital*** nahe Little Duck Hotel im Süden, ✆ 053-717499, praktizieren auch westliche Ärzte.

Empfehlenswert ist die ***Aerztliche Praxis Huai Kian*** mit dem Arzt Sukrit Tongprasroeth (M.D.), ✆ 053-660868, der in Hamburg als Facharzt für Chirurgie praktiziert hat und gut Deutsch spricht, 24 km nördlich von Chiang Rai beim KM 849,6 (Schild „Arzt" am linken Straßenrand, 8 km vor Mae Chan).

MOTORRÄDER – ***Soon Motorcycle,*** Trairat Rd., hat über 40 Maschinen von 100–250cc für 150–500 Baht.
S.T. Motorbike, Banphaprakan Rd., ✆ 053-713652, gilt als sehr zuverlässig und freundlich, hat auch große Bikes und Jeeps, günstige Preise.

PLZ – 57 000

REISEBÜROS – ***P.P. Air Travel,*** 652/6 Uttarakit Rd., ✆ 053-740208, 📠 718678, ist zuverlässig, macht Flugrückbestätigungen, hat Sonderangebote für Flüge, verkauft aber keine Zugtickets.
Melody Air Travel, 867/87-89 Pemawibhata Rd., am Wang Come Hotel, ✆ 053-752549, ✉ meltrvl@ksc.th.com, wurde uns empfohlen.

TOURIST POLICE – beim Tourist Office in der Singhakai Rd., ✆ 053-711779, 1155; soll sehr hilfsbereit sein.

TOUREN – Die Preise für **Trekking-Touren** liegen höher als in Chiang Mai (ab 1800 Baht für 3 Tage / 2 Nächte). Wegen der kahlen Berge wirken einige Treks recht eintönig.
Abzuraten ist vom Standard-Trek zum Karen-Dorf Ruam Mitr und zum Wasserfall Huai Mae Sai.
Nine Tour *(Ben Trekking & Tours):* Gute 3-Tages-Treks und Ausflüge (500–800 Baht); 100cc bis 250cc-Motorräder (200 Baht pro Tag für eine ordentliche 125er MTX) und Suzuki-Jeeps (800 Baht ohne, 1200 Baht mit Versicherung).

Nahverkehrsmittel

Innerhalb von Chiang Rai per Songthaew, jede Strecke kostet 20 Baht, mit Tuk Tuk oder Fahrrad-Rikscha 20–40 Baht.

Transport

BUSSE – Alle ac-Busse, VIP-Busse und lokalen Busse halten am zentralen Busbahnhof. Busse nach Mae Sai und Chiang Saen stoppen zudem in der Rattanaket Rd. vor der Polizeistation. Wer an einem langen Wochenende fahren will, sollte zuvor reservieren.
Bangkok: Nach BANGKOK (805 km) non-ac-Bus um 8.30, 16.30, 17.15, 18.15 und 20 Uhr für 251 bzw. 264 Baht in 11 Std., 2.Kl. ac-Bus um 9, 16.30, 18.40 und 19.20 Uhr für 351 bzw. 370 Baht in 12 Std., ac-Bus um 8.30 und 17 Uhr für 475 bzw. 452 Baht in 12 Std., VIP-24 am Abend für 700 Baht in 11 Std. Zurück 28x tgl. Busse aller Art.
Im Norden: Von und nach CHIANG MAI jede halbe Stunde von 6–17.30 Uhr ein direkter Bus. Die non-ac- und VIP-40-Busse fahren im Wechsel: 8x tgl. non-ac-Bus 166 (grün) für 77 Baht; VIP-40 Bus ab 7.45 Uhr fast jede Stunde für 139 Baht in 3 1/2 Std., ein VIP-Bus für 218 Baht.
Nach LAMPANG non-ac-Bus alle 20 Min. bis 15 Uhr für 81 Baht.
In alle Städte in der Provinz Chiang Rai fahren ab 6 Uhr non-ac-Busse. Alle 15 Min. bis 18 Uhr fahren sie nach CHIANG SAEN für 25 Baht, MAE SAI für 25 Baht, MAE CHAN für 13 Baht, PA SANG für 14 Baht (weiter mit Pickup nach MAE SALONG 60 Baht), BAN HUAI KHRAI für 18 Baht (weiter mit dem Pickup zum DOI TUNG 60 Baht).
Nach MAE SUAI zu jeder vollen Std. bis 17 Uhr für 21 Baht und nach WIANG PA PAO für 36 Baht.
Nach CHIANG KHONG alle 45 Min. bis 17.45 Uhr für 42 Baht.
Nach CHIANG KHAM alle 30 Min. bis 18 Uhr für 35 Baht, mit ac-Bus um 10.30, 13.30 und 16.30 Uhr für 50 Baht.
Nach PHAYAO alle 20 Min. bis 15 Uhr für 35 Baht, ac für 49 Baht.
Nach PHRAE ac-Bus um 7, 12.15 und 15.15 Uhr für 118 Baht.
Nach NAN fährt abwechselnd jeden 2. Tag ein non-ac- und jeden 2. Tag ein ac-Bus auf der äußerst kurvigen Route durch eine schöne Berglandschaft um 9.30 Uhr für 95 Baht bzw. 130 Baht in 5 Std., zurück um 9 Uhr.
Zum PHU CHI FAH um 12.30 Uhr für 65 Baht, 4 Std.
Nach Zentral-Thailand: PHITSANULOK non-ac-Bus um 14.30 Uhr für 139 Baht, ac-Bus von

7.30–10.30 Uhr für 195 bzw. 275 Baht in 6 bzw. 7 Std. (je nach Route über UTTARADIT für 95 / 133 Baht bzw. SUKHOTHAI für 136 / 190 Baht). MAE SOT um 7.20 Uhr für 200 Baht, ac-Bus um 9.20 Uhr für 280 Baht in 11 Std., über TAK für 165 bzw. 231 Baht.

In den Nordosten: UDON THANI (für Nong Khai) 2.Kl. ac-Bus um 12.30 und 15.30 Uhr für 346 Baht, ac-Bus um 13.30 und 17 Uhr für 445 Baht; weiter nach NAKHON PHANOM für 454 / 583 Baht.
KHON KAEN 2.Kl. ac-Bus um 14 Uhr für 335 Baht, ac-Bus um 18 Uhr für 430 Baht in 12 Std.
KORAT (Nakhon Ratchasima) non-ac-Bus um 15.30 Uhr für 262 Baht, ac-Bus um 6.15, 13 und 17.30 Uhr für 472 Baht, VIP-32-Bus um 19 Uhr für 550 Baht in 12 Std.

Zur Ostküste: PATTAYA ac-Bus um 15.10 und 16.30 Uhr für 570 Baht, VIP-32-Bus um 17.20 Uhr für 649 Baht in 16 Std.

BOOTE – Bei Touristen besonders beliebt ist die Fahrt mit dem Longtail-Boot von THATON auf dem Mae Kok River flussabwärts nach Chiang Rai in 4–5 Std. Von der Landestelle, die sich jenseits der Mae Fa Luang-Brücke im Nordwesten der Stadt befindet, fährt man am besten mit einem Schlepper zu einem Gästehaus.
Flussaufwärts nach THATON starten die lauten, nassen Boote von derselben Landestelle gegen 10.30 Uhr für 200 Baht. Sie brauchen 4–6 Std. und stoppen zur Registrierung an 2 Checkposten (Pass oder Kopie mit Visa-Nummer nötig). Unterwegs kann man an ca. 10 Stellen aussteigen, z.B. Ruam Mitr 50 Baht, Mae Salak 150 Baht.
In der Regenzeit (Juli–Oktober) kann es aufgrund der zahlreichen Strudel und Stromschnellen sehr nass und sogar gefährlich werden.

FLÜGE – Ein „internationaler" Airport mit provinziellem Ambiente wurde 8 km nordöstlich der Stadt eröffnet, Taxi zur Stadt 150 Baht. Der freie Abholservice der Gästehäuser gilt normalerweise nicht für den Flughafen.
Orient Thai fliegt 1x tgl. nach BANGKOK für 1500 Baht, ***Air Asia*** fliegt zu unterschiedlichen Discount-Preisen nach BANGKOK, ***Thai Airways*** 4x tgl. nach BANGKOK für 2540 Baht.
Thai Airways Office, 870 Phaholyothin Rd., ✆ 053-711179, 715207.

Die Umgebung von Chiang Rai

Chiang Rai eignet sich gut als Ausgangsbasis für Ausflüge in den Norden, vor allem für Abstecher in die Berge zwischen Mae Chan und Mae Sai. Mit eigenem Fahrzeug, mit Bussen oder Pickups kommt man leicht nach Mae Salong (67 km), auf den Doi Tung (60 km), nach Chiang Saen (62 km) und zum Goldenen Dreieck (73 km). Alle Gästehäuser veranstalten Ausflüge, beraten über lohnende Ziele, verteilen Kartenskizzen, stellen Guides zur Verfügung und vermieten Fahrräder, einige auch Motorräder, Jeeps oder PKWs.

Khun Kon-Wasserfall

Ein Ausflug zum 50 m hohen, schmalen Wasserfall, 27 km südwestlich der Stadt, ist wochentags am Vormittag zu empfehlen; gut als Tagestrip per Moped geeignet. Ein kühler Pool in einer tollen Tropenlandschaft mit riesigen Bananenstauden lädt zu geruhsamem Verweilen ein. Auf der Ratyota Road, die in den H1211 übergeht, fährt man immer geradeaus. Die Abzweigung nach rechts auf die Landstraße H1208 ist nach ca. 15 km ausgeschildert. Der Fußweg dauert 25 Min.

Pattaya Noi Beach

5 km westlich der Stadt entsteht am Kok-Fluss in der heißen Jahreszeit von März bis Mai ein schöner Sandstrand. Gegenüber ragt eine Felsenlandschaft auf. Viele Imbissbuden verbreiten Jahrmarktrummel. An der ersten Kreuzung außerhalb des Zentrums von der Ratyota Road nach rechts abfahren, dann immer geradeaus. Taxi 50 Baht, Abholung ausmachen.

Karen-Dorf Ruam Mitr

Auf einem Trek sollte man dieses Dorf meiden, mit dem Motorrad kann es jedoch am frühen Morgen ein lohnendes Ziel bedeuten. Hinter der Mae Kok-Brücke den H1207 nach links nehmen, nach 7 km in Ban Dong nach links auf die Staubstraße zum Dorf Ban Rim Kok und am hölzernen Hinweisschild („Karen Village") nach rechts abbiegen. Nach einer leichten Fahrt von 10 km am Fluss entlang erreicht man das Karen-Dorf Ruam Mitr, wo am frühen Morgen noch keine Pauschaltouristen warten.

Man kann viele Elefanten beim Bade sehen. Geübte Motorradfahrer können am Fluss entlang weiterfahren bis zum *Forest Development Center*

(17 km) bei den Pha Kwang Stromschnellen. Hier gibt es zwei einfache Hütten, ❶, einen Nudel-Shop und Getränke. Abenteuerlustige Geländefahrer können sich an Akha-Dörfern vorbei zum H1089 bei Huai Hin Fon durchfragen und durchschlagen (ca. 40 km Piste).

500 m westlich der **Pong Hot Springs** hat das *Hot Spring Elephant Camp,* ✆ 053-740032, aufgemacht. 6 Bungalows ❶, 10 Elefanten und Kajaks warten auf Gäste.

Sehr ruhig und nett ist das viel gelobte *My Dream Gh.*, ✆ 01-6720943, im Karen-Dorf Khwae Wua Dam am Mae Kok River, ❷–❸. Es gibt 5 große Zi mit Warmwasser-Du/WC, 7 Bungalows z.T. mit warmer Du/WC am Fluss. Bestens geeignet als Ausgangspunkt für Treks mit dem kenntnisreichen Nan.

Der Hohe Norden

Eine schöne Rundfahrt von 3–5 Tagen verbindet die interessantesten Orte im Hohen Norden miteinander. Von Mitte November bis Mitte Februar ist die Strecke am angenehmsten. Die folgende Streckenbeschreibung soll zur ersten Orientierung für Selbstfahrer dienen. Gesamtstrecke 470 km (alles Asphalt).

Zunächst geht es von Chiang Rai auf dem H110 nach Norden. Vor Mae Chan (29 km, Homestay) nach links auf den H1089 (30 km) abbiegen, dann nach rechts durch kahle Berge mit herrlicher Aussicht nach Mae Salong (13 km, Gästehäuser). Auf dem H1234 auf toller Berg- und Talstrecke nach Ban Thoed Thai (24 km, Gästehäuser) und über Samakee auf einer herrlichen, wenig befahrenen Straße direkt auf den Doi Tung (38 km). Alternativ rollt man auf dem H1130 wieder hinunter in die Ebene nach Pa Sang (36 km), fährt auf dem H110 geradewegs nach Norden (10 km) und auf einer Panoramastraße hoch zum Doi Tung (18 km). Falls es die Grenzsituation zulässt, geht es auf der neuen Bergstraße direkt an der Grenze entlang hinunter nach Mae Sai (22 km, Gästehäuser). Über das Goldene Dreieck (32 km) fährt man weiter nach Chiang Saen (9 km, Gästehäuser) und auf dem schönen H1129 oder 13 km länger am Mekong entlang nach Chiang Khong (53 km, Gästehäuser). Nach 15 km auf dem H1020 ist es weitaus interessanter, auf den H1155 abzubiegen, auf dem man 90 km auf einer herrlichen Bergstrecke Richtung Thoeng fahren und unterwegs den Abstecher zum Phu Chi Fah (40 km) machen kann. Über den H1021, den H1020 und H1152 geht es zurück nach Chiang Rai, wobei zwischen Pa Bong und Pong Luang nochmals eindrucksvolle Berge mit einzelnen Felsnadeln gen Himmel ragen (74 km).

Ein tolles Enduro-Gelände liegt im Dreieck Chiang Rai – Mae Chan – Chiang Saen.

Von Chiang Rai nach Mae Salong

Die ersten 29 km bis Mae Chan verlaufen auf dem vierspurigen H110 immer geradeaus durch das üppige Reisanbaugebiet. Einige Stände verkaufen kleine, süße Ananas.

Der kleine Handelsort **Mae Chan** ist für die Bergvölker, die in diesem Distrikt die Mehrheit der Bevölkerung stellen, der am nächsten gelegene Einkaufsort. Bekannt ist Mae Chan auch für die ausgezeichnete Qualität seiner Lychees. Im Zentrum hat das Restaurant *Maria* eine englische Speisekarte mit Thai-Essen und einigen westlichen Gerichten sowie viel Patisserie und selbst gebackenes Brot. Der saubere Markt eignet sich bestens zum Mitnehmen von frischem Essen.

Mit dem Pickup kann man ab der Polizeistation in Mae Chan von 9 bis 17 Uhr auf der breiten Straße H1089 ins **Mae Chan-Tal** fahren. Nach 2 km kann man bei *Dub Kamm* in kleinen Hütten an Garnelenteichen spottbillig frisch gefangene Garnelen schlemmen. Heiße Quellen (unattraktiv) liegen am KM 7. Die Straße verläuft nun durch ein schönes Tal mit grünen Hügeln. Der Vergnügungspark *Laan Thong Village,* ✆ 053-772127, liegt links an der Straße (Eintritt 40 Baht, aber alle Aktivitäten kosten extra, ⏲ 8–18 Uhr). An der Abzweigung bei Kai Sadai ist zu entscheiden, ob man rechts hoch nach Mae Salong (31 km) oder weiter nach Thaton (49 km) fahren will.

Übernachtung

Namchong Garden Home Stay, 477 Mu 7, Ban Nang Lae Nai, 💻 www.namchong-garden.com, ✆ 053-706343; balinesisch anmutendes Teakhaus mitten in Reisfeldern mit schöner Sicht auf Berge, saubere Zi im Reihenhaus mit Warmwasser-Du/WC, Holzbungalow mit Openair-Dusche, vielseitige Küche; Wanderungen zu Hilltribe-Dörfern; Thai-deutsche Leitung. ❹

Rim Chan Resort, 17 Phaholyothin Rd., ☏ 053-771022-4; an der Umgehungsstraße in Mae Chan, kurz bevor der H1016 nach Chiang Saen abzweigt, 33 Zi, sehr gutes Restaurant, Pool. Ab ❹

Nutri Home Stay, 334 Rasdburana Rd., ☏ 053-771981; im Zentrum in der Nähe des Nachtmarkts, 3 blitzsaubere Zi mit ac und Du/WC, Wohnzimmer- und Küchenbenutzung, tolles Frühstück inklusive; geleitet von einem freundlichen, hilfsbereiten Ehepaar; sehr zu empfehlen als Standort für Motorradtouren im Norden. ❷–❸

Ake Bungalow (gesprochen Äki), 110/2 Moo 12, ☏ 053-710725; 8 km westlich von Mae Chan, Restaurant vorn am H1089, dahinter 6 große, saubere Bungalows mit Warmwasser-Du/WC am Fluss, Lagerfeuer, nette Leute, die kein Englisch sprechen. ❸

Guido & Ladda, ☏ 053-653503, ✉ gilapiyo@gmx.ch, 💻 www.thailine.com; genau 7 km nordöstlich von Mae Chan vom H1016 abbiegen und 2,5 km weiterfahren, im ruhigen Reisbauerndorf San Luang rechts nach Soi 13. 4 große, saubere Zi im Bungalow im Garten, Preise inkl. Frühstück, Thai und Schweizer Küche; Fahrräder 50 Baht/Tag; Guido und seine Frau Ladda sprechen Deutsch. ❷

Von Pa Sang nach Mae Salong

Im Dorf **Pa Sang** am KM 860, 2,3 km nördlich von Mae Chan, beginnt die 36 km lange Straße (H1130 und H1234) nach Mae Salong. Pickups fahren an der Abzweigung bis 18 Uhr alle 40 Min. los bzw. wenn 4 Passagiere beisammen sind, sie kosten 60 Baht. Für die lohnenswerten Abstecher ist man aber mit einem eigenen Fahrzeug besser beraten.

Nach 12 km Fahrt durch ein grünes, fruchtbares Tal erreicht man das **Hilltribe Center**. Diese staatliche Institution versucht, die Angehörigen der Bergvölker sozial und ökonomisch zu unterstützen. *Cash Crops* wie Sojabohnen, Blumen, Erdbeeren, Lychees, Mais oder Kaffee werden propagiert, um den traditionellen Opiumanbau, der hier radikal ausgerottet wurde, zu ersetzen. Einmal pro Monat wird von und mit Darstellern von acht Bergvölkern eine *Mini Light & Sound Show* auf Englisch präsentiert (250 Baht, Beginn 20 Uhr).

Am KM 13,9 befindet sich rechts ein ursprüngliches Akha-Dorf. Am KM 15 zweigt nach links eine Straße ab, die über das Yao-Dorf **Lao Sib** (5 km) und über die Berge zum H1089 führt. Die Hauptstraße beginnt als H1234 wieder mit KM 0. Am KM 3 liegt unterhalb der Straße das Yao-Dorf **Phadua**, das vorwiegend von Ausflugstouristen zu leben scheint: Souvenir-Stände ziehen sich die Dorfstraße hinunter. Dennoch haben die Bewohner ihre feine, höfliche Art noch nicht verloren. Die Straße schlängelt sich den Berg hoch, herrliche Aussicht über das Tal. Am KM 8,8 ist der Pass erreicht.

Neben dem Akha-Dorf **Sam Yaek** steht eine kleine zeremonielle Schaukel. Nähert sich eine Touristengruppe, eilen junge Dorfbewohner herbei, bereit für das *action photo* (selbstverständlich gegen Bezahlung).

In Sam Yaek zweigt auch die Straße nach **Ban Thoed Thai** (12 km, Pickup 30 Baht) ab. Dieses Shan-Dorf hieß früher Ban Hin Taek und machte 1982 Schlagzeilen in der Weltpresse, als die Truppen von Opiumkönig Khun Sa in einem dreitägigen Kampf vertrieben wurden. Etwa 300 m vor den Unterkünften kann man an einem See im Restaurant *River Park* schön in Bambushütten sitzen.

Am Ortsende zweigt eine Straße nach rechts ab nach **Mae Mo** an der Grenze (12 km). Geradeaus geht es zum multi-ethnischen Grenzort **Huai Mae Kham** (32 km, Pickup 100 Baht, *Dok Buatong Gh.* ❶). Mit einem ortskundigen Guide wie Uwe aus Mae Sai (s.S. 406), der auch die Grenzsituation abschätzen kann, können Biker hier auf anspruchsvollen Pisten interessante Dörfer erkunden.

4 km vor Ban Thoed Thai zweigt nach Norden eine tolle Straße ab, über die man nach 35 km den Doi Tung erreicht.

Die Straße H1234 windet sich hinter Sam Yaek 6 km zum Mae Salong-Fluss hinunter. Auf weiteren 6 km klettert sie ständig mit zwei sehr steilen Passagen durch eine herrliche Landschaft nach Mae Salong. Unterwegs kann man am KM 16,1 die Teefabrik 101 besichtigen.

Übernachtung

Phu Chaisai Resort & Spa, ☏ 053-771745, 💻 www.phu-chaisai.com; 7,5 km vom H110,

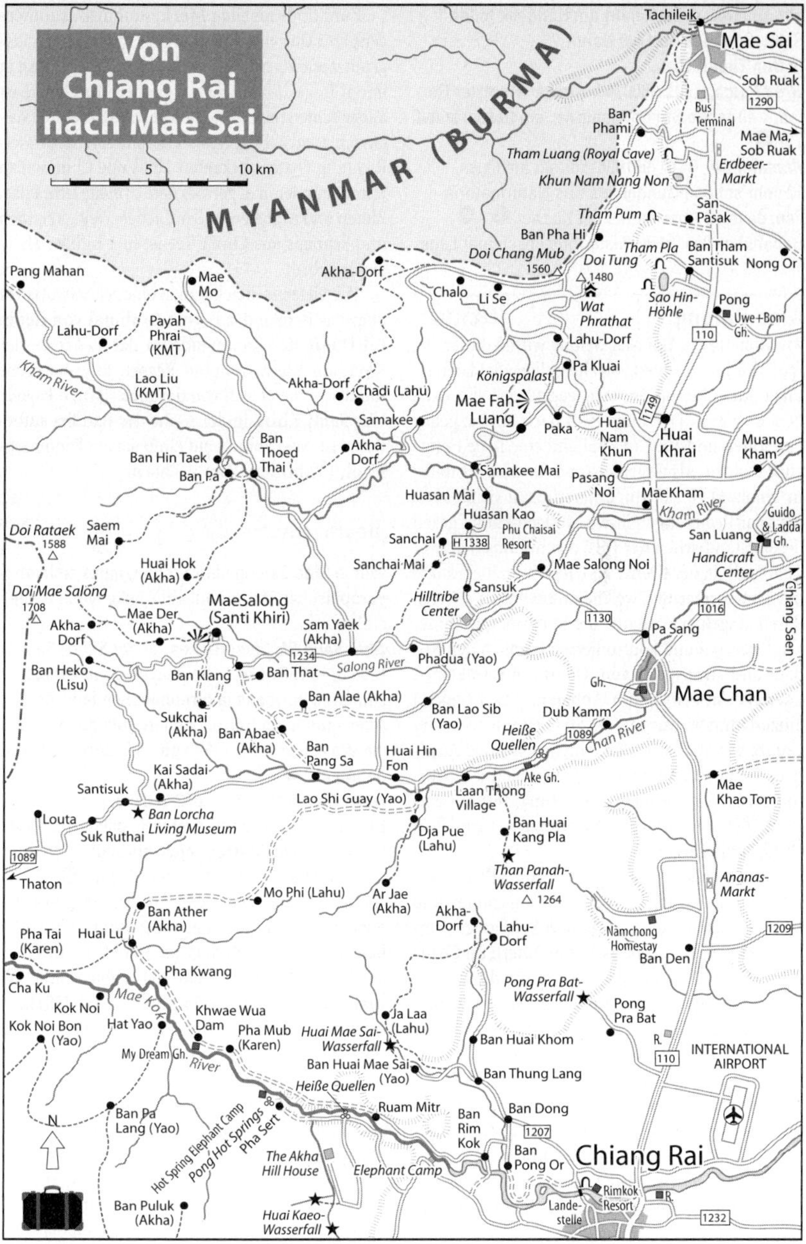

NORD-THAILAND

naturnahes Luxus-Resort am Hang mit toller Sicht, Cottages ab 4700 Baht.

In Ban Thoed Thai:

Gred Petch, ✆ 01-9800743; zurückversetzter Garten, 4 einfache Steinbungalows, ein besserer mit TV. ❸

Rimtaan Gh., ✆ 01-9616961; direkt am Fluss, 12 sehr schöne Bungalows aus Naturmaterialien, davon 2 Apartments mit Küche. ❸–❹. Gegenüber das *Tasty Restaurant* in schöner Lage.

Mae Salong แม่สลอง

Am Abhang des Doi Mae Salong wurde dieser Ort (auf Thai: Santi Khiri) von ehemaligen Soldaten einiger Kuomintang-Armeen gegründet, die nach dem Sieg Mao Tse Tungs 1949 nach Burma geflohen waren und 1961 in Thailand eine neue Heimstatt suchten. Als Gegenleistung für die Erlaubnis, in Thailand zu siedeln, unterstützten sie ab 1967 die Thai-Regierung in ihrem blutigen Kampf gegen die Aufständischen der CPT (Communist Party of Thailand) an der Grenze zu Laos. Zu spät erkannte die Thai-Regierung, welches Kuckucksei sie sich damit eingehandelt hatte: die Kuomintang-Chinesen förderten und kontrollierten nämlich den Anbau und Transport von Opium im Goldenen Dreieck. Um den Opium-Anbau in dieser Gegend einzudämmen, wurden die Straßen und Wege im Grenzgebiet in den letzten Jahren zielstrebig ausgebaut. Heute ist es der lukrative Handel mit Burma, nur etwa 7 km entfernt, und China, 160 km entfernt, der dem Dorf seinen augenscheinlichen Wohlstand bringt.

In den Läden an der Hauptstraße werden chinesische Spezialitäten verkauft: Heilkräuter und Medizin, Tabak, Reisnudeln und Senjii, der gelbliche Schnaps mit chinesischen Kräutern und Wurzeln. Unter Thais ist Mae Salong für die weißen Blüten der japanischen Sakura-Kirsche bekannt, die im Januar / Februar blühen. Viele Teeplantagen ziehen sich die Hänge hoch. Mae Salong steht heute im Zeichen des Teeanbaus und seiner Vermarktung. Dieser trägt einen Großteil zum Einkommen des Ortes bei. In vielen Läden entlang der Hauptstraße kann man Tee probieren und kaufen. Tausende von Thai-Touristen lassen sich in Bussen nach Mae Salong hochschaukeln, um hier genüsslich einzukaufen.

Zum traditionellen **Markt** kommen frühmorgens ab 5 Uhr viele Loimi Akha-Frauen, oft herausgeputzt wie zu einem Fest, und bringen Gemüse in ihrem Tragekorb mit dem typischen Trageholz. Fast alle möchten nicht fotografiert werden (einige verlangen Geld): Bitte respektieren! Auf dem Pass Richtung Thaton verkaufen Thais und Chinesen an festen Ständen u.a. getrocknete Früchte und Pilze, Blüten und Arzneien, süßen Lychee-Wein, Reiswein und Schnaps aus China. Tee ist hier billiger als in der Teefabrik.

Von vielen Stellen hat man eine schöne Aussicht über das Bergland, z.B. vom **Grabmal von General Duan**, des Kommandeurs der 5. Armee der KMT, am Khum Naiphol Resort. Eine herrliche Rundsicht bietet sich von der malerischen Pagode **Wat Santi Khiri**, in der Asche des Buddha aufbewahrt ist. Man kommt auf einer steilen Panoramastraße (4 km) vom Pass aus hoch.

Übernachtung

Wer in Mae Salong übernachtet, muss sich im europäischen Winter auf sehr kalte Nächte einstellen.

Shin Sane Gh. (gesprochen: *Schin Sähn),* 32 Moo 3, ✆ 053-765026; bei Travellern beliebtes, sauberes Holzhaus mit freundlicher, familiärer Atmosphäre. Im Garten stehen Steinbungalows mit Warmwasser-Du/WC; gutes Essen, auch vegetarisch. ❶–❷

Akha Gh., 45 Moo 1, ✆ 053-765103, gegenüber, Betonhaus mit großen Zimmern, billigere Zi , ❶, im Keller ohne Fenster, reparaturbedürftige Gemeinschafts-Du/WC; Pferde-Trekking. ❷

Golden Dragon Inn, ✆ 053-765009, ruhig, etwas abseits der Straße liegen das 2-stöckige Reihenhaus und Holzbungalows, saubere Warmwasser-Du/WC, offener Kamin, 100 m vom Markt. ❸

Mae Salong Central Hills Hotel, ✆ 053-765113, großes Gebäude im Zentrum, komfortable Zi. ❸–❹

Mae Salong Resort (Discount möglich), ✆ 053-765014, 📠 765135, am oberen Ortsrand, 400 m links hinter dem Wat; gepflegte Anlage mit Bungalows und Reihenhäusern um einen Blumengarten mit Kirschbäumen. Sehr gutes Restaurant, etwas gehobene Preise. An Festtagen chinesisches Folkloreprogramm. ❸–❹

Khum Naiphol Resort, 58 Moo 1, ✆ 053-765001-4, 📠 765004, beim *Evening Market*, schöne, komfortable Holzbungalows mit TV und Warmwasser-Du/WC, vorwiegend Gruppen. ❹

Homestay & Viewpoint, ✆ 053-765496-7, am KM 16,9, 4 saubere, ordentlich eingerichtete Zi, sauberes Bad mit Warmwasser; ein billiges Akha-Haus: Matratzen, Kissen und Decken auf einer Schlafplattform, offene Feuerstelle; super Aussicht. ❷–❸

Flower Hills Resort, ✆ 053-765496-7, am KM 18,8, 10 Zi mit Terrasse im Hauptgebäude, 7 schöne Bungalows mit und ohne Aussicht, z.T. 2-stöckige Bambusbungalows auf Stelzen am Hang, Aussicht auf Teeplantagen, ruhige Lage, Restaurant mit Yunnan-Spezialitäten. ❸–❹

Ban Heko, 7 km südwestlich am H1234 Richtung Thaton, 1 km zu Fuß, Unterkunft in einem recht authentischen Lisu-Dorf. ❶

Essen

Am Steilstück der Hauptstraße gibt es in einigen Nudel-Restaurants hervorragende chinesische Reisnudelsuppe.

Mini Restaurant and Ice Cream Shop, von einer Leserin empfohlen, die dort fantastisches Thai-Curry bekam, große Portionen, günstige Preise. Der Nudelstand beim Morgenmarkt serviert eine leckere Nudelsuppe zum Frühstück.

Sonstiges

GELD – Bank gegenüber vom Khum Naiphol Resort.

HORSE-TREKKING – für 400 Baht p.P./5 Std., z.B. im Akha Gh.

PLZ – 57240

Transport

Von CHIANG RAI mit dem Bus in Richtung MAE SAI für 14 Baht bis zur Abzweigung bei PA SANG (2 km nördlich von MAE CHAN). Von hier fährt alle 40 Min. ein Pickup für 60 Baht die Bergstrecke hoch.

Nach THATON (44 km) vom Dorfzentrum bis 16 Uhr mit dem Pickup in 2 Std. für 50 Baht (ab 4 Pers.), ein billiges Abenteuer. Evtl. muss man an der Kreuzung bei KAI SADAI umsteigen (25 + 25 Baht).

Doi Tung ดอยตุง

Von Mae Chan auf dem H110 durch die fruchtbare Ebene nach Norden tauchen auf der linken Seite immer imposantere Berge auf. Am KM 867,2 beginnt nach rechts eine sehr schöne Mountainbike-Strecke über Muang Kham und Ban Dai nach Ba Thon (ca. 18 km).

Am KM 870,5 zweigt nach links die breite Asphaltstraße zum alles überragenden Doi Tung (18 km) ab. 600 m weiter in **Huai Khrai** (19 km vor Mae Sai) beginnt die „Old Road“ H1149 zum Doi Tung. Es ist ratsam, aufwärts die „New Road“ zu wählen, da die alte Straße einige sehr steile Passagen aufweist. Allein wegen der herrlichen Ausblicke ist diese Fahrt vor allem bei klarem Wetter sehr empfehlenswert, und auch für Motorrad-Neulinge geeignet. Hier gilt ganz besonders: „Der Weg ist das Ziel“. Der Bus kostet von Mae Sai bis zur Abzweigung 10 Baht, der Minibus bis hoch 60 Baht (min. 5 Pers.).

Im Shan-Dorf **Huai Nam Khun** vereinen sich die beiden Straßen. Geradeaus geht es auf der neuen Straße in die Berge, vorbei an einigen hübsch angelegten Projekten. Nach 11 km kommt ein großer Parkplatz mit sehr schöner Aussicht. Links oben liegt das Akha-Dorf **Pa Kluai**, das durch eine gepflasterte Dorfstraße mit Souvenirständen vor jedem Haus glänzt. Nach 12 km vereinen sich die beiden Straßen wieder. Kurz darauf taucht in einer Kurve ein modernes Lahu-Dorf auf. Nach 13 km stehen links viele Verkaufsstände der Loimi-Akha. Ein Pavillon bietet schöne Aussicht. Kurz darauf geht es nach links auf der neuen, weniger steilen Straße weiter.

Beim KM 15 zweigt die neue Straße nach Mae Sai ab (s.u.). Am KM 16,2 liegt der Sattel mit einem Tempel, vielen Verkaufsständen, Toiletten und einfachen Restaurants. Die letzten 300 m zum **Wat Phrathat Doi Tung** sind noch einmal sehr steil. Besser parken und an den Souvenirständen vorbei die Treppe hochsteigen zum Pilger-Tempel auf 1420 m Höhe. In den zwei Chedis sollen im Jahre

911 von König Achutaraj aus Chiang Saen Reliquien von Buddha niedergelegt worden sein. Bei klarem Wetter sieht man über das weite Tal und die Hügel bis tief nach Burma hinein.

Wenn es die Grenzsituation erlaubt, kann man nach Mae Sai die neue Straße (22 km) über den **Doi Chang Mub** nehmen. Auf 1512 m Höhe wurde ein schöner Park (*Arboretum Mae Fahluang*, 50 Baht) mit mehreren Aussichtsplattformen angelegt. Einige große, heilige Bäume, die im Tiefland dem Straßenbau im Wege standen, wurden herauftransportiert und eingepflanzt.

Die schöne Straße führt entlang der Grenze am östlichen Hang, fast ohne Ausblicke nach Burma, z.T. sehr steil ins Tal hinab, vorbei an den Dörfern **Ban Pha Hi** (2 km Pflastersträßchen) und **Ban Phami**, die heute kaum noch als Akha-Dörfer zu erkennen sind, aber durch die landwirtschaftliche Vielfalt bestechen (Kühe, Schweine, Gänse, Fischzucht, Pilzzucht) und mit Stromanschluß, Wasserleitung, Toiletten und Garagen glänzen. Seit unserem ersten Besuch vor 16 Jahren, als Ban Pha Hi nur vom Opiumanbau auf den steilen Hängen im nahen Burma lebte, ist das Dorf nicht wiederzuerkennen.

Alternativ fährt man auf der alten Straße nach Ban Huai Khrai hinunter. Dazu am KM 12 nach rechts abbiegen. Nach 1,5 km gibt es im großen Gebäude einen Passierschein (70 Baht) zum Besuch des **Royal Palace**, in dem die Mutter des Königs lebte. Im ehemaligen Bediensteten-Flügel, ✆ 767001, 711870, werden komfortable Zimmer für 2400 Baht vermietet. In der Kurve davor liegt der wunderschön angelegte **Mae Fah Luang Garden**, ein beliebtes Ziel einheimischer Touristen (Eintritt 50 Baht, Kombinationsticket für Park und Villa 100 Baht).

Beim KM 8,8 führt eine schmale Straße 600 m zu Hubschrauberlandeplätzen, von denen man eine schöne Rundumsicht genießt. Gleich anschließend zweigt eine steile Straße ins Tal ab zum Distriktshauptort **Mae Fah Luang**, in dem nur eine Polizeistation und ein Verwaltungsgebäude zu sehen sind.

Mae Sai แม่สาย

Der nördlichste Ort Thailands lebt vom kleinen Grenzverkehr mit der Union of Myanmar, bis 1989 Burma genannt. Selbst aus Kengtung (172 km nördlich, auf Thai *Chiang Tung*) kommen Shan und Burmesen in ihren Trachten angereist, um die in Burma unerschwinglichen Waren zu erstehen. Eine Straßenbrücke führt über den Grenzfluss. Hier lassen sich die hin und her eilenden Menschen beobachten. Viele Thai kaufen in Tachilek, dem burmesischen Ort auf der anderen Seite des Mae Sai River, vor allem chinesische Waren. China liegt schließlich nur 120 km Luftlinie nördlich. Auch Touristen können für einen Tagesausflug über die Grenze nach Myanmar.

In den vielen Läden vor der Brücke können sich Touristen preiswert mit burmesischen Souvenirs eindecken. An der Hauptstraße gibt es eine **Jade-Fabrik**, die man besichtigen kann (Mo geschlossen, überteuert). Vom **Wat Doi Wao** auf dem Hügel links vor dem Fluss hat man von einem kleinen Aussichtsturm eine schöne Aussicht über den Ort und die burmesische Grenze. Am **Spirit Tree** bringen Gläubige Opfer dar, wenn sie Hilfe benötigen. Im November und Dezember kann es schon ab dem späten Nachmittag sehr kalt werden.

Übernachtung

GÄSTEHÄUSER – Wer mit Blick auf die burmesische Grenze übernachten möchte, geht bis 50 m vor den Fluss und biegt nach links ab. Diese Gästehäuser scheinen aber ihre Blüte hinter sich zu haben.

S House Hotel ⑥, 384 Sailomchoi Rd., ✆ 053-733811, empfehlenswertes Stadthaus, sehr saubere, gut eingerichtete Zi mit Fan oder ac. ❸

Maesai Plaza Gh. ④, 386/2 Sailomchoi Rd., ✆ 053-732230, 60 sehr kleine, kühn konstruierte Pfahlbauten aus Bambus türmen sich dicht gedrängt am Hang auf, Restaurant. ❶

Northern Gh. ③, 402 Tham Pachom Rd., ✆ 053-731537, unterschiedliche 1- und 2-stöckige Bretter- und Bambusmattenhütten, z.T. mit Du/WC, heruntergekommen und muffig; ein 3-stöckiges Steinhaus am Fluss, mit Bambus dekorierte Zi mit Badewanne/WC; netter Garten; Restaurant. ❶–❸

Maesai Gh. ①, ✆ 053-732481, hübsche Bambusbungalows in schöner Gartenanlage am Fluss, gepflegte Räume, Zapfenstreich um 22.30 Uhr; zurückhaltende Familie, die Tochter spricht gut Englisch. ❸

NORD-THAILAND

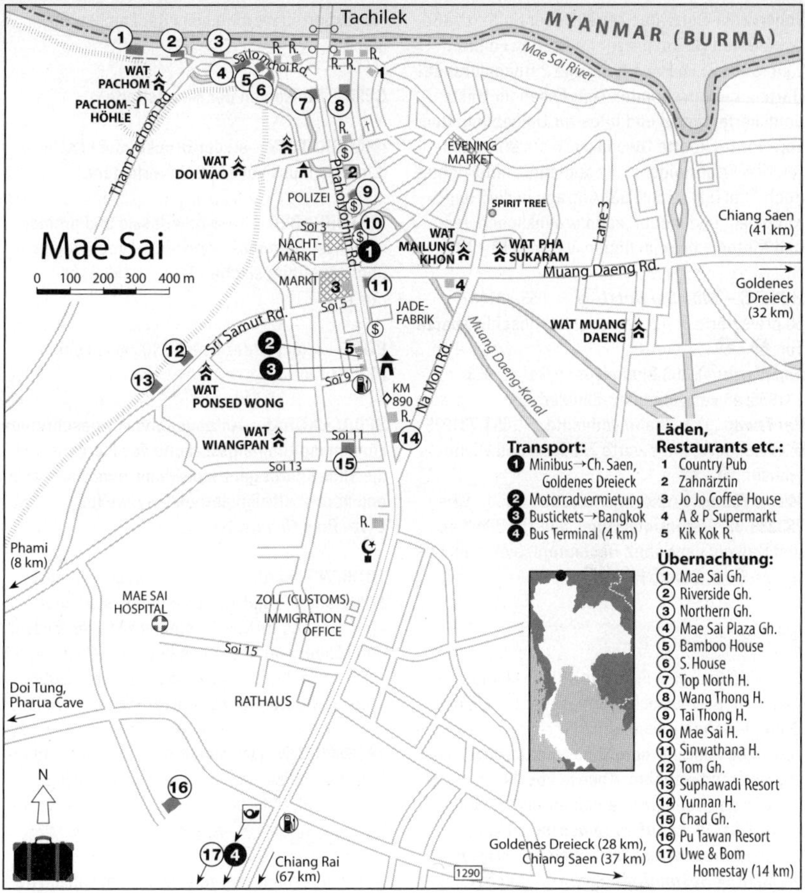

Riverside Gh. ②, ✆ 053-732554, direkt über der Uferböschung; annehmbare Zi mit Warmwasser-Du/WC; Aussicht auf das lebhafte Treiben am und im Fluss. ❷

Bamboo House ⑤, 135 Sailomchai Rd., ✆ 053-733055, zweistöckiges Stadthaus, geräumige Zimmer mit Warmwasser-Du/WC, freundliches Personal. Bevorzugt wochenweise Vermietung. ❷

Tom Gh. ⑫, ✆ 053-731021, 600 m westlich der Hauptstraße, sehr einfach, Bambusmattenzimmer im hinteren Gebäude, Du/WC außen, und Zi im Steinhaus. ❷

Chad Gh. ⑮, 52/1 Soi Wiangpan, ✆ 053-732054; vorn am Ortsanfang, in der Gasse zum Wat; 10 kleine, einfache Zi. in traditioneller Bauweise, Warmwasser; Familienbetrieb. ❶–❷

Pu Tawan Resort ⑯, ✆ 053-640727, 18 wunderschöne, geschmackvoll eingerichtete, geräumige Bungalows mit ac (ohne Fan Rabatt), Terrasse mit Ausblick; Restaurant mit sehr guter Sicht auf die Berge von Burma, günstige Speisen; bestes Preis-Leistungs-Verhältnis. ❸

Uwe + Bom Homestay ⑰, 11/2 Moo 9, Ban Pong Ngam, ✆ 01-0305672, ✉ banpong2001@yahoo.com; 14 km südlich von Mae Sai in einem typischen Thai-Dorf, am KM 876 in der Seitenstraße nach Osten (120 m bis zur deutschen Fahne); 2 einfache Zi im Privathaus und 2 Bungalows im Garten, hervorragendes Thai-Essen für Gäste; detaillierte Karten und Infos zur Umgebung. Der Top North-Experte Uwe lässt Gäste an seinem reichen Erfahrungsschatz teilhaben, unterrichtet auch Thai (s.u.), führt auf Anfrage in die Thai-Küche ein und macht jeden erdenklichen Jeep- und Motorradtrek im hohen Norden. ❶–❷

HOTELS – ***Mae Sai Hotel*** ⑩, ✆ 053-731462; 50 preiswerte Zi mit Fan oder ac, abschließbares Tor. ❷–❸

Top North ⑦, 306 Phaholyothin Rd., ✆ 053-731955; 45 verwohnte ac-Zimmer. ❸

Tai Thong ⑨, 6 Phaholyothin Rd., ✆ 053-731975-6; 47 saubere, preiswerte Zi mit ac und Warmwasser. ❸–❹

Wang Thong ⑧, 299 Phaholyothin Rd., ✆ 053-733389-95; 7-stöckiges Hotel, alle 150 Zi mit ac und Balkon, verwohnt; Restaurant, bietet abends *Steam Boat*, Disco, Pool. ❹

Essen

In den Restaurants links der Brücke können Gäste auf der Aussichtsterrasse sitzen und den Grenzverkehr beobachten. Allerdings ist das Essen im Restaurant rechts besser und billiger, auch vegetarische Gerichte. Abends geschlossen.
Entlang der Hauptstraße gibt es viele Restaurants. Das ***Jo Jo Coffee House*** hat ein englisches Menü mit ausgezeichneten Gerichten.
Im ***Kik Kok Restaurant***, schräg gegenüber der Bangkok Bank, wird gutes, billiges Essen flink zubereitet, freundliche Besitzer.
Das ac-Restaurant ***Rabieng Kaew*** an der Hauptstraße, westliche Seite, hat gutes Thai-Essen und angenehme Atmosphäre am Abend.
Essenstände sind auf dem Nachtmarkt zu finden.

Sonstiges

EINKAUFEN – Viele Edelsteine stammen angeblich aus Burma. Nach Meinung von Insidern verkaufen die meisten Läden Glas. Nur eine Edelsteinschleiferei verarbeitet echte Ware – Tourmaline aus Namibia. Jade ist sehr teuer. Nur Experten werden beim Kauf nicht reingelegt.

GELD – Banken an der Hauptstraße.

IMMIGRATION – an der Brücke, ⌚ 8–18 Uhr (Einreise muss vor 17.30 Uhr erfolgen).

MOTORRÄDER – Sehr zuverlässig und professionell ist ***Pornchai***, der Honda-Laden gegenüber vom Chinesischen Tempel; 150 Baht pro Tag.

POST – 4 km vor der Brücke 100 m links rein.
PLZ: 57 130.

SPRACHKURSE – Anfänger und Fortgeschrittene können die Umgangssprache des Nordens und die Thai-Schrift ganz individuell, unterhaltsam und höchst effizient lernen bei Uwe (im *Uwe+Bom Homestay).*

TOUREN – werden von Gästehäusern für 800–1200 Baht p.P. und Tag angeboten, sind aber überwiegend für das Gebotene zu teuer. Besser und billiger macht es Uwe (im *Uwe+Bom Homestay*). Auch hervorragende, preiswerte Motorradtouren für abenteuerlustige Traveller.

ZAHNÄRZTIN – ***Dr. Supuk Dental Clinic***, gegenüber der Polizei, modern eingerichtet, billig.

Transport

Der Bus Terminal befindet sich 4 km südlich der Stadt, 400 m vom Highway. Pickup zur Stadt für 5 Baht. Tickets für ac-Busse nach Bangkok (561 Baht) gibt es auch bei ***Siam First Tour*** neben der Shell-Tankstelle.
Bangkok: Nach BANGKOK (857 km) 2.Kl. ac-Bus um 17.20 und 17.45 Uhr für 374 Baht, ac-Bus um 7 und von 16–18 Uhr für 481 bzw. 561 Baht, VIP-24-Bus um 7, 16.20, 17.40 und 18 Uhr für 745 Baht in 12 Std. Zurück 14x tgl. Busse aller Art.
Im Norden: Nach CHIANG MAI non-ac-Bus laufend bis 13.45 Uhr für 95 Baht, VIP-40-Bus 5x tgl. bis 15.30 Uhr für 177 Baht in 4 Std.
Nach CHIANG RAI non-ac-Bus alle 15 Min. bis 18 Uhr für 25 Baht (ac 53 Baht) in 1 1/2 Std.

Richtung Chiang Rai bis 17.30 Uhr über BAN HUAI KHRAI (7 Baht, weiter mit Pickup zum DOI TUNG für 60 Baht), PA SANG (12 Baht, weiter mit Pickup nach MAE SALONG für 60 Baht).
Nach FANG non-ac-Bus um 7 Uhr für 49 Baht über MAE CHAN (13 Baht) und THATON (40 Baht).
Nach MAE SOT 2.Kl. ac-Bus um 6 Uhr für 219 Baht, ac-Bus um 8 Uhr für 394 Baht in 12 1/2 Std. über Chiang Mai.
Nach SOB RUAK zum „Goldenen Dreieck" von 9–15 Uhr Minibus für 30 Baht in 40 Min., zurück bis 16 Uhr, weiter nach CHIANG SAEN für 35 Baht.
In den Nordosten: KORAT non-ac-Bus um 14.30 Uhr für 281 Baht, ac-Bus um 12 und 16 Uhr für 505 Baht, VIP-32-Bus um 18 Uhr für 590 Baht.
Zur Ostküste: PATTAYA non-ac-Bus um 12.30 Uhr für 349 Baht, ac-Bus um 15 Uhr für 628 Baht, VIP-32-Bus um 14 und 16 Uhr für 733 Baht in 16 Std. Die Busse fahren weiter nach Rayong.

Die Umgebung von Mae Sai

Mae Sai ist sehr gut geeignet, um die Ausflüge nach Mae Salong (68 km), auf den Doi Tung (37 km), nach Chiang Saen (41 km), zum Goldenen Dreieck (32 km) und in Bergdörfer zu machen. Hinweise für Wanderungen erhält man in den Gästehäusern. Wer schon andere schöne Höhlen in Thailand gesehen hat, kann die in der Nähe von Mae Sai links liegen lassen. Zu beachten ist die momentane Lage an der Grenze – nicht immer ist es ungefährlich. Versehentlich nach Burma zu geraten, kann böse enden!

Khun Nam Nang Non

Eine Felsenformation in einer lieblichen Landschaft mit einem kleinen See und vielen Schatten spendenden Bäumen. Dieser Badeplatz ist bei der lokalen Jugend sehr beliebt. Die Essenstände bieten ganz besondere Leckerbissen: Vögel, Frösche, Schnecken, Schlangen und Käfer. Zu finden ist dieser kleine Park *„Sleeping Lady"* 1,6 km westlich der Hauptstraße H110, wenn man am KM 882,2 abbiegt (8 km von Mae Sai).

Tham Pla-Höhle

13 km südlich von Mae Sai liegt die Höhle Tham Pla. Über gut ausgebaute 200 Stufen geht es an vielen Affen vorbei zur Buddha-Höhle hinauf. Die Quelle mit dem Goldfischteich am Fuße der Treppen gilt als heilig. Die rechte, uninteressante *Monkey Cave* soll nach dem Volksglauben bis zum Chiang Dao führen. Vom H110 biegt am KM 877,5 eine Straße ab zum Dorf **Ban Tham Santisuk**, in dem es eine chinesische Moschee, einen Chinesentempel, eine Baptistenkirche und ein Thai Wat gibt. Nach 2 km ist der Parkplatz vor den Höhlen erreicht.

Sao Hin-Höhle

1,5 km südlich liegt die Sao Hin-Höhle, erreichbar über den Stausee oder direkt von der Tham Pla-Höhle. Der See liegt in einem Park sehr schön unter grünen Hügeln, ein kleines Restaurant bietet einfaches Essen an. Vom H110 am KM 877,3 am Polizeiposten abbiegen.

Ausflüge nach Myanmar (Burma)

Tachilek

Ausländische Touristen können Mo–Fr von 8–18 und Sa, So und feiertags von 6–21 Uhr den burmesischen Grenzort Tachilek, der sich auch „The City of Golden Triangle" nennt, in einem Umkreis von 5 km besuchen. Viele kehren enttäuscht zurück.

Die Ausreise erfolgt mit Stempel in den Pass, bei der neuerlichen Einreise nach Thailand gibt es ein neues 30-Tage-Visum, sofern den Beamten der vorgezeigte Geldbetrag ausreicht (bis zu 15 000 Baht). In Myanmar sind US$5 oder 250 Baht für das Tagesvisum zu zahlen. Diese Regelungen ändern sich häufig. Zeitweise wurde die Grenze sogar ohne Ankündigung für mehrere Wochen geschlossen.

In Tachilek kann man ein paar schöne **Wats** besichtigen. Ein Besuch bei Langhals-Frauen wird angeboten. Von einem Chedi, gegenüber vom Riverside Gh., hat man eine gute Aussicht über die beiden Grenzorte. Allerdings führt nur ein steiler Pfad bzw. eine endlos scheinende Treppe hinauf. Lohnend ist vielleicht ein Gang durch die Nebenstraßen zur goldenen Pagode, interessant der Lebensmittelmarkt. Zum Einkaufen lohnt sich der Ort nur, wenn man gut handeln kann. Wirklich billiger sind CDs und DVDs aus chinesischer Lizenz. Die superbilligen Markenzigaretten der aufdringlichen Händler sind ungenießbar.

Die Trophäen geschützter Tiere, die auf dem Markt von Tachilek angeboten werden, dürfen nicht nach Europa eingeführt werden. In Tachilek wird mit Baht bezahlt, Kyat sind schwer zu bekommen.

Wer sachkundige Informationen benötigt, kann in Mae Sai eine Tour buchen, z.B. bei *MTS (Mandalay Travel Service)* nahe der Kasikorn Bank, eine zweistündige Führung mit dem Auto kostet US$25 p.P. inkl. Visagebühr.

Chiang Tung (Kengtung)

Verschiedene Reisebüros in Chiang Rai, *Ananda Tour* in Mae Sai (22 Moo 7 Phaholyothin Rd., ✆ 731038) und *Burmese Tour* in Tachilek bieten 3-tägige Ausflüge nach Chiang Tung an. Sie kosten US$184 bis 6000 Baht und umfassen Eintritt, Transport (Jeep bzw. burmesischer Bus), Führer, Essen und 2 Übernachtungen im Regierungshotel.

Zusätzlich fallen horrende Bestechungsgelder für die korrupten Beamten an, natürlich „völlig unerwartet". Das Tourist Office in Chiang Rai gibt ein Merkblatt für diesen Trip heraus. Fast jeder, der zurückkommt, ist enttäuscht, da er außer der Straße und dem Wald nicht viel gesehen hat.

Goldenes Dreieck สามเหลี่ยมทองคำ

(= Sob Ruak) Der Nimbus des berüchtigten Goldenen Dreiecks, in dem wohl drei Viertel des Weltopiums produziert werden, eines Gebiets, das viele hundert Quadratkilometer umfasst, wird für den Touristen auf einen Punkt konzentriert: das Dreiländereck von Laos, Burma und Thailand an der Stelle, wo der Mae Sai River (Ruak River) in den Mekong fließt. Dieser einstmals geruhsame Ort hat eine absurde Popularität gewonnen – totaler Touristen-Nepp.

Nicht Opiumpflanzen sprießen aus dem Boden, sondern hunderte überteuerte Souvenirstände. Von der schattenlosen Uferpromenade, von der man in der Ferne das Thai-Kasino in Myanmar erspähen kann, flüchten die Besucher schnell in die kühleren Restaurants. Die Ausstellung im **Opium House** lohnt sich kaum (Eintritt 20 Baht). In Sob Ruak gibt es für eine 30-minütige Tour ins Grenzgebiet Speedboote zu mieten. Die Kosten pro Boot, in dem maximal 10 Personen Platz haben, betragen 500 Baht (für 2 Pers. evtl. 300 Baht, Inselzuschlag 20 Baht p.P.). Man kann bei den laotischen Dörfern anlegen und kurz aussteigen, muss aber um 19 Uhr wieder in Thailand sein.

Übernachtung

Pu One Guest House, 43 Moo 1, ✆ 053-784168, beim Opium Museum, gutes Gästehaus mit großen, ruhigen, sauberen Zimmern mit Fan, freundliches Personal. ❷

Imperial Golden Triangle Resort, 222 Golden Triangle, ✆ 053-784001-5, 📠 784006, Luxusanlage am Hügel, direkt am Goldenen Dreieck. ❻

Meridien Baan Boran, 229 Golden Triangle, ✆ 053-784084, 📠 784090, 1 km nördlich vom Goldenen Dreieck, Luxusanlage zwischen Straße und Fluss. ❽

Transport

Wer in einem Gästehaus in Chiang Saen übernachtet, kann dort ein Fahrrad für einen Tagesausflug mieten. Ansonsten Minibus von CHIANG SAEN (9 km) für 10 Baht.

Von MAE SAI (32 km) mit dem Minibus von 9–15 Uhr für 30 Baht, zurück bis 14 Uhr.

Ein Longtail-Boot kostet ab Chiang Saen 500 Baht für 6 Pers.

Chiang Saen เชียงแสน

Während der Wanderungsbewegungen der Thai nach Süden waren um das Jahr 750 n.Chr. verschiedene Thai-Heerführer ins Mekong-Tal gelangt und hatten Gebiete um das heutige Luang Prabang und Vientiane unter ihren Einfluss gebracht. Einer von ihnen, Chaiyapongse, zog in das heutige Nord-Thailand und gründete wahrscheinlich Chiang Saen. Zwischen 1000 und 1100 müssen kriegerische Auseinandersetzungen mit den Khmer oder aber ein gewaltiges Erdbeben die alte Stadt zerstört haben.

1328 wird in alten Chroniken von der Neugründung Chiang Saens geschrieben. Seitdem stand es unter der Oberhoheit der Lanna Thai-Könige, die in Chiang Mai residierten. Chiang Saen ist heute ein ruhiger Marktflecken, der nicht allzu viel bietet und fast jeden Traveller enttäuscht.

Am westlichen Stadttor befindet sich das **Museum**. Es enthält u.a. Funde aus der neolithischen Zeit und eine repräsentative Sammlung von Buddha-Figuren im typischen Chiang Saen-Stil. ⏲ Mi–So außer feiertags 9–16 Uhr, Eintritt 30 Baht.

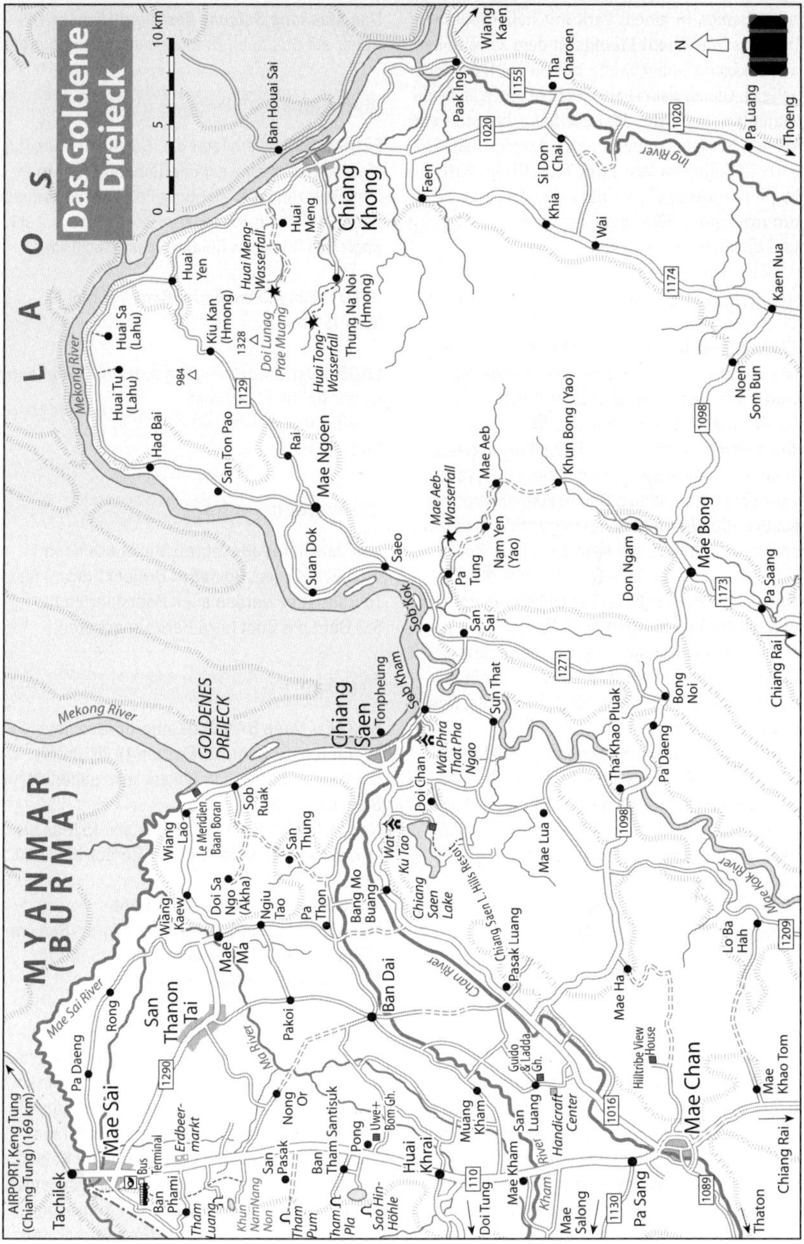
Das Goldene Dreieck
0
5
10 km
N
L A O S
MYANMAR (BURMA)
Mekong River
GOLDENES DREIECK
Chiang Saen
Tonpheung
Sob Kham
Sob Kok
Chiang Khong
Ban Houai Sai
Huai Meng
Huai Meng-Wasserfall
Doi Lunag Prae Muang
1328
Huai Tong-Wasserfall
Thung Na Noi (Hmong)
Huai Yen
Kiu Kan (Hmong)
Huai Sa (Lahu)
Huai Tu (Lahu)
984
Had Bai
San Ton Pao
Rai
Mae Ngoen
Suan Dok
Saeo
Mae Aeb-Wasserfall
Mae Aeb
Pa Tung
Nam Yen (Yao)
Khun Bong (Yao)
San Sai
Sun That
Don Ngam
Mae Bong
Pa Saang
Noen Som Bun
Kaen Nua
Wai
Khia
Si Don Chai
Faen
Paak Ing
Wiang Kaen
Tha Charoen
Pa Luang
Thoeng
Ing River
Bong Noi
Pa Daeng
Tha Khao Pluak
Chiang Rai
Mae Kok River
Lo Ba Hah
Mae Khao Tom
Chiang Rai
Thaton
Mae Chan
Hilltribe View House
Mae Ha
Pasak Luang
Chiang Saen L. Hills Resort
Mae Lua
Doi Chan
Wat Phra That Pha Ngao
Wat Ku Tao
Chiang Saen Lake
Chan River
Bang Mo Buang
Pa Thon
Ban Dai
Guido & Ladda Gh.
Handicraft Center
San Luang
Muang Kham
Mae Kham
Kham River
Pa Sang
Mae Salong
Doi Tung
Huai Khrai
Pong
Uwe+ Bom Gh.
Tham Santisuk
Ban Tham
Nong Or
Pakoi
Ma River
Ngiu Tao
San Thung
Sob Ruak
Le Meridien Baan Boran
Wiang Lao
Doi Sa Ngo (Akha)
Wiang Kaew
Mae Ma
San Thanon Tai
Rong
Mae Sai River
Pa Daeng
Mae Sai
Erdbeer-markt
Bus Terminal
Tachilek
AIRPORT, Keng Tung (Chiang Tung) (169 km)
Ban Phami
San Pasak
Tham Luang
Khun NamNang Non
Tham Pum
Tham Pla
Sao Hin-Höhle
1290
1129
1271
1098
1173
1174
1020
1155
1209
1016
110
1130
1089

Nebenan, in einem Park mit hohen Bäumen, liegt das **Wat Chedi Luang** mit dem 27 m hohen, achteckigen Chedi (häufig mit 88 m Höhe angegeben). Gleich außerhalb des Stadttores steht die Stufenpyramide des **Wat Pa Sak**, die auch von Westen her einen guten Eindruck vermittelt. Eintritt: 20 Baht. Das **Wat Phra That Chom Kitti** im Norden erklimmt man über 300 Treppenstufen, um die schöne Sicht über die Stadt, den Mekong und die Ebene zu genießen.

Übernachtung

Chiang Saen Gh. ③, ✆ 053-650196, an der lauten Uferstraße Richtung Norden; 3 einfache, winzige A-Frame-Holzbungalows im Garten, Du/WC außerhalb, Restaurant. ❶
Gin's Gh. ①, ✆ 053-650847, 1 km flussaufwärts in einem Lychee-Garten; 9 gut möblierte, renovierte Zi im Haupthaus, Bambusbungalows mit Du/WC, *Cowboy Pub & Restaurant*; die Besitzer sprechen Englisch. Bei Kauf des China-Boot-Tickets ist eine Nacht in Gin's Gh. frei. ❷–❹
Baan Suan House ②, ✆ 053-650907, an der Umgehungsstraße, herrlich zwischen Lycheebäumen gelegene Anlage, 10 gut eingerichtete Steinbungalows mit Bad/WC, TV, Kühlschrank und Terrasse, Schlafsaal, ❶, für 10 Leute; Restaurant, Karaoke. ❸–❹
Chiang Saen Lake Hills Resort ④, 110 Moo 3, ✆ 053-650599, 📠 650600, auf einem Hügel am See, Doppel- und A-frame-Bungalows, relativ kleine, saubere Zi, Zelte, Terrassenrestaurant; sehr gut zum Beobachten von Vögeln (i.b. Januar–Februar). ❸–❹
River Hill Hotel ⑤, ✆ 053-650826-9, 📠 650830, Mittelklasse-Anlage. ❹

Essen

Billige, hervorragend zubereitete Thai-Gerichte gibt es mittags in der Markthalle.
Das ***Restaurant Keaw-Varee*** öffnet von 7–20 Uhr.
In der chinesischen Hafenkneipe ***Giau Siang Hai*** am Fluss pendelt die Qualität des Essens je nach Koch zwischen einfach und hervorragend.
Das ***Rim Khong Restaurant*** am KM 33,6 bietet Aussicht über den Fluss; laotische, vietnamesische, chinesische und Thai-Küche.
Das ***Maekong Balcony Restaurant*** liegt etwas näher am Goldenen Dreieck, einige Bungalows.

Sonstiges

FAHRRÄDER – vermietet u.a. ***Gin*** für 70 Baht/Tag. Uwe empfiehlt eine schöne Rundtour für Mountainbiker: zunächst Richtung Pa Thon, abzweigen nach San Thung, weiter zum Doi Sa Ngo, zurück nach Sob Ruak und Chiang Saen (ca. 29 km).

GELD – ***Siam Commercial Bank***, 🕓 Mo–Fr 8.30–15 Uhr.

LAOS – Der Grenzübergang zum Dorf **Tonpheung** ist nur für Thais geöffnet.

PLZ – 57150

Nahverkehrsmittel

Von der Uferstraße fahren Minibusse nach SOB RUAK zum „Goldenen Dreieck" (9 km) für 10 Baht. Hier werden auch Bootsfahrten für 500 Baht pro Boot (ab 6 Pers.) angeboten.

Transport

BUSSE – Nach BANGKOK non-ac-Bus um 15 Uhr für 283 Baht, ac-Bus um 16.20 Uhr für 509 Baht in 12 1/2 Std.; Tickets links neben der Siam City Bank.
Nach CHIANG RAI non-ac-Bus alle 15 Min. bis 18 Uhr für 25 Baht in 1 1/2 Std. Zurück bis 17.20 Uhr.
Nach MAE SAI Pickup für 35 Baht.
Nach CHIANG KHONG direkter non-ac-Bus um 15 Uhr für 50 Baht, Pickup stdl. bis 15 Uhr für 25+25 Baht (umsteigen in Had Bai).

BOOTE – Nach CHIANG KHONG fahren von 9–18 Uhr Speedboote für 1500 Baht für 6 Pers. (hin und zurück für 2400 Baht), Anfragen bei *Gin's Gh.* Das **Cargo-Boot** nach China bietet *Gin's Gh.* für 2700 Baht an. Die Mekong-Fahrt geht 3 Tage, 2 Nächte bis Sipsongpanna, in privater Kabine mit 3 Mahlzeiten pro Tag. Das China-Visum gibt es in Chiang Mai, Laos- und Burma-Visa sind nicht erforderlich. Zuvor bei *Gin's Gh.* anrufen.

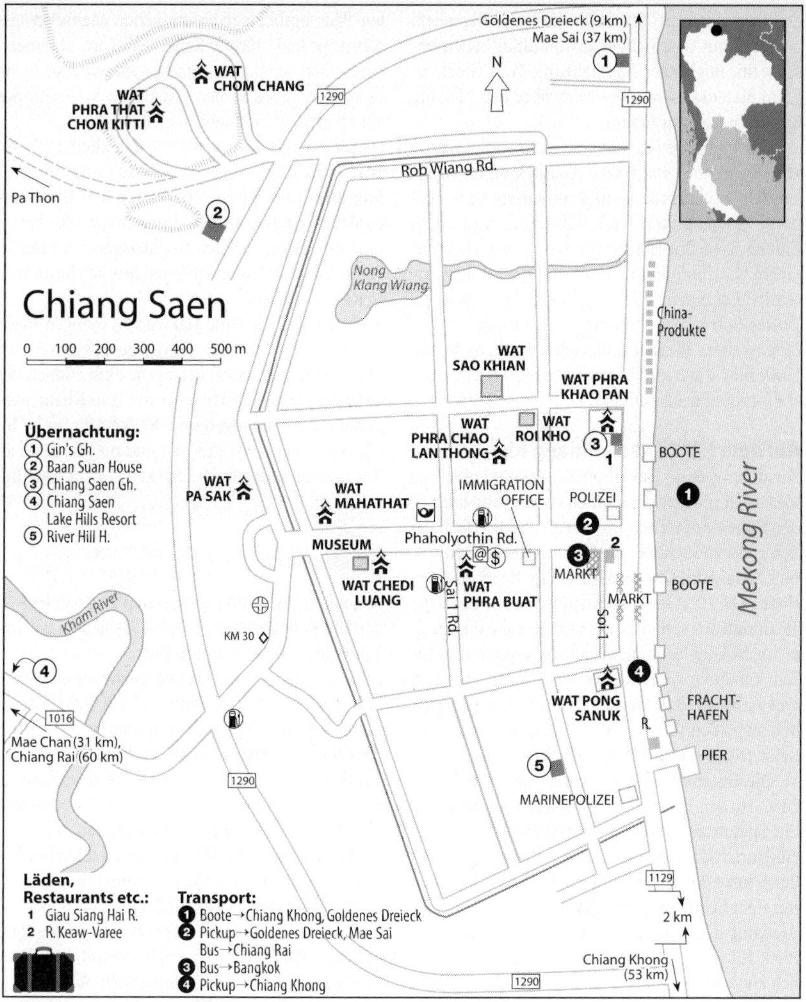

Die Umgebung von Chiang Saen

Chiang Saen Lake

Beim KM 27 geht eine Straße vom H1016 Richtung Süden ab, auf der man nach 1,3 km hinter dem **Wat Ku Tao** zum wenig besuchten See gelangt. Man kann hier schöne Sonnenuntergänge genießen, von eigens geschaffenen Ausguckposten Vögel beobachten oder ein Boot mieten.

Wat Phra That Pha Ngao

Gute 4 km sind es nach Süden am Mekong entlang zu einer modernen, ca. 30 m hohen, weiß gekachelten **Pagode**, die auf einem Hügel steht. Durch das Wat Phra That Pha Ngao steigt man auf einem geteerten Weg hinauf (1,5 km), vorbei an einem kleinen Chedi, der kunstvoll auf einem großen, runden Felsen steht, und am eindrucksvollen, neuen Teakholztempel Uposatha Hall, der Basreliefs aus Teak mit Geschichten aus Buddhas Leben besitzt, mit englischer Beschriftung. Vom Glockenturm bietet sich ein toller Blick über den Mekong bis weit nach Laos hinein.

Das moderne Gebäude auf dem Gipfel wurde von einem amerikanischen Architekten im „Bunker-Stil" mit vier Bastionen entworfen. Es beherbergt einen uralten Backstein-Chedi und einen Chiang-Saen-Buddha aus Bronze. Zu erreichen mit einem Charter-Tuk-Tuk für ca. 100 Baht (inkl. Wartezeit). Bei einem Bummel durch die Gassen des Dorfes **Sob Kham** sieht man Reismühlen, Tabaköfen, weitere Ruinen und viele Familien, die im Hinterhof Zigarren drehen, Matten weben oder Hähne kämpfen lassen.

Auf dem H1129 nach Chiang Khong

Die durchgehend asphaltierte Straße H1129, eine ideale Strecke für Selbstfahrer, verläuft zunächst in der Nähe des Mekong durch eine landwirtschaftlich genutzte, schöne Landschaft. Reis-, Gemüse- und Tabakfelder wechseln sich ab. Nach 26,6 km (beim KM 29,2) biegt die Hauptstraße nach rechts ab. Geradeaus verläuft die 13 km längere Flussroute am Mekong entlang: unzählige Klippen und Inseln schauen während der Trockenzeit aus dem Wasser heraus. Am Weg liegen Dörfer der Thai Lue, Seitenstraßen führen nach 17 bzw. 19 km zu den Lahu-Dörfern **Huai Tu** und **Huai Sa**.

Die Bergroute steigt auf den nächsten 11 km zum Hmong-Dorf **Kiu Kan** an. Das herrliche Flusspanorama vom Aussichtsberg ist wahrlich eindrucksvoll. Anschließend kurvt die Straße wieder 5 km zum Mekong hinunter. Unterwegs wird mit dem Schild „The Best View Point" eine *Scenic Area* auf dem Pass am KM 11 angekündigt. Der Blick auf eine große Schleife des Mekong ist wirklich eindrucksvoll. Nach insgesamt 55 km erreicht man die angenehme Kleinstadt Chiang Khong.

Chiang Khong เชียงของ

Die saubere Kleinstadt Chiang Khong am Mekong ist als Schmuggler-Ort bekannt, in dem viele Waren aus Laos zu kaufen sind, vor allem Textilien und Schmuck. Ein breiter Fußweg erlaubt, am Mekong entlang zu flanieren. Viele Traveller nutzen diesen angenehmen, lebhaften Ort mit seinem traditionellen Flair und seinen freundlichen Menschen als Ausgangspunkt für die Reise nach Laos. Die meisten bleiben – völlig zu Unrecht – nur eine Nacht, da es sie nach Laos in den Ort Houai Sai zieht, der aber bedeutend weniger zu bieten hat.

Sehenswert sind vielleicht das alte Chedi am **Wat Phra Kaew** (neben der Post) und das **Wat Sob Som**. Zum Morgenmarkt von 5–7 Uhr kommen viele Hmong und Yao in die Stadt. Sehr belebt und interessant ist der Wochenmarkt an jedem Freitag, zu dem Hmong in ihren herrlich bestickten Trachten kommen.

Mitte April bis Mitte Mai wird an wenigen Tagen unter strenger Kontrolle der riesige Süßwasserfisch *Pla Buk* (auch *Pla Beg*) gefangen. 2 km südlich des Ortes, hinter dem Dorftempel von **Had Khrai**, werden die bis 3 m langen und 300 kg schweren Mekong-Welse an Land gezogen und meistbietend an Restaurants verkauft. Das Spektakel zieht viele Besucher an.

Übernachtung

In den letzten Jahren entstanden 25 Gästehäuser. Die Konkurrenz ist so groß, dass sich die Tuk Tuk-Fahrer 20–30 Baht pro Person Kommission zahlen lassen. Da es das Laos-Visum nun auch in Ban Houai Sai gibt, verweilen die Traveller nicht mehr so lange in Chiang Khong.

SP Gh. ①, 💻 www.spguesthouse.com, ✆ 053-791767; am nördlichen Ortsrand, 500 m vom Pier, 6 strohgedeckte A-frame-Hütten mit Klappbetten und Du/WC, Reihenhaus aus Stein, einfache Zi mit Warmwasser-Du/WC, Preise einschließlich Frühstück; Schlafsaal (60 Baht); Restaurant, Internet, Infos und Tickets für Boots- und Busfahrten in Laos. Toller Aussichtspunkt auf dem Hügel dahinter, 198 Stufen (Symbol für beständige Gemeinschaft). Simon wird sehr gelobt. ❶–❷

Namkhong Gh. ⑤, ✆ 053-791801, 300 m vom Pier, nette Bungalows und Zi, außen Warmwasser-Du/WC; Internet-Service, tolle Aussichtsterrasse mit teurem Restaurant, Reisebüro, Mountainbikes ab 100 Baht/Tag, Transport zum Pier. ❶

Boom House ⑦, ✆ 053-791310, 2 Reihenhäuser, Terrasse mit Flussblick. ❷

Bamboo Riverside Gh. ⑧, ✆ 053-791621, ✉ saweepatts@hotmail.com; 1500 m vom Pier, schöne, gepflegte Anlage am Fluss unter schattigen Bäumen, Bambushütten am Hang mit Warmwasser-Du/WC, 2-stöckige Bungalows, Du/WC außerhalb, Schlafsaal (70 Baht); im gemütlichen Restaurant mit Flussblick gibt es u.a. Vollkornbrot (selbst gebacken von Dao), tolles Müsli, hervorragende Gerichte (u.a. mexikanisch), guten Kaffee und super Currys, 🕒 7–12 und 18–21 Uhr, also **kein** Mittagessen; freundliches, engagiertes Ehepaar. ❶–❷

Chiang Khong Hotel ⑨, ✆ 053-791242, Haupthaus an der Hauptstraße, 2 Reihenhäuser im Hof. ❷–❸

Tam-Mi-La Gh. ⑩, ✉ baantammila@hotmail.com, ✆ 053-791234; ein Holzbungalow und 8 Zi im Holzreihenhaus (z.T. Warmwasser) in einem urigen, tropischen Garten am steilen Ufer des Mekong. Gemütliches Restaurant mit bester Sicht, Brot und Kuchen werden selbst gebacken. Ein Platz zum Verweilen. ❷–❸

Ruan-Thai Sopaphan Resort ⑪, ✆ 053-791023, 📠 791446, Gästehaus für gehobene Ansprüche, großes Thai-Teakhaus im Lanna-Stil mit schönen, nicht besonders sauberen Zimmern mit Du/WC, z.T. starker Geruch, unten relativ kühl; traditionell dekorierte Terrassen mit schöner Aussicht nach Laos hinüber; offenes, teures Restaurant mit guter Sicht; sehr agile Besitzerin. ❸

Ban Fai Gh. ⑮, einfaches, älteres Holzhaus, saubere, spärlich möblierte Zi, harte Matratzen, Du/WC außen; Terrasse mit Blick auf den Fluss. ❶

Übernachtung:
① SP Guesthouse
② Tharua Resort
③ Baanthip Gh.
④ Chiang Khong Resort
⑤ Namkhong Gh.
⑥ P.J. Gh.
⑦ Boom Hs.
⑧ Bamboo Riverside Gh.
⑨ Chiang Khong H.
⑩ Tam-Mi-La Gh.
⑪ Ruan-Thai Sopaphan Resort
⑫ Border Gh.
⑬ Wiang Kaew Gh.
⑭ Green Tree Gh.
⑮ Ban Fai Gh.
⑯ Baanpuan H.
⑰ Rimkhong Gh.
⑱ Rim Nam Gh.
⑲ Chomkhong Gh.
⑳ Ingkhong Hotel
㉑ River View Hotel
㉒ The Riverside Jungle Resort
㉓ Baan-Rim-Ta-Ling
㉔ Nomads Gh.
㉕ Baan Rimkhong Gh.

Läden, Restaurants etc.:
1 Schwimmendes R.
2 Orchid R.
3 Traveller Corner
4 Bakery
5 Ban Rim Ta Ling R. & Massage

Transport:
❶ Chiangkhong Tour
❷ Eakaluck Tour
❸ Namkong Travel
❹ Thai-Lao Travel
❺ Ann Tour
❻ Pickup→Chiang Saen
❼ Pickup→Thung Na Noi
❽ Bus→Bangkok
❾ Bus→Chiang Mai
❿ Bus→Bangkok
⓫ Bus→Chiang Rai
⓬ Bus→Wiang Kaen, Pha Tang

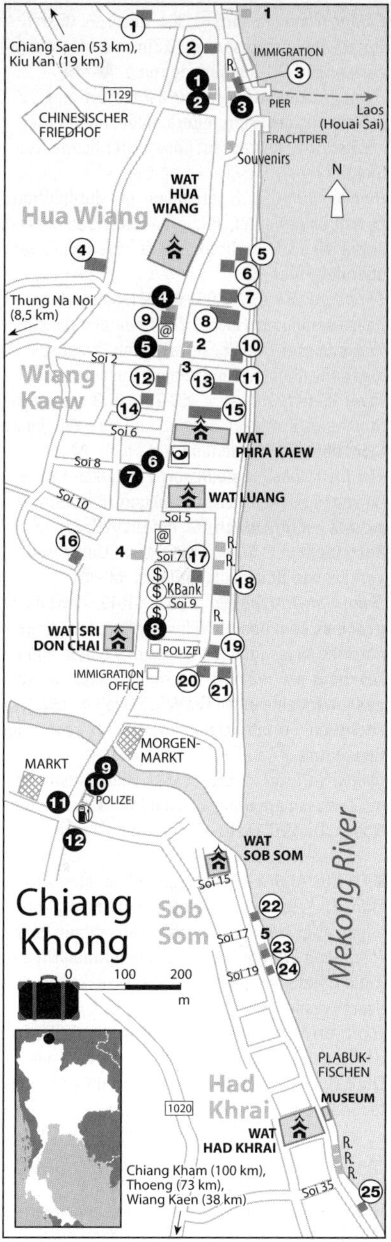

Chiang Khong Resort ④, 364 Moo 1, ✆ 053-655647, Reihenhäuser mit 16 Zimmern mit Warmwasser-Du/WC, sauber und ruhig. ❷–❸
Baan Rimkong Gh. ⑰, ✆ 053-791269, Steinreihenhaus am Hang, 4 geräumige, niedrige Zi mit Bad/WC, Restaurant überm Ufer mit bester Sicht. ❷
Rim Nam Gh. ⑱, 15 geräumige, gut durchlüftete Zi, nett eingerichtet, sauberes Bad, oben mit Fan, unten mit ac, Restaurant und Terrasse mit Sicht über den Fluss. ❸
Chomkong Gh. ⑲, ✆ 053-655661, hinter der Polizeistation am Fluss, 7 Zi im Reihenhaus mit Warmwasser-Du/WC, Terrasse mit Flussblick, etwas kahl, nüchtern und lieblos, Restaurant. ❸
River View Hotel ㉑, ✆ 053-791375, 3-stöckiges Steinhaus, Zi mit Fan oder ac und Bad/WC, beste Sicht über die Promenade zum Fluss. ❷
The Riverside Jungle Resort ㉒, ✆ 053-791348, ✉ vongsuwan_itiya@hotmail.com, 8 Holzbungalows mit Strohdach, z.T. mit Du/WC, vom Restaurant tolle Sicht. Geleitet von Uncle Bob. Verkauf von Bustickets für Laos. ❶–❷
Baan-Rim-Ta-Ling ㉓, ✆ 053-791613, 💻 www.geocities.com/baanrimtaling; neben dem gleichnamigen Massagehaus wurde aus einem alten Teakhaus ein neues, 3-stöckiges Gästehaus aufgebaut, 5 kleine Zi mit Du/WC, stilvoll möbliert, ein schöner großer Bungalow; nachts sehr ruhig; Restaurant. ❷
Nomads Gh. ㉔, ✆ 053-655537, Holzreihenhaus mit Terrasse am Hang, 6 Zi mit Matratze auf dem Boden, Du/WC; Bistro-Restaurant. ❷–❸

BAN HOUAI SAI – Hotels und Gästehäuser, u.a. *Arimid* ❷, kosten dasselbe wie in Chiang Khong, liegen aber weitaus weniger schön mitten im Ort.
Khonekeo Village, 1 km vom Immigration Office, nette Doppelbungalows mit Terrasse, kein Warmwasser. ❷
Huay Xai Hotel, 100 m vom Immigration Office an der Hauptstraße, einfache, ordentliche Zi mit Du/WC. Im Restaurant gegenüber gibt es Traveller Food. ❷

Essen und Unterhaltung

Preiswerte Gerichte serviert das schwimmende Restaurant am Pier, nebenher kann man das Be- und Entladen der Boote beobachten. Mehrere Restaurants liegen direkt über dem Steilufer des Mekong; besonders gut sitzt man in den Restaurants im südlichen Ortsteil Had Khrai, wo man das Treiben der Fischer und ihrer Familien mitbekommt, im Flussrestaurant hinter der Polizei und im hübschen Gartenrestaurant an der Zufahrt zum Pier.
Im Restaurant neben *Nomads Gh.* stehen 13 Fischgerichte auf der Speisekarte.
Im Restaurant ***Nang Nual*** in Had Khrai sind die Speisen besonders scharf.
Im ***Green Tree*** gibt es Fassbier. Es treten Sängerinnen auf.
Beliebt ist ***Madam Pub*** mit Disco und Live-Musik.

Sonstiges

AUTOVERMIETUNGEN – PKW mit Fahrer bei ***Anntour*** (s.u.) und ***Thai-Lao Travel*** für 1200 Baht/Tag. Pickups bei allen Reiseagenturen und in den Gästehäusern für 800–1000 Baht.

BOOTSFAHRTEN – Ein Bootstrip auf dem Mekong beginnt am Pier (300 Baht/Std., max. 8–10 Pers. pro Boot). Vor allem in der Trockenzeit lohnt eine Fahrt flussaufwärts, um die großen Felsen und Strände im Mekong zu sehen; z.B. mit der ***Corporation*** am Pier (1500 Baht nach Chiang Saen).
Möglich ist auch ein Bootstrip flussaufwärts nach **Chiang Kok** (5 Std., 600–800 Baht) und weiter auf guter Erdstraße mit dem Pickup nach **Muang Sing** (ca. 3 Std., 100 Baht).

FAHRRADTOUREN – Die ***Mekong Challenge Tour*** beginnt jedes Jahr in der 3. Oktoberwoche und dauert 2 Wochen. Sie kostet 14 000 Baht und führt nach China, Laos und Kambodscha (Infos von Wat im Tam-Mi-La Gh.).
Im Tam-Mi-La Gh. gibt es eine gute Skizze für eine schöne Fahrradtour Richtung Süden.

FESTE – Mitte Februar zur Zeit der Baumblüte finden in den Hmong-Dörfern um **Rom Pho Thai** (96 km südlich am H1093) farbenfrohe Feste statt. Das noch junge **Fahrrad-Festival** findet in der 3. Woche im Oktober statt.

Laos

Am anderen Flussufer in Laos ist das Dorf **Ban Houai Sai** (auch Huay Xai) zu sehen, das man mit der Personenfähre ab dem Pier erreicht. Neben dem Immigration Office in Ban Houai Sai (oft heftiges Gedränge) kann man an einem Fenster Geld wechseln. Im Restaurant gegenüber vom *Huay Xai Hotel* kann man sich für die Bootsfahrt eindecken.
Die Fahrt mit dem *Slow Boat* auf dem Mekong über **Pakbeng** (8 Std.) nach **Luang Prabang** (36 Std.) ist sehr beliebt. Die Boote fassen 20–30 Personen, werden aber mit bis zu 50 Personen grauenhaft überladen, so dass von der Landschaft fast nichts zu sehen ist. Abfahrt um 10.30 Uhr vom Bootshafen, ca. 1,5 km nördlich (Mopedrikscha 5000 Kip). Die Übernachtung in Pakbeng (25000 Kip) ist sehr einfach. Der Kapitän verlangt eine extra Gebühr für den nach Lesermeinung überflüssigen Stopp an der Tham Ting-Höhle, hinzu kommt der Eintritt.
Tgl. verkehren auch *Speedboote* auf der landschaftlich sehr reizvollen Strecke in 6 Std. (1000–1200 Baht p.P. bei 5–8 Pers.). Auch die Schnellboote sind sehr eng, laut, nass und gefährlich. Abfahrt von 8.30–10 Uhr vom Bootshafen, ca. 3 km südlich (Mopedrikscha 5000 Kip).
Das Boot-Ticket nach Luang Prabang kauft man am günstigsten direkt am Pier in Houai Sai (130 000 Kip bzw. 500 Baht, Tour Companies 650 Baht). Die in Chiang Khong verkauften Tickets kosten 750 Baht und enthalten den Transfer zum Boot, bieten aber sonst keine Vorteile. Es empfiehlt sich, am Morgen frühzeitig die Fähre nach Laos zu benutzen (ab 8 Uhr), um die Einreiseformalitäten ohne Hetze zu erledigen.
Wer sein Ticket bereits in einem Reisebüro in Chiang Mai kauft, geht das Risiko ein, kein entsprechendes Boot vorzufinden.
In Luang Prabang wurde das *Jaliya Gh.* mehrfach empfohlen. Von Luang Prabang nach Houai Sai kommt das *Slow Boat* **immer** nach 18 Uhr an, damit man in Laos übernachten muss.
Von der Bus Station am Markt fährt ein Bus (zumeist Pickup, auf dem es morgens sehr kalt ist) für bis zu 10 Pers. tgl. um 9 Uhr nach **Viangphoukha** (40.000 Kip, 5 Std.) und um 7 und 9.30 Uhr nach **Luang Namtha** (60.000 Kip, 8 Std., sehr schlechte Staubstraße).

FITNESS – ***Nine's Gym*** ist von 6–22 Uhr geöffnet.

GELD – Mehrere Banken haben einen Wechselschalter, ◷ 8.30–15 Uhr, und einen Geldautomaten.

HÄNGEMATTEN – Die patentierte ***Siam-Hammock*** gibt es für 1250 Baht beim Erfinder und Produzenten Wat im Tam-Mi-La Gh.: sehr leicht, multifunktional und ideal für die Reise.

INTERNET – nicht zu verfehlen, 20–50 Baht/Std.

LAOS-VISUM – Das 15-Tage-Visum bekommt man bei der Einreise für US$30 und 1 Passfoto, das 30-Tage-Visum aus Bangkok in 2 bis 3 Tagen für 2000 Baht.

MOTORRÄDER – gibt es für 200 Baht/Tag. Es wird nur tagsüber vermietet, da die Maschinen bei Nacht schnell in Laos landen.

MOUNTAINBIKES – vermietet das ***Tam-Mi-La Gh.*** an Gäste (150 Baht/Tag).

PLZ – 57 140

REISEBÜROS – Es gibt 5 Reisebüros mit TAT-Lizenz.
Chiangkhong Tour, ✆ 053-791299, ℻ 655381; Bootstouren, Taxi-Service.
Ann Tour, 166 Moo 8 Saiklang Rd., ✆ 053-655198, ℻ 791218; Repräsentant für teure Gruppentouren nach Laos. Macht neben Bootstouren eine Off-Road-Tour über Laos nach China. Besorgt Laos-Visa innerhalb einer Stunde.

TRADITIONELLE MASSAGEN – ***Ban-Rim-Ta-Ling,*** ein sehr schönes Haus hoch über dem Fluss mit Sicht über Gemüsegärten und die Insel nach Laos; eine engagierte, junge Frau bietet neben Massage auch Kräutersauna, Internet sowie Essen und Getränke; ◷ 10–23 Uhr.

Transport

Nach BANGKOK mit 2.Kl. ac-Bus von 15.30–16.30 Uhr für 382 Baht, ac-Bus um 7, 15 und 15.30 Uhr für 491–580 Baht in 13 Std., VIP-32-Bus um 7 und 16.30 Uhr für 760 Baht in 9 1/2 Std.
Nach CHIANG MAI non-ac-Bus um 6.10 Uhr für 121 Baht, 2.Kl. ac-Bus um 11.40 Uhr für 169 Baht, VIP-40-Bus um 9 Uhr für 218 Baht in ermüdenden 7 Std. (besser über Chiang Rai fahren); Minibus um 7 und 10 Uhr in 5 Std. für 220 Baht.
Nach CHIANG RAI Busse und Pickups alle 40 Min. bis 15.45 Uhr für 42 bzw. 54 Baht in 2 bis 3 Std. (3 Routen).
Von CHIANG RAI fahren die Busse an 3 verschiedenen Bus-Steigen ab: an Nr.9 für 2 Std., an Nr.19 für 2 1/2 Std., an Nr.13 für 3 Std. Fahrt.
Nach CHIANG SAEN Minibus um 7 Uhr bzw. Pickup jede Std. von 8–12 Uhr für 50 Baht (umsteigen in Had Bai).
Nach PHA TANG großes Pickup um 9 und 15.30 Uhr für 60 Baht ab Esso-Tankstelle.
Nach CHIANG KHAM non-ac-Bus 5x tgl. von 6.15–11 Uhr für 60 Baht.

BOOTE – Die Personenfähre nach BAN HOUAI SAI (Laos) kostet 20 Baht, ein Motorradtaxi von der Stadt zum Pier 20 Baht.

Die Umgebung von Chiang Khong

In der Umgebung gibt es viele Dörfer der Weißen Hmong (White Hmong). Mit dem Motorrad sind sie gut zu erkunden. Mehrere Wasserfälle in schönem Wald lohnen eine Wanderung, z.B. der Huai Meng (in der Trockenzeit wenig Wasser).

8,5 km westlich der Stadt liegt das Hmong-Dorf **Thung Na Noi**, das ganz bewusst seine Kultur bewahren will. Gäste sind eingeladen, gegen eine Spende einen jungen Guide aus der Schule zu engagieren, der sie im Dorf herumführt. Er zeigt auch den Weg (45 Min.) zum schönen **Huai Tong-Wasserfall**, der in der Trockenzeit wenig Wasser führt.

Von Chiang Khong kommt man am besten per Motorrad auf einem steilen, schlechten Erdweg durch **traditionelle Dörfer** und durch Ananas- und Orangenplantagen (Früchte von Nov bis Jan) zum Hmong-Dorf. Wer kein Fahrzeug hat, kann am Morgen von 9–11 Uhr mit einem vom Markt zurückkehrenden Hmong-Pickup von Soi 8 nach Thung Na Noi mitfahren (15 Baht) und am späten Nachmittag zurückwandern.

Von Chiang Khong nach Chiang Kham

Zu den Höhepunkten einer Rundfahrt in Nord-Thailand zählt von Mitte November bis Mitte Februar die Route von Chiang Khong entlang der Grenze zu Laos nach Süden bis Chiang Kham (178 km).

Auf dem H1020 geht es von Chiang Khong 13 km nach Süden in das Thai Lue-Dorf **Sri Don Chai**. Dort weben Frauen auf einfachen Webstühlen Stoffe mit komplizierten Mustern und Farbkombinationen.

Gleich hinter der Brücke zweigt vom H1020 das schmale Sträßchen H1155 ab und führt einige Kilometer am Mekong entlang. Im Dorf Ban Chompong findet jeden Di und Mi von 8–16 Uhr ein Grenzmarkt statt, zu dem viele Laoten über den Fluss kommen und ihre Naturprodukte anbieten. Nach 24 km ist **Wiang Kaen** erreicht (38 km von Chiang Khong). Hier lohnt evt. ein Abstecher zum Mekong, wo ein kleines Lokal am Fluss mit schöner Aussicht einfaches Essen bietet.

Danach führt der H1155 durch ein Tal mit vielen Hmong- und Yao-Dörfern und hinauf in die Berge, wo frisch angesiedelte Hmong und Akha den Dschungel rodeten, um Felder für Mais anzulegen. Am KM 52 in Ban Pang Hud zweigt ein schönes, durchgehend asphaltiertes, z.T. sehr steiles Sträßchen nach **Ban Pha Tang** ab (13 km). Auf dem Pass gibt es auch einfache Restaurants und ein Gästehaus. Gleich hinter den Häusern führt eine 2 km lange Stichstraße zum **Doi Pha Tang** hoch. Vom Aussichtspunkt *Gate of Siam* (Chinesischer Pavillon) sieht man weit nach Laos hinein bis zum Mekong.

Übernachtung

Khoomluang Hotel, Wiang Kaen, am KM 67,5 des H1155, hübsche, kleine Bambusbungalows, Du/WC mit Vorhang abgetrennt, Balkon mit Sicht in die Natur; Schlafsaalbetten 40 Baht, Steinbungalows und ein VIP-Room mit Badewanne. Teures Restaurant mit Karaoke bis spät in die Nacht. ❷–❸

Phatang House, Ban Pha Tang, ✆ 053-719153, 20 Zi oben am Berg. ❸–❹

Essen

Im netten ***Wasan Restaurant*** vor der Straßeneinmündung links gibt es hervorragendes, preiswertes Essen. Auch im ***Kid Tueng Restaurant*** beim Gästehaus kann man ganztägig essen. Tagsüber bieten einige Restaurants entlang der Straße Nudel- und Curry-Gerichte.

Transport

Von CHIANG KHONG nach Pha Tang an der Esso-Tankstelle mit großem Pickup-Bus um 9 und 15.30 Uhr für 60 Baht. Nach Wiang Kaen jede Std. mit dem Songthaew für 30 Baht.

Phu Chi Fah

Auf dem H1093 sind es noch 27 km bis zum Grenzberg Phu Chi Fah, gesprochen: Pu Tschi Fah, fälschlich auch Pha Chee Fah.

Der H1155 überquert einige herrliche Pässe. Die Strecke zum Phu Chi Fah ist gut ausgeschildert. 10 km südlich vom Dorf Nang Tan (KM 27,1) fährt man auf der guten Verbindungsstraße zur Bergstraße H1093 hoch, unterwegs liegt ein Meo-Dorf mit einem **Meo-Museum**. Oben sind es nach rechts noch 1,6 km bis zur Abzweigung zum neuen Parkplatz (weitere 2 km). Im Morgengrauen steigt man auf dem gut sichtbaren Pfad etwa 760 m in 20 Min. zum markanten Grenzberg zu Laos hoch. Bei klarem Wetter bietet sich bei Sonnenaufgang eine herrliche Aussicht aus 1400 m Höhe nach Laos hinein. Der Phu Chi Fah heißt zu Recht „Der Berg, der zum Himmel zeigt". Thais lieben vor allem die Nebelbänke in den Tälern am frühen Morgen, daher wandern sie bereits um 4.30 Uhr los.

Übernachtung

In **Ban Rom Fah Thai** gibt es am KM 64 massenhaft kleine Bungalows mit Matratzen, 500 Baht pro 6 Pers. ❷

Phu Chi Fah Dok View Gh., KM 64,4, ✆ 01-6731836, an der Abzweigung, 10 Hütten mit Matratzenlager für jeweils 8 Pers., mit Warmwasser-Du/WC, 100 Baht p.P. ❷

Phu Chi Fah Lodge, KM 56,4, Ban Rom Pho Thong, ✆ 01-4727883, oberhalb der Straße, 10 geräumige Bungalows mit schöner Sicht, Restaurant. ❸

Transport

Von CHIANG RAI mit non-ac-Bus um 12.30 Uhr für 65 Baht in 4 Std.

Phu Sang National Park

Nach Süden schlängelt sich der H1093 noch 77 km bis Chiang Kham. Man passiert das *Doi Phamon Highland Agricultural Extension Center* mit Villen in tollen Gartenanlagen und das Dorf Rom Pho Thai (21 km). Mitte Februar blühen hier viele Bäume hellrosa. Nach weiteren 24 km finden sich in **Ban Huak** günstige Stoffläden und eine Tankstelle. Hier zweigt eine Straße nach Ban Kiuk (2,2 km) zum offiziellen Grenzübergang für Einheimische ab. Am 10. und 30. jeden Monats findet ein interessanter **Grenzmarkt** statt.

Nach weiteren 4 km lädt der **Phu Sang-Wasserfall** direkt am KM 23,5 zur Rast ein.

Chiang Kham

Nach weiteren 28 km auf dem H1093 und dem H1021 ist das Marktstädtchen Chiang Kham erreicht. Beim Bus Terminal ist das **Wat Saen Muang Ma** mit seinen tollen Wandgemälden sehenswert. Auch **Wat Nantaram**, 500 m rechts vom Hotel, verdient einen kurzen Besuch.

Übernachtung und Essen

Chiang Kham Hotel, 243 Moo 13, ✆ 054-481893, an der Hauptstraße neben der Kasikorn Bank, altes, aber sauberes Haus, 40 einfache Zi, die hinteren sind ruhiger; freundliches Personal. ❶–❷, ac ❸

Gh. 88 (Chiangkham Gh.), 279 Moo 4, ✆ 054-451 588; 400 m von der Umgehungsstraße (am blauen Schild abbiegen), 1 km vom Busbahnhof (ab dem Wat gut ausgeschildert), einfache, schöne Anlage, bietet 24-Std.-Service und am linken Ende für Traveller die sauberen, preiswerten Häuschen *Air01* und *Air02* mit TV und Du/WC, Kühlschrank im Vorraum; freundlicher Manager. ❷–❸

Chiang Kham Garden Resort, 88 Moo 2, Ban Yuan, ✆ 054-451946, am KM 73,7 der Umge-

hungsstraße, 20 Doppelbungalows mit Garage, komfortable ac-Zi, Restaurant. ❸
In der Ortsmitte gibt es diverse Garküchen.
Nong New Food, 51/6 Yeun Rd., ✆ 054-415243, die Chefin spricht gut Englisch.

Transport

Der Bus Terminal liegt im Zentrum der Stadt.
Nach CHIANG RAI alle 30 Min. bis 16.30 Uhr für 35 Baht, ac-Bus 4x tgl. für 50 Baht.
Nach NAN non-ac-Bus bzw. ac-Bus um 11.15 Uhr für 60 Baht bzw. 85 Baht.
Nach CHIANG KHONG 5x tgl. von 11–16 Uhr für 50 Baht.

Östlich von Chiang Mai

Phayao พะเยา

Die kleine Provinzhauptstadt liegt am Ufer eines 6 km langen und etwa 4 km breiten Sees, des **Kwan Phayao**, über den immer eine erfrischende Brise zu wehen scheint. Dahinter erhebt sich eine Bergkette bis auf 1856 m. Im flachen See gibt es Fische *(pla nin)* und viele Wasserhyazinthen. In der Regenzeit schwillt der See so an, dass viele Felder in der Umgebung überflutet werden. Ausländische Touristen verirren sich kaum nach Phayao. Dagegen machen unzählige Touristenbusse mit Thais einen Stopp am See, abends veranstalten sie fröhliche Picknicks im Park. Ansonsten ist Phayao sehr ruhig und ideal zum Ausspannen.

Sehenswert sind zwei alte Tempel. **Wat Luang Ratcha Santhan** liegt in der Nähe des Markts gegenüber der Bangkok Bank. Die zwei Chedis sollen im 12. Jh. erbaut worden sein. Sehr alt ist auch der Viharn, dessen Dach auf riesigen Teaksäulen ruht.

Das **Wat Si Khom Kham** liegt im Norden der Stadt direkt am See. Ein über 400 Jahre alter, 17 m hoher Buddha thront in der riesigen Tempelhalle. Gleich dahinter tummeln sich in einem Statuengarten greuliche Darstellungen der Hölle, Buddhas, zwei Dinosaurier und sogar eine E.T.-ähnliche Figur. Etwas südlich von diesem Wat wurde ein neuer Tempel mit geschmackvollen Innenmalereien erstellt. Von dessen Seeterrasse hat man vor allem in der Abenddämmerung eine schöne Aussicht auf die gegenüberliegende Bergkette.

Eindrucksvoll ist der schöne Marmortempel **Wat Analayao** am Westufer des Sees, dessen Architektur sich harmonisch in die Landschaft einpasst.

Übernachtung

Wattana ⑧, 69 Donsanam Rd., ✆ 054-431203, einige Zi mit ac, besser im neuen Flügel. ❷–❸
Tharn Thong ⑦, 55 Donsanam Rd., ✆ 054-431302, ℻ 481252, einige gute Zi. ❷, ac ❸
Gateway Hotel ⑧, 7/36 Pratu Klong 2 Rd., ✆ 054-411330, ℻ 410519, großes Hotel, sehr gut ausgestattete Zimmer, Pool im 4. Stock. ❹
Siri Phan ④, Hütten am See, unzumutbar. ❷
Chalermsak ⑥, nicht zu empfehlen. ❶
Am Super Highway H1 zwischen KM 738 und 739, etwa 3 km nördlich vom Zentrum:
Bua Resort ③, 262 Super Highway, ✆ 054-481855, große, gepflegte Anlage mit gut ausgestatteten ac-Bungalows, wenige Gäste, kein Restaurant. ❸
Friend House ②, ✆ 054-431309, 400 m vom Highway entfernt, einfache, renovierungsbedürftige Bungalows, z.T. für 4 Pers., netter Garten; Familienbetrieb. ❸
Phayao Hotel (30% Discount) ①, 445 Super Highway, ✆ 054-481970, ℻ 481973, Motelstil. ❹

Essen

Viele kleine, z.T. englisch beschriftete Restaurants auf der Landseite der Uferstraße bieten günstiges, hervorragendes Thai-Essen (z.B. das *AEM)*.
Ab dem Vormittag kann man am See gegrillten Fisch (ca. 180 Baht) und Hähnchen verspeisen, dabei sitzt man auf Sitzkissen an niedrigen Tischen.
Im ***I Style*** speist man im OG mit Sicht über den See.
Gegenüber vom Wat Luang Ratcha Santhan wurde uns eine gute **Bäckerei** empfohlen, bei der man sich fürs Frühstück eindecken kann, dazu braut der ***Coffee Shop*** am See einen exzellenten Cappuccino.
Gut ist auch die französische Bäckerei ***OH!,*** 549 Phaholyothin Rd., in der es Baguettes und Kuchen geben soll.

Sonstiges

RIKSCHAS – im Ort kosten 10–20 Baht.

REISEBÜROS – ***Phayao Travel*** an der Donsanam Rd., vermietet u.a. Motorräder und Autos, So geschlossen.

Transport

Nach BANGKOK (712 km) non-ac Bus um 7 Uhr für 223 Baht, ac-Bus von 18.30–20.45 Uhr für 312 bzw. 401 Baht, VIP-24-Bus um 8.30, 19.20, 19.30 und 20.30 Uhr für 620 Baht in 10 Std.
An der Straße H1 von LAMPANG (127 km, 43 Baht) nach CHIANG RAI (87 km, 35 Baht, ac 49 Baht) kommen bis 16.30 Uhr alle 20 Min. Busse in beiden Richtungen durch.
Nach CHIANG MAI 8x tgl. non-ac-Bus und 5x 2.Kl. ac-Bus von 8–17.30 Uhr für 67 / 94 Baht in 3 Std., ein ac-Bus um 12 Uhr für 121 Baht.
Nach CHIANG KHAM non-ac-Bus alle 40 Min. bis 17.30 Uhr für 30 Baht.
Nach DENCHAI zum Bahnhof 2.Kl. ac-Bus für 78 Baht.
Nach NAN non-ac-Bus um 13.30 Uhr für 71 Baht, 2.Kl. ac-Bus um 8 Uhr für 99 Baht in 4 Std.
Wer mit eigenem Fahrzeug unterwegs ist, kann die Strecke nach NAN auf dem tollen H1251 abkürzen: 47 km Asphalt, davon 25 km in schönem Wald durch den Doi Phu Nang National Park (Abstecher von 5 km nach rechts zum Dorf Ban Bo Bia und zum Tansawan Wasserfall), schließlich 10 km durch einsamen Wald. Sie trifft bei Sra, 8 km nördlich von Chiang Muan, auf den H1120.

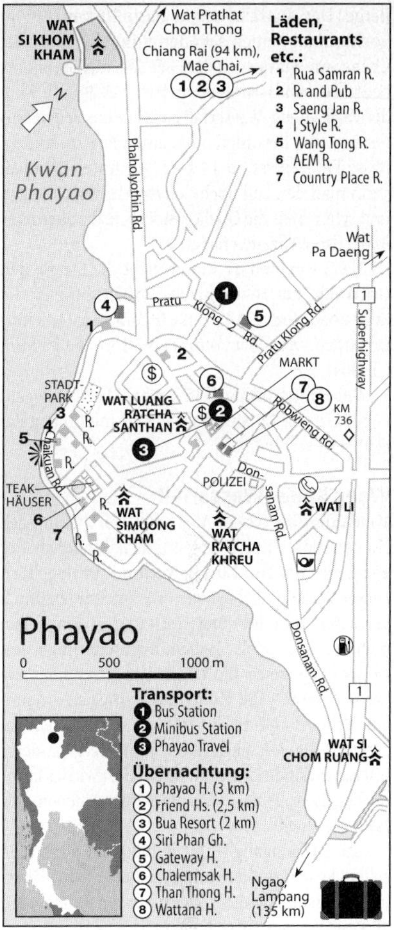

Die Umgebung von Phayao

Doi Luang National Park

38 km nordwestlich von Phayao biegt vom H1 am KM 773,4 die Straße zum Park nach Westen ab (8,6 km), gegenüber ein Polizeigebäude.

Auf 1,3 km Länge bildet ein Bach in neun Stufen den **Pu Kaeng-Wasserfall**. Ein ausgetretener Pfad führt 1 km bergan durch lichten subtropischen Wald mit viel Bambus. Schön sind die Sinterterrassen der Fälle 4 und 5, Picknickplätze und Müll deuten darauf hin, dass hier am Wochenende viel los ist. Die Fälle 7 und 8 sind schon hoch, doch den krönenden Abschluß bildet ein „Amphitheater der Wasserspiele" am Fall 9! Einen Swimming Pool gibt es nicht, nur einen kleinen Badepool am Fuß von Fall 1. Für Fotos eignet sich am besten der Vormittag. Es gibt ein *Visitor Center*, ein einfaches Restaurant (8–17 Uhr) und einen Zeltplatz. Eintritt 200 Baht.

Tarn Thong-Wasserfall

8 km südlich von Phayao biegt am KM 727 der H120 nach Westen ab. Dichter Wald bedeckt die

Berge. Der Aussichtspunkt nach 20 km (891 m hoch) erlaubt einen schönen Rundblick über die Ebene von Phayao mit dem See (abends besonders beeindruckend). Hinter dem Pass rieselt nach 9 km der Tarn Thong-Wasserfall ca. 20 m die steilen Sinterterrassen herunter, ohne einen Pool zu bilden. Beste Fotozeit ist ab 14 Uhr. Mit festen Schuhen kann man den Fall hochklettern, dem Bach folgen und schon bald die Quelle entdecken, die allerdings in der Trockenzeit versiegt.

Nach weiteren 17 km erreicht die Straße den Ort **Wang Nua**. Hier führt der H1035 im weiten Tal über Chae Hom (54 km) nach Lampang (105 km) im Süden (von dort kommt ab 8 Uhr alle 30 Min. ein Bus).

Der H120 trifft nach 15 km bei Mae Kachan auf den H118, der Chiang Mai (81 km) mit Chiang Rai (101 km) verbindet.

Wang Kaew-Wasserfall

Von Wang Nua ist ein Abstecher von 24 km nach Norden zum Wang Kaew-Wasserfall möglich, der ebenfalls zum **Doi Luang National Park** gehört. Dieser Wasserfall, der über 110 Sinterstufen durch herrlichen Wald herunterrieselt und -strömt, bildet mehrere Badepools. Felsen, Schmetterlinge und weiter oben auch tolle Vögel – dem Genießer reichen schon 50–100 Höhenmeter. Da sich die steilen Pfade immer mehr verlieren, schaffen den gesamten Weg von 6 km (2 Std.) nur Bergwanderer mit guter Kondition. Der obere Teil ist wieder leichter begehbar. Hinter dem Bananenwäldchen gluckert die Quelle.

Am Parkeingang (Eintritt 200 Baht) kann man zelten. Restaurant ist vorhanden, aber keine Übernachtungsmöglichkeit. Die nächsten Hotels sind 40 km entfernt in Mae Kachan.

Holzelefanten

30 km südlich von Phayao liegt am KM 699,5 ein **Handicraft Center**, bei dem sich alles um geschnitzte Elefantenkunstwerke dreht. Schon die Gebäude sind ungewöhnlich. Als Blickfang dient ein aus kleinen Elefanten zusammengesetzter großer Holzelefant. Neu sind fünf Zimmer in Form eines Elefanten, ein Restaurant und ein 14-tägiger Holzschnitzerkurs. Keine Kaufanmache, freundliche Leute.

Lampang ลำปาง

Die Provinzhauptstadt mit etwa 50 000 Einwohnern, 100 km südöstlich von Chiang Mai, war vor der Herrschaft der Khmer und Thai Sitz eines Mon-Königreiches. Bei Ausgrabungsarbeiten wurden Reste hinduistischer Stuckarbeiten entdeckt. Von der alten Stadtmauer ist noch ein achteckiger Ziegelturm erhalten. Lampang ist bekannt für Keramiken aus weißer Erde, bemalt vor allem in blauen und braunen Farbtönen.

Ein schöner, mit Holzschnitzereien verzierter Tempel im burmesischen Stil ist **Wat Si Rong Muang**, Tha Krao Noi Road. Einige der schönsten Tempelanlagen Nord-Thailands liegen ein paar Kilometer außerhalb von Lampang. In allen Tempeln wird eine Spende von ca. 10 Baht erwartet. Es ist auch in Lampang ratsam, die Kleidervorschriften beim Tempelbesuch strikt einzuhalten.

Am rechten Ufer des Wang, 1 km nordöstlich der zentralen Rasada Brücke, liegt **Wat Phra Kaeo Don Tao**, in dem einstmals der berühmte Smaragd-Buddha des Königstempels von Bangkok aufbewahrt wurde. Hier stehen ein mächtiger Chedi, eine prächtige Kapelle im burmesischen Stil und ein schöner Tempel im Thai-Stil. Auch ein kleines Museum ist zu besichtigen. 3 km weiter Richtung Nordosten liegt der „Tempel der 20 Chedis" **Wat Chedi Sao**; besonders schön in der Regenzeit, wenn die Reisfelder in sattem Grün strahlen.

Lohnenswert ist ein Ausflug zur schönsten und berühmtesten Tempelanlage in der Umgebung von Lampang, **Wat Phra That Lampang Luang**.

Übernachtung

GÄSTEHÄUSER – ***The Riverside Gh.*** ③, 286 Talad Gao Rd., ✆ 054-227005, ✉ riversidefamily@yahoo.com, 3 große, alte Holzhäuser in schöner, ruhiger Lage am Fluss, 10 saubere Zi mit Fan und Warmwasser-Du/WC, z.T. mit Balkon. Frühstück, kleine Gartenterrasse, gute Atmosphäre; Moped zu mieten. Ein Spaziergang die Talad Gao Rd. hinunter zum zugehörigen Restaurant lohnt wegen der schönen alten Häuser. Tagestouren 300 Baht. Guesthouse und Restaurant werden geführt von zwei italienischen Schwestern, Lorenza und Stefanie. ❷–❸

Boonma Gh. ①, 256 Talad Gao Rd., ✆ 054-

322653, 90 Jahre altes, schönes Teakhaus, sauber und ruhig, obere Zi geräumig, unten eng. ❶–❷

Bann Fai ⑮, 206/2 Moo 2 Highway, ✆/✆ 054-224602; 5,5 km außerhalb Richtung Chiang Rai am KM 605,5. Mit Antiquitäten ausgestattetes Teakhaus im Thai-Stil, im Obergeschoss 7 sehr einfache Zi, Matratzen auf dem Boden, große, saubere Du/WC auf dem Flur, der von einem einzigartigen Teppich bedeckt ist. Neueres Reihenhaus weiter hinten im Garten, nette Zi, Du/WC außen. Edles Ambiente, auch im Gartenrestaurant, moderate Preise. Töpferei im Hintergarten. Freundlicher, hilfsbereiter und engagierter Besitzer. Fahrrad- und Motorradvermietung; Infos und detaillierte Karten für Ausflüge.

Sielor vom Bus Terminal 50 Baht, zurück 20 Baht. ❷

HOTELS – Sieben im Umkreis von 200 m um die Kreuzung Boonyawat Rd. / Suan Dok Rd.:

Kim ④, 168 Boonyawat, ✆ 054-217588, sehr gute Zi mit ac. ❸

Sri Sanga ⑨, 213 Boonyawat, ✆ 054-217070, große, saubere Zi mit Bad. ❶–❸

Khe Lang Nakorn ⑧, 719 Suan Dok Rd., ✆ 054-222846-7, gutes Hotel, preiswert. ❷–❸

Asia Lampang ⑦, 229 Boonyawat, ✆ 054-227844, bestens, preiswert, sehr gutes Teak-Restaurant. ❸

Lampang ⑩, 696 Suan Dok Rd., ✆ 054-227311-2, häufig voll. ❶–❷

Romsrithong ⑤, 142 Boonyawat, ✆ 054-217054, Richtung Stadtmitte; einfache Zi mit und ohne Du/WC. ❷–❸
Thip Chang ②, 54/22 Tha Krao Noi Rd., ✆ 054-226501-6, alle Zi mit ac; Pool, Coffeeshop. ❹
Siam Hotel ⑪, 260/29 Chat Chai Rd., ✆ 054-217472, renoviert. ❹
Lampang River Lodge ⑱, 330 Moo 11, Tambon Chompu, ✆ 054-226922; 6 km südlich am Wang River, tropischer Garten, schöne, große Holzhäuser mit 60 ac-Zi, Restaurant. ❹

Essen und Unterhaltung

Neben unzähligen Garküchen und *Food Center* in den Kaufhäusern gibt es auch viele Restaurants der westlichen Ketten.
Im ***Riverside Restaurant***, ✆ 054-221861, am Fluss sitzt man gemütlich. Das Essen ist sehr gut, auch vegetarisch. Nettes Personal. Auf der Terrasse spielt abends eine Live-Band.
Auch das ***Relax Restaurant*** daneben bietet vor allem einen schönen Blick auf das Wat gegenüber.
Sehr gut ist das Restaurant des ***Asia Lampang Hotels*** mit seiner schönen Teak-Terrasse, zwar direkt an der Straße, aber fabelhafte Thai- und chinesische Küche.
Der Nordthailand-Experte Uwe Loewel empfiehlt das ***Kam Wan Restaurant*** in der Suan Dok Rd. in einem Holzgebäude mit Museum-Ambiente, es serviert authentische Nordthai-Gerichte.
Bann Fai Restaurant, am KM 605,5 des H1 (s.o.), etwas zurückversetzt. Angenehmes Gartenrestaurant mit Sitzmöbeln, die aus alten Ochsenkarren gefertigt sind. Sehr gutes, preiswertes Essen. Das zugehörige Souvenirgeschäft mit erstklassigen kunsthandwerklichen Stücken lädt zum Stöbern ein. Das ***Modyme Entertainment*** bietet Shows und Disco.

Sonstiges

FESTE – Anfang Februar findet die ***Elephant Satok Fair*** mit Umzügen, kulturellen Veranstaltungen, Elefantenshow und Elefanten-Dinner statt (Eintritt 150 Baht).

GELD – Wer außerhalb der Bank-Öffnungszeiten oder am Wochenende Geld wechseln muss, kann es bei der ***Kasikorn Bank*** im Big C Supermarket, 1. Stock.

INFORMATIONEN – Ein Tourist Office hat westlich vom Clock Tower aufgemacht.

MEDIZINISCHE HILFE – Sehr gut ist das private ***Khelang Nakhon Hospital*** nahe dem Busbahnhof.

MOTORRÄDER – Im ***Bann Fai*** am KM 605,5 des H1 (s.o.) für 150 Baht/Tag; dazu gute Infos und einige exakte Karten für Ausflüge in der Umgebung.

PLZ – 52 000

Nahverkehrsmittel

Innerhalb der Stadt verkehren Fahrrad-Rikschas und die in Thailand seltenen PFERDEKUTSCHEN (1 Std. für 400 Baht, kleine Rundfahrt 200 Baht, z.B. ab Hauptpost und *Thip Chang Hotel)*. PICK-UPS in der Stadt kosten 15–20 Baht. SIELOR zum Bann Fai Restaurant 50 Baht, für eine 2-stündige Tempelrundfahrt 200 Baht.

Transport

BUSSE – Lampang ist der Knotenpunkt für alle Busse vom Süden nach Chiang Mai und Chiang Rai, daher halten viele am Bus Terminal. Die Minibusse zu Zielen in der Umgebung fahren an unterschiedlichen Stellen in der Innenstadt ab.
Nach BANGKOK (610 km) 2.Kl. ac-Bus um 18.30, 19.20 und 20 Uhr für 270 Baht, ac-Busse 13x tgl. für 347 bzw. 405 Baht, der VIP-24 um 20.30 und 21 Uhr für 540 Baht in 8 1/2 Std. Ac-Busse am Abend für 405 Baht auch von den Büros der privaten Bus Companies beim Kreisel. Zurück 13x tgl.
Nach CHIANG MAI non-ac-Busse alle 30 Min. bis 21.30 Uhr für 50 Baht (Stopp beim Elephant Institute nach 30 Min. Fahrt, 20 Baht), ac-Busse seltener für 55 Baht (auch von den Büros der privaten Bus Companies).
Nach CHIANG RAI alle 45 Min. bis 17 Uhr für 81 Baht.
Nach NAN non-ac-Bus alle 30 Min. von 8–22.30 Uhr für 86 Baht, ac-Busse für 120 bzw. 154 Baht (über PHRAE für 46 / 64 / 83 Baht).
Nach SUKHOTHAI non-ac-Bus jede Std. bis

21.30 Uhr für 91 Baht, mit 2.Kl. ac-Bus für 127 Baht, ac-Bus für 164 Baht in 4 1/2 Std.
Nach MAE SAI non-ac-Bus gegen 10.30 Uhr für 99 Baht.

EISENBAHN – Der Bahnhof ist eine Sehenswürdigkeit. Von BANGKOK fahren täglich 4 Nachtzüge zwischen 14.30 und 21.30 Uhr und ein Tageszug um 6 Uhr in 11–13 Std. ab 284 Baht in der 2. Kl. Außerdem 2 *Sprinter* um 8.30 und 19.25 Uhr in 9 Std. für 444 Baht.
Zurück fahren 5 Züge am Abend, der *Rapid* 102 um 9.05 und der *Sprinter* 12 um 10.22 Uhr. Alle halten auch in Ayutthaya und am Don Muang Airport.
Nach PHITSANULOK eignen sich die beiden Vormittagszüge und der *Ordinary* 408 um 9.45 Uhr (6 Std.).
Von und nach CHIANG MAI fahren 7 Züge in gut 2 Std. ab 25 Baht auf der einsamen, schönen Strecke durch den Khuntan National Park.
Nach CHIANG MAI sind nur die Züge um 9.37, 17.44 und 18.52 Uhr praktikabel.

FLÜGE – ***PB Air***, ✆ 054-230401-2, fliegt 2x tgl. von/nach BANGKOK, 1950 Baht.

Die Umgebung von Lampang

Wat Phra That Lampang Luang

Das Wat Phra That Lampang Luang ist mindestens 1300 Jahre alt. Wer etwas für Tempel übrig hat, kann hier leicht mehrere Stunden verbringen. Es liegt erhöht und ist von dicken Mauern umgeben, da es früher auch als Festung genutzt wurde.

Man betritt den Tempel, indem man zwischen zwei modernen chinesischen Tempeln links vom Haupttor hindurchgeht (Spende 10 Baht). Die Zweige des alten Bodhi-Baumes werden von vielen Stützen, die von Gläubigen gespendet wurden, am Abbrechen gehindert. Im **Museum** am Ende des Vorhofs steht ein Smaragd-Buddha, der aus dem gleichen Material (nämlich Jade) wie der viel berühmtere in Bangkok sein soll. Weitere schöne Buddha-Statuen sind hier leider völlig unattraktiv angehäuft. 🕓 Mi–So außer feiertags 9–12 und 13–17 Uhr (am frühen Morgen noch recht wenige Tourbusse).

Der Innenhof wird beherrscht von einem wuchtigen, 45 m hohen **Chedi**. Sechs Viharn und Kapellen mit zum Teil prachtvoll geschnitzten Fassaden enthalten Buddha-Statuen und einen herrlichen **Reliquienschrein**. Die meisten sind 500–700 Jahre alt.

Transport

Von Lampang mit dem Minibus nach KO KHA (15 km) für 25 Baht (Abfahrt im Zentrum oder am Eisenbahnübergang beim Bahnhof). Alternativ mit dem Bus ab dem Bus Terminal um 7.30, 9, 10.30, 12, 14 und 16 Uhr für 12 Baht. Von Ko Kha hinter der Wang-Brücke nach rechts 3 km zum Kloster gehen (Motorradtaxi 20 Baht, Songthaew 5 Baht, aber selten). Gecharterte Songthaews ab Lampang verlangen 60–80 Baht pro Person, hin und zurück.
Von CHIANG MAI kommend biegt man vom H11 bereits am KM 13 nach rechts Richtung Ko Kha ab und fährt 12 km auf dem H1034 nach Süden. Auf dem H1 von Süden kann man schon am KM 587,6 nach links abbiegen, es sind dann noch 5 km zum Tempel.

The National Elephant Institute

1992 wurde das Thai Elephant Conservation Center 28 km hinter Lampang am H11 (KM 28) nach Chiang Mai beim Dorf **Thung Kwian** eröffnet, im Jahre 2002 umbenannt in The National Elephant Institute. Da die Elefanten in Thailand zu den zehn am meisten bedrohten Tierarten zählen (es gibt noch etwa 1500–2000 Arbeitselefanten), soll dieses Zentrum dem **Schutz der Elefanten** dienen und die Tradition der Arbeitselefanten bewahren. In dem 60 ha großen Waldgebiet gibt es ein Wasserreservoir, ein Trainingsareal, einen Vorführplatz, ein Dorf für die *Mahouts* sowie Zuckerrohr- und Grasfelder für das Futter der Elefanten. Außerdem wurden ein kleines Museum, eine Fortbildungsstätte für Mahouts und Informationszentren für Fachleute und Elefantenhalter aufgebaut. Ein **Elefantenhospital** wurde mit moderner medizinischer Technik und mit akademisch ausgebildetem Personal ausgestattet. Die Elefanten werden artgerecht gehalten und liebevoll betreut. Seit das Abholzen der Wälder offiziell verboten ist, gibt es für die Elefanten keine traditionelle Arbeit mehr. Den Elefantenhaltern wird empfohlen, die Tiere durch Shows für Touristen und als Reittiere beim Trekking über Wasser zu halten.

Im *Elephant Institute* erhalten **junge Elefanten** die traditionelle Ausbildung, bei der sie lernen, nebeneinander und hintereinander zu laufen, Baumvölker zu rollen, zu ziehen und aufeinander zu stapeln, und vor allem ihrem *Mahout* zu gehorchen. Elefantenliebhaber können einen Elefanten adoptieren. Sie finanzieren dann sein Futter und erhalten einen regelmäßigen Bericht über das Wachstum und Wohlergehen ihres Lieblings. Schon ab 500 Baht kann man Mitglied bei den *Friends of the Asian Elephant*, 36/15 Moo 2 Ram-Indra Rd. (KM 4), Bangkhen, Bangkok 10220 werden.

Die meisten Touristen werden sich auf die interessanten **Vorführungen** beschränken, die auch viel Spaß machen. Sie werden ganzjährig täglich um 9.45 (Elefantenbaden und Mahout-Training), 10 und 11 Uhr abgehalten, am Wochenende auch um 13.30 Uhr (30 Min., Eintritt 50 Baht). Es lohnt sich, schon früh da zu sein und die Elefanten beim Bade zu beobachten. Zehn Minuten Elefantenreiten kostet 50 Baht p.P., 60 Min. 800 Baht. Hinter den Souvenirläden gibt es eine Manufaktur für (absolut geruchfreies) Papier aus Elefantendung.

NORD-THAILAND

Wer sich intensiv auf das **Leben mit den Elefanten** einlassen will, kann 3 Tage/2 Nächte bei einem Mahout zu Hause wohnen (*Home Stay*, 4000 Baht p.P., 💻 www.thailandelephant.org), am anspruchsvollen Training teilnehmen, mit den Elefanten in die Wälder reiten und zum krönenden Abschluss in der Show auftreten. Für sportliche Naturfreunde ein einmaliges Erlebnis! Ein Zimmer ist auch für 500 Baht pro Nacht zu mieten, Restaurants schließen um 16 Uhr, Selbstverpflegung ist angesagt. Ein 3-tägiges Trekking kostet 5000 Baht p.P.

Transport

Die Busse von LAMPANG nach CHIANG MAI kommen nach etwa 75 Min. am Institute vorbei (20 Baht), dann geht es noch 20 Min. zu Fuß zum Camp. Ein Taxi kostet ab Lampang etwa 200 Baht. Von Chiang Mai fährt man am besten mit dem Bus 148 (grün) um 7.40 Uhr von der Arcade Bus Station oder etwas später vom Bus Stop beim Tourist Office in etwa 100 Min. für 34 Baht zum Elephant Institute (weitere Busse alle 25 Min.).

Märkte

Jeden Donnerstag findet in Thung Kwian (s.o.) ein **Vieh- und Motorradmarkt** statt. Am KM 21,4 des H11 wird jeden Tag ein großer Markt für **Kunsthandwerk** und lokale Produkte (u.a. fritierte Maden und panierte Käfer) und am KM 33,4 ein Markt für **Blumen** und Orchideen abgehalten.

Tham Pha Thai-Höhle

Wer mit eigenem Fahrzeug Richtung Chiang Rai unterwegs ist, kann sich die Höhle Tham Pha Thai anschauen (mit Taschenlampe). Zwischen 10 und 13 Uhr gibt es schöne Lichteffekte auf dem riesigen Stalagmiten in der Halle am Ende der 400 m langen Höhle.

Zu erreichen über einen Waldweg, der 64 km nördlich von Lampang vom H1 am KM 665,3 nach links abzweigt. Nach 800 m beginnen dann die 336 Stufen zum Eingang der Höhle. Markierte Pfade laden zu Wanderungen durch den Bergwald ein.

Ausflüge für Selbstentdecker

Im *Bann Fai Gästehaus* bei Lampang gibt der Besitzer, Khun Poj Sirisumbhand, beste Tipps für weitere Ausflüge, z.B. zum erloschenen Vulkan Champa Dao (16 km), zum Braunkohletagebau (*Lignite Mine*) bei Mae Moh (weitere 10 km) und eine detailliert aufgezeichnete Rundfahrt um das Kiu Lom Reservoir und zum Jae Sorn National Park.

Doi Khuntan National Park

วนอุทยานดอยขุนตาน

Der 225 km² große Park ist normalerweise nur mit der Eisenbahn zu erreichen – trotz 200 Baht Eintritt ein Muss für Bergwanderer und Naturfreaks. Ein Pfad steigt vom Bahnhof 1,3 km zum Park Headquarter hoch. Beim Steilaufstieg (2,5 km) zu den Bungalows kann man die Ruhe der Berge, die kühle Luft und die herrliche Sicht über Hügel und weite Täler genießen. Durch Monsun-Regenwald führt ein Halbtagesausflug 5 km hoch zum unbewaldeten Gipfel des Doi Khuntan – schöne Aussicht, aber keine spektakulären Sonnenuntergänge. Nur äußerst selten sind größere Tiere zu sehen. Am Wochenende kommen viele einheimische Ausflügler. Von November bis Februar wird es gelegentlich unter 5 °C kalt.

Übernachtung

Übernachten kann man in Park-Bungalows aus Bambus (ab ❷), etwas dahinter in Eisenbahn-Bungalows, die über die Thailändische Eisenbahn in Chiang Mai oder Bangkok gebucht werden können, und in privaten Hütten, ❶ (Essen verfügbar). Außerdem existieren mehrere Campingplätze für Selbstverpfleger.

Transport

Von CHIANG MAI mit dem *Ordinary Train* 408 um ca. 7.30 Uhr oder dem *Express* 52 um 16 Uhr in 75 Min. zum kleinen Bahnhof Khuntan (578 m ü.M.). Von LAMPANG mit dem *Express* 51 um 9.37 Uhr oder dem *Ordinary* 407 um ca. 12.50 Uhr in 50 Min.
Der letzte Zug nach CHIANG MAI ist der *Rapid* 101 um 19.41 Uhr, nach LAMPANG der *Special Express* 2 um 19.05 Uhr.

Jae Sorn National Park

วนอุทยานแจ้ซ้อน

Ein schön angelegter Park um einige heiße Quellen (66–73 °C), sowie der Jae Sorn-Wasserfall mit 6 Stufen sind die Hauptattraktionen in diesem 1988 eingerichteten National Park, auch Chae Son. Naturpfade von 1 und 5 km Länge führen durch urigen Wald zu weiteren Wasserfällen. Eine schöne Badeanlage mit 10 sehr sauberen Badehäuschen (20 Baht) mit gekachelten Sitzbecken lädt von 8–17 Uhr ins 39 °C warme Mineralwasser ein.

Der H1252 führt geradeaus weiter und um den National Park herum, geht bald in eine Erdstraße und später in eine etwas schwierig zu befahrende Piste über – nur noch mit Motorrad oder Jeep möglich (in der Regenzeit nicht empfehlenswert). Mehrere Lisu- und Karen-Dörfer liegen am Wege. Nach 54 km mündet er beim KM 42 auf den H118 ein.

Übernachtung

Nationalpark-Bungalows, ❹, für 4 Pers., kein Warmwasser. Zelte zu mieten. Zu buchen unter *Chae Son* auf der Website 🖳 www.dnp.go.th/parkreserve/nature.asp?lg=2.

Im Ort **Chae Hom** abseits der Hauptstraße gibt es einen **Bungalow,** ❹, und ein kleines **Hotel,** ❶, 70 m vom Markt in der Geschäftsstraße rechts, Schild auf Thai. Holzhaus im Thai-Stil, Du/WC außerhalb.
Das saubere ***Motel Santisuk*** mit Restaurant liegt 4 km nördlich am H1035. ❷

Transport

Von LAMPANG fahren direkte Busse nach BAN JAE SORN um 11 und 12 Uhr, 43 Baht. Dann sind es noch 5 km zu Fuß zum Park. Zurück fahren die Busse nur morgens um 6 Uhr.
Von LAMPANG fährt alle 30 Min. ein Bus über CHAE HOM (24 Baht) und WANG NUA (54 km, weitere 24 Baht) nach CHIANG RAI und zurück.
Nach CHAE HOM fahren auch Songthaews ab einer kleinen Seitenstraße östlich vom Uhrturm bei einem Markt für 35 Baht.
Songthaew-Charter zum Jae Sorn National Park kostet in Chae Hom ca. 300 Baht.
Mit eigenem Fahrzeug fährt man von Lampang auf dem H1035 nach Norden, biegt am KM 58,7 nach links auf die Zufahrtstraße H1287 ab, folgt der Ausschilderung 17 km weit und biegt nach links zum Eingangstor ein.

Phrae แพร่

Phrae ist eine der ältesten Städte Thailands. Ursprünglich hieß die Stadt Wiang Kosai, was „Seidenstoff" bedeutet. Sie wurde vor mehr als 800 Jahren gegründet, kurz nachdem die Thai von China her einwanderten. Zeitweise war Phrae ein eigenes Königreich, zeitweise ein Teil des großen nördlichen Königreiches. Im Laufe der Geschichte war die Stadt in viele Kriege verwickelt.

Die quirlig-beschauliche Stadt hat 25 000 Einwohner. Obwohl Phrae einiges zu bieten hat, zieht es eigentlich nur Touristen an, die schon häufiger den Norden Thailands besuchten. Nicht jeder fühlt sich hier als einziger Ausländer wohl. Einige Thai-Kenntnisse sind auf jeden Fall hilfreich.

Das neue Geschäftszentrum entstand außerhalb der alten Stadt, so dass deren Ruhe bewahrt blieb. Die **Altstadt** wird von einem fast vollständig erhaltenen Wall umschlossen, auf der Ostseite existiert auch noch der Wallgraben. Die Altstadt ist so klein, dass man an einem halben Tag hindurchschlendern kann, um sich an den traditionellen Teakhäusern zu erfreuen und die wichtigsten Tempel zu besichtigen. Das schöne, alte **Governor's House** im Zentrum der Altstadt wurde als Museum eröffnet.

Die Tempel weisen laotischen und burmesischen Einfluss auf. Im **Wat Luang**, das mit der Gründung der Stadt entstanden sein soll, rezitieren Mönche aus Palmblattbüchern. Der Viharn wird von Teaksäulen getragen, sein Dach schmücken Hamsa-Vögel. Im Museum daneben werden Antiquitäten, 5000 Jahre alte Faustkeile und ein Buddha-Kopf aus massivem Gold ausgestellt; voluminöse Palmblattbücher, in *Bolan* geschrieben, sind in Stoff gehüllt und aufgestapelt. Die schönsten kann man in Vitrinen bewundern.

Gleich außerhalb der Stadtmauer liegt in einer gepflegten Anlage das **Wat Sra Bo Kaew**. Ins Auge fällt der gut erhaltene Chedi im burmesischen Stil, der von exotischen Wächterfiguren beschützt wird.

Sehr schön ist das **Wat Chom Sawan** an der Ausfallstraße. Dieser Tempel wurde vor knapp 100 Jahren von Shan errichtet, die für die East Asiatic Company als Holzfäller tätig waren. Er ist überwiegend aus Teakholz erbaut und mit Holzschindeln gedeckt. Der monumentale Chedi wird von einer aus Kupfer getriebenen Spitze gekrönt. Bewundern kann man zudem buddhistische Schriften, eine wurde aus Elfenbein geschnitzt, alte Waffen, Almosenschalen und ein Buddha im burmesischen Stil.

Als der berühmteste Tempel gilt unter Thais das **Wat Phra That Cho Hae**, 8 km östlich der Stadt, auf einem Hügel gelegen. Die mit Blattgold bedeckte Pagode soll ein Haar Buddhas enthalten. Bei einem Spaziergang durch Dörfer mit engen Gassen erreicht man 2 km weiter südlich im Wald das interessante **Wat Chom Chaeng**, das im Jahre 788 erstmals erbaut wurde. Es beherbergt viele Statuen (u.a. Darstellungen von Himmel und Hölle), zwei unterschiedliche Chedis von 10 und 15 m Höhe, einen 8 m hohen stehenden und einen 31 m langen ruhenden Buddha sowie ein kleines Museum im Pavillon.

Aus verschiedensten Richtungen ist das **Pra Tub Jai House** ausgeschildert, anfänglich auf Englisch. Es stellt sich als sehr großes, altes Teakhaus heraus, das eine Verkaufsausstellung für Teakmöbel und Souvenirs sowie eine Familiensammlung beherbergt. ⏲ tgl. 8–17 Uhr, Eintritt 20 Baht. Sehr schön ist auch das 100 Jahre alte **Wongburi House**, in dem man für 20 Baht die Privatsammlungen besichtigen kann. ⏲ tgl. 8–17 Uhr.

Übernachtung

Die meisten Hotels sind nur in Thai oder Chinesisch ausgeschildert.

Boukawe Hotel ⑧ (gesprochen *Bua Khao*), 8/1 Rasdamnern Soi 1, ✆ 054-511372, ruhig in einer Seitengasse, einige nette, kleine Zi mit weniger sauberem Bad, englisches Schild. ❶–❷

Hofa Hotel ⑤, 194 Charoen Muang Rd., ✆ 054-511140, ein Chinesenhotel mit ruhigen Zi im rückwärtigen Gebäudeteil. ❶–❷

Thepwiman ⑥, 226 Charoen Muang Rd., ✆ 054-511003, relativ laut, im Hinterhof ruhiger. ❶–❷

Nakorn Phrae Hotel ⑦, 69 Rasdamnern Rd., ✆ 054-511122, 📠 521937, sehr gute Zi, z.T. mit ac. ❸–❹

Nakhorn Phrae Tower ⑨, 3 Muang Hit Rd., ✆ 054-521321, 📠 521937, Luxushotel mit ac-Zimmern, laute Disco. ❹

Thung Sri Phaibun (Toong Sri Phaibool) ③, 84 Yantarakitkosol Rd., ✆ 054-511011, gute Zi im 3. Stock in der Mitte zum Hof, z.T. ac, freundliche Leute. ❶–❷

Paradorn ②, 177 Yantarakitkosol Rd., ✆ 054-511177, etwas verwohnte, aber ordentliche Zi mit Fan oder ac. Unfreundliches Personal. ❷–❹

Maeyom Palace Hotel ①, Nr. 181/6, ✆ 054-521028, 📠 522904, in der Nähe der Bus Station, sehr gutes Mittelklasse-Hotel, das wesentlich teurer aussieht, als es ist; komfortable Zi, Pool für Nicht-Gäste 60 Baht. ❹

Essen

Abends werden Essenstände auf dem Platz vor der Markthalle aufgebaut, an denen überwiegend Nudelsuppen verkauft werden.

Nakorn Phrae Coffeeshop, gegenüber vom gleichnamigen Hotel, kein englisches Schild. Hier kann man gut essen.

Suki Coca Restaurant, gegenüber vom Christian Hospital an der südlichen Durchgangsstraße. Gut und preiswert.

Im ***Ban Kanom*** gegenüber vom *Nakhorn Phrae Tower Hotel* gibt es ausgezeichnete Kuchen und Kaffee.

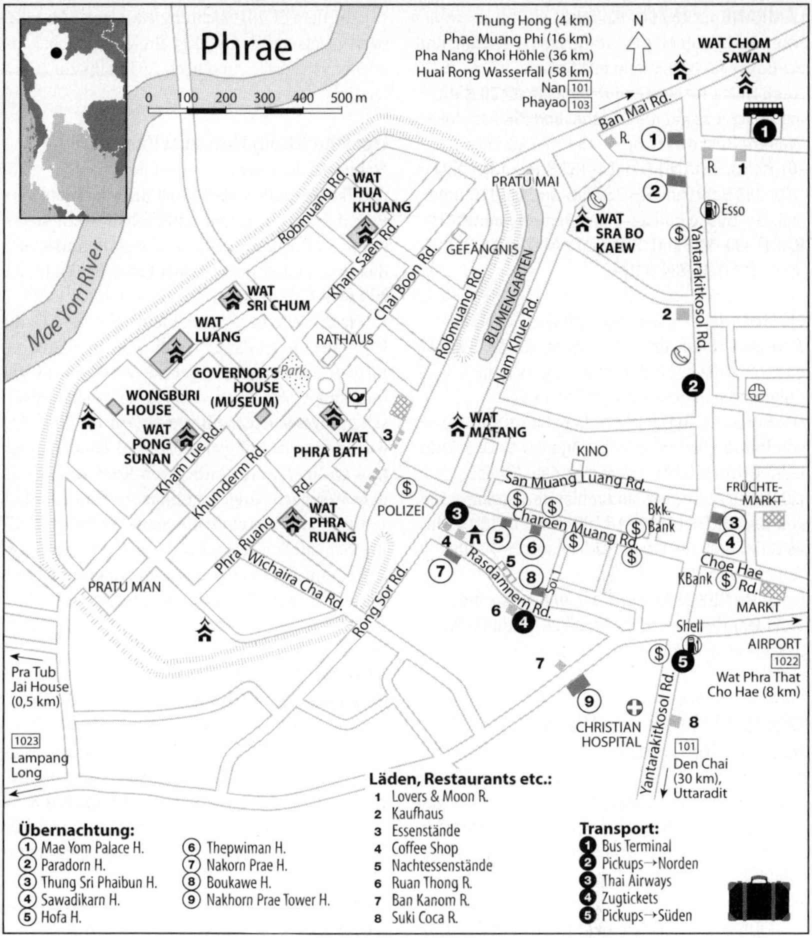

Lovers & Moon, an der Straße zum Bus Terminal, nettes, offenes Restaurant mit englischer Karte bietet Thai-Gerichte zu angenehmer Musik. Ab 20 Uhr Live-Musik und viele junge Leute. Auch im Restaurant vorn an der Ecke wird gut gekocht.

Sonstiges

FESTE –Anfang März findet am Wat Phra That Cho Hae ein Tempelfest statt, im Mai am Wat Chom Chaeng.

PLZ – 54000

Transport

BUSSE – Nach BANGKOK ac-Bus von 18.30–21 Uhr für 248 bzw. 319 Baht, VIP-24-Bus um 20.30 Uhr für 495 Baht in 8 1/2 Std.
Nach CHIANG MAI (216 km) non-ac-Bus um 11.50 und 13.50 Uhr für 79 Baht, 2.Kl. ac-Bus um 9.20, 13.30 und 16.50 Uhr für 111 Baht, ac-Bus um 8, 10.20 und 14.50 Uhr für 142 Baht in 4 Std. (über

LAMPANG für 46 / 64 / 83 Baht).
Nach NAN laufend non-ac-Busse für 47 Baht und ac-Busse für 66–85 Baht in 2 Std.
Nach DEN CHAI laufend Minibusse für 20 Baht mit Anschluss nach Sukhothai und Phitsanulok.
Weitere Busse aller Art nach PHAYAO (56–101 Baht), CHIANG RAI (84–152 Baht), MAE SAI (103–183 Baht) und PHITSANULOK (66–119 Baht).
Non-ac-Busse und ac-Busse fahren nach UTTARADIT (30–54 Baht), SUKHOTHAI (74–119 Baht) und LOEI (130–234 Baht).

EISENBAHN – Im Getränkegroßhandel Nähe *Boukawe Hotel* gibt es Zugtickets für die Strecke von Den Chai nach Bangkok, Tickets nach Chiang Mai dagegen nur in Den Chai.
Die Bahnstation DEN CHAI liegt 30 km südlich von Phrae. Hier halten alle Züge der Linie BANGKOK–CHIANG MAI. Weiter mit dem Minibus (20 Baht). Außerdem endet hier der *Ordinary* 205 von BANGKOK (Abfahrt 7 Uhr, Ankunft 18.15 Uhr, 90 Baht) und der *Rapid* 107 (Abfahrt 20.10 Uhr, Ankunft 5.05 Uhr).
Nach BANGKOK ist der *Special Express* um 21.11 Uhr (Ankunft 5.50 Uhr, ab 287 Baht in der 2. Klasse) zu empfehlen.

Die Umgebung von Phrae

Handwerker-Dörfer

4 km nördlich Richtung Nan wird im Dorf **Thung Hong** der bekannte blaue Mohom-Baumwollstoff hergestellt und verarbeitet. Einige Schmiede leben im Dorf **Rong Fong** (von Phae Muang Phi ausgeschildert: *„Home Made Industrial“*), 7 km nordöstlich der Stadt.

7 km südlich entlang der Straße nach Den Chai liegt das Teak-Dorf **Hua Dong**, in dem Teak- und andere **Holzmöbel** produziert und verkauft werden.

Phae Muang Phi

Ein kleines, nur einige hundert Quadratmeter großes Erosionstal, mit drei 3–4 m hohen **Lehmpilzen**, die von einer 30–50 cm hohen Lavaschicht bedeckt sind. Einige schöne **Randauswaschungen**, ein oder zwei Fotomotive, die an Wildwest erinnern, ansonsten ein netter, aber nicht gerade spektakulärer Ausflug. Am Eingang mehrere Essenstände.

Auf dem H 101 Richtung Nan, am KM 142,7 nach rechts auf den H1134 abbiegen, nach 3 km wieder nach rechts, und noch 2,5 km bis zur „Geisterstadt“.

Doi Pha Klong National Park

20 km westlich von Phrae liegt direkt an der schönen Straße H1023 über Long nach Lampang ein Picknickplatz in einem natürlichen **Steingarten** unter Teakbäumen. 200 m davor befindet sich das *Headquarter* des National Parks, der kaum die 200 Baht Eintritt wert ist.

Nach weiteren 16 km kreuzt der H1023 die Bahnlinie im Ort Ban Pin. Hier steht am Bahnkilometer 473 der einzige original deutsche **Fachwerkbahnhof** Asiens, der von Herrn Russ, einem deutschen Ingenieur, gebaut wurde. Am 15. Juni 1914 wurde er gleichzeitig als Post- und Telegrafenstation eröffnet. Nordwestlich von Rong Kwang, auf dem Weg nach Song, liegt links am H103 am KM 14 das **Siam Currency Museum**, ✆ 054-634237. In einem großen Teakgebäude auf wuchtigen Pfählen kommen Freunde der Numismatik auf ihre Kosten. ⏲ tgl. 9–17.30 Uhr, 30 Baht.

Von Phrae nach Nan

Pha Nang Khoi Cave

Auf dem H101 erreicht man 35 km nördlich von Phrae am KM 168 die Abzweigung zur Pha Nang Khoi Cave. Treppen führen nach oben zum Höhleneingang (rechts halten). Wer schon nach 100 m einen Ausgang erreicht, hat die falsche Höhle erwischt.

Nach einem Gebetsplatz mit Buddha-Statue führt die Höhle tunnelartig etwa 500 m weit. Der feste Lehmboden ist leicht zu begehen, aber eine Taschenlampe ist nötig. Am Ende stößt man auf ein großes Gewölbe mit alten Tropfsteinen. Dies ist ein Gebetsplatz mit einem verehrten Stalagmiten im Zentrum. Die Thais sehen in ihm eine Mutter mit Baby. Deshalb wird diese Höhle hauptsächlich von weiblichen Pilgern besucht. Vom Ausgang der Höhle führt ein etwas abenteuerlicher Pfad in ca. 800 m zum Ausgangspunkt zurück.

Huai Rong-Wasserfall

Am KM 186,7 (54 km nördlich von Phrae) geht links eine holprige Straße ab zum Huai Rong Wasserfall. Nach 4 km und einigen kleinen Dörfern kommt ein naturnah angelegter Park (das *Huai Rong Arboretum*), durch den, über viele **Sinterterrassen**, ein lieblicher Bach plätschert. Nach ca. 500 m krönt ein größerer Wasserfall das Ende des Parks. Die Bäume sind lateinisch beschriftet, Picknickbänke laden zum Rasten ein. Ein herrlicher Platz zum Meditieren.

Nan น่าน

Das kleine Königreich Nan wurde im 13. Jh. gegründet, die Stadt selbst im Jahre 1368. Durch geschickte Beziehungen mit den jeweils mächtigen benachbarten Herrschern konnte sich die regierende Dynastie bis zum Jahre 1931 als halbautonomes Königreich behaupten. Schöne, aber in den leicht erreichbaren Gebieten schlimm entwaldete Berglandschaften ziehen Reisende in diese entlegene Provinz.

Die Provinzhauptstadt Nan hat 24 000 Einwohner. Sie liegt am rechten Ufer des Nan-Flusses. Hier existiert keine Traveller-Szene. Nan ist eine gute Stadt, um Thailanderfahrungen abseits der Touristenpfade unter freundlichen, hilfsbereiten Menschen zu machen. Die Stadtväter tun einiges, um die Stadt zu verschönern. Auch Tempel-Enthusiasten kommen auf ihre Kosten.

Das berühmte **Wat Phumin** wurde 1596 erbaut und im späten 19. Jh. vollständig restauriert. Es liegt im Zentrum der Stadt und ist an den vier orangen Löwen auf den Toren zu erkennen. Der kreuzförmige Bot im Lanna-Stil scheint von den außergewöhnlich schönen Schlangen an den Treppenaufgängen getragen zu werden. Er enthält einen zentralen Reliquienschrein mit vier Buddha-Statuen. Die alten, bereits stark zerfallenen Wandmalereien zeigen interessante Szenen aus dem täglichen Leben. Die Holztüren sind mit schönen Schnitzereien verziert. Bei diesem Tempel paßt alles zusammen, es wurde kaum Kitsch hinzugefügt.

Der Viharn im **Wat Chang Kham** wurde schon im 15. Jh. restauriert. Er enthält u.a. eine große sitzende Buddha-Statue und einige Wandmalereien. Der schöne, alte Chedi wird von Elefanten getragen. Am nördlichen Ortsende liegt **Wat Suan Tan**, das von einem 40 m hohen, weiß getünchten Prang überragt wird. Der Tempel beherbergt eine ausgezeichnete Buddha-Statue im Sukhothai-Stil.

In ungewöhnlich kreuzförmigem Grundriss angelegt ist das neuere **Wat Ming Muang**. Der Viharn ist außen mit filigranen Stuckfiguren und feinen Stuckornamenten verziert. Innen stellen farbenfrohe Wandgemälde das frühere lustbetonte Leben in Dorf, Feld, Wald und Palästen sowie historische Ereignisse dar. Auf dem Tempelgelände steht auch der Lak Muang, der Grundstein der Stadt.

2 km jenseits der Brücke liegt das 600 Jahre alte **Wat Phra That Chae Haeng** auf einem Hügel hinter hohen Bäumen. Der hochverehrte, über 50 m hohe, elegante Chedi Phra That Chae Hang im Innenhof ist mit Platten aus Kupfer bedeckt. Der **Zoo** neben dem Wat befindet sich in einem erbärmlichen Zustand.

Eine schöne Aussicht hat man vom Berg des **Wat Phra That Khao Noi**, 2 km im Westen der Stadt, auch der Skulpturengarten ist besonders schön. Unterwegs kommt man am **Wat Phayawat** mit einem Chedi in der Form einer steilen Stufenpyramide vorbei.

Einen guten Eindruck von der Stadt und ihrer Geschichte vermittelt ein Besuch im **Museum**, Phakwang Road, das in einem Palast aus dem Jahre 1903 im Zentrum von Nan untergebracht ist. Besonders interessant sind die Darstellungen der verschiedenen ethnischen Gruppen in der Nan-Provinz mit informativen Schrifttafeln in Englisch. ◷ tgl. 9–16 Uhr, Eintritt 30 Baht.

Übernachtung

GÄSTEHÄUSER – ***Nan Gh.*** ⑧, 557/16 Mahaprom Rd., ✆ 054-771849; angenehmes Gästehaus, möblierte Zi, Warmwasser-Du/WC. Geleitet von freundlichen Frauen. ❶–❷
Doi Phukha Gh. ⑦, 94/5 Sumon Dhevaraj Rd. Soi 1, ✆ 054-751517; sehr einfache Zi, lebt von der Atmosphäre. ❶
P.K. Gh. ⑤, 33/12 Suntisuk Rd., ✆ 054-771999; saubere, etwas enge Bungalowanlage, großer Garten, 11 Zi mit Fan oder ac, mit und ohne Du/WC, 2 originelle Hütten auf Ochsenkarren, ❶; offenes, kleines Restaurant mit nettem Ambiente. Moped 200 Baht/Tag. Freundliche Besitzerin, die Englisch spricht. ❷, ac ❸
Amazing Gh. ③, 25/7 Suntisuk Rd., ✆ 054-710893; sauberes Haus mit vielen Möbeln, 5 große, saubere Zi mit großen Betten und Fan, Gemeinschafts-Du/WC; 2 kleine, gemütliche Bungalows mit ordentlichem Bad, Terrasse; 3 große, saubere

NORD-THAILAND

Reihenbungalows, nach oben offenes Bad; Fahrräder (30 Baht/Tag); nette Lehrer-Familie, Abholung vom Bus bei Anruf nicht kostenlos. ❷

Numchock Gh. ④, Suntisuk Rd., ✆ 01-9981855; kleines Reihenhaus mit 3 Zi, sauber, gut eingerichtet, Fan oder ac. ❷

Nanatee Gh. ②, ✆ 054-772868; 2-stöckiges Reihenhaus ohne Atmosphäre, Zi mit Fan und ac. ❷

Wiangtai House ⑫, 21/1 Soi Wat Hua Wiang Tai, ✆ 054-710998; Stadthaus in einer Gasse neben einem Wat, etwas schäbige Zi mit Fan und Du/WC. ❶

HOTELS – ***Grand Mansion Hotel*** ⑥, 71/1 Mahayot Rd., ✆ 054-750514-5; 53 komfortabel eingerichtete, sehr saubere ac-Zi mit guten Betten, Warmwasser-Du/WC, Satelliten-TV, Kühlschrank; Fan-, ac- und 4 große VIP-Zi mit Badewanne und Balkon; großer, bewachter Parkplatz. Gute Alternative zu den Gästehäusern. ❸

Dhevaraj ⑭, 466 Sumon Dhevaraj Rd., ✆ 054-710212; großes Hotel, nette, ordentliche Zi, ac-Zi mit Teppich muffig, freundliches Personal; großes Restaurant. ❸–❹

Nan Fa ⑬, 440 Sumon Dhevaraj Rd., ✆ 054-710284, renoviertes altes Holzhotel, 40 gute Zi mit kleiner Du/WC (im obersten Stock hinten ruhiger), nettes Restaurant, Pub mit lauter Live-Musik bis 24 Uhr. ❸

Sukasem Hotel ⑨, 29-31 Ananthavoraritdej Rd., ✆ 054-710141, schräg gegenüber vom Markt, große Empfangshalle. ❷–❸

Fahthanin Hotel ①, 303 Ananthavoraritdej Rd., ✆ 054-757321, großer Betonklotz, moderne Zi. ❹

The City Park Hotel ⑮, 99 Moo 4 Yantrakitkosol Rd., ✆ 054-751343-52, ℻ 773135; 2 km außerhalb am H101 Richtung Phrae; modernes Gebäude, komfortable ac-Zi mit TV, Telefon, Kühlschrank und Du/WC; Coffeeshop ⏲ 6–1 Uhr, gutes Essen, laute Live-Musik; Swimming Pool. ❹

Nan Valley Resort, ✆/℻ 054-773019, 15 km nördlich von Nan; Reihenbungalows in gestylter Parklandschaft. ❹ (in der Nebensaison billiger)

Essen

Viele Restaurants gibt es im Zentrum an den modernen Straßen, einen **Nacht-Essenmarkt** in der Phakwang Road (20 Baht pro Gericht), günstige Food Stalls an der Brücke (einige mit engl. Speisekarte, gute Atmosphäre am Abend), gute Restaurants am Nan-Fluss und ein größeres Barbecue-Restaurant vor dem *Grand Mansion Hotel.*

Hot Bread, Suriyaphong Rd., kleines Restaurant mit 2 Tischen, das von 2 netten Schwestern geleitet wird, die gut Englisch sprechen. Frühstück mit gutem Kaffee, u.a. Müsli, vegetarische Gerichte. ⏲ tgl. 7–20 Uhr.

Tanaya Kitchen hat gutes Thai-, chinesisches und vegetarisches Essen.

Sonstiges

APOTHEKEN – schräg gegenüber vom *Dhevaraj Hotel*, gut geführt, man spricht Englisch.

AUTOVERMIETUNGEN – ***Paul***, 331-333 Sumon Dhevaraj Rd., ✆ 054-772680.

Oversea Shop, 488 Sumon Dhevaraj Rd., ✆ 054-710258, vermietet einen geschlossenen Pickup mit Fahrer / Guide.

EINKAUFEN – Bekannt ist Nan für seine handgewebten Stoffe. Die kann man z.B. im ***Ban Fai*** in der Khaluang Rd. oder im ***Jhang Trakul***, 304-306 Sumon Dhevaraj Rd. , kaufen. Der neue ***Nara Department Store*** ist ein großes, gut sortiertes, preisgünstiges Warenhaus, im OG ein Food Center.

FAHRRÄDER – vermietet für 50 Baht der ***Oversea Shop*** (s.o.).

FESTE – An den **Lanna Boat Races** auf dem Nan-Fluss am Ende der buddhistischen Fastenzeit nehmen etwa 40 Mannschaften aus den umliegenden Dörfern mit langen, farbenprächtigen Booten teil.

GELD – Am Wochenende kein Geldwechsel möglich.

IMMIGRATION – an der Ausfallstraße H1080 Richtung Norden am KM 0,3, gegenüber der Flughafenpiste links. ⏲ Mo–Fr 8.30–16 Uhr.

INFORMATIONEN – In den Gästehäusern gibt es (z.T. veraltete) Stadtpläne, Umgebungskarten und viele weitere Informationen über die Nan-

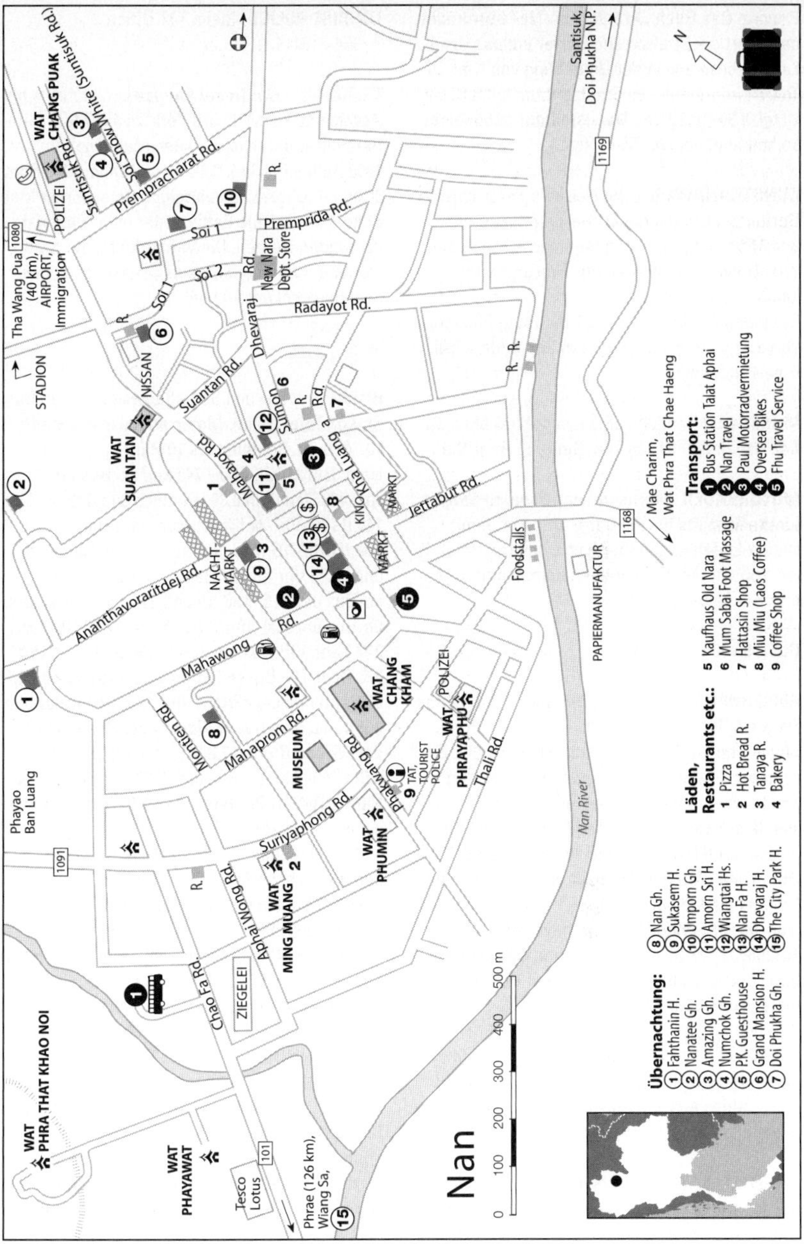
Nan
Übernachtung:
1 Fahthanin H.
2 Nanatee Gh.
3 Amazing Gh.
4 Numchok Gh.
5 P.K. Guesthouse
6 Grand Mansion H.
7 Doi Phukha Gh.
8 Nan Gh.
9 Sukasem H.
10 Umporn Gh.
11 Amorn Sri H.
12 Wiangtai Hs.
13 Nan Fa H.
14 Dhevaraj H.
15 The City Park H.
Läden, Restaurants etc.:
1 Pizza
2 Hot Bread R.
3 Tanaya R.
4 Bakery
5 Kaufhaus Old Nara
6 Mum Sabai Foot Massage
7 Hattasin Shop
8 Miu Miu (Laos Coffee)
9 Coffee Shop
Transport:
1 Bus Station Talat Aphai
2 Nan Travel
3 Paul Motorradvermietung
4 Oversea Bikes
5 Fhu Travel Service
0 100 200 300 400 500 m
WAT PHRA THAT KHAO NOI
WAT PHAYAWAT
Tesco Lotus
101
Phrae (126 km), Wiang Sa,
ZIEGELEI
Chao Fa Rd.
Aphai Wong Rd.
WAT MING MUANG
Suriyaphong Rd.
WAT PHUMIN
Phayao Ban Luang
1091
R.
MUSEUM
Mahaprom Rd.
Montien Rd.
Mahawong Rd.
WAT CHANG KHAM
TAT, TOURIST POLICE
Phakwang Rd.
WAT PHRAYAPHU
POLIZEI
Thali Rd.
Nan River
PAPIERMANUFAKTUR
Anantavoraritdej Rd.
NACHT MARKT
MARKT
KINO
Kha Luang Rd.
Mahayot Rd.
WAT SUAN TAN
Sumon Rd.
Jettabut Rd.
Foodstalls
1168
Mae Charim, Wat Phra That Chae Haeng
STADION
NISSAN
Suantan Rd.
Dhevaraj Rd.
Radayot Rd.
Soi 1
Soi 2
New Nara Dept. Store
Prempida Rd.
Prempracharat Rd.
Tha Wang Pua (40 km), AIRPORT, Immigration
1080
POLIZEI
Suntisuk Rd.
Soi Snow White (Suntisuk Rd.)
WAT CHANG PUAK
1169
Santisuk, Doi Phukha N.P.
N

Provinz. Das Buch „Around Lan-Na" beschreibt detailliert die Straßen und Dörfer entlang der Laos-Grenze und in der Umgebung von Nan. Die Tourist Information im Stadtzentrum lohnt kaum, ⏲ tgl. 8.30–16.30 Uhr. Neueste Informationen bekommt man bei *Fhu Travel* (s.u.).

KUNSTHANDWERK – Im ***Hattasin Shop***, einem Dorfentwicklungsprojekt, werden Stickereien der *Mien* und *Hmong*, handgewebte Stoffe der *Thai Lue* und Korbwaren der *Htin* und *Khmu* verkauft; ⏲ tgl. 9–18 Uhr.
Chomphu Phukha, am H1091 Richtung Phayao, verkauft günstige Silberwaren und andere Hilltribe-Produkte.

MASSAGEN – (auch Fußmassage) bei ***Mum Sabai***, gegenüber Krung Thai Bank, 69 Baht/Std.

MOTORRÄDER – vermietet der ***Oversea Shop*** (uralte Mopeds für 150 Baht, s.o.). Vor dem Honda-Laden gegenüber vom Dhevaraj Hotel wurden wir mehrfach wegen mangelhaften Maschinen gewarnt.

PLZ – 55 000

REISEBÜROS – ***Fhu Travel Service***, 453/4 Sumon Dhevaraj Rd., ✆ 01-2877209, 💻 www.fhutravel.com, ⏲ tgl. außer So nachmittags 8–19 Uhr. Ein rühriges, freundliches Ehepaar, Fhu und Ung, bietet Informationen, Jeep-Touren, Jungle-Hiking (800 Baht p.P.), Trekking-Touren (s.u.), Elefantenreiten (1200 Baht p.P. für 4 Std. Ritt durch Dörfer, inkl. An- und Abreise), Kurztouren in die Umgebung und Laos-Visa.
Nan Travel Services, 324 Mahayot Rd., ✆ 07-1882339, 💻 www.nan-travel.com; junges Reisebüro, das ebenfalls alle Aktivitäten ab Nan anbietet; zudem Kochkurs (1–3 Tage).

REISEZEIT – Von Nov bis Feb ist es kühl und trocken, von Feb bis April sieht der Wald zumeist wie verdorrt aus, die Reisfelder sind kahl und unansehnlich; von Mai bis Oktober regnet es stark.

TELEFON – im ***Nan Telecommunications Office*** im Norden der Stadt, internationaler Telefon und Fax-Service ⏲ Mo–Fr 7–20, Sa, So 8.30–16.30 Uhr.

TOURIST POLICE – beim TAT Office, ✆ 054-710216.

TREKKING – ***Fhu Travel Service*** (s.o.) führt 1- bis 3-tägige Treks mit 2 bis 6 Pers. zu 4 Dörfern der Bergvölker durch (u.a. zu den Mabri, s.u.), 1200 Baht p.P./1 Tag, 2000 Baht/2 Tage, 2700 Baht/3 Tage. Die Treks im gebirgigen Osten hinter Mae Charim können mit Rafting oder einer Bootsfahrt verbunden werden. Die Vermarktung der Mabri stößt auf Widerstand, siehe 💻 www.geocities.com/donutlink/mabri.html.

Transport

BUSSE – Busse und Songthaews fahren ab Bus Station **Talat Aphai**. Motorradtaxi in die Stadt 10–20 Baht, Songthaews 10 Baht.
Nach BANGKOK (677 / 747 km) ac-Bus für 301–425 Baht (um 8.30 Uhr über Sukhothai 145 Baht), VIP-24 für 595 Baht in 9 Std.
Nach CHIANG MAI non-ac-Bus um 7.30, 11.30 und 13.30 Uhr für 117 Baht in 6 Std., mit 2.Kl. ac-Bus um 7.15, 9.30, 15 und 22 Uhr für 164 Baht, ac-Bus um 9.30, 10.30, 11, 15 und 22.30 Uhr für 211 Baht, VIP-Bus um 8.30, 12.30 und 22.30 Uhr 328 Baht. Die Busse fahren über PHRAE (47 / 66 / 85 Baht) und LAMPANG (86 / 120 / 154 Baht) oder auf der schönen *New Route* über Phayao mit dem *Green Bus* um 7.30 Uhr für 128 Baht in 6 Std., mit 2.Kl. ac-Bus um 12.30 Uhr für 179 Baht.
Nach CHIANG RAI fährt um 9 Uhr abwechselnd ein non-ac- bzw. ac-Bus über Tha Wang Pha und Chiang Kham auf der kurvigen Strecke durch eine schöne Berglandschaft für 95 Baht bzw. 130 Baht in 5 Std., zurück um 9.30 Uhr; ansonsten über Phayao.
Nach PHAYAO non-ac-Bus um 8 Uhr für 71 Baht, 2.Kl. ac-Bus um 13.30 Uhr für 99 Baht.
Nach PHRAE *Red Bus* zu jeder halben Std. bis 17 Uhr für 47 Baht (ac-Bus 55–110 Baht) und weiter nach DENCHAI für 55 Baht.
Nach PHITSANULOK non-ac-Bus um 7.45 Uhr für 104 Baht, 2.Kl. ac-Bus um 9.45, 11.45 und 13.45 Uhr für 146 Baht.
Songthaews nach WIANG SA, 10 Baht, und weiter nach NA NOI sowie alle 45 Min. Richtung Norden nach THA WANG PHA, PUA (24 Baht, dort weiter nach BO KLUA um 8.30, 10.30 und

13 Uhr für 50 Baht), CHIANG KLANG, THUNG CHANG und BAN PON (weiter nach HUAI KON für 30 Baht, dort kein öffentlicher Transport nach Bo Klua); der letzte Bus zurück jeweils um 16 Uhr.

FLÜGE – ***PB Air*** fliegt am Mo, Mi, Fr und So von / nach BANGKOK für 2450 Baht.

Die Umgebung von Nan

Nan eignet sich hervorragend für Ausflüge mit dem Motorrad oder PKW. Die Gästehäuser beraten über lohnende Ziele. Brauchbare Kartenskizzen und detaillierte Beschreibungen gibt es im Nan Guesthouse. Sehr empfehlenswert ist der Routenführer „Around Lan-Na".

Papierherstellung

Gleich hinter der Brücke rechts sind die großen Siebe zu sehen, in denen das handgeschöpfte Papier getrocknet wird. Auch am KM 238 kann man den Arbeitsprozess verfolgen.

Zu Hängebrücken über den Nan River

Mit dem Fahrrad oder Motorrad auf dem H1080 nach Norden knapp vor dem KM 4 nach rechts abbiegen, nach 4,5 km links halten und 4 km bis zur Abzweigung der Stichstraße nach links ins Dorf **Had Pha Khon** (1 km) fahren. Im Dorf rechts halten. An der malerischen Hängebrücke hoch über dem Fluss ist ein guter Platz zum Schwimmen, Fischefüttern und Picknicken auf Bambusflößen (Essen mitbringen!). Wer statt ins Dorf auf der Asphaltstraße weiterfährt, erreicht bald **Ban Muang Chang**. Hinter dem Dorf zweigt man vor dem Sala links ab, überquert eine weitere schöne Hängebrücke und fährt auf dem H1169 zurück nach Nan.

Tham Pa Tup Forest Park

Auf dem H1080 nach Norden geht es am KM 9,6 etwa 300 m nach links zu der kleinen buddhistischen **Höhle Pa Tup** (auch Pha Toob). Hinter dem Hügel liegen zwei riesige, interessante Höhlen, deren unzählige Kammern einige Stunden zum Entdecken erfordern.

Im umgebenden Wald flattern viele Schmetterlinge. Songthaews fahren gegenüber vom Sukasem Hotel alle 20 Min. Richtung Pua (6 Baht).

Auf dem H1080 nach Pua

Der Doi Phukha National Park selbst hat außer der hervorragenden, fast leeren Bergstraße und der schönen, aber abgeholzten Landschaft nichts Spektakuläres zu bieten. Doch die gesamte Rundfahrt von 215 km mit den Dörfern entlang der Straße und den Abstechern ist ein schönes Erlebnis. Unbedingt einen ganzen Tag einplanen. Bei Bedarf kann man unterwegs am KM 29,1 im *Waterside Resort* übernachten.

Auf dem H1080 nach Norden zweigt nach 30 km vor der Brücke über den Nan-Fluss eine Straße nach links ab. Sie führt vorbei am **Wat Don Mun** im laotischen Stil (KM 6,4) zu zwei großen Bodhi-Bäumen (KM 10), bei denen Tausende von geschützten Fischen im Nan-Fluss gefüttert werden. Am KM 10,3 liegt das **Wat Nong Bua** (schöne Wandmalereien) im Weberdorf **Ban Nong Bua**, das von Thai Lue bewohnt wird. Diese Minderheit, die vor über 200 Jahren nach Nord-Thailand einwanderte, kleidet sich vorwiegend blau. In die Röcke der Frauen sind horizontal bunte Streifenmuster eingewebt. Das Material ist Baumwolle, Seide oder 50/50, von Hand gesponnen. Es werden nur Naturfarben verwandt, vorwiegend Rot, Schwarz und Blau, die nicht auslaufen. Jede Frau webt ihr Leben lang genau die gleichen Muster im selben Stil. Nach *Chansom Cloth Weave* fragen.

Über **Tha Wang Pua** geht es auf dem H1080 flott weiter nach **Pua** (auftanken). Von Pua sind Abstecher nach Norden möglich zu weiteren Weberdörfern (Thung Chang, Lai Tung), zum **Tad Man-Wasserfall** (nur in der Regenzeit schön, 34 km) und zum Hmong-Dorf **Ban Tam** (H1097).

Auf dem H1081 nach Süden kann man das Yao-Dorf **Ban Pha Klang** (ca. 7 km) mit einem berühmten Silberladen besuchen, der faire Preise hat. Zu einer Rast lädt der wenig eindrucksvolle **Sila Phet-Wasserfall** (11 km) ein. Besser fährt man zum **Tad Luang-Wasserfall** (zum KM 19,8 plus 1,5 km Erdstraße) weiter und schwimmt in einem der mindestens fünf schönen Pools, deren größter ca. 20 m lang ist und oberhalb des Hauptfalls liegt.

Übernachtung und Essen

In Pua gibt es mehrere Unterkünfte:
Corner Resort, über der Polizei, Steinbungalows mit ac, TV, Warmwasser. ❸

NORD-THAILAND

Parichat Gh., gegenüber der Polizei, ✆ 054-756122, ordentliche Zimmer im Stadthaus mit Fan oder ac und Warmwasser. ❷–❸

Papua Bhuka Hotel, ✆/℡ 054-791156, etwas exklusiver, 25 kleine, teure Zimmer.

Sehr gut und preiswert isst man im ***Chomphu Phu Kha*** über der Polizei.

27 km von Ban Pua entfernt liegt das Gästehaus ***Bamboo Huts*** im Dorf Ban Toey (4 km vom H1256), inmitten eines Blumengartens mit Blick auf die Berge; 5 einfache, saubere Bambushütten, Du/WC außerhalb. Die Anlage wird hervorragend geleitet vom erfahrenen, freundlichen Lua-Guide William und seiner Frau Phon. Er spricht gut Englisch und leitet Treks zu tollen Wasserfällen und Höhlen (500 Baht p.P. und Tag, inkl. Essen und Unterkunft). Anreise ab Pua per Songthaew um 11.30 und 12 Uhr für 25 Baht. ❶

Doi Phukha National Park

Von Ban Pua führt der H1256 in herrlicher Straßenführung nach Osten hoch in die Berge des **Doi Phukha** (1980 m), auch Songthaews fahren hinauf. Bis Bo Klua gilt diese Strecke unter Bikern als eine der besten in Thailand. Der Park wird seit einigen Jahren für den Tourismus erschlossen (Eintritt 200 Baht, nur bei Durchfahrt von Westen her).

Am *Headquarter* des National Parks, das gute Tipps bereit hält, beginnt ein 2-stündiger Rundweg. Ein Englisch sprechender Guide (ca. 150 Baht pro Tag) ist im Headquarter oder auf dem Campingplatz zu finden. Es sind verschiedene Touren möglich, von Halbtagswanderungen zu einer Höhle bis zu 4-Tagestouren zum Wasserfall. Die Höhlen im Park sollten nur mit Führer besucht werden, die Wasserfälle sind kaum der Mühe wert. Einige Dörfer der Hmong und der Htins liegen verstreut in den Bergen. Erst nach 26 km beginnt der dichte Wald.

Übernachtung in Zelten, A-frame-Hütten oder einer 6-Betten-Lodge, sowie Essen im Restaurant. Von Juli bis Februar kann es empfindlich kalt werden.

Bo Klua

Die neue Asphaltstraße hinunter nach Bo Klua (46 km) bietet schöne Ausblicke nach Laos hinüber. Nach der Brücke über den Nam Yao-Fluss führt die erste Piste rechts zu einer **Salzmine**. Ca. 6 km nordöstlich von Bo Klua liegt am Ende einer 2 km langen Erdstraße hinter Ban Huai Thon der besonders schöne **Sapan-Wasserfall**.

Von Bo Klua zurück nach Nan fährt man am schnellsten nach Südwesten über den H1081 (51 km) und den H1169 (40 km, sehr schöne Achterbahn-Straße durch liebliche Landschaft). Alternativ bietet sich die 21 km längere, aber ebenso schöne Strecke nach Süden über den H1257 (bis 3 km vor Santisuk, sehr bergig, viele Bäume), den H1225 (26 km Richtung Mae Charim, viele Dörfer und Felder) und den H1168 (viele Teakplantagen) bis Nan an.

Huay Kon

Als dritte Alternative ist der H1081 nach Norden bis Huay Kon (79 km) in schlechtem Zustand, aber für geübte Biker durchaus befahrbar. Er führt durch ein schönes, abgelegenes Tal mit vielen Dörfern. Beim Htin-Dorf **Thiuchan** (61 km) wirkt die Berglandschaft besonders reizvoll. Jeden Samstag findet am Grenzübergang zu Laos (7 km hinter Huay Kon) von 8 bis 12 Uhr ein kleiner Grenzmarkt statt, in bunte Trachten gekleidete Dorfbewohner aus Laos decken sich hier mit Waren aus Thailand ein und bieten schöne, handgewebte Stoffe zum Kauf an.

Übernachtungsmöglichkeit in Huay Kon im *Chom View Gh.*, ❷, 2 Bungalows mit 6 Zimmern am Hang unter Lychee-Bäumen. Ein lohnender Ausflug führt auf einem steilen Fußpfad zum **Huay Kon-Wasserfall** am Nan River. Im Dorf **Ban Na Pha**, 13 km südlich von Huay Kon, fasziniert eine tolle Auswahl an Seide im Suphitsara-Shop, ✆ 054-741720.

Von Nan nach Chiang Kham

Die 169 km lange Strecke von Nan nach Chiang Kham (s.S. 417) führt im mittleren Teil auf 50 km durch eine schöne Berglandschaft mit herrlichen Ausblicken. Der H1148 wurde in spektakulärer Linienführung ausgebaut und ist nun für Biker ab Tha Wang Pha *die* Top-Straße im Norden, i.b. die Achterbahn von Sakoen nach Pha Lak (KM 47). Die Yao- und Hmong-Dörfer entlang der Route sind nicht besonders malerisch. Am KM 7,4 geht es links ab zur **Pha Luk Cave**, am KM 15,5 zu einem Wasserfall und heißen Quellen. Am KM 33,2 zweigt eine Straße zum **Thai-Lao-Markt** an der Grenze bei Song Khwae (20 km) ab; jeden 1., 5., 10., 15., 20.

und 25. des Monats werden Waldprodukte verkauft.

Wer etwas Abenteuergeist und ausreichend Zeit mitbringt, kann beim Dorf **Sakoen** (KM 64,6) zwei Höhlen aufsuchen. Zu beiden fährt man an der Mini-Tankstelle scharf rechts in den Ort hinein und nach 1 km über die Brücke. Dahinter teilt sich der Weg. Nach links geht es zum **Tham Sakoen National Park** (kein Eintritt). In der Felswand voraus zeigt sich im Park wiederum nach 1 km die nette, kleine Einsiedlerhöhle **Tham Sakoen** – einige Stalagmiten glitzern wie neu. Hinter der Brücke nach rechts können Entdeckertypen auf dem rauen Weg 1 km bis zur Furt fahren. Links oben, ca. 150 m über dem Tal, erkennt man in einer Felswand die ca. 20 m breite Öffnung der **Tham Luang**. Der steile, schweißtreibende Aufstieg geht an den 2 Drahtseilen entlang. Nach Fotos scheint die Höhle innen einen Durchmesser von weit über 100 m zu besitzen. Ohne Führer kann sie wohl nicht begangen werden.

Hinter dem View Point am KM 70 liegt erhöht das *Phu Lang Kha Resort* ❸, 20 Hütten aus Bambusmatten mit Warmwasser, harten Matratzen und Terrasse mit fantastischer Aussicht; in der Saison von Oktober bis April gibt es auch Essen. Am KM 90 geht es rechts ab zum **Phu Lang Kha Forest Park** (17 km), nach 5 km guter Straße wird es ein abwechslungsreicher Bergweg (Allrad empfohlen), vom Parkplatz sind es 15 Min. zum Gipfel. Das *Doi Nang Ban Suan* ❷, am KM 95,5, hat einen Beer Garden und kleine Bungalows am Hang mit schöner Aussicht.

Sao Din

Sao Din ist ein kleines, aber schönes Erosionstal. Die ausgewaschenen Felsformationen in Kleinformat erinnern ein wenig an den Bryce Canyon in Utah, sie bilden hier die Kulisse für viele Thai-Filme. Auf dem H101 geht es von Nan mit dem Minibus, 10 Baht, 23 km nach Süden bis zum Marktflecken **Wiang Sa**. Dort umsteigen bzw. abbiegen auf den schönen H1026 nach **Na Noi** (36 km). Zu Fuß sind es noch 5,6 km nach Sao Din: hinter der Polizeistation den Weg nach links.

Der H1216 von Na Noi zum **Doi Khun Sathan** (1728 m) wurde in spektakulärer Linienführung neu gebaut und ist durchgehend asphaltiert. Die Gemüseplantagen an den steilen Berghängen rund um das schön gelegene Hmong-Dorf **Khun Sathan** (38 km) zeugen vom Fleiß der Bergbewohner. Ein Wasserfall mit Swimming Pool lädt zum Bade ein. An klaren Tagen bietet die Strecke herrliche Ausblicke. Sie trifft nach insgesamt 62 km bei Huai Kaet auf den H101. Geländefahrer können eine Piste südlich um den Doi Sathan herum testen (80 km bis Huai Kaet, 88 km bis Phrae).

Zum Fischerdorf **Ban Pak Nai** am Sirikit-Stausee geht es von Na Noi zunächst 20 km auf dem H1016 nach Süden bis Na Muen, wo man links in eine kleine Teerstraße abbiegt (weitere 30 km). Von Wiang Sa fährt ein Bus um 6 und 13.30 Uhr (zurück nur um 9.30 Uhr).

Übernachtung

Übernachten kann man im nicht gerade sauberen ***Thong Tha La Resort*** auf einem Floß mit 2 Zi für 100 Baht p.P., in den Bungalows mit grünem Dach für 150 Baht oder bei anderen Fischern auf der Plattform für 50 Baht.
Im guten Fischrestaurant auf dem Bambusfloß gibt es frischen Fisch aus dem See zu essen (ca. 150 Baht pro Gericht). Man kann fischen und schwimmen, Bootstouren sind ab 10 Baht möglich.

Entlang der Grenze nach Süden und in den Nordosten

Vom Sao Din-Tal bei Na Noi führt eine fast durchgehend asphaltierte Straße östlich um den Sirikit-Stausee herum nach Süden bis Uttaradit. Für die 274 km von Nan nach Na Haeo sind mit Motorrad oder Auto mindestens 6 Std. reine Fahrtzeit nötig, und das auch nur in der Trockenzeit! Es ist durchaus möglich, auf Straßen in der Nähe der Grenze bis nach Loei oder Chiang Khan zu fahren – an nur einem Tag jedoch eine Tortur für Mensch und Maschine.

Auf dem H1083 geht es Richtung Osten durch schöne, einsame Landschaft steil bergauf zum ersten Pass (16 km) und noch weitere 14 km bis zur Nan-Brücke. Die 38 km durch **Teak-Wälder** und über zwei weitere Pässe bis **Pang Hai** müssten mittlerweile asphaltiert sein. (Sonntags ist vielleicht ein Abstecher von 21 km zum Grenzort **Bo Bia** interessant, wo von 6–11 Uhr ein Grenzmarkt stattfindet.) Man hält sich rechts und kommt in ein breites Tal mit vielen Dörfern und Feldern.

An der nächsten Abzweigung nach 12 km muss man sich entscheiden. Nach rechts (Südwesten) geht es fast eben auf dem asphaltierten H1047 über **Fak Tha** (32 km, Hotel ❶) bis zur Abzweigung des H1146 (weitere 68 km), auf diesem zum H1045 (11,4 km) und schließlich zum H11 (41 km); geradeaus sind es dann noch 8 km nach Uttaradit und weitere 92 km nach Sukhothai.

Dagegen fährt man nach Südosten Richtung Laos-Grenze auf der geraden Asphaltstraße H1268 vorbei an **Muang Chet Ton** (Samstagmarkt) über **Ban Khok** (23 km) nach **Huay Mun** (20 km), wo der H1239 nach rechts abbiegt. Dann weitere 27 km auf dem H1268 nach Süden, wo links der Straße der fünfstufige Wasserfall **Phu Soi Dao** liegt. Man kann in einfachen Nationalpark-Bungalows, ❸, übernachten und eine schöne Dschungelwanderung unternehmen, es gibt viele Pools zum Schwimmen. Unaufmerksame können leicht auf dem breiteren H1237 in Chat Trakan landen.

Schließlich geht es nach Osten durch schönen Wald mit vielen Kurven und Steigungen bis Na Haeo (weitere 64 km). 3 km vor Na Haeo liegt das sehr schöne *Falkland Resort,* ❷ (s.S. 469). Nun kann man auf dem H2195 über Tha Li nach Chiang Khan (114 km) oder auf dem H2113 bis Dan Sai (33 km) und nach Loei (weitere 83 km) fahren.

Uttaradit อุตรดิตถ์

Die Innenstadt wurde 1967 durch ein Feuer vollständig zerstört. Heute besteht die Stadt aus zwei Teilen, der wieder aufgebauten alten Stadt zwischen dem Bahnhof und dem Nan-Fluss, wo die meisten Geschäfte und Hotels liegen, sowie der neuen Stadt 2 km westlich in der Nähe der Bus Station. Im **Wat Thatanon**, gegenüber vom Bahnhof, verehren viele Gläubige die sitzende Buddha-Statue Luang Po Phet aus der Chiang Saen-Periode (11.–13. Jh.).

In der Umgebung können Archäologie- und Tempel-Enthusiasten eine ganze Reihe von „Leckerbissen" entdecken, einige noch nicht vollständig ausgegraben. Wat Phra Boromathat Thung Yang liegt 5 km westlich am H102, Wat Phra Thaen Sila-At, 500 m weiter, 🕓 9–11 und 13–17 Uhr, Wat Phra Yun Phutthabat Yukhon, daneben auf demselben Hügel und Wat Don Sak, 9 km östlich.

Ein Ausflug (60 km) zum **Sirikit-Damm**, dem größten Erdwall Thailands, lohnt sich eigentlich nicht, da der See nie voll wird. Wen es dennoch hierhin verschlägt, könnte die gegrillten Karpfen probieren (ca. 100 Baht). Die **Floßhäuser** auf dem Stausee in Ban Pak Nai sind am besten von Nan über Na Noi zu erreichen.

Ein Leser empfiehlt Uttaradit als Ausgangspunkt für eine lohnende **Faltbootfahrt** auf dem Nan River, ca. 320 km bis zur Mündung in den Chao Phraya bei Nakhon Sawan. Nur ein Stauwerk ist zu umtragen. Zeltmöglichkeiten gibt es überall. Nicht während oder kurz nach der Regenzeit fahren.

Übernachtung

Seeharaj, 163 Borom-Asana Rd., ✆ 055-414184-5, 📠 412223, 1 km nördlich vom Bus-Terminal; ein Prunkbau, ac-Zi, Restaurant, Swimming Pool. ❹
Wiwat, Borom-Asana Rd., ✆ 055-411778, 📠 413944, 1 km westlich vom Bus-Terminal, 110 Zi mit Fan und ac. ❷–❸
Thano Thai Hotel, ✆ 055-411669, 400 m östlich vom Bahnhof in der alten Stadt, englisches Schild. Zi mit Bad; von oben Blick auf den Fluss. Einige Zi mit ac. ❷–❸
In der Nähe liegen die beiden ähnlichen Hotels ***Por Wanich 2,*** ✆ 055-411499, zwei Straßen weiter flussabwärts, ❶–❷, und ***Por Wanich 1,*** ✆ 055-411008, gegenüber der lokalen Bus Station. ❶–❷

Transport

Das Bus Terminal liegt im Süden der neuen Stadt.
Nach BANGKOK (488 / 546 km) mit 2.Kl. ac-Bus um 7, 8, 19 und 20 Uhr für 244 Baht in 9 Std., ac-Bus 18x tgl. für 279 bzw. 313 Baht in 8 Std., VIP-24-Bus um 21 Uhr für 430 Baht in 8 Std.
Nach CHIANG MAI Busse für 82 Baht (ac 157 Baht) in 3 Std. über LAMPANG (50 Baht).
Nach SUKHOTHAI für 56 Baht (ac 73 Baht) in 2 Std. über SI SATCHANALAI (ac 50 Baht).
Zum SIRIKIT-STAUDAMM Busse von 6–17 Uhr für 20 Baht vor dem Wat Thatanon an der Uferstraße, ca. 1 Std. Fahrt.
Fast alle Züge von BANGKOK nach CHIANG MAI halten in Uttaradit.

Nordost-Thailand

- Durch die restaurierten **Khmer-Ruinen** von **Phanom Rung** und **Phimai** streifen
- Beim **Elephant-Roundup** in **Surin** den Vorführungen zuschauen
- Am Ufer des Mekong an einem **Mekong-on-the-Rocks** nippen
- Mit dem **Fahrrad** durch die Landschaft radeln
- Über den malerischen **Laos-Markt** in **That Phanom** bummeln
- In einem kleinen Dorf mit Gestik und Mimik Abendessen und Schlafplatz suchen
- Sich auf dem Nachtmarkt in **Khon Kaen** die **Spezialitäten** von sieben verschiedenen Essenständen servieren lassen

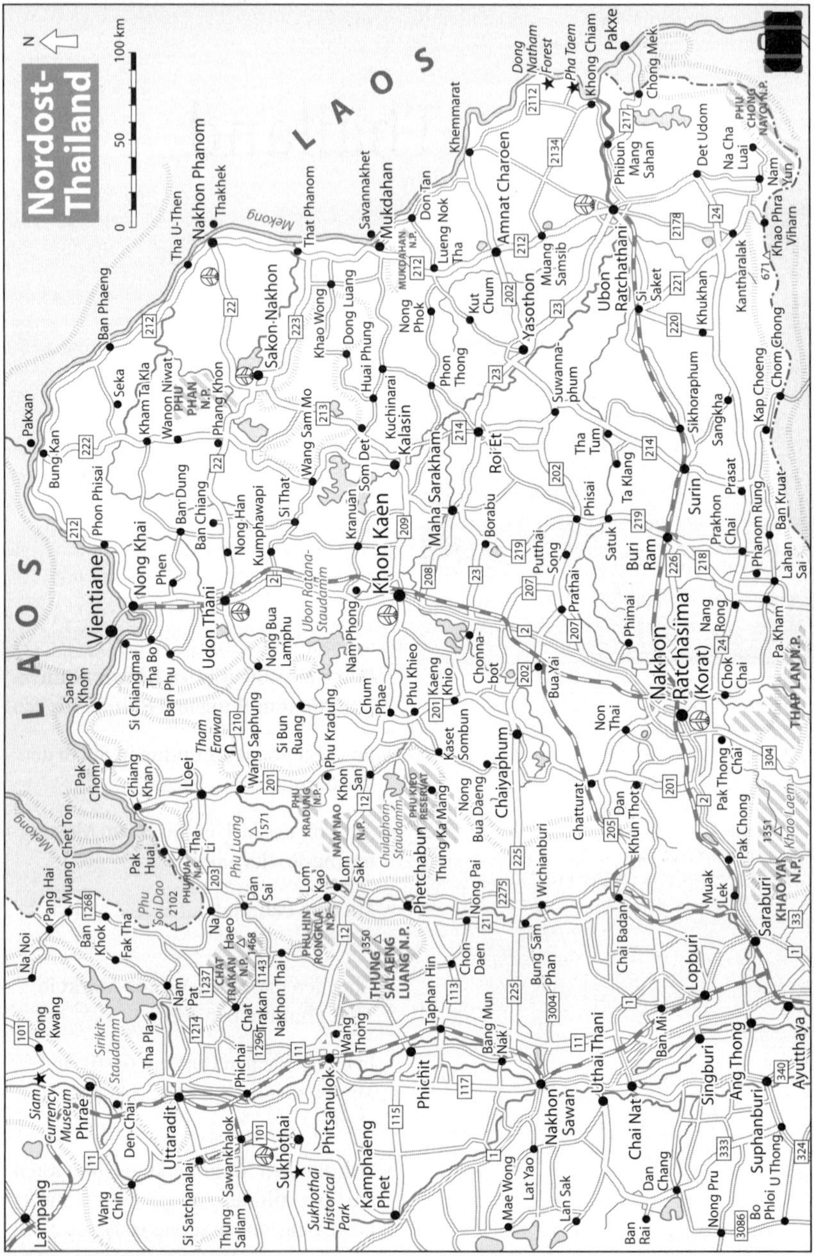
Nordost-Thailand
N
0
50
100 km
LAOS
LAOS
Mekong
Mekong
Vientiane
Nong Khai
Udon Thani
Khon Kaen
Kalasin
Maha Sarakham
Roi Et
Yasothon
Amnat Charoen
Ubon Ratchathani
Mukdahan
Savannakhet
Nakhon Phanom
Thakhek
That Phanom
Sakon Nakhon
Pakxe
Khong Chiam
Pha Taem
Dong Natham Forest
Chong Mek
Phibun Mang Sahan
Det Udom
Khemmarat
Don Tan
Lueng Nok Tha
Kut Chum
Muang Samsib
Si Saket
Khukhan
Kantharalak
Khao Phra Viharn
Nam Yun
Na Cha Luai
PHU CHONG NAYOI N.P.
Surin
Sikhoraphum
Sangkha
Prasat
Kap Choeng
Chom Chong
Buri Ram
Satuk
Ta Klang
Tha Tum
Phisai
Phanom Rung
Prakhon Chai
Ban Kruat
Lahan Sai
Nakhon Ratchasima (Korat)
Phimai
Nang Rong
Pa Kham
Chok Chai
Non Thai
Pak Thong Chai
Pak Chong
Khao Laem
KHAO YAI N.P.
THAP LAN N.P.
Muak Lek
Saraburi
Lopburi
Ayutthaya
Ang Thong
Singburi
Suphanburi
U Thong
Bo Phloi
Nong Pru
Chai Nat
Dan Chang
Ban Rai
Uthai Thani
Lan Sak
Lat Yao
Nakhon Sawan
Mae Wong
Kamphaeng Phet
Sukhothai
Sukhothai Historical Park
Phitsanulok
Phichit
Taphan Hin
Bang Mun Nak
Chon Daen
Nong Pai
Wichianburi
Bung Sam Phan
Chai Badan
Ban Mi
Phetchabun
Lom Sak
Lom Kao
Nakhon Thai
Wang Thong
Chat Trakan
Uttaradit
Phrae
Lampang
Wang Chin
Den Chai
Si Satchanalai
Sawankhalok
Thung Saliam
Phichai
Tha Pla
Nam Pat
Sirikit-Staudamm
Rong Kwang
Siam Currency Museum
Na Noi
Ban Khok
Fak Tha
Pang Hai
Muang Chet Ton
Na Haeo
Dan Sai
Phu Soi Dao
Pak Huai
Tha Li
Loei
Chiang Khan
Pak Chom
Sang Khom
Si Chiangmai
Tha Bo
Ban Phu
Tham Erawan
Wang Saphung
Si Bun Ruang
Phu Kradung
Phu Luang
Khon San
Chum Phae
Phu Khieo
Kaeng Khio
Kaset Sombun
Chaiyaphum
Nong Bua Daeng
Thung Ka Mang
Chulaphorn-Staudamm
Chonnabot
Bua Yai
Chatturat
Dan Khun Thot
Nong Bua Lamphu
Nam Phong
Ubon Ratana-Staudamm
Kranuan
Kumphawapi
Nong Han
Ban Chiang
Ban Dung
Phen
Phon Phisai
Bung Kan
Pakxan
Seka
Ban Phaeng
Kham Ta Kla
Wanon Niwat
Phang Khon
PHU PHAN N.P.
Wang Sam Mo
Si That
Som Det
Kuchinarai
Huai Phung
Dong Luang
Khao Wong
Tha U-Then
Nong Phok
Phon Thong
Suwannaphum
Borabu
Putthai Song
Prathai
Chatturat
Non Thai
THUNG SALAENG LUANG N.P.
PHU HIN RONGKLA N.P.
NAM NAO N.P.
PHU KRADUNG N.P.
PHU KIEO RESERVAT
CHAT TRAKAN N.P.
PHU RUA N.P.
MUKDAHAN N.P.

Die überwiegend einförmige Landschaft des Nordostens, von den Einheimischen Isan oder Isarn genannt, hat nur wenige Sehenswürdigkeiten im eigentlichen Sinn zu bieten. Ausnahmen sind die Khmer-Ruinen von Phimai und Phanom Rung, die Ausgrabungsstätten von Ban Chiang bei Udon Thani und die Felszeichnungen von Pha Taem bei Ubon Ratchathani.

Über die schnurgerade Straße, die bis zum Horizont durch endlose Reisfelder führt, zieht gemächlich ein Ochsenkarren. Am Straßenrand wird in den Wassertümpeln und Bächen mit Netzen oder Bambus-Reusen gefischt, und im Schatten einzelner Bäume suhlen sich Wasserbüffel im kühlenden Schlamm, bis sie abends von kleinen Jungen nach Hause getrieben werden. Vermummt in Tücher, die vor der sengenden Sonne schützen, arbeiten die Bauern auf den Feldern. An Fußgängern und Radfahrern vorbei brausen Überlandbusse und überladene LKWs aus dem fernen Bangkok in die nächste größere Stadt, in der sich Verwaltungsgebäude, Märkte und höhere Schulen, Banken, Hotels, Kinos und lokale Radiostationen konzentrieren.

Der Nordosten umfasst eine Fläche von 170 000 km², was ungefähr der Fläche der alten Bundesländer ohne Bayern entspricht. Die Menschen dieser dicht besiedelten Region sind arm. Häufige Trockenperioden dörren das Land aus, das mit dem Eintritt des Monsuns wiederum überflutet wird. Die Wälder, die einmal zur Wasserregulierung beitrugen, sind weitgehend abgeholzt. Nun versucht man, mit dem Bau von Staudämmen und anderen Wasserregulierungs-Projekten größere Schäden zu verhindern.

Die Bewohner von Isan sprechen einen Thai-Dialekt, der dem Laotischen sehr ähnlich ist. Ihre Kultur ist geprägt von der jahrhundertelangen Zugehörigkeit zum Khmer-Reich – viele Baudenkmäler erinnern an jene Epoche. Aus dieser ärmsten Region des Landes stammen viele Bewohner von Bangkok. Wer das Glück hat, jemanden kennen zu lernen, der Englisch spricht und ausländische Besucher mit nach Hause nehmen will, sollte diese Gelegenheit wahrnehmen, um einen kleinen Einblick in das traditionelle, ländliche Leben dieser Region zu erhalten.

Der Friendship Highway Nr. 2, der in den Nordosten führt, wurde aus strategischen Erwägungen mit amerikanischer Hilfe erbaut. Zahlreiche amerikanische Basen bestanden bis 1973 in dieser Region und verhalfen für kurze Zeit verschlafenen Provinznestern zu unvorstellbarem Aufschwung. Von den Flugplätzen des Nordostens wurden während des Vietnamkrieges die schweren Bombenangriffe auf Laos und Vietnam geführt.

Nach dem Ende der Regenzeit (ab Oktober / November) kann man am besten in den Nordosten reisen. Insgesamt fallen hier geringere Niederschläge als im Tiefland. Hingegen steigt am Ende der Trockenzeit die Temperatur zur Mittagszeit auf Werte um 40 °C im Schatten, und ein ständiger Dunstschleier liegt über dem ausgetrockneten Land.

Korat (Nakhon Ratchasima) โคราช

Nakhon Ratchasima – kurz Korat (auch: Khorat) – ist mit 205 000 Einwohnern eine der größten Städte im Nordosten, aber gewiss keine Schönheit. Bedeutsamer Verkehrsknotenpunkt und Handelszentrum zwischen dem Hochland im Nordosten und Bangkok. Die Amerikaner hatten hier ihre Air Force stationiert; Relikte aus jener Zeit sind die zahlreichen Nachtclubs und Bars der Stadt. Die Stadt ist der erste Ort auf dem Hochplateau und ein guter Ausgangspunkt für Ausflüge. Es ist ein Erlebnis besonderer Art, in der **Mall** im Norden der Stadt in Qualitätsgeschäften einzukaufen, durch riesige Basare zu schlendern, an unzähligen Essenständen zu schlemmen, das modernste Kino aufzusuchen oder im Badeparadies von den Riesenrutschen zu gleiten.

Im Zentrum der lauten, geschäftigen Altstadt sind noch Reste der früheren **Stadtbefestigungsanlage** zu erkennen. Die ehemalige Stadtmauer von 1700 m Länge und 1500 m Breite, der Wassergraben und einige Ruinen innerhalb der Befestigung lassen darauf schließen, dass sich hier bereits im 8.–10. Jh. eine bedeutende Stadt befunden haben muss.

Vor dem Stadttor, zwischen Ratchdamnoen und Chumphon Road, steht das **Denkmal von Khun Ying Mo** *(Thao Suranari)*. Sie leitete 1826 den Kampf gegen laotische Invasoren, die Korat überfielen, während die meisten Männer im Krieg gegen Burma waren. Das 1934 errichtete Bronzedenkmal enthält die Asche der hoch verehrten Frau. Die lokale Bevölkerung schmückt es ständig mit Blumen und Kränzen und bringt Opfergaben dar.

Im **Museum Maha Wirawong** im Hof des Wat Suthachinda befindet sich eine gute Sammlung von Khmer-Kunstgegenständen und Ausgrabungsfunden früherer Epochen. ⌚ Mi–So 9–16 Uhr, Eintritt 10 Baht. Neben dem Schrein der Stadt (Lak Muang) im Zentrum an der Chomphon Road, Ecke Prachak Road, ist an einer Hauswand ein **Bas-Relief** aus Tonkacheln angebracht, das von weitem sehr beeindruckend aussieht.

Im **Wat Sala Loi** (ca. 500 m östlich der Nordostecke der Stadtmauer) hat der Bot eine gewisse Ähnlichkeit mit der Form einer antiken Dschunke, die Fassade ist ein Bas-Relief aus Metall-Keramik.

13 km außerhalb, an der Straße nach Prakthon Chai, KM 10, können im **Zoo** auf einem großen, natürlich gestalteten Areal Tiere aus aller Welt besichtigt werden, ⌚ tgl. 8–18 Uhr, Eintritt 30 Baht. Fahrräder für 20 Baht pro Std. Bus Nr. 14 ab Wat Sakae in der Suranari Rd.

Übernachtung

GÄSTEHAUS – ***Doctor's Gh.*** ㉗, 78 Sueb Siri Rd., Soi 4, ✆ 044-255846; ist leider das einzige Gästehaus. Zi mit Fan und ac, warme Duschen; Aufenthaltsraum in der Wohnküche. Der Besitzer ist nicht immer einfach. Zapfenstreich gegen 22 Uhr. Nicht mehr zu empfehlen. Wer findet eine Alternative? ❶–❷

HOTELS – ***Sakol*** ⑮, 46-48 Asdang Rd., ✆ 044-241260, 5-stöckiges Stadthaus mit Lift in der Altstadt, ordentliche, saubere Zi. Warnung vor Zi 501: Daneben ist die laute Wasserpumpe. ❷

Siri Hotel ⑲, 688 Phoklang Rd., ✆ 044-242831, modernes Gebäude mit schön ausgestatteten Zi, nach hinten ruhig. Gutes Preis-Leistungs-Verhältnis. ❷, ac ❸

Sri Rattana ⑭, 7 Suranari Rd., ✆ 044-243116, der 3. Eingang ab der Kreuzung (kein engl. Schild); kleine, abgewohnte Zi mit Du/WC und Fan, ac-Zi mit TV und Warmwasser, nach hinten heraus im obersten Stockwerk ruhiger; Dachterrasse mit Sicht auf das Treiben auf dem großen Platz; nettes Personal. ❷, ac ❸

Pho Thong (= Potong) ⑳, 179 Phoklang Rd., ✆ 044-242084, liegt zentral am verkehrsreichen Platz mit dem Denkmal, Zi mit Fan; für das Gebotene zu teuer. ❷, ac ❸

First ⑦, 132 Burin Rd., ✆ 044-255203, am Terminal 1, große Zi mit Kühlschrank. ❷–❸

Sri Pattana ⑱, 346 Suranari Rd., ✆ 044-255349, großes Hotel, relativ ruhig, große, saubere Zi mit Du/WC und ac, Restaurant, Nachtclub, schöner Pool (20 Baht), keine Liegestühle. ❸–❹

Chom Surang ㉙, 2701/2 Mahattai Rd., ✆ 044-257088, 📠 252897, großes, schönes Hotel, gute Zi. ❹–❺

Sima Thani ㉘, 2114 Mittraphap Rd., ✆ 044-213 100, 📠 213121, neben dem Tourist Office. ❺–❽

Royal Princess ①, 1137 Suranarai Rd., ✆ 044-256 629, 📠 213121, 1 km außerhalb, ruhig gelegen, 186 ac-Zi, Swimming Pool. ❺–❾

Essen

Gutes, preiswertes Essen findet man in Korat an fast jeder Straßenecke, besonders lecker wird es auf dem **Night Bazaar** präsentiert.

Auf dem Tagesmarkt **Mae Kim Haeng** kann man sich bis 18 Uhr ein Essen zusammenstellen.

Cozy, Chom Surang Rd., etwas zurückgesetzt, schönes und gutes Gartenrestaurant.

Forest House, Gartenlokal mit Grillgerichten.

Steak Jim Jaew, Restaurant im Western Look mit guten Steaks und Thai-Gerichten, aufmerksamer Service.

Suan Phak, Chomphon Rd., schräg hinter dem Khunying Mo-Denkmal: ac-Restaurant mit gediegener Atmosphäre, ausgezeichnetes Essen und Pfeffersteaks von Weltklasse, sehr freundliche Kellner und zivile Preise.

Balu's, 176 Mahattai Rd., ✆ 044-289031, Gartenrestaurant mit Bar und Billardtisch in einem alten Holzhaus. Der Berliner Ralf Pischke, genannt Balu, serviert schmackhafte deutsche Fleischgerichte aus eigener Produktion, gute Grillwürste, einheimische und deutsche Biere. ⌚ Mi–So 17–24 Uhr.

Klang Plaza, Kaufhaus mit Supermarkt, ⌚ 10–21 Uhr, und Essenständen im Obergeschoss.

In der ***Sweet Home Bakery*** und anderen Bäckereien wird leckeres Gebäck und französisches Brot angeboten.

In den **Hähnchen-Restaurants** bekommt man sehr preiswert ein ganzes Brathähnchen.

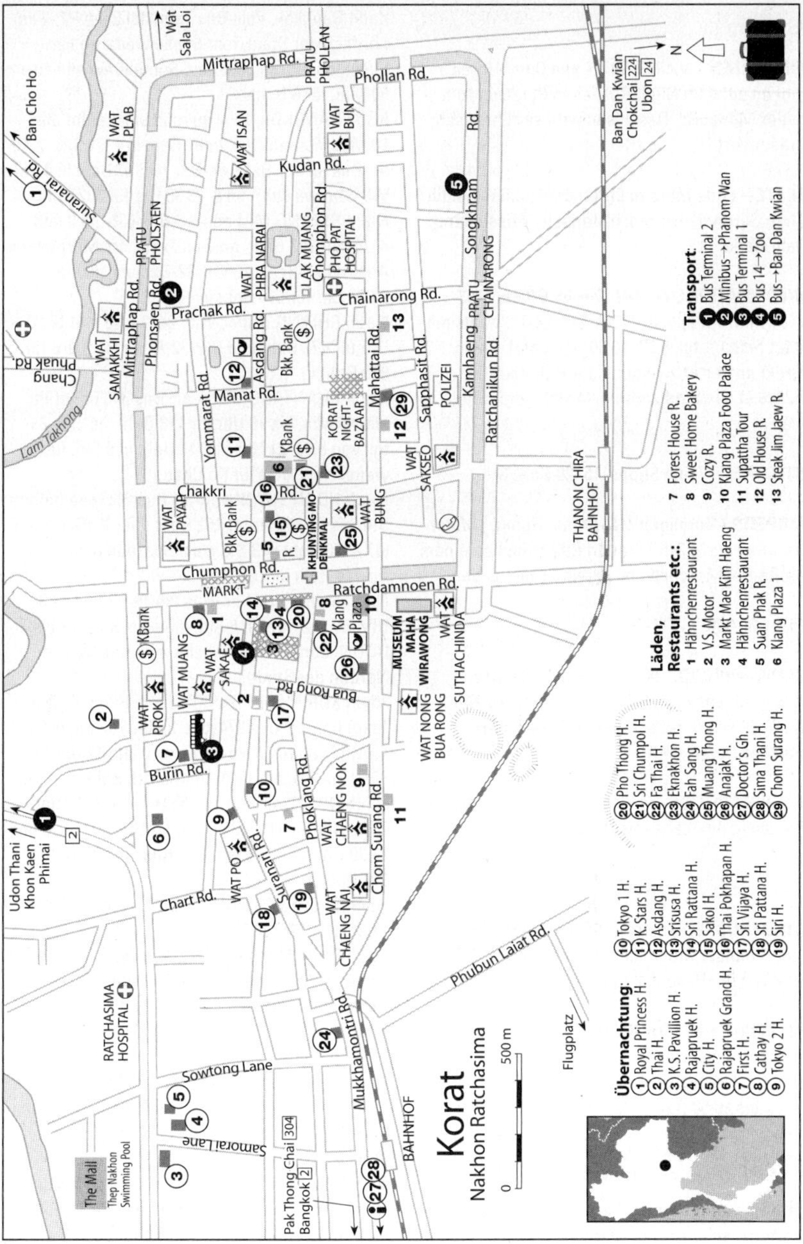
Korat
Nakhon Ratchasima
0
500 m
Übernachtung:
1 Royal Princess H.
2 Thai H.
3 K.S. Pavillion H.
4 Rajapruek H.
5 City H.
6 Rajapruek Grand H.
7 First H.
8 Cathay H.
9 Tokyo 2 H.
10 Tokyo 1 H.
11 K. Stars H.
12 Asdang H.
13 Srisusa H.
14 Sri Rattana H.
15 Sakol H.
16 Thai Pokhapan H.
17 Sri Vijaya H.
18 Sri Pattana H.
19 Siri H.
20 Pho Thong H.
21 Sri Chumpol H.
22 Fa Thai H.
23 Eknakhon H.
24 Fah Sang H.
25 Muang Thong H.
26 Anajak H.
27 Doctor's Gh.
28 Sima Thani H.
29 Chom Surang H.
Läden, Restaurants etc.:
1 Hähnchenrestaurant
2 V.S. Motor
3 Markt Mae Kim Haeng
4 Hähnchenrestaurant
5 Suan Phak R.
6 Klang Plaza 1
7 Forest House R.
8 Sweet Home Bakery
9 Cozy R.
10 Klang Plaza Food Palace
11 Supattha Tour
12 Old House R.
13 Steak Jim Jaew R.
Transport:
1 Bus Terminal 2
2 Minibus→Phanom Wan
3 Bus Terminal 1
4 Bus 14→Zoo
5 Bus→Ban Dan Kwian
Udon Thani
Khon Kaen
Phimai
Ban Cho Ho
Wat Sala Loi
Suranarai Rd.
Mittraphap Rd.
Phollan Rd.
PRATU PHOLLAN
PRATU PHOLSAEN
Phonsaen Rd.
Prachak Rd.
Kudan Rd.
Chomphon Rd.
Chainarong Rd.
Songkhram Rd.
PRATU CHAINARONG
Kamhaeng
Ratchanikun Rd.
Asdang Rd.
Manat Rd.
Yommarat Rd.
Chakkri Rd.
Chumphon Rd.
Ratchdamnoen Rd.
Mahattai Rd.
Sapphasit Rd.
Bua Rong Rd.
Burin Rd.
Phoklang Rd.
Chom Surang Rd.
Suranari Rd.
Chart Rd.
Mukkhamontri Rd.
Phubun Laiat Rd.
Sowtong Lane
Samorai Lane
Chang Phuak Rd.
Lam Takhong
WAT PLAB
WAT ISAN
WAT BUN
WAT PHRA NARAI
LAK MUANG
PHO PAT HOSPITAL
WAT SAMAKKHI
WAT PAYAP
WAT MUANG
WAT PROK
WAT SAKAE
WAT BUNG
WAT SAKSEO
WAT SUTHACHINDA
WAT NONG BUA RONG
WAT CHAENG NOK
WAT CHAENG NAI
WAT PO
MUSEUM MAHA WIRAWONG
KHUNYING MO-DENKMAL
KORAT NIGHT-BAZAAR
MARKT
POLIZEI
Klang Plaza
Bkk. Bank
KBank
RATCHASIMA HOSPITAL
THANON CHIRA BAHNHOF
BAHNHOF
Flugplatz
The Mall
Thep Nakhon Swimming Pool
Pak Thong Chai 304
Bangkok 2
Ban Dan Kwian
Chokchai 224
Ubon 24
N

Sonstiges

EINKAUFEN – Viele T-Shirts und Copy-Uhren gibt es auf dem Night Bazaar im Stadtzentrum in der Manat Rd. Das Essen wird verführerisch präsentiert.

FESTE – Ende März zu Ehren der Nationalheldin Thao Suranari: Umzug, historische Ausstellung, Jahrmarkt.

INFORMATIONEN – ***TAT Tourist Office,*** 2102-2104 Mittraphap Rd, ✆ 044-213666-7, ✉ tatsima @tat.or.th, ◷ tgl. 8.30–16.30 Uhr, am Highway H2 direkt an der Abzweigung der Hauptstraße H2066 in das Stadtzentrum (4 km): guter Stadtplan.

INTERNET – Viele Shops, 15–20 Baht/Std.

MOPEDS – vermietet ***V.S. Motor*** (Schild *„Motorbike for rent"*), 245 Suranari Rd., zwischen einem großen ATM-Schild und einem Suzuki-Laden.

PLZ – 30 000

SCHWIMMBAD – 50 m-Becken und Riesenrutschen gibt es im Schwimmzentrum in ***The Mall*** (80 Baht), einen schönen Pool im ***Sri Pattana Hotel*** (s.o.).

TOURIST POLICE – ✆ 044-213333 oder 1699. Ein Posten in der Nähe des Denkmals.

Nahverkehrsmittel

STADTBUSSE – kosten 6 Baht und verkehren innerhalb der Stadt auf 4 Routen: Nr. 1, 2, 3 und 6 fahren im Wesentlichen in Ost-West-Richtung.

RIKSCHAS UND TUK TUKS – sind ein brauchbares Transportmittel. Eine kurze Strecke kostet 30 Baht. Nachts kostet es vom Bus Terminal zum Hotel bis zu 50 Baht.

Transport

BUSSE – Vom Bus Terminal 1 an der Burin Rd. starten lokale Busse und die direkten Busse nach Bangkok. Vom Bus Terminal 2 am H2, 2 km nördlich der Stadt, fahren alle weiteren Fernbusse ab. Dorthin mit dem Songthaew alle 20–30 Min. für 6 Baht.

Nach BANGKOK (256 km) rund um die Uhr alle 10 Min., non-ac-Bus für 87 Baht in 4 1/2 Std., 2.Kl. ac-Bus für 122 Baht, ac-Bus für 157 Baht in 4 Std., VIP-32 etwa stdl. von 8–23.30 Uhr für 302 Baht.

Nach CHIANG MAI non-ac-Bus 635 um 3 und 6 Uhr für 243 Baht, ac-Bus 7x tgl. am Morgen und Abend für 437 Baht, VIP-32-Bus um 19 und 20.30 Uhr für 510 Baht in 12 Std.

Nach CHIANG RAI ac-Bus um 14, 16 und 17.30 Uhr für 472 Baht und VIP-32-Bus um 19 Uhr für 550 Baht in 13 Std.

Nach CHANTABURI non-ac-Bus 340 ungefähr alle 45 Min. bis 16 Uhr für 118 Baht, ac-Bus 8x tgl. von 8.30–21 Uhr für 210 Baht in 5 Std. (dort weiter nach Trat für Ko Chang).

Nach UDON THANI non-ac-Bus 211 jede halbe Std. bis 17.20 Uhr für 102 Baht über KHON KAEN (67 / 120 Baht in 3 Std.), ac-Bus jede halbe Std. für 184 Baht in 5 Std.

Nach NONG KHAI ac-Bus um 10, 12 und 14.30 Uhr für 212 Baht in 6 Std. (non-ac-Bus nur bis UDON, dort erfolgt Transfer zum Bus Stop im Norden der Stadt).

Nach SURIN (für Prasat Phanom Rung bis Ban Tako) non-ac-Bus 274 jede halbe Std. für 69 Baht, ac-Bus von *Rin Kam Tour* um 10 und 11 Uhr, von *Nakhon Chai* um 13.30 Uhr für 115 Baht.

Nach UBON non-ac-Bus 589 um 13, 22.30 und 23.45 Uhr für 115–135 Baht, ac-Bus um 13.30 und 23.30 Uhr für 205 Baht, VIP-Bus um 23 Uhr für 340 Baht in 5 Std.

Nach SI CHIANGMAI 2.Kl. ac-Bus 5x tgl. von 17–22 Uhr für 128 Baht.

Nach PHIMAI mit Bus 1305 von Terminal 1 jede halbe Stunde bis 22 Uhr für 26 Baht in 90 Min., zurück zum Terminal 2.

Nach PAK THONG CHAI Bus 1303 von Terminal 1 alle 30 Min. für 15 Baht.

Nach PAK CHONG (Khao Yai National Park) Bus 1302 von Terminal 1 alle 20 Min. für 35 Baht (ac 60 Baht) in 2 Std., oder mit dem Bangkok-Bus 21 alle 15 Min.

Nach PHANOM WAN Minibus 4139 ab Pratu Nam, Phonsaen Rd. um 7.10 und 7.50 Uhr und jede Std. von 10–17 Uhr für 12 Baht.

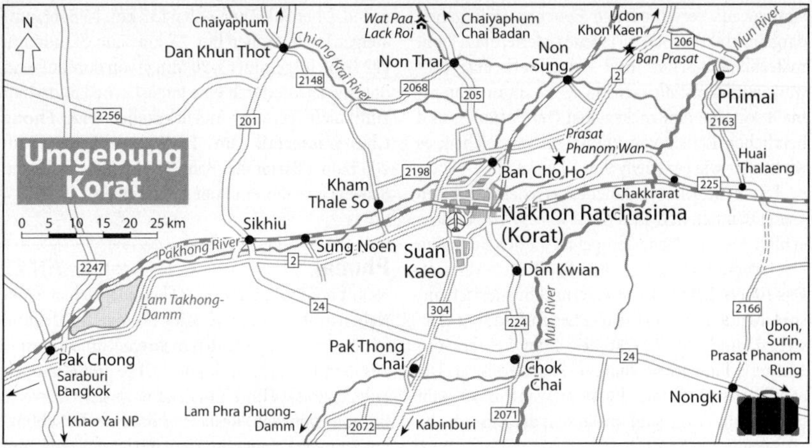

Nach BAN DAN KWIAN Bus Nr.1307 ab Pratu Pi, Kamhaeng Songkhram Rd., alle 30 Min. bis 18 Uhr für 10 Baht.
Weitere Busse u.a. nach CHAIYAPHUM 60 Baht (ac 81 Baht), NAKHON PHANOM 188 Baht (ac 327 Baht) und MUKDAHAN 141 Baht (ac 242 Baht).

EISENBAHN – Alle Fernzüge zwischen Bangkok und Ubon halten am Bahnhof Korat und alle außer dem *Express* an der zentraler liegenden Thanon Chira Station. Die Busse Nr. 1, 2 und 3 halten am Bahnhof.
11x tgl. fahren Züge von BANGKOK nach Korat für 215 Baht / 150 Baht (2./3. Kl.) in 5–6 Std. Tagsüber eignen sich die Züge 71 und 233 um 11.05 und 11.45 Uhr (Ank. 15.35 und 17.27 Uhr). Alle übrigen Züge fahren zu ungünstigen Zeiten.
Nach UBON fahren tagsüber 2 Züge um 10.15 und 12.44 Uhr über SURIN (32 Baht), Ank. um 14.10 und 18.20 Uhr.

Die Umgebung von Korat

Wer die Ausflugsziele zeitsparend und unabhängig erreichen will (auch Phimai und Phanom Rung), kann am Busbahnhof ein Songthaew für einen ganzen Tag chartern – kräftig handeln. Für bis zu 8 Personen sind ca. 1000 Baht fällig.

Ban Dan Kwian (= Kwien)

Vor dem Töpferdorf wird am Fluss eine rostrote Tonerde gefunden, die zu schönen, unwahrscheinlich billigen Töpferwaren verarbeitet wird. Die Gegenstände sind entlang der Straße aufgebaut, so dass das Dorf nicht zu verfehlen ist. Mit einfachen Werkzeugen stellen die Töpfer weiter im Hinterland Krüge, Vasen, Hocker, Fliesen, Lampenschirme, Reliefs und Skulpturen her, die in Erdöfen gebrannt werden. Allerdings sind die meisten Gegenstände für den Rucksack zu groß und zu schwer. Aber man kann sich die Waren auch preiswert schicken lassen, da die Fracht nach Kubikmaß, nicht nach Gewicht berechnet wird. 💻 www.korat-pottery. com. Auch ein Bummel durch die Nebengassen lohnt. Gleich rechts am Ortseingang kann man sich unter freiem Himmel Drechsel-Waren und zahlreiche asiatische Fuhrwerke anschauen. Diesen empfehlenswerten Ausflug zum Töpferdorf am KM 15 des H224 unternimmt man am besten mit dem Bus Nr. 1307, der alle 30 Minuten ab Pratu Pi fährt.

Prasat Phanom Wan

15 km nordöstlich von Korat biegt vom H2 die Straße zum **Wat Phanom Wan Sanctuary** ab (7 km, evtl. mit Songthaew). Der zentrale Tempel wurde Anfang des 10. Jhs. gebaut, Teile der kleinen Anlage existierten bereits 100 Jahre früher. Im stark beschädigten Tempel werden noch heute Buddha-

statuen aus verschiedenen Epochen Opfergaben dargebracht. Die total zerfallene Galerie, die z.T. mit meterhohem Schutt und Wurzelwerk aufgefüllt war, wurde restauriert. Prasat Phanom Wan ist nicht mit den eindrucksvollen Dimensionen und herrlichen Reliefs von Phimai zu vergleichen, es wirkt eher wie ein friedvolles Kleinod.

Das neue Kloster daneben erscheint mit den vielen Bäumen und Tieren fast wie ein großer Bauernhof. Der moderne Tempel ist an den Fassaden mit farbenprächtig bemalten Bas-Reliefs verziert. Das Innere schmücken moderne, künstlerisch ansprechende Fresken, die das Leben Buddhas darstellen, und ein Porträt des alten Lehrers des Klosters, Phra Khru Phanom Phanaa Phirat. Die Minibusse 4139 nach Phanom Wan für 12 Baht fahren vom Pratu Nam im Norden der Altstadt ab.

Ban Prasat

Nordöstlich von Korat (KM 44), 1,5 km vom H2, wurden im Dorf Ban Prasat vom *Fine Arts Department* Ausgrabungen durchgeführt. Dabei kamen Funde aus prähistorischer Zeit (vor 3000 Jahren), aus der Dvaravati-Periode (vor 1600–1800 Jahren) und im Khmer-Stil (vor 600 Jahren) ans Tageslicht. An zwei Ausgrabungsstätten können die Funde am Originalplatz besichtigt werden. Ein kleines Museum informiert über Ausgrabungsarbeiten, ländliche Zeremonien in Verbindung mit Geisterhaus und Reisgöttin, über Fischen und Weben, alles mit englischen Erklärungen. Eintritt frei, Spende, Souvenirstände mit lokalen Produkten. Leicht zu erreichen mit einem Bus nach Khon Kaen bis Ban Prasat für 15 Baht, weiter mit Motorradtaxi für 15 Baht. Alternativ ab Phimai mit dem Korat-Bus für 10 Baht.

Wat Paa Lack Roi

24 km nördlich von Korat finden an Himmel-und-Hölle-Darstellungen Interessierte ein riesiges, ungeheuer eindrucksvolles Areal mit Figuren in Lebensgröße, das ständig erweitert wird. Zu erreichen mit einem Bus Richtung Chaiyaphum auf dem H205 bis zum KM 379 für 10 Baht, dann durch den Torbogen 1,5 km weiter laufen.

Lam Phra Phuong-Damm

Den vom Tourist Office empfohlenen Ausflug zu den Wasserfällen empfanden Leser als wunderschön. Über Pak Thong Chai (35 km, 15 Baht, umsteigen) geht es per Bus 28 km zum Staudamm (12 Baht, insgesamt ca. 90 Min.), von dort auf dem Stausee 23 km durch eine fantastische Landschaft zum nicht gerade eindrucksvollen **Pak Thong Chai-Wasserfall** am Ende des Sees (Boot 200 Baht, Charter 400 Baht, 90 Min.). Leser hatten Schwierigkeiten, ein Boot aufzutreiben.

Phimai พิมาย

59 km nordöstlich von Korat befindet sich an einer Nebenstraße die kleine Stadt Phimai. Im Ort und in der Umgebung wurden mehrere Khmer-Ruinen aus dem 11. bis 13. Jh. entdeckt. Die große Tempelanlage, Prasat Hin Phimai, ist nach der (teilweise unprofessionellen) Restaurierung eine der schönsten Khmer-Anlagen in Thailand und wurde zum **Phimai Historical Park** erklärt. Während jener Zeit hatten die Khmer ihren Einflussbereich weit nach Westen ausgedehnt. Die buddhistisch-hinduistische Tempelanlage im typischen Khmer-Stil beweist, dass sich in Phimai ein bedeutendes Zentrum befand. Der zentrale Prang symbolisiert den heiligen Berg und Sitz der Götter, zu dem man über vier Wege aus allen Himmelsrichtungen gelangt. Vier steinerne Eingangstore ermöglichen hier den Zugang zum Heiligtum, das von einer rechteckigen Mauer umgeben ist. Selbst während der Feiertage ist die schöne, ruhige Anlage nicht überlaufen. Genießer können alles in Ruhe auf sich wirken lassen. 🕒 tgl. 7.30–18 Uhr, Eintritt 40 Baht. Außerhalb des südlichen Stadttores **Pratu Chai** liegen einige kleinere Ausgrabungsstätten.

Ein Teil der Funde, darunter zahlreiche Buddhastatuen, Lingams und besonders schöne, mit Steinmetzarbeiten verzierte Türstürze sind im großen **Museum** an der Brücke ausgestellt. Es bietet einen guten Überblick über die Kunstgeschichte. Sein Prunkstück ist eine Steinstatue von König Jayavarman VII. von Angkor Thom, die im Prasat Phimai gefunden wurde. 🕒 tgl. 9–16 Uhr; Eintritt: 30 Baht.

Einen schönen **Banyan-Baum** *(Ficus bengalensis)*, dessen Äste und zahlreiche Luftwurzeln eine große Fläche von etwa 50 m im Durchmesser bedecken, steht im Nordosten von Phimai, 1,5 km entfernt. Der 350 Jahre alte, weit ausladende Baum ist herrlich zum Picknicken, vor allem mit Kindern.

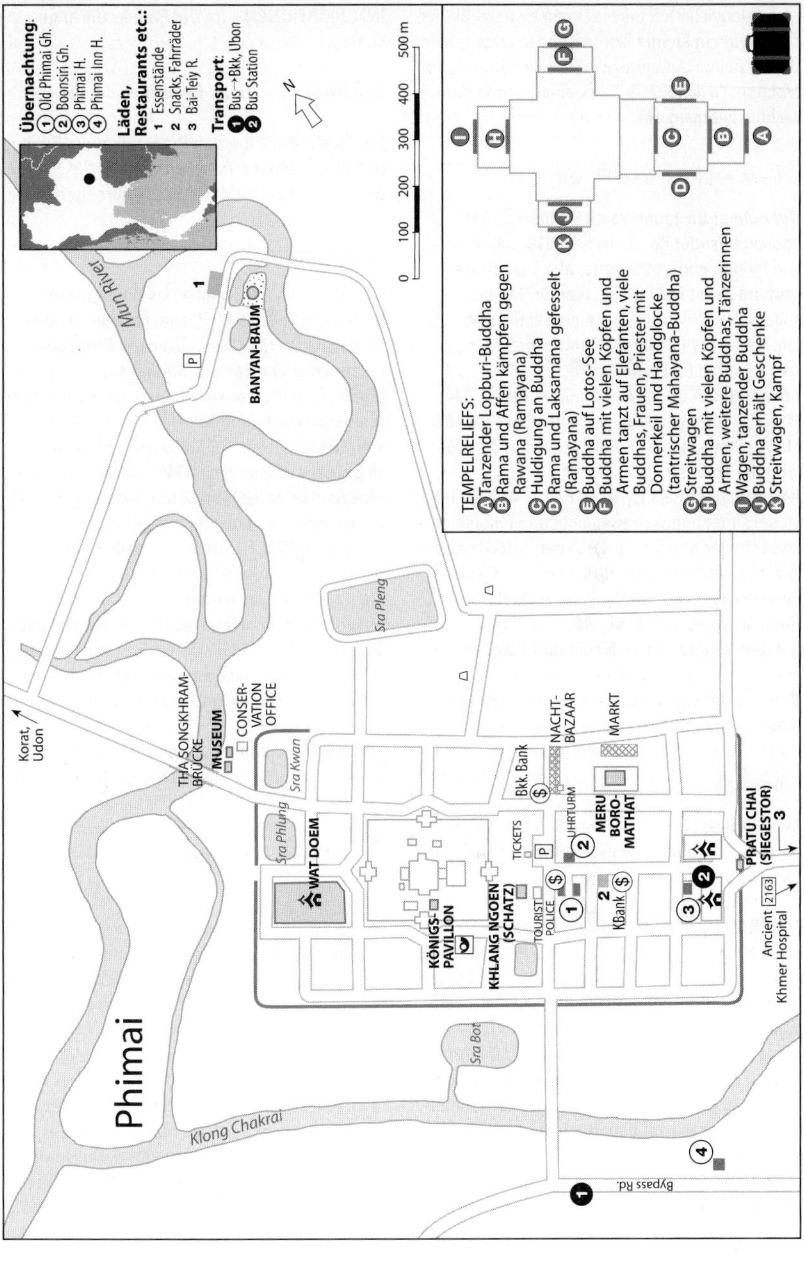

Phimai
Übernachtung:
1 Old Phimai Gh.
2 Boonsiri Gh.
3 Phimai H.
4 Phimai Inn H.
Läden, Restaurants etc.:
1 Essenstände
2 Snacks, Fahrräder
3 Bai-Teiy R.
Transport:
1 Bus→Bkk, Ubon
2 Bus Station
N
0 100 200 300 400 500 m
TEMPELRELIEFS:
A Tanzender Lopburi-Buddha
B Rama und Affen kämpfen gegen Rawana (Ramayana)
C Huldigung an Buddha
D Rama und Laksamana gefesselt (Ramayana)
E Buddha auf Lotos-See
F Buddha mit vielen Köpfen und Armen tanzt auf Elefanten, viele Buddhas, Frauen, Priester mit Donnerkeil und Handglocke (tantrischer Mahayana-Buddha)
G Streitwagen
H Buddha mit vielen Köpfen und Armen, weitere Buddhas, Tänzerinnen
I Wagen, tanzender Buddha
J Buddha erhält Geschenke
K Streitwagen, Kampf
Mun River
BANYAN-BAUM
Sra Pleng
Korat, Udon
THA SONGKHRAM-BRÜCKE
MUSEUM
CONSERVATION OFFICE
Sra Kwan
Sra Phlung
WAT DOEM
KÖNIGS-PAVILLON
KHLANG NGOEN (SCHATZ)
TOURIST POLICE
TICKETS
Bkk. Bank
UHRTURM
NACHT-BAZAAR
MARKT
MERU BORO-MATHAT
KBank
PRATU CHAI (SIEGESTOR)
2163
Ancient Khmer Hospital
Sra Bot
Klong Chakrai
Bypass Rd.

Im kühlen Schatten unter seinem riesigen Blätterdach steht ein kleiner Tempel, das Sai Ngam Spirit House, neben dem einige Wahrsager (Handleser) arbeiten. Gegenüber gibt es einen großen, überdachten Essensmarkt.

Übernachtung und Essen

Old Phimai Gh. (auch Youth Hostel) ①, 214 Chomsudasadet Rd., ✆ 044-471918, 100 m von den Ruinen entfernt; 2 nette, alte Teakhäuser, saubere Zi mit Fan und ac, warme Gemeinschafts-Du/WC; Schlafsaal, gute Infos und Karten, Fahrräder (50 und 80 Baht). Empfehlenswerte Touren (s.u.). ❷, ac ❸
Phimai Hotel ③, 305 Haruthairom Rd., ✆ 044-471306; saubere, einfache Zi mit ac, im 4. und 5. Stock gibt es billige Zi ohne Du/WC und mit ac; freundliche Gastgeber. ❷–❸
Phimai Inn ④, 33/1 By-Pass Rd., ✆ 044-471175; an der Umgehungsstraße, nicht ausgeschildert und schwierig zu finden; 39 Zi mit Du/WC und Fan oder ac; einfaches, gutes und preiswertes Restaurant am großen Swimming Pool (für Nicht-Gäste 30 Baht). ❷–❸
Auf dem kleinen, guten **Nachtmarkt** gibt es u.a. fantastische *Gluei Tord* (gebackene Bananen).
Bai-Teiy Restaurant, ca. 1 km südlich der Stadtmauer, angenehm, freundlich, etwas teuer.

Sonstiges

AUTOVERMIETUNGEN – Das *Bai-Teiy Restaurant* vermietet ein Auto mit Fahrer ab 1200 Baht/Tag, zuverlässig.

FAHRRADRIKSCHAS – Im Ort ab 10 Baht.

FESTE – Dorffeste finden von Oktober bis März in der Umgebung statt. Infos und Touren im Gästehaus.
Am zweiten Wochenende im November wird bei den Ruinen das Wasserfest **Phimai Fair** mit einem Laternen-Umzug und einem internationalen Bootsrennen auf dem Mun River veranstaltet. Zu empfehlen ist die *Light and Sound*-Präsentation, bei der das Tanz-Drama „Wimaya Nattakan" (20–21 Uhr, Eintritt 100 und 200 Baht) aufgeführt wird.

INFORMATIONEN – Im ***Old Phimai Gh.*** angeschlagen.

INTERNET – Im ***Friend Net*** östlich der Ruinen.

TOUREN – Ausflüge zum Prasat Phanom Rung und Prasat Muang Tam werden vom *Old Phimai Gh.* für 450 Baht p.P. (ab 4 Pers.) durchgeführt.

Transport

BUSSE – Vom H2 zweigt 49 km nördlich von Korat die Straße nach Phimai ab. Von der Bus Station im Ort fährt Bus 1305 nach Korat und Chomruang, von der Bus Station am neuen Markt (Talat Mai) an der Umgehungsstraße fahren Busse nach Bangkok.
Von KORAT (59 km) Bus 1305 alle 30 Min. für 26 Baht (ac 35 Baht) in 90 Min. Letzter Bus zurück um 19 Uhr (er fährt in Korat an der Altstadt vorbei, wo man schon aussteigen kann).
Richtung UDON THANI (ac-Bus 130 Baht) und NONG KHAI an der Abzweigung (10 km, Songthaew 10 Baht) umsteigen.
Es kann in ein Abenteuer ausarten, sich von hier über Hin Dat, Lam Plai Mat, Nang Rong und Ban Tako mit Bussen zur Tempelanlage PHANOM RUNG durchzuschlagen, leichter geht es ab Korat.

EISENBAHN – Zum nächsten Bahnhof Hin Dat (25 km) fahren Songthaews nur um 9 und 17 Uhr.

Prasat Phanom Rung

ปราสาทพนมรุ้ง

Die Tempelanlage Phanom Rung (auch *Phanomrung Historical Park*) ist ein sehr gut restauriertes Denkmal der Khmer-Kunst. Wer sich für Khmer-Bauwerke interessiert, sollte auch einen größeren Umweg für diesen herrlich gelegenen Tempel nicht scheuen. Die meisten Traveller sind von dieser Anlage begeistert. Richtig lebendig wird es in den toten Ruinen, wenn sie am Wochenende von Thai-Familien besucht werden. Entlang der Zufahrtstraße zum Prasat Phanom Rung gibt es Dutzende von Ständen mit Essen, Getränken und Souvenirs (z.B. hübsche Ketten aus Tonperlen). ⏲ tgl. 6–18 Uhr, Eintritt 40 Baht.

Der hinduistische **Shiva-Tempel** steht auf dem Hügel Phanom Rung, einst der Rand eines Vulkankraters. Er gestattet einen weiten Blick ins Land. Von 1971–89 wurde die zerfallene Anlage vom *Fine Arts Department* mit der Technik *Anastylose* restauriert, bei der jeder Stein an seiner ursprünglichen Position platziert wird. Eine monumentale Treppe, begrenzt von vielen riesigen Naga-Schlangen im Angkor Wat-Stil, führt eindrucksvoll zum Heiligtum hinauf, das von Galerien (66 x 88 m) in allen vier Richtungen eingefasst ist. Die fein ausgearbeiteten Reliefs an den Fenstern, Türen und Simsen der aus Sandstein gebauten Prangs sind noch gut erhalten. Die dargestellten Szenen entstammen überwiegend der hinduistischen Mythologie: im Osten ein tanzender Shiva und ein liegender Vishnu, im Norden die Entführung von Sita durch Ravana (kaum zu erkennen) und weitere Szenen aus dem Ramayana, außerdem Darstellungen von Zeremonien. Der Grundriss der Anlage wurde so gewählt, dass man am 3. April eines jeden Jahres von Westen her durch alle 15 Türen des Heiligtums im Osten die Sonne aufgehen sehen kann. Um diesen Tag herum findet jedes Jahr ein Fest mit einem *Light and Sound Festival* statt.

Durch viele Inschriften in Sanskrit und in der Khmer-Sprache, die bei den Ausgrabungen gefunden wurden, lassen sich die meisten Gebäude recht genau datieren. Zwei Gebäude aus Ziegeln stammen bereits aus dem 10. Jh., der kleine Prang mit den schönen Ornamenten über dem Tor wurde um das Jahr 1000 errichtet. Der zentrale Prang entstand zwischen 1050 und 1150; die dargestellten Gottheiten sind nach der Sitte der Baphuan-Periode (1010–80) gekleidet. Ursprünglich stand ein Shiva-Lingam im Zentrum des Heiligtums. Die Türfriese enthalten, wie auch bei Hindu-Tempeln in Java und Bali, den Kopf der Kala. Sie repräsentiert die Sonnen- und Mondfinsternis, die mächtigste der Planeten-Gottheiten, und wird noch heute in den Dörfern Thailands verehrt. In einer späteren Epoche wurde in dem kleinen Prang ein Fußabdruck Buddhas eingelassen.

In dem kleinen Tourist Information Centre, ⌚ tgl. 9–16.30 Uhr, werden u.a. einige informative Fotos von den Restaurierungsarbeiten gezeigt. Archäologisch Interessierte können hier das hervorragende Büchlein *The Sanctuary Phanom Rung* kaufen (20 Baht).

Prasat Muang Tam

Ein weiterer sehenswerter Khmer Tempel aus der Baphuan-Periode, **Prasat Muang Tam**, liegt 7 km weiter östlich in der Ebene neben einem Dorf. Der wunderschöne, ummauerte Tempelkomplex (ca. 100 x 100 m) wurde restauriert und zum Historical Park erklärt: eine kleine, zentrale Tempelruine, von 4 L-förmigen Seerosenteichen und 4 Chedis umgeben. Viel Rankenwerk schmückt die rekonstruierten Gebäude. Von den wenigen Figuren sind Shiva und Parvati auf einem Stier am besten erhalten. Viele Steinmetzarbeiten sehen aus wie nicht fertig gestellt. Noch herrscht eine romantische Atmosphäre. ⌚ 7.30–18 Uhr, Eintritt 30 Baht. 58 km südöstlich liegt der Tempel **Ta Muan Tom** nahe an der Grenze zu Kambodscha.

Satuk

In der 40 km nördlich der Provinzhauptstadt Buriram gelegenen Kleinstadt steht die große, hochverehrte Buddhastatue **Phra Puttharup Yai** am Ufer des Mun. Hier finden am ersten Wochenende im November farbenprächtige Bootsrennen statt. Besonders spektakulär sind ein Elefantenumzug durch die Stadt und ein Schwimmwettbewerb mit Elefanten.

Nang Rong

Die Kleinstadt Nang Rong in der Provinz Buriram eignet sich sehr gut als abwechslungsreicher Ausgangspunkt für Touren im südlichen Isan, i.b. zu den Khmer-Ruinen. Sie verfügt über gute Busverbindungen, viele Läden und Märkte sowie zwei gute Krankenhäuser.

Übernachtung

NANG RONG – ***Nang Rong,*** 243 Pradit Pana Rd., ✆ 044-631014, 19 Zi. mit Fan und ac. ❷

Honey Inn, 8/1 Soi Srikoon, ✆ 044-622825, ✉ honey_inn_thai@hotmail.com, hinter der Ban Nongree School, Zi mit Fan oder ac, geleitet von der Englisch sprechenden Mrs. Phanna, gutes Abendessen; Motorrad und Auto zu mieten, Minibus und Guide nach Phanom Rung und Khao Phra Viharn verfügbar. ❷

HI-P.California, 59/9 Sangkhakrit Rd., ✆ 044-622214, ✉ california8gh@yahoo.com, 💻 www.tyha.org/HI-Buriram.html; Jugendherberge, vom

H348 an der Post 200 m Richtung Süden und hinter der Bus Station 800 m nach links. 10 saubere Zi mit Fan oder ac in einem großen Haus mit Terrasse und Blumengarten. Günstiges Frühstück, Internet, Fahrrad 100 Baht/Tag, Moped 250 Baht/Tag, Auto 700 Baht/Tag, Transfer nach Phanom Rung 120 Baht p.P. ab 3 Pers.; gute Informationen. Der Besitzer spricht fließend Englisch. ❷–❸

BURIRAM – In der Stadt gibt es 7 Hotels ❶–❹. ***Thai Hotel,*** 38/1 Romburi Rd., ✆ 044-611112, 96 Zi mit Fan und ac. ❷–❹

Transport

BUSSE u.a. – Von BANGKOK mit dem ac-Bus um 9.30 Uhr für 212 Baht in 5 Std., zurück um 21 Uhr bzw. um 9 Uhr für 164 Baht.
Mit dem Bus stdl. von KORAT (84 Baht, 2 Std.) oder SURIN (53 Baht, 1 1/2 Std.) nach BAN TAKO, von dort fahren Motorradtaxen für ca. 240 Baht zu beiden Tempeln, warten (Dauer aushandeln) und fahren wieder zum Bus zurück (insgesamt 40 km, 3–4 Std.). Oder von Ban Tako mit dem Songthaew weiter bis Ban Tapek und von der Abzweigung trampen. Alternativ fährt man zunächst per Bus nach PRAKHON CHAI (ca. 20 km weiter östlich), dann weiter mit dem blauen Minibus (12 Baht), der auf dem H2075 nach Südwesten fährt (Schild: „17 km Muang Tam"). Von Muang Tam ist es allerdings nicht leicht, nach Phanom Rung zu gelangen, denn zwischen den beiden Tempeln verkehren keine öffentlichen Transportmittel.

SELBSTFAHRER – Mit dem eigenen Fahrzeug geht es auf dem H24 in Richtung Osten bis BAN TAKO (14 km östlich von Nang Rong), nach rechts abbiegen auf den H2117 und nach 5,4 km in Ban Tapek nach links auf den H2221 zum Berg mit den Sendemasten (7 km), auf dem Prasat Phanom Rung steht. Weiter zum Prasat Muang Tam fährt man Richtung Süden 2,3 km hinunter in die Ebene, biegt nach rechts ab (kein Schild) und nach weiteren 4,2 km nach links.

Surin สุรินทร์

Die Provinzhauptstadt Surin mit ihren 40 000 Einwohnern, 450 km von Bangkok entfernt, erlebt jährlich am dritten Wochenende im November eine Touristeninvasion zum **Elephant Round-Up**. Über 100 Elefanten werden für das große Spektakel aufgeboten. In Umzügen und Wettkämpfen zeigen sie sich von der besten Seite und demonstrieren Kraft und Geschicklichkeit. Seit dem 11. Januar 1989, als das Gesetz über das Verbot, Bäume zu fällen, verkündet wurde, werden diese Tiere kaum noch als Arbeitselefanten beim Abtransport von Baumstämmen im Dschungel eingesetzt. Dadurch haben sich große wirtschaftliche Probleme für ihre Besitzer ergeben.

Das **Museum** liegt 5 km südlich der Stadt am H214 und ist keinen Besuch wert.

34 km östlich in Sikoraphum (kurz: Sikhor) liegt das **Wat Ra Ngeng** mit fünf Khmer-Prangs, genannt **Prasat Sikoraphum**, in einem schönen, kleinen Park (Eintritt: 20 Baht). Es entstand in der Baphuan-Periode im 11.–12. Jh. und wurde im 16. Jh. zu einem buddhistischen Heiligtum umgestaltet. Vor allem die Osttür des zentralen, ca. 15 m hohen Prangs beweist die hohe künstlerische Fertigkeit der Steinmetze. Den Türrahmen zieren zwei Devates im Angkor-Stil und zwei Wächterfiguren, auf dem Türsturz tanzt ein Shiva mit 10 Armen. Das Wat liegt außerhalb des Ortes Richtung Si Saket etwa 500 m links der Hauptstraße, Motorradtaxi vom Bahnhof 60 Baht hin und zurück.

Berühmt ist Surin für seine handgewebte **Seide**. Den vollständigen Prozess der Seideproduktion kann man u.a. in den Dörfern **Khwao Sinarin** und **Jomran** verfolgen.

Die meisten Elefanten vom *Round-Up* werden im Dorf **Ban Ta Klang** ausgebildet, 58 km nördlich von Surin. Am Sa findet von 9.30–11 Uhr eine Vorstellung mit 10–20 Elefanten statt, Eintritt: 50 Baht. Ein kleines **Museum** ist Elefanten gewidmet. Man fährt zunächst 36 km nach Norden (Höhe Ban Krapo), dann 22 km nach Westen.

6 km südlich von Surin (H214) links, erreicht man nach 2 km das große Reservoir **Huai Saneng**, das sich gut zum Schwimmen eignet, aber wenig Schatten bietet. Kilometerlange Wege führen um den Stausee. Absolut irre Auswahl an exotischem Essen für 10 Baht je Teller: Wachteleier, Ameiseneier, Fischrogen, Reisfeldgarnelen, Grillen, Zikaden, Wasserwanzen, Taumel- und Skarabäuskäfer, Seidenraupen, Skorpione… frittiert oder als Salat, große Portionen.

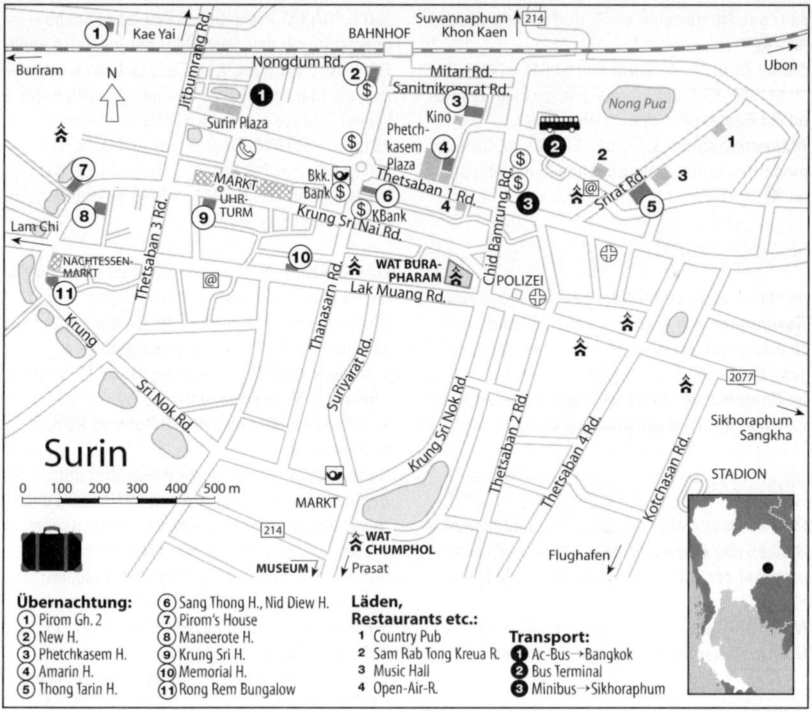

Übernachtung

Zum *Elephant Round-Up* sind natürlich alle Hotels ausgebucht und verlangen 50% Zuschlag. Wer nicht mit einer organisierten Tour kommt, wird kaum ein Zi bekommen. Ansonsten gibt es keine Probleme.

GÄSTEHÄUSER – ***Pirom's House*** ⑦, 242 Krung Sri Nai Rd., ✆ 044-515140, 1,5 km vom Bahnhof und der Bus Station entfernt, westlich vom Zentrum zwischen einer stark befahrenen Straße und großen Lotosteichen mit Moskitos; schönes, sauberes Teakhaus mit 8 einfachen Zi mit Fan, Du/WC außen; freundliche Mama, die gut Englisch spricht; viele Informationen; empfehlenswert. Zukunft unsicher, da Pacht abgelaufen. ❶
Pirom Gh. 2 ①, 1 km vom Bahnhof entfernt jenseits der Gleise im Nordwesten, schönes Stein-Holzhaus inmitten vieler Pflanzen, 8 Zi mit Fan, 2 Gemeinschafts-Du/WC. Gleicher Besitzer wie *Pirom's House.* ❷
Rong Rem Bungalow ⑪, Krung Sri Nok Rd., mehrere Reihensteinbungalows, große Zi mit Fan oder ac und Du/WC, gut für Biker, ansonsten eigentlich nicht akzeptabel. ❷, ac ❸

HOTELS – ***Memorial Hotel*** ⑩, 646 Lak Muang Rd., ✆ 044-511288, 5-stöckiges Gebäude mit Aufzug, ordentliche, saubere, gut eingerichtete Zi, nach hinten ruhig; Massagesalon nebenan. ❸–❹
Sang Thong ⑥, 279 Thanasarn Rd., ✆ 044-512099, beim Kreisverkehr, große Zi mit vielen Möbeln, Du/WC und Fan oder ac, im Anbau etwas dunkel. Das freundliche Empfangspersonal spricht Englisch; ❸. Dahinter steht der Neubau ***Nid Diew*** ⑥ mit 100 besseren Zimmern; empfehlenswert. ❸–❹
Phetchkasem Hotel ③, 104 Chid Bamrung Rd., ✆ 044-511274, ✉ PKhotel@cscoms.com; groß,

sehr gut, komfortable ac-Zi, Coffeeshop, Disco. ❸–❹

Thong Tarin ⑤, 60 Srirat Rd., ☏ 044-514281-8, 📠 511580, ✉ hotel@thongtarin.co.th, gutes Hotel mit Restaurant, Pool, Disco. ❹

Maneerote Hotel ⑧, ☏ 044-539477, 📠 539475, modernes Hotel, ansprechende Zi mit Minibar. ac ❹

Essen

Im stilvoll angelegten ***Sam Rab Tong Kreuang Restaurant*** (kein englisches Schild, aber leicht zu erkennen) isst man hervorragend vegetarische Gerichte, ⌚ 11–24 Uhr.

Im ***Phetchkasem Plaza*** im 2. Stock kann man klimatisiert mit TV-Beschallung essen.

Sonstiges

FESTE – Jedes Jahr im November findet beim Stadion das *Elephant Round-Up* statt. Eintrittspreis auf der Tribüne (im Schatten): 350 Baht.

MOTORRÄDER – werden wegen der nahen Grenze zu Kambodscha nicht vermietet.

Transport

Wer zum großen Elefantenspektakel im November fahren will, für den bieten viele Reisebüros eine organisierte Tour an. Von der Bus Station zum Gästehaus mit der Rikscha für 15–25 Baht.

BUSSE – Nach BANGKOK (452 km) 2.Kl. ac-Bus 19x tgl. bis 22 Uhr für 204 Baht, ac-Bus 8x tgl. morgens und abends für 250 Baht, VIP-24-Bus um 21.30 Uhr für 385 Baht in 7 Std.

Nach KORAT non-ac-Bus alle 30 Min. bis 18 Uhr für 69 Baht in 3 1/2 Std.

Nach KORAT 2.Kl. ac-Bus um 6, 7, 13 und 15 Uhr für 97 Baht mit *Sri Mongkhol Tour* und abends mit *Nakhon Chai Air,* ☏ 044-51515, für 115 Baht in 3 Std.

Nach UBON non-ac-Bus für 60 Baht in 3 1/2 Std., ac-Bus um 16.30 Uhr für 110 Baht in 2 1/2 Std.

Nach SIKORAPHUM alle 30 Min. zwischen 8 und 17 Uhr für 21 Baht. Weiter nach SRI SAKET für 40 Baht.

Nach PRASAT PHANOM RUNG ist es am bequemsten, mit dem Bus 274 Richtung Korat nach BAN TAKO (53 Baht, 1 1/2 Std.) zu fahren und dort ein Motorradtaxi zu nehmen (ca. 240 Baht). Weitere Busse u.a. nach KHON KAEN für 93 Baht, PATTAYA 190 Baht (ac 340 Baht, VIP 500 Baht), CHIANG MAI 275 Baht (ac 500 Baht, VIP 685 Baht) und CHOM CHONG an der kambodschanischen Grenze.

EISENBAHN – Am besten kommt man mit einem der 10 Züge von BANGKOK nach Surin. Schlafwagen hat nur der Express Nr. 67, der um 21 Uhr abfährt, Ank. 5.16 Uhr. Tagsüber geht es am schnellsten mit dem Dieselzug 71 um 11.05 Uhr, Ankunft 17.59 Uhr. Die einfache Fahrt in der 2./3. Klasse kostet ab 269/173 Baht, ab KORAT 31 Baht in der 3. Kl.

Nach BANGKOK eignen sich tagsüber der *Rapid* 136 um 9.57 Uhr, Ankunft 19 Uhr, und der *Rapid* 146 um 10.32 Uhr, Ank. 19.25 Uhr, nachts mit Schlafwagen der *Express* Nr. 68 um 20.37 Uhr, Ankunft 5.05 Uhr, und der *Rapid* 140 um 21.53 Uhr, Ankunft 6.35 Uhr.

Nach UBON mit dem *Rapid* 135 um 15.27 Uhr, Ankunft 18.20 Uhr, mit dem *Special Express* 21 um 12.18 Uhr in 2 Std., mit dem *Rapid* 143 um 8.45 Uhr oder dem *Local* 419 um 13.49 Uhr in 3 Std. für 35 Baht.

Ausflug nach Kambodscha

Der Grenzübergang **Chom Chong**, 70 km südlich von Surin, ist auch für Ausländer geöffnet. Das Visum gibt es an der Grenze. In den dortigen Bungalows bekommt man auch ein Sammeltaxi nach Samrong für 250 Baht p.P. (Charter 2000 Baht). Unterwegs liegen mehrere Khmer-Ruinen und eine alte Brücke.

Chaiyaphum ชัยภูมิ

Diese Provinzhauptstadt am Rand des Plateaus liegt 342 km von Bangkok entfernt und 118 km nördlich von Korat, ungefähr auf halbem Weg zwischen Bangkok und Nong Khai. Nach Chaiyaphum verirren sich nur selten Touristen, die Einwohner sind freundlich, aber nicht aufdringlich. Die Stadt selbst hat bis auf den täglichen **Obst- und Gemü-**

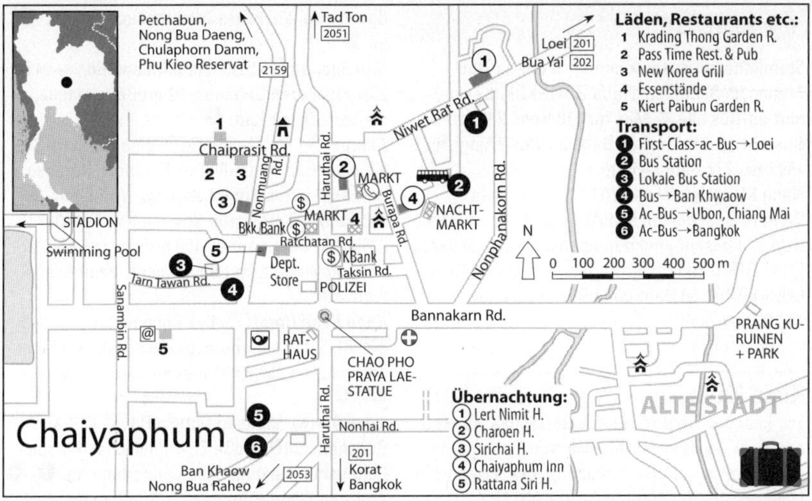

semarkt nicht viel zu bieten. Der neue **chinesische Tempel** entfaltet eine unwahrscheinliche Farbenpracht.

1,5 km östlich vom Zentrum steht in einem Park die kleine Khmer-Ruine **Prang Ku**, Reste eines Krankenhauses aus dem 12. Jh. Hoch verehrt wird eine Buddhastatue aus der Dvaravati-Periode, die Gesundheit bringen soll. An Vollmond im April werden hier Badezeremonien und ein lautes Volksfest veranstaltet.

Der **Tad Ton National Park** am H2051, 21 km nördlich, lohnt die 200 Baht Eintritt kaum.

Chulaphorn-Stausee

Naturliebende Selbstentdecker können eine eindrucksvolle, insgesamt 172 km lange Tour auf dem H2366 und H2055 über Nong Bua Deng (H2159, 44 km) und Kaset Sombun (H2037, 35 km) zum **Chulaphorn-Stausee** machen. Das parkartige Gelände am Damm ist sehr gepflegt. Auf schönen Wanderwegen in unberührter Natur sieht man u.a. viele Arten von Wasservögeln. Übernachtet wird auf dem Campingplatz (100 Baht/Zelt) oder in Bungalows (400–3000 Baht), ein gutes Restaurant ist vorhanden. Noch uriger ist die abwechslungsreiche Weiterfahrt (25 km) nach Tung Ka Mang im **Phu Kieo-Reservat** (lohnende 200 Baht Eintritt), wo man sich mindestens drei Tage aufhalten sollte, um die Flora und Fauna zu erkunden. Der Zeltplatz kostet 50 Baht, ansonsten gibt es so genannte Lodges. Dieses abgelegene Gebiet erreicht man auch von Khon San am H12, ca. 20 km westlich von Chum Phae, auf einer sehr guten, 40 km langen Straße durch bizarre Berge.

Übernachtung

Sirichai ④, 565 Nonmuang Rd., ✆ 044-811543, modernes, 5-stöckiges Gebäude, große, saubere Zi mit Du/WC und Fan oder ac, Coffeeshop, Restaurant. ❷–❹

Chaiyaphum Inn ⑤, Burapa Rd., neueres Stadthotel mit Seafood-Restaurant und Live-Musik, Zi mit Du/WC und ac. ❸

Lert Nimit ②, 447 Niwet Rat Rd., ✆ 044-811523, 📠 822335, "besseres" Hotel, gute Zi mit Fan oder ac, Restaurant. ❷–❹

Sonstiges

MEDIZINISCHE HILFE – Einen Deutsch sprechenden Arzt findet man im ***Government Hospital***.

POST – mit Telefon und Fax im 1. Stock, 🕒 7–22 Uhr. **PLZ**: 36 000.

Transport

Staatliche ac-Busse kommen in der ac-Bus Station im Süden an. Nach BANGKOK (332 km) non-ac-Bus alle 35 Min. für 110 Baht, 2.Kl. ac-Bus 18x tgl. für 154–162 Baht, ac-Bus 27x tgl. für 198 bzw. 231 Baht in 5 Std.
Nach KHON KAEN alle 70 Min. für 46 Baht.
Weitere Busse nach KORAT 60 Baht (ac 81 Baht), BUA YAI (Eisenbahnknotenpunkt, 51 km) 20 Baht, CHATTURAT (nächster Bahnhof, 39 km) 15 Baht, CHUM PHAE 38 Baht und LOEI 78 Baht (ac 142 Baht).

Khon Kaen ขอนแก่น

Die lebhafte Provinzhauptstadt, 150 000 Einwohner, liegt 444 km nordöstlich von Bangkok verkehrsgünstig an der Kreuzung des Friendship Highway mit der Nationalstraße Nr. 12 nach Tak und Phitsanulok. Zudem ist sie durch ihren Flugplatz zu einem wichtigen Verkehrsknotenpunkt in Nordost-Thailand geworden. Hochhäuser, Universität, Hospitäler und eine zehnspurige Hauptstraße mit großen Werbeschildern unterstreichen den modernen Charakter der Stadt.

Im **National Museum** im Nordosten der Stadt sind verschiedene prähistorische Funde ausgestellt. Sie wurden bei Ausgrabungen nahe Ban Chiang und in anderen Orten der Provinzen Kalasin und Mahasarakham entdeckt. Im hinteren Teil des Erdgeschosses sind Werkzeuge und Gegenstände zu sehen, die von den Bewohnern des Isan zum Weben, Fischen und beim Reisanbau verwendet werden. Das Obergeschoss enthält u.a. buddhistische und hinduistische Statuen, darunter ein schöner Shiva (mit dem dritten Auge auf der Stirn) und ein vierarmiger Vishnu (ohne Kopf) aus Sandstein. 🕒 Mi–So 9–12 und 13–17 Uhr, Eintritt 30 Baht.

Etwas Abkühlung verschafft ein Spaziergang am **Kaen Nakhon-See**, im Südosten der Stadt. In seinem Wasser spiegeln sich zwei Tempel. In einigen kleinen Restaurants am nordöstlichen Ufer kann man etwas trinken.

Übernachtung

Roma Hotel ⑤, 50/2 Klang Muang Rd., ✆ 043-236276, vollständig ausgestattete Zimmer, günstige Preise, aber Straßenlärm auch nachts. ❷, ac ❸
San Samran ④, 55-9 Klang Muang Rd., ✆ 043-239611; älteres Gebäude, 52 große, einfache, saubere Zi. mit Bad. ❷
Chaipat ⑧, Na Muang Rd., kleine, saubere Zi, ältliches Bad, freundliches Personal, Karaoke-Bar. Sehr gutes Preis-Leistungs-Verhältnis. ❸
P.P. Hotel ⑯, 98 Darun Samran Rd., ✆ 043-226500; Nähe Bahnhof; 150 preiswerte, gute ac-Zi; kaum jemand spricht Englisch, empfehlenswert. ❸
Khon Kaen Hotel ③, 43/2 Pimpasut Rd., ✆ 043-244881-5; 130 sehr gute, große Zi. Für den Sonderpreis von 450 Baht sehr empfehlenswert. ❸–❹
Kaen Inn ⑥, 56 Klang Muang Rd., ✆ 043-237744; Geschäftshotel, große Zi; freundliches Personal, Coffeeshop mit guter Abendunterhaltung. ❸–❹
Charoen Thani Princess ⑫, Sri Chan Rd., ✆ 043-220400-14, 📠 220438; 19-stöckiges Luxushotel, 320 Zi, Pool im 4. Stock, Fitness Center. Hoher Rabatt möglich. ❺–❻
Sofitel Raja Orchid ⑭, 260 Sri Chan Rd., ✆ 043-322155; Luxushotel, fantastisch ausgestattete Zi, u.a. ein deutsches Restaurant, Kleinbrauerei, in der helles und dunkles Bier gebraut wird; große Disco mit Super-Lichtanlage. ac ❺

Essen

Auf dem großen **Nachtessenmarkt** werden von freundlichen Leuten hunderte von leckeren Gerichten zubereitet.
Gegenüber dem *Roma Hotel* gibt es ein beliebtes Thai-Frühstücksrestaurant. 🕒 4–14 Uhr.
Im Selbstbedienungsrestaurant im ***Fairy Kaufhaus*** findet man tagsüber ein reichhaltiges Angebot an Thai-Gerichten, sauber angerichtet und geschmacklich ausgezeichnet, ebenso im ***Big C*** und ***Lotus Supercenter***.
Die Fischrestaurants auf der Westseite des Bua Luang-Sees sollen ganz gut sein.
First Choice, gutes Thai, vegetarisches und europäisches Essen, gegenüber vom Khon Kaen Hotel.
Das ***Joomdu Restaurant*** (Big Fish R.) liegt 2 km südlich und ist nicht teuer, obwohl es in der Stadt berühmt ist.

NORDOST-THAILAND

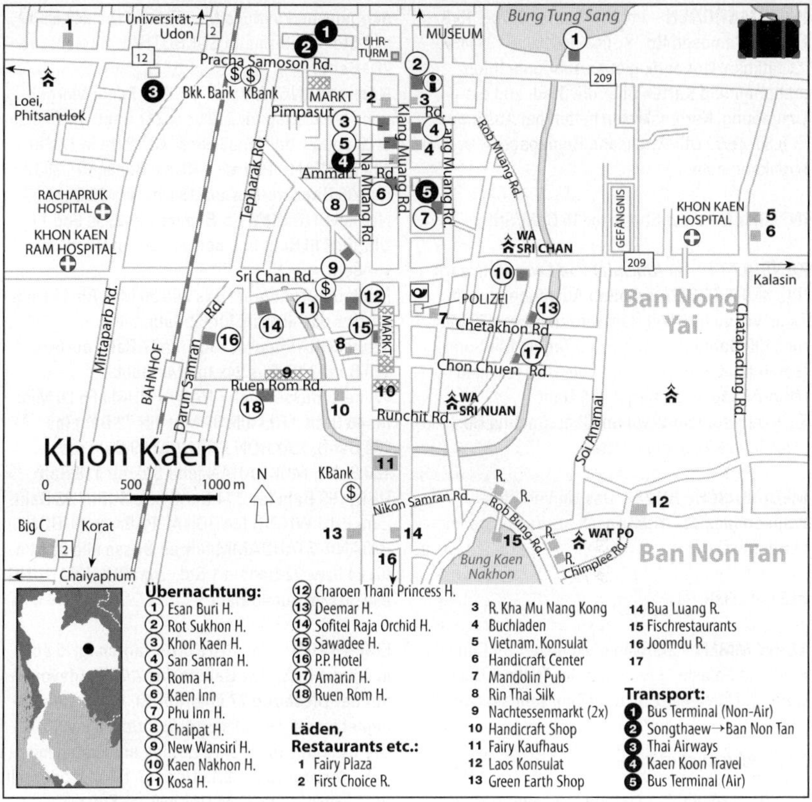

Mandolin Pub, schöne, ruhige Atmosphäre.

Sonstiges

AUTOVERMIETUNGEN – Bei ***Kaen Koon Travel*** ab 1200 Baht. ***Budget*** im *Kaen Inn.*

EINKAUFEN – Das ***Handicraft Center for Northeastern Women's Development***, ein Dorfentwicklungsprojekt, liegt neben dem Konsulat Vietnams; Infos im Tourist Office.
Eine gute Auswahl an **Stoffen** sowie andere Souvenirs aus dem Nordosten gibt es im ***Handicraft Shop*** an der Ruen Rom Rd.
Im ***Green Earth Shop*** gibt es lokale Produkte und eine Espressobar, ◷ 9–21 Uhr.

Lohnenswert ist ein Bummel über die Märkte und die Hauptstraßen entlang.

FESTE – An Songkhran findet das **Dok Khun Siang Khaen Festival** um den See Bung Khaen Nakhon herum statt (13.–15. 4.). Am Morgen wird den Mönchen Essen gespendet, und die Buddha-Statuen werden mit Wasser besprengt. Anschließend fährt eine Blumen-Prozession durch die Stadt. Tagelang wird ausgelassen gefeiert und alles mit Wasser übergossen.
Ende Nov / Anfang Dez wird in der Stadt das **Seidenfest** und das **Fest der Freunde** gefeiert. Dann finden im Bereich der City Hall Tänze und am 1. Tag ein Umzug statt, bei denen die besten Seidenwebereien zur Schau gestellt werden.

INFORMATIONEN – Im ***TAT Tourist Office,*** 15/5 Pracha Samoson Rd., ✆ 043-244498, 📠 244497, ✉ tatkhkn@tat.or.th, gibt es sehr gute Informationen und Karten über die Stadt und die Umgebung. Kartenskizzen helfen bei Ausflügen. ⌚ 8.30–16.30 Uhr. Englische Homepage 💻 www.khonkaen.com.

INTERNET – Viele Shops für 15 Baht/Std.

KONSULATE – Im ***Konsulat von Laos,*** Pothisarn Rd., ✆ 043-221961, erhalten Ausländer ein 30-Tage-Visum für 1600 Baht innerhalb von 30 Min., für 1100 Baht innerhalb von 3 Tagen. Mit Songthaew (Ziel: Ban Non Tan) vom Bus Terminal (Non-Air) zu erreichen für 15 Baht.
Ein ***Konsulat von Vietnam,*** Chatapadung Rd., ✆ 043-242190, liegt im Osten.

MEDIZINISCHE HILFE – Das Universitätskrankenhaus ***Sri Nakarin*** gilt als das beste im Nordosten.

PLZ – 40 000

SCHWIMMEN – Schwimmbad an der Sri Chan Rd. Richtung Kalasin, gegenüber der Techno-Thai-German-Universität, 30 Baht/Tag, sehr sauber.

Nahverkehrsmittel

Es gibt 14 Minibus- (Songthaew-) Routen in der Stadt, Fahrpreis 5 Baht. Info-Blatt beim Tourist Office.
Fahrradrikschas verlangen 15–25 Baht für kurze Strecken, Tuk Tuks fahren ab 30 Baht.

Transport

BUSSE – Der ac-Bus Terminal (Air) liegt im Zentrum der Stadt, der non-ac-Bus Terminal (Non-Air) 1 km nordwestlich an der Pracha Samoson Rd., wo auch einige ac-Busse abfahren.
Nach BANGKOK (444 km) non-ac-Bus von 20–21.30 Uhr je nach Route für 118 / 144 Baht, ac-Bus etwa alle 50 Min. für 212 / 259 Baht, VIP-32-Bus 21x tgl. für 302 Baht, VIP-24-Bus um 21.30 Uhr für 400 Baht in 6 1/2 Std.
Nach PHITSANULOK über den H12 non-ac-Bus morgens und mittags für 158 Baht (ac 247 Baht) in 7 Std., weiter nach SUKHOTHAI 142 Baht (ac 200 Baht).
Nach CHIANG MAI non-ac-Bus 7x am Morgen und Nachmittag für 219 bzw. 247 Baht, ac-Bus um 8, 20 und 21 Uhr für 394 bzw. 437 Baht in 12 Std.
Nach CHIANG RAI mit 2.Kl. ac-Bus um 15.30 Uhr für 335 Baht, ac-Bus um 18 Uhr für 430 Baht.
Nach NONG KHAI ac-Bus um 13, 15.30 und 17 Uhr für 110 Baht (mit non-ac-Bus in Udon umsteigen).
Nach UDON non-ac-Bus alle 30 Min. für 44 Baht, ac-Bus alle 45 Min. für 62 Baht.
Nach KORAT non-ac-Bus für 67 Baht, ac-Bus 120 Baht, VIP-Bus 24x tgl. 140 Baht.
Weitere Busse nach CHAIYAPHUM alle 20 Min. für 46 Baht, LOEI alle 30 Min. für 72 Baht (ac 132 Baht), NAKHON PHANOM 99 Baht (ac 180 Baht), MUKDAHAN jede Std. für 118 Baht, UBON 99 Baht (ac 174 Baht) und SURIN 93 Baht. Zum PHU WIANG NATIONAL PARK und UBON RATANA-STAUDAMM fahren Busse alle 30 Min. für 24 bzw. 22 Baht in 1 Std., zum PHU KRADUNG alle 30 Min. für 46 Baht.

EISENBAHN – Von BANGKOK fahren tgl. 5 Züge in 9 Std. ab 259/157 Baht in der 2./3. Kl. (davon nur der Dieselzug 77 über Korat). Am besten geeignet ist der klimatisierte *Sprinter* 75 um 8.20 Uhr (Ankunft 16.15 Uhr). Zurück am besten mit dem *Sprinter* 76 um 9.43 Uhr in 7 1/2 Std. oder mit dem Express um 21.56 Uhr in 9 1/2 Std.
Nach KORAT fahren 3 lokale Züge in 3 1/2 Std.
Von NONG KHAI fahren 5x tgl. Züge in etwa 3 Std. für 80 / 35 Baht in der 2./3. Klasse. Hin mit dem lokalen Zug 415 um 8.29 Uhr oder mit dem *Rapid* 137 um 14.33 Uhr für 75 Baht in 3 Std.

FLÜGE – Zum Flugplatz, 8 km westlich der Stadt, fahren Minibusse für 25–40 Baht.
Von und nach BANGKOK mit Thai Airways 3x tgl. für 1500 Baht.
Thai Airways, 183/6 Maliwan Rd., ✆ 043-334112-3.

Die Umgebung von Khon Kaen

Wer sich längere Zeit in der Umgebung von Khon Kaen aufhalten will, kann viele Ausflüge unternehmen, z.B. zu mehreren Nationalparks mit Seen, Wasserfällen und Höhlen, zu Resten von Khmer-Heiligtümern und zu außergewöhnlichen Tempeln (z.B. zur Phra That Kham Kaen-Pagode). Auch Floßfahren auf dem Gutong River ist möglich. Im Tourist Office gibt es sehr gute Informationen dazu. Allerdings sind die Verbindungen mit öffentlichen Verkehrsmitteln sehr schwierig. Besser mietet man ein Tuk Tuk für ca. 500 Baht pro Tag.

Chonnabot

Die traditionelle Webtechnik *Mat Mie* (auch: *Mut Mee*) wird vor allem von den Frauen in Chonnabot, etwa 60 km südwestlich der Stadt, angewendet. Nach der Erntesaison (ab Dezember) kann man zusehen, wie die Frauen und Kinder in einigen Manufakturen des Ortes Seide und Baumwolle spinnen und weben. Vor dem Weben werden die langen Bündel feiner Fäden in unterschiedlichen Abständen mit Plastikschnüren umwickelt und anschließend von den Männern in grellen Farbtönen gefärbt. Da die abgebundenen Stellen die Farbe nicht annehmen, entsteht nach dem Weben das unregelmäßige Muster. Die traditionelle Grundfarbe für Baumwollstoffe ist Indigoblau. Das Abbinden und Färben kann mehrmals wiederholt werden, normalerweise trägt man jedoch auf die weiß gebliebenen Stellen nachträglich die Farbe mit einem Pinsel auf.

Nach Chonnabot geht es auf dem H2 46 km bis Ban Phai (KM 399) nach Süden, dann ca. 16 km weiter nach Westen. Die Webereien sind im Ortszentrum wegen der monotonen Geräusche der Webstühle leicht zu finden. Einige kleine Geschäfte an der Hauptstraße verkaufen Baumwoll- und Seidenstoffe.

Ubon Ratana-Staudamm

Der große Ubon Ratana-Staudamm ist ein beliebtes Ausflugsziel der einheimischen Touristen, die am Ufer des Stausees picknicken und die kühle Brise genießen. Die 800 m lange und 32 m hohe Staumauer kann bis zu 2550 Mill. Kubikmeter Wasser auf über 40 000 ha stauen. Der Weg führt von Khon Kaen nach Norden und beim KM 27 die Abzweigung nach Westen, auf der nach 24 km der Staudamm erreicht ist. Am Ende der Straße steht ein Selbstbedienungsrestaurant mit Ausblick über den Staudamm und den See. Neben dem Damm wurde ein Golfplatz angelegt, außerdem Chalets. Eine schöne Aussicht über den Phu Phan Kum National Park und den See hat man – am besten vormittags – vom **Wat Phra Bhat** auf dem Phu Phan Kum-Berg, das über eine Straße oder eine kräftezehrende Treppe links vor dem Parkeingang zu erreichen ist. Hier steht auch ein Marmor-Buddha.

Udon Thani อุดรธานี

Die bedeutende Handelsstadt liegt im Nordosten nahe der Grenze zu Laos. Während des Vietnamkrieges waren zahlreiche amerikanische Soldaten hier stationiert. Noch immer erstreckt sich südlich der Stadt, beiderseits des Highway 2, ein riesiges Militärgelände bis zum Flugplatz.

Abgesehen von dem großen **chinesischen Tempel** in der Sisatar Road und dem kleinen **Zoo** hat die Stadt keine Sehenswürdigkeiten im eigentlichen Sinn. Schön ist ein Bummel über den **Markt** an der Straße Richtung Norden gegenüber der Bushaltestelle. Am Wochenende findet westlich vom Tung Sri Muang, einem großen Platz, ein **Wochenendmarkt** statt.

Übernachtung

Erwins Bungalow ⑱, 25/15 Wat Phore Lane, Pho Sri Rd., ✆/℡ 042-247827, Reihenhaus, 12 geräumige ac/Fan-Zi mit Kühlschrank, TV (auch deutsche Sender) und Du/WC, Bierbar, klarer Pool, Sitzgruppen unter jungen Palmen; gute Infos für Ausflüge, Motorrad 200 Baht/Tag; deutsche Gastlichkeit, besonders beliebt bei männlichen Expats. ac ❸

Aussie Pub Gh. ⑪, 277/136 Teekathananont Rd., ✆ 06-1086359, ✉ aussipubudon@yahoo.com, große, ordentlich eingerichtete Zi mit Kühlschrank, Internet. ac ❸

Chuchai Apartment ⑳, 477/4 Soi Prachasunti, Nittayo Rd, ✆ 042-230333, gut ausgestattete Zi, freundlicher, Englisch sprechender Besitzer. ❷, ac ❸

The City Lodge ⑨, 83 Wattananuwong Rd., ✆ 042-224439, ✉ thecitylodge@yahoo.com, 💻 www.udonmap.com/thecitylodge, in der Nähe vom Bahnhof, große, gut eingerichtete Zi, klimatisiertes Restaurant mit Holzofenpizza, Bäckerei, Internet. ac ❸–❹

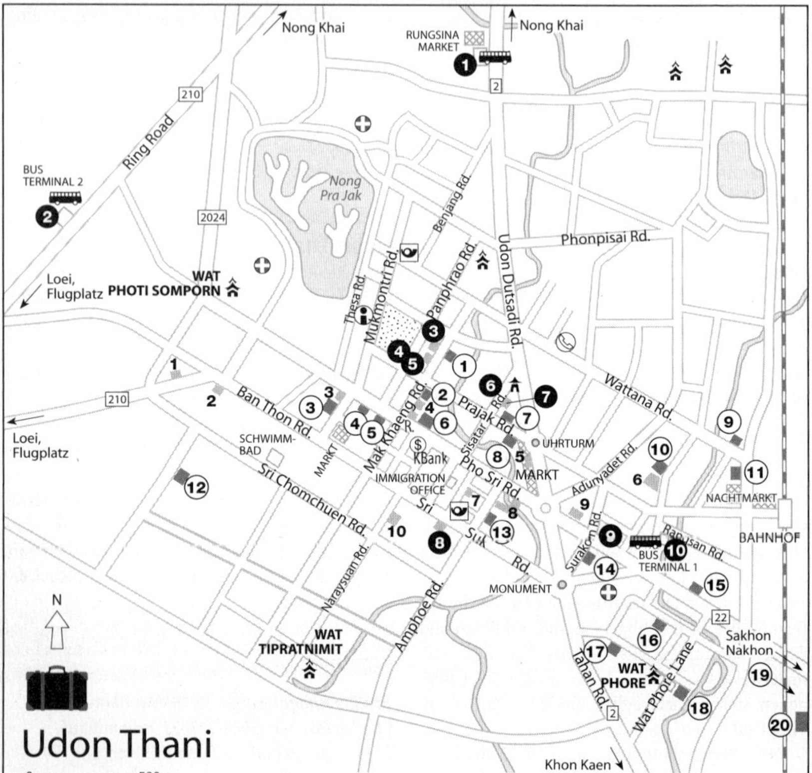

Udon Thani

0 500 m

Übernachtung:
- ① Udon H.
- ② Chaiyaporn H.
- ③ Ban Chiang H.
- ④ King H.
- ⑤ Charoensri Palace H.
- ⑥ Krung Thong H.
- ⑦ Sri Sawat H.
- ⑧ Prachapakdee H.
- ⑨ City Lodge
- ⑩ Charoensri Grand Royal H.
- ⑪ Aussie Pub Gh.
- ⑫ Napalai H.
- ⑬ Siri Udon H.
- ⑭ Thailand H.
- ⑮ Charoen H.
- ⑯ Paradise H.
- ⑰ Lotus Condotel
- ⑱ Erwins Bung.
- ⑲ Udon Thai House
- ⑳ Chuchai Apartment

Läden, Restaurants etc.:
- 1 Swiss Bakery
- 2 Seafood R.
- 3 Kai Yang R.
- 4 Mandarin R.
- 5 Rung Thong R.
- 6 Charoensri Complex
- 7 Buchladen
- 8 Plaza Kaufhaus
- 9 Charoensri Plaza
- 10 Pizza House

Transport:
- ❶ Bus→Nong Khai, Ban Phu
- ❷ Bus Terminal 2
- ❸ Thai Airways
- ❹ Taxis
- ❺ Parada Car Rent
- ❻ VIP-Bus→Bangkok
- ❼ Kannikar Tour
- ❽ On Time Travel
- ❾ Songthaew→Ban Chiang
- ❿ Bus Terminal 1

Lotus Condotel ⑰, 43/4 Roumjit Rd, ✆ 042-342821, lotuscondotel@yahoo.com, freundliche, saubere Zi, 24- Std.-Restaurant. ❷–❸

Chaiyaporn ②, 209-11 Mak Khaeng Rd., ✆ 042-221913; Zi mit Fan/ac, freundliche Leute. ❷–❸

Sri Sawat ⑦, 123 Prachak Rd., ✆ 042-221560, liegt recht ruhig beim chinesischen Tempel; altes und neueres Haus, einfache Zi ohne und mit Du/WC, sehr freundliche Leute. ❷–❸

Prachapakdee ⑧ 156/8 Prachak Rd., ✆ 042-221804, im Zentrum; saubere Zi mit Fan oder ac und Du/WC, freundliche Leute; relativ ruhig. ❷–❸

King ④, 57 Pho Sri Rd., ✆ 042-241444, schöne, saubere, gut ausgestattete Zi mit Fan oder ac und Du/WC nach hinten heraus. ❷–❸
Charoen ⑮, 549 Pho Sri Rd., ✆ 042-248155, 📠 241093, 300 m vom Bus Terminal 1; guter Pool, Restaurant mit Abend-Buffet für 150 Baht, Disco; freundliches Personal. ac ❹
Charoensri Grand Royal Hotel ⑩, 271/5 Prachak Rd., ✆ 042-343555, sehr gutes 14-stöckiges Hotel mit komfortablen Zimmern; angeschlossen das Charoen Plaza-Einkaufszentrum. ac ❹
Ban Chiang Hotel ③, 5 Mukmontri Rd., ✆ 042-327911, 📠 223200, 🖳 www.banchianghotel.com; luxuriöses Hotel, hohe Rabatte. ❺
In der Umgebung:
Udon Thai House - Thomas Resort ⑲, ✆ 042-204014, ✉ thomas@udonthaihouse.com, 🖳 www.udonthaihouse.com, ruhig gelegene Anlage, 800 m hinter *Big C,* in der Nähe der Ausfallstraße nach Sakon Nakhon. Große, gediegen eingerichtete Bungalows, atriumartig um einen Pool angelegt, Restaurant mit Thai-Küche und deutscher Hausmannskost. ac ❸–❹

Essen

Mandarin, neben dem Chaiyaporn Hotel, ein gutes Restaurant auf 2 Stockwerken mit angeschlossener Bäckerei. Große Auswahl an preiswertem Thai und europäischem Essen. Zu empfehlen.
Das gute Food Center im oberen Geschoss des ***Charoensri Plaza*** bietet eine große Auswahl.
Im 1. und 3. Geschoss des ***Charoensri Complex*** gibt es mehr oder weniger gute westliche Restaurants und einen Supermarkt.
Nachtmarkt, am Ende der Prajak Rd., zahlreiche Essensstände, viel los, Jugendlichen-Treffpunkt.

Sonstiges

AUTOVERMIETUNGEN – ***Parada Car Rent,*** 78/1 Mak Khaeng Rd., ✆ 042-248680, Nähe Thai Airways, PKWs ab 1300 Baht. Für Tagesausflüge sind die **Taxis** in der Panphrao Rd. besser geeignet und billiger (ab 800 Baht).
Budget, am Airport.

EINKAUFEN – ***Tesco/Lotus-Supermarkt*** an der Ring Road, Nähe nördl. Bus Station.
Nachtmarkt, am Ende der Prajak Rd, helle Hallen laden zum Shoppen ein.

INFORMATIONEN – ***TAT,*** 16/5 Mukmontri Rd., ✆ 042-325406-7, 📠 325408, ✉ tatudon@tat.or.th. Gute Homepage: 🖳 udonmap.com, ausführliche Infos über Udon, immer auf dem neuesten Stand.

PLZ – 41 000

REISEBÜROS – ***Kannikar Tour,*** 36/9 Sisatar Rd., ✆ 042-241378, Touren nach Laos und Vietnam.

Nahverkehrsmittel

Innerhalb des Stadtgebietes verkehren bis 20 Uhr Minibusse (Songthaews mit groß aufgemalten Nummern) für 5 Baht. Samlor verlangen z.T. sehr hohe Preise.
Vom Zentrum zur nördl. Bus Station (Richtung Nong Khai) 60 Baht.

Transport

BUSSE – **Terminals:** Vom Bus Terminal 1 zwischen Bahnhof und Zentrum fahren alle Busse Richtung Osten, ac- und VIP-Busse nach Bangkok sowie einige private ac-Busse nach Chiang Rai ab. Der Bus Terminal 2 liegt 3 km westlich der Stadt an der Umgehungsstraße, zu erreichen mit Minibus Nr. 2, 6, 9 und 23 für 5 Baht oder mit Samlor für 60 Baht. Von hier fahren die Busse in alle anderen Richtungen sowie die non-ac-Busse nach Bangkok ab. Der Bus Stop für Busse nach NONG KHAI liegt im Norden der Stadt, 10 Min. Fahrt mit der Rikscha.
Bangkok: Nach BANGKOK (561 km) laufend für 179 Baht, ac für 251–322 Baht, VIP-24-Bus um 20 Uhr für 500 Baht in 9 Std.
Nach Nord- und Zentral-Thailand: Nach CHIANG MAI non-ac-Bus um 20.30 Uhr für 228 Baht, ac-Bus um 7.30, 19 und 20.30 Uhr für 410 Baht in 14 Std. (über PHITSANULOK für 122 bzw. 171 Baht).
Nach CHIANG RAI 2.Kl. ac-Bus um 16.15 Uhr für 346 Baht, ac-Bus um 19 Uhr für 445 Baht in 13 Std.
Im Nordosten:
Nach NONG KHAI non-ac-Bus 221 laufend bis 17 Uhr für 30 Baht, 2.Kl. ac-Bus 38 Baht.

Nach LOEI non-ac-Bus alle 30 Min. bis 18 Uhr in 3 1/2 Std. für 55 Baht, ac-Bus um 7.30, 17, 19 und 20.30 Uhr für 75 Baht.
Nach BAN CHIANG mit Bus von Terminal 1 oder mit Songthaew (s.u.).
Nach NAKHON PHANOM direkt alle 30 Min. für 102 Baht, mit Bus Nr.224 durchs Mekong-Tal jede Std. bis 11 Uhr für 122 Baht.
Weitere Busse nach KORAT 102 Baht (ac 184 Baht), KHON KAEN 44 Baht (ac 62 Baht), SAKON NAKHON 56 Baht (ac 80 Baht), THAT PHANOM 85 Baht (ac 145 Baht) und UBON 129–142 Baht (ac 232 Baht, 2.Kl. ac 188 Baht).
Laos: Nach VIENTIANE um 7, 9.30, 15 und 17 Uhr.

EISENBAHN – Der Bahnhof liegt im Osten der Stadt.
Von BANGKOK fahren tgl. 5 Züge in ca. 10 Std. für 299/175 Baht in der 2./3. Klasse (davon 4 nicht über Korat). Am besten geeignet ist der Dieselzug 75 um 8.20 Uhr in 9 Std. Zurück am besten mit dem *Rapid* um 10.04 Uhr in 11 Std. oder mit dem *Express* 70 (mit Schlafwagen) um 20.03 Uhr in 11 1/2 Std.
Von NONG KHAI fahren 5x tgl. Züge um 7.30, 9.05, 12.49, 18.20 und 19.05 Uhr, knapp 1 Std. Fahrzeit. Zurück am besten um 8.09 oder 16.42 Uhr.

FLÜGE – Der Flugplatz, ✆ 042-246567, liegt ca. 5 km südwestlich, Airport-Limousine 40 Baht, nach Nong Khai 100 Baht (zur Unterkunft).
Von und nach BANGKOK mit ***Thai Airways*** 3x tgl. für 1785 Baht, ✆ 042-411530, mit ***Air Asia*** 2x tgl. für ca. 1500 Baht, mit ***Nok Air*** 3x tgl. für 1229–1529 Baht.

Ban Chiang บ้านเชียง

In den 70er Jahren fand man nahe dem Dorf Ban Chiang bei groß angelegten Ausgrabungen Tonscherben, die schön mit eleganten Bändern bemalt waren, so genannte Bandkeramik. Man konnte sie auf ein Alter von 7000 Jahren datieren. Auch Waffen und andere Gerätschaften wurden ausgegraben. Sie bewiesen, dass diese erhöhte Stelle, auf der das heutige Dorf steht, von 3600 v. Chr. bis 200 n. Chr. besiedelt war und danach verlassen wurde. Das Gebiet wurde zur *World Heritage Site* erklärt.

Die heutige Bevölkerung des Dorfes wanderte erst vor etwa 200 Jahren aus dem heutigen Laos ein. Das Volk, das hier ursprünglich lebte, aß Reis und benutzte seit 1700 v. Chr. Bronzewerkzeuge, die in Sandsteinformen gegossen wurden. Dies war eine archäologische Sensation, hatten die Wissenschaftler doch bis dahin angenommen, dass die älteste Kultur Asiens und vielleicht sogar die „Wiege der Menschheit" in China liege. Seit den Funden in Ban Chiang weiß man mit ziemlicher Sicherheit, dass in Thailand ein noch älteres Kulturvolk gelebt hat.

Ein Teil der Funde ist in einem hervorragenden **Museum** ausgestellt, das sehr informativ aufgebaut und sogar in Englisch beschriftet ist. Im Erdgeschoss erhält man einen Überblick über die Ausgrabungsfunde, insbesondere die Bronzearbeiten sowie die Entwicklung der Keramik, ihre Verwendung (in der frühen Periode u.a. als Begräbnisurnen für Kinder und als Grabbeigaben) und die Methoden der Dekoration und Bearbeitung. Im 1. Stock informiert eine Ausstellung über die Geschichte der Ausgrabungen. Ihr wird eine Ausstellung über „Ban Chiang heute" als Beispiel eines traditionellen Dorfes im Nordosten gegenübergestellt. In einem Nebengebäude werden weitere Ausgrabungsfunde aus anderen Orten gezeigt, die jedoch weniger interessant dargestellt sind. 🕓 tgl. 8.30–17 Uhr, Eintritt 30 Baht.

Eine überdachte Ausgrabungsstätte ist auf dem Gelände von **Wat Po Sri Nai** zu besichtigen. Auf verschiedenen Ebenen liegen noch die Keramiken, Tier- und Menschenknochen an ihrem ursprünglichen Platz. Eintritt 30 Baht.

Lohnend ist auf dem Weg nach Ban Chiang ein Zwischenstopp in **Ban Kham-Oo** beim KM 49 an der Hauptstraße nach Sakon Nakhon. Hier werden nach traditionellen Methoden ohne Töpferscheibe große Krüge, Kannen und Vasen hergestellt, die an der Straße zum Trocknen stehen. In mühevoller Arbeit wird der Ton mit einem Holzschlegel in die entsprechende Form geschlagen. Diese Keramik wird in **Ban Omdaew**, dem Ort vor Ban Chiang, bunt bemalt.

Übernachtung

Lakeside Sunrise Gh., Ban Chiang, Nonghan, am See, 5 Min. zu Fuß vom Museum. Großes Haus im Thai-Stil mit offenen, schattigen Verandas, 6 Zi mit schöner Aussicht; im Café gibt es u.a. echten Kaffee. Geleitet vom Australier Alex Ovenden und Tong. ❷

Transport

Von UDON THANI (Bus Terminal 1) entweder alle 25 Min. mit Bus 225 bzw. 230 Richtung Sakon Nakhon bzw. Nakhon Phanom (30 Baht) bis zur Abzweigung von Ban Pulu (KM 49,9), wo Tuk Tuks (40 Baht, 6 km) warten. Alternativ mit dem direkten Songthaew Nr.1371 für 30 Baht, das alle 30 Min. die Pho Sri Rd. entlang nach Osten fährt und 1 Std. benötigt.
Zurück mit dem Songthaew alle 30 Min. von 5.30–12 Uhr, später mit dem Tuk Tuk zur Hauptstraße, wo laufend Busse vorbeifahren.
Von SAKON NAKHON mit non-ac-Bus alle 20 Min. für 46 Baht.
Von Nong Khai dauert die Anfahrt mit zweimaligem Umsteigen recht lang.

Nong Khai หนอง คาย

Die kleine Stadt (24 000 Einwohner) am Grenzfluss Mekong hat sich seit der Erleichterung der Visabestimmungen wieder zur Durchgangsstation auf dem Weg von und nach Laos entwickelt. Die Hauptstadt Vientiane liegt nur 24 km entfernt. Deshalb trifft man in Nong Khai sehr viele in Thailand lebende Ausländer, die zur Visumverlängerung kurz über die Grenze gehen. Immer mehr Individualtouristen lockt auch die Route durch Laos nach Südchina. Die 1774 m lange Friendship Bridge, die erste Brücke über den Mekong, wurde 1994 eingeweiht. Ausländische Touristen müssen über diese Brücke nach Laos einreisen, das Boot ab dem Pier in Nong Khai bleibt Thais und Laoten vorbehalten. Irgendwann soll auch die Eisenbahnlinie über die Brücke fertig gestellt sein. Der französisch angehauchte, laotische Einfluss ist bereits deutlich spürbar. Überhaupt ist Nong Khai eine der angenehmsten Städte im Nordosten, die ein paar Tage Aufenthalt lohnt. Das Traveller-Viertel hat sich an der Rimkong Rd. etabliert. In den vielen Bars bekommt man neben kühlem Bier auch neueste Insider-Infos.

Der bekannteste Tempel ist **Wat Pho Chai**, in dem die massiv goldene Buddhastatue Luang Pho Phra Sai verehrt wird. In diesem Tempel wird im Juni zur Zeit des Vollmondes das Raketenfest gefeiert.

Wat Nernpa Nao liegt in einem Wald am östlichen Stadtrand neben dem Highway. 60 Mönche und Nonnen leben in diesem Meditationszentrum inmitten zahlreicher buddhistischer und chinesischer Gräber.

In der Ho Road steht **Wat Putaugongmaa**, ein farbenfroher chinesischer Tempel mit bunten Drachen und anderen mystischen Tieren. Er lohnt einen Besuch.

Unterhalb und westlich der Freundschaftsbrücke zieht sich in der Trockenzeit ein kilometerlanger Strand mit sauberem, feinem Sand hin. Einheimische baden hier gerne im Mekong, lassen sich auf Autoschläuchen treiben oder sitzen an einem der unzähligen BBQ-Restaurants und genießen frisch gegrillten Fisch.

Wunderschön ist eine Fahrt nach Westen am **Mekong** entlang (28 km bis Tha Bo). Die Straße ist zwar schmal und stellenweise schlecht, aber landschaftlich super: rechts der Mekong, links Tabakfelder. Einige alte Holzhäuser stehen direkt an der Straße. Auch mit einem der gelben non-ac-Busse nach Tha Bo ist die Strecke ein Erlebnis.

Übernachtung

GÄSTEHÄUSER – ***Mut Mee Gh.*** ⑳, 1111/4 Kaeworawut Rd., ✆ 01-2612646, 💻 www.mutmee.net; kleine Häuser und Bambushütten, viele saubere Zi mit und ohne Warmwasser-Du/WC und 2 Schlafsäle, mit Moskitonetz. Geleitet vom Briten Julian und seiner Frau Pao. Gutes Restaurant direkt am Mekong in einem schattigen, tropischen Garten; es wird auf gesunde Kost Wert gelegt; so gibt es u.a. selbstgemachten Joghurt und gute vegetarische Gerichte. Verleih von Fahrrädern. Gute Infos für Aktivitäten in der Umgebung und Meditations-Tempel in der Nähe im *Mut Mee Guide Book*. Es werden Yoga-Kurse, Reiki und ayurvedische Massage angeboten (s.u.). ❶–❸
KC Gh. ⑰, Holzhaus mit einfachen, hellhörigen Zimmern, Du/WC separat, sehr freundliche Lady. ❶–❷
Rimkhong Gh. ⑬, 💻 www.rimkhong.com, ✆ 042-460625; Reihenhaus mit sehr kleinen, ein-

fachen Zi mit Gemeinschafts-Du/WC; angenehmer Garten. ❷

Chongkonh Gh. ⑩, ✆ 042-460548, großes Holzhaus, 14 Zi mit Fan und Gemeinschafts-Du/WC mit Warmwasser, einige große Zi mit Blick auf den Mekong; großer Aufenthaltsraum mit Sessel und TV; netter, älterer Besitzer. ❶, ac ❸

Ruanthai Gh. ⑪, ✆ 042-412519, 🖳 www.ruanthaihouse.com; großes Holzhaus am Mekong, 16 kleine Zi ohne Flussblick, etwas hellhörig. ❷, ac ❸

Maekhong Gh. ⑥, 519 Rimkong Rd., ✆ 042-460689, Verschläge ohne Fenster, hellhörige, saubere Zi mit Du/WC, einige VIP-Zi. (❸) mit ac; schöne Flussterrasse mit guter Sicht und teurem Restaurant. ❶–❷

Sawasdee Gh. ③, 402 Meechai Rd., ✆ 042-412502, 2-stöckiges, hellhöriges Holzhaus mit angenehmem Innenhof an der lauten Straße, sehr saubere Zi mit Fan und Gemeinschafts-Du/WC, schöne ac-Zi mit warmer Dusche; Restaurant. ❶, ac ❸

Esarn Gh. ②, 538 Soi Srikumnang, ✆ 01-6612507, 5 saubere Zi mit Fan und Gemeinschafts-Du/WC. ❷–❸

Naiyana Gh. ①, 300 Kum Pochai, ✆ 042-460984, kleines Steinhaus am befestigten Mekongufer, 6 Zi mit Fan, Du/WC separat, Tisch und Stühle auf dem Gehweg, Sicht bis zur Brücke. ❶

Meeting Place Gh. ⑫, 1117 Soi Chuenjitt, ✆/🖷 042-421223, einfache Zi, Du/WC separat, Restaurant und bei Expats beliebte Bar, viele Infos über Laos. ❷

Huan-Lai Apartment ⑦, 823 Banterngjit Rd., ✆ 042-413596, große, gut ausgestattete Zi, im 4. und 5. Stock Blick auf den Mekong. ac ❸

Janhorm Apartment ⑨, 479 Soi Srichomchuan, ✆ 042-460293, neues, ruhiges Haus hinterm Wat, gut ausgestattete Zi mit Kühlschrank, gutes Preis-Leistungs-Verhältnis. ac ❸

HOTELS – ***Prajak Bungalows*** ⑲, 1178 Prachak Rd., ✆ 042-411116, gute Reihenhäuser, Zi mit Fan oder ac, enger Hof, freundliche Leute. ❷–❸

Pantawee Hotel ⑮, 1049 Haisoke Rd., ✆ 042-411568-9, 🖳 www.pantawee.com; modernes Stadthotel mit 120 unterschiedlichen, sauberen Zi, von komfortabel bis luxuriös; IT-Hotel mit PC, freiem Internet-Anschluss und DVD-Player in jedem Zi ab ❹, riesige Videothek. Internationale Küche. Viele Dienstleistungen wie Health and Beauty Spa, Visa Service (Laos), Tickets für Bus, Bahn und Flug, Vermietung von Fahrrädern (50 Baht/Tag), Mopeds (200 Baht/Tag) und Autos mit Fahrern (1200 Baht/Tag), Internet und Shop. Sehr engagierte Besitzerin. ❸, ac ❹

Pantawee Bungalow ⑯, gegenüber, ruhige, sehr saubere Reihensteinbungalows rund ums Restaurant, kein Garten. ❸, ac ❹–❺

Phantawee Resort ㉔, 210 Jommanee Soi 5, ✆ 042-411008; 1- und 2-stöckige Gebäude am Fluss, relativ kleine ac-Zi mit Du/WC, z.T. Flussblick. ❸–❹

Royal Mekhong Nong Khai Hotel ㉔, 222 Jommanee Beach, ✆ 042-420024, 🖷 421280, 600 m hinter der Brücke am Fluss, 9-stöckiges Luxushotel, über 50 % Discount möglich; Swimming Pool im Garten, das Personal spricht Englisch. ac ❺

Jommanee Royal ㉔, 220 Jommanee Beach, ✆ 042-420042, 🖷 420660, 5-stöckiges Gebäude mit Lift, hübsch eingerichtete, sehr saubere ac-Zi mit TV und Kühlschrank, 50% Discount möglich; ausgezeichnetes, scharfes Thai-Essen im Coffeeshop. Das Personal spricht kein Englisch. ac ❺

PHON PHISAI – ***Big Snake Gh.***, in Ban Wat Luang, 43 km östlich von Nong Khai, vor Phon Phisai, 🖳 www.bigsnakeguesthouse.com; 4 Apartments mit je 1–3 Zi., Pool. ❸–❹

Essen

Rom Lueng Yellow Umbrella, modern eingerichtetes Restaurant mit Terrasse, Isarn-Gerichte, englische Speisekarte.

Nachtessenmarkt, hinter Wat Sri Saket.

Noi's Cafe und ***Nang's Place***, beliebte Bierbars.

Darika Bakery, ⏲ 5–14 Uhr, preiswertes Frühstückslokal, nicht nur für Frühaufsteher.

The Danish Baker, 8–12 Uhr Frühstücksbuffet für 90 Baht, sonst Hamburger, Sandwiches oder Thai-Gerichte.

Coffee Talk, 206 Prachak Rd. (neben Esso), große Auswahl an Kaffeespezialitäten, kleine Terrasse.

Meeting Place, 1117 Soi Chuen Jitt, ✆/🖷 042-421223, im Garten eine Bar, zudem werden hier einige westliche Gerichte serviert.

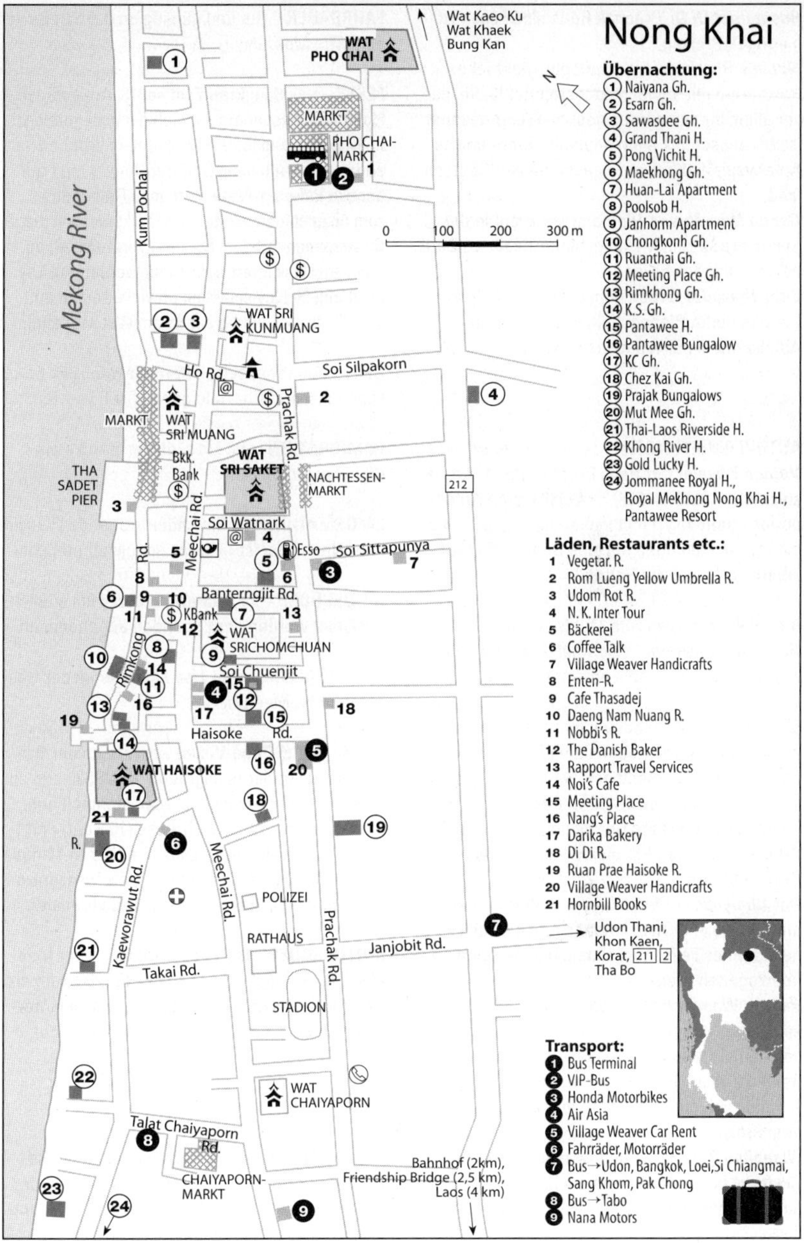

NORDOST-THAILAND

Restaurant Di Di, Prachak Rd., tolles Essen zu niedrigen Preisen.

Nobbi's, Rimkhong Rd, gepflegtes deutsches Restaurant mit abwechslungsreicher Karte, das vor allem für seine Hausmacher-Wurst bekannt ist. Im Ausschank auch deutsche Biere und Apfelwein, Verkauf von Konserven aus Deutschland.

Daeng Nam Nuang, Vietnamrestaurant in der Seitenstraße zum Mekong, hinter Kasikorn Bank, hervorragendes Essen.

Cafe Thasadej, neben dem *Daeng Nam Nuang,* Carsten bietet Bienenstich, Pflaumen- oder Apfelkuchen, auf Wunsch mit Sahne.

Sonstiges

AUTOVERMIETUNGEN – Jeeps vermietet ***Village Weaver Car Rent,*** Prachak Rd., Ecke Haisoke Rd., ✆ 042-411236, ℻ 420333, gute Autos ab 1000 Baht/Tag (nicht immer verfügbar), Auto mit Fahrer 1200 Baht/Tag plus Benzin. ***Budget*-Filiale** im *Pantawee Hotel.*

BÜCHER – Am Weg zum Mut Mee Gh. liegt der ***Hornbill Bookshop,*** ✉ hornbill_11@yahoo.com, ✆ 042-460272; u.a. viele esoterische Bücher.

EINKAUFEN – Viele Souvenirshops und Stände auf dem **Lao Markt** neben dem Pier verkaufen Stickereien, Silberschmuck, Baumwoll- und Seidenstoffe und viele Waren aus Vietnam und China sowie optische Geräte von der russischen Armee; an einigen Ständen wird französisches Brot verkauft.

Der ***Chaiyaporn Markt*** hat ein großes Angebot an Gemüse und Obst; er ist angenehm ruhig ohne extremes Feilschen, zudem gibt es keine überzogenen Preise!

Village Weaver Handicrafts, Prachak Rd. In diesem katholischen Selbsthilfe-Projekt arbeiten vor allem laotische Mädchen. Große Auswahl an Seidenstoffen, *Mat Mie*-Produkten und anderen Textilien von guter Qualität, aber entsprechendem Preis.

Nisachon Restaurant und ***Nisachon Arts & Crafts,*** in Nong Song Hong am H2, 12 km südlich von Nong Khai, auf der östlichen Straßenseite.

FAHRRÄDER – Gut und günstig an der Straße vor dem *Mut Mee Gh.*

FESTE – Das **Songkran-Fest** am 13. April wird in Nong Khai besonders ausgiebig (nass) gefeiert. Im Mai und Juni finden an fast allen Wochenenden in irgendeinem Dorf der Umgebung traditionelle **Raketen-Feste** statt, eine Gelegenheit zum ausgiebigen Wetten. Ende Okt werden die **Bootsrennen** auf dem Mekong veranstaltet; es kann am Fluss unerträglich laut werden. An **Loy Krathong** im Nov schwimmen viele Kerzen auf dem Fluss, besonders schön am Wat Meechai.

GELD – Am Wechselschalter der ***Bangkok Bank*** kann tgl. bis 17 Uhr Geld gewechselt werden.

IMMIGRATION – 1,3 km südl. der Brücke am Highway, ⌚ 8–17 Uhr.

INFORMATIONEN – Eine hervorragende Website über Nong Khai ist 🖳 www.nongkhaihotel.com.

KINDERDORF – Im ***SOS Kinderdorf*** 4 km südlich der Stadt werden gern Spenden angenommen.

KUNSTGALERIE – von ***Lisa Lippuner*** an der Gasse zum Mut Mee Gh.

LAOS – Ein **15-Tage-Visum** wird zzt. an der Brücke direkt vor der Immigration für US$30 und ein Foto in 10 Min. ausgestellt. Man stempelt aus, nimmt den Bus über die Brücke (10 Baht) und nach der Einreise nach Laos den Bus Nr.14 nach Vientiane, Tuk Tuk 50 Baht p.P. Viele Visazentralen versuchen, überteuerte Visa zu verkaufen.

MOTORRÄDER – Bei ***Nana Motors*** an der Meechai Rd., westlich vom Rathaus, für 200 Baht pro Tag. Es genügt, den Personalausweis zu hinterlegen. Zudem am Stand gegenüber vom *Mut Mee Gh.*

PLZ – 43 000

REGENZEIT – In dieser Region beginnt die Regenzeit mit kurzen Schauern im Juni und endet normalerweise bereits Mitte September. Hauptsaison ist von Ende Oktober bis Februar.

REISEBÜROS – ***Rapport Travel Services,*** Prachak Rd., ✆ 042-460567, bucht freundlich und zuverlässig Thai Airways-Flüge, Airport-Transfer etc.

TELEFON – Internationale Ferngespräche vom Postamt in der Meechai Rd. (7–22 Uhr).

YOGA – im *Mut Mee Gh.* Kurse für Anfänger und Fortgeschrittene.

Nahverkehrsmittel

Tuk Tuks fahren offiziell zu festen Preisen, verlangen aber von Touristen häufig Mondpreise. Ab Bahnhof kosten sie offiziell: zum Chaiyaporn-Markt, zur Polizei und zum Krankenhaus 20 Baht, zum Maekhong Gh., zum Bus Terminal und zum Wat Pho Chai 30 Baht, zur Laosgrenze 40 Baht. Bus über die Freundschaftsbrücke 10 Baht p.P.

Transport

BUSSE – Nong Khai liegt am Ende des Friendship Highway – 616 km von Bangkok entfernt.
Nach BANGKOK mit 2.Kl. ac-Bus von 7 bis 18.30 Uhr für 273 Baht, ac-Bus um 7.30 Uhr und von 19.30–20.05 Uhr für 351 Baht, VIP-24-Bus um 7.30, 8, 19.30, 20 und 20.30 Uhr für 545 Baht in 10 Std.
Nach PATTAYA ac-Bus 10x tgl. für 307 bzw. 393 Baht in 12 Std.
Nach LOEI non-ac-Bus 507 um 6, 7, 9.35 und 10.35 Uhr für 84 Baht in 7 Std. über SI CHIANGMAI (22 Baht), SANG KHOM (37 Baht, knapp 3 Std.) und PAK CHOM (57 Baht); nur bis PAK CHOM fahren die Busse um 11.35, 12.35 und 13.35 Uhr (umsteigen nach Loei möglich).
Nach CHIANG KHAN in Pak Chom umsteigen in ein Songthaew (25 Baht), insgesamt ca. 6 Std.
Nach SI CHIANGMAI auch mit Bus Nr. 223 bis 16 Uhr (Sa und So nur bis 12.40 Uhr) in 2 1/2 Std.
Nach BUNG KAN alle 40 Min. bis 16 Uhr non-ac-Bus 4193, 224 oder 288 für 50 Baht (ac 70 Baht) in 3 Std., nach BAN PHAENG weiter mit Bus Nr. 288 bis 16 Uhr für 80 Baht.
Nach NAKHON PHANOM um 6.30 und 9.30 Uhr für 105 Baht, ac-Bus um 7 Uhr für 135 Baht.
Nach UDON THANI non-ac-Bus 221 alle 25 Min. bis 18 Uhr für 30 Baht.
Nach KORAT mit dem Bangkok-Bus für 118 Baht (ac 212 Baht) über KHON KAEN für 61 Baht (ac 110 Baht).
Nach VIENTIANE in Laos alle 90 Min. von 7.30–18 Uhr.

EISENBAHN – Der neue Bahnhof liegt 2 km westlich der Stadt und ca. 1 km vom Grenzposten an der Brücke entfernt.
Nach BANGKOK fahren die *Rapid* 138 und 134 um 9.05 bzw. 18.20 Uhr ab 318/183 Baht in der 2./3. Klasse in ca. 12 Std (im Nachtzug Zuschlag für Betten 100 bzw. 150 Baht). Der *Express* 70 um 19.05 Uhr hat Schlafwagen und kostet in der 2. Kl. oberes Bett 418 Baht, unteres Bett 468 Baht (mit ac 170 bzw. 190 Baht mehr), in der 1. Kl. 1177 Baht. Der *Express* 76 um 7.30 Uhr hat nur Sitzplätze, Ankunft 17.55 Uhr. Die Züge sind häufig eine Woche im Voraus ausgebucht.
Von BANGKOK fahren tgl. 2 *Rapid* um 5.50 und 18.30 Uhr, der *Express* 69 mit Schlafwagen um 20.45 Uhr in ca. 12 Std. und der *Express* 77 mit Sitzen um 20 Uhr, Ankunft 6 Uhr.
Nach KORAT um 13 Uhr für 64 Baht, Ankunft 19.30 Uhr.

FLÜGE – Ab Udon Thani fliegt ***Thai Airways*** 3x tgl. nach BANGKOK. Tickets gibt es bei Reisebüros. Fahrt mit Limousine für 100 Baht (inkl. Zubringer zum Gästehaus).

Die Umgebung von Nong Khai

Wat Kaeo Ku

Die hinduistisch-buddhistische Anlage wird auch *Sculpture Parc* genannt. Auf einem riesigen Gelände stehen neben dem neuen, herrlichen **Tempel** inmitten hunderter Topfpflanzen eigenwillige menschliche und tierische Figuren. Die bis zu 20 m hohen **Statuen** sind aus Beton geformt: ein Schlangengott, der die Erdkugel verschlingt; zehnarmige Krieger, die die abgeschlagenen Köpfe ihrer Feinde in den Händen halten; eine aggressive Hundemeute, die einen friedvollen Elefanten attackiert (das zugehörige Thai-Sprichwort lautet: „Ein gerechter Mensch braucht sich nicht um Gerüchte zu scheren, genauso wenig wie ein Elefant um kläffende Hunde.“). Hunde verhalten sich wie Menschen, fahren Auto oder Motorboot, sind als Marktfrauen oder mit erigiertem Penis dargestellt, tragen Brillen und Maschinengewehre, lesen, rauchen und trinken – eine „Parodie der menschlichen Gesellschaft". Long Pu Bun Lua, der 1996 verstorbene Gründer der Anlage, kam 1975 aus Laos hierher. Mit den Figuren wollte er auf die hinduistischen Wurzeln des Buddhismus verweisen. Ein absolut lohnenswerter Trip! Sehr nützlich ist die Zeichnung vom *Mut Mee Gh.* Zum Fotografieren ist es besser am späten Nachmittag. Wat Kaeo Ku ist leicht mit dem Fahrrad zu erreichen. Vom H212 biegt man am KM 4,3 östlich der Stadt hinter der St. Paul's School gegenüber vom gold-roten Tor nach rechts ab (600 m). Eintritt 20 Baht, Fahrradparkplatz 5 Baht. Mit Tuk Tuk ca. 30–40 Baht.

Phu Pra Bat Historical Park

Dieser Park liegt in einer Felslandschaft mit merkwürdigen Sandsteinformationen und lockerem Baumbestand. Er wird von vielen Fußwegen durchzogen und eignet sich ausgezeichnet zum Wandern oder Spazierengehen.

Zunächst erreicht man den Eingang zum Historical Park mit Visitor Center, Schautafeln, Toiletten und Erfrischungsständen, 🕓 9–16 Uhr, Eintritt 30 Baht. Wer keine Karte ausgehändigt bekommt, kann sich die Attraktionen in gewünschter Reihenfolge (mit Namen!) von der Schautafel abschreiben und die Lage skizzieren. Der Park ist in neun Wandergebiete eingeteilt. Wer alles sehen möchte, benötigt mehrere Tage Zeit. Trotz vieler Schilder auf Thai und Englisch können Besucher sich leicht verlaufen, da es viel mehr Wege gibt, als markiert sind. Am interessantesten ist das Gebiet Nr. 3, direkt am Parkeingang. Man benötigt mindestens eine Stunde, um die Attraktionen zu sehen: Fantastische Felsformationen, oft in Pilzform; natürliche Felsüberhänge, die in der Dvaravati-Periode (7.–10. Jh.) als Tempeldächer dienten; Felszeichnungen, auf denen Männer und Ochsen noch gut zu erkennen sind, 2000–4000 Jahre alt. Von einem Picknickplatz am Ende des Parks hat man einen guten Blick auf die Berge von Laos. Für längere Erkundungen muss unbedingt Trinkwasser mitgebracht werden.

Im nahe gelegenen **Wat Phra Phutthabat Bua Bok** ist über einem Fußabdruck Buddhas ein 45 m hoher Stupa errichtet (1917–27), eine Nachbildung des früheren Stupa von That Phanom.

Transport

Von NONG KHAI nach BAN PHU (65 km, Hotel ❶) mit Bus 294 von 8.30–14 Uhr alle 30 Min. für 30 Baht in 2 Std. (letzter Bus zurück schon gegen 15.30 Uhr). Von der Bus Station mit dem Songthaew über BAN TIU zur Abzweigung vor dem Park (10 km, 10 Baht). Von hier sind es noch 4 km zu Fuß bis zum Parkeingang bzw. 3 km bis zum Wat. Wer Glück hat, kann trampen. Ansonsten bereits in Ban Phu ein Motorradtaxi (30 Baht) oder Tuk Tuk (ca. 100 Baht) chartern. Einfacher geht es mit dem Motorrad: ab Nong Khai (79 km) oder kürzer ab Si Chiangmai (52 km).
Von UDON THANI ab Bus Station Rungsina Market für 25 Baht in ca. 1 1/2 Std.

Von Nong Khai nach Si Chiangmai

Richtung Westen führt die Straße H211 etwa 200 km am Mekong entlang, zunächst durch intensiv landwirtschaftlich genutzte Ebenen, dann durch eine abwechslungsreiche Flusslandschaft. Wenn der Wasserspiegel in der Trockenzeit um 8–14 m abfällt, bilden sich überall Inseln, Sandbänke und Stromschnellen. Die Szenerie wirkt dann insgesamt nicht so beeindruckend. Die Busse nach Pak Chom nehmen zunächst nicht die neue, landschaftlich herrliche Uferstraße (28 km), sondern fahren weiter südlich über den H2 und den H211. Erst nach 41 km treffen sie beim Ort Tha Bo auf den Mekong.

Tha Bo

Rechts und links vom H211 (ab KM 12) hat ein Künstler Büsche originell zugeschnitten. Neben Tierformen lassen sich Hubschrauber, Boote mit Ruderern oder Jäger mit Pfeil und Bogen ausmachen. In der Umgebung des Ortes wird auf Nebenflüssen mit Booten gefischt, an denen Netze an 8 m langen Stangen befestigt sind. Auch Wasserräder sind noch zu sehen sowie ein farbenprächtiger Markt und einige interessante Wats mit jungen Mönchen. 8 km hinter Tha Bo (KM 39,5) kommt der Höhepunkt der Baumschneidekunst, ein ganzer Park voller Buschtiere, vor allem fantasievolle Elefanten.

Si Chiangmai

Von Si Chiangmai aus (KM 45) hat man den besten Blick nach Laos hinein; denn genau gegenüber liegt die Hauptstadt Vientiane. Hier wird von einigen Familien Teig für Frühlingsrollen hergestellt und getrocknet. Ab 16 Uhr duftet es vom *Bread Workshop* nach frischem Baguette. Am Samstag wird bei Fischkämpfen (in der Regenzeit) bzw. Hahnenkämpfen (während der Trockenzeit) kräftig gewettet. Ein großer Spaß ist das Fest der „Miss Tomato“ im Februar. Ende September/Anfang Oktober finden auf dem Fluss **Bootsrennen** statt. Der angenehme, ansonsten langweilige Ort eignet sich sehr gut als Basis für Ausflüge im Hinterland.

Übernachtung

THA BO – ***Isan Orchid Guest Lodge***, 87 Kaeworawut Rd., ✆ 042-431665, im Dorf, 6 komfortable, schön eingerichtete Zi mit Fan, ac-Speiseraum; telefonische Anmeldung bei Mr. Thom erwünscht. ❹

Tha Bo Bungalow, 98 Choradon Sawan Rd., ✆ 042-431196, 10 Zi mit Fan oder ac. ❷

SI CHIANGMAI – ***Tim Gh.***, 553 Rim Khong Rd., ✉ blackjack132@hotmail.com, ✆ 042-451072; 150 m vom Bus Stop entfernt an der Uferstraße. 3-stöckiges Steinhaus mit 8 einfachen Zimmern. Von der Dachterrasse bietet sich eine schöne Sicht auf Vientiane. Schwimmende Terrasse und Garten-Restaurant mit Traveller Food. Internet, Karten und Infos, Kräutersauna (150 Baht/Std.) und Thai-Massage (150 Baht), Wäscheservice; Fahrräder, Motorrad sowie Auto mit Fahrer zu mieten. ❶

Sithisuwan, 35 Rim Khong Rd., ✆ 042-451127, nebenan, 10 Zi mit Fan und ac. ❶–❸

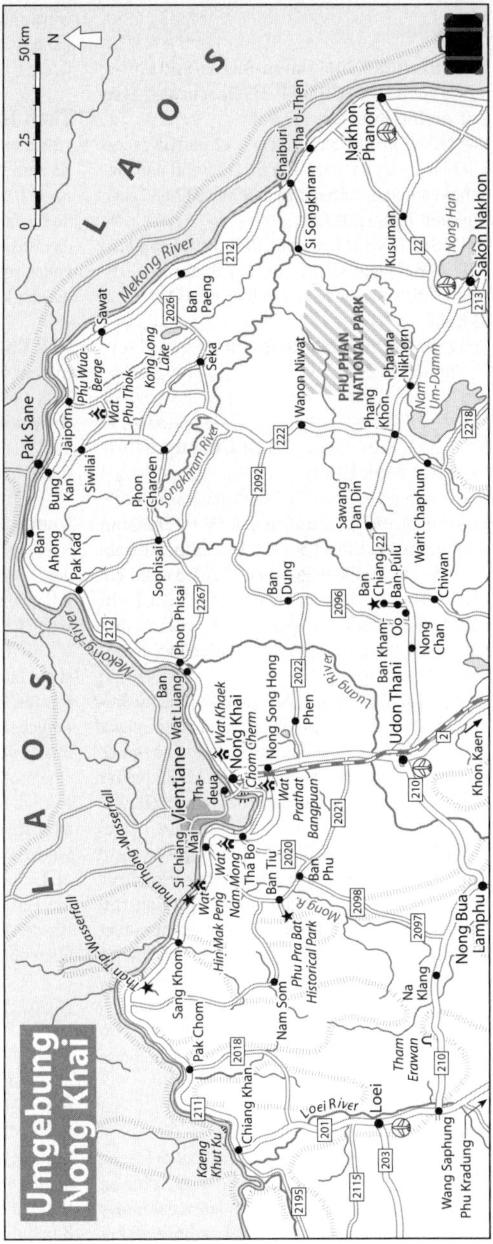

Transport

Nach BANGKOK (646 km) ac-Bus um 7.30 Uhr sowie von 17–20.30 Uhr für 369 Baht in 9 1/2 Std., 2.Kl. ac-Bus 8x tgl. für 287 Baht.
Von NONG KHAI Bus Nr. 223 für 22 Baht in 1 1/2 bis 2 1/2 Std. über Tha Bo (17 Baht) und die schnelleren Loei-Busse Nr. 507 alle 30 Min., zurück von 7.30–17.30 Uhr.
Nach SANG KHOM 18 Baht, PAK CHOM 45 Baht, LOEI 79 Baht und KHON KAEN 72 Baht.
Nach UDON alle 30 Min. von 5.15–13.45 Uhr für 33 Baht.
Von / nach KORAT 2.Kl. ac-Bus 5x tgl. von 17–22 Uhr für 128 Baht.

Von Si Chiangmai nach Chiang Khan

Wat Hin Mak Peng

Nach Westen hin führt die Straße langsam aus der Ebene in die Berge hinauf, und der Verkehr nimmt spürbar ab. Am KM 64 des H211 steht auf felsigem Gelände am Steilufer in einem Bambuswald ein Meditationskloster mit einem neuen Chedi. Es ist kein Touristenziel. Nur wirklich Interessierte sollten diesen Tempel respektvoll und ordentlich gekleidet besuchen.

Am KM 67 eröffnen sich erste schöne Ausblicke auf den Fluss, die Sandbänke und die Gemüsegärten, vor allem Tomaten, am Steilufer. Die Straße geht steil bergauf und bergab und ist für Radfahrer anstrengend, aber landschaftlich sehr reizvoll.

Nam Tok Than Thong

Am KM 73 fällt der Than Thong-Wasserfall über viele Felsplatten direkt in den Mekong. Während der Trockenzeit versiegt er allerdings zu einem Rinnsal. Unten am Fluss ist es friedlich, während weiter oben Richtung Straße einige Essenstände stehen.

800 m weiter kommt ein Aussichtspunkt, von dem man einen sehr schönen Blick über den Fluss hat.

Sang Khom

Am KM 84 liegt das kleine Straßendorf Sang Khom mit vielen Holzhäusern und einer ruhigen, gemütlichen Atmosphäre. Einige Jahre nahm der Mekong in der Regenzeit 3–5 m Land mit. Daher wurde im Dorfzentrum ein Uferstreifen von 150 m Länge befestigt, dahinter liegen die neue Markthalle, ein traditionelles Rennboot und ein Minipark.

Than Thip-Wasserfall

12 km weiter nach Westen (KM 97) biegt eine Straße zum Than Thip-Wasserfall ab. Vom Parkplatz nach 2,2 km kommt man an Ständen entlang (nur So bewirtschaftet) zu den beiden Stufen, über die das Wasser herunterrinnt. Die Pools sind nicht tief, voller scharfer Steine und voller Müll. Den Weg hierher kann man sich eigentlich schenken.

Pak Chom

In dem fast 2 km langen, ruhigen Ort Pak Chom (KM 146–147) kann man in Gästehäusern (s.u.) an beiden Ortsenden übernachten. Der Bus hält am östlichen Ortsende, wo sich ein uriger Markt befindet.

Kaeng Khut Ku

Nach 37 km (2 km vor Chiang Khan) geht es an den vielen Schildern nach rechts zu den Stromschnellen Kaeng Khut Ku. Songthaews, die zwischen Chiang Khan und Pak Chom verkehren, halten an der Abzweigung. Nach 2 km erreicht man einen Platz mit großen Bäumen, der von vielen Essenständen und einem exzellenten Flussrestaurant umgeben ist. Unterhalb des befestigten Steilufers macht der Mekong zwischen den Stromschnellen eine große Schleife, in der Fischer von fest vertäuten Bambusflößen ihre Netze auswerfen oder sich am Ufer entlangtreiben lassen. Der Platz wird am Wochenende gerne von Thais besucht, die die schöne Aussicht auf das laotische Ufer, die Sandbänke, die Felsen und die Berge genießen. Bei hohem Wasserstand sind die Stromschnellen vollständig überspült.

Übernachtung

SANG KHOM – Die meisten Gästehäuser liegen am Fluss.
Bouy Gh. (gesprochen: *Buhi),* 60/4 Sang Khom, ✆/℻ 042-441065, am Bus Stop am Ende des Dorfes (KM 84,8). Großes, ruhiges Gartengrundstück auf der Insel im Mekong, mit dem Restaurant am Ufer mit einer Holzbrücke verbunden; einfache Bambusmattenhütten auf der Insel, sehr sauber,

angenehm zum Relaxen; schönes Restaurant mit großer Terrasse, preiswertes Essen, auch vegetarisch; hervorragende Massage für 150 Baht/Std.; Motorrad 200 Baht/Tag; engagierte, freundliche Besitzer, Mr. und Mrs. Toy. Pickup für Touren 1000 Baht/Tag. ❷

River Huts, 239 Sang Khom, ✆ 042-441012, neben *Bouy Gh.*, schön gelegen am Fluss, 9 einfache Mattenhütten mit Fan und Balkon am Fluss, sehr ruhig und gemütlich; Restaurant über dem Steilufer, tolle Sicht; Fahrradvermietung. ❶

Mama's Bungalows, 6 ruhige Bambushütten mit Fan auf der Insel neben *Bouy Gh.*, Restaurant mit Thai-Lao und westlichem Essen, Bananen und Papayas aus dem Garten gratis; sehr freundliche Mama. ❶

PAK CHOM – ***Pak Chom Resort,*** 315/1 Soi 1, ✆ 042-881033, am östlichen Ortseingang; sauberes, schattiges Grundstück, mehrere Steinbungalows mit Fan oder ac und Warmwasser-Du/WC; beliebt bei Thais. ❸

Pak Chom Gh., Soi 1, ✆ 042-881332, am westlichen Ortseingang am KM 147. Einfachste Hütten auf einem ungepflegten Grundstück am Fluss, sehr ruhig. ❶

KAENG KHUT KU – Verstreut liegen mehrere schöne Thai-Resorts, wochentags sehr ruhig, aber für das Gebotene etwas teuer. ❸–❹

Transport

Der grüne Bus 507 befährt die Strecke NONG KHAI–22 Baht–SI CHIANGMAI–18 Baht–SANG KHOM–30 Baht–PAK CHOM–35 Baht–LOEI in 7 Std.

Von PAK CHOM nach Loei von 7.50–13.50 Uhr sowie um 15.50 Uhr.

Der letzte Bus von SANG KHOM nach Nong Khai fährt gegen 16.30 Uhr, der letzte Bus nach Pak Chom gegen 16.20 Uhr.

Nach CHIANG KHAN muss man in Pak Chom am Markt in ein Songthaew (20 Baht) umsteigen.

Chiang Khan เชียง คาน

Ein ruhiger, schön gelegener und wirklich angenehmer Grenzort am Mekong. Viele Häuser sind noch aus Holz gebaut. Von den Straßen am Steilufer des Flusses und vom Uferweg hat man einen guten Blick über den Fluss bis nach Laos. Gemächlich tuckern Passagierschiffe über den Mekong. Neben dem Passagierschiff, das zwischen der laotischen Hauptstadt Vientiane (Viangchan) und der alten Königstadt Luang Prabang verkehrt, jagen zunehmend laute Schnellboote über das Wasser. Der Ort eignet sich sehr gut für Ausflüge auf eigene Faust in der ländlichen Umgebung.

Das **Wat Sri Khun Muang** enthält einen Fußabdruck Buddhas und einen Viharn im nordthailändischen Stil mit 80 Jahre alten Wandgemälden an der Außenwand über dem Eingangstor.

Übernachtung

Chiang Khan Gh. ②, 282 Rimkong Rd., ✆ 042-821691, ✉ pimchiangk@hotmail.com, 💻 www.welcome.to/chiangkhan; Holzhaus am Fluss, 14 Zimmer mit Fan, Gemeinschafts-Du/WC; Restaurant mit vielen Grünpflanzen, Terrasse mit toller Sicht; Kochkurs, Fahrrad 60 Baht/Tag, Motorrad 200 Baht/Tag; individuelle Touren. ❷

Ton Khong Gh. ④, 299/3 Chai Khong Rd., ✆ 042-821547, neueres Haus am Fluss, 8 einfache, saubere, hellhörige Zi, Bad außen, warme Dusche, ein ac-Zi; Essen vom Grill, vegetarische Gerichte; Thai-Massage 120 Baht, Kräuterbad 150 Baht, Motorrad 200 Baht/Tag, Bootstrip 250 Baht/2 Std.; sehr freundliche, Englisch sprechende Besitzer. ❷

Phun Sawat ⑥, Soi 9, ✆ 042-821114, Holzhaus in einer Gasse, einfache, nicht so saubere Zi mit Fan, Gemeinschafts-Du/WC; Massage 100 Baht, Motorrad 25 Baht/Std., 150 Baht/Tag. Minimart mit billigem Bier. ❶

Souk Somboon ⑦, 243/3 Rimkong Rd., ✆ 042-821064, Holzhaus am Fluss, Zi mit und ohne Du/WC, 2 Zimmerchen mit toller Sicht; Restaurant mit Flussblick. Man versucht, übertriebene Preise zu verlangen. ❷

Rimkong Gh. ⑧, 294 Chai Khong Rd., ✆ 042-821125, Holzhaus am Fluss, der freundliche Franzose Pascal und seine Frau Liang vermieten schöne, saubere Zi mit Flussblick, Gemeinschafts-Du/WC; Frühstück mit richtigem Kaffee und selbst gebackenem Brot, Bar, guter Service; Kartenskizzen und viele Informationen, auch in

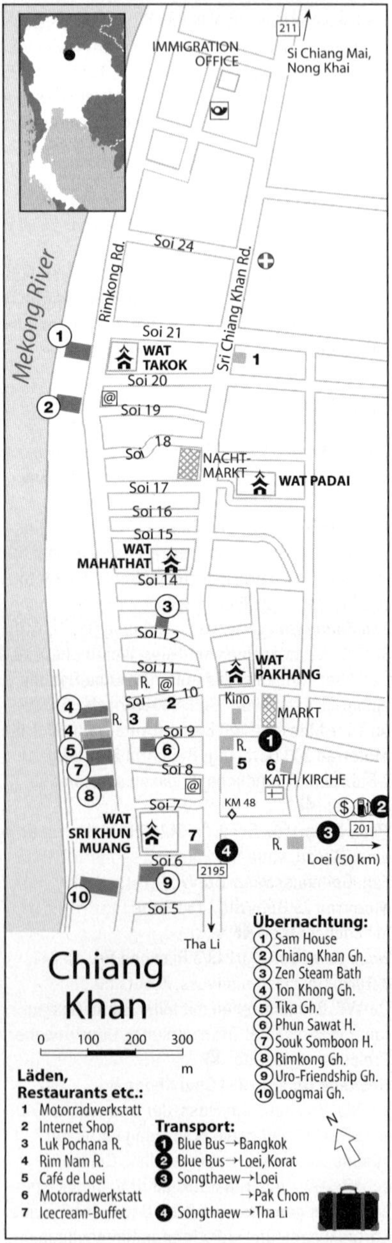

Büchern aufgezeichnet, zudem werden viele Touren und Bootstrips veranstaltet, Massagen 150 Baht/Std., Motorrad 200 Baht/Tag, Minibus-Service. Sehr zu empfehlen, falls Pascal anwesend ist. ❶–❷

URO Friendship Gh. ⑨, Chai Khong Rd., ✆ 01-2639068, großes Holzhaus, 8 Zi mit Gemeinschafts-Du/WC, Fahrrad 100 Baht/Tag, Motorrad 200 Baht/Tag, Bootstrip 300 Baht/Std. ❶

Loogmai Gh. ⑩, 112 Chai Khong Rd., ✆ 042-822 334, ✉ loogmaiguest@thaimail.com, altes Steinhaus im französischen Kolonialstil am Fluss. Der Besitzer, ein Künstler, hat in München studiert. ❸

Essen

Im ***Luk Pochana Restaurant*** wird Wok-Essen zubereitet, sehr gutes Thai-Menü.

Viele Restaurants liegen an der Rimkong Rd. zwischen Soi 7 und 11.

Das ***Cafe de Loei*** hat Kaffee-Spezialitäten und Cappuccino, freundliches Ehepaar.

Rimkong Pub im gleichnamigen Gästehaus am Fluss.

Sonstiges

BOOTSAUSFLÜGE – Bootstrips von 3–5 Std. kosten im *Rimkong Pub* 150–250 Baht ab 3–7 Pers. Feste Ausflüge führen nach Kaeng Khut von 11–14 Uhr, ab 3 Pers. 150 Baht p.P., oder zum Huang River ab 3 Pers. 210 Baht p.P. Beliebt ist der *Sunset Trip* auf dem Mekong für 1 Std., 110 Baht p.P. ab 2 Pers.

FAHRRÄDER – für 30 Baht in der Rimkong Rd.

GELD – Geldautomat für Visa-Karte bei der National Bank. Die Gästehäuser wechseln Bargeld (€ und US-$) in Thai Baht.

IMMIGRATION – Visaverlängerung geht unkompliziert vonstatten.

INTERNET – Es gibt einige Internet-Shops.

MARKT – Am 1. und 16. eines jeden Monats findet beim Immigration Office ein interessanter Markt statt.

POST / TELEFON – Mo–Fr von 8.30–16.30 Uhr, Sa von 9–12 Uhr. **PLZ**: 42 110.

Transport

Nach BANGKOK (609 km) non-ac-Bus um 18 Uhr für 193 Baht, 2.Kl. ac-Bus um 8.30 und 18.30 Uhr für 270 Baht, ac-Bus um 8, 18.30, 19 und 19.30 Uhr für 347 bzw. 371 Baht, VIP-24 Bus um 18, 19 und 20.40 Uhr für 540 Baht in 9 Std.
Nach KORAT um 6, 7, 9, 11 und 14 Uhr für 189 Baht.
Nach PAK CHOM Songthaews bis 17 Uhr alle 30 Min. für 20 Baht in 1 Std., weiter mit non-ac-Bussen nach NONG KHAI ca. jede Std. bis 15.30 Uhr für weitere 58 Baht, insgesamt 5 Std.
Nach LOEI mit Songthaew alle 15 Min. bis 17 Uhr für 20 Baht.

Mit dem eigenen Fahrzeug nach Nan

Man kann direkt am Mekong und an der Laos-Grenze entlang auf Asphaltstraßen durch herrlich unberührte Landschaft von Chiang Khan bis nach Nan in Nord-Thailand (388 km) fahren. Es kostet viel Zeit, immer wieder nach dem Weg zu fragen, so kann die Fahrt in eine Tortur ausarten. Alternativ kann man die Route Loei – Dan Sai – Chat Trakan – Uttaradit durch eine weitgehend naturbelassene Landschaft fahren.

Zunächst geht es von Chiang Khan auf dem H2195 bis **Tha Li** (54 km) und **Na Haeo** (weitere 60 km) mit einem Resort, wo man eine Nacht auftanken sollte. Ein anstrengender Ausflug führt auf z.T. sehr steiler Straße (18 km) zum eindrucksvollen Wasserfall **Ta Huang** an der laotischen Grenze, der von einer 15 m hohen und 35 m breiten Felswand stürzt und einen großen Pool bildet.

Am nächsten Tag geht es auf dem H1268 nach Westen, mehrere Schilder verweisen in Thai auf Wasserfälle voraus. Der **Khring-Wasserfall** ist nach 12 km direkt unterhalb der Straße zu sehen. Nach 64 km liegt rechts an der Strasse der fünfstufige, undramatische **Phu Soi Dao-Wasserfall**. Man kann eine schöne Dschungelwanderung unternehmen oder in einem der vielen Pools schwimmen; wer länger bleibt, kann in einfachen Nationalpark-Bungalows (❸) übernachten.

Durch schöne Wälder mit vielen Kurven und Steigungen geht es 47 km weiter nach **Ban Khok** und **Muang Chet Ton** (23 km, Ende des H1268). Hier zweigt der H1047 nach Südwesten Richtung Uttaradit (131 km) ab. Auf dem beschilderten H1241 sind es noch 12 km bis **Pang Hai**. Dort nach links abbiegen und nach 200 m am Kontrollposten rechts auf den H1083 einbiegen. An der Abzweigung steht ein Restaurant. Nach 38 km erreicht man die Nan-Brücke und nach weiteren 30 km **Na Noi**, 60 km von Nan entfernt.

Übernachtung

3 km hinter **Na Haeo** liegt direkt am H1268 das schöne ***Falkland Resort***. Auf einem herrlichen Grundstück stehen in weiten Abständen, mitunter am Hang, romantische Holzbungalows mit Terrasse, sehr guten Matratzen, Moskitonetz und Du/WC. Es gibt ein Restaurant, aber das freundliche Personal erlaubt auch, selbst zu kochen. ❷

Loei เลย

Die kleine Provinzhauptstadt mit ihren gut 20 000 Einwohnern liegt in einer bergigen Region am Rande des Nordostens, die viele Parallelen zur Landschaft in Nord-Thailand aufweist.

Nach Sehenswürdigkeiten im herkömmlichen Sinn sucht man im tristen Straßenbild des modernen Stadtzentrums vergeblich – eine Stadt zum Durchfahren? Wer noch ein bisschen unverdorbenes Thailand erleben möchte, trifft mit dieser Kleinstadt keine schlechte Wahl. Am Abend bietet sich ein Bummel über den Nachtmarkt im Zentrum an.

Den Tag genießen kann man z.B. auf dem **Nam Man-See** (ca. 20 km): auf einem Bambusfloß mit Schattendach in der Mitte des Sees lässt man sich ein kühlendes Windchen um die Nase blasen, für das leibliche Wohl wird gesorgt.

Auf dem kühlen, aber kargen Hochland am Phu Rua haben sich Betriebe auf Weinbau und Blumenzucht spezialisiert. Resorts im teils rustikalen Landhausstil bieten teure Zimmer an.

Übernachtung

King Hotel ④, Chumsai Rd., ✆ 042-811701, 📠 811235; moderner Bau, saubere Zi mit nützlicher Ausstattung und Fan oder ac, die teureren

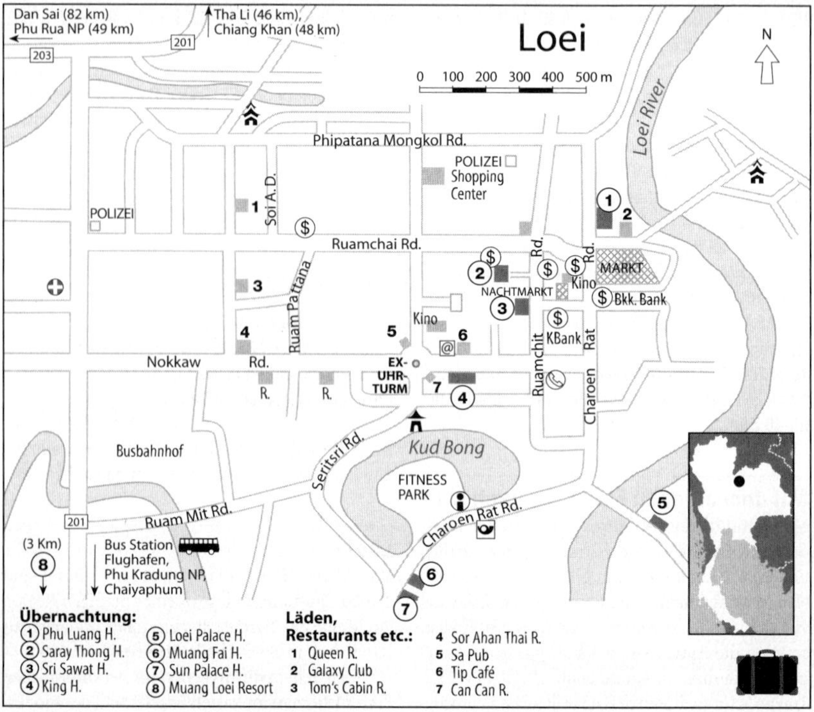

recht komfortabel. Gutes Preis-Leistungs-Verhältnis für die billigen Zi. ❷–❹

Phu Luang ①, 55 Charoen Rat Rd., ✆ 042-811532, ℻ 812558; akzeptable ac-Zi, vom Balkon Blick auf den Fluss, laute Musik vom Nightclub an der Brücke. ❸–❹

Muang Fai ⑥, 191/1 Charoen Rat Rd., ✆ 042-811302, ℻ 812353, im Süden der Stadt; Zi mit Fan oder ac; angenehm und ruhig. ❷–❸

Sun Palace ⑦, 191/5 Charoen Rat Rd., ✆ 042-815714, neues Hotel mit schönen Zi. ac ❸

Loei Palace Hotel ⑤, Loei-Nadoung Rd., ✆ 042-830901-7, ℻ 830908, direkt am Fluss. ac ❺

Essen und Unterhaltung

Sehr schöner, lebendiger **Tagesmarkt**. Essenstände mit vorzüglichem Essen am **Nachtmarkt**.

Sor Ahan, Thai-Essen, auf der englischen Speisekarte finden sich einige exotische Gerichte, um 50 Baht. Seafood ist teurer.

Can Can, eigenständiges Restaurant im *King Hotel*, u.a. gutes Schnitzel, bestes Kaffee-Angebot, moderate Preise.

Thai-Musik bietet der Coffeeshop ***Tip Café.***

Im ***Galaxy Nightclub*** am Fluss gibt es wochentags ab 21 Uhr eine Disco für Teenager.

Ein nettes Nachtleben hat sich entlang der Ruam Pattana Rd. etabliert: Western-Pubs mit Fassbier und Live-Musik.

Informationen

TAT im alten District Office hat gute Infos, 🕓 Mo–Fr 9.30–16.30 Uhr.

Transport

Nach BANGKOK (560 km) vom Bus Terminal südlich der Stadt laufend für 249–495 Baht in 8–11 Std.
Nach NONG KHAI non-ac-Bus für 84 Baht über PAK CHOM (35 Baht), SANG KHOM (56 Baht) und SI CHIANGMAI (72 Baht).
Nach UDON non-ac-Bus alle 20 Min. von 4–17 Uhr für 55 Baht, nach KORAT 2.Kl. ac-Bus jede Std. bis 16 Uhr für 161 Baht.
Von Loei sind es 82 km zum PHU KRADUNG NATIONAL PARK, non-ac-Bus 29 Baht, ac-Bus 52 Baht. Weitere Busse über Dan Sai nach LOM SAK für 58 Baht.
Nach CHIANG KHAN fahren Songthaew alle 15 Min. bis 18 Uhr für 20 Baht, ac-Bus 8x tgl. von 11–22 Uhr für 28 Baht.
Nach THALI fahren Songthaew alle 30 Min. bis 17.30 Uhr für 20 Baht.

Tha Li ท่าลี่

Einen Eindruck vom bergigen Grenzland bekommt man bei einem Ausflug von Loei über den schönen, kurvenreichen H2115 nach Tha Li (55 km). Busse ab Loei für 30 Baht. Der Ort liegt in einem fruchtbaren Talkessel, umgeben von lieblichem Hügelland. 8 km weiter im Nordwesten verläuft die Grenze, der laotische Einfluss ist unübersehbar. Die Handelswege zwischen beiden Ländern blieben immer intakt. Neben dem legal importierten Reisschnaps lagern in den Hinterzimmern auch einige illegale Waren.

Das ***Sikhat Gh. Meheug River*** mit fünf angenehmen Bungalows liegt in Ban Pak Huai (8 km von Tha Li) 700 m von der Kreuzung entfernt, ✆ 09-9417101, ❶–❷, ausgeschildert. Im Grenzfluss **Huang** zu Laos kann man angenehm schwimmen. Eine schöne Straße (H2195) führt nach Na Haeo (65 km).

Mit eigenem Fahrzeug kommt man von Tha Li nach Chiang Khan (Pickups scheint es nicht zu geben). Auf dem H2195 fährt man 54 km durch landwirtschaftlich genutztes Hügelland und Bambusbusch, davon die letzten 15 km schön am Mekong entlang. Auch von Tha Li kommt man auf den H2195, der an der Grenze entlang nach Na Haeo führt (60 km). In anstrengender Fahrt geht es von Na Haeo weiter bis Nan (274 km) im Norden (s.o.).

Von Loei nach Lom Sak

Phu Rua National Park

Auf dem H203 fährt man nach Westen durch eine schöne Berglandschaft. Am KM 60,1 geht es 1,5 km ab zum Weingut **Chateau de Loei** (ausgeschildert); kostenlose Probe guter, preiswerter Weine; 💻 www.ChateaudeLoei.com. Etwas weiter liegt rechts ein herrlicher Aussichtspunkt. Der **Phu Rua National Park** (Eintritt 200 Baht), 49 km westlich, bietet eine gute Gelegenheit für einen schönen Bergspaziergang mit großartigen Aussichten. Im Headquarter zu übernachten ist nicht empfehlenswert. Bekannt wurde der Park, als im Jahre 1981 hier die tiefste Temperatur von Thailand gemessen wurde: - 4 °C.

Übernachtung

Phuphet Hill Resort, ✆ 042-899157, 800 m vom H203 auf dem Weg zum Park, einige gut ausgestattete Zimmer. ac ❸
Waranya Resort, ✆ 042-899020, 1,2 km vom H203 auf dem Weg zum Park, Bungalows in weitläufiger Anlage. ❸
Loi Leela Wadee Resort, am KM 68 des H203, ✆ 042-801277. Hier kann man originell in Erdhäusern, Höhlen, Blockhütten oder Containern wohnen. Pool, Mountainbikes, Fitnessraum. ❺–❼
Phu Pha Nam Resort, am KM 12,5 des H2013, 3 km vom H203 entfernt, außerhalb von Dan Sai, ✆ 042-892005, 💻 www.phuphanamresort.com, schön in die Natur eingebettete Anlage mit großartigem Blick, edle Teakholzbungalows, heiße Quelle mit japanischem Spa, Pool, Mountainbikes. ac ❼

Dan Sai

In einem tiefen Talkessel liegt der Marktflecken Dan Sai. Im Ort gibt es hinter der *Krung Thai Bank* ein ***Gästehaus***, das sieben saubere, kühle Zimmer vermietet. ❷

Hier wird im Juni das **Phi Tha Khon-Fest** gefeiert, bei dem zwei Tage lang Geister mit gruseligen Masken und phallusförmigen Schwertern durch den Ort spuken. Im Laufe des Festes werden die besten Masken prämiert. Das Fest beginnt vor Sonnenaufgang mit einer Prozession, bei der, umgeben von Geistern und überdimensionalen Phalli, eine Buddhastatue zum 28 m hohen, weißen

Stupa Phra That Sri Song Rak im Ortszentrum getragen wird, wo eine Zeremonie folgt. Im Stupa residieren keine Mönche, sondern spiritistische Medien, die das Datum für dieses Fest bestimmen. Sie nehmen auch an der großen Prozession am folgenden Tag teil. Nach dem Abfeuern von Raketen, die um Regen bitten sollen, werden die gruseligen Kostüme ins Wasser geworfen, als Symbol für die Überwindung des Bösen.

Von Dan Sai führt der H2113 nach **Na Haeo** (33 km) an der Grenze zu Laos. Der H2013 führt nach Südwesten nach Nakhon Thai. 6 km weiter zweigt der H2331 zum Phu Hin Rongkla National Park ab.

Lom Sak

Weitere 50 km führt die Straße H203 durch ein schönes Tal nach Lom Sak. Hier gibt es Banken, das sechsstöckige *Hotel New Sawang*, Bergseite ruhig, am nördlichen Ortseingang, ❷, ac ❸, und das saubere, weniger laute *Tsi Tsai Hotel*, Thesaban 2 Rd., ❷. Der Marktort bietet keinen Grund zum Bleiben. Busse ab Loei über Dan Sai zum großen Busterminal an der Kreuzung in Lom Sak 85 Baht. Von hier u.a. Busverbindungen nach Phitsanulok und Bangkok.

Chum Phae ชุมแพ

Wer zwischen Khon Kaen und Lom Sak am H12 eine Bleibe sucht, wird unweigerlich im Verkehrsknotenpunkt Chum Phae landen. Die überraschend moderne Stadt mit einer breiten Hauptstraße liegt im Osten der Kreuzung. 5,5 km südlich zweigt vom Highway nach Chaiyaphum ein ausgeschildertes Sträßchen nach rechts ab, das nach weiteren 4,5 km am **Non Meuang Historical Park** endet. An 5 Fundstellen wurden 4200–4800 Jahre alte Gräber in gutem Zustand mit vielen Skeletten und einigen Grabbeigaben ausgegraben, die in einem kleinen Museum ausgestellt sind.

Übernachtung

Chewin Palace Hotel, 333 Maliwan Rd., ✆ 043-311577, Aufschrift nur in Thai. Das große, neue Hotel steht neben der Shell-Tankstelle, ab Busbahnhof Richtung Khon Kaen. ❷–❸

Gloria Hotel, nahe Busbahnhof, preiswerter. ❶

Queen's Hotel, 207 Maliwan Rd., ✆ 043-311272, schlechte Zi, wegen der Tankstelle laut. ❶–❷

Transport

Wer aus PHITSANULOK in Zentral-Thailand kommt und direkt zum Phu Kradung National Park will, nimmt einen ac-Bus nach Chum Phae für 121 Baht, 5 Std. Von Chum Phae fahren Busse bis zum Dorf PHU KRADUNG für 22 Baht. Motorrad Samlor kosten in der Stadt 10 Baht.

Phu Kradung National Park ภูกระดึง

Die Berge rings um Loei gelten als die kühlste Region in Thailand. Während der „kühlen Monate" November bis Januar können die Temperaturen auf den Berg-Plateaus bis unter den Gefrierpunkt fallen. Andererseits klettern während der „heißen Jahreszeit" vom März bis Mai die Temperaturen im Tiefland bis über 40 °C. Durch die extremen Temperaturverhältnisse hat sich – vom Fuße des 348 km^2 großen Nationalparks bis zum Plateau – eine abwechslungsreiche Vegetation herausgebildet, die teilweise an europäische Landschaften erinnert.

Während im Tiefland die Laub abwerfenden, trockenen Monsunwälder vorherrschen, findet man in der Höhe des Plateaus Pinien-, Eichen- und Ahornbäume, die im März und April ihre Blätter leuchtend rot verfärben. Hinzu kommt während dieser Zeit die bunte Blütenpracht der von Rhododendron-Hainen und Azaleen-Büschen (im Suan Sawan) bewachsenen Felsenlandschaft. Im Park leben viele seltene Vögel (Nashornvögel, Pfauen), Wildschweine, Sambar-Rehe, verschiedene Affen, Languren, Bären und sogar um 100 Elefanten.

Die **Ban Si Than Station** liegt am Fuße des Berges. Hier gibt es im Informationszentrum eine Karte mit den Wanderwegen. Für Naturfreunde lohnen sich die 200 Baht Eintritt. Überflüssiges Gepäck kann man hier deponieren. ⌚ 8–16 Uhr. Nun beginnt der etwa 3-stündige, steile und sehr anstrengende Aufstieg zum Plateau, wo sich auch das Park-Hauptquartier befindet. Träger nehmen 10 Baht pro Kilo Gepäck (einige Leute zahlten 15 Baht, selbst dieser Betrag erscheint zu gering für die schwere Arbeit). Nach 5,5 km, zum Teil auf

Leitern und Treppen, erreicht man erschöpft den Rand des Plateaus auf 1248 m. Nun sind es noch leichte 2,8 km bis zum Hauptquartier.

Die 1316 m hohe, weite Gebirgs-Steppenlandschaft des Hochplateaus bietet ideale Wandermöglichkeiten. Ein beliebter Weg führt zu verschiedenen Wasserfällen, die allerdings nur in der Regenzeit und kurz danach Wasser führen. In den Flusstälern gedeiht eine herrliche Vegetation, z.B. Kannenpflanzen, Sonnentau oder Drosera-Arten. Andere Pfade führen immer am Rand der steil abfallenden Bergkette entlang zu verschiedenen Aussichtspunkten, von denen sich überwältigende Blicke auf das Tal eröffnen.

Wer den Sonnenuntergang vom **Lomsak Cliff** erleben möchte, sollte eine Taschenlampe für den 8 km langen Rückweg mitnehmen. 2 km entfernt ist das **Nokaen Cliff**, wo man gut den Sonnenaufgang beobachten kann.

Während der Regenzeit von Juni bis September ist der Park geschlossen. Wer den Park in Ruhe genießen will, sollte ihn nur von Montag bis Donnerstag besuchen, denn am Wochenende kommen sogar Ausflügler aus dem 444 km entfernten Bangkok hierher.

Übernachtung

Phu Kradung Resort, bei KM 4,5 auf dem Weg zum Headquarter, weitläufige Anlage am See mit einfachen, sauberen Bungalows und besseren Zi im Reihenhaus. ❷

Camping auf dem Plateau in 2-Personen-Zelten für 100 Baht pro Zelt. Decken gibt es für 10 Baht in den Restaurants zu mieten, besser einen eigenen Schlafsack mitnehmen. Ruhe ist, besonders von Fr bis So, nicht immer zu erwarten, denn die einheimischen Jugendlichen feiern gern am Lagerfeuer. Es gibt Zi, egal ob für 2 oder 6 Pers., für 200 Baht zu mieten.

Im Süden des Plateaus stehen Blechbungalows für 200 Baht. Außerdem gibt es 16 teure Bungalows am Headquarter. ❹

Phukradung House, nördlich vom Makdook Cliff, zeltförmige Hütten oder Zelt für 60 Baht, Decke 10 Baht. ❸

Informationen und Reservierungen in Bangkok unter ✆ 02-2713737.

Transport

Vom H201 führt 74 km südlich von Loei eine Straße 8 km nach Westen zum Dorf Phu Kradung. Alle 30 Min. gehen Busse ab LOEI (30 Baht) und KHON KAEN (46 Baht) bis zum Fuß des Berges. Auch von CHUM PHAE (22 Baht) fahren Busse bis zum Dorf Phu Kradung. Von dort mit Songthaew für 15 Baht oder mit dem Motorrad-Samlor für 20 Baht zum Parkeingang (7 km).

Bung Kan บึงกาฬ

Der kleine Ort Bung Kan (gesprochen *Büng Gaan*) liegt am Mekong gegenüber der laotischen Stadt Pak Xan (Pak Sane) an der Mündung des Nam Xan. Während der Trockenzeit wird das sandige Flussufer für den Gemüseanbau genutzt. Abends treffen sich die Jugendlichen des Dorfes am Ufer zum Trinken. Bis auf den Uhrturm am Kreisverkehr besitzt der Ort keinerlei Sehenswürdigkeiten.

Übernachtung

Mekong Gh., 202 Mu 1 Chansin Rd., ✆/✆ 042-491341, kleines Hotel am Fluss; 9 verwohnte Zi mit harten Matratzen. Restaurant. ❷, ac ❸

Mae Nam, nebenan, neues, schön ausgestattetes Hotel, sehr große Zi, z.T. mit Balkon zum Fluss, großes Restaurant. ❸

Wangkam River View, ✆ 01-7496471, schöne Anlage am Flussufer des Wang Kam, einsam gelegen. Am KM 110,7 vom H213 abbiegen, 800 m. ❷, ac ❸

Ladda Karakul Gh., ✆ 042-404080, Reihenbungalows mit schönen Holzmöbeln und großer Terrasse, direkt am Mekong, Restaurant. Am KM 89,8 vom H213 abbiegen, 500 m. ❸

Sai Ngoen Resort, ✆ 042-491833, gut ausgestattete Bungalows in großzügiger Anlage, Restaurant mit Karaoke, beliebt bei Ausländern. Am KM 48,7 vom H212. ac ❸–❹

Transport

Von NONG KHAI (136 km) 16x tgl. mit non-ac-Bus 4193 oder mit Bus 224 für 50 Baht in 3 Std.

Von NAKHON PHANOM jede Std. von 6–11 Uhr für 63 Baht in 4 Std. Nach AHONG für 10 Baht.

Die Umgebung von Bung Kan

Ban Ahong

19 km westlich von Bung Kan sind zwischen eindrucksvollen, großen Felsen viele Fischer an den Stromschnellen von Ban Ahong tätig (neues Hotel direkt daneben ❸). Zu Vollmondnächten im Oktober strömen Tausende von Menschen hierher, um das Licht zu sehen, das aus dem Mekong leuchtet und dem Volksmund nach von einem Drachen stammen soll *(Bang Fai Phi Anah)*. Realistischer sieht es wie kleine rosa Lichter aus, die aus dem Wasser kommen und zum Himmel steigen.

In derselben Nacht wird in **Phon Phisai**, wo dasselbe Phänomen auftritt, ein tolles *Illuminated Boat Festival* veranstaltet, zu dem das *Mut Mee Gh.* von Nong Khai einen Trip arrangiert.

Wat Phu Tok

Sehr eindrucksvoll ist der Waldtempel Wat Phu Tok (auch: *Chetiya Kiri Viharn)* in einem 3000 ha großen Gelände am Rande einer trockenen Ebene, aus der der doppelte Sandsteinfelsen **Phu Tok** herausragt. Über in Felsen gehauene Treppen, Brücken und Tunnel führt der anstrengende Weg zur Spitze siebenmal um den majestätischen Felsen herum. Drei oder vier Umrundungen können Unerschrockene noch begehen, auf verrottenden Holzstegen unter Felsüberhängen in ca. 100 m Höhe, sonst nimmt man die breiten Holztreppen. Auf der vierten Ebene gibt es einen schönen Aussichtspunkt nach Osten hin. Hier wohnen die Nonnen des Klosters, darüber die Mönche. Auf der fünften Ebene steht die große Gebetshalle, die sechste wartet beim Umrunden des Felsens noch einmal mit toller Aussicht auf.

Der nur mühsam zu erklimmende Gipfel ist von einem schattigen Wald bedeckt. Für den Rückweg kann man den Tunnel mit Treppen benutzen. Für manche Traveller ist dieser Ausflug *das* Highlight ihrer Thailand-Reise.

Phu Wua-Tierschutzgebiet

Rings um den Felsen Phu Wua, 24 km östlich von Phu Tok, kann man im Phu Wua-Tierschutzgebiet durch eine schöne Felsenlandschaft wandern. Übernachtungsmöglichkeiten im *Headquarter* und an drei Checkpoints.

Mehrere Wasserfälle können in der Regenzeit lohnenswert sein.

Transport

Zum Wat Phu Tok nimmt man zuerst den Bus von BUNG KAN nach SIWILAI (27 km) für 12 Baht. Von hier fahren frühmorgens Songthaews für 15 Baht zum Tempel (20 km). Ein Tuk Tuk zu chartern kostet ca. 100 Baht. Das einzige Songthaew zurück fährt morgens um 6.30 Uhr, deshalb müssten Touristen hier übernachten, was aber nicht mehr erlaubt ist. Evtl. mit Thai-Pilgern zurückfahren oder werktags mit dem Schulbus bis SEKA, wo Busse nach Bung Kan fahren, sonst trampen.

Nakhon Phanom นครพนม

Die lebhafte Provinzhauptstadt Nakhon Phanom, 34 000 Einwohner, liegt gegenüber der laotischen Stadt Thakhek am kaum 1 km breiten Mekong. Richtung Norden erheben sich recht spektakulär steile Hügel- und Felsenketten. In der Provinz Nakhon Phanom leben 30 000 Vietnamesen.

Die Stadt hat außer schönen Wandmalereien im **Wat Srithep** nicht viel zu bieten. Gegen eine kleine Spende öffnen die Mönche den Bot mit den Malereien. Ganz nett ist der Park im Norden der Stadt. Ein **Souvenirmarkt** erstreckt sich 150 m südlich vom Uhrturm zwischen Fluss und Srithep Rd. Ansonsten ist die Stadt nicht schön, aber die Menschen sind sehr freundlich.

Nach Norden verläuft die Straße H212 durchweg in größerem Abstand vom Mekong. Auf der laotischen Seite schlängelt sich eine zweite, kaum befahrene Straße an den wilden Bergformationen entlang. Sehr schön liegt der interessante Ort **Tha U-Then** (30 km) am Fluss. Auf dem wenig befahrenen H212 über Ban Phaeng (weitere 70 km, liegt nicht am Mekong) bis Bung Kan (80 km) fährt es sich recht angenehm, aber ohne landschaftliche Höhepunkte.

Übernachtung und Essen

Weang Inn ④, Nr. 14 in einer Nebenstraße der Aphiban Bancha Rd., ✆ 042-511298, 4-stöckiges Stadthotel, 27 saubere, verspiegelte Zi mit Fan oder ac, zumeist mit Du/WC, z.T. dunkel. ❶–❷

First ①, 16 Srithep Rd., ✆ 042-511253, beim Uhrturm, nettes 4-stöckiges Hotel, saubere, ordentliche Zi. ❷, ac ❸

NORDOST-THAILAND

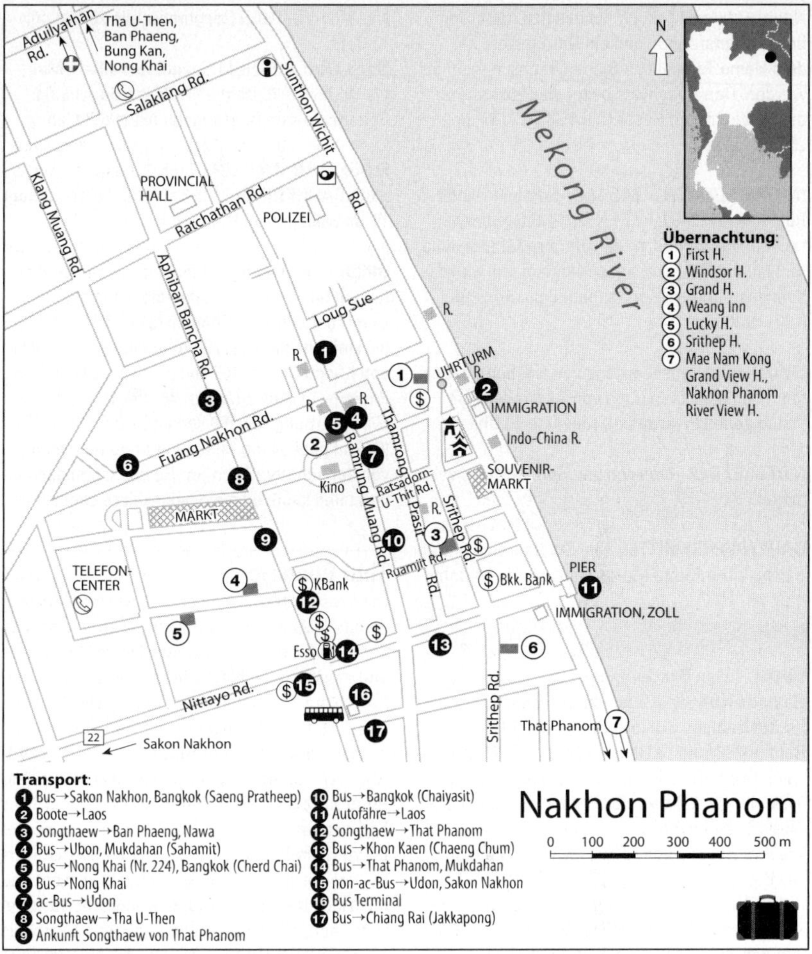

Grand ③, 210 Srithep Rd., ✆ 042-511526, 300 m südlich vom Uhrturm, hübsch dekoriertes, gutes Hotel; gute, preiswerte Zi. ❷, ac ❸
Windsor ②, 272 Bamrung Muang Rd., ✆ 042-511946, komfortables Hotel, einfache, saubere Zi, freundliches Personal. ❷, ac ❸
Mae Nam Khong Grand View Hotel ⑦, 527 Sunthon Wichit Rd., ✆ 042-513564, 📠 511037, am südlichen Ortseingang am Mekong, luxuriöse Zi für einen Super-Preis; hervorragendes Restaurant am Fluss. ❸–❹
Indo-China Restaurant, 100 m südl. vom Immigration Office am Fluss, herrliche Aussicht und sehr gutes, preiswertes Essen.

Sonstiges

FESTE – An **Ok Phansa**, dem Ende der Regenzeit-Klausur, werden hübsch dekorierte, kleine Boote mit einer Kerze bestückt und bei Einbruch der

Nacht auf dem Mekong ausgesetzt. Außerdem finden Bootsrennen und ein Umzug statt, bei dem kleine Tempel aus Bienenwachs mitgeführt werden. Den Abschluss bildet die Prozession der beleuchteten Boote (ca. 4.–8.10.2006, ca. 23.–27.10.2007).

INFORMATIONEN – ***TAT***, 184/1 Sunthon Wichit Rd., ✆ 042-513490, 📠 513492, ✉ tatphnom@tat.or.th, im Norden an der Uferstraße, zuständig für Nakhon Phanom, Sakon Nakhon und Mukdahan; das Personal spricht gut Englisch; ⏲ tgl. 8.30–16.30 Uhr.

LAOS – Der Grenzübergang von Nakhon Phanom nach Thakhek kann auch von Ausländern mit Visum genutzt werden, ⏲ Mo–Fr 8–15 Uhr.

MOTORRÄDER – werden von Honda-Shops vermietet.

NAHVERKEHRSMITTEL – Im Stadtbereich fahren *Skylap* (dreirädrige Motorräder) für 10–30 Baht.

Transport

BUSSE – Vom **Bus Terminal**:
Nach BANGKOK (727 km) fahren Busse 26x tgl. für 228 Baht, ac 319–549 Baht, VIP-32 für 479 Baht, VIP-24 um 18 Uhr für 635 Baht in 11 Std.
Nach CHIANG RAI fahren ac-Busse um 12 und 16.30 Uhr für 454 bzw. 583 Baht über Phitsanulok, Phrae und Phayao.
Weitere Busse nach KHON KAEN 99 Baht (ac 180 Baht), MUKDAHAN 39 Baht, SAKON NAKHON 36 Baht (ac 50 Baht), UBON 99 Baht, KORAT 188 Baht (ac 327 Baht).
Von den Büros der **privaten Companies**:
Nach UBON ac-Bus von *Sahamit* um 7 und 14 Uhr für 170 Baht über THAT PHANOM (36 Baht) und MUKDAHAN (72 Baht).
Nach NONG KHAI non-ac-Bus 224 von *Cherd Chai* jede Std. von 6–11 Uhr für 102 Baht am Mekong entlang über BUNG KAN (63 Baht) und AHONG (70 Baht) in ca. 7 1/2 Std. Dieser Bus fährt weiter nach UDON für 117 Baht.
Nach UDON direkt über Sakon Nakhon alle 30 Min. bis 12 Uhr für 84 Baht ab Nittayo Rd., ac-Bus 6x tgl. für 171 Baht.
Nach THA U-THEN Songthaew alle 20 Min. für 12 Baht.
Nach THAT PHANOM Songthaew alle 10 Min. bis 18 Uhr für 25 Baht ab Aphiban Bancha Rd. Seltener fahren Busse in der Nittayo Rd. ab.

FLÜGE – ***P.B. Air***, ✆ 042-512589, fliegt tgl. von/nach BANGKOK für 2195 Baht. Der Flugplatz liegt 16 km westlich am H22.

BIKER – Im Mekongtal kann man in beiden Richtungen fahren. Nach Süden gibt es geeignete Unterkünfte in That Phanom (54 km), Mukdahan (50 km), Khemmarat (109 km, *Simunkon Gh.*, ❶) und Khong Chiam (105 km), nach Norden in Ban Phaeng (100 km, 2 *Hotels*, ❶–❷, *Wang Kaew Gh.*, ❷), Bung Kan (80 km) und auf halbem Weg (66 km) nach Nong Khai. Allerdings sieht man von der schattenlosen Straße nur selten den Fluss und kaum einmal spektakuläre Landschaft.

That Phanom ธาตุพนม

Der knapp 4000 Einwohner zählende Wallfahrtsort, der im Volksmund auch *Raadu* genannt wird, liegt am Steilufer des Mekong. Auf dem großen Markt und in vielen Geschäften werden Seidenstoffe und Kopien aus Laos angeboten. Viele Traveller fühlen sich in diesem kleinen Ort schnell heimisch und nutzen ihn als Basis für Ausflüge im ganzen Nordosten. Die 57 m hohe Stupa des **Wat Phra That Phanom** beherbergt eine in Thailand und Laos hochverehrte Reliquie, ein Brustbeinsplitter des Buddha. Nach archäologischen Schätzungen wurde ihre Basis im 6. Jh. aus Ziegeln gebaut und mehrfach restauriert. Der ursprüngliche Turm im laotischen Stil stürzte während heftiger Regenfälle 1975 ein und wurde von 1976–78 neu errichtet. Der 5-stufige ornamentale Schirm ist mit 16 kg Gold belegt. Entsprechend der hohen Verehrung, die dieser Tempel bei der Bevölkerung des Nordostens genießt, fällt das siebentägige Tempelfest im Februar besonders prunkvoll aus. Im **Museum** werden viele Buddha-Statuen verwahrt, ⏲ 8.30–16 Uhr, evtl. nur Sa und So. Neben dem Tempel erstreckt sich ein großer Park. Die einzige größere Straße zwischen Tempel und Fluss wird von einem 1926 erbauten Bogen überspannt, der von zwei Wächterfiguren flankiert wird.

Interessant ist der **Lao Market** am Fluss, der jeden Montag und Donnerstag von 6–11 Uhr stattfindet.

Trotz der geringen Entfernungen innerhalb des Ortes gibt es hier an die 200 Rikschas und Tuk Tuks, die für 8 Baht fahren.

Ein Songthaew fährt für 8 Baht nur 8 km zur Abzweigung nach **Renu Nakhon**, 15 km nördlich der Stadt; weiter mit Motorradtaxi für 50 Baht. Aus fast jedem Haus klingt das Klappern der Webstühle. Die Frauen des Ortes sind für ihre Schönheit und die meisterhaft gefertigten *Mat Mie*-Stoffe berühmt. Bei der *Mat Mie*-Technik entstehen die Muster durch mehrmaliges Abbinden und Färben der Fäden, bevor sie gewoben werden. Im Ort werden Baumwoll- und Seidenstoffe, Decken und andere Textilien zum Verkauf angeboten, auch erdfarbene. Ein auffallend bunt bemalter Turm schmückt **Wat Raadu Renu**. Rings um den Tempel sind viele Verkaufsstände aufgebaut. Jeden Samstag um 12 Uhr findet ein Konzert mit traditioneller Musik und Tanz statt, Eintritt frei.

Übernachtung

Krisada Resort ①, 288 Rimkhong Rd., am Fluss gegenüber vom Wat, gut ausgestattete Zi, z.T. mit kleiner Küche, sehr schön die Zi 5 und 6 im OG mit Balkon und Flussblick, Restaurant. ac ❸

Niyana Gh. ⑤, 110 Moo 14, Rimkhong Rd., ✆ 042-541450; typische Traveller-Unterkunft mit großem Aufenthaltsraum; Frühstück. Niyana kocht auch vorzüglich, wenn man ihr rechtzeitig sagt, was man haben möchte; gute Informationen, Bücher und Karten, gute Fahrräder 40 Baht/Tag. Die Besitzerin Niyana ist eine außergewöhnliche Frau. Sie bemalt die Zi mit Liebe, vernachlässigt allerdings die Sauberkeit und lässt viel Gerümpel herumliegen. ❶

Rim Khaun Hotel ③, 425 Rimkhong Rd., ✆ 042-540048; direkt am Mekong, 6 saubere Reihenbungalows aus Stein mit Du/WC, staubiger Hof. ❷, ac ❸

Rimkhong Bungalow ④, 130 Rimkhong Rd., ✆ 042-541634; 40 m vom Fluss in einer Seitengasse, Reihenhaus aus Stein, 21 saubere Zi mit Du/WC, enger Hof. ❷, ac ❸

Sang Thong Hotel ⑦, ✆ 042-541397, ordentlich. ❷

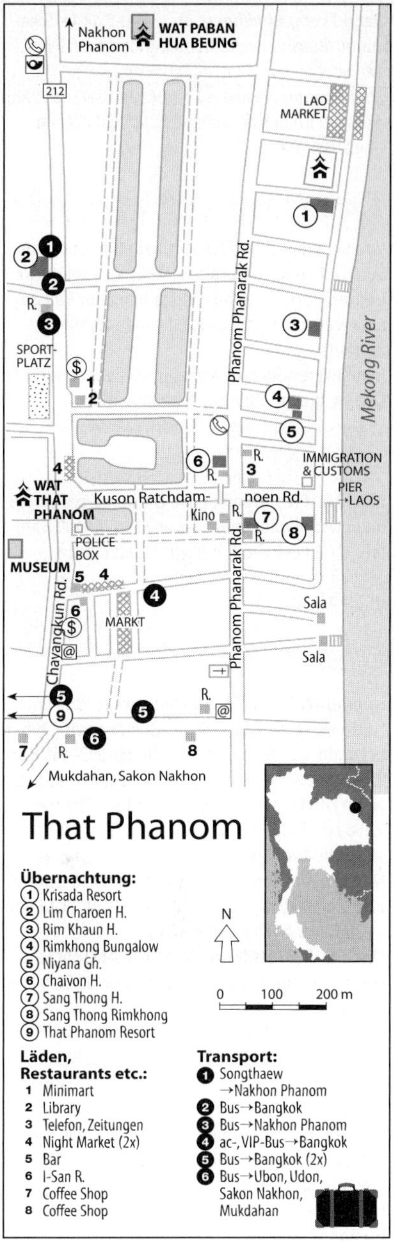

Sang Thong Rimkhong ⑧, ✆ 042-525614, 9 gemauerte, saubere Reihenbungalows am Fluss. ❷, ac ❸

That Phanom Resort ⑨, ✆ 042-541047, ca. 1 km westlich an der Umgehungsstraße Richtung Ubon. ❷–❸

Essen

Vorzügliches *Phat Thai* bereitet eine Wirtin auf dem Gehsteig vor ihrem Restaurant südlich vom Bogen. Hervorragend isst man im ***Isan Restaurant*** westlich vom Markt (Niyanas Lieblingsrestaurant).

In mehreren Restaurants gibt es sehr scharfe Currys, die mit Wild zubereitet werden.

Sonstiges

MASSAGEN – Traditionelle Massage bei einem alten Mann und einer älteren Frau für 100 Baht (ca. 1 1/2 bis 2 Std.); Infos im Gästehaus.

PLZ – 48110

Transport

Nach BANGKOK (707 km) mit non-ac-Bus um 16 Uhr für 218 Baht, 2.Kl. ac-Bus 7x tgl. für 305–311 Baht, ac-Bus von 17–19 Uhr für 392–458 Baht, VIP-24-Bus um 17.30 Uhr für 635 Baht in 10 Std.

Nach UDON non-ac-Bus um 10.15, 11.30 und 12.30 Uhr für 85 Baht in 5 Std., ac-Bus um 10.45 Uhr für 145 Baht.

Nach UBON non-ac-Bus 6x von 7–14.10 Uhr für 77 Baht in 4 Std., ac-Bus um 7.45, 9.30, 11.15 und 14.30 Uhr für 139 Baht in 3 Std.

Nach MUKDAHAN und SAKON NAKHON zu jeder vollen Std. bis 16 Uhr für 22 bzw. 29 Baht (ac 41 Baht).

Nach NAKHON PHANOM mit Songthaew alle 10 Min. bis 17 Uhr für 25 Baht in fast 2 Std.

Nach KORAT, PHIMAI und PAK CHONG (für Khao Yai) mit dem Bangkok-Bus.

Exzellente Beschreibungen, wie man von That Phanom am besten die touristischen Ziele Phimai, Prasat Phanom Rung und Pha Taem sowie Nong Khai erreicht, erhält man von Niyana im Gästehaus.

Sakon Nakhon สกลนคร

Im Gegensatz zu den trockenen, steppenartigen Landschaften des Nordostens prägen zahllose kleine und größere Seen und Teiche das Bild dieser Provinz, in der kein Wassermangel herrscht. Die Hauptstadt Sakon Nakhon (auch: Sakhon Nakhon und Sakon Nakorn), mit dem ehemaligen Namen Sakalanagara liegt am Ufer des größten natürlichen Sees Thailands, Nong Han, der aber keineswegs malerisch ist. Mit gemieteten Booten kann man auf die Inseln im See hinausfahren, zum Baden ist der See keinesfalls geeignet. Sehenswert, aber nicht besonders schön, ist der Tempel **Wat Choeng Chum** im Osten der Stadt. Er besitzt einen 24 m hohen, weißen Prang aus dem 18. Jh., der über einem Sandstein-Monument aus dem 11. Jh. errichtet ist. Ein bunt glitzernder Bot ist mit herrlich geschnitzten Holztüren und -fenstern geschmückt. Gegenüber der Stadthalle steht **Wat Pa Suthawat**, in dem der im ganzen Land verehrte Abt Luang Pu Man lebte. Seine Besitztümer und eine Statue des Heiligen sind in einem kleinen Museum in einem modernen Gebäude auf dem Tempelgelände ausgestellt.

Übernachtung

Charoensuk ⑤, 645/2 Charoen Muang Rd., ✆ 042-712916, abgewohnte Zi mit Fan oder ac, freundliches Personal. ❷

Kusuma ①, Charoen Muang Rd., abgewohnte Bungalows und bessere Zi mit ac im Neubau, einfache Zi mit Fan. ❷

Somkait ⑧, 1348 Kamchadphai Rd., ✆ 042-711740, Hotelblock und 22 Bungalows um einen Parkplatz. ❷, ac ❸

Imperial ⑩, 1892 Sukkasem Rd., ✆ 042-711119, 📠 711887, sehr gut ausgestattete Zi; Coffeeshop; großer Stadtplan neben der Rezeption. ac ❸–❹

Dusit Hotel ⑨, 1784 Yuwa Pattana Rd., ✆/📠 042-711198, komfortables Hotel mit ac-Zimmern, 10–20% Discount möglich. ❹

M.J. Majestic Hotel ⑪, ✆ 042-733771, 📠 733 616, bestes Hotel der Stadt, mit luxuriösen Zimmern und Suiten. ac ❸–❺

Essen

Viele Restaurants liegen an der Prempri da Rd. Das ***Green Corner***, gegenüber vom Bus Terminal,

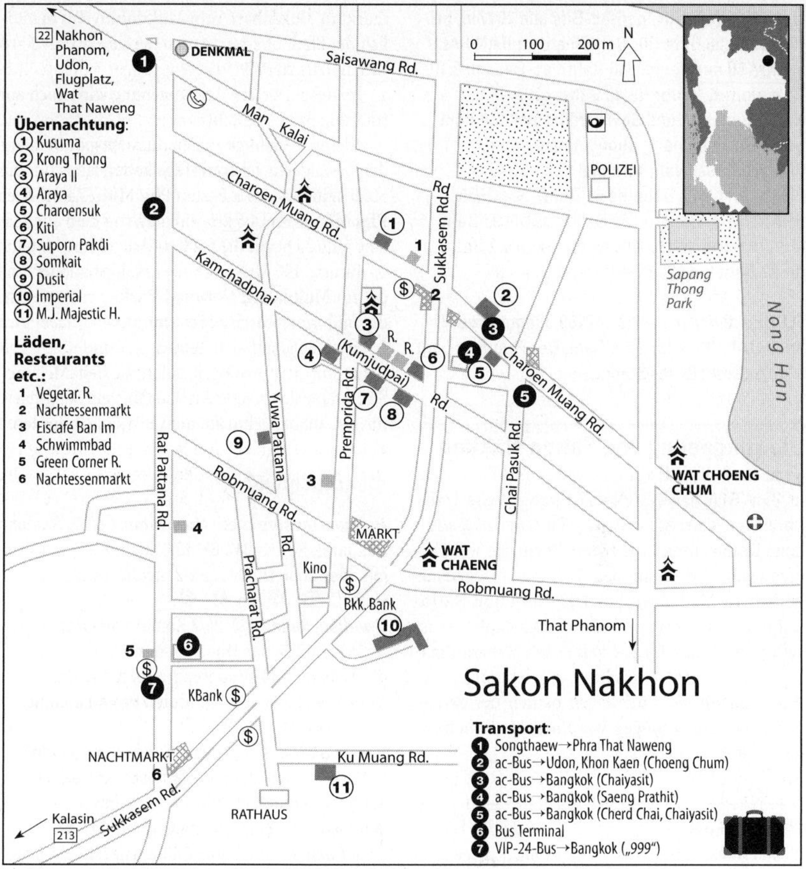

ist ein sehr gutes ac-Restaurant, das freundliche Personal serviert auch Backwaren, Eis und echten Kaffee, ⌚ 7–22 Uhr.
Gutes vegetarisches Restaurant an der Charoen Muang Rd. ⌚ 7–14 Uhr, Gerichte um 10 Baht.
Sehr beliebt bei der Jugend ist das Eiscafé ***Ban Im*** in der Prempridа Rd.

Sonstiges

FESTE – An Vollmond im Oktober findet das **Fest der Wachstempel** *(Wax Castle Festival)* statt. Höhepunkte sind eine Kerzenprozession und die Vorführung antiken Boxens (ca. 17.10.2005, ca. 6.10.2006, ca. 25.10.2007).

SCHWIMMBAD – 40 Baht, ⌚ bis 20 Uhr.

Transport

BUSSE – Nach BANGKOK (633 km) non-ac-Bus um 7 und 17.30 Uhr für 200 Baht, ac-Bus um 8.15 und 19.30 Uhr für 360 bzw. 420 Baht, VIP-24-Bus um 19.30 Uhr für 560 Baht in 10 Std. (Tickets gegenüber vom Bus Terminal). Private ac-Busse auch bei den Büros von *Saeng Prathit*, *Chaiyasit* und *Cherd Chai*.

Nach UDON THANI non-ac-Bus alle 20 Min. bis 17 Uhr für 56 Baht (für Ban Chiang in BAN PALU am KM 50 aussteigen, 46 Baht), ac-Bus um 8.10, 12.30 und 16.10 Uhr für 80 Baht.
Nach Bung Kan und Siwilai fährt man mit dem Udon-Bus bis Phang Khon und steigt um.
Weitere Busse vom Terminal nach THAT PHANOM für 29 Baht (ac 41 Baht), NAKHON PHANOM 36 Baht (ac 50 Baht), UBON 95 Baht (ac 174 Baht) und KHON KAEN ca. alle 2 Std. für 82 Baht (ac 125 Baht).

FLÜGE – ***P.B. Air***, ✆ 042-712259, fliegt tgl. von/ nach BANGKOK für 2035 Baht. Der Flugplatz liegt 6 km außerhalb der Stadt.

Die Umgebung von Sakon Nakhon

6 km nordwestlich am H22, Minibus 8 Baht, steht in Ban That das **Wat Narai Cheng Weng** (oder Phra That Naweng), eine ca. 900 Jahre alte, 12 m hohe Khmer-Ruine aus Laterit-Stein. Sie weist einige schöne Reliefs aus dem 12. Jh. mit Szenen aus der Hindu-Mythologie auf. Der **Phu Phan National Park** mit einigen schönen Picknickplätzen ist selbst für Natur-Freaks keine 200 Baht Eintritt wert. Die ca. 3000 Jahre alten Felszeichnungen von **Phu Phayon** (52 km) liegen östlich der Straße nach Kalasin. Sie zeigen vor allem Menschen bei der Arbeit.

Mukdahan มุกดาหาร

25 000 Einwohner leben in der wenig aufregenden Grenzstadt am Mekong, 743 km von Bangkok entfernt. Gegenüber liegt die laotische Stadt Savannakhet, von der aus einmal pro Woche ein Passagierschiff nach Viangchan (Vientiane) fährt. Die neue Brücke über den Mekong soll bis 2006/07 fertig werden und die Straßenverbindung nach Vietnam schaffen. Sie wird sicher mehr Leben in die Stadt bringen.

Das **Wat Yot Kaeo Siwichai**, direkt am Fluss, hat schöne Wandmalereien. Der gläserne Bot mit der großen Buddha-Statue sticht besonders ins Auge. Ein zweiter Tempel am Fluss, **Wat Si Mongkon Nua**, wurde in einem thailändisch-chinesisch-vietnamesischen Mischstil von vietnamesischen Flüchtlingen erbaut. Ausgezeichnet ist der Nachtmarkt in Mukdahan. Vom **Mukdahan-Turm** südlich der Stadt überblickt man die Gegend, ⌚ 8–18 Uhr, Aufzug 20 Baht.

In vielen Dörfern der Umgebung wird noch auf traditionelle Art gewebt.

Kleinere Ausflüge zu den Aussichtspunkten auf den bewaldeten, felsigen Hügelketten rings um die Stadt sind möglich, z.B. zum **Phu Muu** (7 km) oder **Phu Manorom** (4,5 km südlich), von dem aus sich eine gute Sicht auf die Stadt und den Fluss bietet.

Bizarre, 100 Mio. Jahre alte Lavaformationen findet im **Mukdahan National Park**, wer bereit ist, die mühsame Anreise (14 km mit Songthaew und 2 km zu Fuß) auf sich zu nehmen und dafür 200 Baht Eintritt hinzulegen. Auch zu den Mekong-Stromschnellen **Kaeng Ka Bao** fährt ein Songthaew für 12 Baht ca. 19 km auf dem H212 nach Norden.

Übernachtung

Huanum (gesprochen: *Hua Nahm*) ②, 36 Samut Sakdarak Rd., ✆ 042-611137, 30 große Zi mit Fan mit oder ohne Du/WC, ac-Zi mit Warmwasser-Du/WC. ❶–❷, ac ❷–❸
Banthom Kasem ③, 25/2 Samut Sakdarak Rd., ✆ 042-611235, das Haus mit den 2 Löwen und der Erdkugel, 14 saubere, große, möblierte Zi mit Du/WC und Fan oder ac. Gutes Preis-Leistungs-Verhältnis. ❶, ac ❷
Saen Suk Hotel ⑧, 2 Pitak Santirat Rd., ✆ 042-611294, 200 m südlich vom großen Kreisel, kleine, saubere, einfach möblierte Bungalows mit Warmwasser. Empfehlenswert. ac ❷–❸
Ploy Palace ⑥, 40 Pitak Panomkhet Rd., ✆ 042-612190, 📠 611883, 10-stöckiges Luxushotel, 160 sehr noble ac-Zi (nach Discount fragen), Pool, Sauna und Restaurant auf dem Zwischendach im 4. Stock, Restaurant im obersten Stock mit schöner Aussicht und gutem Essen; Flugbuchungen. Zum Ausspannen hervorragend geeignet. ❹–❺
Mukdahan Grand Hotel ①, 78 Song Nang Sathit Rd., ✆ 042-612020, 📠 612021, Luxushotel mit 171 ac-Zi (hoher Rabatt möglich). ❺

Essen

Mehrere Restaurants liegen an der Flussstraße Samran Chaikhong, einige bieten eine schöne Sicht nach Laos.

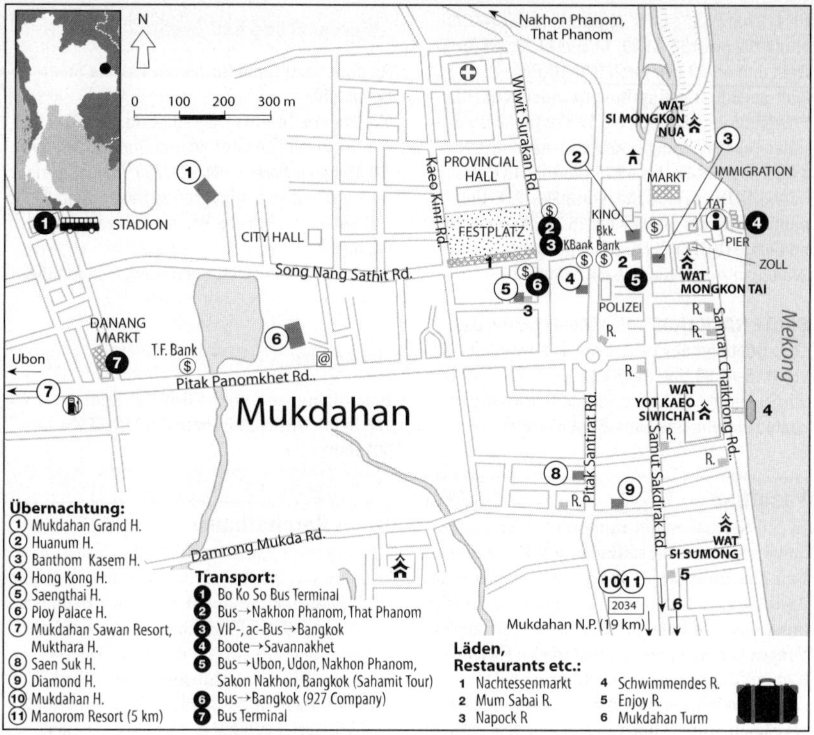

Napock Restaurant, neben dem Saengthai Hotel, bietet reichhaltiges Thai-Essen.

Mum Sabai, gegenüber vom Huanum, ac-Restaurant mit guten, günstigen Gerichten.

Sonstiges

FESTE – Mitte Januar wird eine Woche lang das **Festival der Minoritäten** gefeiert, das einen Eindruck von der vielfältigen Kultur der Minoritäten, ihrer Volkskunst und ihrem Kunsthandwerk vermittelt.

INFORMATIONEN – Ein Pavillon des ***TAT*** steht gleich nördlich vom Pier und der Immigration.

LAOS – Auch ausländische Touristen mit Laos-Visum können bei Mukdahan den Fluss nach Savannakhet überqueren. Die Gebühr für den *Border Pass* beträgt 20 Baht, der Einreisestempel 70 Baht, das Boot 40–50 Baht (s.u.). Wer das Auto oder Motorrad mitnehmen will, sollte zuvor den Immigration Checkpoint in Mukdahan, ✆ 042-611074, kontaktieren.

PLZ – 49 000

Transport

BUSSE – Nach BANGKOK (671 km) ac-Bus um 8 Uhr und von 17–21.45 Uhr bei den Busgesellschaften für 378 bis 459 Baht, VIP-24-Bus um 17.40, 18.30 und 20 Uhr neben dem Festplatz für 590 Baht in 10 1/2 Std.

Weitere ac-Busse von *Sahamit Tour* nach UBON von 8.30–17 Uhr für 104 Baht, nach UDON um 9.50 und 14 Uhr für 172 Baht, nach NAKHON PHANOM um 8.50 und 16.20 Uhr für 72 Baht

(über That Phanom für 36 Baht), nach SAKON NAKHON um 9.50, 11.20, 14 und 17.20 Uhr für 77 Baht und um 17 Uhr nach BANGKOK.
Non-ac-Bus vom Bus Terminal nach NAKHON PHANOM ca. jede Std. bis 17 Uhr für 39 Baht (über That Phanom für 22 Baht), nach KHON KAEN alle 30 Min. bis 15.25 Uhr für 118 Baht, nach UDON ca. jede Std. von 9.20–12.30 Uhr, nach UBON alle 30 Min. bis 15.30 Uhr für 60 Baht und nach DON TAN (10 Baht, passiert die Abzweigung zum Nationalpark beim KM 14).

BOOTE NACH LAOS – Von Mo–Fr fahren das Thai-Boot und das Laos-Boot 6x abwechselnd von 9.15–15.30 Uhr; am Sa 4x von 9.30–15.30 Uhr; am So nur um 10.30 und 15 Uhr. Das Thai-Boot kostet 40 Baht, das Laos-Boot 50 Baht.

Yasothon ยโสธร

In den Geschäften der Stadt werden handgewebte Stoffe angeboten. Sie stammen aus dem Weberdorf **Ban Tha Tong**, das 7 km außerhalb an der Straße nach Udon inmitten von Reisfeldern liegt. Minibusse kosten 6 Baht. Bei archäologischen Ausgrabungen fand man hier prähistorische Skelette und Keramik ähnlich der in Ban Chiang.

Die Buddha-Figur im quadratischen, laotisch geprägten Stupa **That Gong Khao Noi** wird alljährlich im fünften buddhistischen Monat (April/Mai) mit Wasser begossen, um damit die Regenzeit herbeizuführen.

Viele Thai-Touristen kommen am 2. oder 3. Wochenende im Mai zum Raketenfest **Bung Fai**, wenn bunte Raketen in den Himmel geschossen werden, um den ersehnten Regen auszulösen. Am zweiten Tag des Festes werden in einer farbenprächtigen Prozession die riesigen Raketen und viele andere Sexsymbole, begleitet von Musikern und Tänzern, zum Lak Muang-Schrein gebracht, um dem Schutzgeist der Stadt die Referenz zu erweisen. Anschließend werden die Raketen vor dem Rathaus feierlich abgefeuert. Begleitet wird das Fest von Volkstänzen, Umzügen von Schönheitsköniginnen und recht derber Ausgelassenheit.

Ein Leser: „Außerhalb der Raketenzeit ist Yasothon eigentlich verschwendete Urlaubszeit."

Übernachtung und Essen

An der Chang-Sanit Rd. liegen 4 kleine Stadthotels, ❶.
Yot Nakorn, 141-143 Utairamrit Rd., ✆ 042-711476, Zi mit Fan oder ac und Du/WC. ❷–❸
RP Mansion Park, ✆ 042-712235, gut ausgestattete, große Zi, günstig, großes Restaurant. ❸
J.P. Emerald, 36 Prapa Rd., modernes Luxushotel. ac ❹
Night Bazar mit vielen Restaurants, gegenüber Sony.

Transport

Busse fahren u.a. nach KORAT 95 Baht (ac 168 Baht), UBON 39 Baht und BANGKOK 301 Baht.

Ubon Ratchathani อุบลราชธานี

Ubon (nur die Kurzform wird gesprochen) ist die zweitgrößte Provinz im Nordosten mit über 1,8 Millionen Einwohnern. Die Provinzhauptstadt hat knapp 100 000 Einwohner. Sie liegt 629 km von Bangkok und 370 km von Korat entfernt. Das Zentrum von Ubon Ratchathani (=Lotus-Stadt) liegt nördlich des Mun, des größten Flusses im Nordosten. Mit Fertigstellung des neuen Flughafens soll Ubon ein Touristenzentrum werden, und zwar das Tor zu den Nachbarländern Laos, Kambodscha und Vietnam. Bis jetzt sind nur 4% aller Touristen Ausländer. Die saubere Stadt Ubon ist jederzeit eine Reise wert, was man vom gegenüber liegenden **Warin** nicht sagen kann. Die Ausflüge nach Khong Chiam, Pha Taem und Prasat Khao Phra Viharn (Kambodscha) sind sehr zu empfehlen.

Das **Wat Supattanaram** liegt am Mun-Fluss, nicht weit vom Zentrum. Es wurde 1853 als erstes Kloster der Dhammayuti-Sekte im Nordosten gegründet. Es beherbergt die sehr verehrte Statue des Mönchs Phra Sapphanyu Chao, einige alte Reliefs im Khmer-Stil und die angeblich größte Holzglocke der Welt. Der Bot weist drei verschiedene Stile auf. Der **Tuan Si Muang Park** im Zentrum ist inmitten des städtischen Trubels eine Oase der Ruhe.

An der Ausfallstraße nach Norden liegt links in einer Stichstraße nach 500 m das **Wat Nong Bua** (erbaut 1957) mit einer großen Stupa im Stile des

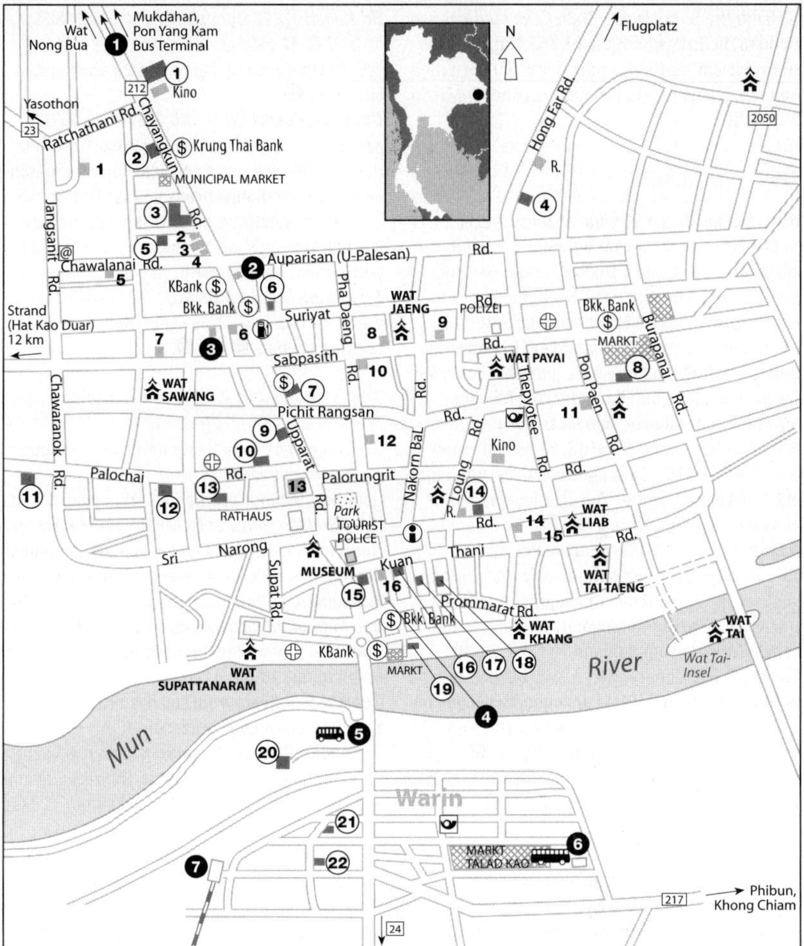

Ubon

0 500 m

Übernachtung:

1. Nevada Grand H.
2. Pathumrat H.
3. Regent Palace H.
4. Somkiat Airport H.
5. Racha H.
6. Suriyat H.
7. Tokyo H.
8. Laithong H.
9. Regent Hotel 2
10. Bordin H.
11. Tohsang H.
12. Boontok Mansion
13. P.V. Tower H.
14. Krung Thong H.
15. Ubol H.
16. Ratchathani H.
17. Sri Kamol H.
18. New Nakhon Luang H.
19. Sri Isan H.1+2
20. Ubonburi Resort
21. River Moon Hs.
22. Sri Kuhlab H. Warin

Läden, Restaurants etc.:

1. Fern Hut R.
2. Asia Souvenir
3. Ying Yong-Kaufhaus
4. S&P Bakery Shop, Tops Bakery, Swensen's
5. Eiscafé
6. Sam Chai R.
7. Kai Dee R.
8. Indochine R.
9. Sincere R.
10. Massage-Schule
11. GJ Pizza R.
12. Sakon R.
13. Ubon Plaza
14. Nescafé R.
15. Pla Thong R.
16. Chio Kee R.

Transport:

1. Bus Terminal Tani Konsong
2. Motorradverleih
3. Motorräder
4. Eisenbahntickets
5. Bus Terminal Nakhon Chai Air
6. Bus Station Talad Kao (Warin)
7. Bahnhof

Mahabodhi-Tempels von Bodh Gaya (Indien), wo Buddha die Erleuchtung fand. Das **National Museum** gleicht, mit Ausnahme der prähistorischen Abteilung, eher einem Heimatmuseum. ⌚ Mi–So 9–16 Uhr.

Übernachtung

River Moon Gh. ㉑, 21 Sisaket 2 Rd., Warin, ✆ 045-286093, 400 m vom Bahnhof, 5 Holzhäuser mit je 4 Zimmern und 1 Du/WC, schattiger Hof, gute Traveller-Atmosphäre, Sauberkeit gerade noch ok; Frühstück, Wäscheservice, Internet, viele Infos, großes Tourenangebot; freundlicher Besitzer, spricht gut Englisch, gibt viele Tipps für Tripps nach Laos und Kambodscha. Minibus (Warin–Ubon) hält vor dem Haus. ❶

New Nakhon Luang Hotel ⑱, 84-88 Yutthapan Rd., ✆ 045-254768, 56 Zi mit Du/WC, in Ordnung; nettes Personal, spätes Auschecken bis 18 Uhr ohne Extrakosten. ❷, ac ❷–❸

Racha Hotel ⑤, 19 Chayangkun Rd., ✆ 045-254155, ruhig gelegenes Hotel im Norden, sehr saubere, große, ordentlich eingerichtete Zi mit Du/WC und Fan; guter Zimmerservice, freundliches Personal; empfehlenswert. ❷, ac ❸

Tokyo ⑦, 360 Upparat Rd., ✆ 045-241739, saubere, relativ kleine Zi mit Fan, ohne TV billiger, im zurückversetzten Neubau bessere Zi mit Fan oder ac; freundliches Personal. ❷, ac ❸

Boontook Mansion ⑫, 119 Palochai Rd., ✆ 045-250393, sehr gut eingerichtete Zi mit Balkon. ac ❸

P.V. Tower ⑬, Palochai Rd., ✆ 045-244703, 100 saubere, preiswerte Zi mit Du/WC und Balkon, ruhige Lage in einer Seitenstraße. ❷, ac ❸

Suriyat ⑥, 302 Suriyat Rd., ✆ 045-241144, 50 Zi mit Fan oder ac, unten billiger; freundliches Personal. ❸

Ratchathani ⑯, 229 Kuan Thani Rd., ✆ 045-244388, 5-stöckiges Gebäude mit Aufzug, 90 gute, sehr saubere Zi, zur Straße sehr laut; aufmerksames, freundliches Personal; guter Coffeeshop; bei Ausländern beliebt, etwas teurer. ❸–❹

Regent Palace Hotel ③, 265-271 Chayangkun Rd., ✆ 045-262920, 📠 245454, 1 1/2 km nördlich vom Zentrum; gutes Hotel, große Zi, Restaurant, Coffeeshop und Musikbar; freundlicher Empfang. Gutes Preis-Leistungs-Verhältnis. ❸

Sri Kamol ⑰, 26 Ubonsak Rd., ✆ 045-244039, 📠 243792, 42 gute ac-Zi mit Warmwasser-Du/WC; Restaurant in 2. Etage. Macht einen guten Eindruck. ❸

Ubonburi Resort ⑲, ✆ 045-266777, 📠 266770, sehr schönes, gepflegtes Luxusresort, großer Park mit Teichen und Pool, sehr saubere, geräumige ac-Zi mit Kühlschrank und Du/WC, sowie Familien-Bungalows, ohne Verkehrslärm; Restaurant, kleiner Shop, sauberer Pool. Für das Gebotene sehr günstig. ❹

Sri Kuhlab Hotel Warin ㉒, 1-23 Kasaemsuk, Warin, ✆ 045-266442, 39 Zi mit Du/WC, nicht besonders sauber. ❷, ac ❸

Essen

In Ubon gibt es viele Restaurants mit sehr gutem, preiswertem Essen.

Gute Essenstände werden am Abend am Markt beim *Sri Isan Hotel*, beim **Municipal Market** im Norden bei den Hotels und beim Park aufgebaut.

Beste Entengerichte serviert das ***Sam Chai Restaurant***, Kaffee und Frühstück, ⌚ bis 18 Uhr.

Das ***Indochine Restaurant*** in einem schönen Holzhaus serviert leckeres vietnamesisches Essen, ⌚ bis 18 Uhr.

Das ***Kai Dee Restaurant*** soll das beste chinesische Restaurant der Stadt sein.

Das kleine ***Sincere Restaurant*** hat nur 4 Tische, der Chef hat in Pattaya gelernt, französische und andere europäische Gerichte zu kochen, ⌚ bis 22 Uhr.

Im ***GJ Pizza Restaurant*** gibt es Pizza wie auch Eis.

Das Gartenrestaurant ***Pon Yang Kam*** serviert u.a. Steaks und ist besonders für Familien mit Kindern geeignet; es liegt 4 km nördlich der Stadt in der Nähe des Bus Terminals.

Das ***Eiscafé*** in der Chawalanai Rd. ist sehr sauber und preiswert (gelbes Thai-Schild mit Kuh).

Tops Bakery hat Gebäck und leckere Snacks, ⌚ ab 10 Uhr; Kaffee holt man oben.

Swensen's macht super Eisbecher.

Sonstiges

FESTE – Zu Vollmond im Juli/August wird 3 bis 4 Tage lang das **Candle Festival** gefeiert. Künstlerisch gestaltete, etwa 2 m hohe Kerzen und viele weitere religiöse und mythische Figuren aus Bienenwachs werden in nächtlichen Prozessionen durch die Stadt getragen oder gefahren und schließlich in die Tempel gebracht. Begleitet wird das Fest durch religiöse Zeremonien, Theateraufführungen, Volkstänze und Miss-Wahlen. Es findet etwa vom 7.–9.8.2006 und vom 26.–28.8.2007 statt.

GELD – Geldwechsel ist am Wochenende möglich bei ***Asia Souvenir*** (bzw. bei ***Otani*** daneben), ⌚ 8–20 Uhr, So bis 16 Uhr.

INFORMATIONEN – ***TAT Tourist Office***, 264/1 Kuan Thani Rd., ✆ 045-243770, ✉ tatubon@tat.or.th, ⌚ tgl. 8.30–16.30 Uhr. Sehr hilfsbereites Personal. Die grüne Karte der Stadt und Umgebung mit Buslinien ist super. Naturfreunde sollten sich das Faltblatt *Dong Natham Forest* geben lassen.

INTERNET – Der Shop an der Kreuzung Chawalanai Rd. und Jangsanit Rd. hat einen Wachmann, der aufs Bike aufpasst.

LAOS – Ausländische Touristen mit Laos-Visum können in Chong Mek (nach Vangtao, Laos) die Grenze überqueren, wenn Pakse als Eintrittspunkt angegeben ist. Bus zur Grenze über Phibun (s.u.).
Von Laos nach Thailand geht es problemlos, sonntags wird der Ausreisestempel gegen Überstundengebühr in den Pass gestempelt. Taxi nach Ubon für 500–600 Baht. Mit dem Bus über PHIBUN (25 Baht, umsteigen) nach UBON (nochmals 25 Baht)

MASSAGEN – In der Schule für traditionelle Massage, an der Ecke Sabpasith Rd. und Pha Daeng Rd., wird für 120 Baht/Std. gut massiert.

MOTORRÄDER – vermietet ***Chow Watana***, 269 Suriyat Rd., ✆ 045-242202, für 250 Baht/Tag plus 500 Baht Kaution gegen Hinterlegung des Passes, Pickups und PKWs für 1000–1500 Baht/Tag plus 5000 Baht Kaution (evtl. Visa-Card); 24 Std. Service.

POST – Auslandsgespräche sind bis 21 Uhr möglich. **PLZ**: 34 000.

SCHWIMMEN – Der Hat Koo Duar-Strand liegt 12 km flussaufwärts am Mun River (Nordseite), zu erreichen mit Minibus Nr. 9 für 5 Baht.

Nahverkehrsmittel

Stadtbusse kosten 5 Baht, nach Warin etwas mehr je nach Fahrtziel.
Die Tuk Tuk-Fahrer sind dafür bekannt, dass sie Traveller übers Ohr hauen.

Transport

BUSSE – **Terminals:** Die Busse von *Nakhon Chai Air* nach Bangkok, Rayong und Chiang Mai fahren ab Terminal **Tani Konsong** und Terminal **Warin**, gleich nach der Brücke rechts. Die lokalen Busse Richtung Khong Chiam starten von der Bus Station **Talad Kao**, Warin. Diese ist ohne Thai-Kenntnisse nicht ganz einfach zu erreichen (z.B. mit Bus 3, dann durch den großen Markt gehen, dabei etwas rechts halten, oder mit Bus 9). Vom Bus Terminal Warin mit Tuk Tuk 50 Baht, Motorradtaxi 30 Baht. Vom neuen Bus Terminal **Tani Konsong**, 4 km nördlich der Stadt (mit Samlor oder Bus Nr. 2 = weiß und 3 = rosa zu erreichen), fahren alle anderen Busse ab.
Nach Bangkok: (679 km) 2.Kl. ac-Bus auf 3 Routen 33x tgl. für 273–300 Baht in 8–10 Std., ac-Busse auf 5 Routen 17x am Morgen und am Abend für 344 bis 431 Baht, VIP-24-Bus um 9, 19 und 20 Uhr für 535 bzw. 570 Baht in 10–11 Std. Weitere 9 VIP-Busse von *Nakhon Chai* ab Warin um 8.15 und 9.30 Uhr sowie von 19.30–21.30 Uhr für 431 Baht.
Nach Nord-, Zentral-Thailand und zur Ostküste: Nach CHIANG MAI (1055 km) non-ac-Bus von *Nakhon Chai* um 14.30 Uhr für 325 Baht, ac-Bus um 13 Uhr für 590 Baht, VIP-Bus um 12.15, 13, 16.20, 18 und 18.20 Uhr für 685 Baht in 17 Std. über Phitsanulok (475 Baht).
Nach PATTAYA non-ac-Bus von *Nakhon Chai* um 15.30, 16.45 und 18.30 Uhr für 240 Baht, ac-Bus um 6.30 und 16.30 Uhr für 390 Baht, VIP-32-Bus um 6.30, 16, 17.20, 19 und 19.30 Uhr für 455 Baht in 13 Std.

Im Nordosten: Nach NAKHON PHANOM non-ac-Bus um 7, 8 und 10 Uhr für 102 Baht, ac-Bus von *Sahamit Tour* um 6.30 und 14 Uhr für 170 Baht, jeweils über THAT PHANOM (non-ac 77 Baht, ac 139 Baht).
Nach MUKDAHAN non-ac-Bus um 11, 12 und 13 Uhr für 60 Baht, ac-Bus von *Sahamit Tour* um 7.30 Uhr für 104 Baht.
Nach SAKON NAKHON non-ac-Bus um 7.30 und 9.25 Uhr für 95 Baht, ac-Bus von *Sahamit Tour* um 7.30, 9 und 15 Uhr für 174 Baht.
Nach UDON THANI non-ac-Bus um 7.50 Uhr für 129 Baht über Yasothon und Khon Kaen, um 7.45 und 8.15 Uhr über Mukdahan, That Phanom und Sakon Nakhon für 142 Baht in 7 Std., 2. Kl. ac-Bus um 9.30 und 15 Uhr für 181 Baht in 7 Std., ac-Bus von *Sahamit Tour* um 7.30 Uhr für 232 Baht, mit *Sayan Tour* um 8, 11 und 13 Uhr für 234 Baht.
Nach YASOTHON non-ac-Bus um 7.50 Uhr für 39 Baht
Nach KHON KAEN non-ac-Bus um 7.50 Uhr für 99 Baht, ac-Bus von *Sayan Tour* um 8, 11 und 13 Uhr für 174 Baht.
Nach NANG RONG (für Prasat Phanom Rung) non-ac-Bus 98 für 84 Baht.
Nach KORAT nachmittags mit non-ac-Bus für 115 Baht, ac-Bus für 205 Baht, VIP-Bus für 340 Baht.
Nach KANTHARALAK non-ac-Bus stdl. für 30 Baht.
Nach KHONG CHIAM zuerst mit Bus 1459 (fährt alle 30 Min. bis 16 Uhr) bis zum Bandu Bus Terminal in Phibun für 25 Baht, zur anderen Bus Station an der Brücke mit Tuk Tuk für 15 Baht, wo große Songthaews bzw. Bus 4328 alle 30 Min. bis 15 Uhr nach Khong Chiam (24 Baht) abfahren. Der direkte non-ac-Bus um 9, 12 und 13 Uhr für 44 Baht fährt nicht immer (sicherer ab Warin).
Von PHIBUN nach CHONG MEK an der Laos-Grenze alle 30 Min. bis 16 Uhr für 24 Baht.

EISENBAHN – Der Bahnhof liegt 5 km südlich auf der anderen Seite des Flusses, mit Bus Nr. 2 zu erreichen (7 Baht).
7 Züge tgl. von BANGKOK über Korat in 10–13 Std. ab 301 / 175 Baht in der 2. / 3. Klasse, Schlafwagen führt nur der *Express* 67 mit den neuen koreanischen Wagen um 21 Uhr (Ankunft 7.55 Uhr), der als *Express* 68 um 17.55 Uhr zurück nach Bangkok fährt, Ankunft 5.05 Uhr.
Von KORAT eignet sich am besten der *Rapid* 135 um 12.44 Uhr, nach Korat die *Rapid* um 7.30 und 15 Uhr (Ankunft 13.22 bzw. 20.24 Uhr).

FLÜGE – Von und nach BANGKOK mit ***Thai Airways*** 3x tgl. für 1895 Baht und mit ***Asia Airlines*** 1x tgl. ab ca. 1444 Baht.

Die Umgebung von Ubon

Wat Nong Pa Pong

Im Südwesten von Ubon liegt das berühmte Waldkloster Wat Nong Pa Pong. Auf dem H2178 etwa 15 km fahren, dann 2 km nach rechts. Zu erreichen mit dem rosa Stadtbus Nr. 3.

Wat Pa Nana Chart

Ebenfalls im Südwesten, näher am Mun-Fluss, liegt das Wat Pa Nana Chart. Das von einem Abt aus Australien geleitete und von westlichen Mönchen bewohnte Kloster wird auch *Wat Farang* genannt. Die mönchischen Vorschriften werden hier äußerst genau eingehalten. Auf dem H226 geht es nach etwa 12 km gegenüber vom Dorf Bung nach rechts.

Eine der beiden Busrouten nach Si Saket führt vorbei; in Bung Wai aussteigen (7 Baht) und 2 km zu Fuß weiter. Oder mit dem gelben Stadtbus Nr. 7 bis zur Kreuzung hinter dem Warin Hospital (6 Baht), dann weiter mit Songthaew (ca. 10 Baht).

Kaeng Sapu

Die **Stromschnellen** Kaeng Sapu des Mun-Flusses, 45 km östlich von Ubon bei Phibun Mangsahan, sind nur in der Trockenzeit sehenswert, da die Felsen sonst völlig bedeckt sind (Unterkunft s.u.).

Im **Tana Rapids National Park** liegen ebenfalls viele Felsen im Mun-Fluss (13 bzw. 5 km vor Khong Chiam). Umweltschützer wehrten sich vergebens gegen den Bau eines Staudamms mit Kraftwerk, der nicht nur viele Stromschnellen zerstört, sondern auch das ökologische Gleichgewicht aller Flüsse stromaufwärts gefährdet und die Lebensgrundlage vieler Menschen vernichtet hat.

Emerald Triangle

Unter diesem Namen wird das Dreiländereck Thailand–Laos–Kambodscha vermarktet. Es ist genauso wenig sehenswert wie das Goldene Dreieck und noch weniger bekannt als dieses.

Khong Chiam โขงเจียม

Die kleine, saubere Stadt liegt am Zusammenfluss von Mekong und Mun. Besonders schön sieht der „zweifarbige Fluss“ vom Aussichtspavillon hinter dem Tempel vor Sonnenuntergang aus: lehmigbraun der Mekong, grünlich-klar der Mun. Aus dem Mun schauen bei Niedrigwasser malerisch Felsen heraus. Bootfahren auf den Flüssen ab 20 Baht.

Das **Wat Tham Khuha Sawan** neben dem Aussichtspunkt (2,5 km Richtung Phibun), der alten Buddhastatue und der 3-stöckigen Pagode mit der herrlichen Aussicht wirkt zunächst unscheinbar, entpuppt sich aber als Kleinod. In der Vorhalle des Tempels sitzen unter überhängenden Felsen acht vergoldete Buddhastatuen. Das Tempelinnere ist dem Mönch Long Pu Kam Kanung gewidmet, der 1988 mit 92 Jahren verstarb. Sein einbalsamierter und vergoldeter Körper liegt in einem hoch aufgebahrten, gläsernen Schrein. Von hier kann man zur **Haew Sin Chai-Höhle** beim gleichnamigen Wat (2,6 km) und zum **Kaeng Tana Rapids National Park** wandern (3,3 km, wenig berauschender Blick auf die Stromschnellen).

Per Mietmotorrad für 150 Baht lassen sich nette Ausflüge in der Umgebung machen. Mit dem Tagesausflug nach **Pha Taem** lohnt sich Khong Chiam durchaus für mehrere Tage.

Longtail-Boote setzen Thais und Ausländer für 100 Baht **über den Mekong nach Laos** über. An der laotischen Polizeistation zahlen Ausländer 50 Baht. Auf dem Markt in dem kleinen Dorf kann man u.a. billige Zigaretten, gepanschten Whisky und süßen chinesischen Wein kaufen. Fotografieren und Filmen ist offiziell nicht erlaubt.

Übernachtung

Apple Gh., 267 Klaew Pradit Rd., ✆ 045-351160, 300 m von der Bus Station entfernt; schöne, saubere Zi in Holzhäusern und Reihenbungalows aus Stein, einige mit ac-Zi, ❸; Englisch wird mit Mühe verstanden; Umgebungskarte, Fahrräder (50 Baht), Motorräder mit Sturzhelm (150 Baht). ❶–❷

Pio Gh., 209 Klaew Pradit Rd., ✆ 045-351194, 50 m von der Bus Station; großes Stein-Holz-Haus, in dem vor allem Thais übernachten; gute, große Zi mit Matratzen und Fan, unten mit Du/WC; der freundliche Besitzer spricht Englisch. Motorrad 150 Baht. ❷

Khong Chiam Hotel, 355 Puknamchai Rd., ✆ 045-351074, 100 m von der Bus Station, einfache Zi; schlimme Hunde. ❷, ac ❸

Araya Resort, 200 Puknamchai Rd., ✆ 045-351015, 28 weiße ac-Häuschen mit Kühlschrank und Warmwasser-Du/WC. ❸

Ban Rim Khong Resort, 37 Klaew Pradit Rd., ✆ 045-351101, 600 m von der Bus Station; oberhalb der schwimmenden Restaurants, gepflegte Anlage mit 6 schönen ac-Holzbungalows zwischen üppigen Büschen, große Terrassen, z.T. mit Blick auf den Mekong. Restaurant nur mit Thai-Essen, Bestellungen nur auf Thai möglich. Schön zum Ausspannen. ❹

Khong Chiam Marina Resort, an der Abzweigung des H2222 vom H2134, ✆ 045-351011, in einer vermüllten Gartenanlage, 9 Zi mit Du/WC und Fan im Reihenhaus, 5 Bungalows mit ac, alle mit schöner Sicht auf den Mekong, aber überteuert; Restaurant mit Aussicht auf den Zusammenfluss. ❸

Ban Mae Fa Pu Mun, 619 Mu 1 Thanon Tapae, ✆ 045-351326, einige wunderschöne Holzhäuschen auf Pfählen am Fluss, rechts neben der Brücke. ac ❹

Außerhalb:

Tohsang Khongjiam Resort, 68 Mu 7 Ban Huai Mak Thai, ✆ 045-351174, 💻 www.tohsang.com; südlich vom Mun am Mekong, Zi mit Flusssicht. ❻–❽

Sanam Chai Gh., Warin–Phibun Rd., Phibun Mangsahan, ✆ 045-441289, am H217, 22 Zi, Restaurant. ❷–❸

Essen

Das Essen in den beiden schwimmenden Restaurants auf dem Mekong ist nicht berauschend, aber teuer. Auch die Restaurants an der Promenade ragen nicht heraus. Dagegen kochen die freundlichen Besitzer des einfachen Restaurants gegenüber von der *Marine Police*, Khun Dab Boonsee und seine Frau Aruun, wirklich schmackhafte Gerichte, zudem reichlich und preiswert. Eine köstliche Spezialität ist *Nua Yang Kao Li*, gegrilltes Rindfleisch, das man aber am Nachmittag vorbestellen sollte. Für 150 Baht bekommt man reichlich zu essen.

Im ***Samsaeng Restaurant*** rechts von der Polizei an der Uferpromenade wird gut chinesisch gekocht.
Am Mun liegen einige gute Restaurants, das ***Bak Mun*** hoch an der Böschung und das ***Hat Mae Mun*** 500 m von der Fähre am Ufer.

Transport

Busse von UBON ab der Bus Station Warin nach PHIBUN (25 Baht), mit Tuk Tuk zur Songthaew-Station (15 Baht), umsteigen nach Khong Chiam (24 Baht) bis 15 Uhr. Zurück nach UBON alle 30 Min. bis 15.30 Uhr.
Direkt nach BANGKOK ac-Bus um 7 Uhr und von 17–19 Uhr für 311 bzw. 400 Baht in 11 Std.
Wer ein eigenes Fahrzeug hat, kann mit der Fähre südlich des Ortes über den Mun setzen (eine Brücke ist im Bau) und eine alternative Strecke nach PHIBUN (30 km) fahren.

Am Mekong entlang nach Norden

Mit dem eigenen Fahrzeug folgt man immer dem kaum befahrenen H2112 bis **Khemmarat** (105 km), unterwegs gibt es kein Essen und keinen Sprit, aber im Ort das *Simunkon Gh.* (Schild in Thai) gegenüber vom Internet-Shop, ❶. Weiter geht es auf dem H2034 bis Mukdahan (109 km).

Wer mit Bussen diese ländliche Route bis That Phanom nehmen will, sollte so früh wie möglich abfahren, da die Anschlussbusse nur vormittags fahren.

Pha Taem ผาแต้ม

Eindrucksvolle prähistorische Felszeichnungen liegen im Osten Thailands hoch über dem Mekong im **Pha Taem National Park** (200 Baht Eintritt, die sich lohnen). Die Straße von Khong Chiam (23 km) endet am Parkplatz am Rand der kahlen Kliffs. An einem der vielen Erfrischungsstände bekamen wir die dürftigste Nudelsuppe von Thailand aufgetischt.

Von oben hat man eine schöne Aussicht über den Mekong nach Süd-Laos. In 10 Minuten steigt man zunächst über Stufen nach Pha Taem (auch *Patam*) hinunter. Unter überhängenden Felsen sind auf 100 m Länge und 3 m Höhe etwa 300 Zeichnungen in braunen und roten Farben (eine Art Hämatit) gemalt, darunter 10 Menschen, 31 Tiere, 32 Werkzeuge und Gefäße (Reusen) sowie 200 Hände (vorwiegend als Negativ). Der Elefant gleich am Anfang beeindruckt sehr.

Recht realistisch gemalt ist der *Pla Beg*, der riesige Wels aus dem Mekong, der mit über 200 kg als größter asiatischer Süßwasserfisch gilt. Die Gemälde sollen 3000–4000 Jahre alt sein. Sie sind eingezäunt und am besten von Podesten aus zu betrachten. Am Morgen liegen die Zeichnungen in der Sonne, so dass die Farben schlecht zu erkennen sind.

Nach weiteren 10 Minuten Spaziergang Richtung Süden erreicht man die Gemälde von **Pha Mon**. An der zweiten, kleinen „Gemäldegalerie" sind 12 mal Menschen dargestellt (sie sehen wie Tänzer aus) und einmal ein Mensch zwischen zwei Tieren (ein Bauer?), außerdem wieder Hände (als Positiv). Auf den Felsen an der Schlucht sollten nur Schwindelfreie herumklettern.

Vom Aussichtspunkt über dem Mekong ist das Fotografieren nach 14.30 Uhr am besten. Sehr schön ist der Campingplatz unter schattigen Bäumen, wo auch Tische und Sitze stehen; sauberes WC.

Auf der Zufahrtsstraße 1,5 km zurück liegen rechts die pilzförmigen Felsen von **Sao Chaliang.**

Nördlich von Pha Taem (beim Dorf Na Phoklang vom H2112 nach rechts abbiegen) findet der Naturfreund den **Dong Natham Forest**. Schöne Wasserfälle (Sept–Dez), Aussichtspunkte über den Mekong, Felsskulpturen, Höhlen und weitere prähistorische Felszeichnungen lassen sich bei einer 1- bis 2-Tages-Wanderung durch den vielfältigen Wald entdecken. Zuvor in Ubon beim TAT das Faltblatt besorgen.

Der Wasserfall **Soi Sawan** (5+9+3 km), am Abzweig vom H2112 nur auf Thai angeschrieben, reißt niemanden vom Hocker.

14 km weiter den H2360 entlang, im Dorf **Na Pho Klang**, fährt man zweimal rechts und gelangt zur Höhle **Par Tiharn** sowie nach 11 km zum Wasserfall **Tung Na Muang**. Gleich davor führt rechts eine Piste 3 km zum Wasserfall **Saeng Chan**. Auch hier ist die Beschilderung sehr spärlich und nur auf Thai. Zudem ändert sich der Name des letzten Falls je nach Schild: erst *Saeng Chan,* dann *Ru Phan Daem* und schließlich *Tha Lang* – im Volksmund heißt er *Lai Long Ru*. Um diese Attraktionen zu finden, braucht es etwas Spürsinn.

Transport

Von UBON nach Pha Taem sind es 91 km: Auf dem H217 nach Osten (43 km), bei Phibun Mangsahan über die Brücke und auf dem H2222 nach Khong Chiam (30 km).
Ab KHONG CHIAM ist Pha Taem gut ausgeschildert: Zunächst 6 km auf dem H2134 nach Westen fahren, nach rechts auf den H2112 abbiegen und nach 8,7 km nochmals nach rechts auf den H2368 zu den Klippen (5 km). An der letzten Abzweigung hält gegen 15 Uhr ein Bus Richtung Khong Chiam. Am einfachsten mietet man sich in KHONG CHIAM ein Motorrad (150 Baht) oder Tuk-Tuk (400 Baht).
Mit dem Fahrrad sollte man 1 1/2 Std. Anfahrt einplanen, da es ab und zu bergauf geht.

Prasat Khao Phra Viharn

ปราสาทเขาพระวิหาร

Die gut erhaltenen und wirklich sehenswerten Khmer-Ruinen (auf Khmer: *Preah Vihear*) liegen 600 m von der Thai-Grenze entfernt in Kambodscha auf einem Felsen, der aber von Thailand aus besser zugänglich ist. Der ehemalige **Shiva-Schrein** aus dem 9. Jh. ist weitgehend zerstört, enthält aber herrliche Steinmetzarbeiten und Gebäude aus dem 11. Jh., zum Teil im Angkor-Stil. Er wird von den Thais als Wallfahrtsort vor allem an Wochenenden in Scharen besucht. An klaren Tagen kann man von den 500 m hohen Klippen **Poey Ta Di** weit bis nach Kambodscha hinein auf eine ernüchternde, brandgerodete Landschaft blicken.

Ein Visum oder Pass ist nicht notwendig. Der Eintritt für Ausländer beträgt US$5 = ca. 200 Baht, zahlbar am Tempel. ⏲ ab 7 Uhr. Schlitzohrig haben die Thais einen winzigen Nationalpark kurz davor angelegt, für dessen Durchquerung sie ebenfalls 200 Baht verlangen. Man benötigt mindestens 2 Std. für einen vollständigen Rundgang, möglichst die kühlen Morgenstunden nutzen. Getränke gibt es unterwegs zu kaufen. Die Grenze ist bis 16 Uhr geöffnet. Auf eigene Faust kostet der gesamte Ausflug ab Ubon ca. 700 Baht p.P. Nachdem die Minen geräumt sind, wird ein neuer Zugang von der Provinz Si Saket her geschaffen. Die Anreise ist wegen der guten Infrastruktur weiterhin ab Ubon zu empfehlen. Die *Kasikorn Bank* in Kantharalak an der Hauptstraße wechselt Geld.

30 km vor Khao Phra Viharn liegt im netten, kleinen Ort Khun Han der Tempel **Wat Laan Khwad** (vom Kreisverkehr 3 Min. Richtung Westen gehen). Nicht nur die Mauer und die Tempelgebäude, sondern auch der Glockenturm, die Verbrennungsöfen und sogar Toiletten wurden aus alten Flaschen und Flaschendeckeln errichtet. Sehr sehenswert!

3 km nördlich von Kantharalak liegt ein **Sri Sa Asoke Buddhist Temple** (Schild an der Straße, 1 km zu gehen). An seiner Einfahrt steht eine Miniatur-Nachbildung vom Khao Phra Viharn.

Übernachtung

In der großen Stadt Kantharalak gibt es ein in Englisch beschriftetes ***Hotel*** mit sehr niedrigem Standard, für eine Nacht o.k., ❷; sowie das ***Kantaluk Palace Hotel,*** ✆ 045-661085, mit 10 guten, geräumigen Zimmern, nach hinten ruhig, Frühstück im Restaurant gegenüber, ❸. Ein weiteres billiges Hotel ist nicht zu empfehlen.

Transport

Busse fahren stdl. aus UBON (30 Baht), und aus SI SAKET (16 Baht, *Hotels* ❷–❹) nach Kantharalak. Ab Kantharalak-Markt (50 m neben der Bus Station) mit dem Songthaew direkt bis KHAO PHRA VIHARN (30 Baht), zurück per Motorradtaxi (100 Baht). Eine Strecke dauert ca. 2 Std. Alternativ ab Kantharalak Bus Station gleich mit dem Motorradtaxi für 200 Baht (dafür wartet der Fahrer etwa 2 Std.).
Der letzte Bus nach UBON fährt um 18 Uhr.
Ein anderer Bus fährt aus UBON bis PHUM SALON und zum Check Point.
Mit eigenem Fahrzeug erreicht man die Ruinen von Ubon über den H24 oder H2178 bis Kantharalak (ca. 70 km) und weiter auf dem H221 (44 km).

Ostküste

- Sich auf **Ko Samet** ein paar Tage vom Stress in Bangkok erholen
- In **Chantaburi** beim Schleifen von **Edelsteinen** zusehen
- Auf **Ko Mak** in einer Hängematte die Seele baumeln lassen
- **Ko Chang** in elf Tagen auf abenteuerlichen Pfaden umrunden
- An herrlichen **Stränden** Sonne, Sand und Meer genießen

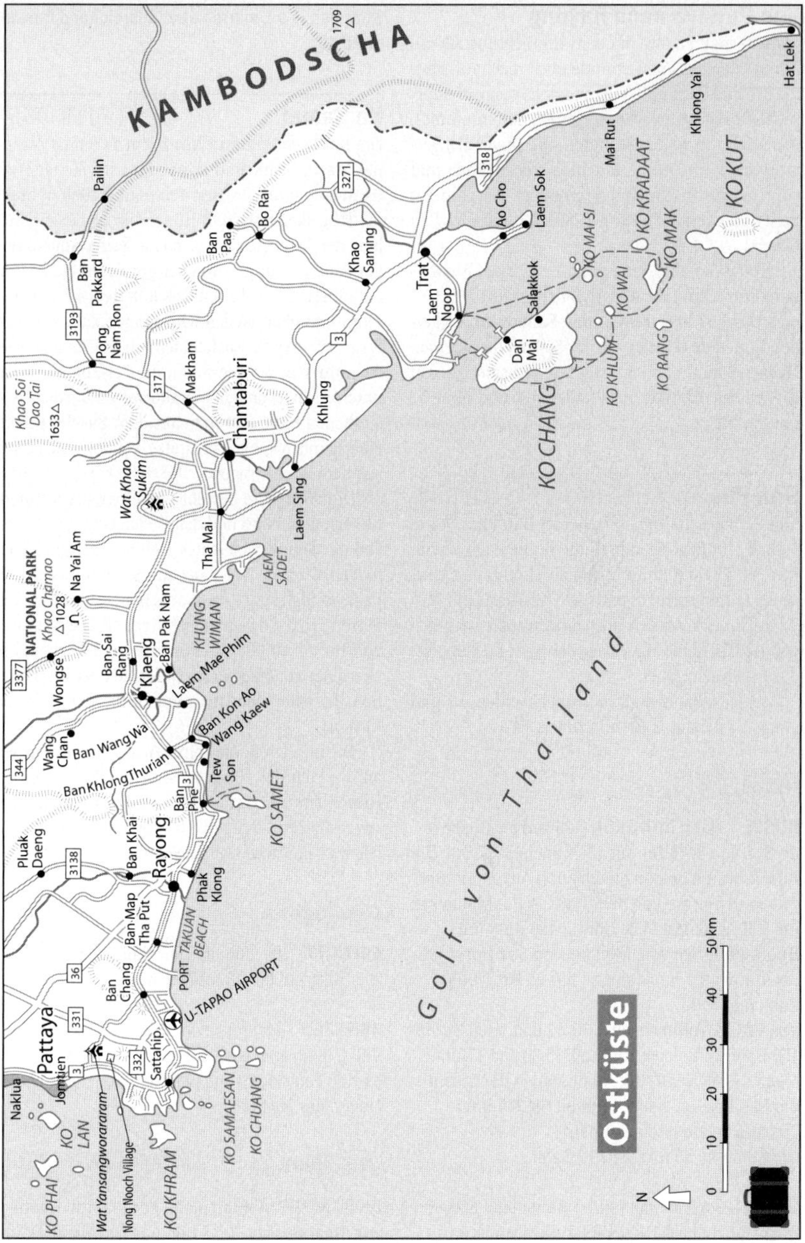
Ostküste
KAMBODSCHA
1709
Pailin
Ban Pakkard
3193
Pong Nam Ron
317
Makham
Khao Soi Dao Tai
1633
Chantaburi
Wat Khao Sukim
NATIONAL PARK
Khao Chamao
1028
Na Yai Am
Wongse
3377
Ban Sai Rang
Klaeng
Ban Pak Nam
Laem Mae Phim
KHUNG WIMAN
LAEM SADET
Tha Mai
Laem Sing
Khlung
3
Khao Saming
Ban Paa
Bo Rai
3271
318
Trat
Laem Ngop
Ao Cho
Laem Sok
Salakkok
Dan Mai
KO CHANG
KO MAI SI
KO WAI
KO KHLUM
KO RANG
KO MAK
KO KRADAAT
KO KUT
Mai Rut
Khlong Yai
Hat Lek
344
Wang Chan
Ban Wang Wa
Ban Khlong Thurian
Ban Kon Ao
Wang Kaew
Tew Son
Ban Phe
KO SAMET
3138
Pluak Daeng
Ban Khai
Rayong
Phak Klong
TAKUAN BEACH
Ban Map Tha Put
36
Ban Chang
PORT
U-TAPAO AIRPORT
331
Pattaya
Jomtien
Naklua
332
Sattahip
KO LAN
KO PHAI
Wat Yansangworararam
Nong Nooch Village
KO KHRAM
KO SAMAESAN
KO CHUANG
Golf von Thailand
N
0
10
20
30
40
50 km

OSTKÜSTE

Von Pattaya nach Rayong

Verlässt man Pattaya auf dem H3 Richtung Süden, hören die Hotels und Strände noch nicht auf. Aber die Hochhäuser und Villenkomplexe sind hauptsächlich Eigentumswohnungen (Condominiums), die Zufahrten zu den Stränden sind privat. Bei Sattahip liegt eine große **Marinebasis**, Strände und vorgelagerte Inseln sind Sperrgebiet. Sattahip hat außer viel Verkehr in engen Straßen nicht viel zu bieten.

Hinter Sattahip, kurz nach der zweiten Abzweigung zum Commercial Port, führt am KM 185,3 eine Straße (12 km) nach **Chong Samaesan**. An beiden Enden des Dorfes auf der Spitze einer kleinen Halbinsel kann man günstig Seafood essen und in *Bungalows*, ❸–❹, auf Pfählen mit und ohne ac übernachten.

Ban Phe บ้านเพ

Von dem geschäftigen Fischerort Ban Phe, 18 km östlich von Rayong, fahren die Boote nach Ko Samet, Ko Thalu und Ko Kudee ab. Hier gibt es einige Restaurants, Hotels und viele Geschäfte mit Muschelschmuck. An den Obstständen sollte man sich vor der Überfahrt eindecken, denn auf Ko Samet ist das Essen sehr teuer.

Zur Not kann man hier übernachten. Es gibt einige Gästehäuser ❶ und Hotels ❷.

Transport

BUSSE – Nach BANGKOK (196 km) ac-Busse jede Std. von 8–18 Uhr für 124 Baht in 3 1/2 Std. Die Rückfahrt am besten gleich nach Ankunft in Ban Phe reservieren. Von der Khaosan Rd. Minibusse um 8.30, 9.30 und 14.30 Uhr für 180 Baht (inkl. Boot). Achtung: Vom Minibus von *Sea Horse* ist abzuraten, die Rückfahrt ist nur ab Ao Wongduan möglich.
Von PATTAYA Busse um 8, 10, 12 und 15.30 Uhr für 150 Baht, zurück um 10, 13.30. 15.30 und 17 Uhr.
Nach LAEM NGOP (für Ko Chang) in der Saison ein Minibus um die Mittagszeit für 240 Baht (Tickets bei den Reisebüros).
Songthaews ab RAYONG 15 Baht.

BOOTE – Ab Ban Phe fahren Boote jede Std. von 8–17 Uhr zum NA DAN-PIER und zu anderen Stränden (s.u.), warten aber ausreichend Passagiere ab.

Ko Samet เกาะเสม็ด

Die Insel gehört zum Khao Laem Ya-Samet National Marine Park und kostet Eintritt. Sie ist etwa 6 km lang und zwischen 400 m und 1000 m breit, die Hügelkette erreicht Höhen bis zu 125 m. Entlang der Ostküste zieht sich eine Reihe langer, weißer Sandstrände, die durch flache Granitbänke und baumbestandene Felsenkaps unterteilt werden. Bei Flut und hohen Wellen wird manchmal der ganze Strand überspült. Nach Süden hin verdrängen Steine immer mehr den Sand, die Felsenküste wird unterbrochen von halbmondförmigen Buchten. Am südlichen Ende tritt man aus dem Buschwald auf eine ziemlich kahle Landspitze, vor der viele Felsen aus dem Wasser ragen.

Die Westküste besteht vor allem aus Klippen, die sich dem Wind und den Wellen entgegenstellen, von der Sonne gebleichtes Treibholz sammelt sich in Felsnischen. Nur ganz im Norden locken ein paar Sandstrände. An Wochenenden und in den Ferien wird Ko Samet geradezu überschwemmt von bis zu 10 000 Ausflüglern aus Bangkok, die allerdings vorwiegend im Nordosten der Insel bleiben. Traveller sieht man nur noch wenige (siehe Kasten).

Die meisten Boote kommen am Pier im Norden an, wo sich der Hauptort **Ban Na Dan** befindet. Hinter dem Wat steht die Statue eines 12 m hohen, sitzenden Buddhas. In 10 Minuten kommt man leicht zu Fuß zum Hat Sai Kaeo.

Sonstiges

EINTRITT – am Eingang zum Nationalpark 200 Baht, auf dem Boot evtl. nur 100 Baht.

REISEZEIT – Hauptsaison ist von Nov bis März. Völlig überrannt wird der Nordosten der Insel an den Feiertagen und während der Ferien von November bis Mai.

Transport

Ab BAN PHE (Anfahrt siehe dort) fahren Boote von *Nuanthip* von 8–17 Uhr jede Std. für 50 Baht

Das Ende einer Traveller-Insel?

Ko Samet ist Travellern nicht mehr zu empfehlen. Die Strände sind von Kurzurlaubern aus Bangkok überlaufen, die lautes Remmidemmi lieben. Nichts für Ruhesuchende! In den auf einheimischen Massentourismus ausgerichteten Resorts sind Traveller nicht erwünscht. Die meisten Bediensteten verhalten sich gegenüber Rucksackreisenden überheblich und arrogant. Die Preise stehen in keinem Verhältnis zum Gebotenen. Nicht nur die Resort- und Restaurantpreise sind überhöht, auch die Waren in den Shops kosten bis zum Dreifachen des üblichen Preises.
Nachdem wir uns alle 45 Anlagen auf der Insel angeschaut hatten, kamen wir zu diesem niederschmetternden Ergebnis: Von 29 Anlagen ist abzuraten, 2 Resorts sind für Luxustouristen geeignet, 5 für Reisende mit etwas dickerem Geldbeutel, 8 Anlagen sind akzeptabel und nur eine einzige, nämlich Ao Nual Bungalows, können wir Travellern wirklich empfehlen.

zum Pier von Ban Na Dan, zurück jede Std. von 8–18 Uhr.
Nach WONGDUAN fahren Boote (min. 7 Pers.) ab 8 Uhr für 60 Baht (plus 10 Baht für die Anlandung), zurück alle 2 Std. von 8.30–16.30 Uhr. Weitere Boote (min. 7 Pers.) fahren in der Saison zu den einzelnen Stränden, zurück alle 2 Std., z.B. AO WAI (100 Baht, letztes Boot zurück um 16 Uhr), AO KIU (100 Baht, letztes Boot zurück um 15.30 Uhr) und AO PHRAO (50 Baht, zurück nur um 9.30, 13.30 und 16.30 Uhr).

Hat Sai Kaeo

Der schöne, 1 km lange Strand im Norden der Ostküste wurde für Tages- und Wochenendausflügler hergerichtet. Hier soll es den weißesten Sand von ganz Thailand geben. Viele Thai-Gruppen schlemmen unter Palmen an langen Tischreihen in den Seafood-Restaurants. Auf dem Sand stehen Liegestühle in Viererreihen hintereinander.

Übernachtung und Essen

HAT SAI KAEO – Kaum eine der 10 Bungalowanlagen können wir Travellern empfehlen. Eine positive Rückmeldung bekamen wir zu:
Sisamut ⑧, saubere Bungalows, sehr freundliche Besitzerin, gutes Essen, Liegen und Sonnenschirme. ❸

AO LUK YON – Die beiden Bungalowanlagen sind nicht zu empfehlen.

AO HIN KHOK – An einem Hügel liegt ***Naga*** ⑫, ✆ 01-2185372, sehr einfache Bambusbungalows mit und ohne Fan und Gemeinschafts-Du/WC; eng am Hang jenseits der Straße; hausgemachte Backwaren und empfehlenswertes Essen; Buchverleih, Post, kein Video, unter englischer Leitung. Bei gewissen Travellern recht beliebt. ❷
Tok's Little Hut ⑬, 35 eng stehende, recht geräumige Hütten mit Fan und Du/WC, Restaurant mit Video ab 18 Uhr, Strandbar und Tische am Strand. ❷–❸
Jep´s ⑭, 💻 www.jepbungalow.com, 7 Bungalows mit Fan und Du/WC am Hang, vorzügliches Restaurant und Bar am Strand, gute Musik (So live). ❸

Ao Phai

Die Bucht von Ao Phai wird auch *Bamboo Bay* genannt. An dem mit vielen Kokospalmen bestandenen Strand mit dem feinsten Sand der Insel kann man Surfbretter und Segelboote mieten. In fast allen Anlagen stehen die überteuerten Bungalows viel zu dicht aufeinander (gesetzlicher Mindestabstand ist 4 m). Jet-Skis flitzen am Strand entlang, gefährden die Schwimmer und verpesten die Luft.

An den Klippen entlang sind es 100 m zur **Pudsa-** und **Tubtim-Bucht**. An dem 100 m langen, feinen, weißen Sandstrand stehen viele Palmen und Laubbäume.

Die winzige **Nuan-Bucht** weiter südlich ist umgeben von steilen Klippen. Vom Ao Tubtim führt ein schmaler Pfad über das Kap zum von Felsen durchsetzten, kleinen Sandstrand. Hier liegt die einzige Bungalowanlage der Insel, die wir Travellern empfehlen können.

Übernachtung

AO PHAI – Von den 5 Resorts wäre eines empfehlenswert, wenn die Disco daneben früher schließen würde.

Samed Villa ⑲, ✉ SamedVilla@hotmail.com, ✆ 01-4948090, am südlichen Ende des Strandes hinter dem Bach, schöne, komfortable Doppelbungalows mit Fan oder ac, einige Familienbungalows für 1200–1800 Baht; hervorragendes Restaurant ohne Video; viele Infos und Preise für Touren hängen aus, Speedboot-Service, Schnorchelausrüstung 100 Baht; unter engagierter Schweizer Leitung. ❸–❹

NUAN BAY – ***Ao Nual Bungalows*** ㉒, schöne, saubere und ruhige Anlage am Hang mit einer kleinen Badebucht, 8 einfache, aber gute Holzbungalows mit und ohne Du/WC, viele Müllbehälter, die nicht im Hinterland entsorgt werden. Die freundliche Besitzerin spricht gut Englisch. Ein echter Lichtblick für Traveller. ❸

Ao Wongduan

Die halbkreisförmige Bucht, in der zu viele Boote ankern, wird auch *Full Moon Bay* genannt. Am feinen Sandstrand wird tagsüber eine Liegestuhlparade aufgebaut, um die Bedürfnisse des gehobenen Publikums zu befriedigen. Restaurants, Souvenirläden und Imbissstände komplettieren den Eindruck eines überlaufenen Strandes.

Eine Tauchbasis bietet Kurse und Tauchfahrten bis Ko Chang an, Windsurfer kosten 100 Baht pro Stunde. Eine Straße führt durch das Landesinnere zu den übrigen Stränden der Insel.

Übernachtung

AO WONGDUAN – Die meisten Bungalows kosten über 450 Baht.
Baiphoon ㉕, ✆ 01-9454553, am nördlichen Ende der Bucht auf Felsen, Bambushütten mit Gemeinschafts-Du/WC, saubere Bungalows mit Fan und Du/WC; kleines Restaurant mit Thai und italienischem Essen, Laden, Schnorchelausrüstung 50 Baht/Tag; der freundliche Besitzer spricht gut Englisch, angenehme Atmosphäre; Bootstour 300 Baht/3 Std.; gutes Preis-Leistungs-Verhältnis. ❷–❸
Malibu Garden Resort ㉗, ✆ 01-2185345, ℻ 01-2138009, ✉ samet@loxinfo.co.th, ausgedehnte Anlage, Stein- und Holzbungalows, mit ac ab 1500 Baht; teures Restaurant, Minimart, Pool. ❹
Vong Duern Villa ㉚, ✆ 01-3055915, ℻ 038-651741, gut eingerichtete Bungalows aus Holz und Matten mit Fan oder ac (ab 1500 Baht); Restaurant am Strand. ❹

Transport

Ab BAN PHE fahren Boote von *Nuanthip* (min. 7 Pers.) ab 8 Uhr für 60 Baht (plus 10 Baht für Anlandung), zurück alle 2 Std. von 8.30–16.30 Uhr. Der Speed Boat Service von Ao Cho bietet Insel- und Schnorcheltouren für 180–250 Baht sowie *Sunset Tours* ab 16 Uhr, Transport nach Ban Phe für 50 Baht.

Die südlichen Strände

Ein 300 m langer Fußweg führt von Ao Wongduan über die Klippen zum großen Sandstrand **Ao Thian** (*Lung Dam Beach*). Der saubere Strand ohne Palmen wird von Felsbändern unterteilt. Das Wasser wird entweder aus Tiefbrunnen hochgepumpt und ist brackig oder muss in Kanistern gekauft werden. Über den mit niedrigen Gehölzen bewachsenen Bergrücken gelangt man zum Sunset Point an der Westküste. Der halbmondförmige Strand **Ao Wai** hat feinen, weißen Sand und urige Bäume, an den Seiten Felsen mit Korallen, schön zum Schnorcheln. Im Hinterland ist der Müll des Resorts verstreut. Am **Ao Kiu Na Nok** ist Ko Samet so schmal, dass man den Sonnenaufgang vom feinen Sandstrand, den Sonnenuntergang von der Felsenküste genießen kann. Beliebtes Ausflugsziel der Thais am Wochenende. Am **Ao Karang** (Coral Bay) an der Südspitze gibt es vor allem schöne Felsen. Die Sicht beim Schnorcheln am nördlichen Riff beträgt nur 3–5 m.

Übernachtung

AO THIAN – Beide Anlagen gehören nicht zu den besten der Insel, haben aber eine gemütliche Atmosphäre.
Candlelight Beach ㉜, ✆ 01-2186934, große Anlage am Hang im Zentrum der Bucht, 21 Bungalows mit Fan und Du/WC, Langzeitrabatt 20%; Restaurant; Kanu 150 Baht/Std., Speedboot 1500 Baht für Inselrundfahrt. ❹
Lung Dam Bungalow ㉝, ✆ 01-4529472, langgestreckte Anlage am Strand in Familienbesitz,

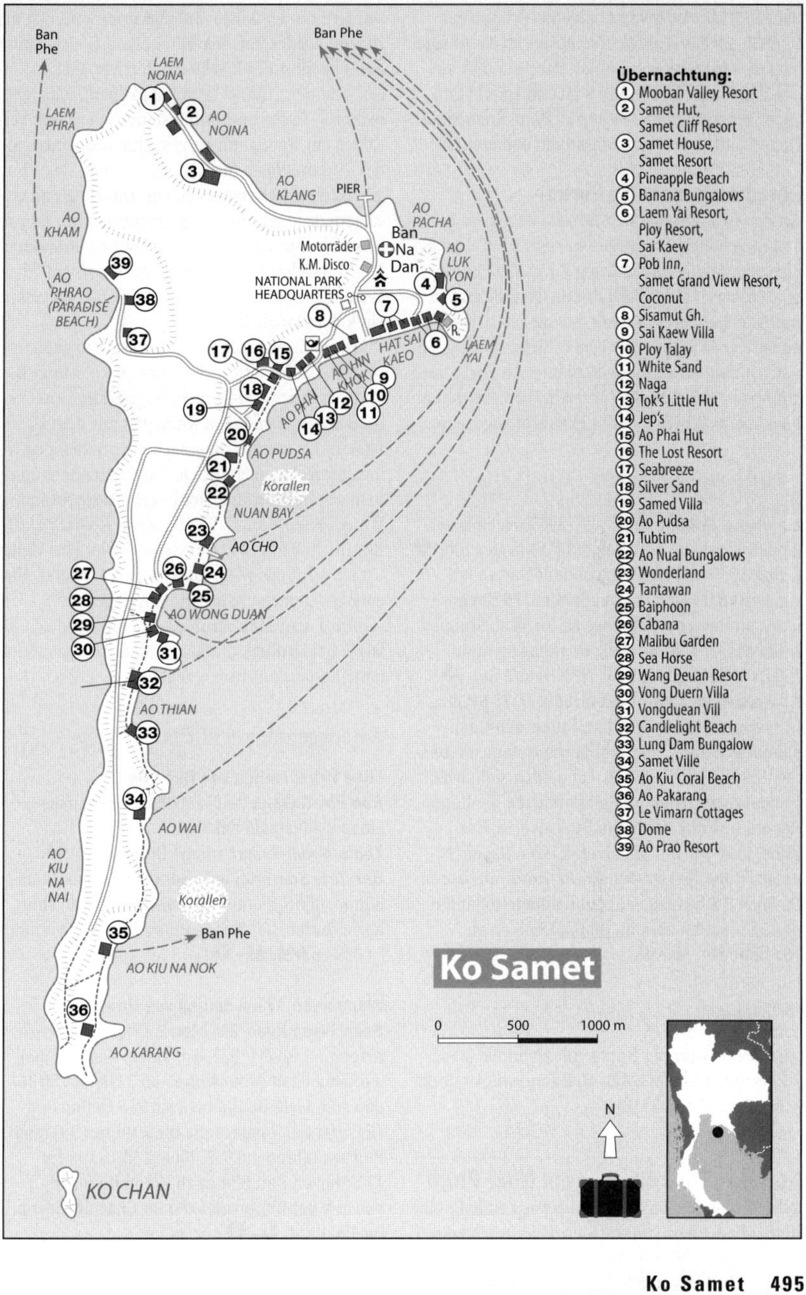
Übernachtung:
1 Mooban Valley Resort
2 Samet Hut, Samet Cliff Resort
3 Samet House, Samet Resort
4 Pineapple Beach
5 Banana Bungalows
6 Laem Yai Resort, Ploy Resort, Sai Kaew
7 Pob Inn, Samet Grand View Resort, Coconut
8 Sisamut Gh.
9 Sai Kaew Villa
10 Ploy Talay
11 White Sand
12 Naga
13 Tok's Little Hut
14 Jep's
15 Ao Phai Hut
16 The Lost Resort
17 Seabreeze
18 Silver Sand
19 Samed Villa
20 Ao Pudsa
21 Tubtim
22 Ao Nual Bungalows
23 Wonderland
24 Tantawan
25 Baiphoon
26 Cabana
27 Malibu Garden
28 Sea Horse
29 Wang Deuan Resort
30 Vong Duern Villa
31 Vongduean Vill
32 Candlelight Beach
33 Lung Dam Bungalow
34 Samet Ville
35 Ao Kiu Coral Beach
36 Ao Pakarang
37 Le Vimarn Cottages
38 Dome
39 Ao Prao Resort
Ban Phe
Ban Phe
LAEM NOINA
AO NOINA
LAEM PHRA
AO KLANG
PIER
AO PACHA
AO KHAM
Ban Na Dan
Motorräder
K.M. Disco
AO LUK YON
NATIONAL PARK HEADQUARTERS
AO PHRAO (PARADISE BEACH)
HAT SAI KAEO
LAEM YAI
R.
AO HIN KHOK
AO PHAI
AO PUDSA
Korallen
NUAN BAY
AO CHO
AO WONG DUAN
AO THIAN
AO WAI
AO KIU NA NAI
Korallen
Ban Phe
AO KIU NA NOK
AO KARANG
KO CHAN
Ko Samet
0
500
1000 m
N

über 35 Bungalows verschiedener Größen mit Du/WC; um das *Apache Restaurant* ist die Anlage mit Liebe zum Detail errichtet, der Strand ist sauber, das Personal ist freundlich und spricht Englisch; Schnorchelausrüstung 50 Baht, Speedboot. Leider wird der Müll im Hinterland entsorgt. ❸

Paradise Beach (Ao Phrao)

An der Westküste gibt es nur diesen einen 250 m langen, schönen Sandstrand in einer von Felsen begrenzten, palmenbestandenen Bucht. Bei Ebbe kann er allerdings mit den Stränden an der Ostküste nicht mithalten, da er stark mit Steinen und Korallen durchsetzt ist. Dafür ist er echt ruhig und wenig touristisch. Schöne Sonnenuntergänge. Ao Phrao wird am besten mit dem Boot erreicht. Der Weg von Ao Phai über den Berg (30 Min.) ist nicht angenehm.

Übernachtung

Le Vimarn Cottages ㊲, ✆ 01-9065006, Luxusanlage, Bungalows mit Meersicht; 50 m zum Riff. ❼
Dome ㊳, ✆ 01-5785455, schöner Garten mit vielen Blumen und jungen Palmen, 26 Bungalows am Hang mit Fan oder ac für Thai-Gruppen (4–5 Pers.), mit Meerblick; Restaurant; Kanu 150 Baht/Std., Speedboot 1800 Baht/3 Std. ❹
Ao Prao Resort ㊴, ✆ 038-616880-3, 📠 616885, 💻 www.aopraoresort.com; Tauchresort am sauberen Strand, sehr gepflegte Anlage mit bestem Rundumservice; den Hang hoch ziehen sich Bungalows und einige Reihenhäuser, gepflegtes Restaurant, u.a. deutsche Speisekarte, Bar, Shop, Internet; gut geschultes Personal mit Niveau; Fr und Sa Live-Musik. *Ao Prao Tauchschule*, PADI 5 Sterne, geleitet von einem Holländer, der 5 Sprachen spricht. Mountainbikes ab 100 Baht/Std. ❹–❼

Transport

Ab BAN PHE fahren Boote von *Nuanthip* (min. 7 Pers.) zum Ao Phrao für 50 Baht, zurück nur um 9.30, 13.30 und 16.30 Uhr.

Von Ban Phe nach Laem Mae Phim

Wer ein eigenes Fahrzeug und etwas Zeit hat, sollte hinter Ban Phe nicht auf den H3 zurückkehren, sondern an der Küste entlangfahren und erst bei Klaeng wieder auf den H3 stoßen. Gleich hinter Ban Phe führt der H3145 durch einen 1500 m langen, schönen „Tunnel" von Kasuarinen *(Suan Son)*. Picknick-Tische und Imbissstände laden zum Verweilen ein, Spezialität ist gekochte Kokosnuss. Auf der 29 km langen Strecke nach Laem Mae Phim gibt es über 40 Bungalowdörfer und Hotels an verschiedenen, schön gelegenen Stränden. Nur zu empfehlen für Leute, die bereit sind, für ihre Unterkunft mindestens 500 Baht zu bezahlen. Thai-Kenntnisse sind von Vorteil. An Wochentagen ist ein Rabatt möglich.

Die meisten Strände werden nur von einheimischen Urlaubern besucht. Etwa 10 km hinter Ban Phe macht der H3145 einen Bogen durch ein Dorf. An der anschließenden Kreuzung mit dem H3192 nach rechts kommt man nach einem knappen Kilometer rechts zu einigen Reihenhauscondos an einem schönen Strand. Der berühmteste Strand ist **Wang Kaeo** (auch Vang Kaew, *Kristallpalast*), Eintritt 20 Baht, 17 km östlich von Ban Phe. Weiter östlich wird das Meer zunehmend sauberer. Hier entstanden mehrere luxuriöse Anlagen

Am **Laem Mae Phim** gibt es für lange Zeit die letzte Gelegenheit, direkt am Meer zu essen. Viele nette Restaurants bieten Seafood an.

Übernachtung und Essen

Etwa 10 km östlich von Ban Phe:
Ban Phe Cabana, ✆ 01-2114888, eine Luxusanlage, allgemein bekannt.
Thale Ngam Resort, ruhige Bungalows. ❹
Ban Tew Son, originelle Bungalows und Baumhütten, hübsch unter Kasuarinen verteilt; sehr harte Betten, herzliches Personal. Reservierung: ✆ 038-662725. ❸–❹

Wang Kaeo, 17 km östlich von Ban Phe:
Suan Wang Kaeo, 204 Moo 2, Charkpong, Klaeng, ✆ 01-2111527. Auf einem weitläufigen, parkähnlichen Areal stehen an 3 kleinen Stränden sehr viele Bungalows mit 2–6 Betten und Fan oder ac. Ausgezeichnetes, teures Seafood! Pickups fahren um 6, 8, 10 und 14.15 Uhr für 12 Baht von Ban Phe nach Wang Kaeo, ansonsten per Motorradtaxi oder Charter-Pickup für 100 Baht. ❹–❻

Hinsuei Namsai Resort, Hochhäuser auf dem Berg, schon von weitem erkennbar. Pool mit super Sicht auf Ko Thalu. ❹–❻

2 km östlich von Wang Kaeo, 7 km östlich von Ban Phe: *Pat Lodge*, relativ preiswerte Bungalows unter Palmen in schattiger, ruhiger Anlage. Unter der Woche kein Restaurantbetrieb. Empfehlenswert für Selbstversorger mit eigenem Fahrzeug. ❸–❹

Bäckerei Hans, Baguette, Pizza, Kuchen, Wurst, Käse; erkennbar am Verkaufswagen vor dem Haus.

Ban Srai Kaew, 1 km weiter, schöne, von Rhododendren überwachsene Häuser in gepflegtem Umfeld. ❹

Direkt am Laem Mae Phim: *Sea View*, ✆ 038-638046, an der Linkskurve, wo die Straße den Strand verlässt, sehr gepflegte Anlage mit Garten, Bungalows und Reihenbungalows mit ac und Du/WC für 2–4 Pers., wochentags ❸ (gutes Preis-Leistungs-Verhältnis); nette Besitzerin, die perfekt Deutsch spricht; Restaurant gegenüber am Strand, Frühstück und deutsches Essen möglich. ❹

Porn Phim, direkt am Strand, viele Doppelbungalows, etwas abgewohnt, einige billigere Zi. ❷–❹

Wat Khao Sukim วัดเขาสุกิม

Wat Khao Sukim ist ein modernes Kloster von riesigen Dimensionen. Ein vierstöckiges Klostergebäude, viele Museums- und Versammlungshallen, wertvolle Antiquitäten, unglaublich lebensechte Nachbildungen ehemaliger Äbte, ein kleiner Zoo, ein Teich mit riesigen Schildkröten und Fischen und eine schöne Aussicht in die grüne Ebene machen den Abstecher lohnenswert. Liebhaber von Keramik finden in vier Sälen viele 2–3 m hohe Vasen. Thais besuchen dieses Kloster wegen seines berühmten Abtes, dem übernatürliche Kräfte zugeschrieben werden. Im Hof steht mittags kostenloses Essen und kaltes Wasser zur Selbstbedienung bereit.

Interessierte Besucher müssen vom H3 am KM 305,8 nach links auf den H3322 abbiegen und ihm 13 km folgen. Eine kostenlose Bergbahn erspart den Aufstieg zum Hügel. Angemessene Kleidung!

Chantaburi จันทบุรี

In der interessanten Stadt mit 40 000 Einwohnern herrscht ein reges Treiben. Ein großer Markt, schöne Holzhäuser, einige Wats und repräsentative Gebäude sind sehenswert. Zahlreiche Villen entlang der Zufahrtsstraße zeugen von einem gewissen Wohlstand. Chantaburi ist in Thailand berühmt für sein Obst. Saison für Durian ist von Mai bis August, für Rambutan und Mangosteen von Mai bis September und für Mango von März bis Juni.

Viele christliche Vietnamesen haben sich hier niedergelassen, als sie in ihrer Heimat verfolgt wurden. Sie leben vor allem in der Nähe des Flusses. In einigen Geschäften werden von ihnen die typischen roten Flechtarbeiten verkauft.

Eine 1880 erbaute **Kathedrale** im Stil französischer Kirchen liegt auf der anderen Flussseite. Zu erreichen über die Fußgängerbrücke südöstlich vom Markt, etwas versteckt hinter den Holzhäusern. Schlüssel im Pfarrhaus. Viele Ausländer kommen nach Chantaburi, um in den Juweliergeschäften entlang der Hauptstraße **Edelsteine**, vor allem den Roten Saphir (*Thapthim Siam*), zu kaufen.

Übernachtung

Arunsawat Hotel ④, ✆ 038-311082, 239 Sukha Phiban Rd., ✆ 311082, kein englisches Schild außen, gegenüber vom *Chantra Hotel*, 18 saubere Zi mit Fan und Du/WC, geleitet von einem älteren Ehepaar, kein Restaurant. ❶

Amarin Palais ①, Raksakchamoon Rd., ✆ 038-328940, kein englisches Schild, an der Ausfallstraße neben der Shell-Tankstelle, 30 gut eingerichtete, saubere Zi mit Fan oder ac, sehr gutes Preis-Leistungs-Verhältnis. ❷

New Travel Lodge ①, 14 Raksakchamoon Rd., 1 km nördlich vom Busbahnhof, ✆ 038-351300, renovierte ac-Zi, Pool. ❹

Muang Chant ⑩, 257-9 Sri Chan Rd., ✆ 038-312909, an der Hauptstraße in einem Hintergebäude, macht einen gepflegten Eindruck, Personal spricht Englisch, relativ ruhig; ordentliche Zi. ❷, ac ❸

K.P. Grand Hotel ⑪, 35/200 Tri Rat Rd., ✆ 038-323201-13, 📠 323214, Hochhaus, luxuriöse Zi. ❹

Eastern Hotel ⑫, 899 Tha Chalaeb Rd., ✆ 038-312218-20, 📠 311985, saubere gute Zi; empfehlenswert, aber etwas weit außerhalb. ❹

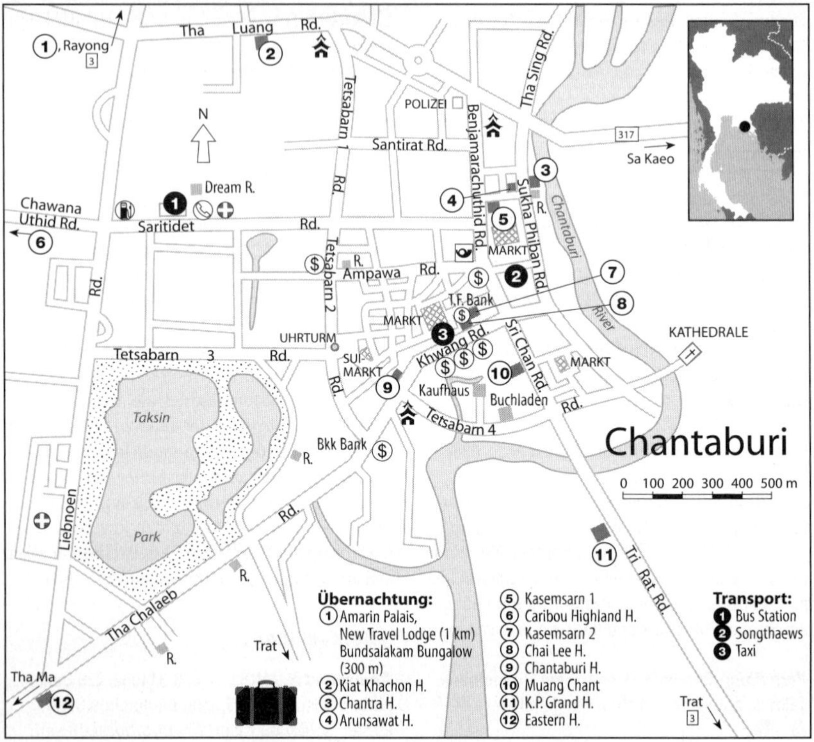

Essen

Es gibt viele gute Straßenrestaurants und ein auffallend großes Gemüseangebot.

Dream Restaurant, neben der Bus Station hinter der Shell-Tankstelle, bietet gutes Essen an sauberen Tischen.

Im ***Sui Market*** beim Clock Tower werden abends leckere Gerichte zubereitet.

Im Kaufhaus gibt es im 2. Stock ein Food Center.

Sonstiges

GELD – wechselt die ***Kasikorn Bank*** nahe dem Marktplatz.

INFORMATIONEN – In der Stadt spricht kaum jemand Englisch. Der freundliche, Englisch sprechende Besitzer des Buchladens (siehe Karte) kann gute Tipps geben. In der Tetsabarn 3 Road soll es eine Touristeninformation geben.

Transport

Wesentlich schneller als über den Sukhumvit Highway entlang der Küste ist die 70 km kürzere Straße H344 von Chonburi via Ban Bung und Klaeng nach Chantaburi.

Nach BANGKOK (Eastern Bus Terminal) non-ac-Busse um 7.30 und 13 Uhr für 103 Baht in 5 Std. (309 km), ac-Busse alle 30 Min. bis 24 Uhr für 148 bzw. 153 Baht in 3 1/2 Std. (239 km), 2.Kl. ac-Bus 9x tgl. für 115 bzw. 144 Baht.

Zum North Eastern Bus Terminal (günstig zum Umsteigen nach Nord-Thailand) ac-Busse 7x tgl. für 153 Baht in 3 1/2 Std.

Nach RAYONG ac-Busse ab 10.30 Uhr für 55 Baht in 2 1/2 Std.

Nach TRAT non-ac-Bus 42 Baht, ac-Busse bis 14 Uhr für 58 Baht in 90 Min.
Nach BO RAI alle 30 Min. für 80 Baht.
Von und nach KORAT non-ac-Busse 15x tgl. für 118 Baht, ac-Busse 8x tgl. für 210 Baht in 5 Std.

Krating-Wasserfall

Leicht zu erreichen (28 km) ist der Nam Tok Krating. Ein steiler Pfad schlängelt sich durch üppiges Bambusdickicht den Berg hinauf, vorbei an vielen Kaskaden und kleinen Pools. Der Fall Nr. 8 stürzt ca. 50 m über 4 Stufen in einen großen, hüfttiefen Badepool. An Wochenenden sitzen viele Bewohner Chantaburis in voller Bekleidung in den Wasserbecken und picknicken. Eindrucksvoller sollen die Fälle Nr. 9 und 10 sein. Auf dem H316 stadtauswärts erreicht man den H3 beim KM 324 und überquert diesen auf den H3249, auf dem es weitergeht bis zum KM 21,6. Hier noch 800 m nach rechts zum Eingang des **Kitchakut National Parks**, ⌚ 6–18 Uhr, Eintritt. Übernachtungsmöglichkeit in Park-Bungalows, ❹. Zelte sind für 40 Baht zu mieten, Aufstellen des eigenen kostet 5 Baht. Songthaew vom Markt in Chantaburi für 25 Baht in 1 Std., plus 20 Min. zu Fuß.

Trat ตราด

Die Provinzhauptstadt Trat (15 000 Einwohner) liegt 317 km von Bangkok entfernt in der Nähe der kambodschanischen Grenze. Schon in der Ayutthaya-Zeit galt Trat als wichtiger Seehafen. Im 19. Jh. war die Stadt kurzzeitig von Franzosen besetzt. Heute präsentiert sich die Marktstadt modern und wohlhabend, die Schmuggelgeschäfte mit Kambodscha bringen wohl immer noch viel ein. Kaum ein Reisender würde sich nach Trat verirren, wäre die Stadt nicht der Ausgangspunkt für die vorgelagerte Inselwelt und für den Grenzübergang nach Kambodscha. Wer Zeit hat, kann sich die moderne Markthalle mit Rolltreppe anschauen. Davor wird eine goldene Statue in einem Schrein vor allem abends mit vielen Opfergaben verehrt.

Schräg gegenüber liegt das **Wat Chai Mongkol** mit malerisch bewachsenen alten Chedis. An der Ampel nach Westen kommt man nach 2 km zum 300 Jahre alten **Bupharam Tempel**, der Asche Buddhas beherbergt. Ansonsten wirkt die Stadt eher langweilig.

Auch in der Provinz Trat werden Edelsteine gefunden, unter denen der Königsrubin als besonders wertvoll gilt. Auf fruchtbarem Boden wachsen Durian, Rambutan, Langsat und Mangosteen, große Flächen werden für Gummiplantagen genutzt.

Übernachtung

GÄSTEHÄUSER – Fast alle Gästehäuser liegen in einem Umkreis von 2 Min. zu Fuß um das *N.P. Gh.* Alle sind sehr einfach und haben Du/WC außen.

Jame Gh. ⑥, 45-1 Lak Muang Rd., ✆ 039-530458, ✉ Jamegh@hotmail.com, zurückversetzt von der Straße, schönes Holz- und Bambushaus, saubere Zi mit Moskitonetz, gutes Essen, freundliche Familie; Internet. ❶

N.P. Gh. ⑪, Lak Muang Rd., 10 Soi Yai On, ✆ 039-512270, Stadthaus mit 12 einfachen, sauberen Zimmern, Du/WC außen, Schlafsaal mit 3 Betten; angenehme Atmosphäre, viele Informationen. Der freundliche Manager spricht gutes Englisch. Moped 50 Baht/Std. ❶

Ban Jaidee Gh. ⑦, 67 Chaimongkol Rd., ✆ 039-520678, nahe dem Nachtmarkt, kostenlose Fahrräder. ❶

Guy Gh. ⑮, Thana Charoen Rd., ✆ 01-9406270, saubere, helle Zi bei freundlicher Familie, Warmwasser; Internet. ❶

Residang House ⑯, Thana Charoen Rd., ✆ 039-530103, modernes Steinhaus, kleine, saubere, luftige Zi, freundliches Thai-deutsches Management, behagliche Atmosphäre. ❷

Garden Home Gh. ⑫, 87/1 Gad-Anuson Rd., ✆ 039-521018, ausgeschildert, winzige, saubere Zi nach hinten hinaus, sehr hellhörig; gemütliches Gartenrestaurant. ❶

Pop Gh. ⑬, Thana Charoen Rd., ✆ 039-512392, ✉ popson1958@hotmail.com, saubere Zi, Warmwasser-Du/WC. Im Biergarten gibt es europäisches Frühstück und Thai-Essen. ❶

Trat Gh. ⑩, ✆ 039-511152, Soi Khunpoka, Lakmuang Rd., in einer kleinen Seitenstraße, sehr ruhig, saubere Gemeinschafts-Du/WC, kleine Zi; Bücher, Infos. Gut für Traveller geeignet. ❶

Dream Gh. ⑥, 33 Lak Muang Rd., ✆ 039-525096, familiäre Atmosphäre. ❶

Tok Gh. 1 ⑥, Lak Muang Rd., Zi mit und ohne Du/WC, netter Aufenthaltsraum, Frühstück und Thai-Essen. ❶–❷

HOTELS – ***Thai Roong Roj Hotel*** ②, 296 Sukhumvit Rd., ✆ 039-511141, etwa 200 m von den Bus Stationen, große, ältliche Zi. ❷, ac ❸
Muang Trat Hotel ③, 24 Vijijanya Rd., ✆ 039-511091, zwischen der Markthalle und dem Nachtessen-Markt, einfache, saubere Zi, ruhig im 4. Stock Richtung Innenhof, Parkmöglichkeiten. ❷, ac ❸
S.A.-Hotel, ✆ 039-524572, moderne, saubere Zi mit guten Betten, ac, Kabel-TV, Warmwasser und Kühlschrank. Eine Leuchtreklame bei der zweiten Ampel an der Hauptstraße weist den Weg. ❷, ac ❸

Essen

Abends isst man am besten und billigsten auf dem **Nachtessen-Markt** neben dem *Trat Hotel.* Exzellent sind hier die vielen Varianten von Nachtisch, sehr gut schmeckt *tao tung,* eine Eisspezialität.
Saeng Fah und ***Puen*** servieren leckere Gerichte.
Jiraporn Breakfast, neben dem Trat Hotel, ist fürs Frühstück zu empfehlen.
Im ***Trat Department Store*** gibt es im 2. Stock ein ac-Restaurant mit Blick auf die Markthalle und die Hauptstraße.
Der **Night Food Park** in Tha Rua liegt direkt am Trat Fluss, 4 km nach Nordosten auf der Straße, die an der Post entlangführt.
Cool Corner ist eine beliebte Bar zum Relaxen mit Restaurant.

Sonstiges

BÜCHER – Am *Trat Gh.* befindet sich ein Bookshop mit An-und Verkauf.
Tratosphere Book Shop, guter Platz zum Kaufen, Tauschen und Verkaufen von Büchern.

GELD – Banken entlang der Hauptstraße.

INTERNET – Mehrere Internet Shops in der Sukhumvit Rd. in der Nähe der Bushaltestelle für 1 Baht/Min.

MEDIZINISCHE HILFE – ***Bangkok Trat Hospital,*** am Highway, ✆ 039-532735.
Government Hospital, ✆ 039-511040.

MOPEDS – werden rechts vom Markt, gegenüber dem Schrein, ab 150 Baht vermietet.

Transport

BUSSE – 4 große Busgesellschaften haben ihre Büros an der Hauptstraße. Die Preise sind nahezu gleich. Nach Bangkok zum Eastern Bus Terminal, 317 km, und Northern Bus Terminal, 387 km, fahren Busse etwa stündlich zwischen 7 und 23.30 Uhr. Zudem vom Platz hinter dem *Thai Roong Roj Hotel* non-ac-Bus bis 15.30 Uhr für 105 bzw. 126 Baht in ca. 6 Std.; 2.Kl.-ac-Bus für 147 Baht; ac-Bus für 189 bzw. 194 Baht, VIP-32-Bus 221 Baht, in 4 1/2 Std.
Nach CHANTABURI im ac-Bus Richtung Bangkok für 58 Baht (non-ac 42 Baht) in 1 1/2 Std., blaue Taxis zwischen 6 und 18 Uhr für 350 Baht.
Nach PATTAYA mit ac-Bus ab der Sukhumvit Rd. um 5, 9.30, 12 und 15 Uhr für 160 Baht in 5 Std.

PICKUPS UND MINIBUSSE – Zu den Ko Chang-Piers bei LAEM NGOP (17 km) fahren Pickups, die auf 10–12 Passagiere warten, bis 17 Uhr für 20–25 Baht.
Nach KHLONG YAI Songthaew für 40 Baht in 50 Min., ac-Minibus 60 Baht.
Nach BAN HAT LEK (Kambodscha-Grenze, 90 km) ac-Minibus alle 45 Min. von 6–18 Uhr für 100 Baht in 70–90 Min.

TAXIS – Blaue Taxis zu den Piers kosten 120 Baht pro Wagen. Andere Taxis fahren entlang der Ostküste von Ko Chang direkt bis SALAK PHET um 10, 12 und 15 Uhr, zurück um 5, 6 und 8 Uhr.

FLÜGE – Nach BANGKOK fliegt ***Bangkok Air,*** ✆ 039-525299, je nach Saison 4x wöchentl. bis 3x tgl. für ca. 1960 Baht, Informationen unter 💻 www.bangkokair.com.

Bo Rai

Wer am Kauf von Edelsteinen interessiert ist und sich entsprechend auskennt, für den lohnt sich ein Trip nach Bo Rai an der Kambodscha-Grenze, 53 km nördlich von Trat. In den frühen Morgenstunden (bis 10 Uhr) findet hier ein **Juwelenmarkt** (Hua Tung Market) statt. Es gibt mehrere Hotels. Minibusse fahren für 30 Baht in 1 Std. von Trat

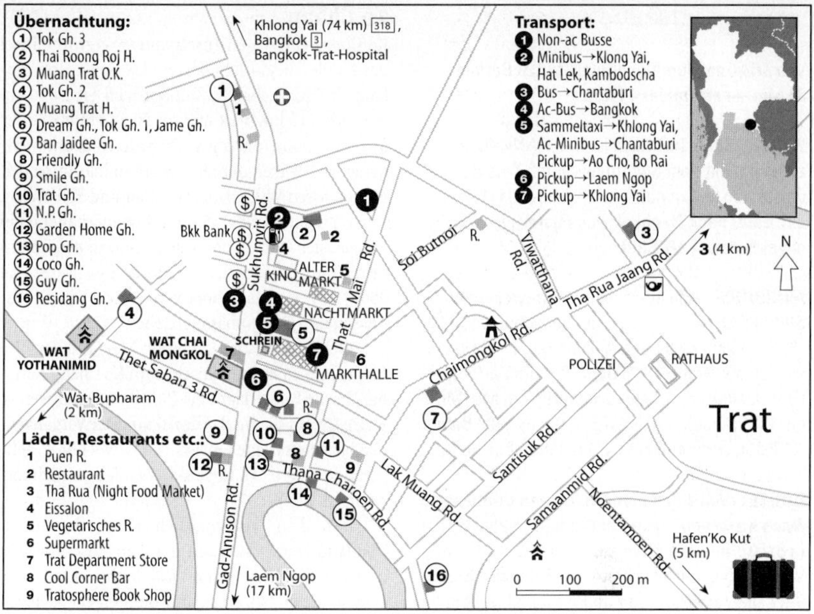

nach Bo Rai. Ein weiterer Edelstein-Markt findet in Ban Nong Bon, 20 km nordwestlich, statt.

Laem Ngop แหลมงอบ

17 km südwestlich von Trat liegt Laem Ngop. Der Ort wirkt wie ein schmuddeliges, billiges Amüsierdörfchen, in dem sich viele Thais vergnügen. Von 3 Piers westlich von Laem Ngop fahren die Boote nach Ko Chang und auf die anderen Inseln. Traveller übernachten hier nur noch, wenn sie das letzte Boot um 19 Uhr verpasst haben.

Übernachtung

Laem Ngop Inn, ✆ 039-597044, 31 gut eingerichtete Bungalows mit Fan und ac. ❸–❹
Paradise Hotel, ✆ 039-597031, am Dorfeingang links, saubere Bungalows mit Bad und ac (auf Wunsch ohne Benützung der ac); an einem künstlichen Wasserbecken. ❷–❸
Laem Ngop Resort, ✆ 039-597084, 20 Zi mit Fan; Restaurant. ❸
Hwah Hin House, Teakhaus am Mangrovenstrand mit toller Vogelwelt, geleitet von einem Thai-englischen Paar, ca. 5 km östlich von Laem Ngop. ❷

Sonstiges

GELD – ***Kasikorn Bank*** mit Wechselschalter an der Hauptstraße.

INFORMATIONEN – ***Tourist Office***, 100 Moo 1, ✆/📠 039-597255, Nähe Laem Ngop Pier.

IMMIGRATION – Für ein 30-Tage-Visum kostet eine 10-tägige Verlängerung 500 Baht, ebenso die Verlängerung um 30 Tage für das 60-Tage-Visum, ✆ 039-597261.

MEDIZINISCHE HILFE – Eine kleine, gut ausgestattete *Clinic* liegt am Ortseingang links. Bei akutem Fieber untersucht das ***Malaria Office***, 600 m vom Pier rechts, Blut auf Malaria-Erreger.

Transport

Von TRAT mit dem Songthaew für 20 Baht in 30 Min. zu einem der 4 Piers.

BUSSE – Über Trat zurück nach BANGKOK zunächst mit dem Songthaew nach Trat, dort umsteigen in den non-ac- bzw. ac-Bus (105–221 Baht) nach Bangkok zum Eastern Bus Terminal (6 bzw. 4 1/2 Std.).

MINIBUSSE – Ein ac-Minibus fährt direkt nach SIEM REAP (Angkor Wat, Kambodscha) um 10.30 Uhr für 1000 –1300 Baht, Ankunft gegen 19 Uhr. Visum an der Grenze 1200 Baht (Passfoto erforderlich). Weitere ac-Minibusse fahren am Mo, Mi, Fr um 13 Uhr nach ARANYAPRATHET für 400 Baht in 4 1/2 Std. und nach KORAT für 450 Baht in 5 Std.

BOOTE – Von 4 Piers fahren laufend Boote ab.
Nach Ko Chang: 3 Autofähren fahren alle 30 Min. (s.S. 507 unter Ko Chang).
Vom Krom Luang-Pier fährt ein Boot ständl. von 9–17 Uhr zum Tha Dan Kao Pier für 50 Baht in 45 Min.
Vom Laem Ngop-Pier fahren jeden Werktag um 13 Uhr Boote nach DAN MAI (30 Min., 30 Baht) und THAN MAYOM (45 Min., 30 Baht), zurück werktags um 16 Uhr.
Zu den südlichen Inseln: Vom Laem Ngop-Pier fahren regelmäßig Transportboote (ohne Verpflegung) von November bis Juni um 15 Uhr u.a. nach KO WAI und KO MAK für 130 bzw. 220 Baht in 2 1/2 bzw. 3 1/2 Std. Sie fahren um 8 Uhr zurück.
Nach KO MAK fährt das neue Fährboot 2x tgl. in 2 1/2 Std.
Nach KO KUT fährt das Seatrans-Boot jeden geraden Tag um 12 Uhr mit Stopp am Dan Kao Pier (um 13 Uhr) für 200 Baht in 4 Std., zurück an ungeraden Tagen um 10 Uhr.
Private Speedboote transportieren die Gäste der Luxus-Resorts zu ihren (Privat-)Inseln (nur mit Vorbuchung, s.u.). Zudem fahren Ausflugsboote mit Thai-Gruppen an langen Wochenenden zu den Stränden.
Einige Resorts von Ko Chang und den vorgelagerten Inseln haben eigene Boote für den Transport. Dieser sollte bei Übernachtung kostenlos sein.

Ko Chang เกาะช้าง

Ko Chang (Elefanten-Insel), die zweitgrößte Insel des Landes, liegt im Südosten des Golfs von Thailand, im Grenzgebiet zu Kambodscha. Sie ist 30 km lang, 8 bis 13 km breit und bis zu 744 m hoch. Der Regenwald im Inneren wirkt wild und undurchdringlich, Wolken durchwabern ihn häufig. In den Bergen leben Wildschweine, Affen und Schlangen. Der Wald gilt als einer der am besten erhaltenen in Südostasien. Nur an den Küsten und in den Tälern liegen einige kleine Dörfer, deren Bewohner (ca. 3000) vom Fischfang oder vom Anbau von Kokosnüssen und Gummibäumen leben.

1982 wurden das gesamte Bergland von Ko Chang und 46 kleinere Inseln zum Ko Chang National Marine Park erklärt. Bis 1987 kamen nur wenige Touristen auf die Insel. Aber in jüngster Vergangenheit hat eine rasante touristische Entwicklung stattgefunden, deren Höhepunkt noch längst nicht erreicht ist.

Nach dem wirtschaftlichen Aufschwung in Thailand leisten sich seit der Jahrtausendwende immer mehr Thais einen Wochenend- oder Kurzurlaub. Gerne fahren sie mit dem eigenen Wagen auf die Insel, die schon von drei Autofähren bedient wird. An den Feiertagen wird Ko Chang geradezu überrannt, i.b. über Silvester. Thais haben eine etwas andere Vorstellung von Urlaub als westliche Touristen und genießen vorzugsweise die Ostküste der Insel.

Die Regierung erschließt die Inseln systematisch für den First-Class-Tourismus. Viele Resortbetreiber wurden mit günstigen Krediten animiert, ihre alten Hütten abzureißen und zu einem vielfachen Preis Komfortübernachtungen zu schaffen. Der Ministerpräsident, der auf Ko Chang angeblich selbst ein Resort besitzt, hat bereits einige hundert Millionen Baht für die Infrastruktur locker gemacht. So wurde Ko Chang ans Stromnetz angeschlossen, ein Pier gebaut und ein gut funktionierender Fährbetrieb eingerichtet. Die Uferstraße ist zweispurig asphaltiert, und ein Seekabel fürs Telefon wurde gelegt. Der östliche Teil der Insel wurde speziell für Thai-Urlauber erschlossen. 2004 hatte der Bauboom seinen Höhepunkt, wobei zunehmend in die Infrastruktur investiert wurde. Neben vielen Einkaufspassagen, Bars und Restaurants wurde auch ein Flughafen auf dem Festland gebaut. Er ist optisch stark an den schönen Flughafen

Trat, Ko Chang, Ko Kut
Chantaburi
Bo Rai
Sor Saen Tung II.
Ban Saen Tung
Khao Saming
3197
3156
3
P.J. Villa Bungalow
Hotels
3271
Noen Sai Holiday
KAMBODSCHA
AIRPORT
Trat
T.K.K. Bungalow
Tha Chek
Ao Tan Ku Resort
Trat River
Guest-house
Center Point Pier
The Cam Ping
3148
318
TAN KU BEACH
Thammachat Pier
Laa Chaa
KO CHANG NOI
Krom Luang Pier
Laem Ngop
Ban Laem Klat
Ao Sapparot
Laem Ngop Resort
Ban Saphan Hin
Klong Son
Dan Kao
Laem Po
Suan Pu
Dan Mai
Than Mayom
WHITE SAND BEACH
Wasserfall
Khlong Phang
Laem Thean
Ao Cho
Had Muk Kaew Resort
Laem Sok
KLONG PRAO BEACH
Klong Prao
Wasserfall
KO LIM
SAINGAM BEACH
KAI BAE BEACH
Salakkok
KO CHANG
744
Salak Phet
TUB TIM BEACH
Bang Bao
KO MAI SI LEK
s. Detailkarte Ko Chang
LONG BEACH
KO NGAM
Resort
Mai Rut
KO LAO YAI
KO MAI SI YAI
BAN CHUEN BEACH
KO CHANG
Resort
Bungalows Khlong Yai, Ban Hat Lek
MARINE
KO KHLUM
Pakarang Resort
NATIONAL
KO WAI
KO MAI DANG
Ko Wai Paradise
PARK
KO KRADAAT
KO KHAM
Ko Kradat Resort
KO KRA
Resorts
KO RANG
KO MAK
KO RAYANG NOK
Tha Kalapangha
s. Detailkarte Ko Mak
KO MAI SI
AO SALAT
TA TIN BAY
Übernachtung:
1 Ko Kood Laguna
2 Ko Kut Sai Kao Resort
3 Captain Hook Resort
4 Koh Kood Cabana
5 Peter Pan Resort
6 Klong Chao Resort
7 Ngam Ko Resort
8 Klong Hin Hut Resort
9 Aow Prao Beach Resort
10 Ko Kood Resort
KO RAETO
Ban Klong Mat
Wasserfall
N
Ban Klong Chao
AO KLONG CHAO
Wasser-fall
AO YAI
KO KUT
PRAO BEACH
LAEM TIEN
0 5 10 15 20 km

auf Ko Samui angelehnt. 2005 machte Ko Chang guten Umsatz, es profitierte vom Tsunami an der Andamanensee. Auch für 2006 sind viele Hotels durch umgeleitete Pauschaltouristen ausgebucht.

Sehr wohlhabende, einflussreiche Thais investieren in Ko Chang, die Grundstückspreise schießen in die Höhe. So entstehen zwangsläufig, auch ohne Druck der Regierung, Resorts im oberen Preisniveau, die sich nur Leute mit viel Geld leisten können. Trotzdem bleiben noch immer preiswerte Unterkünfte erhalten, in denen sich einige Traveller wohlfühlen. Andere Traveller klagen über stark erhöhte Preise, vor allem am Wochenende, mangelnden Service und Unfreundlichkeit sowie unhygienische Verhältnisse, vor allem in den sanitären Anlagen. Auf Grundstücken, deren Pacht demnächst abläuft, wird nicht mehr renoviert, eine Verlängerung der Pacht können sich die Betreiber billiger Unterkünfte nicht leisten. Viele Unterkünfte nehmen übers Wochenende keine westlichen Touristen auf.

Übernachtung und Essen

An allen Stränden sind die Bungalows mit eigener Du/WC und elektrischem Licht ausgestattet, bei gehobenen Preisen (400–600 Baht). Auch die Preise der besseren Bungalows (600–1200 Baht) sind in der Regel höher als in Süd-Thailand. Wenn Thais an den Festtagen auf die Insel strömen, schießen die Preise in die Höhe, viele der über 120 Unterkünfte sind bereits ab dem späten Vormittag belegt, und an den Stränden werden Zelte aufgestellt.
Fast alle Anlagen haben ein Restaurant, das „Thai-Farang-Essen“ (verwestlichtes Thai-Essen) bietet, andernfalls weisen wir darauf hin. Super und günstig isst man in den Garküchen am Straßenrand.

Sonstiges

BIKES – Es gibt überall gute neue Bikes zu mieten. Am Ende von White Sand sogar Shopper und Offroad-Bikes. Fast jedes Resort vermietet eigene Bikes, überwiegend 110- bzw. 125 ccm Viertakter für 200–250 Baht, bei Langzeitmiete Rabatt. Viele Vermieter verlangen nach einem Unfall zu dem Reparaturpreis noch einen Unfall-

Übernachtung:

KLONG SON:
1 Premvadee Resort
2 Manee Gh., Garden Lodge, Aiyapura Resort & Spa
3 Jungle Way Bungalows

WHITE SAND BEACH:
4 White Sand Beach Resort
5 Maylamean Bungalow, Rock Sand Bungalow, Star Beach Bungalows, Pen's
6 K. C. Sand Beach
7 Yakah, Palm Garden, Sangtawan Resort
8 Jinda,
9 Koh Chang Lagoon Resort
10 Tantawan, Bamboo Bungalow
11 Apple Resort, Ban Pu Koh Chang Hotel, Alina Resort, Ban Thai
12 Sai Rung, Island Lodge, No Name, Harmony
13 Sirin Gh., Koh Chang Grand View Resort,
14 Koh Chang Hillside Hotel
15 Plaloma Cliff Resort, Koh Chang Hut (Hati's Place), Top Resort,
16 Buddy House
17 Remark Cottage Resort, Saffron on the Sea, Enjoy Resort, Paradise Palms Resort Penny's Bungalow
18 Ko Chang Resortel, Sunrise Bungalows, Northern Lights, Ban Nuna Apartment

LAEM CHAI CHET:
19 Chai-Chet Resort, Royal Coconut Resort
20 Boutique Resort, Coconut Beach Bungalows, Ko Chang Paradise Resort

HAT KLONG PRAO:
21 Koh Chang Resort
22 Klong Prao Resort, Iyara Resort
23 Klong Plu Hut

KLONG MAKOK BEACH:
24 Thale Bungalows, Panviman Kohchang Resort
25 K.P. Resort, Barali Beach Resort Ko Chang Tropicana

26 Blue Lagoon, Amari Emerald Cove Resort
27 Grand Cabana, Magic Resort, Chokdee Bungalow

KAI BAE BEACH:
28 Koh Chang Cliff Beach, Chang Park Resort,
29 Casamarina Gh.
30 Coral Resort, Nang Nual Bungalow
31 Kai Bae Hut
32 Kai Bae Beach Bungalows, K.B. Bungalow Resort, Mam Kai Bae Beach Resort
33 Porn's Bungalow, Sea View Resort
34 Siam Bay Resort

THANAM BEACH:
35 Siam Beach Resort, Nature Beach Resort, Bhumiyama Beach Resort, Siam Hut

BAILAN BEACH:
36 Sunset Hut, Bailan Hut, Maggies Place
37 The White House, Bailan Beach Resort

BANG BAO:
38 Gästehäuser, Captain Thums & Paradise, Sea Bird, Bang Bao Sea Hut, Ko Chang Hill Resort, Cliff Cottages
39 Koh Chang Bang Bao Resort
40 Dragon House

KLONG KLOI BEACH:
41 Koh Chang Grand Lagoona

SALAKPET:
42 Gästezimmer, Koh Chang Island View Resort
43 Ko Chang Marena

JEKBAE:
44 Playtalay Resort,
45 Rommai Chailay Resort Kalang Bay View

LONG BEACH:
46 Tree House Lodge

TANTAWAN:
47 Haad Sai Yao Resort, Tantawan Bungalows

OSTKÜSTE:
48 Chanakarn Resort
49 Funny Hut
50 Koh Chang Cabana
51 Ao Sapparot Camp & Resort

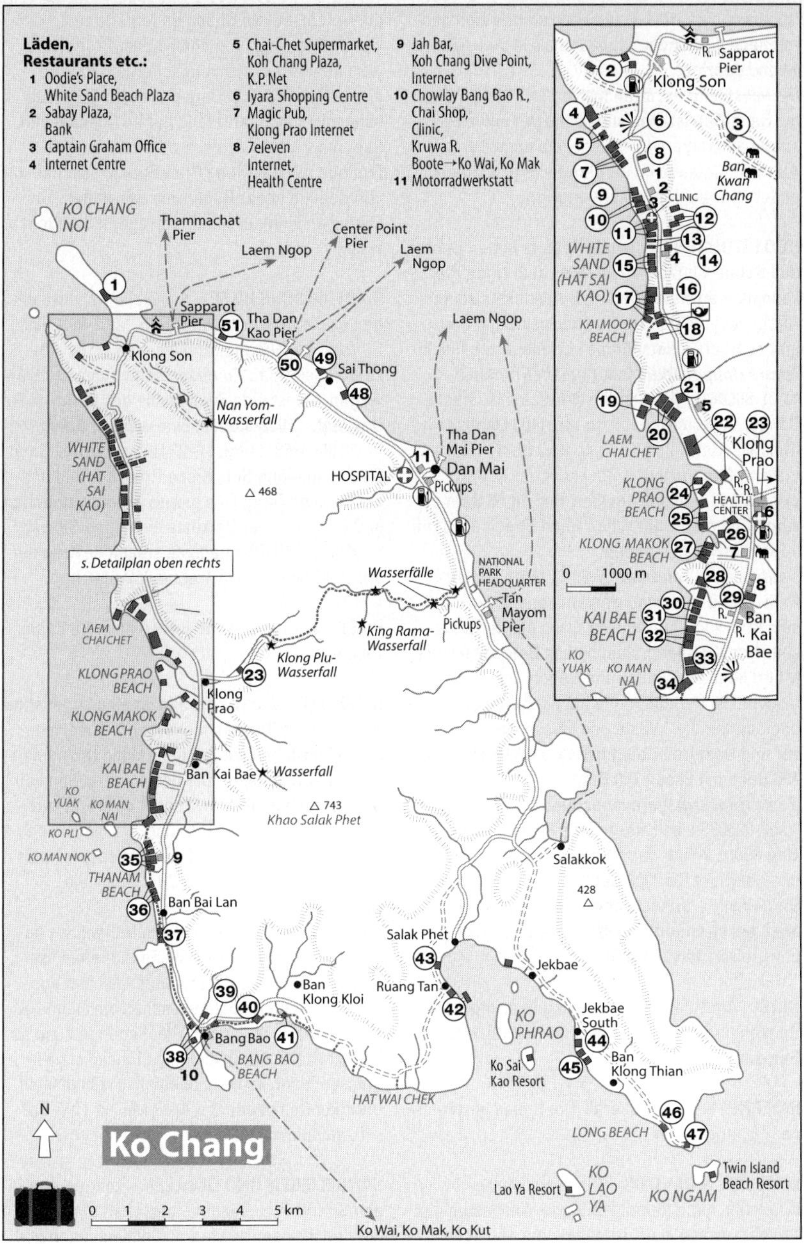
Läden, Restaurants etc.:
1 Oodie's Place, White Sand Beach Plaza
2 Sabay Plaza, Bank
3 Captain Graham Office
4 Internet Centre
5 Chai-Chet Supermarket, Koh Chang Plaza, K.P. Net
6 Iyara Shopping Centre
7 Magic Pub, Klong Prao Internet
8 7eleven Internet, Health Centre
9 Jah Bar, Koh Chang Dive Point, Internet
10 Chowlay Bang Bao R., Chai Shop, Clinic, Kruwa R. Boote→Ko Wai, Ko Mak
11 Motorradwerkstatt
KO CHANG NOI
Thammachat Pier
Laem Ngop
Center Point Pier
Laem Ngop
Sapparot Pier
Tha Dan Kao Pier
Klong Son
Sai Thong
Nan Yom-Wasserfall
Laem Ngop
Tha Dan Mai Pier
HOSPITAL
Dan Mai
Pickups
WHITE SAND (HAT SAI KAO)
468
s. Detailplan oben rechts
NATIONAL PARK HEADQUARTER
Wasserfälle
Tan Mayom Pier
Pickups
King Rama-Wasserfall
LAEM CHAICHET
Klong Plu-Wasserfall
KLONG PRAO BEACH
Klong Prao
KLONG MAKOK BEACH
KAI BAE BEACH
Ban Kai Bae
Wasserfall
KO YUAK
KO MAN NAI
743
Khao Salak Phet
KO PLI
KO MAN NOK
THANAM BEACH
Ban Bai Lan
Salakkok
428
Salak Phet
Ruang Tan
Jekbae
Ban Klong Kloi
Bang Bao
BANG BAO BEACH
KO PHRAO
Jekbae South
Ko Sai Kao Resort
Ban Klong Thian
HAT WAI CHEK
LONG BEACH
N
Ko Chang
0 1 2 3 4 5 km
Ko Wai, Ko Mak, Ko Kut
Lao Ya Resort
KO LAO YA
KO NGAM
Twin Island Beach Resort
Sapparot Pier
Klong Son
Ban Kwan Chang
CLINIC
WHITE SAND (HAT SAI KAO)
KAI MOOK BEACH
LAEM CHAICHET
Klong Prao
KLONG PRAO BEACH
HEALTH CENTER
KLONG MAKOK BEACH
0 1000 m
KAI BAE BEACH
Ban Kai Bae
KO YUAK
KO MAN NAI

Obulus von ca. 1000 Baht. Werkstätten sind ausreichend vorhanden und auch bis in den späten Abend geöffnet.
Die Westseite mit ihren Kurven und Steigungen bis Bang Bao ist eine super Strecke und zweispurig asphaltiert. Vorsicht: viele enge Kurven! Auch die Ostseite ist durchgehend asphaltiert, endet aber am Pier von Ruang Tan.

BOOTSTOUREN – Fast alle Resorts bieten Boots- und Schnorcheltouren an. Am Laem Ngop Pier kann man an vielen Stellen Bootstickets kaufen. Auch am Ende des Touristendorfes Bang Bao gibt es Bootstickets für die vorgelagerten Inseln.
Island Hopper Tours (mit *Captain Graham),* ✆ 01-8650610, ✉ islandho@tr.ksc.co.th, macht Schnorcheltouren nach Ko Wai (400 Baht), Ko Mak (600 Baht) und Ko Rang (900 Baht). Abfahrt in Bang Bao um 9 Uhr, Rückkehr um 17 Uhr, Zubringer mit dem grün-gelben Taxi für 50 Baht ab *Apple Bungalow* am White Sand Beach um 8 Uhr oder unterwegs stoppen.
Captain Dam Tourboat, ✆ 09-5216516, macht Halb- und Ganztagstouren auf vorgelagerte Inseln bzw. zu Schnorchelrevieren auf der Westseite von Ko Chang. Sein blaues Boot mit leisem Motor liegt am White Sand Beach. Das Boot fasst ca. 30 Personen und hat sehr gute Schnorchelausrüstung, Weste und Flossen inkl., Wasser und Obst frei. Halbtagstour 9–13 Uhr für 200 Baht, mit Essen 250 Baht.
Sao's Boat Trip (Vorausbuchung bei Frau Sao, ✆ 09-0360350, im *Fisherman's Restaurant* oder *Ban Nuna,* White Sand Beach). Zweitagestrip mit Partyboot für 2000 Baht *all inclusive*, Essen, Bier, Wisky + Schnorcheln + Fischen usw. Es soll auch bei strengen Trinkern keine Engpässe geben – also Party extrem!

GELD – Am White Sand Beach gibt es mehrere Banken direkt an der Straße und ausreichend Geldautomaten.

INTERNET – gibt es überall. Die Preise betragen ca. 1 Baht pro Min.

MALARIA, MOSKITOS – Moskitos werden bei Windstille nach Regen zur Plage. Ansonsten gibt es sehr wenige. Laut Tropeninstitut Tübingen ist die Gefahr, auf Ko Chang an Malaria zu erkranken, sehr gering. Von chemischer Prophylaxe wird abgeraten. Mechanischer Schutz wird empfohlen (s.S. 23). Dagegen berichten Deutsche, die schon jahrelang auf Ko Chang leben, über mehrere an *Malaria tropica* erkrankte Freunde, i.b. am Klong Prao Beach, anscheinend vorwiegend in der Regenzeit. Bei akutem Fieber kann man sich auf Malariaerreger untersuchen lassen.

MEDIZINISCHE HILFE – Am White Sand Beach gibt es die ***International Clinic,*** ✆ 01-8633609, 💻 www.kohchanginterclinic.com, 🕓 tgl. 10–20 Uhr, beim *Ban Pu Resort*, mit neuem Krankenwagen. Sie ist eine Zweigstelle des Bangkok Trat Hospital, ✆ 039-532735. Eine weitere ***Clinic,*** ✆ 01-8658358, 🕓 tgl. 17–22 Uhr, am White Sand Beach. In Klong Son, Klong Prao, Kai Bae und am Pier von Bang Bao gibt es **Krankenstationen**, in Dan Mai an der Ostküste ein neues ***Hospital,*** ✆ 039-521660. Das nächste staatliche **Krankenhaus** befindet sich in Trat, ✆ 039-511040.

POST – Am White Sand Beach beim *Ko Chang Resortel.*

REISEZEIT – Von Okt bis Jan ist eine angenehme Reisezeit. Im Dez/Jan muss man 2–4 mal mit Kälteeinbrüchen mit heftigem Wind rechnen (jeweils 4–5 Tage lang). Die beste Zeit ist von Feb bis Mai. Schon ab März regnet es öfters kurz, besonders im Südteil der Insel, im Mai schon täglich und es ist sehr schwül! Während der Regenzeit von Juli bis Sep/Okt sind viele Bungalowanlagen geschlossen.
Vom 20.12. bis ca. 5.1. sind alle Bungalows belegt, da Thais hier ihre Weihnachtsferien verbringen. Ein freies Bett zu finden, ist fast aussichtslos, daher möglichst schon am Flughafen buchen. Auch an langen Wochenenden und zu Songkran (13. April) kommen Einheimische in Massen, dann kann es ebenfalls Probleme mit Unterkünften geben. Im April/Mai ist Thai-Saison, ab Juni wird es ruhig.

SANDFLIEGEN UND QUALLEN – können an einigen Stränden zu bestimmten Zeiten unerträglich werden. Es kann zu starken Entzündungen und allergischen Reaktionen kommen. Sandfliegen sind besonders am Klong Prao Beach eine echte Plage, dagegen hilft evtl. *Skin-So-Soft* von *Avon,* gegen Quallenausschlag als Erste-Hilfe-Maßnahme Essig oder Zitronensäure.

SCHNORCHELN – An allen Stränden werden Ausflüge mit dem Boot angeboten. Die besten Inseln zum Schnorcheln sind Ko Khlum (Ko Kum) und Ko Kra (nördlich von Ko Rang). Vorsicht: An einigen Stellen werden allein fürs Schnorcheln 200 Baht verlangt!

SEGELTOUREN – ***Thida Yachting,*** ✆ 01-8337673, 💻 www.sailing-in-thailand.com.
Ko Chang Island View Resort, in der Salak Phet-Bucht, ✉ info@erlebnisreisen-thailand.de, ✆ 09-1552669, 💻 www.erlebnisreisen-thailand.de, bietet Segeltörns mit eigenen Jachten.

STRÖMUNGEN – In der Monsunzeit, in unseren Sommermonaten, können an den Stränden gefährliche Strömungen auftreten. Am White Sand Beach und Thanam Beach sind schon Touristen ertrunken. Deshalb wird mit Schildern am Strand gewarnt: „Bei hohen Wellen Baden verboten".

TAUCHEN – Auf Ko Chang operieren viele Tauchschulen. Sie unterscheiden sich nur wenig in den Angeboten und haben an jedem Strand ihre Stützpunkte, z. B.:
Ko Chang Dive Point, beim *Nature Bungalow,* Lonely Beach, ✉ arnhelm@gmx.de, geleitet von Willi und Werner aus Kempten.
Seahorse Divecenter, ✆ 01-9967147, 💻 www.ede.ch/seahorse, beim *Kai Bae Hut.*
Paradise Scuba Divers, ✆ 01-2914732, ✉ kaybrunkau@yahoo.com, am White Sand Beach, Pickup von jedem Resort.
Eco-Divers, ✆ 01-9836486, 💻 www.ecodivers.co.th, hat ein eigenes Resort südlich White Sand am Hang mit Meersicht.
Gutes Tauchen ermöglichen einige korallenüberzogene Unterwasserfelsen in Tiefen von 10–25 m.

TOURIST POLICE – Im *Iyara Shopping Centre* in Klong Prao, ✆ 01-9828381, 01-7510058.

Nahverkehrsmittel

Umgebaute weiße Pickups, Jeeps und relativ teure Motorradtaxis haben den Transport entlang der Ost- und Westküste sowie zu den Piers übernommen.
Das volle Pickup (ca. 12 Pers.) kostet von jedem Pier nach White Sand Beach 30 Baht, weiter südlich 40–70 Baht p.P.
Zum Thanam Beach (70 Baht) geht es bis zur *Siam Hut,* wo man von den südlichen Resorts abgeholt wird. Die Pickups fahren auch in der Dunkelheit von Strand zu Strand für 30–50 Baht.
Vorsicht: Schwarze Schafe gibt es immer noch, dann besser auf die nächste Mitfahrgelegenheit warten!
Nach Ban Bang Bao kostet die Fahrt gegen 16 Uhr 80 Baht. Ansonsten wird das Pickup selten voll, so dass hohe Charterpreise zu zahlen sind.
Vom Tha Dan Mai Pier bzw. vom Than Mayom Pier fährt das Pickup gegen 14 Uhr nach Salak Phet für 40 bzw. 30 Baht, nach Ruang Tan für 10 Baht mehr.

Transport

BOOTE – Vom Centerpoint Pier und von den Thammachat Piers auf dem Festland fahren 3 **Autofähren** alle 30 Min. bis 19 Uhr nach KO CHANG zum Ao Sapparot Pier und zu den Dan Kao Piers für 30 Baht p.P., Motorrad 120 Baht, Auto 150 Baht (inkl. Fahrer, hin und zurück) in 25–45 Min. Zurück geht es von 8–18.30 Uhr ca. alle 30 Min.
Vom Krom Luang-Pier fährt ein **Passagierboot** stdl. von 9–17 Uhr zum Dan Kao Pier für 50 Baht in 45 Min.
Vom Laem Ngop-Pier fahren jeden Werktag um 13 Uhr **Passagierboote** nach DAN MAI (30 Min., 30 Baht) und THAN MAYOM (45 Min., 30 Baht), zurück werktags um 16 Uhr.
Zu den **südlichen Inseln** geht es u.a. mit dem *Island Hopper* von Captain Graham, ✆ 01-865 0610, ✉ islandho@tr.ksc.co.th, ab Bang Bao tgl. um 9 Uhr: nach KO WAI für 200 Baht, KO MAK 300 Baht und 2x pro Woche nach KO KUT für 500 Baht. Zubringer mit dem grün-gelben Taxi für 50 Baht ab *Apple Bungalow* am White Sand

Beach um 8 Uhr oder unterwegs stoppen. Bei der Rückfahrt am Nachmittag sollte man am Pier auf sich aufmerksam machen, sonst legt das Boot evtl. nicht an.

BUSSE – Aus der Khaosan Rd. fahren ac-Busse zum Center Point Pier von 7–8 Uhr für 180–250 Baht in 5–6 Std., zurück um 12 Uhr. Vom Ekamai Bus Terminal in Bangkok fahren ac-Busse direkt zum Festland-Pier um 7.30 und 9.30 Uhr für 200 Baht in 4–6 Std., zurück um 14 und 16 Uhr.

MINIBUSSE – Von BANGKOK kommen viele Traveller direkt von der Khaosan Rd. mit einem Ko Chang ac-Minibus für 250–300 Baht bis zum Pier am Festland, hin und zurück 500 Baht; Abfahrt von 7– 9 Uhr, Ankunft ca. 12–15 Uhr. Zurück in die Khaosan Rd. um 11 Uhr für 270 Baht in 6 Std. Ein ac-Minibus fährt von PATTAYA (8 Uhr, 400 Baht) und BAN PHE (Ko Samet, 11 Uhr, 300 Baht) in 4 bzw. 2 1/2 Std., zurück um 13 Uhr.

FLÜGE – Von BANGKOK zum Flugplatz Trat fliegt ***Bangkok Air***, ✆ 039-525299, mit kleinen Propellermaschinen je nach Saison 4x wöchentl. bis 3x tgl. für ca. 1960 Baht, Informationen und problemlose Ticket-Buchung unter 💻 www.bangkokair.com. Der schöne Flugplatz, ✆ 039-525767, ist eine Attraktion. Er liegt nahe an den Fähren. Transfer per Minibus für 240 Baht (inkl. Fähre) zu allen Resorts auf Ko Chang.

Klong Son

Das typische Thai-Dorf liegt am nördlichsten Ende der Insel in einer tiefen Bucht, die als Fischerhafen dient. Durch die Palmen hindurch kann man das Meer auf der östlichen Seite der schmalen Halbinsel sehen. Am Sapparot-Pier gibt es frischen Fisch zu kaufen.

Im Ort findet man einige Nudelstände und ein kleines Hospital. Vom Dorf führt eine schöne Wanderung zum **Nan Yom-Wasserfall** (1/2 Tag).

Übernachtung

Manee Gh. ②, ✆ 01-8632108, 20 einfache Bungalows ohne Du/WC, die mit Stegen verbunden sind, auf einer Betonplattform im Wasser zwischen Mangroven. Zufahrt von der Dorfkreuzung zum Meer vor dem Tempel links, angenehme Traveller-Atmosphäre, Bootstouren; Rabatt bei längerem Aufenthalt. ❷

Garden Lodge ②, ✆ 01-8634090, 5 hübsche Zi mit Fan und Bad in großem Haus, tropischer Garten. ❷

White Sand Beach (Hat Sai Kao)

Der gut 2 km lange, schöne Sandstrand wird durch einige Felsen im Norden aufgelockert. Im Hinterland ragen steile Berge mit dichtem Regenwald auf, der teilweise bis ans Meer reicht. An kleinen Bächen entlang kann man ein wenig hinaufwandern, um etwas Dschungelgefühl zu schnuppern. In der Mitte liegen einige wenige Fischerhütten, das Dorf **Ban Hat Sai Kao**.

Der immer noch schöne Strand wurde fast völlig zugebaut, viele Palmen mussten weichen, vor allem im mittleren und südlichen Teil stehen die Bungalows dicht auf dicht. Auch in zweiter Reihe hinter der Straße stehen schon Anlagen und Apartmenthäuser. Der Geräuschpegel hat zugenommen, vor allem am Wochenende sind Ruhesuchende vor Techno-Gedröhn nicht sicher. Discos und Amüsierbars finden hier ihr Publikum. Leute, die das Nachtleben lieben oder abends gerne noch etwas bummeln gehen, fühlen sich hier wohl.

Auch am Strand, der bei Flut recht schmal werden kann, herrscht reges Leben. Bei Ebbe ist er breit genug zum Fußball spielen. Strandverkäufer, Masseusen, Nagelpflegerinnen und Zöpfchenflechter bieten ihre Dienste an. Bei Ebbe und Flut kann man im klaren Wasser gut schwimmen. In der Monsunzeit können sich jedoch gefährliche Strömungen bilden. Das Sonnenbad wird nur selten von Sandfliegen verleidet. Problematisch sind die vielen Hunde, die ihren Kot auf dem Strand hinterlassen, und die ungehemmte Entsorgung des Abwassers, das manchen Strandabschnitten einen unangenehmen Geruch verleiht.

Die Straße vom Pier windet sich über den steilen Hügel, von dem man am chinesischen Tempel eine tolle Aussicht hat, in die Ebene herunter und kommt auf 40–100 m an den Strand heran.

Übernachtung

In den 50 Anlagen gibt es nur noch wenige einfache Bungalows. Immer mehr bessere Unterkünfte entstehen, die einige Möbel, Klimaanlage und TV bieten. Nahezu überall stehen die Bungalows extrem dicht aufeinander. Die meisten Palmen sind abgeholzt, Schatten spenden nur noch wenige Laubbäume. Einige Anlagen sind in der Regenzeit von Juli bis Nov geschlossen, die anderen geben hohen Rabatt. Auch bei längerem Aufenthalt sollte man einen Rabatt gewährt bekommen. Die Anlagen hinter der Straße haben z.T. doppelt so guten Service zum halben Preis.

Von Nord nach Süd liegen am Strand entlang:

White Sand Beach Resort ④, ✆ 01-8637737, 🖳 www.whitesandbeachresort.com, ganzjährig geöffnete, riesige Anlage am schönen, 200 m langen, ideal abfallenden Sandstrand. Unterschiedliche Bungalows aller Kategorien, viele Ausländer, auch Familien. Die Anlage wirkt ungepflegt. Steile Zufahrtsstraße, nur für geübte Motorradfahrer. Der Fußweg am Strand ist mit Gepäck beschwerlich. Transfer mit eigenem Boot. ❸–❺

Maylamean Bungalow ⑤, ✆ 09-519 2204, ✉ neung08@hotmail.com, wenige gemütliche Bungalows, manche mit Meerblick, durch Holztreppen miteinander verbunden, Hängematten; Musikbar. ❸

Rock Sand Bungalow ⑤, ✆ 039-551456, urig gestaltete Anlage mit 15 bunten Holzbungalows, in die Felsen gebaut, Musikbar. ❸–❺

Star Beach Bungalows ⑤, ✆ 01-9402195, ✉ starbeachbungalows@hotmail.com, wenige Holzhütten am Felsen, unter Thai- holländischer Leitung. ❸

Sangtawan Resort ⑦, ✆ 09-0923500, sterile Steinbungalows in Reih und Glied, laute Live-Musik von *Oodie's Place*, Motorrad 250 Baht/Tag; kleines Restaurant. ❸

Auf der Landseite der sich vom Hügel herunterwindenden Straße liegen:

Jinda ⑧, ✆/📠 01-8620853, 17 sehr kleine, heruntergekommene Bungalows mit Fan. ❸

Der folgende, sehr schöne Strandabschnitt weist feinen, hellen Sand auf. Die Straße verläuft bis zu 100 m entfernt im Landesinneren.

Koh Chang Lagoon Resort ⑨, ✆ 01-8631530, gut ausgestattete ac-Zi im Haupthaus und z.T. renovierungsbedürftige Häuschen; Restaurant zurückversetzt, ganzjährig geöffnet; Minimarkt, Autovermietung. ❹–❺

Jenseits der Straße liegen:

Sai Rung ⑫, ✆ 01-8296721, ✉ schmidti@tr.ksc.co.th, 🖳 www.Kohchang-Hotels.com, 7 nette Bambusbungalows mit Fan und Du/WC, z.T. für Familien, am Hügel in einem kleinen Tal, unter Leitung von Klaus Schmidtpeter und seiner Frau. Gutes Essen, auch deutsche Schnitzel. ❸

Island Lodge ⑫, ✉ islandlodge@hotmail.com, ✆ 01-0003938, Anlage von Mr. Graham von *Island Hopper*, ca. 250 m von der Straße am Hang. ❷

Am steinigen Strand:

Ban Pu Koh Chang Hotel ⑪, ✆ 01-8637314, 🖳 www.banpuresort.com, viele Bungalows und Hotelgebäude in sehr gepflegter Anlage mit vielen Blumen, kleiner Pool; beliebt bei älteren Touristen. Kein Sandstrand, bei Ebbe schaut man auf Steine, und es kann unangenehm riechen. ❻

Alina Resort ⑪, 🖳 www.alinaresort.tripod.com, ✆ 01-8630543; großes Haus mit 20 ac-Zimmern sowie Bungalows mit Fan oder ac in unterschiedlichen Größen, eine große Wohnung mit Kühlschrank und TV ❻, alles sauber und gepflegt. Restaurant mit sehr gutem, preiswertem Essen, nettes Personal. ❹–❺

Sirin Gh. ⑬, 01-8271326, 7 Zi im Reihenhaus mit Fan oder ac auf schmalem Grundstück; Motorräder 300 Baht/Tag; unter Thai-deutscher Leitung. ❸–❹

Koh Chang Grand View Resort ⑬, ✆ 01-863 7802, mit Steinen und Beton befestigter Strand, Steingungalows in breiter, recht großzügiger Anlage unter jungen Palmen und Laubbäumen; Restaurant (⏲ 6–22 Uhr), Bootsausflüge, Schnorcheln; freundlicher Betreiber Mr. Pook. ❸–❺

Koh Chang Hillside Hotel ⑭, ✆ 039-551242, 2- und 3-stöckige Hotelgebäude um den Pool herum, Zi mit Balkon und Meerblick. ac ❺

Plaloma Cliff Resort ⑮, ✆ 039-551119, ✉ plalomacliff@hotmail.com, 🖳 www.plalomacliff.thai.li, sehr sauberer, gepflegter, tropischer Garten über den Klippen, kein Sandstrand, 29 große, gemauerte Doppel-Bungalows, schöne Zi; Rund-Restaurant und Swimming Pool mit Blick aufs Meer, gutes Personal. Motorradvermietung, Geldwechsel, schweizer Management, ganzjährig geöffnet. Gutes Preis-Leistungs-Verhältnis. ❹, ac ❺

Koh Chang Hut (Hati's Place) ⑮, ✆ 07-0550695, ✉ travelman@gmx.net, geräumige, saubere Zi

mit kleiner Terrasse, auf Wunsch ac; romantisches Restaurant mit Blick aufs Meer, Sunset Cocktailbar; durch Felsen abgeschirmter, steiniger Strand, unter Thai-deutscher Leitung. ❷–❸
Top Resort ⑮, ✆ 039-551364, gut möblierte Hotelzimmer und Bungalows. ❹, ac ❺

Hat Kai Mook (Pearl Beach), steinig:
Remark Cottage Resort ⑰, ✆ 039-551261, 💻 www.remarkcottage.com, 7 schöne, kleine Bungalows aus Naturmaterialien, nettes Restaurant, kleiner Pool aus Holz und Plastik, schöner Palmengarten, sauber, Strand aufgeschüttet, im Wasser Steine, bei Ebbe Baden nicht möglich, deutsche Bücher im Office. ❺–❻
Buddy House ⑯, auf der anderen Seite der Straße, einige Bungalows auf Stelzen am Hang mit Fan und Du/WC, relativ einfach und preiswert. Der Besitzer spricht gut Englisch. ❷–❸
Saffron on the Sea ⑰, ✆ 039-5512355, 💻 www.saffrononthesea.com, wenige nett eingerichtete Räume in unkonventionell gestalteten 1- bis 2-stöckigen Bungalows direkt am Meer. ❸, ac ❺
Paradise Palms Resort ⑰, ✆ 09-0946023, wenige komfortable Bungalows in kleinem, gepflegtem Garten direkt am Meer in ruhiger Lage; UBC TV mit 60 Programmen, unter Leitung des Engländers Matt. Sehr steil abfallender Steinstrand, etwas Sand wurde aufgeschüttet, gut zum Schwimmen und Schnorcheln. Kaffee, Tee und Schnorchelausrüstung frei. ac ❺
Penny's Bungalow & Resort ⑰, ✆ 01-5959750, 💻 www.penny-thailand.com, ac-Bungalows mit TV, Pool, kein Strand. ac ❺
Sunrise Restaurant & Bungalows ⑱, ✆ 01-8615540, wenige Bungalows unter Thai-deutscher Leitung, Bar, gute Bikes. ❷–❸
Northern Lights ⑱, ✉ northernlights@thailand.com, Komfortbungalow, Motorräder. ❸–❺
Ban Nuna Apartment Haus ⑱, ✆ 01-8214202, 💻 www.koh-chang.de; mehrere 30-m²-Apartments, Terrasse mit Meerblick, sehr ruhig und abgeschieden, kein Strand, geleitet von Nuna und Harald. Im *Ban Nuna Restaurant* melden. ❹

Essen und Unterhaltung

Es gibt sehr viele Restaurants, deren Qualität wechselt. Für jeden Geschmack und Geldbeutel lässt sich etwas Passendes finden. Beliebt sind die kleinen Fisch-Restaurants am Strand.
Im ***Alina*** gibt es es außer günstigen, leckeren muslimischen Gerichten auch billiges Bier.
Hati's Restaurant im *Sabay Plaza* serviert neben Thai-Essen auch leckere deutsche Gerichte, deutsches Bier und Schwarzbrot. Gepäckaufbewahrung, Internet mit Highspeed-Sateliten-Verbindung. Hati hilft gerne bei allen Problemen.
Ban Nuna, ✆ 01-8214202, das Restaurant erfreut sich zunehmender Beliebtheit. Nicht nur das Thai-deutsche Essen wird gelobt, auch die Pizza und die gut gemixten Drinks.
Es gibt einige **Bars** am Strand und an der Straße, die Bars vor den nördlichen Felsen sind nur zu Fuß erreichbar.

Sonstiges

BÜCHER – Gut sortierter Buchladen gegenüber vom *Ban Pu Hotel*, auch Ankauf von gelesenen Büchern.

EINKAUFEN – Das Nötigste gibt es in den meisten Bungalowanlagen. Zudem mehrere Minimärkte und etwas größere Shopping Centers. Wochenmarkt jeden Sa schräg gegenüber vom *Plaloma Cliff Resort*.

INFORMATIONEN – im Web: 💻 www.whitesandsthailand.com

Nahverkehrsmittel

TAXIS – Die Taxifahrer haben das lukrative Geschäft fest in der Hand. Wer von außerhalb nach White Sand Beach will, muss für Hin- und Rükkfahrt 500 Baht bezahlen, dafür wird man auch wieder abgeholt. Eine Einzelfahrt ist kaum zu bekommen.

PICKUPS – fahren von 7–17.30 Uhr bis zum Kai Bae Beach Pier für 40 Baht. Ab Sonnenuntergang ist es etwas teurer.

Nördlicher Klong Prao Beach

Der 4 km lange Sandstrand (oft auch: *Klong Plao*) wird durch die Flussmündung des Klong Prao in zwei Teile gespalten und im Norden vom Felsvorsprung Laem Chai Chet begrenzt. Vor allem im mittleren Teil ist der Strand extrem flach und das Wasser nicht so sauber.

Hier verbringen gerne ältere Pauschaltouristen ihren Urlaub, Thai-Gruppen zelten an langen Wochenenden am Strand, viele Traveller fühlen sich hier nicht wohl. Eine echte Plage sind die aggressiven Sandfliegen von *Chai Chet* bis *Fisherman's Camp* an der Flussmündung. Die Einkaufsmöglichkeiten befinden sich gegenüber der Zufahrtsstrasse zu *Chai Chet Bungalow*.

Bei Ebbe kann man den Fluss zu Fuß überqueren. Zum **Klong Prao-Wasserfall** (auch: Klong Plu-Wasserfall) führt eine Betonstraße. Sie endet an der Zahlstelle des Nationalparks (Eintritt 200 Baht, feilschen kann lohnen) mit bewachtem, gebührenpflichtigen Parkplatz. An der Brücke gibt es ein Motorradtaxi (50 Baht), und es werden Kanus vermietet. Ein Dschungelpfad führt zum etwa 22 m hohen Wasserfall, der in eine enge Schlucht stürzt. Gegen die Strömung kann man bei ausreichend Wasser bis zum Fuße des Wasserfalls schwimmen. Ein Pfad rechts am Fall vorbei führt in 10 anstrengenden Minuten zum Beginn des Wasserfalls (feste Schuhe erforderlich). Oben hat man einen herrlichen Blick bis zum Meer. In den kleinen Wannen kann man stundenlang relaxen. Engagierte Dschungelwanderer können sich in 2–5 Tagen am Fluss entlang über den Berg bis zum **Than Mayom-Wasserfall** an der Ostküste durchschlagen.

Übernachtung

LAEM CHAI CHET – Auf der Felsnase liegt das ***Chai-Chet Resort*** ⑲, ✆ 01-8623430, schöne Anlage unter Palmen, kein Sandstrand, komfortable Steinbungalows, z.T. schöne Sicht, freundliche Leute. Brücke über den Fluss zum Strand. ❸, ac ❹

Boutique Resort & Health Spa ⑳, ✆ 09-9386403, schöne kleine First Class-Anlage mit rustikalen, kleinen ac-Bungalows zwischen viel Grün direkt an der Straße, hübsches Spa, gediegene Atmosphäre, beliebt bei älteren Pauschaltouristen. ❹–❻

Coconut Beach Bungalows ⑳, ✆ 01-9493232, 💻 www.coconutbeachbungalows.com, ausgedehntes Grundstück mit geräumigen, eng stehenden Bungalows sowie Hotelgebäude. Hier fühlen sich ältere Ehepaare wohl. ❹–❻

Ko Chang Paradise Resort ⑳, ✆ 039-551100, 💻 www.koh-changparadise.com, sehr saubere Anlage mit großen und kleineren Bungalows, Zelt ❸, freundliches Personal. Am Strand hohe Palmen und ein Beach-Restaurant, ⌚ 7–22 Uhr. ❻

HAT KLONG PRAO – ***Koh Chang Resort & Spa*** ㉑, ✆ 039-529000, 💻 www.kohchangresort.20m.com, schöne Anlage mit Hotel und Bungalows mit ac, TV und Mini-Bar, diesseits und jenseits der Straße, gutes Restaurant, kleiner Pool. Eigene Fähre jede volle Stunde vom Center Point Pier. ❻

Iyara Resort ㉒, ✉ kohchangiyara@mweb.co.th, 💻 www.koh-chang.com/iyararesort, ✆ 01-982 8381, exklusive Anlage im Thaistil an der Lagune, schön in die Natur integriert, 10 sehr schöne Zi; der Besitzer ist ein ehemaliger Windsurf-Champion, der allerlei Wassersport anbietet. ❻

Klong Makok Beach (südlicher Klong Prao Beach)

An diesem noch sehr ruhigen Strandabschnitt liegen die Anlagen weit auseinander, der Strand wirkt naturbelassen und friedlich. Mit dem Motorrad ist er in 10 Min. vom White Sand Beach zu erreichen, zu Fuß in 2 Std.

Die Häuser des Dorfes **Ban Klong Prao** stehen zum Großteil auf Pfählen im Fluss. Aber auch hier hat der Fortschritt Einzug gehalten: Supermärkte, Karaoke-Bars, das *Iyara Plaza* mit zum Teil klimatisierten Läden, Motorradwerkstätten und Tankstellen.

Übernachtung

Hier gibt es noch Resorts mit Traveller-Atmosphäre, allerdings schieben sich schon First Class-Resorts dazwischen.

Panviman Kohchang Resort ㉔, ✆ 01-2120750, ✉ booking@panviman.com, exklusive First-Class-Anlage im malaiischen Stil. Eng stehende, luxuriös eingerichtete Bungalows ohne Meerblick, Pool, Restaurants. Vorwiegend skandinavische Pauschaltouristen. ❽

Daneben eine kleine Strandbar.

K.P. Resort ㉕, ✆ 01-7617579, große, naturbelassene Anlage mit viel Freiraum unter Palmen, 34 Hütten und bessere Bungalows, 2 große Bungalows für 4–8 Pers. ❷–❸

Barali Beach Resort ㉕, 💻 www.barali-beachresort.th66.com; sehr gepflegte Anlage mit vielen exotischen Blütenpflanzen, zuvorkommendes und hilfsbereites Management, üppiges Frühstücksbuffet. ❼–❽

Blue Lagoon ㉖, ✆ 01-9400649, Bungalows mit Fan und Du/WC, schön gelegen an der nicht gerade einladenden Lagune. Schattiger Garten mit vielen Moskitos, Restaurant, Kochkurse; viele junge Traveller; zum Strand geht es über einen langen Steg. ❷

Magic Resort ㉗, ✉ magicresort_kc@yahoo.com, ✆ 01-8614829, am schmalen Sandstrand unter Palmen, Bungalows mit Fan und Du/WC sowie 6 ac-Bungalows, gutes Restaurant auf Pfählen über dem Strand; Speedboot. Viele Thai-Touristen, die mit eigenem Wagen anreisen. ❸, ac❺

Kai Bae Beach

Der bei mittlerem Wasserstand optisch ansprechende, lange Strand wird von z.T. überhängenden Palmen und Laubbäumen gesäumt. Die Hügel im Hinterland bedeckt dichter Dschungel. Drei Inseln sind malerisch vorgelagert. Am nördlichen und südlichen Ende ist bei Flut vom Strand nichts mehr zu sehen, bei tiefer Ebbe zieht sich das Wasser hingegen weit zurück (bis zu 300 m). Beim Versuch, Schwimmtiefe zu erreichen, hat sich so mancher an Korallenschrott und spitzen Steinen schon die Füße aufgerissen. Schnorcheln kann man hervorragend an der Insel vor dem Strand.

Übernachtung

Auf einem recht schmalen Landstreifen stehen sehr viele Bungalows, daher ist es hier nicht besonders ruhig. Die meisten Anlagen sind ganzjährig geöffnet.

Koh Chang Cliff Resort ㉘, ✉ cliffbeach@hotmail.com, 💻 www.kohchangcliffbeach.com, ✆ 01-9455827; 33 große Luxusvillas am nördlichen Hang mit toller Meersicht; kastellartiges Restaurant mit Bar und Pub auf dem Hügel mit fantastischer Aussicht, gediegene Atmosphäre, formale Kleidung nach 18 Uhr; guter Pool, Schnorcheln direkt vor der Anlage möglich. Bei Voranmeldung Transfer vom Bangkok Airport. ❼–❽

Chang Park Resort ㉘, ✆ 01-8532572, 💻 www.changpark.co.th, um eine Lagune herum gebaute, gestylte Anlage mit schönen Gärten bis zum Meer, saubere Bungalows, Villen mit eigenem Pool und Hotelgebäude, große Häuser mit mehreren Schlafzimmern. Camping, großes Restaurant. An der Straße davor viele Restaurants und Bars. ❻–❽

Coral Resort ㉚, ✆ 039-557136, ✉ coralresort@hotmail.com, viele große, gemauerte Bungalows am steinigen Ufer mit Fan und Du/WC, einige Palmen, Camping, Pool; Restaurant mit französischen Gerichten, Internet, unter Thai-französischer Leitung. Schöne Aussicht, der Strand wurde mit Steinen aufgeschüttet. ❸–❺

Casamarina Gh. ㉙, ✆ 039-557027, 💻 www.casamarina-kohchang.com; auf der anderen Straßenseite neben 7eleven, saubere Zi mit Terrasse in gepflegtem Innenhof. Ed und sein Personal geben sich viel Mühe. ❸, ac ❹

An der folgenden Küste gibt es kaum Sandstrand:

Kai Bae Beach Bungalows ㉜, ✆ 01-9497287, 💻 www.kaibaebeach.com, Holz- und Steinbungalows mit großer Glasfront und unterschiedlicher Ausstattung, auch Familienbungalows ❺, großes Restaurant, Motorrad 250 Baht. ❹, ac ❺

Mam Kai Bae Beach Resort ㉜, ✆ 039-557060, 💻 www.mankaibae.com, einfache und bessere Bungalows sowie Hotelgebäude. ❹, ac ❺

Porn's Bungalow ㉝, ✆ 09-0998757, 20 alte Matten-Bungalows mit Thai-WC, Bar mit Aussichtsplattform, ungepflegtes Restaurant. ❸

Sea View Resort ㉝, ✆ 039-551148, von Sandsäcken geschützter Strand, große, gepflegte Anlage, viele Pflanzen und schöner Rasen, auch große Familienhäuser; gutes Restaurant am Wasser. Minibus-Service, Ausflüge, Buchausleihe. Bei Thais, Pauschaltouristen und Individualreisenden gleichermaßen beliebte Anlage. ❺–❼

Siam Bay Resort ㉞, ✆ 01-9224495, 33 Bungalows, z.T. aus Naturmaterialien und nicht sehr sauber, mit Fan und Du/WC am steilen Hang; Restaurant am Ufer, schöner Blick. ❸–❹

Thanam Beach (Lonely Beach)

Seit es die Straße gibt, wird der schöne Dschungelpfad vom Kai Bae Beach über den Hügel zum malerischen **Thanam Beach** kaum noch benutzt (30 Min.). Dieser Strand ist bei Ebbe und Flut gut zum Schwimmen geeignet. In der Monsunzeit können gefährliche Strömungen auftreten. An diesem früher einsamen Bilderbuchstrand entstanden viele Bungalowanlagen. Abends herrscht am Strand eine tolle Atmosphäre mit lauter Musik, tagsüber wirkt er häufig verschmutzt. Im südlichen Teil ist der Strand steinig und von Mangroven durchsetzt.

Die Straße nach Süden verläuft steil und kurvenreich durch den Dschungel, ist aber zweispurig asphaltiert und mit Leitplanken versehen. Die Zufahrtswege zu den Resorts sind teilweise schlecht bis gefährlich.

Die Straße führt an schönen Buchten vorbei nach Bang Bao. In der nächsten Bucht liegt der **Bailan Beach**.

Übernachtung

THANAM BEACH – ***Siam Beach Resort*** ㉟, ✆ 01-7825030, große Anlage am herrlichen Strand unter Palmen und am steilen Hang mit guter Sicht, große Hütten aus Naturmaterialien mit Moskitonetz, großer Veranda, Fan und Du/WC; großes, etwas unsauberes, teureres Restaurant mit lauter Musik. Abholung vom Pier bei Voranmeldung. Hier kam es mehrfach zu Diebstählen. Hohe Parkgebühren am kleinen Parkplatz. ❷

Nature Beach Resort ㉟, ✆ 039-511331, am schönen Strand unter Palmen, stabile, saubere Holzhütten direkt am Strand mit Du/WC, im Hinterland weitere Hütten, Camping 70 Baht; unter Leitung von Arnold Kübler. *Nature Bar* und gutes Restaurant. ❶–❸

Bhumiyama Beach Resort ㉟, ✆ 039-558067, 🖳 www.BhumiyamaBeachResort.com, luxuriöses Hotel und komfortable Bungalows in großer Anlage mit Pool, meistens Thai-Touristen. ❻–❼

Siam Hut ㉟, 77 Bungalows aus Naturmaterialien im schattenlosen Garten und am Strand, alles recht eng, aber ordentlich. ❷–❹

Bailan Beach

Diese Bucht sieht weniger attraktiv aus. Ein steiniger Strand und einige schmale Sandabschnitte bestimmen das Bild. Die älteren Anlagen wirken verwahrlost, die unbefestigten Anfahrtswege sind versandet. Es gibt einige neue Anlagen. Nur wenige Gäste finden hierher. An der Straße befinden sich einige kleine Restaurants und eine Motorradvermietung.

Übernachtung

Sunset Hut ㊱, ✆ 01-8187042, 15 Naturbungalows am Strand, mit und ohne Du/WC, Restaurant; beliebt bei jungen Travellern, gute Atmosphäre. Motorrad 400 Baht/Tag. ❶–❸

Bailan Hut ㊱, ✆ 070-280796, wenige eng stehende Mattenbungalows in familärer Traveller-Anlage ohne Strand. Restaurant auf Pfählen im Wasser mit viel gelobten Thai- und westlichen Gerichten, Bar mit guter Musik. Tik und ihr Rasta-Mann kümmern sich liebevoll um die Gäste. Abholservice vom Taxihalteplatz bei *Siam Hut*, ansonsten nicht leicht zu finden. Es werden Schnorchel- und Dschungeltouren angeboten. ❷

Maggies Place ㊱, ✉ Maggies125@hotmail.com, ✆ 01-8741151, einige Bungalows um das Restaurant auf hohen Pfählen. Besitzerin Maggy schwebt in Selbstherrlichkeit, wenige Gäste, langer Weg zum Strand. ❸

The White House, ㊲ ✆ 039-558112, viele kleine Bungalows im Palmengarten sowie im Haupthaus Zi mit Balkon, Fan oder ac, Pool bis direkt an den schmalen Strand. ❸–❺

Bang Bao

Dieser kleine Ort im Südwesten ist auf der Asphaltstraße gut zu erreichen. Schon allein die Fahrt durch Berge und Täler ist eine Reise wert. Das touristisch ausgebaute Fischerdorf auf Pfählen wirkt nicht überlaufen und hat doch einiges zu bieten, wie preiswerte, urige Restaurants, kleine Bars und eine Bäckerei. Die Häuser stehen auf Pfählen im Wasser und sind über viele Laufstege miteinander verbunden. Am Pier warten viele Boote, die zu den vorgelagerten Inseln oder zum Schnorcheln fahren.

Der **Bang Bao Beach** wirkt als Strand steinig und wenig attraktiv. Bei Ebbe liegt ein großer Teil der Bucht fast trocken und der Müll unter den Häusern kommt zum Vorschein. Der **Klong Kloi Beach** wird als Privatstrand des *Ko Chang Grand Lagoona* genutzt.

Übernachtung

BANG BAO – ***Gästehäuser*** im Pfahldorf: Alle Übernachtungsmöglichkeiten sind relativ teuer und entsprechen weniger dem Traveller-Geschmack. ❷–❸

Captain Thums & Paradise ㊳, z.T. kleine, nette Bungalows auf Stelzen im Wasser. ❷

Ko Chang Hill Resort ㊳, wenige Bungalows in einem Garten am Hang etwas außerhalb des Dorfes. ❹

Bang Bao Sea Hut ㊳, ✆ 012850570, 💻 www.bangbaoseahut.com, am Ende des Stegs, grüne Holzbungalows, mit Stegen verbunden. ❹–❺

BANG BAO BEACH – ***Dragon House*** ㊵, ✆ 01-9450498, 21 Bambushütten mit und ohne Du/WC, Terrassen-Restaurant mit Thai-Essen. Sehr ruhige Lage abseits vom Strand, steiler Anfahrtsweg. Hier fühlen sich Traveller und alleinreisende Frauen wohl; Schnorcheltouren. ❷–❸

KLONG KLOI BEACH – ***Ko Chang Grand Lagoona*** ㊶, ✆ 039-501065, 💻 www.grandlagoona.com, Hotelanlage mit umgebauten Dschunken. Das Herzstück ist ein vierstöckiges schwimmendes Hotel-Schiff mit Restaurant und Konferenzräumen, das zuvor in Kambodscha und Vietnam vor Anker lag, Privatstrand, Eintritt 100 Baht. ❼–❽

Essen

Chowlay Bang Bao Restaurant in Bang Bao, auf Stelzen gebautes Lokal mit guter Aussicht, bei Einheimischen und ansässigen Europäern sehr beliebt. Man kann lebende Fische aus Aquarien aussuchen und nach Wunsch zubereiten lassen. Frischer geht es nicht.

Das ***Kruwa Bang Bao*** hat ein ähnliches Angebot, Cocktail-Bar, Sonnendeck.

Im ***Chai Shop*** gibt es Tee aus aller Welt.

Transport

Zu den **südlichen Inseln** fährt der *Island Hopper* von Captain Graham, ✉ islandho@tr.ksc.co.th, ✆ 01-8650610, tgl. um 9 Uhr: nach KO WAI für hin und zurück 500 Baht, KO MAK hin und zurück 700 Baht und 2x pro Woche nach KO KUT für 500 Baht.

Im Fischerdorf gibt es Boote zu mieten, ein kleines kostet 300 Baht für 3 Std., ein größeres mit Dach 500 Baht.

Die Südküste

Am hervorragenden **Hat Wai Chek** gibt es keine Unterkunft und kein Essen. Hier leben nur einige Kokosnuss-Farmer.

Die **Salak Phet Bucht** im Südosten der Insel entwickelt sich zum Ausgangspunkt zu den vorgelagerten Inseln des Ko Chang National Parks. Hier liegt das Dorf **Ruang Tan**, auch *Homestay-Village* genannt. Familien bieten Fremdenzimmer in ihren Häusern an, die z.T. auf Stelzen im Wasser stehen. Beliebt ist die Bay, dank ihrer Lage, bei Seglern. Draußen in der Bucht steht ein komfortables Resort mitten im Wasser, das *Ko Chang Island View Resort*. Das letzte Stück der Ringroad von Salak Phet nach Bang Bao über Ruang Tan und Hat Wai Chek wird in Kürze fertiggestellt.

Im traditionellen Fischerdorf **Salak Phet**, am Anfang der Bucht, gibt es hervorragendes Seafood.

Jekbae ist ein Fischerdorf, in dem auch Kokosnuss- und Kautschukfarmer leben und einige Resorts angesiedelt sind.

Am idyllischen **Long Beach** kann man zeitweise schwimmen. Bei Ebbe zieht sich das Meer einige hundert Meter zurück.

Tantawan erreicht man auf der neu gebauten Straße zum Südostzipfel. Dort gibt es einige Stellen, die gut zum Schnorcheln geeignet sind.

Übernachtung und Essen

SALAK PHET-BUCHT – In der tiefen Bucht gibt es nur wenige Unterkünfte:

Homestay ㊷, verschiedene Häuser in **Ruang Tan** vermieten Gästezimmer, sie werden in den Shops und Restaurants angeboten. ❷–❹

Ko Chang Island View Resort ㊷, ✆ 09-1552669, ✉ info@erlebnisreisen-thailand.de, 🖳 www.erlebnisreisen-thailand.de, außergewöhnliches Resort mitten in der malerischen Bucht von Salak Phet, auf massiven Stelzen gebaut, durch einen 100 m langen Steg mit dem Land verbunden. 10 komfortable ac-Zi mit traumhaftem Blick auf die vorgelagerten Inseln, Restaurant mit frischen Meeresfrüchten und internationaler Küche. Vermietung von Segeljollen und Seekanus; Sportfischen, Tauchen, Segeltörns, Inseltouren. Unter Thai-deutscher Leitung, sehr gutes Preis-Leistungs-Verhältnis. ❹

Ko Chang Marina ㊸, ✆ 039-237374, sterile Steinbungalows am Hang, Seafood-Restaurant und Segelbootverleih. ❹

Salak Phet Seafood und ***Saeng Aroon Kitchen***, am Ende der Straße, servieren frischen Fang auf einer Plattform im Wasser; Shop, Bootsausflug zu Stränden auf vorgelagerten Inseln möglich.

Rommai Chailay ㊺, auf der anderen Seite der Bucht am Ende der Straße, Bungalows unter Palmen.

LONG BEACH – Hierher umgezogen ist das ***Tree House Lodge*** ㊻, ✆ 01-8478215, neue, einfache Bambus- und Palmblatthütten, schön gestaltete Gemeinschafts-Du/WC, gemütliches Restaurant auf Holzplattform, Sonnenterrasse, viele Bücher. Die beliebten Besitzer vom Lonely Beach verbreiten auch hier echte Traveller-Atmosphäre. ❶–❷

TANTAWAN – ***Haad Sai Yao Resort*** ㊼, kleine, sehr einfache Bungalows mit und ohne Du/WC, kleines Restaurant. ❶–❸

Tantawan Bungalows ㊼, einige einfache Bretterhütten auf Felsen, gutes Seafood. ❷

Aktivitäten

SEGELN – ***Ko Chang Island View Resort***, ✆ 09-1552669, ***Ko Chang Marina***, ✆ 039-237374, und ***Salak Phet Seafood***, ✆ 039-553099, vermieten Jollen oder bieten Segeltouren an.

TAUCHEN – ***Atlantis Adventures***, ✆ 06-6093934, ✉ Qatartime@hotmail.com.

Transport

Minibusse fahren von Center Point und Ao Sapparot für ca. 100 Baht nach Salak Phet. Es gibt Boote zu den Stränden und Inseln zu chartern, was um die 2000 Baht pro Tag kosten dürfte.

Die Ostküste

Salakkok ist ein originales Thai-Dorf mit einem der besten Mangrovenwälder in Thailand. Zwischen den Häusern kann man sich nur per Boot fortbewegen. Die nächste Unterkunft liegt in Jekbae.

Ungefähr in der Mitte der Ostküste von Ko Chang liegt **Than Mayom** mit dem *Headquarter* des Nationalparks. Die Attraktion ist der **Than Mayom-Wasserfall**, (Nationalparkeintritt 200 Baht), der auf einem Dschungelpfad in etwa 10 Minuten vom Strand aus erreichbar ist. In zwei Pools kann man schwimmen. Auf der rechten Seite führt ein schwieriger, abenteuerlicher Pfad zu zwei weiteren Wasserfällen hinauf.

Der dritte heißt **King Rama-Wasserfall**. Er wird von den Einheimischen als der erste bezeichnet. In 2 bis 5 Tagen können sich engagierte Regenwald-Wanderer zur Westküste durchschlagen. Das Meer ist hier schlammig und nicht zum Baden geeignet. Das kleine *Tourist Center* ist recht informativ. Ein Relief der Inselwelt gibt einen guten Eindruck von ihrer Vielfalt.

Dan Mai ist ein Fischerdorf an der Ostküste mit großem Pier. Hier gibt es Lebensmittel, Getränke und Treibstoff sowie eine kleine Motorradwerkstatt.

Übernachtung

Die **Strände** an der Ostküste wirken auf westliche Touristen wenig attraktiv. Die Unterkünfte werden hauptsächlich von Thai-Touristen an Wochenenden und Feiertagen frequentiert. Es gibt ca. 10 Bungalowanlagen, bei einigen kann man auch campen, z.B.:

Ao Sapparot Camp & Resort ㊿, ✆ 01-9114595, wenige unterschiedliche Bungalows mit Du/WC zwischen vielen Grünpflanzen, Camping 100 Baht. Strand mit gelbem, grobkörnigem Sand. ❸–❹

Ko Mak เกาะหมาก

Die „Betelnuss-Insel" ist eine flache Insel mit seichten Buchten und schönen, weißen, aber schmalen Stränden. Eigentlich besteht sie aus vier Halbinseln, die sich von Ost nach West über 7 km, von Nord nach Süd über 5,5 km ausdehnen.

Auf der westlichen Halbinsel erhebt sich ein Höhenzug mit zwei Gipfeln. Rotbraunes Lavagestein tritt an vielen Stellen zu Tage und bildet im Meer schöne „Badewannen". Auf der Insel werden Kokospalmen und Gummibäume intensiv angebaut. Im Zentrum der Insel befindet sich ein richtiges Dorf mit Schule und Gesundheitsstation, ansonsten gibt es nur kleine Häuseransammlungen. Ständig leben nur 420 Menschen auf der Insel. An der Südostseite ragt der Ao Nid Pier in die Bucht. Fußpfade und betonierte Fahrwege (für Traktoren und Jeeps) durchziehen die Insel.

Die Strände vor den Bungalowanlagen sind zwar sehr schön, aber es gibt viele Sandfliegen und zeitweise angeschwemmter Müll. Schnorcheln und Tauchen ist im Südwesten und Norden gut bis akzeptabel. Mehrere ganz kleine Inseln sind vorgelagert. Noch immer finden nicht allzu viele Touristen auf diese entspannend einsame Insel. In der Regenzeit sind fast alle Anlagen geschlossen.

Ko Kham

Diese herrliche, private Südseeinsel mit tollem Sandstrand und herrlichen Felsen hängt westlich vor der Nordspitze von Ko Mak. Bei tiefer Ebbe ist sie über eine Sandbank mit Ko Mak verbunden. Ein Denkmal erinnert an einen französischen Arzt, der hier wirkte. Vom Sunset Point kann man schöne Sonnenuntergänge erleben. Die tiefen Brunnen liefern für intensiven Tourismus zu wenig Wasser.

Übernachtung

KO MAK – Ein zentraler Generator verteilt auf alle Anlagen Strom von 10–2 Uhr. Es gibt kaum Bungalows mit Klimaanlage.

Ko Mak Resort ②, ✆ 039-597296, 🖳 www.KohMakResort.com, schöne, aber etwas ungepflegt wirkende Anlage im Nordwesten. Viele unterschiedliche Bungalows mit Du/WC, die jeden zweiten Tag gereinigt werden; 2 Restaurants und Minimarkt. In der Regenzeit geöffnet und extrem günstig; Tauchschule. ❸–❹

Koh Mak Fantasia ④, ✆ 09-9906333, unter Palmen hinter der Lagune am selben Strand, direkt am Wasser und Hang verschiedene, oft muffige Bungalows mit und ohne Du/WC, alle mit Moskitonetz. Preisgünstiges Restaurant an der Lagune, davor eine Mauer, die vor Überflutung schützen soll. ❶–❷

Ko Mak Cococape Resort ③, ✆ 01-8102679, 🖳 www.makisland.com; schöne, aus Naturmaterialien gebaute Bungalows am und im Meer zwischen Mangroven, bessere mit ac am Hang (ab 2300 Baht), angenehme Umgebung. Pool, Boots-Restaurant, Bootssteg. ❹, ac ❺

Holiday Beach Resort ⑤, ✆ 01-9023179, angenehme, sehr ruhige Gartenanlage, nette, unterschiedliche Bungalows ohne Fan, mit und ohne Du/WC, schöne Sicht auf die vorgelagerten Inseln; gutes, aber nicht billiges Essen im einfachen Thai-Stil-Restaurant; flacher Strand mit vielen Steinbrocken. Als Paket viel teurer. ❷

T.K. Hut ⑥, ✆ 039-521631, qualitativ gute Bungalows aus Stein und Naturmaterialien, werden ständig erneuert. Ungepflegter Strand, gut zum Baden. Restaurant mit Fassbier, Internet, unter deutscher Leitung. ❸

Monkey Island Resort ⑥, ✆ 01-3739961, 🖳 www.monkeyislandkohmak.com, Bungalows im balinesischen Stil mit und ohne Bad, wenig Schatten, köstliche Küche; Internet. ❸–❹, ac ❺

Baan Ko Mak ⑦, saubere Bungalows mit schönem Bad, freundliche Leute. ❹

Ao Kao Resort ⑧, ✆ 039-501001, schöne Anlage unter Palmen, einfache Hütten z.T. ohne und gute Bungalows mit Du/WC, die teureren sehr schön und komfortabel, bei längerem Aufenthalt Rabatt. Gutes, rundes Restaurant am Meer, gemütliche Bar; freundliche Leute, die sich um Pattaya-Atmosphäre bemühen. Der Strand eignet sich bei Flut bedingt zum Schwimmen, am Hausriff lässt es sich nett schnorcheln, Tauchschule. Anmeldung in Pattaya unter ✆ 038-225263. ❸–❹

Lazy Days Resort ⑨, durch den Bach vom *Ao Kao Resort* getrennt, große Anlage unter Palmen, einfache Mattenhütten; gutes Essen; sehr locker geleitet von einer großen Familie; Masken

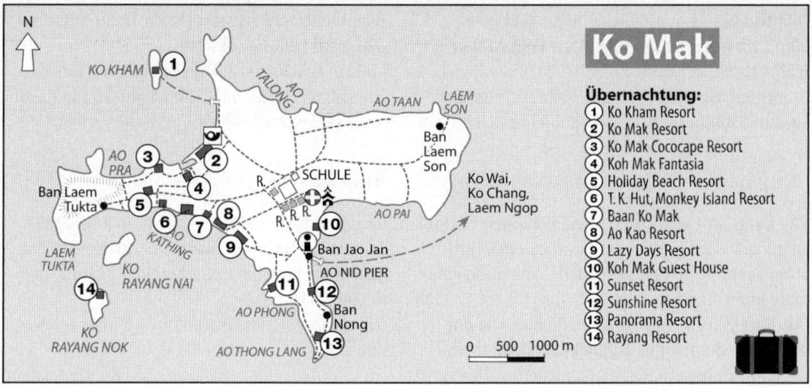

und Schnorchel zu mieten (100 Baht/Tag), Abholung vom Pier in witzigem Holzauto. ❷

Sun Set Resort ⑪, wenige Bungalows mit und ohne Du/WC an der Felsen- und Mangrovenküste, kein Strand, Hippie-Atmosphäre. ❷

Panorama Resort ⑬, großes Resort für Thai-Touristen, komfortable Bungalows an einem kleinen Strand, als Paket buchbar. ❹

Koh Mak Gh. ⑩, ✆ 039-501064, nördlich vom Pier, einfache Hütten, mehrere Schlafsäle und Restaurant. ❶

KO KHAM – ***Ko Kham Resort*** ①, ✆ 01-3031229, 039-501144, 💻-www.kohkhamisland.com. 28 einfache Bambushütten mit herrlicher Outdoor-Gemeinschaftsdusche, einige bessere Bungalows mit Du/WC auf Stelzen, gut für Familien geeignet, freundliche Leute, gut Englisch sprechender Besitzer, Generatorstrom ab 19 Uhr; das Wasser für die sanitären Anlagen kommt täglich per Boot von Ko Mak; gutes Essen, allerdings nicht immer ausreichend verfügbar, Schnorchelausrüstung wird vermietet. Geöffnet von Nov–April, in der Regenzeit vorher anrufen. Wer vorbucht, wird mit Privatboot vom Festland abgeholt. ❸–❹

Essen

Alle Anlagen haben Restaurants mit ähnlichen, nicht überhöhten Preisen.

Im Dorf in der Mitte von Ko Mak gibt es zwei einheimische Restaurants mit billigem, sehr gutem thailändischem Essen; 10–30 Minuten zu Fuß von den Bungalows entfernt.

Sonstiges

BÄCKEREIEN – Die Franzosen vom ***Silver Wind Wassersport*** backen morgens frische Baguettes für 20 Baht.

Bäckerei, Boutique und Souvenirladen von Jens und Lutz neben *Ao Kao Resort.*

BIKES – Im ***Ko Mak Resort*** Motorräder für 350 Baht, Fahrräder für 150 Baht.

INTERNET – In verschiedenen Resorts für 2–5 Baht/Min.

POST – Beim ***Ko Mak Resort,*** auch Telefon- und Fax-Service – Verbindung ist nicht sicher.

SANDFLIEGEN – sind an manchen Strandabschnitten eine echte Plage. Dagegen hilft evtl. *Skin-So-Soft* von *Avon* oder das lokale Kokosöl, das in allen Anlagen verkauft wird. Im Dorfladen wird eine pinkfarbene Paste aus Muscheln und Korallen hergestellt, die die entzündeten Sandfliegenbisse schnell abklingen lässt.

WASSERSPORT – ***Silver Wind*** zwischen *Ko Mak Resort* und *Fantasia* vermietet Windsurfer, Kanus und Schlauchboot. Auch werden dort Touren und Schnorcheltrips angeboten.

TAUCHEN – ***Lagona Divers*** im *Ko Mak* und *Fantasia Resort*. Kurs zum *Open Water Diver* 11200 Baht.
Paradise Divers im *T.K. Hut*, freitags Schnuppertauchen, unter deutscher Leitung.

Transport

Mit dem Boot vom LAEM NGOB PIER um 15 Uhr in ca. 3 1/2 Std für 220 Baht, zurück um 8 Uhr. Vom Laem Ngob Pier 2x tgl. mit dem neuen Fährboot in 2 1/2 Std.
Am Pier warten die Traktoren oder Jeeps der Resorts – da heißt es schnell entscheiden, in welcher Anlage man die erste Nacht verbringen will.
Nach KO CHANG direkt gelangt man mit dem *Island Hopper* von Captain Graham, ✆ 01-865 0610, für 300 Baht, nach KO WAI und KO KUT für 200 Baht; er fährt nach Bedarf zum Ko Mak Resort (übers Resort anmelden lassen).

Ko Wai เกาะหวาย

Die recht große Insel mit vier Hügeln, vier Resorts, Kokos- und Gummiplantagen besitzt mehrere kleine Strände. Sie eignet sich sehr gut zum Entspannen und zum Schnorcheln auf der Nordseite. Die Korallen wachsen schon in 6 m Tiefe, allerdings sind viele bereits abgestorben. Achtung vor Seeigeln! Von Juni bis Oktober sind alle Anlagen geschlossen. Beim *Paradise* gibt es einen Weg auf die Südseite.

Übernachtung

Koh Wai Paradise, ✆ 039-597031, billige Hütten, bessere Bungalows und größere für Familien an einem 800 m langen, schönen Strand, gutes Restaurant, idyllische Anlage, viele Verbotsschilder und lästige Hunde. ❶–❸
Good Feeling Gh., ✆ 01-8503410, einfache, saubere Hütten ohne Du/WC am Strand und am Hang, Familienhaus, preiswertes Essen, freundliches Personal; direkt am Hauptpier. Strand davor vermüllt, aber sehr gutes Schnorcheln. ❷
Pakarang Resort, ✆ 01-9832098, im Osten der Insel, in der Nähe von Pier Nr.2. Holzhütten mit Blechdach, mit und ohne Strom, sowie bessere Bungalows, preiswertes Essen; unter Thai-französischer Leitung. ❷–❸
Ko Wai Resort, am 3. Pier, Bungalows und Restaurant am Hügel. Bei Ebbe ist der Strand davor nicht sehr schön. ❷

Transport

Ab LAEM NGOB PIER um 15 Uhr in 2 1/2 Stunden für 130 Baht zum Hauptpier auf Ko Wai mit Zwischenstopp bei Bedarf an Pier 2 und 3, zurück um 8 Uhr.
Island Hopper nach Ko Chang, Ko Mak und Ko Kut.

Weitere Inseln vor Trat

Die folgenden Inseln sind touristisch erschlossen. Übernachten in den teuren Anlagen ist nur möglich, wenn man die Unterkunft zuvor bucht und die Besitzer ein Boot bereitstellen. In der Regel logieren hier nur Thai-Gruppen. Auf allen Inseln wird über Stechmücken, Sandfliegen und Quallen geklagt.

Ko Phrao Nai – Ko Phrao Nok

Zwei kleine, geschützt gelegene Inseln in der Bucht von Salak Phet; Wasser kommt in einer Leitung von Ko Chang. Beide Inseln sind bewohnt. Auf Ko Phrao Nok gibt es ein Resort.

Ko Lao Ya

Die kleine, attraktive Insel mit weißen Sandstränden, kristallklarem Wasser und schönen Korallen liegt so geschützt, dass sie ganzjährig besucht werden kann. Für 200 Baht kann man in Salak Phet ein Boot hierher chartern. Es gibt ein Resort.

Ko Ngam

Die kleine Insel liegt an der Südostspitze von Ko Chang. Die sehr tiefe Bucht im Süden sieht sehr schön aus, ist aber zum Baden nicht gut geeignet, dafür soll Schnorcheln vor der Südspitze möglich sein. Mit Taxi-Boot von Tantawan zu erreichen (ca. 300 m). Es gibt eine First-Class-Anlage.

Ko Kradaat

Ko Kradaat (Papier-Insel) ist eine sehr flache, fast vollständig mit Kokospalmen bewachsene und von

Korallen umgebene Privat-Insel. Gutes Schnorcheln vor allem im Süden und Westen. Außer den Plantagenarbeitern wohnen keine Einheimischen hier. Es gibt eine First-Class-Anlage.

Ko Rang

Auf der steilen, unbewohnten Insel ohne Trinkwasser, mit mehreren Buchten und vielen Inselchen drum herum werden Schwalbennester geerntet, Schildkröteneier und Fledermauskot gesammelt. Ausflügler angeln am Wochenende gerne vor der Insel. Eindrucksvolle Felsformationen unter Wasser und Korallen in größeren Tiefen bilden ein fantastisches Schnorchel- und Tauchrevier, das mit den Tauchschulen zu erreichen ist.

Ko Kut

Eine recht große, gebirgige Insel, die östlichste von Thailand, mit vielen Dörfern an der Küste. An der Ost- und Westseite liegen schöne Buchten, zum Teil mit Stränden. Die Buchten im Osten sind tief eingeschnitten, aber schlammig.

Einige Wasserfälle machen die Insel besonders attraktiv: der **Klong Chao-Wasserfall** in der Nähe vom *Peter Pan Resort* hat einen herrlichen Pool zum Schwimmen, auch der Pool des etwas kleineren **Nam Tok Klong Yai** beim *Captain Hook Resort* ist lohnenswert. Im Nordwesten liegt der **Wasserfall Than Sanook**. Durch den Dschungel führen etliche Pfade und eine Straße. Viele der Einheimischen leben vom Schmuggel mit Kambodscha. Es gibt mehrere teure Anlagen mit Bungalows für Thai-Gruppen. Malaria ist stark verbreitet.

Echte Inselfreaks können sich auch an kaum erschlossenen Inseln wie **Ko Mai Dang** und **Ko Mai Si Lek** versuchen, aber das kann ins Geld gehen.

Übernachtung

KO PHRAO – ***Ko Sai Kao Resort,*** ✆ 039-511824, 📠 511429, 63 Luxus-Bungalows mit ac, Paket ab 1500 Baht p.P.

KO LAO YA – ***Lao Ya Paradise Island Resort,*** ✆ 039-531838-40, 📠 512828, Mittelklasse-Anlage, 8 Bungalows mit 24 Zimmern, als Paket buchbar; äußerst beliebt bei thailändischen Männern.

KO NGAM – ***Twin Island Beach Resort,*** ✆ 039-520420, First-Class-Anlage, 25 Bungalows am Hang mit 30 Zimmern, als Paket buchbar.

KO KRADAAT – ***Ko Kradat Resort,*** ✆ 01-3540016, First-Class-Anlage, 40 Bungalows, als Paket buchbar, unter der Woche oft verwaist.

KO KUT – An der Westküste gibt es mehrere recht teure First-Class-Resorts, die nur am Wochenende für Thai-Gruppen geöffnet sind, die pauschal reisen. Wochentags lohnt es nicht, den Generator anzuwerfen. Manche Traveller schlagen ihr Zelt am Strand bei einem Resort oder beim Dorf auf.
Ko Kut Sai Kao Resort ②, ✆ 039-511824.
Klong Chao Resort ⑥, ✆ 039-520337.
Klong Hin Hut Resort ⑧, ✆ 039-511661.
Ko Kood Resort ⑩, ✆ 02-3743004, an der Ostküste.

Transport

Von LAEM NGOP fährt das Seatrans-Boot jeden geraden Tag um 12 Uhr für 200 Baht in 4 Std., zurück an ungeraden Tagen um 10 Uhr.
Der *Island Hopper* verkehrt täglich von Ko Chang (Bang Bao) nach Ko Wai (250 Baht) und Ko Mak (350 Baht) und 2x wöchentlich weiter nach Ko Kut (400 Baht) und zurück. Er kommt gegen 12 Uhr am Klong Chao auf Ko Kut an und fährt um 13 Uhr zurück (3 Std.). Der Zubringerbus fährt von 8 bis 8.30 Uhr an den Stränden von Ko Chang ab und kostet 50 Baht.
Zwischen allen anderen Inseln gibt es keinen regelmäßigen Bootsverkehr, Islandhopping ist nur mit einem gecharterten Fischerboot möglich.

Von Trat in den Ostzipfel

Auf dem schmalen Landstreifen zwischen dem Golf von Thailand und dem Khao Bantal-Gebirgszug, der die Grenze zu Kambodscha bildet, gibt es mehrere einsame Strände. Nur an langen Wochenenden verwandeln sie sich in Picknick-Plätze für Einheimische. Auf dem gut ausgebauten H318 sind es noch 90 km bis zur Grenze nach Kambodscha.

Am KM 41,6 biegt ein Weg zum **Sai Ngam Beach** ab, 300 m von der Straße. Ein Schild weist am KM 47 auf den **Tub Tim Beach** hin, einen längeren Strand mit verwildertem Hinterland. Am schönen, aber nicht immer sauberen Sandstrand **Ban Chuen Beach**, 60 km hinter Trat, 14 km vor Khlong Yai, kann man in 4 *Bungalows* übernachten, ❷–❸, und in einem Restaurant während der Woche sehr einfach essen, aber am Wochenende schlemmen. Wer auch an Wochenenden die Einsamkeit sucht, braucht nur über die Lagune zu schwimmen. Zwischen dem KM 31 und dem KM 57 liegen mindestens vier weitere Strände. Um sie zu entdecken, braucht man ein eigenes Fahrzeug (z.B. ein gemietetes Motorrad aus Trat).

Die Straße nach **Khlong Yai** biegt beim KM 74 nach rechts ab. Etwa die Hälfte dieses sehenswerten Fischerdorfes steht auf Pfählen. Selbst die Straßen verlaufen auf Stegen. Bei Ebbe lastet ein penetranter Gestank von Schlick, Abfall und Fisch über den Holzhäusern, bei Flut wird aller Unrat weggespült. Wer hier einen Spaziergang unternimmt, sollte schwindelfrei und trittsicher sein.

Nach Kambodscha

Der H318 geht noch 16 km weiter bis **Ban Hat Lek.** Die Grenze zu Kambodscha ist von 7–20 Uhr geöffnet. Für Ausländer kostet das 30-tägige Kambodscha-Visum direkt an der Grenze derzeit US$20 oder 1000 Baht. Dollars werden in Kambodscha gerne genommen. Über eine gebührenpflichtige Brücke geht es zur angrenzenden Inselprovinz Koh Kong.

In Kambodscha geht es 8 km per Taxi (60–80 Baht) oder Motorradtaxi (50 Baht) weiter, vorbei an Casinos und Vergnügungsvierteln, nach Koh Kong. Ein großes Speedboot fährt tgl. um 8 Uhr in 4 Std. für 600 Baht nach **Sihanoukville** (gern wird behauptet, das Boot sei kaputt, man müsse ein Taxi nehmen), von wo man auf guter Straße per Bus oder Sammeltaxi bis **Phnom Penh** fahren kann. Auf dem Landweg kommt man jetzt über **Sre Ambel** nach Sihanoukville. Wer hängen bleibt, findet in **Koh Kong** leicht eine Unterkunft. Thais errichteten auf Koh Kong, das sich touristisch stark entwickelt, ein Casino und Resorts, die vor allem männlichen Besuchern billiges Amüsement bieten. Traveller können sich in Otto's Gh. ein Moped mieten und durch den Dschungel zu Wasserfällen fahren.

Übernachtung und Essen

KHLONG YAI – Es gibt im Ort drei Hotels:
Suksamran, ✆ 039-581109, 📠 581311, 37 Zi. ❷, ac ❸
Khlong Yai Hotel, ✆ 039-581260, 37 Zi. ❷–❹
Bang Inn Villa, an der Straße nach Trat, ✆ 039-581401, 📠 581403, 44 Zi mit Fan. ❷–❸

KOH KONG – ***Otto's Restaurant & Gh.,*** einfache, hellhörige Zi aus Holz mit Moskitonetz, z.T. mit Du/WC, viele Informationen, deutsche Leitung. Angenehmes Restaurant. ❶
Nokor Reach Hotel, Ziel der Motorradtaxis. ❷

Transport

Ein Taxi von TRAT zum Ban Chuen Beach kostet 200 Baht, ein Pickup Richtung KHLONG YAI nur 30 Baht, es bleiben dann noch 5 km zu Fuß zu gehen. Möglicherweise lässt sich der Fahrer überreden, für einen kleinen Aufschlag (ca. 15 Baht) bis zum Strand zu fahren.
Von Trat nach KHLONG YAI mit dem Songthaew für 40 Baht in 50 Min.
Von Trat nach BAN HAT LEK (90 km) am besten mit dem ersten Minibus um 6 Uhr für 100 Baht, zurück alle 45 Min. von 7–17 Uhr (umsteigen in Khlong Yai). Charter-Pickup 500 Baht.
Von Khlong Yai nach BAN HAT LEK mit dem Songthaew für 20 Baht in 25 Min.

Süd-Thailand

- Auf der Insel **Ko Tao** das **Tauchen** lernen
- Mit dem **Sea Canoe** durch die Wasserhöhlen der **Bucht von Phang Nga** paddeln
- Vom Aussichtspunkt aus den Wiederaufbau von **Ko Phi Phi** betrachten
- In natürlichen Pools unter **Wasserfällen** im Dschungel baden
- Mit dem Motorrad entlang der faszinierenden **Felsentürme bei Krabi** fahren
- Bei den **Similan-Inseln** in Unterwasserlandschaften von Weltklasse **tauchen**
- Am Strand von **Khao Lak** einen **Sundowner** genießen

Von Phetchaburi nach Surat Thani

Von Bangkok in den Süden führen zwei Hauptverkehrswege: der vierspurige Petchkasem Highway Nr. 4 und die einspurige Südlinie der Thailändischen Staatseisenbahn. Auf den 530 km von Phetchaburi bis Surat Thani verlaufen die Gleise immer in der Nähe der Küste, erlauben aber nur selten einen Blick aufs Meer. Sie durchqueren kleine und größere Städte, von denen nur Hua Hin und Prachuap Khiri Khan direkt am Golf von Thailand liegen. Die Autobahn verläuft zumeist noch einige Kilometer weiter im Landesinneren und lässt fast alle Städte links liegen. Doch das Meer ist nie weit. Schon kurze Abstecher führen zu kleinen Buchten und herrlichen Badestränden. Je weiter südlich, umso üppiger wirkt die Landschaft. An vielen schönen Stränden entstanden in den letzten Jahren einfache und komfortable Strandhotels, vorwiegend für einheimische Touristen.

Von den schnellen Bussen und angenehmen Nachtzügen sollte man sich nicht zum Durchbrausen verleiten lassen. Auch wenn Abstecher Zeit erfordern, so ermöglichen sie doch einen guten Einblick in ein noch kaum vom Tourismus verändertes Land. Mit den langsamen lokalen Zügen lässt sich die Reise leicht unterbrechen, da spätestens am nächsten Tag zur selben Zeit ein Anschlusszug durchkommt. Die großen ac-Busse fahren von Bangkok aus nur zu den Provinzhauptstädten und zu den Hauptreisezielen. So müssen Reisende nach Zwischenstopps häufig auf lokale Transportmittel umsteigen.

Auf der Kammlinie des zentralen Tenasserim-Bergmassivs verläuft die Grenze zwischen Myanmar und Thailand. Diese Bergkette ist zwar nur 800–1500 m hoch, doch während des Südwest-Monsuns regnen sich die Wolken an ihrer Westflanke ab. Daher bieten die Strände von Hua Hin bis Surat Thani auch in der Regenzeit meist schönes Badewetter.

Phetchaburi เพชรบุรี

Eine traditionelle, wenig besuchte Stadt mit 36 000 Einwohnern ist Phetchaburi (auch Phetburi, Bhetchaburi), 135 km südlich von Bangkok. Wer auf Englisch sprechende umsound europäisches Essen verzichten kann und kulturell interessiert ist, kann hier einige anregende Tage verbringen. Auch als Tagesausflug von Hua Hin bietet sich diese Stadt der vielen Wats an.

Im Stadtzentrum

In der Stadt selbst gibt es an die 30 Tempelanlagen zu erkunden. Im Zentrum erhebt sich **Wat Mahathat**, ein über tausendjähriger Tempel, der in jüngerer Zeit restauriert und erweitert wurde. Von außen beeindruckt der Prang mit seinen fünf hohen, maiskolbenförmigen Stupas sowie der Chedi mit dem vierfachen Brahma-Kopf. In der mit Szenen aus dem Ramayana ausgemalten Hauptkapelle wird eifrig gebetet und geopfert. Vor diesem Gebäude werden fast täglich vormittags von verschiedenen Gruppen Tempeltänze aufgeführt. Dem Tempelbezirk sind ein großer Klosterbereich und eine Schule angeschlossen.

Im **Wat Yai Suwannaram**, das aus der Ayutthaya-Periode stammt, stehen schöne Holzgebäude. Den zentralen, fensterlosen Bot, dessen Innenwände mit über 300 Jahren alten Wandmalereien geschmückt sind, die u.a. mythische Fabelwesen darstellen, kann man sich aufschließen lassen. Der Viharn besitzt besonders schöne Eingangstore, die mit vergoldeten, aus Holz geschnitzten Blumenmotiven geschmückt sind.

Die fünf Prangs in **Wat Kamphaeng Laeng** wurden während der Khmer-Herrschaft 1157–1207 errichtet. Jeder der vier erhalten gebliebenen Türme beherbergte eine brahmanische Gottheit, vermutlich Indra, Narain, Brahma sowie Uma, deren Statue man 1956 in dem zerstörten Prang fand. Die aus Sandstein errichtete alte Anlage wurde zu einem buddhistischen Tempel umgestaltet.

Khao Wang

Im Westen liegt der 92 m hohe, von aggressiven Affenhorden bevölkerte Hügel **Khao Wang**, ein *National Historical Park*. Im Jahre 1860 ließ König Mongkut auf dem Gipfel den königlichen Sommerpalast **Phra Nakhon Khiri** bauen. In der Haupthalle befindet sich das kleine **Museum**. Von der Observationsstation, die dem König zu astronomischen Beobachtungen diente, eröffnet sich eine gute Sicht auf die Stadt und ihre Umgebung. Eintritt in den Park beträgt 40 Baht, mit der Seilbahn 70 Baht inkl. Museum, Kinder 10 Baht. 🕓 Mo–Fr 8–17.30 Uhr, Sa und So 8–18 Uhr.

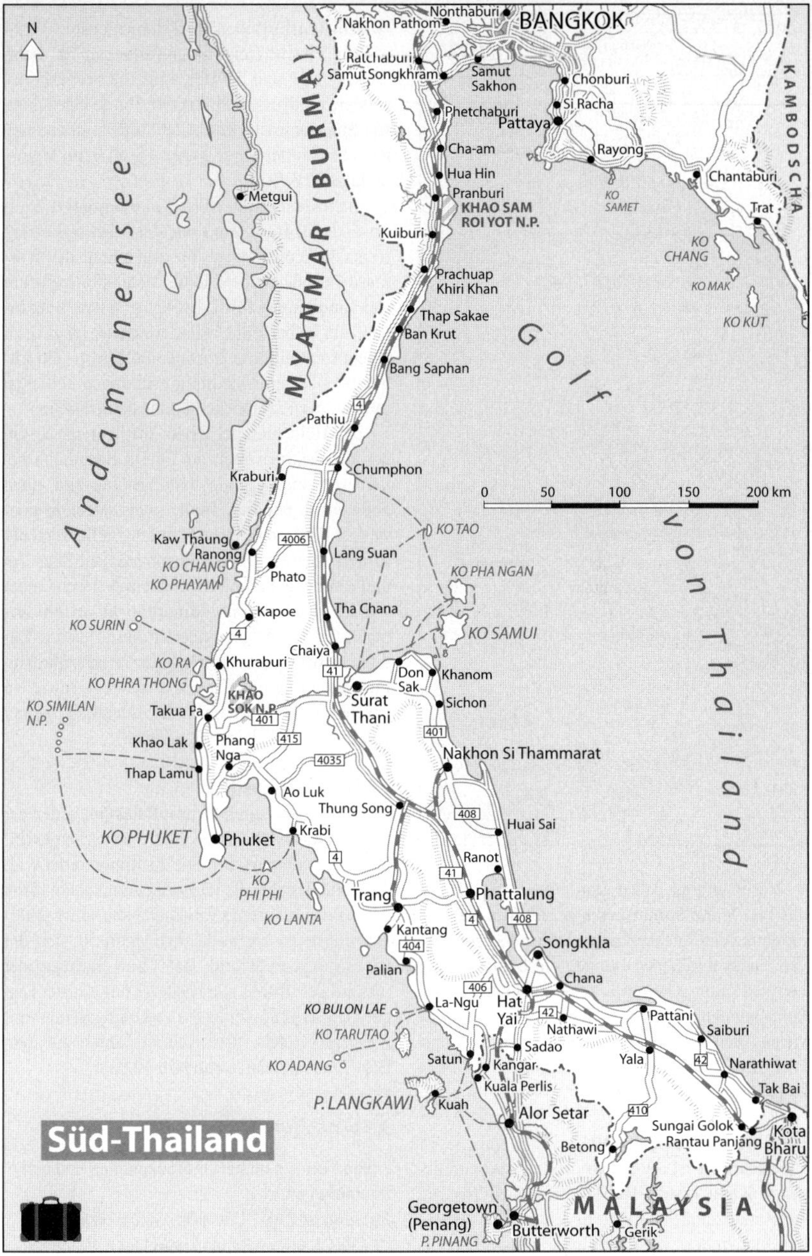
Süd-Thailand
N
BANGKOK
Nonthaburi
Nakhon Pathom
Ratchaburi
Samut Songkhram
Samut Sakhon
Chonburi
Si Racha
Pattaya
Phetchaburi
Cha-am
Hua Hin
Pranburi
KHAO SAM ROI YOT N.P.
Rayong
KO SAMET
Chantaburi
Trat
KO CHANG
KO MAK
KO KUT
KAMBODSCHA
Metgui
Kuiburi
Prachuap Khiri Khan
Thap Sakae
Ban Krut
Bang Saphan
MYANMAR (BURMA)
Andamanensee
Golf von Thailand
Pathiu
Chumphon
Kraburi
0
50
100
150
200 km
Kaw Thaung
Ranong
KO CHANG
KO PHAYAM
Phato
4006
Lang Suan
KO TAO
KO PHA NGAN
KO SAMUI
Kapoe
Tha Chana
KO SURIN
4
Chaiya
KO RA
Khuraburi
KO PHRA THONG
41
Don Sak
Khanom
Surat Thani
Sichon
KHAO SOK N.P.
KO SIMILAN N.P.
Takua Pa
401
415
Khao Lak
Phang Nga
4035
Nakhon Si Thammarat
Thap Lamu
Ao Luk
Thung Song
408
Huai Sai
KO PHUKET
Phuket
Krabi
4
Ranot
KO PHI PHI
41
Trang
Phattalung
KO LANTA
4
408
Kantang
404
Songkhla
Palian
Chana
406
Hat Yai
KO BULON LAE
La-Ngu
42
Nathawi
Pattani
Saiburi
KO TARUTAO
Sadao
Yala
42
Narathiwat
KO ADANG
Satun
Kangar
Kuala Perlis
Tak Bai
P. LANGKAWI
Kuah
Alor Setar
410
Sungai Golok
Rantau Panjang
Kota Bharu
Betong
MALAYSIA
Georgetown (Penang)
Butterworth
Gerik
P. PINANG

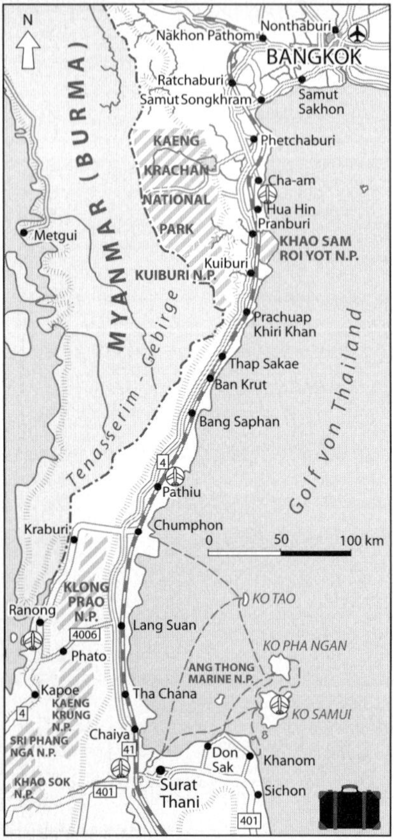

Nördlich vom Palast wurde Ende des 19. Jhs. das **Wat Maha Samanaram** erbaut. Von der Einmündung der Ratchavithi Road führt über mehrere von Nagas flankierte Rampen ein halbstündiger Fußpfad unter schönen Frangipani-Bäumen hindurch auf den Hügel. Es wird überall Futter für die vielen Affen angeboten. Im angrenzenden Tempel **Wat Phra Putthaya Saiyat** imponiert ein 34 m langer liegender Buddha.

Buddhistische Grotten

Die wichtigste ist die 3 km nördlich der Stadt liegende **Khao Luang-Höhle**. Auf steilen Treppen steigt man zunächst hinab in den großen, zentralen Dom, in dem viele Buddhafiguren und Chedis zwischen malerischen Tropfsteinen stehen. ⌚ 9–15 Uhr, Eintritt frei, Führer verlangen 100 Baht. Zwischen 11 und 14 Uhr wird die Szenerie besonders eindrucksvoll von der Sonne beleuchtet. Am Eingang wartet eine Affenhorde auf Bananen. Rikschas ab der Stadt kosten ca. 50 Baht, Motorradtaxis 30 Baht.

Interessant ist auch **Wat Khao Bandai It**, 3 km westlich der Stadt. Am Ende der Stichstraße liegt rechts die Tempelanlage, die gegen Ende der Ayutthaya-Periode ein berühmtes Meditationszentrum war. Ein Fußpfad führt den 121 m hohen Berg hinauf. Auf halber Höhe befindet sich der Eingang zu einem Labyrinth aus Tropfsteinhöhlen, in dem früher Mönche ihre Meditationsübungen abhielten und in denen zahlreiche Buddhastatuen stehen.

Der Höhlentempel **Khao Yoi** liegt ca. 20 km nördlich der Stadt direkt am H4. Die Haupthöhle beherbergt eine liegende Buddhastatue und einen Fußabdruck Buddhas. Weiter unten stehen in einer weitere Höhle zahlreiche Statuen von Buddha, der chinesischen Göttin der Barmherzigkeit Kuan Yin und von König Rama VIII. In der Nähe leben Chinesen der *Thai Song Dam*-Minorität, die vor 200 Jahren nach Thailand einwanderten. Sie haben ihre Traditionen bewahrt und veranstalten regelmäßig Kulturprogramme mit Tänzen und Musik sowie ein Dorffest am 18. April. Auch ein Aufenthalt in einer Familie ist möglich (✆ 032-499208).

Südlich der Stadt

Der **Phra Ram Ratcha Niwet Palast** im Süden der Stadt wurde 1909–16 von einem deutschen Architekten im europäischen Stil für König Rama V. als Aufenthaltsort für die Regenzeit erbaut. Man plant, das National Museum von Phetchaburi hier unterzubringen. 16 km südöstlich erstreckt sich der nächstgelegene Strand, **Hat Chao Samran**, der „Strand des dritten glücklichen Königs". Hier liegt ein neu erschlossenes Naherholungsgebiet mit mehreren Hotels. Offene Busse fahren auf dem H3177 laufend zum Strand für 12 Baht.

Übernachtung

Einige Hotels sind heruntergekommen und nicht zu empfehlen.

Rabieng Gh. ⑥, 1 Chisa Rd., ✆ 032-425707, ✆/📠 410695, angenehmes 2-stöckiges, traditionel-

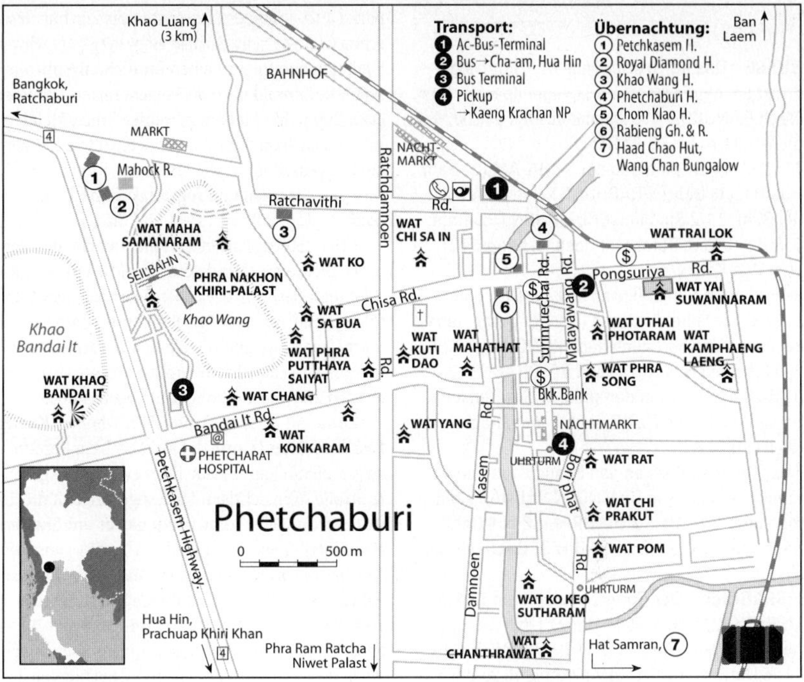

les Haus, sehr schöne, saubere, etwas teure, z.T. kleine Zi ohne und mit Bad, Moskitonetz notwendig, wegen der Straße ziemlich laut; gutes Restaurant, viele ungewöhnliche, günstige Thai-Gerichte; Infos über die Umgebung, nur mit der freundlichen Besitzerin ist die Verständigung einfach. Touren in die Umgebung werden angeboten, z.B. ein dreitägiges Nature-Exploring. ❷

Chom Klao Hotel ⑤, Pongsuriya Rd., ✆ 032-425398, am Fluss, relativ ruhiges Hotel, abgewohnte Zi, schlechte Matratzen, Fan, mit/ohne Du/WC; vom Balkon z.T. schöne Sicht. Die nette, hilfsbereite Managerin spricht gut Englisch und liebt Hunde. ❷

Royal Diamond Hotel ②, 555 Petchkasem Rd., ✆ 032-411062-9, 📠 424310, am Highway, sehr saubere ac-Zi mit Teppichboden, TV und großem Bad; Restaurant mit Musik ab 19 Uhr. ❹

BAN KROG – 8 km nördlich der Stadt an einem Nebenfluss des Phetchaburi River.

Dato Farm, 84 Moo 4, ✆ 032-450295, 07-1164504, 💻 www.datofarm.com; Fisch- und Kokosnussfarm in einem kleinen Thai-Dorf, geleitet von Thomas Krey; 4 Zi mit Moskitonetz und Fan im Teakhaus inmitten der Großfamilie; Rundumversorgung. Man kann Fische fangen und füttern, wilden Honig suchen, Bootstouren auf dem Fluss unternehmen, in der Küche beim Kochen helfen, und vor allem am Alltagsleben des Dorfes teilnehmen. ❸–❹

Sonstiges

INTERNET – Im Obergeschoss der Post und in Internet-Shops in der Stadt.

POST – An der Kreuzung Ratchavithi Rd. und Damnoen Kasem Rd., 🕒 Mo–Fr 8.30–16.30 Uhr, am Sa/So und an Feiertagen 9–12 Uhr. Internationale Ferngespräche und Internet 🕒 Mo–Fr 8.30–18 Uhr, Sa/So 9–16 Uhr.

Transport

BUSSE – Das ac-Bus Terminal (*Rot Tour*) liegt direkt am neuen Nachtmarkt gegenüber der Post. Nach BANGKOK (135 km) mit ac-Bus alle 30 Min. bis 20.30 Uhr für 70–97 Baht.
Mit 2.Kl. ac-Bus laufend nach CHA-AM (20 Baht), Hua Hin (38 Baht), PRACHUAP KHIRI KHAN (80 Baht, 2 1/2 Std.) und CHUMPHON (150 Baht, 6 Std.) ab dem Petcharat Hospital gegenüber vom Wat Konkaram.
Weiter nach Süden fahren 2.Kl. ac-Busse ab dem Busbahnhof 2. Klasse (*Rot Por Song*) nahe Highway. Von dort auch nach KANCHANABURI: zunächst mit Bus Nr.73 nach RATCHABURI für 35 Baht in 1 Std., auf der anderen Straßenseite umsteigen in Bus Nr.461 nach Kanchanaburi (36 Baht).
Auch im Anschluss an den Besuch des Schwimmenden Marktes in DAMNOEN SADUAK kann man über SAMUT SONGKHRAM (Bus 8 Baht) nach Phetchaburi (2.Kl. ac-Bus 35 Baht) fahren.

EISENBAHN – Der *Sprinter* 43 fährt um 7.45 Uhr ab BANGKOK, Ank. 10.17 Uhr. Er fährt weiter nach HUA HIN (Ank. 11 Uhr), CHUMPHON (Ank. 14.15 Uhr) und SURAT THANI (Ank. 16.20 Uhr, 2.Kl. ac 370 Baht).
Aus BANGKOK kommen zudem die praktikablen Züge Nr. 261 um 9.25 Uhr, Nr. 171 um 13 Uhr, Nr. 37 um 15.15 Uhr und Nr. 169 um 15.50 Uhr, die nach gut 3 Std. ankommen. Sie kosten ab 118 bzw. 74 Baht (2./3. Kl. *Rapid*).
Zurück fahren tagsüber Bummelzüge um 7.32 und 12.48 Uhr nach BANGKOK NOI (Ank. 10.45 und 16.10 Uhr).
Nach Süden eignet sich nachts der *Express* 85 um 22.19 Uhr, der CHUMPHON um 3.58 Uhr und SURAT THANI um 6.40 Uhr erreicht.
Nach HUA HIN mit dem Dieselzug 261 um 12.50 Uhr und dem *Rapid* Nr. 171 um 16.08 Uhr für 13 Baht (3.Kl.) in 1 Std.

Kaeng Krachan National Park

วนอุทยานแก่ง กระจาน

Vom Highway H4 zweigt kurz hinter Tha Yang der H3175 ab zum größten thailändischen Nationalpark (2920 km^2), der im Westen bis zur burmesischen Grenze reicht. Dort, in einer bergigen, schwer zugänglichen Region leben im dichten, subtropischen Regenwald noch 40 Säugetierarten, darunter etwa 200 wilde Elefanten, wenige Tiger, Malaien-Bären und Banteng (Wildrinder), sowie kleinere Dschungelbewohner wie Fischotter, Riesenwarane, Gibbons, Makaken und sogar das Siamesische Krokodil.

Über 250 Vogelarten sind hier beheimatet, darunter mehrere gefährdete Arten. Mit etwas Glück sieht man Nashornvögel, aber auch Schlangenadler, Pfauen und Fasanen, am Bangkrang Camp sogar Stachelschweine und die Zibetkatze *(Masced Palm Civet)*. Die gefährlichen Großtiere lassen sich am ehesten im Panoen Thong Camp beobachten.

Zum 760 m langen und 58 m hohen **Kaeng Krachan-Staudamm**, der hier das La-u Reservoir auf ca. 25 km Länge staut, führt eine gut ausgebaute Straße. Wer richtigen Dschungel erleben möchte, fährt zunächst zum Headquarter am Stausee. Das Eintrittsticket gibt es ab 5 Uhr morgens bzw. 15 Uhr am Vortag, es kostet für Ausländer 200 Baht, Fahrzeug 30 Baht, Mietfahrzeug mit Fahrer ca. 1000 Baht (bis 10 Pers.). Eine Straße führt in 20 km zum Eingang des Parks. Dann geht es einspurig noch 36 km weiter (Einfahrt morgens nur von 5–8 Uhr, am Wochenende ist die Anzahl der Fahrzeuge limitiert, Ausfahrt 16–17 Uhr), in der Regenzeit nur mit geländegängigem Fahrzeug und nur bis zum *Bang Krang Camp* (KM 15), im September / Oktober geschlossen, ✆ 032-459291.

Es empfiehlt sich, im *Headquarter* einen Guide (200 Baht/Tag) zu organisieren. **Trekking-Touren** zu Höhlen und schönen Wasserfällen (z.B. Tho Thip-Wasserfall, 3 Std. ab KM 33 am Fahrweg) oder Floßfahrten sind möglich, wenn Essen und Getränke (ein Kanister Wasser 30 Baht) – auch für den Guide – mitgebracht werden. Allerdings haben Englisch sprechende Mitarbeiter der Forstbehörde, die im *Headquarter* anzutreffen sind, nicht immer Zeit, Touristen zu begleiten.

Eine Karte und ein Leuchtkasten mit Fotos der Highlights eines Treks hängen dort an der Wand. Auch Bootsfahrten lassen sich arrangieren. Von März bis Mai, am Ende der Trockenzeit, ist die Landschaft völlig ausgetrocknet, und der Wasserspiegel des Stausees sinkt beträchtlich ab. Beste Besuchszeit ist von November bis Mai.

Übernachtung

Übernachten kann man 100 m hinter dem *Headquarter* in den National Park Bungalows, ❸–❹, nach vorheriger Reservierung im Web unter 💻 www.dnp.go.th/parkreserve.
Zelten ist auf einer schattenlosen Wiese beim *Headquarter* möglich (5 Baht p.P.), Mietzelte kosten 100 Baht pro Nacht.
Kaeng Krachan Resort, schwimmende Häuser, die an den Inseln im Stausee liegen. Reservierungen in Bangkok, ✆ 032-5133238. ❹
Das Restaurant unten am See ist die ganze Woche geöffnet, mit Fernglas gut zum Beobachten von Vögeln geeignet.
Im Nationalpark sind drei **Zeltplätze** beim KM 15, KM 27 und KM 30 eingerichtet, im Bang Krang Camp nur mit Naturdusche. Feuerholz ist von den Wildhütern erhältlich. Beim Trekking ist freies Zelten erlaubt. Trinkwasser kann aus den Bächen entnommen werden.

Transport

Von BANGKOK mit Bus 977 oder 72 jede volle Std. bis THA YANG, 18 km südlich von Phetchaburi, und weiter per Pickup für 30 Baht bis zum Kontrollpunkt.
Von PHETCHABURI (ac-Busbahnhof) direkt für 20 Baht.
Vom Kontrollpunkt aus führt eine ca. 3 km lange Straße zum Damm hinauf.
Zum *Headquarter* geht es kurz vor dem Damm auf der linken Abzweigung und dann, vorbei an der Siedlung der Angestellten, zum westlichen Ende des Staudamms. Motorradtaxis verlangen 30 Baht für die 3 km zum *Headquarter*.
Mit dem eigenen Fahrzeug nimmt man die erste ausgeschilderte Abzweigung am KM 187,1 hinter Tha Yang (38 km) oder die zweite Abzweigung am KM 183,8 über PETCH DAM (6,5 km) zum Damm (rechte Abzweigung).

Cha-am ชะอำ

Dieser typisch thailändische Badeort liegt 40 km südlich von Phetchaburi und 25 km nördlich von Hua Hin. König Mongkut, so heißt es, wurde hier einst von blutrünstigen Moskitos vertrieben. Er

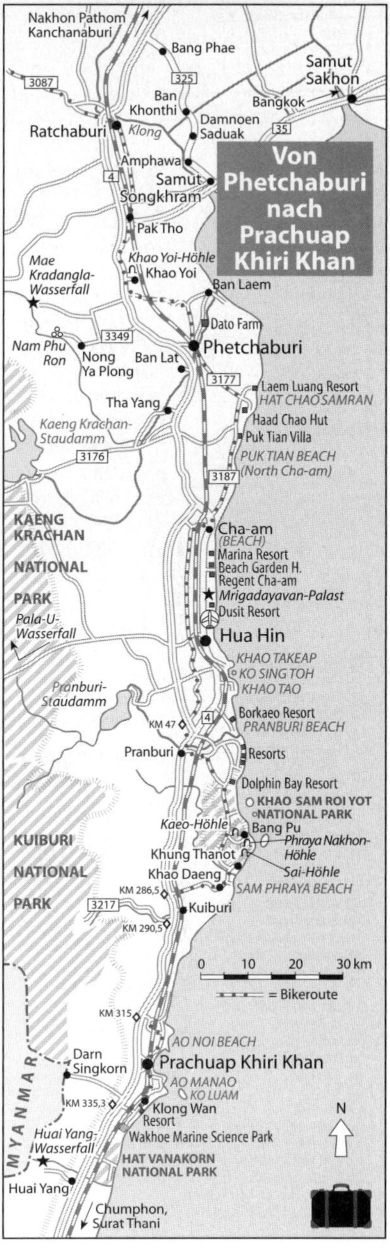

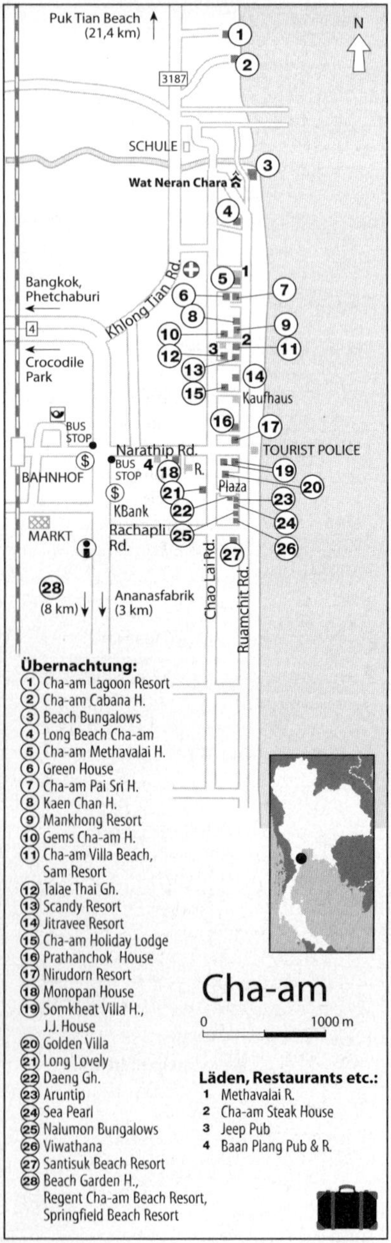

hatte sich einen Sommerpalast erbauen lassen. Als er die erste Badesaison darin verbringen wollte, wurde er samt seinem Gefolge von Mückenschwärmen überfallen. Selbst der Einsatz aller einheimischen Kinder zur Insektenbekämpfung konnte den Badeort nicht mehr retten. Cha-am wurde in großem Stil zu einem Erholungszentrum für Familien aus Bangkok ausgebaut. Am Meer erholen sich Thais beim Picknicken oder Kartenspielen und machen es sich bei lauter Musik auf dicht an dicht stehenden Liegestühlen unter Sonnenschirmen gemütlich.

Nördlich des Fischerdorfes mit dem weit hinausreichenden Pier stehen weitere Hotelanlagen. Recht isoliert liegen auch die großen Hotelanlagen südlich des Flusses, ca. 15 km vor Hua Hin, die über Stichstraßen von der Hauptstraße aus zu erreichen sind.

Südlich der Hotels weist am KM 216,4 ein Hinweisschild in Englisch auf den **Mrigadayavan-Palast** hin, der längste Teakholz-Palast von Thailand direkt am Strand. Das luftige Gebäude wurde 1925–27 nach Plänen des Königs errichtet. Obwohl der Palast auf militärischem Gebiet steht, ist eine Besichtigung möglich. Da sich vom Eingangstor am H4 der Zufahrtsweg 2,5 km durch das fast baumlose Gelände schlängelt, ist es ratsam, sich ein Fahrzeug zu mieten. ⏲ tgl. 8.30–16 Uhr.

Übernachtung

Wir können uns beim besten Willen keinen Grund vorstellen, weshalb Traveller in diesem Ort des extremen Wochenend-Massentourismus nächtigen sollten.
Während der Woche ist ein Zimmer mit Du/WC und Fan schon ab 250 Baht zu haben, mit ac für 500 Baht. Die großen Bungalows sind teurer.
In den kleinen Hotels haben die Zimmer meist einen Balkon, auf dem man die ruhigen Abende genießen kann – die Moskito-Coils nicht vergessen!
Beach Bungalows ③, Ruamchit Rd., ✉ kjelle@cha-am-beach.com, 💻 www.cha-am-beach.com; am nördlichen Strandende beim Pier, mehrere unterschiedliche, saubere Bungalows mit ac, Kühlschrank, Bad/WC und Terrasse mit Meersicht, Strandduschen, Restaurant am Strand. Hilfsbereite Besitzer. Ein Apartment mit Küche

wird im Zentrum wochenweise vermietet. ❹–❺

Daeng Gh. ㉒, 234/28 Ruamchit Rd., ✆ 032-433753, am Plaza neben dem Bus Stop, ordentliche Zi mit Fan oder ac. Weitere Gästehäuser liegen am Plaza ganz in der Nähe. ❷–❸

Südlich des Plaza liegen an der Ruamchit Rd. mehrere Bungalowanlagen dicht nebeneinander, in denen es Zimmer mit Fan oder ac für 300–800 Baht gibt. Nördlich der Straßeneinmündung liegt ein gutes Dutzend Hotels in der Ruamchit Rd. mit Zimmern in derselben Preisklasse.

Regent Cha-Am Beach Resort ㉘, 849/21 Petchkasem Rd., ✆ 032-471483-9, 💻 www.regent-chaam.com; 8 km südlich von Cha-am, 18 km von Hua Hin; riesiges, dreiteiliges Resort, 646 ac-Zi mit Balkon; 47 rustikale, nett eingerichtete Holzbungalows für größere Familien; mehrere Restaurants mit französischer, italienischer, chinesischer und Thai-Küche; 3 Pools, Tennis, Squash, Disco, Fitness Center. Umweltbewusstes Management. ❻–❽

Dusit Resort & Polo Club ㉘, 1349 Petchkasem Rd., ✆ 032-520009, 💻 www.dusit.com; 8 km nördlich von Hua Hin, am langen Sandstrand, großer Hotelkomplex mit riesiger Pool-Landschaft, über 300 Luxus-Zi, 5 Restaurants, 4 Bars (2 mit Live-Bands), Wassersport, Tennisplätze, Squash-Hallen, Fitness, Reitbahn, Golf gegenüber. ❼–❽

Im Landesinneren:

Thai Bamboo Guesthouse, 100 Moo 9 Bankhaopong, ✆ 032-470617, 💻 www.thai-bamboo.de; 5 km vom Strand, großer, gepflegter Garten mit vielen Bäumen, 4 saubere Bungalows mit ac, Safe, Kühlschrank, Bad/WC und Terrasse; Pool mit Kinderbecken; privater Kochkurs bei Netaya auf Anfrage. Thai-deutsche Besitzer. ❺

Essen

Es gibt zahlreiche Essenstände, aber keines der Thai-Restaurants entlang der Strandstraße ist wirklich zu empfehlen. Sehr gut isst man zu gehobenen Preisen im ***Methavalai Restaurant***.

Sonstiges

An der Straße vom Bahnhof zum Strand liegen das Postamt, die Polizeistation und an der Kreuzung mit der Hauptstraße zwei Banken. Umkleidekabinen und Duschen an der Strandstraße können gegen Gebühr genutzt werden.

INFORMATIONEN – ***Tourist Office***, 500/ 51 Petchkasem Rd., ✆ 032-471502; ✉ tatphet@tat.or.th, 700 m südlich der großen Kreuzung am H4; Infos über Cha-am, Hua Hin und Phetchaburi.

Transport

BUSSE – Alle direkten Busse halten am Bus Stopp am Plaza, 300 m südlich der Straßeneinmündung.

Nach BANGKOK (175 km) mit ac-Bus um 8, 10, 12, 13.45, 16 und 17.30 Uhr für 113 Baht in 3 Std. Nur ac-Busse nach PHETCHABURI für 20 Baht und HUA HIN für 25 Baht. Alle Busse von Bangkok in den Süden halten bei Bedarf in Cha-am am H4; zum Strand per Motorradtaxi für 20–30 Baht oder mit Pickup für 10 Baht.

Hua Hin หัวหิน

Wer palmenumsäumte, einsame Strände erwartet, sollte lieber weiter Richtung Süden fahren, auch ein Nachtleben à la Pattaya wird hier nicht geboten, ebenso wenig exotische Tempel und andere traditionelle Sehenswürdigkeiten. Hua Hin zeigt dem Touristen zwei völlig verschiedene Seiten. Wer die Stadt von Juni bis Oktober besucht, erlebt noch die Atmosphäre eines thailändischen Badeortes mit guten Seafood-Restaurants, Familien-Picknicks am Strand und Souvenirläden voller Muscheln. Wer jedoch in der „Ausländersaison“ von November bis April kommt, wird keine Familienidylle entdecken, sondern sich vorwiegend unter skandinavischen Paaren bewegen. Er findet eine sehr touristische Stadt mit erstklassigen Hotels, vielen am westlichen Geschmack orientierten Restaurants, vielen lauten Bars und Biergärten.

Dennoch ist Hua Hin eine interessante Stadt mit freundlichen Menschen und moderatem Preisniveau.

Der älteste Badeort Thailands mit 40 000 Einwohnern liegt nur 188 km von Bangkok entfernt an der südlichen Eisenbahnlinie. Während der heißen Jahreszeit kam die High Society angereist, um den kühlen Seewind zu genießen.

Übernachtung:				Vorwahl 032
①	Top Mark's Hotel	❹–❺	100/4-6 Poonsuk Rd.	✆ 530404
②	Cha-Le-Larn Hotel	❹	11 Chomsin Rd.	✆ 531288
③	Damrong H.	❷–❸	46 Petchkasem Rd.	✆ 511574
④	Pattana Gh.	❷–❹	52 Naretdamri Rd.	✆ 513393
⑤	Karoon Hut	❷–❸	80 Naretdamri Rd.	✆ 511429
⑥	Chat Chai H.	❷	59/1 Petchkasem Rd.	✆ 511461
⑦	All Nations Gh.	❸	10 Dechanuchit Rd.	✆ 512747
⑧	Rom Ruen Gh.	❷–❸	17 Naretdamri Rd.	✆ 530300
⑨	Memory Gh.	❷–❸	Naretdamri Rd.	✆ 511816
⑩	Fulay Gh.	❷–❸	110 Naretdamri Rd.	✆ 513145
⑪	21 Gh.	❷	10 Selakham Rd.	✆ 531243
⑫	Fulay Hotel	❹	110/1 Naretdamri Rd.	✆ 513670
⑬	Sirima Gh.	❸	116 Naretdamri Rd.	✆ 511060
⑭	Mod Gh.	❷–❹	116 Naretdamri Rd.	✆ 512296
⑮	Bird Gh.	❸	31/2 Naretdamri Rd.	✆ 511630
⑯	Ban Pak Look Ghai	❸	Naretdamri Rd.	
⑰	K. Place Gh.	❹	Naretdamri Rd.	
⑱	Siripetchkasem H.	❸	7/5-8 Srasong Rd.	✆ 511394
⑲	Sand Inn H.	❸–❹	18 Poonsuk Rd.	✆ 533667
⑳	Subhamitra H.	❷–❹	19 Amnuay Sin Rd.	✆ 511208
㉑	Relax Gh.	❷	Soi Bintabat	✆ 513585
㉒	Phuen Gh.	❷–❸	4A Soi Bintabat	✆ 512344
㉓	Fresh Inn	❹	132 Naretdamri Rd.	✆ 511389
㉔	Sukwilai Gh.	❷–❹	21 Soi Bintabat	✆ 513523
㉕	Ban Pak Hua Hin	❷–❸	5/1 Poonsuk Rd.	✆ 511653
㉖	Silapetch H.	❷–❸	Srasong Rd.	✆ 513523
㉗	Tanawit H. & Condo	❹	64/1 Amnuay Sin Rd.	✆ 530420
㉘	HI-Hua Hin	❹	Srasong Rd.	
㉙	Lucky	❷	Naretdamri Rd.	
㉚	Usaah Gh.	❷	Soi Kanchanomai	✆ 532062
㉛	Ban Boosarin	❸–❹	8/8 Poonsuk Rd.	✆ 512076
㉜	MP	❷	6 Naretdamri Rd.	✆ 511344
㉝	Khun Daeng Gh.	❷	Naretdamri Rd.	
㉞	Srichan H.	❸	Srasong Rd.	✆ 513130
㉟	Sirin H.	❹	10 Damnoen Kasem Rd.	✆ 511150
㊱	Parichart Gh.	❷–❹	162/6 Naretdamri Rd.	✆ 513863
㊲	Mercure Resort	❽	1 Damnoen Kasem Rd.	✆ 512036-8
㊳	Golf Inn	❹–❺	Damnoen Kasem Rd.	✆ 512473
㊴	Jed Pee Nong H.	❹	17 Damnoen Kasem Rd.	✆ 512381
㊵	Paung Pen Villa H.&Gh.	❹	7 Damnoen Kasem Rd.	✆ 533785
㊶	Baan Somboon	❸, ac ❹	13/4 Damnoen Kasem Rd.	✆ 511538
㊷	Patchara House H.	❹	Soi Kasem Samphan	✆ 511788
㊸	Pala-U Gh.	❸–❹	178/5 Naretdamri Rd.	✆ 512687
㊹	Sailom	❺–❻	29 Petchkasem Rd.	✆ 511890-1
㊹	Thipurai Gh.	❹	113/27 Petchkasem Rd.	✆ 532731
㊹	Janchai Bungalow	❹	117/1-18 Petchkasem Rd.	✆ 511461
㊹	Baan Bayan	❼–❽	119 Petchkasem Rd.	✆ 533544

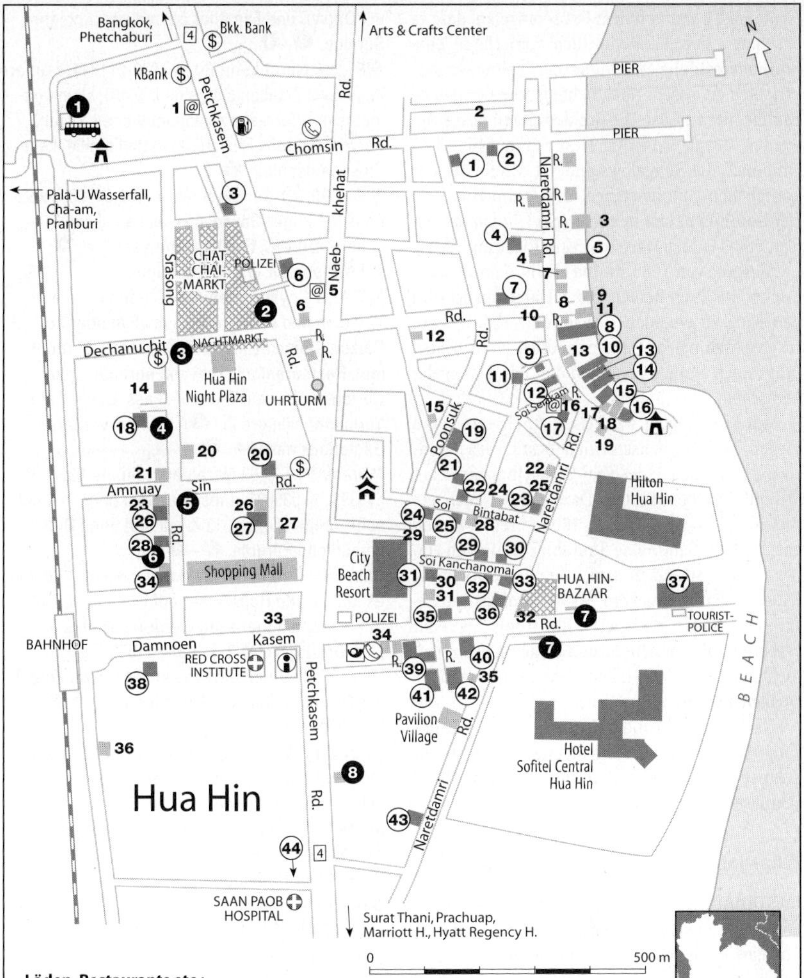

Läden, Restaurants etc.:

1 Thai Khu Fah
2 Tajmahal R.
3 Brasserie de Paris R.
4 Monsoon R.
5 Cups & Comp
6 Thai Food Corner
7 Thachanote R.
8 Brasserie de Paris R.
9 Chao Lay Seafood R.
10 My Friend Travel
11 Chomkluen R.
12 White Gold Tours
13 Amadeus R., Maharaj R.
14 The Boat R.
15 Coconut
16 Megabytes Bistro
17 Taj Mahal (indisches) R.
18 Sea Side R.
19 World News Cafe
20 Bäckerei/Konditorei
21 Supermarkt
22 Lo Stivale R.
23 Deutsche Bäckerei (Ruam Mit R.)
24 Aelpli Bar
25 Sunshine
26 Euro Bakery & Café
27 Hurricane Pub
28 Checkpoint Charlie R.
29 Heidi's Musikgarten, Willy's Station, Thai Boxing
30 Norddeutsches R.
31 La Villa R..
32 Deutsches Reisebüro
33 Satukarn Square
34 Western Tours
35 Bookazine
36 Hähnchen-R.

Transport:

1 Non-ac Bus Station
2 Minibusse
3 Songthaew→Takeap
4 Ac-Bus→Bangkok
5 Ac-Bus-Tickets
6 Motorradvermietung
7 Auto- und Motorradvermietung
8 Motorräder

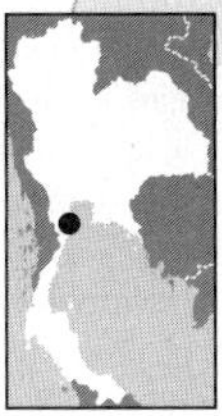

Rama VI. war von dem Ort so angetan, dass er beschloss, sich 2 km nördlich vom Hafen eine **Sommerresidenz** (*Klai Kangwon* = ohne Sorgen) errichten zu lassen. Noch heute ist die königliche Familie hier zu Gast. Die Residenz kann besichtigt werden, ◷ tgl. 9–16 Uhr, Ticketverkauf bis 15.15 Uhr. Auch die Bungalows anderer Mitglieder der königlichen Familie stehen in und um Hua Hin. Der **Sommerpalast der Königin** (*Rampaiphani*) liegt etwas landeinwärts, ca. 3 km Richtung Süden.

Morgens von 7–8 Uhr und abends kommen die Fischer mit ihren Booten in den **Hafen** zurück, um den Fang zu entladen, der sofort verkauft wird. In den schmalen Gassen südlich vom Hafen prägt noch immer der Fischfang das Leben der Menschen.

Am 6 km langen, von Felsen durchsetzten, mit Liegen und Sonnenschirmen bestückten Sandstrand kann man in der Thai-Saison thailändisches Strandleben beobachten. Dazu gehört auch ein Ausritt auf Ponys am bis zu 100 m breiten Strand entlang (200 Baht/halbe Stunde). Zum Baden eignet sich der Strand ab dem Sofitel Hotel Richtung Süden. Er wird einmal pro Woche gereinigt und dafür stellenweise abgesperrt. Ein tropisches Flair verbreiten die auf dem Strand eingepflanzten Palmenhaine. Zu manchen Zeiten des Jahres verleiden Quallen das Badevergnügen.

Nach Süden wird der Strand von einer Landzunge begrenzt, auf der sich mehrere buddhistische Tempel an die Spitzen felsiger, kleiner Hügel schmiegen.

Übernachtung

GÄSTEHÄUSER – Preiswerte Gästehäuser liegen in Hua Hin im schmalen Streifen zwischen der Poonsuk Road und der Naretdamri Road.
Nur in diesem Stadtviertel dürfen auch Bars für Ausländer öffnen. Go-Go-Bars werden vorerst nicht zugelassen.
In der **Naretdamri Road** und den Seitengassen gibt es etwa 15 Gästehäuser mit Zimmerpreisen von 120–400 Baht, die in der Saison auf 200–800 Baht steigen können.
Nördlich der Damnoen Kasem Rd. liegen von Süd nach Nord u.a.:
Parichart Gh. ㊱, 162/6 Naretdamri Rd., ✆ 032-513863, modernes 4-stöckiges Haus, saubere Zi mit Du/WC und Fan oder ac, mehrsprachiger Service. ❷–❹
MP ㉜, 6 Naretdamri Rd., ✆ 032-511344, saubere Zi, je zwei Zi teilen sich eine Du/WC, kleine gemeinsame Terrasse zum gemütlichen Sitzen, hervorragendes Frühstück, nette Familie, kein Saisonaufschlag. ❷
Relax Gh. ㉑, Soi Bintabat, ✆ 032-513585, Holzhaus in ruhiger Gasse, 4 Zi mit Fan, Gemeinschafts-Du/WC; familiäre Atmosphäre. ❷
All Nations Gh. ⑦, 10 Dechanuchit Rd., ✆ 032-512747, ✉ cybercafehuahin@hotmail.com; 12 kleine und sehr große Zi mit Fan oder ac, Balkon, Gemeinschafts-Du/WC für 3 Zi; recht laut; Restaurant mit Thai und europäischen Gerichten, Bar mit Bier vom Fass, Cyber Café. Vermietet billigere Zi (❷) in einem weiteren Gästehaus nahebei. ❸
Pattana Gh. ④, 52 Naretdamri Rd., ✆ 032-513393, 📠 530081, altes Thai-Teakhaus in einer sehr ruhigen Gasse, 13 Zi mit und ohne Du/WC; gemütliche Pergola. ❷–❹
Über dem Strand östlich der Naretdamri Rd. gibt es noch 6 alte Holzhäuser auf Pfählen, die alle irgendwann abgerissen werden sollen, u.a.:
Bird Gh. ⑮, Nr. 31/2, ✆ 032-511630, ruhiges Haus mit schöner Terrasse am Meer, feuchte Zi mit Teppichboden und Fan oder ac, nette Besitzerin. ❸
Fulay Gh. ⑩, Nr. 110, ✆ 032-513145, 20 liebevoll eingerichtete Zi mit Fan und ac, ein wunderschönes Suite-Zimmer im Thai-Stil; tolle Meeresterrasse, freundliche, engagierte Managerin. ❷–❸, Suite ❺
Südlich der Damnoen Kasem Rd. liegt u.a.:
Baan Somboon ㊶, 13/4 Damnoen Kasem Rd., ✆/📠 032-511538, in einer Seitengasse, sehr schöne, saubere Zi (außer Nr.2), geschmackvoll und mit Liebe eingerichtet, mit Fan oder ac; gemütlicher Innenhof, Restaurant. Viel gelobt und preiswert. ❸, ac ❹

HOTELS – In den Hotels von Hua Hin regelt die Nachfrage den Preis, ein Zimmer kann sich plötzlich um 100 bis 200 Baht verteuern oder verbilligen. Es empfiehlt sich daher zu handeln!
Ban Boosarin ㉛, 8/8 Poonsuk Rd., ✆ 032-512076, sauberes Kleinhotel, gute Zi mit ac, Warmwasser, Kühlschrank und Balkon. In

der Dependance gibt es Bungalows, ❸, mit Fan. ❹

Ban Pak Hua Hin ㉕, 5/1 Poonsuk Rd., ✆ 032-511653, Kleinhotel in der Bargegend, saubere Zi mit Du/WC und Fan, unfreundliches Personal. ❷–❸

Fulay Hotel ⑫, 110/1 Naretdamri Road, ✆ 032-513670, Kleinhotel, vornehm eingerichtete Zi. ❹

Jed Pee Nong Hotel ㊴, 17 Damnoen Kasem Rd., ✆ 032-512381, ac-Zi mit Bad/WC, sauber und ruhig; Swimming Pool; Seafood-Restaurant; freundliches Personal, handeln ist möglich. ❹

Paung Pen Villa Hotel & Gh. ㊵, 7 Damnoen Kasem Rd., ✆ 032-533785, 📠 511216, saubere ac-Zi mit Bad/WC, z.T. mit TV und Kühlschrank; Garten, großer Swimming Pool. ❹

In der Stadt liegen u.a.:

Tanawit Hotel & Condo ㉗, 64/1 Amnuay Sin Rd., ✆ 032-530420, im Zentrum der Stadt, 71 schöne, komfortable Zi mit ac, Swimming Pool. ❹

Richtung Takeap liegt u.a.:

Lunar Hut Resort, 80/1 Takeap Rd., ✆ 032-536802, ✉ lunarhut@hotmail.com; kleines, hübsches Resort 500 m vom Strand, saubere Bungalows, Restaurant, großer Pool im grünen Garten. ❹–❺

LUXUSHOTELS – Im Stadtbereich liegen 10 Luxushotels, die auch über Veranstalter gebucht werden können, u.a.:

Mercure Resort ㊲, 1 Damnoen Kasem Rd., ✆ 032-512036-8, 📠 511014, ✉ sofitel_central@hotmail.com; gepflegter Garten am Strand, 41 luxuriöse Holzbungalows im Thai-Stil. Die Einrichtungen des Sofitel Hotels können mitbenutzt werden. ❽

Hotel Sofitel Central Hua Hin, 1 Damnoen Kasem Rd., ✆ 032-512021-38, 📠 511014, ✉ sofitel@sofitel.co.th, 💻 www.sofitel.co.th; stilvolles Luxus-Resort direkt am Strand in einem sehenswerten Parkgelände mit Bäumen in Tierform. Das ehemalige Railway Hotel wurde völlig im ursprünglichen Stil renoviert und erweitert. ❽

Hilton Hua Hin, 33 Naretdamri Rd., ✆ 032-512888, 📠 511135, ✉ huahin@hilton.com, 💻 www.hilton.com; das kontroverse Hochhaushotel, das mit dem traditionellen Stadtbild von Hua Hin Schluss machte, nun in neuer Hand – der Beginn der 5-Sterne-Ära: gefolgt von Marriott, Hyatt und Co. 296 Luxuszimmer, sonnenüberfluteter Pool, tolle Aussicht vom 17. Stock. ❽

Royal Garden Village, 43/1 Petchkasem Rd., ✆ 032-520250-6, 📠 520259, ✉ royalgardenvhh@minornet.com, 💻 www.royal-garden.com; 5 km nördlich der Stadt, wunderschöne Luxusanlage auf 5 ha königlichem Privatbesitz, wirkt wie ein Tempelgelände in einem Kokoswald. ❼–❽

Baan Bayan ㊹, 119 Petchkasem Rd., ✆ 032-533544, 📠 533545, 💻 www.baanbayan.com; 2 km südlich der Stadt, Boutique-Resort mit historischem Flair, hübsche Anlage, 24 komfortable Zimmer, vorzügliches Restaurant *The Cafe Bayan* mit Blick über den Pool aufs Meer. ❼–❽

Essen

Billige, leckere **Thai-Gerichte** bekommt man auf dem erstaunlich sauberen, von Touristen belebten **Nachtmarkt** (bis ca. 24 Uhr) und kann sie geruhsam an Tischen mit Stühlen verzehren. Dahinter im ***Hua Hin Night Plaza*** stellt man sein Mahl von verschiedenen Essenständen zusammen und genießt es in ruhigerer Atmosphäre, vielleicht mit einem Bier vom Fass.

Günstig sind die chinesischen Restaurants, z.B. das ***Khoung Seng*** an der Hauptstraße.

In den Restaurants direkt am Meer ist Seafood gut, aber teuer. Schön sitzt man auf der Terrasse des ***Sea Side*** über dem Strand, das Essen ist lecker, die Familie ist sehr freundlich, aber die Preise sind der Lage entsprechend hoch.

Viele Restaurants wurden in den letzten Jahren von Europäern, zumeist Deutsche, Briten und Skandinavier, eröffnet. Sie inserieren im *Observer.*

Willy's Station (auch: *Ban Lan Sao),* ✆ 01-9875768, deutsche Küche, jeden Abend Live-Musik von 20–2 Uhr, beliebt bei älteren Herren, ein Abend pro Woche Thai-Boxen.

Pasta Factory, 129/5 Petchkasem Rd., Soi 73, ✆ 09-9181827, stilvoll und hübsch gestaltet, sehr gute Gerichte, Schweizer Management.

In der ***Deutschen Bäckerei (Ruam Mit Restaurant),*** Srasong Rd., gibt es täglich frisches Brot, Kuchen, Wurstwaren und bestes deutsches Frühstück sowie europäische Küche, 🕓 8–22 Uhr.

Sonstiges

AUTOVERMIETUNGEN – ***Avis***, ✆ 032-512021-38, 💻 www.avisthailand.com, im *Hotel Sofitel* und im *Chiva Som Resort*.
Mr. Somsak Jaroenphon, 4/21 Hua Hin Bazar, ✆ 032-513614, vermietet Jeeps, PKWs und Motorräder.

EINKAUFEN – Auf dem interessanten Nachtmarkt wird alles verkauft von Obst und Fischen bis zu T-Shirts und Souvenirs. Tagsüber findet in mehreren Straßen des Stadtzentrums ein großer Markt statt.
Über 100 Schneider bieten ihre Dienste an.

FAHRRÄDER / MOTORRÄDER – Beim Souvenir-Markt und gegenüber (besonders zuverlässig) werden für einen Tag Fahrräder (70 Baht) und Motorräder (200 Baht) vermietet, ✆ 01-8034606. Für eine Stunde kostet eine Honda in der 87/7 Petchkasem Rd. z.B. 50 Baht, von 10–19 Uhr 150 Baht. Schwere Maschinen kosten 500–1200 Baht pro Tag, Jeeps ab 800–1000 Baht.

GELD – Banken und Wechselstellen, 🕒 bis 21 Uhr, z.T. auch So. Viele Geldautomaten.

INFORMATIONEN – ein städtisches ***Tourist Office*** an der Damnoen Kasem Rd., Ecke Petchkasem Rd., ✆ 032-512120, 532433; hier auch das neueste *Official Guide Book*; 🕒 tgl. 8.30–20 Uhr. Handverlesene Informationen und viel Werbung unter 💻 huahin-tourist-information.com.
Aktuelle Infos: 💻 frangipani.com/huahin/huahin.htm.
Hilfreich bei der Auswahl von Restaurants und aktueller Abendunterhaltung ist das informative, englischsprachige Monatsheft *Observer* (gratis).

INTERNET – Anfang 2005 gab es über ein Dutzend Internet-Shops, zumeist 1 Baht/Min.

MEDIZINISCHE HILFE – Krankenhaus Thonburi, 5 km nördlich der Stadt am H4 (Motorradtaxi 15 Baht). Sehr freundlich und hilfsbereit sind die Leute im ***Red Cross Institute*** neben dem Tourist Office.

POST – Damnoen Kasem Rd. nahe der Kreuzung, 🕒 Mo–Fr 8.30–16.30 Uhr, am Wochenende und an Feiertagen 9–12 Uhr. Internationale Ferngespräche tgl. 6–22 Uhr. **PLZ**: 77 110.

REISEBÜROS – ***Western Tours***, 11 Damnoen Kasem Rd., ✆ 032-512560, bietet Taxi-Service zu allen Airports und akzeptable Touren in die Umgebung.
My Friend Travel, 98 Naretdamri Rd., ✆ 032-512439, bietet abends direkte VIP 32-Busse zu den Touristenorten im Süden an (s.u.) sowie gute Halbtags- und Tages-Touren in der Umgebung (i.b. mit Mr. Varee).
Ken Diamond Tour Travel, 162/6 Naretdamri Rd., ✆ 032-513870, 💻 www.travel-huahin.com; deutsches Reisebüro, bietet neben normalen Reisebüro-Diensten viele Touren ab 4 Pers. 🕒 tgl. 9–22 Uhr.

SAISON – Von Juni bis Okt sowie während der Feiertage ist Hochsaison der Thais, von November bis April Hochsaison der Ausländer.

Nahverkehrsmittel

FAHRRAD-RIKSCHAS – Für kürzere Strecken zahlt man 20–30 Baht, für längere, z.B. vom Bahnhof zum Strand, 40–50 Baht. Viele Fahrer verlangen für die Fahrt zum Gästehaus von Touristen 80 Baht und vom Besitzer nochmals 150 Baht. Wer diese Abzockerei nicht mitmachen will, geht besser zu Fuß.

SONGTHAEW – fahren von 6–17.45 Uhr in die nähere Umgebung der Stadt von der Petchkasem Rd., gegenüber Chat Chai Hotel, für 7–10 Baht p.P., zum Takeap-Felsen 20 Baht.

TAXIS – Ein Taxi kostet für eine Tagestour etwa 800 Baht, in der Saison mehr – zum Khao Sam Roi Yot 800–1200 Baht, mit dem Tuk Tuk 800 Baht.

Transport

BUSSE – Die non-ac- und 2.Kl. ac-Busse halten am Busbahnhof an der Bahnlinie, ac-Busse vor dem *Siripetchkasem Hotel* (Ticketkauf bis 24 Std.

im Voraus). Busse von Bangkok in den Süden stoppen zwischen 19 und 24 Uhr.
Nach BANGKOK (201 km) fahren 2.Kl. ac-Busse alle 30 Min. bis 17.30 Uhr für 99 Baht, ac-Busse alle 45 Min. bis 21 Uhr für 128 Baht in 3 1/2 Std.
Nur ac-Busse fahren bis 17.30 Uhr nach CHA-AM für 25 Baht und PHETCHABURI für 36 Baht; jede Std. nach PRANBURI für 20 Baht und PRACHUAP KHIRI KHAN für 50 Baht in 1 1/2 Std.
Weitere ac-Busse nach CHUMPHON für 126 Baht (VIP-Bus 550 Baht) in 4 1/2 Std., SURAT THANI für 210 Baht (VIP-Bus 580 Baht) in 8 1/2 Std., PHUKET für 305 Baht (VIP-Bus 700 Baht), KRABI für 273 Baht (VIP-Bus 700 Baht).
Die VIP-32-Busse von ***My Friend Travel*** (s.o.) fahren um 21.30 Uhr direkt nach PHUKET, PHANG NGA und TAKUA PA (700 Baht), um 21.40 Uhr nach KO SAMUI (700 Baht, inkl. Express Boot), KO PHA NGAN (750 Baht, inkl. Express Boot), KRABI (750 Baht) und HAT YAI (800 Baht, umsteigen in Surat Thani), ein Minibus (10 Pers.) um 24 Uhr nach KO TAO (750 Baht, inkl. Speedboot).

TAXIS – nach Cha-am 200 Baht, nachts 250 Baht. Zum Flughafen Bangkok (224 km, 3 Std.) 1300–1500 Baht (z.B. an einem Straßenstand an der Ecke Damnoen Kasem Rd./Naretdamri Rd.).

EISENBAHN – Der *Sprinter* 43 fährt um 7.45 Uhr ab BANGKOK, Ank. 11 Uhr. Weitere 10 Züge fahren zwischen 13 und 22.50 Uhr in ca. 4 Std. nach Hua Hin (ab 142 / 84 Baht in der 2./3. Kl.).
Von BANGKOK NOI um 7.15, 13.10 und 19.05 Uhr für 44 Baht in der 3.Kl., Ank. um 11.33, 17.44 und 22.43 Uhr.
Nach BANGKOK fahren die Schnellzüge in der Nacht ab, tagsüber nur der *Sprinter* 40 um 16.38 Uhr (Ank. 20.40 Uhr).
Nach BANGKOK NOI fährt ein lokaler Zug um 11.35 Uhr (Ank. 16.10 Uhr).
Zum Bahnhof SAMSEN fährt der Dieselzug 262 um 14.15 Uhr (Ank. 18.54 Uhr).
Wer **aus dem Süden** bei Tag fahren möchte, nimmt von SURAT THANI den *Sprinter* 40 um 11.25 Uhr für 234 Baht (Ank. 16.38 Uhr), von CHUMPHON und PRACHUAP den lokalen Zug 254 um 6.40 bzw. 9.49 Uhr für 49 / 19 Baht (Ank. 11.35 Uhr).
Richtung Süden tagsüber am besten mit dem *Sprinter* 43 um 11 Uhr über CHUMPHON (14.15 Uhr) nach SURAT THANI, Ank. 16.20 Uhr. Nachts am besten mit dem *Rapid* 167 um 22.21 Uhr oder dem *Express* 85 um 23.10 Uhr, bei deren Ankunft in SURAT THANI bereits die Busse zu den Fähren nach Ko Samui und Ko Pha Ngan warten.
Weiter nach Süden fahren der *Rapid* 171 um 16.59 Uhr und der *Special Express* 37 um 19.08 Uhr bis zur Grenze nach SUNGAI GOLOK (ab 328 / 177 Baht), der *Special Express* 35 um 18.34 Uhr bis nach Malaysia (ab 423 Baht), der *Rapid* 169 um 19.56 Uhr über HAT YAI (ab 309 / 156 Baht) bis YALA.
Ein Bummelzug fährt um 11.33 Uhr bis CHUMPHON für 49 Baht (3.Kl.), Ank. 16.12 Uhr.
Rechtzeitige Reservierung der Schnellzüge wird empfohlen.

FLÜGE – Vom neuen Flughafen im Norden der Stadt fliegt ***Bangkok Air*** vorerst 1x tgl. nach BANGKOK für 1500 Baht und nach KO SAMUI für 2400 Baht. Airport-Tax 500 (!!) Baht.

Die Umgebung von Hua Hin

Takeap-Felsen

6 km am Strand entlang nach Süden kommt man zu den Takeap-Felsen am südlichen Ende der Bucht. Direkt am Meer steht eindrucksvoll auf der Klippe ein Tempel mit aggressiven Affen. Vom Fuße des Felsens blickt ein riesiger stehender Gold-Buddha aufs Meer. Daneben liegen im Schatten eines Hochhaus-Condominiums ein paar Seafood-Restaurants sowie Essenstände, in denen fast überall Blue Crabs gedämpft und Tintenfische gegrillt werden. Über 128 Treppenstufen kann man den Krilas-Felsen erklimmen und viele kleine Höhlen und Felsmalereien sowie Buddhafiguren entdecken. Sofern es nicht dunstig ist, hat man von oben eine gute Aussicht, auch auf die 18 Hochhäuser. Die Bungalows entlang der Straße zum Strand sind ohne Charakter und relativ teuer. Zurück in die Stadt geht es per Minibus für 20 Baht.

Suan Son

Der ruhige, pinienumsäumte **Suan Son Beach** ist an Wochentagen immer noch empfehlenswert. Er schwingt sich 8 km südlich von Hua Hin sanft südwärts zu den Tao-Felsen. Hier liegt ein Fischerdorf. Muschelketten, Anhänger und andere Souvenirs aus Muscheln werden angeboten. Wer sich den Fischern verständlich machen kann, könnte Boote zur vorgelagerten, winzigen Insel Singh To mieten. Hin mit dem Bus ab der Dechanuchit Road alle 20 Min. für 8 Baht.

Pala-U-Wasserfall

65 km westlich von Hua Hin plätschert in eindrucksvollem Dschungel der Pala-U-Wasserfall über viele kleine Stufen, anstrengender Spaziergang für teure 200 Baht Eintritt. ◷ bis 16 Uhr.

Pranburi

Am KM 246 zweigt ein Fahrweg zum **Pranburi Forest Park** ab, der sich nördlich der Mündung des Pranburi-Flusses erstreckt. Unter Kasuarinen kann man sein Zelt für 20 Baht aufschlagen oder für 100 Baht eines mieten. 1,4 km nördlich des Waldes liegt das *Borkaeo Resort*, ✆ 032-621713, eine weitläufige Anlage mit 16 Bungalows, ❷–❹. Busse fahren nach Bangkok für 146 Baht, nach Hua Hin für 20 Baht.

Khao Sam Roi Yot National Park

วนอุทยานเขาสามร้อยยอด

Südlich von Pranburi erheben sich die so genannten „Berge der 300 Gipfel" – ein rund 130 km² großer Marine National Park an der Küste zwischen Hua Hin und Prachuap Khiri Khan. Die bizarren Kalksteinformationen ragen steil bis zu 605 m aus einer weiten, grünen Ebene. In den Wäldern hausen dreiste Affenherden, die sich gern auch mal über die Essensvorräte der Besucher hermachen. Die Küste des Nationalparks zieren mehrere schöne, weiße Strände. Etwa 30–40 Delphine sollen in den Küstengewässern zuhause sein, darunter vielleicht noch 5 oder 6 fast weiße *Indo Pacific Humpback Dolphins*. Zu sehen sind sie evtl. ab Dezember, wenn das Meer ruhig ist.

Regenzeit ist zwischen August und Oktober, günstigste Zeit zum Besuch des Parks von November bis Juni. Allerdings ist es ab März so heiß, dass man sich tagsüber kaum noch am Strand aufhalten mag und Klettertouren anstrengend werden. Die beste Zeit zum Beobachten der Vögel sind die Monate November bis Januar. Im Park gibt es sehr viele Moskitos, die aber keine Malariaüberträger sein sollen.

Höhlenenthusiasten, denen die 200 Baht Eintritt nicht zu viel sind, können drei Höhlen aufsuchen: die relativ kleine, z.T. recht enge Tropfsteinhöhle **Kaeo Cave**, die große Felsenhöhle **Phraya Nakhon Cave** und die **Sai Cave** mit bis zu 15 m hohen Stalagmiten und Stalaktiten. Auch der weite **Laem Sala Beach** mit Schatten spendenden Kasuarinen und der **Sam Phraya Beach** reißen für diesen Eintrittspreis niemanden vom Hocker.

Rund um das Headquarter

Im *Headquarter* informiert eine kleine Ausstellung über die Tierwelt des Parks, Unterkünfte und Ausflugsmöglichkeiten. Im Dorf **Khao Daeng**, in der Nähe des *Headquarters*, kann man von Fischern Boote mieten (für bis zu 10 Pers. 250 Baht pro Std.), um die Strände und Inseln entlang der Küste zu entdecken. Besonders schön ist eine Fahrt durch den **Klong Khao Daeng** kurz vor Sonnenuntergang.

Vom *Headquarter* (idealer Ausgangspunkt für Touren) lässt sich in etwa 30 Minuten der Gipfel des **Khao Daeng** (Schild: *Viewpoint 725 m*) besteigen. Bei klarem Wetter hat man vor allem morgens und abends vom Gipfel eine gute Aussicht. Auch wer nicht so gut zu Fuß ist, kann fantastische Sonnenaufgänge bei gutem Wetter am Ende der Stichstraße, südwestlich des Headquarters, erleben. Schwerer zu erreichen ist der Gipfel des 605 m hohen **Khao Krachom**.

Übernachtung

Am *Headquarter* bietet die Nationalparkverwaltung je 4 Bungalows (◷ bis 16.30 Uhr, schwierige Verständigung) für 8–12 Pers. an ❸–❹, Reservierung im Web unter 💻 www.dnp.go.th/parkreserve.

Am Laem Sala-Strand gibt es Bungalows für 400 Baht mit Gemeinschafts-Du/WC und Unterkünfte für große Gruppen. Hier wie am Sam Phraya-Strand kann man campen. Kleine Zelte für 2 Personen können für 100–120 Baht gemietet werden.

Im Fischerdorf Bang Pu:

Bayview Laguna Resort, ✆ 032-622165, 📠 622 211, 💻 www.bayview-samroiyodnationalpark.

com; 500 m hinter Bang Pu am nördlichen Ende der Straße. Am ruhigen Ende der von Felsen begrenzten Bucht stehen unter Bäumen jenseits der Lagune die Bungalows mit jeweils 4 Einheiten. Zimmer mit Fan oder ac, Du/WC und Terrasse. Im großen Restaurant wird neben einheimischen Gerichten auch ein westliches Frühstück aufgetischt. Boote können für 300 Baht für eine Fahrt zur Höhle gemietet werden. ❸–❹

Am Phu Noi Beach (38 km von Hua Hin):

Terra Selisa, vor dem NP-Eingang am Tempel nach links ✆ 032-559359, 🖳 www.terraselisa.com; am kilometerlangen, flachen, von Kasuarinen und Palmen bestandenen Strand, komfortable ac-Doppel-Bungalows, Meer- und Bergsicht von der Terrasse; Restaurant mit Draftbeer und gutem Kaffee, Swimming Pool, Touren auf Inseln und ins Hinterland, gute Mountainbikes, unter Leitung der holländischen Familie Helsper. ❺

Dolphin Bay Resort, kurz vor dem NP-Eingang links, 🖂 info@dolphinbayresort.com, 🖳 www.dolphinbayresort.com; 24 Bungalows sowie Zimmer und Wohnungen im Hauptgebäude, Open-Air-Restaurant, 2 große Swimming Pools, Fitness-Room, Massage-Center, 6 Kajaks, Fahrräder, Motorräder (200 Baht/Tag), Bootstrip um *Monkey Island* (300 Baht). Amerikanisch-Schweizer Leitung. ❹–❺

Essen

Am *Headquarter* kann man bis 17 Uhr in einem kleinen Restaurant essen. Falls es geschlossen ist, kocht die Familie gegenüber von den Bungalows für die Gäste.

Am Laem Sala- und Sam Phraya-Strand gibt es einfache Restaurants, die bis zum Sonnenuntergang geöffnet haben.

Transport

Mit dem Mofa benötigt man von Hua Hin bis zum Park 1 1/2 Std. für die 60 km.

BUSSE – Busse fahren für 20 Baht von HUA HIN bis PRANBURI, Taxi von Pranburi 250 Baht, von Hua Hin 500 Baht.

Die Pickups von Bang Pu zurück nach Pranburi fahren nur bis Mittag.

TOUREN – Ein Taxi für eine Tagesfahrt ab Hua Hin kostet 800–1200 Baht. Zudem werden organisierte Touren angeboten.

Kuiburi National Park

Beim KM 290,5 zweigt Richtung Berge die Straße H3217 ab. Sie führt zum neuen Nationalpark, in dem über 100 wilde Elefanten leben. Ungefähr 30 kommen oft in der Trockenzeit abends zu einem Fluss, ca. 20 km vom Headquarter entfernt, wo sie leicht beobachtet werden können. Junge, engagierte Angestellte bieten 1–3-tägige Trekkingtouren durch den Dschungel und zu verschiedenen Wasserfällen an. Das Projekt wird vom Königshaus unterstützt, um die wilden Elefanten von den Ananasfeldern fernzuhalten. Camping beim Headquarter.

Prachuap Khiri Khan

ประจวบคีรีขันธ์

Am südlichen Ende einer weiten Bucht liegt die kleine, gemütliche Provinzhauptstadt. In ihrem natürlichen Hafen, der durch die vorgelagerten Felseninseln gut geschützt ist, ankern viele Fischerboote. Leider lassen einige offensichtlich häufig Altöl ab.

In der Nähe des Strandes erhebt sich der „Spiegelberg", **Khao Chong Krachok**, der ein Loch hat, das aus einiger Entfernung gut zu sehen ist und dem Berg zu seinem Namen verhalf. Seine Hänge sind von zahlreichen dreisten Affen bevölkert, die sich oft nur mit einem Stock auf Distanz halten lassen. Wer über die 415 Stufen den kleinen Tempel auf dem Gipfel erklommen hat, wird mit einer sehr schönen Aussicht belohnt. Man kann nicht nur die Bucht mit den vorgelagerten Inseln und die Stadt überblicken, sondern im Westen bis zu einer Bergkette sehen, die bereits zu Burma gehört. Thailand ist an dieser Stelle nur wenige Kilometer breit.

In Prachuap leben außergewöhnlich nette Menschen, die nicht an die wenigen Touristen gewöhnt sind und kaum ein Wort Englisch sprechen. Ansonsten besitzt das nette Städtchen nicht genügend Attraktionen für einen längeren Aufenthalt.

Herrlich ist allerdings der 3 km lange Strand in der malerischen Bucht **Ao Manao**, 3 km südöstlich der Stadt auf Militärgelände.

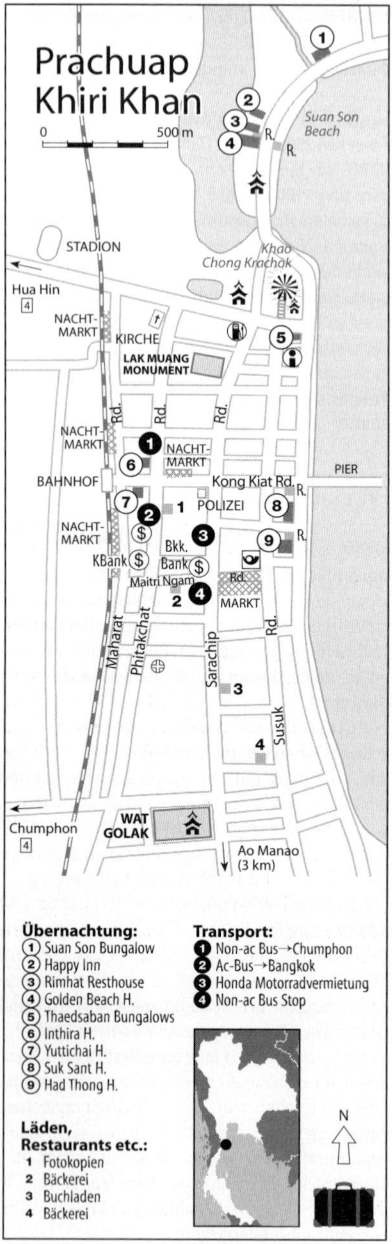

Übernachtung

Yuttichai (7), 35 Kong Kiat Rd., ✆ 032-611055, beliebtes älteres, einfaches Holzhaus, sehr sauber und billig. ❷

Had Thong Hotel (9), 7 Susuk Rd., ✆ 032-601051-7, 📠 611003, 6-stöckiges Gebäude, schöne Sicht über die Bucht, moderne Zi mit ac und Balkon, Zimmer im Keller ohne Fenster gibt es zum halben Preis; Swimming Pool. Gut zum Frühstücken. ❹

SUAN SON BEACH – 1,5–3,8 km nördlich der Stadt: viele Bungalows mit Fan und Du/WC, für einheimische Urlauber. ❷–❹

Golden Beach Hotel (4), 35 Suanson Rd., ✆ 032-601626, 2-stöckiges, neueres Gebäude mit 20 ac-Zi, saubere ac-Reihenbungalows dahinter, Schattendach am Kanal, Frühstücksrestaurant, Internet; einfaches Restaurant nebenan und Strandrestaurants mit fantastischem Fisch nahebei. ❸

Essen

Viele gute Restaurants bieten frisches Seafood an, für das Prachuap berühmt ist.

Einige Essenstände bereiten an der Strandpromenade in der Nähe vom Pier abends Seafood zu.

Auch zu empfehlen sind die abendlichen Essenstände beim Bahnhof. Besonders gut ist ein Stand am nördlichen Ende, der leckeres „Mooyang Korea", eine Art Mongolentopf, für 69 Baht am Tisch kredenzt, weitere Zutaten können einzeln dazubestellt werden.

Gutes Essen zum Mitnehmen gibt es außerdem auf dem Nachtmarkt, s.u.

In den Restaurants der Stadt konnten wir keine englischsprachige Speisekarte entdecken.

Sonstiges

INFORMATIONEN – Im kleinen städtischen ***Tourist Information Service Center,*** ✆ 032-611491, geben nette Angestellte kompetente Auskünfte (nicht immer auf Englisch); 🕓 tgl. 8.30–16.30 Uhr. Hier kann ein guter Guide vermittelt werden: Mr. Pinit Ounope, der gut Englisch spricht und sich hervorragend auskennt.

MOTORRÄDER – bei ***Honda*** für für 200 Baht pro Tag zu mieten, zuzüglich Benzin.

NACHTMARKT – nördlich des Bahnhofs Mi und So, südlich Mo und Do, Essen zum Mitnehmen, Obst, Kleidung etc.

Transport

BUSSE – Überlandbusse halten am H4 westlich der Stadt.
Nach BANGKOK (292 km) non-ac- und ac-Busse jede Std. bis 18 Uhr für 98 / 137 / 176 Baht in 5 Std.
Nach HUA HIN ac-Bus für 50 Baht, nach PHETCHABURI 2.Kl. ac-Bus für 80 Baht.
Nach CHUMPHON non-ac-Bus 426 vor dem *Inthira Hotel* jede Std. von 7.20–13.20 Uhr für 65 Baht (2.Kl. ac-Bus ab Highway 70 Baht, ac 90 Baht).
Nach SURAT THANI für 124 Baht (ac-Bus ab Highway 261 Baht) in 6 1/2 Std.
Nach THAP SAKAE (24 Baht) und BANG SAPHAN (33 Baht) muss man am H4 aussteigen und mit Motorradtaxi in den Ort fahren (40 bzw. 60 Baht).

EISENBAHN – Der *Sprinter* 43 fährt um 7.45 Uhr ab BANGKOK, Ank. 12.05 Uhr. Er fährt weiter nach CHUMPHON (14.15 Uhr) und SURAT THANI (Ank. 16.20 Uhr). Ansonsten von BANGKOK mit dem *Rapid* 171 oder dem *Special Express* 37 um 13 bzw. 15.15 Uhr (ab 175 / 98 Baht in der 2./3. Kl. im *Rapid)*, Ankunft 18.19 bzw. 20.31 Uhr; die anderen Züge kommen erst in der Nacht an.
Nach BANGKOK fährt der *Sprinter* 40 um 15.36 Uhr in 5 Std. für 265 Baht.
Von BANGKOK NOI mit dem Bummelzug um 7.15 und 13.10 Uhr in 6 Std. für 58 Baht (nur 3. Kl.), zurück um 9.49 Uhr.
Die Schnellzüge aus dem Süden passieren Prachuap in der Nacht. Nur der *Sprinter* 40 (Abf. in Surat Thani um 11.25 Uhr) kommt um 15.36 Uhr an.
Nach CHUMPHON fährt der Bummelzug 255 um 12.57 Uhr für 34 Baht in 3 Std.

Von Prachuap nach Bang Saphan

Richtung Süden zeigt sich die Landschaft zunehmend tropischer. Die Berge sind nun von dichtem Dschungel bedeckt. Allerdings wird der Wald, trotz Verbot, laufend dezimiert. In den küstennahen Regionen wachsen Kokospalmen und auf den großen Plantagen im Hinterland Ölpalmen und Kautschukbäume.

Thap Sakae

50 km südlich von Prachuap Khiri Khan zweigt beim KM 363,4 die Straße nach Thap Sakae ab. Dieser Marktflecken mit vielen alten Holzhäusern zieht sich 2 km an der Straße entlang bis zum Bahnhof. Danach führt eine schlechte Straße noch gut einen Kilometer weiter durch Felder bis zum unattraktiven Strand, der von vielen Fischern benutzt wird.

Kee Ree Wong Beach und Ban Krut Beach

Wer am KM 372,9 auf die Straße zur Küste abzweigt, kann bis Chumphon (160 km) auf Nebenstraßen in Strandnähe nach Süden fahren. Zunächst passiert man den schönen Haad Kaeo Beach, dann kommt man zum langen, herrlich ruhigen Kee Ree Wong Beach (gesprochen: Kie Rie Wong), an dem kleine Pinienwäldchen Schatten spenden. Davor liegt die Insel **Ko Lam Ra** (Boot 15 Min.), wo es einen Strand und nette Korallen zum Schnorcheln geben soll. Nach Süden schließt den Strand der **Khao Thong Chai** ab, der 13 km vom H4 liegt. Von oben blickt eine große Buddha-Statue über den herrlich weißen Ban Krut Beach und die Kokoshaine im Hinterland bis zu den schroffen Bergen in Myanmar. Auf dem Gipfel erhebt sich kreuzförmig der neue **Tempel Maha Chedi**, zu dem Treppen und eine schmale Straße hinaufführen – herrliche Sicht nach Norden.

Am Fuße des Berges liegt das Fischerdorf **Ban Krut** mit bunt bemalten Booten, dahinter zwischen Palmen das **Wat Don Samran**, bei dem man am besten gleich zum Meer abbiegt. Einige nette Strandrestaurants und Bungalowanlagen zwischen den Wohnhäusern laden zum Verweilen ein. Geradeaus geht es weiter auf ein Betonsträßchen, das malerisch direkt am schönen Strand entlangführt. Es folgen fünf teure Resorts auf der Landseite und nach 8 km am Ende einer pittoresken **Lagune** das angenehme *Siam Garden Beach Resort*. An der nächsten Asphaltstraße hält man sich nochmals links. Nach insgesamt 36 km ist Bang Saphan erreicht.

Übernachtung

THAP SAKAE – Wer den Ort durchquert, sich am Meer nach Norden wendet, kommt nach 1 km zum ***Chan Ruen Hotel,*** ✆ 032-671930, viele Reihenbungalows im Motel-Stil mit sehr sauberen Zimmern und allen Annehmlichkeiten. Während der Woche sind hohe Rabatte möglich, allerdings spricht niemand Englisch. ❸–❹

KEE REE WONG BEACH – ***Bayview Beach Resort,*** ✆ 032-695566, ✉ info@bayviewbeachresort.com, 💻www. bayviewbeachresort.com, gepflegte Anlage direkt am sauberen Strand, gut ausgestattete Doppelbungalows mit ac, Du/WC, TV und Kühlschrank am kleinen Pool oder am Strand, sowie ac-Zimmer mit Gemeinschaftsdusche. Luftiges Restaurant, Schnorcheltouren, Fahrradverleih, kostenlose Abholung vom Bahnhof, hilfsbereite, gut Englisch sprechende Managerin. Hoher Rabatt an Werktagen und in der Nebensaison. ❸–❻

Ban Krud Beach Resort & Youth Hostel, ✆ 032-619103, 💻 www.thailandbeach.com, ✉ bannkruit@tyha.org, sehr schöne Anlage direkt am Meer mit eigenem Sandstrand, schmuckes 3-stöckiges Stadthaus mit Schlafsaal, ac- und Fan-Zi sowie Fan- und ac-Bungalows; Restaurant, winziger Pool mit Liegen; Touren zum Fischen, Schnorcheln und Mountainbiken werden angeboten. Verleih von Fahrrädern und Motorrädern; freundliche Herbergseltern; Abholung vom Bahnhof (3 km) oder der Bus Station möglich. ❷, ac ❹

BAN KRUT BEACH – 12 km langer, schöner Sandstrand. Alle Bungalowanlagen im Dorf und die guten Resorts am Strand liegen auf der Landseite der schmalen Strandstraße. Pauschaltouristen haben Einzug in die Resorts gehalten, die ansonsten unter der Woche fast leer sind.

Ban Kaew Resort, ✆ 032-695112, aufwändig gebaute, gepflegte Bungalows und Reihenbungalows mit ac, Kühlschrank; Strandrestaurant an der Straße unter Bäumen; die Managerin spricht gut Englisch. ❹

Ban Rim Haad Resort, ✆ 032-695205, 💻 www.banrimhaad.com, in einem schönen Garten stehen über 20 hübsche ac-Häuschen mit Kühlschrank, z.T für 4 Pers., sowie neue, preiswerte Fan-Bungalows; Thai und deutsche Küche. ❸–❹

Coconut Garden, ✆ 032-695397, kleine Hütten mit Fan oder ac und größere Bungalows im Palmenhain, 300 m von der Straße. ❸–❹

Banito Beach, 💻 www.banitobeach.com, ✆ 032-695282; akkurate, pastellfarbene Anlage, die an eine amerikanische Heile-Welt-Soap erinnert, 2-stöckige luxuriöse ac-Häuser mit Zimmern und Wohnungen, Pool. ❺

Ban Klang Aow Beach Resort, ✆ 032-695123, 💻 www.baanklangaowresort.com/eng; 3 km südlich des Dorfes, gepflegter Garten, 29 schöne, große ac-Bungalows mit 57 Zi, gut ausgestattet mit Satelliten-TV, Kühlschrank, Warmwasser; Restaurant und 2 Pools mit Meersicht. Werktags hoher Rabatt. ❺–❻

Siam Garden Beach Resort, ✆ 032-619154, ✉ siamgarden@hotmail.com, 5 km weiter, 12 km nördlich von Bang Saphan; zwischen Straße und Strand, 30 Reihenbungalows mit Fan oder ac, z.T. mit 2 Zimmern; stehendes, stinkendes Brackwasser hinter den billigen Bungalows, preiswertes Seafood-Restaurant am verschmutzten Strand, Tipps für Ausflüge, Motorräder (150 Baht/Tag); familiäre, freundliche Atmosphäre, Traveller sind willkommen. Auf Anfrage werden Gäste am Bahnhof abgeholt. ❸–❹

Transport

BUSSE – Zum KEE REE WONG BEACH kann man jeden Bus nach Süden nehmen (i.b. die Bang Saphan- und Chumphon-Busse) und am H4 beim Dorf Ban Sida Ngam (KM 375,8) oder Si Yaek Ban Krut (KM 382) aussteigen. Weiter mit Motorradtaxi für 60 Baht p.P. (nachts 80 Baht). Entsprechendes gilt für Thap Sakae (Motorradtaxi 40 Baht) und Ban Krut (Motorradtaxi 70–80 Baht, nachts 100 Baht, ca. 10–14 km).

Vom BANGKOK Southern Bus Terminal (Schalter 10) fährt ein VIP40-Bus um 12.30 Uhr für 245 Baht direkt nach Ban Krut (Ank. 18 Uhr).

EISENBAHN – Von BANGKOK am besten mit dem Bummelzug 255 ab BANGKOK NOI um 7.15 Uhr, Ankunft an der Haltestelle Ban Krut um 14.45 Uhr, 65 Baht.

Von Bangkok Hauptbahnhof mit dem *Sprinter* 43 um 7.45 Uhr für 335 Baht (Ank. 12.45 Uhr) oder dem *Rapid* 169 um 15.50 Uhr, Ankunft um 22.15 Uhr, für 97 Baht.
Von CHUMPHON fährt der Zug 254 um 6.40 Uhr (Ankunft ca. 9 Uhr).
Vom Bahnhof Ban Krut mit dem Motorradtaxi für 50 Baht p.P. (nachts 60 Baht) ca. 5–10 km zu den Resorts.

Bang Saphan บางสะพาน

76 km südlich von Prachuap zweigt am KM 399 der H3169 ab, der nach 10 km die Kleinstadt Bang Saphan (auch: *Bang Saphan Yai)* erreicht. Der Ort wird von einem Tempel auf einem Hügel überragt. Er hat nichts Aufregendes zu bieten, aber in der Umgebung liegen einige nette Naturschönheiten.

3 km hinter Bang Saphan kommt man auf dem H3169 zur Maerumphung Bay, die einen tiefen Dreiviertelkreis bildet, der durch die Insel **Ko Thalu** optisch zu einem Vollkreis ergänzt wird. In diese malerische Bucht mit einigen Fischerdörfern und vielen Fischerbooten, die offenbar häufig Altöl ablassen, verirrt sich nur selten ein westlicher Tourist, denn der graue, schmutzige Strand ist zum Baden nicht geeignet. Doch für den Thai-Tourismus an langen Wochenenden und in den Ferien stehen viele Bungalows zur Verfügung.

Bo Thong Lang- Bucht

Zu den schönen Stränden nördlich der Bungalows führen asphaltierte Straßen am **Hafen** vorbei. Für ein Stahlwalzwerk wurden große Gebiete eingezäunt und überbaut. In nur drei Jahren wurden ein großer Hafen und die Industrieanlage fertig gestellt.

Dennoch lohnt sich ein Ausflug (7 km) zur hübschen, kleinen Bucht **Bo Thong Lang** (auf Englisch: *Pretty Bay*). Laubbäume spenden Schatten, das Wasser lädt zum Schwimmen ein, der Hügel zum Besteigen, an Ausflugstagen servieren Imbiss-Buden Leckereien. Leider ist auch die große Hafenmole zu sehen. Nördlich erstreckt sich eine weitere kreisrunde, fast abgeschlossene Bucht, die sich auch gut zum Baden eignet.

Weitere Naturschönheiten

In den Bungalows kann man sich zeigen lassen, wo es zu schönen Stränden oder den roten Klippen

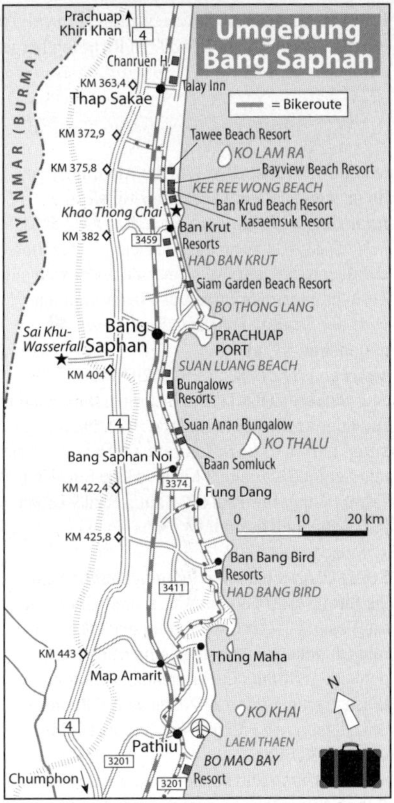

weiter südlich geht, sowie zu zwei kleinen Seen und einer heißen Quelle. Reizvoll sind zudem hinter dem **Wat Tham Ma Rong** die Höhlenkomplexe **Nam Thip** (hinter dem großen Buddha runter) und **Phlerng Chit** (kurz vorher rechts die steile und schlüpfrige Treppe hoch); 20 Baht Spende für die farbige Beleuchtung.

Wer Wasserfälle liebt, kann den schönen 13-stufigen **Thap Mon-Fall** aufsuchen, etwa beim KM 393 vom H4 abbiegen. Mehrere kleine Pools zum Schwimmen bietet der 9-stufige **Sai Khu-Fall** (beim KM 404 vom H4 abbiegen), durch wirklichen Dschungel geht es hoch hinauf, über Felsen und an Lianen entlang.

Ein Halbtagsausflug führt zum **Gold Field Bang Saphan**, wo in kleinen Mengen 99% reines, und deshalb teures, Gold gefunden wird, das zu

Blattgold für religiöse Zwecke verarbeitet wird. Zu erreichen vom H4 am KM 397 in Richtung Berge, dann noch ca. 4 km.

Übernachtung

MAERUMPHUNG BAY – An der Maerumphung Road liegen auf der Landseite 7 Hotels, u.a.:
Haad Somboon Seaview, Nr. 33/2, ✆ 032-548345, ✆/℻ 548344, links an der Abzweigung der Uferstraße, große, sehr preiswerte Zi, die besten mit TV; sehr günstiges Frühstück; Restaurant jenseits der Straße am Strand, Bungalows, ❸, gegenüber. ❷, ac ❸
Vanveena Hotel, Nr. 163, ✆ 032-691251, ℻ 691 548, saubere Zi mit TV, Kühlschrank, Du/WC und Fan oder ac; Restaurant, Café, freundlicher Besitzer; ein weiteres Restaurant am Strand mit gutem Seafood; vermittelt Minibus (800 Baht/Tag). Tagesausflug zur Insel 500 Baht p.P. inkl. Essen (400 Baht ohne Essen). ❷–❸

SUAN LUANG BEACH – In Bang Saphan biegt die Straße H3374 an der Ampel nach Süden ab. Die Resorts liegen 5 km südlich am KM 5, sehr ruhig in Kokosplantagen an einem schönen, gepflegten Strand. Bei Wellengang wirkt das Wasser grau. Motorrad-Taxen vom Bahnhof zur Suan Luang Area für 50 Baht, nachts 80 Baht, vom H4 100 Baht.
Von Nord nach Süd liegen direkt am Strand:
Deng's Bungalow, 4 neuere, einfache Bungalows in grünem Garten, Restaurant. Deng spricht etwas Englisch. ❷
Waree, ✆ 032-691656, 200 m südlich, Palmengarten und Wiese, kleine Steinbungalows mit Du/WC; *Mama Da Restaurant* mit billigen Meeresfrüchten. Montri gibt der *Coco Bar* vorn am Strand sein persönliches Flair, *der* Treffpunkt. ❷
Lola's Bungalow, ✆ 032-691963, großer Palmengarten am Strand, viele Laubbäume, 10 sehr kleine, einfache, hübsch bemalte Hütten, z.T. mit Bett und Moskitonetz, z.T. mit eigener Du/WC; wird nicht mehr von Lola, sondern der unfreundlichen Wan betrieben; Moped 200 Baht/Tag. ❶–❷
Coral Hotel, 171 Moo 99, ✆ 032-691667, 💻 www.coral-hotel.com; tropischer Garten unter Palmen nahe am Strand, komfortable Zi für 2–4 Pers. in 1- und 2-stöckigen Bungalows mit ac, TV, Mini-Bar und Telefon; relativ teure Restaurants, Pool; Windsurfing, Tauchen und Ausflüge, Abholservice. Französisches Management. ❺–❻
Durchs Inland erreicht man 1 km südlich ***Suan Luang Beach,*** 5 gut eingerichtete Bungalows mit ac, TV, Warmwasser; gutes, preiswertes Restaurant mit scharfem Essen; beliebt bei Thais am Wochenende und feiertags. ❹
Bang Saphan Beach Resort, direkt nebenan, 10 große Bungalows in einer Reihe senkrecht zum Strand, mit Fan oder ac, Terrasse mit wenig Schatten; Restaurant. ❸–❹
Bang Saphan Adventure Camp, ✆ 06-7970720, 💻 www.adventure-raid-thailand.com; 10 sehr schöne, kleine Bungalows aus Naturmaterialien und Stein, Boxschule, viele abenteuerliche Aktivitäten, französische Leitung. ❹ mit Halbpension

BANG SAPHAN NOI – ***Suan Anan Resort,*** ✆ 032-699118, am KM 13 des H3374, 10 hübsche ac-Bungalows mit TV und Kühlschrank, nicht weit vom sauberen Sandstrand. ❸
Baan Somluck, ✆ 032-699344, ✉ sobau@ji-net.com, 💻 www.somluck.de.vu; am KM 13,2 des H3374 (bei der Schule), nahe am Sandstrand unter Palmen in einem üppigen Garten, saubere Steinbungalows sowie Zi mit und ohne Du/WC, Pool, Tischtennis, Restaurant mit leckerem Essen, Mopeds, Internetzugang, Touren; kostenlose Abholung, Thai-deutsche Leitung. ❷–❹

KO THALU – ***Ban Maphraw – Koh Talu Resort,*** ✆ 01-4526341, 💻 www.kohtalu.com; Chalets aus kostbarem Holz im Thai-Stil und Familienhäuser unter Palmen am Sandstrand, Transfer per Speedboot (10 Min.), Pauschalarrangements ab 2600 Baht p.P. ❼

Essen

Tae's Restaurant, sehr gute, preiswerte Thai-Küche, an den Bahnschienen 100 m vom Bahnhof Richtung Zentrum; 🕒 ab 17 Uhr.
Lek's Pizza, 300 m südlich der Ampel, gute Pizza und Spaghetti mit selbst gemachtem Ketchup in rustikalem Restaurant; Lek spricht auch Englisch.

Sonstiges

GUIDES – Wer die oben genannten Ausflüge mit einem exzellenten Führer machen will, sucht den Motorradtaxi-Fahrer Mr. Pia, Nr.26, auf. Dieser angenehme Zeitgenosse spricht freundliches Englisch und fährt ab 200 Baht/Tag; bei mehreren Personen benützt er ein Dreirad mit Dach. Auch Mr. Sofa, im Markt, ✆ 032-691535, macht Touren aller Art.

MOTORRÄDER – Mrs. Jang im ***Yamaha-Shop*** (gegenüber vom Markt) vermietet Mopeds für 300 Baht pro Tag, zudem bekommt man gute Infos und einen Plan von der Umgebung.
In ***Tae´s Restaurant*** gibt es eine Honda Wave schon für 200 Baht.

INSEL-TRIP – Wer es einsam haben will, kann Vorräte besorgen und sich zu der kleinen Korallen-Insel Ko Thalu vor der Küste bringen lassen; Unterkunft in Fischerhütten (oder im sehr teuren Resort).

Transport

BUSSE – Nach BANGKOK (367 km) fährt der direkte non-ac Bus um 5 und 12 Uhr für 120 Baht, der 2.Kl. ac-Bus um 6.30, 9 und 12.30 Uhr für 168 Baht, der direkte ac-Bus um 10.30, 15.30 und 19 Uhr für 227 Baht in 6 Std.
Vom BANGKOK Southern Bus Terminal (Schalter 10) fährt ein VIP-40-Bus um 12.30 Uhr für 280 Baht direkt nach Bang Saphan (Ank. 18.45 Uhr).
Hält der Bus aus dem Norden oder Süden nur am H4, geht es 10 km weiter mit Motorradtaxi für 60 Baht (zur Suan Luang Area für 100 Baht, nachts 200 Baht).

EISENBAHN – Ab BANGKOK mit den *Rapid*-Zügen um 13 Uhr, Ankunft 19.25 Uhr, und um 15.50 Uhr, Ankunft 22.43 Uhr, für 197 Baht.
Zurück mit dem *Rapid* 174 um 21.37 Uhr.
Ab BANGKOK NOI mit dem Bummelzug um 7.15 Uhr für 68 Baht (ab HUA HIN um 11.33 Uhr für 33 Baht), Ankunft 14.14 Uhr.
Von CHUMPHON mit dem Bummelzug um 6.40 Uhr für 20 Baht, Ankunft um 8.06 Uhr.

Von Bang Saphan nach Chumphon

Auf dem H4 Richtung Süden fällt der Wechsel von Kokospalmen zu Plantagen mit Tapioka, Bananen, Kautschuk und Ölpalmen ins Auge. Sie wurden angelegt, nachdem der Taifun „Gay" im Herbst 1989 die ausgedehnten Palmenplantagen vernichtet hatte. Vom H4 biegt am KM 422,4 eine 9 km lange Straße Richtung Küste nach **Bang Saphan Noi** ab. Am KM 425,8 zweigt nach links die Straße zum Dorf und Bahnhof Huai Sak ab und erreicht nach 17 km Ban Bang Bird am Nordende eines optisch schönen Strands.

Had Bang Bird

Der 10 km lange, von Pinien gesäumte Sandstrand wird im Süden von hohen Dünen begrenzt und von steilen Bergen eingerahmt. Die Bewohner des kleinen Dorfes Ban Bang Bird haben noch nicht gelernt, ihren Müll umweltschonend zu entsorgen. Das Resort hat es nicht leicht, den Strand sauber zu halten. Der größere Teil der Strandgrundstücke gehört der Königsfamilie und darf nicht bebaut werden.

Alternative Fahrt auf Nebenstraßen

Recht abenteuerlich gestaltet sich die Fahrt von Bang Saphan (Yai) nach Süden bis Pathiu (92 km), da keinerlei Hinweisschilder Richtung Süden weisen. Auf der wenig befahrenen Straße H3374 geht es zunächst in Strandnähe 27 km nach Süden. An der Straßenkreuzung nicht geradeaus auf dem langweiligen H3411 nach Map Amarit (25 km) fahren, sondern nach links 3,2 km nach Osten (*Ban Fung Dang 3 km*). Im Dorf scharf nach rechts abbiegen. Nach 6 km zweigt links ein unscheinbarer Fahrweg (1200 m) zum Meer mit schwarzem Vulkangestein ab. Geradeaus kommt man nach 2,4 km zur Straße, die nach Osten zum Fischerdorf Ban Bang Bird (500 m, s.o.) führt und im Westen nach 16,5 km den H4 am KM 425,8 erreicht. Hier fährt man 700 m nach rechts und biegt dann nach links Richtung Pathiu ab. Die 9 km lange, neue Straße kurvt ganz herrlich durch Dünen und eröffnet tolle Ausblicke.

Nach einem Fischerpier zieht sich die Straße durch landwirtschaftlich genutztes und von Shrimp-Farmen überzogenes Land. Bereits nach 7 km sollte man nach einem kleinen Pass anhalten und gegenüber von einem Tempel einen Blick in die Bucht werfen: eindrucksvolle, steile Felsen und eine lang gestreckte Halbinsel geben ein wahrlich spektakuläres Panorama ab. Nach 13 km kommt eine Kreuzung. Nach links könnte man nach 4 km zum Fischerhafen **Thung Maha** gelangen (von hier erreicht eine weniger gute Schotterstraße nach ca. 35 km Pathiu).

Besser geht es jedoch geradeaus weiter: Nach 5,5 km rechts halten und nach 4,5 km vor dem traditionellen Marktflecken **Map Amarit** nach links abbiegen (im Ort an der Hauptstraße links das kleine *Ammarit Hotel*, ❶). Nach 600 m hinter der Schlaglochstrecke nochmals links halten, dann auf einer wiederum neuen Straße nach 14 km rechts halten. Nach weiteren 7,5 km erreicht man links den Bahnübergang, hinter dem von Pathiu's **Tempelberg** ein vergoldeter stehender Buddha grüßt. Die restlichen 32 km bis Chumphon geht es im Wesentlichen geradeaus (nach 20 km aber nach links abbiegen!) auf den guten Straßen H3201 und H3180, wenn man keinen Umweg über den Thung Wua Laen Beach (s.u.) vorhat.

Thung Wua Laen Beach

Vom H4 führt am KM 476,6 die 18 km lange Straße H3180 zum herrlichen, ruhigen Thung Wua Laen Beach (auch Tung Wualan Beach). Der 2 km lange, weiße Strand liegt 16 km nördlich von Chumphon und bietet viele preisgünstige Restaurants, die von Dezember bis April erstklassiges Seafood zubereiten, z.B. *Prasit Sregrat*. Der südliche Strandabschnitt vor den *Cabanas*, bepflanzt mit Kasuarinen und jungen Palmen, wird von einem mit Büschen bedeckten Hügel begrenzt. Bei Ebbe wird der feine Sandstrand von einer schmalen Lagune geteilt, bei Flut ist er recht breit. Das Wasser scheint ständig klar zu sein. Selbst in der Regenzeit kann man hier bei leichtem Wellengang fast immer baden, dann muss man sich allerdings vor Sandfliegen in Acht nehmen, auch Quallen wurden mehrfach gesichtet. Eine Straße führt 1 km am Meer entlang zum schönen nördlichen Strandabschnitt, der auch **Chuanphun Beach** (gesprochen *Tschuan-fahn*) genannt wird. Am mit Palmen bestandenen Sandstrand tummeln sich am Wochenende viele Thai-Familien und belegen alle Zimmer, ansonsten ist es sehr ruhig.

Nach Norden erstreckt sich hinter dem Fluss das Fischerdorf Sapli, in dem Fremde immer noch bestaunt werden.

Übernachtung

HAD BANG BIRD – Es gibt mehrere Resorts, die hauptsächlich von Thais aufgesucht werden. Bei deutschen Touristen beliebt ist das ***Bangburd Resort***, 💻 www.bangburd-resort.com, im Dorf auf der Landseite der Strandstraße, 20 schöne, große Bungalows, um den großen Swimming Pool gruppiert, Restaurant, an den touristischen Geschmack angepasste Gerichte; Mopeds und Fahrräder zu mieten; Thai-deutsche Leitung. ❹

Boonchu Bangburd Resort (BBR), ✆ 032-619112, 💻 www.bangburd.com; direkt am Strand, große, helle, saubere Zi in Reihenhäusern und Bungalows mit Meerblick, gutes Restaurant, freundlicher, motivierter, gut Englisch sprechender Besitzer. ❹

THUNG WUA LAEN BEACH (NORTH) – ***Chuan Phun Lodge***, 54/3-6 Chuanphun Beach, ✆ 032-560230, modernes Hotel, gute ac-Zi, relativ preiswertes Seafood-Restaurant, durch die Straße von der Strand-Terrasse unter Palmen getrennt, Englisch sprechender Manager; Windsurfen ab 100 Baht. ❸

Clean Wave Resort, ✆ 032-560151-2, daneben, Reihenhaus hinter der Straße, 10 saubere Zi mit kleinem Bad; zur Meerseite 5 saubere, geräumige ac-Bungalows, nett möbliert, großes Bad; preiswertes Restaurant, Tischgruppen unter Palmen am Meer. ❷–❹

View Resort, ✆ 032-560214, 20 m vom Strand stehen einige hübsche Bungalows, kleines Schlafzimmer mit Doppelbett, Vorraum, Du/WC (EZ reicht für 2 Pers.), hinter der Straße liegen mehrere große, saubere, achteckige Bungalows mit Kühlschrank, ac und Bad; wochentags Rabatt; hervorragendes *View Seafood* Restaurant. Mopeds 200 Baht/Tag. ❸–❹

Sea Beach Bungalows, ✆ 032-560155, 600 m weiter nördlich, 18 verschiedenartige Bungalows mit Moskitofenstern und Fan oder ac; Restaurant. ❷–❸

THUNG WUA LAEN BEACH (SOUTH), auch CABANA BEACH – ***Chumphon Cabana Resort***, ✆/📠 077-560245–7, ✉ info@cabana.co.th, 💻 www.cabana.co.th (deutsch und englisch);

hervorragendes, viel gelobtes Mittelklasse-Resort an der schönsten Stelle des Strandes, üppig grüner tropischer Garten; 6 gemütliche Cottages mit Fan und begrüntem Bad unter freiem Himmel, 25 komfortable Superior-Bungalows mit ac; ein 3-stöckiges, eindrucksvolles Hotel wurde in umweltfreundlicher Technologie errichtet, 108 schöne Zi mit Balkon, die komfortabel eingerichtet sind mit Klimaanlage, Satelliten-TV, Kühlschrank, Minibar und Warmwasser-Du/WC; nettes, nicht billiges Strandrestauran; deutschsprachige Tauchschule, großer Pool, Sea Kayak, Mountainbike, interessante Ausflüge. Mit Loose-Handbuch auf ac-Zi meistens 10% Rabatt. ❹–❺

Thung Wua Laen Resort, ✆ 01-9701387, 10 kleine, ältere, ruhige Bungalows und 6 große Bungalows, z.T. mit ac. ❸, ac ❹

Miao House, ✆ 01-6912266, 500 m vom Strand, gegenüber vom Mini-Market, Gästehaus in ländlicher Umgebung für Traveller, die längere Zeit bleiben wollen, 10 große Zi mit Fan und Du/WC, z.T. in Bungalows aus Naturmaterialien, Fahrräder gratis. Infos und Buchung bei Miao im *New Chumphon Gh.* in Chumphon. ❷

Khiddy's Gh., ✆ 032-560300, ✉ belgique2001@hotmail.com, 3-stöckiges Stadthaus, 6 Zi mit Fan, Kühlschrank und Bad, Open-Air-Restaurant, Bierecke. Belgische Leitung. Fahrräder. ❸

Aktivitäten

Die Tauchbasis ***Chumphon Diving Center,*** ✆ 032-560245-7, ist bemüht, das schöne Tauchrevier zu bewahren. Bootstouren bei gutem Wetter kosten 650 Baht, für Taucher 1800 Baht p.P inkl. 2 Tauchgänge, Ausrüstung und Lunch. Lohnende Tauchgründe bieten 8 außenliegende Inseln in 6–23 m Tiefe bei 3–20 m Sicht; besonders beindruckt die enorme Artenvielfalt und Dichte der Meerestiere. Es stehen 20 Sets mit 100 Flaschen zur Verfügung; der 4-tägige PADI-Tauchkurs kostet 9500 Baht. Ein Live-aboard-Wochenende um Ko Tao für 3 Tage/2 Nächte wird von Mai bis Okt angeboten.

Transport

Der Thung Wua Laen Beach ist von CHUMPHON alle 40 Min. mit dem Songthaew für 30 Baht zu erreichen. Fantasiepreise verlangen Motorradtaxis (150 Baht) und Taxifahrer in der Stadt.

Chumphon ชุมพร

Die lebhafte Provinzhauptstadt Chumphon (auch: Chumporn, gesprochen: Tschum-pohn) liegt 506 km südlich von Bangkok, 7 km vom Meer entfernt. Der Name stammt von *chumnumphon*, was etwa „freundschaftlicher Treffpunkt" bedeutet. Thais kennen Chumphon als „Tor zum Süden". Die Provinz unterliegt dem Südwest-Monsun, wird aber auch vom Nordost-Monsun beeinflusst, was dem Tenasserim-Gebirge die zweithöchsten Regenfälle von Thailand beschert. Obwohl es im Flachland weitaus weniger regnet, wurde die Stadt in der Regenzeit (i.b. im August/September) schon mehrmals von den Fluten aus dem Grenzgebirge mannshoch überschwemmt. Im Hinterland wurden in den letzten Jahren viele Plantagen angelegt: Kaffee, Früchte und Palmöl.

In der weiteren Umgebung von Chumphon, die für ausländische Touristen kaum erschlossen ist und keinen Massentourismus kennt, laden den Naturliebhaber schöne Strände, Korallen- und Felseninseln, unberührter Dschungel, spektakuläre Höhlen und Wasserfälle zu Ausflügen ein. Um die herrliche Natur von Chumphon zu erkunden, mietet man am besten ein Motorrad. Gute Gästehäuser helfen dabei, den Weg zu sehenswerten Landschaften und Tropfsteinhöhlen zu finden. Auch auf einer Tour, wenn es nicht gerade die 08/15-Minibusversion für Thai-Touristen ist, kann man viel entdecken. Dabei lohnt für Tempelfreunde durchaus auch **Wat Tham Khwan Muang** (der Marmortempel), **Wat Tham Nam Lot** oder **Big Buddha** einen Besuch.

Die Stadt selbst bietet neben dem fantastischen abendlichen **Essenmarkt** in der Krom Luang Rd. keine touristischen Sehenswürdigkeiten.

Rab Ro-Höhle

21 km nordwestlich der Stadt liegt die Höhle Tham Rab Ro. Hinter dem Tempel Thep Charoen erhebt sich ein durchlöchertes, von vielen Pflanzen überwuchertes Kliff. Treppen führen zu den vier unterschiedlichen, nicht besonders spektakulären Höhlen hinauf, die miteinander verbunden sind. Einige der Höhlen enthalten Tropfsteine, andere Buddha-

Statuen. Eine gute Taschenlampe ist erforderlich. Im halboffenen Tempelgebäude ist ein mumifizierter Mönch in einem Glassarg aufgebahrt. Über 100 Jahre alte Riesenschildkröten leben hinter einer Mauer am Fuße der Felsen. Man erreicht die Anlage vom KM 490,0 des H4 (4 km nach Westen).

Übernachtung

GÄSTEHÄUSER – Die beiden ersten Gästehäuser bieten einen hervorragenden Service, der selbst für Thailand ganz außergewöhnlich ist. Denn auch für Transit-Gäste wird alles getan, sogar wenn sie mitten in der Nacht vom Zug kommen und einen Schlafplatz im voll belegten Gästehaus brauchen. Das bedeutet selbstverständlich kein kostenloses Bett. Wer woanders Touren, Tickets etc. bucht und dann glaubt, gratis Dienstleistungen mitnehmen zu können, liegt natürlich falsch. Einige Schlepper am Bahnhof versuchen mit Fälschungen, Gäste der beliebten Gästehäuser zu ködern.

New Chumphon Gh. ①, 3 Krom Luang Rd., ✆ 077-502900, 01-6912266, 600 m östlich vom Bahnhof links in einer ruhigen Gasse, recht einfaches Holzhaus und kleines Reihenhaus mit spartanisch eingerichteten, hellhörigen Zimmern, 3 Gemeinschafts-Du/WC im Erdgeschoss, Frühstücksrestaurant im Hof. Fahrräder zu vermieten. Obwohl die gute Miao mittlerweile etwas müde geworden ist und nur mit Mühe ihre Großfamilie ernähren kann, herrscht hier noch immer gute Traveller-Atmosphäre. ❶–❷

Sooksamer Gh. ④, 118/4 Sooksamer Rd., ✆ 077-502430, 900 m östlich vom Bahnhof rechts in einer Seitengasse; kleine Zi, Schlafsaal, 3 kleine Gemeinschafts-Du/WC; Restaurant und Bar, guter Service. ❷

Siam Dreams Gh. ⑤, 116/31 Soi Sooksamer, ✆ 077-571790, einfache, saubere Unterkunft, geführt von Ying und dem Bayern Sepp. Restaurant mit europäischen und thailändischen Gerichten. ❷–❸

Fame Tour Gh. ⑥, ✆ 077-571076-7, Zi mit und ohne Du/WC an der lauten Straße. ❷

Ekawin Tour & Gh. ②, 5/3 Krom Luang Rd., ✆ 077-501821, 💻 www.thaisouth.com/ekawin; Reisebüro mit Reihenhaus dahinter, mitten im Nachtessenmarkt, spartanische Zimmer ohne Fenster. Hat nichts mit dem *New Chumphon Gh.* zu tun. ❷, ac ❸

Suda Gh. ⑬, 8 Tha Taphao Rd., ✆ 077-504366, schöne, luxuriöse Zimmer, Warmwasser, Fan oder ac; Fahrrad und Moped zu vermieten; freundliche, hilfsbereite, gut Englisch sprechende Besitzerin. ❷, ac ❸

Farang Bar Gh. ⑮, Tha Taphao Rd., ✆ 077-503001, ✉ farangbar@yahoo.com, beim Bus Terminal, grüner Garten, 9 spartanische Zi in einem niedrigen Reihenhaus, Du/WC außen im Hinterhof; 🕓 6–24 Uhr (nachts klopfen); Auto (Suzuki) 1200–1500 Baht, Motorrad 150 Baht, Fahrrad 50 Baht. ❷

Lemon Gh., 110/2 Thataphao Rd., sehr freundliche, zuvorkommende Besitzer. Wird umziehen. ❷

HOTELS – In der lauten Hauptgeschäftsstraße, der **Saladaeng Rd.**, gibt es acht Unterkünfte vom Stundenhotel bis zur Nobelherberge, u.a.:

Sri Chumphon ⑧, Nr. 127/22-24, ✆ 077-511280, 📠 504616, große, recht komfortable ac-Zi; viele Geschäftsleute, sicherer Parkplatz. ❷–❸

Jansom Chumphon ⑦, Nr. 118/65, ✆ 077-502502, 📠 502503, beliebtes Komforthotel, voll klimatisiert, bietet alle Annehmlichkeiten. Disco. ❹

Morakot Hotel ⑩, 102-112 Tawee Singkha Rd., ✆ 077-503628-32, ✉ boaee2000@yahoo.com, 400 m vom Bahnhof, Seiteneingang neben dem Yamaha-Shop; 5-stöckiges Hotel mit Aufzug, sehr gute, saubere Fan- und ac-Zi; häufig ausgebucht. ❸

Chumphon Palace ⑰, 328/15 Pracha Uthid Rd., ✆ 077-571715-22, 📠 571724, neben dem Markt, modernes Hotel, komfortable ac-Zi mit TV, Kühlschrank, Warmwasser; Restaurant. ❸–❹

Essen

Sehr verlockend sind die mobilen Essenstände an den Märkten und der **Nachtessenmarkt** in der Krom Luang Rd., ein Schlaraffenland für Fischesser; gelegentlich machen sich hier Langfinger zu schaffen.

Im ***Rin Garden Restaurant***, 118 Krom Luang Rd., gibt es bestes Seafood, Thai und chinesische Gerichte in gediegener Atmosphäre.

Super und billig ist die Ente mit Nudeln im chinesischen Restaurant gegenüber vom

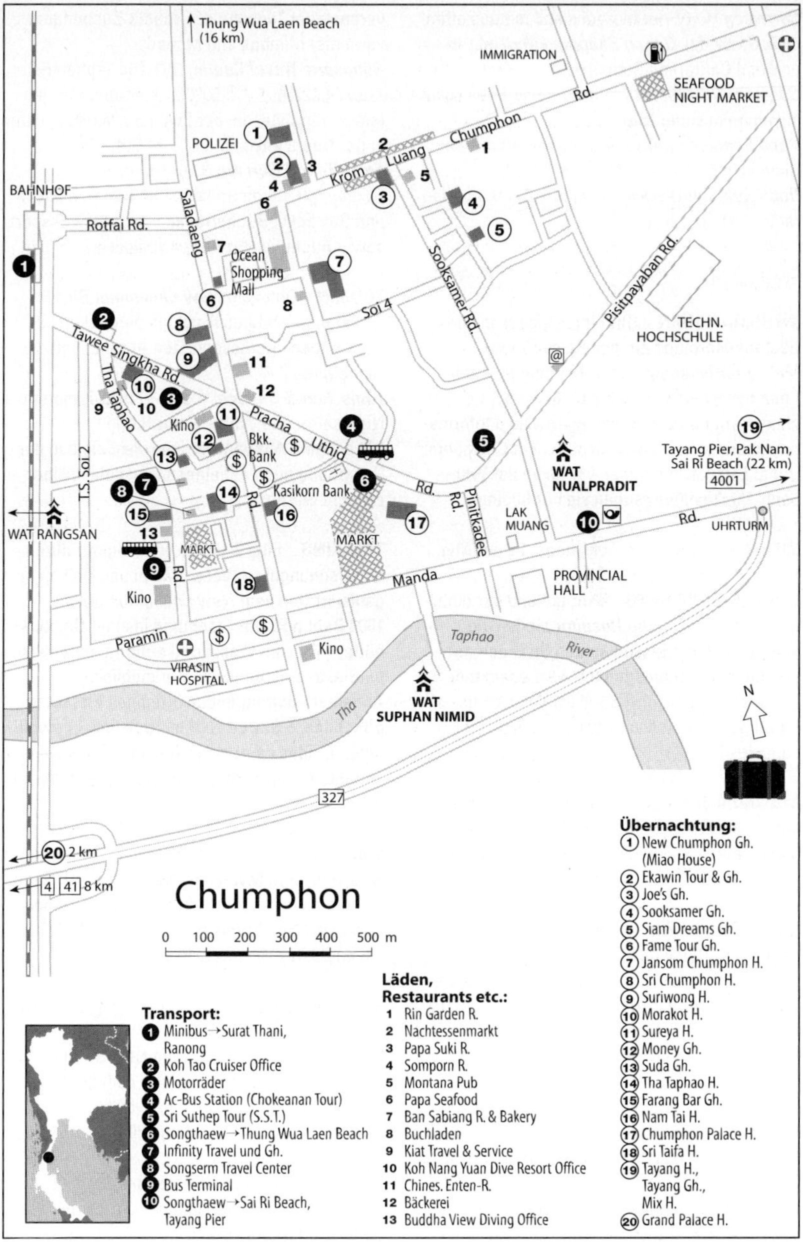

Thung Wua Laen Beach (16 km)
IMMIGRATION
SEAFOOD NIGHT MARKET
Chumphon Rd.
Krom Luang
POLIZEI
BAHNHOF
Rotfai Rd.
Saladaeng
Ocean Shopping Mall
Soi 4
Sooksamer Rd.
Pisitpayaban Rd.
TECHN. HOCHSCHULE
Tawee Singkha Rd.
Tha Taphao
Kino
Bkk. Bank
Pracha Uthid Rd.
Kasikorn Bank
T.S. Soi 2
WAT RANGSAN
MARKT
Rd.
Pinitkadee Rd.
LAK MUANG
WAT NUALPRADIT
Tayang Pier, Pak Nam, Sai Ri Beach (22 km)
4001
UHRTURM
Manda Rd.
PROVINCIAL HALL
Paramin
Kino
VIRASIN HOSPITAL
Taphao River
Tha
WAT SUPHAN NIMID
N
327
2 km
4 41 8 km
Chumphon
0 100 200 300 400 500 m
Transport:
1 Minibus→Surat Thani, Ranong
2 Koh Tao Cruiser Office
3 Motorräder
4 Ac-Bus Station (Chokeanan Tour)
5 Sri Suthep Tour (S.S.T.)
6 Songthaew→Thung Wua Laen Beach
7 Infinity Travel und Gh.
8 Songserm Travel Center
9 Bus Terminal
10 Songthaew→Sai Ri Beach, Tayang Pier
Läden, Restaurants etc.:
1 Rin Garden R.
2 Nachtessenmarkt
3 Papa Suki R.
4 Somporn R.
5 Montana Pub
6 Papa Seafood
7 Ban Sabiang R. & Bakery
8 Buchladen
9 Kiat Travel & Service
10 Koh Nang Yuan Dive Resort Office
11 Chines. Enten-R.
12 Bäckerei
13 Buddha View Diving Office
Übernachtung:
1 New Chumphon Gh. (Miao House)
2 Ekawin Tour & Gh.
3 Joe's Gh.
4 Sooksamer Gh.
5 Siam Dreams Gh.
6 Fame Tour Gh.
7 Jansom Chumphon H.
8 Sri Chumphon H.
9 Suriwong H.
10 Morakot H.
11 Sureya H.
12 Money Gh.
13 Suda Gh.
14 Tha Taphao H.
15 Farang Bar Gh.
16 Nam Tai H.
17 Chumphon Palace H.
18 Sri Taifa H.
19 Tayang H., Tayang Gh., Mix H.
20 Grand Palace H.

Suriwong Hotel, nur morgens und mittags offen. Im 3. Stock der ***Ocean Shopping Mall*** gibt es ein ac-Food Center mit Coupons.
Somporn Restaurant, kleines, preiswertes Lokal mit einheimischer Küche.
Papa Seafood, großes Restaurant unter freiem Himmel, nur abends offen, Live-Musik.
Papa Suki Restaurant, riesiges Sukiyaki-Restaurant, ⌚ 11–22 Uhr.

Sonstiges

INFORMATIONEN – Gute Infos gibt es in den Gästehäusern und einigen Reisebüros.
Mehrere Homepages über Chumphon (auch Chumporn) sind veraltet, z.B. 💻 www.chumporninfo.com. Recht eigenwillige Informationen bietet 💻 www.thaisouth.com/Chumphon/.
Bunte Landkarten dienen vor allem der Werbung, für Ausflüge taugen sie nur bedingt.

INTERNET – viele Internet-Shops: 1 Baht/Min.

MEDIZINISCHE HILFE – Sehr gut und gar nicht teuer ist das ***Virajsilp Hospital***. Gegen die gelegentlich in Massen an den Stränden auftauchenden Sandfliegen (i.b. bei bedecktem Himmel) half einigen Travellern Kokosöl, anderen *Skin-So-Soft* von *Avon*. *Autan* war wirkungslos.

MOTORRÄDER – gibt es in den Gästehäusern und in der Stadt für 150 Baht, z.B. in einem Laden in der Tawee Sinkha Rd., gegenüber vom *Suriwong Hotel*.

REISEBÜROS – Die Angebote und Serviceleistungen der Reisebüros unterscheiden sich kaum, sie verkaufen wie die Gästehäuser Tickets für die Boote nach Ko Tao und besorgen ein Fahrzeug zum Pier, 60 Baht p.P.
Infinity Travel Service, 68/2 Tha Taphao Rd., ✆ 077-501937, Transport zum Pier, individuelle Touren in der Umgebung, unzuverlässige Informationen, Mopeds für 150 Baht gegen Ausweis. Günstiges Frühstück im Hof. Eigenes Gästehaus, freier Transport hin.
Kiat Travel & Service, 115 Tha Taphao Rd., ✆ 077-502127, 💻 www.chumphonguide.com; veranstaltet Tagestouren, macht Buchungen, vermietet Minibus und Mopeds.
Songserm Travel Center, 66/1 Tha Taphao Rd., ✆ 077-502764, ✆/📠 502023; hier übernachten auch Fahrgäste, die per Zug oder Minibus mitten in der Nacht ankommen, ⌚ 24 Std.
Fame Tour & Service, ✆ 077-571076-7, 💻 chumphon-kohtao.com, ⌚ bis 24 Uhr, Essen und Getränke, Büchertausch, Touren, Transport sowie Buchung von Bus und Minibus.

TOUREN – Ooh vom ***New Chumphon Gh.*** veranstaltet ganztägige Ausflüge per Pickup und Boot zu den interessantesten Attraktionen der Umgebung.
Fame Tour & Service, ✆ 077-571076-7, bietet u.a. Nightsafari und White Water Rafting.
Mit einigem Aufwand können viele Ziele in der Umgebung auch auf eigene Faust und billiger erreicht werden.

TREKKING – Eine 2-tägige Trekkingtour durch den Dschungel zu Wasserfällen und Höhlen organisiert Ooh vom *New Chumphon Gh.* für 1800 Baht p.P., Übernachtung in einer Bambushütte, 1 km vom Wasserfall entfernt. Rafting ist nur bei ausreichend Wasser möglich.
Auf einer anstrengenden 3-tägigen **Elefantenpirsch** (ca. 6 Std. zu Fuß) mit Ooh und 2 bewaffneten Guides kann man mit etwas Glück wilde Elefanten im Dschungel erleben und evtl. sogar sehen.

VISA – On vom *New Chumphon Gh.* bietet den *Visa-Run* nach Myanmar über Ranong als Tagesausflug an (500–1500 Baht p.P. je nach Personenzahl), inklusive Essen, Besuch der heißen Quellen und eines Wasserfalls.

Nahverkehrsmittel

Songthaews zum Thung Wua Laen Beach (30 Baht, 30 Min.) fahren hinter dem großen Markt in der Pracha Uthid Rd. von 6–16 Uhr alle 40 Min. ab, zum Sai Ri Beach (20 Baht, 45 Min.) bei der Post.
Songthaew für 30 Baht fahren bis 18 Uhr zum Nachtboot-Pier von Chumphon; später per Taxi für 50 Baht p.P.

Motorradtaxis kosten für Ausländer innerhalb der Stadt generell 15 Baht, nachts 20 Baht, nachts zum Pier 50 Baht (gefährliche Fahrt).

Transport

BUSSE – Auf dem 4-spurigen H4 ist das Busfahren nach Bangkok jetzt sicher und angenehm. Die meisten Busse fahren vom Bus Terminal ab, einige ac-Busse nach Bangkok vom ac-Bus Terminal in der Pracha Uthid Rd., viele weitere von der Kreuzung Pathomphon Junction am H4.
Nach BANGKOK (468 km) 2.Kl. ac-Bus um 5.30, 6 und 7 Uhr sowie um 21 Uhr für 211 Baht, ac-Bus um 14, 21, 21.30 und 22 Uhr für 272 Baht in 7 Std., um 9.30, 14 und 21.30 Uhr mit *Chokeanan Tour* vom Markt in der Pracha Uthid Rd. für 272 Baht (2 Fahrer wechseln sich ab). Neue VIP-Busse fahren gegen 21.30 Uhr: VIP-32 für 317 Baht, VIP-24 für 420 Baht sowie der Super-VIP-Bus von *Sri Suthep Tour* für 470 Baht (Essen-Stopp in Hua Hin um 1 Uhr) in 6 1/2 Std., zurück zur selben Zeit.
Nach BANGKOK direkt vom Pier mit einem VIP-Bus um 14 Uhr (nach Ankunft der Boote) in 7 Std., zurück ab Bangkok um 21.30 Uhr (Ank. 5 Uhr).

Achtung

Von Bangkok nach Chumphon möglichst nicht die Busse von *O.S.Travel* und *S.O.T. (State of Tours)* benutzen, denn immer noch versteckt sich ein Bursche im Gepäckfach und sucht nach Geld und Reiseschecks.

Nach HUA HIN ac-Bus für 126 Baht in 4 1/2 Std.
Nach PRACHUAP mit 2.Kl. ac-Bus jede Std. von 6–14 und um 20 Uhr für 70 Baht (ac 90 Baht) über BANG SAPHAN (hält nur am H4) für 40 Baht.
Nach SURAT THANI non-ac-Bus ca. jede Std. für 80 Baht in 4 Std.
Nach HAT YAI am Vormittag non-ac- und ac-Busse für 162 / 280 Baht in 9 Std.
Nach RANONG mit non-ac Bus ca. alle 90 Min. von 7–17.30 Uhr für 50 Baht in gut 2 Std. auf der landschaftlich reizvollen Strecke zur Westküste.
Nach PHUKET (über Ranong) um 12 Uhr mit dem non-ac-Phuket-Bus für 140 Baht, 2.Kl. ac-Bus um 14 und 16 Uhr für 196 Baht, ac um 8 und 13 Uhr für 250 Baht.

MINIBUSSE – Nach BANGKOK direkt vom Pier mit dem ac-Minibus um 13.30 bzw. 17 Uhr (nach Ankunft der Boote) für 400 Baht in 7 Std.
Mit ac-Minivan nach RANONG alle 30 Min. bis 18 Uhr für 100 Baht, nach SURAT THANI ebenso für 130 Baht in 2 1/2 Std., zum Flugplatz von Surat Thani für 160 Baht in 2 Std.

EISENBAHN – Der *Sprinter* 43 fährt um 7.45 Uhr ab BANGKOK, Ank. 14.15 Uhr. Er fährt weiter nach SURAT THANI (Ank. 16.20 Uhr). Ansonsten von BANGKOK 10x tgl. von 13–22.50 Uhr ab 230 / 122 Baht in der 2. / 3. Klasse; das Nachtboot nach Ko Tao erreicht man sicher mit dem *Rapid* 171 um 13 Uhr (Ank. 21.15 Uhr), mit dem *Special Express* 35 um 14.45 Uhr nur, wenn er tatsächlich um 22.30 Uhr ankommt. Etwas Schlaf kann man im *Express* 85 um 19.15 Uhr finden (2.Kl. Sleeper oben 350 Baht), der um 3.58 Uhr eintrifft. Wer mitten in der Nacht ankommt, kann selbständig im *New Chumphon Gh.* einchecken (Notiz an der Tür).
Nach BANGKOK fahren die *Rapid*-Züge 174 und 168 um 19.35 und 20.44 Uhr, der *Express* 86 um 20.14 Uhr (Ank. 5.15, 6.15 bzw. 5.25 Uhr), die *Sprinter* 40 und 42 um 13.27 bzw. 22.15 Uhr für 380 Baht (Ank. 20.55 bzw. 5.45 Uhr) sowie 5 weitere zwischen 23 und 2 Uhr. Der *Sprinter* 40 ist der einzige schnelle Tageszug, der es erlaubt, etwas vom Land zu sehen. Mit dem Speed-Katamaran von Ko Tao erreicht man ihn normalerweise, aber nicht immer, daher das Ticket erst am Bahnhof kaufen.
Von BANGKOK NOI fährt der Bummelzug 255 um 7.15 Uhr in 9 Std.
Nach Norden fährt ein Bummelzug um 6.40 Uhr (Ank. in BANGKOK NOI um 16.10 Uhr); er erreicht HUA HIN um 11.35 Uhr, 49 Baht.
Von SURAT THANI fahren *Rapid*-Züge um 16.43 und 17.49 Uhr sowie der *Express* um 17.26 Uhr in 3 Std. Der lokale Zug 446 fährt um 13.05 Uhr für 34 Baht (Ank. 16.25 Uhr).
Nach SURAT THANI fährt zudem der lokale Zug 445 um 6.35 Uhr (Ank. 9.50 Uhr).
Die Fernzüge in den Süden fahren abends ab, z.B. um 21.15 und 23.10 Uhr nach SUNGAI GOLOK, der *Special Express* 35 um 22.30 Uhr nach BUTTERWORTH, der *Express* 83 um 1.02 Uhr nach TRANG (Ank. 7.35 Uhr, Weiterfahrt nach Ko Lanta mit Minibus).

BOOTE – Drei Boote nach KO TAO fahren tgl. beim Tayang-Pier des Hafens Pak Nam Chumphon an 2 verschiedenen Stellen ab (von Nov–Jan abhängig vom Wetter), der Katamaran fährt ab Thung Kam Noi. Den Transfer (13 km) übernehmen die Gästehäuser oder die Reisebüros rechtzeitig vor der Abfahrt, falls man ihn nicht selbst organisiert.
Mehrere Speedboote fahren um 7 oder 7.30 Uhr in 1 1/2 bis 3 1/2 Std. für 350 Baht nach Ko Tao, Rückfahrt um 10.30 und 15 Uhr.
Das *Songserm*-**Expressboot** fährt um 7 Uhr in 3 Std. nach Ko Tao für 400 Baht (Ko Pha Ngan +250 Baht, Ko Samui +115 Baht). Zurück ab KO TAO um 15 Uhr; Ankunft ca. 18.30 Uhr. (Das neue 3-stöckige Expressboot, das gewissen minimalen Sicherheitsstandards genügt, fährt **nicht** ab Chumphon!)
Am bequemsten ist der *Lomprayah* **Katamaran**, ✆ 077-558212-3, um 7 und 13 Uhr für 550 Baht in 1 1/2 Std., zurück um 10 und 15 Uhr.
Das mit Bastmatten ausgelegte **Nachtboot** (das Transportboot für Ko Tao) fährt um 22 oder 24 Uhr für 200 Baht in 6–7 Std. Minibus- und Pickup-Zubringer für 50 Baht p.P., Motorradtaxi 80 Baht p.P., Tuk Tuk 50–150 Baht. Bei „unvorhersehbar" hohem Wellengang dreht das Boot nur eine Ehrenrunde auf dem Fluss, dann müssen die Passagiere notgedrungen wieder eine Unterkunft suchen.
Zurück fährt dasselbe Boot um 10 oder 22 Uhr, bei Tag wegen fehlender Sitze recht unbequem; bei der Ankunft gegen 15.30 Uhr warten Pickups und ein ac-Minibus auf Passagiere nach Bangkok.

FLÜGE – Der Flugplatz liegt 35 km nördlich der Stadt bei Pathiu, zurzeit keine Flüge.

Die Strände südlich von Chumphon

Paradonpap Beach und Sai Ri Beach

17 km südlich von Chumphon, in der Nähe der Flussmündung. Am 3 km langen Strand gibt es nette, teure Fischlokale und ein Fischerdorf. Zum Baden ist er nicht geeignet.

Sai Ri Beach, der beliebte Ausflugs- und Picknickplatz für Thais liegt 5 km weiter (Pickup 20 Baht). Am Wochenende haben alle Strandrestaurants offen und vermieten massenhaft Liegestühle, Sonnenschirme und aufgepumpte Autoreifen. Das Seafood-Restaurant *Karakhed* am Strand ist besonders gut, wirklich lecker schmecken die frischen Shrimps mit Soße und die *Prawn Cakes*. Am Anfang der Bucht liegt das ausgediente Torpedoboot *HTMS Chumphon* am Strand. Darüber steht der **Prince of Chumphon Shrine** in exponierter Lage. Hier wird der Begründer der Thai Navy wie ein Heiliger verehrt. Ein Festival zu seinen Ehren findet vom 19. bis 25. 12. statt. Vom **Chao Muang Hill** am Ende der Straße hat man eine schöne Sicht über die Küste und die vorgelagerten Inseln.

Ao Makham

Die traumhafte Bucht liegt noch weiter südlich, 26 km von Chumphon (Pickup 30 Baht). Am schönen, friedlichen Strand **Thung Kam Noi** liegt ein Gästehaus, das auch gern von Thais aufgesucht wird; Transfer beim *Mayazes Resthouse* in Chumphon. Häufig stören Massen von Sandfliegen (ein Repellent mitbringen). Der Küste ist die Schnorchelinsel **Ko Klaep** vorgelagert. Ein Boot steht zur Verfügung (ab 1200 Baht pro Tag).

Übernachtung

PARADONPAP BEACH – ***Baan Ing Thalae***, ✆ 077-521663, 📠 521526, sauberes Reihenhaus am Meer, schöne Sicht. ❹

SAI RI BEACH – ***Suan Pha Daeng***, ✆ 077-521143, 7 Bungalows mit Fan. ❷
Sai Ree Lodge, ✆ 077-502023, 20 ac-Bungalows, etwas heruntergekommen, Tauchausrüstung verfügbar. ❹
Nongmai Resort, ✆ 077-558022, putzige Bungalows und spartanische Zi im Reihenhaus. ❸

THUNG KAM NOI – ***M.T. Resort*** (auch *Mother House*), ✆ 077-558152-3, direkt am Strand, 8 Bungalows mit Du/WC und Fan, Kaffee gratis, gutes, relativ teures Strandrestaurant, von der freundlichen Chai geleitet. ❷–❸

Die Inseln vor Chumphon

13 km südöstlich der Stadt an der Mündung des Klong Tha Taphao liegt der betriebsame Fischerhafen **Paknam Chumphon**. Auf mehreren Werften

werden neue Fischerboote gebaut. Man kann ein Boot mieten, um die ca. 33 vorgelagerten Inseln zu erkunden, die im 317 km² großen **Mu Ko Chumphon National Park** liegen (Eintritt 200 Baht). Einigermaßen erschwinglich ist ein Boot nur zu mehreren und mit entsprechendem Verhandlungsgeschick. Viele Traveller kommen begeistert von den Touren zurück, die von den Reisebüros oder von den Gästehäusern veranstaltet werden.

Die meisten Inseln bestehen nur aus Felsen und sind für Robinsonaden nicht geeignet. An zwei Inseln kann man sehr schön schnorcheln. Interessant ist **Ko Lang Ka Chiu** (auch: Langaching) südlich vom Hafen. In ihren Höhlen und Kliffs wohnen Tausende von Schwalben (Salangane) und bauen ihre Nester, die drei mal jährlich von schwindelfreien Burschen geerntet werden, die dort leben (zurzeit kostet ein Kilo um 100 000 Baht). Ganz in der Nähe liegt **Ko Thong Lang**, lang und schmal. Sie hat an einem Ende schöne Strände; bei einem Wassertank nebst Toilette und Sala kann man picknicken. Die schlammige Thungka-Bucht beherbergt zahlreiche Möwen. Die 30-minütige Fahrt mit einem Fischerboot sollte 500 Baht (hin und zurück) kosten.

Nahe an der Flussmündung liegt **Ko Mattra**, von den Einheimischen *Tang Kuay* genannt. Sie eignet sich zum Fischen und Zelten (Genehmigung des Nationalparks erforderlich) und ist meist von vielen Fischern belegt. Um die Insel herum gedeihen Korallenriffe, allerdings ist das Wasser manchmal nicht klar genug zum Schnorcheln.

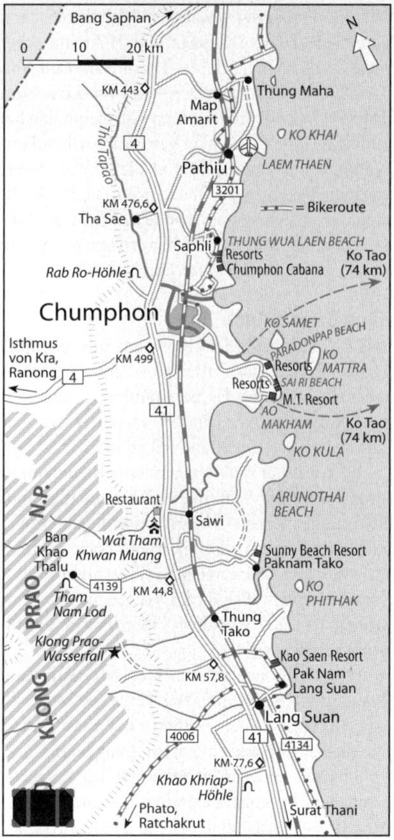

Von Chumphon nach Chaiya

Bei Chumphon wendet sich der H4 an der *Pathomphon Junction* am KM 499 nach Westen und durchschneidet den schmalen Isthmus von Kra, um nach 60 km den Kra Buri Fjord zu erreichen. Nach Süden setzt der H41 die direkte Nord-Süd-Verbindung fort. Auf 320 km Länge berührt der zur Autobahn ausgebaute Highway keine einzige Stadt. Stichstraßen erschließen die von Kokosplantagen gesäumte Küste im Osten und das fruchtbare Flachland im Westen, das von vielen schönen Bergketten durchzogen wird. Links und rechts der Straße erstrecken sich ausgedehnte Reisfelder, in die Ende Juli / Anfang August die Setzlinge gesteckt werden. Am Fuße des Berglands wurden in den letzten Jahren große Dschungelgebiete gerodet, um Obst- und Kaffee-Plantagen anzulegen.

Am KM 34,1 lädt rechts ein schwimmendes Restaurant auf dem von schöner Ufervegetation gesäumten Khlong Sawi zu einer Pause ein. Etwas weiter zweigt links eine Straße ab zum Ort **Sawi** und rechts (KM 35) zum eindrucksvollen Marmortempel **Wat Tham Khwan Muang** (500 m). Am H41 locken Obststände, die Früchte der Saison zu probieren.

Khao Thalu

Ebenfalls am KM 44,8 biegt nach rechts der H4139 nach **Ban Khao Thalu** (23 km) ab, zum „Berg mit dem Loch". Es hat einen Durchmesser von etwa

90 m und ist in der gewaltigen Felsenkette schon vom H41 klar zu erkennen. Für Höhlenforscher interessant ist vielleicht die **Tham Nam Lod Noi**, 5 km nordwestlich vom Dorf beim Wat Khao Nam Thip Wa La Lam. In der engen Kalksteinhöhle hat ein Bach Granitfelsen glatt geschliffen. Ohne Führer hat man kaum eine Chance, die im Wasser versteckten Passagen zu finden. Vom steilen Kalksteinberg belohnt eine schöne Aussicht den anstrengenden Aufstieg. Leicht verirren kann man sich in der schönen **Tham Nam Lod Yai**.

Lang Suan Beach

Am KM 57,8 biegt der H4097 am Hinweisschild *Phitak Island 28* nach Osten ab. Nach 11 km ist ein nicht ganz sauberer Fischerstrand mit einem Seafood-Restaurant erreicht. 700 m weiter liegt das *Kao Saen Resort* am Strand mit grauem Sand.

1,5 km weiter südlich beginnt der Vergnügungsstrand von Lang Suan mit vielen kleinen Strand-Restaurants. Mittendrin liegt am KM 0 ein großes Kloster, in dem ein mumifizierter Mönch mit einer ausgestopften Kobra in einem Glasschrein südlich vom Bot aufbewahrt wird. Über einen Lotusteich gelangt man zum **Schrein des Prinzen von Chumphon** am Meer.

Schließlich erreicht man das Dorf **Pak Nam Lang Suan** (Hafen von Lang Suan), wo Ende Oktober/Anfang November Bootsrennen stattfinden. Die gepflegt wirkende Kleinstadt **Lang Suan** (Pickup 8 Baht) liegt 8 km landeinwärts. Die Zufahrtsstraße wird von blühenden Bäumen gesäumt, der Mittelstreifen ist bepflanzt. Im Zentrum stehen noch viele schöne, alte Holzhäuser.

Vom H41 zweigt die Straße nach Pak Nam Lang Suan (12 km) am KM 63,5 ab. An derselben Kreuzung beginnt auch die wenig befahrene Straße H4006 nach Ratchakrut (72 km). Nach ca. 50 km geht es hinter Phato beim KM 22,6 nach links ab (5 km) zu den *Ton Sai Bungalows*.

Am KM 66 zweigt die Straße zur Stadt Lang Suan (2 km) nach links ab. Das **Wat Tham Khao Ngoen** an der Kreuzung nach rechts ist einen Abstecher wert.

Alternative Fahrt auf der Landstraße

Von Lang Suan kann man auf einer schönen, wenig befahrenen Nebenstraße nach Chaiya (73 km) und weiter nach Surat Thani (53 km) fahren. Die ersten 21 km auf dem H4134 bis Lamae sind teilweise, die folgenden 29 km auf dem H4112 vollständig asphaltiert. Die Straße säumen Reisfelder, Kautschukplantagen, Palmenhaine und Brachland.

7 km südlich von Lamae soll es die drei sauber gefassten, **heißen Quellen** Bo Nam Ron Tham Khao Phlu geben. Wir konnten keine entsprechenden Schilder entdecken, genauso wenig wie die vier **Tropfsteinhöhlen** Khun Krathing in der Nähe.

Beim Ort **Tha Chana**, nach 50,5 km, 4 km vom H41 entfernt, ist ein kurzer Abstecher zum Strand möglich, wo es nette, einfache Restaurants mit gutem Seafood gibt. Die restlichen 23 km auf dem H4112 bis Chaiya sind asphaltiert und verlaufen weit von der Küste entfernt. Nach einigen Kilometern zweigt am KM 45,3 eine Straße nach links zum Strand und zum neuen Pier ab. Über die große Brücke führt sie ebenfalls nach Chaiya.

Khao Khriap-Höhle

Am KM 77,6 biegt vom H41 eine Straße ab zur Khao Khriap Cave (6 km). Man hält sich nach 2 km links, fährt 3 km immer geradeaus und biegt dann links in eine Einfahrt ein. Vom kleinen Tempel führen fast 400 Stufen auf den imposanten **Kalkfelsen** hinauf. Nicht weit unter dem Gipfel liegt der Eingang zur Höhle, die wie die Kuppel eines Domes wirkt. Sie wird durch einige Löcher etwas erhellt, aber um ihre Dimensionen zu erfassen, braucht man eine starke Taschenlampe. Außerdem beeindrucken Sinterterrassen, Tropfsteine und mit Tüchern umwundene Säulen.

Übernachtung

LANG SUAN BEACH – ***Kao Saen Resort***, ✆ 077-541803, eine preisgünstige Bungalowanlage im Motel-Stil, etwas vergammelte Zi mit Fan, üppig bewachsener Garten. Das Restaurant mit normalen Preisen liegt direkt am Strand. ❷

99 Bay Resort (= *Kao Kao Resort)*, 9 Moo 4 Paknam, ✆ 077-541133, 1,5 km weiter Richtung Süden, alte Bungalows und Zi im muffigen Reihenhaus mit Fan, sehr schöne, große Bungalows mit ac; Seafood-Restaurant mit Meersicht. ❷–❹

PHATO – ***Ton Sai Bungalows***, ✆ 01-2110895, ✆ 077-840015, Steinbungalows am Dschungel, wunderschöne Anlage, der Schweizer Mark veranstaltet Dschungeltreks, Floßfahrten und Elefantenreiten. Auch Zelten ist möglich. Mit öffentlichen Verkehrsmitteln am besten von Ranong über Ratchakrut auf dem H4006 zu erreichen. Am KM 22,6 abbiegen, dann rechts 2,5 km, links, rechts, links (insgesamt 4,7 km). ❶–❸

Chaiya ไชยา

Der kleine Ort unweit der Straße nach Surat Thani besteht vorwiegend aus Holzhäusern, die zwei kurze Straßen und deren Seitengassen flankieren. Chaiya war bis vor etwa 1000 Jahren ein Zentrum des Sri Vijaya-Reiches, das weite Teile des Landes beherrschte. Es reichte von Java bis zum Isthmus von Kra, wo das Reich der Khmer begann. Doch wer erwartet, großartige Zeugen der großen Vergangenheit bewundern zu können, wird enttäuscht sein. Man muss sich mit wenigen Überresten begnügen und das Bewusstsein genießen, auf dem historischen Boden eines längst verflossenen Reiches zu stehen.

Im **Wat Phra Boromathat**, einem sehr verehrten Tempel 1 km westlich der Stadt, sind Ähnlichkeiten mit den Tempelanlagen und Chandis in Zentral-Java unverkennbar. Die aufwendig restaurierte, über 1200 Jahre alte Pagode beherbergt Reliquien von Buddha.

In der Umgebung gibt es weitere Tempel im Sri Vijaya-Stil, **Wat Wieng, Wat Long** und **Wat Kaeo**, das einst einen mächtigen Stupa besaß.

Ein kleines, gut geführtes **National Museum** etwa 1 km westlich der Stadt zeigt Repliken von Statuen, die jetzt im Nationalmuseum von Bangkok stehen, sowie viele weitere Funde aus der Gegend um Chaiya. 🕓 Mi–So 9–16 Uhr, außer feiertags, Eintritt 30 Baht.

Fährt man durch Chaiya hindurch 3 km weiter, so weist das Schild *Beach 2 km* nach rechts zum Restaurant *Plub Pla Seafood*. Es ist auf Stelzen zwischen Mangroven errichtet; Pickup ab Chaiya 8 Baht. Eine Straßenbrücke führt über den Fluss zum Laem Pho mit einigen Seafood-Restaurants.

Übernachtung und Essen

Im Ort liegt 300 m nordöstlich vom Bahnübergang an einer schmalen, lauten Straße das äußerst einfache

Hotel Udomlap, ✆ 077-431123, ganz aus Holz gebaut; gute, ruhigere ac-Zi im Steinanbau. Ein Frühstücksrestaurant liegt in der ersten Querstraße vom Bahnhof kommend. ❷–❸

Transport

EISENBAHN – Chaiya ist mit der Bahn von SURAT THANI zu erreichen. Neben den 4 *Rapid*-Zügen hält auch der *Express* 86 um 17.26 Uhr, Ankunft 18 Uhr, sowie der lokale Zug um 13.05 Uhr (8 Baht), Ankunft 13.47 Uhr. Die Schnellzüge von Norden kommen alle nachts an.

SONGTHAEW – zum WAT PHRA BOROMATHAT 7 Baht, zum WAT SUAN MOKE 15 Baht.

Wat Suan Moke วัดสวนโมกข์

6 km westlich von Chaiya an der Straße nach Surat Thani steht in einem schönen dschungeligen Park das moderne Wat Suan Moke. Früher kamen Pilger aus dem In- und Ausland hierher, um einen der berühmtesten Mönche des Landes kennen zu lernen, **Achaan Buddhadasa**, der 1993 verstorben ist.

Die Architektur und Ausschmückung der Klostergebäude ist sehenswert. Der Bot z.B. ist in Schiffsform gebaut, was das Hinübergleiten ins Nirwana symbolisiert. Das Zentralgebäude wird außen von Flachreliefs geschmückt, die die Geschichte Buddhas erzählen und nach indischen Originalen gearbeitet worden sind. Das Innere wirkt wie eine großartige Gemäldesammlung, nur dass die verschiedenen Künstler ihre Bilder nicht auf Leinwand, sondern direkt auf die Mauern gemalt haben. Alle Künstler setzten sich auf die verschiedenste Art mit dem Weg zur Vervollkommnung auseinander. Der wandernde, surrealistisch angehauchte Zen-Buddhist Emanuel Schermann verlieh dem Gebäude mit seinen Sinnsprüchen und Illustrationen das besondere Image. Im 2. Stockwerk gibt es noch freie Wandstellen für künstlerisch Begabte. Östlich der Straße liegen 1200 m entfernt sehr angenehme heiße Quellen.

Übernachtung und Essen

Es gibt einen Frauen- und einen Männerschlafsaal (gegen Spende) und während der kursfreien

Zeit (11.–30. eines jeden Monats) vegetarisches Gemeinschaftsessen (50 Baht täglich). Außerhalb der Klosteranlage haben sich viele kleine Essenstände angesiedelt, die vor allem die Spezialität dieser Gegend, in Salz eingelegte, gekochte Enteneier, anbieten.

Meditationskurse

Jeden Monat werden vom 1. bis 11. Kurse in **Dhamma-Meditation** abgehalten. In einem Kokospalmenhain bekommen die Teilnehmer eine Zelle zugewiesen. Nach der Methode *Anapanasati* (Achtsamkeit durch Atmen) herrscht strenges Rede-, Schreib-, Lese-, Rauch- und Alkoholverbot. Durch den Kurs lernt man, auf den Grundlagen der buddhistischen Lehre Ruhe und Stärke in sich selbst zu finden. Gute Englischkenntnisse sind hilfreich. Anmeldung persönlich ein bis zwei Tage vor Beginn. Kosten: 1200 Baht. Weitere Infos: ✆ 077-431596, 📠 431597, 💻 www.suanmokkh.org. **Achtung**: Die Regenzeit ist wegen der vielen Moskitos weniger gut geeignet. Sarong zum Duschen und Baden in heißen Quellen mitbringen! Die 12-seitige Schrift *Ten Day Buddhist Meditation Course at Suan Mokkh – Basic Information* kann Entscheidungshilfe dazu geben, ob man den Kurs wirklich mit allen Konsequenzen absolvieren will.
Während der kursfreien Zeit werden weitere Meditationsmöglichkeiten angeboten.

Transport

Vom Bahnhof fahren Songthaews für 15 Baht zum Wat Suan Moke. Busse nach SURAT THANI kosten ca. 30 Baht.

Surat Thani สุราษฎร์ธานี

Die Provinz Surat Thani ist die größte im Süden. Die Provinzhauptstadt hieß früher Ban Don und wird von vielen Einheimischen auch heute noch so genannt. Surat ist an sich eine wenig interessante Stadt, meist nur Durchgangsstation auf dem Weg nach Ko Samui. Es gibt für die meisten Touristen keinen Grund, länger hier zu bleiben, außer auf den Anschluss zu warten.

Während langer Wartezeiten kann man auf der Insel Lamphu in einem Park ausspannen und etwas Thai-Freizeit-Flair genießen oder sich einer Tour durch die Kanäle der Stadt anschließen und dabei schwimmende Dörfer und winzige Kokosnuss-Inseln im Tapi-Fluss besuchen; Informationen dazu in den Reisebüros (außer dort spricht hier kaum jemand Englisch!). Schräg gegenüber von *Samui Tour* liegt ein großes, interessantes Wat mit freundlichen Mönchen.

Übernachtung

GÄSTEHÄUSER – Einige Reisebüros bei den Bus Terminals vermieten wenig erfreuliche

Übernachtung:
1 Ban Suan Maprown
2 Seree H.
3 Thai H.
4 Phan Fa. H.
5 T.H. Mansion
6 Surat H.
7 Rajthani H.
8 Grand City H.
9 Intown H.
10 Bandon H.
11 Tapi H.
12 Leo Travel Gh.
13 Thai Rung Ruang H.
14 Wang Tai H.
15 Top Team Gh.
16 Muang Tai H.
17 Saowaluk Thani H..
18 Thai Tani H.
19 Siam Thara H.
20 K.R. Mansion
21 Southern Star H.
22 100 Islands Resort

Transport:
1 Nachtboot→Ko Tao
2 Bus→Express-Boot-Pier, Bus→Songserm-Fähre
3 VIP-Bus'Bangkok
4 Pakdee Tour
5 Nachtboot→Ko Samui
6 S.Travel Express (Songserm)
7 Chaw Wang Tours
8 Nachtboot→Ko Pha Ngan
9 Bus Station Kaset 1
10 New Bus Station (Takub)
11 Phantip Travel: Bus→Phuket, Krabi
12 Bus→Ko Samui (via Autofähre)
13 Samui Tour + Coffee House
14 Busse zu den Inseln
15 Phangan Tour
16 Zugtickets, K-Leo Travel
17 Minibus→Krabi, Chumphon
18 Dereak Tour II
19 Bus Station Kaset 2
20 Sammeltaxi
21 Thai Airways

Läden, Restaurants etc.:
1 Nachtessenstände
2 Moskitonetze
3 Jula Kaufhaus
4 NPA Café
5 Swensens
6 Sahathai Kaufhaus
7 Future Internet

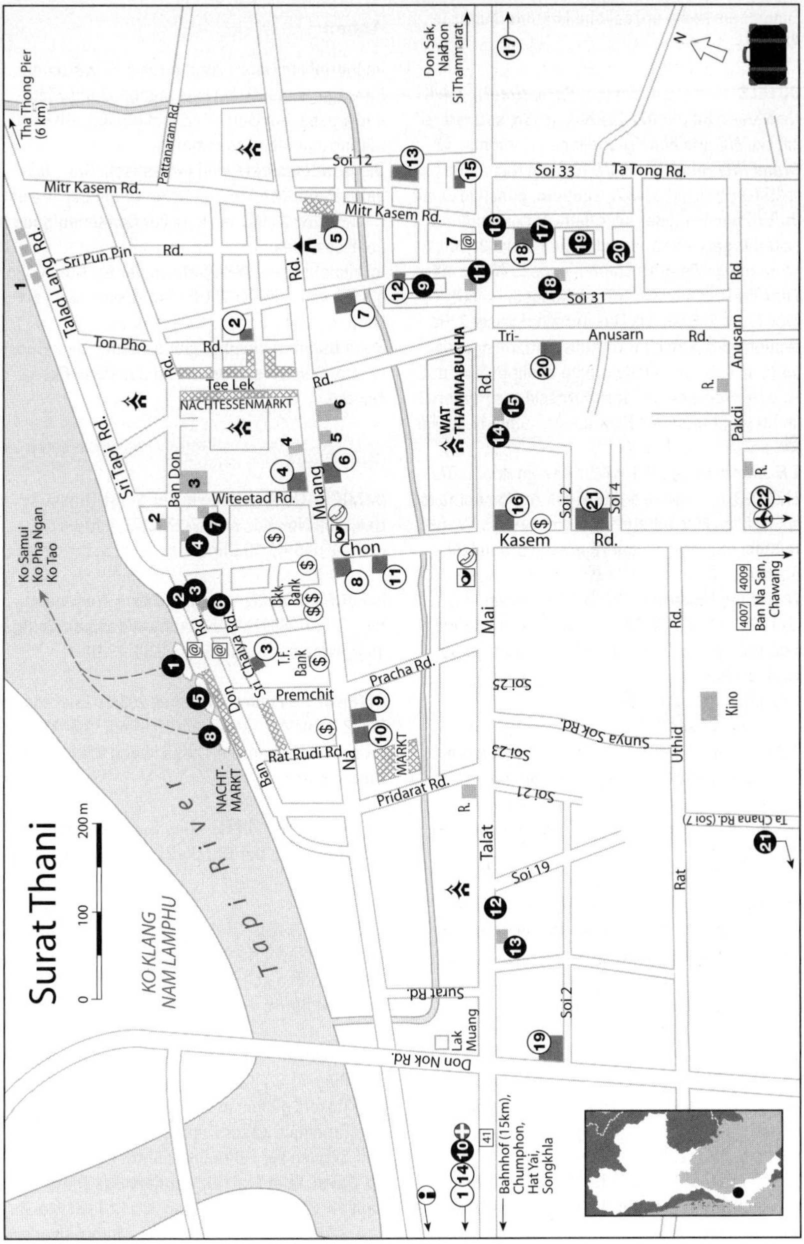
Surat Thani
0
100
200 m
KO KLANG NAM LAMPHU
Tapi River
NACHT-MARKT
Ko Samui
Ko Pha Ngan
Ko Tao
Tha Thong Pier (6 km)
Talad Lang Rd.
Mitr Kasem Rd.
Pattanaram Rd.
Sri Pun Pin Rd.
Ton Pho Rd.
Tee Lek Rd.
NACHTESSENMARKT
Sri Tapi Rd.
Ban Don Rd.
Witeetad Rd.
Muang Rd.
Chon
Na
Don Chaiya Rd.
Sri Chaiya Rd.
Ban
Bkk. Bank
T.F. Bank
Premchit
Rat Rudi Rd.
Pracha Rd.
MARKT
Pridarat Rd.
Soi 12
Mitr Kasem Rd.
Don Sak, Nakhon Si Thammarat
Soi 33
Ta Tong Rd.
Soi 31
Tri-
Anusarn Rd.
Anusarn Rd.
WAT THAMMABUCHA
Rd.
Pakdi
Kasem
Soi 2
Soi 4
Rd.
Mai
Soi 25
Sunya Sok Rd.
Soi 23
Soi 21
Uthid Rd.
Kino
4007
4009
Ban Na San, Chawang
Ta Chana Rd. (Soi 7)
Talat
Soi 19
Rat
Surat Rd.
Lak Muang
Soi 2
Don Nok Rd.
41
Bahnhof (15km), Chumphon, Hat Yai, Songkhla
R.

Zimmer als kaum erträgliche Notunterkunft. ❶–❷

HOTELS – Leser empfehlen: ***Surat Hotel*** ⑩, 496 Na Muang Rd., ✆ 077-272287, große, saubere Zi mit Du/WC und Fan; freundliches Personal. ❷

Grand City Hotel ⑧, 428/7-10 Chon Kasem Rd., ✆ 077-272960, ℻ 284951, saubere, günstige Zi mit Du/WC und Fan oder ac; relativ netter Empfang; trotz der gewerbetreibenden Damen im 3. Stock ist es ruhig. Mehrere Empfehlungen. ❷, ac ❸

Thai Tani ⑱, 442/306-8 Talat Kaset 2, ✆ 077-273586, ℻ 286129, am Bus Terminal Kaset 2, Rezeption im 3. Stock (dort recht laut), riesige, saubere, im 4. Stock relativ ruhige Zi mit Du/WC und ac oder kleinem Fan; desinteressiertes Personal. Im EG vegetarisches Restaurant, ⌚ bis 13.30 Uhr. ❷, ac ❸

T.H. Mansion ⑤, 70/1-4 Mitr Kasem Rd., ✆ 077-212701-3, ℻ 286353, 5-stöckiges Apartmenthaus mit Aufzug, 50 saubere ac-Zi mit Du/WC, TV und Telefon, auch monatlich zu mieten; freundliche Besitzer. ❸

Thai Rung Ruang ⑬, 191-199 Mitr Kasem Rd. (Soi 12), ✆ 077-273249, ℻ 286353, großes Hotel, saubere, große Zi mit Du/WC und Fan oder ac; im Hinterhof ruhig; chinesischer Besitzer, überhebliches Personal. ❸

100 Islands Resort ㉒, ✆ 077-201150, 💻 www.roikoh.com; an der By Pass Rd., gegenüber von Tesco Lotus, komfortables Hotel mit gut eingerichteten Zi, toll angelegter Pool, Spa, Frühstücksbuffet 50 Baht; freundliche Atmosphäre. ❸–❺

AUSSERHALB – ***Ban Suan Maprown*** ①, 4 km westlich der Stadt, ✆ 077-437160, ehemaliger Townhouse-Komplex, große, sehr saubere Zi. Abholservice (auch zurück). ❸

Saowaluk Thani ⑰, 99/99 Kanchanadit Rd., ✆ 077-213700-30, ℻ 213735-6, außerhalb Richtung Osten, riesiges, modernes First-Class-Hotel, 280 ac-Zi, Disco, Pool. Bei Buchung übers Internet und auch sonst 50% Rabatt möglich. ❺

Queen, ✆ 077-311003, muffige Zi, am Bahnhof Phunpin. ❷, ac ❸

Sabai Sabai Gh., ✆ 077-312911, 100 m links (nördlich) vom Bahnhof, 4 einfache, saubere Zi ohne Bad, mit Reisebüro *Samui Tour*. ❷

Essen

Im Viertel am Hafen verpflegen sich wartende Passagiere in Restaurants mit thailändischen und westlichen Gerichten und abends auf dem hervorragenden Essenmarkt.

Die **Straßenmärkte** sind fantastisch. Gute, lebhafte Essen-Märkte von 18–23 Uhr in der Tee Lek Rd. und von 23 Uhr bis kurz vor Sonnenaufgang am Fluss entlang.

Im klimatisierten ***NPA Café*** an der Na Muang Rd. gibt es von 7.30–22.30 Uhr Thai-Essen und Fast Food.

Beim **Bahnhof Phunpin** gibt es neben dem Gästehaus ***Oum's Restaurant*** und das ***Pann Restaurant***.

Sonstiges

IMMIGRATION – Office in der Surat Thani City Hall, Don Nok Rd., ✆ 077-273217; ⌚ Mo–Fr 8.30–12 und 13–16 Uhr.

INFORMATIONEN – ***Tourist Office***, Na Muang Rd., ✆ 077-288817-9, ✉ tatsurat@samart.co.th; im Westen der Stadt, ⌚ tgl. 8.30–16 Uhr.

INTERNET – ***Future@Internet***, 293/13 Talat Mai Rd., 2 Baht/Min. (Minimum 15 Min.), ⌚ 6–21 Uhr. Zwei weitere Internet-Cafés liegen am Pier der Nachtboote.

MEDIZINISCHE HILFE – Das Surat Hospital, 2 km westlich (nach der Brücke rechts), ist gut ausgestattet und billig.

MOSKITONETZE – Sehr gute, große Moskitonetze aus leichtem Kunststoff gibt es billig in einem kleinen Laden schräg gegenüber vom Jula Department Store, der 5. Laden links der Kreuzung.

REISEBÜROS – ein halbes Dutzend in der Nähe vom Pier.

Zug-Tickets gibt es in einem Shop zwischen den Bus Terminals Kaset 1 und 2 (siehe Karte).

Bus-Service zur Fähre inkl. Fährtickets bei ***Phantip Travel***, Talat Mai Rd., vor dem Bus Terminal Kaset 1, und bei ***Samui Tour***, 326/12 Talat Mai Rd., ✆ 077-282352, ⌚ 6–19 Uhr, auch Motorradverleih.

In **Phunpin**, in der Nähe vom Gästehaus, verkauft ***Surat Gateway Travel*** alle Tickets für nur 30 Baht Provision. Die negativen Berichte über *Chaw Wang Tours* gehen weiter. Wenn möglich die Polizei einschalten, sie hilft durchaus den geleimten Touristen.

TOURIST POLICE – Am Bahnhof Phunpin links bei den Taxiständen, ist behilflich, den richtigen Bus Stop zu finden und aufdringliche Schlepper los zu werden.

Nahverkehrsmittel

Minibusse in der Stadt 8 Baht.
Tuk Tuks vom Busbahnhof zum Pier für Expressboote 15 Baht.
Kleinbusse verkehren alle 5 Min. von 5–17.15 Uhr zwischen Bahnhof und Bus Terminal 1, Zwischenstopp am neuen Bus Terminal (regulär 8–12 Baht).
Motorradtaxis ab 20 Baht, zum Bahnhof PHUNPIN 100 Baht.

Transport

BUSSE – **Terminals:** Die Bangkok-Busse kommen am New Bus Terminal an, private ac-Busse beim Pier, alle anderen Busse halten in der Stadt am Terminal 1 oder 2. Viele Busse warten an den verschiedenen Piers auf ankommende Boote bzw. am Bahnhof auf die ankommenden Nachtzüge. Die ac-Busse von *Phantip* nach Phuket und Krabi fahren am Büro in der Talat Mai Rd. ab.
Nach / von Ko Samui: Die Busse zur Autofähre in Don Sak starten u.a. bei *Samui Tour* um 6.45, 8.30, 10.30, 14.30, 15.30 und 16.30 Uhr für 100 Baht (inkl. Fähre), ac-Busse um 6.50, 8.30, 12.30 und evtl. 15.30 Uhr für 130 Baht (an Bord muss man den Bus verlassen, das Gepäck wird währenddessen häufig gefilzt und sogar entwendet).
Bei den Terminals warten aufdringliche Schlepper, um die ankommenden Touristen in Reisebüros mit *special price* zu führen – natürlich besonders teuer.
Bei der Ankunft des Expressbootes um 10 Uhr warten am Tha Thong-Pier Busse nach Penang, Hat Yai und Phuket sowie ein Bus zum Airport und zum Bahnhof. Es ist ratsam, sich rasch um seinen Sitz im Anschlussbus zu kümmern.
Vom Bahnhof Phunpin: Hier warten bei Ankunft der Nachtzüge bereits private Busse, die nach Ko Samui um 7.30 Uhr (150 Baht), Ko Pha Ngan um 8 Uhr (250 Baht), Phuket (220 Baht) oder Krabi (180 Baht) fahren. Lokale Busse fahren, von Surat Thani startend, 30 Min. später am Bahnhof vorbei, z.B. Bus 474 nach Chumphon, Bus 469 nach Ranong, Bus 490 nach Hat Yai, Bus 708 nach Phang Nga sowie der Bus 465 nach Khao Sok, Khao Lak und Phuket. Tickets gibt es rechts

Die Klagen reißen nicht ab

In ganz Thailand werden Reisende beim Kauf von Tickets nicht so abgezockt wie in Surat Thani (in Kooperation mit vielen Reisebüros auf Ko Samui). Es werden miserable Busse und Boote eingesetzt, auf der Fähre aus dem „abgeschlossenen" Bus Gepäckstücke entwendet, absichtlich lange Wartepausen eingelegt (natürlich an einem Vertragsrestaurant), ein Restaurant einige Kilometer vor Surat Thani zur Endstation erklärt, am Abend überteuerte Übernachtungen für Krabi gegen Vorkasse gebucht (unter Vorspiegelung „voller" Unterkünfte), Kombitickets „versehentlich" vorzeitig entwertet, Tickets für einen VIP-Bus verkauft und kurz vor Abfahrt gegen ein Ticket für einen normalen Bus umgetauscht (ohne Ausgleich der Differenz) und reguläre Fahrscheine ganz einfach für ungültig erklärt, natürlich ohne Rückerstattung des Fahrpreises. Alle paar Wochen hören wir von einem neuen Trick. Die meisten Beschwerden kommen über Andaman Wave Master (= Songserm), den größten Transporteur der Region, Chaw Wang Tours und kleine Reisebüros an den Busbahnhöfen. Bei Bussen von O.S.Travel und S.O.T. (State of Tours) von Bangkok nach Chumphon und weiter nach Surat Thani versteckt sich ein Bursche im Gepäckfach und sucht nach Geld und Reiseschecks. Viele Traveller sprechen von einer Transport-Mafia.
Deshalb: Am besten die von uns aufgeführten Busse nehmen, um keine unnötigen Risiken einzugehen.

(südlich) vom Bahnhof an einem Tisch vor dem *Sintawee Coffee Shop*.

Richtung Norden: Das New Bus Terminal *(BoKo-So Takub)*, ✆, 077-200032-3, liegt 7 km westlich an einer Seitenstraße der Umgehungsstraße. Die staatlichen Bangkok-Busse halten hier, die meisten anderen machen einen Stopp. Von der Stadt zu erreichen mit Songthaew für 8–12 Baht (von Touristen wird häufig 50–200 Baht verlangt), Motorradtaxi 50 Baht.

Nach BANGKOK (668 km) 2.Kl. ac-Bus um 9 und 19 Uhr für 295 Baht, ac- und VIP-34-Bus um 11.45, 13.30, 19.20 und 19.40 Uhr für 380 Baht, VIP-24 um 19.20 Uhr für 590 Baht in 10 Std.

Vom Fähranleger Don Sak VIP-24-Bus um 17 Uhr für 645 Baht in 11 Std.

Vom Nachtboot-Pier (in der Stadt) fahren ac-Busse um 18.30 und 19 Uhr für 300 Baht in 10 1/2 Std., VIP-32-Busse um 20 Uhr für 400 Baht in 10 Std. Von der Khaosan Road fahren diese Busse um 17 und 19.30 Uhr in 12 1/2 bzw. 10 1/2 Std.

Nach CHUMPHON vom Terminal 2 non-ac-Bus 474 9x tgl. von 5.30–14 Uhr für 80 Baht in 4 Std.

Richtung Süden: Vom Terminal 2 (Kaset 2):

Nach KRABI non-ac-Bus 462 12x tgl. von 5.30–16.30 Uhr für 90 Baht in 4 1/2 Std.; ac-Busse von Phantip sind in Ordnung und fahren 8x tgl. von 6.30–17.10 Uhr für 120 Baht in 3 Std. Die ac-Busse von *Songserm* um 7.15, 11 und 18 Uhr für 180 Baht benötigen oft 4–7 Std. (aus unklaren Gründen).

Nach PHANG NGA non-ac-Bus 708 5x tgl. bis 13.30 Uhr für 80 Baht, ac-Bus für 130 Baht in 4 Std.

Nach PHUKET non-ac-Bus 465 von 5.40–15 Uhr alle 80 Min. für 109 Baht in 6 Std. (über Khao Sok 50 Baht, Takua Pa 65 Baht, Khao Lak 85 Baht), ac-Bus um 7 und 10 Uhr für 180 Baht in 5 Std. (Khao Sok 100 Baht, Khao Lak 130 Baht). Die ac-Busse von *Phantip* um 7, 10.30, 13.30 und 15.30 Uhr für 160 Baht benötigen 4 1/2 Std.; sie fahren nicht über Khao Lak.

Nach HAT YAI non-ac-Bus 490 um 5.30 und 7 Uhr für 115 Baht, 2.Kl. ac-Bus um 9, 10 und 12 Uhr für 161 Baht in 6 1/2 Std., ac-Bus um 6.30, 9.30, 11, 13 und 15 Uhr für 180 Baht in 5 1/2 Std.

Nach TRANG non-ac-Bus um 6.20 und 8.40 Uhr für 88 Baht in 4 Std.

Vom Terminal 1 (Kaset 1):

Nach RANONG non-ac-Bus 469 stdl. von 5.10–12.10 Uhr für 70 Baht in 5 Std., ac-Bus um 6.30 und 8.30 Uhr für 110 Baht in 4 Std.

Nach NAKHON SI THAMMARAT alle 20 Min. bis 17.30 Uhr für 55 Baht in 3 Std., ac-Bus 7x tgl. bis 16.10 Uhr für 70 Baht in 2 1/2 Std.

MINIBUSSE – Gute ac-Minibusse (keine Beschwerden!) fahren stdl. neben dem *Thai Thani Hotel* ab: KRABI von 7.30–16.30 Uhr für 200 Baht, TRANG 7–17.30 Uhr für 130 Baht in 3 Std., PHUKET von 7–17 Uhr für 250 Baht in 4 Std., CHUMPHON von 7.30–17.30 Uhr für 130 Baht in 2 1/2 Std., RANONG von 8–16 Uhr für 120 Baht, NAKHON SI THAMMARAT von 6.30–17.30 Uhr für 95 Baht sowie HAT YAI 270 Baht, SUNGAI GOLOK 450 Baht, PENANG 600 Baht, KUALA LUMPUR 800 Baht, SINGAPORE 1000 Baht.

TAXIS – ein Stand mit großer Preistafel nördlich vom Bahnhof Phunpin, z.B. nach WAT SUAN MOKE 400 Baht, KHAO SOK 800 Baht, KHAO LAK 1500 Baht, KRABI 1500 Baht.

Die Preise gelten natürlich pro Taxi, nicht pro Person.

EISENBAHN – Der Bahnhof Phunpin liegt 15 km westlich von Surat Thani, mit dem orange-roten Bus Nr.1831 vom Bus Terminal 1 *(Kaset 1)* laufend bis gegen 20 Uhr für 15 Baht zu erreichen, mit dem Taxi für 100 Baht. Die Gepäckaufbewahrung hat 24 Std. Dienst. Zugtickets erhält man auch in Surat Thani im Reisebüro beim Bus Terminal 1. Zum Expressboot am Mittag ist der Bus kostenlos.

Wer mit dem Kombi-Ticket ankommt, wird auf diesem Travellerumschlagplatz gleich in den Bus zum Pier verfrachtet. Aufdringliche Schlepper versuchen, müden Reisenden eine Bungalowanlage aufzuschwatzen.

Ab BANGKOK fährt tagsüber der *Sprinter* 43 um 7.45 Uhr (Ank. 16.20 Uhr).

Über Nacht fahren von BANGKOK *Rapid*-Züge um 13, 15.50, 17.35 und 18.20 Uhr, *Express*-Züge um 17.05 und 19.15 Uhr sowie *Special Express*-Züge um 14.45 und 15.15 Uhr in ca. 12 Std., Preise ab 288 / 147 Baht (2./3. Kl. Sitzplatz im *Rapid*) und ab 388 / 438 Baht (oberes/unteres Bett im 2.Kl.

Sleeper im *Rapid*) sowie 1179 Baht im 1.Kl. *Sleeper.*
Außerdem fahren die beiden *Sprinter* 39 und 41 ohne Schlafwagen, aber mit bequemen Sitzen, um 22.50 Uhr in gut 9 Std. für 448 Baht.
Nach BANGKOK geht es mit dem *Rapid* um 16.43, 17.49, 20.25 und 21.23 Uhr, dem *Express* um 17.26 und 21.08 Uhr, dem *Special Express* um 20.15 und 22.26 Uhr, zudem mit dem *Sprinter* um 20.15 und 11.25 Uhr (der einzige Tageszug, der es erlaubt, etwas vom Land zu sehen; 448 Baht). Diese 10 Züge unbedingt vorher reservieren.
Nach CHUMPHON mit lokalem Zug um 13.05 Uhr für 34 Baht in 3 1/2 Std.
Von HAT YAI fahren die *Rapid*-Züge um 15.10 und 15.30 Uhr für 164 / 97 Baht und die *Special Express* um 17.20 und 18.20 für 204 Baht (2.Kl.) in gut 5 Std., der *Sprinter* um 16.15 Uhr für 254 Baht in 4 Std., lokale Züge um 6.30 und 11.10 Uhr für 57 Baht in 7 Std.
Nach HAT YAI 4x tgl. von 0.52–3.29 Uhr, der *Sprinter* um 8 Uhr, lokale Züge um 6.20 und 9.50 Uhr.
Von SUNGAI GOLOK an der Grenze zu Malaysia um 11.30 und 13.35 Uhr in ca. 9 Std. für 126 Baht in der 3. Klasse. Zurück 2x tgl. nach Mitternacht.
Nach BUTTERWORTH mit dem *Special Express* um 1.31 Uhr ab 424 Baht in 10 Std. Weiter nach KUALA LUMPUR (plus 38 RM, 18 Std.) und SINGAPORE (plus 64 RM, in 28 1/2 Std.).
Von BUTTERWORTH (PENANG) um 14.10 Uhr (Ankunft 23.06 Uhr).

BOOTE – Express- und Nachtboote sowie Auto-/Personenfähren fahren laufend von den Piers in Surat Thani, Tha Thong (8 km) und Don Sak (68 km) nach KO SAMUI (s.S. 567), KO PHA NGAN (s.S. 605) und KO TAO (s.S. 629).
Songthaews fahren zum Tha Thong Pier für 25 Baht, Busse nach Don Sak ab *Kaset 1* für 30 Baht. Wer ohne Kombi-Ticket von den Inseln kommt, erreicht den nächsten Zug mit öffentlichen Bussen nur unter Stress.

FLÜGE – Der Flugplatz liegt 29 km westlich von Surat Thani (ac-Bus 70 Baht). Für die Anreise nach Ko Samui taugt er nur bedingt. Das Restaurant ist gut und billig.
Thai Airways fliegt vormittags und abends von / nach BANGKOK in 75 Min. für 2340 Baht.
Von der Morgenmaschine langer und lästiger Transfer nach Ko Samui mit dem Thai Airways-Bus für 280 Baht inkl. Fähre (Ankunft ca. 13.30 Uhr), Ticket möglichst schnell besorgen.
Taxistand mit Festpreis, z.B. zum Thung Wua Laen Beach 1700 Baht (2 Std.).
Thai Airways Office, 3/27-28 Karun Rat Rd., ✆ 077-272610.

Die Umgebung von Surat Thani

Monkey Training School

Wie wäre es mit einem Besuch in der Monkey Training School? Hier werden Affen dazu ausgebildet, reife Kokosnüsse von den Palmen zu ernten. 7 km östlich der Stadt vom H401 nach Süden abbiegen (7 km), die Schule ist ausgeschildert. Vorführungen werden schon für 300 Baht für 1 Pers., 150 Baht p.P. bei 2 Pers. durchgeführt, bei größeren Gruppen billiger. Vorbuchen unter ✆ 077-282074, Khun Somphon.

Rajjaprabha-Damm

83 km westlich von Surat Thani liegt der Rajjaprabha-Damm, hinter dem sich das riesige **Chiew Lan Reservoir** aufgestaut hat, im Khao Sok National Park (s.S. 742).

Mit dem staatlichen Bus oder einem eigenen Fahrzeug fährt man auf dem H401 nach Westen bis zum KM 58,2 in der Marktstadt **Ta Khun**.

Ko Samui, Ko Pha Ngan und Ko Tao

Ko Samui เกาะสมุย

Ko Samui ist die Hauptinsel eines Archipels von ca. 80 Inseln im Südwesten des Golfs von Thailand. Mit 247 km² ist sie die drittgrößte Insel Thailands, 14 km breit und 20 km lang. Auf dem 5 bis 12 m tiefen Meeresboden liegt sie 20 km vor der Küste. Ein Viertel der Insel besteht aus Flachland, das hauptsächlich mit Kokospalmen bebaut ist. Das Innere der Insel, von dichtem Wald bedecktes Hochland, wird nur wenig landwirtschaftlich genutzt. An den äußeren Hängen wachsen in den Gärten, die ein ungeübtes Auge nicht vom Dschungel unterscheiden kann, Baumfrüchte wie Durian, Rambutan, Langsat und Mangosteen. Auch einige Kautschukplantagen sind in Betrieb.

Die Zeiten, in denen Ko Samui als Geheimtipp gehandelt wurde, in denen die Traveller mit Fischerbooten die Insel erreichten und zu Fuß die Strände eroberten, sind längst vorbei. Heute bedienen Flugzeuge, Autofähren und Schnellboote die Insel. Eine 50 km lange Ringstraße mit Seitenstraßen wurde betoniert und Ampeln samt Kreuzungsbeleuchtung installiert. Der besonders schöne Flugplatz empfängt die Urlauber gleich mit tropischem Flair. An den schönsten Stränden entstanden zahllose komfortable Touristen-Bungalows, große Hotelanlagen folgten und folgen noch immer.

Auch für luxuriöseste Anlagen, die den Bedürfnissen der High Society entsprechen, bietet Ko Samui einen idealen Standort.

Nicht nur an den bekanntesten Stränden Chaweng und Lamai, sondern auch im Fischerdorf Bo Phut und am einst ruhigen Mae Nam Beach wurden Luxushotels gebaut. Bisher halten sich die meisten Hoteliers noch an die Richtlinie, nicht höher als Kokospalmen zu bauen, Entgleisungen sind die Ausnahme. Ko Samui hat sich also zu einem bekannten internationalen Ferienzentrum mit guter Infrastruktur entwickelt.

Die Strände von Ko Samui

Insgesamt besitzt Ko Samui 26 km Sandstrand. Die bekanntesten Strände, Chaweng und Lamai, liegen an der Ostküste. Sie glänzen mit weißem Sand, sauberem Wasser und Palmen im Hintergrund und sind entsprechend beliebt. In Chaweng überwiegen mittlerweile die Pauschaltouristen, die ihr hart verdientes Geld gegen Urlaubsfreude eintauschen wollen, während sich am Lamai Beach eher noch ein individuelles Publikum bewegt.

Die Strände im Norden sind ruhiger, da sie weiter von der Hauptstraße entfernt liegen. Entlang der Ringstraße sind unzählige Ladenzeilen entstanden. Im Westen oder Süden gibt es immer noch richtige Einsamkeit. Hier werden nicht Hotels, sondern vorwiegend Privathäuser für Ausländer gebaut. Die Strände sind hier flach, z.T. von Korallen durchsetzt und bei Ebbe nicht zum Baden geeignet. Nicht zu übersehen ist der Müll, der an einigen Stränden weggeworfen oder angeschwemmt wird. Doch mit Inbetriebnahme der Müllverbrennungsanlage von Ko Samui hat sich wirklich etwas getan – die Insel wirkt sauberer.

Bungalows / Hotels

Mitte 2005 gab es auf Ko Samui 480 registrierte Bungalow- und Hotelanlagen mit ca. 15 000 Zimmern. Mit etwas Planung bei der Auswahl des Strandes und des Bungalows findet heute fast jeder Reisende, was seinen Vorstellungen entspricht. Die Einfachst-Bungalows sind nahezu ausgestorben. Die neueren bieten durchweg mehr Komfort. Eine ganz **einfache Hütte** für 150 Baht ist heute nur noch schwer zu bekommen. Ein einfacher **Bungalow** mit integrierter Du/WC kostet z.B. am Mae Nam Beach 300–600 Baht. Soll das Häuschen etwas solider gebaut und mit ein wenig Komfort ausgestattet sein, wie Stuhl, Tisch, gute Matratze und Fan, sind 600–1000 Baht fällig.

Reisende, die weniger aufs Geld schauen, können einen **Komfortbungalow** wählen, der 1200–2400 Baht kostet. Hier kann man mit Klimaanlage, Sauberkeit und guter Ausstattung rechnen. Hotelzimmer oder Bungalows über 2400 Baht können über internationale Reiseveranstalter gebucht werden und verfügen über eine vorgeschriebene Ausstattung, die bei den Hotelbeschreibungen nicht extra erwähnt wird: große Zimmer, gekacheltes Bad/WC mit Warmwasser, ac, Minibar, Fernseher, Safe. Individualreisende können diese Zimmer vor Ort mieten und je nach Auslastung und Saison weniger, manchmal aber auch mehr als Pauschalurlauber bezahlen. Wenn über Weihnachten und Neujahr

Ko Samui
Ko Pha Ngan (Thong Sala)
Ko Pha Ngan (Thong Nai Pan)
Ko Pha Ngan Ko Tao
Ko Pha Ngan (Hat Rin)
KO SOM
LAEM SUMRONG
THONG SON BAY
KO TAO PUN
CHOENG MON BEACH
KO FAN NOI
LAEM NA PHALARN
MAE NAM BEACH
KAKI BAY
LAEM YAI
Ban Bang Po
Ban Tai
Mae Nam
322
464
467
Big Buddha
BO PHUT BEACH
BIG BUDDHA BEACH
Ban Plai Laem
Bo Phut
YAI NOI BAY
PICKUP TERMINAL
Ko Pha Ngan
KM 31,5
Wat Pangbua
KO MAT LANG
PIER
Nathon
Hin Lat-Wasserfall
Hu Nam-Wasserfall
Haew Khwai Tok-Wasserfall
Tesco Lotus
Chaweng
CHAWENG BEACH
BUS
Bangkok
Ban Lipa Yai
IMMIGRATION OFFICE
TOURIST POLICE
Woodland Park View
Surat Thani
SANTI BAY
500
394
CHAWENG NOI BEACH
LAEM CHON KHRUM
Ban Lipa Noi
635
Coral Cove
THONG YANG BEACH
Ban Saket
Na Muang II-Wasserfall
THONG TA KHIEN BAY
FÄHRE
Na Muang-Wasserfall
565
Lamai
Doi Tai Views
LAMAI BEACH
LAEM THONG KROK
Ban Taling Ngam
Ban Thurian
Overlap Stone
Hat Taling Ngam
403
Felsen Hin Ta - Hin Yai
410
Ban Hua Thanon
Donsak
Ban Pangka
Ban Bang Kao
Tale Ban
PANGKA BAY
Ban Thong Tanot
Na Khai Cove
Ban Han
Ban Thong Krut
LAEM HIN KHOM
LAEM SET
LAEM SOR
Pagoda
0 1 2 3 4 5 6 7 km
KO TAN
Tan Village
Ban Ko Tan
S.S. Cove
Coral Beach
213
KO MAT SUM
Chumphon
KO NANG YUAN
KO TAO
N
SAIL ROCK
0 5 10 15 20 25 km
KO PHA NGAN
Thong Sala
HAT RIN
ANG THONG MARINE NATIONAL PARK
KO PHALUAI
Bo Phut
Nathon
KO SAMUI
Tha Chana
Wat Suan Moke
Chaiya
Phum Riang
KO TAN
N
Tha Chang
THA THONG PIER
KO RAB
Donsak
4142
41
Surat Thani
Kanchanadit
Khanom
BUS STN.
401
Wang Thong-Höhle
Phunphin
MONKEY TRAINING SCHOOL

fast alle Zimmer belegt sind, verlangen die meisten Anlagen vom 20.12.–10.1. einen Peak-Season Preis, der ca. 25 % über dem Hochsaisonpreis liegt. Zudem müssen die Gäste ein völlig überteuertes Weihnachts- oder Silvestermenü bezahlen. In der Hauptreisezeit ist eine Vorausbuchung ratsam.

Unsere Preiseinteilung gilt für die übrige Zeit der **Hochsaison** (Mitte Juni–Aug und Dez–März). In der **Nebensaison** und bei geringer Auslastung wird ein Rabatt gewährt, zuweilen erst nach kräftigem Handeln. Wer an der Rezeption einer Resortanlage keinen akzeptablen Preis erhält, kann evtl. in einem Reisebüro (z.B. *Bann Chaweng Inter Travel* am Chaweng Beach, ✆ 077-422153 einen günstigeren Voucher kaufen. Auch im Internet werden häufig Sonderpreise angeboten, Buchungen sind durch eine Anzahlung zu bestätigen.

Jede Bungalowanlage hat ihr eigenes **Restaurant.** In vielen ist das Essen preiswert und hervorragend. Wer geräuschempfindlich ist, sucht sich am besten einen Bungalow mit entsprechendem Abstand zum Restaurant und zur Bar.

Die üblichen Arten touristischer **Unterhaltung** werden am Lamai und am Chaweng Beach reichlich angeboten. In vielen Strandrestaurants werden allabendlich westliche, englischsprachige Videos gezeigt, und die Hauptstraßen verwandeln sich in eine aufgesetzte Glimmerwelt. Es gibt Discos, Clubs, Pubs, Bars mit und ohne Hostessen und sogar Vorführungen klassischer Thai-Tänze mit Dinner. Auch Travestie-Shows und Go-Go-Bars mit öffentlicher Anmache haben sich etabliert.

Klima und Reisezeit

Ko Samui besitzt ein eigenes Mikroklima. Fast immer ist **gute Reisezeit**, wenn man die richtige Gegend aussucht. Selbst wenn im übrigen Thailand der Südwestmonsun herrscht und von Juli bis Oktober viel Regen bringt, regnet es auf Ko Samui höchstens am Mittag oder Nachmittag für eine halbe oder ganze Stunde, was die Badefreude aber kaum schmälert. Im Gegenteil, durch die aufgelockerte Bewölkung wird es nicht so stechend heiß. Der kleinere Nordostmonsun bringt dagegen von Mitte November bis Mitte Februar viel Regen auf der ganzen Insel.

Bessere Bademöglichkeiten bestehen zu dieser Zeit im Norden, Westen oder Süden, in den übrigen neun Monaten an den Superstränden der Ostküste. Von April bis Juni schwächt der Wind ab und es wird z.T. unerträglich heiß. Von Mai bis Juli ist mit abendlichen Wärmegewittern zu rechnen, die jedoch kaum Abkühlung bringen.

Die Monate August bis Oktober sind eigentlich eine **ideale Reisezeit**, werden aber von einigen Reiseveranstaltern und in touristischen Werbeschriften fälschlich als Regenzeit bezeichnet und von vielen Reisenden gemieden. Neben der **Hauptsaison**, die – trotz der Regenzeit – normalerweise von Mitte Dezember bis Ende März dauert, wird Ko Samui auch von April bis Mai gut besucht.

Wer tagsüber direkt vom Strand weg ins Meer hüpfen will, sollte sich an den flachen Stränden am besten zur Neumondzeit einquartieren. Dann findet die hohe Flut nämlich um die Mittagszeit statt.

Um **Vollmond** (s.S. 58) kann sich das Meer dagegen tagsüber sehr weit zurückziehen, so dass man an einigen Stränden gar nicht baden kann.

Nathon หน้าทอน

Der Hauptort der Insel, mittlerweile eine kleine Stadt, ist von geschäftiger Aktivität erfüllt und voll auf die Bedürfnisse von Touristen und Hoteliers eingestellt. Die Preise haben ein gehobenes Niveau erreicht. Hier legen die Fähren, die Express- und Nachtboote sowie die meisten Speedboote an. In der Nebensaison versuchen Schlepper, Neuankömmlingen bei der Ankunft einen Bungalow aufzuschwatzen, andere Aufdringlichkeiten sind aber in der Regel nicht zu erwarten. Die Einkaufsmöglichkeiten sind, mit Ausnahme von Obst und Gemüse, kaum besser als an den Stränden. Allerdings kann man gemütlicher von Laden zu Laden schlendern als z.B. in Chaweng, da die Fußwege noch relativ breit sind. Die Strandpromenade wurde recht nett ausgebaut.

Die touristischen Einrichtungen von Nathon und den meisten Stränden auf Ko Samui wurden von einer freien Mitarbeiterin recherchiert.

Übernachtung

In der Uferstraße **Chonvithi Rd.** liegen:
Seaside Palace Hotel ④, ✆ 077-421079, gute, saubere, geräumige Zi mit Fan oder ac, z.T. mit Terrassen. ❸, ac ❹

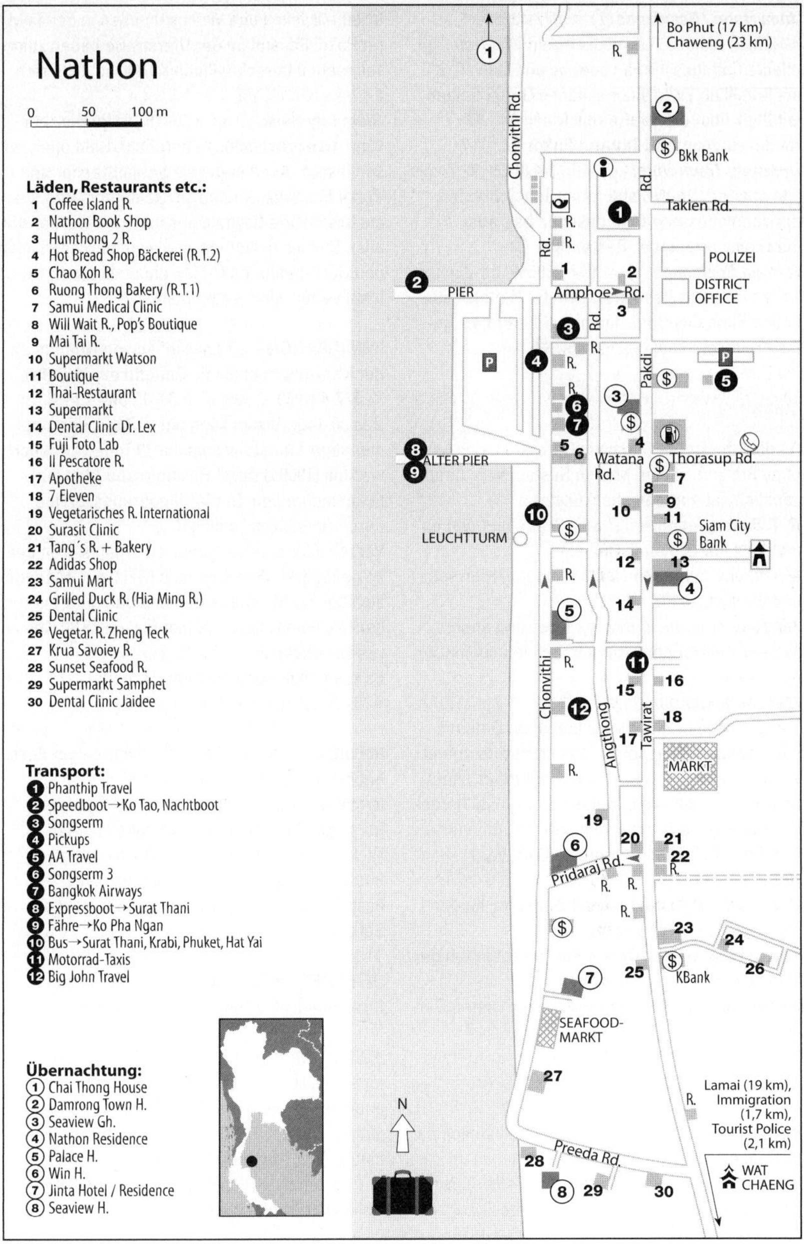
Nathon
0 50 100 m
Läden, Restaurants etc.:
1 Coffee Island R.
2 Nathon Book Shop
3 Humthong 2 R.
4 Hot Bread Shop Bäckerei (R.T.2)
5 Chao Koh R.
6 Ruong Thong Bakery (R.T.1)
7 Samui Medical Clinic
8 Will Wait R., Pop's Boutique
9 Mai Tai R.
10 Supermarkt Watson
11 Boutique
12 Thai-Restaurant
13 Supermarkt
14 Dental Clinic Dr. Lex
15 Fuji Foto Lab
16 Il Pescatore R.
17 Apotheke
18 7 Eleven
19 Vegetarisches R. International
20 Surasit Clinic
21 Tang´s R. + Bakery
22 Adidas Shop
23 Samui Mart
24 Grilled Duck R. (Hia Ming R.)
25 Dental Clinic
26 Vegetar. R. Zheng Teck
27 Krua Savoiey R.
28 Sunset Seafood R.
29 Supermarkt Samphet
30 Dental Clinic Jaidee
Transport:
1 Phanthip Travel
2 Speedboot→Ko Tao, Nachtboot
3 Songserm
4 Pickups
5 AA Travel
6 Songserm 3
7 Bangkok Airways
8 Expressboot→Surat Thani
9 Fähre→Ko Pha Ngan
10 Bus→Surat Thani, Krabi, Phuket, Hat Yai
11 Motorrad-Taxis
12 Big John Travel
Übernachtung:
1 Chai Thong House
2 Damrong Town H.
3 Seaview Gh.
4 Nathon Residence
5 Palace H.
6 Win H.
7 Jinta Hotel / Residence
8 Seaview H.
Bo Phut (17 km)
Chaweng (23 km)
Chonvithi Rd.
Bkk Bank
Takien Rd.
POLIZEI
DISTRICT OFFICE
PIER
Amphoe Rd.
Pakdi
Watana Rd.
Thorasup Rd.
ALTER PIER
LEUCHTTURM
Siam City Bank
Chonvithi
Angthong
Tawirat
MARKT
Pridaraj Rd.
KBank
SEAFOOD-MARKT
Lamai (19 km), Immigration (1,7 km), Tourist Police (2,1 km)
Preeda Rd.
WAT CHAENG
N

Jinta Hotel / Residence ⑦, ✆ 077-420630-1, ✉ jinta@samart.co.th, südlich vom *Win Hotel,* gepflegte Cottages mit Fan oder ac und Du/WC, z.T. mit Satelliten TV, in einer schönen Gartenanlage mit Blick über die Straße zum Meer. ❸–❹

An der Hauptstraße **Tawirat Pakdi Rd.**:

Damrong Town Hotel ②, ✆ 077-420359, 32 Zi mit Fan oder ac, Du/WC und rotem Teppichboden, der schon bessere Tage gesehen hat, aber durchaus akzeptabel; Restaurant. ❸

Nathon Residence ④, ✆ 077-236058, ac-Zi mit TV, preiswertes Restaurant, an der Hauptstraße neben Siam City Bank, leicht zu übersehen; gutes Preis-Leistungs-Verhältnis. ❸

Essen

An der Uferstraße Chonvithi Rd. und an der Amphoe Rd. gibt es eine Menge Restaurants, hauptsächlich mit europäischem Essen.

R. T. Bakery (auch *Hot Bread Shop*), hier gibt es mehr als nur Brot und Kuchen.

Mumthong Restaurant bietet eine umfangreiche und preiswerte Küche.

Tang's Restaurant & Bakery, Pizza und andere italienische Gerichte, Kuchen und hausgemachte Nudeln.

Mai Tai Restaurant, ✆ 077-235488, ◷ bis 21 Uhr; Treffpunkt der auf der Insel lebenden Deutsch sprechenden „Diaspora". Wer im Urlaub irgendwann Appetit auf deutsche Gerichte und Wurstwaren bekommt, die original auf der Insel hergestellt werden, sollte mal einkehren. Auch wer eines der vielen Thai Gerichte bestellt, wird zufrieden sein.

Coffee Island Restaurant, mit Bäckerei, modernes, westliches Ambiente.

Zheng Teck, vegetarisches Restaurant in ruhiger Lage, hinter dem *Samui Mart.*

Sunset Seafood Restaurant, in einem netten Garten am Meer, leckere Gerichte.

Sonstiges

BENZIN – kostet an den richtigen Tankstellen ca. 25 Baht pro Liter, an den Mini-Tankstellen an der Ringstraße und beim Verleiher der Fahrzeuge dagegen durchweg 30 Baht und mehr.

GELD – Banken und Wechselstuben in der Tawirat Pakdi Rd. und an der Uferstraße haben zum Teil recht unterschiedliche Kurse, so dass sich ein Vergleich lohnt.

Siam City Bank, ◷ tgl. 8.30–15.30 Uhr. Hierher kann man problemlos telegrafisch Geld überweisen lassen. Auch bietet sie Schließfächer und *Poste Restante Service* an. Geldautomaten, die mit Kreditkarte Bargeld ausspucken, werden von allen Banken in Nathon sowie vielen Bankfilialen und Geldautomaten (ATM), die über die ganze Insel verteilt sind, angeboten.

IMMIGRATION – 1,7 km südlich von Nathon, an der Kreuzung rechts (mit Songthaew 10 Baht), ✆ 077-421069, ◷ Mo–Fr 8.30–12 und 13–16 Uhr. Das 30-Tage-Visum kann um 15 Tage, das zweimonatige Touristenvisum um 30 Tage verlängert werden (1900 Baht); 1 Passfoto und Rückflugticket mitbringen. Der Verlängerungsservice durch Agenturen ist illegal.

Verschiedene Reiseagenturen organisieren den so genannten **Visa Run** nach Malaysia. Man trifft sich bei der Morgenfähre um 5 Uhr, fährt mit dem Minibus und ist spätestens um 18.30 Uhr wieder in Nathon.

Es kostet beim Österreicher Herbert, ✆ 01-8933859, 1290 Baht.

INFORMATIONEN – TAT-Office hinter dem Postgebäude, ✆ 077-420504.

Brauchbare deutsche Homepage 💻 www.go-samui.de; gute Infos auf Englisch unter 💻 www.kohsamui-info.com; Online-Hotelbuchung unter 💻 www.sawadee.com.

Fast alle Buchungsseiten im Internet sind an Sawadee angeschlossen.

INTERNET – wird in allen Orten und an allen Stränden für 1–2 Baht/Min. angeboten.

JEEPS – werden an mehreren Stellen vermietet ab 800–1000 Baht (inkl. Versicherung). Bei Billiganbietern ist der Versicherungsschutz oft mangelhaft und der Pass wird als Sicherheit einbehalten. Das Tragen von Sicherheitsgurten ist Pflicht. Auch der Führerschein muss bei Kontrollen vorgezeigt werden.

MEDIZINISCHE HILFE – Empfehlenswert sind die privaten Kliniken, in denen sofort bezahlt werden muss. Die Behandlungen sind im Vergleich zu Europa nicht teuer. ***Samui International Hospital*** (s.S. 584), ***Bandon International Hospital*** (s.S. 574), ***Bangkok Samui Hospital*** (s.S. 584). ***Thai International Hospital*** (s.S. 584) mit einer Dialyse-Station.
Wer nicht versichert ist, kann sich im staatlichen Krankenhaus behandeln lassen: ***Nathon Hospital,*** ✆ 077-421230-2, 2 km südlich von Nathon, Aufnahme Mo–Fr 8.30–16.30 Uhr. Ärzte praktizieren in ihren privaten *Clinics* nur von 7–8 Uhr und von 17–19 Uhr außer an Sonn- und Feiertagen. Sonst arbeiten sie im Krankenhaus. Gut sortierte **Apotheken** finden sich in jedem Ort.

MOPEDS – werden an allen Stränden und in Nathon vermietet. Man beachte, dass durchweg kaum Benzin im Tank ist, so dass man sofort einige Liter braucht. Wegen schlechter Erfahrungen verlangen Vermieter häufig Passhinterlegung, wovon wir abraten müssen. Der Pass ist ein Dokument, das bei nichtstaatlichen Stellen nur vorgezeigt, **niemals** abgegeben werden darf. Die Botschaften wissen über entsprechende Dummköpfe ein Lied zu singen. Der Mietpreis für eine *Honda Dream* ist 150–200 Baht/24 Std. Versicherungen für Motorräder taugen nicht viel. Wer ohne Helm erwischt wird, zahlt 500 Baht Strafe. Es wird vermehrt kontrolliert. Der Beifahrer ist nicht verpflichtet, einen Helm zu tragen, sollte es aber zur eigenen Sicherheit tun.

POLIZEI – ***Tourist Police,*** 2 km südlich der Stadt, ✆ 077-421281, 421441, Notruf 1699 (Tourist Police) bzw. 191 (Polizei). Absolut korrekt und vernünftig haben uns die Polizisten in der Polizeistation in Nathon, ✆ 077-421095-8, behandelt, als wir wegen einer Falschanzeige vorgeführt wurden. Am besten ruhig, aber bestimmt auftreten. Von dem häufigen Ratschlag, den Fall mit Geld aus der Welt zu schaffen, halten wir überhaupt nichts. Auch bei Dokumentenverlust muss die Polizei aufgesucht werden. Man sollte einen Sprachkundigen mitnehmen, weil die Polizisten relativ schlecht Englisch sprechen. Dagegen haben die Mitarbeiter der Tourist Police keine Verständigungsprobleme mit Ausländern.

Weitere Polizeireviere gibt es in Chaweng, ✆ 077-422067, Lamai, ✆ 077-424068, Mae Nam, ✆ 077-425070, Big Buddha, ✆ 077-425071, Hua Thanon, ✆ 077-424069, und Taling Ngam, ✆ 077-423009.

POST – am nördlichen Ende der Uferstraße, Internet-Service im 1. Stock. Auslandstelefon ⌚ tgl. 7–20 Uhr und *Poste Restante Service,* hilfsbereites Personal. Sea-Mail-Pakete benötigen vier Monate bis nach Deutschland. ⌚ Mo–Fr 8.30–15.30, Sa 9–12 Uhr. **PLZ**: 84310.

REISEBÜROS – Rings um die Piers und an den Stränden gibt es viele große und kleine Reisebüros, in denen Bus-, Zug-, Schiffs- und Flugtickets verkauft, Flüge gegen Gebühr rückbestätigt oder Ausflüge gebucht werden können. Internationale Flüge kosten etwa 1000 Baht mehr als in Bangkok.

Einkaufen

BÜCHER – tauschen die Secondhand-Buchläden an der Amphoe Rd. im Verhältnis 1 zu 2. In vielen Touristenanlagen liegen gebrauchte Bücher zur freien Verfügung aus. Im ***Nathon Book Shop*** findet man selbst deutsche Klassiker. Gebrauchte Bücher werden relativ teuer (fast zum vollen Preis) verkauft.

LANDKARTEN – von Ko Samui liegen in allen Hotels und Läden kostenlos aus. Sie dienen vor allem der Werbung und erheben keinen Anspruch auf Korrektheit. Als übersichtlichste Karte gelten zurzeit die blaue ***Samui Guide Map*** und die ***Community-info-map.***

MARKT – Obst, Gemüse und frischen Fisch kauft man am besten vormittags auf dem Markt.

SUPERMÄRKTE – Die größten Supermärkte sind der ***Samui Mart*** und der ***Samphet Supermarket*** in der Preeda Rd. ***Watson*** hat eine Filiale in der Tawirat Pakdi Rd. und bietet ein gutes Sortiment an Kosmetika etc.

TEXTILIEN – gibt es mehr als genug. Wer nichts Vorfabriziertes findet, kann sich günstig etwas schneidern lassen.

ZEITUNGEN – 2 Tage alte Zeitungen aus Europa gibt es u.a. gegenüber vom Pier, die lokale Zeitung *Samui Community* kostenlos, 🖳 www.samuicommunity.com.

Nahverkehrsmittel

PICKUPS – Das übliche öffentliche Transportmittel sind Pickups mit Bänken (Songthaews). Sie haben die jeweiligen Strände angeschrieben und fahren ihre Ziele von 6–18 Uhr (z.T. auch später) laufend an. Wer unsicher ist, ob er das richtige erwischt hat, sollte vorher den Fahrer fragen. Bei Ankunft eines Bootes sind sie am Pier oder am Ferry Jetty versammelt, ihre Ziele werden ausgerufen. Ansonsten kreisen sie hupend durch die Straßen von Nathon und stoppen auf ein Zeichen überall. Man kann um die ganze Insel fahren.
Von den Anlegestellen zu allen Stränden werden 50 Baht verlangt. Geld passend bereithalten. Oft wird Touristen mehr abverlangt. Selbst Forderungen nach 500 Baht sind an der Tagesordnung.
Unser Tipp: Nach der Ankunft das Preisniveau checken und wie die Einheimischen selbstbewusst hinten einsteigen und nach dem Aussteigen das abgezählte Geld dem Fahrer geben. Nach 18 Uhr verdoppelt sich der Preis.
Ein Pickup zum Strand zu chartern kostet etwa 400 Baht.

TAXIS – Die Fahrer haben sich noch nicht angewöhnt, das Taxameter einzuschalten und verlangen Fantasiepreise. Um eine Änderung dieses Verhaltens zu bewirken, sollte man auf Taxameter bestehen.

MOTORRADTAXIS – warten nördlich vom Markt auf Fahrgäste zum Busbahnhof (10 Baht), zum Immigration Office (10 Baht) und zum Krankenhaus (15 Baht); zu einigen Stränden sind die Preise von 50–150 Baht vorgeschrieben.
Vom **Lipa Noi Jetty** nach NATHON 60 Baht, CHAWENG 200 Baht, LAMAI 130 Baht.

Transport – Anreise

Kommt man abends auf Ko Samui an, ist es ratsam, für die erste Nacht die Dienste der Schlepper anzunehmen oder in Nathon im *Nathon Residence* oder *Jinta Hotel/Residence* zu bleiben.

BUSSE – Von BANGKOK (Southern Bus Terminal) mit 2.Kl. ac-Bus um 19.30 und 20.30 Uhr für 337 Baht, ac-Bus um 19.30 und 20 Uhr für 430 Baht in 14 Std. und VIP-24-Bus um 7, 19.30 und 20.20 Uhr für 660 Baht (Ank. 17.30 und 9 Uhr).
Von BANGKOK aus gibt es kombinierte Bus/Fähre-Tickets von mehreren Unternehmen. Meistens wird man in Surat Thani „umgeladen". Ac-Busse ab der **Khaosan Road** kosten 450–680 Baht. Ticket nur bei guten Reisebüros kaufen und vor dem Einsteigen fotokopieren. Wer ein Ticket für spottbillige 250–300 Baht kauft, benutzt möglicherweise einen Bus, in dem Rucksack, Geld oder Reiseschecks abhanden kommen. Bitte vorher lesen: 🖳 www.talesofasia.com/thailand-getaround.htm.
Bequem und sicher ist die Reise mit der Firma *Lomprayah*, 🖳 www.lomprayah.com, für 1250 Baht (ac-Bus) bzw. 1350 Baht (VIP-Bus): Um 6.30 Uhr mit dem Bus nach Chumphon (an 12.30 Uhr), um 13 Uhr weiter mit dem Lomprayah Katamaran über Ko Tao, Ko Pha Ngan nach Ko Samui (an 17 Uhr). Oder ab Bangkok um 21 Uhr, an in Ko Samui um 11.30 Uhr.
Von PHUKET ac-Bus von *Phantip* um 10 Uhr für 450 Baht in 9 Std.
Von KRABI ac-Bus und Fähre um 10 Uhr für 400 bzw. 550 Baht in 7 bzw. 9 Std. sowie um 16 Uhr (mit Nachtboot).
Von HAT YAI ac-Bus um 8 Uhr für 450 Baht in 8 Std.
Billiger als die direkten ac-Busse nach Ko Samui sind non-ac-Busse nach Surat Thani, bei denen jedoch die Kosten für die Tuk Tuk-Fahrt, den Bus zum Pier und die Fähre nach Ko Samui hinzukommen.
Von PENANG ac-Minibusse, die früh am Morgen an den jeweiligen Hotels abholen für ca. 70 RM (ca. 770 Baht) in 12–14 Std.

EISENBAHN – Zum Zugticket nach Surat Thani (s.S. 189) wird in Bangkok gleich ein „Bus–Boot–Kombiticket" für 250 Baht dazu verkauft. Selbstverständlich kann man auch Zugtickets ohne Kombiticket kaufen und mit anderen Booten nach Ko Samui fahren, dann wird alles etwas abenteuerlicher.

BOOTE – Von SURAT THANI fahren jeden Tag unterschiedliche Boote von 3 Piers ab. Achtung: Expressboot und Fähre können bei hohem Wellengang nicht anlegen!
Ab **Tha Thong Pier** (8 km) mit dem *Songserm*-**Expressboot** um 8 und 14.30 Uhr in 2 1/2 Std. für 180 Baht. Mit Zubringerbus um 7.30 Uhr vom *Songserm*-Büro S. Travel Express, um 7.15 Uhr vom Bahnhof in Phunpin (20 Baht) zum Pier. In Nathon Anschluss an das Boot nach Ko Pha Ngan, dort nach Ko Tao. Angenehmer ist die Fähre.
Vom **Don Sak Pier** (68 km) mit der *Raja*-**Autofähre** zur Lipa Noi Ferry Jetty um 6.30, 9, 11, 13, 15 und 17 Uhr in 1 1/2 Std. für 100 Baht, Motorrad 120 Baht, PKW 270 Baht (inkl. Fahrer).
Vom **Don Sak Pier** mit der *SeaTran*-**Autofähre** zum Nathon Pier stdl. ab 7 bis 19 Uhr in 1 1/2 Std. für 110 Baht, PKW 300 Baht (inkl. Fahrer). Kombi-Ticket Bus-Boot ab Surat Thani 200 Baht. Wegen der ständigen Erweiterung und guten Wartung der Flotte ist ***Seatran*** neben *Lomprayah* am beliebtesten und am zuverlässigsten.
An Wochenenden in den thailändischen Ferien können Wartezeiten bis zu 5 Std. entstehen.
Vom zentralen **Pier in Surat Thani** (0 km) mit dem **Nachtboot** nach Nathon um 23 Uhr für 180 Baht, wird von sparsamen Travellern benutzt (eine „Schwimmende Jugendherberge"). Es kommt um 5 Uhr an, bis nach 7 Uhr kann man weiterschlafen.
Weitere, ständig erweiterte Transportmöglichkeiten gibt es von Ko Pha Ngan, Ko Tao und Chumphon, auch nach Mae Nam, Bo Phut und Big Buddha Beach.

FLÜGE – Der privat betriebene Flugplatz gleicht einer tropischen Parkanlage und ist eine Attraktion. Viele Info-Broschüren liegen aus.
Bangkok Airways, Internet-Buchung über 💻 www.bangkokair.com oder Reservierung in Bangkok, ✆ 02-2293456–63, fliegt von Bangkok, Phuket, U-Tapao (Pattaya) und Hua Hin (s.u.).
Von SINGAPORE 4x und von HONGKONG 3x wöchentlich für 4050 Baht bzw. 8500 Baht (e-Ticket-Preise).
Tickets für Minibus-Shuttle und Airportlimousinen zu den Stränden im Flughafen kaufen.
Thai Airways von BANGKOK landet auf dem Flugplatz 29 km westlich von Surat Thani (s.S. 559), langer und lästiger Transfer nach Ko Samui für 330 Baht.

Transport – Weiterreise

Alle Abfahrtszeiten gelten als Anhaltspunkt für die Hauptsaison. Je nach Bedarf werden mehr oder weniger Boote und Busse zu anderen Zeiten eingesetzt.

BUSSE – Wir raten davon ab, bei Reisebüros in Ko Samui Tickets für einen Bus oder Minibus zu kaufen, der erst in Surat Thani losfährt. Zu oft fuhr er nicht und das Geld war weg. Auf der Fähre verschwand mehrfach Gepäck, das im „abgeschlossenen" Fahrgastraum des Busses zurückgelassen worden war.
Die staatlichen ac-Busse nach BANGKOK, ✆ 077-420765, fahren an der Bus Station, 1,5 km südlich von Nathon, ab: der 2.Kl. ac-Bus um 13.30 und 17 Uhr für 337 Baht, ac-Bus um 14.30 Uhr für 430 Baht, VIP-24 Bus um 8, 8.30, 15.15 und 16.30 Uhr für 660 Baht in 13 Std. Witzigerweise steigt man am Pier gleich wieder aus, um das Fährticket separat zu kaufen (ca. 80 Baht).
Nach SURAT THANI non-ac-Bus laufend von 7.30–16.30 Uhr für 300 Baht (inkl. Fähre), ac-Bus für 350 Baht (inkl. Fähre).
Nach KRABI ac-Busse um 7.30 und 14.30 Uhr für 400 Baht (inkl. Boot) in ca. 7 Std.
Nach PHUKET ac-Bus von ***Phantip***, ✆ 077-421221, um 7.30 Uhr für 450 Baht in 9 Std. (nach KHAO LAK in Khok Kloi umsteigen).
Weitere Phantip-Busse um 7.30 und 11.30 Uhr nach HAT YAI 450 Baht in 8 Std., Sungai Golok (11 Std.), Penang (14 Std.), Kuala Lumpur und Singapore (30 Std.). Diese ac-Busse werden manchmal überbucht, so dass sich 4 Passagiere 3 Sitzplätze teilen müssen.

EISENBAHN – Nach BANGKOK fahren ab Surat Thani tgl. 10 Züge. Jedes Reisebüro bucht per Telefon mit ca. 60 Baht Aufschlag. Mit dem kombinierten „Boot–Bus–Zug–Ticket" über Surat Thani nimmt man die Raja-Fähre um 14 Uhr und den *Express* 86 um 17.26 Uhr oder den *Rapid* 168 um 17.49 Uhr nach BANGKOK (Preise s.o.); Ankunft um 5.25 bzw. 6.15 Uhr. Rechtzeitig buchen.

Direkt am Bahnhof gibt es häufig noch einzelne Schlafwagenplätze. Nach Süden fahren alle Schnellzüge mitten in der Nacht ab, nur 2 lokale Züge tagsüber.

BOOTE – Zum Bus-, Zug- oder Flugticket wird gleich das passende Bootsticket mitverkauft (Abfahrtszeiten werden sehr flexibel gehandhabt). Bei der Ankunft auf dem Festland sollte man sich flink um seinen Sitz im Anschlussbus kümmern. Den Zug wegen Sturm, eines Maschinenschadens oder kurzfristiger Fahrplanänderung zu verpassen, gehört zu den Abenteuern bei einer Asienreise.
Nach Surat Thani fahren 6 verschiedene Boote von 3 Piers.
Mit dem neuen **Expressboot** vom kleinen Pier in Nathon um 14 Uhr in 2 Std. für ca. 250 Baht inkl. Zubringer. Am Tha Thong Pier auf dem Festland warten Anschlussbusse.
Mit der ***Seatran*-Personenfähre** nach DON SAK vom Nathon Ferry Jetty von 7–19 Uhr für 80 Baht.
Mit der *Raja*-**Autofähre** nach DON SAK vom Lipa Noi Ferry Jetty, 9 km südl. von Nathon, von 7 bis 19 Uhr jede Std. für 80 Baht, Motorrad 120 Baht, PKW 270 Baht (inkl. Fahrer).
Das **Nachtboot** fährt ab Nathon um 21 Uhr für 180 Baht in 6 1/2 Std.

Nach Ko Pha Ngan: Wenn die neuen Piers fertig gestellt sind, wird es erhebliche Veränderungen im Bootsverkehr geben.
Nach THONG SALA mit *Seatran*-**Speedboot** um 10.30 und 16.30 Uhr für 130 Baht, mit *Seatran Ferry* ab Nathon um 18.30 Uhr für 150 Baht in 50 Min., mit *Songserm*-**Expressboot** um 9 und 11 Uhr für 130 Baht in 1 Std.
Nach HAT RIN WEST mit **Passagierbooten** ab Big Buddha 4x tgl. (s.S. 576).
Nach THONG SALA ab Mae Nam mit dem *Lomprayah*-Katamaran um 8 und 12 Uhr für 280 Baht in 30 Min. Außerdem fahren diverse **Speedboote** ab 100 Baht, die kleinen sind nicht zu empfehlen.

Nach Ko Tao: Mit dem *Songserm* **Express** ab Nathon um 11 Uhr für 345 Baht in 3 Std. (über Thong Sala).
Mit dem Katamaran-Schnellboot ***Lomprayah*** ab Mae Nam über Thong Sala, Ankunft Ko Tao 9.40 bzw. 13.40 Uhr. Mit dem **Speedboot** ab Mae Nam und ab Bo Phut (s.S. 572, 574).
Achtung: Die kleinen Speedboote sind zum Abgewöhnen!

Verkehrsunfälle auf Ko Samui

Die Unfallstatistik der Krankenhäuser von Ko Samui zeigt, dass die Verkehrsunfälle auf der Insel drastisch zugenommen haben. Viel zu viele Verkehrsteilnehmer, vor allem Motorradfahrer, wurden zum Teil schwer verletzt! In der kommunalen Zeitschrift *Community* werden diese Zahlen monatlich veröffentlicht.
Als Grund wird an erster Stelle genannt: Trunkenheit am Steuer. Danach kommt schon der schlechte Zustand des Fahrzeugs, gefolgt von Unkenntnis und Nichtbefolgung der Verkehrsregeln, vor allem durch Touristen. Zu schnelles Fahren trifft auf Thai wie auf Farang zu. Die Überschätzung der eigenen Fahrkünste auf der unbekannten Betonstraße führte vor allem bei Touristen zu Unfällen, und zwar wegen der vielen scharfen Kurven, den plötzlichen Straßenverengungen, dem Rollsplitt und Sand auf der Straße sowie wegen geringer Sicht durch weit in die Straße hängende Äste.
Folgende Empfehlungen sollten dringend eingehalten werden:
- nicht unter Alkoholeinfluss fahren
- vor dem Fahren das Fahrzeug checken (Bremsen, Beleuchtung etc.)
- nicht schneller als 60 km/h, in Ortschaften max. 30 km/h fahren
- einen Sturzhelm tragen, auch der Beifahrer, bei Nacht helle Kleidung
- Verkehrsregeln und Verkehrszeichen beachten

Große Schilder warnen: *Please remember to drive on the LEFT.*

Fußgänger sind vor allem bei Dunkelheit auf der Ringstraße gefährdet. Sie sollten helle Kleidungsstücke tragen und beim Herannahen von Fahrzeugen, die häufig mit nur einem Scheinwerfer fahren, die Taschenlampe anschalten.

FLÜGE – Airport Tax 300 Baht. Wer in Bangkok den Flughafen nicht verlässt, sondern im Transit bleibt, kann abhängig von der Linie für den Weiterflug bereits in Ko Samui durchchecken. Dann werden 500 Baht fällig, in Bangkok nichts mehr und der Pass wird bereits in Samui gestempelt. Also vorher fragen, ob die Linie zu den Vertragspartnern von Bangkok Air gehört.
Bangkok Airways, ✆ 077-420133, am Flughafen ✆ 077-522513. Unbedingt rückbestätigen, da manche Flüge kurzfristig gestrichen werden.
Nach BANGKOK ca. 20x tgl. in 80 Min. für 3550 Baht, Sonderangebote möglich.
Nach PHUKET 1–2x tgl. in 50 Min. für unter 2000 Baht.
Nach SINGAPORE 4x wöchentlich in 2 1/2 Std. für 4050 Baht.
Nach Hongkong 3x wöchentlich in 3 Std. für 8500 Baht, Sonderangebote möglich.
Zum *Thai Airways*-Flug am Abend von Surat Thani nach Bangkok fährt ein ac-Bus von *Phantip* um 13.30 Uhr für 330 Baht in 4 Std. (stressfreie Fahrt mit gutem Zeitpuffer). Die Anfahrt um 7.30 Uhr zum Mittagsflug ist dagegen sehr stressig.

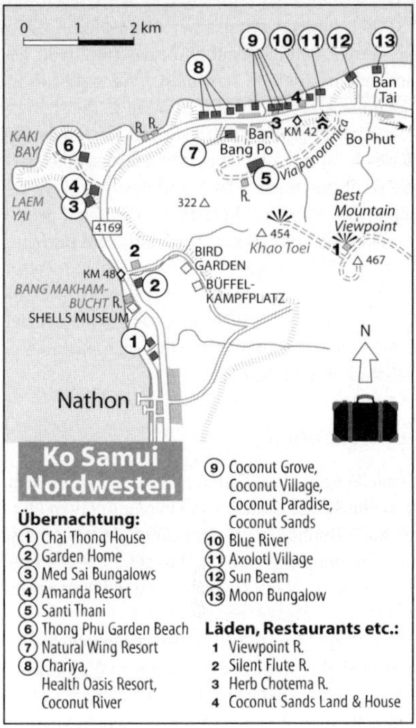

Der Nordwesten von Ko Samui

Umfährt man die Insel im Uhrzeigersinn, kommt man zunächst an der äußerst flachen Küste der **Bang Makham-Bucht** vorbei, die zum Baden nicht geeignet ist. Dennoch gibt es hier nach 2 km Bungalowanlagen. Auch der erste Strand im Norden, **Bang Po Beach**, ist nicht zum Baden geeignet. Wer einen leichten Schlaf hat, wird durch die Fischerbotte gestört, die die ganze Nacht rein und raus fahren.

Übernachtung und Essen

Med Sai Bungalow ③, ✆ 420475, komfortable Bungalows am flachen Strand. ❸, ac ❹
Amanda Resort ④, ✆ 077-421721, 💻 www.samuiamandaresort.com, 4 km von Nathon, neues Resort, 73 verschiedene Bungalows mit Palmblattdächern, großer Pool, großes Restaurant. Die Bungalows Rolli-geeignet sind. ❻–❼
Natural Wing Health & Spa Resort ⑦, ✆ 420 871-2, 💻 www.naturalwing.com; sehr gepflegte Bungalowanlage im Thai-Stil, jenseits der lauten Hauptstraße, kein Meerblick, Spa. ❻–❼
Health Oasis Resort & Healing Child Center ⑧, ✆ 077-420124, 💻 www.healthoasisresort.com; eine alternative, gesundheitsorientierte *New Age*-Kuranlage. Dicht stehende Bungalows und Schlafsaal, viele Häuser an der lauten Hauptstraße. U.a. Reiki, Healing Tao oder Heilfasten. ❹–❻
Herb Chotema, exzellentes kleines Restaurant mit ausgefallenen Gerichten wie *Banana flower salad* und hervorragende Fischgerichte, reichliche Portionen, günstige Preise.

Mae Nam Beach

Der erste schöne Badestrand beginnt nach 11 km. Die leicht geschwungene, 4 km lange Bucht ist von tausenden von Kokospalmen gesäumt. Die Bungalow-Siedlungen liegen in lockerer Folge am sauberen Strand und sind von der weit entfernten Straße nicht einsehbar. Obwohl auch hier einige luxuriöse Hotels gebaut wurden, herrscht noch längst kein Massentourismus.

Die ruhige, erholsame Atmosphäre bleibt bewahrt. Kaum Liegestühle, die das Strandbild verschandeln könnten. Das leidige Video gibt es jedoch fast überall. Das Preisniveau in den Bungalowanlagen ist das niedrigste von Ko Samui. Der schmale Strand mit gelbem Sand fällt ziemlich steil ab, so dass schnell Schwimmtiefe erreicht ist. Vor allem im östlichen Bereich ist der Sand relativ grobkörnig, im zentralen Abschnitt beim Dorf eher fein. Bei Ebbe schauen an einigen Stellen Felsen heraus. Das ruhige Wasser eignet sich fast ganzjährig zum Baden, aber nicht zum Schnorcheln. Neben den wenigen Sonnenanbetern liegen auch einige Fischerboote am Strand.

Übernachtung

Etwa 35 Bungalow-Siedlungen liegen 300–800 m von der Straße entfernt. In einigen Anlagen gibt es noch Bungalows für 300–500 Baht, aber meist wurden höherpreisige und besser ausgestattete dazu gebaut. Neue Luxushotels und Villen verändern den Charakter des Strandes.

Home Bay ①, ✆ 077-247214-5, am westlichen Ende der Bucht unter Palmen, besonders ruhig, nette Anlage, 40 unterschiedliche Bungalows, gutes Restaurant im Zentrum, etwas unpersönliches Personal. ❸–❹, ac ❺

Pinnacle ②, 💻 www.pinnaclehotels.com, ✆ 077-247308, eng aufeinander stehende ac-Bambusmattenbungalows und 3-stöckiges Hotelgebäude, Pool, pauschal oder über Internet buchbar. ❺

Coco Palm Samui ②, ✆ 077-247288, 💻 www.cocopalmsamui.com, vornehm hergerichtete Anlage in einem hübschen Garten, ac-Bungalows in 5 verschiedenen Preiskategorien mit steigendem Komfort; feines Restaurant, uninteressiertes Personal, Swimming Pool. ❹–❻

O.K. Village ④, vor dem Eingang zur Tempelanlage, saubere Steinbungalows mit Du/Thai-WC, gutes Restaurant, junges, freundliches Personal, Mopedverleih. Zum Strand geht es 100 m durch das Tempelgelände. ❷

Harry's Bungalows ④, ✆ 077-425447, 💻 www.harrys-samui.com, landeinwärts hinter einer imposanten Empfangshalle im Thaistil, 20 solide gebaute Bungalows, z.T mit ac und Kochnische, z.T. extra Kinderzimmer; Swimming Pool, sehr gute Thai-Küche, Moped zu vermieten (150 Baht); freundlicher Besitzer. Der bisherige Schleichweg zum Strand (150 m) ist blockiert. ❹

Anong Villa ⑥, ✆247256, 32 z.T. noch einfache Bungalows, Restaurant; Frau Anong und Sohn kümmern sich selbst um die Anlage, das Personal ist etwas lethargisch. Mofas, Massagen. ❸, ac ❹

New Sunrise Village ⑥, ✆ 077-247219, 💻 www.new-sunrise.com, verschiedenartige, dicht stehende Bungalows, die vorderen neuer und mit Meersicht, die hinteren älter und düster; gutes Essen, aber kleine Portionen. Mopedverleih. ❷–❸

Palm Point Village ⑥, ✆ 077-247372, saubere Steinbungalows, die ac-Bungalows stehen hinten, freundliches Personal, familiäre Atmosphäre, gutes Essen. ❸, ac ❹

Shady Resort ⑥, ✆ 077-425392, einige Holzbungalows, bessere Seaview Bungalows. Strandterrasse mit Bar, 🕓 bis nach Mitternacht. Gutes Restaurant. ❹, ac ❺

Mae Nam Resort ⑧, ✆ 077-247286, 💻 www.maenamresort.com, saubere Anlage mit schönem Garten, liebevoll von einer Thai-Familie betreut. ❹, ac ❺

Lolita ⑩, ✆ 077-425134, ✉ lolitakohsamui@yahoo.com, am feinsandigen Dorfstrand, verschiedenartige, saubere Bungalows mit Bad/WC und Terrasse, die billigsten sowie die ac-Bungalows stehen direkt am Strand; hoch liegendes Restaurant mit tollem Blick auf das Meer. ❸–❹, ac ❺

Wandee ⑩, ✆ 077-245608, neue, saubere Bungalows in 2 Reihen parallel zum Strand, kleine, freundliche Anlage. ❹

Koseng 2 ⑩, ✆ 077-427106, preiswerte, renovierte Bungalows mit Fan und Du/WC, 4 Bungalows direkt am Strand; täglich gereinigt; Strandrestaurant mit Thai-Food und guter europäischer Küche, unter Leitung eines Schweizers. ❸

Maenam Inn ⑫, ✆ 01-2293600, direkt im Ort an der Straße, großer, 3-stöckiger Kasten mit klimatisierten Zimmern. ❹

Östlich vom Dorf:

Die nächsten 6 Anlagen haben einen schönen, aber steilen Strand mit mittelfeinem Sand.

Baan Fah Resort ⑬, ✆ 077-425675, ✉ victoria@loxinfo.co.th, neues Hotel mit Zi und Suiten, nett, aber zu teuer. Internetpreise günstiger.

Mae Nam, Bo Phut, Big Buddha

Übernachtung:

MAE NAM:
(1) Home Bay
(2) Pinnacle, Coco Palm Samui
(3) Phalarn Inn, Naplarn Villa
(4) O.K. Village, Harry's
(5) Sea Fan Beach Resort
(6) Anong Villa, Shangri-Lah, New Sunrise Village, Palm Point Village, Shady Shack
(7) Golden Huts
(8) Mae Nam Resort
(9) Santiburi Resort
(10) Lolita, Wandee, Koseng 2 Bung.
(11) S.S. Villa
(12) Mae Nam Inn
(13) Baan Fah Resort, Mae Nam Village, Mae Nam Beach, Ubon Villa
(14) Moon Hut
(15) Nature, Nong Beach
(16) Cleopatra Palace, Sea Shore 1 + 2, Near Sea Resort
(17) New Lapaz Villa, Paradise Beach Resort
(18) Friendly
(19) Morning Glory, Silent, Magic View Bungalow
(20) Maenam Beach Hut, Mae Nam Villa, S. R. Bungalow
(21) Laem Sai Village

BO PHUT:
(22) Zazen Boutique Resort
(23) Sandy
(24) World Resort
(25) Samui Palm Beach
(26) Lawana Resort, Coconut Calm Beach Resort, Cactus Bungalows
(27) Peace, Bophut Resort, Bandara Resort & Spa
(28) Anantara Resort & Spa
(29) Siam Sea Shore Resort, Shades Bungalow
(30) Smile House
(31) The Lodge, Summer Night Resort
(32) Hello Diving & Gh.
(33) The Waterfront

BIG BUDDHA:
(34) Chalee, Chez Ban Ban, Como
(35) Beach House Hotel
(36) Shambala Bungalows, Kinnaree Resort, Secret Garden
(37) Oriental Samui Resort, Sunset Song,
(38) Pongpetch Servotel
(39) Samui Mermaid, Saboey Resort & Spa
(40) Nara Garden
(41) Happy Place

Läden, Restaurants etc.:

MAE NAM:
1 Sunshine Gourmet R.
2 Bio's Yoghurt
3 Sea View R., Cupid R.
4 Food Stop
5 Angela's Bakery
6 Anna Samui Tours
7 Jazzer Pub & Internet Café

BO PHUT:
8 Free House R.
9 Happy Elephant R.
10 Easy Divers
11 Popeye Tour
12 Fisherman's Village
13 Le Bateau R.

BIG BUDDHA:
14 My Friend R.
15 Ban Sabai
16 Elephant and Castle R.
17 Blue Banana
18 Khwan Ta R.
19 Chai Motorcycle Repair
20 Nickie Minimart
21 1 Dollar Cafe
22 Fun Dive
23 Mangrove R.

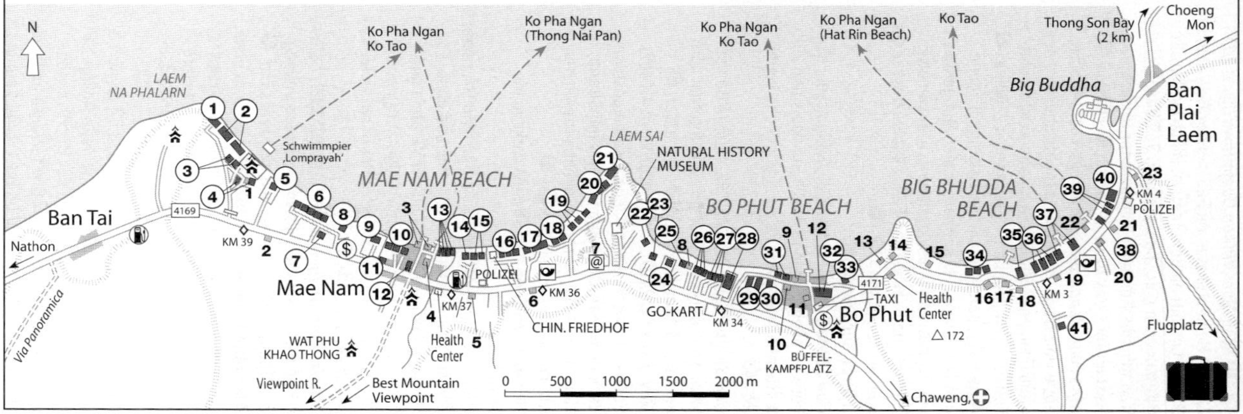

❻–❽ ***Mae Nam Village Bungalows*** ⑬, ✆ 077-425151, Reihenhäuser mit Fan in einer Reihe zum Strand hin, gut eingerichtet, im Hinterland große Bungalows mit ac, Kühlschrank, Spülbecken; freundliches Personal, hilfsbereiter Besitzer. Restaurant *Chok Dee* am Strand. ❷–❸, ac ❹
Mae Nam Beach Bungalows ⑬, ✆ 077-425060, nette Holz-Stein-Bungalows rechts und links des Sand-Palmen-Gartens, die Inhaberin ist freundlich und gewissenhaft. Restaurant in 2. Reihe. ❷
Nature ⑮, schmale Anlage zwischen Lagune und Sandstrand, 12 saubere, kleine Bungalows mit Du/WC, Fan und Moskitonetz, Hängematte; freundliche Familie, Box-Fans. Nachts besser die Fenster schließen! ❷–❸

Östlich des Friedhofs:
Sea Shore 1 ⑯, ✆ 077-425280, Steinstrand, saubere, gepflegte Anlage, Holzbungalows und kühle Steinhäuser, gutes Essen, freundliche Leute. ❷–❹
Sea Shore 2 ⑯, ✆ 077-425192, schöne Bungalows mit Meersicht; Tour-Info und Internet vorn am Strand, gutes Restaurant, kleine Bar. ❷
New Lapaz Villa ⑰, ✆ 077-425296, 📠 425402, Sandstrand, komfortable, eng zusammenstehende, saubere ac-Doppelbungalows am Strand; kleiner Pool, Restaurant direkt über der hohen Mauer; älteres Publikum. ❸–❹

Das östliche Ende des Strands wirkt wieder attraktiver:
Morning Glory Village ⑲, ✆ 01-8918934, nette, eng stehende Palmholzhütten mit und ohne Du/WC; Restaurant mit schöner Veranda und Bühne, wo immer wieder Musiker auftreten, guter Espresso; seit Jahren unter österreichischer Leitung. ❶–❷
Magic View Bungalow ⑲, ✆ 07-8955008, 7 einfache Bambusmattenhütten am Strand entlang in 2 Reihen unter Palmen, alle mit Meersicht. ❷
Mae Nam Villa ⑳, ✆ 077-425501, ruhige, schöne, saubere Anlage, 15 recht eng stehende pastellfarbene Bungalows mit WC und Fan, 5 bessere mit ac; wenig Schatten, freundliche, hilfsbereite Leute; gute Küche; Mopedverleih. ❸, ac ❹
Laem Sai Village ㉑, ✆ 077-425133, 💻 www.laemsaivillage.com, weitläufige nette Anlage auf dem Kap am östlichen Ende der Bucht, schöne ac-Steinbungalows mit großer Terrasse und viel Mobiliar. Restaurant und offene Strand-Lounge; Mopedverleih. Man kann zwischen zwei Stränden in westlicher und östlicher Richtung wählen, also Wind oder kein Wind, Sonne oder Schatten. 20 Min. Fußmarsch von der Straße. ❺

Essen

Sea View Restaurant, am Strand, geschmackvolle Gerichte und Vollkornbrot.
Cupid Restaurant, nebenan am Steg, wird von Lesern v.a. wegen seiner guten Fischgerichte und Milchshakes empfohlen.
Pane e Vino, italienisches Essen in netter Atmosphäre, wenn auch an der Straße bei der PTT-Tankstelle.
Sunshine Gourmet, 20 m neben dem Ticket Office des Ferry Speed Boats. Moo ist nicht nur eine göttliche Köchin, die für jeden Gast individuell kocht, sie kann auch Brot und Kuchen backen und einen Small Talk führen.
Angelas Bakery, direkt am H4169, bietet neben selbst gebackenem Brot auch leckeren Kuchen, Torten und Kaffee zu deutschen Preisen im heißen, lauten Straßencafé. ⌚ 8.30–18 Uhr.

Sonstiges

MEDIZINISCHE HILFE – Im ***Health Center*** wird kostenlos behandelt, aber eine Spende erwartet. In ***Gai's Pharmacy*** mit Lebensmittelladen rechts vor dem westlichen Pier arbeitet eine gut Englisch sprechende Apothekerin.

TAUCHEN – ***Divers in Paradise,*** Marion ist Spezialistin für familienorientiertes Tauchen mit Kindern ab 8 Jahren, ✆ 077-247408, ✉ info@diversinparadise.net.

Boote nach Ko Pha Ngan und Ko Tao

Von Jan–Sep fährt von Mae Nam um 12 Uhr bei ruhiger See ein **Boot** nach THONG NAI PAN NOI auf Ko Pha Ngan für 200 Baht in 1 1/2 Std. (Stopps an den Stränden Hat Rin, Hat Tien, Sadet Beach und Thong Nai Pan Yai). Zurück um 8 Uhr. Jeden 2. Tag soll stattdessen ein Speedboot für 300 Baht fahren.
Slow Boat, ✆ 377231, tgl. um 9.30 Uhr über Thong Sala (100 Baht) nach MAE HAT (Ko Tao)

für 280 Baht, Ankunft ca. 14.30 Uhr. Zurück um 9.30 Uhr.
Speedboot, ✆ 247146, um 8.30 Uhr über Thong Sala nach MAE HAT (Ko Tao) in ca. 90 Min. für 450 Baht, Rückfahrt ca. 15 Uhr; auf Wunsch kann ein Schnorcheltrip um Ko Tao arrangiert werden (Rundfahrt ab 1300 Baht inkl.).
Das komfortable, klimatisierte **Katamaran-Schnellboot** *Lomprayah,* ✆ 077-247416, fährt um 8 und 12 Uhr vom Schwimmpier im Westen nach THONG SALA (Ko Pha Ngan) in 30 Min. (280 Baht) und nach MAE HAT (Ko Tao) in insgesamt 90 Min. (550 Baht), Tickets gibt es auch beim Einsteigen. Bei der Ankunft wartet ein Dutzend Minibusse, um die Fahrgäste kostenlos zu allen Stränden und zum Ko Samui Airport zu fahren. In der Nebensaison fährt nur ein Boot pro Tag.

Bo Phut Beach

Die 2 1/2 km lange, weit geschwungene Bucht erstreckt sich im Norden der Insel und beginnt 15 km hinter Nathon. Sie weist einen relativ steil abfallenden Strand mit recht grobem, gelbem Sand auf und ist ganzjährig gut zum Schwimmen und Windsurfen geeignet. Kurz vor dem nordwestlichen Ende der Bucht ist der Strand am schönsten, in der Mitte geht er in das Dorf Ban Bo Phut über, im Osten wird er äußerst flach. Bei Flut bleibt nur ein schmaler Strandstreifen übrig. Das Preisniveau ist etwas gehoben.

Die kleinen, nur als Hobby betriebenen Familienbetriebe schließen außerhalb der Saison ihre Anlagen. Die großen Luxushotels, die sich auch hier ansiedelten, haben ganzjährig geöffnet und änderten das Flair des einstmaligen Fischerstrandes grundlegend.

Bei Bo Phut quartieren sich viele Urlauber ein, die zwar weg vom Rummel sein wollen, aber dennoch nicht allzu weit von den Unterhaltungsmöglichkeiten von Chaweng.

Ban Bo Phut ist ein kleines Thai-Dorf mit typisch ländlicher Atmosphäre. In Dorfnähe fühlen sich vor allem Franzosen wohl. So entstanden u.a. einige französische und belgische Restaurants. Es gibt Boote zu mieten, kleine Läden und einen Buchladen. Touristenlokale und Unterkünfte sind ins Dorf integriert, einzigartig auf Ko Samui.

Übernachtung

Zwei Dutzend Resorts liegen 100–300 m von der Straße entfernt am Strand. Bungalows für 200–500 Baht verschwinden langsam oder werden durch bessere ersetzt, teurere Anlagen mit Zimmern über 1200 Baht und Luxushotels mit Zimmern über 4000 Baht herrschen vor. Im westlichen Bereich ist der Strand vor Zazen und Sandy schlecht: Geröll, Abfall, Steine, öldurchtränkter Sand – also nichts zum Baden. Dort stört Empfindliche auch der Straßenlärm.
Sandy ㉓, ✆ 077-425353, 💻 www.sawadee.com/samui/sandy; saubere ac-Zi in Bungalows und 2-stöckigen Häusern, nur um den Pool herum schön, sonst sehr dicht aufeinander und etwas in die Jahre gekommen; 2 Restaurants; Jeep und Mopeds zu mieten; Tauchschule. ❹–❻
Von World Resort bis Peace ist der Strand gut, der Sand etwas grobkörnig.
Lawana Resort ㉖, ✆ 077-425631-3, 💻 www.lawanaresort.com, Villas im Thai Stil, die farbliche Gestaltung trifft nicht jedermanns Geschmack, Restaurant, Pool mit Jacuzzi. ❻
Coconut Calm Beach Resort ㉖, ✆/📠 077-427558, ✉ Thanrug@hotmail.com, gepflegte Stein- und Holzbungalows, Restaurant, Bar und Sonnendeck am Strand. ❸–❹
Cactus Bungalows ㉖, ✉ cactusbung@hotmail.com, 💻 www.sawadee.com/samui/cactus/, ✆ 245565, 5 Bungalows mit Fan und 9 mit ac im Kaktusgarten, nettes französisches Management, Restaurant und Bar am schönen Sandstrand, Internet. ❹–❺
Peace Resort ㉗, 💻 www.peaceresort.com, ✆ 077-425357; große, gehobene Anlage mit unterschiedlichen Bungalows an einem schönen Teil des Strandes, alle 107 Bungalows stehen relativ weit auseinander, besonders familien-, senioren- und behindertenfreundlich; Restaurant am Strand, großer Swimming Pool mit Spa und Kinderbecken, Kinderspielplatz, Beach-Volleyball-Feld, Jeep, Mopeds, Internet. ❻–❼
Bophut Resort & Spa ㉗, ✆ 077-245777, 💻 www.santiburi.com, gehört zur *Santiburi*-Gruppe, 61 Zi und Villen zwischen 50 und 180 qm, Golfplatzbuchungen und Benutzung der *Santiburi-Resort*-Einrichtungen möglich. ❽

Der folgende Strandabschnitt besteht aus grobem Sand, bei Ebbe schaut feiner Sand heraus, viele Boote und Jachten liegen im Wasser.
Shades Bungalows ㉙, ✆ 077-245689, ✉ info@transun.co.th, Restaurant am Strand, renovierte Teakholz-Bungalows mit ac hinter der Straße. ❺–❻
Smile House ㉚, ✆ 077-425361, ✉ smilehouse@samui.de, schöne, große Anlage auf der Landseite der Straße, unterschiedliche Bungalows, 2 große Pools; gutes Restaurant am Strand; englische Leitung. ❺
The Lodge ㉛, ✉ lodge@apartmentssamui.com, ✆ 077-425337, schönes, älteres Haus am Strand, alle 10 Zi mit ac, Bad und schöner Meersicht, Satelliten-TV in allen Räumen; familiär geführt, netter Service; Tauchschule. ❺
Hello Diving & Gh. ㉜, ✆ 077-427608, 💻 www.hello-diving.com, im *Fisherman's Village*, schönes, altes, renoviertes Holzhaus, Schlafsaal mit Stockbetten, ac und Fan, Snacks, Dive Center. ❷

Essen

Einige Restaurants bieten eine luftige Veranda über dem Strand.
Happy Elephant Restaurant, ✆ 077-245347, am Meer, hübsch eingerichtet mit thailändischen Statuen und nordthailändischen Kissen.
Le Bateau Restaurant, vorzüglich gemanagt, exzellente französische und Thai-Küche.
An der Strandstraße zwischen dem Bophut Resort und dem Ort liegen mehrere gute Restaurants für jeden Geschmack, zumeist von Europäern geführt.
Lucky Life, Rita und Sepp verkaufen Wurst und Schinken, hausgemachte Frikadellen, Fleischsalat und Suppen außer Haus, bieten aber auch Jausen mit Kaffee und einen gemütlichen Schwatz.
Fisherman's Village, mit vielen netten, nicht ganz billigen Restaurants, z.B. Nick & Nicky's *Harbourside Cafè, Starfish & Coffee, Villa Bianca, Steve's Inn, Alla Baia, Juzza Pizza, Tropicana* und *Frog and Gecko Pub, Billabong Surf Club.*
Healthy & Fun Yoga Cafe, bietet außer Yoga sehr gute Salate. Wöchentlich wird ein besonderer Film gezeigt und passend zu dem Land, aus dem er kommt, gekocht.

Sonstiges

AUSFLÜGE – mit guten, modernen Speedbooten nach Ko Tao, Ko Nang Yuan, Ko Pha Ngan und zum Marine Park veranstaltet ***Grand Sea Tours,*** ✆ 427001, 💻 www.grandseatour.com; Rundfahrten zum Schnorcheln ab 1300 Baht (inkl.).

MEDIZINISCHE HILFE – Auf halbem Weg von Bo Phut nach Chaweng liegt am KM 31,6 links das private ***Bandon International Hospital,*** 123/1 Moo 1, Bo Phut, ✆ 077-245236-9, 💻 www.bandonhospital.com, westlicher Standard, 24-Std.-Notdienst, Hausbesuche. Viele deutsche Reiseversicherungen können direkt abrechnen. Eine Liste ist verfügbar. Wer keine Versicherung oder kein großes Scheckbuch hat, wird von dem kommerziellen Verhalten abgestoßen.

MOTORRÄDER – Im Dorf: 100cc Honda 150 Baht, 125er Enduro 200 Baht.

Boote nach Ko Pha Ngan und Ko Tao

Mit dem **Speedboot** (✆ 425197) ab Bo Phut nach THONG SALA (Ko Pha Ngan) um 8.30 Uhr für 300 Baht in 15 Min., weiter nach MAE HAT (Ko Tao) für 450 Baht in 90 Min. Rückfahrt ab Thong Sala um 16 Uhr, ab Mae Hat 15 Uhr. Auf Wunsch kann ein Schnorcheltrip um Ko Tao arrangiert werden.
Zu den Booten von BIG BUDDHA nach HAT RIN BEACH (Ko Pha Ngan) fahren 30 Min. vor Abfahrt Zubringer-Taxis, 15 Baht.
Mit dem **Speedboot** von ***Butsapakmanee,*** ✆ 077-484544, ab Bo Phut nach THONG SALA (Ko Pha Ngan) um 7.50 Uhr für 280 Baht in 30 Min., weiter nach MAE HAT (Ko Tao) für 350 Baht in 60 Min. Rückfahrt ab Thong Sala um 16 Uhr, ab Mae Hat 14.45 Uhr. Man kann sich vom Hotel abholen lassen für 50 Baht.
Wenn vorher ein Schnorcheltrip um Ko Tao gebucht wird, kostet das inkl. Hotel, Transfer, Frühstück, Mittagessen, Parkeintritt, Englisch sprechendem Führer und Versicherung 1600 Baht und für Kinder unter 12 Jahren 800 Baht.

Big Buddha Beach

(Auch: *Bang Rak Beach* und *Phra Yai Beach)* 19 km hinter Nathon beginnt die relativ kleine Bucht mit gut 2 km Küste, davon 1,3 km Strand. Sie wird überragt von der Buddha Kolossal-Statue auf der kleinen Insel **Ko Fan**. Manchmal dröhnt bis spät in die Nacht laute Musik übers Wasser.

Wenn der Wind im europäischen Sommer von Westen weht, erstreckt sich hier ein schöner, gräulicher Sandstrand mit leicht abfallendem Ufer. Bei starkem Wind wird die See jedoch aufgepeitscht. Bei Ostwind im europäischen Winter zieht sich das Meer zurück, und der breite Strand sieht mit dem dunklen Matsch und den glitschigen Steinen bei Ebbe wenig einladend aus. Zum Baden ist er in dieser Jahreszeit nur bei Flut geeignet, dann wird der Sandstrand jedoch schmal. An diesem Strand soll es keine gefährlichen Strömungen geben, so dass er bestens für Kinder geeignet ist.

Übernachtung

Trotz der dicht vorbeiführenden Straße ist dieser Strand recht beliebt. Die meisten Bungalow-Siedlungen haben ein gehobenes Niveau, sind z.B. aus Backsteinen gebaut, mit Ventilator und gekacheltem Badezimmer ausgestattet, immer häufiger sogar mit ac. Die meisten Anlagen sind zum Strand hin abgeschottet. Das höhere Preisniveau lässt in der Nebensaison Spielraum fürs Handeln. Im Hinterland wurden viele Villen gebaut, die zu kaufen oder zu mieten sind.
Es stehen etwa 20 Anlagen mit unterschiedlichem Preisniveau zur Verfügung.

Der westliche Strand: Die ersten 4 Anlagen wirken eingequetscht auf den 20 m zwischen Straße und Strand. Die Bungalows stehen dicht aufeinander, die Grundstücke sind mit Stützmauern oder Betonrohren zum Strand gesichert. Schwimmen kann man nur bei hohem Wasserstand.

Chalee Bungalow ㉞, ✉ freddy_raymond@hotmail.com, ✆ 077-425035, 8 nette ac Steinbungalows in 2 Reihen; Restaurant an der Straße (s.u.), kleine Bar am Strand. ❹–❺

Chez Ban Ban ㉞, ✆ 077-245135 einfache Fan-Bungalows unter französischer Leitung, bekanntes Restaurant. ❹

Como Resort, ㉞, 💻 www.como.yucom.be, sehr kinderfreundliches Resort mit 11 sauberen, netten Bungalows mit Fan und ac, Kühlschrank, einige direkt am sehr flachen Strand, ein Familienbungalow mit 2 Zi und 2 Bädern, Kinderpool, schattige Terrasse, gutes Essen, brackiges Wasser, belgisches Management. ❺–❻

Am zentralen Strand sind die Grundstücke etwa 30–40 m lang. Auch hier kann man meist nur bei hohem Wasserstand schwimmen. ***Beach House Samui Hotel*** ㉟, ✆ 077-245124, neues, dreistöckiges Hotel mit 33 Zi an der Straße, Pool, Dachterrasse ❺

Shambala Bungalows ㊱, ✆ 077-425330, 💻 www.samui-shambala.com, schöne Anlage, Bungalows im großen Halbkreis um das Restaurant am Strand, tieferes Wasser, englisches Management. ❸–❹

Der nördliche Strand: Am KM 3,2 beginnt der schönere Teil des Strandes, zumeist gutes Schwimmen.

Secret Garden ㊱, ✆ 077-425419, 💻 www.secretgarden.co.th, 6 unterschiedliche, gute Bungalows im Garten mit Fan und Warmwasser, ac-Bungalows am Strand, Ferienhaus für Langzeitaufenthalt. Restaurant mit europäischer und Thai-Küche, häufig Grillabend. Im *Beach Pub* So ab 17 Uhr live Blues & Rock mit internationalen Gruppen, Essenständen etc.; chinesisch-englische Leitung. Freundliche Atmosphäre. Besonders beliebt bei Musikern. ❸, ac ❹–❺

Oriental Samui Resort ㊲, ✆ 077-427192, 💻 www.sawadee.com/samui/oriental/. Hübsche Steinbungalows und doppelstöckiges Reihenhaus, Kinder unter 10 Jahren frei; Restaurant und Rezeption an der Straße, Pool. ❹, ac ❺

Sunset Song (Sunset 2) ㊲, ✆ 077-425155, einfache und gute Palmholzbungalows, z.T. ac, Bar mit Billardtisch am Strand, Restaurant mit guten Möbeln. Bungalowpreise über das Jahr gleich. ❷–❸

Saboey Resort & Villas ㊴, ✆ 077-430450, 💻 www.saboey.com, 12 Villen, 2 Penthäuser und 11 Zi, mit allem Luxus. ❼–❽.

Essen

My Friend Restaurant bietet Seafood, das von manchen als das beste der Insel bezeichnet wird.
Chez Ban Ban, europäisches Essen mit französischem Einschlag, beliebt bei Expats.

Secret Garden, große Speisekarte, Thai-Food, bestes Preis-Leistungs-Verhältnis.
1 Dollar Cafe, Speisen ab 25 Bath.
Gourmet Tempel Berlin, deutsche und internationale Küche.
Mangrove, an der Flughafenstraße, feine Menüs, belgisches Chef-Paar.

Sonstiges

KOCHKURSE – im ***Blue Banana,*** ✆ 077-245080, um 10 Uhr 3 verschiedene Gerichte, 950 Baht, und um 16 Uhr 4 verschiedene Gerichte, 1200 Baht.

LIVE-MUSIK – So von 17–22 Uhr wird im ***Beach Pub*** vom *Secret Garden* Live-Blues & Rock mit internationalen Gruppen geboten („Big Buddha Mini Festival"); manchmal treten bekannte Musiker auf.

TAUCHEN – ***Fun Dive,*** ✆ 01-8937710, 🖳 www.thailand-tauchreisen.de, deutsche Tauchschule.

Boote

Vom Pier beim *Oriental Samui Resort* fährt die *Haad Rin Queen* tgl. um 10.30, 13, 16 und 18.30 Uhr für 120 Baht in 1 Std. zum HAT RIN (WEST) an der Südspitze von Ko Pha Ngan. Zurück um 9.30, 11.40, 14.30 und 17.30 Uhr.
Sao Samui Cruise, ✆ 245383, veranstaltet Chartertrips mit einem großen Speedboot nach Ko Tao zum Tauchen (ab 1500 Baht p.P.).
Jachtcharter ist möglich bei *Secret Garden.*

Thong Son Bay

Ganz im Norden (2,5 km von Big Buddha, 24 km von Nathon) liegen zwei kleine Buchten mit schöner Sicht in Richtung Ko Pha Ngan, die *Samrong Bay* und die *Thong Son Bay*. Auf dem Hügel dazwischen wurden Privathäuser gebaut. Baden kann man nur bei hohem Wasserstand oder an wenigen Stellen, die nicht von Korallenstöcken bedeckt sind. Dagegen können sich Schnorchler bei ruhigem Wasser der Unterwasserwelt auf Armeslänge nähern. Von September bis November treibt der heftige Wind hohe Wellen über den Sandstrand.

Übernachtung

Ayaburi ②, ✆ 077-230350, 📠 422466, 🖳 www.sawadee.com/samui/sbv/, 4-Sterne-Luxusanlage mit 64 Bungalows am sandigen *Secret Beach* in der Samrong Bay. Recht ruhig. ❻–❼
Thong Son Bay ③, ✆ 01-8914640, am östlichen Hang der Bucht, 18 verschiedenartige Bungalows ohne ac, auch Familienbungalows, der teuerste in super Lage, über Stege erreichbar, mit toller Sicht übers Meer; Restaurant am Strand unter Palmen mit Blick auf Ko Pha Ngan.

Choeng Mon Beach

Die wunderschöne, kleine Bucht am Nordzipfel von Ko Samui (auch: *Cherng Mon*) liegt 23 km von Nathon entfernt. Kokospalmen und Kasuarinen säumen den weißen Strand mit feinem Sand. Am linken Rand liegen Fischerboote und Speedboote im Wasser. Neben den alten Bungalowanlagen sind einige Hotels für Pauschalurlauber entstanden.

Die Bucht bietet in ihrem mittleren Teil zu jeder Saison optimalen Strand und gute Bademöglichkeiten, sie ist auch für Kinder bestens geeignet. Das im Westen vorgelagerte Inselchen **Ko Fan Noi** reizt zu einer Erkundungstour, was bei der Unwegsamkeit des Geländes gar nicht ohne ist. Man erreicht es bei Ebbe trockenen Fußes, bei Flut schwimmend. Teile des einst traumhaften Strandes sind mit Liegestühlen und Sonnenschirmen bis ins Wasser hinein zugepflastert. Auch die Tische und Stühle der Restaurants stören das Strandbild gewaltig. Die Haupt- und Zufahrtsstraße säumen Minimarts, Souvenirläden, Schneider, Restaurants und andere Service-Anbieter. In der Bucht tummeln sich Jetskis, Wasserskis und etliche Jachten.

Übernachtung

Tongsai Bay Cottages & Hotel ④, ✆ 077-425015-28, 🖳 www.tongsaibay.co.th, Luxus-Resort an einer kleinen, privaten Bucht mit grobem Sand. ❽
Sala Samui Resort & Spa ⑤, ✆ 077-245888, 🖳 www.salasamui.com; 69 Villas, 53 davon mit 100 bis 326 m² Wohnfläche und kleinen, eigenen Pools. ❽
O Soleil ⑥, ✆ 077-425232, ✉ osoleil@loxinfo.co.th, 25 ordentliche Bungalows unterschied-

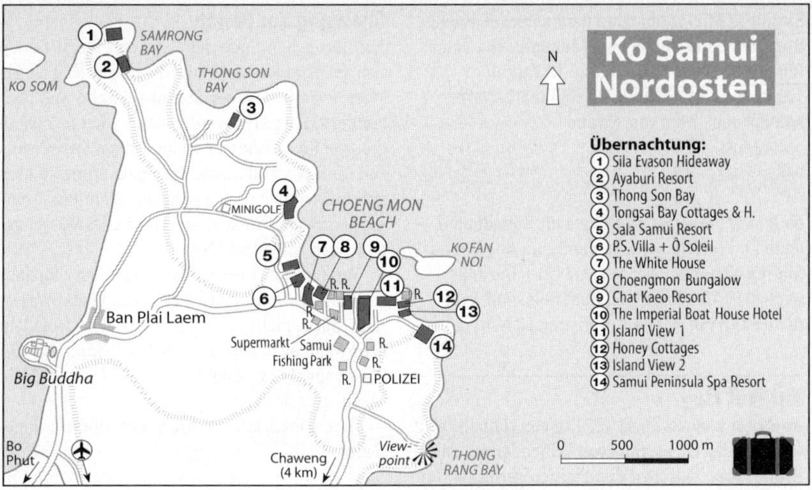

licher Ausstattung mit Fan oder ac und Du/WC, teurere mit Warmwasser, TV und Kühlschrank, gutes Restaurant, kleiner Kinderspielplatz, von einem Belgier geleitet. ❸–❹

P.S. Villa (6), 077-425160-1, samsuwan@hotmail.com, verschiedenartige Bungalows in gepflegtem, großem Garten, z.T. mit ac, Beachfront teurer mit Warmwasser und Kühlschrank, nettes Restaurant mit Beachbar. ❸–❹

The White House (7), 077-245315, www.hotelthewhitehouse.com; ein Boutique Hotel, sehr gepflegte, schmale Anlage mit vielen Antiquitäten, 12 Komfort-Bungalows mit 40 ac-Zi, schönes Restaurant im Thaihaus-Stil, Swimming Pool. Die Schweizer Besitzer kümmern sich um alles. ❼–❽

Choengmon Bungalow (8), 077-425372, einfache und bessere Bungalows, an der schönsten Stelle des Strandes, der Garten könnte besser gestaltet werden, nette Besitzer. Das Restaurant am Strand veranstaltet hervorragende Seafood-Barbecues. ❸–❹

Chat Kaeo Resort (9), 077-425109, chatkaeo@hotmail. com, üppig grüne Anlage, 6 Holzbungalows, 6 weiße, komfortable Bungalows im mediterranen Stil mit Dachterrasse; die Preise schwanken enorm je nach Saison. ❹–❺

Imperial Boat House Hotel (10), 077-425041, www.imperialhotels.com/boathouse/, originelle Suiten in 34 komfortabel hergerichteten, klimatisierten Reisbarken und 176 Zi und Suiten im einfallslosen, riesigen Hotelkomplex. ❼–❽

Island View1 (11), 077-245031, angenehmer Familienbetrieb, schöne Bungalows mit Fan oder ac auf großem Gelände, die Besitzer lassen sich durch Touristen nicht in ihren traditionellen Gewohnheiten stören und sind wirklich sehr freundlich, gutes Restaurant. ❸, ac ❹–❺

Samui Honey Cottages (12), 077-245032, www.samuihoney.com, 18 neue, sehr gut eingerichtete ac-Cottages im großen Garten, etwas überteuert. ❻–❼

Island View 2 (13), 077-245360, islandview_02@hotmail. com, 2 Fan-Bungalows konkurrieren mit 8 ac-Bungalows. Großer Garten, schöne Sicht, gutes Restaurant und sehr nette Leute. ❸–❹

Essen und Sonstiges

Otto's Country Pub & Restaurant, 077-245226-7, 245134, gehobenes Preisniveau; bietet, wenn Otto da ist, auch Reisebüroservice und Geldwechsel.

Im ***Samui Fishing Park*** kann man seinen Fisch selbst angeln und im angeschlossenen Restaurant nach Wunsch zubereiten lassen.

Es gibt 18 **Minigolfbahnen** nach internationalem Standard unter deutschem Management. Eine Runde 200 Baht, Kinder bis zu 12 Jahren 100 Baht, ✆ 01-7879148, ✉ yogibearhaha@ hotmail.com, 2 km vom Strand.

Transport

Im ***Island View*** gibt es Tickets für Speedboote nach Ko Pha Ngan, Ko Tao und zum Ang Thong Marine National Park (8.30–17 Uhr). Die Tour nach KO TAO kostet 1500 Baht (alles inkl.), die reine Fahrt hin 500 Baht, Fahrtzeit 80 Min.

Yai Noi Bay

An dieser kleinen Bucht (25 km von Nathon) geht es sehr ruhig zu. Es gibt zwar keinen langen Sandstrand, aber zwischen den Steinen verlocken immer wieder Sandflecken zum Sonnenbaden.

Übernachtung

Nora Beach Resort & Spa ①, ✆ 077-413999, 💻 www.norabeachresort.com, 96 geschmackvoll eingerichtete Zi und Villen. ❼–❽
Coral Bay Resort ②, ✆ 077-422223-4, 💻 www.coralbay.net; geräumige, komfortable First Class-Bungalows. ❻–❽
Chaweng Bay View Resort ③, ✆ 077-414069-71, 💻 www.chawengbayview.com, am Hang, Villas mit Meerblick, z.T. mit Küche, für die Ausstattung relativ gemäßigte Preise. ❻–❽

Chaweng Bay

Die 6 km lange, sanft geschwungene Chaweng-Bucht, 23 km von Nathon, öffnet sich nach Osten. Bungalow-Anlagen und Resorts reihen sich unter vielen Kokospalmen fast lückenlos aneinander. Alle Anlagen liegen zwischen der neuen, beleuchteten Betonstraße und dem breiten, schönen Sandstrand, den viele Globetrotter als einsame Spitze bezeichnen. Das Preisniveau ist höher, die Ausstattung vornehmer, das Drumherum touristischer als an den anderen Stränden. In der Saison ist der Strand oft wochenlang ausgebucht, die Preise für einfache Bungalows pendelten sich bei 1000–1200 Baht ein, die Preise für ac-Bungalows bei 1500–2800 Baht (je nach Strandnähe).

Chaweng Yai Beach

Am nördlichen Ende der beliebten Bucht fühlen sich Sandstrand-Freaks so richtig wohl. Hier ist das Meer so flach, dass der Strand bei Ebbe weit über hundert Meter breit werden kann – hervorragend geeignet fürs Frisby-Spielen und einen Spaziergang zur Insel **Ko Mat Lang**. Im Spätsommer bilden sich mitten in der Lagune flache, klare Pools zwischen den Sandbänken, dann reicht das Wasser gerade noch zum Plantschen.

Von November bis April ist dieser fast 2 km lange Strandabschnitt optisch recht schön, das Wasser steht hoch, manchmal gibt es Wellen, trotzdem kann man sicher baden. Ab Mai / Juni fällt der Wasserspiegel extrem und steigt bis Oktober nicht wieder an.

Hier haben sich mehrere Luxushotels angesiedelt.

Chaweng Beach, Zentrum

Der Anblick dieses Strandes, der sich vom Chaweng Garden im Norden bis zum Kap am First Bungalow über 2 1/2 km erstreckt, wirkt wie eine Seite aus einem Südsee-Bilderbuch: Feiner, weißer Sand, überhängende Palmen und klares, blaues Meer, bei Ebbe und Flut ideal zum Schwimmen. Im Winter drückt allerdings der Wind das Wasser gegen die Küste, und der Strand wird relativ schmal. Wer empfindlich ist, sollte sich zu manchen Zeiten wegen der Sandfliegen nicht unbedingt in den Sand legen.

Dieser Strandabschnitt hat sich touristisch enorm entwickelt. Einige der Hotelanlagen gehören zu den teuersten auf Ko Samui. Immer mehr Bungalowanlagen müssen Schicki-Micki-Hotels weichen. Nur noch 20% der Anlagen sind in einheimischer Hand, internationale Ketten und Konzerne aus Bangkok vertrauen das Management ausländischen Experten an. Viele Hotels haben nichts Ko Samui-Spezifisches mehr an sich. Sie könnten genau so woanders auf der Welt stehen. Trotzdem, oder gerade deshalb, werden viele Touristen von diesem Strand angezogen.

Auf betriebsame Urlauber warten zahlreiche Strandrestaurants mit Video, Musikbeschallung aus mehreren Lautsprechern gleichzeitig, Strandverkäufer, die mehr oder weniger aufdringlich ihre Waren oder Dienste anbieten. Langweilig wird hier keinem. Auch entlang der Straße wird etwas geboten: viele einfache und originelle Lokale, Thai-Dinner mit klassischen Tänzen, mehrere Discos sowie unzählige Bars und Pubs.

Wer für komfortable Unterkünfte, Sportangebote und abendliche Unterhaltung gerne etwas mehr bezahlt, ist am richtigen Platz. Leider vermieten einige Unternehmer massenhaft Wasser-Scooter. Viele Touristen fühlen sich dadurch sehr gestört und gefährdet. Doch Abhilfe ist, trotz mehrerer tödlicher Unfälle, nicht in Sicht.

Chaweng Noi Beach

Durch ein kleines Kap ist der 1 km lange Chaweng Noi Beach vom Chaweng Beach getrennt. Der schöne, stellenweise breite, saubere Sandstrand mit den abgeschliffenen Felsen im Meer wirkt recht malerisch. Am südlichen Ende liegen viele Korallenblöcke im flachen Wasser. Von dort ziehen sich große, abgeschliffene Steine im Wasser bis zum Impiana Resort hin.

Während man im Sommer jederzeit gut schwimmen kann, ist Baden im Winter aufgrund der starken Brandung zu gefährlich. Pauschaltouristen sind hier bei weitem in der Mehrheit.

Übernachtung

CHAWENG YAI BEACH – Etwa 30 Anlagen stehen an diesem Strandabschnitt. Wo die Straße dicht vorbeiführt, können die Pickups stören, die lautstark für die Discos werben. Bei Ebbe bilden sich schöne, flache, klare Pools zwischen Sandbänken mitten in der Lagune, etwas weiter kann man im hüfttiefen Wasser schön schnorcheln. Hier sind mehrere neue Luxushotels entstanden.

Einfache Bungalows gibt es nur noch wenige, z.B.:
Matlang Resort ⑥, ✆ 077-230468, ✉ matlang@loxinfo.co.th, noch einige einfache Bungalows, aber auch ac-Bungalows im schönen Garten. ❸–❺
Your Place ⑩, ✆ 077-230039, recht voll gestopfte Anlage, Bungalows mit Fan oder ac, nette Bar. ❸–❹
Lucky Mother ⑲, ✆ 077-230931, nur Fan-Zi, trotz einigen dunklen und muffigen Bungalows, Mücken und desinteressiertem Personal wegen der Lage und des Preises beliebt. ❸

Komfortbungalows: Recht gepflegte Anlagen, geräumige Bungalows mit Du/WC, schönem Mobiliar, Fan oder ac, Restaurant zumeist am Strand, am Abend z.T. vorne auf dem Strand.
Family Bungalow ⑧, ✆ 077-422470, ℻ 422471, ansprechende, moderne Bungalows mit Fan oder ac, Suiten und Familienräume. ❺–❽
O.P. Bungalow ⑭, ✆ 077-422424, ℻ 422425, 70 gut eingerichtete, geräumige Bungalows, Sitzplätze am Strand unter schattigen Laubbäumen. ❸–❹
Samui Country Resort ⑯, ✆ 077-422186, ℻ 230 790, ein- und zweistöckige Bauten, Ausbildung im Windsurfen; unter Schweizer Leitung. ❸, ac ❹
Montien House ⑱, ✆ 077-422169, 🖳 www.montienhouse.com; beliebte Anlage mit schönem Garten; große ac-Betonbungalows mit solider Holzeinrichtung sowie Reihenhaus mit billigeren Fan-Zi; guter Service, kompetente Leute; Mopeds und Jeep zu vermieten, Tauchschule. ❺, Suiten ❽
Ark Bar Garden Beach Resort ⑳, ✆ 077-413798, 🖳 www.ark-bar.com, einfache, saubere Reihenhäuser zum Strand und zur Bar hin, kleiner Pool; super Treffpunkt für junge Leute, die laute Musik mögen, jeden Mi Beachparty. Bei Mario ist immer was los! ❺
Samui Coral Resort ㉑, ✆ 077-231005, 🖳 www.samuicoralresort.com, 20 kleine, helle Bungalows mit Terrasse, sauber und ruhig; gutes, gemütliches Restaurant mit nettem Service direkt am Meer. ❹–❺

Luxushotels: Schön angelegte, recht beliebte Anlagen, alle mit großem Pool und ansprechendem Restaurant, alle Räume klimatisiert, z.B.:
Amari Palm Reef Resort ⑪, 🖳 www.amari.com, ✆ 077-422015; ansprechende Thai-Stil-Häuser mit kleinen, dunklen Zi, origineller Pool; schöne 2-stöckige Bungalows jenseits der Straße mit eigenem Pool; nette, umweltbewusste Leute. ❽
Iyara Beach Hotel und Plaza ⑬, ✆ 077-231629, 🖳 www.iyarabeachhotelandplaza.com; Hotelzimmer für Nichtraucher über den Einkaufspassagen. Beeindruckend ist das Pool-Areal mit Restaurant. ❽

CHAWENG BEACH (ZENTRUM) – Die teuerste Gegend auf Ko Samui. Wer auf guten Schlaf

Vorwahl ist immer 077, wenn nichts anderes angegeben ist.

Yai Noi Bay			
①	Nora Beach Resort & Spa	❼–❽	✆ 429400
②	Coral Bay Resort	❻–❽	✆ 422223-4
③	Chaweng Bay View	❻–❽	✆ 414069
Chaweng Yai Beach			
④	Papillon Resort	❺–❻	✆ 231169
⑤	Samui Island Resort	❻–❼	✆ 422355
⑤	Blue Lotus Guesthouse	❹–❺	✆ 231122
⑥	Matlang Resort	❸–❹	✆ 422172
⑦	Baan Haad Ngam	❽	✆ 231500
⑦	Chaba Cabana Resort	❼–❽	✆ 230350
⑧	Family Bungalow	❺	✆ 422470
⑨	Corto Maltese	❺–❽	✆ 230041
⑩	Your Place	❸–❹	✆ 230039
⑪	Muang Kulaypan Hotel	❼–❽	✆ 422305
⑪	Amari Palm Reef Resort	❽	✆ 422015-8
⑫	Chaweng Blue Lagoon	❽	✆ 422037-40
⑬	Palm Island Resort	❺–❻	✆ 422298
⑬	Samui Natien Hotel	❻–❼	✆ 231340-9
⑬	Iyara Beach Hotel & Plaza	❽	✆ 231629
⑭	O.P. Bungalow	❸–❹	✆ 422424-5
⑮	Relax Resort	❸–❹	✆ 422475
⑯	Muang Samui	❽	✆ 413221
⑯	Samui Country Resort	❸–❹	✆ 422186
⑰	The Island	❺–❻	✆ 230751
⑰	Chaweng Regent	❽	✆ 422008-10
⑱	Chaweng Villa	❺–❻	✆ 231123-4
⑱	Montien House	❺–❽	✆ 422169
⑲	Lucky Mother	❸	✆ 230931
⑳	Ark Bar Garden Beach Resort	❺	✆ 422042
⑳	Al's Hut	❺	✆ 230761
⑳	Suneast Bungalow	❺–❻	✆ 422145
㉑	Samui Coral Resort	❹–❺	✆ 231005
㉑	P&P Samui Resort	❹	✆ 422540
Chaweng Beach			
㉒	Chaweng Garden Beach	❸–❹	✆ 422265
㉒	Baan Chaweng Beach Resort	❻–❽	✆ 230310
㉒	Evergreen Resort	❸–❹	✆ 230051
㉓	Anchor House Resort	❹–❺	✆ 230586
㉓	Al's Resort	❺	✆ 422154
㉔	Malibu Beach Resort	❺–❻	✆ 231546-9
㉔	Evergreen Resort	❸–❹	✆ 230051
㉕	Chaweng Buri Resort	❼–❽	✆ 422465-6
㉕	Longbeach Lodge	❺	✆ 422372
㉖	Baan Chaweng Beach Resort	❻–❼	✆ 230965
㉖	Dew Drop Hut	❷–❸	✆ 230551
㉗	King Garden Resort	❺	✆ 230430
㉘	Chaba Samui Resort	❻–❼	✆ 230407
㉙	Beachcomber Hotel	❽	✆ 422041-3
㉙	Silver Sand	❺–❻	✆ 231202
㉚	Charlie's Hut	❷–❹	✆ 422343
㉚	Buri Rasa Village	Neu	
㉚	Banana Fan Sea Resort	❼–❽	✆ 413483-6
㉛	Central Bay Resort	❸–❹	✆ 422118-9
㉜	Tradewinds Resort	❻	✆ 230602-4
㉝	The Central Samui R.	❽	✆ 230500
㉞	Chaweng Resort	❺–❼	✆ 422230
㉟	Chaweng Cabana	❻	✆ 231350
㊱	Chaweng Cove Resotel	❺–❻	✆ 230642
㊲	Poppies Samui Resort	❽	✆ 422419
㊲	Seascape Resort	❺–❻	✆ 422681-4
㊲	Samui Lagoon Bay	❺	✆ 413740
㊳	Samui Resotel	❻–❼	✆ 422374
㊳	Sans Souci Samui	❺–❻	✆ 422044
㊴	Samui Paradise Chaweng	❺–❻	✆ 230294
㊴	Sea Side Bungalows	❹–❺	✆ 422364-5
㊵	First House	❺–❻	✆ 413754
㊵	First Bungalow Beach Resort	❺–❻	✆ 422327
㊶	Nova Resort	❻	✆ 422472
㊷	Baan Suan Sook	❹–❺	✆ 230817
㊸	City Hotel	❸	✆ 422345
㊹	Bay Breeze Gh.	❸	✆ 422198
㊺	Lucky Home Resort	❹	✆ 01-7285582

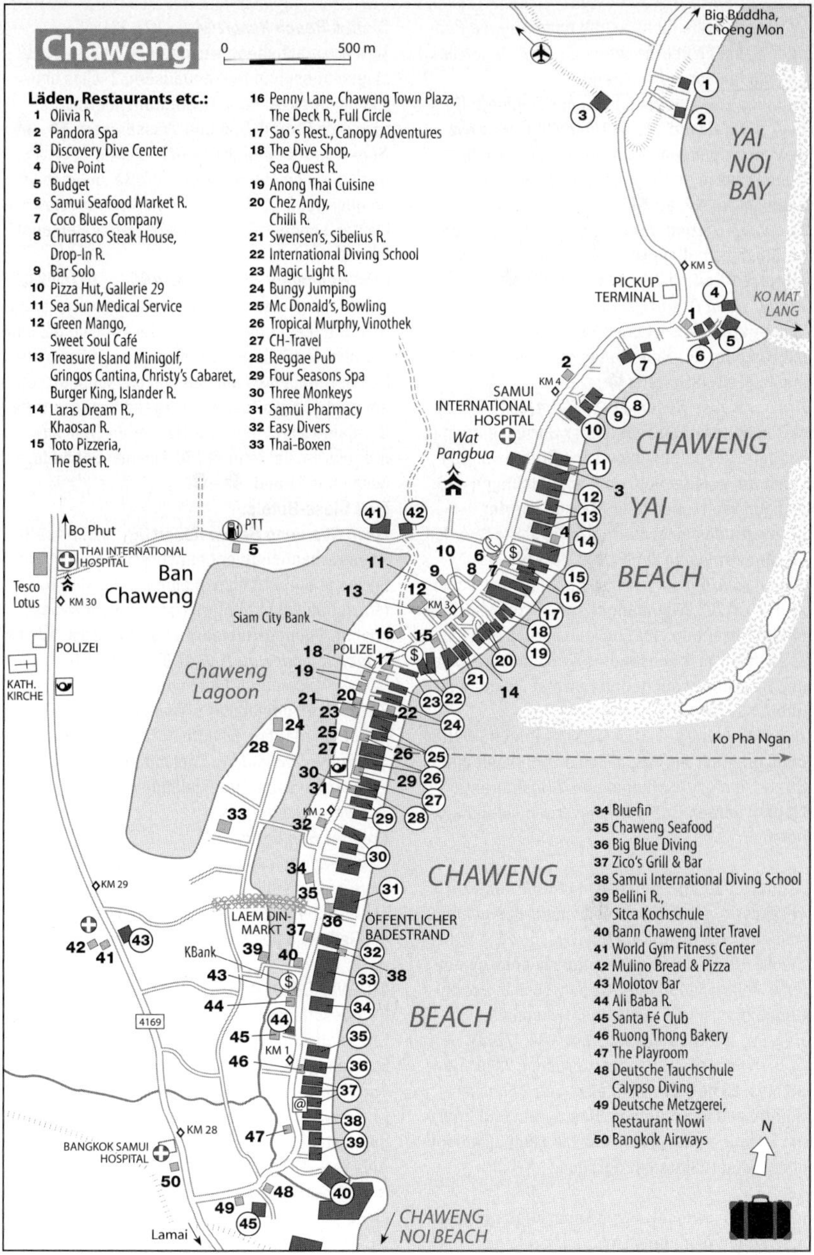

Chaweng
0 500 m
Läden, Restaurants etc.:
1 Olivia R.
2 Pandora Spa
3 Discovery Dive Center
4 Dive Point
5 Budget
6 Samui Seafood Market R.
7 Coco Blues Company
8 Churrasco Steak House, Drop-In R.
9 Bar Solo
10 Pizza Hut, Gallerie 29
11 Sea Sun Medical Service
12 Green Mango, Sweet Soul Café
13 Treasure Island Minigolf, Gringos Cantina, Christy's Cabaret, Burger King, Islander R.
14 Laras Dream R., Khaosan R.
15 Toto Pizzeria, The Best R.
16 Penny Lane, Chaweng Town Plaza, The Deck R., Full Circle
17 Sao´s Rest., Canopy Adventures
18 The Dive Shop, Sea Quest R.
19 Anong Thai Cuisine
20 Chez Andy, Chilli R.
21 Swensen's, Sibelius R.
22 International Diving School
23 Magic Light R.
24 Bungy Jumping
25 Mc Donald's, Bowling
26 Tropical Murphy, Vinothek
27 CH-Travel
28 Reggae Pub
29 Four Seasons Spa
30 Three Monkeys
31 Samui Pharmacy
32 Easy Divers
33 Thai-Boxen
34 Bluefin
35 Chaweng Seafood
36 Big Blue Diving
37 Zico's Grill & Bar
38 Samui International Diving School
39 Bellini R., Sitca Kochschule
40 Bann Chaweng Inter Travel
41 World Gym Fitness Center
42 Mulino Bread & Pizza
43 Molotov Bar
44 Ali Baba R.
45 Santa Fé Club
46 Ruong Thong Bakery
47 The Playroom
48 Deutsche Tauchschule Calypso Diving
49 Deutsche Metzgerei, Restaurant Nowi
50 Bangkok Airways
Big Buddha, Choeng Mon
YAI NOI BAY
KM 5
PICKUP TERMINAL
KO MAT LANG
KM 4
SAMUI INTERNATIONAL HOSPITAL
Wat Pangbua
CHAWENG YAI BEACH
PTT
Bo Phut
THAI INTERNATIONAL HOSPITAL
Ban Chaweng
Tesco Lotus
KM 30
KM 3
Siam City Bank
POLIZEI
KATH. KIRCHE
Chaweng Lagoon
Ko Pha Ngan
KM 2
CHAWENG BEACH
KM 29
LAEM DIN-MARKT
ÖFFENTLICHER BADESTRAND
KBank
4169
KM 1
KM 28
BANGKOK SAMUI HOSPITAL
Lamai
CHAWENG NOI BEACH
N

Wert legt, sollte nicht zu nah beim *Reggae Pub* oder *Santa Fé* übernachten. Ca. 32 Anlagen liegen am feinsandigen Strand.

Einfache Bungalows gibt es nur wenige, z.B.:

Evergreen Resort ㉔, ☎ 077-230051, 💻 www.sawadee.com/samui/evergreen, sehr saubere Bungalows in gepflegtem, tropischem Garten, nette Leute. ❸, ac ❹

Chaweng Garden Beach ㉒, ☎/📠 077-422265, geräumige, muffige Bungalows mit Fan oder ac. Motorrad-Parkgebühr 20 Baht! ❸–❹

King Garden Resort ㉗, ☎ 077-230430, 💻 www.kings-garden-resort.com; 32 solide Bungalows mit Fan oder ac; viele Bungalows mit freier Sicht in den großen Garten. ❺

Anchor House Resort ㉓, ☎ 077-413041 📠 230 586, schöner tropischer, enger Garten, einfache, saubere Doppelbungalows mit Gittern vor den Fenstern, geleitet vom geschäftstüchtigen ehemaligen Weltenbummler Markus aus der Schweiz und seiner Partnerin, Mrs. Pradee. Restaurant *Panviman* am Strand. ❹–❺

Silver Sand ㉙, 💻 www.silversand-resort.com, ☎ 077-231202, Steinbungalows, kostenloser Safe an der Rezeption, gut Englisch sprechendes Personal, aber nicht besonders freundlicher Manager, Restaurant mit neuen Holzmöbeln auf dem Sand. ❺–❻

Charlie's Hut ㉚, ☎ 077-422343, einfache Hütten ohne oder mit Du/WC, billigste Unterkunft am Strand, einige ac-Bungalows. 2 Restaurants, Nachtwächter. Buchungen werden nicht angenommen. ❸

Komfortbungalows gibt es in großer Auswahl in attraktiven, gepflegten, relativ naturnah gebauten Anlagen, z.B.: ***Chaweng Cove Resotel*** ㊱, ☎ 077-422509-10, 💻 www.chawengcove.com; gemütliche Anlage, gepflegter Garten, 56 Zi in Doppel-Bungalows mit Terrasse und Reihenhaus. ❺–❻

Seascape Beach Resort ㊲, ☎ 077-422681, 💻 www.seascapebeachresort.com, 23 ac-Bungalows, 28 ac-Hotelzimmer, davon 2 Familien-Suiten, gepflegte Anlage, Restaurant und Pool am Strand, nette, professionelle Leute, allabendliches Unterhaltungsprogramm. ❺–❻

Mittelklasse-Resorts: Von Landschaftsgärtnern sehr schön gestaltete Anlagen, z.B.:

Malibu Beach Resort ㉔, ☎ 077-231546, 💻 www.malibubeachresort.com; 18 Zi in 2-stöckigen hübschen Reihenhäusern, 2 Villas und 4 Zi mit Jacuzzi; Pool, Restaurant mit Dachterrasse am Strand; Spa und Wassersport. ❺–❼

Sans Souci Samui ㊳, ☎ 077-422044, 💻 www.sawadee.com/samui/souci/, große, gut möblierte, gegeneinander versetzte Reihenbungalows in kleiner, schöner Gartenanlage; nettes Personal. ❺–❻

First Bungalow Beach Resort ㊵, ☎ 077-422327, 230414, 💻 www.firstbungalowsamui.com; hinter dem Bach auf beiden Seiten der Landzunge, eine der ältesten Anlagen auf Ko Samui. 101 eng stehende Bungalows mit Fan und ac; schöner Pool, um den sich große, hervorragend ausgestattete Bungalows und mehrere Häuser im Thai-Stil gruppieren, dahinter ein 30-Zimmer-Gebäude, herrlicher Strand. ❺–❻

First Class-Hotels:

Baan Chaweng Beach Resort ㉖, ☎ 077-422403, 💻 www.baanchawengbeachresort.com, 39 Hotelräume und 21 Villen in einem schmalen Garten, schöne Zi mit Kaffeemaschine und Wasserkocher, Openair-Restaurant, großer Pool. ❻–❽

Beachcomber Hotel ㉙, ☎ 077-422041-3, 💻 www.bluelagoonhotel.com; zentral gelegener, 3-stöckiger, deplatziert wirkender Kasten für Pauschalurlauber, 58 gute ac-Zi mit 3 Betten sowie Suiten; Swimming Pool mit Kinderbecken; Erdgeschoss und Hotelgelände Rolli-gerecht; Schweizer Leitung. ❽

Poppies Samui Resort ㊲, ☎ 077-422419, 💻 www.poppiessamui.com; 24 luxuriöse Bungalows im Thai-Stil, erstklassige internationale und Thai-Küche; toll angelegter kleiner Pool. Massage, Reflexologie, Aromatherapie etc. ❽

CHAWENG NOI BEACH – Relativ teure Anlagen für Pauschaltouristen an einem herrlichen Strandabschnitt, der sich auch bei Ebbe zum Baden eignet, u.a.:

The Fair House Resort ㊻, ☎ 077-422255, 💻 www.fairhousesamui.com, architektonisch gut gestaltete, mit vielen Pflanzen aufgelockerte Anlage auf engem Raum, Hotelzimmer oder komfortable Bungalows mit schmalen Betten und Mini-Bar; Restaurant mit gehobenem Preisniveau, 2 Bars, 3 Pools, neuer 3-Loch-Golfplatz. ❻–❽.

The Imperial Samui (48), ✆ 077-422020-36, 💻 www.imperialhotels.com; ansprechend gegliederte Gebäude, 155 ac-Zi mit Blick aufs Meer; Restaurant am Hang auf verschiedenen Ebenen; Süßwasser- und Meerwasser-Swimming Pool mit integrierten Naturfelsen, wirkt faszinierend. Tennis, Wassersport. ❽

Essen

Chaweng hat sich zu einem Mekka für Schlemmer entwickelt, auch wenn kaum eine Speisekarte ohne Schnitzel auskommt. Erstklassige Restaurants entlang der Strandstraße konkurrieren mit stimmungsvollen Strandrestaurants. Kaum ein Restaurant bietet authentische Thai-Küche. Die Gerichte sind dem internationalen Geschmack angepasst.

Poppies, ✆ 077-422419, hält konstant seinen guten Standard.

Magic Light Restaurant, vom Schweizer Koch Hans Peter Frutiger, bietet ein tolles Bauernfrühstück sowie gute Thai- und internationale Küche. Er kann auch Touristen mit Diabetes beraten.

Prego, neueres „In"-Lokal des Amari Hotels – wir waren nicht überzeugt vom Preis-Leistungs-Verhältnis.

Three Monkeys hält sich schon eine ganze Zeit, nette Stimmung, freies Internet, 💻 www.3-monkeys.com.

Chez Andy, ✆ 01-8916 148, Schweizer Küche, Steakhouse, unten Taverne, hinten Biergarten mit besten Preisen für deutsches Bier.

Ali Baba, kleines indisches Restaurant mit authentischer Küche, auch vegetarische Gerichte, große Portionen, sehr gutes Lassi.

Will Wait Bakery hat in mehreren Filialen leckere Backwaren, flinken Service und Video in bester Bild- und Tonqualität.

Deck, das offene zweistöckige Restaurant ist etwas Besonderes.

Vor allem bei Kindern beliebt sind ***McDonalds*** und ***Burger King*** an der Strandstraße.

Unterhaltung

Die Unterhaltungsszene ändert sich noch schneller als das Angebot an Restaurants.

Sweet Soul Café, zieht jüngere Leute ab 23 Uhr an; kein Techno-Schuppen, hier hört man *Funk and Soul*, *Hip Hop* etc.

Green Mango, wird ab 24 Uhr interessant. Die große, ohrenbetäubend laute Disco ist bis 2 Uhr geöffnet.

Reggae Pub, ✆ 077-422331-2, schon eine Institution auf Ko Samui; die Live-Band spielt zwar nicht allzu viel Reggae, aber die Klangqualität ist toll; romantische Sitzgruppen mit Blick auf den See oder den künstlichen Wasserfall, 5 Bars, Biergarten, Freilichtkino unter Palmen, Eintritt frei, unter Insidern nicht mehr in, bei Touristen immer noch sehr beliebt.

Santa Fé, ✆ 077-230570, eindrucksvolle Anlage mit riesigem Palisadentor, auf Thai-Publikum ausgerichtet, bis 2 Uhr dröhnen die Techno-Bässe an den Strand.

Full Circle, ✆ 077-413061, auf Techno getrimmte, innen total versilberte Anlage, gegenüber *Central Samui*, DJs aus UK.

Christy's Cabaret, Transvestiten-Shows um 23 Uhr, anschließend werden einem Getränke aufgedrängt und es geht recht ordinär zu.

Sonstiges

APOTHEKEN – Es gibt sehr viele moderne Apotheken, empfehlenswert ist:

Samui Pharmacy mit Deutsch sprechender Apothekerin, die auch gut beraten kann.

AUSFLÜGE – Zur **Fullmoon Party** auf Ko Pha Ngan fahren die Speedboote für 400 Baht von 18–24 Uhr jede Std. ab, Rückkehr am Morgen von 6–8 Uhr; buchen bis 16 Uhr. Man kann bereits im Hotel buchen, da man dann abgeholt und zurückgebracht wird.

T.W.C. Travel, ✆ 077-2300747, fährt ebenfalls mit Speedbooten für 400 Baht um 20.30, 21.30 und 22.30 Uhr, zurück um 6 und 7 Uhr; buchen bis 17 Uhr. Preis für einfache Fahrt: 200 Baht p.P.

AUTOVERMIETUNGEN – Gute Angebote bei ***CH Tours***, ✆ 077-230431, Autos werden zum Hotel gebracht. Auch mit ***Queen PK Car Rental***, ✆ 077-422619, werden gute Erfahrungen gemeldet. ***Budget***, ✆ 077-413384, gegenüber der PTT-Tankstelle, erlaubt Rückgabe in ganz Thailand ab einer Mietdauer von 5 Tagen.

BUNGY JUMPING – ***Bunjy Jumping & Entertainment*** mit großem Pool, Bar und Grill. Ein Sprung kostet 1400 Baht, Hoteltransfers und ein Getränk sind inkl., ✆ 01-8913314.
Canopy Adventures, ✆ 077-414150, für 1750 Baht wird man viermal an eine Kabelbahn gehängt und schwebt durch den Dschungel, Transfer inkl.
EINKAUFEN – viele Super- und Minimärkte entlang der Strandstraße. Besonders preisgünstig für den Großeinkauf ist das Einkaufszentrum ***Tesco Lotus*** an der Hauptstraße H4169.

ELEFANTEN – Mehrere Elefantencamps ermöglichen das besondere Reitvergnügen, z.B. ***Island Safari,*** ✆ 077-230567, bietet Elefanten-Trekking, Elefanten- und Affen-Shows oder eine Fahrt mit Mini-Jeeps, je 2 Std. für 800 Baht p.P., 600 Baht pro Kind.

FITNESS – Das ***World Gym Fitness Center,*** ✆ 231174, am H4169 hat neues Hightech-Equipment, kostenlose Unterweisung auf Englisch und Deutsch; ⌚ 9–21 Uhr.

KOCHKURSE – ***Sitca*** (Samui Institute of Thai Culinary Art), Soi Colibri, ✆/📠 077-413172, 💻 www.sitca.net; erfahrene Köche unterrichten Mo–Sa ab jeweils 11.30 Uhr (Lunch-Kurs, drei Gerichte, 1200 Baht) und 16 Uhr (Dinner-Kurs, fünf Gerichte, 1600 Baht).

MEDIZINISCHE HILFE – ***Samui International Hospital,*** ✆ 077-230781-2, 422272, 💻 www.sih.co.th; ⌚24 Std., mit Labor, Zahnarzt und Krankenwagen. Im ***Sea Sun Medical Service,*** Nr.166/7 in einer Ladenzeile, hat ein fähiger Arzt auch tagsüber Bereitschaft.
Thai International Hospital, gegenüber von Tesco, ✆ 077-414400, 💻 www.thaiinterhospital.com; einzige Dialyse-Station auf Samui, deutsche Koordinatorin.
Bangkok Samui Hospital, am südl. Ortsanfang von Chaweng, ✆ 077-429500, 📠 429505, 💻 www.samuihospital.com.

MOTORRÄDER – werden überall für 150–200 Baht/Tag angeboten, in wechselndem Zustand. **Achtung:** Motorradfahren auf Ko Samui ist auch bei vorsichtiger Fahrweise nicht ungefährlich.

MOUNTAINBIKES – werden beim ***World Gym Fitness Center,*** ✆ 077-231174, am H4169, und im ***Discovery Dive Center,*** ✆ 077-413196, North Chaweng, vermietet. Auch mehrere Hotels bieten sie an, z.B. *Impiana* oder *Blue Lagoon.*
Samui Mountain Bikes, ✆ 01-9823715, führen Tagestouren durch: Die Gäste werden von 9–9.30 Uhr vom Hotel abgeholt und von 17.30–18 Uhr zurück gebracht.

REISEBÜROS – Etwa 100 Reisebüros bieten in Chaweng ihre Dienste an. Alle sind mit aktuellen Daten auf 💻 www.samuiinformation.com/touroperators.html. Im ***Bann Chaweng Inter Travel,*** ✆ 077-422485-6, gegenüber *Central Samui,* bekommt man nicht nur deutschsprachige Beratung, sondern auch Hotel-Vouchers mit hohen Rabatten, Gruppen- oder Individualausflüge mit Deutsch sprechendem Führer, Flugrückbestätigung und günstige Flüge nach Europa.

TAUCHEN – Mehrere Tauchschulen (s.S. 598) haben hier ihre Basis, z.B.: ***Calypso Diving,*** deutsche Tauchschule, ✉ info@ calypso-diving.com, ✆/📠 077-422437; an der südlichen Zufahrtsstraße.
Big Blue Diving, ✆/📠 077-422617, ✉ samui@ bigbluediving.com, beim *Central Bay Resort.*

WASSERSPORT – Wassersportbegeisterte finden Tauchbasen, Surfboard- und Wasserski-Anbieter am Strand und entlang der Straße. Das ***Discovery Dive Center,*** ✆ 413196, North Chaweng, bietet Kayaks, Windsurfing und Katamarane an.

Coral Cove

2 km südlich von Chaweng Noi (25 km von Nathon) liegt zwischen zwei Pässen der Küstenstraße ein kleiner Strand mit weißem, sehr grobkörnigem Sand, umrahmt von runden Felsblöcken. Bei ruhigem Wasser macht es Spaß, durch die bizarren Felskanäle zu schwimmen, am besten mit Maske und Schnorchel. Bei starkem Wellengang ist Baden nicht ganz ungefährlich.

Übernachtung

Baan Hin Sai ㊺, ✆ 077-422624-7, 💻 www.kohsamui. com/baanhinsai. Sehr gepflegte, weitläufige Anlage am Hang mit 78 Räumen und Chalets. 2 Pools, 2 Restaurants, Spa und Englisch sprechende Mitarbeiter. ❻–❼

Coral Cove Resort (56), ✆ 077-422126, ✉ coral@samart.co.th, im schmalen Streifen zwischen Straße und Meer. 30 neue Bungalows, größtenteils mit ac, direkt am Strand oder am Hügel unter Palmen; freundliche Leute, gutes Essen. ❹–❻

Coral Cove Chalet (57), ✆ 077-422260-1, 💻 www.coralcovechalet.com, gepflegte Anlage, 60 Zi in Komfort-Bungalows mit Balkon, Openair-Restaurant mit guter internationaler und Thai-Küche, Swimming Pool mit Terrasse, schöne Aussicht; fest in den Händen von Pauschalurlaubern; Jeep 800–1000 Baht (auch für Nicht-Gäste). ❺–❼

Blue Horizon (58), ✆ 077-422426, ✉ bluehorizon@samuitourism.com, renovierte Bungalows am Hang. ❹–❻

Hi Coral Cove (59), ✆ 077-422495, 💻 www.sawadee.com/samui/hicoral/, gepflegter Palmengarten, 10 ac-Bungalows mit schöner Aussicht; Restaurant an der Straße; vermietet Schnorchelausrüstung und Mopeds. ❹–❺

Thong Ta Khien Bay

Gut 1 km weiter (23 km von Nathon) liegt unterhalb der Straße die schöne Thong Ta Khien Bay. Bei Ebbe ist Baden nur eingeschränkt möglich.

Übernachtung

Crystal Bay Resort ①, 💻 www.sawadee.com/samui/crystalbay/, unterschiedliche Bungalows und Zi in einem kleinen Hotelgebäude; beste Preise über Internet Buchung. ❹–❺

Silver Beach Resort ②, ✆/℻ 077-422478, 20 ungepflegte Bungalows mit Fan oder ac, Restaurant am Strand. ❷–❹

Thong Ta Khian Villa ③, ✉ thongtakianvilla@hotmail.com, ✆ 077-230978, 14 günstige, saubere Bungalows, einige mit TV/Kühlschrank, etwas versetzt, mit mehr Privatsphäre, netter Besitzer. ❷–❹

Samui Yacht Club ④, ✆ 077-422225-6, 💻 www.samuiyachtclub.com; 43 gut ausgestattete, renovierte ac-Bungalows mit von Kokosnüssen verbeulten Wellblechdächern; etwas dunkles Restaurant mit Unterhaltungsprogramm, Swimming Pool, Fitness Center, Kinderspielzimmer; 2x tgl. kostenloser Transfer zum Chaweng Beach, mit Songthaew 30 Baht. ❺–❻

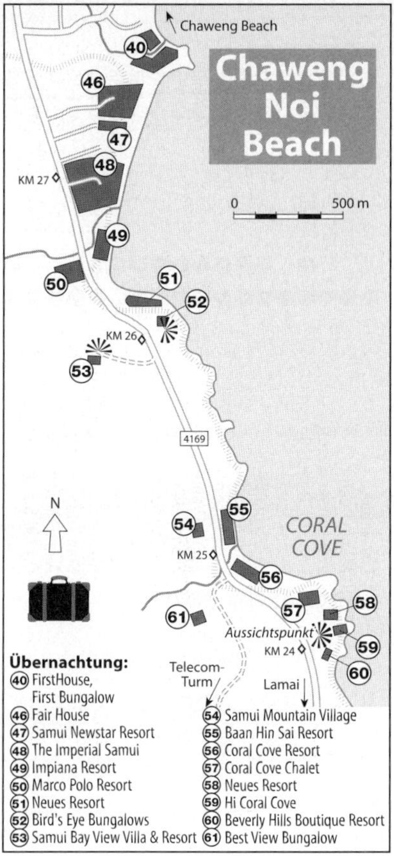

Lamai Bay

Die sichelförmige, 4 km lange Bucht wird von vielen, zum Teil überhängenden Kokospalmen gesäumt. Individualreisende und (weniger) Pauschalurlauber aus allen Ländern kommen in etwa 80 Hotels und Bungalowsiedlungen mit mehr als 1500 Zimmern unter. Jede Anlage verfügt über ein eigenes Restaurant. Die insgesamt guten Strände

Vorwahl ist immer 077, wenn nichts anderes angegeben ist.

Thong Ta Khien Bay:			
①	Crystal Bay Resort	❹	3 422677
②	Silver Beach Resort	❸–❹	✆ 422478
③	Thong Ta Khian Villa	❸–❹	✆ 230978
④	Samui Yacht Club	❺–❼	✆ 422225-6
Lamai, östliche Bucht:			
⑤	Buriraya Resort & Spa	❽	3 429300
⑥	Bay View Resort	❹–❻	✆ 418429
⑦	Jungle Park	❺–❼	✆ 418034-7
⑧	Flower Paradise	❹	✆ 09-2888362
⑨	Long Island Resort	❹–❼	✆ 424202
Lamai, nördlicher Strand:			
⑩	Tamarind Hill	❽	✆ 424221
⑪	Rose Garden	❸–❹	✆ 424115
⑫	Weekender Villa	❹–❻	✆ 424116
⑬	The Spa	❸–❺	✆ 230855
⑭	Sukasem Bungalow	❸–❹	✆ 424119
⑭	No Name	❷–❸	✆ 458116
⑮	My Friend Bungalow	❶–❷	✆ 424120
⑯	Tapee	❷–❹	✆ 424096.
⑯	Aree Bungalows	❸–❺	✆ 232297
⑯	Surat Palm Resort	❸–❹	✆ 424297
⑰	New Hut	❶–❷	✆ 230473
⑱	Beer's House	❷	✆ 230467
⑱	Wish	❷	✆ 230299
⑲	Lamai Resort	❷–❸	✆ 424124
⑳	Sand Sea Resort	❺–❼	✆ 424026
Lamai, Zentrum:			
㉑	Samui Laguna Resort	❺	✆ 424215
㉒	The Pavilion Resort	❼–❽	✆ 424420
㉓	Mui Bungalows	❸–❹	✆ 424224
㉓	Utopia	❸–❺	✆ 233113
㉔	Jasmine Resort	❻–❽	✆ 232446
㉔	Thai House Beach Resort	❻–❼	✆ 418005
㉔	Lamai Coconut Resort	❹–❺	✆ 232169
㉕	Saman's GH	❷–❸	
㉖	Lily House	❸	✆ 424231
㉗	Magic Resort	❸	✆ 424229
㉘	Weekender Resort	❺	✆ 424429
㉙	Coconut Beach Resort	❷–❹	✆ 424209
㉙	Bonny Hotel	❹	✆ 232079
㉚	Lamai Inn 99	❹–❺	✆ 424427
㉚	Rich Resort	❹–❺	✆ 424208
㉛	Best Resort	❸–❹	✆ 233341
㉜	Lamai Wanta	❹–❺	✆ 424550
㉜	Marina Villa	❹–❺	✆ 424426
㉝	Galaxy Resort	❺–❼	✆ 424441
㉞	Miramare	❷–❹	✆ 424262
㉞	Sea Breeze	❸–❺	✆ 424258
㉟	Golden Sand Beach Resort	❺–❻	✆ 424031
㉟	Som Thong Resort	❸	✆ 424156
㉟	Aloha Resort	❺–❽	✆ 424014
㊱	Orchid Suites	❺	✆ 424090
㊱	Koeng	❶–❷	✆ 424285
㊲	Amadeus	❷–❹	✆ 424568
㊳	Varinda Resort	❸–❺	✆ 424284
㊴	Lamai Pearl	❶–❷	✆ 424294
㊴	Bill Resort	❹	✆ 424403
㊵	Paradise Bungalow	❷–❺	✆ 424290
㊶	Green Villa	❷–❹	✆ 424296
㊷	Amity	❶–❹	✆ 424084
㊷	White Sand	❶–❷	✆ 424298
㊸	Samui Beach Resort	❹–❺	✆ 424033
㊸	Baan Rim Had	❹–❺	✆ 424432
㊹	Thai-Ayodhya Villas	❼–❽	✆ 424702
㊺	Sunrise Bungalow	❸–❺	✆ 424433
㊺	Grand Rock Resort	❸–❹	✆ 233194
Lamai, südliche Küste:			
㊻	Samui Park Resort	❺	✆ 424008
㊼	Noi Bungalow	❷–❸	✆ 424562
㊽	Floral House	❺	✆ 424319
㊾	Mango Village	❺	✆ 232093
㊿	Rocky Resort	❻–❽	✆ 418367

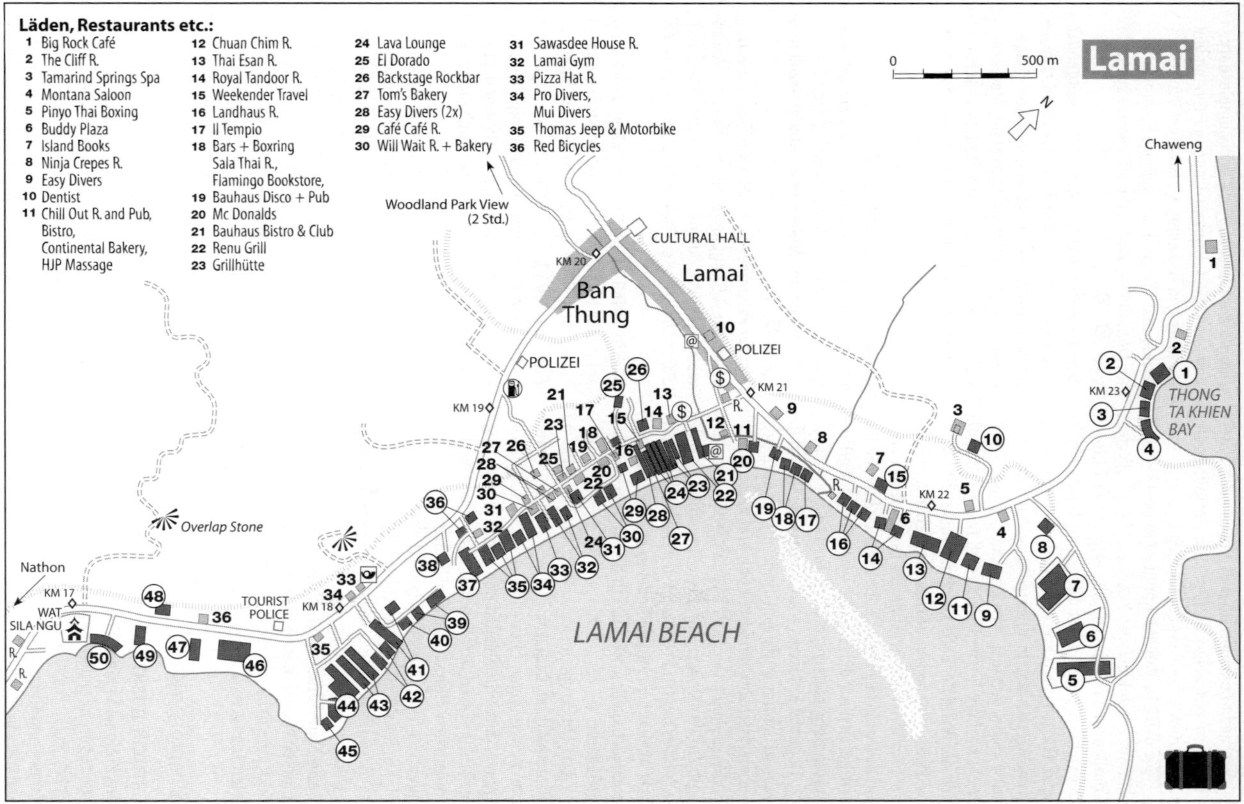
Lamai
0 500 m
N
Läden, Restaurants etc.:
1 Big Rock Café
2 The Cliff R.
3 Tamarind Springs Spa
4 Montana Saloon
5 Pinyo Thai Boxing
6 Buddy Plaza
7 Island Books
8 Ninja Crepes R.
9 Easy Divers
10 Dentist
11 Chill Out R. and Pub, Bistro, Continental Bakery, HJP Massage
12 Chuan Chim R.
13 Thai Esan R.
14 Royal Tandoor R.
15 Weekender Travel
16 Landhaus R.
17 Il Tempio
18 Bars + Boxring Sala Thai R., Flamingo Bookstore,
19 Bauhaus Disco + Pub
20 Mc Donalds
21 Bauhaus Bistro & Club
22 Renu Grill
23 Grillhütte
24 Lava Lounge
25 El Dorado
26 Backstage Rockbar
27 Tom's Bakery
28 Easy Divers (2x)
29 Café Café R.
30 Will Wait R. + Bakery
31 Sawasdee House R.
32 Lamai Gym
33 Pizza Hat R.
34 Pro Divers, Mui Divers
35 Thomas Jeep & Motorbike
36 Red Bicycles
Woodland Park View (2 Std.)
Chaweng
CULTURAL HALL
Lamai
Ban Thung
POLIZEI
POLIZEI
KM 20
KM 21
KM 22
KM 23
KM 19
KM 18
KM 17
THONG TA KHIEN BAY
LAMAI BEACH
Overlap Stone
Nathon
WAT SILA NGU
TOURIST POLICE

wirken nicht überfüllt. Überall gibt es noch Unterkünfte zu passablen Preisen. Die Strandhändler sind zurückhaltend und freundlich.

Die **östliche Bucht** beginnt 22 km entfernt von Nathon. Die malerische Bucht mit vorgelagertem Korallenriff ist flach, bei Ebbe weniger als hüfttief. Der weiße Sandstrand ist mit glatten Felsen durchsetzt. Die schweren Brecher im Winter werden vom vorgelagerten Kap größtenteils abgehalten, so dass auch dann gebadet werden kann. Diese Bucht reicht bis zum Jungle Park Resort. Im Juli / August fällt die Bucht bei Ebbe fast ganz trocken.

Dem 1 km langen **nördlichen Strand**, nahe an der Straße, ist bis zur Höhe des Dorfes **Ban Lamai** ein Riff vorgelagert. Bei Ebbe schauen hier die Felsen heraus. An der Lagune werden während der Saison Bootsfahrten zur Insel **Ko Tan** angeboten.

Der gut 2 km lange, schöne **zentrale Strandabschnitt** ist am südlichen Ende mit malerischen Felsen durchsetzt und bei Ebbe und Flut gut zum Baden geeignet. Der Sand ist an vielen Stellen recht grob. Im Winter herrscht starke Brandung, und der hohe Wasserstand reduziert den Strand beträchtlich. Am südlichen Ende findet man selbst im Sommer noch Stellen, wo man in den Wellen schwimmen kann.

Das Leben spielt sich an der Parallelstraße im Hinterland ab. Lamai wird von Familien, Paaren und befreundeten Cliquen besucht. Sie schlendern abends durch die Straßen und haben einfach Spaß an Musik, Essen, Trinken und Shopping. Die Bars mit jungen Damen werden immer weniger frequentiert, viele mussten schon schließen.

Der Wonderful Rock schließt die Lamai Bucht nach Süden ab. Die noch südlicheren Bungalows (17 km von Nathon) liegen eigentlich schon in der **Bang Nam Chuet Bay**, zehren aber von dem bekannten Namen Lamai. Der Strand ist meistens zu flach zum Schwimmen. Bei starkem Ostwind ist es allerdings gerade hier besonders angenehm.

Übernachtung

ÖSTLICHE BUCHT – Die wenigen, sehr gepflegten Bungalowanlagen liegen am Hang in Kokosplantagen, in denen man auch schön spazieren gehen kann. Diese Gegend ist relativ weit von der Straße entfernt und wird von Travellern geschätzt, die Ruhe in der Nähe vom Trubel suchen.

Jungle Park Resort ⑦, 💻 www.jungle-park.com, ✆ 418034. Üppiger Tropengarten mit viel Bambus und Bananen, künstlichen Wasserläufen und Wasserfall, saubere, komfortable ac-Doppelbungalows, die z.T. recht abgewohnt sind. ❺–❼

Bay View Resort ⑥, ✆ 418429 ✉ wolfgang@samuinet.com, 💻 www.bayviewsamui.com, renovierte Holzbungalows, angemessen ausgestattet, und exzellente Komfortbungalows mit ac, Kühlschrank und toller Aussichtsterrasse, locker im zum Meer abfallenden Palmenhain verteilt, nettes Restaurant mit Meerblick; einsamer Sandstrand, Pool, Massagesala; unter Leitung des engagierten Deutschen Wolfgang und der liebenswerten Pu. Vermietet auch ein voll ausgestattetes Haus, *Grand View Villa,* mit 2 ac-Schlafzimmern, Wohnzimmer etc. in exzellenter Lage. ❹–❻

Flower Paradise ⑧, ✆ 09-2888362, 💻 www.samui.ch; 4 Bungalows mit Fan oder ac, Warmwasser-Du/WC, kleines Restaurant „Röstiland", 200 m zum Strand, Thai-Schweizer Leitung. ❹

NÖRDLICHER STRAND – Zwischen dem kleinen, schmalen Strand und der nahen Straße gibt es kaum noch billige Unterkünfte bis 250 Baht.

Rose Garden ⑪, ✆ 077-424115, gepflegte Anlage mit vielen Pflanzen, schöne Bungalows mit Fan oder ac aus Holz und Ziegelsteinen, preiswertes Restaurant, nur in der Hochsaison geöffnet, Familienbetrieb. ❸–❹

Weekender Villa ⑫, ✆ 077-424116, ✉ info@weekender-villa.com, 💻 www.weekender-villa.com, großzügige, renovierte Anlage, 3 Bungalows mit Fan, Warmwasser und Safe, 7 Bungalows mit leiser ac und allem Komfort. Großes Restaurant mit ansprechenden Rattanmöbeln, Billardtisch und Leseecke, Swimming Pool mit komfortablen Liegen. Deutsch-holländisches Management. Fischerboote am schmalen Sandstrand. ❹–❻

The Spa ⑬, ✆ 077-230855, 💻 www.spasamui.com; neue, kleine Bungalows mit ac, gruppiert um den neuen Pool. Am Straßenrand zweistöckiges Gebäude mit 14 kleinen Fan-Zi über Läden und Behandlungsräumen. Strandrestaurant mit vielen leckeren vegetarischen Gerichten und Vollkornküche. Verschiedenste Gesundheitsprogramme (s.u.). Betrieben von Guy und Toi Hopkins und ihrer Großfamilie. ❸–❺

Sukasem Bungalows ⑭, ✆ 077-424119, 💻 www.sukasem-bungalows.netfirms.com, 17 Bungalows mit Fan oder ac, ac-Räume mit TV und Minibar. Jeep, Motorradverleih, Internet, nette Leute. ❸–❹

My Friend Bungalows ⑮, ✆ 077-424120, auf der anderen Straßenseite gegenüber von *No Name*, höchst einfache Bretterhütten mit Fan und Du/WC in einem netten Garten mit Enten und Hühnern. ❶–❷

Tapee ⑯, ✆ 077-424096, 11 Holzbungalows mit Fan und Du/WC, 2 Doppelbungalows mit ac. ❷–❹

Aree Bungalows ⑯, ✆ 077-232297, ✉ helmut.wehowsky@gmx.de, 💻 www.sawadee.com/samui/aree/, 19 Räume in 6 Häusern, darunter 3 Familienbungalows am Strand, eifriger deutscher Manager. ❸–❺

New Hut ⑰, ✆ 077-230473, primitive Hütten zwischen schönem Strand und einem stehenden Gewässer; ein Hang-out für junge Freaks, die mit dem Rucksack auf Weltreise hier mehrere Monate den Sinn des Lebens suchen. ❶–❷

Beer's House ⑱, ✆ 077-230467, und ***Wish*** ⑱, ✆ 077-230299, haben nette Holzhütten mit Du/WC; kleine Restaurants am Strand. ❷

Lamai Resort ⑲, ✆ 077-424124, ✉ lamai_re@samart.co.th, 30 Bungalows, manche direkt am Strand, einige benötigen Auffrischung. Nettes Thai-Management. ❷–❸

ZENTRUM – Etwa 50 Bungalowsiedlungen, Reihenhäuser und Hotels liegen am Strand und an der Parallelstraße, wo noch Zimmer ab 300 Baht zu bekommen sind. Im Gegensatz zu Chaweng sind in Lamai noch viele Unterkünfte in einheimischer Hand, jährlich um einen besseren Bungalow erweitert, uneinheitlich im Stil und noch liebenswürdig unprofessionell geführt. Einige mussten allerdings hochklassigeren Resorts Platz machen.

Direkt am Strand liegen z.B.:

Samui Laguna Resort ㉑, ✆ 077-424215, 💻 www.sawadee.com/samui/laguna/; älteres Hotel, dessen beste Zeiten vorüber sind, 63 ac-Zi mit Warmwasser, auch ac-Bungalows an der Lagune; Swimming Pool, den man von der Straße sehen kann, mit recht vergammelten Liegen, Jeeps, Bikes; nette Atmosphäre. Internet-Service. ❺

Utopia ㉓, 💻 www.utopia-samui.com, ✆ 077-233113; 33 gute Bungalows, Suiten mit Du/WC und Fan, z.T. ac, etwas eng stehend; täglicher Zimmerservice, in einem bunten, tropischen Garten; Restaurant am Strand, freundliches Personal; Bar (🕒 19–24 Uhr). *C@fe Network* neben der Rezeption. ❸–❺

Jasmine Resort ㉔, ✆ 077-232446, 💻 www.samuijasmineresort.com, 22 neue Hotelzimmer und 12 Villas, geschmackvolle, etwas beengte Anlage, gutes Restaurant. ❻–❽

Empfehlenswert sind auch:

Lamai Coconut Resort ㉔, ✆ 077-233236, 33 nette, gut ausgestattete Bungalows, z.T. mit Kühlschrank. ❹, ac ❺ ***Saman's Gh.*** ㉕, einfache, saubere Zi mit Kühlschrank und TV, tagsüber laut, nachts ruhig, neben Eisfabrik, gutes Preis-Leistungs-Verhältnis. ❷, ac ❸

Weekender Resort ㉘, ✆ 077-424429, 232240, 💻 www.weekender-resort.com, beliebtes Hotel zwischen Straße und Strand, das in verschiedensten Gebäudekomplexen 145 sehr geräumige, gut ausgestattete Zi bietet, einige renovierungsbedürftig. Restaurant am Pool, freundliches Management. ❺

Coconut Beach Resort ㉙, ✆ 077-424209, 34 kleine, eng aufeinander stehende Bambushütten, die vorderen super am Strand gelegen, die hintersten größer, gut ausgestattet und mit ac. ❷, ac ❹

Lamai Inn 99 ㉚, 💻 www.sawadee.com/samui/lamaiinn, ✆ 077-424427, schöne, große Anlage mit guten, sauberen Bungalows und einem Pool. ❹–❺

Rich Resort ㉚, ✆ 01-8927404, 📠 424208, 3-stöckiges Steinhaus hinten, Reihenhaus mit 3 Zi vorn. ❹–❺

Marina Villa ㉜, 💻 www.marinavillasamui.com, ✆ 077-424426, 30 Bungalows mit Fan und ac, einige ac-Hotelzimmer, schöner Garten, Pool am Strand, sehr gepflegt, freundlicher Service. ❹–❺

Sea Breeze ㉞, 💻 www.enjoythailand.com/seabreeze, ✆ 077-424258, billige Bungalows mit Fan und Du/WC, bessere mit ac und Heißwasser, rosa Gardinen und Tischdecken, alles etwas eng. ❸, ac ❹–❺

Golden Sand Beach Resort ㉟, ✆ 077-424031, 💻 www.goldensand-resort.com, schöner Garten, eng nebeneinander stehende Bungalows, nur noch wenige billige mit Fan, sonst Komfortzimmer mit ac, Minibar und TV, auch im 2-stöckigen Hotelgebäude. ❺–❻

Aloha Resort ㉟, 💻 www.alohasamui.com, ✆ 077-424014, ältere Anlage mit vielen Pauschaltouristen, U-förmig zum Meer hin offen um den Pool herum, 3-stöckige Häuser mit 45 großen Zi, zzt. in schlechtem Zustand. Restaurant, abends häufig Live-Musik, schöner Pool mit Kinderbad und Jacuzzi; Internet-Service. ❻–❽

Am südlichen Ende ist es an vielen Stellen ganzjährig möglich zu schwimmen. Hier tummeln sich vorwiegend Traveller mit geringem Budget. U.a.liegen hier:

Lamai Pearl ㊴, ✆ 077-424294, ungepflegte, hässliche Anlage, Bretterbungalows mit Terrasse auf Betonstelzen dicht an dicht, 2-stöckige Reihenhäuser. ❶–❷

Bill Resort ㊴, ✆ 077-424403, 💻 www.thebillresort.com, schöne Anlage, Garten mit Pflanzen und Palmen, 41 Bungalows mit ac, davon 3 am Strand; gutes Restaurant, angenehme Atmosphäre. ❹

Paradise Bungalow ㊵, ✆ 077-424290, Steinbungalows und Häuser mit ac-Zi. Alte Holzbungalows am Hang hinter dem Restaurant. ❷–❺

Amity ㊷, ✆ 077-424084, billige Hütten ohne Du/WC und etwas bessere, bewohnt von Althippies und Jüngeren, sowie Neubau mit ac-Räumen; lockere Atmosphäre, gutes Essen; nicht besonders sauberer Strand. ❶–❷, ac ❹

White Sand ㊷, ✆ 077-424298, berühmte Anlage der alten Sorte, einfache Hütten stehen direkt am Strand, sie sind allerdings fast immer belegt; bessere Hütten weiter hinten. Etwas für Nostalgiker, die übersehen können, dass die Anlage sehr heruntergekommen ist und als Truckstop genutzt wird. Sehr freundliche Besitzerin. ❶–❷

Samui Beach Resort ㊸, ✆ 077-424033, Bungalows, Reihenhäuser und 2-stöckige Reihenhäuser aus Beton, Pool. ❹, ac ❺

Sunrise Bungalow ㊺, ✆ 077-424433, 232383, 💻 www.login.samart.co.th/~gecko/; an der Zufahrt zu *Hin Ta–Hin Yai*, schön angelegter Garten mit kleinem Wasserfall, z.T. zwischen den Felsen, ansprechende Bungalows verschiedenen Stils, einige mit ac, TV und Kühlschrank, z.T. gute Aussicht, 2 neue Familien-Suiten, Restaurant mit umfangreicher Leihbücherei, Liegen am Strand, gutes Schwimmen bei hohem, ruhigem Wasser zwischen den Felsen oder am kleinen, steil abfallenden Sandstrand, sonst 100 m weiter; Auto und Moped zu mieten. ❸–❹, ac ❺

SÜDWESTEN – Am steinigen, flachen Strand liegen entlang der Straße:

Samui Park Resort ㊻, ✆ 077-424008, 💻 www.samuiparkresort.com; 60 komfortable ac-Zi in 5-stöckigen Hotelgebäuden. Gut für Familien mit kleinen Kindern geeignet. ❺

Noi Bungalow ㊼, ✆ 077-424562, 💻 www.noibungalow.8m.com, verschiedenartige Bungalows von sehr einfach ohne Du/WC bis komfortabel mit ac und Heißwasser. Der Besitzer Gabor spricht neben vorzüglichem Deutsch auch mehrere südeuropäische Sprachen. Restaurant & Bar mit lockerer, angenehmer Atmosphäre, sehr gutem Essen und richtigem Kaffee. ❷–❸

Rocky Resort ㊿, 💻 www.rockyresort.com, ✆ 077-418367. Gut abgeschirmt vom Straßenlärm, besitzt einen privaten Sandstrand, von runden Felsen eingerahmt. Das 100 m entfernte Riff bricht die Brandung, daher ist es hier im Winter angenehm, im Sommer jedoch zu flach zum Schwimmen. Geschmackvoll eingerichtete Zi und Villen, 2 Pools über dem Strand. ❻–❽

Essen und Unterhaltung

Es gibt jede Menge Restaurants und Straßenküchen, die durchweg gelobt werden.

Landhaus, Michael aus Kärnten serviert seit mehr als 14 Jahren deftiges europäisches Essen in großen Portionen; viele Stammgäste.

Sala Thai, Thai- und europäische Gerichte, viel gelobte Küche, normale Preise.

Chuan Chim, einfaches, aber bei Insidern sehr beliebtes Restaurant in kleinen Hütten.

Royal Tandoor, sehr gutes, nicht ganz billiges indisches Essen neben dem dazugehörigen Schneiderladen.

Thai Esan Restaurant offeriert kulinarische Leckerbissen aus Nordostthailand.

Montana Saloon, an der Straße beim *Long Island Resort,* bietet gute Thai-Küche und Steaks zu vernünftigen Preisen.
Ninja Crepes Restaurant, sehr gutes Traveller-Frühstück und exzellente hausgemachte Nachspeisen.
Bauhaus, ✆ 077-233147, Disco mit gemütlicher Architektur, zieht auch Gäste von anderen Stränden an, wird ab 24 Uhr richtig voll.
Backstage Rockbar, der Schwede Kris bietet Rockmusik vom Feinsten und schafft es jeden Abend, dass sich seine Gäste wohlfühlen.
SUB, große Disco hinter *Il Tempio,* für Techno-Fans.

Sonstiges

AIRPORT TRANSFER – Verschiedene Reisebüros bieten Abholservice vom Hotel, als besonders zuverlässig gilt ***Weekender Travel.***

BIKES – **Motorräder** werden entlang der Straßen und bei den meisten Resorts angeboten. Besonders gut gewartet sind die Maschinen von ***Thomas,*** ✆ 01-8914953.
Mountainbikes verleiht ***Red Bicycles,*** ✆ 077-232136, gegenüber von *Noi Bungalows.* Sie veranstalten auch geführte Touren, wo man zu Plätzen kommt, die sonst kaum zu erreichen sind.

BÜCHER – ***Flamingo Bookstore,*** riesige Auswahl auch an deutschen Taschenbüchern zum Tauschen oder Ausleihen; Telefon- und Faxservice, Flug- und Transportbuchungen.
Island Books, Paul aus Liverpool kauft, verkauft und verleiht immer wieder neue Bücher in vielen Sprachen. Auf einen Kaffee oder ein Bier kann man sich in einem Rattanstuhl niederlassen.

DSCHUNGELTOUREN – werden von mehreren Veranstaltern in Chaweng angeboten. Sie holen Gäste von Lamai Hotels ab.

FITNESS – ***Lamai Gym*** bietet einen Fitnessraum mit einfacher Ausstattung und eine Thai-Boxschule.
Pinyo, gegenüber der *Weekender Villa,* unterrichtet ebenfalls Thai Boxen.

GELD – Geldwechsel ist alle paar Meter möglich, ⏲ 10–20 Uhr.

KAJAKS – ***Sea Canoe,*** ✆ 077-230484, bietet geführte Paddeltouren entlang der Küste oder im Ang Thong Marine Park an.

REISEBÜROS – In Lamai bieten ca. 60 Reisebüros ihren Service mit recht unterschiedlicher Qualität an. Das deutschsprachige Reisebüro ***Weekender Travel,*** ✆/℻ 424225, ✉ joergg@samart.co.th; 💻 www.weekender-travel.com, hat sich seit Jahren als sehr zuverlässig und kompetent erwiesen: Schnelle Online-Buchung von Bangkok Airways und von Thai Airways mit Sofortausstellung von Tickets, Flugrückbestätigung, Individualtouren auf der Insel, Speedbootfahrten etc.; bucht auch günstige Flüge fast aller Airlines von Deutschland nach Thailand unter 💻 www.thaifluege.de.

WELLNESS – ***Tamarind Springs,*** ✆ 077-424436, 💻 www.tamarindsprings.com; sehr gepflegte, saubere, schön in die Natur integrierte Spa-Anlage mit verschiedensten Gesundheitsanwendungen, gut ausgebildetes Personal, gehobenes Preisniveau; über Tamarind Hill. ⏲ 11–20 Uhr.
The Spa, ✆ 077-230855, ✉ thespa@spasamui.com, 💻 www.spasamui.com; Gesundheitsprogramme wie Reflexologie, Reiki, Dampfsauna, Yoga und Fasten ohne die vornehme, moderne Spa-Atmosphäre.

Südküste

Hier findet man keine kilometerlangen Südseestrände, sondern kleine, versteckte Buchten mit nur wenigen Bungalowanlagen. Allerdings ist das Wasser oft sehr flach oder bei Ebbe das Meer so weit entfernt, dass Baden und Schwimmen nicht immer möglich sind. Wem Ruhe und Natur mehr bedeuten als makellose, doch kommerzialisierte Sandstrände, ist hier besser aufgehoben. Allerdings haben mehrere Besitzer von unrentablen Bungalowanlagen die Hütten abgerissen und mit mehr oder weniger geschmackvollen Häuschen für Langzeiturlauber bebaut. An dieser Küste kann man nicht wie an den bekannten Stränden von Bungalow zu Bungalow gehen, um sich den schönsten selbst auszusuchen. Deshalb beschreiben wir sämtliche Unterkünfte. An der Küste entlang führt keine Straße. Die Buchten sind nur über Stichstraßen vom H4170 erreichbar.

Hua Thanon

Das traditionelle muslimische Fischerdorf mit seinem tollen Markt lohnt einen intensiveren Blick, denn die Hauptstraße säumen noch viele traditionelle Holzhäuser. Hinter den vollflächigen Fassadenöffnungen der 2–3-geschossigen, luftig gebauten Häusern verbergen sich Läden und kleine Werkstätten, während die Obergeschosse als Wohnraum genutzt werden.

Na Khai Cove

Biegt man hinter dem Dorf auf den H4170 ab, so weisen nach etwa 400 m einige Schilder nach links. Durch Palmenplantagen kommt man zu einem sehr flachen, ruhigen Strand (16 km von Nathon), der bei Ebbe weit hinaus trocken liegt.

Bang Kao Bay

An der südlichsten Spitze von Ko Samui (1,2 km vom H4170) steht der gelb gestrichene **Chedi Laem Sor**, auch **Pagoda** genannt. Er gehört zum gegenüberliegenden Wat mit freundlichen Mönchen und Nonnen. Direkt davor schaut ein breites Riff aus dem Wasser heraus. Bei geeignetem Wasserstand kann man hier gut schnorcheln und sieht viele bunte Korallenstöcke, allerdings kaum Fische.

Thong Krut

Wo der H4170 dem Meer am nächsten kommt, liegt das Dorf Thong Krut an einer flachen Sandbucht.

Pangka Bay

Diese abgelegene Bucht (15 km von Nathon) im südwestlichen Zipfel der Insel ist über einen schlechten Fahrweg von 2 km zu erreichen. Hier liegen unter Palmen und schattigen Laubbäumen verstreut viele Fischerhäuser und eine Bungalow-Siedlung. Private Villen entstanden und ein Jachthafen ist geplant.

Übernachtung

NA KHAI COVE – ***Samui Marina Cottage*** ①, ✆ 077-233394-6, 🖳 www.samuimarina.com, 40 eng nebeneinander stehende, schön eingerichtete ac-Bungalows mit TV, Minibar und Safe, alle mit freiem Blick auf den großen Garten, großer Pool, in dem auch Tauchanfänger unterrichtet werden. Sehr guter Service, ideal für Familien, die nicht viel auf der Insel unterwegs sein wollen. Ansonsten ist ein Fahrzeug unerlässlich. ❹

Samui Orchid Resort ②, ✆ 077-424017-8, 🖳 www.sawadee/samui/orchid/, ausgedehntes Resort, das leicht verwahrlost wirkt. 1-, 2- und 3-stöckige Gebäude, Zi im Hotelgebäude mit Teppichboden, der einen unangenehmen Geruch verursacht. Palmengarten mit Restaurant, 2 Swimming Pools und Poolbar. Bei Ebbe schauen aus dem groben Sand Felsen und Korallenbrocken heraus, auch bei Flut kann man nur selten schwimmen. Aquarium, Tiger und Leoparden im Käfig. In Zusammenarbeit mit einer Seelöwen-Forschergruppe wird angeboten, für 3400 Baht einen Seelöwen-Trainingsschein in einem Tag zu erwerben. ✆ 077-418987, 🖳 www.sealionsearch-rescue.com, . ❺

Central Samui Village ③, ✆ 077-424020, 🖳 www.centralhotelsresorts.com, am Hang zwischen vielen Bäumen, schöne Cottages, teures Restaurant, 2 Pools, Spa, Liegestühle am Strand; Autotransport nach Chaweng. ❻–❽

Laem Set ④, ✆ 077-424393, 🖳 www.laemset.com; familienfreundliche Anlage mit verschiedensten Häusern: aus alten Teakhäusern konstruierte Suiten mit eigenem Pool, Zi mit internationalem Standard im Hotelgebäude und einfache Strandhütten für Nostalgiker. Schwimmkanal zur Bucht, großer Pool, Spa, Restaurant. Unter neuer thailändischer Leitung. ❹–❽

Banburee Resort und Spa ⑤, ✆ 077-429600, 🖳 www.banbureeresort.com; Räume in einem Hotelbau und Villas z.T. für Familien. Großzügige Poolanlage mit Blick aufs Meer, das bei Ebbe dem Wattenmeer gleicht. ❽

THONG KRUT – Hier kommt der H4170 dem Meer am nächsten.

Thong Krut Bungalow ⑥, ✆ 077-423117, einfache Hütten und große, gepflegte Bungalows mit Minibar an einer flachen Sandbucht, gutes Restaurant, freundlicher Besitzer. ❸, ac ❹

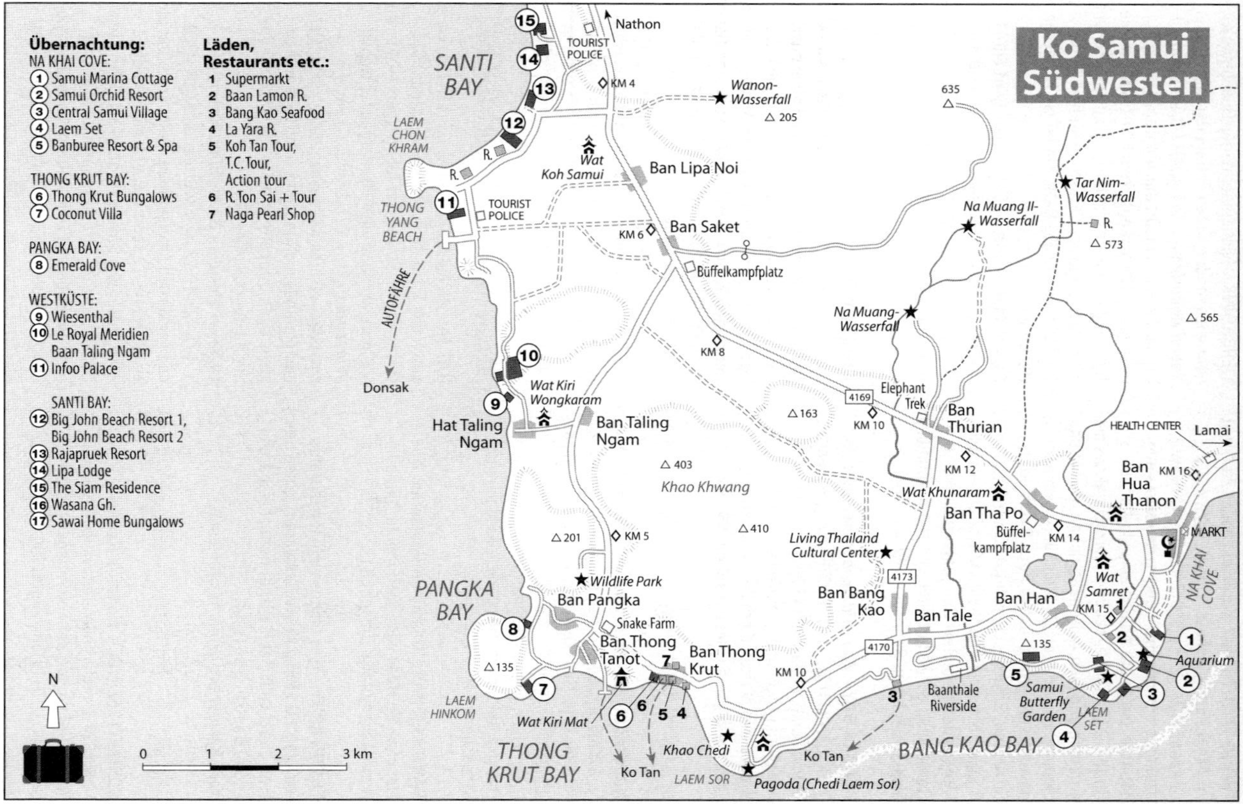
Ko Samui Südwesten
Übernachtung:
NA KHAI COVE:
1 Samui Marina Cottage
2 Samui Orchid Resort
3 Central Samui Village
4 Laem Set
5 Banburee Resort & Spa
THONG KRUT BAY:
6 Thong Krut Bungalows
7 Coconut Villa
PANGKA BAY:
8 Emerald Cove
WESTKÜSTE:
9 Wiesenthal
10 Le Royal Meridien Baan Taling Ngam
11 Infoo Palace
SANTI BAY:
12 Big John Beach Resort 1, Big John Beach Resort 2
13 Rajapruek Resort
14 Lipa Lodge
15 The Siam Residence
16 Wasana Gh.
17 Sawai Home Bungalows
Läden, Restaurants etc.:
1 Supermarkt
2 Baan Lamon R.
3 Bang Kao Seafood
4 La Yara R.
5 Koh Tan Tour, T.C. Tour, Action tour
6 R. Ton Sai + Tour
7 Naga Pearl Shop
SANTI BAY
LAEM CHON KHRAM
THONG YANG BEACH
AUTOFÄHRE
Donsak
Nathon
TOURIST POLICE
KM 4
Wanon-Wasserfall
205
635
Wat Koh Samui
Ban Lipa Noi
R.
Ban Saket
KM 6
Büffelkampfplatz
Na Muang II-Wasserfall
Tar Nim-Wasserfall
573
565
Na Muang-Wasserfall
KM 8
Hat Taling Ngam
Wat Kiri Wongkaram
Ban Taling Ngam
163
4169
KM 10
Elephant Trek
Ban Thurian
HEALTH CENTER
Lamai
Ban Hua Thanon
KM 16
KM 12
403
Khao Khwang
Wat Khunaram
Ban Tha Po
Büffel-kampfplatz
KM 14
MARKT
201
KM 5
410
Living Thailand Cultural Center
4173
Wat Samret
NA KHAI COVE
Wildlife Park
PANGKA BAY
Ban Pangka
Ban Bang Kao
Ban Tale
Ban Han
KM 15
Snake Farm
Ban Thong Tanot
Ban Thong Krut
4170
135
Aquarium
KM 10
Baanthale Riverside
Samui Butterfly Garden
LAEM SET
LAEM HINKOM
Wat Kiri Mat
THONG KRUT BAY
Ko Tan
Khao Chedi
LAEM SOR
Pagoda (Chedi Laem Sor)
BANG KAO BAY
N
0
1
2
3 km

THONG TANOT – Hier wurde ein neuer Pier weit ins Meer hinaus gebaut.
Coconut Villa ⑦, ✆/℡ 077/423151, 💻 www.sawadee.com/samui/coconutvilla; etwas eng bebaute, gepflegte Anlage am sehr flachen Strand, 20 einfache, saubere Holzbungalows mit unterschiedlichen Außenanstrichen wie lila und blau, mit Fan oder ac, 23 Steinhäuser mit ac, davon 9 sehr große für 3–4 Pers. Restaurant, Strandbar, Billardtisch, schöner Swimming Pool am Strand, nette Sicht auf Ko Tan; Jeep und Motorräder zu mieten. Sehr unterschiedliche Beurteilung der Mitarbeiter, von super freundlich bis unverschämt. Sehr ruhig. ❸, ac ❹

PANGKA BAY – ***Emerald Cove Bungalows*** ⑧, ✆/℡ 077-334100, ✆ 01-9708794, ✉ wesinac@hotmail.com, einfache und bessere Bungalows in schöner Lage und in familiären Händen. Wer zu den Nostalgikern gehört, sollte ein paar Tage bei Wasina Urlaub machen. ❷–❸

Essen

NA KHAI COVE – ***Baan Lamom Restaurant,*** ✆ 233146, am H4170, großes, offenes Restaurant, leckere Thai-Gerichte, Spezialität: *tom yam gung*; nette Leute.
In der Nähe liegt ein kleiner Supermarkt mit Bänken, gut für ein Bier unter freundlichen Menschen.

BANG KAO BAY – Das **Hafen-Restaurant *Ban Bangkao Seafood*** verlangt normale Touristenpreise, schmutzige Umgebung.

THONG KRUT – Hier gibt es viele Restaurants am Ufer, z.B.: ***Kung Kaew Restaurant***, gutes Seafood direkt vom Fischer, sehr nette, hilfsbereite Leute. Bootstouren (s.u.).
Yara Restaurant, modernes Ambiente.

Sonstiges

SCHMETTERLINGE – ***Butterfly Garden,*** ✆ 424020-2, nicht besonders viele Schmetterlinge, aber wunderschöne Anlage, im März recht gut. 🕒 9–18 Uhr, Eintritt 150 Baht.

TIERSHOWS – Nicht jedermanns Geschmack, aber viele Kinder haben Freude daran.
Samui Aquarium, ✆ 077-424017-8, im Samui Orchid Resort, besteht aus mehreren Becken (insgesamt 120 m lang). Tropische Fische sowie Tiger und Leoparden im Käfig, die gegen Gebühr als Fotostaffage zur Verfügung stehen. 🕒 tgl. 9–17 Uhr, Eintritt 350 Baht, Kinder bis 12 Jahren 200 Baht.
Samui Snake Farm, ✆ 077-334120, führt um 11 und 14 Uhr Schlangen, Skorpione und Hahnenkämpfe auf liebenswürdig unprofessionelle Art vor. Eintritt 300 Baht, Kinder 200 Baht.

Westküste

Die flachen Strände der Westküste sind nicht so berauschend wie die der Ostküste und nicht überlaufen. Liebhaber von Sonnenuntergängen kommen hier voll auf ihre Kosten. Wenn im Winter am Chaweng und Lamai Beach das Baden unmöglich wird, bleibt das Meer auf der Westseite im Windschatten der Insel ruhig.

Fast alle Unterkünfte liegen nicht weit vom Ferry Jetty, der Anlegestelle für die Fähre. Für An- und Abfahrt ist man allerdings auf die häufig überfüllten Pickups angewiesen, die 5–7x pro Tag die Fähre bedienen.

Übernachtung

HAT TALING NGAM – Am KM 3 des H4170 zweigt durch das Elefantentor eine Schotterstraße (1 km) ab zum Strand Hat Taling Ngam (10 km von Nathon), wo noch viele Fischerhäuser stehen.
Wiesenthal ⑨, ✆ 077-235165, 💻 www.sawadee. com/samui/wiesenthal/, in einer Palmenplantage, schöne, locker verteilte Bungalows, auch Doppelbungalows mit Verbindungstür; Restaurant. ❹–❺
Le Royal Meridien Baan Taling Ngam ⑩, ✆ 077-423019-22, 💻 www.meridien-kohsamui.com; exklusive Luxusanlage weithin sichtbar an einem Hügel, 72 separate, großzügige Bungalows, einige am Strand, 76 ac-Zi mit Balkon (ab US$300); da der Strand kaum mittelmäßig ist, führt ein Badesteg zum tieferen Wasser, zudem bringen Boote die Gäste zum Baden an andere Strände. Tauchschule. ❽

Infoo Palace ⑪, ✆ 077-423066, nette Bungalows, 1 Min. am Strand entlang zur Fähre. ❸, ac ❹

SANTI BEACH – An der Zufahrtstraße H4174, 3 km nördlich vom Jetty, erstreckt sich dieser ruhige, schmale Strand (6 km von Nathon), der ganzjährig bei hohem Wasserstand zum Schwimmen und für kilometerlange Wanderungen geeignet ist. Kein Rummel. Pickups kommen nur voll beladen vorbei.

Big John Beach Resorts 1 & 2 ⑫, ✆ 077-415537 💻 www.bigjohnsamui.com, neue ac-Bungalows mit integrierten Kokospalmen, Pool, Restaurant mit Live-Musik aus den 60er bis 80er Jahren und polynesischen Tanzvorführungen, gute Atmosphäre; nette Chefin, arrangiert Thai-Hochzeit auf Voranmeldung; vermietet Jeeps und Mopeds. *Big John Travel & Tour Company* veranstaltet Touren mit dem eigenen Speedboot. ❺–❻

Rajapruek ⑬, ✆ 077-423115, 💻 www.sawadee.com/samui/rajapruek/, 9 schöne Beach-Bungalows und 1 Familien-Bungalow, Pool. ❻

Lipa Lodge Beach Resort ⑭, ✆ 077-423028, 💻 www.sawadee.com/samui/lipalodge/, an einem ruhigen Strand, schöne, weitläufige Anlage im tropischen Garten mit 15 renovierten Bungalows. Gutes Restaurant direkt am Wasser; nette Thai-Besitzer. ❻

The Siam Residence ⑮, ✆ 077-420008, 💻 www.siamresidence.com; Luxusanlage mit exklusivem Ambiente; 20 Villas von 80 m^2; Restaurant am Strand, Pool, Fitnessraum, Tennis mit Flutlicht, österreichische Besitzer. ❽

Sawai Home Bungalows ⑰, ✆ 077-234031, zu erreichen über die Straße zum Hospital oder durchs Wat; einsame, sehr saubere Anlage mit kleinen und großen Bungalows. Hier bieten Greg und Hillary Hitt im *Samui Dharma Healing Center*, ✆ 077-234170, 💻 www.dharmahealingintl.com, verschiedene therapeutische Techniken und geleitete Meditation an. Motorrad- und Jeepvermietung. ❹

Wasana Gh. ⑯, gegenüber, 5 ac-Bungalows, freundliche Besitzerin. ❺

Ausflüge auf Ko Samui

Inselrundfahrt

Die Insel selbst hat außer ihren Stränden nichts Spektakuläres zu bieten, nichts, das man unbedingt gesehen haben sollte. Trotzdem ist eine Rundfahrt um die Insel wunderschön: die schmalen Straßen durch die Palmengärten, die tollen Ausblicke aufs Meer, die vielen Strände, die Attraktionen und „Sehenswürdigkeiten", die eine willkommene Abwechslung bieten.

Am einfachsten ist solch eine Rundfahrt mit dem Motorrad (max. 2,5 Liter Benzin) oder Jeep durchzuführen, aber auch mit dem Fahrrad ist sie möglich, manchmal muss man schieben. Schon viele Motorradfahrer wurden wegen sandiger Stellen aus den Kurven getragen und trugen böse Verletzungen davon. Die Chaweng-Pickups umrunden die Insel. Die in einigen Karten eingezeichneten Pisten durch das Landesinnere entsprechen nicht der Realität, zudem sind sie oft wegen umgestürzter Bäume oder anderer Hindernisse nicht zu befahren oder sehr steil.

Wer in Nathon auf dem H4169 im Uhrzeigersinn startet, kann nach 2 km beim **Sea Shells Museum** anhalten und sich einige schöne Muscheln anschauen. Schon die erste Steigung ist recht steil, der Ausblick zurück einen Stopp wert. Die hübsche **Kaki Bay** am nordwestlichen Zipfel erreicht man auf dem Weg, der auf der Passhöhe beginnt.

In **Ban Bang Po** kann man mit einer starken Maschine auf der *Via Panoramica* bis auf 300 m hoch fahren, in **Ban Tai** sogar bis zu einem Aussichtspunkt am *Khao Toei* auf über 400 m Höhe. Vorbei am Mae Nam Beach (von der Straße aus nicht zu sehen) geht es nun durch den regen Fischerort **Mae Nam**. Mit einer Enduro können erfahrene Off-Road-Artisten am KM 36,6 durch die Berge zum Lamai Beach fahren (ca. 15 km). Nach dem Bo Phut Beach (ebenfalls von der Straße aus nicht zu sehen), geht es am KM 33 nach links auf den H4171 zum Big Buddha Beach. Durchaus sehenswert sind die hübschen Gebäude des **Samui Airport** und die **Crocodile Farm** (hinter der Brücke nach rechts, 1 km).

Nach 22 km kommt als erste „Attraktion", der 12 m hohe, sitzende **Big Buddha** (*Phra Yai*). Die Statue steht im dazugehörigen Wat auf der kleinen Insel Ko Fan, die durch zwei Dämme mit dem Festland verbunden ist. Die vergoldete Statue ist weder alt noch besonders schön, aber gegen den blauen Himmel und das tropische Meer verfehlt sie mit den beiden Wächterfiguren ihre Wirkung nicht. Die Läden mit großer Auswahl an Andenken, Kunsthandwerk und Thai-Essen kennzeichnen diesen Platz als beliebtes Ausflugsziel, vor allem für Thai-Touristen.

Eine Betonstraße führt durch Palmenplantagen in den nordöstlichen Zipfel der Insel. Unterwegs sollte man nicht versäumen, einen Blick auf den **Choeng Mon Beach** zu werfen. 700 m hinter Choeng Mon führt links ein 800 m langer, ausgewaschener Weg zum Aussichtspunkt bei der **Thong Rang Bay**: schöner Blick bis Thong Ta Khien, über Palmenhaine und bewaldete Hügelketten; vormittags bestes Licht.

Von der Straße zum Chaweng Beach (4 km) bieten sich weitere schöne Ausblicke aufs Meer, vormittags bestes Licht. Vom öffentlichen Strand in der Mitte des Chaweng Strandes überblickt man die herrlich geschwungene **Bucht** mit der Insel Ko Mat Lang im Hintergrund. Weiter geht es über die schöne Bergstrecke nach Süden. Schon auf dem ersten Pass zwischen Chaweng und Lamai lädt das *Bird's Eye View* zu einem Aussichtsstopp ein. Auf dem zweiten Pass lässt sich im *Beverly Hills Cafe* bei einem Drink die herrliche Sicht genießen.

Nach den Ausblicken auf die Thong Ta Khien Bay, vom Restaurant *The Cliff* aus besonders beeindruckend, sollte man nicht versäumen, am KM 22,5 oder 22,4 nach links zum Strand abzubiegen und von einem der schön angelegten Restaurants einen Blick auf die Bucht von Lamai zu werfen.

Wer ein geländegängiges Fahrzeug und einen gewissen Orientierungssinn besitzt, kann am KM 21,8 nach rechts zu einer schönen Rundfahrt durch die Plantagen und Gärten von Lamai abbiegen. Wer sich nicht durch Seitenwege beirren lässt, trifft nach 9 km am KM 19,1 wieder auf den H4169.

In **Ban Lamai** geht's in der Kurve nach rechts zur **Cultural Hall**. Hier werden hauptsächlich Gegenstände ausgestellt, die chinesische Händler im letzten Jahrhundert auf die Insel brachten, wie Waffen, Teegeschirr, Instrumente und Uhren, aber auch alte, landwirtschaftliche Geräte.

Am Ende des Lamai Beach biegt man am blauen Schild bei der Tourist Police ab zum **Wonderful Rock**. Vor allem Thai-Touristen zieht es hier zu den naturalistisch geformten Felsen „Großvater und Großmutter" (Hin Ta–Hin Yai). Europäischen Besuchern gefällt vielleicht die tosende Brandung besser, vor allem in der Regenzeit.

Am KM 17 zweigt etwas versteckt eine Naturstraße durch Palmengärten ab. Nach 1 km wird sie so steil, dass nur geübte Motorradfahrer hoch kommen. Nach weiteren 300 m erreicht man schweißgebadet den Aussichtspunkt **Overlap Stone**, von dem sich ein wunderschöner Blick auf die Südküste öffnet. Im **Wat Sila Ngu** am Meer steht ein kleiner, vergoldeter Schrein.

Ban Hua Thanon ist das einzige von Moslems bewohnte Fischerdorf der Insel. Die farbenfrohen Boote hatten die Fischer aus ihrer einstigen Heimat Pattani mitgebracht. Den frischesten Fisch der Insel kann man auf dem Markt des Dorfes kaufen.

Am KM 14,5 zweigt ein Betonweg nach links zum **Wat Samret** ab, wo ein weißer Jade-Buddha und viele Korallen-Buddhas in einer Scheune zu sehen sind. Am KM 12,9, gegenüber vom **Wat Khunaram**, in dem ein mumifizierter Mönch ausgestellt ist, zweigt ein sehr steiler und schlechter Fahrweg durch Palmen ab, der nach ca. 2 km im dichten Wald den Wasserfall **Tar Nim** erreicht. Er besteht aus mehreren Stufen von insgesamt ca. 60 m Höhe und bildet einige kleine Pools zum Erfrischen.Am Ende des Dorfes Ban Thurian zweigt der 1 km lange Weg zum **Na Muang-Wasserfall** ab. Hier plätschert ein Bächlein in einigen Stufen 20 m herunter. Im Pool baden viele Thais – vor allem am Wochenende – ausgiebig (kurz vor Sonnenuntergang lässt der Andrang nach). Hier startet die *Elephant-Trekking-Tour* durch den Wald.

Jetzt nimmt man in Ban Thurian den H4173 3 km Richtung Meer. Nochmals rechts (1,7 km) und dann wieder links (Schild) geht es zur **Pagoda** (*Chedi Laem Sor*), die sich eindrucksvoll gegen das Meer abhebt.

Biegt man dagegen bereits hinter Ban Hua Thanon auf den H4170 nach Süden ab, stößt man bald auf die Abzweigung zum **Aquarium** und **Tigerzoo** beim *Samui Orchid Resort* (s.S. 594). Gleich danach kommt am KM 15 ein ausgeschilderter Abstecher zum **Butterfly Garden** (s.S. 594). Die Anlage wirkt zwar recht schön, aber nur zur „richtigen" Jahreszeit kann man lebende Schmetterlinge sehen, z.B. im März.

Auf dem H4170 geht es weiter durch üppige Kokosplantagen. Auf dem Berg links am KM 9 steht die Ruine des **Khao Chedi**. In 10 Minuten hat man die Stufen erklommen und kann das herrliche Panorama genießen. Wer sich für Perlen interessiert, kann in Ban Thong Krut im **Naga Pearl Shop** die bei Ko Matsum gezüchteten *South Sea Pearls* bewundern. Am KM 6,1 liegt rechts die **Samui Snake Farm** (s.S. 594), die man nicht gesehen haben muss. Einsam und versteckt liegt der schöne chinesische Tempel **Wat Kiri Mat** noch weiter links am Meer. Er beeindruckt durch seine elegante Architektur und die farbenfrohen Verzierungen.

Nach weiteren Kokosplantagen biegt man vom H4170 durch das eindrucksvolle **Elefantentor** zum Dorf Hat Taling Ngam ab. Nach 1 km liegt rechts das **Wat Kiri Wongkaram**, das einen mumifizierten Mönch in einem Glaskasten beherbergt. Bei Ban Saket erreicht man wieder die Hauptstraße H4169. Hier zweigt eine unbeschilderte Prachtstraße der Air Force in Richtung Berge ab. Nach 500 m ist sie leider mit einer bewachten Schranke abgesperrt. Auch das malerische Kap **Laem Chon Khram** an der Zufahrtsstraße zur Fähre ist militärisches Sperrgebiet.

Auf der Hauptstraße kommt am KM 2 die Abzweigung zum **Hin Lat-Wasserfall**. Zum eigentlichen Wasserfall **Haew Khwai Tok** verläuft vom Parkplatz, rechts an den Hütten vorbei, ein schmaler, etwa 2 km langer Dschungelpfad. Bei dem kleinen Getränkestand (nur in der Saison geöffnet) kann man hinabsteigen und in dem großen Pool unterhalb des **Hu Nam-Wasserfalles** schwimmen oder sich vom fallenden Wasser massieren lassen. Kletterer können hinter der kleinen Brücke noch 500 m nach oben steigen. Wer weitergeht, lässt sich auf eine echte, schwierige Dschungeltour ein. Es ist ratsam, sich schon unten mit Trinkwasser einzudecken.

Dschungelwanderung (Leservorschlag)

Am KM 30,9 führt ein Weg vorbei an der Schießanlage in die Berge hoch. Nach 400 m wird er zu einer steilen Betonpiste, vor der man schon den 1. Gang einlegen sollte. Er endet nach weiteren 400 m. Man lässt das Fahrzeug stehen und bahnt sich durch Kokospalmen, Laubwald und Gestrüpp ca. 1,5 km einen Weg nach oben. Dann erreicht man einen Bergrücken, der die Mühsal mit einer wunderschönen Aussicht über Chaweng Beach, Big Buddha Beach und den Airstrip bis nach Ko Pha Ngan belohnt. Entdeckernaturen können sich auch noch weiter Richtung Nordwesten zum *Twin Coconut Tree durchschlagen.*

Mountainbike-Tour (Leservorschlag)

Wer das Radfahren in den Bergen trotz Hitze genießt und über entsprechende Fitness verfügt, kann den Aussichtspunkt Woodland Park View in Angriff nehmen. Viel Wasser mitnehmen! Ausgangspunkt ist Lamai. Aus Richtung Chaweng auf der Ringstraße bleiben bis zum KM 20 kurz hinter dem Straßenknick. Hinter der Brücke führt ein zunächst noch betonierter Weg geradeaus. Folgt bald auf der linken Seite eine kleine Manufaktur, in der Kokosnüsse verarbeitet werden, am ständigen Qualm zu erkennen, dann ist es der richtige Weg. Steigungen von über 20% sind zu erklimmen. Bei Geröll auf dem Sandweg und zu tiefen Rillen muss man schieben. Nach fast 2 Std. erreicht man den Gipfel. Überwältigende Aussicht auf die Nordküste und den Dschungel. Auf der Strecke gibt es 4 Restaurants, am ersten Aussichtspunkt wartet das Woodland Park Resort, ❷–❸, mit netten, ruhigen Bungalows und preiswertem Restaurant. Die Abfahrt erfordert gute Bremsen und hohes Fahrgeschick.

Ang Thong Marine National Park

หมู่เกาะอ่าง ทอง

Während einer Tagestour (8.30–17 Uhr) werden 2 Inseln des 40 Inseln umfassenden Archipels nordwestlich von Ko Samui angefahren. Auf der Insel Ko Mae kann man den grün schimmernden Thale Noi bewundern, auch Blue Lagoon genannt, einen kristallklaren Salzwassersee. Schnorcheln an den Riffen endet wegen des meist trüben Wassers oft enttäuschend.

Auf der Insel Wua Talap lohnt es sich unbedingt, auf den Utthayan Hill zu klettern, auch wenn das 30 Min. schweißtreibende Anstrengung bedeutet. Die Aussicht auf die vielen dschungelbewachsenen Inselchen und das in allen Blautönen schimmernde Meer ist einfach betörend. Festes Schuhwerk ist ratsam. Während einige Traveller von der Tour schwärmen, empfinden sie andere als üblen Nepp. Wer auf Wua Talap übernachtet, gewinnt sicher schöne Eindrücke.

Übernachtung und Essen

Auf Wua Talap, einer Insel mit Süßwasser, steht das Park Headquarter. Hier kann man in den

Park Bungalows, ❸ (eigenes Moskitonetz ist ratsam) oder in Zelten, ❶ (gegen Aufpreis mit Matratzen und Bettwäsche) übernachten. Ein Restaurant ist vorhanden, Essen auf Vorbestellung.
Wer einen Aufenthalt plant, sollte gleich beim Ticket-Kauf den Termin für die Rückfahrt angeben. Eventuell muss eine Genehmigung erteilt werden.Um den Archipel zu erkunden, kann man sich beim Headquarter Sea Canoes ausleihen oder mit etwas Glück mit Fischern gegen Bezahlung Bootsausflüge machen.

Transport

Die Touren werden von verschiedenen Veranstaltern angeboten und kosten inkl. Hoteltransfer, Park Eintritt, Schnorchelausrüstung, Soft Drinks, Snacks und einfachem Lunch zwischen 1400 und 2000 Baht. Insgesamt ist man von 7–19.30 Uhr unterwegs, davon ca. 7 Std. im Nationalpark.
Mit Blue Stars Sea Kayaking, Chaweng Zentrum, können begleitete Touren mit Seekajaks durch die nördlichen Inseln unternommen werden.

Tauchen von Ko Samui aus

Von Mitte Februar bis Ende Oktober ist Tauchsaison auf Ko Samui. Im November werden die Boote gewartet. Direkt um die Insel herum gibt es mehrere nette Riffe, doch es lässt sich nie voraussagen, wo und wann das Wasser klar ist. Tauchtrips und Tauchkurse können bei mehreren Reisebüros, an den Stränden und in den Stadtbüros der Tauchbasen gebucht werden. Es gibt Dutzende von Tauchschulen, von denen viele nur ein paar Jahre existieren. Gute Erfahrungen machten wir und unsere Leser wiederholt mit:
Calypso Diving, deutsche Tauchschule, ✆/℡ 077-422437, ✉ info@calypso-diving.com, 🖳 www.calypso-diving.com; am Südende vom Chaweng Beach an der südlichen Zufahrtsstraße, engagiertes deutschsprachiges Team; PADI 5 Sterne IDC Center, diverse preiswerte Kurse auf Ko Samui und auf der schwimmenden Tauchbasis MV Calypso, gute Tauchfahrten u.a. mit einem superschnellen Offshore-Boot, einem für Nachtfahrten tauglichen Safariboot sowie von der schwimmenden Tauchbasis aus. Die aktuellen Preise sind der Website zu entnehmen.
Big Blue Diving, ✆/℡ 077-422617, ✉ samui@bigbluediving.com, 🖳 www.bigbluediving.com; bietet Kurse im Resotel und exklusive Tauchfahrten mit einem Speedboot (8 bis 10 Taucher) zum Sail Rock, Hin Samran und nach Ko Tao.
Samui International Diving School, ✆ 077-233223, ✆/℡ 077-232069, ✉ info@planet-tec.net, 🖳 www.planet-tec.net; 2 Büros in Lamai – beim Lilly House und gegenüber vom Galaxy Resort. PADI 5 Sterne IDC Center, alle Kurse vom Anfänger bis Instructor sowie Nitrox, u.a. auf Deutsch. Tauchboote, Live-aboard, tgl. mit Speedboot nach Ko Tao.
Fun Dive, deutsche Tauchschule, ✆/℡ 077-430054, 🖳 www.thailand-tauchreisen.de, in Bophut, PADI und CTDA. Es wird sehr auf die Qualität der Schulung in kleinen Gruppen geachtet.
The Dive Shop, ✉ diveshop@samart.co.th, 🖳 www.thediveshop.net, ✆/℡ 077-230232; im Zentrum von Chaweng Beach, PADI 5 Sterne IDC Center mit 6 Instruktoren. PADI-Kurse u.a. auf Deutsch, Tagesausflüge, 2-Tage-Live-aboard nach Ko Tao, Nitrox-Tauchen.
Dive Point, 🖳 www.divepoint-thailand.com, ✆/℡ 077-230478; am Chaweng Beach bei O.P. Bungalow, PADI-Kurse u.a. auf Deutsch, bietet 25-m-Boot bei Ko Tao für Live-aboard.
Easy Divers, 🖳 www.easydivers-thailand.com, ✆ 077-413372-3; 5 Büros in Ko Samui.
Die aktuellen Preise bitte der Website entnehmen.

Die häufigsten **Touren** von Ko Samui (inkl. 2 Tauchgänge) gehen nach:
Sail Rock – Felswand-Tauchen, Großfische, interessante Kamin-Höhle; von superschnellen 30 Min. bis zu 2 1/2 Std. Anfahrt.
Marine National Park – bunte Korallenriffe und Rifffische an kleinen Inseln.
Südliche Inseln – recht gute Riffe, aber selten gute Sicht.
Ko Tao – große Auswahl an Tauchplätzen.

Südliche Inseln

Südlich von Ko Samui bilden 7 Inseln den **Katen-Archipel**. Die größte, **Ko Tan**, ist eine nette, kleine Insel zum Entspannen. Der Ort **Ban Ko Tan** liegt am 1 km langen Sandstrand im Osten der Insel. **Ko Mat Sum** besitzt einen Kiesstrand – gut zum Schwimmen, und mehrere kleine, von Korallen- und Muschelstücken durchsetzte Sandstrände (Strandschuhe mitbringen!). Die Korallenriffe vor dieser Insel sind für Anfänger gut zum Schnorcheln geeignet (falls die Sicht mal nicht miserabel ist).

Am südlichen Ende werden von **Naga Pearl Farm** die seltenen *South Sea Pearls* gezüchtet. Ob man die Perlenfarm besichtigen kann, erfährt man von T.K. (Thong Krut) Tours, ✆ 077-334052-3.

Die Inseln **Ko Mod Dang, Ko Rab** und **Ko Mat Kong** sind für ihre schneeweißen Strände berühmt.

Übernachtung

Tan Village Bungalows, ✆ 01-9684131, bei Ban Ko Tan am nördlichen Ende des Strandes an der Ostküste, gute, saubere Bungalows für bis zu 3 Personen, nett eingerichtet, mit Fan und sauberer Du/WC, trotz Moskitogittern ist ein Moskitonetz ratsam; liebenswerte Gastgeber, deren Essen man teilt; lauter Generator bis 22 Uhr; Ausflüge nach Ko Matsum für 300 Baht / Boot. Auch buchbar über *T.K. Tours,* ✆ 077-334052-3. ❷–❸
Auf Ko Tan gibt es 3 weitere Anlagen, die in der Regenzeit schließen und in dieser Zeit den Strand nicht reinigen. ❶–❸
Auf Ko Rab liegt ein Resort am Strand. ❸

Transport

In der Regenzeit fahren nur selten Boote ab Thong Krut zu den Inseln.
Nach KO TAN fahren Boote mehrmals tgl. (zumindest um 10.20 und 16 Uhr) ab Thong Krut und ab Thong Tanot für 50 Baht in ca. 30 Min.; zurück um 8 und 15 Uhr. Auch werden von Thong Krut und Bang Kao Bay Tagestouren nach Ko Tan zum Schnorcheln oder Angeln angeboten. Von manchen Bungalows an der Südküste kann man Boote mieten und selbst eine Tour arrangieren. Auf die Anschläge achten.

Ko Pha Ngan เกาะพงัน

20 km nördlich von Ko Samui liegt **Ko Pha Ngan** (häufig auch *Koh Phangan*). Mit 19 km Länge, 12 km Breite und 168 km^2 Fläche ist die Insel etwa 2/3 so groß, hat aber einen völlig anderen Charakter. Während Ko Samui weich und einschmeichelnd wirkt, zeigt sich ihr kleineres Gegenüber eher von der rauen, ungezähmten Seite. Ein Drittel der Insel besteht aus dschungelig bewachsenen Bergen, die sich bis zu 630 m erheben. Die gut 10 000 Einheimischen sprechen Ko Pha Ngan ungefähr „Ko Pa-hahn" aus.

Die Strände von Ko Pha Ngan

Auf der Insel sind mittlerweile 26 Strände erschlossen. Die leicht erreichbare Westküste mit ihren hellen, palmengesäumten Sandstränden bietet bei hohem Wasserstand einen Anblick, der den Träumen aus dem Südseebilderbuch nahe kommt. Bei niedrigem Wasserstand wird eine Wattebene freigelegt, die bis zum weit vorgelagerten Riff mit Muschel- und Korallenschrott durchsetzt ist. Bedeutend schöner wirken die kleinen Buchten im Nordwesten, die sich wenigstens bei Flut sehr gut zum Schwimmen und Schnorcheln eignen. Der beliebte, einst traumhafte Hat Rin Beach an der Südspitze ist total überlaufen, von der Drogenszene heimgesucht und für Ästheten und Ruhesuchende nicht zu empfehlen. Die schönen Sandbuchten an der felsigen Ostküste sind recht abgelegen und lassen sich fast nur per Boot erreichen.

Eine Ringstraße ist seit langer Zeit im Bau, aber es wird noch Jahre dauern, bis sie vollendet ist. Einige Teile sind schon wieder abgerutscht. Eine betonierte Straße führt von Thong Sala quer durch die Insel nach Chalok Lam, eine weitere an der Westküste entlang. Um diese kleine Runde abzufahren, benötigt man mit dem Moped etwa eine Stunde. Einige Strände der Westküste sind nur auf steilen, schlecht ausgebauten Stichstraßen zu erreichen.

Bungalows

Unter den ca. 300 Bungalowanlagen von Ko Pha Ngan kann man immer noch einige mit günstigen Hütten in ursprünglichen, unkommerzialisierten Familienbetrieben finden. Doch es werden laufend komfortable Resorts mit Klimaanlage, Satellitenfernsehen und sogar Swimming Pool gebaut, die pauschal oder übers Internet gebucht werden.

Übernachtung:

THONG SALA BEACH:
1 Boom's Guesthouse
2 White West Punglae Hut, Pha Ngan Villa, Moonlight
3 Oceanus, Sea Gate Resort, Weangthai Bungalow, Coco Garden
4 Or Rawarn Resort, Golden Light, Charm Beach, Chokana Resort

BAN TAI BEACH:
5 First Villa, Rung Arun Resort, Phangan Beach Resort, Garden Lodge
6 Field Paradise Village, Tiu Resort, Two Rocks Hut, Milky Bay
7 Dew Shore, Pesch Cottage, Pim Bungalow, Reef Huts
8 Ban Tai Resort
9 My Palace Gh., Orchard House
10 Hansa Resort, S.P. Resort, Pink, Triangle Lodge, Emerald Ocean
11 Liberty, Mac's Bay Resort

BAN KHAI BEACH:
12 My Phangan Resort, Morning Star, Bay Hut, Lee Garden, Phangan Lodge, Coach Bungalows, Ban Namkern, Munchies
13 Jungle House Resort, Ta Nouy
14 Papillon Resort, Pha Ngan Rainbow, Blue Lotus Resort, Green Peace
15 Golden Beach, Jamaica Inn, Sun Sea Resort, Beer Bungalows, Bankai Orchid Resort, Thong Yang
16 Harmony Beach Resort, Boom's Cafe
17 Silvery Moon, Blue Lotus Resort
18 Hillside House, Log Cabin
19 Viewpoint
20 Bang Son Villa

HAT YUAN:
21 Good Hope, Ocean Song Bungalows, Barcelona Resort
22 Neue Anlage, Big Blue
23 Seagull
24 Bamboo Huts, Eden Garden
25 Horizon, Origin Resort

HAT TIEN:
26 The Sanctuary, Haad Tien Resort
27 World Nature Resort, Love & Lips, Beam Bungalows

HAT WAI NAM:
28 Whynam Huts

HAT YAO (Ost):
29 Ploy Beach

HAT NAMTOK:
30 Than Prapat Resort
31 Kung Bungalows

HAT THONG RENG:
32 Thong Reng Resort, Than Sadet Resort

HAT SADET:
33 Mai Pen Rai, J.S. Hut
34 Silver Cliff, Plaa's Thansadet Resort Seaview Thansadet
35 Grookoo

BOTTLE BEACH:
36 Bottle Beach 2
37 Bottle Beach 4
38 Bottle Beach 3
39 Bottle Beach 1
40 Smile Bungalows

KHOM BEACH:
41 Had Khom 2
42 Had Khom 1
43 Ocean View
44 Coral Bay

CHALOK LAM:
45 Try Thong Resort, Fanta
46 Belvedere
47 North Beach, Sarisa, Rose Villa
48 Seaside Resort
49 Malibu Resort
50 Chaloklam Bay Resort, Wattana Resort

MAE HAT BAY:
51 Hin Ngam View Bungalows
52 Utopia
53 Ko Ma Dive Resort
54 Royal Orchid Resort, Mae Haad Bay Resort
55 Island View Cabana
56 Pim's Bungalow
57 Wang Sai Resort
58 Mae Had View Resort, Mae Haad Cove

HAT SALAD:
59 Pre Bungalows, Haad Lad Resort, Green Papaya Resort
60 Salad Beach Resort, My Way, Asia Bungalows, Coral Beach, Salad Hut, Dubble Duke
61 Hope, Reggae Bar & Bungalows

HAT KRUAT:
62 Lucky Resort, High Life, Haad Gruad Resort

HAT THIAN (West):
63 Hat Thian Bungalows

HAT YAO:
64 Ben Jawaan, Dream Hill, Blue Coral, Graceland, Bayview
65 Long Bay, Silver Beach, Long Beach Resort
66 Haad Yao Bungalows, Ibiza Bungalow, Sea Board Bungalow, Sandy Bay
67 Over Bay, JB's Huts
68 Tantawan, High Life, Bounty

HAT SON:
69 Haad Son Bungalow

CHAO PAO BEACH:
70 Rock Garden
71 Green View, Sun View, Great Bay
72 Hut Sun, Haad Chao Phao, Jungle Huts, Pha-Ngan Cabana, Sea Flower, Seetanu Bungalows, Nakorn Palm Beach

SRI THANU BEACH:
73 Lake Side Resort
74 Laem Son 2, Laem Son
75 Sea View Rainbow, The Beach Resort, Nice Sea Resort
76 Ladda
77 Loy Fa
78 Chai Country, Chills, Moon Beach
79 Banana Beach, Nantakarn

HIN KONG BEACH:
80 Lipstick Cabana
81 Pha-Ngan Twilight, JJ's Resort

WOK TUM BEACH:
82 Sukho
83 Woktum Bay, O.K., Golden Hill

PLAAYLAEM BEACH:
84 Darin
85 Road Side
86 Sea Scene, Blue Sea, Porn Sawan, Pimada Hut
87 Cookie, Beach 99

NAI WOK BAY:
88 Grand Sea Resort, Tranquil
89 Siripun
90 Suntown, Phangan Bungalow, Roongthip

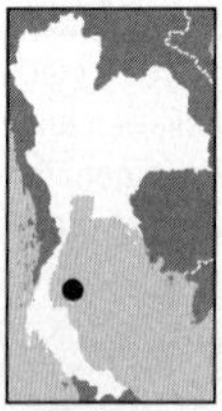

Läden, Restaurants etc.:

1 Chalok Lum Diving School
2 Hata Yoga Retreat
3 Amsterdam Bar
4 Monte Vista
5 Keda Kew R.
6 Som Tam Inter R.
7 Bus Station Super VIP Bangkok
8 Corner Pub
9 Donrak Garden R.
10 Mac Travel
11 7 eleven

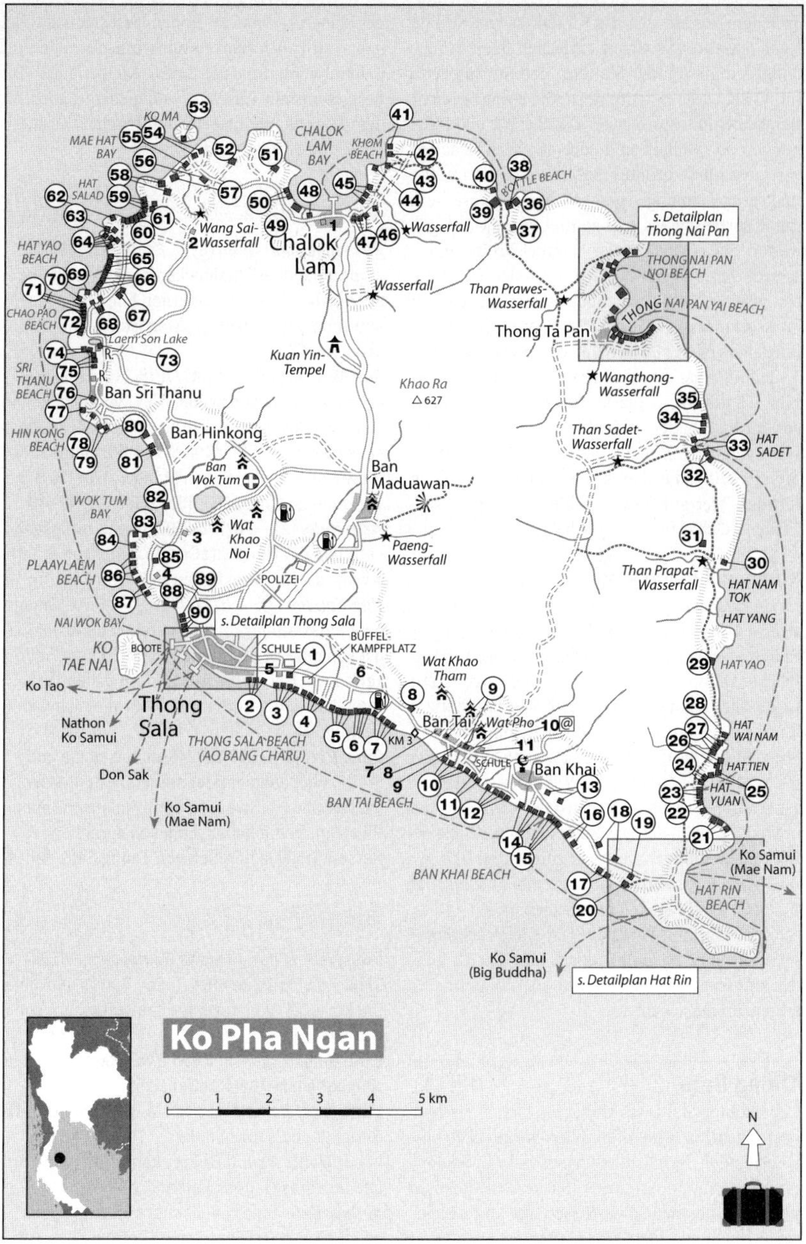
Ko Pha Ngan
Chalok Lam
Thong Sala
Ban Sri Thanu
Ban Hinkong
Ban Maduawan
Ban Tai
Ban Khai
Thong Ta Pan
Khao Ra
627
CHALOK LAM BAY
KHOM BEACH
BOTTLE BEACH
KO MA
MAE HAT BAY
HAT SALAD
HAT YAO BEACH
CHAO PAO BEACH
Laem Son Lake
SRI THANU BEACH
HIN KONG BEACH
WOK TUM BAY
PLAAYLAEM BEACH
NAI WOK BAY
KO TAE NAI
BOOTE
THONG SALA BEACH (AO BANG CHARU)
BAN TAI BEACH
BAN KHAI BEACH
HAT RIN BEACH
HAT YUAN
HAT TIEN
HAT WAI NAM
HAT YAO
HAT YANG
HAT NAM TOK
HAT SADET
THONG NAI PAN NOI BEACH
THONG NAI PAN YAI BEACH
s. Detailplan Thong Nai Pan
s. Detailplan Thong Sala
s. Detailplan Hat Rin
Wang Sai-Wasserfall
Wasserfall
Than Prawes-Wasserfall
Wangthong-Wasserfall
Than Sadet-Wasserfall
Than Prapat-Wasserfall
Paeng-Wasserfall
Kuan Yin-Tempel
Ban Wok Tum
Wat Khao Noi
Wat Khao Tham
Wat Pho
POLIZEI
SCHULE
BÜFFEL-KAMPFPLATZ
KM 3
Ko Tao
Nathon Ko Samui
Don Sak
Ko Samui (Mae Nam)
Ko Samui (Big Buddha)
0 1 2 3 4 5 km
N

Trotzdem konnte sich der Charakter von Ko Pha Ngan bewahren. Die ganz einfachen Bambusmattenhütten mit dünner Matratze und Außentoilette für 80 Baht gibt es kaum noch. Die etwas besseren Bungalows mit Fan, eigener Dusche, WC und Moskitonetz ab 150 Baht sind noch an vielen Stränden vertreten. Auch größere Bungalows für Familien und Ferienwohnungen gibt es schon vielerorts, teils mit Resortanschluss, teils abgelegen. Viele Anlagen warten mit einem ganzen Sammelsurium unterschiedlicher Bungalows auf, das von der Billighütte bis zum teuren Komfortbungalow reicht und ein Preisspektrum von 150 bis 2500 Baht abdeckt. In ac-Bungalows gibt es immer eine Warmwasserdusche.

Jede Bungalowanlage hat ihr eigenes Restaurant, z.T. mit wechselhafter Qualität. Viele Anlagen auf der Insel leiden in der Trockenzeit unter Wasserproblemen. An vielen Stränden muss man am Abend mit amerikanischer Video-Berieselung rechnen. Wer auf dieses „Bildungsangebot" verzichten möchte, muss wirklich suchen.

Klima und Reisezeit

Hauptsaison ist von Dezember bis Februar und – weit weniger – im Juli und August. Dauerregen gibt es in manchen Jahren vor allem im November. Von Juli bis Oktober ist zumeist schönes Wetter mit leichter Bewölkung, häufig ziehen aber nachmittags Regenwolken auf, die sich nur manchmal für 1–2 Stunden abregnen; allerdings können Monsunstürme tagelang gefährlich hohe Wellen verursachen.

Während im Juli und August das Wasser an den breiten Stränden der Westküste kaum Hüfttiefe erreicht, überspült sie das Meer zumeist im Oktober und November, weniger von Dezember bis Februar – nun ist die ideale Zeit zum Schwimmen.

Zur Fullmoon Party am Hat Rin Beach kommen Tausende Jugendlicher aus aller Herren Länder an den Strand gedüst, und die Bootsbesitzer fahren Sonderschichten.

Thong Sala ท้อง ศาลา

Der Hauptort der Insel, früher ein kleines Fischerdorf, hat sich zu einem Traveller-Ort mit allen entsprechenden Möglichkeiten entwickelt. Telefon- und Postamt, Supermärkte, Bäckereien, Hospital und ein Buchladen sowie Reisebüros und die einzigen Hotels der Insel sind zentral im Ort und in der Nähe der Piers zu finden. Selbstverständlich haben sich auch Banken mit Wechselschalter und Geldautomat, Internet-Cafés, Kleiderläden und Restaurants mit Traveller-Food niedergelassen. Auf dem Markt kann man sich mit frischem Obst, Gemüse und Seafood eindecken.

Übernachtung

Pha Ngan Chai Hotel ⑥, ✆/℡ 077-377068-9, ✉ pa-nganchai@thaimail.com, einst piekfeine ac-Zimmer mit allen modernen Einrichtungen und Teppichboden im größten Gebäude der Insel. Ab ❹

Sea Mew Gh. ⑦, ✆ 01-4777076, ✉ seamew_kohphangan@ hotmail.com, 🖳 www.kohphangan.com/seamew, ✆ 01-4777076; einfache Zi im Stadthaus beim neuen Pier, davor das Restaurant *Sea Mew Hut*, Vermietung von Mopeds 120–150 Baht/Tag, Auto und Jeep 800–1000 Baht/Tag. ❷–❸

Asia Hotel ②, ✆ 077-238607, etwas zurückversetzt von der Hauptstraße, die günstigen Zi sind winzig, die teureren haben Hotelstandard. ac ❸

Bua Kao Inn ③, ✆ 077-377226, 🖳 www.50megs.com/italasia/buakao.html; verschiedene gute Zi mit Fan oder ac. Restaurant mit frischem Filterkaffee; die Bar ist bei Ausländern beliebt, gutes Preis-Leistungs-Verhältnis, Thai-amerikanische Leitung. ❸

Suan Inn ①, ✆ 077-238248, einige kleine und große, weit auseinander stehende Bungalows mit Fan und Heißwasser, nette Anlage mit vielen Pflanzen, freundliches, Englisch sprechendes Personal; 500 m nördlich von Thong Sala. ❷–❸

Essen

Preiswert ist das ***Vantana Restaurant,*** ✆ 077-377024, mit Früchtemüsli, tollen Currys und vielen Cocktails. MTV in dezenter Lautstärke, britischer Besitzer.

Exzellentes Essen im ***Khun Phen Restaurant,*** wo sich vor allem Thais treffen.

Im ***Yoghurt Home 4*** gibt es u.a. gute vegetarische Gerichte und super Shakes.

In der ***Bottle Beach Bakery*** kann man gutes Brot und leckeres Gebäck kaufen.

Yellow Café, unter englischer Leitung, bietet angenehmes Ambiente, gute Betreuung,

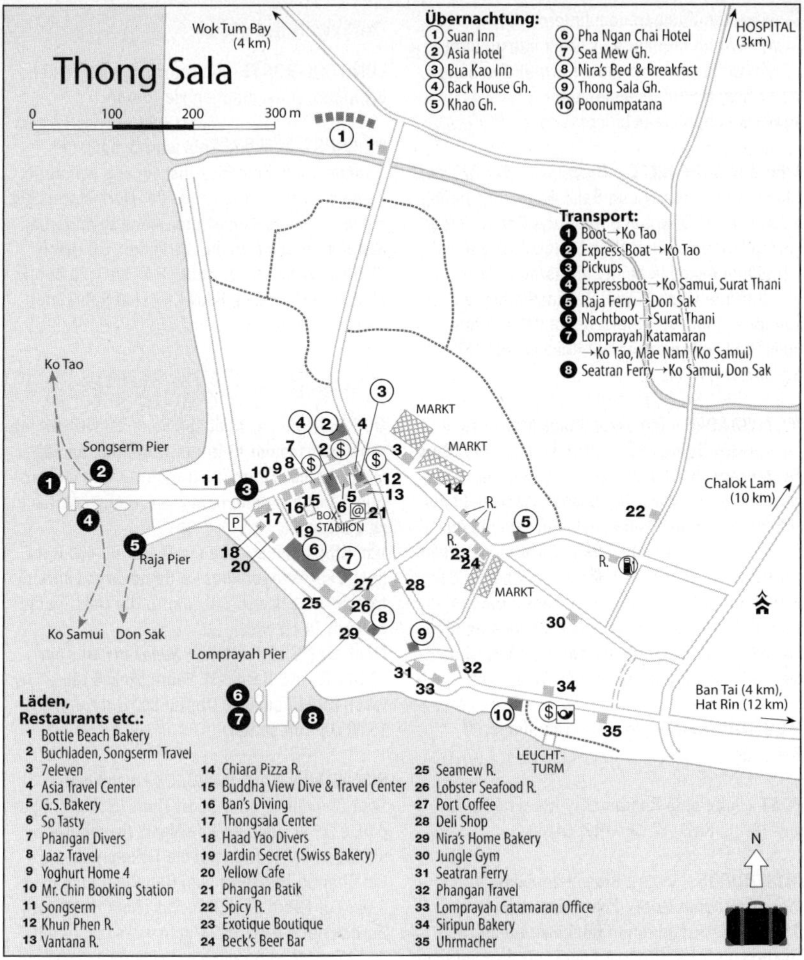

echten Käse, Bohnenkaffee und vieles mehr. Das ***Jardin Secret*** *(Swiss Bakery)* hat leckeres Gebäck.

Lobster Seafood Restaurant ist bekannt für frischen Fisch.

Sonstiges

DROGEN – Das Gerücht, auf Ko Pha Ngan sei der Kauf und Gebrauch von Drogen (z.B. Marihuana) legal, ist gefährlicher Unsinn. Zivilfahnder verschaffen Uneinsichtigen häufig eine Nacht im Knast und einen weltweit entlarvenden Stempel im Pass.

GELD – Banken: 🕓 Mo–Fr 8.30–15.30 Uhr. Geldautomaten bei allen Banken.

INFORMATIONEN – Im Internet
💻 www.pha-ngan.com (nett gemacht),

www.kohphangan.com (informativ), www.kohphangannews.org (neueste Infos), www.phangan.info (gute Karten). Buchung vieler Resorts auf Englisch unter www.kohphangan1st.com.

MEDIZINISCHE HILFE – ***Hospital***, 077-377034, 3 km nördlich von Thong Sala. Gegen das häufig grassierende Denguefieber (auch *Dandy Fieber*) gibt es keinen chemischen Schutz (s.S. 21). Sandfliegen sind je nach Jahreszeit an einigen Stränden eine Plage. Die Entzündungen können in jeder Apotheke behandelt werden. Im Notfall helfen angeblich Kokosöl oder *Skin-So-Soft* von *Avon*.

MOTORRÄDER – Ein akzeptables Motorrad wird für 150–350 Baht pro Tag vermietet, im ***Sea Mew Restaurant*** ab 120 Baht. Eine 125er Enduro kann man für 250 Baht pro Tag mieten. Außerhalb der Fullmoon-Zeit lässt sich bei Langzeitmiete gut handeln. Aber Vorsicht: Einige Straßen der Insel sind noch holprige Naturwege und übelste Bergpfade, auf die sich nur geübte Fahrer wagen sollten! Viele Bikes sind nicht funktionstüchtig. Es gibt keine Straßenbeleuchtung. Motorradfahren auf dem Strand kostet 2000 Baht Strafe!

MOUNTAINBIKES – in mehreren Shops, 80 Baht/Tag.

POST – mit Poste Restante: Mo–Fr 8.30–12 und 13–16, Sa 9–12 Uhr. **PLZ**: 84280

REISEBÜROS – Viele Büros in der Nähe der Piers verkaufen Boot-, Eisenbahn- und Flugtickets aller Art, machen Rückbestätigung von Tickets, bieten Auslandsgespräche, Fax-Service, Geldwechsel, Gepäckaufbewahrung, Motorrad- und Jeep-Vermietung.

ROLLI – Fahrer und Rollstuhl sollten reiseerfahren und geländetauglich sein. Hat Rin ist für Rolli ungeeignet. Zu empfehlen ist ***Sea Scene*** am Wok Tum (Plaay Laem) Beach.

TELEFON – Auslandsgespräche von jedem Internet-Café, gelben Oversea-Telefonen und vielen Resorts.

Nahverkehrsmittel

LONGTAIL-BOOTE – fahren manchmal zu den Stränden, sonst machen sie Touren.

PICKUPS – In Thong Sala warten bei jeder Bootsankunft viele Pickups, die erst losfahren, wenn sie voll beladen sind, der Normalpreis gilt bei mindestens 4 Personen. Auch zu anderen Zeiten fahren sie zu den Stränden, z.B. nach THONG NAI PAN (80 Baht), HAT YAO (50 Baht), MAE HAT (50 Baht), BAN KHAI (40 Baht) und HAT RIN (50 Baht).

Transport

BUSSE – Von der Khaosan Rd. in BANGKOK fahren ac-Busse um 19 Uhr in 12–14 Std. für 500–600 Baht inkl. Fähre, zurück um 17 Uhr. Viel niedrigere Preise sind nicht reell, höchste Vorsicht ist geboten.
Von KRABI mit ac-Bus um 11 Uhr für 450 Baht (inkl. Expressboot über Ko Samui bzw. Fähre direkt) in 7 1/2 bzw. 6 Std., um 16 Uhr (inkl. Nachtboot) in 14 1/2 Std.
Nach BANGKOK mit dem *Super VIP Bus* um 17 Uhr für 850 Baht inkl. Fähre, Ank. 6 Uhr.
Nach KRABI um 8.30 Uhr für 390 Baht, Ank. 16.30 Uhr (oft später).

EISENBAHN – Aus BANGKOK kommt man über Chumphon oder Surat Thani (Bahnhof Phunpin), s.S.189, nach Ko Pha Ngan. Reisebüros schlagen ca. 40 Baht auf die Ticketpreise auf.
Ein Phantip-Bus fährt vom Bahnhof Phunpin um 8 Uhr zur Fähre nach Don Sak (Abfahrt 10 Uhr).
Zurück nach BANGKOK geht es tagsüber mit dem *Sprinter* oder mit einem Nachtzug, der am frühen Morgen in Bangkok ankommt.

BOOTE – Zu allen Booten fahren von den Stränden rechtzeitig Pickups. In der Nebensaison fahren weniger Boote. Das Chaos am Tag nach der Fullmoon Party kann grauenhaft sein, wenn jeder um einen Platz auf den Booten kämpft und total überfüllte Boote die Insel verlassen.
Nach SURAT THANI: **Nachtboot** von Thong Sala um 22 Uhr für 250 Baht in 6 Std. (plus Zeit zum Ausschlafen).

Von DON SAK (Surat) nach Thong Sala:
Raja **Ferry**, ✆ 077-377453, um 7, 10, 14 und 17.30 Uhr in 3 Std., zurück um 7, 10, 13 und 17 Uhr. Preise: 180 Baht p.P., 300 Baht/Moped, 530 Baht/Auto (inkl. Fahrer). Zubringer-Bus ab Surat 240 Baht, Bahnhof Phunpin 300 Baht, Flughafen 380 Baht.
Seatran **Speedboot,** ✆ 077-238129, 077-275060, um 9.30 und 15.30 Uhr für 250 Baht, zurück um 7 und 12.30 Uhr. Inkl. Zubringer-Bus bis Surat 320 Baht, Bahnhof Phunpin 350 Baht, Flughafen 400 Baht.
Seatran **Autofähre,** um 16.30 Uhr (Stop in Samui um 18 Uhr) für 200 Baht, 240 Baht/Moped, 600 Baht/ Auto (inkl. Fahrer), zurück um 6 Uhr (Ko Samui 7 Uhr).

Von NATHON (Ko Samui) nach Thong Sala:
Seatran **Autofähre** (s.o.). *Seatran* **Speedboot** um 10.30 und 16.30 Uhr für 130 Baht, zurück um 7 und 12.30 Uhr. *Songserm* **Expressboot** um 9 und 11 Uhr für 130 Baht in 1 Std., zurück um 12 und 15.30 Uhr.

Von MAE NAM (Ko Samui) nach Thong Sala:
Phangan Cruises, ✆ 077-377274, um 12 Uhr für 150 Baht in 30 Min., zurück um 11.30 Uhr.
Samui Island um 10.30 Uhr für 120 Baht in 1 Std., zurück um 11.30 Uhr.
Lomprayah **Katamaran** um 8 und 12 Uhr für 280 Baht in 30 Min., inkl. Transfer in Samui zu den großen Stränden und zum Ko Samui Airport, zurück um 11 und 16.30 Uhr.
Von Mae Nam nach Thong Nai Pan s.S. 572.

Von BIG BUDDHA (Ko Samui) nach Thong Sala:
Prah Yai **Speed Ferry** um 10.30 Uhr für 250 Baht in 30 Min., inkl. Transfer in Samui, zurück um 16 Uhr.
CattCorp, **Luxus Katamaran**, um 8.30 Uhr für 280 Baht in 30 Min., inkl. Transfer in Samui, zurück um 16 Uhr.
Von Big Buddha nach Hat Rin West s.S. 576.

Nach MAE HAT (Ko Tao) von Thong Sala:
Ko Tao Express, das „Schönwetterboot", ✆ 09-0049117, um 11.30 Uhr für 190 Baht in 2 Std., zurück um 15.30 Uhr.
Samui Island um 11.30 Uhr für 180 Baht in 2 Std., zurück um 9.30 Uhr.
Phangan Cruises um 12.30 Uhr für 250 Baht in 1 1/2 Std., zurück um 10 Uhr.
Songserm **Express** um 12 Uhr für 250 Baht in 2 Std., zurück um 10 Uhr.
Prah Yai **Speed Ferry** um 11 Uhr für 280 Baht in 1 1/2 Std., zurück um 14.30 Uhr.
Lomprayah **Katamaran** um 8.30 und 12.30 Uhr für 350 Baht in 1 Std., zurück um 10.30 und 15 Uhr.
CattCorp, **Luxus Katamaran**, um 9.15 Uhr für 350 Baht, zurück um 14.45 Uhr.

Von CHUMPHON nach Thong Sala:
Songserm **Express**, ✆ 077-506205, um 7 Uhr für 650 Baht via Ko Tao in 5 Std.
Lomprayah **Katamaran**, ✆ 077-558212, um 7 und 13 Uhr für 800 Baht in 3 Std., zurück um 8.30 und 12 Uhr, mit Anschlussbus nach Bangkok für 900 Baht.
Billiger mit dem **Nachtboot** um 24 Uhr bis Ko Tao und nach dem Frühstück um 9.30 Uhr weiter für insgesamt 380 Baht.

FLÜGE – Mit ***Bangkok Airways*** nach Ko Samui, mit dem Pickup-Taxi zum Big Buddha Beach für 50 Baht, dann bis 16 Uhr mit der *Haad Rin Queen* nach Hat Rin für 100 Baht und mit dem Pickup nach Thong Sala (50 Baht) oder zu den Stränden (bis 100 Baht).
Zum Airport in Surat Thani gibt es mit der *Raja* Ferry um 7 und 13 Uhr Zubringerbusse, die um 11.30 und 17.30 Uhr ankommen.

Thong Sala Beach (Ao Bang Charu)

Ein flacher Wattstrand bildet den ersten Küstenabschnitt. Im Sommer kann man bei Ebbe im seichten Wasser bis zum Riff waten und in Vertiefungen ein Wannenbad genießen. Abends kommt das Meer zurück und bildet eine herrliche Kulisse für den Sonnenuntergang. Von Dezember bis April soll baden möglich sein. Die „Stadt" ist über den Strand leicht zu Fuß erreichbar.

Übernachtung

White West Punglae Hut ②, schöne, holzverkleidete Steinhäuser mit Strohdach, innen weiß getüncht, sauberes, gefliestes Bad, Palmengarten. ❷–❸

Pha Ngan Villa ②, ✉ phanganvilla@hotmail.com, ✆ 077-377083, gepflegte Anlage am Strand, 18 verschiedenartige, nette Holzbungalows mit Du/WC und Fan, einige direkt vorne am Strand, freundliche Leute. Gutes Restaurant. ❷
Moonlight ②, ✆ 077-238398, kleine Mattenbungalows verstreut im sandigen Palmengarten, schattige Laubbäume, Familienbetrieb. ❷
Sea Gate Resort ③, ✆ 077-377341, geräumige Holzbungalows in 2 Reihen senkrecht zum Strand, ein großes Familienhaus mit 5 Betten direkt am Strand, Sandgarten mit jungen Palmen und Laubbäumen; gutes, gemütliches Restaurant, vielfältige Musik; freundliche Familie; Boot und Schnorchelausrüstung kostenlos. ❸
Coco Garden ③, ✆ 077-377721, hübsch anzuschauende Bungalows mit eindrucksvollen Balkongeländern, vorne mit Fan, hinten ac; Sandgarten mit Palmen, Restaurant mit Bodensitzpolstern, Bar, freundliche Leute. ❷, ac ❸
Golden Light ④, ✆ 077-377468, Bungalows verschiedensten Alters und Stils, auch Doppelbungalows, in großem Gelände zwischen Strand und Straße, manche hinter der Lagune, die Gartenanlage zeigt guten Willen, familienfreundlich, Volleyballnetz am Strand. ❷–❸
Charm Beach ④, 🖳 www.charmbeachresort.com, ✆ 077-377165; verschiedenartigste Einzel- und Doppelbungalows; sehr schöne Thai-Stil-Häuschen stehen zwischen Billighütten und alten Steinhäuschen im Sandgarten mit großen Laubbäumen. Sauberes Restaurant weiter hinten, gute Küche, freundliche, hilfsbereite Leute, viele Hunde, Kinderspielplatz, angenehme Atmosphäre; Boot und Schnorchelausrüstung kostenlos. ❸–❺
Chokana Resort ④, ✆ 077-238085, verschiedenartige Bungalows sowie ein Familienhaus mit ac und Warmwasser. Sandgarten mit Palmen und Schattenbäumen, hinten Rasen; Strandrestaurant. ❷–❸, ac ❹

Ban Tai Beach

Dieser schöne, ruhige Strandabschnitt in der Mitte der Sunset-Küste besteht aus etwas grobem, aber sauberem Sand. Das flache Riff vor dem fast ebenen Wattstrand zieht sich weit draußen entlang. Im Sommer ist Baden nur bei hohem Wasserstand an wenigen Stellen möglich. Im Ort Ban Tai (4 km von Thong Sala) gibt es eine Tankstelle, eine Sanitätsstation, mehrere Restaurants und einen Laden, in dem man Mopeds leihen kann. Im kleinen Fischerhafen kann man Boottrips arrangieren. Songthaews von Thong Sala kosten 20–30 Baht, Motorradtaxis 30 Baht.

Auf dem Hügel liegt das **Wat Khao Tham** mit schöner Aussicht und 10-tägigen Meditationskursen (s.u.), etwas weiter landeinwärts das **Wat Nai**.

Übernachtung

First Villa ⑤, ✆ 077-377225, ✉ firstvilla@kohphangan.com, 🖳 www.firstvilla.com; solide Einzel- und Doppelbungalows mit ac und z.T. Jacuzzi, natursteinverkleidet, in gepflegtem Garten; dicht am Strand 2-stöckiges Hotelgebäude mit gut ausgestatteten ac-Zimmern; großer Pool direkt am Strand. Satelliten-TV; Jeeps, Mopeds, ❹–❻
Rung Arun Resort ⑤, ✆ 077-238624, 🖳 www.rungarunresort.com; fein eingerichtete ac-Bungalows am Strand, mit Badewanne, TV und z. T. Kühlschrank, sowie ein Doppel-Holzhaus weiter hinten. ❹–❺
Phangan Beach Resort ⑤ (früher *First Bay*), ✆ 077-238363, ältere Beton- und neue, große Holzbungalows am Strand und dahinter. ❸, ac ❹–❺
Tiu Resort ⑥, ✆ 077-238319, saubere Beton-Bungalows zwischen den Fischerhäusern, gutes Preis-Leistungs-Verhältnis. ❷
Two Rocks Hut ⑥, ✆ 077-377544, 🖳 www.thongsala.com, Holz- und Betonbungalows in sauberer Anlage, Fullmoon-BBQ-Buffet, bei jungen Leuten beliebte Strandbar; Thai-Schweizer Leitung, ❷–❸, ac ❹
Milky Bay ⑥, ✆ 077-238566, 🖳 www.milkybay.com, Holz- und Mattenbungalows in gepflegter, clubähnlicher Anlage mit Pool, Billard, Tischtennis, Bar und Unterhaltungsabenden; Thai-südafrikanische Leitung. ❷–❸ , ac ❺
Dew Shore ⑦, ✆ 077-238128, 🖳 www.phangan.info/dewshore, nette, saubere Bungalows, ac-Bungalows mit zwei Doppelbetten, liebevoll angelegter Garten; Hängematten und Schnorchelausrüstung gratis, freundlicher Familienbetrieb;

Swimming Pool; Abholservice von Thong Sala. ❷–❸, ac ❹

My Palace GH ⑨, ✆ 077-238231, nette Anlage mit Garten, mitten im Dorf. Große, saubere Zi, freundliche Familie. ❷–❸

S.P. Resort ⑩, ✆ 077-238442, schlichte Hütten z.T. ohne Du/WC und Bungalows, am Dorfstrand; ausgezeichnetes, billiges Essen, nette Familie. ❶–❸

Triangle Lodge ⑩, ✆ 077-377432, 💻 www.kohphangan.com/trianglelodge; ältere Fan- und gute, saubere ac-Bungalows, sehr ruhig. ❷–❸, ac ❹

Mac's Bay Resort ⑪, ✆ 077-238443, 💻 www.macbayresort.com, gemauerte Bungalows mit Terrasse direkt am Strand, passables Restaurant. Hier fühlen sich die Freaks von dazumal noch wohl. Viele Langzeitgäste, jeden Monat Blackmoon Party. ❷–❸, ac ❸

Essen

Somtum-Inter, empfehlenswertes Restaurant an der Straße, günstiges nordost-thailändisches Essen: Sticky Rice, mehrere Arten leckerer Papaya-Salat etc.

Tom Yam Kung, schön gestaltetes Aussichtsrestaurant.

Sonstiges

KRÄUTERDAMPFBAD – im Tempel Wat Pho (400 m links in Richtung Thong Nai Pan) von 15–18 Uhr (Schild *Sauna*).

MEDITATIONEN – 10-tägige Kurse in Vipassana-(Einsichts-)Meditation finden einmal pro Monat von Dezember bis März und Juni bis August im *Wat Khao Tham* bei Ban Tai statt. Der Kurs ist ähnlich aufgebaut wie derjenige im Wat Suan Moke (s.S. 553), Weckzeit um 4 Uhr, Mittagessen um 11 Uhr, Freizeit bis 13 Uhr; absolutes Rauch-, Sprech-, Lese- und Schreibverbot. Er wird von Steve und Rosemary Weisman, einem australisch-amerikanischen Ehepaar, geleitet. Sie sind in der Lage, auch Leuten, deren Englisch nicht so gut ist, viel über Buddhismus und Meditation beizubringen. Es liegen auch deutsche Übersetzungen des Kurses vor. Für Essen und Unterkunft sind 4000 Baht zu zahlen. Informationen und Anmeldung (am besten mehrere Tage zuvor) im Wat auf dem Hügel, 💻 www.watkowtahm.org.

Ban Khai Beach

Dieser Wattstrand beginnt 1 km hinter Ban Tai und erstreckt sich über mehr als 2 km. Kurze Sandstrände wechseln mit flachen Felsbänken ab. Kokospalmen säumen die flache Küste. Die Straße entlang der Südküste führt durch **Ban Khai**. Motorräder und Jeeps können auf der sehr steilen Straße über die Hügel bis zum Hat Rin Beach fahren. Motorradtaxi und Pickup von Thong Sala kostet 50 Baht p.P.

Übernachtung

My Phangan Resort ⑫, schön eingerichtete Stein- und Holzbungalows. ❸, ac ❹

Morning Star ⑫, ✆ 077-377756, sehr schöne Holz- und Steinbungalows um einen gepflegten Garten mit Restaurant und Internet. ❸, ac ❹

Lee Garden ⑫, ✆ 077-238150, große Anlage, Mattenhütten in 3 Reihen unter Palmen, billig und familiär, bei Deutschen sehr beliebt, gutes Essen. ❶–❷

Jungle House Resort ⑬, ✆ 077-238485, 💻 www.junglehouseresort.com, geräumige, schön gestaltete Holzbungalows im schattigen Wald, oberhalb der Straße, gutes Restaurant, bei Vollmond laut. 3 Min. vom Strand entfernt. ❷–❸

Pha Ngan Rainbow ⑭, ✆ 077-238236, 💻 www.rainbowbungalows.com, kleine, ruhige Anlage mit ordentlichen Bungalows, australische Leitung. ❶–❷, ac ❹

Blue Lotus Resort ⑭, ✆ 077-238489, 💻 www.bluelotusresort.com; geräumige Bungalows unter Palmen, am Strand und weiter hinten; unter Thai-amerikanischer Leitung von Pong, Shana und ihren Hunden. ❸

Green Peace ⑭, ✆ 077-238436, Anlage aus den guten, alten Zeiten, am Hafen, schöne Aussicht. ❶–❷

Bankai Orchid Resort ⑮, ✆ 077-375156, 💻 www.bankaiorchidresort.com, große, möblierte Steinhäuser mit ac, TV, Kühlschrank, Pool; ohne Schatten. ❺

Thong Yang ⑮, ✆ 077-238192, Bungalows, malerisch hinter Felsen versteckt. ❶–❷, ac ❹
Harmony Beach Resort ⑯, ✆ 06-8854646, angenehme, schön gestaltete Anlage mit Pool und Beach Bar, Generator; unter englischer Leitung. ❷, ac ❸
Silvery Moon ⑰, ✆ 077-238563, ganz einfache Hütten, recht malerisch unter Palmen. ❶–❷
Auf den folgenden 2 km treten die Berge und Felsen bis ans Meer heran, nur an wenigen Stellen von Sandstränden unterbrochen.

Hat Rin Nai Beach (West)

Der **Sunset Beach** wird durch einen kleinen Hügel in zwei Teile geteilt. Der südliche Teil kann am besten vom Pier über den Strand erreicht werden, der nördliche über die Hauptstraße am Fuße der Berge. Einige Unterkünfte wurden im Hinterland gebaut, aber die meisten liegen am Strand. Im Sommer wird viel Müll und Kokosabfall an den Strand geschwemmt, der von den Anliegern nicht entfernt wird. Zu dieser Zeit sind viele Anlagen geschlossen oder nur um die Vollmondzeit betriebsbereit. Während der Regenzeit (Okt / Nov) sind die Strände zumeist völlig überschwemmt. Das Riff verläuft etwa 100 m vor dem Strand, dazwischen wachsen viele Korallen. Wer zur Abwechslung einen langen, feinen Sandstrand sucht, geht zu Fuß die 800 m rüber nach *Hat Rin East*.

Übernachtung

NÖRDLICHER STRAND – ***Vimarn Samut Resort*** ③, zweistöckiges Hotelgebäude auf hohen Betonpfählen, sauber, gute Sicht, Restaurant am Strand, freundlicher Manager. ❺
Bird ③, ✆ 077-375191, Stein- und Holzbungalows ums Restaurant gruppiert. ❷, ac ❹
Star Light ③, etwas gepflegtere Anlage. ❸
Sun Beach ④, ✆ 077-375192, blaugrün gestrichene Holzbungalows in gepflegtem Garten in drei Reihen senkrecht zum Strand. ❷, ac ❹
Sandy ④, ✆ 077-375138, grau gestrichene Mattenbungalows, sauber, kleiner Garten. ❷–❸, ac ❺
Rainbow ⑤, ✆ 077-375293, hellblau gestrichene, vergammelte Mattenhütten, freundliche Familie. ❶
Coral Bungalows ⑤, ✆ 07-2780882, blau gestrichene Mattenhütten und viele Liegen oberhalb einer weit in den Strand hinausgebauten Korallenmauer. ❶–❷
Phangan Buri Resort & Health Spa ⑥, ✆ 077-375481, 🖳 www.phanganburiresort.net, neue, luxuriöse Bungalows in einer tropischen Gartenanlage, exzellentes Restaurant, schöner Pool vorn am Strand. ❺–❻
Sook Som Bungalow ⑥, ✆ 01-9790845, alte Hütten am Strand. ❶

IM HINTERLAND – Abseits und ruhig liegt ***Pooltrap Village*** ⑧, mit und ohne Dusche/WC, liebenswürdige Besitzer, Lehrer der Dorfschule. ❶–❷
Tanyaporn GH ⑧, ✆ 077-375174, möblierte, saubere Zi, große Gemeinschaftsterrasse, 2 große Thai-Bungalows. ❷, ac ❹
Thai House ⑨, nette Bungalows in den Bergen, über Fußpfad zu erreichen. ❸

SÜDLICH DER ANHÖHE – Seit Jahren gibt es das ***Palm Beach*** ⑪, ✆ 077-375508, ganz alte und sehr schöne Holzbungalows. ❷
Haad Rin Thai Resort ⑪, ✆ 09-7702290, schöne Bambusbungalows am Hang mit guter Sicht. ❸
Sunset Bay ⑫, ✆ 01-3461589, ordentliche, saubere Bungalows vorne am Strand, nette Atmosphäre. ❶–❷
Neptune's Villa ⑬, ✆ 077-375251, verschiedenartige Bungalows, von der einfachen Bretterhütte über einfache Bungalows bis zu schmucken ein- und 2-stöckigen Häuschen mit schöner Front aus Natursteinen, freundliches Personal. ❷–❸, ac ❹
Ab hier ist der Strand mit einer Mauer befestigt.
Friendly ⑮, ✆ 077-375167, vorne am Strand gute Steinbungalows, hinten alte Holz- und Bambushütten, große Wiese, im Zentrum Restaurant, Familienbetrieb. ❶–❸
Family House ⑯, ✆ 077-375173, schöne Steinhäuser mit Bad, einige ac-Bungalows; nette Familie. ❸, ac ❹
Rin Beach Resort ㉑, ✆ 077-375112, ausgedehnte Anlage direkt neben dem Fähranleger, viele Bungalows mit Fan und einige Luxusbungalows mit ac; großes ac-Restaurant. ❷, ac ❹

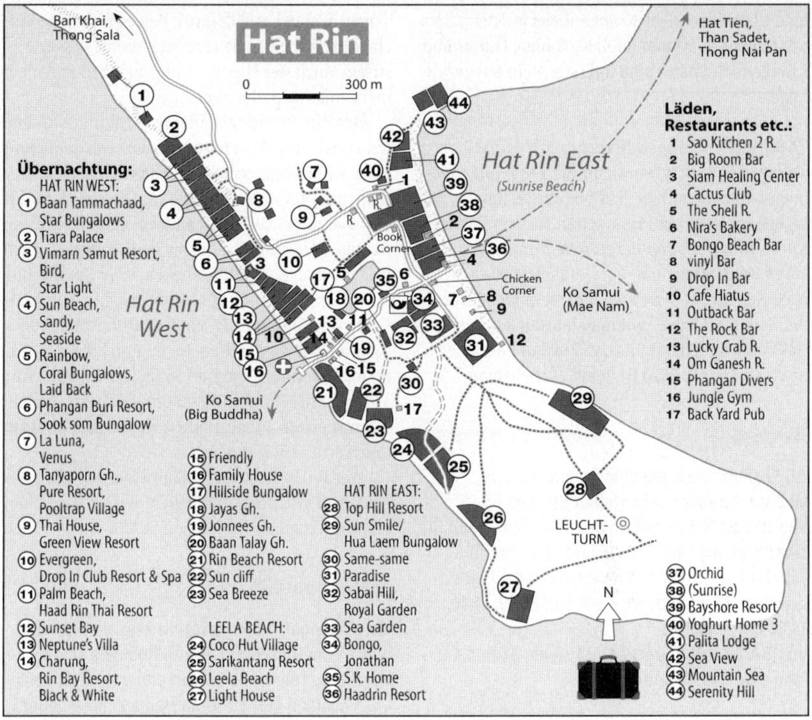

SARIKANTANG BEACH (LEELA BEACH) – Am abgeschiedenen Sandstrand liegen 3 Anlagen:

Coco Hut Village ㉔, ✆ 077-375368. ❸–❹ (ac teurer)

Sarikantang Resort ㉕, ✆ 077-375056, 💻 www.sarikantang.com; Einzelbungalows aus Holz und Stein sowie ein Reihenhaus in einem weitläufigen Palmengarten, offenes Restaurant am Strand, Pool. ❸–❹ ac ❺

Leela Beach ㉖, ✆ 077-375094, einfache, renovierungsbedürftige Hütten weitläufig verteilt unter Palmen an einem schönen Sandstrand. ❶

AUF DEM KAP - Unterhalb des Leuchtturms liegt ***Light House*** ㉗, 💻 www.lighthousebungalows.com, ✆ 077-375075; auf einem 250 m langen Plankensteg über dem Wasser zu erreichen, die 20 Hütten und Bungalows schmiegen sich an den Hang; baden kann man zwischen den Felsen. ❷–❹

Sonstiges

FITNESS – ***Jungle Gym,*** ✉ junglegym25@hotmail.com, ✆ 077-375115; 50 m vom Pier rechts; geleitet von Wendy und Marissa aus Kanada und Neuseeland, qualifiziertes Personal bietet u.a. Aerobic, Thai-Kickboxen (inkl. Diät-Beratung), Yoga; der Fitness-Raum ist nach internationalen Standards ausgestattet, Dampfbad, *Health and Juice Bar.*

MEDIZINISCHE HILFE – ***Bandon International Clinic,*** ✆ 077-375471-2, am Pier, Arzt und Personal sprechen Englisch, Zahlung mit Kreditkarte möglich, 24 Std. Notdienst und Speedboat Service; Erfahrung vor allem bei Wundversorgung und Motorradunfällen. Krankheiten, die warten können, besser in Ko Samui oder Bangkok behandeln lassen. ***Phangan Rescue Service,*** ✆ 01-6989493, 01-0828679, 07-7377500, kostenlose Überführung ins Krankenhaus in Thong Sala oder aufs Speedboot nach Ko Samui, Fahrer und Krankenschwester sind in Erster Hilfe ausgebildet.

TAUCHEN – ***Phangan Divers***, ✆ 077-375117, ✉ info@phangandivers.com, 💻 www.phangandivers.com; beim Pier, PADI 5 Sterne-Tauchschule, geleitet vom Deutschen Torsten Ewers, Kurse vom *Beginner* bis zum *Instructor*, zum *Open Water Diver* u.a. auf Deutsch 8600–9800 Baht; fröhliche Atmosphäre, eigenes Boot mit Sonar, tägliche Tauchausfahrten u.a. zum Sail Rock für 2200 Baht, zum Marine Park und nach Ko Tao für 2400 Baht inkl. Ausrüstung.

Transport

Ab THONG SALA mit dem Sammeltaxi für 50 Baht auf einer sehr steilen Straße.
Von BIG BUDDHA auf Ko Samui mit der *Haad Rin Queen* tgl. um 10.30, 13, 16 und 18.30 Uhr für 120 Baht in 1 Std. Die Boote landen am Pier neben dem *Family House*. Zurück um 9.30, 11.40, 14.30 und 17.30 Uhr.
Von BAN KHAI dauert es zu Fuß am Strand entlang eine gute Stunde.

Hat Rin Beach

(Auch: Hat Rin East, Rin Nok Beach, Sunrise Beach) Vor einigen Jahren war bei vielen Travellern Ko Pha Ngan identisch mit diesem herrlichen, durch steile, grüne Hügel begrenzten Strand im Südosten der Insel. Berühmt wurde er in ganz Thailand durch die Fullmoon Partys, über die in der Thai-Presse jeden Monat ausschweifend berichtet wird – mit Details, die häufig der Fantasie der Reporter entspringen, aber das Blut rechtschaffener Thais in Wallung bringen. Orgien werden jedoch fast nur von Sandfliegen gefeiert, die im feinen, weißen Sand hausen. Rechts und links wird die Bucht von Korallen begrenzt (allerdings reicht die Sicht nur selten zum Schnorcheln aus). Man kann hier den größten Teil des Jahres gut schwimmen, von Oktober bis Februar kann es jedoch wegen der sehr hohen Wellen gefährlich sein. Die an diesem Strand arbeitenden Thais dulden zwar aus Geschäftsgründen „oben ohne" und den Mini-Tanga, dennoch gefällt ihnen beides nicht. So manche säuerliche Miene lässt sich damit besser verstehen. Auch wer Hippie-mäßig auftritt, kann nicht mehr mit Sympathien rechnen.

Hat Rin hat sich zu einem enorm touristischen Ort entwickelt. Das Preisniveau ist etwa doppelt so hoch wie in Nathon auf Ko Samui, die Verkäufer sind nicht gerade freundlich und lassen nicht mit sich handeln. Auf der Landbrücke entstand ein richtiges Zentrum. Die beiden Dorfstraßen säumen lückenlos mehrere Diskotheken, viele Restaurants und Bars, Tattoo-Shops, Supermärkte, Internet-Cafés und Reisebüros, eine Bäckerei mit großer Auswahl, Wechselstuben, Geldautomaten, Mopedvermieter und massenhaft Müll. Restaurants ohne Video-Berieselung sind kaum noch zu finden. Abends sitzen junge Damen in den Bars herum und warten auf Kunden.

Wer Ruhe sucht, ist fehl am Platz. Die ehemaligen Freaks kennen ihr geliebtes Hat Rin kaum mehr und suchen sich andere Strände.

Übernachtung

Viele Anlagen liegen z.T. sehr eng am Strand, weitere im Hinterland. Die Bungalows sind durchweg teurer als an den anderen Stränden. Vor Vollmond gibt es keine freien Zimmer, aber 2 Tage danach mehr als genug. Strand und Anlagen sind für Rollis ungeeignet. Zwischen den Bungalows drängen sich viele, z.T. 2-stöckige Bars am Strand.

Top Hill Resort ㉘, ✆ 01-8958696, wunderschön auf dem Hügel im Süden gelegen, saubere, geräumige Bungalows mit Fan und Bad, herrlicher Meerblick, preisgünstiges Essen, nette Familie, Fahrservice zum Strand. ❸

Same-Same ㉚, 💻 www.same-same.com, ✆ 07-9043923, geräumige Zimmer in sauberem GH, Küche und Leitung dänisch. ❸

Paradise ㉛, ✆ 077-375244, am südlichen Ende, einige schön gelegene, nette Hütten auf den Felsen, keine Strandbedröhnung. ❶–❸, ac ❸

Haad Rin Resort ㊱, ✆ 077-375259, Zimmer im Hauptgebäude und saubere, ältere Bungalows. ❸

Bis hierher ist eine schmale Korallenbank vorgelagert, in deren Lagune viele Boote ankern.

Orchid ㊲, im Zentrum des Strandes, große, saubere ac-Bungalows mit 3 Betten. ac ❹
Sea View ㊷, ✆ 077-375160, etwas teure Bungalows am Strand; hier sind schon wieder Steine im Wasser. ❷–❹, ac ❹
Mountain Sea ㊸, ✆ 077-375347, Hütten am Hang, steile Pfade und Betontreppen. ❸
Serenity Hill ㊹, am steilen Nordhang, wacklige Hütten und komfortable Bungalows mit herrlicher Aussicht, voll den Bässen der Stereoanlagen ausgesetzt. Viel Müll trübt den Genuss. ❷–❸

Essen und Unterhaltung

An der Zufahrtsstraße lädt die internationale Küche ein: Spanisch, Italienisch, Indisch, Japanisch, Nepalesisch, Thai ... und auch Vegetarisch. Empfehlenswert sind das italienische Restaurant ***The Shell*** hinter dem Teich und ***Mama's Schnitzel*** gegenüber vom *Chicken Corner.*
Nira's Bakery in der Mitte der Durchgangsstraße, gegenüber der Post, bietet leckere Backwaren und vieles mehr.
In der Saison werden fast jede Nacht am Strand Feten gefeiert oder Raves improvisiert. Die allabendliche Beschallung auf voller Lautstärke mit völlig uninspiriertem Einheitsbrei, meist eine Hit-CD von vor fünf Jahren rauf und runter, ist für viele Traveller unerträglich.
Zu einer Institution für den abendlichen Treff hat sich der ***Cactus Club*** entwickelt.
Im ***Back Yard Club*** ist 3x pro Woche Party.

Sonstiges

BOOTSTOUREN – werden überall angeboten, z.B. von *Cactus Trip* oder *Reggaeboat*, nach Than Sadet, Thong Nai Pan, Bottle Beach und Ko Ma für 500 Baht p.P. ab 4 Pers. inkl. Maske, Schnorchel, Soft Drinks, Früchte und Dinner.

EINKAUFEN – Am Hat Rin Beach haben sich viele Berufstraveller niedergelassen, die Kleidung und Schmuck aus Nepal, Indien, Indonesien etc. verkaufen, z.T. wirklich schöne Sachen. Aber natürlich muss auch mit ihnen gefeilscht werden. Klamotten und Taschen sind im großen ***Oasis Supermarket*** an der Hauptstraße recht billig, ebenso Dinge des täglichen Bedarfs. Ein ***7eleven*** hat rund um die Uhr geöffnet und verkauft das übliche Sortiment zu den üblichen Preisen.

GELD – gibt es an vielen Geldautomaten.

FULLMOON PARTY – An den Tagen vor Vollmond werden die Unterkünfte voll und die Preise höher. Auf der Zufahrtsstraße muss man mit Polizeikontrollen rechnen. Richtig los geht es erst am späten Abend. Es wird hauptsächlich Techno und Trance gespielt.
Gewarnt werden muss vor jungen Burschen, die sich als Polizisten ausgeben und versuchen, Travellern Drogen unterzuschieben, vor allem nach der Fullmoon Party. Das ganze Jahr über finden zahlreiche Verhaftungen statt, vor allem durch junge Polizisten in legerer Kleidung, die zu diesem Zweck aus Bangkok kommen.

MEDIZINISCHE HILFE – Mehrere kleine Arztpraxen und die ***Bandon International Clinic,*** am Pier von Hat Rin West (s.S. 609).

MOTORRÄDER – Ein akzeptables Motorrad wird bei vielen Vermietern für 250–450 Baht pro Tag vermietet. Am günstigsten ist ein Roller. Man bekommt ihn ab 150 Baht pro Tag. Eine 125er Enduro kann man für 250 Baht pro Tag mieten. Außerhalb der Fullmoon-Zeit lässt sich bei Langzeitmiete gut handeln. Die Maschinen sind oft in keinem guten Zustand.
Ungeübte Fahrer sollten sich nicht auf die Pisten wagen.

Transport

Ab THONG SALA mit dem Pickup nach Ankunft der Boote und Fähren für 50 Baht ab 4 Personen.
Von Jan–Sep fährt von MAE NAM auf Ko Samui jeden Tag um 12 Uhr bei ruhiger See ein Boot nach Hat Rin (100 Baht, Ankunft 12.40 Uhr) und weiter nach Hat Tien (ab Hat Rin 50 Baht), Sadet Beach und Thong Nai Pan (ab Hat Rin 100 Baht). Zurück geht es um 8 Uhr. Bei Wellengang fährt ein Speedboot für 100 Baht mehr. Achtung: Direkt am Wasser auf Höhe der *Cactus Bar* warten!
Am Stand rechts werden Taxi-Boote angeboten, die jenseits von Hat Tien sehr teuer werden.

Hat Yuan, Hat Tien, Hat Wai Nam

Hat Yuan, der schöne Strand nördlich von Hat Rin, lockt mit seinem feinen, hellen Sand und dem flach abfallenden Ufer viele Tagestouristen und junge Traveller an. Erst in den letzten Jahren entstanden hier einige Bungalowanlagen, immer mehr kommen hinzu. Hier sind keine Partys erlaubt. Schwimmen soll ganzjährig möglich sein.

Hat Tien, nur einen halben Kilometer von Hat Yuan entfernt, hat einen vollkommen anderen Charakter. Der Strand ist mit Korallenbrocken durchsetzt, das Wasser erreicht man am besten am südlichsten Ende, aber selbst hier ist Vorsicht geboten. Gesundheitsbewusste und spirituell Orientierte bestimmen die Szene. Jeden Freitag steigt eine Party in der schönen *Guy's Bar*.

Hat Wai Nam, ein kleiner, unattraktiver Strand mit grauem, groben Sand, nur durch einen Hügel vom Hat Tien getrennt, wird hauptsächlich für Yoga und Meditation genutzt.

Alle drei Strände sind autofrei und durch Fußpfade verbunden, die zwar steil, aber stark frequentiert sind.

Übernachtung

HAT YUAN – Weit abgelegen, auf den Felsen liegt

Barcelona Resort ㉑, geräumige Bungalows am Hang, Internet-Shop am Strand, 💻 www.barcelonaresort.tk. ❷–❸

Big Blue ㉒, 💻 www.bigbluebungalow.com, ✆ 09-8716214, gut ausgestattete Holzbungalows ums Restaurant am Hang, Minimarkt, Kajak, Bar, Video ab 19 Uhr. ❸–❹

Bamboo Huts ㉔, Holz- und Bambusmattenbungalows oben auf den Felsen um einen gepflegten Garten. Restaurant mit super Aussicht und preiswertem, gutem Essen. Unter Leitung des freundlichen Mr. Tee. ❷–❸

Eden Garden ㉔, ✆ 09-2082367, Bambusmattenhütten mit originellem Gemeinschaftsbad, renoviertes Restaurant mit weitem Blick über die Bucht. ❶

Horizon ㉕, ✆ 09-58812441, Anlage an der höchsten Stelle zwischen den beiden Stränden. Einfache Bungalows, z.T. Gemeinschafts-Du/WC, tolle Sicht, auch vom Restaurant. Spezialisiert auf junge Leute, Boxtraining. ❶–❷

Origin Resort ㉕, neue, schöne Hütten, versteckt am Hügel mit großem Garten, leider dröhnt der Generator jeden Tag und Abend. ❸

HAT TIEN – Am Hang zwischen Felsen liegt

The Sanctuary ㉖, 💻 www.thesanctuary-kpg.com; Bungalows und Schlafsaal (70 Baht), luxuriöse Familienhäuser; vorzügliches vegetarisches Restaurant am Strand mit riesiger Speisekarte, Spa und Wellness Center, Kurse für alternative Techniken werden angeboten. ❸–❹, Häuser ❹–❻

Haad Tien Resort ㉖, verschiedenartige, ältere und neuere Bungalows am Strand, im Hinterland und auf dem Hügel; ungemütliches Restaurant mit Essenszwang, kleiner Minimart. ❶–❸

World Nature Resort ㉗, nette Anlage in der Ebene, kleine Hütten; unter Leitung einer Thai-Familie. ❶–❷

Beam Bungalows ㉗, große, saubere Bungalows, weit verstreut am dschungeligen Hügel im Norden, Restaurant mit viel gepriesenem Essen, unter Leitung einer engagierten Engländerin und ihres einheimischen Mannes; 3 Min. zum Strand. ❷

HAT WAI NAM – In der einsamen Bucht liegt

Why Nam Huts ㉘, ✆ 01-2293919, schöne, große, ruhige Bungalows mit gefliestem Bad und guten Matratzen, Restaurant mit Essenszwang, viele Langzeitgäste, Generatorstrom bis die Familie ins Bett geht. ❷

Transport

Von Jan–Sep fährt von MAE NAM auf Ko Samui jeden Tag um 12 Uhr bei ruhiger See ein Boot über Hat Rin nach Hat Tien (150 Baht, ab Hat Rin 50 Baht) und weiter nach Sadet Beach und Thong Nai Pan. Zurück geht es ca. um 8.40 Uhr. Bei Wellengang fährt meist ein Speedboot für 100 Baht mehr. Bei hohem Wellengang kann das Boot in Hat Tien nicht anlanden.
Zum HAT YUAN und HAT TIEN fahren von Jan–Sep viele Taxi-Boote ab HAT RIN für 100 Baht.
Zu Fuß erreicht man Hat Yuan auf einem 5 km langen Bergpfad in etwa 2 Std. ab Hat Rin.
Zwischen den Stränden führen Pfade über die Kaps.

Hat Yao (East), Hat Yang, Hat Thong Reng, Hat Sadet

Zwischen felsige Kaps schmiegt sich der palmenbestandene Sandstrand **Hat Yao**, an dem erst wenige Bungalows stehen.

In der Mitte der Ostküste liegt der kleine, palmenbestandene **Yang Beach,** auch **Hat Namtok** genannt. Er dient als Ausgangspunkt zum Than Prapat-Wasserfall, der sich nur von November bis Januar eindrucksvoll präsentiert.

Hat Thong Reng bildet mit seiner größeren Schwester Hat Sadet eine malerische Doppelbucht. Hier geht es noch ruhig zu, Schwimmen ist möglich.

Hat Sadet liegt an der Mündung des Flusses Than Sadet. Der kleine, weiße Sandstrand wird von grünen Hügeln flankiert. Der relativ steil abfallende Strand erlaubt ganzjährig herrliches Schwimmen, in der Regenzeit kann es jedoch hohe Wellen geben. Zum Schnorcheln bieten sich die felsigen Seiten an. Viele Bungalows liegen zwischen malerischen Felsen und Fischerhütten am kleinen Sandstrand und auf dem Felsenhang. Abends sorgt ein Generator für Strom. Die meisten Anlagen sind im November geschlossen. Von hier aus kommt man zu Fuß zum Than Sadet-Wasserfall, der seit über 100 Jahren ein beliebtes Ausflugsziel der Könige von Thailand ist, was mehrere Steininschriften bezeugen.

Übernachtung

HAT YAO (Ost) – Am Südende des Strandes liegt ***Ploy Beach*** ㉙, Bungalows zwischen Palmen. Der Strand darunter ist steinig, aber zum Sandstrand ist es nicht weit. ❷

HAT YANG – In der Mitte der Bucht liegt ***Than Prapat Resort*** ㉚, ✆ 01-3268917, große, gemauerte Bungalows auf dem Kamm mit fantastischer Sicht, 20 Min. von *Kung Bungalows,* Pickup 100 Baht. ❷

Kung Bungalows ㉛, ✆ 01-8915592, wenige Bungalows auf ehemaligem Farmland in den Bergen, wunderbare Ausblicke in Dschungellandschaft; Kung bekocht die Gäste mit Gemüse aus eigenem Anbau. Freundliche Atmosphäre; auf Piste erreichbar, 2 km südlich von Hat Sadet, ca. 20 min zu Fuß zum Strand. Kostenlose Mitfahrgelegenheit nach Thong Sala und Abholservice, auch von den Stränden. ❶–❷

HAT THONG RENG – Südlich des Sandstrandes liegt ***Thong Reng Resort*** ㉜, Bungalows am Strand und am Hang. ❶–❷

Than Sadet Resort ㉜, ✆ 077-238227, Bungalows auf dem Kap, zwischen großen Felsen versteckt, zeitweise geschlossen. ❷

HAT SADET – An der Flussmündung liegt ***Mai Pen Rai*** ㉝, ✆ 077-445090, 💻 www.thansadet.com; schöne, renovierte Bungalows mit originellem Bad und teils 2-stöckigem Balkon am Strand, am Fluss und auf den Felsen.Tolle Sicht, uriges Restaurant mit leckerem Essen, bekannt als *Reggae Bar*. Schnorcheltrips mit dem *Reggae Boat* bis nach Ko Ma. ❷–❸

J.S. Hut ㉝, ✆ 01-2294614, wenige geräumige, saubere Fan-Bungalows am nördlichen Hang mit sehr schöner Sicht. Die liebenswerten Besitzer Song und Jit kümmern sich um ihre Gäste; gutes Essen, Generatorstrom ab 18 Uhr, Motorradverleih (nur für geübte Fahrer). ❸

Plaa's Thansadet Resort ㉞, ✆ 077-445191, 💻 www.plaa-thansadetresort.com; renovierte Bambus- und neue Holzbungalows am steilen Hang zwischen Felsen, Aussichtsrestaurant mit gutem und reichlichem Essen; freundliche, familiäre Atmosphäre; 5 Min. zum Strand hinunter. ❸

Seaview Thansadet ㉞, ✆ 077-238284, recht geräumige Holzbungalows am steilen Hang zwischen Felsen, Terrasse mit toller Sicht übers Meer; halb offenes Restaurant; zum Strand geht es 12 Min. hinunter. ❸

Transport

Von Jan–Sep fährt von MAE NAM auf Ko Samui jeden Tag um 12 Uhr bei ruhiger See ein Boot über Hat Rin zum Sadet Beach (ca. 200 Baht, ab Hat Rin ca. 70 Baht) und nach Thong Nai Pan. Zurück geht es ab Than Sadet um ca. 8.30 Uhr. Ansonsten fährt ein Speedboot für 300 Baht. Ab THONG SALA um 13 Uhr für 80 Baht mit *Teep Thansadet Travel,* zurück um 10 Uhr.

Thong Nai Pan Yai Beach

Die große Bucht Thong Nai Pan (auch *Thong Ta Pan*) besteht aus zwei sichelförmigen, hellgelben Sandstränden, die durch einen steilen Hügel getrennt sind. Beide Strände liegen so geschützt, dass man auch im Monsun immer irgendwo baden kann. Je nach Windrichtung schwimmen manchmal ekelhafte, aber kaum gefährliche Quallen in der südlichen Bucht. Leser berichten von vielen Sandfliegen und Moskitos. Der schöne, 1 km lange Thong Nai Pan Yai hat sich zu einem Party Strand entwickelt, an dem fast jeden Abend irgendwo etwas los ist. Besonders beliebt sind Feuerwerke an Geburtstagen der Gäste, also fast täglich. Sportliche finden hier viele Volleyball-Felder. Wer Ruhe sucht, ist in den südlichen Anlagen am besten aufgehoben.

Der Ort **Ban Thong Nai Pan** liegt verstreut unter Palmen im Hinterland der weit geschwungenen südlichen Bucht. Eine Schule, ein Health Center, ein Tempel und mehrere Läden bilden die öffentlichen Einrichtungen. Der Verbindungsweg nach Ban Tai an der Westküste ist 13 km lang, extrem steil und stellenweise schon betoniert. Zum nördlichen Strand läuft man entweder ca. 2 km auf der Verbindungsstraße, klettert über den steilen Hügel des Panviman, chartert ein Boot – oder schwimmt durch die Bucht. Viele Unterkünfte und Restaurants sind nur in der Saison ab Mitte Dezember geöffnet.

Übernachtung

White Winds ⑧, ✆ 077-445092, kleine Häuser mit und ohne Du/WC kleben am Hang des Hügels, fantastische Aussicht, freundliche Leute; gutes, preiswertes Essen. ❶–❷

Candle Hut ⑨, ✆ 077-445118, ✉ candlehut@hotmail.com, 30 wunderschöne Holzbungalows mit Glasfront und großer Terrasse mit Meersicht, erstklassiges Essen. Betrieben von sehr nettem, jungem Ehepaar. ❸, ac ❹

Dreamland ⑩, ✉ dreamland_resort@yahoo.com, ✆ 077-238549; am schönsten und besonders lauten Teil des Strandes, über 50 verschiedenartige Bungalows aus Holz (ganz vorn), Stein und Beton, Reisebüro *Dreamland Travel,* Bootservice nach Mae Nam. ❸, ac ❹

Bamboo Bungalows ⑳, ✆ 077-445018, eng beieinander stehende Bambus- und Holzhütten mit Fan und Bad, in zweiter Reihe, laute Musik im Gartenrestaurant, betrieben von dem freundlichen Thai-Rasta Bob. ❷

Pen ⑫, ✆ 077-238592, Stein- und Holzbungalows mit großer Terrasse und sauberer Du/WC direkt am Strand und beim Restaurant; sehr nettes Personal, familiäre Atmosphäre. ❷–❸, ac ❹–❺

Nice Beach ⑮, ✆ 077-238547, viele verschiedenartige Bungalows, einfache Holzhütten mit Fan und bessere Steinbungalows mit Bad, einige mit ac. ❷–❸, ac ❹

Ab hier ist der Sand bei Ebbe schlickig.

A.D. View ⑯, ✆ 077-445047, ordentliche Bungalows mit und ohne Fan, z.T. Blockhütten. ❶–❸

Dolphin ⑲, bessere Bungalows, Bar und gutes Restaurant mit Sitznischen im schattigen Strandgarten, Thai-neuseeländische Leitung, Feuerwerk unerwünscht. ❸

White Sand ⑳, ✆ 077-445123, Holz- und Steinbungalows, auch große Thai-Stil-Bungalows unter Palmen, am ruhigen, natürlichen Ende des Sandstrands. Davor eine Korallenbank, in der Lagune der Bootshafen; gutes Restaurant, dezente Musik, nettes Ehepaar. ❸–❹

Thong Nai Pan Noi Beach

Der 700 m lange Strand (auch Thong Ta Pan Beach genannt) besteht aus herrlich feinem, weißem Sand. Leider kommen im Meer zeitweise Quallen vor. So warnen sogar einige Resorts ihre Gäste: „Please beware of jelly fish while swimming." In der Regenzeit können die Wellen hier recht hoch werden. Vom nördlichen Ende können Unternehmungslustige in 1 1/2 Std. über *Ban Fai Mai* auf einem gut ausgetretenen, aber anstrengenden Pfad zum Bottle Beach wandern.

Übernachtung

Panviman Resort ⑦, ✆/✆ 077-445100, 🖳 www.kohphangan.com/panviman; große Anlage unter Kokospalmen am Hang, 40 weiße ac-Komfort-Steinvillen sowie ein 2-stöckiges Hotel mit Fan-Zimmern; 3 Restaurants. ❺–❼

Star Hut ⑥, ✆ 077-455085, ✉ star_hut@hotmail.com, eng beieinander stehende Bambusmattenbungalows zwischen viel Grün direkt am Strand, exzellentes Essen, netter Service, gute Atmo-

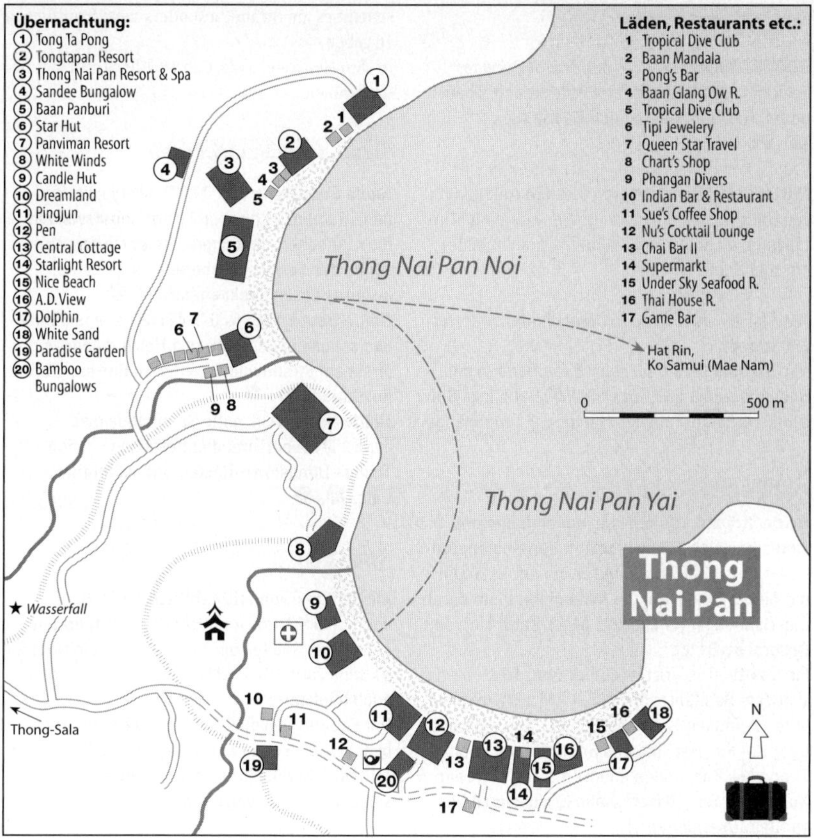

sphäre, Infos, Supermarkt, Telefonzelle, Internet. ❸, ac ❺

Baan Panburi ⑤, ✆ 077-238599, ℻ 445076, 💻 www.baanpanburivillage.com; 63 ältere und neuere Bungalows aus Naturmaterialien in 3 Reihen unter Palmen, sehr sauber, nettes Personal; großes Restaurant, Buchverkauf und Internet. ❸–❹

Tongtapan Resort ②, ✆ 077-445067, 💻 www.thongtapan.com, gepflegte Steinbungalows unter Bäumen, auch größere für Familien. Internet-Zugang, Telefon, Travel Service, Kajak, Bodyboard. ❸–❺

Tong Ta Pong ①, ✆ 077-445079, ältere Holzbungalows wunderschön auf runden Felsen am Ende des Strandes, stimmungsvolles Restaurant mit guter Küche. ❶–❷

Essen

Am Weg hinterm *Star Hut* liegen rechts und links fast ein Dutzend Restaurants und kleine Bars.

Sea View Restaurant, am Hang mit herrlichem Ausblick, französische Küche mit thailändischem Touch, stilvoll und mit Liebe zum Detail eingerichtet, geleitet von der freundlichen Französin Manu.

Tann's Coffeeshop in einem wunderschönen Thai-Holzhaus an der Hauptstraße bietet Bohnenkaffee, Cappuccino und Espresso.

Sonstiges

BOOTSTOUREN – macht der ***Travel Service*** im *Tongtapan Resort* nach Bottle Beach, Than Sadet, Hat Tien, Hat Rin und Ko Ma für 100–350 Baht p.P. ab 4 Pers.

MOTORRÄDER – vermieten fast alle Anlagen für 250 Baht/Tag. Aber Achtung: Wer hier einen Unfall baut, ist übel dran; die Polizei kommt leider nie zum Schlichten her.

TAUCHEN – mit ***Phangan Divers*** hinter *Star Hut* am Strand.
Mit ***Tropical Dive Club*** beim *Baan Panburi* per Speedboot zum Sail Rock für 2500 Baht, inkl. Soft Drinks, Früchte, Tauchausrüstung, 2 Tauchgänge.

Transport

Beide Strände erreicht man am einfachsten, wenn man sich bei der Ankunft den Schleppern anvertraut. Für 80 Baht fahren sie um 12.30 Uhr mit Allrad-Pickup auf der schlechten Piste durch den Dschungel (17 km in 45 Min.). Zurück ab den Resorts bis 3x tgl.
Ein Charter-Taxi kostet 600 Baht pro Trip.
Von Jan–Sep fährt von MAE NAM auf Ko Samui jeden 2. Tag um 12 Uhr bei ruhiger See ein Boot über Hat Rin, Hat Tien und Sadet Beach nach Thong Nai Pan. Jeden anderen 2. Tag fährt ein Speedboat für 100 Baht mehr. Zurück um 8 Uhr vor dem *Dreamland.*

Bottle Beach (Hat Khuat)

In einer kleinen, tiefen Bucht im Nordosten liegt dieser schöne, 400 m lange Sandstrand, der schon seit Jahren als Eldorado für Langzeittraveller gilt. Er bietet wenig Schatten und ist relativ sauber. Die Bucht ist ideal zum Schwimmen. Vor allem an den Felsen auf der linken Buchtseite kann man schön schnorcheln. Es gibt viele Fische, aber im Sommer beträgt die Sicht wegen Plankton nur 2–5 m.

Von Oktober bis Dezember können wegen der hohen Wellen keine Boote in die Bucht fahren, deshalb bleiben die Anlagen in dieser Zeit geschlossen. Die Tümpel hinter dem Strand wurden stümperhaft zugeschüttet. Im September und Oktober scheint es am Strand besonders viele Sandfliegen zu geben.

Ein Generator liefert ab 18 Uhr Strom, bei Bedarf früher.

Übernachtung und Essen

Smile Bungalows ㊵, ✆ 077-445155, komfortable Bambusmatten- und Holzbungalows, z.T. für 4 Personen, schön gestalteter Garten zwischen den Felsen. Hilfsbereite junge Leute, leckeres Essen direkt am Strand. ❸
Bottle Beach 1 ㊴, ✆ 077-445126, einige ältere und schöne neue Stein- und Holzbungalows direkt am Strand und dahinter im Garten, großes Restaurant. ❸–❹
Bottle Beach 4 ㊲, nette Steinbungalows etwa 100 m vom Strand entfernt und schöne Thaistil-Bungalows. Restaurant mit Internet-Café. ❸–❹

Transport

Mit dem Taxi von THONG SALA für 50 Baht nach Chalok Lam. Von CHALOK LAM fährt nur bei ruhiger See tgl. um 13 und 16 Uhr ein Boot für 50 Baht, zurück um 9.30 und 15 Uhr, bei Bedarf auch häufiger.
Der Fußweg ist von Chalok Lam (4–5 km) recht beschwerlich und dauert mindestens 2 Std., von THONG NAI PAN (5 km) braucht man auf schlechtem Fahrweg etwa 1 1/2 Std.

Chalok Lam Bay

An dieser tiefen Bucht ganz im Norden der Insel liegt das Dorf **Chalok Lam**. Was die einen als unattraktiven, stinkenden Fischerort bezeichnen, wirkt auf andere als ursprüngliches, malerisches Thai-Dorf. Wenn auch nicht direkt auf Touristen ausgerichtet, findet man hier Läden, Restaurants, Geldwechsel, Mopedverleih, Internet-Zugang, einen Geldautomaten bei 7eleven und einige Bungalowanlagen. Viele Fischerboote ankern in der Bucht. Bei Neumond werden Tintenfische gefangen und am Strand getrocknet. Der Strand liegt geschützt und eignet sich gut zum Sonnenbaden. Schwimmen kann man fast das ganze Jahr, von April bis Oktober nur bei Flut.

Am kleinen, weißsandigen **Khom Beach** im Nordosten, vor dem sich Ko Pha Ngans schönstes Korallenriff hinzieht, gibt es erst vier Bungalowanlagen. Hier kann man immer schnorcheln und von März bis Oktober gut schwimmen. Über den Hügel ist der Ort in 40 Min. zu Fuß erreichbar, ein Fußweg führt zu einem Wasserfall. Strom liefert ein Generator ab ca. 18 Uhr.

Übernachtung

KHOM BEACH – ***Had Khom 2 (Coconut Beach)*** ㊶, ☏ 077-374298, gemauerte Doppelhäuser am Strand und Holzbungalows hinterm originellen Restaurant. Sehr freundlicher Familienbetrieb. ❶–❷

Had Khom 1 ㊷, ☏ 077-374246, weit auseinander liegen die Bungalows vorn am Hang, sogar ein Doppelbungalow am Strand für Familien. Restaurant mit schöner Sicht. ❷

Hier beginnt der Pfad nach Bottle Beach (1 Std.).

Ocean View ㊸, ☏ 077-377231, nette Bungalows aus Holz und Stein sowie Reihenhaus unter vielen Bäumen am Strand entlang; abends Strom; Restaurant am Strand. ❷–❸

CHALOK LAM – ***Try Thong Resort*** ㊺, ☏ 077-374115, verschiedenartige Bungalows an der Bachmündung, am Strand oder auf dem Hügel, zum Teil mit schöner Aussicht; gute Küche; davor kleiner, steiniger Strand; sehr freundlicher Familienbetrieb; über eigenen Zufahrtsweg oder durch den Bach erreichbar. ❷–❸, ac ❹

Fanta (gesprochen *Fänta)* ㊺, ☏ 077-374132, dicht gedrängte Anlage zwischen dem flachen Meer und der Lagune, pflegebedürftige Hütten am Strand, dahinter Holzbungalows; Restaurant mit uninteressiertem Personal. Bei Flut schöner Strand, Volleyball. ❷

Belvedere ㊻, ☏ 077-374214, hübsche Bungalows am Berg mit guter Sicht, großzügig angelegte, relaxte Anlage, Restaurant mit großer Auswahl. ❷–❸

North Beach ㊼ ☏ 077-374258, einige Bambusmattenbungalows in einer Reihe mit Sicht auf die Bucht. Nette Familie, beliebtes Restaurant. ❷–❸

Rose Villa ㊼, ☏ 077-374013, hübsche Backsteinbungalows, z.T. mit 2 großen Betten, Garten mit Rasen; davor Strandstraße zum nahe gelegenen Dorf. Vor dem weißen Strand liegen Fischerboote. ❷–❸, ac ❹

Malibu Resort ㊾, neue Bungalows direkt am Strand, der auch von Fischern benutzt wird. ❷

Chaloklam Bay Resort ㊿, ☏ 077-374147, 🖳 www.chaloklambay.com, verschiedenartige Bungalows mit 1, 2 oder 3 Betten in sandigem Palmengarten, familiengerecht; protziges Restaurant mit mäßigem Essen, darunter 4 Zi. ❷–❹, ac ❹–❺

Essen

Sea Side Restaurant am Ende der Beach Road im Ort, besonders gut sind die Gerichte, die nicht auf der Karte stehen.

Nongnook Restaurant, 50 m von *Chaloklum Diving,* auf derselben Straßenseite. Günstige Preise, super Essen, freundliche Leute.

Tauchen

Chalok Lum Diving School, ☏/℻ 077-374025, 🖳 www.chaloklum-diving.com/german.htm; zuverlässige Tauchschule auf Ko Pha Ngan. Michael und Nick bieten Tauchausbildung nach PADI auf Deutsch und Englisch (max. 4 Teilnehmer pro Kurs.), Ein- und Zweitagestrips mit großem Boot sowie Beach- und Nachttauchgänge.

Lotus Diving, ☏ 077-374097, Thai-Leitung, u.a. deutsche Tauchlehrer. Großzügig geschnittene, moderne Tauchbasis, Trainings-Pool mit Sonnenliegen, Tauchboot mit herrlichem Oberdeck und super Service.

Transport

Pickups fahren ab THONG SALA für 50 Baht. Boote fahren nur bei ruhigem Seegang 2x tgl. von und nach BOTTLE BEACH für 50 Baht.

Mae Hat Bay

Die 500 m weite Bucht von Mae Hat liegt im Nordwesten von Ko Pha Ngan. Sie wird beherrscht von der steilen, waldigen **Ko Ma**. Der flache, breite Strand besteht aus feinem, weißem Sand und ist bemerkenswert sauber. Die Bucht wurde zum Marine National Park erklärt, kommerzielles Fischen und Harpunieren ist nicht erlaubt. Je nach Wind und Wasserstand muss man zum Schwimmen weit hinauslaufen. Aber Vorsicht: viel Korallenschrott! Schnorcheln kann man schon nach 50 m, aber richtig gut ist es im Westen von Ko Ma, zu der man bei Niedrigwasser auf einer Sandbank hinüberlaufen kann. Viele hohe und junge Palmen wachsen hinter dem Strand.

Obwohl es in Mae Hat jetzt Supermarkt, Bank, Geldautomaten, Internet, Mopedverleih und 24 Stunden Strom gibt, kann man hier noch das „alte“ Ko Pha Ngan finden.

Zum **Wang Sai-Wasserfall**, der in der Trockenzeit kaum zu erkennen ist, kann man in etwa 40 Min. spazieren.

Übernachtung

Royal Orchid Resort ⑭, ✆ 077-374182, schöne, Holzbungalows, preislich gestaffelt nach Abstand zum Strand, nette Besitzerin. ❷–❸, ac ❹

Mae Haad Bay Resort ⑭, ✆ 077-374171, schöne, geräumige Holzbungalows in 2 weit auseinander liegenden Reihen senkrecht zum Strand. Gutes Restaurant mit Blick auf Ko Ma, netter Familienbetrieb. ❶–❷, ac ❹

Island View Cabana ⑮, ✆ 077-374172, saubere, gestrichene Holzbungalows in mehreren Reihen parallel zum Ufer, an dem große, schattige Bäume wachsen, davor breiter Sandstrand; Management und Bedienstete wirken arrogant. Schönes Restaurant mit Blick in beide Buchten. ❷

Ko Ma Dive Resort ⑬, ✆ 06-2762680, gepflegte Anlage auf der Insel, die bei Ebbe zu Fuß erreichbar ist. Wenige schöne, geräumige Holzbungalows, geschickt an und in den Dschungel gebaut; Restaurant mit guter Küche, Tauchschule. ❸

Wang Sai Resort ⑰, ✆ 077-374238, hübsche, einfache Mattenbungalows im Tal, am Hang und hinter der Lagune sowie gut ausgestattete Thai-Häuschen. Über einen Steg gelangt man zum Strand. Restaurant an der Lagune mit gutem Essen. Der Besitzer, Mr. Prathan, ist sehr um seine Gäste bemüht. Tauchschule. ❷–❸

Pim's Bungalow ⑯, ✆ 01-0816768, wenige Holzbungalows hinter gemütlichem Restaurant mit guter Küche.

Mae Had View Resort ⑱, ✆ 077-374107, Holzbungalows hinter der Lagune am Hügel mit ausgezeichnetem Blick auf Ko Ma, etwas vor Mae Hat, auf dem Weg zum Wang Sai-Wasserfall; barsches, lustloses Personal. ❷

Mae Haad Cove ⑱, ✆ 077-374254, wenige geschmackvolle, saubere Holzbungalows am Strand, kleiner Garten, sehr ruhig. Nette, korrekte Besitzer; Nob bereitet die Mahlzeiten je nach Vorräten und Wunsch, auch selbst gefangenen Fisch; Kajak zu vermieten. ❷–❸

Transport

Ab THONG SALA per Pickup für 50 Baht in 30 Min. Zurück geht es um 10 und 13 Uhr.

Hat Salad

Abseits und ruhig liegt die schöne, 400 m lange Hat Salad-Bucht (= Piratenbucht, auch *Had Salat*, gesprochen Sa-latt). Das winzige Fischerdorf und die in der Bucht dümpelnden Boote verleihen der Bucht Lokalkolorit. Nur bei hohem Wasserstand in den Wintermonaten kann man zwischen dem feinen Sandstrand und dem südlich vorgelagerten Riff gut schwimmen und vor den nördlichen Felsen schnorcheln. Die Sicht ist allerdings nicht umwerfend. Im Sommer eignet sich der flache Strand mit vielen Korallen und Sandbänken eher zum Spazierengehen und ab Nachmittag für ein entspannendes „Wannenbad“ in einem der natürlichen Pools.

Es gibt einen Supermarkt und ein Reisebüro mit Internet. Trips zum Schnorcheln und Fischen können fast überall gebucht, Motorroller an mehreren Stellen für 150 Baht pro Tag gemietet werden.

Yoga, Pilates und Alexander-Techniken lehrt die englische Teresa im ***Hata Yoga Retreat***, ✆ 077-374310, 💻 www.Yogaretreat-kohphangan.com.

Ein Pickup von Thong Sala nach Hat Salad kostet 50 Baht.

Übernachtung

Alle billigen Anlagen verbreiten eine ausgesprochen angenehme, freundliche Atmosphäre. Die meisten sind durch eine Mauer zum Strand begrenzt.

Haad Lad Resort ⑲, ✆ 077-374220, 🖳 www.haadladresort.com; idyllisch unter Palmen gelegene, sehr saubere Holz- und Steinbungalows, familiäre, relaxte Stimmung, freundliches Personal, Internet, Video. ❷–❸, ac ❹
Green Papaya Resort ⑲, ✆ 077-349280, 🖳 www.greenpapayaresort.com, gepflegte Anlage mit ac-Bungalows, Bootsrestaurant, Pool; französische Besitzerin. ❻
My Way ⑳, ✆ 077-349267, neue Stein- und Bambusbungalows auf hohen Stelzen, gemütliches Restaurant, Bodensitzpolster, Möglichkeit, eigene Musik zu spielen, kein TV, Büchertausch (viele deutsche). ❷–❸
Asia Bungalows ⑳, ✆ 077-377288, 🖳 www.kohphangan.com/asia; Doppelbungalows mit Kühlschrank und Warmwasser sowie Bambusmattenhütten. ❸, ac ❹
Coral Beach ⑳, ✆ 07-2809815, gemütliche Anlage, 7 nette, geschwungen angeordnete Bungalows, schön dekoriertes Restaurant mit vielen Pflanzen, Ruheplätze mit Matten und Kissen, überhängende Palmen am Strand. ❸
Salad Hut ⑳, ✆ 077-349246, Holzbungalows und -häuser, z.T. mit Kühlschrank, für bis zu 4 Personen, alle mit Strandsicht; Restaurant am Strand unter Palmen, preiswerte Gerichte, kleine Strandbar, separates TV-Zimmer, ein Kajak. ❷–❹
Dubble Duke ⑳, am Südende des Strandes, nette Bungalows unter Leitung vom freundlichen Mr. Pong und seiner Frau; Restaurant direkt am Strand mit z.T. gutem, billigem Essen. TV-Berieselung wird auf Wunsch ausgemacht. ❸–❹

Hat Kruat, Hat Thian (West), Hat Yao (West) und Hat Son

Einsamkeitsfanatiker fühlen sich am winzigen Strand **Hat Kruat** trotz grobem Sand und Korallenschutt wohl. Der ebenfalls kleine **Hat Thian (West)** glänzt dagegen mit feinem Sand.

Der 500 m lange, flache Sandstrand **Hat Yao** wirkt insgesamt sehr schön, der Sand ist so fein wie Mehl. Er wird gesäumt von hohen Kasuarinen, dahinter wachsen Palmen und im hinteren Bereich liegt der Müll. Das etwa 40 m vorgelagerte Riff bildet eine Lagune mit vorwiegend glattem Sandboden und ist bei Flut gut zum Schnorcheln geeignet. Während der Wintermonate kommt das Meer, vor allem bei Vollmond, bis zu den Palmen, bei Sturm sogar noch weiter. Der feine Sand enthält anscheinend nur selten Sandfliegen. Immer mehr Bungalows entstehen, Supermärkte, Reisebüros und E-Mail-Cafés bieten ihre Dienste an, die Zufahrtsstraße ist ausgebaut.

Wenige Minuten südlich von Hat Yao liegt der kleine Strand **Hat Son**. Viel Korallenschutt sieht bei Ebbe unschön aus und erlaubt Baden auch bei Flut erst 50 m vom Ufer entfernt.

Übernachtung

HAT KRUAT – ***Lucky Resort*** ㉒, neue Bambushütten am Hang und schöne Holzbungalows in der Bucht, z.T. für Familien geeignet. ❶–❸
High Life 1 ㉒, ✆ 077-349125, gepflegte Holzbungalows, die sich zwischen die runden Felsen am Nordhang des Hügels schmiegen, 15 Min. zu Fuß von Hat Yao, nette Besitzerfamilie. ❷
Haad Gruad Resort ㉒, ✉ kohtaotour@hotmail.com, ✆ 01-0857251, neue Bambusmatten- und Steinbungalows mit Naturdach am Kleinstrand der Bucht. Ruhiger Familienbetrieb. ❶–❷

HAT THIAN (West) – Am kleinen Strand liegt ***Hat Thian Bungalows*** ㉓, ✆ 077-349009, 🖳 www.haadtian.com, gepflegte Anlage mit einfachen Hütten und besseren Bungalows, Volleyball, Kajak. ❶–❷

HAT YAO – ***Dream Hill*** ㉔, ✆ 077-349131, saubere Hütten mit Du/WC aus Stein und Holz, einige Familienbungalows, 100 m vom Strand entfernt, Restaurant mit bester Sicht durch Palmen auf Hat Yao; freundliche Familie. ❷–❸
Blue Coral ㉔, ✆ 077-349131, 9 Bungalows in nettem Garten am Fuß des Hügels, Restaurant mit Sitzpolstern. ❷–❸
Bayview ㉔, ✆ 077-349235, Bungalows aller Art am Strand und kühn auf Felsen gebaut, z.T. tolle Sicht; Restaurant mit schöner Aussicht. ❷–❸
Long Bay ㉕, ✆ 077-349057, 🖳 www.long-bay.com, viele geschmackvolle Bungalows in gestylter Anlage mit Swimming Pool, Supermarkt, Tour Counter; 6-eckiges Restaurant mit teuren Möbeln, kostenloses Kajakfahren, Liegen am Strand. ❹, ac ❺–❻

Silver Beach ⑥⑤, ✆ 077-349167, Bambusmatten- und neue Steinbungalows, daneben großer Palmengarten. ❷–❸, ac ❹
Haad Yao Bungalows ⑥⑥, ✆ 077-349152, verschiedene Bungalows am schönsten Teil des Strandes, großes Restaurant mit Bar, Dachrestaurant, Laden, Reisebüro mit Information, Speedboot zu vermieten. ❶–❸, ac ❹
Ibiza Bungalow ⑥⑥, ✆ 077-349121, alte Bambusmattenhütten und neue, große, saubere Bungalows in gepflegtem Palmengarten, angenehme Anlage mit preiswertem Restaurant im Zentrum, freundlicher Service, Geldautomat. ❶–❸, ac ❹
Sandy Bay ⑥⑥, ✆ 077-349119, viele unterschiedliche Bungalows von der einfachen Hütte bis zum guten ac-Steinbungalow an schönem, gepflegtem Strand, am Hang und im Hinterland; günstiges Essen, langsamer Service. ❸–❹, ac ❹–❺

Oberhalb der Straße liegen:
Over Bay ⑥⑦, ✆ 077-349163, geräumige Bungalows mit fantastischer Aussicht. ❶–❷
Tantawan ⑥⑧, 🖳 www.tantawanbungalow.com, ✆ 077-349108, 10 renovierte Einzel- und Doppelbungalows sowie 2 Familienzimmer am steilen Hang, für kleine Kinder nicht geeignet, schöner Swimming Pool, Aussichtsrestaurant. ❸–❹

HAT SON – Am eigenen schönen Strand liegt ***Haad Son Bungalow*** ⑥⑨, ✆ 077-349103, 🖳 www.kohphangan.com/haadson; gut ausgestattete Bungalows am Wasser, oben an den Felsen und beim Restaurant, Restaurant erhöht am Felsen mit schönem Ausblick aufs Meer, schmackhaftes, teilweise überteuertes Essen, Pool, Tauchschule. ❸–❹, ac ❹–❻

Tauchen

Haad Yao Divers, 🖳 www.haadyaodivers.com, ✆ 06-2793085; geleitet von Daniel und Heike Frutig, ruhige und entspannte Atmosphäre, Hauptbüro bei *Sandy Bay*. Tauchkurse, Tauchen vom Strand und Tagestrips, auch für Schnorchler.

Transport

Von THONG SALA mit dem Pickup nach HAT KRUAT, HAT THIAN und HAT YAO für 50 Baht, mittags. Ab HAT YAO um 9.30 Uhr. Zu anderen Zeiten per Charter für 300 Baht.

Chao Pao Beach

Dieser Strand mit seinem feinen, sauberen Sand wird nur durch einen Hügel vom Sri Thanu Beach geteilt. Das Meer fällt ganz flach ab. Ab März gibt es so wenig Wasser, dass man vor den vorgelagerten Korallenbänken nicht mehr schwimmen, sondern nur im warmen Wasser plantschen kann. Sich auf dem nicht gerade sauberen Kies- und Sandstrand über die Korallen hinauszuarbeiten, ist etwas mühsam. Beim Schnorcheln kann man zwar bunte Fische sehen, die meisten Korallen sind jedoch zerstört. Attraktiv scheint ein Tankerwrack zu sein. Einige Anlagen sind noch vom alten Stil – man nimmt noch am Leben der Fischer teil. An der Straße gibt es einen Minimarkt, Internet, Restaurants und ein Office von *Haad Yao Divers*.

Übernachtung

Rock Garden ⑦⓪, wenige hübsche Bungalows am steilen Felsenhügel über einem kleinen Strand, schön zum Schnorcheln. ❷
Green View ⑦①, ✆ 077-349148, ganz einfache Bungalows aus Holz und Eternit, innen unverkleidet, am Fuße des Hügels, schöne Aussicht; Steinstrand. ❶–❷
Sun View ⑦①, ✆ 077-349099, Holz- und Bambusmattenbungalows am steilen Hang mit tollem Sonnenuntergangsblick, unten Steinstrand mit der *Freedom Bar*. ❷–❸, ac ❹
Great Bay ⑦①, ✆ 377128, neuere / ältere Bungalows im Flachland; TV-Restaurant. ❶–❷, ac ❸
Haad Chao Phao ⑦②, ✆ 077-349273, Bungalows auf schmalem Grundstück, vorne Restaurant, Familienbetrieb, Minimarkt; Jeep, Bike und Schnorchelausrüstung zu mieten. ❷
Sea Flower ⑦②, ✆ 077-349090, seit Jahren beliebte, schöne, parkähnliche Anlage, einfache, in die Jahre gekommene und bessere Bungalows im Halbkreis in einem breiten Palmengarten; gutes Essen; *Sea Trekking* zum Marine Park. ❷–❸
Seetanu Bungalows ⑦②, ✆ 077-349113, ältere Bungalows eng ums restaurierte Restaurant gebaut, vorn am Strand große, gemauerte Thaistil-Häuser; viele Stammgäste. ❷, ac ❸–❺

Yoga

Tantra, Agama- und Hatha Yoga im *Bovy,* von Dezember bis August mit Swami Vivekananda; 💻 www.tantricyoga.net.

Sri Thanu Beach

Der lange, gelbe Sandstrand in der weit geschwungenen, mit Palmen und Mangroven bestandenen Bucht fällt ganz flach ab. Schwimmen soll immer möglich sein, wenn man den richtigen Kanal kennt, am tiefsten ist es an der felsigen Halbinsel Laem Niad.

Im Hinterland liegt der idyllische Laem Son-Baggersee, in dem man auch schwimmen kann.

Übernachtung

Lake Side Resort ⑦③, ✆ 077-349126, große Steinhäuser mit Terrasse zum See. ❸, ac ❹

Laem Son 2 ⑦④, ✆ 077-349123, einfache Hütten, alle mit direkter Strandsicht. ❶–❷

Sea View Rainbow ⑦⑤, ✆ 077-349084, einfache Hütten und gut ausgestattete Bungalows auf beiden Seiten des Baches; beliebte Anlage, freundliche Leute; Boot zum Schnorcheln und Fischen. ❶–❸

The Beach Resort ⑦⑤, ✆ 077-349085, nett gemachte Bungalows am Strand, wirken innen recht heimelig. ❷–❸

Nice Sea Resort ⑦⑤, ✆ 077-349177, neue Holzbungalows. ❷–❸

Auf dem Kap:

Loy Fa ⑦⑦, ✆ 077-349021, viele verschiedenartige Bungalows in großem Gelände, die einfacheren Bungalows am Hang, die besseren Steinbungalows direkt am kleinen Privatstrand, alle mit guter Aussicht; nachlässiger Service, Internet. ❸, ac ❹

Chai Country ⑦⑧, ✆ 01-2716967, kleine Bungalows auf dem Kap mit guter Sicht, Chai und seine Familie verbreiten eine herzliche Atmosphäre; Aussichtsrestaurant. ❶–❷

Chills ⑦⑧, ✆ 07-2674016, ✉ chillsbayresort@hotmail.com, neue, schöne Bungalows, Salzwasserpool, deutsches Essen und Management. ❸, ac ❹

Banana Beach ⑦⑨, saubere Bungalows in einer süßen, kleinen Anlage am südlichen Ende des Kaps; Thai-deutsche Leitung; neben Thai-Gerichten werden auch ausgezeichnete europäische serviert. ❷

Transport

Die Sri Thanu-Strände erreicht man von Thong Sala mit dem Pickup für 50 Baht.

Hin Kong Beach, Wok Tum Beach und Plaaylaem Beach

Hin Kong Beach und **Wok Tum Beach** bilden eine weite, flache Bucht, die nur durch die Mündung eines Baches geteilt wird. Die Strände sind noch großteils unentwickelt, das Korallenriff liegt 300 m vor dem Ufer und Schwimmen ist nur in den Wintermonaten bei Flut möglich. Die Straße verläuft in geringem Abstand parallel zum Strand. Viele Traveller zieht es zu den alten Anlagen dieser Bucht, weil in den meisten die Atmosphäre stimmt, das Essen schmeckt und sich die Besitzer um ihre Gäste kümmern.

Der **Plaaylaem Beach** duckt sich am Fuße des Hin Nok-Hügels, von dessen Hängen man eine fantastische Sicht über den Anthong Marine Park hat.

Dieser Küstenabschnitt ist leicht zu erreichen, ab Thong Sala (2 1/2 km) mit dem Pickup für 30 Baht.

Übernachtung

HIN KONG BEACH – ***Lipstick Cabana*** ⑧⓪, ✆ 077-349252, kleine Anlage mit gut ausgestatteten, sauberen Bungalows. Oi kocht hervorragend. ❷–❸

WOK TUM BEACH – Am flachen Strand liegen ***Sukho*** ⑧②, ✆ 077-238455, wenige Hütten, meist Langzeittraveller. ❶–❸

Woktum Bay ⑧③, ✆ 077-377430, bessere Bungalows in größerer Anlage, geführt von einer netten, hilfsbereiten Familie. ❷

O.K. ⑧③, ✆ 077-377141, Bungalows mit großer Terrasse, preiswertes, schmackhaftes Essen, zu empfehlen ist *Müsli Thaistyle;* liebevolle Familie. ❶–❷, ac ❸–❹

PLAAYLAEM BEACH – ***Darin*** (84), ✆ 077-377705, ✉ suttiwan_c@yahoo.com, saubere Hütten, versteckt zwischen den Felsen an kleinen Stränden, gutes Essen; Mama umsorgt ihre Gäste, herrliches Schnorcheln. ❶–❸

Sea Scene (86), ✉ seasceneresort@yahoo.com, ✆ 077-377516, idyllische Anlage, gemauerte, geräumige Bungalows mit Hängematte; langsamer Service, gutes Essen; nette Leute. Oversea & Domestic Call, Internet, Motorrad zu vermieten. Ein spezieller Bungalow für Behinderte mit Rolli. ❸, ac ❹

Porn Sawan (86), 🖳 www.porn-sawan.netfirms.com, ✆ 077-377599; einfache, billige Hütten am Strand mit Ventilator, sauber, freundlich, gutes Essen; Mopeds zu mieten, Taxi-Service, Internet. ❶–❷

Cookie (87), ✆ 077-377499, nette einfache Hütten und einige bessere Bungalows am Strand und am Hang, Restaurant, gute Atmosphäre. ❷–❸

Beach 99 (87), ✆ 077-377518, schöne Lage, netter Garten, preiswerte Hütten, gutes Essen; Windsurfer zu mieten. ❶–❷

Nai Wok Bay

Dieser 1000 m lange, unattraktive Strand schließt an den Fluss nördlich von Thong Sala an, man kann ihn nur auf der Straße erreichen. Das Meer ist äußerst flach, das Korallenriff liegt weit vor der Küste. Wer die Bequemlichkeit des nahen Thong Sala schätzt, findet hier angenehme Bungalows. Viele Leser schwärmen von den Sonnenuntergängen und dem guten Essen.

Übernachtung

Grand Sea Resort (88), ✆ 077-377776, 🖳 www.phangan.info/grandsea, traditionelle Thai-Häuser im Lanna-Stil mit ac, Kabel-TV, Minibar, Pool, Internet; freundliches Personal. ❺–❻

Tranquil (88), hübsche Holzbungalows, senkrecht zum Strand in einer schmalen Anlage, Restaurant vorn am Strand, Kajaks zu vermieten. ❶–❸

Siripun (89), 🖳 www.siripunbungalow.com, ✆ 077-377140, ausgedehnte Anlage, bessere Fan- und komfortable ac-Bungalows, mit Steinen gebaut, bekannt für die großen Portionen im Restaurant. Freundliche Besitzerin Yupa. ❷, ac ❹–❺

Suntown (90), nette Hütten; nur in der Saison (ab Nov) geleitet vom hilfsbereiten Schwaben Sohni und seiner Deutsch sprechenden Frau Ooy. ❷

Phangan Bungalow (90), ✆ 077-377191, Holzbungalows mit Du/WC in 2 Reihen auf großer Wiese mit Palmen; Restaurant. ❶–❷

Ausflüge auf Ko Pha Ngan

Engagierte Leute in der Provinzverwaltung hatten die Idee, den Touristen etwas mehr Einsicht in das Leben der Inselbewohner zu ermöglichen. So riefen sie „Points of Interest" ins Leben, zu denen Wegweiser führen und die gut beschildert sind: Bee processing Group in Maduwa, Ko Pha Ngan Culture Work Center in Thong Sala, oder die Sea Processing Group in Chalok Lam, wo man Fischern beim Putzen und Auslegen von Tintenfischen zusehen kann.

Die auf den Landkarten eingezeichneten Fußwege im Inneren der Insel sind in der Realität kaum vorhanden. Ohne Führer kann man sich leicht verirren! Die meisten Wasserfälle haben nur von November bis Januar viel Wasser. Dennoch können diese Ausflüge auch sonst die Mühe lohnen.

Zum **Paeng Waterfall Forest Park** fährt man 1 km auf einer Erdstraße bis zu einem großen Parkplatz. Zum meist kaum erkennbaren **Paeng-Wasserfall** sind es noch 200 m zu Fuß, zum schönen, lohnenswerten Aussichtspunkt 500 m den Berg hinauf. Essen und Getränke dürfen nicht mit hoch genommen werden, doch am Parkplatz sorgt in der Saison ein Shop für Snacks und Erfrischungen. Zum **Wang Sai-Wasserfall** im Nordwesten spaziert man zu Fuß in 15 Min. von der Mae Hat Bay. Den schwierigen Pfad zum **Than Sadet-Wasserfall** im gleichnamigen Nationalpark können nur erfahrene Off-Road-Fahrer mit dem Motorrad bewältigen.

Vom **Khao Ra**, mit 627 m der höchste Punkt der Insel, hat man eine herrliche Aussicht über die ganze Insel, aber der Aufstieg ist nur mit einem erfahrenen Führer möglich. Der Dorfchef von Ban Maduawan kann innerhalb einer Stunde einen Guide vermitteln. Auch Gill vom Jungle View Restaurant kann Führer organisieren.

Auf der Spitze eines Hügels, 10 Min. vom Dorf Ban Tai entfernt, liegt der Meditationstempel **Wat Khao Tham**. In seinem Mondop wird ein Fußabdruck Buddhas verehrt. Von der Pagode hat man einen schönen Blick auf den Strand und das Meer. Die **Wat Nai Pagoda** am Fuße des Berges stammt aus der Ayutthaya-Periode und ist über 200 Jahre alt. Die 12 m hohe Pagode im **Wat Khao Noi** (gegenüber dem Hospital) bietet einen tollen Ausblick.

Für Abenteuerlustige ist eine Inselumrundung in mehreren Tagen möglich, zu Fuß, versteht sich. Wegen des schwierigen Geländes entlang der Ostküste dauern die vorgesehenen Etappen dort weitaus länger, als die meisten Wanderer vorausplanen.

Zum **Ang Thong Marine National Park** (s.S. 597) bieten mehrere Organisationen lohnenswerte Tagesausflüge per Schiff an. Mo, Mi, Fr und Sa um 9 Uhr, zurück um 16 Uhr für 1800 Baht inkl. Essen, Getränke, Parkeintritt, Kajak- und Schnorchelausrüstung.

Auf **Ko Tae Nai** gibt es Bungalows für 900 Baht und eine schöne Aussicht vom Hügel.

Nach **Ko Tao** und **Ko Nang Yuang** geht es um 9 Uhr, zurück um 16 Uhr für 1500 Baht inkl. Essen, Getränke, Eintritt und Schnorchelausrüstung.

Ko Tao เกาะเต่า

Die kleine, felsige Insel Ko Tao (Schildkröteninsel) liegt 38 km nördlich von Ko Pha Ngan und 74 km von Chumphon entfernt. Sie ist knapp 8 km lang und 3 km breit und hat eine Fläche von ca. 21 km^2. Bewaldete Berge reichen bis auf 379 m Höhe. Auf Ko Tao leben etwa 550 Einheimische, die früher aus dem Anbau von Kokosnüssen ein mageres Einkommen erzielten. Fischfang wurde vorwiegend für den Eigenbedarf betrieben. Das harte Leben hat den etwas harschen Charakter der Einheimischen geprägt. Heute beziehen die meisten einen Teil ihres Einkommens aus dem Tourismus. Kaum ein Bewohner der Insel sehnt sich nach dem mühsamen Leben in den alten Zeiten zurück. Besonders gewiefte Bewohner reißen sich Land unter den Nagel, „legalisieren" den Besitz und verkaufen ihn teuer an touristische Unternehmen weiter. Hanggrundstücke werden gerodet, immer mehr Wald geht verloren. Unbefestigte Fahrwege, rücksichtslos durch den Hang gefräst, verursachen katastrophale Erosion, die manchem umweltbewussten Touristen das Blut gefrieren lässt.

Ko Tao ist als Taucherinsel bekannt. Touristen, die weder tauchen noch schnorcheln wollen, fühlen sich auf der Insel oft fehl am Platz, obwohl es viele andere Aktivitäten gibt.

Die Strände von Ko Tao

An den zwei langen Sandstränden im Westen reiht sich unter Kokospalmen eine Bungalowanlage an die andere. Die tiefen, von runden Felsen eingerahmten Buchten im Süden wirken bei Flut romantisch, bei Ebbe sehen die mit Korallenschrott bedeckten Strände jedoch weniger einladend aus. Der Osten und Nordosten sind rau und schwer zugänglich, nur kleine Sandstrände tauchen bei Ebbe zwischen den Felsen auf.

Bungalows

Schon über 100 Bungalowanlagen wurden auf der Insel gebaut, sowohl an den bekannten Stränden als auch an den kleinen Buchten und im Hinterland. Am Mae Hat und Sai Ri Beach überwiegen saubere, gepflegte Anlagen mit hübschen, bereits recht teuren Bungalows mit Du/WC und Fan für ca. 400 Baht. Auch auf Klimaanlage muss man nicht mehr verzichten. Immer mehr Resorts bauen komfortable Bungalows mit Aircondition dazu, die etwa das Doppelte kosten, aber es entstehen auch neue Luxusanlagen mit Zi für mehrere Tausend Baht.

An allen anderen Stränden werden selbst in der Saison noch einfache Hütten aus Bambusmatten, Holz oder Sperrholz für weniger als 200 Baht angeboten. Das übrige Preisniveau ist höher als auf den Nachbarinseln. In den letzten Jahren hoben die meisten Bungalowbesitzer an den Hauptstränden die Preise kräftig an. In der Trockenzeit leiden viele Anlagen unter Wassermangel, und das kostbare Nass muss für viel Geld vom Festland gekauft werden. Fast alle Anlagen verfügen über ein eigenes Restaurant. Man kann zwar keine Luxusrestaurants erwarten, das Essen ist jedoch zumeist gut.

Ein Müllwagen und drei Müllverbrennungsanlagen sollen umweltschonend entsorgen. Aber schon beim oberflächlichen Hinschauen fällt auf, dass die Insel das Müllproblem noch lange nicht im Griff hat.

An allen Stränden gibt es Strom.

Tauchen und Schnorcheln

Ko Tao besitzt unter Tauchanfängern einen hervorragenden Ruf, daher der Spitzname *„Ko Taoch"*. Kaum sonst wo kann man so preisgünstig direkt neben der Strandhütte das Tauchen lernen, wenn man die niedrigen Kosten für die Unterkunft und das Essen mitrechnet. Näheres zum Tauchen s.S. 636.

Auch fürs Schnorcheln ist Ko Tao hervorragend geeignet. Vor allem an der Ostküste existieren intakte Biotope mit vielerlei Korallen und farbenfrohen Fischen, z.B. vor Ao Tanote. Vor der ruhigen, einsamen Hin Wong sind tolle Muscheln zu sehen. An der Südküste müssen sich Schnorchler erst über flache Korallenriffe oder durch Felsbarrieren quälen, ehe sie eine geeignete Wassertiefe erreichen. Wer zu den vorgelagerten Taucherfelsen **Shark Island** schwimmen will, sollte laut Gezeitentabelle ruhiges Wasser abwarten, da die Strömungen um die Insel gefährlich werden können.

Klima und Reisezeit

Die beste Reisezeit ist von Ende Dezember bis April und im August und September. In der Hauptsaison von Dezember bis Ende März wird die Insel total voll. Jeden Tag kommen 400 neue Gäste an, die z.T. an den Stränden oder in den Büros auf dem Boden nächtigen.

Mitte April (Songkran) überfluten Thais für einige Tage die Insel – die Bungalowpreise steigen in astronomische Höhen. Im November und Anfang Dezember wird die Insel von so schweren Stürmen heimgesucht, dass schon Gäste nach einer Woche Sturm von der Marine evakuiert werden mussten. In der Nebensaison werden die meisten Bungalows eine Preisklasse tiefer angeboten.

Ban Mae Hat บ้านแม่หาด

In eine malerische Bucht eingebettet, begrenzt von faszinierenden Granitfelsen, liegt im Südwesten das Hauptdorf der Insel, Ban Mae Hat. An den neuen Piers können auch größere Boote anlegen. Außer

Übernachtung:

KO NANG YUAN:
(1) Nang Yuan

SAI RI BEACH (SAIREE BEACH):
(2) C.F.T.
(3) Thipwimarn Resort
(4) Sairee View Resort, Eden Resort
(5) Sun Sea
(6) Sun Lord
(7) Silver Cliff, Golden Cape,
(8) Ko Toa Cabana, Bow Thong Beach
(9) Ko Tao Coral Grand Resort, Pranee
(10) O'Chai 2, O'Chai, Blue Wind
(11) Sai Ree Hut, Sunset Buri Resort
(12) Simple Life Villa, Big Blue Diving Resort
(13) Silver Sand Beach Resort, Lotus Resort, Sea Shell Resort
(14) Sairee Cottage
(15) Sabai Sabai Resort
(16) S.B. Cabana
(17) Koh Tao Island Resort, Ban's Diving Resort, Bingo Bungalows
(18) AC Resort, AC Two, In Touch Resort, Ocean View
(19) Moonlight
(20) Mountain View
(21) OK View
(22) Clear View Bungalows,

MAE HAT BEACH:
(22) D. D. Hut
(23) View Cliff 2, View Cliff, Tommy's Dive Resort
(24) Queen Resort
(25) Beach Club Dive Resort
(26) Baan Tao Bungalows, Mr. J.'s Bungalows
(27) Chamaiporn Gh.
(28) Tao Siam Gh., Save Bungalow, Blue Diamond Resort, Koh Tao Royal Resort
(29) Sensi Paradise Resort,
(30) Jansom Bay Bungalows, Charm Churee Villa

SAI NUAN BEACH:
(31) Sai Thong
(32) Siam Cookie
(33) Char Resort
(34) Tao Thong Villa

CHUN CHUA-BUCHT:
(35) Moon Dance
(36) Sunset
(37) Orchid Cliff Bungalow

CHALOK BAN KAO BAY:
(38) Viewpoint Bungalows, Big Bubble Dive Resort
(39) Laem Klong
(40) Sunshine 2 Bungalows, Sunshine 1 Resort
(41) Buddha View Dive Resort, Carabao
(42) Ko Tao Tropicana, J.P. Resort
(43) Porn Resort, Big Fish Dive Resort
(44) Ko Tao Dive Resort
(45) Ko Tao Resort
(46) Taa Toh Lagoon Dive Resort, Freedom Beach

ROCKY BEACH (AO THIAN):
(47) New Heaven, OK 2 Bungalow
(48) Rocky Resort, Jamahkiri Resort
(49) Eagle View, Happy House

SAI DAENG BEACH:
(50) Coral View Resort
(51) New Heaven Resort

AO LEUK:
(52) Nice Moon
(53) Aow Leuk 2
(54) Aow Leuk Bungalow
(55) Bayview Bungalows

AO LANG KHAAY:
(56) Omsara Resort
(57) Island Hill Resort
(58) Pahnun View
(59) Nok's Garden Restaurant
(60) Lang Khaay Bay Bungalows

AO TANOTE:
(61) Mountain Reef
(62) Poseidon Bungalow
(63) Diamond Beach
(64) Black Tip Dive Resort
(65) Bamboo Hut
(66) Tanote Bay Resort
(67) Belle Vue Camping
(68) Two View

LAEM THIAN BEACH:
(69) Laem Thian Bungalows

HIN WONG:
(70) Hin Wong Resort
(71) Green Tree Resort
(72) View Rock Resort

MANGO BAY:
(73) Ao Muang Resort
(74) Mango Bay Grand Resort

Läden, Restaurants etc.:
1 Here & Now
2 Wal-Skelett
3 Sun Smile Travel
4 Pranee Complex
5 Restaurants
6 Planet Scuba, Sairee Minimart
7 Pon Bakery
8 Scuba Junction
9 S.B. Travel
10 Ban's Diving
11 AC Party Pub
12 In Touch Beach Bar
13 Calypso Diving
14 Black Tip Diving
15 Chintana Clinic
16 Whitening Bar
17 Zen Rock Climbing
18 Jamahkiri Spa
19 Tiger Bar

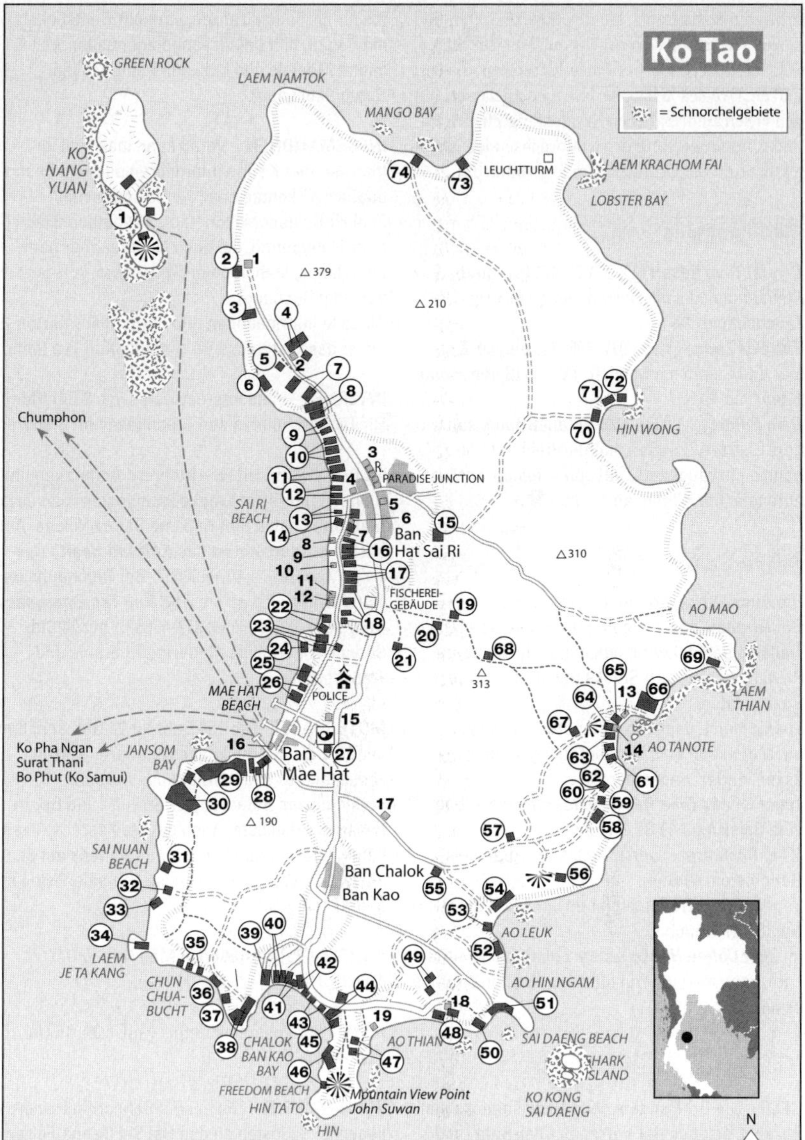

KO SAMUI, KO PHA NGAN, KO TAO

mehreren Restaurants, kleinen Supermärkten und einem Wat haben sich im Ort auch Tauchschulen, Geldautomaten, Internet-Cafés, Reisebüros, die Post und ein Oversea-Telefonservice niedergelassen. Mit den vielen aufdringlichen Kundenfängern, den An- und Abreisenden und der wild wachsenden Architektur wirkt der Ort nicht gerade gemütlich.

Übernachtung

Crystal Dive Resort ①, ✆ 077-456107, gute Steinbungalows mit Balkon, einige mit ac. Tauchschule. ❹

The Sea Lodge ③, ✆ 077-456111, Deluxe-Zimmer und Suiten mit Minibar, TV, im OG von *Planet Scuba*. ac ❺

Dive Point ④, ✆ 077-456231, am Strand, saubere Zi, Du/WC außen, halber Preis bei Teilnahme am Tauchkurs. *Joseph's Restaurant* mit europäischer Küche, ab 19 Uhr. ❸

Essen

Die Auswahl ist groß und meist sehr gut.

Bei ***Farango***, das von dem Franzosen Stephane Taulaigo geleitet wird, bekommt man nicht nur Pizza, sondern auch Steaks und mediterrane Spezialitäten.

Lucky, gleich daneben. Auf netter Terrasse am Meer kann man hier einfach, gut und billig essen. Etwas langsamer Service.

Teuer ist das ***Mae Haad Restaurant***, wo schon eine Reissuppe 40 Baht kostet.

Yang Restaurant, wenig Ambiente, aber viele Gerichte um 40 Baht.

Vegetarische Gerichte gibt es bei ***Mr. J.*** am Weg zum Sai Ri Beach.

Im ***Zest Coffee House***, einem beliebten Straßencafé, kann man gut frühstücken, Kuchen oder Eis essen.

Sonstiges

GELD – Die Banken tauschen Reiseschecks und Bargeld, solange der Vorrat an Thai-Baht reicht (oft nur bis 10 Uhr!). Es gibt mehrere Geldautomaten.

Mr. J. offeriert Geldwechsel und macht Tausch, An- und Verkauf von Büchern. Er macht auch Fotos für die Tauchlizenzen, verkauft Bootstickets mit Rabatt, hilft bei Visaangelegenheiten, vermietet Mopeds und hat immer einen tollen Spruch auf Lager.

INFORMATIONEN – Vorab kann man sich im Internet über Ko Tao informieren oder ein Resort buchen: 💻 kohtao.com, 💻 thaisouth.com/English/Guidebook/koh_tao/, 💻 kohtaoonline.com; Unterkünfte, die auch Nichttaucher gern aufnehmen, stehen unter 💻 www.on-koh-tao.com (mit Buchung).

Aktuelle Informationen und brauchbare Karten bietet das kostenlose Werbeheft „Koh Tao Info".

INTERNET – Viele Internet-Cafés, ca. 2 Baht/Min. Für Tauchschüler in den Tauchbasen oft gratis.

MEDIZINISCHE HILFE – Mehrere Arztpraxen und Health Centers mit Krankenschwestern gibt es in Mae Hat, Chalok Ban Kao und Sairee Village. Am besten ausgerüstet ist das ***Koh Tao Health Center*** in Mae Hat, ✆ 077-456007. Bei Tauchunfällen wendet man sich an die ***SSS Koh Tao Emergency Station***, ✆ 01-0830533, 077-456577, mit 24 Std. Service zur Ersthilfe, Sauerstofftherapie und Transporthilfe.

MOTORRÄDER – ab 150 Baht für 24 Std. Schäden am Bike vor der Rückgabe reparieren lassen, sonst kann es übermäßig teuer werden.

Vorsicht beim Befahren der Strände und Buchten an der Ostküste. Auch geübte Fahrer stürzen häufig trotz vorsichtigen Fahrverhaltens auf dem letzten Abschnitt der teilweise schmalen, steilen und rutschigen Sandwege.

POLIZEI – Polizeistation in Mae Hat, ✆ 077-456631.

POST – hat Poste Restante, 🕓 tgl. 8.30–16 Uhr. **PLZ**: 84280.

SCHNORCHELN – Die besten Schnorchelreviere liegen im Südosten an den Bai Sai Daeng-Felsen, bei Shark Islands und um Ko Nang Yuan. Ausrüstung, meist in schlechtem Zustand, wird von einigen Anlagen kostenlos verliehen, sonst jeweils 50–100 Baht für Maske, Schnorchel und Flossen.

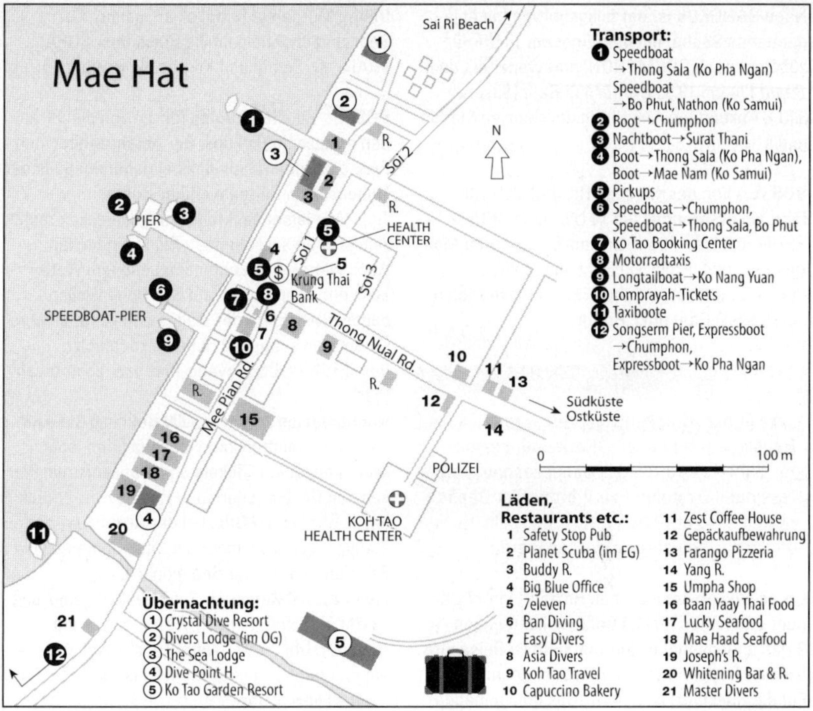

Bei der Inselumrundung ab Sai Ri um ca. 9 Uhr wird etwa 5 mal zum Schnorcheln gestoppt, Rückkehr ca. 16 Uhr, Preis 300 Baht p.P. (bei rauer See keine Tour).

Nahverkehrsmittel

Auf Ko Tao geht man vorwiegend zu Fuß oder fährt Motorroller. Aber auch hier bieten sich **Motorradtaxis** (ab 40 Baht) und **Pickups** (130–220 Baht) an. Der Allrad-Pickup von Mae Hat nach Tanote Bay fährt um 10.30, 15.30 und 17.30 Uhr für mindestens 100 Baht p.P. (min. 200 Baht/Auto), zurück um 11, 16 und 18 Uhr. In der Dunkelheit können sich die Preise drastisch erhöhen. Ein breiter „Highway" wurde von Süden nach Norden gebaut.
Nach KO NANG YUAN fährt um 10 und 16.30 Uhr ein **Taxiboot** für 30–50 Baht, hin u. zurück 60–100 Baht.

Transport

Bei Ankunft der Boote warten viele Schlepper und einige Bungalowbesitzer mit ihren Pickups am Pier. Kostenlos oder für 20–30 Baht bringen sie ihre Gäste an die Strände. Jedes Jahr werden neue Bootslinien in Dienst gestellt. Bei hohem Seegang fahren keine Boote von/nach Ko Tao, was zu jeder Jahreszeit passieren kann.
Nach BANGKOK geht es leicht mit dem Kombi-Ticket für 500 bzw. 550 Baht: um 10.30 Uhr nach CHUMPHON, wo am Pier ein so genannter VIP-Bus abfährt, der um 20.30 Uhr nahe Khaosan Road ankommt (zum Aussteigen in Hua Hin den Fahrer informieren).
Wer den Zug vorzieht, erreicht in Chumphon normalerweise den ***Sprinter*** um 13.27 Uhr, der um 20.27 Uhr an der Samsen Station in Bangkok ankommt, wo man leicht ein Taxi zur Khaosan Road bekommt.

Nach BANGKOK ist der billigste Weg (nicht jedermanns Sache) mit dem **Boot** um 10 Uhr für 200 Baht nach CHUMPHON, dort weiter mit dem ***Rapid*** 174 um 19.35 Uhr für 112 Baht (Sitzplatz 3.Kl.), Ankunft um 4.46 Uhr in der Samsen Station (s.o.).

BUSSE – Von der Khaosan Rd. in BANGKOK fährt ein **ac-Minibus** um 14 Uhr nach CHUMPHON zum Nachtboot, das um 6 Uhr in Ban Mae Hat ankommt, Preis 550 Baht inkl. Boot.
Reelle Tickets für ac- und VIP-32-Busse kosten um 650–900 Baht (inkl. Boot).

Achtung

Wer in der Khaosan Road ein Kombi-Ticket Bangkok – Chumphon – Ko Tao für sagenhafte 150 Baht kauft, muss damit rechnen, professionell bestohlen zu werden; im Gepäck dürfen absolut keine Wertsachen sein, Rucksäcke müssen abgeschlossen werden.

Ein **ac-Bus** ab der Khaosan Rd. fährt um 17 Uhr über Chumphon für 680 Baht (Ankunft gegen 2 Uhr, ungemütliche Notunterkunft im Reisebüro bis zum Transfer zum Expressboot gegen 7 Uhr). Für die Rückfahrt ist ein VIP-Bus dem unbequemen ac-Minibus vorzuziehen; beide kommen zwischen 20 und 21 Uhr in Bangkok nahe der Khaosan Road an.
Ac-Busse fahren in der Khaosan Road um 6 und 21 Uhr zum *Lomprayah* Katamaran ab (Ankunft in Ko Tao um 14.30 bzw. 9.30 Uhr).

EISENBAHN – Aus BANGKOK kommt man am besten über Chumphon (s.S. 545) nach Ko Tao. Reisebüros schlagen ca. 40 Baht auf die Ticketpreise auf. Bei einem Kombi-Ticket ist meist eine ungemütliche Notunterkunft, Transfer zum Hafen und das *Songserm* Expressboot nach Ko Tao inklusive. Billiger kommt weg, wer ein anderes Zugticket nach Chumphon kauft und mit einem anderen Boot nach Ko Tao fährt. In Chumphon verbringt man den Rest der Nacht besser in einem Gästehaus und überlässt diesem den Transfer zum Hafen.
Zurück nach BANGKOK geht es tagsüber mit dem *Sprinter* oder mit einem Nachtzug, der am frühen Morgen in Bangkok ankommt.
Sehr zeitaufwändig ist die Reise über SURAT THANI, Ko Samui und Ko Pha Ngan nach Ko Tao.

BOOTE – Zu allen Booten fahren von den Stränden rechtzeitig Pickups. Die Abfahrtszeiten und Preise werden relativ flexibel gehandhabt. In der Nebensaison fahren weniger Boote.
Tipp: Wer leicht seekrank wird, sollte sich rechtzeitig mit entsprechenden Pillen eindecken. Auch wenn es an Land nach schönem Wetter aussieht, können sich auf See hohe Wellen bilden. Besonders der stabile und kentersichere Katamaran schaukelt dann beträchtlich.
Von CHUMPHON (Tayang-Pier bzw. Lomprayah-Pier):
Nachtboot um 24 Uhr für 200 Baht in 6 Std., auf harten Bastmatten kann man schlafen, aber recht unbequem; Tickets und Transport zum Pier von den Gästehäusern und Reisebüros. Zurück um 22 Uhr in 5 1/2 Std., bei der Ankunft warten Pickups. Von November bis Mitte Januar ist die Fahrt nur bei ruhiger See möglich.
Lomprayah **Katamaran**, ✆ 077-558212, um 7 und 13 Uhr für 550 Baht in 1 1/2 Std., zurück um 10 und 15 Uhr, ✆ 077-456176, mit Anschlussbus am Pier nach Bangkok für 650 bis 850 Baht (Ankunft 20 bzw. 1 Uhr).
Ko Tao Cruiser, ✆ 09-5874107, um 7 Uhr in 2 1/2 Std., zurück um 10.30 Uhr, ✆ 077-456064, mit Anschlussbus nach Bangkok um 13.30 Uhr (Ankunft 20 Uhr), auch zum *Sprinter* klappt der Anschluss normalerweise.
Songserm **Expressboot**, ✆ 077-506205, um 7 Uhr in 3 Std. für 400 Baht nach Ko Tao und weiter nach Ko Pha Ngan. Zurück ab Ko Tao um 14.30 Uhr für 400 Baht (Ankunft ca. 18 Uhr), inkl. einem überteuerten Bus nach Bangkok werden satte 850 Baht verlangt (Ankunft 5 Uhr).
Nach THONG SALA (Ko Pha Ngan):
Ko Tao Express, das „Schönwetterboot", ✆ 077-456012, um 15.30 Uhr für 190 Baht in 2 Std., zurück um 11.30 Uhr.
Samui Island, das „Slow Boat", um 9.30 Uhr für 180 Baht in 3 Std., zurück um 11.30 Uhr.
Phangan Cruises, ✆ 09-8712939, um 10 Uhr für 250 Baht in 1 1/2 Std., zurück um 12.30 Uhr.
Songserm **Express**, ✆ 077-456274, um 10 Uhr für 250 Baht in 2 Std., zurück um 12 Uhr.

Warnung

Aufgrund eines eindringlichen Leserbriefs weisen wir darauf hin, dass sich in akute Lebensgefahr begibt, wer mit diesem Expressboot bei 2 m hohem Wellengang fährt. Nicht nur die Fahrgäste, sondern auch das Personal steht bei jedem Brecher Höllenängste aus. Passagiere und Gepäck werden völlig durchnässt. Der Dieselgestank im geschlossenen Fahrgastraum ist nicht auszuhalten. Notausgänge lassen sich nicht öffnen. Auf dem Oberdeck gibt es weder Sitze noch eine Reling, um sich festzuhalten. Einheimische meinen, dass alle bisherigen Unfälle verschwiegen wurden. Sie empfehlen, während des Monsuns die Vormittagsboote zu nehmen, da die Stürme normalerweise am Nachmittag zunehmen.

Prah Yai **Speed Ferry**, ✆ 077-456263, um 14.30 Uhr für 280 Baht in 1 1/2 Std., zurück um 11 Uhr.
Lomprayah **Katamaran**, ✆ 077-456176, um 10.30 und 15 Uhr für 350 Baht in 1 Std., zurück um 8.30 und 12.30 Uhr.
CattCorp **Luxus Katamaran**, um 14.45 Uhr für 350 Baht, zurück um 9.15 Uhr.

Nach KO SAMUI Die obigen Boote nach Thong Sala fahren weiter nach Ko Samui.
Songserm **Express** nach NATHON für 345 Baht in 3 Std., zurück um 11 Uhr.
Lomprayah **Katamaran** nach MAE NAM für 550 Baht in 100 Min., zurück um 8 und 12 Uhr.
Samui Island, das „Slow Boat", nach MAE NAM für 280 Baht in 3 Std., zurück um 10.30 Uhr.
Phangan Cruises nach MAE NAM in 2 Std., zurück um 12 Uhr.
Prah Yai **Speed Ferry** nach BIG BUDDHA in 2 Std., mit Transfer in Samui, zurück um 10.30 Uhr.
CattCorp **Luxus Katamaran**, nach BIG BUDDHA, mit Transfer in Samui, zurück um 8.30 Uhr.

Nach SURAT THANI:
Songserm **Express** um 10 Uhr für 500 Baht in 6 1/2 Std., zurück um 8 Uhr.
Nachtboot um 20.30 Uhr für 400 Baht (Ankunft 5.30 Uhr). Von Surat Thani ab dem zentralen Pier um 23 Uhr (Ankunft ca. 8 Uhr).

Mae Hat Beach

Die kleine Badebucht in der Nähe des Hauptortes ist ziemlich verschmutzt und kann sich mit den anderen Stränden der Insel nicht messen. Doch die malerische Felsenküste Richtung Süden, **Ao Ta Saeng**, ist fürs Schnorcheln gut geeignet. An den südlichen Bungalowanlagen vorbei gelangt man auf einem Pfad in 20 Min. über den Hügel zur **Jansom Bay**, einer hübschen Badebucht mit Sandstrand, Palmen und Felsen.

Übernachtung

Beach Club Dive Resort ㉕, ✆ 077-456222, ✉ info@kohtaobeachclub.com; gepflegte Anlage, senkrecht zum Strand stehen 12 komfortable Bungalows mit Fan bzw. ac, 9 Hütten mit/ohne Du/WC am Strand und im Garten; Restaurant; Tauchschule von *Easy Divers.* ❷–❹, ac ❺
Mr J.'s Bungalow ㉖, ✆ 077-456066, Terrassenhäuser am Hang, Zi mit und ohne Du/WC, vegetarisches Restaurant, Bücher, Minimart, Western Union, Uhrmacher; Bootsfahrt um Ko Tao 250–500 Baht, Fahrräder, Visa für Indien und Vietnam. Viele witzige Slogans hängen herum. ❷
Auf dem Kap aus großen, glatten Granitfelsen liegen von Süd nach Nord:
Queen Resort ㉔, ✆ 077-456002, viele Holz- und Steinbungalows am Felsenhang; Restaurant oben mit schöner Sicht übers Meer, Video. Tauchschule. ❷–❸
View Cliff ㉓, ✆ 077-456353, ✉ viewcliff@hotmail.com, komfortable Matten- und Steinbungalows zwischen runden Felsen, saubere Zi im Reihenhaus; Restaurant mit Video, freundliche Leute. ❷–❹
D.D. Hut ㉒, ✆ 077-456077, verdorrte Wiese am Hang, links und rechts Matten-, Holz- und Steinbungalows, winziger Sandfleck zwischen großen, runden Felsen; gemütliches Restaurant mit Sitzmatten am Boden, Video. ❷–❸
Südlich von Ban Mae Hat:
Koh Tao Royal Resort ㉘, ✆ 077-456156, 📠 456 157, saubere, gepflegte Anlage am Hang mit schönem Garten, sehr schöne Holzbungalows mit Fan sowie ac-Bungalows (für 4–6 Pers.); gutes Restaurant, in der Saison gibt es Barbecue am Strand, nette Bar; besonders freundliches Personal. ❹ ac ❺

Sensi Paradise Resort ㉙, ✆ 077-456244, 📠 456 245, ✉ info@kohtaoparadise.com, 💻 www.kohtaoparadise.com; weitläufige, Anlage am Hang mit z.T. mit verschiedensten, relativ teuren Bungalows und Häusern; Swimming Pool. Unterhalb eine nette Steinbucht mit grobem Korallensand, nichts zum Baden, aber gutes Schnorcheln zwischen Korallen und einem Wrack, recht laut durch permanenten Bootsverkehr. ❺, ac ❻–❼

Charm Churee Villa ㉚, ✆ 077-456393, ✉ info@charmchureevilla.com; ein Boutique-Resort mit 17 Luxus-Bungalows nahe bei einem hübschen, von Felsen eingerahmten Mini-Strand, Seafood-Restaurant am Meer. ac ❻

Sai Ri Beach (Sairee Beach)

Der 2 km lange, leicht geschwungene Sandstrand im Westen der Insel erlaubt nur bei hohem Wasserstand problemloses Schwimmen, ansonsten müssen Korallenstöcke und Steine umwatet werden, um tieferes Wasser zu erreichen. Die meiste Zeit des Jahres kann man hier gut schnorcheln, das Wasser ist recht klar und die Bucht liegt geschützt. Nur 100 m vom Ufer entfernt beginnt das Riff. Am schönen, breiten Strand hausen manchmal blutrünstige Sandfliegen. Zwischen Strand und Betonweg liegen viele nette, kleine Restaurants und Bars, die Bungalowanlagen vorwiegend auf der anderen Seite. Es ist bedeutend angenehmer, am Strand entlang zu wandern, als auf dem Betonweg dauernd den Mopeds auszuweichen. Trotzdem schätzen Kinderwagenschieber und Rollifahrer diesen Betonweg sehr. Im Hinterland liegt das kleine, vom Bauboom heimgesuchte Dorf **Sairee Village**. Der Sai Ri Beach hat sich zu einem Party-Strand entwickelt. Vor allem die Umgebung vom AC Resort ist nichts für Ruhesuchende.

Übernachtung

Alle Anlagen liegen unter hohen Palmen, am Strand stehen vielfach schattige Laubbäume. Nicht alle Anlagen halten ihren Strandabschnitt sauber. An langen Wochenenden und Feiertagen strömen Erholung suchende Thais an diesen Strand. Fast alle Anlagen gehören zu einer Tauchschule, viele gute Zimmer sind mit Tauchkurs spottbillig (z.B. 100 Baht anstatt 400 Baht).

In Touch Resort ⑱, ✆ 077-456514, romantischer, tropischer Garten, Bungalows mit Du/WC, durch viele Pflanzen vom Weg abgeschirmt; Beach Bar und Restaurant. ❶–❸

AC Two ⑱, ✆ 077-456195, schöne Holz- und Mattenbungalows mit Du/WC, im Halbkreis um eine Palmenwiese, eingehüllt von vielen Büschen, gut ausgerüstete Terrasse; nettes Restaurant am Strand. Hier sind Nicht-Taucher willkommen. ❷–❸, ac ❺

AC Resort ⑱, ✆ 077-456197, ✉ acresort@yahoo.com, gepflegte Anlage, hübsche Bungalows mit Du/WC im Halbkreis ums Restaurant an der Straße (Video), z.T. am Hang und auf dem Hügel (80 m vom Betonweg entfernt), 2-stöckige Reihenhäuser; lauter Pub am Strand, gutes Restaurant. Tauchbasis. ❸–❹

Bingo Bungalows ⑰, ✆ 077-456172, Reihenhaus und sehr eng stehende Mattenhütten, Hinterhofatmosphäre; gemütliches Restaurant am großen Felsen am Strand. Ist schnell ohne Wasser. ❷

Koh Tao Island Resort ⑰, ✆ 077-456295, Steinbungalows, z.T. am Strand; Restaurant. ❺, ac ❻

S.B. Cabana 1 ⑯, ✆ 077-456005, weitläufige Anlage, Mattenbungalows mit Du/WC im Halbkreis und in mehreren Reihen in Palmenplantagen, große Bungalows mit ac und Warmwasser; Restaurant am Strand. ❷–❸

Sairee Cottage ⑭, ✆ 077-456126, ✉ nitsairee@hotmail.com, gepflegter Palmengarten, nette, etwas teure Bungalows im Halbkreis; gutes Strand-Restaurant mit flinkem Service, von einem netten, jungen Team gemanagt. Gute Atmosphäre. ❸, ac ❺

Big Blue Diving Resort ⑫, ✆ 077-456415, ✉ info@bigbluediving.com, 2-stöckiges Reihenhaus und 5 Bungalows mit Du/WC und Fan oder ac; Restaurant am Strand, nette Beach Bar zum Entspannen. Tauchschule Big Blue, 2 große ac-Schulungsräume, Kurse finden auf Wunsch auf der Terrasse unter dem großen Baum am Strand statt. Vermieten auch Sea Canoes. ❸–❹, ac ❺

Sunset Buri Resort ⑪, ✆ 077-456266, überteuerte Steinbungalows in gepflegtem, schattigem Garten mit Rasen, Büschen und kleinen Palmen, schmuddelige Badezimmer, unmotiviertes Personal; Res-

taurant, Mini-Pool, Minimart mit Internet am Strand; sehr laut, Strand schmutzig. ❹, ac ❺
Sai Ree Hut ⑪, ✉ saireehutresort@hotmail.com, ✆ 077-456000, ältere und sehr hübsche neuere Bungalows dicht auf dicht; tolle, niedrige Kokospalmen. ❸–❹
Blue Wind ⑩, ✆ 077-456116, ✉ bluewind_wa@yahoo.com, viele einfache Hütten mit Du/WC; schattiger, ungepflegter Garten; 2-stöckiges Restaurant am Strand mit bemerkenswertem Essen, Personal nett und unaufdringlich; Bäckerei. ❷–❸
O'Chai ⑩, ✆ 077-456451, alte Holzbungalows mit und ohne Du/WC; Restaurant vorn, verschmutzter Strand. ❸–❹
Bow Thong Beach ⑧, ✆ 077-456 351, nette, saubere, überteuerte Holzbungalows in schöner Anlage, brackiges Wasser; Restaurant am Strand, malerische Felsen; die wenig freundliche Besitzerin ist ab 21 Uhr nicht mehr erreichbar. ❸–❹, ac ❺
Ko Tao Cabana ⑧, ✆ 077-456250, Komfort-ac-Bungalows weiter im Inland, wirken von außen recht ansprechend, die Inneneinrichtung ist betoniert und geweißelt. ac ❺

An den nördlichen Hängen gibt es 8 Anlagen, mit dem Motorradtaxi für 20 Baht zu erreichen. Vorsicht: Der steile Betonweg ist nichts für Anfänger auf dem Moped! Auf der gefährlichen Auffahrt, die unter Franzosen als Mutprobenstrecke gilt, ereignen sich jeden Tag Unfälle.
Silver Cliff ⑦, ✆ 09-2907546, unterschiedliche Stein- und Holzbungalows am steilen Hang zwischen tollen Felsen, schöne Meersicht; einfaches Restaurant oben auf dem Kamm. ❷
Thipwimarn Resort ③, ✉ tipshop@hotmail.com, ✆ 077-456409, gestylte Anlage oben am Weg, Ried-gedeckte Stein-Holzbungalows mit Fan oder ac, herrliche Sicht, tolle Landschaftsarchitektur, kleiner Strand. ❺, ac ❻
C.F.T. ②, ✆ 077-456730, *Center For Taichichuan*, gehört zu *Here & Now*, am Ende des öffentlichen Weges herrlich zwischen Felsen gelegen, tolle Aussicht auf Ko Nang Yuan, kein Strand. ❶–❸

Im Inland unter Palmen:
Sabai Sabai Resort ⑮, ✆ 077-456473, wunderschöne Anlage der Tauchschule *Scuba Junction*, abgelegen in einem ruhigen Tal mit schattigen Bäumen und vielen Blumen, großzügig verteilte, große Bungalows aus Naturmaterialien, mit Balkon, Hängematten und Warmwasser-Du/WC. Preis nach der Anzahl der Tauchgänge, zumeist gratis. ❷–❹

Sonstiges

BÄCKEREI – In der ***New Heaven Bakery*** in Sairee Village bekommt man Kuchen, Brötchen und guten Kaffee (Caffe Latte für 50 Baht).

BAR – Im ***AC Party Pub*** vor dem AC Resort geht das laute Leben erst nach Mitternacht los.

GELD – Es gibt mehrere Geldautomaten.

MEDIZINISCHE HILFE – ***Home Health Center***, ✆ 077-456412, neben *7eleven*, untersucht gründlich, erfahren in Wundbehandlung, ⌚ 8–22 Uhr.

YOGA – ***Here & Now***, 💻 www.HEREandNOW.be, bietet traditionelle Thai Yoga Massage und Kurse in Qigong /Taijiquan mit Martin, einem Lehrer aus Deutschland.

Sai Nuan Beach

Auf einem recht schwierigen Pfad Richtung Süden, gespickt mit scharfkantigen Felsen, hartem Gebüsch und trügerischen Wurzeln, erreicht man nach gut 2 km die zwei kleinen Sandstrände **Relax Beach** und **Sai Nuan**. 300 m weiter schiebt sich das Kap **Laem Je Ta Kang** ins Meer hinaus. Normalerweise passt ein Longtail-Boot neue Gäste am Pier ab.

Übernachtung

Sai Thong ㉛, ✆ 077-456476, 💻 www.sai-thong.com, viele schöne Bungalows mit Du/WC (bis 1400 Baht); eigener Pier, Spa mit Salzwasserpool. ❹
Char ㉝, ✆ 077-456450, beliebte Anlage am steilen Hang, einfach, ruhig und freundlich, aber mit Video. ❶–❸
Tao Thong Villa ㉞, ✆ 077-456078, malerisch auf einer Felsnase, zwei kleine Buchten mit ein we-

nig Strand, einfache Hütten, z.T. tolle Sicht; kleines Restaurant auf dem Kap; schönes Schnorcheln; Safes stehen zur Verfügung, in der Nebensaison geöffnet. ❶–❸
Daneben eine neue, kleine Anlage. ❸

CHUN CHUA BAY – Zu Fuß von Chalok Ban Kao zu erreichen.
Sunset ㊱, ✆ 077-456761, ✉ lovelysunset@hotmail.com, 500 m hinter dem Kap an einer kleinen, von Felsen eingerahmten Sandbucht, einfache Hütten unter Palmen; einige sehr gute Gerichte, aber recht versifft mit vielen Fliegen; nettes Schnorcheln am rechten Rand, Ausrüstung zu mieten; freundliche Familie. ❶–❷
Moon Dance ㉟, ✆ 077-456762, einfache Bambus- und Holzhütten, gefliestes Bad, Restaurant direkt am weißen Sand. Ruhe pur. ❷

Chalok Ban Kao Bay

Die tiefe Bucht im Süden wird malerisch von Palmen und Felsen begrenzt. Sie weist bei hohem Wasserstand einen sehr schönen Sandstrand auf. Bei Ebbe ragen viele Korallenfelsen aus dem Wasser. Wer schwimmen will, muss 100–300 m durchs Wasser waten oder 15 Min. zum kleinen, hübschen **Freedom Beach** wandern, der allerdings privatisiert und um eine Bungalowanlage bereichert wurde. An den schmalen Stränden mit feinem Sand hausen manchmal Sandfliegen.

Übernachtung

Viewpoint Bungalows ㊳, ✆ 077-456666, ✉ viewpointresort@hotmail.com, einfache Hütten und ac-Luxusbungalows mit umwerfender Sunset-Sicht, akzeptables Essen; verwaltet von *Big Bubble*. ❷, ac ❺
Laem Klong ㊴, ✆ 077-456333, unterschiedliche, etwas ältere Hütten zwischen Felsen und Büschen, z.T. eigene, geflieste Du/WC, am Hang hinter dem Bach, noch viel Platz, wie in guten alten Zeiten, sowie ein Betonbau ohne Atmosphäre; gelobt werden das Essen und das freundliche Personal. Tauchschule. ❷–❸
Buddha View Dive Resort ㊶, ✆ 077-456074, ✉ buddha@samart.co.th, 🖳 buddhaview-diving.com; schmale Anlage, Doppelbungalows und ein 2-stöckiges Reihenhaus, nur für Tauchschüler; Restaurant und Shops am Strand, freundliches Personal. Pool. Tauchschule. ❷–❸, ac ❹–❺
Carabao ㊶, ✆ 077-456635, ✉ carabao69@hotmail.com, 2-stöckiges Reihenhaus in der Mitte des mit Rohren gesicherten Strandes unter Palmen, oben Sicht aufs Meer, Restaurant mit Sitzpolstern und Video, Tauchschüler. ❷
Ko Tao Tropicana ㊷, ✉ wantropicana1@hotmail.com, 🖳 www.on-koh-tao.com/tropicana-resort.htm, ✆ 077-456167; Doppelbungalows und Fan-Zimmer im 2-stöckigen Reihenhaus. ❸, ac ❹
J.P. Resort ㊷, ✆ 077-456099, 🖳 www.on-koh-tao.com/jp-resort.htm; große Anlage diesseits und jenseits der Straße, saubere Fan-Zimmer im 2-stöckigen Reihenhaus am Hang und, saubere ac-Bungalows hoch oben mit toller Aussicht, Restaurant am Meer mit amerikanischen Videos, Pool, Tauchschule. ❸, ac ❹
Taa Toh Lagoon Dive Resort ㊻, ✆ 077-456192, ✉ info@taatohdivers.com, 600 m nach Süden über den Hügel Richtung Kap, schön gelegene, solide Holz-und Steinbungalows in gepflegtem, weitläufigem Gelände am steilen Hang und auf den Klippen; eigene kleine Bucht mit trübem Wasser und kleinem Sandstrand. Wird vorzugsweise mit Rabatt an Tauchschüler vermietet. Tauchschule mit deutschen Instrukteuren, gepflegtes Gerät. ❷–❹, ac ❺
Freedom Beach ㊻, ✆ 077-456593, wenige große Bungalows am Hang mit schöner Sicht, etwas heruntergekommen, aber ruhig und idyllisch; Restaurant auf halber Höhe. ❶–❸

Essen und Unterhaltung

New Heaven auf dem westlichen Hügel von Ao Thian mit super Aussicht, gutes, teures Essen, langsamer, freundlicher Service, man sitzt auf dem Boden oder auf einer offenen Veranda mit Tischen und Stühlen.
Last Paradise, Panorama-Bar auf einem Hügel mit umwerfender Aussicht, einmal im Monat findet hier eine Blackmoon Party statt.
Taraporn Restaurant im Westen von Chalok Ban Kao Bay, direkt überm Wasser gebaut, über einen Betonsteg erreichbar, tolle Aussicht, abends immer voll, etwas unaufmerksamer Service. Ez bietet Schnorcheltrip rund um Ko Tao.

Rocky Beach (Ao Thian Ok) und Sai Daeng

Der Privatstrand Rocky Beach wird durch eine Schranke abgesperrt, nur Fußgänger und registrierte Fahrzeuge dürfen durch. Der etwa 200 m lange, feine **Sandstrand** ist stark mit Korallenbrocken durchsetzt. Bei Ebbe bedecken abgestorbene Korallen und viel Müll die ganze Bucht. Schwimmen kann man nur bei hoher Flut sowie links und rechts an den bizarren, runden Felsen.

Vor dem Korallenriff kann man schnorcheln (Verleih an der Strandbar), aber die Sicht ist nicht gut. Oft kann man Schwarzspitzenhaie sehen.

Die Sai Daeng-Bucht erreicht man auf einem Fußpfad (1 km) vom Rocky Beach etwas landeinwärts über den Hügel oder per Motorrad auf einer 1,5 km langen Piste (Vorsicht, nicht ungefährlich). Mit etwas Glück bekommt man auch ein Taxiboot. Am vorgelagerten Kap und am Rande der Bucht, bekannt als Shark Bay, kann man bei Flut schön schnorcheln.

Übernachtung

New Heaven ㊼, ✆ 077-456462, toll gelegene Aussichtsbungalows für Paare und Kleingruppen am steilen Hang, auf der westlichen Seite der Bucht. Restaurant mit frischem Kuchen und fantastischer Sicht; schräg gegenüber der Auffahrt zum *Taa Toh Lagoon*. Zugang zum Meer über einen steilen Pfad. ❸–❹

OK 2 Bungalow ㊼, ✆ 077-456506, große Holzbungalows am Hang zwischen schattigen Laubbäumen, gute Aussicht. ❸

Rocky Resort ㊽, ✆ 077-456035, große Anlage am Ostende der Bucht mit Bungalows aller Generationen auf, zwischen und unter den Felsen, am Hang und über dem Wasser. Direkter Zugang zum Meer über Treppen; nettes Personal, zufriedenstellendes Essen, Schnorchelverleih. ❷–❸

Coral View Resort ㊿, ✆ 077-456058, Sai Daeng Beach, schöne Holzhütten mit Du/WC und Steinbungalows am Hang, kein Zimmerservice; gutes Restaurant mit herrlicher Aussicht auf die Bucht und Shark Island; Schnorcheltouren. ❷–❹

New Heaven Resort (51), ✆ 077-456452, 💻 www.newheavenresort.com, Sai Daeng Beach, schöne Bungalows, z.T. direkt auf den Felsen mit schönem Meeresblick, abseits der Massen, Yoga, Detox, Meditation, eigene Bäckerei, Tauchshop. ❷

Wellness

Jamahkiri Spa, ✆ 456400, 💻 www.jamahkiri.com; eindrucksvolle Anlage in umwerfender Umgebung mit Massagen, Dampfbad und Aussichtsrestaurant, junge, dynamische Mitarbeiter, Abholservice bei telefonischer Anmeldung; 🕒 10–20 Uhr.

Die Ostküste

Ao Leuk

Ao Leuk oder Ao Luk (gesprochen wie Glück ohne G) ist ein kleiner Strand im Südosten, ungefähr 200 m lang, mit einigen Palmen. Dem schmalen, weißen Sandstreifen ist ein steiniger Ufersaum vorgelagert. Es geht relativ steil ins klare Wasser, so dass man sehr gut schwimmen kann. Auch Schnorcheln ist schön. Im Sommer drängen sich viele junge Touristen auf dem kleinen Strand, der von den starken Boxen der Beach Bar beschallt wird. Die großen Fischerboote vor und der Müll am Rand der Bucht sorgen für Lokalkalorit. Zu Fuß, mit dem Motorrad oder Jeep gelangt man ab Ban Mae Hat nach 3 km durchs Innere der Insel zu dieser Bucht. Auch die Tanote Bay Taxis machen auf Verlangen einen Umweg hierher. Ein steiler Fußweg von 1,5 km führt zum Rocky Beach.

Ao Lang Khaay

Die kleine, ruhige Steinbucht mit den großen runden Felsen und dem fantastischen Blick auf den *Shark Point* eignet sich gut zum Schnorcheln. Um die Bungalows und das Meer zu erreichen, sollte man geländegängig sein.

Ao Tanote

Die malerische Bucht an der Ostküste ist auf einer extrem abschüssigen, abenteuerlichen Piste zu erreichen (4,5 km von Ban Mae Hat, 50 Baht). Unter Palmen und auf den Felsen stehen die Bungalows verschiedener Anlagen. Der etwa 200 m lange Strand ist von schönen Felsen durchsetzt. Um die großen Felsen in der Bucht tummeln sich viele Fische zwischen den unterschiedlichen, intakten Korallen. Wer zum Laem Thian hinüber schnorchelt, kann große Fische beobachten, z.B. Barrakudas und bis zu 2 m lange, nicht aggressive Riffhaie, die sich vorwiegend am Fuße des Riffs bewegen. Im August ist das Wasser ideal ruhig, im Winter rau. Im August sind oft alle Bungalows in der Bucht belegt.

Laem Thian

Dieser winzige Strand liegt in der Mitte der Ostküste. Er besteht aus feinem Sand und ist von Felsformationen eingerahmt. Bei einer Wassertiefe von 2–12 m kann man gut schnorcheln, obwohl das Wasser relativ unruhig und wellig sein kann. Häufig beobachteten Schnorchler schon 3–7 bis zu 2 m lange Schwarzspitzenhaie! In Thailand ist bisher kein Hai-Angriff auf Schnorchler bekannt, dennoch sollte man sich vorsichtig verhalten.

Laem Thian liegt auf einer Jeep-Piste etwa 6 km von Ban Mae Hat entfernt. Der zum Teil recht steile, aber gut ausgebaute Pfad erfordert etwa 2 Std. Fußmarsch. Der Fußweg von Laem Thian nach Tanote Bay ist zur Zeit kaum begehbar.

Hin Wong

Am Ende eines engen Tales im Nordosten (4,5 km von Mae Hat) liegt diese idyllische Palmenbucht. Es gibt so gut wie keinen Strand, aber insbesondere an den Felsen links kann man sehr schön schnorcheln, deshalb legen auch viele Schorchelboote hier an. Zu erreichen über eine schlechte Piste von der Paradise Junction am Ende des Sai Ri Beach (ca. 40 Min. zu Fuß). Tauch-Resort von *Big Fish*.

Mango Bay

An der breiten Bucht (auch: Mamuang Bay) im Norden mit ganz wenig Sandstrand kann man bei ruhigem Wasser schön schnorcheln. Zu erreichen per Boot oder über eine Straße von Sairee Village.

Übernachtung

AO LEUK – Am Hang über der Bucht liegt

Nice Moon ㊷, ✆ 077-456737, ✉ nicemoon43@hotmail.com, ältere Hütten in steilem Gelände, Du/WC z.T. unter dem Schlafraum, Balkone mit toller Sicht. 4 Min. zum Strand. ❷

Aow Leuk 2 ㊸, ✆ 077-456779, wenige Bungalows aus Zementplatten oben am Hang, einfache Restaurantterrasse mit Blick über die Bucht. Der Service lässt zu wünschen übrig. ❸

Aow Leuk Bungalow ㊹, ✆ 077-456692, einfache Bungalows in einer Kokosplantage, Restaurant am Strand. ❷

AO LANG KHAAY – Schwer zu erreichen sind die folgenden Anlagen:

Pahnun View ㊽, ✆ 077-456484, einsam gelegene Holzbungalows mit blauen Dächern und großer Terrasse, gute Sicht auf die Bucht, etwas ungepflegt; gutes, aber relativ teures Essen. Weg zum Wasser sehr beschwerlich über hohe Felsbrocken, gutes Schnorcheln, kaum eine Liegemöglichkeit. ❷

Nok's Garden Resort ㊾, ✆ 077-456350, gepflegte, familiär geführte Anlage mit kleinen, frei stehenden Bungalows. Restaurant mit guter Sicht. Der Besitzer ist sehr um seine Gäste bemüht. Felsiger Strand. Die Anlage ist etwas schwer zu erreichen, aber mit Geländefahrzeug oder Motorroller ohne Probleme zugänglich. ❷

AO TANOTE – In der Bucht liegen 6 Anlagen:

Mountain Reef ㉑, ✆ 077-456699, am südlichen, nachmittags schattigen Ende, einfache, saubere Bungalows am steilen Hang sowie große Bungalows z.T. direkt am Meer; Restaurant mit schöner Aussicht auf die Bucht; freundliche, hilfsbereite Familie, gutes Schnorcheln rechts an den Felsen; Schnorcheltrips rund um die Insel werden angeboten. ❸–❹

Poseidon Bungalow ㉒, ✆ 077-456735, verschiedenartige, schlichte Mattenhütten und größere Bungalows mit Balkon und schöner Sicht am flachen Hang unter Palmen, z.T. mit Du/WC; Restaurant vorn am Felsenstrand, manchmal laute Boxen; Abholung vom Pier per Jeep. ❸

Diamond Resort ㉓, ✆ 077-456591, ✉ diamondtanote@hotmail.com, Bungalows am Strand und am Hang; gutes Restaurant am Strand, Relax-Area unter Schatten spendenden Bäumen; davor breiter Strand mit grobem Sand. Schnorchelausrüstung 100 Baht/Tag. ❸ ac ❹

Black Tip Dive Resort ㉔, ✆ 077-456488, ✉ blacktipdiving@yahoo.com, Designer-Holzbungalows am Hang, einige Doppelbungalows mit gemeinsamem Bad. ❸–❹, ac ❹–❺

Bamboo Hut ㉕, ✆ 077-456531, am Hang unter Palmen mit schöner Aussicht auf die Bucht, 14 saubere Bungalows am Hang sowie wunderschöne Holzbungalows am Strand; Restaurant zurückversetzt, gute Küche, lässiges Personal. ❷–❸

Family Tanote Bay Resort ⑥⑥, ✆ 077-456757, ✉ tanotebay@hotmail.com, 💻 www.thaisouth.com/tanote; schöne, saubere Anlage am steilen Felsenhang, kleiner Sandstrand zwischen runden Felsen, vorwiegend große Bungalows; Restaurant mit unbequemen Sitzmöbeln. Die z.T. einfache Ausstattung und der hohe Preis der Bungalows werden durch die einzigartige Lage wettgemacht; im August auf Tage im Voraus ausgebucht. Daneben die Tauchschule Calypso unter straffer Leitung von Eugen Müllerschön. ❸–❹, ac ❺

LAEM THIAN BEACH – ***Laem Thian Bungalows*** ⑥⑨, ✆ 077-456477, ✉ pingpong-laemthian@hotmail.com, an einem steilen Hang, zum Teil mit Felsen, inmitten schöner Blumen. Unterschiedliche, renovierte Bungalows mit Bad/WC und 2-stöckiges Bauwerk. ❶ und ❹

HIN WONG – ***Hin Wong Resort*** ⑦⓪, ✆ 077-456006, schöne, gepflegte Anlage, 8 einfache, geräumige Holzhütten mit Du/WC und Balkon, gutes Essen, Schnorchelausrüstung zu mieten; geleitet vom netten Sahat und seiner freundlichen Familie. Tauchschule Hin Wong Divers, 💻 www.hinwongdivers.com. ❷

Green Tree Resort ⑦①, ✆ 077-456742, 💻 www.shopart.com/thailand/greentree.html; Haupthaus und 3 Bungalows, z.T. mit Gemeinschafts-Du/WC, steile Pfade, auch zum Bad; Noi und Joe pflegen eine familiäre Atmosphäre. ❶

View Rock Resort ⑦②, ✆ 077-456548, schöne Bungalows am steilen Hang mit traumhafter Aussicht, kleines Restaurant, kostenloser Abholservice. ❷

MANGO BAY – ***Ao Muang Resort*** ⑦③, ✆ 077-456665, schöne, neue Bungalows am Hang. ac ❺

Mango Bay Grand Resort ⑦④, ✆ 01-5978395, ✉ mangobaytao@yahoo.com, 14 verschiedene schöne, romantische Bungalows am steilen Hang zwischen knorrigen Bäumen und großen Steinen, Restaurant, unter italienischer Leitung, verschiedenster Wassersport. ❹, ac ❺–❻

Ko Nang Yuan เกาะนางยวน

Reizvolle Korallenriffe gibt es an der nordwestlich vorgelagerten Insel Ko Nang Yuan, die von den Bewohnern *Hang Tao* (Schwanz der Schildkröte) genannt wird. Eigentlich besteht sie aus drei kleinen Inseln. Die mittlere und kleinste Insel ist bei Ebbe durch zwei Sandbrücken mit den anderen beiden verbunden und erzeugt so einen 3-zackigen Stern. Die Flut löscht das hübsche Bild zweimal am Tag wieder aus. Zurück bleibt die von herrlich runden Felsen umlagerte, zentrale Insel, die ein wenig an die Seychellen erinnert. Berge voll Korallenschutt hat der Taifun Gay 1988 an den Felsen aufgetürmt.

Einige hundert Taucher und Schnorchler bevölkern an manchen Tagen die 3–12 m tiefe westliche Bucht **Chinese Gardens** und zerstören auch noch die letzten Korallen. Besonders faszinieren die Anemonenfische an den **Twins**. Auch an der Westküste der beiden größeren Inseln kann man schnorcheln. Mit etwas Glück sieht man sogar eine Muräne oder den Kugelfisch. Am nördlich vorgelagerten **Green Rock** locken Schildkröten und Höhlenlandschaften in 2–18 m Tiefe. Schwer zu ertragen sind die Abgase der Tauchboote und der großen Ausflugsschiffe.

Tagsüber sind die Inseln völlig touristisch, eine ruhige Stimmung kommt erst nach 16 Uhr auf. Mit ordentlichem Schuhwerk kann man auf Betonstufen an vielen Bungalows vorbei zum Viewpoint der Südinsel hochsteigen und die herrliche Aussicht genießen, das Motiv vieler Postkarten. Auch auf der Nordinsel gibt es einen Aussichtspunkt.

Übernachtung

Nang Yuan Dive Resort ①, ✆ 077-456798, ✉ nangyuan@thaidive.com, auf den drei Inseln liegen 50 gute, teure Bungalows mit Fan oder ac, z.T. Kühlschrank und Balkon sowie 30 einfache Hütten (Service alle 2 Wochen). Die schattenlosen Bungalows können im April unerträglich heiß werden. Auf der kleinen, mittleren Insel liegt das riesige, teure Restaurant. Das Preis-Leistungs-Verhältnis halten viele Leser für unakzeptabel, für andere ist die kleine Insel die Krönung ihres Thailand-Urlaubs. Tauchschule. ❸–❻

Transport

Man erreicht die Insel ab BAN MAE HAT bei ruhiger See mit dem Taxiboot um 10 und 16.30 Uhr für 30–50 Baht (hin und zurück 60–100 Baht); zurück um 8.30 und 16 Uhr, Eintritt 100 Baht. Auch vom SAI RI BEACH fahren Boote hinüber (50 Baht), individuelle Abholung vor 16 Uhr ist möglich (Preis ist Verhandlungssache).

Im Restaurant rechts vom Anlegesteg kann man die Tickets buchen. Plastikflaschen und Getränkedosen dürfen nicht auf die Insel mitgenommen werden, da zu viele uneinsichtige Traveller ihren Abfall nicht mit zurücknehmen.

Tauchparadies Ko Tao

In der unmittelbaren Umgebung von *Ko Taoch* liegen viele schöne Korallenriffe und Felsformationen, in denen **über 100 Korallenarten** verbreitet sind. Die **fischreichen Gewässer** sind als Schutzzone ausgewiesen, die auch tatsächlich überwacht wird. So können neben vielen Riff-Bewohnern auch Schildkröten, Delphine, Wale und sogar **Walhaie** beobachtet werden. Im klaren Wasser macht schon der erste Tauchgang Spaß. Es ist also kein Wunder, dass hier fast 3 Dutzend Tauchbasen operieren. Sie fahren mit eigenen oder gemieteten Booten (bis zu 50 Taucher pro Boot) zu 25 Tauchplätzen, die für **Tauchanfänger** überaus vielfältige und eindrucksvolle Erlebnisse bereit halten. So mancher **Tauchexperte** fühlt sich unter den Massen von Tauchschülern nicht besonders wohl und wird nur mit viel Glück großartige, neue Erfahrungen sammeln können.

Zum Schutz der Riffe wurden 50 Bojen installiert, an denen die Tauchboote anlegen. Die Sicht beträgt von Jan–Mai 25–35 m, in den übrigen Monaten 15–20 m. **Tauchsaison** ist das ganze Jahr außer während der Regenzeit von Okt–Mitte Dez. Trocken und heiß ist es vor allem im April und Mai. Von Mai–Juli veranstalten die Tauchschulen Tauchausflüge zu Walhaien, den größten Fischen der Erde.

Die schönsten **Tauchplätze**, ihre Tauchtiefe und Hauptattraktionen sind:

South West Pinnacle: 5–33 m
Seeanemonen, weiße und purpur Weichkorallen, **Walhaie**

Chumphon Pinnacles: 14–36 m
große Grouper und andere Fische, **Walhaie**

Red Rock/Shark Island: 2–24 m
größte Korallenvielfalt, starke Strömung

Green Rock: 2–18 m
viele Drückerfische, gut für Nachttauchen

Hin Wong Pinnacle: 2–18 m
große Fächerkorallen, verschiedene Weichkorallen

Sail Rock: bis 40 m
Kamin von 18–8 m, Walhaie, viel besucht ab Ko Samui

Der Standard der von Ausländern geleiteten **Tauchschulen** ist generell sehr hoch, das Gerät wird laufend erneuert und in der Regel gut gewartet, Tauch-Unfälle hat es bei ihnen fast noch nie gegeben. Unfallopfer waren vor allem nicht ausreichend ausgebildete Instruktoren *(Dive Master)*, die in Tauchschulen unter Thai-Leitung arbeiten – anscheinend zu viel und zu lange.

Achtung: In den Tropen ist es äußerst wichtig, zwischen den Tauchgängen viel zu trinken, da sonst Dehydrierung und Erschöpfung drohen. Es gab deswegen nach dem Tauchen einige schwerwiegende Unglücksfälle.

Sollte trotz aller Vorsicht ein Tauchunfall passieren, steht die ***SSS Koh Tao Emergency Station***, ✆ 010-830533, 077-456577, mit 24 Std. Service zur Ersthilfe, Sauerstofftherapie und Transporthilfe zur Verfügung. In Ko Samui gibt es eine ***Dekompressionskammer*** und Taucharzte: ***SSS Koh Samui Recompression Chamber***, ✆ 010-848485, 077-427427, 💻 www.sssnetwork.com.

Mitte 2005 gab es 42 Tauchschulen und Tauchresorts.

Die Tauchkurse kosten überall gleich viel, 8500 Baht für den Open Water Diver. Unterschiedlich ist die Zahl der Tauchschüler pro Kurs, die Dauer des Kurses, der Spaßanteil und der Preisnachlass bei der Unterkunft. Bei manchen Tauchschulen kann man sogar kostenlos wohnen.

Beständig hören wir Gutes über: ***Big Blue Diving Center***, ✆ 077-456050-2, 📠 456049,

✉ info@bigbluediving.com, 💻 www.bigbluediving.com; in Mae Hat am Pier und am Sai Ri Beach; PADI 5-Sterne-IDC-Center, TUSA-Agentur, Instructor-Kurse alle 2 Monate. 90 Scubapro- bzw. Dacor-Sets, Tauchcomputer zu mieten, sowie 142 Alu-Flaschen mit DIN- und INT-Anschluss, Befüllung auf 180 bar. 4 eigene Tauchboote für 15 bzw. 30 Taucher sind mit Satellitennavigation und 3D-Sonar ausgerüstet, es werden Ganztags-, Frühstücks-, *Sunset*, Nacht- und Übernacht-Trips durchgeführt, um den Massen zu entgehen. 4 ständige und 15 temporäre Instruktoren aus Europa geben in 3 Schulungsräumen laufend PADI-Kurse u.a. in Deutsch, 6 Tauchgänge sind normal: 2 sehr wichtige in Flachwasser, 2 mal bis 12 m Tiefe, 2 mal bis 18 m Tiefe. Eigenes Big Blue Dive Resort. Engagierte schwedische Leitung.

Calypso Diving, ✆ 077-456745, ✉ eugentao@yahoo.de, 💻 www.calypso-diving-kohtao.de, kleines Tauchunternehmen (PADI und CMAS Thailand) in der Tanote Bay, unter Leitung von Eugen Müllerschön; hier werden Kurse von engagierten Tauchlehrern in sehr kleinen Gruppen abgehalten, in denen man wirklich etwas lernt. Geübte Taucher können paarweise ohne Guide direkt vom Ufer aus in einem herrlichen Revier bis ca. 15 m Tiefe tauchen oder sich von Eugen in seinem kleinen, leisen Schnellboot in andere Buchten fahren lassen.

Black Tip Diving, ✉ blacktipdiving@yahoo.com, ✆ 077-456488, PADI 5-Sterne-IDC-Tauchschule, an der Tanote Bay, geleitet vom Thai Dam, der sehr gut deutsch spricht. Große Boote, sehr beliebt.

Big Fish Dive Resort, ✆ 077-456290, ✉ brian@bigfishresort.com, 💻 www.bigfishresort.com; Chalok Ban Kao Bay. PADI 5-Sterne-Tauchschule, Kurse u.a. auf Deutsch, relativ neues Gerät, eigenes Boot für max. 8 Taucher, nette, persönliche Atmosphäre, amerikanische Leitung, Bezahlung mit Kreditkarte möglich. Mehrere gute Kritiken unserer Leser.

Weitere Tauchschulen u.a.:

Buddha View Dive Resort, ✆ 077-456074, ✉ buddha@samart.co.th, 💻 www.buddhaviewdiving.com, ; Chalok Ban Kao Bay. *Sunrise Dive* um 6.45 Uhr. Max. 10 Schüler pro Kurs. Diese Tauchschule schleust angeblich die fünftmeisten Schüler aller PADI-Tauchschulen durch.

Dive Point, ✆ 077-456231, am Strand von Mae Hat, Tauchschule mit voll bestücktem 20 m Tauchschulschiff, Besitzer aus Deutschland, Australien und Österreich. Eigenes Hotel und Restaurant in Mae Hat. Speedboot-Transfer von Ko Samui für Tauchgäste.

Ban's Diving Center, ✆ 077-456064, ✉ bans@amazingkohtao.com, 💻 www.amazingkohtao.com; Sai Ri Beach, PADI 5 Sterne IDC-Center, größte Thai-Tauchschule, mehrere Thai Divemaster. Ideal für Schüler, die sich in großen Gruppen wohlfühlen.

Crystal Dive, ✉ info@crystaldive.com, 💻 www.crystaldive.com, ✆ 077-456107; u.a. deutsche Tauchlehrer, gute Ausrüstung, gute Stimmung. Schnorchler können mit aufs Boot, nicht unbedingt ein tolles Erlebnis. Mehrere Tauchresorts.

Big Bubble, ✆ 077-456669, ✉ bigbubble@hotmail. com, 💻 www.tauchen-diving.de; PADI-Tauchschule an der Chalok Ban Kao Bay. Schnelle Video-Tauchkurse mit 4 Tauchgängen, u.a. in Deutsch, entspannte Atmosphäre, deutsche Leitung; Billigunterkunft für Hartgesottene.

Der erste Tauchgang kostet 800 Baht (mit eigenem Gerät ca. 600 Baht), ab 6 Tauchgänge 600 Baht, ab 20 Tauchgängen evtl. nur 400 Baht. 4- bis 4 1/2-tägige PADI-Kurse zum *Open Water Diver* werden durchweg für 8500 Baht angeboten, aber es gibt starke Rabatte in verschiedenen Versionen. Die **Tauchkurse** sollten 6 Tauchgänge, davon mindestens 2 im tieferen Wasser, enthalten und mindestens 4 volle Tage dauern (viele Tauchschulen bieten nur noch 3- bis 3 1/2-tägige Kurse mit 4 Tauchgängen an, was absolut zu wenig ist; auch am schriftlichen Begleitmaterial wird gespart). Das Zertifikat soll international anerkannt sein, PADI oder CMAS. Ein Tauchlehrer sollte maximal 4–6 Schüler betreuen. Schriftliches Begleitmaterial ist absolut notwendig und viel Tauch-Theorie lebenswichtig.

Jeder Tauchschüler kann sich an der Putzaktion *PADI Aware* beteiligen, die von einigen Tauchschulen einmal im Monat gemeinsam durchgeführt wird.

Krabi und Ko Lanta

Schon vor 25 000–35 000 Jahren bewohnten Menschen die Höhlen in der heutigen Provinz Krabi. Die **Grotte Lang Rongrien**, erst 1982 etwa 15 km nördlich der Stadt entdeckt, könnte eine der ältesten menschlichen Siedlungen in Asien gewesen sein. Noch heute werden Höhlensiedlungen gefunden, samt einfachen Steinwerkzeugen, Perlen, Ohrringen, menschlichen Knochen und sogar Höhlenzeichnungen. Am Ende der letzten Eiszeit, vor etwa 9000 Jahren, stieg der Meeresspiegel auf das heutige Niveau. Der prähistorische Krabi-Mensch siedelte sich in den Höhlen an der Hochwassermarke an und bereicherte sein Essen um Muscheln, deren Schalen noch heute zu finden sind. Vor 2000–3000 Jahren bemalten die Höhlenbewohner die Höhlenwände mit Zeichnungen von Menschen und Tieren in Ocker und schwarzen Farben.

Ab dem 5. Jh. existierte bei Klong Thom ein See-Handelsposten, in dem Kaufleute aus Indien und China, später sogar aus Europa, Waren tauschten. Bei Ausgrabungen in den 80er Jahren wurden Siegel aus dem 5. bis 7. Jh., sowie verschiedene alte Perlen und ein Bronzespiegel aus der chinesischen Han-Dynastie gefunden. Dutzende von Funden sind im **Museum** des Wats von **Klong Thom** ausgestellt.

Mitte der achtziger Jahre kamen die ersten Globetrotter in die Provinz Krabi und entdeckten fantastische Strände mit wunderbar weißem Sand, eingerahmt von überwucherten Felsentürmen. Primitive **Bambushütten** mit Palmblattdächern boten ihnen eine gemütliche Bleibe. Unglaublich schnell sprach sich Krabi herum, unterstützt durch blumige Schilderungen in der deutschen Tourismuspresse. Geschäftstüchtige Einheimische setzten an den vier schönsten, aber relativ kurzen Stränden in Windeseile eine Hütte neben die andere, um den anschwellenden Bedarf zu decken. Von Jahr zu Jahr wurden Qualität und Ausstattung verbessert. Aus naturnahen Bungalowanlagen entwickelten sich komfortable Resorts und **Hotelanlagen**. In den Prospekten vieler Pauschalreise-Veranstalter hat Krabi einen festen Platz, vor allem Skandinavier bestimmen die Szene. Wer Einsamkeit sucht, ist in der Saison an den Stränden von Ao Nang und Rai Leh fehl am Platz. Doch weniger belebte Strände und Inseln lassen sich durchaus finden.

Es sind nicht die Badestrände allein, die so viele Urlauber nach Krabi ziehen. Die fantastische und einzigartige **Landschaft** der Provinz mit ihren Felstürmen, Höhlen, Wasserfällen, unberührtem Dschungel und Korallengärten lässt keinen Besucher kalt. Auch die muslimischen Bewohner der Küstendörfer tragen mit einem gewissen orientalischen Flair zur Attraktivität der Provinz bei.

Die beste **Reisezeit** für Krabi und Umgebung ist von November bis April. Von Mai bis August unterbrechen kurze Regenschauer, vor allem am Nachmittag, das sonnige Wetter. Selbst während des Höhepunkts der **Regenzeit** von September bis Anfang November kann an der Küste tagelang schönes Wetter herrschen, da die Monsunwolken meist erst einige Kilometer im Hinterland abregnen. Wegen der hohen Wellen und kräftigen Winde werden allerdings viele Bootsausflüge nicht durchgeführt.

Krabi กระบี่

Die Provinzhauptstadt Krabi hat selbst weiter nichts zu bieten, aber ihre Bilderbuchstrände und die vorgelagerten Inseln begeistern immer mehr Urlaubshungrige aus Deutschland und vor allem Nordeuropa. Fast jeder Thailandreisende möchte zumindest für ein paar Tage die herrliche Landschaft erleben, ehe er zu weniger touristischen Zielen wie Ko Lanta weiterzieht.

Die geschäftige Kleinstadt Krabi hat 18000 Einwohner, die sich Touristen gegenüber äußerst zuvorkommend verhalten, was vor allem im Straßenverkehr auffällt. Unter emsige Städter und Dorfbewohner, die ihre Einkäufe tätigen, mischen sich entlang den vier Hauptstraßen im Zentrum Touristen und Traveller auf der Durchreise. Immer mehr ziehen nun eine billige Stadtunterkunft den teuren Resorts an den Stränden vor und fahren täglich an einen anderen Strand oder unternehmen Touren in der Umgebung. Mit dem Geldsegen aus dem Tourismus haben die Stadtväter u.a. einige Verschönerungen durchgeführt. Sie ließen zwei feste Piers und eine lange **Uferpromenade** bauen und ganze Straßenzüge in einheitlichem Stil „sanieren". So wirkt das Stadtzentrum zwar etwas charakterlos und einförmig, aber weitaus ansprechender als zuvor. Die Einheimischen halten Krabi für die teuerste Stadt Thailands, i.b. was die Preise auf dem Markt betrifft.

Wer an der Frühgeschichte der Provinz interessiert ist, kann auf dem H4 nach Klong Thom (41 km) fahren und das **Wat Klong Thom Museum** besuchen.

Übernachtung

GÄSTEHÄUSER – Jedes Reisebüro vermittelt billige Zi in Gästehäusern (in der Saison für 100–250 Baht, Nebensaison 80–150 Baht). Manche existieren nur für eine Saison.

Entlang der Hauptstraße, Uttarakit Rd.:

Grand Tower ⑮, Nr.73/1, ✆ 075-621456, 🖳 www.grandtowerhotel.com; saubere, z.T. etwas abgewohnte Zi in verschiedenen Preisklassen. Die billigen, hellhörigen Verschläge ohne Du/WC liegen im 6. Stock (kein Aufzug), die besseren, schönen haben moderne Du/WC, z.T. ac, sind etwas laut und z.T. ungepflegt; Balkon in der 5. Etage. Sauberes Restaurant mit mittleren Preisen, Motorräder zu vermieten, Schließfächer; empfehlenswert. ❸

Siboya Gh. ⑳, Nr.69, ✆ 075-623561, einfache Zi. Gleicher Besitzer wie *Siboya Bungalows*, ❷–❹, auf Ko Siboya, Transfer zur Insel. ❶

Chan-Cha-Lay ㉑, Nr.55, ✆ 075-620952, 🖳 www.geocities.com/chan_cha_lay; große, saubere Zi mit und ohne Du/WcC, alle mit Fenster, im Haupthaus überm guten Restaurant oder im sehr ruhigen und schön gestalteten Innenhof; im skandinavischen Stil eingerichtet, gemütliche Sitzecken im Flur, hilfreiche Mitarbeiter, die gut Englisch sprechen, gute Infos. Sehr empfehlenswert. ❷–❸, ac ❹

Cha Gh. ㉕, Nr.45, ✉ chaguesthouse@hotmail.com, ✆ 075-611141; langes Haus mit Garten und Bäumen, Zi mit und ohne Du/WC, einige muffeln, Restaurant, Mopedverleih, Internet, extrem hilfsbereite Leute. ❶–❷

Am Fluss entlang, Kongka Rd.:

Thara Gh. ㉜, 79/3, ✆ 075-630499, Familienzimmer im alten Gebäudeteil, kleinere ac-Zi im Neubau, z.T. Flussblick, verständnisvolles Personal. ❸, ac ❹

Mitten in der Stadt:

Green Tea Gh. ⑬, Issara Rd., ✆ 075-630609, ✉ greenteathai@yahoo.com, gegenüber vom Thai Hotel, saubere Zi mit Fan oder ac und Bad; Touren, Information. Nudel-Restaurant am Eck. ❷, ac ❸

Lipstic Gh. ⑬, 20-22 Soi 2, ✆ 075-612392, ✉ lipstickb@hotmail.com, in der Umgebung von mehreren Discos, 4-stöckiges Stadthaus, saubere Zi mit Fan, mit und ohne Bad. ❷

Hollywood ⑱, 26 Isara Rd., ✆ 075-620508, ✉ hollywoodtour@yahoo.com, 3-stöckiges Stadthaus, 10 kleine und große, saubere Zi mit Fan oder ac, Restaurant/Bar. ❷, ac ❸

Dragon Gh. ⑲, 11-13 Maharat Rd., ✆ 075-630258, Stadthaus, saubere Zi mit Fan oder ac. ❸

Area 51 Gh. ㉖, 1/13 Soi Ruam Chit, ✆ 630257, ✉ area51krabi@i-kool.com, in lauter Umgebung, einfache, günstige Zi. ❷

Café Europa ㉗, 1/9 Soi Ruam Chit, ✆ 075-620407, ✉ cafeeuropakrabi@hotmail.com, 🖳 www.krabidir.com/cafeeuropa; 6 nett eingerichtete, sehr saubere Zi im Obergeschoss, heiße Du/WC außerhalb, unten gutes Restaurant und Bar, Fax/Telefon-Service, Satelliten-TV; heimelige Atmosphäre beim freundlichen Dänen Finn, bei Henrik und Tip. Sehr laute Pubs in der Nachbarschaft. ❸

Chao Fah Road:

Bai Fern ㉛, Nr. 24/1, ✆ 075-630339, sauberes Kleinhotel, recht ruhig, 18 Zi mit Fan oder ac, Du/WC für 1 bzw. 2 Zi auf dem Flur, kleiner Balkon; unfreundlich. ❷–❸

HOTELS – In der Stadt:

Krabi River Hotel ㉛, 73/1 Kongka Rd., ✆ 075-612321, ✉ krabiriver@hotmail.com, schöne, gut ausgestattete ac-Zi, Balkon mit Flussblick, schöner Garten am Fluss; freundlicher Besitzer, gut Englisch sprechendes Personal. ❹

Krabi City Seaview Hotel ㉝, 77 Kongka Rd., ✆ 075-622885-8, ✉ krabicityseaview@hotmail.com, sehr beliebtes Kleinhotel am Fluss, gut eingerichtete, kleine ac-Zi und größere mit Aussicht. Im Erdgeschoss für Rolli geeignet. Reservierung sehr zu empfehlen. ac ❸–❹

Krabi Loma Hotel ㉘, 20 Chao Fah Rd., ✆ 075-611168, ✉ krabi_lomahotel@ocatch.com; neues Hotel im Thai-Stil, 38 saubere Zi mit ac, Minibar, Warmwasser-Du/WC; kleiner Pool, angenehmes, sauberes Restaurant. ❹

Theparat Lodge ②, 151 Maharat Rd., ✆ 075-622048, 🖳 www.theparatlodge.com; Hotel im

4-stöckigen Stadthaus, kleine, saubere Zi mit ac oder Fan, TV und Du/WC; Restaurant, das ohne Glutamat kocht, Bar, Coffee Corner, Touren. ❹–❺

Etwas außerhalb:

The Greenery Hotel (96), 167/2 Maharat Rd., ✆ 075-623648, ✉ krabi_greenery@hotmail.com, 400 m außerhalb an der Ausfallstraße, neues Hotel, 30 saubere Zi mit Fan oder ac, z.T. Verbindungstür, kleiner Balkon, Coffeeshop. ❸, ac ❹

Grand Mansion Hotel (93), 289/1 Uttarakit Rd., ✆ 075-611371, ℻ 611372, 700 m außerhalb an der Uferstraße, sehr saubere, gute Zi, die besten mit Kühlschrank und TV, einige Familienzimmer mit 3 Betten; preiswertes Essen, freundliches, hilfsbereites Personal. ❸

Krabi Maritime Hotel (92), 1 Tungfah Rd., ✆ 075-620028-46, 🖳 www.maritimeparkandspa.com; Luxus-Hotel, 2 1/2 km außerhalb Richtung Krabi Junction, in einer ruhigen Sackgasse, aufgelockerte Gebäudetrakte in riesigem Gelände, tolle Aussicht über einen kleinen See mit vielen Pflanzen, Fitness Center. ❺–❻

Boon Siam Hotel (99), 27 Chao Khun Rd., ✆ 075-632511-3, 🖳 www.boonsiamhotel.com; großes Hotel mit 120 Zi, die Suiten sind bestens für Familien geeignet und nicht zu teuer; Disco, Massagesalon und Karaoke-Bar. Mr. Thomas, der General Manager, unterhält sich gerne auf Deutsch. ac ❹–❺

Essen

Es gibt in der Stadt viele kleine Restaurants und Garküchen.

Nachtmarkt am alten Pier, billige Essenstände ab 17 Uhr.

City-Nachtmarkt in der Stadt, appetitliche Stände, leckeres Essen, große Auswahl; eine Schau ist der Getränkemixer im Zentrum des Marktes,

Übernachtung:

(1) Ano Gh.
(2) Theparat Lodge
(3) Railay Mansion
(4) Green House Hotel
(5) Thaimit Tours Gh.
(6) City H.
(7) Vieng Thong H.
(8) Jungle Book Gh.
(9) B & B Gh.
(10) New H.
(11) Green Tea Gh.
(12) K.L. Gh.
(13) Lipstic Gh.
(14) Thai H.
(15) Grand Tower Gh.
(16) Dragon Gh.
(17) A.Mansion
(18) Hollywood Gh.
(19) Siboya Gh.
(20) Chan-Cha-Lay Gh.
(21) Judy Gh.
(22) K. Gh.
(23) Star Gh.
(24) Cha Gh.
(25) Area 51 Gh.
(26) Café Europa
(27) Krabi Loma Hotel
(28) P.A.N. Gh.
(29) Baan Chao Fah Gh.
(30) Bai Fern
(31) Krabi River Hotel
(32) Krabi City Seaview H.
(33) Thara Gh.
(34) P. Gh.
(35) Chao Fa Valley Bungalow
(36) K.R. Mansion Hotel

Läden, Restaurants etc.:

1 Kao Man Kai R.
2 Muslim-R.
3 Dr. Supot
4 Hong Ming R.
5 Schwimmendes R.
6 The Books
7 Vogue Dept. Store
8 Pakarang
9 7 Eleven
10 Dr. Taweelarp
11 Azzurra Pizzeria
12 Lisa Bakery
13 Krabi Resort Office
14 Zeitungsladen
15 Nudel-Restaurant
16 Kaufhaus
17 R. Ruamchai
18 Pizzeria Firenze, Fai Book & Internet
19 Sea Kayak Krabi, King Kayak
20 May and Mark R.
21 Pub
22 Mee Lap R.
23 Dive Shop Reef Watch
24 Café Europa
25 Juke Box Pub R., Smoody Bar

Transport:

❶ Taxistand
❷ Pee Pee Marine Travel
❸ Minivan→Nakhon Si Thammarat
❹ Minivan→Surat Thani
❺ Krabi U & I Travel
❻ Thaimit Tours
❼ Friendly Tour
❽ Andaman Wave Master Office, Bus→Bangkok, Surat Thani
❾ Minivan→Phuket
❿ Songthaew→Talad Kao,Tiger Cave
⓫ Longtail-Boot→Ko Siboya
⓬ Longtail-Boot→Rai Leh
⓭ Chan Phen Tour
⓮ Jungle Book Tour
⓯ Frank Tour
⓰ Songthaew→Ao Nang, Susan Hoi
⓱ Thai Airways Office
⓲ Songthaew→Talad Kao,Tiger Cave Minivan→Khao Lak, Pakbara
⓳ Bus→Ao Luk
⓴ Longtail-Boot→Rai Leh
21 Bangkok Airways
22 Minivan→Ko Lanta
23 Krabi Happy Tour, Siam Smile Travel
24 Railay Group: Longtail-Boot→Phra Nang Beach
25 Longtail-Boot→Rai Leh Beach
26 Green Travel, P.P. Family
27 Hat Yai World Tour, Krabi Bluebay Travel, Pine Tour, Siboya Office
28 Boote→Ko Phi Phi, Ko Lanta, Ko Jum
29 Chao Koh Travel

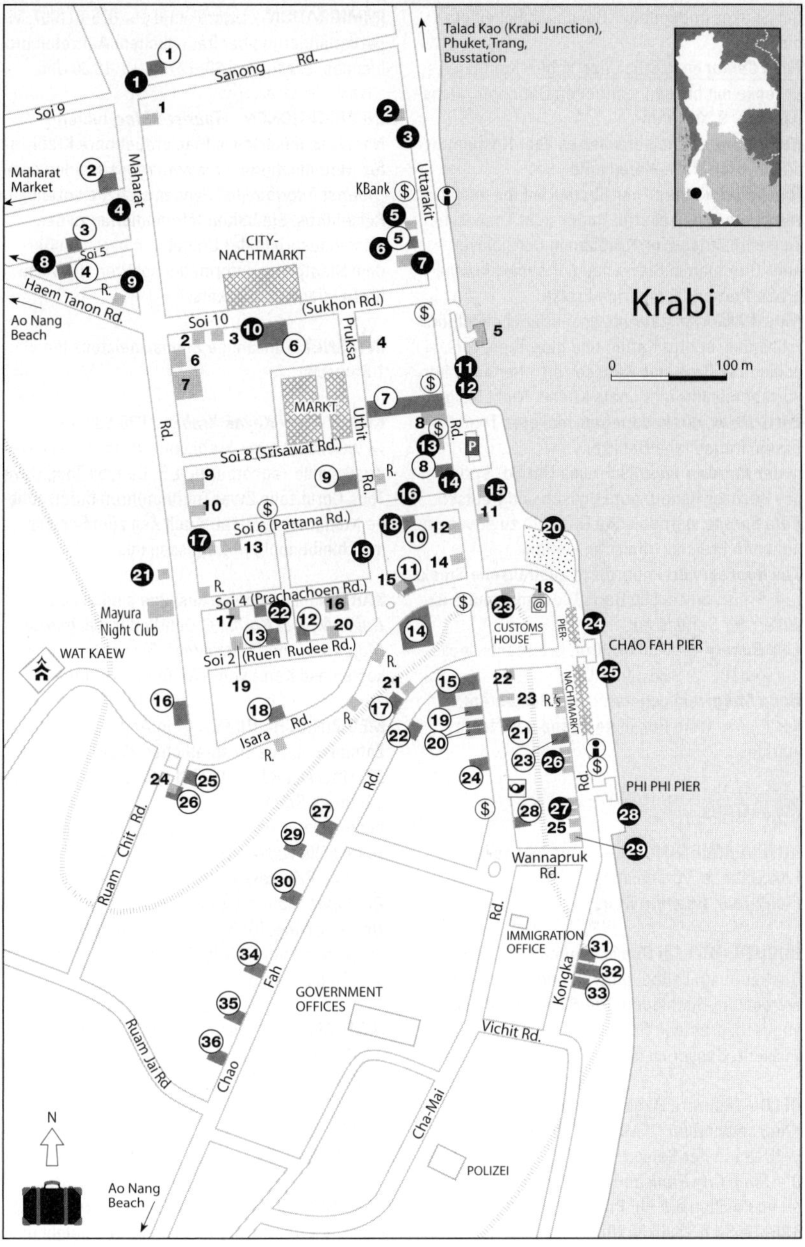

KRABI UND KO LANTA

der Shakes in doppelter Geschwindigkeit produziert.
Food Center im 3. Stock des Vogue-Kaufhauses, Essecke mit billigen, einfachen Gerichten, klimatisiert; ⌚ 9.30–19 Uhr.
Koh Thung, empfehlenswertes Thai-Restaurant an der Uferstraße Kongka Rd.
Ruamchai, kleines Thai-Restaurant mit ausgezeichneter Speisekarte: Rogensalat Thai-Style, Tausendjährige Eier, Krabben in Currypulver oder Garnelen in Bierschaum (=*snow shrimp*); große Portionen, niedrige Preise.
May & Mark Restaurant, besonders beliebt fürs Frühstück, echter Kaffee und gute Tees, verschiedene Brot- und Käsesorten, aber auch hervorragende internationale Küche. Nicht billig.
Eat & Drink, direkt daneben, leckeres Thai-Essen, freundliche Besitzer.
In der ***Pizzeria Viva,*** 29 Pruksa Utit Rd., spricht der Besitzer Renato gut Englisch und Deutsch.
Cafe Europa, europäische Gerichte zu etwas gehobenen Preisen; dänische Leitung.
The Roof serviert importierte australische Steaks zum Preis von ca. 500 Baht. Die Atmosphäre ist super, der Service gut.
Lisa Bakery hat Vollkornbrot, Croissants, leckeres Gebäck, ⌚ 7.30–20.30 Uhr.
Hong Ming, rein vegetarisches Restaurant, in der Pruksa Uthit Rd., in der Nähe des Nachtmarktes.

Sonstiges

AUTOVERMIETUNGEN – Jeeps gibt es für 1200 Baht bei verschiedenen Reisebüros, z.B. ***Frank Tour, Friendly Tour.***

BÜCHER – Bei ***Fai Books*** können viele deutsche Bücher ausgeliehen, gekauft oder getauscht werden. Im Buchladen ***The Books*** werden u.a. englischsprachige Reiseführer und Magazine verkauft. Besser ist der Buchladen ***Saeng Ho.***

GELD – Mehrere Banken in der Uttarakit Rd., Wechselschalter ⌚ Mo–Fr 8.30–19 Uhr, Sa, So 8–15 Uhr in der Saison.
Die ***Siam City Bank*** betreibt täglich einen Schalter im Pavillon am Phi Phi-Pier, ⌚ Mo–Sa 8.30–19, So 8.30–16.30 Uhr.

IMMIGRATION – Uttarakit Rd., ✆ 075-611097; Visa-Verlängerung bei freundlichem Auftreten problemlos. ⌚ Mo–Fr 8.30–12 und 13–16.30 Uhr.

INFORMATIONEN – ***Tourist Office,*** hinterm Nachtessenmarkt am Pier, brauchbare Krabi-Infos. Hotelbuchung: 💻 www.krabi.sawadee.com/. *„Tourist Information"* nennen sich die unzähligen Reisebüros. Sie halten Informationen zu den Gästehäusern in der Umgebung bereit, außerdem Stadtpläne, Informationsblätter, Hinweise für Ausflüge und Tickets.

INTERNET – unzählige Shops, meistens für 1 Baht/Min.

KAJAK – ***Sea Kayak Krabi,*** ✆ 075-630270, 💻 www.seakayak-krabi.com; veranstaltet eindrucksvolle Tagestouren, z.B. Canyon Tour, Cave Tour, Coral Tour. Zwei Touren führen durch schöne Mangrovenwälder. Auch Zeit zum Schwimmen bleibt noch, Mittagessen inkl.

KARTEN – Für eigene Ausflüge sind die gute ***Guide Map of Krabi*** (95 Baht) oder die ***Tourist Map Krabi*** empfehlenswert. Brauchbar ist die kostenlose Karte vom TAT Tourist Office.

MEDIZINISCHE HILFE – Gute Ärzte und einen **Zahnarzt** gibt es im staatlichen ***Krabi Hospital,*** 325 Uttarakit Rd., ✆ 075-611203, mit Songthaew 5 Baht ab Stadt.
In den letzten Jahren kamen im Gebiet von Krabi keine Fälle von Malaria vor.
Als gute **Privatärzte** wurden uns genannt:
Dr. Supot, Maharat Rd Soi 10, Allgemeinarzt, und ***Dr. Taweelarp,*** Maharat Rd, Frauenarzt; beide praktizieren von 7–8.30, 12–13 und 17–18 Uhr, Sa und So ganztägig.

MOTORRÄDER – bei mehreren Gästehäusern und Reisebüros für 150–200 Baht/Tag. Zuerst den Zustand kontrollieren.

POST – mit Poste Restante, Packservice, ⌚ Mo–Fr 8.30–16.30, Sa, So 9–12 Uhr. **PLZ**: 81 000.

REISEBÜROS – Fast alle Reisebüros werden von Lesern als freundlich und kompetent gelobt (mit

Ausnahme von *Songserm*). Die meisten vertreten eigene Gästehäuser und Bungalows, die sie ihren Kunden ans Herz legen. Alle vermitteln Touren, Boote zu den Inseln und, gegen 20–60 Baht Aufschlag, Bus- und Zugtickets.
Frank Tour, 256 Uttarakit Rd., ✆ 075-611110, Frau Renu und Frau Arrak haben alle Informationen im Kopf und bieten besten Service.
Siam Smile Travel, 4 Kongka Rd., ✆ 075-623158, ✉ siamsmile69@hotmail.com; kompetente Beratung auf Deutsch und Englisch durch Patrick und Thip.
Songserm, neuer Name *Andaman Wave Master,* ✆ 075-632423, Haem Tanon Rd., ✆ 075-630470-2, 📠 630079; betreiben Busse nach Surat Thani, Ko Samui und Ko Pha Ngan, über die wir auch nach der Namensänderung laufend Klagen bekommen, z.B. wird häufig abends kurz vor Krabi eine Rast eingelegt, um mit windigen Argumenten überteuerte Zi zu vermitteln. Auskünfte über staatliche Busse sind fast immer falsch.

TAUCHEN – Einige Tauchschulen bieten Kurse in Krabi an, u.a.: ***Reefwatch Worldwide Dive Club,*** ✆ 075-632650, gegenüber vom *Grand Tower Hotel.*

TELEFON – ***Krabi Telecommunication Center,*** 346 Uttarakit Rd., 2 km außerhalb Richtung Talad Kao, ⌚ 7–22 Uhr. Mit Internet Service.

TOUREN – Alle Travel Offices vermitteln die gleichen Touren, die Preise variieren geringfügig, z.B. : *Ko Boda Tour* (4 Islands) für 400 Baht (mit Speedboat 1000 Baht), *5-Island-Tour* ab ca. 480 Baht (mit Speedboat 1200 Baht), gechartertes Longtail-Boot 1500 Baht, *Phang Nga Bay* mit Bus und Longtail-Boot, 750 Baht inkl. Mittagessen, Tempel- und Naturparkbesuch, *Phi Phi Tour,* 990 Baht (mit Speedboot 2000 Baht). Einige Veranstalter verlangen weitaus höhere Preise.

Nahverkehrsmittel

PICKUPS – Zwischen der Stadt und TALAD KAO (= Krabi Junction) mit dem Bus Terminal verkehren von 6–21 Uhr alle 3 Min. Pickups für 10 Baht. Zum Strand AO NANG (20 Baht) fahren von 7–18 Uhr alle 15–30 Min. Pickups von der Stadt ab (von 18–22.30 Uhr 50 Baht). Dieselben Pickups fahren bis 18 Uhr zum Nopparat Thara Beach.
Achtung: Die gelben Songthaews fahren als Taxis (ca. 300 Baht).
Zum Gastropod Museum SUSAN HOI geht es nur von Okt bis April von 7–18 Uhr für 40 Baht.
Zum WAT THAM SUA *(Tiger Cave)* für 25 Baht; Motorradtaxi ca. 40–50 Baht.

BOOTE – Linienboote starten vom neuen **Passenger Port**, der an ein Flugzeug-Terminal erinnert. Er liegt etwas außerhalb der Stadt im Seehafen. Mit einem Pickup für 20 Baht oder einem Motorradtaxi für 30 Baht kann man nach Krabi oder für 40 Baht zum Bus Terminal fahren. Es gibt dort auch einige Reisebüros, in denen man die Weiterreise, Unterkünfte etc. buchen kann.

LONGTAIL-BOOTE – fahren zur PHRA NANG BAY (Okt–März sowie bei ruhiger See) und zum RAI LEH BEACH (Ost und West) für 70 Baht in 25 Min. (ab 6 Pers.), Charter 300 Baht.
Die ***Railay Group*** fährt um 9, 11, 13.30, 16 und 18 Uhr für 70 Baht, zurück um 7.45, 9.30, 12, 14.30 und 16 Uhr.

Transport

Kombinierte Bus-Boot-Tickets über Krabi nach Ko Phi Phi bzw. Ko Lanta, die in Bangkok von windigen Reisebüros verkauft werden, sind erstens teuer und zweitens Betrug, da das Bootsticket in Krabi von niemandem anerkannt wird.

BUSSE – Alle öffentlichen Busse fahren vom Bus Terminal **Talad Kao**, ✆ 075-611804, an der Kreuzung 4 km nördlich von Krabi (= Krabi Junction) ab, rote Pickups fahren laufend hin (s.o.). Ankommende Busse werden außerhalb der Hochsaison von Schleppern bestürmt, die den müden Neuankömmlingen ihre Bungalows aufdrängen wollen. Geschäftstüchtige Tuk Tuk-Fahrer wollen Passagiere für 300 Baht direkt zum Ao Nang Strand fahren.
Unser Rat: Abblitzen lassen und erst mal mit dem roten Pickup für 10 Baht nach Krabi reinfahren, dort fahren laufend öffentliche Songthaews für 20 Baht zum Strand.

Die privaten Busse entladen ihre Passagiere an täglich wechselnden Gästehäusern in der Stadt. Tickets für öffentliche **Fernbusse** bekommt man auch bei vielen Reisebüros für einen Aufschlag von 20–60 Baht. Die meisten Reisebüros verkaufen bevorzugt teure, miserable Busse privater Unternehmen, da sie dafür hohe Provisionen erhalten. Also zum Fahrscheinkaufen zu einem kooperativen Reisebüro gehen oder zum Bus Terminal fahren.

Bangkok: Nach BANGKOK (817 km) mit 2.Kl. ac-Bus um 16, 16.40 und 17.20 Uhr für 357 Baht, ac-Bus und VIP-42 um 8, 16.30 und 17 Uhr für 459 bzw. 485 Baht sowie VIP-24 Bus um 17 Uhr für 710 Baht in 12 Std, Vorbuchung empfehlenswert. Der **Khaosan-Bus**, von dem dringend abzuraten ist, fährt für 280–550 Baht, benötigt wegen langwierigem Umsteigen in Surat Thani bis zu 20 (!) Std. und hält abwechselnd bei verschiedenen Reisebüros. Zurück fährt dieser höchst gefährliche Bus ab dem Pier um 16 Uhr für 350 Baht (als VIP-32-Bus 650 Baht) und benötigt mindestens 15 Std. bis zur Khaosan Road, mit Zwischenstopp in Surat Thani.

In die Umgebung: Nach PHUKET non-ac-Bus ca. alle 30 Min. von 6.20–9 Uhr für 65 Baht in 4 Std., 2.Kl. ac-Bus von 5.30–14 Uhr ca. alle 60 Min. für 91 Baht, ac-Bus von 8–17.30 Uhr ca. alle 30 Min. für 117 Baht in 3 Std., zudem ein privater Bus um 9 Uhr für 200 bzw. 250 Baht. Nach Phuket Town, Patong, Kata und Karon fahren recht klapprige private Busse (z.T. auch Vans) um 7, 9 (nur in der Saison), 11.30 (Minibus) und 17.30 Uhr für 250 Baht in 3–3 1/2 Std., zum Phuket Airport um 13 Uhr für 200 Baht in 3 Std.; zurück nur um 8.30 Uhr für 200 Baht.

Nach PHANG NGA im Phuket-Bus 438 für 36 Baht, 2.Kl. ac-Bus 64 Baht, ac-Bus 82 Baht in 2 Std. (bis KHOK KLOI 48 Baht, ac-Bus 86 Baht).

Nach KHAO SOK bis Takua Pa mit ac-Bus für 90 Baht, weiter für 25 Baht zur Abzweigung zum Park.

Nach TRANG non-ac-Bus 441 alle 30–60 Min. von 6.20–16 Uhr für 50 Baht, 2.Kl. ac-Bus 70 Baht, ac-Bus bis 21.30 Uhr für 90 Baht in 2 Std.

Nach AO LUK fahren LKW-Songthaews von 6–17 Uhr gegenüber von *Thongfah* ab, für 30 Baht in 90 Min., zur AO LUK JUNCTION mit Phuket- oder Surat Thani-Bussen für 20 Baht.

Zu anderen Orten im Süden: Nach SURAT THANI non-ac-Bus alle 45 Min. von 7.45–14.30 Uhr für 80 Baht in 3 Std., 2.Kl. ac-Bus ca. alle 90 Min. von 6–16 Uhr für 140 Baht in 2 Std. Ac-Bus von *Phantip* 9x tgl. von 5.30–15 Uhr für 126 Baht. Ac-Bus von *P.P.Family* um 11 und 16 Uhr in 3 Std. für 180 Baht.

Über den ac-Bus von Songserm, umfirmiert in *Andaman Wave Master*, um 11, 13 und 16 Uhr für 180 Baht (die letzten beiden auch zum Bahnhof PHUNPIN) in 3 1/2 Std. wird vehement geklagt (enge Sitze, Verspätung, Zwangsessenspause, falsche Abfahrts- und Ankunftszeiten, Vermittlung überteuerter Zimmer). Doch so mancher, der in einem Reisebüro auf die tollen Fotos hereinfällt und bucht, landet letztendlich im schrottreifen *Songserm-Bus*.

Nach KO SAMUI mit ac-Bus und Fähre um 10 Uhr direkt für 400 bzw. 550 Baht in 7 bzw. 9 Std. sowie um 16 Uhr (mit Nachtboot) in 13 1/2 Std. für 370 Baht.

Nach KO PHA NGAN mit ac-Bus und Fähre um 10 Uhr direkt für 450 Baht (Ankunft 18.30 Uhr). Mit ac-Bus von *P.P.Family* um 10 Uhr (mit Expressboot) und um 16 Uhr (mit Nachtboot) in 9 bzw. 14 1/2 Std. für 450 Baht.

Nach NAKHON SI THAMMARAT von 9–14.30 Uhr mit non-ac Bus für 67 Baht in 4 1/2 Std., mit 2.Kl. ac-Bus für 94 Baht in 3 Std.

Nach RANONG non-ac-Bus 435 um 11 Uhr für 106 Baht in 6 Std., ac-Bus um 8.30, 10 und 12.30 Uhr für 148 Baht; in Takua Pa (65 bzw. 90 Baht) umsteigen nach KHAO LAK (25 Baht).

Nach PHATTALUNG um 12 und 13.15 Uhr für 64 bzw. 115 Baht (oder mit Hat Yai-Bussen).

Nach HAT YAI non-ac-Bus um 13 Uhr über TRANG für 96 Baht in 5 Std., 2.Kl. ac-Bus von 10.30–13.30 Uhr für 130 Baht, ac-Bus von 9.20–15.20 und 22 Uhr für 173 Baht in 4 Std.

Nach SATUN ac-Bus um 11 und 13 Uhr für 175 Baht in 5 Std. (der Anschluss an das Boot nach Langkawi am selben Tag ist nicht sicher, besser den ersten Minibus nehmen, s.u.).

Nach SUNGAI GOLOK ac-Bus um 8.40, 10.50 und 22.50 Uhr für 335 bzw. 432 Baht in 9 Std.

MINIBUSSE – (auch *Air Cond Van* genannt) sind klimatisiert und fahren tgl. zu festen Zeiten von verschiedenen Reisebüros oder am Straßenrand

ab (in der Karte markiert). Sie sind zwar eng, geben aber sonst keinen Anlass zu Beschwerden.
Nach PHUKET fahren diverse Gesellschaften über Phang Nga (200 Baht) und Phuket Airport um 9, 11, 12, 14 und 16 Uhr für 200–250 Baht in 3 Std.
Nach KHAO LAK in der Saison um 11 bzw. 11.30 Uhr für 250–300 Baht, nach KHAO SOK um 11 Uhr für 350 Baht (ab *Hotrock*).
Von SURAT THANI ac-Minibusse stdl. von 7.30–16.30 Uhr für 140 Baht. Zurück am besten mit *P.P.Family*-Bussen.
Nach KO SAMUI und KO PHA NGAN um 11 und 16 Uhr, Ank. 18.30 / 6.30 Uhr und 20.30 / 8.30 Uhr.
Nach NAKHON SI THAMMARAT jede Std. für 120 Baht in 3 Std.
Um 7 und 11 Uhr nach TRANG für 250 (!) Baht in 2 Std., HAT YAI für 250 Baht in 4 Std., SATUN für 400 Baht (6 Std., umsteigen in Hat Yai, oder 4 1/2 Std. direkt), PAKBARA für 350 Baht in 3 Std. (ab *Hotrock*), SUNGAI GOLOK für 420–450 Baht in 8 Std. (umsteigen in Hat Yai).
Nach KO LANTA Minivan von *N.C. Gh.* um 11, 13 und 16 Uhr über Ban Hua Hin (inkl. 2 Fähren) zum Klong Dao Beach und zum Klong Nin Beach. Tickets für 150 Baht gibt es bei Reisebüros, wo man auch abgeholt wird. Alternative: Mit Songthaews bzw. Minibussen zum Pier BAN HUA HIN ab Soi 6 etwa alle 30 Min. von 10–14 Uhr für 50 Baht in 45 Min.
Nach Malaysia und Singapore: Zu allen Zielen in Hat Yai umsteigen.
Ac-Minibus und ac-Bus nach KUALA LUMPUR um 7 und 11 Uhr für 850 Baht, Ankunft gegen 23 Uhr bzw. 6 Uhr, nach SINGAPORE für 1050 Baht, Ankunft gegen 7 Uhr bzw. 12 Uhr.
Nach PENANG mit ac-Minibus um 7 und 11 Uhr für 550 Baht, Ankunft gegen 17 bzw. 21 Uhr. Zurück frühmorgens mit dem ac-Minibus über Hat Yai.
Nach KOTA BHARU zunächst nach SUNGAI GOLOK für 450 Baht um 7 und 11 Uhr, weiter mit dem Taxi.
Nach LANGKAWI mit dem ac-Minibus + Boot über Satun um 7 Uhr für 650 Baht in 11 Std.

SAMMELTAXIS – fahren vom Bus Terminal, ✆ 612859, ab: u.a. nach TRANG für 80 Baht und NAKHON SI THAMMARAT für 120 Baht. Ein Taxi nach KO LANTA kostet ca. 2000 Baht.

EISENBAHN – Von BANGKOK kommt man bequem mit der Bahn nach SURAT THANI und am Morgen mit dem wartenden Bus nach Krabi. Das kombinierte *Joint Ticket* lohnt sich nicht, i.b. bei Zugverspätung. Zu den Zügen von Surat Thani nach Bangkok fahren Zubringerbusse um 11 und 16 Uhr in Krabi ab (dieses *Joint Ticket* gibt es z.B. bei *Frank Tours*).
Alternativ von Bangkok mit dem *Express* 83 um 17.05 Uhr oder dem *Rapid* 167 um 18.20 Uhr bis TRANG und mit einem Sammeltaxi für 80 Baht nach Krabi. Auch zurück mit Zügen ab Trang, besonders in der Hochsaison einen Versuch wert. Zugfahrten mindestens 2–3 Tage vorher im Reisebüro reservieren lassen (in Ferienzeiten 10 Tage vorher).

BOOTE – Nach KO PHI PHI tgl. um 9 und 15 Uhr per Expressboot für 150/200 Baht einfach in 1 1/2–2 1/2 Std., zurück u.a. um 9 und 13.30 Uhr. Den Bus nach Bangkok erreicht man über Krabi noch am selben Tag.
Nach KO LANTA von Nov. bis April tgl. per Expressboot um 10.30 und 13.30 Uhr für 250 Baht in 2 1/2 Std. (das Boot hält auch vor Ko Jum, 180 Baht). Verbilligte kombinierte Bootstickets für Ko Phi Phi und Ko Lanta sind nur in der Saison sinnvoll.
Zum Rassada-Pier in PHUKET TOWN mit dem ac-Boot *Ao Nang Princess* tgl. um 15 Uhr in 2 1/2 Std. für 350 Baht; zurück um 8.30 Uhr.
Nach KO SIBOYA wird Transport vom *Siboya Gh.* organisiert, Abfahrt um 11 und 15 Uhr, mit dem Songthaew nach LAEM HIN (1 Std.), 50 Baht, weiter per Longtail-Boot für 20 Baht und mit dem vorausbestellten Laster zu den Bungalows (30 Baht).

FLÜGE – Der Flugplatz liegt 12 km nordöstlich von Krabi. Hier gibt es Geldwechsel, Bankautomaten, mehrere Autovermietungen, u.a. *Avis*. Minibus in die Stadt 300 Baht. Taxi-Service mit festen Preisen, z.B. zur Stadt 300 Baht, nach Ao Nang 500 Baht, nach Khao Lak 2300, Ko Lanta 1800 Baht.
Ab BANGKOK fliegt ***Thai Airways***, ✆ 075-622440, in der Saison 1–4x tgl. in 1 1/2 Std. für 2560 Baht (in der Nebensaison 3x pro Woche).
Bangkok Airways, ✆ 075-692484, fliegt Mo, Mi, Fr, Sa von / nach BANGKOK für 2560 Baht, am Fr und So nach KO SAMUI für 1920 Baht.

Phuket Air, ✆ 075-636393-4, fliegt 3x pro Woche von / nach BANGKOK für 2665 Baht.
Ab CHIANG MAI fliegt ***Thai Airways*** direkt am Mo, Di, Do, Sa in 2 Std. für 4535 Baht, zurück nur über Bangkok.

BIKER – Nach **Süden** empfehlen wir, die Stadt Trang weiträumig zu umfahren. Dazu nimmt man in Krabi das Bike mit auf das Boot (100 Baht) nach Ban Saladan auf Ko Lanta. Von Ko Lanta nimmt man die zwei Fähren von Ban Saladan nach Ban Hua Hin und radelt auf dem H4206 (27 km) weiter zum H4. Auf dem H4042 (14 km), dem H4 (8 km), dem H4046 (26 km) und dem H4162 (9 km) fährt man locker zum Pak Meng Beach. Die nächste Etappe ist unter Trang (s.S. 766) beschrieben.
Nach **Norden** geht es auf schönen Nebenstraßen nach Phang Nga.

Rai Leh Beach

Die von fantastischen Kalksteinformationen abgeschlossene Halbinsel (auch unter Phra Nang Bay und Rai Lay Beach bekannt) ist nur mit dem Boot zu erreichen. An den beiden schönsten Stränden wurden 1986 in den Palmenhainen die ersten Bungalows gebaut – ein ehemaliger Geheimtipp unter Travellern! Durch Mund-Propaganda erhielten die wunderschönen Badestrände einen derartigen Zulauf, dass fast täglich neue Hütten aufgestellt wurden. Schließlich musste das ganze Fischerdorf einer Bungalowanlage weichen. Die alten Bambushütten werden mehr und mehr durch (teurere) Steinbungalows ersetzt. Große Dieselgeneratoren blasen Tag und Nacht ihre Abgase durch die Palmen.

Am landschaftlich einzigartigen **Phra Nang Beach** mit seinen steil aufragenden Wächterfelsen tummeln sich hunderte von Tagesausflüglern. In der tropischen Vegetation dahinter wurden private Luxushäuser gebaut. Der Verbindungsweg zwischen dem Phra Nang Beach und Rai Leh East führt dicht an den Felsen vorbei, auf halbem Weg beginnt der Aufstieg zur Phra Nang Lagoon und zum Super-Aussichtspunkt.

Neben der seichten, mit Mangroven bewachsenen Bucht **Rai Leh (East)**, die nach Süden geöffnet und gegen den Monsun geschützt ist, gibt es drei herrliche Strände mit feinem, weißem Sand: der wunderschöne **Phra Nang Beach** mit den vorgelagerten Felstürmen nach Osten, der flache, fast ideale Badestrand **Rai Leh (West)** nach Nordwesten und die friedliche, zum Baden nicht geeignete nördliche Bucht **Ao Ton Sai**. An den vorgelagerten Inseln **Chicken Island** und **Ko Boda** locken schöne Korallenriffe und fantastische Strände, die massenhaft von Tagesausflüglern bevölkert werden.

Höhlen

Die **Phra Nang Cave** (Grotte der Prinzessin) schließt den Phra Nang Beach nach Süden ab, direkt am Meer mit den eindrucksvoll herabhängenden Stalaktiten ziert sie mittlerweile viele Touristenprospekte. In der **Diamond Cave** (*Tham Phra Nang Nai*) am Rai Leh East wurde ein massiver Steg bis in den letzten Winkel gebaut sowie eine Beleuchtungsanlage installiert, Eintritt 20 Baht. Eine gute Taschenlampe tut's aber auch. Man entdeckt Kalksinterterrassen, Stalaktitenvorhänge, -orgeln und -fälle und bis zu 25 m lange, schlanke Einzelstalaktiten.

Reizvoll ist auch eine Wanderung mit Kletterpartie (z.T. mit morschen Seilen gesichert) durch eine ca. 120 m lange **Höhle** am nordwestlichen Ende des Phra Nang Strandes.

Phra Nang Lagoon

Die Phra Nang Lagoon (*Sa Phra Nang*) liegt inmitten eines 80–100 m tiefen Felsenkessels. Schwindelfreie können sie über einen mit Seilhilfen versehenen Kletterpfad erreichen, der auf halber Strecke vom Verbindungsweg beim Wegweiser abgeht. Bei Flut ist die durch eine Unterwasserhöhle mit dem Meer verbundene Lagune unwirklich schön, und man kann herrlich darin schwimmen, bei Ebbe allerdings ist sie voller Schlick. Für die Begehung der Höhle am anderen Ende braucht man eine Taschenlampe. Die Tour ist vor allem mit Sandalen und bei feuchtem Wetter für Ungeübte durchaus gefährlich. Der **Phra Nang View Point**, bei der Abzweigung auf dem Pass nach links, bietet einen überwältigenden Ausblick. Hier werden auch Kletterkurse veranstaltet.

Übernachtung

Die Preise der Bungalowanlagen variieren je nach Auslastung stark, werden durchweg als

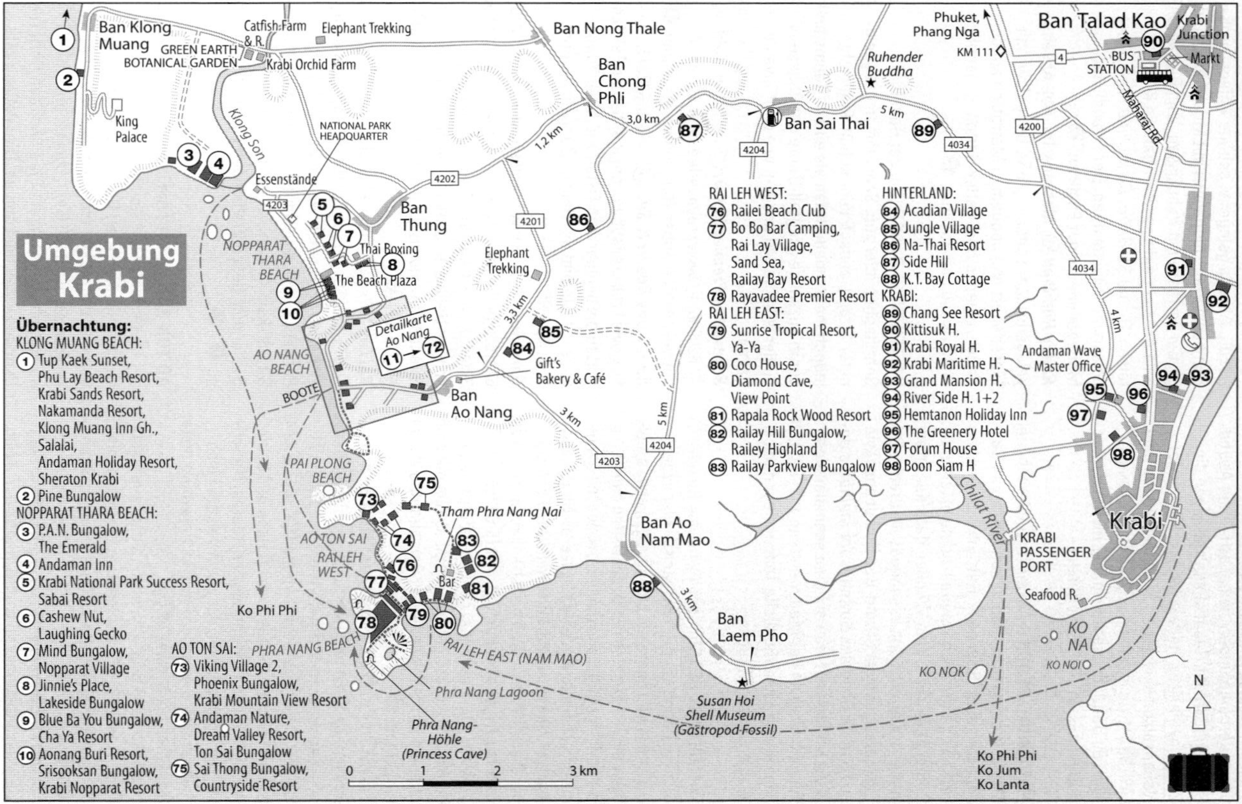
Umgebung Krabi
Übernachtung:
KLONG MUANG BEACH:
1 Tup Kaek Sunset, Phu Lay Beach Resort, Krabi Sands Resort, Nakamanda Resort, Klong Muang Inn Gh., Salalai, Andaman Holiday Resort, Sheraton Krabi
2 Pine Bungalow
NOPPARAT THARA BEACH:
3 P.A.N. Bungalow, The Emerald
4 Andaman Inn
5 Krabi National Park Success Resort, Sabai Resort
6 Cashew Nut, Laughing Gecko
7 Mind Bungalow, Nopparat Village
8 Jinnie's Place, Lakeside Bungalow
9 Blue Ba You Bungalow, Cha Ya Resort
10 Aonang Buri Resort, Srisooksan Bungalow, Krabi Nopparat Resort
AO TON SAI:
73 Viking Village 2, Phoenix Bungalow, Krabi Mountain View Resort
74 Andaman Nature, Dream Valley Resort, Ton Sai Bungalow
75 Sai Thong Bungalow, Countryside Resort
RAI LEH WEST:
76 Railei Beach Club
77 Bo Bo Bar Camping, Rai Lay Village, Sand Sea, Railay Bay Resort
78 Rayavadee Premier Resort
RAI LEH EAST:
79 Sunrise Tropical Resort, Ya-Ya
80 Coco House, Diamond Cave, View Point
81 Rapala Rock Wood Resort
82 Railay Hill Bungalow, Railey Highland
83 Railay Parkview Bungalow
HINTERLAND:
84 Acadian Village
85 Jungle Village
86 Na-Thai Resort
87 Side Hill
88 K.T. Bay Cottage
KRABI:
89 Chang See Resort
90 Kittisuk H.
91 Krabi Royal H.
92 Krabi Maritime H.
93 Grand Mansion H.
94 River Side H. 1+2
95 Hemtanon Holiday Inn
96 The Greenery Hotel
97 Forum House
98 Boon Siam H
Ban Klong Muang
King Palace
GREEN EARTH BOTANICAL GARDEN
Catfish Farm & R.
Krabi Orchid Farm
Elephant Trekking
Ban Nong Thale
Ban Chong Phli
3,0 km
1,2 km
Klong Son
Essenstände
NATIONAL PARK HEADQUARTER
4202
4203
4201
4204
4034
4200
4
Ban Thung
Thai Boxing
The Beach Plaza
NOPPARAT THARA BEACH
AO NANG BEACH
BOOTE
Detailkarte Ao Nang 11 → 72
Elephant Trekking
3,3 km
Gift's Bakery & Café
Ban Ao Nang
3 km
5 km
PAI PLONG BEACH
AO TON SAI
RAI LEH WEST
Tham Phra Nang Nai
Bar
Ko Phi Phi
PHRA NANG BEACH
RAI LEH EAST (NAM MAO)
Phra Nang Lagoon
Phra Nang-Höhle (Princess Cave)
0 1 2 3 km
Ban Sai Thai
Ruhender Buddha
Phuket, Phang Nga
KM 111
Ban Talad Kao
Krabi Junction
BUS STATION
Markt
Maharaj Rd.
4 km
Andaman Wave Master Office
Krabi
KRABI PASSENGER PORT
Seafood R.
Chilat River
Ban Ao Nam Mao
Ban Laem Pho
Susan Hoi Shell Museum (Gastropod-Fossil)
KO NOK
KO NA
KO NOI
N
Ko Phi Phi
Ko Jum
Ko Lanta

überteuert empfunden, zumal es nur am Abend Strom gibt. In der Hauptsaison verlangen die Bungalowbesitzer heftige Mondpreise, in der Nebensaison sind dagegen ohne weiteres über 50% Rabatt zu erzielen (schöne Bungalows für 400–500 Baht). Es werden immer mehr teure ac-Bungalows ab 1500 Baht gebaut.

PHRA NANG BEACH – Am einst wunderschönen Strand tummeln sich neben hunderten von Badegästen auch Souvenir-, Getränke- und Imbissverkäufer. Die vielen Longtail-Boote machen das Baden gefährlich. Kein Wunder, dass der Strand immer enger wird und zusehends verdreckt. Das Restaurant und die Strand-Bar sind ebenso wie das hintere Ende des Strandes *for members only*. Zu Fuß gelangt man auf dem schmalen Verbindungsweg an der Mauer entlang zum Rai Leh East Beach. Die öffentliche Toilette liegt nach 30 m an dieser Mauer.

RAI LEH EAST BEACH (auch Nam Mao Beach, Sunrise Beach oder Back Beach) – Hier liegen 6 Bungalowanlagen am ungepflegten, etwas mülligen Strand, der sich nicht zum Baden eignet, weitere 3 im Hügelland dahinter, einige mit Swimming Pool. Sie bieten einen besseren Gegenwert als die Anlagen am Rai Leh West. Die Disco bei der Diamond Cave lässt bis 5 Uhr keinen Schlaf zu.
Sunrise Tropical Resort (79), ✆ 075-622597, 💻 www.sunrisetropical.com, verhältnismäßig günstige Luxusbungalows, Tropical Villa mit halb offenem Bad; Pool, mäßiges Restaurant *Sai Lom* am Strand. ❻
Ya-Ya (79), ✆ 075-622593, 2–4-stöckige Reihenhäuser aus Stein und Holz sowie originelle Bambus-Hochhäuser, 56 z.T. dunkle, ungepflegte Zi mit Fan, Dusche und westlichem WC, im 3. und 4. Stock liegen die besten Zi mit Balkon und schöner Sicht, üppiger Tropengarten, teures, manchmal sehr gutes Essen, vor allem von der Fischtheke; lockere Atmosphäre. Das Reisebüro bietet u.a. Camping-Trips an. ❹
Diamond Cave (80), 💻 www.diamondcaveresort.com, ✆ 075-621728; neu gestaltete Anlage mit 90 Steinbungalows; Pool, Restaurant am Strand. ❺–❻
Railay Hill Bungalow (82), ✆ 075-621730-2, Richtung Felsentempel und Grotte, dann noch 3 Min. zu Fuß. Abseits gelegene, schöne Anlage, große Bambusmatten-Bungalows mit Moskitonetz und großer Terrasse mit Ruhekissen. Vom Restaurant tolle Aussicht auf das Meer und die Kletterfelsen, Di und Sa *Buffet Dinner* und Party; Abholservice mit dem Jeep. Der freundliche Manager spricht gut Englisch. ❹
Railey Highland (82), Richtung Ton Sai. Abseits gelegene, sehr schöne, große Bungalows mit Moskitonetz und bequemen Matratzen auf dem Boden, eigenes Bad, netter Garten; gegenüber Kletterwand und Rockbar. ❷

RAI LEH WEST BEACH (Sunset Beach) – Sehr flacher, aber zum Schwimmen gut geeigneter Strand, optisch sehr schön. Er gleicht jedoch mehr einem Hafen als einem Traumstand, durch unzählige Longtail-Boote und Tagesausflügler ist er so voll und laut wie der Playa de Palma.
Rayavadee Premier Resort (78), ✆ 075-620740-3, 📠 620630, 💻 www.rayavadee.com. Über 100 doppelstöckige Super-Bungalows. Weit über ❽
Railay Bay Resort & Spa (77), ✆ 075-622571, 💻 www.krabi-railaybay.com, gepflegter Palmengarten bis hinüber zum Oststrand, Steinbungalows mit Fan und ac, Deluxe-Bungalows; Pool, Spa. ❺–❽
Sand Sea (77), 💻 www.krabisandsea.com, ✆ 075-622167; gepflegter Garten unter Palmen, Hütten in 3 Reihen, aus Bambusmatten mit Fan sowie schöne Deluxe-Bungalows mit ac. Die Hütten in Strandnähe sind teurer und besser ausgestattet. ❺, ac ❻–❼
Rai Lay Village (77), ✉ railayvillage@hotmail.com, ✆ 075-637359, großer Garten, 48 eng aneinander stehende ac-Bungalows (ab 2100 Baht) unter Palmen, z.T. mit drei Betten, Restaurant am Strand, kein Alkohol, relativ freundliche Bedienung; geschäftstüchtige Leute. ❹, ac ❺–❻

AO TON SAI – In der nördlichen Bucht unterhalb der Kletterfelsen hat sich eine touristische Infrastruktur mit mehreren Bungalowanlagen, Restaurants und vielem mehr entwickelt. Zu erreichen per Boot (20 Baht), zu Fuß auf einstündigem, schwierigem Pfad über den Berg zur Diamond Cave, bei Ebbe am Ufer entlang zum

Rai Leh West oder über einen schmalen Weg mit kleinen Kletterpassagen immer entlang der Felswand unter herrlichen Tropfsteinen in knapp 15 Min. zum Rai Leh West.

Dream Valley Resort (74), ✆ 075-622583, 73 einfache, kleine, saubere Bungalows mit Fan oder ac in einer etwas hügeligen Kokos- und Gummibaumplantage, nicht direkt am Strand, sehr ruhig. ❸, ac ❹

Ton Sai Bungalow (74), ✆ 075-637234, 50 Bungalows mit Du/WC; Restaurant, Bar. ❹, ac ❺

Countryside Resort (75), Holzbungalows mit schöner Aussicht, 5 Min. vom Strand. ❸

Essen und Unterhaltung

Die Restaurants am West Beach sind immer mehr belegt als jene am East Beach, aber keineswegs besser! Das Personal ist desinteressiert bis arrogant, der Service dauert lange. Die Besitzer sind meistens Muslims und servieren keinen Alkohol.

In Ton Sai wird das Essen gelobt. Hervorzuheben ist ***Mom's Kitchen*** mit tollem Essen in nettem Ambiente, auch das Nachbarrestaurant ***Lucky*** ist zu empfehlen.

In der Hauptsaison dröhnen an einigen Beach Bars die Lautsprecher so, dass in den anliegenden Bungalows nicht an Ruhe zu denken ist. Am beliebtesten ist die ***Sunset Bar*** von Rai Lay Bay, deren Boxen bis gegen 2 Uhr in der Nacht die Umgebung beschallen. Sehr beliebt ist die ***Ya Ya Bar.*** Super chillige Kneipen gibt es in Rai Leh East: ***Gecko, Rockbar*** und ***Skunkbar.***

Sonstiges

Am Ost- und Weststrand sowie an deren Verbindungsweg gibt es mittlerweile 3 teure Shops (Lebensmittel, Hausrat, Kleidung, Souvenirs), 2 Buchläden, einen Friseur, 3 Tauchschulen, 4 Kletterschulen, eine Batikschule, mehrere Bars und eine Wäscherei.

INFORMATIONEN – im Web: 💻 www.railay.com.

KAJAKS – werden am Rai Leh West für 250 Baht pro halber Tag vermietet.

KLETTERN – Rai Leh hat sich zu einem Paradies für Kletterer entwickelt. 650 Routen sind beschrieben, ständig werden neue gebohrt und gesichert. Die Kletterkurse sind bei allen Schulen sehr populär.

Achtung: Es muss wegen mehrerer schwerer Unfälle darauf hingewiesen werden, dass Klettern nicht ungefährlich ist. Eine gute körperliche Verfassung und ein klarer Kopf sind Grundvoraussetzungen.

King Climbers, ✆ 075-662581, ✉ kingclimbers@iname.com, 💻 www.railay.com/railay/climbing/climbing_intro.shtml; hinter dem Ya Ya Restaurant, die erfahrenste Kletterschule in Rai Leh. Bei Buchung übers Internet wird's billiger (4000 Baht).

REISEZEIT – Die Regenzeit von Mai–Okt fällt hier meist sehr schwach aus, da die Wolken oft nur am Morgen oder Nachmittag ein paar Stunden abregnen, ansonsten ins Hinterland weiterziehen. Daher ist i.b. fürs Klettern das ganze Jahr Saison.

TAUCHEN – 3 Tauchschulen bieten lohnenswerte Ausflüge mit 2 Tauchgängen, auch Wracktauchen. In den nahe gelegenen Tauchgebieten ist eine Sicht von 7–10 m normal, 16–18 m ist schon maximal. Manche Tauchschulen gehen mit Longtail-Booten auf Tauchtrip, was wesentlich unangenehmer ist als ein großes Boot. Nachfragen! Die Saison dauert von Nov–April.

Phra Nang Divers, ✆ 01-2284544, ✆ 075-637064, Shop beim Rai Lay Village, 4-tägiger PADI-Kurs zum *Open Water Diver;* Tauch-Safaris zu den Similan Islands und Hin Daeng / Hin Muang.

Baby Shark Divers, ✆ 075-612914, am Weg zwischen Rai Leh Ost und West, lockere 7-tägige *Open Water Diver*-Kurse mit 1–4 Schülern.

View Point Diving School im View Point.

TOUREN – Ganztägige Bootsausflüge zu den vorgelagerten Inseln mit Schnorchelstopps (Boot für 600–800 Baht / Tag) sowie zur Phang Nga Bay.

Transport

Boot ab KRABI in 50 Min. für 70 Baht p.P. (ab 6 Pers.) oder in der Saison ab AO NANG in

20 Min. für 50 Baht (ab 4 Pers.). Letzte Rückfahrt um 17.30 Uhr.

Von Oktober bis März landen die Boote je nach Wind und Wellen an allen Stränden. Am Rai Leh East Beach landen die Boote von April bis September und bei starkem Wind, dann ist nach dem Aussteigen eine Wattwanderung inklusive.

Nach KO PHI PHI mit dem Schiff tgl. um 9 Uhr für 300 Baht einfach (ab Rai Leh West), als Pauschaltour für ca. 600 Baht. Zurück um 15.30 Uhr.

Pai Plong Beach

Rechts Felsen, links Felsen, hinten Felsen und darin eingebettet eine niedliche Bucht mit blauem, klarem Meer, weißem Sandstrand, Palmengürtel und Dschungel – das war der wunderschöne Pai Plong Beach. In dieser traumhaften Bucht wollte eine Hotelkette ein Luxushotel bauen und dafür einen Tunnel durch die Felsen sprengen. Per Gerichtsbeschluss wurde das Projekt gestoppt, und die Baumaschinen wurden entfernt. Der Strand hatte seinen Frieden zurück – ein herrliches Ausflugsziel für jedermann! Ein paar Jahre lang... denn nun wird doch gebaut, mehr als zehn Gebäude mit bis zu vier Stockwerken. Nur eine Palmenreihe durfte zwischen Häusern und Strand stehen bleiben.

Ao Nang Beach

18 km westlich von Krabi liegt der Ao Nang Beach, der über eine gute touristische Infrastruktur verfügt. In atemberaubendem Tempo entwickelte er sich zu einem internationalen Pauschalreiseziel, das den Hauptstränden auf der Insel Phuket nur noch wenig nachsteht – hier herrscht so richtig Massentourismus-Trubel. Ursprünglichkeit sucht man vergebens, doch die Menschen sind nach wie vor nett und zuvorkommend. Hervorragend eignet sich Ao Nang fast ganzjährig als Basis für herrliche Ausflüge zu den vorgelagerten Inseln und Korallenriffen sowie ins malerische Umland.

An beiden Seiten und im Hinterland wird der 1300 m lange Ao Nang von üppig bewachsenen Felsen begrenzt, die bereits zum Nationalpark gehören. Feiner, heller Sand bildet den relativ festen Strand, der zunehmend verdreckt. Bei Ebbe sieht er nicht gerade einladend aus, zum Schwimmen muss man weit hinauswaten. Sowohl Touristen als auch Gruppen von Thais nutzen ihn zum Joggen, Sonnenbaden und Spazierengehen. Wer Erholung sucht, flüchtet mit einem der vielen lauten Longtail-Boote zu einem der schöneren Strände in der Nähe. Auch der Verkehr auf der viel befahrenen Straße trägt zum hohen Lärmpegel der kleinen Stadt bei. Sie erstreckt sich von der Häuserzeile entlang der Strandstraße mit ihren Resorts, Läden, Restaurants und Bars bis weit ins Hinterland.

Das nördliche Ende des Strandes ist mit Felsplatten durchsetzt. Palisaden verhindern hier das Abrutschen der Seafood Restaurants ins Meer. Am weniger entwickelten südlichen Ende können Wanderer viele Muscheln finden und auf einem Plankensteg um das Kap herum zum Pai Plong Beach weitergehen oder bei Ebbe waten. Während des Monsuns muss mit starken Strömungen gerechnet werden – durchaus nicht ungefährlich.

Das Schönste am Ao Nang Beach ist der herrliche Ausblick auf die pittoresken Felsen der Ko Boda-Inselgruppe. Er macht Lust auf Ausflüge in die Karstkegellandschaft von Krabi.

Die in der Umgebung des Strandes lebenden Thais sind Muslime mit strikter Moralvorstellung, leicht geschürzte Touristinnen sind ihnen durchaus zuwider.

Übernachtung

An billigen Bungalowsiedlungen existieren nur noch 3 oder 4 Anlagen. Sie werden immer mehr durch Hotels ersetzt, die vor allem von Pauschalurlaubern gebucht werden. Weiter vom Strand weg wurden mehrere schöne, von Familien geführte Bungalowanlagen für preisbewusste, ruhesuchende Individualreisende gebaut. In vielen Apartments werden ac-Zi ab 800 Baht vermietet. In der **Hochsaison** sind alle Anlagen schnell belegt. Dann werden die Zimmerpreise stdl. der Nachfrage angepasst, bei den gleichen Leistungen. Reservierungen werden oft nicht angenommen und Anfragen nicht beantwortet. In der **Nebensaison** von Ende April bis Anfang Oktober sind viele Anlagen und die meisten kleinen Restaurants und Läden geschlossen, die Strandstraße wirkt manchmal verödet.

Am nördlichen Ende des Strandes:

Krabi Resort ㉑, ✆ 075-637030-3, 637051-2, www.krabiresort.net; ältestes Resort an die-

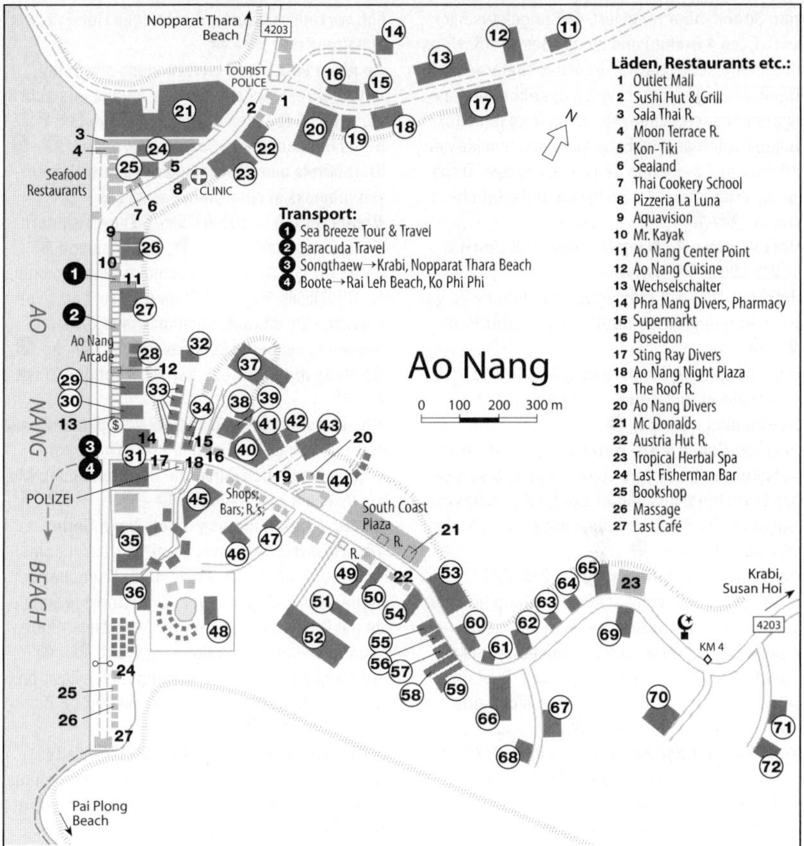

Übernachtung:

(11) Blue Village
(12) Krabi Emerald Garden
(13) Pavilion Queen's Bay H.
(14) Samet Garden Bungalow
(15) Baan Pimphaka Bungalows
(16) Best Western Ao Nang Bay Resort
(17) Krabi Thai Village Resort
(18) Ao Nang Thara Lodge
(19) Memory House
(20) Ao Nang Pakasai Resort
(21) Krabi Resort
(22) Ao Nang Sunset Resort
(23) Best Western Ban Ao Nang
(24) Beach Terrace H.
(25) Ban Lay Bungalow
(26) Ao Nang Beach Bung., Wanna's Place
(27) Ao Nang Beach Resort
(28) Rooms for Rent
(29) Ao Nang Sea Front Thai Resort
(30) Ao Nang Prince Ville Resort
(31) Phra Nang Inn
(32) Phu Phranang Resort
(33) P.K. Mansion, Seaworld, Ao Nang Inn, Jinda Gh., Bream Gh.
(34) J. Mansion, See Sea Inn, One Gh.
(35) Ao Nang Villa
(36) Golden Beach Resort
(37) Tipa Resort
(38) Ao Nang Palace H.
(39) J. Hotel
(40) B.B. Bungalows
(41) Ya-Ya Bungalows
(42) Amon Mansion
(43) Green Park Bungalows
(44) Krabi Seaview Resort
(45) Ao Nang Orchid
(46) Heritage H.
(47) The Verandah B&B
(48) Peace Laguna Resort
(49) Nong Eed
(50) Dream Garden Hostel
(51) Mountain View
(52) Somkiet Buri Resort
(53) Pranang Bay Resort
(54) Ao Nang Grand Inn
(55) Ao Nang Village
(56) Cowboy Inn
(57) Ao Nang Paradise Resort
(58) Dream Valley Bungalows
(59) Seagull Hut
(60) Sabai Mansion
(61) K.L. House
(62) Hillside Village
(63) Phranang Place
(64) Aonang Ban Geo
(65) Palm Hill Resort
(66) Lai Thai Resort
(67) Garden Home Resort
(68) Ao Nang Mountain Paradise
(69) Villa Tropicale
(70) Green View Village
(71) Leela Valley
(72) Green Valley

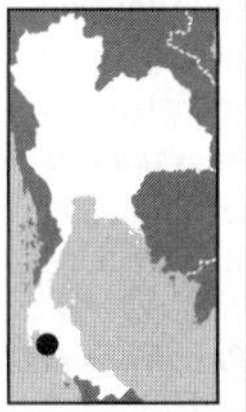

sem Strand, aber renoviert. 45 Bungalows mit ac (z.T. mit 4 Betten) und ein großes, 2-stöckiges Hotel, tropischer Garten, Pool mit Kinderbecken, Tennisplatz, geschmackvoll eingerichtetes Restaurant in bester Lage mit weniger geschmackvollen Gerichten. Bei Ebbe kann man am kleinen Privatstrand zwischen den Felsen baden. Transfer zum Resort auf Ko Boda (s.S. 662). Tauchschule. ❼–❽

Best Western Ao Nang Bay Resort & Spa ⑯, ✆ 075-695051, 💻 www.anyavee.com, großes Hotel mit Thai-Stil-Elementen, gemütliche Zi, gekonnt angelegter, kleiner Garten, großer Pool. ❻–❼

Baan Pimphaka Bungalows ⑮, ✆ 075-637310, 5 Bungalows aus Bambus und Holz mit je 3 Zi, unterhalb der Straße. ❹

Pavilion Queen's Bay Hotel ⑬, ✆ 075-637611, 💻 www.pavilionhotels.com; riesiges, 6-stöckiges Luxushotel im Lopburi-Stil für Pauschaltouristen, Zi z.T. mit schönem Meerblick, 2 Lifts, Pool auf 3 Ebenen. ❽

Ao Nang Pakasai Resort ⑳, ✆ 075-637777, 💻 www.pakasai.com; schön den Hang hoch gebaute 3- und 4-stöckige Gebäude der Luxusklasse, z.T mit guter Sicht, palmblattgedeckte Dächer, herrliche Gartengestaltung; Pool über dem Restaurant mit fantastischer Sicht aufs Meer. Gefiel uns sehr gut. ❻–❽

Krabi Thai Village Resort ⑰, ✆ 075-637710, 💻 www.krabithaivillage.com, Luxushotel mit mehreren 2- und 3-stöckigen Gebäuden, Dächer im Thai-Stil, 120 sehr große Zi, übers Internet billiger, schöne Gartenlandschaft, Swimming Pool-Komplex, Fitness Center. ❽

Entlang der Strandstraße:

Andaman Sunset Resort *(Wanna's Place)* ㉖, ✆ 075-637484, ✉ stephan@wannasplace.com, 💻 www.wannasplace.com; Bungalows sowie Kleinhotel mit sauberen ac-Zi, hinter Restaurant- und Ladenkette. Gutes Restaurant, kleiner Pool im tropischen Garten. Unter Leitung von Stephan und Wanna Scheidegger. ac ❹–❺

Ao Nang Beach Resort ㉗, ✆ 075-637766, ✉ aonangbeachresort@hotmail.com, schöne Zi im 2-stöckigen Gebäude hinter der Ladenzeile, Pool. ❹–❻

Phra Nang Inn ㉛, ✆ 075-637130-3, 💻 www.prananginn.com; auf beiden Straßenseiten, ältlich wirkendes, lautes, 2-stöckiges Hotel für Pauschaltouristen. ❻–❽

Ao Nang Villa ㉟, 💻 www.aonangvilla.com, ✆ 075-637271; saubere, weiße Anlage aus acht 3-stöckigen Gebäuden für Pauschalurlauber; Pool. Gutes Restaurant mit *Seafood Barbecue*. ❺–❽

Kleinhotels und Gästehäuser in unattraktiven Wohnblocks in einer Sackgasse, z.B.:

Bream Gh. ㉝, ✆ 075-637555, 5 Zi mit Fenstern, Gemeinschafts-Du/WC. ❸, Nebensaison ❶

Jinda Gh. ㉝, ✉ jinda_guesthouse@yahoo.com, ✆ 075-695068, 9 Zi auf 4 Etagen, z.T. mit ac, Warmwasser, Kühlschrank; dahinter ***Jinda Gh. 2*** mit besseren, sauberen Zi. Kajak-Touren. ❸, ac ❹

Ao Nang Inn ㉝, ✆ 075-637607, 4 schöne Zi mit ac. ❸

P.K. Mansion ㉝, ✆ 075-637431, ✉ pkmansion@hotmail.com, verschiedene Preise in 12 sehr unterschiedlichen Zimmern. Die freundliche Mama lässt mit sich handeln. ❸–❹

An der Straße Richtung Osten, linke Seite:

Tipa Resort ㉟, 💻 www.krabi-tiparesort.com, ✆ 075-637527; sauberes Hotel für Pauschalurlauber, sehr ruhig gelegen. Zweistöckige Gebäude mit Balkon, die oberen mit Meerblick, Pool; Bambusmatten-Bungalows im Wald. ❺–❻

Ao Nang Palace ㊳, ✉ aonangpalace@yahoo.com, ✆ 075-637542, Kleinhotel mit 20 Zi, z.T. Meersicht. ❹–❺

Ya-Ya Bungalows ㊶, ✆ 075-637176, große, saubere Bambushütten mit Fan und Reihenhaus unter schattigen Bäumen; sehr beliebt, Restaurant. ❸

Krabi Seaview Resort ㊹, ✆ 075-637242-5, 💻 www.krabi-seaview.com; gepflegte Anlage am Hang ohne Seeblick, komfortable ac-Bungalows im Thai-Stil mit vielen Pflanzen (mit Tauchpaket hoher Rabatt) sowie einfache Zi mit Fan, familienfreundlich; individueller Service und persönliche Betreuung durch engagierten Schweizer Besitzer; beliebtes Restaurant, Pool, hauseigene Tauchschule *Ao Nang Divers*. ❹–❺, ac ❺–❻

Sabai Mansion ㊿⓪, ✆ 075-637643, 💻 www.sabaimansion.com; an der Straße, 3-stöckiges Apartmenthaus, 24 Zi mit Fan und ac, Pool. Thai-holländische Leitung. ❹–❺

Aonang Ban Geo (64), ✆ 075-638121, gemütliches Hotel, 17 komfortable Zi mit Balkon und Sicht auf die Felsen. ❹, ac ❺

An der Straße Richtung Osten, rechte Seite:
Ao Nang Orchid Bungalow ㊺, ✆ 075-637116, Steinbungalows ohne Sicht. ❸–❹, ac ❹–❺.
Somkiet Buri ㊾, 💻 www.somkietburi.com, ✆ 075-637990, Anlage mit üppig-tropischem, fast dschungelartigem Garten mit Bächen und Teichen, 2-stöckige Häuser. Sie wird von Malaien geführt, daher kein Alkoholausschank. ❺–❼
Dream Garden Hostel ㊿, ✆ 075-637338, ✉ dreamgardenhostel@yahoo.com, 14 komfortable Zi mit Fan oder ac. ❹
Ao Nang Grand Inn (54), ✆ 075-637444, 💻 www.aonang-grandinn.com; modernes 2-stöckiges Gebäude, 23 unterschiedliche, saubere Zi mit Fan oder ac, zumeist mit Du/WC; großer Gemeinschaftsbalkon mit schöner Sicht auf die Felsen; Restaurant. ❸–❹, ac ❹–❺
Ao Nang Village (55), ✆ 075-637544, 💻 www.aonangvillage.com; drei Reihen Hütten aus Stein und Holz mit Fan und Du/WC, einfach und sauber. ❹, ac ❺
Ao Nang Paradise Resort (57), ✆ 075-637650, 💻 www.aonang-paradise-resort.com; gemütliche Doppelbungalows mit ac in gepflegtem Palmengarten. ❺–❻
Lai Thai Resort (66), ✆ 075-637281, 💻 www.laithai-resort.com; ca. 1,5 km vom Strand, 20 eng aufeinanderstehende First Class-Bungalows, geschmackvoll ausgestattet, um großen Swimming Pool gruppiert, unter Leitung des engagierten Besitzers Robert Reynolds und seiner freundlichen Frau. ❺–❻
Garden Home Resort (67), ✆ 075-637586, nette Bungalows mit Fan oder ac, Felsenblick, im Halbkreis inmitten von viel Grün angelegt. Große, geschmackvoll eingerichtetete Zi, 15 Min. vom Strand entfernt. Gutes Preis-Leistungs-Verhältnis. ❸, ac ❸–❹
Green Valley (72), ✆ 075-637021, schmucke Ferienhäuser in ruhigem Tal, mit 2 Zi und Küche, bisher nur Schlafzimmer ausgestattet. Für Dauermieter gedacht, die sich eigene Möbel anschaffen. Günstige Monats- oder Jahresmiete. ❷
Im Hinterland:
Na-Thai Resort (86), ✆ 075-637752, 💻 www.na-thai.com; familiäre Bungalowanlage, 4 komfortable ac-Bungalows und 1 Familienbungalow; Restaurant mit Bar, Internet, Pool; Mopedverleih. Engagierte Thai-deutsche Leitung. ❺

Essen und Unterhaltung

Fast alle Hotel- und Bungalowanlagen verfügen über ein eigenes Restaurant. Entlang den Straßen gibt es eine Unmenge an Restaurants, die sich gegenseitig das Geschäft wegnehmen. In Strandnähe ist das Essen teurer als an der Zufahrtsstraße. In der Nebensaison sind viele Restaurants geschlossen.
Straßenstände mit leckeren Gerichten ab 30 Baht machen ab 16.30 Uhr auf. Einfache Snacks bereiten die Essenstände in der Nähe des Bus Stops. Früchte kosten am Strand 20–30 Baht.
Auf dem Weg zum Krabi Resort bieten ***Seafood Restaurants*** von ihren Terrassen den schönsten Blick auf Meer, Felsen und Fischerboote. Das Essen gehört allerdings kaum zum Besten. Ausnahme: ***Sala Thai,*** freundliches Personal serviert seit Jahren sehr gutes Seafood zu fairen Preisen.
Wanna's Place bietet Käseplatte mit Import-Käse, gute Thai- und internationale Küche, beste Shakes und Bier vom Fass.
The Roof mit guter Thai-Küche, Seafood und europäischen Gerichten, besonders bekannt für die besten Steaks.
Spa Restaurant serviert exzellentes, gesundes Essen und exotische Kräutertees in gediegenem Ambiente bei Meditationsmusik.
Ao Nang Cuisine, schon seit vielen Jahren an der Strandstraße, überzeugt mit einer ausufernden Speisekarte und guten Preisen, das Personal wirkt jedoch gelangweilt.
Diver's Inn, schräg gegenüber von McDonald's, gutes, seit Jahren etabliertes deutsch-thailändisches Restaurant, serviert ausdrücklich frisches Seafood auf Vorbestellung, aber kein Haifleisch. Geleitet von Jürgen Weber.
Tanta's Restaurant gegenüber dem Phra Nang Inn, unter skandinavischer Leitung. Das umfangreiche und preiswerte Angebot der Speisekarte ist beliebt.
Full Moon House Restaurant bietet preiswertes Essen, eine ansprechende Hintergrundmusik und nette Dekoration.
The Last Café, ✆ 075-637053, am südlichen Ende des Strandes, hier sitzt man schön und ruhig unter Bäumen; besonders beliebt fürs Frühstück. Teng serviert auch *Whole Wheat Bread* und eigene Kuchen. 🕓 8–20 Uhr.

Gift's Bakery & Café, ✆ 075-637193, am östlichen Ortsrand von Ban Ao Nang, 3 km vom Strand. Im zeitweise klimatisierten Café bietet Mrs. Gift selbst gebackene Kuchen, Vollkornbrot, knusprige Croissants, leckere Sandwiches sowie Kräutertees und Kaffee an; Zeitungen und Zeitschriften liegen aus.
Mit **Discos** und **Girlie Bars** lässt sich in Ao Nang nicht viel Geld machen, sie kommen und gehen.

Sonstiges

BOOTSTOUREN – Ao Nang gilt als hervorragender Ausgangspunkt für Touren und Bootstrips. Alle Reisebüros und Resorts vermitteln die gleichen Touren, die Preise variieren jedoch stark. Deshalb vergleichen und nach einem Rabatt fragen. Bei den Tagestouren ist ein einfaches Mittagessen, viel zu wenig Trinkwasser, bei den Inseltouren auch Schnorchel und Maske (besser eine eigene mitbringen) enthalten. Mit dem Schnellboot kosten die Touren über 1000 Baht.
4-Island-Tour, ab 270 Baht, mit dem Longtail-Boot zum Schnorcheln nach Chicken Island (viele Fische, kaum Korallen, manchmal zu viel Plankton, Liegestühle und Sonnenschirme), Ko Boda (schöne, jedoch überlaufene Strände) und zum Phra Nang Beach.
5-Island-Tour, ab 370 Baht, Richtung Norden nach Ko Daeng (schönstes Schnorcheln, viele Anemonen und Anemonenfische), Ko Hong (herrliche Durchfahrt zur Lagune) und Ko Bileh (auch Pelay, toller Strand, aber viel Müll).
Phang Nga Bay, 450–900 Baht.
Ko Phi Phi Don, Bootsfahrt zur und um die Insel, ca. 720 Baht.
Jungle Tour zum Thung Tieo-Naturpark für 400 Baht.
Charter von Longtail-Booten 800 Baht für 4–5 Std., 1500 Baht ganztägig.

FAHRRÄDER / MOTORRÄDER – **Mountainbikes** können bei ***Barracuda Tours*** für 150 Baht pro Tag geliehen werden. **Fahrräder** vermieten einige Gästehäuser z.T. kostenlos, **Motorräder** werden an vielen Stellen angeboten, 250 Baht für eine neue 100er Honda, 180–200 Baht für eine alte.

GELD – Wechselschalter beim Bus Stop, gleiche Kurse wie in Krabi, ⏲ in der Saison tgl. 10–20 Uhr. Am Abend gehen oft die Baht-Scheine aus. Ein Minibus-Wechselschalter kommt von 16–20 Uhr vorgefahren, er akzeptiert auch Kreditkarten.

INFORMATIONEN – Aktuelle Infos über Ao Nang unter 🖳 www.krabi-seaview.com.

INTERNET – für 2 Baht/Min. an vielen Stellen.

KANUS – Die guten Kanuveranstalter bemühen sich, auch etwas für den Erhalt der Flora und Fauna in den Mangroven zu tun. Bei Billiganbietern mit zu niedrigen Preisen verkommt die Erlebnistour zu einer einfachen Paddeltour. An trockene Kleidung für die Rückfahrt denken.
Sealand & Trek, macht Kanu-Touren, Trekking, Mountain Bike-Touren und Camping entlang der ganzen Küste bis Satun, z.B. 1 Tag Kanu-Tour 1200 Baht, 2 Tage / 1 Nacht Kanu und Camping für 3500 Baht, dasselbe 3 Tage / 2 Nächte für 4500 Baht.
Mr. Kayak Thailand, ✆ 075-637165, bietet Ausfahrten für Seekanus an, z.B. 1 Tag *Hong Island Trip* mit Schnorcheln für 1500 Baht p.P., 1/2 Tag *Canyon-Tour* bei Ao Tha Len 1200 Baht p.P.
Krabi Sea Cave, ✆ 075-637461, veranstaltet eine eindrucksvolle Paddeltour bei den Meereshöhlen und Mangrovenwäldern in der Nähe von Ao Luk.

KOCHKURSE – Mr. Gift und seine Frau Jam bieten im wunderschönen ***Green Earth Botanical Garden,*** 7 km nördlich von Ao Nang, Kochkurse ab 2 Pers. für 1300 Baht an. Einkaufen im Markt und Besichtigung des Kräutergartens gehören zum Programm. Anmeldung in *Gift's Bakery & Kitchen,* ✆ 075-637193.

MEDIZINISCHE HILFE – ***Ao-Nang Clinic (Ruampat Hospital),*** ✆ 075-637840, im Notfall ✆ 611223, kleine Arztpraxis an der Straße vor dem Ban Ao Nang Hotel, Ärztin ist nachmittags in der Saison anwesend, eine Krankenschwester ist von 9–18 Uhr anwesend und ruft die Ärztin bei Notfällen.

MOUNTAINBIKE-TOUREN – ***Green Earth Mountain Bike Tours*** bietet 3 Tagestouren. Hier geht es nicht nur um Sport und Naturerlebnis, man soll auch etwas lernen über Ökologie, Farmtechniken, Flora und Fauna, Mangroven und Dschungel. Vorgesehen sind auch mehrtägige Touren mit Zeltübernachtung im *Green Earth Botanical Garden.* Information und Anmeldung in *Gift's Bakery & Café,* ✆ 075-637193.

SAISON – Beginnt pünktlich am 1. November mit laufend steigenden Hochsaisonpreisen. In der Nebensaison ab 16. April sind die meisten Restaurants und Resorts geschlossen, viele Ausflüge fallen ins Wasser, daher nicht vorher bezahlen. Zur Reisezeit s.S. 649.

TAUCHEN – Etwa 15 Tauchziele sind in 20–60 Min. per Boot zu erreichen. Erfahrene Taucher können eine 50 m lange Höhle in 20 m Tiefe erkunden. Die Sicht in den Tauchgebieten wechselt je nach Wasserstand und Strömung täglich, selten übertrifft sie 12 m. Die Tauchschulen haben ganzjährig geöffnet und bieten von Mai–Sep. Tagesausflüge mit dem Longtail-Boot ab 1400 Baht an. Die Adressen der Tauchschulen ändern sich häufig.
Anbieter sind derzeit z.B.:
Ao Nang Divers im *Krabi Seaview Resort,* ✆ 075-637242-5, 📠 637246, ✉ aonang@loxinfo.co.th, 💻 www.krabi-seaview.com; die PADI 5 Sterne-Tauchschule hat sehr professionelles Personal, das Kurse in vielen Sprachen abhält. Mit einem 18 m-Tauchschiff werden von Nov–April Tagestouren für 1900 Baht p.P. (2 Tauchgänge) bzw. 2600 Baht (3 Tauchgänge) zzgl. Gerät (max. 500 Baht), Schnorchler 900 Baht, sowie Tauchfahrten von 2–7 Tagen bis nach Hin Daeng/Hin Muang und zu den Burma Banks durchgeführt. Tauchshop am Strand (🕒 tgl. 9–12 und 16–21 Uhr) mit E-Mail-Service für Kunden.
Aqua Vision, 💻 www.aqua-vision.net, ✆/📠 075-637415; unter deutsch-Schweizer Leitung, Tagestouren, u.a. nach Similan über Thap Lamu von 7–19 Uhr, 4200 Baht, Kindertauchen ab 10 Jahre.
Coral Diving, ✆ 075-637662, PADI 5 Sterne-Tauchschule, Tauch- und Schnorcheltouren.
Poseidon Dive Center, ✆/📠 075-637263, 📠 637264, PADI-Tauchschule mit gutem, mehrsprachigem Personal, das die Gegend seit Jahren kennt, sehr guter Service, deutsche Leitung.
Stingray Divers, 💻 www.stingray-divers.de, ✆ 075-637493, Ausbildung in klimatisiertem Klassenzimmer, Tagesfahrt zum Tauchgebiet Hin Daeng mit 2 Tauchgängen für 6400 Baht alles inkl.; deutsche Leitung.

TOURIST POLICE – am nördlichen Ende an der Straße Richtung Nopparat Thara.

TREKKING – auf eigene Faust und Camping ist am Honak Mountain hinter dem Klong Muang Beach möglich. Zuvor unbedingt Informationen sammeln, z.B. bei *Coconut Bungalow,* und besser einen Guide anheuern.

WELLNESS – Neben der Moschee liegt das ***Tropical Herbal Spa,*** ✉ spa@aonang.com, 💻 www.spakrabi.com, ✆ 075-637867, in einen wunderschön angelegten tropischen Garten eingebettet, mit Kräuterdampfbad, Pool, Jacuzzi und Massagepavillons. Bei meditativer Musik und melodischem Froschgesang kann man wunderbar entspannen. Wer sich etwas Besonderes gönnen will, sollte vor dem Preis nicht zurückschrecken. Gutes Restaurant.

Transport

PICKUPS – Pickups fahren ab KRABI von 7.30–18 Uhr alle 15–30 Min. für 20 Baht in ca. 30 Min., zurück 6.30–18 Uhr (über Nopparat Thara Beach). Gelbe Songthaews sind Taxis (Charter) und kosten mindestens 300 Baht.

MINIBUSSE – Nach KHAO LAK (mit umsteigen) um 10.30 Uhr für 250 Baht (ab *P.K. Mansion*). Zum KRABI AIRPORT (30 Min.) Transfer per Minibus 350–500 Baht.

TAXIS – Nach KRABI 300 Baht, KO LANTA 2000 Baht, PHUKET AIRPORT 1800 Baht, TRANG 1500 Baht.
Zum PHUKET AIRPORT wird Transfer per PKW ab 1500 Baht angeboten (z.B. bei *A.P. Travel),* Tickets für den direkten Bus ab Krabi verkauft *Baracuda.*

BOOTE – Zum PHRA NANG BEACH und zum RAI LEH WEST verkehren in der Saison laufend an

die 100 Longtail-Boote für 50 Baht (zurück bis spätestens 17.30 Uhr). Die 20-minütige, herrliche Fahrt an den dramatischen Felsen entlang ist absolut zu empfehlen. Nach 18 Uhr 80 Baht.
Nach KO BODA für 200 Baht, nach CHICKEN ISLAND 250 Baht, Rückkehr gegen 16.30 Uhr.
Nach KO PHI PHI fährt in der Saison tgl. um 9 Uhr ein Boot über Rai Leh für 270 Baht p.P. in 2 Std.; Rückfahrt um 15.30 Uhr.
Zum Rassada-Pier in PHUKET mit dem ac-Boot ***Ao Nang Princess*** tgl. um 15 Uhr in 2 1/2 Std. (ab Rai Leh um 14 Uhr) für 350 Baht. Buchung bei *Ao Nang Travel & Tour*, ✆ 075-637152, 💻 www.aonangtravel.com. Von Phuket um 8.30 Uhr.

Nopparat Thara Beach

Der 4 km lange, zweigeteilte und extrem flache Strand erstreckt sich 1 km nördlich von Ao Nang. Der H4202 führt zunächst dicht am baumlosen Wattstrand entlang, 200–300 m im Landesinneren liegen einige preiswerte Bungalowanlagen. Am Ende der ersten, schlickigen Strandhälfte stehen einzelne Kasuarinen, die sich zu einem Hain verdichten. Einheimische Ausflügler picknicken unter den schattigen, hohen Nadelbäumen. Andere schlemmen in den Open-Air-Restaurants und an Essenständen, die vorwiegend Isan-Food servieren – Essen aus Nordost-Thailand. Bei Ebbe kann man trockenen Fußes zu den vorgelagerten Inseln laufen. Zahllose Seesterne, Schnecken und Einsiedlerkrebse liegen in den Prielen. Das Headquarter des Mu Ko Phi Phi National Parks ist keinen Besuch wert.

Jenseits des Klong Son Flusses liegen einige Bungalowanlagen sehr ruhig und friedlich am 2 km langen, breiten Sandstrand. Im hellen, pulvrigen Sand hausen vor allem im Oktober/November viele Sandfliegen, im Dezember / Januar weniger. Der Strand ist sehr flach und gut geeignet für Kinder, bei Ebbe ist schwimmen nur eingeschränkt möglich. Bis gegen Mittag spenden hohe Kasuarinen angenehmen Schatten, danach wird der Sand heiß. Die Sicht auf die vorgelagerten Inseln und Felsen ist traumhaft. Für Ärger sorgt der Kapitän des Longtail-Bootes, das als Fähre über den Fluss dient. Er ließ Gäste schon stundenlang warten, manche schwammen schließlich hinüber. Viele Frustrierte halten ihn für verantwortlich für den schlechten geschäftlichen Erfolg der dortigen Bungalowanlagen.

Übernachtung

Vor dem Klong Son Fluss:
Aonang Buri Resort ⑩, ✆ 075-637499, 💻 www.aonangburi.com, neue Anlage mit 70 gut ausgestatteten Zi und nettem Blick. Restaurant am Strand. ac ❻
Blue Ba You Bungalow ⑨, ✆ 075-637558, Steinbungalows hinter der lauten *Corner Bar.* ❸, ac ❹
Laughing Gecko ⑥, ✉ gecko@aonang.com, 💻 www.aonang.com/laughinggecko, ✆ 075-695115; hier schlägt das Traveller-Herz höher: Eine Bungalowanlage vom alten Schlag, preiswert und gut. Die Kanadierin Patricia und Nui, der gut Deutsch spricht, verbreiten eine Atmosphäre, in der man sich einfach wohl fühlt. Gemeinsames Abendessen. Schlafsaal, schöner, preiswerter Familienbungalow mit 2 Zi. 200 m vom Meer. ❷–❸
Sabai Resort ⑤, ✆ 075-637791, 💻 www.sabairesort.com, weiße Bungalows mit blauen Dächern auf grünem Rasen, sauber, gut eingerichtet, Familienzimmer, Spielzimmer, Pool; hier hat Mauricio aus Italien seinen Traum verwirklicht. ❹, ac ❺
Mind Bungalow ⑦, ✆ 075-638078, 300 m vom Strand, kleine Anlage in naturnaher Umgebung, Einzelbungalows aus Holz mit Fan oder ac, kleine Terrasse. ❹
Nopparat Village ⑦, ✆ 09-9098813, neue Einzelbungalows aus Stein mit Fan oder ac und Terrasse, netter Garten. ❹
Jinnie's Place ⑧, ✆ 075-695398, 💻 www.geocities.com/jinniesaonangplace, ✆ 075-695398, gegenüber vom Box-Stadion, in einem exotischen Garten mit Cashew-Bäumen und vielen Vögeln, Bungalows aus Naturmaterialien, kleine Zi in authentischem Thai-Stil dekoriert, Jacuzzi im nach oben offenen Bad, Pool mitten im Garten, sehr freundliches Personal. ❹–❺

Jenseits des Klong Son-Flusses:
Die 3 Bungalowanlagen liegen absolut ruhig unter Palmen und Kasuarinen. Sie sind nur in der Saison (Ende Okt bis April) geöffnet und am bequemsten in Krabi bei den Reisebüros zu buchen (z.T. mit freiem Transport). Sonst geht es per Pickup zum Nopparat Thara Beach (20 Baht)

und mit dem Fährboot über den Fluss (bis 19 Uhr 10 Baht, je nach Laune des Kapitäns bis zu 150 Baht!). Bei Ebbe ist das Wasser etwa brusttief.

Andaman Inn ④, ✆ 075-638078, ✉ andaman_inn @hotmail.com, sehr große, parkartige Bungalowanlage, 37 ziemlich heruntergekommene Bungalows, z.T. ohne eigene Du/WC, im weiten Halbkreis um das Restaurant angeordnet. ❷–❸

The Emerald ③, ✆ 075-623328, ✉ kumthont@ yahoo.com, weitläufige Anlage direkt daneben, 20 schöne, neue Bungalows, große Terrasse mit schöner Sicht, außerdem 20 einfache, ältere Bambushütten dahinter, Stranduschen; Restaurant mit gehobenen Preisen, gemütliche Bar. ❹, ac ❻

P.A.N. Bungalow ③, ✆ 075-612555, letzte Anlage am Strand, große Holzbungalows mit fließend Wasser und Strom von 17–24 Uhr, sehr nette Managerin. ❷

Essen

Rakhangthong Cuisine am südlichen Ende des Strandes wird gelobt für das aromatische Essen und den guten Service.

The Egg Chaser, eine britisch-thailändische Sportbar im Daeng Plaza, wird vor allem wegen ihrer lustigen Besitzerin geschätzt.

Klong Muang Beach

Dieser Strand liegt ganz im Westen, ist aber nicht an der Küste entlang, sondern nur über Ban Nong Thale im Landesinnern zu erreichen. Bei Ebbe ist der Strand sehr flach und mit Felsen und Korallengestein durchsetzt, bei Flut sieht er dagegen wunderschön aus.

Vor der Abzweigung nach rechts verläuft die Straße am schönen Klong Muang Beach entlang bis zu einem Verlade-Pier, der evtl. schon aufgegeben ist. Die vorgelagerte Insel Kaw Kwang kann bei Ebbe zu Fuß erreicht werden. Gegenüber vom *Andaman Holiday Resort* hat sich ein blühendes Touristengewerbe mit Restaurants, Läden, Schneidern und Bars entwickelt. Durch das *Sheraton* wurde das Image des Strandes aufpoliert.

Übernachtung und Essen

Pine Bungalow ②, sehr abgelegen, saubere Steinbungalows mit und ohne Du/WC. Nur in der Saison geöffnet. Freier Transport und Info von *Pine Tour* in Krabi, ✆ 075-612192. ❶–❷

Andaman Holiday Resort ①, ✆ 075-644321-4, 💻 www.andamanholiday.com; sehr geräumige, z.T. 2-stöckige, luxuriöse ac-Bungalows. ❻–❼

Klong Muang Inn Gh. ①, ✆ 075-495314, 💻 www. klong-muang-inn.de; Neubau gegenüber vom Resort, geräumige ac-Zi; Restaurant mit deutscher Küche, Ausflüge; deutschsprachige Leitung. ❺

Salalai ①, ✆ 01-6776470, 💻 www.salalai.com; direkt am Strand, aus einem alten Haus neu gestaltet, 4 Zi, eines mit Meersicht. Da es weit von der Straße liegt, ist es ruhig. ❹

Ao Tha Len

35 km nordwestlich von Krabi liegt der flache Strand mit herrlicher Aussicht auf die vorgelagerten Felseninseln von Ko Hong und Ko Bileh. Er ist berühmt für die fantastischen Sonnenuntergänge. Der Strand selbst ist bei Ebbe unschön, bei Flut ist das Wasser tief genug zum Schwimmen. Einen herrlichen Ausflug durch die Inseln vor der Küste kann man mit dem täglichen Boot nach Ban Yai auf Ko Yao Noi (s.S. 717) machen. Das Boot fährt täglich um 10, 12 und 15 Uhr südlich vom Coconut Bungalow ab (50 Baht, 60 Min.). Nebenan beginnen die Kanufahrten durch die Mangroven und den Canyon.

Zu erreichen mit dem Bus vom Krabi Morning Market oder über die Bungalows.

Übernachtung

Coconut Bungalow, ✆ 09-8672769, weitläufige, ruhige, idyllische Anlage, trotz etwas heruntergekommener Bungalows bei Kennern immer noch beliebt; gutes Essen. Vor der Anreise auf eigene Faust sollte man sich erkundigen, ob es noch offen ist, bei *Sea Kayak Krabi*, 40 Ruen Rudee Rd., ✆ 075-630270. Dort kann auch ein Transfer organisiert werden. Infos über Trekking am Honak Mountain. ❷–❸

Bananas, ✆ 06-9472482, 300 m hinterm *Coconut Home* direkt am Strand, ein Haus mit Restaurant und Low-Budget-Schlafsaal, ein älterer Bambus-Bungalow und 4 neue Stein-Bungalows, jeweils mit eigenem Bad, Moskitonetz, guten Matratzen und Außen-Sitzplatz. Die Bungalows liegen verstreut in einem Dschungel-Garten; Schnorcheltrips, Motorradverleih. Olli, der deutsche Besitzer, legt darauf Wert, dass seine Anlage eine Oase der Ruhe bleibt. ❷–❸

Ausflugsziele rund um Krabi

Zu einigen Attraktionen fährt man am leichtesten mit dem Motorrad, andere sind nur mit dem Boot erreichbar. Pauschalangebote gibt es in den Reisebüros.

Wat Tham Sua (Tiger Cave)

In diesem Kloster leben 134 Mönche und 133 Nonnen. In einer ausgebauten Grotte mit Buddha-Figuren, Verkaufsständen und Meditationsbildern wird vor allem der Große Meister Phra Acharn Jumnean Seelasettho verehrt. Er lehrt eine eigenwillige, aber durchaus mit dem Buddhismus in Einklang stehende **Meditation**: die Besinnung auf das Körperinnere. Der Meister selbst spricht kein Englisch, einige der Mönche aber ausgezeichnet. Mit Spendengeldern wird die Anlage gigantisch ausgebaut.

Etwa 100 m weiter, vor einem kleinen Wasserfall, führen 1272 unterschiedlich hohe Stufen 290 m steil hinauf zu einer neuen Buddha-Statue – nur etwas für Durchtrainierte ohne Herz- oder Kreislaufbeschwerden. Bei klarem Wetter herrliche **Aussicht** über das Land und die Inselwelt vor Krabi! Sonst erkennt man nicht viel mehr als den Steinbruch unten. Wer die beiden großen Glocken je vier Mal anschlägt, wird von den Mönchen im Tal ins Gebet einbezogen. Daran denken: Dieselben Stufen geht es wieder runter!

Die große, goldgewandete Statue der **Goddess of Mercy** (die chinesische Gottheit *Kuan Yin*) wurde von einem Chinesen aus Kuala Lumpur gestiftet.

Die Treppe daneben führt nach links zu einem Pass hoch und auf der anderen Seite hinunter in ein rundes Tal ohne Ausgang. Hier wohnen Mönche in kleinen Hütten und in Grotten unter Felsüberhängen. Ein gut begehbarer Rundweg lädt zu einem schönen, absolut empfehlenswerten Spaziergang durch einen kleinen **Wald** mit perfektem Regenwaldklima ein. Viele Langschwanz-Makaken und riesige Brettwurzelbäume sind zu sehen – die zwei größten heißen die „Tausendjährigen Bäume".

Wat Tham Sua erreicht man, wenn man 2 km östlich von der Krabi Junction (Ban Talad Kao) beim KM 106,8 vom H4 abbiegt und 2 km weiterfährt. Pickups fahren ab Krabi für 20 Baht hin.

Susan Hoi

(Gastropod Fossil) Eine flache Felsbank am Ufer entlang, gebildet aus kleinen, versteinerten Schnecken, die 20–40 Millionen Jahre alt sind. Ein typisches Ausflugsziel für Thais, die nach 11 Uhr in Scharen kommen. Für die meisten Ausländer nicht besonders beeindruckend, obwohl es nur zwei weitere solche Plätze in Amerika und Japan geben soll. Zu erreichen über den H4204. Pickups fahren von Oktober bis April ab Krabi für 40 Baht, ab Ao Nang 10 Baht.

Phra Nang Cave

Die Höhle beim Phra Nang Beach ist entlang der herrlichen Küste mit dem Longtail-Boot sowohl von Krabi (70 Baht einfach) als auch vom Ao Nang Beach (50 Baht) leicht zu erreichen. Die hohe, ausgespülte Grotte reißt niemanden vom Hocker. Aber der Blick über den herrlichen Strand zu den Kalktürmen im Wasser bleibt unvergesslich. In der Saison muss man diesen fantastischen Strand allerdings mit hunderten von anderen Touristen und vielen Booten teilen, im Monsun ist er fast völlig überschwemmt.

Khao Phanom Bencha National Park

Aus der gesamten Umgebung von Krabi ist der 1350 m hohe, markante Gipfel des Khao Phanom Bencha zu sehen, meist jedoch verhüllt von Wolken. Er krönt den nur 50 km^2 großen Khao Phanom Bencha National Park, der 1981 eingerichtet wurde. Üppiger primärer Regenwald mit hunderten von Pflanzenarten bedeckt die unteren Hänge des Berges, während immergrüner Bergwald in den Gipfelregionen vorherrscht. Die Wälder beherbergen 32 Arten Säugetiere, darunter die asiatische Bergziege (*serow*), zwei Arten Bären, Leopard, Binturong, Malaiischer Tapir und zwei Arten Affen. Die eindrucksvollen Nashornvögel gehören zu den 156 gelisteten Vogelarten. Leider wird diese Oase in der Monokulturlandschaft von Gummibäumen und Ölpalmen zunehmend von Wilderern und

Holzfällern geplündert. Die wenigen Parkangestellten sind dagegen machtlos, da sie jetzt damit ausgelastet sind, die 200 Baht Eintritt von Ausländern zu kassieren.

Touristen und Einheimische, diese vorwiegend am Wochenende, zieht es vor allem zum herrlichen, elfstufigen **Huay To-Wasserfall**, dessen untere drei Stufen zum Baden in kristallklarem Wasser einladen. Ein Wasserfall, der seinen Namen verdient. Die Pfade zu den höheren Stufen und die zwei Naturpfade verwahrlosen.

Thung Tieo-Naturpark

Im Süden der Provinz Krabi liegt ein letzter Rest von Tieflandregenwald. Regenwald existiert sonst in Thailand nur noch im Bergland. Mit dem *Khao Nor Chuchi Lowland Forest Project* versuchen die Mahidol Universität in Bangkok und *Birdlife International* in Cambridge, England, diesen bedeutsamen Wald und damit eine große Zahl von bedrohten Pflanzen und Tieren zu bewahren. Nirgendwo im Süden Thailands leben sonst so viele verschiedene Arten Vögel, nämlich 308 Spezies. Der *Gurney's Pitta*, ein herrlich blau, schwarz und gelb gefiederter Vogel, der auf dem Boden lebt und sehr scheu ist, wurde zum Symbol des Kampfes für die Erhaltung der Regenwälder.

In diesem Wald wurde ein 2,7 km langer Rundweg zum **Thung Tieo Naturlehrpfad** ausgebaut. Solange der Pfad nicht zu sehr verwachsen ist, kann jedermann durch den fast ebenen Dschungel wandern, ohne Angst sich zu verlaufen. Selbst aufmerksame Beobachter entdecken zwischen den riesigen Bäumen und niedrigen Palmen kaum einmal eine Wildkatze oder einen Affen. Aber viele Vögel, Eichhörnchen, Eidechsen und natürlich Hunderte von Blumen, Pilzen und Schmetterlingen erfreuen die Seele. Eine schöne **Warmwasser-Quelle** lädt zu einem herrlichen Bad mitten im Dschungel ein.

Von Krabi fährt man mit eigenem Fahrzeug auf dem H4 nach Klong Thom (41 km, das *Wat Klong Thom Museum* ist der Frühgeschichte gewidmet), biegt im Ort an der Ampelkreuzung nach links auf den H4038 ab und nach ca. 200 m bei nächster Gelegenheit nach rechts. Nach wenigen Kilometern kommt die Ausschilderung „Crystal Lagoon", dort wiederum nach rechts. Die zunächst asphaltierte Straße mündet in eine raue Erdstraße. Der Beschilderung folgen, bis nach ca. 3 km der gebührenpflichtige Parkplatz und danach der Parkeingang zu sehen ist. Dahinter beginnt der Pfad zu den heißen Quellen. Ein Motorradtaxi von Klong Thom kostet ca. 80 Baht. Mückenschutz und feste Schuhe sind ratsam.

Zwischen Krabi und Phang Nga

Eine wunderschöne Strecke führt von Krabi nach Phang Nga (93 bzw. 84 km) durch eine herrliche Felsenlandschaft. Diese Art von tropischem Turm- und Kegelkarst ist sonst nur noch in Vietnam (Halong Bay) und in China (bei Guilin) so eindrucksvoll zu sehen. Von tropischen Gewächsen überwucherte Felsen, durchlöchert und überhängend, laden immer wieder zum Anhalten und Staunen ein. Diese Landschaft belohnt jeden, der sich Zeit lässt, die herrliche Natur zu genießen und vielleicht auch mehrere Tage zu verweilen. Wir haben eine **Rundtour** (110 km hin, 86 km zurück) über gute Nebenstraßen so zusammengebastelt, dass nur 2,6 km auf Erdstraße und nur 2 km doppelt zu fahren sind. Die exakte *Guide Map of Krabi* hilft, sich zurechtzufinden, auch die *Tourist Map Krabi* erfüllt diesen Zweck. Wer ohne funktionierenden Kilometerzähler und ohne Karte losfährt, braucht einigen Spürsinn und etwas mehr Zeit. Zum Trost: Auch wir verfahren uns alle 2 Jahre aufs Neue, weil es jedes Mal neue Straßen gibt, die zum Abbiegen verführen. Das macht aber auch den Reiz dieser Strecke aus. Nur in der Regenzeit von Juni bis Oktober sind einige der beschriebenen Abstecher nicht ratsam. In Regenpausen kann die Landschaft jedoch noch intensiver wirken.

Von Krabi nach Norden

Von Krabi führt die westliche Straße H4034 zu den Stränden. Hinter dem ruhenden Buddha (KM 7,1) bleibt man auf dem H4034, der sich nun langsam nach Norden wendet. Einige Dörfer, tolle Felsen und Kautschukplantagen säumen die Straße. Beim KM 21,7 weist ein Schild nach rechts Richtung Phang Nga auf den H4033 (am KM 116,8), hier fährt man aber besser weiter auf dem H4034 nach links Richtung **Ban Nai Sa** und nach 1,3 km wieder nach rechts. Nach 2,8 km zweigt nach links eine Straße (9,4 km) zum *Ao Tha Len* ab. Nach weiteren 5,1 km quert eine Straße: Nach rechts geht es nach 1,6 km im Dorf Ban Thung am KM 126,7 (unbeschildert) auf den H4, der fast gerade Richtung Norden verläuft. Entdeckernaturen sollten jedoch die Straße nach links nehmen. Nach 1,5 km geht es in einer Rechtskurve nach links ab zu einem klaren Bach in einem tollen Wald. Nach weiteren 1,5 km passiert man interessante **Holzkohlenmeiler** aus Lehmziegeln und ein unglaubliches Sägewerk. 700 m hinter der Holzbrücke hält man sich links. Auf den nächsten 6,8 km sind noch 2,6 km Erdstraße. Im Dorf biegt man rechts ab, und trifft nach weiteren 1,6 km auf die Querstraße H4205.

Die linke Abzweigung führt in eine Sackgasse zum Hafen **Ban Ba Kan** (3,4 km) an einem Gezeitenfluss mit Flößen zur Muschelzucht. Wir biegen nach rechts ab und erreichen auf dem H4205 nach weiteren 6,4 km den H4 am KM 144,4.

Wer den H4 evtl. für die Rückfahrt benützt, kann am KM 117,5 nach Osten durch friedliche Dörfer fahren und nach 14 km im Huay To-Wasserfall ein erfrischendes Bad nehmen. Wer noch Zeit für einen Abstecher hat, kann am KM 134,8 des H4 nach Osten abbiegen (4 km) und auf einer Erdstraße noch 600 m nach rechts fahren, dann taucht 200 m entfernt ein Felsen mit der Höhle **Tham To Luang** auf. Auf drei Ebenen hängen und stehen Tropfsteine in wunderlichen Formen.

Zur Phet-Höhle

Beim KM 146,9 bietet sich ein Abstecher nach rechts zur Höhle Tham Phet (Petch Cave) an: 5 km Fahrweg bis zum Eingang. Wie Diamanten funkeln die Tropfsteine in dieser schönen, langen und verzweigten Höhle, die schon etwas unter den Massentouristen gelitten hat. Gute Taschenlampe erforderlich, ein Führer ist sehr empfehlenswert.

Ao Luk und Umgebung

Am KM 146,2 zweigt eine wenig befahrene Straße nach links ab. Sie ist interessant als Alternative für den Rückweg und für Fahrradfahrer. Nach 25,8 km trifft sie beim KM 16,1 auf den H415 (s.u.). Dort sind es noch 21 km bis Phang Nga, 72 km zurück bis Krabi.

Der H4 durchbricht beim KM 147 eine schöne Kette von Felsen und erreicht nach 2 km die **Ao Luk Junction** mit vielen Läden, einem Gemüsemarkt und unattraktiven Restaurants. Nach rechts zweigt der H4035 Richtung Surat Thani ab (ca. 180 km), die ersten 35 km führen durch eine schöne Landschaft mit bewachsenen Felsen, der Rest durch langweilige Ebenen. Geradeaus sind es 47 km bis Phang Nga. Von der Kreuzung fahren Motorradtaxis zum Than Boke (20 Baht) und zur Höhle Tham Phet (6 km, 30 Baht).

Than Boke Khorani National Park

Nach links auf dem H4039 kommt man nach 1,3 km zum Eingang des kleinen Than Boke Khorani National Parks (es existieren noch andere Schreibweisen), zurzeit kein Eintritt.

In einem Felsenkessel kommt aus einer Grotte ein Bach zum Vorschein, der sich vielfach verzweigt und mit schönen Kaskaden durch hohe Bäume schlängelt. Über kleine Brücken und Pfade erreicht man zwei natürliche Wasserbecken vor der Grotte. Mit Badezeug kann man tatsächlich in die Grotte hinein schwimmen (keine Taschenlampe erforderlich). Schöne Stalaktiten hängen am Eingang herunter. Schwimmer mit viel Tiefgang können an einigen Unterwasser-Stalagmiten anstoßen. Die Wände sind zu glatt zum Festhalten. Die Grotte endet nach etwa 25 m, der Blick zurück ist geradezu überwältigend.

Am Wochenende ist der Park Ziel vieler Thais, die hier ein Bad nehmen. Verkaufsstände und kleine Restaurants bieten täglich Snacks und Getränke an.

Übernachtung

Am Auslauf des Baches liegt zwischen tollen Felsen das ***Hotel Waterfall Inn***, ✆ 075-681133, schöne, etwas stickige Bungalows mit Bad, Fan und einem Fenster, einfache, muffige Reihenhäuser mit ac; Restaurant. ❷–❸

300 m vor der Zufahrt zum Park liegen links direkt an der Straße die nachts sehr betriebsamen ***Ao Luk Bungalows***, ❷

Tham Khao Phra und Tham Khao Raang

Wer vom Nationalpark nach links und auf dem H4039 weiter fährt, kann nach 500 m am KM 1,9 rechts abbiegen (Thai-Schild: *2 km*) und nach 1,8 km rechts die Höhle Tham Khao Phra mit einer hochverehrten, schwarzen Buddhastatue besichtigen. Der ganze Felsen ist durchlöchert wie ein gigantischer Schweizer Käse und leicht ebenerdig begehbar. Trotz elektrischer Beleuchtung (auf Anfrage) ist eine Taschenlampe empfehlenswert.

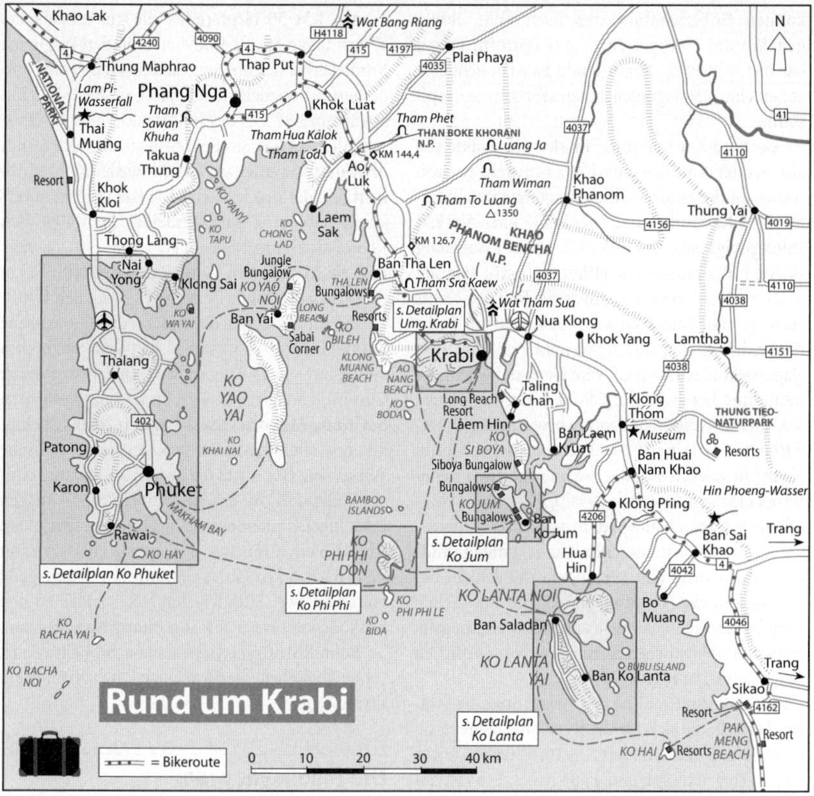

Nach weiteren 1,2 km liegt rechts nach 300 m Fußweg das Höhlensystem Tham Khao Raang (auch: Khow Rang). Durch ebenerdige Wandelgänge sind viele Grotten miteinander verbunden. Den Abschluss bildet, so weit wir entdecken konnten, eine spektakuläre Säulenhalle.

Tham Hua Kalok und Tham Lod

Der H4039 durchquert den kleinen Ort Ao Luk. Beim KM 5,5 führt rechts eine Straße Richtung „*Tham Pee Hua To*". Zweigt man nach 1,2 km nach links ab, kommt man nach weiteren 600 m zum kleinen Hafen Bo Tho. Dort kann man ein Boot chartern (150–200 Baht) und in 15 Min. zur Höhle **Tham Hua Kalok** fahren. Die Felszeichnungen in Ocker und schwarzen Farben stellen Personen und Tiere dar, sie sollen 2000–3000 Jahre alt sein. 15 m über dem jetzigen Meeresspiegel lassen sich fossile, tertiäre Muscheln und Schneckengehäuse entdecken.

Anschließend geht es zur **Tham Lod**, einem Gewölbe mit schönen Stalaktiten. Günstig ist es, nicht bei Ebbe aufzubrechen, sonst kommt man kaum unter die bizarren Tropfsteine. 300 m hinter der Tham Hua Kalok liegt die 200 m lange **Dark Cave**. Halb zerfallene Stege führen nach 100 m zu einer Schlucht. Viele Stalaktiten hängen herab, einige Gardinen glitzern im Lampenlicht. Es lohnt sich auch, die Fahrt auszudehnen und zwischen den malerischen Felsen im üppigen Grün der Mangroven hindurchzuschippern.

Von Ao Luk Junction nach Phang Nga

Von der Ao Luk Junction geht die Hinfahrt auf dem H4 weiter nach Norden, aber schon nach 600 m können Höhlenenthusiasten nach links abbiegen. Wo der Himmel durch das Loch im Felsen leuchtet, gibt es die **Tham Thalu Fa** zu besichtigen: außen einige Stalagmiten, innen sehr schöne Tropfsteine.

Nach 14 km hören die markanten Kalkfelsen auf. An der Kreuzung am KM 164,9 geht es nach rechts auf der landschaftlich uninteressanten Straße H415 Richtung Surat Thani (123 km). Am KM 169,8 zweigt nach rechts der H4118 zum **Wat Bang Riang** (10,3 km) mit der **Phutthabanlu-Pagode** ab. Nach 10,1 km geht es durch ein Tor nach rechts zum Wat und dann steil den Berg hinauf zur Pagode. Vom Parkplatz aus steigt man zwischen zwei Naga-Geländern bergauf. Vom Dach des Chedi belohnt eine herrliche Aussicht auf ein fruchtbares Tal, dichte Wälder und grün bewachsene Karstfelsen. Eine riesige Statue der chinesischen Göttin Kuan Yin spiegelt sich in einem Teich, etwas weiter thront eine nicht weniger gewaltige Statue Buddhas auf einer Nagaschlange. Im prunkvollen, achteckigen Chedi sind im äußeren Wandelgang 60 Buddhastatuen aufgereiht. Im inneren Wandelgang beeindrucken die Wandmalereien, die das Leben Buddhas in die thailändische Landschaft integrieren und mit köstlichen Szenen aus dem dörflichen Leben ausschmücken.

In **Thap Put**, am KM 170, zweigt links die Straße H415 ab, die sich für die Rückfahrt eignet (von Phang Nga kommend am KM 16,1 in einer Kurve nach rechts abbiegen und 25,8 km bis zum H4 fahren, unterwegs weist ein Schild nach rechts zur Klosterhöhle Tham Soeur Noi, s.o.). Der H415 verläuft 21,5 km in der Ebene, verkürzt die Strecke nach Phuket um 9 km und bietet einige schöne Abstecher nach rechts in üppige Reisfelder zwischen Kalkfelsen. Dies ist der südliche Zweig der „Kleinen Rundfahrt" ab Phang Nga (s.S. 725).

Ab Thap Put (neuer KM 67) geradeaus auf dem wenig befahrenen H4 (der nördliche Zweig der „Kleinen Rundfahrt" ab Phang Nga) liegt nach 9 km rechts die Einsiedelei **Wat Kiriwong**, in der ein freundlicher deutscher Mönch lebt. Gleich danach schwingt sich die Straße in engen Kurven durch die Berge zum Pass (KM 54) hinauf, ein Leckerbissen für Motorradfahrer. In steilen Kehren geht es ins Tal hinab. Dabei eröffnen sich nur wenige Ausblicke durch die überwucherten Berge in die Ebene von Phang Nga.

Am KM 50 biegt rechts die gut ausgebaute, 47 km lange Straße H4090 ab, die den Weg nach Norden erheblich abkürzt. Sie führt durch eine wilde, gering besiedelte Berglandschaft. Nach 14,5 km zweigt am KM 35,5 des H4090 nach links die landschaftlich schöne Straße H4240 ab, die nach 15 km in Thung Maphrao am KM 39 wieder auf den H4 trifft und die Strecke nach Khao Lak um 52 km verkürzt. Geradeaus durchschneidet der H4090 den Khao Lak-Lamru National Park (s.S. 740), passiert nach ca. 26 km ein einsames Resort und trifft 14 km südöstlich von Takua Pa am KM 135 auf den H401.

Geradeaus führt der H4 in die fantastische Kalkfelsenlandschaft von Phang Nga. Nach 6 km zweigt am KM 43,9 nach Osten ein Fahrweg durch Gummiplantagen (4,6 km) zum wenig besuchten **Sar Nang Manora Forest Park** ab. Nichts Spektakuläres, aber friedliche Picknickplätze, hübsche Wasserfälle (vor allem die oberen Stufen) und einige Badepools in einem kleinen Stück urigen Dschungel. Hinter dem Phang Nga-Fluss zweigt am KM 42,6 ein Sträßchen nach rechts ab. Dort kann man nach 4 km einen gemütlichen Spaziergang von etwa zwei Stunden durch Reisfelder zu den Kaskaden des **Nam Tok Ton Phang Nga** machen.

Beim KM 40,5 erreicht man nach 110 km Fahrt (ohne Abstecher) die 5 km lange Provinzhauptstadt Phang Nga.

Die Inseln vor Krabi

Die Provinz Krabi weist bei einer Küstenlänge von 120 Kilometern 130 Inseln auf, von Ko Hai im Süden bis Ko Chong Lad im Norden. Viele haben schöne, oft auch sehr flache Strände, an denen immer wieder Bungalows für Traveller entstehen. Andere werden auch für die nächsten Jahre „unentdeckt" bleiben – noch kann man sich auf einer guten Karte eine „einsame" Insel aussuchen und *island hopping* gehen. Wer jedoch kein Thai kann und nur wenig Zeit und Geld hat, ist mit einer „fast einsamen", bereits erschlossenen Insel besser dran.

Ko Boda

Die 1 km² große Insel (auch: Ko Poda oder Ko Puda genannt), ca. 8 km vom Ao Nang Beach entfernt, besticht durch einen wunderschönen Strand auf der Ostseite und eignet sich im Norden und Westen bestens zum Schnorcheln. Von Ao Nang und Nopparat Thara werden Tagesausflüge („*4-Island-Tour*“) angeboten, meist in Verbindung mit Ko Hua Khwaan (Chicken Island), vor deren Ostseite sich ein schönes Korallenriff erstreckt.

Ko Siboya

Diese kleine Insel wird von Muslimen bewohnt, die vom Fischen und vom Anbau von Gummibäumen leben. Die Westküste wird von einem flachen Sandstrand gesäumt. Das nicht immer klare, seichte Wasser eignet sich nicht zum Schwimmen und Schnorcheln. Bei Ebbe jedoch lädt das Watt zu herrlichen Wanderungen ein, bei denen man viel Tierleben beobachten kann. Auf dieser ruhigen Insel kann man aber schöne Spaziergänge unternehmen. Ein Dorf mit Läden liegt hinter den Hügeln, zwei Fischerdörfer Richtung Norden.

Ko Jum (Ko Pu)

Die Insel Ko Jum (gesprochen Ko Dscham) wird nach dem nördlichen Dorf auch Ko Pu genannt. Sie liegt etwa 25 km südlich von Krabi. Im Norden ragen bewaldete Berge bis auf 422 m auf, während der Süden eher flach ist. Ko Jum wird hauptsächlich von muslimischen Fischerfamilien bewohnt, die vorwiegend in fünf Dörfern leben. Sie produzieren zudem Kautschuk und weben einen Stoff, den bekannten *Pato Ko Pu*.

Überall sieht man lächelnde Gesichter. An den langen, weißen, nicht besonders schönen Strand im Süden treibt viel Müll an. Man kann dort nur bei Flut baden. Am gesamten Strand ist es ratsam, mit Badeschuhen ins Wasser zu gehen, da man scharfe Steine und Seeigel überwinden muss, bevor man Schwimmtiefe erreicht. Man kann kilometerweit wandern oder einfach ausspannen und das Meer betrachten.

Naturliebhaber halten nach Affenhorden in hohen Bäumen Ausschau, aktive Naturen spielen Volleyball oder Boccia. Die Generatoren laufen meist nur von 18–22 Uhr. Von den südlichen Anlagen erreicht man in etwa 20 Min. locker zu Fuß das Fischerdorf, wo es sechs Restaurants gibt. Südwestlich vorgelagert liegt malerisch eine kleine Insel. Bei den mittleren Anlagen eignet sich der Strand besser zum Schwimmen. Die Bucht Lubo Bay im Norden hat einen schönen, recht flachen Sandstrand. Die Bungalowanlagen liegen unter schattigen Bäumen.

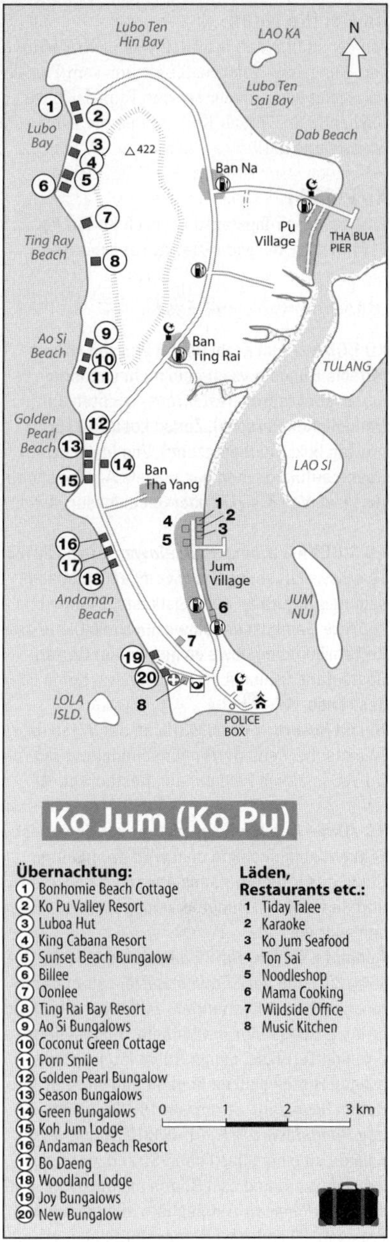

Ko Hai (Ko Ngai)

Auf der südlichsten Insel der Provinz Krabi gibt es vier Bungalow-Anlagen. Sie ist nur vom Pier des Pak Meng Beach in der Provinz Trang leicht zu erreichen (s.S. 770), ab Ko Lanta ist die Fahrt sehr wacklig und nass.

Ko Phi Phi

Lohnenswerte Tagesausflüge nach Ko Phi Phi (s.S. 718) werden an vielen Stränden angeboten.

Übernachtung und Essen

KO BODA – Vom Krabi Resort wurden 18 komfortable Bungalows und ein nicht sonderlich gutes, aber teures Restaurant errichtet; unfreundliches Personal. Zelten kostet 100 Baht pro Tag (inkl. Badbenutzung). Von Idylle keine Spur – dafür kommen gar zu viele Ausflugsboote zur Insel. Von Mai–Oktober geschlossen. ❹

KO SIBOYA – ***Siboya Bungalows,*** ✆ 075-230425, 🖳 www.siboyabungalows.com; am schmalen, seichten Strand an der Westküste, 24 einfache, saubere Bambusbungalows mit Du/WC und große Familienbungalows im gepflegten Garten; Restaurant, freundliche Atmosphäre. Keine Badestrände. ❷–❹
Racha Resort, ✆ 01-0839318, an der Westküste, 10 einfache, saubere Bambusbungalows mit Du/WC in einem Palmenhain; Restaurant. ❸

KO JUM – Auf der ausgezeichneten Homepage 🖳 www.kohjumonline.com wird der neueste Stand des Wiederaufbaus engagiert dokumentiert. In fast allen Bungalowanlagen ist das Essen sehr gut.
Andaman Beach: ***New Bungalow*** ⑬, ✆ 01-4644230, nahe der Südwestspitze, schöne Anlage unter hohen Kasuarinen, 14 einfache bis komfortable Bungalows mit Möbeln, Jalousiefenstern und Terrasse, einige Baumhäuser. Die billigen Hütten sind nicht dicht und werden von Ratten bevorzugt. Strom von 18–22 Uhr. ❷–❸
Joy Bungalows ⑲, ✆ 01-4646153, unter Kokospalmen an einem herrlichen Strand, der bei jedem Wasserstand zum Baden einlädt. Gute, entspannte Robinson-Atmosphäre, die jedoch ihren Preis hat. 20 einfache Bambushütten mit und ohne Du/WC sowie 15 schöne, relativ teure Holzbungalows mit großem Balkon und Moskitonetz. ❷–❹
Woodland Lodge ⑱, ✆ 01-8935330, ✆ 01-893 5330, 🖂 rayandsao@hotmail.com, 🖳 www.woodland-koh-jum.tk; schöne, geräumige Bungalows am Strand, Restaurant mit Bar, sehr beliebte Anlage; unter englischer Leitung. ❶–❹
Bo Daeng Bungalows ⑰, 12 einfache, schöne Hütten ohne Du/WC unter Palmen, Restaurant; sehr freundliche, offene Menschen. ❶
Andaman Beach Resort ⑯, ✆ 01-4646500, 17 bessere, doppelstöckige, pastellfarbige Steinbungalows im Chalet-Stil. ❸–❹
Ab hier wird der Strand steinig.
Golden Pearl Beach: ***Koh Jum Lodge*** ⑮, Bungalows. ❷
Ao Si Beach: ***Porn Smile Bungalow*** ⑪, Bungalows mit Du/WC am Hang. ❷
Coconut Green Cottage ⑩, ✆ 01-9568790, 8 Bungalows mit Du/WC im Palmenhain und am Hang, mittelmäßiges Restaurant, sehr freundlich. Volleyball-Platz, das Wasser eignet sich gut zum Schwimmen. ❷
Ao Si Bungalows ⑨, ✆ 06-0671090, 🖂 ao-si@hotmail.com, Bungalows mit Du/WC am bewaldeten Hang direkt am Meer. ❸
Ting Ray Bay: ***Ting Ray Bay Resort*** ⑧, ✆ 07-2777379, 🖂 tingraybayresort@hotmail.com, 🖳 www.tingraybayresort.com; sehr schöne Anlage, Bungalows mit Du/WC am Hang. ❸–❹

Lubo Bay: Ganz im Norden von Ko Jum liegen 6 Anlagen, die z.T. wieder aufgebaut sind:
Bonhomie Beach Cottage ①, ✆ 01-8449069, 🖂 bonhomiebeach@yahoo.com, 🖳 www.geocities.com/bonhomiebeach; am Hang im Wald, Holzbungalows mit Du/WC, Restaurant, Volleyball am schönen Strand. Arrangiert traditionelle Thai-Hochzeit am Strand. ❸–❹
Ko Pu Valley Resort ②, ✆ 01-7667785, 10 Bungalows am Strand, Restaurant. ❸
Luboa Hut ③, 5 komfortable Bungalows mit Du/WC am Hang, sehr beliebt. ❷–❸
King Cabana Resort ④, ✆ 075-620569, 01-9904174, 🖂 kingcabana@hotmail.com, Bambushütten und Holzbungalows unter Bäumen am Hang. ❷–❸

Transport

KO BODA – Transport ab Ao Nang um 10 Uhr für 100 Baht, zurück gegen 16.30 Uhr.

KO SIBOYA – Transport wird vom *Siboya Gh.* in Krabi organisiert, Abfahrt um 11 und 15 Uhr, mit dem Songthaew nach LAEM HIN (1 Std.), 50 Baht, weiter per Longtail-Boot für 20 Baht und mit dem vorausbestellten Laster zu den Bungalows (30 Baht).

KO JUM (KO PU) – Am leichtesten erreicht man Ko Jum in der Saison mit dem Ko Lanta-Boot von KRABI für 180 Baht (oder von KO LANTA für 70 Baht), das jeweils im Norden und im Süden stoppt. Zubringer mit dem Longtail-Boot direkt von der Bungalowanlage. Zurück um 8.30 und 13.30 Uhr, besser 30 Min. vorher da sein.
Mühsam, zeitaufwändig und kaum billiger ist es über BAN LAEM KRUAT (s.o.), von wo um 13 Uhr ein Boot zum nördlichen Dorf BAN PU (20 Baht) fährt.
Von dort geht es mit einem Motorradtaxi (ca. 40 Baht) weiter. Zurück fährt das Boot um 7 Uhr. In Ban Laem Kruat ein Boot zu chartern, kostet mindestens 200–300 Baht.
Wildside, ✆ 09-5904864, vermietet Fahrräder, Mopeds und Kajaks und organisiert Touren.

Ko Lanta เกาะลันตา

Die große, hügelige Insel Ko Lanta Yai, meist nur Ko Lanta genannt, ist noch zu 67% mit geschütztem Wald bedeckt. Der Name Lanta stammt von den Vorfahren der Seenomaden, die heute noch auf der Insel leben. In vielen Dörfern wohnen außerdem muslimische Fischer und etwa 10% chinesische Kaufleute, insgesamt etwa 20 000 Menschen. Mit Dschungelbohnen, die auf dem Markt 1/2 Baht pro Schote, in Bangkok aber 4 Baht einbringen, verdienen sich viele Inselbewohner ihren kärglichen Lebensunterhalt. Die Südspitze von Ko Lanta wurde 1990 samt den umliegenden Gewässern und 15 Inseln in einen Nationalpark umgewandelt.

Von Ban Saladan im Norden führt eine Straße entlang der Ostseite der Insel bis zum Dorf **Ban Ko Lanta** (auch *Lanta Town*). Die Ostküste ist sehr flach und fürs Baden nicht geeignet, aber durchaus sehenswert. Hier liegt das Verwaltungszentrum der Insel, **Ban Ko Lanta**, auch **Lanta Town** genannt, mit dem Postamt und einer Unterkunft (*Bu Bu House*, ❷, Ⓢ51). Für Touristen ist der kleine Ort unattraktiv.

Eine Straße zieht sich entlang der schönen, 25 km langen Westküste, an der die Bungalowanlagen liegen, bis zu den Stränden im Südwesten. Von Ban Saladan über Ban Klong Nin bis Ban Ko Lanta wurde sie 1999 so stümperhaft direkt auf den Staub asphaltiert, dass sie bereits wieder neu gemacht werden muss. Die Strecke vom Klong Nin Beach bis an die Südspitze bleibt weiterhin Staubpiste. Der Monsun schwemmt viel Treibgut an die Strände. Vor der Saison wird jedoch alles eingesammelt und verbrannt. Im Inneren ragen bewaldete Berge bis zu 488 m auf, durchschnitten von zwei Querstraßen. Mit Motorrädern lässt sich die Insel (mit Ausnahme der Südspitze) umrunden – für vorsichtige Fahrer sehr zu empfehlen.

Ko Lanta wurde Ende der 80er Jahre von Travellern „entdeckt". Die verschiedenartigen Strände der Insel wurden im Laufe der Jahre von Norden nach Süden für den Tourismus erschlossen – von langen, flachen Sandstränden über raue Felsenküsten bis zu kleinen, idyllischen Buchten. Noch kommt man nur mit dem Boot oder einer kleinen Autofähre auf die Insel. Pläne für eine Brücke liegen vorerst auf Eis. Alle guten Grundstücke entlang der Küste wurden von Investoren aufgekauft und werden zunehmend mit immer teureren, klimatisierten Bungalows bestückt. In Hotelanlagen für Pauschaltouristen fehlt auch der Pool nicht.

In der **Hochsaison** von Dezember bis Februar waren früher alle Zimmer belegt, und die Preise schnellten in die Höhe. Aufgrund des Überangebots konnten schon im Januar 2003 leicht Rabatte von über 50% erzielt werden. Im November, März und April sind die Preise erträglich. In der **Nebensaison** von Mai bis Oktober schließen alle Tauchschulen, die nördlichen Strände werden nicht gereinigt und sind nur bedingt zum Baden geeignet. Hier werden nur wenige Bungalows und Restaurants offen gehalten. Die Strände an den südlichen Buchten liegen windgeschützt und sind auch im Monsun fast immer zum Baden geeignet. Viele Anlagen bleiben hier ganzjährig geöffnet und bieten extrem günstige Preise. Auch wenn bis Juli / August der Himmel manchmal grau ist und häufig Regenschauer herab schickt, ist doch oft auch gutes Wetter.

Die **Zimmerpreise** auf Ko Lanta schwanken gemäß Angebot und Nachfrage extrem. Wir nennen deshalb nur Durchschnittswerte der im Januar und Februar geforderten Preise, die durchaus auf das Doppelte nach oben oder die Hälfte nach unten abweichen können.

Ban Saladan

Alle Touristenboote kommen an den Piers im nördlichen Hafen Ban Saladan an. Dann herrscht ein fürchterliches Gedränge, bis jeder seinen Pickup gefunden hat. An der betonierten Uferstraße des kleinen Fischerdorfes liegen zwei Dutzend feste Holzhäuser, darunter Restaurants, mehrere Läden mit Lebensmitteln, Obst und Gemüse, sechs Tauchschulen, eine Bank und viele Reisebüros mit *Tourist Information*. Hier warten auch die Motorradtaxis und die Pickups der Bungalowanlagen. Am Sonntag und am Montagvormittag findet auf dem Marktplatz neben der Schule ein **Wochenmarkt** statt.

Übernachtung und Essen

Salatan Resort ①, ✆ 075-684111, 10 Min. von Ban Saladan am Wattstrand, 22 ac-Zi in verschiedenen Kategorien, Terrasse, Restaurant, freundlicher Manager. ❺

Lanta Silver Beach Resort ②, rustikale, aber komfortable Bambusbungalows, 70 m vom Strand, ruhig. ❸

Manoon Resort ③, ✆ 075-684115, gut ausgestattete Zi, schlechte Lage. ❸, ac ❹

Guten Gewissens können wir keine Restaurants empfehlen, gar zu oft wechseln die Köche und ihre Lust und Laune. Die meisten Traveller sind jedoch durchaus mit dem Essen in ihrem Restaurant zufrieden. In vielen Bungalowanlagen ist das Essen relativ teuer. Die meisten Restaurants schließen außerhalb der Saison.

Sonstiges

GELD – ***Siam City Bank*** tauscht Bargeld, Reiseschecks und gibt Baht gegen Kreditkarte und Vorlage vom Reisepass, ⏲ 8.30–16 Uhr. Ansonsten wird zu ca. 3–10% schlechterem Kurs gewechselt als auf dem Festland.

INFORMATIONEN – im Internet unter 💻 www.lanta.de, www.kolanta.net.

INTERNET – Internet-Cafés in Ban Saladan an jeder Ecke und an allen Stränden, 2–3 Baht.

JEEPS – werden für 1200–1500 Baht vermietet.

KANUS – ***Lanta Canoeing*** bietet Paddelausflüge an, ***Lanta Sea Kayak*** macht auf Ökotourismus und dieselben Touren wie andere auch, z.B. Fischen.

KRIMINALITÄT – Immer mehr Touristen werden bestohlen. Die Polizei ist unter Umständen dabei behilflich, wichtige Papiere zurück zu bekommen, wenn man auf das gestohlene Geld verzichtet.

MEDIZINISCHE HILFE – In Ban Saladan hat die ***Lanta Doctor Clinic*** aufgemacht. In Ban Ko Lanta gibt es das ***Lanta Hospital,*** ✆ 075-697017. Bei einem Unfall die Polizei anrufen: ✆ 075-697085. Zeitweilig sind an manchen Stränden Sandfliegen eine Plage.

MOTORRÄDER – gibt es für 250–300 Baht/Tag, 40 Baht/Std. Auch in den meisten Anlagen werden Motorräder vermietet. Viele sind in bedauernswertem Zustand, werden aber lustig immer wieder eingesetzt.
Will ein Paar über den Wasserfall zum Nationalpark fahren, sollte es zwei Mofas mieten, sonst muss der Sozius über die Hügel zu Fuß gehen.

POST – Der Service ist völlig unzuverlässig.

REISEBÜROS – In 11 Reisebüros in Ban Saladan werden Bootsfahrscheine verkauft und alle Arten von Buchungen gemacht. Eisenbahnfahrscheine verkauft das Reisebüro neben dem Krabi-Pier. Alle Gästehäuser vermitteln ebenfalls Bootstickets und Touren.

TAUCHEN – Die 9 Tauchschulen arbeiten friedlich zusammen und bieten ähnliche Touren zu ähnlichen Preisen. Unterschiedlich sind aber die

Boote. Je nach Geschmack kann man wählen zwischen Speedbooten, klimatisierten Booten oder den guten alten Tuckerbooten. Manche Tauchbasen operieren auch in der Monsunzeit.
Atlantis, ✆ 075-684081, 💻 www.top-com.com/atlantis; führt PADI-Kurse durch, z.B. zum *Open Water Diver* für 9500 Baht, Tagestrips zum Hausfelsen Hin Bida und zum Wrack.
Koh Lanta Diving Center *(Ko Lanta Tauchschule),* ✆ 075-684065, 💻 www.kolantadivingcenter.com; PADI-Tauchschule, 2-Tagestrips, vorbildlicher Service.
Lanta Diver, ✆ 075-684208, 💻 www.lantadiver.com.
Typische **Tagesfahrten** gehen zu den herrlichen Schnorchelinseln Ko Ha, Ko Bida und Hin Bida, 2 Tauchgänge kosten US$55 mit eigener Ausrüstung, ca. US$75 inkl. Ausrüstung, ca. 650 Baht für Schnorchler.
Weltklasse sind die **Tauchplätze** bei den Felsen Hin Daeng und Hin Muang im Süden, wo erfahrene Taucher häufig Walhaie, Mantas und riesige Muränen sehen (Tagestrip für US$65–71). Die übrige Meeresfauna gehört ebenfalls zum Feinsten in Thailand.
Für Grotten- und Nachttauchen ist Ko Ha ideal, für Wracktauchen die gesunkene *King Cruiser.*

TOUREN – werden von den Bungalow-Managern und Reisebüros angeboten. Die *3 Islands Tour* geht um 8.30 Uhr nach Ko Hai, Ko Cheuk und Ko Muk, im Preis von 800 Baht sind Wasser, Lunch und 3 Schnorchelstopps enthalten. Die *4 Island Tour* beinhaltet zusätzlich Ko Kradan und kostet 650 Baht. Beim Schwimmen in der Höhle bekommen manche Leute Panik. Die sehr empfehlenswerte Tagestour nach Ko Rok mit dem Speedboot kostet 900 Baht.

Nahverkehrsmittel

Transport auf Ko Lanta erfolgt mit **Pickups** und privaten **Motorradtaxis**. Von Ban Saladan bringen sie Passagiere zu allen Bungalow-Anlagen: zum KAW KWANG BEACH für 20 Baht, zum KLONG DAO BEACH 20 Baht, zum Lanta Paradise 40 Baht und zum Hat Kantiang 80 Baht. Man verstaubt schnell. Einige Fahrer verlangen weit höhere Preise.
Unterwegs ist es schwierig, einen Lift zu finden. Taxi-Service ist nicht unter 90 Baht zu bekommen.

Transport

BUSSE – Das Kombi-Ticket ab Khaosan Road in BANGKOK mit Umsteigen in Surat Thani lohnt sich nicht, da häufig das letzte Boot in Krabi weg ist.

MINIBUSSE – Das ganze Jahr über fährt von KRABI um 11, 13, 15 und 16 Uhr ein direkter Minivan (inkl. 2 Fähren) bis zum Klong Dao Beach und Klong Nin Beach, Tickets für 200 Baht beim N.C. Gh. und bei Reisebüros in Krabi, wo man auch abgeholt wird. Zurück um 8 und 12 Uhr ab Ban Saladan bzw. kurz vorher bei der Bungalowanlage.
Von TRANG fährt bei *K.K. Travel & Tour* in der Saison um 10.30, 11.30, 12.30, 13.30, 14.30 und 15.30 Uhr ein Minivan für 150 Baht über Ban Hua Hin (inkl. 2 Fähren) in 2 1/2 Std. nach Ban Saladan, in der Nebensaison nur 1x tgl. Zurück um 7, 8 und 12 Uhr.
Nach PHUKET fährt in der Saison ein Van um 9 und 14 Uhr in 4 Std.

TAXIS – Von KRABI für ca. 1500 Baht.

EISENBAHN – Von BANGKOK fährt man am besten mit dem *Rapid* 167 um 18.20 Uhr bis TRANG (Ankunft 10.11 Uhr). Zur Insel nimmt man den Minivan (s.o.). Wer den *Express* 83 um 17.05 Uhr bis TRANG nimmt (Ankunft 7.35 Uhr), kann sich noch die Stadt anschauen.
Auch nach BANGKOK kann man per Minivan von *K.K.* nach Trang fahren (s.o.) und den *Rapid* 168 um 13.45 Uhr oder den *Express* 84 um 17.30 Uhr nehmen (das Gepäck während der Wartezeit im Reisebüro am Bahnhof deponieren).
Fahrscheine ab Trang oder Surat Thani kauft man am besten auch bei *K.K. Tours.*

BOOTE – Bei der Ankunft der Boote von Krabi und Ko Phi Phi warten Dutzende Fahrer der Pickups der meisten Bungalowanlagen bereits. Schlepper mit Fotoalben fahren auch schon auf dem Boot mit. Die Hinfahrt zur Bungalowanlage ist gratis, manchmal auch die Rückfahrt. Falls das Pickup der gewünschten Anlage nicht da ist, am

Übernachtung:

BAN SALADAN
1 Salatan Resort
2 Lanta Silver Beach Resort
3 Manoon Resort
4 Lanta Gypsy House

KAW KWANG
5 Deer Neck Cabana
6 Kaw Kwang Beach, Twin Bay Resort

KLONG DAO BEACH
7 Costa Lanta, Twin Lotus Lanta Resort
8 Noble House Beach Resort, Laguna Beach Club
9 Lanta Summer House, D.R. Lanta Bay Resort
10 Sun, Fun & Sea Bung., Hans Bungalows
11 Baahra Bungalow, Lanta Beer House, Lanta Scenic Bungalow
12 Royal Lanta Resort, Golden Bay Cottages
13 Diamond Sand Palace
14 Southern Lanta Resort
15 Lanta Villa Resort
16 Chaba Lanta Bung.
17 Merry Beach Resort
18 Lanta Island Resort
19 Lanta Sea House
20 Starwin Lanta Lodge
21 Klong Dao Beach Bung.
22 Lom Thale Bungalow, V.R. Minimart & Bung.
23 Lanta Garden Home, Lanta Sand Bung., Lanta Bee Garden
24 Andaman Lanta Resort, Ocean View Resort, Lanta Island Cabana
25 SinLanta 2000, Lanta Happyland
26 Holiday Villa

LONG BEACH
27 Best House
28 Mountain Corner, The Deep Forest Bungalows, Lanta Sand Resort, Sayang Beach Resort, Seapearl Lanta Cottage, Somewhere Else, Lanta Sandy Beach, Lanta Pearl Beach Resort, Lanta Dusit Resort
29 Lanta Resotel, Lanta Long Beach Resort, Madame Lauren's Lanta Long Beach, Lanta City Beach, Layana Resort & Spa, Papillon Resort, Western View Lanta, Lanta Casuarina Hotel & Resort
30 Good Days Lanta Chalet & Resort, Lanta Sunny House, Ban Gayee
31 Odyssey, Dao Lanta, Rapala Long Beach Resort, Phra Ae Resort, Andaman Sunflower Resort
32 Freedom Estate, Lanta Garden Hill
33 Blue Marine, Nautilus Resort, Arsomsabai Resort & Spa, Lanta Marina Resort, Relax Bay, Lanta Queen Resort, Blue Andaman Lanta Resort

BAN PHU KLOM BEACH
34 Lanta New Beach, Lantaburi, Baan Andaman Lanta Resort, Lanta Riviera Bungalow, Lanta Emerald

KLONG KHONG BEACH
35 Uncle Jak's Bungalows, Green Garden Resort, Lanta Liberty, Lanta Darawadee, Lanta Lodge Resort, Sea Sand Sun Bungalows, Where Else, Bee Bee Bungalows
36 Lanta Family Resort, Lanta New Coconut Bungalows, Nice'n Easy House, Siraya Palace Resort, Fisherman's Cottage, Full Moon Bay View Resort, Lanta Merry Hut

KLONG NIN BEACH
37 Moonlight Bay Resort, Ravivarin Resort, Lanta Palace, Lanta River Sand Resort, Lanta Il Mare Beach Resort
38 Clean Beach Resort, Lanta Nice Beach Resort, Sunset Bungalows
39 Lanta Nature Beach Resort, Lanta Paradise, Lanta Miami Bungalow
40 Sri Lanta
41 The Narima, Lanta Coral Beach Resort, Dream Team Bungalow
42 Seaview Resort

KANTIANG
43 Lanta Marine Park View
44 Kantiang Bay View Resort
45 Pimalai Resort & Spa, Same Same But Different

KLONG JAK BAY
46 Andalanta Resort
47 Klong Jak Bungalows
48 Sunmoon Bungalow

BAMBOO BAY (MAI PHAI)
49 Bamboo Bay Resort
50 Baan Phu Lae Bungalows

OSTKÜSTE
51 Bu Bu House

BUBU ISLAND
52 Bubu Island

Läden, Restaurants etc.:
1 Santos Coffee Shop & Bakery
2 Hans R.
3 Strandbars
4 V.R. Minimart
5 Otto R.

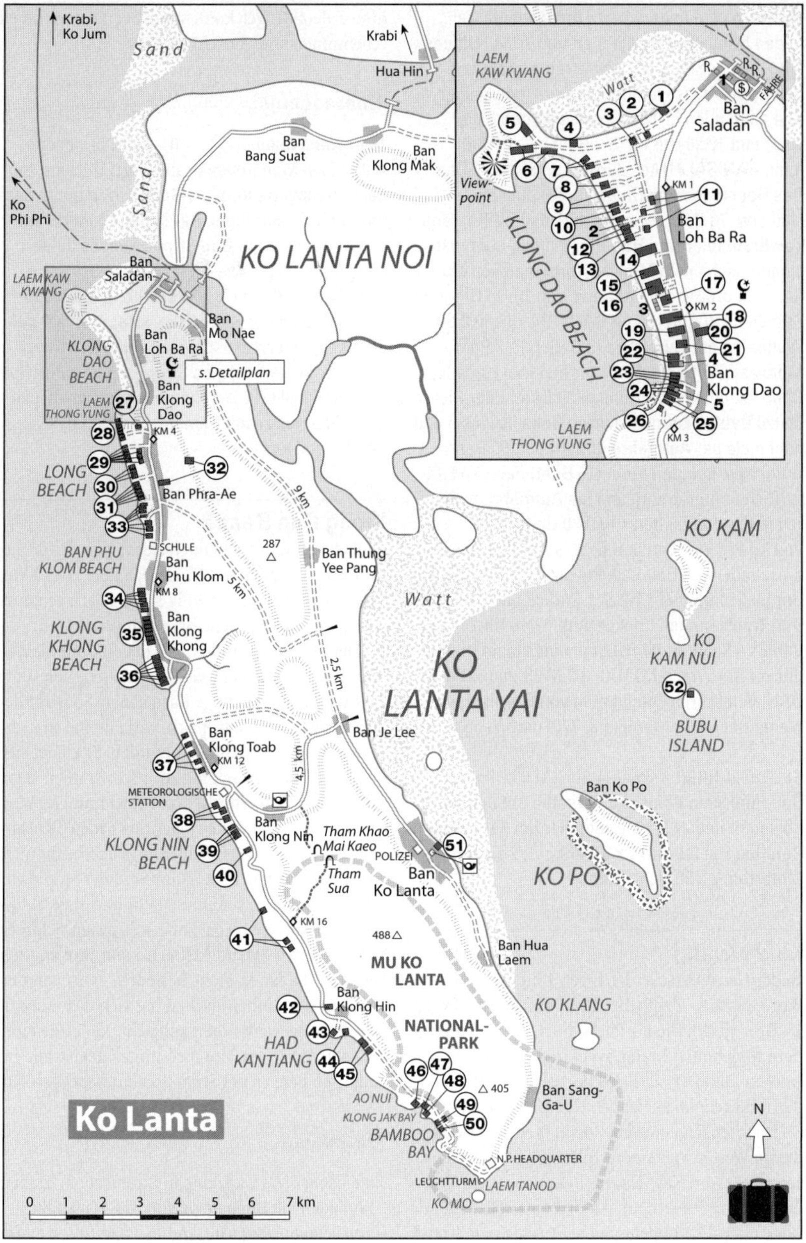

KRABI UND KO LANTA

besten in eine benachbarte Anlage mitfahren. In den Bungalow-Siedlungen und Travel Offices wird man gut über die Weiterreise informiert.
Von Krabi von November bis April (bei ruhiger See auch noch im Mai) **Expressboot** tgl. um 10.30 und 13.30 Uhr für 250 Baht in 2 1/2 Std. nach BAN SALADAN. Zurück um 8 und 13 Uhr. Das Boot legt einen Stopp vor Ko Jum ein (180 bzw. 70 Baht, Transfer mit Longtail-Booten).
Von Krabi über Ban Hua Hin: Billiger, aber mühsamer als mit dem Minivan, fährt man von der Soi 6 mit großen Songthaews von 10–14 Uhr jede Stunde für 40 Baht nach BAN HUA HIN in 2 Std. Weiter mit der **Autofähre** (3 Baht p.P., 5 Baht / Motorrad, 50 Baht / Auto) zur Insel Ko Lanta Noi. Dann mit dem Motorradtaxi (30 Baht) oder Pickup (20 Baht) 8 km zur anderen Seite der Insel und nochmals per **Autofähre** (3 Baht p.P., 50 Baht/ Auto) bzw. **Longtail-Boot** (10 Baht) nach Ko Lanta. Die Longtail-Boote und die Autofähre verkehren laufend zwischen 7 und 20 Uhr.
Von Ko Phi Phi fährt von Okt bis April tgl. ein **Expressboot** nach Ban Saladan um 11.30, 14 /15.30 Uhr für 250 Baht in 1 1/2 Std. Zurück um 8, 10.30/13 Uhr; Transfer nach Phuket (Ank. 11/16 Uhr).
Von Ban Saladan fährt 2x tgl. eine kleine Doppeldeckerfähre nach KO HAI, KO MUK und KO KRADAN. Von Ko Hai kommt man von Okt bis April weiter nach Pak Meng (s.S. 770) und Trang.

SELBSTFAHRER – Vom H4 am KM 63,7 im Dorf Ban Huai Nam Khao nach Westen auf den H4206 abbiegen und 27 km bis zum Pier der Fähre bei Ban Hua Hin fahren (2 x 3 Baht p.P., 2 x 5 Baht/ Motorrad, 2 x 50 Baht/Auto).

Kaw Kwang

In der Nordwestecke der Insel, 2 km westlich von Ban Saladan, liegt die Halbinsel Kaw Kwang (= Deer Neck). Die nördliche Bucht besteht aus einem topfebenen Mangrovenstrand, der bei Ebbe trocken fällt. Der südliche, flache, aber schöne Badestrand geht in den langen Klong Dao Beach über. Dazwischen liegt eine 20–400 m breite Landzunge, die im Westen von einem Felsenhügel abgeschlossen wird. Vom Kaw Kwang Beach führt ein Treppenaufgang zu einem Aussichtspunkt, schöner Blick über die doppelte Bucht. Am kleinen Strand hinter dem Hügel kann man bei Flut eventuell schwimmen und gut schnorcheln.

Übernachtung

Deer Neck Cabana ⑤, ✆ 01-2303635, schöne Anlage am Mangrovenstrand, zwei Dutzend saubere, preiswerte Komfort-Bungalows; gutes Restaurant auf dem Hügel, Bar in den Mangroven; Fußweg zum Klong Dao Strand ausgeschildert. Zum Wohlfühlen. ❷–❸
Kaw Kwang Beach ⑥, ✆ 075-621373, am südlichen Beginn des Klong Dao-Strandes, fast auf dem Kap, unter Kokospalmen. Bungalows mit Fan oder ac parallel zum Strand in mehreren Reihen, für Familien 2 Zi nebeneinander, sowie billige, solide Hütten mit Gemeinschafts-Du/WC. ❷–❹ und teurer.

Klong Dao Beach

Südlich von Ban Saladan erstreckt sich der flache, relativ feste Sandstrand Klong Dao über etwa 2 km. Von Touristen wird er häufig Lanta Beach genannt, was die Einheimischen aber nicht gern hören.

Der hellgraue Sand ist z.T. übersät mit kleinen Muscheln. Das stellenweise mit Mauern befestigte Ufer flankieren mächtige Kasuarinen. So wirkt der Strand nicht gerade tropisch, weshalb ihn manche Traveller nicht als schön empfinden. Er eignet sich bei jedem Wasserstand gut zum Schwimmen, denn schon nach 30 m erreicht man schwimmtiefes Wasser. Auch Kinder können gefahrlos baden. Bei starkem Wind ist das Wasser allerdings überhaupt nicht zum Baden geeignet. Im Süden wird der Strand von scharfkantigen Felsen und einem Kap abgeschlossen, über das man bei Ebbe mit festen Schuhen zum nächsten Strand klettern kann. Entlang der Hauptstraße ist es dicht besiedelt. Zwischen den Häusern der Einheimischen hat sich das touristische Nebengewerbe breit gemacht. Ab 5 Uhr morgens wird von der Moschee hinter der Straße im südlichen Bereich des Strandes zum Gebet gerufen.

Übernachtung

An diesem etwa 2 km langen Strand liegen zurzeit 33 Anlagen mit Bungalows von 200–2000 Baht (Preisschwankung s.o.), wobei die teureren meist

Klimaanlage haben. Auch Komfortbungalows, die man über internationale Reiseveranstalter buchen kann, sind hier zu finden. Die billigsten Zi liegen meistens weiter weg vom Strand und sind in der Hauptsaison fast immer ausgebucht. Viele Gäste sprechen Deutsch. Alle Anlagen sind über Stichstraßen von der neu gebauten Hauptstraße aus zu erreichen. Sie besitzen ein Restaurant mit Meersicht und mindestens eine Strandbar. Fast alle Anlagen vermieten Mopeds ab 250 Baht.

Noble House Beach Resort ⑧, ✆ 075-684096, ✉ lantanoblehouse@hotmail.com, Reihenhaus, sehr gut ausgestattete, saubere Zi mit Fan oder ac, verbunden für Familien; Restaurant mit europäischer Küche, Backwaren; unter Schweizer Leitung, davor schöner Sandstrand. ❹

Laguna Beach Club ⑧, ✆ 075-637345, gut ausgestattete, kleine Bungalows, eine entsprechend teurere *Honeymoon Suite* mit Meerblick, gepflegter Garten, freundlicher Service, thai-deutsche Leitung. 10% Rabatt für Wiederkommer. ❺–❽

Sun Fun & Sea Bungalows ⑩, ✆ 075-684025, 💻 www.thailandbungalow.com; unterschiedliche Bungalows mit Fan oder ac; Barbecue-Restaurant am Strand, *Sanuk Bar* mit Shows, unter Thai-Schweizer Leitung. ❸–❹

Hans Bungalows ⑪, ✆ 075-684152, am KM 1,5, einfache Fan-Bungalows aus Stein oder Naturmaterialien, einige Strohhütten, Strandrestaurant. ❷–❸

Diamond Sand Palace ⑬, ✆ 075-621135, am KM 1,7, relativ dicht aufeinanderstehende Reihenbungalows mit Fan oder ac, alle mit Doppel- und Einzelbett, gut für kleine Familien geeignet; ordentliches Restaurant. ❸, ac ❹

Southern Lanta Resort ⑭, ✆ 075-684175, 💻 www.southernlanta.com; 90 große, komfortable, dicht stehende Einzel- oder Doppelbungalows mit ac; familienfreundlich, Restaurant mit angemessenen Preisen, großer Swimming Pool. Deutsche Pauschaltouristen. ❺–❽

Lanta Villa ⑮, ✆ 075-684129, 💻 www.lantavilla resort.com, ; am KM 1,8; dicht aufeinander gebaute Bungalows, z.T. mit ac und Verbindungstür für Familien, manche mit Meersicht, dazwischen ein riesiges Restaurant, wird auch gern von Pauschalreisenden aufgesucht. Akzeptiert Visa- und Mastercard, Geldwechsel mit 10% Aufschlag. Viele Moskitos. Das ganze Jahr geöffnet. ❺–❻

Merry Beach Resort ⑰, ✆ 075-684504, Mattenbungalows mit Fan und Wellblechdächern, hinter Strandbars. ❸–❹

Lanta Island Resort ⑱, ✆ 075-684124, am KM 2; 99 verschiedenartige, renovierte Bungalows auf engem Raum, Du/WC; schön begrünt, Restaurant mit gut Englisch sprechendem Personal. Unter engagierter Leitung eines Deutschen und einer Russin, einer guten Seele. ❹, ac ❺

Lanta Sea House ⑲, ✆ 075-684073, 💻 www.lantaseahouseresort.com; gepflegter Garten, große Komfort-Bungalows aus Holz oder Stein, z.T. mit 3 Betten; großes, gutes Restaurant unter hohen Kasuarinen, thailändische und europäische Küche, freundliches, manchmal überfordertes Personal. Besonders beliebt und vielfach gelobt. Das ganze Jahr geöffnet. ❺–❽

Lanta Garden Home ㉓, ✆ 075-684084, 💻 www.krabidirectory.com; am KM 2,4; 14 Holz- und Steinbungalows mit Du/WC und Fan oder ac; hervorragendes Strandrestaurant mit Essenszwang, familiäre Atmosphäre, nette, muslimische Leute. ❷, ac ❺

Lanta Sand ㉓, ✆ 075-684354, 💻 www.lantasand.com; neue Luxusbungalows, alle mit Meersicht, Strandrestaurant. ❼–❽

Long Beach

Der Long Beach (auch Phra-Ae Beach) beginnt am KM 3,5 und ist knapp 3 km lang. Er ist nur durch ein kleines Kap vom Klong Dao Beach getrennt. Nur der nördliche Teil bietet schönen, feinen Sand und ist gut zum Schwimmen geeignet. Vom mittleren zum südlichen Teil kommt man nur bei niedrigem Wasserstand über den recht vermüllten Fluss. Hier ragen Felsen aus dem Wasser, Baden ist eingeschränkt möglich.

Am südlichen Ende wachsen 200 m draußen im Meer ein paar kleine Korallenstöcke, in denen sich kleine Fische tummeln.

Die Bungalowanlagen stehen hier noch nicht ganz so dicht aufeinander, viele Unterkünfte sind einfach, aber immer mehr werden zu besseren Häuschen ausgebaut. Die Besiedelung entlang der Straße ist geringer. Mehrere einheimische Restaurants und Supermärkte haben auch in der Monsunzeit geöffnet.

Übernachtung

Best House ㉗, ✉ besthouselanta@yahoo.com, ☏ 075-684560, 30 Bungalows in einfachem Stil mit komfortablem Bad, Balkon mit Meersicht. ❹
Mountain Corner ㉘, einige zum Felsen hin gelegene Bungalows; familäre Atmosphäre, super Essen. Boss A und Ricky schmeißen den Laden.
The Deep Forest ㉘, ☏ 01-0791992, Bambusbungalows mit Fan, ungepflegte Anlage, Meersicht, Restaurant. ❷–❸
Seapearl Lanta Cottage ㉘, ☏ 075-684504, 17 einfache, saubere Hütten mit Du/WC im schattigen Palmenhain, Bungalows mit gehobenem Standard. Gutes Restaurant, netter, schneller Service. ❸–❹
Lanta Palm Beach ㉘, am KM 3,8 abzweigen auf den 400 m langen Zufahrtsweg. Etwas vom Strand zurückversetzt; Restaurant. Davor liegt eine schöne Spielwiese unter hohen Kasuarinen. ❹
Lanta Resotel Long Beach ㉙, ☏ 075-422275, Holzbungalows mit Kühlschrank, in gerader Linie vom Strand zurückversetzt. ❹–❺
Pearl Beach Resort ㉘, ☏ 075-684204, Anlage in 2. Reihe im schattigen Palmenhain. Gute Holz- und Bambusbungalows, gutes Essen. ❷–❸
Lanta City Beach ㉙, ☏ 075-684022, solide Bambushütten, z.T. mit ac und Kühlschrank, freundliche Moslemfamilie. ❷, ac ❸
Good Days Lanta Chalet & Resort ㉚, ☏ 075-684186, ✉ info@gooddayslanta.com, Steinbungalows mit Fan und ac an einer Lagune und am Strand. Gute Lage, unaufmerksamer Service, Restaurant. ❹–❻
Lanta Sunny House ㉚, ☏ 075-684347, 15 Bungalows mit Fan, Moskitonetz und Du/WC. Sehr freundliche Managerin, die sehr gut Englisch spricht und bestens organisieren kann. ❸
Rapala Long Beach Resort ㉛, ☏ 01-2284562, am KM 5,8; 19 ältliche, sechseckige Bungalows mit Fan oder ac und winzigem Bad, im Halbkreis angeordnet auf einere Wiese am Strand; rundes Restaurant 30 m vom Strand; freundliches Personal, hilfsbereiter Besitzer. ❸–❹
Andaman Sunflower Resort ㉛, ☏ 01-6099503, einfache, saubere Bambusbungalows in einem schönen Garten, 100 m zum Strand, leckeres, billiges Essen; nette Besitzer. In der Nähe das *Reggae House*. ❷–❸
Freedom Estate ㉜, ✉ freedomestate1@hotmail.com, ☏ 075-684251; 6 EZ-Apartments, tolle Aussicht hoch am Hang jenseits der Straße, 10 Min. zu Fuß zum Strand, Thai-Schweizer Leitung. ❺
Lanta Garden Hill ㉜, ☏ 075-684210-1, 💻 www.lantagardenhill.com; ca. 50 sehr saubere, nette, komfortable ac-Bungalows aus Stein, in 2 Reihen am Hang jenseits der Straße, Terrasse mit toller Sicht zum Meer. Privatparkplatz; nette Besitzer, Restaurant, Pool. Gute Nebensaison-Rabatte. ❺
Lanta Marina Resort ㉝, ☏ 01-6774522, am KM 6,2. Schöne, ruhige Anlage unter Palmen, gutes, originales, super scharfes Thai-Essen. Geleitet von Frau Nita. Der Strand ist mit Felsen durchsetzt, zum Schwimmen muss man 200 m weiter gehen. ❷–❸
Relax Bay ㉝, ✉ relaxbay@hotmail.com, ☏ 075-684194, am KM 6,2 abzweigen auf den 400 m langen, schlechten Zufahrtsweg bergauf. Weitläufige Anlage unter lichten Laubbäumen am steilen Hang, geräumige, gut ausgestattete Holzbungalows mit Du/WC, Terrasse mit Sitzmöbeln; Restaurant mit schöner Sicht; klein, persönlich, einsam, nette Leute. Direkter Zugang zum 250 m langen, separaten Strand mit feinem Sand, durchsetzt mit Korallengestein, gut zum Schwimmen. ❹–❻

Essen und Unterhaltung

Leser-Empfehlungen: ***Hippie Bar***, neben dem *Mountain Corner*, jeden Abend Live-Musik.
Nice and Easy, leckeres, originales Thai-Food zu günstigen Preisen. Der Inhaber Chai spricht gut Englisch und organisiert individuelle Touren.
Bistro Lanta, gegenüber der Disco *Opium*, feine, preiswerte Thai-Gerichte (i.b. Curries), die Besitzer Meo und Tum verbreiten eine familiäre Atmosphäre und veranstalten individuelle Kochkurse.
Im ***Reggae House*** am südlichen Ende des Strandes wurde ein Paradies aus Treibgut errichtet. In lustigen Pavillons kann man seine Drinks zu Reggae-Musik direkt am Meer genießen und der untergehenden Sonne zublinzeln.

Klong Khong Beach

Der Klong Khong Beach (auch *Klong Khoang*) ist ein langer, von Pandanus gesäumter, schmaler Sandstrand. Bei Ebbe schauen die Steine heraus, nur bei Flut kann man schwimmen und schön schnorcheln. Die Bungalowanlagen stehen dicht aufeinander, die meisten bieten nur geringen Komfort. Hier trifft man hauptsächlich Rucksackreisende. Zwischen der dörflichen Ansiedlung entlang der Straße liegen nur wenige Restaurants.

Übernachtung

BAN PHU KLOM BEACH – ***New Beach*** ㉞, ✆ 075-684317, am KM 8,5; Steinbungalows im Palmengarten mit Balkon und Du/WC in 2 Reihen; gut für Familien, ruhig, keine Nachbarn. Internet, Restaurant mit Bar am Strand. ❸–❹

Lanta Riviera ㉞, ✆ 075-684300, 24 sehr kleine, saubere, holzverkleidete Steinbungalows mit Du/WC und Holzbungalows in einem schönen Palmenhain, preiswert; offenes Restaurant, tolles Fischbarbecue. *Bang Beach Bar*, Strand-Volleyball. Angeboten werden Mopeds und Schnorcheltouren zu den Inseln. ❸–❹

Lanta Emerald ㉞, ✆ 075-684294, Bambusmatten- und Steinbungalows, saubere Zi, durchschnittliches Essen, magerer Service, ruhige Atmosphäre. ❷–❸

KLONG KHONG BEACH – ***Lanta Liberty*** ㉟, 10 Bungalows mit Fan, betreut von Titaya, die fließend Deutsch spricht. Ihre Nichte Nud kocht hervorragend. Zum Strand über eine Klong-Brücke. Ideal für Gäste, die gerne Gitarre spielen, Mopedverleih. ❸–❹

Lanta Lodge Resort ㉟, ✆ 01-2284537, am KM 9; recht schöne Anlage in einer großen Kokosplantage; palmblattgedeckte Holzbungalows mit Bad/WC; offenes Restaurant. ❷–❸

Sea Sand Sun Bungalows ㉟, direkt am Strand, schöne Steinbungalows. ❸

Where Else ㉟, ✆ 01-5364870, Palmenhain, liebevoll gestaltete Bambus- und Holzhütten auf Pfählen mit guten Matratzen, Moskitonetz und Du/WC unter freiem Himmel; gutes, gemütliches Strandrestaurant (u.a. leckere indische Gerichte). Schöner Strand, im Meer felsig. Der freundliche buddhistische Besitzer Wit spricht gut Englisch und bemüht sich, den Aufenthalt so entspannend wie möglich zu gestalten. Safe, Bücher, Spiele, Mopedverleih. ⏲ Okt–Mai (Juni–Sep Unterkunft möglich). ❸–❺

Bee Bee Bungalows ㉟, ✆ 01-5379932, wenige Bambushütten in Kokosplantage, gutes, günstiges Essen, viele Bücher. ❷

Lanta New Coconut ㊱, ✉ newcoconut@hotmail.com, ✆ 01-5377590, saubere, geräumige Mattenbungalows mit Fan, in 2 Reihen, tropischer Garten mit vielen schattigen Bäumen; Strandrestaurant und *Monkey Beach Bar*. ❷–❸

Lanta Merry Hut ㊱, ✉ merryhut@hotmail.com, ✆ 01-5833197, einfache, saubere Holzbungalows in netter Anlage; herzliche, familäre Atmosphäre. ❷–❸

Klong Nin Beach

Die Hauptstraße biegt in diesem Strandabschnitt quer über die Insel zur Ostküste ab. Die Westküstenstraße führt bis zur Südspitze und ist bis zum Kantiang Beach asphaltiert. Der 2,5 km lange, schöne Sandstrand ist von ein paar Felsvorsprüngen unterbrochen. Die Flut überspült den Strand fast völlig. Hier liegen recht gute Unterkünfte mitten im Dorf am Strand. Die Infrastruktur ist noch nicht sehr entwickelt. Auch in der Nebensaison sind die Anlagen offen. Nach Ban Saladan benötigt man mit dem Auto ca. 35 Minuten.

Vor einigen Jahren wurde die sehenswerte Höhle **Tham Khao Mai Kaeo** (*Diamond Cave*) bei Ban Klong Nin entdeckt (ca. 3 km vom Klong Nin Beach). Ca. 1,5 km hinter Ban Klong Nin geht es rechts ab (beschildert), dann sind es noch 20 Min. zu einer kleinen Siedlung am Fuße der Höhlen. Von dort führt ein Weg durch intakte Natur mit teilweise bis zu 50 m hohen Bäumen, z.T. auf steilen Treppen und Leitern aus Bambus, hoch zum Höhlensystem. Es sollte nur mit einem Führer aus der Siedlung aufgesucht werden, der 150 Baht p.P. für 2 Stunden bekommt und dafür auch Taschenlampen bereithält. Er hilft bei der anstrengenden, wirklich abenteuerlichen Kletterei in den drei Höhlen, die ineinander übergehen. In einem Becken kann man baden. Abwärts geht es 200 m auf wackligen Bambusleitern. Lange Hosen und feste Schuhe sind notwendig, eine zusätzliche gute Taschenlampe ist hilfreich. Der Ausflug wird an den Stränden auch als Tagestour (9–16 Uhr) für 250 Baht angeboten. Die erst kürzlich entdeckte **Tham Sua** *(Tiger Cave)* konnten wir wegen starker Regenfälle leider nicht besichtigen.

Übernachtung

Lanta Palace ㊲, ✆ 075-697123, 💻 www.lantapalace.com, 35 Komfortbungalows mit ac, Kühlschrank, Warmwasser und TV; offenes Strandrestaurant. ❹

Lanta River Sand Resort ㊲, ✆ 075-697296, großzügige Bungalows, z.T. völlig aus Naturmaterialien, und kleine Hütten in traumhafter Lage auf einer Halbinsel am Nordende des Strandes; sehr hilfsbereite, gebildete Besitzerin, die gut und gern auf Englisch diskutiert; hervorragendes Seafood. ❸–❹

Lanta Nice Beach Resort ㊳, ✆ 075-697276, 💻 www.krabidir.com/lantanicebeach; kleine, günstige Stein-Bungalows mit Fan, am Strand und auf der anderen Straßenseite, etwas abseits am Beginn des Dorfes. ❷–❸

Sunset Bungalows ㊳, ✆ 09-6463292, 10 schöne Bungalows mit Fan oder ac am Sandstrand, weit vom nächsten Resort entfernt, Strandrestaurant mit Bar, freundliche Familie. Nur Monatsmiete.

Lanta Nature Beach Resort ㊴, ✆ 075-697266, ✉ naturebeachresort@yahoo.com, am Hang gelegene, nette Anlage, Hütten jenseits der Straße und eng stehende Steinbungalows Richtung Strand mit Fan oder ac. Strandrestaurant mit Speisekarte ohne Preise, Abrechnung bei der Abreise, was zu unangenehmen Überraschungen führen kann. Jeden Abend Beach Volleyball mit Gästen und Personal, Felsen im Meer; Motorrad- und Mountainbike-Verleih. ❸–❹, ac ❹–❺

Lanta Paradise ㊴, ✆ 01-5357534, ✉ info@lantaparadise.com, am KM 14,5; ungepflegte Anlage am schmutzigen Strand. Es gibt Besseres fürs Geld. ❹, ac ❺

Lanta Miami Bungalow ㊴, ✆ 075-697081, 💻 www.lantamiami.com; zu viele Steinbungalows mit und ohne ac zwischen Strand und Straße; gutes Restaurant mit hervorragenden Fischgerichten. ❸, ac ❹

Sri Lanta ㊵, ✆ 075-697288, 💻 www.srilanta.com; Boutique-Hotel auf beiden Seiten der Staubstraße, große, palmblattgedeckte Holzhütten am Hang. Bei Indianern und Hindus entliehene philosophische Elemente, die es erlauben, für einfache Dinge einen extrem hohen Preis zu verlangen. Pool, Yoga, Meditationen, Sternebeobachtung. Das Management warnt wegen scharfkantiger Felsen vor Baden im Meer. Überfordertes Personal. ❻–❽

The Narima Bungalows ㊶, ✆ 075-607700, 💻 www.narima-lanta.com; wunderschönes Designer-Resort über der schroffen Küste unter Palmen und Dschungelbäumen, inmitten von tropischen Pflanzen und Orchideen, ac-Bungalows aus Naturmaterialien mit Fan, Minibar, Du/WC, Balkon mit Sicht auf den Sonnenuntergang; Restaurant, Snack-Bar und Pool oberhalb des Privatstrands; das Personal und die Besitzer sind sehr freundlich und sprechen gut Englisch, freier Transport zum Pier. Sehr empfehlenswert. ❺–❻

Lanta Coral Beach Resort ㊶, ✆ 075-618073, saubere Steinbungalows unter Palmen, hoch über dem Meer, tolle Sicht, sehr ruhig. Zugang zum Wasser durch spitze Felsen verwehrt, 200 m weiter ok. ❸

Dream Team Bungalow ㊶, ✆ 075-618171, 💻 www.dreamteambeachresort.com; Ao Nui Beach, am KM 16,5. Große Bungalows mit Fan oder ac in idyllischem, gepflegtem Garten; Restaurant mit schöner Sicht; Sandstrand mit Felsen, Fußweg zu besserem Badestrand. ❺–❼

Seaview Resort ㊷, Bungalows mit Patio am Hang oberhalb der Straße, Familienbetrieb, Restaurant. Direkt davor Felsen, daneben eine kleine Sandbucht. ❹

Kantiang

Die malerische, 1 km lange Bucht Had Kantiang (Betonung auf dem I), in der mehrere Fischerfamilien leben, liegt 20 km von Ban Saladan entfernt. Den breiten Sandstrand bedecken viele Muscheln. Auch bei Ebbe kann man an einigen Stellen schwimmen. Bis hierher ist die Straße asphaltiert. Die Bungalowanlagen sind während des Monsuns offen.

Übernachtung

Lanta Marine Park View Resort ㊸, ✆ 01-3970793, hoch an einem Osthang in lichtem Wald ungepflegte Anlage unter malaiisch-muslimischer Leitung mit heruntergekommenen Bungalows, einige mit herrlichem Blick über die Bucht, andere umweht von Küchengerüchen. Restaurant mit guter Aussicht; Bar, nachts laute Musik vom Strand. ❷–❹, Nebensaison ❶

Kantiang Bay View ㊹, ✆ 01-2736008, ✉ reekantiang@hotmail. com, Bungalows und Restaurant am Hang mit toller Sicht, beschwerlicher Weg zu Unterkunft und Strand. ❷–❸, ac ❹–❺

Same Same But Different ㊺, ✆ 01-7878670, Bungalows werden wieder aufgebaut, preiswertes Essen im Strandrestaurant. ❷

Klong Jak Bay

Der schöne Badestrand **Klong Jak** (KM 22) liegt traumhaft ruhig inmitten üppiger Natur. Er ist auch mit dem Pickup über einen steilen, kurvigen Weg zu erreichen. Schöne Wanderungen führen zum hübschen Wasserfall (immer am Bach entlang, 1 Std.) und über steile Hügel durch den Nationalpark (3 km) zum Leuchtturm. Schwimmen kann man bei jedem Wasserstand, sogar im Monsun, daher sind einige Anlagen ganzjährig offen. 800 m nördlich liegt der sehr schöne Strand **Ao Nui.** Alle Anlagen bieten Massage (250 Baht/Std.) und Schnorcheltouren (550 Baht) an.

Übernachtung

Klong Jak Bungalows ㊼, ✆ 01-7370980, schlichte Bambushütten und neuere, saubere Steinbungalows in rustikaler Anlage direkt am herrlichen Strand; ruhig, naturnah; entspannte familiäre Atmosphäre; leckeres Essen im stimmungsvollen Restaurant am Strand, angenehme Strandbar. Taxi nach Ban Saladan 50 Baht p.P. ❷–❸

Sunmoon Bungalow ㊽, ✆ 075-629235, ✉ musa sunmoon@hotmail.com, 10 romantische Bungalows zwischen der Straße und einem kleinen Fluss, wo sich auch das Restaurant befindet. Kein direkter Strandzugang; sehr nette Besitzer. ❷–❹

Bamboo Bay (Mai Phai)

Diese hübsche, kleine Bucht ganz im Süden ist etwas für Einsamkeitsfanatiker und Naturfreaks. Der **Mu Ko Lanta National Park** umfasst 134 km² Wald auf der Südspitze und 27 km² Wasserfläche mit 15 Inseln im Süden und Osten von Ko Lanta. Im Wald werden kleinere Säugetiere, Pythons, Kobras und über 100 Vogelarten geschützt. Leider sind die Parkangestellten nicht in der Lage, die Zerstörung des Waldes aufzuhalten. Auch die Korallenriffe können sie nicht ausreichend schützen. Verantwortungsbewusste Traveller könnten die Bootsleute bitten, ihre Anker nicht zwischen den Korallenstöcken, sondern im Sand abzuwerfen. Übernachten im Park wird aber wegen der fragilen Ökologie nicht gern gesehen. Der Nationalpark ist nur durch die Naturstraße bis zum Leuchtturm beim Headquarter erschlossen. Der 2 km lange Dschungelspaziergang lohnt sich. Am Sandstrand der Tanod Bay kann man baden. Tagestouren 700 Baht, Flossen nicht vergessen.

Übernachtung

Bamboo Bay Resort ㊾, ✆ 075-697069, 💻 www.bamboobay.net; 18 Bungalows am steilen Hang oberhalb der Straße, Restaurant am Meer, fantastische Sicht über die Bucht, gut geschultes, Englisch sprechendes Personal, geeignet für Familien, aber beschwerlicher Weg zum Strand; Thai-dänische Leitung. ❷–❹, ac ❺

Baan Phu Lae Bungalows ㊿, ✆ 01-2011704, 💻 www.banphulae.com; 9 sehr schöne Bungalows mit Du/WC, am Strand und unter Bäumen am Hang dahinter, Hängematte, Moskitonetz; nette Besitzer. ❷

Die Inseln vor Ko Lanta

Vor der Ostküste Ko Lantas liegen einige kleine Inseln. Nur auf der bewaldeten Bubu Island kann man übernachten. Wer Ruhe und Einsamkeit nicht scheut, ist hier richtig am Platz.

Übernachtung

Bubu Island (52), ✆ 075-618066, 15 Bungalows mit WC (Brackwasser), Schlafsaal (80 Baht) sowie ein relativ teures Restaurant. Sehr netter Besitzer. Von Dezember bis April geöffnet. Der Matsch-Strand lädt kaum zum Schwimmen ein. ❸

Transport

Zu erreichen am besten mit dem Minibus und Boot von ***Owart & Friends*** in Krabi, Nähe Chaofa Pier, ✆ 075-611693, 📠 630077.
Ansonsten am Hafen von Bo Muang beim *Pa Saree Restaurant,* ✆ 075-699044, nachfragen.

Phuket und die nördliche Westküste

Phuket und Umgebung ภูเก็ต

Die mit 543 km^2 größte Insel Thailands (gesprochen: Pu-kett) am Rande der Andamanensee im Indischen Ozean geriet am 26.12.2004 durch einen verheerenden Tsunami ins Blickfeld der Weltöffentlichkeit. Von der Katastrophe betroffen waren nicht nur Einheimische, sondern auch Touristen aus aller Welt. Die Insel, deren Wohlstand früher auf Gummiplantagen, Kopra, Perlenzucht, Fischerei und vor allem auf umfangreichen Zinnerzvorkommen basierte, hat sich seit den 80er Jahren überwiegend auf den Tourismus konzentriert, der bis zu jenem unheilvollen Tag viel Geld auf die Insel brachte. Weit über 4 Mio. Besucher kamen jedes Jahr und belegten die 30 000 Hotelzimmer. Mittlerweile sind fast alle Schäden behoben, aber die Urlauber kehren nur zögerlich zurück, so dass v.a. kleine Unternehmen um ihre Existenz bangen. Wer nun auf die Insel kommt, kann eine hervorragende touristische Infrastruktur ohne Touristenmassen genießen.

Wer teures Remmidemmi und Vergnügen sucht, findet hier genauso seinen Platz wie der Urlauber, der einen ruhigen, abgeschiedenen Strand oder einsame, nur wenig entwickelte Inseln vorzieht. Der malaiische Einfluss ist auf Phuket (abgeleitet von *bukit* – malaiisch „Hügel") deutlich spürbar – von 270 000 offiziell registrierten Einwohnern sind ein Drittel Moslems. Buddhistische Thai und Chinesen dominieren dennoch das Bild.

Die beste Reisezeit ist Dezember bis März. Im April und Mai kann es an windstillen Tagen heiß werden, nachts kühlt es jedoch immer ab. Im Mai / Juni setzen die zeitweise stürmischen Südwestwinde ein, die feuchte Luft und viele, zumeist kurze Regenschauer bringen. Drei bis vier Tage mit Dauerregen kommen vor allem im September und Oktober vor. Die Monate Juli / August gelten in Reisekatalogen wegen der heimischen Ferien als Hauptsaison – mit entsprechend hohen Preisen. Vor Ort erhält man allerdings leicht 50% Rabatt. Generell ist von November bis April mit höheren Preisen zu rechnen, wobei zwischen Weihnachten und Neujahr noch einmal kräftig aufgeschlagen wird.

Die Stadt Phuket

Die meisten Besucher kommen tagsüber in die Stadt, um einzukaufen und sich etwas Abwechslung vom gleichförmigen Strandleben zu verschaffen. Lohnend ist ein Bummel durch die zentrale **Markthalle**, in der neben Lebensmitteln auch Textilien und Haushaltswaren verkauft werden, und über den gegenüber liegenden **Obst- und Gemüsemarkt** unter freiem Himmel. Am Nachmittag und Abend werden auf dem großen **Essensmarkt** günstig Thai-Gerichte zum Mitnehmen und leckere Snacks verkauft. Die repräsentativen Fassaden der hübschen **Häuser** chinesischer Geschäftsleute in der Talang, Deebuk, Phang Nga und Krabi Road werden zunehmend liebevoll restauriert. Ein besonders gelungenes Beispiel ist das *China Inn Café*. Zu Beginn des 20. Jhs. residierten die reichen Zinnbarone in schönen **Villen**, die nach sino-portugiesischen Vorbildern des 19. Jhs. in weitläufigen Parks errichtet wurden.

Zahlreiche chinesische Tempel zeugen vom Einfluss der Einwanderer. Der große taoistische **Bang Niaw-Tempel** in der unteren Phuket Road ist dem Gott der Vegetarier gewidmet. Im wesentlich kleineren **Hok Huan Kong** nahe dem Uhrturm bewachen Drachen und andere mythologische Figuren die Eingänge des Tempels. Er ist von zahlreichen vor allem tagsüber geöffneten Garküchen umgeben. Auch der **Sanjao Sam San** in der Krabi Road lohnt einen Besuch. Er wurde 1853 für den Schutzgott der Seeleute erbaut. Asiatische Reisegruppen werden zur **Methee Cashew Factory**, 9-9/1 Tilok Uthit 2 Rd., ✆ 076-219622-3, gekarrt, wo sie zwischen 7 und 19.30 Uhr im Innenhof beobachten können, wie Cashewnüsse mühsam geknackt, geröstet, geschält und verpackt werden. Das hundert Jahre alte imposante Gebäude der Provinzverwaltung (**Provincial Hall,** *Sala Klang*) im Nordosten der Stadt stellte im Film „Killing Fields" die französische Botschaft in Phnom Penh dar. Der **Phuket Zoo**, Soi Parhai, Richtung Rawai, 💻 www.phuketzoo.com, ✆ 076-381227, 🕒 tgl. 8.30–18 Uhr, 500 Baht, wartet mit Affen-, Krokodil- und Elefantenshows, Schmetterlings-, Orchideengarten und Aquarium auf.

Übernachtung

GÄSTEHÄUSER – An einigen Restaurants und Geschäften hängen Schilder mit der Aufschrift „Zimmer zu vermieten" – eine der preiswertesten Möglichkeiten, auf der Insel Unterschlupf zu finden. Eine gute Adresse ist die namenlose Zimmervermietung hinter dem *Boonma Restaurant* ⑮, ✆ 076-233449, gegenüber dem Imperial 1 Hotel. Große, saubere Zi mit Fan und Du/WC in einer ehemaligen Ladenzeile, Fenster zum Gang hin. ❷

Talang Gh. ⑧, 37 Talang Rd., ✆ 076-214225, 💻 www.talangguesthouse.com, umgebautes chinesisches Geschäftshaus, saubere Zi mit Du/WC, die billigen ohne Fenster, etwas teurere mit großer Terrasse. Ac 100 Baht extra. Kaffee, Tee und Toast inkl. ❷–❸

Wasana Gh. ⑪, 159 Ranong Rd., ✆ 076-211754, neben dem Markt; sehr saubere Zi mit Fan oder ac und Du/WC, nette Leute, im 1. Stock laut. ❷

Nana Chart Mansion ㉑, 41/34 Montri Rd., ✆ 076-230041-2, sauberes Kleinhotel, Zi z.T. mit Fenstern nach innen, mit Du/WC und Fan oder ac und TV. ❷–❸

Crystal Gh. ㉒, 41/16 Montri Rd., ✆ 076-222774-5, 📠 218722, saubere, kleine Zi mit Warmwasser-Du/WC und ac, TV und Kühlschrank, einige mit Fan oder ohne Fenster. ❸

P.K. Mansion ㉓, 58 Montri Rd., ✆ 076-224800, hinter dem Zeitungsladen. Sehr saubere Zi mit Fan oder ac. ❷–❸

PREISWERTE HOTELS – ***Suk Sabai*** ⑤, 82/9 Thepkrasattri Rd., ✆ 076-216089, einfache, geräumige und ruhige Zi mit Fan und Bad, z.T. ac, trotz der ruhigen Lage etwas abseits ist alles gut zu Fuß zu erreichen. Zi neben dem stinkenden Kanal meiden. ❷

MITTELKLASSE – ***Phuket Merlin*** ①, 158/1 Yaowarat Rd., ✆ 076-212866-70, 💻 www.merlin-phuket.com, nördlich des Zentrums, 180 Komfortzimmer, Restaurant, Blue Marina Disco (bis 2 Uhr offen!), Bar, Pool, Sauna und Massage. Kostenloser Shuttle zum Schwesterhotel am Patong Beach. Auch in der Saison Ermäßigung. ❹–❻

Pearl Hotel ⑱, 42 Montri Rd., im Zentrum, ✆ 076-211044, 📠 212911, größeres, älteres Mittelklassehotel mit 212 sauberen Zimmern. 3x tgl. Shuttlebus zum Schwesterhotel Pearl Village am Nai Yang Beach. Kleiner Pool mit Wasserfall, Bar, Restaurant im Obergeschoss mit gutem kantonesischen Essen. ❺

Hotels mit Geschichte

On On Hotel ⑫, 19 Phang Nga Rd., ✆ 076-211154, das älteste, 1929 erbaute Hotel der Stadt vermietet immer noch 49 einfache Zimmer, z.T. mit ac und Du/WC. Einige Gäste fanden sie sauber, andere schmuddelig und von Ratten bewohnt vor. Im Hotelsafe deponierte Wertsachen auflisten, bestätigen lassen und genau kontrollieren. Nachdem das Hotel als Drehort von The Beach in die Khaosan Rd. von Bangkok verlegt und weltberühmt wurde, ist es für Leonardo di Caprio-Fans ein beliebtes Ziel. Im Eingangsbereich ein angenehmes Café, ein Eissalon, Reisebüro, Internet-Zugang und Wäscheservice. ❶–❸

Thavorn Hotel ⑭, 74 Rasada Rd., ✆ 076-211333-5, ⑤ 215559. Das große Hotel gehört ebenfalls zu den ältesten im Süden Thailands. Die abgewohnten Zimmer mit ac und TV lohnen nicht. Hingegen lohnen die Lobby und der Sportpub im Erdgeschoss einen Besuch, denn dort kommt man sich vor wie in einem angestaubten Museum. Alte Fotos dokumentieren die Geschichte des Hotels und der Insel, zudem findet sich hier eine bunte Sammlung von Blechspielzeug, Musikinstrumenten, Filmplakaten und Rechenmaschinen, das Modell einer Zinnmine und der erste Hotelsafe. ❷–❸

Royal Phuket City Hotel ⑲, 154 Phang Nga Rd., ✆ 076-233333, 💻 www.royalphuketcity.com, großes, gepflegtes, 19-stöckiges Hotel. 250 Zi mit allem Komfort wie Satelliten-TV, Safe, Internet-Zugang, 2 Restaurants, Bar, eine gute Bäckerei, Pool, Fitness Center, Massage und Sauna. Shuttle zum Laem Ka Beach nördlich von Chalong, wo Hotelgästen Duschen, Liegestühle und ein Restaurant zur Verfügung stehen. In der Nebensaison Rabatt. ❻–❼

Essen

Rings um die ***Ocean Shopping Mall*** in der Tilok Uthit 1 Rd. konzentrieren sich mehrere Fast-Food-Restaurants, wie ***The Pizza Company, KFC*** und ***McDonald's*** sowie das ***Coca Restaurant***, Tilok Uthit 1 Rd., in dem Zutaten einzeln bestellt.

Läden, Restaurants etc.:

1 Thung-Ka Café, Phuket View R.
2 Sawasdee R.
3 Timber & Rock
4 O'Malley's Irish Pub
5 Seng Ho Bookstore
6 Raya Thai Cuisine
7 The Enthusiast
8 China Inn Cafe
9 Siam Bakery
10 South Wind Books
11 Tokyo House
12 Food Center
13 Salvatore's
14 Kanda Bakery
15 Pearl Bowl
16 The Circle Café
17 Ka Jok See R., Khanasutra R.
18 Rasada Center
19 Boonma R.
20 The Books
21 Supermarkt
22 Tamachart Natural R.
23 Ta Yai Seafood R.
24 Biergärten und Essenstände
25 Kor Tor Mor
26 X Zone
27 Laem Thong Seafood
28 The Pizza Company, Swensen's
29 Coca R.
30 McDonald's

Transport:

❶ Malaysian Airlines, Bangkok Airways
❷ Thai Airways
❸ Bus→Kata-Karon, Chalong, Patong
❹ Tuk Tuk
❺ Motorradtaxis
❻ Bus→Rawai, Nai Harn, Kamala, Thalang
❼ Pure Car Rent
❽ Bus Terminal
❾ Silk Air

①	Phuket Merlin	❹–❻	158/1 Yaowarat Rd.	✆ 076-212866-70
②	Phuket Island Pavilion	❹–❺	133 Satun Rd.	✆ 076-210444
③	Siri Phuket H.	❸	231 Yaowarat Rd.	✆ 076-215816
④	Thara H.	❷	148/24 Thepkrasattri Rd.	✆ 076-216208
⑤	Suk Sabai	❷	82/9 Thepkrasattri Rd.	✆ 076-216089
⑥	Imperial 2 H.	❸–❹	17/4 Luang Poh Rd.	✆ 076-216683
⑦	Summer H.	❸	102/6 Patipat Rd.	✆ 076-211353
⑧	Talang Gh.	❷–❸	37 Talang Rd.	✆ 076-214225
⑨	Phuket Town Inn	❹–❺	9/1 Thepkrasattri Rd.	✆ 076-216911
⑩	P. Montree Resotel	❸	12/6 Montri Rd.	✆ 076-212936
⑪	Wasana Gh.	❷	159 Ranong Rd.	✆ 076-211754
⑫	On On Hotel	(❶)–❸	19 Phang Nga Rd.	✆ 076-211154
⑬	Sintawee H.	❹	89 Phang Nga Rd.	✆ 076-211186
⑭	Thavorn H.	❷–❸	74 Rasada Rd.	✆ 076-211333
⑮	Boonma Restaurant	❷	Phuket Rd.	✆ 076-233449
⑯	Imperial 1 H.	❹	51 Phuket Rd.	✆ 076-212311
⑰	Daeng Plaza	❹	57 Phuket Rd.	✆ 076-213966
⑱	Pearl H.	❺	42 Montri Rd.	✆ 076-211044
⑲	Royal Phuket City	❻–❼	154 Phang Nga Rd.	✆ 076-233333
⑳	Thanaporn Gh.	❸	41/7 Montri Rd.	✆ 076-216504
㉑	Nana Chart Mansion	❷–❸	41/34 Montri Rd.	✆ 076-230041-2
㉒	Crystal Gh.	❸	41/16 Montri Rd.	✆ 076-222774-5
㉓	P.K. Mansion	❷–❸	58 Montri Rd.	✆ 076-224800
㉔	Metropole H.	❺–❼	1 Soi Surin, Montri Rd.	✆ 076-215050
㉕	Phuket Garden H.	❹–❺	40/12 Bangkok Rd.	✆ 076-216900
㉖	Pure Mansion	❸–❹	3/7 Chao Fa Rd.	✆ 076-211709
㉗	Crystal Inn Hotel	❹	2/9 Soi Surin, Montri Rd.	✆ 076-230071-2
㉘	Thavorn Grand Plaza	❻–❼	40/5 Chana Charoen Rd.	✆ 076-222240-50

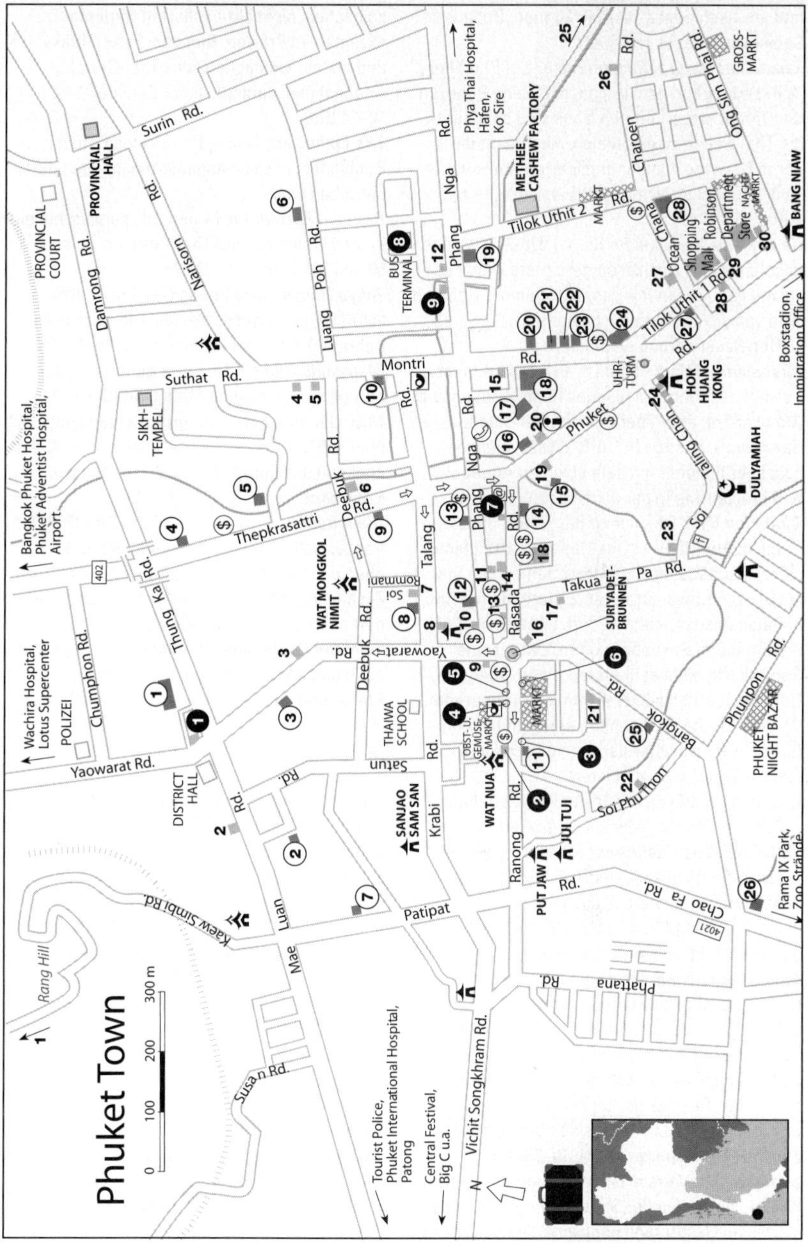

PHUKET UND DIE NÖRDLICHE WESTKÜSTE

und am Tisch gegart werden können. Bebilderte Speisekarte, recht preiswert

Tamachart Natural Restaurant, 62 Soi Phu Thon, ✆ 076-224287, in dem urigen, mit vielen Pflanzen und Trödel eingerichteten Haus sind besonders die Thai-Salate zu empfehlen. Aber auch die anderen Gerichte von der bebilderten Speisekarte sind sehr lecker. Mittleres Preisniveau, ⏲ tgl. außer Mo.

Ka Jok See, 26 Takua Pa Rd., ✆ 076-217903, das geschmackvoll rustikal eingerichtete kleine Lokal mit gehobenen Preisen und kleinen Portionen wird von vielen Touristen besucht. ⏲ Di–Sa ab 18 Uhr, Reservierung empfohlen.

Khanasutra, Takua Pa Rd., ✆ 018-940794, nebenan, nett dekoriertes indisches Restaurant mit viel Atmosphäre, aber überteuerten Gerichten.

Salvatore's, Rasada Rd., 076-225958, alteingesessener Italiener mit dem üblichen Angebot und Preisen wie in der heimischen Pizzeria.

China Inn Café, 20 Thalang Rd., ✆ 076-356239, ⏲ tgl. außer Mo 9–23 Uhr. Das schönste chinesische Geschäftshaus, das über Jahrzehnte leer stand, ist originalgetreu restauriert und mit Antiquitäten ausgestattet worden. Es steht als Café und Boutique Besuchern offen. Zwar ist die Speisekarte nicht sehr umfangreich, aber alle Gerichte werden liebevoll und frisch zubereitet. Weitere Tische im Innenhof, einem hübschen Garten. Evtl. ist sogar das eine oder andere Zimmer im 1. Stock zu mieten.

Weiter im Süden an der Takua Pa Rd., neben dem Kanal, werden abends im großen, offenen ***Ta Yai Seafood Restaurant*** von in giftgrün-orangenen T-Shirts gekleideten Kellnern leckere Thai-Gerichte serviert. Auch nahe dem Tempel in der Soi Taling Chan haben sich mehrere Biergärten und Garküchen angesiedelt.

Raya Thai Cuisine, 48/1 Debuk Rd., östlich vom Klong, gute thailändische Gerichte zu akzeptablen Preisen werden in einem luftig-kühlen Raum im Erdgeschoss und 1. Stock einer alten, gelb-grün gestrichenen Villa hinter dem neuen, hässlichen Restaurant- und Pub-Komplex. Hier ist noch etwas Atmosphäre aus der Zeit der Zinnbarone zu spüren. ⏲ tgl. 10–23 Uhr.

Sawadee Restaurant, 8/5 Mae Luan Rd., ✆ 076-234804, im Norden der Stadt, gediegenes, renoviertes ac-Restaurant, englische Speisekarte mit köstlichen, nicht allzu scharfen Gerichten zu akzeptablen Preisen. Bier vom Fass, Steaks und andere westliche sowie Thai-Gerichte. Angenehmer, aufmerksamer Service, ⏲ tgl. 18–24 Uhr.

The Enthusiast, Talang Rd., kleines Café mit Buchladen, das von engagierten jungen Leuten betrieben wird.

Boonma Restaurant, Montri Rd., serviert ein einfaches Frühstück und Thai-Gerichte zwischen 50 und 100 Baht, ⏲ 6–22 Uhr.

Tokyo House, 34-38 Phang Nga Rd., ✆ 076-256735-6, japanisches Restaurant, dessen Gerichte 100–500 Baht kosten. ⏲ tgl. 11–23 Uhr.

Metropole Hotel, 1 Soi Surin Montri Rd., das europäisch-asiatische Mittagsbuffet von 11–14.30 Uhr im 1. Stock der großzügigen Lobby mit über 150 Gerichten und Spezialitäten aus China, Thailand und Europa für ca. 200 Baht ist seinen Preis wert.

Siam Bakery, 13 Yaowarat Rd., ✆ 076-355947, die französische Bäckerei verkauft sehr leckere Kuchen und Desserts von hochwertiger Qualität. Zusammen mit einem guten Kaffee kann man sie dort auch essen. ⏲ Mo–Sa 7.30–19 Uhr.

Vom ***The Circle Café*** am zentralen Kreisverkehr nahe dem Markt kann man hervorragend bei Kaffee und Kuchen das Treiben beobachten.

Einkaufen

Die Straßen von Phuket, besonders die Yaowarat und Phang Nga Rd., säumen viele kleine Läden, in denen chinesische und muslimische Händler Haushaltswaren, Textilien und Lebensmittel verkaufen. Zunehmend öffnen Boutiquen, Souvenir- und Antiquitätenläden, Juwelier- und Goldshops. Das Angebot wird abgerundet von modernen Supermärkten, Shopping Centers, Internet-Cafés und Department Stores. Die Auswahl an Souvenirs ist zwar an den Stränden, insbesondere in Patong, etwas größerer, die Preise der angebotenen Waren sind aber in Phuket Town fast immer niedriger, und das Einkaufen ist entspannter.

South Wind Books, 9 Phang Nga Rd., ✆ 076-258302, hat die größte Auswahl an Second-Hand-Büchern, auch viele in Deutsch. Rücknahme ausgelesener Bücher.

EINKAUFSZENTREN – In der ***Ocean Shopping Mall*** und den Geschäften in der Nachbarschaft lässt sich gut bummeln. Neben vielen kleinen Geschäften mit teils hohen Preisen auch ein *Big One Supermarkt* und ein Food Center, das *Black Canyon Coffee* und *C.E. Paradise Multiplex Cinema*.

Central Festival (✆ 076-29111, 💻 www.central.co.th), ***Tesco Lotus Supercenter, Index Living Mall*** sowie ***Big C*** (💻 www.bigc.co.th) sind gigantische Einkaufszentren nordwestlich der Stadt am H402, Vichit Songkhram Rd., nahe Chalerm Prakiet Rd., 🕒 tgl. 9–24 Uhr, (Tuk Tuk 50 Baht, Stadtbus Nr. 1), große Auswahl, günstige Preise und alles an einem Platz. In der *Index Living Mall* v.a. Möbel, im *Tesco Lotus* vor allem Lebensmittel, aber auch Textilien, Haushaltswaren, eine Apotheke und ein Food Court. Im *Central Festival* auf 3 Stockwerken des neben 150 Läden, einem Kaufhaus und einem Supermarkt auch 7 Kinosäle, ein Spa, der Buchladen *The Books*, mehrere Banken und andere Serviceeinrichtungen sowie das asiatische Themenrestaurant *Phuja Nirvana* und Ableger internationaler Fastfood-Ketten.

Sonstiges

AUTOVERMIETUNGEN – Mietwagen werden in der Stadt Phuket ab 1000 Baht pro Tag ohne Benzin, inkl. Versicherung vermietet. Internationale Firmen verlangen 1500–2000 Baht. Jeeps gibt es an der Rasada Rd. und an den Uferstraßen der Strände unter 1000 Baht pro Tag – wichtig ist es, darauf zu achten, dass eine CDW-Versicherung besteht. Rabatte bei längerer Mietzeit.

Pure Car Rent, 75 Rasada Rd., ✆ 076-211002, 💻 www.purecarrent.com, 🕒 tgl. 8–20 Uhr.

Die Zentralen von ***Avis***, ✆ 076-351243, 💻 www.avisthailand.com, ***Budget***, ✆ 076-205396-7, 💻 www.budget.co.th, mit Filialen am Airport und in großen Hotels an den Stränden, offerieren *one way service* in andere Touristenorte, wo sie Filialen besitzen.

FESTE – Das außergewöhnliche **Vegetarian Festival** (Vegetarier-Fest) im Oktober, ein altes, wieder belebtes chinesisches Ritual, bei dem tausende qualmender Chinakracher lautstark in den Straßen explodieren, wird seit 1825 auf Phuket und ansonsten nur noch in Krabi und Trang begangen. Während der 9-tägigen Feierlichkeiten sind die Teilnehmer in Weiß gekleidet und nehmen nur vegetarische Speisen zu sich. An den letzten Tagen lassen sich junge und Männer in Trance zur zeremoniellen Reinigung Speere durch die Wangen stecken oder Haken an Wangen, Armen und am Rücken befestigen, ohne dass Blut fließt. Die Termine werden von einem Komitee etwa 6 Monate vorher festgelegt und sind ab März bei TAT zu erfragen.

Für Reisen in die Fischerdörfer ist es wichtig, die muslimischen Feiertage und vor allem den **Ramadan** (2005 Anfang Oktober, 2006 Ende September) im Auge zu behalten.

INFORMATIONEN – ***Tourist Office***, 73-75 Phuket Rd., ✆ 076-212213, 211036, 217138, 💻 www.phukettourism.org/phuket, 🕒 tgl. 8.30–16.30 Uhr. Hier gibt es Karten, Prospekte, Werbezeitschriften und weitere Informationen.

Zahlreiche mehr oder weniger aktuelle Websites informieren über Phuket, u.a.:

💻 www.phuketgazette.com (umfangreich, viele aktuelle Artikel aus dem gleichnamigen Magazin),

💻 phuket-hotels.com (nur Hotels),

💻 www.phuket-island.de (umfassende deutsche Website, viele alte Infos), 💻 www.suedthailand.de und 💻 www.phuket-travel.com (Reisebüro),

💻 www.phuket.com (verschiedene Anbieter gehobener Preisklasse),

💻 www.phuket.net (nette private Site),

💻 www.travel-phuket.com (mit Artikeln des Benjarong-Magazins).

INTERNET – Mittlerweile gibt es an fast jeder Ecke Internet-Cafés, die mit immer niedrigeren Preisen um die Gunst der überwiegend jugendlichen Besucher werben. Meist kostet die Min. 1 Baht, absolut günstig sind Angebote von 20 Baht pro Std. Teurer ist das Angebot an den Stränden, v.a. in den Hotels mit 2 Baht/Min. und mehr.

KONSULATE – ***Deutsches Konsulat***, Dirk Naumann, 100/425 Chalermprakiat Rd, ✆ 076-354119.

Österreichisches Konsulat, New Rd., Ecke Chao Fa Rd., ✆ 076-248334-6.

MEDIZINISCHE HILFE – Der Service des staatlichen ***Wachira Hospitals***, ✆ 076-211114, Yaowarat Rd., etwas außerhalb, lässt zu wünschen übrig.
Modern ausgestattet sind die privaten Krankenhäuser: ***Bangkok Phuket Hospital***, 2/1 Hongyok Uthit Rd., ✆ 076-254421-9, Notruf: 1060, 📠 254 430, 💻 www.phukethospital.com. Es bietet alle in Thailand verfügbaren medizinischen Dienste und 150 Betten für stationäre Patienten.
Phuket International Hospital, 44 Chalerm Phra Kiat Rd., ✆ 076-249400, 📠 210936, Notruf 210935, 💻 www.phuket-inter-hospital.co.th; an der Umgehungsstraße; auf Ausländer ausgerichtetes Krankenhaus, das rund um die Uhr geöffnet ist.

MOTORRÄDER – Motorräder sind in Phuket ein beliebtes, aber extrem gefährliches Transportmittel. Wer ohne ausreichende schützende Kleidung fährt, geht ein sehr großes Risiko ein, und wer keinen Helm trägt, muss 400 Baht Strafe zahlen. Auch der Führerschein wird kontrolliert. Zweiräder werden in Phuket bei Pure Car Rent, Rasada Rd., und an den Stränden in vielen Bungalows für 150–500 Baht vermietet. Je näher am Strand der Vermieter angesiedelt ist, umso höher sind die Preise.

POST – ***Hauptpostamt***, Montri, Ecke Talang Rd., neben dem hübschen, alten, dem Verfall preisgegebenen Gebäude, ✆ 076-211010, ⌚ Mo–Fr 8.30–16.30, Sa, So und feiertags 9–12 Uhr. Ein kleiner Postshop schräg gegenüber vom TAT-Office. **PLZ**: Chalong und Süden: 83 130; Patong: 83 150; Phuket Town: 83 000.

REISEBÜROS – ***Island Tour***, 10 Soi Pradith, Rasada Rd., ✉ uwe@phuket-island.de, ✆ 076-354311, 📠 224538, das Büro von Uwe Matthias in Phuket hilft bei der Organisation einer Phuket-Tour.
Tropical Vacation, 63/449 Chaofa Rd., ✆ 076-219629, 💻 www.vacation-asia.net, zuverlässiges, kleines Reisebüro, das individuelle Touren im Süden organisiert.

TOURIST POLICE – Falls etwas passiert, wendet man sich zuerst an die ***Tourist Police***, Chalerm Kiat Rd., westlich der Stadt, ✆ 076-355015, 254693, im Notfall ✆ 076-1155.

Nahverkehrsmittel

TUK TUKS – Innerhalb der Stadt kosten Tuk Tuks 20–40 Baht, in die Außenbezirke mehr. Die Fahrer bieten kostenlose Fahrten an, wenn man sich zu einer Einkaufstour überreden lässt. Auch wenn nichts gekauft wird, erhalten sie ihre Provision. Nach Sonnenuntergang muss mit einem Aufschlag von 20–30% gerechnet werden.
Charterpreise:

AIRPORT	32 km, 340 Baht
BANG TAO	34 km, 220 Baht
CHALONG	11 km, 160 Baht
KAMALA	26 km, 360 Baht
KARON	20 km, 270 Baht
KATA	17 km, 240 Baht
NAI HARN	18 km, 240 Baht
NAI YANG	30 km, 320 Baht
PATONG	15 km, 210 Baht
RAWAI	17 km, 230 Baht
SURIN	24 km, 340 Baht

MOTORRADTAXIS – kosten in der Stadt 10–20 Baht pro Person, Preis vor der Abfahrt aushandeln. Die Fahrer tragen rote oder grüne Westen mit Nummern.

MICRO-BUSSE – Innerhalb von Phuket Town verkehren Linienbusse für 10 Baht auf 2 verschiedenen Routen. Nr. 1 fährt vom Südosten über die Phuket Rd., am Kreisverkehr am Uhrturm vorbei, durch die Phang Nga Rd. und Bangkok Rd. hinaus zum Lotus und Big C. Bus Nr. 2 fährt vom Norden über die Thepkrasatri Rd., die Phang Nga Rd, den Markt und weiter Richtung Süden auf der Chao Fa und Sakdidej Rd.

BUSSE AN DIE STRÄNDE – Lokale Busse an die Strände fahren alle 30 Min. von 7 bis gegen 17 / 18 Uhr in der Nähe vom Markt ab.

BANG TAO	20 Baht
CHALONG	15 Baht
KAMALA	25 Baht
KARON	20 Baht
KATA	20 Baht
MAKHAM BAY (Aquarium)	20 Baht
NAI HARN	25 Baht
NAI YANG	30 Baht
PATONG	15 Baht

RAWAI ....20 Baht
SURIN ....20 Baht
Es gibt keine Busse, die von Strand zu Strand fahren.

TAXIS – ***Phuket Taxi Meter***, ✆ 076-232192, sind die beste Alternative und weitaus günstiger als alle anderen Taxis. Sie verlangen für die ersten 2 km 50 Baht und für jeden weiteren 7 Baht, bei telefonischer Bestellung in Phuket Town 20 Baht extra. Ihr Nachteil: Es gibt noch nicht genug davon.
Alle anderen Taxifahrer verlangen hohe Preise, Handeln erforderlich. Zum Flughafen kostet es 360–400 Baht, zu den Stränden liegen die Preise etwas höher als die der Tuk Tuks. Auch Taxifahrer verlangen nach Sonnenuntergang einen Aufschlag und versuchen, Neuankömmlinge zu Hotels zu bringen, von denen sie eine Provision kassieren.

Transport

BUSSE – Busbahnhof, ✆ 076-211977, im Osten der Stadt, hier halten fast alle Busse. Bei der Ankunft der Überlandbusse stehen Tuk Tuks bereit, die Fahrgäste zu den Stränden bringen. Die Fahrer erhalten von vielen Unterkünften eine Provision, die dann bevorzugt angefahren werden. Wer sich nicht abschleppen lassen will, nimmt vom Busbahnhof für 20–40 Baht ein Tuk Tuk zum Markt und von dort den Bus.
Bangkok: Von BANGKOK, 891 km, 1. Kl. ac-Bus 9x tgl. von 17.30–20 Uhr für 486/500 Baht, 2.Kl. ac-Busse um 7, 9.30, 14, 16, 17, 20 und 22.30 Uhr für 389 Baht, non-ac-Bus, der nicht zu empfehlen ist, um 5 Uhr für 278 Baht; VIP-24 um 7.30, 17.30, 18 und 18.30 Uhr für 755 Baht; VIP-32 um 19.45 Uhr für 567 Baht in 13 Std.
Zurück 1.Kl. ac-Bus um 8.20 und 17.30 Uhr, 2.Kl.-ac-Bus 7x tgl. bis 19.30 Uhr, non-ac-Bus um 9.30 Uhr, VIP-32-Bus um 7 und von 15–18 Uhr und VIP-24-Bus um 7.30 und von 16–18 Uhr von ***Transport Co.***, ✆ 076-211480, ***Phuket Central Tour***, ✆ 076-213615, oder ***Phuket Travel Service***, ✆ 076-222107.
In die Nachbarorte: Nach PHANG NGA non-ac-Bus 5x tgl. von 10.10–16.30 Uhr für 36 Baht in 2 1/2 Std.
TAKUA PA non-ac-Bus jede volle Stunde bis 18 Uhr für 54 Baht in 3 Std.
KHAO LAK non-ac-Bus Richtung Takua Pa (s.o.) für 45 Baht in 2 1/2 Std. oder ac-Bus um 7.30, 9, 10, 12 und 15.10 Uhr für 90 Baht in 2 Std.
KHAO SOK ac-Bus um 7.30 und 9 Uhr für 140 Baht.
CHUMPHON ac-Bus um 8.10, 11.50 und 14 Uhr für 250 Baht.
RANONG non-ac-Bus um 8 Uhr für 103 Baht in 6 Std.; ac-Bus um 10, 12 und 15.10 Uhr für 185 Baht in 5 Std. über Khao Lak, 2.Kl.-ac-Bus um 13.20 Uhr für 144 Baht.
KRABI non-ac-Bus um 11.25 und 15.50 Uhr für 65 Baht; 2.Kl.-ac-Bus um 10.50, 12.50 und 14.30 Uhr für 91 Baht, ac-Bus jede halbe Std. von 7–18.30 Uhr für 117 Baht in knapp 4 Std.
Zu den übrigen Orten im Süden: SURAT THANI 8x tgl. non-ac-Bus bis 13.50 Uhr für 104 Baht, ac-Bus um 7.30 und 9 Uhr über Khao Lak und Khao Sok für 180 Baht.
Phantip-ac-Bus, ✆ 01-5693290, um 8, 10, 12, 14 und 15.30 Uhr für 160 Baht, private Minibusse s.u.
Mit dem Bus um 10 Uhr Anschluss nach KO SAMUI für 270 Baht in 8 Std.
NAKHON SI THAMMARAT non-ac-Bus um 7.30 und 11 Uhr für 125 Baht, ac-Bus um 6, 7.20, 8.20, 9.15 und 16.30 Uhr für 175 Baht in 6–7 Std., sowie zahlreiche Microbusse, Abfahrt von der Deebuk, Ecke Montri Rd. und hinter dem Seng Ho Book Store zwischen 8 und 16 Uhr für 200 Baht in 7 Std.
SUNGAI GOLOK, 766 km, ac-Bus um 6, 8 und 20 Uhr für 432 Baht, in 11 Std.
HAT YAI non-ac-Bus um 10.20 Uhr für 150 Baht in 8 Std., 2.Kl.-ac-Bus um 6.25, 7.45, 8.45, 13.30, 17.30 und 20.30 Uhr für 210 Baht; 1.Kl.-ac-Bus 6x am Vormittag, um 21 und 21.30 Uhr für 270 Baht in 7 Std. VIP-24-Busse um 15.30 und 19.30 Uhr für 420 Baht.
TRANG non-ac-Bus 6x tgl. von 5.05–12.25 Uhr für 105 Baht in 6 Std.; 2.Kl. und 1.Kl.-ac-Bus 16x tgl. von 6–18.30 Uhr für 147 / 189 Baht in 5–6 Std.

MINIBUSSE – Ac-Minibusse, die gern von Travellern genutzt werden, sind nicht immer zuverlässig und bequem. Sie lesen Passagiere an Sammelpunkten oder von der Unterkunft in Patong, Kata – Karon und Phuket Town auf.

Nach BANGKOK in die Khaosan Rd. über Surat Thani um 12 Uhr für 650 Baht. Um 8, 10 und 17 Uhr fährt ein ac-Minibus über KHAO LAK 280 Baht nach SURAT THANI für 200–300 Baht mit Anschluss an den Zug. Er kostet inkl. Fähre nach KO SAMUI 400 / 550 Baht und nach KO PHA NGAN 600 / 650 Baht, KO TAO 850 Baht.
Minibus gegen 8 Uhr über PHANG NGA, 2 Std., KRABI, 3 Std., TRANG, 6 Std., SATUN, 9 Std., und SUNGAI GOLOK, 10 Std., zu unterschiedlichen Preisen (200–500 Baht). Direkt nach HAT YAI, um 15.10 und 21 Uhr ab 180 Baht in 7 1/2 Std.
Nach Malaysia und Singapore: Gegen 20.30 Uhr ac-Minibus über Hat Yai und Sungai Golok nach PENANG 650 / 700 Baht in 17 Std., KUALA LUMPUR 950 / 1000 Baht in 23 Std., SINGAPORE 1200 Baht in 28 Std.

FLÜGE – Der ***Phuket International Airport***, nach Bangkok zweitgrößter Flughafen des Landes, liegt 31 km nördlich von Phuket Town. Information ✆ 076-327230-5. In der Ankunftshalle Geldautomaten, Vertreter großer Hotels mit aktuellen Broschüren, eine Gepäckaufbewahrung (40 Baht pro Tag), eine kommerzielle Hotelvermittlung und in der Abflughalle ein Postamt sowie ein internationaler Telefon- und Internet-Service (100 Baht für 15 Min., 300 Baht pro Std.).
Minibusse von ***Phuket Airport Limousine Service***, ✆ 076-351347-9, fahren im Auftrag von Thai Airways um 6.30 Uhr und stdl. von 7–18 Uhr ab dem Stadion westlich der Einmündung der Mae Luan Rd. in die Vichit Songkhram Rd., 2 km westlich des Zentrums, und ab Airport in jeweils 1 Std. für 100 Baht einfach. Weitere Minibusse nach Patong für 150 Baht, Kata oder Karon für 180 Baht.
An einem Schalter in der Ankunftshalle werden Coupons für Fahrten mit Taxis oder Minibus verkauft, wobei Minibusse das Doppelte eines Taxis kosten:

BANG TAO	450 Baht
CHALONG	550 Baht
KAMALA	500 Baht
KARON	650 Baht
KATA	650 Baht
KHAO LAK	2200 Baht
KHAO SOK	3000 Baht
KRABI	3500 Baht
NAI HARN	650 Baht
PATONG	550 Baht
PHANG NGA	800 Baht
PHUKET TOWN	400 Baht
PHUKET PIER	450 Baht
RAWAI	650 Baht
SURIN	450 Baht

Günstiger sind ***Taxi Meter***, ✆ 076-232157-8, die nicht auf dem Flughafenparkplatz warten dürfen, aber telefonisch bestellt werden können.
Für Flüge, die früh abgehen, rechtzeitig ein Taxi vorbestellen.
Budget vermietet an der Straße gegenüber PKW, aber vor allem Jeeps. Zudem die lokale Autovermietung ***Airport Car Rent***, ✆ 076-327484, 💻 www.airportcarrent.com, deren Jeeps bereits ab 800 Baht zu bekommen sind.
Richtung Takua Pa (für Khao Lak) oder Krabi auch mit dem Thai Airways-Bus Richtung Phuket Town. Den Busfahrer bitten, an einer Haltestelle der Überlandbusse an der Hauptstraße anzuhalten, und auf der gegenüberliegenden Straßenseite einen vorbeifahrenden Bus zum Zielort stoppen. Alternativ zum H402 fahren lassen, wo die Überlandbusse Richtung Norden an einer Polizeistation halten, um sich zu melden.
Inlandflüge: Mit Thai Airways nach BANGKOK etwa stdl. für 2625 Baht, HAT YAI 1x tgl. für 1180 Baht.
Mit Bangkok Airways nach KO SAMUI 1–2x tgl. in 50 Min. für 1980 Baht und BANGKOK 3x tgl. für 2775 Baht und Pattaya 4x wöchentl. für 2750 Baht.
Mit Phuket Air nach BANGKOK 1x tgl. für 2625 Baht sowie 5x wöchentl. nach HAT YAI ab 1065 Baht und RANONG ab 900 Baht plus Steuer und Versicherung.
Nok Air fliegt ebenfalls nach Bangkok.
Internationale Flüge nach KUALA LUMPUR 2–4x tgl. (Thai und MAS), SINGAPORE 3x tgl. (Thai + Tiger Airways) und zu weiteren Zielen über Bangkok.
Airport Tax bei internationalen Flügen 500 Baht, bei nationalen ist die Airport Tax von 30 Baht meist im Ticketpreis enthalten.
Airlines: *Bangkok Airways*, 158/2-3 Yaowarat Rd., 💻 www.bangkokair.com, ✆ 076-225033-5, 📠 212341. Passagiere von Bangkok Airways bekommen nach dem Check-In gegenüber Gate 1

kostenlos einen Imbiss und Getränke. 2 Internet-Zugänge stehen zur Verfügung.
Dragon Air, 37/52 Montri Rd., ✆ 076-215734.
Malaysia Airlines, 1/8-9 Tungka Rd., ✆ 076-216675.
Nok Air, ✆ 076-1318.
Phuket Air, 74/147 Poonpol Plaza, ✆ 076-220665, 🖳 www.phuketairlines.com.
Silk Air, Queen Air Booking Centre, 99/4 Rat Uthit Rd., Patong, ✆ 076-340250, 📠 341333.
Singapore Airlines, 183/103 Phang Nga Rd., ✆ 076-213891, 📠 213888.
Thai Airways, 78 Ranong Rd., ✆ 076-212946.
Tiger Airways, 🖳 www.tigerairways.com.

BOOTE – Zwischen diversen Piers in Phuket und KO PHI PHI, 48 km, fahren in der Saison tgl. gegen 8.30 Uhr 4 Boote in 1 1/2–2 Std. zur Tonsai Bay. Zurück gegen 9 und 14.30 Uhr. Die meisten starten am Rassada Pier im Mündungsgebiet des Klong Tha Chin östlich von Phuket Town, Tuk Tuk 50 Baht. Ankommende Passagiere müssen sich auf überhöhte Forderungen der Taxifahrer einstellen.
Die einfache Fahrt inkl. Hoteltransfer kostet 300 Baht, hin und zurück 500 Baht, eine Tour inkl. Hoteltransfer, Mittagessen, Schnorchelausrüstung und Besuch der Maya Bay (700–1200 Baht). Man wird zwischen 7 und 8 Uhr abgeholt. Da sich die Boote und Abfahrtsorte ständig ändern, informiert man sich am besten in den Reisebüros vor Ort. Man sollte keine Inselromantik erwarten.
Andaman Wave Master, ✆ 076-232095, um 8.30 und 13.30 Uhr ab Fischereihafen. Zurück vom Long Beach um 14.30 Uhr und der Tonsai Bay um 9 Uhr.
Paradise Cruise, ✆ 076-220847, um 8.30 Uhr ab Rassada Pier, zurück ab Tonsai Bay um 14.30 Uhr.
Phi Phi Family, ✆ 076-225831, um 8.30 Uhr ab Rassada Pier, zurück ab Tonsai Bay um 14.45 Uhr.
Seatran Travel, ✆ 076-213510, um 8.30 Uhr ab Thaisako Pier, zurück ab Tonsai Bay um 14.30 Uhr.
Direkt nach KRABI und zum Ao Nang Beach um 8.30 Uhr ab Rassada-Pier mit dem ac-Boot ***Ao Nang Princess*** in 2 Std. für 700 Baht, zurück um 15.30 Uhr.
Nach KO LANTA um 13 Uhr mit der ***Ped Pairin*** für 600 Baht.
Vom **Laem Hin Pier** im Norden von Phuket fahren Boote nach KO MAPHRAO für 10 Baht, KO RANG YAI für 700 Baht hin und zurück und KO KHAI für 1500 Baht.

Makham Bay und Umgebung

Von Phuket Town verläuft der H4021 Richtung Süden. Am Stadtrand zweigt der H4023 nach links zum **Kap Laem Panwa**. ab. Nach insgesamt 10 km endet die Straße über das hügelige Kap hinter dem Dorf **Ban Ao Makham**, der großen Ölraffinerie (hier auf den H4129 abbiegen) und dem **Hafen** (Port of Phuket) am sehenswerten, völlig neu gestalteten **Aquarium** und **Marine Biological Research Center**, 🕒 tgl. 8.30–16 Uhr, Eintritt 100 Baht, ✆ 076-391126. Der Schwerpunkt liegt auf der einheimischen Unterwasserwelt der Andamanensee, die in 22 Becken und von einem Tunnel aus betrachtet werden kann. Inselbusse ab dem Markt in Phuket Town 20 Baht, ein Tuk Tuk 140 Baht.

Chalong

Vom H4021 führt 11 km südlich von Phuket Town am Kreisverkehr eine Zufahrt zur seichten **Chalong Bay**, der die Insel **Ko Lon** vorgelagert ist und die im Süden vom **Laem Ka** (16 km), einer kleinen Felsformation, begrenzt wird. Am Rande der Bucht, die bei Jachties aus aller Welt wegen ihrer geschützten Lage beliebt ist, wurden in den vergangenen Jahren viele Shop-Häuser errichtet. Den 750 m langen Pier von Chalong umgeben gesichtslose Neubaublocks mit Geschäften, Büros und Apartments. Seit Jahrzehnten haben sich vor allem deutsche Langzeiturlauber in dieser Gegend niedergelassen.

Morgens starten Ausflugs- und Tauchboote zu den vorgelagerten Inseln. Die Strände beiderseits der Anlegestelle in der Chalong Bay sind zu schmutzig und seicht zum Schwimmen.

2,7 km vom großen Kreisverkehr entfernt liegt am H4022 das lohnenswerte **Wat Chalong**, dessen Viharn die verehrten Statuen der beiden Mönche Luang Pho Chaem und Luang Pho Chuaing enthält. Pilger entzünden hier gern Kracher, lassen sich wahrsagen oder erkunden Glückszahlen für die Lotterie.

Übernachtung

CHALONG – ***The Father Bungalow***, 46/16 Chaofa Rd., ✆ 076-280975, 🖳 www.geocities.com/fatherbungalows, trotz der Nähe zur Anlegestelle ruhig gelegen, einstöckige Reihenhäuser mit 4 sehr sauberen Zi mit Fan und 12 Zi mit ac, Du/WC und TV. ❹

La Luna Lounge Gh., ✆ 01-8952123, 076-280352, in einem Geschäftshaus rechts vor dem Pier über dem The Raya Office werden Zi mit ac, Du/WC und Balkon vermietet. ❸

IM HINTERLAND – Hier werden preiswerte Unterkünfte vor allem für Langzeiturlauber angeboten. Außerdem

Youth Hostel Phuket, 73/ Chaofa Rd., 1 km vor dem Wat Chalong, ✆ 076-280806, 018-396857, 🖳 www.phukethostel.com. Neues Haus, saubere Zi mit Balkon, Fan oder ac, auch Schlafsaalbetten für 200 Baht, Frühstück inkl. Leider ziemlich weit abseits der Strände und jeglicher touristischer Infrastruktur gelegen und daher nur wenig gebucht. Die Busse von Phuket Town Richtung Chalong fahren daran vorbei. ❸

SAI YUAN BEACH – Das ***Atlas Dive Resort*** wurde nach dem Tsunami geschlossen.

Friendship Beach Resort, 27/1 Soi Mittrapap, ✆ 076-288996, 🖳 www.friendshipbeach.com. Unter Kokospalmen 23 renovierte Bungalows und Apartments mit 1–3 Zi und Küche, die sich gut für Familien eignen, die länger bleiben wollen, sowie 12 Zi mit ac, TV, Tel. und Warmwasser-Du/WC. In einer weitläufigen Gartenanlage großer Pool mit Blick aufs Meer, der auch von Gästen des angrenzenden offenen Restaurants genutzt werden kann. Der amerikanische Küchenchef serviert internationale und Thai-Gerichte ohne Glutamat zu moderaten Preisen. ❺

Vighit Resort, 16/1 Vichit Rd., ✆ 076-381342-4, 🖳 www.vighitresort.com, hinter einer Gummiplantage. Am Hang und rings um das Restaurant und den Pool an der kleinen Bucht stehen 45 Steinhäuser unterschiedlicher Größe und Ausstattung mit ac, TV, Kühlschrank, Du/WC und Balkon. Die teuren stehen direkt am Meer. Kostenloser Transport zum Nai Harn Beach. ❹–❻

The Mangosteen Resort & Spa, 99/4 Moo 7, Soi Mangosteen, ✆ 🖳 www.mangosteen-phuket.com, 076-289399, 300 m abseits der Hauptstraße auf einem Hügel mit Rundumsicht über das Kap und die Inseln bis Phuket Town. Exklusives Resort mit viel Privatsphäre. 40 in einer weitläufigen Gartenanlage locker verteilte, einzeln stehende Villas im modernen Thai-Stil mit allen Annehmlichkeiten und großer Terrasse. Mit vielen Naturmaterialien gestaltete Bäder, z.T. mit Jacuzzi. Ein hübscher Salzwasser-Pool mit kleinen Wasserfällen umgibt das Restaurant, zudem Bar und Spa. ❼–❽

Essen

Das Seafood-Restaurant ***Kan Eang 1***, ✆ 076-381212, südlich des Piers, ist vor allem bei Thai-Touristen und Gruppen beliebt. Man sitzt an überdachten Tischen oder im Freien unter Kasuarinen und blickt aufs Meer.

Übernachtung:

① JW Marriott Phuket
② Phuket Camp Ground, Maikhao Beach Bung.

AO NAI THON:
③ Naithon Beach Resort, Phuket Naithon Resort, Naithon Beach Villa

BANG TAO BAY:
④ Andaman White Beach Resort
⑤ Layan Beach Resort
⑥ Banyan Tree
⑦ Allamanda Laguna
⑧ Sheraton Grande Laguna
⑨ Dusit Laguna Resort H.
⑩ Laguna Beach Club
⑪ Rydges, Bangtao Village Bungalow, Bangtao Lagoon Bungalows, Bangtao Beach Chalet

SURIN BEACH/PANSEA BEACH:
⑫ Amanpuri Resort, The Chedi
⑬ Pen Villa, Sun Set View Inn, Tiw & Too Gh., Surin Bay Inn, Capri H.

UMGEBUNG PATONG:
⑭ Thavorn Beach Village

TRI-TRANG BEACH:
⑮ Merlin Beach Resort

RELAX BAY:
⑯ Le Meridien Phuket

KO HAY:
⑰ Coral Island Resort

AO CHALONG:
⑱ Vighit Resort
⑲ Friendship Beach Resort
⑳ The Father Bungalow, La Luna Lounge

KO LONE:
㉑ Baan Mai Cottage, Cruiser Island Resort

PANWA BEACH:
㉒ Panwa Beach Resort

AO MAKHAM:
㉓ Cape Panwa H., The Bay H., Conrad

NAHE WAT CHALONG:
㉔ Youth Hostel Phuket

THA RUA:
㉕ Boat Lagoon Resort

NORDEN:
㉖ Phuket Laemsai Garden Resort

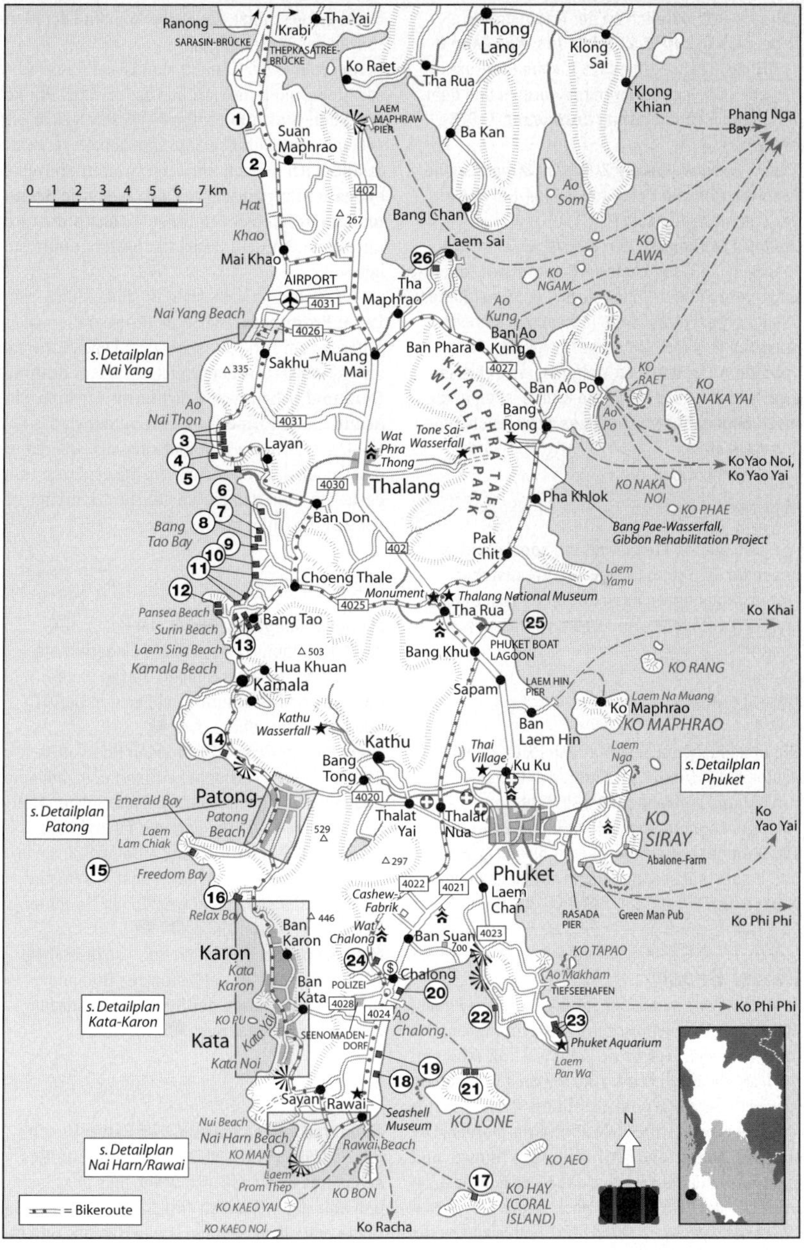

PHUKET UND DIE NÖRDLICHE WESTKÜSTE

Etwas weiter nördlich an der Hauptstraße findet sich das Hinweisschild zum ***Kan Eang 2***, ✆ 076-381323, wo ebenfalls frische Meeresfrüchte und Fische zubereitet werden, und dem vietnamesischen ***Danang Restaurant***, ✆ 076-283124.

Mani's German Bakery 2, Bagles & more sowie das ***Post Café*** mit Post- und E-Mail-Service an der Zufahrtstraße zum Pier.

Jimmy's Lighthouse, Bar & Grill, 45/33 Moo 9, ✆ 076-381709, der Seglertreff unter dem Leuchtturm wurde in den 80er Jahren vom Amerikaner Jimmy erbaut, wechselte jedoch jüngst mehrmals den Besitzer. Unter den vergilbten Fotos von Booten treffen sich Yachties und genießen den Ausblick aufs Meer. Die Küche ist amerikanisch angehaucht. Schwarzes Brett, auch Zimmervermietung.

Boote

Auf dem langen Pier verkehren spezielle Minibusse für 10 Baht p.P. Mehrere Veranstalter bieten Tagestouren nach Ko Racha zum Schnorcheln oder Tauchen an. Preise variieren je nach Saison.

Nahverkehrsmittel

Die Inselbusse ab dem Markt in PHUKET TOWN kosten bis CHALONG 15 Baht, weiter nach RAWAI und KATA ebenfalls 15 Baht.

Tuk Tuks können nach PHUKET TOWN für 160 Baht gechartert werden. Rückkehrer von den Inseln müssen manchmal 200 Baht zahlen. Nach KARON 150 Baht, PATONG 300 Baht.

Rawai Beach

Der Strand im Süden der Insel, 17 km von Phuket Town, ist bei Einheimischen beliebt zum Essen. Unter den Kasuarinen direkt am Meer mit schönem Blick auf die Inseln wird frisch zubereitetes Seafood serviert. Allerdings sind alle Hütten an der Strandseite der Straße Mitte 2004 abgerissen worden. Der schmale Sandstrand ist häufig verschmutzt und sieht wenig einladend aus, das Meer fallt flach ab und ist zum Schwimmen auch wegen der vielen Boote nicht geeignet. Durch die Coral Island ist die Bucht gut geschützt, dass selbst während der Monsunzeit das Meer ruhig ist.

Gegenüber der Einfahrt zum Island Resort steht das große, moderne Gebäude des privaten **Phuket Sea Shell Museum**, ⌚ tgl. 8–18 Uhr, ✆ 076-381 266, mit einem großen Souvenirshop. Dort, wo die Straße nach Westen abzweigt, weisen Souvenirbuden und geparkte Busse den Weg zum **Seenomaden-Dorf**, einer ärmlichen Siedlung, die nicht unbedingt auf dem Besichtigungsprogramm stehen sollte.

Einer der beliebtesten Ausflüge führt zum **Laem Promthep**. Eine Serpentinenstraße schlängelt sich zum Parkplatz unter dem Leuchtturm mit vielen Imbiss- und Souvenirständen. Am **Brahma-Denkmal** neben dem Leuchtturm verehren Einheimische den Hindugott, dessen Namen das Kap trägt, und bringen ihm Elefanten als Opfergaben dar. Vor allem zu Sonnenuntergang genießen Hunderte von Touristen die abendliche Stimmung, bevor sie zum Dinner weiterfahren.

Übernachtung

Pornmae Bungalow, 58/1 Vichit Rd., ✆ 076-381300, einfache, zweckmäßig eingerichtete Bungalows in einem ruhigen Garten hinter dem Seafood-Restaurant mit Fan und Du/WC, familiäre Atmosphäre. ❷–❸

Siam Phuket Resort, 24/24 Vichit Rd., ✆ 076-381346, 🖳 www.siamphuketresort.com, beliebte, gepflegte Anlage mit einstöckigen, soliden Häusern, neben 40 ac-Zimmern mit TV und Kühlschrank 10 Standard-Zi. und 4 Deluxe-Zi. um einen Garten mit Pool. Relativ günstiges Restaurant mit asiatischen und westlichen Gerichten, Seafood, Frühstück inkl. ❹–❺

Porn Sri House, 52/8 Vichit Rd., ✆ 076-288044, 📠 288043, neue 1- und 2-stöckige Bungalows in ruhiger Lage abseits der Straße und trotzdem zentral, kein Restaurant. ❹

Essen

Baan Had Rawai Seafood, 57/5 Rawai Beach Rd., ✆ 076-383838, 288171. Sehr gutes, großes, schlichtes Seafood-Restaurant, teils überdacht und teils unter Bäumen direkt am Meer. Thai-Gerichte, vor allem Seafood sowie Gemüse und et-

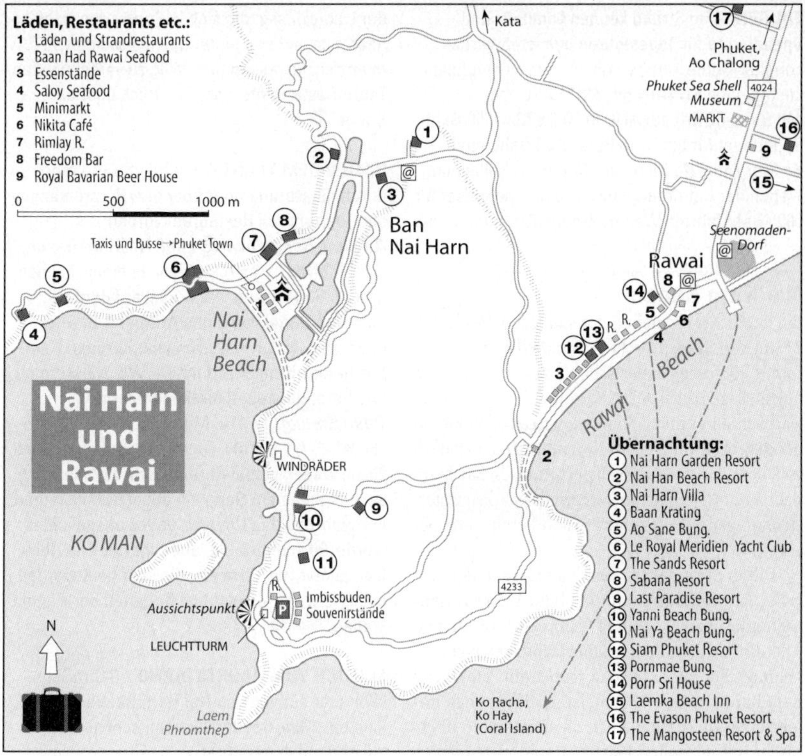

was Geflügel, große Portionen zu günstigen Preisen. Aus Wasserbecken kann man lebende Fische aussuchen, die kurz darauf gegrillt serviert werden. Entspannte Atmosphäre, v.a. nach Einbruch der Dunkelheit beliebt bei Einheimischen, kleiner Kinderspielplatz am Strand.

Salaloi Seafood, eines der größten Restaurants von Rawai das gutes Seafood und andere Thai-Gerichte zubereitet. Gutes, preiswertes Seafood und andere Thai-Gerichte, freundlicher Service, sehr beliebt bei Einheimischen und vor allem am Wochenende voll.

Nikita Café, kleine Bar unter Schatten spendenden Bäumen direkt am Meer. Wegen seiner ruhigen, entspannten Atmosphäre ist es bei Ausländern sehr beliebt. Es gibt westliches Frühstück mit gutem Kaffee, Thai-Gerichte und eine große Auswahl alkoholischer Getränke.

Royal Bavarian Beerhouse, 182/73 Moo 2, Vichit Rd., ✆ 076-383322, 💻 www.royal-beerhouse.com, Ludwig II. von Bayern musste als Thema für dieses bayerische Restaurant herhalten. Biergarten, Oktoberfest, Fassbiere und deutsche Gerichte. 🕓 tgl. 16–1 Uhr.

Mimmi's, 43/48 Saiyuan Rd., ✆ 076-289095, westlich von Saiyan, von Thomas, einem aus der Schweiz stammenden Tibeter, gemanagtes, modern eingerichtetes Restaurant der gehobenen Preisklasse mit sehr schmackhaften einheimischen und europäischen Gerichten.

Sonstiges

GELD – Geldautomat neben dem Minimarkt und bei Don's Food.

TOUREN – Am Strand können **Longtail-** und **Speedboote** für Tagestouren gemietet werden. Longtail-Boote, nur bei ruhiger See zu empfehlen, kosten nach KO BON oder KO KAEO YAI 400 Baht, CORAL ISLAND in 20–25 Min. 600 Baht, Speedboot für bis zu 10 Pers. 2500 Baht; nach Ko Mai Thon, Ko Khai oder Racha Yai sollte man wegen der Entfernung nur mit dem Speedboot für 5000 Baht fahren. Weitere Boote ab Chalong Bay.

Nai Harn Beach

Ein herrlicher Strand an der südlichen Westküste, 21 km von Phuket Town: feiner, weißer Sand umrahmt von einer malerischen Lagune, rechts und links felsige Hügel, teilweise mit Kokospalmen bewachsen und schöne Sonnenuntergänge. Während der Regenzeit von Mai bis November ist man jedoch voll dem Monsun ausgeliefert, und es hat beim Baden zu dieser Jahreszeit wegen der starken Unterströmungen vor dem Yacht Club bereits Tote gegeben.

Dieser Strand war einst das Eldorado der Traveller, jetzt ist er Anlaufpunkt betuchterer Feriengäste, die im vornehmen Yacht Club residieren. Allerdings wurde der geplante Jachthafen nicht genehmigt. Für Gäste, die den Trubel von Patong und Kata Karon nicht schätzen, ist Nai Harn noch immer eine Alternative. Auch das Hinterland überrascht mit reizvollen Plätzchen und vielen neuen Ferienhäusern, die zum Verkauf oder zur Vermietung stehen. Die einst hübsche, von Kasuarinen gesäumte Lagune ist mit einer Mauer befestigt worden und hat dadurch erheblich an Reiz verloren.

Auf der schmalen Straße östlich der Lagune gelangt man zum kleinen **Yanui Beach**, einem sauberen, von Felsen durchsetzten Sandstrand. Das seichte Wasser mit vielen Fischen eignet sich gut für erste Schnorcheltrips. Gutes Restaurant, Verleih von Sonnenschirmen und Liegen. Weiter geht es über die Hügel mit den Windmühlen in Richtung Rawai zum **Laem Prom Thep**, einem beliebten Ausflugsziel zum Sonnenuntergang.

Übernachtung und Essen

NÖRDLICH VOM HAUPTSTRAND – ***Le Royal Meridien Yacht Club*** ⑥, ✆ 076-381156-63, 💻 www.lemeridien.com, diese wuchtige Anlage der Luxusklasse, die sich in Stufen den Hang hinauffrisst, scheint hinter den mit Blumen bepflanzten Terrassen fast völlig zu verschwinden. Teure Restaurants, vom Spa Blick über die Bucht. ❽

HINTER DEM YACHT CLUB (die Straße führt durch die Garage oder über die Uferpromenade am Quarterdeck Restaurant vorbei):

Ao Sane Bungalows ⑤, 11/2 Nai Harn Beach, ✆ 011-244687, 📠 076-288306, an einem kleinen, groben Sandstrand, nach 1 km auf der Straße über den Hügel (herrliche Aussicht) zu erreichen. Die stark renovierungsbedürftigen Bambusmatten-Bungalows mit Du/WC, Moskitonetz und Veranda stehen direkt am Meer. ❸

Baan Krating ④, 11/3 Moo 1 Vichit Rd., ✆ 076-288341, ✆/📠 388108, 💻 www.baankrating.com, 200 m weiter, komplett renovierte Anlage völlig abseits an einem Hang mit altem Baumbestand, der während des Umbaus etwas ausgelichtet wurde. 30 komfortable, aber überteuerte Holz-Bungalows mit Terrasse, die sehr heiß werden können, wenn sie nicht im Schatten der Bäume stehen. ❺–❻

SÜDLICH VOM HAUPTSTRAND – 3 Straßenkilometer südlich von Nai Harn Beach, in Luftlinie nur 1 km, hat der Tsunami schwere Verwüstungen angerichtet.

Yanui Beach Bungalows ⑩, 13 Thepkasatree Rd., ✆ 076-238179, 01-2735095, wurde wieder aufgebaut. Bungalows mit Fan, Du/WC und Kühlschrank, die etwas eng aufeinander stehen. Restaurant an der kleinen, von Felsen und abgestorbenen Korallen durchsetzten Bucht, die sich gut zum Schnorcheln eignet. ❹

Nai Ya Beach Bungalow ⑪, 99 Moo 6, Vichit Rd., ✆ 076-288817, 20 ältere und neuere nette, größere Bambusmatten-Bungalows mit Fan, Du/WC und Veranda, z.T. mit Kühlschrank, in einer weitläufigen Anlage am Hang unter Bäumen. Vom Restaurant am oberen Ende der Anlage, in dem es nur Frühstück gibt, schöne Aussicht auf den Nai Harn Beach, unterhalb ein kleiner Sandstrand. Die Bungalows sind nur von Nov–April geöffnet. ❹

Last Paradise Gh. ⑨, ✆ 012-724648, hier vermietet Jochen einige Zimmer. ❷–❸

Relativ günstiges Essen in den kleinen Restaurants im Kasuarienwäldchen hinter dem großen Strand, insbesondere im zweiten.

Sonstiges

GELD – Geldautomaten in Kata, neben dem Minimarkt in Rawai und bei Don's in Saiyan (s.o.).

INTERNET – Internet-Zugang hinter der Nai Harn Villa.

NAHVERKEHRSMITTEL – Bis zum späten Nachmittag fahren lokale Busse für 25 Baht nach PHUKET TOWN. Tuk Tuks nach PHUKET TOWN für 240 Baht, PATONG 190 Baht, KARON 210 Baht, KATA 250 Baht. Taxi zum FLUGHAFEN 550 Baht.

Kata Beach (Kata Noi, Kata Yai, Kata-Karon)

Der Kata Beach, 17 km von Phuket Town, besteht aus zwei Buchten an der Westküste, die relativ schöne, saubere **Kata Noi** und die angenehme, vom *Club Med* dominierte **Kata Yai,** an deren südlichem Ende sich ein kleines Zentrum herausgebildet hat. Sie sind durch einen Felsvorsprung getrennt, von dem sich malerische Aussichten eröffnen. Das Korallenriff mit vielen Fischen am nördlichen Ende der weit ausladenden Kata Yai-Bucht, rings um die Felsen und die kleine Insel **Ko Pu**, eignet sich gut zum Schnorcheln und für erste Tauchversuche, allerdings ist die Sicht oft schlecht. Während der Regenzeit entstehen am Kata Noi aufgrund eines Steilabfalls des Meeresbodens sehr gefährliche Unterströmungen. Dagegen ist es an Kata Yai sicher, schöne Wellen, bereits ab September eignet sich dieser Strand gut zum Wellenreiten. Der Ferienclub nimmt mehr als die halbe Bucht von Kata Yai ein. Ein abgegrenzter Badebereich schützt Schwimmer vor Scootern und Booten.

Beiderseits der Taina Rd. liegt das zweite Zentrum mit vielen Geschäften, Unterkünften, einigen Bars, Restaurants, Reisebüros, Motorrad- und Jeep-Verleih sowie Tauchstationen.

Seit Fertigstellung der Kläranlage hat sich die Wasserqualität verbessert – oder lag es am Tsunami? Die Flutwelle hat an allen südlichen Buchten viele Gebäude im Strandbereich stark beschädigt; sie waren aber schon wenige Wochen später wieder aufgebaut.

Eine beliebte Attraktion in Kata-Karon ist der **Dino Park**, ✆ 076-330625, 💻 www.dinopark.com, ⌚ tgl. 10–22, in der Saison bis 24 Uhr, eine mit steinernen Dinosauriern bestückte Minigolf-Anlage, die nicht nur Kindern Spaß macht, nettes Restaurant, pro Runde 240 Baht, Kinder 200 Baht.

Ein großer **Markt** an der Umgehungsstraße, südlich des Zentrums, lohnt einen Besuch. Hier gehen vor allem Einheimische Lebensmittel und Textilien einkaufen.

Wen am Kata Beach der Lärm der Boote und Scooter stört, fühlt sich am **Kata Noi** wohl. Die Atmosphäre am Strand wird von betuchteren Hotelgästen geprägt, die vielfach, trotz des Verbotes, „oben ohne" in der Sonne brutzeln. Am nördlichen Ende der Bucht führt eine lange Treppe auf die Landzunge hinauf, die Kata Noi vom Hauptstrand trennt. Hier sind zahlreiche Apartmentanlagen entstanden.

Übernachtung

KATA NOI – Trotz des riesigen Kata Thani Hotels ist diese Bucht immer noch angenehm ruhig. Noch fehlt es außerhalb der Resorts an Restaurants und günstigen Einkaufsmöglichkeiten.

Tapkaew Bungalow ⑮, 4/13 Kata Noi Rd., ✆ 076-330433-4, 📠 330435, ruhig gelegene, aber teure Doppel-Steinbungalows mit Fan oder ac und Du/WC am Hang unter Schatten spendenden Bäumen, schön eingerichtet, fantastische Sicht aufs Meer, gutes Essen im nach dem Tsunami wieder aufgebauten Restaurant am Strandende, etwas teuer. ❹–❺

Kata Noi Club Hotel ⑭, 73 Kata Noi Rd., ✆ 076-284025, 📠 330194, ✉ katanoi_club@yahoo.com, in 2-stöckigen Reihenhäusern neuere kleine und größere Zi mit Fan oder ac und Warmwasser-Du/WC am ruhigen Ende der Bucht in Strandnähe. ❹–❺

Katathani Hotel ⑬, 14 Kata Noi Rd., ✆ 076-330124, 💻 www.katathani.com. Riesige Hotelanlage, deren Strandseite jedoch gut der Landschaft angepasst wurde, recht kleine Zi; 3 Swimming Pools im Riesenpalmengarten am Strand. Italienisches Restaurant *La Scala*. ❻–❼

Jeweils die Vorwahl 076 mitwählen		siehe Karte S. 695	㉕ Phuket Orchid Resort	❺–❻	076-396519-28
① Karon Hill Bungalows	❸	076-341343	㉖ Karon Place	❺	076-396863-5
② Le Meridien Phuket	❽	076-340480-5	㉖ Bazoom Hostel	❸	076-396913
③ Central Karon Village	❼	076-286300-9	㉗ Casa Brazil	❹–❺	076-396317
③ Karon Bayview Bung.	❹–❺	076-286247	㉗ Karon Silver Resort	❹–❺	076-396185
③ Ban Karon Hill	❺	076-286233	㉗ Kasemsuk Gh.	❹	076-396480
③ On the Hill	❹	076-286469	㉘ Phuket Island View	❹–❺	076-396452-6
④ Felix Karon Swissotel	❻–❼	076-396666-75	㉙ Karon View Resort	❹–❺	076-396272-6
④ The Front Village	❻–❼	076-398200-5	㉚ Sangsawang Gh.	❸	01-7876520
④ Ann House	❸		㉚ Karon Center Inn	❸	076-398296
⑤ Inn on the Beach	❺	076-398220	㉛ Happy Inn	❸	076-396260
⑥ Lume & Yai Bungalows	❹	076-396382	㉛ Andaman Seaview H.	❼	076-398111
⑦ Phuket Ocean Resort	❺	076-396599	㉜ Prayoon Bungalows	❸–❹	076-396196
⑧ Golden Sand Inn	❺	076-396493-5	㉝ Ruam Thep Inn	❸–❹	076-330281
⑨ C.S. Resort	❺	076-398041-5	㉞ Kata Villa Beach Hotel	❹	076-333030
⑩ Karon Whale Resort	❺	076-398139-44	㉟ Karona Tropical Resort	❻–❽	076-286406-10
⑪ Beshert Hostel	❷	076-396751	㊱ Merit Hill Bung.	❸	
⑫ The Islandia Park Resort	❻–❼	076-396200-5	㊲ Karon Beach Resort	❻–❽	076-330006-8
⑬ Crystal Beach Hotel	❹	076-396580-5	㊳ Marina Cottage	❽	076-330625
⑭ South Sea Resort	❽	076-396611-5	㊴ S.P. Inn	❺	076-330722
⑮ Crowne Plaza	❻–❼	076-396139	㊵ Kata On Sea Bung.	❸–❹	076-330549
⑮ Woraburi	❽	076-396638	㊶ Kata Garden Resort	❺	076-330627-8
⑯ Baan Karonburi	❽	076-286481-2	㊷ Diamond Cottage	❼	076-286447
⑯ Karon Princess	❺–❻	076-286484-6	㊷ Fantasy Hill Bungalow	❸	076-330106
⑰ The Old Phuket	❻–❼	076-396353-6	㊸ Peach Hill Hotel	❺	076-330520-1
⑱ Karon Seaview Bung.	❹	076-396798	㊹ Smile Inn	❹–❺	076-330926-8
⑲ Hilton Phuket Arcadia H.	❽	076-396038-44	㊺ Kata Center Inn	❸–❹	076-330873
⑳ Karon Village Resort	❹	076-396431	㊻ Rose Inn	❸–❹	076-330582
㉑ Thavorn Palm Beach H.	❻–❼	076-396090-3	㊼ Lucky Gh.	❸–❹	076-330572
㉒ Karon Southern H.	❹–❺	076-396511-2	㊽ The Little Mermaid Gh.	❸–❹	076-330730
㉓ Holiday Village	❷–❸	076-396297-8	㊾ Bougainvillea Terr. Hs.	❺	076-330087
㉔ Tony Home Gh.	❸	076-396160	㊿ Laem Sai Bungalow	❹	076-285255

Katanoi Bay Inn ⑫, 4/16 Kata Noi Rd., ✆ 076-333308-9, 📠 333545, ✉ katanoi_bayinn@hotmail.com, 28 saubere Zi mit ac und Warmwasser-Du/WC in einem neuen Haus an der Straße hinter dem großen Hotel. Im Seafood-Restaurant im Erdgeschoss steht auch Pizza auf der Karte. ❹

Kata Noi Pavilion ⑫, 73/71 Kata Noi Rd., ✆ 076-284346, 📠 284347, ✉ kpavilion@yahoo.com, im Zentrum der Bucht, saubere größere und kleinere Zi mit ac, TV und Minibar über dem Restaurant. ❹

KATA YAI – Viele Unterkünfte konzentrieren sich am felsigen südlichen Ende des Strandes.

Orchidacea Resort ⑩, 210 Khoktanod Rd., ✆ 076-284083, 💻 www.orchidacearesort.com. Terrassenförmig angelegte Anlage an einem steilen Hang oberhalb der Straße nach Kata Noi und der Abzweigung zur Umgehungsstraße. Großzügige, komfortable, saubere Zimmer mit Balkon und Blick über die Bucht, überteuert, Pool, Restaurant. Ruhebedürftige sollten die Zimmer nahe der Straße und am Pool meiden. ❽

An der Straße zum H4028 u.a.:

K Gh. ⑲, 106/5 Koktanode Rd., ✆/📠 076-333067, neueres, etwas von der Straße zurückversetztes, ruhiges Haus, 12 saubere Zi mit Fan oder ac und Du/WC, einige mit Balkon. ❸–❹

Kata Hill Residence ⑩, 5/42 Koktanode Rd., ✆ 076-333042, 📠 330446. Neues Kleinhotel am Hang mit toller Aussicht auf die Bucht. 15 nett eingerichtete, geräumige Zi mit ac, TV, Kühlschrank und Balkon, großes, modernes Bad. Die 3 größeren Zi im Erdgeschoss haben sogar eine Küche. Kleiner Pool mit Liegen, Frühstücks-Restaurant. ❹–❺

Flamingo ⑲, 5/19 Patak Rd., ✆ 076-330776, 📠 330814, Bungalows mit Fan oder ac und Du/WC hinter dem Restaurant an einem steilen Hang. ❹–❺

Kata Delight Villas ⑱, ✆ 076-330636, 💻 www.phuket-katadelight.com, an der steilen Felsküste südlich der Bucht mit toller Sicht, luxuriöse Bungalows und komfortable Zi, Restaurant, kleiner Felsenpool. Schönes Schnorcheln vor den Felsen am Ufer. ❻–❼

Mom Tri's Boathouse & Villa Royale ⑰, 2/2 Patak Rd., ✆ 076-330015, 💻 www.boathouse.net, Luxuszimmer direkt am Meer und 6 exklusive Suiten im Thai-Stil in einem tropischen Garten über dem Meer, gepflegte Atmosphäre zu entsprechenden Preisen. Im Gebäude außerdem ein Restaurant. Thai-Kochkurs. ❽

Kata Beach Resort ⑯, ✆ 076-330530-4, 📠 330128, 💻 www.katagroup.com, riesiges Hotel direkt am Strand, 262 Deluxe-Zi mit Meersicht, 3 Restaurants. Großer Pool nahe dem Strand. ❻–❼

The Kata Orient House ⑬, 68/102 Moo 2, Patak Rd., 💻 www.phuketweb.com/koh, ✆ 076-285176, 📠 285177, 10 Min. abseits vom Strand, große, saubere und angenehm eingerichtete Zi mit Fan oder ac in soliden, steinernen Doppelbungalows in einem Garten, Frühstück inkl., unter belgischer Leitung. ❹

Sawasdee Village ⑬, 65 Katekwan Rd., ✆ 076-330979, 💻 www.phuketsawasdee.com, romantische, kleine Bungalowanlage im Thai-Stil. Rings um den von Skulpturen und Pflanzen umgebenen Pool gruppieren sich die hübsch mit viel Holz und traditionellen Textilien eingerichteten Bungalows. Nebenan das große, fantasievoll gestaltete Baray Spa und ein romantisches Restaurant, gehobenes Preisniveau. ❻–❼

KATA CENTER – Im neuen Zentrum aus mehrstöckigen Stadthäusern wurden zwischen Läden, Banken, Bars und Restaurants entlang der Taina Rd. (auch Moo 4, Patak Rd. genannt) Gästehäuser aufgemacht:

The Little Mermaid ⑱, 94/23-25 Taina Rd., ✆ 076-330730, 💻 www.littlemermaidphuket.net, www.littlemermaid.com, 4-stöckiges, bunt gestrichenes Hotel, kleine, saubere Zi mit ac oder Fan, extrem kleine Du/WC im Guesthouse, zudem komfortablere Zi und Bungalows; Pool. Skandinavisches Restaurant. ❸–❹

Lucky Gh. ⑰, 110/44-45 Taina Rd., ✆ 076-330572, 📠 330334, Zi und Bungalows mit und ohne Du/WC sowie Fan, ac-Zi im Hauptgebäude, ruhig, aber ignoranter bis unfreundlicher Service. ❸–❹

Kata Center Inn ⑮, 112/12 Taina Rd., ✆ 076-330873, 💻 www.kata-center-inn.com, hinter der Bar und dem Restaurant kleines Hotel, saubere Zi mit ac, heimelige, dänische Atmosphäre. ❸–❹

(50)	Aspasia	❽	✆ 076-333033
(51)	Jiva Resort	❽	✆ 076-370300
(52)	Club Med	❽	✆ 076-330456-9
(53)	Sawasdee Gh.	❸–❸	✆ 076-330979
(53)	Sawasdee Village	❻–❼	✆ 076-330979
(53)	The Kata Orient House	❹	✆ 076-285176
(54)	Sumitra Thai House	❹	✆ 076-330515
(54)	Kata Seabreeze Resort	❻	✆ 076-284300
(54)	Kata Palm Resort	❻–❼	✆ 076-284334-8
(55)	Capriccio Inn	❸	✆ 076-333176
(55)	Kata Poolside	❺	✆ 076-333177
(55)	Maleena Bungalows	❸	✆ 076-330296
(55)	Phuket Kata Resort	❺	✆ 076-330581
(56)	Kata Beach Resort	❻–❼	✆ 076-330530-4
(57)	Mom Tri's Boathouse	❽	✆ 076-330015
(58)	Kata Delight Villas	❻–❼	✆ 076-330636
(59)	Cool Breeze	❹–❺	✆ 076-330787
(59)	Over Sea	❸	✆ 076-284155-6
(59)	Flamingo	❹–❺	✆ 076-330776
(59)	Kata Rock Inn Seaview	❹	✆ 076-330677
(59)	Tropical Garden Resort	❺	✆ 076-285211-9
(60)	Kata Hill Residence	❹–❺	✆ 076-333042
(61)	Friendship	❹	✆ 076-330499
(62)	Serene (Seawind) Res.	❺	✆ 076-330148-50
(63)	Kata Minta	❻–❼	✆ 076-333283-5
(64)	Kata House	❹	✆ 076-284140
(65)	Bell's Bungalow	❸	✆ 076-330858
(66)	Kata View Gh.	❹	✆ 076-330815
(67)	P&T Kata House	❷–❹	✆ 076-284203
(68)	NIT Gh.	❸	✆ 076-330766
(69)	K Gh.	❸–❹	✆ 076-333067
(70)	Orchidacea Resort	❽	✆ 076-284083
(71)	Andaman Cannacia	❻–❼	✆ 076-284211-4
(72)	Kata Noi Pavilion	❹	✆ 076-284346
(72)	Katanoi Bay Inn	❹	✆ 076-333308-9
(73)	Katathani Hotel	❻–❼	✆ 076-330124
(74)	Kata Noi Club Hotel	❹–❺	✆ 076-284025
(75)	Tapkaew Bungalow	❹	✆ 076-330433-4

Smile Inn (44), 116/10-12 Patak Rd., im Kata Center Point, ✆ 076-330926-8, 💻 www.phuket-smileinn.com, zentral gelegenes Hotel, alle Zi mit ac und Du/WC, TV, Telefon und Kühlschrank. ❹–❺

Peach Hill Hotel (43), 2 Laemsai Rd., ✆ 076-330520-1, 💻 www.peach-hill.com, mehrere 2–4-stöckige Hotelblocks und Bungalows erstrecken sich vom Zentrum über den Hang, ruhig gelegen abseits der Straße mit teils schöner Aussicht, offenes Restaurant mit kühler Brise, aber schlechtem Service und mäßigem Essen. 211 ac-Zi mit Balkon und TV, teurere im neuen Flügel. 3 Pools, Santi Spa, 💻 www.santispa.com, Preis inkl. Frühstück. ❺

Laem Sai Bungalow (50), 8 Laemsai Rd., 💻 www.phuketdir.com/laemsaibungalow, ✆ 076-285255, 📠 330464, an der Stichstraße 500 m vom Zentrum, oberhalb der Aspasia Apartments, 10 große Bungalows mit ac oder Fan, Du/WC und Terrasse am Hang, z.T. Blick aufs Meer. ❹

Am Hügel über Kata Center liegen u.a.: ***Fantasy Hill Bungalow*** (42), 112/1 Patak Rd., ✆ 076-330106, große, saubere, aber etwas hellhörige Bungalows im Thai-Stil mit Fan und Du/WC, freundlicher Service. Mopedvermietung. ❸

Kata On Sea Bungalow (40), 96/6 Patak Rd., ✆ 076-330594, steiler Aufstieg von 100 m, zwischen Palmen stehen 25 einfach eingerichtete Steinbungalows mit Terrasse, teurere mit ac und Warmwasser-Du/WC, z.T. mit Sicht über Kata. Frühstück im kleinen Restaurant. ❸–❹

Kata Garden Resort (41), 32 Karon Rd., ✆ 076-330627-8, 📠 330466, 50 überteuerte ac-Bungalows und 13 ältere mit Fan, Warmwasser Du/WC, unter großen Bäumen, Pool, großes Seafood-Restaurant, Frühstück inkl. ❺

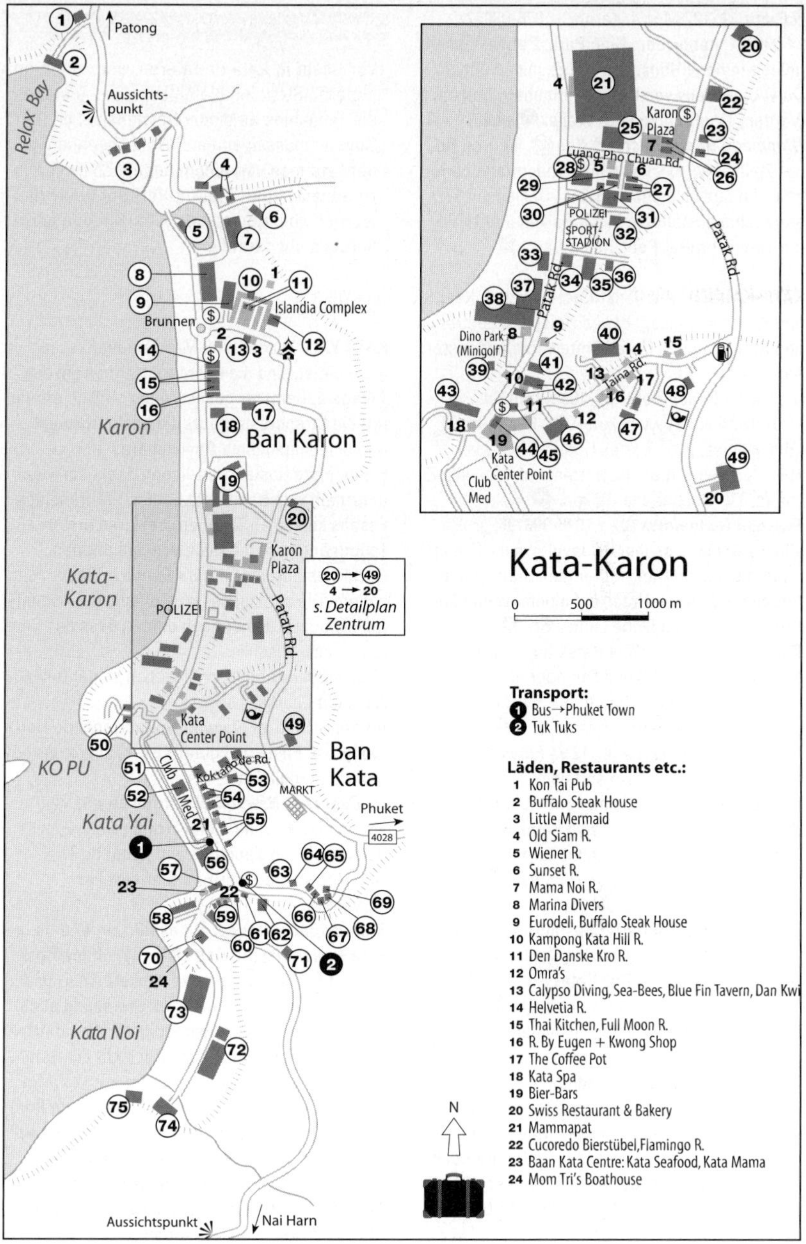
Patong
Aussichts-
punkt
Relax Bay
Islandia Complex
Brunnen
Karon
Ban Karon
Kata-
Karon
POLIZEI
Karon
Plaza
Patak Rd.
20 → 49
4 → 20
s. Detailplan
Zentrum
Kata
Center Point
KO PU
Club
Med
Koktanode Rd.
MARKT
Ban
Kata
Phuket
4028
Kata Yai
Kata Noi
Aussichtspunkt
Nai Harn
Karon Plaza
Luang Pho Chuan Rd.
POLIZEI
SPORT-
STADION
Patak Rd.
Dino Park
(Minigolf)
Taina Rd.
Kata
Center Point
Club
Med
Kata-Karon
0
500
1000 m
N
Transport:
1 Bus→Phuket Town
2 Tuk Tuks
Läden, Restaurants etc.:
1 Kon Tai Pub
2 Buffalo Steak House
3 Little Mermaid
4 Old Siam R.
5 Wiener R.
6 Sunset R.
7 Mama Noi R.
8 Marina Divers
9 Eurodeli, Buffalo Steak House
10 Kampong Kata Hill R.
11 Den Danske Kro R.
12 Omra's
13 Calypso Diving, Sea-Bees, Blue Fin Tavern, Dan Kwi
14 Helvetia R.
15 Thai Kitchen, Full Moon R.
16 R. By Eugen + Kwong Shop
17 The Coffee Pot
18 Kata Spa
19 Bier-Bars
20 Swiss Restaurant & Bakery
21 Mammapat
22 Cucoredo Bierstübel, Flamingo R.
23 Baan Kata Centre: Kata Seafood, Kata Mama
24 Mom Tri's Boathouse

S.P. Inn ㊴, 122 Moo 4, Karon, ✆ 076-330722, 📠 330722, neben dem Dino Park, 2 etwas abseits gelegene neue Häuser, große Zi. mit ac und Du/WC, die teils von Langzeiturlaubern bewohnt werden, TV mit Deutscher Welle. ❹–❺
Diamond Cottage Resort & Spa ㊷, 6 Karon Rd., ✆ 076-286447, 💻 www.diamondcottage.com, neue Anlage im modernen Thai-Design mit 57 angenehm gestalteten Zi mit Balkon und 10 Villen, relativ großer Pool, Restaurant. ❼

KATA-KARON – Auf dem Hügel zwischen Kata und Karon in günstiger Lage zwischen Zentrum und Strand stehen Unterkünfte verschiedenster Kategorie:
Kata Villa Beach Hotel ㉞, 100 Karon Rd., ✆ 076-333030, 💻 www.kata-villa-beach-hotel.com, kleines, preiswertes Hotel an einer verkehrsreichen Straße mit Garten und Pool, alle Zi mit ac, TV, Minibar und Balkon. ❹
Prayoon Bungalows ㉜, ✆ 076-396196, große, allein stehende, saubere Bungalows mit Fan in ruhiger Lage am Hang hinter dem Stadion und Andaman Seaview Hotel, auf einem weitläufigen Grundstück, freundliche Leute. ❸–❹
Ruam Thep Inn ㉝, 120/4 Patak Rd., ✆ 076-330281, Zi mit Du/WC und Fan oder ac in einigen Bungalows und dem Haupthaus zwischen Straße und Strand, belebtes Restaurant. ❸–❹
Karona Tropical Resort ㉟, 121/4 Patak Rd., 💻 www.karonatropicalresort.com, ✆ 076-286406-10, 396686-7, 96 Luxuszimmer und Suiten. ❻–❽
Karon Beach Resort ㊲, 120/5 Patak Rd., ✆ 076-330006-7, 💻 www.phuket.com/karonbeach, Hotel direkt am Strand, das vom Tsunami in Mitleidenschaft gezogen wurde, 81 Zi in 3-stöckigem Hotelblock mit Meerblick; Restaurant mit gutem Frühstücksbuffet; 2 Swimming Pools. ❻–❽
Marina Cottage ㊳, 120/2 Patak Rd., ✆ 076-330625, 📠 330516, 💻 www.marinaphuket.com, eine Anlage mit Charakter, die leider die Preise selbst der günstigsten Zimmer stark erhöht hat. Große ac-Bungalows in traditioneller Thai-Architektur auf dem Hügel in tropischer Gartenanlage, 2 schöne Restaurants am Meer über den Felsen und am Pool. Das Essen im On the Rock Restaurant ist eines der besten der Insel. Sehr umweltbewusst und auf guten Service bedachtes Management. ❽

Vorsicht

Vor allem in Kata und Karon, aber auch an anderen Stränden bieten Europäer Touristen die Teilnahme an einem Gewinnspiel an. Der Gewinn muss in einem Resort abgeholt werden, wo man von einem angeblichen Verein zu einem Time-Sharing-Vertrag überredet werden soll. Am besten geht man von vornherein nicht darauf ein.

Essen

KATA YAI – Da der Club Med Rundum-Versorgung bietet, sind die Restaurants rings um die Anlage äußerst rar gesät. Weiter südlich offerieren die Strandrestaurants die beste Auswahl und eine angenehme Atmosphäre.
Einige nette Restaurants liegen direkt am Meer unterhalb vom Baan Kata Center. Während des Essens kann man Tauchern bei ihren ersten Tauchgängen zuschauen. Von den offenen Gartenrestaurants ist ***Kata Mama*** zu Recht sehr beliebt. Die alteingesessene ehemalige Fischerfamilie achtet immer noch darauf, dass das Seafood immer frisch ist.
Kata Seafood nebenan ist wegen seiner tollen Aussicht ebenfalls beliebt.
An der Straße im ***Flamingo*** hervorragende Holzofenpizza, Pasta und guter Kaffee, allerdings ohne Strandblick.
Im ***Cucoredo Bierstübel*** werden bereits sein vielen Jahren von Reinhard und seiner Familie österreichisch-deutsche und einfache Thai-Gerichte sowie Pizza zum Bier vom Fass serviert.
Mammapat, 44 Moo 2, Patak Rd., hinter dem Kata Beach Resort. Das einfache, offene Restaurant serviert preiswerte, leckere Thai- und europäische Gerichte, auf Vorbestellung auch frischen Fisch. Das entschädigt für die unattraktive Lage an der Straße mit Blick auf die Hotelmauer.
In der neuen Einkaufsstraße vor dem Kata Poolside haben sich auch kleine Cafés und Restaurants angesiedelt wie das ***Capannina***, ein Italiener, eine Filiale des ***Buffalo Steak House***, ***Chili & Pizza House*** (Tex-Mex) und vorn an der Straße ***Oyster***, eine Austernbar.

KATA CENTER – Das offene Restaurant im Erdgeschoss des ***Smile Inn*** im Center Point ist aufgrund der zentralen Lage trotz der lauten Straße gut besucht. Abends Thai-Menü zum Festpreis.
Den Danske Kro im Kata Center Inn, ein skandinavisches Restaurant, Speisekarte in vielen Sprachen, internationale Küche.
Hungrige werden bei einem Bummel durch die Taina Rd. höchstwahrscheinlich zu jeder Tageszeit etwas Leckeres finden:
Restaurant By Eugen, Taina Rd., einheimische und deutsche Gerichte. Das etwas schmuddlige ac-Restaurant konkurriert mit seinem Nachbarn um das beste, günstigste Seafood.
Der ***Kwong Shop*** nebenan, 114/53 Taina Rd., ✆ 076-285201, lockt ebenfalls mit frischen Meeresfrüchten und anderen leckeren Thai-Gerichten mit chinesischem Einschlag. Relativ einfache Ausstattung, aber sehr gutes Essen und freundlicher Service. Der Besitzer sorgt für eine originelle Atmosphäre.
Omra´s, 114/68-9 Taina Rd., etwas zurückversetzt, ✆ 076-330611, gute, aber nicht ganz billige mexikanische, indische, afghanische, arabische und pakistanische Gerichte, auch Vegetarisches, sauber und freundlich. Lieferservice.
Im ***Blue Fin Tavern*** und benachbarten ***Dan Kwian Pub*** lassen bei guter Musik die Taucher aus der Nachbarschaft den Abend ausklingen. Man kann drinnen und draußen sitzen, gute Atmosphäre, freundlicher Service, akzeptables Essen.
Thai Kitchen in der hinteren Taina Rd. hat gutes, sehr preiswertes Thai-Essen, das auf einheimischen Geschmack abgestimmt und sehr scharf ist sowie wesentlich teurere Gerichte auf der Touristen-Speisekarte. Sa geschlossen.
Im ***Full Moon Restaurant*** neben Thai Kitchen wird die preiswerteste Pizza des Ortes gebacken, auch spanische Gerichte sowie Zimmervermietung. ◷ tgl. 11–23 Uhr.
Helvetia Restaurant, Taina Rd., gute Frühstückskarte, gehobenere Preise.
The Coffee Pot, 110/3 Taina Rd., Surf ´n Turf, Burger, hausgemachte Apple und Blueberry Pies und andere australische Gerichte, Frühstück mit gutem Kaffee und Shakes.
Locanda, im Bougainvillea Terrace House, 117/1 Patak Rd., ✆ 076-330087, 🖳 www.villea.com, etwas außerhalb an der Hauptstraße, hier werden stilvoll leckere europäische und einheimische Gerichte frisch vom Grill serviert. Gepflegter Weinkeller. ◷ tgl. 8–24 Uhr.

KATA–KARON – Im ***Dino Park***, ✆ 076-330625, 🖳 www.dinopark.com, ◷ tgl. 10–24 Uhr, lohnt das hervorragende Restaurant mit tollem Ambiente die Geldausgabe, gemischtes Seafood-BBQ 240 Baht.
Euro-Deli, gegenüber dem Dino Park, ein Café im westlichen Stil und europäischem Preisniveau.

Sonstiges

AUTOVERMIETUNGEN – ***Avis***, hat eine Filiale in Mom Tri's Boathouse, 🖳 www.avisthailand.com.

GELD – Automaten an der zentralen Kreuzung beim Smile Inn und am Plaza Shopping Center.

MOTORRÄDER – Werden je nach Saison und Nachfrage für 150–200 Baht von Unterkünften und Reisebüros vermietet.

WÄSCHEREIEN – Mehrere in der Hauptstraße, der Taina Rd.

Nahverkehrsmittel

Die Fahrer von Samlors und Tuk Tuks verlangen bereits für kurze Strecken an den Stränden unter 1 km mindestens 100 Baht, da hilft nur laufen oder intensives Handeln. Kurze Strecken sollten tagsüber nicht mehr als 20 Baht und nachts 50 Baht kosten, zwischen Kata und KARON 100 Baht. Gecharterte Tuk Tuks nach PATONG 150 Baht und PHUKET TOWN 240 Baht (ab Kata Noi 250 / 300 Baht) und Taxis vom und zum FLUGHAFEN 650 Baht.
Bis 17 Uhr fahren lokale Busse alle 30 Min. für 20 Baht nach PHUKET TOWN, zurück bis 18 Uhr. Sie starten südlich vom Club Med und halten überall an der Strandstraße an.

Karon Beach

Der 3 km lange, breite Sandstrand mit Dünen, 20 km von Phuket Town, wirkt landschaftlich nicht gerade reizvoll. Beim Schwimmen ist, vor allem während der Regenzeit, Vorsicht angebracht, da ein starker Rücksog herrscht. Am südlichen und nördlichen Rand der Bucht wurden der Islandia Complex mit Supermärkten, Apartments, Restaurants, Bars, Reisebüros, anonymen Kleinhotels und Einkaufspassagen aus dem Boden gestampft. Am zentralen Strand erstrecken sich eine Hand voll Luxushotels. Im nördlichen Bereich sind nur noch wenige auf Individualtouristen eingestellt, dagegen haben sich im südlichen Bereich einige preiswerte Anlagen etabliert. Das Preisniveau der Restaurants ist etwas überhöht.

Übernachtung

LUANG PHO CHUAIN RD. – (auch Moo 3, Patak Rd.): Viele preiswerte Zi werden im Karon Plaza, wo sich auch viele Bars und Restaurants befinden, vermietet. Einige sind schmuddelig oder laut, daher checken!

Bazoom Hostel ㉖, Karon Plaza, 64/76-77 Patak Rd., ✆ 076-396913, 🖳 www.bazoomhostel.com. In dem bunt angemalten 2-stöckigen sauberen Hostel werden Zi und Doppelstockbetten im Schlafsaal für 120 Baht vermietet, bei längerem Aufenthalt Rabatt. Die preiswerteste Unterkunft an diesem Strand, wenn nicht von allen Stränden. Jerry, der Manager, spricht gut Englisch, viele koreanische Gäste. ❸

Karon Place ㉖, 269/17 Patak Rd., ✆ 076-396863-5, 🖳 www.karonplace.com, 23 Zi mit ac, Warmwasser-Du/WC, TV, Kühlschrank und Terrasse mit Blick auf den kleinen Garten mit Pool. ❺

Zurückversetzt in der Sackgasse Soi 1 liegen:

Phuket Orchid Resort ㉕, 128/4 Luang Pho Chuain Rd., ✆ 076-396519-22, 🖳 www.katagroup.com, die große Mittelklasse-Hotelanlage etwas abseits des Strandes dominiert die Straße. Bungalows und komfortablere Zimmer mit Balkon in 3-stöckigen Reihenhäusern, z.T. zur lauten Straße hin. Großer Pool. ❺–❻

Karon View Resort ㉙, 127/21-6 Soi 1 Luang Pho Chuain Rd., ✆ 076-396272-6, 📠 396279, saubere, etwas hellhörige Zi mit ac, Kühlschrank und TV in teils düsteren, etwas hellhörigen Reihenhäusern an einem kleinen Pool. Frühstück inkl. ❹–❺

Karon Silver Resort ㉗, 127/9 Soi 1 Luang Pho Chuain Rd., ✉ karonsilver@hotmail.com, ✆ 076-396185, 📠 396187, ruhiges familiäres Resort, Zi in 2-stöckigen Häusern mit Fan oder ac, mit oder ohne Warmwasser. ❹–❺

Kasemsuk Gh. ㉗, ✆ 076-396480, preiswerte Zi, freundliche Leute. ❷

Baan Porn Tawan ㉚, 26 Soi 1 Luang Pho Chuain Rd., ✆ 076-398574, 01-9706441, in 3-stöckigem Gebäude 7 Zi und 3 2-Zi-Apartments mit Fan oder ac, Warmwasser-Du/WC und Kühlschrank. Familiäre Atmosphäre. ❸–❹

Karon Center Inn ㉚, 127/34 Soi Bangla, ✆ 076-398296, 🖳 www.karoncenterinn.com, ac-Zi mit TV, Minibar und Balkon in 4-stöckigem Haus, einfaches Frühstück inkl., Internet, kostenlose Benutzung des Pools im Kata Villa Beach Hotel, gutes Preis-Leistungs-Verhältnis. ❸

Happy Inn ㉛, ✆ 076-396260, am Ende der Sackgasse, 9 Bungalows in einem Palmen- und Blumengarten am Hang; familiäre Atmosphäre. ❸

ZENTRUM – Hier dominieren Riesen-Luxushotels. Die kleineren Anlagen scheinen dem Verfall preisgegeben, wer billig übernachten will, findet an anderen Strandabschnitten bessere Möglichkeiten.

Crystal Beach Hotel ⑬, 36/10 Patak Rd., ✆ 076-396580-5, 📠 396584, einfaches, abgewohntes Hotel an der Hauptstraße zum Strand, Zi mit ac und TV. ❹

South Sea Resort ⑭, 36/12 Moo 1, Patak Rd., ✆ 076-396611-5, 🖳 www.phuket-southsea.com, etwa 100 Zi mit Luxuspreisen konzentrieren sich rings um den Pool des 3-Sterne-Resorts. ❽

The Old Phuket ⑰, 192/36 Karon Rd., ✆ 076-396353-6, 🖳 www.theoldphuket.com, attraktiv wirken die im sino-portugiesischen Stil gestaltete Fassade und der Eingangsbereich mit dem Coffee Shop. Da können die Zi mit ihrer üblichen Mittelklasse-Ausstattung nicht mithalten. Pool, Fitness Center mit Sauna und Massage, aber weiter Fußweg zum Meer. ❻–❼

Karon Seaview Bungalows ⑱, 184 Karon Rd., ✆ 076-396798, 📠 396799, auch wenn das Personal nicht sehr freundlich ist, so ist dies doch die einzige relativ preiswerte, große Anlage an der Strandstraße. 70 gemauerte, dicht nebeneinander liegende und etwas abgewohnte Bungalows mit Fan und Du/WC, Restaurant mit preiswerten

Gerichten. Durch die neuen Geschäftshäuser nebenan wird sich die Gegend vielleicht bald verändern. ❹

Thavorn Palm Beach Resort ㉑, 128/10 Patak Rd., ✆ 076-396090-3, 🖳 www.thavornpalmbeach.com, riesiger, 2–4-stöckiger Hotelkomplex, 210 ac-Zi, 4 Restaurants; 5 Pools und Tennisplätze in großzügiger Gartenanlage, Kindergarten mit Pool. Ableger von einem der ältesten Hotels der Insel in Phuket Town. ❻–❼

KARON NORD – Von der Strandstraße zweigt am Kreisverkehr die Patak Rd. landeinwärts ab. In den 3-stöckigen Geschäfts- und Wohnhäusern des **Islandia Complexes** befinden sich mehrere Bars, Restaurants, Reisebüros und im Obergeschoss preiswerte Unterkünfte ab 200 Baht, deren Namen und Besitzer häufig wechseln. Zudem:

Beshert Hostel ⑪, 33/118 Patak Rd., ✆ 076-396751, 📠 396752, ✉ suchan02@hotmail.com, vor dem Eingang zum Kon Tai Pub, einfache aber saubere Zi mit Doppelstockbetten und Fan. ❷

Karon Whale Resort ⑩, 33/135 Patak Rd., ✉ karonwhale_phuket @hotmail.com, ✆ 076-398139-44, 📠 398145, 3-stöckiges Hotel am Ende der Barstraße. Zi mit Balkon zum Pool und Blick auf die Rückwand des C.S. Resorts. ❺

Hinter der Lagune, die es auf dem Weg zum Strand zu überqueren gilt:

Golden Sand Inn ⑧, 8/6 Patak Rd., 🖳 www.phuket-goldensand.com, ✆ 076-396493, 📠 396 117, Bungalows mit ac, teure Hotelzimmer mit ac, Warmwasser und Minibar, gutes, nicht überteuertes Restaurant, schöner Pool, nahe am Strand. ❹–❺

Lume & Yai Bungalows ⑥, ✆ 076-396382, 📠 396096, in einer ruhigen Nebenstraße hinter den Neubauten am Hang, 9 Steinhäuser mit 18 Doppelzimmern, z.T. mit Küche, saubere Du/WC, Terrasse, schöne Sicht auf Meer und Berge. ❹

In on the Beach ⑤, 9/23-24 Moo 1, Patak Rd., ✆ 076-398220, 🖳 www.karon-inonthebeach.com, 2-stöckiges Haus zwischen Lagune und Meer abseits der Hauptstraße direkt am Strand. 30 ac-Zi und 4 familiengeeignete Suiten mit Balkon, Safe, Kühlschrank und mehr. Frühstück inkl., Pool. ❺

Essen und Unterhaltung

LUANG PHO CHUAIN RD. – Entlang der Straße haben sich einige Touristen-Restaurants etabliert, die überwiegend von Gästen des gegenüberliegenden großen Phuket Orchid Hotels besucht werden und auch mit etwas gehobenen Preisen und deutschsprachigen Speisekarten aufwarten.

Mamma Noi, die früher in Kata war, ist mit ihrem Selbstbedienungsrestaurant ins Karon Plaza umgezogen. Das weiß geflieste Restaurant mit Neonlicht, Plastikstühlen, einem Tresen zum Bestellen und dem Kühlschrank, aus dem sich die Gäste selbst mit Getränken versorgen, ist nicht gerade gemütlich, aber wegen der Chefin und der relativ günstigen italienischen Gerichte beliebt. Auch Thai-Essen und Frühstück.

KARON NORD – Im ***Buffalo Steak House***, 35/19-22 Moo 1, Patak Rd., südlich vom Karon-Kreisverkehr, ✆ 076-333013, serviert der schwedische Chef ausgezeichnete neuseeländische oder australische Steaks und leckeren schwedischen Apfelkuchen. Man kann draußen sitzen und den Blick aufs Meer genießen. Bei Europäern trotz der hohen Preise sehr beliebt, freundlicher Service. Filiale in Kata-Karon, gegenüber dem Dino Park.

Im ***Little Mermaid***, gegenüber dem Islandia Complex, wird unter dänischer Leitung überwiegend europäisch gekocht, 🕓 rund um die Uhr, nur die Küche schließt zwischen 3 und 6 Uhr.

Im **Islandia Complex** konzentrieren sich zahlreiche Restaurants mit relativ günstigen Preisen.

Im ***Kon Tai Pub*** südlich vom Phuket Ocean Resort geht in der Saison die Post ab. Auf dem Platz davor bauen abends Händler ihre Stände auf.

Sonstiges

AUTOVERMIETUNGEN – ***Budget*** hat eine Filiale in der Karon Villa.

GELD – Die ***Siam City Bank*** am Kreisverkehr in Karon wechselt bis 21 Uhr, außerdem ein Geldautomat.

Nahverkehrsmittel

Gecharterte Tuk Tuks nach PHUKET TOWN für 270 Baht, zum Hafen 280 Baht, zum FLUGHAFEN 650 Baht. PATONG 100 Baht, CHALONG 150 Baht, NAIHARN 210 Baht, SURIN 240 Baht.
Bis zum späten Nachmittag lokale Busse für 20 Baht nach PHUKET TOWN. Kurze Strecken am Strand sollten nicht mehr als 20 Baht und nachts nicht mehr als 40 Baht kosten, zwischen KATA und Karon 70 Baht.

Relax Bay

Diese wunderschöne, kleine Bucht (auch Karon Noi genannt) mit weißem Sandstrand liegt zwischen Karon und Patong Beach, 18 km von Phuket Town. Zu erreichen ist die Relax Bay von Karon zu Fuß (40 Min.) sowie von Karon und Patong über die Straße (3 km). Der Strand wird vom Hotel beansprucht und ist nicht frei zugänglich. Von der Straße führt eine Abzweigung hinunter, an der sich kleine Restaurants und Geschäfte angesiedelt haben.

Übernachtung

Die Relax Bay ist voll in Beschlag genommen vom Luxushotel
Le Meridien Phuket ②, 8/5 Moo 1, Karon Noi Beach, 🖳 www.lemeridien.com, ✆ 076-340480-5, 📠 341583. Die 7-stöckige terrassierte Anlage der Luxusklasse erstreckt sich am Hang des privaten, kleinen Karon Noi Beach. Geschmackvoll eingerichtete ac-Zi, alle mit Balkon und Meerblick. ❽
Karon Hill Bungalows ①, 8/7 Moo 1, Sirirat Rd., an der Zufahrtsstraße zum Hotel Meridien, ✆/📠 076-341343, ✆ 01-6774645, gute Doppelbungalows mit ac, Du/WC, Minibar und TV, leider etwas zu nahe an der Straße. Strandzugang gewährleistet. ❸

Patong Beach

Dieser 3 km lange Strand, 15 km von Phuket Town, wurde für den internationalen Tourismus voll entwickelt und verfügt über die dichteste touristische Infrastruktur. Hotel- und Bungalowanlagen erstrecken sich über die gesamte Länge des Strandes entlang der beiden Parallelstraßen und bis weit hinein ins Hinterland. Shops, Unterkünfte, Restaurants Bars und Pubs, die vor allem am Abend von allein reisenden Männern bevölkert sind, drängen sich an der mittleren Beach Road, der Sawasdirak Rd., der Soi Sunset, dem Paradise Complex und auf den etwa 300 Metern der Bangla Road. Tagsüber können sich aktive Urlauber mit Windsurfen, Fallschirmsegeln Schnorcheln, Segeln, Tauchen, Wakeboarding (eine Art Snowboardfahrt auf dem Wasser hinter einem Wellen werfenden Boot), Jeep- und Motorrad fahren vergnügen. Weniger Sportliche machen ein paar Schwimmzüge im ruhigen Wasser, lassen sich massieren oder schlagen die Zeit tot. Die Preise sind kaum höher als an den Stränden weiter im Süden. Das Angebot ist vielfältiger und völlig dem westlichen Geschmack angepasst. Patong hat sich zu einer pulsierenden Stadt entwickelt. Überall sind Einkaufsarkaden und Stadthäuser entstanden, die an anderer Stelle bereits wieder dem Verfall preisgegeben sind, was ein Gefühl von Schnelllebigkeit hinterlässt. Am Abend drängen sich die Touristen auf den Gehsteigen. Pickups, Minibusse und Mopeds quälen sich durch die schmalen Straßen. Zuweilen scheint der Strand vor Menschen überzuquellen, dennoch wirkt er sauber, da er ständig gepflegt wird. Die Wasserqualität ist nicht immer die Beste, das Meer wirkt zu bestimmten Jahreszeiten trüb, zu anderen kann es aber strahlend blau sein. Von einem Urlaubsort am Mittelmeer unterscheidet sich Patong äußerlich kaum. Allenfalls das Preisniveau liegt immer noch etwas niedriger.

Di, Do und Sa findet auf dem Platz des Patong Center Point ein großer **Markt** statt, bei dem neben Obst und Gemüse auch Haushaltswaren und Textilien angeboten werden. Ebenso wie ein Besuch der Travestieshow gehört ein Rundgang durch die Bierbars in der **Soi Bangla** zum Standardprogramm nahezu aller Urlauber.

Übernachtung

Weit über hundert Unterkünfte bieten Zimmer an, vom einfachen Gästehaus bis zum First Class-Hotel. Für Billigreisende gibt es kaum ruhige Plätzchen. In der Regenzeit von Mai bis Oktober kann man bis zu 50% Rabatt erhandeln, aber auch schon außerhalb der absoluten Hochsaison um Weihnachten und Neujahr sind Rabatte möglich. Vorsicht vor Schleppern, die mit einem Lotteriegewinn von einer Woche kostenloser Übernachtung Kunden für ein Time-Sharing-Hotel zu ködern versuchen! Viele Anlagen nahe der Küste, v.a. an der südlichen Bucht, wurden durch den Tsunami stark beschädigt, aber größtenteils wieder aufgebaut.

GÄSTEHÄUSER UND PENSIONEN – An der Rat Uthit Rd., die etwa 400 m im Land parallel zum Strand verläuft, und in ihren Seitengassen werden in Stadthäusern über den Shops, Restaurants und Bars relativ günstig Zimmer vermietet. In der Nebensaison kosten sie mit Fan etwa 800 Baht, mit ac 1000 Baht, in der Hochsaison können sie teurer werden. Viele liegen in der Barstraße Soi San Sabai, im Paradise Complex (viele Bars), an der Rat Uthit, Ecke Patong Beach Rd., in der Einkaufsarkade an der Strandstraße südlich der Polizei, in der Soi Ketsub und vor dem P.P. Building. Außerdem von Norden nach Süden:

Baan Orchid ⑫, 71/3–7 Rat Uthit Rd., ✆/℻ 076-340578, kleine Anlage um einen Garten mit deutschem Management, Bungalows mit Fan oder ac und Warmwasser-Du/WC, Kühlschrank und TV. ❸–❹

Schräg gegenüber in der Sackgasse mehrere Rooms for Rent mit Sonderkonditionen bei längerem Aufenthalt, u.a.

Phuket Erawan Gh. ⑲, 37/3-4 Rat Uthit Rd., ✆ 076-290218-9, ℻ 290219, 30 einfach möblierte Zi mit Fan, 10 mit ac, alle mit Du/WC und TV, je nach Saison ❸–❹

Odin's Gh. ㉑, 51 Rat Uthit Rd., ✆ 076-340732, ℻ 340766, relativ ruhige Zi in einem Neubau mit ac und Du/WC, z.T. mit Warmwasser. ❹

Jaranya Gh. ㉚, 92/1-10 Sai Nam Yen Rd., ✆ 076-341131, ℻ 342447, ✉ odintravel@hotmail.com, freundliches, zentral und dennoch recht ruhig gelegenes älteres Haus, zweckmäßig eingerichtete Zi mit Fan oder ac, Kühlschrank und TV, Restaurant im Erdgeschoss. Günstige Monatsmiete. ❸–❹

Chanathip Gh. ㊴, 53/7 Rat Uthit Rd., ✆ 076-294087, ℻ 294088, kleine Pension, saubere Zi mit Du/WC, Fan oder ac, Warmwasser und Kühlschrank, Satelliten-TV; nette Besitzer, günstige Vermietung von Jeeps und Motorrädern. ❹

KN Gh. ㊴, 191 Rat Uthit Rd., ✆ 076-342719, große Zi in einem Mehrfamilienhaus, die sich gut für einen Langzeitaufenthalt eignen. ❺

Nine Ten Mansions 66, 237 Rat Uthit Rd., ✆ 076-345545, 🖳 www.nineten-mansion.com, alle Zi mit ac und Warmwasser-Du/WC, TV und Kühlschrank, zudem kleine Sauna und Internet-Zugang. ❸–❹

The Beach House 79, 6 Thawiwong Rd., 🖳 www.thebeachhouse-phuket.com, ✆ 076-345639, ℻ 345640. Guesthouse der gehobenen Klasse mit kleinem Restaurant in einem Neubau. Einige Zi mit Balkon und Blick aufs Meer, auch Familienzimmer. ❹–❻

UNTERE MITTELKLASSE – Die Preise schwanken stark je nach Auslastung und können sich in der Hochsaison manchmal verdoppeln.

P.S. 2 Bungalow ⑭, 21 Rat Uthit Rd., ✆ 076-342207-8, ℻ 290034, 🖳 www.ps2bungalow.com, einfache, saubere Doppelbungalows mit Fan oder ac, Du/WC und Kühlschrank sowie ein neueres 2-stöckiges Haus. Die hinteren Häuser liegen recht ruhig rings um einen Garten mit Pool. Nahe der Straße ein Restaurant. ❹

Than Thip Villa ⑯, 4/1-2 Chalermprakiat Rd., ✆/℻ 344307, ✆ 340359, ✉ thanthippatong@hotmail.com, 3-stöckiges Kleinhotel mit Pool in ruhiger Lage. ❺

Beau Rivage ⑱, 77/15 Rat Uthit Rd., ✆ 076-340725, ℻ 340785, ✉ beaurivage@e-mail.in.th, kleines Haus, Zi mit ac oder Fan und Du/WC, mit Warmwasser teurer. ❹–❺

Patong Palace ⑲, ✆ 076-342369, 🖳 www.patongpalace.com, kleine, gepflegte Anlage, 40 ac-Zi mit Du/WC, TV und Balkon oder Terrasse in 2-stöckigen Reihenhäusern. Garten mit Pool, Restaurant und Bar. ❺

Deevana Patong Resort ㉑, 89/58 Rat Uthit Rd., ✆ 076-290387-90, 🖳 www.deevanaphuket.com, an der Zufahrtsstraße zum Grand Condotel. Nette, weitläufige Anlage, 53 Zi in einstöckigen Reihenhäusern rings um einen Pool, Spa, Restaurant. Über das Internet Sonderangebote. ❺

Patong Pearl Resortel ㉘, 13 Sawasdirak Rd., ✆ 076-340121, 340332, ℻ 341757, helle, freundliche Zi und Bungalows mit ac, zu empfehlen ist auch das gute Essen, bis 21 Uhr Sonderangebote, freundliches Personal. ❺

Jeweils die Vorwahl 076 mitwählen — **s. Karte S. 705**

①	Nerntong Resort	❹–❺	✆ 076-340571-2
②	Malibu Island Club H.	❺	✆ 076-342321
③	The Orchid	❽	✆ 076-340496
④	Sunset Beach Resort	❺–❻	✆ 076-342482-5
⑤	The Blue Marine Resort	❻–❽	✆ 076- 370400
⑥	Patong Lodge	❺	✆ 076-341020-4
⑦	Diamond Cliff	❽	✆ 076-340501-6
⑧	Novotel Coralia Phuket	❻	✆ 076-342777
⑨	First Resort	❺	✆ 076-340980
⑨	The Mermaid Resort	❺	✆ 01-8926415
⑩	Sunset Mansion	❹–❺	✆ 076-340734-5
⑪	Eden Bungalow-Hotel	❺	✆ 01-2291510
⑫	Baan Orchid	❸–❹	✆ 076-340578
⑬	Patong Penthouse	❹–❺	✆ 076-340350
⑭	P.S. 2 Bungalow	❹	✆ 076-342207-8
⑮	Shamrock Park Inn	❸	✆ 076-340991
⑯	Than Thip Villa	❺	✆ 076-340359
⑰	Swiss Palm Beach	❺	✆ 076-342099
⑱	Beau Rivage	❹–❺	✆ 076-340725
⑲	Phuket Erawan u.a. Gästehäuser	❸–❹	✆ 076-290218-9
⑲	Patong Palace (P) Hotel	❺	✆ 076-342369
⑳	Andatel Patong Phuket	❺	✆ 076-290480
㉑	Deevana Patong Resort	❺	✆ 076-290387-90
㉑	Odin's Gh.	❸–❹	✆ 076-340732
㉒	Bayshore Resort	❺	✆ 076-341414
㉒+			
㉕	Pat. Grand Condotel	❹	✆ 076-341043
㉓	S.V. Hotel	❸	✆ 076-342895
㉓	Boomerang Inn und andere Gh.	❹	✆ 076-342182
㉔	The Andam.Beach Suites	❻–❼	✆ 076-341879-83
㉖	Club Andam. Beach Res.	❻–❽	✆ 076-340361-2
㉗	Patong Bayshore	❺	✆ 076-340602-6
㉘	Patong Pearl Resotel	❺	✆ 076-340121
㉙	Patong City Hotel	❺	✆ 076-342150-5
㉚	Jaranya Gh.	❹	✆ 076-341131
㉛	Family Mansion	❹	✆ 076-344139
㉛	Patong Sub Inn	❹	✆ 076-344701
㉜	Nippa Villa	❹	✆ 076-340099
㉝	Vises Patong H.	❺	✆ 076-341015-7
㉞	Royal Crown H.	❺	✆ 076-340274
㉟	Impiana Phuket Cabana	❻–❽	✆ 076-340138
㊱	Thara Patong Beach Res.	❺–❽	✆ 076-340135
㊲	Salathai Resort	❺	✆ 076-296631-4
㊳	Azzuro Village	❹	✆ 076-341811
㊴	Chanathip Gh.	❹	✆ 076-294087
㊴	KN Guesthouse	❺	✆ 076-342719
㊴	Baan Patong Guesthouse	❺	✆ 076-344152
㊵	The Beach Resortel	❻–❼	✆ 076-340544
㊶	Patong Bay Garden Res.	❻–❼	✆ 076-340297
㊷	Patong Villa	❺	✆ 076-340132
㊸	K–Hotel	❺	✆ 076-340832
㊹	Capricorn's Village	❸	✆ 076-340390
㊹	Neptuna Hotel	❺	✆ 076-340824
㊺	Royal Paradise Hotel	❻–❼	✆ 076-340666
㊻	Aloha Village	❺	✆ 076-345733-42
㊻	C&N Hotel	❹	✆ 076-340475
㊼	P.S. 1 Hotel	❺	✆ 076-340184
㊽	Suksaan Mansion	❹	✆ 076-341227
㊽	Villa Swiss Garden und andere Gh.	❹	✆ 076-341120
㊾	Sand Inn	❹	✆ 076-340275
㊿	Hotel Summer Breeze	❹	✆ 076-340464
(51)	Andaman Resotel	❺	✆ 076-341516-7

Salathai Resort (37), 10/4 Sawasdirak Rd., ✆ 076-296631-4, ℻ 296635, ✉ salathai@cscoms.com. Neueres im modernen Thai-Stil gestaltetes Hotel mit 37 hübsch eingerichteten ac-Zimmern, alle mit Kühlschrank, TV, Du/WC und Balkon oder Terrasse. ❺

Patong Villa (42), 152 Thawiwong Rd., ✆ 076-340132, 💻 www.patongvilla.com, mitten im Barbezirk, aber relativ ruhig stehen etwas zurückversetzt von der Straße 1-stöckige Reihenbungalows und ein 2-stöckiges Terrassenhaus am Pool, mit Spa. ❹–❻

K-Hotel (43), 180 Rat Uthit Rd., ✆ 076-340832, 💻 www.K-hotel.com, Bungalows hinter und neben dem beliebten, hervorragenden Wiener Gartenrestaurant, viele deutschsprachige Pauschalurlauber. In der Saison Buchungen nur über Reiseveranstalter möglich. ❺

C&N Hotel (46), 151 Rat Uthit Rd., ✆ 076-340475, ℻ 341896, komfortable Zi, z.T. ac, im 4-stöckigen Haus, dahinter im Viereck angeordnete Bungalows mit einfachen Zimmern mit Fan, Du/WC und Terrasse. ❹

Ramaburin (73), Prachanukhro Rd., ✆ 076-345333, 💻 www.ramaburin.com, neuere Anlage mit 39 ac-Zi in Bungalows und einem 2-stöckigen Reihenhaus rings um einen Pool nahe einer stark befahrenen Straßeneinmündung. ❺

OBERE MITTELKLASSE – In dieser Kategorie finden sich vor allem die typischen Pauschalurlauberhotels, die z.T. günstig über Reisebüros gebucht werden können, u.a.:

Phairin Beach Hotel (75), 36-38 Thawiwong Rd., ✆ 076-340601, 💻 www.phuket.com/phairin beach, 3-stöckiges, sauberes Reihenhaus, Zi mit ac, Warmwasser und TV, oben schöne Sicht zum Strand, liebevoll eingerichtet, freundlich. ❻–❼

Patong Swiss Hotel (76), 30/1-8 Thawiwong Rd., ✆ 076-340674, ℻ 341181, ✉ swisshot@loxinfo.co.th, kleines 4-stöckiges Hotel, saubere Zi unterschiedlicher Größe und Ausstattung mit Balkon und z.T. mit Meerblick. Kleiner Pool, Thai-Restaurant. ❺

Amari Coral Beach Resort (81), 104 Moo 4, Patong Beach, ✆ 076-340106, 💻 www.amari.com, 4-Sterne-Resort am südlichen Ende der Patong Bucht am steilen Hang, schmaler Sandstrand, schöne Sicht über den 800 m entfernten Patong-Strand, 200 ac-Zi; Restaurants, 2 Pools. ❻–❼

FIRST CLASS-HOTELS – Am Strand liegen vor allem Hotels der gehobenen Preisklasse, u.a.:

Club Andaman Beach Resort (26), 77/1 Thawiwong Rd., 💻 www.clubandaman.com, ✆ 076-340361-2, am nördlichen Ende des Strandes in einem gepflegten, weitläufigen, tropischen Garten, 7-stöckige 4-Sterne-Hotelanlage und 50 rustikale Bungalows im Thai-Stil, 251 ac-Zi mit Balkon oder Terrasse; 2 Restaurants, großzügig gestaltete Poollandschaft, Kinderbecken, Anda Spa. ❻–❽

Impiana Phuket Cabana (35), 41 Thawiwong Rd., ✆ 076-340138, 💻 www.impiana.com, nette Anlage im Thai-Stil direkt am Strand. Gutes Restaurant mit Fusion Cuisine. Nach der Zerstörung durch den Tsunami Wiedereröffnung im Oktober 05. ❻–❽

Thara Patong Beach Resort (36), 170 Thawiwong Rd., ✆ 076-340135, 💻 www.tharapatong.com, 173 Zi gruppieren sich um 2 Pools, zudem ein Spa mit Sauna und Kosmetiksalon, ein einheimisches, chinesisches und italienisches Restaurant. ❺–❽

Baan Laimai (61), 66 Thawiwong Rd., ✆ 076-340460, ℻ 292050, 💻 www.baanlamai.com, stilvolle, kleine Anlage, 28 Zi in hübschen Bungalows rings um einen Pool. ❻–❼

Holiday Inn Resort (67), 52 Thawiwong Rd., ✆ 076-340608, 💻 www.phuket.holiday-inn.com, 4-Sterne-Resort, der alte Block wurde teils durch den Tsunami zerstört und bis Oktober 05 wieder aufgebaut. Neuer Flügel mit Zi und Villen im Thai-Stil mit 3 weiteren Pools und dem Spa The Aspara. ❻–❽

Hyton Leelavadee (72), 3 Prachanukhro Rd., ✆ 076-340452, ℻ 345272, zweistöckige Häuser mit komfortablen Suiten, für die offiziell bis zu 10 000 Baht verlangt werden, rings um eine Gartenanlage mit Pool sowie Zimmer. Restaurant, Aromatherapie und Massage. ❻–❽

KALIM BEACH – An der zum Baden kaum geeigneten felsigen Küste im Norden liegen u.a.:

Nerntong Resort (1), 60/4 Moo 5, Kalim Beach, ✆ 076-340571, ℻ 342387, ✉ pff@loxinfo.co.th, am Hang in einem üppigen tropischen Garten,

52	Baan Benjamas (BB Cottage)	❹–❺	✆ 076-342949
53	Baan Sukhothai	❽	✆ 076-341394-7
54	Patong Inn	❹–❺	✆ 076-340587
55	Patong Beach H.	❻–❼	✆ 076-340301-2
56	Patong Resort	❻–❼	✆ 076-340551-4
57	Banthai Beach Resort	❻–❼	✆ 076-340850
58	ADD Mansion	❹	✆ 076-294430
58	Lamai Hotel	❹	✆ 076-294378
59	Montana Grand Phuket	❺	✆ 076-294181-3
60	Royal Palm Resotel	❺	✆ 076-292510
61	Baan Laimai	❻–❼	✆ 076-340460
62	Blue Ocean Resort	❹–❻	✆ 076-345191-3
62	Tatum Mansion	❹	✆ 076-344332
62	Touch Villa	❸	✆ 076-344011
63	Tony Resort	❺	✆ 076-345377
64	B&B Beach House	❸–❹	✆ 076-292147
64	Sandy Beach Mansion	❹	✆ 076-344914
65	Gästehäuser	❹	
66	Nine Ten Mansion	❸–❹	✆ 076-345545
67	Holiday Inn Resort	❻–❽	✆ 076-340608
68	Phuket Grand Tropicana	❺	✆ 076-340210-2
69	Patong Merlin	❻–❼	✆ 076-340037
70	Patong Street Inn	❹	✆ 076-345951-5
71	Holiday Resort	❻–❼	✆ 076-340119
72	Hyton Leelavadee	❽	✆ 076-340452
73	Ramaburin	❺	✆ 076-345333
74	Seagull China City	❺	✆ 076-340238
75	Phairin Beach Hotel	❻–❼	✆ 076-340601
76	Patong Swiss Hotel	❺	✆ 076-340674
77	Nilly's Marina Inn	❺	✆ 076-342197-8
78	Patong B&B	❹–❺	✆ 076-340819
79	The Beach House	❹–❻	✆ 076-345639
80	Seaview	❻–❼	✆ 076-341300-4
81	Amari Coral Beach Res.	❻–❼	✆ 076-340106
82	Duangjit Resort	❺–❼	✆ 076-340303
83	Coconut Village Resort	❺	✆ 076-340146-9
84	Le Jardin Bung. & Spa	❺	✆ 076-340391
85	C&N Resort & Spa	❻–❼	✆ 076-345949-50

sehr ruhig und abgelegen, 300 m vom Meer, 19 Häuschen mit Fan, 11 ac-Bungalows mit Warmwasser-Du/WC, TV und Kühlschrank; Argentina Steak House, Pool, Jacuzzi. Die traditionelle Kräutersauna kann auch von Nichtgästen genutzt werden, französisches Management. ❹–❺

Malibu Island Club Hotel ②, 2 Soi Prabarameee Rd., ✆ 076-342321, 📠 344266, ✉ malibu@phuket.ksc.co.th, kleinere, 2-stöckige Anlage um einen von Bougainvillen umrahmten Pool, Zi mit ac, TV, Du/WC und Balkon, Restaurant und Fitness Center. ❺

The Orchid ③, 320 Ban Kalim, 💻 www.theorchidkalimbay.com, ✆ 076-340496, luxuriöses Gästehaus, 12 ac-Zi und Suiten mit schöner Sicht; Coffeeshop, Pool an der Straße. ❽

Essen

Der ***Euro Deli*** im Sand Inn, ein nett eingerichtetes Selbstbedienungs-Café an einer verkehrsreichen Ecke, offeriert Frühstück, Sandwiches und Kuchen.

Patong Bier-Garten, 180 Rat Uthit Rd., im K-Hotel, 💻 www.K-hotel.com, unter Leitung von Robert Pagitsch. Gehobene Wiener Küche, eine gute Fischkarte, leckere Desserts und Bier vom Fass. Aufmerksamer Service, gehobenes Preisniveau. Im ruhigen Garten kann man angenehm sitzen.

Paulaner, 80/1 Thawiwong Rd., ✆ 076-341182, gediegenes ac-Restaurant mit deutschen Spezialitäten, diversen heimischen Bieren und Schnäpsen, auch Frühstück, Zimmervermietung.

Swiss Treff, 66/32 Soi Kebsup, 💻 www.phuket-swisstreff.com, ✆ 076-344848, Bratwurst und an-

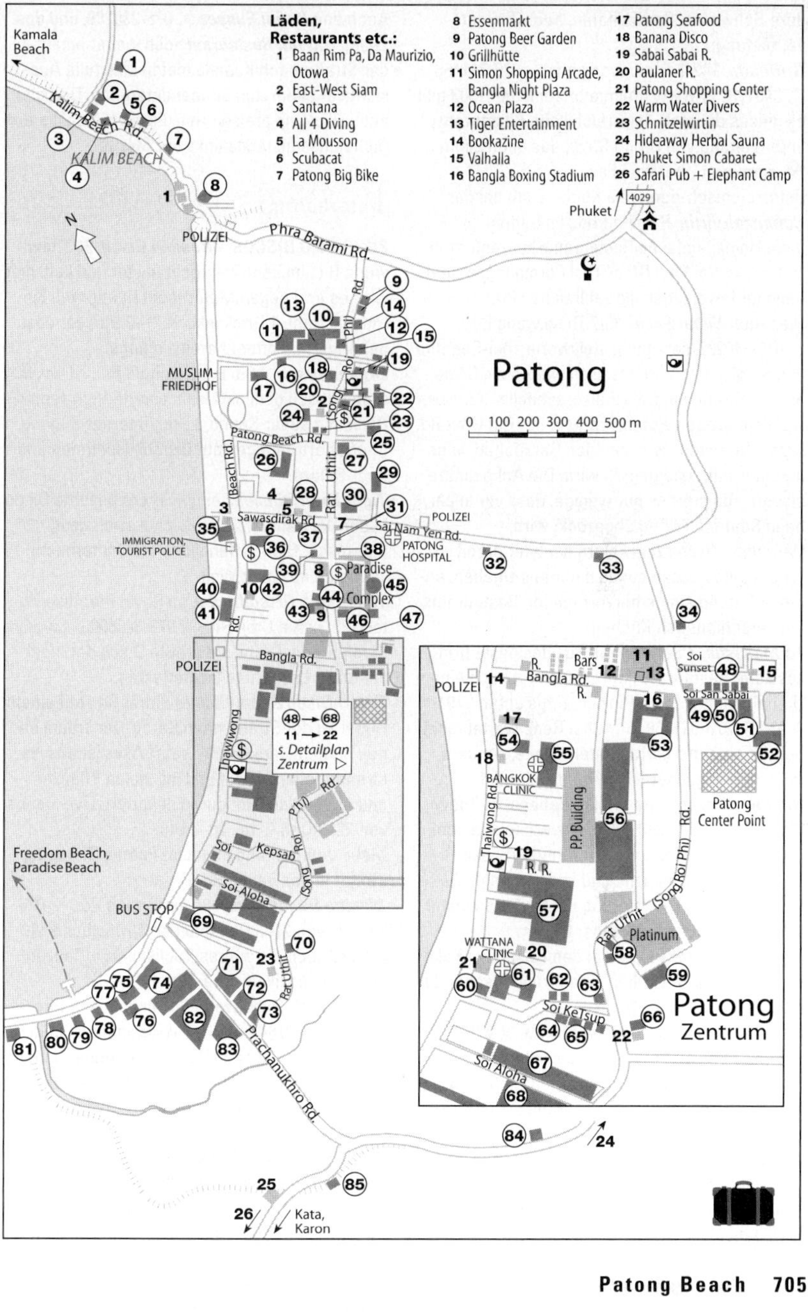
Läden, Restaurants etc.:
1 Baan Rim Pa, Da Maurizio, Otowa
2 East-West Siam
3 Santana
4 All 4 Diving
5 La Mousson
6 Scubacat
7 Patong Big Bike
8 Essenmarkt
9 Patong Beer Garden
10 Grillhütte
11 Simon Shopping Arcade, Bangla Night Plaza
12 Ocean Plaza
13 Tiger Entertainment
14 Bookazine
15 Valhalla
16 Bangla Boxing Stadium
17 Patong Seafood
18 Banana Disco
19 Sabai Sabai R.
20 Paulaner R.
21 Patong Shopping Center
22 Warm Water Divers
23 Schnitzelwirtin
24 Hideaway Herbal Sauna
25 Phuket Simon Cabaret
26 Safari Pub + Elephant Camp
Kamala Beach
Kalim Beach Rd
KALIM BEACH
POLIZEI
Phra Barami Rd.
Phuket
4029
MUSLIM-FRIEDHOF
Patong
0 100 200 300 400 500 m
Patong Beach Rd.
(Beach Rd.)
Rat Uthit
(Song Roi Phi) Rd.
Sawasdirak Rd.
Sai Nam Yen Rd.
PATONG HOSPITAL
IMMIGRATION, TOURIST POLICE
Paradise Complex
Bangla Rd.
Thawiwong Rd.
48 → 68
11 → 22
s. Detailplan Zentrum
Soi Kepsab
Soi Aloha
Freedom Beach, Paradise Beach
BUS STOP
Prachanukhro Rd.
Kata, Karon
Bars
Soi Sunset
Soi San Sabai
BANGKOK CLINIC
P.P. Building
Patong Center Point
WATTANA CLINIC
Platinum
Soi KeTsup
Patong Zentrum

dere Schweizer Spezialitäten, auch Zimmervermietung.

Grillhütte, 142/1 Thawiwong Rd., ✆ 076-341456, 📠 340128, 💻 www.grillhuette.com. Seit 1983 gibt es dieses deutsch-österreichische Restaurant unter Leitung von Ulrich Sterz, das auch Zimmer ❺ vermietet. Bier vom Fass.

Österreichisch-deutsche Küche auch bei der ***Schnitzelwirtin***, Rat Uthit Rd., im Süden.

Viele kleine, einfache Restaurants konzentrieren sich in der Soi Post Office (Soi Permpongpatana). Italiener bevorzugen die zahlreichen Pizzerien. Hier auch ***Sabai Sabai***, 89/7 Thawiwong Rd., ✆ 076-340222, sehr gute, preiswerte Thai-Gerichte und Steaks. In der Hochsaison warten die Gäste auf der Straße auf freie Plätze, schneller Service.

Auf dem großen ***Essensmarkt*** in der Rat Uthit Rd. sitzen Touristen zwischen den Garküchen, in denen gebraten und gegrillt wird. Die Atmosphäre stimmt – da stört es nur wenige, dass vor allem beim Seafood kräftig abgezockt wird.

Wer einen Grund zum Feiern hat oder bereit ist, für ein gutes Essen etwas mehr auszugeben, findet in Patong einige hervorragende Restaurants mit verschiedenen Küchen:

La Mousson, 3 Sawasdirak Rd., das beste französische Restaurant der Insel, öffnet nach einem Umbau wieder seine Pforten, Infos unter ✆ 01-4761271, 076-341468. Der Chef Rene wartet nicht nur mit einer hervorragenden Küche, sondern auch einem gut sortierten Weinkeller auf.

Sala Bua, im Impiana Phuket Cabana, 41 Thawiwong Rd., ✆ 076-340138, 💻 www.impiana.com, der mehrfach prämierte Koch zaubert ausgezeichnete einheimische und internationale Gerichte. Nach der Zerstörung durch den Tsunami Wiedereröffnung im Oktober 05.

Drei Restaurants liegen auf den Felsen am Kalim Beach und bieten neben einem kulinarischen Erlebnis eine herrliche Sicht.

Das stilvoll dekorierte ***Baan Rim Pa***, ✆ 076-340789, ist bekannt für seine stilvolle Thai-Küche. Ein Menü mit 5 Gerichten kostet um 550 Baht p.P. Frühzeitige Reservierung vor allem in der Saison zu empfehlen.

Otowa nebenan, ✆ 076-344254, hat sich der japanischen Küche verschrieben, und in ***Da Maurizio***, ✆ 076-344079, dem dritten Restaurant, wird italienisch gekocht.

Auch das ***Kalim Sunset***, ✆ 076-290286, und das ***Luang Sawan Restaurant*** noch weiter hinauf an der Straße nach Kamala bieten eine tolle Aussicht vor allem zum Sonnenuntergang. Den gleichen Blick mit preiswertem Essen bieten die einfachen Essenstände links der Straße.

Unterhaltung

PUBS UND DISCOS – ***Banana Disco***, 94 Thawiwong Rd., im Zentrum, recht finster und kalt, hier wird es erst gegen Mitternacht richtig voll. Eintritt 100 Baht, 1 Drink inkl. 🕓 21–2 Uhr, der dazugehörige Pub öffnet bereits mittags.

Dragon Disco, 7 Soi Easy, Bangla Rd., 💻 www.dragondisco.com, voll klimatisierte High-tech-Disco mit super Sound, Laser, Internet-Zugang, Sportübertragungen auf Großbildschirmen und Pool-Billard.

Tiger Entertainment, eine weitere beliebte Disco in der Soi Bangla, 💻 www.phuket-dir.com/tigerdisco. Hier treffen sich nach Mitternacht Touristen aus aller Welt.

The Beach Discotheque, im Royal Paradise Hotel, 135/32 Rat Uthit Rd., ✆ 076-340666, 💻 www.royalparadise.com, die größte Disco der Insel mit tollen Laser- und Lichteffekten.

Safari Disco & Fun Pub, 28 Sirirat Rd., auf einem Hügel an der Straße nach Karon: der Traum eines Romantikers wurde wahr! Alles ist aus Naturmaterialien erbaut und mit vielen Pflanzen und originellen Tonfiguren dekoriert. Live-Bands von 22–2 Uhr. 🕓 tgl. 20–3 Uhr.

Mehr Unterhaltung bietet im **Patong Shopping Center** in der Beach Rd.:

Mambo Beach Club, 68 Thawiwong Rd., ✆ 076-292275, von 21–3 Uhr spielt eine Hausband Musik, die auch ein älteres Publikum zum Tanzen animiert, mexikanische Gerichte.

La Salsa, 41 Thawiwong Rd., im Impiana Phuket Cabana, ✆ 076-340138, 💻 www.impiana.com, neue, im kubanischen Stil eingerichtete Cocktail-Bar. Nach der Zerstörung durch den Tsunami Wiedereröffnung im Oktober 05.

SHOWS – ***Phuket Simon Cabaret***, 8 Sirirat Rd., Reservierung unter ✆ 076-342114-6, 💻 www.phuket-simoncabaret.com, an der Straße Richtung Karon Beach. Eine professionell gestaltete

Travestieshow, herrliche Bühnenbilder, gekonnte Dramaturgie, fantastische Licht- und Sound-Effekte. Vorstellungen um 19.30 und 21.30 Uhr. Tickets 600 Baht, für Einheimische und in der Nebensaison günstiger.
Valhalla, Soi Sunset, 💻 www.valhalla-th.com, Laden im nordischen Stil, in dem schon nachmittags Go-Go-Tänzerinnen ihr Publikum finden.
Bangla Boxing Stadium, Soi Bangla, Ecke Rat Uthit Rd., in der ehemaligen Shark Disco wird nun auf einer Bühne Thai-Boxen veranstaltet.

Sonstiges

AUTOVERMIETUNGEN – Am Strand und bei den Gästehäusern werden Jeeps unter 1000 Baht vermietet, die allerdings nicht ausreichend versichert und oft in schlechtem Zustand sind.

BUNGY JUMPING – Wer den großen Nervenkitzel sucht, kann bei ***Jungle Bungy Jump***, ✆ 076-321351, 💻 www.phuketbungy.com, an der Zufahrtsstraße zum Patong Beach in der Saison tgl. von 9–18 Uhr aus 54 m Höhe, mit einem Gummiseil gesichert, in die Tiefe auf einen gefluteten Baggersee zu springen. Der erste Sprung kostet 1600 Baht, jeder weitere wird billiger.

EINKAUFEN – Je nach Saison und Nachfrage schwanken die Preise an den **Souvenirständen**, die sich in der Bangla Rd., der Thawiwong Rd. und vielen Nebenstraßen ausgebreitet haben. Es werden zum Teil extrem überhöhte Preise (bis zum 3–4-fachen) gefordert, so dass es lohnt, das Angebot mit dem in Phuket Town zu vergleichen.
Im Zentrum verkaufen mehrere **Supermärkte** alle Arten von Drogerie-Artikeln, Spirituosen, westliche Lebensmittel, Postkarten und Zeitschriften.
Eine gute Auswahl im ***Big One Supermarket*** im Ocean Plaza, 31 Bangla Rd., 🕓 tgl. 12–24 Uhr.
Die Auswahl an Büchern ist begrenzt. Vielleicht wird man im ***Bookazine***, 18 Bangla Rd., fündig.

GELD – Zahlreiche Wechselstuben und Banken im Zentrum und an der Rat Uthit Rd. wechseln tgl. von 9.30–20 Uhr Geld und Travellers Cheques. Spätabends sind noch die Wechselschalter in der Bangla Rd. geöffnet. Außerdem zahlreiche Geldautomaten.

MEDIZINISCHE HILFE – Das ***Patong Hospital***, ✆ 076-344225, an der Sai Nam Yen Road hat eine gute ambulante Station und ist sehr erfahren in der Behandlung von Verletzungen durch Motorradunfälle. Bessere stationäre Behandlung erfährt man in den Krankenhäusern von Phuket.
Bangkok Clinic, vor dem Patong Beach Hotel, 94 Thawiwong Rd., ✆ 076-344699, tgl. 10–22 Uhr.
Wattana Clinic, 78/8 Thawiwong Rd., ✆ 076-340690, 🕓 tgl. 8.30–24 Uhr.

MOTORRÄDER – In einem Jahr hat es auf der Insel über 1000 registrierte Motorradunfälle mit 179 Toten gegeben, also bitte vorsichtig nur mit Helm fahren und den Führerschein mitnehmen.
Über 100 Motorräder, darunter auch 250cc- und 1200cc-Maschinen, vermietet ***Patong Big Bike*** an der Thawiwong Rd., ✆ 076-345100. 100cc-Maschinen kosten ca. 200 Baht pro Tag, 125cc 300 Baht. Allerdings schwanken die Preise je nach Nachfrage erheblich.

PARKEN – Wer mit dem eigenen Fahrzeug unterwegs ist, sollte unbedingt darauf achten, dass an geraden / ungeraden Tagen das Parkverbot von einer zur anderen Straßenseite wechselt, manchmal sogar mittags.

POST – Im Zentrum, 🕓 8.30–12 und 13–16.30, feiertags 9–12 Uhr. **PLZ**: 83 150.

TOURIST POLICE – Thawiwong Rd. nördlich der Einmündung der Bangla Rd. Notruf ✆ 1155.

Nahverkehrsmittel

Pickups und Songthaew im Ort kosten 20 Baht, abends 40 Baht, verlangt werden nicht selten 50–100 Baht. Motorradtaxi 20 Baht.
Tuk Tuks nach PHUKET TOWN 210 Baht, KARON 100 Baht, KATA 150 Baht, KO SIRAY 250 Baht, CHALONG 300 Baht, SURIN 150 Baht.
Busse nach PHUKET TOWN für 15 Baht starten am Bus Stop vor dem Patong Merlin, nehmen aber auch während ihrer Fahrt durch die Thawiwong Rd. und Phra Barami Rd. Fahrgäste auf.
Minibus zum AIRPORT 150 Baht p.P., Taxi 550 Baht.

Kamala

Weiter im Norden erstreckt sich, 26 km von Phuket Town, in einer tiefen Bucht das Moslemdorf **Ban Kamala** zwischen dem Strand und der Umgehungsstraße. Nachdem das Dorf 1995 an das asphaltierte Straßennetz angeschlossen und im Zentrum das große Kamala Beach Hotel errichtet worden war, veränderte sich das Gesicht des Ortes. Bevor am 26.12.04 die volle Wucht einer 10 m hohen Riesenwelle bis weit ins Hinterland hinein heftige Zerstörungen anrichtete, hatte der Tourismus mit Läden, Restaurants und Liegestühlen am Dorfstrand Einzug gehalten. Entlang der befestigten Promenade, die den Strand abgrenzte, boten Garküchen, Schneider und Massagefrauen ihre Dienste an, die nun zögerlich zurückkehren. In Kamala wohnen vor allem Familien und Paare und im Hinterland viele Langzeiturlauber.

Der Ort besitzt zudem die größte touristische Sehenswürdigkeit der Insel, **Phuket FantaSea**. Der 35 ha große Themenpark, der 80 Mill. € verschlungen haben soll, erstreckt sich an der Umgehungsstraße von Kamala. Der gigantische Parkplatz lässt bereits seine Ausmaße erahnen. Vor der Show geht es zum Einkaufsbummel durch das Festival Village, ein teurer Shopping Complex in bunten, thematisch gestalteten Disneyland-Läden.

Am Ende des „Dorfes" werden links in einem dem Königspalast nachempfundenen Gebäude, dem Golden Kinnaree Restaurant mit 4000 Sitzplätzen, von 18–20.30 Uhr leckere europäisch-asiatische Buffets aufgebaut. Nach dem Essen strömen die Besucher hinüber zum Palace of the Elephants, einem gewaltigen Gebäude im Khmer-Stil, dessen Fassade in wechselnden Farben angestrahlt wird. Hinter den Eingangstoren geht es durch tropische Ruinen in den modernen Theatersaal mit 3000 Sitzplätzen – der Kontrast könnte kaum größer sein. Um 21 Uhr beginnt das gewaltige Spektakel „Fantasy of a Kingdom" mit den Helden Rama, Hanuman und Prinz Kamala, über einem Dutzend Elefanten, Tauben, Wasserbüffeln und sogar einem Tiger. Die Texte in Thai und Englisch sind wie die Musik dem internationalen Publikum angepasst. Etwa 100 Personen stehen am Ende der eineinhalbstündigen Show auf der Bühne, und weit mehr sind zudem im Hintergrund daran beteiligt. ◷ tgl. 17.30–23.30 Uhr, ✆ 076-385111-5, 🖳 www.phuket-fantasea.com, Eintritt zur lohnenden Show 1100 Baht, für Dinner und Show 1600 Baht.

Am nördlichen Ende der Bucht erstreckt sich abseits des Dorfes ein schöner Picknickplatz mit hohen Bäumen am Strand, wo man gefahrlos schwimmen kann. Auch hier hat der Tsunami Schäden angerichtet.

Übernachtung

In Ban Kamala wurden viele Resorts, private Zimmer- und Bungalowvermietungen durch den Tsunami zerstört. Zur Zeit der Recherche waren erst einige wieder in Betrieb:

An der Strandstraße im Zentrum des Dorfes:

Benjamin Resort, Rimhad Rd., ✆ 076-385739, 01-8950337, 🖳 www.phuketdir.com/benjaminresort, 3-stöckiges Haus am südlichen Ende des Badestrandes. Zi mit ac, Du/WC und Balkon, von einigen schöner Blick aufs Meer, Dachgarten. ❸

Malinee House, 75/4 Moo 3, Rimhad Rd., ✆ 076-324094, über dem Laden werden in einem Wohnhaus 5 Zi mit Fan oder ac und 3 neuere im EG vermietet, Internet-Zugang. ❸–❹

Seaside Inn, 88/6 Moo 3, Rimhad Rd., ✆/📠 076-279894, 3 sehr saubere, gut ausgestattete Apartments in Doppelbungalows mit Kochecke ca. 10 m abseits der Dorfstraße werden v.a. längerfristig vermietet. Blick auf einen kleinen Garten. ❹

An der nördlichen Verbindungsstraße zwischen Strand und Umgehungsstraße:

Ice Bungalow, 84/1 Moo 3, Rimhad Rd., ✆/📠 076-385437, über den Läden werden einige Zi mit Fan oder ac vermietet. ❸–❹

Chez Sabina Gh., ✆ 076-279544, 📠 279544, 6 Zi in einem Wohnhaus. ❸

Kamala Beach Hotel & Resort, 96/42-43 Moo 3, Rimhad Rd., 🖳 www.kamalabeach.com, ✆ 076-279580-84, großes Hotel. 4-stöckige, U-förmige Blocks um einen Pool mit direktem Strandzugang. Die Zi im EG sind nach dem Tsunami wieder aufgebaut worden. Alle Zi mit ac und Balkon, mit Meeresblick und in der Hochsaison etwas teurer. ❻

An der **Umgehungsstraße**:

The Club, 94/12 Moo 3, ✆ 076-279111, 📠 279113, ✉ theclub@granis.net, unter Leitung von Mel Newton und seiner Frau. Die älteren Zi öffnen sich zu einem Pool im Innenhof hin, z.T. 2-stöckige Maisonette-Wohnungen mit Kochecke.

3-stöckiger Anbau mit weiteren ac-Zimmern mit Balkon nach hinten und zum Pool hin. Im 1. Stock des Hauptgebäudes gemütlicher Aufenthaltsraum im Stil eines englischen Clubs mit Bar, Rooftop-Restaurant. ❺
Maya Bungalows, ✆ 076-385510, ❹
Rainbow Banggalo Beach, ✆ 01-7378605, ❸–❹
Baan Bung Chui, ✆ 076-279122, 01-8952533, ❹
Baan Chaba, ✆ 01-8920503, ❹
Grace Resort, ✆ 076-385839, 01-8942292, 📠 385476, ✉ grace_resort@hotmail.com, 3 Bungalows und Zi in einem 2-stöckigen Gebäude mit Fan oder ac und Du/WC. ❹–❺

Essen

Im Ortszentrum haben sich eine ganze Reihe kleiner Restaurants auf den Geschmack der Urlauber eingestellt. Auch an der Strandpromenade und am nördlichen Ende der Bucht sorgen mehrere Garküchen und kleine Restaurants mit Tischen unter Bäumen für das leibliche Wohl der Badeurlauber.
Noch hält sich das Nachtleben in Grenzen und ist beschränkt auf wenige Bars gegenüber der Schule.
Café Java, eine Bar im Hinterland westlich der zentralen Kreuzung nahe *The Club*.
Kamala Coffee House, direkt am Strand, bietet Frühstück mit gutem Kaffee. Man kann drinnen oder oben auf der offenen Terrasse sitzen.
Rockfish Restaurant & Bar, am Hang an der südlichen Bucht.
Weitere Bars an der Umgehungsstraße.

Sonstiges

AUTOVERMIETUNGEN – ***Via Rent a Car,*** an der Umgehungsstraße, 💻 www.via-phuket.com, ✆ 076-385718, vermietet versicherte PKW ab 900 Baht pro Tag.

EINKAUFEN – Mehrere gut bestückte Minimärkte, eine Bäckerei und einen Markt findet man an der Umgehungsstraße. Ein reichhaltiges Angebot an Souvenirs der gehobenen Preisklasse hält ***Phuket FantaSea*** bereit.

GELD – Der nächste Geldautomat vor den Kassen von ***Phuket FantaSea*** und an der Umgehungsstraße.

INTERNET – im Malinee House und neben dem Markt an der Umgehungsstraße.

NAHVERKEHRSMITTEL – Tuk Tuks nach PHUKET TOWN 360 Baht, PATONG 120 Baht. Busse nach PHUKET TOWN über Bang Tao für 25 Baht. Taxi zum AIRPORT 500 Baht.

WÄSCHEREIEN – Im nördlichen Bereich des Dorfes betreiben Muslimfamilien Wäschereien. Einige sind am Fr geschlossen.

Surin Beach und Pansea Beach

Der Hauptstrand, 24 km von Phuket Town, wird tagsüber von vielen Thai-Touristen frequentiert. In den Hotels wohnen überwiegend skandinavische Familien. Jenseits vom unteren Parkplatz geht es hinab zur Strandpromenade. Sie wird zum großen Teil von alten Bäumen überschattet und von einfachen Restaurants und Läden gesäumt. Ein Teil der Liegestühle, die in mehreren Reihen am Strand stehen, werden von Hotels ihren Gästen zur Verfügung gestellt. Der Strand eignet er sich wegen der hohen Wellen und starken Unterströmungen während des Monsuns von Mai–Oktober nicht zum Baden.

Übernachtung

In Surin an der Straße zum Pansea Beach kurz hinter der Abzweigung u.a.:
Capri Beach Resort, 106/17-18 Moo 3, Choeng Talay, ✆ 076-270597-8, 💻 www.phuketdir.com/pensionecapri, 12 Standard- und 6 Deluxe-Zi in einem 3-stöckigen Gebäude etwas abseits der Hauptstraße mit ac, TV, Kühlschrank und Telefon, die einfachen ohne Fenster oder Blick nach hinten, die besseren mit Balkon zum Meer hin. Restaurant im Erdgeschoss. ❹–❺
Surin Bay Inn, 106/11 Moo 3, Choeng Talay, ✆ 076-271601, 💻 www.surinbayinn.com, hübsche, geschmackvoll eingerichtete ac-Zi, einige mit großem Balkon und Blick aufs Meer, teurere große Zi mit riesigem Bett, Sitzecke und Badewanne. ❹–❻

Twin Palms, 106/46 Moo 3, Choeng Talay, ✆ 076-316500, 🖳 www.twinpalms-phuket.com. Minimalistisch-modern gestaltetes Luxushotel, das zur Charming Hotels-Kette gehört. 72 Zi von 54–61 m² mit offenen Bädern, modernen Stereoanlagen, hohen Fenstern und teils direktem Pool-Zugang. Spa, Bibliothek, Bar und das Restaurant Oriental Spoon, dessen Sonntags-Brunch von 11–14.30 Uhr mit Seafood und 1 Glas Wein für 750 Baht + Steuer und Bedienung großen Anklang findet. ❽

Surin Beach Resort, 106/27 Moo 3, Surin Beach Rd., ✆ 076-325000, 🖳 www.surinbeachresort.com, große, familienfreundliche Anlage, die v.a. bei skandinavischen Familien beliebt ist. Großer Pool mit Wasserrutsche, Zi mit ac, Du/WC, TV, Balkon und Kochecke, viele Aktivitäten.

Surin Sweet Hotel, 107/8 Moo 3, Choeng Talay, ✆ 076-270863-4, ✉ surinhotel@hotmail.com, 32 große Zi mit ac, Du/WC, großer Terrasse. Zu dem italienischen Familienbetrieb gehört auch das hervorragende italienische Restaurant, Frühstücksbuffet, abends Essen im Freien, Sa BBQ. Pool. ❺

Ca. 500 m weiter nördlich der Abzweigung an der Hauptstraße: ***Tiw & Too Gh.***, 13/11 Srisoontarn Rd., ✆ 076-270240-1, 01-7885223, 📠 270241, in einem neueren Haus. 10 saubere Zi mit ac, TV und Kühlschrank. Den Gästen werden am Strand hauseigene Liegen bereitgestellt. ❸

Sun Set View Inn, 13/18 Srisoontarn Rd., ✆ 076-324264, 01-2714150, 📠 324264, in Bonbonfarben gestrichener 4-stöckiger Neubau oberhalb der Straße, eine Kopie von Tiw & Too, großzügige Zi mit Du/WC, TV und Balkon. ❸

Pen Villa, 9/1 Moo 3, Srisoontarn Rd., Choeng Talay, ✆ 076-271100, 📠 324221, 15 Min. vom Strand, geräumige Zi mit ac, Du/WC und Kühlschrank in einem L-förmigen Neubau an einem großen Pool, Frühstück inkl., freundlicher Service. ❹–❺

The Chedi, 118 Moo 3, Choeng Talay, ✆ 076-324017-20, 🖳 www.chedi-phuket.com, schöne, an den Hang gebaute Bungalowanlage der Luxusklasse an einer kleinen Privatbucht. ❽

Bang Tao Bay

Der Ort **Bang Tao**, 24 km von Phuket Town, ist eine der größten Siedlungen im Hinterland der Westküste mit einer beachtlichen sunnitischen Gemeinde. Im Ortszentrum erhebt sich die größte **Moschee** von Phuket mit ihrer weißen Fassade im maurischen Stil, ihren Türmchen und Kuppeln. Doch auch buddhistische Tempel stehen in diesem geschäftigen Ort, dessen **Markt** einen Besuch lohnt.

Nördlich des Ortes zweigt eine Straße ab zur **Bang Tao Bay**. Ein 5 km langer Strand erstreckt sich an der Küste, in deren Hinterland früher Zinn gefördert wurde. In den ehemaligen Zinnminen entstand das *Laguna Phuket*, eine wunderschöne Parklandschaft mit 5 fantastischen Luxushotels, einem 18-Loch-Golfplatz und vielen anderen touristischen Einrichtungen.

Übernachtung

Bangtao Bay, Ban Ketray Rd.: Hier hat der Tsunami an hundert Häusern bis weit ins Hinterland hinein schwere Zerstörungen angerichtet und einige strandnahe Bungalows dem Erdboden gleichgemacht. Die meisten Anlagen waren jedoch nur teilweise beschädigt und sind wieder aufgebaut worden.

Bangtao Beach Chalet, 73/3 Soi Awo Bangtao 2, ✆ 076-3258378, 🖳 www.bangtaochalet-phuket.com, an der Zufahrtstraße, bis Okt 05 geschlossen. ❻

Bangtao Beach Resort, 124/29 Moo 3, Choeng Thale, ✆ 076-270680-5, 🖳 www.bangtaobeach.com, zur Best Western-Kette gehörende Anlage, 199 große Zi und Villen, die bis zum 1. Stock von der Riesenwelle geflutet waren, aber wieder komplett renoviert sind. 2 große Pools in einer Gartenanlage mit direktem Strandzugang, Spa. ❼–❽

Bangtao Lagoon Bungalows, 73/3 Moo 3, Choeng Thale, 🖳 www.phuket-bangtaolagoon.com, ✆ 076-324260, große, auch in der Hochsaison preiswerte Anlage. Von den 60 Bungalows am Strand unter Kasuarinen wurden viele zerstört. Restaurant, Pool. ❸–❻

Bangtao Village Bungalow, 72/25 Moo 3, Choeng Thale, 🖳 www.bangtaovillagebungalow-phuket.com, ✆ 076-270634, dicht aneinander gereihte kleine, überteuerte Bungalows rings um einen Pool. ❼

Amora Rydges (Royal Park Beach Resort), 322 Moo 2, Bangtao Bay, am Ende der Stichstraße rechts. ✆ 076-324021-2, 🖳 www.rydges.com/phuket, 3-stöckige Anlage am Strand in einer weitläufigen, schattigen Gartenanlage, 255 gut eingerichtete ac-Zi; Restaurants, Strandgrill; Pool, Kinderbecken, viele Pauschalurlauber. ❻–❽

Laguna Beach Resort, ✆ 076-324352, 🖳 www.lagunabeach-resort.com, First Class-Anlage mit großzügigen, stilvoll eingerichteten Zimmern ab US$250 zwischen Lagune und Strand. Besonders für Familien mit Kindern geeignet. ❽

Dusit Laguna Resort Hotel, ✆ 076-324320-32, 🖳 www.dusitlaguna.com, sehr schöner 3-stöckiger 5-Sterne-Luxus-Hotelkomplex mit vornehmem Interieur und friedlicher Atmosphäre. ❽

Sheraton Grande Laguna Beach, ✆ 076-324101-7, 🖳 www.lagunaphuket.com/hotels/sheraton, fantastische Super-Luxus-Anlage, 50 bis 150 m vom Strand auf einer von Salzwasserlagunen umgebenen Insel, riesiger, mit Brücken verbundener Gebäudekomplex, der wie eine kleine Stadt wirkt, 340 ac-Zimmer und luxuriöse Suiten, anspruchsvolle Restaurants, Disco, Live-Musik; mehrere Pools, Langstreckenschwimmbahn, Fitness Center; Tauchschule. ❽

Allamanda Laguna Phuket, ✆ 076-324359, 🖳 www.lagunaphuket.com/hotels/allamanda, 2- bis 3-stöckige, verwinkelte Reihenhäuser entlang der Lagune und der Straße, 300 m vom Strand, Studios und Apartments mit 1 und 2 Schlafräumen und Küche. ❽

Banyan Tree, 33 Moo 4, ✆ 076-324374, 🖳 www.lagunaphuket.com/hotels/banyan, weitläufige, prachtvolle Anlage für die Upper Class und Hochzeitsreisende, 50–200 m vom Strand um eine Lagune gebaut. ❽

Nai Thon Beach

Der 900 m lange, herrliche Sandstrand Had Nai Thon, 32 km von Phuket Town, ist für Ruhe suchende Selbstfahrer ideal. Von Norden kommend biegt man zum Nai Thon Beach in **Sakhu**, kurz vor KM 6, vom H4031 rechts auf eine Asphaltstraße (3,5 km) ab. Danach geht es durch muslimische Dörfer über einen kleinen Pass. Im südlichen Strandabschnitt stehen an der Landseite einige Resorts. Mit der Fertigstellung des großen *Phuket Cosy Beach Resorts*, das über 200 Zi haben soll, wird sich der Charakter auch dieses bisher ruhigen Strandes verändern. Am Hang oberhalb des Strandes entsteht ebenfalls eine große Anlage mit Eigentumswohnungen. An dem schönen Badestrand sind die Wellen außerhalb des Monsuns nicht allzu hoch, so dass er sich gut zum Schwimmen eignet. Schnorchelmöglichkeiten bestehen am südlichen Ende des Strandes. Im Gegensatz zu den benachbarten Stränden war dieser Küstenabschnitt kaum vom Tsunami betroffen.

Übernachtung und Essen

Von Süd nach Nord:

Naithon Beach Villa, ✆ 076-205407, 09-4742140, 🖳 www.phuketdir.com/naithonvilla, 6 gepflegte, große Apartments in einem 2-stöckigen Haus mit komplett eingerichteter Küche, 1–2 Schlafzimmern, Terrasse oder Balkon mit Meerblick sowie ein Bungalow, deutscher Besitzer. ❹–❺

Naithon Beach Resort & Restaurant, ✆ 076-205379-80, 📠 205381, ✉ naithonbeachresort@yahoo.com, 14 kleine, eng aufeinander stehende, braun gestrichene Holzbungalows mit ac und 3 günstige Fan-Zi, alle mit Du/WC und kleiner Terrasse, auch Familienzimmer mit TV und Warmwasser-Du/WC; das Restaurant an der Straße mit mittleren Preisen ist von 7–22 Uhr geöffnet. ❹–❺

Phuket Naithon Resort, ✆ 076-205233, 🖳 www.phuket.com/naithon, 50 Zi und Apartments in unterschiedlichen Häusern entlang der Strandstraße mit Fan oder ac, zudem einige größere Zi und Mehrzimmerapartments mit Kühlschrank, Blick auf die Küste oder ins Hinterland. Restaurant mit chinesisch angehauchten, etwas überteuerten Gerichten, kleine Bar. Mopeds werden für 200 Baht pro Tag vermietet. ❹–❻

Außerhalb:

Khwanta Food & Drink, am südlichen Ende des Strandes neben den Gouvernment Bungalows, einfache Thai-Küche.

Tienseng Restaurant, schräg gegenüber, 28/1 Moo 4, ✆ 01-5350512, das lustige, freundliche Personal serviert preiswertere, leckere Gerichte und vermietet einige Zi über dem Restaurant mit Fan oder ac. ❸–❹

Nai Yang Beach

Der schöne Badestrand im Nordwesten, 32 km von Phuket Town, nur 2 km vom Flughafen ist trotzdem relativ ruhig. Riesige, Schatten spendende Kasuarinen ragen direkt am Strand in den Himmel. Zahlreiche Liegestühle zieren den sauberen öffentlichen Strand. Da das Meer nicht tief ist und keine tückischen Strömungen aufweist, eignet sich das etwa 30 °C warme Wasser gut zum Baden.

Ein Teil der Bucht ist in den 90 km² großen **Had Sirinath Marine National Park** mit einbezogen worden, der einen schmalen Küstenstreifen und das Meer entlang der Nordwestküste umfasst. Das *Headquarter* und die teils zerstörten Bungalowanlagen waren während unserer Recherche aufgrund der Flutkatastrophe geschlossen. Die Schäden durch den Tsunami waren an diesem Küstenabschnitt geringer, weil sich die Welle bereits am vorgelagerten Riff gebrochen hatte.

Übernachtung

Nai Yang House, 6/1 Moo 1, Sakhu, ✆ 076-327488, 205061, an der Hauptstraße, 1,5 km vor dem Airport, gegenüber dem Tempel, kurz vor der Abzweigung der Straße nach Crown Nai Yang. Sehr saubere, ordentliche Zi mit Bad/WC und Fan im renovierten Reihenhaus, 3 ac-Bungalows, ländliche Geräuschkulisse, nachts relativ ruhig, aufmerksam geleitet von einer pensionierten Lehrerin. 20 Min. zu Fuß vom Strand entfernt, langsamer Internet-Zugang. ❸–❹

Garden Cottage, 53/1 Moo 1, Sakhu, ✆ 076-327293, de.geocities.com/gardencottage2002, Reservierung empfohlen. 18 Bungalows mit grünen Dächern an der Straße am hohen Baum etwas weiter südlich. Recht große und sehr saubere, nett eingerichtete Häuser mit Fan oder ac und Warmwasser in einem üppigen Garten. Auto- und Motorradvermietung. Freundliche Atmosphäre, hervorragende einheimische und europäische Küche. Hübscher Bungalow für traditionelle Thai-Massage (400 Baht pro Std.). ❹–❺

Dee Bungalow, 106/3 Moo 5, T. Sakhu, ✆ 04-8386311, 09-7250728, ein Reihenhaus und einzeln stehende Bungalows stehen etwas von der Straße zurückversetzt auf einem noch kahlen Grundstück. Weder Restaurant noch Aufenthaltsräume. ❹

Naiyang Cottage, Moo 1, Sakhu, ✆ 01-6779619, 06-7393882, ✉ naiyangcottage@yahoo.com, direkt an der Straße, 9 Zi mit Fan oder ac, Warmwasser/Du-WC, TV und Kühlschrank. Der Besitzer, Nipon Jang-Jam, spricht gut Englisch. ❹

Nai Yang Beach Resort, 65/23-24 Moo 5, ✆ 076-328300/400, www.naiyangbeachresort.com, an der Strandstraße zwischen den beiden großen Hotels Crown Nai Yang und Pearl. Bungalows mit Fan oder ac, Du/WC und Kühlschrank in einem Garten. Trotz der guten Lage nicht sehr attraktiv gestaltet. ❹–❻

Wonglee House, 65/15 Moo 5, T. Sakhu, ✆ 06-2761908, 07-2838027, sehr ruhig gelegenes neues Haus abseits vom Strand, im 1. Stock teils kleine Zi mit Fan oder ac und Warmwasser-Du/WC. Terrasse mit Sitzgelegenheiten. Adul Wonglee, der gutes Englisch spricht, und seine Familie wohnen im EG und bereiten für Gäste auch Essen und Getränke zu. ❸–❹

The Golddigger's Resort, 74/12 Surin Rd., Sakhu, ✆ 076-328424, www.golddigger-phuket.com, 2 saubere, gepflegte Reihenhäuser beiderseits eines Pools, 10 Min. vom Strand im Dorf in ruhiger Lage. Zi. mit Fan oder ac, Warmwasser-Du/WC und TV, auch Apartments, im Restaurant gibt's gute Steaks; Fahrrad- und Motorradvermietung, unter Schweizer und australischer Leitung. ❺–❻

Eco Gh. & Minimarkt, an der Straße zum Pearl Village, hinter dem 108 Shop und der Wäscherei in einem tropischen Garten. 3 große, gepflegte ac-Zi mit Kühlschrank und TV. Frühstück inkl. Die Eigentümerin spricht Englisch. ❹

Crown Nai Yang Suite Hotel, 117 National Park Rd., ✆ 076-327420-9, www.phuket.com/crown-naiyang, Hotel mit Pool, das durch eine wenig befahrene Straße vom Strand getrennt ist. Geräumige, renovierungsbedürftige ac-Suiten für Familien und Kleingruppen. In der Nebensaison günstig. ❺–❼

Pearl Village, ✆ 076-327006, www.phuket.com/pearlvillage, sehr gute Hotelanlage, 226 komfortable ac-Zi, Cottages und Suiten, ausgezeichnete Restaurants, großer Pool in weitläufigem Garten, Kinderbecken. Viele Sportmöglichkeiten. 3x tgl. Shuttlebus zum Schwesterhotel Pearl in Phuket Town. ❻–❼

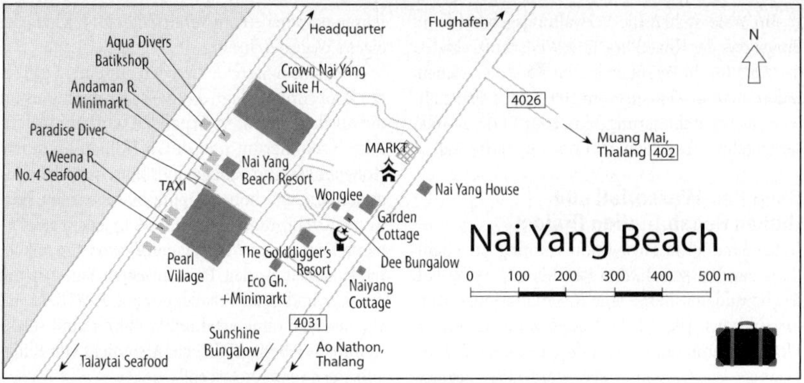

Sunshine Bungalows, südlich vom Strand, an der Straße nach Thalang, ✆ 076-328317, 6 großzügige, solide Bungalows für Familien, Pool, Auto- und Motorradverleih, deutsches Management. ❹–❺

Arahmas Resort & Spa, 92 Moo 3, Ban Na Tai, ✆ 076-316000, ✉ info@arahmashotels.com, neue Luxusanlage mit 107 modern eingerichteten Zi, Suiten und Villen am Hang, z.T. mit direktem Poolzugang, großer Pool mit Wasserfall, Spa, Restaurant. ❽

Essen

Die an der Strandstraße liegenden Garküchen, Seafood-Restaurants, Souvenirstände, Bars und der Batikshop wurden ebenso wie der Minimarkt und die Tauchbasis nach der Zerstörung durch den Tsunami wieder aufgebaut.

Die einheimischen und europäischen Gerichte im ***Garden Cottage*** sind ein Gedicht. Tischreservierung in der Saison empfehlenswert, ✆ 076-327293, ⏲ tgl. 18.30–21 Uhr.

Nahverkehrsmittel

Tuk Tuks nach PHUKET TOWN 320 Baht, Taxis 600–800 Baht, Busse 30 Baht.
Nach PATONG Taxi 800–1000 Baht, KATA 500 Baht, AIRPORT 100 Baht.

Das Landesinnere

Tha Rua

Im Zentrum der Insel, 12 km nördlich von Phuket Stadt, steht der **Lak Muang** von Phuket und mitten im Kreisverkehr das 1966 für die Heldinnen Thao Thepkrasatri und Thao Sri Sunthorn erbaute **Denkmal**.

Das neu gestaltete **National Museum** östlich vom Denkmal lohnt einen Besuch. Der Eingangsbereich neben der Kasse bietet eine Einführung in die Frühgeschichte und die Beziehungen zu den Khmer (Kambodscha), den Thai-Reichen Sukhothai und Ayutthaya sowie zu Indien. Im ersten Raum werden die Landschaftsformen, die Geologie sowie die Grabstätten und Wohnhöhlen der ersten menschlichen Siedler dargestellt, die seit dem 7. Jh. in Takua Pa eintreffenden indischen Händler und späteren europäischen Seefahrer. Die Auswirkungen des Tsunami sind ebenfalls dokumentiert. ⏲ tgl. 8.30–16.30 Uhr, ✆ 076-311426, Eintritt 30 Baht.

Khao Phra Taeo Wildlife Park

In diesem letzten Rest tropischen Regenwaldes, 21 km nördlich von Phuket, leben auf 2228 ha zahlreiche Affen, Vögel, Makaken, Wildschweine und sogar noch einige Malaienbären. An den Hängen der Berge, von denen der **Khao Phara** mit 450 m am höchsten ist, entspringen mehrere Bäche, die sich in der Regenzeit zu zwei Wasserfällen formen, dem **Tone Sai-Wasserfall** im Westen und dem **Bang Pae-Wasserfall** im Osten. Eine einfache Tour führt ein Stück am Wasserfall entlang. Ein Pool lädt zu einem abkühlenden Bad ein.

Im Wald stehen die Verwaltungsgebäude und Bungalows des Khao Phra Taeo Wildschutzgebietes, die Platz für 20 Personen bieten ❹. Zu erreichen, indem man in Thalang vom H402 nach Osten abbiegt, der Ausschilderung 3 km zum Tone Sai-Wasserfall folgt und sich an der Gabelung rechts hält.

Bang Pae-Wasserfall und Gibbon Rehabilitation Project

In der Khao Phra Theaw Non-Hunting Area beim Bang Pae-Wasserfall, Ban Pa Khlok, liegt am Fuß der bewaldeten Berge eine Rehabilitationsstation für Gibbons. Die 1,5 km lange Abzweigung am Elefantencamp führt zuerst durch eine Kautschukplantage. Das Gibbon Project wurde 1992 gegründet, um die in den Bars lebenden verhaltensgestörten Gibbons, die mit Drogen ruhig gestellt und an Alkohol und Nikotin gewöhnt wurden, zu rehabilitieren und in einen artgemäßen Lebensraum zurückzuführen. Junge Leute aus aller Welt arbeiten hier freiwillig und ohne Bezahlung. Sie erklären am Eingang Besuchern gern die Hintergründe und Ziele des Projekts. Daneben können einige der Tiere in Käfigen betrachtet werden. Am Eingang ist ein Informationsblatt *der Wild Animal Rescue Foundation of Thailand* auch in Deutsch erhältlich. 🕒 tgl. 9–16 Uhr, ✆ 076-260492, 💻 www.gibbonproject.org. Seit auch für die Non-Hunting Area, in der das Projekt liegt, 200 Baht Eintritt zu zahlen sind, kommen nur noch wenige Touristen. Für die Gibbons selbst ist dann kein Eintritt mehr fällig, aber es wird eine Spende erwartet. Für einzelne Gibbons können Patenschaften übernommen werden (1500 Baht pro Jahr). Einige Reisebüros bieten die Fahrt im Rahmen einer Tour an. Mit einem eigenen Fahrzeug fährt man am Kreisverkehr beim Denkmal der Heldinnen auf den H4027 und nach 9 km links nach Bang Pae.

Aktivitäten

Kanu fahren

Sea Canoe war der erste Veranstalter, der fantastische Seekanu-Touren in der Bucht von Phang Nga anbot. Mittlerweile operieren zahllose Seekanu-Veranstalter mit insgesamt über 200 Kanus, so dass es zu bestimmten Zeiten in der Hochsaison fast wie auf den schwimmenden Märkten zugeht. Es empfiehlt sich daher, außerhalb der Hauptsaison zu fahren oder bei einem Veranstalter zu buchen, der eigene Wege beschreitet.

Die langen Strecken werden auf einem größeren Boot zurückgelegt, das die seefesten Kanus für die Ausflüge mitführt. Gepaddelt wird um malerische Inseln herum und durch Höhlen hindurch. Höhepunkte sind Fahrten in Hongs, natürliche Lagunen, die von hohen, üppig bewachsenen Felswänden völlig umschlossen sind. In jedem aufblasbaren Kanu sitzen 2 Passagiere, die von einem Führer gepaddelt werden. Preis für einen Tagestrip mit Transfer und guter Verpflegung: ca. 2900 Baht. Auf eigene Faust ohne erfahrenen Führer sind solche Kanutrips lebensgefährlich. Also nicht von Billiganbietern verleiten lassen!

John Gray's Sea Canoe, 124 Soi 1, Yaowarat Rd., Phuket Town, 💻 www.johngray-seacanoe.com, ✆ 076-254505-7, der Pionier.

Sea Canoe Thailand, 367/4 Yaowarat Rd., Phuket Town, ✆ 076-212252, 💻 www.seacanoe.net, auch mehrtägige und nachmittägliche Touren mit Dinner.

Sea Cave Canoe, 2/2 Chumphon Rd., Phuket Town, ✆ 076-234419, 💻 www.seacavecanoe.com, Di und Do Touren mit deutschsprachigen Guides.

Andaman Sea Kayak, ✆ 076-235098, 💻 www.andamanseakayak.com.

Schnorcheln

Das mit 1,5 km Länge größte Riff liegt vor dem Nai Yang Beach, ca. 1 km vor der Küste, wo das Park Office steht. Weitere **Riffe** zum Schnorcheln: vor dem Coral Beach Hotel, an der Freedom Bay und an der Emerald Bay, vor den Felsen von Laem Prom Thep, vor Laem Son nördlich von Surin Beach, innerhalb der Bojenketten am nördlichen Kata Beach (vom Club Med Strand aus erreichbar) und am westlichen Ende des Nai Harn Beach vor Ao Sane und vor dem Jungle Beach Resort. Gute **Inseln** zum Schnorcheln: **Ko Kaeo** (3 km von Rawai vor der Südspitze von Phuket), **Ko Hay** (= Coral Island, vor Rawai), **Ko Mai Thon** (12 km im Südosten), **Ko Khai Nai** und **Ko Khai Nok** (im Osten vor Ko Siray, 2 Felseninseln mit schattenlosem Strand, Restaurant, manchmal sind Delphine zu sehen) und **Ko Racha Yai** (s.u.). Maske, Schnorchel und Flossen werden in manchen Unterkünften und in Taucherläden für ca. 250 Baht pro Tag vermietet.

Tauchen von Phuket aus

Tauchen vom Land aus ist in Phuket nur zum Eingewöhnen oder blutigen Anfängern zu empfehlen, die an der südlichen **Kata Beach** oder weiter nördlich vor **Ko Pu** ihre ersten Tauchgänge im offenen Meer unternehmen. Wegen des Bootsverkehrs kann es vor allem vor Patong gefährlich sein. In kurzen Bootstouren erreichbare Plätze wie **Shark Point** (Felsen mit Korallen bis in 22 m Tiefe) und das angrenzende **Anemonenriff** (mit Seeanemonen und Weichkorallen) auf halbem Weg nach Ko Phi Phi sowie **Ko Doc Mai** (steiler Felsen mit Weichkorallen) haben eine große Vielfalt an Korallenfischen zu bieten. Interessanter wird es an den vorgelagerten Inseln, vor allem für Unterwasserfotografen und Genusstaucher. Das Nonplusultra in Thailand sind derzeit die *Live-aboard Cruises* an Bord echter Tauchschiffe. So werden z.B. die **Similan Islands** (s.S. 729), Ziele in **Myanmar** (Burma), der **Richelieu Rock** (manchmal Walhaie) und **Ko Tachai** angesteuert – Tauchreviere, die auch dem verwöhnten Taucher ungewöhnliche Erlebnisse bescheren.

Allein auf Phuket gibt es über hundert Tauchbasen, von denen die 5-Sterne Tauchzentren die Besten sind. Nur wenige habe eigene Boote, aber fast alle bieten 4-tägige PADI-Kurse zum *Open Water Diver* für 7500–12 000 Baht an. In vielen Tauchschulen unterrichten auch deutschsprachige Tauchlehrer. Vor einer Buchung empfiehlt es sich, die Ausrüstung zu inspizieren. Tagestörns zu Tauchrevieren wie dem Shark Point und Ko Racha mit zwei Tauchgängen werden je nach Ziel und Saison für 2000–2500 Baht (inkl. Fahrt, Softdrinks und Mittagessen) angeboten, bei Sonderangeboten unter 1000 Baht sollte man skeptisch sein. Schnupperkurse *(Introductory Dive Courses)* unter Aufsicht eines Tauchlehrers kosten pro Tauchgang etwa 900–2000 Baht. Die Ausrüstung kann separat oder als Set für ca. 500–800 Baht gemietet werden; Kamera, Tauchcomputer und Lampen kosten extra. Tauchsaison ist in Phuket von Dezember bis Mitte. Mai, Tauchtouren finden von Mitte Oktober bis Ende Mai statt.

Tauchbasen:

In Chalong: *Sea Bees*, 1/3 Moo 9, Vichit Rd., ☏ 076-381765, 💻 www.sea-bees.com, unter deutscher Leitung, Ableger in Hotels am Kata und Patong Beach, günstiger über LTU zu buchen, Kurse und *Live-aboard Cruises.*

Sea King, 20/23 Moo 4, Soi Suksan, Vichit Rd., ☏ 076-280319, 💻 www.seaking-diving.com, britische Tauchschule, auch *Liveaboard Cruises.*

Poseidon, im The Evason Phuket Resort, 💻 www.poseidondiving.com.

In Kata: *Calypso Divers*, 84 Taina Rd., Kata Beach, ☏ 076-330869, 💻 www.calypsophuket.com. Deutsche Tauchschule.

Nautilus Divers, 5/33 Kata Noi Rd., Kata Beach, ☏/📠 076-284183, 💻 www.nautilus-phuket.com. Die Tauchschule unter Leitung des Schweizers Mike wurde nach dem Tsunami wieder aufgebaut, Tauchfahrten mit dem Speedboot, Unterwasser-Scooter, Anfängerkurse im Hausriff vor der Tür.

In Karon: *Dive Asia*, 121 Moo 4, gegenüber dem Islandia Complex, Patak Rd., Kata Beach, ☏ 076-330598, 📠 284033, 💻 www.diveasia.com.

In Patong: *Santana*, 49 Thawiwong Rd., ☏ 076-294220, 💻 www.santanaphuket.com (englisch und deutsch).

Scubacat, 94 Thawiwong Rd., ☏ 076-293120, 💻 www.scubacat.com.

Warm Water Divers, 225 Rat Uthit Rd., ☏ 076-294150, Filiale im Amari Coral Beach Resort, ☏ 076-293023, 💻 www.warmwaterdivers.com.

All 4 Diving, 5/4 Sawasdirak Rd., ☏ 076-344611, Tauchausrüstung in großer Auswahl im größten Shop der Insel, angeboten werden auch Kurse diverser Veranstalter. Der Manager spricht Deutsch.

In Nai Thon: *Aqua Divers* neben dem Naithon Beach Resort, ☏ 076-205440, 💻 www.aquadivers.de, unter deutscher Leitung. PADI- und IDA/CMAS-Kurse, für erfahrene Taucher, Kurztrips und Mehrtagestouren. Von Okt bis April Tauchen im nahen „Hausriff".

In Nai Yang: *Aqua Divers*, zwischen dem Pearl Village und Crown Nai Yang, ☏ 076-205440, 💻 www.aquadivers.de, Filiale der Tauchschule in Nai Thon unter deutscher Leitung. PADI und IDA/CMAS-Kurse am Hausriff und in Ko Waeo, Trips nach Similan und zu anderen Tauchgebieten. Geöffnet von Oktober bis Mai, gute Anfängerkurse.

Paradise Diving, Pearl Hotel, ☏ 076-327420, 📠 327322, freundlich und hilfsbereit.

Elefantensafaris

Eine große Attraktion sind Safaris auf Elefantenrücken durch Gummiplantagen. Treks von 30 und 60 Min. veranstaltet z.B *Siam Safari Nature Tours*, 70/1 Chao Fa Rd., Chalong, ✆ 076-280116, 🖳 www.siamsafari.com, tgl. 10–16 Uhr, im Hinterland der Chalong Bay, oder *Adventure Safaris*, 70/85 Rat Uthit Rd., Patong, ✆ 076-341988, 📠 340292, ab Patong. Halbstündige Touren kosten etwa 750 Baht, eine Stunde ca. 1000 Baht.

Die Mahouts sehen darin die einzige Möglichkeit, ihren Elefanten am Leben zu halten. Denn seit dem Baumeinschlagverbot sind Hunderte der Dickhäuter ohne Arbeit. Viele Unternehmen operieren allerdings illegal.

Radtouren

Einige wenig befahrene Küstenstraßen und das hügelige Landesinnere mit seinen Plantagen stellen für mehr oder weniger Geübte eine Herausforderung dar, die Insel aus einer neuen Perspektive zu erfahren. Mountainbikes vermieten der *Phuket Mountain Bike Club*, ✆ 076-280116, oder *Andaman Trails*, ✆ 076-235098.

Der *Phuket Cycling Club* offeriert Radtouren, ✆ 076-216650. *Siam Safari Nature Tours*, 70/1 Chao Fa Tawan Tok Rd., 1 km nördlich vom Kreisverkehr in Chalong, ✆ 076-280116, 🖳 www.siamsafari.com, bieten neben Halbtagstouren mit halbstündigem Elefantenritt, Jeep- und Kanufahrt auch eine 5-tägige Tour mit Mountainbikes rings um die Bucht von Phang Nga an.

Inseln vor Phuket

Coral Island – Die Insel Ko Hay (auch Ko Hae) liegt etwa 6 km vor Rawai am Südzipfel von Phuket. Wegen ihrer schönen Korallen führen viele Schnorchelausflüge hin. Einfache Strandrestaurants bereiten mittags Thaigerichte an und servieren kalte Getränke.

Ko Lone – hat bis zu 260 m hohe Berge. Auf drei Seiten ist sie von einer steilen Felsküste umgeben, nur im Nordosten erstreckt sich ein Strand. Hier liegt auch ein muslimisches Dorf.

Ko Mai Thon – Auch zu dieser Insel, 16 km vor Chalong, werden Tagesausflüge angeboten, die sich wegen der schönen Strände und Schnorchelgründe lohnen.

Ko Racha Yai und Noi

Die hügelige und felsige Insel **Ko Racha Yai** liegt 21 km südlich von Phuket. Feiner, weißer Sand bildet die zwei Hauptstrände **Batok** und **Siam Bay** im Nordwesten der Insel. Hier liegen die Bungalowanlagen, Restaurants und landeinwärts ein kleiner Laden. Das Wasser ist fast immer klar und im Nordwesten gut zum Schwimmen und Schnorcheln geeignet. Viele Tauchschulen fahren täglich zur Insel. Während der Touristeninvasion am Hauptstrand sind die anderen Strände eine ruhige Alternative, sofern sich nicht eine der zahlreichen Baustellen in der Nähe befindet. Im Februar sind manchmal Quallen eine Plage. Die kleinere Doppel-Insel **Ko Racha Noi** ist nicht bewohnt. Sie besitzt nur einen winzigen Sandstrand.

Übernachtung und Essen

Jungle Bungalows, Siam Bay, ✆ 01-3960887, Buchungen unter ✆ 076-288550, der Natur angepasste Anlage auf einem Hügel, weit auseinander stehende, überteuerte Hütten, schäbige Toiletten und Zi, gemütliches Restaurant. Gemanagt von einer freundlichen, umweltbewussten Familie und dem Neuseeländer Gerry. Zu erreichen über einen Pfad, der links an der Siam Bay hinaufführt. Am Aufgang zu den Bungalows ein preiswertes Restaurant. ❸

Raya Resort, ✆ 01-2292922, Buchungen unter ✆ 076-352087, 🖳 www.racharesort.com, Frühstück inkl. Die Hütten stehen in einem schön angelegten Garten auf den Felsen am linken Ende der Bucht. 20 relativ komfortable Holzbungalows mit Fan oder ac. Strom von 18–24 Uhr. Das Restaurant links am Strand serviert gute, frische Gerichte, ist bei Flut allerdings nur durchs Wasser zu erreichen. ❹

Ban Raya, Buchungen unter ✆ 076-354682, 🖳 www.banraya.com, hellhörige Reihenhäuser mit Fan oder ac, Strom ab 18 Uhr, zudem Wände mit Ritzen und schlecht funktionierende Du/WC, offenes Restaurant in der kleinen Bucht auf der anderen Seite der Insel, die nach 20 Min. zu Fuß durch einen Palmenhain zu erreichen ist, Internet, *Raya Divers*, 🖳 www.rayadivers.com. Motorrad-Shuttle ab Anlegestelle in der Batok Bay. ❺

The Racha Resort, 🖳 www.theracha.com, ✆ 076-355455, 70 Zi in Luxusvillen, Pool, Spa,

Tennisplätze und Restaurant, nach dem Tsunami ab Oktober 05 wieder offen. ❽

Ko Yao Yai und Noi

Die große Ko Yao Yai und die kleinere Schwesterinsel Ko Yao Noi mitten in der Phang Nga Bay sind von zahlreichen kleineren Inselchen umgeben. Auf der südlichen, größeren Ko Yao Yai verläuft im Norden eine Straße über die Bergkette nach **Ban Chong Lat**, einem Fischerhafen mit einem Pier, an dem auch einige Boote aus Phuket und die aus Phang Nga anlegen. Hier warten Motorradtaxis auf ankommende Passagiere. Der von Kokospalmen gesäumte, hübsche **Lo Pa Rat Beach** in der tiefen Bucht im Westen der Insel lädt zum Baden ein und ist über die Inselstraße zu erreichen. Auch die von Felsen durchsetzten Strände **Ao Sai** und **Laem Nok Ok** an der Ostküste eignen sich gut zum Schwimmen.

Das nördliche **Ko Yao Noi** ist besser erschlossen. In mehreren Dörfern leben etwa 4000 Moslems. Es gibt an den Stränden weder Telefon noch Sonnenschirme und Liegestühle. Neben Motorrädern können Tuk Tuks für Rundfahrten gemietet werden. Im größten Dorf **Ban Yai** im Südwesten (auch: Ban Ta Khai) befinden sich der Hauptpier, die Schule, Polizei und Post ein Krankenhaus, der große Markt, ein paar kleine Restaurants und Läden, ein Gästehaus, ein Kino, eine Moschee und sogar ein Internet-Café. Von einem weiteren Pier im Süden, **Tha Manoh**, fahren die Boote nach Ko Yao Yai und das Passagierboot nach Phuket ab. Die schönsten Badestrände liegen an der Ostküste, u.a. der **Pasai Beach** im Süden hinter dem Dorf **Ban Laem Sai** und der **Long Beach** (Hat Klong Jaak) weiter nördlich.

Übernachtung und Essen

KO YAO YAI – Auf der Insel gibt es einige kleinere, einfache Unterkünfte mit Restaurant:
Tiew Son Resort, 58/4 Moo 4, im Nordosten, südlich von Chong Lat, ✆ 01-7374420, 01-9567582, mit einem guten Restaurant und einem wunderschönen Ausblick auf die Inselwelt. ❸
Yao Yai Island Resort, Lo Pa Rat Beach, 80/3 Moo 7, ✆ 076-238265, 01-5356871, an einem schönen Strandabschnitt. Nach Voranmeldung werden Gäste vom Pier abgeholt. ❸–❹

KO YAO NOI – An der Ostküste liegen mehrere Resorts. Von Süden nach Norden:
Lom' Lae, Moo 5, Pasai Beach, 4,5 km vom Markt, ✆ 01-9580566, 09-8688642, 4 einfache, kleine Bambushütten auf Stelzen mit Terrasse und Hängematte, Bambusdusche und Thai-WC. Restaurant mit kleinen Gartenpavillons, leckeres Thai-Essen. Der Strand auf der gegenüberliegenden Straßenseite ist zum Schwimmen nur bei Flut geeignet. Touren-Angebote. ❸
Pasai Cottage, Pasai Beach, 200 m weiter, ✆ 076-248099, 01-9561879, oder in Phuket ✆ 076-248099, 10 Bungalows mit Terrasse, Fan, Du/WC und Moskitonetz stehen in einer Reihe dicht aneinander gereiht hinter dem Restaurant, das an der Straße liegt. Frühstück inkl. ❸
Coconut Corner, Pasai Beach, 500 m weiter, ✆ 01-9562607, 3 Bambusbungalows mit kleiner Veranda und Du/WC unter der Leitung des hilfsbereiten, Englisch sprechenden Mr. Bean und seiner Frau. Gutes kleines Restaurant, kostenlos ist die tägliche Kokosnuss frisch von der Palme. ❸
Sabai Corner, 150 m weiter, in der folgenden kleinen Bucht am Hang, ✆ 01-8921827, kleine palmwedelgedeckte Hütten mit Terrassen, teilweise mit schönem Blick aufs Meer und den Long Beach. Gemanagt von der Italienerin Lela und ihrem Mann Uhn. Im gemütlichen Restaurant über den Klippen am Meer gibt es Pasta, guten Kaffee und nach Voranmeldung ein traditionelles Thai-Dinner. ❸
Raggae Pub, 300 m weiter, eine Strandbar, die Snacks und Getränke verkauft.
Long Beach Village, 35/26 Moo 5, Long Beach, 600 m weiter, ✆ 01-6077912, oder in Phuket ✆ 076-381623. 28 größere Bungalows mit Du/WC und 1 oder 2 Betten auf hohen Stelzen oberhalb der Straße auf einem weitgehend baumlosen Grundstück an einem schönen Strandabschnitt. Großes, offenes Rimlay Restaurant, Jeep-Vermietung. ❸–❺
Koyao Island Resort, 800 m weiter, 24/2 Moo 5, ✆ 076-597474, 597476 Reservierungen, 📠 597477, 💻 www.koyao.com, in einer von Felsen umrahmten Bucht mit feinem Sandstrand abseits der Straße. Unter Kokospalmen in weiten Abständen 15 sehr schöne, stilvoll möblierte Villas mit hohen traditionellen Dächern, westlichem Komfort, Fan

(auf Wunsch ac), Warmwasser-Du/WC, offenes Wohnzimmer mit TV, Video und Kühlschrank. Restaurant mit guter einheimischer und mediterraner Küche, verschiedene Aktivitäten. Spa, französisches Management. ❼–❽

Tha Khao Bungalows, 3 km südlich vom Fischerdorf Ban Tha Khao, in einer kleinen, ruhigen Bucht mit hübschem Sandstrand in einem gepflegten Garten am Wasser stabile Bungalows mit großer Terrasse. 3 Bungalows für 2 Pers., 2 mit 2 Zi für 4 Pers. und 3 mit 3 Zi für 6 Pers., alle jeweils mit Du/WC. Im Restaurant werden alle Mahlzeiten zubereitet, Fahrrad- und Kajakverleih. ❸

The Paradise Ko Yao, 24 Moo 4, ✆ 01-8924878-9, 💻 www.theparadise.biz, Luxusresort im Nordosten, Villas und Studios mit offenen Bädern, teils mit eigenem Pool. Außerdem Restaurant, Bar, Spa und großer Pool. ❽

Transport

KO YAO YAI – Vom Tien-Sin-Pier, 7 km nördlich von Phuket Town, fährt täglich um 10 und 14 Uhr ein Boot für 50 Baht in 1 Std. zur Insel. Zurück gegen 8 und 12 Uhr. Vom Bang-Rong-Pier um 12 Uhr, zurück um 7 Uhr für 50 Baht.

KO YAO NOI – Vom Pier östlich von BANG RONG auf Phuket (Bus aus Phuket Town nur morgens in 30 Min., zurück um 8 und 11 Uhr für 20 Baht) fahren um 9.30, 11, 12.40, 14.30 und 17 Uhr alte Passagierboote in 45 Min. für 50 Baht zur Insel, zurück um 7, 10, 15 und 16 Uhr. Je nach Gezeiten legt das reguläre Boot auf Ko Yao Noi in THA MANOH oder BAN YAI an.

Von Tha Manoh fährt zudem tgl. 1 Boot in 15 Min. für 20 Baht nach KO YAO YAI. Von THA KHAO im Nordosten fährt tgl. 1 Boot um 7 Uhr nach THA LEN in 45–60 Min. für 50 Baht, von dort mit dem Minibus weiter nach KRABI für 30 Baht, zurück um 12 Uhr.

Bei Wind auf keinen Fall mit einem überladenen Boot fahren, denn die Überfahrt kann unangenehm werden.

Longtail-Boote können für Ausflüge und Badetrips auf die benachbarten Felseninseln oder aufs Festland gechartert werden.

Ko Phi Phi เกาะพีพี

Eine Insel, deren Bilder Südseeträume wecken. Man stelle sich zwei Kalksteinmassive vor, wild zerklüftet, mit Dschungel auf der einen und Kokospalmen auf der anderen Seite bewachsen. Diese werden durch eine flache Landbrücke verbunden, die auf beiden Seiten eine halbrunde, schneeweiße Sandbucht formt.

Kein Wunder, dass Ko Phi Phi (ausgesprochen: Pi Pi) total vermarktet wurde und vor allem seit dem 1999 hier gedrehten Film *The Beach* mit jährlich bis zu 400 000 Touristen wahnsinnig überlaufen war. Besonders junge Leute zog es auf die Partyinsel. Wilde Bautätigkeit hatte das Gesicht der flachen Landbrücke verändert, viele Strandabschnitte waren völlig verdreckt, das Wasser war knapp, das Grundwasser brackig und die Sickergruben liefen über. Schon lange vor dem verheerenden Tsunami, der auf der Insel 691 Todesopfer und fast ebenso viele Vermisste forderte, war Ko Phi Phi kein Traumziel mehr.

Ko Phi Phi besteht eigentlich aus zwei Inseln: die liebliche Ko Phi Phi Don mit den Unterkünften und die schroffe, unbewohnte Ko Phi Phi Le mit schönen Ausflugszielen. Ein Teil von Ko Phi Phi wurde 1983 in den 390 km² großen **Nopparat Thara–Ko Phi Phi Marine National Park** einbezogen, dessen Headquarter am Strand von Nopparat Thara bei Krabi stationiert ist.

Ko Phi Phi Don

Vieles von dem, was der Insel schadete, hat der Tsunami mit sich fortgerissen, so dass einige Inselkenner meinen, dass sie nun besser aussähe als zuvor. Bei Redaktionsschluss wurde das Zentrum rings um das Dorf Ban Laem Trong mit tatkräftiger Hilfe von freiwilligen Helfern der Organisation *Help International Phi Phi*, in der sich über 2000 Backpacker engagiert haben, aufgeräumt. Noch ist nichts Neues aufgebaut, und es bleibt zu hoffen, dass die Fehler der Vergangenheit nicht wiederholt werden. Über die aktuelle Situation auf der Insel informiert 💻 www.hiphiphi.com/tourism.

Die malerische südliche **Ton Sai Bay** war das Ziel Hunderter Tagesausflügler aus Phuket und Krabi. Das ehemalige Fischerdorf **Ban Laem Trong** im Zentrum der südlichen Bucht, das sich zu einem ausgedehnten Touristenort mit allen Möglichkeiten entwickelt hatte, wurde vom Tsunami zu 70% zerstört. Viele beschädigte Häuser sind repariert worden, Restaurants und Läden haben wieder geöffnet. Das westliche Ende der Bucht ist wegen der zahlreichen Korallensteine nicht zum Baden geeignet. Der **Hin Khom Beach** besteht aus rauen Felsen, davor zeigt sich bei Flut nur wenig Sandstrand. Vom Bay View Resort gelangt man in 30 Min. zu Fuß zum Long Beach (zuerst über die Felsen am Ufer entlang und dann weiter landeinwärts). Die seichte **Lo Dalam Bay** (auch Back Bay) liegt nur 200 m von der Ton Sai Bay entfernt, auf der anderen Seite der Landbrücke. Sie wurde von der Gewalt der Riesenwelle am stärksten getroffen, so dass die meisten Gebäude hier dem Erdboden gleichgemacht wurden. Die Bucht selbst sieht bei Flut wieder wunderschön aus.

Der schöne **Long Beach**, auch Hat Yao, war vom Tsunami nicht betroffen. Der weiße, lange Sandstrand ist mit Steinen und Korallen durchsetzt. Er bietet eine tolle Sicht übers Meer nach Ko Phi Phi Le. Direkt vom relativ steil abfallenden Strand kann man zu den Schnorchelfelsen (z.B. Hin Pae, Shark Point) und zum leider weitgehend zerstörten Riff schwimmen. Man erreicht den Long Beach zu Fuß in einer guten halben Stunde (zu später Stunde starke Taschenlampe mitnehmen) oder bis zum Abend mit einem der ständig verkehrenden Langboote (s. Transport).

Die kleine, ruhige **Ran Ti Bay** erreicht man von Ban Laem Trong über den Viewpoint mit schönem Blick (30 Min., 330 Stufen) und anschließend auf einem schlechten Trampelpfad, der bei Regen schwer begehbar ist, durch interessanten Dschungel (weitere 30 Min.). Die **Lo Ba Kao Bay** mit ihrem 450 m langen, sehr schönen, aber flach abfallenden feinen Sandstrand wird von Kokospalmen gesäumt. Die einzige Unterkunft, das Pee Pee Island Village ist allerdings sehr teuer. Zwischen seinen Personalunterkünften beginnt ein Dschungelpfad. Rechts gelangt man nur bei Ebbe nach einer nicht empfehlenswerten, gefährlichen Klettertour an der Küste entlang bis Ban Laem Trong. Links geht es über eine Holzbrücke am Dorf vorbei quer über die Insel zur La Nah Bay. In der schönen **La Nah Bay** kann man schnorcheln (schöne Fische) und in einem kleinen Restaurant gut und billig essen. Am **Laem Thong Beach** am nördlichen Ende der Insel liegen drei Luxusresorts.

Übernachtung

Auf der Landbrücke, wo sich 70% aller Unterkünfte befanden, sind nur wenige Gebäude stehen geblieben. Das große P. P. Princess Resort im Zentrum soll bis 2007 wieder aufgebaut sein. Zur Zeit der Recherche gab es auf der Insel 37 Unterkünfte mit 1000 Zi. Zu ihnen gehören:

TON SAI BAY – ***Phi Phi Hotel*** ⑦, ✆ 075-611233, 01-8940624, 🖳 www.phiphi-hotel.com, 4-stöckiges Mittelklassehotel ohne Flair, das den Pier überragt, 64 ac-Zi. Business Center, umbauter Pool neben dem Restaurant, kein Garten. ❺–❻
JJ Gh. ⑧, ✆ 01-8944304, 2-stöckiges Haus in einer ruhigen Gasse hinter dem moslemischen Essensmarkt, 19 Zi mit ac und Du/WC, TV und Kühlschrank. ❹
Phi Phi Banyan Villa ⑫, ✆ 075-611233, 01-8940624, 🖳 www.phiphi-hotel.com, Ableger des gleichnamigen Hotels. Hinter dem großen Banyan-Baum stehen in einer kleinen, üppigen Gartenanlage 2-stöckige Reihenhäuser, alle ac-Zi mit Du/WC, Wasserkocher, Balkon oder Terrasse; Pool, Massage, Restaurant und Bar. ❺–❻
Chao Koh Phi Phi Lodge ⑬, ✆ 075-611313, Anlage am östlichen Dorfrand. 20, im hinteren Bereich ruhigere Zi mit Fan oder ac, Warmwasser-Du/WC, Frühstück inkl. Restaurant, Pool, Internet, Wäscheservice und Touren. ❹
Pee Pee Don Chukit Resort ⑭, ✆/📠 075-618126, die 40 Bungalows mit Fan oder ac stehen sehr eng, nur wenige direkt am Ufer, alle mit Du/WC und ac, Frühstück inkl. Das Restaurant liegt z.T. etwas erhöht auf Felsen und direkt am Wasser, so dass abends eine leicht kühlende Brise durchs Lokal weht, herrliche Aussicht; freundliche Bedienung. ❸–❹
Gipsy Village ⑮, ✆ 01-8947597, 150 m landeinwärts in ruhiger Lage, 25 saubere Steinbungalows mit Du/WC und Fan, weiträumig um einen Palmengarten angeordnet. Freundliche Leute, Wäscheservice. ❸–❹
Phi Phi Town House ⑯, in einem einfachen Reihenhaus hinter der neuen Moschee 8 Zi mit Fan und Du/WC. ❷

LO DALAM BAY – ***Pee Pee Viewpoint Resort*** ⑨, ✆/📠 075-622351, ✉ ppviewpoint@hotmail.com, große Anlage entlang der felsigen Küste und im Hinterland am östlichen Rand der Bucht am Hang, 45 Bungalows, von teuren Häusern im Thai-Stil mit ac, Warmwasser-Du/WC, Balkon oder Zugang zum Garten bis zu einfachen Zi mit Fan. Vom Restaurant mit großer Terrasse schöner Blick über die Bucht. Minimarkt, Internet, Wäscheservice, Touren und Tickets. Freundliche Leute. ❹–❺

Rimna Villa ⑩, 💻 www.rimnavillabungalow.com, ✆ 075-618086, am Hang unter Palmen, feste Häuschen, 27 große Zi mit Du/WC und Fan oder mit ac und Warmwasser-Du/WC, verbunden durch Laufstege und Treppen, schöne Rezeption, Tickets. ❸–❹

Valentine ⑪, ✆ 01-7790201, 25 solide Häuser und nette Bambusbungalows mit Bad und Fan, etwas abgelegen und nicht gerade schön, aber ruhig. Die hinteren Bungalows liegen nicht im Schatten und heizen sich deshalb stark auf. ❸

HIN KHOM BEACH – ***Phi Phi Villa Resort*** ⑰, ✆ 09-8716467, neue ac-Bungalows von unterschiedlicher Größe mit Du/WC und Terrasse sowie einige ältere Hütten. Restaurant. Große, Schatten spendende Bäume am Sandstrand, bei Flut recht malerisch mit schöner Sicht auf Phi Phi Le. ❸–❺

Andaman Legacy ⑱, ✆ 01-8946511, 36 U-förmig angeordnete Bungalows mit ac, TV und Minibar sowie Zi im Reihenhaus mit Fan auf einem großen Grundstück hinter dem Friedhof und der Strandstraße. Hier werden Bootstickets verkauft. ❸–❹

Andaman Beach Resort ⑲, neben der Schule, ✆ 075-618060, 📠 075-618018, 82 U-förmig dicht aneinander gebaute, etwas dunkle, aber saubere ac-Betonbungalows mit kleiner Veranda rings um einen Pool auf einem relativ schattenlosen Gelände, dahinter preiswertere mit Du/WC und Fan. Am durch eine Mauer befestigten Strand ist kein Schatten zu finden. Restaurant mit westlichem und Thai-Essen zu akzeptablen Preisen, Internet. ❸–❺

Bay View Resort ⑳, ✆ 075-621223, 💻 www.phiphibayview.com, 25 grüne, saubere Komfort-Bungalows in einheitlicher Ausstattung am Hang mit alten Bäumen. Wer die weniger teuren weiter oben bucht, sollte gut zu Fuß sein, um den steilen Weg hinab zum Restaurant am schönen Sandstrand zu bewältigen. Freundlicher Service, Frühstücksbuffet inkl. Das Essen und die Getränke sind ebenso wie die Zimmer überteuert. Pool, Tauchschule, Tickets. ❺

Araya Buri ㉑, gehört zum Bay View Resort, ✆ 075-621223, 💻 www.phiphibayview.com, 38 Luxusvillen mit ac, TV, Minibar, Safe und Balkon, kleiner Strand unterhalb der Anlage, Shuttleboot zum Village. ❺–❽

LONG BEACH – Bis auf das Paradise Pearl sind alle außerhalb der Saison geschlossen.

Paradise Pearl Resort ㉒, ✆ 075-622100, 💻 www.ppparadise.com, 80 saubere, nett eingerichtete Steinbungalows, in der ersten Reihe mit Moskitonetz, Du/WC, Rattan- und Beton-Gartenmöbeln, einige neue, geräumige Bungalows mit ac je nach Lage, Größe und Ausstattung zu unterschiedlichen Preisen, langsamer Service, ruhige Lage, viele Stammgäste. Großes Restaurant mit einigen Tischen in Strandnähe mit Video; Reisebüro, Ausflüge, Safe, Internet-, Telefon- und Fax-Service. Tauchbasis. ❸–❺

Long Beach Bungalows ㉓, ✆ 075-612217, 88 teils heruntergekommene Hütten. Die billigsten mit Moskitonetz, Fan und Gemeinschafts-Du/WC, bessere mit Fan und Du/WC. Verschmutztes Wasser, durch das Leser krank geworden sind. Unfreundlicher Service. Riesiges Restaurant, abendliches Video-Programm, Internet-Service, Massage, Vermietung von Seekanus, Tauchbasis. ❸–❹

Phi Phi Hill Resort & Restaurant ㉔, ✆ 01-7341570, 💻 www.phiphihill.com, zu dem ruhig gelegenen Resort oberhalb des Strandes führt eine lange, steile Treppe und ein Lastenaufzug hinauf. Geräumige, saubere Bungalows auf Stelzen mit Du/WC, Fan (Sunrise) oder ac (Sunset), TV und Kühlschrank. Schöne Aussicht auf die Bucht von Ban Laem Trong und aufs Meer, v.a. von der Terrasse des Restaurants aus. Zur Zeit der Recherche geschlossen. ❸–❺

WEITER IM NORDEN – ***Ran Tee Beach Resort*** ⑥, ✆ 06-7463297, 06-7463961, 09-8740223, 15 einfache Bambusbungalows am Hang von unterschiedlicher Größe und Ausstattung mit Moskitonetz, Fan (nur abends, wenn der Genera-

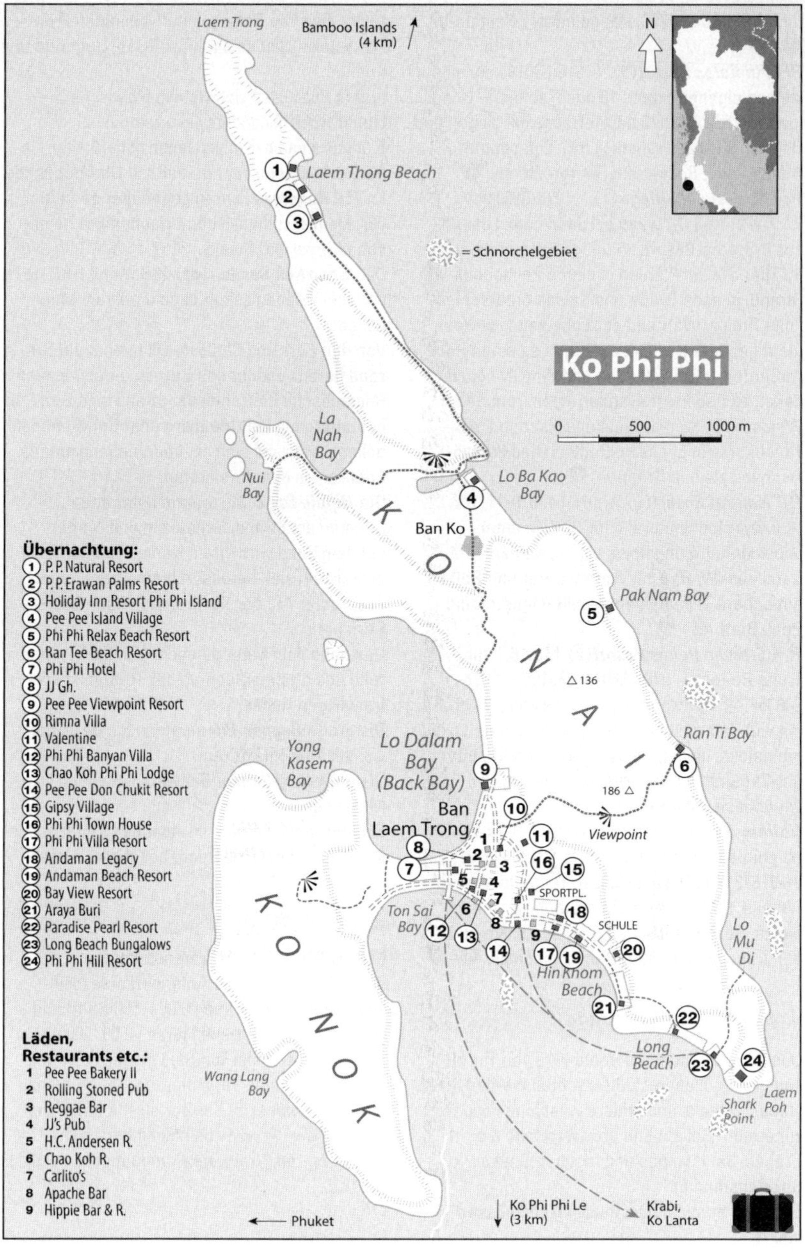
Ko Phi Phi
Laem Trong
Bamboo Islands (4 km)
N
Laem Thong Beach
= Schnorchelgebiet
0 500 1000 m
La Nah Bay
Nui Bay
Lo Ba Kao Bay
Ban Ko
KO PHI PHI DON
Pak Nam Bay
△ 136
Ran Ti Bay
186 △
Yong Kasem Bay
Lo Dalam Bay (Back Bay)
Ban Laem Trong
Viewpoint
SPORTPL.
SCHULE
Ton Sai Bay
Hin Khom Beach
Lo Mu Di
Long Beach
Laem Poh
Shark Point
Wang Lang Bay
KO NOK
Ko Phi Phi Le (3 km)
Krabi, Ko Lanta
Phuket
Übernachtung:
1 P.P. Natural Resort
2 P.P. Erawan Palms Resort
3 Holiday Inn Resort Phi Phi Island
4 Pee Pee Island Village
5 Phi Phi Relax Beach Resort
6 Ran Tee Beach Resort
7 Phi Phi Hotel
8 JJ Gh.
9 Pee Pee Viewpoint Resort
10 Rimna Villa
11 Valentine
12 Phi Phi Banyan Villa
13 Chao Koh Phi Phi Lodge
14 Pee Pee Don Chukit Resort
15 Gipsy Village
16 Phi Phi Town House
17 Phi Phi Villa Resort
18 Andaman Legacy
19 Andaman Beach Resort
20 Bay View Resort
21 Araya Buri
22 Paradise Pearl Resort
23 Long Beach Bungalows
24 Phi Phi Hill Resort
Läden, Restaurants etc.:
1 Pee Pee Bakery II
2 Rolling Stoned Pub
3 Reggae Bar
4 JJ's Pub
5 H.C. Andersen R.
6 Chao Koh R.
7 Carlito's
8 Apache Bar
9 Hippie Bar & R.

tor läuft) und Du/WC, Hängematten, Restaurant. ❷–❸

Phi Phi Relax Resort ⑤, ✆ 010-830194, an einem kleinen eigenen Strand 16 neue, einfache Bungalows mit Fan, Du/WC und Terrasse mit Liegen und Blick aufs Meer, Frühstück inkl. Entspannte Atmosphäre, Restaurant, Touren, Boote. ❹

Pee Pee Island Village ④, ✆ 076-815014, ℻ 076-214918, 🖳 www.ppisland.com. Luxuriöses 4-Sterne-Resort, 84 ruhige Holzbungalows im Thai-Stil auf Pfählen in einem Palmenhain am Strand, je nach Größe und Saison unterschiedliche Preise. Während der Ebbe kann im Meer nicht gebadet werden, dafür gibt es einen Pool. Außerdem 3 Bars, ein Spa und Kino. Möglichkeiten zu Dschungelwanderungen, zum Segeln, Windsurfen, Schnorcheln und Fischen. PADI-Tauchkurse in Englisch, Deutsch und Französisch mit kleinen Gruppen. ❽

P.P. Natural Resort ①, ✆ 075-613010-11, 🖳 www.phiphinatural.com, 77 Zi in unterschiedlichen Bungalows mit ac, Kühlschrank, Satelliten-TV, Bad mit Warmwasser und Balkon, einfachere Zi im Reihenhaus, Restaurant und Pool, Bars. ❺–❽

P. P. Erawan Palms Resort ②, Moo 8, Leam Trong Beach, ✆ 076-236411, 236198, ℻ 076-236355, 🖳 www.pperawanpalms.com, 21 große, mit viel Holz geschmackvoll eingerichtete Luxusbungalows mit ac, Du/WC, Satelliten-TV, Internet-Zugang und Terrasse, Restaurant, Bar, Pool, Tauchbasis. ❻–❽

Holiday Inn Resort Phi Phi Island ③, 🖳 www.phiphi-palmbeach.com, ✆ 075-621334, 620798, 01-6767317-8, 80 Luxusklasse-Bungalows unter Palmen. Süßwasser-Pool mit Jacuzzi, Tennisplätze, Restaurants mit hohem Preisniveau, auch der Transport ist teuer; Bar, Tauchbasis. ❻–❽

Essen und Unterhaltung

Das Angebot an Restaurants wird von Tag zu Tag größer. Neben Thai-Gerichten werden Pizza, Nudeln, Steaks und andere westliche Favoriten zubereitet. Beliebt und preiswert sind die Crêpes, Sandwiches und frischen Shakes von Straßenständen.

Billig isst man auf dem muslimischen **Essenmarkt**.

In der ***Pee Pee Bakery***, einem beliebten Frühstückslokal, gibt es auch Espresso, Baguette und Kuchen.

In ***JJ's Pub*** fühlen sich vor allem britische Urlauber wohl, besonders beim kalorienhaltigen Frühstück und bei Trinkgelagen mit eiskalten Getränken während der Live-Fußball-Übertragungen.

Im ***H.C.Andersen*** schräg gegenüber genießen vor allem skandinavische Urlauber ihre heimische Küche und Steaks.

Das ***Chao Koh Restaurant*** mit Bar und BBQ ist vor allem wegen seiner Lage direkt am Meer beliebt.

Von den Bars und Clubs im Village hat ein Dutzend bereits wieder den Betrieb aufgenommen. Romantische Plätzchen am Strand sind zum Sonnenuntergang bei Urlaubern aller Generationen beliebt, während sich ein überwiegend junges Publikum in den Bars drängt.

Die ***Hippie Bar & Restaurant*** unter alten Bäumen am Strand, Schaukeln und Matten auf dem Sand wird ihrem Namen voll gerecht und erfreut sich bereits früh am Abend regen Zuspruchs. Auf der Karte stehen auch Thai-Gerichte.

Das nahe dem Meer gelegene ***Carlito's*** ist während des großen Cleen-up der Treffpunkt aller freiwilligen Helfer.

Die große ***Reggae Bar*** am Hang lockte früher v.a. mit Thai-Kickboxen.

In der ***Rolling Stoned Bar*** wird manchmal Live-Musik geboten.

Einheimische sind v.a. im ***Apache*** zu finden, dessen Musik die ganze Bucht beschallt.

Aktivitäten

KLETTERN – Mehrere Veranstalter bieten in der Saison halbtägige Anfängerkurse (650–1000 Baht), Tageskurse (1300–1500 Baht) und 3-tägige Fortgeschrittenenkurse (4500–5000 Baht) an den Felsen beim Ton Sai Village an. Darauf achten, dass eine Versicherung inbegriffen ist.

Phi Phi Climbers an der Dorfstraße hinter der Apache Bar, 🖳 www.phiphiclimbers.com.

K.E. Hang Out, 🖳 www.kehangout.com, ✆ 01-9581820.

Sonstiges

Im Sommer 05 waren über 30 Geschäfte bereits geöffnet, darunter 7 Tauchshops, 2 Apotheken, ein Minimarkt, zwei Supermärkte, ein Buchladen, mehrere Boutiquen, Internet-Cafés und Souvenirläden. Auch Schnorchelausrüstung wird verliehen.

GELD – Ein Geldautomat der Bank of Ayudhya akzeptiert auch Karten mit Cirrus- / Maestro-Symbol.

Transport

RINGS UM DIE INSELN – Für eine Rundfahrt können Longtail-Boote am Pier, am Long Beach oder am Hin Khom Beach gemietet werden. Sie kosten für 2–3 Std. 600 Baht und für einen ganzen Tag 1200 Baht.
Vom Village zum LONG BEACH verkehren Boote für 40 Baht p.P., nach Sonnenuntergang 50 Baht oder Charter. Die Bootsleute verlangen bis zu 400 Baht für die 10-minütige Tour.
Zur RAN TI BAY 100 Baht p.P., NUI BAY 400 Baht und zur LA NAH BAY 500 Baht pro Boot.

AN- UND WEITERREISE – **Von Krabi Town**: Vom Chaofa tgl. um 9 und 15 Uhr per Expressboot für 150/200 Baht einfach in 1 1/2–2 1/2 Std., zurück u.a. um 9 und 13.30 Uhr. Den Bus nach Bangkok erreicht man über Krabi noch am selben Tag.
Vom Ao Nang Beach: in der Saison tgl. um 9 Uhr ein Boot über Rai Leh für 270 Baht p.P. in 2 Std. Rückfahrt um 15.30 Uhr.
Von Ko Lanta: In der Saison um 8, 10.30 und 13 Uhr ein Boot für 250 Baht p.P. in 1 1/2 Std., zurück um 11.30, 14 und 15.30 Uhr.
Von Phuket: Boote vom Rassada Pier, Fischereihafen oder Thaisako Pier gegen 8.30 Uhr in 50 Min.–2 1/2 Std. zur Tonsai Bay für 300– 500 Baht (s.S. 685). Tour inkl. Mittagessen, Schnorchelausrüstung und Besuch der Viking Cave 700–1200 Baht. Zurück gegen 9 und 14.30 Uhr. Wer in Phuket ankommt, muss sich am Pier auf überhöhte Forderungen der Taxifahrer einstellen. Den ac-Bus von Phuket nach Bangkok schafft man am selben Tag nur mit dem Morgenboot.

TAGESTOUREN AB PHUKET – Je nach Alter, Geschwindigkeit, Größe und Komfort der Boote Touren für 700–1200 Baht p.P. inkl. Snacks und Mittagessen. Man wird vom Hotel zum Schiff gebracht, das zwischen 8.30 und 8.45 Uhr am Tiensin-Pier ablegt. Nach ca. 2 Std. Fahrt inkl. einer Runde um Ko Phi Phi Le und einem 20-minütigen Aufenthalt an der Viking Cave ist die Hauptinsel Phi Phi Don erreicht. Dort steht das Mittagessen in Form eines Buffets bereit. Danach bleibt Zeit zum Schwimmen, bevor es gegen 14.30 Uhr zurück geht.

Ausflüge von Ko Phi Phi

Inselrundfahrt

Eine lohnende Schnorchel- und Sightseeing-Fahrt um Phi Phi Don mit dem Boot lässt sich auf eigene Faust organisieren und bei einem der Reisebüros für 1000–1500 Baht buchen. Billige Schnorcheltouren stoppen nicht an den Stränden. Auch Tauchschulen nehmen Schnorchler mit. Die **Bamboo Islands** sind gut zum Schnorcheln und haben schönen, feinen, weißen Strand mit Schatten spendenden Kasuarinen. Am Nordende der **Ko Nok-Halbinsel** wächst Seefarn an den tiefen Stellen vor den steilen Felsen. An der Westseite gibt es Tropfsteinfelsen, keine Strände und keine Bademöglichkeit.

Ko Phi Phi Le

Bootsfahrten zur schroffen, südlichen Schwesterinsel Ko Phi Phi Le (auch: Ko Phi Phi Lay) mit interessanten Kliff-Formationen werden regelmäßig angeboten. Bei den Ausflugs-Arrangements von Phuket sowie den Inselrundfahrten ist diese Tour im Preis inbegriffen. Die Tourboote legen auch an der **Viking Cave** an. Hier werden pro Jahr etwa 200 kg Schwalbennester geerntet. Chinesen, Hauptabnehmer der Schwalbennester, bezahlen an die Konzessionäre für ein Kilo 40 000–50 000 Baht, weil sie an die potenzfördernde und lebensverlängernde Wirkung der Nester glauben. Die liebliche **Maya Bay** wurde weltweit bekannt, als dort Anfang 1999 der Traveller-Roman *The Beach* verfilmt wurde. Dabei kam es zu Auseinandersetzungen mit Naturschützern, die den Nationalpark gefährdet sahen, da für die Dreharbeiten große Pontons im Meer verankert werden mussten und der Strand mit Kokospalmen aufgeforstet wurde.

Schnorcheln

Ko Phi Phi besitzt Schnorchelgebiete mit vielen Fischen, aber weitgehend zerstörten Korallen. Im Village und in einigen Unterkünften gibt es ordentliche Schnorchelausrüstungen zu mieten. Die Felsengruppe **Shark Point** (Thai: *Hin Phae)* vor dem Long Beach kann mit Flossen in 2 Std. bequem umrundet werden. Schön kann man auch vor **Laem Poh** schnorcheln. Am Abhang des flachen Wassers vor dem **Hin Khom Beach** leben in geringer Wassertiefe giftige, aber harmlose Seeschlangen und in 2 m Tiefe Muränen, die man nicht anfassen oder provozieren sollte. Vorsicht vor Booten, die ins Hafenbecken fahren!

Die Schnorchelreviere vor der Ostküste besucht man am besten auf einem Halbtages- oder Tagesausflug. Auch südlich von den **Bamboo Islands** lohnt es sich zu schnorcheln.

Tauchen

Die Umgebung der Inseln bietet Tauchern ausgezeichnete Möglichkeiten, die bunte Unterwasserwelt der Korallengärten zu erkunden. Am besten eignen sich die Monate November bis Mai, wenn die Sicht zwischen 10 und 30 m beträgt.

Die schönsten Tauchgebiete liegen vor **Ko Bida Nok** südlich von Ko Phi Phi Le und vor **Ko Phi Phi Don**. Diese Tauchgründe eignen sich hervorragend für Anfänger und Genusstaucher, die in der Saison in großen Gruppen die Riffe bevölkern.

Barakuda Dive Center im Village, ✆/℻ 075-620698, 💻 www.barakuda.com, PADI 5-Sterne-Center unter dänischer und englischer Leitung. Zudem wird Wracktauchen angeboten. Sie haben allerdings nicht das neueste Equipment.
Phi Phi Scuba Diving Center im Village, ✆ 075-612665, 💻 www.phiphi-scuba.com, PADI Center unter Schweizer Management.
Paradise Diving am Long Beach, 💻 www.ppparadise.com/diving.htm, günstiger als die anderen Schulen und sehr nett.
Von Lesern gelobt wurde ***Viking Divers,*** im Village, 💻 www.vikingdiversthailand.com.

Von Phuket nach Phang Nga

Der H402 verlässt die Insel Phuket nach Norden über die Thepkasattri-Brücke. Am KM 4 beginnt die neue Umgehungsstraße von Khok Kloi, die von den privaten Bussen genutzt wird. Der Bus Terminal der öffentlichen Busse liegt am KM 0,6 rechts hinten in einer Seitengasse (kurz vor der PTT Tankstelle). An der zentralen Kreuzung (KM 0) in **Khok Kloi** (Hotel *Khok Kloi Inn,* ❶) geht es auf dem H4 geradeaus Richtung Khao Lak (50 km) und Ranong (258 km), nach rechts Richtung Phang Nga (38 km), Krabi (118 km) und Hat Yai. An der kurvigen Straße H4 nach Phang Nga liegen viele Palmöl-, Kokos- und Kautschukplantagen. Neue Umgehungsstraßen umfahren einige Dörfer.

Der **Vogelpark** am KM 31,9 hinterlässt einen schalen Geschmack. Beim KM 33,6 biegt die Straße zum Hotel, zum *Headquarter* des **Ao Phang Nga Marine National Parks** und zu den Anlegestellen für eine Bootsfahrt durch die Bucht von Phang Nga ab. Am KM 35,8 des H4 zweigt nach rechts die neue Straße H415 ab, die in der Ebene verläuft und die Strecke nach Krabi um 9 km verkürzt. Sie bietet auch einige landschaftliche Reize, z.B. nach 7,8 km am Thai-Schild *5 km* einen Abstecher in ein hübsches Tal mit tropisch bewachsenen Felsen. An einigen markanten Kalkfelsen ist am KM 36,2 der Ortsanfang von Phang Nga erreicht.

Transport

Der kleine Bus Terminal **Khok Kloi** liegt 600 m südlich der zentralen Kreuzung in einer Nebenstraße. Hier kommen nur staatliche Busse durch, die von Phuket Richtung Norden, Osten und Süden fahren, daher eignet er sich sehr gut zum Umsteigen. Die Angestellten sprechen kaum Englisch, helfen Touristen aber immer freundlich weiter. Tickets für ac-Busse gibt es am Terminal, die für non-ac-Busse werden im Bus verkauft. Wegen der vielen Busse, die nur kurz halten, ist es ratsam, sich die Busnummer zu merken. Zwischen 13.30 und 15 Uhr kommen nur wenige Busse vorbei.
Nach BANGKOK mit 2.Kl. ac-Bus 63 um 9.25, 11.55, 13.35, 15.15, 17.20 und 18.30 Uhr für

374 Baht, ac-Bus 949 um 16 und 18.30 Uhr für 460 Baht, VIP-24-Bus 999 um 8.30, 17, 18 und 19 Uhr für 720 Baht in 12 Std.; diese Busse passieren Khao Lak ca. 50–60 Min. später, in Takua Pa machen alle ca. 1 1/2 Std. später an der Bus Station etwa 15 Min. Rast.
Nach TAKUA PA mit non-ac-Bus 436, 430 oder 465 jede volle Std. bis 19 Uhr für 36 Baht in ca. 2 Std., bis KHAO LAK (50 km) und BANG NIANG für 30 Baht in ca. 70 Min.
Nach RANONG über Khao Lak mit non-ac-Bus 430 um 9 Uhr für 95 Baht, 2.Kl. ac-Bus um 14.20 Uhr für 130 Baht, ac-Bus um 11, 13 und 16.10 Uhr für 160 Baht in 4 1/2 Std.
Nach SURAT THANI über Khao Lak und Khao Sok mit non-ac-Bus 465 um 6.15, 7, 8.30, 9.50, 11.10, 12.30, 13.50 und 15.10 Uhr für 88 Baht in 5 Std., ac-Bus 465 um 8.30 und 10 Uhr für 158 Baht in 4 Std.; diese Busse stoppen nach Bedarf.
Nach PHANG NGA Bus 437 um 11.40, 13.30, 15.10, 17 und 18 Uhr für 17 Baht.
Nach KRABI Bus 438 um 12.30 und 17 Uhr für 48 Baht in 3 Std., ac-Bus jede halbe Std. bis 19.30 Uhr für 86 Baht.
Nach TRANG non-ac-Bus 441 6x tgl. von 6.30–13.25 Uhr für 90 Baht in 5 Std., ac-Bus 411 16x tgl. bis 19.30 Uhr für 126 Baht in 4–5 Std.
Nach HAT YAI Bus 443 um 12 Uhr für 134 Baht, ac-Bus 12x tgl. für 241 Baht.
Nach KHAO LAK kann man zur Not auch ein Songthaew für 400–600 Baht chartern.

Phang Nga พังงา

Die saubere Provinzhauptstadt Phang Nga (gesprochen ungefähr Pang-ga) liegt 84 km von Krabi und 92 km von Phuket entfernt. Berühmt ist sie für die wunderschöne Bucht mit den steil aus dem Wasser aufragenden Kalkfelsen, ansonsten wirkt sie eher verschlafen. Auch im Stadtgebiet erheben sich viele Kalkfelsen, einige von Höhlen durchzogen. Die erst kürzlich entdeckte **Tham Pung Chang** gehört zu den eindrucksvollsten Höhlen Thailands. Am südwestlichen Ortsanfang von Phang Nga (KM 36,2 des H4) ragen einige markante Kalkfelsen auf. Sie sind unten völlig durchlöchert und enthalten **Tham Russi**, die Höhle des Eremiten. Mit viel Beton wurden Pfade hindurchgebaut und der **Srinakarin Park** ringsherum angelegt.

Kleine Rundfahrt

Wer nichts für Tempel und Höhlen übrig hat, hält Phang Nga Stadt vielleicht für ein langweiliges, unattraktives Nest, in dem es nichts zu tun gibt. Wer sich jedoch ein Motorrad mietet, kann in der völlig untouristischen Umgebung auf wenig befahrenen Straßen malerische Landschaften, urige Höhlen, hübsche Wasserfälle, eindrucksvolle Tempel, idyllische Bauerndörfer und ein wenig Dschungel entdecken – mehr als genug für einen Tag.

Appetit auf mehr könnte die folgende **kleine Rundfahrt** (80 km) machen: Sie führt nach Norden und Osten über die Berge bis Thap Put (s.S. 662) und im Flachland zurück nach Phang Nga. Auf dem H4 geht es zunächst 9 km durch fast ebene Talauen (2 nette Abstecher) bis zur Abzweigung des H4090 am KM 48 (= KM 187,7). Bald beginnt auf dem kaum befahrenen H4 der steile Aufstieg zum **Pass** (KM 185) durch dichte Vegetation. In herrlichen Kurven geht es bergab bis zum KM 179, wo man einen Abstecher nach rechts zu einem **Felsenkloster** mit mehreren schönen Höhlen machen kann. Nun verläuft der H4 vorwiegend eben weiter bis Thap Put (KM 169). Dort sollte man den Abstecher vom KM 168 auf dem H4118 nach Osten zum **Wat Bang Riang** nicht versäumen, ein Höhepunkt im wahrsten Sinne des Wortes. Auf dem H415 geht es – mit diversen Abstechern – durch intensiv landwirtschaftlich genutzte Ebenen nach Westen zurück nach Phang Nga.

Einige Abstecher haben wir am Ende der **Rundtour** „Zwischen Krabi und Phang Nga" beschrieben.

Übernachtung

Phang-nga Inn ⑧, 2/2 Soi Lohakit, ✆ 076-411963, ✉ phang-ngainn@png.co.th, *Bed and Breakfast* für gehobene Ansprüche, verschiedene, geschmackvoll eingerichtete ac-Zi mit und ohne Du/WC, gepflegtes, großzügig gestaltetes Haus in ruhiger Lage; freundliches, Englisch sprechendes Personal. ❸–❹
Alle anderen Unterkünfte liegen an der Hauptstraße, der **Petchkasem Rd.:**
Phang-nga Gh. ③, Nr. 99/1, ✆ 076-411358, saubere, kleine Zi mit und ohne Du/WC, in zwei Stockwerken eines schmalen, langen Hauses, die hinteren Zi sind ruhiger; bestens gepflegt und

betreut von einer freundlichen Familie. Motorräder 200 Baht. ❷, ac ❸
Thawisuk ②, Nr. 77-79, ✆ 076-411686, hellblaues Gebäude, 12 sehr preiswerte, z.T. schmuddelige und muffige Zi mit Fan. ❶–❷
New Lak Muang (auch: Lukmuang 2) ⑨, Nr. 540, ✆ 076-411500, 📠 411501, 1,6 km südlich, 24 Zi mit ac (nur mit Fan 60 Baht billiger) und Bad mit Badewanne, gut, komfortabel und nach hinten ruhig; freundliches Personal. ❸–❹
Phang Nga Valley Resort ⑩, Nr. 5/5, ✆ 076-412201, 📠 411393, 3 km südlich am KM 35,4 in einer Nebenstraße. Thai-Hotel mit einigen ac-Bungalows und Gästehaus, Restaurant, *Thai Dance Show*, Fischteich; Eintritt. ❸–❹

Essen

Gutes, preiswertes Restaurant ***Kha Mu*** (ohne engl. Schild) gegenüber vom *Thawisuk Hotel*, nicht immer geöffnet.
Empfohlen wurde uns das ***Cha-Lang Restaurant***, ✆ 076-413831, 5 Min. vom *Phang-nga Inn* entfernt, wo es die Wegbeschreibung gibt. Besonders schön sitzt man im Garten. Lecker sind das *Green Curry* und *Crispy Pork* mit Kokosmarkscheiben.

Sonstiges

BOOTSTOUREN ZUR PHANG NGA BAY – Am Bus Terminal bieten mehrere Unternehmer zu identischen Preisen ihre Touren an.
Empfohlen wurden uns ***Sayan Tour***, ✆ 076-430348, ✉ Pakorn@netsiam.net,
Phang-Nga Sea-Tours, ✆ 06-1643215, die Halbtagestouren ab 2 Pers. durchführen, und
Triple Friends Tours, ✆ 076-430195.
Eine typische Halbtagestour geht von 8–12 und von 14–18 Uhr (in der Saison) für 200 Baht p.P. (plus 2x 20 Baht für den Minibus) und reicht eigentlich aus. Der Ganztagestrip von 8–16 Uhr für 500 Baht p.P. enthält zusätzlich Mittagessen, Obst und Trinkwasser sowie eine Liegematte für die Mittagspause. Die Übernacht-Tour ist eher etwas für Hartgesottene. Die Longtail-Boote sind extrem nass, von unten und oben, und besonders laut.

HÖHLE – Nur mit den Führern von ***Pung Chang Cave Exploring***, ✆ 076-264320, kann man die ganz fantastische Flusshöhle erkunden (500 Baht p.P., 9–15 Uhr). Bei der 2-stündigen, anspruchsvollen Tour durch z.T. enge Schluchten werden auch Kanus und Bambusflöße eingesetzt.

MOTORRÄDER – kann ***Sayan Tour*** evtl. für 250 Baht arrangieren. Auch 500 m südlich des Bus Terminals befindet sich eine kleine Motorradvermietung, Preis: 250–300 Baht.

Transport

BUSSE – Bustickets gibt es am Schalter der Transport Co. und im Bus.
Nach BANGKOK (815 km) 2.Kl.-ac-Bus um 14 und 16.30 Uhr für 389 Baht in 12 Std., ac-Bus um 16 Uhr für 459 Baht, um 18 Uhr für 441 Baht, VIP-32-Bus von *Nitnai Tour* jeden 2. Tag für 498 Baht; der VIP-24-Bus um 17 Uhr für 685 Baht fährt nicht über Takua Pa.
Von und nach PHUKET alle 30 Min. für 36 Baht in 2 1/2 Std., ac-Bus für 65 Baht.
Von und nach KRABI alle 30 Min. für 46 Baht in 2 Std., 2.Kl. ac-Bus für 64 Baht, ac-Bus 82 Baht.
Nach TRANG alle 30 Min. für 85 Baht, ac-Bus 139 Baht.
Nach SATUN um 9.45 und 11.45 Uhr für 221 Baht.
Nach PHATTALUNG um 11.30 Uhr für 171 Baht.
Nach HAT YAI ac-Bus 6x tgl. von 8–14 Uhr für 220 Baht in 6 1/2 Std.
Nach SURAT THANI non-ac-Bus um 6, 7, 11.30, 13 und 14.20 Uhr für 80 Baht, ac-Bus um 9.30, 11.30, 13.30 und 17.30 Uhr für 130 Baht. Der erste non-ac-Bus erreicht um 10.30 Uhr den Zubringerbus zur Fähre nach Ko Samui, dafür den Bus bei *Samui Tour* stoppen lassen.
Nach KO SAMUI ac-Bus und Fähre um 11.30 Uhr für 230 Baht, KO PHA NGAN für 360 Baht.
Nach TAKUA PA jede Stunde für 30 Baht, stdl. weiter mit dem Surat Thani-Bus nach KHAO SOK für 30 Baht.
Nach RANONG direkt per H4090 über Takua Pa um 8.10, 11.15 und 13.15 Uhr für 90 Baht in 4 1/2 Std.
Nach KHAO LAK erst mit dem Phuket-Bus zur Bus Station nach KHOK KLOI (20 Baht), dort umsteigen Richtung Takua Pa (30 Baht).
Zum Hafen mit Songthaew für 20 Baht.

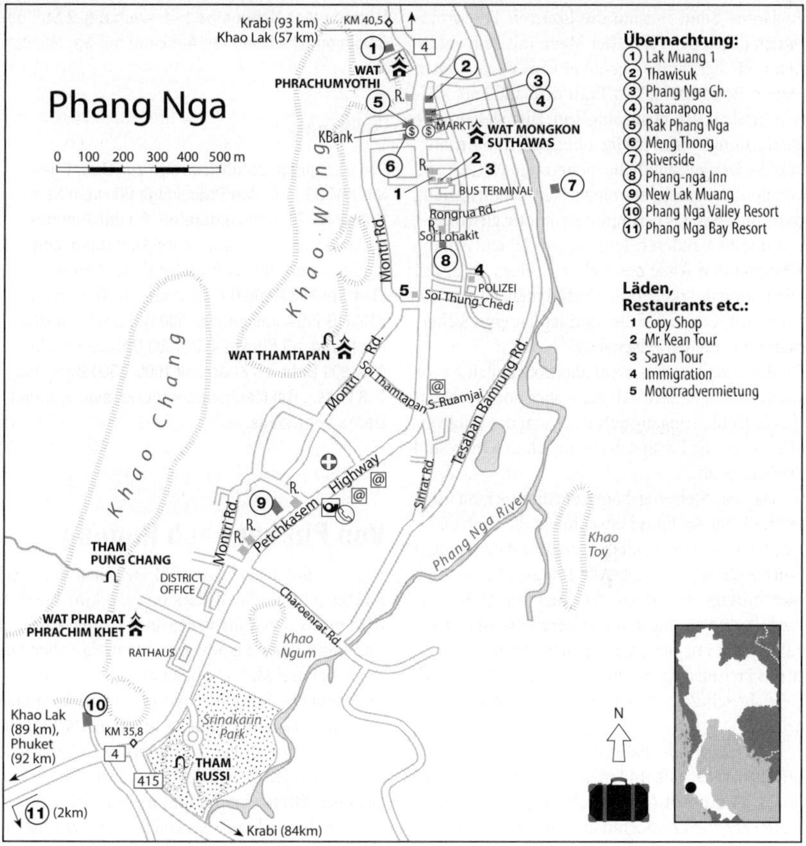

Bootsfahrt durch die Bucht von Phang Nga

Die weltberühmte Bucht mit ihren bizarren Kegelkarstfelsen wurde 1981 zum Nationalpark erklärt. Er umfasst mit seinen 400 km^2 einen großen Teil der flachen Bucht, die steilen Inseln und die angrenzenden Felsen. Das Wasser ist fast immer ruhig, so dass eine Bootsfahrt nahezu ganzjährig möglich ist. Tausende von Touristen drängen sich am Ziel der Bootsfahrt, dem Nadelfelsen Ko Tapu – für die einen ein Horrortrip, für die anderen ein einmaliges Naturerlebnis. Es kommt wohl auf die Einstellung an. Am eindrucksvollsten ist die Fahrt von Dezember bis April, wenn der Himmel blau und das Licht klar ist. Nicht vergessen, einen Sonnenhut, Sonnencreme, Ohrenstöpsel und etwas zu trinken mitzunehmen.

Zuerst geht es mit dem lauten Longtail-Boot auf dem breiten **Klong Khao Thalu-Fluss** immer geradeaus, vorbei an Mangrovensümpfen und markant geformten, mit tropischen Bäumen bewachsenen Felsen, z.B. dem „Kleinen Hund“ **Khao Ma Chu**. Dann erreicht man die Bucht von Phang Nga: steile Kalkfelsen im Meer, die scheinbar nur durch die Wurzeln der wild wuchernden tropischen Vegetation zusammengehalten werden, dunkle Höhlen und Grotten mit herabhängenden Stalaktiten.

James Bond machte die bizarren Felsformationen durch den Film „Der Mann mit dem goldenen Colt" berühmt. Gegenüber vom so genannten „James Bond Felsen" **Ko Tapu** wird auf einer kleinen Insel an Betonpiers angelegt. Hier stehen viele Erfrischungs- und völlig überteuerte Souvenirstände. Der gelegentliche, penetrante Geruch soll von den Mangroven stammen. Wer nicht frühzeitig dran ist, muss das berühmte Fotomotiv gleichzeitig mit hundert anderen Touristen ablichten. Anfang 1998 wurden Risse am Fuß des Felsen entdeckt. Die Nationalparkbehörden befürchten, dass er zusammenbrechen könnte, und legten eine Sicherheitszone um den Felsen fest.

Aufregend wird es, wenn das Boot auf eine Felswand zufährt, in der sich dann aber noch rechtzeitig ein Höhleneingang auftut, in dem das Boot verschwindet. Die Felsmalereien am **Khao Khian** sind 3000 Jahre alt.

Das auf Stelzen gebaute Muslimdorf, das sich an die Insel **Ko Panyi** anschmiegt, hat sich zu einem fast ausschließlichen, teuren Restaurant- und Souvenirdorf gewandelt. Alle Tourgruppen werden hier mittags mit Meeresfrüchten abgefüttert (je nach Anbieter üppig bis miserabel). Wer selbst zahlt, sollte nur Gerichte bestellen, die auf der Karte mit Preisen ausgezeichnet sind, da bei Fisch nach Gewicht schon mancher eine böse Überraschung erlebte.

Zuletzt geht die Fahrt durch eine intakte Mangroven-Landschaft, und man durchfährt eine Höhle, die **Tham Lot** (gezeitenabhängig kann dieser Abstecher auch zu Beginn der Fahrt erfolgen).

Wer sich mehr für Mangroven interessiert, kann den schönen, kostenlosen **Mangrovenlehrpfad** beim Phang Nga Bay Resort begehen.

Übernachtung

Phang Nga Bay Resort ⑪, 20 Tha Dan, ✆ 076-412067-70, ✆ 412057; ein großer Kasten am Klong Khao Thalu, etwas verwohnte ac-Zi; Restaurant; großer, sauberer Pool, tolle Aussicht. Bootsfahrt für 850 Baht. Reiseschecks werden gewechselt. In der Empfangshalle des Hotels verschafft eine große Reliefkarte einen guten Überblick über die Bucht und die Ziele der Bootsfahrt. ❹

Lava Islands, auf der Insel Ko Wa Yai am südwestlichen Rand der Phang Nga Bay, 3 nette Hütten unter Nationalpark-Verwaltung, 2 Std. per Boot vom Tha Dan Pier. Auskunft bei *Sayan Tour.* ❸

Transport

Die 3 km lange Zufahrtsstraße zur Bucht geht am KM 33,7 ab. Von Phang Nga fährt ein Songthaew für 20 Baht zum Hafen. An der Anlegestelle gleich neben dem Hotel kostet ein langsames, überdachtes Boot für max. 10 Pers. (3–4 Std.) 400–500 Baht (handeln!). Touren ab PHANG NGA kosten 200–500 Baht, z.T. mit Übernachtung, ab Phuket 400–1000 Baht, ab Krabi 450–900 Baht, ab Khao Lak 1000–1300 Baht (bei 2–8 Pers.). Bei Nachmittagstouren sind weniger Boote unterwegs.

Von Phuket nach Ranong

Wer den gut ausgebauten H4 zwischen der Insel Phuket und der Stadt Ranong (258 km) befährt, wird rechts durchweg von grünen Bergen begleitet und kann links das Meer erahnen, das aber nur zwei oder drei Mal zu sehen ist.

Die ganze Schönheit dieser Strecke lässt sich nur mit eigenem Fahrzeug erleben: Dschungelpfade in fünf Nationalparks, einsame Wasserfälle mit natürlichen Schwimmbecken, herrliche, kaum bekannte Strände und traditionelle Dörfer.

Von den vielen Touristenattraktionen, auf die Schilder hinweisen, haben wir die lohnenswerten ausgesucht und beschrieben.

Von Phuket bis Takua Pa

Auf dem H402 verlässt man die Insel Phuket. An der Abzweigung in Khok Kloi geht es nach rechts Richtung Phang Nga, geradeaus auf dem H4 Richtung Khao Lak und Ranong. Nach links führt eine kurvige Straße zum *The Hotspring Beach Resort & Spa* (✆ 076-580000-4, ✉ info@thehotspringbeach.com, 🖳 www.thehotspringbeach.com): 24 luxuriöse, wunderschön eingerichtete Bungalows mit eigenem Badebecken in einem herrlich angelegten Garten, 51 Zimmer mit Meersicht in mehreren Gebäuden, schöner Pool mit warmem Mineralwasser,

Spa mit vielen Anwendungen, sehr freundliches Personal, ❼–❽.

Nach Norden führt der breit ausgebaute H4 durch Reisfelder, Gummi- und Ananas-Plantagen. Dazwischen wachsen Bananen, Mango-, Jackfrucht- und Durian-Bäume.

Khao Lam Pi National Park

Beim KM 24 zieht sich die chinesisch beeinflusste Stadt **Thai Muang** an der Straße entlang. Es gibt gute, einfache Restaurants und einen Obstmarkt. Am Straßenknick liegt das Chinesenhotel *Muang Thong,* ❷–❸.

Geradeaus Richtung Meer passiert man den Golfplatz mit 18 Löchern. Nach 1000 m zeigt sich der lange, aber steile Strand. Hinter einem Fischerstrand warten unter Kasuarinen viele Picknicktische und Restaurants auf einheimische Gäste. Nach 4 km beginnt der **Khao Lam Pi–Hat Thai Muang National Park** mit dem 14 km langen Sandstrand **Hat Chai Thale Thai**. Wer badet, sollte nahe am Ufer bleiben und auf gefährliche Unterströmungen achten. Im Park gibt es sechs einsame *Bungalows,* ✆ Bangkok 02-5790529, ❹, im Internet buchbar unter 💻 www.dnp.go.th/parkreserve. Zelten ist erlaubt, Toiletten sind vorhanden.

Zum **Tonepri-Wasserfall** am KM 28,4 des H4 geht es 7 km auf einer Erdstraße, dann 1 km zu Fuß. Das Wasser soll das ganze Jahr über fließen. Am KM 28,7 liegt links die kleine Hotel- und Bungalowanlage *Sari Rot,* ✆ 076-571567-8, ❸.

Wer unter der Woche im Süßwasser schwimmen möchte, fährt am KM 32,7 nach rechts 2 km zum **Lam Pi-Wasserfall** (auch *Lumpee*), der Hauptattraktion des 72 km² großen Nationalparks. Im weiten Wasserbecken unter dem dreistufigen Fall nehmen Thai-Familien i.b. am Wochenende ihr Bad.

Nach einer Fahrt durch Obstgärten zweigt am KM 51,4 links die Straße H4147 zum Hafen **Thap Lamu** (5 km) ab. Hier liegt ein Büro des Similan National Parks, von dem Boote zu den unter Tauchern weltbekannten Similan Islands fahren.

Similan Islands หมู่เกาะสิมิลัน

Rings um diese Inselgruppe von neun unbewohnten Inseln ca. 75 km vor der Küste wurde ein 128 km² großes Gebiet 1982 zum **Mu Ko Similan Marine National Park** erklärt. Unter Tauchern gilt die Inselgruppe aufgrund ihrer Vielfalt als eines der zehn schönsten Tauchgebiete der Erde. Erfahrene Gerätetaucher genießen bei ca. 25 m Sicht die herrlichen Unterwasserlandschaften in 12–40 m Tiefe, wo eine riesige Artenvielfalt gedeiht. Schnorchler erfreuen sich an Korallengärten und -riffen, die bei 2 m Tiefe beginnen, jedoch vorwiegend etwa 9 m tief liegen. Für einen Badeurlaub sind die Inseln ungeeignet, da es auf keiner Insel Trinkwasser gibt und die wenigen Unterkünfte sowie die Verpflegungsmöglichkeiten überteuert sind. Während der Regenzeit bleiben die Unterkünfte auf den Inseln vom 15.5.–15.11. geschlossen.

Fürs Gerätetauchen sind die Inseln Nr. 1, 4, 7, 8 und 9 am besten geeignet. Die besten Monate zum Tauchen sind Februar, März und April. Die auf vielen Postkarten abgebildete **Insel Nr. 8** (auch Similan Island) besitzt eine wunderschöne Bucht mit herrlichem Sandstrand und schönen Korallenstöcken in 8–10 m Tiefe sowie ein optimales Schnorchelgebiet. Der Strand wird begrenzt von fantastisch geformten Felsen, wie man sie von den Seychellen kennt – allerdings ohne Kokospalmen. In der geschützten Bucht nächtigen viele Tauchboote. Bestes Tauchen bieten Riffe in 12–40 m Tiefe. Eine Bucht auf der anderen Seite der Insel ist sehr schön zum Schnorcheln.

Durch den Tsunami wurden nur drei von über 30 Tauchplätzen nennenswert geschädigt, so dass keine Beeinträchtigung des Tauchens zu spüren ist.

Bei mehrtägigen Tauchfahrten auf Tauchbooten (*Live-aboards*) werden regelmäßig auch die Inseln **Ko Tachai** und **Ko Bon** sowie der Unterwasserfelsen **Richelieu Rock**, mit guten Chancen auf Sichtung eines Walhais, angesteuert, gelegentlich auch die kaum kartografierten unterseeischen Fleckenriffe der **Burma Banks**.

Übernachtung

Auf der Insel Nr. 4 (Miang Island) gibt es Zelte (z.T. mit schmalen Feldbetten), ❷–❸, und 25 Bungalows, ❹, sowie 15 neue Häuser ❺, Generator bis 23 Uhr. Das teure Restaurant ist vor allem auf Reisegruppen eingestellt. Auch auf der Insel Nr. 8 kann man in Zelten, ❷, übernachten. Reservierungen im Internet unter 💻 www.dnp.go.th/parkreserve.

Transport

Von THAP LAMU (98 km nördlich von Phuket) fahren in der Saison tgl. gegen 9 Uhr mehrere Boote zur Insel Nr. 4 für 950 Baht einfach. *Metsine Tours*, ✆ 076-443276, fährt in der Saison tgl. zwischen 8.30 und 9 Uhr ab (über 2 Std. Fahrzeit), Rückkehr gegen 17–18 Uhr (1900 Baht hin und zurück inkl. Transfer ab Khao Lak, Lunch, Getränke), Schnorcheln möglich (ca. 70 Min.).
Von der Insel Nr. 4 fahren langsame Longtail-Boote in 1 Std. weiter zur Insel Nr. 8 (150 Baht).

Khaolak Beach (South)

Am KM 53,5 geht es 1,5 km nach links ab zu einem Sandstrand mit schönen, glatten Felsen.

In einem See liegt links das *Baan Lampoo Restaurant*, wo es leckeren geräucherten Fisch gibt. Bei guten Wetterbedingungen kann man von hier bis zum Meer mit Kanus fahren. Am KM 54,1 geht es rechts ab zum kleinen **Ton-Pling-Wasserfall** (800 m).

Am KM 54,5 zweigt eine kurze Straße zum **Khaolak Beach (South)** ab, dessen Nordende gut gegen den Monsun geschützt ist, so dass Baden fast ganzjährig möglich ist. Der herrliche Strand ist ideal für Urlauber, die Ruhe und Abgeschiedenheit suchen. Außer dem *Poseidon* und dem *Merlin Resort* wurden alle Resorts durch den Tsunami zerstört. Nach der Brücke kurvt der H4 zwischen herrlichen Tropenbäumen einen Berg hoch zum Khao Lak–Lamru National Park.

Übernachtung

Poseidon ㊼, 💻 www.similantour.nu, ✆/📠 076-443258, am KM 53,5 ausgeschildert (1,3 km), 14 schöne, sehr saubere Bungalows mit Du/WC, Fan und Moskitonetz, z.T. malerisch am Fluss, mit Meerblick, außerdem 2 Zi im Haupthaus. Olof, der schwedische Besitzer, veranstaltet Schnorcheltouren zu den Similan-Inseln (s.o.). ❹

Pramote Bungalows ㊾, ✆ 09-5929660, nahe beim Poseidon, 8 neue, schöne Bungalows aus Stein und Naturmaterialien in ebenem Baumgarten. ❸

Merlin Resort ㊶, ✆ 076-428300, 📠 443200, 💻 www.merlinphuket.com; herrlich in die Natur integrierte Hotelgebäude am Hang, große Zi, sehr freundliches Personal, mehrere Pools, Restaurant, Liegewiese, sehr schöner, 190 m langer Strand. ❼–❽

Khao Lak เขาหลัก

Der Strand von Khao Lak wurde zu einem Refugium für Naturfreunde und Ruhe suchende Touristen entwickelt. Vom Khao Lak View Restaurant (KM 57,2) bietet sich eine fantastische Aussicht: Das goldbeige Band des Sandes, malerisch von einigen Felsrippen unterbrochen, trennt das blaue Wasser der Andamanensee von üppig grünen Palmenhainen. Ein Gürtel von Kasuarinen und großen Laubbäumen säumt den 12 km langen Strand. Im 600–2000 m breiten Flachland erstrecken sich Kautschuk- und Kokosplantagen, Felder und kaum erkennbare kleine Dörfer. Dahinter ragen die bewaldeten Berge des Khao Lak–Lamru National Parks auf. 2 km weiter entsteht entlang des H4 langsam eine kleine Stadt mit vielen Ladenpassagen.

Nach Khao Lak kommen vor allem Paare jeden Alters und immer mehr Familien aus deutschsprachigen und skandinavischen Ländern. Einzelreisende finden Khao Lak eher langweilig und ziehen zu Stränden weiter, wo mehr geboten wird.

Wiederaufbau der Resorts

Bei unserer Recherche im Juli 2005 war noch nicht von allen Resorts bekannt, wann sie wieder aufgebaut werden. Unter 🖳 www.khaolak.de veröffentlicht unser Autor laufend den aktuellen Stand des Wiederaufbaus der touristischen Einrichtungen.

Khao Lak nach dem Tsunami

Khao Lak galt lange Zeit als Geheimtipp. Seit dem 26. Dezember 2004 ist die Touristenregion in der ganzen Welt bekannt. Hier schlug der Tsunami in Thailand am grausamsten zu. Die seismische Flutwelle, über 10 m hoch, zerstörte, was ihr in den Weg kam – bis weit ins Landesinnere hinein. Viele hundert Menschen mussten ihr Leben lassen.

Die überlebenden Opfer berichteten übereinstimmend von der großen Hilfsbereitschaft der einheimischen Bevölkerung. Die Trümmer, die der Tsunami hinterlassen hatte, wurden mit beispiellosem Arbeitseinsatz weggeräumt. Das kahle Land wird von vielen fleißigen Händen wieder bepflanzt, so dass es schon bald wieder in tropischem Grün erstrahlen wird. Entlang der unversehrten Hauptstraße von Khao Lak herrscht normales, quirliges Leben, viele Restaurants sind abends voll besetzt und die Läden und Märkte gut besucht.

Geblieben sind der kilometerlange goldbeige Strand, malerisch von einigen Felsenrippen unterbrochen, und das blaue Wasser der Andamanensee. Geblieben sind auch die – etwas lädierten – Palmenhaine und die von Dschungel bedeckten Berge des Khao Lak–Lamru National Parks im Hintergrund, die wie eh und je die Landschaft dominieren. Und geblieben ist die einzigartige Freundlichkeit der Bewohner, die von vielen Freunden in aller Welt Anteilnahme, Unterstützung und tatkräftige Hilfe erfuhren.

Über 50 Resorts und Bungalowanlagen in Khao Lak sind schon wieder bereit, Gäste willkommen zu heißen. Wer Khao Lak nicht von früher kannte, wird hier einen kostengünstigen, herrlichen Urlaub verbringen können.

Wer allerdings schon einmal hier war, wird einiges kaum wiedererkennen und anderes vermissen. Er wird jedoch überrascht sein, mit wie viel Liebe und Sorgfalt vieles wieder hergerichtet und aufgebaut wurde, er wird berührt sein, mit welcher Herzlichkeit ihn alte Bekannte begrüßen, und er wird froh sein, dass er trotz aller Veränderungen sein altes Paradies doch wiederfindet.

Die großen Reiseveranstalter werden Khao Lak erst ab der Wintersaison 2006/07 wieder in ihren Katalogen anbieten. Über den Fortgang des Wiederaufbaus von Khao Lak informiert man sich am besten im Internet unter 🖳 www.khaolak-coop.com und 🖳 www.radarheinrich.de. Wer bereits die neuen Bungalows erleben und die Strände einsam genießen will, kann sich unter 🖳 www.khaolak.de einen Überblick über die Resorts von Khao Lak verschaffen und sie risikolos über diese Website vor Ort buchen.

Übernachtung:

1. Sofitel Magic Lagoon
2. Orchid Beach Resort
3. Khaolak Your House
4. Thupthong Guest House
5. Ayara Villas
6. Sanuk Bungalows
7. Cousin Resort
8. Ludda Resort
9. Amsterdam Resort
10. Coconut Bungalows
11. Bang Niang Beach Resort
12. Chong Fah Beach Resort
13. New Sabai Bungalows
14. New Sita Garden
15. Mukdara Beach Resort
16. Tony Lodge
17. Sinee Guesthouse
18. Taveesub Apartment
19. La Flora
20. Chanita Mansion
21. Palm Andaman Beach Resort
22. Khao Lak Andaman Resort
23. Andaburi Resort
24. Sri Guest House
25. Khaolak Minimart Bungalow
26. Jai's Bungalow
27. Khao Lak Family Home
28. Krathom Khao Lak
29. Green Beach Resort
30. Father & Son
31. Happy Lagoon
32. Nang Thong Bay Resort
33. Countryside Resort
34. Khao Lak Seaview Resort & Spa
35. Khaolak Inn
36. Palm Hill Resort
37. Khaolak Grand City
38. Baan Khao Lak Resort
39. Phu Khao Lak
40. Khao Lak Viewpoint
41. Khao Lak Resort
42. Khaolak Wanaburee Resort
43. Khaolak Paradise Resort
44. Khao Lak Bayfront Resort
45. Khao Lak Palm Beach Resort
46. Khao Lak Sunset Resort
47. Khao Lak View
48. Baan Krating Khao Lak
49. National Park Bungalows
50. Khao Lak Nature Resort
51. Khao Lak Merlin
52. Pramote Bungalows
53. Poseidon

Läden, Restaurants etc.:

1. Bus Station BoKoSo
2. 7eleven
3. Mae Ban R.
4. Internet, Copy Shop
5. Mai Pharmacy
6. Breakfast & German Bakery, Tsunami Craft Center, Post Trauma Center, P&Y Bar
7. Coconut Grove R.
8. Joe Steakhouse
9. Markt, Restaurants
10. Taveesub Supermarkt
11. Zahnarzt
12. Gun Thong Travel, Isan Restaurant
13. Handy-Laden
14. Baan Suan R.
15. Happy Lagoon R.
16. Khao Lak Andaman R.
17. Pakking Pharmacy
18. Mex' Biker Bar, Sub Aqua Dive Center, Pizzeria-Spaghetteria, Khao Lak Guide Co, Jui's Kaffee und Kuchen
19. Happy Snapper R. & Bar, Veerapat R., Khao Lak Seafood R., Jai's Restaurant
20. Khao Lak Minimart, Kinderarzt Dr. Chusak
21. Clinic Dr. Seree
22. Khao Lak Fun Divers, Funky Gekko Bar, Khaolak Internet
23. Nom's Family R., e-dive, Nuang Massage
24. Father & Son Massage
25. Nang Thong Supermarkt
26. Sala Thai R.
27. Cafe Stempfer
28. Sea Dragon Dive Center
29. Khao Lak Beach Service
30. Khao Lak Restaurant
31. Milky Way Travel, TKP Travel
32. Sawasdee Plaza 2: Similan Scuba Adventures
33. Lamuan Seafood, Khaolak 2000 Travel
34. Khaolak Thai Food R.
35. Ruen Mai R.
36. Sawasdee Plaza 1: Budget Rent-a-Car, Viking Steak House, Sea Bees Diving, Khao Lak Pharmacy, KL Souvenirs and Collection
37. Puen Pay R., Outlet
38. Big Blue Diving
39. Phu Khao Lak Restaurant
40. Eco Khao Lak Adventure
41. Khao Lak View R.
42. Forest R.
43. Elephant Trekking
44. Asian Safaris Elephant Trekking
45. Baan Lampoo R.

Unterhaltung

Es gibt einige kleine Bars am Strand und am H4, z.B. ***Mex' Biker Bar***, ***Snap Bar*** (im *Happy Snapper*, abends Live-Musik), ***Funky Gekko*** (beliebt bei Tauchern), ***Tarzan Bar*** (Pub-Atmosphäre). Die ***P&Y Bar*** an der Bang Niang Strand-Zufahrt hat einen Billardtisch und jeden Sa Abend Live-Musik, ◷ 11–1 Uhr.

Einkaufen

Das Angebot in Khao Lak steht dem in Patong (Phuket) kaum noch nach, die Preise sind aber ziviler und die Atmosphäre wirkt entspannter. Der klimatisierte ***Nang Thong Supermarket*** am H4 hat das größte Angebot an westlichen Waren, wie Joghurt, Kekse, Wein und Kaffee, aber auch deutsche und englischsprachige Zeitungen und Zeitschriften.

Einheimische kaufen gern im ***Khao Lak Minimart***.

In **Bang Niang** gibt es den klimatisierten ***Taveesub Supermarkt*** an der Abzweigung und mehrere weniger gut sortierte Minimärkte am H4. Ein ***7eleven*** hat bei der neuen Bus Station eröffnet. Eine echte Attraktion ist der **Nachmittagsmarkt** am Mi und Sa in Bang Niang an der Abzweigung. Unter Sonnenschirmen, Plastikplanen oder Palmblattdächern werden alle Produkte des täglichen Bedarfs angeboten: Obst, Gemüse, Blumen, Kleidung, Haushaltsartikel...

Aktivitäten

ELEFANTENREITEN – im Wald vermitteln Tourunternehmer und die Resorts. Elefantencamps liegen z.B. vor Thap Lamu am KM 54,5 links am H4 (ab 700 Baht für 1/2 Std.) oder beim Sai Rung-Wasserfall (1200 Baht pro Elefant für 1 1/2 Std.).

SCHNORCHELN – Vom Ufer aus ist Schnorcheln nur bedingt möglich, evtl. an den Felsen südlich vom Sunset Beach oder an den Felsen vom Nang Thong Beach. 1,5 km vor dem Bang Niang Beach ragt das z.T. abgestorbene Korallenriff Karang Haeng bei Ebbe aus dem Wasser.

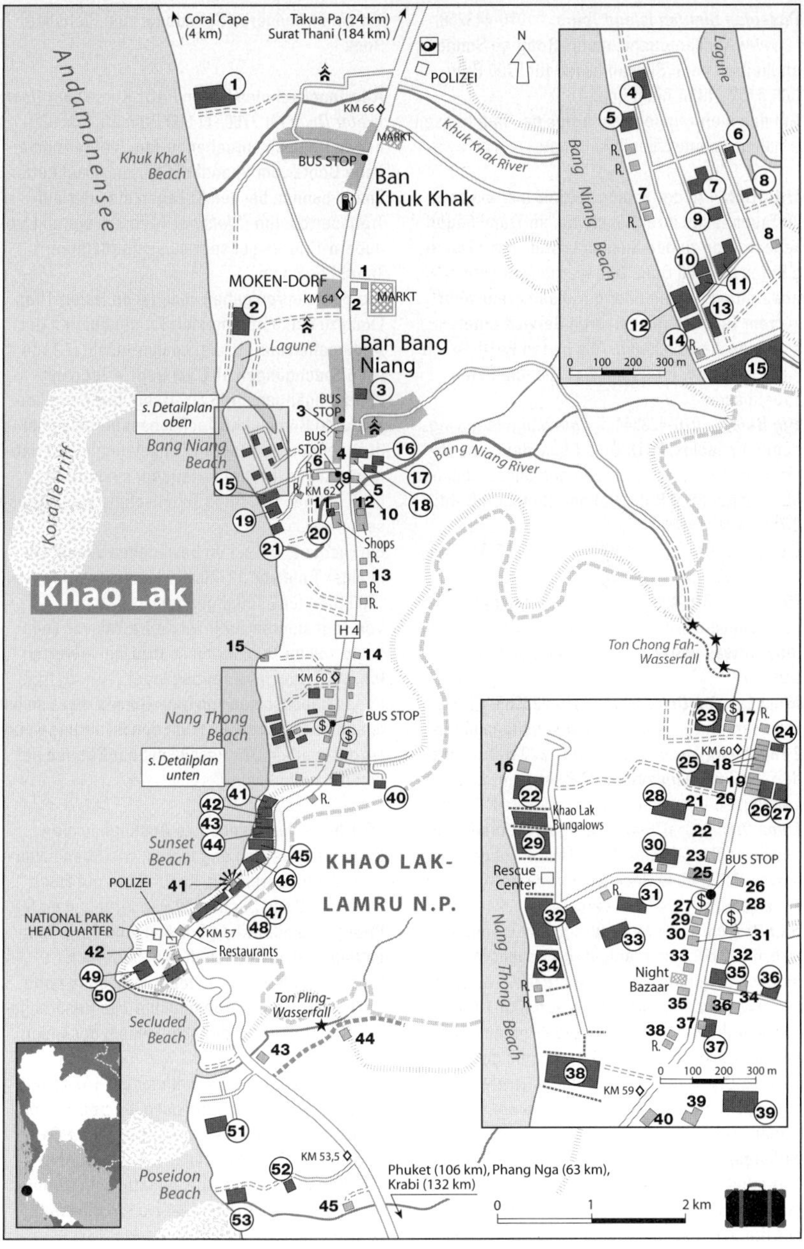

Coral Cape (4 km)
Takua Pa (24 km)
Surat Thani (184 km)
N
POLIZEI
Andamanensee
KM 66
MARKT
Khuk Khak River
Khuk Khak Beach
BUS STOP
Ban Khuk Khak
MOKEN-DORF
KM 64
MARKT
Lagune
Ban Bang Niang
s. Detailplan oben
BUS STOP
Bang Niang Beach
Bang Niang River
KM 62
Korallenriff
Shops
R.
Khao Lak
H 4
Ton Chong Fah-Wasserfall
KM 60
BUS STOP
Nang Thong Beach
s. Detailplan unten
Sunset Beach
KHAO LAK-LAMRU N.P.
POLIZEI
NATIONAL PARK HEADQUARTER
KM 57
Restaurants
Secluded Beach
Ton Pling-Wasserfall
KM 53,5
Poseidon Beach
Phuket (106 km), Phang Nga (63 km), Krabi (132 km)
0 1 2 km
Lagune
Bang Niang Beach
0 100 200 300 m
Khao Lak Bungalows
Rescue Center
Nang Thong Beach
Night Bazaar
KM 59
0 100 200 300 m

Poseidon Similan Island Tours, ✆ 076-443258, 🖳 www.similantour.nu; macht 3-tägige Schnorcheltouren nach Similan Island für 5700 Baht (alles inkl., aber nicht üppig).
Auf den mehrtägigen Tauchtrips der Tauchbasen erhalten Schnorchler 35% Rabatt.

TAUCHEN – In der Saison 2005/06 bieten etwa 20 Tauchbasen ihre Dienste an. Im Trend liegen Tagestouren zu den Similan Islands mit 2 Tauchgängen ab 3500 Baht. Alle werben mit schnellen, aber engen Booten oder geruhsamerem, aber kurzem Tauchen. Im lockeren Service unterscheiden sie sich kaum. Alle bieten PADI-Tauchkurse an. Bewährt haben sich die folgenden Tauchbasen:
Big Blue, ✆ 076-423544, 🖳 www.bigbluediving.com/en/khaolak; PADI Gold Palm, deutsche Instruktoren, Tagesausflüge zu den Similan Islands für Taucher 3800 Baht, Schnorchler 2500 Baht; 2 Tage/1 Nacht 9000 Baht für 6 Tauchgänge; *Live-aboard* 4 Tage/3 Nächte ab 17 250 Baht für 16 Tauchgänge.
iQ Dive, ✆ 076-420208, 🖳 www.kontiki-khaolak.com; Similan-Touren mit Übernachtung auf der Insel, etwas teurer, aber korrekt. Schweizer Leitung.
Khao Lak Fun Divers, ✆/📠 076-420685, 🖳 www.khao-lak-fun-divers.com; Tagesausflüge mit je 2 Tauchgängen zum Wrack für 1800 Baht und zu den Similan Islands für 3500 Baht. Deutsche Leitung.
Loma Diving, ✆ 076-420612, 🖳 www.loma-diving.com; Ban Bang Niang, Tauchfahrten zu den Similans und Richelieu Rock, *Live-aboard-Trips*. Deutsche Leitung.
Sea Dragon, 🖳 www.seadragondivecenter.com, ✆ 076-420420; unter langjähriger englisch-deutscher Leitung. Eigene Boote für 2- bis 4-tägige *Live-aboard-Trips* bis Ko Surin für 10 800–17 800 Baht für Taucher alles inkl., guter spartanischer Service, ideal für Taucher mit geringem Budget. Diese Tauchschule hat sehr viel zur Reinigung der Tauchriffe nach dem Tsunami beigetragen.
Sub Aqua Dive Center, ✆ 076-420165, 🖳 www.sub-aqua-khaolak.com; deutsche Tauchschule, macht Tagestouren mit einem großen Speedboot zu den Similan-Inseln für 3600 Baht und mit einem kleineren Speedboot zum Richelieu Rock.

Alle Tauchschulen bieten PADI-Kurse zum *Open Water Diver* für 7700–11 000 Baht an, fast alle haben Deutsch sprechende Tauchlehrer und eigene Boote vom Speedboot bis zum Fischkutter. Einige buchen bei den Kollegen ein oder auf Transportbooten *(Metsine)*. Mehrere bieten Live-aboard-Cruises auf speziell ausgerüsteten Tauchbooten an.
Die Bootstouren gehen vom nahen Hafen Thap Lamu zu den berühmtesten Tauchgebieten der Andamanensee, i.b. die Similan-Inseln (2 Tage mit 6 Tauchgängen ab 8300 Baht, 4 Tage mit 12 Tauchgängen ab 13 800 Baht). Der Richelieu Rock, Ko Bon und Ko Tachai bescheren selbst dem verwöhnten Taucher ungewöhnliche Erlebnisse. Einige erfahrene Taucher sind irritiert, dass in Khao Lak keine Tauchschule ein Logbuch sehen will.
Ein recht nahes, schön besiedeltes Wrack kann in einer Tiefe von 12–20 m erkundet werden (ca. 1700 Baht für 2 Tauchgänge).
Von Tagestouren zur Insel Ko Na Yak vor Thap Lamu sollten Taucher nicht allzu viel erwarten (ca. 1600 Baht für 2 Tauchgänge).
In der Nebensaison von Mai–Okt auf den Similan Islands zu tauchen, ist nach den Erfahrungen unserer Leser ein Glücksspiel mit der Chance auf einen Hauptgewinn.

TOUREN – Verschiedenste Ausflüge in die Umgebung werden angeboten, wie Phang Nga Bay, Elefantentrekking, Kanufahren auf Fluss, See oder Meer, Dschungelwanderungen im Sri Phang Nga oder Khao Sok National Park, Tempeltouren zu historischen und modernen Klöstern, Höhlentouren oder ein Ausflug nach Phuket. Die Touren können über alle Resorts gebucht werden oder direkt bei einem der vielen Veranstalter.
Ein deutscher Tourunternehmer mit TAT-Lizenz bietet viel gelobte, häufig ausgebuchte Touren mit kleinen Gruppen an: ***Khao Lak Guide Co.,*** ✆ 076-420177, ✉ KhaoLakGuide@gmx.net, 🖳 www.khaolakguide.de; geleitet vom Berliner Olaf Schomber; Büro am H4 am KM 60 neben dem Fotoladen.

Sonstiges

AUTOVERMIETUNGEN – Vermieter, Reisebüros und Resorts bieten ein kleines Kontingent an Mietwagen an, z.B. der ***Khao Lak Beach Service*** Jeeps ab 1000 Baht pro Tag inkl. minimaler Versicherung.
Budget, ✆ 076-420580, 📠 420579, ✉ brachk9@budget.co.th, unterhält eine Filiale am Sawasdee Plaza und bietet auch *one-way-rental*. Das billigste Angebot ist ein Suzuki Caribian für 1375 Baht bei 1–6 Tagen Miete.

GELD – Mehrere Wechselstuben in Central Khao Lak am H4, ⌚ in der Saison 10.30–20 Uhr, bei *Cash Advance* von der Kreditkarte ist der Pass erforderlich. Viele Geldautomaten für Maestro-/Cirrus-, Mastercard und Visa-Karten.

INFORMATIONEN – Unter 💻 www.khaolak.de und www.radarheinrich.de stehen im Web gute, laufend aktualisierte Infos zum Strand und seinen Unterkünften (mit Sonderpreisen bei Buchung einiger Bungalowanlagen).

INTERNET – Mehrere Internet-Shops entlang des H4, 2–3 Baht pro Minute.

KARTEN – werden gratis bei Resorts und anderen Läden verteilt, die Qualität schwankt sehr. Gut sind Kopien aus dem Internet von 💻 www.khaolak.de.

MEDIZINISCHE HILFE – Mehrere Arztpraxen hben sich entlang des H4 in Central Khao Lak niedergelassen, darunter der Kinderarzt **Dr. Chusak**.
Der Arzt **Dr. Seree**, ✆ 076-420149, praktiziert von 16.30–21.30 Uhr in seiner Praxis beim Krathom Resort. Er ist sehr erfahren, spricht gut Englisch und etwas Deutsch. Tagsüber arbeitet er in seiner Klinik in Talad Takua Pa, wohnt aber in Khao Lak. Falls nötig, macht er auch Hotelbesuche.
Zwei junge Zahnärztinnen, die in Bangkok studierten, praktizieren abwechselnd in der sauberen ***Dental Clinic*** in Bang Niang, ✆ 01-2725127, ⌚ Sa/So 9–17 Uhr.
Gelegentlich kommen Quallen bis an den Badestrand. Zur Behandlung der Bläschen s.S.24.

MOPEDS – 200–250 Baht/24 Std. inkl. Benzin. Auf Helm bestehen.

POST – In Khuk Khak neben der Polizei.

REISEZEIT – In Reisekatalogen ist **Saison** vom 1.11.–30.4., aber die eigentliche Hauptreisezeit ist von Mitte November bis Mitte April. In der **Hochsaison** vom 20. Dez bis Mitte März sind Buchungen sehr zu empfehlen.
Regnen sollte es in der **Monsunzeit** von Mai–Okt. In den letzten Jahren wurde jedoch über Regenfälle in allen Monaten berichtet, zumeist Schauer oder Gewitter am Nachmittag oder Abend. Die meisten Restaurants und Läden sowie viele Bungalowanlagen schließen in der Monsunzeit.

SOUVENIRS – Im ***Tsunami Craft Center*** an der Bang Niang Strand-Zufahrt bieten vom Tsunami betroffene einheimische Frauen selbst gemachtes Kunsthandwerk an – hübsche Geschenke.

TRAUMATHERAPIE – Im ***Post Trauma Center*** an der Bang Niang Strand-Zufahrt können auch Touristen psychologische Hilfe bekommen, die mit ihrem Tsunami-Trauma nicht allein fertig werden.

Nahverkehrsmittel

Songthaews mit der Aufschrift *Beach Taxi* fahren die Strände in der Saison ab 20 Baht regelmäßig an. Am leichtesten bekommt man sie vor dem Nang Thong Supermarket und am KM 62,1.
Motorradtaxis ab 20 Baht warten an mehreren Stellen am H4 und bei der Abzweigung in Bang Niang.

Transport

Bus-, Zug- und Flugtickets sowie Taxis werden von Reisebüros am H4 vermittelt, z.B. ***Milky Way, TKP Travel***, ✆ 076-420485, ✉ wattanamitwong@hotmail.com, und an der Abzweigung in Bang Niang, z.B. ***Gun Thong Travel***. Alle gelten als korrekt und zuverlässig.

BUSSE – Vom Southern Bus Terminal in BANGKOK mit ac-Bus um 18.50 Uhr für 427 Baht nach

Takua Pa in 11 Std. Weiter nach Khao Lak mit dem lokalen Bus (25 Baht). Die ac- und VIP-Busse von Bangkok nach Phuket (z.B. *Phuket Central Tour*) halten auf Anfrage in Khao Lak.
Nach BANGKOK kann man zu den Phuket-Bussen am späten Nachmittag am Nang Thong Supermarket zusteigen, am besten mit einer Reservierung durch ein Reisebüro.
Richtung KHOK KLOI (30 Baht, 70 Min.) und PHUKET (45 Baht, 2 1/2 Std.) passieren die Busse 436 und 465 Khao Lak ca. alle 40 Min. von etwa 7–18.20 Uhr.
Richtung TAKUA PA (25 Baht, 50 Min.) passieren die Busse 430, 436 und 465 Khao Lak ca. alle 40 Min. von etwa 7–19.30 Uhr.
Der Bus 430 um ca. 10, 12, 14 und 15.30 Uhr fährt weiter nach RANONG (85 Baht, ac 115 bzw. 140 Baht, 4 Std.), Bus 465 weiter nach SURAT THANI (85 Baht, ac 130 Baht, 4 Std.) über den Bahnhof Phunpin.
Von SURAT THANI fährt der Phuket-Bus 465 von 5.50–15 Uhr ca. alle 80 Min. über den Bahnhof Phunpin nach Khao Lak.
Wer zum Bang Niang Beach will, steigt am KM 62,1 aus und frägt nach einem Songthaew.
Gut geeignet fürs Umsteigen Richtung Krabi und zum Süden ist die Bus Station in Khok Kloi, wo viele Überlandbusse halten (s.S. 724).

TAXIS – Mehrere Taxiunternehmen am H4.
Auch das *Nang Thong Bay Resort* betreibt einen Taxi-Service (Preise für 2 Pers.): THAP LAMU 200 Baht, TAKUA PA 350 Baht, zum AIRPORT in Phuket 900–1200 Baht bzw. 200 Baht p.P. (1 Std.), PHUKET 1200 Baht, PHANG NGA 700 Baht, KRABI 1500 Baht und SURAT THANI 1500–2000 Baht.

FLÜGE – ab Phuket (s.S. 684). Vom Flughafen gibt es keine öffentlichen Busse. Ein Airport-Taxi nach Khao Lak kostet 1300 Baht (1 Std.). Die billigere Alternative bis 16 Uhr: Mit dem Minibus von Thai Airways für 80 Baht in Richtung Phuket fahren und den Busfahrer bitten, auf der Hauptstraße, ca. 25 km vor Phuket, an irgendeiner Bushaltestelle Richtung Khao Lak anzuhalten. Dann auf der gegenüberliegenden Seite einen vorbeifahrenden Bus Richtung Ranong (Nr.430), Surat Thani (Nr.465) oder Takua Pa (Nr.436) heranwinken (30 Baht, 2–2 1/2 Std.).

Sunset Beach

Der 500 m lange, schöne Sandstrand wird von zwei grünen Hügeln begrenzt, auf dem südlichen liegt das Büro des Nationalparks. Der relativ schmale Strand ist mit einzelnen Felsen, z.B. dem **Elephant Rock**, bestückt und für Kinder geeignet. Unterhalb der Straße schmiegen sich die sechs Resorts für Pauschalurlauber an den Hang. Die Vegetation des Nationalparks steigt wie in einem Amphitheater hinter der Straße an. Im Monsun ist dieser Strandabschnitt sehr feucht und zum Baden kaum geeignet. Nach dem Tsunami haben alle Resorts wieder eröffnet.

Übernachtung

NATIONALPARK – ***Baan Krating Resort*** ㊽, ✆ 076-423088, ✉ khaolak@baankrating.com, am Hang unterhalb der Straße, beste Sicht über den Strand von Khao Lak bis zum Laem Pakarang, 23 große ac-Bungalows mit Minibar, schönes Restaurant, kleiner Strand mit großen Bäumen. ❺–❻

SUNSET BEACH – Alle 6 Resorts an diesem Strandabschnitt gehören der gehobenen Preiskategorie an und sind, wenn pauschal gebucht, durchaus ihren Preis wert.
Khao Lak Sunset Resort ㊻, ✆ 076-420075-7, 📠 420147, Zufahrt am KM 57,8, 4-stöckiges Terrassenhotel in Hanglage sowie 3-stöckiger Hotelkomplex mit lautstarker ac, große, saubere Zi, z.T. gemauerte Einzelbetten, Balkon Richtung Strand, teilweise fantastische Sicht, einige Zi mit Verbindungstür; gutes Restaurant am Strand. ❻–❼
Khao Lak Bayfront Resort ㊹, ✆ 076-420111-7, 📠 420118, 💻 www.khaolakbayfront.com; schöne Anlage für Pauschaltouristen, dicht den Hang hinaufgebaute Doppel-Bungalows, Pool, Spa und Restaurant am Strand. ❻

Nang Thong Beach (Khao Lak)

Einige Felsenbänder (*Hin Nang Thong*) unterteilen den 2,5 km langen, feinen Sandstrand und ragen malerisch bis zu 50 m ins Meer hinaus. In der Saison ist er auch bei niedrigem Wasserstand bestens zum Schwimmen geeignet, dann bilden sich bei den Felsen kleine und große „Badewannen", an denen z.T. scharfkantige Muscheln wachsen. Der Bang Niang Fluss schließt diesen Strandabschnitt nach Norden ab. Bei Ebbe ist er kaum als Hindernis zu erkennen, doch bei hohem Wasserstand muss er brusttief durchwatet werden, falls kein Fährmann hinüberhilft (10 Baht). Am H4, der 200–600 m vom Strand verläuft, liegen viele neue Geschäfte und mehrere Ladenpassagen, in denen sich Restaurants, Tauchshops, Schneider, Tourunternehmer, Taxidienste, Reisebüros, Souvenirläden, Minimärkte, Wechselstuben etc. angesiedelt haben (auch *Central Khao Lak* genannt). Die etwa 30 weit verstreuten Bauernhäuser lassen kaum noch das ursprüngliche Dorf **Bang La On** erahnen.

Die netten Bungalows am Nang Thong-Strand werden schon seit 1986 vorwiegend von deutschen Individualreisenden aufgesucht. Seit 1997 das erste Komfort-Resort eröffnete und Pauschalurlauber den Strand eroberten, wurden neben den naturnahen Bungalows immer mehr komfortable Bungalows aus Stein und sogar 2-stöckige Apartmenthäuser gebaut.

Während des Monsuns von Mai bis Oktober rollen große Wellen an diesen Strandabschnitt, und die salzige Gischt stäubt weit ins Land hinein. Baden ist dann nur sehr eingeschränkt möglich.

Übernachtung

Fast alle Resorts liegen direkt am Strand, einige kleine Bungalowanlagen weiter im Hinterland. Neben dem Nang Thong Supermarket geht eine 600 m lange Straße ab, die auf die Strandstraße mündet. Während des Monsuns sind einige Anlagen und die Strandrestaurants geschlossen.

Baan Khao Lak Resort ㊳, ✆ 076-420199, ℻ 420198, ✉ bklresort@hotmail.com; beliebte Anlage mit geschmackvoll eingerichteten ac-Doppel- oder Vierfach-Bungalows, Pool am Strand, ruhige, familiär geführte Anlage; Restaurant. ❻

Khao Lak Seaview Resort & Spa ㉞, das luxuriöse Strandhotel wird wieder aufgebaut.

Countryside Resort ㉝, ✆ 076-423474, 200 m vom Strand, schöne ac-Einzel- und Doppelbungalows sowie Apartmenthaus, saubere Zi mit ac, Minibar, TV. Nettes Restaurant. ❺

Nang Thong Bay Resort ㉜, ✆ 076-420088-9, ✉ nangthong1@hotmail.com, 💻 www.nangthongbayresort.de; parkähnliche, von einem Bach durchflossene, sehr beliebte Anlage; 21 Einzelbungalows, von Stammgästen von Dez bis März ausgebucht. Geräumige Komfort- und Familienzimmer in einem Apartmenthaus hinter der Strandstraße. Qualifiziertes, Englisch sprechendes Management, Strandrestaurant. Befestigter Strand, Liegestühle oberhalb im Resort. ❺

Happy Lagoon ㉛, ✆ 076-420141, Steinreihenhäuser 250 m vom Strand, saubere Zi mit Fan oder ac und Minibar. Nettes, luftiges Restaurant. Sehr gutes Preis-Leistungs-Verhältnis. ❹

Khao Lak Green Beach Resort ㉙, ✆ 076-420043, ✉ information@greenbeach.de, 💻 www.greenbeach.de; schön in die Natur integrierte Anlage mit See und großen Bäumen am Strand, 12 hübsche, neue Einzelbungalows. Strandrestaurant. Beliebt bei Individualreisenden und Familien. ❺

Khao Lak Andaman Resort ㉒, ✆ 076-420135, ℻ 420134, ✉ fonandaman@hotmail.com, vereinigt mit *Garden Beach Resort*, 20 geräumige, saubere Steinbungalows mit ac, WW-Du/WC. Sehr preisgünstiges Restaurant am Strand, 🕒 bis 21 Uhr. Für Kinder nicht besonders geeignet. ❹

Beim H4: *Phu Khao Lak* ㊴, ✆ 09-8741018, ebenerdige Steinhäuser mit 20 sauberen Fan-Zimmern in einem großen, gepflegten Palmenhain, 10 Min. zum Strand. Die Anlage liegt zurückversetzt auf der Landseite des H4. Gutes Restaurant mit schöner Sicht aufs Meer, geleitet von der freundlichen Familie Ko Chin. ❸

Khaolak Grand City ㊲, ✆ 05-8880366, große, neue ac-Zi im OG des gelben Geschäftshauses, 5 Min. zum Strand. ❹

Khaolak Palm Hill Resort ㊱, ✆ 01-8925480, neues Resort in einer ruhigen Seitenstraße, saubere Zi mit Fan oder ac, Pool, 7 Min. zum Strand. ❸, ac ❹

Khao Lak Viewpoint ㊵, ✆ 04-1906889, neues Resort auf einem steilen Hügel am Nationalpark, hübsche ac-Bungalows mit schöner Sicht, 12 Min. zum Strand. ❹

Khaolak Inn ㉟, ✆ 076-423056, große, saubere ac-Zi im OG eines Geschäftshauses im Zentrum, gut ausgestattet mit Bad, TV, Kühlschrank, Balkon zum H4. ❹

Father & Son ㉚, ✆ 076-420277, ✉ mycatsleep@hotmail.com, 10 unterschiedliche Bungalows aus

Bambus und Holz hinter *Nom's Family Restaurant* in einem ruhigen Garten. ❸

Krathom Khao Lak ㉘, ✉ krathom_khaolak@hotmail.com, ✆ 076-420149, 20 hübsche, einfache Holzbungalows mit Fan und nette Steinbungalows mit ac in einem Palmengarten, Zufahrt vom H4, 500 m vom Strand entfernt; Restaurant; sehr nette Familie, der Vater ist Arzt und hat eine Abend-Praxis auf dem Gelände. ❸, ac ❹

Khao Lak Family Home ㉗, ✆ 076-420038, 8 nette Bungalows mit Terrasse, Fan und Warmwasser-Du/WC, hinter dem *Khaolak Seafood Restaurant*. ❸

Sri Guest House ㉔, ✆ 09-8670807, 12 große Zi in einem 2-stöckigen Apartmenthaus in 2. Reihe hinter einer Ladenzeile. ❸

Andaburi Resort ㉓, ✆ 076-443388, 443389, neues, ruhiges Hotel in 2. Reihe hinter einer Ladenzeile, 46 Zi in Häusern und 18 Bungalows, üppig grüner Garten, Restaurant, Pool. ❺

Essen

Authentisches Thai-Essen in ansprechender Atmosphäre bietet ***Ruen Mai***.

Das ***Phu Khao Lak Restaurant*** hat eine nette, familiäre Atmosphäre und gute Thai-Gerichte.

Im ***Lamuan Seafood*** ist das Thai-Essen beständig gut, dazu trinkt man frische Kokosnuss.

Im ***Puen Pay Restaurant*** (unten im *Grand City Hotel*) stellt man sich aus vielen Pfannen mit lokalen Gerichten sein Essen selbst zusammen, sehr preiswert sind die runden Tellerchen, billiges Bier; 12–24 Uhr.

Im ***Khao Lak Seafood*** gibt es erstklassigen Fisch, absolute Spitze ist das gedünstete Barrakuda-Filet im Bananenblatt für 100 Baht.

Das ***Khao Lak Andaman Restaurant*** hat die günstigsten Preise am Strand, die Bedienung ist flink.

Im ***Happy Lagoon*** ist das Essen preiswert und gut.

Auch einige europäische Restaurants finden guten Anklang, i.b. das ***Khao Lak Restaurant*** mit heimatlichen Gerichten und Bier vom Fass, das ***Viking Steakhouse*** mit exorbitanten Preisen und die ***Pizzeria-Spaghetteria*** von Marco.

Jui bietet jeden Tag exzellenten Kaffee und Kuchen nach original europäischen Rezepten.

Das ***Cafe Stempfer*** wurde auf Anhieb zu *dem* Frühstückstreff am Morgen; zum Kaffee am Nachmittag bietet Eddi, der deutsche Konditor, eine große Auswahl an Torten, Käse- und Sahnekuchen.

Einige Restaurants am H4 bieten kostenlosen Abholservice von den Resorts.

Von Mai–Okt sind mehrere Restaurants geschlossen.

Bang Niang Beach

Der schöne, 2 km lange Sandstrand liegt 2,5 km nördlich vom Nang Thong Beach (Abzweigung am KM 62,1). Der goldbeige, feine Sand ist auch unter Wasser frei von Steinen, Felsen oder Korallenblöcken. Das Meer eignet sich bei Ebbe und Flut zum Baden und Schwimmen. Schon bei leichtem Wellengang wirkt das Wasser nicht völlig klar, da feine Sedimente aufgewirbelt werden. Am Strand gibt es einfache Restaurants und kleine Cocktailbars, in denen man zur Happy Hour den Sonnenuntergang genießen kann.

Wer morgens den beschatteten Strand entlang nach Norden zum Coral Cape (8 km) oder sogar zum Bang Sak Beach (14 km) wandert, kann stundenlange Einsamkeit erleben. Wer sich dagegen nach etwas mehr Umtrieb sehnt, kann in 40 Min. am Strand entlang nach Süden den Nang Thong Beach erreichen.

Im Hinterland entwickelt sich bis zur Abzweigung am H4 eine touristische Infrastruktur mit Minimärkten, Reisebüros, Restaurants, Schneider etc. Die 60 Häuser des Dorfes **Ban Bang Niang** verbergen sich in den Gärten entlang der Straße zum Chong Fah-Wasserfall.

Selbst während des Monsuns von Mai bis Okt kann man am Bang Niang Beach manchmal baden, da das Korallenriff die Wellen bricht.

Nach dem Tsunami wurden bis zur Saison 2005/06 ein Dutzend Resorts wieder aufgebaut.

Übernachtung

Die Resorts und Ferienhausanlagen liegen sowohl am Strand als auch im Hinterland. Selbst in der Hochsaison wirkt der Strand meist ziemlich leer.

Palm Andaman Beach Resort ㉑, ✆ 076-420185-8, 420189, ✉ palm_as1@hotmail.com,

Komfortanlage mit neuen Bungalows direkt hinter dem Strand, fast alle mit Meerblick; Restaurant, Seafood-Buffet direkt am Strand, Pool. ❻

La Flora ⑲, ✆ 076-428000, 📠 428029, ✉ gm@laflorareso rt.com, 💻 www.laflorareso rt.com; 57 erstklassige Zi und 13 luxuriöse Bungalows vorn am Strand, Restaurant mit Meersicht, Pool, Spa, hervorragendes Management. ❽, bei Internet-Buchung ❼–❽

Mukdara Beach Resort ⑮, neue Anlage für Pauschaltouristen, 56 große Bungalows, mehrere Hotelgebäude, imposantes Empfangsgebäude, Spa. ❽

New Sita Garden ⑭, ✉ sitagarden@khaolak.de, 💻 www.sitagarden.de; familienfreundliche Ferienhausanlage direkt am Strand, 5 neue, hübsche Häuschen mit Fan und ac, Du/WC, Kitchenette, große Wohnterrasse mit Meersicht, mit 3. Bett bzw. extra Kinderzimmer, Liege, Sonnenschirm, Hängematte. Engagierte deutsche Besitzer, kein Hotelservice. Restaurant nebenan. Buchung ratsam. ❺

Chong Fah Beach Resort ⑫, ✆ 076-420056, ✉ chongfah@usa.net; neu aufgebaut mit ca. 20 Bungalows, Restaurant am Strand. ❻

Bang Niang Beach Resort ⑪, ✆ 076-420175, 📠 420176, neu aufgebaut mit ca. 20 Zi in Bungalows und im renovierten 2-stöckigen Gebäude, Pool. ❺

Amsterdam Resort ⑨, ✉ keeshuahinth@hotmail.com, ✆ 076-420634, kleine Anlage im Hinterland; Restaurant, kleine Bar; holländische Leitung. Gutes Preis-Leistungs-Verhältnis. ❸–❹

Ludda Resort ⑧, ✉ info@laddara.com, kleines, renoviertes Apartmenthaus im Hinterland, 5 Min. vom Strand; Restaurant. Thai-dänische Leitung. ❹

Cousin Resort ⑦, ✆ 076-420715, ✉ info-cousins@khaolak.de, 💻 www.cousinresort.com; in 2. Reihe, saubere Zi in modernen Einzel- und Doppelbungalows mit Fan oder ac; Restaurant, sauberer Pool; engagierte, freundliche Leitung. ❺

Sanuk Bungalows ⑥, ✉ sanukresort@yahoo.de, im Hinterland, ✆ 076-423800, 6 kleine Fan-Bungalows aus Stein mit Teeküche. Deutsche Leitung. ❹

Ayara Villas ⑤, 💻 www.ayaravillas.de, ✆ 01-8136754; große Palmenwiese direkt am Strand, ac-Zi in Einzel- und Doppelbungalows im Thai-Stil, nett eingerichtet, Kitchenette, große, z.T. nach oben offene Bäder, Meersicht von jeder Terrasse. Restaurant hinter der Anlage. ❺–❻

Thupthong Guesthouse ④, 3-stöckiges, renoviertes Gästehaus, freundliche Thai-dänische Leitung. ❹

Beim H4: *Chanita Mansion* ⑳, ✆ 06-2732359, 📠 420147, neues Hotel hinter einer Ladenzeile am Ende der Gasse, ruhig gelegen, 29 saubere Zi mit ac oder Fan, Minibar, TV, Warmwasser-Du/WC. ❸

Taveesub Apartment ⑰, ✆ 076-420770, über dem Supermarkt, 11 geräumige Zi mit Kühlschrank, TV, ac und großem Bad; für Langzeitmiete geeignet. ❹

Sinee Guesthouse ⑯, ✆ 076-420772, hinter dem Internet-Shop, 4 saubere Steinbungalows mit ac, großem Bad, großer Terrasse. ❹

Tony Lodge ⑮, ✆ 076-420073, ✉ tttlodge@yahoo.com, am H4, neues, 3-stöckiges Gästehaus. ❹

Khaolak Your House ③, ✆ 076-423518, 📠 571380, neues Gästehaus am H4, 11 saubere Zi mit ac oder Fan, Minibar, TV, Warmwasser-Du/WC; freundliche Leute. ❸, ac ❹

Essen

Auf dem **Mittwochs- und Samstagsmarkt** gibt es u.a. marinierte und gegrillte Hähnchenstücke für 10–20 Baht, dazu Klebreis für 5 Baht und *Som Tam* für 20 Baht – ein super Essen. Nicht so einladend sieht der Stand mit *Khanom Chin* aus, trotzdem schmeckt das Reisnudelgericht lecker. Große Obstauswahl.

Im ***Mae Ban Restaurant*** an der Hauptstraße stellt man mittags sein Essen aus den Pfannen hinter Glas zusammen, sehr lecker und billig.

Im ***German Breakfast & Bakery*** an der Bang Niang Strand-Zufahrt gibt es frische Brötchen und gutes Brot sowie herzhafte Wurst.

Am **Bang Niang-Strand** ist das rustikale ***Coconut Grove*** besonders beliebt, der Besitzer sorgt immer für gute Stimmung.

Im ***Joe Steakhouse*** bereitet Ludwig abends exzellente Steaks und Schnitzel zu.

Khuk Khak Beach

Der Sitz der Gemeindeverwaltung Ban Khuk Khak liegt 4 km nördlich von Ban Bang Niang. Einige einfache Läden, die Tankstelle und die Polizeistation sind dort angesiedelt. Am langen, sehr flachen Sandstrand entstanden einige weitläufige Bungalowanlagen mit gehobenem Preisniveau.

Übernachtung

Vom H4 geht es am KM 65,5 durch das Dorf Ban Khuk Khak und dann nochmals 1000 m zum feinen, flachen Sandstrand.

Khaolak Orchid Beach Resort ②, ✆ 076-420148, neues Resort hinter dem Kasuarinenwald, schöne Doppelbungalows und Hotelanlage, dazwischen ein großer Pool mit integrierten Palmen. ❻–❼

Sofitel Magic Lagoon ①, ✆ 076-429300, 📠 420 030, ausgedehnte Pool-Landschaft, gediegene Luxus-Zi in 2-stöckigen Häusern. Wird renoviert. ❽

Coral Cape (Laem Pakarang)

Vom H4 biegt am KM 68,4 die Straße zum Coral Cape (Laem Pakarang) ab. Nach 3,5 km Fahrt durch Kokosplantagen und Krabbenfarmen erreicht man das kleine Fischerdorf **Ban Pramong** am Meer, das vom Tintenfischfang lebt. Bei Niedrigwasser schaut eine ausgedehnte Korallenplatte heraus. Nach rechts erreicht man nach 1,3 km das **Coral Cape** – schöne Sicht auf den Bang Sak Beach. Der Sandstrand ist von totem Korallengestein bedeckt.

Übernachtung

Pakarang Resort, 20 Bungalows an der Zufahrtsstraße zum Strand, Restaurant. ❹

Die Umgebung von Khao Lak

Khao Lak-Lamru National Park

Der H4 durchquert am Pass beim KM 56,8 einen Zipfel des Khao Lak–Lamru National Parks, der 1991 eingerichtet wurde. Er umfasst 125 km² und besteht aus mehreren, von immergrünem Monsunregenwald bedeckten Bergketten, die nach Osten auf über 500 m Höhe ansteigen.

Neben einem Schrein, an dem die Busfahrer hupen, liegen beim Pass ein Polizeiposten, das Headquarter des Nationalparks mit mehreren Bungalows (s.o.) und drei einfache Restaurants. Ein Fußweg führt vom **Laem Hin Chang** zu zwei schönen Stränden hinunter. Hinter dem Phu Khao Lak Resort geht es 1 Std. lang steil bergauf zu einem Aussichtspunkt, von dem man bei klarem Wetter die Similan-Inseln in ca. 80 km Entfernung sehen kann.

Ton Chong Fah-Wasserfall

Am KM 62,5 des H4 biegt eine Straße nach Osten ab zum Ton Chong Fah-Wasserfall. Nach 100 m hält man sich links und fährt 5,5 km durch Kautschukplantagen und Gärten bis zum Eingang des Nationalparks (Eintritt 200 Baht). Auf einem Erdweg durch schönen Wald erreicht man nach 1 km den 10 m über eine Felswand herabrauschenden Wasserfall. In einem natürlichen Becken kann man in kaltem Wasser baden, umgeben von hohen Bäumen, umschwirrt von zahlreichen Schmetterlingen und Libellen. Am Ende der Trockenzeit versiegt das Wasser bereits weiter oben.

Auf einem markierten Pfad geht es hoch in den Dschungel, wo drei weitere, bis zu 20 m hohe Fälle zu finden sind. Gutes Schuhwerk ist ratsam.

Bang Sak บางสัก

Vom H4 zweigt am KM 71,5 ein Weg ab zu aufgegebenen Zinnminen und zum **Pakwib Beach**. Den feinen, weißen Sandstrand der weit geschwungenen Bucht begrenzen Kasuarinen, aus dem Wasser schauen einige Felsbänder heraus. Am Strand entlang kann man 4 km weit zum Bang Sak Beach wandern. Nach rechts führt am KM 71,5 eine landschaftlich schöne Straße nach **Talad Takua Pa**, der alten Stadt (17 km).

Bei der Police Box am KM 82,5 geht es zum Fischerhafen **Ban Nam Kaem**, der durch den Tsunami fast vollständig zerstört, aber mit ungeheurem Einsatz weitgehend wieder aufgebaut wurde. Vom Pier verkehrt bei Bedarf ein Fährboot zur nördlich vorgelagerten Insel **Ko Kho Khao** (10 Baht p.P., Auto 500 Baht hin und zurück). Die hügelige Insel ist z.T. mit Gras oder Avicennia-Wald bedeckt. Am Nordende der Straße beginnt ein Naturschutzgebiet.

Übernachtung

AOWTHONG BEACH – ***Similana Resort***, ✆ 076-420168, 📠 420169, 🖳 www.similanaresort.com;

am KM 70,2 abbiegen, gepflegte Anlage in einer üppig grünen Palmenplantage auf einem Hügel; komfortable, geräumige, geschmackvoll eingerichtete Holzbungalows mit Fan und ac, Du/WC, Minibar und Veranda am Hang, ein Hotelblock mit 16 großen ac-Zimmern mit Bad; offenes Restaurant mit hohem Preisniveau; Pool am Strand. Über Veranstalter günstig zu buchen. Der Strand ist gespickt mit Felsen. ❻

Takua Pa ตะกั่วป่า

Die Zinnstadt Takua Pa, 134 km nördlich von Phuket, hat eine bewegte Vergangenheit hinter sich. Schon im 3. Jh. v. Chr. kamen zahlreiche Siedler aus Indien an, die sich vor den Kriegszügen von König Ashoka in Sicherheit brachten. In der Umgebung der Stadt wurden Schmuckstücke, Statuetten und Keramik aus jener Zeit entdeckt.

Der größte Schatz der Stadt sind die drei großen indischen Statuen **Pra Narai** (der stehende Hindugott Brahma mit vier Armen, der Schöpfer, der alles Böse in der Stadt zerstört), **Pra Luk** (Laksamana, der Bruder Ramas aus dem Ramayana-Epos, der Helfer aus der Not) und **Nang Srida** (Sita, die Frau Ramas und Helferin aus der Not). Sie sind in einem kleinen Park neben der südlichen Ampelkreuzung aufgestellt.

Takua Pa, die Stadt des Zinns

Im 3.–8. Jh. war die Stadt unter dem Namen **Takola** ein bedeutendes Handelszentrum unter der Oberhoheit von Nakhon Si Thammarat. Neben Indern kamen auch Griechen, Araber, Perser und Chinesen auf ihren Handelsreisen durch die Stadt. Wegen der reichen **Zinnvorkommen** wurde die freie Stadt später Takua Pa genannt (*takua* heißt auf Thai Zinn). Im 13. Jh. wurde die Stadt unter König Ramkhamhaeng dem Reich von Sukhothai einverleibt. Zu Beginn des 17. Jhs. konnte sie wieder ihre Unabhängigkeit erringen, wurde jedoch später von burmesischen Truppen zerstört.

Anfang des 19. Jhs. kamen chinesische Einwanderer und kurbelten den Zinnabbau im gesamten Distrikt an. Im Jahre 1843 wurde aus Ziegeln die einige Meter hohe **Schutzmauer Senanuchit** errichtet, deren Reste heute noch, z. T. von Kletterpflanzen überwuchert, an mehreren Stellen von Talad Takua Pa zu sehen sind.

Alte Männer erinnern sich noch an einen Zinnminenbesitzer aus Holland, bei dem jeder gern arbeitete, da er seine Arbeiter sehr menschlich behandelte und sie jeden Sonntag ruhen ließ. Geblieben sind die kosmopolitische Gesinnung seiner Bewohner und ihre Ausländerfreundlichkeit.

Am Ortseingang nach rechts geht es auf dem H4032 zur 7 km entfernten „Alten Stadt“ **Talad Takua Pa** (Talad Kao), mit einem schönen, aber zunehmend verfallenden, chinesischen Ortskern. Mit ein wenig Fantasie kann man sich durchaus vorstellen, dass dies einst ein wohlhabendes Geschäftszentrum war. Vom Ort aus kann man auf wenig befahrenen Straßen schön durch Obstgärten wandern.

Übernachtung

TAKUA PA (YAN YAO) – In der Neustadt:
Extra, 46 Sena Rat Rd., ✆ 076-421026, hinter der Esso-Tankstelle am H4. Schlichtes, 4-stöckiges Hotel für Geschäftsleute, 75 große, etwas schmuddlige Zi mit Du/WC, Fan und Mückengitter, nach hinten ruhig. ❸

TALAD TAKUA PA – In der alten Stadt:
Tan Prasert, 23/1-2 Khankaeo Rd., ✆ 076-421173, kleines Stadthotel, 50 m neben der Krung Thai Bank, 12 Zi mit Fan. ❶–❷
Amarin, 39 Montri 2 Rd., ✆ 076-421083, 4-stöckiges Gebäude in zentraler Lage, 25 Zi mit Fan oder ac und Du/WC. Am angrenzenden Markt gibt es gutes Essen. ❷–❸

Essen

Gut und billig isst man im ***Food Market*** an der Bus Station. Bestes ***Dim Sum*** bereitet morgens das Restaurant links neben der PTT-Tankstelle. Ein Erlebnis ist der ***Nachtessenmarkt*** bei der südlichen Ampelkreuzung, ⏲ tgl. 17–21.30 Uhr. Im relativ sauberen, überdachten Markt neben der Bus Station wird u.a. viel Obst und Gemüse verkauft, in der Saison werden die Preise für Touristen allerdings gewaltig angehoben.

Sonstiges

GELD – Die sehr tief gekühlte ***Kasikorn Bank*** und die ***Bangkok Bank*** wechseln auch Geld.

MEDIZINISCHE HILFE – Dr. Seree Pathanapichai in der privaten ***Seree Clinic*** in Talad Takua Pa (Talad Kao) spricht ein wenig Deutsch. Nach 16.30 Uhr praktiziert er zu Hause in Khao Lak.

TELEFON – ***Telecom Office*** an der Straße nach Talad Takua Pa: ◷ tgl. 24 Std. Telefonieren nach Europa kostet 47 Baht/Min.

Transport

BUSSE – Die Bus Station Yan Yao von Takua Pa liegt 1 km östlich vom Zentrum am H4 (KM 168,3), ein angenehm luftiger Platz zum Umsteigen. Die aktuellen Abfahrtszeiten und Preise sind auf eine Wand gepinselt. Tuk Tuk-Fahrer verlangen ab 18 Uhr hohe Preise.

Nach BANGKOK (757 km) 2.Kl. ac-Bus 63 tgl. 10x von 10.40–20.30 Uhr für 332 Baht, direkter ac-Bus um 17.30 und 18 Uhr für 427 Baht in 11 Std., VIP-32-Bus von *Nitnai Tour* (von Phang Nga kommend) jeden 2. Tag für 498 Baht, VIP-24-Bus (von Phuket kommend) um 18 Uhr (Reservierungen unter ✆ 076-421686) für 755 Baht.

Nach PHUKET (134 km) non-ac-Bus 436 und 465 zwischen 5 und 17.45 Uhr ca. alle 40 Min. in 3 Std. für 54 Baht (bis KHAO LAK 25 Baht in ca. 50 Min), ac-Bus 465 um 10 und 13 Uhr in 2 1/2 Std. für 100 Baht (bis KHAO LAK 50 Baht).

Nach KRABI (162 km) non-ac-Bus 435 um 9.45, 10.40, 12.40 und 14.30 Uhr für 65 Baht.

Nach PHANG NGA mit kleinen Bussen stdl. ab 6.30 Uhr für 30 Baht.

Nach SURAT THANI (157 km) non-ac-Bus 465 von 6.45–17 Uhr ca. alle 80 Min. für 65 Baht, ac-Bus 465 um 10 und 11.30 Uhr für 100 Baht (zum KHAO SOK für 25 Baht, ac 50 Baht).

Nach RANONG (168 km) non-ac-Bus 430 um 10.30 Uhr für 65 Baht in 3 Std., über KHURABURI (25 Baht, 45 Min.), 2.Kl. ac-Bus um 16 Uhr für 92 Baht, ac-Bus um 12.30 und 14.30 Uhr für 122 Baht.

In die Stadt CHUMPHON (289 km) hinein fahren nur die ac-Busse um 11 und 14.45 Uhr für 140 Baht in 5 Std., die übrigen Busse halten nur an der Kreuzung Pathomphon Junction am H4.

Khao Sok National Park

วนอุทยานเขาสก

4 km hinter Takua Pa zweigt der H401 (KM 145,5) nach rechts ab Richtung Surat Thani (152 km). Die Straße führt zunächst am Rande des weiten Takua Pa-Tales entlang und schwingt sich anschließend in eleganten Kurven ins Hügelland. Am KM 119,4 geht es ab zum *Elephant Trekking* und zu einem Wasserfall im Regenwald. Jenseits des Passes am KM 113 lädt ein Aussichtspunkt ein, die herrliche Landschaft von überwucherten Kalkfelsen zu bewundern. Geologisch entspricht sie der „trockenen Halong Bay" bei Ninh Binh im Norden Vietnams. Die einzeln stehenden, dicht bewachsenen Kalksteinhöhenzüge und Felsen mit ihren kahlen Steilwänden sind ehemaliger, punktuell gehobener Meeresboden – eine optische Augenweide.

Beim KM 109,1 führt nach links eine Straße (2 km) zum 646 km^2 großen Regenwald-Nationalpark (Eintritt 200 Baht, Studenten 100 Baht, 3 Tage gültig). Viele Traveller machen diesen Stopp zwischen den Küsten, denn nur beim Khao Sok können sie so preiswert in angenehmen, romantischen Gästehäusern übernachten, den immergrünen Monsunwald direkt vor der Tür. Der Park liegt zwischen 300 und 600 m Höhe, die höchste Erhebung ist 960 m. Der Park ist keineswegs überlaufen – insgesamt besuchen ihn nur wenige tausend Touristen pro Jahr.

Den Naturliebhaber erwarten dichter Dschungel, kleine, eher mittelmäßige Wasserfälle, schöne Wanderwege an Bächen entlang und ein Naturlehrpfad. In den Wäldern des Parks leben auch viele seltene Säugetiere, darunter Elefanten, einige Tiger, Leopard, Asiatischer Schwarzbär, Gaur und Serow, die nur bei mehrtägigen Dschungeltreks angepirscht werden können. Leichter zu sehen sind mit etwas Glück Warane, Gibbons, Wildschweine, Flughörnchen, Eichhörnchen, Otter und Nashornvögel. 6 km lange Wanderwege führen zu sechs Wasserfällen und zur **Tang Nam-Schlucht**, in der man herrlich schwimmen kann. Der Wanderweg westlich vom Headquarter am Sok River entlang verläuft die ersten 3 km auf einer Lateritstraße und wird erst jenseits von Bang Hua Raed interessant, daher rechtzeitig losgehen. Am schönsten ist der **Badeplatz** am letzten Wasserfall. Anspruchsvoll ist der 4 km lange Aufstieg vom Headquarter nach

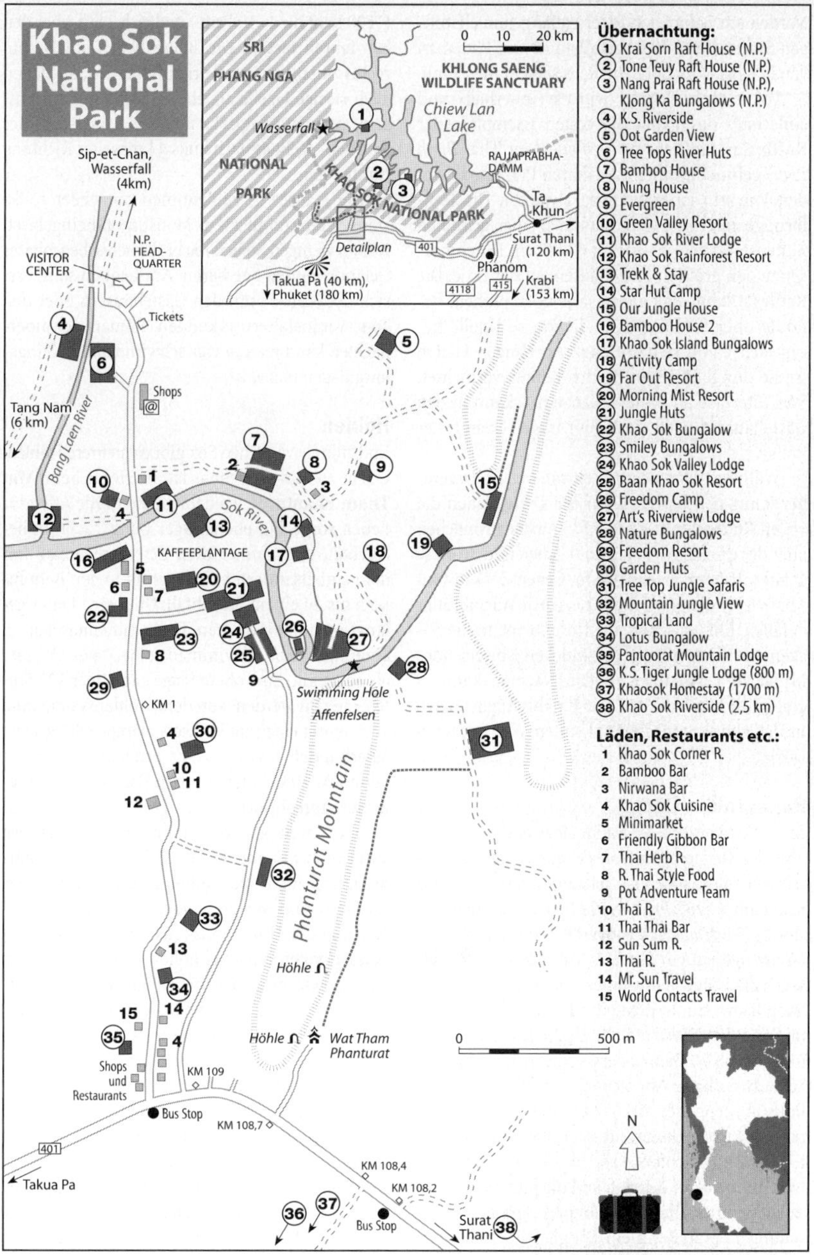
Khao Sok National Park
SRI
PHANG NGA
NATIONAL
PARK
KHAO SOK NATIONAL PARK
KHLONG SAENG WILDLIFE SANCTUARY
Chiew Lan Lake
0 10 20 km
Wasserfall
RAJJAPRABHA-DAMM
Ta Khun
Surat Thani (120 km)
Phanom
Detailplan
401
4118
415
Krabi (153 km)
Takua Pa (40 km), Phuket (180 km)
Sip-et-Chan, Wasserfall (4km)
N.P. HEAD-QUARTER
VISITOR CENTER
Tickets
Shops
Tang Nam (6 km)
Bang Laen River
Sok River
KAFFEEPLANTAGE
Swimming Hole
Affenfelsen
Phanturat Mountain
Höhle
Höhle
Wat Tham Phanturat
KM 1
KM 109
KM 108,7
KM 108,4
KM 108,2
Shops und Restaurants
Bus Stop
Bus Stop
401
Takua Pa
Surat Thani
0 500 m
N
Übernachtung:
1 Krai Sorn Raft House (N.P.)
2 Tone Teuy Raft House (N.P.)
3 Nang Prai Raft House (N.P.), Klong Ka Bungalows (N.P.)
4 K.S. Riverside
5 Oot Garden View
6 Tree Tops River Huts
7 Bamboo House
8 Nung House
9 Evergreen
10 Green Valley Resort
11 Khao Sok River Lodge
12 Khao Sok Rainforest Resort
13 Trekk & Stay
14 Star Hut Camp
15 Our Jungle House
16 Bamboo House 2
17 Khao Sok Island Bungalows
18 Activity Camp
19 Far Out Resort
20 Morning Mist Resort
21 Jungle Huts
22 Khao Sok Bungalow
23 Smiley Bungalows
24 Khao Sok Valley Lodge
25 Baan Khao Sok Resort
26 Freedom Camp
27 Art's Riverview Lodge
28 Nature Bungalows
29 Freedom Resort
30 Garden Huts
31 Tree Top Jungle Safaris
32 Mountain Jungle View
33 Tropical Land
34 Lotus Bungalow
35 Pantoorat Mountain Lodge
36 K.S. Tiger Jungle Lodge (800 m)
37 Khaosok Homestay (1700 m)
38 Khao Sok Riverside (2,5 km)
Läden, Restaurants etc.:
1 Khao Sok Corner R.
2 Bamboo Bar
3 Nirwana Bar
4 Khao Sok Cuisine
5 Minimarket
6 Friendly Gibbon Bar
7 Thai Herb R.
8 R. Thai Style Food
9 Pot Adventure Team
10 Thai R.
11 Thai Thai Bar
12 Sun Sum R.
13 Thai R.
14 Mr. Sun Travel
15 World Contacts Travel

Norden am Bang Laen River entlang zum elfstufigen **Sip-et-Chan-Wasserfall**, in dessen Pool man von Mai bis Dezember ebenfalls schwimmen kann.

Vor einigen Jahren wurden innerhalb und außerhalb des Parks die ersten Exemplare der **Rafflesia** (*Rafflesia kerrii meijer,* auf Thai *Buah Poot*) gefunden, einer parasitären Pflanze, die auf den Wurzeln einer Lianenart wächst. Die topfförmige, ziegelrote Blüte hat innen einen gelbroten Blütenstand. Sie gehört mit 60–80 cm Durchmesser zu den größten Einzelblüten auf der Erde. Die Rafflesia kann das ganze Jahr über blühen, benötigt aber 9 Monate, bis die kleine Knolle heranwächst und sich entfaltet. An einigen Stellen ist sie durch zu regen Besuch bereits vernichtet. Wer Interesse an dieser Pflanze hat, kann in den Gästehäusern nach einer Tour fragen (kein fester Preis).

Während der feuchten Zeit von Mai bis Dezember lohnt sich der Park nur für Leute, denen die vielen Blutegel (auf Thai *Tahk*) nichts ausmachen oder denen eines der Hausmittelchen hilft, wie z.B. Tabaksaft oder Tiger Balsam. Gegen Zecken (auf Thai *Hep*), die von Januar bis April Warmblütler befallen, hilft es schon, die Hosenbeine in die Socken zu stecken und ein Mücken abweisendes Mittel zu verwenden. In den Nächten kann es empfindlich kalt werden. Von Juni bis August reifen in der Umgebung die stinkenden, aber leckeren Durian.

Rajjaprabha-Damm

Zum östlichen Teil des Nationalparks, der per Boot über den Rajjaprabha-Stausee (auch *Chiew Lan Reservoir*) zu erreichen ist, gelangt man vom Dorf Ta Khun am KM 58,2 des auf 12 Spuren verbreiterten H401 (83 km westlich von Surat Thani). An der Abzweigung liegt ein *Hotel,* ✆ 077-261192, ❷–❸. Wer Glück hat, kann eines der unregelmäßigen Songthaews für 20 Baht p.P. nehmen (da oben keine Songthaews warten, gleich die Rückfahrt ausmachen, ab 70 Baht/2 Pers.), ansonsten ist es ein zeitaufwändiges Abenteuer. Selbstfahrer biegen links ab, erreichen nach 9 km die Schranke und nach 12 km die Dammkrone, die von einem beliebten Park mit dichtem Rasen bedeckt ist und eine tolle Aussicht auf den See und die pittoreske Bergszenerie ermöglicht. Ein Imbiss verkauft Erfrischungen. Man kann ein Longtail-Boot chartern (1700 Baht für 1–10 Pers.) und sich 2 Std. über den See fahren lassen. Die Boote liegen am Damm rechts unten bei den Verkaufsständen, an denen auch riesige Fische angeboten werden. Zum Eingang des Nationalparks und zur Landestelle der Tourboote geht es nach links 4 km weiter Richtung Nordwesten.

Der Stausee ist vollkommen von steilen Kalksteinfelsen und dichtem Monsunwald eingefasst. Nur an wenigen Stellen reicht flacheres, begehbares Gelände an den See heran. Am bequemsten lässt sich der Stausee mit den Gästehäusern oder den Tour-Veranstaltern erkunden. Romantisch übernachten kann man in vier schwimmenden Bungalowanlagen (s.u.).

Höhlen

Im Umkreis von Khao Sok gibt es mehrere Höhlen. Leicht zu Fuß erreichbar ist die Höhle beim **Wat Tham Phanturat**, wo häufig eine Horde Affen für Leben sorgt. Ein ebenerdiger Gang, ca. 60 m beleuchtet, führt hinter dem Zeremonienplatz mit dem einbalsamierten Gründerabt in den Berg hinein bis zu einem Steilabfall. Über eine Leiter gelangt man in eine untere Etage mit einem See, in dem man nicht schwimmen sollte, da das Wasser als heilig gilt. Eine obere Etage kann über 126 Stufen erreicht werden. Von dem Höhlensystem sind 1000 m mit einer guten Taschenlampe relativ leicht zu erkunden. Das Wat ist zu erreichen vom H401 beim KM 108,7 oder auf dem Dschungelweg hinterm Nature Resort.

Nicht weit von den Tone Teuy-Floßhäusern kann man nur mit Führer 3 km durch Primärdschungel zur Tropfsteinhöhle **Tham Nam Thalu** wandern und sie durchqueren. Bei der Durchquerung der Höhle muss man durch brusttiefes Wasser waten oder bei hohem Wasserstand 6 m weit schwimmen. Nur für abenteuerliche, angstfreie Naturen! Feste Schuhe, die Wasser vertragen, sind absolut notwendig. Bei aufkommendem Gewitter mit starken Regenfällen kann die Tour wegen der schnell zunehmenden Strömung gefährlich werden. Wer dann mit einem unqualifizierten Guide (z.B. vom Jungle Hut) in der Höhle steckt, ist in Lebensgefahr. Mit lizenzierten Guides soll noch kein Unfall vorgekommen sein, sie verlangen ordentliche Ausrüstung und haben gelernt, das Wetter und die Kondition der Touristen einzuschätzen.

Übernachtung

In einer vorwiegend ebenen, parkartigen Gartenlandschaft liegen die Bungalowanlagen verstreut in der Nähe des Sok River, direkt außerhalb des Nationalparks. Die naturnahen Bungalows stehen teilweise auf sehr hohen Pfählen; um vor Überschwemmungen sicher zu sein. Im Dschungel nagt der Zahn der Zeit schneller als anderswo, deshalb sehen manche nach einigen Jahren schon etwas schäbig aus, und die Besitzer bauen neue dazu. Alle haben ein einfaches, offenes Restaurant mit Speisekarte, bieten mehr oder weniger aufdringlich Ausflüge im Park und zum Stausee an und geben detaillierte Informationen für eigene Aktivitäten. Neue Gäste werden am Bus Stop abgepasst, so dass der Transfer auch zu den entlegeneren Bungalows keine Probleme bereitet.

Je beliebter die Gegend um den Khao Sok NP bei Travellern wird, desto mehr entwickelt sich die touristische Infrastruktur. So gibt es immer mehr Minimarkets, Internet-Shops, sogar eine Benzin- Zapfsäule beim Lotus Bungalow und ein funktionierendes öffentliches Kartentelefon vor der Brücke. Noch gibt es keine Geldautomaten, allerdings werden an einigen Stellen Bargeld und Reiseschecks getauscht.

AN DER HAUPTSTRASSE ZUM PARK –
Pantoorat Mountain Lodge ㉟, 100 m vom H401, 4 Steinbungalows, einfach eingerichtet, Betonboden, Balkon; unter Leitung von Toy und seiner englischen Frau Sue. ❸
Garden Huts ㉚, ✆ 077-395004, luftige Mattenbungalows in nettem Garten mit kleinem Teich, 60 m von der Hauptstraße, ruhig, jedes Jahr neues Personal. ❷
Jungle Huts ㉑, ✆ 077-395017, eng stehende Bungalows und heruntergekommene Hütten in ungepflegter Anlage. Besitzer Bao ist für seine aufdringliche Anmache und unqualifizierten Tourguides bekannt, mit Billigstpreisen und Fehlinformationen versucht er, die Konkurrenz auszuschalten. ❶–❸
Morning Mist Resort ⑳, ✆ 09-9718794, 💻 www.morningmistresort.com; ac-Steinbungalows und Stelzenhütten mit super Ausblick. Nid und Pon sprechen Englisch, sind sehr bemüht und bieten Kochkurse an. Restaurant und Minimarket an der Straße. ❸
Bamboo House 2 ⑯, ✆ 077-395013, links vor der Brücke, schöne Bungalows direkt am Fluss, mit Moskitogittern vor den Fenstern, und billigere dahinter; Restaurant mit leckerem, originalen Thai-Essen; geleitet von der erfahrenen Mama. Wenn Mama nicht da ist, liegt manches im Argen. Leser berichten, dass dieses Gästehaus das einzige war, das sie freundlich aufnahm, nachdem sie eine Tour hinter sich hatten. ❸–❹
Khao Sok Rainforest Resort ⑫, ✆ 077-395006, ✉ KhaoSokRainforest@yahoo.com, Bungalows verschiedener Bauart und Ausstattung, manche älter, idyllisch gelegen im Primärdschungel am Hang über dem Fluss; beste Sicht vom *Honey Bear*, schönes Restaurant mit offener Terrasse. Der freundliche Manager Mr. You gibt gute Informationen über den Regenwald. Preise je nach Auslastung. ❸–❹
Khao Sok River Lodge ⑪, ✆ 077-395023, geräumige, komfortable Bungalows mit Hotelstandard, hoch über dem Fluss, mit Laufstegen verbunden, bestes Zi mit Flussbalkon Nr.14; unter Management von *Phuket Trekking Club*. Wenn keine Pauschaltouristen anwesend sind, eine gute Wahl für den gehobenen Anspruch, wenn der Service etwas besser wäre. ❸–❹
Khaosok Green Valley Resort ⑩, ✆ 077-395145, ✉ kraisak@hotmail.com, schöne, neue Anlage mit sauberen, nett eingerichteten, moskitosicheren Steinbungalows mit Fan und Du/WC, kleine Terrasse, schöner Garten nach hinten hinaus. Vorn Restaurant Khao Sok Cuisine. ❸
Tree Tops River Huts ⑥, ✆ 077-395129, verschiedenartige Bungalows, hoch in den Bäumen oder auf der Wiese, zwischen einfach, baufällig und komfortabel; freundliche Leute. ❷–❹

FLUSSABWÄRTS AM LINKEN FLUSSUFER –
Bamboo House 1 ⑦, ✆ 077-395014, 01-7877484, Obstwiese mit schönen Bäumen und Büschen, 20 verschiedene alte und neue Bungalows; nette Hütten im Garten, abenteuerliche Baumhäuser am gestauten Fluss, neuere Steinbungalows für Familien; davor ist Schwimmen im Fluss möglich; geleitet vom freundlichen Sao, der die längste Erfahrung im Touristenbusiness von Khao Sok hat. Tour-Info-Kiosk, Ticket-Verkauf, hervor-

ragende Touren, zwar minimal teurer, aber zuverlässig. Sao ist Vorsitzender der Tourguide-Vereinigung und unterbietet wohl als Einziger nicht die gemeinsam festgelegten Preise. ❷–❹

Nung House ⑧, ✆ 077-395024, 🖳 www.krabidir.com/nunghouse; einfache Hütten, Steinbungalows und Baumhäuser auf gepflegtem Gartengrundstück, nettes Personal; schönes Restaurant mit super Frühstück. ❷–❸

Khao Sok Island Bungalows ⑰, ✆ 06-2828560, 🖳 www.khaosokisland.com, saubere Bungalows und ein Familienbungalow in gepflegtem Blumengarten auf der Flussinsel, geleitet von der liebenswürdigen Rattana, die gut Englisch spricht und sehr gut kocht. ❸

Freedom Camp ㉖, ✆ 01-8954297, auf einer Insel im Sok River, über eine tolle Hängebrücke erreichbar, uriger Zeltplatz (100 Baht pro Zelt), 2 Baumhäuser für Tour-Teilnehmer, im einfachen Restaurant wird auf Wunsch *Jungle Food* in Bambusgeschirr gekocht. Ein in Thailand einzigartiges Erlebnis für anspruchslose, abenteuerlustige, junge Leute, die etwas für Pfadfinderromantik übrig haben. In der Regenzeit hochwassergefährdet. ❶

Art's Riverview Jungle Lodge ㉗, ✆ 06-2822677, hochpreisige Einzelbungalows auf Stelzen und zweigeschossige Doppelbungalows, Restaurant am Fluss mit Blick auf den Affenfelsen und das Swimming Hole. ❸–❹

Nature Resort ㉘, ✆ 06-1200588, ✉ nature@tashihandmade.com, Bungalows und Baumhäuser, davon ein Familienhaus, etwas abenteuerlich über einen Bambussteg zu erreichen, ein echtes Naturerlebnis. Tee und Aer bemühen sich um ihre Gäste und kochen auf Wunsch Reis in Bambus. ❸–❹

Evergreen ⑨, ✆ 077-9787203, ✉ evergreenhouse@evergreenhouse.net, saubere Bungalows und Baumhäuser in ruhiger, idyllischer Gartenanlage. Noi und Gai verbreiten eine liebevolle Atmosphäre und bieten preisgünstige Touren. Empfehlenswertes Restaurant, Internet-Anschluss. ❷

Far Out Resort ⑲, ✆ 07-8846201, ✉ adi_brown79@hotmail.com, wenige Bungalows am Fluss. Davor hüpfen Affen auf den Bäumen herum. ❷

Our Jungle House ⑮, ✆ 09-8603936, 🖳 www.losthorizonsasia.com, weit weg von allem, einzelne Bungalows und 3 Baumhäuser mit Moskitonetz liegen verstreut im Dschungel, am Fluss oder auf der Flusswiese; kleine Badepools im Fluss. Gehört zu *Lost Horizons*, das fast jedes Jahr die Leitung auswechselt, wodurch sich der Service und die Atmosphäre ändern. ❸–❹

WEITER NACH OSTEN – ***Khaosok Homestay Resort*** ㊲, ✆ 09-2018994, ✉ khaosok_homestay@hotmail.com, 🖳 www.welcome.to/khaosok; am KM 108,4 nach Süden abbiegen (1,7 km). Sehr schöne Anlage an einem Seerosenteich, 6 Bungalows mit und ohne Du/WC; Restaurant, tgl. frisches Brot. Jeden Abend Live-Musik mit Musikern aus aller Welt (auch die bekannte *Monkey Diving Band*). Ein toller Platz zum Relaxen. ❷–❹

Khao Sok Riverside Cottages ㊳, ✆ 077-395027, ✉ riverside@khao-sok.com, am KM 106,8 nach Norden abbiegen (2,5 km). 15 große, gut eingerichtete Bungalows mit Glasfenster und Moskitonetz im gezähmten Dschungelgarten, wunderschönes Restaurant direkt am Khao Sok River, Zelten gegen geringe Gebühr auf Flusswiese, bemühter, perfekt Englisch sprechender Manager. ❹

NATIONALPARK-BUNGALOWS AUF DEM STAUSEE – Alle Floßhäuser liegen in einer grandiosen, traumhaft ruhigen Landschaft inmitten üppiger Natur. Die Preise sind in allen identisch: Vollpension 500 bzw. 750 Baht p.P.

Krai Sorn Raft House ①, am offenen See; 8 luftige Bambushüttchen und eine Gruppenunterkunft, Toiletten am Land, wacklige Stege; gutes Restaurant; Nationalpark-Büro und Unterkünfte der Angestellten an Land; links hinten in einem Seitenarm lohnt ein Wasserfall. ❸

Tone Teuy Raft House ②, in einem flachen Seitenarm mit warmem Wasser; 7 extrem einfache, luftige, schwankende Bambushüttchen, Toiletten am Ufer, über wacklige Stege erreichbar; sehr gutes Restaurant. Am Spätnachmittag kommen häufig Affen an die Uferhänge zum Fressen. ❸

Nang Prai Raft House ③, schwimmende Bungalows für über 50 Pers. in einem 300 m tiefen Seitenarm mit kühlem Wasser; große Holzhäuser auf stabilen Flößen, jeweils mit 3 ordentlichen Zimmern und einem WC, sowie primitive Bambushüttchen; Restaurant mit exzellenten Fischgerichten am Abend; kipplige Paddelboote zu mieten (250 Baht/Tag). ❹

Klong Ka Bungalows ③, neue Anlage nahebei am Ende des Seitenarms, 4 schwimmende Bungalows, 10 schöne Bungalows jeweils für 8 Pers., am steilen Hang mit toller Sicht von den Terrassen, 2x Du/WC im Haus, Restaurant. ❹

Aktivitäten

DSCHUNGELTREKKING – Geführte **Wanderungen** im und außerhalb des Nationalparks, 1 Tag bei 2 Pers. ca. 600 Baht p.P.

Empfohlen werden die Touren mit Nit vom ***Rainforest Resort***. Er bietet *Eco-Tourism* an.

Auch die Touren von ***Bamboo House 1*** (mit den Guides Gang und Kiam, Anfahrt mit Minibus) und die botanischen Wanderungen des ***Activity Camp*** wurden gelobt.

Andere Tourunternehmer bieten Ähnliches zu z.T. niedrigeren Preisen an. In der Qualität gibt es aber himmelweite Unterschiede, so geht z.B. so mancher Führer mit bis zu 16 Touristen los! *Night Safaris* enden fast immer in Enttäuschung, denn selten wird etwas gesehen.

ELEFANTENREITEN – 3 Elefantencamps haben sich in der Nähe von Khao Sok niedergelassen. Alle Gästehäuser und Tourunternehmen vermitteln einen Elefantenritt außerhalb des Parks, z.B. zum Wasserfall in 2 Std. für 800 Baht p.P. (2 Pers.).

KANU FAHREN – In großen, aufblasbaren Kanus können sich 2–3 Personen den Sok River hinunterpaddeln lassen. Bei hohem Wasserstand wird bei der Brücke an der Hauptstraße eingesetzt, bei niedrigem einige Kilometer weiter unterhalb am H401. Unterwegs sieht man schöne Flusslandschaft, wenn man Glück hat Schlangen, Affen, seltene Blüten oder Früchte. Abholung und Rücktransport mit Auto, 2-stünd. Tour 600 Baht p.P., zu buchen bei allen Gästehäusern und Tourunternehmern.

SCHWIMMEN – kann man sehr schön im *Swimming Hole,* einem natürlichen Becken im Sok River, in dem allerdings einige glatte Felsen bis knapp unter die Wasseroberfläche hochragen. An den Felsen dahinter turnt manchmal nach der Mittagszeit eine Horde **Affen** in der Vegetation herum, für eine Banane stürzen sich einige sogar mit Kopfsprung ins Wasser. Die vielen kleinen Fische kann man mit etwas Toastbrot füttern.

STAUSEE-TOUREN – In fast allen Gästehäusern wird die *Lake Tour* angeboten, 1 Tag inkl. Lunch für 1200 Baht p.P., 2 Tage 2200 Baht, 3 Tage 3500 Baht. (Preise jeweils bei 4 Pers.; sollte die Tour wesentlich billiger angeboten werden, den Preis schriftlich bestätigen lassen). Man wird mit Pickup oder Minibus zum Rajjaprabha-Damm gefahren (90 Min.), mit dem Longtail-Boot geht's zu den schwimmenden Bungalows zum Mittagessen (90 Min.), anschließend folgt eine Wanderung durch Primärdschungel (1 Std.) mit Höhlendurchquerung (1 Std.), Rückfahrt mit Boot und Auto. Bei Mehrtagestouren wird das Programm erweitert: man kann durch Sekundärdschungel in 3–4 Std. zum See wandern, macht abendliche und morgendliche Pirschtouren am Ufer, um Affen und Hornbills zu sehen, fährt Kanu, badet im See oder besteigt einen Aussichtsberg (90 Min.). Übernachtung in den schwimmenden Bungalows.

TUBING – Es ist eine Gaudi bei gutem Wasserstand, sich 2 Std. in aufgepumpten Autoschläuchen den Fluss hinab treiben zu lassen, 300 Baht. Dabei kann man mit ziemlicher Sicherheit Schlangen sehen. Wegen der Stromschnellen ist es ratsam, bei der ersten Fahrt einen Guide zu nehmen.

WANDERN – Nachdem man an der Schranke seinen Eintritt bezahlt hat, erhält man im Visitor Center das informative Faltblatt *Trails in Khao Sok National Park,* in dem die gut markierten, aber nicht korrekt kilometrierten Wanderwege beschrieben sind. Man kann sie auch ohne Faltblatt leicht selbständig gehen. Für glitschige Flussdurchquerungen sind Wasserschuhe ratsam. Getränke und Verpflegung mitnehmen.

Sonstiges

EINKAUFEN – mindestens 5 Minimärkte entlang der Hauptstraße.

GUIDES – Alle 67 Führer haben einen Kurs der TAT absolviert und eine Lizenz. Da nur 15 als

Tourguides arbeiten, ist offensichtlich, dass einige Veranstalter billigere Guides ohne Lizenz einsetzen. Fast alle Touristen sind mit den lizenzierten Guides zufrieden.

INFORMATIONEN – Im ***Visitor Center*** informieren in Thai und Englisch beschriftete Grafiken und Fotos kostenlos über den Park, ⌚ 8–16.30 Uhr. Sehr informativ ist die Broschüre von Thom Henley, *„Waterfalls & Gibbon Calls – Exploring Khao Sok National Park"* (470 Baht, erhältlich in den Minimärkten).
Das ***Khao Sok Tourist Center*** vor den *Smiley Bungalows* ist ein kommerzielles Unternehmen.

INTERNET – mindestens 4 Shops (2 Baht/Min.).

MOPEDS – vermieten die Minimärkte ***Bamboo 2*** und ***Jungle Huts*** für 200 Baht/Tag.

Transport

Die Pickups der meisten Gästehäuser warten an der Straße auf die Busse und werben neue Gäste an. Sie bringen ihre Gäste auch rechtzeitig zu den Bussen in beide Richtungen zurück.
Nach SURAT THANI non-ac-Busse von 8–18 Uhr ca. alle 60–75 Min. für 50 Baht in 3 Std. über PHUNPIN (45 Baht in gut 2 Std.), ac-Bus für 100 Baht um 11 und 12.45 Uhr.
Nach TAKUA PA non-ac-Bus von 8.30–16.45 Uhr ca. alle 60–75 Min. für 25 Baht in 1 Std., ac-Bus um 9 und 12.30 Uhr für 50 Baht, weiter nach KHAO LAK für 25 Baht und PHANG NGA für 30 Baht.
Die privaten Busse von *Songserm* und *Phantip* zwischen Surat Thani und Phuket fahren nicht auf dieser Route.
Von SURAT THANI kostet Taxi- oder Tuk Tuk-Charter 700–800 Baht (oft sogar 1500 Baht), von TAKUA PA ein gechartertes Pickup 300 Baht.
Von KRABI mit dem Ranong-Bus bis Takua Pa, von dort mit dem Surat Thani-Bus 40 km zum Park, 30 Baht.
Ein **Minibus** fährt um 8.30 Uhr nach HAT YAI (420 Baht), KRABI (220 Baht), TRANG 400 Baht und SATUN 500 Baht, um 9 Uhr nach SURAT THANI (170 Baht) mit Anschluss nach KO SAMUI (300 Baht), KO PHA NGAN (450 Baht) und KO TAO (650 Baht), um 13.30 Uhr mit Anschluss zum Flug (18 Uhr), Zug (18.30 Uhr, 898 Baht) und Bus (19 Uhr, 500 Baht) nach Bangkok.
Wer den Minibus von Surat Thani oder Krabi nach Khao Sok nimmt, landet automatisch im Jungle Huts, Freedom Resort oder Smileys.

Von Takua Pa nach Khura Buri

An der Straßengabelung am KM 165,3 beginnt die Kilometrierung Richtung Ranong mit KM 776,8 (die alte Entfernung von Bangkok). Am KM 756 zweigt eine Straße nach rechts ab zum 246 km² großen **Sri Phang Nga National Park**. Nach 4,7 km kommt die Schranke, 1 km weiter ein Parkplatz mitten im Dschungel: überdachte Picknicktische, Salas, ein Toilettenhaus unter riesigen Bäumen und ein Flussbecken mit tausenden von heiligen Fischen. Ein guter Pfad führt in 500 m zum **Tam Nang-Wasserfall**, der aus einer Rinne mit mehreren Stufen in einen schönen Pool mit klarem Wasser 20 m herabstürzt – hervorragend zum Schwimmen geeignet. In der Regenzeit rauschen jedoch gewaltige Wassermassen herunter. Die 200 Baht Eintritt ist dieser Nationalpark kaum wert.

In der Distrikthauptstadt **Khura Buri** (KM 727) werden im Zentrum am H4 in der Bus Station neben *Benjamins Seafood Restaurant* Bustickets nach Bangkok, Richtung Ranong und Phuket verkauft. Das *Tourist Information Center* daneben (✆ 076-491053) macht einen verlassenen Eindruck.

Beim Dorf Hin Lad (KM 720,8) biegt man nach Westen 2 km zum schmuddeligen Hafen mit dem wichtigen Fischmarkt ab (Motorradtaxi von der Stadt 40 Baht, von der Abzweigung 10–20 Baht). Am Wasser steht ein Büro des Mu Ko Surin National Parks. *Kuraburi Greenview Travel* fährt von hier tgl. von 9–16.30 Uhr mit einem großen Speedboot zu den Surin Islands und anderen Inseln (2200 Baht p.P.).

Übernachtung

Khura Buri: ***Greenview Resort,*** ✆ 076-421360, am KM 739 in einer Kurve, 25 komfortable ac-Bungalows aus Holz am Hang über einem Stausee mit störendem Straßenlärm. Gepflegtes Restaurant, Pool.
Tararin River Hut, ✆ 076-491789, im Ort vor der Brücke rechts, 10 liebevoll dekorierte Hütten mit

Palmblattdach, drei davon mit Balkon über dem Fluss, unter Leitung von Mama Aporn, Restaurant. ❷–❸

Surin Islands หมู่เกาะสุรินทร์

Die Inselgruppe, ca. 60 km vor Khura Buri, besteht vor allem aus zwei großen Inseln, der nördlichen **Ko Surin Nua** und der südlichen **Ko Surin Tai**, die von ca. 240 Seenomaden (*Moken*) polynesischen Ursprungs bewohnt ist. Die mit hohem, dichtem Wald überzogenen Inseln besitzen wunderschöne Sandstrände. Deutsche Sandsammler fanden hier „den weißesten Sand der Erde". Sandfliegen sind noch nicht gesichtet worden. Die Inselgruppe wurde 1981 zum Marine National Park erklärt. Auf einem schönen Pfad von 2 km kann man in 90 Min. durch herrlichen Dschungel zur gegenüberliegenden und einer weiteren Bucht wandern.

Fantastische, vielfältige Korallenriffe laden zum Schnorcheln und Tauchen ein. Die Sicht erreicht nur selten über 20 m. Die Anzahl der Fische ist nicht überwältigend, doch Schwarzspitzenhaie, Schildkröten und Seeschlangen sieht man häufig. Bisher waren die Inseln nur am Wochenende das Ziel von bis zu 300 einheimischen Touristen, was sich aber ändern könnte. Ein **Unterwasserpfad** vor einer kleinen Insel, 15 Min. vor Ko Surin, soll auch unerfahrenen Schnorchlern und Tauchern Einblick in die Welt der Korallenriffe ermöglichen. Dieser 100 m lange Botanische Unterwassergarten ist in 8 markierte Zonen unterteilt, in denen man garantiert (abgestorbene) Korallen mit Meeresschildkröten, Anemonenfischen und sogar Haie sehen kann. Eine Broschüre informiert über die Highlights.

Übernachtung

Auf der Nordinsel Ko Surin Nua ist das Park Headquarter am Ao Mae Yai im Südwesten stationiert. Die Leute sind freundlich. Das Camp macht einen sehr gepflegten Eindruck. Das Wasser kommt in einer Plastik-Pipeline von der Nachbarinsel. Es gibt 4 Bungalows (1200 Baht) mit Platz für 6–8 Pers., WC drinnen, sowie 8 Langhäuser aus Holz, in dem ein Zi 3–4 Schlafplätze (400 Baht) bietet, Du/WC dahinter. Achtung: Vor Ort sind sie kaum zu buchen! Strom gibt es von 18–22 Uhr. Moskitonetz mitbringen!

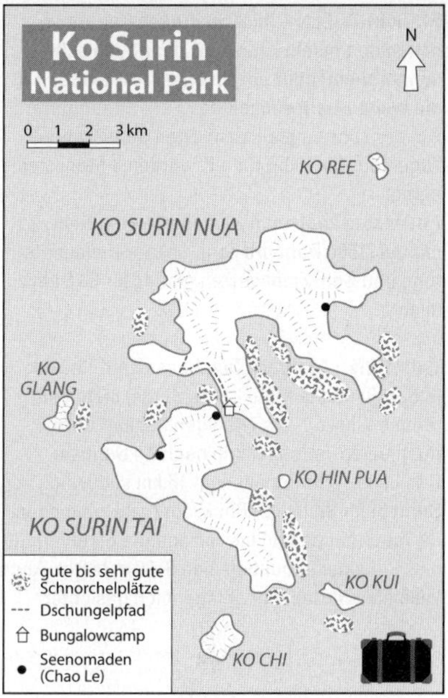

Ein Vierer-Zelt kostet 300 Baht. Die Gebühr fürs eigene Zelt beträgt 40 Baht. Warnung an Ruhesuchende: Thais stehen gewöhnlich lautstark um 5 Uhr auf!

Essen

Die Verpflegung im Restaurant ist nicht besonders gut und relativ teuer. Das Frühstück ist gewöhnungsbedürftig. Feste Essenszeiten: 7–9 (80 Baht), 12–13.30 (140 Baht) und 17–21 Uhr (180 Baht). Wer an einem Tag nicht essen möchte, muss sich vorher abmelden. Im Kiosk gibt es Kekse, Batterien, Cola, Mekhong etc. Es ist ratsam, Obst selbst mitzubringen.

Sonstiges

REISEZEIT – Beste Zeit ist Dezember bis Ende April. Im März und April wird es jedoch heiß: im Durchschnitt bis 34 °C. Wer Trubel scheut, sollte die Thai-Ferien im März und April meiden. Von Mai bis Mitte November peitscht der Südwestmonsun das Wasser auf.

SCHNORCHELN – Im 80 m breiten Kanal zwischen den Inseln kann man zwar auch schön schnorcheln, aber es gibt bessere Reviere, u.a. die weite Bucht südlich des Park Headquarters. Bei der sehr empfehlenswerten Schnorchel-Tagestour für 100 Baht p.P. werden 5 Stopps eingelegt.
Ansonsten kann man zu mehreren ein Boot mieten (1500 Baht pro Tag). Schnorchelausrüstung und Schwimmwesten gibt es für 80 Baht zu mieten.

TAUCHEN – Mehrere Tauchbasen auf Phuket (s.S. 715) und in Khao Lak (s.S. 734) bieten im Rahmen ihrer 4- bis 7-tägigen Similan-Törns auch einen Tauchausflug nach Ko Surin an.
Das beste Tauchrevier liegt 15 km südöstlich von Surin beim Richelieu Rock, der mehrere lohnende Tauchgänge und hervorragende Sichtverhältnisse in einer Tauchtiefe von 6–30 m bietet. Auch Walhaie werden hier gelegentlich gesichtet.

Transport

Beim Hafen von Khura Buri (s.o.) steht ein Büro des Mu Ko Surin National Parks, ✆ 076-491378. Die freundlichen Angestellten sprechen kaum Englisch. Informationen hängen aus. Ein Boot fährt täglich um 9 Uhr für 1200 Baht hin und um 10 Uhr zurück, Fahrtdauer 4 Std.
Vom Camp zum Seenomadendorf auf Ko Surin Tai mit dem Moken-Boot (20 Baht).

Laem Son National Park

วนอุทยานแหลมสน

Am KM 711,1 weist ein Schild zum **Suan Mai-Wasserfall**. 5 km weiter beginnt die Provinz Ranong, die als die regenreichste des Landes gilt.

Zum **Prapad Beach** biegt am KM 702 eine Straße ab, die durch dschungelbedeckte Hügel, Gummiplantagen und Krabbenfarmen zum Headquarter Nr. 2 des **Laem Son National Parks** führt (3 km). Er zieht sich über 50 km an der Küste entlang und schließt in über 300 km² Fläche fast nur Strand, Mangrovenwald, Meer und ein gutes Dutzend Inseln ein. Feiner, grauer Sand bedeckt den 2 km langen Strand am Headquarter, außerdem viel Strandgut, Holz und Blätter – alles wirkt natürlich und angenehm ungepflegt. In der Ferne sind einige Inseln zu erkennen. In einem parkähnlichen Gelände machen Thais unter schattigen Laubbäumen und einer Reihe Kasuarinen gern ein Picknick – beäugt von Büffeln und Milchkühen. Am nördlichen Ende liegt ein Fischerdorf an einer Lagune.

Beim KM 657,4 biegt man beim Dorf Sam Nak nach Westen zum **Bang Baen Beach** ab. Wer mit dem Bus kommt, steigt hier aus und wartet auf ein Pickup. Die 10 km lange Straße führt über mehrere Brücken durch Mangrovensümpfe zum Laem Son National Park. Hinter der Schranke (Eintritt 200 Baht) erstreckt sich ein parkähnlicher, lichter Kasuarinen-Hain, der 2 km lang und bis zu 100 m breit ist, davor ein breiter Strand mit feinem Sand. Eine vorgelagerte Sandbank bricht die Wellen, so dass das warme Wasser an den markierten Stellen sicher zum Baden ist. Die Strömung zwischen Strand und Inseln ist gefährlich.

Übernachtung und Essen

Wasana Resort, 36/9 Bang Baen Beach, 85120 Kapoe; 500 m links vor dem Parkeingang. 4 kleine und 4 große Bungalows; Restaurant; Thai-holländische Leitung. ❸
Entlang der Straße gibt es Läden und Essenstände, eine Karaoke-Bar nahebei.

Ranong

ระนอง

Die Kleinstadt Ranong am Petchkasem Highway ist eine überaus geschäftige Provinzhauptstadt mit stark chinesischem Einschlag. Die Stadt wurde vor etwa 250 Jahren von eingewanderten Hokkien-Chinesen gegründet, die sich wegen der nahen Zinnminen hier niederließen. Viele Burmesen aus Kaw Thaung (Victoria Point) kommen zum Einkaufen oder als illegale Arbeiter nach Ranong, und die Stadt profitiert offensichtlich davon. Victoria Point bildet den südlichsten Punkt Myanmars. Ein Besuch ist möglich (s.u.).

Die eigentliche Quelle des Reichtums der Stadt war neben dem Fischfang das Zinn. Seit das Meer und die Minen immer weniger hergeben und die Preise auf dem Weltmarkt verfallen, schaut man sich nach anderen Einkommensmöglichkeiten um,

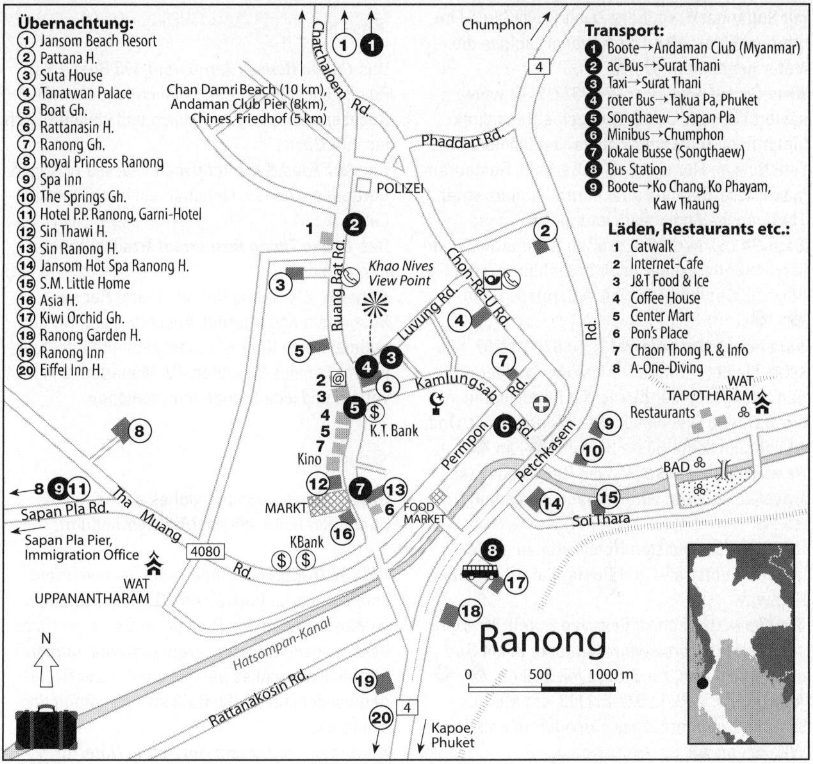

z.B. Kaffee und Cashewnüsse *(kayu)*, die für ihre gute Qualität bekannt sind. Zudem werden mehr und mehr Fischerboote umgerüstet, um einheimische Touristen auf die Inseln Ko Surin, Ko Phayam und Ko Rayam oder zum Fischen zu fahren.

Ranong besteht im Wesentlichen aus einer langen „Einkaufsmeile" über einen Hügel, der Ruang Rat Road. Schön ist der weitläufige (Nacht-)Markt im Zentrum. Rucksackreisende kommen nur nach Rayong, um ein Songthaew zum Hafen **Sapan Pla** zu nehmen, wo die Longtail-Boote zu den Traveller-Inseln Ko Chang und Ko Phayam sowie nach Kaw Thaung in Myanmar abfahren. Es lohnt, morgens früh aufzustehen und an den Piers die heimkehrenden Fischer zu beobachten.

Die große Attraktion der Stadt ist die **Thermalquelle**, eine 70 °C heiße, schwefelhaltige Mineralquelle, die am Fuße eines bewaldeten Berges im **Wat Tapotharam** entspringt. Man erreicht sie am Fluss entlang etwa 2 km nordöstlich der Stadt. Bäume in einem gepflegten Park überschatten das Areal mit den drei Quellen, kleinen Bächen und Pools mit unterschiedlichen Wärmegraden. Hier kann man in aller Öffentlichkeit kostenlos baden.

Ranong ist eine der regenreichsten und waldreichsten Provinzen in Thailand, was auch gleich an der üppigen Vegetation auffällt. Wegen seiner unzugänglichen, steilen Berge sind noch immer 70% der Region mit Dschungel bedeckt. Von Mitte April bis Anfang Dezember ist Regenzeit, von Juni bis August gießt es in Strömen.

Übernachtung

GÄSTEHÄUSER – ***S.M. Little Home*** ⑮, ✆ 077-823405, direkt am Fluss ruhig gelegen, Stadthaus mit Supermarkt, saubere Zi mit Du/WC und Fan oder ac, Flussbalkon mit schöner Sicht in die Natur gegenüber. ❷–❸

Kiwi Orchid Gh. ⑰, ✆ 077-832812, 💻 www.kiwiorchid.com; das große, gelbe Haus direkt hinter dem Busterminal, einfache Zimmer mit Fenster zum Flur und Bad außerhalb, Restaurant; macht Visa-Service, gute Informationen, unter Thai-neuseeländischer Leitung. ❷

Boat Gh. ⑤, über dem großen Restaurant, ziemlich verwohnte, aber noch brauchbare Zi mit Fan oder ac, Dachterrasse mit WC, relativ ruhig. ❶–❷

Suta House Bungalows ③, ✆ 077-832707, hübsche, kleine, saubere Bungalows in einer ruhigen Sackgasse der Ruang Rat Road, mitten in der Bar- und Discomeile. Der Manager, Mr. Ood, ist sehr um seine Gäste bemüht. ❷, ac ❸

Ranong Guesthouse ⑦, kein Guesthouse für Traveller, sondern eine Reihenhaussiedlung.

HOTELS – Die meisten Hotels stehen an der lauten Hauptstraße, der Ruang Rat Rd., und am Highway.

Sin Thawi ⑫ (Schild: Sintavee Hotel), Nr. 81/1, ✆ 077-811213, preiswerte, saubere Zi mit Bad und Fan oder ac, zur Straße mit Balkon. ❷–❸

Asia ⑯, Nr. 39/9, ✆ 077-811113, am Markt, 97 ruhige, saubere Zi mit Fan oder ac und Bad/WC. ❸, ac ❹

Ranong Inn ⑲, 29/9 Petchkasem Rd., ✆ 077-822777, 📠 821523, südlich der Stadt am Highway, Zi mit Fan oder ac. Im großen Restaurant spielt ab 19 Uhr eine Band. ❸

Eiffel Inn Hotel ⑳, 160/1 Petchkasem Rd., ✆ 077-823271, 📠 848370, südlich der Stadt am H4 am KM 619,4. Auf vornehm gestyltes ac-Hotel mit 37 Zimmern und 10 Bungalows, hervorragend eingerichtete Zi. ❺

Jansom Hot Spa Ranong Hotel ⑭, 2/10 Petchkasem Rd., ✆ 077-822516-9, 📠 821821, am H4; 220 Zi und Bungalows mit ac, TV, Bad. Restaurant, Café, Nachtclub, Pool (🕒 ab 16 Uhr, 200 Baht für Nicht-Gäste). 2 heiße Sprudelbäder, nach Geschlechtern getrennte Jacuzzis. Reisebüro. ❺–❻

Royal Princess Ranong ⑧, 41/144 Tha Muang Rd., ✆ 077-835240-44, 📠 835238-9, First-Class-Hotel, 139 ac-Zi, Restaurant und Pool. ❺

Essen

Das ***Coffee House*** *(Ban Gafae)*, 173 Ruang Rat Rd., ist ein schöner Platz zum Frühstücken. Die Besitzerin spricht gut Englisch und kümmert sich um ihre Gäste.

Bei ***J&T Food & Ice*** kann man über die winzigen Portionen staunen. Nebenan ein lautes Internet-Café.

Das ***Chaon Thong Restaurant*** erteilt hilfreiche Informationen.

Catwalk, 274 Ruang Rat Rd., kleine Bar mit Restaurant und Internet-Anschluss von Ulf und Jutimas. Gute Küche, ausgezeichnete Cocktails, internationales Satelliten-TV, Moped- und Autoverleih und jede Menge Informationen.

Sonstiges

GELD – Geldautomaten gibt es am Anfang der Ruang Rat Road, die am Markt vorbeiführt.

HEISSE QUELLEN – Baden kann man in öffentlichen Pools im Park an den Quellen kostenlos; im Badehaus an den Quellen, in Gemeinschaftsbecken, nach Geschlechtern getrennt, oder in Einzelkabinen. Alles penibel sauber, mit Orchideen geschmückt. 100 Baht inkl. Handtuch und Dampfbad.

Außerdem im *Jansom Hot Spring Hotel* für 200 Baht inkl. Pool.

INFORMATIONEN – im Internet unter 💻 www.kiwiorchid.com, auch über den Visa Run und Touren in Myanmar.

MOPEDS – ***Pon's Place***, ✆ 077-823344, Ruang Rat Rd., vermietet Mopeds für 200 Baht/Tag.

REISEBÜROS – ***Pon's Place***, ✆ 077-823344, Ruang Rat Rd., organisiert Flugtickets, Inseltransfer, Visa Run, bucht Gästehäuser auf den Inseln.

TAUCHEN – ***A-One-Diving***, ✆ 077-832984, 💻 www.a-one-diving.com; Okt–April *Liveaboard*-Tauchtouren mit 3 Booten nach Ko Surin, Richelieu Rock, Ko Bon, Similan Islands ab 2 Tage für 10000 Baht bis 5 Tage für 17000 Baht sowie Tauchfahrten nach Myanmar ab 34 000 Baht.

PADI-Kurse finden auf dem Boot statt. Ableger auf Ko Phayam.

Nahverkehrsmittel

MINIBUSSE – Innerhalb von Ranong verkehren von 6–18 Uhr mehrere Minibuslinien (Songthaews) für 6 Baht pro Strecke: Nr. 1 zwischen Markt und Bank, Nr. 2 (rot) vom Markt zu den Thermalquellen, Nr. 3 (rot) vom Markt zum Hafen, Nr. 3 und 4 zum Sapan Pla (für Ko Chang, Ko Phayam, Kaw Thaung).

MOTORRADTAXIS – überall in der Stadt für 30 Baht.

Transport

BUSSE – Die Bus Station liegt draußen am H4. Mit dem grünen Songthaew (6 Baht) von der Stadt zu erreichen. In der Innenstadt an der Tha Muang Rd. liegen die Büros der Busgesellschaften ***Choke Anan Tour***, ✆ 077-811337, und ***Mitt Tour***, ✆ 077-811150.
Nach BANGKOK (583 km) non-ac-Bus um 14.30 Uhr für 185 Baht, 2.Kl. ac-Bus um 7, 9, 17.30 und 20.30 Uhr für 259 Baht, ac-Bus um 8 und 19 Uhr für 333 Baht, VIP-24-Bus um 20 Uhr für 515 Baht in 10 Std.
Nach CHUMPHON non-ac-Bus alle 90 Min. von 8.30–16 Uhr für 50 Baht in gut 2 Std., Minibus ab 34 Permpon Rd., 50 m südlich der Kreuzung Kamungsab Rd., von 7–17 Uhr jede volle Std. für 90 Baht.
Nach PHANG NGA und KRABI mit non-ac-Bus 435 um 6, 7, 9.30, 11.30 und 14 Uhr für 90 bzw. 106 Baht in 4 1/2 bzw. 6 Std. über TAKUA PA (65 Baht).
Nach PHUKET non-ac-Bus 430 um 7.30, 8.30 und 13.30 Uhr für 103 Baht, ac-Bus 430 um 8.30, 12, 14 und 15.30 Uhr für 185 Baht über TAKUA PA (65 / 122 Baht, 2 1/2 Std.) und KHAO LAK (85 / 130 Baht, 3 Std.). Die non-ac-Busse starten 15 Min. vorher am Rattanasin Hotel, die ac-Busse an der Bus Station.
Nach SURAT THANI (ab Markt) non-ac-Bus ca. jede Std. von 6.30–13.30 Uhr für 70 Baht in 5 Std., ac-Bus um 8.30 und 14 Uhr für 110 Baht in 4 Std.; ac-Minibus von 8–16 Uhr für 120 Baht; Sammeltaxi 120 Baht in 3 Std. (z.B. um 16 Uhr).
Nach HAT YAI ac-Bus um 6, 10 und 20 Uhr für 302 Baht in 8 Std.
Nach KAPOE um 14 Uhr für 20 Baht und KHURA BURI für 45 Baht.
Vom lokalen Songthaew Stopp an der Ruang Rat Rd. fahren Minibusse u.a. zum Hafen von Khura Buri.

FLÜGE – ***Phuket Air***, ✆ 077-824591-2, fliegt tgl. von / nach BANGKOK für 2000 Baht.
Der Flugplatz liegt 20 km südlich direkt am H4 (KM 634), Minibus-Service und Bus-Stop.

Ko Chang เกาะช้าง

Die 18 km von Ranong entfernte hügelige Insel Ko Chang (das „andere“ Ko Chang) ist im Tiefland von Gummiplantagen und an den Berghängen von Dschungel bedeckt. An der seichten Ostküste wachsen Mangroven, während die felsige Westküste einige flache Buchten bildet, an denen Cashew- und Kokosplantagen gedeihen. Dort liegen auch die Sandstrände, die seit einigen Jahren immer mehr Traveller anziehen. Sie suchen friedliches, uriges Leben und verzichten gern auf die Annehmlichkeiten der Zivilisation, denn auf der abgelegenen Insel gibt es weder Straßen noch Elektrizität. Von Dezember bis April können genügsame Traveller in äußerst einfachen Hüttensiedlungen preiswert, aber nicht gerade billig unterkommen. Während des Monsuns sind nicht alle Anlagen geöffnet, da die kleinen Boote bei Wellengang nicht fahren können. Die Insel kann dann nur von der geschützten Ostseite durch die Kanäle in den Mangrovensümpfen angefahren werden. Dann geht es weiter zu Fuß in etwa 15–20 Min. über die Insel, während das Gepäck transportiert wird.

In der Trockenzeit sind in manchen Jahren alle Strände mit grauen Schlieren durchsetzt, so dass sie „schmutzig“ aussehen. In der Regenzeit zeigen sie sich wieder in ihrer natürlichen Schönheit. Bei aufgewühltem Meer wirkt das Wasser recht trüb. Auch Sandfliegen trüben manchmal den vergnüglichen Aufenthalt am Strand.

Vor der Westküste liegen **Ko Phayam** und in einer Entfernung von 25–30 km weitere Inseln, die bereits zu Myanmar gehören.

Übernachtung

Es gibt über 20 einfache Bungalowanlagen mit ähnlichen Preisen: Sie kosten ohne Du/WC 100–150 Baht und mit Du/WC 150–200 Baht, in der Nebensaison bei längerem Aufenthalt 20% Rabatt. Die Preise in den Restaurants sind etwas hoch, dafür machen die Portionen satt. Wenn gegen 22 Uhr das Licht ausgeht, führen nur unbeleuchtete Wege über Stock und Stein zum Plumpsklo. Keine Musikbox, kein Fernseher und kein Video stören den Frieden. Nur knatternde Fischerbooote erinnern manchmal daran, wem die Insel eigentlich gehört. Man kann ausruhen, fischen gehen und den Sonnenuntergang betrachten. Dieses ist weder eine Insel für Drogenkonsumenten noch für anspruchsvolle Gäste.

NORDWESTLICHE STRÄNDE – Hier gibt es einige kleine, abgelegene Strände mit herrlich weißem Sand. Zwischen der Nordspitze und der kleinen vorgelagerten Insel können sich bei Gezeitenwechsel gefährliche Strömungen bilden.
Hornbill Bungalow ②, gute Anlage mit wenigen Hütten, z.T. am Hang, kleiner Strand, viele vorgelagerte Felsen. ❸–❹
Contex Bungalow ③, an einem kleinen, von Felsen eingerahmten Sandstrand mit muschelbesetzten Steinen, der bei Flut sehr schmal wird und zum Baden nicht empfehlenswert ist. 5 kleine A-frame-Hütten, die teils nur kletternd erreichbar sind; Restaurant in schöner Lage. ❷

AO YAI – Die meisten Anlagen liegen an dieser 3 km langen Bucht, deren nördlicher Teil aus einem 1,5 km langen, recht festen, gelblichen Sand besteht. Der daran angrenzende felsige Abschnitt ist mit kleinen Stränden durchsetzt. Am südlichen Ende wird der Strand flacher, so dass man bei Ebbe nur über Schlick und Steine watend tieferes Wasser erreicht.
In der Mitte des Strandes liegt der Pier, an dem bei ruhiger See größere Boote anlegen können. Dahinter erstrecken sich ein alter, aus Holz erbauter Tempel und ein steinerner Neubau. Schräg dahinter gibt es einen Minimarkt und ein Restaurant, das sich zum Traveller-Treff entwickelt hat. Die Getränke sind hier etwas billiger als in den Bungalowanlagen.

Eden Bungalows ⑥, ✆ 077-835375 (Ranong Office); am nördlichen Ende gelegene, schöne Bungalows mit Du/WC oder angrenzenden Du/WC-Häuschen. Im kleinen Restaurant feiern gerne die oberhalb stationierten Navy-Soldaten. Der Chef spricht gut Englisch. Der Sandstrand fällt hier steil zum Meer hin ab. ❶–❷
Sunset Bungalow ⑦, einfache, nette Hütten mit und ohne Du/WC sowie große Bungalows, geleitet von Mr. Moo und seiner Familie; Restaurant mit viel Platz, leckerem Essen und guter Musik; gute Ausrüstung zum Fischen. ❶–❷
Cashew Bungalow ⑧, ✆ 01-8298892, die älteste, größte, gut organisierte Anlage am Strand, billige Steinbungalows mit Du/WC liegen verstreut in einer Cashew-Plantage. Das Essen im betonierten Restaurant ist ordentlich und bei Rentnern sehr beliebt. ❷
Golden Bee Bungalow ⑨, ✆ 077-820129, liebevoll gestaltete Anlage mit hübschen Hütten mit und ohne Du/WC unter der Leitung eines netten, hilfsbereiten Ehepaares. Restaurant mit großer Auswahl an gutem, preisgünstigem Essen, auch vegetarisch. Viele Informationen, Ausflüge zu vorgelagerten Inseln und zum Fischen. Schatten spendende Bäume und flacher Sandstrand ohne Steine, gut für Kinder geeignet; Minimarkt. ❶–❷
Chang Tong Bungalows ⑩, ✆ 077-820178, Holzhütten und 3 sehr schöne Holzbungalows; kleines Restaurant mit guten Portionen zu normalen Preisen, Spezialität: Wienerschnitzel mit Bratkartoffeln; fester Sandstrand.
Anschließend beginnt der felsige Teil der Bucht. ❷
Sabai Jai ⑪, ✆ 077-820131, verschiedenartige, nette Bungalows, z.T. am Hang, unter Leitung eines freundlichen Ehepaars, liebevoll gestaltetes Restaurant mit hervorragendem Essen. Zum Schwimmen geht man vors *Golden Bee*, direkt davor stören die kleinen Steine im Wasser. ❷
Kho Chaang Resort ⑫, gute Hütten auf einem Felsen, nur über weitere Felsen zu erreichen. Restaurant mit guter Aussicht; Schwimmen ist an der felsigen Küste nur bedingt möglich. ❶
Paradise Bungalow ⑬, Hütten am steilen Hang, meist ohne Strom, kleiner, von Felsen durchsetzter Sandstrand. ❶
Nature View ⑯, wenige saubere, geräumige Holzbungalows auf den Felsen am südlichen En-

de des Strandes mit gutem Meerblick, unter Leitung von Lek und und ihrem kanadischen Mann, Restaurant im dreistöckigen, weithin sichtbaren Steinhaus; Bootsanlegeplatz. ❷

AO TA DENG – Über einen kleinen Hügel gelangt man durch Wald nach 10 Min. zur kleinen Ao Ta Deng-Bucht. Der etwa 100 m lange, flache Sandstrand wird von Felsen eingerahmt. In der Regenzeit ist er ungeschützt gegen Wind und Wellen und sehr einsam. Regelmäßiger Bootsverkehr in der Saison.

Suan Por ⑰, wenige einfache, hübsche Hütten mit Du/WC, kleines Restaurant mit gutem Essen unter freiem Himmel; nette Leute. ❷

Lae Tawan Bungalow ⑱, ✆ 077-820179, wenige Bungalows am Strand und Hütten am Hang, nur über steile Treppen erreichbar, von netten Leuten gemanagt. Gute Thai-Küche. ❶–❷

Mama's Bungalow ⑲, einige liebevoll gestaltete Bungalows am Hang mit europäischer Toilette, gemütliches Restaurant auf den Klippen mit super Aussicht aufs Meer. Exzellente Thai- und bayerische Küche. Geleitet von Mr. Pok und Mrs. Soi. Aus dem nahen Wald kommen immer wieder Affen oder Schlangen zu Besuch. ❷

AO KAI TAO – Ein kleiner Strand mit dem ***Sea Eagle Resort*** ⑳, noch sehr wenig besucht, nettes Personal. ❶

AO SIAD – eine kleine, halbrunde, mit Felsen durchsetzte Bucht im Süden der Insel. An der südlichsten Spitze herrschen lebensgefährliche Strömungen.

Tommy's ㉑, wenige Bungalows mit Du/WC. ❷

N&X Bungalows ㉓, wenige einfache, sehr ruhige Hütten mit ziemlich hohen Preisen für Essen und Getränke, herzliche Familie. ❷

AO LEK – In dieser einsamen Bucht gibt es eine Unterkunft:

Kokkram House ㉔, ✉ kokkramhouse@hotmail.com, ✆ 09-0119369, 5-stöckiges, sehr schönes und unkonventionelles Holzhaus sowie Bungalows und Bar, gebaut von Bangkok-Thais, die auch unregelmäßig Partys am Strand veranstalten wollen. Transfer mit dem Ko Phayam-Boot. ❷

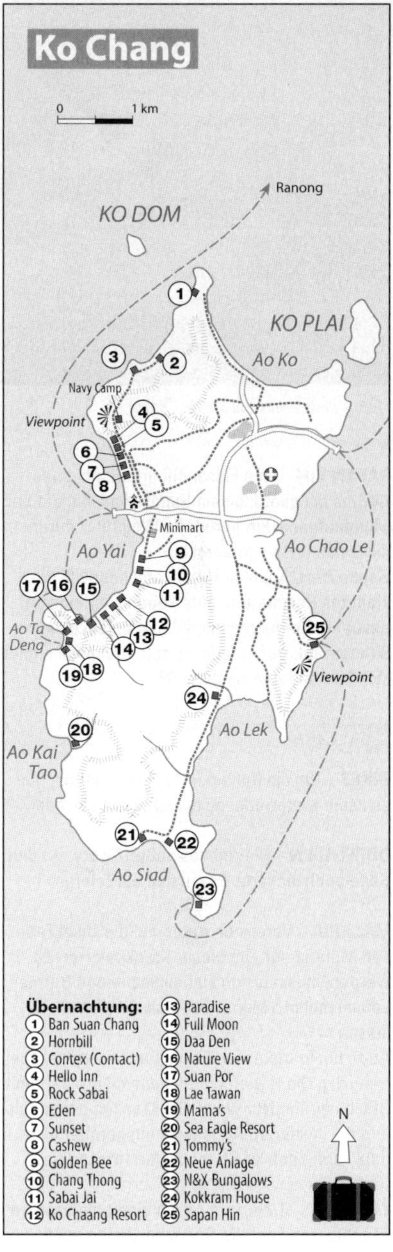

Chilis – unverzichtbar in der Thai-Küche

SAPAN HIN – eine Felsbucht unterhalb eines Berges mit ganz kleinem Sandstrand, beliebt bei Mondaufgang. Ein gerodeter Weg führt durch die Dschungelvegetation hin.
Sapan Hin ㉕, einige Hütten und liebevoll gestaltetes Restaurant, nette Leute, sehr einsam; davor ein Steinstrand und daneben ein kleiner Sandstrand. Der aufgeschüttete Steinwall eignet sich bestens zum Fischen. ❷

Sonstiges

BIKES – Um die Ruhe der Insel zu erhalten, gibt es keine Motorräder zu mieten, nur Fahrräder.

DORFLADEN – Hier gibt es außer Zigaretten und Seife auch leckeres Essen und ein Telefon.

MALARIA – Vereinzelt traten auf der Insel Fälle von Malaria auf. Um dieser Krankheit Herr zu werden, müssen sich Einheimische und Burmesen einmal pro Monat auf Malaria testen lassen.
Auch für Touristen ist dieser Test kostenlos, aber freiwillig. Die Hütten werden einmal pro Jahr mit DEL besprüht. Nur wenn alle Kranken behandelt und die infizierten Anopheles ausgerottet werden, kann auch Ko Chang malariafrei werden.

TAUCHEN – ***Aladin*** am Ao Yai bietet mehrtägige Tauchtouren nach Ko Surin, bei denen auch Schnorchler mitgenommen werden. Das flache Boot soll besonders langsam und wellenempfindlich sein.

TELEFON – In fast allen Anlagen wird Telefon-Service angeboten.

Transport

In der Saison fahren mehrere **Longtail-Boote** für 100 Baht p.P. von 9–14 Uhr (manchmal bis 16 Uhr) am Hafen SAPAN PLA ab. Die zumeist sehr nasse, aber schöne Fahrt (1 Std.) geht zu allen Bungalowanlagen an der Westküste bis Ao Ta Deng, zurück von den Bungalowanlagen ab 7–8 Uhr.
Während der Saison fährt ein **Taxiboot** von und nach Ko Chang, ab dem Hafen Sapan Pla um 9.30 und 15 Uhr, ab Ko Chang um 7.30 und 15 Uhr.
Das große **N&X-Boot** fährt zur Ostküste und zum AO SIAD (auf Wunsch Stopp am *Sapan Hin*), dann weiter nach Ko Phayam. Wer zur Westküste will, zahlt weitere 100 Baht für den Transport.
Zum Hafen SAPAN PLA fährt man mit dem Songthaew Nummer 3 oder 4 ab Ranong (4 km), steigt vor dem Tor am Gebührenhäuschen *(Toll Booth)* aus, geht nach links die Straße durch Wohngebiet und vorbei an den Büros der Bungalowanlagen bis zum Fluss runter, wo die Boote liegen.
Schlepper, zumeist Ausländer, schwatzen Travellern Anlagen auf, von denen sie Provision bekommen.
Ausflüge von Ko Chang nach KO PHAYAM und zu kleineren Inseln werden ab 200 Baht p.P. angeboten.
Golden Bee, ✆ 09-8733442, bietet Transport nach Ko Phayam für 600–1000 Baht pro Boot.

Ko Phayam เกาะพะยาม

Die Insel Ko Phayam (gesprochen: Ko Pa–**yahm**) genoss unter Thais einige Zeit Berühmtheit, denn mit japanischer Unterstützung wurde hier eine inzwischen aufgegebene Perlenfarm angelegt. Ansonsten ist die Insel ein Urlaubsparadies mit ruhigen Stränden, vielen Cashewbäumen und Palmen. Hier sollten nur echte und gut vorbereitete Ruhe-Fanatiker herkommen, obwohl es auch schon Discos gibt. Das nicht gerade saubere Dorf mit dem Pier liegt im Osten der Insel. Hier gibt es Läden mit

Obst und Lebensmitteln, Restaurants mit Thai-Essen sowie eine Tauchschule. Motorradtaxis zu allen Stränden können hier ebenfalls gemietet werden. Es fahren auch Autos auf der Insel.

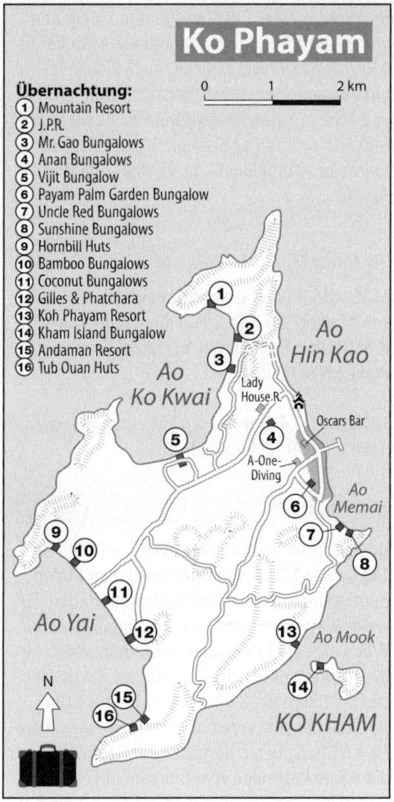

Übernachtung

AO YAI – 2,5 km lange, flache Bucht an der Westküste mit einem schönen, weißen Sandstrand mit niedrigem Wald dahinter. Auf den Hügel am Südende der Bucht führt ein Weg durch den Wald. Von oben hat man eine gute Sicht auf beide Seiten. An den felsigen Enden der Bucht und bei der kleinen Insel kann man gut schnorcheln. Bei hoher Flut ist das Wasser trübe, sonst ca. 6–10 m Sicht. Häufig gibt es hier größere Wellen, auf denen man mit Body-Surf-Brettern, die viele Anlagen zur Verfügung stellen, gut reiten kann.

Hornbill Huts ⑨, ☏ 077-825543, ✉ hornbill_hut@hotmail.com, am nördlichsten Ende der Bucht, kleine Bambushütten mit 2 großen Betten und Veranda, westliche Toilette, kein Schatten, keine Palmen, Restaurant mit ordentlichem Essen; Zelte für 70 Baht zu mieten. ❷

Bamboo Bungalows ⑩, ☏ 077-820012, am Nordrand der Bucht unter altem Baumbestand, Haupthaus und Bungalows mit Du/WC. Außer Fisch und gebratene Nudeln oder Reis gibt es nur spärliche Portionen. Boards zum Wellenreiten; unter Thai-israelischer Leitung. Nichts für Leute, die Ruhe suchen. ❸

Coconut Bungalows ⑪, ☏ 077-820011, große Bungalows mit 2 großen Betten, nette Leute, Restaurant mit gutem, günstigem Essen. Häufig läuft der Fernseher. ❸

Gilles & Phatchara (auch ***Aow Yai Bungalows***) ⑫, ☏ 077-821753, erholsames, gemütliches Resort eines Thai-französischen Pärchens in der Mitte der Bucht. Holz- und Steinbungalows mit und ohne Du/WC. ❷–❸

AO KO KWAI – Tiefe Bucht im Norden der Westküste, die bei Ebbe mindestens 700 m weit hinaus trocken fällt und zu Wattwanderungen einlädt. 1 km langer, weißer, feiner Sandstrand.

Vijit Bungalows ⑤, ☏ 077-834082, saubere Holzbungalows mit Du/WC, sehr ruhige, fast einsame Lage in schöner Natur; mäßiges Essen zu sehr günstigen Preisen; ab Februar wird das Duschwasser brackig. Zu Fuß 40 Min. ins Dorf; während der Regenzeit ist der Weg zur Anlage oft überflutet. Büro in Ranong, ☏ 077-832414. ❷

Mr. Gao Bungalow ③, ☏ 077-823995, nette Anlage, renovierte und neue Bungalows; schöner Strand, auch bei Ebbe ist Schwimmen zumeist möglich. Mr. Gao offeriert Schnorcheltouren nach Ko Surin. Ca. 30 Min. ins Dorf. ❸

OSTKÜSTE – Im Nordosten liegt das Fischerdorf mit dem Pier und dem Tempel. Es gibt eine Möglichkeit zu telefonieren. Hier werden Lebensmittel und Obst verkauft, zudem einige Essenstände.

Koh Phayam Resort ⑬, ☏/📠 077-812297, an einem einsamen Sandstrand an der südlichen

Ostküste in einer Cashew-Plantage, einfache und bessere schöne Holzbungalows (für bis zu 4 Pers.) mit Du/WC und Fan, auch zweistöckige, gut ausgestattete Häuschen mit 3 Zimmern und Küche; gutes Restaurant. Der Besitzer, Mr. Piak, ein erfahrener Fischer, organisiert Bootstouren und Angelausflüge. 25 Min. zum Dorf. ❷–❹

Sonstiges

MALARIA – Vereinzelt traten auf der Insel Fälle von Malaria auf. Die Gesundheitsbehörde trifft drastische Maßnahmen, um diese Krankheit in den Griff zu bekommen.

TAUCHEN – ***A-One-Diving*** hat einen Ableger nahe am Pier (s. Ranong).

Transport

Boote fahren von RANONG von 11–14 Uhr für 100 Baht in 2 Std. zum Dorf mit Pier im Süden der Ostküste. Sie sind oft heillos überladen. Für weitere 100 Baht geht es per Longtail-Boot zur Westküste (30 Min.), oder per Motorradtaxi für 50–100 Baht direkt zu den Anlagen. Zurück fahren die Boote um 8 Uhr (Zubringer um 7 Uhr). Die Ablegestelle erreicht man genauso wie die für Ko Chang (s.o.). Vertreter der Resorts fahren die Gäste kostenlos vom Busbahnhof zum Pier. Selbst ein Boot zu mieten kostet etwa 1000 Baht, was sich lohnen kann, wenn mehrere Personen zusammen kommen.
Wer von Ko Phayam nach Ko Chang wechseln will, findet oft kein Boot, oder es ist sehr teuer. Am besten ruft man in Ko Chang bei ***Golden Bee*** an, ✆ 09-8733442, und lässt sich abholen (ab 200 Baht).

Kaw Thaung (Myanmar)

Es ist möglich, einen Tagesausflug (oder den *Visa Run* für einen neuen Einreisestempel nach Thailand) per Boot nach **Victoria Point** zu machen. Die Anlegestelle in **Kaw Thaung** (gesprochen *Ko Sohng*) liegt nahe am Stadtzentrum mit dem großen, schönen Markt. Bei gebuchten Ganztagsausflügen kann zusätzlich die schöne Insel **Pulu Basin Island** besucht werden. Wer den *Visa Run* macht, also nur wegen eines neuen Thai-Visums nach Burma fährt, kann dies sehr bequem mit einem Ausflug zum schönen Luxus-Hotel Andaman Club auf der burmesischen Insel **Thahtay Kyun** verbinden.

Übernachtung

KAW THAUNG – Im ***Honey Bear Hotel*** kostet ein ac-Zi ungefähr 700 Baht pro Nacht, im ältlichen ***Victoria Point Motel*** etwa 1000 Baht.

THAHTAY KYUN – ***Andaman Club,*** ✆ 077-835223, 📠 830594, 205 ac-Zi und alle Einrichtungen eines Luxushotels sowie ein schöner botanischer Garten mit Spazierwegen. Die Sicht aus dem hochgelegenen Restaurant auf 8 burmesische Inseln ist fantastisch, das Essen lecker und erschwinglich. Man merkt kaum, dass zum Hotel ein großes Casino gehört.

Sonstiges

GELD – Im Grenzgebiet werden Thai-Baht akzeptiert, es ist allerdings günstiger, in Kyat zu bezahlen.

GRENZFORMALITÄTEN – Auf der Thai-Seite wird das **Thai-Visum** vom Immigration Office (1 km vor dem Hafen rechts, gegenüber Kasikorn Bank, 🕒 tgl. 8–16.30 Uhr) regulär aus dem Pass gestempelt.
Bei der Rückkehr wird im selben Immigration Office wieder ein **Einreisevisum** erteilt, mit dem man sich erneut 30 Tage (bzw. 60 oder 90 Tage mit Multiple-Entry -Visum) in Thailand aufhalten kann.
Der **Border Pass** für Myanmar, den man auf der burmesischen Seite erhält, kostet für Touristen mit Thai-Visum US$5 oder 300 Baht, für Touristen ohne Thai-Visum (d.h. nur mit 30-Tage-Stempel) US$15 oder 750 Baht, er ist auf wenige Tage befristet und gilt nur für die Umgebung von Kaw Thaung.
Zudem werden 4-wöchige **Burma-Visa** ausgestellt, in denen auf Wunsch Kaw Thaung als Einreiseort eingetragen wird. Damit kann man bei Kaw Thaung regulär nach Myanmar einreisen

(Pflichtumtausch von US$300 in FEC) und sogar mit dem täglichen Flugzeug nach Yangon weiterfliegen (ca. US$120).

Transport

Das Boot von RANONG nach Kaw Thaung benötigt 30 Min. (40 Baht pro Strecke) und wartet, bis ausreichend Passagiere eingetroffen sind. Charter für 2 Personen (hin und zurück) 300–650 Baht (Vorsicht: burmesische Boote fahren manchmal nur den Hinweg und lassen die Touristen stehen!).
Die Überfahrt vom Andaman Club Pier im Nordwesten von Ranong mit einem großen, klimatisierten Boot zum Andaman Club ist zu jeder vollen Stunde möglich, dauert 20 Min. und kostet 500 Baht inkl. Ausreisestempel und Border Pass, die von den Angestellten des Hotels besorgt werden. Nach 2 Std. kann man zum Pier zurückfahren und sich an der dortigen Immigration (◷ tgl. 8.30–17 Uhr) den neuen Einreisestempel nach Thailand holen.
Von CHUMPHON aus bietet On vom *New Chumphon Guesthouse* den *Visa Run* nach Myanmar als Tagesausflug an (500, 800 bzw. 1500 Baht p.P. für 4, 2 bzw. 1 Pers.), inkl. Essen.
Von PHUKET aus mit *Mike's Bikes Visa Run,* ✆ 076-282354, für 999 Baht.. Zusteigemöglichkeit auch in Khao Lak.

PHUKET UND DIE NÖRDLICHE WESTKÜSTE

Die Tiefe Süden

Südlich der Badeorte nimmt die thailändische Kultur und Mentalität langsam ab, denn hier im südlichsten Landesteil dominieren in den meisten Städten chinesischstämmige Thais, auf dem Land Malaien. Viele Frauen und Mädchen tragen Kopftücher, die Männer und Knaben das typisch muslimische Käppi. Auch im tiefen Süden gibt es schöne, jedoch touristisch kaum entwickelte Sandstrände. Entlang der **Ostküste** werden die relativ kahlen, scheinbar endlosen und von vielen Muschelschalen überzogenen Sandstrände vorwiegend von muslimischen Fischern genutzt. Einheimische Touristen in Ausgehkleidung begnügen sich mit kurzen Spaziergängen im knöcheltiefen Wasser. Erst langsam finden auch Erwachsene Vergnügen am Baden, Plantschen und Schwimmen in Badebekleidung.

Die Strände an der **Westküste** zwischen Trang und Satun sind vorwiegend sehr flach. Thais lieben es, bei Ebbe trockenen Fußes weit zum Meer hinauszulaufen, Muscheln zu sammeln und auszugraben. Nur wenige westliche Touristen zieht es an diese Ufer. Einige vorgelagerte Inseln locken jedoch mit traumhaften Stränden und unzerstörten Korallenriffen. Das Hinterland bietet Naturfreunden vor allem schöne Wasserfälle inmitten von üppigem Regenwald.

Khanom – Sichon ขนอม/สิชล

Die beiden Fischer- und Marktorte liegen 30 km auseinander am H4014 und H401 am Golf von Thailand, ca. 85 km östlich von Surat Thani. In Khanom ist mittwochs Wochenmarkt mit sehr guten, günstigen Garküchen. In den nächsten Jahren soll im Meer vor Khanom der riesige Hafen Southern Sea Port East gebaut werden. Mit zwei Stichstraßen an der Küste entlang wurden schöne Sandstrände erschlossen. Die Strände von Khanom im Norden und von Sichon sind recht abwechslungsreich: hier scheinbar endlos lang, dazwischen sichelförmig geschwungen und von felsigen Kaps begrenzt, im Süden bei Sichon wieder endlos lang.

Übernachtung

Die 14 Anlagen sind nur am Wochenende und in den Ferien durch Thai-Touristen ausgelastet. In der übrigen Zeit kann man an den Palmenstränden echte Einsamkeit erleben (meist mit Rabatt).

NADAN BEACH – ***Alongot Resort,*** ✆ 075-528657, die nördlichste Anlage direkt am Strand, ein gepflegtes Areal mit 36 Komfort-Bungalows aus Stein. ❹
Tip Montri Resort, ✆ 075-528147, an der Abzweigung, komfortable Steinbungalows mit Fan oder ac, gutes, preiswertes Restaurant. ❸–❹

NAI PLAO BAY – ***Khanom Hill Resort,*** ✆ 075-529403, 💻 www.khanom.de, eine Treppe führt hinab zu einigen im Thai-Stil erbauten, besonders hübschen Bungalows mit großer Terrasse, die etwas erhöht über der Bucht liegen. Sympathische deutsche Besitzer, sehr nette, hilfsbereite, gut Englisch sprechende Managerin. Das Restaurant von Dhum ist gut und wirkt sehr familiär. Die Strände sind zu Fuß erreichbar. ❺–❻
White Beach Resort, ✆ 075-527503, Reihenhaus am Hang auf der Landseite, 2 saubere Zi mit Fan im Bungalow am Hang auf der Meerseite, Restaurant, kostenloser Transport. ❸
Nai Plao Bay Resort, Nr. 51/3, ✆ 075-529039, an der schönsten Stelle des Strandes in einem weiten Palmengarten; heruntergekommene Anlage. Vorsicht: Gleich nach dem Sandstrand liegen im Wasser scharfkantige Steine, an denen man sich verletzen kann. ❹
Empfohlen wurde uns das kleine Restaurant ***White Beach Service*** mit 4 Tischen. Das Essen ist ausgezeichnet und sehr günstig, der Besitzer spricht etwas Englisch.

SICHON – ***Sailom Bungalow,*** ✆ 075-536275, 22 Bungalows mit Fan und ac, beim Markt. ❷–❸

Transport

Von Khanom nach BANGKOK (744 km) mit dem 2.Kl. ac-Bus um 17 Uhr für 328 Baht, ac-Bus um 17.30 Uhr für 421 Baht, VIP-24-Bus um 17.30 Uhr für 655 Baht in 11 Std.
Von SURAT THANI, 85 km, mit ac-Minibus für 100 Baht in 90 Min. oder mit non-ac-Bus Richtung Nakhon Si Thammarat bis KLONG LENG und dort

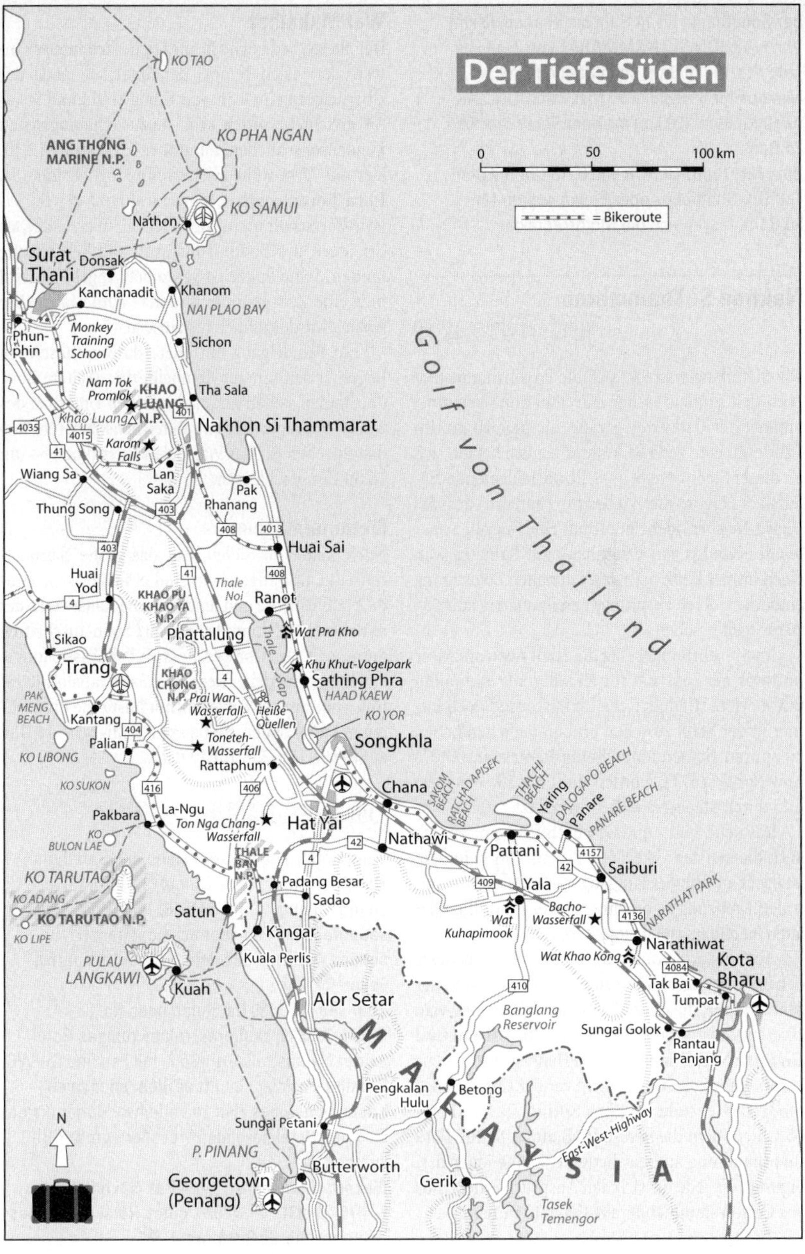

Der Tiefe Süden
0 50 100 km
= Bikeroute
Golf von Thailand
KO TAO
KO PHA NGAN
ANG THONG MARINE N.P.
KO SAMUI
Nathon
Surat Thani
Donsak
Khanom
Kanchanadit
NAI PLAO BAY
Phun-phin
Monkey Training School
Sichon
Tha Sala
Nam Tok Promlok
KHAO LUANG N.P.
Khao Luang
Nakhon Si Thammarat
Karom Falls
Lan Saka
Wiang Sa
Pak Phanang
Thung Song
Huai Sai
Huai Yod
KHAO PU-KHAO YA N.P.
Thale Noi
Ranot
Wat Pra Kho
Phattalung
Sikao
Trang
Khu Khut-Vogelpark
Sathing Phra
Thale Sap
HAAD KAEW
KHAO CHONG N.P.
Prai Wan-Wasserfall
Heiße Quellen
PAK MENG BEACH
Kantang
KO YOR
Palian
Toneteh-Wasserfall
Songkhla
KO LIBONG
Rattaphum
KO SUKON
Chana
SAKOM BEACH
RATCHADAPISEK BEACH
THACHI BEACH
Yaring
DALOGAPO BEACH
Panare
PANARE BEACH
Pakbara
La-Ngu
Ton Nga Chang-Wasserfall
Hat Yai
Nathawi
Pattani
KO BULON LAE
THALE BAN N.P.
Saiburi
KO TARUTAO
Padang Besar
Yala
KO ADANG
Sadao
Satun
KO TARUTAO N.P.
Wat Kuhapimook
Bacho-Wasserfall
NARATHAT PARK
KO LIPE
Kangar
Narathiwat
PULAU LANGKAWI
Kuala Perlis
Wat Khao Kong
Kota Bharu
Kuah
Tak Bai
Alor Setar
Tumpat
Banglang Reservoir
Sungai Golok
Rantau Panjang
MALAYSIA
Pengkalan Hulu
Betong
N
Sungai Petani
East-West-Highway
P. PINANG
Butterworth
Georgetown (Penang)
Gerik
Tasek Temengor
4035 4015 41 401 403 408 4013 408 41 4 4 404 406 416 42 4 409 42 4157 4136 4084 410

per Songthaew für 14 Baht bis Khanom (8 km). Von NAKHON SI THAMMARAT von 7–18 Uhr jede Std. für 48 Baht nach Khanom, mit ac-Minibus für 60 Baht in 90 Min. Von DON SAK nach Khanom (20 km) mit dem *Small Bus* für 35 Baht.
Zum NAI PLAO BEACH von 6–18 Uhr mit dem Tuk Tuk-Shuttlebus oder Pickup weiter für 20 Baht, teurer sind die Motorradtaxis.

Nakhon Si Thammarat

นครศรีธรรมราช

Kilometerlang erstreckt sich die Provinzhauptstadt (von den Einheimischen nur „Nakhon" genannt) entlang der Ostküsten-Straße, die hier 10 km im Landesinneren verläuft. Wahrscheinlich befand sich an dieser Stelle bereits im 8. Jh. die bedeutende Hafenstadt Ligor, die vielleicht Zentrum des Sri Vijaya-Reiches oder Hauptstadt eines Vasallenstaates des Königs von Palembang auf Sumatra war. Noch immer kann man Reste der alten Befestigung entdecken, deren Ursprünge bereits auf das Jahr 655 zurückgehen sollen.

Im 13. Jahrhundert lag die Stadt noch am Meer und war ein Zentrum für Händler aus Südindien und Ceylon. Hinduistische Einflüsse sind noch immer in der Stadt zu sehen und im täglichen Leben zu spüren. Später, unter König Ramesuan (1407) und Narai (1677), wurden die Erdwälle erneuert und durch Mauern aus Ziegeln ersetzt.

Das neue Stadt- und Geschäftszentrum, wo sich auch die meisten Hotels und Restaurants befinden, ist leicht an den vier Fußgängerbrücken an der zentralen Kreuzung zu erkennen. Es liegt nördlich der alten Siedlung, östlich vom Bahnhof.

Heute sind südlich des Zentrums noch Reste der Befestigungsanlagen zu sehen sowie 250 m der **Stadtmauer**, die einst 2238 m auf 456 m lang war. Zwei hinduistische Schreine, **Ho Phra Isuan** und **Ho Phra Narai**, flankieren die Hauptstraße.

500 m weiter südlich steht vor der City Hall das moderne Gebäude **Ho Phra Sihing**, ⏲ Mo–Fr 9–16 Uhr, in dem die berühmte Buddha-Statue Phra Buddha Sihing aufbewahrt wird – eine jener drei Figuren, die jede für sich den Anspruch erhebt, das aus Ceylon stammende, alte Original zu sein.

Wat Mahathat

Der älteste, bedeutendste und sicherlich interessanteste der vielen Tempel der Stadt soll nach der Überlieferung im 8. Jh. von König Si Thanna Sokarat errichtet worden sein, nach archäologischen Funden zu schließen, stammt er aus dem 7.–12. Jh. Der mit 77 m Höhe zweitgrößte Stupa Thailands, **Phra Borommathat**, wurde während der Sri Vijaya-Herrschaft im ceylonesischen Stil errichtet, als die Ideen des Buddhismus im Land Verbreitung fanden. Seine Spitze ist vergoldet. Angeblich wird hier eine Zahnreliquie Buddhas aufbewahrt. Die Anlage wurde kürzlich restauriert.

Ein Wandelgang mit über 100 Buddhastatuen begrenzt den inneren Tempelbezirk. Weitere Buddhastatuen stehen im quadratischen Unterbau des zentralen **Stupa**, der von zahlreichen kleineren Chedis umgeben ist. Das Wat-Gelände wird bereits um 16.30 Uhr geschlossen.

Nationalmuseum

Noch weiter im Süden liegt das große Nationalmuseum. Im Erdgeschoss sind prähistorische Funde, buddhistische und hinduistische Kunstwerke der malaiischen Halbinsel sowie alte Stein-Inschriften ausgestellt. Das Obergeschoss enthält Ausstellungsstücke verschiedener Regionen: Sawankhalok-Keramik, chinesisches Porzellan, hinduistische Bronzefiguren und Schattenspielfiguren. ⏲ Mi–So 9–16 Uhr, außer feiertags, Eintritt 30 Baht.

Übernachtung

Viele Hotels liegen in der Nähe des Bahnhofs.
Bua Luang (auch *Bue Loung)* ⑨, 1487/19 Soi Luang Muang, ✆ 075-341518, 📠 342977, große, saubere Zi mit Fan oder ac, nicht gar so laut, schöne Aussicht aus dem 3. Stock; einige Traveller. ❷–❸
Thai Lee ⑩, 1130 Ratchdamnoen Rd., ✆ 075-356948, sauberes, relativ ruhiges Hotel an der Hauptstraße, große Zi mit Fan und Du/WC. Der alte Besitzer schafft es, dem anonymen Kasten ein uriges Flair zu verleihen, daher erfreut sich das Hotel bei vielen Travellern großer Beliebtheit. ❷
Nakorn Garden Inn ⑪, 1/4 Pak Nakhon Rd., ✆ 075-344831, 📠 342926, gutes Hotel östlich des Zentrums, ac-Zi; Restaurant. ❸

Grand Park Hotel ⑫, 1204/79 Pak Nakhon Rd., ✆ 075-317666-73, 📠 317674, hervorragendes Hotel östlich des Zentrums, toll eingerichtete Zi, freundliches Personal; sehr gutes Restaurant. ❹

Essen und Unterhaltung

Im Ort gibt es zahlreiche Bäckereien und Foodstalls sowie viele Restaurants in der Chamroen Vithi Rd. Dort findet man auch einen lebhaften **Nachtmarkt** mit Essenständen, wo man noch ein Thai-Curry für 10 Baht bekommt.
Gegenüber vom Wat Mahathat wird abends ein **Nachtmarkt** mit grandiosem Obst-Angebot aufgebaut.
Im *Bavorn Bazar* gibt es eine westliche Bar mit Live-Musik und Videoclips, auch westliches Essen.

Sonstiges

INFORMATIONEN – ***Tourist Office,*** Tha Chong Rd., ✆ 075-346515-6, 📠 346517, ✉ tatnakon@nrt.cscoms.com; freundliche, gut Englisch sprechende Angestellte.

INTERNET – im *Bavorn Bazar.*

POST – ein Postamt liegt südlich vom neuen Zentrum in der Ratchdamnoen Rd., ⏲ Mo–Sa 8.30–16.30 Uhr; Auslandstelefon im Obergeschoss, ⏲ tgl. 8–23 Uhr; weitere beim National Museum und gegenüber vom *Nakorn Garden Inn.*

Transport:
❶ Minibus→Ko Samui
❷ Ac-Minibus→Krabi, Phuket
❸ Bus Station
❹ Ac-Minibus→Trang
❺ Thai Airways
❻ Sammeltaxis→Surat Thani, Chumphon, Ranong
❼ Ac-Minibus→Sichon, Khanom, Surat Thani
❽ Ac-Bus→Surat Thani
❾ Minibus→Hat Yai (2x)
❿ Bus→Bangkok (Sopon Tour)
⓫ Sammeltaxis
⓬ Pickup→Sichon, Karom Falls

Übernachtung:
① Taksin H.
② New Si Thong H.
③ Phet Phai Lin H.
④ Thai H.
⑤ Siam H.
⑥ Montien H.
⑦ Udom H.
⑧ Nakorn H.
⑨ Bua Luang H.
⑩ Thai Lee H.
⑪ Nakorn Garden Inn
⑫ Grand Park H.
⑬ The Twin Lotus

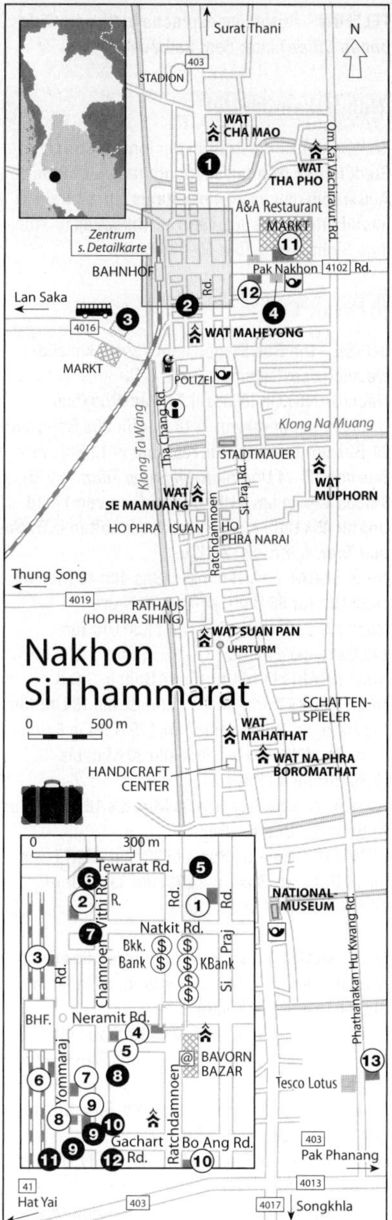

TELEFON – Auslandsgespräche auch vom ***Telephone Office*** hinter dem Rathaus.

Nahverkehrsmittel

Entlang der Hauptstraßen der lang gestreckten Stadt fahren **Minibusse** (Songthaew) für 6 Baht. Außerdem gibt es **Motorradtaxis** (10–50 Baht je nach Entfernung) und **Fahrrad-Rikschas** (3-stündige Sightseeing-Tour 60–100 Baht).

Transport

BUSSE – Die Bus Station liegt etwa 1 km südwestlich vom Bahnhof.
Nach BANGKOK (805 km) 2.Kl. ac-Bus (hier *Ordinary* genannt) von 7–18 Uhr für 353 Baht, VIP-24-Bus um 17.30 Uhr für 705 Baht in 12 Std., ac-Bus von 12–14 Uhr mit ***Krungsiam Tour***, ✆ 075-341665, sowie um 9 Uhr und laufend von 17–19 Uhr für 454 Baht mit 4 Busgesellschaften (z.B. ***Sopon Tour***, ✆ 075-341221).
Nach SURAT THANI non-ac-Bus alle 40 Min. bis 16.20 Uhr für 55 Baht, ac-Bus 70 Baht.
Nach KO SAMUI ac-Bus um 11.30 Uhr für 170 Baht inkl. Fähre.
Nach KRABI bis 14 Uhr für 67 Baht in 3 Std.
Nach PHUKET non-ac-Bus stündl. bis 10 Uhr für 125 Baht, ac-Bus bis 9.15 Uhr 175 Baht in 8 Std.
PHATTALUNG non-ac-Bus alle 30 Min. bis 16.30 Uhr für 43 Baht.
HAT YAI non-ac-Bus alle 30 Min. bis 16.10 Uhr für 73 Baht, ac-Bus 102 Baht.
SONGKHLA non-ac-Bus alle 30 Min. bis 15 Uhr für 70 Baht, ac-Bus um 11.35 und 13.15 Uhr für 98 Baht. SICHON 24 Baht.

MICROBUSSE – Die ac-Microbusse fahren von verschiedenen Stellen in der Stadt zu jeder vollen Std. ab (siehe Stadtplan).
Nach PHUKET gegenüber vom Rathaus bis 16 Uhr für 200 Baht in 7 Std., nach KRABI von derselben Stelle bis 16 Uhr für 120 Baht in 3 Std.
Nach HAT YAI von der Gachart Rd. jede Std. bis 18 Uhr für 100 Baht in 3 Std.
Nach TRANG von der Bo Ang Rd. bis 17 Uhr für 80 Baht in 2 Std.
Nach SURAT THANI nördlich vom Bahnhof bis 17.30 Uhr für 95 Baht in 2 Std.
Nach KO SAMUI mit ac-Microbus von ***Sichon Pattanakit***, ✆ 075-342400, nördlich hinter der Brücke rechts, um 7.30, 11.30 und 13.30 Uhr für 120 Baht in 5 Std. (zzgl. Fähre 54 Baht).

EISENBAHN – Ein Zweig der südlichen Bahnlinie endet hier. Von BANGKOK *Rapid* 173 um 17.35 Uhr (ab 348 / 173 Baht in der 2. / 3.Kl.) oder *Express* 85 um 19.15 Uhr (ab 368 Baht in der 2.Kl.), Ank. 8.50 bzw. 10.15 Uhr. Weitere 7 Züge halten in THUNG SONG, 58 km südwestlich von Nakhon. Um 13 und 14 Uhr fahren der *Rapid* 174 und der *Express* 86 Richtung BANGKOK, Ank. um 5.15 bzw. 5.25 Uhr.
Nach Süden lokaler Zug 451 um 6.10 Uhr über HAT YAI (37 Baht) bis SUNGAI GOLOK (Ank. 15.20 Uhr, 70 Baht) und lokaler Zug 455 um 10.20 Uhr bis YALA (Ank. 17.25 Uhr, 55 Baht).

FLÜGE – Der Flugplatz liegt im Norden der Stadt, wo auch eine große Fallschirmjäger-Einheit stationiert ist. ***Thai Airways*** fliegt tgl. morgens von / nach BANGKOK für 2420 Baht. ***PB Air*** fliegt 2x tgl. von / nach BANGKOK für 2420 Baht.

Phattalung พัทลุง

Die kleine Provinzhauptstadt an der Bahnlinie Richtung Hat Yai liegt inmitten von Reisfeldern. Der Highway verläuft etwa 3 km außerhalb der Stadt. In den zwei großen Kalkfelsen, die sich aus der Ebene erheben, befinden sich buddhistische **Höhlentempel**, z.B. Wat Kuha Sawan im Westen der Stadt. Wahrscheinlich dienten diese Höhlen bereits während der Sri Vijaya-Periode (8.–13.Jh.) als Meditationsklöster, denn es wurden dort zahlreiche Votivtafeln aus jener Zeit gefunden. In einer Tropfsteinhöhle stehen etwa 40 Buddha-Statuen, darunter ein großer ruhender Buddha.

In Phattalung werden die traditionellen Künste gepflegt. So findet im April ein Schattenspiel-Wettbewerb statt, im Juni ein Tanzwettbewerb im dramatischen Tanz *Manohra* und im Oktober ein Trommel-Wettbewerb.

Übernachtung und Essen

Hor Far Hotel ① (auch *Ho Fah*), 28-30 Kuha Sawan Rd., ✆ 074-611920, saubere Zi mit Fan

oder ac, freundliches Personal. ❷–❸

Thai Hotel ③, 14 Dissara-Sukharin Rd., ✆ 074-611636, große, einigermaßen saubere und ruhige Zi mit Telefon, Radio, Du/WC und Fan oder ac, hat schon bessere Tage gesehen, wird auch stundenweise vermietet. ❷–❸

Grand Mansion ⑥, 64/12 Pracha Bamrung Rd., ✆ 074-615705, neue, saubere ac-Zi. ❸

Lampam Resort ⑤, ✆ 074-611486, am Hat Sansuk Lampam (s.u.), 8 km östlich. 20 hübsche Bambus-Bungalows mit Bad und Fan; durchschnittliches Essen zu gehobenen Preisen, als Farang ist man eine Sensation. ❷–❸

Sehr gutes, billiges Essen gibt es auf dem Nachtmarkt.

Sonstiges

INFORMATIONEN – ***Phattalung Tourist Center,*** ✆ 074-611201, am Eingang zum Rathaus, ca. 1 km westlich. Infos über die Provinz und Verkauf von lokalem Kunsthandwerk, ⏲ Mo–Fr 8–16 Uhr (allerdings selten besetzt).

TELEFON – Auslandsgespräche bei der Post im Obergeschoss, ⏲ 8–20 Uhr.

Transport

BUSSE – Nach BANGKOK (855 km) 2.Kl. ac-Bus um 16.30, 17 und 17.30 Uhr für 374 Baht in 13 Std., ac-Bus um 16 und 16.30 Uhr für 499 Baht in 13 Std., VIP-24-Bus um 16 Uhr für 745 Baht in 12 Std.

Nach HAT YAI non-ac-Bus von der Bus Station alle 30 Min. für 40 Baht in 90 Min. Weitere Busse fahren gegenüber der *Kasikorn Bank* ab. Minibusse für 50 Baht in 80 Min. jeweils zur halben Std.

Nach NAKHON jede Std. für 43 Baht in 2 Std.

Nach TRANG jede Std. für 25 Baht in 90 Min.

Nach PHUKET für 135 Baht, ac-Bus 223 Baht in 7 Std.

Vom Süden Richtung Bangkok fahrende Busse halten 3 km außerhalb am H4/41.

EISENBAHN – Direkt von BANGKOK eignen sich nur der *Rapid* 169 mit Schlafwagen um 15.50 Uhr (Ank. 7.19 Uhr) und der *Sprinter* 41 um 22.50 Uhr (Ank. 10.54 Uhr).

Nach BANGKOK *Rapid* 170 um 16.33 und *Rapid* 172 um 17.05 Uhr (ab 358 / 177 Baht in der 2. / 3.Kl.), Ank. 8 und 9.15 Uhr.

Special Express um 18.49 und 19.39 Uhr (ab 398 Baht in der 2. Kl.), Ank. 9.45 bzw. 10.05 Uhr,

Sprinter um 17.23 Uhr, Ank. 5.45 Uhr.
Mit dem lokalen Zug (3. Klasse) nach HAT YAI 5x tgl. für 18 Baht, SUNGAI GOLOK für 56 Baht, NAKHON SI THAMMARAT 3x tgl. für 22 Baht und SURAT THANI um 8.37 und 13.07 Uhr für 42 Baht in 5 Std.

Die Umgebung von Phattalung

Hat Sansuk Lampam

Auf der Hauptstraße nach Osten (H4047) fährt man 8 km zum **Binnensee Thale Sap** (Songthaew links vor der Eisenbahnkreuzung für 8 Baht). Am flachen, kaum knietiefen Strand Hat Sansuk Lampam machen viele Thai-Familien am Wochenende und am Abend Picknick; viele Imbissbuden.

Thale Noi

Der flache Süßwassersee Thale Noi, etwa 36 km nordöstlich der Stadt, ist ein großes Vogelreservat. Von Januar bis März – nachdem die Monsunwinde abgeebbt sind – machen hier viele Zugvögel Station: Weißer Ibis, Storch, Kormorane, Graureiher und fast 200 weitere Arten, vor allem Wasservögel. Schön sind die riesigen Felder von lila blühenden Seerosen im Januar. Am besten schon vor 7 Uhr morgens mit dem Boot hinausfahren (1,5 Stunden, 200 Baht). 30 Übernachtungsplätze im Headquarter, nachfragen! Private Unterkünfte (ab ca. 150 Baht) können über das Restaurant *Rim Nam* organisiert werden. Busse nach Thale Noi fahren ab der Posaart Road für 25 Baht (zurück bis 17 Uhr). Vogelkundlern sei die 16-seitige, informative Broschüre *Nature Guidebook Thale Noi* empfohlen, die im Tourist Office von Nakhon Si Thammarat kostenlos zu bekommen ist.

Trang ตรัง

In der angenehmen, chinesisch geprägten Provinzhauptstadt mit 50 000 Einwohnern fallen viele moderne, gut bestückte Läden ins Auge. Fast 2000 Jahre lang lag Trang am Meer und war eine bedeutende Handelsstadt. Im 19. Jh. wurde sie wegen ständiger Überflutungen weiter ins Landesinnere verlegt. Heute dient sie hauptsächlich als wichtiger Umschlagplatz für den Kautschuk, der in der Umgebung in Familienbetrieben gewonnen wird.

Wer von Süden kommt, wird vom großen, überdachten **Markt** im Zentrum und vom Nachtmarkt beeindruckt sein. Einige chinesische **Tempel** sind mit interessanten Höllendarstellungen geschmückt. Von der **Buddha-Statue** hinter dem Bahnhof auf dem Hügel hat man einen herrlichen Blick über die Stadt. Kaum mehr erträglich ist der Höllenlärm, den die Dreirad-Scooter in der Stadt veranstalten.

So manchen Traveller zieht es an die einsamen Strände der Provinz und auf die kaum bekannten Inseln vor der Küste. Touristisch allenfalls für Wochenendausflügler erschlossen, sind diese Ziele nicht ganz einfach zu erreichen und nur für Entdeckernaturen interessant, die auf jeglichen Komfort verzichten und sich einigermaßen auf Thai verständlich machen können. Ein guter Sprachführer mit Thai-Schrift ist Gold wert. Die beste Zeit für Fahrten entlang der Westküste und zu den Inseln ist von Dezember bis April. Die Wasserfälle wirken während der Regenzeit (Juni–Nov.) am eindrucksvollsten.

Übernachtung

GÄSTEHAUS – ***PJ Guest House*** ⑮, 25/12 Satani Rd., ✆ 075-217500, beim Bahnhof, Stadthaus mit 8 kleinen, einfachen Zi, Gemeinschafts-Du/WC, Dachgarten. Tickets, Mietwagen, Touren, professionelle Beratung durch Mr. Pong. ❷

HOTELS – ***Station Inn*** ⑫, 118 Satani Rd., ✆ 075-223393, 📠 223390, sauberes Hotel nördlich vom Bahnhof, 70 Zi mit TV, Telefon, Warmwasser-Du/WC und Fan oder ac; wechselhaftes Personal; Wäscheservice. ❷, ac ❸

Koh Teng (*Backpackers*) ⑩, 77-9 Praram 6 Rd., ✆ 075-218622, sauber, im ruhigen hinteren Gebäudeteil sehr große Zi mit Fan, einige ac-Zi, beliebte Restauranthalle; freundlicher Besitzer, für Anspruchsvolle weniger geeignet. ❷, ac ❸

Trang Hotel ⑪, 134/2-5 Wisetkun Rd., ✆ 075-218157, 📠 218451, modernes Gebäude am Uhrturm, große, saubere ac-Zi mit Fan und TV, nach hinten ruhiger; guter Coffeeshop, freundliches Personal mit geringen Englischkenntnissen, Discount möglich. ❸

Trang Plaza Hotel ④, 132 Phattalung Rd., ✆ 075-226902, 📠 226901, 1 km östlich vom Zentrum vor dem Park rechts, 14-stöckiges Hotel mit Aufzug, 196 große, gut ausgestattete ac-Zi mit großem Bad; gutes chinesisches Restaurant, Coffeeshop,

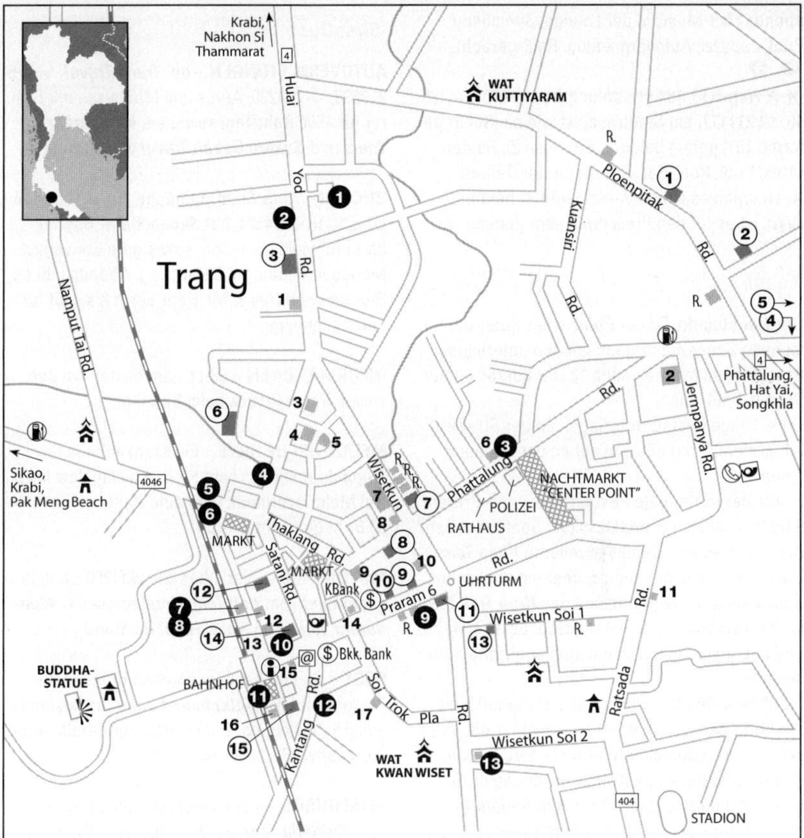

Transport:
- ❶ Bus Terminal, Minivan→Hat Yai
- ❷ Taxi→Phuket, Krabi
- ❸ Taxi→Hat Yai, Phattalung
- ❹ Bus→Nakhon Si Thammarat
- ❺ Minibus→Pak Meng, Surat Thani, Chao Mai
- ❻ Taxi→Pak Meng
- ❼ Trang Sea Tour & Travel
- ❽ Ko Kradan Tour, KK Tour
- ❾ Mopedvermietung
- ❿ Sukorn Beach Travel, Wunderbar Tours, Minibus→Ko Lanta, Pakbara, Hat Yao, Hat Chao Mai, Ko Libong
- ⓫ Taxi→Kantang
- ⓬ Bus/Taxi→Kantang
- ⓭ Thai Airways
- ⓮ Bus→Satun, La-Ngu, Palian Taxi→Satun, Palian, Ko Sukon

Läden, Restaurants etc.:
1. Phong Ocha R.
2. Siriban Shopping Center
3. Old Time Pub
4. Essenmarkt
5. Relax Pub
6. Vegetarisches R.
7. Disco, Kino, Coffee Shops
8. Ani's Shop
9. Richy R. + Bakery
10. Buchladen
11. Chai Pla Pao R.
12. Meeting Point R.
13. Wunderbar R.
14. Khao Tom Pui R.
15. Muslim R.
16. Sin Ocha Bakery
17. Krua Trok Pla R.

Übernachtung:
- ① Ragjan H.
- ② Nanti Motel
- ③ Wattana Park H.
- ④ Trang Plaza H.
- ⑤ M.P. Hotel
- ⑥ Thumrin Thana H.
- ⑦ Queens H.
- ⑧ Pet H.
- ⑨ Watana H.
- ⑩ Koh Teng H.
- ⑪ Trang H.
- ⑫ Station Inn
- ⑬ Plaza H.
- ⑭ Thumrin H.
- ⑮ P.J. Gh.

abends Live-Musik in der Lounge. Swimming Pool, Jacuzzi, Autovermietung. Rolli-gerecht. ❹–❺

M. P. Hotel ⑤, 184 Phattalung Rd., ☏ 075-214230-45, ℻ 211177, am Stadtrand, ist wie ein Schiff geformt; 191, gering belegte, luxuriöse Zi; Restaurants, Pool, Pool-Bar, Fitness Center, Tennis. Auch wenn es einige Verschleißerscheinungen zeigt, ist es für den Preis noch sehr günstig. ❹

Essen

Der **Nachtmarkt** ***Center Point*** in der Ruenrom Rd. ist nach Sonnenuntergang gut und unterhaltsam. Essenstände machen nach 18 Uhr überall an der Praram 6 Rd. auf.

Gute, billige Restaurants liegen an der Straße hinter der Markthalle und neben dem *Queens Hotel*.

Einige hervorragende Restaurants in der Praram 6 Rd. servieren u.a. erstklassiges Seafood zu moderaten Preisen, z.B. das exzellente ***Khao Tom Pui*** ohne englisches Schild, aber mit englischer Speisekarte, ⏲ 16–4 Uhr, und das ***Krua Trok Pla*** in der gleichnamigen Seitengasse. Es ist einfach und gut, nicht teuer und hat eine englische Speisekarte.

Im ***Muslim-Restaurant*** (vor dem Bahnhof) sind die Portionen (20–25 Baht) zwar nicht groß, dafür scharf und schmackhaft, es gibt saure Gurken und eine interessante Kräutermischung dazu.

In der ***Wunderbar*** gegenüber vom Bahnhof wird gutes europäisch-thailändisches Essen zu akzeptablen Preisen serviert, leckeres Eis, Fassbier, Wein, importierter Käse. Gute Musik, netter Service, unter Leitung des Deutschen Matthias. Günstige Touren (s.u.). ⏲ ab 9 Uhr.

Frühstückstreff der Traveller ist ab 7.30 Uhr die Restauranthalle des ***Koh Teng Hotels***. Der freundliche Besitzer kümmert sich aufmerksam um seine Gäste. Alles geht sehr fix.

In den chinesischen Coffeeshops wird vorzüglicher Kaffee *(kopi)* serviert, im Gegensatz zum üblichen *kafae*; man kann ihn z.B. in der modernen ***Sin Ocha Bakery*** nahe beim Bahnhof testen.

Im ***Siriban Shopping Center*** findet man u.a. einen *KFC* und einen *Coffeeshop*, in dem echter Kaffee gereicht wird.

Sonstiges

AUTOVERMIETUNGEN – bei ***Trang Travel***, ☏ 075-219598, ℻ 211290, Autos und Minibusse mit Fahrer für 1500 Baht/Tag, sowie bei ***Wunderbar Tours*** und ***Sukorn Beach Travel*** beim Bahnhof.

BÜCHER – ***Ani's Shop***, ✉ happy_hans@hotmail.com, ☏ 01-3974574, hat Secondhand-Bücher, darunter viele deutsche, sowie gute Souvenirs, Mopedvermietung 150 Baht/Tag. Abends gibt es Bier und Softdrinks, Mr. Hans sorgt bis spät für gute Stimmung.

INFORMATIONEN – gibt es am besten bei den vielen *Travel Offices* beim Bahnhof.

MEDIZINISCHE HILFE – Ein Krankenhaus für Tropenkrankheiten liegt Richtung Flugplatz links. Bei Malariaverdacht wird eine Blutanalyse für 80 Baht gemacht (2 Std.).

MOTORRÄDER – verleihen ***Suzuki*** (250 Baht/Tag) gegenüber vom *Koh Teng Hotel* sowie die ***Wunderbar Tours*** und ***Ani's Shop*** (150 Baht).

POST – Gegenüber vom Thumrin Hotel an der Praram 6 Rd. Ein ***Telephone Center*** für Auslandsgespräche liegt ca. 1 km weiter außerhalb an der Jermpanya Rd., ⏲ 8–16.30 Uhr.

REISEBÜROS – gibt es mehrere beim Bahnhof, u.a.: ***Chitlada Tour***, u.a. Minibus nach Pakbara (Ko Lipe).

K.K. Tours, u.a. Minibus nach Ko Lanta.

P.J. Tours, ☏ 075-217500, im Gästehaus, Tickets und Touren in der Umgebung.

Sukorn Beach Travel, ☏/℻ 075-211457, Buchungsbüro und Transfer um 11.30 Uhr für *Sukorn Beach Bungalows*, unter holländischer Leitung. Ähnliches Angebot wie *Wunderbar Tours*.

Wunderbar Tours, ✉ wunderbar@asia.com, ☏/℻ 075-214563, organisiert günstige Touren für max. 4 Pers. in den Dschungel, zu nahe gelegenen Inseln und Wasserfällen, speziell auch für Taucher und Angler. Tickets, Motorräder, Autos, Limousinen-Service. Gute Landkarten. Bucht Unterkünfte in der gesamten Region per E-Mail (auch auf Deutsch). Thai-deutsche Leitung.

Nahverkehrsmittel

Motorradtaxis kosten in der Stadt 15 Baht, Dreiradtaxis 20 Baht.

Transport

BUSSE – Alle Busse starten und kommen beim Bus Terminal, ✆ 075-210455, in der Huai Yod Rd. an. Nach BANGKOK (862 km) 2.Kl. ac-Bus um 8.50, 16.30 und 17.30 Uhr für 377 Baht, ac-Bus um 16.30 Uhr für 484 Baht in 12 Std., VIP-24-Bus um 17 Uhr für 750 Baht in 12 Std.
Nach PHUKET non-ac-Bus alle 30 Min. für 105 Baht in 6 Std., ac- und VIP-Bus für 157 bzw. 189 Baht in 5 Std. Sie fahren über KRABI für 50 Baht in 2 1/2 Std., ac-Bus 90 Baht, und über PHANG NGA für 85 Baht in 4 Std., ac-Bus 139 Baht.
Nach KHAO LAK mit dem Phuket-Bus bis Khok Kloi in 4–5 Std., umsteigen Richtung Takua Pa (30 Baht, 1 Std.).
Nach PHATTALUNG non-ac-Bus für 25 Baht in 75 Min.
Nach NAKHON SI THAMMARAT non-ac-Bus für 56 Baht, ac-Bus 80 Baht, ab dem *Thumrin Thana Hotel*.
Nach HAT YAI non-ac-Bus alle 30 Min. von 5.30–16.30 Uhr für 60–84 Baht.
Nach LA-NGU (für Pakbara) non-ac-Bus für 40 Baht, ac-Bus stündlich für 70 Baht in 2 Std., weiter nach SATUN non-ac-Bus für 56 Baht, ac-Bus 100 Baht. Per Motorradtaxi für 15 Baht zum Bus Stop.
Nach SURAT THANI non-ac-Bus für 88 Baht in 4 Std.

MINIBUSSE – Zum Strand von PAK MENG alle 30 Min. für 60 Baht (70 Baht zum Hafen und zum Resort), Taxi schräg gegenüber.
Zum Strand von HAT YAO und nach CHAO MAI jede Std. für 60 Baht.
Nach KO LANTA fährt bei *K.K. Travel & Tour* in der Saison um 10.30, 11.30, 12.30, 13.30, 14.30 und 15.30 Uhr ein Minivan für 150 Baht über Ban Hua Hin (inkl. 2 Fähren) in 2 1/2 Std. nach Ban Saladan, in der Nebensaison nur 1x tgl. Zurück um 7, 8 und 12 Uhr. Einen Minibus zu chartern kostet 1000 Baht.
Nach PAKBARA mit *Andrew Tour* vom Bahnhof (bei *Chitlada Tour*) um 11 Uhr für 150 Baht.
Nach HAT YAI vom Bus Terminal ca. alle 30 Min. bis 17.30 Uhr für 70 Baht.
Nach NAKHON SI THAMMARAT für 80 Baht.
Nach SURAT THANI für 130 Baht in 3 Std.

EISENBAHN – Von BANGKOK *Express* 83 um 17.05 Uhr, Ank. 7.35 Uhr, oder *Rapid* 167 um 18.20 Uhr, Ank. 10.11 Uhr.
Nach BANGKOK *Rapid* 168 um 13.45 Uhr, Ank. 6.15 Uhr, oder *Express* 84 um 17.30 Uhr, Ank. 8.45 Uhr (ab 371 / 195 Baht in der 2./3. Kl.).

FLÜGE – ***Thai Airways*** fliegt tgl. vormittags von und nach BANGKOK (2750 Baht).
Thai Airways Office, 199/2 Wisetkun Rd., ✆ 075-218066. Agenturen beim Bahnhof.
PB Air fliegt am Mo, Mi, Fr, So nachmittags von / nach BANGKOK für 2750 Baht.

BOOTE – In PAK MENG, 39 km westlich von Trang, ist der Bootsverkehr gut organisiert. Longtail-Boote zu den Inseln KO HAI kosten 500 Baht, nach KO KRADAN 600 Baht.

Die Umgebung von Trang

Wasserfälle

Wer etwas für Wasserfälle übrig und ein eigenes Fahrzeug zur Verfügung hat, kann vom H4 Richtung Phattalung am KM 53 nach Süden auf die **Straße der Wasserfälle** H4264 abbiegen. Von dieser Asphaltstraße aus sind mehrere Wasserfälle zu erreichen, die von der Banthat-Bergkette im Osten herabstürzen. Zum Fotografieren eignet sich der frühe Nachmittag bis 15 Uhr am besten. Mit Tuk Tuk kostet die Fahrt ca. 300 Baht, mit Taxi ca. 500 Baht, organisiert 1000 Baht. Am KM 1 zweigt rechts ein Sträßchen zum **Lam Chan Bird Park** ab. Hier kann man nur selten Vögel beobachten, ganzjährig aber Waschbären und Affen in elenden Gehegen bedauern. Am KM 11,7 führt eine Straße beim Thai-Schild *3 km* zum **Sairung-Wasserfall**. In einem schönen Monsunwald mit Baumfarnen bildet er einige kleine, bei der Dorfbevölkerung sehr beliebte Badeplätze. Nichts fürs Wochenende.

Am KM 15,5 geht es 3 km auf einem Schotterweg zum **Phraisawan-Wasserfall**, der in 7 Stufen herabstürzt. Am Fuße der 2. Stufe kann man in einem großen Pool schön schwimmen. Besonders die im dichten Wald schwer erreichbaren Stufen 3 und 7 sollen sehr schön sein.

Der **Lamplog-Wasserfall** am KM 20,5 liefert die Energie für ein kleines E-Werk (2 km). Danach geht es teilweise im Flussbett weiter bis zu einem natürlichen Schwimmbecken am Fall. Vorsicht, Felsen im Wasser!

Zu zwei weiteren Wasserfällen zweigt im Dorf Sam Yaek Palian am KM 26,4 eine Straße nach links ab (Schild *10 km)*. Schon unterwegs ist das breite, glitzernde Band des herabstürzenden Wassers zu sehen. Nach 9,8 km kommt der Parkplatz des **Toneteh-Wasserfalls** (auch *Tontae)* mit vielen Erfrischungsständen. Regierungs-Bungalows stehen zum Übernachten bereit. Den Fuß des Wasserfalls erreicht man auf einem leichten Pfad in 10 Minuten. Mehrere breite Wasserbänder stürzen ca. 100 m über eine schräge Felswand. In einem Strömungs-Pool kann man im Anblick von Wasserfall, Dschungelgewächsen und Baumfarnen schön schwimmen.

Der **Tonetok-Wasserfall** ist touristisch noch nicht erschlossen. Man biegt 2 km vor dem Parkplatz nach rechts ab und folgt 3,3 km dem schmalen, gut befestigten Fahrweg durch Gummiplantagen und Dschungelgärten bis ans Ende. Über 12 m stürzt er als breiter Fall nicht allzu eindrucksvoll über mehrere Rippen. Die 2. und 3. Stufe im Dschungel sind nur links am Wasserfall entlang recht schwierig zu erreichen.

Am Ende des Dorfes Ban Laem Som zweigt vom KM 17,7 des H4125 (Thai-Schild: *3,2 km, 9,0 km)* ein 9 km langer, schlechter Erdweg nach links zum **Chaopha-Wasserfall** ab. Der Fall besteht aus 25 Sinterterrassen von 5–10 m Höhe.

Die letzten drei Wasserfälle sind auch vom H404 zu erreichen, wenn man am KM 22 in Yan Ta Khao auf den H4125 nach Osten abbiegt, der nach 13 km auf den H4264 trifft.

Strände bei Trang

Pak Meng Beach

Der Strand von Pak Meng ist in den **Chao Mai National Park** integriert. Der 5 km lange, von hohen Kasuarinen gesäumte Sandstrand wird fast ausschließlich von Thais besucht, vor allem an Wochenenden und in den Ferien. Leider verstreuen sie unglaublich viel Müll. Ein lokales Nachtleben mit Bars hat sich entwickelt. Zum Schwimmen ist der Strand viel zu flach, er eignet sich aber gut für Wattwanderungen, Strandspaziergänge und zum Muscheln sammeln. In den einfachen Restaurants gibt es ab und an hervorragenden Fisch oder Seafood. Wer Glück hat, erlebt bei Sonnenuntergang, wie sich die Felsen im Meer gegen den glutroten Himmel abheben. Am nördlichen Ende liegt vor der Lagune der Pier für Fischer- und Ausflugsboote und für Boote nach Ko Hai. Das südliche Ende wurde mit einer betonierten Promenade gegen das in der Regenzeit anbrandende Meer geschützt.

Zwischen Sikao und dem Pak Meng Beach fällt am KM 5,3 rechts das Tor des *Raja Mangala Institute of Technology* ins Auge. Jenseits des bewachten Tores ist nach 4,2 km auf der schnurgeraden Schotterstraße durch das Institutsgelände der flache **Raja Mangala-Strand** an der Boon Kong Bay mit feinem, dunklem Sand erreicht. Nach links fährt man durch eindrucksvolle Felsen und findet nach 1 km rechts am Meer einen recht idyllischen Platz zwischen Felsen. Hier kann man schön schwimmen. Auf dem Gelände des Instituts wurde das **Trang Aquarium** eröffnet.

Übernachtung

Pak Meng Resort, 60/1 Moo 4, ✆ 075-274111, ✉ pakmengresort@hotmail.com, 💻 www.pakmengresort.com; 2,4 km südlich der Abzweigung bei der Promenade landseitig am Strand. 24 nette Bungalows mit Fan oder ac und Du/WC im großen Garten, 2 schöne Häuser mit je 4 geschmackvoll eingerichteten ac-Zimmern am Klong; gutes Restaurant; freundliche Besitzerin. Tagesausflüge zu vorgelagerten Inseln, Motorrad 250 Baht/Tag, ein Kanu für 400 Baht/Tag. ❸–❹

Lay Trang Resort, ✆ 075-274027, 100 m hinter dem Pier, ruhiger, kühler Garten mit Teich und Sitzgruppen unter großen Bäumen, ac-Bungalows, gepflegtes Restaurant mit gutem Essen. ❹

Transport

Von TRANG fährt jede halbe Std. ein Minibus über Pak Meng nach SIKAO für 60 Baht (bis zum Hafen oder Resort für 70 Baht).

Umgebung Trang
Ban Klong Phon
Krabi
Roi Chan Pan Wang-Wasserfall
Hin Phoeng-Wasserfall
Surat Thani, Thung Song
Nathon Si Thammarat
Pa Phayom
Tham Thale
Song Hong
Hua Hin
Ban Na Maphrao
Ban Sai Khao
Wang Wiset
Huai Yod
810
Bak Chaem-Wasserfall
Chai Khlong
Bo Muang
Tham Khao Pina
KHAO PU KHAO YA NATIONAL PARK
Rian Thong-Wasserfall
Ban Nam Phut
Phattalung
Hua Hin
Ban Ko Lanta
Sikao
Trang
Sumano-Höhle
RAJA MANGALA BEACH
Ang Thong-Wasserfall
Na Thon
KO LANTA
Hua Thanon
Lam Chan Bird Park
KHAO CHONG NATIONAL PARK
1350
Saladan
PAK MENG BEACH
Pak Meng Resort
Amari Resort
KO HAI
Resorts
CHANG LANG BEACH
Chang Lang Resort
Kuan
Sairung-Wasserfall
Tha Nang Phrom
KO MUK
Tung Ku
Kantang
Tham Morakot
Resort
Resorts
Yan Ta Khao
Phraisawan-Wasserfall
Kongra
YONG LING BEACH
Resort
KO KRADAN
Resort
YAO BEACH
Chao Mai
Khok Sai
Nokrum-Wasserfall
Ban Phut
Prai Wan-Wasserfall
KO ROK NAI
Ban Na
Laem Ta Se Resort
Libong Beach Resort
HAT SAMRAN
Thung Yao
Sam Yaek Palian
Toneteh-Wasserfall
KO ROK NOK
Ban Hin Kao
KO LIBONG
Chaopha-Wasserfall
Mom Jui-Wasserfall
Palian
Tonetok-Wasserfall
630
Laem Ta Se
Tan Pliu-Wasserfall
KO LAO LIANG
KO SUKON
Resort
Yongstar
Tham Khao Ting
KO PETRA
Tung Wa
PETRA ARCHIPEL NATIONAL PARK
KO KLUAI
Jed Cod Cave
Wang Sai Tong-Wasserfall
Resort
La-Ngu
BO CHET LUK
Manang
La-Ngu
Hat Yai
Pak Nam Resort
KO BULON DON
KO UN YING
KO BULON LAE
Pak-bara
KO BULON MAI PHAI
KO BULON RANG
0 10 20 30 km
Taphe
AO PANTE
NATIONAL PARK HEADQUARTERS
Chalung
Thale Ban NP (25 km)
KO TARUTAO NATIONAL PARK
KO RAWI
TALU WAO BAY
KO RA YA TOT YAI
Ban Che Milang
KO BITSI
KO KAI
Satun
KO KLANG
713
KO TARUTAO
KO ADANG
KO BUTANG
KO NGAM
NATIONAL PARK OFFICE
KO LIPE
Resorts
TALU UDANG BAY
Tammalang
= Bikeroute
PULAU LANGKAWI
N
Padang Matsirat
Kuah
Kuala Perlis
MALAYSIA
4
403
4159
4158
4123
4046
404
4125
4124
4122
4121
4235
416
406
H4184
4163
4164
41

Chang Lang Beach

Von Pak Meng geht es über die Klong Hla-Brücke zum **Chang Lang-Strand**. 300 m hinter der Brücke erhebt sich das riesige Amari-Resort mit 3-stöckigen Gebäuden. Nach 1,8 km liegen links der Straße die beiden Resorts, nach 4,5 km ist am KM 6,5 das *Visitor Center* des Chao Mai National Parks (zzt. kein Eintritt) erreicht. Der kilometerlange Sandstrand ist von Muscheln übersät, sehr flach und zum Schwimmen nicht geeignet, Zelten ist möglich. Die vielen hübschen, schattigen Picknick-Plätze sind bei jungen Thais sehr beliebt. Am südlichen Strandende gibt es einen Erfrischungskiosk, Wasser zum Abduschen und Toiletten. In der Nähe des *Headquarters* stehen Toiletten- und Duschhäuschen sowie 2 Bungalows, ❷–❹.

Übernachtung

Chang Lang Resort, ✆ 075-291008, 100 m links der Straße, 200 m vom Strand, hübsch angelegter, ummauerter Garten. Jeder Bungalow hat 4 kleine, saubere Zi mit Fan, die aber etwas steril wirken. Die größeren sind mit guten Möbeln ausgestattet und besitzen einen Decken-Fan. Ein Haus mit 3 Zi bietet für 1600 Baht 8 Personen Platz, ist gut eingerichtet und verfügt über ac und Kühlschrank. Gutes Restaurant. ❸–❹

Chang Lang Seasand Bungalow, ✆ 075-242259, direkt an der Straße, 50 m vom Strand, 10 nicht gerade einladende Zi in 5 Doppelbungalows mit Vorraum und Du/WC. ❸

Amari Trang Beach Resort, ✆ 075-205888, 💻 www.amari.com/trangbeach, am Strand, Luxushotel mit 138 Zi mit allen Annehmlichkeiten. ❽

Yong Ling Beach

Am KM 13 führt eine Schotterstraße nach rechts nach **Kuan Tung Ku** (1,6 km), wo Boote zur Insel Ko Muk ablegen. An der nächsten Abzweigung nach 3 km geht es nach links zum Fähranleger **Tha Sam** für die Fähre nach Kantang. Rechts beginnt die Kilometrierung der Asphaltstraße wieder bei 0. Sie führt zu zwei sehr schönen Stränden und endet nach 12,5 km beim Fischerdorf Ban Chao Mai / Mata Noi.

Am KM 5 zweigt eine 2 km lange Straße nach rechts ab zu den kilometerlangen, schattenlosen Stränden San Beach und Yong Ling Beach. Besonders bei Ebbe ist der letztere sehr reizvoll, da es dann Löcher unter den Felsen erlauben, zu kleinen Stränden zu schlüpfen. Große Kasuarinen laden zu einem Picknick ein.

Hat Yao Beach

Am KM 8, 24 km südlich von Pak Meng, beginnt rechts der Hat Yao, ein sehr schöner, 4 km langer Sandstrand, der von Kasuarinen gesäumt wird. Am schönsten ist er am südlichen Ende, wo ein Felsen weit ins Meer ragt. Dort kann man auch sehr gut schwimmen, häufig sogar während des Monsuns (ca. Juni–Oktober). Leider gibt es auch Sandfliegen und sehr viel Müll. Ein Kiosk verkauft Getränke und sehr einfache Gerichte. Wasser zum Duschen kann man aus einem Brunnen heraufziehen.

500 m weiter werden im muslimischen Fischerdorf **Ban Chao Mai / Mata Noi** zeitweise Krebse und Krabben verkauft. Ein einfaches Seafood-Restaurant mit englischer Speisekarte und gehobenen Preisen steht auf Pfählen über dem Wasser. Das Dorf ist der Endhaltepunkt der Songthaews von Kantang (36 km) und eines Minibus von Trang (60 Baht, 2 Std.). Von hier aus geht es mit dem Boot für 200 Baht zur lohnenswerten **Chao Mai-Höhle**, die sich links flussaufwärts im Felsen befindet (die Tour dauert etwa 2 1/2 Std.).

Übernachtung

Sinchai's Chaomai Resort, 400 m vom Hat Yao rechts hinter dem Felsen, 10 einfache, etwas verwohnte Bungalows unter Kasuarinen und Palmen am flachen Strand, einfaches Restaurant, Zelt 50 Baht; Fahrrad 120 Baht, Touren zur Chao Mai Cave für 100 Baht p.P. und zu 3 Inseln für 400 Baht p.P. ❶–❸

Haadyao Nature Resort, ✆ 075-203012, 💻 www.thailandtrang.com; im Fischerdorf direkt am Pier, Holzhütten und Reihenhaus (mit YHA-Ausweis billiger); Touren zu 3 Höhlen 300–700 Baht p.P., Kajaks 50 Baht/Std., Boot nach Ko Libong 20 Baht. Dugong-Trekking mit Kajak, Maske und Schnorchel. ❷, ac ❸

Ko Hai เกาะไหง

Auf der nur 5 km² großen Insel Ko Hai (auch Ko Ngai) sind die Hügel mit Wald und die Küsten mit

Kokosplantagen bedeckt. Ein 2 km langer, schöner Sandstrand an der Ostküste ist zum Teil mit Korallengestein durchsetzt. Bei Ebbe kann man nicht baden, es schauen an vielen Stellen die Korallenstöcke aus dem klaren Wasser heraus. Auch bei Flut muss man beim Schwimmen vorsichtig sein. Im Januar und Februar steht starker Ostwind auf den Stränden und treibt hohe Wellen heran. Als gute Zeit gilt Dezember bis Juli, Hochsaison ist von Januar bis April. Zu jeder Zeit ist die Insel zum absoluten Relaxen geeignet, denn außer einer kleinen Tauchschule gibt es nur Strand, Palmen, Wald und totale Ruhe.

Es werden Bootsausflüge zu einigen Inseln und ans Festland organisiert. Vor allem am Wochenende kann man sich Ausflüglern anschließen. Gern besuchte Ziele sind: **Ko Rok** (24 km), **Ko Muk** (8 km), **Ko Kradan** (8 km).

Übernachtung

Die Bungalowsiedlungen auf Ko Hai liegen unter Kokospalmen und haben ein Restaurant. Zelte können für 150 Baht gemietet werden.

Koh Hai Resort, im Südosten vor Felsen an einer 200 m langen Sandbucht, die große Anlage mit den inzwischen alten Bungalows wurde verkauft. Bei Ebbe kann man trockenen Fußes zur *Koh Hai Villa* wandern. Tauchschule.

Fantasy Resort, ✆ 075-210317, 216339, gepflegte Anlage am Nachbarstrand, 30 ac-Komfortbungalows geschmackvoll eingerichtet, die vorderen mit herrlicher Strandterrasse; hervorragendes, aber teures Essen; schöner Schnorchelplatz vor dem Resort; manchmal sind Nashornvögel auf dem Gelände zu sehen. ac ❺

Seafood Resort, ✆ 01-6070464, Zelte mit Vordächern (150 Baht) direkt am Strand neben *Fantasy.* ❶

Koh Hai Paradise, auf der Südseite der Insel an braunem, 400 m langem Sandstrand, an dem man gut baden und schnorcheln kann. Holzbungalows mit Bad und Terrasse mit Meersicht; Restaurant am Strand. Der gut gelaunte Besitzer schaut am Wochenende nach dem Rechten. Auf einem Dschungelpfad quer durch die Insel nach 45 Min. erreichbar. Infos und Abfahrt am *Meeting Point Restaurant* in Trang um 12 Uhr, 250 Baht. ❸

Tauchen

Die von den Deutschen Brigitte und Lothar geleitete Tauchschule ***Rainbow Divers,*** ✆ 075-206924, 💻 www.Rainbow-Diver.com, hat ihre Basis im Koh Hai Resort. Die schönen, fast exklusiven Tauchplätze liegen im Umkreis von 20 Min. Bootsfahrt und sind oft auch gut zum Schnorcheln geeignet. Tagesausflüge führen je nach Bedarf in die Umgebung, u.a. zu den Super-Tauchplätzen bei Hin Daeng und Hin Muang. PADI-Kurse.

Transport

Vom Pier in PAK MENG fährt in der Saison um 10.30 Uhr ein Boot zu allen Resorts für 150 Baht p.P. (40 Min.). Zurück geht es ca. 13 Uhr (in der Nebensaison bei der Tauchschule anfragen). Ansonsten Charter für 600 Baht/Longtail-Boot. Das *Koh Hai Office* am Bahnhof von Trang arrangiert auf Wunsch Transport direkt zu den Resorts. Zweimal tgl. passiert die Doppeldeckerfähre von BAN SALADAN nach KO KRADAN auch Ko Hai.

Ko Muk เกาะมุก

Diese Insel, auch Ko Mook genannt, liegt nur wenige Kilometer vom Festland entfernt. Die Nord-, West- und Südküste fallen steil zum Meer ab. Einige kleine Buchten sind in die Felsküste eingebettet. Auf der Ostseite schiebt sich eine flache Landzunge, die Coconut Beach, ins seichte Meer. Hier liegt ein Muslim-Fischerdorf mit fundamentalistischen Bewohnern. Die Bungalowanlagen am schönen Strand **Charlie Beach** sind nach einer längeren Wanderung, mit Motorradtaxi oder per Boot zu erreichen.

Die flacheren Teile der Insel sind mit Gummi- und Kokosplantagen, die Hügel zur Hälfte mit dichtem Wald bedeckt, in dem seltene Vögel und Fliegende Hunde leben. Im Meer werden manchmal Seekühe gesichtet, die auch Dugong genannt werden (auf Thai: *Pla Payun* oder *Pla Duyong*). Hier gibt es auch besonders viele Delphine (auf Thai: *Pla Loma).*

An der Westseite von Ko Muk liegt ein kleines Naturwunder, **Tham Morakot** (Emerald Cave). Es ist nur mit dem Boot erreichbar, orange Bojen markieren den Eingang. In die 50 m lange Meereshöhle kann man bei ruhigem Wasser und dem richtigen

Wasserstand, der normalerweise bei Flut erreicht ist, hineinschwimmen. Eine wasserdichte Taschenlampe ist erforderlich und eine Schwimmweste empfehlenswert. Am anderen Ende mündet der Tunnel in eine Lagune mit einem schönen Strand.

Übernachtung

Einige Unterkünfte können in Trang gebucht werden.

OSTKÜSTE – ***Koh Mook Resort,*** ✆ 075-219199, ca. 1,5 km nördlich vom Dorf; einfache Bambushütten mit und ohne Du/WC zwischen Palmen und Gummibäumen; Restaurant. Der Strand hat feinen Sand, der zum Meer steinig wird. Das Meer ist so flach, dass man bei Ebbe nicht baden kann. ❷–❸
Koh Mook Garden Resort, ✆ 075-211372, nebenan, Hütten und Reihenhaus, Zelt 200 Baht. ❷–❸

CHARLIE BEACH (FARANG BEACH) – kann von der Ostküste in einem 3 km langen Fußmarsch erreicht werden. Hier hat sich das touristische Zentrum der Insel etabliert, hier landen Taxiboote, es gibt Internet und eine kleine Tauchschule (bis März). Bei den x-Insel-Touren sieht man fast nichts.
Ko Mook Mirande Resort, 15 Bungalows. ❷–❸
Charlie, 20 Steinbungalows mit Bad, 2 Reihen einfache Bambusbungalows mit happigen Preisen, aber inkl. Frühstück; Restaurant mit gutem Essen zu günstigen Preisen, Strandbar; Schnorchel-, Flossen- und Kanuverleih. ❸–❹, ac ❺
Rubber Tree Resort, hinter Charlie am Hügel, meist mit einer schönen Brise, Bungalows mit Bad. ❸
Sawasdee, nette Bungalows, Kanus zu mieten. ❷–❸
Mook Andaman Resort, auf dem Kap südlich vom Farang Beach, Bungalows am Hügel, kein Schatten, am Strand ein langer Pier und Felsen, Zelte 250 Baht. Bambushütten mit und ohne Du/WC zwischen Palmen und Gummibäumen; Restaurant. Der Strand hat feinen Sand, der zum Meer steinig wird. Das Meer ist so flach, dass man bei Ebbe nicht baden kann. ❸

ZENTRUM – ***Emerald Creek,*** ✆ 07-2718793, einige saubere, gemauerte Bungalows, schön gelegen, ca. 10 Min. vom Dorf, 20 Min. zu Fuß vom Charlie Beach. Tid, der Besitzer, kümmert sich engagiert um seine Gäste, seine Schwester kocht gut und günstig. ❷

Transport

Vom Bahnhof in Trang gegen 11 Uhr mit dem Sammeltaxi nach KANTANG (20 Baht). Dort mit dem Kombi-Ticket für 100 Baht nach Ko Muk (Minibus und Longtail-Boot zum Farang Beach). Alternative: Vom PAK MENG BEACH zwischen 11 und 13 Uhr mit dem täglichen Longtail-Boot für 100 Baht p.P. Vom Ko Mook Resort-Büro in Trang (zwischen Post und Kasikorn Bank) Transport um 11.30 für 150 Baht direkt ins Resort, Bedingung ist, dass man mindestens eine Nacht dort verbringt.
2x tgl. passiert die Doppeldeckerfähre von BAN SALADAN nach KO KRADAN auch Ko Muk.

Ko Kradan เกาะกระดาน

Die Hälfte der flachen Insel ist mit Gummi- und Kokosplantagen bedeckt, in denen auch das Resort liegt. Der dichte Wald des Restes gehört zum **Had Chao Mai National Park**. Das klare Wasser erlaubt wunderschönes Schnorcheln an intakten Korallenriffen. Der schöne Sandstrand auf der Ostseite ist besonders bei einheimischen Ausflüglern beliebt. Bei Flut wird er allerdings sehr schmal, zum Teil völlig überspült. Beim Schnorcheln sollte man sich vor Seeigeln in acht nehmen. An der Westseite liegt der **Sunset Beach**, ein langer, mit Felsen durchsetzter, schmaler, gelbweißer Sandstrand. Am besten ist er mit einem Guide zu finden.

Übernachtung

Ko Kradan Paradise Beach, ✆ 075-211391, 💻 www.exodusteam.com/kradanisland; 30 relativ teure Zi in Langhäusern, mit Du/WC; teures, aber gutes Essen; freundliche Leute; herrlicher Strand mit schattigen Bäumen. Bietet Pauschalpakete. ❸–❹
Es soll eine neue, kleine Bungalowanlage geben, ❸, in der Nebensaison geschlossen.

Transport

Reisebüros in Trang organisieren den Transfer für 250 Baht p.P.
Mit einem Boot ab PAK MENG für 600 Baht hin und zurück; vorbuchen in Trang.
Die Doppeldeckerfähre fährt tgl. von BAN SALADAN nach KO KRADAN über Ko Muk und KO HAI.

Ko Rok เกาะรอก

Die beiden mit Dschungel bedeckten Inseln **Ko Rok Nok** und **Ko Rok Nai** etwa 40 km vor der Küste gehören zum **Ko Lanta National Park**. Auf Ko Rok Nai ist ein Außenposten des Nationalparks stationiert. Sehr interessant sind dort die großen Bindenwarane. An extra für sie angelegten Futterplätzen kann man sie besonders leicht beobachten. Die Inseln, bekannt für ihre schönen Strände und Korallengärten, werden bei sicherem Wetter von Booten angefahren, in der Saison normalerweise täglich mit den Speedboats von Ban Saladan *(Ko Rok Tour)* für ca. 150 Baht pro Person. Das offene Meer vor diesen Inseln hat schon viele Fischer und ihre Boote begraben. Ein Leser hat beide Inseln in jeweils 4 Std. umrundet, zur Hälfte schnorchelnd, sonst am Strand gehend.

23 km weiter westlich liegt der massive Kalksteinturm **Hin Daeng** im offenen Meer. Er ragt nur wenige Meter aus dem Wasser auf und fällt auf einer Seite senkrecht 50 m ab – ein herrliches Tauchrevier mit Sichtweiten von 15–25 m. Nach Meinung von Experten stellt der Hin Daeng einen Tauchplatz der Weltklasse dar. Nur wenige hundert Meter entfernt liegt der Unterwasserfelsen **Hin Muang**, der völlig von Weich-, Leder- und Steinkorallen überzogen ist und eine große Artenvielfalt an Fischen beherbergt. Auch Haie, Walhaie und riesige Rochen suchen die Felsen auf. Tauchausflüge zu den Inseln und Felsen werden von den Tauchschulen auf Ko Phi Phi (s.S. 724), in Ban Saladan auf Ko Lanta (s.S. 666f.), auf Ko Hai (s.S. 773) und auf Phuket veranstaltet (s.S. 715).

Übernachtung

In sehr guten Zelten für 2–8 Pers. kann man für 50 Baht pro Pers. übernachten. Restaurant neben der Ranger Station mit einfachen Thai Gerichten.

Ko Libong เกาะลิบง

Auf der größten Insel der Provinz Trang liegen drei Fischerdörfer. Hier spricht niemand Englisch. Es gibt keine Autos, nur ein paar Mopeds quälen sich über unbefestigte Pfade durch den Regenwald. Am **Juhoi Cape**, der Ostspitze, brüten ungewöhnlich viele Vögel. Im Zentrum der Insel liegt die schöne Tropfsteinhöhle **Tham Hin Pang**. Im Meer leben die seltenen Seekühe *(Pla Payun)*, die sich von Seegras ernähren. Sie sind geschützt und sollen wissenschaftlich untersucht werden. Die östlichen Strände sind extrem flach.

Übernachtung

Libong Beach Resort, ✆ 075-210013, einfache Nur-Dach-Hütten aus Naturmaterialien und einige bessere Chalets (z.T. ac) unter Palmen; sehr freundliches Personal; relativ teures, aber gutes Restaurant. ❸–❹
Libong Nature, viele Beschwerden.

Transport

Mit einem Boot von BAN CHAO MAI (s.S. 772) direkt zum Resort für 100 Baht p.P. in 30 Min.

Ko Sukon เกาะสุกร

Vor der Küste von Palian liegt die schöne Insel Sukon (auch Ko Sukurn), auf der 2500 Fischer, Bauern und Kautschukpflanzer leben. Neben 5 Pickups fahren vor allem Mopeds auf den wenigen Kilometern befestigter Straße. Von einem der beiden 150 m hohen, mit Busch-Dschungel bewachsenen Hügel kann man nach anstrengendem Aufstieg (30 Min.) über die Insel und bis Krabi und Satun blicken. Der Strand beim Fischerdorf ist sehr flach. Im Dorf gibt es mehrere Läden, ein gutes Restaurant und zwei Gästehäuser. Hier sind die Muslims sehr freundlich. Die Resorts liegen 3 km entfernt nebeneinander an der ruhigen Westküste der Insel an einem 500 m langen, sauberen, grau-braunen Sandstrand mit vielen Muscheln und einigen Steinen.

Übernachtung

IM DORF – ***Pawadee Guesthouse.***
Jan and Cream Bungalow. ❸

WESTKÜSTE – Lo Yai Beach: *Sukorn Beach Bungalows,* ✆ 075-207707, ✉ sukorn@cscoms.com, 🖳 www.sukorn-island-trang.com; saubere Anlage unter hohen Palmen am nicht besonders tollen Strand; 12 Zi in 3 Häusern und 10 stabile Bungalows, alle mit Fan, Du/WC und Terrasse; Strom bis 23 Uhr. Im offenen Restaurant am Meer wird frischer Fisch serviert, auf Wunsch auch europäische Gerichte. Freundliche, hilfsbereite Besitzer (Holländer und Thai), die Englisch sprechen. Auch am Wochenende ruhig, da keine Thai-Gruppen. Auslandsgespräche, Verleih von Kanu, Mountainbikes und Mopeds. ❸–❹, ac ❺

Andaman Resort, daneben, Holzbungalows am Meer, Restaurant. ❹

Koh Sukon Resort, großer, schattiger Garten mit alten Bäumen am Hang, 50 schöne, renovierte Bungalows mit Fan, Du/WC, sehr sauber; Restaurant. Ruhiger Strand, auch für Familien geeignet. Freundliche Besitzer und Leiterin. Schöner Aussichtspunkt über der Anlage. ❸–❹

Nördlich vom Lo Yai Beach: *Sukorn Cabana Resort,* ✆ 09-7242326, 🖳 www.sukorncabana.com, neue, unkomplizierte Anlage in einer kleinen, sehr schönen Bucht, die bei Ebbe zu Fuß erreichbar ist, Holzbungalows mit Fan; nettes, sympathisches Personal. ❹

NORDSPITZE – Lodalam Bay: *Trang Island Resort,* ✆ 01-8080144, 🖳 www.trangresort.com/en, neue Anlage mit komfortablen Holzbungalows. Nur als Paket zu buchen. ❺

Touren

Sukorn Beach Bungalows and Tours vor Ort oder ***Sukorn Beach Travel*** in Trang, ✆/℡ 075-211457, organisieren Schnorchel- und Ausflugstouren zu benachbarten Inseln, z.B. zum Ko Petra-Nationalpark, nach Ko Takiang und Ko Laoliang. Ko Laoliang besteht aus zwei Inseln, eine mit Fischerdorf und die zweite mit einem Zeltresort für Taucher und Kletterer. Die Zelte sind mit Fan ausgestattet und liegen an einem kleinen, weißen Sandstrand vor riesigen Kalkfelsen, 🖳 www.xsitediving.com.

Transport

Von Trang mit dem lokalen Bus für 20 Baht nach YAN TA KHAO und weiter mit dem offenen, blauen Bus für 25 Baht zum Pier LAEM TA SAE. Longtail-Boote zur Insel in 15 Min. für 150 Baht pro Boot. Taxi ab Trang und Boot ab 350 Baht p.P. In beiden Fällen weiter mit Motorradtaxi für 30 Baht p.P.
Die *Sukorn Beach Bungalows* organisieren von ihrem Office in Trang tgl. um 11.30 Uhr einen Transfer für 90 Baht.

Pakbara ปากบารา

Pakbara (die letzte Silbe wird betont), 58 km nordwestlich von Satun, ist Ausgangsbasis für die Überfahrt zu den Inseln Tarutao, Lipe und Bulon Lae. Wenn der schmutzige Strand auch nicht zum Schwimmen einlädt, so sind es vielleicht die fantastischen Ausblicke, die guten Seafood-Restaurants oder die wenigen westlichen Touristen, die so manchen ein paar Tage verweilen lassen. Ein El Dorado für Fotografen sind die tollen Sandformationen beim Abebben. Dass dieser Ort den Fischern auch als Red Light-Distrikt dient, ist kaum zu sehen.

Am betriebsamen Fischerhafen befindet sich ein Büro des Tarutao National Parks. Vom Pier fahren Longtail-Boote für 10 Baht in 15 Minuten durch schöne Kalkfelsenlandschaft zum Resort auf der vorgelagerten Insel **Ko Kebang**.

Übernachtung

Die Unterkünfte in **Pakbara** liegen am Strand und an der Straße, fast alle ohne Restaurant. Die meisten Zi haben Du/WC und Fan, aber kein Moskitonetz, obwohl es von Stechfliegen wimmelt. Die angegebenen Entfernungen sind vom Hafen aus gemessen:

Best House, 300 m links, ✆ 074-783058, etwas zurückversetzt, 20 Zi mit Fan, ac, TV, Warmwasser-Du/WC in Bungalows, Doppel- und Twinbetten, Besitzer sprechen Englisch und geben sich Mühe, gutes Restaurant. Sehr sicher. ❸

Diamond Beach, 500 m, ✆ 074-783138, 200 m von der Straße zurückversetzt, 13 nette Bungalows im Sandgarten, Restaurant vorn am Flussstrand. ❷–❸

Andrew House, 600 m, ✆ 01-8978482, 2-stöckiges Reihenhaus, einfache Zi in der Privatwohnung der Lehrerin Orawan. ❶

Marina Bungalow, 800 m, verschiedenartige, hübsche Holzbungalows auf großem Gelände, direkt am Meer, an einem ruhigeren Weg parallel zur Straße. ❷

Essen

Die nicht gerade billigen Seafood-Restaurants liegen direkt an der Straße und am Strand etwa 1–3 km vom Hafen entfernt. Am Hafen und vor dem Kino an der Hauptstraße gibt es mehrere einfache Restaurants.

Sonstiges

INTERNET – etwas versteckt beim Pier.

NATIONALPARK – Am Hafen liegt das ***Ko Tarutao National Park Office,*** ✆ 074-729002-3, von dessen Pier in der Saison alle offiziellen Boote nach Ko Tarutao, Ko Adang und Ko Lipe fahren.

Transport

BUSSE – Von TRANG mit Bus (40 Baht, 2 Std.) oder Sammeltaxi (70 Baht) nach LA-NGU (dort eine Bank), weiter mit dem Pickup nach PAKBARA (12 Baht), oder mit dem Minibus vor dem Bahnhof um 15 Uhr für 100 Baht p.P. in 90 Min.
Von SATUN mit dem Bus (23 Baht) oder Sammeltaxi (40 Baht) nach LA-NGU.
Von HAT YAI mit dem direkten Bus 732 alle 2 Std. von 6.15–16.15 Uhr für 45 Baht (ac 70 Baht) in 2 1/2 Std.; außerdem fährt ein weißer Minibus jede volle Std. für 70 Baht von der Niphat Uthit 1 Rd., Ecke Prachathipat Rd., bis Pakbara. Die Abfahrt um 8 Uhr reicht für das Tarutao-Boot.
Von KRABI mit dem Minivan um 7 und 11 Uhr für 350 Baht in 3 Std.
Der Minibus von *Andrew Tour,* ✆ 01-8978482, vom Pakbara Pier nach TRANG um 13.30 Uhr in 90 Min. für 150 Baht (bis LA-NGU 20 Baht) wartet auf das Boot von Ko Lipe.
Weitere Minibusse um 9, 11 und 15 Uhr. Alle fahren weiter nach KO LANTA und KRABI für jeweils 350 Baht.

BOOTE – Die Abfahrtszeiten variieren um 30 Min., manche Boote fallen aus.
Nach TARUTAO um 10.30 und 15 Uhr für 200 Baht, zurück um 9 und 12 Uhr.
Nach KO BULON um 10.30, 12, 13.30 und 15 Uhr für 200 Baht, zurück um 9, 12 und 16 Uhr.
Nach KO LIPE über Tarutao um 10.30 und 13.30 Uhr für 450 Baht, zurück um 12 Uhr.
Nach KO LIPE über Ko Bulon um 10.30, 12 und 13.30 Uhr für 450 Baht, zurück um 9 Uhr (hin und zurück 800 Baht).
Nach KO LIPE mit dem Speedboot direkt um 10.30 Uhr für 680 Baht.
Boote fahren nur in der Saison von Nov bis Mitte Mai, sonst muss man evtl. chartern.

Ko Bulon Lae เกาะบูลอนเล

Diese schöne, hügelige, kleine Insel liegt 22 km vom Festland entfernt. Sie ist Teil des 1984 zum Nationalpark erklärten **Petra-Archipels** und wurde erst vor wenigen Jahren für den Traveller-Tourismus erschlossen – ein Kleinod in schöner Natur mit friedlicher Atmosphäre. Bulon Lae (gesprochen: Bulon Läh) wird auch Bulon-Leh, Mulon Lae und sogar Molone genannt. Saubere, von Muschel- und Korallenschrott durchsetzte, von Kasuarinen gesäumte Sandstrände eignen sich bestens zum Baden und Schnorcheln. Saison ist von November bis Mai. An den Sandstränden im Osten stehen Bungalowsiedlungen, die an langen Wochenenden und in den Ferien von Thais frequentiert werden. Im Nordwesten leben etwa 500 Chao Leh, Seenomaden, in einem kleinen Dorf. Anmarsch vom Strand im Osten in ca. 20 Min. durch schönen Wald, in dem sogar einige Tiere zu beobachten sind.

Zu den Inseln **Ko Bulon Don** (von Seenomaden bewohnt, unberührte Strände, Zelten möglich), **Ko Bulon Mai Phai** (Bambus-Insel, unbewohnt, zum Zelten geeignet) und **Ko Bulon Rang** können Bootstouren organisiert werden. Außerdem werden eine 3–4-stündige Inselrundfahrt für 150 Baht pro Person und mehrtägige Fahrten (s.u.) angeboten.

Übernachtung

Pansand Resort, ✆ 01-3970802, ✉ pansand@cscoms.com, 💻 www.pansand-resort.com;

großzügige Anlage am Hang, 50 m zum Strand; 25 verschiedenartige, saubere Bungalows, von der einfachen A-Frame Hütte mit Gemeinschafts-Du/WC bis zu noblen Häuschen, auch Camping möglich; vorbuchen ratsam; großes, relativ teures Restaurant; italienische Leitung; Maske und Schnorchel zu mieten. Im Notfall gibt es Zelte für 80 Baht. Internet. ❷–❹
Bulon Resort, ✆ 01-8979084, ✉ bulonresort@hotmail.com; im Nordosten direkt am Strand, saubere Anlage, einfache Hütten und Zimmerchen im Langhaus, Gemeinschafts-Du/WC, Licht bis Mitternacht, gutes Restaurant, geschultes, Englisch sprechendes Personal, sehr angenehm. Maske, Schnorchel und Flossen zu mieten. ❷
Bulon Hill Resort, hinter dem *Bulon Resort* am Hang, 15 saubere Bungalows mit Du/WC; gutes Restaurant mit schnellem Service; Chaeng spricht gut Englisch. Internet 150 Baht/Std. ❹
Marina Resort, ✆ 075-684168, große Nur-Dach-Bungalows im Landesinnern, aus Holz und Palmblättern gefertigt, Tierkontakt von Kakerlake bis Waran möglich, teures Restaurant, schlechter Service. ❸
Viewpoint Resort, ✉ bulon_view_satun@hotmail.com, ✆ 074-728005, größere Anlage mit verschiedenartigen hübschen Bungalows an einem Hügel an der Nordküste (*Panka Noi*), die billigeren mit Gemeinschaftsdusche; teilweise schöne Aussicht, am besten ist der Bungalow 8A; gutes, etwas teures Restaurant, nette Leute. 300 m weiter liegt ein schöner Strand, an dem man auch schnorcheln kann. ❸–❹
Ban Sulaida, einige schöne Bungalows im Inselinnern *(Panka Noi)*, bestes Restaurant, guter Service, reelle Preise. ❷–❸
Bamboo Bungalows, Bungalows oberhalb der Panka Yai Bay beim Chao Leh-Dorf, günstiges Restaurant mit großen Portionen. ❷
Panka Bay Resort, ✆ 074-783097, im Nordwesten in der Panka Yai Bay hinter dem Dorf der Seenomaden an einer felsigen Bucht. *Forra Dive Centre*. ❷
Jungle Hut, vom Dorf zur Mango Bay auf einer Gummi-Farm, kleine Bungalows, Restaurant. ❷
Zeltplatz, im Osten, bei der Schule. ❶

Essen

Abends trifft man sich bei Bang Daeng oder im Laden von Djiab, einer aufgeschlossenen, schlagfertigen Chinesin.
Pin & Mooda Restaurant, Nähe *Viewpoint Resort*, Mr. Chui mixt beste Cocktails und spricht gut Englisch.
Orchid Shop & Restaurant, dahinter.
Eang Restaurant, in der Mango Bay, hat auch 3 Holzbungalows, ❷.
Chao Leh Restaurant, im Dorf, hat auch 3 schöne Bungalows, ❸.

Sonstiges

BOOTSTOUREN – Chaeng vom *Bulon Hill Resort* veranstaltet einen abenteuerlichen Ko Lipe-Trip (4 Tage / 3 Nächte) für 4000 Baht, Übernachtung in Zelten.
Auch Bang Daeng und Mr. Nann (im Dorf fragen) machen Trips.

SCHNORCHELN – können auch Anfänger an zwei Korallenriffen, auf denen u.a. viele farbenprächtige Weichkorallen gedeihen. Am besten ist das Riff südöstlich des *Pansand Resort*, u.a. sieht man Feuerfische (nicht berühren!), Muränen und kleine Riffhaie. Manchmal ist die Sicht allerdings mäßig.

Transport

Vom Pier in PAKBARA fahren unterschiedliche Boote um 10.30, 12, 13.30 und 15 Uhr für 200 Baht in 2 Std. Hinzu kommen 20 Baht für das Longtail-Boot. Rückfahrt von Bulon Lae um 9 und 12 Uhr, je nach Wetterlage von wechselnden Stellen. Nach KO LIPE zwischen 13.30 und 14.30 Uhr für 250 bzw. 300 Baht, hin und zurück 500 Baht.

Tarutao National Park

วนอุทยานเกาะตะรุเตา

Zum Tarutao National Park im Südwestzipfel von Thailand gehören über 1400 km² der glasklaren Andamanen-See und 51 Inseln, fast alle unbewohnt. Früher dienten die Inseln den Seeräubern und Schmugglern als beliebtes Versteck, heute unterhält der Nationalpark an den gefährdeten Stellen Kontrollpunkte. Tarutao bedeutet auf Malaiisch: „alt, geheimnisvoll und primitiv".

Auf Naturliebhaber warten verschiedenartige Inseln mit langen, unberührten Sandstränden, mit tropischem Regenwald bedeckte Berge, Mangrovensümpfe und Tropfsteinhöhlen. Das Reisen in dieser Inselwelt setzt aber viel Zeit, Geduld, Frustrations-Toleranz und Geld voraus. Zudem ist wirklich nichts los, und erst auf der von Chao Leh bewohnten Insel Ko Lipe ist ein kleines Travellerzentrum entstanden. Es ist allerdings bekannt, dass mehrere Hotelkonzerne beim *Royal Forestry Department* eine Baugenehmigung für Ferienanlagen auf anderen Inseln beantragt haben.

Hauptsaison ist November bis Februar; von Mai bis Oktober sind die Unterkünfte wegen Monsun geschlossen, und der Bootsverkehr ist eingestellt. Außerhalb von Wochenenden und Ferien sind die Inseln sehr einsam.

Übernachtung und Essen

Auf Ko Tarutao und Ko Adang gibt es einfache Hütten des Nationalparks und einfache Zelte zu mieten. Im gesamten Nationalpark darf man gegen 10 Baht Gebühr sein Zelt aufschlagen, sollte sich aber auf viele Plagegeister einstellen. Auf den beiden Hauptinseln bekommt man genügend zu essen, aber nicht so billig und keineswegs in der Vielfalt oder Qualität wie auf dem Festland oder auf Ko Lipe. Es ist also ratsam, eine Notverpflegung mitzunehmen.

Sonstiges

Da sich im Nationalpark immer mehr Besucher aufhalten, gibt es mittlerweile Money Changer, einen Postservice und abends Elektrizität. Trotzdem sollten sich Reisende rechtzeitig mit genügend Bargeld, Taschenlampen und Batterien eindecken.

EINTRITT – wird für den gesamten Nationalpark zurzeit nicht verlangt.

INFORMATIONEN – Das National Park Office in Pakbara, ✆ 074-729002, reserviert Bungalows auf Tarutao und verkauft für 15 Baht einen guten Prospekt. Dort und auf jeder Insel spricht mindestens ein Angestellter Englisch.

PLAGEGEISTER – Sandfliegen hausen an allen feinen Sandstränden. So mancher Traveller hat deswegen die Inseln fluchtartig verlassen. Im Wasser schwimmen zeitweilig Quallen, die unangenehm, aber nicht gefährlich sind.

Ko Tarutao

Die größte der Inseln liegt 22 km vom Festland und nur 8 km von der Langkawi-Inselgruppe in Malaysia entfernt. Der höchste Berg im Süden der Insel steigt auf 713 m an. Das National Park *Headquarter* ist im Nordwesten an der **Punta Bay** stationiert.

Manche Naturfreunde halten es hier tagelang aus. Doch auch für Kurzurlauber gibt es einiges zu tun: Ein herrlicher Strand lädt zum Baden ein (häufig Sandfliegen), auf einem Weg an der Küste entlang kann man zu anderen einsamen Stränden wandern, unterwegs Tiere beobachten (viele Nashornvögel), auf einem markierten Pfad den 50 m hohen Felsen **To Bu** hinter der Touristenanlage besteigen (20 Min.) und die herrliche Aussicht genießen (vor allem zum Sonnenuntergang).

Ein breiter, schattenloser Pfad (12 km) führt ca. 3 Std. durch das Landesinnere an die Ostküste zur **Talu Wao Bay**, wo noch die Grundmauern eines ehemaligen Gefängnisses stehen. Zwischen 1939 und 1947 waren hier vor allem politische Häftlinge eingekerkert.

Der thailändische Schriftsteller Paul Adirex hat jene Zeit im leicht zu lesenden Roman „The Pirates of Tarutao" beschrieben (siehe Bücherliste). Nun haben die Vögel die schmale, schattige Bucht zurückerobert – eine gute Stelle, um große Nashornvögel zu beobachten. Da nur derselbe Weg zurückführt, sollte man ausreichend Wasser mitnehmen. Der ebenso lange, völlig überwucherte Weg durch den Dschungel zur Südspitze der Insel ist auch mit Buschmesser nicht mehr zu schaffen. Dort befindet sich in der **Talu Udang** (Krabben-Bucht) ein Außenposten des Nationalparks, der nur noch per Boot zu erreichen ist. Es gibt einfache Hütten zum Übernachten und etwas weiter entfernt eine Zeltmöglichkeit am Strand. Auch andere auf den Wanderkarten des Parks eingezeichnete Wege sind längst überwuchert und praktisch nicht mehr zu begehen.

Das *Headquarter* organisiert für 200 Baht pro Boot, das sind ca. 25 Baht p.P., eine Fahrt mit dem Longtail-Boot durch Mangrovenkanäle zur **Crocodile Cave.** Auf einem abenteuerlichen Plankensteg stolpert man durch die mit Wasser gefüllte Höhle mit herrlichen, zum Teil schneeweißen Stalaktiten und Stalagmiten (unbedingt eine starke Taschenlampe mitnehmen).

Eine eintägige **Inselumrundung** mit Schnorchelstopps und Landgängen kostet 2200 Baht, geschnorchelt wird an der Südostspitze (Ao Talo Udang) und am Inselrand an der Nordostspitze (Ao Rusi, Sonnenstand beachten) an vorgelagerten Felsen, bei Ebbe gelangt man durch eine Höhle unter dem Felsen (bunte Weichkorallen und viele Fischschwärme).

Übernachtung

***Chalets** (Ta-Bag)* mit 2 Räumen für je 4 Pers. für 1000 Baht (2 Pers. evt. 600 Baht), mit Du/WC. ❸
***Cottages** (Ta-Boon)* für 6 Personen für 600 Baht, mit Du/WC. ❷
***Bambus-Langhaus** (Ruan Taew),* 30 schlechte Zi mit je 4 schmutzigen Matratzen für 400 Baht für 4 Pers., mit undichtem Dach; Wasser gibt es nur morgens und abends, Strom nur abends.
Ein kleines ***Zelt*** kostet 100 Baht für 2 Pers., ein großes 200 Baht für 4 Pers., ohne Unterlage und Decke. An Taschenlampe denken.
Zeltplatz an der *Ao Makham (Tamarind Beach),* nur per Boot erreichbar. ❶

Essen

Das Essen auf Ko Tarutao ist seit vielen Jahren unverändert miserabel.
Im ***Restaurant*** bekommt man von 7.30–17.30 Uhr *fried rice* „ohne alles" und einige andere Thai-Gerichte. Mit Eiern und Toast zum Frühstück kann man nicht rechnen, *cold drinks* und Bier zum Abendessen sind die Ausnahme. Im kleinen Laden gibt es außer Dosenfisch kaum etwas Essbares.
Das Restaurant wird nur zeitweise bewirtschaftet. Einigen Lesern hat es gar nicht so schlecht geschmeckt. Die Gruppentouristen der Jachten haben Vorrang.

Transport

Vom Hafen von PAKBARA fahren Boote in der Saison tgl. um 10.30, 11 und 15 Uhr in ca. 2 Std. zur Hauptinsel Ko Tarutao für 200 Baht (hin und zurück 300 Baht), an Wochenenden und Ferientagen häufiger, aber da kann alles ausgebucht sein.
Zurück zum Festland fahren die Boote um 9, 11.30 und 15 Uhr.

Ko Adang

Die üppig grüne Insel liegt 40 km westlich von Ko Tarutao. Steile, bis zu 700 Meter hohe Berge machen es schwer, das Innere zu erkunden. Steile Fußwege gibt es zu den Wasserfällen, an deren Pool man schön baden, aber nicht schwimmen kann. Wenn man Glück hat, erspäht man Nashornvögel, Seeadler, Hirsche, Wildschweine, Affen Schlangen oder Schmetterlinge.

Der *John Salad Wasserfall* ist in einer Stunde vom Ko Adang Resort, oder in einer halben Stunde von der richtigen Stelle am Strand aus (vom Taxiboot dort absetzen lassen) erreichbar, der Weg ist anfangs gut, später schwieriger. Der Rattana-Wasserfall ist in 20 Min. am Bach entlang zu erreichen. Vom Aussichtspunkt hat man einen spektakulären Blick über die Inseln.

Etwa 15 Min. von der Rangerstation entfernt lädt ein langer, weißer Sandstrand und glasklares Wasser mit Korallen und tropischen Fischen zum Relaxen und Schnorcheln ein. Sogar eine Dusche wurde hier installiert. Um die Insel herum und bei den Nachbarinseln gibt es noch viele intakte Korallenriffe. Neben den Fischen sind hier seltene Kleinstlebewesen wie die wunderschönen Röhrenwürmer zu bewundern.

Ausrüstung zum Flaschentauchen gibt es nicht. Maske und Schnorchel kann man in der Rangerstation ausleihen.

Auf der Insel liegen zwei Dörfer.

Übernachtung und Essen

Ko Adang Resort, das Camp hat sich zu einer Anlage mit schönen Bungalows gemausert.
Zimmerabteile im renovierten Langhaus für 200 Baht, Bungalows für 600 Baht.

Zelte für 200 Baht direkt am Strand; Matratze 50 Baht. ❸–❹

Zeitweise gibt es keine Verpflegungsmöglichkeit auf Ko Adang. Es empfiehlt sich, Lebensmittel mitzubringen. Das einzige Restaurant bietet oft schmackhaftes Essen, hat aber nur an Wochenenden eine reiche Auswahl.

Transport

Von PAKBARA in der Saison tgl. über Tarutao. Weitere Boote siehe bei Ko Lipe.

Achtung: Die Boote halten zwischen Ko Lipe und Ko Adang. Von dort werden die Touristen auf Longtail-Boote (30 Baht) verladen, die Ko Lipe oder Ko Adang anlaufen.

Von KO LIPE mit dem Taxiboot für 30 Baht. Es legt an der Rangerstation an. Dort liegen zumeist auch andere Longtail-Boote, die man chartern kann.

Ko Lipe

Die kleine, zumeist flache Insel liegt gegenüber von Ko Adang. Wie ein schwungvoll gezeichnetes Dreieck sieht sie aus, und misst an ihrer längsten Stelle ca. 3 km, an der schmälsten ca. 400 m. Am West- und Südzipfel hat sie ihre höchsten Erhebungen. Wegen ihrer weißen, feinkörnigen Sandstrände und dem glasklaren Wasser, das sich bestens zum Schnorcheln eignet, wurde sie bei Travellern beliebt. Drei Strände haben sich touristisch entwickelt: auf der südlichen Seite der Insel der Pattaya Beach, im Osten der Andaman Beach und im Norden der Porn Beach (auch *Sunset Beach*). Fußwege führen quer durch die Insel und verbinden die Strände. Das Wegdreieck ist in einer halben Stunde abgelaufen. Wer die raue, nicht erschlossene Steinküste im Westen auslässt, kann die Insel zu Fuß leicht in 2–4 Stunden umrunden.

An allen Stränden gibt es nur Generatorstrom von ca. 18–24 Uhr.

Ko Lipe wurde schon vor vielen Jahren den Chao Leh (Seenomaden) von der thailändischen Regierung geschenkt. Ihr 500-Seelen-Dorf zieht sich am gesamten östlichen Strand entlang. Es gibt eine Schule und einige kleine Läden. Interessant ist es, den Bewohnern beim Flechten von Matten und bei den Vorbereitungsarbeiten zuzuschauen. Die Chao Leh sind sehr fähige Seefahrer, vor allem mit kleinen Booten. Traditionell leben sie von Fischfang und vom Tauchen nach Muscheln, Korallen und Schwarzen Korallen. Leider konnten auch die Chao Leh der Versuchung des Dynamitfischens nicht widerstehen, so dass einige Korallenriffe Spuren der Zerstörung aufweisen. Auf Ko Lipe bestreiten viele ihren Lebensunterhalt aus den Einnahmen des Tourismus. Da von Juni bis Oktober keine Touristen kommen, können die Chao Leh in dieser Zeit zu sich selbst zurückfinden.

Übernachtung

PATTAYA BEACH – In einer tief geschwungenen, auf beiden Seiten von großen, runden Steinen begrenzten Bucht präsentiert sich ein schneeweißer, schattenloser, langer Sandstrand. Im klaren Wasser tummeln sich zwischen den Korallen bunte Fische, das Riff liegt etwa 500 m vor dem Strand. Bei Ebbe muss man zum Schwimmen hinauswaten.

Es ist nicht mehr ruhig, allabendlich werden Videos gezeigt. Auch Karaoke hat Einzug gehalten. Über 40 Longtail- und Speedboote stören die Ruhe. Laute Motorräder gewinnen an Beliebtheit, und bei Ebbe ist man selbst am Strand nicht vor ihnen sicher.

Pattaya Song ⑥, ✆ 074-728034 am westlichen Ende des Strands, viele einfache Hütten mit Gemeinschaftsdusche und bessere Bungalows mit Du/WC auf dem Hügel; die Fußwege zu den Bungalows sind schlecht ausgebaut; schöne Sicht über die Bucht; sauberes Restaurant *Pattaya Seafood* mit Großbildschirm und entsprechender Lautstärke, freundliches, aber überfordertes Personal, das Spaghetti besser hinbekommt als Reis; unter Leitung des Italieners Stephano und einer Chao Leh-Familie; ganztägige Bootstrips und Kajaks werden angeboten. ❸–❹, ac ❺

Daya Resort ⑦, ✆ 074-728030, viele liebevoll eingerichtete, feste Bungalows und ein kleines Steinhaus mit 3 Zi; beliebtes Restaurant, abendliches Seafood Barbecue mit frischem, preiswertem Fisch, man isst an Tischen direkt auf dem Strand. Empfehlenswerte Thai- und Fußmassage. Bootstickets. ❹

Pink Resort ⑬, ✆ 06-9620905, einige nette Bungalows in schattiger Anlage ❸

Leepae Resort (auch *Lipe Resort)* ⑨, ✆ 074-724336, sehr viele eng stehende Bungalows, z.T mit Fan, die besseren mit Du/WC, ein großes Haus mit mehreren Zimmern und neue ac-Bungalows. Großes Restaurant, schlechter Service, willkürliche Abrechnung, Strom von 18–6 Uhr; Internet. Tauchbasis *Starfish Scuba Diving*, Kreditkarten werden akzeptiert. ❸–❹, ac ❹–❺
Varin Resort ⑮, ✆ 09-6544720, viele Bungalows mit Fan oder ac am Strand. ❸, ac ❹

ANDAMAN BEACH (SUNRISE BEACH) – Von diesem langen Sandstrand im Osten der Insel hat man Sicht auf die Nachbarinsel Ko Adang. Hier liegt auch das Dorf der Chao Leh. Die Müllentsorgung erfolgt im Meer, und die Strömung treibt zeitweise den Müll wieder zurück. Auch der Lärm der Longtail-Boote und Motorräder schreckt Ruhesuchende ab. Bei Ebbe kann man im hüfthohen Wasser zum Riff waten und zwischen Tiny Island und Big Rock wunderbar schnorcheln.
Andaman Resort ①, ✆ 074-728017, Bungalows mit Bad, am begehrtesten ist die erste Reihe mit Bungalows unter Palmen direkt am relativ unruhigen Meer; gute, gepflegte Anlage, recht schöner Strand mit Palmen; Service und Essen miserabel, Internet; Zelte für 100 Baht, zelten mit eigenem Zelt 20 Baht. Affen sind ein Problem. ❸–❹
Sea Side ③, wenige Bungalows und Restaurant mit toller Sicht auf Ko Adang. Hinterm letzten *Andaman*-Bungalow den steilen Weg hoch. ❷
Asia Resort ②, ✆ 074-728117, schöne Bungalows mit Fan oder ac an gutem Strand. ❸, ac ❹
Chao Leh Resort ⑯, ✆ 074-728111, beim Dorf, verschiedene gute Bungalows mit Fan. Restaurant mit schleppendem Service, gutes Essen. Rechts davor kann man schön schnorcheln. *Forra Dive Centre* mit Kajakausleihe. ❸–❹
Coco Bungalows ⑰, wenige einfache Hütten. ❷
Happy Bungalows (***Ossin Resort)*** ⑱, ✆ 06-590833, beim Dorf, einfache Hangbungalows aus Bambus, kein Lärm durch vorbeifahrende Mofas; nettes Restaurant. ❷
View Point Bungalow ⑳, ✆ 09-7320724, Hangbungalows hinter den Felsen, gute Aussicht, familiäre Atmosphäre, gutes Restaurant mit frischem Fisch. Der Schwiegersohn Tom, noch ein echter Chao Leh, bietet gute Schnorchel- und Inseltrips an und spricht Englisch. ❸

PORN BEACH (SUNSET BEACH) – Ein feinsandiger Strand und direkt davor das glasklare Wasser mit Korallen und bunten Fischen zieht vor allem Ruhesuchende und Taucher an. Von hier aus hat man Blick auf die übrigen Inseln und den Sonnenuntergang. Bisher gibt es keine Motorräder an diesem Strand, daher ist er auch für Kleinkinder geeignet.
Porn Resort ⑨, ✆ 074-728088, sehr beliebt und immer voll, viele saubere, luftige Matten- und Holzhütten mit Moskitonetz, Du/WC, Fan, an einem kleinen, noch schnuckeligen Strand; ordentliches Restaurant am Strand, freundliches Personal, Geldtausch zu horrendem Kurs; Strom ab 18 Uhr, Schnorchelausrüstung. Der nette Besitzer bietet auch Schnorcheltrips mit eigenen Longtail-Booten nach Ko Rawi. Tauchbasis *Sabye Sports Diving* mit schlecht gewartetem Gerät. 5 Min. zum Pattaya Beach, 20 Min. ins Dorf. ❸, Zelte ❷

PRAMONG BEACH – Oberhalb der steilen Nordküste wurden 3 Anlagen errichtet.
Pramong Resort (auch *Fishery Department)* ⑥, ✆ 074-728088, 10 Bambusbungalows auf Pfählen mit Du/WC, Moskitonetz und Fan, 1 Min. vom Strand entfernt. Freundliche, hilfsbereite Besitzer, die kaum Englisch sprechen. Günstiges Restaurant; Bootstouren werden organisiert. ❷–❸
Mountain Resort ⑤, ✆ 074-728131, viele Mattenbungalows. ❸, ac ❹
Father Bungalow ④, einfache Bungalows ohne Du/WC am Hang. Der weiße Sandstrand ist über eine Leiter erreichbar; gutes Restaurant mit schöner Aussicht. Zu erreichen über einen Fußweg, der beim letzten Bungalow des *Andaman Resorts* beginnt. ❶

IM INSELINNERN (Pooh's Highway) – ***Pooh's Bungalows*** ⑧, ✉ pooh@poohlipe.com, ✆ 074-728018, einige neue Bungalows mit Fan, unter Leitung des rührigen Mr. Pooh. ❸
Hantalay Bungalows ⑦, ✆ 09-7393918, wenige einfache Hütten. ❷

Essen und Unterhaltung

Mama's Café & Restaurant, sehr gute, günstige, originale Chao Leh-Kost, empfehlenswert.

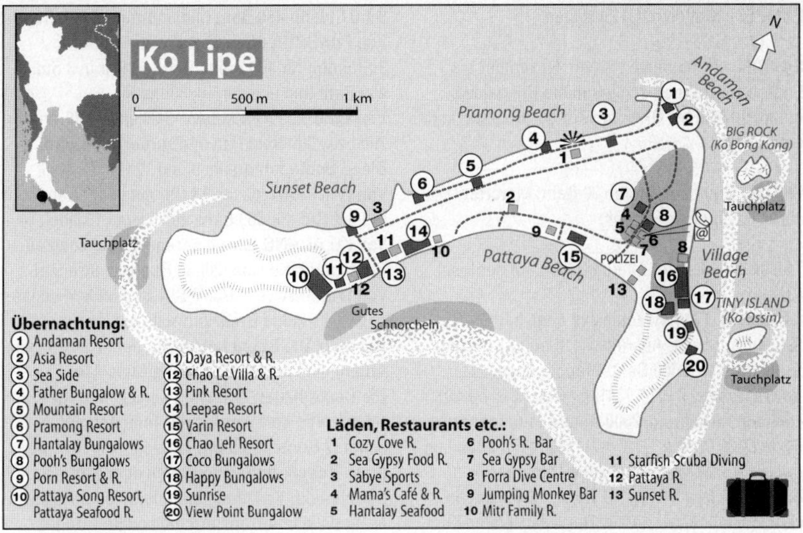

Pooh's Restaurant & Bar, 💻 www.poohlipe.com, die TOP Bar mit sehr guten Cocktails zu vernünftigen Preisen, sehr gutes Essen, abends romantische Atmosphäre und gute Musik, Geldwechsel (Cash), Internet-, Telefon- und Ticketservice, auch einige einfache Strohbungalows.

Sea Side Restaurant, oberhalb vom *Andaman Resort*, tolle Sicht auf Ko Adang.

Cozy Cove Restaurant, 50 m weiter, Aussichtsrestaurant mit schönem Sandstrand, über steile Treppe zu erreichen.

Sea Gypsy Bar, nette Bar mit gutem Sound, Reggae etc., betrieben vom hilfsbereiten Thai Ott.

Jumping Monkey Bar, kleine Bar am Strand, Tische etc. aus Schwemmholz, unterschiedliche Musik, der Affe heißt *Jessie*.

Alle Restaurants schließen Anfang Mai.

Jack's Jungle Bar, 100 m hinterm *Porn Resort*, gute Musik, freundlicher Besitzer. Billard.

Sonstiges

AUSFLÜGE – Angeboten werden Longtail-Boote für 800–1000 Baht oder organisierte Bootstouren für 250 Baht p.P. inkl. Essen (min. 4 Pers.). Campingtouren werden z.B. für 2 Tage/1 Nacht für 1000 Baht p.P. angeboten.

Am meisten als Führer gelobt wird Cheng vom *Daya Resort*.

Am Pattaya Beach kann man ein Kajak mieten und damit die Insel umrunden.

EINKAUFEN – Im Dorf liegen am Strand 3 Geschäfte (eines mit Restaurant), in denen man u.a. Früchte, Gemüse, Dosen, Zigaretten, Batterien, Alkohol, Eis und Kekse kaufen kann. Weitere Läden am Hauptweg zwischen Pattaya Beach und *Pooh's Restaurant*.

GELD – Es gibt keine Bank. Tauschmöglichkeit in *Pooh's Restaurant* oder *Porn Resort*. Pooh nimmt auch Traveller Cheques oder gibt Geld auf Kreditkarte, gegen Gebühr.

INTERNET – in *Pooh's Restaurant*.

MEDIZINISCHE HILFE – Erste-Hilfe-Station mit ausgebildeter Krankenschwester im Dorf, Notfälle werden in 60–90 Min. aufs Festland gebracht.

MOTORRÄDER – gibt es an mehreren Stellen zu mieten. Auch Motorradtaxis werden vereinzelt angeboten.

POLIZEI – Station mit 3 Polizisten.

SAISON – Hauptsaison ist von November bis Ende April, danach schließen die Bungalows, denn von Mai bis Oktober wird der Bootsverkehr eingestellt.

TAXIS – Boottaxis kosten 30 Baht, Motorradtaxis mehr. Es gibt keine Autos.

TAUCHEN – Es gibt 7 Tauchbasen auf der Insel, z.B.:
Lotus Dive, 🖳 www.lotusdive.com, bei *Pooh's Restaurant*, neue Ausrüstung, bietet Kurse und Tagestrips an, 2400 Baht/2 Tauchgänge.
Sabye Sports, ✆ 074-734104, beim *Porn Resort*, kanadische Leitung, 2000 Baht/2 Tauchgänge.
Forra Dive Centre, ✆ 074-711982, beim Chao Leh *Resort*, französisch-englische Leitung.
Starfish Scuba Diving, 🖳 www.starfishscuba.com, beim *Leepae Resort*. Der Open Water-Kurs (4 Tage, 8 Tauchgänge) kostet 12000 Baht.
Alle Tauchbasen gehören PADI an. Mehrmals hörten wir von schlecht gewartetem Gerät.
In der Umgebung von Ko Lipe wurden 23 Tauchplätze in 30–90 Min. Entfernung erkundet. Die Tauchbasen fahren mit Longtail-Booten zu nahe gelegenen Spots, die Tauchtiefe liegt zwischen 8 und 12 m. Die Riffe bestehen größtenteils aus karg bewachsenen Felsformationen. Spuren des früheren Dynamitfischens sind nicht zu übersehen. Heutzutage findet man häufig Fischfallen der Seezigeuner.
Ein berühmtes Tauchgebiet ist der *Sail Rock*, 2 km westlich von Ko Lipe. Hier kann nur in der Zeit des Halbmonds getaucht werden, wenn sich die Kräfte der Gezeiten die Waage halten. Dann hat man die Chance, den riesigen, Plankton fressenden Walhai zu sehen. Viele Taucher klagen über viel Sediment und schlechte Sicht.

TELEFON – in *Pooh's Restaurant*.

Transport

Von PAKBARA über Tarutao um 10.30 Uhr in 6 Stunden für 400 Baht, um 11 bzw. 13 Uhr in 3 1/2 Std. für 450 Baht (hin und zurück 800 Baht).
Von PAKBARA über Ko Bulon um 12 Uhr in 5 Stunden für 400 Baht, um 13.30 Uhr in 3 Std. für 450 Baht (hin und zurück 800 Baht).
Von KO BULON zwischen 13.30 und 14.30 Uhr für 250 bzw. 300 Baht (hin und zurück 500 Baht).
Diese Boote fahren um 9 und 12 Uhr zurück.
Von PAKBARA tgl. um 13 Uhr mit dem Speedboot in 1 1/2 Std. für 800 Baht, zurück um 10 Uhr.
Von KO ADANG fahren unregelmäßig Longtail-Boote nach Ko Lipe (20–30 Baht pro Strecke).
Von LANGKAWI / MALAYSIA ist die Einreise illegal, da es keine Grenzkontrolle auf Ko Lipe gibt.
Achtung: Die Boote fahren nur in der Saison von Anfang November bis Anfang/Mitte Mai.
Die Boote halten zwischen Ko Lipe und Ko Adang. Von dort werden die Touristen auf Longtail Boote (30 Baht) verladen, die Ko Lipe (Porn Beach, Andaman Beach oder Pattaya Beach) oder Ko Adang anlaufen. Von dort gibt es einen Weitertransport mit Longtail-Booten, meistens wird dafür nochmals eine extra Gebühr verlangt.

Die übrigen Inseln

Hin Ngam ist eine kleine Insel, deren Granitfelsen vom Meer so glatt geschliffen sind, dass sie als große, schwarze Kiesel in der Sonne glänzen. Vor diesem Kieselstrand kann man wunderschön schnorcheln. Knapp unter der Wasseroberfläche leben Unmengen von Röhrenwürmern, die ihren farbenprächtigen Fächer bei unvorsichtiger Annäherung blitzartig in die Röhre zurückziehen. Nicht weit von Ko Hin Ngam liegt im Meer der schöne Schnorchelplatz *Seven Colors* (2–8 m tief), wo Korallen in sieben Farben gedeihen.

Auf **Ko Rawi** legen manchmal Meeresschildkröten im heißen Sand ihre Eier ab, sehr gut zum Schnorcheln eignet sich die Seite zu Ko Adang.

Bei **Ko Butong** ist Schnorcheln am schönsten an der vorderen Seite zu Ko Rawi. Bei **Ko Yang** ist Schnorcheln sehr lohnenswert.

Ko Kai liegt wie ihre Schwesterinsel **Ko Klang** auf halbem Weg zwischen Ko Adang und Ko Tarutao. Von November bis Dezember vergraben auch hier riesige Meeresschildkröten ihre Eier im Sand am Strand.

Satun สตูล

In der Hauptstadt der südlichsten Provinz an der Westküste Thailands, 995 km von Bangkok entfernt, leben hauptsächlich Moslems und einige Chinesen. Diese Hafenstadt abseits der üblichen Route hat Touristen fast nichts zu bieten. So mancher benutzt sie, um mit dem Boot entlang des schönen Ufers nach Kuala Perlis oder direkt auf die Insel Langkawi in Malaysia zu schippern.

Übernachtung

Rian Thong (auch *Rain Tong* oder *Lian Thong)* ⑥, 4-6 Samanta Pradit Rd., ✆ 074-711036, Chinesenhotel gegenüber der Bootsanlegestelle in der Stadt; große, saubere Zi, am besten im 2. Stock. ❷

Udom Suk ⑤, 201 Hattagam Suksa Rd., ✆ 074-711006, in einer relativ ruhigen Nebenstraße, saubere Zi, Garten, freundliche Leute. ❷

Sinkiat Thani ④, 50 Burivanit Rd., ✆ 074-721055-8, 📠 721059, modernes, klimatisiertes Hotel, 50 große, saubere, komfortable Zi mit Du/WC und Badewanne, ac individuell regelbar, schöne Fernsicht aus dem 7. Stock; Coffeeshop, Restaurant; freundliche Besitzer. ❹

My House ①, 111 Yontrakarnkumthorn Rd., ✆ 074-721700, Reihenhäuser im Motel-Stil, z.T. mit ac; 2,2 km nördlich des *Pinnacle Hotels*, 50 m von der Hauptstraße entfernt. ❸

Amm Guesthouse ⑦, 676 M.3 Sulakanukoon Rd, ✆ 01-738521, Richtung Tammalang Pier, einfache Bambushütten. Amm hat 10 Jahre in Wien gelebt und ist sehr hilfsbereit. ❷

Junglejo Resort, 💻 www.junglejo.com, ✆ 074-724085; eine urige Baumhütte und Bambushütten am Fluss im Dschungel, Essen inklusive; 60 km nördlich beim Wang Sai Tong Wasserfall, weitere Wasserfälle und Höhlen in der Nähe; zu erreichen mit Songthaew von La-ngu (gegenüber vom Markt) oder von Satun, Infos im *Amm Gh.* ❸–❹

Essen

Stilvoll isst man zu leicht gehobenen Preisen im schön dekorierten, klimatisierten ***Time Restaurant*** vor dem *Pinnacle Tarutao Hotel* an der Hauptstraße.

Bemerkenswert ist der Nachtessenmarkt.

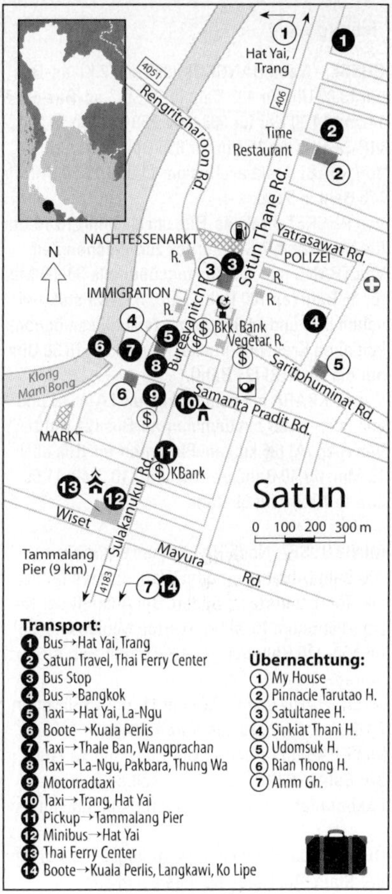

Sonstiges

IMMIGRATION – Office in der Stadt, Passabfertigung am Tammalang-Pier.

REISEBÜROS – ***Satun Travel & Ferry Service***, 45/16 Satun Thane Rd., ✆ 074-711453, 📠 721959, gegenüber vom *Pinnacle Hotel*, verkauft Tickets für die Fähre nach Langkawi und Ko Lipe.

Von hier aus mit dem Taxi für 20 Baht weiter zum Hafen.

Transport

BUSSE – Nach BANGKOK (995 km) 2.Kl. ac-Bus um 13.30 Uhr für 433 Baht in 16 Std., ac-Bus um 7, 14 und 14.30 Uhr für 563 bzw. 556 Baht in 14 Std., VIP-24-Bus um 15 Uhr für 865 Baht in 13 Std.
Von KRABI direkt ac-Bus um 11 und 13.30 Uhr für 175 Baht in 5 Std.
Von PHUKET direkt ac-Bus um 8.15 und 10.15 Uhr für 274 Baht in 7 Std. Zurück zur gleichen Zeit.
Von TRANG non-ac-Bus tagsüber alle 30–60 Min. für 56 Baht (ac 100 Baht). Zurück etwa stdl. zwischen 5.30 und 14.30 Uhr mit Anschlussmöglichkeit nach Krabi und Phuket. Von 14.30–16.30 Uhr nur bis LA-NGU (24 Baht).
Von PAKBARA mit dem Pickup bis LA-NGU und von dort weiter mit dem non-ac-Bus (24 Baht).
Von HAT YAI (96 km) am Plaza non-ac-Bus alle 15 Min. für 40 Baht, ac-Bus um 7.10, 9.40, 11.55 und 15.10 Uhr für 65 Baht.

MINIBUSSE – Nach HAT YAI um 9 Uhr für 100 Baht (Abfahrt vor dem Wat), dort weiter in alle Touristenorte im Süden. Bei Ankunft der Ko Lipe-Fähre um 16.30 Uhr warten Minibusse, die für 150–170 Baht nach Hat Yai (nicht zum Airport) fahren.
Nach TRANG und KRABI um 11 und 16.30 Uhr in 2 1/2 bzw. 4 1/2 Std. mit ***Satun Travel***.
Von KRABI um 7 und 11 Uhr (über Hat Yai) für 320 Baht in 6 Std. Besser zur selben Zeit nach Pakbara fahren (2 Std., 350 Baht) und umsteigen.

BOOTE – Der Tammalang-Pier liegt 9 km südlich der Stadt. Am Hafen befinden sich nur das *Customs* und *Immigration Office* für die Zoll- und Passabfertigung, sonst nichts. Zu erreichen in 15 Min. mit dem Pickup für 15 Baht, dem Tuk Tuk oder Motorradtaxi für max. 30 Baht, ab Kasikorn Bank oder besser schon ab Markt. Ca. 1 Std. vor Abfahrt der Langkawi-Fähre startet ein Taxi für 20 Baht bei *Satun Travel*.
Von Satun nach LANGKAWI betreibt ***Satun Travel & Ferry Service***, ✆ 074-721960, komfortable Personenfähren, die um 9, 13 und 16 Uhr für 220 Baht in 75 Min. fahren.
Von Langkawi nach SATUN starten sie um 8.30, 12.30 und 16 Uhr Malaysia-Zeit für 20 RM.
Von / nach KUALA PERLIS fahren ab und an große Longtail-Boote in 1 Std. für 5 RM / 50 Baht. Die Fahrt ist unangenehm heiß und schweißtreibend. Bei hohem Wasserstand fahren die Longtail-Boote direkt von der Anlegestelle in der Stadt, neben dem *Rian Thong Hotel*, ab. Die Grenzformalitäten werden auch in diesem Fall am Tammalang-Pier erledigt. Bei ruhiger See ist die Fahrt landschaftlich sehr reizvoll.
Schlepper versuchen, Ankommenden überteuerte Tickets nach Krabi anzudrehen.
Achtung: Die Fährdienste nach Malaysia wechseln fast jedes Jahr.

Hat Yai หาดใหญ่

(auch Hatyai, Had Yai oder Haad Yai) Die moderne, gesichtslose Stadt mit 130 000 Einwohnern, das Verkehrs- und Wirtschaftszentrum von Süd-Thailand, liegt 933 km südlich von Bangkok.

Viele Malaysier kommen hierher, um das einzukaufen, was billiger als im eigenen Land angeboten wird, und um zu später Stunde das zu finden, was ihnen im muslimisch-puritanischen Malaysia nicht geboten wird. Im Gegensatz zu Pattaya, Phuket und Bangkok spielt sich das Nachtleben von Hat Yai weitgehend in Hotels ab. Neben den umfangreichen Angeboten des horizontalen Gewerbes gibt es zahlreiche Discos mit Live-Musik und Laser-Shows. Die **Krokodilfarm** in der Ratchyindi Rd. ist zwar kostenlos, aber recht uninteressant.

6 km Richtung Songkhla liegt der schöne **Stadtpark**, in dem man an Wochentagen gemütlich herumspazieren kann. Als Attraktion wurde eine 9,90 m hohe **Statue** der *Kuan Yin* aufgestellt, die in China aus 8 Stücken weißer Jade gefertigt wurde.

Übernachtung

In den letzten Jahren sind neben den 126 Hotels mit über 10 000 Zimmern einige Gästehäuser entstanden, die eigentlich Kleinhotels sind. In manchen verkehren auch Prostituierte.

GÄSTEHÄUSER – ***Cathay Gh.*** ㉖, 93/1 Niphat Uthit 2 Rd., ✆ 074-243815, sehr zentral, im 1. Obergeschoss, einfache, große Zi mit Du/WC, Fan und viel Ungeziefer (durchgenagter Rucksack) sowie Schlafsaal (90 Baht). Die nach hinten gelegenen Zi sind teurer. Trotz allem ein beliebter

Travellertreff. Viele Infos, Snacks, gutes Frühstück. Im Erdgeschoss ein Reisebüro. ❶–❷

Ladda Gh. ㉔, 13-15 Thamnoon Vithi Rd., ✆ 074-220233, enge, aber gemütliche Zi, z.T. ac, in neuerem Gebäude beim Bahnhof, nette Leute. ❷–❸

Louise Gh. ㉕, 21-23 Thamnoon Vithi Rd., ✆ 074-220966, Kleinhotel nebenan, saubere Zi mit Du/WC, z.T. ac, falls nötig nach frischer Bettwäsche fragen, Besitzer wirkt unfreundlich; wochentags 30% Rabatt. ❷–❸

New City Gh. ㊸, 8 Chaiyakul Uthit 2 Rd., ✆ 074-244738, 3 km außerhalb des Zentrums bei der Bus Station, saubere Zi mit ac. ❷

HOTELS – Die Hotels sind selten ausgelastet und man kann besonders günstige Preise erzielen, wodurch man z.T. billiger als in Gästehäusern übernachtet. Die großen Mittelklassehotels unterscheiden sich kaum voneinander.

In der **Niphat Uthit 2 Rd.**:

Kosit ㊲, Nr. 199, ✆ 074-234366, 📠 232365, modernes Hotel, mit Nachtclubs der gepflegteren Kategorie. ❹

Siam City ⑪, Nr. 25-35, ✆ 074-353111-29, 📠 231060, 143 Zi mit ac. ❹

Laemthong ⑳, 46 Thamnoon Vithi Rd., ✆ 074-352301-7, 📠 237574, 200 m vom Bahnhof, groß, sauber und seinen Preis wert. ❷, ac ❸

Dusit Hotel ㉓, 25/3 Pracharom Rd., ✆ 074-232141, 📠 236479, östlich am Fluss, ruhig, sauber, große Zi, separate Betten. ❸

S.C. Heritage ④, 36/43 Sang Sri Soi 5, ✆ 074-233088, nettes Hotel mit sauberen ac-Zi in ruhiger, zentraler Lage, nahe bei den non-ac-Bus Stations. ❸

Essen

Überall in der Stadt gibt es recht gute Seafood-Restaurants und Essenstände.

Am Abend finden mehrere kleine **Nachtmärkte** statt, z.B. nahe *Hok Chin Hin* und *Savoy Hotel.*

Ein sehr großer, empfehlenswerter abendlicher **Essenmarkt** wird auf der Montri 2 Rd. beim *Plaza Shopping Center* aufgebaut.

Muslim-O-Cha, gegenüber vom King's Hotel, ist ein gutes Muslim-Restaurant.

Im klimatisierten ***Robinson's Food Court*** befinden sich die internationalen Fastfood-Restaurants *KFC, Burger King, Dunkin Donut, Daidomon* (Buffet-Lunch und -Dinner) sowie Essenstände mit Coupon-System.

Indra Food Center, 94 Thamnoon Vithi Rd., 🕒 24 Std. und entsprechend teuer. Am Abend werden die Schlemmer bei Haifischflossen- und Schwalbennestersuppe mit Live-Musik unterhalten.

McDonald's, ***Pizza Hut***, ***Swensen's*** und ***Sizzler*** im *Lee Garden Plaza* in der Prachathipat Rd.

Einkaufen

Da Hat Yai für viele Malaysier das Einkaufsparadies ist, verfügen die Straßenstände und Einkaufszentren über ein reichhaltiges Warenangebot, vor allem in den drei Niphat Uthit Straßen. Nördlich der Thamnoon Vithi Rd. wird am Abend ein quirliger **Night Bazaar** aufgebaut.

Günstig kauft man Textilien, Kassetten, Lederwaren und Kunstgewerbe. Besonders gut sind Obst und Nüsse, v.a. Cashewnüsse. Ein großer Markt wird am Songkhla-Bus Stop abgehalten.

Der tolle ***Asean Trade Weekend Market*** am Stadtrand im *Diana Department Store* soll der größte seiner Art sein, 🕒 Do–Sa 15–21 Uhr.

D.K. Bookshop, in der Thamnoon Vithi Rd. beim Bahnhof, hat auch Reiseführer und Detailkarten von Thailand, 🕒 9–20 Uhr.

Sonstiges

AUTOVERMIETUNGEN – ***Hertz***, Büro im Flughafen, ✆ 074-751007. ***Avis***, im *J.B. Hotel,* ②, ✆ 074-234300, ***Budget*** im *Hotel Central Sukhontha,* ⑬.

GELD – ***Kasikorn Bank***, 188 Petchkasem Rd., 🕒 tgl. 8.30–16.30 Uhr, mit Geldautomat. Weitere Banken in der Niphat Uthit 2 und 3 Rd. mit Wechselschalter, 🕒 9–19 Uhr, auch am Wochenende.

IMMIGRATION – Petchkasem Rd., ✆ 074-243019, hinter der Eisenbahnbrücke links.

INFORMATIONEN – ***Tourist Office*** in der 1/1 Soi 2 Niphat Uthit 3 Rd., etwas versteckt in einer Seitengasse, ✉ tathatyai@hatyai.inet.co.th, ✆ 074-243747 und 238518; 🕒 tgl. 8.30–16.30 Uhr. Informationen über Verkehrsverbindungen und Hotels für Hat Yai, Songkhla, Satun und Tarutao.

①	President H.	❸–❹	420 Petchkasem Rd.	✆ 230608
②	J.B. Hatyai	❺–❽	99 Jootee Anusorn Rd.	✆ 234300-18
③	Sorasilp Gh.	❷–❸	251/7-8 Petchkasem Rd.	✆ 232635
④	S.C. Heritage H.	❸	36/43 Sang Sri Rd. Soi 5	✆ 233088
⑤	Had Yai Inter H.	❸–❺	42-44 Niphat Uthit 3 Rd.	✆ 351500-3
⑥	V.L. Hatyai H.	❹–❺	1-7 Niphat Uthit 1 Rd.	✆ 352201-9
⑦	Asian Hotel Hat Yai	❹	55 Niphat Uthit 3 Rd.	✆ 353400-14
⑧	The Regency H.	❺–❻	23 Prachathipat	✆ 234400-9
⑨	Racha H.	❸	42 Niphat Uthit 1 Rd.	✆ 230952-5
⑩	Diamond Plaza H.	❹–❻	62 Niphat Uthit 3 Rd.	✆ 230130-41
⑪	Siam City H.	❹–❻	25-35 Niphat Uthit 2 Rd.	✆ 353111-29
⑫	Mandarin H.	❷	62-64 Niphat Uthit 1 Rd.	✆ 243438
⑬	Central Sukhontha H.	❻–❽	1 Sanehanusorn Rd.	✆ 352222-36
⑭	Hok Chin Hin H.	❷	87 Niphat Uthit 1 Rd.	✆ 243258
⑮	Savoy H.	❷	76/9 Niphat Uthit 2 Rd.	✆ 243546
⑯	Grand Plaza H.	❹	24/1 Sanehanusorn Rd.	✆ 234340-7
⑰	Pink H.	❸–❹	24 Sanehanusorn Rd.	✆ 230961-4
⑱	River Inn	❸	65 Chon Thana Rd.	✆ 231101-3
⑲	Park H.	❸	81 Niphat Uthit 2 Rd.	✆ 233351
⑳	Laemthong H.	❷–❸	46 Thamnoon Vithi Rd.	✆ 352301-7
㉑	Amaraporn Gh.	❸	98-100 Niphat Uthit 3 Rd.	✆ 231484
㉒	Indra H.	❸–❹	94 Thamnoon Vithi Rd.	✆ 245886
㉓	Dusit H.	❸	25/3 Pracharom Rd.	✆ 232141
㉓	Prince H.	❷–❸	138/2-3 Thamnoon Vithi Rd.	✆ 243160
㉔	Ladda Gh.	❷–❸	13-15 Thamnoon Vithi Rd.	✆ 220233
㉕	Louise Gh.	❷–❸	21-23 Thamnoon Vithi Rd.	✆ 220966
㉖	Cathay Gh.	❶–❷	93/1 Niphat Uthit 2 Rd.	✆ 243815
㉗	King's H.	❸	126 Niphat Uthit 1 Rd.	✆ 234140
㉘	Sakol H.	❸	47-48 Sanehanusorn Rd.	✆ 355501-3
㉙	Rado H.	❸	59 Sanehanusorn Rd.	✆ 239202
㉚	B.P. Grand Tower H.	❹–❽	74 Sanehanusorn Rd.	✆ 354520-7
㉛	Pacific H.	❷–❸	149/1 Niphat Uthit 2 Rd.	✆ 244062
㉜	New World H.	❸–❺	152-156 Niphat Uthit 2 Rd.	✆ 230100-4
㉝	Hat Yai Central H.	❹	180-181 Niphat Uthit 3 Rd.	✆ 230000-11
㉞	Sakura Grand View	❹–❻	186 Niphat Uthit 3 Rd.	✆ 355700-15
㉟	Sakura H.	❸–❹	165/1 Niphat Uthit 3 Rd.	✆ 235111-3
㊱	Dai-ichi H.	❸–❺	29 Chaiyakul Uthit 4 Rd.	✆ 230724
㊲	Kosit H.	❹	199 Niphat Uthit 2 Rd.	✆ 234364-9
㊳	Ambassador H.	❸	23 Padung Pakdee Rd.	✆ 234411-7
㊴	Emperor H.	❸–❹	1 Tanrattanakon Rd.	✆ 220215-8
㊵	Lee Garden H.	❹–❻	1 Lee Patthana Rd.	✆ 234420-9
㊶	Mae Nam H.	❸	43/42-43 Tanrattanakon Rd.	✆ 234800-3
㊷	The Florida H.	❹–❺	8 Sri Puvanart Rd.	✆ 234555
㊸	New City Gh.	❷	8 Chaiyakul Uthit 2 Rd.	✆ 244738

Das ***Tourist Information Center*** in der Innenstadt kann bei der Suche nach Hotels behilflich sein: ein Kiosk in der Niphat Uthit 3 Rd., nahe der Prachathipat Rd., ◷ 13–17 und 18–21 Uhr. Gute Informationen (auf Englisch) im Web unter 💻 www.hatyaitoday.com/menueng.html.

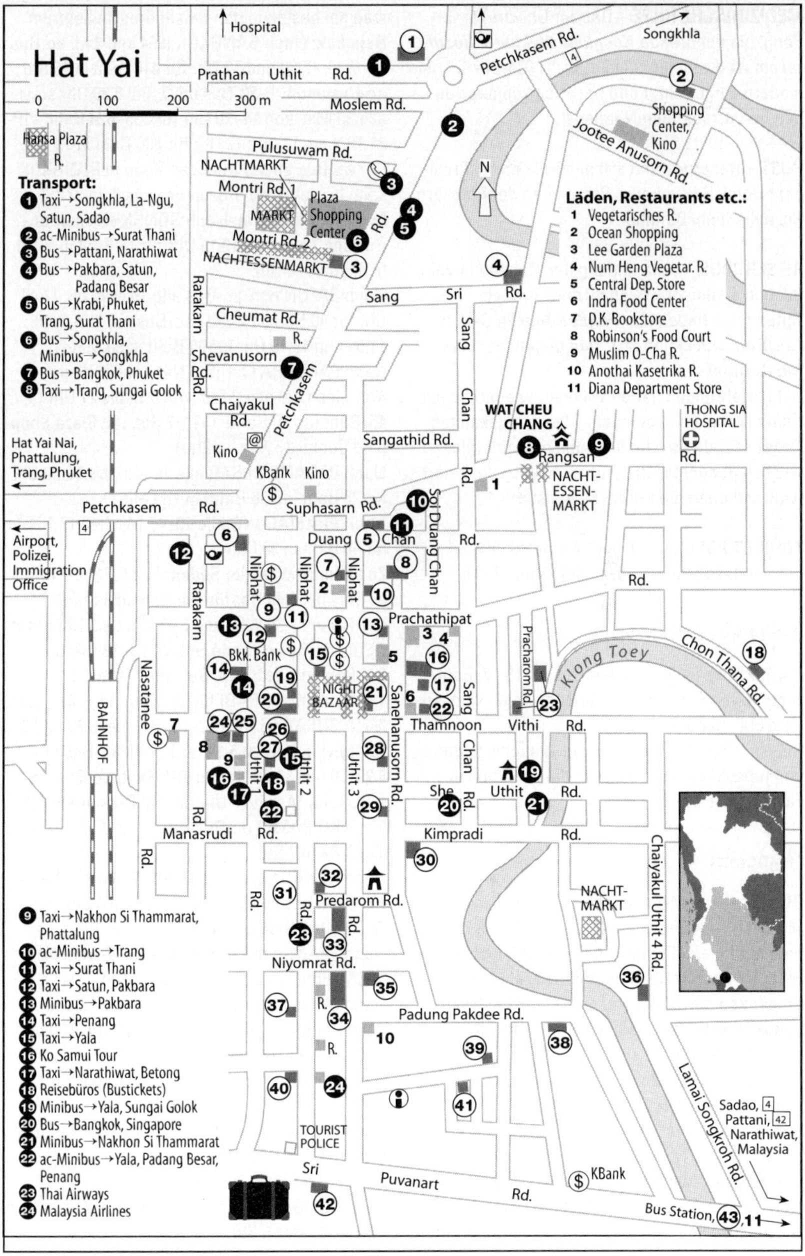

Hat Yai
0 100 200 300 m
Hospital
Songkhla
Petchkasem Rd.
Prathan Uthit Rd.
Moslem Rd.
Pulusuwam Rd.
Hansa Plaza R.
NACHTMARKT
Montri Rd. 1
MARKT
Plaza Shopping Center
Montri Rd. 2
NACHTESSENMARKT
Shopping Center, Kino
Jootee Anusorn Rd.
N
Transport:
1 Taxi→Songkhla, La-Ngu, Satun, Sadao
2 ac-Minibus→Surat Thani
3 Bus→Pattani, Narathiwat
4 Bus→Pakbara, Satun, Padang Besar
5 Bus→Krabi, Phuket, Trang, Surat Thani
6 Bus→Songkhla, Minibus→Songkhla
7 Bus→Bangkok, Phuket
8 Taxi→Trang, Sungai Golok
Läden, Restaurants etc.:
1 Vegetarisches R.
2 Ocean Shopping
3 Lee Garden Plaza
4 Num Heng Vegetar. R.
5 Central Dep. Store
6 Indra Food Center
7 D.K. Bookstore
8 Robinson's Food Court
9 Muslim O-Cha R.
10 Anothai Kasetrika R.
11 Diana Department Store
Sang Sri Rd.
Ratakarn Rd.
Cheumat Rd.
Shevanusorn Rd.
Petchkasem
Chaiyakul Rd.
Sang Chan Rd.
WAT CHEU CHANG
THONG SIA HOSPITAL
Sangathid Rd.
Rangsan Rd.
NACHT-ESSEN-MARKT
Hat Yai Nai, Phattalung, Trang, Phuket
Kino
KBank
Kino
Petchkasem Rd.
Suphasarn Rd.
Soi Duang Chan
Duang Chan Rd.
Airport, Polizei, Immigration Office
Niphat
Niphat
Niphat
Rd.
Prachathipat
Bkk. Bank
NIGHT BAZAAR
Pracharom Rd.
Klong Toey
Chon Thana Rd.
Nasatanee Rd.
BAHNHOF
Sanehanusorn Rd.
Sang Chan
Thamnoon Vithi Rd.
Uthit 1
Uthit 2
Uthit 3
She Rd.
Uthit Rd.
Manasrudi Rd.
Kimpradi Rd.
Predarom Rd.
Chaiyakul Uthit 4 Rd.
NACHT-MARKT
Niyomrat Rd.
Padung Pakdee Rd.
9 Taxi→Nakhon Si Thammarat, Phattalung
10 ac-Minibus→Trang
11 Taxi→Surat Thani
12 Taxi→Satun, Pakbara
13 Minibus→Pakbara
14 Taxi→Penang
15 Taxi→Yala
16 Ko Samui Tour
17 Taxi→Narathiwat, Betong
18 Reisebüros (Bustickets)
19 Minibus→Yala, Sungai Golok
20 Bus→Bangkok, Singapore
21 Minibus→Nakhon Si Thammarat
22 ac-Minibus→Yala, Padang Besar, Penang
23 Thai Airways
24 Malaysia Airlines
TOURIST POLICE
Sri Puvanart Rd.
Lamai Songkroh Rd.
Sadao, 4 Pattani, 42 Narathiwat, Malaysia
KBank
Bus Station, 43, 11

MEDIZINISCHE HILFE – Das zur Universität von Songkhla gehörende ***Songkhla Nakharin Hospital*** am H4 (Kanchanavanit Rd.), ✆ 074-245 677, ist modern eingerichtet und hat auch sonntags einen hervorragenden Notdienst.

POST – Hauptpostamt 300 m nördlich vom President Hotel. Ein weiteres Postamt an der Ratakarn Rd. nahe beim Bahnhof.

REISEBÜROS – viele entlang der Thamnoon Vithi Rd. und an den drei Niphat Uthit-Straßen.
Gute Preise haben u.a. ***Pakdee Tour*** im *Cathay Gh.*, ***Gold Travel*** und ***D.J. Tour*** gegenüber vom *King's Hotel.*
Üble Erfahrungen haben Traveller wiederholt mit *Chaw Wang Tours* gemacht. Wessen gekauftes Ticket nach Malaysia für ungültig erklärt oder wessen gebuchter Bus für voll besetzt deklariert wird, sollte auf die Polizei hinweisen.

TOURIST POLICE – 1/1 Soi 2 Niphat Uthit 3 Rd., beim Tourist Office, ✆ 074-246733 und 1699.

Nahverkehrsmittel

Die **Tuk Tuks** im Stadtgebiet kosten 15–20 Baht, zum großen Bus Terminal 30 Baht. **Taxis** sind teuer, kräftig handeln!
Bei einer Fahrt mit der **Fahrrad-Rikscha** zu Hotels und Reisebüros wird vielfach die Provision des Fahrers aufgeschlagen.

Transport

BUSSE – Non-ac-Busse fahren am Municipal Market (Plaza Shopping Center) ab. Der Busbahnhof für alle Fernbusse liegt südöstlich der Stadt an der Straße Richtung Grenze, mit dem Songthaew für 12 Baht zu erreichen. Fast alle Busse (Ausnahme: die nach Bangkok und Chumphon) halten 15 Min. später an der Petchkasem Road, gegenüber vom Plaza Shopping Center, wo man zusteigen kann.
Viele ac-Busse fahren von den Reisebüros ab, bei denen das Ticket gekauft wird. Bei Buchung im Gästehaus wird man häufig dort abgeholt, eine längere Stadtrundfahrt ist inklusive. Alle Tickets für Minibusse und nach Bangkok bucht man am besten in den Reisebüros im Zentrum.
Bangkok: Nach BANGKOK (954 km) 2.Kl. ac-Bus um 7.30, 15.30 und 17 Uhr für 416 Baht in 15 Std., ac-Bus und VIP-30-Bus um 7 und 8.30 Uhr sowie alle 30 Min. von 14–20 Uhr für 535–624 Baht, VIP-24-Bus um 16 und 17 Uhr für 830 Baht in 13 Std. Der ac-Bus ab der Khaosan Road in BANGKOK kann bis zu 22 (!!) Std. unterwegs sein.
In die Nachbarorte: Nach SONGKHLA non-ac-Bus alle 7 Min. bis 19.15 Uhr für 14 Baht in 1 Std. (z.B. ab Uhrturm).
Nach SATUN non-ac-Bus alle 15 Min. bis 17.40 Uhr für 40 Baht in 2 Std., ac-Bus um 7.10, 9.40, 11.55 und 15.10 Uhr für 65 Baht in 90 Min.
Nach PAKBARA (Tarutao National Park und Ko Bulon Lae) alle 2 Std. von 6.15 bis 17 Uhr für 45 Baht (ac 70 Baht) in 2 1/2 Std. (ab Plaza Shopping Center 15 Min. später).
Nach PADANG BESAR alle 10 Min. bis 19.20 Uhr für 26 Baht (ac 36 Baht) in 100 Min.
Nach PHATTALUNG alle 15–45 Min. bis 17.15 Uhr für 40 Baht in 90 Min.
Zu anderen Orten im Süden: Nach PHUKET non-ac-Bus um 9.45 Uhr für 150 Baht in 8 Std., 2.Kl. ac-Bus um 7.30, 8.30 und 9.45 Uhr für 210 Baht in 7 Std., ac-Bus ca. jede Std. von 8–13 Uhr für 270 Baht in 6 Std., VIP-Bus um 19 Uhr für 420 Baht, über KRABI für 96 / 130 / 173 / 420 Baht.
Nach SURAT THANI non-ac-Bus um 5.20 und 6.50 Uhr für 115 Baht in 6 1/2 Std., 2.Kl. ac-Bus um 8.20, 10 und 11.20 Uhr für 161 Baht, ac-Bus um 6.10, 9, 13, 14 und 15 Uhr für 170 Baht in 5 1/2 Std.
Nach KO SAMUI ac-Bus um 8 und 10.40 Uhr für 370 Baht in 7 Std.
Nach NAKHON SI THAMMARAT alle 35 Min. bis 16.15 Uhr non-ac-Bus für 73 Baht in 4 Std., ac-Bus für 102 Baht in 3 Std.
Nach TRANG non-ac-Bus alle 15–45 Min. bis 16.55 Uhr für 60 bzw. 84 Baht in 3 Std.
Nach CHUMPHON non-ac-Bus um 7.15 und 10.30 Uhr für 162 Baht, ac-Bus um 8.15, 9.30 und 12 Uhr für 280 Baht in 9 Std.
Nach RANONG ac-Bus um 7, 11 und 21 Uhr für 302 Baht in 8 Std.
Nach PATTANI non-ac-Bus alle 35 Min. bis 16.30 Uhr für 41 bzw. 50 Baht in knapp 2 Std., ebenso nach YALA für 53–80 Baht.
Nach SUNGAI GOLOK 2.Kl. ac-Bus um 13.30 Uhr für 148 Baht in 5 Std.

Richtung Malaysia / Singapore: Nach BUTTERWORTH (Penang) ac-Bus um 9, 9.30, 12, 14 und 16.30 Uhr für 240 Baht. Weiter nach KUALA LUMPUR für 460 Baht in 13 Std. Alternative ist der *Langkawi Express* um 15.50 Uhr für 520 Baht. Billiger mit dem VIP Coach von ***Ming Travel,*** 131 Niphat Uthit 2 Rd., ✆ 074-237325: BUTTERWORTH 220 Baht, KUALA LUMPUR 280 Baht, SINGAPORE ab 450 Baht. Nach SINGAPORE zudem um 12 Uhr VIP-32-Bus für 490 Baht und VIP-24-Bus für 660 Baht in 19 Std. und um 11 Uhr ac-Bus für 340 Baht.

MINIBUSSE – (auch *Minivans* genannt) sind klimatisiert und fahren tgl. zu festen Zeiten (zumeist jede Stunde) zwischen 7 und 17 Uhr von verschiedenen Stellen am Straßenrand ab. Diese sind in der Karte markiert.
Nach SONGKHLA laufend für 20 Baht von der Petchkasem Rd., Ecke Montri Rd.; bringt den Fahrgast evtl. direkt zur gewünschten Unterkunft.
Nach PAKBARA jede volle Std. für 70 Baht von der Niphat Uthit 1 Rd., Ecke Duang Chan Rd.
Nach PADANG BESAR ab 6 Uhr alle 30 Min. für 30 Baht in 60 Min.
Nach PHUKET um 9.30 Uhr für 270 Baht.
Nach KRABI um 9.30, 13 und 17 Uhr für 200 Baht.
Nach SURAT THANI 5x tgl. von 8.30–17 Uhr für 200 Baht in 4 1/2 Std.
Nach KO SAMUI um 9 Uhr für 270–290 Baht (inkl. Fähre) und um 8.30 Uhr für 300 Baht (inkl. Expressboot), weiter nach KO PHA NGAN für 350 Baht.
Nach KO PHA NGAN um 12.30 Uhr für 330 Baht (inkl. Nachtboot).
Nach NAKHON SI THAMMARAT jede Std. von 7–17 Uhr für 100 Baht.
Nach TRANG ca. alle 30 Min. von 7.40–17.40 Uhr für 70 Baht.
Nach SUNGAI GOLOK jede Std. von 7–17 Uhr für 150 Baht.
Nach NARATHIWAT 130 Baht.
Nach YALA und PATTANI jede Std. von 7–17 Uhr für 70 Baht.
Nach PENANG (Georgetown) mit *Malinja Holiday Tour* um 9.30, 12.30 und 15 Uhr für ca. 300 Baht oder 25 RM (inkl. Fähre), 5 Std. Zurück um 4.30 Uhr.

EISENBAHN – Der Bahnhof liegt im Zentrum der Stadt. Am besten gleich nach der Ankunft das Ticket für die Weiterfahrt besorgen. Direkt nach Songkhla kann man am Bahnhof ein Songthaew chartern (ca. 100 Baht)
Nordrichtung: Von BANGKOK tgl. 4 Züge mit Schlafwagen zwischen 13 und 15.50 Uhr (Ank. 6.10– 8.47 Uhr). *Sprinter* um 22.50 Uhr (Ank. 11.54 Uhr). Zurück *Rapid*-Züge um 15.10 und 15.30 Uhr (ab 425 / 229 Baht in der 2. / 3.Kl.), Ank. 8 und 9.15 Uhr; u.a. über SURAT THANI (ab 205 / 135 Baht), CHUMPHON (ab 260 / 159 Baht) und HUA HIN (ab 347 / 196 Baht).
Special Express-Züge um 17.20 und 18.20 Uhr (ab 1354 / 715 Baht in der 1. / 2. Kl.) Ank. 9.45 bzw. 10.05 Uhr, *Sprinter* um 16.15 Uhr, Ank. um 5.45 Uhr (545 Baht).
Südrichtung: Tgl. um 6.28 Uhr fährt der *International Express* von Hat Yai über PADANG BESAR (100 Baht) nach BUTTERWORTH für 300 Baht in 4 1/2 Std., einschließlich 1 Std. Aufenthalt und Zugwechsel an der Grenze, und kommt um 11.55 Uhr (Malaysia-Zeit = Thai-Zeit + 1 Std.) an. Zurück ab Butterworth (Penang) tgl. um 14.10 Uhr (Ank. 18.20 Uhr).
Von Hat Yai fahren zwei weitere Schnellzüge um 6.10 und 7.15 Uhr über YALA nach SUNGAI GOLOK, dem Grenzort an der Ostküste für 82 bzw. 122 Baht (3. Klasse) in 3 1/2 Std. Von Sungai Golok sind es nur wenige Kilometer nach KOTA BHARU. Zudem 5 lokale Züge (3. Klasse) zwischen 6.30 und 12.50 Uhr nach YALA (23 Baht, 1 1/2 – 2 1/2 Std.) und SUNGAI GOLOK (42 Baht, 3 1/2– 4 1/2 Std.).

FLÜGE – Zum Airport, 12 km westlich der Stadt, Sammeltaxi von Thai Airways ab 7.45 Uhr genau alle 2 Std., 50 Baht; Songthaew, 36 Baht; oder Taxi, 180–240 Baht. Internationale Airport Tax 500 Baht, ansonsten 50 Baht.
Thai Airways, 190/6 Niphat Uthit 2 Rd., ✆ 074-234238, 231272, fliegt 4x tgl. von / nach BANGKOK für 2990 Baht.
Orient Thai, ✆ 074-240169, fliegt 2x tgl. nach BANGKOK für 1800 Baht.
Air Asia fliegt 2x tgl. von/nach BANGKOK für 999–1700 Baht plus Gebühren von 479 Baht.
Malaysia Airlines, Lee Gardens Hotel, 1 Lee Pattana Rd., ✆ 074-245443, 243729.
Silk Air, 7-15 Joote Uthit 1 Rd., ✆ 074-238901, 📠 238903, fliegt 1x tgl. nach SINGAPORE.

Songkhla สงขลา

Die beschauliche Küstenstadt am Golf von Siam und Provinzhauptstadt hat 85 000 Einwohner. Vorwiegend einheimische Besucher und Gäste aus dem Nachbarland verbringen hier ihren Urlaub. Auch Traveller, die sich entspannen wollen, sind hier besser aufgehoben als im unruhigen Hat Yai.

Nördlich der Stadt können die Schiffe durch einen schmalen Kanal den Binnensee Thale Sap erreichen, der durch eine über 80 km lange Landzunge vom Meer abgetrennt ist. Diese natürlichen Gegebenheiten boten ideale Voraussetzungen für die Anlage eines Hafens.

Die einstmals bedeutsame Hafenstadt strahlt noch etwas von dieser Atmosphäre aus. Für die großen Schiffe ist allerdings die schmale Einfahrt nicht tief genug, so dass nur kleinere Fischerboote und die Schiffe der Marine hier ankern. Heute hat Songkhla zu Gunsten des nahe gelegenen Hat Yai seine Bedeutung als Handelsstadt eingebüßt. Dafür besitzt es wesentlich mehr touristische Reize und eine angenehme kleinstädtische Atmosphäre.

Der Süden Thailands war schon immer eine unruhige Region. Bereits 1642 ließ König Prasat Thong von Ayutthaya die im 14. Jh. gegründete Stadt mit Forts befestigen, um sie vor Aufständischen zu schützen. Doch 1642 rebellierte Songkhla selbst gegen Ayutthaya. Ein Teil der Befestigungsanlagen sind z.B. in der Laem Sai Road noch erhalten.

Zentrum

Das zentrale **Wat Matchimawat** (Wat Klang), Saiburi Road, der 400 Jahre alte, bedeutendste Tempel der Stadt, ist mit schönen Skulpturen, Wandmalereien, Steinmetz- und Stuck-Arbeiten geschmückt, die zum Teil chinesische Einflüsse aufweisen.

Im nördlichen Tempelkomplex sind in einem kleinen Museum Funde aus Süd-Thailand und Votivgaben der Bevölkerung untergebracht. ⌚ Mi–So 9–12 und 13–16 Uhr, außer feiertags. Im Viertel westlich des Tempels sind noch einige alte Häuser erhalten geblieben, die chinesische und malaiische Einflüsse erkennen lassen.

Das **National Museum** ist in einem 1878 erbauten Palast im chinesischen Stil untergebracht. Das Wohnhaus der einflussreichen Familie Phraya Sunthranuraksa diente später als Rathaus und zuletzt als Armenhaus. Die Ausstellungsstücke aus verschiedenen historischen Epochen stammen schwerpunktmäßig aus Süd-Thailand. ⌚ Mi–So 9–16 Uhr, außer feiertags, Eintritt 30 Baht.

Auf dem **Khao Dang Kuan**, einem Hügel nördlich des Zentrums, wurden 1888 ein Stupa im ceylonesischen Stil und ein kleiner Pavillon für König Rama IV. erbaut. Wer die 200 Stufen erklimmt, wird meist mit einer schönen Aussicht belohnt. Im klimatisierten Lift dauert die Fahrt drei Minuten und kostet 30 Baht, Eingang an der Sukhum Rd. Auf dem kleineren Hügel **Khao Noi** Richtung Strand wurde ein etwas verwilderter Picknick-Park mit Pavillons angelegt. Er ist zwar leichter zu besteigen, bietet aber kaum Aussicht.

Der **Fischerhafen** liegt innerhalb der Stadt am westlichen Ufer. Auf den schmalen Stegen hinter den alten Häusern werden Körbe voller Shrimps, Fische und anderer Meerestiere entladen. Wenn der Wind ungünstig weht, verbreitet sich der Fischgeruch aus den verarbeitenden Betrieben über die ganze Stadt. Von hier aus fahren Boote nach **Ko Yor**, gesprochen Ko Ja (3 Baht, erst beim Aussteigen zahlen!). Die dreieckige Insel kann allerdings auch über die **Tinsulanonda Brücke**, die mit einem 900 m und 800 m langen Abschnitt über die Insel Ko Yor führt, erreicht werden. Im Dorf werden die karierten Baumwollstoffe *Pa Ko Yor* gewebt, die auch an Ständen nahe der Straßenbrücke verkauft werden. Auf der *Ko Yor Cultural Route* kann man zwei alte Tempel, ein altes Gebäude und Obstplantagen besuchen, den Webern bei der Arbeit zusehen und den Aussichtspunkt auf einem Hügel erklimmen.

Southern Folklore Museum

Auf dem Hügel im Norden der Insel Ko Yor liegt auch das *Institute for Southern Thai Studies* der Sinakharinwirot-Universität. In 22 Häusern mit den drei südthailändischen Dachformen ist das **Taksin Folklore Museum** untergebracht. Es enthält Ausstellungen von Kunst und Kunstgewerbe aus Süd-Thailand: Töpferwaren, gewebte Stoffe, frühgeschichtliche Steinäxte und Perlenfunde, Bootsmodelle, Instrumente und alte Haushaltsgegenstände sowie eine gute Multimedia-Abteilung. Wer sich für Süd-Thailand, seine Geschichte, Besiedlung, Einflüsse anderer Kulturen, die Künste und Religionen interessiert, findet kaum etwas Besseres. ⌚ Mo–Fr 8.30–16.30 Uhr, Eintritt 50 Baht.

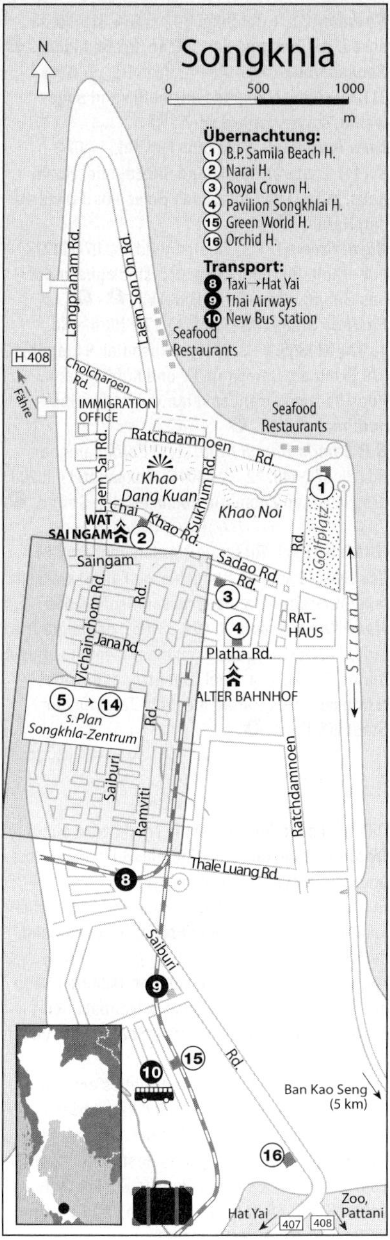

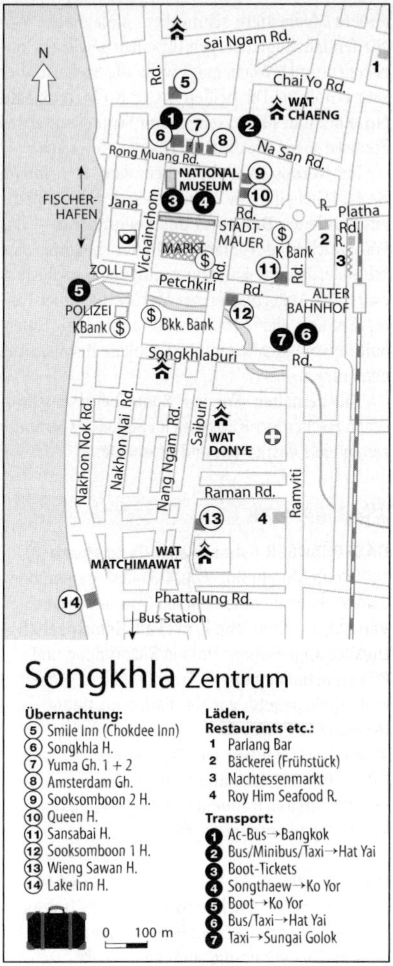

Der Strand

Der etwa 5 km lange, breite Samila-Strand ist zum größten Teil mit Kasuarinen bepflanzt. Für echte Südsee-Atmosphäre fehlen allerdings die Palmen. Zudem ist die Stadt recht nah und das Wasser etwas verschmutzt. Der saubere Strand ist außerhalb der Regenzeit (Oktober–Dezember) ab etwa 16 Uhr und am Wochenende gut besucht. Thai-Familien picknicken unter den Kasuarinen oder lassen sich in den offenen Restaurants den frischen Fisch und andere Meerestiere schmecken. Malaysische Wochenendausflügler sorgen für einen gewissen Touristenrummel. Wochentags wirkt die Szenerie aber sehr erholsam. Die beiden Inseln **Ko Meo** und **Ko Nu**, Katz und Maus, sehen vom Strand mit etwas Fantasie sogar wie diese Tiere aus.

Im Nordosten steht neben dem *B.P. Samila Beach Hotel* ein dem Vorbild in Kopenhagen nachempfundenes **Denkmal der Seejungfrau** – das Wahrzeichen der Stadt. Dahinter beginnt eine schmale, sandige Landzunge mit Seafood-Restaurants, den Ankerplätzen der Marine und einer Fähre. Entlang der Straße sind außerdem Unterhaltungsmöglichkeiten für die lokale Bevölkerung entstanden.

Die bemalten Kor-Lae-Boote beim muslimischen Fischerdorf **Kao Seng** im Süden des Strandes zieren viele Postkarten und Prospekte.

Übernachtung

GÄSTEHÄUSER – ***Amsterdam Guest House*** ⑧, 15/3 Rong Muang Rd., ✆ 074-314890, gegenüber vom Museum in einer kleinen Straße mit wenig Verkehr; 7 ordentliche Zi mit Fan, Gemeinschafts-Du/WC; angenehmer Hof mit Sitzgruppen und Pflanzen, multikulturelle Travellerszene, gutes Frühstück; geleitet von der tierlieben, netten Holländerin Paula. ❷

Yuma Guest House 1 und 2 ⑦, 27 Rong Muang Rd., ✆ 074-311788, nahe beieinander, saubere Zi und Schlafsaal, freundliche Leute; kleines Café, Fahrräder zu vermieten. ❷

HOTELS – ***Narai*** ②, 14 Chai Khao Rd., ✆ 074-311078, nördlich der Innenstadt, älteres Holzhaus, saubere, z.T. große Zi mit Fan und Gemeinschafts-Du/WC; häufig Hundegebell. ❷

Smile Inn (auch: *Chokdee Inn*) ⑤, 14/19 Vichainchom Rd., ✆ 074-311158, saubere Zi mit Du/WC und Fan oder ac; Restaurant. ❷–❸

Songkhla Hotel ⑥, 68-70 Vichainchom Rd., ✆ 074-313505, saubere Zi mit/ohne Du/WC, freundlich. ❷

Sooksomboon 2 ⑨, 18 Saiburi Rd., ✆ 074-311149, sehr saubere Zi mit Fan, gute ac-Zi im Neubau. ❷–❸

Queen ⑩, 20 Saiburi Rd., ✆ 074-311138, große, komfortable ac-Zi, etwas laut. ❸

Sansabai ⑪, 1 Petchkiri Rd., ✆ 074-311106, saubere Zi mit Bad und Fan, z.T. ac, tgl. Reinigung. ❷

Sooksomboon 1 ⑫, 40 Petchkiri Rd., ✆ 074-311049, Zi mit Bad und Fan, muffig und abgewohnt, sowie neuere ac-Zi. ❷

Lake Inn ⑭, 301-3 Nakhon Nok Rd., ✆ 074-321441-2, etwas südlich an der Lagune, Hochhaus, gute Zi mit ac, z.T. mit Balkon und Blick auf den Hafen. ❸

Royal Crown ③, 37 Saingam Rd., ✆ 074-312174, außerhalb Richtung Strand; 5-stöckiges, modernes Gebäude, ac-Zi mit Bad/WC. ❸–❹

Pavilion Songkhla Hotel ④, 17/1 Platha Rd., ✆ 074-311355, ℻ 323716, Luxushotel, 9 Etagen, 179 Zi mit ac, Satelliten-TV und Kühlschrank, Pool. Im Restaurant sind nur die Preise überdurchschnittlich. ❹

B.P. Samila Beach Hotel ①, 8 Ratchdamnoen Rd., ✆ 074-440222, ℻ 440442, Luxushotel mit 208 erstklassigen Zimmern, dominiert den Strand. ❺

HAAD KAEW – Richtung Norden liegt am KM 5 des H408 (6 km von Songkhla via Fähre) am 2 km langen, breiten Sandstrand sehr isoliert das ***Haad Kaew Resort***, ✆ 074-331058, gepflegte Anlage, 143 ac-Bungalows an einer kleinen Lagune; feines Restaurant, Pool (Benutzung für Nicht-Gäste 50 Baht), Rabatt möglich; Taxi von der Stadt 200 Baht. ❹

Essen

Billiges Essen bis spät in die Nacht wird auf dem ***Nachtmarkt*** in der Vichainchom Rd. bei der Post und beim alten Bahnhof angeboten.

In der Nang Ngam Rd. gibt es mehrere Chinesenlokale, z.B. das ***Tae Heag Eaw***, das bei Einheimischen beliebt ist.

An der Laem Son On Rd., auf der östlichen Seite der Landzunge, genießt man in Liegestühlen preisgünstig ausgezeichnetes Seafood bei bestem Service.

Am Strand beim *Samila Hotel* gibt es ein paar teure Seafood-Restaurants und einen guten Coffeeshop.

Roy Him, ein großes, offenes Restaurant südlich vom Krankenhaus in der Ramviti Rd. Fantastisches Seafood, das man sich von den Auslagen an der Straße zusammenstellt.

Sonstiges

EINKAUFEN – In vielen Geschäften der Stadt kann man, ebenso wie in Hat Yai, aber mit mehr Ruhe, Textilien, Kassetten, Cashewnüsse, *Pa Ko Yor*-Baumwollstoffe und andere Souvenirs einkaufen.

GELD – In der Vichainchom Rd. nahe dem Markt können Touristen bei der ***Bangkok Bank*** und der ***Kasikorn Bank*** wechseln.

KONSULAT VON MALAYSIA – in der 4 Sukhum Rd., Ecke Ratchdamnoen Rd., ✆ 074-311062.

NAHVERKEHRSMITTEL – Im Stadtgebiet fahren Tuk Tuks für 10 Baht p.P. und Rikschas ab 15 Baht für kurze Entfernungen.

POST – gegenüber dem Markt in der Vichainchom Rd., 🕓 Mo–Fr 8.30–15.30 Uhr. Im Obergeschoss das ***Telephone Office***, von dem aus internationale Ferngespräche möglich sind, 🕓 tgl. 8–18 Uhr. **PLZ**: 90 000.

Transport

BUSSE – Die ac-Busse fahren an geraden und ungeraden Tagen von wechselnden Bus Stations ab. Zur südlichen Bus Station mit Tuk Tuk für 10 Baht.
Nach BANGKOK (1004 km) non-ac-Bus um 11.30 Uhr für 312 Baht, 2.Kl. ac-Bus um 7.30 und 14 Uhr für 437 Baht, ac-Bus um 16.45, 17 und 18.20 Uhr für 562 Baht (inkl. Dinner) in 13 Std., VIP-24-Bus um 16 Uhr für 870 Baht in 14 Std.
Zwischen HAT YAI und SONGKHLA Busse alle 7 Min. bis 19.15 Uhr für 14 Baht, u.a. ab Rong Muang Rd. Zudem ein Minibus für 20 Baht, der manchmal Passagiere bis zum Hotel fährt.
Nach NAKHON SI THAMMARAT für 70 Baht (ac 98 Baht) fahren Busse wie die Taxis (90 Baht) am südlichen Ende der Ramviti Rd. ab und über die Landzunge und die große Brücke weiter.
Von NARATHIWAT kommt man zuerst mit dem Bus nach PATTANI für 40 Baht, dann nach NATHAWI für 30 Baht und schließlich nach Songkhla für 25 Baht.
Besser sind die Verbindungen über die verkehrsmäßig gut erschlossene Stadt Hat Yai.

Reisewarnung

Seit dem Sommer 2005 haben sich die Auseinandersetzungen zwischen moslemischen Aufständischen und Sicherheitskräften dramatisch zugespitzt. Nachdem im Juli 2005 die Stadt Yala von 50 – 80 schwer bewaffneten Rebellen angegriffen wurde, hat Ministerpräsident Thaksin für die drei südlichen Provinzen Pattani, Yala und Narathiwat sowie den südlichen Teil der Provinz Songhkla viele Artikel der Verfassung außer Kraft gesetzt und den Notstand ausgerufen. Neben einer Ausgangssperre, die den gläubigen Moslems übrigens verbietet, zum Abendgebet in die Moschee zu gehen, können Telefongespräche ohne richterliche Anordnung abgehört, Zeitungen und Zeitschriften zensiert und Verdächtige in Haft genommen werden. Bisher ist es unseres Wissens zu keinen Übergriffen der Rebellen gegen Touristen gekommen. Trotzdem meinen wir, dass man sich vor Reisen entsprechend informieren sollte. Das betrifft vor allem die Anreise von Hat Yai nach Sungei Golok oder von Yala nach Betong an der malaysischen Grenze. Einen Urlaub an den Stränden südlich von Songhkla sollte man sich für einen friedlicheren Zeitpunkt aufsparen und besser an die weiter nördlich gelegenen Strände reisen.

FLÜGE – ab Hat Yai. ***Thai Airways Office***, 2 Soi 4 Saiburi Rd., Songkhla, ✆ 074-311012.

Die Umgebung von Songkhla

Die 140 km lange Küste Richtung Norden bis **Pak Phanang** war einst ein endloser Sandstrand. Tausende von Shrimp-Farmen haben die nördliche Hälfte dieses Gebiets in eine grauenhafte Mondlandschaft verwandelt.

Über die Brücke oder mit der Fähre (3 Baht p.P., 12 Baht pro PKW) verlässt man Songkhla Richtung Norden. Am KM 129 des H408 liegt rechts das *Sathing Phra Resort*, ✆ 01-2303956, mit sauberen Bungalows, ❸. Beim KM 125,5 (33 km von Songkhla) führt links eine Abzweigung (Schild: Wildbird Sanctuary 3) zum **Khu Khut-Vogelpark**. Zehntausende Vögel bevölkern die Inseln und den flachen See. Am Ende der Straße gibt es einen Be-

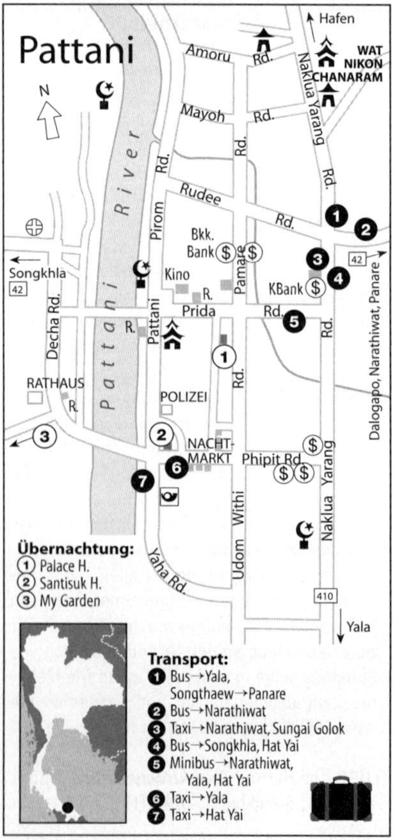

obachtungsturm und Boote für 200–250 Baht pro Stunde zu mieten. Am besten sind die Vögel während der kühleren Stunden am Morgen und Abend zu beobachten (beste Zeit ist von November bis Februar). Songthaew von Songkhla nach Sathing Phra 15 Baht, Motorradtaxi zum Park 25 Baht.

Beim KM 110 liegt **Wat Pra Kho**, das von einem der am meisten verehrten Mönche Thailands geleitet wurde. Um ihn ranken sich viele Legenden. Im Tempel wird ein Fußabdruck von ihm verehrt, außerdem schöne Wandmalereien, ein ruhender Buddha und ein Chedi im Sri Vijaya-Stil. Wegen der Shrimp-Farmen ist es kein reines Vergnügen, den H408 nach Norden weiterzufahren.

Pattani ปัตตานี

Hauptstadt der gleichnamigen Provinz. Pattani, Narathiwat und Yala sind die malaiischsten Provinzen Thailands. Viele Menschen sprechen malaiisch und gehen zum Gebet in die Moschee, die Kinder besuchen Koranschulen. Konflikte zwischen den buddhistischen Thai und der islamischen Bevölkerung in Süd-Thailand sind an der Tagesordnung. Schlagzeilen machte der muslimische Widerstand gegen eine Verordnung, die in der Schule Mädchen das Tragen eines Kopftuchs oder Schleiers verbot.

Pattani wirkt nicht gerade sauber. In einer Werft auf der westlichen Seite des Flusses werden Schiffe fast ausschließlich aus Holz gebaut (schwer zu finden). Sehenswert ist evtl. der Fischerhafen, in dem große Kutter ihren Fang entladen. Außerdem hat der Ort einen guten Nachtmarkt. An jedem zweiten oder dritten Februar-Wochenende findet das **Chao Mae Lim Kor Nieo Festival** statt, bei dem Gläubige öffentlich über glühende Kohlen laufen.

Strände bei Pattani

Am schönen Strand **Dalogapo**, 16 km östlich der Stadt nahe dem Dorf Yaring, liegen viele traditionelle *Kor-Lae* Fischerboote. Weitere Strände, an denen Ausländer in Badekleidung noch als Sensation gelten, sind der **Ratchadapisek Beach**, 15 km westlich von Pattani, und der 11 km lange **Thachi Beach** auf der Landzunge vor Pattani, der nur per Boot ab Pattani oder Yaring zu erreichen ist. Beide Strände sind von Kasuarinen gesäumt und zumeist etwas verschmutzt. Am **Panare Beach** liegen an einem kilometerlangen Strand Hunderte von *Kor-Lae*-Fischerbooten, die über und über mit handgemalten Blumenmotiven dekoriert sind. Auf dem H42 fährt man von Pattani 14 km nach Südosten bis Yaring und biegt nach links Richtung Norden zum Talo Kapo Beach ab (4 km). Anschließend kann man auf dem H4157, oft dem Meer folgend, durch herrliche Fischerdörfer, Kokosplantagen, ausgelegten Trockenfisch, Vogelkäfige, Pinienhaine und Shrimp-Farmen bis nach Saiburi fahren, wo man wieder den H42 erreicht – eine tolle Strecke.

Übernachtung

My Garden ③, 8/28 Charoenpradit Rd., ✆ 073-331055, 2 km außerhalb Richtung Songkhla, komfortable Zi mit ac oder Fan; Restaurant; Disco am Wochenende. ❸

Palace ①, 38-40 Prida Rd., ✆ 073-349171, ordentliche Zi mit Fan oder ac, freundliche Leute, Restaurant. ❷

Transport

BUSSE – Nach BANGKOK (1100 km) 2.Kl. ac-Bus um 14 Uhr für 476 Baht, ac-Bus um 14 Uhr für 612, VIP-24-Bus um 16 Uhr für 950 Baht in 15 Std. Non-ac-Bus ab HAT YAI alle 35 Min. bis 16.30 Uhr für 41 bzw. 50 Baht. Weitere Busse fahren von SONGKHLA über NATHAWI (25 + 30 Baht) und von NARATHIWAT 40 Baht.
Ac-Minibus nach NARATHIWAT für 60 Baht in 100 Min., nach YALA für 35 Baht in 50 Min., nach HAT YAI für 70 Baht in 1 1/2 Std., nach SUNGAI GOLOK für 90 Baht in 2 1/2 Std.

EISENBAHN – Der Bahnhof von Pattani liegt ca. 25 km südwestlich in Mae Lan. Alle Yala-Züge halten hier ca. 30 Min. früher bzw. später als in Yala.

Yala ยะลา

Yala ist eine sehr saubere Stadt, überragt von der großen, modernen **Moschee**, durchzogen von breiten Straßen, umgeben von Hügelketten. Der starke, chinesische Einfluss ist unverkennbar. In einem großen Park steht der **Lak Muang-Schrein**, der Schrein des Schutzgeistes der Stadt, der auf brahmanische Einflüsse im Buddhismus zurückgeht. Zu seinen Ehren wird Ende Juni ein 6-tägiges Fest gefeiert. Anfang März findet in Yala das **Asian Barred Ground Dove Festival** statt, ein Wettbewerb im Taubengesang. Etwa 1400 gestreifte Tauben gurren in ihren Käfigen auf meterhohen Stangen, bis die Sieger (in verschiedenen Kategorien) feststehen. Die besten Vögel haben einen Marktwert von etwa 1 Mill. Baht. Zur gleichen Zeit finden Kämpfe zwischen Schafen sowie Büffel- und Hahnenkämpfe statt (z.T. Eintritt).

Übernachtung und Essen

Im Zentrum liegen viele preiswerte Hotels mit ordentlichen Zimmern. Billig übernachtet man in den Hotels gegenüber vom Bahnhof, z.B.:

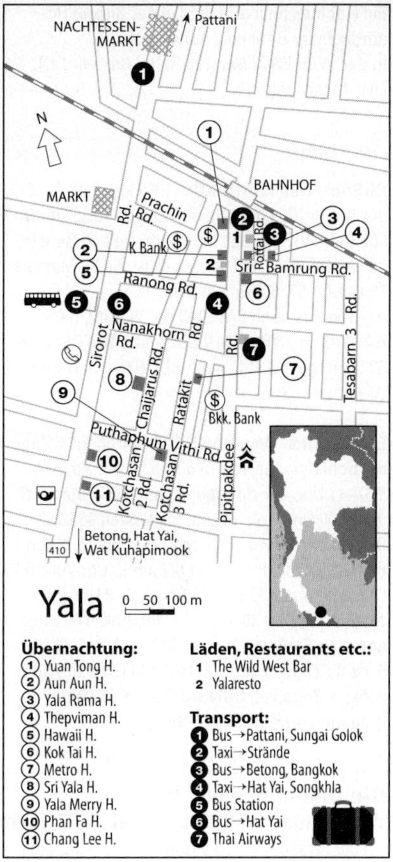

Metro ⑦, 7/1-2 Ratakit Rd., ordentliche Zi mit Fan; unten Restaurant. ❶

Thepviman ④, 31-37 Sri Bamrung Rd., ✆ 073-212400, großes Hotel, ordentliche, saubere, große Zi mit Fan oder ac; Restaurant. ❷–❸

Yala Rama ③, 21 Sri Bamrung Rd., ✆ 073-212815, 📠 214532, gutes Hotel, ac-Zi mit zwei Betten; Restaurant, Coffeeshop. ❷–❸

Chang Lee ⑪, Sirorot Rd., ✆ 073-211223, 📠 211 773, sehr gutes Hotel, ac-Zi mit TV und Telefon; Restaurant, Coffeeshop, Nachtclub, Pool. ❸–❹

In der Innenstadt gibt es sehr viele gute und einfache Restaurants. Exzellentes, preiswertes Seafood serviert z.B. das beliebte ***Yalaresto***.

Ein Nachtessenmarkt wird in der Sirorot Rd., nördlich der Bahnlinie aufgebaut.
In der ***Wild West Bar***, 108 Rotfai Rd., wird z.T. Live-Musik geboten.

Transport

BUSSE – Nach BANGKOK (1089 km) 2.Kl. ac-Bus um 17 Uhr für 476 Baht, ac-Bus um 16.30 Uhr für 607 Baht, VIP-24-Bus um 14 Uhr für 940 Baht in 15 Std. Von HAT YAI non-ac-Bus alle 35 Min. bis 16 Uhr für 53–80 Baht in 3 Std.
Ac-Minibus nach PATTANI für 35 Baht, nach HAT YAI für 70 Baht in 2 Std., nach BETONG für 60 Baht in 2 1/2 Std., nach SUNGAI GOLOK für 90 Baht in 3 Std.

EISENBAHN – Von BANGKOK fahren tgl. 3 Züge mit Schlafwagen von 13 bis 15.50 Uhr ab, Ank. 8.37–11 Uhr, der *Sprinter* 41 (nur 2. Kl. Sitzplatz) um 22.50 Uhr, Ank. 14 Uhr. Sie kosten 465/252 Baht in der 2. bzw. 3. Kl. zzgl. Zuschläge. Nach BANGKOK mit dem *Rapid* 172 um 13 Uhr, Ank. 9.15 Uhr, dem *Rapid* 170 um 13 Uhr, Ank. 8 Uhr, dem *Special Express* 38 um 15.21 Uhr, Ank. 9.45 Uhr, und dem *Sprinter* 42 um 14.40 Uhr, Ank. 5.45 Uhr. 6 lokale Züge (3. Kl.) von HAT YAI (23 Baht) und 5 lokale Züge von SUNGAI GOLOK (22 Baht) brauchen jeweils 1 1/2–3 Std.

Die Umgebung von Yala

Wat Kuhapimook, bekannt als Wat Tham

An der Straße H409 Richtung Hat Yai, 5 km außerhalb der Stadt, liegt Wat Kuhapimook, ein etwa 1200 Jahre alter Höhlentempel. Mit dem Bus Nr. 480 zu erreichen.

In Kalkfelsen über einem parkähnlichen Tempelgelände mit einem See sind in 25 m Höhe einige Tropfsteinhöhlen zugänglich, in denen Dutzende von Buddha-Statuen stehen. Ein grimmig blickender Dämon bewacht die Haupthalle mit einer 24,5 m langen, liegenden Buddha-Statue. Sie gehört zu den meistverehrten Statuen in Süd-Thailand. Wer Glück hat, kann die Makaken mit Bananen füttern, viele Fledermäuse.

Der zweite Höhlentempel, **Tham Silpa**, enthält Felsmalereien, die aus der Sri Vijaya-Periode (8.–13.Jh.) stammen und wahrscheinlich die ältesten ihrer Art in Thailand sind. In der Gegend rings um die Höhlentempel wachsen riesige Grapefruits.

Banglang Reservoir

An der Straße H410 Richtung malaysische Grenze kommt nach 80 km ein 50 km² langer Stausee, der durch den **Banglang-Damm** gebildet wird und zwischen hohen Bergen liegt. 4km abseits der Straße liegt in den Bergen eine Siedlung der *Sakai*, der negroiden Urbevölkerung der malaiischen Halbinsel, die mit anderen alten Bevölkerungsgruppen in Malaysia unter dem Begriff *Orang Asli* zusammen-

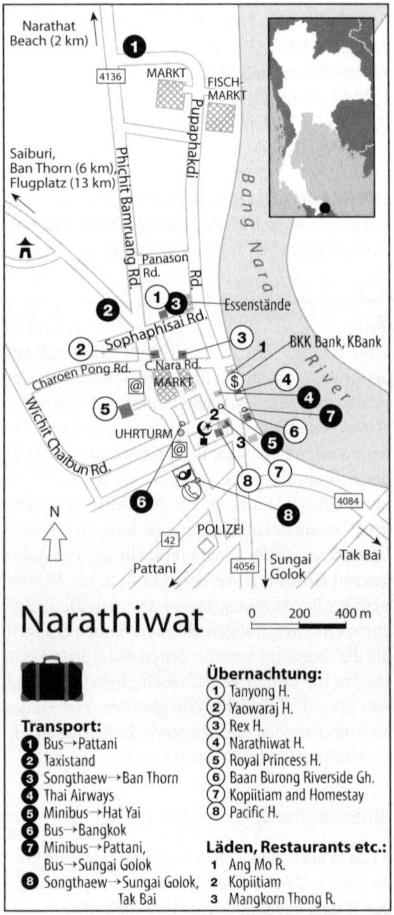

Grenzübergänge nach Malaysia

Von Westen nach Osten sind folgende Grenzübergänge für ausländische Touristen geöffnet:

Von (Thailand)	**mit**	**nach (Malaysia)**
Satun	Boot	Kuala Perlis
Satun	Boot	Langkawi
Wangprachan	Taxi	Kangar
Padang Besar	Eisenbahn / Straße	Kangar
Sadao	Autobahn	Alor Setar
Betong	Straße	Pengkalan Hulu
Sungai Golok	Straße	Rantau Panjang
Tak Bai	Fähre und Straße	Pengkalan Kubor

Das Stefan Loose Travel Handbuch Malaysia – Singapore – Brunei sollte man sich möglichst schon vor der Reise besorgt haben.

gefasst sind. Hier gibt es ein kleines Museum und einen Andenkenladen.

Narathiwat นราธิวาส

Wer nicht nach Malaysia fährt, kann an den Stränden zwischen Pattani und Narathiwat malaiisches Dorfleben erfahren. Die Küste ist hier genauso schön wie weiter südlich an der weitaus bekannteren Ostküste von Malaysia. Überall liegen noch die buntbemalten Kor-Lae-Fischerboote am Strand.

Im Norden der Stadt, jenseits der Brücke, liegt der **Narathat Park** (2 km) mit einem schönen, langen Strand, an dem sich die Einheimischen vor allem in Seafood-Restaurants gütlich tun. Ausländer sind hier eine Sensation und werden entsprechend bestaunt. Wer im Urlaub gern um 20 Uhr ins Bett geht, ist in Narathiwat richtig.

Auf einer teilweise schönen Uferstraße gelangt man mit dem Tuk Tuk für 10 Baht zum 10 km nördlich gelegenen muslimischen Fischerdorf **Ban Thorn**, in dem die bunten Kor-Lae-Fischerboote gebaut werden. Außerdem werden hier Matten und die Fischsoße *Nam Budu* hergestellt.

Im Dorf **Yahkung** (4 km) werden farbenprächtige Batiken hergestellt. 6 km südlich der Stadt (Songthaew 6 Baht) stößt man an der Straße nach Sungai Golok auf eine Hügelkette, die zum **Khao Kong-Kloster** gehört. Auf dem höchsten Hügel ist die 25 m hohe Statue des sitzenden Buddhas Phra Buddha Taksin Ming Mongkol platziert. Am KM 73 des H42 nach Pattani liegt der **Bacho-Wasserfall.**

Übernachtung und Essen

Baan Burong Riverside Gh. ⑥, 399 Pupaphakdi Rd., ✆ 073-511027, ✉ natini@chaiyo.com, stilvolles, altes Haus am Fluss, 3 gemütliche, saubere Zi mit ac, gemeinsames Bad; Wohnzimmer mit TV; Frühstück inkl., Fahrräder und Kajaks gratis, Moped zu vermieten; sehr freundliche, engagierte, Englisch sprechende Besitzerin; ❸. Außerhalb der Stadt vermietet sie in einem friedlichen Wald am Bang Nara-Fluss 3 nette Bambushütten für 100 bis 180 Baht.

Kopiitiam and Homestay ⑦, Pupaphakdi Rd., ✆ 073-511027, im 2. Stock des Kaffeehauses, 6 Zi mit Fan oder ac, ein Familienzimmer, 2 große Gemeinschafts-Du/WC; gleiche Besitzerin wie *Baan Burong* gegenüber. ❷–❸

Rex ③, 6/1-2 Chamrun Nara Rd., ✆ 073-511134, ordentliche Zi mit Fan oder ac und Du/WC; Restaurant. ❷–❸

Pacific ⑧, 41/1-2 Warakham Pipit Rd., ✆ 073-511076, große, saubere Zi mit ac und Du/WC. ❸

Royal Princess ⑤, Phichit Bamruang Rd., ✆ 073-515041, 8-stöckiges Luxushotel, alle Zi mit ac; mit Restaurant und Nachtclub. ❺

Am **Narathat Beach** gibt es 3 Bungalows mit Bad (ohne Name) für bis zu 6 Personen. ❷

Im ***Choernchim Restaurant***, 280 Pupaphakdi Rd., wird ausgezeichnetes Seafood serviert.

Transport

BUSSE – Nach BANGKOK (1200 km) 2.Kl. ac-Bus um 9 und 12.45 Uhr für 518 Baht, ac-Bus um 13.30 Uhr für 666 Baht, VIP-24-Bus um 12.30 Uhr für 1035 Baht in 16 Std.
Nach PATTANI 40 Baht, YALA 50 Baht und SUNGAI GOLOK 30 Baht (ac 50 Baht).
Ac-Bus ab HAT YAI 5x tgl. für 120 Baht.
Ac-Minibus nach PATTANI für 60 Baht in 100 Min., nach SUNGAI GOLOK für 60 Baht in 1 Std., nach HAT YAI für 130 Baht in 3 Std.
Bus und Songthaew zum Grenzübergang TAK BAI ab 7.30 Uhr für 18 Baht.

FLÜGE – ***Air Asia*** fliegt 1x tgl. von/nach BANGKOK für 699–1400 Baht plus Gebühren von 423–473 Baht.
Zubringer-Limousine vom Airport zur Grenze nach SUNGAI GOLOK, 140 Baht, 1 Std.

Wangprachan วังประจัน

Der westlichste Grenzübergang zu Land zwischen Thailand und Malaysia liegt 41 km nordöstlich von Satun im **Thale Ban National Park**. Die Fahrt von Satun mit dem Pickup auf dem H4184 kostet 30 Baht, Sammeltaxi 300–400 Baht. Von der Grenze geht es nur mit dem Taxi weiter über **Kaki Bukit** zur nächsten Stadt Kangar (20 RM für 4 Pers.). Dort gibt es mehrere Hotels und Banken mit Geldautomaten.

Die Abfertigungsgebäude der beiden Länder liegen direkt nebeneinander, so dass man mit einem *Double-Entry*-Visum die Prozedur in einer halben Stunde schafft. Und so lange wartet das Sammeltaxi auf Anfrage. ◷ 7–18 Uhr Thai-Zeit (= 8–19 Uhr Malaysia-Zeit).

Padang Besar ปาดังเบซา

Dies ist der Grenzübergang für den Internationalen Expresszug. Die Pässe werden in Thailand eingesammelt und mit dem Ausreisestempel versehen. Am Bahnhof müssen Reisende nur die wichtigsten Daten in das Einreiseformular eintragen, dann bekommen sie den Pass zurück.

Wer nur einen neuen Einreisestempel braucht und gleich wieder nach Thailand zurückfahren möchte, benützt besser den Grenzübergang an der Straße. Von Hat Yai reist man per Bus oder Taxi an und wird direkt an der Grenze abgesetzt. Man holt sich den Ausreisestempel und geht die etwa 10 Minuten durch ein Stück Niemandsland mit Duty-Free-Geschäften die Straße entlang bis zum Kontrollpunkt der Malaysier zu Fuß oder nutzt den Motorrad- oder Minibustransfer (20 Baht). Auch Fußgänger bekommen, wenn sie einen höheren Geldbetrag (beliebige Währung) vorweisen können, in der Regel den Stempel für Malaysia. Wer gleich wieder nach Thailand zurückkommt, erhält problemlos einen weiteren Stempel für 4 Wochen.

Übernachtung

Wer hier hängen bleibt, kann im ***Siam Orchid Hotel***, 208-217 Moo 1 Padang Besar Rd., ✆ 074-521478, direkt an der Grenze übernachten. ❸

Sonstiges

GELD – Die ***Maybank***, 1371-2 Jl. Pekan, hat einen Geldautomaten für Mastercard und Karten mit Cirrus- / Maestro-Symbol.
Die Money Changer im Bahnhofsgebäude und im Coffeeshop an der Bus Station haben keine guten Wechselkurse.

GRENZÖFFNUNGSZEITEN – Grenze ab 21 Uhr Thai-Zeit bzw. 22 Uhr Malaysia-Zeit geschlossen.

Transport

BUSSE – fahren nach KANGAR für 3 RM und relativ selten nach BUTTERWORTH (Penang) bis um 20 Uhr für 11 RM.
Nach HAT YAI ab Thai-Seite der Grenze alle 10 Min. mit non-ac-Bus für 26 Baht, ac-Bus 36 Baht, in 100 Min.
Nach BANGKOK (1020 km) mit ac-Bus um 15 Uhr für 569 Baht in 15 Std.

EISENBAHN – Richtung KUALA LUMPUR mit dem *Express Langkawi* um 17.50 Uhr, Ank. 8.20 Uhr. Der *International Express* Richtung BANGKOK um 18 Uhr (Malaysia-Zeit) und Richtung BUTTERWORTH (Penang) um 10 Uhr (Malaysia-Zeit). Zuvor werden am Bahnhof, ✆ 074-9490231, die Grenzformalitäten erledigt.

Sadao สะเดา

70 km südlich von Hat Yai liegt der meistgenutzte Grenzübergang, den auch alle Busse und Taxis von Hat Yai nach Penang nehmen. Normalerweise fährt man hier nach kurzem Grenzaufenthalt nur durch.

Wer per Sammeltaxi von Malaysia kommt (ab Penang 180 RM pro Taxi), steigt am Duty-Free-Shop in **Bukit Kayu Hitam** in ein Thai-Taxi um und fährt damit durch die Grenzübergänge. Wer hier übernachten muss, bekommt im *Sadao Plaza,* 14/3 Ruamsuk Rd., ✆ 074-412373, ein ac-Zi. ❷–❸

Betong เบตง

Durchschnittlich 580 m hoch in den Bergen liegt die Grenzstadt auf einem Zipfel, der weit in malaysisches Staatsgebiet hineinragt. Die Häuser sind vorwiegend an die Hänge gebaut und die meiste Zeit von Nebelschwaden umhüllt. Von Yala führt eine kurvige, landschaftlich schöne, 140 km lange Bergstrecke durch Kalksteinformationen nach Betong. In den Tälern erstrecken sich Palmöl-, Kaffee- und Kautschuk-Plantagen. Unterwegs passiert man das Banglang Reservoir (s.S. 798).

Übernachtung

Die vielen Hotels dienen vor allem am Wochenende als Stundenhotels für Malaysier, was allein reisende Traveller zu spüren bekommen.
Fah Anrung, 113/1-2 Chantharo Thai Rd., ✆ 073-231403, Zi mit Fan. ❷–❸
Rama, 39 Tanweera Rd., ✆ 073-230011, Bungalows. ❷
Sri Betong, 2-4 Thamwithi Rd., ✆ 073-230188, ordentliche Zi mit Fan und ac, gute Zi im neueren Flügel. ❸–❹

Betong Merlin, ✆ 073-230222, 📠 231357, auf einem Hügel über der Stadt, sehr gute Zi (am Wochenende über 1000 Baht); Restaurant, Pool, Fitness Center, Disco. ❹

Transport

Von YALA mit dem Bus (2x tgl.) dauert es 4 1/2 Std. (52 Baht), mit dem Sammeltaxi 3 Std. (80 Baht).
Kurz hinter Betong ist der südlichste Punkt Thailands und die Grenze zum malaysischen Staat Perak erreicht. Minibus von der Stadt zur Grenze für 15 Baht, Taxi 60 Baht.
Von der Grenze zur malaysischen Stadt BALING mit dem Taxi 20 RM, per Bus 1,50 RM. Weiter mit dem Bus nach KUALA LUMPUR um 9, 11 und 21.30 Uhr für 25 RM, nach Butterworth stdl. für 5 RM, Taxi 48 RM. Keine Busse fahren von hier an die Ostküste.
Direkt nach BANGKOK (1234 km) mit ac-Bus um 14 Uhr für 686 Baht in 16 Std.

Sungai Golok สุไหง โกลก

An der Ostküste gibt es einen Grenzübergang, der für alle interessant ist, die direkt zur Ostküste von Malaysia fahren wollen. Sungai Golok (auch Sungai Kolok) ist ein uninteressanter, bereits sehr malaiischer Ort. Die vielen Hotels dienen vor allem am Wochenende als Stundenhotels für Malaysier.

Übernachtung

Asia Hotel, 44 Charoenket Rd., ✆ 073-611101, gute Zi, die eine Mehrausgabe lohnen. ❷, ac ❸
Savoy, ✆ 073-611093, 8/2 Charoenket Rd., sehr große, saubere Zi mit Du/WC für 3 Personen. ❷
Thailiang Hotel, 12 Charoenket Rd., ✆ 073-611132, saubere Zi mit Du/WC und Fan. Geldwechseln möglich. ❷
Die größten Hotels, das ***Grand Garden,*** 104 Arifmarka Rd., ✆ 073-611219, und das ***Genting,*** 141 Asia 18 Rd., ✆ 073-613231, verfügen über einen Pool. Beide ❹
Außerdem viele weitere Hotels, darunter einige der teureren Kategorie mit Disco und Massagesalon.

Sonstiges

GELD – Alle thailändischen Banken haben Zweigstellen in der Stadt, so dass es kein Problem ist, Geld zu wechseln. Die ***Kasikorn Bank,***

1/6 Warakamintr Rd., hat einen Geldautomaten mit Maestro-Symbol.

Abends und am Wochenende öffnen Wechselstuben in der Hauptstraße in der Nähe des Bahnhofs und direkt neben dem Fahrkartenschalter sowie gegenüber dem chinesischen Tempel und neben dem Ticket-Büro der Minibusse nach Hat Yai (kein Schild), nur Baht gegen Ringgit mit schlechteren Kursen oder umgekehrt mit gutem Kurs.

INFORMATIONEN – ***Tourist Office,*** 18 Asia Rd., ✆ 073-612126, 📠 615230, zuständig für Narathiwat, Yala und Pattani.

POST – neben dem *Plaza Hotel.*

Transport

BUSSE – Im Valentine Hotel, Waman Amnoey Rd., befindet sich der Ticket-Schalter für die ac-Busse nach HAT YAI, tgl. alle 2 Std. von 7–15 Uhr für 148 Baht in 5 Std.; Abfahrt vor dem Hotel.

Alle übrigen Busse fahren von der Bus Station ab, ✆ 073-612045.

Nach BANGKOK (1266 km) 2.Kl. ac-Bus um 8 Uhr für 546 Baht in 18 Std., ac-Bus um 12.30 Uhr für 702 Baht, VIP-24-Bus um 11.30 Uhr für 1090 Baht in 17 Std.

Nach PHUKET ac-Bus bis 15.30 Uhr für 432 Baht in 11 Std.

Nach KRABI ac-Bus für 335 Baht in 9 Std. (Minibus 450 Baht).

Nach TRANG ac-Bus für 261 Baht.

Nach NARATHIWAT non-ac-Bus bis 17 Uhr für 30 Baht (ac-Bus 50 Baht) in 1 Std.

Nach YALA ac-Bus bis 17 Uhr für 80 Baht in 3 Std.

MINIBUSSE – Nach NARATHIWAT 60 Baht in 1 Std., PATTANI 90 Baht in 2 1/2 Std., YALA 90 Baht in 3 Std. (Tickets an der Charoenket Rd., die gegenüber vom Bahnhof von der Hauptstraße abzweigt). Nach HAT YAI jede Std. von 7–17 Uhr für 150 Baht in 4 Std. (Tickets schräg gegenüber vom Bahnhof an der Hauptstraße, daneben eine Wechselstube, an Wochenenden geöffnet).

EISENBAHN – In Sungai Golok endet der östliche Zweig der Südlinie der Staatseisenbahn von Thailand.

Von BANGKOK *Rapid* 171 um 13 Uhr (ab HAT YAI um 6.10 Uhr), Ank. 10.30 Uhr, und der *Special Express* 37 um 15.15 Uhr (ab Hat Yai um 7.15 Uhr), Ank. 11.10 Uhr.

Nach BANGKOK *Rapid* 172 um 11.30 Uhr in 20 Std., mit dem *Special Express* 38 um 13.35 Uhr ab 497 Baht (2.Kl.), 627 Baht (2.Kl. Schlafwagen) und 1493 (1.Kl.) in 20 Std.

Lokale Züge von HAT YAI um 6.55, 8.10, 10.32 und 12.50 Uhr in 3 1/2 – 5 Std.

Nach HAT YAI 5 lokale Züge von 6.30 bis 14.55 Uhr für 42 Baht, weiter nach SURAT THANI für 146 Baht in 8 Std.

NACH MALAYSIA – Vom Bahnhof mit dem Sammeltaxi (100 Baht) oder Mopedtaxi (40 Baht) auf einer belebten Straße zur Grenze (1,5 km), weiter zu Fuß, mit Motorrad oder Fahrradrikscha, problemloser Grenzübertritt nach Rantau Panjang. Ab Rantau Panjang nach KUALA LUMPUR um 20 Uhr für 26 RM. Bessere Verbindungen ab KOTA BHARU, Bus Nr. 29 bis gegen 18 Uhr für 3,20 RM, Sammeltaxis 20 RM. Nach Pulau Perhentian über KUALA BESUT, Sammeltaxi 50 RM, 1 Std., und weiter mit dem Boot. Der Grenzübergang ist ab 21 Uhr Thai-Zeit bzw. 22 Uhr Malaysia-Zeit geschlossen.

Tak Bai ตากใบ

Ein weiterer, sehr angenehmer Grenzübergang liegt 38 km weiter östlich direkt an der Küste. Nach Tak Bai fahren Busse und Songthaew von Narathiwat ab 7.30 Uhr für 18 Baht, Taxis für 30 Baht. Ein Taxi vom Bahnhof in Sungai Golok kostet 25 Baht. Die Autofähre nach Pengkalan Kubor (Malaysia) fährt alle 30 Min. und kostet 10 Baht bzw. 1 RM. Mit dem Bus 19, 27 oder 43 für 3 RM erreicht man von hier aus Kota Bharu. Hier bekommt man leicht ein neues Visum für Thailand (in 24 Std.). Geld sollte man bereits in der letzten Stadt vor Tak Bai wechseln. Angenehme Unterkünfte, z.B. *Taba Hotel* vor dem Ort, ❷.

Anhang

Bücherliste

Nur wenige deutschsprachige Autoren beschäftigen sich mit Thailand. Der größte Teil der hier angegebenen Literatur ist in Englisch geschrieben. In Thailand werden viele dieser Bücher in den größeren Buchhandlungen verkauft, in Deutschland hingegen sind die englischsprachigen Titel höchstens über Amazon verfügbar. Eine weitere Quelle, die zudem nichts kostet, ist die Bibliothek des Goethe-Instituts in Bangkok (s.S. 167).

Länderkunde

Thailand ohne Tempel. Lebensfragen eines Tropenlandes (Donner, Wolf; Frankfurt 1993). Die schwerwiegenden ökologischen und sozialen Probleme Thailands werden fundiert dargestellt und mit vielen Fakten begründet – dennoch gut lesbar. Empfehlenswertes Buch für alle, die bereit sind, einen Blick hinter die Sonnenseiten des Landes zu werfen.

Thailand (Donner, Wolf; München 1996). Kompetent geschriebene, informative Abhandlung über den Naturraum, die Geschichte, Kultur, Wirtschaft und Gesellschaft des Landes. Erschienen in der Serie Beck'sche Reihe – Länder.

Schriftreihe der Deutsch-Thailändischen Gesellschaft (anfordern bei Asia Books Edith Rieger, Bahnhofstr. 132, 69151 Neckargemünd, ✆ 06223-6849; 📠 72466, ✉ edith.rieger@t-online.de). Informationen, die über die Tagesereignisse hinaus von Bedeutung und Interesse sind, z.B.:

Im Land des weißen Elefanten. Die Beziehungen zwischen Deutschland und Thailand von den Anfängen bis 1962 (Stoffers, Andreas; Bonn 1995). Ein Überblick über das wechselvolle Verhältnis beider Länder, politische Ränkespiele und wirtschaftliche Beziehungen, leider etwas langatmig.

Thailand, The Lotus Kingdom (Shearer, Alistair; London 1989). Beschreibung Thailands und seiner Bewohner.

Sympathie Magazine des Studienkreises für Tourismus gibt es u.a. zu Thailand und auch zum Buddhismus.

Geschichte, Politik, Religion und Soziales

Thailand – a Short History (Wyatt, David; New Haven 2003). Ausgezeichnete Einführung in die Geschichte von der Vorzeit bis heute.

A History of Thailand (Baker, Chris, Phongpaichit, Pasuk; Cambridge 2005). Die erste neue Geschichte Thailands seit vielen Jahren.

Conflict or Communication – Studies in Thai and western cultures (Klausner, William J.; Bangkok 1994) Ausgezeichnete Einführung in die traditionelle soziale Struktur des Landes und die Mentalität der Menschen. Aktueller und kritischer ist **Thai Culture in Transition**, erschienen 2002.

Thaksin: The Business of Politics in Thailand (Phongpaichit, Pasuk, Baker, Chris; Bangkok 2005). Die erste kritische Auseinandersetzung mit dem reichsten Mann Thailands, seiner Biografie und seinem politischen Einfluss auf das Land.

A Meditator's Diary. A Western woman's unique experiences in Thailand monasteries (Jane Hamilton-Merritt; London, Boston, Sydney 1976). Für alle, die sich ausführlich mit Buddhismus und dem Leben in einem thailändischen Kloster beschäftigen wollen.

Thailand's Boom and Bust (Phongpaichit, Pasuk, Baker, Chris; Chiang Mai 1998). Eine aufschlussreiche Darstellung der wirtschaftlichen Entwicklung des Landes, wobei der Schwerpunkt auf der Zeit von 1975–98 liegt. Von der radikalen Kritikerin der modernen Gesellschaft Thailands und ihrer Herrschenden liegen neben den hier aufgeführten zahlreiche weitere Veröffentlichungen vor.

Power and Culture – the Struggle against Poverty in Thailand (Gohlert, Ernst W.; Bangkok 1990). Bespricht konventionelle und alternative Entwicklungsprogramme, Geburtenkontrolle, Umwelt, Menschenrechte, Frauenbewegung und Spiritualität.

Die Nacht der Krokodile. Kinderprostitution in Bangkok (Botte, Marie-France; Mari, Jean-Paul; München 1996). In dem aufschlussreichen Sachbuch fasst die engagierte Autorin, eine belgische Sozialarbeiterin, ein heißes Eisen an. Sie weiß, wovon sie schreibt, denn ihrem Engagement ist es vor allem zu verdanken, dass die missbrauchten Kinder nicht länger totgeschwiegen werden.

Siamesische + thailändische Geschichten, Entwicklungshelfer 136841 und Geschichten aus Siam (Kordon, Ingo; Verlag zur heilen Welt, Windeck 1999). Ein deutscher ehemaliger Entwicklungshelfer beschreibt in unterhaltsamen Episoden das Leben in einem nordthailändischen Dorf, in dem er seit vielen Jahren lebt.

Geschichten aus Thailand (Ruffert, Günther; Taufkirchen 2002). Amüsante Erfahrungsberichte aus dem thailändischen Alltag.
War in the Blood: Sex, Politics and AIDS in Southeast Asia (Dr. Beyrer, Chris; 1998). Der aufrüttelnde Bericht eines amerikanischen Epidemiologen, der in der Region arbeitete und Ärzte, Drogenabhängige und AIDS-Kranke interviewte.
Das siamesische Lächeln. Literatur und Revolte in Thailand (Kothmann, Hella; Karlsruhe 1993). Umfangreiche Informationen über Politik und Zeitgeschichte.
Die Herren des Pazifik (Seagrave, Sterling; München 1996). Die Geschichte der Überseechinesen im pazifischen Raum.

Kunst und Kultur

Traditional Thailand, Glimpses of a Nation's Culture (Segaller, Denis; Hong Kong 1982; englisch). Liebevolle Darstellung traditionellen thailändischen Kunsthandwerks in Text und Bild.
Thai Village Life – Culture and Transition in the Northeast (Phongphit, Seri; Bangkok 1990). Eine halbwissenschaftliche Studie über Kultur, Rituale, Zeremonien, Fähigkeiten und Fertigkeiten im Nordosten.
Thai Culture, New Series (Hrsg.: The Fine Arts Department, Bangkok). Diese Reihe zu verschiedenen kulturellen Themen umfasst 25 farbige Broschüren, die leider nur selten in Museen verkauft werden.

Bergvölker und Minderheiten

A Life Apart – Viewed from the Hills und Hmong Voices (Boyes, Jon & Piraban, S.; Bangkok 1992 / 1990). Interviews mit verschiedenen Hilltribes in der Provinz Chiang Rai, mit kleinem Sprachführer. Hier kommen die Bergbewohner selbst zu Wort und berichten über ihr Leben und ihre Probleme. Bestimmte Themen wurden allerdings bewusst ausgeklammert. Leicht zu lesendes Taschenbuch. Empfehlenswert.
Völker im Goldenen Dreieck (Lewis, Paul & Elaine; Stuttgart 1984). Umfangreiche, illustrierte Darstellung der Lebensbedingungen verschiedener Bergvölker, recht teuer und schwer. Nur noch antiquarisch erhältlich.
Hilltribes of Thailand (Freeman, Michael; Bangkok 1989). Ein dünnes, großformatiges Buch mit hervorragenden Farbfotos. Die kurzen englischen Textpassagen gehen einfühlsam auf das Leben der Bergvölker ein.
Highlanders of Thailand (McKinnon, Ed John; Bhrukhsari, Wanat; Oxford University Press, Kuala Lumpur 1983). Essays verschiedener Sozialwissenschaftler über die Bergvölker Nord-Thailands.
Akha und Meau (Bernatzik, Hugo Adolf; Innsbruck 1947). Probleme angewandter Völkerkunde in Hinterindien. Interessante Darstellung über das Leben der Meos (Hmong) vor 50 Jahren.

Natur

Thailand. Räumliche Strukturen und Entwicklung (Donner, Wolf; Darmstadt 1989). Darstellung thailändischer Landschaftsformen und die Möglichkeiten ihrer sinnvollen, schonenden Nutzung.
Birds of Thailand (Robson, Craig; Princeton 2002). Ein Vogelbestimmungsbuch mit 128 Bildtafeln und 950 Verbreitungskarten.
A Field Guide to the Wild Orchids of Thailand (Vaddhanaphuti, Nantiya; Bangkok 2005). Beschreibung von 90 Orchideen mit Fotos.
A Field Guide to the Flowering Plants of Thailand (McMakin, Patrick D.; Bangkok 1988). Beschreibung von 502 Blütenpflanzen mit Fotos.
Marine Animals of Thailand (Majchacheep, Surin; Bangkok 1989). Wissenschaftliche Beschreibung und Nachschlagewerk über 371 Meerestiere, jeweils mit Foto.
Fischführer Indischer Ozean. Rotes Meer bis Thailand (Debelius, Helmut; Berlin-Velten 2001). Ein deutschsprachiges Fischbestimmungsbuch für Taucher und andere Interessierte.
Der unersetzbare Dschungel (Reichholf, Josef H.; BLV München, 1991). Verständlich geschrieben, auch für Neulinge in der Regenwald-Problematik geeignet.

Historische Beschreibungen

Viele historische Titel sind als Reprints bei White Lotus Press in Bangkok erschienen und in Buchläden in Thailand erhältlich. Einen Gesamtüberblick erhält man bei 💻 www.thailine.com/lotus/.
The Kingdom and the People of Siam (Bowring, Sir John; New York 1969). Zweibändiges, umfangreiches Werk, 1855 von einem englischen Diplomaten verfasst, der das Land bereiste. Reprint.
Temples and Elephants (Bock, Carl; London 1884, Reprint Bangkok 1985). Beschreibung einer Reise

von Bangkok nach Chiang Mai zu Zeiten König Chulalongkorns.

Siam on the Meinam from the Gulf to Ayuthia (Sommerville, Maxwell; London 1897; Reprint Bangkok 1985). Reiseaufzeichnungen eines US-amerikanischen Professors, der Bangkok und den Menam Chao Phraya über Ayutthaya bis Zentral-Thailand bereiste.

A Narrative of a Residence in Siam (Neale, Frederick Arthur; London 1852; Reprint Bangkok 1986). Bericht eines Briten von seiner Reise nach Siam und seine Beobachtungen über die Kultur, Traditionen und das Rechtssystem des Königreichs.

Voyage to Siam (Tachard, Guy; London 1688; Reprint Bangkok 1981). Beschreibung einer Gesandtschaft aus sechs Jesuiten, die von König Louis XIV. an den Hof König Narais reiste.

1688 Revolution in Siam (Hutchinson, E.W.; Bangkok 1990). Memoiren von Pater de Bèze, einem Jesuitenpriester. Er beschreibt die ersten europäischen Versuche, das Königreich zu durchdringen.

Letters from Thailand (Botan; Seattle 2002). Die Geschichte eines Einwanderers aus China in den späten 40er Jahren des vergangenen Jahrhunderts. Empfehlenswert.

Anfang der Eisenbahn in Thailand (Weiler, Luis; Reprint Bangkok 1979). Tagebuch vom Bau der Thai-Eisenbahn unter der Leitung von deutschen Ingenieuren in der Periode von 1893–1917; interessant zu lesen.

Matahari. Stimmungsbilder aus dem Malayisch-Siamesischen Dschungel (Morgenthaler, Hans; Zürich 1987). Ein Schweizer Abenteurer sucht 1917–1920 in Siam nach Bodenschätzen.

Romane und Erzählungen

Leider sind viele der Taschenbücher vergriffen und nur noch in der Bibliothek oder antiquarisch zu erhalten. Ausnahmen:

The Beach (Der Strand) (Garland, Alex; Goldmann München 2001). Der britische Autor beschreibt in seinem viel beachteten Erstlingswerk die Traveller-Szene in der Khaosan Road und auf Ko Samui, ihr Leben und ihre Träume. Verfilmt auf Ko Phi Phi Le und im Khao Yai Nationalpark mit Leonardo di Caprio in der Hauptrolle.

Haus der Geister (Moore, Christopher G., Zürich 2000). Ein Thriller von dem in Thailand lebenden und dort bereits viel beachteten englischsprachigen Schriftsteller um einen Privatdedektiv, Drogen und das große Geld. Auch der im Bangkoker Nachtclub-Milieu spielende Roman **Nana Plaza** wurde 2001 übersetzt. Wer Gefallen an dem teils recht deftigen Stil gefunden hat, kann weitere Titel des Autors in Englisch lesen, die in Thailand erhältlich sind. Einen Eindruck vom Autor vermittelt 💻 www.cgmoore. com.

Anna und der König. Der Roman zum Film (Hand, Elizabeth; München 2000). Neuauflage des Schinkens rechtzeitig zum Erscheinen des Films mit Jodie Foster, der in Thailand wegen Majestätsbeleidigung verboten ist und in Malaysia gedreht werden musste. Die fantasievolle Geschichte der englischen Gouvernante am Hof von König Mongkut.

Das Erbe der Schwestern (Eastgate James, Caron; Knaur, München 2005). Die junge neuseeländische Autorin beleuchtet in ihrem unterhaltsamen Familienroman das Schicksal einer englisch-siamesischen Familie in Thailand über drei Generationen, das eng mit der Geschichte des Landes verwoben ist – eine nette Urlaubslektüre.

Muschelprinz und Duftende Blüte (Manesse Verlag, Stuttgart 1997). Volkstümliche Liebesgeschichten aus Thailand, die ihren Ursprung in der Region Chiang Mai haben.

Reis aus Silberschalen (Ekert-Rotholz, Alice; Hoffmann und Campe, Hamburg 1985). Ein unterhaltsamer Einstieg in die Denk- und Handelsweise von Südostasiaten.

Das Goldriff / Teufelskreis Bangkok (Saul, John R.; München 2002). Sammelband. Interessant ist der im korrupten Milieu von Bangkok spielende Roman.

Joys Geheimnis (Anschel, Louis, Berlin 2000). Nach einem Mord im Berliner Rotlichtmilieu führen die Ermittlungen Kriminalhauptkommissar Ludger Bruske auch nach Thailand, wo er einem Mädchenhändler auf die Schliche kommt.

Siamesische Hunde (Blettenberg, Detlef; Bielefeld 2003). Als Landeskenner hat der deutsche Entwicklungshelfer diesen spannenden Thriller mit vielen Fakten über das Leben in Thailand gespickt. Der Handlung liegen die geheimdienstlichen Aktivitäten von Jim Thompson zugrunde. Vom selben Autor sind außerdem der Roman **Farang** sowie die Reportagen **Inka grollt und Buddha lächelt** erschienen.

Vergriffene Titel

Die meisten der hier aufgeführten Titel können bei 💻 www.amazon.de gebraucht bestellt werden.

Auf den Spuren Buddhas (Uhlig, Helmut; Berlin 1982). Erlebnisse einer Reise durch Südostasien, mit vielen Hintergrundinformationen.

Bambus läßt sich nicht brechen – Reportagen vom Überleben in Südostasien (Siebert, Rüdiger; Würzburg 1986). Hervorragend beobachtete und gut geschriebene Kurzgeschichten über die Schattenseiten des Lebens in Thailand und seinen Nachbarländern. Sehr zu empfehlen!

Die Brücke am Kwai (Boulle, Pierre; rororo Taschenbuch, 1958). Der verfilmte Klassiker über das Leben im Kriegsgefangenenlager und den Bau der Brücke über den River Kwai während des 2.Weltkriegs.

Im Goldenen Dreieck – Eine Reise in Thailand und Burma (Nicholl, Charles; Hamburg 1993). Roman über die Reise eines sensiblen Farang durch den Norden Thailands, Begegnungen mit Opiumhändlern, Waffenschiebern und sympathischen Charakteren in exzentrischen Situationen.

Endstation Bangkok (Lerco, Armand; Hamburg 1984). Bericht eines ehemaligen Dealers, der in einem Gefängnis in Thailand landet.

Frauen in Thailand (Kothmann, Hella, Hrsg.; München 1991). Eine Sammlung von Erzählungen thailändischer Autorinnen.

Himmel und Erde – Ein Südostasien-Lesebuch (Hase, Michael, Hrsg.; Berlin 1985). U.a. drei Kurzgeschichten aus Thailand.

Insel im Schwarzen Fluß – Die Geschichte einer verkauften Kindheit in Thailand (Siebert, Rüdiger; Arena Verlag, Würzburg 1995). Eine hervorragend recherchierte Geschichte über die unmenschlichen Bedingungen, unter denen Kinder armer Eltern in Fabriken arbeiten müssen.

Rough Boys. Drei Jahre Ewigkeit im Drogen-Knast von Bangkok (Vyskocil, Helmuth L.; München 1984). Ein Erlebnisbericht aus thailändischen Gefängnissen.

People of Esarn (Sudham, Pira, Bangkok 1994, englisch). Erzählungen über das Leben in Nordost-Thailand. Vom gleichen Autor erschien 1989 **Monsoon Country**.

Traveler's Tales Thailand (O'Reilly, James; Habegger, Larry; San Francisco 2002). 54 Erzählungen von amerikanischen und englischen Touristen. Insgesamt oberflächlich, trotz der Vielzahl von Aufsätzen der Vielfalt Thailands nicht angemessen.

Kingdom of Make-Believe (Barrett, Dave; Village East Books, 1999). Nach dem Ende des Vietnamkriegs ereilt den amerikanischen Journalisten in der Midlife-Krise ein Hilferuf aus Bangkok, wo er schon bald in eine Liebesgeschichte mit einer einheimischen Mutter und ihrer Tochter sowie einen ungeklärten Todesfall verstrickt wird.

In Bangkok erhältlich:

Thai-Ramayana (Übersetzung der Fassung von König Rama I. durch M.L. Manich Jumsai, deutsch, englisch). Es gibt verschiedene Fassungen dieses Epos', das im gesamten süd- und südostasiatischen Raum bekannt ist. In die Thai-Version sind zahlreiche Märchen und Sagen Thailands eingearbeitet worden. Eine umfangreiche deutsche Übersetzung der indischen Ramayana-Version ist bei Diederichs, Köln 2004, erschienen. Eine besonders schöne englische Nacherzählung mit Bezug auf die Artus-Legende und Abbildungen von den Wandmalereien im Wat Phra Keo hat J. C. Shaw 1988 bei D.K. in Bangkok veröffentlicht.

Kurzgeschichten aus Thailand (ausgewählt und übersetzt von Thupha Otrakul, Bangkok 1982). Dieser Sammelband vermittelt einen Einblick in die moderne thailändische Literatur und in das Denken der Thais.

A Child of the Northeast (Boontawee, Kampoon; Bangkok 1994). Autobiografischer Roman über ein Jahr im Leben eines Dorfes in Nordost-Thailand in den 30er Jahren. Preisgekröntes, relativ leicht zu lesendes Buch, das mehr über das Wesen des Nordostens vermittelt als viele gelehrte Schriften.

The Pirates of Tarutao (Adirex, Paul; Bangkok 1994). Historischer Roman über das Schicksal der Gefangenen auf der südthailändischen Insel Tarutao im 2. Weltkrieg. Interessant geschrieben, gut zu lesen.

Bildbände

Thailand from the Air (Invernizzi, Luca; Cassio, Alberto; Bangkok 1984). Eine ungewöhnliche Methode, das Land fotografisch darzustellen – Großformat.

Thailand. Seven Days in the Kingdom (William Warren und fünfzig Fotografen; Singapore 1987).

1987 bereisten zahlreiche Fotografen Thailand. Das Ergebnis ist ein fantastischer Bildband.

The Royal Kingdom of Thailand (hrsg.: Tourist Authority of Thailand; Bangkok 1997). Aus Anlass des 50-jährigen Thronjubiläums des Königs haben die 50 besten Fotografen Thailands das Land bereist und unter unterschiedlichen Aspekten porträtiert.

Thailand sehen & erleben (Modrow, Jörg; Müssig, Jochen; München 2005). Ein kompakter Bildband, in dem es auch Spaß macht zu schmökern.

The Arts of Thailand (Van Beek, Steve & Invernizzi, Luca; Hong Kong 1999). Die fantastischen Bilder des großformatigen Bildbandes haben ihren Preis – ca. US$30.

Reise durch Thailand (Sasse, Martin; Parker, Rydell; Würzburg 2004). Sehr schöner Bildband mit reizvollen Motiven.

Kulturführer

Kulturschock Thailand (Krack, Rainer; Bielefeld 2004). Informationen über Kultur und Gesellschaft der Thais.

Land & Leute Thailand (Bolik, Rainer; Jantawat-Bolik, Siriporn; München 1995). In alphabetischer Reihenfolge wird in dem gut lesbaren Band der Polyglott-Reihe Hintergrundwissen über das Alltagsleben und die Kultur Thailands vermittelt.

Reisegast in Thailand (Aarau, Alice; Cooper, Robert & Nanthapa; Dormagen 2001). Amüsant und locker geschrieben ist dieses Buch eine Hilfestellung, um die Verhaltensweisen der Thais zu verstehen und sich als Ausländer entsprechend zu verhalten. Titel der englischen Originalversion: **Culture Shock! Thailand.**

Thai Ways und **More Thai Ways** (Segaller, Denis; Bangkok 2000). Der seit Jahrzehnten in Thailand lebende Dokumentarfilmer schreibt humorvoll und doch respektvoll über Sitten und Lebensweisen der Thai. Beide Bändchen sind am ehesten in Bookshops großer Hotels in Bangkok zu finden.

Sprachführer und Wörterbücher

Thai Phrasebook (Evans, Bruce; Melbourne 2004) und **Hill Tribes Phrasebook of Southeast Asia** (Bradley, David, Melbourne 1999). Sehr gute englische Sprachführer mit gewöhnungsbedürftiger Lautschrift und Thai-Schrift. Sie ermöglichen auch in ländlichen Gebieten eine (Lese- und Zeige-) Konversation und fordern die Gesprächspartner dazu heraus, Sprachlehrer zu spielen. Erschienen bei Lonely Planet.

Deutsch-Thai-Lautschrift – Thai-Deutsch Taschen-Wörterbuch (Veuskens, Michael; Wettenberg 2003). Ein dreifaches Wörterbuch in Thai, Deutsch und Thai-Lautschrift auf 503 Seiten. Die Lautschrift wurde speziell für Deutschsprachige entwickelt und ist einfach, aber etwas gewöhnungsbedürftig. Auch für den thailändischen Gesprächspartner sehr nützlich.

Langenscheidt Sprachführer Thai, Wörter sind auch in Thai-Schrift verzeichnet, und die Lautschrift wird mit Tonhöhen angegeben.

Phuut Thai. Deutsch-Thailändisches Wörterbuch mit Sprachausgabe, Textverarbeitung und Vokabeltrainer sowie Erläuterungen zur thailändischen Sprache. (Möller, Hans, Suriyanja, Wasana; Düsseldorf 2000) CD-ROM mit 15 000 Begriffen, einem elektronischen Wörterbuch und thailändischer Tastaturunterstützung für den PC, mehr Infos: 💻 www.phuutthai.com.

Gesundheit

Wo es keinen Arzt gibt (Werner, David; Bielefeld 2004). Das Gesundheits-ABC für unterwegs. Praktische Reisemedizin im Kleinformat, mit medizinischem Wörterbuch in den Weltsprachen.

The Travel & Tropical Medicine Manual (Jong, Elaine; McCullen, Russell; 2003). Sehr systematische, komprimierte Informationen für Tropenmediziner. Von Laien nicht leicht lesbares Taschenbuch.

Die Kunst traditioneller Thai Massage (Asokananda – Harald Brust; Wettenberg 1990). Die Techniken der Ganzkörpermassage, mit Fotos und Zeichnungen.

Kochbücher

Die Poesie der thailändischen Küche (Heymann-Sukphan, Wanphen; Aarau 1999). Großformatiges bebildertes Kochbuch, das Appetit macht.

Thailand: Eine kulinarische Reise (München 1992). Fantastisch fotografierter großformatiger Bildband, der weit mehr als ein Kochbuch ist.

Compact Minirezepte. Thai-Küche. (München 1999). Die hundert bekanntesten Rezepte für wenig Geld.

Nitaya's Thai Küche (München 1995). Das Buch wartet nicht nur mit schönen Bildern, sondern auch mit vielen nachkochbaren Rezepten auf, die den deutschen Gegebenheiten angepasst wurden.

Lust auf Thai-Snacks (München 2001). Taschenbuch, in dem Kleinigkeiten aus der Thai-Küche präsentiert werden.

Thai Food (Thompson, David, München 2002). Eine Liebeserklärung an die Küche Siams vom australischen Koch David Thompson, einem glühenden Verehrer der thailändischen Kochkunst.

Reiseführer

Eine große Zahl von Reiseführern beschäftigt sich mit Thailand. Aus dem Angebot haben wir einige ausgewählt, die dieses Buch ergänzen können.

Richtig Reisen Thailand (Loose, Renate; Ostfildern 2005). Hintergrundinformationen über das buddhistische Land. Außerdem zahlreiche Fotos und Routentips über die wichtigsten Reiseziele in Thailand.

Polyglott APA Guide Thailand (Rutherford, Scott u.a.; München 2003). Ein Reiseführer mit schönen Bildern und ausführlichen Routenbeschreibungen in Deutsch und Englisch. Wenig praktische Tipps!

Thailand (Nelles Guides; München 2004). Ein handlicher, bunter Reiseführer, der Wert auf gute Karten legt, wobei der Text etwas zu kurz kommt.

Thailand (Clarac, A.; Bangkok, 1985). Der umfangreichste Kunst- und Reiseführer selbst für Touren in abgelegene Regionen, allerdings nur für Selbstfahrer; praktische Preisangaben und Hinweise auf öffentliche Verkehrsmittel fehlen, keine Neuauflage. Französisch. Englische Fassung: Oxford, New York, Bangkok 1981.

Thailand per Rad (Thomes, Matthias; Kettler Verlag 1991). Veralteter Radführer mit 90 Teilstrecken, Kartenskizzen und Hintergrundwissen.

National Parks and other Wild Places of Thailand (Elliott, Stephen; Cubitt, Gerald; Australien 2002). Ausführliche Beschreibung aller Nationalparks, fantastische Fotos, viele praktische Tipps. Aufgrund des Formats als praktischer Wanderführer wenig geeignet.

Exploring Chiang Mai (Hargreave, Oliver; Chiang Mai, 2003). In vielen Bildern ist Chiang Mai gut beschrieben, zahlreiche korrekte Karten und Routenbeschreibungen regen zu Ausflügen im Umkreis von 100 km an.

A Round Lan-Na (Goodden, Christian; Halesworth, 1999). Ein akribisch recherchierter Führer zu den neuen Straßen entlang der Grenzen von Chiang Mai, Chiang Rai und Nan mit Burma und Laos. Eingewebt sind fesselnde Schilderungen über Begegnungen mit den Dorfbewohnern und kulturhistorische Abhandlungen über die kaum bereiste Grenzregion. Viele Fotos und 32 exakte Kartenskizzen. Unverzichtbar für Selbstentdecker.

Top North – A New Guidebook (Soonklahng, Pom; Thailand). Unser Freund Uwe hat in minutiöser Arbeit einen kleinen Führer für Selbstfahrer über den Hohen Norden erstellt, mit vielen Kartenskizzen. Erhältlich in Gästehäusern in Chiang Rai und weiter nördlich. Wird laufend aktualisiert und ergänzt.

Dive Guide Thailand (Lees, Paul; Asia Books Bangkok, 2001). Über 140 Tauch- und Schnorchelplätze in Thailand und auf den Andamanen.

Tauchreiseführer Thailand (Mietz, Christian; Augsburg 1995). Allgemeine Informationen über Thailand, Streifzug durch die Natur und das Leben im Meer, allgemein gehaltener Führer zu 13 Tauchregionen mit Karten, konkrete Reisetipps zu Anreise, Unterkunft und Tauchschulen, exzellente Fotos.

The Meditation Temples of Thailand: A Guide (Cummings, Joe; Bangkok 1990). Informationen über Buddhismus in Thailand, Meditationslehrer und Tempel, aber leider etwas veraltet.

A Motorcycle Guide to the Golden Triangle (Unkovich, David; Chiang Mai, 1998). Exakte Beschreibungen von Motorradtouren im Norden östlich von Chiang Mai. Sehr zu empfehlen. Neueste Infos und Karten 💻 www.gt-rider.com.

Krabi – Caught in the Spell (Henley, Thom; Bangkok, 2003). Der Untertitel „A Guide To Thailand's Enchanted Province" lässt nicht vermuten, dass dieses Buch weit mehr ist als ein Reiseführer. Der engagierte kanadische Ökologe, der jeden Winter in Krabi verbringt, beschreibt in vielen Kurzgeschichten die Landschaften, die Menschen und die Natur der Provinz Krabi. Er spart nicht mit kritischen Anmerkungen über die Entwicklung Krabis seit dem Einzug der Touristen, doch immer schimmert seine Liebe zu den Menschen der Provinz durch.

Kosmos NaturReiseführer Thailand (Kath, Andrea; Braun-Lüllemann, Jörg; Braun-Lüllemann, Annette; Stuttgart 2001). Auf 286 Seiten wird der Naturraum Thailands ausführlich dargestellt und mit farbigen Fotos und Karten illustriert.

Landkarten und Pläne

... über Thailand:

Thailand Highway Map 1:1 100 000 (Roads Association of Thailand, Hrsg.; PN Map Center, Bangkok). Der zurzeit umfangreichste Straßenatlas Thailands in Thai und Englisch, brauchbar für Haupt- und Nebenrouten. Viele Stadtpläne. Leider ist der Ortsindex nur in Thai. Erscheint jährlich neu.

Berndtson Map Thailand 1:1 500 000 (Borch Publications; Fürstenfeldbruck). Brauchbare Straßenkarte mit Sehenswürdigkeiten, 9 Stadtpläne und Detailkarten, Orts- und Straßenindex. Eine gute Ergänzung zum Handbuch.

Nelles Map Thailand 1:1 500 000 (Nelles Verlag, München). Sehenswürdigkeiten sind markiert, Grundlage ist eine topographische Karte mit angenehmem Maßstab. 9 Stadtpläne und Detailkarten.

... über Bangkok:

Latest Tour's Guide to Bangkok & Thailand. Brauchbarer Bangkok-Stadtplan mit eingezeichneten Busrouten, den es in vielen Gästehäusern, Buchläden und im Tourist Office für 30–40 Baht zu kaufen gibt.

Bangkok & Vicinity A to Z Atlas (PN Map Center, Bangkok). 120-seitiger Stadtatlas, sehr detailliert und präzise, aber nur mit Thai-Straßenindex.

Berndtson City Streets 1:14 000, Innenstadtplan sowie Karte des Großraums bis zum Airport im Maßstab 1:85 000, mit Hotel-, öffentlichem Gebäude- und Straßenindex.

Nelles Map Bangkok 1:15 000 (Nelles Verlag, München). Mit einem Plan des Großraumes im Maßstab 1:75 000, mit Sehenswürdigkeiten, Hotels u.a.

Map of Bangkok (Chandler, Nancy). Grafisch hübsch gestaltete, handgezeichnete Karten von den interessantesten Märkten und Einkaufsvierteln mit eingezeichneten Geschäften, Restaurants, Sehenswürdigkeiten.

... über den Norden:

Berndtson City Streets Chiang Mai, 1:13 000 (Borch Publications; Fürstenfeldbruck). Innenstadtplan und Karte des Großraums, mit Straßenindex.

Berndtson Thailand North Road Map 1:750 000 mit Stadtplänen von Chiang Mai, Chiang Rai und Mae Hong Son sowie Umgebungskarten von Chiang Mai und dem Goldenen Dreieck. Einzige Karte des Nordens, in der jede Landstraße exakt recherchiert wurde, mit Straßenkategorien, Befahrbarkeit, touristischen Attraktionen, Symbolen für Aktivitäten, Nationalparks mit Grenzen. Leider nicht wieder neu aufgelegt.

Map of Chiang Mai (Chandler, Nancy). Grafisch hübsch gestaltete, handgezeichnete Karten von den interessantesten Märkten und Einkaufsvierteln mit eingezeichneten Geschäften, Restaurants, Sehenswürdigkeiten.

The Mae Hong Son Loop 1:375 000 (The Golden Triangle Rider Ltd. Part.; 2000). Exakt recherchierte Karte des Nordwestens mit sechs Straßenkategorien, Entfernungsangaben, ländlichen Gästehäusern und touristischen Attraktionen. Weitere Infos unter 🖳 www.gt-rider.com/.

... über die Inseln:

Berndtson Phuket Road Map 1:80 000, umfasst das Gebiet bis Krabi, mit Detailplänen von den Stränden, Phuket Town, Krabi und Ko Phi Phi. Exakt recherchierte Karte.

Guide Map of ... (V. Hongsombud; Bangkok). Hervorragend recherchierte Serie von Karten über touristische Gebiete. Sie wird laufend aktualisiert. Vorsicht vor minderwertigen Nachahmern! Mehr Infos unter 🖳 www.thaiguidemap.com.

Kleines Wörterbuch

Wenigstens ein paar Worte auf Thai sprechen zu können und das Bemühen zu zeigen, noch mehr lernen zu wollen – dies weckt spontane Sympathie und Neugier in den meisten Thais. Eine Mini-Konversation von 4 oder 5 Sätzen mit dem Abschluss, nur ganz wenig Thai zu sprechen (put thai dai nitnoi *khrap / kha), wird immer wieder die sprichwörtliche Freundlichkeit der Thais hervorzaubern.

*Sogar ein nicht korrekt konstruierter Satz erhält durch das Anhängen der obligatorischen Endung „khrap“ (von Männern gesprochen) bzw. „kha“ (von Frauen gesprochen) einen höflichen Klang.

Selbst mit einem Wörterbuch hat man große Schwierigkeiten, die Worte richtig auszusprechen. Neben den Tonhöhen, die Anfänger nie richtig treffen, muss man sich mit 44 unterschiedlichen Konsonanten und 32 Vokalen herumschlagen, die es zum großen Teil in unserer Sprache nicht gibt. Der folgende Grundwortschatz kann hierbei nur eine kleine Hilfestellung sein. Wer die Zahlen bis 1000 in Thai beherrscht, wird einen guten Eindruck machen – vor allem bei Taxifahrern und beim Handeln. Am besten lässt man sich die Wörter von einem Thai vorsprechen und versucht, sie nachzusingen. Ein Trost für alle, die es dennoch wagen – die Grammatik ist recht einfach zu lernen, da es nur wenige Regeln und keine Ausnahmen von diesen Regeln gibt.Tonhöhen haben wir nicht angegeben. Die Aussprache-Umschrift der ausgewählten Worte basiert weitgehend auf dem Deutschen.

Das Allerwichtigste

Willkommen! (Begrüßung)	sawadie khrap / kha	สวัสดีครับฝค่ะ
Wie geht es?	sabai die mai?	สบายดีใหม่
Mir geht es gut	sabai die	สบายดี
tschüs	laa gon	ลาก่อน
Auf Wiedersehen	pop gan mai	แล้วพบกันใหม่
Woher kommst du?	töh mah dschak tienai?	เธอมาจากไหน
Darf ich fotografieren?	tai ruhpdai mai?	ถ่ายรูปได้ไหม
Sprichst du Thai?	phuht thai daai mai?	เธอพูดไทยได้ไหม
Ich spreche ein wenig Thai	phuht thai nitnoi	ฉันพูดไทยได้นิดหน่อย
Verstehen Sie?	kao dschai mai?	คุณเข้าใจไหม
Ich verstehe (nicht)	pom (mai) kaodschai	ฉันไม่เข้าใจ
Bitte sprechen Sie langsam!	prott put cha cha	โปรดพูดช้าๆ
Das macht nichts!	mai pen rai	ไม่เป็นไร
danke (Männer/Frauen)	kop khun khrap	ขอบคุณครับฝค่ะ
bitte (fordernd)	prott	โปรด
bitte (einladend)	tschuhn	เชิญ
Achtung!	rawang	ระวัง
Es tut mir Leid	pom sia chai	ฉันเสียใจ
Entschuldigung	kao tott	ขอโทษ
Wie heißt du?	dschüarai	เธอชื่ออะไร
Ich heiße...	dschüa	ฉันชื่อ.....

ANHANG

Wie alt bist du?	ahju tao-rai	เธออายุเท่าไหร
Wo wohnst du?	ju tienai	เธออยู่ที่ไหน
Was machst du?	tham arai	ทำอะไร
Viel Glück!	dschok die	โชคดี
verrückt	babababo	บ้าๆบอๆ
gut, clever	gäng	เก่ง
Junge	dek phudschai	เด็กผฦชาย
Mädchen	dek phujing	เด็กผฦหญิง
Kind	dek	เด็ก
müssen	tong	ต้อง
können	dai	ได้
brauchen	dongka	ต้อง การ
haben	mih...	มี
Freund	püan	เพื่อน
westl. Ausländer	farang	ฝรั่ง

Fragen

wann	möerai	เมื่อไหร่
warum	tammai	ทำไม
was	arai	อะไร
wer, wen, wem	krei	ใคร
wie	jangrai	อย่าง ไร
wie viel(e)	tao-rai	เท่าไหร่
wo, wohin, woher	tienai	ที่ไหน

Antworten

ja	dschai	ใช่
nein	mai, plao	ไม่/ปล่าว
nicht	mai	ไม่
gut	die	ดี
sehr gut	die mak	ดีมาก
nicht gut	mai die	ไม่ดี
sehr	mahk mahk	มากๆ
vielleicht	bangti	บาง ที
ein bisschen	nitnoi	นิดหน่อย

ANHANG

Personen

ich (weiblich)	ditchan / tchan	ดิฉัน/ฉัน
ich (männlich)	pom / kra pom	ผม/กระผม
du, sie, ihr	töh / khun / puak töh	เธอ/คุณ/พวกเธอ
er, sie, es	khao	เขา
wir	rao	เรา
du, Sie bzw. Herr…	khun	คุณ

Orientierung und Transport

geradeaus	trong pai	ตรง ไป
(nach) links	(liao) sai	(เลี้ยว) ซ้าย
(nach) rechts	(liao) khwa	(เลี้ยว) ขวา
Stopp!	jut	หยุด
Welche Straße ist das?	thanon nih arai?	ถนนนี้ชื่ออะไร
Welche Stadt ist das?	müang nih arai?	เมือง นี้ชื่ออะไร
Wohin gehst du?	pai nai?	เธอจะไปไหน
Ich gehe nach…	pai…	ฉันจะไป......
Nein, ich will nicht gehen	pom mai pai	ฉันไม่ไป
Ich gehe schwimmen	pai wainahm	ฉันไปว่ายน
Bus	rot meh	รถเมล์
Busbahnhof	sathani rot meh	สถานีรถเมล์/บขส.
Eisenbahn	rot fai	รถไฟ
Bahnhof	sathani rot fai	สถานีรถไฟ
Flugzeug	krüang bin	เครื่อง บิน
Flugplatz	sahnam bin	สนามบิน
Boot	rüha	เรือ
Hafen	tah rüha	ท่าเรือ
Taxi	teksi	แท๊กซี่
Auto	rot jon	รถยนต์
Motorrad	mohtöhsai	มอร์เตอร์ไซด์
Fahrrad	dschakrajahn	รถจักรยาน
mieten	tschau	เช่า
Benzin	bensin	เบนซิน
Normalbenzin	tammadah	ธรรมดา
Super	supähr	ซุปเปอร์

ANHANG

Umwelt

Stadt	müang	เมือง
Großstadt	nakhon / müang yai	นคร/เมือง ใหญ่
Dorf	bahn	หมู่บ้าน
Berg	doi	ภูเขา/เขา
Fluss	mä nahm	แม่น
Insel	ko	เกาะ
Strand	haht	ชายหาด/หาด
Bucht	ao	อ่าว
Wasserfall	nahm tok	น ตก
Höhle	tam	ถ
Straße	thanom	ถนน
Gasse	soi	ซอย

Übernachten

Hotel	rong rähm	โรง แรม
Wo ist das Hotel?	rong rähm ju tienai?	โรง แรมอยู่ที่ไหน
Zimmer	hong	ห้อง
Bett	tiang	เตียง
Schlüssel	gun tschä	กุญแจ
Moskito	jung	ยุง
Moskitonetz	mung	มุ้
Badezimmer	hong nahm	ห้อง น
Toilette	hong suam	ห้อง ส้วม
Wo ist die Toilette?	hong nahm ju tienai	ห้อง น อยู่ที่ไหน
müde	nguang noh	ง่วง นอน
allein	kon dijo	คนเดียว

ANHANG

Essen und Trinken s.S. 45

Einkaufen

kaufen	süh	ซื้อ
verkaufen	khai	ขาย
Wie viel möchten Sie?	khun tong kahn tao-rai?	คุณต้อง การเท่าไร
Wie viel kostet es?	raka tao-rai?	ราคาเท่าไร
Wie viel Baht?	kih baht?	กี่บาท

Ich nehme nichts	mai aau	ไม่เอา
teuer	päng	แพง
zu teuer	päng pai	แพง ไป
billig	mai päng	ไม่แพง
Es gibt…	mie…	มี
Es gibt nicht	mai mie	ไม่มี
Tasche	gapao	กระเป๋า
Toilettenpapier	gadad schamla	กระดาษชำระ
Seife	sabu	สระบู่
Shampoo	ja sa pom	ยาสระผม
Handtuch	pa set dua	ผ้าเช็ดตัว
Moskito-Coils	ja gan jung	ยากันยุง
Streichhölzer	mai kit fai	ไม้ขีดไฟ
Kerze	tian kai	เทียนไข
Batterie	tahn fai sai	ถ่านไฟฉาย
Briefmarke	satäm	แสตมป์
Schreibpapier	gadad kien djod mai	กระดาษเขียนจดหมาย

Gesundheit

krank	mai sabai	ไม่สบาย
gesund	sabai	สบาย
Medizin	jah	ยา
Fieber	kai	ไข้
Durchfall	tong döhn	ท้อง เดิน/ท้อง ร่วง
Erbrechen	adschian	อาเจียร
Krankenhaus	rong payabahn	โรง พยาบาล
wehtun	dschep	เจ็บ

Zeit

Welche Zeit?	kih mong	กี่โมง
Morgen	tschao	เช้า
Mittag	tiang	เที่ยง
Abend	jen	เย็น
Nacht	klang khühn	กลาง คืน
heute	wan-nie	วันนี้
morgen	prung-nie	พรุ่ง นี้

gestern	müa wan-nie	เมื่อวานนี้
Minute	natie	นาที
Stunde	tschua mohng	ชั่วโมง
Tag	wan	วัน
Woche	sapda / noeng athit	อาทิตย์
Monat	düan	เดือน
Jahr	bi	ปี
jetzt	däo-nie	เดี๋ยวนี้
später	tie-lang	ทีหลัง
noch nicht	yang	ยัง
schon / fertig	läou	แล้ว

Zahlen

1	nöng	๑	20	jie sip	๒๐
2	sohng	๒	21	jie sip et	๒๑
3	sahm	๓	25	jie sip hah	๒๕
4	sie	๔	30	sahm sip	๓๐
5	hah	๕	40	sie sip	๔๐
6	hock	๖	100	nöng roy	๑๐๐
7	dschät	๗	200	sohng roy	๒๐๐
8	bet	๘	1000	nöng pan	๑๐๐๐
9	gao	๙	10 000	nöng müün	๑๐๐๐๐
10	sip	๑๐	100 000	nöng sähn	๑๐๐๐๐๐
11	sip et	๑๑	1 000 000	nöng laan	๑๐๐๐๐๐๐
12	sip sohng	๑๒			

Wichtige Reiseziele in Thai-Schrift

Ang Sila	อ่าง ศิลา
Ang Thong Marine National Park	หมู่เกาะอ่าง ทอง
Aranyaprathet	อรัญประเทศ
Ayutthaya	อยุธยา
Ban Chiang	บ้านเชียง
Ban Mae Hat	บ้านแม่หาด
Bang Pa In – Der Sommerpalast	พระราชวัง บาง ปะอิน
Ban Phe	บ้านเพ
Bang Saen	บาง แสน
Bang Sai	บาง ไทร
Bang Sak	บาง สัก
Bang Saphan	บาง สะพาน
Bangkok	กรุง เทพฯ
Betong	เบตง
Bhumipol-Staudamm	เขื่อนภูมิพล
Bung Kan	บึง กาฬ
Cha-am	ชะอำ
Chaiya	ไชยา
Chaiyaphum	ชัยภูมิ
Chantaburi	จันทบุรี
Chiang Khan	เชียง คาน
Chiang Khong	เชียง ของ
Chiang Mai	เชียง ใหม่
Chiang Rai	เชียง ราย
Chiang Saen	เชียง แสน
Chonburi	ชลบุรี
Chum Phae	ชุมแพ
Chumphon	ชุมพร
Damnoen Saduak	ดำเนินสะดวก
Doi Inthanon	ดอยอินทนนท์
Doi Khuntan National Park	วนอุทยานดอยขุนตาน
Doi Tung	ดอยตุง
Fang	ฝาง
Goldenes Dreieck	สามเหลี่ยมทอง คำ
Hat Yai	หาดใหญ่
Hua Hin	หัวหิน

ANHANG

Jae Sorn National Park … วนอุทยานแจ้ซ้อน
Kaeng Krachan National Park … วนอุทยานแก่ง กระจาน
Kamphaeng Phet … กำแพง เพชร
Kanchanaburi … กาญจนบุรี
Khanom – Sichon … ขนอม/สิชล
Khao Lak … เขาหลัก
Khao Sam Roi Yot National Park … วนอุทยานเขาสามร้อยยอด
Khao Sok National Park … วนอุทยานเขาสก
Khao Yai National Park … วนอุทยานเขาใหญ่
Khon Kaen … ขอนแก่น
Khong Chiam … โขง เจียม
Khung Wiman und Laem Sadet … คุ้ง วิมานแหลมเสด็จ
Klong Lan National Park … วนอุทยานคลอง ลาน
Ko Bulon Lae … เกาะบูลอนเล
Ko Chang … เกาะช้าง
Ko Hai … เกาะไหง
Ko Kradan … เกาะกระดาน
Ko Lanta … เกาะลันตา
Ko Libong … เกาะลิบง
Ko Mak … เกาะหมาก
Ko Muk … เกาะมุก
Ko Nang Yuan … เกาะนาง ยวน
Ko Pha Ngan … เกาะพงัน
Ko Phayam … เกาะพะยาม
Ko Phi Phi … เกาะพีพี
Ko Rok … เกาะ๘ดำ
Ko Samet … เกาะเสม็ด
Ko Samui … เกาะสมุย
Ko Sukon … เกาะสุทร
Ko Tao … เกาะเต่า
Ko Wai … เกาะห
Korat (Nakhon Ratchasima) … โคราช
Krabi … กระบี่
Laem Ngop … แหลมง อบ
Laem Son National Park … วนอุทยานแหลมสน
Lampang … ลำปาง
Lansang National Park … วนอุทยานลานสาง

Loei .... เลย
Lopburi .... ลพบุรี
Mae Hong Son .... แม่ฮ่อง สอน
Mae Sa Valley .... แม่สาวัลเล่ย์
Mae Sai .... แม่สาย
Mae Salong .... แม่สลอง
Mae Sariang .... แม่สะเรียง
Mae Sot .... แม่สอด
Mukdahan .... มุกดาหาร
Nakhon Pathom .... นครปฐม
Nakhon Phanom .... นครพนม
Nakhon Sawan .... นครสวรรค์
Nakhon Si Thammarat .... นครศรีธรรมราช
Nan .... น่าน
Narathiwat .... นราธิวาส
Nathon .... หน้าทอน
Nong Khai .... หนอง คาย
Padang Besar .... ปาดัง เบซา
Pai .... ปาย
Pak Chong .... ปากช่อง
Pakbara .... ปากบารา
Pattani .... ปัตตานี
Pattaya .... พัทยา
Pha Taem .... ผาแต้ม
Phang Nga .... พังงา
Phattalung .... พัทลง
Phayao .... พะเยา
Phetchaburi .... เพชรบุรี
Phichit .... พิจิตร
Phimai .... พิมาย
Phitsanulok .... พิษณุโลก
Phrae .... แพร่
Phu Kradung National Park .... ภูกระดึง
Phuket .... ภูเก็ต
Prachuap Khiri Khan .... ประจวบคีรีขันธ์
Prasat Khao Phra Viharn .... ปราสาทเขาพระวิหาร
Prasat Phanom Rung .... ปราสาทพนมรุ้ง

Ramkhamhaeng National Park .... วนอุทยานรามคำแหง
Ranong .... ระนอง
Ratchaburi .... ราชบุรี
Rayong .... ระยอง
Sadao .... สะเดา
Sakon Nakhon .... สกลนคร
Samphran .... สามพราน
Samut Prakan .... สมุทรปราการ
Satun .... สตูล
Sawankhalok .... สวรรคโลก
Si Racha .... ศรีราชา
Si Satchanalai .... ศรีสัชนาลัย
Similan Islands .... หมู่เกาะสิมิลัน
Songkhla .... สง ขลา
Soppong .... สบป่อง
Sukhothai .... สุโขทัย
Sungai Golok .... สุไหง โกลก
Surat Thani .... สุราษฎร์ธานี
Surin .... สุรินทร์
Surin Islands .... หมู่เกาะสุรินทร์
Tak .... ตาก
Tak Bai .... ตากใบ
Taksin Maharat National Park .... วนอุทยานตากสินมหาราช
Takua Pa .... ตะกัวป่า
Tarutao National Park .... วนอุทยานเกาะตะรุเตา
Tha Li .... ท่าลี่
That Phanom .... ธาตุพนม
Thaton .... ท่าตอน
Thong Sala .... ท้อง ศาลา
Trang .... ตรัง
Trat .... ตราด
Ubon Ratchathani .... อุบลราชธานี
Udon Thani .... อุดรธานี
Umphang .... อุ้มผาง
Uttaradit .... อุตรดิตถ์
Wangprachan .... วัง ปราจัน
Wat Khao Sukim .... วัดเขาสุกิม

Wat Phailom .... วัดไผ่ล้อม
Wat Suan Moke .... วัดสวนโมกข์
Yala .... ยะลา
Yasothon .... ยโสธร

Index

A

B

C

ANHANG

DISCOUNT COUPON 50%

DISCOUNT OFF TIME & KILOMETERS FROM STANDARD RATE

QUOTE BCD F005400

Show your copy of Thailand Travel Handbuch

Budget®

Car and Truck Rental

More Than 22 Locations In Thailand

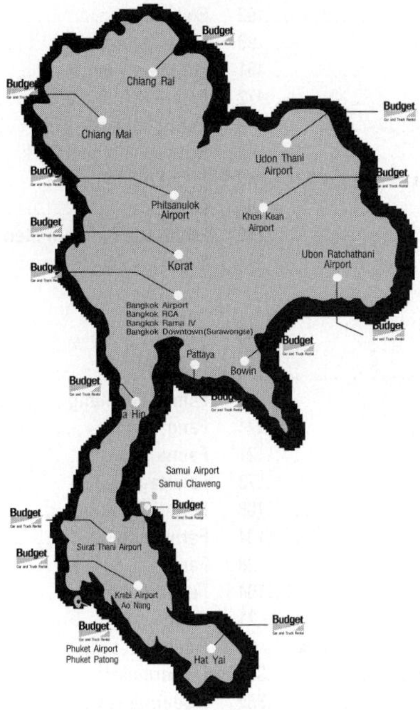

วิริยะประกันภัย
THE VIRIYAH INSURANCE

International SOS™
An AEA Company

The Budget Guarantee :
- The finest service stands.
- Budget Worldclass Drives.
- Full insurance to international standards.

Reservation Call Now!!

(+662) 20 30 250

www.budget.co.th

D

E

F

G

H

I

J

ANHANG

L

M

N

O

P

R

S

T

Y

Z

Die orangen *Stefan Loose Travel Handbücher* für die spannendsten Fernreiseziele

Ägypten
Muriel Brunswig und Martin Schemel, 476 Seiten
Australien
Anne Dehne, 832 Seiten
Australien – Der Osten
Anne Dehne, 608 Seiten
Bali – Lombok
Stefan Loose u.a., 304 Seiten
China
Jeremy Atiyah u.a., 1296 Seiten
China – Der Osten
Jeremy Atiyah u.a., 664 Seiten
Florida
Jeffrey Kennedy u.a., 448 Seiten
Guatemala
Frank Herrmann, 440 Seiten
Indien
David Abram u.a., 1312 Seiten
Indien – Der Nordwesten
David Abram u.a., 704 Seiten
Indien – Der Süden
David Abram u.a., 736 Seiten
Indonesien
Stefan Loose u.a., 800 Seiten
Java – Bali – Lombok
Stefan Loose u.a., 524 Seiten
Kalifornien
Jeff Dickey u.a., 736 Seiten
Kambodscha
Beverley Palmer, 328 Seiten
Kanada – Der Osten
Tim Jepson u.a., 540 Seiten
Kanada – Der Westen
Tim Jepson u.a., 520 Seiten
Kenya
Richard Trillo, 684 Seiten
Kuba
Fiona McAuslan, Matthew Norman, 576 Seiten
Laos
J. Düker, A. Monreal, 400 Seiten
Malaysia – Singapore – Brunei
Stefan Loose u.a., 704 Seiten
Mexiko
John Fisher u.a., 752 Seiten
Myanmar (Birma)
A.& M. Markand u.a., ca. 512 Seiten
Namibia
Livia und Peter Pack, 512 Seiten
Neuseeland
Laura Harper u.a., 832 Seiten
Peru Westbolivien
Frank Herrmann, ca. 600 Seiten
Südafrika
Barbara McCrea u.a., 800 Seiten
Südostasien – Die Mekong-Region
Hrsg. Jan Düker, 800 Seiten
Thailand – Der Süden
Richard Doring u.a., 752 Seiten
Thailand
Richard Doring u.a., 848 Seiten
Trinidad – Tobago – Grenada
Christine De Vreese, 320 Seiten
USA – Der Osten
Samantha Cook u.a., 552 Seiten
USA – Der Westen
Samantha Cook u.a., 456 Seiten
Vietnam
Jan Dodd u. Mark Lewis, 600 Seiten

Stefan Loose
Travel Handbuch
Thailand
Der Süden
ISBN 3-7701-6129-7

Stefan Loose
Travel Handbuch
Bali – Lombok

ISBN 3-7701-6117-3

Stefan Loose
Travel Handbuch
Indonesien

ISBN 3-7701-6106-8

Stefan Loose
Travel Handbuch
Vietnam

ISBN 3-7701-6148-3

Stefan Loose
Travel Handbuch
**Malaysia –
Singapore – Brunei**
ISBN 3-7701-6117-3

Notizen

Wissenwertes im Kasten

Legende

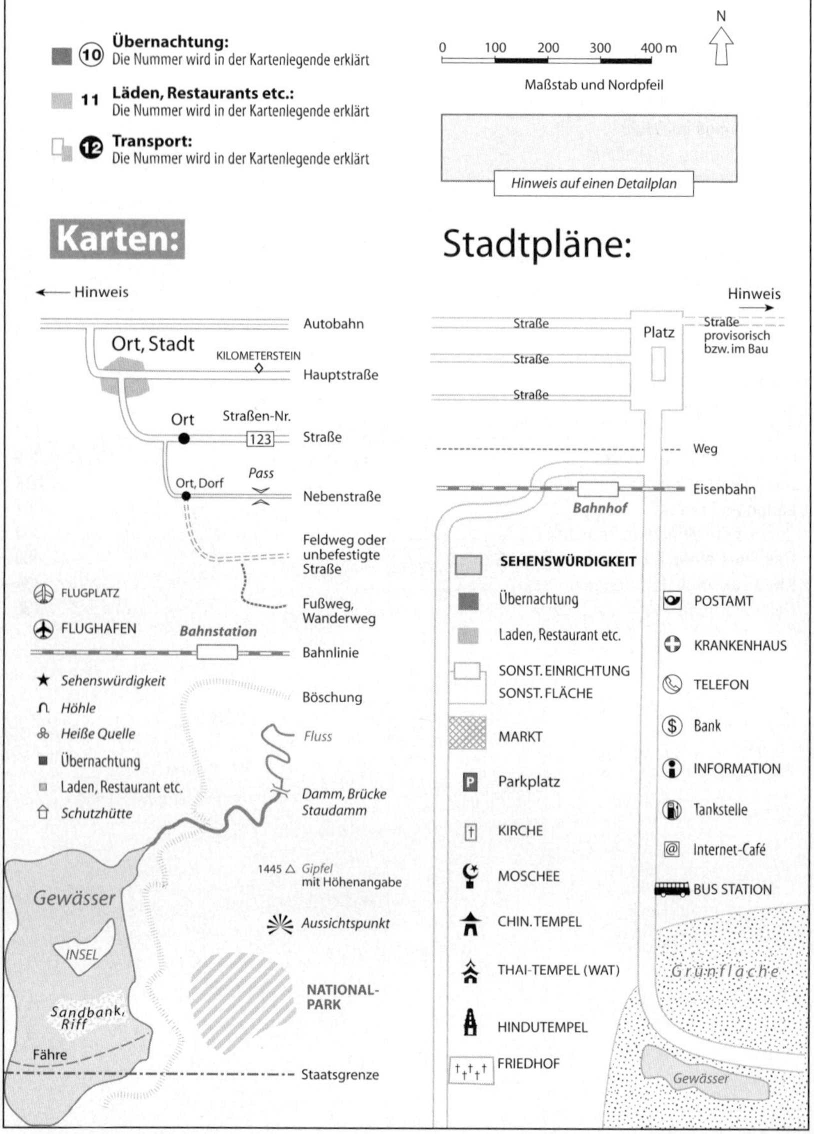

ANHANG

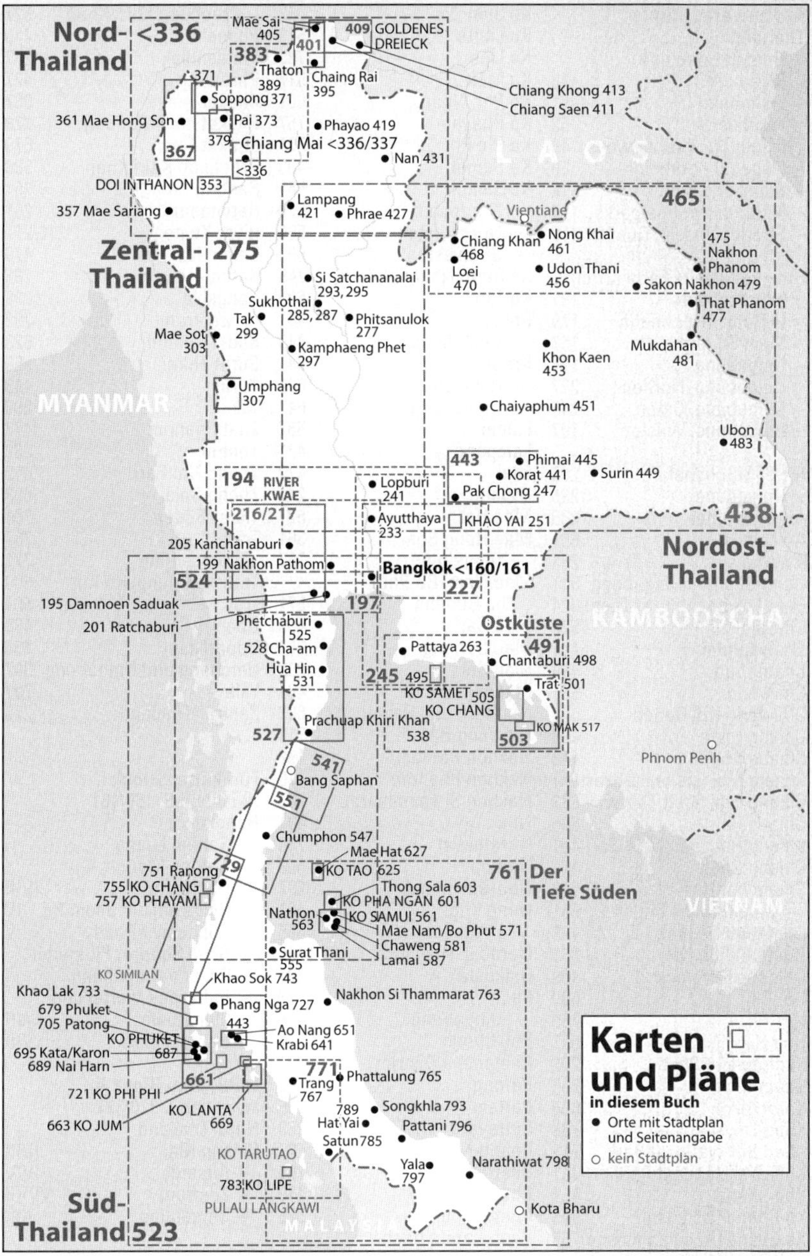
Nord-Thailand <336
Mae Sai 405
409 GOLDENES DREIECK
401
383
Thaton 389
Chaing Rai 395
371
Soppong 371
361 Mae Hong Son
Pai 373
379
367
Phayao 419
Chiang Mai <336/337
<336
Nan 431
Chiang Khong 413
Chiang Saen 411
LAOS
DOI INTHANON 353
357 Mae Sariang
Lampang 421
Phrae 427
465
Vientiane
Zentral-Thailand 275
Chiang Khan 468
Loei 470
Nong Khai 461
Udon Thani 456
475 Nakhon Phanom
Sakon Nakhon 479
Si Satchananalai 293, 295
Sukhothai 285, 287
Tak 299
Phitsanulok 277
That Phanom 477
Mae Sot 303
Kamphaeng Phet 297
Mukdahan 481
Khon Kaen 453
Umphang 307
MYANMAR
Chaiyaphum 451
Ubon 483
443
Phimai 445
Korat 441
Surin 449
194 RIVER KWAE
Lopburi 241
Pak Chong 247
216/217
Ayutthaya 233
KHAO YAI 251
438
205 Kanchanaburi
Nordost-Thailand
199 Nakhon Pathom
Bangkok <160/161
524
227
195 Damnoen Saduak
197
201 Ratchaburi
Phetchaburi 525
Ostküste
KAMBODSCHA
528 Cha-am
491
Pattaya 263
Chantaburi 498
Hua Hin 531
245
495
KO SAMET 505
Trat 501
KO CHANG
Prachuap Khiri Khan 538
KO MAK 517
527
503
Phnom Penh
541
Bang Saphan
551
Chumphon 547
Mae Hat 627
729
KO TAO 625
761 Der Tiefe Süden
751 Ranong
755 KO CHANG
757 KO PHAYAM
Thong Sala 603
KO PHA NGAN 601
VIETNAM
Nathon 563
KO SAMUI 561
Mae Nam/Bo Phut 571
Chaweng 581
Surat Thani 555
Lamai 587
KO SIMILAN
Khao Sok 743
Khao Lak 733
Nakhon Si Thammarat 763
Phang Nga 727
679 Phuket
705 Patong
443
Ao Nang 651
KO PHUKET
Krabi 641
695 Kata/Karon
687
689 Nai Harn
771
Phattalung 765
661
Trang 767
721 KO PHI PHI
789
Songkhla 793
KO LANTA 669
Hat Yai
663 KO JUM
Pattani 796
Satun 785
KO TARUTAO
Yala 797
Narathiwat 798
783 KO LIPE
PULAU LANGKAWI
Kota Bharu
Süd-Thailand 523
MALAYSIA
Karten und Pläne
in diesem Buch
Orte mit Stadtplan und Seitenangabe
kein Stadtplan

Kartenverzeichnis

BOONNUM
PE6
NISSAN DIESEL
NISSAN DIESEL

TOYOTA

oben links und unten:
Geisterhäuschen

Mitte rechts:
Auch Hindu-Götter
werden verehrt

Mitte links:
Orchideen und Lotosblüten
sind beliebte Opfergaben

oben: Wat Suthat; unten: Der Phra Pathom Chedi in Nakhon Pathom

Wandea Siam

Legende

1 : 1.800.000

1 cm = 18 km

0 10 20 30 40 50 km

101 Autobahn mit Straßennummer	Flughafen, international
Schnellstraße	Flughafen, national
Fernverkehrsstraße	Grenzübergang
Hauptstraße	Sehenswürdigkeit
Nebenstraße	Tempel
Hauptstraße, unbefestigt	Archäologische Stätte
Nebenstraße, unbefestigt	Museum
Fahrweg, Piste	Wasserfall
Fußweg, Pfad	Höhle
Eisenbahn	Aussichtspunkt
Bebaute Fläche	Bergbau
Nationalpark, Naturpark	Empfehlenswerter Badestrand
Marine Nationalpark	Sporttauchen
Gewässer	Gute Schnorchelmöglichkeit
Doi Tung ▲ *1420 m* Berggipfel	Hochseefischen
1462 m Höhenpunkt	S. 857 Seitenverweis

A
B
C
1
2
3
4
MYANMAR
(BURMA)
Loisam s
Loimut
Mawkmai
1787 m
Lang Kho
1251 m
Mong Pan
Ta-Htit
Ta-Sam
1855 m
Mong Tong
1722 m
Namtong
Ban Me Kin
Doi Pha Hom Phok
2285 m
Hsi-hseng
1890 m
Mong Han
1980 m
Mae Fang National Park
Thaton
Mae Ai
Fang
Kadugyi
Thanlwin (Salween)
Nam Pawn
1889 m
1754 m
Mong Kyawt
Doi Angkhang
1928 m
1462 m
1130 m
Mong Hta
Pungpakyem
Wan Namyum
Huai Kh
Parop
1570 m
Doi Li Ki
1843 m
Arunothai
Sop Kha
Muang Na
Chai Prakan
Loikaw
Na Pu Pom
Kae Noi
Shadaw
Mae Lana
Piang Luang
Tab Tao
Lawpita
Kha Han
Tham Lot
Huai Sai
1565 m
Mae Aw
Ban Tham
Huai Nam Dang National Park
Kong Lom
1178
107
Napapaek
Mae Suya
Pha Sua
Wiang Haeng
1322
Mae Cha
Pang Tong-Palast
Susa
Soppong
Doi Mae Muang
1579 m
Lao Wu
Wat Doi Nang Lae
1095
Khud Samsib
Pang Paek
Muang Ngai
Ping Khong
Huai Pha
Mo Paeng
Na Toeng
Doi Chiang Dao
2175 m
1150
Na Soi
Pang Mu
Wat Mae Yen
Chiang Dao
Chiang Dao
Phrao
Wat Doi Kong Mu
Mae Hong Son
Pai
Mae Na
Chiang Dao Elephant Training Centre
Dawdu
Wan Hsa-hkyawng
Pong Daeng
Huai Kha
Tha Pai
1095
Mae Sae
Pong Duet (Heiße Quellen)
1001
Bawlakhe
Pha Bong
Mae Ta Man
Mae Ngad Res.
Ywathit
Mae Surin National Park
Sop Sa
Sri Lanna National Park
108
Doi Luang
1250 m
Doi Mae Ya
2005 m
Sop Poeng
Mae Prang
Papae
Mae Taeng
Long Kord
Mai Hung
Wat Chan
Mokfa
Mae Malai
Luang
Yang N
Huai Pong
Rom Luang
Sawnglaw
Pak Thang Saluang
Mae Kuang Res.
118
Pang O Ma
5
1032 m
Mae Surin
Mae Surin
Nam Mae Chaem
Mae Sa
Mae Rim
Hpasawang
Mae Aukhore
Doi Suthep-Doi Pui National Park
San Sai
Mae Yuam Luang
Doi Saket
Kemapyu
Khun Yuam
Mae Sa
Samoeng
Doi Suthep
1685
CHIANG MAI
1056 m
Pang Kia
1263
Huai Thong
Ob Khan National Park
Muang Pon
San Kamphae
Mesenan
Mae Na Chong
Hang Dong
Saraphi
1818 m
Sop Wak
Doi Inthanon
2565 m
108
Mae Wang
Ban Thi
•1326 m
Doi Inthanon National Park
San Pa Tong
Nam Ping
Doi Khun National P
Vachirathan
Mae Pan
Lamphun
Mae La Luang
Mae Chaem
Khun Klang
Borichinda
Kawludo
Mae Klang
108
Pa Sang
Fai Paen
Mae Tha
Chom Thong
1088
Khao Om Phai
1563 m
11
Mae La Noi
Tha Sala
Pho So
La Up
Fang Min
National Elephant Institute
Mae Tia
Othuhta Zayat
Mae Top
Om Khut
Ban Hong
Thung Kwian
Kyaukhnyat
1027 m
Lao Lee
1430 m
Tha Rua
106
Pong Lo
San Kamphaeng
Hot
Mae Nam Salawin
Mae Sariang
108
Kong Loi
Ob Luang National Park
Wang Luang
1184
Phra That Lampang Luang
Hpapun
Kiu Lom
Na Fon Nua
Wang Lung
1103
1210 m
1099
Thung Hua Chang
Soem
Pha Pha
Huai Pho
Mae Tom Nua
Mae Tub Reservoir
Mae Tan
1274
Kuseik
1487 m
1194
Sop Moei
1219
Mato
Mae Sam Laep
Mae Ngao
Doi Tao
Nam Mae Yuam
Huai Haen
Ban Dong
Doi Thoe Yi Chao
Doi Khun Mae Ap
1274
Yunzalin
Thanlwin (Salw
Om Koi
Den Mao
Li
1061 m
105
Yang Piang Tai
Lawabauk
1764 m
Mae Lan
Nam Mae Tu
106
1820 m
Pha Tai
Ko Nong
Kadaingti
Ban Tha Song Yang
Nai Thong
Ko Thung
Pak Kong
Thoen
Mae Ping

S. 856

D
E
F
1
2
3
4
Tachilek
Mae Sai
Muang Hi
Sob Ruak (Goldenes Dreieck)
Nam Nhion
Nam Ngam
Donchai
1680 m
Na Lae
1907 m
Tham Luang
Doi Tung 1420 m
San Thanon Tai
Huai Yen
Pung
Namthoung
1470 m
Mae Fah Luang
Wat Phra That Pa Ngao
Chiang Saen
Mae Ngoen
Chiang Khong
Ban Houei Sai (Huay Xai)
Thoed Thai
Huai Khrai
Thung Ngiu
Dan
Mae Salong
Phadua
Mae Bong
Sri Don Chai
Menam Khong (Mekong)
Muang Houn
1534 m
Chantai
Muang Ngam
Santisuk
Lorcha
Mae Chan
Hot Springs
Bong Noi
Wiang Kaen
Pak Tha
Pha Udom
Navang
Nam Beng
Pha Tai
Nam Mae Kok
Huai Mae Sai
Rong Wai
Kaen Nua
Pang Hat
LAOS
Namko
Pa Muang
Patang
1676 m
1681 m
Mokphang
CHIANG RAI
Wiang Chai
Chom Phu
Pakbeng
1935 m
Khun Kon
Phra Kaeo
Phaya Mengrai
Pa Tan
Phu Chee Fah 1400 m
Menam Khong (Mekong)
Huai Khrai
Ta Luang
Khop
1451 m
1400 m
Thaxoang
Mae Lao
Pa Sak
Doi Yao 1543 m
Huamuang
Nam Ngum
Cham Bon
Thoeng
Ban Huak
Ban Kiuk
1338 m
Hong Sa
Napong
Kay
Phalan
Mae Suai
Chiang Khian
Phu Sang
Xianghon
Ngeun
Muang Han
Huai Som
Muang Nga
Suan
Siphom
Huai Kon
Phan
Pa Ngae
Phu Sang National Park
Pop Ho
Ngom Pao
Tha Ko
Pa Daet
Phuang Phayom
Chiang Kham
Ban Ngob
Phu Sam Sao
Doi Luang National Park
Huai Ngiu
1739 m
1969 m
Ban Hae
Wang Kaew
Mae Chai
Chun
Lao Ri
Song Khwae
Thung Chang
Ban Dan
Phou Khe
2079 m
Khun Nan National Park
Nam Kout
Rong Khu
Pa Fang
Ban Mai
Chiang Klang
Bo Yuak
Baeng
Nanthaburi National Park
Nam Mong
Mae Khachan
Wat Analayo
Dok Kham Tai
Mun
Pua
Wang Nua
Phayao
Nam Puk
Pa Tong
Doi Phu Kha National Park
Bo Luang
Hot Springs
Pong
Pha Tang
Tha Wang Pha
Silaphet
Phiang
Mae Tho
Pong Wang
Ban Hia
Doi Phu Nang National Park
Huai Khian
Tha Fa Tai
Pha Kwang
Nam Yao
Mae Sanan
Nabuam
Nam Nan
Doi Long 1790 m
Nam Wang
Pi Nua
Kiu Muang
Santisuk
Nampuy
1360 m
Sorn National Park
Mae Nam Wang
Chiang Muan
Song Khwae
Doi Luang 1162 m
Muang Chang Nua
Nam Pouy
Ban Luang
Ban Khwaeng
Nam Phun
Wat Khao Noi
Nan
1210 m
Namo
Ngao
1414 m
Mae Nam Yom
Mae Charim
Chae Hom
1152 m
Pa Lao Klang
Nam Pun
Doi Khun Lan
1652 m
Mae Rom
Pha Thai
Saliam
Nam Pua
Wiang Sa
Huai Son
NBCA
Nam Gnan
Kiu Lom Reservoir
Pang Kho
Na Rai Dieo
Nam Phang Noi
Nam Phun
Huai Peng
Cham Pui
Pang Mon
Nam Muap
Nakhanyang
Sop Fuang
Ban Bunnak
Song
Huai Rong
Mae Nam Nan
Doi Wa 1294 m
Suvannaphum
Pha Nang Koi
Huai Rong
Rong Kwang
Na Noi
Bo Bia
S. 858
Lampang
Ban Paen
1728 m
Mae Mo
Nong Muang Khai
Pak Lai
Tha Noe
Na Mo
Pang Hai
1071 m
Mai
Nam Rin
Na Mun
Phrae
Buamlao
Mae Tha
Long
Nua Son
1241 m
Huai Noi Ka
Menam Khong (Mekong)
Doi Ang 1140 m
Pha Klong National Park
Pak Nai
Muang Chet Ton
Mae Rang
Sung Men
Doi Khun Loet
1030 m
Fak Tha
Den Chai
Doi Phaya Fo 1247 m
Ban Khok
Buamthon
Mae Nam Yom
1465 m
Sirikit Reservoir
1032 m
Vang Pa
Dong Ya Thao
Huaylot
Wang Chin
Nongpachit
Hat Rua
Na Pla Klang
Huai Ha
Tha Pla
Namphuk
495 m
Nam Man
Phu Suai Dao 2102 m
Nakok
Kenthao
Nam Heung
Nam Pat
Phu
Muangmo
S. 857
Sak Yai National Park
Lap Lae
Bosan
Nam Ho
UTTARADIT
Huai Dua
Tha Li

A
B
C
1
2
3
4
S. 854
S. 860
Mae Tia
Mae Top
1027 m
1430 m
Lee
Tha Rua
Hot
Ban Hong
Pong Lo
San Kamphaeng
Kwian
Ko Kha
Phra That
Lampang Luang
Mae H
Kyaukhnyat
Mae Sariang
Kong Loi
Kiu Lom
Ob Luang
National Park
Wang Luang
Na Fon Nua
Wang Lung
Thung Hua
Chang
Soem Ngam
Hpapun
Salawin
Nam
1210 m
Pha Pha
Huai Pho
Mae Tom Nua
Mae Tub
Reservoir
Doi
Tao
Mae Tan
Seik
1487 m
Mato
Mae Sam Laep
Sop Moei
Mae Ngao
Nam Mae Yuam
Huai Haen
Ban Dong
Sop P
Nationa
Pa Sa
Park
Doi Thoe
Yi Chao
Om Koi
1764 m
Yang Piang Tai
Den Mao
Doi Khun
Mae Ap
1061 m
Li
Yunzalin
Thanlwin (Salween)
Mae Lan
Noi
1820 m
Nam Mae Tun
Pha Tai
Ko Nong
Ko Thung
Pak Kong
Thoen
Doi Chor
1285
Ban Tha
Song Yang
Nai Thong
Kadaingti
Mae Ping
National Park
Kum Noe
Kwindala
Mae Ramoeng
Thaungyin River
Khao Khun
Mae Tun
Huai Pu
Ling
Mae Nam Ping
Mae Phrik Bon
Mae Phrik
Si Satchanalai
National Park
69
Mae Salit
Kamamaung
Mae Moei
National Park
1081 m
Pang A
Mae Chiang
Rai Bon
1240 m
Mae Tun
Noi
Hin Lat
Pandawmi
Tha Song Yang
Doi Ta Chi
1027 m
Bhumipol
Reservoir
Sam Ngao
Shwegun
Dawna Range
2080 m
Mae La
1450 m
Hlaingbwe
Mae Ok Hu
Mae Nam Moei
Khun Mae Tho
Windaye
Paingkyon
Pata Taung
1918 m
Mae
Ramat
Thung
Makham Pom
Thong Fa
Doi Luang
1182
Ban Tak
Pong Daeng
Wang Takhro
Khao Nam Dip
Bayin Nyi
Chidoing
Htilon
Taungbaw
Hlaingbwe Chaung
Kyettuywe
344 m
Taksin Maharat
National Park
Hpa-an
Mae Kasa
Pu Pae
Naunglon
Karen
Huai
Bong
Mae
Lamao
Huai
Phlu
TAK
Lan Thong
Zingyaik
Naungsauk
Musoe
Chakhae
Lansang
Nat'l. Park
Mae Nam Ping
Mutkyi
Kawpalut
Tha At
Mae Sot
Sawhe
Myawaddy
Lakhon
Wang Chao
Thebyugon
Zatabyin
Gyaing
Kyondo
Kawkareik
Mottama
Kawben
Hlaing-wa
Chedi Kho
1101 m
So O
Lao Yang
Klong Wang Chao
Kamphae
Ph
MAWLAMYINE
(MOULMEIN)
Kya-in
Laungkaing
Samphala
Lo Kho
Tha Khun Ram
Bilgyun I.
Kyaikmaraw
Phop Phra
Kyauktalon
Ataran
Winka
Wa Le
Pong Nam
Ron
Hintha I.
Mudon
Mulayit Taung
1898 m
Khao Kha Khaeng
2152 m
Klong Lan
National Park
Abit
Kadonbaw
Kada
Taunggale
2080 m
Klong K
Reservo
Kyaikkami
(Amherst)
Mattharaw
Wa Khu Kho
Klong
Lan
Tagundaing
Kwingale
Delor-Ki
Khun Nam Yen
Pano
Nipado
Kyain-Seikgyi
Winlon
Klo Tho
Mae
Klong Mai
Mae Wong
National Park
Natchaung
Khao
Mamuang
1732 m
Nu Pho
Umphang
Thanbyuzayat
Setse
Kasat
Haungtharaw
Ti Lo Su
Tha Sai
Mae Nam Wong
Zami
Khao Mokochu
1960 m
Taling Sung
Danon
Sakangyi
Kui Lo Thor
1085 m
Palatha
Zepala
Mae Wong
Reservoir
MYANMAR
Zepala
Pueng Kueng
Mae Wong
Winkana
(BURMA)
Nam Mae Klong
Peinnedaw
E-Karaja
Kha Ngae Ki
Klong Pho
Reservoir
Taminseik
Ti Lo Le
Yu Nai
Ahta Taung
1158 m
1156 m
Thap Salao
Reservoir
Mae
Kanin-kamaw
Kawdwaut
814 m
Lamaing
Mezali
827 m
Phadaw
Mea Chan Tha
108
1099
1103
106
1184
1219
1274
1
1194
105
1264
106
1102
1048
1175
1111
12
85
1107
1132
105
104
1108
1
1090
8
1109
1206
1116
1090
1117
1117
1124

1 cm = 18 km
1 : 1.800.000
0 10 20 30 40 50 km
D
E
F
S. 855
S. 858
S. 861
1
2
3
4
Ban Paen
Mae Mo
Nong
Muang Khai
Nam Rin
1071 m
Long
Nua Son
Pha Klong National Park
Phrae
Sung Men
Den Chai
Mae Rang
Mae Nam Yom
Wang Chin
Dong Ya Thao
Hat Rua
Na Pla Klang
Huai Ha
Nam Man
Tha Pla
Doi Khun Loet
Doi Phaya Fo
1241 m
1247 m
1465 m
Na Mo
Na Mun
Pak Nai
Sirikit Reservoir
1032 m
Fak Tha
Bo Bia
Pang Hai
Huai Noi Ka
Muang Chet Ton
Ban Khok
Buamlao
1030 m
Buamthon
Pak Lai
650 m
Namphok
Xanakham
Menam Khong (Mekong)
Vang Pa
Nongpachit
Huaylot
Namphuk
Nakok
Phu Suai Dao
2102 m
Kenthao
Nam Heung
Muangmo
Bosan
Nam Hoi
A Hi
Nam Khaem
Tha Li
Kok Du
Muang Boten
Nakham
Khok Yai
Phu Rua National Park
Phu Rua
Muang Loei
Pak Man
San Tom
Na Haeo
Lao Kohok
Sak Yai National Park
Nam Pat
Huai Dua
Lap Lae
UTTARADIT
Huai Kan Luang
Wang Khapi
Huai Khrai
Satchanalai
Satchanalai Historical Park
Dan Mae Khan Man
Ban Rai
Tron
Thong Saen Khan
Khao Mun Ram
1564 m
Bo Phak
Ban Phae
Sawankhalok
Si Nakhon
Phichai
Ban Mai
Khao Thong
1249 m
Na Lan Khao
Phu Kat
1468 m
Huai Pla Fa
Khok Ngam
Na Long
Wang Sa
Chat Trakan
Chat Trakan National Park
Dan Sai
Phu Luang
1571 m
Pak Phan
Suan Miang
Si Samrong
Lam Nam Khwae Noi
872 m
Pong Chi
Mae Nam
Khok Klai
Nam Yen
Nong Bua
Phong
Sukhothai Historical Park
Si Samrong
Na Nong
Nakhon Thai
Phrom Phiram
536 m
Sila
Loei Wang
Sukhothai
Phu Hin Rongkla National Park
Wang Kon Huat
Kong Krailat
Wat Bot
Sap Phraiwan
Yaong
Khao Huak
845 m
1746 m
Lom Khao
Nam Nao National Park
Khao Luang
1185 m
Khiri Mat
Wang Tong
Mae Nam Khek
Lom Sak
PHITSANULOK
Thung Salaeng Luang National Park
Bang Rakam
Deng
Pa Ya Kha
Nam Pat
Phran Kratai
Khao Kho
Khlong Chon Phw
Khlong Si Fan
Nam Len
Plaek
Bang Kratum
Noen Maprang
Pa Daeng
Lan Krabu
Tha Yiam
Tha Phon
Sam Ngam
Nong Mae Na
1350 m
Na Ngua
Khao Ya Tai
Sak Lek
Hoei Range
Sai Ngam
Wang Sai Phun
PHETCHABUN
PHICHIT
Huai Yai Nua
Khon
Nong Khla
Wang Suan
Nam Rom
Khao Yot Chi
1154 m
Wang Fa Pha
Wang Pong
Wang Chomphu
Pho Prathap Chang
Tham Yai Chi
Lon
Khlong Khlung
Taphan Hin
Kham Muat
Chon Daen
Noen
Nam Phu Sanga
473 m
Nong Yang
Khao Sai
Tham Phra Thun
Khong Wilai
Pho Thale
Thap Khlo
Dong Khui
Rawing
Banuworalak Buri
Khok Charoen
Banphot Phisai
Ban Mun Nak
Nong Lai
Tham Wua Daeng
Bo Tham
Wang Khon Sung
Wang Katha
Salok Bat
Nong Phai
Phang Range
Nong Mai Kaen
Noi
Dong Kanghan
Chumsaeng
Sai Thong National Park
Kao Lieo
Nong Bua
Rai
Nam Sat
Klang
Dong
Wang Na
Bung Sam Phan Nai
Nong Mai Kaen
Lat Yao
Nong Ben
Khao Hin Kling
NAKHON SAWAN
Bung Boraphet
Tha Tako
Wichian Buri
Na Yang Klak
Phaisali
Wang Ai Pho
Hua Phluang
Krok Phra
Sawang Yai
Sawang Arom
Hua Thanon
Wang Khoi
Wang Phai
Nor
Phu Kham
Ban
Noe Chan
Samrong Chai
Takhop
Than Than
Mai Kut Tap
Nong Ngam
1083
1217
101
1023
11
1124
1125
101
1177
1045
1139
1047
1268
2195
1239
102
1047
1241
1180
1254
1204
1246
1048
1268
2399
203
2114
2113
2013
1237
1246
11
1296
1113
101
1104
1149
2013
2016
203
2216
2331
12
101
1332
1293
117
2013
12
1065
117
1063
11
1295
1065
1278
1312
1114
115
111
1344
21
2402
2275
1280
11
113
1205
117
1118
113
113
1280
1067
1073
1084
21
2398
1069
1112
11
2275
2359
225
1182
1072
1119
225
225
2275
3013
3004
3004
3327
11

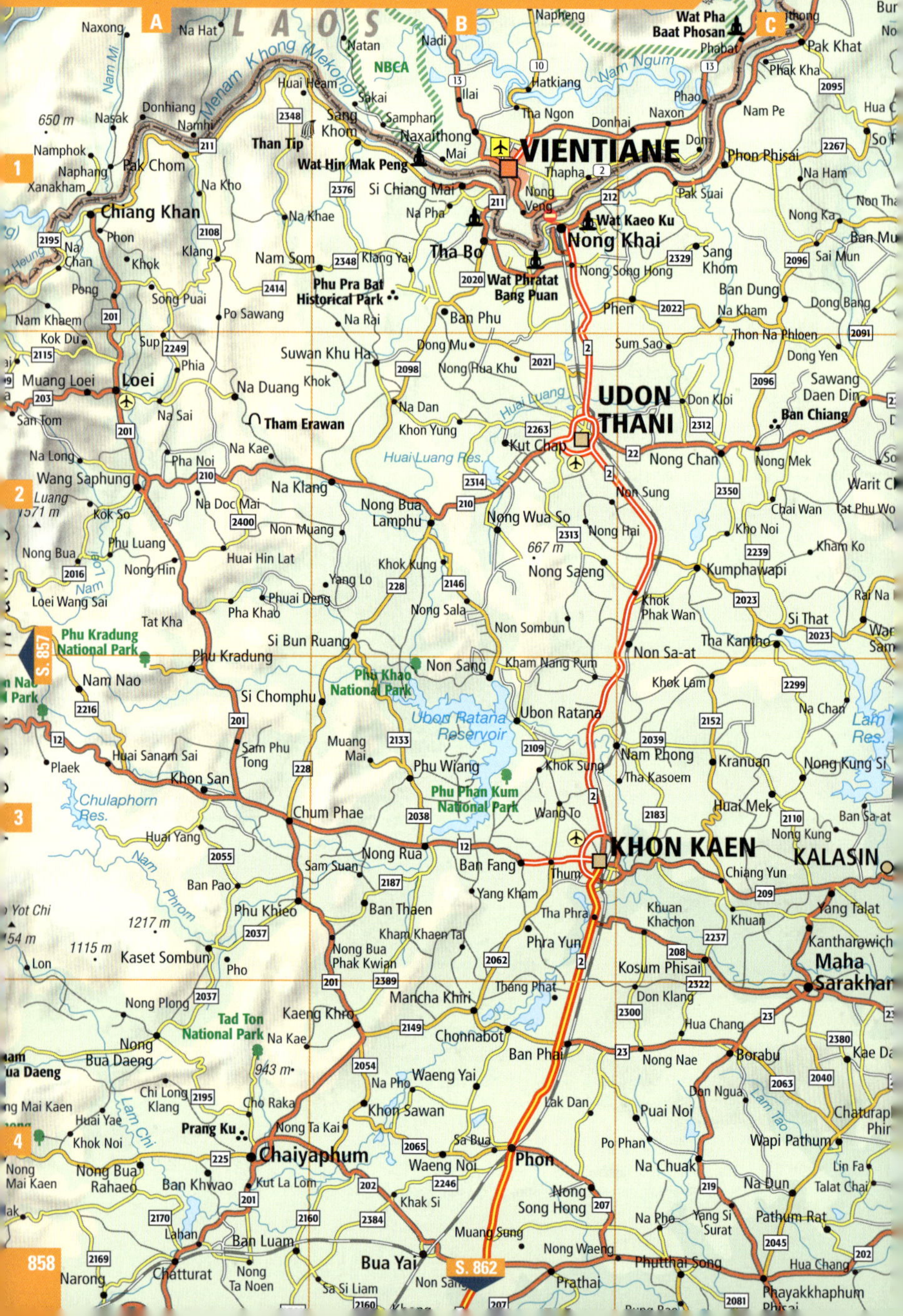
A
B
C
1
2
3
4
LAOS
VIENTIANE
Nong Khai
UDON THANI
KHON KAEN
KALASIN
Maha Sarakham
Chaiyaphum
Loei
Muang Loei
Chiang Khan
Menam Khong (Mekong)
Nam Ngum
NBCA
Wat Pha Baat Phosan
Wat Hin Mak Peng
Wat Kaeo Ku
Wat Phratat Bang Puan
Phu Pra Bat Historical Park
Tham Erawan
Phu Kradung National Park
Phu Khao National Park
Phu Phan Kum National Park
Tad Ton National Park
Ubon Ratana Reservoir
Huai Luang Res.
Chulaphorn Res.
Than Tip
Tabok
Ban Veunthat
Napheng
Nadi
Natan
Naxong
Na Hat
Huai Heam
Sakai
Ilai
Hatkiang
Tha Ngon
Donhai
Naxon
Phao
Phabat
Pak Khat
Phak Kha
Nam Pe
Sang Khom
Samphan
Naxaithong
Mai
Donhiang
Namhi
Nasak
650 m
Namphok
Naphang
Xanakham
Pak Chom
Na Kho
Si Chiang Mai
Thapha
Nong Veng
Phon Phisai
Na Ham
Pak Suai
Nong Ka
Ban Mu
Sai Mun
Sang Khom
Ban Dung
Na Kham
Dong Bang
Thon Na Phloen
Dong Yen
Sawang Daen Din
Ban Chiang
Na Pha
Tha Bo
Na Khae
Phon
Klang
Na Chan
Khok
Pong
Song Puai
Nam Som
Klang Yai
Po Sawang
Na Rai
Ban Phu
Nam Khaem
Kok Du
Sup
Phia
Suwan Khu Ha
Dong Mu
Nong Hua Khu
Nong Song Hong
Phen
Sum Sao
Don Kloi
Na Duang
Khok
Na Dan
Khon Yung
Kut Chap
San Tom
Na Sai
Na Kae
Pha Noi
Na Long
Wang Saphung
Luang
1571 m
Kok So
Na Doc Mai
Na Klang
Non Muang
Nong Bua Lamphu
Nong Wua So
667 m
Nong Hai
Non Sung
Nong Chan
Nong Mek
Warit
Chai Wan
Tat Phu Wo
Kho Noi
Kham Ko
Kumphawapi
Nong Bua
Phu Luang
Nong Hin
Huai Hin Lat
Khok Kung
Yang Lo
Nong Saeng
Loei Wang Sai
Phuai Deng
Pha Khao
Nong Sala
Khok Phak Wan
Rai Na
Si That
Tat Kha
Si Bun Ruang
Non Sombun
Tha Kantho
Phu Kradung
Non Sang
Kham Nang Pum
Non Sa-at
Khok Lam
Nam Nao
Si Chomphu
Ubon Ratana
Na Chan
Muang Mai
Sam Phu Tong
Phu Wiang
Khok Sung
Nam Phong
Tha Kasoem
Kranuan
Nong Kung Si
Huai Sanam Sai
Plaek
Khon San
Wang To
Huai Mek
Ban Sa-at
Nong Kung
Chum Phae
Huai Yang
Nam Phrom
Nong Rua
Sam Suan
Ban Fang
Thum
Chiang Yun
Ban Pao
Yang Kham
Yang Talat
Yot Chi
Phu Khieo
Ban Thaen
Tha Phra
Khuan Khachon
Khuan
Kantharawichai
1217 m
1115 m
Kham Khaen Tai
Phra Yun
Lon
Kaset Sombun
Pho
Nong Bua Phak Kwian
Kosum Phisai
Thang Phat
Nong Plong
Mancha Khiri
Don Klang
Kaeng Khro
Hua Chang
Nong Bua Daeng
Na Kae
Chonnabot
Ban Phai
Nong Nae
Borabu
Kae Dam
943 m
Waeng Yai
Na Pho
Don Ngua
Lam Tao
Chi Long Klang
Cho Raka
Khon Sawan
Lak Dan
Puai Noi
Chaturaphak Phiman
Huai Yae
Lam Chi
Mai Kaen
Khok Noi
Prang Ku
Nong Ta Kai
Sa Bua
Po Phan
Wapi Pathum
Waeng Noi
Phon
Na Chuak
Lin Fa
Nong Bua Rahaeo
Ban Khwao
Kut La Lom
Nong Mai Kaen
Na Dun
Talat Chai
Khak Si
Nong Song Hong
Na Pho
Yang Si Surat
Pathum Rat
Lahan
Muang Sung
Ban Luam
Nong Waeng
Bua Yai
Phutthai Song
Hua Chang
Narong
Chatturat
Nong Ta Noen
Sa Si Liam
Non Sang
Prathai
Phayakkhaphum Phisai
S. 857
S. 862
2
12
13
22
23
201
202
203
207
209
210
211
212
219
225
228
2008
2016
2020
2021
2022
2023
2037
2038
2039
2045
2055
2062
2063
2065
2091
2095
2096
2098
2108
2109
2115
2133
2146
2149
2152
2160
2169
2170
2183
2187
2195
2216
2237
2239
2246
2249
2263
2267
2299
2300
2312
2313
2314
2322
2329
2348
2350
2376
2380
2384
2389
2400
2414

1 cm = 18 km 1 : 1.800.000
0 10 20 30 40 50 km
D
E
F
1
2
3
4
LAOS
Nakai - Nam Theun
NBCA
Col de Keo Neua
2286 m
Lak Sao
Phayat
Phontan
Phonhong
Nam Theun
Nam Kading
Phu Luang
1468 m
Paksa
Thana
Pak Kading
Phonsi
Jaiporn
Sawat
Wat Phu Tok
Nakhua
Saomsanouk
Nong Chan
Nong Bo
Namsang
Khonsong
Tha
Vangdao
Phu Wua
Wildlife Reserve
Ban Sam Yaek
Charoen Phon
Dong Bang
Nakhok
Boneng
Muangkhai
Houayphipeng
1146 m
Nam Theun
Nakai
Seka
563 m
Ban Phaeng
Menam Khong
(Mekong)
Laokha
Nong Bua Daeng
Sang
Ta Kla
No Phra Chai
Hin Bun
Nonghoy
Phu Hin Poun
797 m
NBCA
Nyommalat
Xiangdao
2106 m
Khao Paeng
Lao Nai
Rua Kham
Wanon Niwat
Si Songkhram
Chaiburi
Hin Bun Thai
Tha Uthen
Akat Amnuai
Na Wa
Wang Muang
Phu Phan
National Park
Na Nai
Ban Phon Sawan
Koudanphayang
Naden
Senphan
Mahaxai
Talong
Na Phiang Mai
Nakhon Phanom
Tha Khaek
Thadua
Muangba
Phanna Nikhom
Kusuman
Khang Hung
Wat Narai
Cheng Weng
Nam Un
Reservoir
Kham Kha
Khom Nam Un
Phon Na Kaeo
Nong Saeng
Kham Phok
Nakathang Thong
Xai Bua Thong
Naphao
Nong Han
Reservoir
Chiang Su
Sakon Nakhon
Pla Pak
Renu Nakhon
Se Bangfai
Nakham
Nong Bok
Kut Bak
666 m
Tong Khop
Khok Si Suphan
Na Nua
Thamkouan
Phu Xang He
618
Kham Phoem
Tao Ngoi
Nam Phung
Kham Muang
641 m
That Phanom
Na Kae
Pong
Nadeng
Huai Hut
National Park
Kok Kok
Non Ngam
Noi
Hinsiou
Maha Chai
Sang Kho
Manao
Huai Bang Sai
Xaibuli
Phakkhagna
Dong Luang
Kan Luang Dong
Naxai
Met
Atsaphangthong
Na Khu
Na Yo
Somdet
Khao Wong
Wan Yai
Nongkom
Mueng
Uthomphon
Mukdahan
National Park
Huai Phung
Nong Ian Thung
Khok Sung
Kamcha-i
SAVANNAKHET
Yatthana
Om
Kuchinarai
Mukdahan
Huay
Lak
168 m
Na Mon
Dong Man
Napho
Champhon
Sam Kha
Khum Khi Yang
Nong Sung
Xonbuli
Tangvay
Lam Nam
Na Lao
Moei Wadi
Khok Klang
Na Kham Noi
Nikhom Kham Soi
Naphan
Tannon
Pho Chai
Nong Phok
Na Pho
Don Tan
Songkhon
Phon Tong
Kut Hae
Phu Pha Thoep
National Park
Heuan Hin
Pakxong
Rong Kham
Kham
Dong Bang
Hong Saeng
Donadokmai
Tai
Huahat
Kham Phakkut
Nong Mo
Non Prathai
Loeng Nok Tha
Chanuman
Mae Nam Chi
Somfo
Huai Sabaek
Nongbuatha
Thadua Nyai
306 m
Xebanghiang Thong
Nong Fa
Kham Duai
Muang Kao
Bung Khieo
Roi Et
Kham Toel
Xenuan
Selaphum
Na Waeng
Thawatchaburi
Kham Khon Ta
Kut Chum
Senangkhanikhom
Khemmarat
Lakhon Pheng
Nonsavang
Lam Se Bai
Nong Phu
Bok
Khok Yao
Nong Hai Noi
At Samat
Pa Tiu
Na Wa
Pho Sai
Du Thung
Amnat Charoen
Menam Khong
(Mekong)
Muang Suang
Yasothon
Khaopun
Nikhom
Pla Khao
Hua Thon
Pho Yai
Hua Taphan
Don Muang
Samrong
Phanom Phrai
Amnat
Phana
Kham Khuan Kaeo
Kham Ma Nai
Lam Sa Bok
Wa Ngam
Sang Tho Nok
Trakan Phutphon
Naem Thaeng
Suwannaphum
Lam Sieo Yai
Mae Nam Chi
Ku
Hua Dong
Maha Chana Chai
Kok
Muang Sam Sip
Nong Chang Yai
Na Tan
Si Muang Mai
Yai
Lao Suea Kok

S. 863

A
B
C
1
2
3
4
S. 856
S. 866
MYANMAR
(BURMA)
Thanbyuzayat
Natchaung
Setse
Kasat
Danon
Sakangyi
Winkana
Peinnedaw
Taminseik
Kanin-kamaw
Kalagauk I.
Kawdwaut
Lamaing
Mezali
Phadaw
1298 m
827 m
Ahta Taung
814 m
1052 m
Taungbyin
Nyigarok
Sonmarha
Kyondaw
Payathonzu
Megathat Chaung
YE
(YAI)
Yethanok
Wa Kyun
992 m
Kumai
Yindein
Kyung Gyi I.
Tayoktauk
Meiktulagale
Natkyizin
Taungzun
Yapu
Taungnyo Taung
Ananbon Chaung
Debyu
1290 m
Paungsan Taung
522 m
Three Pagodas Pass
Ban Chedi
Wang Kha
Sangkhlaburi
Sukho
Khao Laem
Khao Laem Reservoir
Khao Tukala Pokana
1010 m
323
Thi Kai
Daichong Thong
National Park
Khao Laem Dam
Khao Dang
1209 m
Thong Pha Phum
Taling Daeng
Pilok
3272
Hot Springs
National
Huay Khamin
Migyaunglaung
Eindayaza
Kaleinaung
Kanbauk
Kyauksat
Pachaung
Zadi
Tokkyachaung
Heinze I.
Middle Moscos Islands
Paungchon Taung
1174 m
1209 m
Bilauktaung Range
Dauklauk
Kalonta
Hermyingi
Nabule
Yebyu
Maungmagan I.
358 m
Maungmagan
Taungthonlon
Myitta
Myat Taung
1033 m
Thabawseik
Pagaye
DAWEI (TAVOY)
Launglon
Nyaungzin
1564 m
Thayetchaung
Taungzin
Peinnedaw
Pawut
Laung Lon Islands
Thagyat Daw
Zalut
Pyinbyugyi
Chaungwabyin
Tanintharyi
(Tenasserim)
Yange
Kadwe
1128 m
Dawei (Tavoy) Point
Myinmoletkat Taung
2074 m
Andamanen-see
Pe
Aw
Zinchaung
Palauk
Kanti
Min-ngaw
Aungthawara
Chima
Munsali Taung
1158 m
Kunzon Taung
928 m
1143 m
1004 m
849 m
Khao Yai
1050 m
Kha
Suan Phung
3087
3313
Muang Ton Mamuang
Muang Takua Pit Thong
Dan Makham Tia
3445
3209
Chorakhe Phuak
Kanchanaburi
Ban Kao
3228
Muang Sing
River Kwai Bridge
3445
Wang Po-Viadukt
Sai Yok
Bong Ti
Bong Ti Pass
323
3199
3086
Lat Ya
Nong Krathum
813 m
Nam Tok
Khao Phang
3457
Lawa
Mae Nam Kwae Noi
1125 m
Hellfire Pass
Sai Yok
Erawan National Park
Tha Thung Na Reservoir
Bo Phloi
1013 m
308
Tha Krandan
Phra Tat
3199
Tham Than Lot National Park
Khao Kamphaeng
1257 m
Si Sawat
Daowadung
Sai Yok National Park
1104 m
Lin Tin
Park
323
Prang Kasi
Khao Krabung
1024 m
Khao Huat
1177 m
Than Lot
Sri Nagarind Reservoir
3480
Ban Klang
Sri Nagarind
Tha Yai
1072 m
Huai Taphoen
Thung
Ban
1755 m
1811 m
1253 m
Esa
Hin Lat
Sai Poe
1530 m
3282
Khao Yai
1554 m
Huai Kha Khaeng
Mae Nam Kwae Yai
Thap Salao Reservoir
Klong Pho Reservoir
Mae Wong
Mae Wong Reservoir
Taling Sung
Mae Nam Wong
Khao Mokochu
1960 m
350
Klong Mai
Umphang
Tha Sai
Palatha
Zepala
Zepala
Kha Ngae Ki
Nu Pho
Ti Lo Su
Kui Lo Thor 1085 m
Pueng Kueng
E-Karaja
Ti Lo Le
1158 m
Yu Nai
1156 m
Mea Chan Tha
Nam Mae Klong
1732 m
Haungtharaw

D
E
F
1
2
3
4
S. 857
S. 862
S. 867
Bo Tham
Salok Bat
Banphot Phisai
Ban Mun Nak
1069
Wang Khon Sung
Wang Katha
Nong Lai
Khok Ch
Tham Wua Daeng
Noi
Dong Kanghan
Chumsaeng
Kao Lieo
Nong Bua
Nong Phai
Nong Mai Kaen
Rai
Dong
Lat Yao
Nong Ben
Nam Sat Klang
Sai Thong National Park
Wang Na
Bung Sam Phan Nai
Nong Mai Kaen
NAKHON SAWAN
Bung Boraphet
Khao Hin Kling
Tha Tako
Phaisali
Wichian Buri
Na Yang Klak
Sawang Yai
Sawang Arom
Krok Phra
Hua Phluang
Hua Thanon
Wang Khoi
Wang Ai Pho
Noe Chan
Nong Luang
Samrong Chai
Phu Kham
Wang Phai
Bamnet Narong
Thap Than
Thung Nang Ngam
Takhop
Mai Kut Taphet
Si Thep
Nong Chang
Uthai Thani
Hang Nam
Tak Fa
Nong Sao
Khok Charoen
Thep Sa Thit
Wa Tabaek
Khok
Manorom
Khok Samran
Khlong
Hin Dat
Wat Sing
Nong Mamong
Ta Khli
Yang Thon
Lam Sonthi
Chai Nat
Tha Moduk
Dan Khun
Chong Khae
Sa Boat
Chai Badan
Mai Khi Lek
Thung Na Thong
Don Ta Chang
Chum
Nong Plong
Tha Luang
Huai Na
Pang Noi
San Phaya
Tha Bot
Nong Pun
Khok Samrong
Wang Phloeng
Khai Thaying
Nong Rong
Sankhaburi
In Buri
Ban Mi
Pasak Cholasid Reservoir
San Tai
Han Kha
Bang Rachan
Singburi
Khao Wong 529 m
Mae Nam Pa Sak
Sikh
Dan Chang
Doem Bang Nang Buat
Khai Bang Rachan
Tha Chang
Tha Wung
LOPBURI
Phatthana Nikhom
Wang Muang
756 m
Phrom Buri
722 m
Lam Takhong Reservoir
Sam Chuk
Sawaeng Ha
Phra Buddha Bath
Tha Pong
Don Chedi
Si Prachan
Nong Doiu
Buddha Footprint
Muak Lek
Pak Chong
Sa Krachom
Pho Thong
Ban Phraek
Samko
Ang Thong
Ban Mo
Don Phut
Wiset Chai Chan
Tha Rua
Sao Hai
Kaeng Khoi
1142 m
Suphan Buri
Pamok
Maha Rat
Nakhon Luang
Khao Kaeo 1017 m
Tha Maprang
Phachi
SARABURI
Phak Hai
Bang Pathan
Wihan Daeng
Sam Lan
Khao Yai
Heo Suwat
U-Thong
Makham Lam
Pla
Bang Pla Ma
Bang Ban
Nang Rong
Khao Laem 1328 m
Sena
U-thai
Sarika
Heo Narok
Bang Sai
AYUTTHAYA (PHRA NAKHON SI AYUTTHAYA)
Nong Khae
Ban Na
Nakhon Nayok
Song Phi Nong
Bang Sai
Phak Phli
Thung Khok
Latbua Luang
Bang Pa-in
Wang Noi
Bang Pla Kot
Phai Longwa
Wat Phailom
Nong Sua
Ongkharak
Kamphaeng Saen
Bang Len
Lat Lum Kaeo
Sam Khok
Khlong Luang
PRACHINBURI
Tha Rua
Sai Noi
Pathum Thani
Thanyaburi
Prachantakham
Don Tum
Tha Muang
Tha Maka
Bang Bua Thong
Don Muang Int.'l Airport
Khlong Hok Wa
Ban Sang
Si Maha Phot
Si Mahosot
NAKHON PATHOM
Bang Yai
NONTHABURI
Lam Luk Ka
Nong Chok
Bang Nam Prieo
Khok Pip
Ban Pong
Taling Chan
Bang Kapi
Minburi
Nakhon Chaisi
Ratchasan
Photharam
Rose Garden & Samphran Elephant Ground & Zoo
THONBURI
Lat Krabang
Bang Khla
Phanom Sarakham
Khao Chong Pran
BANGKOK
Suvarnabhumi Int.'l Airport
Bang Phae
Krathum Baen
Phra Pradaeng
Bang Phli
Bang Pakong
CHACHOENGSAO
Sanam Chai
RATCHABURI
Damnoen Saduak
Ban Phaeo
Chedi Klang Nam
Ancient City
Bang Bo
Ban Pho
Plaeng Yao
Wat Phleng
Schwimmende Märkte
SAMUT SAKHON
SAMUT PRAKAN
Crocodile Farm
Phan Thong
Khlong Khuean
Phanat Nikhom
Ko Chan
Pak Tho
SAMUT SONGKHRAM
CHONBURI
Angsila
Ban Bung
Noen Mok
Bo Thong
Khao Yoi
Ban Laem
Bucht von Bangkok
Bang Saen
Khao Khieo Open Zoo
Si Racha

A
B
C
1
2
3
4
S. 858
S. 861
S. 864
Chaiyaphum
Phon
Bua Yai
Prathai
Phutthai Song
Phayakkhaphum Phisai
Chatturat
Khong
Prasat Hin Phimai
Phimai
Prasat Phanom Wan
NAKHON RATCHASIMA
(KORAT)
Buri Ram
SURIN
Pak Thong Chai
Chok Chai
Nong Ki
Nang Rong
Prakhon Chai
Prasat
Prasat Phanom Rung
Lahan Sai
Ban Kruat
Lam Takhong Reservoir
Lam Phra Phoeng Res.
Thap Lan National Park
National Park
Pang Sida National Park
Khao Yai 849 m
Kabin Buri
Prachantakham
Sa Kaeo
Watthana Nakhon
Aranyaprathet
Poipet
Sisophon
Mongkol Borei
Thma Puok
Banteay Chhmar
Banteay Chhmar Protected Landscape
Roneam Doun Sam Wildlife
Ta Phraya
Sa-ngae
Soeng Sang
Khon Buri
Pakham
Wang Nam Khieo
Sikhiu
Sung Noen
Mae Nam Mun
Lam Nang Rong Res.
Huai Nam Yen
Heo Suwat
Heo Narok
Kaen Hin Phoeng
Lang Phnum Touch
Wat Aek
Phnum Ampil 321 m
Khao Laem 1328 m
Phu Sam Ngam 949 m
Tha Klang
Chumphon Buri
Satuk
Krasang
Kouk Mon
Kouk Khpuos
Chrouy Sdau
Koy Maeng
Preah Netr Preah
Svay Chêk
Nimit
Khlong Hat
Wang Nam Yen
Khao Chakan
Khlong Nam Sai
K A M

1 cm = 18 km
1 : 1.800.000
0 10 20 30 40 50 km
D
E
F
1
2
3
4
S. 859
S. 865
Roi Et
Thawatchaburi
Kham Khon Ta
Khok Yao
Kut Chum
Pa Tiu
Senangkhanikhom
Nong Hai Noi
Khemmarat
Nong Phu
Waeng
Lakhon Pheng
Nonsavang
Bok
At Samat
Du Thung
Yasothon
Muang Suang
Nikhom
Amnat Charoen
Na Wa
Khaopun
Pho Sai
Menam Khong (Mekong)
Pho Yai
Hua Taphan
Pla Khao
Phana
Don Muang
Samrong
Kasetwisai
Hua Thon
Phanom Phrai
Kham Khuan Kaeo
Amnat
Lam Sa Bok
Kham Ma Nai
Wa Ngam
Suwannaphum
Sang Tho Nok
Trakan Phutphon
Naem Thaeng
Lam Sieo Yai
Mae Nam Chi
Maha Chana Chai
Kok
Nong Chang Yai
Na Tan
Si Muang Mai
Pha Taem National Park
Ku
Hua Dong
Muang Sam Slip
Lao Suea Kok
Huai Mak Yai
Mae Nam Mun
Khuang Nai
Nong Tae
Nong Hin
Hoe
Phung
Rasi Salai
Kho Wang
Tha Wari
Na Khae
Tha Tum
Rattanaburi
UBON RATCHATHANI
Phra Kao Kaeo
Tana Rapids National Park
Khong Chiam
Bung Bun
Nong Yang
Phu Noi
Kaeng
Yang Chum Noi
Kaeng Dom
Phibun Mangsahan
Sirinthon
Sanom
Som Poi
Lathai
Tha Lat
WARIN CHAMRAP
Chong Mek
Phon-thong
Uthumphon Phisai
Si Saket
Chom Phra
Huai Thap Than
Kanthararom
Na Yia
Ang Sila
Sirinthon Reservoir
Prasat Sikhoraphum
Thung Chai Yai
Samrong
Na Phiman
Sao Lao
Sikhoraphum
Samrong Thap
Huai Samran
Phayu
Nam Kliang
Non Khun
Det Udom
Non Sawang
Phu Xong Nang
Thung Bua
Prang Ku
Wang Hin
Nong Ngu Luam
Bok
Chong Charoen
654 m
Kok Kachai
Kradu
Benchalak
Nong Om
Non Saeng
Nong
Kan Chan
Si Rattana
Prahut
Buntharik
Kukhan
Phrai Bueng
Sam Yaek
Thung Si Udom
Khok Thiam
Lamduan
Sangkha
Kantharalak
Kham Bon
Nong Mek
Phu Sing
Khun Han
Nam Khun
404 m
Bua Chet
Khok Tan
Na Chaluai
Kap Choeng
Samrong Kiat
Don Ao
Nam Yuen
555 m
315 m
Phum Charon
Khao Phra Viharn
Phu Chong Na Yoi National Park
Chong Chom
671 m
Houay Phak
Khao Phanom Dongrak
402 m
462 m
Phra Phlai Pass
Phnum Bach 581 m
570 m
Paksong
Phâang
Trâpeang Tau
Kouk
Khiam
Vin-Tai
Phum Chang Krang
753 m
Tônlé Repow
Thahin
Samraong
Anlong Veaeng
Bak Anlung
Choam Khsant
Kantuot Samraong
Romunh
Rumcheck
Srêng
Pên
Char
Kulen Prum Tep
Choam Sre
Stœng
Anhcheang
Khnat
Trapeang Kal
104 m
Wildlife Sanctuary
Tbaeng Mean Chey
Trapeang Pring
KAMBODSCHA
Mlu Prey
Svay Sa
Prasat
Sre Noy
Prasat Kaoh Ker
Kulen
Sangke
Sralau
Kralaot
Char Chhuk
Kouk Doung
Chhok
Moreal
Phnum Kulen National Park
Trapeang Saang
Anlung Chrey
Ta Siem
Kdak
Phum Boeng
Khvav
Thmea
Banteay Srei
Phnum Kulen 309 m
Kbel Spean
Svay Leu
Svay Chek
Leang Dai
Trayang
Sdau
Tuol
Spung
Tbaeng
Prasat Trapeang Noem
Boeng Mealea
Puok
Angkor Wat
Trach
Prasat Bakan
Ta Seng
Pring
SIEM REAP
Damrei Koun
Boeng Peae
Phnum Kraom
Wat Bakong
Rolous
Popel
Prey Chhkar
Dam Daek
Wildlife Sanctuary
Kampong Phluk
Sangvaeuy
O Sakram
Kouk Thlok Kraom

AYUTTHAYA
(PHRA NAKHON SI AYUTTHAYA)
Nong Khae
Bang Sai
Wang Noi
Bang Pa-in
Wat Phailom
Nong Sua
Khlong Luang
Sam Khok
Pathum Thani
Thanyaburi
Don Muang Int.'l Airport
Lam Luk Ka
NONTHABURI
Nong Chok
Bang Kapi
Minburi
Lat Krabang
BANGKOK
Suvarnabhumi Int.'l Airport
Phra Pradaeng
Chedi Klang Nam
SAMUT PRAKAN
Crocodile Farm
Ancient City
Bang Phli
Bang Bo
Bang Pakong
Phan Thong
CHONBURI
Angsila
Bucht von Bangkok
Bang Saen
Si Racha
Ko Sichang
Ao Udom
Bang Lamung
Naklua
Ko Phai
Pattaya
Ko Lan
Ko Rin
Jomtien
Nooch Nong Village
Ao Bang Sare
Ko Khram
Tao Than
Sattahip
U-Tapao
Ko Samaesan
Ko Chuang
S. 861
S. 867
Sarika
Heo Narok
1328 m
National Park
875 m
Nakhon Nayok
Phak Phli
Bang Pla Kot
Ongkharak
PRACHINBURI
Ban Sang
Kaen Hin Phoeng
Prachantakham
Kabin Buri
Si Maha Phot
Si Mahosot
Khok Pip
Bang Nam Prieo
Ratchasan
Bang Khla
Phanom Sarakham
CHACHOENGSAO
Sanam Chai
Ban Pho
Lat Krathing
Noen Hin
Ko Mo
Phanat Nikhom
Plaeng
Ko Chan
Ban Bung
Noen Mok
Bo Thong
Khao Khieo Open Zoo
Khong Dara
Nong Yai
Tha Cham
Bung Sam Ngam
Bo Win
Map Lang
Wang Chang
Pluak Daeng
Chak Ngaeo
Khao Loi
Ban Chang
Ban Khai
Klaeng
Map Ta Put
RAYONG
Nam Tok
Phrak Khlong
Kon Ao
Ban Phe
Ko Thalu
Na Dan
Ko Samet
Klong Thurian
Khao Laem Ya - Ko Samet Marine National Park
Thap Lan National Park
Phu Sam Ngam
949 m
Khao Yai
849 m
Huai Nam Yen
Pang Sida National Park
Khlong Phak Khom
Phon
Nong Hin
Khao Duan
Wang Thalu
Nong Talat
Sa Kaeo
Watthana Nakhon
Sai Yoi
Khao Chakan
Hin Rae
Sai Dieo
Mai Sai Thong
Wang Nam Yen
Wang Mai
Huai Khrop
Thammarat Nai
612 m
Khlong Kai Th
Wang Sombun
Khao Daeng
Khao Yai
777 m
Lum Bo Rae
632 m
Khao Soi Dao National Park
Soi Dao
Khao Sai Dao Nua
1556 m
Khao Chamao National Park
Khao Chamao
1024 m
Khlong Kha
Nam Khun
Tham Lakhon
Pong Nam Ro
Khao Kitch National Pa
Taphong
Khao Sukim
Sai Rang
Pak Nam
Chak Manao
Khung Wiman
Tha Mai
CHANTABURI
Wang Saem
Makham
Khao Sraba National Pa
Chak Yai
Phliu
Laem Sing
Ko Proet
Khlung
Tha Chot
Bang Kradan
Golf von Thailand
Klong Son
Ko Chang
Hat Sai Kao
Klong Prao
Ko Chang Marine National Park
Bang Ba
Ko Khlum

D
E
F
S. 862
S. 863
1
2
3
4
K A M B O D S C H A
Thai
Bara Nae
Lam Nang Rong Res.
Banteay Chmar Protected Landscape
Ampil
Kouk Khpuos
Kthom
Phâäng
402 m
462 m
549 m
Trâpeang Tau
Kouk
Bak Anlung
Phum Samraong
Anlong Veaeng
Kouk Mon
Bantéay Chhmar
Banteay Chhmar
Ta Pên
Char
Rumcheck
Kulen Prum Tep Wildlife Sanctuary
Sa-ngae
Ta Phraya
Na Ngam
Phasuk
Non Sung
Thma Puok
Thnong Khang Cheung
Chong Kal
Stoeng Sreng
104 m
Treas
Svay Chêk
Sarongk
Srah Chik
Moung
Svay Sa
Prasat
Sre Noy
Prasat Kaoh Ker
Aranyaprathet
Poipet
Nimit
Soengh
Chângha
Chob Veari
Tean Kam
Preah Netr Preah
Char Chhuk
Kouk Doung
Phnum Kulen National Park
Ta Siem
Banteay Srei
Phnum Kulen 309 m
Kbel Spean
Svay Leu
Prasat Trapeang Noem
Sisophon
Ou Ambel
Samraong
Koy Maeng
Mongkol Borei
Kralanh
Sasar Sdam
Kampream
Svay Chek
Leang Dal
Tbaeng
Boeng Mealea
Ta Kong Krau
Ou Prasat
Lang Phnum Touch
Boeng Pring
Chrouy Sdau
Lôvéa
Puok
Angkor Wat
Trach
Damrei Koun
SIEM REAP
Pou Treay
Phnum Kraom
Wat Bakong
Roluos
Popel
Prey Chhkar
Dam Daek
Phnum Ampil 321 m
Wildlife Sanctuary
Ta Pung
Bavel
Rung Chrey
Preaek Norint
Wat Aek
Kampong Phluk
Sangvaeuy
Kouk Thlok
Kampong
Ta Haen
BATTAMBANG
Ou Dambang Pir
Kampong Khleang
Chi Kraeng
Ta Ong
Kâmpâng Lei
Kamping Puoy
Boeng
Tonle Sab
Snoeng
Samraong Kaong
Tbal Thnal
Reang Kesei
Prey Touch
Kantueu Pir
Doun Tri
Pailin
Trêng
Thipadei
Moung Ruessei
Pang Rôloèm
Phnum Chrâng 1164 m
Bœng Khtum
Koas
Srah Mkak
Chambak Meas
Srae Sdok
Kanhchor
Svay Doung Kaev
Trapeang Chong
Svay Luong
Kampong Luong
Srê Andong
Ta Sanh
Pousat
Krakor
Chhnok Tru
Pa
Ta Lou
Prasat
Thkoul Touch
Ponley
Dan Chumphon
Phnum Kran 1563 m
Thmei
Pech Changvar
Pong
Sre Peang
Veal Angkrong
Phnum Kravanh
Svay So
Chheu Tom
Khao Saming
Phnum Samkoh
Peam Prus
Trat
Noen Sung
Phnum Krachau 1618 m
Stoeng Ménam
Chuor Phnum Kravanh
Chor
Kdol
Kraeng Skear
Phnum Samkoh 1717 m
Mul
Phum Ta Sam
Laem Muang
Laem Po
Laem Klat
Chamrung
Saphan Hin
Wildlife Sanctuary
Laem Sok
Klong Phang
997 m
Stoeng Russei Chrum
Anlung Tnaot
Aoral Wildlife Sanctuary
Chieb
Kbal Tuek
Saingam Beach
Ko Mai Si Yai
Mai Rut
Ban Chuen Beach
Ko Kradat
Ko Mak
Ao Salat
Klong Chao
Ao Yai
Ko Kut
Khlong Yai
Hat Lek
Neang Kok
Koh Kong
Peam Krasoap Wildlife Sanctuary
Peam Krasoap
Puoch
Samraong
Triet
Phum Roleak Kang Cheung
Phum Choam
Ta Sal
Sangkea Satob
Snuol
Trapeang Trapok
Kravie
Mor

A
B
C
1
2
3
4
S. 860
S. 868
Andamanen-see
Mergui-Archipel
Dawei (Tavoy) Point
Pe
Aw
Zinchaung
Palauk
Kanti
Mali Kyun (Tavoy I.)
Myinmoletkat Taung
2074 m
Min-ngaw
Mamuang
Suan Phung
Kunzon Taung
928 m
Aungthawara
Khao Y 1050 m
1289 m
1173 m
Migyaungthaik
Taninthari (Tenasserim)
1148 m
Kaeng
Krachan
Nation
Baulo Taung
997 m
1513 m
Khao Sam Y 871
1329 m
Palaw
Kyaukpya
Paine I.
Kabosa I.
Tapo
Ti-ywa
Investigator Passage
Thamihla I.
Kawsaing
Tatmu
Saráwa Chaung
Kadan Kyun
Kangyi
Taninthari (Tenasserim) Kyun
Maingyi Kyun
Kyataw
Tamok
Kyauk-pyu
Pawut
Lutlut
Taubye
MYEIK (MERGUI)
Blundell I.
Mayanchaung
Kala Kyun
705 m
Kywegu
Kawmapyin
Elphinstone I.
Kapa
Dewata Taung
Ma-aing Kyun
Grants I.
720 m
St. Charles Metcalfe I.
Tonbyawggi
Tatagyi I.
Tagu
Banpyi
Daung Kyun (Ross I.)
569 m
MYANMAR
Bailey I.
Mergui I.
Auckland Bay
Thagyet
Tanintharyi (Tenasserim)
Prinser (Sargent) I.
366 m
Lloyds I.
Saganthit Kyun (Sellor I.)
810
Kyaukmigyaung
Parker I.
(BURMA)
Yndo
Kunthi Kyun (Hayes I.)
Courts I.
Sabi I.
Julian I.
Nerchus Passage
326 m
Tucker I.
736 m
Theinkun
Money I.
Tongpru
Theinkun Chaung
Great Western Torres I.
Pyinzabu Kyun (Bentinck I.)
Kanmaw Kyun (Ketthayin I.)
Medaw
Manoron
Nam To
538 m
Whale Bay
Awebindat
Ngawun Chaung
357 m
Lenya
Letsok-aw Kyun
Manoron
543
875 m
Pawe-gyi Kyun
Taungkup
832 m
Lenya
Namkyo
Nyiahma Ngarbaw I.
Maria I.
Pisandaung-Saung
Pearl I.
Khao Htongdon 668 m
Ale-Man Kyun
472 m
Bokpyin
Owen I.
Nanka Hprao
Ko Ya Chim
Khao Thwe
892 m
816 m
483 m
High I.
Lanbi Kyun (Sullivan I.)
Ke Taung
Hangapru
Sam Yaek Huai Sak
Forest Stra
Kau-ye Kyun
758 m
745 m
Clara I.
534 m
Karathuri
Kapoh National Park
3253
Sir Robert Campbell I.
Mai Sombun
465 m
Map
Ta Hong
692 m
Kala Taung
4
Khlong

1 cm = 18 km
0 10 20 30 40 50 km
BANGKOK
Krathum Baen
Ban Phaeo
RATCHABURI
Saduak
Thung Faek
Wat Phleng
Schwimmende Märkte
Pak Tho
SAMUT SAKHON
SAMUT PRAKAN
SAMUT SONGKHRAM
Chedi Klang Nam
Phra Pradaeng
Bang Phli
Ancient City
Crocodile Farm
S. 861
Pakong
Phan Thong
Lat Krathing
Noen Hin
Phanat Nikhom
Plaeng
Ko Chan
CHONBURI
Angsila
Ban Bung
Noen Mok
Bang Saen
Khao Khieo Open Zoo
Bucht von Bangkok
Si Racha
Khong Dara
Nong Yai
Ko Sichang
Ao Udom
Tha Cham
Bo Win
Map Lang
Bang Lamung
Naklua
Ko Phai
Pattaya
Wang Chang
Pluak Daeng
Ko Lan
Ko Rin
Jomtien
Nooch Nong Village
Ao Bang Sare
Chak Ngaeo
Khao Loi
Ban Chang
Ban Khai
Ko Khram
Tao Than
RAYONG
Map Ta Put
Sattahip
U-Tapao
Nam Tok
Phrak Khlong
Kon Ao
Ban Phe
Ko Samaesan
Ko Chuang
Ko Samet
Khao Laem Ya - - Ko Samet Marine National Park
Khao Yoi
Ban Laem
Nong Ya Plong
Phetchaburi
Kaeng Krachan Res.
Ban Lat
Chao Samran Beach
Hat Chao Samran
Tha Yang
Hat Pak Tian
Tha Sik
Bang Ket
Cha-am
Hup Kaphong
Bang Sai Yoi
Huai Sai Tai
Mae Nam Pran Buri
732 m
Hua Hin
Nong Khon
Nong Phlap
Thap Tai
Pran Buri
Pran Buri Beach
Khao Noi
Nong Khaem Noi
Phraya Nakhon
Pran Buri Reservoir
Sam Roi Yot
Khao Sam Roi Yot National Park
Kui Buri National Park
Nong Sai
Sai
Laem Sala Beach
Khung Thanot
Khao Daeng
Yang Chum
Kui Buri
Sam Phraya Beach
Bo Nok
Golf von Thailand
Nikhom
Thung Mamao
Ao Noi Beach
324 m
PRACHUAP KHIRI KHAN
Ao Manao Beach
Nong Hin
Wang Duan
Hat Wanakon Marine National Park
Nong Hoi Siap
Thap Sakae
Nong Khok
Kee Ree Wong Beach
Ban Krut Beach
Ban Krut
Bang Saphan
Ao Bang Saphan
Suan Luang Beach
Ko Thalu
Had Bang Bird Beach
S. 864
S. 869
1
2
3
4
D
E
F

S. 866

A
B
C
1
2
3
4
MYANMAR
(BURMA)
Investigator Channel
Andamanen-
see
Lord Loughborough I.
439 m
Cavern I.
St. Andrews Group
Parsons I.
Macleod I.
Zadetkale Kyun
(St. Lucas I.)
Zadetkyi Kyun
(St. Matthew's I.)
Than Kyun
(Davis I.)
Dunkin I.
Bruer I.
Christie I.
Auriol I.
Pulo
da I.
850 m
Pine
Tree I.
Hastings I.
Sungai Bati
Sungai-I-nu
Maliwun
Champang
Kampong
Talok
Kaw Thaung
Victoria Pt.
Ranong
Kraburi National Park
Hat Tun
Nalingchan
Marang
Pakchan River
Nong
Phak Bang
Kraburi
Lam Liang
484 m
Thung Kha Tok
Tham Nam
Lod Noi
Thap
Chak
Khao Faci
La-un
Sai Ra
Khao Thalu
Thung Tako
Isthmus
von Kra
Klong Prao
National Park
Punyaban
Hot Springs
Tha Sae
Tham Rab Ro
Na Noi
Pathiu
Khuan
Thung
Chumphon
Sai Ri
Hat Sai Ri
Bo Kha
Sawi
Pak Nam Tako
Arunothai Beac
Pak Nam Lang Suan
Lang Suan
Hat
Yai
Na Bun
Khao
Chok
Lamae
Khao Te
Khan Thuli
Don Thup
Tha Krachai
Tha Chana
Pak Kiu
Te
Chaiya
Phum Rian
Mo Thai
Pak Mak
Wat Suan Moke
Tha Chang
Ao
Do
Vibhavadi
Tha Se
Hua
Han
SURAT
THANI
Phunphin
Tha Mai
Ko Chang
Ngao
National Park
Ngao
Phato
K. Lang Suan
Khao Plai
Khlong Klang
706 m
Raichakrut
Ko Phayam
Idon Phet
Khlong Khong
Laem Son
National Park
Khao Yai Mon
805 m
Huai Pho
Bang Baen Beach
Kapoe
Kaeng Krung
National Park
Ko Surin
Marine National Park
Ko Surin Nua
Ko Surin Tai
Mu Ko
Kam Yai
Na Kha
Thung Na Kha
National Park
Bang Kluai Nok
1395 m
Khao Lang Kha Tuk
718 m
Ngan
Yong
Ko Ra
Ko Ra
Hin Lad
Khura Buri
Sri Phang Nga
National Park
Khlong Yan
Klong Saeng
Wildlife Sanctuary
Chiew Lan
Reservoir
838 m
Na Dong
Khiri
Rat Tanikhom
Na Pong
Ko Tasai
Hin Kong
Ko Phra Thong
Thung
Ong
Bang
Daeng
Tam
Nang
Tam Nang
Khao Sok
National Park
Ko Kho Khao
Khlong
Chang
Bang Thong
Takua Pa
Talad Takua Pa
Song
Phi Nong
Ta Khun
Na Rai
Phanom
Khian Sa
Mae Nam Ta Pi
Tepha
246 m
Ko Similan
Marine National Park
Ko Similan
Ko Miang
Bang Sak
Palm Beach
Bang Niang
Khao Lak
Khao Lak Beach
Pak Klong Plai Wa
Kapong
Bencha
Khao Lak-Lamru
National Park
Bang Hoi
Ko Noi
Thap Lamu
Thung Maphrao
Thap
Put
Ta Saeng
Na
Plai
Phraya
Chai Buri
Nam
Dam
Bang
Phai
Phrasaeng
Huai P
Bang Ba
Yuan
Kok Luat
Tham Phet
Khao Lam Pi-Had Thai Muang
National Park
Lam Pi
Tham
Pung
Chang
Phang Nga
Ao Luk
Than Boke Khorani
National Park
Thon Nua
Wang Hin
Thai Muang
Takua
Thung
Nong Lum Pho
Ao Phang Nga
Marine
National Park
Khao Phanom Bencha
National Park
Thung Yai
Khok Kloi
Tha Yu
Tha Chat Chai
Tham
Lod
Tha Thong Len
Thung
Khao
Phanom
Khok
Ao Tu Khun
Sirinath Marine
National Park
Ko Yao
Noi
Khao Phra
Taeo Nat. Park
Ban Yai
Ko Tai
Chong
Phli
Talad
Kao
Nua Klong
Lam Thap
Phe La Tai
Ko Phuket
Bang Rong
Thalang
Ko Yao
Yai
Khlong
Bon
Ao Nang
Krabi
Bon Khuan
Thung Noi
650 m
Patong
Kathu
Ao Bo Le
Hat Nopparat
Thara Marine
National Park
Laem Kruat
Klong Thom
Huai Sai Khao
Karon
PHUKET
Kata
Rawai
Laem
Phan Wa
Thale Phuket
Ko Phi Phi
Ko Pu
(Ko Jum)
Ko Phi Phi
National Park
Khlong Pring
Khlong Phon
Sai Khao
755 m
4
41
327
4001
4003
4139
4091
4006
4134
4112
4112
4191
4112
41
401
401
4100
4133
4009
4246
41
415
4118
4133
4009
4035
4090
4240
4032
4090
401
4
4197
4037
4110
415
4
4156
4037
4038
411
4038
402
4206
4

S. 870

1 cm = 18 km 1 : 1.800.000
0 10 20 30 40 50 km
D
E
F
S. 867
1
2
3
4
Golf von Thailand
Ko Nang Yuan
Ko Tao
Mae Hat
Sai Ri Beach
Ko Pha Ngan
Chalok Lam
Ko Wae Yai
627 m
Thong Sala
Tai
Hat Rin Beach
Ang Thong Marine National Park
Ko Phi
Big Buddha Beach
Choeng Mon Beach
Ko Samui
Bo Phut
Nathon
635 m
Chaweng Beach
Ko Phaluai
Taling Ngam
Hua Thanon
Lamai Beach
Chong Samui
Ko Tan
Don Sak
Khao Noi
Bang Khu
Khanom
Nai Plao Beach
Thong Yi
Sichon
Khao Phra
Khao Yai
Tepha
Ton Liang
Nam Cha
Khlong Hin
Khlong Lung
Tha Sala
Na Reng
Khao Luang
Saphan Rang
1835 m
Na Thap
Phrom Khiri
Phrom Lok National Park
Ao Nakhon
NAKHON SI THAMMARAT
Chawang
Karom
Chang Klang
Lan Saka
Sala Mi Chai
Pak Phanang
Thung Wat
Na Bon
Ko Thang
Nong Pu Kan
Ron Phibun
Chian Yai
Ban Pak Phraek
Don Tro
Khot Thammarat
Bo Lo
Chang
Bang Khoei
Thung Lan
Hua Khai
Hua Sai
Phru Prap
Kapang
Nam Pak Phanang
Laem
Pak Khlong
Cha-uat
Mai Siap
Talat Nang Long
Khao Pu - Khao Ya
Nong Pru
Thale Noi
Hua Sai
Sala Luang
Pa Phayom
Khuan Khanun
Thale Noi Bird Sanctuary
Ranot
Wat Pra Kho
Siban
S. 871

A
B
C
1
2
3
4
S. 868
Phang Nga
Ao Luk
Tham Phet
Thon Nua
Wang Hin
Thung Yai
Khok Sato
Chawang
Nam Rop
Chang Klang
Karom
Lan Saka
Thung Wat
Na Bon
Nong Pu Kan
Ron Phibun
Thai Muang
Lam Pi
Takua Thung
Khok Kloi
Tha Yu
Tha Chat Chai
Tham Lod
Ao Phang Nga Marine National Park
Nong Lum Pho
Khao Phanom Bencha National Park
Thung
Khao Phanom
Khok Han
Tha Thong Len
Ko Yao Noi
Talad Kao
Thung Song
Ao Tu Khun
Ban Yai
Chong Phli
Nua Klong
Lam Thap
Chang
Khao Phra Taeo Nat. Park
Ko Tai
Ko Phuket
Bang Rong
Khlong Bon
Ao Nang
Krabi
Phe La Tai
Kapang
Phru Prap
Thalang
Ko Yao Yai
Bon Khuan
Thung Noi
Saiyat
Cha-uat
Patong
Kathu
Ao Bo Le
Hat Nopparat Thara Marine National Park
650 m
Laem Kruat
Khlong Thom
Huai Sai Khao
Huai Nang
Mai Siap
Khao Pu
Nong Pru
Karon
Kata
PHUKET
Thale Phuket
Ko Pu (Ko Jum)
Khlong Phon
Huai Yot
Pa Phayom
Laem Phan Wa
Rawai
Ko Phi Phi
Ko Phi Phi National Park
Khlong Pring
Sai Khao
Sai Yao
Tham Khao Pina
Khao Ya
Siban Phot
Hua Hin
Na
Bo Muang
Wang Wiset
Lang Khao
Nam Phut National Park
Ko Phi Phi Le
Bang Suat
Ban Saladan
Ko Lanta Noi
Khlong Teng
Suan Not
Ko Racha Yai
Ao Phra-ae Beach
Sikao
Ton Chot
Khok Sai
Na Thon
Ko Lanta
Ban Ko Lanta
Phru Chut
Hua Thanon
TRANG
Ko Racha Noi
Ko Lanta Yai
Pak Meng Beach
Khao Chong National Park
Ko Lanta Marine National Park
Ko Ngai (Ko Hai)
Kantang
Yan Ta Khao
Kongra
Sairung
Chang Lang
Had Chao Mai National Park
Ko Muk
Prai Wan
Ko Kradan
Na
Hat Yao Beach
Chao Mai
Nong Khan
Andamanen-
Hat Samran
Toneteh
Ko Rok Nai
Ko Ta Li Bong
Tung Yao
950 m
Ko Rok Nok
Hat Samran Beach
Sam Yaek
Palian
Yong Sala
Ko Liang
Ko Sukon
Thung Wa
Nong Hoi Khong
Thung Sa Bo
see
Ko Petra
Thung Samet
La-Ngu
Ko Petra Marine National Park
Ko Bulon Lae
Pakbara
Khuan Tho
Ko Bulon
Tha Phae
Ao Pante
Che Bilang
Tarutao Marine National Park
Ko Tarutao
Ko Rawi
713 m
Satun
Ko Ta-Nga
Tammalang
Ko Adang
Ko Butang
Ko Lipe
Straße von Malacca
Langkawi Sound
Padang Masirat
Pulau Langkawi
Kuah
P. Tuba
Underwater World
Pulau Singa Besar
Pulau Dayang Bunting
4
415
4110
4014
4194
4103
4015
4238
408
41
4156
403
4037
4038
4214
4110
411
4151
4116
4151
4038
4225
4206
4046
4162
403
4124
4122
4235
404
4125
416
416
4137
4078
4051

D
E
F
1
2
3
4
S. 869
NAKHON SI THAMMARAT
Pak Phanang
Ko Thang
Ban Pak Phraek
Khot Thammarat
Bang Khoei
Hua Sai
Pak Khlong
Sala Luang
Hua Sai
Thale Noi Bird Sanctuary
Ranot
Wat Pra Kho
Hua Yang
Thale
Phatthalung
Luang
Kra Sae Sin
Phang Mai Phai
Khu Khut Waterbird Sanctuary
Khao Chaison
Sathing Phra
Hot Springs
Mai
Pak Phayun
Mamuang Ngam
Bo So
Samila Beach
SONGKHLA
Thale Sap Songkhla
Pa Bak
Khok Sak
Khuan Niang
Bang Klam
Hua Thanon
Tha Saba
HAT YAI
Chana
Hu Rae
Tha Mo Chai
Kao Rang
Khlong Ngae
Nam Khao
Nathawi
To Non
Tha Khoi
Padang Besar
Sadao
Dan Nok
Khao Nam Khang National Park
788 m
Sathon
Prakop
Rai
Khao Plai Than 642 m
Thale Ban National Park
Bukit Kayu Hitam
Kangar
Changlun
Kodiang
Padang Sanai
Durian Burong
Pandang Sira
Kuala Nerang
Anak Bukit
Jitra
Kuala Tekai
ALOR SETAR
Pokok Sena
Naka
MALAYSIA
Kuala Kedah
Tokai
Tanah Merah
Nami
Gula
Pendang
Kuala Kangkong
Kubang Chenok
Kota Sarang Semut
Kedah
Sungai Limau
Guar Chempedak
Gurun
S. Muda
Chong
Tanjang Pari
Sik
Yan
G. Jerai 1217 m
Bedong
S. Lalang
Jeniang
Asam Jawa
Singkit Darat
Bagan Ulu
Sungai
Bukit Selambau
Pulai
Kuala Ketil
Pengkalan Hulu
Baling
Betong
G. Lang 1145 m
Ratchadapisek Beach
Khlong Pradu
Thepha
Lam Pao Tai
Saba Yoi
Khok Pho
Kabang
Yaha
Kuhapimook
Pa Tae
Bala
Bannang Sata
Than To
1110 m
Komo Sip Paet
PATTANI
Nong Chik
Thachi Beach
Yaring
Dalgapo Beach
Pa Na Re
Nam Bo
Yarang
Chiang Hai
Mo Ma Wi
Mayo
Sai Buri
Thung Yang Daeng
Mai Kaen
Niang
Wat
YALA
Kota Baru
Raman
Kapho
Bacho
Narathiwat National Park
NARATHIWAT
Taksin Rachaniwet Palace
Ruso
Ba Ngo
Bu Lo
Yin-Go
Manang Ka Yi
Rangae
Sai Khao
Tak Bai
Cho Ai Rong
Si Sakhon
Mae Nam Sai Buri
Bang Lang Reservoir
Chanae
Sungai Padi
Bo Kho
Sungai Golok
Rantau Panjang
Sukhirin
Waeng
Batu Karang
G. Ulu Titi Basah
1533 m
S. Perak
Bu Ke Ta
To Mo
Kampung Nibong
Tanah Merah
Batu Melintang
Kampung Lawar
Jeli
Pasir Dusan
Golf von Thailand
4094
4013
4150
408
4049
4181
406
4
43
414
407
408
43
4
408
4145
42
42
4113
4054
4099
4085
4085
43
42
4085
410
409
4061
4071
4071
4092
42
4157
4136
4060
4067
4077
410
4107
4084
4055
4056
4115
4057
4207
410
1
7
4

854 / 855
Goldenes Dreieck
Mae Sai
Chiang Rai
Mae Hong Son
Chiang Mai
Lampang
LAOS
VIETNAM
856 / 857
Vientiane
858 / 859
Uttaradit
Udon Thani
Sukhothai
Phitsanulok
MYANMAR (BURMA)
Mae Sot
Khon Kaen
Umphang
Roi Et
860 / 861
862 / 863
Nakhon Sawan
Ubon Ratchathani
Lopburi
Nakhon Ratchasima (Korat)
Ayutthaya
Nam Tok
Kanchanaburi
Bangkok
866 / 867
Ratchaburi
Chonburi
864 / 865
Phetchaburi
Pattaya
Cha-am
Chantaburi
Hua Hin
KAMBODSCHA
Ko Samet
Trat
Ko Chang
Prachuap Khiri Khan
Ko Kut
Golf von
868 / 869
Chumphon
Ko Tao
Ranong
Ko Pha Ngan
Thailand
Ko Samui
VIETNAM
Surat Thani
Takua Pa
Khao Lak
Phang-Nga
Nakhon Si Thammarat
Krabi
Phuket
Ko Lanta
Songhkla
Andamanen-see
Hat Yai
Pattani
Ko Tarutao
Satun
Narathiwat
MALAYSIA
870 / 871